12 X 23,5

D0945407

les usuels
du **Robert**

Collection dirigée par
Henri MITTERAND et Alain REY

Collection « les usuels du Robert » (volumes reliés) :

— *Dictionnaire des difficultés du français,*
par Jean-Paul COLIN.

— *Dictionnaire étymologique du français,*
par Jacqueline PICOCHE.

— *Dictionnaire des synonymes,*
par Henri BERTAUD DU CHAZAUD.

— *Dictionnaire des idées par les mots...*
(dictionnaire analogique),
par Daniel DELAS et Danièle DELAS-DEMON.

— *Dictionnaire des mots contemporains,*
par Pierre GILBERT.

— *Dictionnaire des anglicismes*
(les mots anglais et américains en français),
par Josette REY-DEBOVE et Gilberte GAGNON.

— *Dictionnaire des structures du vocabulaire savant*
(éléments et modèles de formation),
par Henri COTTEZ.

— *Dictionnaire des expressions et locutions,*
par Alain REY et Sophie CHANTREAU.

— *Dictionnaire de proverbes et dictons,*
par Florence MONTREYNAUD, Agnès PIERRON et François SUZZONI.

— *Dictionnaire de citations françaises,*
Anthologie collective.

— *Dictionnaire de citations du monde entier,*
par Florence MONTREYNAUD, et Jeanne MATIGNON.

Dictionnaires édités par LE ROBERT
107, avenue Parmentier - 75011 PARIS (France)

DICTIONNAIRE DES ANGLICISMES

les mots anglais et américains
en français

par
JOSETTE REY-DEBOVE
et
GILBERTE GAGNON

avec la collaboration de
A. REY
G. J. FORGUE
E. LANÇON
Ch. PAILLET

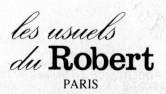

les usuels
du Robert
PARIS

Nouvelle édition
tous droits réservés
© 1980, LE ROBERT, 107, av. Parmentier, 75011 PARIS
ISBN 2-85036-027-9   ISSN 0224-8697

INTRODUCTION

par Josette REY-DEBOVE

1. L'inventaire historique des anglicismes.

Voici déjà une vingtaine d'années que fut tiré le signal d'alarme pour nous dissuader d'employer des mots d'origine anglaise (britannique ou américaine). La langue française était en péril, disait-on, submergée par des apports étrangers inutiles qui la défiguraient et l'étouffaient. Ce point de vue fut renforcé par la politique linguistique des Canadiens francophones, qui décidèrent de remettre de l'ordre dans leur vocabulaire fortement anglicisé par un contact quotidien ; ceux-ci déploraient que la langue de référence parlée en France soit elle-même contaminée et ne puisse servir totalement de modèle. Nous avons alors connu une période de désaveu des emprunts à l'anglais et de refrancisation officielle de notre vocabulaire. Depuis, divers organismes* cherchent activement les équivalents français des termes anglais proscrits, et les décisions des Commissions ministérielles de terminologie sont publiées au *Journal officiel*.

L'indépendance d'une langue étant liée au sentiment aigu d'être maître chez soi, le problème du franglais (mot popularisé par Étiemble) a créé une situation passionnelle d'où les considérations objectives sont souvent absentes. Quelques Français ont accusé l'impérialisme américain de coloniser notre langue avec notre économie. Des anglophones ont répondu en les accusant de chauvinisme, et en rappelant que la situation de l'emprunt était réciproque. Les débats les plus vifs ont été engagés sans même qu'on dispose d'un inventaire et d'une étude des mots incriminés.

Le but de cet ouvrage, le premier du genre, est de faire la lumière sur l'anglicisation et l'américanisation du français, en étudiant tous les mots empruntés depuis les origines. Le lecteur pourra ainsi se faire une idée de l'importance du phénomène, observer pourquoi on emprunte un mot, comment il se conserve ou comment il se démode, et de quelle façon la circulation des mots est liée à la circulation inévitable des objets et des idées. Il pourra apprécier lui-même les effets de l'introduction de mots anglais dans notre lexique et faire un bilan plus juste de la situation ; nous mettons à sa disposition toutes les données et arguments qui lui fourniraient des raisons d'être puriste ou laxiste.

L'inventaire des mots que nous avons empruntés à l'anglais britannique et américain donne en effet matière à réflexion et élargit beaucoup le débat.

---

* Par exemple l'*Association française de Terminologie* (AFTERM), le *Comité des termes techniques français*.

D'abord, il semble qu'une nomenclature de plus de 2 700 anglicismes, comme celle que nous offrons ici, représente un nombre de mots considérable. Mais si l'on en retranche les termes vieillis, on doit constater que 1 500 mots environ, pour un lexique actuel approximatif de 60 000 mots, ne représentent que 2,5 % de notre vocabulaire. Si l'on veut tenir compte de la fréquence d'emploi (nombre d'occurrences dans le discours), cette proportion est encore bien plus basse, et descend à 0,6 % ; 1 mot tous les 166 mots du journal *Le Monde* est un anglicisme, selon l'étude de G. J. Forgue et V. Klein qui porte sur 663 anglicismes attestés dans ce quotidien entre janvier et mai 1977.

2. L'emprunt comme corps étranger.

Le lecteur s'apercevra ensuite avec étonnement que si certains anglicismes ont un aspect « barbare », comme *merchandising* ou *juke-box*, d'autres, au contraire, ont un visage familier, comme *esthète, mentalité, respectabilité*, au point qu'ils passent pour français. Et tout le monde s'accorde pour affirmer que c'est la forme originale de l'anglicisme qui risque de perturber le système de notre langue ; on s'avise alors que cette forme se manifeste tantôt dans la prononciation, tantôt dans la graphie, tantôt dans les deux. Certains mots ont gardé plus ou moins leur prononciation anglaise comme *design* [dizajn], *eye-liner* [ajlajnœʀ], et sont imprononçables ; d'autres se prononcent aisément mais ont une graphie déroutante comme *flirt* [flœʀt], *cartoon* [kaʀtun], *tee-shirt* [tiʃœʀt], *feed-back* [fidbak], *tie-break* [tajbʀɛk] ; des mots comme *irish coffee* [ajʀiʃkɔfi] et *down town* [dawntawn] sont impraticables des deux points de vue ; enfin, tous présentent une relation entre l'écriture et la prononciation qui relève des règles anglaises et non des règles françaises.

Lorsque l'emprunt est massif, des mots anglais apparentés peuvent nous imposer une sorte de morphologie ; mais celle-ci est souvent obscure, car si *ball* est un élément connu (« balle ») dans les mots *base-ball, punching-ball, ball-trap*, comment l'usager français peut-il interpréter *base, punching* et *trap* qui n'apparaissent pas dans d'autres composés ? Et si par bonheur, ou par malheur, l'élément inconnu est homonyme d'un mot français, il entérine un faux sens, comme dans *bouledogue* (*bull* « taureau ») ou *contredanse* (*country* « campagne »). D'autre part, l'anglais affectionne les mots-valises, formés de morceaux de mots coupés n'importe où (du type *contraception* pour **contra-conception*) alors que le français y répugne, et l'analyse morphologique de ce type d'emprunt introduit en français une grande confusion.

Un autre inconvénient de la familiarité de certains éléments anglais comme *ball, man, -ing, coat*, etc., est de permettre la formation en français de pseudo-mots anglais, inconnus des anglophones eux-mêmes. Ainsi avons-nous inventé *recordman, footing, moto-cross, pressing, brushing, auto-stop*, qui ont le double défaut d'avoir une forme anglaise et de n'être pas anglais, ce qui est choquant pour les personnes bilingues, et ridicule pour tout le monde.

Mais lorsqu'on recense les cas précédemment envisagés, il apparaît qu'ils ne représentent pas plus de 1,5 % du vocabulaire français actuellement en usage. Les autres anglicismes ne sauraient être incriminés de la même façon : ou bien ils sont anciens et parfaitement francisés, comme *ouest (west), flanelle (flannel), pitchpin (pitch pine), roquette (rocket),* ou bien ils ont, en anglais, une origine grecque ou romane (latin, français, italien, espagnol) qui permet une assimilation immédiate en francais, comme *agnostique (agnostic), finaliser (finalize), insanité (insanity), malnutrition (malnutrition), lagune (lagoon), caféteria (cafeteria).* Parmi ces derniers, il arrive que rien ne distingue le mot anglais écrit d'un mot qui aurait pu être formé à partir du français, si ce n'est l'histoire de la langue.

3. Origine et vie de l'emprunt.

C'est en effet par référence à l'histoire que l'on peut établir si un mot utilisé en français est un emprunt à une langue étrangère. Qu'est-ce donc qu'un anglicisme ? C'est un mot qui appartient à la langue anglaise (d'Angleterre ou d'Amérique) et qui est passé en français, où il est employé au même titre que les autres mots, d'abord timidement, avec des guillemets, de l'italique ou des commentaires, par quelques personnes, puis sans précautions et plus ou moins massivement. On suivra avec intérêt, dans les articles-monographies de cet ouvrage, l'histoire de la pénétration d'un mot anglais en français, les hésitations sur l'orthographe, la prononciation, les marques du pluriel, chez les écrivains, les voyageurs, les journalistes, les lexicographes.

ASSIMILATION.

L'ancienneté de l'emprunt entraîne souvent une assimilation graphique et phonique du mot anglais, comme dans *redingote,* transformation de *riding coat* et dans *boulingrin* de *bowling green* (comparer à *bowling,* et à *green,* plus récents et non assimilés). Néanmoins cette ancienneté n'est pas une garantie, ni la fréquence d'emploi ; ainsi *pickpocket* (1792), *plum-pudding* (1745), *knickerbockers* (1863), *shampooing* (1899, anglais actuel *shampoo*) n'ont pas été francisés. En fait, les coutumes linguistiques d'une période historique, qui poussent à assimiler les mots étrangers ou à les intégrer tels quels, sont beaucoup plus déterminantes. On constate que certains mots, bien assimilés à une époque, sont réanglicisés un peu plus tard, soit par respect de la graphie anglaise (*toste,* 1745 ; *toast,* 1750) soit par oubli de la forme francisée (*cari* début XVIIᵉ s. ; *curry,* 1864).

ABRÉGEMENT.

Au cours de leur intégration en français, de nombreux emprunts sont transformés par abréviation d'une expression anglaise complète, trop longue et trop compliquée (*camping* pour *camping ground, girl* pour *chorus girl, cross* pour *cross country running, cake* pour *plum-cake, self* pour *self-service*). Un tel raccourcissement, impossible en anglais (une *girl* est aussi une fille quelconque !), est aisé et judicieux en français, où l'expression tronquée ne peut avoir qu'un seul sens. Néanmoins, beaucoup de puristes protestent, et craignent que cet anglais détourné, pris pour de l'anglais véritable, n'augmente le nombre des « faux amis » (mots semblables de sens différents dans deux langues) qui ajoutent aux difficultés d'apprentissage du français et de l'anglais.

PRODUCTIVITÉ.

On peut considérer que l'emprunt est bien devenu un mot français lorsqu'il prend d'autres sens spécifiquement français (par ex. *paddock* qui signifie aussi « lit », *box* au sens de « place de garage ») et lorsqu'il produit des dérivés selon les règles de notre langue (par ex. *film*, qui a donné *filmer*, *filmique*, *filmographique*, *filmothèque*) ; cette productivité, que nous avons décrite, est généralement le signe d'une complète adoption. Néanmoins on remarquera qu'elle n'est pas forcément liée à la francisation de l'emprunt, ainsi qu'on le voit dans la disgracieuse famille de *shampooing* (*shampooiner* v., *shampooineuse* n.).

CIRCULATION.

Les mouvements historiques du vocabulaire et les échanges entre langues sont si fréquents que, lorsqu'on emprunte un mot à l'anglais ou à l'américain, il se peut qu'on emprunte un emprunt, c'est-à-dire que le mot introduit en français soit lui-même emprunté à une autre langue. Ainsi la plupart des mots d'origine indienne nous sont venus par l'anglais *(jute* du bengali *jhôto, catamaran* du tamoul *katta-maran, chutney* du hindi *chatni)* ; ces mots sont donc eux aussi des anglicismes. Il en va de même si le mot emprunté à l'anglais a une origine française, ce qui est très fréquent, l'anglais contenant un nombre considérable de gallicismes : ainsi *cartoon* n'est que notre *carton* pris par les Anglais et reversé dans le vocabulaire français, *cab* notre *cabriolet, bar* notre *barre, festival* l'ancien adjectif *festivel.* Les langues véhiculent une partie du vocabulaire en usage dans d'autres langues, même si ce n'est qu'en transit. Une bonne proportion des anglicismes roumains ont été empruntés au français.

VIEILLISSEMENT.

Cependant, tout passe et tout lasse, dans l'emploi des mots comme ailleurs, et les anglicismes n'échappent pas aux règles générales du renouvellement du lexique. Le vocabulaire d'une langue acquiert des mots nouveaux et en abandonne de plus anciens, selon les besoins et les modes. Il arrive un moment où l'emprunt n'est plus une nouveauté, et peut devenir un archaïsme. *Mackintosh* laisse la place à *imperméable, computer* à *ordinateur,* le *spleen* devient le *cafard* et la *déprime,* le *black bottom* ne se danse plus, et les *roadsters* sont au musée. De telle sorte que de nombreux anglicismes disparaissent, phénomène qu'on ne doit pas oublier lorsqu'on fait le bilan de l'anglicisation du français.

4. Aspects linguistiques de l'emprunt.

C'est avoir une idée bien superficielle de l'anglicisme que de ne le considérer que comme un mot emprunté. D'une part nous n'empruntons pas que des mots, et d'autre part, il ne s'agit pas toujours du signe complet mais de son expression ou de son contenu seulement.

Toutes les unités linguistiques sont susceptibles de passer d'une langue dans une autre. Le mot ordinaire, certes, mais aussi le sigle et l'acronyme, qui fonctionnent comme des mots (nous avons hébergé *O. K., K. O., G. I., G. M. T., laser* - de *Light Amplification by Stimulated Emission of Radiation*), la locution *(Last but not least, American way of life, Fifty fifty, On the rocks)* et la phrase proverbiale *(Time is money)*. Et dans la mesure où de nombreux emprunts contiennent le même élément, nous avons codifié certains affixes, dont *-ing* est le plus familier.

EMPRUNTS FORMELS.

Il arrive souvent que le sens d'un mot emprunté soit mal connu ou méconnu, et que nous entérinions un contresens, de telle sorte que l'emprunt véritable se limite à la suite matérielle des lettres et des sons. Tel est le cas de *smoking, speaker, slip*, et de *pressing* déjà évoqué comme faux ami. Il nous arrive aussi d'utiliser le nom propre d'un Anglais pour désigner un objet en français (par ex. *carter,* du nom de l'inventeur, en anglais *chain-guard, sump, casing)*. Ces emprunts purement formels sont qualifiés de « faux anglicismes » ou « pseudo-anglicismes ».

EMPRUNTS SÉMANTIQUES.

Inversement, lorsque nous empruntons un mot anglais qui a son sosie en français, nous accrochons une signification étrangère à un mot français déjà existant, de telle sorte que l'emprunt véritable se limite au sens. C'est ce qui est arrivé pour *approche* (*approach* « manière d'aborder un sujet »), *audience* (*audience,* « auditoire »), *caravane* (*caravan,* « roulotte »), *conventionnel* (*conventional,* « non atomique »), *alternative* (*alternative,* « chacune des deux solutions possibles »). Ces emprunts cachés sont dits « emprunts sémantiques », et sont souvent jugés comme des faux sens, des fautes de français. Il y a là une violence faite à la langue, qui est d'autant plus insidieuse qu'elle n'apparaît pas formellement. Mais la différence est faible entre un sens nouveau produit en français et un sens emprunté, et la situation contrarie surtout les personnes bilingues qui voient les « faux amis » reconnus comme de vrais amis (même sens en anglais et en français).

CALQUES.

Le type d'emprunt le plus subtil est probablement le calque. Le calque est la traduction littérale d'un mot composé, de telle sorte que le français, non seulement désigne la même chose, mais conserve le même sens. Ainsi quand nous disons *lune de miel* pour *honey moon*, nous désignons bien, comme les Anglais, les premiers temps du mariage, mais de plus, nous signifions la même image conservée d'une langue à l'autre. Car parmi les moyens de dénommer avec le matériel disponible d'une langue, il y a des moyens neutres où les éléments redonnent la définition (*allume-cigare :* appareil qui sert à allumer les cigares), et des moyens imagés qui ne les restituent pas (*gratte-cul :* fruit du rosier) ; et on a le choix, en traduisant, soit de donner un mot unique s'il existe, soit de faire une périphrase neutre, soit de reproduire l'image originelle. Cette dernière solution a été choisie en français pour *gratte-ciel (sky-scraper), soucoupe volante (flying saucer), prêt-à-porter (ready-to-wear), contrôle des naissances (birth-control).* Les locutions peuvent aussi produire des calques : *Donner le feu vert (To give the green light), Dites-le avec des fleurs (Say it with flowers), Cent pour cent (One hundred per cent).*

Très souvent, le calque laisse une impression d'étrangeté en français, les références culturelles et les images n'étant pas les mêmes : c'est un des critères pour le repérer. Il arrive, dans ce cas, que le français résiste au calque ; le *hotdog* et le *chewing-gum* nous semblent plus appétissants que le *chien chaud* et la *gomme à mâcher.* Le calque est, par ailleurs, obligatoirement rejeté lorsqu'il fait faux sens ; *entrevue* ne peut fonctionner pour *interview* puisqu'il signifie déjà autre chose.

Enfin la traduction littérale qui donne le calque peut maintenir ou non l'ordre des mots du composé anglais selon l'ordre attendu en français ; *table ronde* renverse à juste raison *round table,* mais *est-allemand (East German)* obéit à la syntaxe anglaise et introduit une forme incompatible avec notre système, qui exige *allemand de l'Est.*

On peut étendre la notion de calque aux mots dérivés et aux mots simples. Le dérivé *mothering* n. (de *to mother*) a donné en français *maternage* par traduction de *mother-* et *-ing ;* et notre langue aurait aussi bien pu choisir un autre mot pour désigner ce comportement. Le calque de dérivé se rapproche considérablement du mot francisé, lorsque les formes des mots sont apparentées (ainsi *announcer* → *annonceur* est à la fois l'un et l'autre, et un vrai calque qui remplace le pseudo-anglicisme *speaker*). Pour les mots simples, on parle de calque lorsque l'image originelle de la filiation historique des sens est conservée ; ainsi *dada* « marotte » est-il un calque de l'anglais *hobby,* même sens, issu de *hobby* «cheval», *sommet* «réunion de dirigeants » un calque de *summit,* figuré de « sommet ».

TRADUCTIONS ET ÉQUIVALENTS.

On ne sera donc pas étonné de trouver à la nomenclature de cet ouvrage des entrées qui ont un air « bien français » et qui représentent soit des mots anglais de même forme, soit des calques. La différence entre traduction ordinaire et calque est parfois difficile à faire : *objecteur de conscience (conscientious objector)* semble bien être un calque, mais *libre-service (self-service)* et *longue durée* adj. *(long playing)* sont plutôt des traductions, un des éléments n'étant pas littéralement traduit. Chaque fois qu'il existe une traduction courante du mot traité, nous l'avons signalée dans l'article, afin que le lecteur soucieux d'éviter les anglicismes puisse trouver un équivalent français également en usage. Nous avons laissé libre cours aux discussions des écrivains, des lexicologues et des puristes qui proposent des termes français en remplacement du mot traité. C'est une activité néologique amusante à laquelle chacun pourra s'exercer. Néanmoins, il ne s'agit pas seulement d'inventer un mot, encore faut-il le faire circuler. Il arrive qu'un équivalent bien formé soit proposé sans succès. Fidèles aux principes de la lexicographie, nous avons toujours décrit l'usage réel, même si l'anglicisme triomphe : c'est à tous ceux qui parlent le français qu'il incombe de maintenir ou de changer l'état des choses en utilisant le mot critiqué ou le mot recommandé.

5. Les mots et les choses.

On peut s'intéresser à l'emprunt linguistique en lexicologue, mais aussi en sociologue et en historien. Lorsqu'on a sous les yeux la liste des anglicismes que le français a employés tout au long de son histoire, on dispose en fait de la trace des relations profondes entre la France et l'Angleterre, la France et les États-Unis, depuis que ces pays existent. Car ce n'est pas par hasard que tel mot a été emprunté plutôt que tel autre ; l'anglicisme témoigne de notre connaissance du monde anglo-saxon et d'un enrichissement de notre univers d'objets et de pensées. Un dictionnaire des gallicismes fait par les Anglais et les Américains révélerait de même la profonde influence de la France.

La découverte des réalités d'un pays étranger passe presque toujours par la langue étrangère correspondante, car dans un premier temps on ne peut en parler qu'en les appelant par leur nom. C'est un véritable plaisir de lire les textes de ces voyageurs français qui découvrent les États-Unis de l'époque héroïque et décrivent leurs sujets d'étonnement, d'émerveillement. Quel soin ils apportent à nous informer sur ce qui leur paraît différent et étrange, donc pittoresque, quel luxe de commentaires et de précisions ! Nous avons laissé une large place à ces voyageurs brasseurs de civilisations, qu'ils soient ou non de grands écrivains, afin que le lecteur découvre naïvement avec leurs yeux ce qui, aujourd'hui, est connu grâce à eux.

L'emprunt ne résulte pas d'une pénétration des langues étrangères dans la nôtre : nous ne sommes plus victimes des invasions ou des annexions, et pour qu'il y ait emprunt, il faut un emprunteur. Les différences géographiques (climat, flore, faune) nous sont d'abord connues dans une autre langue, mais aussi les différences de traditions, de civilisation, qui peuvent nous convaincre ou nous séduire. Ce n'est pas sans raison que nous avons pris le vêtement imperméable aux Anglais, d'abord le *mackintosh*, premier du genre, puis le *waterproof* et le *trench-coat* : en Angleterre il pleut beaucoup et, en France, où il pleut à peine moins, l'offre répondait à la demande. Et même si un mot français est créé, comme *imperméable,* la mode donnera toujours la préférence à un terme qui évoque l'Angleterre.

L'EMPRUNT DE NÉCESSITÉ.

Il existe de ce point de vue deux types d'emprunts ; les uns, parfois appelés *xénismes,* servent à parler de réalités étrangères qui n'existent pas en France (le *breakfast,* le *cow-boy, l'année sabbatique,* le *mobile home*) ; les autres désignent des réalités étrangères acclimatées en France (le *whisky,* le *clown,* le *week-end,* le *duplex,* le *show-biz*). Le premier type est généralement assez stable, mais offre peu d'occurrences puisqu'il se limite au discours sur l'Angleterre ou l'Amérique. C'est un mot thématique d'histoire ou de géographie, au sens le plus large, ou un mot de touriste, et son emploi n'est guère critiqué. Les essais de traduction sont souvent ridicules tel ce *vacher* proposé naguère pour *cow-boy (film de vachers ? Vachers qui attaquent un train ?).* Le second type est parfois remplacé par un mot français, nos concitoyens supportant mal que la quotidienneté de la vie familière soit envahie de notions étrangères. Et pourtant nous revendiquons pour notre *confort* et notre *standing* le droit de posséder un *duplex* avec un *dressing-room,* et une *caravane* pour faire du *tourisme* et du *camping.* Il existe des domaines privilégiés du monde anglo-saxon auxquels nous empruntons constamment des mots et des choses. Ce n'est pas un hasard si *pub* est venu doubler *bar,* et le *charter* renforcer le *paquebot,* si le *gag* est un renouvellement de l'*humour,* si le *consumérisme* a suivi de près le *merchandising ;* rien d'étonnant non plus si, munis de *revolvers* et de *vingt-deux long rifle,* nos *gangsters* choisissent le *hold up,* le *kidnapping* et le *racket.* De même les Américains avaient-ils d'excellentes raisons d'emprunter *macho* à l'espagnol du Mexique. Néanmoins, l'histoire nous apprend que ces domaines, quoique toujours présents, changent d'importance relative d'une période à une autre. Le XIXe siècle est bien connu pour l'irruption du vocabulaire des sports ; au XXe siècle, on emprunte moins dans ce domaine, et plus dans celui des activités du secteur tertiaire (le commerce et ses métiers). Les emprunts techniques et scientifiques sont assez réguliers mais se propagent plus lentement, étant généralement peu diffusés par les media.

L'EMPRUNT DE LUXE ET LA MODE.

Le type d'emprunt le plus mal supporté est un mot étranger dénommant une réalité française qui a déjà un nom français, par ex. *soda* pour *eau de Seltz, attaché-case* pour *mallette, night club* pour *boîte de nuit, handicapé* pour *infirme.* On a alors le sentiment que des mots français sont ou doublés ou évincés, que ce qui était tout à l'heure un enrichissement est à présent une redondance ou une substitution mutilatrice. Cet emprunt est souvent appelé « emprunt de luxe », et, par contraste, l'emprunt des mots liés aux réalités étrangères « emprunt de nécessité ». Mais c'est raisonner trop simplement. D'une part, on voit à chaque instant que nécessité ne fait pas loi. L'anglais nous offre le mot *nut,* terme générique dont nous avons grand besoin pour nommer les cacahuètes, noix de cajou, amandes et noisettes servies à l'apéritif et qu'on ne peut appeler *noix* (angl. *walnut*) sous peine de confusion ; or nous n'utilisons pas ce mot si commode. D'autre part, toute langue possède des synonymes, et nous trouvons normal d'avoir en français plusieurs mots pour désigner la même chose. Il n'est pas certain non plus que l'« emprunt de luxe » ne soit pas quelque peu différent du mot français existant : différence dans l'objet désigné et son contexte, dans la signification, dans l'emploi du mot, dans les connotations (associations d'idées) qu'il déclenche.

Enfin, c'est faire bon marché de la fonction symbolique des mots : un mot nouveau donne l'illusion d'une chose nouvelle et cette illusion, elle, n'est pas un luxe, mais une nécessité. On dit que la mode, qui feint de changer notre univers, est un éternel recommencement. Or ce sont les mots nouveaux, tout autant que les choses nouvelles, qui alimentent notre besoin de changement. La mode, qui est avant tout affaire de langage, trouve dans les langues étrangères les plus familières une source inépuisable de mots disponibles et dépaysants. Que ce soit surtout la langue anglaise qui soit notre pourvoyeuse s'explique par de nombreuses raisons historiques, économiques et culturelles ; mais le fait déterminant, à notre avis, c'est que les Français cultivés de toutes les époques ont pratiqué cette langue et qu'aujourd'hui encore, c'est celle qu'ils connaissent le mieux et qu'ils voudraient savoir parler (pour ne rien dire de l'obligation où ils sont souvent d'y recourir). Là encore, ce n'est pas par hasard si, pour être à la mode, il fallait naguère être *fashionable* et *smart,* aujourd'hui *snob* et *in.* After all — in English — some strive to be *elegant* and *chic,* as they follow the current *vogue.*

La documentation de ce dictionnaire a été rassemblée par Simone MICOUD et Colette THOMPSON.
La bibliographie a été établie par Isabelle CHÂTELET.
Le manuscrit a été dactylographié par Émilie BARAO, Danièle BOUFFAUT, Karol GOSKRYNSKI, Annick LANZ et Sylvette ROBSON.
La préparation typographique et la correction ont été effectuées par Nadine LEFORT, Brigitte ORCEL, Christiane POULAIN, Jacqueline QUÉNY et Robert PAUCOU.

NOTE TECHNIQUE

Anglicismes et américanismes.

L'anglais de la Grande-Bretagne et celui des États-Unis diffèrent à bien des égards, et notamment en ce qui concerne le vocabulaire. Historiquement, l'anglais s'est enrichi d'unités nouvelles nées en Amérique (néologismes, emprunts, changements de sens) et désignant des réalités américaines : ce sont les américanismes historiques. D'autre part, dans l'usage, et pour exprimer une même notion, les Anglais et les Américains peuvent disposer de mots différents : ce sont des américanismes pour les Anglais et des « briticismes » pour les Américains. Les américanismes historiques et d'usage par rapport à l'anglais ont seuls été retenus comme mots américains, eu égard à cette évidence que l'anglais est la langue non marquée. Ce qu'on appelle *américanisme en français* est l'emprunt d'un de ces mots, soit par l'anglais, soit directement des États-Unis. Il arrive qu'un mot anglais soit emprunté par le canal américain ; on l'a alors caractérisé comme tel (et non pas comme américanisme). Les emprunts que les Anglais ou les Américains ont fait à d'autres langues, et qui sont arrivés en français par l'anglais, sont considérés, selon le cas, comme des anglicismes (par ex., les mots hindis, tamouls, etc.), ou comme des américanismes (par ex., mots espagnols, italiens, amérindiens). Inversement, un mot historiquement anglais qui nous est venu par l'allemand est considéré comme un germanisme, et n'a pas été traité ici.

Il existe des dictionnaires d'américanismes qui traitent des américanismes en anglais (sens le plus courant d'*américanisme*, V. Bibliographie). Pour qu'il n'y ait pas confusion dans l'esprit du lecteur, nous avons intitulé cet ouvrage *Dictionnaire des anglicismes,* étant bien entendu qu'il s'agit des emprunts à l'anglais de Grande-Bretagne comme à celui d'Amérique (américanismes en français).

Nomenclature.

La nomenclature de mots et de locutions présentée ici comprend 2 714 unités représentant les emprunts faits à l'anglais de Grande-Bretagne et d'Amérique, d'aussi loin qu'on puisse remonter dans l'histoire de la langue jusqu'à la période contemporaine. Cette nomenclature historique contient donc les mots sortis d'usage comme *fashionable, high life, inexpressible, for ever,* mots dont notre littérature conserve la trace. Pour les mots actuellement en usage, nous n'avons pas prétendu être exhaustifs, aucun dictionnaire ne l'étant dans le domaine qu'il décrit. La description se limite au français de France. Les anglicismes du français du Canada, différents à bien des égards, n'ont pas été répertoriés dans cet ouvrage.

Structure des articles.

Nous avons divisé chaque article en deux parties de typographie différente et séparées par le signe ✶. La première partie, linguistique, montre l'emploi du mot, essentiellement à l'aide de citations, et parfois d'exemples forgés. Les sens différents donnent matière à numérotation. — La seconde partie, métalinguistique, analyse le mot emprunté, donne sa date d'apparition référencée, son étymologie en anglais, l'histoire de sa graphie, de sa prononciation, la façon dont on l'accepte ou le rejette ; ces réflexions sur l'emprunt sont assorties, chaque fois que l'occasion se présente, de citations parlant du mot emprunté, qui proviennent non seulement de lexicologues (puristes ou non), mais aussi d'écrivains soucieux de bon usage, de journalistes, de Commissions techniques, etc. Les équivalents français proposés par ces observateurs du langage sont mentionnés, pour que le lecteur en fasse l'usage qui lui paraît bon. Lorsque l'emprunt a produit des dérivés en français, ils sont énumérés en fin d'article et ne donnent pas lieu à une entrée, puisqu'ils sont formés dans notre langue (le dérivé anglais emprunté est, au contraire, à la nomenclature). En faisant l'histoire de l'emprunt, on a été naturellement conduit à faire celle de l'objet désigné, qui est souvent importé avec son nom. Seule l'intime relation des mots et des choses est éclairante pour les uns et les autres, et aussi instructive pour le linguiste que pour l'historien des civilisations (le langage est le fondement des sciences humaines).

Citations et métalangage.

Comme on l'a montré dans « La Sémiotique de l'emprunt lexical » (voir Bibliographie), le mécanisme par lequel on introduit un mot étranger dans le discours d'une langue obéit aux règles du métalangage : en effet, l'intrus est d'abord cité et glosé avant de fonctionner comme un mot ordinaire, et il se présente alors avec une forme spéciale (guillemets, italiques). On ne s'étonnera donc pas de trouver, dans la partie non métalinguistique, des citations où le mot porte ces marques. Inversement on pourra lire, dans la partie métalinguistique, des citations où il ne les porte pas, et qui sont des discours simulés pour introduire des anglicismes ; le seul critère retenu est l'intention d'informer sur le langage, révélée par le contexte. Ce classement prévaut aussi dans les deux parties de la bibliographie : ouvrages qui traitent de la langue (p. 1121), et ouvrages dits « généraux », qui ne traitent pas de la langue (p. 1128).

Graphies et prononciations.

L'entrée représente toujours la forme actuelle du mot, et elle est suivie de sa prononciation actuelle en français, les variations historiques étant montrées dans les citations et commentées dans la partie métalinguistique. On prendra bien garde de ne pas confondre la prononciation en français avec celle qui a cours en anglais ; l'écart peut être plus ou moins grand, mais il existe toujours une différence, le français ne possédant pas les mêmes phonèmes (par ex.

th est transcrit [z]) et n'ayant pas le même accent tonique (le [ə] anglais de la syllabe finale devient [œ] accentué en français). Nous avons décrit la (ou les) prononciation(s) des personnes cultivées, qui se situe généralement quelque part entre la prononciation anglaise réelle et une prononciation totalement francisée ; cette dernière est populaire ou ironique, sauf pour les emprunts intégrés de longue date. Il arrive aussi que l'usager prononce des anglicismes à l'anglaise, soit parce qu'il est bilingue et ne peut s'en empêcher, soit dans l'intention de montrer qu'il connaît l'anglais et le respecte. Cette pratique va à l'encontre de l'intégration. Il s'agit toujours ici de l'usage français, pris comme norme phonétique : la situation est bien différente au Canada, où l'anglais (l'américain) est généralement prononcé selon une norme plus proche de celle du Canada anglais ou des États-Unis.

Nous avons scrupuleusement respecté les textes des auteurs cités, avec leurs graphies variables, sans porter de jugement sur le bien-fondé de l'orthographe. Ce flottement fait partie de l'histoire de l'emprunt ; la situation précaire du mot emprunté ne permet pas toujours de distinguer une transcription maladroite d'un lapsus ou même d'une coquille. Les marques métalinguistiques sont aussi fidèlement reproduites, et aucune autre marque — suprasegmentale ou typographique — n'a été ajoutée au texte. Si le mot - entrée est en italique dans la citation, ceci est le fait de l'auteur qui veut prendre ses distances par rapport au mot utilisé.

Josette REY-DEBOVE

AVERTISSEMENT
POUR
LA SECONDE ÉDITION

Nous présentons ici une seconde édition augmentée et corrigée du *Dictionnaire des anglicismes*.

Nous sommes restés fidèles au projet général de l'ouvrage : les 140 mots ajoutés ne sont pas des mots rares, mais bien plutôt des mots récents qui apparaissent fréquemment dans la conversation et dans la presse (ex. *boat people, cibiste, clone, disquette, E. C. U., prompteur, wargame, winch*). Par ailleurs, des lacunes ont été comblées, et on a remédié à quelques erreurs ou imprécisions. On a notamment supprimé certains mots dont l'origine était douteuse ou l'emploi trop rare. L'intérêt qu'a suscité cet ouvrage nous a valu de nombreuses remarques de spécialistes de l'histoire de la langue, tant en français qu'en anglais. Nous tenons à remercier pour leur précieuse collaboration les professeurs Pierre Gilbert (Sarrebrück), Pierre Enckell (Besançon), Duncan McMillan (Edimbourg), Peter Weisman (Berkeley), R.E. Hawkins (Bombay) et l'*Institut national de la langue française* dirigé par Bernard Quemada (C. N. R. S.), qui a permis la prépublication de certains documents, ainsi que Georges Petiot pour sa documentation sur les termes de sport.

J.R.-D.

ABRÉVIATIONS

abrév.	abréviation	esp.	espagnol
absolt	absolument	étymol.	étymologie
add.	additif	ethnol.	ethnologie
adj.	adjectif	exclam.	exclamatif
adjectivt	adjectivement	f., fém.	féminin
admin.	administratif	fam.	familier
adv.	adverbe	fig.	(sens) figuré
agric.	agriculture	fin.	finances
amér.	américain	géogr.	géographie
anc. fr.	ancien français	géol.	géologie
ancienn.	anciennement	gr.	grec
angl.	anglais	h.	*hapax* : apparition, attestation isolée d'un mot (suivi de la date de cette attestation, puis de la date d'emploi normal et continu).
apr.	après		
art.	article		
archéol.	archéologie		
astron.	astronomie		
atom.	atomique		
av.	avant		
aviat.	aviation	hist.	histoire
biol.	biologie	hum.	(sciences) humaines
bot.	botanique	imprim.	imprimerie
©	Copyright	in	dans
Cf.	*confer* : comparez	indus.	industrie
chim.	chimie, chimique	inform.	informatique
chir.	chirurgie	internat.	international
cin.	cinéma	intr.,	intransitif
cit.	citation	invar.	invariable
comm.	commerce	lat.	latin
comp.	complément	ling.	linguistique
compt.	comptabilité	litt.	littérature, littéraire
conj.	conjonction	littéralt	littéralement
const.	constitutionnel	loc.	locution
cour.	courant	loc. prov.	locution proverbiale
déb.	début	log.	logique
dér.	dérivé	m, masc.	masculin
dialect.	dialectal	mar.	marine
dict.	dictionnaire	math.	mathématique
didact.	didactique	méd.	médecine
diplom.	diplomatie	métaph.	métaphore
dr.	droit	météo.	météorologie
écon.	économie	mil.	milieu
électr.	électricité	minéral.	minéralogie
électron.	électronique	milit.	terme technique du langage militaire
empr.	emprunt, emprunté		
encycl.	encyclopédie	mod.	moderne

mus.	musique	s. d.	sans date
n.	nom	sem.	semestre
néol.	néologisme	sept.	septembre
nom.	nominatif	sing.	singulier
nucl.	physique nucléaire	sociol.	sociologie
océanogr.	océanographie	spect.	spectacle
onomat.	onomatopée	spécialt	spécialement
op. cit.	opus citatum	stat.	statistique
opt.	optique	subst.	substantif
paléont.	paléontologie	suff.	suffixe
par anal.	par analogie	suppl.	supplément
p. p.	participe passé	symb.	symbole
par ext.	par extension	syn.	synonyme
part.	participe	t. (dans le	
péj.	péjoratif	texte)	terme
pers.	personne	t. (dans les	
pharm.	pharmacie	références)	tome
philo.	philosophie	techn.	technique
phys.	physique	télécom.	télécommunications
pl., plur.	pluriel	télév.	télévision
polit.	politique	tr., trans.	transitif, transi-tivement
pop.	populaire		
proprt	proprement	trad.	traduction
psychol.	psychologie	v.	verbe
publ.	publicité	v. (devant	
rac.	racine	une date)	vers
relig.	religieux, religion	V.	voir, se reporter à
REM.	remarque	var.	variante
s.	siècle	vx	vieux
sc.	science, scienti-fique	zool.	zoologie

Dans les textes :

  ∗ ce signe introduit la partie métalinguistique.

  * l'astérisque supérieur à la suite d'un mot renvoie à l'article traitant cet anglicisme.

  → la flèche suivie d'un mot en gras invite à s'y reporter.

  * l'astérisque supérieur précédant un mot indique qu'il s'agit d'une forme non attestée.

Dans les références bibliographiques :

(□) le carré devant la date entre parenthèses signale la première publication de l'ouvrage en question, pertinente pour dater le mot.

(†) cette croix après une date d'édition signale qu'il s'agit d'une publication posthume.

Alphabet phonétique et valeur des signes

VOYELLES

[i]	il, vie, lyre
[e]	blé, jouer
[ɛ]	lait, jouet, merci
[a]	plat, patte
[ɑ]	bas, pâte
[ɔ]	mort, donner
[o]	mot, dôme, eau, gauche
[u]	genou, roue
[y]	rue, vêtu
[ø]	peu, deux
[œ]	peur, meuble
[ə]	le, premier
[ɛ̃]	matin, plein
[ɑ̃]	sans, vent
[ɔ̃]	bon, ombre
[œ̃]	lundi, brun

SEMI-CONSONNES

[j]	yeux, paille, pied
[w]	oui, nouer
[ɥ]	huile, lui

CONSONNES

[p]	père, soupe
[t]	terre, vite
[k]	cou, qui, sac, képi
[b]	bon, robe
[d]	dans, aide
[g]	gare, bague
[f]	feu, neuf, photo
[s]	sale, celui, ça, dessous, tasse, nation
[ʃ]	chat, tache
[v]	vous, rêve
[z]	zéro, maison, rose
[ʒ]	je, gilet, geôle
[l]	lent, sol
[ʀ]	rue, venir
[m]	main, femme
[n]	nous, tonne, animal
[ɲ]	agneau, vigne

[h]	hop !
[']	haricot (pas de liaison)

[ŋ]	camping
[x]	mots empr. espagnol, jota ; arabe, khamsin, etc.

Attention : Les transcriptions phonétiques de cet ouvrage indiquent la **prononciation française** la plus courante des anglicismes ; pour la prononciation anglaise, veuillez consulter un dictionnaire bilingue ou un dictionnaire anglais.

A

ABERRATION [abɛʀasjõ] *n. f.*

1° (1733) Effet d'optique, état d'une image qui s'écarte de la réalité. — Dispersion des rayons lumineux qui ont traversé une lentille. — REM. : Signalé dans le dict. de l'Académie 1762.

« Nous mettons tous les ans plus d'industrie [...] dans nos tabatières [...] que les Anglais n'en ont mis à calculer l'aberration de la lumière. »
VOLTAIRE, *Lettre du 20 juin 1733* [*in* Mackenzie, p. 95].

« Un système de lentilles de grand diamètre, de court foyer et présentant une très faible aberration, a été imaginé par le colonel Mangin [...]. »
L. FIGUIER, *L'Année scientifique et industrielle*, p. 108, 1887 (□ 1886).

2° (1775) Déviation du jugement, du bon sens. *Quelle aberration ! Dans un moment d'aberration.*

✳ Mot anglais (XVIIᵉ s.) du lat. *aberrationem*, de *aberrare* (*errare* « errer », *ab-* « au loin »), d'abord « déviation, errement », puis sens optique (XVIIIᵉ s.). C'est par ce sens scientifique que le mot a pénétré en français. Il est possible que le sens 2° se soit formé en français, les attestations en anglais étant plus tardives.

ABOLITIONNISME [abɔlisjɔnism] *n. m.*

(1836) Doctrine des partisans de l'abolition de l'esclavage. — REM. : Deux *n.* — Absent de Littré (Littré 1863 et Suppl. 1877) et des dict. de l'Académie (signalé toutefois dans le Suppl. 1836).

« L'opinion publique dans les états du nord de la confédération américaine a été de tout temps contraire à l'esclavage ; mais ce qu'on appelle l'abolitionisme [*sic*], c'est-à-dire la propagande en vue d'arriver à la suppression de la servitude n'a pris naissance que dans les trente dernières années et doit son origine aux blessures faites aux sentiments religieux. »
CUCHE-VAL-CLARIGNY, in *La Revue des Deux-Mondes*, 1856 [*in* T.L.F.].

✳ Anglais *abolitionism* (1808, lui-même formé sur le français *abolition*) créé lorsque les Anglais envisagèrent l'abolition de l'esclavage des Noirs, déjà interdit par la Convention en France. Les lois pour l'abolition de l'esclavage furent votées en 1833 en Angleterre, en 1848 en France. Cet emprunt s'est répandu sous l'influence de l'américain.

ABOLITIONNISTE [abɔlisjɔnist] *n.* et *adj.*

(1826) Partisan de l'abolition de l'esclavage. Relatif à l'abolitionnisme*. — REM. : Deux *n.* — Signalé dans le Suppl. 1836 du dict. de l'Académie et dans le dict. de Littré 1863.

« La France et les États-Unis commencent à recueillir les fruits qu'ont semés les abolitionnistes : une insurrection des nègres a éclaté

dans le Tennessée, et la population noire a tenté de ravir l'île Bourbon
à la France. »   BALZAC, *Chronique de Paris*, p. 47 (□ 1836).

« En 1851 [...] les États-Unis étaient déjà profondément remués par
cette agitation abolitionniste qui devait aboutir, dix ans plus tard, à la
plus terrible des guerres civiles. [...] le mouvement abolitionniste avait
été effectué en Angleterre par des sociétés religieuses, au nom de la
fraternité et de l'unité des races adamiques ; c'était sous cette forme
qu'il s'était propagé aux États-Unis, [...]. »
            P. BROCA, in *Revue des cours scientifiques*, 17 juil. 1869, pp. 524-525.

« Cet intrépide était un nègre, né sur le domaine de l'ingénieur, d'un
père et d'une mère esclaves, mais que, depuis longtemps, Cyrus Smith,
abolitioniste [*sic*] de raison et de cœur, avait affranchi. »
                    Jules VERNE, *L'Île mystérieuse*, p. 12, Hachette (□ 1874).

✱ De l'anglais *abolitionist* (1790, formé sur le français *abolition*)
→ **Abolitionnisme.** Cet emprunt est venu d'Amérique (1826, *in*
D. D. L., 2ᵉ série, 13).

ABSENTÉISME [absɑ̃teism] *n. m.*

1° (1829) Habitude prise par les propriétaires fonciers de résider
hors de leurs terres. — Habitude prise par les députés de ne
pas siéger à la Chambre. — REM. : Enregistré par Littré 1863 ;
absent des dict. de l'Académie.

« Le public [...] a même le droit d'absentisme, comme on dit à la
Chambre. »   Th. GAUTIER, *Art dram. en Fr.*, 1847 [*in* D.D.L., 1ʳᵉ série].

« Les neuf dixièmes du sol passent à des Anglais. Ces grands
propriétaires ne résident même pas dans le pays ; ils vont manger chez
eux le revenu de la terre irlandaise ; ils livrent à des *middlemen*, sortes
de régisseurs impitoyables, les anciens propriétaires, devenus sur leur
propre champ des *cottiers*, semblables par leur condition aux colons
antiques. Cet absentéisme, la difficulté de vendre un peu avantageusement, d'autres causes, parmi lesquelles le découragement du peuple
inférieur, multiplient la pâture aux dépens de la culture, et sur les
pâturages erre une population nomade, prête au brigandage, rongée
d'une haine muette. »
            LAVISSE et RAMBAUD, *Histoire Générale*, t. VII, p. 867 (□ 1896).

2° (1846) Comportement d'un employé souvent absent.

« Si par hasard un maître rigoureux exige de la régularité et
l'exécution de la tâche habituelle avec plus d'exactitude que ses voisins,
il est exposé à la désertion et à l'absentéisme ; à la désertion, parce que
l'employé veut prendre du service chez quelque propriétaire où il pourra
se livrer à plus d'indolence, et à l'absentéisme, parce que c'est pour lui
un moyen d'échapper temporairement à la contrainte et au travail
régulier. »
Annales maritimes et coloniales, t. 97, pp. 79-80, 1846 [*in* D. D. L., 2ᵉ série,
15].

« L'absentéisme. C'est la bête noire des chefs d'entreprise. Il se
justifie par la maternité, bien sûr, et par la nécessité de cumuler les
charges familiales et les tâches professionnelles. »
                                      L'Express, 27 nov. 1972, p. 81.

✱ Mot emprunté à l'anglais *absenteeism* (déb. xixᵉ s.) de l'adj.
absentee « absent » formé sur le v. *to absent oneself* emprunté au
français *s'absenter* et le suff. *-ee* (Cf. *Committee*, etc.). Ce mot apparaît
en 1829 avec la graphie *absentisme* (*absentéisme*, 1834). Il a produit
un dérivé français *absentéiste*, adj. et n. (1853, La Châtre).

ABSTRACT [abstʀakt] *n. m.*

(XXᵉ s. : 1939, *la Civilisation écrite*, in T.L.F.) Résumé. *La
revue fournit les abstracts des livres récemment parus.* — REM. :
Absent du dict. de l'Académie 1932.

« Cependant l'importance de ce type de publications décroîtra à
mesure que de nouveaux media, comme les circulaires, les services
d'informations et d'" abstracts " se multiplieront. »
                                      Informations tg., 15 fév. 1972, p. 4.

✳ Mot anglais *abstract* n. (1528), même sens, de l'adj. *abstract* (latin *abstractus*). Ce mot a pénétré en français par la voie des revues scientifiques et techniques internationales. Le terme français *résumé* convient aussi bien. Le Comité d'étude des termes techniques français propose *extrait* ou *analyse*.

« Si la proposition [du Comité d'étude des termes techniques français] de substituer [...] *abrégé* à *abstract* [...] ne saurait être qualifiée d'anglophobie, certaines autres réactions n'en sont pas exemptes. »
L. GUILBERT, *Anglomanie et Vocabulaire technique*, oct. 1959, p. 292.

ABSURDE [absyʀd] *adj.*

(XVIIIᵉ s.) *Ne soyez pas absurde !* ne soyez pas déraisonnable.

« Il n'y a aucun homme assez absurde pour croire une religion vraie par une pareille raison. »
TURGOT, in *Œuvres*, 1775 [*in* Brunot, t. VI, 2-a, p. 1 367].

✳ Jusqu'au XVIIIᵉ siècle *absurde* ne se disait que des choses ; c'est par imitation de l'anglais *absurd* adj. (1557), lui-même emprunté du français, qu'on l'a appliqué aux personnes (1597, *Absurd Men for Businesse* « un homme déraisonnable en affaires », Bacon. — 1874, *don't be absurd* « ne soyez pas absurde ! », Black).

ACCENT (mettre l'accent sur) [mɛtʀəlaksɑ̃syʀ] *loc. verb.*

(XXᵉ s.) *Mettre l'accent sur quelque chose*, mettre en relief, insister sur. *Le ministre a mis l'accent sur la nécessité d'une politique d'austérité. Dans cette décoration, on a mis l'accent sur les verticales.*

« j'ai toujours cherché à adoucir les arêtes, à mettre l'accent sur ce qui me rapproche de mes semblables [...]. »
MONTHERLANT, *Le Démon du Bien*, p. 67 (□ 1937).

✳ Cette expression apparaît au XXᵉ siècle (absente de Littré 1863, enregistrée par le dict. Robert 1954) ; elle est imitée de l'anglais. Bien que critiquée, elle ne présente aucun caractère qui soit contraire au système français.

« C'est encore l'influence de l'anglais (par anglais il faut comprendre aussi américain) qui infléchit des mots bien de chez nous, comme *incidence, accent* et *valable*, vers des sens inédits qui ne ressortissent plus à l'usage traditionnel du français. »
R. GEORGIN, in *Défense de la langue française*, juil. 1959, p. 15.

ACCOMPLISSEMENT [akɔ̃plismɑ̃] *n. m.*

(v. 1960) Ce qui est accompli, réalisation, performance, résultat.

✳ En français *accomplissement* a le sens d'« action d'accomplir », et est généralement suivi d'un complément : *accomplissement d'un acte, d'un devoir, d'un désir.* L'emploi au sens de « ce qui est accompli » est imité de l'anglais *accomplishment* n. (1599, en ce sens ; [...] *some of the major accomplishments of meteor-spectroscopy*, Herschel, 1881). Le mot anglais lui-même est emprunté (au XVᵉ s.) du français.

« un célèbre général, qui fut naguère ambassadeur, parle des *"accomplissements* considérables" (accomplishments) réalisés par le régime de l'U.R.S.S. [...]. »
LE BIDOIS, *Les Mots trompeurs*, p. 271 (□ 1970).

ACCULTURATION [akyltyʀɑsjɔ̃] *n. f.*

(1911) Acquisition d'une culture nouvelle par un groupe social (langage, habitudes et valeurs). — REM. : Absent du dict. de l'Académie 1932.

« Les études consacrées aux changements sociaux opérant dans les pays en voie de développement, de même que les recherches relatives aux phénomènes dits " d'acculturation ", se sont multipliées depuis 1945. »
G. BALANDIER, *Sociologie actuelle de l'Afrique noire*, p. VII (□ 1963).

« En Australie, l'acculturation, c'est-à-dire l'émergence d'un nouveau complexe culturel résultant de l'ancienne tradition et des apports étrangers, n'est pas possible. »
A. DROUILLEAU, in *La Recherche*, juin 1971, p. 582.

✱ Mot américain, t. d'anthropologie (1880) composé sur le latin *cultura* et *ad(c)-*, attesté en français dans le *Larousse mensuel*, 1911, p. 99.

« Certains termes traduits de l'américain, tel cet affreux "acculturation" que nous devons, hélas, aux doctes de l'UNESCO [...]. »
LE BIDOIS, in *Le Monde*, 1ᵉʳ oct. 1958 [*in* Gilbert].

On a formé en français le verbe *acculturer*, l'adj. *acculturé* et le dérivé antonyme *contre-acculturation* :

« C'est dans une telle perspective qu'il convient d'approcher les faits dits de *contre-acculturation* (réaction à la fois culturelle, raciale et politique), les mouvements sociaux tels que les " églises nègres " [...]. »
G. BALANDIER, *Sociologie actuelle de l'Afrique noire*, pp. 29-39 (□ 1963).

ACÉTYLÈNE [asetilɛn] *n. m.*

(1862) Gaz incolore inflammable (C_2H_2) qui est un hydrocarbure. *Lampe à acétylène.* — REM. : Absent du dict. de l'Académie 1878, apparaît seulement dans celui de 1932.

« dans les conditions que nous venons de faire connaître, l'hydrogène et le carbone se sont combinés, et ont formé le produit connu sous le nom d'*acétylène*. »
L. FIGUIER, *L'Année scientifique et industrielle*, p. 137, 1863 (□ 1862).

« Antioche avait tout prévu. Un pick-up à quatorze lampes, dont deux à acétylène en cas de panne de courant, trônait, installé par ses soins, dans le grand salon du Major [...]. »
Boris VIAN, *Vercoquin et le Plancton*, Losfeld, p. 14 (□ 1947).

✱ Anglais *acetylene,* nom donné au gaz découvert par Davy en 1836, à partir des éléments *acet(ic), (h)yl* et *-ene*. Littré-Robin enregistre *acétylène* en 1865 ; la date de 1836, avancée par Dauzat, Dubois et Mitterand, est erronée.

ACHARDS [aʃaʀ] *n. m. pl.*

(1829 ; une première fois en 1609) Condiment composé de menus morceaux de légumes, de fruits macérés dans du vinaigre et du sel. — *Syn.* Pickles. — REM. : Absent des dict. de l'Académie, sauf du Complément de 1842.

« Ils [Bouvard et Pécuchet] perfectionnèrent les achars de Mᵐᵉ Bordin, en épiçant le vinaigre avec du poivre [...]. »
FLAUBERT, *Bouvard et Pécuchet*, p. 724 (□ 1881).

✱ Le mot est apparu en français sous la forme *achars* (1829, Boiste), *achars* ou *achards* (Littré Suppl. 1877). C'est l'anglo-indien *achar* (1675) qui vient du persan par le malais et qui a été francisé par un pseudo suffixe *-ard*. Les premiers emplois viennent du portugais mais restent isolés (XVIIᵉ s.) ; la diffusion relève très probablement de l'anglais. Moins courant que *pickles,* il présente l'avantage de posséder une prononciation typiquement française.

ACHÈVEMENT [aʃɛvmɑ̃] *n. m.*

(v. 1960) Réussite.

✱ Le mot *achèvement* n'a en français que le sens « action d'achever, de terminer, de réaliser jusqu'au bout ». L'idée de « terminer avec succès » vient de l'anglais *achievement* n. (1593) lui-même emprunté au français au XVIᵉ siècle au sens général. Ce nouveau sens est inutile en français puisque nous avons *réussite*.

« Quand je l'aurai *complété* [mon dictionnaire] (comme disent nos sabiraux, pour *achevé*), ce sera un *achèvement* (comme disent nos mêmes sabiraux, c'est-à-dire un *exploit*) dont je ne serai pas mécontent. »
ÉTIEMBLE, *Parlez-vous franglais ?*, p. 302 (□ 1964).

ACID ou ACIDE [asid] *n. m.*

(1966) Acide lysergique diéthylamide, drogue hallucinogène aussi appelée LSD → **LSD.**

« Hier, l'"acid" faisait sortir d'eux-mêmes, du monde et de l'Histoire quelques créateurs de génie. Aujourd'hui, c'est un signe de ralliement d'une anti-élite. »   *L'Express*, 3 nov. 1979, p. 85.

« L'acide décape la tête quand on a quinze ans. Le cerveau fonctionne furieusement, avale le quotidien et rejette tout ce qui a le goût avarié des morales périmées. Jacno a le vertige : les adultes ont l'air de zombies, de marionnettes absurdes. Le monde est gâteux, ses valeurs tombent en poussière. Jacno rit et avale trip sur trip, jusqu'à deux par jour. Il veut aller au bout du jeu de massacre, toucher le fond. Il le touche. »   *Actuel*, fév. 1980, p. 108.

✱ De l'américain *acid* (attesté en 1967, *in* Barnhart, *Dict. of New English*, I), abrév. de *lysergic acid*. Cet emprunt est enregistré en 1966 (Gilbert, *Dict. des mots contemporains*).

ACID-PARTY [asidparti] *n. f.*

(1966, *in* Gilbert) Réunion de drogués qui prennent du L.S.D.

✱ Emprunt récent à l'américain (J.-L. Brau, *Histoire de la drogue*, p. 264 ; mot formé de la même manière que *surprise-party*, avec *acid* nom fam. du L.S.D [acide lysergique diéthylamide]). En français on rencontre *acid-party* ou parfois sa traduction *acide-partie* (*La Banque des mots*, 1971, n° 1, p. 112), composé très mal formé en français.

ACRE [akr] *n. f.*

(XIIᵉ s.) Ancienne mesure agraire française qui valait environ 52 ares — Mesure agraire, dans les pays anglo-saxons, qui vaut 4 046,88 m². — REM. : Enregistré dans le 1ᵉʳ dict. de l'Académie 1694.

« le poème de mille et mille vies, de tant d'efforts propres à transformer le cabaretier grec en propriétaire de brasseries [...], les terrassiers moraves en cultivateurs de cent mille acres, le juif polonais en administrateur de grand magasin [...]. »
                        P. ADAM, *Vues d'Amérique*, p. 349 (□ 1906).

« Pour mon compte je voulais semer cent acres de pommes de terre, et j'avais fait de grands préparatifs pour mon offensive de printemps. »
                        A. MAUROIS, *Les Discours du docteur O'Grady*, p. 218 (□ 1922).

« Sept cents acres de bois canadiens tombent chaque semaine, pour éditer un seul de ces journaux du dimanche [...]. »
                        P. MORAND, *Londres*, p. 277 (□ 1933).

✱ Ce mot vient de l'anglais *acre* prononcé à la française. L'anglais *acre* a pour origine le latin *ager* (du grec *agros*), qu'on retrouve dans *agriculture*. Le mot est passé très tôt en français par le normand. Au Canada, le mot a été d'usage courant, avec sa valeur anglaise, depuis la conquête en 1760 jusqu'à l'adoption du système métrique en 1978 ; on y emploie *acre* au masculin.

ACRÉAGE [akrea3] *n. m.*

(XXᵉ s.) Exploitation agricole mesurée en acres, dans les pays anglo-saxons.

« Jamais Suter ne se laissa entraîner dans ces luttes intestines ; et s'il fut plus d'une fois sur le point de voir ses acréages envahis, ses moissons incendiées, ses troupeaux dissipés, ses magasins et ses réserves pillés par les hordes hurlantes qui venaient de tout détruire à des centaines de lieues à la ronde et que tant de richesses bien ordonnées excitaient, il sut toujours se tirer de ces mauvais pas [...]. »
                        B. CENDRARS, *L'Or*, in *Œuvres complètes*,
                        Le Club français du Livre, 1969, t. II, p. 177 (□ 1925).

✱ Emprunté de l'anglais *acreage* (1859) avec une prononciation francisée.

ACRONYME [akʀɔnim] *n. m.*

(1970) *Ling.* Sigle prononcé comme un mot ordinaire. *"Ovni"* et *"Nasa"* sont des acronymes.

✳ De l'américain *acronym* (1943), formé de *acr(o)-* « extrémité » et *-onym* "nom", terme générique utilisé pour désigner les mots-valises et les acronymes. Le sens plus général et la fréquence du procédé en anglais laissent supposer un emploi moins spécialisé qu'en français.

ACTION [aksjɔ̃] *n. f.*

(1669) Titre représentant une fraction du capital d'une société. — REM. : Signalé dans le dict. de l'Académie 1762.

« Dieu bénisse les projets de nos ministres ! puissé-je voir les actions à deux mille, et tous les laquais de Paris plus riches que leurs maîtres ! »
MONTESQUIEU, *Lettres persanes*, CXXXII, 1719, p. 90, in *Œuvres complètes*.

« Le bruit incertain d'une rupture avec des puissances voisines, ou l'espérance d'une paix prochaine, suffisent pour faire baisser ou hausser considérablement les *actions*. On se rappelle avec étonnement, et la postérité aura peine à croire comment en 1719 les *actions* de la compagnie d'Occident, connue depuis sous le nom de *Compagnie des Indes*, montèrent en moins de six mois jusqu'à 1 900 pour cent. »
Abbé MALLET, art. *Action*, in *Encycl. Diderot*, 1751.

✳ Apparu au XVIIe siècle, cet emploi s'est répandu au début du XVIIIe siècle (Édit de 1717), à l'imitation de l'anglais *action* (XVIIe s., hors d'usage aujourd'hui) qui avait lui-même emprunté le mot français *action* pour désigner les titres des Compagnies africaines et indiennes. Avant le XVIIe siècle, le français avait *part, portion, denier, carat*.

ACTION PAINTING [akʃənpɛntiŋ] *n. f.*

(1975) Style et procédé, en peinture abstraite, qui consiste à confier à la gestuelle non picturale l'application de la couleur (dripping*, objets enduits de couleur traînés sur la toile, tubes écrasés, etc.).

« Le *dripping* requiert donc la participation du hasard et, à ce titre, on y a vu parfois une suite lointaine ou détournée de l'automatisme surréaliste. Mais ce procédé n'est pas le seul mis en œuvre par les tenants de l'Action Painting et la formule en est venue à désigner tous les modes de l'expressionnisme abstrait dans leur aspect gestuel, en ce qu'ils libèrent la subjectivité du peintre, en la portant à son paroxysme, et permettent une totale identification de l'artiste avec son œuvre (coups de pinceaux précipités, tubes écrasés directement sur la toile, griffures, etc.). »
Dictionnaire universel de la peinture, art. « Action painting » (□ 1975).

✳ Expression américaine *action painting* « peinture d'action » qui désigne une école de peinture abstraite. Le terme a été forgé par le critique d'art américain Harold Rosenberg en 1947 à propos de J. Pollock. On applique parfois cette étiquette aux peintres français Matthieu et Soulages. Il n'y a pas d'équivalent dans notre langue sinon *tachisme*, qui est plus restreint.

ACTUAIRE [aktᴜɛʀ] *n.*

(1872) Spécialiste de la statistique et du calcul des probabilités appliqués au calcul des risques (finances, assurances, prévoyance...). — REM. : Signalé dans Littré Suppl. 1877 et seulement en 1932 dans le dict. de l'Académie.

« On ne voit guère que les opérations des calculateurs que l'on appelle *actuaires*, qui résolvent les problèmes relatifs aux annuités et au jeu des intérêts composés, qui pourraient s'aider utilement des facultés du jeune Inaudi. » L. FIGUIER, *L'Année scientifique et industrielle*, p. 422, 1893 (□ 1892).

✳ Emprunté de l'anglais *actuary* (XIXᵉ s.) avec francisation du suffixe. L'anglais vient du latin *actuarius* « scribe ». En 1872 : *Journal des actuaires français.*

ADDER [adœʀ] ou [adɛʀ] *n. m.*

(1963) Dispositif électronique permettant l'addition automatique de deux nombres.

✳ Mot anglais d'origine américaine (1890), de *to add* « additionner ». Le Comité d'étude des termes techniques français propose de remplacer cet anglicisme par *additionneur.* Le mot *compteur,* traditionnellement usité pour les appareils électromécaniques, reste réservé à ces appareils anciens.

ADDITIONNEL, ELLE [adisjɔnɛl] *adj.*

(1750) Qui s'ajoute, ou doit s'ajouter à quelque chose. *Centime additionnel,* supplément d'impôt proportionnel au principal. *Article additionnel d'une loi.* — REM. : Deux *n.*

« un droit d'entrée additionnel d'un farthing par livre [...]. »
        CHAMBON, *Commerce de l'Amérique,* 1764 [*in* Brunot, t. VI, p. 480].

✳ Probablement de l'anglais *additional* (1646) francisé. On a dit d'abord *deniers, sous additionnels.* La forme ancienne *additional* est antérieure au mot anglais, qui ne s'emploie d'ailleurs pas d'abord au sens financier. Mais ceci ne constitue pas un argument suffisant pour écarter l'origine britannique.

ADJUSTABLE [adʒystabl] *adj.*

(1964) Réglable (mécanisme).

✳ Mot anglais de *to adjust* « ajuster », lui-même emprunté au français *ajuster* au XVIᵉ siècle. *Adjustable,* terme emprunté à la publicité américaine, n'est aucunement nécessaire, même sous sa forme francisée *ajustable ;* Étiemble s'en moque :

« — Vous n'avez besoin de rien ? un stick ? des lames nouvelles, les adjustables ? — Non, rien, vraiment rien. Sorry. »
        ÉTIEMBLE, *Parlez-vous franglais ?,* p. 106 (□ 1964).
« Publicité [...] 9-11-63. — "*Nouveau rasoir X* adjustable." — Anglomanie injustifiable. Le mot *réglable* traduit parfaitement le terme anglais *adjustable.* »
        Défense de la langue française, janv. 1964, pp. 36-37.

ADMITTANCE [admitãs] *n. f.*

(1928) Grandeur inverse de l'impédance totale d'un circuit électrique ou de l'impédance équivalente d'un conducteur inséré dans un circuit de courant alternatif.

✳ Mot anglais (1593 ; 1887, terme d'électricité), de *to admit* et suff. *-ance* emprunté au français, sens général : « admission », au sens de « entrée ». Attesté en français en 1928 (Walfers, *Compte rendu de E.T. Paris, in* T.L.F.). Le radical *admit-* est gênant en français *(admiss-).*

ADRÉNALINE [adʀenalin] *n. f.*

(1902) Hormone sécrétée par la glande surrénale, dont l'action est vaso-constrictrice, cause d'hypertension quand elle est trop abondante. — REM. : Absent du dict. de l'Académie 1932.

« Il faut croire que la quantité d'adrénaline contenue dans une capsule surrénale ne doit pas être énorme, car, à l'heure où nous sommes, cette substance coûte encore quelque chose comme *deux cent mille francs le kilogramme,* deux cents francs le gramme ! »
        É. GAUTIER, *L'Année scientifique et industrielle,*
                                p. 201, 1903 (□ 1902).

✳ Francisation de l'anglais *adrenaline* (ou *adrenalin*) n. d'origine américaine (1901), de *adrenal* « adjacent au rein » *(adrenal gland*

« glande surrénale ») et *-in* désignant une substance. Bien qu'on reconnaisse *rénal* dans le mot français, il est, tel quel, mal formé.

ADRESSE [adʀɛs] *n. f.*

(1656) Requête au roi d'Angleterre.

(1789) En France, Requête d'une assemblée politique au souverain. *L'adresse des 221 (sous Charles X).* — REM. : Signalé dans le dict. de l'Académie 1835.

∗ Ces sens sont imités de l'anglais *address* (xvᵉ s.) lui-même emprunté du français *adresse. Adresse* fait partie des emprunts de termes politiques (essentiellement vocabulaire du parlementarisme) faits à l'anglais ; on le rencontre chez Mirabeau (*Discours et Opinion,* 10 mai 1789, *in* Mackenzie, p. 113).

ADVENTISTE [advɑ̃tist] *n.* et *adj.*

(1909, *in* T.L.F.) Membre d'une secte protestante, fondée aux États-Unis en 1831, qui attend une seconde venue du Messie. — Adj. *L'Église adventiste.* — REM. : Absent du dict. de l'Académie 1932.

« les Adventistes du Septième Jour, qui éprouvent une déception tous les sept jours, le Messie ayant manqué au rendez-vous [...]. »
P. MORAND, *Londres,* p. 263 (□ 1933).

∗ Mot américain, *adventist* n. (1844), de *advent* « avènement » du lat. *adventus ;* (Cf. français *advenir,* dimanche de l'*Avent*). *Adventist* vient de l'expression *second advent* « deuxième venue du Christ au jour de la résurrection ». Il y a des adventistes dans tous les pays.

AÉRO-CLUB → CLUB.

AFFIDAVIT [afidavit] *n. m.*

(1773) Déclaration faite par le porteur étranger de certaines valeurs mobilières grâce à laquelle il est affranchi, dans le pays qui reçoit cette déclaration, des impôts dont ces valeurs sont déjà frappées dans son pays d'origine. — REM. : Absent des dict. de Littré et de l'Académie.

∗ De l'anglais *affidavit* emprunté au latin *affidavit* « il a attesté » (de *affidare*) au xviiᵉ siècle (Lauragais, *in* von Proschwitz). Il a d'abord signifié « déclaration affirmée sous serment par les témoins à charge (en Angleterre) », sens qui apparaît en français en 1773. Il s'est spécialisé en français dans le sens donné plus haut. Sa forme latine est acceptable dans notre langue qui en a vu bien d'autres.

AFNAF → HALF AND HALF.

AFTER-SHAVE [aftœʀʃɛv] *n. m.* et *adj.*

(v. 1960) Se dit de produits que les hommes appliquent sur leur visage après s'être rasés. *Lotion after-shave. Des after-shave(s).*

« Se coller de l'after-shave sur la peau [...]. »
S. de BEAUVOIR, *Les Belles images,* 1966 [*in* Gilbert].

∗ Mot de la publicité américaine, assez récent. On traduit souvent par *après-rasage,* mais *rasage* au sens d'« action de se raser » est peu usité (il apparaît en 1898, Nouveau Larousse illustré). D'autre part *barbe,* le mot propre, ne convient pas puisqu'il n'évoque pas une action (tout comme les *après-ski* font penser aux skis et non à l'action de skier). Ce mot est condamné par tous les puristes. — Voyez, sur le modèle d'*après-rasage : après-vente.*

« Quand il pense que son père disait avant la barbe, après la barbe ! Grâce à Dieu, de savants pogonotomistes nous ont pourvus de précieuses eaux de toilette avant rasage, de shaving-soaps irréprochables, de pre-shave lotions, électriques ou non, d'after-shaves, de talcs after-shave et de cold cream frais pour les peaux délicates. »   ÉTIEMBLE, *Parlez-vous franglais ?*, p. 105 (□ 1964).

AGITATEUR [aʒitatœʀ] *n. m.*

(1792) Personne qui crée ou entretient l'agitation politique et sociale, incite à la revendication, à la révolte, et fomente des troubles. — REM. : Pas de féminin. — Absent du dict. de l'Académie 1798 ; n'apparaît que dans l'édition de 1835 (et dans Littré 1863).

✶ Ce mot vient du latin *agitator* et a eu au XVIe siècle le sens de « cocher ». Le français a emprunté deux sens à l'anglais : « officier qui durant la guerre civile en Angleterre prenait soin des intérêts des soldats miliciens du Parlement » (1651) et le sens toujours actuel donné plus haut, attesté en anglais en *1780. Agitateur* est entré dans le vocabulaire français pendant la Révolution et s'est vite répandu, évinçant le terme courant de *factieux* (repris de nos jours).

« Vous n'avez sur eux d'autre avantage que d'avoir inventé le terme d'"agitateur", apparemment parce que l'autre [factieux] est usé. »
ROBESPIERRE, *Discours aux Jacobins,* 28 avril 1792
[*in* Brunot, t. IX, 2, pp. 801-802].

AGNOSTICISME [agnɔstisism] *n. m.*

(1884) Doctrine, attitude des agnostiques. — REM. : Signalé dans le dict. de l'Académie 1932.

« M. Caro cite jusqu'à des femmes de pasteurs qui proclament l'agnosticisme. »   J. CLARETIE, *La Vie à Paris,* 1884 [*in* D.D.L., 1re série].

✶ Emprunté de l'anglais *agnosticism* (1869) créé par Huxley. Une des publications de ce philosophe porte le titre « *Agnosticism and Christianity* » (1900) → **Agnostique.**

AGNOSTIQUE [agnɔstik] *adj.* et *n.*

(1884) Se dit de celui qui pense qu'au-delà du donné expérimental nous ne pouvons avoir aucune certitude philosophique. — *Subst.* (1890) *Un agnostique.* — REM. : Signalé dans le dict. de l'Académie 1932.

« Presque toute l'Angleterre pensante, l'Angleterre cultivée est agnosticiste ou agnostic, et systématiquement ne veut rien savoir, rejette, par principe, le tourment de douter. »
J. CLARETIE, *La Vie à Paris,* 1884 [*in* D.D.L., 1re série].

« Croit-il à Dieu ? Nie-t-il toute métaphysique et est-il un pur agnostique, ou ne l'est-il que jusqu'à un certain point, c'est-à-dire est-il encore métaphysicien ? »
É. FAGUET, *Dix-huitième Siècle, Études littéraires,* Voltaire, p. 209, Boivin, 1890.

✶ Ce mot vient de l'anglais *agnostic,* nom créé en 1869 par Th. H. Huxley comme opposé de *gnostic* pour caractériser son attitude philosophique ; le mot anglais *gnostic* est formé sur le grec *gnôstos* « connu » (*agnostos* existe en grec mais il ne semble pas que Huxley ait formé son mot d'après le composé grec). *Agnostique* est tout à fait acceptable en français puisque nous possédons le mot *gnostique.*

AGRESSIF, IVE [agʀɛsif, iv] *adj.*

(v. 1960) Qui est dynamique, entreprenant, accrocheur, efficace, combatif (personne). *Vendeur agressif.*

« désir de frapper publicitairement. Et très fort. Le Monsieur Pub 1972 doit être agressif. Toute la dialectique au service du résultat. »
Les Nouvelles littéraires, 21 août 1972, p. 2.

✶ *Agressif, ive* dans son sens ordinaire « qui fait une agression, constitue une agression » est français et date de 1789 (Barnave). Il a pris ce sens nouveau à l'américain (1930 : *An aggressive sales manager*) et s'est répandu dans le jargon commercial et publicitaire. Mieux vaut l'éviter et employer *dynamique*.

AIRBUS [ɛʀbys] *n. m.*

(1967) Grand avion de transport pour nombreux passagers. *Des airbus.*

✳ De l'américain *airbus*, attesté en 1970 (Barnhart 1), mais antérieur. De *air* et *bus*. Attesté en français dans *Science et vie*, fév. 1967, p. 96.

AIR CONDITIONNÉ [ɛʀkɔ̃disjɔne] *n. m.* et *adj.*

1° *N. m.* (v. 1950) Air qui est amené, par l'électricité, à une température déterminée dans les lieux clos, et spécialement les lieux d'habitation. *Par ext.* Installation qui le produit. *L'air conditionné permet de chauffer ou de refroidir les maisons selon les climats, les saisons. Hôtel qui a l'air conditionné.* — REM. : Prend deux *n*.

« On devrait se cotiser [...] pour lui installer l'air conditionné dans la cabine... »   J. CAU, *La Pitié de Dieu*, p. 23 (□ 1961).

« Le suprême luxe ici c'est d'avoir froid. Dans les restaurants et boîtes à la mode, on se gèle à l'air conditionné. Selon un réflexe à l'envers, il faut apprendre à se draper dans un lainage — ou un vison — en entrant, et à se dévêtir en sortant dans la rue... »
Lectures pour tous, mai 1971, p. 37.

2° *Adj.* Qui est muni d'une installation pour l'air conditionné. *Un hôtel air-conditionné.*

✳ Cette expression est empruntée à l'américain *air conditioning* (1910) pour le nom masc., et à *air-conditioned* pour l'adjectif (1942). Ce moyen de chauffage, et surtout de réfrigération, est répandu partout aux États-Unis (maisons, hôtels, magasins, voitures...). Il est peu en faveur en France où il ne fait guère chaud et où les habitants restent attachés à la « fenêtre ouverte ». L'expression *air conditionné* est avantageusement remplacée par celle de *conditionnement d'air*, mieux formée, ou par le mot *climatisation*. Quant à l'adjectif *air conditionné*, il est contraire au système français tant pour la forme que pour le sens ; on dira *climatisé*. On a récemment créé un verbe bien mal formé, *airconditionner* v. tr., d'après l'adjectif.

« Un autre hôtelier parisien proclame son ignorance du français en affichant " 300 chambres, 300 bains " [...]. Notre homme tentait de séduire le client éventuel en ajoutant que l'air de son établissement était " conditionné ". Entendez " climatisé ". »   F. de GRAND COMBE, *De l'anglomanie en français*, oct. 1954, pp. 268-269.

« De même condamnons l'adjectif pseudo-français *air-conditionné* (" Le nouveau paquebot, a lu M. Denquin dans un quotidien, sera entièrement air-conditionné et légèrement plus rapide. "). Le journaliste pressé a tout simplement transposé l'anglais *air conditioned*. »   *Vie et Langage*, déc. 1956, p. 573.

« Il [Karsavina] mentionne parfois quelques constructions de verbes comme : [...] *Airconditionnez votre home.* »
S. HANON, *Anglicismes en français contemporain*, p. 42 (□ 1970).

AIRE [ɛʀ] *n. f.*

(v. 1960) Sciences Sociales. *Aire culturelle*, zone géographique où une même culture s'est établie, s'établit.

« L'anthropologie a d'abord tenté de déterminer les " aires " des cultures. »   G. BALANDIER, in *Le Monde*, 10 janv. 1968.

✳ *Aire* existe comme mot français depuis le XIe siècle et a emprunté ce sens particulier à l'américain (*culture area* « aire de culture »). *Région*, *zone*, disent la même chose.

AIREDALE [ɛʀdɛl] *n. m.*

(début XXe s.) Race de chiens terriers à poils durs dont le corps est court et musclé.

« [dans l'armée] les Anglais n'utilisaient que des chiens, à l'exclusion des chiennes ; comme nous, ils employaient les chiens de berger, ou ayant beaucoup de ce sang : des airedales-terriers, des retrievers, des terre-neuve... »   *Larousse mensuel illustré*, 1919, p. 744.

« En fait de colley, c'était plutôt un Airedale : ça ne se ressemble pas, peut-être qu'elle avait changé de clebs entre-temps... »
                            ARAGON, *Blanche ou l'Oubli*, p. 54 (□ 1967).

✳ Ce mot est une abréviation de l'anglais *Airedale terrier* (1880) « terrier de l'Airedale [vallée de l'Aire] ».

AIR SHOT [ɛRʃɔt] *n. m.*

(1935) *Golf.* Coup manqué de club (canne) qui passe au-dessus ou à côté de la balle sans la toucher. — Absent des dictionnaires.

« au 5 elle eut avec des branches d'arbre une explication pénible, qui lui valut un " air-shot " et [...] un 8 pour le trou. »
                            Tennis et golf, 1er juil. 1935 [*in* I.G.L.F.].

✳ Mot anglais *air shot* n., proprt « coup *(shot)* dans l'air ». La plupart des termes de golf en français sont des mots anglais non francisés → **Golf.**

AIRWAY [ɛRwɛ] *n. m.*

(1959) *Aviat.* Voie aérienne. — *Méd.* Voie aérienne (pour l'anesthésie).

✳ Mot anglais *airway* n., de *air* « air » et *way* « chemin », qui désigne un passage pour l'air (1851 ; 1908, comme t. de méd.), et une route aérienne aménagée entre deux aéroports (1908). Ce mot est condamné par les puristes.

« le vocabulaire technique en usage dans un grand nombre de branches industrielles comporte actuellement des noms composés anglais ou américains qui, par leur caractère concis et imagé, exercent une attirance certaine sur les techniciens. Telles sont les expressions *christmas-tree* [...], *fish-tail* [...] ou *airways.* »   L. GUILBERT, *Anglomanie et Vocabulaire technique*, oct. 1959, p. 285.

AJOURNEMENT [aʒuRnəmɑ̃] *n. m.*

(1672) Action de renvoyer à un autre jour, à une date indéterminée. *L'ajournement d'un débat, d'une élection.* — REM. : Signalé dans le dict. de l'Académie 1835.

« AJOURNEMENT, se dit, en Angleterre, d'une espèce de prorogation, par laquelle on remet la séance du Parlement à un autre temps, toutes choses demeurant en état. »   *Dict. de Trévoux* 1771, art. *Ajournement.*

✳ *Ajournement* est un mot français du XIIIe siècle signifiant « assigna-tion à comparaître à jour fixe devant un tribunal ». Il a emprunté son sens actuel à l'anglais *adjournment* (lui-même pris au français au XVIIe s.). Le mot ne s'est répandu qu'au XVIIIe siècle en France ; Mirabeau en fait usage en 1790.

AJOURNER [aʒuRne] *v. tr.*

(1672) Remettre à un autre jour, à une date indéterminée. — REM. : Signalé dans le dict. de l'Académie 1798.

« Alors le roy a accoutumé d'adjourner le parlement ou de le congédier tout à fait jusqu'à une autre occasion. »
          Trad. E. CHAMBERLAYNE, *L'État présent de l'Angleterre*, 1672
                                              [*in* Mackenzie, p. 81].

« Ce petit Bonaparte a fait, dans la soirée d'hier, un petit 18 brumaire pour lequel un commissaire de police ou deux pompes à incendie eussent suffi. Mais vous saurez aussi que le club a voulu donner des gages de sa modération, et qu'il s'est ajourné indéfiniment !... »
                            BALZAC, *Lettres sur Paris*, p. 66 (□ 1830).

✱ Sens emprunté à l'anglais *to adjourn* (xvᵉ s.) → **Ajournement.** La graphie a d'abord été imitée de l'anglais *(adjourner)*. Le mot ne s'est répandu qu'au xvıııᵉ siècle.

ALBATROS [albatʀos] *n. m.*

(1748) Grand oiseau de mer palmipède au plumage blanc et gris, au bec crochu, au vol lourd. — Plur. : *des albatros.* — REM. 1 : Enregistré dans le dict. de l'Académie 1835. — REM. 2 : On a aussi écrit *albatrose, albatrosse* et *albatross.*

« Parmi les grands voiliers, emportés à de longues distances de toutes terres, et qui se reposent sur les flots des fatigues du vol, j'aperçus de magnifiques albatros au cri discordant comme un braiment d'âne, oiseaux qui appartiennent à la famille des longipennes. »
Jules VERNE, *Vingt Mille Lieues sous les mers,* p. 289 (□ 1870).

✱ Emprunté à l'anglais *albatros, albatross* (xvııᵉ s.), altération du portugais *alcatraz* « pélican » d'après le latin *albus* « blanc ». Le mot a pénétré en France par une traduction française anonyme de Edwards : *« Histoire naturelle d'oiseaux peu communs » (in* Arveiller, p. 47, et Encycl. Diderot, 1751, art. *Albatross).* La date de 1666 avancée par Mackenzie (p. 78) renvoie à une citation de Thévenot qui contient le mot *alcatras,* emprunt direct du portugais.

ALBÉDO [albedo] *n. m.*

(1901) *Astron.* Fraction diffusée ou réfléchie par un corps de l'énergie de rayonnement incidente. *Des albédos.* — REM. : Absent du dict. de l'Académie 1932.

« M. Kempthorne a de plus remarqué que 43 pour 100 des canaux [de Mars] observés par lui ne se présentaient que comme les bords d'estompages ou les délimitations entre régions voisines d'*albédos* variables — constatation importante qui nous donne une idée du rôle du contraste dans les observations astronomiques. »
É. GAUTIER, *L'Année scientifique et industrielle,* p. 7, 1902 (□ 1901).

✱ Mot anglais *albedo* n., 1859, du bas latin *albedo* « blancheur », a d'abord signifié « blancheur », puis s'est employé spécialement en spectrographie et en astronomie. Le mot apparaît en français en 1901 ; c'est un emprunt graphique, aménagé avec un *e* accent aigu. Il n'est signalé comme anglicisme ni dans Mackenzie, ni dans Wartburg.

ALE [ɛl] *n. f.*

(1223) Bière anglaise à goût prononcé de houblon, forte en alcool et à fermentation haute. — REM. : Absent de tous les dict. de l'Académie. — Signalé par Littré 1863.

« je les régalais d'un *welsh rabbit* que nous arrosions d'ale ou de cidre, et la soirée se passait tout doucement à parler de nos malheurs, de nos plaisirs et de nos espérances. »
BRILLAT-SAVARIN, *Physiologie du goût,* p. 157 (□ 1826).

« pourquoi Walter Scott aurait-il seul le privilège de donner de la célébrité aux détestables boissons et aux mangeailles de son pays ? Nos fromages de chèvre valent bien son *wiski* et son *ale.* »
BALZAC, *Les Deux Amis,* p. 246 (□ 1830-31).

« *John Bell, Caractère.* — Homme de quarante-cinq à cinquante ans, vigoureux, rouge de visage, gonflé d'ale, de porter et de roastbeef, étalant dans sa démarche l'aplomb de sa richesse [...]. »
VIGNY, *Chatterton,* in *Œuvres complètes,* p. 823 (□ 1834).

« Débardeurs des docks [...], pauvres gueux qui avaient dîné d'un verre d'ale et d'un cervelas pendant trois jours pour économiser le prix d'une place au Wonderland, [...] »
L. HÉMON, *Battling Malone,* p. 30 (□ 1911).

✱ Mot anglais, d'une racine germ. *alo-* (Cf. scandinave *olu*). Seul l'anglais a gardé les deux séries *beer/ale.* Ce mot n'a évidemment pas d'équivalent français, aucune de nos bières ne ressemblant à celle-là.

On a tenté d'acclimater la graphie en *aile,* malencontreuse, au XVIIIe siècle. Cette bière n'a pas grand succès en France — où l'on importe pourtant la quasi-totalité des bières fabriquées en Europe : les Français lui font le sort des petits pois à la menthe et du gingembre → aussi **Ginger ale, Pale ale** et **Stout.**

ALGOL [algɔl] *n. m.*

(1959) Langage de programmation informatique destiné à l'écriture des algorithmes (calcul numérique) indépendamment de tout contexte concret. — REM. : S'emploie tantôt comme nom propre, tantôt comme nom commun, prend une majuscule ou s'écrit en capitales.

« Parmi les premiers langages qui ont été créés, on peut citer COMIT, langage pour le traitement des chaînes linguistiques, son successeur SNOBOL et FORTRAN *(FORmulation TRANslator)* qui est assez paradoxalement le langage encore le plus utilisé, sauf en gestion où on lui préfère COBOL *(COmmon Business Oriented Language).* Mais c'est avec ALGOL 60 *(ALGorithmic Oriented Language)* que les langages de programmation ont fait le plus grand pas. Contrairement aux autres langages qui étaient définis par des règles relevant plutôt du catalogue, ALGOL 60 a été défini par des règles formelles de syntaxe et de sémantique. »
        J. ANDRÉ et C. FUCHS, *Ordinateurs, Programmation et langues naturelles,* coll. Repères, Éd. Mame, 1973.

✻ Mot valise formé en anglais (attesté 1959 Oxford suppl.) de *Alg(orithmic) O(riented) L(anguage)* « langage destiné aux algorithmes ». Le mot *algorithm* (vx. *algorism*) lui-même est issu de l'adaptation latine *Algorismus* du nom d'un mathématicien arabe. *Algol* est attesté en français dans *Sciences,* n° 3, sept.-oct. 1959, p. 16. Ce mot couramment utilisé en informatique ne présente aucune difficulté en français.

ALLÉGEANCE [a(l)leʒɑ̃s] *n. f.*

1° (1669) Obligation de fidélité et d'obéissance au roi d'Angleterre. *Serment d'allégeance.* — REM. : Signalé dans le dict. de l'Académie 1762.

2° (1928) Fidélité à une nation. — *Par ext.* Nationalité.

✻ Ce mot vient de l'anglais *allegiance,* formé sur l'ancien français *ligeance* (lat. *ligantia*) rac. *lige* (homme-lige) ; le *al-* semble analogique de *alliance.* La forme *alligeance* apparaît en français en 1651.

ALLIGATOR [aligatɔʀ] *n. m.*

(1663) Reptile voisin du crocodile, à museau large et court, et qui vit en Amérique. — REM. : Enregistré seulement en 1878, dict. de l'Académie. Signalé par Littré 1863.

« Les crocodiles envahissent alors tout le village, et malheur à l'imprudent ou au pauvre chien qui tombe à l'eau. Les habitants de Guyaquil plaisantent ceux de Bodegas en leur disant qu'ils rendent leurs visites à califourchon sur des alligators. »
        G. LAFOND, *Voyages autour du monde,* p. 170 (□ 1851).

« Sur le sable blanc, quelques groupes d'alligators, de grande taille, semblaient boire les premiers rayons du jour. »
        Jules VERNE, *La Maison à vapeur,* p. 97 (□ 1880).

✻ Ce mot anglais (1568) est une déformation de l'espagnol *el lagarto* « le lézard », du lat. *lacertus* (qui a donné *lézard* en français). La première forme attestée en anglais est *alagarto* (XVIe s.). Cette forme bizarre en français, encore qu'aisément prononçable, n'évoque plus, et c'est dommage, le gros lézard en question.

ALLITÉRATION [al(l)iteʀasjõ] *n. f.*

(1751, Encycl. Diderot) Répétition des mêmes consonnes dans un mot ou une suite de mots rapprochés, qui constitue un effet poétique. — REM. : Signalé dans le dict. de l'Académie 1835.

✱ Ce mot est emprunté de l'anglais *alliteration* (1656, du lat. *alliteratio, onis*, de *ad* et *littera* « lettre »). L'allitération joue dans la poésie anglaise un rôle fondamental : « The form of Saxon poetry is alliteration — not rhyme » « la forme de la poésie saxonne est l'allitération, et non pas la rime » (T. Wright, *Ess. mid. Ages*, I, 1, 14). La série anglaise est très riche : *alliterate, alliterating, alliterational, alliterative, -ively, -iveness, alliterator...* Nous n'avons en français que le verbe *allitérer*, peu usité : « Ce sont les septentrionaux qui allitèrent, et les méridionaux qui riment » (Ph. Chasles). Ce procédé poétique trouva en France son plein épanouissement avec les Romantiques.

ALLÔ ! [alo] *interj.*

(1880) Interjection qui sert à établir la communication par voie téléphonique.

« *Téléphonie.* — Une variété nouvelle d'allô...pathie. »
Le Charivari, 25 oct. 1891, p. 2.

« À propos d'électricité, on reparle du téléphone de Paris à New-York [...]. Que diront les bancs de morue, à Terre-Neuve, en entendant monter des profondeurs de la mer le classique : " Allô !... Allô !... ".»
Le Charivari, 31 déc. 1892.

« Parfois le soir, au retour d'une de ces longues promenades, je m'oubliais à parler de la France avec mon ami de Pina, assis sous la grande véranda du Consulat ; tout à nos rêveries, nous nous laissions doucement aller au charme enveloppant de ces belles nuits orientales quand, brutalement, le cri nasillard de *Allô ! allô !* venait de l'Hôtel des Postes voisin nous arracher à nos songes. »
L. FOURNEREAU, *Bangkok* [1891-1892], p. 19 (□ 1894).

✱ L'origine de ce mot est controversée. Pour certains c'est un anglicisme, de l'anglais *hello, halloo* onomat. (Dickens). Pour d'autres, dont Dauzat et Wartburg, il s'agit d'une déformation de *allons !*

« Faut-il ajouter que pendant longtemps on a toujours accouplé deux *allo !* pour l'appel téléphonique, ce qui correspond à la répétition d'*" allons ! allons ! "*, tandis que le *halloo !* anglais s'emploie normalement sans répétition. »
A. DAUZAT, in *Le Français moderne*, janv. 1938, p. 22.

ALL RIGHT ! [ɔlʀajt] *interj.*

(1856) Très bien ! d'accord ! — REM. : Absent des dict. de Littré et de l'Académie.

« "Vous avez peur, monsieur ?
— Mais votre père ?
— Content toujours."
On en parla au père, qui dit : *All right !* »
T. CORBIÈRE, in *Œuvres en prose*, p. 903 (□ 1874).

« Il n'a jamais été question d'une séparation entre Mlle Duhamel et le théâtre des Bouffes. M. Larcher tient trop à l'artiste dont le talent a si puissamment contribué au succès de *Miss Helyett*, et Mlle Duhamel ne désire nullement quitter la scène qui a vu ses brillants débuts. All right ! »
Le Charivari, 14 fév. 1892, p. 2.

« vous n'aurez plus qu'à déposer vos sous, en même temps que votre courrier, dans la boîte magique, qui, moyennant ce versement préalable, se chargera de *tout*. All right ! »
É. GAUTIER, *L'Année scientifique et industrielle*, p. 305, 1903 (□ 1902).

✱ Expression anglaise *all right* adv. (1837) littéralement « tout va bien », emprunté en français en 1856 (About, *Le Roi des montagnes*, p. 271, *in* Mackenzie) mais qui est restée d'un usage assez rare, par rapport à

O.K., par exemple. Il apparaît dans les dict. français en 1890 (P. Larousse, 2e suppl.).

« Quand on n'a pas la possibilité d'écrire les mots anglais de travers, on a du moins celle d'estropier leur prononciation. Au tennis, nous avons tous entendu des joueurs qui, après avoir terminé la partie par un beau *smatch (smash)*, remettent leur *sweeter (sweater)*. S'ils entendent un *chpitz (speech)* ils l'approuvent en s'écriant " Olrède ! " *(All right).* »

F. de Grand Combe, *De l'anglomanie en français*, juil. 1954, p. 198.

ALTERNATIVE [altɛʀnativ] *n. f.*

1° (XIXe s.) Chacune des deux solutions qu'on peut envisager. *Il faut choisir entre deux alternatives.* — REM. : Considéré comme incorrect, absent des dictionnaires.

2° (mil. XXe s.) Solution de remplacement.

« La coexistence pacifique est la seule alternative à un péril dont le pape souligne la tragique gravité [...]. »

M. Thorez, *Fils du peuple*, 1963 [*in* Gilbert].

« En 1961, nous avons mis au point un programme d'alternative au fascisme, et nous l'avons présenté dans une conférence de presse, devant la presse internationale. » *L'Express*, 10 juil. 1972, p. 88.

« Le Brésil, véritable alternative pour ceux qui ont besoin d'investir dans un marché intérieur de 95 millions d'habitants, permet d'accéder aujourd'hui aux marchés extérieurs. Nous savons que le monde importateur a besoin d'alternatives valables. Des alternatives en matière de produits, de prix, de conditions commerciales, d'infrastructures, de zones d'influence, de moyens de transports, de frets. »

L'Express, 10 juil. 1972, p. 56 (Publ.).

✱ Le français emploie *alternative* au sens de « situation où deux choix seulement sont possibles » *(Dans cette alternative, il prit le parti de refuser)*, sens qui existe aussi en anglais. Mais nous avons emprunté à l'anglais le sens de « un des deux choix » (1814, en anglais) violemment critiqué par les puristes, et plus récemment, dans le vocabulaire du journalisme, le sens de « solution de remplacement » (1848, en anglais) ; ce dernier emploi d'*alternative* est encouragé par le linguiste Marcel Cohen.

ALUMINIUM [alyminjɔm] *n. m.*

(1819 ; *aluminon*, 1813) Métal blanc, léger, malléable, bon conducteur de l'électricité, le plus employé dans l'industrie après le fer. — REM. : Enregistré dans le dict. de l'Académie 1878.

« On vend maintenant dans tout Paris des bijoux en aluminium ; seulement ils sont d'un prix exorbitant, puisqu'on les paye au prix même et sur le pied de l'or. »

L. Figuier, *L'Année scientifique et industrielle*, p. 218, 1859 (□ 1858).

« L'aluminium n'est réellement connu que depuis un petit nombre d'années [...]. Ce métal a été obtenu en 1827, par un célèbre chimiste de Berlin, M. Wöhler, mais en très-petite quantité et sous forme de très-petits globules [...]. M. Henri Sainte-Claire Deville a prouvé en 1854, qu'on pouvait obtenir l'aluminium industriellement et au lieu de valoir 20 000 francs le kilogramme, comme autrefois, il put bientôt être produit à raison de 3 000 francs [...]. »

M. Peligot, in *Revue des cours scientifiques*, 27 fév. 1864, pp. 149-150.

« Les félicitations arrivent de toutes parts aux deux familles [...]. Les cartes de visite, imprimées en or sur aluminium, pleuvent dans la boîte des hôtels. » Jules Verne, *L'Île à hélice*, p. 316 (□ 1895).

✱ Mot anglais, *aluminum* (changé en *aluminium* d'après *sodium*, *potassium*, etc.) créé en 1812 par H. Davy, chimiste, de *alumine*, dér. de *alum* (*alun* en français). D'abord obtenu en laboratoire par faibles quantités, l'aluminium eut les utilisations d'un métal précieux. Le français a formé sur *aluminium* les dérivés *aluminer, aluminier, aluminerie*.

AMATEUR [amatœʀ] *n. m.*

(1833) Sportif qui n'est pas un professionnel*.

« Il est si doux de triompher devant cinq ou six mille personnes. Aussi n'est-il pas rare de voir des amateurs d'une naissance distinguée partager les dangers et la gloire des *toreros de profession.* »

P. MÉRIMÉE, *Mosaïque*, 1833 [*in* T.L.F.].

« La définition de la qualité des amateurs est une des plus difficiles. »

Le Sport, 31 août 1859 [*in* G. Petiot].

« En Angleterre, l'amateurisme est réglé par le règlement suivant : Est *amateur* tout coureur qui n'a jamais couru pour des prix en espèces, qui n'a jamais reçu de rémunération directe ou indirecte d'un fabricant ou d'un club, qui n'a jamais été payé pour enseigner à monter à vélocipède, qui n'a jamais couru sciemment contre un professionnel. Est *professionnel* tout coureur qui a contrevenu à l'une ou à l'autre des prescriptions ci-dessus. »

L. BAUDRY de SAUNIER, *Le Cyclisme théorique et pratique*, p. 366 (□ 1892).

* Le français disposait du mot *amateur* n. dès le xve siècle (latin *amator*) au sens de « celui qui aime qqch. » ; ce mot a pris au xviie siècle le sens de « celui qui aime un art pour son seul plaisir ». Nous avons emprunté à l'anglais le sens sportif à la fin du xixe siècle : l'anglais avait lui-même emprunté *amateur* au français (xviiie s.), dans ses sens généraux → **Amateurisme.**

AMATEURISME [amatœʀism] *n. m.*

(1891) Statut du sportif qui n'est pas un professionnel (opposé à *professionnalisme*). Caractère d'un travail d'amateur (péjor.). — REM. : Absent des dictionnaires de l'Académie.

« Après n'avoir eu que des professionnels, dans le sens anglais du mot, on a fait quelques tentatives vers l'amateurisme en 1889, mais depuis on est revenu en arrière et actuellement presque tous les coureurs français sont considérés comme professionnels par l'Angleterre et les pays régis par les lois similaires. »

L. BAUDRY de SAUNIER, *Le Cyclisme théorique et pratique*, p. 367 (□ 1892).

« Les Anglais répondent que seuls ils ont conservé le véritable esprit sportif pour qui le sport est un exercice, un jeu, un entraînement aux vertus morales, et non un massacre de records, que seuls ils défendent l'amateurisme désintéressé contre l'âpreté ou la brutalité des professionnels, que seuls ils ne permettent pas à un vaniteux et mesquin nationalisme d'envahir les stades et de fausser les résultats, et qu'enfin partout au monde, sauf chez eux, le champion a tué le sportsman. »

P. MORAND, *Londres*, p. 141 (□ 1933).

* Mot repris à l'anglais *amateurism* (1868), « pratique d'un amateur », dérivé de *amateur,* lui-même emprunté au français. C'est par le sens sportif que ce mot d'allure bien française a pénétré chez nous (*L'Écho des sports*, 5 déc. 1891, *in* G. Petiot).

AMBIANT, ANTE [ɑ̃bjɑ̃, ɑ̃t] *adj.*

(1515, repris 1720) Qui entoure de tous côtés, constitue un milieu. — REM. : Enregistré dans le dict. de l'Académie 1787.

* Terme scientifique employé en français par Paré (*air ambiens,* xvie s.). Ce mot a été relancé deux siècles plus tard, en 1720, dans les traductions de Newton (*Ambient medium* « milieu ambiant »), et corrigé ensuite par Coste lui-même en *milieu qui environne.* La traduction de Mme du Châtelet donne aussi le subst. *les ambiants,* du subst. anglais, qui n'a pas vécu. L'anglais vient du latin *ambientem,* de *ambire* (*amb-* « autour », et *ire* « aller »). Le français a formé le dérivé *ambiance* (1885) sur *ambiant,* que les Anglais ont emprunté sous la forme *ambience* (1902).

AMENDEMENT [amɑ̃dmɑ̃] *n. m.*

(1778) Modification proposée à un texte soumis à une assemblée. — REM. : Signalé dans le dict. de l'Académie 1798.

✳ Le mot *amendement* existe en français depuis fort longtemps (XIIᵉ s. « correction », XIIIᵉ s. « amélioration du sol »). Il a emprunté à l'anglais *amendment* son sens politique (fin XVIIᵉ s. en anglais). — Même évolution pour *amender*.

AMÉRICAIN, AINE [ameʀikɛ̃, ɛn] *adj.* et *n.*

(1838, *in* T.L.F.) Se dit particulièrement des habitants des États-Unis d'Amérique, de ce qui est propre ou relatif aux seuls États-Unis (opposé à *Nord-américain**, et à *Pan-américain**). — N. m. *L'américain* (ou *l'anglo-américain*). L'anglais propre aux Américains. — REM. : Signalé dans le Compl. 1842 du dict. de l'Académie ; inconnu en ce sens de Littré.

« Deux heures suffisaient à visiter cette ville absolument américaine et, comme telle, bâtie sur le patron de toutes les villes de l'Union, vastes échiquiers à longues lignes froides, avec "la tristesse lugubre des angles droits" [...]. »
                 Jules VERNE, *Le Tour du monde en 80 jours*, p. 240 (□ 1873).

« Nous avons constaté que ce qui fait réussir l'Américain, ce qui constitue son type, ... c'est la valeur morale, l'énergie personnelle, l'énergie agissante, l'énergie créatrice. Le mépris si profond que le grec avait pour le barbare, le *yankee* l'a pour le travailleur étranger qui ne fait point d'effort pour devenir vraiment américain. »
                 G. SOREL, *Réflexions sur la violence*, 1908 [*in* T.L.F.].

✳ Particularisation d'origine américaine de l'anglais *American* « relatif au continent de l'Amérique » (XVᵉ s.), de *America* (XVᵉ s. ; de *Amerigo* Vespucci comme le français *Amérique*). Les premiers colons britanniques en Amérique se sont eux-mêmes donné le nom de *American* dès 1647 pour se distinguer des populations indigènes. Lors de l'indépendance des États-Unis, au lieu de créer un adjectif correspondant à *United States,* les citoyens de ce nouveau pays ont adopté *American* comme adjectif (1776), puis comme substantif (1782), cette fois pour se distinguer des Anglais de l'ancien continent ; de même *America* devient pour eux synonyme de *United States* dès 1781. En 1806, Webster parle dans la préface de son dictionnaire de l'« *American-English* » → **Américanisme.**

AMÉRICANISATION [ameʀikanizɑsjɔ̃] *n. f.*

(1867) Action d'américaniser* ; le fait de s'américaniser. — REM. : Absent des dict. de Littré et de l'Académie.

« L'exposition universelle, le dernier coup à ce qui est, l'américanisation de la France, l'industrie primant l'art, la batteuse à vapeur rognant la place du tableau, les pots de chambre à couvert et les statues à l'air. En un mot, la fédération de la matière. »
                 Éd. et J. de GONCOURT, *Journal*, 16 janv. 1867, t. I, p. 317.

« La technique et l'idéologie de la technicité, la croissance et l'idéologie productiviste, l'emporteront-elles en Europe et en France ? Sous le parapluie politique d'une stratégie anti-américaine, en se servant d'un groupe social aberrant au départ mais cherchant la puissance (les technocrates), l'américanisation de la France serait-elle en bonne voie ? »
                 H. LEFEBVRE, *La Vie quotidienne dans le monde moderne*,
                                            p. 131 (□ 1968).

✳ Dérivé de *américaniser**, d'après l'américain *Americanization* n. (1858), pour la forme. Les nuances affectives *américanisation* en français et *Americanization* en américain sont souvent opposées.

AMÉRICANISER [ameʀikanize] *v. tr.*

(1851) Donner un caractère américain. — (1866) Pronom. *S'américaniser.* (Souvent *péj.*) *L'Europe s'américanise.* — REM. :

Enregistré seulement dans le dict. de l'Académie 1932. Signalé dans le dict. de Littré, add. 1872.

« La mécanique nous aura tellement américanisés, le progrès aura si bien atrophié en nous toute la partie spirituelle [...]. »
                    BAUDELAIRE, *Fusées*, in *Œuvres complètes*, 1951, p. 1195 (□ 1851).

« Nul éloge de l'œuvre américaine ne l'emportera sur cette constatation. D'ailleurs, les Cubains s'américanisent de leur mieux. »
                    P. ADAM, *Vues d'Amérique*, p. 316 (□ 1906).

« s'américaniser c'était adopter non seulement les manières et le niveau de vie des Américains, mais l'éthique anglo-saxonne, sous l'angle social, moral et presque religieux. »
                    A. SIEGFRIED, *Les États-Unis d'aujourd'hui*, p. 10 (□ 1927).

✻ Francisation de l'américain *to Americanize* (1797, de *American*). Ce verbe a d'abord été appliqué à ce qui distinguait les colons américains des Anglais d'Europe.

AMÉRICANISME [ameʀikanism] *n. m.*

1° (1853) Caractère américain (de qqch.), *spécialt* de ce qui est relatif aux États-Unis ; civilisation américaine ; son étude. — REM. : Enregistré dans les add. de Littré 1873 et dans le dict. de l'Académie 1932.

« Là [dans le Sud-Ouest], sous une couche imperméable d'ennui, l'orthodoxie protestante et le vieil américanisme se conservent sans changement. » A. SIEGFRIED, *Les États-Unis d'aujourd'hui*, p. 129 (□ 1927).

« On peut critiquer l'américanisme de la presse Rothermere, son apparence peu ordonnée, la diversité de ses caractères d'imprimerie ; elle n'en est pas moins amusante à lire et elle fait école. »
                    P. MORAND, *Londres*, p. 274 (□ 1933).

« Il y a une angoisse de l'Américain en face de l'Américanisme ; il y a une ambivalence de son angoisse, comme s'il se demandait à la fois : "Suis-je assez Américain ?" et "Comment m'évader de l'Américanisme ?" »
                    SARTRE, *Situations, III*, p. 130 (□ 1946).

2° (1866) Souvent *péj.* Américanophilie, goût pour ce qui est américain*. — REM. : Absent de Littré ; figure dans le dict. de l'Académie 1932.

« Car la société de Mayfair, d'abord transformée par l'américanisme, a été très éprouvée par la spéculation d'après-guerre. Ses vertus traditionnelles ont été ébranlées par le *get-rich-quick*, la psychoanalyse, fin du refoulement puritain [...]. »
                    P. MORAND, *Londres*, pp. 178-179 (□ 1933).

3° (1866) Mot, expression, construction (par rapport à l'anglais d'Angleterre) né aux États-Unis. — (XXᵉ s.). Emprunt du français à l'américain (opposé à *anglicisme*). — REM. : Absent de Littré ; enregistré dans le dict. de l'Académie 1932.

« Tous les américanismes ne sont pas ce que le grammairien appelle des barbarismes : il en est qui sont parfaitement classiques, en ce sens que ces locutions ou expressions, négligées et oubliées dans la mère patrie, se retrouvent néanmoins dans les vieux auteurs anglais. »
                    P. LAROUSSE, *Grand Dict. universel*, art. *Américanisme*, 1866.

✻ Au sens 3°, le mot anglais *Americanism* a été créé aux États-Unis en 1781 sur le modèle de *Scotticism* par John Witherspoon, Écossais de l'Université de Princeton, pour désigner un fait de langue propre à l'anglais d'Amérique. Les colons britanniques installés en Amérique depuis le début du XVIIᵉ siècle, ont proclamé leur indépendance en 1776 ; vers cette époque cette population de colons était très différente de la population anglaise, par ses mœurs et par sa langue. Au sens 2°, *Americanism* a d'abord été employé par Jefferson en 1797 ; le mot se dit exclusivement de ce qui a trait aux États-Unis (jamais du continent de l'Amérique, très rarement de l'Amérique du Nord). Il apparaît en français en 1866 (P. Larousse). Avec le sens 1° (1833, en anglais) le mot *américanisme* est attesté en 1853 par le Petit Robert.

AMERICAN SIGN LANGUAGE → AMESLAN.

AMERICAN WAY OF LIFE [ameʀikanwɛɔflajf] *loc. nom.*

(mil. XXᵉ s.) Expression qui n'est jamais traduite et qui signifie « mode de vie américain, mœurs américaines ».

« Pourtant, il ne faut pas sous-estimer l'importance [...] de la présence aux États-Unis d'une importante minorité pour qui l'*American way of life* a une tout autre signification que pour l'ensemble des Américains : 20 millions de Noirs, autant de "pauvres Blancs" du Sud ou des *slums* urbains [...]. »
P. GEORGE, *Géographie des États-Unis*, p. 67 (□ 1971).

« Citoyen convaincu de l'excellence de l'American way of life comme n'importe quel électeur de M. Richard Nixon [...]. »
L'Express, 29 janv. 1973, p. 57.

✱ Cette expression, qui reste une citation, est généralement du masculin en français. Elle a souvent une valeur polémique dans les débats entre tenants et opposants de la civilisation des États-Unis. *American way of life* n'est attesté en américain qu'en 1944, mais on dit *the American way* depuis 1885.

« Il fut un temps, très ancien, où l'on parlait des mœurs françaises ; puis on parla de nos mœurses ; aujourd'hui la presse nous enseigne " la manière française de vivre ". Il faut bien suivre son temps ! Du moment que les Yanquis se modèlent selon *the American way of life*, de quel droit garderions-nous nos mœurs à nous ? » ÉTIEMBLE, *Parlez-vous franglais ?*, p. 75 (□ 1964).

AMESLAN [amɛslɑ̃] *n. m.*

(1979) Langage des sourds-muets des États-Unis, qui est une gestuelle mimétique, aussi appelé ASL.

« Avec l'ameslan et une nouvelle méthode d'apprentissage, ce couple d'Américains a pu apprendre à une guenon, appelée Washoe, 160 mots que le chimpanzé utilisait séparément ou combinait pour constituer de petites phrases. [...] Plusieurs chimpanzés s'expriment actuellement en ameslan avec des hommes, mieux encore ils peuvent communiquer entre eux de cette manière [...]. » *Sciences et Avenir*, juin 1979, p. 89.

« "La prise de conscience date seulement de 1970, explique William Stockoe, directeur du laboratoire de recherche à Gallaudet. Les linguistes ont alors réalisé que les signes formaient un vrai langage, différent de la langue parlée." Le premier, William Stockoe a entrepris un dictionnaire de l'Ameslan, qui regroupe quelque 3 000 signes. »
L'Express, 1ᵉʳ avril 1980, p. 109.

✱ De l'américain AMESLAN n. (1974, Barnhart 2), mot-valise créé à partir de *American Sign Language*, abrév. ASL « langage américain des signes », créé par le sémioticien W. Stockoe en 1960 (son dictionnaire date de 1965 : *A Dictionary of American Sign Language on Linguistics Principles*). L'ameslan est un langage direct indépendant du langage écrit, à la différence de l'alphabet des sourds-muets qui fait correspondre les positions des doigts à des lettres *(finger spelling)*. Ses signes sont motivés ou non (signes complexes) mais n'interfèrent pas avec la langue écrite ; il a donc une vocation universelle.

AMNESTY INTERNATIONAL [amnɛstiɛ̃tɛʀnasjɔnal] *n. pr. m.*

(1961) Association qui agit pour sauvegarder les droits de l'homme dans tous les pays, qui soutient les détenus politiques, les personnes déplacées, torturées, etc.

« Cette volonté d'impartialité a, pour une bonne part, conduit Claude à Amnesty. "*Là seulement, commente-t-il, on prend en compte les droits de l'homme dans le monde entier ! Les partis ? Ils laissent toujours un bout de ces problèmes dans l'ombre. Écoutez Carter : il a hurlé pour défendre les droits de l'homme en U. R. S. S. Pour l'Argentine, il a murmuré. Pour l'Iran, il chuchote...* " » *Le Nouvel Observateur*, 6 nov. 1978.

« Dans un rapport publié aujourd'hui, Amnesty International réclame la constitution d'une commission d'enquête sur les abus du FBI. »
Libération, 14 oct. 1981, p. 19.

✱ Nom anglais ("amnistie internationale") de la société fondée à Londres, en 1961, par Peter Benenson, Erik Baker et Sean MacBride, ancien ministre. La section française, qui a été créée en 1971, est régie par la loi de 1901 (et est, de ce fait, considérée comme étant à but non lucratif, mais pas reconnue d'utilité publique). On abrège souvent en *Amnesty*.

AMPLI-TUNER [ãplitjunœʀ] ou [ãplitynɛʀ] *n. m.*

(v. 1960) Appareil constitué d'un récepteur de radio et d'un amplificateur du son → **Tuner.**

« Cet ensemble [...] réunit dans un même bloc un ampli-tuner et une platine stéréophonique à deux vitesses. »   *Son-Magazine*, fév. 1971, p. 7.

« L'ampli-tuner Boemaster 901 [...]. C'est un ampli stéréo avec tuner FM AM intégré, recevant donc modulation de fréquence, ondes longues et ondes moyennes. »   *Le Haut-Parleur*, 16 nov. 1972, p. 76.

✱ Mot forgé en français sur *ampli*[ficateur] et l'anglais *tuner*. On rencontre aussi les formes *amplificateur-tuner, tuner-amplificateur,* et *tuner-ampli.*

ANESTHÉSIE [anɛstezi] *n. f.*

1° (1753) *Pathol.* Privation ou affaiblissement de la sensibilité. *Anesthésie thermique.*

✱ Anglais *anaesthesia* n. (1721 ; du grec). Wartburg atteste *anesthésie* en 1753 ; le T.L.F., de même que Mackenzie, en 1771 (J. J. Schmidlin, *Catholicon* ou *Dict. universel de la langue française*).

2° (1847) *Chir.* Suppression de la sensibilité à la douleur par les anesthésiques. *Anesthésie générale, locale.* — REM. : Enregistré dans le dict. de l'Académie 1878 et de Littré 1863.

« L'anesthésie locale, à laquelle M. Simpson, d'Édimbourg, a eu l'honneur d'attacher son nom, a marqué le premier pas fait dans cette direction utile [...]. L'anesthésie par réfrigération a donné de meilleurs résultats, et elle tend à être conservée dans la pratique. »
L. FIGUIER, *L'Année scientifique et industrielle*, p. 295, 1858 (□ 1857).

✱ En ce sens, *anesthésie* reprend l'américain *anesthesia* n. (1846 ; anglais *anaesthesia*) : il est attesté en 1847 (A. Mussat, *Physiologie,* t. 25, p. 804, *in* Wartburg).
Anesthésie a donné en français de nombreux dérivés : *anesthésier* (1851), *anesthésiant* (1847), *anesthésique* adj. (1847), n. m. (1850), *anesthésiste* (1897, Nouveau Larousse illustré).

ANGLEDOZER [ãglədɔzœʀ] ou [ãglədɔzɛʀ] *n. m.*

(mil. XX⁰ s.) Bulldozer qui attaque le sol obliquement et rejette les déblais sur le côté.

« Angledozers, bulldozers, chargeurs sur chenilles et sur pneus, chargeurs articulés, niveleuses, nous commençons à 45 chevaux et dépassons les 500 chevaux avec le HD 41 Allis Chalmers, actuellement le plus gros bulldozer du monde [...]. »
Le Monde, 26 fév. 1972, p. 26 (Publ.).

✱ Mot américain (1940, nom déposé) passé en français dans le lexique des travaux publics ; c'est un mot-valise fait sur *bulldozer* et *to angle* « obliquer », et qui n'a pas de sens littéral. Il est avantageusement remplacé par la traduction *boutoir oblique,* proposée par le Comité d'étude des termes techniques français (1960), ou par la traduction *bouteur biais* n. m., conseillée dans l'arrêté paru au J.O. du 18 janvier 1973.

ANGLICHE ou **ENGLICHE** [ɑ̃gliʃ] *n. et adj.*

(1861) *Fam.* Anglais, anglaise. *Les auburns, c'est trop english* (→ **Auburn,** cit. 2). Langue anglaise. — REM. : Absent dans les dict. de l'Académie et de Littré.

« Gavroche, tout en cheminant, jeta un coup d'œil indigné et rétrospectif à la boutique du barbier.
— Ça n'a pas de cœur, ce merlan-là, grommela-t-il. C'est un angliche. »
HUGO, *Les Misérables*, p. 966, Pléiade (□ 1862).

« un sédentaire par le fait [...] et juste baragouinant l'english [...]. »
L.-F. CÉLINE, *Guignol's band*, p. 96 (□ 1951).

« Pour onze d'entre elles, l'enquête prit fin à la première entrevue : leurs enfants avaient tous des pères.
— Comme celui de ton Englishe... »
P. GUTH, *Le Mariage du Naïf*, p. 16 (□ 1956).

✲ Mot d'argot (1861, d'après Esnault), francisation de l'anglais *English* « anglais », employé par dérision (comme *ricain, rital,* etc.). Terme un peu vieilli. La forme *angliche* est bonne en français (*engliche, engliche* sont à rejeter) ; on y retrouve la racine *angl-* (*anglais, Angleterre*) et le suff. *-iche* (*barbiche, pouliche,* etc.). Cf. l'*Angluche* « les Anglais », 1628 (*Le Jargon de l'argot réformé* de Sain, suff. arg. *-uche*). (→ **British.**)

ANGLICISME [ɑ̃glisism] *n. m.*

1° (1687) *Vx.* S'est dit pour *Anglomanie.*

2° (1704) Idiotisme anglais, emprunté à l'anglais dans une autre langue. — REM. : Figure dans les dict. de Trévoux 1704, et de l'Académie 1762.

« Je prie le lecteur de me pardonner s'il m'est échappé quelques anglicismes. »
DESFONTAINES, trad. de Swift, *Voyages de Gulliver*, 1727
[*in* Mackenzie, p. 162].

✲ Francisation de l'anglais *anglicism* qui apparaît d'abord en Angleterre au sens de l'emprunt à l'anglais, idiotisme anglais (1642) puis au sens de « caractère, chose typiquement anglaise » (XVIIIᵉ s.) ; il a passé en France avec le sens éphémère d'*anglomanie* (mot qui n'apparaît qu'en 1745) et s'est spécialisé dans le sens linguistique à une époque où effectivement le nombre d'anglicismes en français devenait considérable : le XVIIIᵉ siècle est celui de la pénétration de la civilisation et du vocabulaire anglais en France. Notons l'existence, au début du XIXᵉ s., d'un *anglaisisme* au sens d'anglomanie (mot qui n'est pas un anglicisme) :

« on dit partout et tout haut ce que l'on répète tout bas rue de Richelieu, et dans le plus grand mystère, une tragédie de lord Byron, qui a pour titre, *le Doge de Venise.* De l'Anglaisisme ; cela réussira ! »
L'Observateur des modes, 5 sept. 1821 [*in* D.D.L., 2ᵉ série, 4].

ANIMALISER [animalize] *v. tr.*

1° (1742) *Vx.* Convertir (les aliments) en la propre substance d'un animal. — Pronom. *S'animaliser*, en parlant des aliments eux-mêmes. — REM. : Signalés dans le dict. de l'Académie de 1835.

2° (1795) Rendre (qqn) comme un animal, ravaler (qqn) au rang de la bête. — Pronom. *S'animaliser*, devenir animal, se ravaler au rang de l'animal.

« Je sentais en revanche grandir chez moi, au cours de mes chevauchées solitaires, une espèce de poésie intérieure, faite d'une communion profonde avec la nature, et intraduisible par des mots. Je m'animalisais avec les bêtes, ou elles s'humanisaient avec moi, comme vous voudrez. »
P. BOURGET, *Outre-Mer*, p. 50 (□ 1895).

✲ Adaptation de l'anglais *to animalize*, mêmes sens, 1737 et 1770, de *animal* et suff. *-ize* « -iser, -ifier ». Le mot apparaît vers 1742 en français, selon Mackenzie (traduction d'un texte anglais de 1737 sur la médecine, à Édimbourg). Le dérivé *animalisation* n. f. (1791) est soit de formation française, soit emprunté à l'anglais *animalization* n.

ANION [anjɔ̃] n. m.

(1838) *Chimie.* Ion négatif. — REM. : Absent des dict. de l'Académie et du Littré.

❋ Mot anglais créé par Faraday en 1834 d'après le grec *anion* «chose qui monte». *Anion* prononcé à la française s'intègre bien à notre système.

ANODE [anɔd] n. f.

(1838) Électrode positive. — REM. : Absent du dict. de Littré 1863 et Suppl. 1877. — Enregistré dans le dict. de l'Académie 1932.

« On réduit les mattes en plaques minces destinées à servir d'anodes (pôle positif) ; la prise du courant se fait au moyen de bandes de cuivre introduites dans la masse, et des plaques minces du même métal forment les catodes [*sic*] (pôle négatif). »
L. FIGUIER, *L'Année scientifique et industrielle*, p. 174, 1886 (□ 1885).

❋ Ce mot a été créé en anglais par Faraday (1834), du grec *anodos* « chemin vers le haut ». Il s'intègre aisément au système français. Il a produit l'adjectif *anodique* (1898 d'après l'anglais *anodic*, 1837).

« La pose [radiographique] doit être de six à huit minutes, le tube employé étant une boule bi-anodique grand modèle [...]. »
É. GAUTIER, *L'Année scientifique et industrielle*, p. 54, 1898 (□ 1897).

ANTIBIOTIQUE [ɑ̃tibjɔtik] adj. et n. m.

(1941-42) Qui s'oppose à la vie de certains micro-organismes dangereux pour les êtres vivants. — (v. 1945-50) Médicament qui a cet effet (pénicilline, streptomycine, tyrothricine, etc.).

❋ Mot emprunté et francisé de l'anglais *antibiotic* adj. (1892) formé sur le grec *anti*- et *biôtikos* « de la vie ». Ce mot avait déjà été employé en anglais (1860) au sens de « opposé à la présence, à la possibilité de la vie ». En français, le mot est attesté en 1878 (*Journal de médecine et de chirurgie pratiques, in* D.D.L.) dans un sens général « opposé à la vie » et peut alors avoir été directement formé sur le grec. Au sens moderne, spécialisé, les substances découvertes par Fleming (pénicilline) en 1928, Dubos en 1939, Florey sont dénommées ainsi par Waksman. Le substantif *antibiotics* apparaît en 1944, et se répand après l'ouvrage célèbre de Florey et al.

ANTIDOPING → DOPING.

ANTIDUMPING → DUMPING.

ANTI-FADING → FADING.

ANTI-FOULING [ɑ̃tifulin] n. m.

(1966) Produit qu'on passe sur la coque des bateaux pour éviter les incrustations d'animaux marins (→ **Fouling**). — REM. : Absent de tous les dictionnaires.

« La première gamme complète de peintures au polyuréthane en une seule boîte sans mélange : émail, vernis, anti-dérapant et anti-fouling. »
Bateaux, sept. 1966, p. 9 (Publ.).

❋ Anglais *antifouling* n. (1913), de *fouling* n. (XIVe s.) « crasse, saleté » puis « dépôt qui encrasse », de *to foul* « salir ».

ANTI-GANG → GANG.

ANTILOPE [ɑ̃tilɔp] *n. f.*

(1622 [1607 d'apr. G.L.L.F.] au sens moderne, répandu 1754 Aubert de La Chesnaye) Mammifère ruminant de la savane, au corps svelte, aux cornes spiralées chez le mâle, à la course rapide.

« La dixième gazelle est un animal très-commun en Barbarie et en Mauritanie, que les Anglais ont appelé *antilope*, et auquel nous conserverons ce nom ; [...] ce qui caractérise plus particulièrement l'antilope, c'est que les cornes ont une double flexion symétrique et très-remarquable : en sorte que les deux cornes prises ensemble représentent assez bien la forme d'une lyre antique [...]. Nous avons vu au cabinet de M. le marquis de Marigny [...] une espèce d'arme offensive, composée de deux cornes pointues et longues d'environ un pied et demi, qui, par leur double flexion, nous paraissent appartenir à une antilope plus petite que les autres [...] ; nous appelerons cet animal *antilope des Indes*, [...]. »
BUFFON, *Histoire naturelle des animaux*, in *Œuvres complètes*, t. III, pp. 362-363 (□ 1764).

« Dernièrement j'ai tué un antilope [*sic*] à deux cent quatre-vingt-quatorze de mes grands pas, avec ton fusil à deux coups [...]. »
V. JACQUEMONT, Lettre à P. Jacquemont, 31 mars 1832, in *Corresp.*, t. II, p. 273.

« S'il est vrai qu'un long jeûne s'impose quelquefois aux carnassiers dans les pays tels que le continent africain [...] il n'en est pas de même dans toute cette zone du Tarryani. Là abondent les bisons, les buffles, les zébus, les sangliers, les antilopes, auxquels lions, tigres et panthères donnent incessamment la chasse. »
Jules VERNE, *La Maison à vapeur*, p. 235 (□ 1880).

« Je revois l'immensité du steppe, coupée çà et là par les cañons, où se cachent à midi les biches avec leurs faons, les sources tranquilles où les pumas viennent guetter les délicates, les frêles antilopes. »
P. BOURGET, *Outre-Mer*, p. 68 (□ 1895).

✱ Au Moyen Âge ce mot, sous la forme *antelu, antelop*, existait en français comme en anglais (latin médiéval *ant(h)alopus*, du grec, origine inconnue au delà) pour désigner un animal fabuleux des bords de l'Euphrate, à cornes en scie capables de réduire tout en pièces, et même d'abattre des arbres, qui devient animal héraldique. Le sens zoologique actuel semble emprunté à l'anglais *antelope* n. (1607).

ANTIMALTHUSIEN → MALTHUSIEN.

ANTIMISSILE → MISSILE.

ANTIPOLLUTION → POLLUTION.

ANTIQUARK → QUARK.

ANTI-RADAR → RADAR.

ANTI-TANK → TANK.

ANTI-TRUST → TRUST.

APLANÉTIQUE [aplanetik] *adj.*

(1865, Littré-Robin) *Opt.* Qui ne présente pas d'aberration géométrique. *Lentille aplanétique.* — REM. : Absent des dict. de l'Académie. Signalé dans le Suppl. du Littré 1877.

« Le professeur Zeuger, de Prague, est arrivé à obtenir la photographie des grands corps célestes, par une durée d'exposition du papier

photographique considérablement réduite. Il emploie pour cela "des objectifs aplanitiques [*sic*] ou des miroirs d'une grande ouverture". »
L. Figuier, *L'Année scientifique et industrielle*, p. 22, 1877 (□ 1876).

« Si votre budget photographique vous le permet, ayez même une trousse aplanétique dont les différentes combinaisons de lentilles mettront à votre disposition un nombre variable de distances focales. »
La Science illustrée, 1er sem. 1891, p. 70.

✲ Mot francisé emprunté à l'anglais *aplanatic* (1794) du grec *aplanêtos*, « qui ne dévie pas » (Cf. *Planète*). Le mot anglais *aplanatic* a été créé par Robert Blair, physicien anglais. *Aplanétique* et *aplanitique* apparaissent conjointement en français ; Littré signale que *aplanitique* est une mauvaise forme. Cet emprunt a produit un dérivé *aplanétisme* n. m. (1888).

« Dire d'un objectif qu'il est aplanétique ne veut pas dire qu'il fournira une surface focale plane. L'aplanétisme est la correction des aberrations de sphéricité. » F. Dillaye, in *La Science illustrée*, 1er sem. 1902, p. 44.

APPROCHE [apʀɔʃ] n. f.

(mil. XXe s.) Manière d'aborder une étude, ensemble des procédés et méthodes qui y sont employés (mot toujours qualifié). *L'approche sociologique d'un texte littéraire.*

« L'allègement des programmes anciens doit permettre une approche plus concrète et plus moderne des mathématiques [...]. »
Le Figaro, 8 sept. 1970 [*in* Gilbert].

« J'ai tenté de démontrer, mais il faudrait y revenir plus en détail, que toute approche scientifique d'un corpus idéologique est déterminée par la situation politique que cette approche est appelée à transformer. »
M. Pleynet, *Littérature et Idéologies*, in *Nouvelle Critique*, 1971, p. 37.

✲ Ce mot, ancien en français (XVe s.), s'est d'abord employé dans le vocabulaire de la guerre de fortifications et de sièges : *les approches d'une forteresse, les travaux d'approche*. L'anglais a emprunté ce mot au français, avec son sens militaire, sous la forme *approach*. *Approche* et *approach* ont évolué dans chacune des deux langues selon des voies un peu différentes : alors qu'en français *approche* reste dans le champ sémantique de « aller plus près, venir plus près » et « être imminent, dans le temps », en anglais *approach* développe de nombreux sens qui gardent quelque chose du sens premier militaire : l'idée d'« accès, de siège », et d'autre part le sens d'« approximation » (qui existe dans *résultat approché*, en français), d'où est issue l'acception signalée ici (1750). Très répandu en américain dans le vocabulaire des sciences sociales, ce sens figuré dérivé s'est introduit avec le même succès en français en dépit des critiques véhémentes des puristes. Dire que *approche* peut être remplacé par *étude, examen* ou *point de vue* (Etiemble, *Parlez-vous franglais ?*, p. 216) est inexact. L'approche n'est pas une étude : c'est un des moyens employés qui permet l'étude d'un sujet considéré comme rebelle à l'analyse, une « forteresse imprenable ». Et ce choix parmi les moyens fait de l'approche une hypothèse de travail (et non un *point de vue*, mot trop faible), donc aussi un instrument labile et approximatif. Ces deux aspects sont fondamentaux et traduisent assez bien l'esprit scientifique actuel ; ils impliquent :
1) que l'objet à étudier n'est pas *a priori* connaissable ;
2) que la méthode à employer n'est pas *a priori* définie. Voici les nuances qui méritent d'être retenues et qui affinent en effet le « bon gros examen » dont parle Daninos (ci-dessous). Comme d'autre part la forme du mot est bien française, nous n'avons pas de bonnes raisons pour le rejeter.

« APPROCHE. — Façon moderne d'aborder un problème. L'*approche* (de la question), toute parfumée de technicité (voire de golf) tend à supplanter le bon gros *examen*, la vieille *étude*, désuets. » Daninos, *Le Jacassin*, p. 76 (□ 1962).

« Nos sociologues et politicologues *(political scientists)* affectionnent l'emploi du mot *approche* au sens de : façon d'aborder un sujet, de traiter une question (en anglais : *approach*). Il est vrai que l'on dit bien, au propre ou au figuré, des travaux d'approche ; mais ce n'est pas une excuse pour parler des " approches fondamentales " de l'analyse économique, même si l'on précise (!) qu'il y a une " *approche* dynamique" et une " *approche* macroéconomique " [...] à propos de

Francis Ponge, Claude Mauriac a écrit qu'un humanisme. s'esquissait " derrière *cette approche phénoménologique de la réalité* " [sic]. »
                                                            LE BIDOIS, *Les Mots trompeurs*, p. 271 (□ 1970).

    « APPROCHE [...] ne remplace ni la *vision* que l'on a d'un travail ou d'une recherche, ni la *façon* de l'entreprendre, ni l'*attitude* et la *méthode* qui vaincront les difficultés. »   J. GIRAUD, *Les Mots « dans le vent »*, art. *Approche* (□ 1974).

APTÉRYX [apteʀiks] *n. m.*

    (1822) Oiseau coureur de la Nouvelle-Zélande *(Ratites)* qui ne possède que des rudiments d'ailes et pas de queue, autrement appelé *Kiwi**. — REM. : Signalé dans le Suppl. du dict. de Littré 1877 ; absent des dict. de l'Académie.

    « Le *Palapteryx ingens* avait quatre doigts, comme aussi l'*apteryx* et les échassiers ; c'est par là qu'il se distingue aussi des *dinornis* à trois doigts. »
                            L. FIGUIER, *L'Année scientifique et industrielle*, p. 202, 1866 (□ 1865).

    « Dans les dépôts des plaines et des vallées de l'île du Nord, on rencontre des débris d'oiseaux ayant les plus grands rapports avec l'*Apteryx*, mais atteignant des dimensions qui dépassent d'un tiers celles de l'Autruche d'Afrique [...]. Deux espèces d'Apteryx, qui ne diffèrent point des espèces actuelles, ont été rencontrées fossiles dans les mêmes gisements que les Dinornis. »
                            M. D'ARCHIAC, in *Revue des cours scientifiques*, 11 avril 1868, p. 307.

* Mot anglais *apteryx* n. (1813), du grec *pterux* « aile » et privatif *a-*. Signalé en français en 1822 (Bory de Saint-Vincent, *Dict. classique d'histoire naturelle*, in D.D.L., 2e série, 9). La forme grecque dissimule l'anglicisme.

AQUAPLANE [akwaplan] *n. m.*

    (1920) Planche tirée par un canot, sur laquelle on se tient debout en s'aidant d'une corde. — Le sport lui-même.

* Mot américain (1914) formé de *aqua-* « eau » et *plane* « plan *(n. m.)* ». Ce sport était répandu avant celui du ski nautique. Le mot est attesté en 1920 dans le *dictionnaire des Sports* de Petiot.

AQUAPLANING [akwaplaniŋ] *n. m.*

    (1968, *in* Petiot) Glissement par défaut d'adhérence entre les roues d'un véhicule et le sol (lorsqu'il est recouvert d'une pellicule liquide).

* De *aquaplaning*, mot américain (1961), même sens, formé sur *aquaplane*. On recommande en français les formes *aquaplanage* ou *aquaplane* (*La Banque des mots*, n° 14).

ARBITRAIRE [aʀbitʀɛʀ] *adj.*

    (1649) Qui dépend du bon plaisir, du caprice de quelqu'un. — REM. : Enregistré dans le dict. de l'Académie 1694.

* *Arbitraire*, existait déjà en français juridique avec le sens de « qui dépend de la seule volonté du juge » (1397 ; du latin *arbitrarius*) puis (1611) au sens de « qui dépend du caprice de qqn ». Il a emprunté son sens politique au vocabulaire de l'Angleterre au mil. du XVIIe siècle : « *revestir sa Majesté d'un pouvoir arbitraire et tyrannique* » (Remontrance des ministres de la province de Londres adressée par eux au général Fairfax, *in* Mackenzie). L'idée du *pouvoir arbitraire* du roi est née en Angleterre et a fait le chemin que l'on sait en France.

ARGON [aʀgɔ̃] *n. m.*

    (1895) Corps simple, gaz inerte, incolore et inodore qui existe en faible proportion dans l'atmosphère. — REM. : Signalé dans le dict. de l'Académie 1932.

« L'ancienne chimie a vu se renouveler ses procédés, soit par la tendance à une précision plus parfaite dans les mesures, soit par le progrès de la spectroscopie. À côté des nouveaux métaux découverts par cette dernière voie, l'isolement d'un nouveau gaz de l'atmosphère (l'argon, par Lord Raleigh et Ramsay) a excité un vif intérêt. »
LAVISSE et RAMBAUD, *Histoire Générale*, t. XII, p. 573 (□ 1901).

∗ Mot anglais formé sur le grec *argon,* neutre de *argos* «inactif » *(an + ergon),* créé en 1894, date de la découverte du gaz. Comme tous les anglicismes grecs, *argon* s'intègre bien au français.

ARROW-ROOT [aʀɔʀut] *n. m.*

(1808) Plante d'Amérique tropicale à rhizomes, appelée aussi *Maranta.* — Fécule comestible de ces rhizomes. — REM. : Signalé dans Littré 1863 ; absent des dict. de l'Académie.

« L'arrow-root a détrôné le sagou ; mais vint, avec Walter Scott, le lichen d'Islande, puis les sangsues indigènes, combinées avec l'eau de Seine ; [...] toujours ces bons remèdes coûtent plus chers quand ils sont en vogue [...]. »   BALZAC, *Code d s gens honnêtes*, p. 113 (□ 1825).

« Adieu, je vous quitte pour mon potage de convalescent, de l'arrow-root. Gardez-vous de mal. »
V. JACQUEMONT, Lettre à M. Cordier, 27 juil. 1832, in *Corresp.*, t. II, p. 330.

« après avoir laissé refroidir pendant cinq minutes [...] servez la confiture froide, accompagnée de gâteaux d'*arrow-root.* »
MALLARMÉ, *La Dernière Mode*, 15 nov. 1874, p. 805.

∗ Mot anglais (1696, pour la plante ; 1811, comme marque déposée pour la fécule) formé de *arrow* « flèche » et *root* « racine », « herbe aux flèches » utilisée contre les blessures de flèches empoisonnées aux Antilles (on aspire le poison par le tube des tiges). Mais c'est une étymologie populaire anglaise : le mot vient en fait de *aru-aru* « mets des mets » (= mets suprême) dans la langue locale (Cf. La graphie de L'afond ci-dessus). Ce produit, en grande vogue au XIXᵉ siècle, n'est plus guère employé dans la cuisine française, non plus que le mot dans la langue.

ARTEFACT [aʀtefakt] *n. m.*

(1920-24, *in* T.L.F.) Phénomène d'origine humaine artificielle (dans l'étude des faits naturels).

« L'enseignement de la langue maternelle se fonde sur le modèle aristotélicien... Aussi est-ce un artefact de la construction de l'énoncé lui-même que ce repérage dans les définitions du dictionnaire, de l'application de la logique des classes... »
J. DUBOIS, *Dictionnaire et Discours didactique*, in *Langages*, nᵒ 19, p. 45.

« Nous rassemblerons les classements des rhéteurs pour former un réseau unique, sorte d'artefact qui nous permettra d'imaginer l'art rhétorique comme une machine subtilement agencée... »
R. BARTHES, *L'Ancienne Rhétorique*, in *Communications*, nᵒ 16, 1970, p. 175.

∗ Mot anglais, *artefact* ou plus souvent *artifact,* du latin *artis factum* « fait de l'art, produit de l'art ». Ce mot date de 1821 en anglais avec le même sens (les Anglais ont comme nous *artifice* d'étymologie voisine, mais de sens différent). *Artefact* est un terme didactique de philosophie et de sciences (notamment médecine). Sa forme d'origine latine s'intègre assez bien au français ; *artifact* serait meilleur *(artifice/artifact).*

ASDIC → SONAR.

ASL → AMESLAN.

ASSISTANT, ANTE [asistɑ̃, ɑ̃t] *n.*

(XVIIe s.) Personne qui aide quelqu'un, le seconde dans son travail professionnel ; *spécialt.* grade de l'enseignement supérieur, inférieur au maître de conférence.

✳ *Assistant* existe en français dès 1400 au sens de « personne qui assiste à quelque chose ». On a emprunté au XVIIe siècle le sens d'« aide » à l'anglais qui emploie ainsi *assistant* depuis le XVIe siècle. Signalé comme anglicisme dans le dictionnaire de Féraud (1783). En pédagogie, *assistant professor* est attesté aux États-Unis en 1851. Le mot, normal en français, n'est évidemment plus senti comme un anglicisme culturel, ce qu'il est.

ASSOMPTION [asɔ̃psjɔ̃] *n. f.*

(1947 ; déjà en 1801 chez Villers, dans un ouvrage sur Kant) *Philo.* Hypothèse, postulat.

« à partir du moment où le sujet devient capable de raisonner de manière hypothético-déductive, c'est-à-dire sur de simples assomptions sans relation nécessaire avec la réalité [...]. »
J. PIAGET, *Psychologie de l'intelligence*, p. 177 (□ 1947).

✳ Le mot *assomption* existe en français — comme en anglais *(assumption)* — avec le sens religieux. Ce sens scientifique a été emprunté à l'anglais qui en fait usage depuis le XVIIe siècle (1628) ; c'est proprement « l'action d'assumer ». *Assumption* est plus courant en anglais que *hypothesis.*

ATOLL [atɔl] *n. m.*

(1845 ; *attôle*, 1773) Île de corail ou de madrépores située en pleine mer qui a la forme d'un anneau de terre entourant une lagune. — REM. : Absent des dict. de l'Académie ; figure dans Littré, add. 1872 *(attol).*

« Ces îles, ou groupe d'îles, forment des espèces de couronnes plus ou moins circulaires, avec une lagune à l'intérieur et des échancrures en nombre variable. C'est ce que l'on nomme Atolls. »
M. HÉBERT, in *Revue des cours scientifiques*, 16 juin 1866, p. 478.

« Ces polypes se développent particulièrement dans les couches agitées de la surface de la mer, et par conséquent, c'est par leur partie supérieure qu'ils commencent ces substructions, lesquelles s'enfoncent peu à peu avec les débris de sécrétions qui les supportent. Telle est, du moins, la théorie de M. Darwin, qui explique ainsi la formation des atolls — théorie supérieure, selon moi, à celle qui donne pour base aux travaux madréporiques des sommets de montagnes ou de volcans, immergés à quelques pieds au-dessous du niveau de la mer. »
Jules VERNE, *Vingt Mille Lieues sous les mers*, p. 201 (□ 1869).

✳ Le français avait autrefois le mot *atollon* (1611), terme de voyageur emprunté au parler des Îles Maldives, encore employé concurremment avec *atoll, attol,* chez Jules Verne.

« elles ont formé cet archipel, dont les îles peuvent se classer en barrières, franges et attollons ou plutôt attol, — nom indien de celles qui sont pourvues de lagons intérieurs. »   Jules VERNE, *L'Île à hélice*, p. 174 (□ 1895).

✳ Littré en 1877 enregistre *attolon* avec *attol* et *attolle.* Le mot *atoll* a été repris à l'anglais (1832) ; avant le XVIIIe s. les Anglais avaient aussi la forme maldive *atollon* (1625), qu'ils ont anglicisée.

ATOMISEUR [atɔmizœʀ] *n. m.*

(1928, Larousse) Petit bidon ou flacon dont le bouchon, lorsqu'il est pressé, atomise le liquide qu'il contient. *Atomiseur à parfum, à laque, à peinture.*

« Ah... Gudule !... Viens m'embrasser... Et je te donnerai
Un frigidaire
Un joli scooter

Un atomizer
et du Dunlopillo. »   Boris VIAN, *Complainte du Progrès*,
                            in *Textes et Chansons*, p. 120 (□ 1955 †).

✳ Francisation de l'anglais *atomizer* « flacon pour vaporisations médicinales » (1865). La technique s'est appliquée aux États-Unis à tous les
produits de beauté, produits ménagers, *etc.* dont on se sert par
vaporisation, et le mot a été emprunté en France avec elle. On rencontre
souvent la forme *atomizer* non francisée, à laquelle il faut évidemment
préférer *atomiseur*. Le mot *vaporisateur* désigne plutôt en français le
flacon muni d'une poire en caoutchouc. Critiqué par Étiemble :

« Un peu de whip en atomizer, et le voilà prêt, notre gentleman, pour sa
journée. »   ÉTIEMBLE, *Parlez-vous franglais ?*, p. 105 (□ 1964).

ATTACHÉ-CASE [ataʃekez] *n. m.*

(v. 1960) Mallette rectangulaire plate à couvercle et serrure,
recouverte de cuir, qui sert de serviette.

« Madame Express a [...] pensé à emporter une feuille de papier
format international (29,7 cm × 21 cm) et ses dossiers habituels avant
d'acheter un attaché-case. »   *L'Express*, 21 août 1972, p. 76.

« Témoin ce consultant, habitué à promener son attaché-case sur
tous les continents [...]. »   *L'Express*, 18 sept. 1972, p. 111.

✳ Mot anglais (1904) formé sur *case* « étui, boîte » et *attaché* n. m.,
emprunt au français, proprement : « mallette d'attaché diplomatique ». La
mode de cet objet s'est rapidement répandue en France dans le monde
des affaires : tous les jeunes cadres ont des attaché-cases et abandonnent la traditionnelle serviette souple, voulant probablement faire
penser qu'ils transportent des documents importants (le nom de *porte-
document* donné à une serviette plate ne suffisait déjà plus). Cet objet
aussi peu pratique que possible a de surcroît un nom imprononçable (on
entend parfois [ataʃekɑz]). Il semble difficile de proscrire un mot si bien
soutenu par la mode : *mallette* est vague et peu prestigieux. On pourrait
recommander la forme abrégée *attaché* : il existe bien un gâteau qui
s'appelle *diplomate* !
Étiemble s'est moqué de ce mot :

« Et cet attaché-case en box, ce serait pratique pour les week-ends ! »
                            ÉTIEMBLE, *Parlez-vous franglais ?*, p. 19 (□ 1964).

ATTORNEY [atɔrnɛ] *n. m.*

(1765) Procureur ou avoué, en Angleterre. — Avoué ou
notaire, aux États-Unis. *Attorney général.* — REM. : Absent des
dict. de l'Académie. Signalé dans Littré 1863.

« Avant le départ de ma lettre, j'ai eu le temps, monsieur, de lire
votre Richard III. Vous seriez un excellent *attorney general*. Vous pesez
toutes les probabilités [...]. »   VOLTAIRE, Lettre à Walpole, 15 juil. 1768.

« On me présente à M. Jérôme, le nouvel attorney général, très
populaire à New-York, et qui passe pour un réformateur à tous crins,
en réaction contre les mœurs déplorables de la justice et de la police
américaines, vendues de tout temps, et cyniquement, aux influences
politiques. »
              J. HURET, *En Amérique, De San Francisco au Canada*, p. 512 (□ 1905).

✳ Mot anglais (XIVᵉ s.), du français *atorné,* anglicisé en *attorney*, de
ato(u)rner « régler, assigner » dér. de *to(u)rner* (Cf. en français moderne
Atours). Les fonctions d'*attorney* ne correspondant pas au système
juridique français, il est bon d'employer ce mot et non un autre.

ATTRACTIF, IVE [atraktif, iv] *adj.*

(Répandu vers 1960) Qui attire, séduit (notamment dans un
contexte commercial, publicitaire).

✳ Adjectif bien français et fort ancien (*adtractif* en 1270, *actratif* au
XIVᵉ s., *attractif* au XVᵉ s.), même dans les emplois concernant ce qui
« attire en séduisant ». C'est le latin *attractivus*. Mais le mot français,
hors de ses emplois scientifiques, restait rare et littéraire. Au contraire,

l'anglais *attractive*, emprunté au français au xvie s., est devenu très courant au sens mentionné ici, et c'est sous son influence qu'*attractif* est devenu un adjectif à la mode, senti comme légèrement abusif, ce que marquent les emplois où le mot est entre guillemets.

ATTRACTION [atʀaksjɔ̃] *n. f.*

1° (1722) *Loi de l'attraction universelle*, selon laquelle tous les corps matériels s'attirent en raison directe de leur masse et en raison inverse du carré de leurs distances ; gravitation. — REM. : Enregistré dans le dict. de l'Académie 1762.

« M. Cheyne soutenait dans cet ouvrage les sentiments de M. Newton sur le vide et sur l'*attraction* mutuelle des corps, ou, comme parlent ce philosophe et ses disciples, sur la *gravitation.* »
           Journal des savants, 1722 [*in* Brunot, t. VI, 1-b, p. 548].

∗ *Attraction* existe en français (latin *attractio*) depuis le xiiie siècle au sens de « action d'attirer, force qui attire ». Ce mot peu fréquent a été relancé par la théorie de Newton (les Anglais ont emprunté *attraction* au français au xve s.) et la traduction des *Principia Mathematica* par Mme du Châtelet (1759). Après Le Clerc dans sa *Bibliothèque universelle et historique*, VIII, p. 438 (Amsterdam, 1688), Voltaire hésite entre *attraction* et *impulsion* qui lui semble meilleur (mais qui en fait désigne autre chose) ; Newton lui-même emploie parfois *impulsion.*

« On entend dire partout : Pourquoi Newton ne s'est-il pas servi du mot d'impulsion que l'on comprend si bien, plutôt que du terme d'attraction, que l'on ne comprend pas ? »
           VOLTAIRE, *Lettres philosophiques*, XV, Sur le système de l'attraction, p. 88 (□ 1734).

2° (1835) Ce qui attire le public, centre d'intérêt. *Cette exposition est la grande attraction de la saison.* — REM. : Sens enregistré dans le dict. de l'Académie 1932.

« Il faudrait y associer deux autres journaux et en fonder un cinquième ; avec cela trouver des combinaisons, des *attractions*, comme disent les Anglais, pour obtenir la faveur du public. »
           BALZAC, Lettre à Mme Hanska, 11 août 1835 [*in* D.D.L., 1re série].

« Dimanche et lundi de Pâques aura lieu l'inauguration de ces concerts qui étaient, l'on s'en souvient, une des grandes attractions du jardin l'an dernier. »
           Journal officiel, 24 mars 1876 [*in* Littré Suppl. 1877, art. *Attraction*].

« Quand on s'occupa des *attractions* à créer au Champ de Mars en vue de l'Exposition universelle projetée pour 1889, on songea aux fontaines lumineuses qui avaient produit beaucoup d'effet en Angleterre [...]. »
           L. FIGUIER, *L'Année scientifique et industrielle*, p. 387, 1890 (□ 1889).

« *Elle* : "Mais enfin qu'avez-vous au club, vous autres hommes, pour vous le rendre si attractif, que vous n'ayez pas chez vous ?" *Lui* : "Ma chère, nous n'avons pas au club ce que nous avons chez nous. Toute l'attraction est là." »   P. BOURGET, *Outre-Mer*, p. 166 (□ 1895).

3° (xxe s.) Numéro de variétés à l'intérieur d'un spectacle, d'un amusement (surtout plur.). *Les attractions d'un restaurant où l'on danse.*

« La musique fait le roulement qui annonce une attraction. »
S. GUITRY, *Ils étaient 9 célibataires*, p. 290, Éd. de l'Élan, 1950 (□ 1949).

∗ Ces deux sens sont aussi empruntés à l'anglais. Voici ce qu'en dit Littré :

« Dans le sens anglais, ce qui a de l'attrait ; ce sens a commencé à paraître vers l'époque des grandes expositions internationales et est aujourd'hui d'un usage presque courant (1869). »   LITTRÉ, *Suppl.* 1877, art. *Attraction*.

AUBIN [obɛ̃] *n. m.*

(1534, Hobin) Allure défectueuse du cheval, trot désuni. — REM. : Absent du dict. de l'Académie 1694, figure seulement dans l'édition de 1762.

« un beau grand cheval de boys, lequel il faisait penader, saulter, voltiger, ruer et dancer tout ensemble, aller le pas, le trot, l'entrepas, le gualop, les ambles, le hobin, le traquenard [...]. »

RABELAIS, *Gargantua*, XII (□ 1534).

✳ Francisation de l'anglais *hobby* « petit cheval », corruption du prénom *Robin*. L'anglais date du XVe siècle.

AUBURN [obœrn] *adj. invar.*

(1817) Se dit de cheveux châtains à reflets roux. *Des cheveux auburn.* — REM. : Absent des dict. de l'Académie et de Littré.

« Ses yeux noirs en apparence, mais en réalité d'un brun orangé, contrastaient avec ses cheveux dont le blond fauve, si prisé des Romains, se nomme *auburn* en Angleterre [...]. »

BALZAC, *Le Contrat de mariage*, p. 103 (□ 1835).

« elle devait être brune comme les autres Égyptiennes, et ce ton *auburn* est produit sans doute par les essences et les parfums de l'embaumement. »

TH. GAUTIER, *Égypte*, p. 107 (□ 1867).

« Neuf ou dix ans peut-être et de longues boucles blondes, de ce blond à reflets sombres que vos ennemis, les Anglais, appellent *auburn.* »

P. BOURGET, *La Terre promise*, p. 107 (□ 1892).

— *Subst.* Femme auburn. Plur. *Des auburns.*

« Et les auburns ? ça qu'est chic ! — Chiche ? Les auburns, c'est trop english, non, non, je n'en veux pas. » P. FORT, *Empire de France* (□ 1953).

✳ L'ancien français avait le mot *alborne*, *auborne* (du latin médical *alburnus* « blanchâtre » de *albus* « blanc »), les Anglais nous ont emprunté ce mot au XVe siècle ; durant le XVIe siècle la graphie anglaise est devenue *abron*, *abrun*, *abrown*, ce qui a entraîné le passage sémantique de « blanc » à « brun » *(brown)* et la spécialisation de *auburn* pour la chevelure. Le mot anglais est rentré sous cette forme en français, et avec le même sens (Stendhal, *Hist. de la Peinture en Italie*, 1817, selon Mackenzie, p. 200). Il a surtout été en vogue entre les deux dernières guerres, lorsque les femmes sophistiquées adoptaient le platine ou l'auburn pour leurs cheveux.

AUDIENCE [odjãs] *n. f.*

(1930) Ensemble des personnes qui écoutent ; auditoire. — REM. : Figure dans le dict. de l'Académie 1932.

« c'est toujours, à peu de choses près, les mêmes plaisanteries, les mêmes effets grossiers, mais à mesure que les acteurs beige, gris, chocolat, gesticulent, on dirait qu'ils envoient dans la salle de la force vitale et qu'ils rechargent le potentiel de leur audience [...]. »

P. MORAND, *New-York*, p. 178 (□ 1930).

« Maurice Biraud c'est un cas. Depuis sept ans — faut l'faire — qu'il tient l'antenne trois heures par jour, son audience s'accroît sans cesse. »

L'Express, 17 oct. 1966.

✳ *Audience* (du latin *audientia*) existe en français depuis le XIIe siècle avec le sens de « action d'écouter » (ex. : *demander un moment d'audience*), « réception où l'on admet quelqu'un pour l'écouter » (ex. : *demander une audience*) et « séance d'un tribunal » (ex. : *audience publique*). Le sens que nous signalons est un anglicisme (XVe s.) et c'est une confusion, car le mot ordinaire et normal est *auditoire* en français. Guerlin de Guer, selon Mackenzie, l'a relevé en 1931 dans un article sur le cinéma.

AUDIT [odit] *n. m.*

1° (v. 1970) Révision et contrôle de la comptabilité et de la gestion d'une société, soit de l'extérieur *(audit externe)* soit de l'intérieur *(audit interne)*. *Société, cabinet d'audit.* — REM. : Le pluriel est incertain. *Des audits, des audit.*

« 40 ans minimum, de formation supérieure économique et comptable, il doit avoir une expérience de plusieurs années dans le Contrôle de Gestion et l'Audit. » *L'Express*, 31 oct. 1977 (Annonce).

« 23 juillet Paris. — Au Conseil des ministres, M. Pierre Aigrain, secrétaire d'État à la Recherche, dresse un premier bilan "positif" des "audit" d'organismes de recherche, procédure qui sera poursuivie pour ceux d'entre eux qui reçoivent des crédits de l'État. »
Sciences et Avenir, sept. 1980, p. 102.

2° Personne chargée de cette mission. *On a réuni trois audits pour faire ce rapport.* — REM. : *Auditeur* est plus répandu.

« Important Groupe d'Assurances
Région Ouest-France
recherche un
AUDIT
Cette fonction conviendrait à un
jeune diplômé H. E. C., E. S. S. E. C., E. S. C. P.
Option finances, comptabilité, contrôle de gestion »
Le Monde, 1er fév. 1977, p. 28 (Annonce).

✻ De l'anglais *audit* (1435) « examen et vérification des comptes (qui se faisaient alors oralement) », du lat. *auditus* « chose entendue », répandu en français avec le vocabulaire américain de la gestion d'entreprise. La première société d'audit installée en France est américaine (1920, Price Waterhouse). Le mot ne s'est diffusé que dans les années 1970 ; il ne figure pas dans le *Dict. des mots contemporains* de Gilbert, 1980. On a également calqué *auditeur* n. m. sur *auditor* « personne chargée d'un audit », et même *auditer* v. tr. « soumettre à l'audit » sur *to audit* (XVIe s.) « vérifier les comptes » : « il aura pour rôle de conseiller, d'assister et d'auditer les équipes Marketing du Groupe », *l'Express*, 31 oct. 1977 (Annonce).

AUTOBIOGRAPHIE [ɔtobjɔgʀafi] *n. f.*

(1836) Biographie d'une personne écrite par elle-même, surtout par un écrivain. — REM. : Signalé dans le compl. du dict. de l'Académie 1838.

« Saint-Simon déclare dans son auto-biographie, et sa vie justifie ce dire, qu'il ne désirait pas la fortune comme but, mais seulement comme moyen. » L. REYBAUD, in *Revue des deux mondes*, 1er août 1836, p. 291 [*in* D. D. L., 2e série, 15].

✻ De l'anglais *autobiography* (1797, Oxford Suppl.), de *auto-* et *biography*. L'adj. *autobiographique* est aussi une adaptation de *autobiographic* (1827) ; l'anglais possède de surcroît *autobiographer* (1821), *autobiographist* (1840) pour l'auteur d'une autobiographie.

AUTOCAR [ɔtokaʀ] *n. m.*

(1910) Véhicule automobile pour le transport de plusieurs dizaines de personnes, qui se distingue de l'autobus par son grand confort, et les longues distances qu'il peut parcourir. *Voyage organisé en Europe par autocar.* — REM. : Absent du dict. de l'Académie 1932.

« La petite pagode et les tripots de Mott Street ne sont plus que des centres de jeux paisibles, où les autos-cars amènent des provinciaux avides de sensations exotiques. » P. MORAND, *New-York*, p. 81 (□ 1930).

✻ Mot anglais (*autocar*, 1895) formé de *car* « voiture » et de *auto-* abréviation de *automobile* (1887) surtout employé aux États-Unis, synonyme de *motorcar*. *Autocar* est un vieux mot qui en anglais ne signifiait rien d'autre qu'*automobile*. Il a pris en français un sens très particulier, rendu en anglais par *motor coach*. On a formé le dérivé *autocariste* n. « entrepreneur de transports par autocars » (1962, *in* Gilbert).

« Connaissant l'anglais, ils (les Canadiens) sont portés à sourire de mots anglais qui n'existent qu'en France, tels qu'*autocar*, et même *dancing* et *footing*, qui n'ont jamais voulu dire en Angleterre ce que les Français leur font dire. »
P. DAVIAULT, *L'Anglicisme au Canada*, in *Vie et Langage*, mars 1955, p. 122.

AUTO-COAT [ɔtoⁱkot] *n. m.*

(v. 1960) Manteau de sport court destiné, en principe, aux conducteurs d'automobiles. *Des auto-coats.*

« le catalogue d'un magasin me donne l'embarras du choix entre un *auto-coat*, un *winter-coat*, voire un *school-coat*... »
DANINOS, *Un certain Monsieur Blot*, p. 161, Hachette (□ 1960).

✱ Mot français forgé sur *auto-* (« automobile ») et l'anglais *coat* « manteau ». *Auto-coat* n'existe pas en anglais ; en revanche, *carcoat* est attesté en 1960 → **duffle-coat** et **redingote** (de *riding-coat*).

AUTOMATION [ɔtomasjɔ̃] *n. f.*

(1955) « Moyens mis en œuvre afin d'assurer l'automaticité complète de la manutention dans une chaîne de fabrication » (P. Liénart).

« l'*automation* représente pour le moment le stade le plus avancé de l'*évolution* des différents procédés de mécanisation [...]. »
France-Observateur, 11 août 1955, p. 16.

« Au temps des fusées et de l'automation, les gens gardent la même mentalité qu'au XIXᵉ siècle. »
S. de BEAUVOIR, *Les Belles Images*, p. 10 (□ 1966).

✱ Mot américain créé en 1947 par un vice-président de la société Ford aux usines de Detroit. Ce mot est mal formé en français (les mots en *-ation* ont une racine verbale : *opérer/opération*). On a essayé de le remplacer par *automatisme* et *automatisation*, mais le sens de ces deux mots ne convient pas exactement, selon Romeuf. Le Comité d'étude des termes techniques français recommande *automatisation* n. f. pour désigner l'action de rendre automatique, et *automatique* n. f. pour désigner la science des automatismes et des automates.

« L'Académie des Sciences avait d'autant plus de raison de proscrire *automation* que nous voyons apparaître *automationner*, non moins barbare. *Automationner* ferait d'ailleurs double emploi avec *automatiser*, usité depuis Diderot, et dont on ne peut dériver d'autre nom qu'*automatisation*. »
Défense de la langue française, juil. 1959, p. 10.

AUTO-STOP ou AUTOSTOP [ɔtostɔp] *n. m.*

(1941) Pratique qui consiste à voyager gratuitement en arrêtant les voitures de passage sur une route pour se faire transporter. *Faire de l'auto-stop.* — Abrév. *Stop : Faire du stop.*

« l'auto-stop, moyen de transport des moins coûteux, est un aspect de la solidarité humaine ».   *L'Œuvre*, 14 avril 1941 [*in* T.L.F.].

« Ceux qui n'ont pas d'auto font de l'auto-stop au coin des avenues. »
S. de BEAUVOIR, *L'Amérique au jour le jour*,
25 fév. 1947, p. 111 (□ 1954).

« Ils s'en vont. Tout ce qui roule les emmène, d'ailleurs ils ont inventé l'auto-stop. »   COLETTE, *Belles Saisons*, p. 10 (□ 1954 †).

« elle avait peut-être pris un autobus ou un train, comme elle était capable d'avoir fait de l'*auto-stop* au bord de la route en racontant une histoire déchirante. »   SIMENON, *La Boule noire*, p. 105 (□ 1955).

« des piétons ou des piétonnes fatigués ou impatients faisaient de l'auto-stop [...]. »   QUENEAU, *Zazie dans le métro*, Folio, p. 108 (□ 1959).

« la mignonne ramassée en *stop* et toute prête à se montrer si gentille avec vous, en échange d'une nuit au chaud et de quelques avantages en nature. »   *Le Nouvel Observateur*, 30 avril 1973, p. 53.

✱ Mot français, littéralement « arrêt d'auto », forgé sur *auto*[mobile] et l'anglais *stop* devenu français. Cette pratique née aux États-Unis y porte un tout autre nom, celui de *hitchhiking* n. (1923) ; c'est un moindre mal que nous ayons inventé *auto-stop* plutôt que d'emprunter le vrai mot, imprononçable en français. Le français a produit le dérivé *autostoppeur, euse* n. « personne qui fait de l'auto-stop » (1950, *in* Gilbert). — REM. : Les Canadiens disent *faire du pouce*, calque de l'amér. *to thumb* v. tr. *(to thumb a ride).*

« *auto-stop* n'est pas d'un français irréprochable... »
Vie et Langage, avril 1954, p. 172.

AVANCÉ, ÉE [avãse] *adj.*

(Mil. XXᵉ s.) Perfectionné, en avance sur la science, la technique actuelle. *La recherche avancée.*

« la nécessité [...] de reconnaître qu'il n'y a jamais eu de révolution proprement prolétarienne et que dans les pays industriels avancés le prolétariat s'est, depuis le début du siècle, déjà intégré à l'ordre social existant [...]. »
                    L. GOLDMANN, *Marxisme et Sciences humaines*, p. 8 (□ 1970).

« Importante société d'électronique recherche ingénieurs [...] afin de leur confier des responsabilités d'Études et de Coordination des Systèmes avancés. »   *L'Express*, 6 juin 1971, p. 85 (Annonce).

✱ *Avancé* existe en français au sens de « qui a déjà beaucoup de connaissances (personnes) ; qui est à la pointe de son développement (civilisations) ». L'emploi s'en est généralisé sous l'influence de l'anglais *advanced*.

AVENUE [avny] *n. f.*

(XIXᵉ s.) Mot employé, en France pour parler de l'Amérique, et usuellement au Canada, dans un sens très particulier lié à l'urbanisme américain : toute voie perpendiculaire à une autre appelée *« rue »*. *La cinquième avenue.*

« En Amérique, on crée des villes tous les jours ; il est facile, sur un terrain vierge, de leur donner de vastes proportions et des alignements réguliers. C'est ce qu'on a fait à Washington ; on a placé au centre le Capitole et tracé tout autour de larges rues, appelées *avenues* ; elles sont baptisées chacune du nom d'un des États de la Confédération ; ces *avenues* sont traversées par une infinité de rues, appelées A - B - C - D, etc. ; et, pour faciliter les adresses, toutes celles qui sont à l'ouest du Capitole, doivent porter l'indication *West*, et les autres l'indication *Est* [...]. »   E. MICHEL, *Le Tour du monde en deux cent quarante jours.*
                              Le Canada et les États-Unis, p. 67 (□ 1881).

« New-York est fendu dans toute sa longueur par un certain nombre d'avenues, dont les unes sont désignées par des lettres (A, B, C, D), les autres par des numéros (de 1 à 14), et quelques-unes, exceptionnellement, par des noms (Lexington, Park, Madison Avenues et Broadway). Les rues viennent s'y souder comme se soudent à la colonne vertébrale les arêtes du poisson. »   P. MORAND, *New-York*, p. 111 (□ 1930).

« le plan de New-York se lit d'ici aisément : simplicité de ce grillage énorme, où les avenues sont ensoleillées et les rues transversales pleines d'une ombre bleue et glacée. »   P. MORAND, *op. cit.*, p. 48.

✱ Mot français pris dans le sens qu'il a aux États-Unis (depuis 1780) où les villes sont quadrillées en avenues et streets (*Fifth Avenue*, « 5ᵉ avenue » à New York). Le mot *avenue* a été emprunté au français par les Anglais au XVIIᵉ siècle.

AVOIRDUPOIS [avwaʀdypwɑ] *n. m.*

(1669) Système des mesures de poids dans les pays anglo-saxons, où la livre vaut 453,59 grammes (ce système n'est pas celui utilisé pour les pierres précieuses et les doses médicinales). — REM. : Signalé dans le Suppl. de Littré 1877, sous la forme *avoir-du-poids.*

« En Angleterre les *mesures cubiques* des liquides ont été prises originairement du poids de troy [...] ; cependant la coutume a introduit un nouveau poids, savoir celui qu'on nomme *avoir-du-poids*, qui est plus foible que le poids de troy. L'étalon de cette *mesure* à Guildall, et qui sert de regle pour mesurer les vins, les eaux-de-vie, les liqueurs, les huiles [...] est supposé contenir 231 pouces cubiques, et c'est sur cette supposition que les autres *mesures* de liquide ont été faites.
                    Chevalier de JAUCOURT, art. *Mesure*, in *Encycl. Diderot*, 1765.

✱ Mot anglais (XIVᵉ s.), qui comme tel paraît monstrueux dans cette langue (il se prononce : [æːvəˈdəpoiz]). Il vient de l'ancien français *aveir de peis*, c'est-à-dire *avoir du poids* « marchandise pesante », mais *du* s'est substitué à *de* au XVIIᵉ siècle, ce qui rend l'expression incompréhensible en français. Le mot nous est revenu comme servant à désigner une réalité proprement anglaise. — REM. : On peut imaginer que les formes prises par *aveir de peis* en anglais sont aussi nombreuses qu'étranges (*auerdepaise*, XVIᵉ s. ; *averdepois, haberdupoise* XVIIᵉ s. ; *avoirdupoise* XVIIIᵉ s.) ; quant aux sens, on a : 1) marchandise vendue au poids ; 2) le sens français ; 3) surtout aux États-Unis, Poids *(weight)*.

AXONE [akson] *n. m.*

(1899) Prolongement de la cellule nerveuse, appelé aussi *cylindraxe*. — REM. : Ce mot est absent du dict. de l'Académie 1932.

✻ Anglais *axon* (aussi *axone*) n. (1842, 1884, en ce sens), emprunté au grec *axon* « axe ».

B

BABA [baba] *n.*

(v. 1975) Jeune personne marginale, non violente, inactive, plus ou moins nomade, écologiste, souvent mystique, vivant parfois en communauté. *Les babas ont succédé aux hippies. C'est une baba.* — *Baba cool,* expression renforcée par *cool*,* et *par ext.* Personne calme et agréable, qui ne se contraint pas et n'impose pas sa volonté. *Des babas cool.* — Adj. *Elle est très baba cool.*

« Babas ou babas cool ? Eux préfèrent s'appeler tout simplement babas. De longs cheveux de Christ, une tunique indienne, des jeans, des sabots, des écharpes immenses aux couleurs de fruits, un parfum d'encens ou de santal, l'allure lente, des bijoux d'argent et des fleurs dans les cheveux : cela ne vous rappelle rien ? Mais si, mais si : San Francisco, les campus où l'on brûlait joyeusement les livrets militaires pour ne pas partir à la sale guerre du Viêt-nam, Aquarius, la Route, les freaks, Katmandou, les années hippy — 1965 — 1970. Les babas sont les enfants de John Kuemann, les héritiers des hippies, et leur idéologie tient en un mot : Woodstock.
Woodstock, le rêve : cinq cent mille jeunes assis ou couchés par terre, vivant pendant trois jours et trois nuits dans la musique, l'amour, le " H ", la paix, la joie. Un rêve jamais retrouvé, que les babas poursuivent à travers le siècle, inlassablement. Mais sans violence. Le baba est un doux, un passif. Il rêve des Indes, il s'imagine en communauté fraternelle, il " plane ". Sans bouger, sans rien changer. »
Le Nouvel Observateur, 16 oct. 1978, p. 80.

✱ Mot hindi *bâbâ* « papa », venu par l'anglais des hippies qui voyagent aux Indes, et d'importation très récente. Ne pas confondre avec la *baba* (mot russe) « vieille femme habillée traditionnellement ». En 1977, *le Nouvel Observateur* (5 déc., p. 89) donne en note une définition de *baba cool :* « Jeune chevelu relax donnant volontiers dans la marginalité mystico-orientalisante ».

BABY [babi] ou [bebi] *n. m.* et *adj.*

1° *N. m.* (1842) *Vieilli.* Bébé, très jeune enfant, dans le style prétentieux. Plur. *Des babies* ou *des babys.* — REM. : Signalé par Littré Suppl. 1877 ; absent dict. de l'Académie 1932.

« La jeune princesse ressemblait parfaitement aux *babys* emmaillotés que l'aristocratie anglaise porte avec orgueil dans Hyde Park pour leur faire prendre l'air.
Aussi l'amour du prince Paul avait-il toutes les allures de la maternité la plus inquiète pour sa chère petite Virginie, qui cependant n'était encore qu'un vrai baby. »
BALZAC, *Les Amours de deux bêtes,* p. 479 (□ 1842).

« Les enfants sont envoyés au Collège quand ils sont grands ou bourrés de candi par leur nurse tant qu'ils restent babies. »
M. de FONTENAY, *L'Autre Monde,* 1855 [*in* D.D.L., 2ᵉ série, 1].

« Les babies britanniques ont des teints de crème et de fraise [...]. »
Th. GAUTIER, *Les Beaux-Arts en Europe*, 1856 [*in* Littré, Suppl.].

« Le sauvage et le baby témoignent, par leur aspiration naïve vers le brillant, vers les plumages bariolés, les étoffes chatoyantes [...] et prouvent ainsi à leur insu l'immatérialité de leur âme. »
BAUDELAIRE, *Le Peintre de la vie moderne*, Éloge du maquillage, pp. 1183-1184, 1961 (□ 1869 †).

« D'aucunes jouent avec les babys vêtus de clair, très bien bouclés, roses à l'envi. »   P. ADAM, *Vues d'Amérique*, p. 94 (□ 1906).

✴ Mot anglais, XIVe s. *babi*, aussi *babe*, d'une forme onomatopéique *baba*. Ce mot, déjà dans Clarendon, 1704 (mais ce n'est alors qu'une citation) a eu sa vogue en France à la fin du XIXe s. et au début du XXe s. ; cet emploi est lié à celui du mot *nurse*, le grand chic étant alors d'avoir une bonne d'enfants anglaise. *Baby* est aujourd'hui tombé en désuétude quoiqu'en disent Galliot (1949) et Étiemble : « En ce temps fort ancien [...] il y avait en France des bébés [...] qui, s'ils étaient riches, embêtaient leurs bonnes d'enfants, voire leurs gouvernantes. Qui ne sent désormais le ridicule de ces mots-là, de leur vulgarité ? » (*Parlez-vous franglais ?*, p. 75) → **Bébé.** Aucun snob, au contraire, ne serait insensible au ridicule de ce *baby* archaïque. Ce n'est qu'en composition, ou avec la valeur adjective que *baby* est actuel (→ **Baby-boom, baby-doll, baby-food, baby-foot, baby-sitter, baby-sitting, baby-spot**).

2° *Adj.* (v. 1950) Pour les bébés, qui se rapporte aux bébés (après le nom). *Modèle baby, taille baby.*

« Le retour du mini favorise le renouveau des formes baby. »
Marie-France, août 1971, p. 22.

✴ Utilisation proprement française, du point de vue syntaxique, du nom *baby*, antéposé en anglais dans cet emploi.

3° (v. 1950) En composition, avant le substantif : pour les bébés, de bébés ; dont la taille est inférieure à la moyenne → **Baby-food, baby-foot,** etc.

« il avait placé sa fille, âgée de quelques mois, dans un baby-box, sorte d'aquarium à température constante et à air filtré. »
M. GALLO, in *l'Express*, 25 sept. 1972, p. 136.

« L'infantilisme de notre monde, qui bave d'admiration devant la bave des bavettes, trouve à ces babis son compte. Et les marchands, donc ! qui vendent une baby-balance bien plus cher qu'un pèse-bébé. Même nos whiskies sont baby dans les bars chics et depuis peu dans les moins chics [...]. L'important, c'est que tout soit *baby*-quelque chose. »   ÉTIEMBLE, *Parlez-vous franglais ?*, p. 76 (□ 1964).

BABY(-)BOOM [babibum] *n. m.*

(1964) Brusque augmentation de la natalité.

« La guerre provoqua naturellement une baisse spectaculaire du nombre des naissances et, aussitôt la paix revenue, ce fut le "baby boom" de 1947, une véritable explosion démographique qui fit du taux de la natalité au Japon l'un des plus élevés du monde. »
L'Express, 23 oct. 1972, p. 174.

✴ De l'anglais *baby* « bébé » et *boom* « hausse soudaine ». S'est dit à propos de la forte natalité qui suivit la dernière guerre. Étiemble le signale dès 1964 *(Parlez-vous franglais ?)*.

BABY-DOLL [bebidɔl] ou [babidɔl] *n. m.*

(v. 1960) Chemise de nuit de femme, sans manches et très courte, qui laisse voir les cuisses. *Des baby-doll.*

✴ De *Baby Doll*, nom de l'héroïne d'un film américain (1957) de Kazan (texte de Tennesse Williams, 1956) qui portait ce vêtement de nuit alors inconnu en France ; de *doll* « poupée ». Le nom du vêtement est attesté en américain sous la forme *Baby Doll night dress* en 1957 (Oxford dict., 2e Suppl.) puis *baby-doll*. Depuis que la mode s'en est répandue, nous avons forgé le mot *nuisette* pour désigner cette chemise de nuit, et c'est à présent le mot courant dans le commerce. On le préférera donc à l'obscur *baby-doll*, bien que sa forme ne soit pas excellente (la *nuisette* serait plus « nuisible » que « nuiteuse ! »).

BABY-FOOD [babifud] ou [bebifud] *n. m.*

(v. 1957) Aliment diététique pour les enfants en bas âge, sortes de purées de légumes, de viande, de poisson, etc. vendues en pots dans les pharmacies.

✶ Mot américain *n.* (1897) « aliment de bébé ». Ce mot appartient au langage commercial et ne semble guère passer le seuil des magasins.

BABY-FOOT [babifut] *n. m. invar.*

(1951) Football de table, table représentant un terrain de football, munie de tringles transversales mobiles sur lesquelles sont fixés des joueurs en bois avec lesquels on frappe la bille pour tenter de marquer des buts. *Des baby-foot.*

« La jeunesse dorée de l'endroit est en train de jouer au baby foot. Elle fait un boucan de tous les diables. »
                                GIONO, *Les Grands Chemins*, 1951 [*in* T.L.F.].

« Le dimanche partagé entre les flippers et les baby-foot d'un café en formica. »   *Le Nouvel Observateur*, 2 avril 1973, p. 56.

« Les baby-foot et les billards électriques risquent d'être bientôt détrônés par un nouveau jeu commençant à faire fureur aux États-Unis... le hockey de table. »   *Science et Vie*, fév. 1974, p. 111.

✶ Mot français formé sur *baby****** et *foot*, abréviation de *foot-ball*. Ce jeu existe depuis longtemps en France (v. 1938) et on l'a d'abord appelé *football de table*, sur le modèle de *tennis de table* (ping-pong), ce qui est très clair. Mais *baby-foot*, plus court, tend à le remplacer. Le baby-foot est très concurrencé par les flippers** où l'on peut jouer seul et qui séduisent par leur sophistication naïve. On constate avec terreur, dans l'histoire des jeux, que de la grue au billard japonais, en passant par le baby-foot et jusqu'au billard électrique la dernière machine à la mode est toujours la plus bruyante.

BABY-SITTER [ba/e/bisitœʀ] *n.*

(1953) Personne qui, moyennant rétribution, vient garder de jeunes enfants à la demande. *Des baby-sitters.*

« Quant à la question des enfants, si vous avez quelqu'un pour s'occuper d'eux à la maison...
— Nous avons une *baby-sitter* une partie de la journée et je peux lui demander de rester davantage. »   SIMENON, *Feux rouges*, p. 168 (□ 1953).

« Service baby sitter : jours, week-end, vacances, mois. »
                                Publ. in *Elle*, 3 juil. 1964 [*in* D.D.L., 2ᵉ série, 4].

✶ Mot américain *n.* (1937), de *sitter*, proprement « poule couveuse » (*to sit* « couver »), et de *baby* « bébé » → **Baby-sitting.** On trouve le dérivé verbal *baby-sitter* v. tr. et intr., formation monstrueuse à éviter (l'américain a le verbe *to baby-sit*, 1947).

« Madame Express a [...] baby-sitté dans un drive-in. Sous ces barbarismes anglais se cache une réalité française. »   *L'Express*, 24 juil. 1972, p. 89.

BABY-SITTING [ba/e/bisitiŋ] *n. m.*

(v. 1960) Garde d'enfants en bas âge par une personne rétribuée, lorsque les parents sont absents. *Beaucoup d'étudiantes gagnent un peu d'argent en faisant du baby-sitting le soir.*

« C'était peu, mais c'était mieux que le baby-sitting, que les gardes de nuit [...] que tous les emplois dérisoires — distribution de prospectus, écritures [...] lumpen-tapirat — traditionnellement réservés aux étudiants. »   G. PÉREC, *Les Choses*, 1965 [*in* D.D.L., 2ᵉ série, 7].

✳ Mot américain *n.* (1947), de *sitting* « action de couver » *(to sit)* et *baby* « bébé ». Cette pratique est née aux États-Unis, où les domestiques à demeure sont très rares, et où les gens se rendent volontiers visite le soir ; elle est encouragée par le fait que tous les jeunes — étudiants ou autres — se doivent de gagner quelque argent. Elle n'a pas en France la même ampleur : on préfère faire appel aux parents, aux amis, à charge de revanche. *Baby-sitting* s'intègre mal au système français, et *garde d'enfants* convient aussi bien.

« On pouvait donc espérer qu'ainsi « conditionnés » par leurs nurses et les soirées de baby-sitting, nos babis seraient définitivement à l'abri de la langue des croulants. »   ÉTIEMBLE, *Parlez-vous franglais ?*, p. 76 (□ 1964).

BABYSPOT [ba/e/bispɔt] *n. m.*

(1955) *Cin.* Petit projecteur à faisceau lumineux étroit → **Spot.**

✳ Mot anglais de *baby-* « petit » et *spot* « projecteur ».

« L'équipement électrique d'un studio [de cinéma] est considérable ; il se compose d'appareils d'éclairage extrêmement variés qui portent des noms d'origine américaine pour la plupart : *sunlight, spot, babyspot* [...]. »
R. JEANNE et Ch. FORD, juin 1955, pp. 265-266.

-BACK [bak]

✳ Élément commun à quelques emprunts anglais qui signifie « en arrière » ; ex. *come-back* n., *feed-back* n. ; *flash-back* n.

BACK CROSS [bakkRɔs] *n. m.*

(1972) *Génétique.* Rétrocroisement.

✳ Mot anglais de *cross* « croisement » et *back* « en arrière ». *La Banque des mots* (nᵒ 4, 1972, p. 214) propose l'emploi de *rétro-croisement.*

BACK FILLER [bakfilœR] *n. m.*

(1973) *Techn.* Remblayeuse.

✳ Mot anglais de *filler* « remplisseur » et *back* « vers l'arrière ». L'emploi de *remblayeuse* pour *back filler* a été déclaré obligatoire par publication au *Journal officiel* (18 janv. 1973).

« Équipement de terrassement constitué par un godet râcleur supporté par une flèche, et servant à remblayer les tranchées. »   *La Banque des mots,* nᵒ 5, 1973, p. 73.

BACKGAMMON [bakgamõ] *n. m.*

(1834) Jeu de hasard, avec des dés et des pions qui, comme au jacquet, se répartissent sur les triangles noirs et blancs d'un double tableau articulé en son milieu.

« L'Othello doit son nom à la couleur de ses pions (blanc et noir). Version moderne du reversi, pratiqué par Louis XIV, il a été réinventé au Japon par Hasegawa Goro, un passionné. [...] Le succès a été immédiat aux États-Unis et au Japon. Comme celui du go, qui est à la culture japonaise ce que les échecs sont à la nôtre, ou celui du backgammon, issu du jacquet ou du trictrac, jeux immémoriaux qui retrouvent, sous des présentations et des motivations modernes, de nouvelles jeunesses. »   *L'Express,* 19 déc. 1977, p. 113.

« Une mode actuelle, dont il faut espérer qu'elle se maintiendra, consiste en la remise au goût du jour de jeux anciens plus ou moins tombés en désuétude. Tel est le cas du Back Gammon qui connut la gloire que l'on sait sous le nom de Jacquet et dont les antécédents remontent à l'Antiquité (jeu d'Uz). »
O. CAZENEUVE, « Le miroir des sociétés », in *Sciences et Avenir,* nᵒ spécial, 1981, *La Science des jeux,* p. 11.

✳ Mot anglais *backgammon* (1645, *Baggamon*) du moyen anglais *gamen* (*game* « jeu ») et de *back* « en arrière », certaines pièces pouvant revenir sur le jeu après en être sorties. Ce jeu traditionnel s'apparente au *jacquet* (1827) et au *tric-trac* français. Le mot apparaît dans le dictionnaire de Landais (1834) mais n'est pas repris par ses successeurs. On trouve par contre le terme *gammon* ou *gamon* dans les dictionnaires de la fin du xixe s. donné comme anglais, et désignant une sorte de tric-trac. P. Larousse dit à *Jacquet*, dans son dictionnaire (1873), « Jeu de hasard et de combinaison qui n'est autre chose que celui du gammon légèrement modifié ». Le renouveau des anciens jeux, probablement stimulé par les jeux électroniques créés aux États-Unis remet cet emprunt à la mode en 1977. On rencontre aussi la graphie *back gammon*.

« BACKGAMMON, subst. mas. *(bake-game-mon)* (des deux mots gallois *bach,* petit, et *gammon,* guerre, petite guerre), emprunté de l'anglais. Espèce de jeu de table, qui se joue dans un trictrac avec des cornets et des dés. C'est à peu près le même que celui que l'on a appelé en français *toute table,* espèce de trictrac. »
Dict. de LANDAIS, 1834.

BACKGROUND [bakgʀawnd] *n. m.*

(1955) Arrière-plan, cadre, contexte (d'une action, d'un événement).

« En gros, je reproche à Ciampi et à ses adaptateurs d'avoir traité un excellent sujet de façon paradoxalement trop théâtrale. L'important dans cette histoire (tirée d'un reportage) c'était le background géographique et social : ils n'en ont tiré que le prétexte à une action dramatique qui ne perdrait pas grand-chose à être transposée à la scène. Je pense qu'elle y gagnerait. »   *France-Observateur,* 15 sept. 1955, p. 28.

« au cas où il ne saurait pas trop quoi raconter à ses coquins de co-Immortels pour les tenir éveillés, pourquoi ne leur débinerait-il pas le background de la bagarre Ben Bella-Hassan II ? »
Le Canard enchaîné, 30 oct. 1963 [*in* Blochwitz et Runkewitz, p. 272].

— Ensemble des connaissances acquises, des travaux effectués pouvant servir de référence à qqn. *Quel est le background du candidat à ce poste ?*

✳ Mot anglais *background* n. (1672) « arrière-plan, toile de fond » de *back* « qui est derrière » et *ground* « sol », opposé à *foreground,* qui a pris un sens figuré au xviiie s. S'emploie depuis quelques années dans la langue du journalisme. Les Canadiens en font un usage plus proche des emplois américains : « musique de fond », « antécédents, passé (d'une personne) » [Colpron, p. 102]. Cet emprunt est signalé par la *Banque des mots* (t. l, p. 115) qui préconise la traduction *arrière-fond, arrière-plan ; acquis, bagage.*

BACK-LOADER [baklodœʀ] *n. m.*

(v. 1960) *Trav. publics.* Chargeuse dont le godet peut être rempli à l'avant et déchargé à l'arrière, en passant par-dessus l'engin ; rétrochargeuse.

✳ Mot formé sur l'américain *back-load* (1823) « fardeau porté sur le dos » de *load* « charge » et *back* « dos ». L'emploi de *rétrochargeuse* a été rendu obligatoire pour *back-loader,* par la voie du *Journal officiel* (18 janv. 1973).

BACK-SCATTERING [bakskatʀiŋ] *n. m.*

(mil. XXe s.) *Phys. atom.* Déflexion de particules ou de rayonnements due à la diffusion par la matière suivant des angles supérieurs à 90⁰ par rapport à leur direction d'émission ; rétrodiffusion.

✳ Mot américain (1940) de *scattering* « éparpillement, diffusion » et *back* «vers l'arrière ». Le *Journal officiel* (18 janv. 1973) impose la traduction *rétrodiffusion.*

BACON [bekœn] *n. m.*

(1899) Lard fumé consommé en tranches fines, généralement frites, pour accompagner les œufs, les tomates, le foie, etc. *Le bacon est servi au breakfeast. Œufs au bacon.* — REM. : Absent du dict. de l'Académie 1932.

« sur le pont, le vent frais, emplissait la tête vide, et l'odeur du bacon tordait les entrailles. »   P. MORAND, *Fermé la nuit*, p. 34 (□ 1923).

« Il dit [le touriste] : " Ce pays serait ravissant si on n'y avait pas si chaud et si la nourriture était possible. " Partout il réclame son bifteck au pommes, tendre à point, ses œufs au bacon, ses épinards en branches et son café " spécial ". »
                          COLETTE, *Prisons et paradis*, Le poisson au coup de pied,
                                                                p. 72, Ferenczi, 1932.

« Qu'il est doux de se réveiller à Londres, et de sentir sur ses genoux le poids du *Times*, tandis que les œufs au bacon grésillent sur la table. »
                                            P. MORAND, *Londres*, p. 273 (□ 1933).

✻ L'ancien français avait le mot *bacon* [bakɔ̃] pour désigner le jambon (du XIIIe au XVIe s.). Les Anglais ont emprunté ce mot avec le sens général de « viande de porc », spécialisé par la suite au sens de « lard (bardière ou poitrine de porc) salé et fumé ». Le mot *bacon* est revenu en France à la fin du XIXe siècle avec une prononciation anglaise et avec ce sens (1899, Gourmont, *Esthétique de la langue française*, p. 99). Tous les Français savent ce que sont les œufs au bacon. Ils en mangent rarement, et les hôtels les vouent au café médiocre accompagné du croissant rassis, point noir de la gastronomie française. Les Américains, pour leur part, ont quasiment perdu l'excellent héritage anglais. Les quelques amateurs qui souhaitent obtenir du bacon en France se heurtent à deux problèmes linguistiques : s'ils demandent du bacon, ils obtiennent du filet de porc fumé (maigre), sens le plus courant de *bacon* à Paris ; s'ils demandent du lard, on leur donne le lard français qui n'est comparable ni par la qualité ni par la coupe, étant adapté à d'autres usages. Souhaitons donc que l'importation du bacon suive rapidement celle du mot, pour lequel il serait souhaitable en tout cas de restituer la prononciation française [bakɔ̃]. En dépit de la pudibonderie de Dupré (*Encycl. du bon français*, 1972) : « Peut-être est-il préférable de ne pas chercher à restituer une prononciation française qui prêterait à des jeux de mots grossiers ». On trouve anciennement des traductions de *bacon* par *lard :*

« chaque matin, du premier de l'an à la Saint-Sylvestre, ils sont quelque trente ou quarante millions d'Anglais et d'Anglaises pour qui le *breakfast* des familles ne se conçoit pas sans les traditionnels œufs au lard *(eggs and bacon)* [...]. »
                          É. GAUTIER, *L'Année scientifique et industrielle*, p. 429, 1908 (□ 1907).

BADGE [badʒ] *n.*

1° *N. m.* (1867) Insigne rond de la chevalerie écossaise.

« Si l'on réussissait, on devenait penbardd ou pencerdd, chef de la faculté où l'on avait été candidat, musique ou poésie. On recevait le *badge* de la harpe d'argent, qui se portait sur l'épaule. »
          A. ERNY, *Voyage dans le Pays de Galles* [1862], p. 283 (□ 1867).

« Les armes du clan ont été confirmées en 1887, et une dernière fois, en 1938. La fleur distinctive du clan est la fougère, et le badge des Chisholm porte une hure de sanglier empalée sur une dague. »
                      M. DENUZIÈRE, *Pour une ballade écossaise*, Kilts et Tartans,
                                                  in *Le Monde*, 11 sept. 1971, p. 11.

2° *N. f.* (v. 1920) Insigne métallique rond porté par les scouts. Sorte de brevet de spécialité parmi les activités du scoutisme. — REM. : Absent du dict. de l'Académie 1932.

« Édouard VII [...] avait approuvé la création des "Scouts du Roi", catégorie supérieure d'éclaireurs que qualifiaient à la fois leur valeur morale reconnue par leurs pairs et leurs aptitudes techniques attestées par de nombreuses " badges ". »
                      H. van EFFENTERRE, *Histoire du scoutisme*, p. 38 (□ 1947).

« Jeannot [...] (il montre sa manche) — Vous voyez ? J'ai déjà mes badges de bricoleur, de conducteur de locomotive, de terrassier, de nœuds, de code morse... Le Reporteur [...] — Ah ? Tiens, on fait encore tout ça aux scouts ? »   Boris VIAN, *Le Dernier des métiers* (□ 1950).

3° *N. m.* (1966) Insigne rond à inscription humoristique ou subversive porté en broche par des jeunes gens non conformistes (hippies, etc.).

« Vous connaissez le badge ? Cet insigne qui ne claironne plus seulement un sigle mais toute une phrase et qu'on met à la boutonnière pour exprimer ses haines, ses préférences, ses espoirs, ses états d'âme. Les premiers badges qu'on vit en France arrivèrent des États-Unis au moment de la campagne électorale du général Eisenhower... Depuis, le procédé a fait son chemin et aujourd'hui il déborde largement le secteur politique. »   *Le Figaro*, 22 déc. 1966 [*in* Gilbert].

« Ils n'ont cependant pas oublié leurs accessoires. Et, au marché aux puces de la bimbeloterie mi-Peaux-Rouges, mi-Katmandou qui caractérisait la mode hippie, a succédé un extraordinaire marché Jésus : les T-shirts, les autocollants, les posters, les badges et quelques slogans font fortune : " Le Messie est le Message " (hommage direct au sociologue des media, Marshall McLuhan), " Jésus vous aime ", " Louez Dieu et soyez béni ". Signe de ralliement : poing fermé, index tendu. »
                                                   L'Express, 11 oct. 1971, p. 87.

« Quelquefois j'ai envie de faire faire des badges que les enfants porteraient et où on lirait : " Je joue dans la rue parce qu'il faut payer Concorde ". »   H. BAZIN, *Cri de la chouette*, p. 229 (□ 1972).

✱ Mot anglais du XIVᵉ siècle, d'origine inconnue, qui désignait l'insigne d'un chevalier et de ses suivants (puis tout insigne ou emblème) et a été repris en Angleterre par Baden Powell vers 1908 dans un sens voisin (rapports entre la chevalerie et le scoutisme). Le mot s'est répandu chez les scouts français ; on ne sait pourquoi le genre féminin lui a été affecté. Le troisième sens a été emprunté directement à l'américain, car c'est aux États-Unis qu'est née la mode de porter des professions de foi sur sa poitrine pour narguer la « majorité silencieuse » ; les textes des badges ont d'abord et surtout eu pour sujet la guerre du Viêt-Nam (par ex., parodie de la formule inscrite sur les paquets de cigarettes : *Caution ! Military service may be hazardous to your health !* « Attention ! le service militaire peut être nuisible à votre santé ! ». En France, les inscriptions des badges sont surtout sentimentales ou érotiques. — On relève un dérivé français, l'adjectif *badgé* « orné de badges ».

« survêtement en deux pièces et en tricot coquelicot. Pull col levé zippé, manches montées, poche poitrine " badgée ", sur pantalon droit à glissière devant. »
                 Elle, 17 fév. 1969 [*in La Banque des Mots*, nº 1, 1971, p. 115].

BADLANDS [badlãds] *n. m. pl.*

(1960) *Géogr.* Sol à roches tendres ravinées par l'érosion, à végétation rare ou absente.

« Les pentes raides couvertes par la vase présentent en conséquence une topographie ravinée qui ressemble à celle qu'on trouve dans les "badlands", les "mauvaises terres", à l'air libre. »
                                                   La Recherche, janv. 1980, p. 69.

✱ Les colons français en Amérique ont appelé « mauvaises terres » les terres infertiles entre Cheyenne River et White River au début du XIXᵉ siècle ; les colons anglais ont calqué l'expression en *badlands* (1851), et ce mot nous revient avec le sens géomorphologique précis donné plus haut.

BADMINTON [badminton] *n. m.*

(1898) Jeu de volant sur un court. — REM. : Absent du dict. de l'Académie 1932.

« Le jeu de Badminton ou jeu de volant scientifique... fort en honneur aux Indes. »   *L'Auto*, 21 sept. 1908 [*in* G. Petiot].

« Le jeu de paume, le badminton ou les rackets sont pratiqués dans les clubs privés. »   P. MORAND, *Londres*, p. 140 (□ 1933).

« Un vieux croquet, un jeu de boules rouillé, un badminton aux raquettes crevées [...]. »   H. BAZIN, *Cri de la Chouette*, p. 229 (□ 1972).

✳ Mot anglais (1874) ; le jeu fut ainsi nommé parce qu'il se pratiquait à *Badminton House* dans le Gloucestershire. Attesté en 1898 (G. de Saint-Clair, *La Paume et le lawn-tennis, in* Mackenzie, p. 136). Son succès en France a été à la fois tardif et éphémère.

BAFFLE [bafl] *n. m.*

(1948) Boîte qui entoure un haut-parleur, et qui est aménagée pour obtenir une bonne sonorité. *Les baffles d'un pick-up.*

« Baffle : panneau sur lequel sont montés les haut-parleurs dans un système reproducteur sonore. Le baffle est la partie avant dans la majorité des enceintes. »   *HI-FI Stéréo*, 29 juin 1972, p. 74.

✳ Mot anglais, d'origine américaine (1928), proprement « écran » (1881, aussi *baffler*), en relation par le verbe *to baffle*, avec le français *bafouer*. Il semble que ce mot ait pénétré en français avec le vocabulaire du cinéma américain. Il est signalé dans le dict. Larousse 1948.

BAGAGE [bagaʒ] *n. m.*

(1765) Affaires que l'on emporte avec soi (dans une valise, une malle, etc.) lorsqu'on voyage. *Faire enregistrer ses bagages. Bagage à main.* On disait autrefois *du bagage.*

« Sur le dos d'âne, des hardes, du bagage, un chaudron. La femme tient de la main gauche le licou de sa bête. »
DIDEROT, *Les Fêtes Galantes*, Boucher, in *Œuvres esthétiques*, p. 459, 1959, Garnier (□ 1765).

« Sur la proposition qu'il m'en fît lui-même, je fis ajouter cette caisse ou plustôt cette boîte à son bagage. »
J.-J. ROUSSEAU, *Confessions*, in *Œuvres complètes*, t. I, 1959, Pléiade, p. 324 (□ 1770 - 1re éd. 1789).

« J'allais loger à l'auberge avec mes bagages. »
CHATEAUBRIAND, *Mémoires d'outre-tombe* [avril à sept. 1822], t. I, p. 275 (□ 1848).

✳ La question se pose de savoir si le français *bagage,* dont l'étymologie est obscure, doit être considéré comme formé sur l'anglais *bag* « paquet » (Cf. ancien français *bagues,* même sens). *Bagage* s'employait depuis le XIIIᵉ siècle (1265) au sens de « matériel, équipage de l'armée », et a pris le sens moderne à la fin du XVIIIᵉ s. L'anglais *baggage* a été emprunté au français au XVᵉ siècle et a pris aussitôt un sens général. Donc même si le français *bagage* ne vient pas de l'anglais *bag,* il semble que le sens actuel de *bagage* ait été repris de l'anglais à l'occasion de la vague d'emprunts pré-romantiques ; on employait *équipage* pour *bagage.* On remarquera d'autre part que l'américain a gardé *baggage* comme mot courant, alors qu'en anglais *baggage* a été éliminé par *luggage.*

BALBUZARD [balbyzaʀ] *n. m.*

(1770) Oiseau rapace diurne qui vit au bord des eaux douces et se nourrit de poissons, répandu surtout en Europe et en Afrique. — REM. : Absent des dict. de l'Académie 1798 et 1835. Signalé par Littré.

« Le balbuzard est l'oiseau que nos nomenclateurs appellent *aigle de mer,* et que nous appelons en Bourgogne *cranpêcherot,* mot qui signifie *corbeau-pêcheur* [...] on doit dire que cet oiseau n'est pas un aigle, bien qu'il ressemble plus aux aigles qu'aux autres oiseaux de proie. »
BUFFON, *Les Oiseaux*, Le Balbuzard, t. V, p. 62 (□ 1770).

✳ Francisation de l'anglais *bald buzzard* (1616), littéralement « busard chauve » ainsi nommé parce que ses pattes ne portent pas de plumes. L'anglais *buzzard* est lui-même emprunté au français *busard* (XIIᵉ s.). Les trois espèces de la buse, du busard et du balbuzard sont distinctes. Notre *busard* ayant acquis un *z* en passant par l'anglais, il serait

souhaitable de rétablir la graphie *balbusard*. — REM. : On trouve la forme
latinisée *balbuzardus* dès 1676.

-BALL [bɔl]

✳ Élément qui entre dans de nombreux emprunts de termes de sport,
faits à l'anglais ou à l'américain à la fin du XIXᵉ s. et au XXᵉ s. : *football*
(1872), *base-ball* (1855), *ball-trap* (1888), *basket-ball* (1892), *punching-
ball* (1900), *volley-ball* (1925). — REM. : *Hand-ball* est un germanisme
qui se prononce [ãdbal]. — On a essayé d'éliminer *-ball* par des
traductions qui ont eu peu de succès : *football : balle au pied ; basket-
ball : balle au panier ;* etc. Il semble que cet élément s'est bien intégré
au français, et qu'il est connu de tous (même prononcé [bal] dans les
couches populaires qui ne le confondent pas avec *balle*).

BALLAST [balast] *n. m.*

(1840) Pierraille concassée sur laquelle sont posés les rails
de chemin de fer. — REM. : Signalé par Littré 1863.

« La voie ainsi constituée ne repose pas directement sur la plate-
forme des terrassements ; elle est, pour ainsi dire, noyée dans une
couche de gravier bien sèche, soigneusement bourrée sous les traverses
et qui porte le nom de *ballast*. »
P. LEFÈVRE et G. CERBELAUD, *Les Chemins de fer*, p. 67 (□ 1888).

✳ Mot anglais (1837 dans ce sens), qui a passé en français avec un
grand nombre de termes de chemins de fer. Nous avons un autre *ballast*,
du néerlandais, qui signifie « lest » ; mais l'origine est commune (ancien
danois). *Ballast* a donné le dér. *ballastage* n. m. en français et *ballasté*
adj. (1876, J. Verne).

« On sait en quoi consiste le ballastage. Les traverses portant les rails plongent
dans une couche de pierrailles. Le passage des trains a pour conséquence de
rejeter ces pierrailles de chaque côté de la voie. Une armée de cantonniers,
échelonnés le long de celle-ci, a pour mission d'exécuter ce travail de Danaïdes,
qui consiste à remettre le ballast sous les extrémités des traverses. »
L. FIGUIER, *L'Année scientifique et industrielle*, p. 190, 1891 (□ 1890).

BALLON [balɔ̃] *n. m.*

(mil. XXᵉ s.) Espace délimité par une courbe fermée, à
proximité de la bouche d'un personnage de bande dessinée, qui
contient ses paroles ou ses pensées. On dit aussi *Bulle*.

« Le ballon, c'est le petit nuage blanc dans lequel sont inscrites les
paroles prêtées aux héros du récit. »   *Le Nouvel Observateur*, 19 mai 1967.

✳ Aménagement de l'anglais *balloon*, même sens, proprement « bulle »
(et non « ballon »). Cette francisation de *balloon* en *ballon* est impropre,
et le terme à employer est *bulle*. La bulle est reliée à la bouche du
personnage lorsqu'il parle, et séparée de sa bouche lorsqu'il pense ou
fait un aparté.

BALL-TRAP [baltRap] *n. m.*

(1888) Appareil pour s'entraîner à tirer sur les oiseaux qui
s'envolent, mécanisme à ressort puissant qui lance du sol une
cible que l'on doit toucher.

« Il a peur et se confie à son oncle. D'autant que, depuis le début
du mois, M. P... a un fusil. "Pour jouer au *ball-trap*", dira-t-il aux
inspecteurs venus l'arrêter le jour du drame. »
L'Express, 15 nov. 1971, p. 67.

✳ Mot formé d'après l'anglais *ball* « balle » et *trap* « ball-trap ». Il ne
semble pas en effet que *ball-trap* soit anglais sinon en un autre sens
(1873, « valve de sécurité ») ; c'est *trap* qui se dit, depuis 1812, pour
cet appareil. Il est possible que *ball-trap* ait été formé sous l'influence
de *trap-ball*, nom d'un jeu très apprécié depuis le XVIᵉ s. en Angleterre,
où l'on projette une balle en frappant l'extrémité d'un levier de bois (la

balle étant posée à l'autre extrémité) ; la balle est ensuite frappée, comme on tire sur la cible du ball-trap.

> « Le *ball-trap*, malgré les noms français qu'on a essayé de lui donner : lance-boules, baliste, trappe rotative, etc., a conservé sa dénomination anglaise. »
> P. Larousse, *Grand Dict. universel*, 2ᵉ Suppl., 1888, art. *Ball-trap*.

BALMORAL [balmɔʀal] *n. m.*

(1867) Béret à pompom du costume traditionnel des Écossais. — REM. : Absent de tout dictionnaire.

> « Quelques minutes après cette alerte, les *squaws* (femmes des Indiens) examinaient avec une sorte de curiosité fébrile les crinolines et les balmorals des dames élégantes. »
> M. Heine, in *Revue des cours scientifiques*, 29 juin 1867, p. 487.

> « Si l'on peut se procurer chez Duncan Chisholm le balmoral, béret à pompom, et le poignard qu'on porte dissimulé contre le mollet droit [...]. »
> M. Denuzière, *Pour une ballade écossaise*, Kilts et tartans, in *Le Monde*, 11 sept. 1971, p. 11.

✴ Mot emprunté à l'anglais *Balmoral* (1864), du nom propre de *Balmoral*, résidence royale d'Écosse inaugurée par la reine Victoria. Ce mot n'est employé en français que pour désigner une réalité écossaise. Mais la mode peut bien répandre brusquement le chapeau et le mot un de ces quatre matins.

BANANA SPLIT [bananasplit] *n. m.*

(v. 1960) Banane coupée en deux dans la longueur, accompagnée de glace à la vanille et de crème chantilly garnie d'amandes pilées. *Les banana split se servent surtout dans les pubs et les drugstores* (en France).

✴ Mot américain *banana split* n. (1920) de *banana* « banane » et *split* « tranche » de *to split* « fendre, trancher ». Cet emprunt serait avantageusement remplacé par *banane Melba* qui correspond exactement à la recette (sur le modèle de *pêche Melba, fraise Melba*, etc.).

BANDICOOT [bãdikut] *n. m.*

(1867) Genre de marsupiaux d'Australie, Tasmanie, Nouvelle-Guinée, insectivore, de la taille d'un chat. — REM. : Absent de tout dictionnaire.

> « Le bandicoot est une espèce de marsupiaux, qui en remontrerait au renard d'Europe et lui donnerait des leçons de pillage dans les basses-cours. »
> Jules Verne, *Les Enfants du capitaine Grant*, Hachette, p. 195 (□ 1867).

> « Willi marchait en tête avec moi pendant que nous traversions la prairie ; l'après-midi, quelques-uns de mes hommes demeurèrent en arrière dans l'intention de déterrer un *bandicoot*, et Lucy, la femme de Willi s'attarda avec eux sans en avoir demandé la permission à son mari. Un châtiment s'imposait naturellement. »
> Trad. de C. Lumholtz, *Chez les cannibales. Voyage dans le nord-est de l'Australie* [1880-1884], p. 260 (□ 1889).

✴ Mot anglais : *bandicoot*, corruption du Telugu (langue dravidienne de l'Inde) *pendi-kokku* littéralt « cochon-rat », d'abord [1789] très gros rat destructeur de Ceylan *(mus malabaricus)* puis [1831] genre de marsupiaux qui ressemble au précédent. Il semble que Jules Verne ait fait une confusion entre les deux animaux.

BANG [bãŋ] *interj.* et *n. m. invar.*

1° (1952) Interjection onomatopéique pour imiter la déflagration qui accompagne le franchissement du mur du son. — *N. m.* (1954) *Un bang, des bang. Le bang des avions à réaction.*

« Un avion supersonique me coupe d'un bang la pensée, et laisse
après lui dans le ciel son paraphe silencieux, frisé frisé, blanc comme
s'il tentait pour moi, quelques instants encore, de vaincre l'oubli. »
                        ARAGON, *Blanche ou l'Oubli*, p. 425 (□ 1967).

« Rien ne permet au passager de savoir que Concorde est passé de
la vitesse subsonique à la vitesse supersonique, que, ce faisant, il a
produit, en accélérant, un tel " bang ", par le choc entre deux ondes
sonores qui se rejoignent, que si l'avion ne se trouvait pas sur la mer,
bien au large, des maisons se seraient écroulées, des hommes auraient
souffert. »   F. GIROUD, in *L'Express*, juin 1971, p. 96.

« Les exigences et les anomalies de la vie moderne prélèvent
également leur tribut : automobiles qui écrasent ; avions militaires qui
font " *bang-bang* " et effraient les couveuses au point de les faire
abandonner leur nid [...]. »
                    F. DUPUIS, in *Le Nouvel Observateur*, 25 sept. 1972, p. 51.

✱ Mot anglais (1550) « bruit violent » et *spécialt* « bruit d'explosion »,
peut-être du scandinave *banga* « marteau », qui a un verbe correspondant *to bang*. Le mot anglais peut être traduit par le français *boum*
(éclatement, explosion, chute) éventuellement par *paf* (tir à balles, coup),
mais en fait le français ne dispose pas d'onomatopée qui évoque un
bruit violent : on est obligé de dire *un grand boum*. Cette carence, jointe
au fait que les premiers avions supersoniques étaient américains, nous
a conduits à emprunter *bang* pour le bruit violent si caractéristique du
franchissement du mur du son (et seulement pour ce bruit). Dire, à
propos d'une onomatopée, qu'elle serait avantageusement remplacée
par une autre *(boum)* est déraisonnable puisque justement l'onomatopée
est le seul type de mot qui n'ait pas de synonyme.

2° (1956) *Théorie du big bang*, théorie de l'univers postulant
une création originelle brutale (et non une création continue).

« R... me disait, à propos de l'article de Cartier et des théories
américaines sur l'origine de l'univers : " Cela ressemble bien aux
Américains d'imaginer un *big bang* à l'origine de nos univers ". »
            J. GREEN, *Le Bel Aujourd'hui*, 1955-1958, p. 169, Plon, 1958 (□ 1956).

« nous ne devons pas nous étonner de voir les cosmologistes offrir
plusieurs théories de l'Univers. Toutes sont conformes aux faits d'observation connus, mais fort dissemblables dans leur conception. Deux
d'entre elles s'opposent tout particulièrement : la théorie d'une création
originelle, dite théorie du " Big Bang ", et celle de la " Création continue ". »
Th. PAGE, trad. de l'anglais par J. DOMMANGET, *Étoiles et Galaxies*,
                                       p. 149, Marabout Université, 1966.

« À ce " moment ", toute la matière de l'Univers devait se trouver
rassemblée et, pour l'une ou l'autre raison inconnue, elle fut projetée
dans toutes les directions lors de la plus extraordinaire explosion de tous
les temps. [...] Un des premiers cosmologistes à avancer cette idée, dans
les années 1920, fut un astronome belge, Monseigneur G. Lemaître, qui
la présenta sous le nom de " théorie de l'Atome primitif ". [...] Plus
récemment, un groupe de physiciens américains conduit par G. Gamow
a repris l'idée d'un " Big Bang " pour tenter d'expliquer la formation des
éléments chimiques dans les proportions observées aujourd'hui. »
                                      J. DOMMANGET, *op. cit.*, p. 150.

✱ *Big bang*, expression américaine « grande explosion » (1950) qui
caractérise une théorie de l'origine de l'Univers acceptée par de
nombreux astronomes. On pourrait avantageusement remplacer cet
américanisme par « grand boum » et d'autant plus si l'on veut garder
bang avec le sens 1° spécialisé en français.

BANJO [bãnʒo] ou [bãʒo] *n. m.*

(1858) Instrument de musique à cordes pincées, à caisse
ronde formée d'une membrane tendue sur un cercle de bois. —
REM. : Absent de Littré et du dict. de l'Académie 1932.

« Au centre d'un des salons, le plus vaste, un tribunal composé de
cinq nègres est installé, comiquement grave, et devant lui deux
musiciens, un qui touche du banjo, l'autre de la guitare. »
                              P. BOURGET, *Outre-Mer*, p. 283 (□ 1895).

« boutiques d'esthétique faciale, gandins en chemise rose ou verte, marchands de banjos et de couronnes funéraires [...]. »
P. MORAND, *New-York*, p. 235 (□ 1930).

« nous les connaissions déjà, ces noirs. C'étaient les *Minstrels*, et ils enchantaient les soirées londoniennes et les scènes parisiennes où l'on donnait les fameuses pantomimes anglaises, avec leurs banjos, leurs cake-walks et leurs étranges costumes, parodies de celui de l'Oncle Sam. »
F. de MIOMANDRE, *Danse*, pp. 60-61 (□ 1935).

✳ Mot des Noirs américains (1774 ; *banschaw*, 1764), altération de l'anglais *bandore* (XVIᵉ s.), « sorte de guitare », même origine que le français *mandore*. Attesté dès 1858 (O. Comettant, *Trois Ans aux États-Unis*, 2ᵉ éd., p. 49, *in* T.L.F.), ce mot ne s'est réellement répandu qu'avec la pénétration, en France, de la musique de jazz. Le dérivé *banjoïste* n. « joueur de banjo » semble également emprunté de l'amér. *banjoist* :

« Guitariste et banjoïste de la formation des Jazz Bandits pendant la grande époque du style Dixieland il était considéré comme le père de la Chicago School. »
L'Express, 13 août 1973, p. 48.

BANKNOTE [băknɔt] *n. f.* ou *m.*

(1789) Billet de banque en Angleterre ou aux États-Unis. — REM. : Signalé par Littré 1863 *(n. f.)*, absent du dict. de l'Académie 1932.

« C'est monsieur le bailli de l'île de Man, qui est venu à Greenock pour réaliser en *bank's notes* [*sic*] les contributions de sa province, et qui vous fait l'honneur de souper avec vous pour vous entretenir [...]. »
Ch. NODIER, *La Fée aux miettes*, p. 218 (□ 1831).

« [...] Votre Seigneurerie peut apprêter d'avance ses banknotes et son or. »
Th. GAUTIER, *Le Roman de la momie*, p. 14 (□ 1858).

« Le jour suivant, il recevait dans une lettre, que celui-ci lui remettait fidèlement, une bank-note de dix livres. »
BAUDELAIRE, *Un mangeur d'opium*, in *Paradis artificiels*, p. 486, 1951 (□ 1860).

« Malgré vos bank-notes et vos chèques, sans l'assistance de notre ami, nous mourrions de faim depuis deux jours. »
P. d'IVOI, *Les Cinq Sous de Lavarède*, p. 118 (□ 1894).

« ces comptoirs en acajou sur quoi les gens d'affaires s'accoudent pour discuter, crayonner un ordre, donner une signature, compulser les volumes de tarifs, compter les banknotes. »
P. ADAM, *Vues d'Amérique*, p. 299 (□ 1906).

✳ Mot anglais (1695) de *bank* « banque » et *note* « billet », a d'abord signifié « traite, billet à ordre ». L'expression *billet de banque* date du XVIIIᵉ s. ; *banknote* a été traduit en *note de banque* à la fin du XVIIIᵉ s. *Toutes les affaires se traitent en « notes de banque »*, comte de Mirabeau, *Histoire secrète de la Cour de Prusse*, 1789 [*in* Brunot, t. VI, 1-a, p. 155]. On trouve en français les mêmes variations de la graphie qu'en anglais : *bank note, bank-note, banknote*. Celle de Nodier (1ʳᵉ cit. ci-dessus) est fantaisiste.

BANQUE [băk] *n. f.*

1° (1948) Service médical qui recueille et conserve des parties vivantes, des organes, pour les utiliser en chirurgie. *Banque des yeux*, qui dispose de cornées pour les greffes. *Banque du sang*, qui dispose de sang pour les transfusions.

2° Organisme où l'on centralise les informations par ordinateurs. *Banque de données*.

« De moins en moins, les organismes disposeront en propre d'un ordinateur : ils devront pouvoir accéder à des [...] banques de données. »
Le Monde, 10 avril 1969.

✳ Le mot *banque* dans ses sens plus anciens existe depuis 1458 et vient de l'italien *banca*. Mais c'est à l'américain *bank* que nous avons récemment emprunté ces emplois. *Banque du sang*, mars 1948 (création à Paris, dans le service du docteur Quénu à l'Hôpital Cochin, d'après M. Prêcheur, in *Le Français moderne*, t. XXIII, pp. 293-294) ; *Banque des os*, mai 1950 (Dr J. Herbert, in *Atomes*, pp. 153-156). Une publication terminologique du Conseil international de la langue française porte le nom de *La Banque des mots*.

3° Se dit au Canada pour *tirelire*.

✳ De l'américain *bank* « banque », qui a ce sens dans la langue populaire.

BAR [baʀ] *n. m.*

(1857 ; *bar-room*, 1833) Débit de boissons, cabaret où l'on consomme debout, ou assis, sur de hauts tabourets, les boissons alcoolisées servies au comptoir. — (1882) Tout endroit où l'on sert pareillement les boissons (théâtres, hôtels, bateaux, etc.) → aussi **Grill-bar.** — (1928) Le comptoir lui-même.

« À l'angle où s'agitent les politiciens est installé le *bar* (débit de liqueur) le plus célèbre de toute la Californie [...]. »
L. SIMONIN, *Voyage en Californie* [1859], p. 7 (□ 1862).

« Les maisons publiques n'ont plus leur caractère de gros numéros ; avec leurs carreaux dépolis et éclairés, elles ont l'air de *bar* de New York. »   Ed. et J. de GONCOURT, *Journal*, t. II, 30 mai 1863, pp. 94-95.

« résolus à nous coucher de bonne heure, nous descendîmes pour fumer un peu après notre dîner, dans le bar de l'hôtel. »
P. BOURGET, *Outre-Mer*, pp. 27-28 (□ 1895).

« les façades du long hôtel sur le bateau qui occupe la majeure partie du pont, qui le charge de ses salons somptueux, de ses fumoirs, de ses cabines coquettes, de son bar où se défient les appréciateurs de cocktails. »   P. ADAM, *Vues d'Amérique*, p. 16 (□ 1906).

« devant la porte des bars stationnaient des types, la casquette sur leurs yeux fureteurs encadrés de rouflaquettes ou le chapeau melon en arrière sur la nuque dégageant leur face rasée [...]. »
CENDRARS, *Bourlinguer*, p. 252, Denoël (□ 1948).

✳ De l'anglais *bar* « barre de bois ou de métal » (XIIe s.), emprunté lui-même du français *barre* dont il a gardé la graphie jusqu'au XVIe s. (Cf. notamment dans Shakespeare) ; ce mot a, comme *barre* en français, de nombreux sens. Pour l'histoire du sens qui nous occupe, *bar* a d'abord désigné la barre du comptoir, puis le comptoir (1475) et enfin le lieu où l'on boit (1592). L'une des premières attestations en français antérieure à 1857 est une francisation de l'anglais *bar* en *barre* n. f. : « L'Américain mange pour vivre, au lieu de vivre pour manger. Vers onze heures, il entre dans une barre où sont étalées soupes, viandes et sucreries ; il mange debout, à la hâte, avec ses doigts, les trois quarts du temps ; puis il vient à la barre prendre une boisson quelconque qu'il paie, car les aliments sont gratuits. » (F. de Senay, *San Francisco*, p. 492, in *La Mode*, du 25 septembre 1853). On trouve *bar-room* chez Jules Verne en 1865 (*De la Terre à la Lune*, p. 341, Livre de poche) et d'autres auteurs de la fin du siècle, ainsi que *bar zinc* chez Huysmans (*De tout*, 1902). *Bar* est resté un mot prestigieux en français depuis son emprunt : il implique luxe, choix, cherté ; on y passe des commandes de mélanges particuliers (→ **Cocktail**) et on recherche la protection du barman. Le bar a conservé en France la marque suprême du luxe américain : la quasi-obscurité des lieux (plus c'est cher, plus c'est noir !) ; mais il a rejeté le puritanisme qui veut que dans certains États des États-Unis les femmes ne soient pas acceptées, même accompagnées (→ aussi **Snack-bar**).

« je n'ai rien contre le mot *bar* ; le *bar* est un poisson [...] ; je vais donc au *bar* sans scrupule, du moment qu'on le prononce à la française, ce qui est aujourd'hui le cas (provisoirement peut-être) en France. »
ÉTIEMBLE, *Parlez-vous franglais ?*, p. 305 (□ 1964).

BARBECUE [baʀbəkju] ou [baʀbəky] *n. m.*

(1954 ; *barbacue*, 1913) Appareil au charbon de bois, pour faire des grillades en plein air. — Grillade sur cet appareil. — *Adj.* Grillé sur un barbecue. *Côtelettes barbecue.*

« On construisit trois pavillons : un pour le corps de Whitman ; l'autre pour faire le *barbacue* (ripaille populaire où l'on rôtit un bœuf et un mouton) ; le troisième pour les boissons. »

APOLLINAIRE, *Anecdotiques*, 1913 [*in* D.D.L.].

« nous entrons dans un restaurant Barbe-Q. J'ai vu souvent cette enseigne à travers toutes les villes d'Amérique ; la viande *barbecue*, c'est de la viande cuite à la broche, simplement. »

S. de BEAUVOIR, *l'Amérique au jour le jour*, 9 mai 1947, p. 340 (□ 1954).

« Il arrive de plus en plus fréquemment, dans les fameuses résidences secondaires, que la confection des plats, avec et sans " barbecue ", devienne un moyen d'occuper les loisirs [...]. »

J. FERNIOT, *Pierrot et Aline*, p. 303, Grasset (□ 1973).

✳ Mot anglais *barbecue* n. m. (1697, anciennes formes *barbecu*, *barbacot*, *barbicue*) emprunté au haïtien *barbacoa* (d'où vient aussi le fr. *barbaque*) « piquets de bois où l'on accroche, au-dessus d'un feu, de la viande à sécher ou à fumer », et appliqué par la suite à une rôtissoire (XVIII⁰ s.) puis à une bête rôtie en entier (comme le méchoui). Il a pris spécialement aux États-Unis le sens de « pique-nique où l'on fait des viandes rôties » (1733), celui de « viande grillée, rôtie » (1947) et celui de « rôtisserie ». Ce terme a toujours désigné, en anglais, une pratique exotique. C'est aux États-Unis que la coutume s'est répandue de préparer ainsi les viandes dans les pique-niques et même chez soi : cuisine facile et amusante *(it's fun !)* pour un peuple pressé qui a peu de traditions culinaires, mais d'excellente viande de bœuf. Le *barbecue* a un certain succès en France ; nous avons toujours apprécié des grillades au feu de bois dans les cheminées, qui disparaissent des maisons urbaines. Des raisons diététiques et l'abandon relatif des activités culinaires nous poussent aussi vers cette solution de facilité. Le mot *barbecue* est en français hautement comique, qu'on le prononce à l'anglaise [baʀbəkju] ou à la française [baʀbəky] → *(barbe-cul)*. On peut préférer la prononciation française en dépit (ou à cause) des éléments évoqués. L'équivalence française *grilauvent* [gʀilovɑ̃] n. m. est proposée par le Conseil international de la langue française ; elle est inusitée. Au Canada, *barbecue* possède le sens américain particulier de « poulet rôti », inconnu en France. Comme aux États-Unis, les sigles plaisants *Barbe-Q*, *Bar-b-q*, *B. B. cue* tendent à se répandre là où le mot est usité (Kelley, p. 20 et 89, planche 3).

BARMAID [baʀmɛd] n. f.

(1861) Serveuse d'un bar. *Des barmaids*. — REM. : Absent du dict. de l'Académie 1932.

« Moyennant une centaine de dollars, et même moins, telle barmaid séductrice d'un riche buveur, peut revêtir la robe de dîner propre aux ambassadrices [...]. » P. ADAM, *Vues d'Amérique*, p. 257 (□ 1906).

« À *Criterion bar*, après la débine,
Tu f'sais la barmaid pour les Norvégiens.
Les gars des cargos t'app'laient leur frangine ; »

P. MAC ORLAN, *Père Barbançon*,
Chanson pour la barmaid du « Criterion », p. 131 (□ 1924).

« les mêmes soldats de la Garde, à tunique écarlate, aux épaules de pugilistes, aux figures de poupée qui attendent, près de l'abri des cochers de cabs les mêmes barmaids. »

P. MORAND, *Londres*, p. 122 (□ 1933).

✳ Mot anglais (1658) de *bar* et *maid* « serveuse », introduit en France vers la même époque que *bar* et *barman*. Est assez peu usité en français ; la forme *maid* étant inconnue crée une certaine gêne (à la différence de *-man* qui est acclimaté).

BARMAN [baʀman] n. m.

(1873) Serveur d'un bar. Seul pluriel : *des barmen*. — REM. : Absent du dict. de l'Académie 1932.

« L'heure pressait. Je m'impatientais. Alors je chargeai les barmen d'alerter toute la ville et d'envoyer leurs petits chasseurs à la recherche de Kéroual qu'il me fallait coûte que coûte. »

CENDRARS, *Bourlinguer*, p. 43, Denoël (□ 1948).

« Le barman, tout en blanc, avec des sortes de galons sur les épaules
et une allure de tous les diables, qui se tenait au bar du réfectoire [...]. »
                              É. TRIOLET, *Roses à crédit*, p. 130 (□ 1959).

✳ Mot anglais, de *bar* et *man* « serveur » (→ **Barmaid**), bien acclimaté
en français (→ **-man**). *Barman* est typiquement anglais ; les américains
disent *bartender*, mot qui apparaît en français en 1918 mais qui n'a pas
vécu. Les termes de *barman* et *barmaid* doivent évidemment être
réservés aux serveurs de bars et non aux garçons et serveuses de café.
Les puristes critiquent cette extension abusive : « la cantine est devenue
une *cafeteria* où les consommations sont servies par des *barmen* »
(*Défense de la langue française*, janv. 1964, p. 41).

BARN [baʀn] *n. m.*
   (1953) Unité de surface, en microphysique (10^{-24} cm²).

✳ Mot américain, anglais *barn* « grange » ; la dénomination de cette
unité extrêmement petite est ironique et vient de l'expression *as big as
a barn* « gros comme une grange ».

BARNUM [baʀnɔm] *n. m.*
   (1855) *Vx.* Personne qui organise des tournées de spectacles
populaires à l'aide d'une publicité tapageuse (essentiellement
spectacles de foires, de cirques). — De nos jours, *Fam.* Cirque
[fig.]. *Quel barnum !*

   « Beaucoup d'Anglais considéraient le brave commandant Minié
comme un mythe, d'autres le croyaient une espèce de Barnum américain ».   DUC D'AUMALE, *Les Zouaves et les Chasseurs à pied*, 1855
                              [in *Le Français moderne*, t. XIII, p. 114].

   « Vous vous rappelez l'homme à la tête de veau [...]. Un barnum de
Cherbourg l'avait engagé pour des exhibitions dans les foires et les
marchés. »   *Le Charivari*, 11 sept. 1891, p. 2.

   « À quinze ans, elle fut engagée par un barnum qui l'exhiba dans
toutes les villes du nouveau monde, et, grâce à elle, réalisa une fortune
considérable. »   *La Science illustrée*, 2ᵉ sem. 1891, p. 2.

   « Un chairman, à voix de Barnum, se levait, entre deux mesures
d'orgue, pour donner la parole aux orateurs, avec des boniments
d'impresario. »   P. BOURGET, *Outre-Mer*, pp. 12-13 (□ 1895).

✳ Mot américain *n.* (1856) du nom de l'Américain Ph. Taylor *Barnum*
(1810-1891), célèbre créateur de spectacles populaires devenu richis-
sime, qui a donné son nom à un cirque, un musée, etc. aux États-Unis.
Ce mot s'est répandu en France à la fin du XIXᵉ s. ; il est vieilli de nos
jours. — L'anglais a forgé sur *Barnum* les mots *barnumism* n. et
barnumize v. — Le français avait dérivé *barnumade* n. f. à la fin du siècle
(« les cynismes de ces barnumades cagotes », *le Charivari*, 24 juil. 1892,
p. 1) et *barnumiser* v. (« De l'avis même des exploiteurs professionnels
qui barnumisent là-bas [à Lourdes], le miracle devient de plus en plus
rare. » *Le Charivari*, 7 sept. 1892, p. 1).

BARONNET [baʀɔnɛ] *n. m.*
   (1660) En Angleterre, Titre héréditaire d'un ordre de chevalerie. — REM. : Prend deux *n*, à la différence de l'anglais. —
Signalé dans le dict. de l'Académie 1798 sous la forme *baronet*.

   « Vous êtes à l'heure actuelle, le seul héritier connu du titre de
baronnet, concédé, sur la présentation du gouverneur général de la
province de Bengale, à Jean-Jacques Langévol, naturalisé sujet anglais
en 1819 [...]. »
                Jules VERNE, *Les Cinq Cents Millions de la Bégum*, p. 7 (□ 1879).

   « Oh ! l'inexprimable regard dont le père toisa ce baronnet trapu,
lippu, dont les trente ans en paraissaient cinquante, avec son teint foie
de poisson, sa tenue de cocher anglais [...]. »
                              A. DAUDET, *Rose et Ninette*, p. 42 (□ 1892).

« Un pauvre hère mal vêtu, évidemment de basse origine, et n'ayant assurément aucune parenté avec le plus humble des baronets. »

L. HÉMON, *Battling Malone*, p. 50 (□ 1911).

✱ Emprunt à l'anglais *baronet* (XIVe s.) lui-même formé d'après *baron* emprunté à l'ancien français *barun, baron*. A d'abord désigné en anglais un baron sans terres, puis a pris le sens actuel en 1611.

BARRACUDA [baʀakyda] *n. m.*

(1848) Grand poisson vorace du genre sphyrène qu'on trouve au large des côtes américaines. — REM. : S'emploie surtout au Canada français. — Absent des dict. de Littré et de l'Académie.

« La journée du 21 se termina par l'apparition dans mon sillage d'un poisson long d'un mètre cinquante environ, qui avait un bec pointu, muni de dents impressionnantes. C'était mon second *barracuda*. Il semblait me regarder d'un air gourmand. J'eus d'abord peur et lui jetai mon moulinet, en le retenant par la ligne. »

A. BOMBARD, *Naufragé volontaire*, p. 246 (□ 1958).

✱ Emprunté à l'anglais *barracuda, -coota, couta* (XVIIe s.), probablement de l'espagnol. Ce terme est signalé dans le *Dict. univ. d'Histoire naturelle*, de Ch. d'Orbigny, 1848.

BARYUM [baʀjɔm] *n. m.*

(1813) Métal blanc qui décompose l'eau à température ordinaire, qu'on trouve à l'état de sulfate ou de carbonate. — REM. : Signalé dans le Suppl. 1827 du dict. de l'Académie.

✱ Mot créé en 1808 par Davy avec la graphie *barium* d'après le début du mot *baryta* (emprunté au français *baryte*) et le suff. *-ium* (*aluminium*, etc.). Introduit en français en 1813 par la trad. française de *Elements of Chemical Philosophy* de Davy (Philadelphie, 1812, d'après Wartburg, t. XVIII, p. 18).

BAS-BLEU [bɑblø] *n. m.*

(1821 ; av. 1786 dans un contexte anglais) *Péj.* Femme à prétentions littéraires. *Sa sœur est un bas-bleu. Des bas-bleus.* — Adjectivt. *Elle est trop bas-bleu à son goût.*

« Elle parlait avec enthousiasme d'une assemblée de bas bleus qui avait eu lieu la veille chez Lady Learnedlove. »

JOUY, *L'Hermite de Londres*, 1821 [*in* T.L.F.].

« telle phrase qu'on cite comme un modèle de grâce légère m'a toujours fait supposer que pour arriver à une telle légèreté l'auteur avait dû posséder autrefois une science un peu lourde, une culture rébarbative, et que, jeune fille, elle semblait probablement à ses amies une insupportable bas-bleu. »

PROUST, *Le Côté de Guermantes*, I, p. 186 (□ 1920).

« on aurait peur de paraître un bas bleu si l'on prenait les études ou les idées trop au sérieux [...]. »   S. de BEAUVOIR, *L'Amérique au jour le jour*, 15 avril 1947, p. 273 (□ 1954).

✱ Calque de l'anglais *bluestocking* (1757) « (personne) qui porte des bas bleus ». L'histoire raconte que vers 1750 Mrs Montague (Mme de Montaigu) tenait à Londres un salon littéraire auquel se joignait Mr B. Stillingfleet, peu élégant de sa personne, qui portait des chaussettes de laine bleue au lieu des bas de soie noire, de rigueur à l'époque. On donna le nom de *bluestockings* aux habitués du salon, puis spécialement aux femmes à prétentions littéraires (surtout au début du XIXe s.). *Bluestocking* a été traduit en *bas-bleu* et employé en anglais dès 1801 (Hannah More) ; en somme les Anglais ont employé le mot *bas-bleu* avant nous ; mais ce fut sans lendemain. *Bas-bleu* garde une certaine actualité en France, alors que *bluestocking* est hors d'usage dans les pays anglo-saxons ; probablement à cause de la tradition misogyne toujours vivace qui fit le succès des *Femmes savantes* de Molière. Mais il prend aussi un regain d'intérêt depuis qu'il devient nécessaire de distinguer les femmes spécialistes de la littérature de celles qui en font des conversations de salon (les bas-bleus modernes). Les prétentions littéraires sont d'ailleurs renforcées aujourd'hui par les prétentions à la culture artistique, à l'âge du musée, de la reproduction et du tourisme systématique. — REM. : Vers la fin du XIXᵉ s. on a vu se former les dérivés *basbleuesque* (1890) et *basbleuisme* (1867) ; ces mots sont hors d'usage.

BASE-BALL [bɛzbɔl] *n. m.*

(1889) Jeu de balle voisin du cricket, qui se joue entre deux équipes sur le terrain avec une batte et une balle, sport national des États-Unis. *Des joueurs de base-ball.*

« On annonce l'arrivée à Paris de deux équipes américaines de Base-Ball ».   *Revue des sports*, 2 mars 1889 [*in* G. Petiot].

« Oh ! le jeu, ça, ils s'y mettent vite : le basket-ball, le base-ball, voilà leur affaire. Ils sont quelquefois fatigués pour labourer, mais jamais pour jouer à la balle. »
J. HURET, *En Amérique, De San Francisco au Canada*, p. 186 (□ 1905).

« Les balles dures veulent des outils, exigent une répartition plus stricte sur le terrain ; aussi le base-ball et le hockey sont des sports moins humains. »   J. PRÉVOST, *Plaisirs des sports*, p. 123 (□ 1925).

« Le jeu de base-ball qui s'exerce dans les terrains vagues occupe aussi une partie importante des loisirs. »
S. de BEAUVOIR, *L'Amérique au jour le jour*, 22 fév. 1947, p. 104 (□ 1954).

✳ Mot américain (1850) de *ball* « balle » et *base* « ligne ou piquet de jeu (envoi, but, etc.) ». Le jeu de base-ball est une variante du jeu anglais nommé *rounders* (1748). Cricket et base-ball ont toujours laissé le public français assez froid. Ce mot appartient à la longue liste des anglicismes en *-ball**, bien acclimatés en France. Il s'intègre aisément au phonétisme français *(*baise-bol).*

BASIC [bazik] *n m.*

(1980) Type de langage informatique dérivé du Fortran, aussi appelé BX 1, qui présente un mode conversationnel. — REM. : Prend, de préférence, la majuscule.

« La puissance que donne un langage simple et riche comme le basic étendu et une rapidité de traitement réservée jusqu'alors à un matériel plus volumineux (dit de "haut de gamme"). »
Sciences et Avenir, nov. 1979, p. 81.

« Dans l'exposé sont inclus des programmes de calcul écrits en Basic et destinés à être implantés sur des mini-calculateurs dotés de table traçante ou d'écran graphique. Ils permettront aux utilisateurs aussi bien étudiants qu'ingénieurs de traiter simplement des applications qui sont pénibles ou quasi-impossibles sans moyen de calcul. »
La Recherche, oct. 1980, p. 1053.

✳ Sigle de *Beginners All-Purpose Instruction Code* « code universel pour enseigner aux débutants ».

BASIQUE [bazik] *adj.*

(v. 1950) *Anglais basique*, langue anglaise réduite au vocabulaire le plus commun et aux règles les plus générales. S'est dit aussi d'autres langues : *Français basique.*

« si fraîchement débarqués qu'ils s'expriment dans un français à peine basique, ignorent *Au Clair de la Lune* [...]. »
J. PERRET, *Bâtons dans les roues*, p. 106 (□ 1953).

✳ De l'anglais *basic English* (1923) ; *basic* est un sigle tiré de *British-American-Scientific-International-Commercial* qui fait jeu de mots. Le basic English est en fait une langue semi-artificielle à base d'anglais, construite par les logiciens Ogden et Richards, et destinée à servir de véhicule dans le monde entier (850 mots seulement). Les défauts de cette langue se sont vite fait sentir, d'où un retour vers un système simplifié naturel. *Basique* existe en français en chimie et, plus récemment dans le langage courant, au sens de « de base ». Cet emprunt à l'anglais est avantageusement remplacé par *de base, fondamental* (*Le Français fondamental*, Gougenheim, Rivenc, Michéa et Sauvageot). Mais même *de base* est condamné par Étiemble (*Parlez-vous franglais ?*, p. 96).

BASKET(S) → BASKET-BALL *(hist.)*.

BASKET-BALL [baskɛtbɔl] ou BASKET [baskɛt] *n. m.*

(1898) Jeu entre deux équipes de cinq joueurs qui doivent lancer un ballon dans le panier du camp adverse. — REM. : Absent du dict. de l'Académie 1932. — *Un match de basket-ball* (ou de *basket*, 1903, *in* Petiot).

« Oh ! le jeu, ça, ils s'y mettent vite : le basket-ball, le base-ball, voilà leur affaire. Ils sont quelquefois fatigués pour labourer, mais jamais pour jouer à la balle. »
  J. HURET, *En Amérique, de San Francisco au Canada*, p. 186 (□ 1905).

« Elle dansait bien, les épaules immobiles, et les hanches souples, qui roulaient en rythme ; il pensa qu'elle devait être excellente au basket-ball, au ski et vraisemblablement à la course à pied. »
  R. VAILLAND, *Bon pied, bon œil*, p. 41 (□ 1950).

✳ Mot américain (1892), jeu inventé par J. Naismith aux États-Unis (Springfield, Mass.), de *ball* « ballon » et *basket* « panier ». On traduit parfois par *balle au panier*. — *Basket*, abréviation française, a donné le dérivé français *basketteur, -euse* (1931), (en américain *basketballer*), et le n. m. pl. *baskets* « chaussures montantes de toile et de caoutchouc pour jouer au basket ». On rencontre *baskets* au féminin (*Paris-Match*, n° 702, p. 123, 1962) et même *basquettes* (*Elle*, n° 900, p. 98, 1963) d'après le genre féminin de *chaussures* (Schütz, p. 49) → aussi **Basquet** et **basquette.** Le mot donne lieu à des locutions.

BASQUET [baskɛ] *n. m.*

(1922) *Comm.* Caissette à claire-voie pour l'emballage des fruits.

✳ De l'anglais *basket* « panier » (le même que dans *basket-ball*), mot qui semble apparenté au français *bâche*.

BASQUETTE [baskɛt] *n. f.*

Dialect. En Picardie, en Normandie, Corbeille à poisson, manne à claire-voie, corbeille à pain. — REM. : Signalé dans le Suppl. de Littré 1877.

✳ De l'anglais *basket* (→ **Basquet**) ; la forme française est probablement très ancienne et a dû se répandre par l'anglo-normand. L'anglais lui-même est peut-être apparenté au français *bâche*.

BATEAU [bato] *n. m.*

1° (XIIᵉ s. ; 1138, *batel*) Nom générique des ouvrages flottants qui ont un moyen de propulsion, destinés à la navigation : barque, bâtiment, embarcation, navire, paquebot, vaisseau, etc.

✳ L'ancien français a le mot *bât* (XIIᵉ s.). Emprunté à l'ancien anglais *bât* (mod. *boat*) qui a servi à former le diminutif *batil.* C'est un des emprunts les plus anciens à l'anglais, avec les noms de points cardinaux, reconnaissance précoce de la vocation maritime de l'Angleterre.

2° (1816) BATEAU À VAPEUR, bateau utilisant la propulsion à vapeur (→ **Steamboat, steamer**). — REM. : Signalé dans les dict. de l'Académie 1835 et de Littré 1872 (art. *Bateau*).

« Mémoires sur les bateaux à vapeur des États-Unis d'Amérique »,
  par M. MARESTIER, Travail présenté à l'Acad. des sciences de Paris,
  en 1823, *in* L. FIGUIER, *Merveilles de la science*, p. 223.

« le gouverneur-général m'a prêté un jour son yacht et son bateau à vapeur. »

V. JACQUEMONT, *Lettre à M. Jacquemont père*, 3 sept. 1829, t. I, p. 94.

« À cette heure toute poésie est sur la roue des bateaux à vapeur et sur les rails des chemins de fer. »

D. NISARD, *Mélanges*, t. I, 1833 [*in* Wexler, p. 132].

« Une chose qui fumait et clapotait sur la Seine avec le bruit d'un chien qui nage, allait et venait sous les fenêtres des Tuileries, du pont Royal au pont Louis XV ; c'était une mécanique bonne à pas grand'chose, une espèce de joujou, une rêverie d'inventeur songecreux, une utopie : un bateau à vapeur. Les Parisiens regardaient cette inutilité avec indifférence. »   HUGO, *Les Misérables*, t. VIII, p. 165 (□ 1862).

— SPÉCIALT. Bâtiment à vapeur de petit cabotage et de petit tonnage, ou bâtiment à vapeur naviguant sur les fleuves, les rivières, les canaux et les lacs → **Steamboat.**

« Il est facile de voir que les dispositions de la machinerie à vapeur du *Clermont* sont presque en tout semblables à celles de nos bateaux à vapeur actuels. Le *balancier latéral*, les roues à aubes, les deux cylindres, qui sont les dispositions fondamentales du mécanisme des bateaux à vapeur de nos rivières, sont manifestement dus à Fulton, qui les avait établis sur son premier bateau, en 1807. »

L. FIGUIER, *Les Merveilles de la science*, t. I, p. 199 (□ 1867).

✳ La dénomination de *bateau à vapeur* a été calquée sur l'américain *steamboat* n. (1785), de *steam* « vapeur » et *boat* « bateau », et elle a été concurrencée dès 1829 par les emprunts directs de *steamboat** et de *steamer**. On trouve chez Wartburg (art. *Vapor*, p. 167) « machine, bateau, hélice *à vapeur* "actionné par la vapeur d'eau" » avec une unique référence à la page 62 du *Journal des mines*, 1, 1794, où il est question de la création du calque de *machine à vapeur**. L'introduction du syntagme *à vapeur* remonte à 1794, mais à cette époque, on sait que la navigation à vapeur n'était encore qu'à l'état de projet ; d'autre part l'emploi du syntagme *à vapeur* était loin d'être acquis (→ **Vapeur**). La désignation actuelle du bateau à vapeur n'est apparue qu'en 1816 (*Journal des savants,* septembre 1816, à propos des expériences conduites en Amérique par Fulton en 1807, d'après Mackenzie, p. 200). Les principes de la navigation à vapeur avaient été esquissés dès 1695 par Denis Papin dans son *Recueil de pièces diverses* (→ **Machine à vapeur**). Papin a même réalisé en 1707 un bateau à vapeur, construit à Cassel, bateau à rames muni de quatre roues à aubes, dont il fit l'essai avec succès sur la Fulda (lettre à Leibnitz, 15 septembre 1707) et qui fut arrêté sur son passage près de Hanovre et mis en pièces, le 25 septembre, par des bateliers jaloux de leurs droits d'entrée dans les eaux du Wéser. Papin n'avait pas donné de nom particulier à ce nouveau type de bâtiment. Toutes les notions rattachées à la navigation à vapeur sont associées en France à cette époque aux termes de *pompes à feu* et de *machines à feu* (→ **Machine à vapeur**). Plusieurs pièces officielles ainsi que la correspondance des inventeurs en font foi :

« Reste à développer la manière d'appliquer cette machine à feu à des rames perpendiculaires. »
Abbé GAUTHIER, *Mémoires de la Société royale des sciences et lettres de Nancy,* 1754 [*in* L. FIGUIER, *op. cit.*, p. 155].

« le bateau [de Jouffroy d'Abbans] remonta le cours de la Saône, sans le secours d'aucune force animale, et par l'effet de la pompe à feu, pendant un quart d'heure environ. »   Acte de notoriété établi par les soins de l'Académie de Lyon le 15 juillet 1783 [*in* FIGUIER, *op. cit.*, p. 166].

✳ Le substantif masculin *vapeur* (vieilli), forme elliptique, est enregistré dans le Compl. du dict. de l'Académie 1842 (puis, dans l'édition de 1935 seulement) et dans Littré 1872. D'après Mackenzie (p. 281), c'est dans une traduction de l'anglais qu'est apparu ce terme en français, en 1816. Il a surtout eu cours dans la seconde moitié du XIXe s., mais on le rencontre encore au XXe s.

« Nous montons sur un vapeur remorquant à sa suite un autre bateau. Ils sont unis par un petit pont qui permet d'aller de l'un à l'autre. Nous trouvons à bord cinq cents personnes dont la tenue est propre et même élégante. »
L. DEVILLE, *Voyages dans l'Amérique septentrionale* [1854-1855], p. 246 (□ 1861).

« Tout son corps maintenant était parcouru par une vibration analogue à celle qui secoue un vapeur, aux moments où, par suite d'un fort tangage, l'hélice tourne hors de l'eau. »   MONTHERLANT, *Les Jeunes Filles*, p. 236 (□ 1936).

✻ Littré, pour sa part, enregistre en 1872 l'emprunt *steamer* en signalant qu'au lieu de ce mot anglais, il vaut mieux dire *un vapeur*. Le vocabulaire de la marine distingue soigneusement *bateau, paquebot, navire à vapeur*, etc., mais l'usage a consacré le terme générique de *bateau à vapeur* pour tous les bâtiments propulsés à la vapeur. D'après Albert Boyer (*Les Transports maritimes*, P.U.F., Que sais-je ?, n° 1499, p. 33, 1973), les navires à vapeur représentaient encore, en 1965, 20 % du tonnage de l'ensemble des navires rentrés en service, contre 80 % pour les bâtiments à moteur, et on constate depuis 1970 un regain de faveur pour la turbine à vapeur, surtout pour les plus grands navires. Le terme de *bateau à vapeur* conserve ainsi son actualité, en revanche, la dénomination primitive de *pyroscaphe* n'a jamais été reprise.

BATTLE-DRESS [batəldRɛs] *n. m.*

(v. 1943) Tenue de combat formée d'un blouson et d'un pantalon. — *Spécialt.* Veste courte de toile, en forme de blouson, de la tenue de combat. *Des battle-dress.*

« Maillat le saisit par le col de son battle-dress, et le secoua. »
R. MERLE, *Week-end à Zuydcoote*, p. 145 (□ 1949).

« Je venais de compter, moi aussi, les étoiles sur son battle-dress. »
Le Nouvel Observateur, 30 juil. 1973.

✻ Mot anglais (1938) qui date de la guerre de 1939-1945, « tenue » (*dress*) « de combat » (*battle*). La même tenue, en toile, s'appelait *denims*. Dans l'armée française, on dit *tenue de combat* et *blouson*. Le français a surtout retenu le sens de « blouson de toile », blouson qui était une nouveauté à l'époque. Ce mot est difficile à intégrer dans le système phonétique du français ; on lui préférera *blouson de toile*, malheureusement moins précis. Critiqué par R. Le Bidois (*Les Mots trompeurs*, p. 260) et par tous les puristes en général :

« Après les *battle-dress*, les *half-track, close-combat, briefing*, etc., on se demande quel langage parlera l'armée française dans quelques années. »
Défense de la langue française, janv. 1964, p. 41.

BAY-WINDOW [bɛwindo] *n. f.*

(1664) Autre forme de *bow-window** → **Oriel.**

« L'*oriel*, la *bay-window*, c'est-à-dire la vieille bretèche à pans coupés du Moyen Âge, disparaît des façades unies, percées de grandes surfaces vitrées. Partout, les ordres classiques succèdent à la turbulence gothique. »   P. MORAND, *Londres*, p. 31 (□ 1933).

✻ Mot anglais (xve s.) de *window* « fenêtre » et *bay* « ouverture en avancée » du français *baie* « ouverture ». La forme *bow-window** est la plus courante en français.

BAZOOKA [bazuka] *n. m.*

(1945) Arme utilisée pendant la guerre de 1939-1945, lance-roquette anti-char. *Tir au bazooka. Affaire du bazooka*, épisode de la guerre d'indépendance du Maroc contre la France.

« Quelques lecteurs m'ont reproché d'avoir évoqué, à propos de l'affaire du bazooka, le temps des assassins annoncé par Rimbaud. »
F. MAURIAC, *le Nouveau Bloc-notes 1958-1960*, 13 sept. 1958, p. 102.

« Tu as envié, comme nous, les clochards épiques de Leclerc : regarde, combattant, tes clochards sortir à quatre pattes de leurs maquis de chênes, et arrêter avec leurs mains paysannes formées aux bazookas, l'une des premières divisions cuirassées de l'empire hitlérien, la division Das Reich ! »   MALRAUX, *Antimémoires*, t. I, p. 564 (□ 1967).

✻ Mot américain (1943), d'abord nom d'un instrument de musique en forme de tuyau de poêle inventé par Bob Burns en 1935. Attesté en français en 1945 (*Military Dictionary English-French, French-English*,

Washington, Government Printing Office, *in* T.L.F.). Le mot officiel dans l'armée française est *lance-roquette*.

BEAGLE [bigl] *n. m.*

(1858) Chien courant, basset à jambes droites. — REM. : Signalé par Littré, Suppl. 1877 avec cette citation :

> « Il nous est encore venu d'Angleterre une autre espèce de chiens ; ce sont les beagles. »   J. La VALLÉE, *La Chasse à courre*, 1859.

✶ Emprunté à l'anglais *beagle* (1475), dès 1650 en français sous la forme *bigle*. L'origine du mot anglais est obscure ; l'Oxford English Dictionary suppose un emprunt au français *bégueule* (proprement « gueule bée (ouverte) », à l'origine). Ce mot se trouve dans le Tableau des principales races de chiens figurant à l'Exposition universelle de 1858 (M. de Quatrefages, *in Revue des cours scientifiques*, 25 juil. 1868, pp. 545-546).

BEAT [bit] *adj. invar.* et *n.*

(v. 1966) Qui se rapporte aux *beatniks** ou à la *beat generation**. *La révolte beat. Poète beat.*

> « je ne suis pas un " Beat " mais un mystique catholique, étrange, solitaire et fou. »
> Trad. de J. KÉROUAC, *in Le Nouvel Observateur*, 25 août 1969, p. 21.

> « Les slogans du *"flower power"* sont bien plus doux à entendre. Comme Allen Ginsberg, poète *beat*, comme Allen Leary, prophète du L.S.D., Country Joe se laisse glisser dans le grand rêve psychédélique. »
> M. RICHINI, *in Le Nouvel Observateur*, 18 sept. 1972, p. 50.

> « La musique " beat " remporte un succès extraordinaire auprès des jeunes Hongrois. Les groupes " beat " prolifèrent dans les clubs de jeunes et dans les maisons de la culture. »   *L'Express*, 6 mai 1974, p. 83.

✶ Mot américain, abréviation de *beatnik* (1952), récemment répandu en français. Ce mot est plus écrit que prononcé, l'homonymie avec *bite* donnant des effets scabreux, Cf. *Bit. La Banque des mots* (n° 1, 1971, p. 116) donne de nombreux exemples de *beat* adj. et n. m.

BEAT GENERATION [bitʒeneʀeʃœn] *n. f.*

(1960) Mouvement américain d'intellectuels et d'adolescents révoltés, à tendances mystiques, prônant le nomadisme, l'usage de la drogue, le rejet des valeurs traditionnelles, qui vivent d'expédients et ont une mise négligée ou fantaisiste.

> « On distingue dans l'argot [des toxicomanes] utilisé en France depuis trois quarts de siècle, plusieurs tendances successives. Il y eut d'abord un engouement pour l'orientalisme, à l'époque de Louis Laloy et de Claude Farrère, puis s'imposa l'argot des malfrats, contemporain des " garçonnes " et du " bœuf sur le toit ", et tout récemment l'américomanie, propagée par la " beat generation ". »
> J.-L. BRAU, *Histoire de la drogue*, p. 264 (☐ 1968).

✶ Expression américaine (1952) de l'argot *beat* « foutu », *proprement* « génération foutue » (sur le modèle de *lost generation*), que les adeptes ont réinterprété en *beat* « rythme de jazz » et *beat(ific)* « béatifique ». Cette expression est moins courante que *beatnik**, et d'une prononciation pénible.

BEATNIK [bitnik] *n. m.*

(1959) Personne de la *beat generation**, jeune homme ou jeune fille révolté contre la société bourgeoise, qui vit d'expédients, sans domicile fixe. (Se dit aussi des adeptes du mouvement en Europe.)

> « Mais quand vous avez dit *le mélange du préraphaélite et du beatnik...* alors là, je voulais vous arrêter, vous dire, voyons, les

beatniks, ça n'existait pas, il y a trente-trois, trente-quatre ans ! Puis, j'ai pensé, c'est un lapsus, j'ai laissé passer [...]. »

ARAGON, *Blanche ou l'Oubli*, p. 303 (□ 1967).

« Les hallucinogènes ont fait entrer les beatniks dans la " voie royale " qui, de Jérôme Bosch à Lautréamont, confère au poète et à l'artiste la voyance réclamée par Rimbaud. »

J.-L. BRAU, *Histoire de la Drogue*, p. 302 (□ 1968).

＊ Mot américain (1958), de *beat* « foutu, paumé » (→ **Beat generation**) et -*nik*, suffixe yiddish d'origine slave popularisé par *Sputnik* (1957). Ce mot a été très employé en France, avant d'être concurrencé par *hippie*＊. Il se prononce facilement en français. Il n'est évidemment pas question de donner une traduction à des mots importés qui désignent une réalité si complexe.

BÉBÉ [bebe] *n. m.*

1° (2ᵉ moitié XIXᵉ s.) Jeune enfant *(Vx).* — Enfant en bas âge, qui ne marche pas. — REM. : Signalé dans Littré 1863. Ce mot est enregistré pour la 1ʳᵉ fois dans le dict. de l'Académie en 1932.

« Ce n'est pas sans raison qu'on te montre du doigt,
Qu'un bébé fait ta joie et que ta tête blanche
Comme vers tes pareils, vers les enfants se penche.
Trop de jeunesse est grave à ton âge ; il est bon
De n'être point marmot alors qu'on est barbon. »

HUGO, *Toute la Lyre*, La Corde d'airain,
in *Œuvres complètes*, t. III, p. 212 (□ 1874).

« Quatre cheveux lamentables errent sur un crâne nu qui ballotte à droite et à gauche... Et dire que personne ne s'étonne, qu'on trouve ça tout naturel ! Est-il possible que d'autres bébés soient comme ça ? Dire que c'est cette petite chose-là qui vient du Paradis ! »

A. LICHTENBERGER, *La Petite Sœur de Trott*, p. 24 (□ 1898).

＊ Pour le *Trésor de la langue française*, le mot n'est pas un anglicisme, mais se rattache aux nombreux termes dialectaux onomatopéiques en *b-b*. Il s'agit en effet d'un terme affectif interlinguistique, comparable à *papa*, *maman*, etc., ce qui est confirmé par les premiers emplois, appellatifs (1793, *mon bébé*) où à valeur de nom propre (celui du nain Nicolas Ferry, appartenant au roi Stanislas, vers 1755). Mais ces deux attestations du français écrit sont isolées, et c'est depuis les Goncourt (1858) que le mot semble lexicalisé. S'il n'est pas philologiquement un anglicisme, il l'est alors culturellement, sans aucun doute. C'est bien une francisation de l'emprunt *baby*＊ qui apparaît dans la seconde moitié du XIXᵉ s. avec le sens de jeune enfant (sens maintenu dans les premiers films comiques au début du XXᵉ s.). Il semble que ce n'est que vers 1920 que *bébé* se soit répandu, avec le sens actuel. On s'étonnera volontiers qu'un mot aussi courant de nos jours, et lié à une réalité aussi précise, soit entré si tardivement dans l'usage. Le français dispose de *nourrisson* (« enfant à la mamelle ») et de *poupon* depuis le XVIᵉ s., de *enfant nouveau-né* depuis le XIIᵉ s., mais aucun de ces mots n'est synonyme de *bébé* ; en fait, là où nous disons *bébé* ou plus généralement *enfant (un enfant, un bébé de six mois)*, on disait *enfant* (Cf. J.-J. Rousseau, *Émile*, livre I). On peut supposer que l'emploi généralisé de *bébé* au XXᵉ s. correspond à une vision nouvelle des étapes de l'enfance : ce qui nous paraît pertinent dans la définition du *bébé* était moins évident autrefois. Et cette vision, tout comme le mot, nous aurait été léguée par l'Angleterre.

2° (v. 1960) *Appos.* Petit d'une espèce animale. *Un bébé chien, un bébé tigre. Des bébés crabes.*

＊ Cet emploi récent vient de l'anglais (XVIIᵉ s.) où les petits des animaux sont ainsi désignés. Il a des chances de se répandre en français pour plusieurs raisons :
1° Tous les petits d'animaux n'ont pas forcément de nom particulier (*bébé chien* : chiot, mais *bébé tigre* ?). — 2° Les noms des petits d'animaux sont souvent mal connus : ou entièrement différents du nom de l'espèce (*sanglier* → *marcassin*) ou le plus souvent irréguliers (*lapin*

→ *lapereau, lion* → *lionceau).* — 3º Faute de disposer d'un nom ou de le retrouver, on pourrait dire *petit : petit tigre, petit lapin,* mais *petit* est ambigu en français («jeune» ou «de petite taille»). — D'où le recours à *bébé,* quitte à faire passer en français le double attendrissement des Anglo-Saxons sur le bébé et sur le règne animal, étranger à la sensibilité française. — REM. : L'anglais et l'américain vont beaucoup plus loin en appliquant *baby* aux objets de petite dimension (ex. : *baby screw,* « bébé vis », *baby spot* qui a passé en français) → **Baby.**

BE-BOP [bibɔp] *n. m.*

(v. 1945) Style de musique de jazz à la mode après la guerre, et sur laquelle on a beaucoup dansé (on dit aussi *Bop*). — *Un bebop,* un air de cette musique. *Des be-bops.*

« Moi, tu sais, je suis toujours prêt. Mais peut-être voulait-elle seulement me montrer son album de Matisse, ou me faire entendre un disque de be-bop. Je n'ai eu de certitude que quand elle s'est déshabillée. »   R. VAILLAND, *Bon pied, bon œil,* p. 45 (□ 1950).

« Les musiciens jouent ici un jazz qui, au lieu de s'inscrire dans la tradition de New Orleans, comme le *be-bop* originel, n'est que l'expression haletante, exaspérée de la fièvre new yorkaise. »
S. de BEAUVOIR, *L'Amérique au jour le jour,* 23 fév. 1947, p. 340
(□ 1954).

✱ Mot américain (1945) onomatopée. Condamné par les puristes (Étiemble, *Parlez-vous franglais ?,* p. 46), cet emprunt ne peut avoir d'équivalent en français. Les musiciens ne l'emploient pas et disent *bop.*

BECAUSE, BICAUSE ou BICOSE [bikoz] *prép.* et *conj.*

1º Prép. *Fam.* À cause de.

« [il] finit par l'abandonner bicause l'arrivée de nouveaux invités [...]. »   QUENEAU, *Loin de Rueil,* p. 151 (□ 1944).

2º Conj. *Fam.* Parce que.

« Il y avait [...] un entremets des plus sucrés, et puis du café réparti par tasses, café, bicose Charles et Gabriel tous deux bossaient de nuit. »
QUENEAU, *Zazie dans le métro,* p. 22 (□ 1959).

✱ Mot anglais *because* (XIIIe s.) de *by cause* («pour la cause, la raison »). Ce mot s'est introduit en argot, puis dans le français familier grâce à *cause (à cause de)* et aux sonorités amusantes du mot. Louis Armand, de l'Académie française, s'en fit le défenseur. (Cf. *Biscotte,* altération plaisante.)

BED AND BREAKFAST [bɛdɛndbʀɛkfœst] *n. m. invar.*

(XXe s.) Petit hôtel bon marché. — REM. : Absent de tout dictionnaire.

« Une nouvelle agence, Transitel, lance un " bed and breakfast " à la française. Pour les cadres moyens cette fois. »
M. GEORGES, in *L'Express,* 20 nov. 1972, p. 110.

« la moitié des huit millions de touristes annuels viennent à l'automne bien plus attirés par les illuminations que par les hommes politiques qui s'y réunissent pour leur conférence annuelle. C'est pourquoi il est difficile de trouver une chambre, même dans les innombrables petits hôtels-pensions et dans tous les " bed and breakfast " sentant l'odeur forte de la mauvaise graisse de mouton et du chou bouilli. Il faut bien payer d'une manière ou d'une autre les joies de ce spectacle gratuit... »
H. PIERRE, *La Méditerranée du Lancashire,*
in *Le Monde,* 10 nov. 1972, p. 10.

✱ De l'anglais *bed and breakfast,* « lit et petit déjeuner », *par ext.* « pension bon marché qui n'offre que ces services ». S'est d'abord dit en français des hôtels anglais et s'est appliqué récemment (1972) au même type d'hôtel en France. L'emprunt est inapproprié dans la mesure où on ne sert pas de *breakfast* en France, sauf dans quelques palaces. On pourrait plutôt nommer ces pensions *lit et café.*

BEEFEATER [bifitœʀ] *n. m.*

Yeoman qui garde la Tour de Londres, vêtu d'un costume militaire du XVIᵉ siècle.

« Le Roi et la Reine arrivent du palais dans leur voiture de gala, pareille à un grand tabernacle doré, tirée par huit chevaux bais, avec postillon et grooms, et suivie de petits pages habillés de blanc et d'or. De chaque côté pertuisane à l'épaule, les *beefeaters* barbus les accompagnent. »　　　　　　　　　　　　P. MORAND, *Londres*, p. 223 (□ 1933).

✳ Mot anglais d'étymologie contestée, littéralement « mangeur *(eater)* de bœuf *(beef)* » ; se serait employé avec mépris au sens de « valet bien nourri » ; nom donné au XVIᵉ s. aux yeomen de la garde et aux gardiens de la Tour de Londres. L'étymologie selon laquelle *beefeater* viendrait d'un **buffetier* n'a aucune justification. Ce mot, qui désigne une réalité anglaise très pittoresque, ne peut être traduit.

BEEFSTEAK → BIFTECK.

BEETLER [bitle] *v. tr.*

(1881) *Techn.* Marteler (un tissu) pour lui donner de la souplesse et du brillant. *Machine à beetler*, machine à pilons de bois pour donner aux tissus de coton ou de lin l'aspect de la soie.

✳ De l'anglais *to beetle* « marteler » (XVIIᵉ s.), de *beetle* « maillet, dame » ; ce mot a été emprunté avec la technique anglaise correspondante. Il figure dans le *Dictionnaire des métiers* (P.U.F., 1955) à l'article *beetleur* « ouvrier qui conduit la machine à beetler ou beetleuse ». On pourrait trouver un mot français qui remplace ce terme mal adapté au système.

BEHAVIORISME [bievjɔʀism] *n. m.*

(v. 1920) Théorie psychologique, autrement appelée *psychologie du comportement*, qui peut intervenir dans l'ensemble des sciences humaines. — REM. : Absent du dict. de l'Académie 1935.

« Le behaviorisme qui se propose l'expérimentation, considère que l'existence de la conscience nous ramène aux anciens jours de la superstition et de la magie. »
　　　　　P. NAVILLE, *La Psychologie du comportement* [*in* FOULQUIÉ et SAINT-JEAN].

« Le behaviorisme est une doctrine qui rejette l'ancienne psychologie introspectionniste édifiée sur les données de la conscience et prétend lui substituer une psychophysiologie strictement objective, basée sur l'étude scientifique et expérimentale du " comportement " (" Behavior "). »
　　　　　A. POROT, *Manuel alphabétique de psychiatrie*, art. *Behaviorisme*, 1952, P.U.F.

« La génération précédente a forgé un excellent instrument et s'en est servi avec bonheur ; en substituant le behaviorisme à l'analyse, elle n'a pas appauvri la psychologie comme on le prétend parfois. »
　　　　　S. de BEAUVOIR, *L'Amérique au jour le jour*, 10 avril 1947, p. 256 (□ 1954).

✳ Emprunté à l'américain *behaviorism* (1913, J. B. Watson), de l'anglais *behaviourism* (les Anglais ont *behaviour* et les Américains *behavior*). Ce mot est mal adapté au système français ; on lui préférera *psychologie du comportement*. L'adjectif *behavioriste* existe aussi en français. On relève le terme *behavior* « nom employé par les psychologistes pour désigner la manière d'être, la façon de se comporter... » (*Larousse mensuel illustré*, 1907, p. 82) ; ce mot est aujourd'hui hors d'usage.

BERG → ICEBERG.

BERKÉLIUM [bɛʀkeljɔm] *n. m.*

(1950) Élément chimique obtenu en bombardant l'americium 241 avec des ions hélium.

✳ Mot américain (1950) forgé d'après *Berkeley,* ville et université de Californie, où il a été découvert en déc. 1949.

BERMUDA [bɛʀmyda] ou [bɛʀmuda] *n. m.*

(1960) Long short collant qui ressemble à un pantalon coupé au-dessus du genou.

« La lingerie de nuit se rapproche de plus en plus des tenues jusqu'ici réservées aux sportifs : tenue de judokas, bermudas, ont constaté les enquêteurs. »   F. GROSRICHARD, in *Le Monde*, 6 juil. 1971, p. 14.

✳ Mot américain (1953), de *Bermuda* « îles Bermudes », îles touristiques de l'Atlantique, situées au nord-est de la Floride, où les Américains en vacances ont d'abord porté ce type de vêtement, à l'origine volontiers bariolé (imprimés à fleurs, etc.). Ce vêtement est porté surtout en été par les Américains, hommes et femmes ; il est, paraît-il, très pratique : sportif et décent, il dénude les jambes tout en protégeant les cuisses du contact des sièges en matière plastique, notamment ceux des voitures. Ce vêtement s'implante difficilement en France, les Français le trouvent laid, car il coupe la silhouette au mauvais endroit. Quelques femmes ont essayé d'en porter, mais les hommes ne peuvent s'y résoudre. La civilisation française, qui a su emprunter le short, refuse deux types extrêmes également détestés : le short dit « de l'Armée des Indes » (large et à plis) et le bermuda. — Le mot *bermuda* s'emploie souvent au pluriel comme *pantalon (porter des bermudas).* Condamné par Étiemble :

« Est-il en vacances ? L'embarras sera de choisir le costume approprié au premier bain — Un slip ? un short ? ou plutôt un bermuda ? »
ÉTIEMBLE, *Parlez-vous franglais ?*, pp. 105-106 (☐ 1964).

BESSEMER [bɛsmɛʀ] *n. m.*

(1886) Convertisseur pour transformer la fonte en acier. — REM. : Absent du dict. de l'Académie 1932.

✳ Nom de Sir H. *Bessemer* qui inventa en 1856 le procédé. On a dit *acier Bessemer* (1862) pour l'acier ainsi obtenu.

BEST IN THE WORLD (THE) [zəbɛstinzəwœʀld] *loc.*

Locution souvent citée en français, qui signifie « le meilleur du monde », slogan publicitaire de nombreux produits américains, et parfois même slogan idéologique.

« L'art, l'amour, la flânerie, n'obtiennent que de brefs regards, aussitôt réclamés par le souci de l'effort capital, qui sera toujours pour son Prométhée, le meilleur au monde : *the best in the world*, comme le proclament les affiches de publicité. »
P. ADAM, *Vues d'Amérique*, p. 31 (☐ 1906).

« J'ai fui le vertige des chiffres, le *best in the world*. Enfin j'ai évité d'appeler Wall Street la Mecque de l'Argent et les gratte-ciel les donjons d'une féodalité nouvelle. »   P. MORAND, *New-York*, p. 261 (☐ 1930).

✳ Cette locution est généralement employée avec ironie par ceux qui mettent en doute l'excellence de la civilisation américaine → **American way of life.**

« On ne nous l'envoie pas dire : nous devons parler anglais, ou mieux américain, afin de *penser comme* des Yanquis, et de nous laisser évaporer sans rechigner par " la manière américaine de vivre ", *the best in the world.* »
ÉTIEMBLE, *Parlez-vous franglais ?*, p. 233 (☐ 1964).

BEST-SELLER [bɛstsɛlœʀ] *n. m.*

1° (1948) Livre qui a obtenu un grand succès de librairie. *Les deux best-sellers de l'année.* — *Par ext.* Auteur de ce livre.

« Le dernier best-seller américain, Babbit, nous parut laborieusement plat ; je préférais l'épaisseur tumultueuse des vieux romans de
Dreiser. »   S. de BEAUVOIR, *La Force de l'âge*, p. 52 (□ 1960).

« Un écrivain qui ne fabrique pas délibérément des best-sellers a le plus
grand mal à vivre de sa plume. »
S. de BEAUVOIR, *L'Amérique au jour le jour*, 8 fév. 1947, p. 57 (□ 1954).

2° (1934 hapax, répandu v. 1960) Objet, produit qui est un
grand succès de vente. Personne qui le fabrique.

« Chrysler est même allé plus loin, à l'exception de ses modèles à
bas prix, les " best sellers ". »   *L'Auto*, 2 juin 1934.

✻ Mot américain (1889, même sens), de *best* « meilleur » et *seller* n.
« produit en vente » (Cf. *poor seller, popular seller*, etc.). La notion de
best-seller est importante de deux points de vue aux États-Unis : le
point de vue commercial et financier, mais aussi celui de la popularité
liée à la qualité : ce qui plaît à tous ne peut être qu'excellent. Il en va
différemment en Europe où l'idée d'élite, d'aristocratie est conservée :
il n'y a aucune raison pour qu'un best-seller soit un bon livre. Certains
écrivains qui ont une haute idée de leur talent et de leur mission
s'inquiètent lorsque leur tirage augmente. Il y a là matière à réflexion sur
l'idéal démocratique. — *Best-seller* est mal assimilable par le système
français ; on peut le remplacer par *succès de librairie* ou *livre à gros
tirage* plus longs, comme le sont toujours les traductions françaises des
composés anglais.

« Quand on parle, en français, de [...] *best-seller*, on fait de l'anglomanie.
[...] En tout cas, personne n'empêche le journaliste qui " exploite " la dépêche de
remplacer l'expression anglaise par son équivalent français et d'écrire [...] *succès
de librairie* au lieu de *best seller* [...]. »
C. HOLTER, in *Défense de la langue française*, janv. 1960, pp. 24-25.

BETTING [bɛtiŋ] *n. m.*

(1840) Cote des paris sur un champ de courses.

✻ Mot anglais (XVIᵉ s.), introduit en France comme la plupart des termes
de turf.

BIFTECK [biftɛk] *n. m.*

(1807 ; *biffteck*, 1805) Tranche de bœuf grillée ou destinée à
l'être. — REM. : Enregistré par le dict. de l'Académie 1835. —
Bifteck est la graphie officielle et normale ; on rencontre parfois
la graphie anglaise *beefsteak* (sans trait d'union) → **Steak**.

« Parmi ces diverses parties constituantes du dîner d'un amateur, les
parties principales viennent de France, telles que la viande de boucherie, la volaille, les fruits ; d'autres sont d'imitation anglaise, telles que
le biffteck, le welshrabbit, le punch, etc. [...]. »
BRILLAT-SAVARIN, *Physiologie du goût*, t. II, p. 123 (□ 1826).

« 321. *Beefsteaks grillés.* Ayez des tranches de culotte de bœuf d'un
demi-pouce d'épaisseur ; battez-les bien avec un rouleau, et assaisonnez-
les de poivre et de sel : lorsque le feu est bien clair et que le gril est
chaud, frottez-le avec de la graisse de bœuf crue ; mettez-y les tranches,
et retournez-les souvent pour que le jus n'en découle pas : lorsque les
tranches sont cuites, mettez-les de suite sur un plat chaud où il y ait un
peu de jus ou un morceau de beurre avec très peu d'eau ; semez dessus
un peu d'échalotes hachées, et servez avec du raifort ratissé sur les
bords du plat. *(Le Cuisinier anglais.)*
On sert quelquefois avec les beefteaks des pommes de terre frites ;
quelquefois aussi on les entoure de cresson, ou bien on les repose sur
un lit de *beurre d'anchois*. »
Le Livre de tout le monde, in *Encycl. domestique*, t. I, p. 120 (1830).

« On ne sait pas assez que la moitié de l'Europe est privée de
beefsteaks et de côtelettes passables [...]. »
NERVAL, *Voyage en Orient*, p. 31 (□ 1840).

— PAR EXTENSION :

« Ma mère avait dû, comme de coutume, aller chercher son
beefsteack de cheval. (" Le cheval fortifie : ça donne du sang. ") »
P. GUTH, *Le Mariage du Naïf*, p. 49 (□ 1957).

— Avec une graphie française familière, *biftèque* ou *bifetèque* :

« Il y avait longtemps qu'il [*le caporal*] avait renoncé à varier les menus. Les hommes de ce régiment du Nord étaient exclusivement nourris de sardines, de biftèques et de patates ! Tous les autres essais avaient été infructueux... »
A. LANOUX, *Le Commandant Watrin*, p. 29 (□ 1956).

« Toi, chez toi, tu ne manquais de rien. C'était le biftèque à tous les repas, le piano et les leçons d'anglais. Mais moi, c'était le régime jockey. »   M. AYMÉ, *Travelingue*, p. 181 (□ 1941).

✳ On rencontre ce mot dès 1735 en français sous la forme *Beeft Steks*, à l'Anglaise (*Le Cuisinier moderne qui apprend à donner toutes sortes de repas*, t. III, ch. 10, p. 196), en 1786 sous la forme *beef-stake ;* en 1805, on trouve la variante *biffteck*, puis en 1807 la forme actuelle (Viard, *Cuisinier impérial*, p. 97). Francisation de l'anglais *beef-steak* (1711) « tranche mince [*steak*] de bœuf [*beef*] ». On considère aujourd'hui que le « biftteck frites » est le plat national des Français (on dit *gagner son biftteck* pour « gagner sa vie »), bien que cet emprunt culinaire à l'Angleterre ne se soit généralisé qu'au XXᵉ s. En fait de viande rouge, nous avions les rôtis (→ **Rosbif**). Le mot *biftteck* désigne une viande à griller, sans spécification du morceau, ce qui lui fait une assez mauvaise réputation parmi les gastronomes : demander un biftteck, c'est s'exposer au pire. D'autres mots plus précis sont nécessaires : *tournedos, filet grillé*, etc., dont nous recommandons l'emploi à nos amis étrangers. Bien que la syllabe *bif* soit commune à *biftteck* et *rosbif*, il ne semble pas qu'elle soit repérée comme unité signifiant « bœuf », à preuve l'usage courant de *biftteck de cheval* (par contre *rosbif* ne se dit que du bœuf, puisque nous disposons de *rôti*, bien que le premier emploi, 1691, soit *rosbif de mouton*). Ainsi francisé, *biftteck* n'est guère motivé, mais mieux adapté au système graphique du français (on s'étonnera de la promptitude du dict. de l'Académie 1835 à enregistrer un anglicisme, alors que, comme on le voit dans cet ouvrage, les décalages sont souvent de l'ordre d'un siècle). Étiemble souhaiterait qu'on écrive *bifetèque*, ce qui indique chez cet auteur un oubli des normes phonétiques du Midi de la France :

« Il faut également l'approuver [Rémy de Gourmont] quand il écrit *bifetèque* au lieu du *beefsteak* et du *biftteck*, tous deux également ridicules, qui ornent le *Petit Larousse* de 1962. »   ÉTIEMBLE, *Parlez-vous franglais ?*, p. 315 (□ 1964).

BIG BANG → BANG 2°.

BIG BROTHER [bigbʀɔzœʀ] *n. m.*

(1981) Protecteur tyrannique.

« Cette petite phrase a fait naître de nombreuses spéculations dans les milieux politiques de la capitale, portés à voir un peu partout la main de l'Inde qui, depuis dix ans, cherche à jouer le *big brother*. Certes, le général Abdul Mansour était connu pour son hostilité à l'envahissant voisin. Aurait-il été manipulé ? A-t-on estimé à New Delhi que le vide créé par la mort d'un président à poigne, auquel elle se heurtait de plus en plus durement, lui serait profitable ? »
Le Nouvel Observateur, 8 juin 1981, p. 43.

✳ De l'anglais *Big Brother* (proprement « grand frère », 1851) expression employée par l'écrivain George Orwell en 1949 dans son roman *1984* pour désigner le chef de l'État, qui a pris le sens courant de « autorité qui, sous des dehors protecteurs, exerce un pouvoir impitoyable », puis de « protecteur, conseiller abusif ».

BIGOT, OTE [bigo, ɔt] *adj. et n.*

(1425) Qui est très dévot et étroitement pratiquant. *Attitude bigote.* — N. *Cette vieille bigote est toujours à l'église.*

« Cette régularité mesquine, cette pauvreté d'idées que tout trahit, ne s'exprime que par un seul mot, et ce mot est *bigoterie*. Dans ces sinistres et implacables maisons, la bigoterie se peint dans les meubles,

dans les gravures, dans les tableaux : le parler y est bigot, le silence est bigot et les figures sont bigotes. »
BALZAC, *Une double famille*, pp. 972-973 (□ 1830).

∗ *Bigot* était le surnom donné aux Normands (1165, Wace, *in* Godefroy, Compl.) réputés pour leur attitude religieuse ostentatoire. Ce mot vient de l'ancien *bî god* (*by god* « par Dieu »), attesté seulement en moyen anglais (*be godd*, 1300 ; *be gode*, 1330). Au sens ci-dessus, *bigot* est attesté en français d'abord (1425, *in* Godefroy, Compl.), puis le mot passera ensuite en anglais (1661), dans le même sens.

BIKINI [bikini] *n. m.*

(1946) *Vieilli*. Maillot de bain deux pièces composé d'un slip très petit et d'un soutien-gorge (nom déposé). *Femmes en bikini.*

« Bikini, ce mot cinglant comme l'explosion même... correspondait au niveau du vêtement de plage à un anéantissement de la surface vêtue ; à une minimisation extrême de la pudeur. »
Le Monde illustré, août 1947 [*in* Oxford Dict. Suppl. 1972].

« Celle de gauche est plus mince, elle est vêtue d'un bikini blanc où sont incrustés de petits bigornaux de nacre. »
LE CLÉZIO, *Le Déluge*, p. 254 (□ 1966).

∗ Nom d'un atoll du Pacifique où eut lieu en juillet 1946 une explosion atomique expérimentale, donné en France à ce vêtement : « *Bikini* et ses dérivés tels que Monokini, Sexykini, etc., sont des marques déposées... par Louis Réard, le 20 juin 1946 sous le n° 368.289 au greffe du tribunal de la Seine » (*Femmes d'aujourd'hui*, 12 juil. 1972). Ce gallicisme inattendu fut repris en anglais (en américain dès 1948, où il avait eu le sens de « énorme explosion » en 1947) ; une femme en bikini était censée faire le même effet que la bombe. Ce maillot de bain fut à la mode tout de suite après la guerre et fit quelque scandale. Certains pays catholiques en interdirent le port. Mais on a fait mieux avec le *monokini* qui ne comporte plus qu'un slip (remotivation de *bi-kini* en « deux pièces » d'où *monokini* « une pièce »).

BILL [bil] *n. m.*

(1669) Projet d'acte du Parlement anglais. — REM. : Absent du dict. de l'Académie 1694, signalé dans l'édition de 1762.

« Voici un bill présenté aux États-Unis, qui devrait être présenté comme loi aux chambres françaises ; elle aurait certes une grande influence sur les duels [...]. »   BALZAC, *Chronique de Paris*, p. 49 (□ 1836).

« quand ils entendirent dire que le bill de naturalisation a été rejeté par les représentants de la nation. »
TURGOT, *Œuvres*, t. I, p. 340, Daire, 1844 (□ 1755).

« Au Parlement anglais, un bill qui ne manque pas d'originalité vient de passer en première lecture. Il est destiné à protéger les femmes dont la réputation de chasteté aurait été mise en doute. Toujours la célèbre pudeur britannique ! »   *Le Charivari*, 11 juil. 1891, p. 2.

∗ Mot anglais (XIVᵉ s.) de l'anglo-latin *billa* altération du latin *bulla* (Cf. Bulle du pape). Apparaît déjà en français au XIVᵉ s. sous la forme *bille* ; mais c'est au XVIIᵉ s. qu'il s'est répandu, en même temps que nombre de termes du parlementarisme anglais.

« Ces parchemins étaient des bills. À chacun pendait, à une tresse de soie, la bille ou bulle, d'or quelquefois, qui fait qu'on appelle les lois *bills* en Angleterre et *bulles* à Rome. »   HUGO, *L'Homme qui rit*, p. 592 (□ 1869).

BINGO [biŋgo] *n. m.*

(1964 ; 1944, au Canada français) Jeu de hasard apparenté au loto, auquel de nombreuses personnes peuvent prendre part (très répandu aux États-Unis et au Canada). — Réunion privée ou publique où l'on joue à ce jeu. — Interjection du joueur qui a le numéro gagnant ; ce numéro. — REM. : Mot absent de tout lexique français.

« Quoique le jeu fût interdit dans tous les lieux de la ville, la salle paroissiale de Saint-Joseph avait des séances de bingo. »
R. LEMELIN, *Au pied de la pente douce*, p. 60 (□ 1944).

« Arrêtez ! J'ai bingo moi aussi ! Avant elle, même. Je l'avais pas vu. Germaine et Feda se mirent à hurler :
— Bingo ! Bingo ! »
Ibid., p. 72 (□ 1944).

« Français sans larmes : les garçons et filles, élèves d'une école secondaire de l'Essex, apprennent à compter en jouant au bingo (sorte de jeux de loto). »
Paris-Match, 5 déc. 1964 [*in* D. D. L., 2e série, 4].

✳ Mot américain *interj.* (1927), puis *n.* (1936), de *bing* onomatopée pour un bruit de sonnette (1922, James Joyce). Il est employé pour signaler quelque chose d'inattendu. L'interjection est utilisée dans le jeu par le gagnant qui a complété une rangée de cinq nombres et elle a donné le nom au jeu lui-même *bingo*. Le mot *bingo* est aisément assimilable puisque le français possède l'interjection *bing !* [biŋ].

BIP BIP ! [bipbip] *interj.* et *n. m.*

(v. 1960) Onomatopée évoquant le bruit égal et intermittent émis par un engin radioélectrique comme signal de repérage, appel, etc. — N. m. *Le bip bip d'une fusée spatiale, d'un talkie-walkie.*

✳ De l'américain *beep-beep* (1926). Il apparaît en français avec la graphie *bip bip* lors de l'envoi des Spoutniks dans l'espace. On a formé en français le nom *bip* m. pour désigner le talkie-walkie des médecins.

BI-PROCESSEUR → PROCESSEUR.

BIRDIE [bœʀdi] *n. m.*

(1935) *Golf.* Se dit pour un trou réussi en un coup de moins que le « par ». *Des birdies.*

« Un "birdie" 3 au premier tour... Deux "birdies" et un "par". »
Tennis et Golf, 16 juin 1935 [*in* G. Petiot].

« Un putting sans un swing coulé peut vous valoir trois birdies et un eagle. »
Le Nouvel Observateur, 9 oct. 1972, p. 59.

✳ Mot anglais (1911) ; au sens propre original il signifie « petit oiseau ». La densité d'anglicismes du langage du golf lui donne (ci-dessus) une allure parodique.

BIRTH-CONTROL [bœʀskɔ̃trol] *n. m.*

(1933) *Vieilli.* Contrôle des naissances, contraception.

« Comment supprimer à l'avenir ce prolétariat ? En empêchant à tout prix de futurs chômeurs de naître. C'est le but même de la *contraception* ou *birth control* [...]. »
P. MORAND, *Londres*, p. 93 (□ 1933).

« La bataille pour le Birth Control vient d'entrer dans une nouvelle phase... La doctoresse Lagroua Weil-Hallé a pris sur elle d'entreprendre la première expérience de consultations de Birth Control. »
France-Observateur, 24 août 1960, p. 16.

✳ Mot anglais (1914) littéralement « contrôle *(control)* de la naissance *(birth)* », où *control* serait plus justement traduit par « régulation ». Le contrôle des naissances a été défendu au début du siècle par les Anglaises et inauguré par les États-Unis en 1960 avec la vente libre de la pilule contraceptive. Comme sa traduction française, *birth control* constitue une litote (→ **Planning familial**) destinée à ne pas effaroucher les adversaires de la contraception. *Birth-control* n'est plus à la mode ; il a été remplacé par sa traduction. On dit aussi *régulation des naissances,* expression recommandée par les médecins.

BISENESS, BIZNESSE → BUSINESS.

BIT [bit] *n. m.*

(1959) Unité élémentaire d'information pouvant prendre deux valeurs distinctes, généralement 0 et 1. — *Par ext.* Unité probabiliste d'information.

∗ Mot américain (1948 C. E. Shannon, qui attribue la forme à J. W. Tukey in *Bell System Technical Journal,* juillet 48) abréviation de *bi*(nary) (dig)*it* « unité discrète [*digit* → *digital*] dans un système binaire [*binary*] ». Très familier aux professionnels de l'informatique, malgré (ou à cause d') une homonymie plaisante, le mot est généralement employé après un nombre cardinal.

BLACK ARM [blakaʀm] *n. m.*

(v. 1965) Maladie bactérienne du cotonnier qui provoque la pourriture des capsules.

∗ Mot anglais (1907), proprement « bras noir » à cause de la couleur que prennent les capsules.

BLACK-BASS [blakbɑs] *n. m. invar.*

(1907) Poisson américain voisin de la perche, dont il existe plusieurs variétés, et qui est pêché pour sa chair très estimée. *On fait en France l'élevage des black-bass depuis 1880. Black-bass à grande bouche* ou perche noire ; *black-bass à petite bouche* ou perche truite. — On trouve aussi l'abréviation *black.*

« — Les goujons, disait Tancogne, les black bass ; les ides... Dépêchons !

C'étaient des espèces fragiles, que la vase menaçait d'une asphyxie mortelle. Les blacks aux reins vert noir s'éclairaient tout à coup, dans l'eau fraîche, de lueurs pâles ; les ides roses qui bâillaient, souillés, se reprenaient à flamber doucement [...]. »

M. GENEVOIX, *Raboliot*, p. 17 (□ 1925).

∗ Mot anglais d'origine américaine (1785, au Canada ; 1815, aux États-Unis) de *black* « noir » et *bass* « perche ». *Bass* se trouve déjà dans Lacépède (1802) ; *black-bass* apparaît en français en 1907 (d'après P. Barbier, *in* T.L.F.). Au Canada français, on désigne ce poisson sous le nom d'*achigan (à grande bouche* ou *à petite bouche)* emprunté à l'algonquin signifiant « celui qui se débat » ; *achigan* est attesté dès 1656 dans un texte du Père Jean de Quen.

BLACK-BOTTOM [blakbɔtɔm] *n. m.*

(1927) Danse de Noirs américains, sur un rythme de fox-trot assez brusque et de caractère comique. Adaptation de cette danse par les Blancs dans les dancings. — REM. : Absent du dict. de l'Académie 1932.

« Plus tard, leurs revues [des Noirs], formidables et chaotiques ensembles de couleurs, de bonds, de rires, de dissonances, de fantaisies folles, de diabolisme et de sentimentalité, nous apportèrent d'autres danses encore : le black-bottom et cet endiablé charleston [...]. »

F. de MIOMANDRE, *Danse*, p. 61 (□ 1935).

∗ Mot américain (1926), de *black* « noir » et *bottom* « fond » et « derrière, cul » ; a d'abord signifié « quartier noir situé en contrebas d'une ville » (1915). Le black-bottom a eu un succès comparable au charleston ; cette mode n'a guère duré.

BLACKBOULER [blakbule] *v. tr.*

(1837 ; *black-bull,* 1834) Mettre (qqn) en minorité dans un vote. *Il s'est fait blackbouler aux élections.* — Refuser un candidat à un examen, coller. — *Par ext.* Évincer, repousser (qqn). — REM. : Signalé par Littré Suppl. 1877 *(blackbouler)* et dict. de l'Académie 1932 (seulement).

« Je crois que, pour rendre la chose plus facile, je ferai bien
d'envoyer à la bibliothèque de l'Athanaeum quelques-uns de mes livres
afin que le comité ne me black-bull pas. »
                                 P. MÉRIMÉE, *Corresp. générale*, lettre 303, 1834
                                                              [*in* D.D.L., 1re série].

« Son frère aîné, qui travaillait l'opinion dans un département du
Midi, s'était fait blackbouler et reblackbouler aux élections. »
                                 A. GIDE, *Si le grain ne meurt*, in *Journal 1939-1949*, p. 470 (□ 1924).

« Robert n'avait-il pas failli, au moment où son oncle avait été chargé
de lui faire entendre raison, se faire mettre au ban de son monde ? ne
s'en était-il pas fallu de peu qu'il ne fût blackboulé au Jockey ? »
                                 PROUST, *Sodome et Gomorrhe*, pp. 692-693 (□ 1922).

— Substantivement (1892) *Un blackboulé*, personne blackboulée.

« Comme il n'a plus la tribune à sa disposition, il se sert de la plume
pour soulager ses rancunes de blackboulé. »
                                 Le Charivari, 1er juil. 1892, p. 1.

✳ De l'anglais *to blackball* (1770) d'abord écrit en deux mots (« *The
Duchess of Bedford was at first black-balled, but is since admitted* »,
Mrs Delany), de *black ball* « boule noire » avec laquelle on manifestait
son opposition (la boule blanche, l'accord). Le mot a été écrit *blackboller*
(1836 Balzac) puis à moitié francisé par le judicieux remplacement de
ball par *boule*. Le mot *blackbouler* se trouve partiellement motivé en
français par le verbe *bouler* (*envoyer bouler qqn* « le repousser ») ; il a
donné le dérivé *blackboulage* (1892).

BLACK-OUT [blakawt] *n. m.*

(1941) Obscurité complète requise par la défense passive,
pendant la guerre.

« Black out Terre et ciel sans phares. »
                                 ARAGON, *Romance du temps qu'il fait*, 1941, in *Le Crève-cœur*, p. 41.

« Au mépris du black-out qui plongeait la ville dans les ténèbres, la
façade de l'*Impérial* demeurait éclairée [...]. »
                                 CARCO, *Les Belles Manières*, p. 37 (□ 1945).

« la guerre actuelle tient de la magie des *Mille et une Nuits* et c'est
pourquoi les Anglais, qui ont le goût inné de la féerie, s'y installent si
bien et ont réussi le *black-out* de Londres qui se répand sur tout le pays,
d'une côte à l'autre, comme le mauvais génie, le géant noir échappé de
la bouteille du pauvre pêcheur dans l'histoire de Sindbad le Marin. »
                                 CENDRARS, *Bourlinguer*, p. 292, Denoël (□ 1948).

« Ma sœur resta en Limousin ; elle n'aurait pas pu peindre rue
Santeuil, à cause du froid et du black-out. »
                                 S. de BEAUVOIR, *La Force de l'âge*, p. 435 (□ 1960).

— Avec une graphie française (non usitée) :

« Le soir, à l'heure du blaquaoute, entre la place Pigalle et la rue
des Martyrs [...]. »   M. AYMÉ, *Le Vin de Paris*, p. 97 (□ 1947).

— FIG. (v. 1954) Secret, silence gardé sur une affaire par une
décision officielle. *Faire le black-out sur un scandale.*

« Black-out sur les bilans [...]. Dans le vain espoir de dissimuler les
dégâts, on a tenté d'" endormir " l'opinion par de subtiles manœuvres. »
                                 Le Monde, 28 oct. 1954 [*in* Gilbert].

✳ Mot anglais (1935) comme t. de théâtre, *proprement* « totalement
(out) noir *(black)* », « coupure d'électricité », spécialisé en ce sens
pendant la guerre. Ce mot ne s'est pas vraiment répandu en France ; il
est resté littéraire ou connu seulement de ceux qui avaient gardé des
relations avec Londres. *Black-out* est déjà un terme d'histoire, et on peut
rétablir le mot *couvre-feu*. Mais dans ses emplois figurés qui sont assez
vivants (journalisme), on ne voit pas quel mot lui substituer. Comme
terme de radio, l'Administration préconise l'emploi de *silence radio* n. m.
pour désigner l'interruption de toute émission électromagnétique en vue
d'éviter de signaler sa position à l'ennemi (*Journal officiel*, no 262, arrêté
du 12 août 1976).

BLACK-ROT [blakʀɔt] *n. m.*

(1878) Maladie de la vigne due à un champignon ascomycète.

✱ Mot américain (1849), proprement « pourriture *(rot)* noire *(black)* », nom générique de toutes les maladies des plantes qui provoquent le noircissement du végétal.

BLACK SPOT [blakspɔt] *n. m.*

(1971) Maladie très commune des rosiers, causée par un champignon *(Diplocarpon rosae)*, caractérisée par des taches brunes sur les feuilles, et leur chute prématurée après déssèchement. On dit aussi *marsonia.*

✱ Mot anglais (1889), de *black* « noir » et *spot* « tache » qui désigne de nombreuses maladies de végétaux qui noircissent (→ **Black-rot**). La seule attestation que nous avons en français est récente (*Rustica*, juin 1971).

BLANC (PAUVRE BLANC) [povʀəblɑ̃] *n. m.*

(v. 1937) Se dit d'un Blanc qui a peu de ressources dans les pays où il y a des gens de couleur, étant communément admis que le Blanc pauvre est plus raciste et plus réactionnaire que le riche.

« Vers 1715, les trois colonies méridionales, de développement très inégal, réunissent une aristocratie de planteurs anglicans et une plèbe de pauvres blancs ou d'esclaves, qui cultivent le tabac et les produits tropicaux. »   É. PRÉCLIN, *Histoire des États-Unis*, p. 24 (□ 1937).

« De loin en loin, au milieu des solitudes fécondes, se dresse une cabane ou un groupe de cabanes délabrées ; sur le seuil, tantôt des visages noirs, tantôt des blancs : ce sont ces pauvres blancs du Sud dont Steinbeck et Caldwell ont décrit les vies misérables. »
S. de BEAUVOIR, *L'Amérique au jour le jour*,
27 mars 1947, p. 207 (□ 1954).

✱ De l'américain *poor white* (1819). Ce nom fut donné par les Noirs des États-Unis aux Blancs pauvres qui les méprisaient et qu'ils jugeaient méprisables. L'expression française, courante dans la terminologie politique (elle a été appliquée aux Français d'Algérie), est un calque ; en français *pauvre* antéposé signifie « qui inspire la pitié » et non « qui a peu d'argent » (Cf. *Pauvre femme* et *femme pauvre*) ; il faudrait dire *Blanc pauvre.*

BLAZER [blazœʀ] ou [blazɛʀ] *n. m.*

(v. 1920) Veste légère de sport en flanelle, généralement de couleur vive ou ornée d'un écusson sur la poche de poitrine. — REM. : Absent du dictionnaire de l'Académie 1932.

« La mère de Vinca, le père de Vinca, la tante de Vinca, Phil et ses parents, le Parisien de passage cernaient la table de chandails verts, de blazers rayés, de vestons en tussor. »
COLETTE, *Le Blé en herbe*, p. 19 (□ 1923).

✱ Mot anglais (1880) de *to blaze* « flamboyer » (à cause des couleurs). À l'origine le blazer était essentiellement une veste de cricket, en Angleterre, par la suite une veste aux couleurs d'un club (sports, collèges, etc.). En France et partout d'ailleurs parmi les classes aisées, ce vêtement jouit d'un prestige constant, indépendamment du fait que le blazer soit à la mode (les femmes en ont beaucoup porté vers 1950) il fait partie de la garde-robe des hommes élégants qu'ils pratiquent un sport ou non ; il connote l'aristocratie désœuvrée des clubs britanniques. Le mot n'a donc par définition aucune traduction possible.

BLITZ [blits] *n. m.*

(v. 1940) Période de bombardements intenses de l'Angleterre par les Allemands. — REM. : Prend une majuscule.

« Si c'est vrai, les Boches sont foutus. Et si c'était vrai les Anglais n'auraient pas pu se taire, pas plus que les Fritz en septembre 40 quand ils annonçaient le *Blitz* dans le ciel de Londres et la destruction des docks. »   CENDRARS, *Bourlinguer*, p. 282, Denoël (□ 1948).

✳ Mot anglais (1940), emprunté de l'allemand *Blitzkrieg* « guerre éclair » ; le Blitz de 1940 devait précéder le débarquement des Allemands en Angleterre, qui n'eut pas lieu. Ce mot est maintenant un terme d'histoire.

BLIZZARD [blizaʀ] *n. m.*

(1888) Vent violent, très froid accompagné de tourmentes de neige poudreuse qui souffle du Nord sur le Canada et les États-Unis en hiver et au printemps. — *Par ext.* Vent glacé des régions polaires.

« précisément le 9 mars (1883) à trois heures du soir a éclaté le grand *blizzard*, tempête furibonde de vent, de neige, qui s'est déchaînée avec une furie inouïe. »
W. de FONVIELLE, in *La Science illustrée*, 1ᵉʳ sem. 1891, p. 312.

« Et quand les tempêtes de neige, ces redoutables *blizzards* qui s'abattent en quelques secondes sur New-York font une petite neige sèche, poudre fine qui vous aveugle, poignée de sel, se glaçant aussitôt sur le sol, les passants sont couverts de neige rouge, de neige verte, les autos vernies étincellent, les flocons tombent dans les hermines. »
P. MORAND, *New-York*, p. 162 (□ 1930).

✳ Mot anglais, probablement d'origine américaine (« coup violent », 1829 ; 1859, en ce sens) d'étymologie inconnue, probablement onomatopéique (*blow, blast, bluster* « rafale »), dont l'emploi s'est répandu dans la presse lors du terrible hiver 1880-1881 où des animaux et des personnes ont péri : *the hard weather has called into use a word which promises to become a national Americanism, namely "blizzard". It designates a storm (of snow and wind) which men cannot resist away from shelter* « le temps rigoureux a répandu l'usage d'un mot qui promet de devenir un américanisme, "blizzard" ; il désigne une tempête (de neige et de vent) à laquelle les hommes ne peuvent résister hors des abris. » (*New York Nation*, 184 [1881]). L'équivalent français en Amérique est *poudrerie* n. f. (Canada, 1695 ; anc. français *pouldrerie*, de *poudre*).

BLOC [blɔk] *n. m.*

[1862] Ensemble d'immeubles formant un bloc entre quatre rues perpendiculaires. *La poste est après le deuxième bloc.*

« Je ne rencontrais que des gens occupés, allant et venant le long des trottoirs, et passant en coudoyant leur voisin, sans même le regarder. Chacun, aux États-Unis, a sa fortune à faire et peu de temps à donner aux inutiles distractions. Au coin du *bloc* de la rue Montgomery, je rencontrais, à certaines heures du jour, la foule compacte des *politiciens*, gens qui s'occupent des élections. »
L. SIMONIN, *Voyage en Californie* [1857-1858], p. 8 (□ 1862).

« Depuis dix ans, les Français de New-York tendent à remonter d'une trentaine de blocs, mais toujours aux environs de la Huitième Avenue. »   P. MORAND, *New-York*, p. 106 (□ 1930).

« L'Américain ne connaît pas sa ville ; à dix "blocks" de chez lui il s'égare. »   SARTRE, *Situations III*, p. 109 (□ 1949).

✳ En emploi général, *bloc* date du XIIIᵉ s. et vient du hollandais. Mais ce sens spécial est emprunté à l'américain *block* (1796), dénomination liée aux particularités de l'urbanisme quadrillé des villes américaines (le *block*, quadrangulaire, est limité par deux avenues* et deux rues). *Bloc* s'est d'abord employé en français en parlant des États-Unis et du Canada ; il s'emploie aussi pour les immeubles français depuis les réalisations de l'urbanisme moderne (vers le milieu du XXᵉ s.). Ainsi francisé, on ne peut rien lui reprocher ; l'expression *pâté de maisons* n'évoque pas forcément de grands immeubles, ni la forme quadrangulaire. On trouve parfois en français la graphie américaine *block*, à proscrire.

BLOC-NOTES [blɔknɔt] ou **BLOC** [blɔk] *n. m.*

(1888 ; *block-note* 1884) Bloc de feuilles de papier encollées d'un côté comme un livre, et facilement détachables, sur lequel on écrit. — REM. *Bloc* est signalé dans le Suppl. du Littré 1877 sous la forme *Bloc pour notes de bureau.* — Absent du dict. de l'Académie 1932.

« Mme Philippe Berthelot racontait un jour que son mari écrit sans lumière, quand il s'éveille au cours de la nuit, et qu'elle fut longue à s'habituer au rapide grincement du stylographe sur le bloc-notes dans l'obscurité parfaite. »
COLETTE, *Prisons et Paradis*, p. 152, Ferenczi (□ 1932).

✻ Anglicisme partiel formé de l'anglais francisé *block* même sens (XIXᵉ s.) et du français *notes*, proprement « bloc pour prendre des notes ». Le terme anglais pour *block-notes* est *writing-pad* ou *memo pad* (on trouve aussi *Note block*, construction normale, en 1910). P. Larousse enregistre *bloc notes* et *block notes*, en 1888 ; en 1884, P. Bourget écrivait *block-notes* (*2ᵉ Amour*, p. 163, *in* T. L. F.).

BLOCK-SYSTÈME [blɔksistɛm] *n. m.*

(1874) *Chemin de fer.* Dispositif de signalisation automatique sur des sections de voie, pour éviter les collisions. — REM. : Absent des dict. de Littré et du dict. de l'Académie 1932.

« *Les sémaphores électriques* et les *mâts électriques à signaux*, assurant l'exécution du système de surveillance de la marche des trains connu sous le nom de *block-system* [...]. »
L. FIGUIER in *La Science illustrée*, 2ᵉ sem. 1888, p. 359.

✻ Forme à demi francisée de l'anglais *block system* (1864) de *block* n. « action de bloquer, de stopper ». Telle quelle l'expression n'est plus compréhensible ; il n'est évidemment pas souhaitable de franciser *block* en *bloque* à cause de la construction française des composés (*bloque système* deviendrait « ce qui bloque le système » et non « système qui bloque »).

BLOODY MARY [blɔdimeri] *n. m. inv.*

(mil. XXᵉ s.) Cocktail à base de jus de tomate et de vodka.

✻ Expression anglaise (1961, Webster), de *Bloody Mary* « Marie la Sanglante » (Marie Tudor), à cause de la couleur du cocktail. Semble remonter aux années 1950.

BLOOM [blum] *n. m.*

(1774) *Techn.* Lingot d'acier qui n'a pas encore subi le laminage.

✻ Mot anglais d'origine obscure (Xᵉ s.) qui semble être le même que *bloom* « fleur », et qui a d'abord désigné le laminoir lui-même.

BLOOMER [blumœʀ] *n. m.*

(v. 1930) Culotte de jeune enfant, bouffante et resserrée en haut des cuisses par un élastique, le plus souvent en coton imprimé (les petites filles portaient généralement une robe assortie et très courte par-dessus).

« le peuple de bricoles, de riens, ramenés de Prisunic, et la débauche de pulls, de bloomers, de salopettes, de barboteuses, de capuches, de polos, de slips nains [...]. »
H. BAZIN, *Le Matrimoine*, p. 188, Livre de poche (□ 1967).

(v. 1970) Même genre de culotte portée à la ville par les jeunes filles.

✳ Mot américain, du nom de Mrs *Bloomer,* américaine qui lança la mode du costume de sport du même nom (1851), jupe courte sur pantalon large resserré à la cheville ; ce costume féminin, essentiellement conçu pour faire du vélocipède, inaugure l'apparition du pantalon dans les tenues féminines et fit quelque scandale à ses débuts : on accusait de *bloomerism* (« bloomérisme ») les femmes qui adoptaient une conduite aussi révolutionnaire. Les Françaises furent, elles aussi, obligées de porter ce pantalon pour faire du vélocipède et plus tard, de la bicyclette, puisqu'à cette époque les robes cachaient la cheville (vers 1850 elles étaient allurées par de vastes « crinolines » et vers 1870 par les « tournures »). Dans la réprobation suscitée par cette tenue il faut admettre que c'était surtout la cheville découverte qui était indécente, puisque les fesses étaient cachées par une jupette, tout comme dans le costume de bain. Le mot *bloomer* ne fut pas employé pour cette tenue en France : on disait *pantalon de zouave,* et par la suite on emprunta deux anglicismes différents *culottes de golf* et *knicker-bocker* (plutôt d'ailleurs pour les costumes d'homme). Ce n'est que bien plus tard et avec un sens nouveau qu'il pénétra en France. On a retenu du sens primitif l'idée de « culotte resserrée aux jambes ». Le mot est critiqué par Étiemble (*Parlez-vous franglais ?,* p. 121). Sa prononciation est aisée en français (même modèle que *soupeur*).

BLOOMING [blumiŋ] *n. m.*

(1859) Laminoir.

✳ Abréviation française de l'anglais *blooming machine,* ou *blooming rolls* (rouleaux compresseurs) → **Bloom.** Il ne semble pas que *blooming* signifie autre chose que *laminoir ;* il pourrait être éliminé.

BLUE DEVILS [bludevils] *n. m. plur.*

(1826) *Vx.* Idées noires, cafard, dépression. *Avoir les blue devils →* **Diables bleus.**

   « Il paraît que le Général a toujours ses dragons noirs, repris-je en regardant Mme de Mortsauf.
   — Nous avons tous nos *blue devils,* répondit-elle. N'est-ce pas le mot anglais ? »   BALZAC, *Le Lys dans la vallée,* p. 953 (□ 1836).

✳ Expression anglaise (1781) *proprement* « diables » *(devils)* « bleus » *(blue)* employée au pluriel ; au singulier *blue devil* désigne un démon malfaisant. Cette expression a été en vogue en France au début du romantisme ; mais elle est vite sortie d'usage, à la différence de *spleen* (1745) employé à la fois par Voltaire et par Baudelaire. On constate que ces noms donnés aux états dépressifs nous viennent volontiers d'Angleterre, où le romantisme fut plus précoce (Voyez ce que Voltaire dit des suicides en Angleterre dans son *Dictionnaire philosophique*). Nous ne manquons pas de termes français pour désigner cette « difficulté d'être », mais il n'est jamais mauvais d'avoir l'air atteint d'un mal exotique, donc plus nouveau et encore moins guérissable.
   Blue devils est l'étymologie de *Blues,* en jazz.

BLUE-JEANS [bludʒins] ou BLUE-JEAN [bludʒin] *n. m.*

(1959 ; écrit *bloudgine* en 1954) Pantalon de forte toile bleue porté depuis la fin de la dernière guerre par les jeunes gens des deux sexes, mais aussi par les enfants et les moins jeunes → **Jeans.** — REM. On dit *elle porte un blue-jeans* ou *un blue-jean : elle portait ce jour-là des blue-jeans* (comme on dit *porter des pantalons* pour *un pantalon*). *Un marchand de blue-jeans.*

   « Des jeunes barbes en collier, des blue-jeans collant aux fesses et aux mollets... le hâle rapporté des vacances se montrait encore tenace dans l'entrebâillement des chemises... »
                                   E. TRIOLET, *Roses à crédit,* p. 211 (□ 1959).
   « Il enleva son blue-jeans et sa chemise de toile. »
                                   H.-F. REY, *Les Pianos mécaniques,* p. 44 (□ 1962).
   « Le blue jean est la plus belle invention de notre époque : il plaît au milliardaire et à la midinette. Désormais, c'est l'objet de masse qui

influence l'élite, qui rajeunit une femme de quarante ans et la rapproche du mannequin en pull et bonnet crocheté. »   *Vogue*, sept. 1971, p. 69.

« Contestataire ou "récupéré", le blue-jean a conquis toute la Terre et toutes les classes. Ils sont, chaque année, les rois insolents de l'été. Orthodoxes, passés, rapiécés, brodés, perlés, lamés, limés, effrangés, délavés, démarqués, *postérisés*, colorés, décolorés, on les voit partout, dans les villes et sur les plages, dans les palais et dans les rues, de Beverley Hills au bas-fond de la misère, de Hong-kong à Saint-Tropez. »
          Le Nouvel Observateur, 3 sept. 1973, p. 54.

✳ Mot américain (fin XIXᵉ s., forme adj. 1855) de *jeans* « treillis, grosse toile » et *blue* « bleu ». *Jeans* vient de *Gênes* (nom de la ville italienne ainsi prononcé en anglais) d'où l'on importait ce tissu. Le mot *jean(s)* est très ancien (1567) en anglais où il a les deux graphies, la graphie sans s venant de *Genoa*, nom ancien de *Gênes* (on trouve aussi *geane, gene, jeen, jean*). De même, la toile des blue-jeans, dite *denim**, vient de *Nîmes*. L'hésitation en français ne vient évidemment pas d'un choix possible entre l'anglais *jean* et l'américain *jeans*, mais du fait que le s est senti comme marque du pluriel, d'où la tendance à employer *blue-jean* sans s au singulier. — *Jeans* s'est employé en anglais pour « effets de toile » (1879, à propos du costume de toile d'un cuisinier), puis *blue-jeans* pour les pantalons de toile bleue aux États-Unis. Bien que *blue-jean(s)* pose en français de difficiles problèmes de graphie et de prononciation (Cf. les amusants essais de francisation de Queneau), il est impossible de remplacer ce mot par une traduction quoi qu'en disent les puristes ; car en plus de la matière, il entre dans le concept de *blue-jeans* des éléments particuliers qui intéressent la coupe, l'assemblage, etc. Ce mot n'est en aucun cas « un pantalon de toile bleue ». Mot évidemment condamné par Étiemble (*Parlez-vous franglais ?*, p. 93).

« D'abord, d'une femme qui porte des *blue-jeans*, je n'aurais point dit qu'elle est sexy, ni même, d'une femme qui porte un *pantalon de treillis bleu* qu'elle est *affriolante* — cela pour plusieurs raisons : la première, parce que toute femme en culotte de treillis serait plutôt pour moi un remède au désir. »
          ÉTIEMBLE, *Parlez-vous franglais ?*, p. 305 (□ 1964).

« Des termes employés au pluriel en anglais sont devenus singuliers en français. On dit : un *blue-jeans*, un *jeans*, et même le *blues*. "... le *jeans* qui fera une belle saison dans tous les coloris..." (*Prov. Mag.*, 26.5.64, p. 41) [...]. À propos du mot *jeans*, qui a paradoxalement le "s" du pluriel en anglais et l'article défini au singulier en français, on trouve aussi une apostrophe fantaisiste : "... le nouveau tee-shirt... se porte avec un jean's grosse toile..." (*Prov. Mag.* 26.5.64, p. 37). »
          S. HANON, *Anglicismes en français contemporain*, p. 146 (□ 1970).

BLUES [bluz] *n. m.*

(1927) Forme musicale de jazz, à quatre temps, caractérisée par sa structure harmonique et sa mélodie, mais aussi par sa finalité sociale (complainte des Noirs américains). — Dans le langage courant, ne se dit que du blues lent, et notamment du blues chanté. *Un blues chanté par L. Armstrong. Des blues.* — Danse sur une musique de blues (emploi désuet).

« Antoine se mit à claquer des dents sur un rythme de batterie New Orleans. Holiday l'entortilla dans une couverture et lui chanta trois blues. »   R. FALLET, *Le Triporteur*, p. 88 (□ 1951).

« Peut-être faut-il, pour comprendre cette unité indissoluble de la souffrance, de l'éros et de la joie, avoir vu les noirs de Harlem danser frénétiquement au rythme de ces " blues " qui sont les airs les plus douloureux du monde. »   SARTRE, *Situations III*, pp. 271-272 (□ 1949).

✳ Mot américain (1912), spécialisation de sens, par les Noirs, de l'anglais *blues* (1807) employé pour *blue devils*, le *blues* étant la musique des « idées noires », de l'attendrissement un peu amer. Ce mot est évidemment intraduisible puisqu'il désigne une forme de musique étrangère déterminée, sans équivalent en France. La graphie heurte le système français, mais la prononciation est bien intégrée (Cf. *Une blouse*). On trouve la graphie *blouze* (inusitée) chez B. Vian :

« C'était un blouze de onze mesures pointées où le compositeur avait habilement introduit quelques passages de valse swing. »
          Vercoquin et le Plancton, p. 18, Losfeld (□ 1947).

BLUESMAN [bluzman] *n. m.*

(v. 1960) Chanteur de blues*. *Des bluesmen* [bluzmɛn].

« Voix rocailleuse et chaleureuse, technique simple mais efficace, Eaglin, qui s'accompagne lui-même à la guitare, élargit le répertoire traditionnel des bluesmen par des brèves et originales incursions dans les mondes du folklore et du Rythm and Blues. »
Ph. ADLER, in *L'Express*, 30 oct. 1972, p. 14.

« [...] Mick Jagger et ses voyous n'ont pas seulement repris le cri des *bluesmen* noirs, apprivoisé l'électricité et mille sons, ils ont également guidé et reflété les espoirs, les attendrissements et les fureurs de toute une génération. »
Ph. KŒCHLIN, in *Le Nouvel Observateur*, 18 déc. 1972, p. 19.

* Faux américanisme de création française à partir de l'anglais *blues* et du suffixe -*man* (-*men*). On dit *blues singer* en américain.

BLUFF [blœf] *n. m.*

(1840) Aux cartes, Attitude destinée à faire illusion à l'adversaire en lui laissant croire qu'on possède des cartes qu'on n'a pas. — (1895) Plus généralement, Toute attitude qui fait croire à l'adversaire qu'on est déterminé, puissant, dangereux, etc. ; menace qu'on est incapable de mener à bien mais par laquelle on espère modifier le comportement de l'adversaire. *C'est du bluff ! Un bluff grossier.* — REM. : Absent du dict. de l'Académie 1932.

« si nous voulons la vaillance, faisons des gestes de force et d'adresse ; si nous voulons la fortune, faisons des gestes de prospection, de découverte, de spéculation. C'est la théorie du bluff. »
P. ADAM, *Vues d'Amérique*, p. 135 (□ 1906).

« les trottoirs de Winestreet étaient encombrés de gens qui se jouaient la comédie de se prendre au sérieux en voulant se faire passer pour des stars incognito faisant elles-mêmes leur marché ! Ce bluff !... »
CENDRARS, *Trop c'est trop*, p. 219 (□ 1948).

« Le style nouveau s'accompagne d'un certain bluff. Et le grand problème sera de garder le style sans le bluff. »
F. MAURIAC, *Bloc-notes 1952-1957*, 15 nov. 1954, p. 138 (□ 1958).

* Mot américain, 1838 au sens de « jeu de poker », 1859 au sens ci-dessus, déverbal de *to bluff*, probablement de l'allemand *bluffen* « se vanter ». Le bluff est né aux États-Unis avec le poker. Il a depuis fait une jolie carrière dans les affaires et la politique.· Aucun mot français ne peut remplacer *bluff* exactement : *mensonge, vantardise, intimidation, chantage* conviennent mal ou seulement dans certains contextes. Il fait partie, pour R. Le Bidois des « anglicismes qu'on peut admettre » (*Les Mots trompeurs*, p. 248). Ce mot très courant en français s'intègre bien par sa prononciation, mais mal par sa graphie. Il a donné des dérivés, courants eux aussi, *bluffer** et *bluffeur, bluffeuse*, n. et adj. (1895).

BLUFFER [blœfe] *v.*

1° *V. intr.* (1884) Faire du bluff, un bluff.

« Comme je m'étonnais que des hommes aussi braves que les Américains se laissent ainsi *bluffer* par des filous, en public :
— C'est qu'ils ne bluffent pas, me répond-on. Quand ils menacent, ils exécutent toujours si on ne leur obéit pas. On le sait. Des milliers d'exemples et la tradition l'enseignent. »
J. HURET, *En Amérique, De San Francisco au Canada*, p. 292 (□ 1905).

« Cela il ne me le dit pas, et, sans doute, parce qu'il n'avait rien à dire là-dessus, car ce n'était pas le genre de type à bluffer ou à dissimuler, et même en supposant qu'il l'eût été [...], je ne pense pas qu'il eût encore éprouvé le goût du bluff ou de la dissimulation, au contraire. »
Cl. SIMON, *Le Vent*, p. 51 (□ 1957).

2° *V. tr.* (XXᵉ s.) Tromper par un bluff. *Il essaie de nous bluffer.* (→ cit. J. Huret ci-dessus).

« toute la presse bluffait le public à coups d'autorité ; on avait vu le résultat : privés de leur oracle quotidien, les gens avaient été complètement désorientés [...] il fallait [...] former les lecteurs au lieu de leur bourrer le crâne. »   S. de BEAUVOIR, *Les Mandarins*, p. 23 (□ 1964).

✻ Mot dérivé de *bluff** en français (1884, Dauzat). L'américain a *to bluff* (1839), également intrans. et trans. On rencontre aussi le dérivé *bluffage* n. m. (1893, A. Allais, *Pas de bile, in* D.D.L., 2ᵉ série, 14).

BLUNT [blunt] *n. m.*

Appareil fixé à une porte pour qu'elle se referme automatiquement et doucement.

« ([et Montès constata] Il y a un blunt. Maintenant ils en mettent ici aussi. Ne fermez pas la porte, le ...) »   Cl. SIMON, *Le Vent*, p. 193 (□ 1957).

✻ Anglicisme ou américanisme qui est une marque déposée issue soit d'un nom propre, soit de *to blunt* « amortir, émousser, étouffer ».

BLUSH [blœʃ] *n. m.*

(1970) Touche de couleur aux pommettes ; rouge à joue sec. *Un blush en poudre rose placé sur les pommettes* (publicité Coryse Salomé). Plur. *Des blushes.*

« Bien sûr, la Française dépense encore chaque année trente mille francs pour s'embellir [...]. Elle est aussi sensible que ses consœurs à la magie qui émane des petits pots de graisse colorée, au halo séducteur vendu avec les *" blushes "*, les *" stiks "*, les *" sprays "*. »
                M. RIGHINI, in *Le Nouvel Observateur*, 24 juil. 1972, p. 30.

✻ Mot anglais, *proprement* « afflux de sang au visage d'une personne qui rougit (qui pique un fard) ». Ce mot a passé dans le jargon publicitaire des journaux féminins et ne s'est guère répandu au delà.

BOARDING-HOUSE [bɔrdiŋaws] *n. m.*

(1832) Sorte de pension de famille où l'on habite à demeure, dans les pays anglo-saxons (à la différence du *bed and breakfast**).

« Des gens m'avouent qu'ils habitent toute l'année dans les hôtels ou dans les *boardings-houses*. L'avantage est de n'avoir pas de souci du ménage et des domestiques, et de pouvoir changer très facilement de résidence. »
                J. HURET, *En Amérique, De San Francisco au Canada*, p. 101 (□ 1905).

« Les *boardings-houses*, ces pensions de la bourgeoisie pauvre, ces sortes de garnis dont les promiscuités deviennent funestes à la solitude, à l'ennui, au désœuvrement des jeunes épouses, quand les maris travaillent dehors [...]. »   P. ADAM, *Vues d'Amérique*, p. 105 (□ 1906).

— Abrégé en *boarding.*

« De salles d'attente en louches boardings, de soubassements en greniers, de rats en rats, quelles descentes ! quelles escalades ! »
                CÉLINE, *Guignol's band*, p. 160 (□ 1944).

✻ Mot anglais (XVIIIᵉ s.) de *boarding* « pension » (prendre en pension : *to board*) et *house* « maison ». Ce mot ne s'est jamais acclimaté en français et reste rare. L'abréviation *boarding* est attestée en 1851-1852 (M. Poussielgue, *Quatre Mois en Floride*, p. 102).

BOAT PEOPLE [botpipɔl] *n. m. plur.*

(1979) Se dit des Cambodgiens qui ont massivement quitté leur pays sur des bateaux en 1979, pour chercher asile à l'étranger. — Par la suite, Tout réfugié qui abandonne son pays dans des conditions semblables.

« Dans la seule dernière semaine, le gouvernement de Kuala Lumpur a rejeté 13 000 boat people vers le large, c'est-à-dire pratiquement vers la mort. »   *L'Express*, 30 juin 1979, p. 73.

« On fouette à tour de bras, pour des peccadilles. Prostituées et homosexuels ont droit au poteau d'exécution. "Le Sanguinaire" : c'est le surnom donné à l'ayatollah Khalkali, le Vichinsky de l'Imam. Signe des temps : les premiers "boat people" de l'Iran s'embarquent sur les côtes du Golfe. »   *L'Express*, 4 août 1979, p. 55.

« Hier 5 000, aujourd'hui 40 000, demain — qui sait — 100 000 : ce n'est plus une vague, c'est désormais un raz de marée. En dépit des avertissements de Jimmy Carter interdisant désormais toute navette maritime entre l'Île et la Floride, plus de 16 000 *boat people* ont encore quitté Cuba la semaine dernière. On n'avait même jamais vu cela sur la mer des Caraïbes. Des chalutiers en fin de carrière, des *cabin-cruisers* de luxe plus spécialisés dans la pêche à l'espadon que dans le transport des passagers, des hors-bords minuscules voguant en flottille tout au long des 110 milles nautiques du détroit de Floride, pleins à ras bord et vomissant ensuite leur cargaison humaine sur les côtes américaines : quel océan aujourd'hui abrite un tel carrousel nautique ? »
Le Point, 19 mai 1980, p.83.

✱ Expression anglaise *boat people* « gens des bateaux », répandue par les media en 1979 lorsque les Cambodgiens, d'abord attaqués par le Viêt-Nam, puis brutalisés par les Khmers rouges, abandonnèrent massivement leur pays à la recherche d'un accueil étranger ; beaucoup des boat-people moururent de faim, furent repoussés par leurs voisins ou piratés en mer, sans que la situation puisse être réglée par les instances internationales.

BOB → BOBSLEIGH.

BOBBY [bɔbi] *n. m.*
(1972) Policier anglais. Plur. *Des bobbies.*

« L'auréole du " bobby " londonien a fait rêver M. Jacques Lenoir, préfet de police de Paris. »   *L'Express*, 30 oct. 1972, p. 122.

« En Grande-Bretagne, les bobbies agissent plus scrupuleusement. »
Le Nouvel Observateur, 7 mai 1973, p. 58.

✱ Mot d'argot anglais *bobby* (mil. XIXᵉ s.), diminutif de *Robert,* probablement de *Robert Peel,* ministre de l'Intérieur au moment du règlement sur la police (1828). Ce mot n'est pas inconnu en français où l'on appelle parfois *Bobby* et *Bob* les Robert.

BOBBY-SOXER [bɔbisɔksœʀ] *n. f.*
(1945) Adolescente américaine délurée. *Des bobby-soxers.*

« Les courses folles, roue dans roue, à tombeau ouvert, le drive-in aux serveuses en patins à roulettes, les *bobby-soxers* en socquettes blanches qui se déhanchent en des rocks athlétiques : voici les rites, les codes et les manigances de petites filles, pour l'heure moins préoccupées de sexe que de confier leurs secrets à d'autres chipies. »
L'Express, 18 mars 1974, p. 74.

✱ Mot américain *bobby socker* ou *bobby soxer* (1944) même sens, de *bobby socks* ou *bobby sox* « soquettes » (de *Bobby* diminutif de *Robert* et *socks* « chaussettes »), les adolescentes américaines portant des soquettes. Ce terme ne désigne en français qu'une réalité américaine ; il n'est pas d'un emploi fréquent. Il est employé par Boris Vian dans *J'irai cracher sur vos tombes* (1945).

BOBSLEIGH [bɔbslɛg] *n. m.*
(1898) Traîneau de course, articulé, à plusieurs places, muni d'un volant de direction, pour glisser à grande vitesse sur des parcours à murettes aménagés dans la neige. *Des bobsleighs.* On dit familièrement *bob.* — REM. : Absent du dict. de l'Académie 1932.

« Elle se glissa contre lui dans l'obscurité, mais il la retourna adroitement la prit d'un bras solide par la ceinture, murmura : " comme ça, ça fait bobsleigh ", et s'endormit. »

COLETTE, *La Fin de Chéri*, p. 21 (□ 1926).

✳ Mot anglais (1894), de *to bob* « se balancer, danser » et *sledge* « traîneau » (plus rarement *sled*), même famille que *to slide* « glisser » et apparenté au français *schlitte* « traîneau à bois » par l'origine germanique. L'américain dit aussi *sled* et *bobsled* (1839), forme qui n'a pas passé en français. Emprunt attesté en 1898 dans Petiot.

BOC → BOGHEI.

BOGHEAD [bɔgɛd] *n. m.*

(1857) Houille riche en matières volatiles, intermédiaire entre les charbons et les schistes bitumeux. *Des bogheads.* — REM. : Signalé par le Suppl. de Littré 1877.

✳ Mot anglais, nom d'une ville d'Écosse.

BOGHEI ou BOGHEY [bɔgɛ] *n. m.*

(1796) Ancienne voiture à chevaux, sorte de petit cabriolet découvert à deux ou quatre roues. *Des bogheis, des bogheys.* — REM. : Signalé sous la forme *boghei* dans le dictionnaire de l'Académie de 1835.

« Il dégelait et dans une contiguïté de roues — les courses étaient sur boggeys — parmi les fumées des braseros, la neige, la boue et les cris, les jockeys vainqueurs se dégageaient déjà, poussant leurs chevaux dont les sabots aplatissaient une glace liquide. »

P. MORAND, *L'Europe galante*, Je brûle Moscou, p. 107 (□ 1926).

« Alors, la tante Marie alla frapper aux volets d'un voisin, qui possédait un boghey et un petit cheval. »

M. PAGNOL, *La Gloire de mon père*, p. 34, éd. de Provence, 1966 (□ 1957).

✳ Francisation de l'anglais *buggy* (1773) d'origine obscure, peut-être apparenté à *bogie*. Le *boghei* était répandu en Angleterre, aux États-Unis et aux Indes. Le mot a pénétré en France avec la chose ; la graphie est restée incertaine (*bockei* 1796, *boguey* 1807, *boghei* 1828, *boghet* 1838, *boguet* 1867, *boggey* 1926). — On rencontre une forme abrégée *boc* au XIXᵉ s. :

« Un mercredi, à trois heures, M. et Madame Bovary, montés dans leur *boc*, partirent pour la Vaubyessard [...]. »

FLAUBERT, *Madame Bovary*, in *Œuvres*, t. I, p. 367 (□ 1857).

BOGIE [bɔʒi] ou BOGGIE [bɔgi] *n. m.*

(1843) *Chemin de fer.* Chariot à deux essieux et quatre roues sur lequel est articulé par pivot le châssis d'un wagon pour lui permettre de prendre les courbes. — REM. : Mot absent de Littré et des dict. de l'Académie.

« Elle [la locomotive] fait le service des express sur la ligne du Midland et présente cette particularité que l'essieu *porteur* de l'avant est remplacé par un truck articulé ou *bogie* qui permet à la machine [...] d'épouser plus facilement les courbes de la voie. »

P. LEFÈVRE et G. CERBELAUD, *Les Chemins de fer*, p. 132 (□ 1888).

« Le nôtre [le train] comprend une locomotive, avec boggie porté sur quatre petites roues, ce qui lui permet de suivre des courbes plus resserrées [...]. »   Jules VERNE, *Claudius Bombarnac*, p. 27 (□ 1893).

✳ Mot anglais *(bogie)* d'abord « longue charrette à quatre roues » (1817) puis sens actuel (v. 1840) ; emprunté en français avec nombre de mots du vocabulaire des chemins de fer. (L'Amérique emploie *truck*.) On ne sait comment *bogie* a pris un second *g* vers le début du siècle, probablement pour retranscrire la prononciation anglaise avec [g]. Cette

graphie *boggie,* la plus courante aujourd'hui, devrait disparaître au profit
de *bogie,* mieux intégré au système français (quoique plus anglais !).

BOL [bɔl] *n. m.*

(1792) Pièce de vaisselle, récipient individuel hémisphérique
destiné essentiellement à contenir des liquides (lait, café, thé,
parfois soupe, riz, etc.). — REM. : Admis dans le dict. de
l'Académie 1835.

« Pendant mon séjour à New-York [...] je demandai du punch ; et
Little lui-même nous en apporta un bol, sans doute préparé d'avance,
qui aurait suffi pour quarante personnes. Nous n'avons point en France
de vases de cette dimension. »
　　　　　BRILLAT-SAVARIN, *Physiologie du goût,* t. II, pp. 157-161 (□ 1825).

« Notre âme (si Dieu veut que nous ayons une âme)
N'est pas assurément une plus douce flamme,
Un feu plus vif, formé de rayons plus ardents,
Que ce sylphe léger qui plonge et se balance
Dans le bol où le punch rit sur son trépied d'or. »
　　　　　　　　　　MUSSET, *Les Secrètes Pensées de Rafaël,*
　　　　　　　　　　in *Premières Poésies,* p. 180, Hypérion (□ 1830).

« Quand il avait gagné, ce qui arrivait presque toujours, il consommait un bol de punch et regagnait sa mansarde [...]. »
　　　　　　　　　　　BALZAC, *La Rabouilleuse,* p. 885 (□ 1842).

« C'est surtout par leur industrie que les Vitiens [îles Viti] prennent
une place importante parmi les nations sauvages de l'Océanie [...]. Leurs
plats, leurs assiettes, leurs bols à kava, sont de petits baquets en bois,
sculptés avec un art infini. »
　　　　　　　G. LAFOND, *Voyages autour du monde,* p. 379 (□ 1854).

« La vieille rapportait un bol de lait mousseux. Marcelle le lui prit
des mains et but à longs traits. »　　　　SARTRE, *Le Sursis,* p. 40 (□ 1945).

✳ Francisation de l'anglais *bowl* même sens (xᵉ s., sans rapport avec
le *bowl* de *bowling* etc. ; ancien anglais *bolla,* puis *boll* écrit *bowl* selon
la prononciation). Le mot se serait introduit en France, selon Wartburg,
sous la forme *bolleponge* (*bowl of punch* « bol de punch »), en 1653
(→ **1. Punch**). Les premiers emplois de *bol,* chez les romantiques, sont
toujours liés à celui de *punch :* le bol était donc un récipient exotique
à usage très particulier. On disposait de tasses et de jattes (forme
différente) et des mots correspondants. Le mot était encore mal
acclimaté à la fin du xixᵉ s. : *bowl* figure dans la nomenclature du
Littré (1863). Le mot *bol,* d'apparence « bien française », échappe
arbitrairement aux remarques des puristes anglophobes. Il ne doit pas
être confondu avec son homonyme *bol (le bol alimentaire),* du grec
bôlos.

BOLLARD [bɔlaʀ] *n. m.*

(1949) *Marine.* Bitte d'amarrage à terre.

✳ Mot anglais (1844), peut-être de *bole* « tronc d'arbre », et -*ard*
suffixe anglais productif d'origine française. Ce mot s'intègre aisément
au système français.

BONDÉRISÉ, ÉE [bɔ̃deʀize] *adj.*

(v. 1970) Se dit d'un métal ferreux protégé contre la rouille
par un enduit phosphaté.

✳ Calque de l'américain *bonderized,* marque déposée (1932), racine
bonder « celui qui lie, maintient » de *to bond* « lier » ; la marque a donné
la forme verbale régressive *to bonderize.* Ce terme technique est
récemment apparu en français. La prononciation en est aisée, mais la
morphologie obscure. Il a produit le dérivé *bondérisation* n. f.

BOOBY-TRAP [bubitʀap] *n. m.*

(v. 1945) Objet d'apparence inoffensive qui explose lorsqu'il
est déplacé ; bombe dissimulée.

« Le colonel F.F.I. qui pullule en cas de résistance est facilement amadoué au moyen de tractions avant transformées en booby-traps. »
Boris VIAN, *Chronique du Menteur engagé*,
in *Textes et Chansons*, p. 115 (□ 1948).

✻ Le composé anglais (1850) est formé de *booby* « individu stupide, imbécile » et de *trap* « piège ». Il s'est diffusé en anglais pendant la guerre de 1914-1918 et a passé en français. Un équivalent sémantique exact mais peu académique, serait : *piège à cons.*

BOOGIE-WOOGIE [bugiwugi] *n. m.*

(1945) Forme de la musique de jazz, blues rapide où la main gauche martelle un dessin régulier et rapide ; danse rapide sur cette musique. *Des boogie-woogies* [gi].

« — Croyez-vous, demanda Colin, que l'on puisse acquérir en une séance la technique nécessaire ? — Il me paraît que oui, dit Nicolas. Pour l'essentiel, ce n'est point compliqué. Il convient seulement d'éviter les erreurs grossières et les fautes de goût. L'une d'elles consisterait à danser le biglemoi sur un rythme de boogie-woogie. »
Boris VIAN, *L'Écume des jours*, p. 32, Pauvert (□ 1946).
« Holiday Thomson descendit et se mit à danser, très blonde en robe du soir blanche, un boogie-woogie sur la route. »
R. FALLET, *Le Triporteur*, p. 85 (□ 1951).

✻ Mot américain (1928), d'origine obscure. Le boogie-woogie s'est développé à Chicago vers 1930. Le mot *boogie-woogie* a un air particulièrement barbare. Il est intraduisible. Il est attesté en français en 1945 (*Elle*, 21 nov., *in* D. D. L., 2ᵉ série, 5), mais le *Broadway boogie-woogie* du peintre Mondrian était connu des amateurs d'art (1943). On a tendance à abréger ce mot en *boogie* depuis 1970. Il s'emploie même adjectivement : *Un rythme boogie.*

-BOOK [buk]

✻ Élément anglais, « livre », entrant dans la composition d'emprunts tels que *bookmaker, herdbook, stud-book, flock-book*, etc.

BOOK [buk] *n. m.*

1° (1854) Carnet sur lequel les parieurs aux courses et les bookmakers inscrivent leurs paris. — REM. : Mot signalé dans le Suppl. de Littré 1877.

2° (1895) *Par abrév.* Bookmaker.

✻ Emprunté à l'anglais *book* « livre des paris » (→ **Bookmaker**).

BOOKING [bukiŋ] *n. m.*

(v. 1975) Réservation d'une place, dans le jargon des transports → **Surbooking.**

✻ De l'anglais *booking* (1884) « action de louer, réserver une place », de *to book* « louer, réserver, retenir ». Cet anglicisme ne paraît rien ajouter à *réservation.*

BOOKMAKER [bukmekœʀ] *n. m.*

(1855) Celui qui, sur les champs de courses de chevaux, prend les paris et les inscrit. *Des bookmakers.* — Abrév. *Book* (1895). — REM. : Signalé dans le dict. de l'Académie 1932.

« Une ligne serrée de bookmakers attendaient les parieurs comme dans une foire [...] ils inscrivaient des paris, sur un geste, sur un clignement de paupières [...]. »
ZOLA, *Nana*, p. 338 (□ 1880).
« Il connaissait tous les jockeys, tous les entraîneurs, tous les bookmakers, et aussi quelques gentilshommes très galbeux, des barons,

des vicomtes, qui lui montraient une certaine amitié, sachant qu'il possédait, de temps à autre, des tuyaux épatants... »
O. Mirbeau, *Le Journal d'une femme de chambre*, p. 359 (□ 1900).

« nous étions bien une centaine, tous plus ou moins suspects, à avoir nos habitudes dans cet établissement [...], faisant la haie autour des tables où les parties de cartes étaient enragées [...], les chauffeurs de taxis de nuit en mystérieux conciliabules, les books de la Sorbonne en pleine épuration des comptes, les femmes absentes, sauf les soldates minaudières de l'Armée du Salut [...]. »
Cendrars, *Bourlinguer*, p. 67, Denoël (□ 1948).

✳ Mot anglais (déb. xixe s.), de *book* pour *betting-book* « livre des paris » (→ **Book**) et *maker* « celui qui fait, établit, compose... » — *bookmaker* existe aussi depuis le xvie s. au sens d'« éditeur, faiseur de livres ». Le mot *bookmaker* a été emprunté avec l'ensemble des termes de turf qui ont pénétré en France entre la fin du xviiie s. et la deuxième moitié du xixe s., il s'intègre mal au système français. Il faut préférer l'abréviation *book*, si tant est que l'homonymie avec *bouc* n'est pas gênante. Queneau a francisé plaisamment la graphie en *bouque* (*Loin de Rueil*, p. 89).

BOOM [bum] *n. m.*

1° (1885) *Vx*. Réclame tapageuse en vue de lancer une affaire.

2° (1905) Hausse spéculative subite et brutale en Bourse.

3° Grand développement subit d'une affaire, d'un marché, etc. ; succès brutal d'une marchandise, trop excessif pour être stable. *Des booms.* REM. 1 : Parfois écrit *boum.* REM. 2 : Mot absent du dict. de l'Académie 1932.

« Il y a quelques années, un *boom* terrible éclata parmi les spéculateurs de terrains. Des sociétés avaient acheté des quartiers entiers non bâtis de la ville et remis en vente par morceaux. »
J. Huret, *En Amérique, De San Francisco au Canada*, pp. 12-13 (□ 1905).

« Presque toute l'Amérique travaille dans un courant d'air, tantôt brûlant, tantôt glacé... C'est le climat du *boom* et du *crack*. »
G. Duhamel, *Scènes de la vie future*, pp. 113-114 (□ 1930).

« Vers 1915, au moment du *boom* des industries de guerre l'immigration est devenue intense. » S. de Beauvoir, *L'Amérique au jour le jour*, 15 mai 1947, p. 359 (□ 1954).

« Cependant, il y avait, sur la peinture de Lafleur, un *boum* comme jamais vu. Les prix montaient à vue d'œil [...]. »
M. Aymé, *La Bonne Peinture*, in *Le Vin de Paris*, p. 226 (□ 1947).

« Ambroise Vollard [...] que j'ai vu racheter 300 000 des Cézannes qu'il avait vendus 3 000 dix auparavant pour assurer une rente de 300 francs par mois au vieux maître d'Aix, déboursant la forte somme sans sourciller, non par lucre ni pour se livrer à une spéculation *up to date* et profiter d'un *boom* avec le sourire, mais par amour [...]. »
Cendrars, *Bourlinguer*, p. 343, Denoël (□ 1948).

« ça aurait fait un *boum* dans la clientèle ménagère, sur les marchés de banlieue. » A. Simonin, *Touchez pas au grisbi !*, p. 119 (□ 1953).

✳ Mot américain (1879) de l'anglais *boom* « boum, explosion bruyante » (xvie s.). Il avait, en 1852, le sens de « précipitation d'eau pour laver l'or ». Ce mot homonyme de *boum* en français est parfois ainsi orthographié. On pourrait attribuer le sens nouveau de *boom* à notre *boum,* ou franciser *boom* en *boum* ce qui revient au même, l'évolution étymologique étant similaire. Néanmoins un sens figuré de *boum* « activité fébrile » est gênant *(être en plein boum).* Critiqué par Étiemble qui préfère *expansion* (mais ce mot n'est pas synonyme de *boom*) :

« tous ces manœuvres mal payés, tous ces exploités encore, tous ces fonctionnaires qui ne bénéficient point de l'expansion (pardon ! du *boom* !). »
Étiemble, *Parlez-vous franglais ?*, p. 293 (1964).

BOOMERANG [bumʀãg] *n. m.*

(1863 ; *bownerang*, 1857) Arme de jet des indigènes austra-liens formée d'une pièce de bois dur courbée qui revient à son point de départ si le but n'est pas touché. *Des boomerangs.* — REM. : Mot absent du Littré et du dict. de l'Académie 1932.

« De toutes les armes connues, la plus simple dans sa forme et la plus extraordinaire dans son fonctionnement, c'est le boumerang [*sic*], localisé dans un pays où tout est mystérieux et étonnant : l'Australie.
On sait que cette arme, lancée vigoureusement, revient à son point de départ après avoir atteint son but [*sic*] ; c'est cette particularité qui, durant de longues années, a excité au plus haut point la curiosité des voyageurs et contribué à donner au boumerang une réputation un peu surnaturelle. » A. ROBIN, in *La Science illustrée*, 1er sem. 1891, p. 302.

— PAR COMPAR. *(comme, tel... un boomerang)*, par métaph. ou fig. Se dit de ce qui revient à son point de départ. *Effet boomerang* se dit d'un acte d'hostilité qui se retourne contre son auteur.

« Où que je pousse mes incursions, je reviendrai toujours comme un émigrant italien, comme un boomerang à mon collège. »
P. MORAND, *Fermé la nuit*, p. 98 (□ 1922).

« Une action faite par générosité pure se retourne toujours contre son auteur, aussi automatiquement que le boomerang revient sur celui qui l'a lancé. » MONTHERLANT, *Pitié pour les femmes*, p. 240 (□ 1931).

« La dernière enveloppe surchargée de ratures était timbrée de Tigreville. Fouquet reconnut la signature tremblotante de Marie sur ce boomerang, revenu à son point de départ le frapper au plus juste. »
A. BLONDIN, *Un singe en hiver*, p. 84 (□ 1959).

« La bourgeoisie porte en elle sa faiblesse et sa force. Elle fabrique son poison et son contrepoison et quand, par un phénomène de *boomerang*, la décadence qu'elle a engendrée nous revient sur le coin de la figure, eh bien, nous autres, les bourgeois, nous le prenons avec philosophie. » J. LANZMANN, in *Lui*, déc. 1973, p. 154.

✲ Mot anglais d'Australie (1827) emprunté à une langue indigène *wo-mur-ràng*, nom de tribu, et passé en français par la *Revue britannique* (1863). D'autres formes antérieures (*Womerang* 1834, Dumont d'Urville) semblent empruntées directement à la langue australienne (*Le Français moderne*, avril 1971, n° 2).

« Le boumerang, ou *kiley* des Australiens, a été appelé en Angleterre *boomarang, bomareng, womerand*, mais plus communément *boomerang*. En Nouvelle-Zélande, on le nomme *bargan*. »
A. ROBIN, in *La Science illustrée*, 1er sem. 1891, p. 302.

BOOSTER [bustœʀ] *n. m.*

(1962) *Astronautique.* Fusée auxiliaire.

« Pour accroître la sécurité, la solution adoptée consiste par ailleurs à confier le lancement à une fusée "Atlas" à un seul étage, aidée de boosters. » A. DUCROCQ, in *L'Équipe*, 22 fév. 1962, p. 3.

✲ Mot américain (1894, « appareil pour accroître le voltage », 1944 en ce sens) de *to boost* (xixe s.) « pousser par derrière pour faire monter ». Ce mot technique n'est pas très courant en français. Sa graphie s'intègre mal au système. Les Comités de termes techniques proposent de remplacer *booster* par *propulseur auxiliaire*.

(-)BOOT(-) [but]

✲ Élément signifiant « botte » qui apparaît dans quelques emprunts à l'anglais ou à l'américain : *bootlegger, snow-boot* (→ aussi **Boots**).

BOOTLEGGER [butlɛgœʀ] *n. m.*

(xxe s.) Aux États-Unis, pendant la prohibition, Contreban-dier d'alcool.

« Les crimes newyorkais d'aujourd'hui ce sont, ou des batailles rangées de bootleggers dans les docks de l'Ouest, au pied des grands transatlantiques, ou les attaques à main armée des bijouteries dans les quartiers riches. »   P. MORAND, *New-York*, p. 75 (□ 1930).

« Il me reproche d'entraîner sa fille vers un pays où elle serait enlevée par des gangsters, corrompue par des bootleggers et conduite, innocente, à la chaise électrique, par une justice barbare. »
A. MAUROIS, *La Machine à lire les pensées*,
in *Les Mondes impossibles*, p. 77 (□ 1937).

« La presse avait récemment dévoilé avec abondance la corruption de la police américaine, ses collusions avec les bootleggers, les excès auxquels elle se livrait : le grilling, le troisième degré. »
S. de BEAUVOIR, *La Force de l'âge*, p. 146 (□ 1960).

✱ Mot américain (1889), de *bootleg* (américain) « jambe de botte » ; les gens qui transportaient les liqueurs en cachette les mettaient dans leurs bottes : *The "bootlegger" is a grim spectre to the anti-Prohibitionist... He is a man who wears boots in whose tops are concealed a flask or two of liquor.* « Le bootlegger est un spectre menaçant pour l'adversaire de la prohibition... C'est un homme qui porte des bottes où il cache un ou deux flacons de liqueur. »
Ce mot peu usité en français est un terme d'histoire américaine.

BOOTS [buts] *n. m. plur.*

(1970) Bottillons de cuir pour la ville, portés avec le pantalon par les élégants des deux sexes:

« Les boots sont à fermeture éclair ou élastique, réalisés dans des peausseries souples. Vous porterez aussi des chaussures basses lacées, de style anglais à bout golf [...]. »   *Marie-Claire*, oct. 1971, p. 118.

« Crosby, Stills, Nash and Young, *boots* poussiéreuses et *jeans* usés, se sont un jour rassemblés pour créer les Beatles américains. »
Ph. KOECHLIN, in *Le Nouvel Observateur*, 2 oct. 1972, p. 19.

✱ Mot anglais *boot* (XIVe s.) « botte », du latin médiéval *botta*. *Boots* est le terme générique anglais qui correspond à *botte* en français ; il sert depuis peu à désigner la botte courte au-dessus de la cheville, que le terme de *bottillon* évoque mal (les bottillons sont en général lacés et grossiers, alors que les boots sont des bottes de cuir coupées au-dessus de la cheville). Ce mot connote évidemment la mode et disparaîtra vraisemblablement avec elle.

BOP *n. m.* → BE-BOP.

BOSS [bɔs] *n. m.*

1° (1869) *Fam.* Patron d'un employé. *Des boss.* — REM. : Mot absent du dict. de Littré, et du dict. de l'Académie 1932.

« Le boss ou chef chargé de conduire le convoi gouverne ses voituriers. »   H. DIXON, *Nouvelle Amérique*,
trad. de l'anglais par Ph. CHASLES, 1869 [*in* D.D.L., 1re série].

« Vous avez l'air de prendre en pitié ceux qui travaillent dans les manufactures, parce qu'ils ont un boss à qui il faut obéir. »
L. HÉMON, *Maria Chapdelaine*, p. 138 (□ 1916).

« La mort les cueillera tous à temps, selon l'apophtegme pragmatique des grands boss américains, des idolâtres : *Le Temps, c'est de l'Argent !* »
CENDRARS, *Bourlinguer*, p. 138, Folio (□ 1948).

« Enfin, si mon boss est heureux avec ça, c'est le principal, au fond. Je m'attends parfois à être vertement réprimandée pour la teneur et la qualité de mon papier de la veille. »
A. SARRAZIN, *la Traversière*, p. 188 (□ 1966).

✱ Mot américain (1806), du néerlandais *baas* « maître », d'abord employé par les ouvriers en parlant de leur contremaître, ensuite généralisé à tous ceux qui emploient et donnent des ordres (il est argotique en anglais). Ce mot a été utilisé en français pour parler de la

société américaine, et semble ne s'être répandu que vers le milieu du
XXᵉ siècle pour désigner plaisamment les patrons français. Cependant,
il garde une connotation américaine (on dit souvent *big boss* « grand
patron »). Sa prononciation est aisée (Cf. Bosse *n. f.*) mais la graphie
est mal adaptée au système. Nous avons le mot *singe,* plus argotique.

2° (1883) *Hist.* Chef politique sans responsabilité officielle qui
inspire et organise des électeurs.

« J'avais bien entendu parler des " boss ", de ces agents électoraux
qui ont monopolisé les suffrages des villes américaines, et qui sont, en
réalité, les seuls maîtres de la politique citadine. [...] Le " boss " tend à
devenir une institution d'État. Et croyez qu'il n'y a là aucune exagé-
ration. »
J. HURET, *En Amérique, de San Francisco au Canada,* p. 301 (□ 1905).

✱ Extension de sens du mot précédent en américain (1861), et terme
d'histoire peu usité en français contemporain, attesté en 1883 (Haussonville, *À travers les États-Unis,* p. 285). *Boss* dans ce sens a donné le
dérivé *bossisme* n. m. (1917, *Larousse mensuel,* p. 3) :

« On a créé le mot grotesque de bossisme pour désigner le système particulier
d'organisation politique, où l'exercice de la fameuse liberté individuelle américaine
aboutit au despotisme le plus absolu d'un homme qui s'est constitué lui-même
" boss " et n'est responsable devant aucune juridiction. » (A. Moireau.)

BOSSISME → BOSS.

1. BOSTON [bɔstɔ̃] *n. m.*
(1785) Ancien jeu de cartes, assez voisin du whist, qui se
joue avec 52 cartes, et dont le valet de carreau s'appelle lui aussi
plus spécialement *boston.* — REM. : Enregistré dans le dict. de
l'Académie 1835.

« Ils n'ont pas l'esprit de s'ennuyer de leurs plaisirs grossiers ; on se
rassemble pour jouer le whist ou le boston, et cela dès dix heures du
matin. Ces gens-là [les Marseillais] ne s'ennuient pas, par conséquent
ils resteront toujours aussi stupides qu'ils sont. »
STENDHAL, Lettre à Pauline Beyle, 22 mars 1806,
in *Corresp.*, t. I, p. 308.

✱ Nom propre, de la ville de *Boston* aux États-Unis qui donna son nom
au jeu pendant le siège par les Anglais lors de la guerre d'Indépendance
(1775-1776). Le nom du jeu est attesté plus tard en anglais qu'en
français. On a dérivé sur ce mot : *bostonner* (1836). — Ne pas
confondre avec 2. Boston.

2. BOSTON [bɔstɔ̃] *n. m.*
(1882) Valse lente à la mode en France à la fin du XIXᵉ s. et
au début du XXᵉ s. — REM. : Absent du dict. de l'Académie 1932.

« Octave obtenait, au Casino, des prix dans tous les concours de
boston [...]. » PROUST, *A l'ombre des jeunes filles en fleurs,* p. 879 (□ 1918).

« L'orchestre jouait un boston qui était des montagnes russes. De
cimes exquises, on était précipité dans les vallées langoureuses des
refrains. » P. MORAND, *Ouvert la nuit,* p. 143 (□ 1922).

✱ Mot américain, d'abord *bostondip* (1879) « le plongeon de Boston »,
probablement du nom de la ville (selon Wartburg, terme de réclame), et
du mouvement plongeant du danseur sur le premier temps de la valse.
Bien que venue d'Amérique, cette danse a eu un tel succès en
Angleterre jusqu'à nos jours, que les Français l'appellent le plus souvent
valse anglaise. Cette valse à grands pas glissés, quasi rectiligne, n'a
que peu de rapport avec le mouvement tournant et rapide de la valse
ordinaire (viennoise), sinon qu'elle comporte elle aussi trois temps. On
a formé en français les dérivés *bostonner* (1895) et *bostonneur* (1887).
— Ne pas confondre avec le précédent.

BOUL- [bul]

✳ Élément francisé de l'anglais *bowl* « boule » (comme dans *boulingrin*) ou de l'anglais *bull* « taureau » (comme dans *bouledogue*).

BOULDER [buldœʀ] *n. m.*

(1925) *Géomorphologie.* Gros bloc de pierre aux formes arrondies par l'érosion.

« Des effleurements de roche donnaient par instants un dessin plus marqué ; d'énormes *boulders* de granit. »
          A. GIDE, *Voyage au Congo*, p. 785 (□ 1927).

✳ Mot anglais, *boulder* ou *bowlder* (abrév. de *boulder-stone* XIVe s., « pierre de boulder »), d'origine obscure. A d'abord signifié « galet » (1617) puis « bloc erratique » (1813). Ce mot est signalé dans le *Vocabulaire franco-anglo-allemand de géomorphologie* (Baulig, 1956), mais comme terme anglais.

BOULDOZEUR → BULLDOZER.

BOULEDOGUE [buldɔg] *n. m.*

(1741) Petit dogue trapu à mâchoire saillante et à face camuse. — REM. : Absent du dict. de l'Académie 1798. Enregistré en 1835. On écrit parfois *bull-dog.*

« Le *dogue d'Angleterre* ou le *bouledogue* [...]. Le dogue d'Angleterre a la tête extrêmement grosse, le masque noir, joufflu et ridé sur les lèvres ; il porte bien sa queue sur le dos ; ses os sont gros, ses muscles bien apparents ; il est le plus hardi et le plus vigoureux de tous les *chiens.* »   DIDEROT, *Encyclopédie*, art. *Chien*, t. III, p. 328 (□ 1753).

« Une langue de chien sortant d'une nuée de livres, tel était l'univers de ce pessimiste, une langue pendante de chien enragé. Ô féroce ironie ! un vrai *bull-dog.* En somme, digne d'être Anglais... »
          CENDRARS, *Bourlinguer*, pp. 338-339, Denoël (□ 1948).

✳ Francisation de l'anglais *bull-dog* ou *bulldog* (1500) proprement « chien *(dog)* - taureau *(bull)* », à cause de son encolure selon certains, ou parce que ce dogue gardait les taureaux selon d'autres. Cet emprunt ancien est bien francisé, mais il a le désavantage de réunir l'élément fictif *boule* (Cf. Boule *n. f.*) à l'élément *dogue*. L'adoption de la graphie **bouldogue* aurait été une meilleure solution. On trouve *bull-dog* à l'anglaise chez Jules Verne (*Aventures du capitaine Hatteras*, 1864, p. 90).

BOULINGRIN [bulɛ̃gʀɛ̃] *n. m.*

(1663) Parterre de gazon, généralement entouré de bordures, de talus. — REM. : Signalé dans le dict. de l'Académie 1694.

« Le talus de gazon qui fait le revêtissement des boulingrins. »
          Nouv. Maison rustique, 1749 [*in* Brunot, t. VI, 2-b, p. 1459].

« Un vieux faune de terre cuite
Rit au centre des boulingrins,
Présageant sans doute une suite
Mauvaise à ces instants sereins. »

                    P. VERLAINE, *Le Faune*,
          in *Fêtes galantes*, p. 91, Pléiade, 1951 (□ 1869).

✳ Francisation de l'anglais *bowlinggreen* (XVIIe s.), de *bowling* « jeu de boules » (*bowl* vient du français *boule*) et *green* « gazon » (*proprement* « vert »). *Bowling-green* signifie « gazon pour jouer aux boules ». En français, *boulingrin* ne se dit plus guère qu'à propos des parcs et jardins anciens ; on joue aux boules dans les allées. La francisation de *bowling-green* en *boulingrin* est considérée par les puristes comme le modèle même de ce qu'il faut faire d'un emprunt. Néanmoins, ce genre d'adaptation ne résout pas le problème de la motivation : si l'on reconnaît *boule*, que faire de *-ingrin* ? — On remarquera avec quelle rapidité le dict. de l'Académie a enregistré ce mot. → **Bowling, green.**

« De *bowling-green,* gazon où l'on joue à la boule, on a fait boulingrin [...]. »
VOLTAIRE, *Dictionnaire philosophique,* art. *France, François, Français,*
t. XXXIX, p. 479 (□ 1764).

« De bowling-green, tapis vert à rouler une boule, nous avons fait boulingrin. On a aujourd'hui ce pré-là dans sa maison ; seulement on le met sur une table, il est en drap au lieu d'être en gazon, et on l'appelle billard.

Du reste, on ne voit pas pourquoi, ayant *boulevard* (boule-vert), qui est le même mot que *bowling-green* [sic] nous nous sommes donnés *boulingrin*. Il est surprenant qu'un personnage grave comme le dictionnaire ait de ces luxes inutiles. »   HUGO, *L'Homme qui rit,* p. 339 (□ 1869).

« La langue des XVIIe et XVIIIe siècles se refusait à admettre tels quels les mots étrangers qu'elle considérait comme barbares. Ou elle les assimilait et transformait par exemple *bowling-green* en *boulingrin* et *packet boat* en *paquebot* ou bien elle donnait à ces instrus l'apparence de mots français ; c'est ainsi que *dogue, bifteck, comité,* ne rappellent plus que de loin leur origine britannique. »
G. MATORÉ, *Le Vocabulaire et la Société sous Louis-Philippe,*
pp. 84-85 (□ 1946).

BOUM → BOOM.

BOURBON [buʀbɔ̃] *n. m.*

(1930) Whisky américain essentiellement à base de maïs (alors que le whisky* proprement dit est à base de seigle et d'orge) → **Rye.**

« les femmes délaissent les vins fins de France et d'Espagne pour ce fameux "Bourbon-whiskey" dont un brave Yankee demandait à un prince de la Maison de France de lui envoyer quelques bouteilles, pensant que les Bourbons étaient une famille enrichie dans la fabrication de ce breuvage. »   DUVERGIER de HAURANNE (1864),
cité par P. MORAND, *New-York,* p. 154 (□ 1930).

« — Regarde ce que j'apporte : du whisky américain [...].

— Magnifique ! dit Henri. Il remplit un verre de bourbon qu'il tendit à Nadine. »   S. de BEAUVOIR, *Les Mandarins,* p. 21 (□ 1954).

« — Qu'est-ce que ce sera ? questionnait le barman. [...] Scotch, bourbon, ou rye ? »   SIMENON, *La Boule noire,* p. 176 (□ 1955).

✱ Mot américain (1851), abrév. de *Bourbon Whiskey* « whiskey fabriqué dans le comté de Bourbon (Kentucky) » attesté en français dès 1852 (Poussièlgue, p. 383) sous la forme *Bourbon whiskey.* Le bourbon, boisson commune aux États-Unis, s'oppose au scotch et au rye ; il a une définition chimique légale. Le goût du bourbon est très éloigné de celui du scotch et n'est pas sans évoquer certains « cognacs » fabriqués hors de France. Le bourbon est peu consommé chez nous, où le whisky d'importation est généralement du scotch. Le terme *bourbon* qui est le nom même de la famille des Bourbon de France ne nous pose aucun problème linguistique.

BOWIE-KNIFE [bowinajf] ou **BOWIE** [bowi] *n. m.*

(1851) *Vx.* Long couteau (30 à 40 cm) à double tranchant vers la pointe, d'abord arme de chasse (utilisé dans les bagarres de la conquête de l'Ouest).

« Pas de bretelles, mais une large ceinture en cuir, où se placent le revolver, le bowie ou cure-dent de l'Arkansas : un long couteau à lame étroite et à charnière. »   R. BURTON, *Voyage à la cité des Saints,*
capitale du pays des Mormons [1860], p. 354 (□ 1862).

« tout ce monde arrivait [en Californie] armé de poignards, de revolvers, de *bowie-knifes ;* si bien qu'on peut le dire, les bons étaient en minorité et les mauvais en grande majorité. »
L. SIMONIN, in *Revue des cours scientifiques,* 13 avril 1867, p. 313.

« Heureusement, mon *bowie-knife* (1) ne m'a pas quitté, et j'y vois toujours assez clair pour m'en servir. Le premier de ces bandits qui met la main sur moi...

(1) Couteau à large lame qu'un Américain porte toujours sur lui. »
Jules VERNE, *Vingt Mille Lieues sous les mers,* p. 71 (□ 1869).

✱ Mot américain, *bowieknife* n. (1836) de *knife* « couteau » et du nom du colonel James *Bowie,* l'inventeur. Ce mot apparaît en français en

1851 (Ph. Chasles, *Études sur la littérature et les mœurs des Anglo-Américains*, p. 113, *in* Mackenzie) et s'est employé pour décrire la réalité américaine dans la seconde moitié du XIXᵉ s.

BOWLING [boliŋ] ou [buliŋ] *n. m.*

(1907) Jeu de quilles particulier où dix quilles disposées en triangle au bout d'une piste en bois doivent être renversées avec deux boules qu'on fait rouler. — Lieu où l'on joue à ce jeu. — REM. : Absent du dict. de l'Académie 1932.

« Le jeu de *bowling* est depuis longtemps l'un des sports favoris des Américains : il a pourtant son origine dans le vieux jeu de quilles [...] mais, tandis que l'aire du jeu de quilles était une terre battue, plus ou moins large, l'aire du bowling est une allée en bois dur (érable, charme ou sycomore), d'une largeur constante de 1 m 85, et d'une longueur totale de 25 m, 50 (allées de match), 20 m, 50 ou 15 m, 50, selon la place, dont on dispose. » *Larousse mensuel illustré*, juin 1910, p. 706.

« Des hommes en chandail jouaient au *bowling*. Du haut, ce bowling, entre deux musiques, faisait un bruit sourd d'embauchoirs qu'on lance aux quatre coins de la chambre. »
COCTEAU, *Le Grand Écart*, p. 140 (□ 1923).

« Il m'emmena dans un bowling où nous avons bu de la bière en regardant tomber des quilles [...]. »
S. de BEAUVOIR, *Les Mandarins*, p. 314 (□ 1954).

« Le *bowling* a détrôné le billard aux États-Unis, non qu'il soit plus intelligent ou plus passionnant. Simplement, il est dix fois plus rentable. » *L'Express*, 25 mars 1974, p. 71.

✱ De l'anglais *bowling* « jeu de boules » (*bowling-alley*, 1655), spécialisé dans cet emploi aux États-Unis (le jeu de quilles s'appelle *tenpins*) par abrév. de *bowling saloon*, attesté en français en 1874 (Simonin, p. 234). Le bowling, créé aux États-Unis, est un jeu spécialement aménagé et n'a plus grand rapport avec notre traditionnel jeu de quilles, qui se joue n'importe où ; il s'est répandu en France surtout après 1945. Bien que le mot *bowling*, mal adapté au français par la prononciation et la graphie, soit l'objet des attaques des puristes, on ne peut le traduire ni par *boules* ni par *quilles*. Étiemble propose la francisation *boulin*, sur le modèle de *bowling-green* → **boulingrin**.

« Les milliards investis dans le *bowling* et le *karting* n'eussent pas rendu autant s'il se fût agi d'installer des jeux de quilles, de courir sur modèles réduits [...]. Il n'en coûte que 100 000 francs 1963 pour construire un *bowling* avec *snack-bar*. Une seule piste de bowling permet quelque 15 000 parties par an, elle assure de très gros revenus [...]. Un *bowling*, figurez-vous, c'est un *boulin*, chez nous, le *boulin* de *boulingrin* (*bowling-green*) [...] vous feignez d'ignorer qu'en escamotant *boulin* et *quilles* pour les remplacer par *bowling*, vous nous tuez deux très bons mots français. » ÉTIEMBLE, *Parlez-vous franglais ?*, pp. 259-260 (□ 1964).

BOW-WINDOW [bowindo] *n. m.*

(1863) Sorte de fenêtre en saillie sur l'avancée d'un mur de maison. *Des bow-windows.* — REM. : Mot absent des dict. de l'Académie et du suppl. du Littré. → **Bay-window, oriel.**

« le quartier des résidences se profile, vague, et fantastique, avec ses maisons de briques propres, ses bow-windows en saillie, ses perrons de marbre et ses proches romans [...]. »
P. ADAM, *Vues d'Amérique*, p. 254 (□ 1906).

« Comme partout, en pays saxon, nombre de ces retraites furent conçues ainsi que des chaumières très propres, fraîchement revernies, crépies en rose. Maintes et maintes ont des bow-windows en saillie qu'encadrent des poutres polies, lisses, exactement ajustées, selon un dessin rectangulaire et harmonieux. » *Ibid.*, p. 92.

« Chaque cottage porte une petite excroissance plus claire, de forme carrée ; c'est un bow-window. Dans chaque bow-window, il y a un pot de fleurs. Derrière chaque pot de fleurs, il y a un parloir. Ombre de Dickens ! » J. R. BLOCH, *Sur un cargo*, Gallimard, p. 20.

✱ Mot anglais (1753, Richardson) abrév. de *bow bay window* « fenêtre en avancée qui forme un arc *(bow)* ». Les bow-windows comprennent

BOX   84

généralement une vitre en avancée, parallèle au mur et deux vitres en pans coupés de chaque côté, formant angle obtus avec celles du milieu, alors que les bay-windows sont en principe rectangulaires. Cette forme en arc fut tardive en architecture. Les bows-windows existent aussi dans le nord de la France ; elles permettent au rare soleil des pays nordiques de pénétrer à l'intérieur sous plusieurs angles. En toute rigueur il faudrait respecter la différence d'emploi entre *bay-window* et *bow-window*. Mais en Angleterre et en Amérique, aussi bien qu'en France, c'est *bow-window* qui prévaut que la baie soit en arc ou non.

BOX [bɔks] *n. m.* (REM. : Plur. *boxes*, ou, moins courant et mieux, *box*.)

1° (1839) Stalle d'écurie pour loger un seul cheval. — REM. : Mot signalé dans le compl. du dict. de Littré 1863. — Admis seulement par l'Académie dans l'édition de 1932.

« À côté, se trouvaient des boxes vides ; et, désappointée, elle y découvrit seulement le cheval d'un gendarme. »
ZOLA, *Nana*, p. 337 (□ 1880).

2° (1879) Banc cloisonné, au tribunal. *Box des accusés*, *box des jurés*.

« Si jamais les nouvelles du Maroc leur devaient quelque jour donner de l'inquiétude, ils savent bien qu'aucun box assez vaste n'existe dans aucun tribunal pour accueillir tous les responsables du coup de force de Rabat. » F. MAURIAC, *Bloc-Notes 1952-1957*, 14 nov. 1953, p. 51 (□ 1961).

« Je faisais le lendemain une répétition générale juste avant de partir au Palais ; j'arrivais dans le box le cœur bourré de textes. »
A. SARRAZIN, *La Cavale*, p. 399 (□ 1965).

3° (1906) Compartiment cloisonné d'un dortoir, d'un café, d'un bureau... — Place cloisonnée d'une voiture dans un garage commun.

« Parfois l'un sort, va rédiger une dépêche sur tel des pupitres circulaires plantés au milieu de l'énorme hall, puis la porte aux adolescents bien peignés, bien rasés, qui, dans leurs box, tapotent, en manches de chemises bleues, sur les touches des machines à écrire. »
P. ADAM, *Vues d'Amérique*, pp. 283-284 (□ 1906).

« La salle du fond est à peu près vide, un orchestre noir joue sans conviction au bord d'une piste où personne ne danse. Nous nous asseyons dans un box. » S. de BEAUVOIR, *L'Amérique au jour le jour*, 19 mars 1947, p. 182 (□ 1954).

« Vincent entre dans le bar. Une longue salle voûtée avec des boxes à droite et à gauche. » H. F. REY, *Les Pianos mécaniques*, p. 20 (□ 1962).

✳ De l'anglais *box* (xᵉ s.) « boîte » du latin *buxus*, grec *pyxos* « buis », même origine que *boîte*, qui a pris les sens particuliers de « loge de théâtre » (1609 — ce sens apparaît en français en 1777 ; Cf. aussi Nerval, *Nuits d'octobre*, V ; il est vieux), « compartiment d'un café, d'une salle publique » (1712) et « stalle d'écurie » (1846). On dit *box* en anglais par abrév. de *jury-box* (« box des jurés ») et *witness box* (« box des témoins »). Au sens 3°, *box* en français se dit surtout des places cloisonnées pour voitures dans les garages communs, sens qui n'est attesté ni dans les dictionnaires anglais ni dans les dictionnaires américains ; cet emploi semble une extension directe de *box des chevaux*. Étiemble propose de remplacer *box* par *stalle* dans tous ses emplois *(Parlez-vous franglais ?*, p. 43), souhait raisonnable qui a la valeur de tous les souhaits dans ce domaine.

BOX-CALF [bɔkskalf] ou **BOX** [bɔks] *n. m.*

(1899) Cuir fait de peaux de veau tannées aux sels de chrome, dont le grain présente des lignes qui se croisent à angle droit. *Chaussures, sac en box-calf.* L'abrév. *box* est aujourd'hui plus courante. — REM. : Enregistré dans le dict. de l'Académie 1932. — On emploie parfois *calf** comme forme abrégée, au lieu de *box*.

« Isabelle crachait plus fort sur le *box-calf.* Ma brosse était sous le pied de la surveillante. »

V. LEDUC, *La Bâtarde,* p. 104, Gallimard, 1964 (□ 1945).

✳ Nom commercial tiré vers 1890 par Edward L. White du nom propre Joseph *Box,* bottier anglais réputé, et de *calf* « veau », pour nommer ce genre de cuir (la publicité de la marque White Bros. and Co. [Massachusetts], représentait, par une sorte de rébus, un veau dans une boîte [*box*]). Le pluriel de *box-calf* est indécis en français *(box-calf* ou *box-calfs)* ainsi que celui de *box* qu'il est préférable de laisser invariable en raison 1) de l'étymologie, 2) de la formation des pluriels français des mots en *-x.*

BOXE [bɔks] *n. f.*

(1804 ; *box* 1698, 1792) Sport de combat opposant deux adversaires qui se frappent à coups de poing avec des gants spéciaux. *Combat, match de boxe. Gants de boxe.* — REM. : Signalé dans le dict. de Littré 1863 : « Sorte de pugilat anglais », et dans le dict. de l'Académie 1878.

« [...] Mᵐᵉ Céleste, l'âme excitée [...] par les facéties de je ne sais quel clown, par des scènes de boxe que l'on voit dans des box [...]. »

NERVAL, *Les Nuits d'octobre,* Nuits de Londres, p. 105 (□ 1854).

« Passepartout sauta à la gorge de Fix, sans autre explication, et, au grand plaisir de certains Américains qui parièrent immédiatement pour lui, il administra au malheureux inspecteur une volée superbe, qui démontra la haute supériorité de la boxe française sur la boxe anglaise. »

J. VERNE, *Le Tour du monde en 80 jours,* p. 211 (□ 1873).

« Le fils de notre crémière nous fait demander de lui prendre des billets d'assaut de boxe. »

E et J. de GONCOURT, *Journal,* 4 déc. 1857, t. I, p. 170 (□ 1929).

« Membre du National Sporting Club, parce que cela le mettait en contact avec des gens distingués et lui donnait une réputation de sportman, il ne s'intéressait guère à la boxe et n'y comprenait rien. »

L. HÉMON, *Battling Malone,* p. 12 (□ 1911).

« Si la boxe est devenue le plus honoré des combats, et a mérité le nom de noble art, elle le doit aux qualités morales dont le boxeur doit faire preuve : endurer, obéir, ne jamais quitter des yeux l'adversaire ; elle le doit aussi à l'égalité que s'efforcent de mettre dans les combats les catégories de poids et les classes de valeur. Mais elle le doit encore à sa noblesse corporelle : les adversaires combattent par les parties nobles, ce qu'indiquent les coups défendus aux viscères, et la nature des coups permis [...]. » J. PRÉVOST, *Plaisirs des sports,* p. 67 (□ 1925).

— *Vx.* Combat de boxe.

« Lord David assistait aux boxes, et il en était la règle vivante. Dans les grandes performances, c'était lui qui faisait planter les pieux et tendre les cordes, et qui fixait le nombre de toises qu'aurait le carré de combat. S'il était second, il suivait pied à pied son boxeur, une bouteille dans une main, une éponge dans l'autre [...]. »

HUGO, *L'Homme qui rit,* pp. 224-225 (□ 1869).

✳ Emprunt à l'anglais *box* « coup » (v. 1385, Chaucer), alors que le terme de pugilat anglais est *boping* n. (1711). *Box* est apparu en 1698 comme emprunt isolé, mais le mot s'est répandu sous la forme francisée au xixᵉ s. en parlant de l'Angleterre, puis comme terme de sport international, au début du xxᵉ s. — Ce sport fut pratiqué à poings nus en Angleterre jusqu'en 1891, dans la demi-légalité. On a appelé *boxe française,* par opposition, l'ancienne *savate.* Ce mot, comme quelques autres anglicismes pourtant notoires, n'est pas l'objet des critiques des puristes.

1. BOXER [bɔkse] *v.*

1° *V. intr.* (1779) Pratiquer le « pugilat anglais », la boxe. — Donner des coups de poings comme à la boxe. — REM. : Signalé dans Littré 1863 et le dict. de l'Académie 1835.

« Une de ses espérances, la plus robuste, le conduisit dans la suite à Bonaparte qu'il prit au collet : Napoléon eut la simplicité de boxer avec lui. »   CHATEAUBRIAND, *Mémoires d'outre-tombe* [avril à sept. 1822], t. I, p. 521 (□ 1848).

« L'Anglais, pour toute réponse, se mit en position de boxer, et Bonard aurait reçu un coup de poing en pleine poitrine s'il n'avait esquivé le coup en faisant un plongeon. »
                               Ctesse de SÉGUR, *Le Mauvais Génie*, p. 38 (□ 1867).

« Beaucoup de jeunes filles, déclare encore M. Moffet, sont des joueuses passionnées de poker ; elles boxent et font de l'escrime comme des hommes, boivent du whisky et du cocktail à faire rougir, envahissent, dans les trains, les compartiments de fumeurs, jouent aux courses, spéculent à la Bourse et s'habillent comme des hommes. »
                 J. HURET, *En Amérique, De San Francisco au Canada*, p. 391 (□ 1905).

« Ils s'étaient un beau jour lassés de se donner des coups de pied dans la figure et avaient résolu d'apprendre à se servir de leurs poings comme des hommes, de boxer en un mot. »
                               L. HÉMON, *Battling Malone*, p. 3 (□ 1911).

2° *V. trans.* Frapper comme à la boxe. — REM. : Signalé dans Littré 1863 (*se boxer*, Académie 1835).

« Alcide voulut aussi demander grâce et accuser Julien ; mais l'Anglais le fit taire en lui boxant les oreilles. »
                               Ctesse de SÉGUR, *Le Mauvais Génie*, p. 197 (1867).

✱ Francisation de l'anglais *to box* « battre, cogner » transitif, 1567 ; « lutter avec les poings » intrans., XVIe s.

2. BOXER [bɔksɛʀ] *n. m.*

(1963) Culotte de bains ou de sport pour homme, en forme de short ample, en coton ou taffetas de nylon, resserrée par une bande élastique à la taille.

« Ensemble [de plage pour homme] chemise et boxer en coton quadrillé bleu et rouge. »
                                                        Adam, mai 1963, p. 14
                                                        [*in* D.D.L., 2e série, 16].

✱ De l'anglais *boxer shorts* ou *boxers* « culotte *(shorts)* de boxeur *(boxer)* », à cause de sa forme. Attesté dans le Webster, et non dans l'Oxford, mais certainement très antérieur en anglais (on trouve *boxer shorts* en français en 1954, *in* D.D.L., 2e série, 16). La mode des *boxers* est importée des États-Unis et a concurrencé le slip de bains, soudain trouvé indécent par la classe bourgeoise.

BOXEUR [bɔksœʀ] *n. m.*

(1788) Celui qui pratique la boxe (de nos jours, sportif ou professionnel). — REM. : Signalé dans le dict. de l'Académie 1835 et dans Littré.

« Naples envoie à New-York ses chanteurs et ses parfumeurs, Paris ses modes et ses baladins, Londres ses grooms et ses boxeurs ; joies exotiques qui ne rendent pas l'Union plus gaie. »
                               CHATEAUBRIAND, *Mémoires d'outre-tombe* [avril à sept. 1822],
                                                        t. I, p. 354 (□ 1848).

« Les deux boxeurs furent quelques instants immobiles dans l'enceinte pendant qu'on réglait les montres. Puis ils marchèrent l'un à l'autre et se donnèrent la main. » HUGO, *L'Homme qui rit*, p. 273 (□ 1869).

✱ Francisation de l'anglais *boxer* (1848) « celui *(-er)* qui boxe *(box-)* ». L'emprunt est sensible dans la persistance de la graphie *boxer* pour *boxeur* en français à la fin du XVIIIe s. (1792, Bonnaffé).

BOXING BUSINESS [bɔksiŋbiznɛs] *n. m.*

(1972) Le « commerce » de la boxe, la boxe envisagée du point de vue des affaires. *Par ext.* Les financiers de la boxe. — REM. : Absent de tout dictionnaire.

« Jacques Marchand, du journal "l'Équipe", estime que le jeune Marcel n'aurait jamais tenu plus de trois ans dans la boxe s'il n'avait été le fils du grand Cerdan. Mais, grâce à ce nom, il était une vache à lait pour le boxing business. »
                                H. CHABALIER, in *Le Nouvel Observateur*, 18 déc. 1972, p. 55.

« En faisant du match Bouttier-Monzon "son combat", Alain Delon a attiré l'attention du grand public, à travers lui, sur les coulisses de la boxe. Renaud de Laborderie, menant l'enquête sur le boxing business, a découvert une forme d'exploitation fructueuse de l'homme par l'homme, institutionalisée et incontestée. »   *Lui*, Noël 1973, p. 156.

« Le "boxing business" a mal encaissé le coup : c'est la fin, pour un bon moment, des paris juteux. »   *L'Express*, 29 janv. 1973, p. 57.

✳ Expression anglaise (début XXe s.) de l'angl. *boxing* « boxe » et *business* « affaires, occupation mercantile ». Il ne semble pas que cette expression soit très antérieure à 1972 en français, bien que de nombreux films américains aient vulgarisé le sujet depuis une vingtaine d'années.

BOX-OFFICE [bɔksɔfis] *n. m.*

(1952) Échelle de réussite d'un spectacle ou d'un acteur d'après le montant des recettes, la vente des disques, etc.

« Mais il [Alain Barrière] était déjà, l'été dernier, parmi les premiers au box-office de la chanson. »
                                Marie-Claire, 21 déc. 1964 [*in* D.D.L., 2e série, 4].

« Et ces deux films figurent en bonne place au box-office américain, où, en dix ans, cinq productions françaises seulement ont réussi à se hisser. »   *L'Express*, 15 janv. 1973, p. 65.

✳ De l'anglais *box-office* (1904), aujourd'hui *boxoffice* proprement « guichet de théâtre », littéralement « bureau *(office)* de location des loges *(box)* » (1786). Ce mot apparaît en français en 1952 (D.D.L., 2e série, 4) mais ne s'est répandu que depuis 1970 environ. On ne voit pas quelle traduction pourrait convenir, car la notion de notoriété par les recettes en matière d'art (apparentée à celle de *best-seller*), n'est (encore) guère française (*palmarès* n'a rien de mercantile).

BOXON [bɔksɔ̃] *n. m.*

(1837 ; *bocson*, 1811) Pop. Bordel. *Des boxons.*

« Ils venaient surtout eux, au boxon, pour la rigolade. »
                                CÉLINE, *Voyage au bout de la nuit*, p. 209, Froissart, 1949 (□ 1932).

« J'ai fumé à Changhaï, j'ai fumé à Hong-Kong... Silence, solitude, chacun pour soi... On en ressortait comme du *boxon* en remontant nos culottes à pont. »   A. BLONDIN, *Un singe en hiver*, p. 160 (□ 1959).

✳ Mot anglais populaire « cabinet particulier de taverne » (1712) de *box*. Le premier emploi orthographié *bocson* serait dans Vidocq [*Boxon, in* D.D.L., 1re série]. *Boxon* figure dans le *Dict. de la langue verte* de Delvau 1866 mais n'est ni dans l'Oxford Dict. ni dans le Webster. Ce mot d'allure bien française qui semble une altération argotique de *bordel* ou de *bocard* n'a suscité les plaintes d'aucun puriste (il est vrai que le silence a dû se faire pour d'autres raisons). *Boxon* a donné deux dérivés vieillis *boxonner* v. intr., et *boxonneur* n. m.

BOY [bɔj] *n. m.*

1° (1836) Jeune homme, en Angleterre. — *Au plur.*, la jeunesse mâle (en Angleterre, en Amérique).

« — Nos boys ont fait une belle démonstration de rugby, samedi à Oxford, dit le Président.
— Je n'ai pu y assister, je tirais le faisan, répondit le Vice-Président. »
                                P. MORAND, *Londres*, p. 300 (□ 1933).

— SPÉCIALT. Les jeunes soldats américains.

« on y trouve [aux U.S.A.] que la guerre dans le Sud-Est asiatique dure trop longtemps et que trop de "boys" y laissent leur vie. »
Lectures pour tous, mars 1971, p. 31.

« Il affiche, au contraire, la crainte que M. Nixon ou son successeur ne cède aux pressions du Sénat et ne rapatrie les "boys" actuellement stationnés en Europe. »   *L'Express*, 13 août 1973, p. 75.

2° (1884) Jeune domestique indigène des colons, des voyageurs, etc.

« On lui apportera un shilling de foie ou de côtelettes ; un petit boy part avec un tray sur sa tête, et va distribuer les gros quartiers ou les échardes de viande à ces dames, accoufflées au logis. »
VALLÈS, *La Rue à Londres*, 1884 [*in* D.D.L., 2ᵉ série, 1].

« Si j'avais été le boy de M. X., je l'aurais dévalisé le soir même, après l'avoir entendu affirmer que tous les nègres sont fourbes, menteurs et voleurs. »   A. GIDE, *Voyage au Congo*, 10 nov. 1925, p. 764 (□ 1927).

« J'ai repensé, à lire les journaux, à cette conversation, tandis que le soir tombait, et que les boys chassaient les moustiques avec des éventails. »   ARAGON, *Blanche ou l'Oubli*, p. 370 (□ 1967).

3° (1947) Danseur de music-hall (→ **Girl**).

« Elle joue des saynètes chantées avec Boucot, des fantaisies comiques mimées avec Dandy, danse avec Magnard, Ben Tyber, et avec de nombreux "boys", dont elle exige une discipline impeccable et de la troupe desquels sortiront, entre autres, Henry Garat et Jacques Pills. »
Larousse mensuel, mars 1956, p. 41.

« Il y a la musique pimpante de l'ouverture, le rideau rouge qui se lève sur un rideau de paillettes, lequel se lève à son tour, sur les *girls* et les *boys* défilant avec une discipline militaire et un enjouement inaltérable. Et puis tout à coup, le grand escalier se découvre, les *boys* et les *girls* assagis font la haie, tous les projecteurs se braquent [...]. »
Le Nouvel Observateur, 6 août 1973, p. 44.

— REM. Le mot *boy* est absent du dict. de l'Académie 1932.

✱ Mot anglais « garçon » (XIIIᵉ s.), « esclave » (XIVᵉ s.) ; du moyen néerlandais *bœve* « esclave ». C'est le sens 2° qui est le plus vivant en français, mais qui tend évidemment à disparaître avec l'institution. (On signale dans ce sens un fém. *boyesse* recommandé par A. Thérive, mais apparemment inusité.) Le sens 1° (attesté isolément une fois en 1672) a été récemment relancé par le contexte de la guerre du Viêt-Nam. La traduction par *garçon* est mauvaise, ce mot ayant des emplois beaucoup plus restreints que *boy* : *garçon* désigne plutôt un enfant, s'il n'est pas accompagné d'épithète. *Les jeunes* (bien qu'ambigu quant au sexe) constitue le meilleur substitut de *les boys*. Étiemble critique *boy* au sens 1°. La graphie de ce mot est mal adaptée au système français, mais la prononciation est relativement adoptée (→ **Boy-scout, cow-boy**).

« À peine arrivé, à son corps dans l'armée, il salue les boys, selon la formule de Jimmy Torrent dans *Tintin sport*. »   ÉTIEMBLE, *Parlez-vous franglais ?*, p. 94 (□ 1964).

BOYCOTTAGE [bɔjkɔtaʒ] ou **BOYCOTT** [bɔjkɔt] *n. m.*
(1881 ; *boycott*, 1918) Action de boycotter*.

« Le succès du premier boycottage a engagé le paysan à adopter ce système de lutte. »   *Le Figaro*, 1881 [*in* D.D.L., 1ʳᵉ série].

« Cette quarantaine [pour un homme qui a pris la tenure d'un autre], appliquée d'abord à un agent de landlord appelé capitaine Boycott (novembre 1880), se généralisa sous le nom de *boycottage*. Elle était, comme la Ligue elle-même, empruntée aux procédés des trade-unions : c'était la guerre, sans violences, aux non-syndiqués et, en général, aux ennemis du syndicat. Ils ne pouvaient trouver d'ouvrier ni d'employés. »
LAVISSE et RAMBAUD, *Histoire générale*, t. XII, pp. 71-72 (□ 1902).

« J'ai vu de mes yeux ce qu'est le boycottage. Je passais un soir dans Market Street, la principale rue de la ville. Devant un restaurant, à l'enseigne du "Restaurant Puritain", un homme-sandwich allait et venait en prononçant tout haut les paroles inscrites en grosses lettres sur ses

deux affiches : "Travailleurs, n'allez pas au restaurant Puritain, c'est l'ennemi des Unions ouvrières !" »
>   J. HURET, *En Amérique, De San Francisco au Canada*, p. 50 (□ 1905).

« Il pleut dans la maison. Aucun couvreur n'accepte de réparer les dégâts. Les "Unions" coopèrent au boycottage du récalcitrant. »
>   P. ADAM, *Vues d'Amérique*, p. 119 (□ 1906).

✱ *Boycott*, mot anglais (fin XIXᵉ s.), aussi *boycotting* (vx) ; *boycottage* semble être un dérivé français de *boycotter*, et l'américain *boycottage* d'origine française. Comme en américain, *boycott* s'emploie plutôt en français pour le procédé et *boycottage* pour l'opération → **Boycotter.** *Boycott* apparaît dans *Le Matin* 22-8-1918 (*in* Mackenzie). Marcel Cohen et G.-O. d'Harvé signalent une prononciation [bwako] que nous n'avons jamais observée (*in* P. Dupré, *Encycl. du bon français*).

BOYCOTTER [bɔjkɔte] *v. tr.*

(1880) *Boycotter quelqu'un* (rare), refuser toutes relations sociales, commerciales, etc. (avec celui sur qui on veut faire pression). — *Boycotter quelque chose*, tenir pour inexistant sur le marché, ne pas acheter, ne pas vendre, ne pas utiliser, diffuser, etc. (un produit, un service) pour faire pression sur ce producteur (raisons commerciales, sociales, politiques, etc.) ou simplement pour le punir. — REM. : Absent du dict. de l'Académie de 1932.

« En vain réclament-ils l'abrogation des lois hostiles à leurs émigrants. Aussi les Célestes [les Chinois] s'efforcent-ils de boycotter les produits de la nation protectionniste. »
>   P. ADAM, *Vues d'Amérique*, p. 261 (□ 1906).

« Les libraires le boycottent parce qu'il refuse de passer par les conditions abusives qu'ils imposent à tous les éditeurs. »
>   *Lettres de Romain Rolland à Elsa Wolff*,
>   12 nov. 1906, p. 95, Albin Michel, 1964.

« Il y a peu de noirs à Los Angeles, et en revanche beaucoup de Mexicains qu'on méprise plus ou moins, qu'on boycotte parfois, mais pour qui les blancs n'éprouvent pas de haine raciale. »
>   S. de BEAUVOIR, *L'Amérique au jour le jour*,
>   25 fév. 1947, p. 113 (□ 1947).

✱ Francisation de l'anglais *to boycott*, 1880, du nom du capitaine *Boycott*, propriétaire irlandais contre qui s'exerça pour la première fois cette action de la *Irish Land League*. Le mot se répandit rapidement dans toutes les langues européennes. Bien que le sens original soit « boycotter quelqu'un » en anglais, *boycotter* s'emploie surtout aujourd'hui avec un nom de chose. Ce mot très courant est mal intégré par sa prononciation et sa graphie, au système français, mais il n'existe pas d'équivalent en français.

« On sait que l'Académie française a décidé d'accueillir dans son dictionnaire le mot *boycotter*. Ce verbe figure depuis quelque temps dans nos lexiques et son apparition en France date de 1880 [...] *boycotter* exprime une idée nouvelle et précise, pour laquelle il n'existait pas d'équivalent français, et son sens est parfaitement clair pour la majorité des Français. »
>   LE BIDOIS, *Les Mots trompeurs*, p. 249 (□ 1970).

BOY-FRIEND [bɔjfʀɛnd] *n. m.*

(1947) Jeune garçon qui est l'ami et le flirt d'une fillette, d'une jeune fille, en Amérique. *Des boy-friends. Elle est sortie avec son boy-friend.*

« C'est bientôt la Saint-Valentin, jour où les jeunes filles doivent offrir des cadeaux à leur *boy-friend*. »
>   S. de BEAUVOIR, *L'Amérique au jour le jour*, 10 fév. 1947, p. 65 (□ 1954).

✱ Mot américain (1909), de *boy* « garçon » et *friend* « ami », auquel correspond, dans l'autre sens, *girl-friend*. Ce mot ne s'emploie guère, en français, que par référence aux mœurs américaines, différentes des nôtres.

BOY-SCOUT [bɔjskut] *n. m.*

1° (1910) Enfant, adolescent faisant partie d'un mouvement de scoutisme (la forme abrégée *scout** est plus courante aujourd'hui). — REM. : Absent du dict. de l'Académie 1932.

« Tout le monde est " de service ", jusqu'aux boys scouts et aux jeunes filles des pensions suburbaines. »
P. MORAND, *Londres*, pp. 62-63 (□ 1933).

« dans la loge du Père se trouvent trois charmants petits boiscouts qui sont aussi enfants de chœur [...]. »
Boris VIAN, *Le Dernier des métiers*, p. 45 (□ 1950).

« Il consistait [son accoutrement] en un chapeau de boy-scout, un blouson reprisé de l'armée anglaise, une culotte de chasseur alpin 14-18, une paire de bottes allemandes et une capote bleu horizon jetée sur les épaules. »
R. FALLET, *Le Triporteur*, p. 198 (□ 1951).

2° *Fig.* Idéaliste naïf (seulement *boy-scout* et non *scout* dans ce sens).

✻ De l'anglais *Boy Scout,* membre de l'organisation des *Boy Scouts* fondée en Angleterre en 1908 par Sir Baden-Powell ; *proprement* « garçon *(boy)* éclaireur *(scout)* ». On a assisté à des tentatives populaires de prononciation en [bwaskut] tout comme pour *cow-boy* [cɔvbwa]. Mais ces prononciations n'ont cours que « pour rire », en vue de ridiculiser le mot et la chose. D'autre part on ne peut traduire par *éclaireur*, car les *éclaireurs* (ainsi nommés) sont de confession protestante et israëlite en France, les *scouts* proprement dits étant catholiques.

BRAIN- [bʀɛn]

✻ Élément de nombreux composés américains empruntés en français depuis 1933 et signifiant « cerveau » (ex. *brain-trust, brain-drain, brainstorming, brainwashing*), employé depuis 1910 en parlant d'une intelligence supérieure, d'une sommité dans un domaine (scientifique, surtout).

BRAIN DRAIN [bʀɛndʀɛn] *n. m.*

(v. 1965) Recrutement d'intellectuels étrangers par les États-Unis (chercheurs, ingénieurs, etc.).

✻ Expression anglaise (1963), *proprement* « drainage *(drain)* de cerveaux *(brain)* ». Depuis le début du siècle, mais surtout depuis 1945, les Américains ont attiré chez eux nombre d'étrangers de grande valeur qui bénéficient aux États-Unis de facilités financières et techniques (subventions, laboratoires, etc.), et les pays qui se sont trouvés ainsi privés de leurs meilleurs éléments en ont manifesté une certaine amertume. Cependant, les restrictions du budget américain ont récemment ralenti cet exode. On a proposé pour traduire ce mot mal assimilable en français le *drainage des cerveaux, la fuite des cerveaux ;* ces deux expressions sont bonnes, la première envisageant le mouvement du point de vue américain, et la seconde l'envisageant du point de vue de l'étranger. Finalement, on préconise *exode des cerveaux* (*Clé des mots*, juin 1975).

BRAINSTORMING [bʀɛnstɔʀmiŋ] *n. m.*

(v. 1960) Réunion de quelques personnes susceptibles d'avoir des idées sur une question et qui s'expriment librement sans débats, le responsable de la réunion faisant ultérieurement la synthèse de ce qui a été dit. *Des brainstormings.*

« Les instituts de créativité fleurissent donc à Paris et s'honorent d'un vif succès parmi les initiés. S'ils sont tous d'accord sur le but à atteindre, ils ont chacun leur méthode. Le " brain storming ", le vidage violent des cerveaux dont on vient de parler n'est que l'une d'entre elles, la plus banale. La plus étonnante est la poursuite du "Satori" suivant les règles inventées par Gilbert Rapaille. »   *Paris-Match*, 27 oct. 1973, p. 82.

✱ Mot américain (1957), de *brain* « cerveau » et *to storm* v. intr. « faire de l'orage, de la tempête », équivalent de « déchaînement des cerveaux, tempête sous un crâne ». Le brainstorming a été inventé par le publicitaire Alex Osborn en 1939 pour trouver des slogans, et mis en œuvre en France depuis une vingtaine d'années, sous l'influence des sociétés américaines. On a tenté plusieurs traductions de ce mot difficilement assimilable par le français : *promotion des idées, table des idées, aux idées, déballage d'idées* (critiqué par R. Le Bidois, *Les Mots trompeurs*, p. 264) tous médiocres (l'idée de bouillonnement des esprits disparaît). La nécessité d'un brainstorming nous paraît urgente pour fournir un bon substitut au mot *brainstorming*. Louis Armand, de l'Académie française, en a proposé un qui réunit toutes les qualités : *remue-méninges*. Mais il y a probablement trop de justesse et trop d'esprit dans *remue-méninges* pour que ce mot ait quelque succès. On l'entend néanmoins au Québec.

BRAIN-TRUST [bʀɛntʀœst] *n. m.*

1° (1933) Nom donné à l'équipe d'intellectuels et d'hommes d'affaires dont s'entoura F. Roosevelt dès son accession au pouvoir présidentiel (en cet emploi *Brain-Trust* est un nom propre et prend la majuscule).

« *Première ligne* : Ligne d'attaque, jeune et rapide, formée par le groupe d'intellectuels qu'un journaliste a baptisé : *Brain Trust*, le Trust du Cerveau. Pour en comprendre la composition, imaginez que le Préfet de la Gironde devienne Président de la République et fasse entrer dans le ministère les plus jeunes professeurs de droit et d'économie politique de la Faculté de Bordeaux. Ainsi Roosevelt, Gouverneur de New-York, s'est lié avec un certain nombre de professeurs de l'Université de Columbia : devenu Président, il a fait de ces professeurs des sous-secrétaires d'État et leur a demandé de rédiger ses projets de loi.
   Naturellement, il y a dans la composition du *Brain Trust* d'autres éléments. Il y a des professeurs de Harvard, comme Frankfurter que l'on dit responsable de la loi sur les émissions de valeurs ; des banquiers comme James Warburg ; des journalistes agricoles comme Henry Wallace. Mais l'intelligence est le trait commun du groupe, et c'est une grande nouveauté dans la politique américaine ; des intellectuels à Washington ! Wilson lui-même, professeur, avait été plus fidèle aux traditions du lieu. Des intellectuels ! Les gens d'affaires sont méfiants et le Congrès regarde avec inquiétude ces "enfants prodiges" qui ont presque tous écrit des livres et qui ne répondent pas au téléphone. »
            A. MAUROIS, *Chantiers américains*, pp. 69-70 (□ 1933).

2° (v. 1955) Petite équipe d'experts, de techniciens, etc. qui assiste une direction. *Il faut réunir le brain-trust de l'entreprise. Des brain-trusts.*

« Sous Chaban, le *brain trust* politique du chef de l'État avait deux têtes de Turc. »   *Le Nouvel Observateur*, 19 mars 1973, p. 34.

✱ Mot américain (1910) proprement « trust du cerveau » (*brain* « intelligence supérieure », « lumière » est un calque du français) → **Trust**. La situation des États-Unis était si mauvaise lorsque Roosevelt arriva à la présidence, que l'expression de *brain-trust* ne semble pas exagérée : il fallait plus d'une bonne idée pour redresser la situation (le New-Deal* : réforme bancaire, suppression de la prohibition, abandon de l'étalon-or, dévaluation du dollar, expansion du crédit, salaire minimum, lois agricoles, etc.). On a parfois traduit *Brain-Trust* par *Trust du Cerveau* (Maurois, *Chantiers américains*, p. 128) ; on a parlé des *Brain Trusters* ou des *Professeurs* pour les collaborateurs de Roosevelt (*ibid.* p. 101). — Dans son emploi courant généralisé le *brain-trust* est mal assimilable en français, les rares tentatives de prononciation [tʀyst] comme *fruste* ayant échoué. À la différence de *brain-drain, brain-storming* le français n'a guère de substitut à proposer ; *conseil de direction* pourrait à la rigueur convenir. *Brain-trust* est souvent employé par plaisanterie (connotation : grand capitalisme américain).

BRAINWASHING [bʀɛnwaʃiŋ] n. m.

(v. 1950) Lavage de cerveau ; interrogatoire politique mené de telle sorte que l'accusé fasse son autocritique et s'avoue finalement coupable.

✱ Mot américain (1950) de *brain* « cerveau » et *washing* « lavage », employé dans le contexte des méthodes staliniennes. Ce mot qui a passé dans le vocabulaire européen du journalisme a été vite traduit en français : *lavage de cerveau* est plus courant que *brainwashing*.

« *Brainstorming* nous amène à dire un mot du fameux BRAINWASHING, détestable pratique de la guerre dite "psychologique". Cette fois, les cerveaux français — puisque cerveaux il y a — ont fait un louable effort pour trouver un équivalent. L'expression "lavage de cerveau" a été généralement adoptée, en particulier par le Centre national de la recherche scientifique. Cependant, Robert Guillain, dans une enquête sur "le grand *lessivage* des intellectuels dans la Chine communiste", a longuement décrit ce "*lavage* de cervelle" des intellectuels chinois et constaté qu'en effet "leurs cervelles avaient été bien *lessivées*". Ces deux mots, *lavage* et *lessivage*, sont des équivalents exacts de l'anglais *washing* ; mais ils ont, à mon avis, l'inconvénient d'évoquer une idée de propreté, alors qu'il s'agit en fait de dénommer une pratique infamante. Quant au terme *décervelage*, sur lequel les services du Conseiller commercial de l'ambassade de France à Washington ont bien voulu me consulter, le mot et l'image me paraissent quelque peu ubuesques. Ne pourrait-on pas adopter l'expression "vidage de cerveau" ou encore, sur le modèle de ce *bourrage de crâne* que nous avons connu (et subi !) pendant la Grande Guerre... et depuis : "vidage de crâne" ? (Qu'en pensent nos spécialistes de l'"action psychologique" ?). »   LE BIDOIS, *Les Mots trompeurs*, p. 264 (□ 1970).

BRANDY [bʀɑ̃di] n. m.

(1688) Eau-de-vie de raisin, en Angleterre et aux États-Unis (dont notre Cognac), *et par ext.* toute eau-de-vie de fruit → **Cherry(-brandy).** — En France, Nom de certaines eaux-de-vie d'origine anglaise, peu consommées. — REM. : Absent des dict. de Littré et de l'Académie.

« Cet homme est autant que vous, c'est un citoyen américain, un *gentleman*. Mais si vous lui offrez un verre de *brandy*, de *gin* ou de *wisky*, il acceptera de grand cœur, car il serait malhonnête de refuser, et il boira à votre santé [...]. »
          L. SIMONIN, *Voyage en Californie* [1859], p. 14 (□ 1862).

« il n'y a pas le plus mince cabaret où un brave matelot puisse s'humecter d'une ou deux demi-pintes de brandy. »
          Jules VERNE, *Les Aventures du capitaine Hatteras*, p. 62 (□ 1864).

« toute la famille, y compris les quatre enfants, fit connaissance avec les boissons des riches : whisky et brandy de marque, et bière en bouteille, au lieu du gin coutumier et du mélange de "mild" et de stout rapporté dans des pichets. »
          L. HÉMON, *Battling Malone*, pp. 54-55 (□ 1911).

✱ Mot anglais (1657), d'abord *brandwine, brandy-wine*, de *to brand* « brûler, distiller » (apparenté à *to burn* « brûler » et à notre *brandon*), *proprement* « vin *(wine)* distillé ». Le mot apparaît en français en 1688 sous la forme *brandi* mais ne s'est répandu qu'au XIXᵉ s. pour parler des Anglais et des Américains. Le pluriel (anglais) *brandies* est à éviter.

BRASSIE [bʀasi] n. m.

(1906) *Golf.* Club pour les coups longs, renforcé de cuivre ou d'autre métal.

« Le brassy permet des coups presqu'aussi longs que ceux qu'on exécute avec le driver. »   *Encycl. des sports*, 1924 [*in* G. Petiot].

✱ Mot anglais *brassy, brassey* ou *brassie* (1888) même sens, de *brass* « cuivre ». Ce mot a pénétré en français avec les autres termes de golf empruntés à l'anglais (in *Les Sports modernes illustrés*, 1906, d'après G. Petiot).

1. BREAK [bʀɛk] n. m.

(1845) Ancienne voiture à cheval à quatre roues, ouverte, avec un siège de cocher élevé et deux banquettes longitudinales

à l'arrière. — REM. : Signalé dans le complément et le Suppl.
de Littré 1877.

« elle l'a assez regretté, mais elle avait accepté un pique-nique à
dix lieues d'ici où elle devait aller en break et elle ne pouvait plus se
décommander. »
PROUST, *À l'ombre des jeunes filles en fleurs*, p. 886 (□ 1918).

✳ Mot anglais *break* ou *brake* (début XIXe s.) d'origine obscure
(probablement apparenté à *brake* « bride, gourmette d'un cheval » de la
même famille que le français *braquer*). La voiture anglaise a pénétré en
France avec son nom. Aujourd'hui *break* désigne un type d'automobile
en forme de fourgonnette. Ce mot est de prononciation aisée ; sa
graphie est restée anglaise.

2. BREAK [bʀɛk] *interj.* et *n. m.*

1° (1909) *Boxe*. Injonction de l'arbitre qui met fin à un corps à
corps des boxeurs. *Break !* — REM. : Absent du dict. de
l'Académie 1932.

« Ses break [*sic*] n'arrivaient pas à séparer les adversaires. »
L'Auto, 12 janv. 1932 [*in* G. Petiot].

« L'arbitre. — Break ! Break ! Vous ne comprenez donc pas le
français. »   *Ric et Rac*, 10 juin 1933 [*in* I. G. L. F.].

2° (1965, Petiot) *Tennis*. *Faire le break*, gagner un jeu sur le
service de l'adversaire → **Tie-break.**

✳ Mot anglais attesté au sens de « interruption d'un cours, d'une
action » depuis 1689, et comme terme de boxe au XXe siècle. G. Petiot
le relève dans *L'Auto*, déc. 1909. Comme terme de tennis, le français
a récemment formé *débreak* (angl. *break back*) n. m. dans *faire le
débreak*, reprendre le service de l'adversaire après avoir perdu le sien.

3. BREAK [bʀɛk] *n. m.*

(v. 1930) *Jazz*. Interruption du jeu de l'orchestre pendant
quelques mesures ; phrase musicale d'un soliste occupant cette
durée. *Des breaks.*

« Le chanteur de blues débute souvent par un break, c'est-à-dire une
fantaisie de quelques notes, une phrase nettement ciselée, sur les quatre
premières mesures, n'exposant la phrase principale qu'à partir de la
cinquième mesure. »   L. MALSON, *Les Maîtres du jazz*, p. 10 (□ 1952).

✳ Terme de jazz américain n. (1926), de l'anglais *break* (→ ci-dessus),
rebelle à la traduction.

BREAK-DOWN [bʀɛkdawn] *n. m.*

(v. 1960) Dépression nerveuse.

« Il a fallu toute cette longue journée à lutter contre cette angoisse
pour qu'enfin je me pose la question. Où en es-tu ? [...] Le médecin a
appelé ça une dépression nerveuse, un *break-down*, un nom plus
élégant. »   H. F. REY, *Les Pianos mécaniques*, p. 12 (□ 1962).

✳ Mot anglais (1832) « écroulement, effondrement » de *to break down*
« tomber *(down)* en se brisant *(break)* » ; 1858 « délabrement de la
santé » et « évanouissement ». Ce mot s'est répandu en France dans les
milieux d'affaires américanisés et parmi les médecins qui les soignent :
quand le brain-trust a trop pratiqué le brainstorming il est menacé d'un
break-down, dépression nerveuse des boss américains. Mais on admet-
tra humblement que *dépression nerveuse* a un sens aussi peu clair que
break-down.

BREAKFAST [bʀɛkfœst] *n. m.*

(1865) Petit déjeuner à l'anglaise. *Des breakfasts.* — REM. :
Absent des dict. de Littré et de l'Académie.

« Le déjeuner fut modeste, frugal, comme il est d'habitude en
Angleterre pour ce *breakfast* matinal : le thé, l'inévitable thé, le beurre,
le lait, un œuf cuit sur un morceau de jambon, une microscopique
tranche de pain dépouillée de croûte et coupée en carré, formaient tous
les éléments du repas. »

L. SIMONIN, *Un voyage aux mines de Cornouailles* [1866],
p. 359 (□ 1865).

« Je rentre pour le breakfast : porridge, thé, fromage ou viande
froide, ou œufs. »   A. GIDE, *Voyage au Congo*, p. 816 (□ 1927).

« Un homme très riche n'achète pas quarante dollars de jambon et
d'œufs pour son breakfast. »

A. MAUROIS, *Chantiers américains*, p. 113 (□ 1933).

✱ Mot anglais (1463), *proprement* « ce qui rompt *(break)* le jeûne
(fast) ». A pénétré tardivement en France ; le mot est aujourd'hui connu
mais la chose n'a jamais été acclimatée en France. Le breakfast
comprend généralement le jus de fruit, le thé, les toasts*, la marmelade*,
les œufs (frits au bacon*, ou à la coque), le poisson frit et les céréales
(porridge*, corn flakes*). La tradition du breakfast, gloire de la gastronomie anglaise, s'est relativement perdue aux États-Unis. Le mot *breakfast*
s'intègre mal par la prononciation et la graphie au système français ; mais
on ne peut proposer de traduction par un mot qui désigne une réalité
étrangère si particulière. On remarquera que les restaurateurs français
qui affublent quelques-uns de leurs plats de noms anglais ou américains
ont toujours reculé devant celui de *breakfast.*

BREEDER [bʀidœʀ] *n. m.*

(1964) Réacteur nucléaire qui engendre une substance fissile
en plus grande quantité qu'il n'en consomme. *Des breeders.*

« Il faut définir une politique à long terme en mettant au tout premier
rang le développement des "breeders". Ces breeders nécessiteront pour
se développer de grandes quantités de plutonium. »

Perspectives de l'énergie nucléaire, in *Tendances,* juin 1964
[*in* D. D. L., 2ᵉ série, 4].

« Quant aux breeders, le fameux Edward Teller est formel : il en est
partisan, mais il dit qu'il faut les enterrer. Il est certain qu'un breeder
est plus dangereux que n'importe quel autre type de réacteur, en cas de
chute d'avion, de grand éboulement, d'inondations, enfin ce genre
d'accidents. »   *L'Express,* 3 sept. 1973, p. 134.

✱ Emprunt à l'américain *breeder reactor* n. (1948), ellipt. *breeder*
n. (1948), de *to breed* « engendrer », *proprement* « élever, faire l'élevage de ». Cet emprunt devrait être remplacé en français par le terme
surgénérateur (Journal officiel, 18 janv. 1973).

1. BRICK [bʀik] *n. m.*

(1781) Voilier à deux mâts, voiles carrées et brigantine qui
fut employé dans la marine de guerre et la marine marchande
jusqu'au début du XXᵉ s. *Des bricks.* — REM. : Enregistré par le
dict. de l'Académie 1835.

« L'acte de francisation exprimera... le nom du bâtiment..., qu'il est
un "brick", ou navire, ou bateau. »

Décret du 18 oct. 1793, art. 9 [*in* Brunot, t. IX, 2, p. 1010].

« Comme l'ex-marine royale, vieille bonne marine, ma foi ! se trouva
tout à coup dépeuplée d'officiers, on prit des capitaines dans la marine
marchande. J'avais eu quelques affaires de flibustiers que je pourrai
vous dire plus tard : on me donna le commandement d'un brick de
guerre nommé *le Marat.* »

A. de VIGNY, *Histoire du cachet rouge,* in *Servitude
et grandeur militaires,* I, p. 69, Cluny, 1948 (□ 1833).

✱ Altération de l'anglais *brig* (1720) abréviation de *brigantine* lui-même
emprunté au français *brigantin* « voilier du XVIIᵉ s. » même famille que
brigand. Le mot *brig* a passé en français d'abord sous la forme *bricq*
(1781, *Courrier de l'Europe*) puis *brick* (1788).

2. BRICK [bʀik] n. m.

(1960) Fromage des États-Unis, fabriqué avec du lait de vache, à pâte molle et douce, rappelant un peu notre tête-de-mort.

✳ Abréviation de l'américain *brick cheese* (début XXᵉ s.) « fromage *(cheese)* en forme de brique *(brick)* ». Le brick est quasi inconnu en France. C'est un des quatre ou cinq fromages couramment consommés aux États-Unis.

1. BRIDGE [bʀidʒ] n. m.

(1893) Jeu de cartes issu du whist qui se joue à quatre (deux contre deux) avec un jeu de 52 cartes. *Jouer au bridge. Table de bridge. Faire un bridge, des bridges.* — REM. : Signalé dans le dict. de l'Académie 1932.

« Martine avait adhéré à un club de bridge et elle acheta une voiture. »   E. TRIOLET, *Roses à crédit*, p. 320 (□ 1959).

✳ Mot anglais (d'abord *biritch, britch* 1886) d'origine inconnue, peut-être turque, sans rapport avec *bridge* « pont ». Ce jeu fit son apparition à Constantinople vers 1870. Il est très commun en France dans la bourgeoisie où il a remplacé le whist*. Le français a produit sur *bridge* les dérivés *bridger* v. (*to bridge* en anglais) et *bridgeur* n. antérieur à l'anglais *bridger*, même sens.

2. BRIDGE [bʀidʒ] n. m.

(1907) Appareil de prothèse dentaire, généralement fixe, pour remplacer des dents manquantes en prenant appui sur les autres. *Il s'est fait poser deux bridges.*

✳ Mot anglais (1883), de *bridge* « pont », la prothèse formant un pont entre les dents d'appui. La traduction française *pont* qui convient exactement n'a pu s'imposer contre *bridge*.

BRIEFING [bʀifiŋ] n. m.

(v. 1945) Réunion d'aviateurs (militaires) avant leur départ en mission, où ils reçoivent les dernières instructions. *Des briefings.*

« En plus de ces examens, une série de "briefings" techniques est prévue à bord du porte-avions. »   *La Croix*, 18 mai 1963 [*in* L. GUILBERT, *Le Vocabulaire de l'astronautique*, p. 160].

✳ Mot anglais (1910) de *to brief* « donner des instructions » de *brief* « lettre, note, etc. » lui-même emprunté au français (encore aujourd'hui *le bref du pape*), même famille que l'adj. *bref* « court ». Le mot anglais semble s'être spécialisé pendant la guerre. Introduit en français avec le vocabulaire militaire anglo-américain, à la Libération. Mot mal intégré critiqué par tous les puristes. Aucune équivalence suffisamment précise n'a été proposée.

« Forts de ce qu'ils ont appris aux briefings, après avoir fait le cockpit-check, s'ils ont fière allure derrière le hood de leur jet ! »
                        ÉTIEMBLE, *Parlez-vous franglais ?*, p. 94 (□ 1964).

« Nos militaires se gargarisent de locutions comme *close-combat* (corps à corps), *dropping-zone* (zone de largage), *battle-dress* (tenue de combat), *briefing* (exposé, conférence instruction), etc. » LE BIDOIS, *Les Mots trompeurs*, p. 260 (□ 1970).

BRIGHTISME [bʀajtism] n. m.

(1877) *Médecine.* Néphrite chronique appelée aussi *mal de Bright.* — REM. : Absent du dict. de l'Académie 1932.

✳ Mot français formé sur *mal de Bright* (*Bright's Disease*, 1827) et daté de 1877 (D. D. L., 2ᵉ série, 8) ; Richard Bright est un médecin anglais (1789-1858) qui a fait des recherches sur la néphrite. *Brightisme* comme *mal de Bright* sont difficiles à prononcer en français. Malheureusement les emprunts issus de noms propres sont rebelles à la francisation (on ne reconnaît plus le nom, le nom propre étant international) et à la traduction (il faut rendre à César ce qui appartient à César). Toutefois l'emploi de *brightisme* est très limité et la gêne n'est pas grande.

BRISTOL [bʀistɔl] *n. m.*

(1836) Papier cartonné très blanc employé pour dessiner, pour les cartes de visite. — *(Vx)* Carte de visite. *Des bristols.* — REM. : Absent des dict. de Littré et de l'Académie.

« Elle avait pris dans son sac à mains sa carte et un petit crayon avec lequel, nerveusement, elle écrivit sur le bristol en anglais : *I want to see you, immediately.* »   P. BOURGET, *La Geôle*, p. 192 (□ 1923).

« Quel mouvement intérieur poussait ces gens à se recevoir [...] à se vexer s'ils étaient omis sur une liste, mais à gémir chaque fois qu'ils recevaient un nouveau bristol [...]. »
                    M. DRUON, *Rendez-vous aux enfers*, p. 10 (□ 1951).

✳ Mot anglais de *Bristol board* « carton *(board)* de *Bristol* », ville d'Angleterre où il est fabriqué. Cet anglicisme issu de nom propre ne fait pas de difficulté en français.

BRITICISME [bʀitisism] *n. m.*

(1972) Mot, expression, tournure de l'anglais britannique, à l'exclusion du reste de l'anglophonie, notamment de l'américain.

« Peu de dictionnaires généraux signalent les américanismes, les briticismes, ou les termes propres à l'Australie, au Canada, à la Nouvelle-Zélande, etc. En un sens, c'est naturel : la langue anglaise est une, avec ses multiples variétés mondiales. »
            G. J. FORGUE et R. McDAVID, *La Langue des Américains*,
                                                      p. 132 (□ 1972).

✳ De l'américain *Briticism, Britticism* n. (1868, Mathews) de *British* d'après *Gallicism, Scotticism.* C'est toujours le cas marqué (la parole de l'autre) qui est dénommé ; ainsi c'est un Écossais qui a forgé *Americanism* et un Américain *Briticism* → **Américanisme.**

BRITISH ou BRITICHE [bʀitiʃ] *adj.* et *n.*

(v. 1970) Anglais, britannique → **Angliche.**

« Je pense en français, je vis en français et je mourrai en français. *To die, died, died.* Oh, *shit*, quelle comédie !
Pourtant, je m'applique à mettre des *do* et des *did* là où il faut. Et des *get*, qui veulent dire n'importe quoi. Et *isn't?* à la fin des phrases, ce qui fait très chic, très britiche courant. »
              G. DORMANN, *Le Bateau du courrier*, p. 53 (□ 1974).

✳ De l'anglais *British*, même racine que *Bretagne* et *britannique*, « breton *(adj.)* » au IXe s., « de la Grande-Bretagne » au XIVe siècle. Le terme *angliche, engliche*, vieilli ou populaire en français a été remplacé par *british, britiche*, qui s'emploie surtout dans la langue parlée comme terme affectif (recul par rapport à un contexte admiratif ou snob, distinction radicale du britannique et de l'anglo-saxon, américain, etc.) → **Briticisme.**

BROOK [bʀuk] *n. m.*

(1861) Large fossé plein d'eau servant d'obstacle dans un steeple-chase. *Des brooks.* — REM. : Absent des dict. de Littré et de l'Académie.

✳ Mot anglais (IXe s.) « ruisseau ». *Fossé* fait aussi bien l'affaire en français.

BROWNIEN [bʀɔnjɛ̃] *adj. m.*

(1855) *Mouvement brownien.* Mouvement désordonné des très petites particules dans les liquides (caractéristique des corps à l'état colloïdal).

« Citons aussi des mouvements moléculaires appelés mouvements browniens, et qu'on observe également chez les animaux et chez les végétaux : ils se produisent partout où l'on a des particules très ténues disséminées au milieu d'un liquide et dans toute poussière suffisamment divisée, organique ou non. »
Cl. BERNARD, in *Revue des cours scientifiques*, 23 juil. 1864, p. 470.

✳ Traduction de l'anglais *Brownian movement* (v. 1827), de Robert *Brown*, botaniste anglais (1773-1858) qui décrivit ce phénomène . En français, le mot est antérieur à 1855 (Dict. de médecine de Nysten). On a formé *brownisme* (1876).

BROWNING [bʀɔniŋ] *n. m.*

(1906) *Vieilli.* Pistolet automatique à chargeur → **Colt**. *Des brownings.* — REM. : Absent dict. de l'Académie 1932.

« Si vous sentez un gentleman vous presser, à travers sa poche, de son canon de browning, en souriant, à midi, en pleine Cinquième Avenue, souriez aussi et n'allez pas rentrer en criant dans la banque, d'où vous sortez. »   P. MORAND, *New-York*, p. 90 (□ 1930).

« le jeune garçon se reprochait d'être monté, trop vite, cacher son revolver, alors qu'il aurait dû le conserver sur lui. C'était un gros browning, parachuté sans doute, en même temps que d'autres, dans la région. »   CARCO, *Les Belles Manières*, p. 115 (□ 1945).

✳ Mot américain (1905) abrév. de *Browning pistol, revolver* (1905) ; du nom de l'inventeur américain John M. *Browning* (de l'Utah).

BRUNCH [bʀœntʃ] ou [bʀœʃ] *n. m.*

(mil. XXᵉ s.) Breakfast pris tardivement, et assez copieux pour servir aussi de déjeuner. *Le brunch du dimanche.*

« Breakfast ou brunch (pardonnez ce franglais !...), ce petit déjeuner nouvelle manière devient un rite ; c'est un vrai repas pris plus longuement et qui nécessite un décor choisi. Pour le menu, la fantaisie est permise : viande froide, œufs au bacon, terrine... des laitages, des céréales et bien sûr beaucoup de fruits, du pain, du beurre, de la confiture et du thé, du café, ou du chocolat pour les enfants. »
Maison française, numéro spécial 1971, p. 86.

✳ Mot-valise anglais *brunch* n. (1896) formé par un amalgame de *br(eakfast)* « petit déjeuner » et *(l)unch* « déjeuner ». Le brunch, qui réunit deux repas, est commode lorsqu'on se lève très tard. Néanmoins on peut se demander quel sera ou serait son succès en France : comme on le sait, le Français se passe facilement de petit déjeuner pour attendre le repas principal, alors que l'Anglais exige d'abord son breakfast, le déjeuner ayant moins d'importance. La prononciation de *brunch* en français s'aligne tout naturellement sur celle de *lunch*, comme en anglais. Les mots *petit déjeuner* et *déjeuner* ne se prêtent pas du tout à la formation d'un mot-valise comme en ont produit *breakfast* et *lunch*. Le français a formé sur *brunch*, le verbe intransitif *bruncher*.

BRUSHING [bʀœʃiŋ] *n. m.*

(1966) Technique de mise en plis où les cheveux sont mouillés, puis coiffés à la brosse ronde en même temps qu'ils sont séchés au séchoir.

✳ Le mot anglais (1460) signifie tout simplement « brossage » et plus souvent, en anglais moderne « nettoyage des haies » (et d'autres sens techniques). Mais le procédé déposé par les artistes capillaires est précis, et les professionnels seraient frustrés par un mot trop général comme *brossage*. Les équivalents français *(séchage-brossage ; séchage à la brosse)* n'ont qu'un succès d'estime.

BUDGET [bydʒɛ] *n. m.*

(1764) Acte par lequel sont prévues et autorisées les dépenses et les recettes annuelles de l'État, des Administrations publi-

ques. — (1801) Revenus et dépenses d'une famille, d'un groupe.
— REM. : Signalé dans le dict. de l'Académie 1835.

« Pitt a souvent, dans ses budgets ou projets d'impôts, fait allusion
à l'état des finances de la France. »

T. PAINE, *Droits de l'Homme*, 1791 [*in* Mackenzie].

« Le budget vient d'être voté ; avant le vote une voix courageuse a
écarté le voile et a mis à nu les artifices, à l'aide desquels on était arrivé
à cet équilibre si laborieusement recherché [...]. »

J. B. HERMAN, in *La Mode*, 25 mai 1853, p. 399.

« Elle râle parce que les cotisations, les journaux, les listes de
souscriptions, grèvent leur budget. »

R. VAILLAND, *Bon pied, bon œil*, p. 25 (□ 1950).

✱ Emprunté à l'anglais *budget* (1733), d'abord « sac de voyage,
bourse, cassette », *vx* (xvᵉ s., sous les formes *booget, bowget,
boudget*, etc.) encore employé au figuré en ce sens : *a budget of
paradoxes* (Oxf. dict.), *a budget of inventions* (Webster's dict.). Le sens
financier vient de ce que le Chancelier de l'échiquier était dit *« open his
budget »* (« ouvrir sa bourse [pour l'année à venir] »). *Budget* est lui-
même emprunté au moyen français *bougette* (xvᵉ s.-xviiᵉ s.) diminutif
de *bouge* « valise » et « poche », latin *bulga* d'origine gauloise (*bouge*
est le même mot que notre *bouge* actuel « café mal famé »). Voici deux
emplois du terme *bougette* au xviᵉ s. : *« je te donne ma bougette [...]
Il y a six cens seraphz dedans, et quelques dijamans et rubiz en
perfection »* (Rabelais, II, 14, p. 251, Pléiade). *« Un marchand, quand il
se voit entre les mains des brigans, il ne fait point scrupule de jetter la
bougette s'il s'en peut fuir »* (Calvin, Serm. Timothée, 48, LIII, 573).
Bougette a eu au xviᵉ s. les sens figurés signalés en anglais pour
budget : *« pleines bougettes de nouvelles* (Rabelais, *Pantagruel*, Pro-
gnost.). — Le mot *budget* a été repris tardivement aux Anglais d'abord
pour parler du système anglais qui seul, à l'époque, avait un plan fixe
de dépenses et de recettes. On l'a appliqué aux finances françaises en
1806 ; on disait auparavant *état de prévoyance, plan de finance. Budget*
a une graphie et une prononciation qui peut convenir au système
français : personne, à notre connaissance, n'exige que l'on rétablisse
bougette (les députés ont voté la bougette !), même pas Étiemble.

« Pour moi, monsieur le Comte, si j'étais français, je veux que le diable
m'emporte et me croque tout en vie, si jamais je pouvais me résoudre à prononcer
le mot *budget*. Est-ce que Sully et Colbert ne savaient pas dresser leurs comptes
sans parler anglais ? »   J. de MAISTRE, *Lettre au vicomte de Bonald*, 29 mai 1819.

« Nombreux sont les vocables qui ont fait ainsi un voyage d'aller et retour par-
delà le *channel* [...]. Voici le *budget*, habitué à la navette du Palais-Bourbon au
Luxembourg, et qui est notre ancienne "bougette" ou malette [...]. »

G. COHEN, in *Vie et Langage*, mai 1955, p. 232.

✱ Le français a formé sur *budget* les dérivés *budgétaire* adj. (1825)
budgétivore, adj. et n. (1846) *budgétiser* v. tr. (1959, d'abord *budgéter*
1872).

BUFFALO [byfalo] *n. m.*

(1796) Bison d'Amérique. *Des buffalos.* — REM. : Absent des
dict. de Littré et de l'Académie.

« L'indien tire du bœuf sauvage sa nourriture, son vêtement. Il
mange sa chair qu'il fait sécher au soleil, tandis que le blanc arrache
seulement la langue de l'animal, morceau des plus délicats. La peau du
bison, tannée, et conservant encore sa toison, porte le nom de robe.
Avec les peaux de castor, c'est le principal objet d'échange de l'Indien
avec les traitants des Prairies. Une belle robe de *buffalo* se vend
aujourd'hui vingt piastres ou cent francs [...]. »

L. SIMONIN, *Le Far-West américain* [1867], p. 235 (□ 1868).

✱ Mot anglais (xviᵉ s.) lui-même emprunté du portugais *bufalo* (mod.
bufaro), correspondant à l'italien *bufalo* (d'où est issu le français *buffle*) ;
buffalo est attesté en américain en ce sens particulier dès 1635.
Employé en français dès 1796 (D. D. L., 2ᵉ série, 21, 1982), le mot n'a
jamais été codé dans la langue ; il est toujours présenté avec les signes
graphiques de l'emprunt ; mais la forme est bien connue du fait du
surnom de Bill Cody, dit *Buffalo Bill*.

BUGLE [bygl] *n. m.*

(1845 ; « clairon à pistons », 1836) Nom donné à quatre types de saxhorns, instruments à vent en cuivre couramment utilisés dans les orchestres militaires et les orphéons. — REM. : Signalé dans Littré 1863 ; absent des dict. de l'Académie.

« Des musiques variées accompagnaient ces différentes activités, et le chant lancinant de multiples transistors était parfois couvert par des chœurs en langues étrangères avec accompagnement de cornemuse, de bugle ou d'orcarina. Des personnages particulièrement optimistes poussaient de grands cris de satisfaction en percutant leur poitrine avec leurs poings pour évoquer le roulement du tambour. »
R. QUENEAU, *Les Fleurs bleues*, p. 46 (□ 1965).

✱ Emprunté à l'anglais *bugle,* abréviation de *bugle-horn* (XIVᵉ s. « cor fait d'une corne de bœuf ») de *bugle* « jeune bœuf » et *horn* « cor » qui vient lui-même de l'ancien français *bugle* au même sens (XIIIᵉ s.), du latin *buculus* « jeune bœuf », diminutif de *bos, bovis.* Le bugle en métal semble avoir été fabriqué au XIXᵉ s. en Angleterre. Le mot est revenu intact en français après cinq siècles d'exil.

BUILDING [bildiŋ] *n. m.*

(1895) Vaste immeuble moderne à nombreux étages. *Des buildings.* — REM. : Absent du dict. de l'Académie 1932.

« L'art des grands buildings marque le début d'une architecture incomparable et digne des éloges décernés à toutes les anciennes. »
P. ADAM, *Vues d'Amérique*, p. 89 (□ 1906).

« Généralement, l'opinion dénigre ces tours carrées qu'on édifie dans toutes les villes américaines, aux lieux où le prix excessif du terrain oblige les entrepreneurs à regagner sur le plan vertical l'espace trop mesuré sur l'horizontal. Les personnes qui se piquent de goût affectent de blâmer ce genre de bâtiments. À tort, je pense. La hauteur même de ces "buildings" les exempte évidemment de la massivité qu'on leur reproche. »
Ibid. pp. 75-76.

« La seule lumière venait du building voisin : un grand rectangle d'électricité pâle [...]. »
MALRAUX, *La Condition humaine*, p. 181, Pléiade (□ 1933).

« L'autobus s'arrêta au milieu de Main Street : cinémas, magasins, et des buildings massifs qui abritent les banques. »
S. de BEAUVOIR, *L'Amérique au jour le jour,* 19 fév. 1947, p. 89 (□ 1954).

« de l'autre côté, c'était toute une bande d'hommes bien habillés, des employés peut-être, sortant de ces buildings à bureaux des Champs-Élysées. »
E. TRIOLET, *Roses à crédit*, p. 296 (□ 1959).

✱ Mot anglais *building* n. (1297) « bâtiment, construction » (« action de construire » et « ce qui est construit, bâtiment »). Se dit de toute construction permanente quelle que soit sa taille. C'est évidemment le sens de « grande construction » qui a été retenu en français, la chose étant nouvelle en Europe. Tel quel, le mot est mal assimilé ; on entend parfois [bɥildiŋ], populaire. Il ne semble pas qu'on doive s'inquiéter de ce mot qui s'emploie de moins en moins, tout au moins pour parler de la construction française (on dit souvent *grand immeuble, immeuble, tour...*).

BULL-DOG → BOULEDOGUE.

BULLDOZER [buldɔzœʀ] ou fam. [bɥldɔzɛʀ] *n. m.*

(1945) Engin très puissant, sur tracteur à chenilles, utilisé pour les travaux de terrassement.

« Je suis dans un business tout ce qu'il y a de régulier, dans la construction, avec des *bulldozers* et tout le tremblement. »
SIMENON, *Un nouveau dans la ville,* p. 156 (□ 1949).

« Mais Katchadourian, perdant la raison, se précipita, chargea le malheureux avant à la façon d'un bulldozer. Rolcôte, catapulté, fut déplacé de trois mètres et resta inanimé sur le terrain. »
                                    R. FALLET, *Le Triporteur*, p. 381 (□ 1951).

« certaines manifestations du Land Art comme celle qui consiste à utiliser des bulldozers pour creuser dans le Nevada une œuvre éphémère qui sera comblée un jour par la poussière et des vents du désert... mais qui est déjà achetée par un collectionneur allemand et un collectionneur russe. »   P. RESTANY, in *Plaisir de France*, juin 1971, p. 6.

✻ Mot américain (1930, en ce sens), de *to bull-dose* ou *bull-doze* « intimider », fig. de « fouetter », de *bull-dose* « volée de coups de fouets » littéralt. « dose *(dose)* de taureau *(bull)* ». *Bull-doze* n. (1876) s'est dit de l'intimidation des Noirs qui voulaient voter en Louisiane *(fam.)*, intimidation organisée par les *bulldozers*. Il semble que l'emploi de *bulldozer* pour la machine soit un figuré de ce sens. Très courant en français où il a surtout des emplois métaphoriques, il garde une graphie anglaise mal assimilable. On a songé à la francisation *bouledoseur,* malheureusement gênante pour le sens (« doseur de boules » ?). La seule francisation qui nous semble convenir est *bouldozeur* ; elle a été acceptée par l'Académie (*in* Gilbert) ; Cf. pour cette question *Bouledogue*. Le Comité d'étude des termes techniques français a proposé une traduction : *boutoir à lame* ou *boutoir*. L'Administration recommande officiellement le terme *Bouteur*. → aussi **Angledozer**.

« des gens comme Queneau ou Perret, des écrivains qui ont démontré qu'un *bulldozer*, un *ketch* ne leur en imposent pas, et qu'on en fait très fidèlement un *bouledoseur* ou un *quèche*. »   ÉTIEMBLE, *Parlez-vous franglais ?*, p. 324 (□ 1964).

BULL-FINCH [bulfinʃ] *n. m.*

(1829) Obstacle d'hippodrome, talus de terre couronné d'une haie. *Des bull-finches.* — REM. : Ce mot est absent des dict. de Littré et de l'Académie.

« Les bull-finches sont des haies vives. »
                                    Journal des haras, 1829 [*in* G. Petiot].

✻ Mot anglais (début XIXe s.), altération de *bull-fence* « clôture à taureaux ». Ce mot a été emprunté en français avec des quantités d'autres termes anglais de hippisme. Il s'intègre mal au système français.

BULL-TERRIER [bultɛrje] *n. m.*

(1859) Chien issu d'un croisement entre le bouledogue et le terrier blanc anglais (c'est un terrier qui a le corps trapu d'un bouledogue), courageux, fidèle, bon ratier.

« Ce qu'ils virent, ce fut la rencontre, entre quatre cordes tendues, de deux hommes, l'un blanc et l'autre noir, qui se jetèrent l'un sur l'autre comme deux bull-terriers [...]. »
                                    L. HÉMON, *Battling Malone*, p. 173 (□ 1911).

✻ Mot anglais (1848) de *bulldog* (→ **Bouledogue**) et *terrier* (XVe s., lui-même emprunté de l'ancien français *chien terrier*, 1375, « chien qui fait sortir les bêtes de leur terrier »). Le bull-terrier n'est pas très répandu en France. On pourrait franciser la forme du mot (attesté Stanley, 1878) en l'harmonisant avec celle de *bouledogue*. Mais la présence de *boule* est gênante du point de vue du sens.

BUMPER [bœmpœʀ] *n. m.*

(v. 1960) Borne ou plot sur lequel la bille métallique d'un billard électrique (→ **Flipper**) rebondit. *Des bumpers.*

« le petit garçon attentif et nerveux secouait le casier de métal de toutes ses forces. Il attendait les coups des bumpers, et surveillait les chiffres qui s'inscrivaient sur le tableau illuminé. »
                                    LE CLÉZIO, *Le Déluge*, p. 85 (□ 1966).

✻ Mot anglais « pare-choc de voiture » et « plot lumineux routier » de *to bump* « heurter, rebondir », passé en français avec le vocabulaire des flippers (billards électriques), sens américain (1838). Ce mot pourrait être traduit par *plot* en français.

BUN [bœn] *n. m.*

(1827) Sorte de pain au lait de forme arrondie, avec des raisins ou non. — REM. : Absent de tous les dictionnaires français jusqu'à ce jour.

« les membres des deux Chambres descendaient de cheval à sa porte, et venaient manger des *buns* et des *mince-pies* en continuant la discussion sur le Bill. »
A. de VIGNY, *Stello*, in *Œuvres complètes*, p. 654 (□ 1831).

« Scones, buns et muffins, grosse bouilloire de vieil argent, cuillers minuscules au manche terminé par une petite boule, marmelade d'oranges douces, marmelade d'oranges amères, gâteaux crémeux, gâteaux légers [...]. Seul mangeait l'adolescent sombre [...]. »
M. DRUON, *Rendez-vous aux enfers*, p. 159 (□ 1951).

« Elle sait que bientôt il sera temps de faire griller les "buns" et de sonner la cloche pour le thé. »
N. SARRAUTE, *Tropismes*, p. 108, éd. de Minuit, 1960 (□ 1957).

✳ Mot anglais (XIVᵉ s.) d'étymologie obscure, probablement emprunté à l'ancien français *bugne* (*buignet* XIIIᵉ s., puis *beignet*). Il n'est usité en français que pour parler de l'Angleterre, la chose n'étant pas consommée, du moins sous ce nom, chez nous → aussi **Muffin.**

BUNGALOW [bœ̃galo] *n. m.*

1° (1808, *bungaloe*) Maison indienne basse, en bois, entourée de vérandas. *Des bungalows.*

« Les plus importantes de ces constructions ressemblent aux bunga-lows des Indes ; le toit est plat et s'avance de manière à couvrir une galerie extérieure, bien treillissée, basse et ombreuse, appuyée sur des poteaux. » R. BURTON, *Voyage à la cité des Saints* [1861], p. 364 (□ 1862).

« tu n'as pas entendu le tapir. Il est venu pourtant cette nuit. Il a ronchonné et reniflé pendant une heure sous le bungalow. »
H. FAUCONNIER, *Malaisie*, p. 31 (□ 1930).

« Nous avions atteint le village nègre. De là partaient deux chemins divergents : l'un conduisait au bungalow de Bullit, l'autre, beaucoup plus bref, au camp des visiteurs où j'avais ma hutte. »
J. KESSEL, *Le Lion*, p. 186 (□ 1958).

2° Petite maison de plain-pied en construction légère, qui sert aujourd'hui de maison de campagne. — Petite construction individuelle pour les clients d'un hôtel, d'un club, etc.

« Elle avait fait construire près de Fontainebleau un bungalow, à la lisière de la forêt, où elle allait souvent passer la fin de la semaine. »
A. MAUROIS, *Climats*, pp. 217-218 (□ 1928).

« Des ponts de chemins de fer, des bungalows de bois, des maisons-bateaux, des tentes de boy-scouts, des roulottes automobiles se sont plantés aux environs [...]. » P. MORAND, *Londres*, p. 137 (□ 1933).

✳ Mot anglais (1676), altération de l'hindou *bangla*, « du Bengale », nom de cette construction (XVIIᵉ s.). *Bungalow*, attesté en français en 1808 sous la forme *bungaloe* (D. D. L., 2ᵉ série, 21, 1982), est partiellement francisé pour la prononciation (on entend même parfois [bœ̃galɔv] *pop.*). Ce mot est absent des dict. de Littré et de l'Académie.

BUNKER [bœnkœʀ] *n. m.*

(1902) *Golf.* Sorte de fossé sablonneux placé avant le green* pour rendre son accès plus difficile.

« Coup de mashie dans un "bunker". »
La Vie au grand air, 7 déc. 1907 [*in* G. Petiot].

✳ Mot anglais (début XIXᵉ s.) emprunté comme la plupart des termes de golf. Ne pas confondre avec *bunker* [bunkœʀ] « abri », d'origine allemande. Attesté en 1902 dans Petiot.

BUNNY [bœni] *n. f.*

(v. 1965) Jeune femme employée d'un bar, d'un night club aux États-Unis, qui sert les consommations dans un costume très déshabillé comportant des oreilles et une queue de lapin. Plur. *Bunnies* [bœniz].

« Un stade en demi-cercle, comme un théâtre antique, où des milliers de trouffions assistent aux ébats des "bunnies" de "Playboy". Livrées par hélicoptères, ces dames ondulent sur un rythme de rock en se caressant avec des revolvers. » *L'Express,* 19 mai 1979, p. 47.

✳ Mot américain, abrév. de *bunny girl* ou *Bunny girl*, désignant un personnage érotique apparu dans la revue *Playboy* en 1960, qui fonctionne comme symbole social. De *bunny* « petit lapin », nom affectueux donné à un lapin, un enfant, de *bun* « lapin » (région.) peut-être apparenté à *bun* « queue de lièvre », d'origine inconnue. Au sens ci-dessus traité, *Bunny* a probablement été influencé par l'américain *bun* (« postérieur ») et *buns* (« fesses »), autre mot (proprement « petit pain »). L'érotisme des bunnies laissent les Français perplexes car ils n'ont pas les traditions animalières et burlesques dont les anglo-saxons sont friands (par ex. dans les dessins animés). On a tendance à appeler *bunnies* toutes les serveuses de restaurants élégants qui montrent généreusement leurs cuisses, aux États-Unis ou ailleurs.

BURLESQUE [byʀlɛsk] *n. m.*

(1930) Spectacle de variétés (chansons, danses, imitations, strip-tease, etc.) où la caricature comique s'allie à un réalisme pénible, à la laideur.

« J'aime la vulgarité, la drôlerie forte, l'obscénité élisabéthaine de certains pitres adorés du public des *burlesks*. C'est le bas New-York à l'état pur. Dans Broadway, le *burlesk* est devenue [sic] *burlesque* (le *k* allemand a disparu entre la 14ᵉ et la 35ᵉ rue ; nous sommes dans un quartier plus élégant, qui a droit à la terminaison française) [...]. » P. MORAND, *New-York,* p. 170 (□ 1930).

— Endroit où l'on donne ce genre de spectacle.

« Nous nous sommes assis dans un burlesque pour regarder des femmes se déshabiller en musique [...]. » S. de BEAUVOIR, *Les Mandarins,* p. 306 (□ 1954).

✳ Mot américain (1857), spécialisation de sens de l'anglais *burlesque* n. « caricature grossière et moqueuse de ce qui mérite le respect », lui-même emprunté du français *burlesque*. Ce genre de spectacle s'est créé à la fin du XIXᵉ s. aux États-Unis ; on ne sait si, comme semble l'indiquer Paul Morand, il est d'inspiration germanique, mais le contenu du spectacle pourrait le laisser supposer (utilisation érotique de vieilles femmes, notamment). Ce spectacle ne s'est pas répandu hors des États-Unis.

BUS [bys] *n. m.*

(mil. XXᵉ s.) *Inform.* Conducteur commun à plusieurs circuits permettant de distribuer des informations ou des courants d'alimentation.

« Une configuration microprocesseur susceptible de traiter de l'information est organisée autour des trois unités fonctionnelles citées plus haut, et qui sont reliées entre elles par des lignes électriques — appelées "bus" — chargées de la circulation des informations et de la synchronisation des différents organes. » A. WARUSFEL, « L'heure de la micro-informatique », in *Sciences et Avenir,* n° spécial 36, nov. 1981, p. 10.

✳ De l'anglais *bus conductor* (1902, Oxford 2ᵉ Suppl.) ou *bus bar* (1893, Oxford 2ᵉ Suppl.) de *bus,* abrév. de *omnibus* « pour tous usages ».

BUSH [buʃ] *n. m.*

(1859) Type d'association végétale adaptée à la sécheresse formée d'arbres isolés (baobabs) et de buissons bas que l'on rencontre en Afrique orientale, à Madagascar et en Australie. — REM. : Absent du dict. de l'Académie 1932.

« Après avoir fait environ sept milles de chemin, nous entrâmes dans le bush[1], qui commençait où finissait alors la culture.
1. *Bush* (buisson), l'ensemble des terrains vagues, forêts ou taillis qui couvrent l'intérieur de la contrée. »
             H. de CASTELLA, *Souvenirs d'un squatter français en Australie*
                                     [1854-1859], p. 86 (□ 1861).

« Le morne aspect de la brousse ou du *bush* était agrémenté depuis hier par des fleurs, peu apparentes, tubulaires et charnues, blanc crème. »   A. GIDE, *Le Retour du Tchad,* 7 avril 1926, p. 965 (□ 1927).

✳ Mot anglais (1523) « terrain buissonneux », ancien anglais *busk* du latin *boscus* « bois », d'origine germanique. Dans un récit du *Tour du monde,* t. XVI, 1ᵉʳ semestre 1888, p. 170, on parle déjà du « *bush* australien ». Ce type de végétation étant représenté essentiellement dans les anciennes colonies anglaises (Afrique Orientale, Australie), il est normal qu'on ait gardé le mot anglais qui la désigne. On pourrait préférer *le buisson,* qui ne se dit pas et qui évoque une autre réalité.

BUSINESS ou BISENESS *(fam.)* [biznɛs] *n. m.*

(1884) *Vx.* Les affaires, et essentiellement le commerce. — *Vieilli.* Travail professionnel. *Le business avant tout.*

« Il y a le fracas du *business,* mais pas une parole perdue, ni un geste inutilement dépensé. »
                 J. VALLÈS, *La Rue à Londres,* 1884 [*in* D.D.L., 1ʳᵉ série].

« C'est emmerdant les philanthropes. J'aurais préféré pour ma part un petit business municipal... Des vaccinations en douce... Un petit condé de certificats... Un bain-douche même... »
                                     CÉLINE, *Mort à crédit,* p. 13 (□ 1936).

— SPÉCIALT. *(Vieilli)* Travail de la prostituée (argot de 1900).

« la sensiblerie des filles, voire le béguin que l'une d'elles peut avoir pour vous ou l'intérêt romanesque qu'elle peut porter à un client s'arrête au déduit, aux bagatelles de la porte, si j'ose dire. Que voulez-vous, *le business c'est le truc,* et l'on a des principes chez les filles, et il faut être Tolstoï pour croire le contraire. »
                     CENDRARS, *Bourlinguer,* p. 66, Denoël (□ 1948).

« Les gars des cargos t'app'laient leur frangine ;
Tu gagnais dix bobs en un tournemain.
Après le bisnesse sur le quai des brumes
Et la rue du Grand-Pont, c'était l'Chabannais. »
                         P. MAC ORLAN, *Chanson pour la barmaid*
                                     du « Critérion », p. 131 (□ 1923).

✳ Mot anglais de *busy* « occupé » et *-ness,* indiquant originellement un état. *Busy,* qui vient de l'ancien germanique *bezich,* aujourd'hui *bezig,* est apparu vers le XIIIᵉ s. avec la forme *bisy (bisaie,* etc.) ; un *u* a remplacé le *i* au XVᵉ s. mais la prononciation s'est conservée (d'où le rapport bizarre entre graphie et prononciation). *Business* a d'abord signifié « état de celui qui est occupé, activité », *vx* (aujourd'hui *busy-ness*), puis « objet de préoccupation » (XIVᵉ s.), « travail, tâche » (XVᵉ s.), « affaires, commerce » (XVIIIᵉ s.) ; le sens de « relations sexuelles » (*vx,* 1630) est sans rapport avec le sens français de « prostitution », qui vient de celui de « travail ». Ce mot anglais nous est venu par l'Amérique, avec le vocabulaire des affaires du nouveau modèle d'Outre-Atlantique, si frappant à l'époque. On le rencontre déjà au milieu du XIXᵉ s. dans un texte français, mais il s'agit d'une allusion au mot américain (L. Deville, *Voyage dans l'Amérique septentrionale,* 1854-1855, p. 238 :

« j'entends répéter autour de moi le mot sacramentel *business* »). Aujourd'hui, il n'a plus que des emplois dérivés, assez courants d'ailleurs. Avec sa graphie anglaise, *business* constitue vraiment un corps étranger en français ; la graphie semi-francisée *biseness* bien que familière doit se généraliser. On lui préférerait même *biznesse* (graphie attestée en 1892) pour éviter l'évocation d'une embrassade (*bise* n. f. « baiser »). On trouve la graphie *bizenèce* chez Boris Vian (*Vercoquin et le Plancton*, p. 56).

BUSINESSMAN ou BISENESSMAN (*pluriel* -MEN)
[biznɛsman, mɛn] *n. m.*

(1871) Homme d'affaires américain, ou de style américain.

« La locomotive entraîne à bon compte les véhicules des touristes et de *business-men*, vers les quatre points cardinaux, vers les gorges de Colorado-Spring, le parc de Yellow-Stone, ou les cataractes fameuses de Niagara-Falls [...]. »   P. ADAM, *Vues d'Amérique*, p. 244 (□ 1906).

« Quant à moi, je suis un véritable *business man* et je vais introduire dans cette armée des méthodes nouvelles et modernes. »
        A. MAUROIS, *Les Discours du docteur O'Grady*, p. 75 (□ 1922).

« La quatrième planète était celle du businessman. Cet homme était si occupé qu'il ne leva même pas la tête à l'arrivée du petit prince. »
        SAINT-EXUPÉRY, *Le Petit Prince*, p. 45, Gallimard, 1952 (□ 1943).

✳ Mot anglais *(businessman)*, d'abord *man of business* (XVIIe s.) qui nous est arrivé par l'américain. Très employé en français, surtout au mode ironique ; il connote la richesse, l'efficacité, la dureté. La forme familière est plus rare que pour *business* ; le pluriel en *businessmen* est encombrant (→ **-man**).

BUSINESS SCHOOL [biznɛsskul] *n. f.*

(v. 1970) En Amérique, École de commerce.

« C'est une carrière de banquier à faire rêver les jeunes loups. Mais elle ne passe par aucune business school. »   *L'Express*, 9 oct. 1972, p. 116.

« Dès que les études se "démocratisent", elles perdent leur "valeur" ; la barre à passer pour trouver un job intéressant est réhaussée de plusieurs crans : à la place d'une licence, il faut un doctorat ou un diplôme d'une business school prestigieuse. »
        Le Nouvel Observateur, sept. 1973, p. 23.

✳ Mot américain (1916), de *business* et *school* « école », apparu récemment dans la presse, mais non admis dans l'usage courant.

BYE BYE ! [bajbaj] *interj.*

(XXe s.) *Fam.* Au revoir ! adieu !

« Il faut dire "bye-bye" à ces beaux après-midi. »
        Paris-Sports, 2 janv. 1934 [*in* I.G.L.F.].

— Abrégé en *bye.*

« — Bon, au revoir les filles, je me casse. Vous direz au revoir aux autres pour moi. Allez bye ! »   A. SARRAZIN, *La Cavale*, p. 318 (□ 1965).

✳ Expression anglaise, forme familière (1709) de *good-bye ;* aussi *bye* (XVIIe s.) ; *good-bye* est lui-même une déformation de *God be with you* « Dieu soit avec vous » par contamination de *good night* (bonne nuit), etc. *Good-bye* apparaît en français en 1834 mais n'a jamais fonctionné que comme une citation. Au contraire *bye bye* est devenu courant (familier) dans la bourgeoisie française, surtout entre les deux guerres. Aujourd'hui il vieillit, détrôné depuis une vingtaine d'années par le *ciao* [tʃao] italien qui s'est répandu dans toutes les classes sociales.

BY-PASS [bajpɑs] *n. m.*

(mil. XXe s.) *Techn.* Canal ou tuyauterie de dérivation permettant de dévier un fluide. — Robinet ou vanne qui commande ce dispositif. — *Méd.* Opération de « pontage » destinée à rétablir la circulation sanguine en cas d'oblitération artérielle. — *Circulation routière.* Route, bretelle de contournement.

∗ Anglais *by-pass* n. (1848, au premier sens ; 1957, au deuxième ; 1922, au troisième), de *by-* « le long de », « à côté de », et *pass* n. « passage ». Au premier sens, l'Administration recommande le terme [*circuit de*] dérivation (*Journal officiel,* arrêt du 12 août 1976) ; la commission du dictionnaire de l'Académie de médecine préconise également *dérivation* en remplacement de *by-pass* (in *Le Monde,* 9 mars 1967).

BYTE → OCTET.

C

CAB [kab] *n. m.*

(1848) Cabriolet à deux hautes roues, tiré par un cheval, où le cocher placé à l'arrière tient les rênes par-dessus le toit.

« Je n'aurais qu'à dire que ma robe n'a pas été prête, que mon cab est venu en retard. Il y a toujours moyen de s'arranger. »
PROUST, *Du côté de chez Swann*, p. 217 (□ 1913).

« Au débarquer du coche, les voyageurs hèleront un de ces cabs récemment inventés par M. Hansome, de Birmingham. "Hansome cab, gondole de Londres" disait lord Beaconsfield [...]. »
P. MORAND, *Londres*, p. 44 (□ 1933).

« À Oxford, j'ai appris que pour faire monter une dame dans un cab, il faut poser le bras contre la roue pour que sa robe ne se salisse pas ! Le cab enfonce sans bruit dans le passé ; on n'entend plus que le grelot sur le cou du cheval ; dans le brouillard du temps perdu, apparaît le sommet des roues hautes comme des roues de vélocipède. »
P. MORAND, *Ibid.*, p. 175.

✶ Mot anglais *cab* (1827), abréviation de *cabriolet* (1789), lui-même emprunté au français, désignant une voiture à deux roues et un cheval, puis en 1834 ce type de voiture avec cocher à l'arrière sous le nom de *hansom cab, hansom** (du nom de l'inventeur anglais). Il semble que le mot *cab* a surtout désigné le « hansom » en français, mais il s'est employé aussi, en France comme en Angleterre, pour des voitures à quatre roues avec le cocher à l'avant. Le cab était élégant et à la mode pendant la seconde moitié du xixᵉ siècle et fut vulgarisé lors de l'exposition de 1889. Le premier emploi du mot est de Th. Gautier. La forme *hansom cab* s'est employée en français, avec un renforcement de snobisme :

« Mᵐᵉ Swann manquait rarement d'adopter les usages qui passent pour élégants pendant une saison et, ne parvenant pas à se maintenir, sont bientôt abandonnés (comme beaucoup d'années auparavant elle avait eu son *hansom cab*, ou faisait imprimer sur une invitation à déjeuner que c'était *to meet* un personnage plus ou moins important). »
PROUST, *À l'ombre des jeunes filles en fleurs*, p. 546 (□ 1918).

✶ On trouve *cabby*, « conducteur de cab », de l'américain (1900) :

« Murlyton haussa les épaules et, montrant une livre sterling au "cabby" juché sur son siège.
— Vous voyez ceci ? fit-il paisiblement.
— Oui, gentleman !
— C'est à vous si vous distancez le cab. »
P. d'IVOI, *Les Cinq Sous de Lavarède*, p. 182 (□ 1894).

CABIN-CRUISER [kabinкʀuzœʀ] *n. m.*

(1979) Yacht de croisière à moteur.

« On se doute que les agents du fisc ont fait des ports de plaisance de la Côte d'Azur leur terrain de chasse de prédilection. Aussi certains chantiers commencent-ils à se reconvertir. Un constructeur américain a été remarqué à Monaco parce qu'il propose des cabin-cruisers moins traditionnels, et surtout moins insolents. Leur pilotage n'exige pas la présence d'un professionnel. »   *L'Express*, 30 juin 1979, p. 81.

✳ De l'anglais *cabin cruiser* (1928) de *cabin* « cabine » et *cruiser* « croiseur ».

CABINE [kabin] *n. f.*

(1759) Petite chambre à bord d'un navire. *Une cabine confortable.* — REM. : Admis dans le dict. de l'Académie 1835.

« Tulloch se retrouvait en 1822 dans la même ville que moi, dans la même rue que moi ; la porte de sa maison était en face de la porte de la mienne, ainsi que nous nous étions rencontrés dans le même vaisseau, sur le même tillac, cabine vis-à-vis de cabine. »
         CHATEAUBRIAND, *Mémoires d'outre-tombe*, t. I, p. 276 (□ 1822).

« La première chose qui frappe en arrivant dans la cabine, c'est la recommandation particulière de vous mettre en défiance contre les *pickpockets.* »   X. EYMA, *La Vie aux États-Unis*, p. 84 (□ 1876).

✳ Mot anglais (*cabbyne* XVIᵉ s., Palsgrave ; *caban* XIVᵉ s.) emprunté à l'ancien français *cabane* (1367) « petit abri, maison sommaire » du prov. *cabanna*, latin tardif *capanna* « hutte ». *Caban* a été appliqué en anglais aux logements sur les bateaux (les formes en *y, i* sont du XVIᵉ s.). On disait *cabane* en français au XVIIᵉ siècle (dict. de Richelet, 1680) et encore au XVIIIᵉ siècle, comme en témoigne ce texte :

« Une heure après être resté dans la cale tout mouillé, l'on me fit la grâce de m'appeler sur le pont [...]. Il y avait une cabane ; le miscemand (midshipman) m'y conduit, vu que c'était sa cabane. Il [...] ferma la porte de la cabane en me souhaitant un bon repos. »
         Mémoire de Louis Poure, matelot corsaire (1781), cité par Jean Merrien, *Le Livre de la mer*, pp. 115-116, Laffont, 1958.

✳ La forme anglaise *cabine* a donc remplacé *cabane* dans ce sens. — REM. : On relève *cabine* en 1688, « petite maison », anglicisme qui n'a pas vécu (*Mackenzie*, p. 84) → **Logcabin.**

Enfin, le mot a été réemprunté à l'anglais (1908) pour l'habitacle d'un avion, puis à l'américain (1962) pour désigner les habitacles spatiaux. *Cabine Apollo.*

« les premières cabines habitées américaines quittaient leur orbite terrestre et pénétraient dans l'atmosphère comme des boulets de canon en suivant une trajectoire purement balistique. Les pilotes ne pouvaient donc pas diriger leur entrée, et les cabines étaient simplement freinées par l'atmosphère. Avec les cabines Gemini s'amorça une évolution : ces cabines étaient légèrement portées par l'air, mais la portance était beaucoup plus faible que la traînée [...]. »
         Le Monde, 13 déc. 1972, p. 21.

CABINET [kabinɛ] *n. m.*

(1708) Ensemble des ministres, en régime parlementaire. — REM. : Enregistré seulement dans le dict. de l'Académie 1835 dans ce sens.

« Si la lutte commencée entre la France impériale et la Russie recommençait entre la Russie et l'Angleterre, où le cabinet de Londres trouverait-il sur le continent les éléments d'une coalition contre la Russie ? »   BALZAC, *Chronique de Paris*, 24 fév. 1836, p. 24.

« S'agit-il de pensée humaine, ou d'un athlète qui s'élance pour le sprint final, d'un homme d'affaires qui cherche à faire face à ses échéances, d'un politicien qui travaille à la formation d'un cabinet ministériel ? »   J. F. REVEL, *Pourquoi des philosophes ?*, p. 28 (□ 1957).

✳ Le mot *cabinet*, de l'italien *gabinetto*, existe en français depuis le XVIᵉ siècle ; il a pris le sens ci-dessus à l'anglais *cabinet,* lui-même emprunté au français ; l'anglais *cabinet* (XVIᵉ s.) acquiert le sens d'« ensemble des ministres » au XVIIᵉ siècle (1644), par abrév. de *Cabinet Council* « Conseil du cabinet » (qui se réunit dans le *cabinet* « pièce privée pour les conseillers du roi, des ministres »). Mot répandu par Marat, selon Brunot (*H.L.F.*, t. IX, p. 744). Précédemment, on parlait du *cabinet du Roy* (1606, Nicot) pour désigner son conseil.

CÂBLE [kɑbl] *n. m.*

(1884) Câblogramme*. — REM. : Absent du dict. de l'Académie 1932.

« — Tu sais où est James ? J'ai reçu un câble de lui ce matin *(on n'envoie pas de lettres ni de cartes postales).* »
DANINOS, *Un certain Monsieur Blot*, p. 207, Hachette (□ 1960).

* Mot américain, *cable* (1883), forme abrégée de *cablegram* (1868). *Câble* existe en français depuis le début du XIVᵉ siècle avec le sens de « cordage, cordon... ».

CABLEMAN [kɑbləman] *n. m.*

(mil. XXᵉ s.) Agent de la radio ou de la télévision chargé de manipuler les câbles d'une caméra lors de ses déplacements dans les prises de vue. Plur. : *Cablemen.*

* Mot américain fait sur *cable* « câble » et *man* « homme », qui signifie « celui qui installe les câbles sous-marins » (attesté Webster 1933), « celui qui monte et répare les câbles électriques et télégraphiques » (attesté Webster 1966). Le *Journal officiel* du 18 janv. 1973 recommanda d'employer *câbliste* en français, et de réserver *câblier* pour l'installateur de câbles et *câbleur* pour le monteur de câbles électriques.

CÂBLER [kɑble] *v. tr.*

(1877) Envoyer (une dépêche) par câble télégraphique ; télégraphier. — REM. : Enregistré dans le dict. de l'Académie 1932.

* Adaptation de l'anglais *to cable* v., même sens (1871), de *cable* n. même origine que le *câble* français (latin *capulum*) qui apparaît au début du XIVᵉ siècle. *Câbler* n'avait en français que le sens d'« assembler des torons en câble » (1680).

CÂBLOGRAMME [kɑblɔgRam] *n. m.*

(1888) Télégramme transmis par câble sous-marin. — REM. : Absent du dict. de l'Académie 1932.

« Ces gens de peu de paroles apprécient ce dédain de la phraséologie qui lui a dicté cette semaine un remerciement à son peuple, concis comme un câblogramme. »
P. BOURGET, *Études et Portraits*, Études anglaises, 1888 [*in* T.L.F.].

« Les ondes détruisent l'espace comme les avions ; et le temps, beaucoup mieux.
Il est possible que la filière du théâtre nous égare, comme nous égarerait celle de la presse. Dans le seconde, la mutation se produisit lorsque entrèrent en jeu le câblogramme et la similigravure. »
MALRAUX, *L'Homme précaire et la Littérature*, p. 217 (□ 1976).

* Altération de l'anglais *cablegram* (1868), de *cable* « câble » et *-gram*, par analogie superficielle avec *telegram*. *Cablegram* aurait été forgé par un Américain : « The new word *cablegram* is used by a New York contemporary to characterise a telegraphic despatch. » (*Daily News*, 26 sept. 1868 [*in* Oxford dict.]).

CADDIE ou **CADDY** [kadi] *n. m.*

1° (1895, Petiot) Garçon qui porte les clubs du joueur de golf et le suit dans son parcours. *Des caddies* [kadi]. — REM. : Absent du dict. de l'Académie 1932.

« Et en tournant on arrivait le long du golf, avec ses petits groupes de joueurs, les caddies... » ARAGON, *Blanche ou l'Oubli*, p. 449 (□ 1967).

* Mot anglais *(cadet, caddee, caddie, cad)* emprunté au français *cadet* au XVIIᵉ siècle, et pour lequel la forme *caddie* s'est spécialisée, entre autres, avec le sens de « garçon de golf » (1857). Le caddie est un jeune garçon ou domestique (surtout autrefois), d'où l'idée de grand luxe attaché à ce sport. On sait que le vocabulaire du golf est dans sa presque totalité emprunté à l'anglais. Les joueurs de golf français tendent aujourd'hui à imposer, avec bon sens, la forme *cadet* pour *caddie* puisque l'anglais *caddie* n'en est que la déformation ; *cadet* a remplacé *caddie* dans les ouvrages techniques et les dictionnaires. Mais il est encore inconnu du profane comme remplaçant de *caddie*.

2° (1952) Petit chariot métallique à quatre roues dans lequel l'acheteur des magasins libre-service transporte ce qu'il a choisi. — Petit chariot à bagages mis à la disposition des voyageurs dans les gares, les aéroports.

« charmante ingénuité d'un voyageur qui s'extasie sur tout ce qu'il découvre de cette cité tentaculaire. Y compris les poncifs (le roller-catch ou ces "caddies" de supermarché). »   *L'Express*, 22 janv. 1973, p. 10.

✻ Mot anglais abrégé de *caddie cart* « chariot de golf à deux roues tiré par le joueur lui-même » (attesté en 1962, Oxford Suppl.), et qui désigne aussi, aux États-Unis, un petit chariot de manutention (Webster's Third 1966). L'emploi de *caddie* dans les magasins est strictement français (nom déposé en 1952) ; le *caddie* s'appelle *trolley* au Royaume-Uni et *cart* aux États-Unis.

CADOGAN [kadɔgɑ̃] ou **CATOGAN** [katɔgɑ̃] *n. m.*

(1768) Nœud ou ruban qui attache les cheveux sur la nuque ; cette coiffure. (La forme *catogan* est plus courante.) — REM. : Enregistré dans le dict. de l'Académie 1798 sous les deux formes.

« Parlons Coiffures : l'arrangement des cheveux s'harmonisant parfaitement avec nos chapeaux est, mieux qu'un chignon, le Catogan : vraie surprise, car il nous transporte en plein Directoire ! On se rappelle cette natte où ces deux nattes se repliant sur elles-mêmes ; et que retient maintenant un nœud assorti à la nuance du chapeau. Nos grand'mères et nos grands-pères eux-mêmes, il y a un siècle ont porté la chose. »
          MALLARMÉ, *La Dernière mode*, p. 747 (□ 1874).

« Moi, je crois que ces faux enfantillages font partie d'un rôle, comme ses jupes à larges nœuds et son catogan de postillon. »
          A. DAUDET, *Numa Roumestan*, p. 210, éd. Nelson (□ 1880).

✻ Mot anglais, nom du comte de *Cadogan* mort en 1726 qui aurait lancé cette coiffure en Angleterre. Pour *cadogan*, → *Français moderne* 11, p. 208 (1772) et pour *catogan*, → Proschwitz [*in* Wartburg] (1768). Cette coiffure fut d'abord masculine, elle succéda aux perruques à marteaux, sous Louis XV. Pendant la période où les hommes ont porté les cheveux courts, le catogan a été une coiffure de femmes, notamment vers 1936-1942. On constate aujourd'hui la réapparition du catogan chez les hippies qui portent les cheveux longs, mais le mot ne doit pas leur être très familier.

CAFETERIA [kafeteʀja] *n. f.*

(1930) Lieu public où l'on trouve du café, des boissons non alcoolisées, des plats sommaires, des sandwichs, des gâteaux, etc. *Les cafeterias de New York. La cafeteria de l'université.* — REM. : On écrit aussi *caféteria*, *cafétéria* et *cafetaria* (→ **Icecream,** cit. de S. de Beauvoir).

« À New-York, personne ne rentre chez soi au milieu de la journée : on mange sur place, soit dans les bureaux, tout en travaillant, soit dans les clubs, soit dans les *cafeterias*. »   P. MORAND, *New-York*, p. 51 (□ 1930).

« [il] s'arrêta devant une *cafeteria* dont on apercevait du dehors les murs d'un blanc éblouissant, le comptoir de métal, deux ou trois clients qui mangeaient [...]. La patronne, brune, paisible, occupée à préparer des hot-dogs [...]. »   SIMENON, *Feux rouges*, p. 33 (□ 1953).

« Pendant quelque temps, elle servit le thé dans une espèce de cafeteria du boulevard Saint-Michel qui était aussi une bibliothèque et une discothèque. »   S. de BEAUVOIR, *La Force de l'âge*, p. 287 (□ 1960).

« Il y a des pavillons d'habitation, des bibliothèques, des *drug-stores*, des *cafeteria* où bien entendu la vente de l'alcool est interdite. »

S. de BEAUVOIR, *L'Amérique au jour le jour*,
26 fév. 1947, p. 115 (□ 1954).

∗ Mot américain (1839), emprunté à l'espagnol du Mexique « salon de café », en espagnol *cafeteria* « boutique où l'on vend ou torréfie du café ». Le *Diccionario de anglicismos* de R. Alfaro (1970) condamne cet usage et ne permet aux Espagnols que *café, cafetín* et *cafetucho*. La cafeteria est un libre-service bon marché, purement « fonctionnel » où, en fait, on ne boit ni ne mange (pas d'alcool, pas de cuisine) ; ce n'est ni un café ni un restaurant. Le café lui-même y est rarement bon. Ce modèle typiquement américain n'a pu se répandre en France que dans les communautés de jeunes, le Français ne pouvant admettre qu'un lieu public où l'on sert à boire refuse un verre de bière au client. Dans cette optique, la cafeteria appartient à la civilisation protestante et non à la civilisation catholique. Selon une phrase du *Glasgow Herald* (30 juil. 1925) les cafeterias commencent à s'implanter en France ; mais rien ne prouve que le mot soit alors adapté à la chose.

La forme francisée *cafétéria* est préférable aux autres bien que moins répandue. La francisation totale en *cafétérie* (d'après *cafetière*) serait encore meilleure. On trouve d'ailleurs cette forme bien antérieurement pour désigner un endroit où l'on prépare et sert le café : « [...] Françoise (probablement en visite à la caféterie ou en train de regarder coudre la femme de chambre) [...]. » Proust, *À l'ombre des jeunes filles en fleurs*, p. 800. Une abréviation courante familière *cafèt'* pourrait donner lieu à la graphie *cafette*. Ce n'est évidemment qu'un vœu pieux.

CAIRN [kɛʀn] *n. m.*

(1797) Monticule de pierres brutes dressé par les Celtes qui est soit un monument commémoratif soit le dessus d'une tombe. *Des cairns.* — REM. : Signalé dans Littré 1864 et dict. de l'Académie compl. 1866.

« Les highlanders vous disent en signe d'amitié : " J'ajouterai une pierre à votre *cairn* (monument funèbre). " [...] La pierre, entourée de quatre autres plus petites et d'une espèce d'enclos, garde le nom de *cairn na huseoig*, le cairn de l'hirondelle. »

MICHELET, *Histoire de France*, t. I, pp. 153-154 (□ 1833).

« en dépit de difficultés sans nombre, les deux vaillants pionniers polaires atteignirent la rive, où une heureuse surprise les attendait et les payait de leurs fatigues ; ils découvrirent un *cairn* d'Ericksen. »

E. GAUTIER, *L'Année scientifique et industrielle*, p. 312 (□ 1913).

∗ Mot anglais (1699) du gaélique *carn* (xvie s.) « tas de pierres », mot qui existe dans toutes les langues celtiques. Le vocabulaire celtique des monuments de cette civilisation a été gardé presque intégralement en anglais et en français puisque la France, la Grande-Bretagne et l'Irlande en sont les berceaux. Le cairn étant surtout répandu en Écosse ou en Irlande, il nous a fallu emprunter ce mot à l'anglais. La date de 1797 est celle d'une traduction de Walter Scott (*in* Mackenzie).

CAKE [kɛk] *n. m.*

(1795) Gâteau moelleux aux raisins et aux fruits confits, plus ou moins épicé, qui se coupe en tranches et se conserve. — REM. : Absent des dict. de Littré et de l'Académie.

« elle retirait les grains de raisin de son cake de quatre heures. »

MONTHERLANT, *Pitié pour les femmes*, p. 50 (□ 1931).

« Dans le brouillard des cigarettes, elle voyait la caissière blême qui posait un jeton à côté des œufs durs, des brioches et des morceaux de cakes enveloppés de cellophane. » E. TRIOLET, *Roses à crédit*, p. 96 (□ 1959).

∗ Mot anglais, d'abord « sorte de biscuit » (1579), d'un ancien teuton *kakâ (sans rapport avec le latin *coquere* « cuire ») ; a pris au xve siècle le sens très général de « gâteau proche du pain, amélioré de divers ingrédients », dont celui qui est décrit ci-dessus, appelé *plum cake*

(1635, de *plum* « raisin sec » et *cake*). Notre mot *cake* est donc une abréviation de *plum cake*, et *cake* n'a pas en anglais ce sens particulier. En 1795 (Mackenzie) le mot est employé à propos de l'Angleterre et il ne semble pas que le gâteau ni le mot aient été une réalité française avant le XXe siècle. Les Français aiment le cake mais le font un peu différemment (moins d'épices et de fruits, pas de gingembre). Tel quel, le mot est bien acclimaté, seule la graphie en *a* est gênante. Les Canadiens traduisent *plum cake*, *fruitcake*, etc. par *gâteau aux raisins*, *gâteau aux fruits*, ce qui n'évoque pas le cake pour un Français ; c'est probablement parce que *cake* a gardé chez eux le sens général qu'il a en anglais que ce mot est condamné (absent du dict. de Bélisle).

CAKE-WALK [kɛkwɔk] *n. m.*

(1895) Danse américaine à pas assez comique, qui eut son succès en Europe. — REM. : Absent du dict. de l'Académie 1932.

« Cette folie de plaisir et de vie sociale gagne jusqu'aux domestiques de ces hôtels toujours en remue-ménage. Ceux du caravansérail que j'habite ont donné ce soir, pour notre divertissement, ce qu'ils appellent un *cake-walk* — littéralement une promenade de gâteau. »
P. BOURGET, *Outre-Mer*, p. 283 (□ 1895).

« Alors les phonographes nasillaient à l'intérieur des bars, derrière la petite porte à claire-voie. Ils nasillaient tous en anglais. C'était l'époque du cake-walk et l'on ne pouvait en douter. À l'*Albion*, c'était Nelly qui dansait le cake-walk, tel fut le nom du microbe qui petit à petit devait se muer en fox-trot, et donner un rythme nouveau à la vie quotidienne de l'Europe. »   P. MAC-ORLAN, *Villes*, Rouen, 1927, p. 149.

✻ Mot américain, attesté en 1879 dans ce sens. Le premier sens de *cake-walk* en américain est la « marche pour la timbale », concours organisé par les Noirs du Sud consistant à faire marcher des couples et à apprécier leur style ; le couple gagnant obtenait un prix. « In certains sections of the country, cake-walks are in vogue among the colored people. It is a walking contest, not in the matter of speed, but in style and elegance » (Farmer, Americanisms, art. *Cake*, 1889, *in* Oxford dict.). En ce sens primitif *cake-walk* vient de l'expression familière américaine *to take the cake*, « décrocher la timbale » (1884) et de *walk* « marche ». Ensuite on donna le nom de *cake-walk* à une danse des Noirs imitant cette marche. Le cake-walk a eu beaucoup de succès en France au début du XXe siècle ; Debussy composa *Golliwog's Cake-Walk* pour le piano en 1908. Ce mot appartient aujourd'hui à l'histoire. La plaisante francisation graphique de Queneau (inusitée) n'est plus nécessaire : « On dansait ensemble le Kékwok à la Boîte à Dix Sous près de la République. » *Pierrot mon ami*, p. 79.

CALF [kalf] *n. m.*

(1964) Abréviation de box-calf✻. *Chaussures en calf.*

✻ Cette abréviation est favorisée par l'existence de *calf* « cuir de veau », en anglais (1787). Elle tend à remplacer l'abréviation en *box*, qui, elle, n'a pas son correspondant en anglais.

CALIFORNIUM [kalifɔʀnjɔm] *n. m.*

(1953) Élément radioactif artificiel *(Cf)* de numéro atomique 98.

« C'est J. Harris qui, à la fin de 1968, avait préparé la cible de californium utilisée pour fabriquer l'élément 104... »
La Recherche, juil.-août 1970, p. 268.

✻ Mot américain (1950) de *California* « Californie » et *-ium* suffixe des métaux ; le californium est ainsi nommé parce qu'il a été obtenu par Glenn T. Seaborg à l'Université de Californie.

CALL-GIRL [kɔlgœʀl] *n. f.*

(1960) Prostituée indépendante qu'on appelle par téléphone à son domicile. *Des call-girls.*

« La prostitution en studio et les réseaux de call-girls tendent à créer une sorte de marché licite. »   J. DEROGY, in *L'Express*, 28 août 1972, p 23.

✳ Mot américain récent (attesté en 1940), de *call* « appel téléphonique » et *girl* « fille », peut-être sur le modèle de *call-boy*, garçon d'hôtel qui vient sur appel téléphonique ou coup de sonnette. Ce mot a un sens plus spécial que celui de prostituée : la possibilité d'appeler la call-girl chez elle suppose qu'elle a un train de vie supérieur à la prostitute quelconque. C'est en somme une « relation », on se communique son numéro de téléphone entre amis. Pour ce qui est de la forme du mot, *call-girl* est difficilement assimilable par le système français (construction, graphie, prononciation). Étiemble se moque de ce mot sans proposer de remplaçant.

« Mais comme c'est un homme de goût, qu'il déteste le petting autant que le ou la romance, mais ne saurait condescendre aux call-girls, force lui est souvent d'aller traîner dans les endroits où, plutôt que des girl-scouts, il a quelque chance de rencontrer des starlettes, des cover-girls, des bobby-soxers, bref des demoiselles avec qui on peut causer entre deux drinks. »
ÉTIEMBLE, *Parlez-vous franglais ?*, p. 14 (□ 1964).

CAMÉRA [kameʀa] *n. f.*

1° (1872) Appareil cinématographique de prises de vues. *Des caméras. Mouvement de caméra.* — REM. : Absent du dict. de l'Académie 1932.

« Certains ayant osé prétendre que la "magie des mots", à quoi nous devons le plaisir que nous donne *Le Bateau Ivre*, n'a point passé dans le film qu'on en tira, il ne manque pas de fidèles pour admirer, tout au contraire, que la "lanterne magique", les "sortilèges" propres à la caméra, bref la "magie blanche et noire" de l'écran, s'ajoutent surnaturellement à la "Force splendide" que dès 1884, dès *Les Poètes maudits*, Verlaine accordait au "magicien" et à son *Bateau Ivre*. »
ÉTIEMBLE, *Le Mythe de Rimbaud*, p. 126 (□ 1952).

✳ Mot anglais, abrév. de *camera obscura*, du latin, « chambre noire », d'abord d'un appareil photographique (1840). L'introduction en français de ce mot d'origine latine ne fait pas difficulté. Il a suffi de mettre un accent aigu sur le *e*.

2° Au Canada et parfois en France depuis quelques années, Appareil photographique.

✳ Mot emprunté à l'américain où il a couramment ce sens. Cet emploi est à éviter à cause de la confusion avec 1°. Malheureusement notre *appareil de photo* ou même notre *appareil photo* est bien long et encombrant.

CAMERAMAN [kameʀaman] *n. m.*

(1919) Celui qui manie une caméra, opérateur. Plur. *Cameramen* [kameʀamɛn]. — REM. : Pas d'accent aigu sur le *e*.

« Le "cameraman" est un collaborateur et non un manœuvre. »
DIAMANT-BERGER, in *Le Film*, 16 fév. [*in* Giraud].

✳ Mot américain (1908), de *camera* « caméra, ou appareil de photo » et *-man* « homme ». Attesté par J. Giraud dans un texte de Diamant-Berger, *Le Film* (1919). On préfère à cet emprunt le terme français d'*opérateur* et, notamment en télévision, celui de *cadreur* (1952). Comme pour d'autres mots en *-man* on a essayé d'introduire le féminin anglais correspondant en *-woman*, plur. *-women*, dont la vie est heureusement précaire. (Cf. *Camerawoman* à propos d'Agnès Varda, employé par L. Godard, *Cahiers du Cinéma*, fév. 1959.) On doit noter que *camerawoman* ne figure pas dans le dict. de Webster 1961.

« Le mot *camera* est un des rares qui ne soit pas d'origine anglo-saxonne, bien qu'il nous soit arrivé d'outre-Atlantique. [...] Il fut utilisé pour désigner l'appareil de prise de vues cinématographiques et il a donné naissance au mot *cameraman* — l'homme de la caméra, c'est-à-dire l'opérateur de prise de vues. »
R. JEANNE et CH. FORD, in *Vie et Langage*, juin 1955, p. 266.

« Qu'on prononce *caméramane, ruguebi, foutebôle ; foutebôleurs, pénaleti* et *supportères* en accentuant la dernière syllabe, j'y vois un effet maladroit, mais estimable, pour vaguement franciser la prononciation de ces mots-là. Mieux vaudrait pourtant parler français et dire l'*opérateur*, le *ballon ovale*, le *ballon rond*, la *pénalité*. »   ÉTIEMBLE, *Parlez-vous franglais ?*, p. 283 (□ 1964).

CAMPING [kɑ̃piŋ] *n. m.*

(1905) Genre d'activité sportive ou touristique consistant à voyager et à séjourner en plein air sous la tente avec le matériel nécessaire. *Faire du camping. Tente, matériel de camping.* — *Par ext.* Terrain payant aménagé pour les campeurs. *Des campings agréables.* — REM. : Ce mot est absent du dict. de l'Académie 1932.

« — On a couché à Saint-Mouézy-sur-Eon, continua-t-elle, mais pas sous la tente. On était trop vannés pour la monter, surtout que je ne sais pas comment on s'y prend. Il faut que j'apprenne. Vous en avez déjà fait, du camping, vous ? »
                          QUENEAU, *Pierrot mon ami*, pp. 150-151 (□ 1943).

« Comme toute religion, le camping a ses excès, son offensant fanatisme, ses iconoclastes pilleurs de bois vert, de fruits et de légumes. »   COLETTE, *Belles Saisons*, p. 10 (□ 1954).

« Je me mis à rêver, à ces coteaux qui sont entre Antibes et Biot, où j'avais été naguère, dans un camping, à la recherche de Blanche Hauteville [...]. »   ARAGON, *Blanche ou l'Oubli*, p. 441 (□ 1967).

✳ Mot anglais (fin XIXe s.) forme subst. du v. *to camp (to go camping)* qui signifie d'abord « action de camper, de loger dans des tentes », XVIe siècle [1543] (aussi *encamping*). La pratique du camping comme sport est d'origine anglaise, et liée à l'avènement du scoutisme (→ **Caravaning**). C'est avec ce sens nouveau qu'il a passé en français, et non avec le sens général de « campement ». En dépit de sa finale (mais le suffixe *-ing* n'est-il pas déjà à demi français ?), le mot est très courant et aucun équivalent ne fonctionne malgré la proposition de *campisme*. Les Canadiens enregistrent *campisme* dans le dictionnaire de Bélisle, mais on se demande si ce mot est vraiment usité. En Belgique, on prononce plutôt [kampin]. — *Camping* au sens de terrain vient aussi de l'anglais, abrév. de *camping place, camping ground*, littéralement « terrain de campement (camp), de camping ».

« Le 8 mai 1958, l'Académie française a refusé d'admettre dans son Diction-naire le mot anglais *camping* ; nous avons en effet dans notre langue un équivalent exact : *campisme*, recommandé depuis longtemps par le regretté André Siegfried, membre de cette Académie.
Or, treize mois plus tard (*Journal officiel* du 6 juin 1959), un décret relatif à la taxe de séjour parle des "terrains de *camping*" ! »
                          Défense de la langue française, juil. 1959, p. 10.

« On a proposé aussi de remplacer *camping* par un mot à suffixe français : *campisme*. Oui, mais *camping* a en fait deux sens : manière de voyager et terrain où l'on campe. Il conviendrait donc de lui substituer deux mots différents, comme *campisme* et *campagne* (ou simplement *camp*). »
                          R. GEORGIN, in *Défense de la langue française*, juil. 1963.

« Après Fréjus, Agadir, encore plus atroce avec ses milliers de morts : là aussi, un mot déplorable, au sujet du matériel de secours envoyé aux survivants et comprenant, a-t-on dit et redit, du "matériel de *camping*". C'est d'ailleurs une récidive, car en 1953 déjà, lors du tremblement de terre des îles Ioniennes, on a parlé de matériel de camping apporté aux sinistrés par un croiseur français.
Il ne saurait être question, en pareille circonstance, de rouvrir des discussions de vocabulaire ou d'invoquer le rejet de *camping* par l'Académie, mais c'est un devoir de dire que, quand on parle de malheureux qui ont tout perdu, il est cruel d'employer ce terme de sport, évocateur de joyeuses vacances, alors que la vie rude, dangereuse, des soldats et des explorateurs nous offre le mot juste : *campement*. »   *Défense de la langue française*, avril 1960, p. 16.

✳ Signalons enfin la francisation graphique qui correspond quasiment à la prononciation normale :

« — Et ce campigne ? Vous allez finir par me dire où il perche ? »
                          QUENEAU, *Les Fleurs bleues*, p. 38 (□ 1965).

✳ Le composé *camping-car* (1974, *in* Gilbert) désigne un véhicule équipé pour le camping.

CAMPUS [kɑ̄pys] *n. m.*

(1926) Grand terrain où sont répartis les bâtiments d'une université (aussi d'un « collège » aux États-Unis) et tout ce qui est nécessaire à la vie des étudiants et des professeurs (restaurants, dortoirs, salles de jeux et de spectacles, terrains de sports, parc, éventuellement magasins et services, etc.). *Les campus de l'université de Californie à Berkeley, de la faculté de Nanterre dans la région parisienne. Il vit dans le campus, sur le campus.*

« J'ai rencontré des oasis.
D'abord cette petite chambre ouverte sur le "campus" d'un grand collège. Un silence qui sent les buis et évoque inopinément la noire paix de l'Escurial. »   G. DUHAMEL, *Scènes de la vie future*, p. 217 (□ 1930).

« Quel est l'homme du *campus* qui a le plus de succès auprès des filles, dit Brodsky en pointant son crayon vers moi [...]. »
                            P. MORAND, *Champions du monde*, p. 14 (□ 1930).

« À quelque cent mètres de là une porte aux tourelles solennelles s'ouvre sur le *campus* qui est ici un grand morceau de campagne vierge avec ses collines et ses bois. »
        S. de BEAUVOIR, *L'Amérique au jour le jour*, 7 fév. 1947, p. 51 (□ 1954).

« Les Universités, ces inventions du Moyen Âge européen, se mettent à la mode de Columbia, Harvard et Berkeley : à Grenoble, Toulouse et Caen, les nouveaux bâtiments encadrent de vastes pelouses vertes que l'on baptise, sans plus de façon, *campus*. »
                                                   L'Express, 24 juil. 1967.

✻ Mot américain (dès 1774) plur. *campuses* ou *campi*, du latin *campus* « champ », d'abord terme d'histoire romaine « grand terrain pour les exercices guerriers, les manifestations populaires ». Le système du campus s'est développé aux États-Unis notamment pour trois raisons : la réserve de place hors des villes et même dans les villes, la gestion privée d'un grand nombre d'universités, la non-gratuité de l'enseignement et l'usage généralisé de la voiture. La situation est un peu différente en Europe où, faute d'argent de part et d'autre, le modèle risque de dégénérer. La vie de campus est unanimement considérée par les étudiants français comme inconfortable et ennuyeuse. Ajoutons encore que le Français n'a pas, comme l'Américain, le respect de la nature, et que le parc est rapidement promis au terrain vague.
Le mot lui-même, en tant que mot d'origine latine est aisément assimilable en français ; il a d'abord été employé en parlant des États-Unis (en 1926, chez P. Lavedan, *Qu'est-ce que l'urbanisme ?* relevé *in* D. D. L., 2ᵉ série, 15).

CANNEL-COAL [kanəlkol] *n. m.*

(1873) Qualité de houille bitumineuse très compacte à haute teneur en matières volatiles, voisine du boghead. *Des cannel-coals.*

« Le *cannel coal* vient immédiatement après l'anthracite, pour la résistance à cette cause de détérioration [exposition à l'air]. »
        L. FIGUIER, *L'Année scientifique et industrielle*, p. 187, 1873 (□ 1872).

— On dit aussi *cannel. Des cannels.*

« Démontrée déjà, en effet, pour les houilles, pour les *bogheads*, pour les *cannels*, leur intervention [des bactéries] se retrouve encore dans la formation des lignites. »
        É. GAUTIER, *L'Année scientifique et industrielle*, p. 142, 1899 (□ 1898).

✻ Mot anglais (xvıᵉ s.) peut-être pour *candle-coal* littéralement « houille *(coal)*-chandelle *(candle)* » à cause du fait que ce charbon brûle avec la flamme pure d'une chandelle (mais étymologie douteuse). Ce mot a passé comme terme technique peu usité en français.

CANNIBALISATION [kanibalizasjɔ̄] *n. f.*

(1969) *Milit.* Récupération des pièces en bon état des armements hors d'usage pour les réutiliser de la même manière.

— Démantèlement pour former des unités semblables. — En mauvaise part, Destruction d'un groupe, d'un marché par une autoconcurrence.

« Un modèle d'avion est considéré comme démodé à l'âge de 10 ans. Et celui-ci a 20 ans. Sur certains, une ceinture métallique a été fixée sur la carlingue. De temps en temps, on sacrifie un appareil, on le démonte entièrement, et ses pièces détachées servent à réparer les survivants. Les Américains ont forgé un mot pour qualifier cette pratique la cannibalisation. »   *L'Express*, 1er janv. 1973, p. 61.

✳ Mot anglais (1947, *in* Oxford Suppl.) → **Cannibaliser.**

CANNIBALISER [kanibalize] *v. tr.*

(v. 1969) *Milit.* Récupérer les pièces en bon état des armements hors d'usage pour les réutiliser de la même manière. — Plus généralement, Réduire, démanteler pour reformer d'autres unités semblables. — En mauvaise part, Détruire un groupe, un marché par une autoconcurrence.

✳ Mot anglais (1943, *in* Oxford Suppl.) formé sur *cannibal* « cannibale » (représentant l'image de l'alimentation d'une espèce par la même), et né dans le vocabulaire de l'aviation vers la fin de la guerre, lorsque le matériel s'épuisait. Il semble que le sens de l'autoconcurrence soit apparu en américain (attestée *in* Webster 1966). Ce sens est fréquent en français dans le vocabulaire économique et commercial.

CANOË [kanɔe] *n. m.*

(1867) Bateau léger et portatif, mû à la pagaie. — Sport de ceux qui s'en servent. *Des canoës.*

« au lieu de cette promenade en caravane, il aurait fallu marcher longtemps et seule dans ces sentiers, dormir au bord de l'eau, suivre la rivière pendant des nuits et des nuits à pied ou en canoë : il aurait fallu vivre dans l'intimité du Grand Canyon. »
S. de BEAUVOIR, *L'Amérique au jour le jour*, 18 mars 1947, p. 179 (□ 1954).

✳ Mot anglais *canoe* (xvie s. *canoa*) empr. au haïtien. Ce mot apparaît en 1519 en français comme emprunt direct au haïtien, mais il a donné *canot* « petite barque qui fonctionne à la rame » (1603) ; nous avons repris *canoe* récemment à l'anglais lorsque ce bateau s'est acclimaté en Europe. La prononciation de *canoë* est complètement francisée (angl. [kə'nuː]) selon une règle générale (Cf. Daniel de *Foë*).

CANOÉISTE [kanɔeist] *n.*

(1887) Celui, celle qui conduit un canoë, fait du canoë.

« Son canot [...] ne pèse que 25 kilogrammes et se manœuvre au moyen d'une pagaie, plongée alternativement à droite et à gauche. Le *canoeist* (c'est le terme employé en Amérique) est assis au centre de l'embarcation, faisant face à l'avant. »
L. FIGUIER, *L'Année scientifique et industrielle*, pp. 164-165, 1887 (□ 1886).

✳ Francisation de l'anglais *canoeist* (1865) → **Canoë.** On trouve en français la forme anglaise dès 1905 (Mackenzie, p. 135).

CANT [kɑ̃t] *n. m.*

(1729) *Vx.* Pruderie hypocrite des Anglais (surtout au XIXe siècle, à propos de la morale victorienne). — REM. : Signalé dans Littré 1863 ; absent des dict. de l'Académie.

« Rien ne fait un appel plus énergique (en Irlande) et plus direct à la disposition de l'âme la plus favorable aux passions tendres : le *naturel.* Rien n'éloigne davantage des deux grands vices anglais : le *cant* et la *blashfulness,* (hypocrisie de moralité et timidité orgueilleuse et souffrante [...]. »   STENDHAL, *De l'amour*, p. 179, éd. de Cluny (□ 1822).

« En fait de *cant*, mademoiselle Gillenormand l'aînée eût rendu des points à une miss. C'était la pudeur poussée au noir. »
HUGO, *Marius*, in *Les Misérables*, t. IX, p. 43 (□ 1862).

« En somme, ces Anglais passaient convenablement le temps sur cet îlot. Les deux officiers, ayant le même caractère et les mêmes goûts, s'accordaient en tous points. Un Anglais, d'ailleurs, ne s'ennuie jamais, à moins que ce ne soit dans son pays, — et encore n'est-ce que pour se conformer aux exigences de ce qu'il nomme le "cant". »
Jules VERNE, *Hector Servadac*, pp. 128-129,
Libr. Hachette, 1967 (□ 1878).

« Il n'y a que les vieux Américains de Boston, pour conserver pieusement la retenue anglaise des ancêtres, la froideur nécessaire à la respectabilité, au "cant". »   P. ADAM, *Vues d'Amérique*, p. 144 (□ 1906).

« Londres victorien, cité du cant et des tabous sexuels, a fait le silence de l'homme bien pensant et soumis à Dieu, sur cette pléiade de jeunes anglais indécents, sataniques et heureusement morts au ban de la société, Byron, Shelley, *etc.* »   P. MORAND, *Londres*, p. 46 (□ 1933).

✱ Mot anglais probablement du latin *cantus* « chant » (sans rapport avec *can't* = *cannot*), dont les filiations de sens sont obscures ; d'abord « chant », puis « langage secret, jargon propre à un groupe, notamment religieux » (XVIIᵉ s.), « usage affecté de la phraséologie religieuse » (1709) et « attitude qui fait supposer la bonté, la piété » (1716) — « hypocritical manners, or what we so emphatically call cant », Mrs Piozzi (*in* Oxford dict., *cant*). Il ne semble pas que les Anglais aient restreint l'usage de *cant* à leur propre société ; alors qu'en français *cant* désigne une réalité typiquement anglaise. Mais ce mot est à présent vieux ou littéraire ; le premier emploi a été relevé dans Charles de Saussure (Mackenzie, p. 165). Le mot est très fréquent chez Stendhal ; Musset, curieusement l'orthographie avec un *k*, par quelque subconscience philosophique :

« Tous les jeunes gens pourtant y étaient venus comme de coutume ; c'était le beau jour et on s'était souvenu qu'autrefois ce jour était le seul de l'année où l'on tentât d'oublier les bienheureuses idées qui nous mènent au *Kant*. Oui, au *Kant*, et aux orgies solitaires et silencieuses des Anglo-Américains. »
MUSSET, *Revues fantastiques*, Chute des bals de l'Opéra,
pp. 783-784 (□ 14 fév. 1831).

CANTER [kãtɛʀ] *n. m.*

(1862) Train d'essai d'un cheval de courses qui est un galop modéré (les deux jambes avant quittant le sol presque en même temps) par rapport au galop proprement dit. — REM. : Signalé dans Littré 1867, Additions. Absent des dict. de l'Académie.

« — Une rosse, Frangipane, déclara Philippe. Il est déjà tout mouillé... Vous allez voir le canter. »   ZOLA, *Nana*, p. 344 (□ 1880).

✱ Mot anglais, terme de turf (1755), de *to canter* (1706), lui-même abrév. du verbe *to canterbury*, vx (1673). Ce verbe vient du nom de la ville, célèbre entre autres pour ses pèlerins montés (avançant évidemment avec lenteur). *Canter* n'a pas d'équivalent français qui soit simple : Étiemble propose *galop d'essai* (Parlez-vous franglais ?, p. 61), mais *galop d'essai* n'évoque pas en français une allure différente du galop. *Canter* se prononce aisément, et la finale graphique (er = [ɛʀ]) se justifie de la même façon que dans l'abrév. *imper* de *imperméable*.

CANTILEVER [kãtiləvɛʀ] *adj. invar.* et *n. m.*

(1883) Se dit d'un pont métallique dont les poutres principales appuyées sur les piles se prolongent vers le milieu en porte-à-faux pour soutenir une poutre centrale. *Le pont du Forth, en Écosse, est un pont cantilever.* — Se dit aussi de quelques pièces et mécanismes en porte-à-faux, non soutenus.

« L'ouvrage [le pont du Forth] est constitué par une énorme poutre continue, du type à balancier équilibré ou en porte-à-faux (cantilever), supportée par trois grandes tours. »
L. FIGUIER, *L'Année scientifique et industrielle*, p. 167, 1891 (□ 1890).

« d'où la tendance de beaucoup la plus marquée aujourd'hui en matière d'aviation de transport vers le monoplan à aile, épaisse sans haubans, dite "cantilever". »

H. BOUCHÉ, in *L'Illustration*, 7 nov. 1931, p. 320.

✱ Mot anglais (1667), d'abord « poutre en avancée qui soutient un balcon », XIXe siècle « pont », de *cant* « bord, rebord » et *lever* « levier ». Ce mot aisément prononçable en français a gardé sa graphie anglaise. On a proposé l'équivalent *pont à poutres-consoles* qui est un peu compliqué, puis (terme recommandé, *Journal officiel* du 12 août 1976) *en porte-à-faux*.

CAR [kaʀ] *n. m.*

1° (1873) *Vx.* Wagon de tramway, en Angleterre et aux États-Unis, puis en France.

« Dans les rues, voitures nombreuses, omnibus, "cars" de tramways, et sur les trottoirs encombrés, non seulement des Américains et des Européens, mais aussi des Chinois et des Indiens. »

J. VERNE, *Le Tour du monde en 80 jours*, p. 215 (□ 1873).

« À Paris deux *cars électriques* marchent aujourd'hui, l'un de la place de la Madeleine à Saint-Denis, l'autre de la rue Taitbout à un autre point du territoire de Saint-Denis, la Patte d'Oie. »

L. FIGUIER, *L'Année scientifique et industrielle*, p. 136, 1893 (□ 1892).

« Le tram se compose de six cars, où nombre de voyageurs ont déjà pris place. Ces cars sont traînés par une locomotive électrique, avec accumulateurs d'une capacité de deux cents ampères-ohms, et leur vitesse atteint de quinze à dix-huit kilomètres. »

Jules VERNE, *L'Île à hélice*, p. 57 (□ 1895).

« Il semble que la ville s'incline autant sur les eaux qu'un navire penché par le vent. On aperçoit courir en file les cars pareils à des hannetons jaunes. » P. ADAM, *Vues d'Amérique*, p. 385 (□ 1906).

✱ Mot anglais *car* « voiture » (XIVe s.) spécialisé dans le sens de voiture sur rails aux États-Unis (wagons de chemin de fer, Cf. Sleeping-car ; tramways) en 1826. Le canadien *char* pour *wagon* est un calque de l'américain ; *char-dortoir (sleepingcar)* se dit pour *wagon-lit* : c'est *wagon* qui, malgré son origine, est le mot « bien français », c'est-à-dire non utilisé hors de France en pays anglophone.

2° (1928) Abréviation de *autocar**. *Car de tourisme.*

« Et nous filons dans la brousse
Un car de flics aux trousses. »

Boris VIAN, *Textes et Chansons*, p. 57 (□ 1955 †).

« Cécile avait un petit amoureux qui, lui aussi, allait à R...., pour son travail, et ils faisaient tous les jours le chemin ensemble, en car ou à pied. » E. TRIOLET, *Roses à crédit*, p. 58 (□ 1959).

(-)CAR(-) [kaʀ]

✱ Élément américain signifiant « voiture automobile » et « voiture sur rails » (« tramway » en anglais et « wagon de chemin de fer » en américain), qui entre dans la composition de quelques emprunts : *autocar, car-ferry, sleeping-car, stock-car,* etc.

« Nous avons dans notre train deux grands wagons de seconde classe et *cars* d'émigrants — les Canadiens disent *chars*. Ils sont confortablement établis, et le tarif est à peu près moitié de celui de la première classe. Chaque passager a droit à une couchette sans supplément de prix, et la compagnie loue la literie à des prix modérés. » E. COTTEAU, *Le Transcanadien et l'Alaska* [1890], p. 12 (□ 1891).

CARAVANE [kaʀavan] *n. f.*

(v. 1930) Remorque d'automobile aménagée en habitation, roulotte de camping.

« Calme et silencieux, tout ce petit monde dormait qui dans sa caravane, qui sous la tente, qui, peut-être même, dans un sac de couchage, non pas à la belle étoile car le ciel était couvert, mais à la fortune du pot. »   QUENEAU, *Les Fleurs bleues*, p. 195 (□ 1965).

✱ Mot français du persan *kayrawan* (XIIIᵉ s.) qui a emprunté un des sens modernes de l'anglais *caravan* (même origine) au XIXᵉ siècle : « roulotte tirée par des chevaux (gitans, gens du cirque, *etc.*) » (Cf. « Nice curtains divide the caravan at pleasure into two compartments — de jolis rideaux séparaient à volonté la caravane en deux compartiments ». W. G. Stables, Cruise of Wanderer 9, 1886 [*in* Oxford dict.]). Cet emprunt de sens est critiqué par les puristes sans véritables bonnes raisons (→ **Caravaning,** cit. Georgin). Ce mot a donné naissance au dérivé français *caravanier* n. m. (qui existe déjà dans un autre sens). La vogue des caravanes a commencé en France vers 1955. Le dérivé *caravanette* (1961) désigne parfois la camionnette de camping.

CARAVANING [kaʀavaniŋ] *n. m.*

(1932) Voyage et séjour en caravane de tourisme. *Faire du caravaning.*

« Sportif musclé il y a vingt-cinq ans, l'amateur de camping-caravaning s'est assagi. Actuellement, 20 à 25 % des caravaniers seulement sont d'anciens campeurs [...]. »   *Le Monde*, 16 oct. 1971, p. 25.

✱ Mot anglais (1885), subst. verbal qui s'est d'abord dit du tourisme en roulotte attelée (Irlande, Écosse) tel qu'on tente de le faire revivre aujourd'hui. Apparaît en 1932 dans la revue du Touring-Club de France, selon Galliot. Ce mot est violemment critiqué par les puristes, ainsi que *caravane,* mais on ne lui a pas trouvé de remplaçant qui ait du succès.

« *Caravane* fut ensuite mis sur la sellette... *Roulotte*, adopté en Italie, pourrait en tenir lieu, si ce mot ne rappelait trop les Romanichels. Il y a bien aussi *remorque*, mais remorque s'applique déjà au véhicule à deux roues qui sert à transporter les bagages. M. Moussat préférerait à *caravaning* et à *caravanage* une expression analytique conforme au génie de notre langue, comme *voyage en caravane.* »   R. GEORGIN, *Défense de la langue française*, juil. 1963.

CARDIGAN [kaʀdigã] *n. m.*

(1945) Veste de laine tricotée à manches longues et boutonnée devant jusqu'au cou.

« ZÉNOBIE : Un cardigan. — CRUCHE : Il n'y a pas assez de laine pour un cardigan. »   Boris VIAN, *Les Bâtisseurs d'empire*, p. 41, Pauvert, 1965 (□ 1959).

« *Toujours vêtu de tweed et de cardigans, il* [le marquis de Salisbury] *était l'homme d'un autre siècle, mais son intégrité en imposait.* »   *Le Monde*, 25 fév. 1972, p. 6.

✱ Mot anglais (1858), nom du comte de *Cardigan* qui se distingua dans la guerre de Crimée et portait un vêtement de laine qui avait la forme d'un gilet (ouvert devant), et non de ce que nous appelons en français *cardigan.* La mode du cardigan s'est répandue en France pour les femmes après la guerre ; il se portait souvent avec le pull-over assorti (→ **Twin-set**). Le mot s'intègre aisément au système français.

CARE OF → C/O.

CAR-FERRY [kaʀfeʀi] *n. m.*

(v. 1960) Bateau qui transporte des passagers et leur voiture d'une rive à l'autre, d'une côte à l'autre. *Le car-ferry pour Douvres, pour la Corse. Des cars-ferries* [kaʀfeʀi].

« un virage aujourd'hui s'amorce avec les cars-ferries, les hydroglisseurs, les aéroglisseurs, où la délimitation entre la croisière et le transport de loisir tend à s'estomper. »   *Atlas*, avril 1970, p. 72.

« La commande d'un car-ferry de mille cinq cents passagers, destiné à la ligne continent-Corse, donnera sans doute un peu de répit à Dubigeon-Normandie. »   *Le Nouvel Observateur*, 5 déc. 1977, p. 61.

✱ Mot américain (1884) de *ferry* (1590) « bac », abrév. de *ferry-boat* et de *car* « wagon de chemin de fer » [*railroad car*]. *Car-ferry* signifie en américain « bateau transbordeur *(ferry)* de wagons, de trains *(car)* » et a donc exactement le sens de notre *ferry-boat* qui en revanche a le sens général de « bac » en américain. Ce mot nous est venu par l'anglais. On pourrait traduire par *bac à voitures* si *bac* n'évoquait un transbordement archaïque ; *transbordeur de voitures* serait mieux. Les deux sont en tous cas inusités, et *car-ferry* est soutenu par l'existence des formants *car-* et *ferry-* dans les autres emprunts.

CARGO [kaʀgo] *n. m.*

(1907) Navire destiné essentiellement au transport des marchandises. — REM. : Absent du dict. de l'Académie 1932.

« Un jour, un frère de leur père mort, chauffeur à bord d'un cargo-boat, vint les voir. »   L. HÉMON, *Battling Malone*, p. 54 (□ 1911).

« aspiré irrésistiblement comme du blé dans la suceuse automatique d'un grand cargo moderne [...]. »   H. MICHAUX, *Ailleurs*, p. 193 (□ 1948).

✶ La première attestation en français présente la forme *cargo-boat* (1887), mot anglais (1859) de *cargo* « charge, fret » (1657) et *boat* « bateau ». *Cargo* est lui-même emprunté à l'espagnol, bas latin *carricare* (apparenté aux français *charge, caricature*). Mot qui fait partie de la longue série des termes de marine empruntés à l'anglais. Son origine espagnole permet une bonne intégration au français.

« Parmi les navires de la maison Pomerol attachés au port de Bordeaux j'avais remarqué un *cargo-boat* d'environ huit cents tonneaux, très bien machiné, aux formes un peu pleines, mais non dépourvues d'une certaine finesse. »
Trad. de A. BROWN, *La Science illustrée*, 1890, 2ᵉ sem., p. 111.

CARONADE [kaʀɔnad] *n. f.*

(1783) Ancien canon court utilisé surtout sur les bateaux. — REM. : Enregistré dans le dict. de l'Académie 1835.

« Rien ne manquait d'ailleurs à notre brick-goëlette, et sa tenue était des plus respectables. J'avais à ma disposition quatre caronades de six et six caronades en bois, moins redoutables que les premières, mais qui les imitaient à s'y méprendre [...]. »
G. LAFOND, *Voyages autour du monde*, t. V, p. 130 (□ 1854).

« Sur le bureau, vaste plaque de tôle supportée par six caronades, on voyait un encrier d'un goût exquis, fait d'un biscaïen délicieusement ciselé, et un timbre à détonation qui éclatait, à l'occasion, comme un revolver. »   Jules VERNE, *De la terre à la lune*, p. 20 (□ 1865).

✶ De l'anglais *carronade* (1779) même sens, de *Carron,* nom d'une ville d'Écosse où il fut construit. La forme *carronade* est d'abord apparue en français et a été simplifiée en *caronade* vers 1803.

CAROTTE [kaʀɔt] *n. f.*

(1966) Avantage promis à qqn pour mieux lui imposer sa volonté ou apaiser son mécontentement (souvent opposé à *bâton*). *Agiter une carotte devant qqn. Tendre, offrir une carotte à qqn.*

« Donc, de Gaulle dissout la Chambre, garde Pompidou, annonce les élections, et si ça ne suffit pas, il prendra d'autres mesures. La carotte ou le bâton. »
C. COURCHAY, *La vie finira bien par commencer*, p. 189 (□ 1972).

« L'idée de garder des condamnés douze, vingt-cinq ans d'affilée sans aucune carotte, sans aucun espoir donne [aux directeurs de prison] le frisson. Il fallait bien leur offrir une compensation. »
L'Express, 2 oct. 1978, p. 142.

✶ Emploi emprunté à l'anglais (Oxford Suppl., 1895) *to dangle a carrot (before a donkey)* « agiter une carotte devant un âne pour le faire avancer ». Dans cet emploi, *carrot* s'oppose à *stick* (bâton, pour punir), et est surtout répandu dans le vocabulaire politique. Il désigne souvent, en français comme en anglais, un avantage incertain (promis) ou dérisoire, et l'image de l'âne n'est pas flatteuse pour celui qu'on cherche à manipuler. La date de 1966 en français est relevée par Gilbert, *Dict.*

des Mots nouveaux (*Le Monde*, 10 fév. 1966), mais l'emploi est certainement antérieur. — REM. : *Carotte,* au sens d'« échantillon cylindrique d'une sonde » n'est pas un anglicisme, quoi qu'en dise Dauzat (angl. *core-sample*).

CARPETTE [kaʀpɛt] *n. f.*

1° (1582) *Vx.* Gros drap rayé pour emballer les marchandises.

2° (1863) Tapis de sol de petites dimensions, libre, généralement de peu de valeur.

> « La pièce est sobre, le mobilier doit être simple. Le lit de fer convient à merveille [...]. Au pied du lit la carpette mobile est indispensable. »
> E. GAUTIER, *L'Année scientifique et industrielle*, p. 234, 1904 (□ 1903).

✱ Francisation de l'anglais *carpet* (XVIIIᵉ s., d'abord *carpytte ; carpete* XIVᵉ s.) « tapis de table, de sol » lui-même emprunté à l'ancien français *carpite, carpitre* (XIIIᵉ s.) « tapis de laine à ornements », de l'italien *carpita*, latin *carpere* (même famille que *charpie*). Nous avons repris la forme *carpette* au XVIᵉ siècle, mais le sens actuel de « tapis » n'apparaît que chez Littré.

CARRICK [kaʀik] *n. m.*

1° (1804) *Vx.* Voiture à cheval, espèce de tilbury (d'abord sous la forme *garrik*) :

> « Enfin le mal gagne par-tout,
> Et l'on ne voit qu'insouciance ;
> Ce qui nous occupe sur-tout,
> Ce sont les garriks et la danse ».
> *Feuilleton des spectacles, Suppl. à la Quotidienne*, 5 mars
> [*in* D. D. L., 2ᵉ série, 10].

2° (1805) Ancien manteau d'homme, redingote croisée à plusieurs collets en étage (généralement trois). — REM. : Signalé dans le dict. de l'Académie 1835.

> « Conte toutes mes affaires à mon grand-père et unissez-vous pour engager mon père à ne pas faire comme l'année dernière à Paris, où je mourus de faim pendant trois mois, et où je serais mort tout à fait, si je n'avais pas commencé à cette époque une dette qui, augmentée l'hiver pour m'acheter un carrick, monte actuellement à 813 ou 15 fr. »
> STENDHAL, à Pauline Beyle, 8 août 1805, in *Corresp.*, t. I, p. 210.

> « Deux chapeaux également vieux étaient accrochés à un porte-manteau d'où pendait le même carrick bleu à trois collets que la comtesse avait toujours vu à Schmuke. »
> BALZAC, *Une fille d'Ève*, in *La Comédie humaine*, t. II, p. 151 (□ 1841).

> « Il portait un carrick à trente-six collets, une chaîne de montre à breloques, un pantalon collant, des bottes à la hussarde. »
> A. MAUROIS, *Les Trois Dumas*, p. 38, Hachette, 1957 (□ 1957).

✱ Francisation de l'anglais *curricle*, pour le sens 1°. *Curricle* vient du latin *curriculum* « course, chariot de course », et a d'abord signifié « course » en anglais (XVIIᵉ s.) puis « voiture légère à deux roues et deux chevaux » (1756), sens relevé en français dans la traduction des *Souvenirs de Paris* de Kotzebue (Höfler). Quant à l'emploi 2° on doit le considérer comme une création française (voiture → manteau de cocher) étant donné que *curricle* n'a pas le sens de redingote en anglais. On a proposé une autre étymologie, le nom de l'acteur *Garrick*, mais sans autre fondement qu'une variante plus tardive (*garrick*, 1818). Finalement *carrick* « manteau à collet » n'a rien à voir directement avec l'anglais, ni pour la forme ni pour le sens, bien que la chose et le terme semblent venir tout droit d'Angleterre. Il existait en France des redingotes à collets depuis le début du règne de Louis XVI (1774) ; elles ne furent baptisées *carricks* que plus tard. *Garrick* s'est encore employé au XXᵉ s.

« c'était Chadenat qui crachotait et toussotait derrière le poêle et que l'on découvrait enfin, perdu dans un grand fauteuil Voltaire, engoncé dans un *garrick* à carreaux, les pieds dans une chancelière, un foulard autour du cou... ».
CENDRARS, *Bourlinguer*, p. 342, Denoël (□ 1948).

CARRIÉRISTE [kaʀjeʀist] *n.*

(1909, *in* T. L. F.) Personne dont l'action (politique, syndicale, scientifique, etc.) n'est que le prétexte d'ambitions personnelles ; personne qui cherche avant tout à faire carrière.

✲ Francisation d'après *carrière* de l'anglais *careerist* (attesté seulement en 1910), de *career* « carrière » et *-ist* « -iste » même sens qu'en français. Cet anglicisme est critiqué par les puristes (Étiemble, *Parlez-vous franglais ?*, p. 218) qui pensent qu'*arriviste* suffit amplement à exprimer la même idée. Cependant on peut être arriviste, et « arriver » autrement qu'en faisant carrière. D'autre part *carriériste* ainsi francisé est parfaitement bien formé (mieux qu'*arriviste* qui accole le suff. *-iste* à un verbe).

CARTER [kaʀtɛʀ] *n. m.*

(1891) Protection métallique qui abrite un mécanisme. *Le carter d'une chaîne de bicyclette.*

« Le carter comporte 4 vitesses et une marche arrière par un seul levier avec 4 trains baladeurs. »
E. GAUTIER, *L'Année scientifique et industrielle*, p. 274, 1908 (□ 1907).

« L'arbre de commande de l'hélice ainsi que l'embrayage et les pignons de renvoi, sont entièrement enfermés dans un carter. »
Ibid., p. 55, 1914 (□ 1913).

✲ Nom d'un ingénieur anglais, *Harrison Carter*, l'inventeur. Comme nom commun, *carter* n'existe pas en anglais ni en américain ; on dit dans ce sens *casing*, *gearcase*, *gearbox*. *Carter* n'est donc pas à proprement parler un emprunt.

CARTOON [kaʀtun] *n. m.*

(1943) Dessin destiné à composer un film de dessins animés ; le film lui-même. — Bande dessinée (d'un journal, etc.).

« j'achetais avec avidité le *New-Yorker :* je me délectais de sa couverture aux couleurs glacées, des *cartoons* elliptiques [...]. »
S. de BEAUVOIR, *L'Amérique au jour le jour*, 13 fév. 1947, p. 76 (□ 1954).

✲ Mot anglais, d'abord « esquisse pour une peinture, une tapisserie, etc. » (XVIIᵉ s.) puis « page illustrée d'un journal, dessins humoristiques » (1843) et aux États-Unis, abrév. de *animated cartoon* « dessin animé », en 1916. Le mot anglais est lui-même emprunté au français *carton* (Cf. Les cartons de Goya). *Cartoon* a pénétré dans certains milieux français par l'américain (industrie du film, de la bande dessinée, etc.) mais ne s'est pas réellement implanté en français courant. Il reste un terme de spécialistes (on le trouve en 1943 dans *Technique du cinéma*, par Lo Duca, Que sais-je ?). Il n'y a aucune bonne raison d'encourager cet anglicisme. Au Canada, il a beaucoup plus de succès mais les Canadiens le condamnent (Bélisle, Dulong).

Le dérivé *cartoonist* a été francisé en *cartooniste* (L. Cazamian, 1946, *in* M. Ragon, *Le Dessin d'humour*, 1960, p. 174), mais la graphie anglaise prévaut en français. Le sens du mot est toujours « auteur (dessinateur) de bandes dessinées », lorsqu'on parle de la France, alors que le mot désigne aussi le dessinateur de cinéma d'animation.

« La liste des héritiers [de Keaton] : Laurel et Hardy [...], les cartoonists du non-sens, les bandes dessinées du type Astérix. »
Le Nouvel Observateur, 10 juin 1974, p. 28.

« Les contraintes commerciales qui font des cartoonists des dessinateurs industriels sont à l'origine d'un curieux et inattendu phénomène de lecture. »
« La bande dessinée », in *Le Magazine littéraire*, déc. 1974, p. 26.

CASH [kaʃ] *adv.*

(1916) *Payer cash,* payer comptant. — Au Canada, s'est employé très antérieurement dans ce sens. REM. : On trouve le mot chez Claudel (1re version de *l'Échange,* 1894) mais c'est dans un contexte américain et il s'agit d'une véritable citation.

« allez voir ces hommes-là au magasin avant mercredi ou bien adressez-vous à François Paradis, de Mistassini qui est avec eux. Ils ont de l'argent en masse et ils payeront "cash" pour toutes les peaux de première classe. » L. HÉMON, *Maria Chapdelaine,* p. 9 (□ 1916).

« Pour échapper au harcèlement du Syrien prêt à lui céder "à sacrifice contre de l'argent cash" son commerce en entier, elle sortit. » G. GUÈVREMONT, *Le Survenant,* p. 159 (□ 1945).

« Un seul moment compte, c'est 8 heures du soir, quand le rideau se lève : là, on paie cash. » *L'Express,* 8 janv. 1973, p. 42.

✻ De l'américain *to pay cash down* (1771) de l'anglais *cash* n. « cassette, caisse » (XVIe s.) puis « argent disponible, versé tout de suite » (1559), lui-même emprunté à l'ancien français *casse* « caisse ». L'équivalent français *(payer) comptant* dit exactement la même chose (paiement immédiat par chèque ou en liquide). R. Queneau écrit *cache* (*Les fleurs bleues,* p. 102).

CASH AND CARRY [kaʃɛnkaʀi] *n. m. invar.*

(1968) Vente en gros par libre service, avec paiement comptant et sans livraison. — Établissement qui fait cette vente.

✻ Mot américain *cash-and-carry* adj. et n. invar. (1917) de l'anglais *(pay)cash* « payez comptant », *and* « et », *carry* « emportez (vous-même) ». Les cash and carry se sont développés en Europe depuis 1960 ; seuls les grossistes et les détaillants y sont admis, et non les consommateurs. Le mot apparaît dans le suppl. du Grand Larousse encycl. 1968. Ce terme américain non francisé et en trois morceaux ne paraît pas viable. Mais sa traduction *libre service de gros* semble avoir moins de chances encore. L'abréviation est impossible puisque *cash* existe déjà au sens de « comptant ». Tout au moins peut-on proposer la soudure en *cashandcarry* comme *ship chandler* → **Shipchandler.** On a tenté d'introduire les équivalents *payer-prendre* n. m. et *payer-emporter* n. m.

CASH-FLOW [kaʃflo] *n. m.*

(1968) Capacité globale d'autofinancement d'une entreprise.

« quel est, non pas le taux de croissance, qui n'a aucune signification, mais le cash flow moyen des entreprises représentées à la tête du C. n. p. f. ? » *L'Express,* 19 févr. 1973, p. 47.

✻ Mot américain *cash-flow* n. de *cash* « comptant » et *flow* « écoulement ». Apparaît en 1968 dans le suppl. du Grand Larousse encycl. La prononciation de cet emprunt convient au système français *(cache flot) ;* la graphie de *cash* est bien implantée. On pourrait envisager de traduire *flow* par *flot : *cash-flot.* Mais chacun connaît la vanité de ces vœux. L'équivalent français est *marge brute d'autofinancement,* abrégeable en M. B. A.

« Le "cash-flow" qui exprime dans le bilan de fin d'exercice d'une entreprise le total constitué par les amortissements, tout ou partie des provisions et des résultats nets après impôts, devra se dire "M. B. A." (marge brute d'autofinancement). » *France-Soir,* 5 janv. 1974.

✻ Mais la complexité du syntagme, ou l'abstraction du sigle, rebutent plus d'un observateur :

« Le "J. O." [Journal officiel] précise : "On disait naguère « capacité d'autofinancement », mais cette expression ne marque pas le caractère de la marge disponible, et est donc moins précise que M. B. A." Précis M. B. A. ?... Aimebéa !... Évocateur M. B. A. ? Un sigle ! L'abstraction pure ! » C. DUNETON, in *Elle,* 18 fév. 74, p. 112.

CASHMERE [kaʃmiʀ] n. m.

(v. 1960) Cachemire ; tissu ou tricot fin en poil de chèvre du Cachemire ou du Tibet, mêlé de laine. *Pull-over en cashmere.*

« Le méchant Henri Modiano notait déjà avec cruauté, à propos de "Valy" : *"Son pull-over, les métallos savent bien qu'il est en cashmere. Le métro, il le visite comme Mme de... va chez ses pauvres."* »
Le Nouvel Observateur, 27 mai 1974, p. 31.

✴ Mot anglais (1822) nom d'un État de l'Inde en anglais (Cashmere ou Kashmir). En français, ce mot est une reprise récente et maladroite de l'anglais introduite dans le commerce. Nous avons *cachemire* (1808) d'après l'état du *Cachemire*, à la française, emprunté au temps où la France possédait des comptoirs aux Indes. La forme anglaise est souvent prononcée [kaʃmɛʀ] par les Français, et le rapprochement avec *cachemire* n'est même pas fait. Étiemble se moque de cet emploi, réellement aberrant et condamnable → **Casimir.**

« On lécha donc les carreaux : elle, s'émerveillant d'un tailleur en tweed, d'un overpull en mohair, d'un sweater en cashmere. »
ÉTIEMBLE, *Parlez-vous franglais ?*, p. 18 (□ 1964).

« N'est-il pas scandaleux que, pour apprendre, ou rapprendre la traduction française de *cashmere*, il faille se référer à la publicité diffusée par *Old England*, où je lis : "Basic French for Fashion : In French, best is meilleur, Fashion is Old England, Cashmere is Cachemire." Un pull de cashmere, c'est donc un chandail de cachemire. »
Ibid., p. 259.

CASIMIR [kazimiʀ] n. m.

(1686) Ancienne étoffe de laine croisée, mince et légère. — REM. : Signalé dans le dict. de l'Académie 1835.

« Modeste, vêtue d'une délicieuse amazone de casimir vert-bouteille, coiffée d'un petit chapeau à voile vert, gantée de daim [...]. »
BALZAC, *Modeste Mignon*, p. 559 (□ 1844).

✴ Francisation de l'anglais *cassimere* doublet de *cashmere**. Le Cachemire comme province porte aussi le nom de *Cassimere*. Le sens de *cassimere* et *casimir* n'est pas le même que celui de *cashmere* et *cachemire*. La première attestation en français est *casinire* : elle provient d'une liste de présents faits par le roi du Siam à Louis XIV (*in Arveiller*) ; *casimir* n'apparaît qu'en 1790 (L. Biollay, *Étude économique sur le XVIIIe s.*, p. 328). Ce mot n'est plus guère en usage. Il est aussi bien adapté au français que le prénom masculin homonyme *Casimir*.

CASING [keziŋ] n. m.

(1929) *Techn.* Tubage extérieur, dans un sondage pétrolier. *Des casings concentriques.* — *Par ext.* Caisson étanche enveloppant le faisceau tubulaire d'une chaudière. — REM. : Ne figure pas dans le dict. de l'Académie 1932.

✴ Mot anglais d'abord « action d'envelopper » (XVIe s.) de *to case* « envelopper, chemiser, tuber, etc. », de *case* n. lui-même emprunté à l'ancien français *casse* (Cf. *Châsse, caisse, cassette* et *cash**). *Casing*, qui a acquis ce sens technique aux États-Unis (1875), a été emprunté au XXe siècle avec quantité de termes de l'industrie pétrolière. Ce mot ne convient au français ni par la prononciation ni par la graphie, et il semble que *tubage* fasse aussi bien l'affaire.

CATALPA [katalpa] n. m.

(1771) Arbre d'Amérique à grandes feuilles simples et fleurs blanches en grappes, cultivé comme ornemental dans d'autres régions.

« puis il apercevait l'orme, plus aimable, auquel succédaient le sassafras et le caroubier ; ensuite se montraient des espèces d'un caractère plus doux, le tilleul, le *red-bud*, la [*sic*] catalpa et le sycomore, suivis à leur tour de variétés de plus en plus gracieuses et modestes. »
E. A. POE, *Le Cottage Landor*, in *Histoires grotesques et sérieuses*,
p. 973 (□ 1864).

« Le buste immobile d'un homme adossé au pied d'un gigantesque catalpa apparaissait à vingt pas, à moitié perdu dans les herbes. »
Jules VERNE, *De la terre à la lune*, p. 280 (□ 1865).

✻ Nom emprunté à l'américain *catalpa*, mot des Indiens de Caroline ; cet arbre fut découvert par le naturaliste anglais Catesby (1731). Il est attesté en français dans le *Catholicon* (*in* T. L. F.).

CATALYSE [kataliz] *n. f.*

(1836) Action par laquelle une substance accélère une réaction chimique par sa seule présence sans subir de modification chimique. — REM. : Signalé dans Littré 1863 et absent du dict. de l'Académie 1878, mais signalé dès 1838 par le complément de ce dictionnaire (selon Wartburg).

✻ Francisation de *catalysis*, nom anglais donné par le chimiste suédois Berzelius (1836) à ce phénomène chimique. Le nom apparaît en français la même année dans la traduction des articles du savant (*Annales de chimie et de physique*, t. 61, pp. 146-151). *Catalysis* existait depuis le XVIIe siècle en anglais au sens de « dissolution ». Comme tous les anglicismes d'origine grecque, *catalyse* ne pose pas de problème d'intégration. On a formé en français les dérivés *catalyser* (1838), *catalyseur* (1884, Littré-Robin). Enfin *catalytique* apparaît dès 1836 dans les *Annales de chimie et de physique*. C'est un emprunt à l'anglais *catalytic*, mot de Berzelius, du grec *katalutikos*, « propre à dissoudre ».

CATAMARAN [katamaʀɑ̃] *n. m.*

(fin XVIIe s., *cati-*, répandu mil. XXe s.) Embarcation à voile, à deux coques accouplées, d'origine indienne, adoptée pour le yachting.

« ces embarcations aux noms barbares, Buglo, Naadoe, Gongo, Muchoo de Cutch, bateau-serpent de Cochin, catamaran de Madras, Bugalo, prahuslanum [...]. »   Th. GAUTIER, *L'Inde*, p. 341 (□ 1852).
« Les catamarans, qui semblent injustement méconnus dans notre pays, bénéficient au contraire d'un essor certain dans d'autres parties du monde. »   *Bateaux*, sept. 1966, p. 72.

✻ Mot anglais (1697), du tamoul *katta-maram*, de *katta* « lien » et *maram* « bois » ; s'est d'abord dit d'un radeau de la côte de Coromandel, fait de 3 à 5 troncs d'arbres de longueur inégale attachés par des liens. Le mot est apparu dans ce sens en français sous la forme *catimaron* (1699 : Dampier, *Voyage aux terres australes*), mais ce n'était qu'un terme de voyage, d'ailleurs repris sous diverses formes : *catimaron* et *cantimaron* (1702), *catimaran* (Landais 1834), *catimoron* (Guerin 1892). *Catamaran* est dans Bescherelle (1845) au même titre : c'est la forme qui fut reprise et diffusée au XXe s. dans le vocabulaire sportif. Le mot s'intègre facilement au français. On a même forgé *trimaran* sur *catamaran*, composé fantaisiste qui confère rétrospectivement à *cata-* le sens erroné de « deux ».

CATCH [katʃ] *n. m.*

(1934) Sorte de lutte libre de professionnels où la plupart des prises sont permises (pluriel incertain). — REM. : On a dit antérieurement (1899) *catch as catch can*.

« En dépit des férocités permises du "catch as catch can", il n'y a dans la lutte qu'un moment tragique : celui où l'homme qui est en dessous sent ses épaules plier, où ses omoplates approchent, ligne par ligne, du sol, puis frôlent enfin la laine du tapis [...]. »
COLETTE, *La Paix chez les bêtes*, p. 212 (□ 1916).
« Ce que le public réclame, c'est l'image de la passion, non la passion elle-même. Il n'y a pas plus un problème de vérité au catch qu'au théâtre. Ici comme là ce qu'on attend, c'est la figuration intelligible de situations morales ordinairement secrètes. [...] Le catch est une pantomime immédiate, infiniment plus efficace que la panto-

mime théâtrale, car le geste du catcheur n'a besoin d'aucune fabulation, d'aucun décor, en un mot d'aucun transfert pour paraître vrai. »
R. BARTHES, *Mythologies*, Le monde où l'on catche, p. 17 (□ 1954).

« On ne parle plus de rien d'autre. On ne va plus au cinéma pour ne pas rater une émission. On est comme à une séance de catch. »
ARAGON, *Blanche ou l'Oubli*, pp. 309-310 (□ 1967).

✱ Abréviation française de l'anglais *catch-as-catch-can* (fin XIXᵉ s.) nom de cette lutte, *littéralement* « attrape comme tu peux ». *Catch as catch can* s'est dit en français dès 1899 [*in* G. Petiot, *op. cit.*]. *Catch* seul est dans *Match* (1934). La mode du catch s'est répandue en France après la guerre et cette lutte a surtout été popularisée par la télévision. La forme du mot n'est guère française, mais nous avons déjà l'emprunt *match* qui fonctionne. Le français a produit sur *catch* les dérivés *catcher* v. et *catcheur* n. (1924, *in* Petiot).

« Le *catch as catch can*, au nom impron, le Français moyen, qui l'abrège en *catch*, s'est appelé au début du siècle, et encore quelquefois de nos jours, *lutte de combat*, nom qu'il mérite en tant que sport dur. »
F. BAR, in *Vie et Langage*, août 1954, p. 374.

CATERPILLAR [katɛrpilaʀ] *n. m.*

(1917) Techn. *(Nom déposé)* Tracteur à chenilles.

✱ Mot anglais, d'abord *caterpiller*, probablement de *cat* « chat » (à cause du poil) et *piller* « pillard, destructeur », qui signifie au sens propre « chenille » (XVᵉ s.) ; au début du XXᵉ siècle (1915 aux États-Unis) apparaît l'expression *caterpillar tractor* « tracteur chenille ». Ce mot est daté en français par Bonnaffé, date reprise par Mackenzie (p. 259) ; *caterpillar* est enregistré dans le Larousse mensuel de 1917 (p. 140). Aisément prononçable à la française, *caterpillar* reste un terme technique peu encombrant.

CATGUT [katgyt] *n. m.*

(1871) Fil chirurgical composé de fibres animales qui se résorbe après cicatrisation. — REM. : Absent des dict. de Littré et de l'Académie.

« je suturai la paroi musculo-aponévrotique, y compris le péritoine, avec mon surjet habituel de catgut, en prenant soin de fixer le pédicule hépatique au niveau de la suture par des points séparés à la soie. »
E. GAUTIER, *L'Année scientifique et industrielle*, p. 244, 1903 (□ 1902).

✱ Mot anglais (fin XVIᵉ s.), de *cat* « chat » et *gut* « boyau », qui signifie « boyau de chat, corde de violon, de raquette » et « fil pour les cicatrices » (XIXᵉ s.). En fait les chats n'ont rien à voir ni avec le boyau de chat ni avec le catgut, cette matière animale étant extraite des boyaux de mouton. *Boyau de chat* ne semble pas antérieur au XIXᵉ siècle en ce sens en français et constitue vraisemblablement un calque de *catgut*. La date de 1877 *(Comptes rendus de l'Acad. des sciences)* est celle de Mackenzie (1871, selon Bloch sans référence).
Cet anglicisme s'intègre assez mal au système français malgré la prononciation francisée. Mais il enrichit utilement notre lexique qui dispose ainsi de deux noms, *boyau de chat* et *catgut* alors que les anglais n'en ont qu'un pour désigner une matière qui tantôt résiste à tout, tantôt se résorbe discrètement (fil chirurgical).

CATHODE [katɔd] *n. f.*

(1838) Électrode négative (opposé à *anode*). — REM. : Absent du dict. de Littré.

« On réduit les mattes en plaques minces destinées à servir d'anodes (pôle positif) ; la prise de courant se fait au moyen de bandes de cuivre introduites dans la masse, et des plaques minces du même métal forment les cathodes (pôle négatif). »
L. FIGUIER, *L'Année scientifique et industrielle*, p. 174, 1886 (□ 1885).

✱ Mot anglais créé par Faraday (1834) d'après le grec *cata-* « en bas » et *-odos* « chemin ». Apparaît en français sous la forme *catode* dans le complément du dict. de l'Académie 1838. Anglicisme aisément assimilable comme tous ceux qui sont formés sur le grec.

CATION [katjɔ̃] n. m.

(1838) *Chimie.* Ion qui se porte à la cathode (opposé à *anion*).

✳ Mot créé en anglais par Faraday (1834) d'après *ion* et *cathode* («ion» et «cathode»). Ce mot apparaît en français dans le complément du dict. de l'Académie (1838) avec la graphie *cassion* (c'est ainsi qu'il s'est d'abord prononcé), et ceci encore dans Littré, 1863. On trouve aussi *cathion* (1838, *ibid.*).

CATOGAN → CADOGAN.

CAT(T)LEYA [katlɛja] n. f.

(1846) Orchidée à grandes fleurs richement colorées, violettes, roses, jaunes. — REM. : Absent des dict. de Littré et de l'Académie. — Certains font ce nom masculin.

« l'insecte hyménoptère [...] entrant brusquement et sans se donner le temps de choisir, se jeta sur la fleur d'un *cattleya Mossioe.* »
L. FIGUIER, *L'Année scientifique et industrielle*, p. 351, 1858 (□ 1857).

« Mais il était si timide avec elle, qu'ayant fini par la posséder ce soir-là, en commençant par arranger ses catleyas, soit crainte de la froisser, soit peur de paraître rétrospectivement avoir menti, soit manque d'audace pour formuler une exigence plus grande que celle-là, [...] les jours suivants il usa du même prétexte. »
PROUST, *Du côté de chez Swann*, p. 233 (□ 1913).

✳ Latinisme créé en anglais (1828) d'après le nom du botaniste *William Cattley*. La graphie de Bescherelle (1846) est *cattleye*. Cette orchidée rendue célèbre par Proust reste donc digne de l'anglomanie d'Odette. On sait que, pour ce personnage et pour son amant Swann, *faire cattleya* avait acquis une valeur intime.

C.B. → CITIZEN BAND.

CELLOPHANE [selɔfan] n. f.

(1926, Larousse ménager) Hydrate de cellulose façonné en pellicule transparente, utilisé notamment comme un papier d'emballage. — REM. : Absent du dict. de l'Académie.

« Pendant quelques mois, à Détroit, il avait géré une boutique de cigares où l'on vendait aussi de la littérature spéciale. À vrai dire, il n'avait jamais eu la curiosité de lire ces livres et ces magazines enfermés la plupart du temps dans de la cellophane et dont les titres comportaient invariablement le mot sexe. »
SIMENON, *Un nouveau dans la ville*, p. 76 (□ 1949).

✳ Mot anglais (1912), marque déposée, de *cell(ulose)*, *-o-* et *-phane* (grec *phainein* « paraître »). Mais le mot ayant été créé par le Suisse Brandenberger en 1911, il est difficile de dire si le mot français est emprunté à l'anglais ou à l'allemand.

CELLULAR [selylaʀ] n. m.

(1904) Tissu de coton, souple, à mailles lâches, pour les sous-vêtements, les vêtements de sport. — REM. : Absent du dict. de l'Académie 1932.

✳ Mot anglais (1888), d'abord *cellular linen* de *linen* « tissu » et *cellular* « à cellules, à trous ». L'adjectif anglais est probablement emprunté au français *cellulaire*. On pourrait proposer de refranciser *cellular* en *cellulaire*.

CELLULOÏD [selylɔid] *n. m.*

(1877) Matière plastique inflammable, nitrate de cellulose. *Les balles de ping-pong sont en celluloïd.* — REM. : Enregistré dans le dict. de l'Académie 1932.

« La *Revue industrielle* raconte qu'un inventeur américain a proposé de substituer à l'ivoire une substance nommée *celluloïde*, dont le fulmi-coton est la base. Il s'agissait de remplacer par cet ivoire factice les boules de billard en ivoire naturel, auxquelles on reproche de ne pas présenter en tous points la même densité, de se briser facilement en tombant sur une substance dure, et d'exiger une mise en couleur fréquente, parce que la pénétration de la matière colorante modifie la qualité de l'ivoire et provoque des ruptures. »
     L'Année scientifique et industrielle, pp. 444-445, 1878 (□ 1877).

« MM. Lumière se sont préoccupés, pour le cinématographe, d'empêcher l'inflammation spontanée des pellicules en celluloïd. »
                              E. GAUTIER, *Ibid.*, p. 83, 1889 (□ 1898).

« Brodsky paraissait rarement, se jetait alors sur le divan qui, aussitôt, se recouvrait d'objets : visière en celluloïd, mouchoir sale, stylo, cigarettes tordues, et tout ce que dans la journée il avait ramassé un peu partout [...]. »   P. MORAND, *Champions du monde*, p. 89 (□ 1930).

✳ De *celluloid*, mot américain (1871) de *cellul(ose)* et *-oid*, marque déposée. Le celluloïd fut inventé par John W. Hyatt de Newark (New Jersey) en 1869-1870 (brevet en 1871). Les premières attestations françaises sont francisées en *celluloïde* (comme *alcaloïde*), mais la forme s'est anglicisée ultérieurement avec la chute du *e*. On souhaiterait la reprise de la forme initiale.

CENT [sɛnt] *n. m.* et *f.*

N. m. (1835) Unité monétaire aux États-Unis, centième partie du dollar américain. Pièce de cette valeur. Centième partie du dollar, monnaie d'autres pays (Hong-Kong, etc.).

« Oui, gentlemen, dans mes mains le bronze devient argent. Un *cent* se transforme en dollar... Tenez... voici un sou de France, vous allez assister à la curieuse expérience. »
          P. d'IVOI, *Les Cinq Sous de Lavarède*, p. 151 (□ 1894).

« Nous achetons des jetons : ce sont des ronds de carton multicolores qui valent un quarter, un nickel ou même un cent. »
                        S. de BEAUVOIR, *L'Amérique au jour le jour*,
                                              7 mars 1947, p. 146 (□ 1954).

« À douze ans déjà, après la classe, Florence allait garder des enfants, à tant de l'heure, cinquante *cents*, s'il se souvenait bien, dans les maisons du voisinage. »   SIMENON, *La Boule noire*, p. 53 (□ 1955).

— *N. f.* Au Canada, Centième partie du dollar canadien (aussi sous la forme populaire *cenne*).

« Pour dix cents, j'aurai un pétard extra. [...] — Il s'en vend à une cent, aussi. C'est pas gros, mais ça pète sec. »
               R. LEMELIN, *Au pied de la pente douce*, p. 45 (□ 1944).

« Ce n'est pas pour mon plaisir que je ramasse les peaux. Je fais pas une cent de profit dessus [...]. »
                   G. GUÈVREMONT, *Le Survenant*, p. 158 (□ 1945).

✳ Mot anglais (xvᵉ s.) emprunté au français *cent*, et qui a signifié « cent » (*hundred*, de nos jours mais encore *per cent* « pour cent ») et « le centième » (XVIIᵉ s.). C'est probablement *cent* « centième » qui a servi à l'Américain Gouverneur Morris pour désigner en 1782 la centième partie du dollar. *Cent* a donc le sens correspondant à *centime*.

CENT (POUR CENT) [sɑ̃puʀsɑ̃] *loc. adv.* et *adj.*

(1924) Complètement, entièrement. *C'est un Français cent pour cent, à cent pour cent. Ils sont cent pour cent d'accord.*

« Le recensement de 1920, confirmant et aggravant à cet égard celui de 1910, souligne le manque d'homogénéité, peut-être irrémédiable, du

peuple américain [...]. Ainsi les Américains véritables, — et encore ne pourrait-on les appeler *cent pour cent* que par courtoisie, — ne sont que 61 p. 100 de la population blanche et 55 p. 100 de la population totale. »
A. SIEGFRIED, *Les États-Unis d'aujourd'hui*, pp. 7-8 (□ 1927).

— SUBSTANTIVEMENT :

« Aujourd'hui le Juif nouveau, après son stage dans les bas quartiers, s'est élevé, ses fils sont à l'université [...]. New-York est à lui, quoi qu'en disent les "cent pour cent Américains" de Park Avenue. »
P. MORAND, *New-York*, p. 84 (□ 1930).

« ... Non, ce n'est pas un levantin, je vous assure. Ce n'est pas un juif. Faut être juste. Je travaille avec des juifs d'ici, des gens parfaitement corrects. Lui, c'est un cent pour cent. Pensez ! Smith ! Quelque chose comme le Durand ou le Dupont de ce pays. »
G. DUHAMEL, *Scènes de la vie future*, p. 214 (□ 1930).

✱ Calque de l'anglais *one hundred per cent* « totalement, sans exception » (1911), aussi *cent per cent* (XVIe s.) « correspondance numérique égale, doublement, bénéfice égal au capital (*culbute* en français) ». Cette expression s'est employée, en américain, à propos des évaluations de nationalité et de la surveillance de l'immigration ; chacun voulait être « cent pour cent américain », ce qui relève évidemment du fantasme. On a attribué cette expression à Theodore Roosevelt.

« Un français cent pour cent.
J'ai exprimé le peu de plaisir que m'inspire ce type d'expression, si différent de l'emphase élégante de la répétition distinctive (V. *Le Français moderne*, IV, pp. 129 et 237), mais qui est devenu courant dans toutes les langues européennes. Il n'est peut-être pas tout à fait superflu de rappeler que c'est un américanisme pur et simple : l'expression a été employée d'abord aux États-Unis pour distinguer les vrais américains des *hyphenated*, des "américains à trait d'union" (franco-, italo-, germano-américains) et se ressent de l'esprit "matter of fact" du commerçant, qui réduit même des notions ressortant à l'ordre de l'esprit au calcul et à la monnaie. Il est très curieux de voir de notre temps la *qualité* irrationnelle de la nationalité muée en *quantité* mesurable : la mystique raciale, avec son déterminisme radical, emprunte ses concepts à l'arithmétique [...]. »
L. SPITZER, *La Psychologie du langage, Un Français cent pour cent*,
in *Le Français moderne*, janv. 1938, p. 49.

CESSEZ-LE-FEU [seselfø] *n. m. inv.*

(1948) Arrêt des combats militaires. *Négocier un cessez-le-feu.*

« Peut-être que la guerre est finie depuis minuit, dit Charlot en riant d'espoir. Le "cessez-le-feu", c'est toujours à minuit. »
J.-P. SARTRE, *La Mort dans l'âme*, p. 47 (□ 1949).

✱ Calque de l'anglais *cease(-)fire* (1847 Oxford, « sonnerie pour cesser le feu », 1918 « arrêt des combats »), de *to cease* « cesser » et *fire* « feu ». Apparaît en français à propos de la guerre d'Indochine (1948, D. D. L., 2e série, 18).

CHADBURN [ʃadbœʀn] *n. m.*

(1932) Sur un navire, Appareil transmetteur d'ordres de la passerelle aux machines *(nom déposé).*

« — Larguez tout !
En même temps, le chadburn sonnait :
— En avant toute ! »
R. VERCEL, *Remorques*, p. 18 (□ 1935).

✱ De *Chadburn*, nom du constructeur anglais de cet appareil. Le mot a été lexicalisé en français et n'existe pas dans le vocabulaire anglais actuel *(engine-room telegraph)*. La date de 1932 signale le livre de Peisson, *Parti de Liverpool* (cité dans T.L.F.).

CHAIRMAN [tʃɛʀman] *n. m.*

1° (1785) Président d'une assemblée, d'une association, d'un jury, etc. ; président de séance qui dirige les débats. Plur. *Chairmen.*

« C'était le "chairman" d'une compagnie pétrolière. »
MALÈGUE, *Augustin ou le maître est là*, 1933 [*in* T.L.F.].

✳ Mot anglais (1654), composé de *chair* « chaise » et de *man* « homme » : c'est l'homme qui a droit à la chaise ou à la chaire. Le mot, un temps utilisé en politique, en parlant de l'Angleterre, fait toujours référence aux institutions des pays anglophones.

2° (v. 1950) Aux États-Unis, Professeur d'université qui dirige un département. Plur. *Chairmen.*

✳ Dans ce sens *chairman* est spécifiquement américain (non attesté dans Webster 1933, il apparaît dans Webster 1966).

CHÂLE [ʃɑl] *n. m.*

1° (1663) Longue pièce d'étoffe que les Orientaux portent en turban, en ceinture, sur les épaules. *Châle de cachemire.*

« Ils sont chargés de toiles de toutes les couleurs, de chaales [...]. »
G. Th. RAYNAL, *Histoire philosophique des Indes* (1772-1774)
[*in* Brunot, t. VI, p. 1233].

« C'est une paire de magnifiques schalls de Cachemyr, lie de vin ; deux autres schalls de Cachemyr moins beaux [...]. »
V. JACQUEMONT, à M. Jacquemont père, 18 mars 1831, in *Corresp.*, t. I, p. 361.

« La vérité est qu'à Cachemyr, et en Perse et en Turquie, on en fait [du cachemire] surtout des culottes pour les dames, d'immenses culottes, très larges par le haut, étroites par en bas. Les messieurs (les messieurs d'Ispahan, Caboul, Cachemyr, Bokhara, et autres lieux où l'on se soucie peu du *journal* des Modes de Paris) les portent en ceintures, ou en châles autour de la tête et sur les épaules ; ou bien encore ils en font une sorte de robe de chambre appelée *tchôghra*, qui ne se porte guère que pour monter à cheval. »
V. JACQUEMONT, *Corresp.*, 1832, t. II, p. 248.

2° (début XIXᵉ s.) Vêtement en forme de triangle ou de carré replié, en tissu ou en tricot, souvent à franges, avec lequel les femmes se couvrent les épaules. — REM. : Signalé dans le dict. de l'Académie 1932.

« Tous les "shalls" quelconques sont à la mode. »
Journal des Dames, Modes, p. 152, 1806.

« Nelson, que j'avais rencontré plusieurs fois dans Hyde-Park, enchaîna ses victoires à Naples dans le châle de lady Hamilton [...]. »
CHATEAUBRIAND, *Mémoires d'outre-tombe* [1822], t. I, p. 521 (□ 1848).

« Où croyez-vous aller en suivant cette prestigieuse et céleste créature, aux pieds légers, au châle onduleux, dont les plis bombés accusent des formes ravissantes ? »
BALZAC, *Voyage pour l'éternité*, in *Œuvres diverses*, t. II, p. 9 (□ 1830).

« Par vingt-cinq degrés de chaleur, je suis capable de porter autant de caftans, de châles et de fourrures qu'Ali, ou Rhegleb [...]. »
Th. GAUTIER, *Jeunes-France*, préface, p. XI (□ 1833).

« Une brise fraîche s'éleva dans la verdure sombre. René décrocha le châle noir et le mit sur les épaules d'Hélène. »
A. FRANCE, *Jocaste*, in *Œuvres*, t. II, p. 109,
Calmann-Lévy, 1925 (□ 1879).

✳ Au sens 1°, *châle* (1670 ; d'abord *chalou*, 1663, *scial*, 1665 [traduit et transcrit de l'italien]) semble emprunté à l'ourdou, langue du Pakistan (hindoustani islamisé). Le mot s'écrit souvent *chal, chaal, chaale ; c'est un terme de voyageur. Lorsque la mode du châle s'est répandue en Europe et d'abord en Angleterre, c'est par l'anglais que nous avons en somme réemprunté *châle*, alors souvent écrit à l'anglaise *shawl* (ou *schal, schall,* etc.) ; d'où les graphies françaises en *sch-*. Le châle, c'est l'Inde par l'intermédiaire du romantisme anglais (la vogue du châle en Angleterre commença vers 1770) : « Those fashionable handkerchiefs, which the English ladies have of late years worn under the name of shauls — ces fichus élégants que les dames anglaises ont porté ces dernières années, sous le nom de châles. » 1782-1783, W. F. Martin *in* Oxford dict. Le mot *châle* est bien francisé et ne pose pas de problème particulier.

« À propos de ce dernier mot, il est curieux, quand on sait quelle a été la vogue prodigieuse des châles sous la Restauration et la Monarchie de Juillet d'apprendre que l'orthographe châle a été adoptée grâce au propriétaire d'un magasin de la rue Vivienne, qui la préférait à celle de shall généralement admise jusque-là. » G. MATORÉ, *Le Vocabulaire et la Société sous Louis-Philippe*, p. 32 (□ 1946).

CHALEUR LATENTE [ʃalœʀlatãt]

(1824) Chaleur nécessaire pour qu'une substance change d'état, sa température demeurant alors constante. — REM. : Enregistré dans le dict. de l'Académie 1835 et dans Littré 1867.

« Les irrégularités des chaleurs spécifiques des corps solides pourraient être attribuées, ce nous semble, à de la chaleur latente employée à produire un commencement de fusion. »
S. CARNOT, *Réflexions sur la puissance motrice du feu* [...], 1824
[*in* Mackenzie, t. I, p. 207].

✱ Calque de l'expression anglaise *latent heat* « chaleur *(heat)* latente », créée v. 1757 par le physicien écossais J. Black : « [...] as the cause of warmth, we do not perceive its presence ; it is concealed or latent, and I gave it the name of *latent heat* » — en tant que cause de chaleur, on ne perçoit pas sa présence ; elle est cachée ou latente, et je lui ai donné le nom de *chaleur latente.* » (Lect. I, 157, *in* Oxford dict.). Mackenzie est le premier à signaler cet anglicisme. *Latent* adj., connu en français depuis le xivᵉ s., n'y était guère usité, sinon comme terme de manège à propos des « vices *latens* » d'un cheval (Cf. Dict. de Trévoux 1771).

CHALLENGE [ʃalãʒ] *n. m.*

1° (1884). Défi sportif. — *Spécialt* (1887). Épreuve sportive dans laquelle le vainqueur détient un prix, un titre, jusqu'à ce qu'un vainqueur nouveau l'en dépossède.

« Une motion tendant à la création de challenges n'est pas adoptée. »
Revue des Sports, 29 mars 1884 [*in* G. Petiot].

« D'ailleurs sur le plat, j'étais trop marqué par les Italiens qui espèrent remporter le Challenge par équipes. »
J. CAU, *La Pitié de Dieu*, p. 211 (□ 1961).

2° Défi.

« ce qui est indispensable, c'est qu'une civilisation qui évolue — et qui le fait parce que le "challenge" de son époque l'y contraint sous peine de mort — abandonne les mythes périmés [...]. »
P. BERTAUX, *La Mutation humaine*, p. 80 (□ 1964).

✱ Mot anglais (xiiiᵉ s.) de l'anc. français *chalenge* « accusation » (xiᵉ s.) et « défi » (xiiᵉ s.), du v. *chalengier* (latin *calumniare*) « accuser » et « défier », ainsi que *chalangeur* « celui qui défie » (xiᵉ s.). Ces mots français n'ont pas survécu au xviiᵉ s. *Challenge* a été réemprunté à l'anglais en 1884 avec la prononciation [ʃalãʒ] et avec le sens sportif. Il ne s'est jamais vraiment répandu en français dans la langue commune, mais il est courant en sports. C'est le sens figuré qui semble aujourd'hui le franciser davantage. Plutôt que d'adopter des équivalents approximatifs, pourquoi ne pas garder cette série qui a une longue histoire française ?

« L'idée de difficulté à vaincre, ou de lutte pour la conquête d'un titre ou d'un trophée, qui accrédite ce mot dans la langue sportive, justifie son extension à celle de la technique et des affaires, où existent aussi la concurrence, la stimulation, l'effort (pour la possession d'un brevet, d'un marché). Mais les équivalents français ne manquent pas : une difficulté, un obstacle, une recherche mettent le technicien au *défi ;* c'est une *provocation* à mieux faire. Une nécessité industrielle ou commerciale peut devenir un *impératif.* »
J. GIRAUD, P. PAMART, J. RIVERAIN, *Les Mots « dans le vent »*, p. 38 (□ 1971).

CHALLENGER [ʃalɛnʒœʀ] ou *pop.* [ʃalãʒɛʀ] *n. m.*

(1896) Celui qui défie le tenant d'un prix, d'un titre, d'un avantage quelconque. *Le champion du monde et son challenger.*

« Et sa défaite aux points à Chicago ? Pleine forme ou non, Kolb me fait suer ; ce n'est pas actuellement un challenger... Référez-vous à la Fédération. »   P. MORAND, *Champions du monde*, p. 94 (□ 1930).

« Les mi-lourds de la littérature, les challengeaires *(sic)* des beaux-arts [...]. »   J. PERRET, *Bâtons dans les roues*, p. 10 (□ 1953).

« Face à un tel challenger [R. Cartier], R. Buron, 60 ans, fera figure d'idéaliste. »   *France-Observateur*, On en parlera demain, 8 fév. 1971, p. 27.

✴ Mot anglais, de *challenge*, d'abord « accusateur » (XIIIᵉ s.), puis « celui qui défie » (XVIᵉ s.). Ce mot est attesté en 1896 dans Petiot ; il appartient surtout au langage des journalistes ; il est critiqué par les puristes (Étiemble, *Parlez-vous franglais ?*, p. 150). Il n'a pas de synonyme en français. L'ancien français employait *chalengeur* dans le même sens → **Challenge**. Il serait donc souhaitable de prononcer ce mot radicalement à la française, et de lui restituer sa graphie en *-eur* d'autrefois.

« "Le Parisien auquel certains contestaient le choix d'avoir été désigné comme *challenger officiel*."
Pour challenger officiel, nous proposons tout simplement : *adversaire officiel*. »
                    Défense de la langue française, juil. 1960, p. 35.

CHALLENGER [ʃalãʒe] *v. tr.* et *intr.*

(1915) Défier qqn ; lancer un défi, des défis.

« Baryton excellait aux jeux d'adresse. Parapine lui challengeait régulièrement l'apéritif et le perdait tout aussi régulièrement. »
                    CÉLINE, *Voyage au bout de la nuit*, 1932 [*in* D. D. L., 2ᵉ série, 5].

« il mangeait tous les soirs une poularde à la crème et aux champignons, une timbale de riz à la vapeur, buvait un magnum de champagne, du Heidsieck extra-brut, faisait des dettes et passait la nuit au billard dont il avait été champion du monde et challengeait, dorénavant, avec la mort. »
                    CENDRARS, *Bourlinguer*, p. 197, Denoël (□ 1948).

✴ Francisation du v. anglais *to challenge* (→ **Challenge**), qui reprend, après quatre siècles, l'ancien français *chalengier* « accuser, défier ». Ce verbe est peu usité ; il est daté par Mackenzie (I, 243).

CHARLESTON [ʃaʀlɛstɔn] *n. m.*

(1925) Danse des Noirs des États-Unis, à la mode en Europe dans les années vingt, où l'on agite les jambes sur le côté en serrant les genoux.

« Plus tard, leurs revues, formidables et chaotiques ensembles de couleurs, de bonds, de rires, de dissonances, de fantaisies folles, de diabolisme et de sentimentalité, nous apportèrent d'autres danses encore : le black-bottom et cet endiablé charleston (à nous révélé par l'étonnante Joséphine Baker) [...]. » F. de MIOMANDRE, *Danse*, p. 61 (□ 1935).

✴ Mot américain (v. 1923), nom d'une ville de la Caroline du Sud, donné par les Noirs américains à une de leurs danses. Le charleston eut un grand succès en Europe et n'est pas aujourd'hui tout à fait abandonné. En 1925, *la Revue nègre* du Théâtre des Champs-Élysées présente pour la première fois en France cette danse. Le mot est relevé chez Montherlant en 1929 (dans *la Petite Infante de Castille*) par le T. L. F.

CHARTER [ʃaʀtɛʀ] *n. m.*

(v. 1950) Avion affrété pour un vol particulier où toutes les places sont occupées, ce qui en fait baisser le prix.

« Formule quasi-magique, le charter représente pour un public de plus en plus nombreux, avide de voyages et au moyens financiers limités, la solution miracle. Il suffit pour s'en convaincre de juxtaposer quelques prix... Pourquoi ces différences ? La définition du charter est en soi une réponse : un charter est un avion affrété (loué) par un

organisme (association, agence de voyages, société, etc.) à un transporteur aérien et dont la totalité des places est utilisée [...] le coefficient
de remplissage des avions, même sur les meilleures compagnies, ne
dépasse jamais 55 %. » *Le Nouveau Guide Gault-Millau*, mai 1971, p. 24.

— PAR EXT. (en parlant d'autres moyens de transport). En
apposition : *train charter*.

« Le boom des trains charters. La vogue des charters gagne le
chemin de fer. En 1972, 630 trains spéciaux, loués à la S. N. C. F. ont
circulé pour le compte de clients privés. [...] Ces trains charters ont
transporté 400 000 voyageurs. » *L'Express*, 14 mai 1973, p. 93.

✱ Mot américain (v. 1922), altération de *chartered (plane)* « avion
nolisé » de *to charter* « affréter, noliser » de *charter* n. « charte, contrat ».
Ce mot s'est répandu en Europe avec le système, d'origine américaine
(l'avion est un moyen de transport populaire). La prononciation du mot
en français est hésitante : on entend souvent [tʃaʀtəʀ]. La traduction
exacte est *avion nolisé*. Mais *charter* est déjà bien répandu. Étiemble
ne signale que la forme *chartered* pratiquement abandonnée : « Je l'ai
rencontrée un jour que je servais dans un avion chartered par le
producteur d'un film où elle n'était encore que script-girl adjointe. »
(*Parlez-vous franglais ?*, p. 2.)
    Le dérivé anglais *chartering* ne s'emploie guère en matière aérienne,
mais se rencontre en marine :

    « "To charter" voulant dire en anglais affréter, le "Chartering" consiste à louer
un bateau avec son équipage. On peut affréter un bateau pour le transport d'une
cargaison ou, comme c'est le cas ici, pour le transport des passagers.
    Le "Chartering" individuel est rare. Il faut passer par une agence pour trouver
des bateaux et, réciproquement, les skippers ont besoin de cette agence pour
trouver des passagers. » *Bateaux*, sept. 1966, p. 42.

CHARTISME [ʃaʀtism] *n. m.*

(1846) *Polit.* Mouvement réformiste anglais visant à l'adoption d'une charte réglant le système électoral et le statut du
Parlement en faveur de la classe ouvrière.

✱ Emprunt à l'anglais *Chartism* (1838), tiré du nom de la « charte du
peuple » *(People's Charter)* du 8 mai 1838. La date française (1846)
correspond à un passage de la *Correspondance* de George Sand (*in*
T. L. F.).

CHATTERTON [ʃatɛʀtɔn] *n. m.*

(1869) Ruban isolant adhésif utilisé en technologie, etc. *Un
rouleau de chatterton.* — REM. : Absent du dict. de l'Académie
1932.

« Autour du conducteur sont enroulées quatre feuilles de gutta-
percha, séparées les unes des autres par quatre couches de *mastic
Chatterton.* »
    L. FIGUIER, *L'Année scientifique et industrielle*, p. 98, 1870 (□ 1869).

« Le câble, protégé dans presque toute sa longueur par une enveloppe de ciment, comprenait trois torons conducteurs, garnis chacun de
sept brins de cuivre et recouverts par des couches alternantes de gutta-
percha et de *chatterton*, c'est-à-dire d'un mélange de goudron, de résine
et de gutta-percha. »
    E. GAUTIER, *L'Année scientifique et industrielle*, p. 207, 1897 (□ 1896).

✱ Abréviation (av. 1890) de *composition Chatterton*, trad. de l'anglais
Chatterton's compound (v. 1870), *littéralement* « composition de Chatterton » (nom de l'inventeur) mélange de gutta-percha, de résine, et de
goudron de Stockholm ; cette composition servait initialement à enduire
les câbles sous-marins du télégraphe. Le mot apparaît d'abord en
apposition et, en 1899, au sens de « ruban enduit de ce mélange ». On
rencontre déjà en 1869 l'expression *mastic Chatterton* où *Chatterton* est
encore le nom propre (L. Figuier, *Année scientifique et industrielle*,
p. 98, 1869). *Chatterton* a fourni un dérivé français, l'adj. *chattertoné*
(1906, *Les Sports modernes illustrés*, p. 226). L'expression *Chatterton's
compound*, la seule enregistrée dans les dict. anglais et américain
semble être sortie d'usage dans ces langues.

CHECKER [tʃeke] *v. tr.*

(1874) Enregistrer (des bagages).

« C'est encore un agrément des chemins de fer américains que si les bagages s'y détournent quelquefois de leur destination, jamais ils ne s'y perdent. On passe à la poignée de votre valise, sac de nuit ou autre, une courroie de cuir qui porte une plaque en laiton où sont inscrits un numéro et l'indication de la voie ferrée que vous prenez. On vous remet une plaque analogue. Cela s'appelle un *check*, ni plus ni moins qu'un bon à payer. On dit alors que votre bagage est *chéqué* ; et vous pouvez aller ainsi au bout du monde, un an ou deux durant, s'il vous plaît. »
L. SIMONIN, *De Washington à San Francisco* [1868-1871],
p. 166 (□ 1874).

✳ Adaptation de l'américain *to check* même sens (1846, Mathews) de l'anglais *to check* « vérifier ». Le terme s'est répandu en français après la dernière guerre dans les transports aériens. Ce mot qui est inutile fait plutôt figure de négligence.

« CHECKER (prononcé « tchèquer »). — Enregistrer ses bagages. Regrettable, mais usuel. »   *Le Monde*, 25 août 1977, p. 8.

CHECK-LIST [tʃɛklist] *n. f.*

(1956) *Aviat.* Liste des manœuvres prescrites avant le décollage ou l'atterrissage, permettant de vérifier que tout a été fait dans l'ordre. — Plus généralement, Toute liste ou bordereau de contrôle où l'on fait notamment des pointages.

« *Le Lancement d'un système informatique de gestion* est un petit ouvrage simple, clair, facile à lire, qui peut être considéré comme une sorte de "check list" des problèmes liés à l'introduction de l'ordinateur. Il peut être rapidement lu mais avec profit par tous ceux, chefs d'entreprise, chefs de service, qui, sentant la nécessité de l'introduction de méthodes automatiques de traitement, sont un peu déroutés par la multiplicité des travaux à réaliser. »   *La Recherche*, sept. 1970, p. 385.

— REM. : On trouve parfois la graphie *checklist* :

« Du président des États-Unis, les chancelleries étrangères tiennent au jour le jour une comptabilité à partie double ; mais le citoyen américain, lui, veille sur sa checklist de promesses. »
Le Nouvel Observateur, 1ᵉʳ janv. 1978, p. 21.

✳ Mot américain (1853) formé de l'anglais *list* « liste » et *check* « contrôle ». La traduction officielle proposée par le Comité d'étude des termes techniques français est *liste de contrôle* ou *bordereau de contrôle*. *Le Journal officiel* propose *liste de vérification*. La date de 1956 est consignée dans *Sciences*, mai-juin 1959.

CHECK-UP [tʃɛkœp] *n. m.*

(v. 1960) Expertise médicale générale permettant d'apprécier l'état et le fonctionnement des organes.

« Ce matin à l'hôpital Claude Bernard avec R... qui voulait que nous fassions faire l'un et l'autre un examen général, ce qu'en Amérique on appelle un *check-up*. »
J. GREEN, *Le Bel Aujourd'hui 1955-1958*, p. 125, Plon (□ 1958).

✳ Mot américain (1921) avec le sens de « examen détaillé, vérification sur une liste », sens médical postérieur, de *to check* « vérifier ». La mode des examens médicaux généraux pour faire le bilan de l'état de santé est venue des États-Unis avec le mot ; elle s'est répandue dans les classes aisées qui en font un snobisme. Bien qu'on puisse traduire par *examen général,* la synonymie n'est guère satisfaisante car l'examen général tel qu'on le pratiquait en Europe était beaucoup moins systématique et complet que le check-up, dont P. Morand parle en ces termes :

« *L'Institut de prolongation de la vie* vous offre d'examiner préventivement votre corps : pendant plusieurs jours vous appartenez à des techniciens, des chimistes, des physiologues... et vous sortez ayant appris que votre cœur a vingt ans, vos yeux trente, votre prostate quarante, votre estomac cinquante, et que vos cheveux n'en ont plus que pour quatre ou cinq ans à vivre ; mais attention à la moelle épinière ! un an tout au plus : c'est le moment de prendre une assurance sur la vie. » *New-York*, p. 157 (□ 1930).

∗ Le mot s'intègre mal au système français (bien qu'un microsystème se crée avec *pick-up*, *hold-up*, etc.). Les Canadiens proposent l'expression *bilan de santé* qui semble bien meilleure par sa nouveauté (donc sa plus grande aptitude à désigner une chose nouvelle) que *examen général*, et qui devient courante en France.

CHEDDAR [ʃedaʀ] *n. m.*

(1908) Fromage anglais à pâte affinée, ferme, fait de lait de vache (consommé aussi aux États-Unis). — REM. : Absent du dict. de l'Académie 1932.

« les fromages que vous sert, au restaurant, un garçon anglais, sont surmontés de petits *Union Jacks* et le client qui choisit le brie ou le gruyère au lieu du cheddar ou du cheshire, est mal vu de ses voisins [...]. » P. MORAND, *Londres*, p. 75 (□ 1933).

« Le Cheddar, au goût vif alléchant, et au caillé ferme, est universellement recherché depuis au moins l'époque des Tudor. » R. J. COURTINE, *La Cuisine du monde entier*, p. 241, éd. Gérard, 1963.

∗ Mot anglais (1666), nom du village de *Cheddar* dans le Somerset ; aussi *Cheddar cheese* « fromage de Cheddar ». Ce fromage est peu vendu en France, comparativement au chester ; aussi la prononciation est-elle rarement francisée ; il faut pourtant la recommander (Cf. la francisation de *chester*). On trouve aussi, au début du siècle, l'expression *fromage de Cheddar*.

« il s'ensuit que l'on peut sans crainte manger du fromage d'Emmenthal ou de Cheddar, l'un et l'autre de ces fromages étant rarement livrés à la consommation avant d'avoir quatre mois ou plus. » E. GAUTIER, *L'Année scientifique et industrielle*, p. 244, 1902 (□ 1901).

CHEESEBURGER [tʃizbœrgœr] ou [tʃizburgœr] *n. m.*

(1972) Hamburger au fromage.

« *Le cheeseburger.* Mélanger 1 kg de viande hachée, 125 g de chester ou de gruyère râpé, deux grandes cuillers d'oignons hachés, deux grandes cuillers de sauce tomate ou ketchup. Former des galettes de 100 g environ et faire griller. Badigeonner d'huile d'olive et servir sur un pain brioché chaud avec tranches de tomate, salade et cornichons hachés. » *Le Guide de la cuisine gaie*, Le Creuset, in *La Maison française*, avril 1972, p. 177.

∗ Mot américain (1938, Oxford suppl.) tiré de *(ham)burger* et formé avec *cheese* « fromage » → **Hamburger.** Le cheeseburger est une variante de hamburger où la viande hachée est recouverte de fromage fondu. Ne pas confondre avec le croque-monsieur.

CHEFTAINE [ʃɛftɛn] *n. f.*

(v. 1916) Jeune fille, jeune femme responsable d'un groupe de scoutisme. — REM. : Absent du dict. de l'Académie 1932.

∗ Adaptation de l'anglais *chieftain* employé dans la langue du scoutisme au moins depuis 1916 (date d'un « manuel des louveteaux »). Le mot (XIVᵉ s.) signifie d'abord « chef militaire ou civil », puis « chef d'une branche d'un clan écossais » : « Chieftains, which in the Highland acceptation, signifies the head of a particular branch of a tribe, in opposition to chief, who is the leader and commander of the whole name. — *Chieftain*, qui dans l'acception highlandaise signifie le chef d'une branche particulière d'une tribu opposé à *chief* le commandant de la tribu. » *Rob Roy* introd. 1818 [*in* Oxford dict.]. *Chieftain* est lui-même une réfection de l'anglais *chevetaine* (XIIIᵉ s.) emprunté à l'ancien français *chevetaine*, *chevetaigne* « capitaine », latin *capitanus*. Comme en ancien français, l'anglais *chieftain* désigne un homme, et le féminin est *chieftess* (pour *chieftainess*). Le français a emprunté ce mot pour désigner une femme, probablement par assimilation de -*ain* à -*aine* féminin *(châtelain/châtelaine)* et oubli total du doublet *capitaine*. À noter que les hôpitaux lyonnais connaissaient *une sœur-cheftaine,* infirmière-chef religieuse.

CHELEM ou SCHELEM [ʃlɛm] *n. m.*

(1773) Au boston, au whist et au bridge, Réunion de toutes les levées dans les mains de deux joueurs associés. — REM. : Absent des dict. de Littré et de l'Académie.

« Les fusils chômaient, au grand déplaisir du capitaine Hod ; mais deux "schlems" , qu'il fit dans une seule soirée, lui rendirent sa bonne humeur habituelle. »   J. VERNE, *La Maison à vapeur*, p. 171 (□ 1880).

« On a souvent cité cette anecdote : Napoléon à Sainte-Hélène ne pouvait s'asseoir à une table de whist sans essayer aussitôt le chelem. »
                      P. BOURGET, *Outre-Mer*, p. 140 (□ 1895).

✳ Adaptation de l'anglais *slam* n. même sens (1660) d'origine obscure (sans rapport avec *slam* « coup », peut-être abrév. de *slampant* « mauvais tour »). On peut s'étonner que *slam* soit devenu *chelem* en français, forme qui connote plutôt l'arabe. La première forme de l'emprunt est *schlem* (*Le Whiste,* Mercure de France, 1773) ; *chelem* est attesté en 1785. Son usage est répandu parmi les nombreux bridgeurs français.

CHÈQUE [ʃɛk] *n. m.*

(av. 1863) Écrit par lequel une personne donne l'ordre de remettre, soit à son profit soit au profit d'un tiers une certaine somme à prélever sur son crédit. *Carnet de chèques. Tirer un chèque, payer par chèque.* — REM. : Enregistré dans les dict. de Littré 1863 et de l'Académie 1878.

« L'Amérique fournit les chèques, l'Italie, les clairs de lune, et la France, les amants. »
                      P. MORAND, *Champions du monde*, pp. 118-119 (□ 1930).

✳ Francisation de l'anglais *cheque* n. (*check* aux États-Unis), 1774, de to *check* « vérifier ». L'usage du chèque s'est développé en Angleterre au XVIIIᵉ siècle puis au Canada et aux États-Unis et ne s'est répandu en France qu'au XIXᵉ siècle. Le mot apparaît d'abord en français sous la forme *check* (1788) ; on le trouve encore avec cette graphie au XIXᵉ s. Il semble avoir totalement échappé aux attaques des puristes. Le français a formé le dérivé *chéquier* « carnet de chèques » (1877). Le composé *chèque de voyage* traduit l'anglais *traveller's check,* lui-même utilisé en français sans nécessité.

CHERRY [ʃeʀi] *n. m.*

(1891) Liqueur de cerise. — REM. : Mot absent des dict. de Littré et de l'Académie. *Des cherries* [ʃeʀi].

« Allo ?... Du cherry ! Vous vous foutez de moi. Je ne suis pas une boîte à liqueur. Le champagne, ou rien. »
                      COLETTE, *La Fin de Chéri*, p. 28 (□ 1926).

« Lol a pris un verre de cherry, elle boit à petites gorgées. »
        M. DURAS, *Le Ravissement de Lol V. Stein*, p. 110, Gallimard (□ 1964).

✳ Abréviation de *cherry-brandy* [ʃeʀibʀɑ̃di], 1855 en français (1847 sous la forme *cherri-brandy),* de l'anglais *cherry-brandy* (début XVIIIᵉ s.) « alcool *(brandy)* de cerise *(cherry)* » → **Brandy.** Le cherry se fabrique aussi en France, et le plus renommé vient du Danemark. On ne confondra pas le cherry avec le kirsch, ni le mot *cherry* avec *sherry* « xérès ». La prononciation entièrement francisée de cherry [ʃeʀi] (et non [tʃeʀi]) entraîne une homonymie avec sherry [ʃeʀi] qui est tout à fait gênante. Il est souhaitable d'adopter soit l'ensemble *cherry* [ʃeʀi] / *xérès* (lequel pose un autre problème de prononciation !), soit l'ensemble *cherry* [tʃeʀi] / *sherry* [ʃeʀi].

CHESHIRE [tʃeʃœʀ] n. m.

(1867) Autre forme de *chester**.

« Les fromages que vous sert, au restaurant, un garçon anglais, sont surmontés de petits *Union Jacks* et le client qui choisit le brie ou le gruyère au lieu du cheddar ou du cheshire, est mal vu de ses voisins [...]. »   P. MORAND, *Londres*, p. 75 (□ 1933).

« La forte teneur en crème du cheshire le rend particulièrement adapté à la cuisson au gril. »
          R. J. COURTINE, *La Cuisine du monde entier*, p. 240, éd. Gérard, 1963.

✳ → **Chester.** L'emploi de *cheshire* n'est pas à encourager, la forme graphique et phonique étant plus difficile à assimiler. Le mot est attesté en français dans la *Revue des cours scientifiques*, p. 90 (5 janv. 1867).

CHESTER [ʃɛstɛʀ] n. m.

(1845) Fromage fabriqué en Angleterre, à pâte pressée, saveur forte, très renommé. — REM. : Signalé dans Littré 1863, absent des dict. de l'Académie.

« je faisais préparer des sandwiches au chester et à la salade [...]. »
          PROUST, *À l'ombre des jeunes filles en fleurs*, p. 897 (□ 1918).

« La bière y est excellente ; sur un réchaud grésillent d'appétissantes saucisses et du chester fondu sur toasts, gratuitement offerts aux buveurs [...]. »   P. MORAND, *New-York*, p. 153 (□ 1930).

✳ De l'anglais *Chester,* nom d'un comté appelé aussi plus couramment *Cheshire* (capitale Chester) qui a donné son nom au fromage fabriqué dans la région. Le mot anglais le plus employé est *cheshire* (xvɪᵉ s.), alors que la forme *cheshire** est rare en France. En français, l'expression *fromage de Chester* est attestée au xvɪɪɪᵉ s. Ce fromage est le plus célèbre des fromages anglais en France : on consomme le chester rouge avec l'apéritif.

CHEVIOTTE [ʃəvjɔt] n. f.

(1872) Laine des moutons d'Écosse ; étoffe faite avec cette laine. *Costume de cheviotte.* — REM. : Absent des dict. de l'Académie.

« Nous citerons comme exemple, occasion unique, 2 000 pièces cheviote croisée, mélange vigogne, nouveauté de la saison... »
          Journal Officiel, 2 oct. 1872 [*in* Littré suppl. 1877].

« — Costume en cheviotte : le fond est uni et tous les biais, ainsi que la ceinture, sont en cheviotte rayée. »
          MALLARMÉ, *La Dernière Mode*, p. 797 (□ 1874).

« Un veston de cheviotte ainsi machiné [pour être insubmersible] ne pèse pas même, tout compris, trois kilogrammes [...]. »
          E. GAUTIER, *L'Année scientifique et industrielle*, p. 475, 1897 (□ 1896).

✳ Francisation de l'anglais *Cheviot* (déb. xɪxᵉ s.) nom du mouton des monts *Cheviot* entre l'Angleterre et l'Écosse. La graphie française vise à conserver la prononciation anglaise, mais ainsi transcrit, l'emprunt a une forme bien française (notez *cheviote* dans Littré).

CHEWING-GUM [ʃwiŋgɔm] n. m.

(1904) Gomme à mâcher. *Chewing-gum à la menthe. Mâcher du chewing-gum. Des chewing-gums* (parfois invariable). — REM. : Absent du dict. de l'Académie 1932.

« C'est qu'on voit tant de gentlemen chiquer la [sic] chewing-gum et cracher partout ! tant de doigts dans le nez au-dessus de plastrons luisants comme de la porcelaine ! »
          J. HURET, *En Amérique, De San Francisco au Canada*, p. 166 (□ 1905).

« On vend dans toutes les villes d'Amérique, sous le nom de chewing-gum, pepsingum, mentholgum, etc. un produit bizarre [...]. Le masticatoire, le chewing-gum, par une action purement mécanique, provoque un accroissement de sécrétion salivaire [...]. »
          La Nature, Les Masticatoires, 2 juin 1906, p. 11.

« Ce n'était pas le petit Joe Mitchell qui rosserait les mangeurs de grenouilles ni les mâcheurs de chewing-gum. »
L. HÉMON, *Battling Malone*, p. 46 (□ 1911).

« Des dizaines de bougres vendaient des cacahuètes, des pastilles de menthe, du chewing-gum, de la bière et des portraits de joueurs. »
R. FALLET, *Le Triporteur*, p. 353 (□ 1951).

« Zizi tâte ses poches méticuleusement, avec une lenteur de gestes due à la gêne des menottes : il en tire un tas de petits paquets, qu'il pose à mesure sur mes genoux.
— Oh ! Des chewing-gum, chouette ! [...].
Bon, je range mes trésors dans la poquette... »
A. SARRAZIN, *La Cavale*, p. 329 (□ 1965).

✳ Mot américain (1850) *proprement* « gomme *(gum)* à mâcher, pour la mastication *(chewing)* », de *to chew* « mâcher, chiquer ». La référence primitive de *chewing-gum* est celle du tabac qu'on chique. Le chewing-gum a eu un grand succès en Europe depuis le début du siècle, néanmoins il n'a jamais atteint la vogue qu'il a aux États-Unis et sa consommation est envisagée avec dégoût par beaucoup de Français qui avancent des raisons esthétiques (l'air idiot du ruminant). L'expression *gomme à mâcher* (Cf. *Boule de gomme*, avec le même sens de *gomme*) n'est pas entrée dans l'usage et ne figure ici que comme définition (cependant voyez ci-dessous l'emploi de P. Morand). Tel quel, le mot a une prononciation et une graphie quasi anglaises. Mais il est si bien implanté qu'il faut bien s'en accommoder.

« le rasoir mécanique, la gomme à mâcher, m'empêchent de toucher les œuvres de Dieu. Je n'ai jamais été aussi apaisé que quand je travaillais à l'atelier de cordonnerie de la prison. »   P. MORAND, *Champions du monde*, p. 126 (□ 1930)

« les uns mâchent de la gomme entre leurs dents d'or, les autres, épuisés, dorment adossés à la portière. »   P. MORAND, *New-York*, p. 211 (□ 1930).

CHICANO [tʃikano] *n. m.*

(1979) Mexicain ou Américain d'origine mexicaine, aux États-Unis.

« En face, une voix juvénile rompt le silence : "Hey, you, son of a bitch [fils de pute], gringo !" Ça fait toujours plaisir.
Sanchez, l'officier chicano, hausse les épaules, un peu gêné : "Ça arrive. Le samedi, surtout. Des voyous de Tijuana qui ont bu trop de tequila et de bière." »   *L'Express*, 6 oct. 1979, p. 156.

« [...] Joseph Kennedy Jr., 27 ans, l'un des fils de Bobby, qui prit la parole au nom de la jeune génération. Pour défendre, lança-t-il, les pauvres, les Noirs, les Chicanos, tous les exploités de la société américaine. »   *L'Express*, 3 nov. 1979, p. 144.

✳ Mot familier américain (1971, Barnhart 1) plus ou moins péjoratif, de l'espagnol *Mexicano* "mexicain" prononcé [metʃikánou] dans la région de Chihuahua. L'américain a un féminin *chicana*. Au-delà de sa définition, le contexte de ce mot n'est pas neutre : car c'est un fait que les chicanos sont surtout des indiens ou métis, hispanophones et catholiques, qui ont des emplois subalternes, et non des wasps✳.

CHINA-GRASS [ʃinagʀas] *n. m.*

(1865) Nom donné parfois à la ramie de Chine, plante textile de la famille des orties qui fournit une fibre très estimée voisine de celle du lin.

« On a songé depuis longtemps à utiliser comme succédanés du coton différentes espèces d'orties, indigènes ou étrangères. C'est à M. De-caisne que revient le mérite d'avoir le premier signalé à l'industrie les qualités extraordinaires que possède sous ce rapport le china-grass *(urtica utilis)*, espèce d'ortie blanche qui vient de la Chine et du Japon. »
L. FIGUIER, *L'Année scientifique et industrielle*, p. 404, 1866 (□ 1865).

✳ Mot anglais (XIXᵉ s.) *proprement* « herbe *(grass)* de Chine *(China)* ». La prononciation de ce mot en français est incertaine : on entend aussi [tʃajnagʀas]. On le remplacera avantageusement par *ortie de Chine*, *ramie de Chine*.

CHINTZ [ʃints] *n. m.*

(1730, avec la graphie *chint*) Toile de coton imprimé, glacée, pour l'ameublement. *Des chintz.* — REM. : Signalé dans Littré 1863, absent des dict. de l'Académie.

« Aux rideaux de damas des plus belles demeures succèdent les rideaux de chintz glacé, imprimés de roses, d'algues ou des victoires de Nelson, puis les rideaux de mousseline blanche, enfin les rideaux de dentelle de Nottingham, d'autant plus lourds et vulgaires que la maison est plus pauvre et plus sordide [...]. » P. MORAND, *Londres*, p. 167 (□ 1933).

« Il y a quelque chose d'irrémédiablement Vuillard dans les petites maisons de Chelsea, le chintz de Chelsea... »
ARAGON, *Blanche ou l'Oubli*, p. 42 (□ 1967).

✳ Mot anglais (déb. XVIIIᵉ s. *chints, chintz* plur. *chintzes*) issu d'un pluriel pris pour un singulier (*chint* plur. *chints,* 1614), du hindi *chint.* Le chintz est originairement un tissu des Indes (calicot peint de fleurs). Le mot *chintz* s'intègre mal au système français.

CHIPMUNK [tʃipmœŋk] ou [tʃipmɔ̃k] *n. m.*

(1885) Petit écureuil qui ne grimpe pas aux arbres, à joli pelage brun rayé de blanc et de noir dans le sens de l'échine, très commun en Amérique du Nord (États-Unis, Canada) dans les régions froides et tempérées, scientifiquement nommé *Sciurus striatus* (Linné), ou *Tamia striatus. Des chipmunks.* — REM. : Absent de tous les dictionnaires.

« Nous voyons fuir aussi les *chip monks*, minuscules et charmants petits écureuils des sables [...]. »
A. TISSANDIER, *Voyage d'exploration dans l'Utah et l'Arizona*, in *Le Tour du monde*, 1ᵉʳ sem., p. 354, Hachette, 1886 (□ 1885).

« Le chipmunk est extrêmement actif au cours des mois chauds ; il élève sa famille, récolte des noisettes et autres aliments qu'il emmagasine dans des cachettes, sous des souches d'arbres, etc. Mais, étourdi, le chipmunk oublie souvent l'emplacement de la plupart de ces réserves et ne peut s'en servir au cours de ses mois d'hibernation. Par bonheur, cette étourderie favorise le reboisement. » *Télé Poche*, 15 déc. 1971, p. 153.

✳ Mot américain *chipmunk* ou *chipmonk,* 1832 (aussi formes désuètes *chipmuck, chipmink*), altération de l'algonquin *chitmunk* (langue indienne d'Amérique), nom de cet animal, d'après le nom proprement anglais *chipping squirrel* « écureuil *(squirrel)* briseur, coupeur *(chipping)* » → **Chips.** La graphie *chipmonk* pour *chipmunk* (même prononciation) rattache populairement ce mot à *monk* « moine », en anglais. Le chipmunk est un petit animal charmant, très commun, que l'on peut approcher aisément en lui présentant des graines, des cacahuètes, etc. Il vit aussi bien dans les jardins publics, les parcs et les campus des villes qu'en pleine nature. Inconnu dans nos régions, il ne s'est montré aux Français que dans les dessins animés américains où il tient une grande place, en tant qu'animal familier. Il semble que l'animal lui-même ne soit pas connu des naturalistes avant le XVIᵉ siècle. On l'appelait alors *écureuil de terre* ou *écureuil suisse* à cause (disait-on) de sa livrée rayée semblable à celle des Suisses. Buffon l'appelle *le suisse.* Plus tard on oublia ces noms et Cuvier rebaptisa l'animal du nom de *tamia* (fin XVIIIᵉ s.), terme scientifique quasi inconnu. Mais *tamia* désigne plusieurs variétés d'« écureuil de terre », notamment de Suisse, d'Europe orientale et d'Asie. En fait nous n'avions plus guère de mot disponible pour désigner cet animal. Traduire *chipmunk* par *écureuil d'Amérique* serait fautif puisque le véritable écureuil grimpeur, qui ne ressemble guère au chipmunk, est aussi très commun en Amérique. On peut donc adopter cet emprunt, en préférant cependant la graphie *chipmonk* et la prononciation [ʃipmɔ̃k]. À moins que l'on tente de redonner vie au *suisse* ou à l'*écureuil de terre. Chipmunk* n'est pas signalé dans le dict. canadien de Bélisle, c'est *suisse* qui est donné, mais on dit plus couramment *petit suisse* et *tami* (de *tamia*) au Canada. On trouvera ci-après deux documents du XVIIIᵉ siècle sur cet animal :

« *Écureuil suisse*. Les écureuils suisses sont de petits animaux comme de petits rats. On les appelle *suisses* parce qu'ils ont sur le corps un poil rayé de noir et de blanc qui ressemble à un pourpoint de Suisse. »
Voyage de La Hontan, 1703,
in Buffon, *Le Palmiste, le Barbaresque et le Suisse*, t. III, p. 123.

« il n'y a que trois bandes blanches sur le palmiste, au lieu qu'il y en a quatre sur le suisse : celui-ci renverse sa queue sur son corps, le palmiste ne la renverse pas ; il n'habite que sur les arbres, le suisse se tient à terre, et c'est cette différence qui l'a fait appeler *écureuil de terre ;* enfin il est plus petit que le palmiste : ainsi l'on ne peut douter que ce ne soient deux animaux différents. »
Buffon, *Le Palmiste, le Barbaresque et le Suisse*, t. III, p. 124 (□ 1749).

CHIPPENDALE [ʃipəndal] adj. invar.

(1933) Se dit d'un style de meubles anglais du XVIIIe siècle et des meubles eux-mêmes, légers et élégants, proche du rococo.

« Je revois, dans le petit salon aux sofas recouverts de chintz et aux fauteuils chippendale, le Premier Ministre Asquith, avec sa bonne figure rouge, encadrée d'épais cheveux blancs, raides et secs, un peu avivée par le sherry. »   P. Morand, *Londres*, p. 67 (□ 1933).

✳ Mot anglais, nom d'un ébéniste décorateur célèbre vers le milieu du XVIIIe siècle qui ouvrit un atelier à Londres. Le style chippendale s'épanouit vers 1770, et reste très apprécié des amateurs. La prononciation de ce mot en français est incertaine, son emploi étant très limité ; on entend aussi [tʃipəndɛl].

CHIPS [ʃip(s)] n. fém. plur.

(1920) Minces rondelles de pommes de terre frites vendues en paquets, qui se mangent froides ou réchauffées. — REM. : Absent du dict. de l'Académie 1932 — On dit aussi *pommes chips*.

« Cinq heures du soir. Un verre de quelque chose avec des chips dans un de ces grands cafés qui ont un air d'aquarium. »
Aragon, *Blanche ou l'Oubli*, p. 507 (□ 1967).

✳ De l'anglais *chip* "frite" (1873), abrév. de *potato chip* (1886), de *potato* « pomme de terre » et *chip* « petit morceau coupé fin de toutes sortes d'aliments — par ex. *orange chip* », sens issu de *chip*, XIVe siècle, « copeau, flocon, éclat, etc. » de *to chip* « trancher ». En anglais, on dit *chips* pour « frites » et *crisps* pour ce que nous appelons *chips*. En américain, les frites s'appellent *French fries*, et les chips ont le même nom qu'en français. Le mot est pluriel en français, quoiqu'on puisse à la rigueur dire *une chip*. Il figure dans Bonnaffé 1920, mais n'a été vraiment répandu que vers 1950 lorsque la consommation des chips est devenue internationale. On ne peut évidemment traduire *chips* par *frites*, les deux produits étant différents. — REM. : Au Canada on prononce [tʃips] et on rencontre des emplois typiquement anglais pour « petits morceaux » : « *Friandises, buns aux chips de chocolat* » (Kelley, p. 20). Inconnu en France.

CHIROPRACTEUR [kiʀɔpʀaktœʀ] n. m.

(1938 ; Claudel) Praticien de la chiropraxie✳. — REM. : La forme anglaise *chiropractor* a été également employée :

« il faisait défiler devant lui tous les germes de figures sociales qu'il avait irréalisées. [...] médecin (acupuncteur), médecin (ostéopathe), médecin (chiropractor) [...]. »
Queneau, *Loin de Rueil*, pp. 140-141 (□ 1944).

« J'ai profité de ce que James avait un peu d'eczéma sur le ventre pour l'emmener chez ce chiropracteur qui lui a remis en place la vertèbre de la cérébralité sexuelle. »
M. Aymé, *La Mouche bleue*, 1957 [*in* T. L. F.].

✳ Francisation de l'américain *chiropractor* (1904), de *chiropractic* (1903), mot créé aux États-Unis. → **Chiropraxie.** La francisation de ce dernier terme en *chiropratique* (→ *Larousse mensuel*, mai 1954, p. 463) ne semble pas avoir rencontré le même succès que *chiropraxie*.

CHIROPRAXIE [kiʀɔpʀaksi] *n. f.*

(mil. XXᵉ s.) Traitement médical par des manipulations de la colonne vertébrale → **Chiropracteur.**

✴ Adaptation de l'américain *chiropractic,* 1903 (en 1898 comme adj.), de *chiro-* (grec *kheiros* « main ») et *praxis* « pratique ». La chiropraxie est un traitement imaginé par B. J. Palmer en 1895 dans l'Iowa.

CHOC [ʃɔk] *n. m.*

(1865) *Choc opératoire, choc traumatique, choc anesthésique...,* terme de médecine pour désigner un léger traumatisme. — REM. : Ce sens est absent du dict. de l'Académie 1932.

« Les convulsions observées dans les muscles volontaires nous prouvent bien que nous avons sous les yeux le résultat d'une excitation de la moelle allongée, et par là des pneumogastriques ; et ce qui démontre très-clairement que les nerfs pneumogastriques (pris en masse) sont bien les intermédiaires de l'action du choc sur le cœur [...]. »
M. VULPIAN, in *Revue des cours scientifiques,* 30 sept. 1865, p. 720.

« Il était intéressant de conquérir quelques renseignements précis sur les phénomènes physiologiques qui accompagnent ou créent cet état pathologique spécial bien connu des chirurgiens sous le nom de *shock,* et qui est la conséquence des interventions sanglantes graves. »
E. GAUTIER, *L'Année scientifique et industrielle,* p. 192, 1898 (□ 1897).

« Mais qu'est-ce qu'un adjuvant, en thérapeutique ? Un remède auxiliaire qui aide l'action de la médication principale. On a vu en quoi consistait, dans le cas présent, pour Vernat, cette médication principale. Il la fait résider dans le choc d'abord, et il écrit *shock,* pour souligner la ressemblance qu'il établit entre la secousse purement psychologique et le *shock* chirurgical. » P. BOURGET, *La Geôle,* p. 301 (□ 1923).

« l'introduction en psychiatrie des thérapeutiques biologiques de choc, choc insulinique, choc cardiazolique, choc électrique apportent dans ce domaine une contribution capitale. »
J. DELAY, *Les Dérèglements de l'humeur,* p. 95, P. U. F., 1946.

✴ Mot qui existe anciennement en français mais qui a emprunté le sens médical de l'anglais *shock* (1804), le mot anglais *shock* étant lui-même anciennement emprunté (1705) du français *choc.* On trouve occasionnellement en français la forme anglaise *shock* bien que dès le début de l'emprunt on ait rétabli *choc.* Dans sa forme anglaise, l'emprunt est critiqué par les puristes :

« Un communiqué médical signé de noms célèbres nous informait l'autre jour qu'un homme public, victime d'un accident d'auto, ne se portait pas trop mal : "*Traumatisme crânien, état de shock léger*".
Sur quoi plusieurs médecins me demandent si l'orthographe *shock* va décidément s'implanter dans le jargon officiel de la science. J'espère bien que non. Elle représente un pédantisme inutile. Il est entendu une fois pour toutes que *choc* dans ce cas est pris au sens anglais de *shock,* et désigne la dépression nerveuse qui suit un coup rude. » A. THÉRIVE, *Querelles de langage,* t. III, p. 119 (□ 1940).

✴ *Choc nerveux* est attesté en 1892, mais la plupart des exemples de la fin du XIXᵉ s. présentent la graphie *schock* ; cette orthographe a disparu.

CHOKE-BORE [tʃɔkbɔʀ] ou [ʃɔkbɔʀ] *n. m.*

(1878) Étranglement près de la bouche du canon d'un fusil de chasse pour améliorer sa portée et diminuer la dispersion des plombs. — Le fusil de chasse ainsi construit. — REM. : Absent du dict. de l'Académie 1932.

« Pour compléter cet intéressant sujet, il nous reste à enregistrer un important perfectionnement apporté à la fabrication des canons des *fusils* de chasse, heureuse trouvaille dont nous sommes redevables, en France, à M. Galand, qui, depuis 1875, l'a importée chez nous après l'avoir améliorée dans de larges proportions. Il s'agit d'un nouveau mode de reforage, imaginé d'abord en Amérique, perfectionné ensuite en Angleterre sous le nom de *chokebore* (forage à ressaut) et actuellement très-apprécié en France et même un peu partout.

Nous ne saurions entrer dans les détails de construction du canon *chokebored* ; il y a là un secret de fabrication qu'il ne nous est par permis de dévoiler ; nous pouvons seulement affirmer par expérience que des essais nombreux et réitérés et le constant usage des *fusils* de cette sorte depuis deux ans ont invariablement donné des résultats surprenants de portée, pénétration et groupement de plomb. »
P. LAROUSSE, *Grand Dict. universel du XIXᵉ s.*, Suppl., t. XVI, 1878.

✱ Mot anglais (1875) de *to choke* « étrangler » et *bore* « âme d'une arme à feu ». Est d'abord apparu sous la forme adj. *choke-bored* « muni d'un choke-bore » en français (1875). La prononciation est hésitante, et le mot mal assimilé (peu fréquent). *Choke-bored* est maintenant remplacé par (canon) *choke* ou *choké (Contact,* avril 1972) ou encore par *choke* n. m. (Cf. *La Chasse,* sept. 1966, p. 38).

« Enfin, il voulut bien, à la demande générale, exécuter une démonstration du "coup du roi", en insistant sur le fait qu'il fallait garder le canon "choke" pour le second coup. Ces explications techniques, qui auraient pu durer jusqu'au soir, furent heureusement arrêtées par l'horloge de l'église, qui sonna midi sur nos têtes. »   M. PAGNOL, *La Gloire de mon père,* t. I, p. 298, éd. Provence (□ 1957).

✱ On trouve aussi en français le composé *full-choke,* assez technique :

« je ne pense pas qu'on puisse trouver un Purdey ou un Holland et Holland à canons cylindriques ou presque qui puissent donner à 36 et 40 mètres des groupements *aussi serrés* que les meilleurs full-choke. »   *La Chasse,* sept. 1966, p. 38.

CHOP [tʃɔp] *n.*

1° *N. m.* (1921) *Tennis.* Balle de volée coupée en dessous et frappée vers le bas, au tennis et au ping-pong.

2° *N. f.* (1948) Côtelette de mouton, d'agneau. *Des chops grillées aux herbes.*

✱ Mot anglais ; au sens 1°, « coup vers le bas » de *to chop* « couper », employé au cricket à la fin du XIXᵉ siècle et au tennis au début du XXᵉ siècle, mot passé en français avec une grande partie du vocabulaire du tennis et du ping-pong. L'attestation de 1921 (Gobert, *Le Tennis, in* G. Petiot) donne le mot comme anglo-saxon ; acclimaté plus tard en français, il est resté très spécialisé. Pour le 2°, sens anglais du XVIIᵉ siècle « tranche de viande ou côtelette destinée à être cuite et servie comme plat, surtout mouton et porc ». *Chop* est employé en français au sens 2° dans le langage des restaurateurs « chics » ; sous la forme *mutton chop* [mətəntʃɔp], les bouchers français désignent deux côtes d'agneau non séparées mais étalées symétriquement par rapport à l'os. Mais *côtelette de mouton, d'agneau* restent les formes usuelles normales. Au Canada, par contre, *chop* est le mot courant pour *côtelette* (de quoi que ce soit), condamné d'ailleurs par Bélisle et Dulong.

CHOPPER [tʃɔpœʀ] *n. m.*

1° (1961) *Paléont.* Pierre grossièrement taillée, destinée à couper, fendre, hacher.

« Les matériaux employés, bois et tufs silicifiés, ne se prêtent qu'à la fabrication de *choppers* et *chopping-tools* de typologie très uniforme, avec aussi des herminettes dans l'Anyathien inférieur ; dans l'Anyathien supérieur, de facture un peu moins médiocre, apparaissent quelques outils sur éclat, racloirs et pointes. »
D. de SONNEVILLE-BORDES, *L'Âge de la pierre,* p. 63 (□ 1961).

2° (XXᵉ s.) Interrupteur électrique (→ cit. ci-après).

3° (1974) Sorte de moto de sport d'origine américaine munie d'une roue avant éloignée du guidon par une fourche longue et très oblique.

« Drôle de machine. Un moteur de quatre cylindres Honda, intégralement chromé. La selle très basse, en forme de canapé tortueux. Le guidon en "T", très haut. Roue arrière énorme, roue avant petite et grêle, sans garde-boue, loin devant, au bout d'une fourche interminable, profil

coupant, plus fin que celui des motos normales, d'où le nom de *chopper*
— hachoir en anglais. »   *Le Nouvel Observateur*, 27 juil. 1974, p. 42.

« Le môme s'est acheté une moto, une Honda 125 montée en
chopper. Ses parents se sont portés garants pour le crédit. Il a tourné
et frimé dans la cité. »   *L'Express*, 19 déc. 1977, p. 158.

✳ Mot anglais, 1818 « couperet, hachoir », de *to chop* « couper ». Le
second sens vient de *chopper* « interrupteur » (1929, Oxford Suppl.),
l'interrupteur faisant métaphore avec *chopper* « couperet », en anglais.

« Il est remarquable qu'en matière de traction électrique, au contraire, le
vocabulaire français n'est pratiquement pas influencé par l'anglo-saxon, à l'exception de *chopper*, terme américain, traduit littéralement en français par *hacheur*, et
désignant un convertisseur direct de courant continu ; ce mot a été d'ailleurs
conservé ou transposé dans toutes les langues européennes, sauf pour les slaves
qui n'associent pas l'image de "hacher" à ce type de montage et dont l'expression
correspondante est la périphrase : "dispositif de réglage de la tension par
impulsions". »   *Les Chemins de Fer* in *La Banque des mots*, nᵒ 14, pp. 141-142, 1977.

✳ Le mot *chopper* « moto » n'est attesté dans aucun dictionnaire
anglophone. Il désigne une moto trafiquée artisanalement (mil. xxᵉ s.) et
s'applique aussi, aux États-Unis, à un hélicoptère (argot américain, 1951,
Oxford Suppl.). On trouve aussi l'adj. *choppérisé* « transformé en
chopper » (*Moto-Revue*, 6 mai 1981, p. 23).

CHOQUÉ, ÉE [ʃɔke] *adj.*

(av. 1940) Qui a subi un choc*, un traumatisme léger.

« Il semble bien qu'en France, certains réflexes ne jouent plus. Il
faut nous pencher sur elle comme sur un pauvre corps, terriblement
"choqué". »   F. MAURIAC, *Journal*, IV, 15 mars 1945, p. 23, Grasset, 1950.

✳ Adaptation de *shocked* (1656) au sens médical (1733) → **Choc.**
Même sous la forme francisée, ce mot est critiqué par les puristes :

« Quant à l'adjectif *shocké*, on conçoit qu'il ait été introduit à cause du sens
moral de *choqué*, mais il est absolument inutile. Dites même techniquement : *en
état de choc.* »   A. THÉRIVE, *Querelles de langage*, t. III, p. 120 (□ 1940).

✳ On trouve cependant *choqué* sous la plume d'un académicien — il
est vrai médecin — sous la forme d'un composé substantivé, dérivé de
électro-choc :

« En étudiant systématiquement les électro-encéphalogrammes des électro-
choqués nous avons observé qu'au bout d'un certain nombre de séances
apparaissaient des modifications des ondes cérébrales [...]. »
        J. DELAY, *Les Dérèglements de l'humeur*, p. 81, P. U. F., 1946.

CHORUS [kɔrys] *n. m.*

(mil. xxᵉ s.) *Jazz.* Durée des harmonies qui forment le thème,
utilisée de manière personnelle par un ou plusieurs instrumentistes improvisant sur ce thème. *Des chorus.*

« les musiciens donnaient le meilleur d'eux-mêmes et arrivaient à
peu près à jouer comme des nègres de trente-septième ordre. Un chorus
suivait l'autre et ils ne se ressemblaient pas. »
        Boris VIAN, *Vercoquin et le Plancton*, p. 175, Losfeld (□ 1947).

« La large part d'improvisation accordée au soliste (les "chorus") et
la coutume qui veut que chaque groupement mette lui-même au point
un "arrangement" original sur le thème choisi font qu'il importe peu dans
le jazz de savoir ce que l'on joue du moment où l'on sait quels sont ceux
qui jouent. »   L. MALSON, *Les Maîtres du jazz*, p. 14 (□ 1952, 2ᵉ éd.).

✳ *Chorus* existe en français depuis le xvᵉ siècle comme emprunt au
latin *(faire chorus)* ; on a emprunté à l'américain, par la voie des
musiciens noirs d'Amérique, le sens spécial du jazz (1926 aux États-
Unis). Le mot garde en français la prononciation qu'il a toujours eue.

CHOW-CHOW [ʃuʃu] ou [ʃawʃaw] *n. m.*

(1933) Race de chiens d'origine chinoise, à fourrure abondante, à queue enroulée sur le dos, à la tête léonine et à la
langue noire. — REM. : Absent du dict. de l'Académie 1932.

« D'après une enquête faite chez les éleveurs et dans les chenils parisiens, il est clair que dix races se disputent actuellement le marché. [...] CHOW-CHOW : de 60 à 700 F [...]. »   *Paris-Match*, 17 mars 1973, p. 59.

✱ Mot du pidgin english (jargon anglo-chinois), 1886 (aussi *chow*) désignant le chien domestique chinois, qui d'ailleurs est aussi engraissé pour être mangé. Cette race de chiens fut introduite en Europe à la fin du XIXᵉ siècle ; elle est assez recherchée.

CHRIS-CRAFT [kʀiskʀaft] *n. m.*

(mil. XXᵉ s.) Canot à moteur dont la marque est déposée. — REM. : La graphie est (elle aussi) flottante.

« La dernière image du film montre Françoise Arnoul redressant les épaules, debout dans le cris-craft de la police qui longe le grand canal sous un ciel gris Titien. »
      J.-L. GODARD, *Des preuves suffisantes : sait-on jamais (Roger Vadim)*,
                                                          in *Cahiers du cinéma*, juil. 1957.

« Pour comble de malchance, ils ont fait la connaissance d'autres jeunes gens à chriscraft. Et je suis resté seul sur la plage avec ce damné canot pneumatique tandis que les enfants étaient invités à bord d'un coursier pétaradant. »
      P. DANINOS, *Un certain Monsieur Blot*, p. 109, Livre de poche (□ 1960).

✱ Mot probablement formé de *craft* « embarcation ». Il ne figure pas dans le dictionnaire Webster's Third (1966). En français, il est attesté en 1963 (Blochwitz et Runkewitz, p. 275).

CHRISTMAS [kʀismœs] *n. m.*

(1837) La Noël, en Angleterre et dans les pays de langue anglaise.

« Paganel fit observer judicieusement qu'on était au 25 décembre, le jour de Noël, le Christmas tant fêté des familles anglaises. Mais le stewart ne l'avait pas oublié, et un souper succulent, servi sous la tente, lui valut les compliments sincères des convives. »
      Jules VERNE, *Les Enfants du capitaine Grant*, Lidis, p. 275 (□ 1867).

« Tous ceux dont je parle connurent *Le Gâteau des Rois* ; ils le connurent parce que leur métier est de tout connaître. *Le Gâteau des Rois*, espèce de *Christmas*, ou livre de Noël, était surtout une prétention clairement affirmée de tirer de la langue tous les effets qu'un instrumentiste tire de son instrument [...]. »
      BAUDELAIRE, *Jules Janin et le Gâteau des rois*,
                                                          in *Œuvres*, p. 950, 1951 (□ 1869).

« un sermon de lui, Ursus, sur le saint jour de Christmas, que l'archevêque, charmé, apprit par cœur [...]. »
      HUGO, *L'Homme qui rit*, p. 7 (□ 1869).

« Les préparatifs du dîner de Christmas occupèrent longtemps Aurelle et le Padre. Ce dernier trouva chez un fermier une dinde digne des tables royales [...]. »
      A. MAUROIS, *Les Silences du colonel Bramble*, p. 121 (□ 1918).

✱ Mot anglais, XIIᵉ siècle. *Cristes maesse*, « fête du Christ ». Ne s'emploie en français que pour parler de la fête anglaise (ainsi chez Vigny, *Journal d'un poète*, 1837), sauf dans le Nord de la France qui partage avec l'Angleterre quelques traditions culturelles : on y fête Saint Nicolas (Santa Claus anglais) et non le père Noël, on mange le pudding *(Christmas pudding)*, etc. La prononciation de ce mot reste partiellement anglaise ; mais il est peu fréquent. Il apparaît dans Vigny, mais il a dû passer en français bien antérieurement.

CHROMOSPHÈRE [kʀɔmɔsfɛʀ] *n. f.*

(1869) *Astron.* Couche moyenne de l'atmosphère solaire entre la photosphère et la couronne qui se présente comme une zone rouge. — REM. : Absent du dict. de l'Académie 1932.

« tout autour du soleil, à une hauteur d'environ 5 000 milles, existe une enveloppe gazeuse dont les protubérances ne sont que les vagues les plus élevées. J'ai donné à cette enveloppe le nom de *chromosphère*, parce que c'est la région dans laquelle apparaissent les divers effets de coloration pendant les éclipses totales, et parce que je considérais comme important d'établir une distinction entre son spectre discontinu et le spectre continu de la photosphère. »

J. Norman Lockyer, in *Revue des cours scientifiques*, p. 619, 28 août 1869, trad. de l'anglais par Battier.

« On sait qu'indépendamment des deux atmosphères lumineuses qui entourent le Soleil (la photosphère et la chromosphère), une autre enveloppe gazeuse, très peu dense, s'étend jusqu'à une distance considérable de la surface de l'astre lumineux. »

L. Figuier, *L'Année scientifique et industrielle*, p. 2, 1890 (□ 1889).

✳ Mot anglais *chromosphere* (1868) formé sur *chromo-* (grec *khrôma* « couleur ») et *sphere*. « The continuity of this envelope, which I propose to name the chromosphere, a name suggested by Dr Sharpey ». J. N. Lockyer, *Phil. Trans.* CLIX, 430 [*in* Oxford dict.]. — Comme tous les anglicismes d'origine grecque, celui-ci ne pose pas de problème d'adaptation en français.

Chromosphérique adj. (av. 1877, *Comptes rendus de l'Acad. des sciences*) est emprunté à l'angl. *chromospheric* (Lockyer, 1869).

CHUTNEY [ʃœtnɛ] *n. m.*

(1964) Condiment indien, sorte de confiture de fruits, d'herbes, de piments, d'épices.

« Dans des petites soucoupes, servez en même temps des amandes effilées [...] et du Chutney, sorte de confiture de fruits exotiques que vous trouverez dans toutes les grandes épiceries. »

Elle, 15 mai 1964 [*in* D.D.L., 2ᵉ série, 14].

✳ Mot anglais (1813) qui est une adaptation du hindi *chatni*. Le mot est peu connu des Français qui n'utilisent guère ce condiment. Mais il est familier aux voyageurs et amateurs de cuisine indienne (y compris celle, bien connue, de Londres).

C. I. A. [seia] *n. m.*

(1947) Service d'espionnage et de contre-espionnage des États-Unis créé en 1947 qui a de puissants moyens pour lutter contre le communisme à l'échelle mondiale.

✳ De l'américain CIA [siaj'ei], sigle de *Central Intelligence Agency* (« Agence centrale de renseignements »), organisme créé en 1947 au moment de la guerre froide.

CIBISTE [sibist] *n.* et *adj.*

(1980) Personne qui utilise la Citizen band✳.

« Le lundi 12 octobre a été une date historique pour les cibistes du Royaume-Uni. En effet, pour la première fois dans l'histoire de la Citizen band radio, des postes-émetteurs-récepteurs ont été mis légalement en vente sur l'ensemble du pays. »

Libération, 14 oct. 1981, p. 10.

« Jusqu'à présent, l'utilisation d'appareils CB, en vente libre en France, était interdite à bord des véhicules. La "CB" n'en a pas moins connu un essor considérable en France depuis quelques mois : les "cibistes" émettaient de manière "sauvage" sur 27 MHZ avec une puissance de 4 watts et sur une quarantaine de canaux. »

Id., 20 nov. 1981, p. 24.

— Adj.

« Il semble que les femmes qui modulent le font sur l'appareil de leurs hommes. Le code cibiste est sur ce sujet parfaitement clair, du moins le code que je possède : X.y.l. désigne la femme de l'opérateur, mais la réciproque n'existe pas. Un homme est un O.m. qui module. Il n'est pas prévu qu'il ne soit "que" le mari de l'opératrice ! »

F. Magazine, juil.-août 1981, p. 145.

✳ Dérivé français de l'américain C. B. [sibi], sigle de *Citizens' Band* (→ **Citizen band**). *Cibiste*, un moment concurrencé par la forme francisée *cébiste* d'après *C.B.* [sebe], est aujourd'hui devenu la forme courante. On propose l'équivalent *bépiste*, d'après B. P. *bande publique*. L'américain dit *CBer* (1976).

CINÉ-CLUB → CLUB.

CITIZEN BAND [sitizœnbãd] *n. f.*

(1977) Bande de fréquence radio utilisable par le public pour les conversations de hasard entre personnes qui ne se connaissent pas.

« Le Citizen Band, sorte de talkie-walkie d'une portée de plusieurs kilomètres, permet de converser avec des amis ou de prévenir les autres automobilistes qu'un contrôle radar les attend au tournant. Un canal de détresse est réservé aux appels au secours. Ce poste est vendu à Paris. Inconvénient : son usage est formellement interdit par les autorités. »
L'Express, 19 déc. 1977, p. 12.

« La prochaine légalisation de la "Citizen band", annoncée mercredi par le secrétariat d'État aux PTT, devrait constituer un compromis entre quelque cent-vingt-mille "cibistes" et les pouvoirs publics.
Si l'utilisation de ces petits radio-émetteurs qui permettent aux automobilistes de communiquer entre eux va être autorisée, seuls les appareils de 27 MHZ, d'une puissance maximale de 2 watts, émettant en modulation de fréquence et ayant au plus 22 canaux seront agréés. Les appareils ne correspondant pas à ces normes seront interdits. »
Libération, 20 nov. 1981, p. 24.

✶ De l'américain *Citizens' Band* (1958) « bande (de fréquence) des citoyens » ; la bande de fréquence de 27 mégahertz, réservée en 1947 aux usages scientifiques fut exploitée par des amateurs adroits. En France, les walkies-talkies, vulgarisés en 1966, ont été exploités de la même manière, et illégalement jusqu'à la législation de 1981. L'abréviation *C. B.* [sibi], elle aussi d'origine américaine, s'emploie couramment → **Cibiste** (Cf. *Cibiste*, cit.). Aujourd'hui au féminin, *Citizen band* et *C. B.* ont été employés au masculin. L'équivalent usité au Québec est *bande publique* ou *B. P.*

« Quant au jargon dont la C. B. nous assassine, a-t-on remarqué que désormais, en français, le *b* et le *c* doivent se prononcer *bi* et *ci* comme dans l'alphabet anglais ? ! » ÉTIEMBLE, in *Le Nouvel Observateur*, 12 déc. 1981, p. 120.

CLACKSON → KLAXON.

CLAIM [klɛm] *n. m.*

(1862) Concession minière, placer.

« D'après un rapport de M. Ogilvie, commissaire canadien, il est tel *claim*, c'est-à-dire tel lot, de Miller's Creek, qui peut donner en une année de 75 000 à 80 000 dollars. »
G. RECELSPERGER, in *La Science illustrée*, 1902, 1er sem., p. 340.

« Si c'est de l'argent ou de l'or, — ô veine ! — le premier moment de joie passé, les difficultés commencent. Il va au chef-lieu du district, et demande un *claim*, c'est-à-dire l'attribution officielle, à son nom de l'emplacement où il a découvert l'or. Le claim est en général, de 300 pieds (90 mètres) sur 1 500 pieds (450 mètres). »
J. HURET, *En Amérique, De San Francisco au Canada*, p. 191 (□ 1905).

✶ Mot anglais « droit » (XIVe s.) qui a pris ce sens particulier aux États-Unis et en Australie (1850).

« Des Américains avaient acheté les terres [en Californie], et sitôt que les travaux devinrent productifs, ils intentèrent un procès à la compagnie de New-Almaden, ainsi qu'à sa voisine, celle d'Enriqueta, dont les titres étaient dans les mêmes conditions. Ils réclamèrent le droit de *claim*, c'est-à-dire le droit d'exploitation du sous-sol, comme propriétaires de la surface. »
Revue des cours scientifiques, 16 fév. 1867, p. 190.

✶ Le mot est un simple emprunt culturel en français, mais s'est employé (et a été critiqué) plus spontanément au Canada francophone. On le rencontre dans un récit de « Voyage en Californie » par L. Simonin, en 1859 (*Le Tour du Monde*, t. V, 1er sem., p. 23, Hachette, 1862).

CLAM [klam] *n. m.*

(1803) Nom de divers coquillages très communément consommés en Angleterre, aux États-Unis et au Canada, genres de pecten ou de vénus à coquille lisse, ressemblant à nos palourdes.

« les palourdes américaines ou *clams* sont délicieuses, surtout bouillies dans la crème, ou à l'eau ; le *clam-chowder* est un plat national. »   P. MORAND, *New-York*, p. 144 (□ 1930).

« Le père a assez l'air d'un pirate d'opéra, mais il se contente de pêcher des *clams* et de poser des casiers à langoustes. »
              SIMENON, *Un nouveau dans la ville*, p. 153 (□ 1949).

✳ Mot anglais (xviᵉ s.), probablement de *clamp*, var. *clam* « crampon, collier de serrage, mâchoire, pince... » à cause de la force de la fermeture des valves (→ **Clamp**). On vend des clams en France, mais ce n'est pas un produit de consommation courante. La forme orale et écrite du mot n'est pas gênante. Le mot apparaît chez Volney, Œuvres VII, 51 (Mackenzie). Il ne s'est répandu que depuis une dizaine d'années, avec le tourisme aux États-Unis et l'ouverture en France des drugstores. Étiemble se moque de ce snobisme récent :

« Pour traiter avec tact une jeune personne qu'il ne reverrait sans doute point, Pierre choisit un grill chic, exigea qu'elle ne se contentât pas d'un banal mutton-chop, mais commençât par quelques clams, continuât par un mixed-grill et terminât sur un ice-cream. »   ÉTIEMBLE, *Parlez-vous franglais ?*, p. 18 (□ 1964).

CLAMP [klɑ̃p] *n. m.*

(1856) Pince chirurgicale à cran d'arrêt pour serrer un canal, un vaisseau et isoler un champ opératoire. — REM. : Absent du dict. de l'Académie 1932.

« Lorsque le pédicule est long, il est préférable, au lieu de l'étreindre par des ligatures, de le protéger et de l'assujettir avec un compresseur. Le compas employé par les charpentiers et que l'on désigne sous le nom de *clamp* est l'instrument le plus convenable pour ce but. »
      L. FIGUIER, *L'Année scientifique et industrielle*, p. 311, 1863 (□ 1862).

✳ Mot anglais (xvᵉ s.), *clamp* ou (vx) *clam* (→ **Clam**) d'un germanique *klamb-, klamm-*, désignant tout instrument destiné à fixer en serrant (tenailles, mâchoires, etc.). Le français a formé les dérivés *clamper* (xxᵉ s.) et *clampage* (D. D. L., 2ᵉ série, 10).

CLAN [klɑ̃] *n. m.*

(1746) Tribu écossaise ou irlandaise formée de plusieurs familles. — REM. : Admis dans le dict. de l'Académie de 1798 et dans Littré 1863.

« On appelle Clans, en Écosse, les Tribus : c'est-à-dire un certain nombre de familles qui habitent le même canton, et qui dépendent du même Seigneur. »   Abbé PRÉVOST, *Manuel lexique* (□ 1750).

« c'étoient les traits fins et doux du follet, mais développés dans les formes imposantes du chef du clan des Mac-Farlanes [...]. »
                    Ch. NODIER, *Trilby*, p. 61 (□ 1822).

« Tous deux avaient pris leur retraite depuis 1860. Mais, au lieu de retourner dans les " glens " du pays, au milieu des vieux clans de leurs ancêtres, tous deux étaient restés dans l'Inde [...]. »
                  Jules VERNE, *La Maison à vapeur*, p. 14 (□ 1880).

« M. Duncan Chisholm, quinquagénaire robuste et gai qui porte avec l'aisance que confère l'habitude le kilt de tartan de son clan : fond rouge à bandes vertes avec fils jaunes et bleus [...]. »
            M. DENUZIÈRE, *Pour une ballade écossaise*, Kilts et tartans, in *Le Monde*, 11 sept. 1971, p. 11.

✳ Mot anglais (xvᵉ s.) de l'ancien gaélique *clann* « famille, race », qui a passé en français pour désigner d'abord le clan écossais, puis a pris ensuite les autres sens de *clan* (coterie, etc.). Attesté en 1746 (D. D. L., 2ᵉ série, 12). Avec le *a* nasalisé ce mot a l'air tout à fait français (Cf. Flan, plan, vlan...). L'adjectif *clanique* « du clan », n'est attesté que récemment en ethnologie (sens extensif du mot).

CLAPMAN [klapman] *n. m.*

(1946) *Cinéma.* Celui qui fait claquer le « clap », l'affichette à claquoir pour signaler le commencement du tournage d'un plan. *Des clapmen.* → **-man.**

« À ce moment-là viendra devant l'appareil un personnage que l'on appelle le clapman (homme de la claquette) [...] présenter la claquette et annoncer le numéro du plan à effectuer. »
A. BERTHOMIEU, *Essai de grammaire cinématographique*, 1946
[*in* D.D.L., 2ᵉ série, 5].

✳ Faux américanisme : on dit *clapper boy*, de *clapper* (xvɪᵉ s.) « claquoir, crécelle » (notamment pour appeler les gens à l'église) et *boy* « garçon ». *Clapper* vient de *to clap* « claquement », xɪvᵉ siècle, d'une forme onomatopéique de l'ancien teuton **Klappo* (Cf. en français *clappement, clapoter, clapet*...).
« Même remarque pour le *clapman* : celui qui manie le *clap*, l'affichette à claquoir. Nous disposons de *claqueur* (celui qu'on paie pour faire la *claque*) ; ajoutons-lui cette acception neuve, et tout sera pour le mieux. »
ÉTIEMBLE, *Parlez-vous franglais ?*, p. 279 (□ 1964).

✳ *Clap* n. m., « bruit fait par la claquette » s'emploie en français depuis 1952 (*in* I.G.L.F.).

CLARET [klaʀɛt] *n. m.*

1° (1762, Mackenzie) Bordeaux rouge, dans les pays de langue anglaise.

« Il tarasconnait fort agréablement lui aussi et, tout en tenant tête aux Anglais pour boire le *claret*, il les égayait, les frictionnait de sa verve joyeuse et de sa chaude pantomime. »
A. DAUDET, *Port-Tarascon*, p. 116 (□ 1890).
« Mais l'espoir d'une coureuse à culbuter au bord d'une route ou de claret à lamper dans l'auberge en compagnie de rouliers le ranimait vite. »
M. YOURCENAR, *L'Œuvre au noir*, Gallimard, p. 38 (□ 1968).

2° Au Canada, Vin rouge.

« Le claret ordinaire et une côtelette peu cuite ? Certainement. »
L. HÉMON, *Battling Malone*, p. 2 (□ 1911).

✳ Mot anglais (xɪvᵉ s.) de l'ancien français *vin claret* (moderne, *vin clairet*) qui se disait des vins rosés ; *claret* a d'abord été employé dans ce sens en anglais, puis pour désigner le vin rouge et spécialement le bordeaux dont les Anglais sont traditionnellement de grands consommateurs. Ne s'emploie guère en français qu'en parlant des coutumes anglaises, sauf au Canada où il est courant. Dulong condamne cette forme ; Bélisle ne le mentionne pas et donne le calque *clairet* adj. *et* n. m. « vin léger et clair ».

CLASH [klaʃ] *n. m.*

(1966) Éclat, conflit qui explose, rupture dramatique.

« Il faut que de Gaulle parte sans aucun clash en laissant le pouvoir à une équipe déterminée afin que tout se passe en douceur. »
Le Nouvel Observateur, 13 janv. 1969 [*in* Gilbert].
« Il y a, aux États-Unis, un risque de clash social qui n'avait jamais existé jusqu'ici. »
L'Express, 21 août 1972, p. 70.
« Perdants, déficitaires, au bord du *clash* et de la fermeture. À entendre les doléances de leurs propriétaires, les cliniques conventionnées sont condamnées. »
M. RIGHINI, *Le Nouvel Observateur*, 27 nov. 1972, p. 55.

✳ Emprunté à l'anglais *clash* n., onomatopée d'un choc avec écrasement, employé au sens de « collision, conflit brutal » (1646).

CLAYMORE [klɛmɔʀ] *n. f.*

(1804) Grande et large épée à deux tranchants des guerriers écossais d'autrefois. — REM. : Signalé dans Littré 1863 et dans le dict. de l'Académie 1878.

« le vieux laird de Lutha auroit sacrifié, pour pouvoir l'offrir à sa noble épouse, jusqu'au claymore rouillé d'Archibald, ornement gothique de sa salle d'armes ; mais Trilby se soucioit peu du claymore d'Archibald, et des palais et des châtelaines. »   Ch. NODIER, *Trilby*, p. 52 (□ 1822).

« Le *ghillie callum* exécuté dans les montagnes d'Écosse par des Highlanders en grand costume bondissant entre les lames des *claymores* étendues sur le sol, [...] voilà des visions qui ne manquent pas de grâce, mais enfin qui n'ébranlent que les couches superficielles de la sensibilité. »   F. de MIOMANDRE, *Danse*, p. 42 (□ 1935).

✱ Mot anglais, du gaélique *claidheamh mòr* (XVIIIᵉ s.) « grande épée ». On le rencontre en français comme terme d'histoire ; il apparaît en 1804 sous la forme *glaymore, in* Johnson, « Voyage dans les Hébrides » (Mackenzie).

CLEAN [klin] *adj.*

(1981) Qui a un air propre, net, soigné, convenable (tenue, présentation). *La mode clean.*

« Une myriade de clichés, d'une esthétique très clean, avec pourtant, partout, quelque chose d'insidieux et salace. »
Libération, 19 févr. 1981, p. 19.

« Clean : propre, net. Le look néo-bourgeois est "clean". Rien à dire ! »   *Dépêche Mode*, n° 20, 1981, p. 140.

✱ De l'anglais *clean* « propre ». Le mot a pris ce sens un peu particulier parmi certains jeunes qui ont récemment adopté un style de vie moins débraillé.

CLEARING [kliRiŋ] *n. m.*

(1941) *Finances.* Compensation, opération par laquelle les marchés à terme, achats et ventes, sont compensés, pour éviter les déplacements d'argent. *Opérations de clearing.*

✱ Mot anglais (XIXᵉ s.), d'abord *clearing-house* (1832) « chambre de compensation ». *Clearing* n'est attesté qu'en 1941 (*L'Œuvre*) alors que *clearing-house* apparaît en 1833 dans *Les Lettres sur l'Amérique du Nord* de M. Chevalier et que *clearer* est dans le Larousse mensuel en 1912 (p. 452). Depuis, le mot s'est répandu alors que *compensation* dit la même chose, et la forme anglaise n'a pas été francisée. *Clearing* réunit donc toutes les conditions pour subir les attaques des puristes.

CLERGYMAN [klɛʀdʒiman] *n. m.*

1° (1815) Pasteur, dans les pays de langue anglaise. Plur. *Des clergymen*→ -man. — REM. : Absent des dict. de Littré et de l'Académie.

« On décida que ces clergymen pouvaient être pris dans n'importe quelle secte, puis en 1851 que le comité pourrait se passer entièrement de clergymen. »   P. BOURGET, *Outre-Mer*, p. 94 (□ 1895).

« Tous se lèvent pour écouter la prière du révérend. Ce monsieur gras gonfle une redingote laïque. Rien n'annonce extérieurement sa vie sacrée. Il ne porte même pas le col sans cravate des clergymen britanniques. »   P. ADAM, *Vues d'Amérique*, p. 178 (□ 1906).

« la seule et vraie cause de sa conversion à rebours était la fuite de sa femme avec le clergyman du village... »
A. MAUROIS, *Les Silences du colonel Bramble*, p. 191 (□ 1921).

2° Costume de prêtre comportant pantalon et veste de ville (opposé à *soutane*). *Porter un clergyman.* — REM. : Cet emploi est contemporain du changement vestimentaire des prêtres catholiques en France ; avec la généralisation du costume moderne (sauf dans les milieux très minoritaires de l'intégrisme), un mot spécifique perd sa raison d'être, d'autant que le costume actuel du prêtre s'écarte de celui du clergyman traditionnel.

✱ Mot anglais, *clergyman*, *clergy-man* du XVIe au XVIIIe siècle, *littéralement* « homme *(man)* du clergé *(clergy)* », attesté en français en 1815 (D. D. L., 2e série, 7). Le mot s'emploie en français pour parler des pasteurs anglais, faire référence à leur tenue (costume noir, collet blanc sans cravate) qui s'opposait à celle du prêtre français (soutane).

CLIP [klip] *n. m.*

(v. 1935) Bijou qui se fixe par une pince (broche, boucle d'oreille surtout).

« Les femmes avaient des manteaux de zibeline, de pesants bracelets d'or, de gros brillants, des clips. »
F. CARCO, *Les Belles Manières*, p. 120 (□ 1945).

✱ Mot anglais *clip* n. (XVe s.) « pince, agrafe ». C'est la mode des broches montées sur pince, vers les années 1935, qui lança le mot *clip*. Au début on a pris le pluriel *clips* pour un singulier, et on a dit *un clips* [klips].

« Les mots anglais d'emprunt au pluriel ne font en général pas entendre le *s* final [...]. Pourtant on entend quand même [...] les *clips* [le klips]. »
S. HANON, *Anglicismes en français contemporain*, p. 119 (□ 1970).

CLIPPER [klipœʀ] *n. m.*

(1835) Navire à voiles à coque très allongée qui pouvait atteindre de grandes vitesses. *Des clippers.* — REM. : Absent des dict. de l'Académie ; signalé en 1863 par Littré sous la forme *clipper* ou *klipper*.

« Les clippers américains, tant vantés, sont loin d'avoir cette élégance, ce galbe [...]. »
Th. GAUTIER, *Constantinople*, La Rupture du jeûne, p. 213 (□ 1835).

« À côté des hourques aux flancs arrondis, qui datent de la guerre de l'Indépendance, de gracieux clippers, aussi fins, aussi élancés que les plus élégants bateaux à vapeur, navires merveilleux, qui marchent malgré le vent, et font, en quatre-vingt-dix jours, une traversée que d'autres ont peine à faire en six et huit mois [...]. »
F. de SENAY, *San Francisco*, p. 492, in *La Mode*, 25 sept. 1853.

✱ Mot américain (1823) de *to clip* « couper, trancher » (1200). Cf. *Cutter*. Les premiers clippers furent des bateaux américains.

CLONAGE [klonaʒ] *n. m.*

(1970) Reproduction d'un individu à partir d'une de ses cellules insérée dans un ovule dont le noyau a été supprimé ; production d'un clone (2°).

« [Le] clonage devrait permettre de produire un individu complet, non plus à partir de la fusion de deux cellules sexuelles, mais à partir de n'importe quelle cellule normale du corps. De telles cellules peuvent être aisément obtenues en culture de tissus après prélèvement (de peau, par exemple) sur un donneur déterminé. Toutefois, il est encore impossible de modifier leur fonctionnement afin qu'elles se comportent comme un œuf fécondé. Si l'on parvenait à mettre au point une technique adéquate, de telles cellules pourraient se développer en embryon, soit *in vivo* après implantation dans un utérus, soit *in vitro* pour donner des "bébés éprouvettes". »   *La Recherche*, nov. 1970, p. 524.

« Science-fiction, galéjade ou cauchemardesque vérité ? Un milliardaire américain, par immaculée conception — ou "clonage" — aurait donné le jour à un bébé né de lui seul. »
Le Nouvel Observateur, 19 juin 1978, p. 58.

« On se prend à rêver : si le clonage était appliqué aux hommes, quels problèmes ! Qui faudrait-il reproduire ? Les Einsteins, les Mozarts, les Stalines ? Et à combien d'exemplaires ? Les militaires voudraient des soldats d'élite ; les basketteurs, des géants ; les footballeurs multiplieraient les Pelés. Les médecins pourraient greffer des organes sans rejet, ce qui permettrait un considérable allongement de la vie. Les mères reproduiraient leur enfant mort. C'est le vieux rêve de l'immortalité. »

Le Nouvel Observateur, 24 sept. 1979, p. 49.

« En appliquant le clonage aux espèces sexuées animales, on a pu obtenir des clones de grenouilles, de dindons, de souris. Ces clones d'animaux étaient, eux aussi, identiques à leur unique parent. »

La Recherche, avril 1980, p. 38.

✳ Adaptation de l'anglais *cloning* n. (1968 ; de *to clone*) à propos des manipulations génétiques sur l'homme. On a proposé « duplication des êtres vivants » (*Nouvel Observateur*, 24 sept. 1979) pour remplacer ce mot, par ailleurs bien formé.

CLONAL, ALE [klonal] *adj.*

(1960) Relatif au clone (1°). *Sélection clonale des lignées.*

« La sélection clonale est caractérisée par l'isolement effectif et la comparaison des lignées végétatives ou clones isolés dans un même cépage. »   L. LEVADOUX, *La Vigne et sa culture*, p. 123 (□ 1961).

« Cette théorie de la sélection clonale de mutations somatiques a eu longtemps la faveur des immunologistes et elle occupe encore une position dominante. »   *La Recherche*, mai 1979, p. 580.

✳ De l'anglais *clonal* adj. (1903). Apparaît d'abord en français sous la forme *clonial* (Cf. *clone*, cit. Moreau), puis *clonal*, 1961. On trouve *clonal* avec le sens de *clone* 2°, en anglais (1968, *clonal man*, Oxford Suppl.), mais cet emploi n'est pas attesté en français.

CLONE [klon] *n. m.*

1° Groupe d'individus génétiquement semblables provenant d'un organisme unique par reproduction asexuée. (1953) *Biol.* Descendance d'un individu par multiplication végétative, et où les produits sont génétiquement identiques, que ces individus aient naturellement une reproduction asexuée (bactéries, infusoires scissipares) ou sexuée (plantes obtenues par boutures, bulbes, tubercules, etc. et non par graines).

« comme la reproduction asexuelle y est habituellement la règle (chez les algues), la lignée pure est en même temps un clone, une culture cloniale. »   F. MOREAU, *Botanique*, Encycl. de la Pléiade, p. 200 (□ 1960).

« La catégorie systématique que nous propose la botanique, c'est le *clone* qui représente la population issue par voie apomictique d'une même plante. Ceci dit, un cépage peut être défini comme une collection de clones suffisamment apparentés entre eux pour qu'il soit permis au vigneron de les confondre sous un même nom. Ce qui reste indéterminé, c'est le nombre de clones qui composent un cépage. »

L. LEVADOUX, *La Vigne et sa culture*, p. 25 (□ 1961).

« Tout d'abord, on sait que toutes les cellules d'une tumeur constituent un clone, c'est-à-dire ont une origine commune... »

La Recherche, oct. 1980, p. 1 071.

— (1960) *Zool.* Descendance d'un animal sexué par parthénogenèse naturelle ou provoquée (stimulations physiques de l'ovule) qui donne des individus génétiquement identiques, en principe des femelles.

2° (1978) Individu produit par l'implantation d'une cellule mâle quelconque dans un ovule énucléé, de telle sorte qu'il soit la réplique exacte du père (pas de participation génétique de la mère).

« En fait, la naissance d'un clone humain semble actuellement relever de la fiction. »   *Sciences et Avenir*, sept. 1978, p. 15.

« Aux États-Unis, un enfant serait né comme un géranium, par bouturage. Le premier enfant-clone — descendance d'un individu par multiplication végétative. Le premier enfant né d'une seule cellule d'un individu, son "père", géniteur unique dont il serait la réplique exacte, le jumeau parfait, le double (D. Rorvik, "A son image : la copie d'un homme"). Bouturage humain à l'infini, chaque cellule d'un organisme individué pouvant redevenir la matrice d'un individu identique. »
J. Baudrillard, *De la séduction*, p. 227 (□ 1979).

✳ Mot anglais *clone* (1905), d'abord *clon* en 1903, du grec *klôn* « petite branche, pousse », employé en botanique, puis en biologie (culture de cellules). Il apparaît en français en ce sens (1953, T. L. F., 1960 Grand Larousse encyclopédique). Par ailleurs, de nombreuses expériences de parthénogenèse artificielle ont été menées en Europe et aux États-Unis (J. Loeb 1899, E. Bataillon 1910, G. Pincus 1939) et notamment l'androgenèse artificielle ou suppression du potentiel géné-tique femelle, chez quelques animaux (Th. Boveri 1889, Baltzer 1941, E. B. Harvey 1935). C'est un roman américain de D. Rorvik qui accrédita l'existence de clones humains (avec contresens sur le mot *clone* qui, de « descendance » devenait « individu »), et c'est à cette occasion que le terme de *clone*, au sens 2°, fut vulgarisé par les journaux français. Revanche des phallocrates sur les féministes : après la « banque des utérus » (loués à des pères qui paient une femme pour l'occasion), on espère encore mieux des clones qui élimineront entièrement la mère. En américain, *clone* a pris récemment le sens de « réplique, double d'une personne ou d'une chose » (Barnhart 2, 1979).

CLONER [klone] *v. tr.*

(1979) Reproduire par la formation de clones (1° et 2°).

« Tout récemment, en 1977, le gène de la fibroïne était parmi les premiers à être cloné, c'est-à-dire introduit dans une bactérie pour y être multiplié. »   *La Recherche*, déc. 1979, p. 1224.

« De nos jours, on est arrivé à cloner couramment du tabac, du persil, de l'orge, des asperges, du soja, des endives, des orchidées. »
La Recherche, avril 1980, p. 38.

✳ De l'anglais *to clone* v. (1959, de *clone* n.). Il a pris en américain le sens figuré de « produire un double, une réplique de ».

CLOSE-COMBAT [klozkõba] *n. m.*

(1966) Combat corps à corps ; corps à corps.

« Exaltation lyrique du close-combat considéré comme une ascèse. »
Les Nouvelles littéraires, 20 oct. 1966 [*in* Gilbert].

✳ Mot anglais, *close combat* « combat rapproché » (XVIIe s.). Ce terme est inutile en français et *close* interfère avec le sens français de *clos* « fermé » ; un *corps à corps* signifie la même chose.

CLOWN [klun] *n. m.*

(1817) Comique de cirque qui, très maquillé et grotesquement accoutré, fait des pantomimes et des scènes de farce. *Les enfants aiment les clowns.* — Fig. *Faire le clown.* — REM. : Enregistré dans le dict. de Littré 1863 et seulement dans l'édition de 1932 de l'Académie.

« Le Pierrot que les Anglais appellent *clown*, et auquel ils tatouent la figure au lieu de l'enfariner. » A. D. d'Arcieu, *Diorama de Londres*, 1823, in *Le Français moderne*, oct. 1949, p. 287.

« Mme Céleste, l'âme excitée [...] par les facéties de je ne sais quel clown, par des scènes de boxe que l'on voit dans des box [...]. »
NERVAL, *Les Nuits d'octobre*, Les Nuits de Londres, p. 105 (□ 1854).

« Lord David Dirry-Moir aimait passionnément les exhibitions de carrefours, les tréteaux à parade, les circus à bêtes curieuses, les baraques de saltimbanques, les clowns, les tartailles, les pasquins, les farces en plein vent et les prodiges de la foire. »
HUGO, *L'Homme qui rit*, p. 226 (□ 1869).

« Ce type grotesque nous a été donné par l'Angleterre, qui l'avait emprunté au *gracioso* du théâtre espagnol [...]. La France a fourni quelques clowns célèbres, mais le clown est resté une spécialité anglaise, parce qu'il personnifie ce penchant extraordinaire pour l'excentricité, qui est un des symptômes de la mélancolie anglo-saxonne. »
Nouveau Lar. illustré, 1898, art. *Clown*.

« Au contrôle, comme dans ces cirques forains où le clown prêt à entrer en scène et tout enfariné, reçoit lui-même à la porte le prix des places [...]. »
PROUST, *Le côté de Guermantes 1*, p. 309 (□ 1920).

✱ Mot anglais (*clown, cloyn, cloun* au xvie s.) d'une racine germanique signifiant « motte de terre » selon Oxford dict., apparenté au fr. *colon*, latin *colonus* selon Webster's Third. A d'abord signifié en anglais « paysan », emploi qui existe encore, puis avec péjoration « rustre, homme mal élevé » (xvie s.). Il a ensuite désigné un personnage du théâtre comique anglais, le bouffon campagnard, et chez Shakespeare un bouffon quelconque ; puis un personnage de la pantomime et du cirque. Le mot a d'abord servi, en français, à parler du bouffon anglais (1817, *in* D. D. L., 1823, Mackenzie) ; il ne semble pas s'être appliqué au spectacle français avant 1860 (Cf. Dict. de Littré, 1863). La prononciation du mot a été francisée, mais la graphie est restée anglaise en dépit de quelques fantaisies modernes individuelles (*Cloune*, Queneau, *Loin de Rueil*, p. 71). Néanmoins ce mot n'a guère été, à notre connaissance, l'objet des critiques des puristes. Il a développé une famille de dérivés relativement importante : *clownerie* n. f. (1842), *clownesque* adj. (1878), *clownesse* n. f. (1884) correspondant à l'anglais *clownry, clownish* pour les deux premiers. *Clownerie*, signalé par Höfler dans le *Charivari* du 21 juil. 1842, pourrait bien être un emprunt direct. Les dict. de l'Académie n'enregistrent que *clownerie* (1932).

1. CLUB [klœb] *n. m.*

(1702) Société fermée, en Angleterre et dans les pays de civilisation anglaise. — Lieu où se rencontre cette société. — *Par ext.* Lieu analogue, dans d'autres pays.

« M. Daru trouvant des inconvénients à la maison Soltykoff, on l'engagea à en aller voir d'autres vers le club. Nous vîmes le club, orné dans le genre français, majestueux et fermé. Dans ce genre, il n'y a rien à Paris de comparable. »
STENDHAL à Pauline Périer-Lagrange, Moscou, 4 oct. 1812, in *Corresp.*, t. I, p. 662.

« ces jeunes maris qui laissaient les plus nobles, les plus belles créatures pour les délices du cigare et du whist, pour les sublimes conversations du club, ou pour les préoccupations du *turf* [...]. »
BALZAC, *Béatrix*, p. 540 (□ 1839).

« La foule alors se précipite dans les *bœuf-maisons*, dans les *huître-maisons*, dans les cercles, dans les clubs et dans les *saloons !* »
NERVAL, *Les Nuits d'octobre*, Les Nuits de Londres, p. 105 (□ 1852).
— N.B. Il s'agit de calques plaisants de l'angl. *-house* en composition.

« Plus encore qu'une bonne adresse, il est indispensable qu'un gentleman ait un bon club. Ses parents l'y inscrivent (comme d'ailleurs à Eton) dès sa naissance. Les clubs de Londres sont sous l'impulsion de Brummel. »
P. MORAND, *Londres*, p. 198 (□ 1933).

« Les clubs correspondent à cette division en clans, souvent invisibles pour l'étranger, qui caractérise la vie anglaise et londonienne : ainsi l'aviation ne fréquente pas le reste de l'armée, le 10e hussards, suprêmement chic, ne fréquente pas le 9e hussards, etc. En Angleterre, tout est club : la Cité est un club, l'armée et la marine sont des clubs,

le barreau est un club. Le plus grand de tous les clubs est l'Empire
anglais. »   *Ibid.*, p. 200.

— (1774) En France, Société politique telle qu'il s'en forma dans
la période révolutionnaire. *Le club des Cordeliers, des Jacobins.*
— REM. : Ce sens n'est enregistré par le dict. de l'Académie
qu'en 1835.

> « la maison commune s'est transformée en un club patriotique où les
> journaliers, les artisans, les cultivateurs, les gens de commerce, les
> bourgeois, le clergé de la paroisse, et même quelques étrangers se
> rendent presque chaque semaine avec empressement pour entendre nos
> leçons [...]. »   *Feuille villageoise*, vers 1790 [*in* Brunot, t. IX, p. 61].

> « Tout émigré qui rentrera,
> Raccourcis-le moi promptement.
> Dans tes clubs tu ne recevras
> Aucun modéré ni feuillant. »
>   *Les Commandements révolutionnaires de la Montagne*, 1794
>   [*in* Brunot, t. IX, p. 628].

— (XIXe s.) Société, cercle où se réunissent des gens qui ont des
buts communs, des activités communes (sports, jeux, littérature, etc.). *Club de natation, club alpin, le club Méditerranée.*
Club de bridge. Passer sa soirée au club.

> « Dans un *club*, je dis tout ce qui me passe par la tête, je m'amuse,
> j'ai de l'esprit. »
>   STENDHAL, *Mémoires d'un touriste*, 7 juin 1837, t. I, p. 172 (□ 1838).

> « Martine avait adhéré à un club de bridge et elle acheta une
> voiture. »   E. TRIOLET, *Roses à crédit*, p. 320 (□ 1959).

— En composition : *Ciné-club* (1920), *aéro-club* (1903), *Jockey-
club, tennis-club* (1934), etc. → **Night-club, Pen-club.**

> « Nous avions le Véloce-Club, le Bicycle-Club, l'Alpiniste-Club, etc.,
> etc. Voici maintenant le Cerceau-Club, à l'usage des tout jeunes ado-
> lescents. Attendons le Polichinelle-Club, pour babys de cinq ans [...]. »
>   *Le Charivari*, 21 oct. 1891, p. 2.

— N.B. *Veloce-club* est attesté en 1869, comme *Vélo-club.*

> « On sait l'heureuse influence qu'ont eue pour le perfectionnement
> de la vitesse automobile des concours institués par d'importants groupe-
> ments comme l'*Automobile Club*. »
>   E. GAUTIER, *L'Année scientifique et industrielle*, pp. 80-81, 1910 (□ 1909).

✱ Mot anglais de l'ancien nordique *klubba*, qui a d'abord signifié
« bâton, gourdin », XIIIe siècle (→ **2. Club**) puis « réunion en une masse »
(XVIIe s.), « assemblée » (XVIIe s.) et « association » (fin XVIIe s.). Lors de
son passage en français (1702, Miège [*in* Mackenzie, p. 158]) le mot a
connu trois prononciations : [klœb], [klyb] et [klub] ; on l'a même écrit
cloub en 1793 ; de nos jours quelques personnes disent encore [klyb].
Mis à part l'épisode des clubs révolutionnaires, l'institution du club a
surtout pris en France dans le domaine sportif ; ceci s'accorde à la
réputation d'individualisme farouche qu'on fait au Français. Cependant,
on voit depuis peu fleurir des *clubs privés*, par une tautologie contestable. Mais si une association à la mode se crée, elle a toute chance
néanmoins de prendre le nom de *club*, toujours mélioratif. Le français a
formé sur *club* le dérivé *clubiste* (1784, Proschwitz [*in* Wartburg]) pour
désigner les membres des clubs politiques révolutionnaires, mot qui a
d'ailleurs passé en anglais dans ce sens sous la forme *clubbist* (1793,
Oxford dict.). — Cf. *Anticlubiste* (1793) — et aussi l'adjectif *interclubs*
(1889). — Le fauteuil *club* semble porter un nom qui lui a été donné en
français (ce type de fauteuil confortable est caractéristique des clubs) et
on n'en trouve trace ni dans l'Oxford dict. ni dans le Webster's Third
→ **2. Club.**

> « La famille du mot *club* ne pouvait manquer de s'étendre (vers 1791-95).
> Outre " clubiste ", on cite " anticlubiste ", " clubique ", " clubicule ", " clubiner ", " clubi-
> nière ", " clubinomanie ", " clubocratie ", " clubomanie ". Goupil de Préfelne se signala
> par ses attaques contre la " clubocratie " et les " clubocrates ". »   BRUNOT, t. IX, p. 812.

« À l'Assemblée nationale la moitié de la séance a été perdue à discuter sur la prononciation du mot *club* : les uns disaient *cleube*, les autres *club* comme *plut* : il a été décidé qu'on prononcerait club. »
M^{al} de CASTELLANE, *Journal*, août 1848 [*in* D.D.L.].

« Nous avons pris aux Anglais le mot club et nous leur avons laissé la chose. L'Anglais est le seul peuple qui soit véritablement clubbable, c'est-à-dire fait pour la vie du club. »   E. TEXIER, *Les Choses du temps présent*, 1862 [*in* D.D.L.].

✳ Le composé emprunté *club-house* désigne, dans un club sportif élégant (club de golf, etc.), les aménagements d'accueil destinés aux membres. Cet anglicisme double est employé en 1934 à propos du Club de tennis de Deauville (*in* D.D.L.).

« enfin viennent le Club-House où s'assemblent habituellement les célibataires, l'école et l'hôpital, bâtiments bien construits, aménagés avec intelligence. »
F. WHYMPER, *Amérique septentrionale*, in *Le Tour du monde*, 2e sem., p. 239, Hachette, 1869 (□ 1864).

« comme le parcours se terminait et que nous revenions ensemble vers le club-house [...]. »   J. GRACQ, *Un beau ténébreux*, 1945 [*in* D.D.L.].

« Ces dimanches-là il me menait invariablement à son club de tennis où il commençait par faire une partie (" Ton père est une excellente raquette "), puis il entrait dans le club-house où il jouait au bridge avec des messieurs sportifs vêtus de pantalons de flanelle blanche, de chemises Lacoste, de chandails, de shetland [...]. »   M. CARDINAL, *Les Mots pour le dire*, Grasset, p. 147 (□ 1975).

2. CLUB [klœb] *n. m.*

(1882) Crosse de golf.

« La grande prairie s'étend devant le Club, verte et luisante, émaillée de fleurs, sous le soleil doux et le bleu du ciel. L'horizon lointain est borné par des rangées d'arbre. Nous avons chacun un boy qui nous suit avec les gaînes renfermant les *clubs* du jeu. »
J. HURET, *En Amérique, De San Francisco au Canada*, p. 304 (□ 1905).

« Une de ces inconnues poussait devant elle [...] sa bicyclette ; deux autres tenaient des " clubs " de golf [...]. »
PROUST, *À l'ombre des jeunes filles en fleurs*, p. 788 (□ 1918).

« J'imaginais que le maniement d'un maillet de polo, d'un club de golf devait être son seul contact avec la rugueuse réalité, le seul rapport qu'il entretînt avec la force virile. »
P. MORAND, *Champions du monde*, p. 161 (□ 1930).

✳ Mot anglais (→ le précédent), « crosse pour jouer au golf, au hockey sur glace, au polo ». Passé en français avec la plupart des termes de golf. Les joueurs de golf dont beaucoup souhaitent franciser le vocabulaire de leur sport proposent de remplacer *club* par *canne*.

CLUB-HOUSE → CLUB 1.

CLUBMAN [klœbman] *n. m.*

(1862) *Vx.* Habitué d'un club. *Des clubmen* → **-man.** — REM. : Absent des dict. de Littré et de l'Académie.

« Un M. Largentière, qui n'est pas un club-man, mais un clubmaniaque, passe tout son temps au cercle et trouve bon que sa femme prenne comme doublure M. de Marsac. »   *Le Charivari*, 6 oct. 1891, p. 2.

« La baronne Otto Butzinghen et son ami, le vicomte Lahyrais, clubman, sportman, joueur et tricheur. »
O. MIRBEAU, *Le Journal d'une femme de chambre*, p. 208 (□ 1900).

« Sans doute le Swann que connurent à la même époque tant de clubmen était bien différent de celui que créait ma grand'tante [...]. »
PROUST, *Du côté de chez Swann*, p. 18 (□ 1913).

« C'est ainsi que le salut que m'avait fait, sans me reconnaître, le vieux clubman n'était pas le salut froid et raide de l'homme du monde purement formaliste, mais un salut tout rempli d'une amabilité réelle, d'une grâce véritable [...]. »
PROUST, *Le Côté de Guermantes 2*, p. 579 (□ 1921).

— Au féminin (1906), CLUBWOMAN [klœbwuman] *n. f.*, plur. *clubwomen* [klœbwumən].

« Chaque jour, l'une des clubwomen, fait, en scène, une lecture sur les arts, les littératures, les philosophies. »
P. ADAM, *Vues d'Amérique*, p. 228 (□ 1906).

✳ Mot anglais *club-man* d'abord « homme armé d'un bâton » (XVIᵉ s.), puis « membre d'un club » (1851), écrit *clubman* au XXᵉ siècle ; se dit aussi bien en Angleterre et aux États-Unis qu'en France pour désigner particulièrement celui qui appartient à des clubs fermés, très chics. Mot caractéristique à l'époque 1900, fréquent chez Paul Bourget, chez Proust, puis désuet, aujourd'hui archaïque.

CLYSTRON → KLYSTRON.

C/O. *abrév. préposition.* (S'écrit seulement.)

Chez (dans une adresse), aux bons soins de... *Monsieur A. M... c/o Madame M. R..., 6, rue du Four, 75006 Paris.*

✳ Abréviation de l'américain *care of* (1928) pour *in care of*, littéralement « au soin *(care)* de *(of)* ». Cette abréviation, dont les utilisateurs français seraient souvent en peine de rétablir la forme complète, est employée assez fréquemment. Elle fait partie de l'emprunt massif de toutes sortes de conventions épistolaires américaines critiquées par les puristes et les gens soucieux de savoir-vivre.

« après le numéro de la rue ou de la place, on n'oubliera pas la virgule, selon l'usage américain : 4, *Place Jeanne d'Arc* (si possible : Four, Place Jeanne d'Arc) ; au lieu de *aux bons soins de*, *c/o* s'impose. Tout autre libellé de l'enveloppe sera jugé inconvenant et suspect d'hostilité aux principes de la libre-entreprise. »
ÉTIEMBLE, *Parlez-vous franglais ?*, p. 223 (□ 1964).

COACH [kotʃ] *n. m.*

1º (1832) Abrév. de *mail-coach**. *Ancien.* Grande berline luxueuse avec des sièges découverts en impériale, attelée à quatre chevaux, conduite par un gentleman, aidé de « guards » en tenue du XVIIIᵉ siècle qui sonnaient la trompette ; le même genre de berline servant de diligence pour des transports en commun. *Des coaches.* — REM. : Absent des dict. de l'Académie et de Littré.

« Lorsque le jeune Alsacien fut parti, son camarade d'enfance finit peu à peu par mener à Paris ce qu'on appelle la vie à grandes guides. Le mot était, dans le cas présent, d'autant plus juste que la sienne se passait en grande partie sur le siège élevé d'un énorme coach à quatre chevaux, perpétuellement en voyage entre l'avenue Marigny, où il avait pris un appartement, et les divers champs de courses de la banlieue. »
Jules VERNE, *Les Cinq Cents Millions de la Bégum*, p. 161 (□ 1879).

— SPÉCIALT. Dans les pays anglo-saxons, Diligence (abrév. de *stage-coach** → **Stage**) ; malle-poste (→ **Mail-coach**).

« La voiture dans laquelle nous étions montés, et que les Américains décorent du nom de *coach*, ou coche en français, rappelait par sa forme et son ampleur ces énormes véhicules des siècles passés, que représentent nos vieilles gravures. Neuf places régnaient dans l'intérieur, toutes égales pour le prix. Le coupé et la rotonde sont entièrement inconnus aux Américains, dont les mœurs républicaines ne permettent pas ces aristocratiques distinctions. Il n'y a non plus aucun droit de priorité, et les places en avant appartiennent toujours aux dames celles-ci fussent-elles venues les dernières. »
L. SIMONIN, *Voyage en Californie* [1859], p. 11 (□ 1862).

« Sur six personnes que contenait le coach de Windsor, il était rare qu'il n'y eût point une ou deux femmes habillées en hommes. C'était signe de gentry. »
HUGO, *L'Homme qui rit*, p. 271 (□ 1869).

« des victorias, avec des valets de pied nègres en culotte de peau blanche et bottes à revers, des coaches, dans tout l'éclat de leurs trompettes de cuivre [...] s'élançaient sur les allées nouvellement tracées... »
P. MORAND, *New-York*, pp. 224-225 (□ 1930).

✻ Mot anglais n. (1556) « carrosse (royal, officiel, etc.) », *coche* au XVIe siècle, du français *coche*, ayant pris le sens de « diligence » en 1674 par abréviation de *stage-coach* n. (1658), et qui entrera dans le composé *mail-coach* n. (1787). Attesté en français en 1832 (A. Dumas Père, *Richard Darlington*, t. II, 2, p. 83), le mot y a revêtu le sens particulier donné en France à l'anglais *mail-coach*. On a employé aussi *coaching* n. m. (1878), « art de conduire un coach », *coachman*✻ n. m. et même *coachwoman* n. f.

2° Aux États-Unis, Wagon d'un train de voyageurs et *spécialement* Wagon-lit.

« En effet, le coach, dans lequel ils avaient dû prendre place à la dernière station du rail-road, vient de verser brusquement contre le talus de la route. » Jules VERNE, *L'Île à hélice*, p. 2 (□ 1895).

« C'est la première fois que je prends un train. [...] : un couloir s'enfonce dans le sous-sol. Je monte dans un coach. Le wagon ne ressemble à aucun wagon français, mais plutôt à l'intérieur d'un autocar. »
S. de BEAUVOIR, *L'Amérique au jour le jour*, 7 fév. 1947, p. 50 (□ 1954).

✻ Mot anglais qui a pris ce sens en américain (1832). Il est quasi inconnu en français, sauf dans *voiture-coach*, voiture à couloir central dont tous les sièges sont orientés dans le même sens : on dit parfois *voiture à couloir central*, pour distinguer de *voiture à couloir latéral ;* si les sièges sont en vis-à-vis, on dit *voiture Corail.*

3° (1948). *Auto.* Type d'automobile fermée, à quatre glaces mais seulement deux portes, les deux sièges avant se rabattant pour permettre le passage vers l'arrière.

✻ Sens typiquement français, le seul usité aujourd'hui. Pour exprimer la même chose l'anglais utilise l'adj. *two-door* « à deux portes ».

4° (1932) *Sport.* Entraîneur.

✻ Sens apparu en anglais en 1885 par ext. de l'argot universitaire « répétiteur », « chargé de leçons particulières » (1848).

COACHMAN [kotʃman] *n. m.*

1° (1790) *Vx.* Homme qui conduit un coach. *Des coachmen.* — REM. : Absent des dict. de l'Académie et de Littré.

« [le cumfort] C'est le nom donné en Angleterre par les coachmen, à un petit shall dont ils ont toujours soin l'hiver de s'envelopper tout le bas du visage. » *La Mode*, 1830, *in* A.-J. GREIMAS, *La Mode en 1870*, 1948 [*in* D. D. L., 2e série, 4].

« il existe une cité importante dans le voisinage de Freschal !... Comment notre coachman a-t-il oublié de nous l'indiquer ? »
Jules VERNE, *L'Île à Hélice*, p. 31 (□ 1895).

— Avec une graphie simplifiée :

« Enfin, la diligence arrêtée devant la fameuse auberge de Roberts-Bridge, lady, toute effarée, s'élance hors de la voiture, et, interpellant le *cochman*, se plaint vivement à lui des importunités de son compagnon de route. »
BALZAC, *Route d'Hastings in Œuvres diverses*, t. II, p. 266 (□ 1830).

✻ Mot anglais n. (1579) « cocher », de *coach* « carrosse » et *man* « homme », attesté pour la première fois en français, comme mot étranger, dans la *Correspondance* de Grimm en 1790 (*in* Mackenzie, p. 190). On a aussi relevé en 1903 le féminin *coachwoman* « femme qui conduit un coach » (*in* Mackenzie, p. 135). Ce mot, rarissime en français, n'est pas attesté dans les dict. d'anglais.

2° (1869) *Vx.* Paletot de conducteur de coach.

✻ Enregistré dans le Grand Dict. universel de P. Larousse 1869, ce sens n'est pas attesté dans l'Oxford dict. Le Webster's Third (1966) fait une entrée *coachman* adj. en parlant d'un vêtement pour femme fait comme un paletot de coachman (croisé, avec de larges revers, et serré à la taille).

COALITION [kɔalisjɔ̃] *n. f.*

(1718) Réunion momentanée de puissances, de partis ou de personnes dans la poursuite d'un intérêt commun immédiat. *Les guerres de coalition* (contre Napoléon 1er). *Ministère de coalition.* — REM. : Enregistré dans le dict. de l'Académie 1835 et dans Littré 1863.

« vous désignez vous-mêmes votre coalition sous le nom de *députés de la Montagne* [...]. » GENSONNÉ, discours à la Convention, 2 janv. 1793 [*in* Brunot, t. IX, p. 631].

« L'Italie, l'Espagne et le Portugal sont en dehors de la question ; car aucun de ces pays ne saurait fournir d'argent ou d'hommes à la coalition. » BALZAC, *Lettres sur Paris*, p. 72 (□ 1830-1831).

« seul un ministère de coalition pouvait expédier les affaires courantes. "Expédier", c'est façon de parler : on ne peut pas dire que la guerre d'Indochine ait été expédiée. » F. MAURIAC, *Bloc-Notes 1952-1957*, p. 137 (□ 1958).

✳ Ce mot existe comme terme français au XVIe siècle avec le sens de « coalescence, union », latin *coalitus* « uni » ; ce sens a disparu et l'emploi actuel est emprunté (1718, De Cize, Mackenzie, p. 161) à l'anglais *coalition,* 1715 ; répandu à propos de la guerre anglo-américaine. N'est évidemment plus senti comme emprunt.

COALTAR [kɔltaʀ] *n. m.*

(1850) Goudron de houille. *Revêtement de route en coaltar. Poudre de coaltar* (autrefois ; antiseptique). — REM. : Absent des dict. de l'Académie, signalé par Littré 1863.

« Comme toutes les poudres, celle de coal-tar exige en outre un certain temps pour être enlevée des surfaces de la plaie, et rend ainsi les pansements plus longs [...]. » L. FIGUIER, *L'Année scientifique et industrielle*, p. 382, 1860 (□ 1859).

« La calomnie, c'est comme le coaltar : on a beau frotter, il en reste toujours quelque chose. » *Le Charivari*, 5 mars 1892, p. 1.

✳ Mot anglais *coaltar, coal-tar* (XVIIIe s.), *littéralement* « goudron *(tar)* de houille *(coal)* ». Ce mot s'est répandu en français d'abord par l'usage qui en est fait dans la marine (isolant des coques) puis par les premiers revêtements de route en goudron de houille ; ce revêtement ne se pratique plus guère, le goudron de houille étant riche en produits chimiques du plus grand intérêt, on lui préfère les bitumes synthétiques. De ce fait le mot *coaltar* est en régression, sauf semble-t-il au Canada où il est couramment employé. On avait forgé, sur le modèle de goudronner *coaltarer* (1872) et même *coaltariser* (1872) qui n'ont pas vécu.

-COAT

✳ Élément qui entre dans la composition de quelques emprunts ou composés français désignant des manteaux : *auto-coat, duffle-coat, trench-coat.* C'est l'élément *-coat* qu'on retrouve dans *redingote (riding-coat).*

COB [kɔb] *n. m.* et *adj.*

(1880) Cheval mi-sang dont la queue est coupée. — Adj. *Une jument cob.*

« Le concours se passe en plein air, sur de beaux *paddocks* gazonnés où l'on galope les bêtes, deux mille six cents échantillons de la race irlandaise, pour la plupart fort beaux : étalons de pur sang dont la généalogie remonte aux croisades, superbes poulinières, *hacks* et *cobs*

de chasse qui sont de merveilleux sauteurs, poneys dressés pour le jeu de polo, affectueux et intelligents comme des chiens de Terre-Neuve et souvent à peine plus gros. »
M.-A. de BOVET, *Trois Mois en Irlande* [1889], p. 28 (□ 1890).

« Le brave Gilon, ses fesses larges posées sur une jument cob, avait pris l'air maussade et irritable du vieux veneur dès que le cerf est attaqué. » M. DRUON, *La Chute des corps*, p. 178, Livre de poche (□ 1967).

✳ Mot anglais (début XIXe siècle dans cet emploi) d'origine obscure, d'abord « cheval entier » (*cob*, dialectal signifiant « testicule »).

COBOL [kɔbɔl] *n. m.*

(v. 1960) Langage machine utilisé par les ordinateurs, qui sert à programmer les problèmes de gestion. *Langage Cobol. Programmeur en Cobol.* — REM. : Ce mot s'emploie tantôt comme nom propre, tantôt comme nom commun (→ **Algol**, cit.) ; il prend une majuscule ou s'écrit en capitales.

« Seulement, l'homme ne parle pas binaire, et il sait dire autre chose que oui ou non. Il a donc fallu inventer des langages spéciaux, écrits dans un franglais aux mots tronqués et dont la syntaxe se rapproche de la logique informatique : ce sont le Cobol employé en gestion, le Fortran destiné aux applications scientifiques, le PL 1, etc. »
Science et Vie, déc. 1973, p. 175.

✳ Mot-valise formé en anglais (1960, Oxford Suppl.) d'après *Co(mmon) B(usiness) O(riented) L(anguage)* « langage destiné à la gestion ». Ce mot couramment employé en informatique ne présente aucune difficulté en français.

COCA-COLA [kɔkakɔla] *n. m.*

(v. 1945) Boisson gazéifiée sucrée, à base de coca sans cocaïne et de grains de kola aux vertus stimulantes et digestives, qui se boit très froide (marque déposée). *Des coca-cola.*

« Brogan ne tenait pas en place ; il allait chercher au comptoir une bouteille de coca-cola, il glissait un nickel, puis un autre dans la boîte à disques [...]. » S. de BEAUVOIR, *Les Mandarins*, p. 313 (□ 1954).

« Eh bien, si vous n'avez pas de schewps [*sic*], un coca-cola. »
ARAGON, *Blanche ou l'Oubli*, p. 452 (□ 1967).

— Abrév. *Du coca. Des coca.*

« Il y a du coca
On déteste ça
Et du camembert
Qu'on mange à la petite cuiller. »
Boris VIAN, *Textes et Chansons*, p. 29 (□ 1955 †).

✳ Mot américain, nom propre de marque, de *coca* (espagnol *coca*, péruvien *cuca*) et *cola* (mot africain). Ce produit a été lancé en 1886 à Atlanta ; il a été vendu massivement dans tous les pays capitalistes depuis la dernière guerre. Peu apprécié des Français qui lui trouvent mauvais goût, il est devenu le symbole des produits que les États-Unis veulent nous contraindre à consommer. Mais il faut dire en toute objectivité que le coca-cola n'est pas consommé dans de bonnes conditions en France ; cette boisson doit être servie très glacée (sans glace) et n'est appréciable que pour lutter contre la chaleur. L'abréviation américaine (assez snob en France) est *Coke* (1909), utilisée aux États-Unis et au Canada (Kelley, p. 21). Queneau a plaisamment transformé ce mot en *cacocalo* (*caco* comme dans *cacophonie*, et *qu'à l'eau*, sans alcool).

COCKER [kɔkɛʀ] *n. m.*

(1863) Petit chien de chasse de la race des épagneuls. — REM. : Signalé dans Littré, absent des dict. de l'Académie.

« Sa tête est un peu plate, à front large et arrondi ; ses oreilles, assez longues, sont attachées haut et frangées. Ses poils sont ondulés, soyeux.

La couleur préférée est le noir de jais, avec ou sans plastron blanc. Sa taille est de 0,23 m. Employés à la chasse du coq de bruyère, les cockers sont enjoués et doux, ont beaucoup de nez et une grande activité. On en fait souvent des chiens d'appartement.
On signale les cockers du Pays de Galles et ceux du Devonshire. »
Ed. PERRIER et A. MÉNÉGAUX, *La Vie des animaux illustrés*,
Baillère, t. I, Le cocker, p. 360, 1905.

✳ Mot anglais (XIIIᵉ s.) d'abord « combattant », puis « personne qui organise des combats de coq », puis « race de chien qui chasse la bécasse (woodcock) » (déb. XIXᵉ s.). *Cocker* vient de *to cock* « combattre » probablement issu de *cock* « coq » selon Oxford dict., de *woodcock* selon Onions (*woodcocker* n'est pas attesté). La prononciation de *cocker* est bien francisée, mais sa graphie reste anglaise.

COCKNEY [kɔknɛ] *n.*

(1750) Personne née à Londres. — *Plus couramment*, Londonien(ne) du peuple qui a un accent très particulier en anglais.

« nous étions sur le point de commencer la chasse, par un des plus beaux jours du mois de septembre et sous l'influence d'un soleil brillant inconnu aux *cockneys*. »
BRILLAT-SAVARIN, *Physiologie du goût*, t. I, p. 164 (□ 1826).

« Les *cockneys* de Londres, dans leur arrière-boutique, trouvaient fort mal qu'on ne leur gagnât pas tous les jours des batailles de Poitiers. »   MICHELET, *Histoire de France*, t. VI, p. 5 (□ 1840).

« Proprement, quelqu'un qui est né dans le voisinage des *cloches de Bow*, c'est-à-dire de *Bowchurch* dans la Cité de Londres. Le cockney, qu'on rencontre si souvent dans les caricatures du *Punch*, parle mal, et ne sait rien en dehors de la vie de Londres ; il a plusieurs des traits du badaud de Paris. »   LITTRÉ, *Suppl. au dict.*, 1877, art. *Cockney*.

— Langage du cockney. *Parler cockney.* Adject. *Accent cockney.*

« les chauffeurs qui parlent " cockney " en avalant les *h* [...]. »
P. MORAND, *Londres*, p. 112 (□ 1933).

« Je pensais à cette pièce de Bernard Shaw, vous savez ? Pygmalion, où un linguiste fait d'une fille des rues parlant cockney une femme du monde par l'éducation du langage [...]. »
ARAGON, *Blanche ou l'Oubli*, p. 282 (□ 1967).

✳ Mot anglais d'abord *cocken-ey* du génétif de *cock* « coq » et *-ey* forme de *egg* « œuf » proprement « œuf de coq », d'abord au XIVᵉ siècle nom enfantin de l'œuf (comme *coco* en français) « enfant choyé », puis « homosexuel, mignon » (XVIᵉ s.) ensuite « citadin efféminé opposé au paysan » (XVIᵉ s.) et au début du XVIIᵉ siècle, *péjoratif*, « natif de Londres » « particularly used to connote the characteristics in which the born Londoner is supposed to be inferior to other Englishmen — spécialement pour évoquer ce par quoi le Londonien de naissance serait inférieur aux autres Anglais — ». Ce qu'en a retenu le français est un peu différent : l'aspect populaire prédomine (Cf. notre titi parisien, notre Parigot) et surtout la manière de parler. — Le mot pénètre en français en 1750 (Prévost, *Manuel lexique*) mais n'est connu qu'au XIXᵉ s. ; sa graphie est fluctuante *cokeney* (1832), *cokney* (Hugo, *Châtiments*, VI, V).

COCKPIT [kɔkpit] *n. m.*

1° (1878) Creux dans le pont d'un yacht à voiles.

« À 9 heures, le vent soufflait avec une telle violence qu'il était impossible de se tenir debout sur le pont, et que nous devions rester couchés dans le cockpit, nous cramponnant de toutes nos forces. »
P. BUDKER, *in* J. MERRIEN, *Le Livre de la mer*, p. 332 (□ 1958).

2° (XXᵉ s.) Habitacle du pilote d'avion.

« Il sait qu'un Mig 17 le poursuit. Il l'a vu, lui a dit " Bonjour " avec ses ailes. Un bonjour un peu craintif qui se voulait amical. On lui a répondu par une rafale de canon de bord qui a rasé son cockpit. »
Paris-Match, 1ᵉʳ janv. 1972, p. 23.

✱ Mot anglais, début XVIIIe siècle en marine, v. 1915 en aviation, d'abord « endroit réservé aux combats de coqs » (XVIe s.) de *cock* « coq » et *pit* « trou, fossé ». Le mot apparaît dans la revue *Le Yacht* (1878, Mackenzie, p. 214). On a proposé *poste de pilotage* pour traduire *cockpit*, terme entériné par l'arrêté du 12-8-1976 du *Journal officiel* nᵒ 262.

> « L'aviateur de langue française s'installe dans son *poste de pilotage* (et non dans son *cockpit*). *Défense de la langue française*, juil. 1959, p. 23.

COCKTAIL [kɔktɛl] *n. m.*

(1836) Boisson faite d'un mélange alcoolisé servi glacé et préparé au moment de le boire. *Le gin sert de base à de nombreux cocktails. Le barman* prépare les cocktails.* — REM. : Absent des dictionnaires de Littré et de l'Académie.

> « Elle [Betty Flanagan] avait en outre, le mérite d'avoir inventé ce breuvage si connu aujourd'hui de tous ceux qui voyagent pendant l'hiver entre les capitales commerciales et politiques de ce grand pays, et auquel on a donné le nom de *cock-tail*. »
> DEFAUCONPRET, trad. Fenimore Cooper, *L'Espion*, 1836 [*in D.D.L.*].

> « avant le repas, on voit couramment les femmes et les jeunes filles — comme les hommes — avaler, d'un trait, le *martini cocktail* à la mode, avec le petit morceau d'écorce d'orange flottant à la surface de la coupe. »
> J. HURET, *En Amérique, De San Francisco au Canada*, p. 165 (□ 1905).

> « son bar où se défient les appréciateurs de coktails »
> P. ADAM, *Vues d'Amérique*, p. 18 (□ 1906).

> « — Je regrette, Rhoda, mais ici, pas de cocktails, répliqua Mrs Van Norden. Cela ruine la santé [...]. »
> P. MORAND, *Champions du monde*, p. 165 (□ 1930).

> « un barman ivre qui nous avait fait boire des satanés cocktails, plus nombreux et d'une mixture moins avouable que les sorbets qui circulaient sur plateau d'argent et de vermeil dans la tribune royale [...]. »
> CENDRARS, *Bourlinguer*, p. 125, Denoël (□ 1948).

> « Les cocktails, les sandwiches, les petits fours étaient parfaits, ainsi que le souper froid. » E. TRIOLET, *Roses à crédit*, p. 321 (□ 1959).

— Réunion où l'on boit des cocktails → **Cocktail-party.** *Être invité à un cocktail.*

> « la vie des hommes de Lettres est une fête perpétuelle et se passe à courir les banquets, les générales, les inaugurations et les coquetèles mondains. » M. AYMÉ, *Travelingue*, p. 179 (□ 1941).

— Mixture, mélange quelconque.

> « *Cocktail Salan* (ou : Pastis de rizière) : mélange d'élixir parégorique, de pilules opiacées antidysentériques et d'alcool pharmaceutique. Ainsi nommé à cause de la réputation d'opiomane du général Salan, ce mélange toxique était fort prisé des militaires du corps expéditionnaire français en Indochine. » J. L. BRAU, *Histoire de la drogue*, p. 265 (□ 1968).

— (En parlant d'aliments solides) *Cocktail de crevettes* (calque de l'amér. *Shrimp cocktail*).

> « nous avons connu les hostelleries " style colonial " des faubourgs où les familles bourgeoises vont manger en silence, pour 2 dollars par tête, le cocktail de crevettes et le dindon à la sauce sucrée, en écoutant l'orgue électrique. Il ne faut pas oublier l'épais ennui qui pèse sur l'Amérique. » SARTRE, *Situations III*, p. 110 (□ 1949).

— AU FIG. Mélange. *« Un cocktail culturel qui serait fait de Marcel Duchamp, de John Cage et d'Antonin Artaud »* (in *Plaisir de France*, juin 1971).

✱ Mot anglais, *cocktail*, qui a d'abord désigné (déb. XIXe s.) un cheval à queue coupée (*cock-tailed*, proprement « qui a une queue de coq », c'est-à-dire dressée comme la queue d'un coq du fait qu'elle a été coupée) ; puis « cheval de course qui n'est pas de pure race » « homme de noblesse incertaine ». Le sens de « boisson » vient de l'américain (1806) « cocktail is a stimulating liquor, composed of spirits of any kind, sugar, water, and bitters », *Balance*, 13 mai 1806 [*in* Oxford dict.]. L'étymologie donnée dans les citations ci-dessous est traditionnelle mais invérifiée. Le mot apparaît en français en 1836 mais n'a vraiment été connu qu'au XXe siècle.

On appelle *cocktail* la « réunion où l'on boit », sens typiquement français pour *cocktail-party* ; on ne sert pas forcément de cocktails à ces réunions mondaines qui ont généralement lieu avant le dîner ; les cocktails ne peuvent lutter, en France, contre le champagne et le whisky. L'expression figurée *cocktail Molotov* (sorte de grenade artisanale) semble de création finlandaise (1939).

Le mot *cocktail* a toujours été mal vu des puristes. Quelques écrivains le francisent en *coquetèle* ou *coquetelle* :

> « On était en Afrique du Nord, on donnait des coquetelles, ou plutôt on était invité. »   R. NIMIER, *Les Enfants tristes*, p. 52, Livre de poche (□ 1951).

> « Qu'est-ce que vous prenez ? demanda-t-il à la ronde.
> — Un coquetèle, dit Julia. »   QUENEAU, *Le Dimanche de la vie*, p. 227 (□ 1951).

> « Tandis qu'il paraderait dans les coquetels à dédicaces [...]. »
>   J. PERRET, *Bâtons dans les roues*, p. 105 (□ 1953).

✱ Au Canada la graphie est flottante : *cocktail* ou *coquetel, coquetèle* (Kelley, p. 78). Il n'existe aucun mot français de remplacement. La prononciation [kɔktaj] comme *rail*, qu'on entendait parfois en France a disparu (Cf. cependant *coq-taille*, San Antonio, *Le Standing selon Bérurier* [*in* Hanon, p. 69]).

> « le mot *cocktail* [...] est un mot d'argot anglo-américain qui signifie au sens propre " queue de coq ". [...] *Cocktail* désigne une boisson mélangée et quelquefois trouble, qui semble composée d'autant d'alcools de différentes couleurs qu'une queue de coq l'est de plumes bigarrées et de reflets changeants. Mais les spécialistes qui abordent l'étude du mot en partant de l'anglais sont beaucoup moins sûrs de la nationalité d'origine du mot et de son étymologie. »
>   A. PRUVOT, *Vie et Langage*, mars 1954, p. 122.

> « Le symposion grec [...] c'était une beuverie en commun [...] ; du moins cela nous épargne-t-il de parler anglais en disant *cocktail*. Au fait qu'est-ce qu'un cocktail ? notre commère suit une vieille tradition française en l'orthographiant coquetèle. J'eusse aimé pour ma part qu'on le traduisît et qu'on nous invât à une *queue de coq*. Qu'est-ce à dire ? Comme la queue de coq est composée de plumes de différentes couleurs, la mixture à la mode est faite de liquides divers : si queue de coq vous gêne, on aurait pu dire gorge de pigeon ou arc-en-ciel. »
>   E. MOUSSAT, *Défense de la langue française*, juil. 1959, p. 5.

COCKTAIL-PARTY [kɔktɛlpaʀti] *n. f.*

(XXe s.) Cocktail, réunion où l'on boit des cocktails en Angleterre et aux États-Unis. *Des cocktail-parties.* — REM. : Absent des dictionnaires.

> « on y donne maints [*sic*] cocktail-parties, honorées parfois de la présence du Prince de Galles et du Prince George. »
>   P. MORAND, *Londres*, p. 178 (□ 1933).

> « ils ont plusieurs espèces de programme (de musique) : pour *funeral home*, pour fiançailles et mariages, pour *cocktails partys*, pour bars et restaurants [...]. »
> S. de BEAUVOIR, *L'Amérique au jour le jour*, 11 avril 1947, p. 258
>   (□ 1954).

✱ Mot anglais (1928, Lawrence) de *cocktail* et *party* « réunion pour s'amuser » (Cf. Surprise-party). Il ne s'emploie en français que pour parler de la civilisation anglo-américaine. On remarquera le pluriel français chez S. de Beauvoir.

COKE [kɔk] *n. m.*

(1758) Résidu solide de la carbonisation ou de la distillation de certaines houilles grasses, qui sert de combustible. *Se chauffer au coke.* — REM. : Signalé dans le dict. de l'Académie 1835 et dans Littré 1863.

> « On pourroit même s'en servir [de la houille] dans les forges à fer, pour la fonte de la Mine, en le dépouillant de son soufre, ce que l'on

pratique en Angleterre avec avantage [...]. Ce charbon ainsi préparé, se nomme *coucke.* »

DE TILLY, *Mémoire sur l'utilité du charbon minéral*, 1758 [*in* D. D. L.].

« Je joins à mon Mémoire des échantillons de charbon minéral ainsi préparé et auquel en cet état, les Anglois donnent le nom de *coak*, qui se prononce coke. »

G. JARS l'Aîné, *Manière de préparer le charbon* [...], 1770 [*in* Brunot, t. VI, p. 405].

« Deux industriels anglais, MM. Penrose et Richards, ont eu l'idée de transformer l'anthracite en coke, en le calcinant, après l'avoir mélangé avec des charbons bitumineux et de la poix. [...]. Ce coke absorbe peu d'eau. Il brûle très régulièrement sans s'émietter ni décrépiter. »

L. FIGUIER, *L'Année scientifique et industrielle*, pp. 427-428, 1877 (□ 1876).

✳ Mot anglais *coke* (1669) primitivement avec les formes *coak, cowke* et *coke*, tantôt comme nom de matière tantôt au pluriel désignant les éléments (Cf. Des boulets par ex. en français), mot dialectal du nord de l'Angleterre « centre, cœur » (« *core* »), le coke constituant le cœur du morceau de houille brûlé, ce qui en reste. Le mot passa en France avec l'emprunt du procédé, au début de la grande métallurgie qui s'est d'abord développée en Angleterre. La graphie est restée incertaine pendant le XVIIIe siècle en français : *coucke* (1758), *coaks* (1773) mais il semble que le mot s'est toujours prononcé [kɔk] constituant le parfait homonyme de *coq*. *Coke* a donné les dérivés français *cokéfier* (1911), *cokéfiable* et *cokéfaction* (1923) — en anglais *to coke, coking* —; *cokerie* (1882) est peut-être emprunté à l'anglais *cokery*, même sens.

« Buffon écrit aussi *coak*. Lavoisier avait écrit en 1788 un rapport sur le charbon épuré (Œuvres, VI, p. 86). Il dit qu'il adoptera le nom de *coak* usité en Angleterre. »

BRUNOT, *H. L. F.*, t. VI, p. 405.

✳ *Coking* peut être remplacé par *cokéfaction*, dans le domaine charbonnier, mais il est revenu à la charge dans l'industrie du pétrole, où l'équivalent proposé est *cokage* « craquage en vue d'obtenir un coke de pétrole ».

COKE [kok] → COCA-COLA.

COLD-CREAM [kɔldkʀim] *n. m.*

(1827) *Vx.* Crème de beauté faite de blanc de baleine, de cire blanche, d'huile d'amandes douces, d'eau de rose, etc. *Des cold-creams.* — REM. : Absent des dict. de Littré et de l'Académie.

« La véritable crème de Perse et le *cold-cream* imité de l'anglais. »

A. MARTIN, *Voyage dans la cour du Louvre*, 1827, in *Le Français moderne*, oct. 1949, p. 287.

« Un teint frais est monotone ! l'on préfère un enduit de poupée fait avec du rouge, du blanc de baleine et du *cold-cream*. »

BALZAC, *Béatrix*, p. 567 (□ 1839).

« C'était pour lui qu'elle se limait les ongles avec un soin de ciseleur, et qu'il n'y avait jamais assez de *cold-cream* sur sa peau, ni de patchouli dans ses mouchoirs. »

FLAUBERT, *Madame Bovary*, in *Œuvres*, t. I, p. 496 (□ 1857).

« la cruauté du grand jour décomposait sur les lèvres, en fard, en poudre de riz fixée par le cold-cream, sur le bout du nez, en noir sur les moustaches teintes dont la couleur d'ébène contrastait avec les cheveux grisonnants, tout ce qui aux lumières eût semblé l'animation du teint chez un être encore jeune. »

PROUST, *Sodome et Gomorrhe*, p. 861 (□ 1922).

✳ Mot anglais, début XVIIIe siècle, de *cold* « froid » et *cream* « crème » (du français *crème*), ainsi nommé parce que c'est un onguent rafraîchissant. Ce mot a été très usité au XIXe siècle mais ne s'est jamais francisé.

COLLEY [kɔlɛ] *n. m.*

(1877) Chien de berger écossais réputé très intelligent. — REM. : Absent des dict. de l'Académie.

« Trott aura l'air presque aussi imposant que ces gros domestiques anglais qui promènent un *colley* à côté d'une nurse qui pousse une petite voiture. »   A. LICHTENBERGER, *La Petite Sœur de Trott*, p. 164 (□ 1898).

« J'ai sucé le lait de la chatte grise, en la mordant exprès, et celui de la chienne colley, pêle-mêle avec ses petits, ses énormes petits tout laineux. »   COLETTE, *La Paix chez les bêtes*, pp. 4-5 (□ 1916).

✻ Mot anglais *colley*, *colly* ou *collie* (XIVe s.) peut-être de *coaly* « charbonneux » mais le poil de ce chien est rarement noir. Le mot a passé en français avec les mêmes formes (*Collie* 1877, Jules Verne [*in* Bonnaffé] ; *colley* 1898, *colly* 1922), mais semble s'être stabilisé en *colley* alors que *collie* est plus courant en anglais. Tel quel le mot s'intègre aisément au système français.

COLLOCATION [kɔllɔkasjɔ̃] *n. f.*

(v. 1960) *Ling.* Position d'un élément par rapport à d'autres. *Les collocations d'un mot*, les mots avec lesquels il se trouve associé dans le discours.

✻ Emprunt sémantique à l'anglais *collocation* n. « action de mettre à côté de ; position à côté » (1605, Bacon, *in* Oxford dict.) de *to collocate* « placer à côté, disposer » lat. *collocare* (Cf. fr. *local* « d'un lieu »). Le français *collocation* existe comme terme de droit « classement des créanciers » (XIVe s.) ; il a emprunté ce sens par les traductions des textes de philosophes du langage de l'École anglaise pour qui le sens d'un mot est son emploi (Wittgenstein, Firth).

COLLOÏDE [kɔl(l)ɔid] *n. m.*

(1845) *Chim.* Corps qui a l'apparence de la colle, de la gelée.

« En effet, les belles expériences de Graham sur la dialyse, qui sont appelées à éclairer bien des points de la physiologie restés jusqu'ici substances de la nature en deux classes bien distinctes, les substances *cristalloïdes* et les substances *colloïdes*. Les premières, comme la strychnine [...] passent à travers le papier préparé qui forme la membrane du dialyseur ; les substances colloïdes, au contraire, par exemple la gomme, la gélatine, etc., sont incapables de traverser le papier du dialyseur et en général une membrane organique quelconque. »

          Cl. BERNARD, *in Revue des cours scientifiques*, 4 fév. 1865, p. 155.

✻ Mot anglais *colloid*, d'abord adjectif, en médecine « gélatineux » puis substantif en chimie (T. Graham), du gr. *Kolla* « colle » et anglais *-oid* « forme ». — *Colloidal* adj. semble aussi emprunté de l'anglais *colloidal* (1861, Graham). Comme tous les emprunts anglais d'origine grecque ces mots s'intègrent bien au système français.

COLOMBE [kɔlɔ̃b] *n. f.*

(1966) Partisan de la paix, des négociations, dans une situation internationale de conflit (d'abord en parlant des politiciens américains face à la guerre du Viêt-Nam). S'oppose à *épervier* ou à *faucon*. — *Par ext.* Partisan d'une politique de conciliation.

« Face à cette politisation croissante de l'agitation (chez les étudiants), le corps enseignant de Nanterre s'est divisé en "faucons" et "colombes". Les premiers réclament des mesures autoritaires pour rétablir l'ordre. Les "colombes" en revanche, pensent que l'on ne mettra pas fin à cette agitation par des mesures autoritaires. Ces professeurs libéraux veulent faire des propositions de rénovation. »

          Le Monde, 4 mai 1968 [*in* Gilbert].

✻ Traduction de l'anglais *dove* « colombe » employé par métaph. par les journalistes américains Alsopp et Bartlett, à propos de la crise de Cuba (1962, *Saturday Evening Post* du 8 déc., *in* Oxford Suppl.). Alors que *dove* est normalement traduit par *colombe*, l'autre terme de l'opposition, en angl. *hawk* « faucon », a été rendu en français soit par *épervier*, soit par *faucon*, qui ne peuvent être considérés comme des anglicismes.

COLOURED [kɔlɔʀd] *adj.* et *n. invar.*

(1862) Se dit parfois pour désigner les métis, et aussi les gens de couleur (en sociologie, politique, etc.).

« Une seule sorte de place existe pour tous les voyageurs, hormis les nègres et les Chinois, que l'on empile dans un petit wagon à part, sur des bancs de bois. Là ces gens de couleur, *coloured people*, comme les nomment les Américains avec mépris, jouissent de la seule liberté qu'on leur concède, celle d'attendre avec patience, que le voyage soit au plus tôt achevé. »   L. SIMONIN, *Voyage en Californie* [1859], p. 35 (□ 1862).

« Dans l'échelle du discrédit s'attachant aux groupements dominés, celui des *coloured* (métis et étrangers de couleur) est le plus défavorisé. »
                G. BALANDIER, *Sociologie actuelle de l'Afrique noire*, p. 19 (□ 1955).

✳ De l'anglais *coloured man* (XVIIe s.), proprement « homme *(man)* coloré *(coloured)* », désignant au sens large tous ceux qui ne sont pas considérés comme des « blancs » (ressenti comme terme raciste). Les seules expressions normales en français sont *homme de couleur, gens de couleur* par lesquelles *coloured* doit être traduit. Un calque a été tenté par Bourget à la fin du siècle :

« J'imagine que les braves citoyens de Philippeville auraient volontiers jeté aux fugitifs cet adieu cordial, s'ils n'avaient été occupés en ce moment à soigner leur prisonnier, qu'ils tenaient à faire un exemple instructif pour tous les *messieurs colorés* des alentours. »   P. BOURGET, *Outre-Mer*, p. 240 (□ 1895).

« Devant cette ville Américaine, remplie de ces nègres heureux, — de ces "ladies" et de ces "gentlemen colorés", comme les appellent les blancs [...]. »
                                                              Ibid., p. 266.

COLT [kɔlt] *n. m.*

(1864) Revolver, dans la conquête de l'Ouest américain. — Pistolet automatique américain. — REM. : Prend une majuscule. — Absent des dict. de l'Académie.

« Les armes consistaient en deux carabines de Purdley More et Co., et de deux revolvers Colt. Pourquoi des armes ? Nous n'avions ni sauvages ni bêtes féroces à redouter, je suppose. »
                Jules VERNE, *Voyage au centre de la terre*, pp. 96-97 (□ 1864).

« Et puis, il n'y a d'armé que ce Seymour et seulement d'un Colt no 48, celui du geôlier. »   P. BOURGET, *Outre-Mer*, p. 231 (□ 1895).

« il emporte le revolver un vrai *Colt* modèle 1851 que Claude lui avait promis avec quatre rouleaux d'amorces c'est un revolver à barillet et on tire vingt coups de suite » T. DUVERT, *Paysage de fantaisie*, p. 211 (□ 1973).

✳ Mot américain, de *Samuel Colt*, l'inventeur américain de l'arme, qui déposa son brevet en 1835. Le Colt fait partie de la panoplie des westerns et a été connu en France par le cinéma. On trouve d'abord en français *revolver Colt* (ci-dessus), *revolver de Colt* (in *Revue des cours scient.*, 4e année, t. IV, p. 500, 6 juil. 1867), *pistolet de Colt* (L. Simonin, *Voyage en Californie*, p. 6, 1859).

COLUMNIST [kɔlɔmnist] *n.*

(mil. XXe s. : 1955 *in* Larousse mensuel) Chroniqueur d'un journal.

« Watson était *glorieusement ivre*, écrivit Anderson, un "columnist" américain, l'un de ces journalistes qui aime appeler un chat un chat. On a pourtant renvoyé à Paris cet ami de Nixon. Parce que Watson est un homme d'affaires respectable, sans doute : avant d'être nommé à Paris, il était le vice-président d'IBM. »
                                        Le Canard enchaîné, 29 mars 1972, p. 3.

✳ Mot américain (1920), de *column* « colonne de journal » et *-ist* « -iste » (« colonniste »). Ce mot est depuis quelque temps à la mode en français, et ce corps étranger subit les assauts de puristes, avec juste raison. Selon Kelley (p. 70) ce mot est employé aussi au Canada, à demi francisé en *columniste*.

« Quant aux autres *columnists*, comme on dit désormais pour ne pas dire rubriqueurs, ou chroniqueurs, ils continuent à rédiger leur sabir atlantique. »
                                        ÉTIEMBLE, *Parlez-vous franglais ?*, p. 44 (□ 1964).

COMBINAISON [kɔ̃binezõ] n. f.

(1895) Vêtement d'une seule pièce qui en combine deux : ou bien la chemise et le jupon (combinaison de femme qui est un sous-vêtement) ou bien la veste et le pantalon (combinaison d'homme, de femme ; bleu de travail, etc.). — REM. : Cet emploi de *combinaison* est absent du dict. de l'Académie 1932.

« Le cou [de la jeune Américaine] est grêle et annonce un corps grêle aussi dont on devine, car c'est l'hiver, l'anatomie délicate sous le paletot crème ; sous les tricots, les laines et les *combinaisons*. »
P. BOURGET, *Outre-Mer*, p. 100 (□ 1895).

« On se penche sur la "combinaison" inachevée de Maria Ancona, un cynique petit vêtement de prostituée pauvre, transparent, cousu à gros points maladroits. »   COLETTE, *L'Envers du music-hall*, p. 44 (□ 1913).

« Ceux qui portaient les combinaisons de mécanicien à fermeture éclair, devenues l'uniforme des milices. »
MALRAUX, *L'Espoir*, p. 476 (□ 1937).

✳ Adaptation de l'anglais *combination garment* ou *combination* (1884), tout comme on adapta *combination* (XIVe s.) du latin *combinatio* en *combinaison* au XVIIe siècle, dans les autres sens de ce mot. En anglais, il s'emploie maintenant au pluriel *combinations* (comme mettre ses *culottes*) ; il a toujours désigné dans cette langue un vêtement dont le bas était une culotte, ce que nous appelons *combinaison-culotte* ou *combiné* lorsqu'il s'agit d'un sous-vêtement. Notre combinaison comme pièce de lingerie se dit *slip* en anglais. La véritable postérité française de *combinations*, c'est *combinaison* désignant la culotte-veste d'une seule pièce, vêtement de dessus porté surtout par les ouvriers. On s'étonne que le dict. de l'Académie ait refusé un mot aussi courant dont la forme est française.

COME-BACK [kɔmbak] n. m.

(1964, *in* Petiot) Retour d'une vedette, d'une personnalité, dans l'actualité, dans la notoriété après une période d'oubli relatif. *« Le fameux come-back de Coco Chanel »* (*Entreprise*, 22 sept. 1970).

✳ Mot anglais, de *to come* « venir » et *back* (idée de retour) employé dans ce sens aux États-Unis (1908 ; Scott Fitzgerald 1920, etc.).

COMICS [kɔmiks] n. m. plur.

(1948) Bande dessinée (série de dessins à légende formant récit dans les journaux populaires) ; publication périodique entièrement faite de bandes dessinées.

« il y a l'humour sombre du "New-Yorker" qui se moque amèrement de la civilisation mécanique et ces cent millions d'Américains qui trompent chaque jour leur immense besoin de merveilleux, en lisant dans les *Comics*, les aventures invraisemblables de Superman, de Wonderwoman et de Mandrake le magicien. »
SARTRE, *Situations III*, p. 129 (□ 1949).

« Les sports, les cinémas, les *comics* proposent des dérivatifs. Mais pour finir on est renvoyé à ce que précisément on voulait fuir : le fond aride de la vie américaine, c'est l'ennui. »
S. de BEAUVOIR, *L'Amérique au jour le jour*, 19 mai 1947, p. 373 (□ 1954).

— COMIC BOOK : recueil de comics, livre de bandes dessinées. *Des comic books.*

« Avec le livret sur mauvais papier, où le récit peut librement se développer, où les contraintes d'un " bon goût " minimal, liées au quotidien sérieux, disparaissent, tout peut changer ; tout change [...].
Après trois ans de *comic books* collectifs, rééditant des bandes hétérogènes, les *Detective comics* (1937) lancent la formule cristallisatrice : un livret, un héros. »
A. REY, *Les Spectres de la bande*, p. 140 et 143, Éd. de Minuit, 1978.

✳ Mot américain, *comic strip* ou *comics* (1910), de l'anglais *comic* adj. « comique » et *strip* « bande ». Attesté en 1948 (D. D. L., 2ᵉ série, 18). Le français *bande dessinée* reprend le *strip* (« bande ») du composé américain. On emploie parfois *comic strips*, et par abrév. *strip** (2), en français pour parler de la B.D. américaine.

« La très officielle Fondation pour l'humanisme, qui subventionne aux États-Unis l'édition des œuvres de Mark Twain, d'Herman Melville ou de George Washington, vient de lancer un programme d'étude des *comic strips* du XIXᵉ siècle. »   *Le Point*, 9 oct. 1972, p. 90.

✳ L'emploi de *comics* en français cède, semble-t-il, devant *B.D.* ou *bédé*. Mais *comic book* n'a pas de traduction. Enfin la variante *comix*, désignant la bande dessinée de style « underground », a elle aussi été reprise en français.

« Shelton et Crumb, l'autre "grand", sont les créateurs du genre. À Berkeley, en 1967, dans les grandes heures de la Californie, ils vendaient eux-mêmes leurs dessins sous le nom de "*comix*", par opposition aux "*comics*". »
B. GUETTA, in *Le Nouvel Observateur*, 18 sept. 1972, p. 49.

COMING-MAN [kɔmiŋman] n. m.

(1895) *Sports.* Gloire montante, *spécialt* sportif sur lequel on fonde de grands espoirs. — Plur. *Des coming-men* → **-man.**

« M. Gil Robles *comingman* de l'Espagne..., l'homme qui est appelé à jouer le premier rôle dans la politique espagnole. »
Marianne, 3 avril 1935, *in* John ORR, *Les Anglicismes du vocabulaire sportif*, p. 294.

✳ Mot anglais (1865) de *coming* adj. « qui monte, va obtenir un prix » (par ex. dans *coming horse*) et *man* « homme ». Ce mot a pénétré dans le vocabulaire sportif français en 1895 (Petiot). Il est critiqué par les puristes ; on pourrait se contenter de *espoir* qui convient à peu près : *Un des espoirs de l'athlétisme français.* L'Union syndicale des journalistes sportifs condamne *coming-man* et préconise *espoir.*

COMITÉ [kɔmite] n. m.

(1650) Groupe de personnes qui, à l'intérieur d'un corps plus nombreux, sont désignées pour s'occuper de certaines affaires particulières. *Comité consultatif, exécutif.* — REM. : Enregistré dans le dict. de l'Académie 1762.

« Le régent me dit qu'on allait faire un "comité" (car on ne parlait plus qu'à l'anglaise). »   SAINT-SIMON, *av.* 1755 [*in* Brunot, t. VI, p. 442].

« Pourquoi n'aurions-nous pas des *Commissions* ou des Comités périodiques ? »   MABLY, Droits et Devoirs, 1789 [*in* Brunot, t. VI, p. 442].

« Dans les suites, le doyen des quatre intendans du commerce avoit cru utile, pour le bien du service et l'uniformité des principes dans la décision des affaires, et pour un plus prompt examen, d'établir des assemblées chez lui avec ses confrères ; on y invitoit même les personnes connues pour être en état de donner de bons avis sur les différentes branches de commerce. On appeloit ces assemblées des *comités.* »
Journal des arts et manufactures, nᵒ 6, Fructidor an III [1795].

— EN PETIT COMITÉ (1710) : avec quelques personnes seulement.

« Je souperai demain avec lui, mais ce ne sera pas dans un petit comité [...]. » DU DEFFAND, *Lettre à H. Walpole*, 24 fév. 1710 [*in* T. L. F.].

« appelé par un acteur ou une actrice, chez elle, *en petit comité*, pour juger de son talent [...]. »
DIDEROT, *Obs. sur Garrick*, 1770 [*in* Brunot, t. VI, p. 1232].

✳ Francisation de l'anglais *committee* n., lui-même tiré d'un ancien participe passé français du verbe *commettre* (*committé, committée*, au lieu de *commis, commise*, de nos jours). Le mot a été pris en anglais d'abord avec le sens de « commis, commissaire » (XVᵉ s.), puis nom de membres d'une société (par exemple chacun des directeurs de la Compagnie des Indes), enfin nom d'un groupe à l'intérieur d'un corps plus vaste (XVIIᵉ s.). Le mot a pénétré en français au XVIIᵉ siècle avec ce dernier sens, assez voisin de celui de *commission*, de même origine. Il s'est répandu avec la Révolution française : *Comités de Salut public* (1792), *comités révolutionnaires, militaires,* etc. Il s'est francisé peu à peu au cours du XVIIᵉ siècle (*committée* 1650, *commité* 1652, *comité* 1690) tout en perdant malencontreusement les deux *m* qui le rattachent à sa famille d'origine (*commis, commission,* etc.). Cet anglicisme est rarement reconnu des puristes et échappe à leurs attaques. Le dérivé *sous-comité* (1793, Mackenzie) est de formation française (angl. *sub-committee*).

COMMAND-CAR [kɔmãdkaʀ] *n. m.*

(v. 1945) *Milit.* Véhicule de commandement d'une unité blindée.

« Cette bande de quarante-cinq minutes raconte le voyage que le prince [Sihanouk] a fait en février et mars dans le nord-est et le nord de son royaume. Nous ne voyons pas — hélas — le long cheminement en command-car sur ce que le chef de l'État appelle dans son commentaire "une célèbre piste". »   *Le Monde,* 16 mai 1973, p. 7.

✻ De l'américain *command car* (1956) « voiture militaire, découverte, avec la radio, pour les missions de reconnaissance ».

COMMANDO [kɔmãdo] *n. m.*

(1843) Groupe militaire, milice de l'armée des Boers.

« Un commando de cinq cents hommes devait partir le 1ᵉʳ juin pour aller demander à Moselekatse une cession de territoire ou pour détruire le despote ; alors ils seraient tous allés vers Triechard, et là ils devaient poser la première pierre de leur ville ; New-Amsterdam devait lever son front au sein même du désert. »
Th. PAVIE, in *Revue des Deux-Mondes,* 15 janv. 1843
[*in* D. D. L., 2ᵉ série, 15].

— (1943) Groupe de combat employé pour les opérations rapides et isolées, généralement difficiles.

« L'opération s'est déroulée en trois jours, et les Thaïlandais ont abandonné plusieurs pièces d'artillerie à leurs adversaires. Dès le 21 décembre, un premier commando nord-vietnamien attaquait Long Cheng, et le général Vang Pao ordonnait l'évacuation des trente mille civils qui vivent dans le secteur, pour la plupart les familles des militaires méos. »   *Le Monde,* 21 janv. 1972, p. 1.

✻ Mot emprunté à l'anglais qui le tient du portugais ; les Anglais ont pris ce mot lors des expéditions des Hollandais et des Portugais contre les autochtones dans la guerre des Boers (1824). Il apparaît en français en 1843 mais ne se répand qu'à partir de 1943 lors de la fondation du premier Commando de la France libre à Alger (parachutistes). Le sens « commando de travailleurs » dans les camps allemands vient de l'allemand *kommando* qui l'a emprunté par les mêmes voies que l'anglais.

COMMODORE [kɔmɔdɔʀ] *n. m.*

(1760) Officier supérieur de la marine britannique ou américaine, qui vient immédiatement au-dessous du contre-amiral. — REM. : Mot absent dans les dict. de l'Académie, signalé dans Littré 1863.

« je tremble depuis un an pour les Indes orientales. Un maudit gouverneur de la colonie anglaise à Surate, et un certain commodore qui nous a frottés dans l'Inde, sont venus me voir ; ils m'ont assuré que Pondichéry serait à eux dans quatre mois. »
VOLTAIRE, Lettre, 3 oct. 1760 à M. le marquis de Chauvelin.

« La corvette américaine *John Adams* venant de Naples est entrée aujourd'hui dans ce port. Ce bâtiment a été envoyé ici pour recevoir à son bord, à ce qu'on m'a assuré, la femme du Commodore américain voyageant en Italie et qui doit être en ce moment à Rome. »
STENDHAL au duc de Broglie, 30 août 1835, in *Corresp.*, t. III, p. 115.

✲ Mot anglais (fin XVIIᵉ s.) emprunté au hollandais *kommandeur*, d'origine française *(commandeur)*. Ne s'appliquant qu'aux Anglais et aux Américains, il est assez rare. Le milliardaire Vanderbilt aimait à se faire appeler *commodore Vanderbilt*.

COMMONWEALTH [kɔmɔnwɛls] *n. m.*

(1895) Communauté britannique formée de la Grande-Bretagne et des anciennes colonies (l'ancien Empire).

« Quel gouvernement pouvait succéder à Charles Iᵉʳ, au roi décapité sans que la royauté eût été formellement abolie ? La République, le *Commonwealth.* Mais comment ce système nouveau d'autorité allait-il se définir, s'établir, s'organiser ? »

LAVISSE et RAMBAUD, *Histoire générale*, t. VI, p. 54 (□ 1895).

« rien ne doit venir arrêter [...] la terrible cadence industrielle que cet homme a imposée au pays et dont dépend la vie des armées, c'est-à-dire l'existence même de la nation ou, mieux, l'existence du *Commonwealth* britannique et de ses Alliés... »

CENDRARS, *Bourlinguer*, p. 295, Denoël (□ 1948).

✲ Mot anglais, XVᵉ siècle aussi *common weal*, proprement « bien *(wealth)* commun *(common)* » a ensuite désigné la communauté, la nation, et une communauté de personnes à intérêts communs. Le *Commonwealth (of Nations)* a reçu son statut juridique en 1931. Ce nom propre anglais est employé de préférence à toute traduction. La francisation des noms propres n'ayant plus cours, il nous faut nous contenter de cette forme anglaise mal intégrable. Le mot, en français, n'avait pas un genre très net, à l'origine :

« C'est la question des tarifs douaniers qui paraît avoir causé cette mesure et la proportion relativement grande des *non* en Nouvelle-Galles. La réalisation de la Commonwealth est donc en suspens, sur une question de détail ; mais le principe de la fédération a pour lui la majorité des Australiens et des Tasmaniens. »

LAVISSE et RAMBAUD, *Histoire Générale*, t. XII, p. 135 (□ 1901).

COMPACT, ACTE [kɔ̃pakt] *adj.*

(v. 1960) Se dit de voitures, de mécanismes qui ont un faible encombrement ; de petits modèles. *Voiture compacte* (parfois *compact*). — Subst. *Une compact.*

« Cet ensemble compact (39 × 50 × 22 centimètres) réunit dans un même bloc un ampli-tuner et une platine stéréophonique à deux vitesses. » *Son-Magazine*, fév. 1971, p. 7.

— SUBST. *Un compact* (1964), un ensemble « compact » contenant du fard.

✲ Ce mot existe en français depuis le XIVᵉ siècle au sens de « formé de parties serrées » *(bois compact, poudre compacte,* etc.) ; il a emprunté les sens ci-dessus à l'américain (attesté en 1960 dans cette langue). Critiqué par les puristes, l'emploi adjectival est ultra-courant (voir la *Banque des mots,* nᵒ 6, pp. 221-222).

« Au retour de cette exposition, il se déclara fatigué, et proposa, puisqu'il disposait d'une nouvelle compact, de reconduire chez elle la pin up. »

ÉTIEMBLE, *Parlez-vous franglais ?*, pp. 30-31 (□ 1964).

COMPÉTENCE [kɔ̃petãs] *n. f.*

(v. 1960) *Ling.* Système formé par les règles de grammaire et les éléments lexicaux auxquels ces règles s'appliquent, intégré par l'usage d'une langue naturelle et qui lui permet de former un nombre indéfini de phrases grammaticales dans cette langue et de comprendre des phrases jamais entendues (opposé à *performance**).

« la compétence (la *langue*) représente le savoir implicite des sujets parlants, le "système grammatical existant virtuellement dans chaque cerveau" (Saussure, 1916, 30) ; la performance (la *parole*) représente au contraire l'actualisation ou la manifestation de ce système dans une multitude d'actes concrets, chaque fois différents. C'est la performance

qui fournit les *données* d'observation — *corpus* de toutes sortes, écrits ou oraux — qui permettent d'aborder l'étude de la compétence. Mais, d'un autre côté, la performance n'est en général qu'un reflet indirect de la compétence des sujets. »
N. RUWET, in *La Grammaire générative*, in *Langages*, déc. 1966, p. 8.

« En distinguant les réalisations dernières et la compétence du sujet parlant, sa connaissance intuitive des règles, N. Chomsky facilite indirectement cette réintroduction du sujet dans les modèles linguistiques, défini par son attitude relativement à son propre discours et de la situation. »
J. DUBOIS, *Structuralisme et Linguistique*, in *Structuralisme et Marxisme, La Pensée*, oct. 1967, p. 28.

✳ Le mot *compétence* existe en français depuis le XVIᵉ siècle (latin *competensia*). On a emprunté à l'américain ce sens particulier (Noam Chomsky, *Syntactic Structures*, 1957, trad. en français en 1967).

COMPÉTITIF, IVE [kɔ̃petitif, iv] *adj.*

(1907) Relatif à la compétition. — (mil. XXᵉ s.) Qui peut supporter la compétition créée par la concurrence commerciale du marché. *Entreprise compétitive. Prix, produits compétitifs.* — REM. : Absent du dict. de l'Académie 1932.

— *(Personnes)* Dont les exigences et les qualités supportent la comparaison avec ses concurrents (sur le marché de l'emploi, etc.).

✳ De l'anglais *competitive* (déb. XIXᵉ s.) d'après l'anglais *competition*, qui a pris très vite un sens commercial. Ce mot, devenu assez courant dans le jargon commercial français, est attaqué par les puristes. Il peut souvent être remplacé par *viable, vendable, concurrentiel*. Il a produit le dérivé *compétitivité* n. f. (mil. XXᵉ s.).

COMPÉTITION [kɔ̃petisjɔ̃] *n. f.*

(1759) Recherche simultanée par deux ou plusieurs personnes d'un même avantage, d'un même résultat. *Compétition entre systèmes politiques. Élève en compétition avec un camarade.* — *Compétition sportive* ou *compétition*, épreuve, match, championnat...

« Et que les compétitions soient à l'échelle internationale, cela confère au jeu une dignité qui rejaillit même sur ceux qui n'y participent que depuis les gradins d'un stade [...]. »
F. MAURIAC, *Le Nouveau Bloc-notes 1958-1960*, 6 mars 1959, p. 177 (☐ 1961).

« Par *sport* j'entends bien celui de compétition, car lui seul oblige à se vaincre [...]. »
H. TAZIEFF, *Histoires de volcans*, p. 124 (☐ 1964).

— Concurrence commerciale (→ **Compétitif**). Surtout usité au Canada. *Prix défiant toute compétition.*

✳ Mot anglais (XVIIᵉ s.) qui a dès le début le sens sportif, et acquiert au XVIIIᵉ siècle un sens commercial ; vient du latin *competitionem*. Au sens de « concurrence (commerciale) » *compétition* n'est pas beaucoup employé en français, alors qu'au Canada l'emploi est courant (critiqué par Dulong).

COMPOST [kɔ̃pɔst] *n. m.*

(1732) Engrais formé par le mélange fermenté de débris organiques avec des matières minérales. — REM. : Enregistré dans Littré 1868, et seulement dans le dict. de l'Académie 1932.

« Mot emprunté des Anglais, et qui désigne tout mélange fait pour fertiliser la terre. Avant d'avoir adopté ce mot, on faisait en France des mélanges qui n'avaient que le nom d'engrais [...]. Un compost est un mélange formé de couches alternatives de terre, de marne, de terreau,

de fumier et de toutes substances animales ou végétales, combinées selon la nature des terres et des cultures auxquelles on le destine. »
    Le Livre de tous, Encyclopédie domestique, t. I, p. 629 (□ 1830).

 « Pécuchet fit creuser devant la cuisine un large trou, et le disposa en trois compartiments, où il fabriquerait des composts qui feraient pousser un tas de choses dont les détritus amèneraient d'autres récoltes procurant d'autres engrais, tout cela indéfiniment [...]. »
    FLAUBERT, *Bouvard et Pécuchet*, p. 688 (□ 1880 †).

✳ Mot anglais (XIIIe s.), lui-même emprunté à l'ancien français *compost* du latin *compositum* (Cf. français moderne *composite*) ; le mot anglais a depuis le XIIIe siècle le sens d'« engrais ». Il est enregistré pour la première fois en français dans le dictionnaire de Trévoux de 1732. On en a tiré le dérivé *composter* v. tr. (1732), d'où *compostage*.

1. COMPOUND [kɔ̃pund] *adj. invar.* et *n. m.*

1° (1874) *Machine compound*, machine à vapeur à plusieurs cylindres dans lesquels la vapeur agit alternativement (→ **Machine à vapeur**). On trouve aussi : *locomotive compound* (1879). — REM. : Absent des dict. de l'Académie.

 « Si l'on nous demande comment on est arrivé, dans les *machines Compound*, à ce résultat si extraordinaire au point de vue de l'économie, nous dirons que c'est en abandonnant le principe de la vapeur à haute pression, et revenant à la condensation de la vapeur. C'est ensuite en tirant de la détente de la vapeur tout ce qu'elle peut fournir, et pour cela, produisant la détente de la vapeur dans un vaste cylindre, lequel précède un second cylindre, qui seul est parcouru par le piston. »
L'Exposition internationale universelle de 1878, in L. FIGUIER, *L'Année scientifique et industrielle*, pp. 449-450, 1879 (□ 1878).

— ELLIPT. Subst. fém. (1894). *Une compound, des compounds.*

— *Dispositif, système compound.*

 « On a cherché dans ces dernières années, à appliquer aux locomotives le dispositif *compound* déjà employé dans les machines fixes. »
    P. LEFÈVRE et G. CERBELAUD, *Les Chemins de fer*, p. 137 (□ 1888).

 « Or, ce qui promet, dans un intervalle prochain, l'augmentation de vitesse, c'est l'application aux locomotives des machines à vapeur du système *compound*. Le système *compound* a révolutionné les machines à vapeur fixes, et permis à la navigation par la vapeur d'obtenir des vitesses et une économie de combustible absolument inespérées. On voudrait faire profiter les locomotives des avantages économiques de ce système. » L. FIGUIER, in *La Science illustrée*, 2e sem. 1889, p. 215.

2° (1886) *Fil compound*, fil électrique composé de différents métaux.

 « Ce sont des fils " compound ", ayant une lame en acier de 3 millimètres de diamètre, recouverte de cuivre de 1 1/2 millimètre d'épaisseur. »
    L. FIGUIER, *L'Année scientifique et industrielle*, p. 86, 1887 (□ 1886).

3° *N. m.* (XXe s.) Mélange de matières plastiques destiné au moulage.

✳ Mot anglais (XVe s.) « composé » qui a pris ces sens particuliers au XVIIIe siècle, substantivé fin XIXe siècle. Le dernier sens technique (matières plastiques) semble emprunté à l'américain. Le mot apparaît en français en 1874 (Bonnaffé). Au début, on trouve aussi *machine à vapeur de système Compound* (L. Figuier, 1878, 1889), *machines à vapeur dites compound* (*Ibid.*, 1889). À l'intention du « public étranger aux choses de la science », Figuier sentait le besoin, en 1889, d'apporter les précisions suivantes :

 « *Compound* n'est pas le nom d'un inventeur ou d'un constructeur, et celui qui dirait " la machine à vapeur de M. Compound ", comme on dit "la machine à vapeur de M. Corliss", prendrait, comme le singe de la fable, le nom d'un port pour le nom d'un homme. *Compound* vient du mot anglais *composed*, qui signifie *composé*. Le système dont il s'agit est, en effet, composé de la réunion de divers perfectionnements des organes de la machine à vapeur, et particulièrement de l'emploi de deux ou trois cylindres successifs, au lieu d'un seul, pour faire agir la force élastique de la vapeur. »   *La Science illustrée,* 2e sem., 1889, p. 215.

✻ La prononciation de cet emprunt, même à demi-francisée, est pénible. Dans la revue *Sciences,* mai-juin 1959, p. 88, on rappelle que le mot *compound* est toujours lié à l'idée d'éléments associés et on conseille de le traduire soit par *matière* ou *produit* ou des synonymes, si la notion d'association est affaiblie (*matière d'enrobage de câble, matière de protection pour câble, matière de revêtement,* AFNOR), soit par *complexe, composé* ou des synonymes, si la notion d'association a gardé sa force (Ex. : *locomotive à double expansion,* s'il s'agit d'une machine de détente ; *locomotive à deux étages,* s'il s'agit d'une machine de compression).

2. COMPOUND [kɔ̃pund] *n. m.*

(1892) Enclos où vivaient et où étaient surveillés les ouvriers travaillant dans les mines de diamants d'Afrique du Sud. — REM. : Absent du dict. de l'Académie 1932.

« Voici de quelle façon on traite les nègres qui travaillent dans ces mines. Ils sont parqués dans les *compounds,* vastes enclos contigus à la mine, entourés d'une clôture en fer ondulé de 3 mètres de haut, avec chemin de ronde intérieur, et tout autour duquel règnent des maisons. Il y a une piscine de natation, un hôpital, certains jeux en usage chez les nègres, etc. On leur procure ce qu'on pourrait appeler du confort à leur façon. Mais à partir du moment où le nègre est embauché, il ne peut plus sortir du compound jusqu'à l'expiration de son engagement. Arrivé à ce terme, il est mis dans une enceinte spéciale où il reste quarante-huit heures. Il en sort ensuite sans avoir aucune communication avec ses anciens compagnons et après avoir été minutieusement visité. »

L. FIGUIER, *L'Année scientifique et industrielle,* p. 285, 1893 (□ 1892).

✻ Mot anglais, corruption du malais *kampong* (*kampoeng* en hollandais d'Afrique du Sud), a d'abord signifié « quartier clos, village occupé par un groupe ethnique » (xviie s.) puis « quartier attenant à une usine, une mine » (fin xixe s.). Cet emprunt a été peu usité en français.

COMPUTER [kɔ̃pytœʀ] *n. m.*

(mil. XXe s.) Calculateur électronique doté de mémoire à grande capacité et de moyens de calcul ultra-rapides, pouvant adapter son programme aux circonstances et prendre des décisions complexes ; ordinateur. — REM. : Absent de tous les dictionnaires.

« toute l'affaire est de comprendre que nos yeux de chair sont déjà beaucoup plus que des récepteurs pour les lumières, les couleurs et les lignes : des computeurs du monde, qui ont le don du visible comme on dit que l'homme inspiré a le don des langues. »

M. MERLEAU-PONTY, *L'Œil et l'Esprit,* p. 25, Gallimard, 1967 (□ 1964).

« Rien n'empêche Sanejouand, au titre du projet " Art et Industrie ", d'utiliser les computers administratifs de Renault, puisqu'il est en train de préparer un programme d'organisation de l'espace de toute la vallée de la Basse Seine... »   P. RESTANY, in *Plaisir de France,* juin 1971, p. 6.

✻ Mot anglais *computer* (xviie s.) de *to compute* « calculer » lui-même de l'ancien français *computer* v. (xvie s.) du latin *computare* (Cf. le français actuel *compter*) ; il a d'abord signifié en anglais « personne qui calcule » puis au xxe siècle « machine à calculer électronique ». On a beaucoup entendu ce mot en français il y a une dizaine d'années tantôt prononcé à l'anglaise [kɔmpjutəʀ] tantôt prononcé à la française (comme *lutteur*) et même écrit à la française (*computeur,* ci-dessus). Mais le terme *ordinateur* s'est imposé de plus en plus ; c'est le seul terme normal qui soit actuellement usité pour désigner le computer américain ; entériné au *Journal officiel,* no 262, arrêté du 12 août 1976.

CONCÉDER [kɔsede] *v. tr.*

(v. 1930) *Sport.* Abandonner à l'adversaire en laissant prendre l'avantage.

« L'équipe de Médoc, désemparée par cette ruée soudaine, concéda deux corners coup sur coup. »   R. FALLET, *Le Triporteur*, p. 368 (□ 1951).

✶ *Concéder,* du latin *concedere,* existe en français depuis le XIIIᵉ siècle aux sens de « accorder une faveur, abandonner de son propre gré » ; on a emprunté cet emploi à l'usage américain de *to concede* (1824, dans le contexte politique électoral). Les puristes attaquent non sans raison cet américanisme.

CONCERNER [kɔsɛʀne] *v. tr.*

Au passif ou au participe passé ÊTRE CONCERNÉ(E), CON-CERNÉ(E) : être intéressé, visé, touché par, avoir affaire avec. *Êtes-vous concerné par cette loi nouvelle, cette circulaire ? Je ne suis pas concerné par sa remarque ; dans cette opération. Les personnes concernées doivent répondre. Voici les textes, les objets concernés,* dont il s'agit. — REM. : Absent des dict. de l'Académie ; signalé par Littré 1863.

« la peinture se trouva rejeter à la fois une fiction qui n'en était plus que la caricature, et un monde distinct de celui du " plaisir de l'œil " [...] ; elle cessa de se sentir concernée par ce qui s'était appelé sublime ou transcendance. »   MALRAUX, *Les Voix du silence*, p. 110 (□ 1951).

« Pesez bien cela, cher monsieur : je vivais impunément. Je n'étais concerné par aucun jugement, je ne me trouvais pas sur la scène du tribunal, mais quelque part, dans les cintres, comme ces dieux que, de temps en temps, on descend, au moyen d'une machine [...]. »
CAMUS, *La Chute*, pp. 32-33 (□ 1956).

✶ *Concerner,* du latin scolastique *concernere,* existe en français depuis le XIVᵉ siècle. Les dictionnaires lui donnent comme synonymes *toucher, regarder ;* ce verbe ne s'emploie qu'avec un sujet de chose, donc toujours à la troisième personne. L'édition de 1787 de l'Académie ajoute que ce verbe n'a pas de passif ; celle de 1835 précise l'accord du participe passé aux temps composés actifs (Cf. ci-dessous). Le dictionnaire de Bescherelle de 1846 confirme : « ne s'emploie point adjectivement quoique le verbe soit actif ». Littré (1863) réexamine le problème : « l'Académie dit que *concerner* ne s'emploie pas au passif. Mais grammaticalement cet emploi ne fait aucune difficulté : reste donc à consulter l'usage ; or on dit communément des phrases comme celles-ci : Votre ami est concerné dans cette affaire ; les intérêts concernés par cette mesure ». L'opinion de Littré sur l'usage de son temps, qui semble déjà être l'usage actuel, est très précieuse, mais il semble se référer plus à la langue parlée qu'à la langue écrite où il est difficile de trouver cet emploi. Par ailleurs, Littré considère l'emploi du passif comme une suite normale de celui de l'actif et n'évoque pas la possibilité de l'emprunt. Cependant le verbe *regarder,* au sens de « concerner », bien qu'actif, ne permet pas le passif (Cette affaire le regarde → * Il est regardé par cette affaire). Pour tous les puristes, l'emploi passif de *concerner* est un anglicisme : *to be concerned* a en effet une aire d'emploi très vaste, avec tous les sens de *être concerné* et d'autres encore. *To be concerned* existe en anglais depuis le XVIIᵉ siècle pour les personnes, et le XVIIIᵉ siècle pour les choses. L'hypothèse de l'emprunt semble d'autre part confirmée par l'opinion des Canadiens pour lesquels la contamination est évidente (Dulong). La dernière édition de l'Académie (1932), de guerre lasse, semble-t-il, ne fait plus aucune remarque sur le passif de *concerner.* Néanmoins ce débat n'est pas clos et alimente toujours l'indignation des « lettrés ».

« CONCERNER. *v. a.* Regarder, appartenir, avoir rapport à. *Cela concerne vos intérêts. Voilà pour ce qui vous concerne. Cela concerne sa charge. Il n'ignore rien de ce qui concerne son art. Cette affaire concerne le public. Et pour ce qui concerne telle chose, je dirai que...*
CONCERNÉ, ÉE, *participe.* Il ne s'emploie jamais passivement ; mais, dans les temps composés de l'actif, il s'accorde en genre et en nombre avec le régime, quand ce régime est un pronom. Ainsi des femmes diront, *Cette affaire nous aurait concernées, s'il n'était pas venu.*   Dict. de l'Académie française, 1932, art. Concerner.

« Il y a aussi l'abus des anglicismes. [...] "Les puissances intéressées"
deviennent "les puissances *concernées*". »
                                    P. Bouët, in *Défense de la langue française*, janv. 1960, p. 18.

« À la radio, dans la presse, dans les allocutions des princes qui gouvernent
et jusque dans le bulletin du bureau politique du comte de Paris, ce ne sont plus
que puissances concernées, communautés concernées, membres concernés
(= intéressés, de l'anglais *the concerned parties*). »
                                    P. Minin, in *Défense de la langue française*, janv. 1964, p. 27.

« L'appui accordé par le Québec au parti conservateur fut l'élément majeur
des élections en autant que les rapports des deux groupes ethniques du Canada
sont concernés". "En autant que" et "concernés" ne font que copier servilement "*in
so far as... are concerned*". Il eût été si simple — et si français — de dire : "en
ce qui concerne les deux groupes". »
                                    J. Darbelnet, *Regards sur le français actuel*, p. 44 (□ 1963).

« Si déjà nous "nous sentons concernés", comme disent nos américanolâtres,
par cette brève liste [...]. »   Étiemble, *Parlez-vous franglais ?*, p. 36 (□ 1964).

CONCERTINA [kɔ̃sɛʀtina] *n. m.*

(1869) Instrument de musique à anches et à soufflet, voisin
de l'accordéon mais de forme polygonale. — REM. : Absent des
dict. de l'Académie et du suppl. de Littré 1877.

✳ Mot anglais (1829) de *concert* « concert » et finale *-ina* (comme dans
christina, etc.). L'instrument a été conçu par un Anglais, Charles
Wheatstone.

CONDENSEUR [kɔ̃dɑ̃sœʀ] *n. m.*

(1796) Récipient où se fait le refroidissement et la condensation de la vapeur qui a agi sur le piston de la machine à vapeur.
— Appareil dans lequel on condense un gaz à purifier. —
Système optique pour concentrer les rayons lumineux en un
point. — REM. : Signalé dans Littré 1863, et le dict. de
l'Académie 1878.

« On a trouvé que perdre la vapeur quand elle a produit son action,
la rejeter dans l'air, comme dans les machines *sans condenseur*, ou
liquéfier cette vapeur, pour jeter à la rivière l'eau chaude résultant de
sa condensation, était un contre-sens physique, et l'on s'est mis à
chercher un succédané à ce classique et héroïque moteur. »
                                    L. Figuier, *L'Année scientifique et industrielle*, p. 91, 1861 (□ 1860).

« Enfin Watt parut, et en 1765, faisant subir à la machine de
Newcomen tous les perfectionnements qui lui manquaient, y introduisant
surtout le condenseur, créa cette machine si parfaite, qu'elle est restée
à peu près ce qu'il la fit. Ce sont ces belles machines qui, sous le nom
de machines de Watt où à simple effet, fonctionnent encore aujourd'hui
sur toutes les mines pour y faire mouvoir les pompes d'épuisement. »
                                    L. Simonin, *Un voyage aux mines de Cornouailles* [1886],
                                                                    p. 372 (□ 1865).

✳ Mot anglais *condenser* (1686), lui-même formé sur le v. *to condense*
emprunté à l'ancien français *condenser*. A d'abord signifie « celui qui
intensifie » puis utilisé par Watt pour désigner une partie de la machine
à vapeur (« The vessels I call condensers » — J'appelle ces récipients
condenseurs — Watt, *Spécif. of patent,* n° 913, 1769 [*in* Oxford
dictionary]).

CONDITIONNÉ, ÉE → AIR CONDITIONNÉ.

CONDOMINIUM [kɔ̃dɔminjɔm] *n. m.*

(1866) Souveraineté exercée en commun par deux ou plusieurs États sur un même pays. — REM. : Signalé dans le dict.
de l'Académie 1932.

« Le général Grant pendant sa double présidence, a essayé à
plusieurs reprises d'acquérir un morceau de l'île de Saint-Domingue.
Tout récemment le gouvernement fédéral est entré dans une sorte de

condominium (aujourd'hui dissous) avec les Anglais et les Allemands sur le groupe des îles Samoa. »
        LAVISSE et RAMBAUD, *Histoire générale*, t. XII, p. 684 (□ 1902).

✱ Mot anglais (1714), du latin moderne *condominium* de *con-* « avec » et *dominium* « souveraineté ». Cet anglicisme a repris de l'influence avec le sens américain (1962) de « copropriété » ou « logement en copro- priété », familièrement abrégé en *condo*. Le condominium est distingué de la copropriété en droit québécois.

CONDUIRE [kɔ̃dɥiʀ] *v. tr.*

Conduire un orchestre, le faire jouer en qualité de chef d'orchestre ; le diriger.

✱ Étiemble dénonce cette expression comme du sabir calqué de l'anglais *to conduct an orchestra*, alors que le seul emploi français acceptable serait *diriger un orchestre* (*Parlez-vous franglais ?*, p. 217). Cette conclusion à l'emprunt semble hâtive, car *conduire un orchestre* est signalé sans plus de commentaire dans le dict. de l'Académie 1835 et dans Littré 1863. Refuser cette expression relève de la franglophobie.

CONFORMISTE [kɔ̃fɔʀmist] *n.* et *adj.*

1° *N.* (1666) Personne qui professe la religion de l'Église anglicane (actes de 1662).

2° *N.* et *adj.* (déb. XXᵉ s.) Qui se conforme aux usages, traditions, coutumes et ne manifeste ni indépendance ni originali- té. — REM. : Ce sens très courant ne figure pas dans le dict. de l'Académie 1932.

✱ Mot anglais, *conformist* (début XVIIᵉ s.) de *to conform* lui-même emprunté au français *conformer*. S'est dit en anglais de ceux qui se sont conformés à l'Église d'Angleterre *(Church of England)*, spécialement aux actes de 1662 ; le sens général est aussi ancien. C'est avec le sens religieux que ce mot a passé en français ; mais sa véritable fortune est due au sens figuré, toujours péjoratif en français. Ce dernier sens a produit le dérivé *conformisme* n. m., 1907 (qui n'est pas signalé dans le dict. de l'Académie 1932) → **Anti-conformiste, non(-)conformiste.**

CONFORT [kɔ̃fɔʀ] *n. m.*

(1815) Tout ce qui contribue au bien-être, à la commodité de la vie matérielle (sens objectif). *Aimer le confort. Le confort d'un hôtel. Maison de campagne sans confort. Tout le confort moderne.* — REM. : Signalé dans le complément du dict. de l'Académie 1842 et dans Littré 1863.

« Comment résister aux aisances câlines, au CONFORT, au bien-être indolent de la vie ? »   CHATEAUBRIAND, *Corresp.*, 14 août 1815, à Frisell.

« Je n'ai pas rencontré trois bals en ma vie supérieurs aux siens. On y trouve le *confort* réuni à une élégance suprême [...]. »
        STENDHAL, *Promenades dans Rome*, t. I, p. 167 (□ 1829).

« À la fin de la seconde année, le comte, mieux traité, mieux servi, jouissait du *comfort* moderne [...]. »
        BALZAC, *Honorine*, in *La Comédie humaine*, t. II, p. 264 (□ 1843).

« Les autres pays offrent d'admirables paysages, ils présentent souvent un *comfort* supérieur à celui de la France, qui fait les plus lents progrès en ce genre. »   *Ibid,.* p. 246.

— *(Rare)* Au pluriel :

« J'y [dans une vallée de l'Himalaya] dis adieu aux *comforts* d'un voyageur indien dans les plaines, changeai mon cheval contre un bâton [...]. »
        V. JACQUEMONT, à M. Élie de Beaumont, 9 sept. 1830, p. 259 (□ 1841).

— Caractère confortable. *Le confort d'un fauteuil* (Autrefois, *confortabilité* → **Confortable**).

— État d'une personne qui est commodément installée, à son aise. *Aimer son confort. Pour votre confort, achetez le canapé X.*

« ce que les Anglais appellent confort, et que nous exprimons par l'aisance. »   Mme de STAËL, *X années d'exil*, 1821 [*in* D. D. L.].

« Il y a un très-grand fonds de bêtise dans cette exhibition de *manliness* que les Anglais se croient obligés de faire ; elle contraste bien ridiculement avec la multitude encombrante de recherches somptueuses nécessaires à leur *comfort*. »   V. JACQUEMONT, *Corresp.*, 1829, t. II, p. 85.

« — De l'eau chaude à toute heure, et partout, c'est commode pensais-je, mais c'est l'invention d'un peuple qui ne songe qu'à son *comfort* ; Dieu merci nous n'en sommes pas là. »
R. LEFÈBVRE, *Paris en Amérique*, p. 18 (□ 1864).

— *Le confort intellectuel, moral.*

« Puisqu'il est impossible de guérir la bourgeoisie en place, préservons au moins celle qui vient et prévoyons pour elle une littérature qui sauvegarde son confort intellectuel. »
M. AYMÉ, *Le Confort intellectuel*, p. 205, Flammarion (□ 1949).

✳ Mot anglais *comfort* (1225), lui-même emprunté à l'ancien français *confort, cunfort* (XIe s.) « réconfort, soutien, consolation » jusqu'au XVIIe siècle (ex. *Le bon vieillard, vrai confort des craintifs,* Marot, II, 15). Le français a disposé de toute une série de mots : *confort, conforter, confortant, confortatif* (*conforter* est récemment ressuscité). L'anglais nous a emprunté *confort* avec le sens qu'il avait en français et le mot a évolué et pris le sens d'« état de bien-être physique et matériel » (1814) puis le sens objectif de « conditions nécessaires à cet état » (1848). Le mot a pénétré en français au début du XIXe siècle, la graphie est restée hésitante jusqu'en 1850 environ. *(Confort / comfort).* C'est surtout le sens objectif (objets matériels) qui a été retenu, les attestations du sens subjectif *(le confort de quelqu'un)* sont peu fréquentes, même au début de l'emprunt. Cet anglicisme a eu tout de suite un grand succès, parce qu'il désignait une notion nouvelle et que sa forme était française. Le confort est resté, dans l'esprit des Français, un des éléments de la civilisation britannique (*les Anglais ont un grand amour pour le confort,* Littré 1863, art. *Confort*). Né en pays nordique, le confort est resté la conquête des pays froids (et riches) en Europe. Le confort n'a rien à voir avec le luxe. Il y a beaucoup de luxe en France, et peu de confort, à l'inverse des États-Unis. — Le français a forgé l'antonyme *inconfort* n. m., 1896 (anglais *discomfort*).

CONFORTABLE [kɔ̃fɔʀtabl] *adj.*

(1786) Qui procure, présente du confort. *Maison, voiture confortable, manteau confortable.* — REM. : Signalé dans Littré 1863 et le dict. de l'Académie 1878.

« Un capitaine d'infanterie anglaise en aurait [des domestiques] vingt-cinq au lieu de six, savoir, en sus de moi : un pour la pipe, un pour la chaise percée dont jamais Anglais dans l'Inde ne se sépare, sept ou huit pour planter sa tente, laquelle serait très-grande, très-lourde, très-comfortable, trois ou quatre pour la cuisine, blanchisseur, balayeur, etc. [...]. »   V. JACQUEMONT, *Corresp.*, 1829, t. I, p. 107.

« Au moment où nous arrivâmes, il était assis sur un de ces fauteuils en bois peint, à dossier court, comme on les préfère, dans l'Ouest, au plus comfortable *voltaire* bien rembourré. »
X. EYMA, *La Vie aux États-Unis*, p. 92 (□ 1876).

« le peuple anglais, qui avait déjà donné au monde le fromage de Stilton et des fauteuils confortables, a inventé pour notre salut à tous la soupape parlementaire. »
A. MAUROIS, *Les Silences du colonel Bramble*, p. 30 (□ 1918).

« Pour ne pas s'endormir d'un sommeil trop profond, elle s'allongea au pied de la couchette dans une position peu confortable. »
G. GUÈVREMONT, *Le Survenant*, p. 147 (□ 1945).

— Avec un nom de personne, *Être, se sentir confortable,* confortablement installé, bien, à l'aise.

« À beaucoup moins que cela, à 36 et 37 degrés, il n'y a pas un mois que j'étais réduit aux abois. Toutefois j'espérais m'y accoutumer, et j'avais raison ; car voici que je me trouve parfaitement confortable à 43 et 44 degrés. » V. JACQUEMONT, *Corresp.*, 1832, t. II, p. 281.

« À quoi bon aller voir bien loin des rues de la Paix éclairées au gaz et garnies de bourgeois confortables ? » Th. GAUTIER [*in* P. Larousse, art. *Confortable*].

« je me demandais pourquoi je me sentais confortable près de lui [...]. » S. de BEAUVOIR, *Les Mandarins*, p. 306 (□ 1954).

— (1788) Vx. *Le confortable*, le caractère confortable, le confort.

« Ce calcul d'une civilisation avancée a reçu ses derniers développements en Angleterre. Dans cette patrie du *confortable*, le matériel de la vie est considéré comme un grand vêtement essentiellement muable et soumis aux caprices de la fashion. Les riches changent annuellement leurs chevaux, leurs voitures, leur ameublement ; les diamants mêmes sont remontés ; tout prend une forme nouvelle. » BALZAC, *Traité de la vie élégante*, p. 173 (□ 16 déc. 1830).

« L'école hollandaise se borne à reproduire la quiétude de l'appartement bourgeois, le comfortable de l'échoppe ou de la ferme, les gaietés de la promenade et de la taverne, toutes les petites satisfactions de la vie paisible et réglée. » TAINE, *Philosophie de l'Art*, t. I, p. 268 (□ 1882).

« Le plus difficile de ceux qui aiment leur confortable, et Dieu sait combien il est malaisé de les contenter, n'y trouveront rien à reprendre [au casino Frascati], tant on a mis de soin à tout combiner pour que rien ne manque dans le domaine du nécessaire, et aussi, j'aillais dire surtout, dans celui du superflu. » *Le Charivari*, 1er juil. 1892, p. 2.

✳ Mot anglais *comfortable* (XIVe s.) du français *conforter* (→ **Confort**) et suffixe anglais *-able* à sens actif (comme dans *favorable*, en français). Il a passé en français en plusieurs occasions au XVIIe et XVIIIe siècle (Cf. D.D.L.), mais ne s'est vraiment répandu qu'au début du XIXe siècle, en même temps que *confort*, avec une graphie hésitante *(comfortable / confortable)*. Le français a emprunté à l'anglais les emplois avec des noms de choses *(hôtel, voiture, chaise confortable)* alors que les emplois où le nom est une personne ne se sont jamais vraiment répandus (→. cependant ci-dessus) et aujourd'hui font figure d'abus, c'est-à-dire de réemprunt récent, comme chez S. de Beauvoir. Il est bizarre que les puristes ne se soient pas attaqués à des phrases comme *Elle est confortable dans son fauteuil*, qu'on entend assez souvent (cependant voyez Étiemble ci-dessous). On a formé sur *confortable* l'adverbe *confortablement* (XVIIIe s.) et *inconfort* (anglais *discomfort*). *Confortabilité* n. f. *(vx)* est aussi une création française (1826) quoi qu'en dise cette citation : *«Pour emprunter une expression anglaise, la confortabilité de leur manière de vivre.»* (Regny, Rev. encycl. 32, 61, *in* D.D.L.). L'emploi substantivé *le confortable* semble hors d'usage ; il est difficile de savoir s'il exprimait autre chose que *confort*. *Confortabilisme*, qu'on lit chez Balzac (*Traité de la vie élégante*, 1830) désigne le « système du confort ». D'une façon générale, *confort* et *confortable* ont un sens un peu flottant en français. Comme *confort*, *confortable* a été bien accueilli et a eu le plus grand succès. *Inconfortable*, adj. (1865, Goncourt) est fait sur *confortable* d'après *uncomfortable* employé par Flaubert (*Correspondance*, 1er fév. 1851).

« CONFORTABLE. Anglicisme très-intelligible et très-nécessaire en françois où il n'a pas d'équivalent. Ce mot exprime un certain état de commodité et de bien être qui approche du plaisir, et auquel tous les hommes aspirent naturellement, sans que cette tendance puisse leur être imputée à mollesse et à relâchement de mœurs. C'est le but de l'épicurisme bien entendu, dans sa juste acception, c'est-à-dire de la véritable sagesse. L'invention en appartenoit de droit à un peuple libre et heureux, qui est heureux, peut-être parce qu'il est libre. » Ch. NODIER, *Examen critique des dict. de la langue françoise*, art. *Confortable* (□ 1828).

« Dans son unit conformatic, le client mâle se sentira confortable et ouvrira toute confiante sa bouche au praticien. » Étiemble, *Parlez-vous franglais ?*, p. 102 (□ 1964).

CONGLOMÉRAT [kõglɔmeʀa] *n. m.*

(1968) Fusion de plusieurs entreprises très différentes en une même société financière.

« D'avril à juin, les ventes croissent de vingt pour cent. Bien sûr, la comptabilité d'un conglomérat comme I. T. T. permet des jeux d'écriture. Mais I. T. T. est loin du *krach.* »
                                            Le Nouvel Observateur, 3 sept. 1973, p. 76.

✳ Le mot *conglomérat* (lat. *conglomerare* de *glomus* « pelote ») existe en français depuis 1818 en minéralogie, et depuis 1896 au sens figuré de « association, groupe occasionnel » (Proust, « *les conglomérats de coteries se faisaient et se défaisaient* »). Il a pris son sens économique à l'américain *conglomerate*, nouvelle forme de société : « *Textron Inc., a leading conglomerate — its 28 divisions sell everything from chickens to rocket engines.* » 1967, Economist 11 Feb. *in* Oxford Suppl. On peut emprunter ce sens en français sans difficulté.

« Un néologisme est donc né, conglomérat. »   *L'Express*, 25 nov. 1968 [*in* Gilbert].

CONGRÈS [kõgʀɛ] *n. m.*

(1774) Corps législatif des États-Unis d'Amérique (avec majuscule). *Parti représenté au Congrès.* — REM. : Signalé dans ce sens dans le dict. de l'Académie 1798.

« voyez une dette prête à s'éteindre, un crédit qui centuplerait les ressources nationales, si l'on avait jamais besoin d'y recourir, une masse de terres concessionnables, autre trésor entre les mains du Congrès [...]. »   CHATEAUBRIAND, *Mémoires d'outre-tombe*, t. I, p. 344 (□ 1822).

« Le passage, par le Congrès, d'une résolution soumettant aux États un amendement à la constitution fédérale exige une majorité des deux tiers. »   A. SIEGFRIED, *Les États-Unis d'aujourd'hui*, p. 75 (□ 1927).

✳ *Congrès* existe en français depuis 1611 (latin *congressus*). On a affaire ici à un calque de l'américain *Congress* (1774), désignant l'assemblée réunie pour la première fois le 4 mars 1789. D'autres emplois de *congrès* en français ne désignent par le Congress of United States mais d'autres Congrès américains (Congress of the Federation, Continental Congress).

CONNOTATION [kɔnɔtasjõ] *n. f.*

(1866) *Philo.* Propriété d'un terme de désigner en même temps l'objet (= dénotation) et ses propriétés. *La définition d'un mot essaie d'exprimer la connotation de ce mot. La connotation d'un mot est sa compréhension alors que sa dénotation est son extension.* — *Ling.* Effet de sens qui n'a rien à voir avec le dénoté d'un terme et qui est produit par des associations de contenu, de forme, de contexte... *La dénotation de septante en français est « 70 » et la connotation est « mot belge ou suisse ».*

✳ Ce terme existe en français au XVIe siècle et est d'origine latine ; mais il est sorti d'usage et a repris vigueur sous l'influence de l'anglais. Dès le XVIe siècle, *connotation* signifiait « sens qui s'ajoute au sens dénotatif d'un mot » (sens signalé par Littré 1863), et c'est aussi le premier emploi en anglais (1532). C'est l'emploi de *connotation* par J. S. Mill au sens de « compréhension, signifié » qui relança le terme en français. On reprit par la suite le sens traditionnel à la linguistique anglo-américaine. Les deux sens sont bien vivants, comme le verbe *connoter*.

CONSISTANCE [kõsistãs] *n. f.*

(1926) *Sciences.* Caractère d'une pensée, d'un système, ou plus généralement d'un ensemble consistant*. — Synonyme de *cohérence, non-contradiction.* — REM. : Absent du dict. de l'Acad. 1932.

« Lorsque Poincaré eut donné une interprétation euclidienne de la géométrie lobatchevskienne, les doutes cessèrent, en fait, sur la consis-

tance de cette dernière. La géométrie euclidienne elle-même a reçu, de
la part de Hilbert, une interprétation arithmétique, qui ajoute à la
probabilité déjà considérable de sa consistance propre. »
                    R. BLANCHÉ, *L'Axiomatique*, p. 41, P. U. F., 1967 (□ 1955).

« il ne reste plus qu'un système d'hypothèses dont on n'exige plus
qu'elles soient évidentes, mais seulement qu'elles soient compatibles
entre elles, c'est-à-dire que leurs conséquences ne conduisent pas à des
énoncés contradictoires ; c'est le critère de la consistance interne. »
J. ULLMO, *La Pensée scientifique moderne*, pp. 190-191, Flammarion,
                                                                          1958.

« En ce qui concerne la problématique de la consistance, Wittgenstein est d'avis que, tant que nous pouvons "jouer" nous n'avons pas à
nous inquiéter sérieusement de savoir si nous ne finirons pas par aboutir
à une contradiction. »   J. BOUVERESSE, *Philosophie des mathématiques*, 1967
                              [in *Cahiers pour l'Analyse*, hiver 1969, p. 196].

✱ Attesté en français au début du xvᵉ siècle (1425, Paré), le mot
consistance a servi à caractériser l'état de solidité d'un corps, avant
d'être appliqué dans la sphère morale, sociale (xv19 s.), et juridique
(xviⁱ s.). Le sens ci-dessus a été emprunté à l'anglais *consistancy*
(1787, Bentham). Bien que l'anglais ait connu les emplois synonymiques
de *consistence* (1670) et *self-consistency* (1692, Norris), *consistency*
plus abstrait que le premier par le suffixe, plus court que le second, leur
a été préféré par les théoriciens anglo-saxons ; il s'est spécialisé avec
les progrès de l'axiomatisation des systèmes logiques et mathématiques
(le Webster n'enregistre ce sens particulier que dans son édition de
1969). En français, le sens physique de *consistance* a d'abord fait
obstacle à cet emploi purement formel, dont on présume qu'il est apparu
v. 1926, date de la 2ᵉ éd. du *Vocabulaire technique et critique de la
philosophie* de Lalande (→ ci-dessous). *Consistance* est moins usité
que *consistant** mais plus usité que son contraire *inconsistance**. On
notera que son usage sociologique allie l'exigence de non-contradiction
à la considération d'un contenu.

« Le mot anglais *consistency* au sens logique, vise uniquement l'accord de la
pensée avec elle-même (*to consist*, s'accorder). Le mot français évoque de plus
l'idée d'un contenu de pensée bien déterminé, d'une thèse qui se tienne, par
analogie avec le sens physique du mot *consistance*, qui est le plus fondamental
dans notre langue. Peut-être même l'idée de simple cohérence logique ne s'y est-
elle introduite qu'à l'imitation des mots *to consist*, *consistency*. R. B. Perry, qui
nous a signalé l'absence de cet article dans la première édition du Vocabulaire
(1902-1923), note que *consistency* est moins fort en anglais que *cohérence* ou
cohérency (qui veulent dire aussi *cohésion* en physique). » *In* LALANDE, art. *Consistance*.

CONSISTANT, ANTE [kɔ̃sistɑ̃, ɑ̃t] *adj.*

(mil. xxᵉ s.) *Sciences*. Se dit d'une théorie dont toutes les
parties sont cohérentes, compatibles, où se manifeste partout le
principe de non-contradiction.

« comment sait-on qu'un système de postulats est réellement consistant ? L'intuition ne suffit pas à nous en assurer. [...] À défaut d'une
démonstration proprement dite, restent deux procédés pour établir la
non-contradiction d'une théorie. D'abord la *réduction* à une théorie
antérieure. [...] Pareille épreuve, évidemment, n'est que conditionnelle,
mais si la théorie-témoin a été convenablement choisie, elle est
pratiquement suffisante. [...] Un second procédé consiste à donner, de
la théorie en question, une *réalisation* dans le monde des choses. [...]
Comme tout ce qui est réel est *a fortiori* possible, l'existence de ce
modèle garantit la consistance de l'axiomatique qui lui correspond. »
                    R. BLANCHÉ, *L'Axiomatique*, pp. 40-42, P. U. F., 1967 (□ 1955).

« Comme un être possible dans ces termes n'"existe" pas, non plus
qu'il ne "subsiste", pour employer la distinction de Meinong entre les
modalités de l'être, la théorie est consistante et ne réintroduit pas un
substantialisme déguisé. »
                    F. GIL, *La Logique du nom*, p. 68, L'Herne (□ 1971).

✱ *Consistant* existe en français depuis 1560 avec un sens concret
« épais, ferme », sens qui existe aussi en anglais. Cet emploi abstrait est
emprunté à l'anglais *self-consistent* ou *consistent* (début xviiⁱ s.) ; il a
surtout pénétré dans la langue didactique française par la lecture des

textes américains sur l'épistémologie des sciences humaines. On dit moins souvent *la consistance d'une théorie* (anglais *consistency*). Les puristes traduisent souvent par *cohérent,* moins précis, auquel il faudrait attribuer officiellement le sens de *consistant.*

CONSOLIDÉ, ÉE [kɔ̃sɔlide] *adj.* et *n.*

1° (1768) *Fin.* Garanti. *Rentes consolidées.*

2° (1835) *N. m. pl.* LES CONSOLIDÉS : les fonds publics de la dette d'Angleterre. — REM. : Enregistré dans le dict. de l'Académie 1835 et Littré 1863.

✻ *Consolider, consolidé* existent en français depuis le XIVᵉ siècle au sens de « rendre plus solide ». Ce sens financier est emprunté à l'anglais *consolidated annuities* « annuités consolidées » (1751) et apparaît dans *Le Mémoire sur l'Adm. des finances de l'Angleterre,* p. XXXVIII, 1768 (Mackenzie, p. 174).

CONSORT [kɔ̃sɔr] *n. m.*

(1669) En apposition, *Prince consort,* époux d'une reine, quand il ne règne pas lui-même.

✻ De l'anglais *consort* n. employé dans les composés *queen-consort, king-consort, prince-consort* (1634, Oxford dict.), spécialisation de *consort* « partenaire » (1414), emprunté à l'ancien français *consort* n. m. (1392) « personne qui partage le sort (de qqn) » — encore aujourd'hui dans *Un Tel et consorts. Prince consort* s'emploie aussi figurément en français pour désigner un époux dont la femme exerce un pouvoir social.

CONSTABLE [kɔ̃stabl] *n. m.*

(1776) En Angleterre, Agent de police (le plus bas de la hiérarchie), gardien de la paix → **Policeman.** *Chef constable,* préfet de police *(chief constable).* — Aux États-Unis et au Canada, *Constable,* officier de police.

« Mon cousin de La Bouëtardais, chassé, faute de payement, d'un taudis irlandais, quoiqu'il eût mis son violon en gage, vint chercher chez moi un abri contre le constable [...]. »
CHATEAUBRIAND, *Mémoires d'outre-tombe* [1822], t. I, p. 445, (□ 1848).

« Un jour, j'arrivai trop tard au collège, et contre mon habitude, je ne savais pas parfaitement ma leçon, mon pédant fit aussitôt venir le correcteur, espèce de *constable* chargé par le gouvernement d'exécuter les sentences des professeurs. »
STENDHAL, *Le Rose et le Vert,* t. II., p. 1179 (□ 1837).

« Cela avait suffi pour que dans maintes villes maints chefs constables, avides de se donner une réputation de vertu, eussent interdit toutes les rencontres. »   L. HÉMON, *Battling Malone,* p. 159 (□ 1911).

✻ Mot anglais (XIIIᵉ s. *cunestable*) emprunté à l'ancien français *conestable* (ex. : *le connétable Du Guesclin*) du bas latin *comes stabuli* « comte de l'écurie » ; le connétable était le chef suprême de l'armée au Moyen Âge. Le mot a été emprunté dans ce sens par l'anglais et a pris au XIVᵉ siècle les sens d'officier de police et d'autres encore ; le mot est plus important en anglais qu'en français, et encore vivant. Le français l'a repris avec sa forme moderne *constable* en 1776 (Proschwitz, *in* Wartburg). Cet emprunt est méconnaissable tant par la forme que par le sens. Il est peu usité puisqu'il ne désigne que des réalités non françaises.

CONSUMÉRISME [kɔ̃symeʀism] *n. m.*

(1972) Protection des intérêts du consommateur par des associations. — REM. : S'est d'abord écrit à l'américaine sans *e* final ni accent.

« [...] Nader, dans un anglais éloquent est venu répandre en France la brûlante parole du "consumerism" militant. »

L'Express, 16 oct. 1972, p. 95.

« Les chiffres qu'il [le directeur de l'association anglaise des consommateurs] a cités montrent que le "consumerism" progresse rapidement : en 1960, année de sa création, l'IOCU [International Organization of Consumers Unions] réunissait seize associations nationales. Ce nombre a doublé une première fois en huit ans, puis une seconde fois en quatre ans. Aujourd'hui, soixante-quatre organisations, appartenant à trente-cinq pays, font partie de l'IOCU. »

J. MARCUS-STEIFF, *Les consommateurs ont un siècle de retard*, in *Le Monde*, 26 fév. 1972, p. 18.

« Consumerism : le mot est américain, la réalité devient française. Pour désigner l'action des consommateurs contre les abus et les truquages. Peu à peu, des organisations de défense se forment, qui obligent les producteurs à vendre des produits plus sûrs ou plus sains. À l'exemple de Ralph Nader en lutte contre la General Motors ou les trusts alimentaires. Mais, déjà, certains vont au-delà. En prolongeant le consumerism par ce qu'on pourrait appeler le "citoyennisme". En complétant la pression des consommateurs par l'action des citoyens. »

L'Express, 4 juin 1973, p. 79.

— Adj. CONSUMÉRISTE :

« Il faut savoir que les articles à la marque du distributeur Forza, Beaumont, Montreal, Coop, sont en général de vingt à trente pour cent moins chers que les marques nationales correspondantes. Le pouvoir "consumériste" face au pouvoir " merchandiseur " passe par cette discipline. »

A. HERVÉ, *Le Nouvel Observateur*, 9 oct. 1972, p. 57.

✱ Mot américain formé sur *consumer* « consommateur » de *to consume*, attesté en 1944 (Oxford Suppl.), et divulgué en France par Ralph Nader en 1972. Ce mot est normalement formé en anglais mais convient très mal au français qui possède la double série *consommer, consommateur, consommation* et *consumer, consomptible, consomption* dont les sens sont très différents (les deux séries, du latin *consummare*).

Le mot *consumérisme* évoque donc, en français, non pas la consommation mais la destruction, comme son dérivé *consumériste* (1972) ! Les termes *consommatique, consommaticien* ont été proposés à juste raison, et signalés dans le Grand Larousse encyclopédique de 1975. La *consommatique* est devenu un contrepoids nécessaire à l'industrialisation des produits, à leur composition de moins en moins naturelle et aux pressions de la publicité. On trouve *consommateurisme*, sur le modèle d'*amateurisme* (Nouvel Observateur, 12 juin 1978, p. 42).

« consumérisme n. m. Américanisme formé à partir de *consumer*, consommateur. Doctrine économique et commerciale professée par les organisations et les mouvements de consommateurs, dont le but initial était la défense de la santé et du pouvoir d'achat des consommateurs. »

P. PAMART, *Les Nouveaux Mots « dans le vent »* (□ 1974).

CONTACT [kɔ̃takt] *n. m.*

1° (XXᵉ s.) Personne avec qui un agent doit rester en contact.

« Ophir, justement, avait pour rôle d'entretenir des relations avec des indicateurs arabes. Or, c'est l'un de ses "contacts", un Arabe, qu'il connaissait sous le nom de "Rabat", qui a tiré sur lui ce soir. »

Le Nouvel Observateur, 18 sept. 1972, p. 29.

2° (mil. XXᵉ s.) *Lentilles, verres de contact*, verres correcteurs de la vue qui s'appliquent sur l'œil.

« L'obstacle majeur qui s'opposait à une large diffusion des lentilles de contact était leur coût élevé : 700 Francs pour des verres de contact durs et 1 500 Francs pour des lentilles souples. »

D. VINCENDON, in *L'Express*, 10 juil. 1972, p. 54.

3° (1960) Photographie obtenue par contact du négatif avec le papier sensible.

✱ Mot qui existe en français depuis la fin du XVIᵉ siècle pour désigner l'état de deux corps qui se touchent, notamment en électricité, puis, au

XIXᵉ siècle des relations, des rapports entre personnes (Littré : « Le commerce met en contact les peuples les plus éloignés »). Le français a emprunté les trois sens ci-dessus à l'américain (*contact* existe en anglais depuis le XVIIᵉ siècle avec d'autres sens). Au sens 1° *contact* a surtout été répandu par les traductions de romans policiers. Au sens 2° *verres, lentilles de contact* est un calque de *contact lenses*. Au sens 3°, il s'agit d'une abréviation de *contact print*.

CONTACTER [kɔ̃takte] *v. tr.*

(v. 1940) Prendre contact avec (quelqu'un), se mettre en rapport avec (quelqu'un) à qui l'on parle. *J'ai essayé en vain de le contacter à Paris. Il faut contacter tous les gens intéressés.*

✳ Forme francisée de l'américain *to contact* (1929) donné comme argotique en ce sens dans le Webster's dict. 2ᵉ édition (1947) — en anglais, *to contact* est rare et uniquement technique. Selon Georgin (*Pour un meilleur français*, p. 34, 1953) ce verbe serait apparu en français dans la langue de la Résistance (on avait des « contacts » dans une région, on « contactait » ses camarades). Il le qualifie de « monstre ». *Contacter* s'est rapidement diffusé en français, et les puristes l'ont unanimement mal accueilli, aussi bien en France qu'au Canada. On constate que, parmi les critiques faites, figure celle de la transitivité, et cette critique grammaticale recouvre celle, conceptuelle, du contact direct avec quelqu'un (le fameux « contact de deux épidermes » dont parle Chamfort) ; néanmoins, de ce point de vue *toucher* est aussi « indiscret » sinon plus, dans la plupart des contextes (*Madame, où et quand puis-je vous toucher ?*). *Contacter* reste limité au langage des affaires ; il pourrait bien disparaître comme il est venu.

« Un anglicisme aussi bien établi est celui de *contacter*, qui s'inscrivit d'abord sur la liste des termes militaires ; le vocabulaire guerrier s'étant anglicisé de façon notable voici une quinzaine d'années. Depuis lors, il a conquis un vaste domaine, il remplace pour bien des gens : *toucher, rencontrer* et surtout *établir la liaison avec...*, ce qui est l'emploi technique. »
A. THÉRIVE, *Clinique du langage*, p. 138, Grasset, 1956.

« Enfin on ne saurait trop s'élever contre l'horrible *contacter*, venu des états-majors, et qui a pénétré non seulement dans la langue des reporters et du commerce, mais dans des romans. On le trouve en effet chez La Varende (*Indulgence plénière*), chez José André Lacour (*Châtiment des victimes*) et chez Raymond Guérin (*Parmi tant d'autres feux*). Jacques Laurent écrit : *Un indic de là-bas a été contacté par le patron d'un bistrot* (la mort à boire) ; mais c'est un policier qui parle. »   R. GEORGIN, *La Prose d'aujourd'hui*, p. 40 (□ 1956).

« Il arrive même que l'anglicisme aboutisse à un pur barbarisme. C'est le cas de l'odieux contacter. » Ch. HOLTER, in *Défense de la langue française*, janv. 1960, p. 27.

« Jusqu'ici, on se *mettait en rapport* avec telle personne : maintenant, on se flatte de *contacter* des gens et même des milieux. Où et par qui a pu être inventé cet horrible verbe transitif ? »
L. BÉRARD, cité par P. CAMUS, in *Défense de la langue française*, avril 1960, p. 4.

« Comme beaucoup de néologismes empruntés à l'anglais, le mot *contacter* manque de précision. La clarté française préfère *se mettre* ou *entrer en contact avec* ou encore *pressentir* lorsque, comme c'est le cas, le contact est pris *pour* quelque chose. »   *Défense de la langue française*, déc. 1966, p. 39.

CONTAINER [kɔ̃tɛnɛʀ] *n. m.*

(1932) Caisse métallique pour le transport et le parachutage de marchandises. — REM. : Absent des dict. de l'Académie.

« Des squelettes de peau parcheminée qui dépassent les loques rayées. L'enfer presque silencieux. [...] Les tinettes sont des containers de parachutages saisis... »   MALRAUX, *Antimémoires*, pp. 578-579 (□ 1967).

✳ Mot anglais (XVIᵉ s.) d'abord sens didactique « celui, ce qui renferme », puis pour désigner un récipient (1925, *in* Oxford dict.), de *to contain* « contenir ». Nous pourrions traduire par *contenant* mais ce mot est trop vague. On a proposé *conteneur*, simple francisation de *container* (Comité d'étude des termes techniques français, 1960).

« Les ingénieurs de chemins de fer ont lancé un absurde mot anglais *container* : il désigne des récipients réglementaires employés par les Compagnies pour contenir plusieurs colis de petite taille, mais de valeur déclarée. On disait jusqu'ici *paniers*, tout bonnement, ou *paniers de groupage*, ce qui était net. *Container* est inutile. Si on y tient, forgez *conteneurs* ou *contenants*. Pour éviter

une sorte de néologisme, voilà-t-il pas qu'on a recours à un mot étranger ! L'Office de la langue française a hésité, je crois, à recommander *conteneur ;* il voterait plutôt pour *contenaire,* assimilé à *partenaire* (partner). »
A. THÉRIVE, *Querelles de langage,* t. III, p. 195 (☐ 1940).

« les jambes du train d'atterrissage sont suffisamment écartées pour qu'un conteneur soit installé sans difficulté à la partie inférieure de la poutre-fuselage. »
Science et Vie, sept. 1966, p. 105.

« Facile également la francisation des termes anglais en ER pour lesquels le passage à EUR assure une excellente intégration dans la langue, même si le radical n'est pas commun aux deux langues : *reporter,* bien sûr, *conteneur* (pour : container) [...]. » J. CELLARD, *Français, franglais, Europe* in *Le Monde,* 29 déc. 1971, p. 7.

✳ Le mot a donné naissance à une série de dérivés et composés (*containeriser, containerisable, containerisation, porte-containers*) dont chaque élément possède son équivalent à demi francisé (*contenairiser,* etc.). La forme *conteneur* a été entérinée par l'arrêté du 12 août 1976, dans le *Journal officiel.*

CONTRACEPTIF, IVE [kɔ̃tRasɛptif, iv] *adj.*

(mil. XXᵉ s.) Qui permet l'infécondité volontaire. *Produits contranept fs. P lule contracehtive.* — Subst. m. *Les contraceptifs,* les anticonceptionnels. — Qui encourage l'infécondité volontaire. *Propagande contraceptive.*

« C'est en 1930 que le contrôle des naissances a commencé à se répandre en Grande-Bretagne à la faveur de la crise économique, alors que l'opinion publique était bouleversée par les tragédies du chômage dans les familles nombreuses. Aujourd'hui, c'est une institution admise par tous, et en dehors de ces dispensaires mêmes, dans nombre de magasins des grandes villes, on trouve des rayons vendant des contraceptifs. » D. ROSS, in *France-Observateur,* 15 déc. 1955, p. 11.

✳ Adaptation de l'anglais *contraceptive* adj. (d'après *contraception*) 1891. *Contraceptive,* comme *contraception* est une formation anormale en anglais (*contraceptive* vaut pour *contraconceptive*). Passé en français au milieu du XXᵉ siècle, au moment de la lutte tardive pour abolir la loi de 1920 → **Contraception.**

CONTRACEPTION [kɔ̃tRasɛpsjɔ̃] *n. f.*

(vers 1930) Ensemble des moyens employés pour provoquer l'infécondité chez la femme ou chez l'homme → **Birth control.** — REM. : Absent du dict. de l'Académie 1932.

« Comment supprimer à l'avenir ce prolétariat ? En empêchant à tout prix de futurs chômeurs de naître. C'est le but même de la *contraception* ou *birth control,* c'est-à-dire non pas la suppression du germe (ce qui est considéré comme immoral et sévèrement puni par la loi) mais la stérilisation des rapports entre sexes. Depuis 1923, Mary Carmichael Stopes s'y emploie. Ses manuels, qui tirent à un grand nombre d'exemplaires, préconisent ouvertement les méthodes anticonceptionnelles. Connues et pratiquées, mais en cachette, depuis l'antiquité, elles sont aujourd'hui recommandées ouvertement et confiées aux soins de la femme. » P. MORAND, *Londres,* p. 93 (☐ 1933).

✳ Mot anglais (fin XIXᵉ s.), formation anormale d'après *contra-* « contre » et *conception* « conception ». La lutte en faveur de la contraception se développa pendant les années 20 en Angleterre et seulement vers 1960 en France. Le mot *contraception,* tel qu'il apparaît dans le texte de Morand, est encore une citation de l'anglais ; il ne se diffuse que vers 1962 après *birth-control*✳ son synonyme ancien (alors qu'au contraire c'est *contraception* qui précède *birth-control* en anglais). *Contraception* est le terme didactique actuel pour *contrôle des naissances.* Il présente l'avantage, malgré sa formation bizarre, d'être bien assimilable par le système français.

CONTREDANSE [kɔ̃tRədɑ̃s] *n. f.*

(1626) Danse ancienne, vive et enjouée, où les couples de danseurs se faisaient vis-à-vis et exécutaient des figures. La musique de cette danse. — REM. : Enregistré dans le dict. de l'Académie 1762.

« Ce fut donc une occupation pour Emma que le souvenir de ce bal [...]. Et peu à peu, les physionomies se confondirent dans sa mémoire ; elle oublia l'air des contredanses ; elle ne vit plus nettement les livrées et les appartements [...]. »

FLAUBERT, *Madame Bovary*, in *Œuvres*, t. I, p. 376 (□ 1857).

« Ce qui est certain, c'est que la *contredanse* a le privilège d'ouvrir et de fermer le bal, de se faire danser à elle seule, pendant la durée d'une fête, au moins autant de fois que toutes les autres danses réunies, et qu'elle a chassé sans espoir de retour les danses plus ou moins graves, plus ou moins compassées, plus ou moins amusantes de nos pères, l'*allemande*, la *marée*, la *chasse*, et jusqu'au *menuet* et à la *gavotte* [...]. »

P. LAROUSSE, 1869, art. *Contredanse*.

✱ Altération et réfection de l'anglais *country-dance* en *contre-* et *danse* (comme *contrepoint*, *contrepartie*, etc.), *country* n'ayant pas été compris ; *country-dance* date, en anglais, du XVIᵉ siècle et désigne les danses anglaises d'origine paysanne et *spécialt* celles où les couples se font face en faisant des figures. En 1758, un Anglais prétendit que *country-dance* était au contraire une corruption du français *contredanse*, ce qui est erroné (cette étymologie fausse est reprise dans Littré). Néanmoins, il existe, en américain, une réfection de *country-dance* en *contradance*. La contredanse eut un grand succès en France de la fin du XVIIᵉ siècle à la fin du XIXᵉ siècle, mais elle évoque surtout le XVIIIᵉ siècle où elle figure dans les opéras-ballets, notamment chez Rameau. La contredanse s'est perpétuée plus tard sous le nom de *quadrille*. — Le sens de « contravention » est d'origine française (jeu de mots).

CONTRE-MOTION → MOTION.

CONTRÔLE [kɔ̃tʀol] *n. m.*

(mil. XXᵉ s.) Direction, maîtrise. *Contrôle des naissances* → **Birth control.** *Il a perdu le contrôle de son véhicule dans un virage. Les soldats ont le contrôle de la colline.* — Maîtrise de soi → **Self-control.** *Il a perdu son contrôle et s'est emporté violemment.*

« Quant à la Federation of the American Scientists, c'est un groupement beaucoup plus critique à l'égard du gouvernement et qui ne cache pas ses intentions politiques. Il a eu une réelle influence après la seconde guerre mondiale ; par exemple, il a plaidé avec succès en 1947 pour le contrôle civil de l'énergie nucléaire. Mais ce mouvement a eu une période d'éclipse et commence seulement à revenir sur la scène politique. »   P. THUILLIER, *Les Scientifiques et la Course aux armements*, in *La Recherche*, janv. 1972, p. 17.

✱ *Contrôle* existe en français depuis le XIVᵉ siècle (*contre rolle*, « copie d'un rôle [liste] ») avec le sens de « vérification ». Il a emprunté à l'anglais le sens ci-dessus (→ **Contrôler**) à l'occasion de la création du calque *contrôle des naissances*, où *contrôle* n'a évidemment pas le sens de « vérification ». Certes, l'idée de « vérification » et celle de « maîtrise, direction » ont quelque chose de commun qui a pu aider à la confusion, mais les deux emplois restent fondamentalement différents. En 1929, une traduction de Havelock Ellis propose *contrôle de la natalité* (Mackenzie, p. 262). *Contrôle*, au sens anglais, offre l'avantage de convenir là où il faut des solutions diverses en français : *la direction, la maîtrise, la main-mise, la domination*, etc. Il n'est même pas sûr que l'on trouve un équivalent convenable de *contrôle* dans *contrôle des naissances* (*direction ? gouvernement ? — limitation* signifie autre chose —, voyez la citation ci-dessous). Il semble que le domaine de *contrôle* soit plus large encore au Canada puisque G. Dulong signale *Prendre le contrôle d'une entreprise.* On entend aussi au Canada l'expression *sous contrôle* (Kelley, Dulong) comme dans *Une heure plus tard l'incendie était sous contrôle.* Cet emploi est peu répandu en France quoi qu'en dise Étiemble.

« Le sabir avoue enfin un faible très puissant pour l'expression "*sous* contrôle" et ne saurait trop approuver *Le Monde* qui, sur le modèle de l'anglo-saxon *under the control of*, ou *under control*, écrivait le 2 octobre 1962 : "La situation est loin d'être sous contrôle en ce moment". L'expression sabirale est d'autant plus satisfaisante que l'anglais *to control* a un sens très différent du français *contrôler* [...]. Dans la mesure où elle ne veut rien dire de précis en français, l'expression "*sous* contrôle" est d'autant plus précieuse en politique atlantique : on comprend que le sabir l'ait adoptée. » Étiemble, *Parlez-vous franglais ?*, p. 200 (□ 1964).

« De même, sous l'influence de l'anglais *to control* notre mot *contrôle* est employé couramment maintenant dans le sens de : *direction, pouvoir, haute main sur* : "contrôle des naissances", dans le sens de limitation de la natalité, et "contrôle du canal de Suez", ou "contrôle", qui n'a, en français, que le sens de "vérification", est employé avec le sens anglais (ou américain) de : pouvoir effectif de déterminer les conditions de son exploitation et de son usage. »
Ch. Holter, in *Défense de la langue française*, janv. 1960, p. 26.

« Comme dans le cas de *réaliser*, il faut admettre que le mot français s'est annexé un sens anglais. On s'en aperçoit, quand on essaie d'éliminer *contrôle*, au sens de direction, de certains contextes, par exemple de la phrase suivante rencontrée dans *Le Monde* : "À Haïti le contrôle de la situation échappe peu à peu au président Duvalier". Sans doute pourrait-on dire que le président est de moins en moins maître de la situation ou que son autorité s'affaiblit, ce qui serait correct et suffisant, sans toutefois garder l'image de quelque chose à quoi on se cramponne et qui nous glisse des mains. Je serais donc enclin à tolérer *contrôle* là où il rend service d'une manière discrète, ce qui est le cas dans l'exemple ci-dessus. Par contre, il faut rejeter comme étant du charabia la tournure suivante que j'ai entendu dire par un consul de France, lequel n'avait que trop séjourné dans les pays de langue anglaise : "pour des raisons au-delà de notre contrôle". Car il existe un excellent équivalent français de *"beyond our control"* et c'est : "indépendant de notre volonté". »
J. Darbelnet, *Regards sur le français actuel*, p. 30 (□ 1963).

✳ Bien que *contrôle* ne se soit répandu en français qu'au milieu du xxᵉ siècle, ce faux ami donnait des difficultés aux traducteurs bien auparavant :

« Le mot anglais control se rend mal par le même mot français ; il signifie domination, souveraineté plutôt que surveillance. »
À travers le monde, 1ᵉʳ avril 1899 [*in* D. D. L.].

CONTRÔLER [kɔ̃tʀole] *v. tr.*

1° (1895) Gérer (un bien), diriger (une entreprise), être maître de... *Une société étrangère contrôle la production du pétrole. L'ennemi contrôle toute la zone frontalière.* — REM. : Absent du dict. de l'Académie 1932.

« ils administrent par eux-mêmes des établissements comme ce *Memorial hall* : onze cents d'entre eux y mangent chaque jour, et il s'y dépense plus de cinquante mille dollars par an. Ils manient ces fonds avec la netteté stricte et la sagesse qu'ils mettront plus tard à contrôler leur propre fortune. » P. Bourget, *Outre-Mer*, p. 108 (□ 1895).

2° (1910) SE CONTRÔLER. *v. pron.* : maîtriser ses émotions, ses paroles, sa conduite ; se dominer. — REM. : Absent du dict. de l'Académie 1932. *Il est incapable de se contrôler.*

✳ *Contrôler* (de *contrôle*) existe en français depuis le xivᵉ siècle au sens de « examiner pour vérifier ». Il a emprunté à l'anglais deux sens qui font appel à l'idée toute différente de direction, de maîtrise. L'anglais *to control* (xivᵉ s.) est lui-même emprunté à l'ancien français *contreroller* « prendre copie d'un rôle (liste) » ; il a pris le sens de dominer, diriger au xviᵉ siècle et le sens personnel *(to control one's feelings)* au xviiiᵉ siècle. Ces sens ont passé en français, le premier probablement par l'américain et le second par l'anglais → **Self-control.** Ils sont vivement critiqués par les puristes, surtout le premier (celui qui trahit, la fameuse mainmise américaine sur les sociétés des autres pays, dénoncée par Étiemble). Même attitude chez les Canadiens (Bélisle, Dulong).

« Certains écrivains ont accordé leur parrainage à ce genre d'innovation. C'est ainsi que Paul Bourget, dans le livre qu'il a consacré à l'Amérique en 1895, a lancé *réaliser* au sens de "se rendre compte" et *contrôler* avec celui de "diriger". »
J. Darbelnet, *Regards sur le français actuel*, p. 29 (□ 1963).

CONVENT [kɔ̃vᾰ] *n. m.*

(1886) Assemblée générale des francs-maçons. — REM. : Signalé dans le supplément de Littré 1877 ; enregistré seulement dans le dict. de l'Académie 1932.

« Il n'y eut que cinq séances, complètement stériles, et l'accueil fait aux convocations du Grand Orient de France par les pouvoirs maçonniques étrangers fut presque une insulte ; car cinq puissances maçonniques étrangères y donnèrent leur adhésion, mais sans se faire représenter au *convent* [...]. » P. LAROUSSE, 1869, art. *Convent.*

✳ Mot anglais *convent* « assemblée, congrégation, couvent » (XIIIᵉ s.) lui-même emprunté à l'ancien français *convent* (XIIᵉ s.) devenu *couvent,* du latin *conventus* « assemblée ». Selon Bloch ce sens aurait été « emprunté de l'anglais *convent...* par les loges maçonniques du rite écossais », et il semble avoir passé en français dès avant 1789. Pierre Larousse qui consacre un long article à *convent* prétend que ce mot est une simple reprise de l'ancien français.

CONVENTION [kɔ̃vᾰsjɔ̃] *n. f.*

1° (1688) Assemblée exceptionnelle réunie pour établir ou modifier une constitution. *La Convention nationale* et ellipt *La Convention* (1792-1795). — REM. : Signalé dans le « Supplément contenant les mots nouveaux en usage depuis la Révolution » du dict. de l'Académie 1798.

« Personne ne se persuadait que la France franchît sans quelque nouveau choc affreux ce redoutable passage de la Législative à la Convention. »
J. MICHELET, *Histoire de la Révolution Française,* t. I, p. 1 112 (□ 1849).

✳ *Convention* existe en français depuis le XIVᵉ siècle (latin *conventio,* de *venire* « venir ») avec le sens de « accord réciproque ». Il a emprunté à l'anglais le sens ci-dessus au moment de la Convention anglaise (1688) qui établit la monarchie protestante, et en parlant de l'Angleterre. Cet emploi de *convention* en anglais dérive de celui de « réunion » (latin *conventio* « venue ensemble ») et non de « accord réciproque ». Il est vraisemblable que *Convention* comme nom d'assemblée française soit plutôt emprunté à l'américain (1754), selon Brunot (nom des États Généraux américains de 1787 : *American Constitutional Convention*). On disait autrefois, dans le recueil des Lois, *Commission générale extraordinaire. Convention* a donné *Conventionnel* n. m. (1792).

2° (1853) Réunion, congrès politique ou religieux.

« Du moment où les partis se sont formés, ils ont éprouvé le besoin [...] de compter leurs forces à l'avance et de s'assurer les chances du combat. De là sont nées les conventions au sein desquelles, en dehors des prévisions de la constitution, mais du consentement de la nation, se prépare, se décide même l'élection. »
X. EYMA, *Les Deux Amériques,* 1853 [*in* D.D.L., 2ᵉ série, 15].

✳ En anglais *convention* signifie d'abord, historiquement, une assemblée, une réunion, sens d'où dérive la *Convention* « assemblée ». Mais si l'emploi de *Convention,* comme nom propre en français, a été institué par l'Histoire, *convention,* comme nom commun, est un américanisme critiqué par les puristes.

« Nos confrères français disent aussi *convention* pour *congrès* ou *réunion.* Cette faute est dûment dénoncée [...]. »
Défense de la langue française, avril 1963, p. 28.

CONVENTIONNEL, ELLE [kɔ̃vᾰsjɔnɛl] *adj.*

(mil. XXᵉ s.) Qui n'est pas atomique (armes, bombes, armement, action militaire).

« Si la modernité se mesure d'après le potentiel scientifique, l'armée est ce qu'il y a de plus moderne [...]. Tous les équipements annexes et toutes les armes "conventionnelles" profitent d'une constante recherche du nouveau *ou* du meilleur [...]. »

P. THUILLIER, *Les Scientifiques et la Course aux armements*, in *La Recherche*, janv. 1972, p. 12.

✻ De l'anglais *conventional* pris dans le sens de « traditionnel » depuis le XIXe siècle et utilisé par les Américains avec le sens spécial de « traditionnel (= ancien) » par opposition à « atomique (= moderne) » (1952). Cet emploi de *conventionnel* en français est vivement critiqué par les puristes (Étiemble, *Hygiène des lettres*, 1952, II, p. 31). On peut utiliser les équivalents *traditionnel, classique*, le contexte suffisant généralement à préciser ces épithètes. Étiemble fait allusion à un emploi plus large de *conventionnel* hors du contexte militaire ; mais cet emploi nous semble rare.

« N'oublions pas le fameux *conventionnel* (appliqué aux armes, à l'armement) qui, comme on l'a déjà maintes fois rappelé [...] n'est qu'un substitut maladroit de *classique* ou *traditionnel*.
[...] tel académicien donne le mauvais exemple en écrivant qu'à Dresde, "plus de deux cent mille civils allemands avaient péri sous les bombes conventionnelles" *Figaro*, 30 janvier 1967). »   LE BIDOIS, *Les Mots trompeurs*, pp. 260-269.

« D'un Premier ministre : *"Si nous y renoncions* (à l'arme atomique), *nous devrions, pour les divisions* conventionnelles, *faire un effort qui nous coûterait aussi cher et probablement plus."*
Les divisions conventionnelles... cet affreux anglicisme. Hélas ! Hélas ! Hélas ! »   *Défense de la langue française*, juil. 1963, p. 39.

« Chez lui, le traitement classique le cédera aux thérapeutiques "conventionnelles" (ce mot évoquera aussi heureusement *conventional* que, dans l'armée qu'il vient de quitter, les armes "conventionnelles"). »
ÉTIEMBLE, *Parlez-vous franglais ?*, p. 100 (□ 1964).

CONVERTIBLE [kɔ̃vɛʀtibl] *adj.* et *n. m.*

Qui peut se transformer (en siège, en couchette). *Canapé, lit convertible*. — Subst. *Un convertible*.

✻ De l'anglais *convertible*, XIVe siècle, employé au XVIe siècle avec le sens de « qui peut servir à plusieurs usages, prendre plusieurs formes ». Le mot s'emploie au Canada, comme aux États-Unis (1918) pour désigner une voiture décapotable.

CONVICT [kɔ̃vikt] *n. m.*

(1796) Criminel emprisonné ou déporté, en droit anglais. — REM. : Absent des dict. de l'Académie ; signalé dans Littré 1863.

« Mais quelle leçon du ciel donnée aux hommes qui abusent du glaive ! La stupide Amirauté traitait en sentencié de Botany-Bay le grand *convict* de la race humaine [...]. »
CHATEAUBRIAND, *Mémoires d'outre-tombe*, t. II, p. 639 (□ 1841).

« — Il n'y a pas de sauvages sous cette latitude, et en tous cas, ils n'ont pas la cruauté des Nouveaux-Zélandais.
— Mais les convicts ?
— Il n'y a pas de convicts dans les provinces méridionales de l'Australie, mais seulement dans les colonies de l'est. La province de Victoria les a non seulement repoussés, mais elle a fait une loi pour exclure de son territoire les condamnés libérés des autres provinces. Le gouvernement victorien a même, cette année, menacé la compagnie péninsulaire de lui retirer son subside, si ses navires continuaient à prendre du charbon dans les ports de l'Australie occidentale où les convicts sont admis. »
Jules VERNE, *Les Enfants du capitaine Grant*, p. 255, Lidis (□ 1867).

« Les convicts de Botany-Bay, fondèrent la fortune de l'Australie. »
P. ADAM, *Vues d'Amérique*, p. 339 (□ 1906).

✻ Mot anglais (1786 en ce sens) substantivation de l'adj. *convict* (XIVe s.) du latin *convictus* « convaincu » (ici, « de culpabilité »). Cet emprunt d'origine latine s'intègre aisément au système français (Cf. *District, verdict*).

CO-OCCURRENCE → OCCURRENCE.

COOL [kul] *adj.* et *n. m. invar.*

(1952) En Jazz, contraire de *hot* ; qualifie une musique assez sereine et moins improvisée. *Jazz cool, musique cool.*

« Plus "pur" est resté Miles Davis qui a pris la direction d'une tendance nouvelle : le jazz "cool" (c'est-à-dire : frais, en opposition avec celui, bouillant, des années précédentes). Dans le jazz cool, les musiciens rejettent toute violence et tout expressionnisme appuyé ; la sonorité des instruments ne s'identifie pas à une sonorité classique (bien au contraire elle recherche une résonance originale), mais elle s'apaise et s'adoucit [...]. »   L. MALSON, *Les Maîtres du Jazz*, p. 122 (□1952).

« Le son californien, comme on l'appelait, son "cool" léger et joyeux, commençait à rabâcher tristement. »
J.-F. BIZOT, in *L'Express*, 4 sept. 1972, p. 14.

— PAR EXT. (v. 1970) Se dit d'une personne détendue, qui se comporte avec calme, aisance, avec une gaîté sereine. *Il est cool. Baba* cool.*

« C'est le seul hosto dans lequel on ne se sente pas à l'hosto. Les infirmiers sont *cool*. Toujours disponibles. »
Le Nouvel Observateur, 22 oct. 1973, p. 45.

« Mais quoi ! À 21 ans, on a bien le droit de ne rendre de comptes à personne ! Fût-ce aux amis les plus sympas et aux parents les plus cool. »   *F. Magazine*, juil.-août 1981, p. 127.

✱ De l'anglais *cool* adj. proprement « frais », (XIᵉ s.), et au fig., en parlant des personnes, « froid, calme » (1440 dans ces deux emplois). L'expression *cool jazz*, née en Amérique, signifie « jazz calme, détendu » par opposition à *hot*. En 1947, Charlie Parker sort un disque intitulé *Cool Blues*. C'est le vocabulaire musical qui a lancé, en français, le sens de *cool* appliqué aux personnes et aux attitudes (fréquemment *cool cat*). Ce sens s'est répandu massivement dans l'usage ; surtout chez les jeunes, et a même supplanté *relax**. L'expression *baba cool* n. m. et f. est plus récente → **Baba**. L'adjectif *cool* reste invariable : *Elles sont cool.*

COOLIE [kuli] *n. m.*

(1666) Travailleur, porteur chinois ou des Indes. *Des coolies.*
— REM. : Enregistré dans le dict. de l'Académie 1932 seulement. Signalé par Littré 1863 sous la forme *coolis*.

« Cent cinquante *coulies*, divisés par escouades, transportèrent le matériel, à bras. Chaque escouade allait sur un pas cadencé, sur un rhythme [*sic*] chanté par un chef. Elle ne mit que vingt-quatre heures pour effectuer le transport de Tung-Châo à Pékin. »
L. FIGUIER, *L'Année scientifique et industrielle*, p. 11, 1876 (□ 1875).

« Cependant, à force de chercher, l'Anglais découvrit un coolie coréen, qui, moyennant le prix exhorbitant d'sn taël par jour, consentit à conduire les voyageurs dans sa brouette à voile. »
P. d'IVOI, *Les Cinq Sous de Lavarède*, p. 252 (□ 1894).

« Je me souviens d'avoir eu un jour, dans une de ces rues de Hong-Kong, un petit différend avec le coolie pousse-pousse qui m'avait traîné. »   Cl. FARRÈRE, *Mes Voyages*, p. 97 (□ 1923).

✱ Mot anglais *coolie* (XVIᵉ s. *coles, colles* ; XVIIᵉ s. *collees, coulees, coolies*), emprunté des langues indiennes ([kuli] en Bengali, Tamil, Malayalam), nom d'une tribu de Guzerat en Inde de l'Ouest. Ce sont les Portugais qui ont exporté ce mot en Chine et en occident. Il a d'abord désigné en anglais les indigènes qui cultivaient la terre, puis sous le régime colonial les travailleurs de la main-d'œuvre indigène, les porteurs. Ce mot a passé en français avec des formes variées *colles, colys* (1666, Thévenot) ; *coulis* (XVIIIᵉ s.) et *coolie* (1857) qui est une reprise de la forme anglaise. Il est dommage que ce mot n'ait pas été francisé : il était trop peu courant en français ; tel quel, ses deux *o* prononcés [u] le signalent comme étranger au système de notre langue. Néanmoins cet emprunt ancien n'intéresse guère les puristes.

COPYRIGHT [kɔpiʀajt] *n. m.*

(1830) Droit exclusif que détient un auteur ou son représentant à exploiter pendant une durée déterminée une œuvre littéraire ou artistique. — REM. : Absent des dict. de Littré et de l'Académie, bien que la dernière édition porte en fin de premier volume « *copyright by*, Librairie Hachette, 1932. »

« Malgré les efforts tentés à différentes reprises pour étendre sa circulation, par l'achat des copyrights des autres journaux et l'habileté reconnue de son éditeur, le lieutenant Sutherland, il n'a pu encore élever ses recettes au niveau de ses dépenses. » *Revue britannique*, 1830 [*in* D.D.L.].

✱ Mot anglais *copyright* (XVIIIe s.) de *copy* « reproduction » et *right* « droit ». Le mot anglais ne s'est répandu en français qu'au XXe siècle ; les formules les plus courantes avant cette époque sont *Droits de reproduction et de traduction réservés, Tous droits réservés* et autres variantes, formules qui persistent encore aujourd'hui, généralement à côté de la mention *copyright*. Le petit dictionnaire de droit Dalloz de 1951 ne mentionne pas ce mot dans son chapitre de la propriété littéraire. Facile à prononcer, *copyright* garde une graphie anglaise qui constitue un corps étranger en français.

COQUERON [kɔkʀɔ̄] *n. m.*

(1702) *Vx.* Cuisine à bord d'un navire. — (1891) Soute à provisions ; compartiment étanche à l'avant ou à l'arrière de la coque d'un navire, qui sert de ballast. — REM. : Mot signalé dans Littré 1863 au sens de « cuisine » ; absent des dict. de l'Académie.

✱ De l'anglais *cook-room*, 1553, proprement « pièce (room) du cuisinier (cook) », « cuisine à bord d'un navire ». Ce mot apparaît dans un dictionnaire français de marine en 1702 (Aubin) au sens *vx* de « cuisine ». Le français *coq* « cuisinier » est emprunté au hollandais *kok*, mais *cook* et *kok* ont même origine, le latin *cocus*. *Cook-room* est totalement francisé dans la prononciation et la graphie *(coqueron* comme *forgeron, vigneron)* mais la morphologie ne s'accorde pas au sens.

CORDITE [kɔʀdit] *n. f.*

(1890) Explosif à fort pouvoir brisant, fait de nitroglycérine et de nitrocellulose.

« *Cordite* — C'est une combinaison de nitroglycérine, qui a été étudiée, pour le gouvernement anglais, par sir F. Abel. Sous la forme de fils, de baguettes, de faisceaux, elle a donné, dans les fusils de petit calibre, d'excellents effets balistiques. »
L. FIGUIER, *L'Année scientifique et industrielle*, p. 462, 1891 (□ 1890).

« Mais la situation des artilleries navales anglaises et japonaises est actuellement dans un état si mauvais, que cette situation donne plus de sécurité aux adversaires éventuels de ces deux nations que toute alliance défensive contractée contre elles. Ces puissances, en effet, ont adopté la *cordite* pour le chargement de leurs bouches à feu. Or, les propriétés érosives de cette poudre sont telles qu'on a dû étudier pour son emploi un système particulier de construction des canons. [...] Mais la cordite a aussi le défaut beaucoup plus grave d'être d'une conservation impossible sous les climats chauds. »
La Science illustrée, 1902, 2e sem., p. 210.

✱ Mot anglais *cordite* (1889) de *cord* « corde » et *-ite* (Cf. *Dynamite*) ; l'explosif est ainsi nommé à cause de son apparence. Ce mot apparaît en français dans la *Revue d'Artillerie*, XXXVII, p. 194, avec la définition « Poudre de guerre anglaise » (Mackenzie, p. 249).

CORNED-BEEF [kɔʀndbif] *n. m.*

(1716) Viande de bœuf cuite, en boîte, qui se consomme froide ou réchauffée. — REM. : Absent des dict. de l'Académie et de Littré.

« Peu après notre retour de la promenade, nous nous assîmes autour d'une table abondamment servie. Un superbe morceau de *korn'd beef* (bœuf à mi-sel), une oie daubée (stew'd) [...]. »
                    BRILLAT-SAVARIN, *Physiologie du goût*, t. I, p. 103 (□ 1826).

« le homard et la boîte de corned-beef que portait le docteur Faustroll en sautoir. »
A. JARRY, *Gestes et opinions du docteur Faustroll, pataphysicien*, p. 699
                                                            (□ 1898).

« Comme je vois que vous êtes des connaisseurs... je vous conseille de prendre notre cornède bif nature. Et j'ouvrirai la boîte devant vous. »
                    QUENEAU, *Zazie dans le métro*, pp. 133-134 (□ 1959).

✳ De l'anglais *corned beef*, de *corned* (XVIIe s.) « conservé avec du sel » (*corned* s. « en grains », de *corn* « grain de sel, de sable, de céréales... ») et *beef* « bœuf ». L'anglais possède évidemment d'autres expressions *corned pork*, *corned meat*, etc. Le mot est entré en français en 1716 (*Français moderne*, I, p. 141) sous la forme *corn'd-beef*, devenu aussi *corn-beef* au XIXe siècle. Il s'est surtout répandu pendant les deux guerres de 1914 et 1939, le corned-beef étant la viande du soldat.
     La prononciation de cet anglicisme est difficile et variée. On entend aussi [kɔʀnbif] et, chez les gens peu cultivés [kɔʀnɛdbif], ce que transcrit la graphie fantaisiste de Queneau. Cet emprunt est un corps étranger en français (comme *rosbif* et *bifteck*) mais il est trop ancien pour provoquer les critiques des puristes. Il serait souhaitable de franciser *corned-beef* en *cornbif* sur le modèle de *rosbif*. Mais on perd d'un côté ce qu'on gagne de l'autre car *bif*, qui est senti comme l'élément commun aux trois mots ne peut être isolé ni en français ni en anglais (*ros*, *teck* et *corn* ne constituant pas des mots qui rentreraient dans un mot composé). C'est à la fin du XIXe siècle qu'on a donné le nom argotique de *singe* au *corned-beef*, mot qui ne s'est pas vraiment répandu.

CORNER [kɔʀnɛʀ] *n. m.*

1° (1897) *Football.* Coup tiré du coin du terrain et accordé par l'équipe adverse lorsqu'un de ses joueurs a commis une faute (envoi du ballon derrière la ligne de but de son équipe). — *Par ext.* La faute qui fait bénéficier du corner. *Sortie en corner.* — REM. : Absent des dict. de l'Académie.

« Sur un corner, un second but est marqué d'un coup de tête que son auteur sentait infaillible d'avance. »
                    J. PRÉVOST, *Plaisir des sports*, p. 143 (□ 1925).

« ... Et Dabek Sariédoubal, "Le Grand Faucheux Noir", détourna en corner une balle à crever les filets, sous les applaudissements frénétiques des supporters du grand club bourguignon... »
                    R. FALLET, *Le Triporteur*, p. 95 (□ 1951).

2° (h. 1894) *Écon.* Association de spéculateurs dont le but est d'accaparer une denrée en provoquant artificiellement la hausse de son prix.

✳ Mot anglais *corner* du latin tardif *cornarium* (Cf. français *Cornier*). La forme originale en anglais est *corner kick* « coup *(kick)* de coin *(corner)* » 1887, aussitôt abrégé en *corner*. Ce mot a passé en français avec la plupart des termes de football et n'a pas d'équivalent (1897, Petiot). Sa prononciation est francisée comme *starter*. L'emploi de *coin* n'est guère souhaitable puisque *corner* ne désigne pas un coin mais un coup ou une faute. Le second sens est né en américain (1853, *in* Oxford Suppl.) ; bien qu'antérieurement apparu en français (Claudel, 1894 *in* T. L. F.) il est peu connu hors du milieu des économistes. Le mot américain *corner* vient de l'expression anglaise *to drive into a corner* « acculer ».

CORNFLAKES [kɔʀnflɛks] *n. m. pl.*

(mil. XXe s.) Céréale de breakfast très communément servie, flocons de maïs grillés et croustillants.

« Paul pensa qu'il fallait qu'il essaie de remplacer le foin qui manquait tant à Babe par des *Corn Flakes* emballés dans du fil de fer barbelé [...]. »
J.-L. RIEUPEYROUT, *Histoires et Légendes du Far West*, p. 132 (□ 1969).

∗ De l'américain *cornflakes* (1908), de *corn* « maïs » et *flake* « flocon ». Les cornflakes sont peu consommés en France. Aux États-Unis et en Angleterre, on les sert au breakfast avec un peu de lait et l'ensemble constitue un aliment reconstituant, au goût délicat. Le mot *cornflakes* est relevé par Armin Schütz dans *Elle*, 1963, n° 932, p. 111. Il faut souhaiter le remplacement de *cornflakes* par *flocons de maïs*. On dit aussi parfois *pétales de maïs*, à cause de leur aspect.

CORONER [kɔʀɔnɛʀ] *n. m.*

(1624) Officier de police judiciaire, dans les pays anglo-saxons et au Canada. — REM. : Ce mot apparaît dans le dict. de l'Académie 1835.

« conservant avec soin l'acte de naissance de ses victimes qu'il est prudent d'avoir sous la main, pour le remettre, en cas d'enquête, au *coroner*. »   *Le Charivari*, 12 déc. 1892, p. 3.

« Selon le coroner (officier civil chargé des enquêtes concernant les morts violentes) de Montréal, M. Maurice Laniel, il n'y aura pas de décision quant à l'ouverture d'une enquête légale tant qu'on ne sera pas en possession, dans une dizaine de jours, des rapports de police. »
Le Monde, 11 janv. 1977, p. 5.

∗ Mot anglais *coroner*, de l'anglo-normand *coroneor*, XIIᵉ siècle, de *corone* « couronne » d'après le titre latin *custos placitorum coronae* « gardien des procès de la Couronne ». Adapté en *couronneur* dès 1585 (D. D. L., 2ᵉ série, 20, 1981), il a été repris avec la forme anglaise en 1624 (T. L. F.).

CORPORATION [kɔʀpɔʀasjɔ̃] *n. f.*

(1530) Association qui groupe tous les membres d'une profession et défend leurs intérêts. *Les corporations ont été le cadre de la vie économique du XIᵉ siècle à la Révolution. Apprenti, compagnon, maître d'une corporation.* — Par ext. *Fam.* Métier. *Dans la corporation ces procédés n'ont pas cours. Tu es de la corporation ?* — REM. : Enregistré dans le dict. de l'Académie de 1798.

« L'Année de l'assassinat du duc d'Orléans a été signalée par l'organisation du corps des ménétriers. Cette corporation, tout à fait nécessaire sans doute dans une si joyeuse époque, était devenue importante et respectable. »
MICHELET, *Histoire de France*, t. VI, p. 123 (□ 1840).

« D'un autre côté, il ne peut pas s'empêcher de penser aux *trusts*. [...] Et n'y a-t-il pas une singulière parenté entre les *trusts* et ces Corporations géantes dont on est en train de vous parler ? »
Jules ROMAINS, *Passagers de cette planète, où allons-nous ?*, pp. 152-153 (□ 1955).

∗ Mot anglais *corporation*, du latin *corporationem*, d'abord « le fait de former corps », XVᵉ siècle, puis « ensemble de personnes organisées en corps », *spécialt* « personne morale créée par une charte, un acte juridique, etc. » puis « compagnie de commerce » au XVIᵉ siècle ; il signifie aussi depuis le début du XVIIIᵉ siècle « l'ensemble des autorités municipales ». En fait il n'existe pas de sens de *corporation*, en anglais, qui corresponde à notre *corporation* « corps de métier ». Le mot apparaît en français dans le dict. de Palsgrave (1530) et dans Chamberlayne (XVIIᵉ s.) pour désigner les institutions anglaises. Ce n'est qu'au XVIIIᵉ siècle qu'on commence à l'employer à propos des Français, souvent dans un sens très général de « corps à statut juridique », mais déjà en l'appliquant aux métiers (→ cit. ci-dessous). Le mot se répand au XIXᵉ siècle, et ne devient un terme d'histoire qu'à la fin du XIXᵉ siècle et au XXᵉ siècle. Le français disposait d'autres mots pour désigner ce que nous appelons depuis peu de temps *corporation : corps de métier,*

métier, maîtrise jurande et *communauté* (communauté laïque, opposée aux communautés religieuses). Ainsi le terme de *corporation* n'a-t-il pas été contemporain du système des corporations, liquidé par la Révolution.
— On a gardé le mot *corporation* pour désigner aujourd'hui l'organisme social que constitue l'ensemble des personnes exerçant une même profession, concentration verticale qui peut être utilisée par les gouvernements *(corporatisme).* Cet emploi est du XXe siècle et l'anglais, cette fois, semble nous l'avoir emprunté (Cf. Webster's 3d).

« corps politique, que l'on appelle ainsi en Angleterre, parce que les membres dont il est composé ne forment qu'un corps ; qu'ils ont un sceau commun, qu'ils sont qualifiés pour prendre, acquérir, accorder, attaquer ou être attaqués en justice au nom de tous. [...] Nous n'avons point de terme qui lui réponde directement ; *communauté* en approche, mais ce n'est pas la même chose : il n'a pas une signification si étendue. »   *Encyclopédie de Diderot,* art. *Corporation* (□ 1754).

« CORPORATION. s. f. Association autorisée par la Puissance publique, et formée de plusieurs personnes qui vivent sous une police commune, relativement à leur profession. *Les Arts et Métiers forment des corporations distinctes.* »
Dict. de l'Académie 1798, art. *Corporation.*

CORTISONE [kɔʀtizɔn] *n. f.*

(1950) Hormone du cortex surrénal, employé en thérapeutique.

✳ Mot américain (1949), abréviation de *corticosterone,* de *cortico-* « cortex », *sterol* « sterol » et *-one.* Comme la plupart des mots savants, cet emprunt ne crée pas de difficultés.

COSY [kozi] *adj.* et *n. m.*

1° *Adj.* (1910) *Vx* ou *archaïque.* Confortable, intime, agréable.

« Dans un cadre *cosy* avec de larges fauteuils confortables, ces messieurs chamarrés, et ceux qui aspirent à l'être [...]. »
L. CHOUCHON, *Guide de l'homme seul en province,* p. 113 (□ 1970).

2° *N. m.* (1906) *Vx.* Coin d'une pièce avec canapé et sièges, où l'on se tient pour causer. On disait aussi *cosy-corner* [kozikɔʀnœʀ]. *Des cosys. Des cosy-corners.*

« ... Piaillant comme une perruche hystérique quand quelqu'un laissait une porte ouverte, réclamant chandails et couvertures chaque fois qu'elle changeait de table, de cosy-corner, de salon [...]. »
CENDRARS, *Trop c'est trop,* p. 147 (□ 1948).

— *N. m.* (v. 1922) *Cosy* (ou vx) *cosy-corner,* divan de coin servant de lit et surmonté d'une étagère. *Acheter un cosy chez le marchand de meubles.*

« Elle s'était arrêtée dans la nouvelle installation de sa chambre, et couchait sur un matelas. Il serait toujours temps [...] d'avoir un cosy corner et un divan de panne. »
GIRAUDOUX, *Aventures de Jérôme Bardini,* p. 96 (□ 1930).

« Martine ne pouvait pas l'accompagner, elle passerait son congé payé à l'Institut de Beauté, où cela lui ferait un salaire double... et il lui fallait de l'argent pour les échéances de l'ensemble-cosy. »
E. TRIOLET, *Roses à crédit,* p. 230 (□ 1959).

3° *N. m.* (1904) *Vx.* Couvre-théière.

✳ De l'anglais *cosy, cozy* (adj., XVIIIe s.) « confortable » probablement d'origine scandinave, *koselig* « douillet ». En anglais, *cosy* est adjectif et nom. C'est en tant qu'adjectif qu'il figure dans le français *cosy-corner* (« coin confortable »), cette forme composée n'étant pas attestée en anglais. *Cosy* n. désigne en anglais un canapé de coin (XIXe s.) et un couvre-théière. Il semble que cet emploi soit vieux en anglais et en américain (non mentionné dans le Webster's Third). La première attestation en français est celle de *cosy-corner* (Marcel Prévost, *in* Mackenzie, p. 255), apparemment au sens de « coin confortable ». Le cosy « divan à étagères » fut à la mode en France entre les deux guerres, lorsqu'on a commencé à délaisser le lit et la chambre traditionnels : le cosy était souvent l'endroit d'un studio où l'on couchait. La chose existe toujours, dans un style au goût du jour, mais le mot tend à sortir de l'usage.

COTIDAL, ALE, AUX [kɔtidal, o] *adj.*

(v. 1872) Géogr. *Courbe, ligne cotidale*, qui joint les points où la marée a lieu à la même heure.

✻ Mot anglais *co-tidal* (vx), *cotidal* (1833) de *tidal* « relatif *(-al)* à la marée *(tide)* » et *co-* « ensemble ».

COTRE [kɔtʀ] *n. m.*

(1780) Petit voilier fin, à un mât, encore utilisé pour la plaisance. — REM. : Enregistré dans le dict. de l'Académie 1835.

« Bientôt le *Forward* fut hors des bassins, et, dirigé par un pilote de Liverpool, dont le petit côtre suivait à distance, il prit le courant de la Mersey. »
                 Jules VERNE, *Les Aventures du capitaine Hatteras*, p. 37 (□ 1864).

« Si j'avais des sous, j'achèterais un cotre... Un cotre robuste, bien assis sur l'eau, avec sa grand'voile, son foc et sa bôme brutale... Un cotre avec son cockpit [...]. »   COLETTE, *L'Étoile Vesper*, p. 168 (□ 1946).

✻ Francisation de l'anglais *cutter* (déb. XVIIIᵉ s.) de *to cut* « couper » parce qu'il « coupe l'eau » (même image dans *clipper**). La première forme attestée en français est *côtre* (Linguet 1780, *in* Mackenzie, p. 186). On trouve aussi *cotter* (1777, *in* D. D. L.). La forme *cutter* est même passée directement en français formant doublet avec *cotre*.

COTTAGE [kɔtɛdʒ] ou [kɔtaʒ] *n. m.*

(1754) Petite maison élégante et de style rustique, avec un jardin, comme on en voit en Angleterre. — REM. : Signalé dans le dict. de Littré 1863 et le dict. de l'Académie 1878.

« Cette route que je viens de parcourir [...] a souvent sur son côté gauche de fort jolies petites maisons, qui rappelleront tout à fait les *cottages* de la côte d'Angleterre qui est vis-à-vis. »
                 STENDHAL, *Mémoires d'un touriste*, t. II, p. 53 (□ 1838).

« c'est le quartier des résidences. Les familles aisées reposent dans ces cottages préraphaëliques que les esthétiques de Ruskin et de William Moris conseillèrent aux architectes anglo-saxons. »
                 P. ADAM, *Vues d'Amérique*, p. 52 (□ 1906).

« Maintenant, en apercevant telle carrière blanche à côté de laquelle était un petit cottage de pierre grise aux fenêtres cernées de lamelles de plomb [...]. »   A. MAUROIS, *Le Côté de Chelsea*, p. 115 (□ 1932).

✻ Mot anglais *cottage,* d'abord « cabane de paysan » (XIIIᵉ s.), sens actuel dès le XVIIIᵉ siècle, de *cot* « cabane, abri » (IXᵉ s.), mot d'origine germanique *kot* (Cf. en ancien français *cotin* « cabane », *cotterie* « terre de roturier » d'où notre *coterie* actuel). Pour le passage de « cabane » au sens actuel en anglais, voici ce qu'en dit le *Penny Cycl.,* Suppl. I, 426, en 1845 : « The term cottage has for some time past been in vogue as a particular designation for small country residences and detached suburban houses, adapted to a moderate scale of living, yet with all due attention to comfort and refinement. » — Le mot *cottage* est depuis quelque temps à la mode pour désigner particulièrement de petites maisons (dans la campagne ou les faubourgs), faites pour un train de vie modeste mais toutefois, où le confort, le raffinement sont l'objet d'une spéciale attention. — *Cottage* apparaît en français dans l'Encyclopédie de Diderot où il est qualifié de terme purement anglais (ce qui ne justifierait pas son apparition dans l'ouvrage ; on peut supposer que le rédacteur a voulu dire qu'il désignait une réalité purement anglaise → cit. ci-dessous). Le mot a toujours fait référence, en français, soit à l'Angleterre, soit à la maison de style anglais — jamais à une maison de campagne quelconque —. En canadien *cottage* désigne au contraire toute maison de campagne un peu grande (opposée en cela au *bungalow*, plus fruste). C'est un emprunt à l'américain *cottage*, qui a adapté le mot anglais aux réalités locales. *Cottage* a quasiment gardé sa prononciation anglaise en français, le mot n'ayant jamais été populaire. Les puristes semblent se désintéresser de ce mot.

« COTTAGE, s. m. *(Hist. mod.)* est un terme purement anglois, qui signifie *une cabane* ou *chaumière* bâtie à la campagne sans aucune dépendance. La reine Élisabeth avait défendu de bâtir aucune maison à la campagne, si petite qu'elle fût, à moins qu'il n'y eût au moins quatre acres de terre adjacente, appartenantes au même propriétaire. Ainsi depuis ce réglement un *cottage* est une maison qui n'a pas quatre acres de terre de dépendances. »
Encyclopédie de Diderot, art. *Cottage* (□ 1754).

COUNTRY [kawntʀi] ou [kuntʀi] *n. et adj.*

(1978) *En apposition.* Se dit d'un style de musique américaine inspiré de thèmes paysans, folkloriques. S'emploie avec *music (country music)*, *rock (country-rock)*, etc. — Adj. *Style country. Musicien country.*

« Depuis les cent quarante mille albums d'Eddy Mitchell, au fond le seul artiste de country music qui passionne les foules (avec Dick Rivers un peu derrière), ce qui est un comble pour une musique si essentiellement américaine. » *Le Nouvel Observateur*, 8 janv. 1979, p. 46.

« **Jazz Gestion.** Un minifestival folk et jazz mis sur pied par des étudiants de l'Institut supérieur de gestion. Avec le guitariste country Marcel Dadi, mardi, les bluesmen Memphis Slim et Joe Turner, mercredi, et la formation de Dizzy Gillespie le 1ᵉʳ février. »
L'Express, 27 janv. 1979, p. 19.

✳ De l'anglais *country music* « musique de la campagne » parfois employé aux États-Unis sous la forme abrégée *country* (1973, Barnhart 2), pour désigner la musique de formations qui s'inspirent du folklore de l'Ouest et du Sud.

COUPONING ou COUPONNING [kupɔniŋ] *n. m.*

(v. 1970) *Comm. et pub.* Technique de démarchage, surtout pratiquée par les maisons d'édition, consistant à fournir au client éventuel, au moyen d'un document publicitaire envoyé à domicile ou d'une réclame dans la presse, un coupon détachable de demande de documentation, de consultation, ou encore de commande (→ **Mailing**).

« Le *couponing* désigne le mode de sollicitation à domicile par envoi d'une publicité à laquelle est joint un *coupon* détachable, qu'il suffit de remplir et de renvoyer pour recevoir l'objet proposé. »
P. PAMART, *Les Nouveaux Mots « dans le vent »*,
art. *Couponing* (□ 1974).

« M. Terrier [...] pense aussi que le "couponning" est une forme de commerce très sérieuse. Que ce soit par expédition du produit ou par visite d'un représentant, les conditions et délais d'examen offrent un avantage apppréciable à l'acheteur. En outre, il reçoit immédiatement l'objet de sa commande complète (série de dictionnaires, encyclopédies, etc.), même pour un paiement échelonné. »
Humanité dimanche, 30 nov. 1977, p. 40.

✳ En français, *couponing* est un substantif formé à l'anglaise avec une terminaison en *-ing*✳ sur *coupon* « bon détachable, bon de documentation » (sans valeur marchande) qui existe aussi en anglais comme nom. Le mot semble avoir été forgé par analogie avec les américanismes *marketing*✳, *merchandising*✳ qui sont dérivés de verbes. *Couponing* n'est pas enregistré dans les dictionnaires d'anglais ou d'américain, mais il voisine avec *sampling* dans le titre d'un chapitre de l'ouvrage de référence de Richard S. Hodgson, *The Dartnell Direct Mail and Mail Order Handbook*, Chicago, Dartnell (éd. de 1974), pp. 402-430. Il est possible que les Américains nous l'aient emprunté. *Couponing* pourrait être entièrement francisé par simple substitution du suffixe *-age* au suffixe *-ing* : *couponnage*.

COURSING [kuʀsiŋ] *n. m.*

(1828) Course de lévriers. Chasse au lièvre au moyen des lévriers. — REM. : Absent des dict. de l'Académie et de Littré.

« Ainsi un lévrier trop malin devine les "trucs" du coursing et y devient fraudeur. »   MONTHERLANT, *Les Bestiaires*, p. 103 (□ 1926).

✱ Mot anglais *coursing* (XVIe s.) « course », qui a ces deux sens en anglais. Ces emplois ne figurent pas dans le Webster's Third, ce genre de course et de chasse n'existant probablement pas aux États-Unis. Le mot a passé en français au début du XIXe siècle (1828, Mackenzie). Peu usité, il a gardé sa forme anglaise et les puristes ne s'en soucient guère.

COURT [kuʀ] *n. m.*

(1887, *in* Petiot) Terrain aménagé pour le tennis. *Des courts de tennis. La balle est sortie du court.*

« UN JEU A LA MODE. LE DIABOLO. On l'a joué un peu partout, tout cet été, sur les plages et dans les villes d'eaux, sur les pelouses devant les châteaux et sur les "courts" de tennis des grands hôtels. »
                    L'Illustration, 29 sept. 1906 [*in* D. D. L., 2e série, 3].

« Le tennis en courts couverts se joue au Queen's club, et en courts découverts à Wimbledon, ainsi que dans les clubs de polo. Partout en banlieue, tant sur terre battue que sur gazon, le Londonien joue au tennis les soirs d'été. »   P. MORAND, *Londres*, p. 140 (□ 1933).

✱ Mot anglais *court* (début XVIe siècle dans ce sens) de l'ancien français *court, cort* « cour ». Le mot a passé en français à la fin du siècle, assez tardivement par rapport au reste du vocabulaire de ce sport (1830-1900). La diffusion du tennis en France se situe entre les deux guerres. Le mot est généralement prononcé à la française comme l'adjectif *court*, parfois à l'anglaise [kɔʀt] mais la prononciation en faisant sonner le *t* [kuʀt], quoi qu'en dise Étiemble, nous paraît hypothétique. L'homonymie avec *cours* n. m. est un peu gênante. On peut employer *terrain* pour *court* (évidemment plus général) ; l'équivalence *champ* n'a pas eu de succès :

« Placé comme il était lui-même, à l'angle opposé du parallélogramme dessiné par le champ de tennis, Francis ne perdait pas un seul de ses clignements de paupières. »   P. BOURGET, *La Terre promise*, p. 121 (□ 1892).

« la balle en effet vient d'atterrir *hors* du *court*. Du *court* ? ou du *terrain* ? Pourvu qu'on prononce à la française *(cour)*, je consens qu'on parle d'un *court* de tennis ; mais pourquoi *courte* ou *corte* ? Au club de Saint-Gervais-les-Bains, si bien organisé, pourquoi parle-t-on du *court quick* ? Jouez plutôt sur un terrain de tennis. »   ÉTIEMBLE, *Parlez-vous franglais ?*, p. 59 (□ 1964).

COUVRIR [kuvʀiʀ] *v. tr.*

(v. 1955) Assurer et recueillir l'information concernant (un événement, un fait d'actualité), en parlant d'un journaliste.

« Le maire vient de faire savoir qu'il donnerait une conférence de presse demain matin à 9 heures pour laver les services de la voirie de tes accusations. Il faut que tu nous couvres ça, ma douce. »
                    LAPIERRE et COLLINS, *Le Cinquième Cavalier*, p. 30, Laffont (□ 1980).

✱ Calque de l'anglais *to cover* « couvrir », employé dans ce sens aux États-Unis depuis la fin du XIXe s. (1893, *in* Oxford Suppl.). Diverses extensions de sens, en français (« atteindre une zone, en parlant d'un émetteur », etc.) peuvent avoir été influencées par l'anglais, mais la fréquence et la polysémie du français *couvrir* suffit à motiver la plupart des emplois récents.

COVENANT [kɔvnã] *n. m.*

(1640) Pacte dans l'histoire anglaise. *Le covenant de 1588 entre les Presbytériens d'Écosse.*

« Dans l'après-midi, je m'arrêtai dans un carrefour pour écouter la parole inspirée de quelques puritains, vrais descendants des saints du *covenant*. À les voir et à les entendre on croirait à une résurrection de ces fanatiques célébrés par l'auteur d'*Old Mortality*. »
L. DEVILLE, *Voyages dans l'Amérique septentrionale* [1854-1855], p. 243
                                                                            (□ 1861).

« On adressa au roi un ultimatum sous le nom de supplication, et on voulut s'engager par un acte solennel qui rendit la retraite impossible

aux tièdes et aux hésitants. On fit revivre le *Covenant* de 1581, par lequel le roi et son peuple s'étaient unis pour la défense de la foi et de l'indépendance nationale contre les menées des catholiques et les projets de l'Espagne. C'était à la fois un serment et une déclaration de principes. »
            LAVISSE et RAMBAUD, *Histoire générale*, t. V, pp. 625-626 (□ 1895).

✱ Mot anglais *covenant* (XIIIᵉ s.), lui-même emprunté de l'ancien français *covenant, convenant, couvenant* n. m. « accord, convention » du verbe *convenir*. Il est revenu d'Angleterre au XVIIᵉ s. (1640, Saint Amant, *in* Mackenzie, p. 73) et il est resté un terme d'histoire.

COVER-GIRL [kɔvœʀgœʀl] ou [kɔvɛʀgœʀl] *n. f.*

(1946) Jeune fille, jeune femme très jolie qui pose pour les photos des illustrés (mode, publicité, etc.). *Des cover-girls.*

    « Là-bas, on les appelle "cover-girl". En France, on ne les appelle pas, mais on les utilise de plus en plus. Ce sont des filles qui posent pour les couvertures de journaux illustrés. »   *Elle*, 8 oct. 1946 [*in* D.D.L.].

    « Les hommes... Parfois ils sont galants, un, une fois, il lui a dit : "Pourquoi tu serais pas cover-girl, Marie-Noire ?". En effet, pourquoi pas ? Mais ça ne s'est pas présenté. »
            ARAGON, *Blanche ou l'Oubli*, pp. 11-12 (□ 1967).

✱ Mot américain *cover girl* de l'anglais *cover* « couverture » et *girl* « fille » (1915). Ce mot a pénétré en français avec les autres emprunts de la photo et du journalisme. *Girl* ne pose guère de problème pour un français à qui la prononciation de ce mot est familière ; *cover* est prononcé populairement [kɔvɛʀ]. Malgré les protestations des puristes on ne voit quelle traduction donner à *cover-girl* qui ne constitue pas une longue périphrase (*fille* étant péjoratif et *fille de couverture* ambigu !). Le dictionnaire canadien de Bélisle ne le mentionne pas. Kelley, p. 87, donne la traduction *mannequin*, qui est mauvaise. Le meilleur équivalent est *modèle*.

✱ L'équivalent masculin *cover-boy* reste rare :

    « Cheveux plaqués, cravate et costume rayés, Veruschka s'est transformée en cover-boy pour vanter les mérites du mohair. »   *L'Express*, 29 janv. 1973, p. 61.

COW-BOY [kɔbɔj] ou [kawbɔj] *n. m.*

(1839) Aux États-Unis, Gardeur de grands troupeaux de bovins élevés sur un vaste territoire, personnage essentiel de la légende de l'Ouest, qui portait un costume typique, travaillait à cheval et était armé pour lutter à la fois contre les Indiens et contre ses pareils. — REM. : Absent du dict. de l'Académie 1932. *Film de cow-boys* (→ **Western**).

    « À cette époque la vaste Prairie du Nebraska ne présentait, à partir de Sydney, d'autre trace de vie humaine que le passage des *cowboys* en train de pousser quelque troupeau épars devant eux. Les *ranches* succédaient aux *ranches* sans qu'aucune route tracée allât de l'un à l'autre. »   P. BOURGET, *Outre-Mer*, p. 32 (□ 1895).

    « Toutes les demi-heures ou toutes les heures, on distingue des cabanes de bois espacées dans la savane : sans doute les gîtes des cow-boys qui surveillent les troupeaux. »
            J. HURET, *En Amérique, De San Francisco au Canada*, p. 2 (□ 1905).

    « Après un landeau rempli d'hommes politiques illustres, ventrus et grisons, c'est un escadron de policemen montés, une troupe de cow-boys à sombreros et à lourds étriers de cuir fauve ; toute une cavalerie perpétuée hors les romans de Fenimore Cooper. »
            P. ADAM, *Vues d'Amérique*, p. 191 (□ 1906).

    « Les galopades effrénées des cow-boys à la poursuite des Indiens ravisseurs ; l'épouvantable fusillade ; la délivrance ultime des captifs, à la dernière seconde, par les soldats qui arrivent en trombe, brandissant magnifiquement la bannière étoilée... »
            L. HÉMON, *Maria Chapdelaine*, p. 144 (□ 1916).

« L'Art dramatique ça ne l'a pourtant jamais beaucoup intéressé, dirent les vieux parents, pas plus que le cinéma, sauf quand il était tout petit, Jacques, pour aller voir les coboys. »

QUENEAU, *Loin de Rueil*, p. 219 (□ 1944).

« Le foulard rouge noué à la cow-boy est de rigueur. »

P. MAC ORLAN, *Fêtes foraines*, Grande Ménagerie moderne, in *Pierre Mac Orlan*, p. 126.

∗ Mot anglais *cowboy* (début XVIIIe s.) « vacher » (ou « bouvier ») qui a pris le sens particulier que nous connaissons aux États-Unis (1866), formé de *cow* « vache » et *boy* « garçon ». En anglais, *cowboy* désigne toujours le vacher tel qu'il existe en Europe et qui a évidemment peu de ressemblance avec le cow-boy de la réalité américaine. Aucun Français ne confond le vacher et le cow-boy ; et s'il rencontre aux États-Unis un jeune garçon qui garde les vaches tout comme chez nous, il refusera de l'appeler *cow-boy* ; mais s'il va voir un western il refusera le nom de *vacher* à celui qui tire ses revolvers et galope dans les paysages de l'Ouest. Il en va de même de *gaucho*. On imagine la déconvenue d'un enfant à qui on offrirait une panoplie de vacher au lieu de la panoplie de cow-boy qu'il convoite. Les cow-boys américains ont abandonné leurs pistolets depuis que les hors-la-loi sont punis et que les Indiens sont dans les réserves ; ils ont aussi troqué leur cheval contre une voiture ; mais ils ont généralement gardé leur costume traditionnel, et leur travail proprement dit est resté le même. Cette évolution ne constitue pas un problème sémantique au niveau du français, car c'est toujours au cow-boy de la légende de l'Ouest que les Français font référence. Aussi bien la remarque d'Étiemble nous paraît-elle déraisonnable (→ ci-dessous). Le mot *cow-boy* est d'ailleurs trop ancien en français et trop connu pour qu'on lui cherche une traduction. La prononciation de *boy* [bɔj] est familière aux Français, les hésitations portent plutôt sur la première syllabe. La prononciation [kɔbɔj] est plus populaire que [kawbɔj]. C'est cette prononciation qu'essaie de transcrire Queneau (*coboy* ci-dessus, et *coboille, Zazie dans le métro,* p. 149, Livre de poche). Toutefois la francisation complète de la prononciation n'est pas rare, mais strictement sur le mode humoristique [kɔvbwa]. Le dictionnaire canadien de Bélisle donne ce mot sans le condamner mais avec la définition « gardien de bestiaux », qui semble peu appropriée ; il note une seule prononciation [kawbɔj].

« J'avais connu l'Est et l'Ouest, Chicago, la Louisiane et Nouillorque. En des millieux divers, j'avais acquis des amis : un vacher (que nos imbéciles appelleraient un *cow-boy*), des professeurs, des écrivains de gauche, des hommes d'affaires. »

ÉTIEMBLE, *Parlez-vous franglais ?*, p. 292.

COW-POX [kawpɔks] *n. m.*

(v. 1800) Éruption qui se manifeste sur les trayons des vaches, et qui contient le virus vaccin avec lequel on prépare le vaccin contre la variole ou petite vérole. — REM. : Absent des dict. de l'Académie ; signalé dans Littré 1863.

« Le 14 mai 1796, date digne d'être conservée dans l'histoire de l'humanité, Jenner prend du vaccin sur la main d'une vachère atteinte du *cow-pox*, et l'inocule au bras d'un garçon de huit ans. Quelques temps après, il soumet deux fois ce même enfant à l'inoculation des pustules de la petite vérole, et cet enfant reste parfaitement réfractaire à la contagion variolique. »

L. FIGUIER, *L'Année scientifique et industrielle*, p. 330, 1872 (□ 1871).

∗ De l'anglais *cow-pox* (1798) de *cow* « vache » et *pox* « vérole » (*small pox* : « petite vérole »), altération de *pocks* « pustules » (sing. *pock* même origine que le français *poche*). Ce mot a pénétré en français avec la thérapeutique nouvelle du vaccin, le premier vaccin découvert étant celui contre la variole (latin *variola vaccina* « variole de la vache »). *Cow-pox* est un terme d'histoire de la médecine.

COYOTE [kɔjɔt] *n. m.*

(1849) Mammifère carnivore d'Amérique du Nord voisin du chacal, dit parfois *loup de la prairie*.

« Ce matin, j'aperçois notre guide sioux, la *Corne-d'élan*, penché sur le haut d'une colline qui domine notre camp, et là, nu comme notre premier père, il exécute une danse accompagnée de gestes et de contorsions bizarres, puis il commence un chant lugubre et monotone ayant pour refrain l'aboiement du coyote ou loup des prairies, imité à s'y tromper. J'apprends que le but de son invocation matinale est de charmer et d'attirer les troupeaux de bisons, éloignés sans doute de cinquante lieues ; j'ai déjà dit que la *Corne-d'élan* était un grand magicien parmi les Sioux. »

E. de GIRARDIN, *Voyage dans les mauvaises terres de Nebraska* [1849-1850], pp. 53-54 (☐ 1864).

✳ Mot aztèque *coyotl* devenu *coyote* [kɔjɔte] en espagnol du Mexique, rapporté en anglais (*Coyote*, 1628, *in* Oxford dict.) qui a été employé par les Américains (1759, *in* A Dict. of Americanisms) et introduit dans notre langue par les voyageurs français en Amérique. Il ne s'est vraiment divulgué qu'avec les films américains projetés en France.

CRABS [kʀabs] *n. m.*

(1789) Ancien jeu de dés où le point à amener est déterminé pour la partie par celui qui sert. — REM. : Absent des dictionnaires de l'Académie et de Littré.

✳ Mot anglais, argot des joueurs (mil. XVIIIe s.) « le nombre de points le plus bas (deux as) aux dés » de *crab* « crabe ». Il ne semble pas qu'à aucun moment *crabs* ait désigné un jeu en anglais. Ce mot a passé en français d'abord avec la forme *kraps* dans l'Encycl. méthodique (1789), selon le dictionnaire général qui traite *crabs* (1900). Le Grand Larousse encyclopédique (1961) reprend la graphie ancienne *kraps* et ajoute *kreps*. Les Américains nous ont repris *craps* (1843) par le français de Louisiane. Le crabs ne semble plus guère joué de nos jours. Il possède en tout cas un autre nom français celui de *passe anglaise*.

CRACK [kʀak] *n. m.*

1° (1854) Meilleur cheval d'une écurie de courses. — REM. : Absent de Littré et des dict. de l'Académie.

« Rue Euler, c'est un rez-de-chaussée écrasé de peluches brodées, aux tons fracassants, orné sur les murs de lithographies anglaises : chasses, steeples, cracks célèbres, portraits variés du prince de Galle [*sic*] dont un avec dédicace. »

O. MIRBEAU, *Le Journal d'une femme de chambre*, p. 367 (☐ 1900).

2° (1886) Personne qui réussit particulièrement bien (sports, études, etc.). *Cet élève n'est pas un crack, mais il est en progrès.*

« À propos de théâtre, ça y est. Voilà que les épreuves ont commencé à huis clos [...]. Aucune indiscrétion n'est encore venue nous apprendre si dans le lot de 1891, comme on dit en langage équestre, il y aura des *cracks* artistiques. » *Le Charivari*, 13 juil. 1891, p. 2.

« — Mais vous devez être plus avancé que moi dans ses confidences, vous qui êtes le grand favori, le grand crack, comme disent les Anglais. »

PROUST, *À l'ombre des jeunes filles en fleurs*, p. 537 (☐ 1918).

✳ Mot anglais *crack* n. (XVIIe s.) mêmes sens, de *to crack* « se vanter » au *fig.* Ce mot a pénétré en français avec le vocabulaire du turf. Bien adapté phonétiquement, il a gardé une graphie anglaise. Au sens 1°, notre langue ne dispose d'aucun synonyme. Au sens 2°, le plus courant, il est attesté en 1886 dans Petiot. On peut dire *as* ; mais ce mot est quelque peu vieilli.

CRACKER [kʀekœʀ] *n. m.*

(1ʳᵉ moitié du XIXᵉ s.) Petit biscuit salé, mince et croustillant. — REM. : Absent des dict. de l'Académie et de Littré.

« — Non seulement il mange de tout, mais il a un rude appétit ! Pourtant il boit du lait et mange des crackers au lieu de pain (les

crackers sont des espèces de biscottes sèches qu'on trouve sur toutes les tables américaines, de même que le beurre et de l'eau glacée). »
J. HURET, *En Amérique, De San Francisco au Canada*, p. 26 (□ 1905).

✻ Mot américain (1739), de *to crack* « craquer ». Ce mot a passé en français entre 1812 et 1846 selon Wartburg, mais il ne s'est jamais vraiment acclimaté, et ne désigne que des biscuits particuliers aux États-Unis, qui se mangent avec l'apéritif, le fromage. Par contre il est courant au Canada, où la chose l'est aussi (« le filet de haddock, comprenant rolls et crackers » *in* Kelley, p. 20). Les Canadiens le condamnent et proposent l'équivalent *craquelin*, mot français (XVIe s.) qui désigne encore actuellement des gâteaux feuilletés sucrés du genre palmier (il y a des craqueliniers émérites près de Dinan), sans aucun rapport avec les crackers.

CRACKING [kʀakiŋ] *n. m.*

(1922) Procédé de raffinage pétrolier qui modifie la composition chimique d'une fraction du mélange au profit des produits légers et volatils. — REM. : Absent du dict. de l'Académie 1932.

« des zones industrielles hérissées de réservoirs de pétrole, de tours de cracking et de tuyauteries [...]. »
P. GEORGE, *Géographie des États-Unis*, p. 110 (□ 1971).

— *N. m.* (mil. XXe s.) Techn. *Steam cracking*, craquage en présence de vapeurs d'eau.

« Une colonne à distiller (unité de steam cracking produisant 100 000 tonnes d'éthylène par an) fonctionne à Laverra, depuis dix mois, sous le contrôle d'un T. 2000. »
F. SÉGUIER, *in La Recherche*, juin 1970, p. 184.

✻ Mot anglais (XXe s.), *cracking*, de *to crack* « briser ». On trouve en français la forme *crackling* dès 1899 ; ce mot existe aussi en anglais. Le Comité des termes techniques français propose, à la place de *cracking*, le mot *craquage* (*usine de craquage*, *procédé de craquage*, etc.), ainsi que le verbe *craquer* pour « effectuer le craquage ». Cette recommandation semble assez bien suivie dans l'usage des techniciens. Pour remplacer *steam cracking*, signifiant « craquage à la vapeur d'eau », l'Administration préconise l'emploi de *vapocraquage* n. m. (ainsi que de *vapocraquer* et de *vapocraqueur*) qui sonnent bizarrement.

CRASH [kʀaʃ] *n. m.*

(1959) Atterrissage d'un avion en catastrophe, avec choc et dégâts.

« l'aviateur qui se résoud à faire un *crash* [...]. »
Sciences, mai-juin 1959, p. 81.

✻ De l'anglais *crash* n. (1580), de *to crash* « s'écraser » d'origine onomatopéique, 1910 en aviation. On propose un équivalent officiel moins évocateur dans Gilbert, *Dictionnaire des mots contemporains* :

« À la demande du Premier ministre, une Commission a travaillé sur le vocabulaire militaire général pour le débarrasser des anglicismes [...] *crash* deviendra "atterrissage forcé avec dégâts". »
La Croix, 16 janv. 1971.

CRAWL [kʀol] *n. m.*

(1905) Nage sur le ventre avec battement continu des jambes et tirage alternatif des bras, la plus rapide des nages. — REM. : Absent du dict. de l'Académie 1932.

« Dans ce bocal à poissons rouges
Je voudrais, si j'étais rossignol,
Étonner le monde savant
En nageant le "crawl" et le fox-trot : Swanie. »
P. MAC ORLAN, *Abécédaire des filles et de l'enfant chéri*,
p. 115 (□ 1924).

« Elle s'élança sur le plongeoir, plongea, reparut, battit l'eau d'un crawl aisé, respira dans la bonne cadence, alla toucher le bord du petit

bain et vint rejoindre Rodrigue qui reprenait souffle, accroché à la
corniche.
"Tu crawles bien", dit-il... »
                                    R. VAILLAND, *Bon pied, bon œil*, p. 77 (□ 1950).

« En 1830, une seule nage régnait : la brasse. Ce n'est qu'en 1844
que le crawl fait son apparition par l'intermédiaire d'un journaliste
anglais, commentant la nage de quelques Indiens venus participer à une
compétition internationale. Il les voit tourner les bras comme des
moulinets et frapper très fort l'eau avec les pieds. Les Anglais,
remarquant la rapidité de ce nouveau mode de nage, cherchèrent à
l'améliorer. Mais le corps restait toujours sur le côté, en une position
que certains nomment encore indienne, peut-être en souvenir de ces
ambassadeurs. Le nom de crawl est associé à celui du nageur australien
Cavill, promoteur réel de la nage que nous sommes habitués à voir.
Australiens puis Américains et Anglais l'adoptèrent rapidement. »
                                    Jeux et Sports, p. 1567 (□ 1967).

✳ Mot anglais *crawl*, primitivement *crawl-stroke* (1903) « nage » (*stroke*
proprement « mouvement ») « par reptation » *(crawl)*. C'est un jeune
nageur du nom de Cavill qui créa cette nage rapide pour la compétition.
Le mot a pénétré en français en 1905 (Petiot). La prononciation populaire
[kʀavl] donnée par Mackenzie semble avoir disparu. Facile à prononcer
[kʀol], le mot a gardé une graphie anglaise mal adaptée au système
français. Il n'y a aucun équivalent. Le français a créé *crawler* v. sur *crawl*
n. m. (attesté en 1931) et *crawleur* (id.) sur *crawler*. *Dos crawlé* est de
formation française.

CRÈME GLACÉE [kʀɛmglase] *n. f.*

(v. 1935) Glace, le plus souvent enrobée de chocolat, etc.

« Ce n'était pas, comme les autres gamines, pour s'offrir de la crème
glacée, des colifichets ou des jouets. »
                                    SIMENON, *La Boule noire*, p. 53 (□ 1955).

« On aura de la crème glacée, des liqueurs, des cigarettes. »
R. LEMELIN, *Au pied de la pente douce* [Roman québécois], p. 69
(□ 1967).

✳ Calque de l'anglais *ice cream* n. (1769), déformation de *iced-cream*
« crème *(cream)* glacée *(iced)* » ; s'emploie au pluriel : *ice-creams*. Ce
mot désigne une glace de composition très riche, excluant le sorbet *(fruit
ice ; sherbet)*, et s'emploie à peu près dans tous les cas où nous disons
glace. Le calque français semble s'être répandu dès la vente de
certaines glaces enrobées de chocolat notamment dans les cinémas,
glaces dites aussi *esquimaux* (marque déposée). On ne parle guère de
crème glacée pour les glaces vendues en cornets selon la tradition ou
la glace commandée comme dessert, encore que cet emploi tende à se
généraliser. Il n'y a guère d'équivoque, en français, entre *glace* « eau
congelée » (angl. *ice*) et *glace* « crème glacée » (angl. *ice cream*).
Lorsque nous aurons des marchands de glace (« eau congelée ») tous
les vingt kilomètres sur les routes, peut-être le mot *crème glacée*
sera-t-il utile. Au Canada, l'emploi de *crème glacée* est général pour
glace. On trouve dans Bélisle une traduction littérale de *ice-cream*,
crème à la glace (article *crème*) qui ne semble guère usitée.

« Un anglicisme légèrement camouflé consiste à traduire une expression qui
avait déjà son équivalent en français tout aussi explicite et même plus court... Ainsi
beaucoup de pâtissiers et de confiseurs cherchent à nous tenter en nous offrant
des "crèmes glacées" ; ces miroirs à alouettes sont tout simplement de bonnes
vieilles glaces [...] avec, sans doute, un peu moins de crème qu'autrefois ! »
                    F. de GRAND COMBE, *De l'anglomanie en français*, juil. 1954, p. 189.

CRICKET [kʀikɛt] *n. m.*

(1728) Sport britannique d'équipe qui se pratique sur terrain
plat avec des battes de bois, des balles et des guichets qu'il
s'agit de renverser. — REM. : Absent de tous les dict. de
l'Académie ; signalé dans le supplément de Littré 1877.

« On me dira que ces jeux existent partout ; oui, mais non pas aussi
fréquents ni dans des conditions aussi exagérées, surtout en ce qui
regarde le cricket.

Ah ! le cricket ! c'est le jeu national. En Australie ce n'est pas une petite affaire pour la presse que d'avoir à rendre compte des faits et gestes des joueurs ; il ne lui faut pas parler seulement de ce qui se passe dans telle ou telle colonie, mais de ce qui fait en ce genre dans la Grande-Bretagne, comme dans toutes les colonies. »
                              D. CHARNAY, *Six Mois en Australie* [1878], p. 50 (□ 1880).

« On entre à l'école de quatorze à dix-sept ans ; elle est donc en moyenne composée de jeunes gens dans la force de l'âge, aussi tous les exercices du corps sont-ils fort en honneur : le canotage, le criquet, le *foot-ball* prennent une partie du temps, et les élèves de l'école s'entraînent à tous ces jeux de façon à pouvoir lutter avec les étudiants des universités. »   *La Science illustrée*, 2ᵉ sem., 1891, p. 392.

« J'ai longé [...] le grand stade où se déroulent les matches de cricket ou de football, pour arriver enfin à Oak Park [...]. »
                              M. BUTOR, *L'Emploi du temps*, p. 48 (□ 1956).

✳ Mot anglais *cricket* (XVIᵉ s.) d'étymologie obscure, peut-être apparenté à l'ancien français *criquet* de sens douteux (« bâton » ?). Le premier match de cricket entre comtés eut lieu en 1728. Le mot a pénétré en français pour commenter le sport britannique (le cricket n'a jamais été apprécié en France alors qu'il passionne les Anglais et est devenu leur jeu national). On fait sonner le *t* de *cricket* [krikɛt] à l'anglaise ; la prononciation francisée [krikɛ] aurait le désavantage de créer une homonymie avec *criquet,* nom de l'insecte. Quant à la graphie *criquet,* essayée au XIXᵉ s., elle n'a pas prévalu.

CRIS-CRAFT → CHRIS-CRAFT.

CROMLECH [krɔmlɛk] *n. m.*

(1785) *Vx.* Dolmen. — REM. : Absent des dict. de l'Académie ; signalé dans Littré 1863 *cromlek,* et 1877 *cromlech.*

« Non loin de Penrice s'élève sur une longue colline un puissant monument qu'on nomme *la Pierre d'Arthur.* C'est peut-être le plus célèbre Cromlech (1) du pays de Galles. On l'appelait "une des merveilles du monde dans le Gower". Il n'a point été facile de l'ériger dans la position qu'il occupe, car les Triades qualifient ce fait comme "une des trois œuvres difficiles accomplies en Bretagne", et de plus "une des trois preuves étonnantes de la puissance humaine" ; les deux autres étant Stone-Henge et Salisbury-Hill.
1. Les antiquaires des Îles Britanniques appellent *Cromlech* ce que nous appelons *Dolmen.* (Note de M. Henri Martin). »
                  A. ERNEZ, *Voyage dans les pays de Galles* [1862], p. 263 (□ 1867).

— (1819) Enceinte de menhirs.

« Le Mont-Blanc [...]
Comme la grande pierre au centre du cromlech
Apparaît au milieu des Alpes qu'il encombre ; »
                              HUGO, *Légende des siècles* [*in* T. L. F.].

✳ Mot anglais emprunté à l'ancien gallois (de *crom* « recourbé » et *llech* « pierre ») où il a le sens de « dolmen » (1603, *in* Oxford dict.), alors que le mot anglais *cromlech* désigne une enceinte de menhirs, comme aujourd'hui en français. La prononciation de *cromlech* n'est pas étrangère au français, qui connaît des mots bretons (*Pen March,* etc.).

CROONER [krunœr] *n. m.*

(mil. XXᵉ s.) Chanteur de musique populaire (d'abord, américain) qui chante très doucement dans un style à la fois sentimental et rythmé.

« Une chanson de Jean Sablon, le crooner de l'époque, dont les paroles étaient : "je tire ma révérence, et je m'en vais au hasard, sur les routes de France, de France et de Navarre..." Il n'avait pas prévu. »
                              F. GIROUD, *Si je mens...,* p. 83, Stock, 1973 (□ 1972).

✳ De l'américain *crooner* (1930), même sens, de *to croon* « murmurer ». Ce mot n'est pas très courant en français. Quant au verbe *crooner*, c'est une fantaisie.

    « Fin 1955, Chevalier, qui a découvert le micro et le récital électronique, "croone" à Las Vegas. C'est là qu'il apprend à la radio la congestion cérébrale dont venait d'être frappée Mistinguett, et dont elle allait mourir à l'âge de quatre-vingts ans. »   O. MERLIN, in *Le Monde*, 4 janv. 1972, p. 15.

CROQUET [kʀɔkɛ] *n. m.*

(1866) Jeu de plein air qui consiste à faire passer une boule sous des arceaux avec un maillet.

    « Le croquet se joue autant que possible en plein air et offre cet avantage sur le *crickett* que jeunes gens et jeunes filles peuvent y prendre part. »   *Grande Encyclopédie Berthelot*, art. *Croquet*, 1891.

✳ Mot anglais *croquet* (mil. XIXᵉ s.), du français *crochet*. Le croquet fut véritablement lancé en Angleterre avec le match de 1867 ; il s'effaça devant les débuts du tennis. Il a eu un certain succès en France mais n'est plus guère joué que dans les familles. À la différence de *cricket* le *t* ne se prononce pas. Sans doute sous l'influence de *cricket*, le mot s'est souvent écrit *crocket*, notamment au XIXᵉ s.

    « On se presse devant la cour sablée de l'hôtel pour lui voir faire sa partie de crocket avec les petites filles et les petits garçons [...]. »   A. DAUDET, *Numa Roumestan*, p. 210, Nelson (□ 1880).

    « il est familier avec les exercices de sport, à la tête de toute la jeunesse milliardaire dans les concours de tennis, de polo, de golf et de crocket. »   Jules VERNE, *L'Île à hélice*, p. 139 (□ 1895).

CROSKILL [kʀɔskil] *n. m.*

(1889) Rouleau à disques qui sert à briser les mottes de terre. — REM. : Absent des dict. de l'Académie.

✳ Nom de l'inventeur. Bien que Bonnaffé, Mackenzie et Wartburg signalent ce mot comme anglicisme, on ne trouve trace de *croskill* ni dans l'Oxford dict. ni dans le Webster. Il arrive assez souvent (cas de *Chatterton*) que le français emprunte un nom propre anglais pour désigner un objet sans que les Anglais eux-mêmes en aient fait autant.

CROSS-COUNTRY [kʀɔskuntʀi] ou CROSS [kʀɔs] *n. m.*

(1885) Course à pied en terrain varié, avec des obstacles. *Les cross-country, les cross de la saison.* — REM. : Absent du dict. de l'Académie.

    « Les équipes de cross-country peuvent bien s'entr'aider, mais le nombre des équipiers n'est point fixé une fois pour toutes [...]. »   J. PRÉVOST, *Plaisir des sports*, p. 123 (□ 1925).

    « savoir s'il pleuvrait dimanche, auquel cas son cross-country était fichu. »   MONTHERLANT, *Le Démon du bien*, p. 79 (□ 1937).

    « Est-ce que vous avez lu l'article de Joë Dupont sur le *cross* d'hier ? Je vous le recommande. Entre autres choses, le dégonflage de l'équipe de l'Ouest y est expliqué de façon magistrale. »   M. AYMÉ, *Travelingue*, p. 156 (□ 1941).

    « Ça fait une trotte, remarqua le sergent de ville bourgeoisement. Je ne suis pas champion de cross, moi. »   QUENEAU, *Zazie dans le métro*, p. 140 (□ 1959).

✳ Abréviation de l'anglais *cross-country running* proprement « course (running) à travers *(cross)* la campagne *(country)* », l'expression datant, semble-t-il, du XIXᵉ siècle. *Cross-country* est toujours adjectif en anglais et la nominalisation est française (1885, Le Figaro, *in* Mackenzie). Notre langue a même abrégé en *cross,* forme la plus courante aujourd'hui, et facile à prononcer ; cette forme n'existe pas en anglais. Il est fréquent qu'une expression anglaise assez encombrante soit élégamment abrégée dans l'emprunt français puisque cette abréviation ne peut créer dans notre langue aucune ambiguïté. Le cross-country nous est venu d'Angleterre où l'on a toujours pratiqué des sports et des jeux à travers champs (la campagne anglaise s'y prêtant particulièrement bien).

La forme abrégée *cross* a permis de former en français *cyclo-cross*, n. m. (1919) « course de vélos sur parcours accidenté hors des routes », *moto-cross*, n. m., *side-car cross* ou *side-cross* (1981), et *crossman* (*Moto-Revue*, 6 mai 1981, p. 51) qui évidemment n'existent pas en anglais. Il est curieux de constater la valeur prise par *cross* : « course dans la campagne ».

CROSSING-OVER [kʀɔsiŋɔvœʀ] *n. m. invar.*

(1926) *Génétique.* Échange des chromatides de deux chromosomes donnant une composition mixte de gènes.

« Quelquefois, il se produit un échange de gènes entre le chromosome paternel et le chromosome maternel, en sorte que la cellule reproductrice reçoit un chromosome de composition mixte *(crossing-over)* [...]. »   J. ROSTAND, *L'Homme*, p. 50 (□ 1926).

« Qu'un enfant hérite de son père une moitié de ses caractères, et l'autre moitié de sa mère, voici qui est assez banal. Ce qui l'est moins réside dans la faculté, pour cet enfant, de transmettre ensuite à ses descendants une information génétique recombinée, autrement dit des chromosomes mixtes dans lesquels les crossing-over auront permis d'abouter des segments originaires de chacun des parents. Ce jeu des crossing-over a évidemment été largement exploité par les sélectionneurs. »   *La Recherche*, oct. 1973, p. 874.

✱ Mot anglais créé par le célèbre biologiste américain T. H. Morgan (1912), de *to cross over* « se croiser en se recouvrant », très couramment employé en français, en biologie génétique. On a proposé l'équivalent *enjambement* pour remplacer ce mot mal adapté au français.

CROUP [kʀup] *n. m.*

(1777) Laryngite diphtérique, qui peut amener la mort par asphyxie, et qui sévit surtout chez les enfants. *Cet enfant à le croup.* — REM. : Admis dans le dict. de l'Académie 1835.

« Le croup est une maladie du larynx, une sorte d'inflammation spéciale de la membrane muqueuse de cet organe, caractérisée par la formation d'une concrétion membraneuse ou fausse membrane, qui, obstruant le calibre du conduit aérien, amène des accès de suffocation, bientôt suivis de symptômes d'asphyxie graduellement croissants et qui entraînent la mort. »   L. FIGUIER, *L'Année scientifique et industrielle*, pp. 335-336, 1860 (□ 1859).

✱ Mot anglais *croup* (1765) emprunté à l'écossais, où il désignait populairement cette maladie, par le professeur Francis Home d'Édimbourg (*An Inquiry into the nature, cause and cure of the Croup* — enquête sur la nature, la cause et le traitement du croup —, 1765). L'écossais *croup* n. vient de *to croup* v. « émettre un cri rauque », ancien nordique *hrópja*. Bien que le croup semble avoir de tout temps existé, les recherches sur cette maladie et l'attention qu'on lui porta se manifestent au XVIIIᵉ siècle avec l'ouvrage de Home et au début du XIXᵉ siècle, après la mort du fils de Lucien Bonaparte ; Napoléon organisa un concours sur ce sujet en 1807. Vers 1820, Bretonneau reconnut, pour la première fois dans le croup, une manifestation de la diphtérie. Contagieux et même épidémique, le croup semble avoir fait de grands ravages jusqu'à l'usage des antibiotiques (2 000 décès par an à Paris, selon l'Encyclopédie Berthelot, 1891). La maladie n'est évidemment pas d'origine écossaise ; c'est par les hasards de la recherche scientifique qu'un Écossais lui donna ce nom. *Croup* a donné en français les adjectifs *croupal* « du croup » (1836) et *croupeux* (1869) « atteint du croup ».

CROWN-GLASS [kʀawnglas] *n. m.*

(1776) Verre blanc très transparent (ne contenant ni fer ni plomb) servant notamment à faire des lentilles d'optique. — REM. : Absent des dict. de l'Académie ; signalé dans Littré 1863. — Parfois abrégé en *crown*.

« Enfin dans la confection de ce prétendu objectif, l'auteur dit que l'on a fondu ensemble le crown-glass et le flint-glass ; il ignore que les objectifs astronomiques sont formés de deux lentilles *séparées*, l'une de crown-glass, l'autre de flint-glass [...]. »
BALZAC, *Chronique de Paris*, p. 9 (□ 1836).

✳ Mot anglais *crown glass* (1706) de *glass* « verre » et *crown* « couronne », ainsi nommé parce qu'il présenta une structure circulaire à la fabrication. L'Oxford dictionary précise que c'est le verre communément utilisé en Grande-Bretagne pour les vitres des fenêtres : « It is the sort commonly used in Great Britain for windows... ». Le mot a quasiment gardé sa forme anglaise particulièrement mal adaptée au système français. Nous ne lui connaissons pas de traduction.

CRUCIAL, E [kʀysjal] *adj.*

(1911) Qui est très important, fondamental, capital. *Une question cruciale. Un problème crucial.* — REM. : Cet emploi n'est pas signalé dans le dict. de l'Académie 1932.

« S'il fallait l'en croire, nous entrerions ici [Livre IX des *Confessions*] dans les années cruciales de sa vie, celles qui firent la révolution de sa destinée. »   J. GUÉHENNO, *Jean-Jacques*, in P. FOULQUIÉ, *Dict.*
de la langue philosophique, art. *Crucial*.

« Sera-ce lui, sera-ce le vicaire qui me tendra l'hostie ? se demandait Wolf, et il envisageait des manœuvres complexes pour se substituer à un de ses camarades au moment crucial afin de la recevoir de celui qu'il fallait, car si c'était l'autre, on risquait de tomber foudroyé ou d'être pris par Satan à tout jamais. »   Boris VIAN, *L'Herbe rouge*, p. 125 (□ 1950).

✳ Le mot *crucial*, du latin *crucialis*, existait en français comme terme didactique au sens de « en croix » : *incision cruciale* (1560) ; c'est le seul sens donné par Littré en 1863 (ce sens a passé en anglais au XVIIᵉ siècle). — Mais le premier sens de *crucial* en anglais est une traduction de Francis Bacon, philosophe anglais qui écrivait en latin, traduction de l'expression *instancia crucis* (*Novum Organum*, 1620) par *crucial instance, crucial experiment* (XVIIIᵉ s.) c'est-à-dire « exemple de la croix » (métaphore du poteau indicateur d'un carrefour, reconnaissance d'une cause spécifique parmi d'autres qui semblent concourir au même effet). L'expression anglaise *crucial experiment* a été interprétée par la suite comme « expérience décisive », et *crucial* a fini par signifier « décisif, important, capital » à la fin du XIXᵉ siècle. Et c'est ce sens qui a passé en français, seul sens courant aujourd'hui. Il semblerait, comme le suggère Thérive ci-dessous, que les usagers du français rattachent *crucial* à la série *cruci-* où la croix est celle du christ *(crucifix)* plutôt qu'à la série anodine *crucifère, cruciverbiste*, etc. Quant à l'emploi philosophique, il n'apparaît qu'au XXᵉ siècle dans les dictionnaires français, comme pour servir d'étymologie au sens courant.

« Un des mots les plus usités aujourd'hui est sûrement le mot *crucial*. M. Louis Latzarus a écrit une spirituelle chronique sur sa vogue. "Un point *crucial*, une question *cruciale*, quand ils ne sont pas *névralgiques*",
Qu'est-ce que cela signifie au juste ?
Il n'est pas douteux que pour l'instinct obscur des usagers, le mot n'ait le sens vague de *douloureux*. La ressemblance avec *cruel* et même *crucifier* évoque une espèce de torture... Bien entendu, c'est une pure illusion, mais dont il faut tenir compte. D'ailleurs, en chirurgie, *l'incision cruciale*, en forme de croix, n'entraîne pas une image réjouissante. » A. THÉRIVE, *Querelles de langage*, t. II, p. 145 (□ 1933).

« *Crucial* n'avait d'autre sens que : *en forme de croix*. Influencé par son homonyme d'outre-manche, il se charge aujourd'hui des sens de : *critique* et de *décisif*. » Ch. HOLTER, in *Défense de la langue française*, janv. 1960, p. 27.

« Voici encore des adjectifs dont le sens est affecté par l'anglais *drastique* (sévère, radical), *critique* (pris au sens de délicat, complexe, fâcheux, etc.), *crucial* (tragique, catastrophique) [...]. » LE BIDOIS, *Les Mots trompeurs*, p. 269 (□ 1970).

CRUDE AMONIAC [kʀudamɔnjak] *n. m.*

(1890) *Techn.* Résidu de la fabrication du gaz d'éclairage, utilisé comme engrais. — REM. : Absent du dictionnaire de l'Académie 1932.

« Les cruds d'ammoniaque [*sic*] contiennent de l'azote à l'état de sels ammoniacaux, des cyanures, des sulfocyanates et des combinaisons organiques insolubles. »
E. GAUTIER, *L'Année scientifique et industrielle*, p. 218, 1901 (□ 1900).

✳ Mot formé d'après l'anglais *crude amoniac*, « ammoniac non raffiné » (*crude amoniac* n'est pas un mot composé en anglais). La citation ci-dessus offre un essai de francisation peu clair. Dans la mesure où ce produit existe encore, il faudrait lui trouver un nom acceptable.

CRUISER [kʁuzœʁ] *n. m.*

(1879) Petit yacht prévu pour la mer.

« En effet, l'adepte du *dériveur* léger de 1943, du petit *cruiser* de 1948 s'intéresse toujours à quelque chose de plus grand [...]. »
J. GIORDAN, *Le Yachting*, P. U. F. Que sais-je ?, n° 820, p. 21 (□ 1959).

✳ Mot anglais *cruiser* (xvııe s.), de l'ancien néerlandais *kruiser* « croiseur » ; on a repris l'anglais *cruiser* (1879 dans la revue *Yacht*, *in* Mackenzie, p. 237) comme terme de plaisance et comme tel, bien mal adapté au système français ; il est impossible évidemment de traduire par *croiseur*, le *croiseur* étant un gros navire de guerre.

CRYONIQUE [kʁijɔnik] *n. f.* et *adj.*

(v. 1964) Procédé de conservation des cadavres par perfusion au diméthyle sulfoxique et refroidissement à très basse température, en vue d'une réanimation future liée aux progrès de la médecine.

« "Devenez un Immortel Potentiel" voilà ce que propose la cryonique. Pour cela il suffit dès que vous mourrez d'être enveloppé dans de la glace jusqu'à ce qu'un perfuseur comme Klockgether injecte dans votre corps une solution de diméthyle sulfoxide (DMSO) de manière à éviter le gel des liquides qu'il contient. Puis, vous serez "gelé" dans de la glace sèche. Enfin, placé dans une capsule, une sorte de thermos, vous baignerez dans du nitrogène liquide et serez ainsi maintenu à − 147 °C jusqu'à ce que la science découvre le remède au mal qui vous a emporté. Même s'il s'agit de la vieillesse. Oui. Oui. » *Libération*, 28 sept. 1981, p. 13.

— *Adj.* De la cryonique. *Perfusion cryonique.*

✳ De l'américain *cryonics* n. de *cryo-* « froid » et d'après *(bio)nics*, normalement francisé en *cryonique* (comme pour *linguistics*, *semiotics*, etc.). Après la fondation de la *Cryonics Society of Michigan* (1964 ?) par Robert C. W. Ettinger « père de la cryonique », apparaît la *Cryonics Society of California* (1966) et, en 1968, son président Robert Nelson publie *We Froze the First Man* (« Nous avons congelé un homme pour la première fois »). La cryonique, qui s'appuie sur la cryobiologie, prétend conserver les cadavres dans le froid afin qu'on puisse les ranimer lorsque la médecine aura fait les progrès nécessaires. Les piètres résultats obtenus et l'exploitation financière des familles fit scandale jusqu'au procès de 1981 gagné par Michael Worthington, l'avocat des familles de « cryonisés ». L'affaire de la cryonique a défrayé plusieurs fois la chronique française.

CRYONISER [kʁijɔnize] *v. tr.*

(1981) Traiter un cadavre par le procédé de la cryonique. — Adj. *Cadavres cryonisés.*

« Au début de l'été Louis Nisco meurt, sa fille obsédée par la mort confie à son frère le soin de faire cryoniser son papa [...]. »
Libération, 28 sept. 1981, p. 12.

« En juin dernier, un jeune avocat américain Michael Worthington, gagnait le procès qu'il avait intenté au nom de ses tout premiers clients : les familles des onze "cryonisés" (cadavres perfusés au diméthyle sulfoxique, puis surgelés dans l'attente des progrès de la médecine). »
Libération, 28 sept. 1981, p. 12.

✳ De l'américain *to cryonize* (v. 1970, non attesté dans Barnhart 2), d'après *cryonics*. On relève aussi le substantif *cryonisation* n. f. « action de cryoniser (un cadavre) ». → **Cryonique.**

CRYPTON → KRYPTON.

CUBILOT [kybilo] *n. m.*

(1841) Haut fourneau à creuset de métal, pour la préparation de la fonte de seconde fusion. — REM. : Absent des dict. de l'Académie ; signalé dans Littré 1863.

« La seconde méthode, due à M. Bessemer, consiste à supprimer du même coup les fours à puddler et les fours d'affinerie, en y substituant des creusets ou *cubilots* de grandes dimensions, dans lesquels l'air, l'oxygène ou la vapeur d'eau, fortement comprimés, et chauffés à une haute température, décarburent la fonte et l'affinent sans le concours du travail humain. »
L. FIGUIER, *L'Année scientifique et industrielle*, p. 101, 1858 (□ 1857).

✳ Francisation de l'anglais des ouvriers de Sheffield *cupelow, cupilo* (début XIXᵉ s.) qui sont venus travailler en France ; ces termes de métier sont eux-mêmes une déformation du mot anglais normal *cupola*, abrév. de *cupola-furnace* « fourneau *(furnace)* à coupole *(cupola)* » parce que les anciens fourneaux étaient surmontés d'une coupole menant à la cheminée. Ainsi nos cubilots ne sont que des coupoles ! Néanmoins *cubilot*, d'apparence si française, est un mot qui a bien mérité sa place. Apparu en 1841 (*cubilots ou fourneaux à la Wilkinson*, Balascheff, *in* D. D. L.), il semble s'être répandu une vingtaine d'années plus tard ; Pierre Larousse lui consacre un long article (1869). Cet anglicisme a échappé aux étymologistes (dont Wartburg et Mackenzie). Nous tenons nos informations de l'Oxford dictionary.

CUE BID [kjubid] *n. m.*

(1966) Au Bridge, Enchère dans la couleur de l'adversaire destinée à montrer une main forte et à indiquer le contrôle du premier tour de cette couleur.

« Pour que la conversation puisse se poursuivre sans risque de passe parole on a inventé une convention qui porte le nom de *cue-bid*, une sorte de deux trèfles du camp de la défense. Elle consiste à nommer au niveau le plus bas et à la première occasion la couleur de l'adversaire. »
G. VERSINI, *Le Bridge*, p. 80 (□ 1972).

✳ De l'anglais *cue bid* (1932, Oxford 2ᵉ Suppl.) de *cue* « signal » et *bid* « enchère », proprement « enchère qui est un signal ». Le mot est attesté en 1966 (P. Ghestem et C. Delmouly, *Le Monaco*, p. 10). Il n'y a pas d'équivalent français.

CULTIVAR [kyltivaʀ] *n. m.*

(1968) Variété d'une espèce végétale obtenue par clonage, sélection ou hybridation, et utilisée en agriculture.

« Il existe plusieurs clones commerciaux obtenus soit par sélection à l'intérieur de la population de "Cayenne lisse", soit par hybridation entre divers types de ce cultivar et d'autres, voisins. »
J.-F. LEROY, *Les Fruits tropicaux et subtropicaux*, p. 93 (□ 1968).

✳ Anglais *cultivar* n., créé en 1923 par L. H. Bailey, mot-valise fait sur *culti(vated)* « cultivé » et *var-* qui fonctionne avec le sens de « variété, variable ». Le terme est attesté en oct. 1974 dans la *Clé des mots*.

CULTURALISME [kyltyʀalism] *n. m.*

(mil. XXᵉ s.) Doctrine sociologique qui met en évidence l'action du milieu culturel sur l'individu.

« Le dialogue entre le biologisme et le culturalisme est plein d'enseignements pour la pathologie psychosomatique. »
J. DELAY, *Introduction à la médecine psychosomatique*, p. 27 (□ 1961).

✻ Mot formé sur l'américain *culturalist* n., « spécialiste de la *cultural anthropology* (littéralt "anthropologie culturelle", opposé à *physical anthropology* "anthropologie physique") qui correspond à peu près à notre *anthropologie sociale*. » Le français a forgé *culturaliste* dans un autre sens que l'américain *culturalist*, celui de « relatif au culturalisme ».

CUP [kœp] *n. m.*

(1897) Cocktail au vin de Champagne ou de Bordeaux.

« C'est le vomitif appelé *cup* où on fait généralement traîner trois fraises pourries dans un mélange de vinaigre et d'eau de Seltz... »
PROUST, *Sodome et Gomorrhe*, p. 1007 (□ 1922).

✻ Mot anglais *cup*, XVIIIᵉ siècle en ce sens, de *cup* « tasse, coupe » où l'on prépare cette boisson. Le cup est une sorte de cocktail léger à base de vin, de cidre même, qui se boit glacé, qu'on sert en Grande-Bretagne et aux États-Unis, et qui est peu apprécié en France. Le mot *cup* est rare comme la chose, et fait figure de mot anglais. On le rencontre pour la première fois chez Bourget en 1897 sous la forme *claret cup* (*claret* « bordeaux »), d'après Wartburg.

CURLING [kœRliŋ] *n. m.*

(1792) Jeu qui se pratique sur la glace avec de larges pierres rondes qu'on fait glisser, qui rappelle un peu le jeu de boules.

✻ Mot anglais *curling*, début XVIIᵉ siècle, dans ce sens ; au sens propre (XVᵉ s.) « ondulation, enroulement » de *to curl* « enrouler, onduler ». Ce nom a été donné au jeu d'après le mouvement imprimé à la pierre qu'on va lancer. Le jeu est très ancien et les Hollandais le pratiquaient déjà au XVIᵉ siècle, sous le nom de *kluyten ;* il s'est ensuite développé en Écosse et répandu dans tous les pays où il gèle suffisamment, dans les stations de sports d'hiver, etc. On fait du curling sur des pistes de glace artificielle, et la pierre, qui pèse une vingtaine de kilos est aujourd'hui emmanchée. Le mot *curling* ne s'est répandu en français qu'au début du XXᵉ siècle, bien que quelques voyageurs, dont Chateaubriand, l'aient employé depuis 1792. Le mot ne s'est guère francisé et s'intègre mal à notre système. Mais il semble que les puristes s'en désintéressent.

CURRY [kyRi] *n. m.*

(1864) Plat cuit avec du curry (→ ci-dessous). *Un curry d'agneau.* — REM. : Cette graphie est absente du dict. de l'Académie 1932 *(cari)*.

« Les mets [aux Indes] consistent en viandes rôties, jambes de sangliers, poitrines de chevreaux, et aussi en ragoûts et *curries* fortement épicés ; quelques-uns de ces plats figureraient cependant d'une manière honorable sur nos grandes tables d'Europe. »
P. MARCOY, *Voyage dans les vallées de Quinquinas* [1849-1861], p. 186
(□ 1872).

« Nous irons naturellement à l'hôtel intéressant, qui est à deux lieues, qui s'appelle Monte Lavinia, et où nous mangerons indiscutablement le meilleur curry de la terre. »
Cl. FARRÈRE, *Mes Voyages*, p. 28 (□ 1923).

— (1892) Assaisonnement indien composé de piment, de curcuma et d'autres épices pulvérisées. *Sauce au curry. Poulet au curry.* — REM. : Absent du dict. de l'Académie 1932 qui n'enregistre que *cari*.

✻ Le français possède les mots *cari, cary* [kaRi] depuis le début du XVIIᵉ siècle (emprunt au tamoul, langue dravidienne, par le portugais) ; nous avons anglicisé *cari* en *curry* assez récemment. A. Dumas père, dans son Dict. de cuisine (1873) emploie la forme *kari*. L'anglais *curry* (XVIᵉ s.) a la même étymologie. Avec la prononciation [kyRi] il s'intègre aussi bien que *cari* [kaRi] dans le système français. Le mot, au sens d'assaisonnement, s'est beaucoup répandu en français depuis la vogue des restaurants chinois. Il apparaît en 1892 chez Jean Richepin (cité par T.L.F., *curry*).

CUSTOM [kœstɔm] *n. m.*

(1974) Moto adaptée spécialement en fonction des goûts de la clientèle. *Custom monté en chopper.* — Appos. *Modèle, adaptation custom. Une moto custom.*

« C'est un lutteur poids lourd, ou, si vous préférez, une formidable masse de muscles enveloppée de chrome et de filets dorés. Les chiffres de reprises à partir de 60 km/h vous le diront ; sur ce terrain, elle met tous les autres Custom d'accord. »   *Moto-Revue*, 6 mai 1981, p. 21.

✳ De l'américain *custom motorcycle*, qu'on pourrait traduire par « moto sur mesure », le nom *custom* « clientèle, pratique » (issu au XVIe s. d'un emprunt à l'ancien français *custum* ; Cf. *coutume, costume*) ayant pris en antéposition le sens « fait, arrangé sur commande ou sur mesure ». L'Oxford (2e Suppl.) atteste *custom car* en 1968. Tout comme on a créé *choppérisation*, on a formé *customisation* n. f. « adaptation en custom », 1981 (angl. *to customize*).

1. CUTTER [kœtœʀ] *n. m.*

(1777) Autre mot pour *cotre*. — REM. : Enregistré dans le dict. de l'Académie 1835 avec *cotre*.

« Les lacs du Canada, naguère sans voiles, ressemblent aujourd'hui à des docks où des frégates, des corvettes, des cutters, des barques, se croisent avec les pirogues et les canots indiens [...]. »
          CHATEAUBRIAND, *Mémoires d'outre-tombe* [1822], t. I, p. 343 (□ 1848).

« Allez, l'Abbé, l'on recommencera bientôt la guerre, car le cutter, ce n'est pas un sloop, c'est un anglais... »
          BALZAC, *Mlle du Vissard*, in *Œuvres ébauchées*, t. XI, p. 95 (□ 1847).

« Un district minier y a été formé immédiatement avec l'équipage du *Boar*, cutter des États-Unis, dans l'Océan Pacifique Arctique. »
          E. GAUTIER, *L'Année scientifique et industrielle*, p. 353, 1901 (□ 1900).

✳ Mot anglais *cutter, de to cut* « couper » → **Cotre**. Ce mot apparaît en 1777 (D.D.L.). La forme anglaise *cutter* s'est toujours employée concurremment avec la forme francisée *cotre*.

2. CUTTER [kœtœʀ] ou [kytɛʀ] *n. m.*

(v. 1970) Instrument formé d'un manche où est insérée une lame de rasoir dont seule la partie coupante dépasse, et qui sert à trancher très précisément le papier, le carton, le cuir, etc.

✳ De l'anglais *cutter* n. (1631, Oxford dict.) « instrument coupant ».

CYBERNÉTIQUE [sibɛʀnetik] *n. f.* et *adj.*

(v. 1948) Science constituée par l'ensemble des théories relatives aux communications et à la régulation dans l'être vivant et la machine. — *Adj.* Relatif à la cybernétique ; aux communications et aux régulations dans les systèmes. *Modèles cybernétiques.*

« Car toute révolution, accidentelle en apparence, est en réalité déjà cybernétique. Tout est cybernétique. La prise de conscience du phénomène cybernétique représente le premier grand passage de la préhistoire à une histoire consciente. »
          N. SCHÖFFER, *La Ville cybernétique*, p. 39, Tchou (□ 1969).

✳ Mot américain *cybernetics* n. pl., créé par Norbert Wiener (1948), repris au français *cybernétique* n. f. mot créé par Ampère en 1836 pour désigner la science du gouvernement, du grec *kubernetikê*. *Gouvernement* et *cybernétique* se trouvent être quasiment des doublets, venant tous deux de *kubernân* « gouverner ». Les savants américains ont emprunté ce mot d'Ampère, presque inconnu en français, en lui affectant la forme plurielle traditionnelle des noms de science (*physics, semantics*, etc.) et en lui donnant un tout autre sens revenu en français à la fin de la guerre. Ce mot d'origine grecque ne pose pas de problèmes d'adaptation. *Cybernéticien, ienne* n. pourrait être de formation française ; mais l'américain possède *cybernetician* (et *cyberneticist*

même sens) et il s'agit peut-être aussi d'un emprunt. On a créé
cybernétisation, n. f. (H. Lefebvre, 1968, J. Piaget 1970) et *cybernétisé*
adj. (R. Garaudy, 1975).

« un mot qui ne désigne pas seulement, comme certains le croient, l'art de
diriger les robots, mais, d'une façon beaucoup plus générale, l'art et la science de
piloter, de gouverner, de diriger les êtres et les choses.
    Le premier, Ampère employa le mot, l'ayant évidemment **emprunté à Platon**
(Gorgias), mais il fut le seul au xix⁰ siècle à s'en servir. C'est le 28 décembre
1948 que le mot réapparaît, dans le journal *le Monde*, à propos de la publication
à Paris, aux éditions Hermann, du livre en langue anglaise de N. Wiener intitulé
Cybernetics. »   M. RAT, in *Vie et Langage*, oct. 1955, p. 447.

CYCLE [sikl] *n. m.*

(1888) Tout véhicule à deux roues mû par la pression des
pieds ou par un petit moteur ; nom générique des véhicules de
la famille de la bicyclette. *Marchand de cycles. Parking pour
cycles* (ou *pour les deux roues*).

« Le cheval, s'il est bon, coûte plus cher que le cycle le plus
perfectionné. [...] Le cycle, qui n'est qu'une mécanique, une façon de
marcher vite, rondement, — et c'est bien ici le cas de le dire — n'a de
vie qu'autant que son cavalier en possède. Il ne passe pas partout,
s'embourbe dans les terrains détrempés, coule à pic dans les rivières et,
si la fatigue est excessive, se répare d'un tour de clé anglaise, tandis
que son maître peut en penser mourir [...]. »
    BAUDRY de SAUNIER, *Le Cyclisme théorique et pratique*, p. 9 (□ 1892).

« CYCLE — A le même sens que vélocipède, mais est plus distingué. »
                                                                    Ibid., p. 583.

❋ Mot anglais *cycle* (1870), abréviation de *bicycle* « bicyclette »,
tricycle « tricycle », etc. pour servir de nom commun à tous ces
véhicules. On rencontre en 1896 *cycleman* (D.D.L.), *vx*, emprunté à
l'anglais (1887, Oxford dict.). Également vieux le français *cyclable* (1816)
vient d'un vieux verbe *cycler* (1892) « faire du vélo » emprunté au verbe
to cycle même sens (1883, Oxford dict.). *Cyclo tourisme* (1901, D.D.L.)
est une formation française.

CYCLO-CROSS → CROSS.

CYCLONE [siklon] *n. m.*

(1860) Tempête caractérisée par le mouvement giratoire
convergent et ascendant du vent autour d'une zone de basse
pression où il a été attiré violemment d'une zone de haute
pression. — *Par ext.* La zone de basse pression. — REM. :
Enregistré dans Littré 1863, comme formé directement sur le
grec ; signalé dans le dict. de l'Académie 1878.

« En parlant de la rotation normale des vents, j'ai fait voir que le
vent tourne comme l'aiguille d'une horloge ; dans le tourbillon des
tempêtes, il tourne au contraire dans le sens opposé. Cette observation
[...] permet au navigateur qui croit être entré dans la zone d'un cyclone
de gouverner de façon à échapper [...]. »
    A. LAUGEL, *Progrès récents de la Météorologie*, 1ᵉʳ juil. 1860, p. 51.

— REM. : Jules Verne emploie le plus souvent « tempête tournante »,
« tourbillon », « typhon » :

« Très évidemment il se préparait un coup de cyclone, — ce qui est
rare sous ces latitudes. Qu'on le nomme hurracan sur l'Atlantique,
typhon dans les mers de Chine, simoun au Sahara, tornade sur la côte
occidentale, c'est toujours une tempête tournante — et redoutable. »
    Jules VERNE, *Robur-le-Conquérant*, p. 184 (□ 1886).

« L'accalmie soudaine de cette portion de l'océan provenait sans
doute du mouvement ascendant des colonnes d'air, tandis que la
tempête, appartenant au genre des cyclones, tournait avec rapidité
autour de ce centre paisible. »
    Jules VERNE, *Les Aventures du capitaine Hatteras*, p. 438 (□ 1864).

« Nous avons déjà exposé dans ce recueil la théorie la plus probable
des ouragans nommés *cyclones*, *tornados*, *trombes*. Ces phénomènes,

dus à des mouvements tournants de l'atmosphère, sévissent plus souvent dans le nouveau monde que dans l'ancien. »
    L. FIGUIER, *L'Année scientifique et industrielle*, p. 36, 1880 (□ 1879).

✶ Mot anglais *cyclone* n., pour *cyclome,* du grec *kukloma* « queue de serpent », de *kuklos* « cercle ». Ce mot a été créé en anglais par H. Piddington : « (Hurricane Storms, Whirlwinds... African Tornado... Water Spouts... Samiel, Simoom), I suggest that we might, for all this last class of circular or highly curved winds, adopt the term " Cyclone ", from the Greek *kuklos* (which signifies amongst other things the coil of a snake) as... expressing sufficiently the tendancy to circular motion in these meteors » (1848, *in* Oxford dict.). Il a pénétré quelques années plus tard dans notre langue ; son origine grecque a fait croire à une création française.

D

DADA [dada] *n. m.*

(1776) Sujet favori, idée à laquelle on revient sans cesse ; idée fixe, marotte. *C'est son dada.* — REM. : Signalé dans le dict. de l'Académie 1835 et dans le dict. de Littré 1864.

« Le grand tort de Béchamp fut d'attacher une importance exagérée à un point de vue trop étroit pour être absolument exact, et de vouloir faire graviter autour de ce *dada* non seulement la théorie des fermentations, mais la biologie tout entière. »
E. GAUTIER, *L'Année scientifique et industrielle*, p. 458, 1909 (□ 1908).

« Elle oublie *Esther*, et deux tragédies peu connues, mais qui ont été précisément analysées cette année par le Professeur, de sorte que rien qu'en les citant, comme c'est son dada, on est sûre d'être reçue. »
PROUST, *À l'ombre des jeunes filles en fleurs*, p. 913 (□ 1918).

« Je n'éprouvais nul désir de devenir député. Mais j'avais un dada : transformer l'enseignement par l'emploi généralisé des moyens audio-visuels. »
MALRAUX, *Antimémoires*, p. 119 (□ 1967).

✱ Calque de l'anglais *(hobby)-horse* n. proprement « cheval aubin » puis « cheval de bois » → **Hobby(-horse).** Ce calque a été lancé par une traduction française du *Tristam Shandy* de Sterne par Frenais, *Tristam Shandy*, p. 107 (*in* Mackenzie). Il n'a rien à voir, pour la filiation sémantique, avec les autres sens de *dada* en français.

DAIQUIRI [dajkiʀi] ou [dɛkiʀi] *n. m.*

(1954) Cocktail fait de rhum blanc, de citron vert et de sucre. *Des daiquiris.*

« À la Nouvelle-Orléans, au sortir d'un patio où je m'étais saoulée avec des daiquiri, j'ai pris brusquement un avion pour la Floride. »
S. de BEAUVOIR, *Les Mandarins*, p. 307 (□ 1954).

« Je serais volontiers allée dîner au *Relais Plazza*, marmonna Lucile en marchant. J'aurais pris un daiquiri glacé avec le barman et commandé un hamburger avec une salade. »
F. SAGAN, *La Chamade*, p. 193 (□ 1965).

✱ Mot américain (1920), nom propre *Daiquiri*, d'un quartier de El Caney, à Cuba. Ce cocktail, de consommation très courante aux États-Unis (on le prend notamment en apéritif), a reçu un nom cubain à cause du rhum qui entre dans sa composition. Il est moins connu en France, et le terme *daiquiri* est surtout employé pour décrire les réalités américaines.

DALTONIEN, IENNE [daltɔnjɛ̃, jɛn] *adj.* et *n.*

(1827) Atteint de daltonisme ; qui ne perçoit pas le rouge ou le vert, ou confond les deux. — REM. : Signalé dans Littré 1863 et le dict. de l'Académie 1932.

✳ Mot de formation française, fait sur le nom de *John Dalton,* célèbre physicien et chimiste anglais (1766-1844), qui était lui-même atteint de cette anomalie et l'a décrite. C'est le physicien et littérateur suisse Pierre Prévost qui créa le mot : « de ceux que j'ai coutume d'appeler daltoniens » (1827), *Bibliothèque universelle des Sciences et des Arts,* XXXV, 321, *in* Oxford dict., mot qui se répandit aussitôt en Angleterre sous la forme *daltonian.*

DALTONISME [daltonism] *n. m.*

(1841) Anomalie de la vue qui consiste dans l'absence de perception de certaines couleurs ou dans la confusion des couleurs, surtout le rouge et le vert.

« M. Worms, médecin en chef du chemin de fer du Nord, a fait examiner, à l'égard du daltonisme, les 11 173 employés du service actif de cette Compagnie. Sur ce chiffre considérable, on n'a trouvé que 224 individus ayant une certaine imperfection du sens chromatique ; 61 seulement, soit 5,4 pour 1 000, confondent le vert et le rouge. » L. FIGUIER, *L'Année scientifique et industrielle,* pp. 145-146, 1887
(□ 1886).

✳ Mot de formation française forgé par Pierre Prévost (→ **Daltonien**) sur *John Dalton.* Ce mot s'est aussitôt répandu en Angleterre sous la forme *daltonism,* en suscitant toutefois l'opposition des savants qui protestèrent contre la formation de ce mot ; le grand physicien Dalton méritait mieux, selon eux, que de donner son nom à une anomalie physique.

DAMPER [dampœʀ] *n. m.*

(v. 1860) *Techn.* Pièce placée à l'extrémité du vilebrequin d'un moteur pour en amortir les vibrations.

✳ Mot anglais *damper* « amortisseur », de *to damp* « amortir, absorber les vibrations », employé dans divers contextes scientifiques et techniques, notamment en électricité et magnétisme (1884, Maxwell), en mécanique (1929, à propos d'un amortisseur de ressort), etc. Le sens empr. en français est très spécial et secondaire. *Amortisseur* en est la traduction évidente.

DANCING [dɑ̃siŋ] *n. m.*

(1920) Établissement public où l'on danse et où l'on sert des consommations. *Aller au dancing. Des dancings où l'on s'amuse.*
— REM. : Absent du dict. de l'Académie 1932.

« — Vous venez avec nous au dancing de Robinson, dit Anne d'Orgel à François, en sortant du cirque Médrano. »
R. RADIGUET, *Le Bal du comte d'Orgel,* p. 33, Grasset, 1947 (□ 1924).

« Des dancings, fréquentés assez tard dans la nuit, ont une apparence de mauvais lieux qu'ils ne justifient pas. »
P. MORAND, *New-York,* p. 102 (□ 1930).

« toutes sortes d'établissements dont l'exploitation complexe comporte une partie de spectacle, des bals populaires, des dancings élégants qui donnent de véritables programmes de music-hall [...]. »
G. FRÉJAVILLE, *Les Spectacles forains, le cirque, le music-hall,* in *Encyclopédie française,* t. XVI, 78-3 (□ juil. 1935).

« Si certains *dancings* sont devenus équivoques, s'ils ont été envahis par des exploiteurs cyniques, des professionnels inquiétants [...], est-ce la faute de la danse ? »   F. de MIOMANDRE, *Danse,* p. 62 (□ 1935).

« toutes les nuits que le Bon Dieu a faites, à Montmartre, à Miami, à la Nouvelle Orléans, à Chicago, à Shanghaï, dans les bars et les dancings éclairés à giorno et plus nombreux que les saints du calendrier [...]. »   CENDRARS, *Bourlinguer,* p. 247, Denoël (□ 1948).

✳ Abréviation française des mots anglais (XIXᵉ s.) *dancing house, dancing room, dancing hall* « maison de danse », « salle, hall de danse » et *dance hall* aux États-Unis (1846) ; de *to dance* « danser », qui vient du français ; *dancing* n'existe pas en anglais avec le sens qu'il a en français, et ne signifie que « danse ». La vogue des dancings se situe entre les deux guerres surtout dans les années 30 ; elle instaure l'émancipation d'une certaine bourgeoisie qui ne se contente plus de danser lors des réceptions et bals privés, et celle de ses enfants qui sortent sans être accompagnés par les parents (le « peuple », lui, a toujours été danser dans des cafés, des guinguettes, etc.). Institution essentiellement urbaine, le dancing fut un endroit chic, à la mode comme son nom anglais l'indique. Mais si la chose existe encore, le mot *dancing* tend à vieillir et à se retirer dans les campagnes ; il a perdu son prestige et même sa finale anglaise, rimant à présent avec *vigne*. — Au Canada, il semble que *dancing*, faux anglicisme incongru en anglais, soit inconnu dans ce sens.

« Connaissant l'anglais, ils [les Canadiens] sont portés à sourire de mots anglais qui n'existent qu'en France, tels qu'*autocar*, et même *dancing* et *footing*, qui n'ont jamais voulu dire en Angleterre ce que les Français leur font dire. Il faut cependant reconnaître qu'en France les emprunts à l'anglais sont généralement voulus [...]. »   P. DAVIAULT, in *Vie et Langage*, mars 1955, p. 122.

DANDY [dãdi] *n. m.*

(1817) Jeune aristocrate qui se pique d'une suprême élégance dans la mise et les manières, type à la mode sous la Restauration et dont le modèle était anglais. *George Brummel, dandy célèbre. Des dandys* (parfois à l'anglaise, *des dandies*). — *Par ext.* Jeune homme élégant et raffiné qui rappelle les dandys de la Restauration. — REM. : Signalé dans le dict. de l'Académie 1878 et dans Littré 1863.

« Collinet et la musique d'Almack's enchantaient la mélancolie fashionable des dandys et les élégances rêveuses des ladies pensivement dansantes. »
    CHATEAUBRIAND, *Mémoires d'outre-tombe* [1822], pp. 446-447 (□ 1848).

« Pendant qu'il achevait un succulent rosbif, cinq à six jeunes gens des premières familles (dandies) se régalaient à une table voisine [...]. »
    BRILLAT-SAVARIN, *Physiologie du goût*, t. II, p. 195 (□ 1826).

« Tout cela leur nuit beaucoup [aux jeunes Italiens] auprès des belles dames qui viennent du Nord. Elles ne trouvent de grâces qu'aux jeunes dandys florentins [...]. »
    STENDHAL, *Promenades dans Rome*, t. I, p. 102 (□ 1829).

« Après tout ceci, mon cher père, vous allez vous figurer votre grand garçon devenu une espèce de *dandy*, faisant la pluie et le beau temps au bout de l'Asie, et peut-être lorgnant quelque héritière déjà... »
    V. JACQUEMONT, Lettre à M. Jacquemont père, 3 sept. 1829,
    in *Corresp.*, t. I, p. 94.

« Le dandysme n'est même pas, comme beaucoup de personnes peu réfléchies paraissent le croire, un goût immodéré de la toilette et de l'élégance matérielle. Ces choses ne sont pour le parfait dandy qu'un symbole de la supériorité aristocratique de son esprit. Aussi, à ses yeux, épris avant tout de *distinction*, la perfection de la toilette consiste-t-elle dans la simplicité absolue, qui est, en effet, la meilleure manière de se distinguer. »   BAUDELAIRE, *Le Peintre de la vie moderne*,
    Le Dandy, p. 899, 1951 (□ 1869 †).

« Un jour, par exemple, les *dandys*, à bout d'impertinences et de défis jetés à leurs contemporains, imaginèrent ceci : ils firent râper leurs habits avant de les mettre [...]. L'habit râpé fut un instant la mode du dandysme, et chacun de s'y conformer. »
    P. LAROUSSE, *Grand Dict. univ.*, art. *Dandy*, 1870.

« les dandies à habit bleu font stepper leurs pur-sangs sous les arbres de la promenade. »   P. MORAND, *New-York*, p. 113 (□ 1930).

✱ Mot anglais *dandy*, plur. *dandies* (1780) d'origine obscure ; semble venir de l'écossais, peut-être de *Dandy* diminutif de *Andrew*, André. Répandu en anglais entre 1813 et 1819 avec le sens de « très élégant ». On rencontre, en français, un féminin *dandizette* (1821) pour désigner la « femme dandy ». Le mot a passé en français en 1813 avec Mme de Staël, qui écrit *daindy* (*Corresp. générale*), puis en 1817 chez Lady Margan, *La France* : « Et j'ai vu un dandy » (Note : Espèce de petit-maître anglais). Le dandy a été diversement apprécié, en France comme en Angleterre. Pour les plus sévères, ce n'est qu'un personnage ridiculement occupé de sa toilette « A Dandy is a Clothes-wearing man, a Man whose trade, office and existence consists in the Wearing of Clothes » (Carlyle, 1831, *in* Oxford dict.). L'image du dandy a dominé toute la première partie du XIXe siècle français. *Dandy* inaugure, avec *fashionable* (1804), la longue suite des termes anglais qui réfèrent à la mode (*fashion* 1830, *high life* 1843, *snob* 1857, *select* 1869, *smart* 1898).

« Le mot *dandy*, qui se répand dans les dernières années de la Restauration, est lui aussi d'origine anglaise ; [...] mais l'élégance du dandy, à notre époque, a quelque chose d'insulaire et d'étudié qui fait souvent prendre le mot dans une acception péjorative : "une énorme cravatte [*sic*], un air niais, un vaste lorgnon stupidement dirigé sur quelque face bouffie, et voilà un dandy, goddam !" C'est ainsi qu'Eugène Ronteix désigne l'imitateur de Brummel ! »
G. MATORÉ, *Le Vocabulaire et la Société sous Louis-Philippe*, p. 45 (□ 1946).

DANDYSME [dãdism] *n. m.*

(1830) Attitude du dandy. *Le Jockey Club centre de rayonnement du dandysme français* → **Dandy.** — REM. : Enregistré dans les dict. de Littré 1863 et de l'Académie 1878.

« Le *Dandysme* est une hérésie de la vie élégante. En effet, le dandysme est une affectation de la mode. En se faisant dandy, un homme devient un meuble de boudoir, un mannequin extrêmement ingénieux, qui peut se poser sur un cheval ou sur un canapé, qui mord ou tette habituellement le bout d'une canne, mais un être pensant... jamais ! » BALZAC, *Traité de la vie élégante*, p. 177 (□ oct.-nov. 1830).

« On voit que, par de certains côtés, le dandysme confine au spiritualisme et au stoïcisme. » BAUDELAIRE, *Le Peintre de la vie moderne*,
Le Dandy, p. 899, 1951 (□ 1869 †).

« L'impertinence polie, tel fut en réalité tout le secret du dandysme. »
P. LAROUSSE, *Grand Dict. univ.*, art. *Dandy*, 1870.

✱ De l'anglais *dandyism* (1819), de *dandy* et *-ism*, devenu *dandysme* en français (1830, selon Mackenzie). Ce mot a vieilli, alors que *dandy* se porte encore assez bien, sauf pour désigner (après 1850 et surtout avec Baudelaire) non plus l'élégance matérielle mais l'attitude esthétique et morale. Baudelaire (voir l'ex. ci-dessus), Barbey d'Aurevilly en sont les témoins les plus remarquables. Aujourd'hui, le mot est plus courant en histoire littéraire qu'en matière d'élégance masculine.

DARLING [daʀliŋ] *n.*

(1842) Appellatif signifiant chéri, chérie.

« Plusieurs petits Chats, qui me défendirent contre l'opinion publique, m'ont dit que parfois il demande son ange, la joie de ses yeux, sa *darling*, sa *sweet* Beauty ! »
BALZAC, *Peines de cœur d'une chatte anglaise*, pp. 442-443 (□ 1842).

« "— M'auriez-vous aimée si j'avais été pauvre ?" demande l'une d'elles à un admirable garçon de vingt-deux à vingt-trois ans, qui lui répond en la pressant sur son cœur : "Ah ! darling, je ne vous aurais pas connue." »
P. BOURGET, *Outre-Mer*, p. 168 (□ 1895).

« — Ne soyez pas nerveux, darling. Vous savez bien que Rhoda ne peut pas être à l'heure. »
P. MORAND, *Champions du monde*, p. 163 (□ 1930).

« Il te plaît ? lui avait demandé son mari Gigi Rocapolli, lorsqu'elle lui avait parlé de Jean-Noël. Alors cela, darling, c'est facile... »
M. DRUON, *Rendez-vous aux enfers*, p. 260 (□ 1951).

✱ Mot anglais *darling*, IXe siècle *deorling*, de *deor*, *dear* « cher » et *-ling* suffixe nominalisant un adjectif. Lorsque *darling* apparaît en français c'est généralement pour parler des Anglais, les imiter. Ce mot n'est pas réellement acclimaté en France, on l'entend plus au Canada. L'aire d'emploi social de *darling* est d'ailleurs plus large que celle de *chéri*. C'est Balzac qui l'emploie pour la première fois en 1842 (*Peines de cœur d'une chatte anglaise*, p. 37, *in* Mackenzie).

DARWINIEN, NE ou DARWINISTE [daʀwinjε̃, jεn ; daʀwinist]
adj. et *n.*

(1864-1867) Relatif à la doctrine de Darwin ; qui est partisan de cette théorie. N. *Un darwiniste.* — REM. : Absent des dict. de l'Académie ; signalé sous les deux formes dans Littré 1863.

« Mais quand on arrive à la pratique, il est bien souvent impossible de distinguer avec précision ce qui est race de ce qui est espèce : entre deux espèces primitivement très-bien distinctes, on découvre très-souvent, trop-souvent pour la commodité des déterminations systématiques, des variations intermédiaires constantes, que les naturalistes commencent déjà à appeler espèces darwiniennes. »
F. de FILIPPI, in *Revue des cours scientifiques*, 23 juil. 1864, p. 467.

« C'est la loi de la nature et de la sélection, diront les darwinistes. »
Em. de LAVELEYRE, in *Revue des Deux-Mondes*, 15 juil. 1875, p. 464.

« L'idée darwinienne d'une adaptation s'effectuant par l'élimination automatique des inadaptés est une idée simple et claire. »
BERGSON, *L'Évolution créatrice*, p. 56 (□ 1907).

« Des livres darwinistes ont été brûlés publiquement, dans la vallée du Mississipi par des ministres baptistes, devant des foules enthousiastes et complices. »
A. SIEGFRIED, *Les États-Unis d'aujourd'hui*, p. 57 (□ 1927).

✱ De l'anglais *Darwinian, Darwinist* (v. 1860) mots forgés sur *(Charles) Darwin*, nom du biologiste célèbre dont le livre « *The origin of species...* » — *L'origine des Espèces...* — a paru en 1859. *Darwinien* et *darwiniste* apparaissent dans la *Revue des Deux-Mondes* en juillet 1875 (Mackenzie). *Darwinien* y est cité dans le titre d'une conférence de 1869. Ce mot a produit en français les composés *néo-darwinien* adj. et n. (1922).

DARWINISME [daʀwinism] *n. m.*

(1864) Théorie de Darwin selon laquelle les espèces sont issues les unes des autres selon les lois de la sélection naturelle due à la lutte pour la vie. — REM. : Absent des dict. de l'Académie ; signalé dans le suppl. de Littré 1877.

« C'est sous l'influence de l'ensemble de ces forces — le milieu et l'hérédité — que s'engage pour tous les êtres, aussi bien entre eux qu'avec le monde ambiant, ce que Darwin a appelé *la lutte pour l'existence, the struggle for life.* Le résultat immédiat de cet état de lutte est la *sélection naturelle.*
[...] L'étude des actions du milieu sur l'homme et sur les animaux nous avait conduits à ce rapide examen critique de ce qu'on a appelé le *darwinisme* ; c'est elle qui nous occupera pendant quelques séances encore. »
M. de QUATREFAGES, in *Revue des cours scientifiques*, 26 sept. 1868, p. 393.

« Le darwinisme expliqué par M. Prudhomme. — Papa... Les hommes descendent des singes ? — Oui, mon enfant. — Et les singes ? Le Père, *embarrassé.* — Les singes descendent de l'arbre ! »
Le Charivari, 23 nov. 1892, p. 2.

« Pour quelques-uns, les conditions extérieures sont capables de causer directement la variation des organismes dans un sens défini, par les modifications physico-chimiques qu'elles déterminent dans la substance vivante [...]. Pour d'autres, plus fidèles à l'esprit du darwinisme, l'influence des conditions ne s'exerce que d'une manière indirecte, en favorisant, dans la concurrence vitale, ceux des représentants d'une espèce que le hasard de la naissance a mieux adaptés au milieu. »
BERGSON, *L'Évolution créatrice*, p. 55 (□ 1907).

✱ De l'anglais *Darwinism* (v. 1860), d'après *(Charles) Darwin* et *-ism* → **Darwinien.** A passé en français en 1864 (titre d'un ouvrage de A. Fée). Il a produit vers 1902 le composé *néo-darwinisme* n. m.

DASH-POT [daʃpɔt] *n. m.*

(v. 1960) Appareil régulateur qui, par l'intermédiaire d'un fluide (air, huile), communique une liaison sans durée entre deux organes mécaniques.

✱ Mot anglais *dash-pot* (1861) de *to dash* « jeter » et *pot* « récipient ». Ce terme technique a récemment passé en français. Le Comité d'étude des termes techniques français rappelle que le mot français est *amortisseur.* Étiemble proposait aussi *cylindre modérateur.*

DATA [data] *n. f. pl.*

(v. 1960) [Le plus souvent dans des comp. : *data bank, data base,* etc.] Données (factuelles, numériques) ; informations.

✱ Mot américain *data,* du plur. lat. de *datum,* p.p. substantivé de *dare* « donner ». L'équivalent français (*Journal officiel,* 12 janv. 1974) est *données* (dans : *banque, base de données).* En anglais des États-Unis, *data* (1946) est la spécialisation en théorie de l'information d'un terme ancien signifiant « éléments portés à la connaissance » (1946, *in* Oxford dict.). L'anglais (Cf. Webster's Third) emploie aussi le plur. *datums.*

DATE [det] *n.*

(1954) *N. m.* Rendez-vous galant pour une sortie ensemble. — *N.* Chacune des deux personnes qui vont à ce rendez-vous, ont l'habitude de sortir ensemble.

« Sa fille, âgée de quinze ans [...] se promenait pieds nus et en slacks dans le salon : elle s'est habillée pour aller au cinéma avec son date [...]. »   S. de BEAUVOIR, *L'Amérique au jour le jour,* 1er avril 1947,
p. 226 (□ 1954).

✱ De l'américain *date* « rendez-vous » (1896), extension de sens de l'anglais « date ». L'américain *date* s'est ensuite spécialisé dans le sens de rendez-vous entre fille et garçon pour une sortie, et enfin il a désigné ces personnes elles-mêmes. La vie sociale et sexuelle étant très différente de celle de l'Europe, aux États-Unis, il est difficile de traduire ce mot avec justesse. Il est peu employé et très récent en français. Mais il est beaucoup plus courant au Canada ; Dulong le condamne.

DEAD-HEAT [dɛdit] *n. m.*

(1841) Dans une course de chevaux, Arrivée de deux ou plusieurs chevaux en même temps sur la même ligne. — REM. : Absent des dict. de l'Académie et de Littré.

« Ils étaient arrivés botte à botte, et le juge de la course avait prononcé un *dead heat* qui fut contesté par beaucoup en faveur de *Ténébreuse.* »   E. CHAPUS, *Le Turf ou les Courses de chevaux en France et en Angleterre,* p. 315 (□ 1853).

« Faites attention, hein, ne faites pas dead-heat, ne vous laissez pas souffler vos clients par le satané Hollandais d'en face, sinon gare ! »
CENDRARS, *L'Or,* p. 35 (□ 1924).

✱ Mot anglais *dead heat* n. (1840), de *dead* « nul », proprement « mort », et de *heat* « course ». Employé au figuré en anglais, au sens de « match nul » (Cf. la citation de Cendrars ci-dessus). Le mot *dead-heat* a été introduit en français par A. Karr (*Les Guêpes,* 1841, *in* Mackenzie). Bien mal adapté au français par sa prononciation et sa graphie, il est la cible des puristes.

« Avez-vous remarqué à ce propos que les chevaux arrivent souvent *dead-heat,* ce qui est la traduction française de l'anglais *dead heat.* Voyez l'habileté : pour franciser les mots anglais, il suffit d'insérer un trait d'union dans les expressions composées ! Du temps que je fréquentais la pelouse (aux jours fastes, le pesage), je remarquais que certains *turfistes,* disons des *pelousards,* prononçaient bizarrement ce mot-là : les uns, quelque chose comme *diditte,* les autres quelque chose comme *dédette.* Je me disais pour rire, une fois au moins, que cette arrivée *dead heat* allait sans doute causer bien *des dettes.* Ce n'est pas un argument de première force, mais puisque la prononciation de l'anglais n'est pas plus *diditte* que *dédette,* j'avais raison, ce me semble, de me railler de ces

balourds que leur anglomanie conduisait à deux sottises. Je ne suis pas certain
que *ex-aequo* soit du français recommandable, mais une arrivée *diditte*, ou
dédette, est inadmissible en France. D'autant, je le sais, que beaucoup de gens
qui savent un peu d'anglais (mais ignorent que *heat*, qui veut dire *chaleur*, signifie
aussi *course*) interprètent inconsciemment *dead heat* en *dead head* (*head*
signifiant *tête*) et pensent alors à deux têtes entre lesquelles on ne peut faire
aucune différence. Je me rappelle très bien le temps de mon enfance où je
contaminais *dead head*, en qui je transformais *dead heat*, du sens qu'à *dead* dans
dead-lock (situation sans issue, impasse), l'arrivée en *dead head* s'alliant mieux
aux arrivées à une tête. »   ÉTIEMBLE, *Parlez-vous franglais ?*, pp. 62-63 (□ 1964).

DEALER [dilœʀ] *n. m.*

(1975) Drogué qui revend de la drogue pour subvenir à ses
besoins.

« Avec des haltes, toujours les mêmes, dans les cafés "sympas" : le
Bistrot 27, le Who's, le Polly Magoo, le Cloître, le Narval, la Rotonde.
Autant de maillons où l'on peut trouver le *dealer* qui vend du *shit*, le
consommateur qui cherche de "la merde", l'univers des petits trafi-
quants. Au petit matin, défoncé, ou ivre, Alain regagne une chambre
d'hôtel où s'entassent déjà sept, huit, dix copains. »
                                          Le Nouvel Observateur, 3 mars 1975, p. 42.

✳ Abréviation française de l'anglais *drug dealer* n. « trafiquant de
drogue ».

DEAR [diʀ] *adj.*

(1818) Cher, chère. (En appellatif) *Approchez-vous, dear.*

« On monte, On boira, On fera de la musique... — Impossible, *dear*,
Nous avons un engagement. »
                                          CENDRARS, *Bourlinguer*, p. 235, Denoël (□ 1948).

✳ Mot anglais *dear* (XXᵉ s.). Est utilisé sporadiquement en français
depuis 1818 (*my dear*, Stendhal, *in* Wartburg), ou pour parler des
Anglais ou pour les imiter. C'est plutôt un mot anglais cité en français,
et bien qu'il soit connu de la majorité des Français, il ne figure pas dans
les dictionnaires de langue.

DEBATER [dibetœʀ] ou [debatœʀ] *n. m.*

(1830) Orateur politique participant aux débats. — *Par ext.*
(1954) Personne qui participe à un débat public.

« Un bon *debater* est un homme essentiel. On pourrait à toute force
se passer d'orateurs : les progrès de l'éloquence ne sont point le but
avoué d'une assemblée délibérante. Il s'agit d'y examiner, discuter et
débattre les intérêts de l'État. »
                                Les Élections anglaises, in *Revue britannique*, août 1830
                                                        [*in* D. D. L., 2ᵉ série, 1].

« ils avaient créé cette obligation pour les debaters de venir présenter
un court-métrage signé par eux. »   *Lectures pour tous*, juin 1971, p. 46.

✳ Mot anglais (XVIᵉ s. dans ce sens) de *to debate* « discuter, débattre »,
lui-même de *debate* emprunté au français *débat*. Relevé par Mackenzie
dans Montesquieu (*De l'avenir politique de l'Angleterre*, p. 132, 1856),
il ne s'est répandu en français que vers 1960 essentiellement comme
terme de télévision. Ce mot est vivement critiqué par les puristes, mais
les remplaçants français sont trop vagues (*orateur, participant, opposant ?*) ; on pourrait envisager sa francisation en *débatteur*.

« Puisque, sur *débat*, le sabir a su dériver un *débater*, le jour est proche où
l'on saura corriger en *combater* le désuet *combattant*. »
                                          ÉTIEMBLE, *Parlez-vous franglais ?*, p. 150 (□ 1964).

DÉBREAK → BREAK.

DÉBUTANTE [debytɑ̃t] ou DEB [dɛb] *n. f.*

(1930) Jeune fille de la haute société qui fait son entrée dans
le monde. *Coiffure des débutantes. Une deb à marier. Bal des
debs* [dɛb] *parfois* [dɛbs].

« Le speakeasy est fort populaire dans toutes les classes de la société ; les dames y vont volontiers et même, entre deux bals blancs, quelques débutantes, ce qui, au moins, est une agréable diversion pour le Français qui n'a pas l'habitude de boire comme les Américains. »
P. MORAND, *New-York*, p. 154 (□ 1930).

« Chaque mois de mai les retrouve, le nez collé aux grilles de Buckingham Palace, au premier *court*, cette présentation des vierges au temple de la Respectabilité, pour voir arriver les débutantes qui vont être admises à faire à la Reine trois révérences, à marcher trois fois dans leur traîne et à secouer trois fois les trois plumes d'autruche de leurs têtes. »
P. MORAND, *Londres*, p. 180 (□ 1933).

« Le bal des Débutantes, en 1966, au Palais des Beaux-Arts, à Bruxelles, doit être ton triomphe. Cent cinquante jeunes filles vêtues de blanc, portant une rose d'argent à la ceinture et un diadème de perles dans les cheveux, les plus beaux noms de la noblesse de Belgique et du Luxembourg, acclament, dès son arrivée, le fils du mineur de Sicile [...]. »
P. GUTH, *Lettre ouverte aux idoles*, Adamo, p. 41 (□ 1968).

✴ Mot anglais *débutante* n. (1837) même sens, lui-même emprunté au français *débutante*, au sens général de « celle qui débute (dans une activité quelconque) ». L'anglais a gardé l'accent aigu du français dans la graphie, et l'américain l'a généralement abandonné. L'abréviation familière *deb* est américaine (1926). C'est par l'américain que *débutante* et *deb* se sont répandus en français vers 1960. Les débutantes ou debs sont des jeunes filles de la haute société qui vont pour la première fois en robe longue avec leurs bijoux à une réception officielle ; d'abord appliqué surtout aux Américaines, ce mot s'emploie aujourd'hui pour les Européennes. Après ce va-et-vient, il se trouve que l'anglicisme *débutante* a mieux sa place en français que le gallicisme n'a la sienne en anglais et en américain (difficulté de prononciation). Étiemble s'est moqué du succès de *deb* :

« vous ne serez pas surpris d'apprendre que nul de ses ouvrages ne fut un best-seller et que ses royalties [...] ne lui permettent jamais de s'offrir une deb de la High Society. »
ÉTIEMBLE, *Parlez-vous franglais ?*, p. 13 (□ 1964).

DÉCODER [dekɔde] *v. tr.*

(1959) *Inform.* Traduire en clair (un message formulé en code). — *Ling.*, *sémiotique.* Interpréter des signes selon un code déterminé ; comprendre un énoncé (*par oppos. à* « produire un énoncé » → **Encoder**).

✴ Adaptation de l'anglais *to decode* v. tr. (1896, Oxford dict.) de *de-* « dé- » et *to code* « coder ». Ce mot attesté en 1959 (Petit Robert) est plus général que *déchiffrer* (pour les messages secrets chiffrés — pour les partitions — pour des caractères peu lisibles ou inconnus) et s'emploie dans un contexte de théorie de l'information. Il s'est répandu en linguistique et sémiotique (tout système de signes). Il a donné *décodage* n. m. « action de décoder », et *décodeur* n. m. « celui qui décode ».

DÉCRÉMENT [dekʀemã] *n. m.*

(1899) *Sciences.* Diminution de la valeur d'une variable ; action de décroître.

✴ Mot anglais *decrement* n. (1610) du latin *decrementum* subst. de *decrescere* « décroître » spécialisé au XVIIIe s. en mathématiques. Ce mot, d'origine latine, s'assimile fort bien au français. Il est attesté chez le mathématicien et physicien H. Poincaré en 1899 (*Théorie de Maxwell*, p. 49, *in* T.L.F.).

DÉFLATION [deflɑsjɔ̃] *n. f.*

(1909) Diminution des moyens de paiement en circulation. — REM. : Ce mot est enregistré dans le dict. de l'Académie 1932.

« le reflux aux banques des instruments de crédit ayant servi à soutenir l'essor antérieur, pendant la guerre et pendant le *boom*, c'était de la déflation de crédit [...]. »
A. SIEGFRIED, *Les États-Unis d'aujourd'hui*, p. 230 (□ 1927).

✻ Mot anglais *deflation* « dégonflement » (1891) de *to deflate* « dégonfler », latin *deflare*. Ce mot a pris un sens figuré financier au début du XXᵉ siècle (citation de 1919, *in* Oxford dict.), lors de la grande crise monétaire au lendemain de la guerre 1914-1918. Les deux mots *inflation* et *déflation* ont passé tout de suite en français. *Déflation* s'emploie aussi (depuis 1932) en géomorphologie.

DÉFOLIANT [defɔljã] *adj.* et *n. m.*

(1966) [Produit] agissant sur les végétaux et faisant notamment tomber les feuilles des arbres. *« Produits défoliants »* (*L'Express*, 27 mars 1967, *in* Gilbert) ; *« des défoliants chimiques »* (*Le Monde*, 25 mai 1965, *Ibid.*).

✻ Mot américain *defoliant* (1943, *New York Herald Tribune, in* Oxford Suppl.), dérivé du v. *to defoliate* (1793) « faire perdre ses feuilles à (un arbre) ». *Défoliation* (*in* Gilbert avec un texte de 1975) et *défolier* (1967, *Ibid.*) sont eux aussi des emprunts à l'amér. *defoliation* (1964) et à *to defoliate*. Les mots de la série ont dû leur triste succès aux procédés de guerre chimique employés par l'armée américaine au Viêt-nam et dans les zones voisines (Cambodge, etc.). Sans se prononcer sur le procédé, A. Sauvageot (ELA, avril-juin 1974, *in* Gilbert) dénonçait avec force l'emploi de ces « appellations qui sont de simples adaptations du latin » et recommandait l'emploi bien français de *défeuiller, défeuillant* et *défeuillement*.

DELIRIUM TREMENS [deliʀjɔmtʀemɛ̃s] *n. m.*

(1819) Délire aigu accompagné de tremblements qu'on observe chez les grands alcooliques. (Parfois abrégé en *delirium*, en français.) — REM. : Absent des dict. de l'Académie ; signalé dans Littré 1863.

« Beaucoup entrent à l'hospice entièrement épuisés par l'abus des alcooliques ; il n'est point rare d'en trouver en plein *delirium tremens*, auxquels on fait endosser la camisole de force. »
L. FIGUIER, *L'Année scientifique et industrielle*, pp. 503-504, 1870
(□ 1869).

« Ses amis et lui se dirent des adieux arrosés de tant de verres de whiskey que le *delirium* l'a saisi dans la nuit et qu'il a passé. »
P. BOURGET, *Outre-Mer*, p. 314 (□ 1895).

— PAR EXT. Folie aiguë, furieuse.

« — Nous tombons sur des fragments oratoires du Marat de Lyon, sur l'éloquence grisée de Chalier, où la phrase sonne parfois comme un vers d'Hugo. Personne n'a vraiment rendu la passion, l'excitation, la furie, le grand *delirium tremens* de ce temps. »
ED. et J. de GONCOURT, *Journal*, 15 déc. 1859, t. I, p. 229.

« Il y a un petit grain de folie dans toute la raison du XVIᵉ siècle ; les esprits font émeute et sont en proie à un certain *delirium tremens*. Le mysticisme est une des formes de cette révolte et de cette folie ; il règne partout, peu en France, plus en Angleterre, mais beaucoup dans les pays germaniques [...]. »
M. DAREMBERG, *in Revue des cours scientifiques*, 21 déc. 1867, p. 45.

✻ Mot du latin médical créé en anglais par le docteur T. Sutton en 1813, de *delirium* mot latin et mot anglais (XVIᵉ s.) et du latin *tremens* « qui tremble ». Il est attesté en français dans le *Dictionnaire des Sciences naturelles* de 1819 (Mackenzie).

DENIM [denim] *n. m.*

(av. 1973) Toile servant à fabriquer les pantalons dits *(blue) jeans* et d'autres vêtements. Au plur. *denims*, pantalon, vêtement de ce tissu.

« À la Libération, les premiers pantalons de denim bleu apparaissent dans les PX (magasins généraux destinés aux soldats et aux familles américaines stationnées en Europe). Un engouement naît, en France, pour ce vêtement inaccessible né en 1850, qui devient un symbole. »

L'Express, 1er mars 1973, p. 165.

✱ Mot américain (1850, *in* Mathews), abréviation de l'expression anglaise *Serge de Nim*, *Serge Denim* (1695, dans le *Merchant's Magazine* de E. Hatton ; *in* Oxford), elle-même empr. au français *Serge de Nismes* (Nîmes) que l'on trouve glosée dans le *Dictionnaire de commerce* de Savary en 1742. En américain, *denims* (au plur.) signifie (vers 1930) « vêtement, pantalons, salopette faits de ce tissu ». En France, le mot a dû s'employer sporadiquement vers 1945 avec l'arrivée de l'armée américaine, mais il n'a pas eu le succès de *blue jeans**, bien qu'il se soit diffusé dans la langue du commerce v. 1970. L'auteur du feuilleton estival du *Monde* (1980) emploie plaisamment et exactement *nîmes*, n. m. dans ce sens.

DENTINE [dãtin] n. f.

(1855) Substance constitutive de l'ivoire des dents.

✱ Mot anglais *dentine* créé par R. Owen en 1840 à partir du latin *dent(em)* et *-ine :* « I propose to call the substance which forms the main part of all teeth " dentine " » — je propose d'appeler *dentine* la substance qui forme la partie essentielle de toutes les dents — [*in* Oxford dict.].

DÉODORANT [deɔdɔʀã] adj. et n. m.

(v. 1955) Produit utilisé pour supprimer les odeurs (corporelles, etc.) gênantes.

✱ Mot angl. *deodorant* (1869 dans un ouvrage de chimie), du latin *deodorans, antis,* de *odor, oris* « odeur ». On trouve aussi le v. *to deodorize* (1858) et le subst. *deodorization* (1856). La série française correspondante est *déodoriser, -isation* (1878). L'Académie prescrit curieusement de dire « sans hiatus » *désodorisant* (comme s'il s'agissait d'une altération de ce mot, et non d'un emprunt). L'« hiatus », en tous cas, est parfaitement latin. On trouve aussi *déodoré, ée* adj. formé d'après *déodorant.*

« Récurée, raclée, hygiénisée, déodorée de partout, réodorée à la rose, c'en est trop, j'étouffe, il me faut mon corps. »

Annie LECLERC, *Parole de femme*, pp. 80-81 (□ 1974).

DÉPARTEMENT [depaʀtəmã] n. m.

1° *Département d'État*, ministère des affaires étrangères des États-Unis.

2° Au Canada et parfois en France, Rayon d'un magasin, service d'un bureau. — Dans une université, Ensemble d'enseignements dans un même domaine.

✱ Le mot *département* existe en français depuis le XIIe siècle, ses emplois actuels sont « ministère » et « division administrative du territoire ». Le sens 1° est une traduction de l'américain *Department of State* (1789). Le sens 2° est emprunté à l'anglais et fait figure d'impropriété en français ; il est condamné par les Canadiens (Bélisle, Dulong).

DÉPLACÉ, ÉE [deplase] adj.

(v. 1945) *Personne déplacée*, qui a dû quitter son pays lors d'une guerre ou d'un changement de régime politique.

« Les *personnes déplacées* admises massivement aux États-Unis sont des réfugiés politiques ou des victimes de la progression de l'administration soviétique et de celle des République socialistes vers l'Ouest [...]. »

P. GEORGE, *Géographie des États-Unis*, p. 52 (□ 1971).

✳ De l'américain *displaced person* (1944), expression officielle depuis la dernière guerre (aussi abrégée en *DP*, 1945). *Déplacé* n'avait en français que deux emplois : 1) au propre pour les choses ; 2) pour les personnes qu'on change de poste dans leur fonction, leur profession.

DERBY [dɛʀbi] *n. m.*

1° (1829) Grande course de chevaux qui a lieu chaque année à Epsom, en Angleterre — *Par ext.* Course semblable en France, à Chantilly. — REM. : Signalé dans le suppl. de Littré 1877 ; absent du dict. de l'Académie, 1932.

« Il était grand, un peu trop peut-être pour un jockey, puisque sa taille excédait cinq pieds six pouces. L'entraînement parvenait rarement à le réduire au point prescrit par les règlements ; aussi lui fallait-il subir de rudes austérités pour se faire admettre à disputer le grand prix du derby. »   E. CHAPUS, *Le Turf ou les Courses de chevaux en France et en Angleterre*, p. 75 (□ 1853).

« le Deux mille guinées de New-Market, le Saint-Léger de Doucaster, les Oaks ou le Derby d'Epsom. »
                     S. GEFFREY, in *La Science illustrée*, 2ᵉ sem., 1902, p. 66.

« Le Derby et les Oaks, si caractéristiques, se courent, depuis 1780, fin mai ou début de juin, à Epsom. »   P. MORAND, *Londres*, p. 139 (□ 1933).

✳ Mot anglais *derby* n. (XIXᵉ s.), nom du comte de *Derby* qui organisa cette course en 1780. Ce mot apparaît en français en 1829 dans le *Journal des Haras* (Mackenzie) ; les années 1820-1830 consacrent la rentrée massive en français d'une première vague de termes de sport.

2° (v. 1960) Rencontre sportive entre deux villes voisines, surtout au football.

✳ Extension de sens en anglais (1914) du *derby* « course de chevaux », qui s'est répercutée en français.

DÉRIVER [deʀive] *v. intr.*

(1529 : *deriver* ; 1601 : *driver* ; v. 1620 d'Aubigné : *dériver*). *Driver* ou *dériver*, être entraîné par le courant, en parlant d'un bateau (cette situation étant voulue ou non par le batelier). — *Par ext.* (1678) S'écarter de sa direction sous l'effet du courant, du vent, etc., en parlant d'un navire et (XXᵉ s.) d'un avion. Être à la dérive. — REM. : Admis dans le dict. de l'Académie 1694.

« Est deffendu à tous batteliers de laisser driver leurs bateaux [...]. »
                     Nouv. Coutum. génér., t. I, XVIᵉ s. [*in* Littré].

« Il y vouloit faire driver par la rivière quelques bateaux [...]. »
                     D'AUBIGNÉ, *Hist.* Préf., 1616-1620 [*in* Littré].

« J'avais un vaisseau dont je me défiais, parce qu'il dérivait beaucoup ; cela m'obligeait à ne rien négliger pour me tenir au vent des autres vaisseaux de la division dont j'avais la tête. »
                     Mémoire de Villette, 1678, dans JAL [*in* Littré].

✳ De l'anglais *to drive* [dʀajv] v. intr. « être poussé par le vent, le courant, un agent naturel » (XIIIᵉ s.) devenu *driver* [dʀive] en français au XVIᵉ siècle, puis *dériver*. L'extension de sens de *dériver* en français « s'écarter de sa direction » (anglais *to drift*) vient de l'influence d'un autre verbe français *dériver* (du latin *derivare*, de *rivus* « ruisseau ») qui signifie « détourner de son cours ». Il est curieux d'observer le chassé-croisé des emprunts mutuels au XVIᵉ siècle : l'anglais a employé *to drive* pour « détourner de son cours » (le mot exact est *to derive*, lui-même emprunté à notre *dériver* issu du latin). — *Dériver* a donné naissance en français à toute une série de mots : *dérive* n. f. (*drive* 1628), *dérivation* n. f. (1690), *dériveur* n. m. (1864).
— On se reportera à des emprunts plus récents de *to drive* dans d'autres sens → **Drive, driver.**

DERRICK [dɛʀik] *n. m.*

(1861) Tour en charpente métallique (autrefois en bois) au-dessus d'un puits de pétrole, qui supporte le trépan du forage. *Les derricks sont caractéristiques des paysages pétroliers.* — REM. : Absent des dict. de Littré et de l'Académie.

« L'appareil employé pour le forage des puits est très simple : on élève d'abord un *derrick*. On appelle ainsi l'assemblage de quatre madriers de 30 à 40 pieds qui forment à la base un cadre de 10 pieds carrés, et un autre cadre de 4 à 5 pieds carrés au sommet ; on place tout en haut une poulie sur laquelle passe une corde dont une extrémité soutient la vis de forage et dont l'autre est enroulée autour d'un cabestan. La vis se compose d'une pointe d'acier fixée à une longue barre de fer de 3 pouces de diamètre, mise en mouvement à l'aide d'une perche. La profondeur à laquelle on rencontre l'huile varie de 30 à 400 pieds [...]. »
L. FIGUIER, *L'Année scientifique et industrielle,* p. 429, 1862 (□ 1861).

« Puisque nous parlons de l'outillage des constructions aux États-Unis, n'oublions pas de mentionner ce que les Américains nomment des *derricks,* c'est-à-dire des appareils tenant de la grue et de la chèvre. [...]. On fait des derricks d'une légèreté très grande et cependant d'une solidité à toute épreuve : ces appareils sont formés d'une charpente en tubes d'acier. »
L. FIGUIER, *L'Année scientifique et industrielle,*
pp. 185-186, 1895 (□ 1894).

« Ces "grèves sauvages" sont exceptionnelles. Mais les 10 milliards de francs qui jaillissent tout seuls chaque année des derricks n'incitent pas à l'austérité. »
L'Express, 8 nov. 1971, p. 67.

✱ Mot anglais, *derrick* (1727) qui a pris ce sens en américain. *Derrick* signifie d'abord au XVIIᵉ siècle en anglais « bourreau d'une potence » *(hanger)* d'après le nom d'un bourreau célèbre de Tyburn en 1600. C'est à l'idée de « potence » que se rattache un autre sens de l'anglais « grue, chèvre », pylone électrique », qui finalement donne naissance au *derrick* « tour fonctionnant comme une grue, pour le forage du pétrole ». C'est aux États-Unis qu'ont été construits les premiers derricks, car c'est là qu'on a découvert les gisements de pétrole, en 1830, dans le Kentucky. Le pétrole est connu depuis l'antiquité (naphte) et le mot *pétrol(e)* est lui-même attesté au XIIIᵉ siècle en français ; mais le pétrole « lampant » (qui servait à s'éclairer) était recueilli suintant des roches, en très faible quantité. — Les dictionnaires ont attendu longtemps avant d'enregistrer ce mot, devenu courant, et qui n'a pas son correspondant en français. Facile à prononcer, il ne préoccupe guère les puristes.

DÉSAPPOINTÉ, ÉE [dezapwɛ̃te] *adj.*

(1761) Qui n'a pas obtenu ce qu'il attendait ; dont les espérances sont trompées et qui en est déçu. — REM. : Enregistré dans Littré 1863 et le dict. de l'Académie 1835.

« je me trouvai, comme on dit en anglois, tout-à-fait *désapointé.* »
CHASTELLUX, *Voyages,* 1786 [*in* Brunot, t. VI, 2-a, p. 1235].

✱ De l'anglais *disappointed,* part. passé (adj. en 1552) de *to disappoint* (XVᵉ s.), lui-même emprunté à l'ancien français *désappointer* v. (XVᵉ s.) contraire de *appointer* et signifiant « destituer, faire perdre son office, sa charge » (« Il appointoit et desappointoit tels officiers qu'il luy plaisoit. » E. Pasquier, *Lettres,* III, 8).
En anglais *to disappoint* a d'abord eu, au XVᵉ siècle, le même sens que le français qu'il avait emprunté ; mais le sens s'est étendu dès la fin du XVᵉ siècle (définition latine de l'époque : *frustratus*). C'est ce sens très général qui est revenu en français au XVIIIᵉ siècle (Voltaire, 1761) alors que le *désappointer* du XVIᵉ siècle était hors d'usage. Ce mot fut critiqué au début du XIXᵉ siècle ; en 1810 on prétendait qu'il fallait dire « trompé dans son attente ». Aujourd'hui *désappointé* n'est plus critiqué ; cependant le composé reste obscur pour un Français qui se demande de quel *point* ou de quelle *pointe* il est question. — Sur *désappointé* on a rétabli la série parallèle à la série anglaise : *désappointer* v. tr. *(to disappoint), désappointement* n. m. *(disappointment)* employé par J. Verne en 1873. Mais la famille anglaise reste beaucoup plus riche :

disappointedly adv. « de façon à désappointer », *disappointer* n. « celui qui désappointe », *disappointing* adj. « qui désappointe ».

DESIGN [di/e/zajn] *n. m.*

(vers 1960) Conception décorative moderne, recherche de formes nouvelles étendue à tous les objets utilitaires et qui intervient au stade de la fabrication.

« En 1952, le musée d'Art Moderne de New York demandait pour la première fois à une firme industrielle — Olivetti — d'exposer ses réalisations dans le domaine de la publicité, de l'architecture et du dessin industriel, bref du "Design".
On n'a pas oublié, d'ailleurs, l'admirable exposition, qui eut lieu en 1969 aux Arts Décoratifs [...] ; la réalisation en avait été confiée à un des maîtres du "Design" et de l'architecture d'aujourd'hui : Gae Aulenti. »   *Plaisir de France*, juin 1970, p. 47 (Pub. Olivetti).

« Le "design" et l'"environnement" sont en train de devenir les plus belles tartes à la crème de notre temps. »
G. MATHIEU, *L'Artiste et le quotidien*, in *Plaisir de France*, juin 1970, p. 2.

« Style du vingtième siècle, le design s'applique surtout à "réinventer" notre environnement : maisons, meubles, sièges, lampes. [...] ce coup de baguette magique, c'est le crayon du "designer" qui l'a donné. »
Son Magazine, fév. 1971, p. 19.

« Le design, c'est, par excellence, le mot serpent de mer : tout le monde en parle, personne — ou presque — ne sait ce que cela signifie. Quand, en marchant dans les rues, on rencontre à chaque pas une Designerie ou un Design Bazaar (à Paris, 70 % de ces boutiques sont ouvertes depuis moins de cinq ans), quand, dans les grands magasins, le moindre balai est étiqueté "design", on cherche vainement le rapport entre cette inflation mercantile et la démarche rigoureuse des vrais designers. Ceux-là ne se préoccupent de donner à l'objet une forme qu'après avoir répondu à toutes les exigences techniques. [...] Une cafetière qu'on tient bien dans la main, qui verse sans bavures, dont le couvercle ne se détache pas en position penchée, vendue à un prix accessible : c'est du design. »   *L'Express*, 25 oct. 1971, p. 85.

« cette forme d'une pureté impeccable, ce chef-d'œuvre insurpassable de *design*, la coquille de l'œuf. »
M. TOURNIER, *Le Vent Paraclet*, pp. 185-186 (□ 1977).

∗ Mot anglais *design*, d'abord « plan d'un ouvrage d'art » (XVIIe s.), lui-même emprunté au français *dessein* qui signifiait à la fois « but » et « dessin » jusqu'au XVIIe siècle (on employait encore *désigner* pour *dessiner*) ; a pris le sens décrit ci-dessus en américain et nous est revenu d'Amérique. *Design* ne s'est répandu en français que vers 1965 (selon Gilbert) mais avec une force de diffusion extraordinaire. La conception ainsi nommée est née vers 1925 à la fois en Allemagne (W. Gropius et le Bauhaus), aux États-Unis (Frank Lloyd Wright) et en France (Le Corbusier). Aucun mot français ne convient pour remplacer *design* qui, de surcroît, est marqué au signe de la mode ; néanmoins beaucoup de personnes s'irritent à la fois d'une forme imprononçable et d'un contenu assez douteux. Une francisation n'est guère possible en *dessin* ou *désigne*, trop généraux, et dont le sens convient mal. On oppose souvent *design* à *styling*∗, autre anglicisme. Les innombrables équivalents proposés ont été examinés et discutés par D. Mianney dans *La Banque des mots*, 5, 1973, p. 959.

« Dessein, dessin, design... Ce sont trois formes du même mot, jadis unique. »
F. PONGE, *Le Grand Recueil*, Lyres, Braque-dessins, p. 87, Gallimard, 1961 (□ 1950).

« Du 21 février au 10 mars derniers, la Maison de la Culture de Saint-Étienne a organisé une exposition intitulée "Design". [...] Ayant pour thème "Le design facteur d'expansion économique", le débat passionné et passionnant, porta surtout sur une tentative de définition de ce mot "barbare", le design. Cet essai de clarification et d'explication donna l'occasion à M. Eugène Claudius-Petit d'une "sortie" particulièrement remarquée : "Je sais que le mot design, qui est considéré comme du franglais, est contesté. On a proposé de le remplacer par esthétique industrielle, mais comme l'avait dit un jour l'Académicien Armand à Étiemble, il

arrive quelquefois que les mots anglais n'ont pas de traduction exacte. Ainsi en est-il de supporter qui signifie... soutenir !" »   *La Province à l'heure du design*
                         [in *Créations et Recherches esthétiques européennes*, avril-mai 1970, p. 81].

« Le terme de *design* a fait récemment une percée en force dans le vocabulaire quotidien français, avec deux acceptions différentes. En matière de production d'objets usuels, le *design* correspond à ce qu'on appelle l'*esthétique industrielle*, notion mise en évidence par Raymond Loevy. Dans le domaine de l'ameublement et de la vie de tous les jours, le *design* englobe les différentes interventions de l'*ensemblier*, tant en ce qui concerne les formes des meubles, l'impression des tissus, les formes et matériaux des luminaires, etc. qu'en ce qui a trait à leur agencement harmonieux dans un ensemble.

Enfin, en matière de mode, *design* paraît avoir la signification de *style*. »
          J. GIRAUD, P. PAMART, J. RIVERAIN, *Les Mots « dans le vent »*, p. 72 (□ 1971).

DESIGNER [di/e/zajnœʀ] *n. m.*

(1969) Personne qui crée les formes nouvelles du design. — *Par ext.* Décorateur moderne.

« Il (Gropius) s'élève contre l'idée que le Bauhaus ait cherché à formuler des concepts stylistiques. Le Bauhaus formait des designers, non des "stylistes". »
          M. RAGON, Préface *in* W. GROPIUS, *Apollon dans la démocratie. La nouvelle architecture et le Bauhaus*, p. 12, La Connaissance, 1969.

« Le *designer*, c'est assez bien l'ensemblier de Giraudoux : décorateur, sans doute, mais d'abord ordonnateur. »
          Y. FLORENNE, in *Le Monde*, 18 nov. 1970, p. 21.

« Les ateliers pluridisciplinaires se forment généralement à partir et autour d'un cabinet d'architecture qui s'adjoint un ou deux designers et quelques coloristes. »
          A. BERTRAND, *La Discipline collégiale* [in *Créations et Recherches esthétiques européennes*, avril-mai 1970, p. 33].

« Curieux comme ces merveilleux disaïneurs, ces gens si pétillants d'idées à les en croire, s'obstinent à nous asséner des chapelets de mots imprononçables. Les Allemands ont traduit, les Italiens ont traduit, les Espagnols ont traduit, pas nous. »   *Tribune libre* [*Ibid.*, p. 101].

« Il y a deux sortes de personnes : les stylistes et les designers, ou plutôt les créateurs. Les premiers habillent une mécanique, font œuvre de carrossiers ; les seconds créent une forme et lui adaptent la mécanique. »   *Son Magazine*, fév. 1971, p. 24.

✳ Mot américain *designer*, proprement « dessinateur » en anglais, qui a pris ce sens spécial aux États-Unis depuis une vingtaine d'années → **Design**. Le mot a pénétré en français avec *design,* et pose les mêmes problèmes. Il est notamment quasi imprononçable en français, et si l'on francise ce terme on obtient *désigneur* [dezinœʀ] qui ne convient pas pour le sens. On oppose souvent *designer* à *styliste*✳.

DESIGNER [di/e/zajne] *v. tr.*

(1971) Concevoir selon le design. — REM. : Ce mot semble n'être qu'écrit, il est imprononçable et impossible à conjuguer avec sa forme anglaise.

« Car il touche à tout, "designant" meubles, sièges, couverts, moquettes, stylos, emballages, boîtes de nuit... »
          Son Magazine, fév. 1971, p. 20.

« les objets "désignés" de Brionvéga ont fait le tour du monde. C'est que les designers qui travaillent pour Ennio Brion comptent parmi les plus importants d'Italie [...]. »   *Ibid.*, p. 28.

✳ De l'anglais *to design* « dessiner, faire le plan d'un ouvrage d'art ». Dernier né de la série de *design* en français, ce verbe anglais à suffixe français est comme la caricature de l'emprunt inassimilable. Homographe de notre *désigner,* il serait homonyme si nous le prononcions à la française, solution forcément écartée. Prononcé à l'anglaise, il est inconjugable. S'il est traduit par *dessiner,* l'idée est trop générale. Les citations témoignent du grand embarras de l'utilisateur.

DÉSINFLATION → INFLATION.

DESK [dɛsk] *n. m.*

(1971) Chacun des secrétariats de rédaction d'une agence de presse.

« Schématiquement, une agence mondiale dispose d'autant de *desks* ou de secrétariats de rédaction qu'elle diffuse de services, chaque service étant caractérisé par le secteur géographique qui le concerne et par la langue utilisée. Dès qu'une dépêche parvient à l'agence, elle est immédiatement remise au chef du *desk* concerné ou à un secrétaire de rédaction. » Ph. GAILLARD, *Technique du journalisme*, p. 43 (□ 1971).

« Ces informations, stockées, classées et répertoriées par les ordinateurs, sont immédiatement mises à la disposition des rédacteurs des différents desks qui les adaptent au secteur auquel elles sont destinées. Adapter, ça veut dire traduire et diffuser en cinq langues, couper, allonger, ou jeter à la poubelle. Ou bien, s'il n'y a pas de problème, réexpédier tel quel, là où il faut. » *L'Express*, 13 oct. 1979, p. 154.

✳ Mot anglais *desk* n. « bureau, pupitre », 1386, du lat. médiéval *desca*, lat. *discus* « disque » ; au sens de « travail de bureau », 1797. Il apparaît en français en 1866 (D. D. L., 2ᵉ série, 18) au sens de « pupitre de reporter », mais reste inusité. Le sens actuel vient de la spécialisation américaine de *desk* « bureau (abstrait) » dans la terminologie du journalisme (1927, Mathews).

DESPERADO [dɛspeRado] *n. m.*

(1881) Hors-la-loi qui est prêt à tout, n'ayant plus rien à perdre. *Des desperados.* — REM. : Absent du dict. de l'Académie 1932.

« Une bande de treize *desperados*, déguisés en voyageurs, près de Kansas, tua le conducteur et un monsieur qu'il prit pour le mécanicien ; la malle fut volée et on se disposait à dévaliser les voyageurs, lorsqu'un serre-frein poussa la soupape du sifflet et arrêta le train ; les voleurs se sauvèrent. Cela arrive quelquefois, surtout dans les nouvelles routes récemment ouvertes du côté du Mexique. Il y a là bien des gens qui vivent de cette sorte de métier. » E. MICHEL, *Le Tour du monde en deux cent quarante jours. Le Canada et les États-Unis*, p. 84 (□ 1881).

« On enrôla les bandits mexicains ou italiens du voisinage, ceux qu'on nomme *thugs* ou *desperadoes*. Aujourd'hui on les désigne d'un vieux mot élisabéthain récemment exhumé, *racketeers*. » P. MORAND, *New-York*, p. 80 (□ 1930).

« Il commençait à amasser avec aisance un petit pécule, quand, un soir, un groupe de dix *desperados* américains fit irruption dans la petite cabane où il se reposait [...]. » J.-L. RIEUPEYROUT, *Histoires et Légendes du Far West*, p. 164 (□ 1969).

✳ Emprunté par l'américain à l'anglais *desperado* n. « personne désespérée » début XVIIᵉ siècle (1610), sens actuel 1647. Pour ces deux sens, l'anglais dispose aussi de *desesperate* « désespéré ». L'anglais *desperado* vient lui-même de l'espagnol ancien *(desperado, du latin desperatus)*, l'espagnol moderne étant *desesperado*. Ce mot a passé en français surtout pour désigner des hors-la-loi américains. La traduction par *désespéré* est malencontreuse, un désespéré étant essentiellement en français une personne qui s'est suicidée.

DESTROYER [dɛstRwaje] ou [dɛstRwajœR] *n. m.*

(1893) Contre-torpilleur. — REM. : Absent du dict. de l'Académie 1932.

« KEEP SMILING, disaient des pancartes accrochées partout, dans les ministères comme dans les chaumières, au mess des officiers comme à bord des destroyers et des sous-marins [...]. » CENDRARS, *Bourlinguer*, pp. 290-291, Denoël (□ 1948).

✳ Mot anglais *destroyer* n. proprement « destructeur » (XIXᵉ s.), abréviation de *torpedo-boat destroyer* « torpilleur destructeur » (1893). *Destroyer* vient de *to destroy* « détruire », lui-même emprunté à l'ancien français *destruire*. *Destroyer* fut d'abord le nom propre d'un torpilleur, en 1882 (un torpilleur qui se serait appelé « le Destructeur »). Ce mot a passé aussitôt en français (*Revue génér. des Sciences*, 1893, *in* Mackenzie), *contre-torpilleur* n'a été créé que plus tard. *Destroyer* est assez mal adapté à notre système, malgré sa demi-francisation.

DÉTECTER [detɛkte] *v. tr.*

(1929) Déceler l'existence de (un corps, un phénomène caché). *Détecter des radiations.* — *Par ext.* Déceler, découvrir. *Détecter les erreurs.*

✱ Francisation de l'anglais *to detect* v., du latin *detectus*, de *detegere* « découvrir ». *To detect* signifie « découvrir » (au propre XVᵉ s., au figuré 1591) et a pris le sens dénoté plus haut au XVIIIᵉ siècle. *Détecter* est récent en français (1929, Larousse) et assez courant ; cette forme est soutenue par l'existence plus ancienne de *détecteur* n. m., du latin *detector*. Une famille complète s'est reconstituée en français grâce aux emprunts : *détecter, détecteur, détection, détective*.

DÉTECTION [detɛksjɔ̃] *n. f.*

(1929) Action de détecter.

✱ Mot anglais *detection* n. (XVᵉ s.) qui a pris, en 1619, le sens de découvrir « ce qui est dissimulé, voilé » « as crime, tricks, errors, slight symptoms of disease, traces of a substance, hidden causes, etc. » — comme un crime, des tricheries, des erreurs, de légers symptômes de maladie, des traces d'une substance, des causes cachées, etc. — (Oxford dict.). Ce mot a pénétré en français avant la guerre. Il s'emploie surtout pour un objet matériel, un symptôme sensible → **Détecter.**

DÉTECTIVE [detɛktiv] *n. m.*

(1867) En Angleterre et aux États-Unis, Policier chargé des enquêtes, des investigations dans les affaires illégales ou criminelles. — Dans ces pays et en France, *Détective privé*, celui qui remplit les mêmes fonctions pour une personne, une organisation qui le paie. — REM. : Signalé dans le suppl. de Littré 1877 et dans le dict. de l'Académie 1932.

« Je prendrais de telles mesures que je dépisterais tous les détectifs de l'univers. »   GABORIAU, *Crime d'Orcival*, 1867 [*in* D. D. L., 2ᵉ série, 2].

« Nous insistâmes et finîmes par obtenir deux détectives [...]. »
    SIMONIN, in *La Revue des Deux-Mondes*, 1ᵉʳ mars 1874 [*in* Littré].

« ces brutes germaniques serrant leur pinte dans leurs poings blonds, et dévisageant le détective qui, dans sa poche ouverte sur la fesse, tripote secrètement son revolver [...]. »
    P. ADAM, *Vues d'Amérique*, p. 265 (□ 1906).

« Le budget de la police de New-York sera pour 1930 de 53 millions de dollars. Sans compter les détectives privés, agences Burns et Pinkerton, que les grandes banques, les industries, le haut commerce et même les particuliers, ont à leur service et qui viennent exactement doubler les forces municipales. »   P. MORAND, *New-York*, pp. 92-93 (□ 1930).

✱ Mot anglais *detective* n. (début XIXᵉ s., attesté en 1856) formé sur l'adjectif *detective* « qui détecte », lui-même de *to detect* (→ **Détecter**). Ce mot a pénétré en français en 1867 avec une forme à demi francisée qui a vite disparu, et s'est répandu surtout au début du XXᵉ siècle par la traduction des romans policiers anglais (Conan Doyle écrit sa série des Sherlock Holmes de 1887 à 1905), puis par les films d'enquête policière. *Détective* est courant en français et soutenu par la famille *détecteur, détecter, détection*, dont les deux derniers sont eux-mêmes des anglicismes. Mais sa morphologie, à la différence des autres, ne convient pas au système français (pas de suffixe *-ive ;* on attendrait **détectiste*, **détectier* ou *détecteur*). Le composé *detective story* « roman policier » se rencontre en français.

« Le feu des artifices divertissants, en quoi s'épanouit l'exaspération de la logique propre au *détective-story*, risque d'illuminer un drame d'épouvante. »
    Le Nouvel Observateur, 21 avril 1973, p. 73.

DETERRENT [detɛʀɑ̃] *n. m.*

(v. 1960) Moyen de dissuasion contre l'agression d'un pays.

« dans le cadre de la discussion nucléaire la question du deterrent européen sera fatalement évoquée. »
Le Monde, 28 nov. 1962 [*in* Blochwitz et Runkewitz, p. 276].

✳ Mot anglais *deterrent* n. qui nous est venu par l'américain (1954 dans ce sens). En anglais *deterrent* est adjectif (XIXᵉ s., du latin *deterrentem*, de *deterrere* v. qui a donné *to deter* « dissuader, faire peur » en anglais) et substantif (XIXᵉ s.). Il s'emploie de façon générale pour tout ce qui peut dissuader de faire quelque chose (la peine de mort par ex.). L'ancien français possédait un verbe *deterrer* (du latin *deterrere*), qui avait le sens de *to deter* : « Pour remercier, et encourager les uns, admonester et deterrer les autres » (Ossat, *in* Godefroy). *Deterrent* a pénétré en français à l'époque de l'organisation des armements atomiques. Quoique ce mot soit apparenté, par son origine latine, à *terrible, terreur*, la présence de ce radical *terr-* n'est guère sentie. Ce mot est l'objet de violentes attaques des puristes. On rencontre parfois la forme francisée avec accent *déterrent*.

« La vérité, c'est qu'on nous fait jargonner américain afin de nous conduire à l'abattoir les yeux bandés. Témoin, l'emploi de *dissuasion, deterrent* et *missile gap*, trois belles acquisitions de notre vocabulaire, trois cadeaux précieux du N. A. T. O. et du S. H. A. P. E. »   ÉTIEMBLE, *Parlez-vous franglais ?*, p. 234 (□ 1964).

« Nos officiers, suivis bientôt par les civils, emploient le mot *deterrent* pour désigner ce mystérieux moyen de dissuasion et de représailles qui répand la terreur dans le monde (et dans notre vocabulaire). Racontant une visite au S. H. A. P. E., un membre de l'Académie française [...] ajoute : "[...] Les Occidentaux disposent d'un appareil de représailles qui demeure terrible. Le *deterrent*, c'est-à dire l'intimidation, la dissuasion, n'est pas à sens unique, il est réciproque. [...] Il n'y a pas que le *deterrent* militaire. Il y a aussi un *deterrent* politique..." Plus récemment, j'ai relevé cette déclaration de M. Couve de Murville : "Il n'a jamais été envisagé par personne que les *deterrents* atomiques ne restent pas nationaux" (et le journal éclairait ce mot d'une note : "Instruments de dissuasion"). On remarquera que tous ces "deterrents" sont orthographiés à l'anglaise, sans accent. Mais d'autres auteurs pensent le franciser par l'addition d'un accent aigu : "Le *déterrent* britannique ne dissuaderait pas en raison de l'exiguïté de l'île" (Jules Moch). »   LE BIDOIS, *Les Mots trompeurs*, pp. 260-261 (□ 1970).

DÉVALUATION [devalɥasjɔ̃] *n. f.*

(1928) Abaissement de la valeur légale d'une monnaie par une nouvelle définition du rapport de l'unité monétaire avec l'or, l'argent ou une monnaie étrangère. *La dévaluation du franc, du dollar.* — REM. : Absent du dict. de l'Académie 1932.

« Son père lui avait, grâce à Dieu, laissé en mourant sept à huit mille livres de rente, ce qui en ferait, à travers nos dévaluations, plusieurs millions aujourd'hui [...]. »
É. HENRIOT, *Portraits de femmes*, Ninon de Lenclos, p. 49 (□ 1950).

✳ Mot anglais *devaluation* n. (1914), de *to devaluate* v. « dévaluer », mot qui s'est répandu en anglais avec *inflation, deflation,* etc., au moment de la grande crise économique succédant à la guerre de 1914-1918. Le mot passa en français et se diffusa lors de la dévaluation de 1928 (le franc qui valait 322 mg d'or en 1879 n'en valut plus que 65,5 mg). Ce mot attesté en 1928 chez R. Rolland (*in* T. L. F.) est très courant en français ; c'est l'épouvantail quotidien dans la lutte contre l'augmentation des prix et l'affaiblissement du pouvoir d'achat. *Dévaluation* est soutenu, dans sa forme en *valu-*, par *évaluation* et *plus-value*. Il n'est pas remplaçable par *dévalorisation*, plus général.

« C'est, on me l'accordera, un signe des temps que l'apparition du mot *dévaluation* dans les dictionnaires ! En effet, le terme est un néologisme, ou du moins, il l'était il y a vingt ans. *Le Nouveau Larousse Illustré* l'ignorait encore, avant la guerre, *Le Larousse du XXᵉ siècle* l'a admis, mais ne porte pas le verbe *dévaluer*. De même pour *dévaloriser*, tandis que *dévalorisation* apparaît. Les mœurs vont forcément plus vite que le langage ! À l'époque de Littré, c'est-à-dire il y a un demi-siècle, ces mots restaient, bien entendu, ignorés. Heureuse simplicité des âges naissants ! comme disait Fénelon en parlant de l'âge d'or. »
A. THÉRIVE, *Querelles de langage*, t. III, p. 48 (□ 1940).

DÉVALUER [devalɥe] *v. tr.*

(1928, *dévalué*) Effectuer la dévaluation de... — REM. :
Absent du dict. de l'Académie de 1932.

« Dévaluer le dollar ? Outre le fait que le gouvernement américain
s'y refuse et que nul ne peut l'y contraindre, une dévaluation du dollar
aurait pour effet de perturber le commerce international dans la mesure
où, dans le monde entier, la plupart des contrats sont libellés en monnaie
américaine. En outre, l'augmentation du prix de l'or qui en résulterait
profiterait, surtout, à la République sud-africaine et à l'U. R. S. S.,
principaux producteurs du "fabuleux métal". »
                                          L'Express, 10 mai 1971, p. 73.

∗ Mot formé d'après *évaluer* sur l'anglais *to devaluate*, v. (fin XIXᵉ s.
ou début XXᵉ s.), de *de-*, *value* « valeur », et suffixe *-ate*. Cet emprunt
sert de verbe à *dévaluation** autre anglicisme ; *dévaluer* est soutenu par
évaluer et *plus-value*, les autres formes étant en *valor-*. Dévaluer n'est
pas dévaloriser, plus général ; il ne s'applique qu'à la monnaie. Cependant on notera ce texte paru dans *Le Monde* (28 janv. 1972, p. 11) :
« En tout cela c'est l'homme sujet que la littérature dévalue » (P. H. Simon).

    « *Dévaluer* est un mot très bien fait, comme *évaluer*, qui lui, est ancien, et
dérive de *value* qui signifiait valeur. Ce dernier substantif subsiste dans *plus-value*,
moins-value ; il est le même que *valuta* italien lequel est passé dans le jargon
financier de toute l'Europe. » A. THÉRIVE, *Querelles de langage*, t. III, pp. 48-49 (□ 1940).

DÉVELOPPEMENT [devlɔpmɑ̃] *n. m.*

(v. 1960) Suite des événements, manifestant une tendance ou
une intention. *Spécialt.* Mise au point d'un produit, mise en
valeur ou aménagement d'une zone, etc. *Recherche de développement*, recherche industrielle.

∗ Le mot français *développement* acquiert, par contamination de
l'anglais *development*, un emploi qu'il n'avait pas : « action de rendre
disponible ou utilisable ce qui n'existait que potentiellement ». On voit
que « tournure, suite des événements » est une mauvaise traduction.
Les puristes s'élèvent contre ce nouvel emploi de *développement* ;
G. Dulong le condamne comme anglicisme canadien.

    « L'Humanité analyse le "développement" d'une affaire, à la yankie (zut aux
suites !) [...]. »   ÉTIEMBLE, *Parlez-vous franglais ?*, p. 271 (□ 1964).

    « Toujours dans le domaine des nouvelles diplomatiques, on nous dit que "le
gouvernement américain déplore tout développement de quelque source que ce
soit, américaine ou canadienne, qui pourrait affecter défavorablement ces relations". La pierre d'achoppement est ici *développement*. On sait que ce mot traduit
mal "development" au sens de *"event"*. Il faut dire *événement, tournure des
événements*, mais ces équivalents ne cadrent pas avec la phrase que nous avons
ici. Il y a un moyen très simple qui consiste à escamoter la difficulté en remplaçant
le mot par une tournure pronominale : "... déplore tout ce qui, de part et d'autre,
pourrait nuire aux relations entre les deux pays". Le contexte indique en effet de
quels pays il s'agit. »   J. DARBELNET, *Regards sur le français actuel*, p. 149 (□ 1963).

DEVON [devɔ̃] *n. m.*

(1907) Appât articulé ayant la forme d'un poisson, d'un
insecte, etc., et qui est muni de plusieurs hameçons. — REM. :
Absent du dict. de l'Académie 1932.

« [les pêcheurs] promènent dans l'eau des cuillers nickelées [...], des
devons à ailettes, des montures barbelées. »
                              GENEVOIX, *Boîte à pêche*, 1926 [*in* T. L. F.].

∗ Mot anglais, début XXᵉ siècle, « mouche artificielle pour pêcheurs »
de *Devon*, nom d'un comté du sud-ouest de l'Angleterre (autrement
appelé *Devonshire*).

DÉVONIEN, IENNE [devɔnjɛ̃, jɛn] *adj.* et *n. m.*

(1848) Qui appartient à la période géologique de l'ère
primaire allant du silurien au carbonifère. *Terrain dévonien.* —

N. m. *Le dévonien.* — REM. : Signalé dans le suppl. de Littré 1877 et dans le dict. de l'Académie 1878.

« Au lieu des trilobites rudimentaires, j'apercevais des débris d'un ordre plus parfait ; entre autres, des poissons Ganoïdes et ces Saurop-teris dans lesquels l'œil du paléontologiste a su découvrir les premières formes du reptile. Les mers dévoniennes étaient habitées par un grand nombre d'animaux de cette espèce, et elles les déposèrent par milliers sur les roches de nouvelles formations. »
                        Jules VERNE, *Voyage au centre de la terre*, p. 169 (□ 1864).

« Et puis la nomenclature les irritait. Pourquoi devonien, cambrien, jurassique, comme si les terres désignées par ces mots n'étaient pas ailleurs qu'en Devonshire, près de Cambridge, et dans le Jura ? »
                        FLAUBERT, *Bouvard et Pécuchet*, p. 743 (□ 1880 †).

✳ Francisation de l'anglais *devonian,* adj. (1612, du *Devonshire*) qui a pris ce sens particulier en 1837 « We purpose therefore for the future to designate these groups collectively by the name Devonian system [...] » — nous avons donc l'intention de désigner désormais ces groupes collectivement par le nom de *Devonian system* — (Sedgwick and Murchison [*in* Oxford dict.]). Introduit en français en 1848 par Sir C. Lyell (Mackenzie, p. 217).

DIABLES BLEUS [djabləblø] *n. m. pl.*

(1828) *Vx.* Idées noires, cafard, dépression.

« Les *diables bleus* peuvent se voir dans un grand concert, à une première représentation, dans un dîner diplomatique et dans une séance d'Athénée ; ils se trouvent encore à la toilette d'une jolie femme, dans le cabinet d'un poète et dans le bureau d'un commis qui n'a eu ni croix, ni gratification ; mais il en est de deux espèces. Les *Diables bleus* anglais sont irritables, violens [*sic*] et terminent souvent leur carrière dans la Tamise ; les *Diables bleus* français sont légers, peu opiniâtres et au moment où l'on commence à s'en plaindre, ils disparaissent pour habiter des *châteaux en Espagne.* »
En note : « Les Anglais appellent *Diables bleus* les vapeurs, les idées noires. »
Journal des Dames et des Modes, 30 nov. 1828, in *Le Français moderne*,
                                        oct. 1949, p. 290.

« Le Docteur [...] dit : "Vous avez les *Diables bleus*, maladie qui s'appelle en anglais *Blue devils*." »
                        A. de VIGNY, *Stello*, in *Œuvres complètes*, t. II, p. 627 (□ 1832).

✳ Calque de l'anglais *blue devils* (1781). Les deux expressions *blue devils* et *diables bleus* sont contemporaines en français. *Blue* (« bleu ») a des connotations de danger, de maléfice que n'a pas le français *bleu*. Aussi bien *diables bleus* évoque-t-il moins bien l'état décrit que ne le fait *idées noires*. Les deux expressions *blue devils* et *diables bleus* sont sorties d'usage alors que *spleen*✳ s'est conservé avec le même sens. Mais c'est *idées noires, cafard* et *déprime* qui sont actuellement courants.

DIFFÉRENT, ENTE [diferã, ãt] *adj.*

(v. 1960) *Publ.* Qui n'est pas comme les autres (et ainsi supposé beaucoup mieux). *La lessive X, c'est différent !*

« Pour ceux qui savent être DIFFÉRENTS. »
                        Publ. *Elle*, 1963 [*in* Schütz, p. 34].

✳ Ce sens de *différent* est emprunté à l'anglais *different* adj. dans la publicité américaine (1912). En français *différent* n'a qu'un sens neutre : « autre (en bien ou en mal) ».

« Avez-vous essayé Amincyl ? On dit que c'est spécifique pour les adiposités en sandwiches. C'est unique, vraiment différent. J'ai vu ça dans *Marie-Claire*, il y a un an ou deux. »   ÉTIEMBLE, *Parlez-vous franglais ?*, p. 114 (□ 1964).

DIGEST [daj(d)ʒɛst] ou [diʒɛst] *n. m.*

(1949) Résumé, condensé d'un livre ; publication formée de tels condensés.

« P. Gaxotte a su condenser en un raccourci saisissant de 60 pages — sans en faire un fade "digest" — la matière d'un gros volume qui en comptait 550. »   *L'Express*, 22 janv. 1968 [*in* Gilbert, art. *Digest*].

✳ Mot anglais *digest* n. (du latin *digesta*) d'abord, au xiv⁰ siècle, « recueil de lois de l'empereur Justinien » — même emploi que notre *digeste* n. m., xiii⁰ siècle — puis « tout recueil de matières classées méthodiquement et résumées » (1555). En latin, comme en anglais, c'est l'idée d'une répartition et d'une classification destinée à l'assimilation qui domine (assimilation = digestion) ; ce sens général est premier et ne dérive pas de « digérer, digestion » au sens physiologique. Le mot *digest*, déjà cité comme terme américain dans un texte français en 1930 (P. Morand, *New-York*, p. 128), s'est répandu en France avec la diffusion massive de la *Sélection du Reader's digest*, traduction américaine lancée sur le marché européen après la guerre, et qui eut un certain succès dû à la formule nouvelle des résumés. Cette revue provoqua bien des discussions et déchaîna l'hostilité des intellectuels tant à cause de la forme (simplification abusive entretenant la paresse du lecteur) que du contenu (idéologie américaine). Le mot *digest* a gardé de ce contexte un sens nettement péjoratif. La prononciation est variable, [diʒɛst] étant plus populaire. Il serait souhaitable qu'elle se répande pour faciliter l'intégration du mot (s'il ne tombe pas en discrédit). Le *Journal officiel* propose de remplacer *digest* par *condensé* (1976).

DIGITAL, ALE, AUX [diʒital, o] *adj.*

1⁰ (v. 1960) Numérique ; opérant par éléments discontinus (et non pas continus, « analogiques »). *Un système digital peut être binaire.*

2⁰ (1968, selon P. Gilbert) Se dit des appareils qui affichent leurs résultats sous forme numérique.

« La montre *digitale* n'est pas mécanique, mais électronique. À l'intérieur de son boîtier, plus de rouages, mais une barre de quartz minuscule, un circuit intégré et une pile. Plus d'aiguilles, mais un cadran où apparaissent des chiffres lumineux quand on presse sur un bouton. »   *L'Express*, 15 nov. 1975 [*in* Gilbert].

✳ Mot américain *digital*, au sens pris en informatique (1938 ; répandu v. 1945) « qui opère sur des données discrètes, numériques, et non pas continues, "analogiques" » [angl. *analogue*]. De *digit*, très ancien terme anglais d'arithmétique (1398) désignant d'abord les nombres inférieurs à dix (que l'on peut compter sur les doigts, latin *digitus*), en emploi attributif (d'abord *digite number*, 1613), spécialisé en américain en parlant des machines à compter (1921, *in* Oxford Suppl.) puis répandu avec l'informatique, v. 1945. *Digital*, en anglais, s'est employé comme nom, au sens de *digit*, au xv⁰ s., mais le mot ne signifiait en anglais moderne que « relatif au doigt » (1656) ; il est soit directement emprunté au latin *digitalis*, soit au français *digital* (mil. xvi⁰ s.).
Digitaliser, « rendre digital », est emprunté à *to digitalize* (1962, *in* Oxford Suppl.), mais *digitalisation* n'est pas attesté dans les dict. anglais (sinon au sens : « administration de digitaline »). Le *Journal officiel*, qui prescrit (12 janv. 1974) d'employer *numérique (calculateur numérique)* au lieu de *digital*, reste muet quant aux dérivés possibles pour remplacer *digitaliser* et son substantif. On trouve aussi *digitiser* v., 1979.

« Un calculateur électronique qui travaille sur les signaux après qu'ils ont été "digitalisés", c'est-à-dire traduits en chiffres. »   *Le Monde*, 14 nov. 1973, p. 20.

« Recevant les données digitisées (c'est-à-dire transcrites sous forme numérique) des divers instruments, un "petit" ordinateur permet le réglage des appareils, leur calibration, le contrôle de leur fonctionnement [...]. »
La Recherche, déc. 1979, p. 1297.

DINGHY ou DINGHIE [dingi] *n. m.*

1⁰ (1849) Canot pneumatique de sauvetage. *Des dinghies* [dingi].

« Ce canot de caoutchouc était un petit dingy individuel, fait pour repêcher les gens qui tombent à la mer tout près des côtes [...]. »
A. BOMBARD, *Naufragé volontaire*, L'Atlantique, p. 175 (□ 1958).

2° Petit bateau de plaisance à moteur hors-bord, avec un volant de direction, un pare-brise et des sièges, dont la coque est généralement en matière plastique ou en métal léger.

« C'est ainsi qu'on a lancé sur le marché des canoës, yoles, youyous, dinghies, prames, doris et voiliers en tout genre. »
J. C. DESJEUX et J. DUFLOS, *Les Plastiques renforcés*, p. 99 (□ 1964).

✳ Mot anglais *dinghy* et vx *dingey* (XVIIIᵉ s.) «petit bateau à rames en usage sur les rivières, aux Indes » puis (1836) « petit canoë, petit bateau de plaisancĕ » ; du hindi *dēngi,* diminutif de *dēngā* «bateau ». Attesté en 1849 (D. D. L., 2ᵉ série, 12) sous la forme *dingui.* On remarque dans Littré suppl. (1877) un article *dinglie* [dĕgli] n. m. « sorte de bateau indien », qui semble bien correspondre au premier sens de *dinghy* en anglais. *Dinghy* est d'un emploi très fréquent parmi les plaisanciers. La prononciation à l'anglaise semble être unanimement adoptée ; la graphie est gênante en français.

DINGO [dɛ̃go] *n. m.*

(1789) Chien sauvage d'Australie *(Canis dingo)* qui ressemble à un grand renard roux, donne de la voix mais n'aboie pas. *Des dingos.* — REM. : Absent des dict. de l'Académie ; enregistré dans le suppl. de Littré 1877.

« les voyageurs [...] ne tardèrent pas à s'endormir, malgré les hurlements lamentables des "dingos", qui sont les chacals de l'Australie. » Jules VERNE, *Les Enfants du capitaine Grant*, t. II, p. 103 (□ 1868).

« J'ajoute quelques mots sur le dingo, qui se trouve en Australie un peu dans les conditions des chiens des Malouines. C'est le seul grand mammifère qu'on y rencontre n'appartenant pas aux marsupiaux, et ce fait exceptionnel devait déjà donner à réfléchir. Aussi l'a-t-on généralement regardé comme importé. Quoiqu'il en soit, le dingo domestique est redevenu libre ; et Hamilton Smith le rapporte, dans l'un et l'autre cas, à une forme dérivée du *Canis primoevus* de Hodgson. Cependant quelques naturalistes, le considérant comme autochtone, ont voulu en faire une espèce à part. Un fait rapporté par Darwin réfute pleinement cette opinion. Le dingo sauvage présente de grandes variations de pelage. Cela seul annonce une race libre non encore fixée, circonstance qui s'explique par ses croisements fréquents avec les dingos domestiques ou plutôt demi-libres de l'Australie. De plus, il se croise aussi avec tous les chiens européens importés dans le pays. »
M. de QUATREFAGES, in *Revue des cours scientifiques*, 8 août 1868, p. 583.

✳ Mot anglais *dingo* n. (1789, Tench) d'une langue australienne disparue. Le dingo a été décrit par Cuvier sous le nom de *chien d'Australie.* — Ce mot se trouve être l'homonyme en français de *dingo* « fou ». Il est attesté en français dans la traduction du *Voyage to Botany Bay* de Watkin Tench, paru la même année que l'original *(Français moderne,* avril 1971, p. 149) puis par Dumont d'Urville en 1834-1835 *(Ibid.).*

DINING-CAR [dajniŋkaʀ] *n. m.*

(1873) *Vx.* Wagon-restaurant.

« Un autre moyen de diminuer les arrêts, surtout pour les express de grand parcours, consiste à faire entrer dans leur composition des dining-cars, ou wagon-restaurants où les voyageurs trouvent en marche une excellente nourriture, ce qui permet de supprimer les arrêts aux buffets. » P. LEFÈVRE et G. CERBELAUD, *Les Chemins de fer*, p. 226 (□ 1888).

« Le vestibule-train se compose de six ou huit voitures pullman, d'un dining-car et d'un wagon pour fumer, avec bibliothèque et cabinets de lecture. »
L. FIGUIER, *L'Année scientifique et industrielle*, p. 261, 1889 (□ 1888).

✳ Mot anglais *dining car* n. (1838), littéralement « voiture *(car)* pour dîner *(dining)* », attesté pour la première fois aux États-Unis. S'est employé en français concurremment avec *wagon-restaurant* entre 1873 et la fin du siècle, mais *wagon-restaurant* a totalement triomphé.

DINOSAURIENS [dinɔsɔʀjɛ̃] *n. m. pl.*

(1844) Ordre de reptiles fossiles de taille gigantesque caractéristiques de la période secondaire. — REM. : Enregistré dans le dict. de Littré 1864 ; absent des dict. de l'Académie.

« *Dinosauriens.* Ordre de reptiles établi par M. Owen, dans un rapport fait en 1840 et 1841 à l'Association britannique pour l'avancement des Sciences, sur les Reptiles fossiles de la Grande-Bretagne. »
LAURILLARD, art. *Dinosauriens* [*in* Ch. d'Orbigny].

« Les seuls restes importants de Dinosauriens rencontrés jusqu'ici en notre pays étaient, avec le *Dinosaurus* du trias de Poligny et le *Megalosaurus* du bathonien du Calvados, ceux de l'étage de Rognac de Provence [...]. »
É. GAUTIER, *L'Année scientifique et industrielle*, p. 113, 1901 (□ 1900).

✻ Adaptation de l'anglais *Dinosaurians* : « *Dinosaurians*... A distinct tribe or sub-order of Saurian Reptiles, for which I would propose the name of *Dinosauria* » Owen, 1841 (Oxford dict.). *Dinosaurians* vient de *Dinosaur*, du latin mod. *dinosaurus* proprement « reptile terrible » (Cf. *Saurien*), lui-même créé en anglais.

DISC(-)JOCKEY [diskʒɔkɛ] *n. m.*

(v. 1955, selon P. Gilbert, qui cite un texte de 1966) À la radio, Animateur chargé notamment de présenter des disques, de la musique.

« une sélection agréable, insolite et souvent passionnante, réalisée en double album par l'un des disc-jockeys les plus populaires de San Francisco, Voco. » *L'Express*, 1ᵉʳ janv. 1973, p. 6.

« En fait, les disc-jokeys [d'une "station pirate" en mer] ne vivent que très peu de temps à bord, la plupart des enregistrements se faisant à terre, dans de confortables studios. Quant à leurs "managers", ce ne sont pas des héros de romans de flibuste. Ce sont des commerçants bien tranquilles. » *L'Express*, 3 sept. 1973, p. 59.

✻ Mot américain (1941, *in* Oxford Suppl.), *disk jockey* (angl. *disc jockey*) souvent abrégé en *DJ (dee-jay)* répandu à la radio, semble-t-il avec la vogue du « swing » v. 1940-1945. Le dérivé *disc-jockeying*, désignant l'activité de ce personnage, apparaît en 1941. En français, l'emprunt n'est précisément attesté qu'après 1960, mais s'employait certainement dans les années 50. La valeur du mot est passé de « présentateur qui choisit des disques pour la radio ou la télévision et les conduit au succès (comme le jockey son cheval) » à « animateur d'une émission comportant de la musique (généralement populaire) ». La traduction officielle (Arrêté du 12 janvier 1973) par *animateur* est insuffisante, ce mot étant beaucoup plus général. Mais *disc-jockey* donne lieu à une semi-francisation *(disque-jockey)*, à des flottements quant au pluriel (certains le font invariable), et sa métaphore n'est guère ressentie ; enfin l'élément « disque », à l'âge de la bande magnétique, n'est pas toujours pertinent ; il est donc candidat au remplacement.

DISCO [disko] *adj.* et *n. m.*

(1979) Se dit d'un genre de musique de danse américaine issu du rock et du swing, particulièrement apprécié par les très jeunes adolescents. *Écouter du disco.*

✻ Mot américain, attesté en 1964, abrév. de *discotheque* (1951), lui-même emprunté au français *discothèque.*

DISCOUNT [diskawnt] ou [diskunt] *n. m.*

(1962) Rabais sur un prix, abattement de prix.

« Venu tard dans le secteur des hypermarchés — le premier remonte à octobre 1969 — le groupe du Printemps y a mal réussi. Il possède cinq Escale et trois Primevère (Primevère n'a pas d'alimentation), qui pratiquent le discount. » *L'Express*, 3 juil. 1972, p. 69.

✳ Mot anglais *discount* (1690), emprunté au français *décompte*. Ce terme s'est récemment répandu dans le commerce à propos des supermarchés de type américain. Nous ne pensons pas qu'avec un *discount* le rabais soit plus grand. Mais ce mot inutile a forcément le charme de l'inconnu. Étiemble s'en moque.

« Quand elle ouvrit son sac, la vendeuse y remarqua un carnet de travellers et lui fit observer qu'en France il n'y avait pas de purchase-tax, au contraire, et qu'elle obtiendrait un discount de 10 % si elle payait en dollars. »
ÉTIEMBLE, *Parlez-vous franglais ?*, p. 19 (□ 1964).

✳ Le composé *discount-house,* pour désigner un magasin qui vend à des prix inférieurs au prix courant (et non pas une « maison d'escompte ») a été lui aussi critiqué (Étiemble, *Ibid. ;* Dupré).

DISCOVERER [diskɔvəRœR] *n. m.*

(1822) *Vx.* Découvreur, celui qui découvre.

« Beattie a parcouru la série entière des rêveries et des idées mélancoliques, dont cent autres poètes se sont crus les *discoverers.* »
CHATEAUBRIAND, *Mémoires d'outre-tombe* [1822], t. I, p. 510 (□ 1848).

« Dans l'espérance de retrouver un vestige quelconque du ballon *Oernen* et de ses infortunés passagers, M. Martin part en Sibérie pour explorer tout le littoral, après avoir consulté M. Nordenskjöld, le célèbre *discoverer* du passage Nord-Est [...]. »
É. GAUTIER, *L'Année scientifique et industrielle,* p. 358, 1900 (□ 1899).

« À Dams, dans la mosquée, d'heureux discoverers ont mis la main sur une série de six livres, écrits en beaux caractères coufiques [...]. »
É. GAUTIER, *L'Année scientifique et industrielle,* p. 323, 1901 (□ 1900).

« Récemment les journaux ont beaucoup parlé de la restauration d'une partie de la cathédrale de Châlons-sur-Marne, qui avait conduit à d'intéressantes trouvailles. Afin de savoir au juste de quoi il retournait, nous nous sommes adressés au *discoverer* lui-même [...]. »
G. BERTRAND, in *La Science illustrée,* 1902, 2ᵉ sem., p. 378.

✳ Mot anglais *discover* n. (xvɪᵉ s. dans ce sens), de *to discover* « découvrir ». Le français possède depuis le xvᵉ siècle le mot *découvreur,* employé par Voltaire au xvɪɪɪᵉ siècle « le découvreur de l'Amérique » *(Mœurs) ;* cette apparition de *discoverer* au début du siècle fait figure d'emprunt de luxe mal explicable. Mais on constate que *découvreur* qui figurait dans la 4ᵉ édition du dict. de l'Académie (1762) disparaît dans la 5ᵉ édition (1798) et dans la 6ᵉ (1835) ; on peut supposer que *découvreur* n'a jamais été très courant et était quasiment sorti de l'usage ; les dict. de Boiste (1808 et 1839) le mentionnent comme terme militaire « éclaireur », ceux de Bescherelle (1846) et La Châtre (1853) le donnent comme peu usité. Cependant *découvreur* figure à la nomenclature de tous les dictionnaires sauf de ceux de l'Académie entre la 4ᵉ et la 7ᵉ édition. Quelques personnes mal intentionnées pourraient en conclure que, par ses sévérités excessives pour certains mots bien français, l'Académie pousse les Français à l'emprunt !

DISHLEY [diʃlɛ] *n. m. invar.*

1° (1870) *Agric.* Nom d'une race de moutons à longue laine. — *Syn.* Leicester*.

2° (1870) *Agric.* Individu de cette race. — REM. : Enregistré dans le suppl. de Littré 1877 ; absent des dict. de l'Académie.

« Si les métis demi-sang appartiennent par la dureté, la grosseur de leur laine, aux moutons à laine commune ; s'ils ont le brin gros, droit, souvent brillant, ondulé comme le Dishley [...] ils tiennent également beaucoup de l'anglais par leurs formes et leur précocité. »
Ch. LABOULAYE, *Dict. des arts et manufactures et de l'agriculture,* art. *Mouton,* 1886.

✳ Du nom du village anglais de *Dishley* (Chester) où, v. 1760, l'éleveur Bekewell obtint cette race. Attesté en français chez P. Larousse.

DISPATCHER [dispatʃœʀ] *n. m.*

(1945) Celui qui s'occupe du dispatching, lance et arrête les opérations et les machines.

« Si l'appareil et son principe nous sont venus d'Outre-Atlantique, c'est bien aux Chemins de fer français que revient l'initiative de la première application sur le continent européen. Cette nouvelle méthode de commande centralisée du trafic s'est d'ailleurs encore améliorée.
Le "dispatcher" s'est souvent, dans les centres importants, substitué au traditionnel aiguilleur, manœuvrant à grand-peine ses lourds leviers de commande. »   *Les Cahiers du Maine libre,* déc. 1945, p. 28.

« Le système a surtout été conçu pour l'atelier. À ce niveau, le service de planning est représenté par un agent du bureau d'études, un surveillant technique, un dispatcher et un agent chargé de la discipline. »
J. ROMEUF et J. GUINOT, *Manuel du chef d'entreprise,* p. 671 (□ 1960).

— *En parachutage* → **Dispatching.**

✱ Mot anglais *dispatcher* n. (XVIᵉ s. « messager » sens étendu en 1694) qui nous est venu par l'américain où *dispatcher* désigne de nombreux métiers (centralisation, organisation, répartition, etc.) → **Dispatching.** On trouve la forme francisée *dispatcheur* (*Sciences et Avenir,* fév. 1979, p. 98).

DISPATCHING [dispatʃiŋ] *n. m.*

1° (1945) Parachutage de personnel et de matériel. — Mot à remplacer par *Largage,* d'après le *Journal officiel* du 12 août 1976.

2° Action d'organiser, de contrôler le fonctionnement d'un système complexe (réseau de communications, grande entreprise) en diffusant les informations. — Organisme central qui assure la régulation du trafic (chemin de fer, avions), la répartition de l'énergie électrique, etc. et d'une manière générale la marche des opérations dans une grande entreprise.

« En débarquant, en 1917, leurs troupes et leur matériel sur le sol de France, à Saint-Nazaire notamment, les Américains s'étonnèrent que nos chemins de fer ne soient pas dotés d'un système de contrôle du mouvement appliqué chez eux : "Le Dispatching System" [...]. [Nos ingénieurs] n'ont pas hésité à se mettre une fois de plus à l'étude et ont, sans doute, reconnu l'utilité du système puisqu'ils l'ont adopté.
C'est ainsi que nuit et jour, se relayant devant l'appareil, des hommes qui, si nous voulons les baptiser à la mode américaine, sont des "dispatchers" ou les appeler plus couramment de leur nom français des "régulateurs", surveillent sur un très large secteur le mouvement des trains. »   *Les Cahiers du Maine libre,* déc. 1945, p. 27.

« Dans les grandes entreprises existe souvent aussi un service de *dispatching* dont les agents, fréquemment appelés chasseurs, ont autorité sur les chefs d'atelier pour déclencher ou arrêter les opérations selon le planning. »
J. ROMEUF et J. GUINOT, *Manuel du chef d'entreprise,* p. 749 (□ 1960).

✱ Mot anglais, substantif verbal de *to dispatch* « expédier, organiser rapidement » (XVIᵉ s.), du latin *dispacciare,* apparenté au français *dépêcher* (bas latin *impedicare*). Ce mot a pénétré en français avec le jargon américain de l'organisation des entreprises, après la guerre → **Planning.** Sa forme est restée anglaise, et les puristes le regrettent. On a formé sur *dispatching* le verbe *dispatcher* (anglais *to dispatch*) :

« Trois forces de vente, restructurées et dynamisées, quadrillent la France ; les deux usines : Ours-camp dans l'Oise, et la Pomme, à Marseille, dispatchent leurs productions sur 20 plates-formes d'éclatement. » *Le Canard enchaîné,* 2 fév. 1972, p. 6.

✱ Ce verbe, qualifié de « hideux » par Étiemble (et même de « trait nouveau de barbarie ») ne saurait être remplacé par « notre excellent *dépêcher* ». En revanche *répartir* et *organiser* pourraient parfois, selon les cas, convenir.

DISPENSAIRE [dispɑ̃sɛʀ] *n. m.*

(1745) Établissement de bienfaisance où l'on donne des consultations, des soins, et où l'on distribue des médicaments aux malades indigents. — REM. : Admis dans le dict. de l'Académie en 1835.

« Il y avait aussi toute une population de malades et de miséreux à isoler, à soigner, à guérir. À l'heure actuelle, partout des *hôpitaux*, quelques-uns définitifs, d'autres de fortune, des *dispensaires*, des *lazarets*, sans parler d'admirables œuvres d'"' initiative privée ". »
LYAUTEY, Paroles d'action, 14 juil. 1914, p. 114 (□ 1927).

✻ Francisation de l'anglais *dispensary* n. (1699), du latin *dispens-*, racine de *dispendere* « dispenser » et *-ary*, proprement « lieu où l'on dispense (des soins) ». Le mot a pénétré en français d'abord pour parler de cette institution anglaise (1745, Abbé Leblanc, *in* Mackenzie) puis fut appliqué à la France (1835, Acad.).

DISQUALIFICATION → QUALIFICATION.

DISQUALIFIER [diskalifje] *v. tr.*

(v. 1784) Exclure d'une course (un cheval qui ne répond pas aux conditions exigées par le règlement). — REM. : Enregistré tardivement dans le dict. de l'Académie 1932. — Figure dans le compl. du Littré 1863.

« Aujourd'hui le théâtre de la joute du steeple-chase est tracé, combiné à l'avance ; les obstacles sont créés en vue du but qu'on veut atteindre, et le terrain est montré aux concurrents vingt-quatre heures au moins avant la course. Il peuvent l'étudier à pied ; mais tout cheval qui a parcouru la piste avant la lutte est *disqualifié*, c'est-à-dire rejeté du concours. »
E. CHAPUS, *Le Turf ou les Courses de chevaux en France et en Angleterre*, pp. 47-48 (□ 1853).

— (1837) *Fig.* Rendre impropre à..., frapper de discrédit.

« J'ai un malheur qui, en y réfléchissant, me disqualifie entièrement pour le métier de voyageur, écrivant un journal. Comment trouver les choses curieuses sans avoir un guide ? »
STENDHAL, Mémoires d'un touriste, t. II, p. 83 (□ 1838).

« Certains surnoms, assez cruels, ne disqualifiaient que les sots ; les gens intelligents s'en accommodaient avec autant de grâce que d'insolence. Une divette célèbre vers 1893, qu'on avait — en raison de ses relations parmi les héritiers de divers trônes d'Europe — appelée "le Passage des Princes", s'amusait la première d'être ainsi baptisée. »
F. CARCO, Nostalgie de Paris, p. 124 (□ 1941).

« cet héritage inavoué de la méthode lansonienne érudite et historique, tout éclairé qu'il soit par une intelligence aiguë, disqualifie l'auteur des *Réflexions sur la littérature*. »
P.-H. SIMON, in Le Monde, 28 janv. 1972, p. 11.

✻ Francisation de l'anglais *to disqualify* (1718) « priver des qualifications nécessaires à un but, une entreprise » de *dis-* et *qualify* « qualifier », sens très général. Ce mot a été emprunté avec le sens particulier du turf à la fin du XVIIIe siècle (v. 1784, selon Wartburg) mais ne s'est répandu que vers le milieu du XIXe siècle. Le français avait le verbe *déqualifier* (dict. de Bescherelle, 1846) au sens général, qui apparaît dans les dictionnaires jusqu'au début du XXe siècle. Ce verbe n'a pas survécu à la concurrence de *disqualifier*. *Disqualifier* n'est pas mal formé (nous avons un préfixe *dis-* savant, emprunté au latin, qui coïncide avec le préfixe anglais *dis-* correspondant à notre *dé-*).

DISQUETTE [diskɛt] *n. f.*

(1975) Disque souple utilisé en informatique pour la saisie et le stockage des données.

« En outre, des mémoires supplémentaires sont disponibles sous forme de cassettes ou de *disquettes* souples. L'ordinateur doit être pour cela équipé d'une unité de lecture adéquate. »
Sciences et Avenir, n° spécial 35, 1981, p. 24.

✲ Adaptation de l'américain *diskette* (1975, Barnhart II), de *disk* (angl. *disc*) et *-ette*, suff. diminutif emprunté au français. On trouve la forme *diskette* en 1974 (*Clé des mots*, oct. 1975).

DISSUASION [disчazjɔ̄] *n. f.*

(v. 1960) *Force de dissuasion*, force militaire ou autre, qui doit suffire à dissuader l'adversaire d'entreprendre une guerre.

« Ainsi la guerre froide tire bénéfice de l'existence de tout le spectre des moyens de force, mais maintenant l'emploi de la force dans les limites de la guerre froide, c'est-à-dire dans l'abstention de l'emploi des armes classiques et nucléaires, grâce à la mise en œuvre constante de la stratégie de dissuasion. »
Gᵃˡ BEAUFRE, *Dissuasion et Stratégie*, 1964 [*in* T.L.F.].

✲ Le français possède depuis le xivᵉ siècle un mot *dissuasion* n. f. (du latin *dissuasio*) qui sert de substantif à *dissuader* mais qui a toujours été d'un emploi rare et didactique (V. citation de Gide dans le Robert). Ce mot était moribond lorsque l'anglais *dissuasion*, employé par les Américains avec le sens militaire particulier décrit ci-dessus, redonna quelque vigueur à une forme inusitée. Il est à présent très courant, au moins depuis 1962 (Goldschmidt, *L'Aventure atomique*, in T.L.F.).

DISTAL, ALE, AUX [distal, o] *adj.*

(1887) *Sciences.* Plus éloigné du centre de l'organisme (opposé à *proximal*). — Qui fonctionne à distance. *Le système olfactif est distal, le système gustatif proximal.*

✲ Mot anglais *distal* adj. (1808), formé sur *dist(ant)* adj. et *-al* d'après *dorsal*, etc. Il s'emploie en français depuis une centaine d'années (Hovelacque et al., *Précis d'anthropologie*, 1887). Ne pose pas de problème d'intégration.

DISTANCER [distãse] *v. tr.*

(1838 ; 1827 au p.p.) Dépasser dans une course ou une marche. *Cheval qui en distance un autre. Le coureur l'a distancé de deux mètres.* — *Fig.* Dépasser. *Il s'est laissé distancer par ses rivaux.* — REM. : Signalé dans le dict. de Littré 1864 et dans le dict. de l'Académie 1878.

« Désireux de goûter ma solitude et l'enveloppement étroit de la forêt, je presse le pas, m'échappe en courant, tâchant de distancer les porteurs. »   GIDE, *Voyage au Congo*, 28 oct. 1925, p. 740 (□ 1927).

✲ Francisation de l'anglais *to distance* v. (xviᵉ s.), d'abord « séparer par un espace », puis « dépasser » (1642), de *distance* n. lui-même emprunté à l'ancien français *distance* (xiiiᵉ s.). L'ancien et le moyen français ont eu un verbe *distancer* « éloigner » (xivᵉ s.), sorti de l'usage au xviiᵉ siècle. Il s'agit donc ici d'un nouveau mot, entré en français dans le domaine des courses de chevaux, puis généralisé (par ex. chez Balzac, *Les Paysans*).

DISTANT, ANTE [distã, ãt] *adj.*

(1829) Qui garde ses distances, empêche toute familiarité. *Un homme distant. Des manières distantes.* — REM. : Absent des dict. de Littré ; enregistré tardivement dans le dict. de l'Académie 1932.

« Ce sont des gens [les Anglais] incapables de sentir la joie, et dont la morosité redouble lorsqu'ils voient les autres avoir du plaisir sans leur en demander la permission. Alors ils deviennent hautains et *distants.* »
STENDHAL, *Promenades dans Rome*, 18 avril 1828, t. I, p. 272 (□ 1829).

« J'ai rencontré plusieurs fois Mérimée dans le monde. C'était un homme grand, droit, pâle, et qui, sauf le sourire, avait l'apparence d'un Anglais ; du moins il avait cet air froid, *distant*, qui écarte d'avance toute familiarité. »
TAINE, *Derniers Essais de critique et d'histoire*, p. 206 (□ 1893 †).

« Il est distant ; il est poli jusqu'à la minutie ; et, à cause de l'extrême politesse, il n'est pas familier. »   SUARÈS, *Trois Hommes*, p. 109 (□ 1935).

✳ Le français a *distant de,* qui s'emploie pour les choses *(les deux villes sont distantes de quelques kilomètres) ;* cet emploi de *distant* pour les personnes est emprunté à l'anglais *distant* adj., début XVIIIe siècle (1709) dans ce sens. Il semble que cet emploi, devenu courant, ne l'était guère au XIXe siècle puisque Littré n'y fait pas allusion ; il ne figure pas non plus dans le dict. de P. Larousse 1868. Pour le silence de l'Académie, chacun sait que ce n'est pas une preuve.

DISTRIBUTIONNEL, ELLE [distribysjɔnɛl] adj.

(v. 1960) *Ling.* Qui concerne la distribution (place et situation) des éléments dans un énoncé. *Analyse distributionnelle.*

✳ Mot anglais *distributional* (1864, Huxley), de *distribution* (en science, v. 1850, J. S. Mill ; en linguistique, 1933, Bloomfield), de même origine latine que le français *distribution.* La série a été adoptée par la linguistique fonctionnelle américaine.

DITES-LE AVEC DES FLEURS. *loc.*

(1930) Offrez des fleurs pour dire vos souhaits, vos remerciements, etc. (publicité des fleuristes).

« Nulle part on n'offre autant de fleurs qu'à New-York et nulle part elles ne sont aussi chères. *Say it with flowers,* "dites-le en fleurs", est une de ces heureuses formules *(mottos* ou *slogans)* que sait inventer le commerce américain. Parler ce langage-là, c'est parler d'or. La fleur est la reine de la Cinquième Avenue. »   P. MORAND, *New-York,* p. 216 (□ 1930).

✳ Locution qui s'est répandue en France après la Première Guerre mondiale et qui est un calque du slogan, lancé dans les années 1920 par la société américaine Florist Federation of America : *Say it with flowers (in* J. Furnas, *Great Times,* 1975).

DIVOT [divɔt] n. m.

(XXe s.) *Golf.* Morceau de gazon enlevé par un coup de club.

✳ Mot anglais *divot* n. m. (1536) « gazon » (au sens « morceau de terreau couvert d'herbe »), mot d'origine inconnue qui vient du nord. Ce terme a passé en français dans le vocabulaire des joueurs de golf.

D. N. A. [dɛɛnɑ] n. m.

A. D. N., Acide désoxyribonucléique, constituant du noyau de la cellule vivante.

✳ Sigle anglais (1931) pour *Deoxyribonucleic Acid,* le N provenant comme en français de *nucleic (nucléique).* Il est recommandé d'employer le sigle français, plus clair.

DOC [dɔk] n. m.

(v. 1950) [En emploi vocatif] *Fam.* Docteur.

« C'est une histoire dont je préfère ne pas me mêler... Votre malade, je ne l'ai pas vu, hein ?
— D'accord, doc. »
A. SIMONIN, *Touchez pas au grisbi,* p. 167 (□ 1953).

✳ Emprunté à l'abréviation américaine familière *doc* (1854), pour *doctor* « docteur ». C'est surtout dans le doublage français des films américains que ce mot se manifeste. On ne l'emploie guère pour s'adresser à un médecin français.

DOCK [dɔk] *n. m.*

1° (1671) Vaste bassin entouré de quais et destiné au chargement et déchargement des navires. — REM. : Enregistré dans le dict. de Littré 1864 et dans le dict. de l'Académie 1878. — Le plus souvent employé au pluriel dans ce sens.

« Puisque le nommé de Noos a achevé le dessin et le plan du dogue qui doit être construit à Brest. »
SEIGNELAY, *à du Sueil*, 1679, dans JAL [*in* Littré, art. *Dock*].

« Dans les docks de Londres et de Plymouth, il n'est pas rare de trouver des *sailors* nés sur des vaisseaux ; depuis leur enfance jusqu'à leur vieillesse, ils ne sont jamais descendus au rivage [...]. »
CHATEAUBRIAND, *Mémoires d'outre-tombe* [1822], t. I, p. 255 (□ 1848).

« il ne frappe pas, comme New-York, par l'évidence des grands docks rayonnants où les transatlantiques ont l'air de chevaux dans leur box. »   P. MORAND, *Londres*, p. 306 (□ 1933).

2° PAR EXT. (1863) Bassin de radoub, pour la construction, la réparation des navires.

« Un nouveau dock flottant.
Un dock d'un nouveau système, présentant des conditions de construction qui permettent des manœuvres extrêmement rapides, a été mis en service au port de Hambourg. »
L. FIGUIER, *L'Année scientifique et industrielle*, p. 229, 1890 (□ 1889).

3° Hangar, magasin situé en bordure du dock. *Docks à blé.*

« Il [le port de l'île de la Réunion] comprend en outre une cale pour la réparation des navires, des magasins-docks, des ateliers importants, des estacades de débarquement avec grues à vapeur, etc. »
L. FIGUIER, *L'Année scientifique et industrielle*, p. 213, 1886 (□ 1885).

« Lorsqu'il faisait la queue à la porte des docks parmi d'autres débardeurs et qu'un petit nombre seulement devait trouver du travail, Pat Malone, arrivé le dernier, était toujours parmi les premiers à entrer. »   L. HÉMON, *Battling Malone*, p. 62 (□ 1911).

✶ Mot anglais *dock* n. (1552), du hollandais *docke*, d'abord « endroit où un bateau est à sec à marée basse » puis mil. XVIᵉ siècle « ensemble de bassins pour charger, décharger, réparer les bateaux », et XVIIIᵉ siècle au sens 3°. Ce mot a passé en français comme quantité d'autres termes de marine. La forme *dogue* (ci-dessus, 1ʳᵉ cit.) pourrait venir directement du hollandais.

DOCKER [dɔkɛʀ] *n. m.*

(1890) Ouvrier des docks qui travaille au chargement et au déchargement des navires. — REM. : Admis dans le dict. de l'Académie 1932.

« — Avant on mangeait.
— Non, dit Kyo aux ouvriers : avant on ne mangeait pas. Je le sais, j'ai été docker. Et crever pour crever, autant que ce soit pour devenir des hommes. »   MALRAUX, *La Condition humaine*, p. 292 (□ 1933).

✶ Mot anglais *docker* n., de *dock* et *-er*, d'abord « celui qui habite près des docks » (1762) puis « débardeur » vers le milieu du XIXᵉ siècle. Le mot s'est répandu en français à la fin du XIXᵉ siècle ; sa prononciation est francisée. Cependant Étiemble souhaite qu'on le remplace par *débardeur*, mot français ancien (XVIᵉ s.). *Docker* et *débardeur* sont "si l'on veut" synonymes ; chacun a des connotations différentes.

DOG-CART [dɔgkaʀt] *n. m.*

(1858) Voiture à cheval à deux hautes roues, dont la caisse était originairement aménagée pour loger des chiens de chasse sous le siège. *Des dog-carts.* — REM. : Absent des dict. de Littré et de l'Académie.

« C'étaient de grands omnibus, la Pauline partie du boulevard des Italiens, chargée de ses cinquante voyageurs, et qui allait se ranger à droite des tribunes ; puis, des dog-cart, des victorias, des landaus [...]. »
ZOLA, *Nana*, p. 321 (□ 1880).

« Les fenêtres d'Apsley House, résidence du duc de Wellington, surveillent les mêmes embarras de voitures qu'il y a cent ans (les véhicules s'appelaient alors buggies, breaks, calèches, landaus, phaétons, sociables, broughams ou dog-carts), et les mêmes soldats de la Garde, à tunique écarlate, aux épaules de pugilistes, aux figures de poupée qui attendent, près de l'abri des cochers de cab, les mêmes barmaids. »
P. MORAND, *Londres*, pp. 121-122 (□ 1933).

✱ Mot anglais *dog-cart* n. (1803) puis *dogcart* proprement (1668) « charrette *(cart)* à chien *(dog)* ». Le dog-cart était une voiture de sportsman qui se déplaçait avec ses chiens, et s'est transformée en voiture de ville ordinaire. C'est ainsi qu'elle fut connue en France. Le mot qui apparaît en 1858 dans la *Revue des Deux-Mondes*, XIII, 525 (Mackenzie) est sorti de l'usage avec la chose. Mais en 1888, *La Science illustrée* parle du *dog-cart électrique* de Magnus Volk (de Brighton), ancêtre de la voiture électrique éternellement requise et détrônée par le moteur à explosion.

DOGGER [dɔgɛʀ] n. m.

(1890) *Géol.* Jurassique moyen. *Le bathonien* et le bajocien, étages du dogger.* — REM. : Absent du dict. de l'Académie 1932.

✱ Mot anglais *dogger* n. d'origine obscure (peut-être de *dog* « chien ») ; s'est d'abord dit d'un minerai de fer (XVIIe s.) puis du jurassique moyen (1822). Il apparaît en français dans le deuxième suppl. du *Grand Dictionnaire universel* de P. Larousse (1890).

DOGLEG [dɔglɛg] n. m.

(1930, *in* Petiot) *Golf.* Trou dont le fairway tourne à droite ou à gauche.

✱ Mot anglais *dogleg,* abrév. de *dogleg hole* (déb. XXe s.), de *hole* n. « trou » et *dogleg* adj. « recourbé (comme une patte de chien) » ou *doglegged* (1703). Ce mot a passé en français avec la plupart des termes de golf.

DOGUE [dɔg] n. m.

(1392) Chien de garde trapu, à grosse tête, museau court et fortes mâchoires. *On appelle dogue plusieurs races de chiens présentant ces caractères. Dogue de Bordeaux. Dogue d'Angleterre →* **Bouledogue.**

« Il ne reste que le dogue, qui, par son museau court, semble se rapprocher du petit danois plus que d'aucun autre chien, mais qui en diffère à tant d'autres égards qu'il paraît seul former une variété différente de toutes les autres, tant pour la forme que pour l'instinct ; il semble aussi affecter un climat particulier, il vient d'Angleterre, et l'on a peine à le maintenir la race en France ; les métis qui en proviennent, et qui sont le dogue de forte race et le doguin y réussissent mieux : tous ces chiens ont le nez si court qu'ils ont peu d'odorat, et souvent beaucoup d'odeur [...]. »
BUFFON, *Le Chien* in *Œuvres complètes*, t. II, p. 492 (□ 1749).

✱ Mot anglais *dog* n. (Xe s. *docga,* puis *dogge*) « chien », d'origine inconnue ; semble désigner d'abord une race particulière de chiens d'Angleterre. *Dogue* apparaît en français en 1392 chez Eustache Deschamps, sous cette forme francisée. *Bouledogue* est bien postérieur (1745) et est directement emprunté de l'anglais. Le français a formé *doguin* n. m. et *doguine* n. f. *(vx)* « petit dogue », sur *dogue* au XVIe siècle ; ainsi que *doguet* n. m. (1772) « jeune morue » et *se doguer* v. (1864) « se donner des coups de tête », *vx*.

DO IT YOURSELF [duitjuʀsɛlf] *n. m.*

(1981) Objet, travail à faire soi-même où l'on ne paie ni main-d'œuvre, ni service → **Self-, kit.**

« Selon Pividal, la France devient un monstrueux self-service. Dans les gares, on en est à poinçonner son billet. Dans les stations d'essence, à se faire pompiste. Entretien, réparation, do it yourself, les tâches serviles nous mangent notre temps. Comment se révolter ? Changé en domestique de nous-même, si quelque chose se détraque, c'est notre faute. Le self-service n'est pas le self-arbitre. »
Le Nouvel Observateur, 2 mars 1981, p. 51.

✳ De l'anglais *do it yourself*, « faites-le vous-même », qui a pris, aux États-Unis, valeur de slogan vu la cherté de la main-d'œuvre et des services.

DOLLAR [dɔlaʀ] *n. m.*

(1773) Unité monétaire des États-Unis d'Amérique, divisée en 100 cents*, représenté dans les comptes par le signe $. Par appos. *La zone dollar* → **Eurodollar, pétrodollar.** — Unité monétaire de quelques autres pays. Unité monétaire du Canada, depuis 1853, dite *dollar canadien.* — REM. : *Dollar* est enregistré dans les dict. de l'Académie 1835 et de Littré 1864.

« Un égoïsme froid et dur règne dans les villes ; piastres et dollars, billets de banque et argent, hausse et baisse des fonds, c'est tout l'entretien [...]. »
CHATEAUBRIAND, *Mémoires d'outre-tombe* [1822], t. I, p. 354 (□ 1848).

« On vérifia que, même à trois pour cent, le revenu annuel de l'héritage [de quatre cent cinquante millions de dollars] ne montait pas à moins de treize millions cinq cent mille dollars ; ce qui faisait un million cent vingt-cinq mille dollars par mois ; ou trente-six mille neuf cent quatre-vingt-six dollars par jour ; ou mille cinq cent quarante et un dollars par heure ; ou vingt-six dollars par chaque minute. Ainsi le sentier battu des suppositions se trouvait absolument coupé. Les hommes ne savent plus qu'imaginer. »
BAUDELAIRE, trad. de POE, *Le Domaine d'Arnheim*, in *Œuvres en prose*, p. 955 (□ 1864).

« Les chercheurs d'or n'ont pas plus tôt quelques centaines de dollars, les *cowboys* ont à peine reçu leur paie, que les uns et les autres vont dépenser cet argent dans la ville du voisinage, à cinquante, à deux cents milles. »   P. BOURGET, *Outre-Mer*, p. 59 (□ 1895).

« ils inscrivent des zéros sur de gros registres, ainsi que le signe du dollar, ce serpent qui se tord autour d'un bâton. »
P. MORAND, *New-York*, p. 55 (□ 1930).

— Pièce de monnaie ou billet de banque ayant la valeur d'un dollar. Vx. *Dollar-papier*, billet en dollars.

« On ne les fouilla même pas, bien que Uncle Prudent eût toujours sur lui, suivant son habitude, quelques milliers de dollars-papier. »
Jules VERNE, *Robur-le-Conquérant*, p. 45 (□ 1886).

« Là des adolescents froids, bien rasés, correctement coiffés, ainsi que les héritiers des familles princières, échangent les dollars d'argent contre les marks de Prusse, les lires d'Italie, les louis de France, les livres turques. »   P. ADAM, *Vues d'Amérique*, p. 40 (□ 1906).

✳ Mot anglais *dollar*, au XVIᵉ siècle *daller, doller*, de l'allemand *taler, thaler* « monnaie d'argent (frappée en 1519) » ; *dollar* a d'abord signifié « thaler » en anglais, puis diverses monnaies dont le dollar américain, mil. XVIIIᵉ siècle (le Congrès décida d'adopter une monnaie à système décimal en 1785). Signalé en français, par Bonnaffé, en 1773.

DOMINION [dɔminjɔn] ou [dɔminjɔ̃] *n. m.*

(1872) Chacun des États, aujourd'hui indépendants qui composent l'Union britannique, et dont la politique extérieure dépendait du Royaume-Uni. *Le dominion du Canada fut créé en*

1867. — REM. : Enregistré dans le suppl. du Littré 1877 ; absent des dict. de l'Académie.

« La population de la Confédération canadienne appelée par les natifs du nom de Dominion ou Puissance, s'élève donc à 3 507 475 habitants. »   *Journal officiel*, 8 sept. 1872, p. 5910 [*in* Littré].

« Les Dominions britanniques qui ont une façade sur le Pacifique, a-t-il dit, sentent qu'à Washington existe une compréhension instinctive de leurs difficultés, alors qu'il leur faut s'expliquer laborieusement avec *Downing Street* pour faire admettre leurs points de vue. »
A. SIEGFRIED, *Les États-Unis d'aujourd'hui*, p. 338 (□ 1927).

✱ Mot anglais *dominion* n. (1512), emprunté à l'ancien français *dominion* « domination », du mot latin **dominionem*, de *dominium* « propriété » (*dominus*, « maître ») : « D'Évreux, la dominion fut au roy Charles rendue », E. Deschamps. À l'origine, l'anglais *dominion (status)* s'opposait à *Crown Colony*. Ce mot a pénétré en français à propos de l'unification des provinces canadiennes en un dominion. Aujourd'hui, on dit plutôt *État du Commonwealth*.

DOPE [dɔp] *n. f.*

Drogue. *Prendre de la dope.*

✱ Mot américain *dope* n. (1889) « drogue, narcotique », d'abord « enduit », du hollandais *doop* « sauce ». Condamné par les Canadiens (Dulong, Bélisle), qui l'ont employé avant les Français. Un sens industriel, plus innocent (« additif pétrolier ») pourrait être remplacé par *additif, adjuvant, améliorant* (Comité des termes techniques).

DOPER [dɔpe] *v. tr.*

(1903) Administrer un stimulant à (un cheval de course). — Faire prendre un excitant à (un sportif, un étudiant... et dans toutes situations de compétition). — *Par ext.* Soutenir, stimuler. — REM. : Absent du dict. de l'Académie 1932.

« J'ai voulu causer avec lui après le dîner, je ne sais pas si c'est l'âge ou la digestion, mais je l'ai trouvé d'un vaseux. Il semble qu'on aurait eu besoin de le doper ! »
PROUST, *À l'ombre des jeunes filles en fleurs*, p. 562 (□ 1918).

« Ce sauvage n'avait jamais paru à la Cour. Il entra dans la capitale, comme un furieux, sur un cheval dangereux et qui paraissait dopé. »
H. MICHAUX, *Ailleurs*, p. 157 (□ 1948).

« Elle [la Droite] a été galvanisée, pendant cinquante ans, ou plutôt " dopée " et finalement détruite par " l'Action Française ". »
F. MAURIAC, *Bloc-Notes 1952-1957*, p. 188 (□ 1958).

✱ Francisation de *to dope,* mot américain, d'abord argotique (1889), de *dope* n. (→ **Dope**) pour servir de verbe à *doping*. Ce verbe s'est toujours employé en américain au sens de « droguer » et de « stimuler », alors qu'en français *doper* appartient au vocabulaire de la compétition sportive. *Doper* apparaît en français au début du XXᵉ siècle (1903, *in* Petiot). Il a reçu récemment une valeur technique, empruntée elle aussi à l'anglais (*doper une bombe atomique,* etc.).

DOPING [dɔpiŋ] *n. m.*

(1903) Emploi d'excitants pour doper (un cheval, une personne). *Le doping est interdit dans les compétitions.* — Stimulant. *Prendre un doping.* — REM. : Absent du dict. de l'Académie 1932.

« Le public est aujourd'hui trop au courant des choses de sport pour qu'il soit besoin de lui expliquer longuement ce qu'on nomme le "doping" en langage de courses et qu'on pourrait traduire ainsi : "l'administration au cheval qui va courir d'une substance destinée à procurer à l'animal une excitation artificielle qui lui conférerait un avantage sur ses concurrents". »
É. GAUTIER, *L'Année scientifique et industrielle*, p. 96, 1914 (□ 1913).

« "Scandale à Maisons-Laffitte. On sacrifie l'homme pour le cheval." Lancé à poignées, l'autre dimanche sur les pelouses des hippodromes, le tract a surpris tous les turfistes.

C'était non pas une sombre histoire de doping, mais un appel en faveur des sans-grade de l'hippisme [*sic*] : les apprentis garçons d'écurie, ceux qu'on nomme les "lads". »   *L'Express*, 25 oct. 1971, p. 62.

✻ Nom formé sur le participe présent *doping*, du verbe américain *to dope* → **Doper**. Ce mot apparaît en 1903 dans la revue *Sport universel* (selon Dauzat-Dubois-Mitterand). Il est attaqué par les puristes. Dans le premier emploi, il serait souhaitable d'employer *dopage* n., et dans le second, *dopant*, déjà employé depuis 1955 [*in* Gilbert], convient bien (Cf. cit.) ; on aurait ainsi deux mots de formation française faits sur l'emprunt *doper*.

« Puis il soigne sa gorge scientifiquement : miel, citron sucré, vaporisateur. Seul dopant : un verre de Chivas. »   *Paris-Match*, 18 déc. 1971, p. 62.

✻ Le composé *antidoping* a été formé en français vers 1960. On a parlé de *loi antidoping* pour qualifier un .texte du 1er juin 1965 sur la répression des stimulants utilisés lors des compétitions sportives (*Le Monde*, 15 juin 1966, *in* P. Gilbert).

DORIS [dɔʀis] *n. m.*

(1874) Petite embarcation avec laquelle le terre-neuvas quitte le bateau pour se livrer à la pêche. — REM. : Signalé dans le suppl. du dict. de Littré 1877 ; absent des dict. de l'Académie.

« Embarcations à la fois légères et solides qu'on voit à bord de leurs goëlettes [des Américains], et qui sont connues sous le nom de doris ; ces doris remplacent avantageusement les chaloupes sur les navires de la colonie ; on les construit aujourd'hui sur les chantiers de l'île. »   *Revue des Deux-Mondes*, 1er nov. 1874 [*in* Littré suppl., art. *Dori*].

« Les doris sont de petites embarcations employées à bord des bateaux de pêche. En général, c'est-à-dire dans la pêche côtière, le bateau accompagne les doris dans leurs déplacements ; mais à Terre-Neuve, les doris s'éloignent à un ou deux milles, se livrent à la pêche et rentrent par leurs propres moyens. »   É. GAUTIER, *L'Année scientifique et industrielle*, p. 305, 1911 (□ 1910).

« une saccade rude comme la morsure d'un cachalot géant, de ceux qui broient les doris terre-neuvas. »   R. VERCEL, *Remorques*, p. 139 (□ 1935).

✻ Mot américain *dory* n. (1709), même sens, qui vient soit du nom d'un poisson *dory* n. (1440), altération du français *doré* (Oxford dict.), soit d'une langue indienne, *dóri*, *dúri* « pirogue » (Webster's Third). *Dory* a d'abord été écrit *dori* en français (1874) puis *doris* probablement par confusion avec *doris* nom d'un mollusque (de *Doris*, fille de l'Océan et de Thétis) ou par confusion graphique entre le pluriel et le singulier. Le français a forgé un dérivé, *dorissier* n. m. (1958, Merrien, *Le Livre de la mer*, p. 325 ; déjà dans le *Larousse mensuel* de juin 1919, p. 813).

DOUBLE AVEUGLE (EN) [ɑ̃dublavœgl] *loc. adv.*

(v. 1965) Se dit d'un essai, d'une expérience qui utilise conjointement le remède à éprouver et un placebo.

« quand les expériences étaient réalisées en double aveugle, c'est-à-dire quand les patients ignoraient quelle huile on leur donnait. »   R. MAUREL, *Révolution pour l'infarctus*, in *L'Express*, 4 déc. 1967, p. 96.

✻ Calque de l'expression américaine *double-blind* (1950). Le calque français est assez obscur et exprime mal la nature de l'expérience ; on a proposé *méthode à double insu* ou *à double anonymat*. L'expression anglaise est signalée par Étiemble en 1964, mais non le calque. Quant à dire que *placebo*✻ est synonyme, c'est exagérément simplifier la situation : le placebo a d'autres utilisations que les essais de médicaments, et l'intérêt de l'essai en double aveugle est la comparaison entre les effets du produit et du placebo.

« Tout est prétexte au médecin pour sabirer atlantique ; dans les hôpitaux, on entend parfois les internes commenter les heureux résultats du double blind test (prononcé du reste de façon très fantaisiste). Il s'agit tout uniment d'un " placebo " — le vilain mot — distribué par un infirmier qui ne sait pas lui-même que c'en est un (pilules de mie de pain, ou piqûres d'eau distillée). Le laboratoire de pharmacodynamie de l'Université de Paris refuse à bon droit ce jargon, et voici tout le monde à quia. Ne serait-ce pas intraduisible, ça aussi, comme engineering ? Quelle chance alors ! Un chroniqueur du *Figaro* alerte ses lecteurs. Quarante-trois lui répondent, proposant des solutions que j'ignore, sauf celle-ci : " l'expérience pour voir ", empruntée à Claude Bernard. La transposition est piquante, puisque, de l'idée de cécité ou d'aveuglement, on passe à celle de voir. Il n'est venu à personne, que je sache, l'idée d'employer la seule tournure française qui rende un compte exact de ce-dont il s'agit : la double méprise. Non pas la seule. Le Dr. Georges Wolfromm m'a suggéré : le double leurre, qui vaut mieux. »

ÉTIEMBLE, *Parlez-vous franglais ?*, p. 101 (□ 1964).

DOUBLETON [dublətɔ̃] *n. m.*

(1966) Au Bridge, Deux cartes de la même couleur dans la main d'un joueur.

« Les deux honneurs pique, cœur, dans les longues de l'ouvreur sont réévalués, ainsi que le doubleton cœur. »

P. GHESTEM et C. DELMOULY, *Le Monaco*, p. 55 (□ 1966).

✳ Mot anglais (1906) formé sur *double* « double » d'après *singleton*.

DOUGLAS [duglas] *n. m.*

(1874) Grand sapin d'origine américaine à croissance rapide.

« Mais cette forêt ne se composait que de conifères, tels que les déodars, déjà reconnus par Harbert, des "douglas", semblables à ceux qui poussent sur la côte nord-ouest de l'Amérique, et des sapins admirables, mesurant cent cinquante pieds de hauteur. »

J. VERNE, *L'Île mystérieuse*, Livre de poche, pp. 68-69 (□ 1874).

« Une hêtraie du Bassin parisien fournit de 6 à 8 m³/ha/an ; une sapinière des Vosges 10 à 12 ; une plantation de douglas en situation favorable 18 à 20. Ainsi, le Fond forestier national a-t-il décidé d'apporter une aide pour le reboisement de terrains abandonnés par l'agriculture, en épicéa, pin sylvestre et surtout douglas, de meilleur rendement. » *La Recherche*, nov. 1974, p. 1 000.

✳ Mot anglais, d'abord latinisé (1837), puis en apposition (*Douglas spruce* 1856, *fir* 1873, *pine* 1945), d'après le nom du botaniste écossais David *Douglas*. On dit en français *sapin Douglas* ou *douglas*. Ce grand sapin américain des régions du Pacifique a été introduit en France dans la première moitié du XIXᵉ siècle, pour sa robustesse et son excellent rendement. C'est souvent le douglas qu'on accuse de la disparition progressive des forêts de feuillus (hêtres, chênes) plus anciennes. On l'appelle aussi *pin d'Oregon*, pour le bois importé du Canada et des États-Unis.

DOWN-TOWN [dawntawn] *n. f.*

(1906) Centre d'une ville ; centre ville. *Les down-towns sont généralement inhabitables aux États-Unis.* — REM. : Absent de tout dictionnaire.

« Les vagues de l'Hudson et de l'East-River brillaient, s'assombrissaient en confluant, à la pointe de New-York, sous une futaie de mâtures grêles, de cheminées trapues, sous une flottille à l'ancre autour de la Batterie basse, de la Down-Town groupée en sombres blocs. »

P. ADAM, *Vues d'Amérique*, p. 404 (□ 1906).

— Adv. *Il habite down-town.*

« Un de ses camarades d'Université [...] avait un jour, devant lui, parlé avec mépris de ces "fils de coolies" qui vivaient *downtown* comme des sauvages, dans la crasse et l'odeur de friture. »

F. DEBRÉ, *Les Chinois de la Diaspora*, p. 111 (□ 1976).

« Ces endroits sont protégés par la Maffia, qui s'est ralliée aux plaisirs du jour. Et tout se fond, tout se coalise *downtown*, les contestations, les provocations, les minorités sexuelles. »

Le Nouvel Observateur, 23 janv. 1976, p. 57.

✻ Mot américain, adverbe, adjectif et nom, *downtown* (1835), de l'anglais *down* « vers et en bas » et *town* « ville ». Ce mot ne s'emploie guère en français, sauf parfois pour parler des villes américaines.

DRAG [dʀag] *n. m.*

1° (1863) *Vx.* Chasse à courre où l'odeur de la bête à chasser est simulée.

2° (1859) Autrefois, Voiture privée, du genre *stage-coach*✻, tirée par quatre chevaux, avec des sièges à l'intérieur et sur le dessus. — REM. : Absent des dict. de Littré et de l'Académie.

   « des victorias, avec des valets de pied nègres en culotte de peau blanche et bottes à revers, des coaches, dans tout l'éclat de leurs trompettes de cuivre ou les drags anglais d'Alfred Vanderbilt, à harnais jaunes, s'élançaient sur les allées nouvellement tracées... »
               P. MORAND, *New-York*, pp. 224-225 (□ 1930).

✻ Mot anglais *drag* n., de *to drag* « traîner » → **Drague**. L'anglais *drag* n. (xivᵉ s.) a produit en français les deux mots *drag* et *drague* qui ont même étymologie. Le sens 2° (1755 en anglais) apparaît en 1859 dans la revue *Le Sport* (Mackenzie). *Drag* est vieux, à présent, sauf dans l'expression : *Journée des Drags*, évocatrice de la « Belle Époque ».

DRAGUE [dʀag] *n. f.*

1° (1388) Filet de pêche en forme de poche dont la partie inférieure forme racloir. *Drague à moules.*

2° (xviᵉ s.) Instrument ou machine servant à enlever du fond de l'eau du sable, du gravier, de la vase, etc. — Ponton ou navire où fonctionne cette machine. — REM. : Admis en 1762 dans le dict. de l'Académie.

   « Les briques dont je suis bastie ont esté faictes du limon tiré de l'estang avec dragues. »   P. SALIAT, *trad. d'Hérodote*, 1575 [*in* Huguet].

   « L'une des machines qui ont le plus attiré l'attention du public est la drague à griffe des frères Priestman, de Hull et de Londres, laquelle creuse le sol et enlève les matériaux saisis par les griffes articulées. »
               L. FIGUIER, *L'Année scientifique et industrielle*, p. 439, 1884 (□ 1883).

✻ Mot anglais, *dragge* en moyen anglais, puis *drag* n. (xivᵉ s.), de *to drag* « tirer en traînant », ancien nordique *draga* (qui a donné aussi *to draw* « tirer »). *Drague* apparaît très tôt en français, avec une finale francisée (Cf. *Bague, dague, vague,* etc.). → **Drag.** En 1300, la forme *dragge* apparaît dans un texte en latin. En 1388, on relève la forme *drègue*. *Drague* a produit en français une vaste famille très vivante : *draguer* v. (1634), *dragage* n. m. (1765), *dragueur* n. m. (1800), *dragueuse* n. f. (1948) et des emplois argotiques intéressants (1914) inconnus dans la langue d'emprunt : *ce sont les Français qui draguent les jolies filles* (dont les Anglaises, bien sûr).

DRAIN [dʀɛ̃] *n. m.*

1° (1849) Conduit souterrain servant à faire écouler l'eau des sols trop humides. — REM. : Admis dans le dict. de l'Académie 1878 et Littré 1864.

   « On met souvent au fond des fossés des tuyaux en terre cuite qui transforment les rigoles en canaux souterrains. Ces tuyaux ou *drains* sont simplement placés les uns au bout des autres, ou réunis par des bouts de tuyaux beaucoup plus larges. L'eau pénètre par les intervalles qu'ils laissent entre eux. On doit donner aux drains une légère pente, afin que l'eau s'écoule facilement. »
               E. LEFEBVRE, in *La Science illustrée*, 1890, 2ᵉ sem., p. 374.

2° (1859) Tube percé de trous utilisé en chirurgie pour favoriser un écoulement. — REM. : Admis dans le dict. de l'Académie 1932 ; absent de Littré 1864 et 1877.

« L'écoulement du liquide devant être assuré pour prévenir une nouvelle accumulation des produits, il faut maintenir un *drain chirurgical* dans la plaie. Le docteur Malécot (de Paris) ayant imaginé, pour le drainage des cavités du corps, en particulier de la vessie, une sonde qui se fixe à demeure, cette sonde peut être employée avec avantage pour draîner la plaie thoracique. »
L. FIGUIER, *L'Année scientifique et industrielle*, p. 381, 1893 (□ 1892).

✳ Mot anglais *drain* n. (1552), de *to drain* « assécher, drainer », ancien teuton *draug- « sec », aussi « instrument de chirurgie » (1834). Ce mot a passé en français au sens 1° en 1849 (*L'Illustration*, XIII, p. 26, selon Mackenzie) et au sens 2° en 1859 selon le Dauzat-Dubois-Mitterand (sans référence). La prononciation de ce mot a été tout de suite francisée (anglais [drɛn]). La dénasalisation réapparaît dans les dérivés *drainer* v. (1850) et *drainage* n. m. (1849).

DRASTIQUE [dʀastik] *adj.*

(1875) Fam. et plaisant. *(Sujet de choses)* Énergique, draconien.

« C'est alors que commença [en Égypte] une politique d'austérité, une ère de restrictions économiques et de mesures drastiques qui eurent pour résultat d'arrêter les importations certes, mais de paralyser le commerce. »   *France-Observateur*, 1ᵉʳ déc. 1955, p. 6.

✳ *Drastique* adj., du grec *drastikos* « qui agit », existait comme terme de médecine « qui purge énergiquement » (signalé dans l'Encyclopédie de Diderot 1755 et le dict. de l'Académie 1762). *Drastique* n. m. désignait aussi un purgatif violent. Dans le supplément du Littré (1877), apparaît un emploi quasi moderne du mot, qui est donné comme un germanisme « ... quelques scènes drastiques de la tragédie » (H. Blaze de Bury, *Revue des Deux-Mondes*, 15 oct. 1875). Mais il est possible que ce soit déjà un anglicisme, bien que *drastique* au sens général ne se soit répandu que très récemment, sous l'influence de l'anglais *drastic* (1808). Bélisle et Dulong le signalent comme un anglicisme canadien. Ce mot est l'objet des critiques amusées de Daninos (le rapprochement fait entre *mesure drastique* et *mesure draconienne*, et l'attraction probable des deux est justement analysée).

« *Drastique*. Forme ultra-moderne de "draconien". Très prisé par les exp. [experts] pour toutes sortes de mesures. »   P. DANINOS, *Le Jacassin*, p. 84 (□ 1962).

DRAVIDIEN, IENNE [dʀavidjɛ̃, jɛn] *adj.* et *n. m.*

(1865) Relatif aux populations noires du sud de la péninsule indienne. *Peuples dravidiens. Langues dravidiennes.* — *Le dravidien*, ensemble des langues dravidiennes (tamoul, telugu, malayalam). — REM. : Enregistré dans le suppl. du dict. de Littré 1877 ; absent des dict. de l'Académie.

« Aucune population noire ne parle une langue monosyllabique, toutes ont une langue agglutinative et les plus barbares ont déjà des tri-syllabes, comme le montrent les langages drawidiens [*sic*]. »
M. de QUATREFAGES, in *Revue des cours scientifiques*, 11 nov. 1865, p. 815.

« Quant aux Dravidiens de l'Inde, M. Broca leur trouve une peau moins foncée et une chevelure plus ondulée que celles des Australiens, tandis que leurs crânes sont à peine brachycéphales, et se rapprochent de la forme dite aryenne. »
L. LARTET, in *Revue des cours scientifiques*, 2 janv. 1869, p. 70.

« *L'Hindou du Sud*, de race dravidienne, petit, vif, colérique, ne correspond plus en rien à la conception que l'Européen a de l'Hindou. Dès qu'on arrive dans le Sud, la peau devient foncée, on a affaire à des presque noirs [...]. »   H. MICHAUX, *Un barbare en Asie*, p. 115 (□ 1932).

✳ Francisation de l'anglais *Dravidian* adj. (1856), de *Dravida*, nom d'une province du sud de l'Inde. Cet emprunt à l'anglais a remplacé l'ancien terme *malabare*. La forme *dravidique* (1856, La Châtre) n'a pas vécu.

DRAWBACK [dʀobak] *n. m.*

(1755) *Comm.* Remboursement des droits de douane payés à l'entrée de matières premières, lorsque les produits manufacturés qu'elles ont servi à fabriquer sont exportés. — REM. : Signalé dans Littré 1864 et dans le dict. de l'Académie 1878. — Par ext. *(Vieilli)* Inconvénient à subir lorsqu'on obtient un avantage ; côtés négatifs d'un avantage.

« Ce bonheur sur commande, pour moi, c'est le plus grand des *drawbacks* dans ces liaisons avec les femmes du monde. »
       P. BOURGET, *Physiologie de l'amour moderne*, p. 159 (□ 1888-1889).

✻ Mot anglais *drawback* n. (1720) « remise » de *to draw back* « retirer ». Ce mot a pénétré en français au XVIIIᵉ s. (1755, Forbonnais, *in* Mackenzie) et remplace l'expression *droit de restitution*. Il a gardé une forme anglaise mal assimilable dans notre système. Cependant c'est apparemment un terme trop technique pour qu'il inquiète les puristes.

« "Drawback", qui indique la restitution des droits perçus sur les matières premières lors de la sortie des produits fabriqués, a été importé d'Angleterre vers le milieu du siècle, et a remplacé *droit de restitution* : à la réexportation on accordait un "drawback" de 4 schellings. Comme le remarque l'*Encyclopédie Méthodique*, Finances, il était fort usité dans les douanes de l'Angleterre. Il figura dans le Traité de Versailles du 26 septembre 1786 : Cette stipulation ne s'étendra pas sur la restitution des droits et impôts (en Anglais "drawback"). »
                                          BRUNOT, *H. L. F.*, t. VI, p. 318.

DRAWING ROOM [dʀowiŋʀum] *n. m.*

(1725) *Vx.* Salon ; pièce de réception (dans un pays de langue anglaise).

« Il oublia et la Grande-Bretagne, et son nom inscrit sur le livre d'or de la noblesse [...], et les drawing-rooms de la reine, et le club des Yachts, et tout ce qui constituait son existence anglaise. »
            Th. GAUTIER, *Le Roman de la momie*, p. 29 (□ 1858).

✻ Mot anglais (1642), aphérèse de *withdrawing room* (1591) « pièce *(room)* où l'on se retire », de *to withdraw*, « se retirer », cette pièce étant réservée aux maîtres, qui laissaient « le hall à leurs inférieurs » (P. Morand, *Londres*, p. 257, *in* T. L. F.).

DREADNOUGHT [dʀɛdnɔt] *n. m.*

(1906) *Vx.* Cuirassé d'escadre, au début du XXᵉ siècle. *Des dreadnoughts*. — REM. : Absent du dict. de l'Académie 1932.

« Les navires à turbines sont à la mode [...]. Déjà ce nouveau système de propulsion s'applique couramment aux plus grands navires, voire même aux cuirassés géants, type *Dreadnought* — ce qui se fabrique de plus colossal en fait de bateaux de guerre. »
       É. GAUTIER, *L'Année scientifique et industrielle*, p. 299, 1910 (□ 1909).

✻ Mot anglais *dreadnought* n., d'abord nom propre d'un type de bateaux (1906) de *dreadnought* adj. (début XIXᵉ s.) « sans peur », littéralement « qui ne craint *(dread)* rien *(nought)* ». Les dreadnoughts furent des cuirassés très puissants qui caractérisent la marine de guerre au début du siècle. Ce mot, très mal adapté au système français, est heureusement sorti de l'usage.

DRESSING-ROOM [dʀesiŋʀum] ou DRESSING [dʀesiŋ] *n. m.*

(1892) Petite pièce attenant à une chambre à coucher, où sont rangés ou pendus les vêtements.

« Chaque chambre forme avec son dressing-room et sa salle de bains une véritable suite privée. »   *Le Monde*, 18 juin 1966 [*in* Gilbert].

« Cottage 7 pièces en duplex surface totale 170 m² cellier et garage compris, réception, séjour, salle à manger, cuisine, 5 chambres, 2 salles de bains, 2 w.-c., dressings, rangements, etc. »

Le Figaro, 14 oct. 1971, p. 13.

✶ Mot anglais *dressing room* n. (1675) « cabinet de toilette », proprement « pièce *(room)* pour se préparer *(dressing)* ». Le mot est attesté isolément en 1892, mais il ne s'est répandu en français que vers 1960-1965. Le dressing-room, ancien en Angleterre, correspondait à peu près à ce que nous appelions en France *garde-robe* ou *cabinet*, avant l'ère de la salle de bains et des toilettes ; c'était une petite pièce intime donnant dans la chambre où l'on rangeait les vêtements et où se trouvait la chaise percée, le pot à eau et parfois un canapé. L'hygiène moderne nous a suggéré, depuis, d'autres distributions, et le dressing-room n'apparaît que dans les maisons déjà pourvues de salle(s) de bains et de toilettes. C'est une petite pièce qui vient renchérir sur un confort déjà traditionnel, et qui convient bien à ceux et celles qui ont un vestiaire important ; elle participe aussi plus ou moins de la lingerie, qui n'existe plus que dans les grandes maisons. Ce mot a passé en français par le vocabulaire de l'urbanisme américain, comme le *living-room*. Il est souvent abrégé en *dressing*, et on ne peut guère espérer de francisation puisque ce modèle est déjà très répandu en français *(living, pressing, planning*, etc.). Critiqué par Étiemble (1964) qui propose *vestiaire, garde-robe ;* mais les connotations « appartement moderne très confortable des gens chic » disparaissent. On ne pense pas que les promoteurs soient d'accord.

DRIBBLE [dʀibl] *n. m.*

(1931) Action du joueur qui dribble au football, au rugby, au basket, au hand-ball, au hockey sur glace. *Un beau dribble.*

« Sur le terrain, c'est un démon : ses dribbles, ses accélérations et ses tirs ont démantelé la défense de l'Olympique de Marseille. »

L'Express, 15 nov. 1971, p. 90.

✶ Mot anglais *dribble* n., d'abord « filet d'eau, rigole » (xviiᵉ s.) puis terme de football (1889). Il est possible aussi que *dribble* soit un déverbal de *dribbler*. Pour la graphie → **dribbler.** — *Dribble* et *dribbling* s'emploient conjointement : certains perçoivent une différence de sens, d'autres non. Dans ce dernier cas, il faut préférer *dribble.*

DRIBBLER [dʀible] *v. intr.*

(1895) *Sports.* Courir en poussant devant soi la balle à petits coups de pieds sans en perdre le contrôle. — REM. : Absent du dict. de l'Académie 1932.

« Voici deux avants de l'équipe adverse qui arrivent en dribblant ; il serait difficile de trouver un spectacle athlétique plus laid que le dribbling, que ce trot de crapauds qui retiennent en laisse et caressent lourdement de la botte cette balle ronde toujours prête à s'échapper. »

J. PRÉVOST, *Plaisirs des sports*, p. 140 (□ 1925).

— PAR EXT. *(et transitivement) :*

« Miss Moyss, en effet, un grand voyou turbulent, toujours crevé, jamais las, dribblant les bouteilles à travers la maison [...]. »

P. MORAND, *Fermé la nuit*, p. 185 (□ 1923).

✶ Francisation de l'anglais *to dribble* v. tr. et intr., d'origine obscure, « faire couler », « goutter, dégouliner » (xviᵉ s.) ; au football 1863, transitif *to dribble the ball*, puis intransitif fin xixᵉ siècle. Ce mot a pénétré en français en 1895 (*Sports Athlétiques*, p. 72, selon Mackenzie). Il serait souhaitable de l'écrire *dribler*, ainsi que les mots de la même famille.

DRIBBLEUR [dʀiblœʀ] *n. m.*

(1895) Joueur qui dribble bien, aime dribbler. *Un excellent dribbleur.*

✳ De l'anglais *dribbler* n. (1835), même sens, de *to dribble* « dribbler ».
A d'abord eu en français la forme en *-er*, *dribbler*. Attesté en 1895 dans
Petiot. Il serait souhaitable de continuer la francisation en *dribleur*.

DRIBBLING [dʀibliŋ] *n. m.*

(1893) Action du joueur qui dribble au football, au rugby, au
basket, au hand-ball. — REM. : Absent du dict. de l'Académie
1932.

« match nul [...] malgré la boue, les mêlées défoncées et le dribbling
des gars du chardon [les Écossais]. »
A. ARNOUX, *Suite variée*, p. 41 (□ 1925).

✳ Substantif français formé sur le participe présent *dribbling* du verbe
anglais *to dribble*. *Dribbling* apparaît en français en 1893 (Petiot). Il est
aujourd'hui concurrencé par *dribble*✳.

DRIFT [dʀift] *n. m.*

1° (1842) *Géologie*. Dépôt laissé par le recul d'un glacier. —
REM. : Signalé dans le suppl. de Littré 1877 ; absent des dict.
de l'Académie.

« Le *drift*, nom sous lequel nous avons vu désigner en Angleterre
des amas superficiels de sables, de cailloux et pierres, est appliqué en
Amérique à des dépôts de même origine, antérieurs à ceux qui
renferment des coquilles marines ou lacustres, et aux terrasses des
rivières et des lacs. »
A. d'ARCHIAC, in *Revue des cours scientifiques*, 6 août 1864, p. 501.

« Grâce à la qualité des sols (drift glaciaire, alluvions) et à l'influence
climatique des Grands Lacs, cette grande région industrielle est aussi
une des régions agricoles à haute productivité [...]. »
P. GEORGE, *Géographie des États-Unis*, p. 118 (□ 1971).

2° (1866) Vx. *Drift* ou *drift-ice*, glace flottante.

« — Et là, ces glaces flottantes ?
— Ce sont des drift-ice ; avec un peu plus de hauteur, ce serait des
icebergs ou montagnes ; leur contact est dangereux aux navires, et il faut
les éviter avec soin. »   Jules VERNE, *op. cit.*, p. 57.

✳ L'anglais *drift* (1300) signifie en général « action de conduire ;
mouvement ». Il s'est spécialisé dans divers contextes et employé par
métonymie pour désigner ce qui est conduit, poussé (par le vent, le
courant, etc.), pluie, neige (v. 1300), bois (1600). Le composé *drift-ice*,
n. (1600) signifie « glace qui se déplace, dérive (dans l'eau ou sur un
glacier) ». Le sens géologique apparaît en 1839 (Murchison) ; on le
trouve en 1842 dans les *Comptes rendus de l'Acad. des sciences* (*in*
Bonnaffé).

DRIFTER [dʀiftœʀ] *n. m.*

(1946) Bateau de pêche qui utilise les filets dérivants ;
dériveur. *Les harenguiers, les sardiniers sont des drifters.*

✳ Mot anglais *drifter* n. (xIXᵉ s.), de *to drift* « dériver » et *-er* « -eur ».
Ce mot apparaît dans le dict. de Quillet 1946. Nous avons *dériveur*, dans
le même sens, depuis le début du xxᵉ siècle (1914, Larousse mensuel,
in Wartburg), mais peu usité apparemment à cause des autres sens de
ce mot (« voile », « bateau muni d'une dérive ») qui semblent plus
courants. *Dériveur* est lui-même apparenté à l'anglais (→ **Dériver**). Il
serait au moins souhaitable de franciser en *drifteur*.

1. DRILL [dʀil] *n. m.*

(1750) *Vx*. Charrue qui sème au fond des sillons qu'elle trace.
— REM. : Signalé dans Littré 1864 ; absent des dict. de
l'Académie.

« M. Tull a imaginé un "semoir" appelé "Drill", qui forme les sillons à la profondeur [...] qu'on veut. »

Manuel du Laboureur..., 1768 [*in* Brunot, t. VI, p. 269].

« Des semoirs. (*Drills* des Anglais.) Le semoir que les Anglais emploient le plus généralement [...] se compose d'une trémie fixée sur le montant [...] au moyen de brides et contenant un cylindre [...] qui reçoit, à l'extérieur de la trémie, un mouvement de rotation par le moyen de la manivelle [...]. »

Maison rustique du XIXᵉ siècle, t. I, pp. 212-214, Librairie agricole, 1844.

✱ Mot anglais *drill* n., d'abord « sillon » (1727) puis « charrue-semoir » (1731) ; ce mot a passé en français au XVIIIᵉ siècle (1750, trad. du traité de Tull, l'inventeur anglais de la machine) et est un des derniers emprunts agricoles faits à l'Angleterre, avant la vague des emprunts industriels qui commence à la fin du siècle. *Drill* a été en concurrence avec *charrue-semoir* n. f., plus long mais plus clair.

« Enfin on fait usage dans quelques pays, et particulièrement en Angleterre, de *charrues-semoirs* qui ouvrent le sillon, y déposent la semence et la recouvrent par une seule opération. Ces instruments sont avantageux dans la culture en lignes. » *Le Livre de tout le monde*, p. 443, Salmon, 1830.

2. DRILL [dʀij] *n. m.*

(1776) Grand singe cynocéphale d'Afrique occidentale, très voisin du mandrill✱, mais dont la face est complètement noire.
— REM. : Absent du dict. de l'Académie et de Littré.

« Le *Drill* (*Simia leucophoca*, Fr. Cuv[ier]) ressemble beaucoup au mandrill dont il a les mœurs et les instincts ; mais il a les parties supérieures plus verdâtres et les inférieures plus blanches ; il a surtout la face entièrement noire et le menton d'un rouge brillant. »

Ad. FOCILLON et F. LAGARRIGUE, art. *Mandrill, Dictionnaire général des sciences théoriques et appliquées*, t. II, p. 1622, Garnier, 1883.

✱ Mot probablement issu d'une langue indigène de la Guinée, apparu en anglais en 1644 et attesté en français en 1776 par Valmont de Bomare.

DRINK [dʀink] *n. m.*

(1875 ; répandu v. 1920) Boisson alcoolisée. *Prendre un drink*, prendre un verre.

« — Voulez-vous venir prendre un "drink" chez moi, en camarades — dit madame Magnac. » P. MORAND, *Lewis et Irène*, p. 244 (□ 1924).

« Si les Américains boivent tant d'eau glacée dans les chemins de fer, c'est faute de mieux et parce que les *drinks* de toute nature ont allumé en eux un feu inextinguible... »

P. MORAND, *New-York*, p. 154 (□ 1930).

« — Je dirai : "Garçon, la même chose !"
— Une biture, chouette ! Non, c'est vrai, vous ne vous biturez pas, vous : vous prenez un drink, un long ; du Richard, c'est bien ça ? Alors, deux... » A. SARRAZIN, *La Cavale*, p. 176 (□ 1965).

✱ Mot anglais *drink* n. (XIᵉ s.), du verbe *to drink,* du haut germanique *trinkan* (Cf. français *trinquer*) ; *drink* a *grosso modo* les mêmes sens que *boisson*. L'ancien français avait déjà le mot *drinc* « boisson » (XIIᵉ s-XVIᵉ s.) emprunté à l'anglais *drink* puis repris au hollandais ainsi que le verbe *dringuer* : « Je mengerois comme un magot, Maintenant si j'avoys chair crue Sans broi ne sans drinc » (Myst. St. Christofle, *in* Godefroy) — « [...] reprenoyent sans intermission, sans repos, à dringuer, tant que tout le monde fut saoul » (Du Faye, *in* Huguet). Mais ces emplois n'ont pas survécu au XVIᵉ siècle, et le *drink* actuel constitue une nouvelle offensive. *Drink* est signalé par Mackenzie en 1875 dans Simonin, *Revue des Deux-Mondes*, cependant ce mot a été diffusé en France par l'américain (comme *cocktail*), et ne s'est vraiment répandu que depuis une dizaine d'années. Son emploi est assez spécial, limité aux jeunes snobs (et aux moins jeunes) qui fréquentent les drugstores. Il paraît douteux qu'on puisse appliquer *drink* à un verre de vin ou à une bière. L'expression *long drink* [lɔŋdʀink] ou [lɔŋdʀink] *proprement*

« boisson (de) longue (durée) » s'emploie pour désigner les cocktails aqueux des assoiffés ou de ceux qui ne peuvent « remettre ça ». C'est la boisson typique des boîtes de nuit. Avec sa forme anglaise et son contenu incertain, *drink* est la cible des puristes.

« Le brave homme accoudé au zinc du coin "s'envoie un *glass* en vitesse", alors que les élégantes, dans les bars de luxe, se commandent des *drinks*. Tous ces emplois de mots étrangers sont quelque peu assimilables à ceux des termes d'argot. » A. Sauvageot, *Portrait du vocabulaire français*, Larousse, p. 226 (□ 1964).

« Qu'on aille boire un drink en jouant aux flippers, qu'on préfère exercer son adresse au bowling [...]. » Étiemble, *Parlez-vous franglais ?*, p. 95 (□ 1964).

« Le Français qui demande à son ami d'*amener* un livre ou qui remplace tous les superlatifs par l'adjectif *formidable* est tout aussi blâmable que celui qui vous propose d'aller prendre un *drink* au *drugstore*. »
Le Bidois, *Les Mots trompeurs*, p. 280 (□ 1970).

DRIPPING [dʀipin] *n. m.*

(v. 1960) Technique de peinture qui consiste à faire couler le pigment directement du récipient, déplacé au-dessus du support (toile, etc.) posé horizontalement ; peinture effectuée selon cette technique. *Des drippings.*

✱ Mot anglais *dripping* « chute d'un liquide » (mil. xvᵉ s.), de *to drip* « couler », d'origine germanique ancienne (apparenté à *to drop*, à *drop* « goutte »). La spécialisation en terme d'arts est américaine, mais plutôt sous la forme *drip painting* utilisée en 1947 par le peintre Jackson Pollock, inventeur du procédé. Le mot, en français, est resté technique, mais il est courant en critique picturale. Le *dripping* est un *coulage,* mais ce mot français avait sans doute des connotations trop désagréables. *Dégoulinage,* par sa dérision même, ne déplairait sans doute pas aux tenants de l'*Action painting.*

DRIVE [dʀajv] *n. m.*

(1894) Coup droit de longueur, au tennis. — (1896) Long coup joué du départ avec le driver (2), au golf.

« Le coup vertical donné du fond du jeu constitue ce coup du Tennis que l'on nomme *drive* et que tout joueur doit posséder s'il veut lutter à armes égales avec ses adversaires. »
E. de Nanteuil, G. de Saint-Clair, C. Delahaye,
La Paume et le Lawn-Tennis, p. 281 (□ 1898).

« — Ma pauvre Micheline, c'est fini de nos parties de tennis. Dommage. Ton jeu commençait à se tenir et tu avais un drive qui venait bien. Tu vas te remettre à jouer en double avec des femmes qui te gâteront la main en huit jours. » M. Aymé, *Travelingue*, p. 23 (□ 1941).

« La puissance et la précision du drive de Sam Snead étaient, et sont encore, tout à fait exceptionnelles. "C'est du driver que dépend le reste de la partie", a écrit Sam Snead dans la *Trilogie du golfeur.* Le coup de départ donne le ton des coups suivants, tant sur le plan psychologique que sur le plan pratique. De fait, un drive qui part bien est un plaisir d'une qualité exceptionnelle, spécifique au golf. »
A. Bernard, *Le Golf*, p. 83 (□ 1970).

✱ Mot anglais *drive* n. (1857) « coup énergique [forcible] au golf, au base-ball, au tennis, au cricket » ; de *to drive* « lancer avec force, lancer en frappant ». Ce mot a passé en français à la fin du siècle (1894, *in* Petiot). Il a gardé une prononciation quasi anglaise. Les puristes et les joueurs de tennis recommandent de le remplacer par *coup droit,* qui est d'ailleurs assez courant → le mot apparenté **Dérive.**

DRIVE-IN [dʀajvin] *n. m. invar.*

(1953) Service aménagé de telle sorte que les automobilistes peuvent rester dans leur voiture pour en bénéficier (cinéma en plein air ; bar, guichet de banque donnant dans la rue, etc.).

« nous mangions un *hamburger* et des glaces compliquées dans ces *drive-in* qui sont de grands bars circulaires autour desquels les autos se rangent en cercle : les serveuses vous apportent le repas dans la voiture. »   S. de BEAUVOIR, *L'Amérique au jour le jour*, 13 mars 1967, p. 167 (□ 1954).

« Qui fréquente le "drive-in" de Rungis, ce cinéma en plein air pour automobilistes, inauguré en août dernier, sur une aire de stationnement des nouvelles Halles de Paris ? Si la clientèle de cette formule directement importée des États-Unis était conforme à l'idée qu'on s'en fait en France, elle devrait être formée des représentants de cette nouvelle race d'hommes du vingtième siècle, incapables de vivre sans avoir les mains...»
P. BRANCHE, *L'Insolite clientèle du « drive-in » de Rungis*, in *Le Monde*, 24 mars 1971, p. 28.

✱ Mot américain (1930), de *to drive in* « entrer en voiture (quelque part) ». Le mot (attesté dans *Paris-Match,* 18 avril 1953) ne s'est répandu en français que vers 1970 lorsque des drive-in ont été créés en France. Le drive-in est une des conséquences de la civilisation de la voiture ; très répandu aux États-Unis où les gens ne peuvent littéralement plus se servir de leurs jambes, il ne semble pas qu'il ait un réel succès en France, pour de nombreuses raisons, parmi lesquelles l'exiguïté des voitures européennes et le goût de prendre toutes ses aises pour la cérémonie de la Consommation. Astérix, héros gaulois bien connu pour son sens de la langue, a préféré un vilain calque :

« Anglaigus a non seulement construit de nombreuses insulae [immeubles de rapport], dont beaucoup ne se sont pas écroulées... mais il est aussi l'inventeur du "conduisez-dedans"... »
GOSCINNY, *Une aventure d'Astérix, Le Domaine des Dieux*, p. 6, Dargaud, 1971.

1. DRIVER [dʀajve] aux sens 3 et 4 [dʀive] *v. tr.*

1° (1898) Exécuter un drive au tennis.

2° (1933) Jouer le coup du départ avec le driver, au golf. (→ cit. à *driver* n.)

3° (1933) Conduire le cheval, au trot attelé.

« qui a drivé Ozo gagnante, en janvier dernier, au Prix d'Amérique à Vincennes. »   *L'Aurore*, 27 avril 1963 [*in* Blochwitz, Runkewitz, p. 277].

4° *Argot.* Conduire, mener.

« Un médecin mandé d'urgence a détecté une trop forte absorption de barbiturique.
Accident ? Tentative de suicide ? Mystère... On a drivé de toute urgence la jeune femme à l'hôpital Albert-Brunerie, service des réanimations. »   SAN ANTONIO, *J'ai essayé : on peut !*, p. 72 (□ 1973).

✱ Adaptation de l'anglais *to drive* mêmes sens, (XVIIᵉ s.) ou dérivé de *drive.* Ce verbe mi-anglais mi-français n'est pas une excellente acquisition sauf en prononciation francisée (c'est le cas de l'argot). Les attestations de date sont dans Petiot.

2. DRIVER [dʀajvœʀ] *n. m.*

1° (1833) *Vx.* Conducteur d'une voiture à cheval, d'un coach, d'un cab, etc.

2° (1900) Joueur qui drive*. Club avec lequel on drive.

« On pourrait croire, en l'écoutant et en le voyant, qu'il est facile de driver à plus de 200 m. Sam Snead a été un des plus longs drivers, sinon le plus long, de son époque. »   A. BERNARD, *Le Golf*, p. 82 (□ 1970).

3° (1899) Jockey de trot attelé.

4° (1928) *Argot.* [dʀivœʀ] Conducteur d'une auto (aussi *driveur*).

« Innocente ruse pour circuler autour de l'église sans mobiliser l'attention du driveur attentif. »
SAN ANTONIO, *J'ai essayé : on peut !*, p. 184 (□ 1973).

✱ Mot anglais *driver* n. (mil. XVᵉ s.), qui a ces sens (→ **Dériveur, Drifter**). Ce terme a pénétré en français en 1833 au sens 1° selon

Mackenzie, et au début du siècle dans son sens actuel (Suppl. du Larousse Illustré, 1907) ; il ne s'est francisé que par la finale prononcée. Il serait souhaitable de le remplacer par *driveur* [dʀivœʀ] ; d'autant qu'il se trouve actuellement homographe du verbe *driver*. Ce mot est absent des dict. de l'Académie.

DROPER ou DROPPER [dʀɔpe] *v. tr.*

1° (1918) *Fam.* et *vx.* Abandonner, laisser tomber (quelqu'un). — REM. : Absent de tous les dict., excepté du Robert Suppl.

« Alors, me disait-elle, c'est fini ? Vous ne viendrez plus jamais voir Gilberte ? Je suis contente d'être exceptée et que vous ne me "dropiez" pas tout à fait. »
PROUST, *À l'ombre des jeunes filles en fleurs*, p. 640 (□ 1918).

2° (1934, *in* Petiot) *Golf.* Laisser tomber (sa balle) par-dessus son épaule en faisant face au trou.

« Sur le parcours, le joueur peut relever la balle et la dropper sans pénalité sur une partie du terrain qui échappe à ces conditions [...]. »
A. BERNARD, *Le Golf*, p. 44 (□ 1970).

✱ Adaptation de l'anglais *to drop* v. (xɪᵉ s.) « laisser tomber, tomber », d'origine néerlandaise. Ce mot apparaît dans Proust comme anglicisme à la mode. Il est aujourd'hui démodé, sauf comme terme de sport. On utilise *droppage* n. m. (1953) pour le largage à partir d'un avion.

DROP-GOAL [dʀɔpgol] *n. m.*

(1895) Au rugby, Coup de pied en demi-volée dit *coup de pied tombé*. — Par abrév. *Un drop.* — REM. : Absent du dict. de l'Académie 1932.

« ([...] j'appris très tôt avec eux à frapper le ballon, à le recevoir de volée, à le passer, à tenter des buts ou des drops, devenant dans cet entraînement préparatoire d'une adresse accomplie, mais jamais je ne pus disputer un véritable match) je dus très vite me contenter de faire de nécessité vertu et me confiner au rôle de spectateur [...]. »
R. ABELLIO, *Ma dernière mémoire*, p. 114 (□ 1971).

✱ Mot anglais *drop goal* n., variante de *dropped goal*, « but marqué par un *drop* » abrév. de *drop kick*, « coup de pied tombé ». Le français a donc déplacé le sens de ce mot, signalé, par Mackenzie, dans *Sports athlétiques*, 1895.

DROP OUT [dʀɔpawt] *n. m.*

(1967) Aux États-Unis, puis dans d'autres pays, Jeune qui abandonne un milieu social d'intégration (école, université, etc.) pour vivre en marge.

« Un mot jaillit alors pour nommer cette génération d'hommes jeunes qui partagent tant de choses : l'intelligentsia. Par opposition à celui d'"intellectuel", il désigne plus étroitement ces *"drop out"* des universités russes, qui ont fait du combat révolutionnaire la raison d'être de leur vie. »
F. FURET, in *Le Nouvel Observateur*, 27 nov. 1972, p. 65.

« D'une certaine manière, il est vrai, c'est un *drop out* : il a abandonné le convoi qui l'aurait mené comme les autres médecins à soigner des grippes et à délivrer des congés de maladie. »
Le Sauvage, juin-juil. 1973, p. 11.

✱ Mot américain (1930), de *to drop* « laisser tomber, abandonner » et *out* « hors ». *To drop out*, au sens de « disparaître, s'en aller (d'un groupe, etc.) » est attesté dès 1660. Notre mot en est la substantivation ; il signifie d'abord « celui qui sort d'une école, d'une université, sans achever ses études, sans obtenir de diplôme ». Il n'est pas synonyme de *marginal* (plus général) et on rencontre la variante francisée *dropé(e)*, adj. et n.

« Il n'y a pas de dérobade glissante, mais carrément *dropping out*. Les évadés des champs se sont "flanqués dehors", ils sont "dropés", impossible de traduire autrement. »
Le Nouvel Observateur, 30 avril 1973, p. 53.

« Les *"dropés"*, plus constructifs que les marginaux de base, montrent bien qu'il y a recherche d'un autre travail et non pas simple lassitude de la dureté urbaine. » *Ibid.*, p. 54.

DROP ZONE [dʀɔpzon] ou **DROPPING ZONE** [dʀɔpiŋzon] *n. f.*

(v. 1960) Zone sur laquelle du matériel ou du personnel est parachuté.

✱ Mot angl., de *to drop* « laisser tomber », d'où « larguer », et *zone* « zone ». L'adaptation en *zone de droppage* rétablit la syntaxe française, mais redonne vigueur au verbe *dropper** que les puristes ne considèreront pas d'un meilleur œil. La traduction correcte serait *zone de largage*.

DRUGSTORE ou **DRUG-STORE** [dʀœgstɔʀ] *n. m.*

(1937) Aux États-Unis, au Canada, Magasin où l'on vend des produits d'alimentation, d'hygiène, de pharmacie, des cigarettes, des journaux, et où l'on peut manger comme dans un snack (généralement sans alcool).

« ces innombrables drug-stores qui, aux États-Unis, vendent aussi bien des produits pharmaceutiques que des appareils photographiques ou des disques de gramophone. » A. MAUROIS, *La Machine à lire les pensées*, in *Les Mondes impossibles*, p. 141 (□ 1937).

« Le petit déjeuner dans le drug-store du coin est une fête. Jus d'orange, toasts, café au lait, c'est un plaisir qui ne s'évente pas. » S. de BEAUVOIR, *L'Amérique au jour le jour*, 29 janv. 1947, p. 26 (□ 1954).

— (1958) En France, Magasin de luxe à entrée libre, presque constamment ouvert, où l'on trouve quantité de produits de première nécessité et des objets de luxe (gadgets, etc.), avec un restaurant, un bar, éventuellement une agence, un cinéma.

« Vous direz que j'aurais pu la connaître auparavant. Sans doute. Mais cela ne s'était pas produit. De toute façon, ce n'était point de s'être trouvé avec elle au Drugstore des Champs-Élysées qui m'aurait fait rêver à la rue de Laval [...]. » ARAGON, *Blanche ou l'Oubli*, p. 37 (□ 1967).

« Ici, comme dans les autres drugstores de France et de Navarre, la technique pour avoir une table ressortit aux règles du basket-ball [...]. » L. CHOUCHON, *Guide de l'homme seul en province*, p. 45 (□ 1970).

« Un drugstore à la française n'est évidemment pas un quelconque restaurant, ni un bazar agrémenté d'un tabac-journaux, et surtout pas... un drugstore. » *L'Expansion*, juin 1971, p. 137.

✱ Composé américain *drugstore* n. (1819) de l'anglais *drug* « médicament » (« drogue » comme dans *droguiste*) et *store* « magasin ». En parlant des États-Unis, on a traduit souvent *drugstore* par « pharmacie, chez le pharmacien » (Cf. cit. Morand, ci-dessous), traduction approximative puisque le drugstore est beaucoup plus qu'une pharmacie (tout comme notre droguerie où l'on vend des balais et des clous). La distribution des produits est répartie différemment aux États-Unis et en France (et en Europe), et d'une façon générale, il y a tendance : 1) à standardiser les produits destinés à la vente en des points multiples ; 2) à regrouper des types de produits différents en un même lieu ; autrement dit on trouve les mêmes produits partout (les spécialités locales étant rares) et on les trouve toujours regroupés ensemble (et non dispersés dans des magasins particuliers). Alors que le drugstore est aux États-Unis le magasin ordinaire par excellence, il s'est implanté en France sous le signe du luxe, en accord avec le mythe américain de la richesse et bien que la richesse des États-Unis ne se manifeste justement pas dans ce type de biens de consommation. C'est en 1958 que fut créé le premier drugstore, celui des Champs-Élysées. Il n'existe évidemment pas de mot français pour traduire l'expression d'une réalité d'importation et revendiquée comme telle. *Droguerie* est déjà pris et désigne tout autre chose. Il semble impossible de satisfaire les puristes par une proposition raisonnable. Qu'ils se contentent donc provisoirement de la solution d'Astérix (cit. ci-dessous). — *Drugstore* a donné des dérivés, peut-être fugaces, signalés dans le *Dict. des Mots contemporains* de Gilbert : *drugstorien, ienne* adj., *drugstoriste* n., *drugstoriser* v.

« On lunche aussi dans les grands magasins, les musées, chez les pharmaciens et dans les endroits les plus inattendus. »   P. MORAND, *New-York*, p. 148 (□ 1930).

« Certains Français peuvent ou doivent éviter le restaurant ; ils restent donc à l'abri des *mutton chops, mixed grills* et autres nouveautés. Ils ne peuvent s'épargner l'ennui de laver la vaisselle et de tenir la maison. Il leur faut donc fréquenter le droguiste, que détrônera bientôt le répugnant drugstore. »
ÉTIEMBLE, *Parlez-vous franglais ?*, p. 46 (□ 1964).

« Anglaigus a non seulement construit de nombreuses insulae [immeubles de rapport], dont beaucoup ne se sont pas écroulées... mais il est aussi l'inventeur du "conduisez-dedans"... des potion-tabernae [store] où l'on trouve de tout (esclaves, statues, gladiateurs, articles pour orgies, baumes, onguents). »
GOSCINNY, *Une aventure d'Astérix, Le Domaine des Dieux*, p. 6, Dargaud, 1971.

✳ Le mot semble adopté comme en témoigne l'abrév. *drug* [dʀœg] n. m.

« Léo Ferré dans un bistrot de passage, un pub, un drug où il joue les fantômes en errance [...]. »   D. HEYMANN, in *L'Express*, 30 oct. 1972, p. 101.

DRUMLIN [dʀœmlin] *n. m.*

(1907) *Géogr.* Éminence elliptique constituée par les éléments d'une moraine, dans les pays de relief glaciaire.

✳ Mot anglais *drumlin* n. (1833) du gaélique *druim* « bord, dos » et *-lin* pour *-ling*. C'est un terme technique en français.

DRUMMER [dʀœmœʀ] *n. m.*

(1933) Batteur, percussionniste de musique de jazz.

« Au sud-ouest du Tchad un *band* de musiciens Sara avait un tambourinaire qui, tel un *drummer* de jazz d'il y a quelques années, ne cherchait en quelque sorte qu'à surprendre le rythme par des syncopes bien placées, que rendait plus cassantes encore leur frappement sur la paroi du tambour : un même caractère sportif rapprochait ce pur Africain du *drummer* de la *Revue nègre*, en provenance des États-Unis et qui a été représentée à Paris en 1925. »
A. SCHAEFFNER, *Vogue et Sociologie du jazz*,
in *Encyclopédie française*, t. XVI, 72-12 (□ juil. 1935).

« Le gros pianiste salua de loin les deux frères et se mit à pianoter doucement. Un *drummer* noir l'accompagnait discrètement. Tout cela très sans façon. »   E. TRIOLET, *Bonsoir Thérèse*, p. 32 (□ 1938).

✳ Mot anglais *drummer* n. (XVIe s.) « batteur, tambourinaire », de *drum* « tambour », qui a pénétré en français par l'intermédiaire de l'américain (vocabulaire du jazz). C'est un emprunt de luxe, et *batteur* dit tout autant.

DRY [dʀaj] *adj. invar.* et *n. m.*

1° *Adj. invar.* (1877) Sec, en parlant du champagne. — REM. : Absent du dict. de l'Académie 1932.

« Vins de Champagne [...] La plupart des maisons classent leurs produits en champagnes brut, extra-dry ou dry (goût dit anglais ou américain) champagnes secs ou demi-secs ».
ALI-BAB, *Gastronomie pratique*, 1907 [*in* D. D. L., 2e série, 3].

✳ Mot anglais *dry* adj. (XVIIe s. dans ce sens), se dit du vin, du xérès (*dry wine, dry sherry*), etc. *Dry* a d'abord passé en français dans un emploi spécialisé : on ne le dit pas d'un vin sec quelconque. Mackenzie le signale en 1877 dans la *Revue des vins* → **Extra-dry.**

2° *Adj. invar.* (mil. XXe s.). *Martini* dry*, sec. — *N. m.* (1959). *Un dry*, un verre de martini dry. — REM. : Au pluriel, on trouve les trois formes *dry, drys* et *dries*.

« Après le concert, il [Simon] l'emmena prendre un cocktail, ce qui signifia pour elle une orange pressée et pour lui deux dry. »
F. SAGAN, *Aimez-vous Brahms...*, p. 69 (□ 1959).

« Pendant le plein, Pierrot-les-orbitoïdés murmurait à son vieux copain : "Pendant que tu ramènes ta-ma pin-up, tâche de ne pas avoir d'accident voluptueux. Après tous les drys ou dries qu'on a bus, si tu passes au breatheliser, à l'alcotest, à l'alcooltest, ou même à l'ivresso-mètre, j'aime mieux te prévenir que le taux de l'alcool te sera sûrement défavorable [...]." »   ÉTIEMBLE, *Parlez-vous franglais ?*, p. 31 (□ 1964).

✻ Sens emprunté à l'américain (→ **Martini**).

DRY FARMING [dʀajfaʀmiŋ] *n. m.*

(1911) Méthode de culture des régions sèches, qui consiste à emmagasiner dans le sol l'eau tombée pendant deux années consécutives.

« On désigne sous le nom de *dry-farming* l'ensemble des procédés destinés à assurer sans irrigation la mise en valeur des régions arides ou semi-arides. [...] On emmagasine l'eau dans le sol par des labours effectués à l'époque favorable et à la profondeur convenable. On empêche l'évaporation de cette eau en maintenant les couches superfi-cielles du sol toujours meubles, finement pulvérulentes et en empêchant le tassement. »   A. BERNARD, *L'Algérie*, p. 443, Alcan (□ 1929).

« C'est encore à propos du champ consciencieusement labouré, entretenu avec persévérance, que nous rencontrerons le *Dry Farming*, "la culture à sec". »
        J. BRUNHES, *Géographie humaine*, t. I, p. 71, Alcan, 1934 (4ᵉ éd.).

✻ Expression américaine (1878), proprement « culture *(farming)* à sec *(dry)* ». Les Américains ont pratiqué le dry farming pour faire produire les régions sèches des États-Unis. *Dry farming* a pénétré en français au début du siècle ; c'est en novembre 1911 qu'Augustin Bernard publie dans les *Annales de géographie* (XX, pp. 411-430) une étude intitulée *Le « Dry-farming » et ses applications dans l'Afrique du Nord*. La francisation de *dry farming* n'est guère possible (*dry* [draɪ] existe par ailleurs, tout comme *-ing* [iŋ]). On peut traduire par *culture à sec* (moins courant). On rencontre aussi en 1912 la traduction *culture des terres sèches* (P. Lacau, trad. de J. A. Widtsœ). Quant au dérivé *dry-farmer*, attesté en 1912 en français, il s'emploie normalement en géographie.

DUFFLE-COAT [dœfəlkot] *n. m.*

(v. 1945) Manteau trois-quarts en gros drap de laine muni d'une capuche, fermé devant par des tiges de bois passées dans des brides en corde. *Des duffle-coats.* — REM. : Parfois écrit *duffel-coat* (vieilli).

« Recroquevillée dans son duffle-coat, pâlie, chiffonnée, elle était le petit chat mouillé pressenti par la jalousie de Simone, et je me souvenais de l'avoir prévue dès la première minute vulnérable. »
        C. ROCHEFORT, *Le Repos du guerrier*, p. 232 (□ 1958).

✻ Mot anglais *duffel coat* ou plus courant *duffle coat* (1919), nom d'un caban des marins anglais, de *coat* « manteau » et *duffel* « drap mole-tonné de Duffel (ville des Flandres près d'Anvers) » (XVIIᵉ s.). Très tôt en anglais *duffel* [dʌfəl] a été assimilé au modèle courant des mots en *-le* (*bottle*, etc.) et a pris la forme *duffle*. Ce phénomène ne s'est pas passé en français, heureusement, car nous serions alors sur la voie d'écrire *parable* pour *parabole*, *guible* pour *guibole* et *batifle* pour *batifole*. Néanmoins il est normal que la forme *duffle* se soit répandue en français au détriment de *duffel* (on écrivait surtout *duffel coat* vers 1950), sur le modèle de tout une série d'emprunts courants (*steeple-chase*, *battle-dress*, *pickles*, etc.) ; on ne rencontre plus la graphie *duffel-coat* dans les journaux de mode. Attesté en 1952 dans une publicité (*in* T. L. F.), le mot était connu des jeunes immédiatement après la guerre, en 1945-1946. — Tel quel, le mot reste quasiment anglais, et la relation entre sa prononciation et sa graphie est faible dans le système français. Étiemble propose une francisation sur le modèle de *redingote*, qui n'est évidemment qu'un vœu pieux. L'anglophobe souhaitera plutôt le triomphe du *caban* et du *kabik* breton.

« il se croirait déshonoré [Le Petit Larousse] de ne pas proposer un *duffle* ou *duffel-coat*, laissant courageusement aux Français le choix entre deux graphies aberrantes, dont l'une au moins a le mérite de les vaguement guider vers une

prononciation plausible de *duffle*. Or le -*gote* de *redingote* correspondant au *coat* de l'anglais, il faudrait, selon ce principe, nous présenter *une deufèlegote*. »
ÉTIEMBLE, *Parlez-vous franglais ?*, p. 312 (□ 1964).

DUMPER [dœmpœʀ] ou [dœpœʀ] *n. m.*

(1960) Tombereau automoteur avec une benne basculante par devant, utilisé pour les travaux de terrassement.

« Il s'agit d'une bétonnière [...]. Cet engin supprime des manutentions sur chantier, il amène le béton à pied d'œuvre. [...] La cuve peut être remplacée par une benne qui transforme l'engin en Dumper. »
Travaux publics et Entreprises, juil. 1966, p. 73.

✳ Mot américain *dumper* n. (1881), même sens, de *to dump* « décharger, déverser ». Les Canadiens ont francisé ce mot en *dompeuse* et cette solution pourrait être adoptée en France, où l'on a proposé *basculeur, autobasculeur*. L'usage spontané dit aussi *une benne*.

DUMPING [dœmpiŋ] ou [dœpiŋ] *n. m.*

(1904) Pratique commerciale qui consiste à vendre sur les marchés à des prix inférieurs à ceux qui sont pratiqués sur le marché national (et parfois au prix de revient).

« Dans ces conditions, l'agriculture, jadis libre-échangiste, a cessé de l'être : elle souhaite s'enfermer dans le marché intérieur protégé, quitte à disposer du surplus exportable par des pratiques de dumping. »
A. SIEGFRIED, *Les États-Unis d'aujourd'hui*, p. 185 (□ 1927).

« Les libre-échangistes disent bien cela, mais ils se heurtent à une sorte de lassitude de persister dans le libre-échange quand le reste du monde, sans exception, pratique de la façon la plus éhontée la protection et le *dumping*. »
A. SIEGFRIED, *La Crise britannique du XXᵉ siècle*, p. 138 (□ 1931).

« Mais, à la même époque, alléchés par des prix italiens de dumping, par la qualité germanique ou, plus prosaïquement, par les facilités douanières sur le papier imprimé à l'étranger, les éditeurs commandèrent des travaux importants en dehors des frontières. »
L'Express, 15 nov. 1971, p. 116.

✳ Mot anglais *dumping* (1884), substantif verbal de *to dump* « décharger » (de *dump* « amas, dépôt, décharge »), qui a pris le sens commercial vers 1880, de « jeter en grande quantité sur le marché et à bas prix ». En anglais, *dumping* a une connotation péjorative de « chose dont on se débarrasse ». Ce mot a pénétré rapidement en français (1904, G. Fleurey, *Réforme Écon.* p. 1126, selon Mackenzie). Il est mal adapté à notre système, et il n'existe pas de substitut convenable à notre connaissance ; le dict. de Romeuf et Guinot ne propose pas d'équivalent. — L'adjectif *antidumping* « contre le dumping » existe en français depuis 1958 au moins (loi du 20 déc. 1958). C'est plus probablement un emprunt à l'américain *antidumping* (Webster 1934) qu'un composé français.

DUNDEE [dœndi] *n. m.*

(1901) Navire à voiles à deux mâts, qui sert à la pêche, au cabotage → **Ketch**. *Des dundees*.

✳ Altération en français de l'anglais *dandy* n. (1858), nom de ce bateau (« bateau élégant comme un dandy » → **Dandy**) d'après le nom d'un port d'Écosse *Dundee*, lieu probable de leur construction. *Dundee* est donc un nom « français » pour *dandy* ou *ketch*. La forme d'emprunt correcte *dandy* se rencontre en 1877, et *dundee* apparaît en 1901 (Kemna, *in* Mackenzie).

DUPLEX [dyplɛks] *n. m. invar.*

(1954) Appartement sur deux étages, le plus souvent les deux derniers, généralement luxueux.

« Dans la République Fédérale allemande, les maisons en " Duplex " ont permis de construire sur des normes réduites (moins de 50 m² pour un trois pièces) des logements dont le prix de revient était inférieur à un million. »   Ph. BAUCHARD, in *France-Observateur*, 30 déc. 1954, p. 18.

✴ Mot américain *duplex* n. (plur. *duplexes*) 1922, abrév. de *duplex apartment* « appartement en duplex (sur deux étages) ». *Duplex* n. est signalé dans Webster's 2d (1947). Le français avait *duplex* (mot latin) dans d'autres sens plus ou moins techniques. C'est par l'américain que cet emploi a pénétré en France. On a d'abord dit *en duplex* (→ cit. ci-dessus), puis *un duplex,* vers 1960. Le mot est devenu très courant comme la chose : beaucoup de constructions nouvelles offrent des duplex aux amateurs, ainsi qu'aux États-Unis. Les Canadiens emploient aussi ce mot (Kelley, p. 18).

DURHAM [dyʀam] *n.*

(1855) Bovin d'une race sélectionnée originaire du Durham, à cornes courtes, bon animal de boucherie. *Un, une durham* (bœuf ou vache). — REM. : Absent des dict. de l'Académie.

« Les éleveurs Milbanks et Robinson, puis les frères Collins frappés de ces desiderata du dishley, se sont adressés à une autre race et ont créé le type durham. »
M. de QUATREFAGES, in *Revue des cours scientifiques*, 2 oct. 1868, p. 710.

✴ Mot anglais *durham* n., autre nom de la race *shorthorn* (« courte corne »), originaire du comté de *Durham* en Angleterre. La prononciation de ce mot est entièrement francisée. Il apparaît en 1842 comme nom propre dans *race de Durham* (ainsi que dans Littré), et en 1855 comme nom de race, dans le dict. de Nysten.

DUTY FREE [djutifʀi] *adj.* et *n. m.*

(1947) Hors taxe, dans les aéroports ou les lieux de passage international, pour les personnes justifiant d'un titre de transport pour l'étranger. *Magasin duty free* (ou *duty free shop*).

« Avenue de l'Opéra, heure grouillante du déjeuner. Deux jeunes femmes entrent dans l'un des nombreux magasins "duty free" qui jalonnent l'artère. L'une est américaine, étudiante à l'Alliance française. L'autre, une Parisienne, travaille dans une agence de publicité. L'Américaine achète pour 600 francs de chemises, de parfums, de collants. Grâce à son passeport et à la détaxe qu'on lui accorde, elle ne paie que 372 francs. La porte du magasin franchie, elle donnera le paquet en toute sérénité à son amie. »   *L'Express*, 24 nov. 1979, p. 122.

« Les Japonaises, jusqu'à maintenant, se maquillaient, mais ne se parfumaient pas. Toutefois, leurs maris, voyageurs impénitents, leur en ont apporté le goût en dévalisant les "duty free shops". »
L'Express, 28 avril 1979, p. 88.

— *N. m.* Vente ou achat hors taxe, avec un titre de transport pour l'étranger.

« Son action sera centrée sur une clientèle appartenant soit à un marché "organisé" [...] soit à un marché touristique ("duty free", transport aérien, transport maritime, etc.). »
L'Express, 20 nov. 1972, p. 130 (Annonce).

« La compagnie, en échange, délivre en *duty free* des paquets contenant du riz, du sucre, du lait condensé, du savon, des cigarettes à leurs parents, qui revendent ensuite le tout. »   *Le Point*, 27 avril 1981, p. 83.

✴ De l'anglais *duty free* « libre *(free)* de toute taxe *(duty)* », expression communément employée dans les aéroports de lignes internationales. On dit fréquemment en français *hors taxe*, mais *prix hors taxe* est plus général et se dit aussi bien hors du contexte international. Le *Journal officiel* du 18 janv. 1973 recommande *boutique franche* pour remplacer *duty free shop*, mais cette expression n'est guère usitée.

DYKE [dajk] ou [dik] *n. m.*

(1759) *Géologie.* Roche éruptive qui fait saillie à la surface du sol, en forme de muraille, de colonne. — REM. : Absent des dict. de l'Académie ; signalé dans Littré 1864.

« Au centre d'un grand nombre de cratères de la Lune, on voit se dresser comme un *dyke* (c'est ainsi que les géologues appellent la masse de filons et de roches, aplatie en forme de muraille, qui remplit l'intervalle entre les deux parois d'une fracture existant dans un terrain). »

L. Figuier, *L'Année scientifique et industrielle*, p. 23, 1883 (□ 1882).

✻ Mot anglais *dike* (1480), souvent écrit *dyke* n. (xviiie s. dans ce sens), signifiant à la fois « fossé » et « déblai, mur, jetée », qui s'est appliqué à des choses dressées, dénudées par l'érosion, en Écosse. Le mot a passé en français avec la graphie *dyke* au milieu du xviiie siècle (1759, Savary des Bruslons, *Dict. du Commerce*, I, 975, *in* Mackenzie) ; il est donné alors comme un terme anglais, et ne s'est acclimaté qu'au xixe s. Il est apparenté au français *digue* n. (*dike* au xive s.).

DYSIDROSE [disidʀoz] *n. f.*

(1898) *Méd.* Trouble de la sécrétion sudorale qui provoque une affection cutanée aux mains et aux pieds. — REM. : Absent des dict. de l'Académie. — On écrit aussi *dyshidrose* (Larousse médical, 1952).

✻ Adaptation de l'anglais *dysidrosis* n. (1876) de *dys-* et grec *idrôs* « sueur ». Ce mot apparaît dans le *Dictionnaire de médecine* de E. Littré, 1898.

E

ÉBONITE [ebɔnit] *n. m.*

(1862) Matière plastique dure et noire (caoutchouc vulcanisé avec beaucoup de soufre), utilisée pour ses propriétés isolantes. *Poignée, peigne en ébonite.* — REM. : Signalé dans le Suppl. de Littré 1877 et admis dans le dict. de l'Académie 1932.

« Ses travaux furent couronnés de succès : il trouva dans le caoutchouc durci et vulcanisé, connu sous le nom d'*ébonite* ou de *vulcanite*, un corps électrique tout à fait propre à la construction de l'appareil de frottement. »
A. ABEL, in *Revue des cours scientifiques*, 7 août 1869, p. 565.

« [...] une maison de Berlin a fait confectionner des billes de billard en ébonite, et elles paraissent préférables à celles en ivoire.
L'ébonite est une substance parfaitement homogène ; par suite, le centre de gravité de la masse coïncide rigoureusement avec le centre de figure. La dureté de cette substance lui permet de supporter des chocs très énergiques sans lui rien ôter de son élasticité. »
L. FIGUIER, *L'Année scientifique et industrielle*, p. 445, 1878 (□ 1877).

✳ Mot anglais *ebonite* n., de *ebony* n. « ébène », à cause de la couleur, et -*ite* désignant un nom de matière ; *ebony* et *ébène* ont même origine : le latin *ebenus*. L'anglais dit aussi *vulcanite*. Le mot a été introduit en français en 1862, selon Bonnaffé (M. Chevalier, *Exposition de Londres*, II, 162 « Le caoutchouc durci auquel les Anglais ont donné le nom d'ébonite »).

ÉCONOMÉTRIE [ekɔnɔmetʀi] *n. f.*

(v. 1950, *in* Gilbert) Partie de l'économie qui utilise le traitement mathématique des données statistiques.

✳ Adaptation de l'anglais *econometrics* n. pl. (1933, Oxford 2e Suppl.) formé sur l'adj. *econometric* de *econo(my)* et *metric*.

E. C. U. [eky] *n. m. inv.*

(1978) Unité monétaire européenne du Marché commun.

« On fixera le montant de l'E. C. U. (European Currency Unit). Il sera tout simplement l'une des unités de compte européennes utilisées, par exemple, pour fixer les prix agricoles. Ce sera un "panier" *(basket)* de monnaies, dans lequel entreront toutes les devises du Marché commun, avec une pondération en fonction de l'importance de chacun des pays intéressés. Par exemple, le Mark comptera près de dix fois plus que la Livre irlandaise. Actuellement, le "jeu à blanc" des gouverneurs se fait avec un E. C. U. à 5,71 F. »
Le Nouvel Observateur, 16 oct. 1978, p. 40.

✳ Sigle de l'anglais *European Currency Unit* « unité monétaire européenne » qui, par touchant hasard, rappelle notre ancien *écu*.

ÉDITORIAL [editɔʀjal] *n. m.*

(1852) Article qui émane de la direction d'un journal, d'une revue et qui exprime ses opinions, son orientation idéologique. — REM. : Absent des dict. de Littré et de l'Académie, absent du dict. de P. Larousse (1874) et de ses suppléments (1878, 1890).

« Quand il fut appelé à la direction du *Messager littéraire du Sud*, il fut stipulé qu'il recevrait 2 500 francs par an. En échange de ces très-médiocres appointements, il devait se charger de la lecture et du choix des morceaux destinés à composer le numéro du mois, et de la rédaction de la partie dite *éditorial*, c'est-à-dire de l'analyse de tous les ouvrages parus et de l'appréciation de tous les faits littéraires. »
                    BAUDELAIRE, *Edgar Allan Poe, sa vie et ses ouvrages*,
                    in *Œuvres en prose d'E. A. Poe*, p. 1030 (□ 1852).

« Henri s'assit de nouveau dans sa voiture et partit vers le journal [...]. Maintenant il allait commencer son éditorial, voir Tournelle, et il aurait juste le temps avant dix heures d'achever son article et de descendre aux marbres. »   S. de BEAUVOIR, *Les Mandarins*, p. 148 (□ 1954).

✻ Mot anglais *editorial* n. (1830 aux États-Unis) de *editor* « directeur de journal, rédacteur en chef » (et non pas « éditeur », qui se dit *publisher* en anglais), du latin *editor*. A d'abord été adjectif, 1744 « de la rédaction », et il apparaît aussi sous cette forme en français (1856, Montégut, *Revue des Deux-Mondes*, III, 853, *in* Mackenzie). Le nom est introduit par Baudelaire parlant d'Edgar Poe (cit. ci-dessus). *Éditorial* est le seul mot de la famille française en *édit-* où la notion d'édition soit absente. L'absence de parallélisme des formes entre le français *éditeur*, *rédacteur* et l'anglais *publisher*, *editor* vient se manifester dans *editorial*, qui sort du champ sémantique. Ce mot s'assimile bien au système français (Cf. *Mémorial*). Il semblerait qu'il ne s'est vraiment répandu qu'au xxe siècle puisque aucun des dictionnaires de la fin du xixe siècle ne le mentionne ; il n'apparaît qu'en 1900 dans le Nouv. Larousse illustré (adj. et n.). *Éditorial* ne passionne pas les puristes : il ouvre pourtant la voie au glissement *rédacteur* → *éditeur*, et à des confusions très gênantes.

ÉDUQUÉ, E [edyke] *adj.*

(XIXe s.) Qui a de l'instruction. — REM. : N'est signalé dans aucun dict.

« Moi aussi je suis républicain, et vois clairement que le monde partout (en exceptant l'Asie, toutefois) va à la république. Mais il faut prendre garde de n'y pas aller trop vite et de n'y pas arriver trop tôt avant d'être préparé pour elle ; par exemple, avant que les paysans du Bourbonnais et d'ailleurs ne sachent lire. Or les pauvres gens ont la tête bien dure, et ce n'est ni vous ni moi qui vivrons assez pour les voir *éduqués*. »   V. JACQUEMONT, Lettre à Ch. Dunoyer, 6 juil. 1832, in *Corresp.*, t. II, p. 316.

✻ En français *éduqué* adj. signifie « qui a de l'éducation, qui est bien élevé » ; on peut être bien élevé sans avoir d'instruction et vice versa. Ce sens a été emprunté à l'anglais *educated* « instruit » (1670) qui s'oppose à *ignorant* « ignorant » (Cf. *Self-educated* → « autodidacte »). Cet emploi est critiqué à juste titre, l'adoption des faux amis étant toujours une négligence. *Éduquer* n'a pas eu de chance auprès des puristes : au xviiie siècle ils critiquaient déjà ceux qui disaient *éduquer des enfants* pour *élever des enfants*. Aujourd'hui la querelle *élever/éduquer* s'est déplacée sur *instruire/éduquer*.

« Chaque fois que faire se peut, le sabir contaminera un mot français du sens que porte ce mot anglais qui lui ressemble ; autrement dit, il considère que tous les *faux amis*, condamnés par les grammaires, les stylistiques comparées, les manuels du traducteur, sont de vrais, de très bons amis. À titre strictement indicatif, voici quelques exemples :

Français	Anglais	Sabir
éduqué	*educated*	*éduqué*
= de bonnes manières	= instruit	= instruit [...]. »

                    ÉTIEMBLE, *Parlez-vous franglais ?*, pp. 215-216 (□ 1964).

EFFECTEUR [efɛktœʀ] *adj.* et *n. m.*

(1945) *Physiol.* Se dit des organes d'où partent les réponses aux stimulations reçues par les organes récepteurs.

✳ Francisation de l'anglais *effector* n. (1906 dans ce sens ; la forme est ancienne), du latin *effector* « qui produit un résultat, met en œuvre », d'après *to effect* « effectuer ». Ce mot apparaît en français dans le dict. de Quillet 1953. Ainsi francisé il s'assimile bien au système français (Cf. *Effectif*). D'ailleurs, un emploi philosophique, dans le syntagme *cause effectrice*, est attesté chez Volney (*Les Ruines,* p. 359) dès 1791 et vient du latin.

EFFICIENCE [efisjãs] *n. f.*

(1925) Efficacité dans le rendement, la production. — Efficacité quelconque. — Se dit spécialt en psychologie pour mesurer la production d'un individu soumis à un test. *Indice, quotient d'efficience.*

« On ne peut refuser à la peinture de Lafleur une certaine efficience, et nous ne cacherons pas que l'efficience est pour nous le seul vrai chemin de la grandeur [...]. »
M. AYMÉ, *La Bonne Peinture,* in *Le Vin de Paris,* p. 224 (1947).

« WECHSLER (1958) a défini un *quotient d'efficience* par le rapport du score obtenu par un individu donné à celui qui caractérise le score maximum de l'individu moyen dans l'échelle des âges : le maximum est fourni par le groupe de 20 à 24 ans dans l'échelle Wechsler-Bellevue, et par le groupe de 25 à 34 ans dans la "Wechsler Adult Intelligence Scale" (W. A. I. S.). »   H. PIÉRON, *Vocabulaire de la psychologie,*
art. *Efficiency quotient,* p. 126, 1963.

« Dans le monde d'aujourd'hui, beaucoup plus que les grands espaces, c'est l'"efficience" (un mot américain), la puissance et la réserve de puissance qui sous-tendent l'image géographique de l'Amérique du Nord [...]. »   P. GEORGE, *Géographie des États-Unis,* p. 5 (□ 1971).

✳ Francisation de l'anglais *efficiency* n. (XVIe s. philo., 1633 sens courant), du latin *efficientia ; efficiency* coexiste avec *efficacy, efficacity, efficaciousness,* richesse qui témoigne de l'importance de la notion d'efficacité dans la civilisation anglo-américaine. Ce mot a pénétré en français après la guerre, par l'américain (1925, *in* D. D. L., 2e série, 14). On le rencontre sous la forme anglaise en 1927 (cit. ci-dessous). Il est l'objet des violentes attaques des puristes pour lesquels *efficacité* dit exactement la même chose. Mais on ne peut empêcher que l'efficience soit considérée comme une efficacité supérieure, celle des anglo-saxons !

« La vérité est que l'impression produite par Ford, ce prince du rendement industriel, a été immense : l'opinion admire tellement l'*efficiency* qu'elle ferme les yeux sur certains de ses périls. »
A. SIEGFRIED, *Les États-Unis d'aujourd'hui,* p. 171 (□ 1927).

« Le mot *efficience* en français n'a guère plus de trente ans d'âge. Il est venu de l'anglais *efficiency* par le langage des économistes. Son sens est d'abord tout matériel, car il équivaut à "productivité" et ne s'applique qu'à l'industrie. »
A. THÉRIVE, *Procès de langage,* 1962 [*in* Gilbert].

EFFICIENT, ENTE [efisjã, ãt] *adj.*

(v. 1950) Efficace (personnes ou choses).

✳ Mot anglais *efficient* adj. (XIVe s.), lui-même emprunté au français *efficient* adj. (1290, du latin *efficiens*), terme de philosophie employé dans *cause efficiente* « cause » opposé à *cause finale* « finalité ». L'anglais a créé le sens courant de « efficace » (1787) que nous avons récemment emprunté en même temps qu'*efficience*. Les puristes protestent contre l'inutilité de cet emprunt de sens.

« ce problème-cellulite me gâche ma relaxation. Ah ! je donnerais cher pour une cure-beauté vraiment efficiente et qui me permette de rattraper en capital-soleil ce que j'aurais dépensé. »   ÉTIEMBLE, *Parlez-vous franglais ?,* p. 115 (□ 1964).

EFFLUVE [eflyv] *n. m.*

1° (1755) Émanation qui se dégage des corps organisés ou de certaines substances altérées ou non. — REM. : Certains auteurs ont fait ce nom féminin. *Effluve* est plus souvent au pluriel qu'au singulier. — Signalé dans Littré 1863 et le dict. de l'Académie.

« ces subtiles émanations, ces effluvions invisibles, qui entretiennent des courants perpétuels entre les différents êtres. »
JOUBERT, *Pensées*, p. 145, Perrin, 1928 (□ 1824).

« Fouché [...] avait l'air d'une hyène habillée. Il haleinait les futurs effluves du sang [...]. »
CHATEAUBRIAND, *Mémoires d'outre-tombe*, t. I, p. 376 (□ 1848-1850).

« cette petite fille à l'odorat si subtil qu'elle reconnaissait chaque effluve et chaque fragrance de brousse, était en train de humer, les yeux brillants de plaisir, l'odeur répugnante. » J. KESSEL, *Le Lion*, p. 147 (□ 1958).

2° (1845) *Effluve électrique*, décharge diffuse et peu lumineuse qui s'effectue sans bruit et sans chaleur sensible.

« des aigrettes lumineuses apparaissaient, sous forme de *pluie de feu*, c'est-à-dire d'*effluves*, dénomination ancienne par laquelle Hawksbee désignait, au siècle dernier, la décharge diffuse qui jaillit dans le vide ou se dégage des conducteurs à pointes des machines électriques. »
L. FIGUIER, *L'Année scientifique et industrielle*, p. 177, 1885 (□ 1884).

✳ Francisation de l'anglais *effluvium* n., XVIIe siècle (latin savant *effluvium*, de *effluere : fluere* « couler », *ex* « au-dehors »), qui s'emploie de façon contemporaine au sens d'« effluves magnétiques, électriques ou odorantes ». Ce mot a pénétré en français en 1750 sous la forme anglaise *effluvium* (cit. Prévost), parfois francisée en *effluvion* (cit. Joubert), puis en *effluve*. Ce mot n'est reconnu comme anglicisme par aucun étymologiste. On a formé *effluvation* n. f. (1908) « traitement par effluves électriques ».

« EFFLUVIUM, *s. m.* Terme de Physique. Mot purement latin, qui s'emploie pour signifier l'évaporation des corpuscules odorifiques d'un corps, de celle des petites parties qui s'exhalent sans cesse par les pores. »
Abbé PRÉVOST, *Manuel Lexique*, Didot, 1750.

« EFFLUVES, s. m. pl. *effluvia*, se dit quelquefois en *Physique*, pour désigner la même chose qu'on entend par *émanations*. Voyez ÉMANATIONS. Ce mot est formé des mots *ex*, de, et *fluo*, je coule. » D'ALEMBERT, art. *Effluves*, in *Encycl.* Diderot, 1755.

ÉGOTISME [egotism] *n. m.*

(h. 1726 ; répandu 1826) Disposition à parler de soi, à faire des analyses détaillées de sa personne physique et morale. — REM. : Signalé dans Littré 1864 et seulement dans le dict. de l'Académie 1932. Le dict. de Landais mentionne ce mot en 1834.

« s'il [ce livre] n'ennuie pas, on verra que l'égotisme, mais sincère, est une façon de peindre ce cœur humain dans la connaissance duquel nous avons fait des pas de géant depuis 1721, époque des Lettres persanes de ce grand homme que j'ai tant étudié, Montesquieu. »
STENDHAL, *Souvenirs d'égotisme*,
in *Œuvres intimes*, Pléiade, 1956, p. 1482 (□ 1892 †).

« L'année suivante, MM. Poinsot et Normandy vont encore accroître mes doutes et les changer en quelque façon d'anxiété : vers-librisme, jobardise, obsession des typographies mystérieuses, égotisme, vocabulaire abscons, rythme et musique singuliers, voilà les ingrédients du nouveau symbolisme : de qui se moque-t-on, de moi ? du symbolisme ? ou des deux à la fois ? » ÉTIEMBLE, *Le Mythe de Rimbaud*, p. 65 (□ 1952).

✳ Mot anglais *egotism* n. créé en anglais en 1714 par Addison pour traduire le français *égoïsme : The Gentlemen of Port-Royal... branded this Form of Writing [in the First Person] with the Name of an Egotism* « les Messieurs de Port-Royal stigmatisèrent cette manière d'écrire [à la première personne] du nom d'Égoïsme » (*Spectator*, n° 562, 1714). *Égoïsme* est un mot assez récent en français (début XVIIIe s. enregistré seulement dans Encycl. 1755). *Égocentrisme* n'apparaît qu'au XXe siècle. Le premier emploi d'*égoïsme* est au sujet de Port-Royal (Pascal : « le moi est haïssable »). Mais quoi qu'en dise la tradition, il ne semble pas que *égoïsme* ait été créé par les Messieurs de Port-Royal, ce mot n'étant pas attesté dans leurs écrits. Littré, d'ailleurs, précise à l'art. *égoïsme* : « Dans le XVIIᵉ siècle on disait amour-propre ».

> « MM. de Port-Royal ont généralement banni de leurs écrits l'usage de parler d'eux-mêmes à la première personne, dans l'idée que cet usage, pour peu qu'il fût fréquent, ne procédoit que d'un principe de vaine gloire et de trop bonne opinion de soi-même. Pour en marquer leur éloignement, ils l'ont tourné en ridicule sous le nom d'*égoïsme*, adopté depuis dans notre langue, et qui est une espèce de figure inconnue à tous les anciens rhéteurs. [...] On est fâché de trouver perpétuellement l'*égoïsme* dans Montagne ; il eût sans doute mieux fait de puiser ses exemples dans l'histoire, que d'entretenir ses lecteurs de ses inclinations, de ses fantaisies, de ses maladies, de ses vertus, et de ses vices. »
> Chevalier de JAUCOURT, art. *Égoïsme*, in *Encycl. Diderot*, 1755.

✱ Ce sens d'*égoïsme* correspond justement à ce que nous appelons depuis *égotisme* ou *égocentrisme* (le premier étant plus littéraire, moins moral). Alors que le sens actuel d'*égoïsme* est une attitude morale qui sacrifie les intérêts des autres aux siens propres », sens beaucoup plus fort et toujours péjoratif. C'est donc le premier sens d'*égoïsme* qu'Addison a essayé de rendre par le mot *egotism* (avec un t euphonique intercalaire), *selfishness* n'ayant que le sens fort d'*égoïsme*. Or il existait une édition française du *Spectator, le Spectateur*, dirigée par Marivaux, journal dans lequel l'anglais *egotism* fut retraduit en *égoïsme* en 1726 (et *egotist* en *égotiste*). Néanmoins ce fut Stendhal qui fit le succès de ce mot par ses *Souvenirs d'égotisme* (posthumes, 1892) ; selon H. Martineau, Stendhal a employé *égotisme* pour la première fois en 1826. L'anglicisme a été reconnu par Littré dans son dictionnaire ; depuis ce mot n'a guère suscité l'intérêt des puristes et Étiemble lui-même... (→ cit. ci-dessus).

ÉGOTISTE [egɔtist] *adj.* et *n.*

(1825) Qui pratique l'égotisme, relève de l'égotisme. — REM. : Signalé dans Littré, 1864 ; seulement dans le dict. de l'Académie 1932.

> « La divine Giuditta a loué une belle maison à Suresnes ou Puteaux, à dix minutes du pont de Neuilly. Le bon Delécluze est toujours égotiste. »   STENDHAL, Lettre à Adolphe de Mareste, 13 juil. 1825,
> in *Corresp.*, t. II, p. 63.

> « Je me sentais heureux de ne connaître personne et de ne pas craindre d'être obligé de parler. Cette architecture du moyen-âge s'est emparée de toute mon âme ; je croyais vivre avec le Dante. Il ne m'est peut-être pas venu dix pensées aujourd'hui, que je n'eusse pu traduire par un vers de ce grand homme. J'ai honte de mon récit, qui me fera passer pour *égotiste*. »   STENDHAL, *Rome, Naples et Florence*, 23 janv. 1826,
> in *Le Français moderne*, avril 1947, p. 133.

> « Malgré le manque de documents, il est facile de faire une vie très-détaillée de Villon ; c'est un poëte égotiste : le *moi*, le *je* reviennent très-souvent dans ses vers. »
> Th. GAUTIER, *Les Grotesques*, François Villon, p. 13 (□ 1844).

✱ De l'anglais *egotist* n. (1714), adj. (1848) traduisant le français *égoïste ;* l'anglais possède aussi les adj. *egotistic* et *egotistical* « qui relève de l'égotisme ». *Égotiste* n. apparaît une fois en 1726 ; il est répandu ensuite par Stendhal vers 1826. *Égotiste* a une évolution parallèle à *égotisme* et se rencontre dans les mêmes textes → **Égotisme.**

EIDER DUCK [ε(j)dɛʀdœk] *n. m.*

(1851) Oiseau des mers froides, appartenant au genre canard (en français : *canard édredon*).

> « le docteur aperçut de longues troupes d'oies et de grues qui s'enfonçaient dans le nord ; les perdrix, les eider-ducks d'un bleu-noir [...]. »

Jules VERNE, *Les Aventures du capitaine Hatteras*, p. 158 (□ 1864).
— N. B. Grand amateur d'anglicismes de couleur locale, Verne emploie
dans le même texte *diver* (plongeon), mais ailleurs, il donne à l'oiseau
son nom français.

✻ Forme anglaise (de *duck* « canard ») du nom de l'*eider*. Ce dernier
terme, en français, est emprunté à l'anc. scandinave *aedr*, islandais
œdur, par le lat. scientifique (Worm, 1655). *Eider* est attesté dans
l'Encyclopédie (1755). Le mot s'était employé en français au Moyen Âge
sous la forme *edre* au sens de « duvet » (d'où *édredon*). *Eider duck* est
emprunté tel quel en 1851 (Bellot, *Journal d'un voyage aux mers
polaires*, in D. D. L.).

ÉLECTRET [elɛktʀɛ] *n. m.*

(1975) Diélectrique qui conserve longtemps sa polarisation en
raison de l'énergie accumulée, et crée un champ électrique.

« Les électrets sont aux charges électriques ce que sont les aimants
aux charges magnétiques. [...] Les microphones à électrets sont en fait
des microphones à condensateurs mais ils possèdent une charge
incorporée et ne nécessitent donc pas de tension externe. [...] Des
millions de microphones à électrets sont produits tous les ans en Europe,
aux États-Unis, au Japon. »   *La Recherche*, mai 1979, pp. 473-474.

✻ Mot anglais *electret* (1885, Oxford, 2ᵉ Suppl.) de *electr(icity)* et
(magn)et « aimant ». Attesté dans *la Clé des mots* (fév. 1975). La finale
en *-et* est mal venue en français puisqu'il ne s'agit pas d'un diminutif.
Ce mot est conservé par la norme française et n'a pas d'équivalent.

ÉLECTROCUTER [elɛktʀɔkyte] *v. tr.*

(1891) Exécuter par une décharge électrique. *Le condamné à
mort a été électrocuté.* — Tuer par l'électricité. *L'ouvrier s'est
électrocuté par imprudence. Il est mort électrocuté.* — REM. :
Enregistré dans le dict. de l'Académie 1932.

« Électrocutera-t-on ? N'électrocutera-t-on pas ? Le point d'interrogation se dresse devant les amateurs de la peine de mort. On sait qu'aux
États-Unis les premières exécutions électriques avaient donné un piteux
résultat. Mais on ne s'est pas découragé [...]. On a donc recommencé
l'agréable expérience [...]. Tout a marché comme sur des roulettes,
affirment les partisans de l'électrocution. Un peu plus, le télégraphe
nous raconterait qu'à chaque décharge de la batterie homicide, l'exécuté
s'est écrié d'un air de ravissement : — Ah ! que c'est bon ! »
                    P. GIRARD, in *Le Charivari*, 10 juil. 1891, p. 1.

✻ Adaptation de l'américain *to electrocute* (1889), de l'anglais *electro-*
et *(exe)cute* « exécuter » ; on avait proposé aussi *electricute* (1889). Le
mot a été créé aux États-Unis lorsque l'État de New York a adopté la
peine de mort par l'électricité, ce qui était une nouveauté à l'époque.
Les premiers essais de chaise électrique furent désastreux les condamnés n'étant pas tués sur le coup. L'opinion européenne s'émut de
cette mort moderne plus barbare encore que la décapitation ou la
strangulation. Depuis lors, le système a mieux fait ses preuves, mais n'a
pas grand succès hors des États-Unis. Le mot *électrocuter*, bien francisé
dès son rapide emprunt reste un mot-valise typique de l'américain ; les
usagers ne reconnaissent pas *(exé)cuter* dans *électrocuter*. *Électrocuter*
ne semble pas avoir jamais intéressé les puristes, qui auraient pu faire
remarquer la morphologie aberrante de ce mot, puisque *-cuter* ne
constitue pas un suffixe en français (mais peut-être a-t-il passé avec
discuter, percuter, persécuter, charcuter, etc. ?).

ÉLECTROCUTION [elɛktʀɔkysjõ] *n. f.*

(1890) Exécution par une décharge électrique, peine de mort
dans certains États des États-Unis (les autres utilisent la
chambre à gaz). — REM. : Enregistré dans le dict. de l'Académie
1932.

« L'échafaud a au moins le courage de son opinion. Il est franchement brutal, résolument ignoble [...]. L'électrocution, au contraire, est jésuitique. Elle se cache pour cuisiner son assassinat officiel. Elle s'y prend froidement, méthodiquement, de manière à ne pas se tacher les doigts. Rien de plus hideux, je le répète. Rien de mieux fait pour montrer que la peine de mort est abominable. Continuez, messieurs les Américains ! »   P. GIRARD, in *Le Charivari*, 10 juil. 1891, p. 1.

« M. A. d'Arsonval a déjà établi que l'électricité provoque la mort de deux façons très différentes [...]. Dans le premier cas, la mort est "définitive" ; dans le second, au contraire, elle n'est qu'"apparente", et il est possible de rappeler le foudroyé à la vie en pratiquant la respiration artificielle. [...] C'est pourquoi M. d'Arsonval s'est élevé récemment contre la peine de mort appliquée en Amérique sous le nom d'"électrocution", le courant alternatif industriel employé dans ce cas produisant presque toujours le second genre de mort. »
L. FIGUIER, *L'Année scientifique et industrielle*, pp. 72-73, 1895
(□ 1894).

✳ Mot américain *electrocution* n. (1890), de l'anglais *electro-* et *(exe)cution* « exécution ». On a dit aussi à l'époque *electricution* (1889 ; de *electrical execution*). Même évolution que *électrocuter*✳. Apparaît en français dans *Le Temps* du 9 août 1890.

ÉLECTRODE [elεktRɔd] *n. f.*

(1838) Conducteur par lequel le courant arrive ou sort dans l'électrolyte, dans le milieu où il doit être utilisé. *Électrode positive* ou anode ; *électrode négative* ou cathode. — Chacune des tiges entre lesquelles on fait jaillir un arc électrique.

« À sa base inférieure aboutissent les *électrodes*. On nomme ainsi les extrémités des conducteurs par lesquels l'électricité se rend dans les dissolutions. »
E. BECQUEREL, in *Revue des cours scientifiques*, 2 avril 1864, p. 221.

« Chaque électrode est formée d'un tube perforé, en plomb, ébonite, porcelaine, celluloïd, ou autre matière [...]. L'intervalle compris entre la tige centrale et la partie du tube-électrode est rempli par de l'oxyde de plomb. »
L. FIGUIER, *L'Année scientifique et industrielle*, p. 97, 1892 (□ 1891).

✳ Mot anglais *electrode* n., créé en 1834 par Faraday : *In place of the term pole I propose [...] "Electrode"* « Au lieu du mot *pole* je propose *Électrode* » (Rest. Electr. 662, *in* Oxford dict.). Apparaît en français dans le complément du dict. de l'Académie, en 1838 (→ **Anode, cathode**).

ÉLECTROLYSER [elεktRɔlize] *v. tr.*

(1838) Décomposer par électrolyse. — REM. : Signalé dans Littré.

« [L'ozone] prend naissance dans des conditions assez nombreuses : [...]. 2° en électrolysant l'eau froide légèrement acidulée. »
M. PELIGOT, in *Revue des cours scientifiques*, 31 mars 1866, p. 291.

✳ Mot anglais *to electrolyze* v. (1834, Faraday), de *electro-* et *(anal)yze*. Apparaît en français dans le dict. de l'Académie, complément de 1838. On a tiré *électrolyse* n. de *électrolyser*, et *électrolysation* (rare).

« Fabrication électrolytique de l'aluminium.
M. L. Senet a imaginé un nouveau procédé qui permet d'obtenir l'aluminium par l'électrolysation, aussi bien que le cuivre, l'argent, etc. »
L. FIGUIER, *L'Année scientifique et industrielle*, p. 175, 1886 (□ 1887).

ÉLECTROLYTE [elεktRɔlit] *n. m.*

(1838) Corps qui, à l'état soluble, peut être électrolysé. — REM. : Signalé dans Littré.

« Les dissolvants exercent une action caractéristique sur le pouvoir rotatoire ; cette action peut se produire de diverses manières, suivant que le corps actif dissous constitue en solution un électrolyte, un demi-électrolyte ou un non-électrolyte. »

    É. GAUTIER, *L'Année scientifique et industrielle*, p. 425, 1897 (□ 1896).

« Les réactions chimiques qui se passent dans les piles sèches varient selon la composition de l'*électrolyte* ou liquide actif. »

    R. CHAMPLY, *Le Moteur d'automobile à la portée de tous*, p. 236
                                                                    (□ 1907).

✻ Mot anglais *electrolyte* n. (1834, Faraday) de *electro-* et grec *lutos* « soluble ». Apparaît en français dans le complément du dict. de l'Académie 1838.

ÉLECTRON [elɛktRɔ̃] *n. m.*

(1902) Particule élémentaire chargée d'électricité négative *(électron* proprement dit ou *négaton)* ou positive *(positon)*. — REM. : Enregistré dans le dict. de l'Académie 1932.

« les courants électriques présentent une sorte d'inertie spéciale appelée *self-induction*. Un courant une fois établi tend à se maintenir, et c'est pour cela que quand on veut rompre un courant, en coupant le conducteur qu'il traverse, on voit jaillir une étincelle au point de rupture. Ainsi le courant tend à conserver son intensité de même qu'un corps en mouvement tend à conserver sa vitesse. Donc notre corpuscule catho-dique résistera aux causes qui pourraient altérer sa vitesse pour deux raisons : par son *inertie* proprement dite d'abord, et ensuite par sa self-induction, parce que toute altération de la vitesse serait en même temps une altération du courant correspondant. Le corpuscule — l'*électron*, comme on dit — aura donc deux inerties : l'*inertie* mécanique, et l'*inertie* électromagnétique. »

    H. POINCARÉ, *La Science et l'Hypothèse*, p. 284 (□ 1902).

« La radio-activité, propriété générale et essentielle de la matière, varierait d'un corps à l'autre comme varient déjà la chaleur spécifique, la densité, la conductibilité électrique, l'affinité chimique, etc. Ce serait la manifestation d'une nouvelle modalité de l'énergie, d'une force inconnue jusqu'ici, la force intra-atomique, qui serait aux atômes [*sic*], ou plutôt aux éléments constitutifs des atômes, aux *ions* et aux *électrons*, ce que l'énergie cosmique est aux troupeaux d'astres vagabonds qui peuplent l'espace infini. »

    É. GAUTIER, *L'Année scientifique et industrielle*, pp. 88-89, 1904
                                                                    (□ 1903).

✻ Mot anglais *electron* n. (1891), de *electr(ic)* et *-on* de *anion, cation*, créé par Johnstone-Stoney. Apparaît en français chez Henri Poincaré. Cet emprunt à l'anglais savant ne pose pas de problèmes d'assimilation.

ÉLÉVATEUR [elevatœR] *n. m.*

1° (1871) Machine à monter le grain dans les réservoirs, aux États-Unis. — *Par ext.* Ascenseur. — REM. : Signalé par Littré Suppl. 1877 ; absent des dict. de l'Académie.

« Les grains [...] sont reçus dans d'immenses édifices en briques rouges, dont l'un peut contenir jusqu'à 500 000 hectolitres de blé, et s'emplir ou se vider en trois ou quatre jours [...] on les appelle, dans la langue du pays, des *elevators*, parce que le grain y est reçu, élevé, vanné, nettoyé dans des monte-charge ou élévateurs mus par la vapeur. »

    L. SIMONIN, *in Revue des Deux-Mondes*, 1er nov. 1871 [*in* Littré, suppl.].

« On sait que, de ces "elevators", les uns ne fonctionnent qu'au-dessous du dixième palier ; d'autres, express, ne s'arrêtent qu'au-delà, desservant les seuls étages supérieurs. Ainsi, leurs passagers écono-misent le temps des arrêts inutiles. »

    P. ADAM, *Vues d'Amérique*, p. 78 (□ 1906).

2° (1906) Aux États-Unis, Silo à grains en forme de haute et large tour (Cf. ci-dessus, Simonin).

« ce fleuve jaunâtre et rapide baignant les donjons quadrangulaires des élévators à grains [...]. »   *Ibid.*, p. 149.

✱ Le français possède un mot *élévateur* adj. (xvɪᵉ s. bas latin *elevator*) *muscle élévateur, appareil élévateur*. Nous avons emprunté ces emplois à l'américain *elevator* n. « machine à élever les grains » (1787) et « silo » (1865). L'emprunt français ne désigne que des réalités américaines. La graphie anglaise *elevator* a été francisée. *Élévateur* (de l'américain *elevator*) n'a guère été employé pour *ascenseur* (en France), alors que l'anglais *lift* a eu son heure de succès. Cependant *élévateur* fonctionne normalement au Canada pour *ascenseur*, et cet américanisme est condamné par Bélisle et Dulong.

ÉLEVON [elvɔ̃] *n. m.*

(1959) Gouverne d'avion d'une aile en delta utilisée soit comme gouvernail de profondeur, soit comme gouverne de roulis.

✱ Mot anglais *elevon* (1945, Oxford 2ᵉ Suppl.) composé de *elev(ator)* « gouvernail de profondeur » et *(ailer)on* « volet orientable d'une aile d'avion », spécialisation du français *aileron*. Ce terme aisément intégrable en français a été recommandé par le *Journal officiel* du 12 juillet 1976. La date de 1959 est une attestation métalinguistique.

« Je cite enfin deux mots qui font la transition entre les *xénismes* et les *emprunts*. Ce sont les mots *élevon,* employé par les aviateurs et *pipe-line*. Tout en conservant leur orthographe, nous proposons de les prononcer à la française, ainsi que nous l'a conseillé le regretté Albert Dauzat. » *Sciences*, mai-juin 1959, p. 81.

ELFE [ɛlf] *n. m.*

(h. 1526 ; repris 1822) Génie de l'air de la mythologie scandinave. — REM. : Signalé dans le dict. de Littré 1864 comme nom masculin ; enregistré dans le dict. de l'Académie 1878.

« Il n'y a personne parmi vous, mes chers amis, qui n'ait entendu parler des *drows* de Thulé et des *elfs* ou lutins familiers de l'Écosse, et qui ne sache qu'il y a peu de maisons rustiques dans ces contrées qui ne comptent un follet parmi leurs hôtes. C'est d'ailleurs un démon plus malicieux que méchant et plus espiègle que malicieux, quelquefois bizarre et mutin, souvent doux et serviable, qui a toutes les bonnes qualités et tous les défauts d'un enfant mal élevé. »
Ch. NODIER, *Trilby*, p. 51 (□ 1822).

« C'est la nuit que les Elfes sortent
Avec leur robe humide au bord,
Et sous les nénuphars emportent
Leur valseur de fatigue mort ; »
Th. GAUTIER, *Émaux et Camées*, Vieux de la vieille, p. 47,
in *Poésies*, Lemerre, 1941 (□ 1852).

« J'oubliais qui j'étais, où j'étais, pour vivre de la vie des elfes ou des sylphes, imaginaires habitants de la mythologie scandinave. »
Jules VERNE, *Voyage au centre de la terre*, p. 138 (□ 1864).

✱ Mot anglais *elf* (plur. *elves*), xᵉ siècle, d'origine germanique, désignant un génie mâle, autrefois mâle ou femelle. Ce mot a passé en français au xvɪᵉ siècle sous la forme *elve* (1561, Arveiller, in *Français moderne*), puis sous la forme *elfe* pour désigner un génie femelle, une fée : « Les Escossois albins... ont esté diffamez jusques à present d'avoir eu des nymphes ou fees visibles, appellees belles gens, elfes ou fairs. » P. LE LOYER, *Histoire des Spectres*, III, 5 (1605) [*in* Huguet]. Il a été oublié et repris par les romantiques à l'époque où les mythologies nordiques furent à la mode. C'est Nodier (1822) qui fit connaître le mot ; il l'emploie au masculin pour un génie mâle. Gautier le fait au féminin comme « fée ». Aujourd'hui l'usage impose le masculin.

ÉLISABÉTHAIN, AINE [elizabetɛ̃, ɛn] *adj.*

(1922) Qui appartient au règne d'Élisabeth Iʳᵉ, reine d'Angleterre (1558-1603). *Architecture élisabéthaine, théâtre élisabéthain.* — REM. : Absent du dict. de l'Académie 1932.

« Dans les coulisses, parmi les fleurs et les factures, diva fatiguée, coquette vieillie, il vivait au milieu de parasites, d'amoureux, de

journalistes et de fournisseurs, en proie, sous des apparences de renoncement et des dehors apaisés, aux passions violentes, demeuré au XXᵉ siècle un poète d'aventures élisabéthain. »
P. MORAND, *Fermé la nuit*, p. 21 (□ 1923).

« Qu'il [Henry James] l'a aimée, cette Angleterre des églises encapuchonnées de lierre, des châteaux élysabéthains à pignons de briques rouges et à fantômes [...]. »
F. MAURIAC, *Bloc-Notes 1952-1957*, 18 avril 1954, p. 78 (□ 1958).

« Il n'est pas de mine plus riche et moins exploitée que le théâtre élisabéthain. On joue Shakespeare, mais qui connaît les pièces de Ben Johnson, Marlowe ou John Marston ? C'est à ce dernier que René Clair a emprunté le thème d'une comédie très haute en couleurs. »
Les Nouvelles littéraires, 31 janv. 1972, p. 9.

✳ Adaptation de l'anglais *Elizabethan* adj. attesté seulement en 1817 dans Oxford dict., de *Elizabeth* et suff. *-an*. Emprunt bien francisé, qui semble introduit en France vers 1920 (1922 Du Bus, *in* T.L.F. ; 1923, Morand).

ÉLUSIF, IVE [elyzif, iv] *adj.*

(1801) Qui élude. *Réponse élusive*, évasive. *Il a été élusif*, fuyant dans son attitude.

« Et comme bénédiction personnelle Françoise près de moi, noble, fine, élusive, comme une jeune fille de Shakespeare. »
Jules ROMAINS, *Les Hommes de bonne volonté*, t. XXVI, Françoise, p. 272 (□ 1946).

« l'Indonésie est un monde, vaste, mal exploré, élusif à force de complexité et de nuances, un monde dont les plus chevronnés experts ne parviennent pas toujours à dominer les multiples et fuyantes perspectives. »
La Recherche, juin 1971, p. 596.

✳ Mot anglais *elusive* adj. (1719), du latin *elusus* part. passé du verbe *eludere*, « éluder » *(to elude)*. Signalé comme néologisme français dans un ouvrage anglais (1801), employé par Amiel dans son *Journal* (1866), le mot est resté littéraire. Ce mot anglais, d'origine latine, n'est pas déplacé en français puisque nous n'avons pas d'adjectif correspondant au verbe *éluder*. L'ancienne langue employait *elusion* n. « tromperie » du latin *elusio* (XIVᵉ s. et encore dans le dict. de Trévoux, 1752). *Elusion* mériterait d'être repris dans le même sens qu'*éluder*, pour reconstituer une famille du type *persuader, persuasion, persuasif*.
On trouve ce mot sous la plume d'Étiemble dans un commentaire sur un article de journal ; il n'est pas certain qu'il s'agisse là d'un « emploi moqueur ». D'une façon générale, on peut déplorer que, dans un ouvrage destiné au grand public, l'auteur ne prenne pas toutes les précautions pour être clair. Nous serons donc élusifs sur la valeur d'*élusif* dans ce texte :

« le tour passif *il n'est pas contesté* ne précise nullement que c'est le gouvernement qui ne conteste pas ; ce peuvent aussi bien être les syndicats, les usagers, qui sait qui ? Comme quoi, outre qu'il exprime admirablement l'esprit atlantyck depuis 1945, le passif épargne au gouvernement et à l'administration de jamais se compromettre ; le *il* de ces passifs constitue un sujet *neutre, indéfini, abstrait, élusif*, et par conséquent *inattaquable*. »
ÉTIEMBLE, *Parlez-vous franglais ?*, p. 195 (□ 1964).

ÉMISSION [emisjɔ̃] *n. f.*

(1720) Action par laquelle un corps lance hors de lui des corpuscules ; émanation. *Théorie newtonienne de l'émission de la lumière.* — Production (d'ondes). — REM. : Signalé dans le dict. de l'Académie de 1762.

« C'est une grande question que de savoir si la lumière se fait par *pression* ou par *émission*, c'est-à-dire si elle se communique à nos yeux par l'action du corps lumineux sur un fluide environnant, ou par des corpuscules qui s'élancent du corps lumineux jusqu'à l'organe. »
D'ALEMBERT, art. *Émission*, *in Encycl. Diderot*, 1755.

✳ En français *émission* n. (1390, du latin *emissio*) ne se disait que des liquides organiques : *émission d'urine*, et de la voix : *émission de voix*.

C'est aux traductions des œuvres de Newton que l'on doit l'acquisition de ce sens fondamental, qui a produit entre autres les *émissions de radio, de télé,* etc. On a aussi emprunté *émissif, ive* adj. (angl. *emissive*), 1969, Simondon, p. 38.

ENCLOSURE [ɛnklɔzœʀ] ou [ɛnklɔzyʀ], [ãklozuʀ] *n. f.*

(1804) Parcelle de terrain enclose de haies ou de murs (en Grande-Bretagne) ; spécialt *(hist.)* terre clôturée par les grands propriétaires terriens anglais, au XVIIIᵉ s.

✳ Mot anglais *enclosure* « action d'enclore » (1538), empr. au français *enclosure* (1270), de *enclos.* Utilisé en 1804 (Bonnaffé) comme terme de course, puis (attesté XXᵉ s.) par les historiens.

ENCODER [ãkɔde] *v. tr.*

(v. 1960) *Inform.* Mettre en code (des informations). — *Ling. et sémiotique.* Produire des signes selon un code déterminé ; produire un énoncé (*par oppos. à* « comprendre un énoncé » → **Décoder**).

✳ Adaptation de l'anglais *to encode* (1919, Oxford dict.) de *en-* « en- » et *code* « coder ». Ce mot, attesté vers 1960 (Petit Robert), est plus général que *chiffrer* (messages secrets) et s'emploie dans le contexte de la théorie de l'information. Il s'est répandu en linguistique et sémiotique au sens de « produire ». Il a donné *encodage* n. m. « action d'encoder » et *encodeur* n. m. « celui qui encode ».

« l'information est au contraire *médiate* s'il y a encodage selon un code déterminé et décodage seulement ultérieur (donc avec distance spatio-temporelle non nulle). On parle ainsi de l'information génétique encodée dans les substances germinales (acide désoxyribonucléique ou ADN dont le code tient aux séquences comme Watson et Crick l'ont découvert en 1953). »
J. PIAGET, *Épistémologie des sciences de l'homme,* p. 271 (□ 1970).

ENDOGAMIE [ãdɔgami] *n. f.*

(1893) *Socio.* Obligation ou coutume, pour les membres de certaines tribus, de se marier dans leur propre tribu. — REM. : Absent du dict. de l'Académie 1932.

« L'ENDOGAMIE. — Une cause qui a contribué à confondre la notion de tribu et celle de famille au sens actuel du mot, c'est la coutume qualifiée par le nom d'endogamie, c.-à-d. l'interdiction de se marier en dehors de la tribu. On conçoit en effet qu'au bout d'un temps assez court tout le monde se trouvait consanguin et que les liens de cette parenté matérielle, loin de se relâcher, se resserraient sans cesse. Les avantages ou inconvénients de l'endogamie se confondent dans une large mesure avec ceux des unions consanguines ; la question est des plus controversées et fort obscure [...]. »
Grande Encycl. Berthelot, art. *Famille,* p. 1150 (□ 1893).

✳ De l'anglais *endogamy* n., mot créé par McLennan en 1865 sur le modèle de *polygamy* « polygamie », de *endo-* « à l'intérieur » et *-gamy* « -gamie, mariage ». Ce mot a pénétré en français sous la forme francisée *endogamie,* un peu après *exogamie*,* qui vient aussi de l'anglais. Ces mots sont bien formés et bien adaptés à notre système.

ÉNERGÉTIQUE [enɛʀʒetik] *adj. et n. f.*

(1755) Adj. *Vx.* Qui a de l'énergie « par soi-même ». *Corpuscules énergétiques du feu* (d'Alembert). — (1888) Relatif à l'énergie, aux grandeurs et unités liées à l'énergie. *Puissance énergétique. Ressources énergétiques d'un pays* (énergie industrielle). *Valeur énergétique d'un aliment ; aliment énergétique.* — N. f. (1895) *L'énergétique,* science des manifestations de l'énergie. — REM. : Le nom féminin est enregistré dans le dict. de l'Académie 1932.

« Jusqu'ici les physiologistes estimaient en général que la valeur énergétique des aliments était mesurée par leur pouvoir thermogène, autrement dit, par la quantité de calories que leur combustion fournit à l'organisme. »

É. GAUTIER, *L'Année scientifique et industrielle*, p. 159, 1899 (□ 1898).

« Le système énergétique a pris naissance à la suite de la découverte du principe de la conservation de l'énergie. C'est Helmholtz qui lui a donné sa forme définitive. »

H. POINCARÉ, *La Science et l'Hypothèse*, p. 148 (□ 1902).

✳ Francisation de l'anglais *energetic* adj., du gr. *energétikos*, d'abord « qui agit efficacement » (1651) puis « relatif à l'énergie » (XVIIIᵉ s.) ; francisation de *energetics* n. plur. (1855) en *énergétique*. Le premier sens en français, donné par d'Alembert dans l'Encyclopédie (1755), est un emprunt au premier sens anglais « qui agit efficacement ». Il est curieux d'observer que d'Alembert signale qu'*énergétique* est sorti de l'usage, alors que ce texte consacre son apparition. Le mot a plus tard été repris à l'anglais dans son sens moderne. On a tiré de *énergétique* le dérivé *énergéticien* « spécialiste de l'énergie » (*Science et Vie*, juil. 1973, p. 28). On trouve *énergétiquement* adv. (G. Simondon, 1969).

ENGAGÉ, ÉE [ɑ̃gaʒe] *adj.*

(1864) Fiancé.

« On ne m'ôtera pas de la tête que Suzanne et lui sont engagés depuis longtemps.
— Engagés ! ma fille amoureuse du neuvième fils d'un apothicaire ? »

R. LEFÈBVRE, *Paris en Amérique*, p. 35 (□ 1864).

✳ Calque de l'anglais *engaged* « fiancé ». Le français n'a jamais employé *engagé* dans un sens aussi particulier (bien que les fiancés s'engagent l'un envers l'autre par les fiançailles). Est (ou était) usuel au Canada. Signalé et condamné par Dulong.

ENGINEERING [ɛnʒiniʀiŋ] *n. m.*

(1953) Étude d'un projet industriel sous tous ses aspects (techniques, économiques, financiers, monétaires, sociaux) qui coordonne en une synthèse les études particulières de plusieurs équipes de spécialistes.

« Aux États-Unis, le système est fort développé, voire même complètement entré dans les mœurs, les industriels s'adressant pratiquement toujours à un bureau d'ingénieurs, ce qui leur paraît à la fois plus efficace et moins coûteux que l'utilisation d'un personnel attaché à la firme [...].
En France, il existe d'assez importantes firmes d'engineering (l'une d'elles emploie 150 ingénieurs) ; mais la plupart sont encore fort modestes. »   J. ROMEUF et J.-P. GUINOT, *Manuel du chef d'entreprise*, pp. 573-574 (□ 1960).

« On connaît le slogan plaisant d'un bureau d'engineering : "Tout ce qui est possible, nous le faisons immédiatement. Pour l'impossible, nous demandons un délai." [...] mais... qui posera les questions, qui passera commande de l'impossible au bureau d'engineering ? [...] Le bureau d'engineering, ce n'est pas son métier à lui que de poser des questions. Il ne s'y connaît qu'en réponses. »

P. BERTAUX, *La Mutation humaine*, pp. 86-87 (□ 1964).

« Il est devenu ingénieur et enfin P.-D.G. [...] d'un brain-trust spécialisé dans l'engineering [...]. »

H. BAZIN, *Cri de la chouette*, p. 26 (□ 1972).

✳ Mot anglais *engineering* n. qui nous est venu par l'américain après la fin de la guerre. *Engineering* (1720) « art, science de l'ingénieur » sert à désigner en anglais de nombreuses techniques : *civil engineering* « génie civil », *mechanical engineering* « construction mécanique », *electrical engineering* « technique électrique » (la traduction en français varie selon l'usage établi). *Engineering* n. vient du verbe *to engineer* (*intrans.* « agir, travailler en ingénieur », 1681. — *trans.* « organiser, concevoir comme le fait un ingénieur », 1873). Ce verbe vient de *engineer* n.

« ingénieur », emprunté à l'ancien français *engigneor* (refait par la suite sur le latin en *ingénieur*), d'un latin **ingeniarius*, de *ingenium* (qui a donné *engin* n. m.). *Engineering* a été emprunté en français avec un sens à la fois absolu et plus délimité, et s'est répandu massivement dans les annonces de journaux, vers 1953. — REM. : On trouve dans le dict. de Quillet 1953 cet article : « ENGINEERING *n. m.* Art de construire ou d'utiliser les engins, outils ou machines ; ensemble des industries mécaniques *(Vx)* ». La mention *Vx* nous laisse perplexe sur le contenu de cette information.

Avec sa graphie anglaise ce terme imprononçable pour un Français a suscité à juste titre les ripostes des puristes. On a proposé pour le traduire : *écotechnie, génialisation, polyscience, génie indutriel, ingénieurie, ingéniérie, ingénierie, ingénieurage* et bien d'autres. Le Comité d'étude des termes techniques français a adopté *ingénierie* [ɛʒeniʀi] ; mais le débat ne semble pas clos.

« *Engineering* doit être traduit par *art de l'ingénieur*, plus précis que *technologie* proposé par un correspondant. »   A. DAUZAT, in *Le Monde*, 30 nov. 1953.

« De nombreux néologismes ont été déjà proposés pour traduire en français l'expression *engineering* ; il faut bien reconnaître que jusqu'à présent ils n'ont ni donné satisfaction ni rallié les suffrages, soit parce qu'ils n'exprimaient pas tout le sens de l'anglicisme utilisé, soit parce qu'ils manquaient par trop de puissance évocatrice.
Nous les citons ici pour mémoire et dans l'espoir qu'ils inciteront les bonnes volontés à rechercher et à trouver enfin un mot français pour traduire *engineering* : *ingénieurie* (Le Corbusier) ; *ingéniorat* (M. Beau de Loménie, ex-président de la Chambre des ingénieurs-conseils de France) ; *pangénie* (Société d'études et de réalisations industrielles-engineering Renault).
Et encore : *économigénie, écogénie, écogenèse, étechnéquisation, étechnisation ; géniedart, généconomie, ingénieurerie, ingénieuserie, ingéniaire, ingéniose, ingénial, ingéniaire, ingénior, ingénistique, ingénomie ; omnigénie ; polygénie, dynapolygénie, pangénique ; tectéconomie, tectécomie, tecnécomie.* »
    L'engineering... c'est l'ingénierie, pp. 641-642, in *Vie et Langage*, nov. 1964.

« A-t-il appris par une indiscrétion, notre pauvre concitoyen, qu'un ministre soucieux de l'intérêt public refuse d'accepter le mot yanqui *engineering* et les "équivalents", plus aberrants les uns que les autres, que lui soumettent ses experts (écotechnie, explorplanieconotechnique, génialisation, ingenieurie, multiscience, périscience, poliscience, prospectigénie, staugbeter, technico, technoexpansion, vitaexpansion, vitatechnique, etc.) ; s'efforce-t-il de penser un peu là-dessus : de fabriquer, sur *génie rural*, quelque chose comme *génie industriel*, ou, sur le mot à la mode *logistique*, une *logistique industrielle* plus séduisante encore pour les hommes d'affaires ; ose-t-il penser, humblement, à ce beau vieux mot : *bureau d'études*, que pensez-vous qu'il pensera, en lisant le 1er février 1962 le titre courant d'un hebdomadaire fameux : *engineering, engineering, engineering, engineering* ? Oui, que pensez-vous qu'il pensera devant le supplément spécial de *L'Information* (27 avril 1962) avec, sur six colonnes, le titre que voici : *L'Engineering français apporte une large contribution au développement international. L'engineering français ! large ! développement !* Autant dire *l'American équipement*, ou *l'American génie industriel.* Hélas, le ridicule n'a jamais tué personne en France. »   ÉTIEMBLE, *Parlez-vous franglais ?*, p. 50 (□ 1964).

« ENGINEERING *n. m.* (mot angl. ; de *engine*, machine productrice d'énergie ; même origine qu'*ingénieur*). Mot toujours employé en français comme substantif alors qu'en anglais, tour à tour déterminant et déterminé, il demande des traductions variées (*engineering process*, procédé de fabrication, de construction ; *engineering work*, ouvrage d'art ; *electrical engineering*, électro-technique ; *industrial engineering*, organisation industrielle). De ce fait, il a pris chez nous un sens général, global, qui demeure un peu obscur malgré la définition qu'a donnée la Commission des bureaux et organismes d'études techniques créée par arrêté ministériel du 16 juin 1966 : "Activité spécifique de conception, d'étude et de coordination de diverses disciplines exercées par des ingénieurs et techniciens agissant généralement en équipes pour la réalisation ou la mise en service d'un ouvrage ou d'un ensemble d'ouvrages (machine, bâtiment, usine ou partie d'usine, équipement ou complexe industriel, aménagement urbain ou rural, etc.)". »
    J. GIRAUD, P. PAMART, J. RIVERAIN, *Les Mots « dans le vent »*, p. 86, 1971.

« On ne peut que se féliciter du dynamisme de la Biennale de la langue française 1971 qui s'est tenue en octobre ; peut-être est-il dommage qu'elle n'ait pas osé systématiser la francisation du type : factoring = factorage. *Ingénieurage* nous paraît préférable à *ingénierie*, dont le suffixe n'est pas "en situation" [...]. »
    J. CELLARD, *Français, franglais, Europe*, in *Le Monde*, 29 déc. 1971, p. 7.

✻ En fait, il semble que le terme *ingénierie* se répande à présent de plus en plus.

« "Les P. M. E. constituent pour l'ingénierie la clientèle d'avenir" nous déclare le président de la Chambre syndicale des sociétés d'études et de conseil [...]. »
    Le Monde, 24 oct. 1972, p. 19.

ENGLICHE → ANGLICHE.

ENTRAÎNER [ɑ̃tʀene] *v. tr.*

(1828) *Sports.* Préparer (un cheval, un sportif) à une épreuve par des exercices méthodiques.

« Entraîner est tout ensemble une science et une pratique ; il faut du temps pour l'acquérir théoriquement et la posséder dans sa perfection usuelle. »   E. CHAPUS, *Le Turf ou les Courses de chevaux en France et en Angleterre*, p. 68 (□ 1853).

✳ Ce sens du v. français *entraîner* (XIIᵉ s. ; de *traîner*) vient des emplois de l'angl. *to train*, empr. au fr. *traîner* et signifiant « éduquer (qqn) » (1542), « dresser (un animal) » (1609) et notamment « entraîner (un cheval de course) ». En anglais comme en français, il s'est étendu du hippisme à l'ensemble des sports, comme ses dérivés français *entraî-nement* et *entraîneur*.

ENTRÉE [ɑ̃tʀe] *n. f.*

(v. 1960) Mot de la nomenclature qui donne lieu à un article, dans un dictionnaire. *Le Petit Robert a 48 000 entrées. Entrée double, sous-entrée.*

« À supposer que toutes les entrées soient effectivement des mots, le choix du lexicographe entre polysémie et homonymie entraîne d'un dictionnaire à l'autre des différences quantitatives assez considérables. »   J. REY-DEBOVE, *Étude linguistique et sémiotique des dictionnaires français contemporains*, p. 63, Mouton, 1971 (□ 1968).

✳ Cet emploi de *entrée* n. f. est emprunté à l'anglais *entry* n. (plur. *entries*), 1553, au sens de « action d'enregistrer dans une liste, ce qui est enregistré ». Le Webster's 3d porte sur sa jaquette : « 2,728 Pages 450,000 Entries 3,000 Terms newly illustrated ». Le français dispose des mots *adresse* et *vedette*. Mais *entrée* est plus satisfaisant pour le sens ; on a fait *entrer* le mot dans la nomenclature, et ce mot sert d'*entrée* c'est-à-dire donne accès à un texte.

ENVIRONNEMENT [ɑ̃viʀɔnmɑ̃] *n. m.*

(1921 ; répandu v. 1960-1965) Le milieu dans les relations concrètes qu'une personne, un groupe entretient avec lui (comme milieu biologique, cadre visuel, source de confort et de plaisir, etc.).

« Afin de regrouper l'ensemble des organisations préoccupées par les problèmes de l'environnement, l'Union régionale de la protection de la nature vient d'être créée à Saint-Raphaël. Désormais, tous ceux qui dans le Var, les Bouches-du-Rhône et les Alpes maritimes œuvrent pour la défense du bord de mer contre l'urbanisation anarchique de la région côtière, la pollution et les nuisances diverses, se trouvent rassemblés au sein d'un même organisme. »   *Le Figaro*, 1ᵉʳ déc. 1970, p. 7.

« Convaincu que l'environnement "domestique" est un tout, il [Sengio Asti] considère que l'objet et le meuble doivent s'intégrer aux recherches architecturales. »
                        E. MICHEL, in *Créations et Recherches esthétiques européennes*, avril-mai 1970, p. 20.

« La société américaine est à l'heure de l'environnement. Sous ce terme, apparemment neutre, se cache une grande anxiété à l'égard de la survie de l'espèce [...]. Dans le comportement psychologique commun de l'Américain, cette peur d'être plongé dans un monde de béton, d'oxyde de carbone, de déchets indestructibles, malgré le confort rassurant des bureaux et des appartements en air conditionné, se traduit par un appétit de milieu naturel, qui plonge peut-être ses plus profondes racines dans la vieille tradition anglo-saxonne d'amour de la nature. »
                        P. GEORGE, *Géographie des États-Unis*, pp. 104-105 (□ 1971).

« L'un de ces mythes est la pollution fatale, la menace d'une disparition de la vie par la poursuite de l'expansion.

Certainement, la bataille pour l'environnement est une bonne bataille. Mais, comme l'écrit Jacques Vernier : "On peut être avocat de l'environnement sans se faire procureur dans un procès contre le progrès". »
L. PAUWELS, in *Paris-Match*, 18 déc. 1971, p. 20.

✴ Sens (1827) emprunté à l'anglais par l'américain. En français *environnement* n. (de *environner*) était peu usité, et généralement avec un complément : *l'environnement de l'église*, etc. Au contraire en anglais *environment* a les sens d'« entourage, environs, milieu, cadre, contexte, etc.» (XIXᵉ s.) : *Environment — or the sum total of the external conditions of life* « l'environnement (le milieu) ou somme totale des conditions extérieures de la vie » (1881, Romanes, *in* Oxford dict.). En français, *environnement* cumule les sens « de milieu, cadre, décor, entourage » et de plus il apparaît généralement dans des contextes où il s'agit de protéger, de modifier, d'aménager le milieu pour le bonheur de l'homme, préoccupations d'initiative américaine. Devenu très courant aux alentours de 1970, il a été bien accepté par la plupart, qui en ignoraient l'origine. Les puristes sont modérément intéressés par ce mot d'allure française. Néanmoins quelques personnes « distinguées » résistent.

« Les Américains ont, pour leur part, proposé une collaboration dans des domaines sur lesquels les travaux ne cessent de se développer actuellement aux États-Unis, et sur lesquels, pensent-ils, l'Europe pourrait apporter des idées neuves. Ainsi pour la science du milieu (l'"environnement" des Anglo-Saxons), rançon de la civilisation industrielle. » *Le Monde*, 25 sept. 1969, p. 10.

« Mais j'entrerai déjà plus avant dans la confidence d'Edmonde Charles-Roux en vous racontant les drames de "l'environnement" (comme on dit, mais comme elle se garde bien de dire) à Folleville puisque sa petite terre porte au cadastre ce nom de comédie. » F. NOURISSIER, in *Les Nouvelles littéraires*, 17 mai 1971, p. 16.

« Remplacez milieu par environnement, à cause de l'anglo-américain *environnement* [...]. » ÉTIEMBLE, *Parlez-vous franglais ?*, p. 104 (□ 1964).

✴ Le dérivé *environnementaliste* « spécialiste de l'environnement » est formé à partir du nom américain *environmentalist*, d'abord adj. (1916).

« Un gros rapport de 469 pages vient d'être publié à Washington par l'académie des Sciences. Préparé pendant deux ans par soixante-dix-sept spécialistes, médecins, généticiens, physiciens, environnementalistes, il expose les dangers des radiations atomiques. » A. JAUBERT, in *Le Nouvel Observateur*, 30 déc. 1972, p. 41.

ÉOCÈNE [eɔsɛn] *adj.* et *n. m.*

Adj. (1843) *Géol.* Se dit du groupe le plus ancien des terrains tertiaires. — *N. m.* (1901) *L'éocène.* — REM. : Signalé dans le dict. de Littré 1864, et dans le dict. de l'Académie 1932.

« TERRAIN PALÉOTHÉRIEN. Syn. : *Terrains super* ou *supra crétacés* ; *Terrains tertiaires* et *quaternaires* de divers géologues ; [...] *Groupes éocène, miocène* et *pliocène* de M. Lyell, qui exprime par ces mots le plus ou le moins d'analogie que les Mollusques fossiles de ces trois dépôts offrent avec les Mollusques actuellement vivants. »
[*in* Ch. d'Orbigny, art. *Terrains*, t. XII, p. 506.]

✴ Mot anglais, *Eocene* adj. et n. créé par Lyell en 1833 d'après le grec *eôs* « aurore » et *kainos* « nouveau ». Bien adapté en français, comme la plupart des emprunts d'origine grecque.

ÉPISTÉMOLOGIE [epistemɔlɔʒi] *n. f.*

(av. 1907) *Philo.* Étude critique de la connaissance scientifique. — Étude des fondements et du développement des connaissances chez l'Homme (*épistémologie génétique*, Piaget). — REM. : Le mot a pris en anglais un sens plus étendu que ne le comporte son origine grecque (étude des sciences) ; cet emploi est critiqué par Lalande, mais s'est imposé.

« Une fois de plus, la "coupure épistémologique" entre primatologie et sociologie n'est pas fondée en principe ni en (pré)histoire. »
Le Nouvel Observateur, 9 juin 1973, p. 53.

✴ Formé du gr. *épistêmê* « science » et *logos* « étude », le mot a été créé en anglais (*epistemology*, 1856, Ferrier, *in* Oxf.) et en allemand au milieu du XIXᵉ s. Avec son dérivé *épistémologique* (XXᵉ s. ; angl.

epistemological, 1887), il est entré dans le vocabulaire didactique à la mode ; il est attesté dans les dict. français à partir de 1907 (Suppl. du Nouv. Larousse illustré).

-ER [-œR] ou [-ɛR]

✻ Suffixe de nom qui a la valeur de *-eur*, avec lequel il est homophone dans la prononciation « à l'anglaise ». Ce suffixe, d'abord emprunté avec les mots (ex. *manager, docker, shaker*) est sur la voie de conquérir la même indépendance que *-ing*, en français. Lorsque l'emprunt est récent la prononciation est [-œR]. Le suffixe peut alors évoluer dans deux directions : harmonisation de la graphie avec la prononciation en remplaçant *-er* par *-eur* (ex. *exerciseur*) ; prononciation populaire et française en [-ɛR] qui maintient la graphie anglaise en *-er* (ex. *supporter*). Mais les flottements subsistent, surtout dans la prononciation.

« Le cas de *-er* est un peu différent [du cas de *-ing*]. Il est certain que le grand nombre de mots anglais en *-er* que charrie la littérature sportive a fait connaître, même au grand public, la valeur de ce suffixe : *manager, starter, speaker*, pour ne rien dire de mots plus spéciaux, comme *sprinter, stayer, driver* (« conducteur d'auto de course »), font assez entendre qu'il s'agit d'un suffixe d'agent, d'une valeur sensiblement égale à celle du français *-eur*. Aussi peut-on dire qu'en français le suffixe *-er* est la forme plus sportive, parce qu'anglaise, du suffixe *-eur*. (J'ai entendu chez le même individu *speaker* et *speakeur*). De là, à côté de *leader*, de *supporter* "partisan d'un club ou d'une équipe".
Le R. C. Paris vient de fonder un club de *supporters, Auto*, 5-IX-34, de *radioreporter* (inconnu, je crois, en anglais), un *dirt-tracker* qui paraît être de formation purement française, quoique fort compréhensible en anglais, de là aussi un *sellinger*, "cheval qui prend part dans un *selling*" [...], lequel, au contraire, est de l'anglais "after the scole of Parys-près-Pontoise" et qui serait absolument incompréhensible outre-Manche. »
J. ORR, *Les Anglicismes du vocabulaire sportif*, oct. 1935, p. 302.

« *-er/-eur :* ce suffixe *-er* se confond souvent avec le suffixe *-eur* surtout que l'on a tendance à remplacer la prononciation [-ɛR] par [-œR] dans les mots d'introduction récente. (Cf. partie phonétique.) Parfois *-er* est introduit par erreur comme dans *footballer* pour *footballeur* (puisque l'anglais emploie *football-player*). » S. HANON, *Anglicismes en français contemporain*, p. 144 (□ 1970).

« Parmi les plus heureuses innovations du sabir atlantic, il faut compter la dérivation en *-er*, qui indique l'agent, l'ouvrier, etc. ou encore l'instrument, la machine, etc. M. Dubois le mentionne, mais ne lui rend pas meilleure justice qu'au suffixe *-ing*. Il cite chichement : *challenger, container, docker, feeder, mixer, reporter, supporter*. Comme ce suffixe, aussi vivace au moins que le suffixe en *-ing*, remplacera fatalement, en sabir atlantic, tous les substantifs d'agent ou d'ouvrier en *-eux, -euse, -ier, -ière, -tier, -tière, -on, -onne, -ien, -ienne*, il aurait fallu mieux marquer son empire [...]. » ÉTIEMBLE, *Parlez-vous franglais ?*, p. 150 (□ 1964).

ERGONOMIE [ɛRgɔnɔmi] *n. f.*

(v. 1965) *Didact.* Étude systématique du travail, des relations entre l'homme et la machine.

✻ Adaptation de l'angl. *ergonomics* (1949), du gr. *ergon* « travail » sur le modèle de *economics*, etc.

ESCALADE [ɛskalad] *n. m.*

(v. 1964) Stratégie qui consiste à gravir les « échelons » de mesures militaires, diplomatiques, etc. de plus en plus graves.

« L'"escalade", l'extension de la guerre était commencée. »
Le Monde, 29 juin 1964 [*in* Gilbert].

« Après l'intervention des forces de police à deux reprises à la fin de la semaine dernière contre des élèves du lycée de Rueil-Malmaison (Hauts-de-Seine), des professeurs et des surveillants de cet établissement ont, au cours d'une conférence de presse, réunie le lundi 13 décembre, *"protesté avec la dernière énergie contre l'intrusion des forces de police dans l'enceinte du lycée, qui provient de l'escalade de l'agitation provoquée par la circulaire Guichard et son application dans l'établissement."* » *Le Monde*, 15 déc. 1971, p. 19.

— Accentuation, aggravation (d'une hausse, d'une progression, etc.).

« Pour des pièces d'une telle qualité, tout laisse prévoir que les prix vont continuer leur escalade. »   *L'Express*, 6 juin 1971, p. 93.

✳ Sens emprunté à l'américain *escalation* n. [1938] (*escalade* existe au sens concret, comme en français). Cet emploi a été divulgué par les journaux traduisant les communiqués américains lors de l'intervention des États-Unis au Viêt-nam. Le français a l'antonyme *désescalade* n. (américain *desescalation*) pour désigner le processus inverse (1965).

ESCALATOR [ɛskalatɔʀ] *n. m.*

(1948) Escalier mécanique. *Les escalators des grands magasins.*

« L'amour me fait presque toujours penser aux escalators des grands magasins : l'un monte pendant que l'autre, parallèle, descend. »
J. DUTOURD, *Les Horreurs de l'amour*, p. 518, Gallimard (☐ 1963).

✳ Mot américain *escalator* n. (1900) de l'anglais *escal(ade)* « escalade » et *(elev)ator* « ascenseur » (originellement marque déposée). Cet emprunt, peu utile, est, semble-t-il, en régression. Néanmoins on a trouvé *descalator* n. m., sur le modèle de *descenseur*.

« Quant au mot d'*escalator* usité par certains entrepreneurs et architectes, est-il admissible ? C'est un terme anglais, assez ridicule par sa forme pédantesque et faussement latine. Il ne menace pas heureusement celui d'*escalier mécanique*, qui est bel et bien ancré dans l'usage, ou celui d'*escalier roulant*, plus familier encore. Quant à savoir lequel des deux derniers est le plus employé, bien fin qui tranchera la question. À Paris, malgré l'influence de certains grands magasins, le dernier semble avoir pris le dessus. »
A. THÉRIVE, *Clinique du langage*, pp. 158-159, Grasset (☐ 1956).

ESQUIMAU [ɛskimo] *n. m.*

(1922) Crème glacée en forme de sucette, fixée autour d'un bâton et enveloppée dans un sachet de papier.

✳ Emprunté à un nom de marque américaine *Eskimo Pie,* déposé en 1921, qui a diffusé son produit dans de nombreux pays. On dit aussi *chocolat glacé* en français.

ESQUIRE [ɛskwajʀ] *n. m.*

(1669) Notable, en Angleterre. — Titre dont on fait suivre le nom de famille des Anglais non titrés qu'on veut honorer, sur l'enveloppe d'une lettre (il est alors abrégé en *Esq.*).

« la courtoisie de la jeunesse anglaise me fait l'honneur de m'écrire : à Monsieur, etc. *esquire.* »
MUSSET, *L'Anglais mangeur d'opium*, p. 54 (☐ 1828).

« Le troisième, examinant ses deux compatriotes, leur dit, en anglais, avec une sorte de timidité, car c'était un petit marchand du Strand, et il reconnaissait un esquire et un alderman dans ses deux voisins [...]. »
BALZAC, *Les Baisers patriotiques*, in *Œuvres diverses*, t. II, p. 251 (☐ 1830).

« Les honorables esquires qui font preuve d'une si louable largeur d'idées sont tous tailleurs, bottiers, chapeliers, etc., et affirment que la statue nue constitue le meilleur des mannequins. »
M. THIVARS, *Chicagotisme*, in *Le Charivari*, 21 juil. 1892, p. 24.

« Un jour, chez *Meyer et Mortimer*, les tailleurs du roi d'Angleterre, M. Paulo da Silva Prado, esq., dit au maître coupeur [...]. »
CENDRARS, *Bourlinguer*, p. 440, Folio (☐ 1948).

✳ Mot anglais *esquire* n. (xvᵉ s. « page », « chevalier ») appliqué par la suite à tous les gens qu'on veut honorer *Who are regarded as "gentlemen" by birth, position, or education* « qui sont considérés comme des gentlemen par leur naissance, leur situation ou leur éducation ». Le mot anglais est lui-même emprunté à l'ancien français *esquier (écuyer).* Mackenzie signale l'apparition en français de *esquire* chez Chamberlayne. Ce mot est quasiment imprononçable dans notre langue.

ESSAYISTE [esejist] *n.*

(1821) Auteur d'essais littéraires.

« Il est clair, écrit le plus lucide des essayistes américains, Walter Lippmann, que nous entrons dans un âge où une direction consciente et délibérée des affaires humaines est nécessaire, inévitable [...]. »
A. MAUROIS, *Chantiers américains*, p. 179 (□ 1933).

✷ Mot anglais *essayist* n., de *essay* « essai » et *-ist*, 1609, dans le sens de « auteur d'essais ». Ce mot a été emprunté à l'anglais pour servir de nom d'auteur au français *essai* n. (XVIᵉ s.) « genre littéraire... ». Il apparaît en 1821 dans *L'Album* II, 326 (Mackenzie). La morphologie de *essayiste* évoque en français *essay(er)* + *-iste* (sur le modèle *arriver/arriviste*).

EST [ɛst] *n. m.*

(XIIᵉ s.) Celui des quatre points cardinaux qui est au soleil levant.

✷ Mot anglais *east,* IXᵉ siècle. Un des emprunts anglais les plus anciens, avec les noms des autres points cardinaux.

ESTABLISHMENT [ɛstabliʃmɛnt] *n. m.*

(1968, *in* Gilbert) Groupe puissant de nantis, de gens en place qui défendent leurs privilèges et l'ordre établi.

« M. Royer sera "père la pudeur", il aura la province pour lui...
En face, M. Clavel. De "l'establishment" et de la contestation réunis. Un pied sur le Tout-Paris intellectuel d'aujourd'hui, un autre sur les barricades de toujours. »   G. SUFFERT, in *Paris-Match*, 25 déc. 1971, p. 24.

« prendre conscience des véritables contradictions qui opposent les deux forces principales sur lesquelles repose le système : l'*Establishment* technocratique et la nouvelle classe politique. »
G. MARTINET, in *Le Nouvel Observateur*, 18 sept. 1972, p. 24.

« il fréquente l'establishment et n'a guère de contacts avec le peuple que le rituel des autographes. »   *L'Express*, 19 fév. 1973, p. 67.

✷ Mot anglais *establishment* n., lui-même de l'ancien français *establissement* n. m., XVIIᵉ siècle au sens de « position, situation ». Le mot anglais a pris le sens ci-dessus vers 1945. Emprunt récent qui garde la graphie et la prononciation anglaise. Les puristes vont bientôt intervenir si ce n'est déjà fait. On rencontre parfois la traduction *établissement* :

« La mutation la plus difficile pour un [industriel] consiste à troquer la mentalité de l'établissement contre la mentalité de la mouvance. »
Entreprise, 2 mai 1970 [*in* Gilbert].

EST-ALLEMAND, ANDE [ɛstalmã, ãd] *adj.*

(v. 1950) De l'Allemagne de l'Est.

✷ Calque de l'anglais *East-German* (v. 1945). Ce type de composition n'appartient pas au système morphologique du français. Tous les puristes l'attaquent (Cf. Etiemble, *Parlez-vous franglais ?*, pp. 47 et 178).

ESTERLIN [ɛstɛrlɛ̃] *n. m.*

(1174) Ancienne monnaie qui avait cours au Moyen Âge.
→ **Sterling.**

✷ Francisation de *sterling.*

ESTHÈTE [ɛstɛt] *n. et adj.*

(1882) Personne qui est sensible par-dessus tout à la beauté dans tous les domaines (parfois péjoratif dans la bouche de ceux qui ont une autre hiérarchie des valeurs). *C'est une esthète.*
— Adj. *Un auditoire esthète.*

« douleur mimée par un homme qui ne sait plus ce que c'est (tas d'esthètes tous) devant un public esthète qui n'en sait pas davantage. »
H. MICHAUX, *Un barbare en Asie*, p. 203 (□ 1932).

✽ Adaptation, d'après *esthétique*, de l'anglais *æsthete* n. (1881), selon Wartburg.

ÉTÉ INDIEN [eteɛ̃djɛ̃] *n. m.*

(1865) Période de l'automne où, après les premiers froids, le temps redevient estival avec des brumes de saison, et qui est caractéristique du climat du Nord-Est américain. — *Par ext.*, s'applique à d'autres pays qui ont de belles journées d'automne.

« Pendant un voyage à pied que je fis l'été dernier, à travers un ou deux des comtés riverains de New-York, je me trouvai, à la tombée du jour, passablement intrigué relativement à la route que je suivais. [...] Le soleil avait à peine *brillé*, strictement parlant, pendant la journée, qui pourtant avait été cruellement chaude. Un brouillard fumeux, ressemblant à celui de *l'été indien*, enveloppait toutes choses et ajoutait naturellement à mon incertitude. »
BAUDELAIRE, *Le Cottage Landor*, p. 969 (□ 1865).

« L'automne, réduit aux mois de septembre et d'octobre, est calme, serein, peu ou point pluvieux d'ordinaire — excepté en 1873. — C'est une saison généralement fort agréable, du moins jusque vers la dernière semaine d'octobre, et surtout pendant la période qui correspond à notre été de la Saint-Martin, appelée là-bas "été indien" ou "été sauvage". »
H. de LAMOTHE, *Excursion au Canada et à la rivière Rouge du Nord* [1873], p. 276 (□ 1878).

« Un mois de juin ensoleillé, un petit été indien en septembre et octobre. Les vendanges se terminent, riches, gorgées, sucrées. Une aubaine pour la Champagne, un soulagement pour les producteurs de grands vins. »
L'Express, 3 nov. 1979, p. 119.

✽ Calque de l'américain *Indian summer* (1778, Mathews), anglais *Indian* « indien » et *summer* « été », dont on a donné diverses explications controversées, dont celle de la splendide couleur rouge des feuilles généralement associée à cette période. L'adaptation *été sauvage* apparaît chez Volney cité par C. B. Brown, 1804 (*in* Oxford dict.) « une série de beaux jours, appelés l'été sauvage *(Indian summer)* ». Mais le calque s'est rapidement imposé, probablement par la voie du français du Québec.

EUGÉNIQUE [øʒenik] *adj.*

(1883) Relatif à l'eugénisme.

« La stérilisation eugénique a pour but de supprimer, par une opération légalement effectuée *(vasectomy, salpingectomy)*, la capacité reproductrice d'individus dégénérés (faibles d'esprit, aliénés) ou socialement inférieurs. »
A. SIEGFRIED, *Les États-Unis d'aujourd'hui*, pp. 110-111 (□ 1927).

✽ Adaptation de l'anglais *eugenic* adj → **Eugénique** n.

EUGÉNISME [øʒenism] *n. m.* ou EUGÉNIQUE [øʒenik] *n. f.*

(1883 : *eugénique* ; 1912 : *eugénisme*) Science des conditions les plus favorables à la reproduction et à l'amélioration de la race humaine. — *Adj.* Qui a rapport à cette science. — REM. : Le dict. de l'Académie 1932 donne *eugénie* n. f., mais pas ces deux formes.

« La lecture d'une revue allemande pour la propagation de la nudité, revue consacrée à des questions d'esthétique et d'hygiène, voire d'eugénisme, m'avait mis sur la voie et indiqué qu'il existait dans les pays du Nord des filiales de cette mutualité nouvelle, la Nacktkultur. »
P. MORAND, *Ouvert la nuit*, p. 167 (□ 1922).

« Conscients du péril génétique qui menace l'espèce, les partisans de l'Eugénique souhaitent de substituer à la sélection mécanique d'autrefois une sélection artificielle, volontaire, et qui, celle-là, porterait non pas sur les individus, mais sur leurs germes. »

J. ROSTAND, *L'Homme*, p. 137 (□ 1926).

« L'eugénisme, qui participe à la fois de la biologie et de la politique, cherche à cette doctrine une base scientifique et pour l'avenir de la "race américaine" un programme [...]. Si vous partez pour les États-Unis, prenez une Bible, mais n'oubliez pas non plus d'emporter un traité d'eugénique : muni de ces viatiques, vous ne serez jamais loin de l'axe ! »

A. SIEGFRIED, *Les États-Unis d'aujourd'hui*, p. 104 (□ 1927).

✱ Adaptation des mots anglais *eugenics* n. plur., 1883 (*eugenic* adj., 1883) créé par Galton, ainsi que *eugenism* n., 1887, à partir du grec *eu-* et *gen(os)* proprement « science d'une bonne génération ». C'est aux États-Unis que l'intérêt pour l'eugénisme s'est aussitôt développé à la suite des théories de l'anglais Francis Galton. Les deux mots ont passé en français, *eugénique* d'abord. Ils sont bien formés en français et cachent bien leur origine anglaise. *Eugénique* est aujourd'hui plus employé qu'*eugénisme*. *Eugéniste* apparaît en 1913.

EUPHUISME [øfµism] *n. m.*

(1820) Style littéraire précieux et maniéré qui était à la mode en Angleterre sous Élisabeth Iʳᵉ. — REM. : Enregistré dans le dict. de Littré 1865 ; admis dans le dict. de l'Académie 1932.

« Or c'est là ce qu'on avait grand soin de répudier d'abord de cet euphuisme académique qu'on appelait le beau style... »

Ch. NODIER, *Recherches sur le style*, in *France littéraire* 1832, in *Le Français moderne*, juil. 1946, p. 220.

« Parce que la Reine aimait le luxe et que d'ailleurs le pays s'enrichissait, la mode fut pour les Élizabethains un tyran exigeant et capricieux. [...] Ifs et buis étaient taillés en sphères, en spirales. Le langage des cavaliers et des dames n'était pas moins bizarrement contourné que les arbres de leurs jardins. L'*Euphues* de Lyly avait été publié en 1850 et toute femme cultivée se piquait d'euphuisme. Le bonheur d'inventer des mots et des tournures, l'ivresse que procurait aux esprits le renouveau de la langue engendrait une préciosité qui était à la fois dans les poèmes et dans les propos, et qui allait du ravissant au ridicule sans qu'il fût toujours très facile de distinguer la frontière. »

A. MAUROIS, *Histoire d'Angleterre*, pp. 374-375 (□ 1937).

✱ Mot anglais *Euphuism* n. (1592), de *Euphues,* nom du personnage principal de *The anatomy of wit* (l'Anatomie de l'esprit) et de *Euphues and his England* (Euphues et son Angleterre) de John Lyly, écrits en 1578 et 1580. Le mot apparaît en français dans une traduction de Walter Scott, *Le Monastère*, t. II, VI (Mackenzie). *Euphuiste* n. (1838) est probablement un emprunt à l'anglais *euphuist* n. (1820).

EURODOLLAR [øʀɔ/o/dɔlaʀ] *n. m.*

(v. 1965) *Fin.* Avoir libellé en dollars* des États-Unis, détenu par des sociétés ou des particuliers non américains dans des banques (principalement européennes). *Londres est le centre du marché de l'eurodollar* (→ aussi **Pétrodollar**).

« [euro(-)dollar]. Dollar acquis par des banques exerçant leurs activités hors des États-Unis. » *Le Monde*, 26 mai 1966.

« l'eurodollar est un dollar comme les autres, mais détenu par des mains privées non américaines. Le touriste français qui doit faire un voyage à l'étranger a droit à 1 000 francs de devises étrangères. Pour la commodité, et parce qu'elles sont le meilleur passe-partout dans le monde, on lui remet des devises américaines : le touriste français a alors des eurodollars. » R. PRIOURET, in *L'Express*, 22 déc. 1969, p. 75.

✱ Mot anglais (av. 1960), composé de *euro-*, élément tiré de *Europe,* et de *dollar.* Enregistré en français dans le G.L.L.F., 1973.

EVENT [ivɛnt] *n. m.*

(1866) Événement marquant, et *spécialt* grande manifestation sportive, mondaine, etc. — Plus souvent sous la forme *Great event* [gʀetivɛnt]. — REM. : Absent des dict. de Littré et de l'Académie. Enregistré dans le Larousse 1922.

« Bref, quoi qu'il en soit et quoi que de ce chef nous réserve l'avenir, la généralisation des rayons X — d'ores et déjà passés, comme le cinématographe, à l'état d'amusette courante (ce qui est le dernier mot de la popularité) — aura été le *great event* de ces douze derniers mois. »
É. GAUTIER, *L'Année scientifique et industrielle*, p. VIII, 1897 (□ 1896).

« En Asie française, le *great event* a été l'exposition de Hanoï [...]. »
É. GAUTIER, *L'Année scientifique et industrielle*, p. 351, 1903 (□ 1902).

✳ Mot anglais *event* n. (1588), du latin *eventus* de *evenire* « résulter ». Signifie « événement » (1602) puis « événement important » (début XIXᵉ siècle). A pénétré en français en 1866 selon Wartburg et a été à la mode depuis cette époque jusqu'à vers 1920.

« il n'entre pas dans mon dessein de dresser pour chaque sport une liste complète des anglicismes qu'il emploie. [...] Qu'il suffise, à titre d'exemples, d'en citer quelques-uns qui font partie désormais du vocabulaire sportif commun : *classic, comingman, crack, derby, "espoir", évent* [sic], *handicap* [...]. »
J. ORR, *Les Anglicismes du vocabulaire sportif*, oct. 1935, p. 297.

EVERLASTING [evœʀlastiŋ] *n. m.*

(1830) Tissu pure laine, uni, ras, très solide, appelé aussi *lasting**. — REM. : Absent des dict. de Littré et de l'Académie ; apparaît dans P. Larousse 1868.

« on porte aussi une nouvelle étoffe unie pour bal imitant la peau, nommée *Everlasting...* »   *Courrier des dames*, 25 janv. 1830,
in *Le Français moderne*, oct. 1949, p. 291.

✳ Mot anglais *everlasting* n. (1738), de *everlasting* adj. (XIVᵉ s.) « éternel », employé pour le tissu avec la valeur de « inusable ».

ÉVOLUTION [evɔlysjɔ̃] *n. f.*

(1870) Transformation progressive d'une espèce vivante en une autre, base du Darwinisme*. — REM. : Signalé dans le Suppl. de Littré 1877, et dans le dict. de l'Académie 1932.

« Agassiz professait la doctrine de la création successive d'organismes de plus en plus parfaits ; il était l'adversaire ardent de la théorie de l'évolution de Darwin. Dans le cours des discussions de ces dernières années sur l'anthropologie, il se prononça pour la pluralité originelle des races humaines. »
L. FIGUIER, *L'Année scientifique et industrielle*, p. 562, 1874 (□ 1873).

« Mme Céline Renooz, inventeur du système de l'évolution végétale, une femme savante qui se flatte d'avoir "tombé" Darwin, affirme que l'espèce humaine a été engendrée par le haricot. »
M. THIVARS, in *Le Charivari*, 17 nov. 1892, p. 2.

« Tous les jours, sous nos yeux, les formes les plus hautes de la vie sortent d'une forme très élémentaire. L'expérience établit donc que le plus complexe a pu sortir du plus simple par voie d'évolution. »
H. BERGSON, *L'Évolution créatrice*, p. 24 (□ 1907).

✳ Sens emprunté à l'anglais *evolution* n., créé par Lyell : « The testacea of the ocean existed first, until some of them by gradual evolution, were improved into those inhabiting the land » — les mollusques de l'océan existèrent d'abord jusqu'à ce que certains d'entre eux, par une évolution graduelle, se perfectionnent en formes pouvant vivre sur terre — (*Principles of Geology*, II, 11 ; 1832, *in* Oxford dict.). Ce mot est répandu en anglais par Spencer : *Those who cavalierly reject the Theory of Evolution...* « ceux qui rejettent cavalièrement la Théorie de l'Évolution » (*Développement Hypoth. Ess.*, I, 381 ; 1852, *in* Oxford dict.). C'est Spencer qui emploie *evolution* pour parler de la théorie de Darwin, car Darwin n'utilise pas ce mot dans *Origin of Species* (1859). *Évolution* s'est employé en français vers cette époque dans un sens très différent issu du sens courant (« développement d'un germe » dans les théories préformationnistes → cit. de P. Larousse, ci-dessous). C'est la théorie de Darwin et celle du géologue Lyell qui diffusèrent le sens nouveau dans les milieux scientifiques. Le mot est enregistré pour la première fois en 1870 dans le dict. de P. Larousse, avec un long article. Les mots *évolutionnisme* n. (fin XIXᵉ s.) et *évolutionniste* n. (1870) semblent être eux aussi des emprunts à l'anglais, plutôt que des dérivés de ce sens d'*évolution*.

« On a vu le sens que les naturalistes ont jusqu'ici donné au mot *évolution* ; on a vu que, par le terme d'*évolutionniste*, ils désignaient ceux qui admettaient la formation des êtres vivants par suite de l'*évolution* de germes préexistants. Ces mots *évolution*, *évolutionnistes* ont pris, en Angleterre, depuis l'apparition de l'ouvrage et de la doctrine de M. Darwin, un sens nouveau, et l'on peut dire contraire à leur ancienne et classique acception. Ils sont devenus synonymes de *transformisme*, *transformistes* ; c'est-à-dire qu'ils expriment une idée absolument opposée aux conséquences que l'on a toujours tirées de la préexistence des germes. Ce sens nouveau donné au mot *évolution* a été très-nettement précisé par M. Huxley. "Ceux, dit-il, qui croient à la doctrine de l'*évolution* (et je suis de ce nombre) trouvent de sérieux motifs pour penser que ce monde, avec tout ce qui est en lui et sur lui, n'est apparu ni avec les conditions qu'il nous montre aujourd'hui, ni avec quoi que ce soit approchant de ces conditions. Je crois, au contraire que la conformation et la composition actuelle de la croûte terrestre, la distribution de la terre et des eaux, les formes variées à l'infini des animaux et des plantes qui constituent leur population actuelle, ne sont que les derniers termes d'immenses séries de changements accomplis dans le cours de périodes incalculables par l'action de causes plus ou moins semblables à celles qui sont encore à l'œuvre aujourd'hui." Ainsi entendu, le système de l'*évolution* comprend la théorie géologique de Lyell et la doctrine darwinienne. »

P. LAROUSSE, *Grand Dict. univ.*, art. *Évolution*, 1870.

-EX

✳ Suffixe américain qui entre dans le nom de marques déposées et qui a passé en français avec les emprunts de ces mots (*Kleenex, lurex, pyrex*, etc.).

EXCENTRIQUE [ɛksãtʀik] *adj.*

(v. 1830) Dont la manière d'être est en opposition avec les habitudes reçues. *Il est excentrique.* — Subst. *C'est un excentrique.* — REM. : Signalé dans le dict. de Boiste 1839, dans Littré 1865 et Académie 1878.

« Vous ne savez peut-être pas qu'il y a dans la société anglaise beaucoup de fous que l'on n'enferme point et nommés excentriques [...]. »   BALZAC, *Un martyr, Les Martyrs ignorés*, in *Œuvres diverses*, t. III, pp. 131-132 (□ 1837).

« Le poème du père Pierre de Saint-Louis est indubitablement l'ouvrage le plus excentrique, pour le fond et la forme, qui ait jamais paru dans aucune langue du monde (...). »   Th. GAUTIER, *Les Grotesques*, Le père Pierre de Saint-Louis, p. 149 (□ 1844).

✳ Ce sens a été pris à l'anglais *eccentric* adj. (1630 ; d'une personne), du latin *excentricus* « hors du centre ». Le français *excentrique* adj. (1361) ne possédait que le sens propre (*quartier excentrique*, etc.) ; on relève bien déjà *ecentrique* en parlant des personnes dans Cotgrave (1611), mais ce cas semble isolé, le mot n'étant enregistré pour la première fois dans un dictionnaire français que dans le Boiste 1839. Il est intéressant de remarquer que le « personnage excentrique » ne saurait mieux s'incarner, pour les Français, que chez les Anglais. Le substantif *excentricité*, emprunt du latin médiéval *excentricitas*, a été lui aussi senti comme un anglicisme, dans ce sens, au XIXᵉ s. ; c'est, semble-t-il, un emprunt très antérieur (1621, D. D. L., 2ᵉ série, nᵒ 18) à celui d'*excentrique*.

« Il y eut dans ma détermination une sorte d'*excentricity*, dirait Lord Byron s'il vivait encore, qui ne me faisait ressembler à aucun des voyageurs vulgaires. » BALZAC, *Voyage de Paris à Java*, in *Œuvres diverses*, t. II, p. 567 (□ 1832).

EXCISE [ɛksiz] ou ACCISE [aksiz] *n. f.*

(1650 ; 1748) Impôt indirect, en Angleterre et aux États-Unis. — REM. : *Excise* est enregistré dans le dict. de l'Académie 1762, et *accise* dans celui de 1798 ; les deux dans Littré 1865.

« J'avoue qu'il est quelquefois utile de commencer par donner à ferme un droit nouvellement établi. Il y a un art et des inventions pour prévenir les fraudes que l'intérêt des fermiers leur suggère, et que les régisseurs n'auraient su imaginer : or, le système de la levée étant une fois fait par le fermier, on peut avec succès établir la régie. En Angleterre, l'administration de l'accise et du revenu des postes, telle qu'elle est aujourd'hui, a été empruntée des fermiers. »

MONTESQUIEU, *De l'esprit des lois*, in *Œuvres complètes*, p. 299 (□ 1748).

« EXCISE. s. f. *(Hist. mod. et Comm.)* est une entrée ou impôt mis sur la bierre, l'aile ou bierre douce, le cidre, et autres liqueurs faites pour les vendre, dans le royaume d'Angleterre, dans la principauté de Galles, et dans la ville de Berwick, sur la rivière de Twed. *Voyez* IMPÔT.

L'impôt de l'*excise* fut d'abord accordé au roi Charles second par un acte du parlement en l'année 1660, pour la vie de ce prince seulement : mais il a été continué et augmenté par différens parlemens sous les différens princes qui ont regné depuis, et il a été étendu à l'Ecosse. »

Abbé MALLET, art. *Excise*, in *Encycl. Diderot*, 1756.

✳ Mot anglais *excise* n. (xvᵉ s.) « taxe », devenu *accise* n. au xviiᵉ siècle ; du moyen néerlandais *excijs* ou *accijs,* même sens, lui-même emprunté à l'ancien français *acceis* n. (latin **accensum*) de la même famille que *cens* n. m. et que *excision* n. f. — La forme *accise* est postérieure en français alors qu'elle précède *excise* en anglais. Cet emprunt déjà ancien n'est pas d'un usage très courant.

« ACCISE. s. f. Terme de Relation. C'est une certaine taxe, ou impôt qu'on leve dans les Provinces-Unies sur le vin, la bière, et sur la plupart des choses qui se consument. On condamne à de grosses amendes ceux qui fraudent les *accises.* Ce mot vient du Latin, disent les Jésuites d'Anvers, *Acta Sanct. April.* T. III, p. 738, de *accidere,* tailler, parce que c'est une taille, un retranchement. On trouve en Latin moderne *Accisia,* pour la taille. »   *Dict. de Trévoux,* art. *Accise,* 1771.

EXCITING [εksajtiŋ] *adj. invar.*

(1890) *Fam.* et *Vieilli.* Intéressant et agréable au point d'exciter.

« Il n'y a qu'ici qu'on peut voir spectacle pareil : c'est encore plus *exciting,* comme disent les Anglais, qu'un handicap bien mené, un match serré de *foot-ball* ou une belle lutte d'athlètes. »

M.-A. de BOVET, *Trois mois en Irlande* [1889], p. 76 (□ 1890).

✳ Mot anglais, part. prés. du v. *to excite,* empr. au xivᵉ s. au français *exciter* (lat. *excitare*), et qui a pris au xixᵉ s. à la fois son sens médical et courant.

EXÉCUTIVE [εgzekytiv] *n. m.*

(v. 1960) Cadre supérieur (dans une entreprise importante).

« Les barmen, surtout dans les endroits à la mode, ont l'occasion de surprendre maint et maint propos d'exécutives des grands trusts. »

ÉTIEMBLE, *Le Babélien* [*in* Dupré].

✳ Mot anglais, substantivation (1787, pour désigner un agent politique) de l'adj. *executive* « capable d'exécuter, de réaliser » (1646), spécialisé en politique (1649 : *the executive power*) au sens du français *exécutif.* Aux États-Unis, le substantif s'est appliqué au président (1787). C'est en 1902 que le mot a pris le sens de « cadre supérieur en exercice », que le français utilise quelquefois par snobisme.

EXERCISEUR [εgzεrsizœr] *n. m.*

(1901) Appareil de gymnastique destiné à exercer les muscles des bras (extenseur, poignée à ressorts...). — REM. : Absent du dict. de l'Académie 1932.

« Il suait sous les sweaters, entouré d'appareils de torture, de tampons comme ceux des locomotives qu'il poussait de l'épaule pour se préparer au corps à corps, d'exercisers, de sacs de sable, de punching balls sous plateformes ou sur ressorts. »

P. MORAND, *Champions du monde,* p. 105 (□ 1930).

« Il avait même fait quelques exercices de gymnastique. Sa femme s'en réjouissait. Elle lui avait souvent reproché de se laisser rouiller... Elle avait même voulu l'imiter. Mais voir cette femme s'entraîner pour répéter avec plus de force les mêmes gestes, [...] cela l'avait peiné et il avait abandonné l'exercisor. »

GIRAUDOUX, *Aventures de Jérôme Bardini*, p. 6 (□ 1930).

✳ Francisation de l'anglais *exerciser* n., 1889, dans ce sens, de *to exercise* « exercer (les muscles, etc.) ». L'instrument semble avoir été inventé aux États-Unis ainsi que le nom. Certaines graphies françaises témoignent de l'ignorance de l'origine de *exerciseur* (Cf. cit. Giraudoux : *exercisor* → *-eur* comme *objector* → *-eur*). Ce mot ne se dit plus guère que pour la poignée à ressorts (qui se serre) ; pour les instruments qui se tendent, on dit plutôt *extenseur* n. (1907).

EXHAUSTIF, IVE [εgzostif, iv] adj.

1° (1818) Qui épuise une matière, donne tous les éléments d'un ensemble. *Méthode exhaustive de Bentham. Étude exhaustive. Liste exhaustive.* — REM. : Absent des dict. de l'Académie ; signalé dans le suppl. de Littré 1877, avec le sens de « qui épuise une terre ».

« Je me borne à cette classification, qui n'est qu'une esquisse ; je placerai peut-être dans un appendix une vue analytique des peines, d'après la méthode exhaustive de l'auteur. »

Ét. DUMONT, 1818, *in* trad. de Bentham, *Théorie des peines* [*in* Robert].

« La *Comédie Humaine* est une œuvre géante ; ce n'est pas un tableau exhaustif de la France au dix-neuvième siècle. »

A. MAUROIS, *Jules Romains*, in *Études Littéraires*, t. II, p. 154, éd. S. F. E. LT., 1947.

2° (XXᵉ s.) Fatigant, épuisant.

« Après la longue et exhaustive matinée de l'hôpital, je déjeunais en grand hâte et me rendais à l'amphithéâtre d'anatomie [...]. »

G. DUHAMEL, *Biographie de mes fantômes*, Mercure de France, 1948, p. 98 (□ 1944).

✳ Mot anglais *exhaustive* adj., de *to exhaust* « épuiser » (latin *exhaustus* p. p. du v. *exhaurio* « épuiser ») créé en 1786 par Bentham au sens 1° ; au sens de « fatigant », plus tardif (XIXᵉ s.). Les deux sens ont passé en français, mais seul le premier est vraiment courant. *Exhaustif* est un mot savant plus fort que *complet* : il insiste sur le fait qu'il ne reste plus rien à dire ni à énumérer. L'origine latine de cet emprunt a, semble-t-il, rassuré les puristes.

EXHIBITION [εgzibisjō] n. f.

(1770) Exposition, en Angleterre, puis ailleurs. — REM. : Signalé dans le dict. de Littré 1865. *Exhibition de tableaux.* — S'est employé au masculin.

« Depuis quelques jours, le Panorama de Navarin est ouvert : le Roi, suivi de l'amiral Codrington et de l'amiral de Rigny, est allé voir cette œuvre d'art, par laquelle M. Langlois a essayé de résoudre quelques problèmes de peinture. Il s'agissait d'unir un tableau circulaire à des objets réels de manière à augmenter l'illusion du tableau par la vue des constructions sur lesquelles se place le spectateur. En ce moment, le prestige attaché aux marines, le plaisir que trouve le Parisien à faire le *voyage à Dieppe*, une course de fiacre, donnent la vogue à cette exhibition. Les gens d'art et d'étude ne se sont pas encore prononcés sur le mérite de cet ouvrage, dans lequel il y a beaucoup de charlatanisme mécanique. Mon esprit frondeur y a trouvé matière à critique. »

BALZAC, *Lettres sur Paris*, p. 125 (□ 10 fév. 1831).

« Solennités tout intimes [...] L'ouverture de l'Exposition d'ouvrages des Artistes vivants montre une cérémonie qui n'est point inférieure, aux yeux du monde intelligent ; et, autant que le Salon, ces Ventes de Bibelots et ces Exhibitions de l'Œuvre particulière d'un Maître, désignées, maintenant, à la sanguine ou simplement de l'ongle sur le calendrier de la fashion. »

MALLARMÉ, *La Dernière Mode*, 6 sept. 1874, p. 718.

« Tandis que de modestes et vigoureux talents végètent délaissés, tandis que peut-être des hommes de génie, dédaigneux de la réclame, crèvent la faim dans leur coin, la badauderie se précipite, haletante, au Salon de la Rose-Croix. Dieu sait pourtant si nous en sommes comblés et accablés d'exhibitions picturales en tout genre ! »

Le Charivari, 12 mars 1892, pp. 1-2.

« La troisième Exposition de Photographie artistique organisée par le Photo-Club de Paris, les Salons organisés par la Société de Lille à Lille et par l'Association belge de Photographie à Bruxelles, et les diverses "exhibitions" de Londres ont fait grand bruit. »

É. GAUTIER, L'Année scientifique et industrielle, pp. 486-487, 1897 (□ 1896).

✳ Mot anglais *exhibition* n., xvᵉ siècle ; 1761 dans ce sens. Nous avons en français le mot *exhibition* n. mais qui ne s'emploie pas pour *exposition*. C'est au moment des grandes expositions de Londres que le mot s'est répandu en français vers le milieu du xixᵉ siècle (en 1770, Grosley, *Londres,* vol. 3, p. 5, *in* Mackenzie). Il semble en régression. Réciproquement, les Anglais nous ont emprunté *exposition* n. au xixᵉ siècle, dans le même sens.

« Nom que l'on donne en Angleterre aux expositions industrielles, agricoles ou artistiques : *La grande EXHIBITION de Londres.* »

P. LAROUSSE, *Grand Dict. univ.,* art. *Exhibition* (□ 1870).

EXOGAMIE [ɛgzɔgami] *n. f.*

(1874) *Socio.* Obligation ou coutume, pour les membres d'une tribu, de se marier avec des membres d'autres tribus. — REM. : Absent des dict. de l'Académie.

« L'exogamie, le mariage en dehors de la tribu, devenait une conséquence naturelle de la nécessité de voler la femme que l'on voulait posséder tout seul. » *Revue des Deux-Mondes,* 1ᵉʳ oct. 1874 [*in* Littré, suppl.].

« Le même principe de réciprocité préside au mariage. La nécessité de l'exogamie n'est pas le simple aspect positif de la prohibition de l'inceste. Il ne s'agit pas seulement de se marier hors du groupe mais encore de se marier dans un autre déterminé à l'avance. Telle union est moins défendue que telle autre prescrite. »

R. CAILLOIS, *L'Homme et le Sacré,* p. 94 (□ 1939).

✳ De l'anglais *exogamy* n., mot créé par McLennan en 1865 sur le modèle de *polygamy* et pour servir de contraire à *endogamy,* créé en même temps (→ **Endogamie**), ainsi que *exogamous* adj. « exogame » et *endogamous* « endogame ».

EXPORTATION [ɛkspɔʀtasjɔ̃] *n. f.*

(1734) Action d'exporter ; sortie de marchandises nationales vendues à un pays étranger. *Les exportations et les importations d'un pays.* — REM. : Signalé dans le dict. de l'Académie 1762.

« L'exportation est le transport des marchandises étrangères dans le royaume. » MELON, *Essai politique sur le Commerce,* 1734 [*in* Brunot, t. VI, 1, p. 329].

« L'objet du commerce est l'exportation et l'importation des marchandises en faveur de l'État [...]. »

MONTESQUIEU, *De l'esprit des lois,* in *Œuvres complètes,* p. 353 (□ 1748).

« Un peu d'huile de baleine et du poisson séché ou fumé sont [...] de bien petits articles d'exportation [...]. »

LA PÉROUSE, *Voyage autour du monde,* 1797 [*in* Brunot, t. VI, 1, p. 329].

✳ Mot repris à l'anglais *exportation* n. 1641, dans ce sens. A d'abord signifié en anglais « action d'emporter » (début xviᵉ s.), sens lui-même emprunté au français du xviᵉ siècle *exportation* : « À l'arrivée et exportation du corps de ce saint serviteur de Dieu », *Choses memor. escrites* par F. Richer [*in* Huguet]. C'est donc en anglais que le mot a pris le sens commercial qui nous est revenu au xviiiᵉ siècle.

EXPORTER [ɛkspɔʀte] v. tr.

(1750) Envoyer et vendre hors d'un pays (les produits de l'économie nationale). — REM. : Enregistré dans le dict. de l'Académie 1798.

« cela est imposé sur le tabac qu'ils exportent [...]. »
D'ARGENSON, *Journal et Mémoires inédits*, 1750
[*in* Brunot, t. VI, 1, p. 329].

« Il ne leur a pas suffi d'exporter du coton, du cuivre, du pétrole ou du blé pour se faire une véritable mentalité d'exportateurs. »
A. SIEGFRIED, *Les États-Unis d'aujourd'hui*, p. 195 (□ 1927).

✳ Mot repris à l'anglais *to export* (1665), lui-même emprunté au français du XVIᵉ siècle *exporter* « transporter, emporter ». Apparaît en français en 1750. Toute la série de termes de commerce dont la racine est *import-*, *export-* a pénétré en France entre 1734 et la Révolution française. Le français a formé *exportateur* n. et adj. (1756) sur *exporter* et *-ateur*, qui a évincé définitivement *exportiste* (1770) et l'emprunt *exporter* (anglais *exporter* n. « celui qui exporte », 1691).

« Les exportateurs de cette sorte de denrée [...]. »
Marquis de MIRABEAU, *L'Ami des Hommes*, 1756 [*in Dict. général*].
« Les mascavades angloises, sur lesquelles l'exporteur avait obtenu la remise du droit [...]. »
CHAMBON, *Commerce de l'Amérique*, 1764 [*in* Brunot, t. VI, p. 329].
« admis dans la bonne compagnie par le seul titre d'exportiste [...]. »
GALIANI, *Dialogues sur le Commerce des blés*, 1770
[*in* Brunot, t. VI, p. 329].

EXPRESS [ɛkspʀɛs] n. m. et adj. invar.

1° *N. m.* (1849) Train qui va rapidement à destination, ne s'arrêtant qu'à un petit nombre de stations. *L'express Paris-Bordeaux. Des express.* — REM. : Signalé dans le dict. de Littré 1865 et celui de l'Académie 1878.

« mais des locomotives hennissant à travers les déserts, des volutes de vapeur s'enroulant aux branches des mimosas et des eucalyptus, [...] des casoars fuyant devant les trains de vitesse, des sauvages prenant l'express de trois heures trente pour aller de Melbourne à Kyneton, à Castlemaine, à Sandhurts ou à Echuca, voilà ce qui étonnera tout autre qu'un Anglais ou un Américain. Avec vos railways s'en va la poésie du désert. »
Jules VERNE, *Les Enfants du capitaine Grant*, Lidis, p. 290 (□ 1867).
« C'est qu'en effet, mes amis et moi, nous n'avons rien moins essayé que d'enlever un jour, ou plutôt une nuit, dans un des grands express continentaux, devinez qui ?... Sarah Bernhardt elle-même... »
P. BOURGET, *Outre-Mer*, p. 18 (□ 1895).
« La viande, venue de Chicago par les express frigorifiques, coûte moins cher qu'en France. »   P. ADAM, *Vues d'Amérique*, p. 67 (□ 1906).

— ADJ. (1864) Qui ne s'arrête qu'à un petit nombre de stations. *Train, métro express.* — Par ext. *Ascenseur express.* — REM. : Signalé par Littré en 1865, *Train express*.

« Ce qui frappait peut-être le plus à l'Exposition du Champ de Mars, c'était le bataillon de locomotives qui figuraient dans ses galeries. On en voyait de toutes formes et de toutes dimensions, depuis la petite locomotive Stephenson pour les trains express, jusqu'aux machines géantes [...]. »
L. FIGUIER, *L'Année scientifique et industrielle*, p. 76, 1868 (□ 1867).
« Parti par le train express du matin, j'étais confortablement endormi, la nuit suivante, dans la couchette d'un des somptueux *wagons-palais* du chemin de fer de l'Érié, lorsque le conducteur vint me réveiller en me disant que j'allais arriver à destination. »
X. EYMA, *La Vie aux États-Unis*, p. 151 (□ 1876).
« Je pris un ascenseur-express, en forme de carrosse, qui m'arrêta directement à l'étage. »   P. MORAND, *Fermé la nuit*, p. 9 (□ 1923).

2° *N. m.* (1853) Entreprise privée d'expédition rapide, aux États-Unis (pluriel incertain). — REM. : Absent de tous les dictionnaires.

« À côté de ces rues, Montgoméry, Sansome-California, Front-Battery, forment un certain contraste. La première est le centre des banquiers et des *expresses*. Ces Messieurs étalent, en général, un grand faste dans leurs comptoirs ; les derniers surtout, qui font une habile concurrence à la poste. Ce sont eux qui font tout le service des dépêches dans l'intérieur, où ils ont des agents dans chaque camp. Ils ne ferment leurs sacs qu'à la dernière minute, et font leur distribution une demi-heure après l'arrivée des vapeurs, tandis qu'il faut à la poste huit à dix heures pour faire son dépouillement. Le plus célèbre de ces *expresses* est la maison Adams et Compagnie [...]. »
        F. de SENAY, *San-Francisco*, in *La Mode*, 25 sept. 1853, p. 491.

3° (Fin XIXe s.) Qui permet un déplacement, une communication rapide : *Télégraphe express. Voie express pour automobiles.* — Qui se fait rapidement : *Service express. Déjeuner express. Fable express*, qui tient en quelques mots et forme calembour. — Par confusion avec *exprès. Envois express, colis express, lettre express.* — Subst. *Envoyer par express.* — (Italianisme anglicisé) *Café express*, obtenu en quelques secondes, au percolateur. — Subst. *Un express bien serré.*

« D'un autre côté, les Américains emploient actuellement entre Boston et New-York, sur une ligne de plus de 400 kilomètres, un télégraphe *express* fort ingénieux. »
        L. FIGUIER, *L'Année scientifique et industrielle*, p. 113, 1882 (□ 1881).

« que diriez-vous, proposa Vidal, d'un concours littéraire ? de fables express par exemple. »
        Boris VIAN, *Vercoquin et le Plancton*, p. 93, Losfeld (□ 1947).

« Il avait commandé, au téléphone, avant de partir, une toile d'assez grandes dimensions qui lui fut livrée, par express, conformément à ses vœux. »
        G. DUHAMEL, *L'Archange de l'aventure*,
        p. 182, Mercure de France (□ 1955).

« Un dessert pour invités imprévus : des boîtes de fruits au sirop. Bien présenté, cela peut faire un dessert express raffiné. »
        L'Express, 27 mars 1967 [*in* Gilbert].

✻ Mot anglais *express* adj. adv. et n. (XIVe s.), d'abord « exprimé, explicite », puis « fait exprès, spécial », emprunté au français *exprès, expresse* adj. (du latin *expressus*, « exprimé ») qui a gardé le premier sens : *condition, défense, lettre expresse ; courrier exprès* (« spécial ») est vieux.
    C'est en anglais que la confusion s'est codifiée entre « spécial » et « rapide » à propos des trains. *Express train* signifiait à l'origine « train spécial », mais vers 1845 les *express trains* devinrent habituellement des trains plus rapides qui ne s'arrêtaient pas à toutes les stations. À partir de là, *express* adj. s'est employé en anglais pour « rapide, immédiat » (ex. *express delivery* [1891] : « livraison, distribution rapide » ; *express packet :* « colis exprès »). On sait qu'une grande partie du vocabulaire des chemins de fer nous vient de l'anglais. Le nom *express* pénétra en français en 1849 (Bonnaffé) ; l'adjectif un peu plus tard ; on l'emprunta avec le sens qu'il avait déjà acquis en anglais, et *express* prit en français le seul sens de « rapide », que n'a pas *exprès*. Ce fait a eu des répercussions sur le français *exprès ;* un *envoi exprès* signifiait un « envoi spécial » et devint un « envoi spécialement rapide » sous l'influence de *express*. En fait, et comme le font nombre de personnes, mieux vaudrait écrire un *envoi express* puisque la parenté sémantique et étymologique entre *train express* et *envoi express* est évidente, alors que celle entre *train express* et *envoi exprès* est nulle.
    Le sens de « entreprise d'expédition » vient des États-Unis (1839) ; il ne s'est pas répandu en français.
    Quant à *café express*, il s'agit d'une francisation (si l'on peut dire puisqu'elle se construit avec un emprunt anglais) de l'italien *caffè espresso*. Le café express est passé à la vapeur, à l'aide d'un percolateur, et cette façon de faire le café (dans les lieux publics) est importée d'Italie. Il semble que *café express* et *express* n., très courants

aujourd'hui, s'emploient depuis plus de vingt ans ; cependant on n'en trouve nulle trace dans les dictionnaires : ils ne figurent ni dans les Robert (seulement signalé à *café*, P.R.1) ni dans les Larousse, ni dans le Dict. des Mots nouveaux. Cet « oubli » systématique a de quoi nous laisser perplexes. Le dictionnaire italien-français de G. Ghiotti (1953) traduit bizarrement *caffè espresso* par *café exprès*.

« À noter qu'à cause d'une association d'idées qui se fait immanquablement dans l'esprit du vulgaire (le courrier postal étant généralement transporté par chemin de fer, et un train *express* étant un train qui va plus vite qu'un train ordinaire), *express*, considéré comme adjectif invariable, prend le sens de "rapide", "transmis rapidement", et qu'on dit fréquemment, dans l'usage de tous les jours : *une lettre* EXPRESS, *un colis* EXPRESS. Cet usage est favorisé par le fait qu'à notre époque, il n'existe plus guère de "courrier exprès" (ou d'"exprès"), au sens originel de l'expression. »   M. GREVISSE, *Le Bon Usage*, § 345 (□ 1959).

EXTRA-DRY [ɛkstʀadʀaj] *adj.* et *n. m. invar.*

(1877) Très sec, en parlant du Champagne. — REM. : Absent du dict. de l'Académie 1932.

« tout en elle, tout, compliqué d'un copieux extra-dry préalable, me mettait en des états dont la plus chaste description me ferait traîner devant la justice de mon pays. »
A. ALLAIS, *Miousic*, in *Vive la vie*, 1892 [*in* D. D. L., 2ᵉ série, 9].

✳ De l'anglais *extra-dry* adj. (*dry*, XVIIᵉ s. en ce sens) « qui n'est presque pas sucré (boissons alcoolisées) ». Ne se dit en français que du Champagne → **Dry**. Signalé d'abord par Bonnaffé.

EYE-LINER [ajlajnœʀ] *n. m.*

(1962) Cosmétique liquide de couleur sombre (ou bleu, vert) avec lequel on souligne au pinceau le bord des paupières.

« les mineures du Foyer [...] bavardent un peu avec moi lorsque le chef de rayon a le dos tourné, volent au passage les coûteux eye-liners et s'envolent, mineure vole, gentil-gentil du bout des doigts [...]. »
A. SARRAZIN, *La Traversière*, p. 94 (□ 1966).

✳ De l'américain *eye liner* n. (1960) « crayon à maquiller *(liner)* les yeux *(eye)* ». Ce produit utilisé depuis quelques années par des milliers de Françaises porte un nom imprononçable, et il semble qu'aucune marque n'ait fait l'effort de trouver une traduction acceptable. Il faudrait évidemment un terme très spécifique qui ne permette aucune confusion possible avec le fard à paupières ni avec le mascara. Pourquoi pas un *ligneur* ? (mais ce maquillage a déjà passé de mode avant qu'on ait trouvé une dénomination convenable).

F

FACTORING [faktɔʀiŋ] *n. m.*

(av. 1970) *Écon.* Opération de gestion financière par laquelle un organisme spécialisé (dit *factor*) gère (avec financement et garantie) les « comptes client » d'une entreprise ; technique de répartition des responsabilités, des bénéfices et des charges utilisant ce type d'opérations.

« Le Factoring est une technique complexe qui permet au chef d'entreprise de se décharger d'un ensemble de problèmes liés à ses ventes, et ainsi de se consacrer entièrement à son activité profession-nelle. [...]
En effet, avant la vente, le factor effectue les enquêtes indispen-sables sur la moralité et la surface financière du nouveau client et permet une sélection rapide de la clientèle. Après la vente il exerce une surveillance permanente des encours de crédit accordés ; et dans les limites ainsi fixées par lui, il garantit la bonne fin financière des opérations commerciales traitées par l'entreprise. »
        Les 100 mots-clés de l'économie contemporaine, p. 272 (□ 1973).

✱ Mot américain (1961, *in* Webster's Third), dérivé de l'anglais *factor* (dès 1491 au sens de « agent »). On a proposé officiellement la francisation *affacturage*.

FACTUEL, ELLE [faktɥɛl] *adj.*

(v. 1957) Qui s'en tient aux faits ; positif, positiviste. Parfois sous la forme anglaise : *factual.*

« "Se substitue". Noter la résonance positive, *factual.* Il s'agit d'un changement effectif, d'un progrès palpable [...]. »
        J. F. REVEL, *Pourquoi des philosophes ?*, p. 20 (□ 1957).
« Il y a des journalistes qui font de l'information factuelle. »
        O. R. T. F., 4 janv. 1969 [*in* Gilbert].

✱ Francisation de l'anglais *factual* adj. (1834, de *fact* « fait » et d'après *actual* « réel »), au sens général de « relatif aux faits ». Ce mot com-mence à se répandre dans les milieux universitaires des sciences humaines. La forme employée par Revel est encore anglaise et fait figure de citation. On trouve *factualité* n. vers la même époque (H. Duméry, *in* Robert, suppl.) qui est soit un emprunt à l'anglais *factuality,* soit un dérivé de *factuel* sur le modèle de *actuel → actualité.*

FADING [fadiŋ] *n. m.*

(v. 1930) Évanouissement momentané du son, à la radio, dans un signal sonore. — REM. : Absent du dict. de l'Académie 1932.

« Cette nuit, à quatre heures trente, je me suis levé pour écouter Roosevelt à la radio. Je ne voulais pas dormir, s'il annonçait la délivrance. Mais le fading et le brouillage étaient tels que je n'ai pu rien comprendre. »   GUÉHENNO, *Journal des années noires*, 28 mai 1941,
                                Folio, 1973, p. 145 (□ 1947).

— PAR ANALOGIE :

« Plusieurs fois, il se passa la main sur le front et derrière la nuque comme pour chasser cette mauvaise petite inquiétude qui se maquillait, s'évanouissait parfois, pour réapparaître dans une sorte de "fading" qui démoralisait le légionnaire. »   MAC ORLAN, *La Bandera*, p. 266 (☐ 1931).

✳ Mot anglais *fading* n. (1912 dans ce sens, XVIᵉ s. au sens général de « déclin, évanouissement, disparition »). Le français a emprunté ce terme technique (Larousse 1932) et a formé un composé, *anti-fading*, adj. (1948) « qui empêche le fading ».

FAIR-PLAY [fɛʀplɛ] *n. m.* et *adj. invar.*

1° *N. m.* (1856) Franc jeu, acceptation loyale des règles (d'un jeu, d'un sport, des affaires, etc.) sans tricherie, dérobade ni mauvaise foi. — REM. : Absent des dict. de l'Académie et de Littré.

« Il [Hawthorne] est de trop bonne race puritaine et anglo-saxonne pour pratiquer cet art de la trahison littéraire ; il joue franc jeu, *fair-play*, avec ses lecteurs. »
E. MONTÉGUT, *Un romancier pessimiste en Amérique*, in *Revue des Deux-Mondes*, 1ᵉʳ août 1860, p. 672.

« L'exorbitante destruction de l'ancienne capitale du duché de Normandie et de ses sanctuaires, qui n'était pas inévitable et restera dans l'histoire comme un exemple typique de l'esprit de revanche anglo-saxon exercé avec des siècles de retard et pas tout à fait comme un *fair-play*, mais comme l'expression prévoyante d'une concurrence économique à très longue échéance [...]. »
CENDRARS, *Bourlinguer*, p. 417, Folio (☐ 1948).

« Je décline l'offre. Mon sens du fair-play m'interdit de poignarder un requin dans le dos [...]. »   *Lectures pour tous*, juin 1971, p. 101.

2° *Adj.* Qui joue le fair-play, est correct et loyal (au jeu, au sport ou dans toute situation qui suppose des règles à respecter). *Ils ont été très fair-play avec nous.* — (Sujet de choses) *Un jeu fair-play. Ce n'est pas fair-play, votre démarche !*

« très fair-play, il a reconnu que ce plat était délicieux. »
Provence-Magazine, 26 mai 1964 [*in* Hanon, p. 125].

« il y avait entre ces hommes une sorte d'égalité des chances ; le jeu était fair-play. La brute royale laissait voir ses faiblesses sans s'y abandonner tout à fait, et le "petit Saxon" devenu grand n'était pas seulement le futur homme d'Église ; un reître se cachait mal sous les riches parures du courtisan. »   *L'Express*, 4 oct. 1971, p. 97.

✳ Mot anglais *fair play* n. (XVIᵉ s.) « franc-jeu, jeu loyal », de *fair* « loyal, juste » et *play* « jeu » ; s'emploie à propos des jeux et de toute situation où des règles doivent être respectées (« upright conduct », Oxford dict.). Ce mot a pénétré en français en 1856 comme substantif (Montalembert, *De l'avenir politique de l'Angleterre*, *in* Mackenzie) mais s'est surtout répandu comme adjectif (inconnu en anglais). Le nom *fair-play* fait double emploi avec *franc-jeu*, sauf à admettre que *fair-play* connote l'« honnêteté britannique ». L'usage de *fair-play* comme adjectif profite de l'incertitude, en français, sur la possibilité d'employer *franc-jeu* comme adjectif. Les puristes ne semblent pas passionnés par les problèmes que pose cet emprunt.

« *Fair-play* : cet emprunt est particulièrement pernicieux car il incite les Anglo-Saxons à imaginer que, si nous sommes obligés d'emprunter le mot, c'est que nous n'avons pas la chose, alors que "franc jeu", "jeu loyal", "c'est de bonne guerre", etc., etc., sont parfaitement équivalents. »
F. de GRAND COMBE, *De l'anglomanie en français*, juil. 1954, p. 192 (anglicismes à bannir).

FAIRWAY [fɛʀwɛ] *n. m.*

(XXᵉ s. ; 1933 *in* I. G. L. F.) *Golf.* Partie normale du parcours où l'herbe est entretenue et où il est facile de jouer. — REM. : La partie tondue est le green*.

✻ Mot anglais *fairway* n., XVIe siècle « chenal » (de *fair* « bon » et *way* « chemin »), 1910, terme de golf. Ce mot appartient à l'ensemble massif des termes de golf empruntés à l'anglais.

> « Plutôt que de prendre aux Anglais des termes dont nous n'avons nul besoin, ne serait-il pas infiniment préférable de leur emprunter les mots qui nous manquent et dont on ne peut, en français, exprimer le sens que par le détour d'une longue périphrase... Je me bornerai à en citer un petit nombre, en donnant pour chacun la traduction :
> *fairway* : au jeu de golf, partie du parcours gazonnée, tondue ras [*sic*] et sans accident de terrain, où doivent tomber les balles [...]. »
> F. de GRAND COMBE, *De l'anglomanie en français*, oct. 1954, p. 273.

FAISABILITÉ [fəzabilite] *n. f.*

(av. 1974, *in* Gilbert) Caractère de ce qui est faisable, réalisable, en fonction des conditions et des possibilités (techniques, financières, etc.). *Étude de faisabilité.*

✻ Francisation régulière (dérivé de *faisable*) de l'angl. *feasibility* (1624), de *feasible* (1460) « faisable » ; lui-même de l'anc. fr. *faisable, faisible.* Aussi, non seulement, comme l'écrit J. Cellard (*Le Monde*, 23 juil. 1978), « le mot est incontestablement français dans sa virtualité », mais aussi dans l'histoire. C'est l'un des nombreux cas de parallélisme entre les deux langues.

FAITES L'AMOUR PAS LA GUERRE *loc.*

(1968) Slogan pacifiste des étudiants.

✻ Slogan traduit de l'américain *Make love not war* (après 1965), expression créée par les jeunes Américains qui étaient contre la poursuite de la guerre au Viêt-Nam.

FALL-OUT [fɔlawt] *n. m.*

(v. 1970) Retombées (d'une explosion atomique).

✻ Mot anglais composé de *to fall* « tomber » (attesté au IXe s.) et *out* « hors de... » donnant le composé *to fall out* (qui a pris divers sens fig.), d'où le subst. (1950, *in* Oxford Suppl.), employé dans le contexte de la guerre atomique. Le mot est confiné au jargon militaire :

> « sous *fall-out*, par lequel (c'est M. Étiemble qui l'écrit en substance) les militaires ont voulu atténuer ou camoufler les retombées d'une explosion atomique, les rédacteurs [de l'*Encyclopédie du bon français*] notent benoîtement : "Cet anglicisme ne sort pas du vocabulaire technique des militaires. Il n'est donc pas très dangereux." On souscrirait à la grande rigueur à ce quitus, si les militaires "se gardaient" le mot et la chose... ». J. CELLARD, *in Le Monde*, 17-18 déc. 1972.

FALSIFIABILITÉ [falsifjabilite] *n. f.*

(v. 1960) *Logique.* Caractère de ce qui est falsifiable.

> « Ma proposition est fondée sur une *asymétrie* entre la vérifiabilité et la falsifiabilité, asymétrie qui résulte de la forme logique des énoncés universels. En effet ceux-ci ne peuvent être déduits d'énoncés singuliers, mais ils peuvent être en contradiction avec eux. Il est, en conséquence, possible de conclure de la vérité d'énoncés singuliers à la fausseté d'énoncés universels, à l'aide d'inférences purement déductives (le *modus tollens* de la logique classique).
> Cette manière de prouver la fausseté d'énoncés universels constitue la seule espèce d'inférence strictement déductive qui procède, pour ainsi dire, dans la "direction inductive", c'est-à-dire qui va des énoncés singuliers aux énoncés universels. »
> Karl R. POPPER, *La Logique de la découverte scientifique*, p. 38, Payot, 1973.

✻ Emprunt à l'anglais *falsifiability* (1937, Oxford Suppl. à propos de l'ouvrage de Karl Popper [écrit en allemand, 1935]) → **Falsifier.**

FALSIFIABLE [falsifjabl] *adj.*

(v. 1960) *Logique.* Dont on peut prouver la fausseté. *Théorie, énoncé falsifiable.*

✻ Sens emprunté à l'anglais (1959, Oxford dict. Suppl., à propos de l'ouvrage de Karl Popper de la même année), mentionné comme seul sens actuel dans le Webster's 3d, 1966. Le mot *falsifiable* attesté au début du XVIIᵉ s. en anglais (Cotgrave) a le même sens qu'en français (1580) « qui peut être adultéré, rendu faux (objet) » dont il vient peut-être → **Falsifier.**

FALSIFIER [falsifje] v. tr.

(v. 1960) *Logique.* Déclarer fausse (une assertion) en fournissant la preuve. *Les tautologies ne peuvent être falsifiées.*

« Le critère de démarcation inhérent à la logique inductive — à savoir le dogme positiviste de la signification — revient à la condition suivante : l'on doit pouvoir décider de manière définitive de la vérité et de la fausseté de tous les énoncés de la science empirique (ou encore tous les énoncés "pourvus de sens") ; nous dirons qu'il doit être *"possible de décider de leur vérité ou de leur fausseté de manière concluante".* Ceci signifie que leur forme doit être telle qu'il soit logiquement possible tant de *les vérifier que de les falsifier.* »

Karl R. POPPER, *La Logique de la découverte scientifique,*
p. 36, Payot, 1973.

✻ Emprunt de sens tiré du verbe anglais *to falsify* qui possède les sens courants du français et celui de « prouver la fausseté de » (*to declare or prove to be false,* 1449, *in* Oxford dict.), qui s'applique à un énoncé, un texte. Le verbe français *falsifier* (1330) tout comme l'anglais *falsify* est issu du latin *falsificare.* Le sens anglais emprunté a pénétré en français dans les années 60, par la traduction anglaise (*The Logic of Scientific Discovery,* 1959) que le philosophe Karl R. Popper a faite de son ouvrage allemand *Logik der Forschung* (1935). *Falsifier* et ses dérivés sont apparus chez les linguistes et épistémologues bien avant la traduction française du livre (1973). *Falsifier* s'oppose, dans ce nouveau sens, à *vérifier* « prouver qu'une assertion est vraie ». Mais la preuve du vrai et la preuve du faux ne sont pas en opposition symétrique, et le terme *falsifier* reste absolument nécessaire dans une démarche épistémologique (→ **Falsifiabilité,** cit.).

FAN [fan] n.

(v. 1951) Jeune admirateur(trice) enthousiaste d'une vedette.

« En bas, les fanatiques criaient bravo ! applaudissaient... et, tout à coup, la divine [Garbo] disparaissait, basculant avec les projecteurs pour revenir à la prochaine tournée des fan's. »

CENDRARS, *Trop c'est trop,* p. 218 (□ 1948).

« en Angleterre et surtout à Paris, les fans de Goldwater et ceux de Johnson raccolent furieusement. »

Candide, 8 oct. 1964 [*in* Blochwitz et Runkewitz, p. 277].

« ce soir-là, Johnny Hallyday faisait sa rentrée à l'Olympia [...]. — Évidemment, ils ne seraient pas très bien placés, mais au fond mieux vaut le mezzanine, c'est là que sont les fans. »

ARAGON, *Blanche ou l'Oubli,* p. 142 (□ 1967).

« Un type comme Bécaud dont je ne suis pas du tout une fan assidue, au demeurant, me stupéfie toujours par la formidable variété de thèmes qui structurent toutes ses chansons. »

Interview de F. HARDY, in *Salut les Copains,* août 1967.

✻ Mot anglais *fan, phan* n. (XVIIᵉ s.), abréviation de *fanatic* sortie d'usage, reprise en 1889 aux États-Unis, puis en Angleterre. Attesté en français en 1923 dans une revue de cinéma (selon le dict. de Dauzat-Dubois-Mitterand), il ne s'est répandu que vers 1951 dans le contexte des vedettes de la chanson. Le féminin *une fan* est plus récent. Cet emprunt se porte bien, soutenu par *fanatique* et *fana* n. *Fana* n. abréviation française et *fan* n. n'ont pas les mêmes emplois. Critiqué par Étiemble (*Parlez-vous franglais ?,* p. 21).

FANZINE [fãzin] n. m.

(v. 1970) Petite revue éditée par des amateurs sur les thèmes qui les passionnent (dessins, bandes dessinées, science-fiction) pour un public d'amateurs.

« Le plus important depuis la coupure de 1968, c'est l'apparition en masse des fanzines. Si l'on élimine ceux consacrés à ce qui n'est pas notre sujet, il en reste encore des centaines, car c'est dans la B. D. que la créativité a été la plus grande. » *Le Magazine littéraire*, déc. 1974, p. 18.

✱ Emprunt du mot-valise américain *fanzine* (attesté en 1949, *in* Oxford dict., Suppl.), de *fan[atic]* « amateur » et *[maga]zine* « revue ». *Fanzine* est opposé à *prozine* « revue éditée par des professionnels ». L'ensemble constitue les *zines*. Ces deux derniers mots sont d'une très faible fréquence en français. Ils ne représentent pas une innovation éditoriale comme les fanzines.

« L'*Écho* s'est stabilisé sur son vrai public, qui a droit à des albums, au prozine *Le petit Mickey qui n'a pas peur des gros* qu'ils éditent depuis trois numéros, et peut-être d'autres revues. » *Le Magazine littéraire*, déc. 1974, p. 19.

« Nous n'avons pas inclus dans ce dictionnaire quelques jeunes talents qu'il serait injuste d'ignorer. Simplement, ils ont peu publié, et souvent dans des revues ou zines à faible tirage. » *Le Magazine littéraire*, déc. 1974, p. 36.

FARTHING [faʀziŋ] *n. m.*

(1669) Monnaie valant le quart d'un penny, en Angleterre. — REM. : Absent des dict. de Littré et de l'Académie.

« Anne [d'Angleterre] se préoccupait des monnaies, surtout des monnaies de cuivre, qui sont les basses et les populaires ; elle voulait y faire grande figure. Six farthings furent frappés sous son règne. Au revers des trois premiers elle fit mettre simplement un trône ; au revers du quatrième elle voulut un char de triomphe, et au revers du sixième une déesse tenant d'une main l'épée et de l'autre l'olivier avec l'exergue *Bello et Pace.* » HUGO, *L'Homme qui rit*, p. 230 (□ 1869).

« Car il est impossible, non seulement de faire le tour du monde, mais même d'aller de Paris à Londres avec vingt-cinq farthings, le cinquième d'un schelling... *Good business !* » P. d'IVOI, *Les Cinq Sous de Lavarède*, p. 10 (□ 1894).

✱ Mot anglais *farthing* n. (XIIIᵉ s.), apparenté à *fourth* « quatrième ». Apparaît en français dans Chamberlayne (Mackenzie), et souvent sous la forme francisée *farding*.

FAR WEST [faʀwɛst] *n. pr. m.*

(1854) Ensemble des terres situées à l'ouest du Mississippi jusqu'aux Rocheuses, dont la conquête se fit au XIXᵉ siècle, aujourd'hui région peu peuplée, d'agriculture et d'élevage. — REM. : Signalé dans le suppl. de Littré 1877 ; absent des dict. de l'Académie.

« [le] voyageur des prairies du Far West. » P. MÉRIMÉE, *Corresp. générale*, 1862 [*in* D.D.L., 2ᵉ série, 2].

« ne peut-on dire que le mystérieux *Far-West*, que les *prairies* que tant de romanciers avaient décrits, n'existent plus que dans les livres ? » L. SIMONIN, *in Revue des cours scientifiques*, 13 avril 1867, p. 318.

« Harbert n'hésita pas à affirmer que quelque carnassier du genre des féliens [forme ancienne de *félins*] avait passé là, ce qui justifiait l'opinion de l'ingénieur sur la présence de fauves dangereux à l'île Lincoln. Sans doute, ces fauves habitaient ordinairement les épaisses forêts du Far-West, mais pressés par la faim, ils s'étaient aventurés jusqu'au plateau de Grande-Vue. » Jules VERNE, *L'Île mystérieuse*, Hachette, p. 201 (□ 1874).

« Il faut vous dire que cet Américain, qui habite le Far West, est un grand éleveur de gallinacés devant l'Éternel. » É. GAUTIER, *L'Année scientifique et industrielle*, p. 421, 1900 (□ 1899).

« Même dans les solitudes du *Far-West* les cow-boys savent que les nuits où il y a de l'orage dans l'air et que souffle le vent du Sud qui vous met les nerfs en pelote et vous trousse à rebrousse-poil, les bêtes sont inquiètes [...]. » CENDRARS, *Bourlinguer*, p. 263, Denoël (□ 1948).

« Mais ces villes légères, si semblables encore à Fontana, aux campements du Far-West, montrent l'autre face des États-Unis : leur liberté. » SARTRE, *Situations III*, p. 110 (□ 1949).

✱ Expression américaine *Far West* n. (1830, *in* A Dictionary of Americanisms), de *far* adj. « éloigné » et *West* « ouest ». Les premiers colons appelèrent *Far West* la région à l'ouest des Appalaches, au xviiie siècle. La conquête progressive de l'Ouest en recula peu à peu les limites ; à la fin du xixe siècle, on réservait le nom *Far West* pour les régions commençant au Nebraska, en même temps que la notion de *Middle West* se formait. Le mot a pénétré en français en 1854 (A. Pichot, *Les Mormons*, p. 106, *in* Mackenzie) mais il ne s'est répandu qu'au début du xxe siècle lorsque la légende du Far West fut un des thèmes essentiels du cinéma → **Cow-boy, western.** Queneau a plaisamment francisé ce mot en *farouest* (*Loin de Rueil*, p. 47), fantaisie toute personnelle.

FASHION [fazjõ] ou [faʃjõ] *n. f.*

(1830) *Vx.* Dernière mode, inspirée des dandys. — REM. : Signalé dans Littré 1865 ; absent dans les dict. de l'Académie. Le dict. de Boiste l'enregistre déjà en 1839.

« — BRUMMEL !... Brummel est à Boulogne, banni de l'Angleterre par de trop nombreux créanciers, oublieux des services que ce patriarche de la *fashion* a rendu à sa patrie !... »
        BALZAC, *Traité de la vie élégante*, pp. 164-165 (□ oct.-nov. 1830).

« Dans cette patrie du *confortable* [l'Angleterre], le matériel de la vie est considéré comme un grand vêtement essentiellement muable et soumis aux caprices de la fashion. Les riches changent annuellement leurs chevaux, leurs voitures, leurs ameublements ; les diamants mêmes sont remontés ; tout prend une forme nouvelle. »   BALZAC, *op. cit.*, p. 173.

« quand la délicieuse *fashion* nous défendra de tirer une parole de nos gosiers serrés par une cravate bien empesée [...]. »
        MUSSET, *Revues Fantastiques*, Chute des bals de l'Opéra, p. 784
                                                                                           (□ 14 fév. 1831).

— (1838) *Vx.* Société élégante. — REM. : Signalé dans Littré.

« Votre édition est un chef d'œuvre, Monsieur. C'est un véritable livre de luxe et qui sera fort avantageux à M. Constantin et fera estimer son livre par toute la fashion de Paris. »
        STENDHAL, Lettre à Gian Pietro Vieusseux, 24 mai 1840,
                                                        in Corresp., t. III, p. 359.

« la redowa n'a pu devenir populaire. Quelques-unes des jeunes drôlesses, qui font les délices de la fashion parisienne, ont essayé de redower au bal Valentino. »
        BAUDELAIRE, *Causeries du Tintamarre*, 20 déc. 1846,
                                        in Œuvres en collaboration [*in* D.D.L., 2e série, 3].

« Dans le siècle où nous vivons, il faut plutôt juger un homme à sa chemise qu'à ses gants ou à ses bottes. Comment la fashion porte-t-elle ses chemises ? »   Vtesse de MERVILLE, *in La Mode*, 5 oct. 1853, p. 55.

✱ Mot anglais *fashion* n. (xive s., « façon »), lui-même emprunté de l'ancien français *façon* (*fachon* dans la région du Nord), du latin *factionem* n., du v. *facere* « faire ». L'anglais *fashion*, qui a la plupart des sens du mot *façon* français, a pris le sens de « mode » au début du xviie siècle, et de « gens à la mode » à la fin du xviiie siècle. C'est à l'époque du dandysme* que le français a emprunté ce mot auquel il est étroitement lié dans la personne de Brummel. Employé pendant un demi-siècle, il fut beaucoup moins courant que *fashionable*. Mallarmé pourtant, dans *La Dernière Mode* (1874) tient une rubrique régulière intitulée *La Gazette de la fashion.* Pour la prononciation nous avons tenu compte de celle qui figure dans les dict. du xixe siècle ; [fazjõ] qui semble plus populaire (emprunt graphique) est donné par La Châtre (1853) et Pierre Larousse (1872) ; [faʃjõ] qui se trouve dans Littré (1864) devait être plus élégant. On ignore si les fashionables prononçaient ainsi ou à l'anglaise [faʃən].

FASHIONABLE [fazjɔnabl] ou [faʃjɔnabl] *adj. et n.*

(1804) Adj. *Vx.* À la mode (au XIXe s.).

« La musique italienne devint [en Angleterre] une mode, et beaucoup d'Anglais fashionables feignirent d'en être charmés. »
        SAINT-CONSTANT, *Londres et les Anglais*, 1804 [*in* Mackenzie, I, p. 129].

« Pour être fashionable, il faut jouir du repos sans avoir passé par le travail : autrement, gagner un quaterne, être fils de millionnaire, prince, sinécuriste ou cumulard. »
BALZAC, *Traité de la vie élégante*, p. 155 (□ oct.-nov. 1830).

« quoique je fusse en ce temps-là, comme vous m'avez vu depuis, un grand homme maigre, pâle, et noir de la tête aux pieds, aussi peu fashionable qu'aujourd'hui [...]. »
V. JACQUEMONT, Lettre à H. Cordier, 17 mars 1832, in *Corresp.*, t. II, p. 249.

« Être noble ne suffit plus, il faut être *fashionable.* »
STENDHAL, *Mémoires d'un touriste*, t. II, p. 97 (□ 1838).

« Jay [...] a quitté les quartiers lointains de Paris pour se rapprocher du centre fashionable où toutes nos notabilités industrielles viennent se grouper. »
La Mode, 5 avril 1844, p. 590.

« Collinet et la musique d'Almack's enchantaient la mélancolie fashionable des dandys et les élégances rêveuses des ladies pensivement dansantes. »
CHATEAUBRIAND, *Mémoires d'outre-tombe*, t. I, pp. 446-447 (□ 1848-1850).

— (1793) *N.* Personne élégante, à la mode (au XIXᵉ s.). *Un, une fashionable.* — REM. : Signalé dans le dict. de Littré 1865 et de l'Académie 1878.

« Du bord des pelouses désertes de Kensington, j'aimais à voir courre, à travers Hyde-Park, les troupes de chevaux, les voitures des fashionables, parmi lesquelles figure en 1822 mon tilbury vide [...]. »
CHATEAUBRIAND, *Mémoires d'outre-tombe*, t. I, p. 253 (□ 1848-1850).

✳ Mot anglais *fashionable* [ˈfaʃnəbəl] *adj.* et *n.,* de *fashion* n., d'abord « façonnable » (1607) puis « conforme à la mode » (déb. XVIIᵉ s.), substantif au XIXᵉ siècle. S'est répandu en français vers 1820 à l'époque du dandysme, et s'est employé jusqu'à la fin du siècle. On le trouve dans tous les dictionnaires du XXᵉ siècle, même les plus récents (excepté les Robert) et parfois sans aucune mention de son vieillissement (on sait que les dictionnaires sont aussi lents à congédier les mots vieux qu'à inviter les mots nouveaux). Il est aujourd'hui complètement sorti d'usage (sauf au Canada, V. Kelley, p. 16). *Fashionable* a donné en français l'adverbe *fashionablement* (Th. Gautier, Préface à *Mademoiselle de Maupin,* 1834 ; encore dans Larousse, 1930), et le nom *fashionabilité.* Pour la prononciation → **Fashion.**

« *Fashionable* est à la fois substantif et adjectif. Le mot se diffusa très rapidement à partir de 1830 : lancé par le monde élégant, il finit par se répandre dans le peuple. C'est ce qui apparaît à la lecture d'un essai de J. Mainzler, *Le Marchand d'ustensiles de ménage,* paru dans *Les Franç. p. p. eux-m.,* où nous est dépeint un marchand ambulant qui crie " *Portefeuilles en maroquin ! chaînes en caoutchouc, fortes, utiles et fashionables ! " »*
G. MATORÉ, *Le Vocabulaire et la Société sous Louis-Philippe,* p. 227 (□ 1946).

FAST [fast] *adj. fém.*

(1891) *Vx.* Émancipée (jeune fille).

« Et il n'y a pas une jeune fille moderne, il y en a deux cents, depuis la sournoise [...] jusqu'à la fille très *fast*, comme disent les Anglais, la gavrochine si finement dessinée par Gyp [...]. »
P. BOURGET, *Physiologie de l'amour moderne*, p. 85 (□ 1889).

✳ Mot anglais *fast* adj., « rapide » et sens nombreux, appliqué aux viveurs, aux femmes légères, au XVIIIᵉ siècle. Mackenzie signale *fast girl* en 1868. Ce mot, qui a eu quelque succès dans la seconde moitié du XIXᵉ siècle, est sorti aujourd'hui de l'usage.

FAST FOOD ou **FAST-FOOD** [fastfud] *n. m.*

1° (1972) Repas rapide pris au-dehors.

« Ici, selon la vraie tradition américaine, "on sert vite, on mange rapide" : c'est le "fast food". »
L'Express, 18 sept. 1972, p. 75.

« Alors, après 1970, qui avait vu la naissance de la viande hachée surgelée, en portions contrôlées, 1972 aura été l'année de la [*sic*] *fast-food*. Traduction littérale : alimentation rapide. Traduction littéraire : prêt-à-manger culinaire. » *Le Nouvel Observateur*, 23 déc. 1972, p. 38.

2° (1972) Restaurant où l'on sert des repas rapides et bon marché.

« La guerre des fast foods est déclarée. Le restaurant de Créteil n'est que le premier maillon de la chaîne française Mac Donald's. » *L'Express*, 18 sept. 1972, p. 75.

« Aux États-Unis, on en compte plusieurs milliers. En France, il y en aura une trentaine en activité à la fin de cette année : ce sont les "fast-foods", ou restaurants rapides. On s'y fait servir à la minute un repas complet, chaud ou froid, qui coûte entre 6 et 7 francs. À déguster sur place ou à emporter. » J.-L. COUSIN, in *Les Informations*, 18 déc. 1972 [in *La Banque des mots*, n° 6, 1973, p. 225].

« *Maintenant, l'argent n'est plus une fin*, disent-ils. *C'est un amusement, un sport.* Un sport qui va les mener, dès l'année prochaine, à lancer une chaîne de *fastfood* en France, qui leur donne envie de "s'attaquer" au marché américain et les oblige à louer un terminal d'ordinateur pour gérer leurs affaires. » *Le Nouvel Observateur*, 22 janv. 1973, p. 51.

« FAST FOODS. En français : restaurants rapides. Le principe : un seul plat à moins de 5 F, de fabrication industrielle, à déguster sur place ou à emporter. » *L'Express*, 12 mars 1973, p. 164.

✳ Ce mot tout récemment introduit en français est d'origine américaine (*fast* « rapide », *food* « nourriture »), la chose et le mot étant aussi récents aux États-Unis (1970). *La Banque des mots* signale aussi la graphie *fastfood*, 1973. Le fast-food n'est pas un self-service.

F. B. I. [εfbiaj] *n. pr. m.*

(v. 1950) Département de la justice fédérale des États-Unis chargé de faire respecter les lois fédérales.

« F. B. I. : *Federal Bureau of Investigation.* Aux États-Unis, il y a une justice fédérale et une police fédérale, qui s'occupent des crimes fédéraux. Dans chaque État, il y a une justice d'État et une police d'État, qui n'ont à s'occuper que des crimes ou des délits ne tombant pas sous les lois fédérales. Certaines choses permises dans un État sont interdites dans un autre. Ce qui est *fédéral* est interdit (ou permis) dans la fédération entière des U. S. A. Le Bureau Fédéral des Recherches — F. B. I. — est un organisme très important. » SIMENON, *Un nouveau dans la ville*, p. 49 (□ 1949).

« La vérité c'est que, depuis longtemps, la D. S. T. voudrait, à l'instar du F. B. I., avoir des hommes implantés sous couverture dans les ambassades... » *L'Express*, 6 juin 1971, p. 50.

✳ Sigle américain (1936), de *Federal Bureau of Investigation* « bureau fédéral d'enquête ». Ce mot qui apparaît souvent dans les journaux pourrait se prononcer à la française [εfbei] ; mais la prononciation anglaise est maintenue par la radio et la télévision.

FEED-BACK [fidbak] *n. m.*

(1951) *Cybernétique.* « Dispositif d'autocorrection qui permet à une machine de régulariser son action par le jeu des écarts mêmes de cette action » (Latil, *in* Robert). — *Par ext.* Dans un processus, Modification de ce qui précède par ce qui suit. *C'est par feed-back qu'un début de phrase obscur devient clair quand la phrase est terminée.*

« Si plus généralement, nous appliquons le même principe à l'ensemble de l'histoire considérée comme un phénomène soumis à une loi d'accélération, nous sommes en droit de supposer que le "feed-back" qui se manifeste par l'accélération de l'histoire, c'est la *conscience historique* elle-même. » P. BERTAUX, *La Mutation humaine*, p. 106 (□ 1964).

« Je vais ré-imaginer Marie-Noire. J'essaye. Tous les faits descriptifs. Les cheveux blonds. Sa garde-robe. Sa nudité. [...] J'essaye de la replacer dans des décors qui m'aident à la définir. Chez le coiffeur de Saint-Trop. Avec le volleyeur. Aux bains Deligny. Dans la chambre de Philippe, à regarder *Guernica*. Et ainsi de suite... tu parles de *feed-back ?* »   ARAGON, *Blanche ou l'Oubli*, p. 497 (□ 1967).

« Chez les rongeurs, la lumière provoque une fuite vers le noir. Cependant si cette réponse est associée à une expérience douloureuse, ce renseignement envoyé au cerveau par un "feed-back" négatif (FB−) va causer une correction du comportement et, par répétition de l'expérience, l'animal évitera le noir. »
                                            G. UNGAR, *Le Code moléculaire de la mémoire*,
                                            in *La Recherche*, janv. 1972, p. 21.

« Nous créons notre milieu, et ce milieu nous crée par un continuel feed back. »   R. DUBOS, in *L'Express*, 16 oct. 1972, p. 166.

✳ Mot anglais (1920), d'abord employé en électricité, puis en cybernétique (cet emploi n'est pas encore mentionné dans le Webster's 2d de 1947) ; de l'anglais *to feed* « nourrir » et *back* « en arrière ». Le mot a passé en français avec la plupart des termes se rapportant aux ordinateurs et à leur utilisation. Mais il s'est répandu dans le langage courant par la nouveauté et la fécondité de l'idée qu'il exprime. L'équivalent proposé par divers comités est *rétroaction*.

« *Feed-back* (angl.). Dans le langage de la *cybernétique*, on désigne, par cette expression d'"alimentation en retour" un dispositif reproduisant, dans des machines, des processus de *régulation du comportement* par expérience, caractéristiques de la vie animale. L'effet réactionnel engendré par un mécanisme exerce en retour une action sur ce mécanisme, pour l'entretenir et le modifier au besoin, en sorte que des effets réactionnels ultérieurs se trouvent assurés dans des conditions de réalisation adaptative. Équivalent français : rétroaction. »
                    H. PIÉRON, art. *Feed-back*, in *Vocabulaire de la psychologie* (□ 1951).

« *Feed-back* n. m. (expression anglaise ; de *to feed*, alimenter). On appelle *feed*, dans les studios de radio et de télévision, une alimentation par courant porteur de sons ou d'images. *Back* marque le mouvement en arrière, comme dans le *flash-back* d'un film ou comme dans le *spring-back*, mécanisme de "réversion élastique". »   J. GIRAUD, P. PAMART, J. RIVERAIN, *Les Mots « dans le vent »*, p. 99 (□ 1971).

FEEDER [fidœʀ] *n. m.*

(1889) Câble d'alimentation qui relie directement l'usine productrice d'énergie électrique au réseau de distribution. — Toute canalisation qui vient alimenter un réseau (gaz, vapeur, substances diverses, plastiques en fusion, etc.). — REM. : Absent du dict. de l'Académie 1932.

« La distribution est faite à 120 *volts* par réseau, à deux conducteurs et *feeders :* ce qui permet de mettre deux régulateurs en tension concurremment avec des lampes à incandescence, de grande résistance ; la perte consentie est de 1,5 volt dans le réseau distributeur et 12 *volts* dans les *feeders*. »
L. FIGUIER, *L'Année scientifique et industrielle*, pp. 393-394, 1890 (□ 1889).

« En ce qui concerne les sources d'énergie, signalons que c'est à Alfortville qu'aboutissent le feeder des gaz de Lorraine et celui du gaz de Lacq. »   *Ingénieurs et Techniciens*, juil.-août 1966, p. 40.

✳ Mot anglais *feeder* n. (xvɪᵉ s. « celui qui nourrit », 1886 sens techniques), de *to feed* « nourrir, alimenter » et *-er* « -eur ». Emprunté à la fin du xɪxᵉ siècle, il ne s'est vraiment répandu que vers le milieu du xxᵉ siècle, comme l'attestent les remarques des puristes pour lesquels *feeder* est un néologisme. Le Comité d'étude des termes techniques français propose les équivalents *artère, conduite, canalisation*. *Artère* qui n'a pas les sens ordinaires de *conduite* (mot trop général) nous semble mieux adapté pour traduire *feeder*.

« *feeder* est un terme *technique*, emprunté en même temps que la réalité *bien définie* qu'il nomme ("système qui transporte de l'énergie *sans en abandonner le long de son cours*"), et emprunté voilà cinquante ans.
    Ni *conduite souterraine*, ni *canal*, ni *canalisation*, ni *alimenteur* (ou *alimentateur* qui existe déjà — hélas ! — dans d'autres emplois), ni *trompe*, proposés dans cette revue par différents correspondants, ne semblent valoir *feeder*, d'après M. Naoumoff, parce que seul ce dernier terme est appuyé, dans les classifications techniques officielles (dont celle de l'Union technique de l'électricité), d'une définition adéquate. De ce point de vue spécial, la position de M. Naoumoff paraît très solide : il conclut d'ailleurs, de façon très autorisée : "*Feeder*, comme *starter*,

shunt, krarupisation et tant d'autres termes ne relèvent que du vocabulaire technique et de lui seul. Ces mots sont déjà internationaux dans le langage technique, ou en passe de le devenir..." Bref, seul les électriciens, parlant *entre eux* de matières déterminées, emploient ces mots [...]. »
Vie et Langage, avril 1954, p. 172.

« M. Ph. Denquin [...] reprend à son compte une critique — accueillie déjà à *Vie et Langage* — contre le néologisme *feeder* et souhaiterait que la graphie de ce mot fût au moins francisée en *fideur*. À vrai dire, il préférerait le bon vieux mot *conduite* ou, mieux encore, *artère*, puisque, ajoute-t-il, "comme une artère, le *feeder* est animé de pulsations qui font se déplacer le gaz". »
Vie et Langage, déc. 1956, p. 573.

FEELING [filiŋ] *n. m.*

(v. 1968-1970) Expressivité musicale des sentiments.

« — Un merveilleux vocaliste. Billy Paul fait partie de cette génération de "soul brothers" qui est enfin parvenue à marier jazz, pop, rhythm and blues et variétés de qualité. Voix détimbrée et sensuelle, registre étendu, technique de musicien et "feeling" à fleur de peau, Paul murmure, miaule, tonitrue avec un art consommé de la nuance. Étonnant. »
L'Express, 16 juil. 1973, p. 8.

✳ Mot angl. *feeling* « sentiment » (XIIᵉ s.), part. prés. substantivé de *to feel* « éprouver, ressentir » (attesté à la fin du IXᵉ s.), employé récemment dans le contexte spécial de la musique (jazz, rock, etc.).

FELLOW [fɛlo] *n. m.*

(1804) Membre « incorporé » d'un collège ou d'une fondation collégiale appartenant à une université anglaise ; membre de la compagnie qui constitue un tel collège (dirigé par un prévôt : *Provost*).

« Ayant déjà fait trois grandes découvertes dont chacune aurait pu immortaliser son nom, il [Newton] revint à Cambridge concourir pour le titre de *fellow*. Il y avait onze places vacantes, et il obtint la onzième : il n'avait pas le talent des examens. »
M. BERTRAND, in *Revue des cours scientifiques,* 18 fév. 1865, p. 193.

« À Oxford, le Roi voulut imposer pour président au Collège de Magdalen un catholique. Les *fellows* ayant résisté, il en renvoya vingt-cinq. »
A. MAUROIS, *Histoire d'Angleterre,* p. 486 (□ 1937).

✳ Mot anglais *fellow* (1016), de l'anc. anglais *féolaga*, du rad. *lag-* de *to lay* « déposer » (d'abord « celui qui dépose de l'argent dans une entreprise commune » puis « compagnon, ami »), employé dès le milieu du XVᵉ s. pour traduire le latin *socius* dans les grandes universités anglaises. Il apparaît en français en 1804 dans Saint-Constant, *Londres et les Anglais,* III, p. 177 (Mackenzie). Le mot est resté un anglicisme culturel.

FENIAN [fenjan] *adj.* et *n. m.*

(av. 1902) De l'organisation ou fraternité des Irlandais exilés aux États-Unis, destinée à soutenir les mouvements révolutionnaires et l'indépendance de l'Irlande.

« Les Irlandais étaient toujours représentés au Parlement par des nationalistes, mais n'avaient plus de députés influents. La Grande-Bretagne les avait oubliés quand ils furent brusquement rappelés à son souvenir par les révolutionnaires *fenians* (1865-67). Le parti fenian avait été décimé par les exécutions et il ne subsistait plus en Irlande que sous forme de sociétés secrètes, à Dublin et dans quelques autres villes ; il avait son centre aux États-Unis ; les fenians étaient partisans de l'établissement d'une république par une insurrection à main armée, et ne s'intéressaient pas à l'action parlementaire. »
LAVISSE et RAMBAUD, *Histoire Générale,* t. XII, p. 66 (□ 1902).

✳ Mot anglais *Fenian* « guerrier irlandais du roi légendaire Finn », de l'irlandais *fiann* « guerrier », repris par les membres de l'organisation irlandaise comme emprunt au mot de l'anc. irlandais *fene*, l'un des noms des anciens habitants de l'Irlande.

FERRY-BOAT [feʀibot] *n. m.*

(1782 ; répandu vers 1870) Navire pour faire passer les trains d'une rive à l'autre d'un fleuve, d'un lac, d'un bras de mer. *Des ferry-boats.* — REM. : Absent des dict. de l'Académie. — Le suppl. de Littré, 1877, signale *ferry.*

« je passai la rivière sur un "ferry-boat". »
> F. J. de CHASTELLUX, *Voyage dans l'Amérique septentrionale en 1780-1781, 1786-1788* [*in* Brunot, t. VI, 1, p. 356].

« Aussi, un ingénieur anglais, M. Leigh, vient-il de proposer un système nouveau consistant à faire usage de grands bâtiments à vapeur, sorte de bacs à vapeur, qui recevraient un train de chemin de fer, et pourraient par tous les temps les transporter de l'autre côté du détroit. [...] Les conditions financières seraient les suivantes : *Frais de construction* pour deux ferry-boats et travaux d'appropriation de part et d'autre du détroit, 6 125 000 fr. [...]. »
> L. FIGUIER, *L'Année scientifique et industrielle*, pp. 131-132, 1872 (□ 1870-1871).

« Ce qui nous impressionna vivement surtout, c'était le bruit tumultueux, le mouvement incessant qui régnaient dans toutes les parties de ce grand bassin, dont les eaux sont perpétuellement fatiguées par les roues des bateaux à vapeur remontant ou descendant le fleuve, des remorqueurs animant ou emportant avec eux des navires cramponnés à leurs flancs, ou par les *ferryboats* traversant continuellement d'une rive à l'autre, allant de la Nouvelle-Orléans à Alger, petite ville située sur le bord opposé. »
> X. EYMA, *La Vie aux États-Unis*, p. 42 (□ 1876).

« Ces deux parties [de l'Exposition, distantes de 12 km] seront mises en constante communication par les "cars", par les trains du chemin de fer de l'Illinois et par les *ferry-boats* (bacs à vapeur) du lac Michigan. »
> *La Science illustrée*, 1ᵉʳ sem. 1891, p. 344.

« En effet, il y a là un de ces ferry-boats, si nombreux aux États-Unis, et sur lequel s'embarque le char à bancs avec ses passagers. »
> Jules VERNE, *L'Île à hélice*, p. 30 (□ 1895).

« Mais, par delà, bientôt la baie d'Hudson s'échancre, derrière les caps : grandiose, avec ses eaux grises et ses collines verdoyantes, ses bourgs clairs, ses îles industrielles, ses larges ferry-boats colportant les trains entiers d'une rive à l'autre [...]. »
> P. ADAM, *Vues d'Amérique*, p. 32 (□ 1906).

« sur des bancs, des dames en crinolines et en cachemire regardent tourner les roues à aubes des blancs *ferry boats*, que le jeune Monsieur Fulton a mis à la mode. »
> P. MORAND, *New-York*, p. 70 (□ 1930).

— Parfois abrégé en *ferry* (plur. *ferries*, autrefois *ferrys*).

« nous marchâmes encore un mille pour gagner le "ferry", où nous espérions passer la rivière. »
> F. J. de CHASTELLUX, *Voyage dans l'Amérique septentrionale en 1780-1781, 1786-1788* [*in* Brunot, t. VI, 1, p. 356].

« il y a en outre deux *ferrys* ou bacs à passer. »
> Duc de BROGLIE, *Journal de mon voyage commencé en 1782,* in *Société des bibliophiles françois* [*in* D. D. L., 2ᵉ série, 2].

« Nous croisions, manquant de peu l'abordage, des bacs à aubes, des bateaux-citernes trop chargés à l'arrière et qui relèvent le nez, des ferries, si beaux à voir, le soir, avec leur étage de vitres illuminées comme des tramways aquatiques [...]. »
> P. MORAND, *New-York*, p. 28 (□ 1930).

✻ Mot anglais (1440), qui a passé en français par l'américain ; de *ferry* n. « endroit où l'on traverse une rivière, etc. », de *to ferry* (xᵉ s.) « transporter » teuton **farjan ; ferry* n. est apparenté à l'allemand moderne *fähre* « bac ». Les premiers « ferry-boats » (ou « ferries ») dont il est question en français sont américains, dans des récits de voyageurs ; le service de ferry-boat Dunkerque-Douvres est assez récent (1936). L'emploi de *ferry-boat* en français a été soutenu par une fausse interprétation de *ferry* en *ferré* (de chemin de *fer*) et compris comme « bateau *(boat)* pour le *train* (ferry) » alors que *ferry-boat* signifie littéralement « bateau *(boat)* de transbordement *(ferry)* », ou « bac » en français. La forme abrégée *ferry,* plur. *ferries* vient directement de l'anglais (xvⁱᵉ-fin xvⁱⁱⁱᵉ s., vieux en anglais, usité en américain) ; elle apparaît en même temps que la forme complète. La traduction de *ferry-boat* par *bateau porte-trains (navire porte-trains)* a eu un certain succès entre 1870 et 1890. *Bac* ne s'emploie en français que pour les passages peu importants de gens et de voitures. Quant à *traversier,* usuel au Québec, il ne s'acclimate pas en France : on peut le regretter.

« M. Dupuy de Lôme a résolu le problème d'une manière victorieuse, en embarquant un train entier de chemin de fer en dix minutes, sans qu'un seul des wagons où sont disposées à loisir les marchandises ait besoin d'être ouvert.

La même rotation appliquée aux voitures à voyageurs évitera les ennuis et les fatigues du transbordement [...].

Nous décrirons plus loin cette gare maritime. Auparavant, nous donnerons une idée des *navires porte-trains* qu'elle est appelée à recevoir. »
L. FiGUIER, *L'Année scientifique et industrielle,* p. 91, 1873 (□ 1872).

« pour éviter le transbordement des voyageurs et surtout celui des marchandises, passant d'une rive à l'autre, on a recours à l'emploi de bateaux spéciaux, dits *bateaux porte-trains, bacs à trains, ferry-boats,* etc. »
P. LEFÈVRE et G. CERBELAUD, *Les Chemins de fer,* pp. 55-56 (□ 1888).

« comme l'a justement noté M. Guillermou, le mot est importé avec la chose. Tel est le cas de *ferry-boat,* à la place duquel on a proposé *bac ferroviaire* qui n'est pas des plus jolis. » R. GEORGIN, in *Défense de la langue française,* juil. 1963, p. 16.

« À Paris, dans une grande agence de voyage, je suis allé retenir une place pour Londres. "Je voudrais, ai-je demandé, un billet pour le train du bac." L'employé n'a pas compris. "Je veux passer par Dunkerque", ai-je expliqué. — "Ah ! s'exclama-t-il, vous voulez dire le *ferry ?*" — "Excusez-moi, répondis-je, je ne suis pas ferré en anglais, je ne sais que le français". »
F. de GRAND COMBE, *De l'anglomanie en français,* oct. 1954, p. 275.

FESTIF, IVE [fɛstif, iv] *adj.*

(1970) De la fête, qui a un air de fête.

« Dix-huit mois après Mai 1968, les "grèves sauvages" qui ont éclaté un peu partout n'ont pas présenté le même caractère festif. »
J. DUQUESNE, *Dieu pour l'homme d'aujourd'hui* [*in* Gilbert].

✱ De l'anglais *festive* adj., même sens (xviie s.), latin *festivus.* L'ancien français avait aussi *festif, ive* (xve s.) qui a disparu au début du xviie siècle. Alors que nous n'avons plus dans le français actuel, d'adjectif qui fonctionne pour *fête* (sauf *férié, e,* particulier), l'ancien français possédait *férial, festable, festel, festif, festis, festivable, festival*, festivé, festivel, festoiable, festoyaux !* Il semble à peu près assuré que *festif,* oublié depuis longtemps dans notre langue, ait été relancé par l'anglais. C'est un mot bien utile qui nous manquait. Le dict. des Mots contemporains ne considère pas ce néologisme comme un emprunt.

FESTIVAL [fɛstival] *n. m.*

(1830) Grande manifestation musicale. — Grande manifestation artistique, généralement annuelle (musique, cinéma, danse, etc.) et où sont décernés des prix. *Le Festival de Cannes. Des festivals.* — REM. : Signalé dans le dict. de Littré 1865 et dans le dict. de l'Académie 1878.

« Ce mot que j'employai sur les affiches pour la première fois à Paris est devenu le titre banal des plus grotesques exhibitions ; nous avons maintenant des festivals de danse [...] dans les moindres guinguettes, avec trois violons, une caisse et deux cornets-pistons. »
BERLIOZ, *Mémoires,* vers 1830 [*in* Mackenzie, p. 212].

« Nous donnerons, quand trois lignes ne nous manqueront pas, le programme de chacun de ces festivals si suivis par l'aristocratie du goût, ainsi que celui des Matinées dramatiques et littéraires. »
MALLARMÉ, *La Dernière Mode,* 18 oct. 1874, p. 774.

✱ Mot anglais *festival,* d'abord adjectif (xive s., *vx*) « relatif à une fête », puis subst. « fête » et sens ci-dessus (sans date dans l'Oxford dict. ; apparemment du xviiie s.). L'adjectif *festival* est lui-même emprunté à l'ancien français *festivel* adj. « de fête », du latin médiéval *festivalis.* Cet adjectif a disparu du français actuel, et bien d'autres de la même famille → **Festif.** — Les premiers festivals de musique sont d'initiative anglaise et remontent au xviiie siècle ; les festivals de Norwich (1824) et de Leeds (1874) semblent avoir diffusé ce mot en France, et l'institution dans l'Europe entière. Les festivals de théâtre sont plus tardifs (*festival d'Orange*, 1869, en France). C'est donc dans un emploi nominal nouveau dénommant une institution nouvelle que ce mot nous est revenu, emprunt introduit en français par Berlioz s'il faut l'en croire. Le français a formé sur *festival* n. le mot *festivalier, ière* n. (1965) « personne qui assiste à un festival », qui n'a pas son correspondant en anglais, à notre connaissance.

FETCH [fɛtʃ] *n. m.*

(1961) *Géogr.* Distance de la côte où les vents de terre n'agissent plus sur la hauteur des vagues.

✳ Mot anglais *fetch* n., 1882 dans ce sens, de *to fetch* « aller chercher ». C'est un terme d'océanographie et de marine qui a pénétré récemment en français.

FEU VERT (DONNER LE) *loc. verb.*

(1959) *Donner le feu vert*, donner le signal, la permission de commencer, de faire quelque chose (en général, se dit d'une autorité officielle).

« Feu vert pour le métro express est-ouest : les ministres ont autorisé la mise à l'enquête. »   *Le Monde*, 15 fév. 1961 [*in* Gilbert].

« Ces performances ont séduit le ministère américain des transports, qui, à la fin du mois dernier, a donné le feu vert pour l'expérimentation en vraie grandeur. »   *L'Express*, 6 juin 1971, p. 100.

✳ Calque de l'anglais *to give the green light* (1937) « donner *(to give)* le feu *(the light)* vert *(green)* », métaphore tirée du feu vert de la signalisation routière qui, lorsqu'il s'allume, donne le droit de passer. *Feu vert* est devenu synonyme d'*autorisation* et s'emploie, depuis, dans quantité d'expressions (*attendre, avoir, demander, obtenir, recevoir... le feu vert*). Les puristes protestent du fait que le français a déjà *donner carte blanche, donner libre carrière* ; mais ces métaphores démotivées sont sans force comparées à celle, bien vivante, de la circulation routière. Critiqué par Étiemble, comme franglais (*Parlez-vous franglais ?*, p. 219).

« Il est certain que "donner le feu vert" est mieux adapté au rythme de notre vie quotidienne. "Donner carte blanche" manque de dynamisme. Je préfère cette expression cependant parce qu'elle est de meilleur aloi. Mais c'est là une question de goût. »   J. DARBELNET, *Regards sur le français actuel*, p. 46 (□ 1963).

FIDÉLITÉ (HAUTE) ['otfidelite] *n. f.* et *loc. adj.*

(1934) Restitution sans altération d'un son enregistré ou d'une image (appareils de radio, pick-up, télévision). *Enregistrement en haute fidélité. Chaîne, disque, haute-fidélité* → **Hi-fi.**

« le dialogue du déjeuner dominical [...] reste gravé dans ma mémoire, et il me suffit d'évoquer Saumur pour que retentisse la voix de mes oncles, de mes tantes, comme issues d'un 33 tours haute fidélité. »   P. DANINOS, *Le Jacassin*, p. 22, Livre de poche (□ 1962).

✳ Calque de l'américain *high fidelity* (1934), littéralement « haute fidélité », attesté en français en 1934 (D. D. L., 2e série, 12). Cette expression s'est répandue après la guerre de 1939-1945, avec la diffusion des disques américains. Bien que l'adjectif *haut* ne serve plus guère à qualifier des substantifs avec le sens de « très grand », l'expression s'intègre dans une série du type *haute précision, haute trahison*, etc.

FIELD → ICE-FIELD.

FIFTY-FIFTY [fiftififti] *loc. adv.*

(1936) *Fam.* Moitié moitié. *Partager fifty-fifty. Laisse-moi payer ! — Non, fifty-fifty.*

« Haroun Tazieff est donc un de ces hommes admirables dont le
sport se partage l'âme fifty-fifty, je l'ai dit, avec la poésie. »
J.-L. GODARD, *Le Conquérant solitaire : Les Rendez-Vous du diable
(Haroun Tazieff)*, in *Cahiers du cinéma*, mars 1959.

— SPÉCIALEMENT et SUBSTANTIVEMENT :

« Voile et moteur. Un *fifty-fifty* dit-on. »
Le Nouvel Observateur, 9 juil. 1973.

✱ Mot anglais *fifty-fifty* adv. et adj. (1913), littéralement « (partagé en)
cinquante cinquante », employé dans le même sens. Le français a
emprunté plus anciennement *half and half* « moitié moitié ». À croire qu'il
n'y a qu'en Angleterre qu'on sache partager également. *Fifty-fifty* a
d'abord été une expression argotique (signalée dans le Dict. d'argot de
Esnault). Elle est restée très familière. Sa sonorité est assez plaisante
en français.

FILIBEG → PHILIBEG.

FILIBUSTER [filibystɛʀ] *n. m.*

(1963) Manœuvres dilatoires dans une séance d'assemblée
législative ; obstruction parlementaire. — REM. : Absent de tout
dict.

« notamment par la méthode bien connue du débat prolongé à l'infini
qu'on appelle ici [aux États-Unis] le "filibuster". »
Le Figaro, 15 juin 1963 [*in* Blochwitz et Runkewitz, p. 278].

✱ Mot anglais *filibuster* n. (1850) emprunté à l'espagnol pour remplacer
l'emprunt au français *flibustier**. Désigne en anglais le « flibustier » et
toutes sortes de francs-tireurs, d'insoumis. Aux États-Unis il a pris le
sens (1853) de « celui qui fait de l'obstruction parlementaire », puis il a
désigné la pratique elle-même, emploi le plus courant. Signalé comme
anglicisme canadien par Kelley (Planche 4), absent de Bélisle, Dulong,
Colpron. Par ailleurs ce mot apparaît comme cité dans la presse
française en 1963. L'équivalent français est *obstruction* (non pas
flibustier !).

FILM [film] *n. m.*

1° (v. 1889) Pellicule préparée pour la photo ou le cinéma. *Film
qui se déchire à la projection. Perforations d'un film.*

« Le cinématographe qui a su conquérir en si peu de temps la faveur
du public, fait une consommation énorme de scène de tous genres.
Beaucoup d'entre elles sont la reproduction directe de scènes de la rue,
ou de deuils publics [...]. L'impression du *film* (mot anglais qui signifie
pellicule) est, dans ce cas-là à bon marché. »
F. FAIDEAU, in *La Science illustrée*, 1ᵉʳ sem. 1902, p. 138.

« L'attrait de ce nouveau cinématographe est d'autant plus grand que
le système optique adopté pour les projections y est merveilleusement
compris. Par exemple, ce système appliqué à un appareil avec pellicule
(film) ordinaire peut réaliser, au moyen d'une simple manivelle, des
vitesses équivalentes à 2 000, 3 000 et même 4 000 projections (au lieu
de 900 au minimum) à la minute, de façon à réduire au minimum
l'affreux papillottement dont tout le monde se plaint sans que personne
ait encore réussi à trouver le remède. »
É. GAUTIER, *L'Année scientifique et industrielle*, p. 119, 1903 (□ 1902).

— (1896) Œuvre cinématographique prise sur film et projetée
en spectacle. *Film policier. Film historique. Film du Far West*
→ **Western.** *On donne tel film au cinéma du quartier. Film en
couleur ; doublé.*

« C'est un film qu'on a commencé de tourner sous l'occupation et
qu'on est en train de terminer. »
M. AYMÉ, *Le Vin de Paris*, Le faux policier, p. 161 (□ 1947).

« Certains ayant osé prétendre que la "magie des mots", à quoi nous devons le plaisir que nous donne *Le Bateau ivre*, n'a point passé dans le film qu'on en tira [...]. »

ÉTIEMBLE, *Le Mythe de Rimbaud*, p. 126 (□ 1952).

2° (1927) Pellicule, mince couche d'un produit. *Enduire des chromes d'un film de vaseline. Il se forme un film à la surface du liquide.*

« avec quel ravissement nous découvrîmes cette jatte pleine d'un lait qu'on avait trait pour nous. Une fine couche de sable gris en avait terni la surface. Nos gobelets déchirèrent ce film fragile et le lait, au-dessous, semblait plus candide et plus frais, de toute la chaleur du jour. »

A. GIDE, *Les Nouvelles Nourritures*, p. 289-290,
in *Romans*, Pléiade, 1958 (□ 1935).

✻ Mot anglais *film* n. « membrane végétale ou animale » au XIe siècle, apparenté à *fell* n. « peau de bête » de l'ancien teuton, lui-même en relation avec le grec *pella* « peau ». Il a signifié par la suite en anglais « pellicule, feuille très mince » (XVIe s.), spécialement « destinée à servir de revêtement ». C'est ce sens qu'il a dans son premier emploi photographique « couche de collodion, de gélatine étendue sur la plaque ou le papier photographique » (1845) puis « feuille de matière plastique recouverte d'une couche sensible » (v. 1880), « rouleau de cette feuille destiné au cinéma » (1897) ; *film* comme nom du spectacle est plus tardif (début XXe s.). Le mot a passé en français au sens de « pellicule pour la photo ou le cinéma » (v. 1889, selon Bonnaffé, mais répandu seulement vers 1905) puis a été repris plus tard au sens propre de « mince couche » (Larousse 1933). Au début de la photographie, on avait des *plaques*, puis des *pellicules* (v. 1885) ; c'est à la naissance du cinéma, que le français a emprunté *film* (débuts de Louis Lumière en 1895). Il semblerait que cet emprunt est lié à la découverte d'une meilleure pellicule, au gélatino-bromure d'argent, par l'Anglais Maddox (1871). Ce mot est devenu très courant en français, et figure parmi les seize mots étrangers du dictionnaire fondamental de Gougenheim. Personne ne songe à le discuter, et Étiemble l'emploie (comment faire autrement ?). — *Film* n. m. a produit en français les dérivés *filmer* v. (1908), *filmographie* n. f. (1924), *filmologie* n. f. (1948), *filmothèque* n. f. (*filmathèque* en 1926) ainsi que *filmeur* n. (1917), *filmateur* n. (1928) qui n'ont pas vécu. *Filmique* adj. (mil. XXe s.) semble emprunté directement à l'anglais *filmic* adj. (1939). — *Film* au sens de « mince couche » n'a pas l'approbation des puristes ; l'Association française de Normalisation propose, pour le remplacer, *feuil* n. m., repris de l'ancien français (1959). Mais *film* a déjà produit *filmogène* adj. (v. 1960) « qui est susceptible de former une pellicule ».

« *Film*, mot désormais européen, n'a eu d'abord de succès qu'en matière de cinéma ; depuis quelque temps il concurrence *pellicule* quand il s'agit de nommer celle des appareils photographiques d'usage courant. Mais les cinéastes ont tendance à réserver *pellicule* pour désigner l'objet matériel, et *film* pour l'œuvre (sens abstrait). On notera que l'espagnol, si hospitalier aux mots étrangers, continue à dire *pelicula* dans tous les cas. (Les Grecs disent *tainia*, notre *ténia* = bande.) *Bande* est encore très vivant chez nous, pour les spécialistes, et je ne sais si *film* l'éliminera absolument. Aussi regretté-je l'usage que fait M. Gide de ce dernier mot. »   A. THÉRIVE, *Querelles de langage*, t. III, p. 116 (□ 1940).

« À l'origine synonyme de "pellicule", le mot *film*, venu d'Angleterre et utilisé par les photographes, servait à désigner le ruban de celluloïd sur lequel étaient enregistrées les images, et l'ensemble de ces images constituait une *bande*. Puis le mot *bande* fut abandonné et remplacé par le mot *film*. »

R. JEANNE et Ch. FORD, *Le Vocabulaire du cinéma*, oct. 1954, p. 456.

FINALISER [finalize] *v. tr.*

(1971) Terminer en mettant au point, en réglant le détail.

« Un "programme finalisé de péri-natalité" est maintenant adopté, précise-t-on au secrétariat d'État à l'action sociale. »

Le Monde, 17 sept. 1971, p. 11.

✻ De l'anglais d'Australie *to finalize* (1922), qui a eu un succès rapide aux États-Unis ; de *final* adj. sur le modèle de *actualize, realize, formalize*, etc. L'équivalent français *achever* est trop général. *Finaliser* a des chances de plaire. Il s'emploie au Canada (Colpron, p. 138).

FINALISTE [finalist] *n.*

(1924, *in* Petiot) Concurrent ou équipe disputant une finale. *Les finalistes du tournoi d'échecs.*

✱ Mot anglais *finalist* n. (1898) de *final* n. « finale » (1880).

« L'anglais *finalist,* par exemple, "joueur ou coureur qui figure dans une épreuve décisive", fait figure, sous la forme *finaliste,* d'un mot français de fort bon aloi. »   J. ORR, *Les Anglicismes du vocabulaire sportif,* oct. 1935, p. 303.

FINISH [finiʃ] *n. m. invar.*

(1895) Fin d'une course de chevaux, d'un combat de boxe dont la durée n'est pas limitée. *Match au finish,* au knock-out ou à l'abandon d'un adversaire. — Fig. *Avoir quelqu'un au finish,* à l'usure, parce qu'on ne cède pas le premier. — REM. : Absent du dict. de l'Académie 1932.

« Elle a couru derrière moi, la folie... tant et plus pendant vingt-deux ans. C'est coquet. Elle a essayé quinze cents bruits, un vacarme immense, mais j'ai déliré plus vite qu'elle, je l'ai baisée, je l'ai possédée au "finish". »   CÉLINE, *Mort à crédit,* p. 30 (□ 1936).

« Mais je lisais dans l'excès même de sa cruauté qu'il se battait contre son propre cœur. Étaient-ce les derniers sursauts ? Cette espérance me rendit la force de le supporter : non, même au finish tu ne m'auras pas. »   C. ROCHEFORT, *Le Repos du guerrier,* p. 181 (□ 1958).

« Entre Pip et ses supérieurs, ce sera un match au finish, par la force et par la persuasion, et malgré ses efforts il se trouvera contraint de rejoindre sa tribu, sa classe, son destin de bourgeois. »
Les Nouvelles littéraires, 17 janv. 1972, p. 26.

✱ Mot anglais *finish* n., XVIIIe siècle « fin », XIXe siècle « fin d'une chasse, d'une course, d'un combat », de *to finish* « terminer ». Apparaît en français comme terme de turf (1904, Romain, Sport univ., p. 742, *in* Mackenzie), mais s'est répandu surtout comme terme de boxe. Une attestation plus ancienne (avant 1863) de *finish* « cabaret de nuit où l'on va finir la soirée » est un emprunt à l'argot anglais *finish,* même sens. Cet emploi est vieux.

FIRMAN [fiʀmɑ̃] *n. m.*

(1663) Autrefois, Édit, ordre ou permis émanant d'un souverain musulman. — REM. : Absent des dict. de l'Académie jusqu'en 1835 ; signalé dans le dict. de Trévoux 1721.

« il restabliroit la reputation de nos affaires [...], et cela par le moyen d'un Firman qu'il me promettoit. »
T. de ROË, *Mémoires,* trad. de l'angl. par Thévenot, *Relations,* 1663 [*in* Arveiller].

« Déjà M. Allard, son généralissime français, a pris sur lui-même de m'envoyer des firmans pour les officiers sous ses ordres qui commandent sur la frontière. »   V. JACQUEMONT à M. Jacquemont père, 10 janv. 1831, in *Corresp.* t. I, p. 305.

✱ Mot anglais *firman* n. (1616), du turc *fermân* d'origine persane. Ce mot a passé en français par une traduction de l'anglais ; il a été couramment employé dans les relations avec l'Empire ottoman.

FIRME [fiʀm] *n. f.*

(1844) Entreprise industrielle ou commerciale telle qu'elle est désignée sous un nom patronymique, une raison sociale. — *Par ext.* Se dit d'une grande entreprise.

« Une clientèle est quelque chose en Angleterre. Aussi une enseigne, une firme avantageusement connue se transmet-elle comme un trésor de grande valeur. »   JOBARD, *Nouvelle économie sociale ou Monautopole,* 1844 [*in* D. D. L., 2e série, 1].

« Les grandes firmes cinématographiques ont ouvert sur Broadway, une après l'autre des basiliques. Bien que bondées, ces salles ont coûté

tant de millions qu'elles sont toujours en déficit ; mais elles servent à
lancer les films [...]. »   P. MORAND, *New-York*, p. 179 (□ 1930).

« nous pouvons réaliser pour vous des reportages sur n'importe quel
sujet. Cela bien entendu à moitié prix des autres firmes de reportage. »
                                            Le Canard enchaîné, 2 fév. 1972, p. 7.

« les pays latino-américains, avec lesquels sont passés 10 % des
contrats exécutés pour l'étranger par les firmes françaises d'ingéniérie,
souhaitent voir les constructeurs participer eux-mêmes au capital des
nouvelles firmes, ne serait-ce que pour alléger leurs propres finances et
garantir le sérieux des projets. »   *Le Monde*, 11 janv. 1972, p. 16.

✳ Mot anglais *firm* n., de l'espagnol *firma* « signature » (apparenté au
français *confirmer*) ; a d'abord signifié en anglais « signature, griffe »
(XVIe s., *vx*) puis « nom d'une maison de commerce », puis « maison de
commerce » (XVIIIe s.). *Firm* et *farm* en anglais, et *firme* et *ferme* en
français sont des doublets (origine latine *firmus*). Le mot apparaît dans
le Supplément du dict. de Littré : « se dit en Belgique comme synonyme
de raison sociale ». Il semble qu'en effet le mot se soit répandu plus
tard en France. Romeuf et Guinot, dans leur *Manuel du chef d'entreprise*
se réfèrent à Littré pour proscrire l'emploi de *firme* pour « entreprise »
et recommander celui de « raison sociale » ; mais ce dernier sens paraît
inusité. L'emploi de *firm* pour « entreprise » en anglais ne permet pas
de purisme malencontreux.

FIRMWARE [fœRmwɛR] *n. m.*

(1971) Éléments d'un système informatique susceptible de
passer du software* au hardware*. — REM. : Absent de tout
dictionnaire.

« Mais aujourd'hui le fossé est en train de se combler. Entre le
hardware et le software apparaît un moyen terme : le "firmware". Les
informaticiens sont d'ailleurs bien embarrassés pour le définir. On
pourrait dire que ce "firm" n'a ni la consistance du "hard" ni la mollesse
du "soft". C'est du hard qui devient soft. Il peut s'interpréter aussi
comme la découverte du software par les "quincaillers". [...] Grâce au
firmware, une partie du software, c'est-à-dire les programmes de travail,
va réintégrer le cœur de l'ordinateur. »
                    H. CHEVALET, in *Sciences et Avenir*, fév. 1971, pp. 123-124.

✳ Mot américain récent *firmware* n. dans Barnhart 1, 1968 (ne figure
pas dans le Webster's 3d, 1961), de *firm* « ferme », d'après *hardware*
et *software* (*firm* tenant le milieu entre *hard* « dur » et *soft* « mou »).

FIRST LADY → LADY.

FISSILE [fisil] *adj.*

(v. 1950) Susceptible de fission nucléaire ; fissible. — REM. :
Apparaît en ce sens dans le Grand Larousse encycl. 1960
(art. *fissile* adj., art. *atomique*).

« les États-Unis ont proposé qu'on arrête la production de matière
fissile à un moment où leurs stocks étaient largement supérieurs à ceux
de l'U. R. S. S. »
                    P. THUILLIER, *Les Scientifiques et la Course aux armements*,
                                        in *La Recherche*, janv. 1972, p. 11.

✳ *Fissile* adj. (du latin *fissilis* « qui se fend ») existe en français depuis
le XVIe siècle comme terme de sciences naturelles : « *Schiste fissile* »
(Littré 1865). Il a emprunté ce sens à l'américain *fissile* adj. pour servir
d'adjectif à *fission* ; l'anglais avait *fissile* adj. dans les mêmes emplois
que le français, et les savants atomistes l'employèrent pour la fission de
l'atome (*Fissile* ne figure pas encore dans ce sens dans le Webster's 2d,
1947). Postérieurement, le français a dérivé, de *fission*, un adjectif
fissible, moins savant, et plus couramment admis dans les milieux
officiels.

FISSION [fisjɔ̃] *n. f.*

(1942) Rupture (d'un noyau d'atome) spécialement par absorption d'une particule. *La fission de l'atome, la fission nucléaire. La fission d'un gramme d'uranium libère la même énergie que trois tonnes de charbon.*

✳ Mot anglais *fission* n. (1841), du latin *fissionem* « action de fendre » ; d'abord employé pour « division cellulaire par scissiparité », puis utilisé par les savants atomistes probablement vers 1940 (ce sens ne figure pas dans le Webster's 2d, 1947). La fission de l'atome eut lieu vers 1938 quand on réalisa le bombardement du noyau avec des neutrons, éléments non électrisés. Le mot *fission* fut emprunté en 1942 mais ne fut connu qu'après 1945, date de l'explosion de la première bombe atomique. En 1948 encore, P. Rousseau n'emploie que « *cassure, explosion* du noyau » (*De l'Atome à l'Étoile*, P. U. F.).

FIT [fit] *n. m.*

(1966) Au bridge, Accord entre deux mains d'un camp qui se traduit par la possession d'au moins 8 cartes d'une couleur → **Misfit.** *Jeux et Sports*, p. 993 (□ 1967).

« Les mains 5-4-3-1 valent un point de moins à Sans-Atout et un point de plus à la couleur, si bien qu'après avoir trouvé le *fit* avec son partenaire, il faut réévaluer une telle main d'un point. »
                                   Jeux et Sports, p. 993 (□ 1967).

✳ Mot anglais, de *to fit* « convenir », signalé dans le Webster's Third. Attesté en français dans P. Ghestem et C. Delmouly, *Le Monaco*, 1966, p. 16. L'équivalent français est *accord* (*Banque des mots*, n° 18, 1979, p. 221). On a formé l'adj. *fitté, ée* « qui a un fit » (« *Il est fitté cœur* », Guestem et Delmouly, *Le Monaco*, p. 102) et *semi-fit* n. m. (*id., ibid.*, p. 256).

FIVE O'CLOCK [fajvɔklɔk] *n. m. invar.*

(1882) *Vx.* Thé de cinq heures avec gâteaux, goûter ; réception où l'on prend ce thé. — REM. : Absent du dict. de l'Académie 1932.

« Voyez l'usage d'un livre, si par lui se propage le rêve : il met l'intérieure qualité de quiconque habite des milieux, autrement banals, je le dis et pardon ! si n'y éclatent que les entretiens d'une visite ou ceux ordinaires à des *five o'clock*, en rapport avec ce délicieux entourage, qui sinon ment. »
                   MALLARMÉ, *Médaillons et portraits*, Villiers de l'Isle-Adam,
                                              p. 500 (□ 1890).

« Dans les familles, au déjeuner, au five o'clock, au dîner, il n'est rien de plus intéressant, après les réflexions sur la température, que la conversation sur le crime vraiment parisien. »
                   M. DANCOURT in *Le Charivari*, 8 janv. 1892, p. 1.

« un comte de Lavallière, qui m'offrit, la semaine passée, un "five o'clock" dans sa garçonnière ».   COLETTE, *La Vagabonde*, p. 13 (□ 1910).

« Dès la fin d'octobre Odette rentrait le plus régulièrement qu'elle pouvait pour le thé, qu'on appelait encore dans ce temps-là le *five o'clock tea*, ayant entendu dire (et aimant à répéter) que si Mme Verdurin s'était fait un salon c'était parce qu'on était toujours sûr de pouvoir la rencontrer chez elle à la même heure. »
                   PROUST, *À l'ombre des jeunes filles en fleurs*, p. 594 (□ 1918).

✳ Expression anglaise *five-o'clock* n. (v. 1880), abrégée de *five-o'clock tea*, « thé *(tea)* de cinq heures (*five-o'clock*, littéralement cinq à la pendule) ». Les Anglais prennent le thé de nombreuses fois dans la journée, mais celui de l'après-midi, accompagné de gâteaux variés, méritait un nom particulier : *Five o'clock tea, that pernicious, unprincipled and stomach-ruining habit* « le thé de cinq heures, cette habitude pernicieuse et barbare, qui ruine l'estomac » (Lord Shaftesbury, 1872, *in* Oxford dict.). La mode de prendre le thé s'est répandue en France au xixe siècle, soutenue par les thés que donnait l'impératrice Eugénie sous le Second Empire ; mais le terme de *five o'clock* n'apparut qu'après, vers la fin du siècle, où il fit fureur chez tous les gens élégants du « high life » (*five-o'clock*, 1885, De Granlieu, *in* Mackenzie). Ce mot s'est toujours prononcé à l'anglaise, et sa graphie a sûrement exercé un grand charme, bien que les Français l'aient allégée d'un trait d'union. Remy de Gourmont propose cependant (avant 1915) la prononciation [fivɔklɔk] à la française (*Esthétique de la Langue française*, p. 126). Encore employé jusqu'à la dernière guerre, il est tout à fait démodé.

« *Five o'clock* pour *five o'clock tea*. Il y avait d'autant moins de raison pour adopter cette locution que les Anglais de la classe que nous prétendons copier prennent le thé (*have their tea*) à 16 h 30 ! Dans le peuple cette heure est beaucoup plus tardive et est déterminée par le retour du mari. C'est alors un repas bien plus substantiel, le *high tea*, habitude qui, autrefois, suffisait à déclasser une famille. Aujourd'hui la rareté des domestiques a contribué à éliminer cette forme de snobisme. »   F. de GRAND COMBE, *De l'anglomanie en français*, juil. 1954, pp. 196-197.

FIX ou FIXE [fiks] *n. m.*

(v. 1974) *Arg. de la drogue.* Injection d'un stupéfiant (morphine, cocaïne). *Un fix* — Syn. *Shoot**.

« Je m'étais toujours dit, le "fixe" tu n'y toucheras jamais. Un jour, ça s'est présenté. Un mec m'a shooté. »
                    Interview, *in Le Nouvel Observateur*, 3 mars 1975, p. 42.

✱ Mot américain, *fix* n. (1938), auparavant *fix up* (1867), spécialisation de sens du substantif *fix up* (1816) « arrangement » dérivé du verbe *to fix* → **Fixer (se)**. Un synonyme fam. de *fix(e)*, propre au français, est *fixette*, n. f.

FIXER (SE) [fikse] *v. pron.*

(v. 1970) *Arg.* S'injecter habituellement une drogue → **Shooter (se).**

« Après l'"escalade", qui l'a mené de drogue en drogue, aux plus dures, il s'est "fixé (1) à l'héroïne en 1962". »
(1) Se fixer : s'injecter une drogue par voie intraveineuse.
                              Interview, *in Le Monde*, 16 janv. 1973, p. 1.

✱ De l'argot américain *to fix* (someone) « administrer une injection de stupéfiants » (1938), spécialisation de sens de *to fix* « fixer ». → **Fix.**

FLANELLE [flanɛl] *n. f.*

(1650) Tissu de laine peignée ou cardée, peu serré, doux et pelucheux. *Pantalon, blazer de flanelle.* — REM. : Signalé dans le dict. de l'Académie 1762 ; absent du dict. de Furetière 1690 et de l'Académie 1694. — Ne prend qu'un seul *n.*

« J'ai dit à M. de Bonac que vous me ferez plaisir de m'apporter seulement de bonne flanelle, vraie Angleterre, de quoi me faire deux camisoles [...]. »   RACINE, Lettre à Jean-Baptiste Racine, 17 nov. 1698,
                                      in Œuvres complètes, t. VII, p. 315.

« Moi, à cause du froid (car il ne fait pas chaud du tout, le temps est sec) et par précaution, j'ai dès maintenant endossé la chemise de flanelle. Me voilà donc condamné au *gilet de santé*. »
FLAUBERT, Lettre à sa mère, 3 nov. 1849, *in Corresp.*, Pléiade, t. I, p. 523.

« À toute la flanelle qui me couvrait déjà, j'ajoutai encore une ceinture de flanelle. »
              G. LAFOND, *Voyages autour du monde*, p. 241 (□ 1854).

« Vous voyez les "jeunes barbares", comme les appelait Mathieu Arnold, jouer au tennis dans ce cadre d'une beauté qui doit tout aux morts. Vous les suivez, gagnant en costume de flanelle le canot dans lequel ils vont raser les murs vénérables des anciens cloîtres [...]. »
                           P. BOURGET, *Outre-Mer*, p. 71 (□ 1895).

✱ Francisation du mot anglais *flannel* n. (XVIᵉ s.), probablement du gallois *gwlanen* « lainage » de *gwlân* « laine ». Les premières flanelles ont été fabriquées en Angleterre, et aussitôt appréciées en France pour leur confort. On en a fait longtemps des sous-vêtements (gilet, ceinture) à l'époque où le chauffage laissait à désirer ; puis la flanelle est devenue le symbole du vêtement de sport élégant dès la fin du XIXᵉ siècle :

pantalon, veste (→ **Blazer**) et jupe. Le mot pénètre en français dès 1650 (Laurens, *Taux et Taxes,* p. 33, *in* Mackenzie). Il s'intègre à toute une série de noms de tissus empruntés à l'anglais (ce phénomène s'expliquant aisément par l'importance de l'industrie textile en Angleterre). Malgré son origine, *flanelle,* avec son pseudo-suffixe diminutif (type *tourelle, prunelle*), a un air très français.

FLAPPER [flɑpœʀ] *n. f.*

(1973) Jeune fille américaine (généralement considérée du point de vue érotique).

« Si l'on s'en tient au contenu formel, nous allons voir ici l'histoire d'une jeune fille du Sud, une *flapper* jolie et courtisée, Alabama, que vient arracher à sa famille, à la fin de la Première Guerre mondiale, un séduisant officier [...]. »
J. FREUSTIÉ, in *Le Nouvel Observateur,* 15 janv. 1973, p. 59.

« J'aime aussi beaucoup le passage, où, guéri, libéré, ce garçon de seize ans, séducteur de *flappers* new-yorkaises, réalise une énorme fortune en cambriolant avec adresse les somptueux appartements où ses petites amies l'on introduit. » *Le Nouvel Observateur,* 23 juil. 1973, p. 50.

✳ Mot anglais, spécialisation de sens de *flapper* « personne ou chose qui frappe, donne un coup » (1570), « chose qui pend comme un objet souple », etc., de *to flap* « frapper, battre », mot germanique peut-être onomatopéique (attesté au XIVᵉ s.). Appliqué aux femmes, d'abord en argot, le mot est probablement une métaphore d'un sens plus ancien « jeune canard, perdrix — qui bat *(flaps)* des ailes ». Il est attesté à partir de 1889 (Oxford Suppl.) au sens de « jeune prostituée ». La valeur péjorative du mot est plus ou moins nette. En français, le mot n'est qu'un américanisme culturel, de bon ton journalistique et n'évoque rien pour les Français. Usage de paresse, aussi, dans la mesure où les équivalents, de *boudin* à *minette,* ne manquent pas.

FLASH [flaʃ] *n. m.*

1° (1918) Scène rapide d'un film. — *Par ext.* (v. 1955) Courte nouvelle transmise en priorité par la presse, la radio, etc. *Des flashes* [flaʃ]. — REM. : Absent du dict. de l'Académie 1932.

« Un nom, deux dates, et vous voilà pris, emporté dans une ronde fantasmagorique où le " Balcon " de Manet, l'atelier de Delacroix, le salon de "la Présidente", la loge d'Henri Monnier, les garnis de Verlaine se succèdent comme les flach's [*sic*] d'un film et, sans ordre chronologique, enchevêtrent à leur guise les fils d'or de la plus extraordinaire, de la plus libre fantaisie. » F. CARCO, *Nostalgie de Paris,* p. 26 (□ 1941).

« D'heure en heure, durant tout ce dimanche, chaque flash qui déferlait avait beau ramener des cadavres, je n'ai mesuré que ce matin notre malheur. »
F. MAURIAC, *Le Nouveau Bloc-Notes 1958-1960,* 12 déc. 1960.

« la noble gravité de Roosevelt, l'héroïque bonhomie de Churchill... sont ici révélées en quelques " flashes ". »
Le Monde, 6 janv. 1963 [*in* Blochwitz et Runkewitz, p. 278].

« Parce que, le 17, on en a parlé à la radio et, moi, je n'ai pas compris d'abord, j'avais la tête lourde de cette insomnie, puis j'étais tombé en plein milieu de l'émission, ou n'était-ce qu'un flash ? Ce n'est que le jour d'après que j'ai lu les journaux. »
ARAGON, *Blanche ou l'Oubli,* p. 365 (□ 1967).

« Nul ordre apparent, ni chronologique, ni spatial, ni thématique, ni logique : une succession de flashes, presque d'instantanés, d'où seule la succession fait naître le mouvement. Nous sommes à Pékin, oui, pendant dix ou quinze lignes, et puis — un blanc — nous voilà à Alger, à Londres, à Paris, dans les steppes de l'Asie centrale, dans les déserts d'Arabie, en Afghanistan, à Berlin. »
Les Nouvelles littéraires, 8 oct. 1971, p. 8.

2° (v. 1950) Éclair de magnésium produit par un appareil photographique spécial, pour photographier la nuit ou à l'intérieur.

« Lorsque les phalènes du Quai d'Orsay auront fini de brûler ce qui leur reste d'ailes et tituberont sous les "flashes" des photographes internationaux [...]. »

F. MAURIAC, *Bloc-Notes 1952-1957*, 17 avril 1954, p. 76.

— *En interjection* (et peut-être aussi avec évocation du bruit de l'éclair).

« *Flash !* Avec des décharges de magnésium dans les yeux, je les déshabillais instantanément. Toutes avaient mis leur plus belle robe pour venir me voir [...]. »

CENDRARS, *Trop c'est trop*, Un homme heureux, p. 190 (□ 1929).

« Flash. Arlette n'a pas craint de se hisser sur une chaise pour prendre la scène sous un bon angle. »

H. BAZIN, *Le Matrimoine*, p. 170, Livre de Poche (□ 1967).

— Appareil de photo qui produit un éclair de magnésium au moment de la prise. — *Lampe flash* ou *flash*, la lampe qui produit l'éclair (lampe au magnésium ou lampe électronique). *Photo prise au flash.*

« Que fait Paul ? Il est photographe ambulant. Autrement dit, la nuit, il mitraille avec un flash les passants sur le boulevard. »

J.-L. GODARD, *Une femme est une femme*, in *Cahiers du Cinéma*, août 1959.

3° (1973) « Sensation spécifique libérée par la drogue et qui envahit le corps... » (Olievenstein, *Il n'y a pas de drogués heureux*, p. 208).

« La descente aux enfers d'un adolescent de vingt ans, François T..., qui avait cru pouvoir oublier dans le "flash" et la défonce ses problèmes sexuels, familiaux, sociaux, bref son désespoir. »

Le Nouvel Observateur, 22 oct. 1973, p. 44.

✱ Mot anglais *flash* n., de *to flash,* d'origine onomatopéique (comme beaucoup de mots en *-ash*), d'abord appliqué au bruit de l'eau qui s'écrase sur une surface ; *flash* n. signifie d'abord « éclair » (XVIᵉ s.), d'où « éclair (de magnésium) » dans *flashlight* (1890) « éclair lumineux », puis « photographie ainsi faite ». Les emplois en cinéma, radio, etc. ne viennent pas de *flashlight,* mais d'un autre sens de *flash* « éclair » qui insiste sur l'aspect temporel (comme en français par exemple *la guerre éclair*). Nous avons emprunté *flash* d'abord dans ce sens « scène rapide d'un film » au début du siècle (1918 selon Wartburg). Le pluriel de *flash* suit généralement en français la règle anglaise *(flashes).* Néanmoins Étiemble signale aussi *flashs* (*Parlez-vous franglais ?*, p. 147). *Flash* est devenu très courant (→ aussi **Flash-back**). Nous ne lui connaissons pas d'équivalent français, bien que les puristes souhaitent s'en débarrasser. *Flash* s'emploie aussi au Canada (avec le composé *porte-flash* n.). Le sens 3° est restreint au milieu des drogués. *Flash* n. a produit en français le verbe *flasher* « produire un flash (2°) » : « *La lampe flash n'a pas flashé* » (Daninos, *Un certain Monsieur Blot*, p. 178), et « faire une photo au flash » (Robert Suppl., 1970). Au Canada, *flasher* est emprunté à *to flash* et signifie tout autre chose : « s'exhiber, se faire remarquer, crâner » (Bélisle ; Colpron, p. 123).

« Si important que fût l'évent mondial, ce n'est pas lui qui, pour lâcher son flash une minute avant le journal concurrent, se serait aventuré à câbler une erreur. »   ÉTIEMBLE, *Parlez-vous franglais ?*, p. 23 (□ 1964).

FLASH-BACK [flaʃbak] *n. m. invar.*

(1951) Séquence d'un film qui évoque un fait passé par rapport à l'action présentée ; retour en arrière.

« D'où l'importance primordiale du "flashback" dans ces rêveries scandinaves de promeneuses solitaires. Dans *Sommarlek*, il suffit d'un regard à son miroir pour que Maj Britt Nilsson parte comme Orphée et Lancelot à la poursuite du paradis perdu et du temps retrouvé. »

J.-L. GODARD, *Bergmanorama*, L'éternité au secours de l'instantané, in *Cahiers du cinéma*, juil. 1958.

— PAR ANALOGIE. Retour en arrière en esprit. — *Spécialt :*

« Le LSD, qui est le plus vieux des hallucinogènes, produit aussi des
"flashbacks". Ce terme du langage cinématographique désigne dans le
langage des drogués, les effets à retardement de la drogue. »
Cinérevue, 4 fév. 1971, p. 10.

✱ Mot anglais *flashback* n. (début xxᵉ s.) qui nous est venu par
l'américain avec d'autres termes de cinéma ; *flash-back* est resté un
terme de spécialistes mais c'est le seul mot usuel ; *retour en arrière
« retour visuel, rappel éclair » (Les mots « dans le vent »*, art. *Flash)*
qu'on peut proposer comme équivalents font figure de maladresses.

« À quoi bon des *flash-backs,* quand Sadoul, dans son *Histoire du cinéma,*
propose "retours en arrière" ? »   ÉTIEMBLE, *Parlez-vous franglais ?*, p. 280 (□ 1964).

FLASK [flask] *n. m.*

(1920) Flacon plat d'eau-de-vie qu'on porte sur soi dans une
poche, généralement en verre, gainé de peau et muni d'un
bouchon qui se visse.

« l'Américaine sortit de sa poche revolver un flask de whisky. Ils le
vidèrent pour se donner une contenance. »
R. FALLET, *Le Triporteur*, p. 86 (□ 1951).

✱ Mot anglais *flask* n., de l'italien *fiasco,* d'abord « bouteille à long col
et large panse, garnie de paille » (Cf. *Fiasque* en français), puis « flacon
plat de poche ». Les Allemands ont aussi un mot *Flasche* issu de *fiasco*
qui a été emprunté au français *flasque* au sens de « flacon plat de
poche », mais qui est féminin. Le français dispose donc de deux
emprunts synonymes *flask* n. m. et *flasque* n. f. (antérieur). *Flask* est
signalé en 1920 par Dauzat. Ce flacon est généralement réservé aux
voyages, en Europe. Aux États-Unis, l'usage permanent du flask fait
partie de la mythologie des pionniers, cow-boys, chercheurs d'or, etc.,
et de l'époque de la Prohibition.

FLIBUSTIER [flibystje] *n. m.*

(1680) Aventurier d'une des associations de pirates qui, du
XVIᵉ au XVIIIᵉ siècle écumaient les côtes et dévastaient les
possessions espagnoles d'Amérique. — REM. : Signalé dans le
dict. de l'Académie 1762.

« Ce détachement avoit été fait sur la nouvelle que trois ou quatre
cent flibustiers, anglois et françois, favorisés des Indiens du golphe
Darien, ... s'estoient avancés jusques à une lieüe et demie de la mer du
Sud. »   D'ESTRÉES, 1680 [*in* Arveiller, p. 232].

« En 1686, un chef de boucaniers, un frère de la Côte, un des plus
célèbres flibustiers des mers du sud, William Dampier, après de
nombreuses aventures mêlées de plaisirs et de misères, arriva sur le
navire le *Cygnet* au rivage nord-ouest de la Nouvelle Hollande [...]. »
Jules VERNE, *Les Enfants du capitaine Grant*, p. 225, Lidis (□ 1867).

✱ Adaptation de l'anglais ancien *flibutor* n. (XVIᵉ s.) emprunté au
hollandais *vrijbinter* n. « pillard », littéralement « celui qui fait du butin
librement ». *Vrijbinter* a donné aussi en anglais *freebooter* n., doublet
de *flibutor* au XVIᵉ siècle et encore actuel. Le *l* de *flibutor* est mal
expliqué. L'anglais a par la suite (XVIIIᵉ s.) réemprunté *flibustier* au
français, puis l'a abandonné pour un nouvel emprunt espagnol *filibuster*
n. (probablement du français) vers 1850. Les deux termes qui subsistent
en anglais sont donc *freebooter* et *filibuster*. Les premiers passages en
français hésitent entre l'emprunt à *freebooter* (1667, Du Tertre, *Fribus-
tier*) et à *flibutor*. Le *s* reste en tout cas inexpliqué. En plus du sens de
« pirate », il a acquis en français celui d'« escroc ». *Filibuster** a évolué
dans une autre direction.

FLINT-GLASS [flintglas] *n. m.*

(1771) Verre optique au plomb. — REM. : Enregistré dans le
dict. de l'Académie 1835.

« Enfin, dans la confection de ce prétendu objectif, l'auteur dit que l'on a fondu ensemble le crown-glass et le flint-glass ; il ignore que les objectifs astronomiques sont formés de deux lentilles *séparées*, l'une de crown-glass, l'autre de flint-glass [...]. »

BALZAC, *Chronique de Paris*, p. 9 (□ mai 1836).

— Parfois abrégé en *flint*.

« Le flint est un verre contenant environ la moitié de son poids de minium ou oxyde de plomb ; le crown en contient environ le quart. »

L. FIGUIER, *L'Année scientifique et industrielle*, p. 17, 1893 (□ 1892).

✱ Mot anglais *flint glass* n. (1683), de *flint* « silex » et *glass* « verre », parce qu'à l'origine le flint-glass était fait de silex pulvérisés. Le mot apparaît en 1771 dans D. de Gomicourt, *L'Observateur français à Londres*, VIII, 395, selon Mackenzie. Cet emprunt est à peu près simultané de celui de *crown-glass*✱. L'un comme l'autre sont mal adaptés au système du français.

FLIP [flip] *n. m.*

(1716) Boisson alcoolisée chaude, à base de cidre ou de bière. (1823) Cocktail composé de porto, de whisky, de sucre et parfois d'œufs battus.

« — C'est un œuf... chantait la voix de l'ange Zanzi.
— Camarade mécanicien, enchaînait celle, séraphique, du Duc, le porto flip est la résultante d'un jaune d'œuf et de porto. Je vais donc réaliser un cognac flip. » R. FALLET, *Le Triporteur*, p. 237 (□ 1951).

✱ Mot anglais *flip* n., peut-être de *to flip* « donner une chiquenaude », qui désigne dès le XVIIᵉ siècle *a mixture of beer and spirit sweetened with sugar and heated with a hot iron* « un mélange de bière et d'alcool avec du sucre et chauffé avec un fer rouge » (Oxford dict.). Il existe un mot régional, le picard *flipe* « cidre chaud mêlé d'eau de vie » qui a la même origine que cet emprunt plus récent. On ne dit plus guère *flip* que pour le cocktail, souvent appelé d'ailleurs *porto flip*.

1. FLIPPER [flipœR] *n. m.*

(1965) Dans un billard électrique, Dispositif au bas de l'appareil et commandé par le joueur, qui permet de renvoyer la bille vers le haut. — *Par ext.* Billard électrique.

« Les garçons "sèchent" facilement un cours pour faire une partie de flipper. » *L'Express*, 8 nov. 1965 [*in* Gilbert].

« L'enfant jouait avec une frénésie obstinée ; ses deux bras serraient les côtés du billard et actionnaient les boutons des flippers. »

LE CLÉZIO, *Le Déluge*, p. 85 (□ 1966).

« Quatorze flippers, sept baby-foot, ping-pong, bowling, circuit-auto... autant dire que la bille est reine et la clientèle jeune. »

L. CHOUCHON, *Guide de l'homme seul en province*, p. 163 (□ 1970).

✱ Mot anglais *flipper* n. « nageoire », puis *fam.* « main » (XIXᵉ s.), « palme de nageur » (XXᵉ s.) et (1947) « dispositif mobile du billard électrique ». Ce mot ne se dit pas en anglais pour la machine *(pin-ball machine* ou *pinball)*.

2. FLIPPER [flipe] *v. intr.*

1° (v. 1970) Être exalté, enthousiaste.

« Quelques-uns flipperont [...] et parleront de génie. »

Le Monde, 9 juin 1978 [*in* Gilbert].

2° *Plus cour.* Se sentir abattu, déprimé (comme lorsque l'effet de la drogue cesse). — S'oppose à *planer*. — REM. : Le passage d'un sens à l'autre n'est pas l'antiphrase rhétorique ; il s'agit en fait de la rupture (parfois violente) de l'état euphorique provoqué par la drogue. L'idée est la même que dans *s'éclater*, mais le contexte implique un état très désagréable. D'où l'extension de sens vers le sens « être déprimé ». Les exemples suivants illustrent parfaitement ces deux valeurs.

« Alors arrête de me faire chier avec ton trip créateur. Tu vas finir par me faire flipper. Faut rigoler, mon pote [...]. »
A. PAVY, *Jonathan*, p. 51, Le Sagittaire, 1977.
« on était deux cents sous les cocotiers. La tête défoncée, tranquilles, on écoutait la musique, on planait. Et puis brusquement il y en a un qui s'est mis à flipper. Il s'est levé, il s'est mis à courir sur la plage comme un fou. Et il criait, il gueulait, il nous hurlait à la gueule ... : "DA-A-CHAU, BU-U-CHENWALD" [...].
— Et alors ?
— Alors ? Alors, on flippait tous. »
A. PAVY, *op. cit.*, p. 81.

✳ L'anglais *to flip* (1616) signifie à l'origine « faire bouger, agiter d'un petit coup vif » ; le mot vient de *flip* ou *fillip* (XVIe s.) « chiquenaude », mot d'origine incertaine (onomatopée ?) ; il a signifié aussi « frapper légèrement », « claquer des doigts », etc. Le mot a pris v. 1950 aux États-Unis la valeur de « devenir très excité, enthousiaste » (d'abord dans *to flip one's lid, wig* « faire sauter son couvercle, sa perruque »). En argot américain *a flip* est aussi (1942) une personne irrévérencieuse, culottée (en angl. classique : *flippant*). La forme a probablement passé au français en argot de la drogue. Ce mot a deux sens contradictoires en anglais et en français. Le v. français *flipper* est intransitif, mais a pourtant un dérivé adjectif *flippé* « abattu ». Ce pseudo-participe comme l'adj. *flippant* (qui n'a rien à voir avec l'adj. anglais) « qui fait flipper » est formé en français. Il n'en va sans doute pas de même avec le substantif *le flip*, plus rare (Cf. A. Pavy, *op. cit.*, p. 49).

« Il s'agit d'une fille de préfet, flippée, évadée d'un hôpital psychiatrique. »
Le Nouvel Observateur, 10 sept. 1973, p. 48.

FLIRT [flœʀt] *n. m.*

1° (1879) Relations amoureuses plus ou moins chastes, mais excluant en principe des rapports sexuels complets, généralement dénuées de sentiments profonds. *Ce n'est qu'un flirt. Elle n'aime pas le flirt.* — REM. : Admis dans le dict. de l'Académie 1932.

« — Avez-vous assez flirté, ce soir ?...
— Que voulez-vous ? me répondit une aimable personne à qui je servais ce reproche obligatoire, — amicalement, — le flirt, c'est le péché des honnêtes femmes. »
P. BOURGET, *Physiologie de l'amour moderne*, p. 132 (□ 1889).
« les générations nouvelles, malgré les efforts déployés pour leur refaire des muscles, manquent d'ailleurs de la vigueur nécessaire pour les fougueux emportements.
À preuve la substitution du *flirt*, dont on a tant parlé cette semaine, à l'amour de jadis. »
Le Charivari, 13 janv. 1892, p. 1.
« l'injustice serait d'autant plus forte que la demi-vierge est un type bien plus répandu à l'étranger qu'en France : je ne serais même pas surpris qu'elle fût chez nous une importation. Le flirt est "Anglo-Saxon", et l'on aura beau enguirlander le mot de toute l'innocence et de toute la poésie qu'on voudra, nous savons la vérité sur le *flirt*. Nulle part moins qu'en France il n'y a de demi-vierges. »
M. PRÉVOST, *Les Demi-Vierges*, p. IV (□ 1894).
« À tout prendre, l'Américain vit pour le mariage. Les flirts de sa jeunesse ne font que l'y préparer. »
P. ADAM, *Vues d'Amérique*, p. 107 (□ 1906).

2° (1884) Personne (homme ou femme) avec qui l'on flirte. *Elle a un flirt. Il sort avec son flirt. Flirt d'une fillette américaine* → **Boy-friend.**

« — Quand je vous compare aux *flirts* de mes amies, je me demande parfois si vous êtes suffisamment décoratif ! »
Le Charivari, 21 juil. 1892, p. 3.

« Qui peut bien être celui-là ? se demandait Jérôme avec la désinvolture d'un homme certain de réussir dans une entreprise. Un fiancé ? un flirt ? un parent ? » M. BEDEL, *Jérôme 60° latitude nord*, p. 32 (□ 1927).

3° *Adj.* (1894) Vieilli. *Être flirt*, aimer flirter.

« — Bah ! fit Mme Avrezac avec indulgence, toutes les jeunes filles flirtent aujourd'hui. C'est la nouvelle mode. Juliette me dit que les jeunes filles qui ne sont pas *flirt* ne se marient pas. Moi, je trouve que celles qui flirtent ne se marient pas non plus. »
M. PRÉVOST, *op. cit.*, pp. 113-114.

« Je ne crois pourtant pas qu'elle vous plairait. Elle n'est pas flirt du tout. Vous devez aimer les jeunes filles flirt, vous. En tous cas, elle n'aura plus l'occasion d'être collante et de se faire semer, parce qu'elle repart tantôt pour Paris. »
M. PROUST, *À l'ombre des jeunes filles en fleurs*, Folio, 1972, p. 554 (□ 1918).

✱ Mot anglais *flirt* n., de *to flirt* (→ **Flirter**). A d'abord signifié « chiquenaude » (xvie s.), puis « personne inconstante », « femme débauchée » (fin xvie s.) ; il a pris le sens plus faible de « personne qui aime marivauder, coquette » au xviiie siècle, chez le préromantique Richardson, qui, comme un peu plus tard Rousseau, condamne cette attitude : *she was not one of those flirts [...] who would give pain to a person that deserved to be well-treated* « ce n'était pas une de ces coquettes qui aurait fait de la peine à une personne méritant d'être bien traitée » (*Clarissa Harlowe*, I, II, 8, *in* Oxford dict.). Le mot anglais qui correspond à notre *flirt* sens 1° est *flirtation* ; c'est d'abord sous cette forme qu'on le rencontre en français (1817, Lady Morgan, selon Mackenzie), mais ce n'est encore qu'une citation. *Flirtation* subsistera jusqu'à la fin du xixe siècle, concurremment avec *flirt*, mais plus rare (→ trois cit. ci-dessous) ; il est aujourd'hui hors d'usage. On rencontre aussi *flirtage* dès 1855 (selon Wartburg) dans le même sens, qui est déjà un dérivé français de *flirter*, cette forme n'existant pas en anglais (→ cit. d'Eyma ci-dessous).

« Quelle extravagance j'avais faite de ramasser ce petit et cette petite ! [...] Ça grandit, ça fait l'amour ! Des flirtations d'infirmes [...]. »
HUGO, *L'Homme qui rit*, p. 491 (□ 1869).

« les jeunes filles y conquièrent des maris à la pointe du *flairtage*, et se rient avec effronterie des dangers dont elles s'entourent. »
X. EYMA, *La Vie aux États-Unis*, p. 84 (□ 1876).

« *Flirtation* (flir-ta-sion), s. f. Mot anglais que les romans anglais ont acclimaté en France, et qui signifie le petit manège des jeunes filles auprès des hommes, et des hommes auprès des jeunes filles. » LITTRÉ, *Suppl. du dict.*, 1877.

« Chacune des dames sociétaires ou pensionnaires [de la Comédie-Française] a sa clientèle d'admirateurs dévoués. Autant de petites cours où la flirtation artistique épuise ses raffinements adulateurs. »
A. LAROCHE, in *Le Charivari*, 19 janv. 1892, p. 3.

✱ *Flirt* pour l'anglais *flirtation* est donc un faux ami. On a évoqué une contamination de l'anglais *flirt* « chiquenaude » par le français *conter fleurette* « faire la cour » (1654), mais les dates infirment cette opinion, et le passage de « femme débauchée » (xvie s.) à « coquette », est on ne peut plus vraisemblable sans avoir recours à un emprunt au français → **Flirter**. Le mot *flirt* s'est vraiment répandu en français vers 1890 et il semble que l'expérience américaine des écrivains voyageurs ait été finalement plus déterminante que leur expérience anglaise. La plupart insistent en effet sur la liberté de mœurs des jeunes Américaines. C'est ce qui explique probablement un certain glissement du sens de *flirt* du marivaudage anglais (jeu amoureux assez cruel mais plutôt chaste) aux privautés américaines (moins cruelles et moins chastes, disons plus « naturelles »). La notion même de *flirt* vers 1870 introduit une révolution culturelle en construisant un échelon de l'émancipation féminine : c'est la jeune fille bourgeoise et « convenable » qui se voit concéder le droit à certaines satisfactions hors mariage. Selon qu'on le pense comme une pseudo chasteté pour les filles ou comme une pseudo sexualité pour les garçons, le flirt est accusé à la fois, vers la fin du siècle, de détruire les fondements du mariage et d'exprimer la décadence d'une sexualité « fin de siècle » → **Flirter** (2e cit.). Cette pratique ne sera vraiment admise que vers 1930, à l'époque où les jeunes filles commencent à trouver justement que le flirt était bon pour leurs mères. Aujourd'hui, la notion de flirt et le mot lui-même sont démodés parmi les jeunes.

Il faut ajouter une remarque sur la prononciation de *flirt* et des mots de la même famille : les dictionnaires de la fin du xixᵉ siècle, Littré (1865), P. Larousse (1872) donnent la prononciation à la française [fliʀt], et ce n'est que dans le Nouveau Larousse illustré (1902) qu'apparaît la prononciation actuelle [flœʀt], le 2ᵉ Suppl. de P. Larousse (1890) laissant le choix entre les deux prononciations. On constate que c'est justement à la fin du xixᵉ siècle que la fausse étymologie *flirter* → *fleureter* est lancée. D'où quelques graphies plaisantes en *eu-*, et encore chez Queneau : « Elle a un *fleurte* terrible... » (*Zazie dans le métro*, p. 124).

FLIRTER [flœʀte] *v. intr.*

(1855) « Se fréquenter familièrement avant le mariage, comme l'usage y autorise en Angleterre et en Amérique » (P. Larousse, 1872). — Pratiquer le flirt. *Ils ont flirté, flirté ensemble. Elle flirte avec mon frère. Il n'aime pas flirter.* — REM. : Signalé dans le suppl. de Littré 1877, et dans le dict. de l'Académie 1932 seulement.

« Elles [les misses de New-York] vont avec des amies, ou accompagnées de celui qui a l'honneur de les courtiser et de flirter ouvertement avec elles, cavalcader au Parc Central. »
L. SIMONIN, in *Revue des Deux-Mondes*, 10 déc. 1875 [*in* Littré suppl.].
« Flirter, c'est le propre d'une génération qui se rabougrit et s'étiole. »   *Le Charivari*, 13 janv. 1892, p. 2.
« Impunément les étudiantes peuvent recevoir dans les halls de l'Université des étudiants et des amis, danser, luncher, rire, flirter avec eux. »   P. ADAM, *Vues d'Amérique*, p. 103 (□ 1906).

✳ Francisation de l'anglais *to flirt* v. tr. et intrans., d'après le système *flirter/flirtation* (antérieur au verbe) → **Flirt.** L'anglais *to flirt* a une origine onomatopéique et signifie d'abord « donner une chiquenaude ; agiter » (xviᵉ s.), puis « voleter », « être inconstant » (xviᵉ s.) et « marivauder, flirter » (xviiiᵉ s.). Il semble que ce soit Paul Bourget qui ait lancé l'étymologie *to flirt* ← *fleureter* : l'anglais aurait pris à l'ancien français *fleureter* v. (de *fleureter*) le sens de « faire la cour, conter fleurette », et il serait donc normal de rétablir la forme française « originelle », dans notre langue ; cette étymologie est reprise par les journaux et le Larousse technique de 1907 qui traite le mot *fleureter*. Il existe bien en ancien français un verbe *fleureter/floreter* qui a divers sens relatifs aux fleurs, et aussi « dire des sornettes » : « [ils] n'ont accoustumé que de fleureter en l'oreille et parler de choses de peu de valleur » (Commynes) ; « Mais escoutez ce morfondu Qui nous veult icy fleureter » (Acte des Apostres). On ne trouve nulle trace d'un sens « conter fleurette » (*conter fleurette* date du xviiᵉ s.) et nulle preuve d'un emprunt de sens de l'anglais au français ; la filiation des sens de *to flirt* semble d'ailleurs satisfaisante sans avoir recours à un emprunt. La restitution d'un pseudo *fleureter* en français pour *flirter* est donc sans fondement, sinon poétique. Le Larousse universel de 1902 réfute déjà cette étymologie à *flirter*, alors qu'elle est présentée comme certaine dans le 2ᵉ Suppl. de P. Larousse (1890).

L'établissement, vers 1890 de la prononciation anglaise [flœʀte] en remplacement de la prononciation française [fliʀte], antérieure, est probablement une des causes du rapprochement avec la famille de *fleur* → **Flirt.** Quelques auteurs affectionnent encore la graphie *fleureter* qui leur semble, à tout le moins, une excellente adaptation française de *flirter*. Mais à ce compte que faire de *flirt* ? Faut-il le traduire par *fleurette* ? ou l'adapter en *fleurte* comme le fait Queneau ?

« Pouvais-je lui répondre que la danseuse en robe rose et le danseur en justaucorps bleu ne *flirtaient* pas, mais qu'ils *fleuretaient* [...]. »
P. BOURGET, *Physiologie de l'amour moderne*, p. 129 (□ 1889).
« Je crois inutile de vous donner préalablement une définition de ce verbe *flirter* que nous avons, je ne sais trop pourquoi, emprunté à l'étranger ; comme si la langue française, spécialement vouée aux choses d'amour, n'était pas assez riche pour les traduire toutes. »   *Le Charivari*, 9 janv. 1892, p. 2.

« Fortes dissertations, ces jours-ci, sur les origines des mots flirt et flirtage. Un de nos confrères a patriotiquement essayé de montrer que flirter vient de fleureter, vieux mot français signifiant conter fleurette. Il y a un inconvénient à cette étymologie, flatteuse pour notre amour-propre. Ce n'est pas flirter, c'est flirt, le vrai radical d'où on a tiré le verbe. Reconnaissons simplement que c'est un emprunt de plus fait à la langue anglaise. Et tâchons de réformer cette manie d'exotisme qui nous possède. »   Le Charivari, 11 janv. 1892, p. 2.

« Du temps que Jean Cocteau fleuretait avec le néothomisme [...]. »
                                   ÉTIEMBLE, Le Mythe de Rimbaud, p. 147 (□ 1952).

✶ Flirter a donné naissance, en français, à un sens figuré intéressant et très courant : « se rapprocher de... sans s'allier véritablement ». Il flirte avec les communistes. Il a produit des dérivés comme flirtage n. (1855, vx) et flirteur, euse n. « personne qui aime flirter » (1877). — Au Canada, l'emprunt est plus proche de l'anglais : flirt n. et adj. se dit pour « coquette » et c'est flirtage n. ou flirting qui s'emploie pour l'anglais flirtation (Kelley, p. 86).

FLOCHE → FLUSH.

FLOCK-BOOK [flɔkbuk] n. m.

(1922) Livre généalogique des moutons, des brebis et des chèvres. Des flock-books. — REM. : Absent du dict. de l'Académie 1932.

✶ Mot anglais flock-book n. (xxᵉ s.) de flock « troupeau (de petit bétail) » et book « livre ». Flock s'oppose à herd « gros bétail » → **Herd-book.** Ce mot est le dernier emprunté d'une série désignant des livres où les éleveurs consignent les pedigrees (stud-book, 1840 ; hard-book, 1866). En dépit de sa forme anglaise il bénéficie de l'acclimatation des deux précédents.

FLOE [flo] n. m.

(1850) Océanogr. Masse étendue et plate de glace flottante, détachée de la banquise au moment de la débâcle (opposé à bourguignon « fragment irrégulier en forme de champignon ») → **Floeberg, ice-floe.** — REM. : Absent du dict. de l'Académie.

« Les floes (glaçons) qui sont poussés sur nous par le vent, forment, en se resserrant, et tout autour de nous, une plaine de glace. »
        J.-R. BELLOT, Journal d'un voyage aux mers polaires, 13 juil. 1851
                                              [in D. D. L., 2ᵉ série, 4].

« Il fallut s'ouvrir un chemin à travers les champs de glace. La manœuvre des scies était fort pénible dans ces floes [en note : Glaçons] qui mesuraient jusqu'à six et sept pieds d'épaisseur ; [...] la plus grande difficulté consistait à faire rentrer sous les floes les morceaux brisés, afin de livrer passage au bâtiment, et l'on devait les repousser au moyen de pôles, longues perches munies d'une pointe en fer. »
        Jules VERNE, Les Aventures du capitaine Hatteras, pp. 80-81 (□ 1864).

✶ Mot anglais n. (1817), peut-être du norvégien flo « couche » (anc. nordique fló « couche, strate »). Le floe ou ice-floe* est une glace flottante de grandes dimensions : on dit glaçon en français, mais ce terme évoque plutôt de petites dimensions. Mackenzie relève le terme floe en 1850 (p. 224 : Ann. hydrograph., III, p. 116). Le mot ne figure pas dans les dict. généraux contemporains ; comme le terme hummock*, il est néanmoins utile pour distinguer les champs de glace formés par la congélation de l'eau de mer, des masses de glace d'eau douce.

FLOEBERG [flobɛʀg] n. m.

(1875) Océanogr. Masse flottante de glace formée d'eau de mer (opposé à iceberg*). — REM. : Absent du dict. de l'Académie 1932.

« La dernière tombée de neige avait revêtu le sol d'une couche de six à douze pouces d'épaisseur. Triste vue que ce blanc suaire sur des collines ondulées dont nul grand et haut pic ne rompt la monotonie !

Morne pays que les environs de Floeberg Beach (Plage des floebergs) !
[Note du traducteur : C'est le capitaine Feilden qui a enrichi de ce mot
le vocabulaire arctique. Si l'*iceberg* est une montagne de glace d'eau
descendue d'un glacier, le *floeberg* est une montagne de glace salée,
formée de la mer, et sur la mer.] — Ainsi se nommera désormais la rive
où l'*Alerte* est comme scellée. »
                    G. S. Nares, *Récit d'un voyage à la mer polaire* [1875-1876],
                                                    p. 177 (□ 1878).

« On remarquait surtout des floëbergs, montagnes de glace d'eau
salée, formées sur la mer et de la mer, tandis que l'iceberg est une
montagne d'eau douce provenant de la rupture d'un glacier terrestre. »
A. Brown, *Une ville de verre*, in *La Science illustrée*, 2ᵉ sem. 1890, p. 364.

✳ Mot anglais n. (v. 1870) composé de la contraction de *iceberg, berg*,
attesté en 1823, et de *floe*. En français, ce terme spécialisé reste très
rare ; il n'a jamais pénétré dans l'usage courant ni dans les dict.
généraux. Il ne figure pas non plus dans le *Dict. de la géographie* de
Pierre George (1970).

FLOP [flɔp] *n. m.*

(1965) Échec (d'un spectacle, etc.).

« Un véritable artiste se reconnaît à la valeur d'un échec. Fellini n'est
grand qu'à cause de son film "G." qui a été un flop. »
                                        Paris-Match, 5 oct. 1968 [*in* Gilbert].

« Et puis j'ai fait un flop au théâtre, avec "L'Homme traqué", adapté
d'un livre de Carco. [...] Mon éditeur, à ce moment-là, m'a repris en
main. Il a cru en moi. Il m'a dit : "Ce flop, ce n'est rien. Vous allez
aller très loin". »   F. Dard, Cité par *L'Express*, 7 août 1972, p. 66.

✳ Mot anglais *flop* n., onomatopée signifiant « plouf », qui a pris ce
sens en américain vers 1850 (se dit d'une pièce de théâtre, d'un livre).
En français le mot *four* est généralement réservé au théâtre. Il y a donc
un risque de voir s'installer *flop* pour l'échec au cinéma.

FLOP-HOUSE [flɔphawz] *n. f.*

(1954) Aux États-Unis, Asile de nuit.

« les clochards new-yorkais vont dans les *flop-houses* où ils dorment,
assis sur des bancs, les bras appuyés à une corde et la tête soutenue
par les bras repliés [...]. »   S. de Beauvoir, *L'Amérique au jour le jour*,
                                                    9 fév. 1947, p. 62 (□ 1954).

✳ Mot américain *flophouse* n. (1923), de *house* « maison » et *flop*
« plouf », parce que, comme à cette époque en France, les dormeurs
étaient appuyés à une corde qu'on détachait le matin pour les réveiller
(Cf. *Dormir à la corde*, expression française) → **Flop.** Ce terme n'est
pas répandu en français et ne sert qu'à propos de l'Amérique.

FLOTTATION [flɔtasjɔ̄] *n. f.*

(1930) *Techn*. Triage de certaines matières pondéreuses par
l'eau, selon qu'elles flottent ou non. *Flottation du charbon*. On
dit aussi *flottage*. — REM. : Absent du dict. de l'Académie 1932.

✳ Mot anglais *flotation* ou *floatation* n. (1806) « flottaison », de *to float*
« flotter », qui a pris ce sens technique au début du xxᵉ siècle. Emprunté
vers 1930 (Larousse du xxᵉ s.) dans le langage technique, ce mot se
trouve bien formé en français *(noter → notation)*.

FLOWER POWER [flawœrpɔwœr] *n. m.*

(v. 1970) « Pouvoir des fleurs », ensemble des hippies utilisant
le symbole floral en signe de pacifisme.

« Les slogans du "*flower power*" sont bien plus doux à entendre.
Comme Allen Ginsberg, poète *beat*, comme Allen Leary, prophète du
L. S. D., Country Joe se laisse glisser dans le grand rêve psychédé-
lique. »   M. Righini, in *Le Nouvel Observateur*, 18 sept. 1972, p. 50.

✳ Expression américaine (1967), « pouvoir de la fleur », formé sur des loc. comme *Black power* « pouvoir noir », etc., pour désigner certains hippies (*flower people*, 1968) utilisant les fleurs comme symbole de paix et d'amour. L'allitération a fait la fortune de l'expression, à peu près imprononçable en français.

FLUORESCENCE [flyɔʀɛsɑ̃s] *n. f.*

(1865) Émission de radiations lumineuses par un corps qui reçoit des radiations non lumineuses, ultraviolettes (ces corps transforment la longueur d'onde des radiations reçues). — REM. : La date est celle de Littré, qui ne signale pas ce mot comme un anglicisme.

« On sait en quoi consiste le phénomène appelé fluorescence, et qui a été découvert par un physicien anglais, M. Stokes. En faisant tomber sur certaines substances sensibles, telles qu'une solution de quinine, du verre d'urane, etc., les rayons invisibles du spectre, situés au delà du violet, on peut déterminer dans ces substances une émission de *lumière visible.* »

L. FIGUIER, *L'Année scientifique et industrielle*, p. 68, 1866 (□ 1865).

✳ Mot anglais *fluorescence* n., créé en 1852 par le mathématicien physicien George G. Stokes : *I am almost inclined to coin a word and call the appearance fluorescence, from fluor-spar, as the analogous term opalescence is derived from the name of a mineral* « J'aimerais volontiers créer un mot et appeler cette apparence *fluorescence* de *fluor-spar* (« spath fluor »), comme le terme analogue *opalescence* est dérivé du nom d'un minéral » (*Phil. trans.,* 479, en note, *in* Oxford dict.). D'origine latine, il se trouve que cet emprunt s'intègre dans un modèle très fréquent en français (mots en *-escence*). Ce terme s'est très vite répandu en Europe et on le trouve dès 1869 dans une trad. de l'allemand :

« On donne le nom de *fluorescence* au pouvoir que possèdent certaines substances de manifester une faible lueur propre, dès qu'elles sont éclairées par de la lumière bleue ou violette. »

M. HELMHOLTZ, in *Revue des cours scientifiques*, 6 mars 1869, p. 217.

FLUORESCENT, ENTE [flyɔʀɛsɑ̃, ɑ̃t] *adj.*

(1865) Relatif à la fluorescence. *Corps fluorescent.* — REM. : La date est celle de Littré qui ne considère pas ce mot comme un anglicisme.

« Ainsi, c'est le verre qui émet les rayons Roentgen, et il les émet en devenant fluorescent. Ne peut-on alors se demander si tous les corps dont la fluorescence est suffisamment intense n'émettent pas, outre les rayons lumineux, des rayons X de Roentgen, *quelle que soit la cause de leur fluorescence ?* »

É. GAUTIER, *L'Année scientifique et industrielle*, p. 79, 1897 (□ 1896).

✳ Mot anglais *fluorescent* adj., créé par G. G. Stokes en 1852 (→ **Fluorescence**) d'après *opalescent.*

FLUSH [flœʃ] ou [flɔʃ] *n. m.*

(1933) Au poker, Réunion de cinq cartes de la même couleur — Adj. *Quinte flush*, quinte dans la même couleur.

« Voilà pour Montand (qui excelle à ce jeu), les cinq cartes du poker 72 distribuées. Quinte flush. »

D. HEYMANN, in *L'Express*, 23 oct. 1972, p. 100.

✳ Mot anglais *flush* n. (XVIe s.) même sens, lui-même emprunté à l'ancien français *flus (fluz, flux)* ; l'anglais possède un adjectif *flush forming or including a flush* « qui forme ou inclut un flush » d'où vient peut-être *quinte flush.* Ce mot est parfois écrit *floche* en français par attraction de deux autres mots homonymes (dans *soie floche* et *floche de brume*).

FLUTTER [flœtœʀ] *n. m.*

(av. 1974) *Techn.* Vibration subie par le matériel volant à grande vitesse.

✳ Mot anglais *flutter* (1641, Milton) du v. *to flutter* (attesté en l'an 1000), d'abord « flotter sur les vagues » et « battre (d'une aile) », spécialisé en sciences. Cet anglicisme technique a eu les honneurs du Petit Larousse 1974, ce qui ne doit pas le rendre plus recommandable aux yeux sévères des puristes.

FLUXER [flykse] *v. tr.*

(v. 1930) *Techn.* Diluer (un produit lourd) avec une huile fluide. — REM. : Absent du dict. de l'Académie 1932.

« le brai est de plus en plus appelé à entrer dans la préparation du *goudron pour routes* dit "reconstitué", après avoir été fluxé *(fluidifié)* avec certaines huiles résiduelles [...] ».
J. BECK, *Le Goudron de houille*, pp. 53-54,
P. U. F., Que sais-je ?, n° 402 (□ 1950).

« il semble qu'une certaine tendance se manifeste pour reprendre sur une plus grande échelle l'emploi des bitumes fluxés. Des techniciens pensent diminuer ainsi le coût de revient du revêtement en n'utilisant que du bitume pur n'ayant pas à véhiculer l'eau que contiennent les émulsions de bitume. »
Encycl. pratique du Bâtiment et des Travaux publics, t. III,
p. 748, Quillet, 1953 (□ 1952).

✳ Adaptation de l'anglais *to flux* v. « fluidifier » (1477), sens ci-dessus au XVIIIᵉ siècle, de *flux* n. lui-même emprunté du français *flux* « écoulement, courant ». A récemment pénétré en français (mais déjà *fluxage* figure dans le Larousse de 1930). Prononcé à la française avec [y], il semble dérivé de *flux*, et constitue un excellent emprunt. Il a produit le dérivé *fluxage* n. m.

FLY-TOX [flitɔks] ou [flajtɔks] *n. m. invar.*

(v. 1935) *Vx.* Produit insecticide à pulvériser *(marque déposée).*

« Le Kursaal, au nom majestueux, sentait le pipi. Mais la magie de la tache blanche avivée par la limite noire, le mystère des petites lumières bleues, l'odeur même, particulier mélange de fly-tox, d'humidité et d'émanations humaines me mettaient en extase. »
Les Temps modernes, déc. 1952, p. 963.

✳ Nom anglais, de *fly* « mouche » et *tox-* abrév. commerciale de *toxic* « toxique », qui a servi à désigner, en France, un insecticide à pulvériser, cette marque ayant le quasi monopole. Il est vieux aujourd'hui. Il avait produit le dérivé *fly-toxer* v. « passer au fly-tox » (J. Perret, *Bâtons dans les roues*, p. 274, 1953).

FM [ɛfɛm] *n. m.*

(v. 1960) Modulation de fréquence. *Poste portatif avec la FM.*

✳ Abrév. de l'angl. *frequency modulation* (1922), en français *modulation de fréquence*, terme d'ailleurs usuel. Curieusement, l'abréviation anglaise est souvent préférée.

FOB [fɔb] ou **F. O. B.** [ɛfɔbe] *adv.*

(1907) Franco de bord (le vendeur devant expédier à ses frais la marchandise au port d'embarquement désigné). *Vente F. O. B.*

« L'exploitation du bois, qui représente 65 % des exportations du pays, ne fournit que 5 % des recettes de l'État congolais et 9 % seulement du prix F. O. B. reviennent vers le Congo. »
Le Nouvel Observateur, 19 mars 1973, p. 42.

✳ Mot sigle de l'anglais *free on board*, même sens, utilisé dans le commerce maritime. Ce sigle apparaît comme un mot dans le suppl. du

Nouveau Larousse illustré (1907) ; à partir de 1930 les initiales sont restituées avec des points, forme courante aujourd'hui. — REM. : La 2ᵉ édition du *Petit Dict. de marine* de Gruss (1947) donne encore la forme *fob*, et la 3ᵉ édition (1952) corrige en *F. O. B.* La traduction française officielle est *franco de bord.*

FOG [fɔg] *n. m.*

(1871) Brouillard, en Angleterre.

✽ Mot anglais *fog* « brouillard » (*fogge*, 1544). Il s'agit d'un emprunt de couleur locale, l'Angleterre et surtout Londres n'étant que difficilement évocable sans sa « purée de pois » poétiquement inquiétante, bientôt enrichie par les fumées d'usine pour devenir un « intraduisible » *smog (smoke + fog).*

FOLK [fɔlk] *adj.*

(1954 : *folk song*) Élément de mots composés employés comme adj. antéposé, selon la syntaxe anglaise (ex. *folk-music*) ou, avec des substantifs français, postposé (ex. : *le genre folk, Nouvel Observateur*, 30 avril 1973, p. 25). — D'un genre musical moderne influencé par la musique populaire traditionnelle (→ **Country**).

« Rétrospective vidéo des activités théâtrales de l'année et groupes de musique *folk* alterneront avec les pièces. »
Le Nouvel Observateur, 21 mai 1973, p. 65.

— N. m. *Le folk*, la musique folk, le genre folk.

« Un curieux son, agrégat de rock et de folk mâtiné de musique latino-américaine. » J.-F. BIZOT, *L'Express*, 11 sept. 1972, p. 72.

— EN COMPOSÉS : *folk-song*, n. m. ; *folk club*, n. m. (*Nouvel Observateur*, 18 sept. 1972, p. 50) ; *folk rock*, n. m. (1977) « rock de style folk ».

« Pendant cinq ans, Bob Dylan a régné sur le folksong avec un tel panache qu'il effaça les autres noms. »
J.-F. BIZOT, *L'Express*, 4 sept. 1972, p. 14.

✽ Mot anglais *folk* « peuple » (1000, Beowulf) employé dans des composés comme *folklore, folk music* (1889), *folk song* (1907), *folk dance* et *folk dancing* (1909) et, aux États-Unis, *folk blues* (1926). Alors que le *pop* n'est pas « populaire » (au sens français), le *folk* l'est. Les modes musicales américaines inondent le français de formes brèves, fort claires pour les amateurs, mais perturbent sérieusement le vocabulaire usuel.

FOLKLORE [fɔlklɔʀ] *n. m.*

(1877) *Vieilli.* Science des traditions des usages et de l'art populaire d'un pays. — REM. : Absent du Littré suppl. 1877 et signalé dans le dict. de l'Académie 1932 mais avec la graphie *folk-lore.*

« Cette grotte merveilleuse [...] était la *Grotte des Mille Bouddhas*, grotte gigantesque composée, en réalité, de plus de 850 grottes artificielles, et décorée de peintures murales, fort bien conservées, et curieuses, très curieuses même, en ce sens qu'elles donnent une idée de ce que devait être la vie chinoise à cette époque. C'est un merveilleux document pour le folk-lore. »
É. GAUTIER, *L'Année scientifique et industrielle*, p. 360, 1910 (□ 1909).

« Castor et Pollux, nos dioscures, ne composent que l'un — mais pour nous le plus familier — de ces couples chers au folklore. »
ÉTIEMBLE, *Le Mythe de Rimbaud*, p. 296 (□ 1952).

— (1904) Ensemble de ces traditions. *Le folklore roumain. Folklore musical.*

« Vis-à-vis de la musique moderne d'Europe le jazz a joué le rôle d'un folklore. »   A. SCHAEFFNER, *Vogue et sociologie du jazz* in *Encyclopédie française*, t. XVI, 72-12 (□ juil. 1935).

✻ Mot anglais *folk-lore* n., 1846 : *What we in England designate as Popular Antiquities, or Popular Literature (though would be most aptly described by a good Saxon compound, Folk-lore — the lore of the People* « ce que, en Angleterre, nous désignons comme Popular Antiquities (« Antiquités populaires ») ou Popular Literature (« Littérature populaire ») alors que cela serait beaucoup plus justement décrit par un bon composé saxon, Folk-lore — la Science du Peuple » (Ambrose Merton, Athenœum, *in* Oxford dict.). L'anglais a aussi le sens de « ensemble de traditions ». Ce mot apparaît en français avec la graphie anglaise en 1877 (selon Dauzat ; plus tard selon Wartburg et Mackenzie). La graphie francisée en un seul mot est déjà donnée dans le Nouveau Larousse universel (1902). Cette soudure est mieux en rapport avec le syllabisme français [fɔl-klɔʀ]. L'Académie (1932) a gardé l'ancienne graphie. De nos jours la forme anglaise est aussi *folklore*. — Ce mot a donné naissance au dérivé français *folklorique* adj. (fin XIXᵉ s.). *Folkloriste* n. « personne qui étudie le folklore » (1885), semble emprunté à l'anglais *folk-lorist, folklorist* n. (1876). Une tentative d'emprunt de *folklorism* « étude du folklore » a échoué (« des documents très précieux pour le folklorisme de la région », É. Gautier, *L'Année scientifique et industrielle*, p. 402, 1907). *Folklore* et *folklorique* ont d'autre part acquis des sens modernes inconnus de l'anglais (*c'est du folklore*, « c'est pittoresque sans être sérieux », 1962 [*in* D.D.L., 2ᵉ série, 2]). C'est cet emploi qui a donné naissance à l'abréviation *folklo*, adj.

« Il était devenu comme ses parents, et moi, pour lui, j'étais folklo. » *Le Nouvel Observateur*, 30 avril 1973, p. 54.

FOOT [fut] *n. m.*

(v. 1950) *Fam.* Football. *Match de foot.*

« Ah, pouvoir rouler ses rêves sur l'herbe plus verte encore que les terrains de foot, herboriser, chanter dans cette cathédrale sans toit des hymnes où il serait question de simples des champs, d'escargots et d'angélus du soir [...]. »   R. FALLET, *Le Triporteur*, p. 128 (□ 1951).

✻ Abréviation française de l'anglicisme *football*✻ qui devient de plus en plus courante. Cette forme raccourcie bénéficie d'une prononciation unifiée [fut] grandement soutenue par la ressemblance avec *fout(re)*, *foutu*, ressemblance qui avait déjà amusé Shakespeare dans *Henri V* (acte III, scène IV). *Foot* comme abréviation de *football* entre dans la composition de *baby-foot*. Dans d'autres mots *foot* a le sens anglais de « pied ».

« Ma naissance ne me préparait guère à l'art équestre. Plutôt me destinait-elle au vélo et au foute. »   ÉTIEMBLE, *Parlez-vous franglais ?*, p. 64 (□ 1964).

« La dérivation *volley* + *eur* (à la place de + *volleyballeur*) montre que *volley* est senti comme un mot indépendant. [...] Pour le mot *footballeur*, on imagine que le dérivé sur le radical court *foot* pourrait prêter à équivoque. Le mot *foot* est d'ailleurs ressenti comme plus familier que *volley* ou *basket*. » S. HANON, *Anglicismes en français contemporain*, p. 135 (□ 1970).

FOOTBALL [futbɔl] ou *pop.* [fɔtbal] *n. m.*

1° (1872 ; 1888 en France) *Vx.* Sport de ballon en équipe, mot désignant à la fois le football actuel et le rugby. *Football association*, le football actuel (encore appelé fam. *assoce*) ; *football rugby*, le rugby. — (v. 1900) Sport d'équipe qui se pratique avec des équipes de onze joueurs, où l'usage des mains est interdit sauf aux gardiens de but, et où il faut faire pénétrer un ballon rond dans les buts adverses. (Au rugby✻ le ballon est ovale et on se sert de ses mains.) *Ballon de football. Match de football. Faire du football. Football américain* → **Soccer.** — REM. : Anciennement écrit *foot-ball*, et récemment abrégé en *foot*✻. — Absent du Suppl. de Littré 1877 ; admis dans le dict. de l'Académie 1932.

« Malgré son nom anglais et sa prétendue importation récente, le *foot-ball* était depuis des siècles connu et pratiqué par les écoliers français, sous le nom de *ballon au camp*. Les joueurs sont divisés en deux camps ; il s'agit pour chacun des partis de faire franchir au ballon des buts placés vers les extrémités d'un vaste parallélogramme dans lequel se meuvent les joueurs.

En Angleterre, on joue le foot-ball de deux manières : à la mode de Rugby (célèbre école près d'Oxford) et à la manière de Londres, ou mieux de l'*Association pour la réforme du foot-ball*. La mode de Rugby est la pure tradition nationale ; elle permet de se servir des mains et des pieds, non seulement pour saisir et lancer le ballon, mais encore pour repousser ses adversaires et les empêcher de s'en emparer. La mode de Londres ne permet que l'usage des pieds. Mais, dans l'un et l'autre système, on comprend que, au milieu d'une troupe d'une trentaine de jeunes gens, tous lancés à la conquête du ballon, il doit se produire plus d'une bagarre et que plus d'un coup de pied destiné au ballon atteint les jambes des joueurs. Le foot-ball est un sport où la brutalité peut se donner libre carrière ; pendant longtemps il fut exclu de la bonne société comme *disreputable game* (jeu déshonoré). Mais comme il développe l'adresse, l'agilité, l'esprit d'à-propos, la force, malgré les dangers sérieux qu'il présente, car il n'est pas rare que des joueurs restent sur le carreau, nos voisins l'ont remis en honneur depuis une vingtaine d'années. L'Association pour la réforme du foot-ball s'est donnée pour mission d'atténuer, dans une certaine mesure, les dangers de cette sorte de sport. »

P. LAROUSSE, 2ᵉ Suppl. au *Grand Dict. univ.*, art. *Foot-ball* (□ 1890).

« Parmi ces divertissements du sport, aucun n'est plus à la mode depuis quelques années que le *foot-ball*. J'ai assisté l'automne dernier, dans la paisible et douce ville de Cambridge, à une partie que les champions du collège de Harvard — le *team*, comme ont dit ici — soutenaient contre les champions de l'Université de Pensylvanie. »

P. BOURGET, *Outre-Mer*, p. 144 (□ 1895).

« On ne pourra plus nier l'utilité du *foot-ball*. Grâce à ce sport entraînant, la Nouvelle-Zélande a vu doubler le nombre des émigrants. Beaucoup d'Européens avaient été, en effet, tentés par la vue des athlètes néo-zélandais qui vinrent lutter, en 1906, contre les joueurs de *foot-ball* anglais. »

É. GAUTIER, *L'Année scientifique et industrielle*, p. 369, 1908 (□ 1907).

« Londres suburbain est la patrie des sports. Le football dure de fin août à fin mai ; son terrain le plus connu est Stamford [*sic*] Bridge, lieu de pèlerinage [*sic*] de millions de spectateurs.

Le rugby est strictement réservé aux amateurs ; les grands matchs internationaux ont lieu à Twickenham. »

P. MORAND, *Londres*, p. 138 (□ 1933).

2º Jeu d'appartement, sorte de billard appelé d'abord *football de table*, puis *football*, puis *baby-foot**.

« La raison de ce subit désintéressement, il ne pouvait en détacher ses yeux ; c'était, dans un coin de la chambre, la mirifique présence, sur ses quatre pieds, d'un jeu de football de table [...]. Il balbutia, enroué de désir :

— Dis, tu sais y jouer, à ce truc-là ?

— Moi ? le "petit foot" ? Mais je m'en ferais crever ! »

R. FALLET, *Le Triporteur*, p. 267 (□ 1951).

* Mot anglais *foot-ball* ou *football* n. xvᵉ s., d'abord « ballon (de pied) » puis « jeu avec ce ballon spécial recouvert de cuir ». La différenciation avec le rugby « football joué à Rugby » se fait vers 1860 (*rugby* est attesté en 1864 comme nom commun et s'oppose à *soccer* ou *football* ; *rugby* passe en français vers 1900). Le mot *football* apparaît une fois en 1698 dans un récit de voyages (Mackenzie), en 1728 dans Charles de Saussure et en 1872 dans Taine (Mackenzie). Mais le mot s'est répandu vers 1890 avec l'introduction du jeu en France (1888, *in* Petiot). La prononciation courante a toujours été [futbol], ou [futbol] un peu affecté ; beaucoup de Français qui ignorent tout de l'anglais prononcent à la française [fɔtbal] ce qui est intéressant pour *ball* → [bal] → *balle* mais non pour le premier élément. On trouve chez M. Aymé (*Le Passe-Muraille*, p. 252) la graphie plaisante *fodeballe*, et chez R. Nimier (*Les*

Enfants tristes, p. 40) celle de *foutebôle*. Devant la difficulté d'assimiler ce mot, les puristes proposent diverses traductions : *balle au pied, ballon rond*. Il semble qu'il soit bien tard, un siècle après le succès de *football* pour imposer une autre dénomination. La reconquête de quelques anglicismes du vocabulaire des sports par le français touche surtout des mots qui ne sont pas très courants (*goal → gardien de but*). D'autre part *football* est morphologiquement soutenu par l'existence de *footing* et de *volley-ball, base-ball*, etc. — *Footballer* n. « joueur de football » (1890 ; 1900 forme en *-eur*) semble aussi emprunté à *footballer* n. (1880). Un dérivé français *footballisme* n. « manie du football » signalé dans Jules Verne par le Wartburg, n'a pas vécu.

« Qu'on prononce *caméramane, ruguebi, foutebôle, pénalti* et *supportères* en accentuant la dernière syllabe, j'y vois un effet maladroit, mais estimable, pour vaguement franciser la prononciation de ces mots-là. Mieux vaudrait pourtant parler français et dire l'*opérateur*, le *ballon ovale*, le *ballon rond*, la *pénalité* [...]. »
ÉTIEMBLE, *Parlez-vous franglais ?*, p. 283 (□ 1964).

« Par contre, dans un grand nombre d'autres occasions, l'importation de termes étrangers ne s'imposait pas. Tel est, par exemple, le cas de *football* (prononcé le plus souvent "fout' bôl"). L'exemple de nombreuses langues prouve qu'on pouvait lui trouver un équivalent français, ne fût-ce que dans le décalque *balle au pied*. C'est ce qui s'est passé en finnois, par exemple. Les sportifs finlandais disent couramment *jalka-pallo* (*jalka*, "pied", et *pallo*, "balle, ballon"), qui traduit terme pour terme l'anglais *football*. Les Allemands ont fait de même *Fussball*. Il est vrai que le russe a *futbol'* et le hongrois *futball*, ce qui prouve que le français n'est pas seul à avoir contracté cet emprunt. »
A. SAUVAGEOT, *Portrait du vocabulaire français*, p. 224 (□ 1964).

FOOTING [futiŋ] *n. m.*

(v. 1885) Promenade hygiénique à pied. *Faire un footing, du footing.*

« Le lieutenant Lacour, ses deux sergents et ses vingt hommes ne sont pas allés faire un peu de footing matinal pour revenir à l'heure du déjeuner. » Jules VERNE, *L'Étonnante Aventure de la mission Barsac*, p. 209, Hachette, 1919 (□ 1905†).

« Voulez-vous simplement soigner votre petite santé, remédier par hygiène sportive aux inconvénients d'une vie trop sédentaire, vous assouplir les articulations, vous clarifier le sang, vous déplisser les poumons, brûler vos déchets et précipiter l'élimination des humeurs peccantes ? Faites des poids légers — ou, tout simplement, du *footing*. »
É. GAUTIER, *L'Année scientifique et industrielle*, p. 165, 1908 (□ 1907).
N. B. *Poids légers :* « gymnastique à efforts légers ».

« Ce qui augmentait cette impression que Mme Swann se promenait dans l'avenue du Bois comme dans l'allée d'un jardin à elle, c'était — pour ces gens qui ignoraient ses habitudes de "footing" — qu'elle fût venue à pied, sans voiture qui suivît [...]. »
PROUST, *À l'ombre des jeunes filles en fleurs*, p. 638 (□ 1918).

« On "surprend" [...] une partie de tennis, un footing dans les bois, le bain de soleil de quelques élus sous la toile bayadère d'un parasol géant. »   Ch. DUPARC, in *Le Nouvel Observateur*, 18 janv. 1971, p. 30.

✱ Mot de forme anglaise dont l'origine est controversée. *Footing* n. n'existe pas dans ce sens en anglais. Pour certains il aurait été formé en français à partir de *foot* n. « pied » tiré de *foot-ball* et du suffixe *-ing* acclimaté dans notre langue ; mais les composés français en *-ing*✱ ont la valeur de substantifs verbaux (« action de... ») dont la racine est un verbe (*presser → pressing*) et non un substantif. Pour d'autres, ce serait un déformation sémantique de l'anglais *footing* n. « pied *(fig.)*, position stable », ce qui paraît peu vraisemblable vu la différence des contextes. Il est curieux que tout le monde fasse le silence sur le verbe *to foot* intr. (XVIe s.) *to go on foot* « aller à pied » (Oxford dict., Webster's 3d) opposé à *to ride* intr. « aller à cheval », et employé surtout sous la forme *to foot it : They footed together, speechless* « ils marchaient côte à côte, sans un mot » (G. Meredith, 1865), *Riding for us was out of the question, so we all had to foot it* « Aller à cheval était pour nous hors de question, aussi nous dûmes marcher » (Earl Dunmore, 1893). Mais il est possible qu'effectivement ce verbe n'ait joué aucun rôle s'il était inconnu lorsque *footing* est apparu (1885, Mackenzie). Ce mot fut la cible des puristes dès qu'il fut assuré qu'il n'était pas compris des Anglais, le faux anglicisme étant honni plus encore que le vrai. Au

Canada, notre *footing* est inconnu ; *footing* n. est un emprunt normal à l'anglais et signifie « empattement » et « pied (d'égalité) ». Le mot a résisté longtemps aux assauts des amateurs de bon langage ; s'il vieillit, c'est qu'il est détrôné par *jogging* (américanisme « vrai »).

> « C'est cette valeur du suffixe, bien sensible pour les Français, qui a poussé à la création du mot *footing*, dont la forme, peut-être, a été fournie par l'anglais *footing*, "point d'appui", etc. (Cf. *match-maker* [...]), mais dont le sens, "marche ou promenade hygiénique", résulte de la fusion de deux éléments anglais connus, *foot*, dans *football*, et *-ing*, suffixe indiquant une action à nuance sportive. »
> J. ORR, *Les Anglicismes du vocabulaire sportif*, oct. 1935, p. 300.

> « M. Mario Roques déploya, pour dénoncer *footing,* une véhémence impitoyable. Quelle sottise d'employer un mot anglais dans une acception complètement inconnue des Anglais eux-mêmes ! Si *footing* existe en anglais, il n'a pas du tout le sens que nous lui donnons en français, à savoir "promenade hygiénique à pied". »
> *Vie et Langage*, juil. 1955, p. 301.

> « Connaissant l'anglais, ils [les Canadiens] sont portés à sourire de mots anglais qui n'existent qu'en France, tel qu'*autocar*, et même *dancing* et *footing*, qui n'ont jamais voulu dire en Angleterre ce que les Français leur font dire. »
> P. DAVIAULT, in *Vie et Langage*, mars 1955, p. 122.

FORCING [fɔʀsiŋ] *n. m.* et *adj.*

(1912) Attaque soutenue contre un adversaire sportif qui se tient sur la défensive (boxe, football, course, etc.). — REM. : Absent du dict. de l'Académie 1932.

> « Ils n'occupaient plus à présent que leur moitié de terrain, rataient les balles, submergés par les Girondins qui, déchaînés, portés par leur public, faisaient un "forcing" impétueux pour combler leur retard avant la mi-temps. »
> R. FALLET, *Le Triporteur*, pp. 380-381 (□ 1951).

— Lutte ou effort violent(e) et soutenu(e) jusqu'à la limite des forces pour obtenir quelque chose. *Il l'a battu au forcing. Le forcing électoral.*

> « le reproche que certains pourraient être tentés de lui faire : celui d'avoir pratiqué le forcing en prenant la parole aussitôt après le débat. »
> *Le Monde*, 20 déc. 1963 [*in* Blochwitz et Runkewitz, p. 278].

> « Lou m'a l'air dopé à bloc et bien décidé au forcing, ah, malheureuse, tu l'as embobiné trop serré ton mari, t'arrives plus à défaire les nœuds ! »
> A. SARRAZIN, *La Traversière*, p. 259 (□ 1966).

> « Il ne faut pas faire de "forcing scolaire" mais insister sur les disciplines d'éveil et de créativité en respectant la personnalité de l'enfant. »
> *Paris-Match*, 15 janv. 1972, p. 51.

— *Adj.* Au Bridge, Se dit d'une enchère qui oblige le partenaire à parler de nouveau.

> « après un changement de couleur forcing dans une couleur supérieure à la deuxième longue de l'ouvreur. »
> P. GHESTEM et C. DELMOULY, *Le Monaco*, p. 21 (□ 1966).

> « L'annonce 2 trèfles est [...] strictement *forcing* et oblige le partenaire à maintenir les enchères ouvertes jusqu'à la manche ou à un contre de pénalité. »
> G. VERSINI, *Le Bridge*, p. 29 (□ 1972).

✳ Mot anglais, substantif verbal de *to force* « forcer » (comme *camping* de *to camp*), qui ne constitue pas un véritable nom en anglais, et qui n'est nominalisé qu'une fois en français. S'est d'abord employé dans notre langue comme terme de boxe (1912, *in* Petiot), puis s'est étendu aux autres sports vers 1930. Enfin, plus récemment, depuis une vingtaine d'années, il s'utilise pour désigner toute sorte d'effort soutenu (aux limites des *forces*) en vue d'un résultat. On peut à la rigueur mettre *forcing* en relation avec *forcer* intr. « fournir un gros effort », mais cet emploi de *forcer* n'est pas très courant ; c'est plus sûrement à *force* que ce mot est rapporté, bien que morphologiquement les noms en *-ing* aient le plus souvent une racine verbale. Nous avons un *forçage* n. qui ne s'applique qu'à la culture « forcée » des plantes et qui est issu du verbe transitif (alors que les noms en *-ing* sont formés en majorité sur des verbes intransitifs).

FORDISATION [fɔʀdizasjɔ̃] *n. f.*

(1927) Application du fordisme*, transformation (de l'industrie) par la production de masse standardisée. — REM. : Absent de tous dictionnaires.

« La "fordisation", nécessité sans laquelle il n'est pas d'industrie américaine, aboutit à la standardisation de l'individu lui-même. »
                    A. SIEGFRIED, *Les États-Unis d'aujourd'hui*, p. 347 (□ 1927).

« La fordisation a substitué aux styles d'art des types de fabrication. Elle a proscrit l'artisanat, l'individualité dans la création. »
L. ROUGIER, *La Réforme et le Capitalisme moderne*, 1931 [*in* D. D. L., 2ᵉ série, 2].

* Mot américain *fordization* n., de *to fordize,* de Henry Ford (1863-1947) constructeur de voitures. Cet emprunt reste un terme de spécialistes.

FORDISME [fɔʀdism] *n. m.*

(XXᵉ s.) *Vieilli.* Système de production industrielle massive organisée en vue de la plus grande efficacité, inaugurée aux États-Unis par Henri Ford → **Taylorisme.**

* Mot américain *fordism,* de Henry Ford (1863-1947) constructeur de voitures. Ce mot n'a jamais été aussi courant que *taylorisme* et est sorti de l'usage actuel → **Fordisation.**

FOREMAN [fɔʀman] *n. m.*

(1858) *Vx.* Chef d'atelier, contremaître. Plur. *Foremen.* — REM. : Absent des dict. de Littré et de l'Académie.

« Une vingtaine d'honnêtes bandits vivent là, sous l'autorité d'un chef, d'un *foreman,* le plus fort et le plus adroit d'entre eux, naturellement. »   P. BOURGET, *Outre-Mer*, p. 45 (□ 1895).

« Et à l'automne je suis sûr de trouver une "job" comme foreman dans un chantier, avec de grosses gages. Au printemps prochain j'aurai plus de cinq cents piastres de sauvées, claires, et je reviendrai. »
                    L. HÉMON, *Maria Chapdelaine*, p. 76 (□ 1916).

* Mot anglais *foreman* n. (plur. *foremen*), de *fore-* « en avant, devant » et *man* « homme » ; désigne depuis le XVᵉ siècle en anglais divers métiers où l'on dirige et « contremaître » (1574). Apparaît en 1858 dans la *Revue des Deux-Mondes* (XVIII, p. 305, Esquiros). Il semble que ce mot n'ait pas vécu longtemps ; le dict. de P. Larousse (1872) ne le mentionne pas. Chez Louis Hémon, c'est un anglicisme canadien.

FOR EVER [fɔʀevœʀ] *loc. adv.*

(v. 1820) *Vieilli.* Pour toujours ; à jamais.

« Vive Malthus ! Malthus *for ever !*
Un mot de la fin, non seulement fin de siècle, mais fin du monde. »
                    Le Charivari, 11 oct. 1892, p. 2.

* Locution anglaise *forever,* même sens, à la mode au XIXᵉ siècle en France ; employé par Lamartine selon Mackenzie (Lettre au comte de Virieu, 19 octobre 1820). Cette locution n'est plus employée aujourd'hui.

FORFAIT [fɔʀfɛ] *n. m.*

(1829) Indemnité que doit payer le propriétaire d'un cheval engagé dans une course, s'il ne le fait pas courir. *Déclarer forfait pour un cheval.* — Par ext. *Déclarer forfait,* abandonner une épreuve, une compétition. — REM. : Enregistré dans le Suppl. de Littré, 1877 ; absent des dict. de l'Académie.

* Mot anglais *forfeit* n., XIVᵉ siècle « forfait », sens actuel XVIIᵉ siècle, lui-même emprunté à l'ancien français *forfet, forfait* n. « crime ». Ce mot est revenu en France avec un sens nouveau assez éloigné de celui de *forfait* « crime » (*Journal des Haras*, IV, p. 229, *in* Mackenzie). Il ne doit

pas être confondu avec *forfait* n. « prix fixé à l'avance », qui a une toute
autre étymologie (de *fur* « taux », comme dans *au fur et à mesure* et
fait).

FORME [fɔʀm] *n. f.*

(1858, *in* Petiot) Condition physique (d'un cheval, d'un
sportif, etc.) favorable aux performances. *Être en forme pour
courir un cent mètres, passer un examen. Avoir la forme, être en
pleine forme.* — REM. : Absent du Suppl. de Littré 1877 ; signalé
dans le dict. de l'Académie 1932.

« Et je suis sûre [...] que je peux battre le record féminin du
mille [...] seulement, il faut que je le tente tout de suite ; ma forme peut
disparaître du matin au soir. »
MONTHERLANT, *Les Olympiques*, Gallimard, p. 91 (□ 1924).

✱ Le mot français *forme* a pris ce sens à l'anglais *form*, d'abord
appliqué aux chevaux de courses (1760, « a horse in a very high form »),
emploi plus étendu vers 1850 (1877, « Mackturk was in great form after
his breakfast »). Cet emprunt de sens relève donc de l'importation
massive du vocabulaire du turf en français. Signalé par P. Larousse en
1872 (→ cit. *ci-dessous*), il s'est généralisé et est très répandu de nos
jours.

« FORME [...] Turf. Terme usité sur l'hippodrome pour exprimer l'action plus ou
moins brillante d'un coureur : *Diamant a couru dans la même forme que l'année
dernière.* »   P. LAROUSSE, *Grand Dict. univ.*, art. *Forme*, 1872.

FORTERESSE VOLANTE [fɔʀtəʀɛsvɔlɑ̃t] *n. f.*

(v. 1943) Bombardier lourd américain de la Seconde Guerre
mondiale. — (Dans d'autres syntagmes) *Forteresse stratégique.*

« C'était le joujou monstrueux du Dr Folamour. Projetée dès 1940,
construite de 1952 à 1962, la Stratoforteresse, la "Forteresse stratégique", B 52, a été conçue comme une menace pour porter dans le ciel,
vingt-quatre sur vingt-quatre, l'arme absolue. »
L'Express, 1ᵉʳ janv. 1972, p. 61.

✱ Calque de l'angl. *flying* (de *to fly* « voler ») *fortress*, mot empr. au
XIVᵉ s. au français *forteresse* « puissance » et « place fortifiée ». L'emploi,
aux États-Unis, pour désigner les bombardiers stratégiques B-17, a été
immédiatement adapté en français.

FORTRAN [fɔʀtʀɑ̃] *n. m.*

(1959) Langage de programmation informatique de haut
niveau destiné aux opérations mathématiques et scientifiques.
— REM. : S'emploie tantôt comme nom propre, tantôt comme
nom commun, prend une majuscule ou s'écrit en capitales.

« FORTRAN (Formula Translation). L'un des premiers langages
scientifiques développé par IBM. La version la plus courante est le
Fortran IV. Des compilateurs Fortran existent sur la plupart des
ordinateurs. Le Fortran définit des variables (entières, réelles, complexes, booléennes) pouvant être groupées en tableaux multidimension-
nels, et des instructions (d'affectation, conditionnelle, d'entrée sortie).
L'instruction DO facilite l'écriture des itérations. Les sous-programmes
sont appelés par CALL ou incorporés par un nom de fonction aux
expressions. »   M. GUINGUAY et A. LAURET, *Lexique d'informatique*,
Masson (□ 1973).

✱ Mot-valise formé en anglais (1956, Oxford Suppl.) de *For(mula)
Tran(slation)* « traduction de formules ». Les étymologies qu'on en donne
sont variables (→ cit. *Algol*). Ce mot couramment utilisé en informatique
ne présente aucune difficulté en français.

FOSTERAGE [fɔstəʀaʒ] *n. m.*

(1939) *Anthropologie.* Coutume qui consiste à faire élever les
enfants dans une autre phratrie, pour assurer l'exogamie.

« Peu après leur naissance, les enfants sont envoyés dans leur famille maternelle et ils y sont élevés, ils en reviennent adultes, avec les cousines qu'ils épousent, mais ils ne sont récupérés par leur groupe que contre l'envoi de leurs sœurs. Cette coutume est connue sous le nom de fosterage. »   R. CAILLOIS, *L'Homme et le Sacré*, p. 97 (□ 1939).

✱ Mot anglais *fosterage* n., de *to foster* (apparenté à *food*) « nourrir, élever (des enfants qui ne sont pas les siens) » ; *fosterage* date du XVIIᵉ siècle, il a pris au XVIIᵉ siècle le sens de « coutume des Écossais et des Irlandais de faire élever leurs enfants dans un autre foyer ». *One of the leading features of Irish social life was fosterage* « un des traits les plus marquants de la vie sociale irlandaise était le fosterage » (Joyce, 1893 [*in* Oxford dict.]). Ce terme d'anthropologie a été emprunté à l'anglais avec de nombreux autres (→ **Endogamie, exogamie**). Il s'intègre bien au système phonique et graphique de notre langue ; mais le radical *foster-* n'évoque rien en français.

FOULING [fuliŋ] *n. m.*

(v. 1965) Incrustation d'animaux et de végétaux parasites sur la coque des navires, qui accroît le frottement et réduit la vitesse du bateau (→ **Anti-fouling**).

✱ Du terme de marine anglais *fouling*, dérivé de *to foul* « encrasser, salir ». En français, ce terme est moins courant que son dérivé *antifouling* qui apparaît dans de nombreuses publicités spécialisées.

FOUR-IN-HAND [fɔʀin'ãnd] *n. m.*

(1816) *Vx.* Attelage à quatre chevaux. *Mener la vie four-in-hand*, à grandes guides. — REM. : Parfois écrit *four-inhand* (P. Larousse 1872, Zola) ; le pluriel est incertain. — Absent des dict. de Littré et de l'Académie.

« mais ces attelages et ces *four-in-hands* n'étaient-ils pas, dans leur galop soulevant le tourbillon des feuilles d'automne, suivis par un cortège de reporters, l'œil à la vitre et le crayon aux doigts ? »
                          MALLARMÉ, *La Dernière Mode*, 1ᵉʳ nov. 1874, pp. 785-786.

« et des four-inhand, poussant leurs quatre chevaux, et des mail-coach, avec les maîtres en l'air, sur les banquettes, laissant à l'intérieur les domestiques garder les paniers de champagne [...]. »
                          ZOLA, *Nana*, p. 322 (□ 1880).

« Parmi les équipages les plus remarqués, citons le four-in-hand de juments de M. de Hippomann. »   *Le Charivari*, 11 oct. 1892, p. 1.

✱ Mot anglais *four-in-hand* n., 1793, littéralement « quatre *(four)* en main *(in hand)* », a désigné une voiture à quatre chevaux, donc luxueuse, à la mode au XIXᵉ siècle ; un club de ce nom fut même fondé vers 1840. *Four-in-hand* constitue un des nombreux emprunts de noms de voitures faits à l'anglais ; il est peu connu aujourd'hui. Nous ne pouvons garantir la prononciation qui est celle donnée par Pierre Larousse (mais sa « transcription » non phonétique est ambiguë).

FOX- [fɔks]

✱ Élément qui entre dans la composition de plusieurs mots empruntés à l'anglais : *foxé* adj., *fox-hound* n., *fox-terrier* n., *fox-trot* n. *Fox* signifie « renard » en anglais ; mais ce sens n'est pas conservé dans la série française, à tel point que l'abréviation *fox* n. m. de *fox-terrier* désigne justement un chien *(« terrier »)* et non un renard *(« fox »)*, selon la loi qui veut qu'un composé anglais abrégé en français subisse une inversion sémantique due à la qualification vers la gauche en anglais.

FOX [fɔks] *n. m.*

Abrév. de *fox-terrier*✱ et de *fox-trot*✱.

FOXÉ, ÉE [fɔkse] *adj.*

(1877) Se dit d'un goût particulier à certains cépages américains, dit aussi goût framboisé, peu apprécié en France. —
REM. : Absent des dict. de l'Académie.

« Quant aux autres types, *labrusca* à gros grains et à goût de cassis
(foxy), *aestivalis* à petits grains et sans goût foxé, *cordifolia* à grains
moyens et de parfum varié, tournant parfois au foxé [...]. »
    PLANCHON, in *Revue des Deux-Mondes*, 15 janv. 1877 [*in* Littré suppl.].

« Ces vignes nouvelles sont les hybrides producteurs directs, auxquels on demande, pour acquérir définitivement droit de cité dans notre
pays, d'avoir "la tête française et le pied américain".
    Ce serait parfait si les hybrides producteurs directs n'avaient
malheureusement, pour la plupart, un grave défaut : leurs raisins ont le
goût *foxé* désagréable des raisins de la vigne américaine, et ce goût se
retrouve dans le vin. »   É. GAUTIER, *L'Année scientifique et industrielle*,
                              pp. 251-252, 1902 (□ 1901).

✱ Adaptation de l'américain *foxy* (1864), adjectif formé sur l'anglais *fox-
grape* n. « vigne sauvage » littéralement « vigne *(grape)* à renard *(fox)* »,
ainsi dite parce que la tradition populaire affirme que les renards sont
friands de raisin (Cf. La Fontaine, Buffon, etc., en France). Ce mot a
pénétré en français à l'époque du fléau viticole qui commença à ravager
la France vers 1865 : le phylloxéra. Dans la nécessité de reconstituer
tous le vignoble détruit avec du plant américain, il fallut évaluer les
qualités et les défauts des cépages ; le goût « foxé » était inconnu en
France. Ce mot s'intègre bien au système phonique et graphique du
français ; on retrouve *fox-* dans *fox-trot, fox-terrier,* mais *fox* est
démotivé dans les emprunts où il figure (→ **Fox-**) ; *foxé* reste donc une
énigme pour les Français. La meilleure traduction que l'on pourrait
proposer serait *goût sauvage ; goût framboisé,* donne une équivalence
assez communément acceptée.

FOX-HOUND [fɔksawnd] *n. m.*

(1828) Chien courant de grande taille, rapide et puissant. *Des
fox-hounds.* — REM. : Absent des dict. de Littré et de l'Académie.

« Ce premier piqueur était accompagné de deux grands chiens
courants de race, véritables Fox-Hound, à robe blanche tachetée de brun
clair, hauts sur jarrets, au nez fin, la tête menue et à petites oreilles sur
la crête. »   BALZAC, *Modeste Mignon*, p. 595 (□ 1844).

✱ Mot anglais *foxhound* n. (1763), de *fox* « renard » et *hound* « chien ».
Le *fox-hound* est un grand chien pour la chasse au renard *(fox-hunting),*
chasse traditionnelle la plus commune en Angleterre → **Fox-terrier.** Ce
mot apparaît en 1828 en français dans le *Journal des haras,* I, p. 117
(Bonnaffé).

FOX-TERRIER [fɔksteʀje] ou **FOX** [fɔks] *n. m.*

(1866) Petit chien robuste à poil ras, aux pattes de devant
très droites, à museau carré et oreilles rabattues, très intelligent,
originairement utilisé pour faire sortir les renards de leurs
terriers. *Des fox-terriers* ou *des fox.* — REM. : Absent des dict.
de Littré ; enregistré dans le dict. de l'Académie 1932.

« L'âne blanc le suivait, sabotant sec, et puis le danois bringé, aux
grosses pattes molles, et puis le caniche beige, et les fox-terriers. »
                   COLETTE, *La Paix chez les bêtes,* Lola, p. 73 (□ 1916).

« Les fox-terriers attachés à la porte des grands magasins pour
dames, causent ensemble sur le paillasson d'entrée, surveillés par
d'anciens sergents médaillés. »   P. MORAND, *Londres,* p. 164 (□ 1933).

« les trois chiens Fifi, Mimi et Titi, tous des *fox* capables de faire le
saut périlleux en arrière, de présenter les armes et d'effectuer une
addition de deux chiffres lorsque suffisamment aidés [...]. »
                   QUENEAU, *Pierrot mon ami,* p. 170 (□ 1943).

✻ Mot anglais *fox-terrier* n. (1823), de *fox* « renard » et *terrier* (xvᵉ s., lui-même emprunté à l'ancien français *chien terrier*, 1375, « chien qui fait sortir les bêtes de leur terrier »). Le fox-terrier est très répandu comme chien d'appartement. Le mot apparaît en français en 1866 (Parent, *in* Wartburg). Il constitue en fait un hybride anglo-français dont l'élément anglais reste obscur → **Fox-**. L'abréviation en *fox* est française, et inconnue (et impossible) en anglais. On la rencontre en 1904 (*Vie au grand air*, nov. 1904, selon Mackenzie).

FOX-TROT [fɔkstʀɔt] *n. m. invar.*

(*av.* 1922) *Vieilli.* Danse d'origine américaine, en grande vogue entre les deux dernières guerres, à rythme binaire assez vif, à pas. relativement simple, sans figures. — REM. : Absent du dict. de l'Académie. — Parfois abrégé en *fox : danser un fox.*

« le colonel Parker prit les pincettes et commença sur le tablier de la cheminée, un *fox-trot* échevelé que le général, de son fauteuil, accompagna en sifflant béatement. »
A. MAUROIS, *Les Discours du docteur O'Grady*, pp. 191-192 (□ 1922).

« À l'Albion, c'était Nelly qui dansait le cake-walk, tel fut le nom du microbe qui petit à petit devait se muer en fox-trot, et donner un rythme nouveau à la vie quotidienne de l'Europe. »
P. MAC ORLAN, *Villes*, Rouen, p. 148 (□ 1927).

« [...] *Murray's, Ciro's* ne chôment guère ; gourdes de whisky dans les poches, jeunes lieutenants et vieux généraux s'essayant à un nouveau pas nommé fox-trott [*sic*], au son des premiers jazz, avant de retourner au travail, le lundi matin, dans leurs tranchées flamandes. »
P. MORAND, *Londres*, pp. 63-64 (□ 1933).

✻ Mot anglais *fox trot* n., de *fox* « renard » et *trot* « trot » emprunté anciennement au français. *Fox-trot* d'abord signifié en anglais « allure, trot du renard » et désigné une sorte particulière de trot dans lequel le pied de derrière du cheval touche le sol un peu avant le pied avant diagonalement opposé, dit en français *pas relevé : She heard a horse approaching at a fox-trot* « elle entendit un cheval qui approchait au trot du renard » (Century Magazine, 1888 [*in* Oxford dict.]). Ce nom d'allure du cheval a été plaisamment appliqué à la danse, en américain, au début du xxᵉ siècle (attesté en 1915, Mathews). Il a passé en France avec la danse vers cette époque (attesté en 1922 chez Maurois). On a écrit *fox-trott*, apparemment pour insister sur la prononciation [tʀɔt] et éviter celle de [tʀo] ; cette graphie est hors d'usage. Il ne semble pas que *trot* soit rapporté à notre *trot* (du cheval) chez les usagers français. Autrement, il aurait été normal de prononcer *trot* à la française. Quant à l'élément *fox*, bien que commun à de nombreux emprunts, il reste complètement obscur dans notre langue → **Fox-**. Les puristes ne s'intéressent guère aux noms empruntés des danses. Le dérivé *fox-trotter* a été à la mode avec la danse :

« il fox-trottait comme vous et moi, ce producteur de coton et de caoutchouc, tueur d'éléphants et de tigres. »   Cl. FARRÈRE, *Une jeune fille voyagea*, p. 18 (□ 1925).

FRAC [fʀak] *n. m.*

(1767) Habit entièrement boutonné à longues basques, costume civil ou militaire. — (1835) *Vieilli.* Habit élégant (de nos jours : habit noir de cérémonie) qui s'arrête à la taille par devant et présente par derrière deux longues basques en queue de morue. — REM. : Apparaît dans le dict. de l'Académie 1835. — De nos jours on dit simplement *Habit* pour *frac.*

« Mon *frac* tison. »   S. MERCIER, *Tableau de Paris*, 1782
[*in* Brunot, t. VI, 2, p. 1108].

« il boutonna son frac jusqu'au col, remonta sa cravate, prit sa badine entre ses dents, enfonça ses deux mains dans ses goussets, écarquilla les yeux pour ne pas s'endormir, et fit la contenance la plus héroïque du monde. »
Th. GAUTIER, *Les Jeunes-France*, Celle-ci et celle-là, p. 101 (□ 1833).

« On a pu reconnaître aussi, parmi les jeunes gens qui s'étaient rendus à cheval à la fête des équipages, des jockeys et des grooms, des fracs sortant des ateliers de Becker aîné. »

La Mode, 5 avril 1844, pp. 590-591.

« l'anglomanie qui répand déjà la mode de ses fracs et de ses rudesses. »

Ed. et J. de GONCOURT, *La Femme au XVIIIe siècle*, p. 509, Charpentier, 1877 (□ 1862).

✳ Adaptation de l'anglais *frock* n. (1719 dans ce sens) ou *frock coat* n. (XIXe s.) « longue veste croisée à basques, redingote ». L'anglais avait lui-même emprunté *frock* à l'ancien français *froc,* depuis le XIVe siècle et dans le même sens. *Froc* et *frac* se trouvent donc être des doublets en français. L'origine anglaise de *frac* est généralement inconnue : *smoking*✳ accapare toute l'énergie des puristes en matière de tenue de soirée. Le mot apparaît en 1767 chez Beaumarchais (Mackenzie).

FRANCHISING [fʀɑ̃ʃiziŋ] *n. m.*

(1969) Contrat d'importation qui exempte l'exportateur de payer certains droits.

« Yoplait vient de faire son apparition sur le marché canadien. C'est le résultat heureux d'un accord de franchising... »

L'Express, 31 mai 1971, p. 83.

« Cet accord de franchising, le cinquième conclu depuis 1969 par M. André Gaillard, président du groupe Sodima, prévoit la fourniture des procédés de fabrication, du matériel industriel et des méthodes de commercialisation par la Sodima. Celle-ci est déjà liée à des coopératives en Suisse, en Espagne, à Chypre et à la Réunion. Son chiffre d'affaires : 1,7 milliard de Francs en France, atteint 2,5 milliards avec les redevances du franchising. »   *L'Express*, 31 juin 1971, p. 83.

✳ Mot français forgé sur *franchise* (américain *franchise* également) et *-ing*✳. Webster a seulement *franchise* n. *Franchisage* est une francisation officiellement acceptée.

FRANC-MAÇON [fʀɑ̃masɔ̃] *n. m.* et *adj.*

1° (1737) Membre de la franc-maçonnerie (Société en partie secrète organisée en « loges », dont les membres sont liés par une grande solidarité et se reconnaissent entre eux par des emblèmes, introduite en France depuis 1730, neutre en matière religieuse depuis 1877). *La devise des francs-maçons est « liberté, égalité, fraternité », devise empruntée par la Révolution française* (→ aussi **Maçon**). — REM. : Attesté dans les dict. de l'Académie 1835 et de Littré 1867.

« Elle [cette société] est actuellement très-nombreuse, et composée de personnes de tout état. On trouve des *francs-maçons* en tous pays. Quant à leur ancienneté, ils prétendent la faire remonter à la construction du temple de Salomon. Tout ce qu'on peut pénétrer de leurs mystères ne paroît que louable, et tendant principalement à fortifier l'amitié, la société, l'assistance mutuelle, et à faire observer ce que les hommes se doivent les uns aux autres. »

CHAMBERS, art. *Francs-Maçons* [*in* Encyclopédie Diderot, 1757].

« Je demande ce qu'étaient ces hiérophantes, ces francs-maçons sacrés qui célébraient leurs mystères antiques de Samothrace, et d'où ils venaient, eux et leurs dieux Cabires ? »

VOLTAIRE, *Dictionnaire philosophique*, art. *Samothrace*, t. XLII, p. 169 (□ 1764).

« Ah ! ça ! lui dis-je, vous m'avez mené à une loge de francs-maçons ? — Non, me répondit-il à demi-voix, je vous ai mené à un conciliabule [...]. »

BALZAC, *Un Conciliabule carliste*, in *Œuvres diverses*, t. II, p. 368 (□ 1831).

2° *Adj.* (1903) *franc-maçon, onne* [fʀɑ̃masɔ̃, ɔn]. Des francs-maçons. *La presse franc-maçonne* (Huysmans).

✱ Mot anglais *freemason* n., de *mason* « maçon » et *free* « libre ». A d'abord désigné en anglais (xiv⁰ s.) un maître maçon particulièrement expérimenté qui bénéficiait de la liberté de voyager à son gré selon les demandes de travail et se faisait reconnaître comme tel par des mots de passe et des signes secrets (les artisans étaient alors organisés en corporations et n'étaient pas libres de travailler où ils le voulaient). Ensuite *free-mason* s'est dit des *accepted masons,* architectes ainsi nommés comme membres honoraires des artisans libres, position très recherchée socialement dès le milieu du xvii⁰ siècle. L'association s'est étendue au xviii⁰ siècle à toutes sortes de personnes (les femmes exclues) et s'est répandue en Europe avec la création des loges. L'emprunt s'est difficilement stabilisé : les premières attestations sont *maçon libre* (1735) et un emprunt brut *Free-Masons* (1737) ; on rencontre aussi une série d'adaptations graphiques de l'emprunt où l'anglais comme le français sont masqués : *fri-masson* (1737), *fri-maçon* (id.), *frey-maçon* (id.), *frimaçon* (1740). La solution du calque « au plus près » apparaît en 1737 *Franc-Maçon* (Naudot, *in* Mackenzie) ; le calque de *free* en *franc* permet de respecter l'ordre des mots, *franc* se plaçant normalement devant le nom en français. *Franc* était encore vivant au sens de « libre » au xviii⁰ siècle ; aujourd'hui il n'est plus guère compris. (Voyez une autre résolution du même problème à *libre penseur.*) *Franc-maçon* n. a donné en français le dérivé *franche-maçonnerie* n. (1742) refait en *franc-maçonnerie* n. (1747) — attesté dans les dict. de l'Académie 1835 et de Littré 1867 —, rarement *franche maçonnerie* (1814) pour servir de traduction à l'anglais *freemasonry* n., ainsi que *franc-maçonnique* adj. (1872) — absent du dict. de l'Académie — (anglais *freemasonic* 1831) → aussi **Maçon, maçonnerie.**

FREAK [fʀɛk] ou [fʀik] *n.*

(v. 1970) Jeune marginal adepte des drogues dures ou du L.S.D. — REM. : Rare, mais attesté, au fém. : *une freak.*

« Après le concert qu'il a donné la semaine dernière à Marseille, nous déambulons sur le port désert où rôdent seuls quelques freaks et quelques cars de policiers dans un tête-à-tête banal. Une fille en jean, une vraie freak, s'approche [...]. »
J.-F. BIZOT, *L'Express,* 11 sept. 1972, p. 72.

« Les baigneurs somnolents ont vu débarquer des cheveux longs sans guitare, des *freaks* à l'accent de Belleville. »
M. RIGHINI, in *Le Nouvel Observateur,* 3 juil. 1972, p. 43.

✱ Mot anglais *freak* « brusque saute d'humeur » (1563), « caprice », puis (1847) « monstre ». Aux États-Unis, s'est surtout appliqué aux monstres exhibés dans les foires et les cirques. Le verbe *to freak out,* par ailleurs, s'était substantivé dès le xviii⁰ s. au sens de « émotion intense » et « orgasme ». *Freak* s'est employé comme adj. (« bizarre, monstrueux ») dès 1887, mais sa spécialisation dans la langue de la drogue est récente (1967, aux États-Unis).

FREE ALONGSIDE SHIP [fʀiəlõŋsajdʃip] *n. m.*

(1960) *Marine commerciale.* Contrat précisant que la marchandise doit être livrée le long du navire (les frais d'assurance, d'emballage, les frais administratifs étant à la charge du vendeur). — REM. : Absent de tous dictionnaires généraux. — Signalé dans le *Manuel du chef d'entreprise* de Romeuf et Guinot, 1960.

✱ Expression anglaise *(adj.* et *adv.),* littéralement « franco *(free)* le long du *(alongside)* bateau *(ship)* » ; elle constitue un véritable corps étranger dans le vocabulaire commercial → **FOB.**

FREE-JAZZ [fʀidʒaz] *n. m.*

(v. 1965) Style de musique de jazz où l'usage des instruments et la section rythmique sont très libres ; à la mode après le cool-jazz (→ **Cool**).

« Est-ce la musique qu'ils analysent qui les fait remettre en question ce qu'ils englobent sous la notion de *morale culturelle* ou est-ce leur analyse qui renvoie au free-jazz, qui en fait justement exploser les données ? Peu importe : la morale de ce livre est celle des free-jazzmen. »   *Les Nouvelles littéraires*, 31 janv. 1972, p. 25.

« une musique envoûtante, mélange de free jazz et du début de " l'Or du Rhin ", accompagnée de projections style calendrier des Postes [...]. »
S. de NUSSAC, in L'Express, 3 juil. 1972, p. 53.

— *Le free* n. m., le free jazz. Adj. *Le style free.*

« aux États-Unis, John avec Yoko, qui parfois verse dans le " free " en cris furieux [...]. »
Ph. KOECHLIN, in Le Nouvel Observateur, 17 juil. 1972, p. 33.

✳ Faux anglicisme forgé en français sur *free* « libre » et *jazz*.

FREE-LANCE [fʀilɑ̃s] *adj.* et *n.*

(v. 1970) Se dit d'une personne qui effectue un travail de journaliste, photographe, etc., sans exclusivité ni sécurité d'emploi, en louant ses services selon l'occasion. — Par ext. *« Travail free-lance »* (Annonce dans la *Bibliographie de la France*, n° 15, 1974).

✳ De l'anglais *free-lance* (1842, au sens emprunté par le français), expression créée à *Fleet Street*, la rue des journalistes à Londres, de *free* « libre » et *lance* « lance ». *Free-lance* est une création littéraire et signifie d'abord « chevalier, condottiere du Moyen Âge » (1820, chez Walter Scott). Ce mot a désigné aussi (1864) des politiciens indépendants.

FREE-MARTIN [fʀimaʀtɛ̃] *n. m.*

(1942) *Biologie, Élevage.* Femelle stérile d'une portée de faux jumeaux mâle et femelle. *Des free-martins.*

« Un exemple significatif nous est fourni par le cas du *free-martin* chez les Bovidés. Quand une vache a simultanément deux veaux de sexes opposés (qui sont, en fait, deux faux jumeaux issus de deux œufs distincts), la femelle *(free-martin)* est ordinairement stérile ; ses ovaires sont atrophiés et ont plus ou moins une structure de testicules. »
M. CAULLERY, L'Embryologie, pp. 122-123 (□ 1942).

✳ Mot anglais *freemartin* n. (1681), d'origine obscure, peut-être du gaélique *mart* « vache ». Ce terme a passé dans le vocabulaire scientifique français assez tardivement.

FREE PRESS [fʀipʀɛs] *n. f.*

(v. 1970) Presse plus ou moins clandestine qui échappe aux structures de la presse et se consacre à des publications marginales. Cf. Underground.

« Pendant les journées de la *" free press "*, en mai dernier à Paris, on s'était quand même posé quelques questions sur la nature et la portée de cette presse marginale, parallèle, souterraine.
La *freep* disent les gens de " Vroutsch ", strasbourgeois [...]. »
G. PONTHIEU, in Le Nouvel Observateur, 17 juil. 1972, p. 31.

✳ Faux anglicisme forgé en français d'après *free* « libre » et *press* « presse ».

FREEZER [fʀisœʀ] ou *pop.* [fʀɛsœʀ] *n. m.*

(v. 1955) Compartiment d'un réfrigérateur où se forme la glace.

« Un plat cuisiné surgelé peut se conserver vingt-quatre heures, chez soi, à la température ambiante ; trois à quatre jours dans un réfrigérateur ; deux semaines dans le freezer [...]. »
Le Figaro, 25 sept. 1961 [in Gilbert].

« SOUFFLÉS GLACÉS. Ils peuvent être préparés 48 heures à l'avance et doivent être mis dans le freezer ou dans le congélateur, thermostat au plus fort. »   *Elle*, 16 août 1971, p. 5.

✱ Mot américain *freezer* n. (1847), de *to freeze* « geler » et *-er* « eur », même sens que *refrigerator* n. (v. 1860) « réfrigérateur » ; *freezer* n. s'est par la suite spécialisé pour « la chambre où sont congelés et gardés certains produits » (1924), « la partie d'un réfrigérateur qui produit la glace ». Le mot *freezer* a pénétré en français vers 1955, avec l'importation de réfrigérateurs américains et la généralisation de cet appareil domestique. La terminologie a été longtemps hésitante : c'est d'abord *frigidaire* (marque déposée) qui a succédé à *glacière* n. f. (petit buffet pour conserver la glace) ; puis *réfrigérateur* a remplacé *frigidaire*, et on a dit *freezer* pour le compartiment à glace (température de -6^0 environ). La traduction *congélateur* a été alors proposée pour *freezer*. Mais aujourd'hui on réserve le nom de *freezer* au compartiment à glace et *congélateur* à la partie supérieure d'un réfrigérateur qui produit la glace et permet de conserver les produits congelés (-18^0). Le congélateur est donc un freezer plus vaste et plus froid. Le mot *freezer* est particulièrement mal adapté au système français. Nombre de personnes ignorant l'anglais disent [fʀɛsœʀ] comme *fraiseur*, les autres [fʀisœʀ] comme *friseur*, et on ne sait quoi préférer, des fraises ou des frisettes, dans cette conjoncture. Le *glaceur* pourrait convenir (inusité).

FRENCH-CANCAN [fʀɛnʃkãkã] *n. m.*

(1935) Cancan présenté en attractions en France et en Amérique, comme danse traditionnelle typiquement parisienne de la Belle Époque. *Le french-cancan est dansé par des girls qui lèvent très haut la jambe en retroussant une vaste jupe à volants, font le grand écart en poussant des cris, etc.*

« c'était curieux de voir la Grande Démocratie nord-américaine et les Républiques sud-américaines produire des rois [...] qui venaient épouser des bergères à Paris ou leur faire danser le *french-cancan* aux *Folies-Bergères !* »   CENDRARS, *Bourlinguer* p. 434, Folio (□ 1948).

« La grande attraction, c'était de voir ces jolies filles aux yeux bridés danser le *French-cancan*. »   S. de BEAUVOIR, *L'Amérique au jour le jour*, 3 mars 1947, p. 139 (□ 1954).

✱ *Cancan* n. m. (1829, de l'onomatopée *cancan* « canard ») est le nom de la danse originellement dansée dans les cabarets de Montmartre vers la fin du XIXᵉ siècle. Cette danse qui a particulièrement séduit les Anglo-Saxons fut désignée sous le nom de *French cancan* « cancan français » ou par les Anglo-Saxons eux-mêmes, ou par les Français voulant insister sur le succès de cette danse outre-Atlantique (F. de Miomandre, *La Danse*, 1935, p. 63). Aujourd'hui et depuis une trentaine d'années, on ne dit plus que *french-cancan*. C'est la danse que réclame le touriste. On trouve parfois en français la graphie anglaise avec majuscule : *French cancan*.

FUEL [fjul] *n. m.*

(1948) Mazout. — REM. : Absent du dict. de l'Académie 1932.

« un certain nombre d'usines ont pu se reconvertir au fuel industriel. »   *Le Monde*, 29 mars 1963 [*in* Blochwitz et Runkewitz, p. 278].

« L'aube se levait sur le siècle du pétrole. Quand on prononce ce mot, on pense immédiatement à l'essence et au fuel. Mais le pétrole représente bien plus que cela. C'est de lui que proviennent le gaz butane, les matières plastiques, les textiles synthétiques et, d'une façon générale tous les produits de remplacement [...]. »
Paris-Match, 8 janv. 1972, p. 34.

✱ Abréviation française de l'anglais *fuel oil* n. (1893), de *fuel* n. « combustible » et *oil* « huile ». *Fuel* possède en anglais le sens général de combustible et n'a pris le sens particulier de mazout qu'en français. Ce mot a pénétré dans notre langue après la guerre (Larousse de 1948). La prononciation reste restée flottante, et on entend souvent [fyɛl] (Hanon, p. 111). Ce mot est condamné à juste titre par tous les puristes, et le Comité d'étude des termes techniques français propose que l'on prononce *fuel* comme *duel* ou tout simplement que l'on s'en tienne à *mazout*, autre emprunt (du russe) mais plus anciennement intégré au français (1907). *Fuel,* par ailleurs, a en anglais une origine française et est emprunté de l'ancien français *fouaille n. f.* « bois de chauffage, tout ce qui sert à chauffer », du latin populaire *focalia,* rac. *focus* « foyer, feu ».

« Une des catégories d'anglicismes les plus détestables en ce qu'ils ont l'inconvénient d'être complètement incompréhensibles pour les Anglais, c'est celle qui consiste à supprimer la seconde partie d'un mot composé, qui est précisément celle qui exprime le sens principal, la première ne servant que de déterminante [...]. L'union des Chambres Syndicales de l'industrie des pétroles nous parle du *"fuel".* Mais *fuel* ce n'est pas le *fuel oil,* c'est un combustible quelconque, du coke, des margotins, de vieilles savates, etc. »
F. de Grand Combe, *De l'anglomanie en français,* juil. 1954, pp. 196-197.

FULL [ful] *n. m.*

(1892) Au poker, Ensemble d'un brelan et d'une paire ; main pleine. *Full aux as.* — REM. : Absent du dict. de l'Académie 1932.

✱ Emprunté de l'américain *full* adj. (1884, *full hand*), terme de poker (jeu de cartes américain) vers 1892 selon Wartburg et Bonnaffé. L'équivalent français est *main pleine.*

FULLY FASHIONED [fulifaʃœnd] *adj.*

(v. 1960) *Comm.* Se dit de tricots dont la forme est rendue par des diminutions et non par des pièces rapportées (les manches notamment). *Twin set fully fashioned.*

✱ De l'américain *fully fashioned* (ou *full fashioned*), XXe siècle, de *fully* « pleinement, totalement » et *fashioned* « façonné ». Ce mot a pénétré en français après la guerre, avec la vogue des tricots faits à la machine (machines probablement américaines). Il est imprononçable en français et obscur ; terme de commerce, il n'a jamais été vraiment employé par la clientèle, et la traduction proposée *entièrement diminué* tend à l'éliminer, même sur les étiquettes (Cf. Étiemble, *Parlez-vous franglais ?*).

FUNKY [fœki] *adj.* et *n. m.*

(1973) *Adj.* Simple et convaincant, en parlant de la musique pop.

« HORACE SILVER. Après des incursions peu fructueuses dans le domaine de la *pop'music*, retour de cet apôtre du style "funky" à la tradition orthodoxe. Un jeu de piano étincelant. »
Le Nouvel Observateur, 28 mai 1973, p. 23.

— *N. m.* Ce type de musique.

« Cette semaine, ce sont les Black Arabs, un groupe qui joue du soul et du funky. La semaine prochaine, ce seront les Modettes, quatre Londoniennes ! Une vraie folie... »
L'Express, 10 nov. 1979, p. 25.

— Adj. *(D'une personne)* Qui aime cette musique.

« On y rencontre des créatures blessées et altières qui lui ressemblent, dont "Une fille funky" vivant "d'amour et de yaourts". À noter aussi un hommage à Fellini où "Juliette perd ses esprits"... »
L'Express, 17 nov. 1979, p. 59.

✱ De l'argot américain *funky* (au sens propre « malodorant ») utilisé par les Noirs comme mélioratif pour une musique du type blues très simple et traditionnelle. A pris un sens général en américain « épatant », mais reste cantonné au monde de la musique pop en français.

FUROLE [fyrɔl] *n. f.*

(1520) *Vx* ou *région.* Feu follet. — REM. : Autrefois écrit *furolle,* et encore dans Littré ; la graphie *furole* apparaît au XVIIIe siècle.

✳ Dérivé ancien *furolle, fuirolle* de l'ancien anglais *fur, fuyr* « feu » (*fire*, forme moderne) avec le suffixe *-ole* (var. *-erole, -iole*) à valeur diminutive. L'anglais nous a repris le mot au XVIIᵉ siècle *(vx).*

« FLAMBART. C'est le nom qu'on donne sur mer à de petits météores, ou feux folets qui s'attachent aux mâts ou aubans des navires. On les appelle autrement *Feu S. Elme, furoles, flammeroles, Castor et Pollux.* »
Dict. de Trévoux, 1771, art. *Flambart.*

FUSEL [fyzɛl] *n. m.*

(1930 ; *fusel oil* 1855) *Fusel* ou *huile de fusel*, mélange de liquides provenant de la rectification des alcools, de goût désagréable.

« Songez que ce miracle peut se réaliser en partant, par exemple, des huiles empyreumatiques *(fusel)* produites par la fermentation de matières amylacées, telles que la pulpe de pommes de terre, avec la collaboration d'un microbe *sui generis* ! Ce microbe transforme, à 35°, l'amidon (dans la proportion de 43 pour 100 de son poids sec) en *fusel oil* et en acétone, aussi aisément que d'autres microbes transforment le sucre en alcool ou le vin en vinaigre. Or rien n'est plus facile que de transformer le *fusel oil* en butadiène, avec, comme sous-produit, l'acétone. »
É. GAUTIER, *L'Année scientifique et industrielle*, p. 120, 1913 (□ 1912).

✳ Abréviation française de l'anglais *fusel oil*, (1850) « huile *(oil)* de fusel », de *fusel*, mot du haut-allemand, qui désigne une mauvaise eau-de-vie. Le terme apparaît sous sa forme complète *fusel oil* en 1855 (Nysten-Littré) et sous sa forme réduite *fusel* en 1930, en français.

FUTUR [fytyʀ] *n. m.*

(v. 1950) [Avec un déterminant] Avenir. *Le futur de l'humanité. Quel sera son futur ? Un futur lointain.*

✳ En français *futur* s'emploie toujours absolument, alors que *avenir* s'emploie tantôt absolument *(dire l'avenir)* tantôt avec un déterminant *(l'avenir de son fils, notre avenir, un proche avenir).* Cet emploi de *futur* est un emprunt à l'anglais *future* qui fonctionne à la fois dans nos emplois de *avenir* et de *futur.* C'est un abus justement condamné par les puristes. Au Canada *dans le futur* s'emploie fréquemment pour *à l'avenir* (critiqué par Dulong, Colpron).

« D'autres confondent le "futur" et l'"avenir" (anglais : *future*). Au bas d'une photographie représentant le [...] futur palais de l'Unesco, on pouvait lire cette légende : "[...] Le nouveau bâtiment qui s'élèvera *dans un proche futur*, à l'angle de l'avenue de Ségur et de l'avenue de Suffren". »
LE BIDOIS, *Les Mots trompeurs*, p. 270 (□ 1970).

G

GADGET [gadʒɛt] *n. m.*

(1946) Objet amusant et nouveau, généralement inutile, sorte de jouet pour adulte. *On vend des gadgets dans les drugstores. Offrir un gadget.*

« Il y a le respect de la science, de l'industrie, le positivisme, l'amour maniaque des "gadgets" et il y a l'humour sombre du "New Yorker" [...]. »
SARTRE, *Situations III*, p. 129 (□ 1946).

« Entre les gradins circulent des vendeurs offrant non seulement des *ice-creams* et des bonbons, mais des sifflets, des trompettes, des fouets et toutes espèces de gadgets. »
S. de BEAUVOIR, *L'Amérique au jour le jour*, 10 avril 1947, p. 253 (□ 1954).

« Peut-être s'est-elle mise à écrire par refus d'être une chose, un objet... l'objet. Le *gadget*, comme on dit au sous-sol des grands magasins. »
ARAGON, *Blanche ou l'Oubli*, p. 395 (□ 1967).

« Pour le soir, des jupes longues et toute une variété de blouses très décolletées.
Mode sage dans son ensemble. Le feu vert sera donné à la fantaisie sous la forme d'accessoires et de gadgets amusants. »
Ouest-France, 26 oct. 1971, p. 6.

« Le "tac-tac", ce gadget en plastic [*sic*] qui émet un bruit disgracieux a fait depuis quelque temps son apparition dans les lieux publics et dans les écoles. »
Ouest-France, 14 oct. 1971, p. 1.

— EN APPOSITION. Qui est un gadget, s'apparente au gadget. *Un sac gadget. Réforme-gadget*, pas sérieuse.

« "Concorde" sera-t-il un "avion-gadget" réservé à quelques passionnés de la vitesse ou l'avion préféré des hommes d'affaires internationaux ? »
Le Monde, 23 oct. 1970 [*in* Gilbert].

✳ Mot anglais *gadget*, parfois *gadjet* n. d'origine argotique obscure (les étymologies proposées sont françaises : *gâchette, engager*) qui apparaît en anglais vers 1850, parmi les gens de la marine (attesté en 1886 par écrit) avec le sens de « petit outil, petit accessoire, petite pièce d'un mécanisme » dénomination imprécise qui se rapproche du français *machin, truc, bidule*. Il a pris en anglais le sens de « bibelot, objet amusant sans utilité » vers 1915, et a donné naissance à de nombreux dérivés : *to gadget* v. « équiper avec des accessoires » ; *gadgeteer* n. « celui qui emploie, invente, aime les mécanismes, le bricolage » ; *gadgeteering* n. ; *gadgetry* n. « ensemble des accessoires, des instruments, des mécanismes » ; *gadgety* adj. On constate que la famille de *gadget* s'est développée sur l'idée d'« ingénieux mécanisme », et non sur celle d'« objet plaisant ». Le mot *gadget* apparaît en français en 1946 chez J.-P. Sartre décrivant la réalité américaine, et se répand dans la presse vers 1965 avec l'apparition des drugstores en France. Des deux sens anglais le français a surtout retenu le second ; mais le sens propre d'« accessoire, instrument ingénieux, efficace » se rencontre parfois :

« [Presse quotidienne du matin, 5-2-1964 :] "La Régie donnera peut-être son accord pour ouvrir au même emplacement une boutique de "gadgets" automobiles..." — [...] les "gadgets" automobiles sont tout simplement les accessoires... »
[in *Défense de la langue française*, avril 1964, p. 40.]

✱ Le mot *gadget* a subi un minimum de francisation ; alors que *budget* ne fait plus sonner son *t*, *gadget* garde sa finale sonore. Il a donné naissance à des dérivés : *gadgetière* n. f. (d'abord nom propre) « magasin de gadgets » (1965) ; *gadgétiser* v. « munir d'accessoires ; transformer en gadget » (1974) ; *gadgetterie* n. f. « ensemble de gadgets » (1979). *Gadget* est différemment apprécié des puristes ; la chose étant nouvelle, le mot est d'autant mieux toléré. Le mot s'emploie au Canada avec tous ses sens américains.

« De même, un terme comme *gadget* est à peu près impossible à traduire en français (*bidule* que l'on a proposé comme équivalent, me paraît plus heureux). "Un *gadget*, écrit une journaliste, c'est une petite trouvaille ingénieuse, amusante, souvent peu coûteuse, parfois inutile, toujours nouvelle... Il me semble, ajoute-t-elle, que si le *gadget* et le *bar* sont deux inventions typiquement américaines, je n'enlève rien au français en lui apportant ces mots brefs, malicieux, qui disent bien ce qu'ils veulent dire." »   Le Bidois, *Les Mots trompeurs*, pp. 248-249 (☐ 1970).

« Le mot gadget s'est répandu quand les drugstores ont commencé à proposer des objets insolites, inédits, amusants et tout à fait inutiles. »
L'Expansion, juin 1971, p. 139.

GAÉLIQUE [gaelik] *adj.* et *n.*

(1828) Relatif aux Gaëls, population celte de l'Écosse et de l'Irlande. *Alphabet gaélique. Monuments gaéliques.* — *N. m.* Groupe des dialectes d'Irlande (erse), d'Écosse et de l'île de Man (manx ou mannois) qui sont issus du celtique ou gaulois, comme le breton. — REM. : Absent du dict. de l'Académie 1835, enregistré dans l'édition de 1878.

« de même que le latin a fourni, depuis huit siècles, à la langue anglaise la moitié de son vocabulaire actuel, lequel d'abord était exclusivement saxon et gaëlique. »
V. Jacquemont, Lettre à Jacquemont père, 19 fév. 1832, in *Corresp.*, t. II, p. 278.

✱ Francisation de l'anglais *gaelic* adj. (1596) et nom (1775), d'abord appliqué exclusivement aux Celtes d'Écosse, dits *Gaëls*. On a d'abord dit *gallique* en français (*galique* 1761, selon Mackenzie). *Gaélique* a été relevé en 1828 dans le périodique *Le Catholique* [*in* D. D. L.].

GAG [gag] *n. m.*

(1922) Au cinéma, Effet comique rapide, burlesque. — REM. : Absent du dict. de l'Académie 1932.

« La critique ne paraît pas être d'accord sur *Les Temps Modernes*. Quelques bons juges reprochent à ce film le décousu de l'action qui se perd un peu sous les gags ; [...] les hommes de ce temps-ci ont tellement perdu le sens de l'individuel que Chaplin, pour faire passer sa satire, l'habille de farces. Les "gags" sont le masque de sa désolation et deviennent le passeport du film sur toutes les routes du monde. »
G. Bauër, *Les Billets de Guermantes*, avril 1936, p. 51,
Portes de France, 1947.

« Il est évident que le coloris peut permettre certains "gags" visuels très originaux dont se sont souvent servis les scénaristes des dessins animés. »   M. Bessy, *Les Truquages au cinéma*, p. 159 (☐ 1951).

« un autre sketch retrace l'épopée du premier chemin de fer qui traversa le Far West : les gags sont naïfs [...]. »
S. de Beauvoir, *L'Amérique au jour le jour*, 30 avril 1947,
p. 315 (☐ 1954).

« Comme les cordes des arcs, à l'époque, étaient toujours graissées, ils [les chats] se sont mis à manger les cordes... Alors la chevalerie anglaise a commencé à avancer. Normalement elle aurait dû être reçue par les flèches françaises ; mais il n'y avait pas de flèches parce qu'il n'y avait plus d'arcs... Alors ça a l'air d'un gag... »
Malraux, *Interview*, in *Lectures pour tous*, mai 1971, p. 71.

Par ext. Situation burlesque de la vie. réelle qui rappelle le gag du cinéma.

« La finance américaine s'entendant avec le colonel Nasser dans le dos de l'innocent M. Pineau, c'est un gag, comme on dit aujourd'hui, qui serait à se tenir les côtes... »
F. Mauriac, *Bloc-notes 1952-1957*, 12 oct. 1956, p. 270.

✱ Mot anglais *gag* n. (1553) qui possède au XIXe siècle le sens de « remarque ajoutée par un acteur au milieu de son texte » ; le sens cinématographique semble être né vers 1920 aux États-Unis où *gag* signifie très généralement « remarque spirituelle, action destinée à faire rire, dans une œuvre (cinéma, radio, télévision, littérature, arts) ». *Gag* est donné comme synonyme de *joke* dans le Webster's Third. C'est le sens cinématographique qu'a retenu le français, le mot *gag* s'étant répandu à propos des films américains de Mack Sennett, de Chaplin, des Marx Brothers, etc. Ce mot ne pose pas de problème d'interprétation phonétique (Cf. *Bague*). Il apparaît en français en 1922 d'après le dict. étym. de Dauzat, Dubois, Mitterand (*Cinémagazine,* sans référence) mais ne s'est vraiment répandu qu'après la dernière guerre (→ **Gagman**).

« Venu d'Amérique, le mot *gag* désigne ce que, de tout temps, les gens de théâtre ont appelé en français un "effet". Il désigne plus particulièrement des effets comiques et de surprise. À quelle date le mot *gag* a-t-il fait son entrée dans la vie cinématographique française ? Il est assez difficile de le dire, ainsi que de déterminer pourquoi il s'est substitué au mot *effet,* qui répondait à tous les besoins. »   R. Jeanne et Ch. Ford, *Vocabulaire du cinéma,* oct. 1954, p. 460.
« Comme le mot *gag* et avant lui, c'est d'Hollywood qu'est venu le mot *star.* »
R. Jeanne et Ch. Ford, *ibid.,* p. 227.

GAGMAN [gagman] *n. m.*

(1922) Auteur de gags✱ dans un film comique. *Des gagmen* (→ **man**).

« Albert Austin [...] a été le *gagman* de Charlie Chaplin pendant plusieurs années. »   *Cinémagazine,* 29 déc. 1922 [*in* D. D. L., 2e série, 6].
« l'on n'apprend pas à faire la grimace au meilleur gagman de Bob Hope. »   J.-L. Godard, *Mirliflores et Bécassines,* in *Cahiers du Cinéma,* août-sept. 1956.
« le résultat de cet allongement est pour le spectateur une impression non de monotonie, car Kramer et ses gagmen ont su diversifier leurs inventions, mais de lourdeur. »
Le Monde, 25 déc. 1963 [*in* Blochwitz et Runkewitz, p. 279].
« Voici un film muet de 1927 qui n'a rien perdu de sa jeunesse. Il marque les débuts dans la mise en scène de Frank Capra, précédemment gagman. »   *L'Express,* 1er nov. 1971, p. 16.

— Par ext. Comédien, etc. qui fait des gags, humoriste.

« Jacques Dutronc, gagman forcené et humoriste de nature, "sonorise" son appartement au gré de ses idées folles, pour amuser ses amis. »
Son Magazine, fév. 1971, p. 36.

✱ Mot américain *gagman* n., d'abord *gag man,* attesté en 1928, de l'anglais *gag* « plaisanterie » et *man* « homme » ; il a en américain les deux sens donnés ci-dessus et désigne à la fois celui dont le métier est d'imaginer les gags d'un scénario et celui qui fait des gags à la scène. *Gagman* est tolérable en français à cause de la vitalité du suffixe *-man*✱.

GALLEY [galɛ] *n. f.*

(v. 1970) Espace réservé au service, dans les grands avions de transport pour passagers ; ensemble des services (cuisines, etc.) réunis.

« C'est [l'Airbus] un avion où l'on a le droit de se dégourdir les jambes, des " espaces " ont été réservés pour cela près des " galleys " (blocs service). »   *Paris-Match,* 8 juin 1974, p. 31.

✱ Mot anglais *galley* « galère » (1300), de la même origine (incertaine) que l'anc. fr. *galée,* utilisé aux États-Unis (*in* Webster's Third) pour désigner l'espace réservé aux cuisines dans un avion ; ceci, par ext.

d'un emploi anglais (1750) « cambuse » d'un bateau. L'équivalent français idéal serait donc *cambuse,* les cuisines d'un 747 n'étant pas généralement un « haut lieu » de la gastronomie.

GALLON [galɔ̃] *n. m.*

(1669) Mesure de capacité utilisée dans les pays anglo-saxons pour les grains et les liquides (4,546 l en Grande-Bretagne et au Canada et 3,785 l aux États-Unis). *Dix gallons d'essence. La fabuleuse « Isard 700 » 15 milles au gallon* (Kelley, planche 3). — REM. : Enregistré dans le dict. de l'Académie 1835.

« On emportait aussi douze gallons d'esprit-de-vin, c'est-à-dire cent cinquante livres à peu près, du thé, des biscuits en quantité suffisante, une petite cuisine portative [...]. »
Jules VERNE, *Les Aventures du capitaine Hatteras,* p. 215 (□ 1864).

« — Elle [la voiture] fait au moins quinze milles au gallon. Soixante milles par semaine. Ça ne fera pas cher. Avec ma nouvelle charge, c'est indispensable. » R. LEMELIN, *Au pied de la pente douce,* p. 105 (□ 1944).

« Le pompiste, sans les regarder, alla dévisser le bouchon du réservoir. — Combien de gallons ? » SIMENON, *Feux rouges,* p. 62 (□ 1953).

✱ Mot anglais *gallon* n. (XIIIe s.) de l'ancien normand *gallon,* autre forme du français *jalon* (Cf. *jalaie* « mesure de capacité », XIIIe s.), du latin médiéval *galonem.* Ce mot ne désignant aucune mesure française, c'est au Canada français qu'il trouve sa pleine utilisation. On remarquera que les Canadiens inversent notre formule « 12 l au 100 km » en « 15 milles au gallon » (✱100 km aux 12 l).

GALLUP [galœp] *n. m.*

(1948) Sondage d'opinion. *Faire un gallup pour estimer les chances d'un parti aux élections.* — REM. : Avec ou sans majuscule. — Le pluriel est *gallups* lorsqu'il n'y a pas de majuscule, mais il y a des hésitations, l'origine de *gallup* étant souvent connue comme un nom propre.

« Petit arbre veineux petit bleu coquillage
on ne sait d'où tu viens Les étoiles galopent
Des mondes de l'entre-deux s'étale en une plage
dont on compte les voix tout comme en un gallup »
R. QUENEAU, *Petite Cosmogonie portative,* p. 103 (□ 1950).

« Tous les Gallup et autres instituts de sondage peuvent bien interroger l'opinion française. Il n'est pas besoin, qu'on le veuille ou non, de grandes opérations statistiques pour déceler parmi les travailleurs une évidente colère qui se traduit par une volonté d'unité d'action [...]. »
France-Observateur, 1er déc. 1955, p. 5.

« Il nous fallait démontrer avant tout notre unanimité et notre cohésion. Un de nos officiers accepta de faire procéder à un véritable " Gallup " de la légalité. Trois questions furent posées aux 192 hommes de notre groupe [...]. » *France-Observateur,* 4 mai 1961, p. 6.

« On a beau faire des élections, des enquêtes, des plébiscites, des gallups, on n'arrive pas à se décider [...]. »
QUENEAU, *Bâtons, chiffres et lettres,* p. 137 (□ 1965).

✱ Abréviation de l'américain *Gallup poll* n. « scrutin *(poll)* de Gallup », de George H. *Gallup,* statisticien et journaliste américain né en 1901, qui fonda en 1935 un Institut de sondage d'opinion. Le mot a pénétré en français vers 1950 par la voie du journalisme ; il semble moins courant aujourd'hui que *sondage d'opinion.* Étiemble emploie, pour s'en moquer, la forme américaine *gallup poll* qui nous paraît inusitée :

« Mais que donnerait à votre avis un gallup poll pour ou contre la guerre ? »
ÉTIEMBLE, *Parlez-vous franglais ?,* p. 25 (□ 1964).

GANG [gãg] *n. m.*

(1946) Bande organisée de jeunes voyous ou de malfaiteurs professionnels. *Le gang s'est spécialisé dans les hold up. Le gang des faux billets. Chef de gang. Brigade anti-gang.*

« un faubourg populeux où toute la famille vit dans une seule chambre et où, à dix ans, un gamin fait déjà patie d'un gang [...]. »
SIMENON, *Feux rouges*, p. 57 (□ 1953).

« ici les enfants, comme leurs aînés, forment des gangs ; ils s'en vont volontiers en bande dévaliser la boutique de quelque épicier [...]. »
S. de BEAUVOIR, *L'Amérique au jour le jour*,
22 avril 1947, p. 104 (□ 1954).

« Devenu chef de gang à la fin du conflit pour assouvir une vengeance personnelle, Jesse *(Le Brigand bien-aimé de Nicholas Ray)* commit peu à peu et de sang-froid, meurtres sur meurtres [...]. »
J.-L. GODARD, *Le Cinéaste bien aimé*, in *Cahiers du cinéma*,
août-sept. 1957.

« LE MANS — Le procès du " gang des châteaux " s'est poursuivi hier devant les Assises de la Sarthe [...]. »   *Ouest-France*, 26 oct. 1971, p. 7.

✻ Mot anglais *gang* n., de l'ancien teutonique, d'abord « marche » (XIVe s.) puis « ensemble d'objets ou de personnes » (1340). A pris au XVIIe siècle le sens particulier de « équipe de travailleurs » et de « bande » surtout appliqué péjorativement, notamment aux malfaiteurs. Le mot *gang* est arrivé en français par l'américain et comme désignant une réalité typiquement américaine, associé à des mots comme *hold up, kidnapping, racket*, etc., dans les films américains de violence qui eurent un grand succès juste avant la dernière guerre. P. Morand le signale dès 1930 (*New-York*, p. 76) mais comme mot américain pour traduire *bande*. *Gang* apparaît dans le dict. de Quillet 1946 comme désignant spécifiquement une bande organisée de malfaiteurs aux États-Unis. Cet emprunt était bien préparé par la présence en français du mot *gangster*, plus anciennement emprunté (1925). Pour cette raison aucun sens non péjoratif de *gang* ne peut fonctionner en français, à la différence du canadien. En France *gang* se prononce comme *gangue* (et comme dans *gangster*). En Belgique il a tendance à se dénasaliser [gang].

« *Gang* ; *gangster* : on ne saurait imaginer d'anglicismes plus inutiles ; *gang* c'est " bande " et *gangster* c'est "bandit". »
F. de GRAND COMBE, *De l'anglomanie en français*, juil. 1954, p. 192.

✻ On signalera un emploi isolé de *gang* « bande » en français chez Mérimée, 1837 [*in* D.D.L., 2e série, 2]. L'emploi figuré et péjoratif (« groupe, bande ») reste rare :

« Mais dans le silence de son château d'Île-de-France, loin des basses rumeurs du gang doctrinaire, le président a pu rêver sur les grâces de Noël. »
J. PERRET, *Bâtons dans les roues*, p. 174 (□ 1953).

GANGSTER [gɑ̃gstɛʀ] *n. m.*

(v. 1925) Malfaiteur qui travaille avec une bande organisée *(gang).* — REM. : Absent du dict. de l'Académie 1932.

« Je regardai immédiatement l'arme et connus que j'étais bien un assassin avec le canon de mon revolver, comme celui des gangsters, des tueurs, relatés dans les pages illustrées de ma jeunesse. »
J. GENET, *Pompes funèbres*, in *Œuvres complètes*,
t. III, p. 69, Gallimard, 1953.

« Chicago. Le seul nom me fascine : je me rappelle Bancroft dans *les Nuits de Chicago*, et tant d'autres histoires de gangsters [...]. »
S. de BEAUVOIR, *L'Amérique au jour le jour*, 21 fév. 1947, p. 97 (□ 1954).

« Là aussi, la télévision est présente au moment de l'apparition des bandits et de leurs otages. Mais le procureur de l'État libre de Bavière, Erich Sechser, refuse de laisser fuir les gangsters. Il donne l'ordre à un tireur d'élite d'ouvrir le feu. L'un des bandits est tué, mais aussi un otage, une jeune fille de vingt ans. L'affaire fait grand bruit. »
Paris-Match, 15 janv. 1972, p. 52.

— PAR EXT. Homme malhonnête, voleur, escroc.

✻ Mot américain *gangster* n., formé sur l'anglais *gang* et -*ster* (comme dans *youngster*), à la fin du XIXe siècle, avec le sens qu'il a conservé en français. Il est emprunté vers 1925 selon Dauzat, et répandu par les films américains dits « *de gangsters* ». Comme le fait remarquer F. de Grand Combe (→ **Gang**) nous disposions des mots *bande* (la « bande à Bonnot » était un vrai gang) et *bandit* qui auraient pu suffire. Mais il est probable que le contexte un peu différent de *gangster*, — l'Amérique, la Maffia, et les crimes typiquement américains comme le hold up, le kidnapping, le racket — a imposé ce mot comme distinct de *bandit* (par ailleurs associé à d'autres idées : *bandit calabrais, être dévalisé par des bandits*). Néanmoins *bandit* tend à reprendre du terrain sur *gangster*, terrain qu'il partage avec *malfaiteur ; gangster* semble de plus en plus réservé à l'expression de la réalité américaine ou du mythe de la violence américaine (voyez l'alternance de *bandit* et *gangster* dans la citation de *Paris-Match* ci-dessus). La prononciation de *gangster* a été francisée dès le début de l'emprunt et ne fait pas difficulté. L'apport postérieur de *gang* n. m., perçu à juste titre comme la racine de *gangster*, laisse au suffixe *-ster* toute son opacité, le français n'ayant assimilé que des formes en *-er*.

Gangstérisme n. (*mil.* XXᵉ s.) « méfaits des gangsters ; comportement de gangsters » est peut-être un dérivé français de *gangster ;* mais plus probablement un emprunt à l'américain *gangsterism* n. (1927).

GAP [gap] *n. m.*

1° (1959) Fossé (au fig.) ; écart entre deux réalités dont l'une dépasse l'autre ; retard.

« L'époque du "missile-gap" est bien révolue, et on a du mal à penser qu'elle ait été si récente [...]. Il n'est absolument pas possible de mesurer, même approximativement, le retard atomique américain à cette époque, ni même de savoir si ce retard était réel. »
France Observateur, 9 août 1962, *in* ÉTIEMBLE, *Parlez-vous franglais ?*,
p. 236 (□ 1964).

« C'est avec prudence, qu'il convient d'aborder le problème du "technological gap", la différence de niveau technologique entre les États-Unis et l'Europe. L'expression de "gap technologique" n'exprime qu'un des aspects de la situation. On pouvait parler tout aussi bien de gap industriel, de gap universitaire, de gap sociologique, c'est-à-dire, au total, d'une pluralité de gaps. »   *Le Monde*, 13 janv. 1968 [*in* Gilbert].

« Nous dirons que notre gestion n'est pas bonne, qu'il y a un "gap", un fossé, un écart entre les maisons bien managées et la maison Rom-Vévette. »   *Lecture pour tous*, juin 1971, p. 63.

✱ Mot anglais *gap* n. proprement « brèche » (XIVᵉ s.), puis « manque, solution de continuité » (XVIIᵉ s.) et « écart, distance considérable (entre des choses abstraites) » (XIXᵉ s.). Le mot nous est venu par l'américain vers 1959 (Étiemble, *Parlez-vous franglais ?*, p. 235) dans les expressions *missile gap* « retard des Américains dans la fabrication des fusées », et *dollar gap* (1952) « déséquilibre entre les entrées et les sorties de dollars ». C'est un terme de journaliste qui n'a pas pénétré dans la langue courante.

« La vérité, c'est qu'on nous fait jargonner américain afin de nous conduire à l'abattoir les yeux bandés. Témoin, l'emploi de *dissuasion, deterrent,* et *missile gap,* trois belles acquisitions de notre vocabulaire, trois cadeaux précieux du N. A. T. O. et du S. H. A. P. E. »   ÉTIEMBLE, *Parlez-vous franglais ?*, p. 234 (□ 1964).

« GAP : le mot anglais "gap" indique un manque, un "trou", c.-à-d. un retard, un déficit, une pénurie. Sa traduction dépend du contexte dans lequel il est employé : "trade gap" : *déficit commercial ;* "dollar gap" : *pénurie de dollars ;* "inflationary gap" : *écart inflationniste ;* "technological gap" : *retard technologique* »
Hebdo Langage, O. R. T. F., n° 60.

2° *Sc.* Intervalle vide. *Gaps d'énergie.*

« On sait que pour un cristal donné, à certaines énergies, aucun mode ne peut se propager dans le cristal : ce sont les "gaps" d'énergie. À ces gaps doivent correspondre des maximums dans la courbe de variation de la réflectivité en fonction de l'énergie. »
La Recherche, juil.-août 1970, p. 256.

GARÇON [gaʀsõ] *n. m.*

Mauvaise traduction de *boy*✱ dans les emplois où il faut dire *enfant, jeune,* ou (spécialt) *jeune soldat.*

« Rien que des lords, ou presque... Ils ont des millions derrière eux, et le premier de nos garçons qui bat les Américains et les Français proprement, eh bien, il sera riche pour la vie !... »
L. HÉMON, *Battling Malone*, p. 28 (□ 1911).

✳ Emploi récent critiqué par les puristes → **Boy.** Il est beaucoup plus ancien en canadien.

« Votre général de Gaulle lui-même n'a-t-il pas officiellement parlé de *vos garçons* ("nos garçons") d'après "our boys" ? En français, vous devriez dire *nos soldats*, ou *nos enfants* (selon les circonstances). »
ÉTIEMBLE, *Parlez-vous franglais ?*, p. 296 (□ 1964).

GARDEN CENTER [ɡaʀdɛnsɛntœʀ] *n. m.*

(1969) Centre commercial pour le jardinage.

« Les garden center comprennent généralement de vastes pépinières mais groupent aussi tout ce qui concerne les jardins : l'outillage, les engrais, les produits chimiques. La plupart des garden center ont un paysagiste qui peut vous conseiller. »
L'Action automobile et touristique, fév. 1970 [*in* Gilbert].

« Véritables pays de cocagne du jardinier amateur, les garden-centers prolifèrent à la périphérie des villes et en bord de route. »
L'Express, 20 avril 1979, p. 100.

✳ Mot anglais (1965), de *garden* « jardin » et *centre* « centre », emprunté sous sa forme américaine *garden center*, récemment apparu dans la presse. Cet emprunt n'est guère utile, mais il peut être soutenu par le fait que *garden* et *center* sont déjà familiers en français *(garden-party ; shoping center)*. La francisation officielle est : *jardinerie* (attesté dans l'*Express*, 14 avril 1979, p. 18).

GARDEN-PARTY [ɡaʀdɛnpaʀti] *n. f.*

(1884) Réception mondaine donnée dans un grand jardin, un parc. — *Des garden-parties* ; parfois invar. *des garden-party.* — REM. : Absent des dict. de l'Académie. Le dict. anglais-français de Harrap donne le pluriel *garden-partys.*

« C'était le compte rendu d'une *garden-party* organisée chez une marquise de Jussat. »
P. BOURGET, *Cruelle Énigme*, p. 167, Lemerre, 1891 (□ 1884).

« Si l'on adoptait la tenue de bains de mer pour les *garden-party* qui se donnent pendant la canicule ? »
Le Charivari, 3 juil. 1892, p. 3.

« Les pelouses de gazon ombragées d'arbres et égayées de fleurs où se déploie cette parade, militaire et mondaine, achève de donner à cette scène la physionomie d'une *garden-party* d'un ordre unique. »
P. BOURGET, *Outre-Mer*, p. 127 (□ 1895).

« La garden-party annuelle était pour lui, sa femme et ses enfants, un plaisir merveilleux qu'ils n'eussent pas voulu manquer pour tout l'or du monde, mais un plaisir empoisonné par l'idée des joies d'orgueil qu'en tirait Mme de Saint-Euverte. »
PROUST, *Sodome et Gomorrhe*, pp. 676-677 (□ 1922).

« Mrs. Asquith, femme du premier ministre, égayait sa garden-party officielle d'une exhibition de mannequins français [...]. »
P. MORAND, *Londres*, p. 52 (□ 1933).

« Garden-party. — Ne saurait être qu'extrêmement élégante. »
DANINOS, *Le Jacassin*, p. 142 (□ 1962).

✳ Mot anglais *garden party* n. (v. 1860), de *garden* « jardin » et *party* « réunion, réception ». Ce mot a pénétré en français en 1884, à l'époque du five o'clock et du lawn-tennis. Aux sports de plein air importés d'Angleterre vient s'adjoindre la réception de plein air, particulièrement chic. Malheureusement le goût des jardins n'arrive pas, encore aujourd'hui, à franchir le Channel ; non plus que l'autorisation de marcher sur les pelouses.

GAS-OIL [ɡazɔjl] ou [ɡazwal] *n. m.*

(v. 1925) Produit combustible de la distillation des pétroles, brun et dense, carburant utilisé dans les moteurs diesel. — REM. : Absent du dict. de l'Académie 1932.

« La série des *"produits dits noirs"* commence avec le *gas oil*, qui cependant est, en général, d'un jaune tirant plus ou moins sur le brun

(fraction 33-35 %). Il commence à distiller vers 230° et son point final est d'environ 350°. »
> E. DALEMONT, *Le Pétrole*, p. 42, P. U. F., Que sais-je ? n° 158, 1953 (□ 1944).

✳ Mot anglais *gas oil n.* (1901) proprement « huile *(oil)* à gaz *(gas)* » parce qu'originairement *gas oil* désignait tout hydrocarbure qui, distillé, produisait des gaz *(oil gaz)*. Ce mot apparaît en français v. 1925, selon le Dict. étymologique de Dauzat, Dubois, Mitterand. Il n'entre dans les dictionnaires qu'en 1948 (Larousse). Tout comme *fuel (oil)*, ce mot fait difficulté en français. Le Comité d'étude des termes techniques propose le calque *gazole* n. m. (suff. *-ole* « huile » comme dans *pétrole*).

> « La forme la plus typique d'assimilation est représentée par *gazole*, équivalent de *gas-oil*. L'effort d'adaptation porte ici sur l'orthographe (*gaz* substitué à *gas*) et sur la prononciation de *oil*, la finale *ole* étant proposée par analogie avec *pétrole* (par le Comité d'étude des termes techniques français). »
> L. GUILBERT, *Anglomanie et vocabulaire technique*, oct. 1959, p. 291.

-GATE, -GATTE [gat]

✳ Suffixe qui entre dans la composition de noms de villes en Normandie, en Picardie *(Houlgate, Sangatte)*. — De l'anglais *gate* n. « porte », qu'on retrouve dans des noms de ville *(Margate, Ramsgate)*. On remarquera que, aussi bien en Angleterre qu'en France ces villes sont en bord de mer et regardent vers l'étranger (« porte »).

GAY [gɛ] *adj.* et *n. m.*

(v. 1970) Relatif à l'homosexualité, aux homosexuels, notamment en parlant des lieux, des milieux. *Un restaurant gay. Un gay*, un homosexuel. — Parfois refrancisé en *gai*.

> « Mais l'homosexualité aujourd'hui, c'est, de plus en plus, le désir de se vivre sans masque et sans honte, de s'affirmer, de renverser la marmite de l'oppression dans laquelle nous n'avons que trop longtemps mijoté. [...] une dynamique est lancée qui s'est concrétisée en France, tant par l'émergence de mouvements (le FAHR, puis les G. L. H. et les groupes lesbiens) que par un changement des mentalités chez la masse des "gais", à travers notamment leur participation croissante à une série d'initiatives : fêtes, rassemblements, campagnes. »
> H. LEBLANC, *Sortir du placard*, in *Le Monde*, 13 août 1980, p. 2.

✳ Mot américain argotique (1935, *in* Oxford Suppl.) désignant par euphémisme les homosexuels et leur milieu, à l'aide d'un adjectif neutre (*gay* « gai », déb. XIVᵉ s., est emprunté au français).

GAY PARIS [gɛpaʀi] *n. m.*

(1948) Le Paris des boîtes de nuit, pour les Américains.

> « Certes, Paris n'est plus le "Gay Paris", mais Paris est beaucoup moins triste que la province. »   CENDRARS, *Trop c'est trop*, p. 241 (□ 1929).

✳ Expression américaine *gay Paris* « Paris gai », employée notamment par les agences touristiques. La graphie *gay Paree*, qui s'adresse aux Américains, est parfois reprise ironiquement en français : « la *dolce vita* du *gay Paree* » (*Le Monde*, 10-11 déc. 1972, p. 10).

GÉLISOL → PERGÉLISOL.

GÈNE [ʒɛn] *n. m.*

(après 1911) *Biol.* Nom donné à des unités définies, localisées sur les chromosomes, auxquelles est lié le développement des caractères héréditaires de l'individu. — REM. : Absent du dict. de l'Académie 1932.

> « En dépit de sa taille microscopique, chaque chromosome est lui-même essentiellement constitué, comme une sorte de chapelet, par une série de particules de second ordre, qui sont les éléments ultimes du patrimoine héréditaire : les *gènes*. »   J. ROSTAND, *L'Homme*, p. 48 (□ 1926).

✳ De l'anglais *gene* n. [dʒin] ou *gen* n. *(vx)*. Emprunt au grec *-gênes*, de *genos* « naissance, origine » (Cf. le suffixe français *-gène*, comme dans *thermogène*), d'après l'allemand *Gen*, forgé en 1909 par W. Johanssen : celui-ci s'exprime en anglais en 1911 : « I have proposed the terms "gene" and "genotype" [...] to be used in the science of genetics » (American Naturalist, XLV, p. 132 *in* Oxford Suppl.). Cette date de 1911 reste virtuelle pour le français *gène*, en l'absence d'une attestation explicite.

GÉNÉRER [ʒeneʀe] *v. tr.*

(1871) Engendrer, énumérer de manière explicite et systématique par l'application de règles.

« Il faut ici prévenir le lecteur contre une confusion qui semble assez commune, malgré les mises en garde répétées de Chomsky [...]. Cette confusion consiste à prendre une grammaire générative pour une théorie de la production ou de l'émission des phrases par le locuteur [...]. Cette confusion tient évidemment à l'emploi des termes "grammaire générative" et "engendrer" (*to generate*, traduit parfois en français, chez Dubois notamment, par "générer"). Or ces mots sont d'un usage courant en mathématiques, et "engendrer" signifie simplement "énumérer explicitement au moyen de règles" [...]. »
N. RUWET, *Introduction à la grammaire générative*, pp. 32-33 (□ 1967).

✳ Adaptation, d'après les v. de la famille du lat. *generare* (*dégénérer*, etc.) de l'angl. *to generate* (1509) « engendrer », mot tiré du latin. On le trouve en 1871 (Littré Suppl.) comme terme de chimie et de biologie, mais il ne s'est répandu qu'au xxᵉ s. en mathématiques, puis en linguistique. Le dérivé *generation* a donné en linguistique un emploi du français *génération* « action de générer (du discours) ». *Generative* (1413, en matière biologique ; 1611, au fig.) a été calqué par l'adjectif français *génératif, ive*, notamment dans *grammaire générative* (→ cit. ci-dessus) adapt. de *generative grammar* (Chomsky, 1955) après de timides tentatives pour utiliser l'adj. fr. *générateur (grammaire génératrice)*. Le dér. *générativiste* a pu être directement emprunté à l'américain (*generativist*, 1965, Oxf. Suppl.).

GENTLEMAN [ʒɑ̃tləman] ou [dʒɛntləman]

(1695) Homme distingué, d'une parfaite éducation. *C'est un gentleman. Des gentlemen* → **-man**. — REM. : Apparaît seulement dans le dict. de l'Académie en 1932 ; signalé dans Littré 1865.

« Tel Américain possède un ou deux millions de revenu ; aussi, les Yankees de la grande société ne peuvent-ils déjà plus vivre comme Franklin : le vrai *gentleman*, dégoûté de son pays neuf, vient en Europe chercher du vieux [...]. »
CHATEAUBRIAND, *Mémoires d'outre-tombe* [avril à sept. 1822], t. I, p. 353 (□ 1848-1850).

« — Heureusement, nous dit-il, j'ai pour compagnons à Boulogne quelques gentlemen d'élite, conduits en France par la manière trop large dont ils concevaient à Londres la vie élégante... »
BALZAC, *Traité de la vie élégante*, pp. 165-166 (□ oct.-nov. 1830).

« J'ai toujours ouï dire à mon père, dit le colonel, fils d'un roi, et qui parle souvent de son père, qu'on reconnaissait un *gentleman* à sa manière de découper [la volaille]. »
STENDHAL, *Mémoires d'un touriste*, t. I, pp. 170-171 (□ 1838).

« Notre ami [Rastignac] n'est pas un gars, comme dit Finot, mais un gentleman qui sait le jeu, qui connaît les cartes et que la galerie respecte. » BALZAC, *La Maison Nucingen*, p. 596 (□ 1838).

« Au dire de son confesseur, à qui elle [la Pucelle] le révéla, un Anglais, non un soldat, mais un *gentleman*, un lord se serait patriotiquement dévoué à cette exécution [...]. »
MICHELET, *Histoire de France*, t. VI, p. 289 (□ 1840).

« Un blanc ne se fait pas scrupule, même encore aujourd'hui, de s'attabler côte à côte avec le plus fieffé manant de tous les États-Unis,

mais il refusera d'échanger ce voisin peu sympathique contre un homme de couleur, si parfait *gentleman* que soit d'ailleurs celui-ci. »
X. EYMA, La Vie aux États-Unis, p. 85 (□ 1876).

« Est-il possible, par exemple, de comprendre absolument l'Angleterre sans avoir compris Oxford, et l'espèce de séminaire de *gentlemen* établi là depuis des siècles ? »
P. BOURGET, Outre-Mer, p. 71 (□ 1895).

« Des héritiers [de la famille Krupp] fort courtois, parfaits gentlemen, vous racontent ce destin qu'ils auraient, bien sûr, voulu autre. La fatalité, quoi... »
G. GUILLEMINAULT, Un samedi devant mon poste,
in L'Aurore, 18 oct. 1971, p. 14.

— S'emploie en apposition avec un nom français d'occupation, de métier (sur le modèle de *gentleman-farmer*, *gentleman rider*). *Un gentleman cambrioleur.*

« enseveli dans un comté de la Grande-Bretagne, je serais devenu un *gentleman* chasseur : pas une seule ligne ne serait tombée de ma plume [...]. »
CHATEAUBRIAND, <i>Mémoires d'outre-tombe</i> [avril à sept. 1822], t. I, p. 458
(□ 1848-1850).

« Le gentleman-cambrioleur, si commun dans nos villes d'eaux, popularisé par nos pièces de théâtre, est inconnu à Londres, où il est impossible de faire illusion au point de passer pour un gentleman quand on n'en est pas un. Le premier domestique venu s'apercevrait de la fraude. »
P. MORAND, Londres, p. 103 (□ 1933).

« Ils montèrent le rideau d'un mètre et passèrent dessous en rampant. Une étoile filante lui permit de constater qu'ils portaient tous le loup noir des gentlemen cambrioleurs. »
R. FALLET, Le Triporteur, p. 58 (□ 1951).

✳ Mot anglais *gentleman* n. **[dʒentəlman]**, d'abord « celui qui est assimilé aux nobles dans le droit de porter les armes, noble non titré » (XIIIᵉ s.), puis (XIVᵉ s.) *a man in whom gentle birth is accompanied by appropriate qualities and behaviour ; hence, in general, a man of chivalrous instincts and fine feelings* « un homme de bonne naissance qui en a les qualités et les comportements, d'où en général un homme aux instincts chevaleresques et à la sensibilité délicate » (Oxford dict.). L'anglais *gentleman* est un calque du français *gentilhomme*, *gentle* ayant le sens de l'ancien français *gentil* et *man* traduisant *homme* ; mais les acceptions, quoique voisines, sont différentes. Un premier emprunt de *gentleman* en français a donné un demi-calque, *gentilleman* (1558, Perlin, *in* Mackenzie). La forme anglaise *gentleman* apparaît dans la préface de la traduction du *Traité sur l'Éducation des enfans* de John Locke (1695) avec une explication sur la différence entre *gentleman* et *gentilhomme* (très courant à cette époque), *gentilhomme* impliquant la noblesse alors que *gentleman* ne l'implique pas. Le mot, cependant, ne s'est répandu que beaucoup plus tard, avec le romantisme ; depuis le XXᵉ siècle, il ne s'emploie plus qu'avec une nuance d'ironie, et surtout à propos des Anglais. *Gentleman* possède une prononciation à demi francisée, dans son emploi le plus courant **[ʒãtləman]**. Il existe une prononciation volontairement très moqueuse **[ʒãtləmã]** faisant exception à la constante prononciation de *-man* à l'anglaise dans notre langue. Si l'on voulait absolument trouver un équivalent à *gentleman*, on pourrait dire *un monsieur* (emploi emphatique), *un homme du monde*.

« La *gentry* est l'ensemble des *gentlemen* vivant à la campagne. Ce mot *gentleman*, qui commence à être employé sous la reine Elizabeth, est loin d'avoir le même sens que le mot français *gentilhomme*. On peut être un gentleman sans être anobli et même sans posséder une terre féodale. »
A. MAUROIS, Histoire d'Angleterre, p. 287 (□ 1937).

« pourquoi laissez-vous aux Anglais notre *gentil* et ne dites-vous pas : c'est un *gentilhomme* au lieu de dire : c'est un *gentleman*, puisque leur mot dérive du nôtre. »
G. COHEN, in Vie et Langage, janv. 1955, p. 10.

✳ *Gentleman* (et ses composés, voir plus loin) ont eu en français un tel succès qu'on rencontre dans notre langue l'adv. *gentlemanlike* (XVIᵉ s., en anglais) « en gentleman » et *gentlemanly* (1454).

« Le prince de Schwarzenberg avec ses Autrichiens est à Minsk ; jusqu'à présent ils ont agi tout à fait gentlemanlike, mais tout dépend du succès. »
J. de MAISTRE, Corresp. diplomatique, 7 août 1812 [in D. D. L., 2ᵉ série, 2].

« — À votre place, dans sa loge, tout habillée en robe de bal comme elle était,
je...
      THÉOPHILE, *rougissant.*
      Oh ! monsieur le docteur, ce n'est pas *gentlemanly.* »
            BALZAC, *Les Martyrs ignorés,* in *Œuvres diverses,* t. III, p. 120 (□ 1836).

GENTLEMAN-FARMER [ʒãtləmanfaʀmœʀ] ou [dʒɛntləman faʀmœʀ] *n. m.*

(1822) Propriétaire foncier qui vit sur ses terres et s'occupe
de leur exploitation. *Des gentlemen-farmers.* — REM. : Absent
des dict. de l'Académie et de Littré.

« Les *gentlemen-farmers* n'avaient point encore vendu leur patri-
moine pour habiter Londres [...]. »
            CHATEAUBRIAND, *Mémoires d'outre-tombe* [avril à sept. 1822],
                                    t. I, p. 524 (□ 1848-1850).

« Elle vient donc d'épouser un gros et vieux, mais riche *gentleman-
farmer,* qui fait valoir en province. »   *Le Charivari,* 4 déc. 1892, p. 2.

« Et il y a encore [en lui] du propriétaire de campagne, du *gentleman
farmer,* depuis qu'il a acheté une grande plantation dans le Sud [...]. »
            P. BOURGET, *Outre-Mer,* p. 204 (□ 1895).

« ... comme si non content d'avoir une femme à supporter, il s'était
encore embarrassé, encombré d'idées, de pensées, ce qui évidemment,
pour un gentleman-farmer du Tarn, constitue, comme pour n'importe
qui, un risque encore plus grand que le mariage... »
      Cl. SIMON, *La Route des Flandres,* p. 72, éd. de Minuit, 1963 (□ 1960).

✱ Mot anglais *gentleman farmer* n. (1749), proprement « monsieur
fermier » appliqué en anglais à tout exploitant dont la situation sociale,
l'éducation, la culture n'est pas celle d'un paysan. Ce mot semble avoir
été introduit par Chateaubriand parlant des Anglais. Il s'est répandu en
France à la fin du XIXe siècle et continue assez vigoureusement sa
carrière aujourd'hui en dépit de sonorités pénibles et encombrantes.

GENTLEMAN-RIDER [ʒãtləmanʀidœʀ] ou [dʒɛntləmanʀidœʀ] *n. m.*

(v. 1839) Jockey amateur, homme du monde qui, par goût,
monte dans les courses. *Des gentlemen-riders.* — REM. : Absent
des dict. de l'Académie ; signalé dans les Additions du dict. de
Littré 1872.

« Un gentleman rider, fût-il un homme complètement nul, peut
passer [en Angleterre] pour un modèle de *fashion.* Moi, je dis tout
bonnement que c'est un sot. »
      E. RENAN, *L'Avenir de la science,* in *Œuvres complètes,* t. III, p. 1061,
                              Calmann-Lévy, 1949 (□ 1848).

« Il faut donc, pour mener une troïka, un cocher d'une habileté
consommée. Quel charmant sport ! nous sommes surpris qu'aucun
gentleman-rider de Londres ou de Paris n'ait la fantaisie de l'imiter. »
            Th. GAUTIER, *Voyage en Russie,* p. 101 (□ 1867).

✱ Mot anglais *gentleman-rider* n. m. (début XIXe s.), littéralement le
« monsieur *(gentleman)* cavalier *(rider)* ». Le mot a pénétré en français
vers 1839 selon Wartburg. Selon F. de Grand Combe (cit. ci-dessous)
rider aurait pris un sens fantaisiste chez certaines personnes ; nous n'en
avons aucune attestation.

    « La catégorie suivante d'anglicismes comporte des termes authentiquement
    anglais mais employés par les anglomanes dans un sens trop exclusif *(building)*
    ou trop général *(kodak)* ou dans une acception qu'ils ne possèdent pas *(lesson)* :
    [...] *Ridère :* cet adjectif fantaisiste signifiant "élégant" n'est heureusement pas
    employé par les gens cultivés. Les autres ont imaginé que *rider* avait ce sens dans
    l'expression *gentleman rider.* »
          F. de GRAND COMBE, *De l'anglomanie en français,* juil. 1954, p. 199.

GENTLEMEN'S AGREEMENT [dʒɛntləmɛnsəɡʀimɛnt] *n. m.*

(fin XIXe s.) Accord, promesse qui n'a pour garant que
l'honneur de ceux qui ont donné leur parole.

« Certains trusts se présentent sous la forme de *holding companies*, ou sociétés de portefeuille, qui absorbent le capital des sociétés membres et leur donnent en échange des parts sociales propres. D'autres fois l'union se borne à un échange de parts entre sociétés intéressées. Parfois encore, un simple *gentlemen's agreement*, sans valeur juridique, constitue une entente de grande solidité. »
Larousse commercial, art. *Trust*, 1930.

« une sorte de gentlemen's agreement passé par M. Macmillan avec ses principaux lieutenants. »
Le Figaro, 18 juin 1963 [*in* Blochwitz et Runkewitz, p. 279].

« Pékin ne se sentira évidemment pas lié par le "gentlemen's agreement" qui faisait que la Chine nationaliste, l'un des cinq membres permanents du Conseil de Sécurité, s'abstenait systématiquement de faire usage du droit de veto. » *Ouest-France*, 27 oct. 1971, p. 4.

✳ Expression américaine *gentleman's agreement* ou *gentlemen's agreement*, « accord (agreement) de gentleman, -men », attestée en 1886. Cette expression est parfois utilisée en français pour les arrangements où la loi n'intervient pas. Elle est attestée dans les dictionnaires généraux en 1948 (Nouveau Larousse universel).

GENTRY [dʒɛntʀi] *n. f.*

(1669) Noblesse anglaise non titrée ; ensemble des « gentlemen ». — REM. : Absent des dict. de l'Académie ; signalé dans Littré 1865.

« [Là se rassemblait] toute l'élite de la jeune aristocratie de l'Angleterre, des plus séduisantes artistes ou des plus belles insoucieuses de la *gentry*. » VILLIERS de l'ISLE-ADAM, *Contes cruels*, Duke of Portland, p. 78 (□ 1883).

« Pour désarmer ce qui reste encore des nobles partisans et de leurs bandes, les rois Tudors s'appuient sur trois classes nouvelles : la *gentry*, les *yeomen* et les marchands. La *gentry* est l'ensemble des *gentlemen* vivant à la campagne [...].
La *gentry* comprend aussi bien le descendant du chevalier que le riche marchand [...] ; elle a pour limite inférieure un cens foncier [...]. »
A. MAUROIS, *Histoire d'Angleterre*, p. 287 (□ 1937).

« De la "gentry", l'opiomanie n'allait pas tarder à se répandre dans la classe ouvrière. » J.-L. BRAU, *Histoire de la drogue*, p. 29 (□ 1968).

✳ Mot anglais *gentry* n. (XIVe s.), probablement corruption de *gentrice* (XIIIe s.) de l'ancien français *genterise* variante de *gentelise* « noblesse » devenu par la suite *gentillesse*. En anglais *gentry* a les sens de « qualité de gentleman » et « ensemble des gentlemen », « noblesse non titrée » opposé à *nobility* « noblesse titrée ». Ce mot a passé en français en 1669 dans Chamberlayne, selon Mackenzie. Il désigne seulement une réalité anglaise. On trouve passagèrement des emplois concernant d'autres pays (« la *gentry* parisienne », Baudelaire, *Les Martyrs ridicules*, in *Œuvres*, Pléiade, p. 753). La prononciation à l'anglaise devrait faire place à [ʒɑ̃tʀi].

GETTER [ɡɛtɛʀ] *n. m.*

(1935) Substance utilisée pour obtenir un vide poussé dans les lampes à vide (T. S. F., etc.) en éliminant chimiquement les traces de gaz.

« Le fil étant placé dans une cloche remplie d'hydrogène, on le nettoie et on le coude en y faisant passer du courant. On le recouvre d'un produit nommé *getter*, à base de phosphore, qui se vaporisant au premier allumage parfait le vide de la lampe. »
J. LAISNE, art. *Lampes électriques*, in *Larousse de l'industrie et des arts et métiers*, 1935.

✳ Mot anglais *getter* n. (XVe s.), du verbe *to get* « obtenir » et suff. *-er* « -eur », signifiant « celui qui obtient » et qui a pris ce sens technique en 1922 (Oxford Suppl.).

GEYSER [ʒεzεʀ] *n. m.*

(1783) Source d'eau chaude d'origine volcanique, qui jaillit violemment en colonne par intermittence, et dépose des concrétions siliceuses et calcaires. *Les geysers d'Islande, de Yellowstone aux États-Unis.* — REM. : Signalé dans le dict. de Littré 1866 et dans le dict. de l'Académie 1878.

« Tout le monde connaît le phénomène géologique si remarquable des *geysers*, que l'on observe au nord de Skalholt, ancienne capitale de l'Islande. »
L. FIGUIER, *L'Année scientifique et industrielle*, p. 437, 1858 (□ 1857).

« À mesure que nous approchons, les dimensions de la gerbe liquide deviennent grandioses. L'îlot représente à s'y méprendre un cétacé immense dont la tête domine les flots à une hauteur de dix toises. Le geyser, mot que les Islandais prononcent "geysir" et qui signifie "fureur", s'élève majestueusement à son extrémité. De sourdes détonations éclatent par instants, et l'énorme jet, pris de colères plus violentes, secoue son panache de vapeurs en bondissant jusqu'à la première couche de nuages. »
Jules VERNE, *Voyage au centre de la terre*, p. 278 (□ 1867).

« On a découvert près de Saint-Étienne (Loire) un geyser qui rappelle ceux d'Islande. »
L. FIGUIER, *L'Année scientifique et industrielle*, p. 277, 1883 (□ 1882).

— PAR EXT. (1919) Grande gerbe jaillissante.

« Son poing magique heurta la boule, l'envoya en corner et Dabek s'écroula de tout son long dans la mare de boue, provoquant un geyser de fange. »   R. FALLET, *Le Triporteur*, p. 398 (□ 1951).

« je ne présiderai pas un "bon déjeuner de chasseurs" dans un pays de grands vinassiers — car je suis bien sûr que l'explosion de Monsieur Bénazette à dû libérer d'abord un geyser de vin rouge ! »
M. PAGNOL, *La Gloire de mon père*, p. 193, éd. de Provence, 1957.

« [ils] ont pu voir dans l'après-midi, une unité franchir, au milieu des plus grandes difficultés, une rivière située à 11 kilomètres au sud-est. L'eau était sans cesse soulevée en geysers provoqués par les obus indiens. L'artillerie, les mitrailleuses entrèrent en action, puis ce fut le tour de l'aviation. »   *Le Monde*, 16 déc. 1971, p. 40.

✳ Mot anglais *geyser* n. **[giːzə(ʀ)]**, emprunté à l'islandais *Geysir* au milieu du XVIIIᵉ siècle, nom propre d'une des sources du pays signifiant « personne exubérante », nom qui a été généralisé par la suite pour toute source du même type. Ce mot a pénétré assez rapidement en français (1783, selon Bloch-Wartburg) et ne présente pas de difficulté de prononciation ainsi francisé. *Geyser* a donné en français le dérivé *geysérite* n. f. « variété d'opale provenant des concrétions des geysers », que nous a emprunté l'anglais *(geyserite),* ainsi que l'adj. *geysérien, enne* « relatif aux geysers » (1875, L. Figuier, *L'Année scientifique et industrielle,* p. 323). Il ne semble pas que l'extension de sens de *geyser* en français « liquide qui jaillit en gerbe » soit courante en anglais.

G. I. [dʒiaj] *n. m. invar.*

(v. 1942) *Fam.* Soldat de l'armée américaine, pendant la guerre de 1939-1945. *Des G. I.*

« En ce moment, il y a toute une catégorie d'individus qu'on essaie activement de récupérer : ce sont les G. I. revenus d'Europe ou du Pacifique et que leur expérience d'outre-mer a troublés. »
S. de BEAUVOIR, *L'Amérique au jour le jour*, 10 fév. 1947, p. 67 (□ 1954).

« Les S. S. épargnés descendirent les échelles et levèrent les bras au ciel. Mais les G.I.'s ne se contrôlaient plus. Ils fauchèrent les Allemands d'une rafale et tirèrent à nouveau sur les cadavres. Puis ils firent une chasse sans merci à tous les S. S. du camp. »   *Historia*, avril 1970, p. 132.

✳ Abréviation américaine familière de *galvanized iron* (1928), proprement « fer galvanisé » (pour désigner dans des listes de matériel toutes sortes de contenants, dont les boîtes à ordures), puis interprétée

comme l'abréviation de *government issue* (1936) « fourniture du gouvernement » également ironique mais plus convenable. Répandue en
français pendant la dernière guerre, cette abréviation s'est toujours
prononcée à l'anglaise. *G. I.* est, en américain, un adjectif, un nom, un
verbe et un adverbe, avec l'idée commune d'appartenance à l'armée et
de conformité à ses règlements. En tant que nom il prend le pluriel :
des GIs ou des GI's. Mais en français les noms issus de sigles ne
s'accordent pas (des ABC, des H. L. M.). La citation ci-dessus d'*Historia*
respecte le pluriel anglais, mais cet exemple n'est pas à suivre.

GIBUS [ʒibys] *n. m.*

(1844) Chapeau claque (qu'on peut aplatir grâce à des
ressorts), qui se portait au XIXᵉ siècle. *Un gibus* ou *un chapeau
gibus.* — REM. : Absent des dict. de Littré et de l'Académie.

« Voici l'opération en deux mots : il ne s'agit de rien moins que de
rajeunir le vieux *Constitutionnel* et d'habiller en jeune France le
vénérable patriarche [...]. Débarbouiller cet antique libéralisme, substituer à sa perruque des cheveux naturels, à son bonnet de coton un
chapeau Gibus, à son carrick daté de l'empire un paletot Humann, à ses
souliers à la Dupin des bottes vernies [...], voilà une tâche immense et
devant laquelle bien d'autres que nous auraient certainement reculé. »
                                    La Mode, 5 avril 1844, pp. 581-582.

« une houle de gibus et de chapeaux Directoire. »
                           A. DAUDET, *Numa Roumestan,* p. 284, Nelson (□ 1880).

« À l'heure dite, au moment où j'allais monter en voiture, je fus
accosté par une sorte de vieil individu, dont la longue barbe blanche
était touffue et que coiffait un préhistorique gibus. »
                           A. ALLAIS, *Contes et Chroniques,* p. 125 (□ 1905).

✴ Mot anglais *gibus* ou *gibus-hat* « chapeau *(hat)* gibus » n., attesté
en 1848 chez Thackeray, mais antérieur. Du nom propre *Gibus* fabricant
de ce chapeau en Angleterre. Ce mot a passé en français avec d'autres
du vocabulaire de la mode, vers 1844. Wartburg semble désavouer la
date de 1834 donnée dans le Bloch-Wartburg, qui paraît être celle du
brevet (et pas forcément de la désignation). La prononciation de *gibus*
est entièrement francisée.

GIG [ʒig] ou [gig] *n. m.*

1° (1815) Petite voiture légère à deux roues et un cheval. *Des
gigs.*

2° (1845) Petit bateau anglais léger et étroit à voile ou à rames.

✴ Mot anglais *gig* n. d'abord « girouette » (xvᵉ s.) puis « voiture légère »
(*mil.* xvIIIᵉ s.) et « bateau » (1790), d'origine onomatopéique. Le mot a
passé en français avec ses deux derniers sens ; les datations sont celles
du Wartburg qui donne la forme *guigue* francisée, dans les deux sens
(aussi Quillet 1968).

GIGUE [ʒig] *n. f.*

(1650) Danse folklorique d'origine irlandaise, à jeu de jambes
et de pieds vif et rapide, sur un rythme à deux temps, exécutée
par un danseur seul. *Danser la gigue.* — Musique de cette
danse. — REM. : Signalé dans le dict. de l'Académie 1694.

« Les belles choses le sont moins hors de leur place ; les bienséances
mettent la perfection, et la raison met les bienséances. Ainsi l'on
n'entend point une gigue à la chapelle, ni dans un sermon des tons de
théâtre [...]. » LA BRUYÈRE, *Les Caractères,* p. 365, Garnier, 1932 (□ 1688).

« Maintenant les hommes dansaient, au son d'une flûte qui jouait un
air de gigue. »   P. LOTI, *Mon Frère Yves,* p. 208 (□ 1883).

✴ Mot anglais *jig* n. (xvIᵉ s.) d'origine obscure, peut-être de l'ancien
français *giguer, ginguer* « sauter, danser » (xIVᵉ s.), de *gigue* « jambe »
(Cf. *Gigot*), de l'ancien haut allemand *gîga.* Le mot apparaît en 1650
chez Ménage (selon Dauzat).

GILL [ʒil] *n. m.*

(1864) *Techn.* Peigne métallique en forme de barrette, à aiguilles fines, utilisé dans l'étirage des fibres textiles à la machine. — REM. : Absent des dictionnaires de Littré et de l'Académie.

« le peignage est exécuté par des *gills* interposés entre les deux couples de cylindres étireurs. Le dispositif évoque en effet l'aspect des branchies d'un poisson (en anglais : gills). Il consiste en deux systèmes [...] de peignes à dents verticales [...]. Les peignes de chaque système parallèles et équidistants, se déplacent parallèlement à eux-mêmes dans le , même sens que le ruban [...] mais à une vitesse moindre. »

Ch. MARTIN, *La Laine*, pp. 54-55, P. U. F., Que sais-je ?, n° 464, 1951.

✷ Mot anglais *gill* n. « peigne à chanvre » (vers 1820, attesté en 1839), emploi métaphorique de *gill* n. « branchie » (XIVᵉ s.) à cause de la forme du peigne. Le mot a pénétré en français en 1864 (Alcan, *in* P. Larousse).

GIMMICK [gimik] *n. m.*

(1967) Astuce, procédé ou objet astucieux.

« ils [The Pink Floyd] font taper du pied parce qu'ils sont partis des joies du rythme et nous bercent en même temps de mille images sonores, bruits de notre monde qu'ils transcendent aristocratiquement en décortiquant avec soin des *gimmicks* électro-acoustiques. »

Ph. KOECHLIN, *in Le Nouvel Observateur*, 27 nov. 1972, p. 20.

✷ Mot américain familier *gimmick* (1926, *in* Oxf. Suppl.) désignant d'abord un moyen ingénieux et malhonnête pour rendre fructueux un jeu de hasard et qui est peut-être l'anagramme de *magic* (→ **Gimac**). Attesté en français dans *l'Express* du 18 décembre 1967 (par la *Banque des mots*, n° 6, p. 225, qui signale en 1964 l'adj. dérivé *gimmicky*, rarissime en français). Le mot est à rapprocher de *gadget*, et ne garde pas de son emploi originel l'idée de tromperie comme en anglais.

GIN [dʒin] *n. m.*

(1759) Eau-de-vie de grains (orge surtout) fabriquée dans les pays anglo-saxons, qui se boit pure ou sert à faire des cocktails. — REM. : Signalé dans Littré 1865 ; absent de tous les dictionnaires de l'Académie. — En français *gin* est homonyme de *jean* « pantalon ».

« Parmi les cafés, les cabarets, les gargotes, l'on rencontre çà et là une taverne anglaise, placardée de sa pancarte de porter simple et double, d'old scotish-ale, d'East India pale beer, de gin, de wisky, de brandwine et autres mixtures vitrioliques à l'usage des sujets de la Grande-Bretagne, qui contraste bizarrement avec les limonades, les sirops de cerises et les boissons glacées des vendeurs de sorbets en plein vent. »

Th. GAUTIER, *Constantinople*, p. 22 (□ 1853).

« Cette femme avait un grotesque si supérieur qu'on l'eût remarquée même en Angleterre, ce pays des grotesques, où le spleen, l'excentricité, la richesse et le gin, travaillent perpétuellement à faire un carnaval de figures auprès desquelles les masques du carnaval de Venise ne seraient que du carton vulgairement badigeonné. »

BARBEY d'AUREVILLY, *Le Chevalier des Touches*, pp. 16-17, Lemerre, 1942 (□ 1863).

« Marchenoir s'approcha de la table et, prenant la bouteille de gin, remplit la moitié d'un verre qu'il vida d'un trait. »

L. BLOY, *Le Désespéré*, p. 123 (□ 1886).

« le teint rouge comme si sa boisson favorite avait été plutôt le gin que le thé [...]. »

PROUST, *À l'ombre des jeunes filles en fleurs*, p. 829 (□ 1918).

« Vous préférez le whisky, n'est-ce pas, à cette heure ? Eh bien, à la vérité, moi, c'est le gin avec un peu de lime. »

J. KESSEL, *Le Lion*, p. 196 (□ 1958).

✳ Mot anglais *gin* n. (1714, Mandeville), abréviation de *geneva* (ou *genever*) adaptation anglaise du hollandais *genever* lui-même issu du français *genièvre* (latin *juniperus*). La forme anglaise *geneva* a souvent été rapportée à tort à *Geneva* « la ville de Genève ». Le mot *gin* a pénétré en français au milieu du XVIIIe siècle (1759, selon Wartburg) mais il semble que la consommation du gin en France soit assez récente (*fin* XIXe s. *déb.* XXe s.). À la différence du genièvre, le gin n'est pas distillé sur les baies de genièvre mais parfumé avec d'autres aromates (coriandre, fenouil, etc.). En France on consomme à la fois le genièvre hollandais et belge, et le gin anglais, et le consommateur ne confond absolument pas les deux produits. C'est pourquoi la proposition des Canadiens (Dulong) de remplacer le mot *gin* par *genièvre* n'est pas envisageable en France.

Le mot *gin* s'emploie en composition pour désigner des cocktails → **Gin fizz, gin tonic,** etc.

GIN-FIZZ [dʒinfiz] *n. m. invar.*

(1941) Cocktail désaltérant, mélange de gin, de jus de citron, d'eau gazeuse, de sucre et de glace.

« On leur apporta subséquemment des gin-fizz. »
QUENEAU, *Loin de Rueil*, p. 190 (□ 1944).

« le jeune homme, qui pompe son gin-fizz, fait le débardeur pour payer ses études. »   H. TROYAT, *La Tête sur les épaules*, p. 138 (□ 1951).

« La vie a tout de même bien changé. Je ne connais plus personne qui boive des *gin-fizz*. Il y a des choses qu'on croit éternelles, puis, un beau jour, on ne sait même pas quand. C'est comme ça.. »
ARAGON, *Blanche ou l'Oubli*, p. 28 (□ 1967).

✳ Mot anglais *gin-fizz* n. (1891), nom d'un cocktail à la mode en France avant la dernière guerre. Le mot est formé de *gin* et de *fizz* n. « boisson effervescente, pétillante » (origine onomatopéique).

GINGER-ALE [dʒinʒœRɛl] *n. m.*

(1954) Boisson effervescente désaltérante, non alcoolisée, légèrement sucrée, parfumée (à l'origine) au gingembre. — REM. : Absent de tout dictionnaire.

« Nous sommes entrés dans un bar ; Brogan a commandé du ginger ale, moi du bourbon. »   S. de BEAUVOIR, *Les Mandarins*, p. 304 (□ 1954).

✳ Mot anglais *ginger-ale* ou *ginger ale* n. (1886), de *ale* « bière » et *ginger* « gingembre », mot très ancien en anglais, hérité du sanscrit par le grec *ziggiberis*. Cette boisson commence à se vendre en France depuis la consommation des eaux gazeuses « toniques » *(tonic waters)* ; son goût pimenté est apprécié pendant les grosses chaleurs. La meilleure adaptation française serait *limonade au gingembre*, expression qui n'a aucune chance, *limonade* connotant une boisson démodée.

GINGER-BEER [dʒinʒœRbiR] *n. m.*

(1833) Boisson effervescente non alcoolisée, sucrée, à base de gingembre et de piment. — REM. : Absent des dict. de Littré et de l'Académie.

« de l'ale et du *ginger beer*, une boisson fort singulière qu'on fabrique avec des bûches cuites et qu'on enferme dans des espèces de biberons pointus de verre jaune. »
CLAUDEL, *Dans l'île de Wight*, in *Œuvres en prose*, p. 1017 (□ 1889).

« Les verres d'ale et les bouteilles de ginger-beer circulaient [...]. »
L. HÉMON, *Battling Malone*, p. 36 (□ 1911).

✳ Mot anglais *ginger-beer* ou *gingerbeer* n. (1809), de *beer* « bière » et *ginger* « gingembre », mot très ancien en anglais hérité du sanscrit par le grec. Le ginger-beer est en Angleterre plutôt une boisson d'enfant. Ce mot introduit en français en 1833 (Th. Pavie, *Souvenirs Atlant.* I, 291, *in* Mackenzie) est peu utilisé, cette boisson étant quasi inconnue en France. D'une façon générale le gingembre n'est guère apprécié ni consommé en France alors que les Anglais en font un large usage (gingembre confit, biscuits et boissons au gingembre). Le gingembre est d'origine asiatique ; s'il est connu des Français, c'est plutôt depuis la vogue des restaurants chinois qui le servent comme dessert.

GINGERBREAD [dʒinʒœʀbʀɛd] *n. m.*

(1875) Pain d'épice au gingembre.

✳ Mot anglais *gingerbread* n. (xvᵉ s.), de *ginger* « gingembre » et *bread* « pain ». Ce mot a pénétré en français à la fin du xixᵉ siècle (1875, P. Larousse) et n'est guère usité en français où le produit n'est pas consommé.

GIN-RUMMY [dʒinʀɔmi] *n. m.*

(1964) Jeu de cartes à deux joueurs et 52 cartes dont 10 distribuées à chacun.

« C'est un jeu d'argent très en vogue [...]. Le *Gin rummy* se joue en effet à deux joueurs avec un jeu de cinquante-deux cartes. Il consiste à faire des combinaisons de cartes : soit des suites, ou *séquences*, c'est-à-dire des cartes qui se suivent ; soit des *brelans* ou des *carrés*, c'est-à-dire des cartes de même valeur. »
I. de HÉRÉDIA, in *Dictionnaire des jeux*, Tchou, 1964.

« Aujourd'hui, c'est dans un tel grand restaurant, chez tel banquier ou P.D.G. que l'on parle affaires — d'argent et d'État — entre un plongeon dans la piscine chauffée, un set de tennis et une partie de gin-rummy. »   R. BACKMANN, in *Le Nouvel Observateur*, 31 juil. 1972, p. 14.

✳ Mot américain *gin rummy* n. (1941), de *rummy* n. « jeu de cartes » (de *rummy* au sens d'« étrange »), assimilé à *rummy* n. « ivrogne » (de *rum* « rhum ») et associé à *gin* « eau-de-vie de grains ». Le nom français d'un jeu de cartes appelé *rami* semble apparenté par l'étymologie. On trouve d'ailleurs *gin rami* (*L'Express,* 3 nov. 1979).

GIN-TONIC [dʒintɔnik] *n. m. invar.*

(1962) Cocktail désaltérant, mélange d'eau gazeuse « tonique », de gin et de glace.

« Jenny commande un gin-tonic. Lui a envie d'une bière. »
H.-F. REY, *Les Pianos mécaniques*, p. 287 (□ 1962).

✳ Mot américain, abréviation de *gin and tonic* (1935, Oxford Suppl.) de *gin* et *tonic (water)* « eau gazeuse aux écorces d'oranges amères ». La consommation du gin-tonic s'est répandue en France avec celle du schweppes (marque déposée), éliminant à peu près celle du gin-fizz.

GIPSY [dʒipsi] *n.*

(1796) Bohémien, bohémienne. Plur. *Gipsies* [dʒipsi]. —
REM. : Signalé dans Littré 1866 et les dict. de l'Académie depuis 1878. — Parfois écrit *gypsy*.

« Les comprachicos n'avaient point, comme les gypsies, un idiome à eux ; leur jargon était une promiscuité d'idiomes [...]. Ils avaient fini par être, ainsi que les gypsies, un peuple serpentant parmi les peuples ; mais leur lien commun était l'affiliation, non la race. »
HUGO, *L'Homme qui rit*, p. 38 (□ 1869).

« Chrysanthème, comme une gipsy, s'accroupit devant certaine boîte carrée, en bois rouge, qui contient un petit pot à tabac [...]. »
P. LOTI, *Madame Chrysanthème*, p. 122 (□ 1887).

« Il faudra, Monsieur, que Blanche explique à ses lecteurs, puisqu'il semble bien qu'elle n'écrive toute cette histoire que pour les gens de l'ouest javanais, ce que ce sont que des *Gypsies...* »
ARAGON, *Blanche ou l'Oubli*, p. 307 (□ 1967).

✳ Mot anglais *Gipsy* ou *Gypsy* n. (1514 *gipcyan*, xviiᵉ s. *Gypsy*), de *Egyptian*, par aphérèse. Les Anglais croyaient que ce peuple nomade venait d'Égypte, comme d'ailleurs les Espagnols (lat. *Ægyptanus* → *gitano*), alors que les Français les imaginaient originaires de

Bohème ; en fait ils sont venus de la région du Pakistan et de l'Afghanistan actuels. Le mot pénètre en français avec Mme de Staël (1796) qui le donne pour un mot anglais, puis en 1816 (L. Simond, *Voyage en Angleterre*, II, 140 [*in* Mackenzie]) et apparaît dans le dictionnaire de Bescherelle en 1846 (*gitan* date, lui, de 1831). Bizarrement, il n'est enregistré ni dans le dict. de P. Larousse (1875) et ni dans ses deux suppléments (1878, 1890). Peu usité en français, il est courant au Canada. Les Canadiens le condamnent comme anglicisme (Dulong) et proposent les équivalents français. À la rigueur, on pourrait tolérer *gipsy* en français pour désigner les bohémiens d'Angleterre et d'Irlande tout comme on réserve *gitan* aux bohémiens d'Espagne.

(-)GIRL(-) [gœʀl]

✳ Élément d'emprunt à l'anglais et à l'américain signifiant « fille », « jeune fille », qui entre dans la composition de mots tels que *call-girl, cover-girl, girl-friend*, etc.

GIRL [gœʀl] *n. f.*

1° (1889) *Rare*. Jeune fille anglaise.

« Son type la rendait cousine germaine et presque sœur des jeunes Anglaises décrites par les étrangers, les girls jolies, mièvres et sentimentales qui conduisent avec un parfait décorum des flirts innocents. »
L. HÉMON, *Battling Malone*, p. 121 (□ 1911).

✳ De l'anglais *girl* n. (xiiie s.) d'origine douteuse, « fille, jeune fille ». Apparaît dans Paul Bourget.

« Dans *Études et Portraits*, Paul Bourget écrit : "Où vas-tu, fille des rues, *girl* anglaise de dix-huit ans ?" Voilà bien le modèle de l'anglicisme prétentieux et complètement inutile. »
F. de GRAND COMBE, *De l'anglomanie en français*, juil. 1954, p. 199.

✳ À noter la remarque intéressante de Morand sur la « girl » américaine :

« Le mot *girl* qui signifie jeune fille, résiste en Amérique au mariage et si une femme réussit à conserver une grâce libre et répandue sur toute sa personne, une virginité dont aucun homme ne saurait avoir raison, elle peut mériter ce titre pendant des années encore. » P. MORAND, *Champions du monde*, p. 97 (□ 1930).

2° (1913) Jeune danseuse de music-hall faisant partie d'une troupe qui exécute surtout des mouvements et des pas communs. — REM. : Absent du dict. de l'Académie 1932.

« Quand elle quitte la loge qu'elle occupe avec ses compagnes, à côté de la mienne, et qu'elle descend vers la scène, maquillée, costumée, je ne la distingue pas des autres *girls*, car elle s'applique, ainsi qu'il sied, à n'être qu'une impersonnelle et agréable petite Anglaise de revue. »
COLETTE, *L'Envers du music-hall*, pp. 65-66 (□ 1913).

« Il y a enfin, au music-hall [...] ces troupes de girls, entraînées militairement pour réaliser des effets d'ensemble [...]. »
F. de MIOMANDRE, *La Danse*, p. 64 (□ 1935).

« L'introduction, en France, des *girls* britanniques, vers 1894, est peut-être un exemple de ce goût d'exotisme qui est l'un des traits généraux du music-hall. »
G. FRÉJAVILLE, *Le Music-hall*, in *Encyclopédie française*, t. XVI, 78-1 (□ juil. 1935).

« Le manager annonce une attraction. La musique reprend et une douzaine de girls de peau foncée et d'allure belle vinrent inscrire dans le cercle de la piste le dodécagone de leurs fesses musclées. »
QUENEAU, *Loin de Rueil*, p. 194 (□ 1944).

« On y voit venir d'Amérique
les yeux encore à peine ouverts
sur la perversité publique
les blondes girls de Mortimer. »
P. MAC ORLAN, *Montparnasse*, p. 86 (1951).

✳ Abréviation française de l'anglais *chorus girl* n. (1894) de *girl* « jeune fille » et *chorus* « chœur (de danseurs, de chanteurs), troupe de music-hall ». Comme beaucoup d'abréviations de l'anglais, *girl*, qui n'est pas ambigu en français, ne peut être compris par les anglophones pour lesquels il signifie « jeune fille ». La vogue des girls au music-hall s'est manifestée un peu avant la guerre de 1914 et semble originaire d'Angleterre plutôt que des États-Unis. Le mot *girl* a un peu vieilli, comme le spectacle lui-même. En revanche, la francisation graphique en *gueurle* reste plaisante et sans effet.

> « — Et qu'est-ce que vous auriez fait au music-hall ?
> — J'aurais voulu être gueurle. Je danse pas mal et je suis bien balancée [...]. »
> QUENEAU, *Les Fleurs bleues*, p. 180, Gallimard (□ 1965).

> « son premier métier, chorus girl dans un théâtre. »   *L'Express*, 12 fév. 1973, p. 109.

GIRL-FRIEND [gœRlfRɛnd] *n. f.*

(v. 1965) Jeune fille, fillette qui est l'amie et le flirt d'un jeune garçon, aux États-Unis. *Des girls-friends. Il va au cinéma avec sa girl-friend.*

> « *La passante* de Baudelaire, c'est toi. *L'extravagant* qui boit dans ton œil *la douceur qui fascine ou le plaisir qui tue*, ce devrait être Vadim [...] ou Frankenheimer, qui t'a prise dans le film de la Metro-Goldwyn-Mayer, *Grand Prix*, pour faire de toi la girl friend du pilote de course automobile Antonio Sabato. »
> P. GUTH, *Lettre ouverte aux idoles*, F. Hardy, p. 61 (□ 1968).

✳ Mot américain *girlfriend* (1906, dans ce sens), de *friend* « ami » et *girl* « fille », auquel correspond, dans l'autre sens, *boy-friend*. Ce mot ne s'emploie guère en français que par référence aux mœurs américaines, différentes des nôtres. Il est condamné au Canada par Dulong qui propose l'équivalent *amie*, trop ambigu.

GIRL-SCOUT [gœRlskut] *n. f.*

1° (déb. XXᵉ s.) Adolescente faisant partie d'un mouvement de scoutisme (la forme *scoute* est plus fréquente aujourd'hui). — REM. : Absent de tous les dictionnaires.

2° *Fig* et *péj.* Femme au comportement de garçon manqué (seulement sous la forme non abrégée). Cf. Boy-scout, 2°.

> « La monitrice, très gentille, un peu girl-scout, nous disait, complice et [...] bêtifiante "Quand les contractions vont devenir méchantes [...]". »
> *F. Magazine*, janv. 1980, p. 50.

✳ Par attraction de *Boy Scout,* on a formé en américain *Girl Scout* (l'anglais dit *Girl Guide*). Cependant ces termes n'ont jamais été reconnus par l'organisation scoute qui nommait ses recrues féminines *Girl Guides* et *éclaireuses.*

GLASS [glɑs] *n. m.*

(1891) Verre (de boisson). *Boire, prendre un glass.*

> « — Et on boit pas un glass ? proposait la fille. Viens donc. C'est ma tournée... »
> F. CARCO, *Jésus-la-Caille*, p. 210 (□ 1914).

> « le jeune homme veule du mois passé, le jeune homme aux "si vous voulez" et aux "un glass, Antonin ?" de monsieur Peloux le fils, exigeant avec le personnel et attentif à l'essence. »
> COLETTE, *Chéri*, p. 127, Calmann-Lévy, 1953 (□ 1920).

> « En attendant, dit Zazie rondement, descendez donc boire un glasse avec nous. »   QUENEAU, *Zazie dans le métro*, p. 170 (□ 1959).

✳ Anglicisation en *glass* « verre » d'un mot d'argot militaire *glace* n. m. (1628) emprunté à l'allemand *Glas* « verre ». D'abord attesté chez l'argotier Méténier (*La Lutte pour l'amour*, p. 216, *in* I. G. L. F., 1891). On trouve aussi la graphie *glasse*. La prononciation de ce mot avec le [ɑ] le distingue tout à fait de *glace* [glas].

« GLASS : j'ai entendu un jeune homme dire à un ami : « Viens-tu prendre un *glass* ? » Ce n'est même pas un anglicisme car en anglais le mot *glass* ne s'emploie jamais sans que le contenu en soit spécifié. »
F. de GRAND COMBE, *De l'anglomanie en français,* juil. 1954, p. 192.

« Le brave homme accoudé au zinc du coin "s'envoie un *glass* en vitesse", alors que les élégantes, dans les bars de luxe, se commandent des *drinks.* Tous ces emplois de mots étrangers sont quelque peu assimilables à ceux des termes d'argot. »   A. SAUVAGEOT, *Portrait du vocabulaire français,* p. 226 (□ 1964).

GLOBE-TROTTER [glɔbtʀɔtœ/ɛ/ʀ] *n. m.*

(1885) Voyageur qui parcourt le monde. *Des globe-trotters.* — REM. : Absent du dict. de l'Académie 1932.

« La première personne que nous rencontrons sur le pont du navire, c'est le Père. Les voyageurs sont comme les oiseaux de passage, ils suivent les courants, et chaque *globe-trotter* qui a la prétention d'accomplir tout seul le tour du monde se trouve forcément faire partie d'une bande qui profite de la mousson. »
E. GUIMET, *Huit Jours aux Indes* [1885], p. 210 (□ 1888).

« arrivée du globe-trotter Poppoff, de nationalité bulgare, qui fait le tour du monde à pied, et qui a déjà parcouru l'Autriche-Hongrie, l'Allemagne et la Belgique. »
É. GAUTIER, *L'Année scientifique et industrielle,* p. 345, 1902 (□ 1901).

« Comment ! vous allez de nouveau à Balbec ? Mais vous êtes un véritable globe-trotter ! »
PROUST, *Le Côté de Guermantes 1,* p. 225 (□ 1920).

« [...] Arthur Rubinstein, l'infatigable globe-trotter qui a fait plusieurs fois le tour du monde avec son piano comme *le Voyageur et son Ombre* et qui répand de la joie nietzschéenne partout [...]. »
CENDRARS, *Bourlinguer,* p. 366, Folio (□ 1948).

— Au féminin, en parlant d'une femme (rare).

« Enfin la globe-trotter qui s'attarde en Europe, celle qui se mêle continûment aux cosmopolites de Paris, de Rome, de Londres, appartient en général aux familles médiocrement considérées sur la terre de William Penn et de Franklin. » P. ADAM, *Vues d'Amérique,* p. 102 (□ 1906).

✳ Mot anglais *globetrotter* n. (mil. XIXe s.) de *globe* n. « globe terrestre » et *trotter* « trotteur » de *to trott* « trotter ». Il a pénétré en français à l'extrême fin du XIXe s., à l'époque où le grand tourisme a commencé à se développer pour quelques individus hardis ou privilégiés. La forme et la prononciation du mot le rendent très assimilable en français. La notion de globe-trotter, comme le mot, sont démodés depuis que l'avion a raccourci les distances et que des familles entières vont au cap Nord comme elles allaient autrefois à Deauville. On a emprunté vers la même époque l'anglais *globe-trotting* n. « activité du globe-trotter », qui ne s'est pas implanté en français :

« Cette année, l'Asie a été le théâtre d'un fait de *globe-trotting* peu banal [...] : nous voulons parler du raid Pékin-Paris [...]. »
É. GAUTIER, *L'Année scientifique et industrielle,*
p. 410, 1908 (□ 1907).

G. M. T. [ʒeɛmte] *adj.*

(*fin* XIXe s.) À l'heure moyenne du méridien de Greenwich. *L'avion arrive à treize heures G. M. T. et six heures heure locale.* — REM. : Absent des dict. de l'Académie ; n'apparaît qu'en 1952 dans le Petit Larousse illustré.

« Pour en finir avec le temps universel, lequel règle la vie sociale sur toute la Terre grâce au système des fuseaux horaires, mentionnons pour le condamner l'usage fautif des initiales T. M. G. sous lequel certains services publics, des agences de presse, etc. le désignent. Le temps moyen de Greenwich n'a jamais été utilisé en dehors des observatoires. En effet, dans cette échelle, qui retarde de douze heures sur le temps civil, le jour change de nom à midi, et non à minuit. Pour essayer de mettre fin à la confusion causée par cette impropriété de termes, l'Union astronomique internationale a proscrit l'usage du sigle T. M. G. pour quelque usage que ce soit, même pour représenter le temps moyen de Greenwich qu'utilisent encore dans certains cas les astronomes. » A. DANJON, *Les Mouvements de la terre et la mesure du temps*, in *La Terre*, p. 63 (□ 1959).

« Il est 10 h 15 mn 44 s G. m. t. Concorde vient de passer de la vitesse Mach 1,99 à Mach 2. »   F. GIROUD, in *L'Express*, 6 juin 1971, p. 97.

✳ Abréviation anglaise de *Greenwich mean time* « temps *(time)* moyen *(mean)* de Greenwich », Greenwich localisant le méridien qui donne l'heure légale de l'Europe occidentale. Il existe une traduction moins courante du sigle anglais, *T. M. G.* « temps moyen de Greenwich », et une équivalence, *T. U.* « temps universel ».

GO ! [go] *interj.*

Partez ! Allez ! (notamment, signal de saut pour les parachutistes).

✳ Mot anglais, impératif du verbe *to go* « aller » qui sert à donner le départ d'une course, d'un saut en parachute, etc. Ce mot est courant chez les Canadiens (Kelley p. 67, Colpron p. 108). Il n'est pas inconnu en France et a même pénétré un temps dans le langage militaire. Les puristes s'élèvent contre cet emprunt.

GO AHEAD [goəhɛd] *interj.* et *loc. prov.*

(1835) Allez de l'avant ! en avant ! allez-y !

« Nul de mes compagnons n'étaient d'avis de s'arrêter ; je partageai cette idée ; et je résolus d'aller hardiment en avant, en tâtant peu à peu le terrain, et jetant le cri des Américains : go ahead ! »
L. SIMONIN, *Le Far West américain* [1867], p. 228 (□ 1868).

« La puissante religion des business n'existe pas, et nous ne poussons point le cri de go ahead, si ce n'est pour que le Joyau du Pacifique aille de l'avant. »   Jules VERNE, *L'Île à hélice*, p. 99 (□ 1895).

— SUBST. (1856) *Le go ahead des Anglais*, leur esprit d'initiative, d'entreprise.

« Les Américains semblent ne plus vouloir qu'il y ait de désert, et les chemins de fer y ont fait chaque jour des trouées immenses. Si gigantesques que soient les projets, rien n'arrête ces hommes du *go ahead*. »   X. EYMA, *La Vie aux États-Unis*, p. 150 (□ 1876).

✳ De l'anglais *to go ahead,* verbe composé, même sens. Les dates données ci-dessus sont de Wartburg (1835, Mackenzie). Cette expression bien que connue en français a toujours été considérée comme une citation anglaise (ainsi *Time is money*, etc.). Elle figure dans les pages roses du Petit Larousse. Quasi imprononçable en français à cause du [h].

GOAL [gol] *n. m.*

1° (1882) But, au football, au polo. Point marqué quand le but est atteint. — REM. : Absent du dict. de l'Académie 1932.

« Chacun de ces portiques constitue un but (goal) à travers lequel les joueurs doivent faire passer une balle malgré leurs adversaires. »
OLD NICK Jr., *Le Polo*, in *La Vie élégante*, 15 sept. 1882 [*in* D. D. L., 2ᵉ série, 1].

2° (1898) Gardien de but.

« Avec Célestin-Prosper, nous jouâmes alors à nous faire des passes, à tirer des buts, à plonger dans l'herbe comme de vrais *goals*. »
R. ABELLIO, *Ma dernière mémoire*, p. 158 (□ 1971).

✳ Pour le premier sens, de l'anglais *goal* n., xivᵉ s. *gole* « but d'une course », puis xviᵉ s. « poteaux entre lesquels la balle doit passer » (étymologie obscure). Pour le second sens, abréviation française de l'anglais *goalkeeper* n. « gardien *(keeper)* de but *(goal)* », 1658. Ces termes sont passés en français avec les autres termes de football qui furent empruntés entre les deux guerres (1870-1914). Le deuxième sens figure dans le Larousse 1922 mais est antérieur (1898, *La Vie au grand air* [*in* Petiot]). *Goal* est condamné par les Canadiens. En France il a beaucoup reculé devant *but* et *gardien de but* depuis une vingtaine d'années.

> « Une des catégories d'anglicismes les plus détestables en ce qu'ils ont l'inconvénient d'être complètement incompréhensibles pour les Anglais, c'est celle qui consiste à supprimer la seconde partie d'un mot composé, qui est précisément celle qui exprime le sens principal, la première ne servant que de déterminante. En voici quelques exemples : [...] *Goal,* en anglais but, souvent employé en français pour *goal-keeper,* gardien de but. »
> F. de Grand Combe, *De l'anglomanie en français,* juil. 1954, pp. 196-197.

✳ Le comp. *goal average* a été emprunté en français (1927, *Le Miroir des sports,* D. D. L.) au sens de « moyenne de points calculée par la différence entre points (buts) marqués et subis ».

GODDAM [gɔddam] *n. m.*

1° (1766) *Vx.* Juron anglais. *La conversation était coupée de goddams.* — REM. : Signalé dans le dict. de Littré 1866 ; absent des dict. de l'Académie.

> « Diable ! c'est une belle langue que l'anglais ! il en faut peu pour aller loin. Avec *God-dam,* en Angleterre, on ne manque de rien nulle part. — Voulez-vous tâter d'un bon poulet gras : entrez dans une taverne, et faites seulement ce geste au garçon (Il tourne la broche.) *God-dam !* on vous apporte un pied de bœuf salé sans pain. C'est admirable ! Aimez-vous à boire un coup d'excellent bourgogne ou de clairet : rien que celui-ci (Il débouche une bouteille.) *God-dam !* on vous sert un pot de bière, en bel étain, la mousse aux bords. Quelle satisfaction ! Rencontrez-vous une de ces jolies personnes qui vont trottant menu, les yeux baissés, coudes en arrière, et tortillant un peu des hanches : mettez mignardement tous les doigts unis sur la bouche. Ah ! *God-dam !* elle vous sangle un soufflet de crocheteur : preuve qu'elle entend. Les Anglais, à la vérité, ajoutent, par-ci par-là, quelques autres mots en conversant ; mais il est bien aisé de voir que *God-dam* est le fond de la langue [...]. »
> Beaumarchais, *Le Mariage de Figaro,* in *Théâtre,* pp. 231-232 (□ 1783).

> « Je savais déjà qu'en Égypte *tayeb* était le fond de la langue. C'est un mot qui, selon l'intonation qu'on y apporte, signifie toute sorte de choses ; on ne peut toutefois le comparer au *goddam* des Anglais [...]. »
> Nerval, *Voyage en Orient,* p. 101 (□ 1846).

> « Supposons quelque bonne farce de boxeurs, quelque énormité britannique, pleine de sang caillé et assaisonnée de quelques monstrueux *goddam* [...]. »
> Baudelaire, *De l'essence du rire,*
> in *Œuvres complètes,* p. 979, 1961 (□ 1855).

2° (1787) *Vx.* Anglais n. m. (sobriquet des Anglais au XIXᵉ s.). *Un goddam qui buvait de l'ale.* — REM. : Signalé dans Littré 1866 ; absent des dict. de l'Académie.

> « Dieu de Dieu ! a-t-on vu traverser le détroit pour faire des malheurs pareils ! Je suis sûr, bon Dieu ! que ce *goddam-là* est payé par son sournois de gouvernement pour casser les verres en France. »
> Balzac, *Charges,* in *Œuvres diverses,* t. II, p. 273 (□ 1831).

> « Ce vaudeville, plus drôle que gai, a réussi. Levassor, qui semble affectionner particulièrement les *goddams,* comme on dit encore en province [...]. »   G. Desnoiresterres, in *La Mode,* 25 juil. 1853, p. 162.

✳ Mot anglais *God-damn,* abréviation de *God-damn-me* « Que Dieu (God) me (me) damne (damn) » juron blasphématoire ; écrit aussi *God dam* et *Goddam* au XIXᵉ siècle, devenu par la suite adjectif et verbe en anglais. Dès le Moyen Âge, les Français ont remarqué le juron favori des Anglais ; mais peut-être est-ce un choix arbitraire (tout comme les Français disent constamment *Oh là là !* pour les Anglais et les Allemands) ; les Anglais semblent s'en étonner : « It was the fashion in France, on the stage, to represent the Englishman as habitually saying "Godam" » — c'était la mode en France, à la scène, de représenter l'Anglais comme disant habituellement "Godam" — St James's Magazine, IV, 226, 1869 [*in* Oxford dict.]. « *Goddam, poème en quatre chants par un french dog* » d'Evariste Parny, An XII. Beaumarchais ne fait que reproduire un thème populaire à la mode dans *le Mariage de Figaro*. — Le sens 2° du sobriquet des Anglais est une réfection, d'après le juron *goddam*, d'un très ancien mot *godon* (aussi *gondon, gordon*) courant entre le XIVe et le XVIe siècle ; *godon* désigne de façon méprisante le soldat anglais et l'Anglais en général, d'après le juron *god-damn* qui lui est familier. Il semble que ce mot ait surtout été employé pendant la guerre de Cent ans et par les contemporains de Jeanne d'Arc : « Nul n'est de nous qui ne désire De combatre et voir les godons » (Mistère du Siège d'Orléans, 4741). Ces « godons » ennemis sont éventuellement qualifiés de « *paillards* », de « *gros veaux* », de « *pourceaux remplis de bière* ». Le mot *goddam* employé au sens de *godon* ne semble pas antérieur au XIXe siècle ; il se prononçait le plus souvent [gɔdɛm], selon Littré, et c'est sous la forme *goddem* que les Anglais nous empruntèrent le mot qui servait à les dénigrer : « It seems the "Goddems" are having some fun » — il semble que les goddams s'amusent — J.-P. Cobbett, *Tour in Italy 8*, 1830 [*in* Oxford dict.]. — Le juron comme le sobriquet sont aujourd'hui totalement hors d'usage en France.

GOD SAVE THE KING (QUEEN) [gɔdsɛvzəkiŋ-kwin] *n. m.*

(1818) Nom de l'hymne national britannique *La musique entonna le God save the Queen suivi de la Marseillaise.*

« Ce qu'il y a eu de plus singulier dans la soirée, c'est le *God save the King* et le *Vive Henri IV* entonnés par la Catalani et chantés en chœur par les trois cents spectateurs. »
                A. de MARESTE à H. Beyle, 8 mars 1818,
                        in STENDHAL, *Corresp.*, t. I, p. 1258.

« Ce qui m'a fait peut-être le plus de plaisir, c'est le *God save the King* chanté par Zuchelli. La première intonation du *Vive Henri IV* dans un temps très lent n'est pas sans quelque beauté. »
                V. JACQUEMONT, à Henri Beyle, 20 juin 1825, *in* STENDHAL,
                        Corresp., t. II, pp. 807-808.

« C'est une réduction en petit de tous les grands hommes de Versailles, déjà pas très grands. Le trompe-l'œil y est ; qu'on y ajoute le *God save the queen*, qui eût pu dès lors être pris à Lulli, et l'ensemble fait illusion. »   HUGO, *L'Homme qui rit*, p. 232 (□ 1868).

✳ Nom propre, titre de l'hymne anglais, « Que Dieu *(God)* sauve *(save)* le roi *(the King)* » avec variante lorsqu'il s'agit d'une reine *(the Queen)*, reprise d'une phrase de l'hymne. Ce chant national date de 1745 ; la musique est de Lulli qui l'avait composée pour les Demoiselles de Saint-Cyr ; Haendel l'aurait fait connaître en Angleterre ; les paroles anglaises sont de Harry Carey.

« GOD SAVE THE KING OU THE QUEEN (*Dieu sauve le roi* ou *la reine*), chant national anglais. L'origine de cet hymne célèbre est tout à fait incertaine. On a avancé que les paroles et la mélodie avaient pour auteur le poëte Harry Carrey, fils naturel du comte Halifax ; on a dit que, ignorant les principes de la composition, il s'était adressé à Harrington, et suivant d'autres à Smith, secrétaire copiste de Haendel, pour faire corriger son ébauche et y ajouter la basse, ce qui aurait fait attribuer cet air à Haendel lui-même. D'autre part, voici la légende que reproduisait, en 1866, un journal : Mme de Brionne, directrice de la maison de Saint-Cyr, avait composé, pour fêter une convalescence du roi-soleil, une cantate intitulée *Dieu sauve le roi*, dont Lulli écrivit la musique. Dans le cours d'une excursion en France, Haendel entendit ce chant, le nota, et, à son retour en Angleterre, l'offrit au roi George Ier comme une nouvelle production de son génie. Naturellement, les Anglais repoussent avec indignation la version française.

Publié pour la première fois, à ce qu'il paraît, avec la musique dans le *Gentleman's Magazine*, peu de temps après le débarquement du Prétendant, cet air devint populaire, quand Arne, l'auteur du chant patriotique *Rule Britannia*, l'eut introduit au théâtre.

Quoi qu'il en soit de son histoire, ce chant grave et religieux, si bien approprié à l'humeur anglaise, produit toujours sur le public de la Grande-Bretagne un merveilleux effet. »   P. LAROUSSE, *Grand Dict. univ.*, art. *God save the King*, 1872.

GOLD [gɔld] *n. m.* et *adj. inv.*

(v. 1950) Couleur jaune orangé que l'on donne à certains cuirs. — Qui a cette couleur. *Des chaussures gold.* « *En très beau chevreau gold brun ou merisier, une botte* [...] » (*Télé 7 Jours*, 3 nov. 1973, Publ.).

✷ Terme de commerce, mot anglais *gold* n. et adj. « couleur d'or, doré » ; ce terme ne semble pas spécialement employé pour une teinte de cuir.

GOLDEN [gɔldɛn] *n. f. invar.*

(v. 1950) Pomme à peau jaune, à chair juteuse et douce, très commune dans le commerce. *Des golden.*

« "Mais qu'est-ce que c'est que ces pommes rouges, Philippe ?" Et lui : "D'abord elles ne sont pas rouges, tu ne les trouves pas belles..." Et elle : "Comment, elles ne sont pas rouges ? Je t'avais dit de prendre des Golden..." »   ARAGON, *Blanche ou l'Oubli*, p. 163 (□ 1967).

✷ Abréviation française de *Golden Delicious* (1962) « délicieuse dorée », nom d'une espèce de pomme américaine qui a été répandue en Europe après la dernière guerre. C'est une qualité de pomme très saine et très égale qui se vend beaucoup mais que les connaisseurs dédaignent à cause de sa fadeur.

GOLD POINT [gɔldpɔjnt] *n. m.*

(v. 1900) Cours extrême du change au-delà duquel il devient avantageux d'exporter ou d'importer de l'or.

« Avant 1914, le va-et-vient de l'or entre nations ne pouvait osciller que de fort peu autour d'un point fixe reconnu depuis longtemps comme le repère central du baromètre des affaires, le *gold-point* [...] par le jeu du *gold-point* l'or remplissait véritablement un rôle d'arbitre impartial et bienfaisant. »   J. LABADIÉ, in *L'Illustration*, 18 juil. 1931, p. 421.

✷ Mot anglais *gold point*, abréviation de *gold export point* « point d'exportation de l'or » et de *gold import point* « point d'importation de l'or » qui désignent les deux cas limites des prix du change. Cette expression a pénétré en français vers 1900 (Nouveau Larousse illustré) ; elle appelle une traduction car le Français la prononce très difficilement. *Le point de l'or* pourrait convenir.

GOLD STANDARD [gɔldstãdaʀ] *n. m.*

(1931) *Écon.* Régime monétaire de la parité or, où les billets de banque peuvent être échangés contre de l'or.

« Le mépris de l'or, depuis que les lingots se font rares dans les caves de M. Montagu Norman c'est le renard et les raisins. L'Angleterre conseillant aux autres d'adopter le fameux *gold standard* puis de s'en défaire, c'est la panthère qui a la queue coupée. »
J. BAINVILLE, *Doit-on le dire ?*, p. 288, Fayard, 1939 (□ 1931).

✷ Mot anglais *gold standard*, « étalon *(standard)* or ». L'expression a pénétré en français dans les années 1920-1930 ; elle entre dans un dictionnaire en 1946 (Encycl. Quillet).

GOLF [gɔlf] *n. m.*

1° (1755 ; repris v. 1890) Sport de plein air qui se joue sur un terrain gazonné coupé d'obstacles naturels ou artificiels et qui consiste à envoyer une balle successivement dans chacun des 18 trous qui forment le parcours, au moyen de cannes ou clubs, avec un minimum de coups. *Faire du golf, jouer au golf. Terrain de golf. Termes de golf* → **Air-shot, birdie, bunker, caddie, club, divot, drive, fairway, green, links, par, putting, rough, swing, tee...** — REM. : Absent du dict. de Littré 1866 ; signalé seulement dans le dict. de l'Académie de 1932.

« Je vis quelques officiers, qui s'amusoient près de la ville [Gibraltar] à jouer au *Golf* dans les sables, jeu que j'ai vû pratiquer près d'Edimbourg et en quelques autres endroits. »
Trad. TWISS, *Voyage en Portugal et en Espagne*, 1755
[*in* D.D.L., 2ᵉ série, 15].

« nous croisâmes une jeune fille qui, tête basse comme un animal qu'on fait rentrer malgré lui dans l'étable, et tenant des clubs de golf, marchait devant une personne autoritaire, vraisemblablement son " anglaise " [...]. »
PROUST, *À l'ombre des jeunes filles en fleurs*, p. 828 (□ 1918).

« Le golf d'origine écossaise, pratiqué à Londres à Shooter's Hill dès la fin du dix-huitième siècle, n'a conquis le monde qu'après la guerre. Son influence sur les mœurs est capitale. Grâce au golf, le goût des Londoniens pour les vacances est devenu une frénésie. »
P. MORAND, *Londres*, p. 138 (□ 1933).

« L'avenir du golf ne paraît pas incertain. Après le ski et le bateau, il peut être le grand sport des loisirs de demain. Il n'est pas seulement " une belle promenade gâchée ", comme le définissait Bernard Shaw, mais un excellent retour à la nature. »
J. MARQUET, in *Le Monde*, 20 oct. 1971, p. 11.

2° Terrain de golf. Lieu où l'on joue au golf. *Il y a un golf près de la forêt.*

« De même, pour dire du golf de Fontainebleau qu'il était élégant, elle déclara : — C'est tout à fait une sélection. »
PROUST, *Le Côté de Guermantes 2*, p. 355 (□ 1921).

« Et en tournant on arrivait le long du golf, avec ses petits groupes de joueurs, les caddies... »   ARAGON, *Blanche ou l'Oubli*, p. 449 (□ 1967).

3° (1915) *Vx.* Tricot de laine ouvert devant, vêtement de sport féminin.

4° (v. 1940) *Culottes de golf* ou *golf*, pantalon de sport en lainage, bouffant dans le bas et resserré sur la jambe plus ou moins haut entre le jarret et la cheville. *La plupart des garçonnets portaient des golfs vers 1940* → **Knickerbockers.**

« Elle paraissait toute menue avec ses culottes de ski, des golfs de drap bleu qui tombaient légèrement sur des bas de laine éclatants de blancheur. »
FRISON-ROCHE, *Premier de cordée*, p. 230, Arthaud, 1966 (□ 1941).

« Une casquette de sport et un costume à larges carreaux avec culottes de golf achevèrent de le transformer. »
M. AYMÉ, *Le Passe-Muraille*, p. 18 (□ 1943).

5° Chaussures légères, bicolores, pour jouer au golf. — REM. : Terme assez rare, alors que les baskets ont eu le succès que l'on sait.

« Délaissés depuis 1945, sauf par Chanel, les souliers bicolores représentent actuellement 20 % des ventes. François Villon [un fabricant] refait même des " golfs " à patte frangée. »
L'Express, 26 mars 1973, p. 172.

✱ Mot anglais *golf* n. d'origine écossaise (*golf, gouff*, XVe s.) d'étymologie obscure, peut-être du hollandais *kolf* « bâton, bate ». Les Anglais (et les Américains) prononcent parfois [gɔf] pour rappeler l'origine écossaise. Le mot apparaît en français en 1792 (Chantreau, in Mackenzie) mais ne se diffuse que vers 1889. Le premier club français de golf fut créé à Pau en 1856. Le golf ne jouit pas en France de la faveur qu'il a dans les pays anglo-saxons, bien qu'il pleuve assez chez nous pour entretenir des gazons. Le golf reste, dans l'esprit des Français, un sport anglais et un sport de riches. Le vocabulaire du golf en français est presque tout entier anglais. C'est peut-être parmi les vocabulaires du sport le plus mal assimilé. Boris Vian a plaisamment décrit le golf en refusant tous les termes anglais.

« Wolf [...] sortit de chez lui vêtu de son costume vert, spécialement conçu pour jouer au plouk. Le sénateur Dupont, déjà harnaché par la bonne, le suivit en traînant la petite voiture où on mettait les billes et les drapiaux, la pelle à creuser et le pointe-plante, sans oublier le compte-coups et le siphon à billes pour les cas où le trou était trop profond. Wolf portait en bandoulière ses cannes de plouk dans un étui : celle à angle ouvert, celle à angle mort et celle dont on ne se sert jamais mais qui brille très fort. »   Boris VIAN, *L'Herbe rouge*, pp. 29-30 (□ 1950).

✳ Les sens 2° et 3° sont formés en français ; *golf* « tricot » est complètement sorti de l'usage. *Culotte de golf* et *golf* se sont employés vers 1940 après *knickerbockers* (1863) vieilli. En principe les knicker-bockers s'arrêtaient au-dessous du genou et se portaient avec des bas de laine, alors que les golfs s'arrêtaient au-dessus de la cheville, mais *knickerbockers* a été employé dans le même sens que *golf*.

On dit *golf miniature* ou *mini-golf* (dérivés français) pour désigner un ensemble de petits parcours artificiels de difficulté croissante réunis sur un terrain de dimensions très réduites. Ce jeu a peu de ressemblance avec le véritable golf.

« Nous avons l'impression, aujourd'hui, que, pour beaucoup de télé-specta-teurs, le golf est un jeu assez proche du mini-golf des lieux de vacances, la seule difficulté étant de faire entrer une balle récalcitrante dans un trou que l'on souhaiterait plus évasé. »   J. MARQUET, in *Le Monde*, 20 oct. 1971, p. 11.

GOLFEUR, EUSE [gɔlfœʀ, øz] *n.*

(v. 1900 ; *golfer*, 1848) Joueur, joueuse de golf.

« C'est ainsi qu'il a lancé en 1962 le golfeur Arnold Palmer dont le seul nom fait vendre près de 20 millions de dollars d'équipement de golf par an. »   *Paris-Match*, 12 fév. 1972, p. 57.

✳ De l'anglais *golfer* n. « joueur de golf », de *to golf* v. « faire du golf ». Ce mot apparaît d'abord en français en 1848 avec la forme anglaise *golfer* [gɔlfœʀ].

GOOD BYE ! [gudbaj] *interj.*

(1834) Au revoir !

« Alors, vraiment, vous partez ? Hé bien, *good bye !* »
          PROUST, *À l'ombre des jeunes filles en fleurs*, p. 607 (□ 1918).

— SUBST. *Un good bye.*

« Quant aux paroles, elles consistent en goode-bye, en how do you do, en bonjours et autres formules empreintes d'amabilité et de politesse. »   Jules VERNE, *L'Île à hélice*, p. 78 (□ 1895).

✳ Expression anglaise *good bye* (XVIe s.) déformation de *God be with you* « Dieu soit avec vous » par contamination de *good night* « bonne nuit », etc. Cette expression est relevée en 1834 en français (Dumont d'Urville, *Voyage autour du Monde* [*in* Mackenzie]) ; elle a toujours fait figure de citation anglaise, à la différence de *bye bye**.

GORILLE [gɔʀij] *n. m.*

(1962) Garde du corps (d'un personnage officiel important). Agent secret appartenant à une police parallèle (*Syn.* Barbouze).

« De Gaulle s'arrête. Trois hommes se regroupent très vite autour du Général. Ce sont les *"gorilles"*. Œil acéré, tir rapide, des épaules de catcheur. Dans la foule, le Général est vulnérable. Aucun garde du corps ne peut empêcher un fanatique de le poignarder. Les *gorilles* sont aux aguets. Sous la veste déboutonnée le colt, dans son holster noir accroché à droite de la ceinture, est prêt à entrer en action. Toutes les précautions sont prises [...]. Les *gorilles* font un rempart de leur corps au Général. »
          Y. COURRIÈRE, *La Guerre d'Algérie*, Les feux du désespoir, 1971
                                                          [*in* Gilbert].

✳ Adaptation française d'un emploi argotique de l'américain *gorilla* « gorille » (1869, *in* Mathews). L'américain employait et emploie aussi *gorilla* au sens de « homme brutal, grossier ». Le mot a dû passer en français v. 1950-1955 ; P. Gilbert en fournit un exemple de 1962.

GOSPEL SONG [gɔspɛlsõŋ] ou GOSPEL [gɔspɛl] *n. m.*

(1962) Chant religieux des Noirs d'Amérique du Nord, negro spiritual.

« il [Les McCann] possède une manière originale d'utiliser les vieux thèmes du gospel et son style est plein d'une sympathique rondeur. »
          Le Monde, 24 nov. 1962 [*in* Blochwitz et Runkewitz, p. 279].

« En 1960, elle chante une sorte de "gospel song" désacralisé et modernisé. »   *Le Nouvel Observateur*, 30 avril 1968 [*in* Gilbert].

« Chez les chanteuses plus jeunes, une Diana Ross y parvient également mais, à côté d'Aretha Franklin, toute gonflée de *blues* et de *gospel*, ces merveilleuses créatures ont des airs d'insouciantes coquettes. »
                                     Le Nouvel Observateur, 16 juil. 1973, p. 12.

✳ De l'américain *gospel song* (1905) « chant évangélique », de *song* « chant » et *gospel* adj. (selon Webster's 3d) de *gospel* n. « Évangile » (origine : *good spell* « bon récit »). Cet emprunt semble prendre le relais de *negro-spiritual* qui vieillit.

GRÂCE [gʀɑs] *n. f.*

(1792) Titre d'honneur donné aux ducs et duchesses, et aux archevêques d'Angleterre. *Sa Grâce le duc de... Oui, Votre Grâce.*

✳ Emprunt à l'anglais *Grace* [gʀejs] dans cet emploi. *Grace* est lui-même emprunté (XIVe s.) à l'ancien français *grâce* (latin *gratia*). Le titre apparaît en français en 1792 (Chantreau, III, 19, *in* Mackenzie).

GRADUÉ, ÉE [gʀadɥe] *adj. et n.*

(1895) Qui a un diplôme universitaire (supérieur au baccalauréat) dans les pays anglo-saxons. *Étudiant gradué. Un gradué.*

« L'Université est composée d'un collège proprement dit, d'une école de sciences, d'une école de gradués et de six écoles professionnelles. »
                                     P. BOURGET, *Outre-Mer*, p. 96 (□ 1895).

« Ma vie, voyez-vous, a été illustrée de gestes qui ne sont pas d'un gentleman et ma poésie d'images qui ne sont pas d'un gradué d'université. »   P. MORAND, *Fermé la nuit*, p. 22 (□ 1923).

« Les sous-gradués des quatres années étaient au complet, *freshmen, sophomores, juniors, seniors* ; les âges s'alignaient en bandes ordonnées. »   P. MORAND, *Champions du monde*, p. 27 (□ 1930).

✳ Francisation de l'anglais *graduate* adj. et n. même sens (XVe s.), employé dans les pays anglophones. *Sous-gradué** traduit ici *undergraduate*. Cet emploi est une reprise à l'anglais par l'américain et n'apparaît que pour parler du système universitaire des pays anglo-saxons. Le mot *gradué* s'est employé en français jusqu'au XIXe siècle (1404 ; de *graduer*, du lat. *gradus* « grade ») mais est sorti d'usage pour parler des personnes. *Gradué* fait penser aujourd'hui en français au thermomètre gradué et non au possesseur d'un grade (Cf. *Gradé*, militaire). Cet emploi est peut-être sans avenir, l'usage de *gradué* pour les personnes semblant aujourd'hui tout à fait incorrect ; on a tendance, en parlant de l'institution universitaire américaine, à employer *graduate* et *undergraduate*. Mais l'exemple suivant, où *graduate* signifie « diplômé (de...) » semble vieilli :

« "Dix-huit des délégués de la Convention" appartenaient en même temps au Congrès continental, vingt-neuf étaient *graduates* de Princeton, de Yale, de Harvard. »   LAVISSE et RAMBAUD, *Histoire générale*, t. VIII, p. 853 (□ 1896).

GRAFTING [gʀaftiŋ] *n. m.*

(1971) Assemblage invisible de deux morceaux de tricot par reprise à la main d'un rang de mailles à l'aide d'une aiguille à tapisserie. — REM. : Absent de tout dictionnaire.

« 1° *Jersey endroit :* Les mailles libérées doivent être reprises une par une, par un va-et-vient comme le montre la gravure ci-dessus. Le *rang de grafting* a été représenté en grisé afin de mieux voir le rang de mailles reformées.
2° *Jersey envers :* Les mailles sont reprises de bas en haut comme l'indique l'aiguille sur la gravure ci-dessus puis de haut en bas comme le montre la flèche. On peut retourner le tricot et faire le *grafting* à l'endroit plus facilement. [...] »   *Mon Tricot*, n° 91, 1971, p. 5.

✳ Mot anglais *grafting* n. proprement « greffage » de *to graft* greffer (*graft* n. « greffe », déformation de *graff*, d'origine française). Ce mot a depuis le XIXe siècle un sens spécial en tricot : « This grafting is joining two pieces together, and is useful in joining a new foot to an old leg » — Ce « greffage » consiste à joindre deux morceaux ensemble et est utile pour raccorder un nouveau pied (de chaussette) à une vieille jambe — *Plain Knitting*, 33 [*in* Oxford dict.]. On peut proposer la simple traduction *greffage* pour remplacer *grafting*.

GRAMOPHONE [gʀamɔfɔn] *n. m.*

(1887) *Vx.* Nom du premier phonographe enregistreur et reproducteur à disques qui succéda aux phonographes à cylindres (marque déposée). — REM. : Absent du dictionnaire de l'Académie 1932.

« Tandis que dans le phonographe Édison et dans le graphophone de Bell et Tainter, la surface sur laquelle se produit l'inscription est un cylindre de cire, dans lequel le style de la membrane parlante trace un sillon plus ou moins profond, et que cette surface même intervient, en outre, pour fournir le travail mécanique nécessaire à la reproduction des sons, dans le *grammophone* imaginé par M. Berliner (Hanovrien établi depuis quelques années à Washington), l'appareil est double. Il se compose de deux instruments différents, isolés l'un de l'autre : un récepteur et un reproducteur. »
    L. FIGUIER, *L'Année scientifique et industrielle*, p. 110, 1891 (□ 1890).

« avez-vous rapporté de votre voyage de nouveaux disques pour mon gramophone ? »
    A. MAUROIS, *Les Discours du docteur O'Grady*, p. 91 (□ 1922).

« par la porte ouverte du salon on entendit un air de danse au gramophone. » J. CHARDONNE, *Les Destinées sentimentales*, p. 445 (□ 1947).

✳ Mot anglais *gram(m)ophone* n. (1887), marque déposée de phonographe (par Berliner), formé par inversion de *phonogram* selon Oxford dict. ; la racine grecque a deux *m* (Cf. *Diagramme, grammaire*). Par la suite on a écrit *grammophone*, au début du XXe siècle. Ce mot utilisé en français très 1887-1888 (*Graphophone et grammophone*, titre *La Science illustrée* en janvier 1881 ; t. 1, p. 134) ne s'emploie plus depuis environ 1930.

GRANNY (SMITH) [gʀanismis] *n. f. invar.*

(1968) Pomme d'Australie, d'un vert éclatant à maturité, dont la chair est ferme et acidulée, de vente courante en France.

« Ne dites pas : "J'aime les pommes", les producteurs de pommes ne vous le pardonneraient pas. Car il y a cinquante variétés de pommes inscrites au catalogue officiel, et l'amateur de boskoop peut cracher sur les goldens ou le fou de granny-smith délaisser les "F17A5" (variété non encore reconnue officiellement). »   *Le Nouvel Observateur*, 13 nov. 1978.

✳ Mot anglais (1895, Oxford 2e Suppl.), du nom de *Maria Ann Smith* dite *Granny Smith* "grand-mère, mémé Smith". Cette pomme d'origine australienne a été inscrite au *Catalogue officiel de la culture et de la commercialisation* en 1968. On dit couramment *Granny*.

GRAPEFRUIT [gʀapfʀɥi] ou [gʀɛpfʀut] *n. m.*

(1905) Nom anglais du pamplemousse. *Des grapefruits.* — REM. : Absent du dict. de l'Académie 1932.

« Je déjeune de *grape-fruit*, de lard frit, d'œufs sur le plat, et de succulents beignets de sarrasin au sirop d'érable. C'est la formule de déjeuner que je vous conseille si vous allez un jour en Amérique. »
    J. HURET, *En Amérique, De San Francisco au Canada*, p. 179 (□ 1905).

« dans la cuisine, à l'évier pas lavé, des bouteilles vides, un poinçon à casser la glace, un couteau courbe pour décortiquer les grapefruits, des boîtes de conserves, un peu de bacon brûlé au fond d'une poêle. »
    P. MORAND, *Champions du monde*, p. 117 (□ 1930).

« Nicolas reposa sur la table le grapefruit qu'il avait plumé durant cet entretien, et se passa les mains à l'eau fraîche. »
    Boris VIAN, *L'Écume des jours*, p. 32, J.-J. Pauvert (□ 1947).

✳ Mot américain *grape-fruit* n. (1885), puis *grapefruit* n. (Webster's 3d), nom d'un fruit appelé aussi *pomelo* n. (botanique), comme en français. *Grapefruit* est formé de *fruit* « fruit » et de *grape* « grain, baie (d'un fruit en grappe) », le grapefruit se présentant ainsi sur l'arbre. *Grape* « grain » s'est d'abord dit du grain de raisin, puis de divers fruits ; il vient du français *grappe,* par contresens (*grappe* se dit *bunch* en anglais). Le mot a été diffusé en France vers 1930 ; d'abord parce que les Américains — plus tard les Anglais — faisaient une consommation courante de ce fruit au petit déjeuner et en hors d'œuvre, alors qu'en France ce fruit était peu connu, sinon en jus ; ensuite parce que la terminologie française était confuse, le pamplemousse des botanistes n'étant pas celui du commerce (pomelo) qui portait aussi ce nom. Néanmoins la consommation plus fréquente de ce fruit par les Français a généralisé *pamplemousse* au détriment de *pomelo* et *grapefruit*. Si quelques acharnés (et quelques restaurants snobs) veulent continuer à employer ce mot, autant le prononcer à l'anglaise ; car ce *grapefruit* [gʀapfʀɥi] qui nous évoque un fruit en grappe du type de la groseille vient semer la perturbation dans notre morphologie.

GRATIFICATION [gʀatifikasjɔ̃] *n. f.*

(av. 1951) Ce qui gratifie quelqu'un, satisfaction qui valorise ou revalorise à ses propres yeux celui qui était frustré. *Ce succès est pour lui une gratification. Il manque de gratifications.*

« lorsque Ferenczi, après avoir introduit dans sa technique certaines frustrations excessives imposées aux malades, prit tout à coup le parti contraire et poussa l'esprit de gratification jusqu'aux embrassades thérapeutiques, Freud mit le holà à ces fantaisies dangereuses dans une lettre où la sévérité ne le cède qu'à l'humour. »
S. NACHT, *Guérir avec Freud*, in *La Nef*, n° 31, 1967, p. 167.

✳ Reprise à l'anglais *gratification* n. du sens de « satisfaction » (XVIᵉ s.). Le seul sens usité de *gratification* était, depuis le XVIIᵉ siècle, « libéralité, somme d'argent allouée en remerciement ». Mais antérieurement, il était couramment employé au sens de « plaisir, satisfaction » : « L'honneste est stable et permanent, fournissant à celui qui l'a fait une gratification constante ». Montaigne II, 8. *Gratification,* tel qu'il est défini ci-dessus est un terme de psychanalyse à présent répandu parmi tous les intellectuels. Il apparaît dans le *Vocabulaire de la psychologie* de Piéron, 1951.

GRATIFIER [gʀatifje] *v. tr.*

(v. 1950) Valoriser ou revaloriser (quelqu'un) à ses propres yeux. *Les conseils que vous lui demandez le gratifient.*

✳ Reprise à l'anglais *to gratify* v. « donner de la satisfaction, faire plaisir à » (XVIᵉ s.) d'un ancien sens du français *gratifier* « faire plaisir à » : Pource que c'est a moy aussi que cest apostat s'est attaché pour gratifier ses maistres... » Th. de Bèze, *Vie de Calvin*. *Gratifier* au sens de « valoriser (quelqu'un) à ses propres yeux » vient du vocabulaire de la psychanalyse. Il se répand rapidement dans les milieux intellectuels.

GRATTE-CIEL [gʀatsjɛl] *n. m. invar.*

(*déb.* XXᵉ s.) Immeuble à très nombreux étages tel qu'on en voit à New York. *Des gratte-ciel de plus de trente étages.* — REM. : Absent du dict. de l'Académie 1932.

« Il n'est, à notre connaissance, rien d'aussi suggestif, rien qui jette un jour aussi vif sur la bizarrerie des mœurs industrielles et économiques américaines, que l'édification récemment achevée du "gratte-ciel" *(skyscraper)* de vingt-cinq étages, surmontant, en plein New-York, la station *terminus* de la *Hudson and Manhattan Railway Company*. »
É. GAUTIER, *L'Année scientifique et industrielle*, p. 283, 1912 (□ 1911).

« Hambourg, ville libre, ville neuve et ville ancienne, avec ses "anciens parapets" à la mode des villes nordiques et ses gratte-ciel

européens, est, comme Londres, une cité dédiée à la grande poésie commerciale de l'Europe. »
P. Mac Orlan, *Villes, Hambourg ou l'Introduction sentimentale à la vie des ports*, p. 137 (□ 1924).

« De ce que le gratte-ciel est pour nos artistes modernes le symbole de l'Amérique, on conclut trop aisément qu'il a toujours existé ; or le premier date de 1881. Il naquit à Chicago, élevant timidement ses dix étages sur les boues du Michigan. Le *Home Insurance Building* terminé en 1885, pour la première fois s'édifiait sans l'aide des murs, ces béquilles... »   P. Morand, *New-York*, p. 38 (□ 1930).

✳ Calque de l'américain *skyscraper* n., 1883 au sens de « maison à nombreux étages » ; ancien mot anglais qui a signifié « voile haute triangulaire » (XVIIIe s.), « grand cheval » (1826), etc. → **Sky-scraper.** Le calque suit le modèle de tous ceux formés sur *scraper* rendu par un verbe *(gratte)* et non un nom *(gratteur)* : *shoe-scraper*→ *gratte-pieds* ; *pipe-scraper* → *cure-pipe*, etc. *Sky-scraper* semble antérieur à *gratte-ciel.*

D'autre part on constate que Duhamel, dans les *Scènes de la vie future* (1930) n'emploie ni *sky-scraper* ni *gratte-ciel*, mais constamment *building*. Il est possible que ce mot ait été considéré comme très familier, puisque le dict. de l'Académie ne le signale pas en 1932. Aujourd'hui il est quasiment démotivé et d'un emploi neutre, mais menacé de vieillissement. La construction, en France, d'immeubles très élevés n'a pas ranimé le mot qui semble réservé à la description des réalités américaines : on parle de *tours.*

GRAVITATION [ɡʀavitɑsjɔ̃] *n. f.*

(1717) Phénomène par lequel deux corps quelconques et *spécialt* deux astres s'attirent avec une force proportionnelle au produit de leur masse et inversement proportionnelle au carré de leur distance → **Attraction.** — REM. Signalé dans Littré 1866 et dans le dict. de l'Académie 1835.

« M. Cheyne tâche d'établir après M. Newton l'attraction mutuelle des corps ou leur *gravitation* comme ils l'appellent. »
Hartsoeker, 1717 [*in* Brunot, t. VI, 1-b, p. 548].

« Les planètes obligées de décrire des courbes par des gravitations ou attractions mutuelles. »
Fontenelle, *Éloge de Hartsœker*, 1726 [*in* Brunot, t. VI, 1-b, p. 548].

✳ Mot anglais *gravitation* n. (1645) du latin *gravitatio,* employé spéciale-ment par Newton (1642-1727) qui découvrit les lois de la gravitation universelle. Bien que d'origine latine et aisément assimilable en français, cet emprunt a rencontré des résistances au XVIIIe siècle. On a tiré de *gravitation* le déverbal *graviter* (1734).

« quand on a été obligé de céder à l'évidence, on ne s'est pas rendu encore : on a vu le fait, et on a chicané sur l'expression ; on s'est révolté contre le terme de réfrangibilité aussi bien que contre celui d'attraction, de gravitation. Eh ! qu'importe le terme pourvu qu'il indique une vérité ? Quand Christophe Colomb découvrit l'île d'Hispaniola, ne pouvait-il pas lui imposer le nom qu'il voulait ? Et n'appartient-il pas aux inventeurs de nommer ce qu'ils créent ou ce qu'ils découvrent ? On s'est récrié, on a écrit contre des mots que Newton emploie avec la précaution la plus sage pour prévenir des erreurs. »
Voltaire, *Éléments de la philosophie de Newton* [...], p. 170 (□ 1738).

« si les contemporains lisaient Newton en anglais et en latin, ils le discutaient en français [...] en 1717, Hartsœker entreprend de faire voir aux lecteurs de la *Bibliothèque ancienne et moderne* "l'invalidité du système de M. Newton". Il est donc contraint d'employer la terminologie de l'adversaire, mais il entend bien la lui laisser pour compte ; d'autres font de même et répètent à l'envi que s'ils citent le mot *gravitation* cela ne signifie nullement qu'ils l'adoptent. »   Brunot. t. VI, 1-b, p. 548.

GREAT EVENT → EVENT.

GREEN [ɡʀin] *n. m.*

(1872) *Golf.* Alentours gazonnés tondus à ras d'un trou de golf où l'on peut faire rouler la balle. *Les greens font partie du* *fairway**. — REM. : Absent de Littré Suppl. 1877 et des dict. de l'Académie.

« Enfin, il y a le green, où l'herbe est tondue à ras pour que la balle puisse rouler sans difficulté. La surface d'un green est en général de 400 à 500 m². Le trou [...] dans lequel le joueur doit faire entrer sa balle est indiqué par un drapeau. »   A. BERNARD, *Le Golf*, pp. 28-29 (□ 1970).

« c'est sur le "green" (cette partie de gazon ras circulaire qui entoure le trou) que se gagnent ou se perdent les millions. »
                                J. MARQUET, in *Le Monde*, 20 oct. 1971, p. 11.

✻ Mot anglais *green* n. (*déb.* du XIXᵉ s.) abrév. de *putting green* « gazon *(green)* pour faire rouler *(putting)* la balle ». *Green* n. désigne en anglais tout terrain gazonné (*green* signifie proprement « vert »), et *spécialt* ceux destinés aux jeux (Cf. *Bowling green* → *boulingrin**). Le mot apparaît en français dans Taine, *Notes sur l'Angleterre* (selon Mackenzie). Comme la plupart des termes de golf empruntés à l'anglais, *green* n'a été ni traduit ni francisé.

GREENOCKITE [gʀinɔkit] *n. f.*

(1875) Sulfure naturel de cadmium (Cd S).

✻ Mot anglais *greenokite* [gʀinəkait] n. (1840) créé par Jameson d'après *Greenock* ville d'Écosse, et *-ite* suffixe des noms de minéraux. Le mot apparaît en français dans le dict. de P. Larousse (1875).

GRENOUILLES (MANGEUR DE) [mãʒœʀdəgʀənuj] *n. m.*

(1911) *Fam.* Français, pour les Anglais.

« Ce n'était pas le petit Joe Mitchell qui rosserait les mangeurs de grenouilles, ni les mâcheurs de chewing-gum. Il ne savait pas encaisser : vice rédhibitoire ! »   L. HÉMON, *Battling Malone*, p. 46 (□ 1911).

✻ Calque de l'anglais *frog-eater* « mangeur *(eater)* de grenouille(s) *(frog)* » attesté en 1863 dans l'Oxford dict. « M. de Lacépède was a frog-eater » (G. Kearley). Cette expression familière et quelque peu méprisante est tirée du répertoire des traditions culinaires. Les Anglais ne mangent pas de grenouilles et cette consommation (comme celle des escargots) leur a semblé particulièrement comique et dégoûtante. Aujourd'hui le tourisme a changé tout cela, mais les sobriquets restent ; la nourriture et la boisson différant d'un peuple à l'autre, ce thème est privilégié pour la formation de sobriquets nationaux (Cf. *Les macaronis* → *les Italiens*, etc.).

GREYHOUND [gʀɛund] *n. m.*

(1614) Lévrier anglais, espèce dressée pour les courses de lévriers. — REM. : Absent des dict. de Littré et de l'Académie.

« Nos chiens, de très beaux *greyhounds* (lévriers), aussitôt lâchés, détalèrent, et nous de galoper derrière eux, à travers champs, de toute la vitesse de nos chevaux. »
             C. LUMHOLTZ, *Chez les cannibales* [1880-1884], p. 172 (□ 1888).

« et quand ils eurent senti cela il devint beau à leurs yeux, beau comme étaient beaux les "greyhounds", les "whippets" ou les bull-dogs de leurs chenils, beau de la beauté des animaux spécialisés et sélectionnés pour un effort unique, et que les profanes jugent disgracieux et laids. »   L. HÉMON, *Battling Malone*, p. 76 (□ 1911).

✻ Mot anglais *greyhound* ou *grewhound* n. (XIᵉ s. *grizhund ;* 1400 *grewhounde ;* 1549 *greyhound*) formé de *hound* « chien » et d'un premier élément non identifié qui n'est ni *grey* « gris », ni *grew* « grec ». Le mot apparaît en français en 1614 (A. du Chesne, *Histoire générale d'Angleterre, d'Écosse et d'Irlande, in* Mackenzie). Il est assez peu répandu. Sa forme non francisée le rend difficilement assimilable. Il est surtout connu des Français par la compagnie d'autocars américaine qui porte ce nom.

GRILL [gʀil] *n. m.*

1° Orthographe américanisée de *gril. Un steak sur le grill.*

2° Restaurant de grillades → **Grill-room.**

« Le touriste [...] peut transformer sa cabine en salon pendant le jour, y prendre ses repas aussi bien qu'au restaurant ou au grill. »
Atlas, avril 1970, p. 66.

✴ De l'anglais *grill* n. « gril » au sens 1°, lui-même emprunté au français *gril ;* abréviation *grill* n. (1896) de *grill-room* n. (1883), de *grill* « grillade » (comme dans *mixed grill*) et *room* « salle » → **Grill-room.** Les deux emplois sont usuels au Canada — et dénoncés comme anglicismes.

GRILL-BAR [gʀilbaʀ] *n. m.*

(1966) Grill-room avec un bar.

« On trouve [dans un nouvel hôtel] de vastes salons, des télex, un grill-bar. »   *Le Monde*, 27 fév. 1969 [*in* Gilbert].

✴ Mot apparemment de formation française, de *grill* 2° (abrév. de *grill-room*) et *bar,* qui apparaît en 1966.

GRILL-ROOM [gʀilʀum] ou [gʀijʀum] *n. m.*

(1893) Salle d'un restaurant ou restaurant où les viandes et les poissons sont grillés sous les yeux des consommateurs → **Grill** (2°). — REM. : Absent du dict. de l'Académie 1932.

« Le prix du terrain dans Manhattan est tel qu'il faut souvent descendre plusieurs étages pour arriver, non au coffre-fort d'une banque ou à un coiffeur, mais à certains grill-rooms. »
P. MORAND, *New-York*, p. 151 (□ 1930).

« ce *Café Anglais* de Londres, que tous les peintres, de Sickert à Lavery, ont immortalisé, mais où il ne reste plus d'ancien que le grill-room en boiseries dorées et miroirs à l'italienne [...]. »
P. MORAND, *Londres*, p. 194 (□ 1933).

« Nous étions *Chez Francis*, à la porte de son théâtre et à deux pas de chez moi. Jean Giraudoux devait y situer La Folle de Chaillot. Le Tout-Paris a défilé dans ce *grill-room* à la mode, un ancien bistrot de cochers de fiacre qui s'appelait vers 1900 *À la vue de la Tour Eiffel,* les soirs de première à la *Comédie des Champs-Élysées.* »
CENDRARS, *Bourlinguer*, p. 382, Folio (□ 1948).

✴ Mot anglais *grillroom* n. (1883) de *grill* n. « grillade » (Cf. *Mixed grill**) et *room* « salle ». Le mot *grill-room* est abrégé en *grill* (1896) en anglais et parfois en français (→ **Grill,** 2°). *Grill-room* apparaît en français en 1893 (Vigreux, *Revue Technique,* IIᵉ partie, p. 284, *in* Mackenzie) mais ne s'est répandu que vers 1950 lorsque ce genre de restaurant s'est implanté en France. On pourrait traduire par *grilloir* (comme *parloir*) ; on entend souvent *restaurant à grillades. Grill-room* peut s'implanter malgré sa finale anglaise puisque *-room* fonctionne déjà dans *living-room, dressing-room,* etc. Le premier élément est prononcé [gʀij] au lieu de [gʀil] par ceux qui ne connaissent pas l'anglais. Étiemble se moque de cet anglicisme :

« je ne peux pas prétendre, je vous l'avoue, déjeuner toujours dans un grill-room à la mode, ni même dans un plus modeste grill-shop. »
ÉTIEMBLE, *Parlez-vous franglais ?*, p. 16 (□ 1964).

GRIP [gʀip] *n. m.*

1° (1890) *Techn.* Grappin à mâchoires pour saisir un câble, une tige, etc.

« Au-dessous de chaque voiture [du tramway funiculaire de Belleville] se trouvent deux grips destinés à saisir, suivant le besoin, l'un le brin montant du câble, l'autre le brin descendant.
Le *grip* est une véritable mâchoire, dont la branche supérieure est fixe et la branche inférieure mobile autour d'une charnière. »
L. FIGUIER, *L'Année scientifique et industrielle*, p. 177, 1891 (□ 1890).

2° (1930, *in* Petiot) *Golf*. Prise (du manche de club). — (1936) Partie du manche de la raquette de tennis destinée à être saisie.

✳ Mot anglais *grip* n. même sens (1886) du haut allemand **grīpan* comme les mots français *griffer* et *gripper*. Le sens 2° a été relevé par l'I.G.L.F. dans le catalogue de la firme Tunmer en 1936 : « grip en cuir torsadé très agréable pour la prise en main de la raquette ».

GRIZZLY ou GRIZZLI [gʀizli] *n. m.*

(1860) Ours gris des Montagnes Rocheuses, réputé pour sa férocité. *Des grizzlies* ou *des grizzlis*. — REM. : Absent du Suppl. de Littré 1877 et des dict. de l'Académie.

« Les Goldmountains du Nouveau-Mexique, que vous longerez, sont encore remplies d'ours gris (1).
(1). Le *grisly* des chasseurs de l'Ouest ; *ursus ferox americanus* des naturalistes. »
G. DEPPING, *Voyage de M. Möllhausen* [1853-1854], p. 332 (□ 1860).

« L'ours indien n'est que peu demandé sur les marchés de l'Europe. Il n'a pas la valeur marchande du grizzly d'Amérique ni celle de l'ours polaire. »   Jules VERNE, *La Maison à vapeur*, p. 268 (□ 1880).

« nous étions des Indiens, des fils de la Forêt, chasseurs de bisons, tueurs de grizzlys, étrangleurs de serpents-boas, et scalpeurs de Visages Pâles. »   M. PAGNOL, *La Gloire de mon père*, p. 155, éd. de Provence, 1966 (□ 1957).

✳ Mot américain *grizzly* n. (1791), de *grizzly bear* « ours *(bear)* grisâtre *(grizzly)* » ; *grizzly* adj. vient de *grizzle* adaptation anglaise de l'ancien français *grisel, griseau* « gris », formé sur *gris*. Cet emprunt est aisément assimilable au système phonique du français ; on pourrait franciser la graphie en *grisly* (comme dans la cit. de 1860).

GROG [gʀɔg] *n. m.*

(1785) Boisson faite d'eau chaude sucrée et de rhum, parfois d'eau-de-vie, éventuellement parfumée d'une rondelle de citron. — REM. : Signalé dans le dict. de l'Académie 1835 et dans Littré 1866.

« mais par contre ils boivent une ou deux bouteilles de bierre [*sic*] et une de vin par jour, sans parler du grogue [*sic*]. »
V. JACQUEMONT, Lettre à F. Jacquemont, 5 nov. 1829, *in Corresp.*, t. I, p. 109.

« J'ai vécu fort long-temps sous les tropiques et dans les pays les plus malsains. Dans les pays très-pluvieux, je prenais le matin un grog chaud, à mes repas du cari ou un peu de piment, du café et du thé, un peu de vin. »   G. LAFOND, *Voyages autour du monde*, p. 243 (□ 1854).

« Son époux, au lieu de la suivre, envoya chercher des cigares à Saint-Victor et fuma jusqu'au jour, tout en buvant des grogs au kirsch, mélange inconnu à la compagnie, et qui fut pour lui comme la source d'une considération plus grande encore. »
FLAUBERT, *Madame Bovary*, *in Œuvres*, t. I, p. 352 (□ 1857).

« Eh ! répondit le capitaine Hod, si pour fabriquer une once d'eau-de-vie, il fallait quatre-vingts livres de raisin, voilà qui mettrait le grog à un fier prix ! »   Jules VERNE, *La Maison à vapeur*, p. 95 (□ 1880).

« captivé qu'il était pas l'arrivée de chaque nouveau venu, qui, avant de demander son bock, son aile de poulet froid ou son grog (l'heure du dîner était depuis longtemps passée), devait, comme dans les vieux romans, payer son écot [...]. »
PROUST, *Le Côté de Guermantes 2*, p. 402 (□ 1921).

✳ Mot anglais *grog* n. (1770 ; aussi *grogg*, vx) d'abord « ration de rhum coupé d'eau distribuée aux marins » ; de *Old Grog*, sobriquet de l'Amiral Vernon, qui portait un manteau de *grogram* (tissu côtelé), par mauvais temps, et qui institua l'ajout réglementaire de moitié d'eau dans la ration de rhum des matelots. *Grogram* n. est lui-même emprunté au français *gros-grain* n. m. Le mot *grog* apparaît en français dans la traduction du *3ᵉ Voyage du capitaine Cook*, II, 120 (*in* Mackenzie). Le grog des marins était consommé froid, mais déjà en 1854 (cit. Lafond ci-dessus) on le boit chaud dans les climats humides des tropiques. Il semble que cette boisson s'est répandue en Europe hors du milieu de marins vers 1850 ; Littré (1866) signale qu'on la sert dans les cafés. Elle a essentiellement une vertu thérapeutique, celle de réchauffer l'hiver et de lutter contre le rhume et la grippe. Ce mot est aisément assimilable en français, tout au moins pour la prononciation. R. de Gourmont (*Esthétique de la langue française*, p. 129) propose de l'écrire *grogue* sur le modèle de *dogue*.

GROGGY [gʀɔgi] *adj.*

(1911, *in* Petiot) Étourdi par les coups de l'adversaire et sur le point de tomber, à la boxe. — *Par ext.* Assommé, sonné, très fatigué. — REM. : Absent du dict. de l'Académie 1932.

« Il vivait plus cet imprimeur... Quand il a regardé mes " espèces ", il en croyait par ses deux châsses !... Il les a bien visées quand même !... et par transparence !... Du liquide ! Il était groggy complètement !... Il savait plus quoi me répondre... Je lui ai réglé six cents francs pour les dettes en retard, et puis encore deux cents autres [...]. »
CÉLINE, *Mort à crédit*, p. 365 (□ 1936).

« Pendant deux heures ils m'interrogent, me minutent, me mesurent, me photographient : au dernier accord de piano je suis littéralement groggy... »
A. SARRAZIN, *La Traversière*, p. 72 (□ 1966).

— (1941) Ivre, titubant d'ivresse.

« Ce qui m'a achevée, c'est le champagne au gin. À la cinquième coupe, j'étais complètement groggy. Bob a été obligé de me ramener chez moi, je ne tenais plus debout. » M. AYMÉ, *Travelingue*, p. 187 (□ 1941).

✳ Mot anglais *groggy* adj. « ivre, alcoolique » (1770) de *grog* n. « boisson au rhum » → **Grog**. A pris le sens de « qui a les jambes faibles (cheval de course) » [1828] puis de « affaibli par le combat, titubant » (1832), sens qualifié d'argotique dans le dict. d'Oxford. C'est d'abord le terme de boxe qui est emprunté en français.

Le sens propre « ivre » constitue un second emprunt plus tardif. Il n'est pas signalé dans les dictionnaires actuels.

« De la même manière [qu'un certain nombre de mots et de locutions, d'un emploi général dans les concours de vitesse et ailleurs, ont d'abord reçu droit de cité dans le langage spécial du turf], nous voyons le mot *dribbler* [...] passer du vocabulaire du football, sport populaire par excellence, à celui plus récent du *basket* (-*ball*), et le tour *être groggy*, " en avoir dans l'aile, défaillir ", de celui de la boxe à celui du cyclisme. »
J. ORR, *Les Anglicismes du vocabulaire sportif*, oct. 1935, p. 296.

GROOM [gʀum] *n. m.*

1° (1669) *Vx.* Valet, en Angleterre, aux États-Unis. — REM. : Absent des dict. de l'Académie ; signalé dans Littré 1866.

« Cependant on arrivait en foule ; j'entendais le *groom* principal crier à tue-tête le nom de ceux qui paraissaient dans la salle [...]. »
MUSSET, *L'Anglais mangeur d'opium*, p. 55 (□ 1828).

« J'étais adoré de tous les domestiques, et, sachant que chacun d'eux s'empresserait à me servir secrètement, je confiai mon embarras à un valet de chambre du principal. Il jura qu'il ferait tout ce que je voudrais ; et quand le moment fut venu, il monta l'escalier pour emporter ma malle. Je craignais fort que cela ne fût au-dessus des forces d'un seul homme ; mais ce groom était un gaillard [...]. »
Ch. BAUDELAIRE, *Les Paradis artificiels*, p. 395, 1961 (□ 1860).

« Cet homme, qui était un valet de bourreau, "groom du gibet", disent les vieilles chartes, alla au patient, lui ôta l'une après l'autre les pierres qu'il avait sur le ventre [...]. » HUGO, *L'Homme qui rit*, p. 446 (□ 1869).

« L'auditoire [du meeting] a soif. Marrons et gantés de blanc, des grooms colportent un seul verre auquel chacun boit fraternellement l'eau trouble et froide sans exiger qu'on rince. »
P. ADAM, *Vues d'Amérique*, p. 182 (□ 1906).

2° (1822) *Vx.* Jeune valet d'écurie, palefrenier (presque exclusivement en parlant des pays de langue anglaise).

« l'eau s'élève et inonde toutes les blanchisseuses qui savonnent sur ses bords. Alors, grands éclats de rire et assauts de bons mots entre les servantes qui savonnent et les *grooms* en sabots. »
STENDHAL, *Mémoires d'un touriste*, t. II, p. 68 (□ 1838).

« Octave Sarrasin, qui, trois mois plus tôt, savait à peine rester en selle sur les chevaux de manège qu'il louait à l'heure, était devenu subitement un des hommes de France les plus profondément versés dans les mystères de l'hippologie. Son érudition était empruntée à un groom anglais qu'il avait attaché à son service et qui le dominait entièrement par l'étendue de ses connaissances spéciales. »
Jules VERNE, *Les Cinq Cents Millions de la Bégum*, p. 161 (□ 1879).

3° *Vx.* Laquais d'un jeune homme élégant. — REM. : Sens signalé dans le dict. de Littré 1866 et le dict. de l'Académie 1878.

« Monter à cheval est maintenant une des habitudes journalières d'une élégante... la compagnie d'un cavalier ne lui est plus nécessaire, un *groom* suffit. »   *Journal des Dames et des Modes*, 5 avril 1824,
in *Le Français moderne*, oct. 1949, p. 292.

« — J'arrive de Pierrefonds, où je suis allé voir mon oncle ; il est riche, il a des chevaux, il ne sait seulement pas ce que c'est qu'un *tigre*, un *groom*, un *britshka*, et va encore dans un cabriolet à pompe !... »
BALZAC, *Traité de la vie élégante*, p. 163 (□ oct.-nov. 1830).

« Là est un jeune homme, véritable type de l'élégance parisienne. Ses chevaux piétinent le pavé sonore de la cour ; ses grooms sifflent un air anglais, le *Rule Britannia*, *Auld Robin*, ou quelque gigue, qu'importe ! »   BALZAC, *L'Oisif et le Travailleur*, p. 28 (□ 8 mai 1830).

« Il n'a pas détourné son cheval, et je ne l'ai pas vu tourner la tête une fois. Ses deux grooms l'ont suivi au grand trot. »
A. de VIGNY, *Chatterton*, acte II, sc. I, in *Œuvres complètes* (□ 1835).

4° (*fin* XIXe s.) Chasseur d'hôtel, souvent très jeune. — REM. : Signalé dans le dict. de l'Académie 1932.

« Et quand la voiture arrivait près de la porte, le concierge, les grooms, le lift, empressés, naïfs, vaguement inquiets de notre retard [...]. » PROUST, *À l'ombre des jeunes filles en fleurs*, p. 723 (□ 1918).

« tout le petit personnel du restaurant étant à ma disposition, de la dame du vestiaire, qui s'affolait au téléphone pour maintenir la communication avec l'Angleterre, aux grooms et aux petits chasseurs, qui faisaient la navette à l'Office du télégraphe [...]. »
CENDRARS, *Bourlinguer*, p. 78, Denoël (□ 1948).

✱ Mot anglais *groom* n. d'origine incertaine, peut-être de *to grow* « grandir, pousser » ; apparaît d'abord en anglais avec le sens de « petit garçon » (1225, *vx*), puis celui de « valet » (XIIIe s., *vx*) et spécialement « valet d'écurie » (XIVe s.). Le mot apparaît en français en 1669 au sens de « valet » dans Chamberlayne, *État présent d'Angleterre, I*, p. 295 (*in* Mackenzie) mais est quasi inusité jusqu'au début du XIXe siècle : le premier dictionnaire qui enregistre *groom* est le Bescherelle 1846, comme Littré avec les sens 1°, 2° et 3° (1° et 2° sont restés de purs anglicismes culturels). On disait aussi *tigre* pour *groom* au sens de laquais (Cf. cit. Balzac, 1830 ; *tigre* apparaît dans le dict. de Bescherelle 1846). Quant au sens moderne, on présume qu'il apparaît à la fin du XIXe siècle d'après l'emploi qu'en fait Proust dans la description des mœurs de cette époque, mais on ne dispose pas d'attestation directe ; les dictionnaires n'enregistrent ce sens qu'en 1930 (Larousse). La graphie anglaise de ce mot est gênante en français ; R. de Gourmont propose de remplacer *groom* par *groume* (*Esthétique de la langue française*, p. 126, 1926).

GROUPIE [gʀupi] *n. f.*

(v. 1970) Jeune admiratrice fanatique qui suit les musiciens d'un groupe pop dans leurs tournées et assiste à tous leurs concerts. *Des groupies.*

« Ils savent qu'il est inutile de chercher une chambre d'hôtel : elles ont toutes été raflées par les organisateurs, par les pilotes... et par des groupies de luxe, maquillées et parfumées, vêtues d'un blanc indécent... »
L'Express, 19 sept. 1980, p. 99.

✶ Emprunt à l'américain *groupie* (1967, *in* Oxford dict., 1er Suppl.) de même sens.

GROUSE [gʀuz] *n. f.*

(1771) Coq de bruyère (qui est le tétras, famille des Lagopèdes). *Chasse à la grouse.* — REM. : Figure dans le Suppl. de Littré 1877, et dans le dict. de l'Académie 1932.

« L'oiseau d'Amérique, qu'on peut appeler gelinotte à longue queue, dessiné et décrit par M. Edwards sous le nom de *heath cock* ou *grous*, coq de bruyère de la baie d'Hudson, et qui me paraît être plus voisin des gelinottes que des coqs de bruyère, ou des faisans dont on lui a aussi donné le nom. »
BUFFON, *Histoire des oiseaux*, in *Œuvres complètes*, t. V, p. 389 (□ 1771).

« Le *coq de bruyère à ailerons*, appelé *grous* aux États-Unis, est varié de fauve et de brun ; il a la queue brune, les tarses emplumés jusqu'aux doigts : les plumes du bas du cou du mâle se relèvent en deux ailerons pointus. Il se tient dans les plaines ; le mâle a sous les ailerons de son cou une peau qu'il gonfle comme une vessie, quand il est en amour. Sa voix a le son d'une trompette. C'est un gibier délicieux, pour la conservation duquel on a fait des lois en quelques États. »
G. CUVIER, *in* BUFFON, *Histoire des Oiseaux*, in *Œuvres complètes*, t. V, p. 386 (□ av. 1832).

« Territoires particulièrement riches en grouses (ou encore petits coqs de bruyère, de la famille des lagopèdes), les collines des Highlands recèlent aussi des grands tétras [...]. »
Cl. LAMOTTE, *La Grouse dans les Highlands*, in *Le Monde*, 11 sept. 1971, p. 11.

✶ Mot anglais *grouse* n. (XVIe s. *grows ;* d'origine inconnue). Le mot pénètre en français par Cuvier et Buffon sous la forme *grous*, et désigne le cop de bruyère d'Amérique, bien que le coq de bruyère porte le même nom en Grande-Bretagne. Il semble que le mot ait été peu usité de Buffon à nos jours où les chasses à la grouse en Écosse font partie des loisirs des gens élégants (au même titre que le safari au Kenya). Étiemble paraît considérer cet anglicisme comme récent alors qu'il est enregistré par les plus classiques de nos dictionnaires, ceux de Littré et de l'Académie. Il est certain que *coq de bruyère* suffit amplement, mais *grouse* évoque une bête exotique autrement prestigieuse.

« j'ai lu quelque part que tous les gens de l'établissement chassent la grouse en Écosse. » ÉTIEMBLE, *Parlez-vous franglais ?*, p. 116 (□ 1964).

✶ J. Verne adopte erronément la graphie *groose :*

« — Alors, défie-toi, Simpson, répondit le maître d'équipage ; le docteur est un habile homme, et il va nous faire prendre ce puffin pour une groose du meilleur goût. » *Les Aventures du capitaine Hatteras*, p. 42 (□ 1864).

GUERRE → FAITES L'AMOUR PAS LA GUERRE.

GUERRE FROIDE [gɛʀfʀwad] *n. f.*

(1948) Conflit entre nations sans engagement militaire (pression politique, économique, propagande hostile, etc.).

✶ Calque de l'anglais *cold war*, expression créée par G. Orwell en 1945 (Oxford 2e Suppl.) pour décrire les relations entre les États-Unis et l'Union soviétique. L'expression *guerre froide* s'est répandue en français en 1948 après le "coup de Prague". C'est aussi l'époque du *rideau** de fer (*Iron Curtain*, 1946).

GUIDE-ROPE [gidʀɔp] *n. m.*

(1856) Cordage que les pilotes d'aérostats laissent traîner sur le sol dans certaines manœuvres. — REM. : Absent des dict. de Littré, signalé dans le dict. de l'Académie 1932.

« Le ballon est en outre muni d'un grappin et d'un *guide-rope*, ce dernier étant de la plus indispensable utilité [...]. Le *guide-rope* [...] est simplement une très longue corde qu'on laisse traîner hors de la nacelle,

et dont l'effet est d'empêcher le ballon de changer de niveau à un degré sensible [...]. Un autre office très important du *guide-rope* est de marquer la direction du ballon. »
E. POE, *Histoires extraordinaires*, Le Canard au ballon, in *Œuvres en prose*, trad. de l'angl. par Baudelaire, pp. 121-122, 1951 (□ 1856).

« Puis nous allons évidemment lancer le précieux guide-rope si utilement inventé par Green, et dont le traînage prolongé, précédant et préparant le jeu de l'ancre, ralentit à point la marche de l'aérostat. »
NADAR, *Mémoires du Géant*, 1864, *in* GUILBERT, *La Formation du vocabulaire de l'aviation*, p. 545.

✳ Mot anglais *guiderope* n. (*gyde-rope*, XIVᵉ s.), de *guide* n. « guide » et *rope* « corde », littéralement « corde guide ». Ce terme d'aéronautique a été introduit en français par Baudelaire traduisant Edgar Poe. Il est aisément assimilable prononcé à la française, mais sa morphologie *(rope)* est opaque.

GUIGUE → GIG.

GUINÉE [gine] *n. f.*

1° (1669) Ancienne monnaie anglaise en or de Guinée valant 21 shillings, aujourd'hui encore monnaie de compte. — REM. : Absent du dict. de l'Académie 1694 ; figure dans celui de 1762 ; signalé dans Littré.

« mais quand tout cela vaudroit vingt guinées, il me faudroit six mois pour en retirer la moitié ?... »
Ch. NODIER, *La Fée aux miettes*, p. 211 (□ 1831).

« Byron, à ce qu'on dit, vendait ses vers une guinée pièce [...]. »
Th. GAUTIER, *Les Grotesques*, p. 216 (□ 1844).

« Aux paris (interdits maintenant), les bookmakers montés sur des estrades, enfouissaient les guinées dans de grosses sacoches qui pendaient sur leur ventre, hurlaient, discutaient les cotes d'une voix cassée, brandissaient des poignées de banknotes... »
P. MORAND, *Londres*, p. 142 (□ 1933).

2° (1682) *Vx.* Toile de coton de qualité courante dont on se servait comme marchandise d'échange avec les Guinéens. — REM. : Signalé dans Littré 1866.

« Il est vêtu d'une culotte en guinée et d'une vieille vareuse d'infanterie coloniale aux galons élimés et crasseux. »
Jules VERNE, *L'Étonnante Aventure de la mission Barsac*, p. 70, 1919 (□ 1905 †).

✳ Francisation de l'anglais *guinea* n. (1664), de *Guinea* nom anglais de la Guinée (Afrique occidentale). La monnaie fut frappée en 1663, et jusqu'à 1813 seulement ; elle valait 20 shillings et, en 1717, 21 shillings. Le mot apparaît en 1669 dans Chamberlayne selon Mackenzie. Le deuxième sens n'est peut-être pas un anglicisme ; on n'en trouve pas d'attestation dans le dict. d'Oxford.

GULF-STREAM [gœlfstʀim] *n. m.*

(1803) Courant chaud de l'Atlantique Nord qui prend naissance entre la Floride et Cuba et remonte vers le Nord-Est jusqu'à produire des effets en Scandinavie, empêchant le gel de la mer. — REM. : Dans le dict. de Littré 1866 ; absent des dict. de l'Académie.

« Les magnifiques recherches du lieutenant Maury, de la marine américaine, relatives aux courants de l'Atlantique, et surtout à la découverte et à l'exploration du *Gulfstrim*, immense fleuve d'eau chaude qui traverse les parties profondes de l'Océan, ont beaucoup attiré depuis dix ans l'attention des savants et des marins. »
L. FIGUIER, *L'Année scientifique et industrielle*, p. 71, 1861 (□ 1860).

« Ce sont des courants spéciaux, reconnaissables à leur température, à leur couleur, et dont le plus remarquable est connu sous le nom de courant du Gulf Stream. »
>   Jules VERNE, *Vingt Mille Lieues sous les mers*, p. 142 (□ 1871).

« Il semblait que cet ouragan fût une sorte de Gulf-Stream aérien qui emportait une certaine chaleur avec lui. »
>   Jules VERNE, *Robur-le-Conquérant*, p. 167 (□ 1886).

« Au moment où la rivière se resserre, la grande rumeur de l'Océan commence de se faire entendre. Tout d'un coup il apparaît lui-même par-dessus la ligne des arbres, — immense et bleu, d'un bleu de saphir, d'un bleu de lapis, avec la traînée sur cet azur intense d'un azur noir, d'une large veine, presque pourpre tant elle est violette. C'est le *Gulf Stream*, la mystérieuse coulée d'eau brûlante à travers les profondeurs froides de cet Atlantique. Les énormes lames se brisent en crêtes d'écume blanche sur la plage que l'on aperçoit du pont du bateau, tant la langue de terre préservatrice est ici mince et basse. »
>   P. BOURGET, *Outre-Mer*, p. 290 (□ 1895).

✻ Mot anglais *Gulf-Stream* ou *Gulf Stream* n. (1775), de *gulf* « golfe » (emprunté au français) et *stream* « courant », nom propre du courant chaud de l'Atlantique né dans le golfe du Mexique. Signalé au XVIᵉ siècle le Gulf-Stream n'a été étudié qu'à la fin du XVIIIᵉ siècle par Franklin, et connu du public à la fin du XIXᵉ siècle. Le mot apparaît en français en 1803 (C. F. de Volney, *Tableau des États-Unis*, œuvres VII, 3ᵉ éd. 1821, *in* Mackenzie) mais ne semble s'être répandu dans le grand public qu'à la fin du XIXᵉ siècle. Ce terme est francisé en *Golfe-strîme* chez Volney et se réanglicise progressivement (*Gulfstrim* en 1861, cit. ci-dessus). Le mot apparaît dans les dictionnaires en 1846 (Bescherelle) avec sa forme anglaise (aussi dans Littré 1866, P. Larousse 1875). Il ne semble pas que des traductions en aient été proposées, en dépit de la difficulté d'intégration phonique et graphique ; ceci est dû au fait que c'est un nom propre et qu'au XIXᵉ siècle l'habitude est passée de les traduire comme on faisait autrefois (par ex. *Den Haag* → La Haye, etc.).

GUNITE [gynit] *n. f.*

(v. 1940) *Techn.* Mélange sec de sable et de ciment projeté comme enduit avec une machine pneumatique.

✻ Mot américain *gunite* n., marque déposée ; mot composé d'après *gun* « canon » et suff. *-ite* des minéraux. Cet emprunt a produit des dérivés *guniter* v., *gunitage* n. m. et *guniteuse* n. f.

GUTTA-PERCHA [gytapɛʀka] *n. f.*

(1845) Substance extraite du latex d'arbres de la famille des Sapotacées, en Malaisie, qui a certaines propriétés en commun avec le caoutchouc. — REM. : Signalé dans le dict. de Littré 1866, enregistré dans le dict. de l'Académie 1878.

« les poulies folles faisaient claquer leurs lanières de cuir et de gutta-percha [...]. »
>   Th. GAUTIER, *L'Inde à l'Exposition universelle de Londres*, in *L'Orient*, t. I, p. 303 (□ 1852).

« au lieu d'employer le plâtre qui est cassant, et que nous détache-rions difficilement sans accident, si les ciselures sont un peu fouillées, nous emploierons la *gutta-percha*, qui est presque exclusivement adop-tée aujourd'hui. Cette matière a la précieuse faculté de se ramollir sous l'action d'une douce chaleur, de manière qu'on puisse la pétrir et la modeler dans les doigts ; en revenant à la température ordinaire, elle reprend une dureté comparable à celle d'un cuir résistant. »
>   M. FERNET, in *Revue des cours scientifiques*, 29 déc. 1866, p. 68.

« Celui-ci [l'aérostat] ne paraissait pas avoir souffert de la tourmente ; le taffetas et la gutta-percha avaient merveilleusement résisté. »
>   Jules VERNE, *Cinq semaines en ballon*, 1862
>   [*in* GUILBERT, *Formation du vocabulaire de l'aviation*, p. 545].

« Ce câble qui, d'ailleurs, n'avait que 2 milles immergés dans la Manche, à partir de la plage de Folkestone, était recouvert de gutta-percha. »
L. FIGUIER, *L'Année scientifique et industrielle*, pp. 351-352, 1891 (□ 1890).

✻ Mot anglais *gutta-percha* n. (aussi, vx *gutta pertsha* transcrivant la prononciation [pəʀtʃa]), emprunté au malais *getah* («latex») *percha* (nom de l'arbre) en 1845. Le mot apparaît la même année en français (*Le Technologiste*, VI, p. 408, 1845, *in* Mackenzie). Avec sa prononciation française et son *ch* à la grecque, le mot est bien assimilé bien que la morphologie reste opaque, comme d'ailleurs en anglais. Le genre (féminin, en principe) est lui aussi vacillant. Aucun rapport entre *gutta* et *gutte* de *gomme gutte* : lat. *gummi guttae* «gomme de goutte (qui coule en gouttes)».

GYMKHANA [ʒimkana] *n. m.*

(1899) Concours en plein air d'exercices gymnastiques et sportifs.

✻ Mot anglais *gymkhana* n. (1861 : année où fut institué le premier gymkhana). De l'indien (hindoustani) *gend-khâna* «maison de danse» avec substitution du *gym-* de *gymnastics* «gymnastique», par remotivation anglaise. Le mot apparaît en français en 1899 (Petiot). Il n'est pas très usité.

H

HABEAS CORPUS [abeaskɔrpys] *n. m.*

(1683) Institution anglaise fondée par un acte de 1679, destinée à garantir la liberté individuelle contre l'arbitraire, par laquelle une personne arrêtée doit être jugée rapidement ou relâchée sous caution. — REM. : Signalé dans Littré 1866 ; absent des dict. de l'Académie.

« HABEAS CORPUS, (Jurisprud. d'Angleterre) loi commune à tous les sujets anglois, et qui donne à un prisonnier la facilité d'être élargi sous caution. [...]

C'est un des plus beaux privilèges dont une nation libre puisse jouir ; car en conséquance de cet acte, les prisonniers d'état ont le droit de choisir le tribunal où ils veulent être jugés, et d'être élargis sous caution, si on n'allègue point la cause de leur détention ou qu'on diffère de les juger. »

Chevalier de JAUCOURT, art. *Habeas corpus*, in *Encycl. Diderot*, 1765.

« Il se plaignit violemment d'être emprisonné au mépris du droit des gens, demanda en vertu de quelle loi on le retenait ainsi, invoqua l'*habeas corpus*, menaça de poursuivre ceux qui le séquestraient indûment, se démena, gesticula, cria, et finalement, il fit comprendre par un geste expressif que nous mourions de faim. »

Jules VERNE, *Vingt Mille Lieues sous les mers*, p. 77 (□ 1869).

« Il appartient encore au peuple d'Espagne d'infirmer ce pessimisme en exigeant, avec l'aide de ses amis étrangers, que le régime franquiste applique désormais les principes d'une Charte à laquelle il a officiellement adhéré et qu'il rétablisse les libertés fondamentales — garanties judiciaires, *habeas corpus*, droit d'association, de réunion, de conscience, de libre expression et de grève — définies par ce document. »

France-Observateur, 22 déc. 1955, p. 3.

✱ Mot anglais d'origine latine *habeas corpus* n. (XIIIᵉ s.), abrév. de *habeas corpus ad subjiciendum* (etc.) « vous présenterez le corps (la personne en chair et en os) devant la cour », qui désigne à l'origine (XIIIᵉ s.) un acte *(writ)* délivré par la juridiction compétente pour notifier que le prévenu doit comparaître devant le juge ou devant la cour, afin qu'il soit statué sur la validité de son arrestation. Par la suite, nom de la loi qui institue l'obligation (avec sanctions) de cette pratique, en 1679, sous Charles II. Le mot passe en français en 1683 (Burnet, *in* Mackenzie) mais ne se répand qu'au milieu du XVIIIᵉ siècle. Il fait évidemment figure de mot latin dans notre langue.

HACK [ʹak] *n. m.*

(1852) Cheval de taille et de qualité moyenne pour l'usage ordinaire. — REM. : Absent des dict. de Littré et de l'Académie.

« Nous croyons, quel que soit notre respect pour la civilisation, que la promenade des gentlemen sur leurs hacks, leurs poneys et leurs pur-

sang bai-cerise, à six heures du soir dans Hyde-Park, le long de
Serpentine-River, doit être infiniment moins pittoresque. »
> Th. GAUTIER, *L'Inde à l'Exposition universelle de Londres,*
> in *L'Orient,* t. I, pp. 327-328 (□ 1852).

✴ Mot anglais *hack* n. (1721), abréviation de *hackney* n. (XIVᵉ s.) d'où
le français a tiré *haquenée** (1360) au Moyen Âge. *Hackney* vient du
nom d'un village du Middlesex, *Hackney,* où ces chevaux pâturaient.

HADDOCK [ˈadɔk] *n. m.*

(1708) Aiglefin fumé, filets de poissons de couleur jaune
orangé en vente dans le commerce, et que l'on consomme
poché. — REM. : Absent des dict. de l'Académie ; signalé dans
Littré 1866.

« On décloue des caisses de bois de Norvège, pleines de haddock
fumé, qui dégage une odeur de barque. »
> P. MORAND, *Londres,* p. 304 (□ 1933).

✴ Mot anglais *haddock* n. (*haddoc, hadoke* XIVᵉ s.) « aiglefin » lui-même
emprunté à l'ancien français *hadot* plur. *hados* (XIIIᵉ s.-XVIIᵉ s.) devenu
hadoc en anglo-normand et *haddocus* en anglo-latin peut-être d'après
le suffixe diminutif *-ock ;* l'origine de l'ancien français *hadot* est obscure.
La forme anglaise *haddock* a été reprise au XVIIIᵉ siècle selon Bloch
(1708) avec la graphie *hadock.* C'est celle qui est donnée par Littré, qui
ajoute l'ancienne graphie *Hadot.* Le smoked haddock (ou, par abrév.,
haddock) est consommé très couramment par les Anglais, notamment au
breakfast. Il est apprécié en France mais peu populaire à cause de son
prix. Le mot *haddock* est aisément assimilable pour la prononciation *(ad
hoc !) ;* la graphie anglaise est gênante bien que les emprunts à l'anglais
(dock) et au hollandais *(bock)* représentent déjà cette graphie dans le
lexique français. La reprise de *hadot* est souhaitable mais utopique. —
Les Canadiens ont une variante qui leur est propre : *haddeck.* Les
Canadiens (Dulong) et, en France, F. de Grand Combe (*Le Français
moderne,* 1954, p. 192) recommandent de dire *aiglefin* (*églefin*). Mais
aiglefin est le nom du poisson ; nous préférons avoir deux mots distincts
pour ces deux présentations du poisson.

HAGGIS [ˈagis] *n. m.*

(1960) Plat anglais considéré aujourd'hui comme écossais,
abats de mouton émincés, épicés et mêlés de grains d'avoine,
cuits dans l'estomac de l'animal.

« Si jamais le monstre émerge ces jours-ci du Loch Ness, on ne le
ratera pas. Même s'il s'agit d'une de ces furtives apparitions qui
devraient lui valoir de la part des hôteliers du comté d'Inverness, un
gigantesque haggis dont, en bon Écossais, il doit être friand. »
> M. DENUZIÈRE, *Pour une ballade écossaise,* En attendant le monstre du
> Loch Ness, in *Le Monde,* 10 sept. 1971, p. 9.

✴ Mot anglais *haggis* n. (XVᵉ s.) d'étymologie incertaine, peut-être de
l'ancien français *agasse* n. « pie » (du haut allemand *agaza*). L'étymologie d'après le français *hachis* est fausse. Ce mot apparaît dans le Grand
Larousse encyclopédique de 1960. Il ne figure pas chez les étymologistes français. Le mot n'est connu que de quelques voyageurs français
qui ont fait au plat écossais une exécrable réputation.

HALF AND HALF [(h)afenaf] *n. m., adj.* et *adv.*

1° *N. m.* (1895) *Vx.* Boisson faite d'un mélange de deux bières
par moitié, spécialement d'ale et de porter.

« On les servit. Le général but du stout, le docteur du pale-ale, et
Marcueil, qui décidément [...] pratiquait le neutre, demanda un mélange
égal de deux bières, le *half-and-half.* »
> JARRY, *Le Surmâle,* in *Œuvres,* t. III, éd. du Livre, p. 138 (□ 1902).

2° *Adj.* (1904) Qui présente un mélange de deux éléments.

3° *Adv.* (1904) *Fam.* Moitié moitié ; moitié de chaque, ou chacun la moitié. *Combien d'eau dans votre whisky ? — Half and half. Ils ont partagé les frais half and half.*

« "On boit un verre ? demanda Rodrigue.
— Pourquoi pas", dit-elle.
Il fit arrêter le taxi, et ils descendirent, côte à côte, les bras ballants jusqu'à *La Canne à Sucre.* C'était le début du mois, et ils venaient de recevoir, lui son traitement, elle la pension que lui faisait son père.
"*Half and half,* dit-elle, en entrant dans le bar.
— D'ac", répondit Rodrigue. »
R. VAILLAND, *Bon pied, bon œil,* p. 39 (□ 1950).

✱ Locution anglaise *half-and-half,* littéralement « moitié et moitié » ; d'abord nom d'un mélange de bières (1756) puis fin XVIIIe siècle comme adjectif et début XIXe siècle comme adverbe. L'expression a passé en français en 1895 (A. Hermant, *Frisson de Paris,* p. 83) comme n. m. puis comme adjectif ; mais c'est l'emploi adverbial qui est resté vivant. Une forme argotique francisée apparaît en 1904 *afnaf* (Bonnaffé). En fait, l'expression se dit plus qu'elle ne s'écrit. Elle ne figure évidemment pas dans le dictionnaire de l'Académie.

HALF-TRACK ['alftʀak] *n. m.*

(1948) Voiture blindée semi-chenillée. *Des half-tracks.*

« C'est un petit garçon avec un casque trop grand pour lui. Une mèche blonde et frisée s'en échappe. Il est adossé à une [*sic*] half-track, il tient encore son fusil contre son cœur comme un ours en peluche. »
R. NIMIER, *Le Hussard bleu,* p. 29 (□ 1950).

« je commandais une section du bataillon de tête ; des bazookas allemands embusqués dans les faubourgs venaient de nous mettre hors de combat deux *half-tracks* ; un bataillon blindé du IIe spahis vint nous soutenir. »
R. VAILLAND, *Bon pied, bon œil,* p. 36 (□ 1950).

✱ Mot anglais *half-track* n. (1927), littéralement « demi *(half)* chenille *(track)* », a d'abord désigné une « demi-traction par chenilles », c'est-à-dire une traction à chenilles sur quatre roues arrière, les deux roues avant étant libres ; puis le véhicule militaire lui-même. Le mot apparaît en français après le débarquement des Américains (1945) qui utilisaient cet engin. Il est mal assimilable en français et critiqué par les puristes. On remarque que Nimier l'emploie au féminin à cause de « traction » (ou de « voiture »).

« Après les *battle dress,* les *half-track, close-combat, briefing,* etc., on se demande quel langage parlera l'armée française dans quelques années. »
Défense de la langue française, janv. 1964, p. 41.

HALIBUT ['alibœt] *n. m.*

(1870) Flétan, grand poisson plat des mers du Nord à chair très délicate. — REM. : Signalé dans le suppl. de Littré 1877, absent des dict. de l'Académie.

« Le hareng, le halibut, la morue, »
Journal officiel, 17 juin 1870 [*in* Littré suppl.].

« Un excellent exemple de surexploitation est celui du flétan. Ce grand poisson plat, connu aussi sous son nom anglais de " Halibut ", vit dans les eaux froides proches du Cercle arctique, dans l'Atlantique Nord et le Pacifique. Au début du siècle, il faisait les beaux jours des pêcheurs britanniques et scandinaves. Aujourd'hui, il a pratiquement disparu de l'Atlantique. »
Science et Vie, fév. 1974, p. 70.

✱ Mot anglais *halibut* ['halibʌt] n., ancien anglais *halybutte, holybutt* (1430), littéralement « plie *(butt)* sainte *(holy)* », probablement ainsi appelé parce qu'on consomme ce poisson pendant les fêtes religieuses. Ce mot apparaît dans le Suppl. de Littré, avec la prononciation [haliby], mais figure déjà dans l'ouvrage en 1866 sous la forme *hellebut* n. On ne peut pas affirmer que le mot n'existait pas en ancien français, certaines formes, de sens obscur, lui étant apparentées. Le normand (dialectal) a les formes *houleviche* (« plie ») et *houllebiche* (« chien de mer »). Littré est le seul dictionnaire qui signale ce mot, qu'il définit comme *flet* (et non *flétan*). Le flétan est un poisson très estimé et peu consommé en France ; il figure aux menus des restaurants des pays nordiques (Angleterre, Irlande, Islande, Danemark, Scandinavie...) sous le nom de *halibut*, et c'est ainsi que les touristes français le connaissent. Il· n'est pas mauvais de rappeler que ce poisson se nomme *flétan* (néerlandais *vleting*) depuis le XVIe siècle.

HALL ['ol] *n. m.*

1° (1867) Grand bâtiment appartenant à un corps de métier, aux étudiants, en Angleterre. — *Par ext.* Bâtiment ou très grande salle où le public a accès (services, ventes, expositions, etc.). *Le hall d'une gare. Hall d'exposition.* — REM. : Absent du Suppl. de Littré et des dict. de l'Académie.

« Quant aux membres correspondants, les express les débarquaient par centaines dans les rues de la ville, et si grand que fût le " hall " des séances, ce monde de savants n'avait pu y trouver place [...]. »
                    Jules VERNE, *De la terre à la lune*, p. 17 (□ 1867).

« Voici quelques renseignements sur l'aquarium construit au bord de la mer, à Brighton, par l'ingénieur M. Birch [...]. On pénètre par trois portes dans la *hall* [*sic*] qui se trouve en arrière de la cour et qui a 80 pieds de longueur sur 45 de largeur ; là on rencontre, outre les dépendances d'habitations, cuisines, etc., la galerie principale de l'aquarium [...]. »   L. FIGUIER, *L'Année scientifique et industrielle*,
                                              p. 299, 1874 (□ 1873).

« Tout le monde veut avoir l'air de s'intéresser à l'art. C'est la consigne du jour. Et au fond jamais population ne fut aussi antiartistique que celle qui s'écrase dans tous les *hall* à peinture. »
                                    Le Charivari, 4 fév. 1892, p. 1.

« Parfois l'un sort, va rédiger une dépêche sur tel des pupitres circulaires plantés au milieu de l'énorme hall, puis la porte aux adolescents bien peignés, bien rasés, qui, dans leurs box, tapotent, en manches de chemises bleues, sur les touches des machines à écrire. »
                    P. ADAM, *Vues d'Amérique*, pp. 283-284 (□ 1906).

« Les voitures lustrées semblent sortir d'un hall d'exposition [...]. »
S. de BEAUVOIR, *L'Amérique au jour le jour*, 25 janv. 1947, p. 14
                                                      (□ 1954).

2° (1872) Très grande salle par laquelle on a accès à l'intérieur d'un château anglais, et où se tiennent le plus souvent les habitants. — Appliqué par Hugo à un édifice fortifié français, la Conciergerie, sous la forme *halle :*

« Comme je m'en revenais par le quai des Morfondus, passant devant les grosses vieilles tours de Saint-Louis, il me prit velléité de visiter la Conciergerie du palais [...]. La salle où l'on entrait d'abord n'était autre chose que l'ancienne salle des gardes de Saint Louis, halle immense, divisée par des cloisons en une foule de compartiments pour les besoins de la prison. Partout des ogives, des cintres surbaissés et des piliers à chapiteaux [...]. »
                    HUGO, *Choses vues*, Visite à la Conciergerie, p. 88 (□ 1846).

« Le keep est entouré de douves et ressemble aux manoirs fortifiés du pays de Caux. À l'intérieur, le hall, inspiré de la nef, occupant toute la hauteur, s'installait en Angleterre, une fois pour toutes ; il se perpétuera jusque dans les plus petites maisons, sous la forme réduite du studio et du living-room. Toute la vie s'écoulait dans ce hall à peine éclairé par les étroites fenêtres romanes, à peine chauffé par les bûches des cheminées gigantesques ; il était cuisine, salle à manger, salle de réception, salle des gardes et, la nuit, quand le seigneur et sa famille s'étaient retirés en leurs réduits creusés dans l'épaisseur des murs, il servait de dortoir à la foule des serviteurs et des guerriers. »
                                  P. MORAND, *Londres*, p. 20 (□ 1933).

— PAR EXT. (1879) Salle par laquelle on a accès à l'intérieur d'un édifice public ou privé, qui sert à la fois d'entrée, de pièce d'accueil, et qui est généralement dallée. *Le hall d'un hôtel, d'un théâtre, d'une mairie... Le hall d'une grande maison privée.*

> « Vous avez bien, accroché dans un coin de votre *hall* ou de votre petit salon, un tableautin flamand [...]. »
> P. BOURGET, *Physiologie de l'amour moderne*, p. 190 (□ 1889).

> « Vous entrez dans le bâtiment principal et vous vous trouvez dans un *hall* pareil, avec ses plantes vertes, ses gravures, ses statues, ses meubles laqués, à l'intérieur d'un de ces somptueux hôtels de New-York où des familles entières passent des saisons pendant des années. »
> P. BOURGET, *Outre-Mer*, p. 115 (□ 1895).

> « Dans le hall du théâtre de Poche, qu'illustraient la photo de Carjat, le Rimbaud de Fantin-Latour, plus visible encore une affiche sur le fond rouge de laquelle se détachait un Rimbaud noir de costume, avec huit-reflets, cheveux en désordre [...]. »
> ÉTIEMBLE, *Le Mythe de Rimbaud*, p. 360 (□ 1952).

✳ Mot anglais *hall* n. de l'ancien francique *halla* « vaste endroit couvert » qui a donné aussi *halle* en français *(les halles)* et *Halle* en allemand avec le même sens. En anglais *hall* a d'abord signifié « halle » (XIIᵉ s.) puis le sens 1º ci-dessus. Le sens de « vestibule » est plus tardif et n'apparaît qu'au XVIIᵉ siècle. Le passage du sens de « halle » à « entrée » est dû au fait que dans les vastes demeures de l'aristocratie anglaise, la pièce principale la plus vaste était l'entrée (on observe encore cette disposition dans les riches maisons américaines). Le mot *hall* a pénétré en français en 1672 (Chamberlayne, *in* Mackenzie) au sens 1º, mais ne s'est répandu que dans la seconde moitié du XIXᵉ siècle aussi bien pour le sens 1º que le sens 2º, qui apparaissent simultanément. Le seul emploi donné par le dict. de P. Larousse dans son supplément de 1890 est « salle de grandes dimensions » ; c'est l'apparition du mot dans les dictionnaires. Dans les premiers temps de l'emprunt il y eut contamination de *hall* par *halle*, à la fois pour le genre (*la hall,* cit. 1873) et semble-t-il la forme ; la citation de Hugo où figure *halle* ne peut représenter que *hall* anglais, car *halle* n'a jamais signifié « grande salle » en français (voyez l'article *Halle* dans le dict. de Littré). Mais rien ne permet d'affirmer qu'il ne s'agit pas d'une métaphore. À moins que l'auteur n'utilise l'ancien français *halle* « salle du conseil ». La confusion entre *halle* et l'anglicisme est confirmée pas d'autres exemples :

> « Trinity College, avec ses grandes cours carrées aux murailles gothiques, ses fenêtres à ogives surbaissées, ses petites portes basses cintrées, ses grandes *halles* aux parois lambrissées et les cèdres séculaires de ses jardins. »
> P. LORAIN, *in Revue des cours scientifiques*, 12 déc. 1868, p. 22.

> « Tous deux suivirent un large couloir, traversèrent une cour et pénétrèrent dans une vaste halle, semblable par ses dimensions comme par la disposition de sa légère charpente, au débarcadère d'une gare de premier ordre. [...] De chaque côté de cette longue halle, deux rangées d'énormes colonnes cylindriques [...]. »
> Jules VERNE, *Les Cinq Cents Millions de la Bégum*, p. 69 (□ 1879).

✳ Mais l'anglicisme *hall* a triomphé (au point de se trouver sous la plume d'Étiemble !). Le mot *hall* s'emploie surtout en français à propos des hôtels ; il est parfois renforcé par *entrée*, dans *hall d'entrée.* La prononciation en est aisée, mais la graphie anglaise a valu son rejet par l'Académie. Les puristes français et canadiens (Cf. Kelley, p. 18) le condamnent assez mollement. *Salle* et *entrée* ne rendraient qu'insuffisamment ce que désigne *hall* en français → **Music-hall.**

HALLELUJAH [aleluja] *n. m.* et *interj.*

Graphie anglaise de notre *alléluia*, qu'on lui substitue parfois abusivement. — REM. : Le mot anglais est emprunté directement à l'hébreu (d'où l'*h* aspiré) alors que le mot français vient d'un intermédiaire latin.

HALLO ['allo] *interj.*

Syn. de *hello*.

> « Hallo, Tom ! Est-ce que vous ne m'avez pas vue, ou bien que vous me reniez tout à fait ? » L. HÉMON, *Battling Malone*, p. 119 (□ 1911).

HAMBURGER [ˈɑ̃buʀɡœʀ] ou [ˈabœʀɡœʀ] *n. m.*

(1930) Steak haché frit servi aux États-Unis dans un petit pain rond et généralement assaisonné de ketchup ; en France plutôt servi sur assiette avec un œuf au plat dit « œuf à cheval ».

« À côté du vaste océan, flottent de petits océans d'odeurs, fritures italiennes, sauces anglaises, *hamburgers* et saucisses allemandes, charcuterie kasher pour cette immense population juive de Brooklyn, auquel est venu s'annexer Coney Island [...]. »
P. MORAND, *New-York*, p. 71 (□ 1930).

« c'est une bourgeoisie décente qui est assise aux tables, buvant du whisky et mangeant des *hamburgers*. »
S. de BEAUVOIR, *L'Amérique au jour le jour*, 9 fév. 1947, p. 63 (□ 1954).

✴ Mot américain *hamburger* n. (1889) littéralement « hambourgeois (de Hambourg, Allemagne) », abrév. de *hamburger steak* (aussi *Hamburg steak*) ; la raison pour laquelle ce plat a été qualifié de hambourgeois n'est pas donnée dans les dict. anglais et américains. La motivation « de Hamburg » est d'ailleurs perdue aux États-Unis depuis que les steaks au fromage *(cheese)* s'appellent *cheeseburger* et que l'élément *-burger* produit des centaines de composés. Le mot pénètre en français en 1930 mais n'est qu'un terme de voyageur jusqu'après la guerre où les soldats américains, puis les drugstores*, font connaître le mot. La prononciation courante est [ˈɑ̃buʀɡœʀ] ; la prononciation populaire [ˈɑ̃byʀʒɛʀ], signalée par Gilbert n'est pas très répandue. Étiemble condamne ce mot. Le hamburger est évidemment considéré en France comme un casse-croûte élégant comparativement au traditionnel sandwich, bien qu'aux États-Unis, il représente ce qu'il y a de plus populaire et de plus banal. Des millions de travailleurs déjeunent d'un hamburger et d'un café. Le plus souvent le hamburger est très cuit et assez gras.

« Il lui proposa un hamburger ou un hot dog assaisonné de ketchup et arrosé d'un soft drink [...]. »   ÉTIEMBLE, *Parlez-vous franglais ?*, p. 14 (□ 1964).

HAMMERLESS [ˈamɛʀlɛs] *n. m.*

(1878) Fusil de chasse à bascule et à percussion centrale, sans chien apparent. — REM. : Absent des dict. de l'Académie.

« Un nouveau fusil d'invention anglaise et baptisé *hammerless* (sans chien) ne saurait non plus être manié qu'avec la plus grande circonspection. Dans les modèles de ce genre, rien du mécanisme de percussion n'apparaît à l'extérieur, rien n'indique que le fusil est ou non armé [...]. Les chasseurs pratiques ne se laissent pas éblouir par des nouveautés de cette nature et s'en tiennent aux bons modèles connus [...]. »
P. LAROUSSE, *Grand Dict. univ.*, suppl. 1878, art. *Fusil*.

« Véritable HAMMERLESS système Anson, triple verroux, portée, groupement garantis. »   *Revue nationale de la chasse*, sept. 1966, p. 56.

✴ Mot anglais *hammerless* adj. (1875), littéralement « sans chien », de *hammer* (« chien de fusil ») XVIe s., et *-less* (« sans »). A pénétré en français dès l'invention du fusil sans chien, modèle anglais. Ce mot est bien mal adapté au système français.

HANDICAP [ˈɑ̃dikap] *n. m.*

1° (1827) Course ouverte à des chevaux dont les chances de vaincre, naturellement inégales, sont, en principe, égalisées par l'obligation faite aux meilleurs de porter un poids plus grand (courses au trot). — REM. : Enregistré dans le Suppl. de Littré 1877 et seulement dans l'édition de 1935 du dict. de l'Académie.

« L'un des frères Hardi, gentil petit jockey âgé de douze ans au plus, qui était à son service, courait au Champs de Mars un handicap, monté sur sa jument Barcarole. »
É. CHAPUS, *Le Turf ou les Courses de chevaux en France et en Angleterre*, p. 315 (□ 1853).

— Toute épreuve où les participants les plus forts sont défavorisés (sports, jeux, etc.).

« La partie par jeux est la plus usuelle. Néanmoins on peut également marquer par points (100 au plus) sans revanche. Cette méthode est surtout utile pour les handicaps, où la force des joueurs est très disproportionnée. »
E. de NANTEUIL, G. de SAINT-CLAIR, C. DELAHAYE, *La Paume et le Lawn-Tennis*, p. 252 (□ 1898).

2° Désavantage imposé à un concurrent (cheval, personne) pour que les chances se trouvent égales. *Cheval qui part avec un handicap de deux kilos.*

3° (1930) Désavantage qui empêche de gagner dans une compétition, de réussir dans une entreprise, et par lequel on a moins de chances qu'un autre au départ. *Son âge est un handicap pour obtenir ce poste. Un handicap physique,* une infirmité.

« C'est que vous êtes un homme d'il y a cent ans, Webb, vos qualités, votre point d'honneur, vos traditions, datent d'une époque où les dollars n'infectaient pas la politique.
— Sûr.
— Handicap, hein ?
— Oui... »   P. MORAND, *Champions du monde*, p. 202 (□ 1930).

« je n'ai d'autres handicaps physiques qu'un poignet artistement recousu, une arcade sourcillière fendue autrefois dans un accident de voiture [...]. »   A. SARRAZIN, *La Traversière*, p. 76 (□ 1966).

« Nombre de pays ne peuvent, faute de moyens, entrer dans le jeu de l'information scientifique, et leur retard ne fait que s'aggraver avec le temps. Le manque d'argent, auquel s'ajoute souvent un handicap linguistique, risque de les couper des principales artères de l'information scientifique. »   D. BEHRMAN, in *La Recherche*, juin 1971, p. 583.

✶ Mot anglais *handicap* n., contraction de *hand i(n) cap,* littéralement « la main *(hand)* dans *(in)* le chapeau *(cap)* ». Le mot a d'abord désigné un jeu *(XVIIe* s.) où des joueurs se disputent des objets personnels dont le prix est proposé par un arbitre, chacun misant dans un chapeau. Il s'est appliqué ensuite à une compétition entre deux chevaux (1754) et aux courses de chevaux (1786). Le passage du 1er sens (jeu) au second est dû à l'appréciation de l'arbitre qui juge comparativement de la valeur des objets (des chevaux). Ce mot a passé en français en 1827 (T. Bryon, *Manuel de l'amateur de courses,* p. 49, *in* Mackenzie) avec un bon nombre de termes de courses. Jusqu'en 1906, les dictionnaires ne signalent que le premier sens. Il est possible que *handicap* au sens étendu de « désavantage », *spécialt* « infirmité » ait été repris plus tard à l'anglais ou à l'américain. Très tôt *handicap* a produit en français des dérivés : *handicaper* v. tr. (1854), *handicapé* (physique) adj. et n. (v. 1960), *handicapeur* n. (1872) « commissaire qui détermine les handicaps », *handicapage* n. (1906). — REM. : On ne fait pas la liaison avec *handicap : des handicaps* [dɛɑ̃dikap] ; cependant Gilbert note une tendance à prononcer *les handicapés* [lɛzɑ̃dikape]. Si l'on ne dit pas encore [dɛzɑ̃dikap] on lie déjà le *n* [œ̃nɑ̃dikap].

« Le sens originel de l'anglicisme *handicap* est, bien entendu, celui d'une course où on rétablit par un artifice les inégalités naturelles. Par suite, la notion d'*égalité* devrait dominer, mais c'est celle de *désavantage* qui l'emporte ; entendez *désavantage dans une concurrence.* L'idée de *concurrence* s'est effacée peu à peu et la sonorité sèche du mot achève de lui donner une nuance défavorable. On entend couramment des phrases de ce genre : *"Il a eu un accident d'auto et le voilà très handicapé."* Certes, on pense encore que c'est une infériorité dans la lutte pour la vie que d'être infirme ou malade. Mais le glissement du mot est incontestable. Et il est à ranger sous la rubrique des anciens anglicismes, ceux qui ont cessé de l'être. »   A. THÉRIVE, *Querelles de Langage,* t. III, p. 50 (□ 1940).

« le délégué anglais, M. Ward, avait émis le vœu de voir appliqué un règlement nouveau qui contraindrait chacun à parler une autre langue que la sienne [...]. Cela afin d'éviter que des délégués de pays dont la langue n'est ni l'anglais ni le français ne fussent trop "handicapés" (en français nous dirons "desservis") par la nécessité où ils se trouvent de recourir à une langue apprise dans laquelle ils ne s'expriment jamais avec une totale spontanéité. » A. SAUVAGEOT, in *Vie et Langage,* oct. 1954, p. 462.

HANSOM ['ansɔm] ou **HANSOM-CAB** ['ansɔmkab] *n. m.*

(1894) Cabriolet léger à deux roues, à deux places, dont le conducteur était juché sur un siège surélevé placé à l'arrière.

« Un "hansom" passait. Sur un signe du gentleman, la voiture vint se ranger contre le trottoir. Les Anglais y prirent place. [...] L'homme rassembla les rênes, enleva son cheval d'un coup de fouet et la voiture partit bon train. Le cab de Bouvreuil s'ébranla et suivit à la même allure. »　　　　P. d'IVOI, *Les Cinq Sous de Lavarède*, p. 182 (□ 1894).

* De l'angl. *hansom cab* (1852 ; *hansom* 1847, Oxford dict.), variété de cab* inventée par un architecte surnommé *Hansom*. Employé par Proust, *Jean Santeuil* (1900 ; Pléiade, p. 660).

HANTÉ, ÉE ['ɑ̃te] *adj.*

(déb. XIXe s.) Fréquenté par des fantômes, des esprits. *Maison hantée.* — REM. : Signalé dans le dict. de Littré 1866 et le dict. de l'Académie 1878.

« Quel merveilleux scélérat je suis ! Vais-je être assez hanté ? Que de spectres je vais voir ! [...] Des spectres !... Pour l'amour de Dieu !... Que je voie, ne fût-ce qu'un spectre ! — Je l'ai bien gagné ! »
　　　　VILLIERS de l'ISLE-ADAM, *Contes cruels*, pp. 160-161 (□ 1883).

« L'INSPECTEUR. — [...] Je me permettrai donc de sourire quand vous me dites que votre bourg est hanté.
　　Le MAIRE. — Il est hanté, Monsieur l'Inspecteur...
　　L'INSPECTEUR. — Je sais ce qu'est en réalité un bourg hanté. Les batteries de cuisine qui résonnent la nuit dans les appartements dont on veut écarter le locataire, des apparitions dans les propriétés indivises pour dégoûter l'une des parties. De là les commères au travail. »
　　　　J. GIRAUDOUX, *Intermezzo*, acte I, sc. IV, p. 24, Grasset, 1953 (□ 1933).

* Le verbe *hanter* (anc. scandinave *heimta*, même racine que *hameau*) existe en français depuis le XIIe siècle au sens de « fréquenter habituellement ». Il a emprunté ce sens à l'anglais *haunted* « hanté », de *to haunt* « hanter », lui-même pris au français : *the Isle of Devills, so called because they hold it to be haunted with spirits* « L'Île des Diables, ainsi nommée parce qu'ils la tiennent pour hantée par les esprits » (1660, F. Brooke, *Le Blanc's Trav.* 347, *in* Oxford dict.). La mythologie des châteaux hantés nous est venue de Grande-Bretagne avec le roman noir anglais au début du XIXe siècle, dont le genre a eu d'assez grands succès en France jusqu'à la fin du XIXe siècle. Le mot est dans Chateaubriand.

HAPPENING ['apənin] *n. m.*

(1963) Spectacle où la part d'imprévu, de spontanéité et les moyens mis en œuvre sont très divers. *Des happenings.*

« à propos d'une représentation donnée sous le titre "Bon Marché", les Parisiens ont fait connaissance avec un "happening". »
　　　　Le Figaro, 13 juil. 1963 [*in* Blochwitz et Runkewitz, p. 279].

« une nouvelle forme d'expression le *Happening*, créé par John Cage et Allen Kaprow et propagé en France par Jean-Jacques Lebel, offre des possibilités insoupçonnées à mi-distance du psychosociodrame et du rituel chamanique. »　　　　J.-L. BRAU, *Histoire de la drogue*, p. 306 (□ 1968).

« Il est certain que le "happening" a révolutionné beaucoup de choses dans l'univers de la représentation et que c'est un des éléments de notre nouvelle culture. Il s'agit d'une idée d'intégration de l'action humaine, libre et spontanée, dans un environnement donné. »
　　　　P. RESTANY, in *Plaisir de France*, juin 1971, p. 6.

* Mot anglais *happening* n. « événement » (XVIe s.) qui a pris ce sens particulier en américain (1959 ; de *to happen* « arriver »). Ce mot désigne un spectacle à la mode ; il est particulièrement mal assimilable en français, mais le remplacer par un banal *événement* est utopique.

« Il proteste, avec raison contre l'abus de l'affreux *happening*, alors que le français *événement* dit la même chose. »　ARISTIDE, in *Le Figaro littéraire*, 10 mars 1969.

HAPPY-BIRTHDAY ['apibœʀsdɛ] *n. m.*

Titre d'une chanson qui commence par *Happy birthday to you* et que les Anglo-saxons chantent pour les anniversaires.

« L'autre soir, dans une boîte de nuit, toute la salle s'est mise à chanter en chœur : *Happy birthday*, tandis qu'un gros monsieur confus et flatté serrait avec gêne les doigts de sa femme. »
S. de BEAUVOIR, *L'Amérique au jour le jour*, 10 fév. 1947, p. 65 (□ 1954).

✳ De la chanson anglaise *Happy birthday to you* littéralement « Heureux anniversaire à vous » familiarisée en France par les films américains, et considérée comme touchante et niaise. Il n'y a pas en français à notre connaissance, de chanson d'anniversaire qui soit très répandue. Mais peut-être que les souhaits d'anniversaire ne le sont pas non plus.

HAPPY END [ˈapiɛnd] *n. m.* ou *f.*

(1947) Heureuse fin d'un film tragique, considérée souvent comme une concession au goût du public. — *Par ext.* Dénouement heureux d'une histoire tragique ou triste. *Des happy ends.*

« La répétition dans l'échec engendre la réussite et le *happy end* apparaît comme une nécessité interne du malheur. »
      J.-L. GODARD, *Joseph Mankiewicz*, in *Gazette du cinéma*, juin 1950.

« Après tout, pourquoi l'histoire de Roberti ne finirait-elle pas relativement bien, c'est-à-dire sans drame majeur, comme la plupart des histoires humaines ? Sois chic ! Donne-moi une *happy end.* »
      J. DUTOURD, *Les Horreurs de l'amour*, p. 722, Gallimard (□ 1963).

« Robert Sabatier [...] a-t-il voulu administrer la preuve qu'on peut faire de la littérature — et qui vaut par sa discrétion, sa finesse d'observation, son naturel — avec de bons sentiments et des "happy ends" ? Il prend, dans les *Trois sucettes à la menthe*, le contrepied de toutes nos idées reçues. »   *Le Monde*, 18 fév. 1972, p. 13.

✳ Adaptation de l'anglais *happy ending* (1884), littéralement « heureuse fin », emprunté en français par l'américain (terme de cinéma) et lexicalisé comme mot unique. Généralement, l'emprunt prend le genre masculin en français ; ici c'est *fin* féminin *(end)* qui entraîne certains auteurs à dire une *happy end* (c'est le cas dans la citation de 1947 [*Revue du cinéma*] relevée par l'l. G. L. F.). Ce mot est mal assimilable en français. Mais nous risquons de garder *happy end* comme *Deus ex machina.*

« mais pourquoi LA *happy end* et LE *week-end* ? »
      ÉTIEMBLE, *Parlez-vous franglais ?*, p. 266 (□ 1964).

HAPPY FEW [ˈapifju] *n. m.*

(1804) N. m. pl. invar. *Les happy few*, les privilégiés.

« Je ne sais si vous pouvez vous figurer tous ces noms, et si ces détails vous plairont. Pour leur donner un peu d'intérêt, j'y ajouterai que *the happy few* a trouvé que Turquin, Périer, Pascal, Mallein, étaient les plus aimables ; Mlles Tournadre, Pascal, Mallein, les plus jolies et les plus aimables en femmes. »
      STENDHAL, Lettre à Édouard Mounier, fév. 1804, in *Corresp.*, t. I, p. 87.

« Ces bonnes gens-là savent souvent bien des choses sans le savoir [...]. Or c'est ce qui ne peut nous arriver à nous autres *happy few.* »
      V. JACQUEMONT, Lettre à A. M. Narjot, 23 août 1828, in *Corresp.*, t. I, p. 4.

« je sais qu'elle vit très retirée, ne veut voir que peu de monde, *happy few* [...]. »   PROUST, *Le Côté de Guermantes 1*, p. 262 (□ 1920).

« comme un les artistes, conscients de l'indifférence du grand public pour leur œuvre, se retranchaient dans les lieux culturels où seuls quelques *happy few* peuvent apprécier leur travail [...]. »
      S. LEMOINE, in *Le Nouvel Observateur*, 17 juil. 1972, p. 41.

« Il y a des clubs où ne pénétreront jamais les happy few. »
      L'Express, 31 mars 1979, p. 131.

— Collectif. *Le happy few*, les privilégiés.

« parmi cette détresse universelle, ou qui du moins n'épargne que des privilégiés, qu'un *happy few* dont on se refuse à faire partie ou dont on fait partie à sa honte, comment diminuer un peu cette détresse ? »
      A. GIDE, *Ainsi soit-il*, p. 1230, 1954 (□ 1951 †).

✳ Expression anglaise *happy few* (Shakespeare, *Henri V*) littéralement « les quelques *(few)* heureux *(happy)* » qui s'est lexicalisée en français, assez courante dans la langue des gens cultivés. Cette expression désigne le petit nombre des privilégiés, de quelque nature que soit le privilège (les gens fortunés, les gens initiés, l'élite intellectuelle, etc.). Tous les dictionnaires font le silence sur cet emprunt déjà ancien et affectionné de Stendhal (janvier 1804, Lettre à Édouard Mounier, *in* Mackenzie) ; *Lucien Leuwen* porte en exergue *to the happy few* (1836). Les puristes eux-mêmes semblent avoir trahi leur mission dans cette circonstance. *Happy few* est cependant mal assimilable en français, surtout pour la graphie. On trouve *happy-fewisme* n. m. (*Magazine littéraire*, déc. 1974, p. 21).

HAQUENÉE [akne] *n. f.*

(1360) *Vx.* Cheval ou jument de taille moyenne, d'allure douce, allant ordinairement à l'amble, et que montaient les dames. — REM. : Sorti d'usage à la fin du XVIᵉ siècle ; encore signalé dans Littré 1866 et dans tous les dict. de l'Académie.

« Il y eut aussi une planchette d'or qui était à l'asquenée de la duchesse quand elle chevauchait dessus [...]. »
BRANTÔME, *Cap. franç. M. de Salvoyson*, 1614 [*in* Huguet].

« Les races françaises se divisaient en plusieurs catégories : Les roussins [...] ; Les sommiers, qui transportaient les bagages de l'armée ; Les palefrois [...]. Enfin, la haquenée, petit cheval aux allures douces, allant ordinairement à l'amble, et qui servait pour les chevauchées. »
É. CHAPUS, *Le Turf ou les Courses de chevaux en France et en Angleterre*, p. 32 (□ 1853).

« HAQUENÉE. Animal blanc du moyen âge dont la race est disparue. »
FLAUBERT, *Dictionnaire des idées reçues* (□ av. 1880).

✳ Adaptation du moyen anglais *hakeney* n. (XIVᵉ s.), devenu *hackney* au XVIᵉ siècle, du nom d'un village du Middlesex où les chevaux pâturaient → **Hack**. *Haquenée* est un vieux mot connu des gens cultivés et évocateur de la littérature du Moyen Âge. C'est probablement à ce statut de mot culturel qu'on doit de le trouver dans tous les dictionnaires modernes, y compris le Robert. On l'écrivait aussi sans *h*. Le dict. de Littré ainsi que celui d'Oxford donnent une toute autre étymologie que celle de Wartburg et de Onions, aujourd'hui écartée. Hugo (parlant de l'Angleterre) emploie par couleur locale l'étymon anglais *hackney*.

« Le vieux cocher qui menait les hackneys était la personne même du philosophe. »
HUGO, *L'Homme qui rit*, p. 308 (□ 1869).

HARD LABOUR [ˈaʀdlebœʀ] *n. m.*

(1866) Travaux forcés dans les prisons anglaises. — REM. : Absent de tous les dictionnaires.

« Oscar Wilde, qui avait connu le hard-labour, dans la prison de Reading, ne pouvait s'empêcher de hocher la tête avec mélancolie en contemplant l'effort stérile de ces cyclistes qui, pourtant, n'avaient rien fait de mal. »
MAC ORLAN, *Boutiques de la foire ou Fêtes foraines, Le Manège de bicyclettes*, p. 127 (□ 1926).

✳ Mot anglais *hard labour* n. (XIXᵉ s.), de *hard* « dur » et *labour* « travail ». Emprunté en français en 1866 (L. Blanc, *Lettre sur l'Angleterre*, *in* Mackenzie), il n'a jamais été francisé et reste très peu usité.

HARD(-)ROCK ou HARD → ROCK.

HARD-TOP [ˈaʀdtɔp] *n. m.*

(v. 1950) Toit en tôle ou en plastique amovible de certaines automobiles. *Coupé décapotable livré avec hard-top.*

✳ Mot américain *hardtop* n. (1949), littéralement « toit, dessus *(top)* dur *(hard)* », qui désigne une voiture à toit de tôle opposée à une voiture décapotable à capote de toile ; puis spécialement une voiture à toit de tôle amovible. Le mot s'est répandu en France après la guerre lorsque sont sortis les premiers modèles de sport à hard top. Cet emprunt est critiqué par les puristes français et canadiens (Colpron, p. 186, Kelley, planches 1 et 3). Étiemble s'en moque :

« un papillon bleu orne le pare-brise de son roadster hard-top four-wheel drive. »   ÉTIEMBLE, *Parlez-vous franglais ?*, p. 106 (□ 1964).

HARDWARE [ˈaʀdwɛʀ] *n. m.*

(1965) Équipement électronique de l'informatique, opposé aux moyens et programmes d'utilisation qu'on appelle *software*.

« La science informatique [...] a enrichi notre vocabulaire de deux expressions intraduisibles en français : hardware et software. Le hardware est la quincaillerie, c'est-à-dire tous les éléments physiques qui entrent dans la fabrication d'un ordinateur. Le "hard", comme disent les informaticiens, c'est du dur, du palpable. Par contre, le software, en abrégé le "soft", c'est du tendre, de l'impalpable. C'est la matière grise : l'ensemble des techniques permettant le dialogue homme-machine. »
                              M. CHEVALET, in *Sciences et Avenir*, fév. 1971, p. 123.

— ADJECTIVEMENT :

« La communication continue entre l'homme et la machine est le but de nombreuses recherches tant *hardware* (pupitres, écrans, etc.) que *software* (langages de communication). »
                              P. MATHELOT, *L'Informatique*, p. 50 (□ 1969).

✶ Mot anglais *hardware* n. (xvᵉ s.) « quincaillerie, ferronnerie », de *ware* « articles (manufacturés) » et *hard* « dur », sur le modèle de *ironware, tableware*, etc., qui a pris ce sens moderne en américain (1947) et a pénétré en français en 1965 (selon Gilbert) avec d'autres termes du vocabulaire de l'électronique, lors de l'utilisation massive des ordinateurs. Ce mot est attaqué par les puristes qui ont proposé différentes équivalences, *quincaille* (opposé à *mentaille* [Louis Armand]), *quincaillerie* :

« Ces appareils symbiotiques sont composés de trois éléments :
1. des humains, ce que les ingénieurs électroniciens nomment en leur jargon "la viande" ;
2. des machines, ce qu'ils appellent "la quincaillerie" ;
3. des méthodes, qui se nomment aussi techniques ou traditions, ou en américain, "know-how". »   P. BERTAUX, *La Mutation humaine*, p. 150 (□ 1964).

✶ On a aussi proposé *informate* n. m. Mais c'est le couple *matériel-logiciel* (pour *software**) qui semble l'emporter, malgré la polysémie de *matériel. Matériel* est officialisé (*Journal officiel*, 12 janv. 1974).

« Jeumont Schneider [...] propose à des ingénieurs confirmés ou débutants des postes nouveaux en études de LOGICIEL ou de MATÉRIEL [...]. »
                              Le Point, 21 sept. 1981, p. 159 (annonce).

✶ Cependant, un troisième intrus, *firmware**, récemment apparu, ne fait que compliquer le problème, et *hardware* ou plus souvent, l'abréviation *le hard*, s'emploie encore.

« Il restera [...] le problème des adaptations impossibles, dont *hardware* et *software* sont de bons exemples. C'est assez pour occuper les techniciens en cause et les lexicologues. »
                              J. CELLARD, *Français, franglais, Europe*, in *Le Monde*, 29 déc. 1971, p. 7.

HARMONICA [aʀmɔnika] *n. m.*

(1773) *Vx.* Instrument de musique consistant en récipients de verre de timbres différents que l'on faisait résonner par frottement. — REM. : Figure dans le dict. de l'Académie de 1835.

« Ce genre de son doit conserver toujours le même timbre quels que soient le mode d'ébranlement employé et la nature du corps qui produit le son. On peut le démontrer facilement avec quelques appareils qui sont presque des jouets d'enfants, nommés Harmonicas, et qui sont formés de lames rigides fixées en deux points voisins des extrémités. »
                              A. TERQUEM, in *Revue des cours scientifiques*, 16 oct. 1869, p. 726.

✶ Mot américain *harmonica* n. — aussi *armonica* vx (1765) — tiré du féminin du latin *harmonicus* « harmonieux », littéralement « l'harmonieuse ». L'instrument et le nom ont été inventés par Benjamin Franklin :

In honor of your musical language, I have borrowed from it the name of this instrument, calling it the Armonica « Pour honorer votre langue musicale, j'en ai tiré le nom de cet instrument que j'appelle Armonica » (B. Franklin, *Lettre au Père Beccaria* [italien] du 13 juil. 1762). Cet instrument est quasiment hors d'usage, sauf en attraction. L'harmonica que nous connaissons est très différent, et son nom, emprunté à l'allemand (1829), correspond en anglais au *mouthorgan* (littéralt « orgue de bouche »).

HAS BEEN [ˈazbin] *n. m.*

(1932, *in* Petiot) Personne qui a été célèbre, influente, à la mode, et qui ne l'est plus. *Des has been.*

« [Un réalisateur] qui ne tourne plus de films, donc un has been, l'équivalent d'un mort aux yeux de cette société qui ne révère que le succès immédiat. »   *L'Express*, 8 avril 1968 [*in* Gilbert].

« Son arrestation n'offre pas d'intérêt. "Un has been, un pique-assiette qui vivait aux crochets de ses compatriotes", estime le commissaire Marcel Morin, [...]. »   *L'Express*, 9 avril 1973, p. 98.

✶ Mot anglais *has-been* n. (1606), plur. *des has-beens*, littéralement « (il) a *(has)* été *(been)* ». Il s'est répandu récemment en France à propos de vedettes populaires du cinéma et du sport. Ce mot est si peu assimilable par sa graphie, que son avenir semble très incertain. Les puristes le condamnent de même que l'Union syndicale des journalistes sportifs de France, en 1961. Remplacer ce nom par un mot qualifié de *fini* (homme fini) comme certains l'ont proposé n'est commode ni pour la fonction ni pour le sens. *Fini* est extrêmement péjoratif, et non *has been*. On pourrait envisager une substantivation de *ex- : C'est un ex.*

« HAS-BEEN. — Ce mot est également proscrit (par la Commission du vocabulaire sportif) et sera remplacé par l'adjectif *fini*. Un tel n'est pas "has-been", mais il est *fini*. »   A. CHASSAIGNON, in *Vie et Langage*, juil. 1961, p. 389.

HASCH-PARTY [ˈaʃpaʀti] *n. f.*

(1969) Soirée où l'on consomme du haschisch. *Des hasch-parties.*

✶ Mot américain de *hash*, abrév. de *hashisch*, et *party*, qui a passé en français vers 1969 (Gilbert), la mode de la drogue venant des États-Unis. Assez bien assimilable dans notre langue à cause de la familiarité de *party, partie* et de l'identité de la forme *haschisch* en français et en américain → **Acid party.** Il a pris le genre féminin comme tous les emprunts en *-party*. En américain, *hash* se trouve être homonyme de *hash* « hachis » et en argot « nourriture », ce qui innocente l'expression tout entière.

HAUTE-FIDÉLITÉ → FIDÉLITÉ.

HAUTE-VIE → HIGH LIFE.

HAUT-PARLEUR [ˈopaʀlœʀ] *n. m.*

(1902) Appareil destiné à transformer en ondes sonores les courants électriques détectés et amplifiés par le récepteur. *Haut-parleur d'un poste de radio, d'un pick-up.* — REM. : Signalé dans le dict. de l'Académie 1935.

« Un phonographe haut-parleur qui occupait le centre de la table où ils avaient mangé, lança de son pavillon [...] un chant puissant qui remplit le hall. »   A. JARRY, *Le Surmâle*, in *Œuvres complètes*, t. III, éd. du Livre, p. 208 (□ 1902).

« Au-dessus de nos têtes un haut-parleur criait des chiffres : les passagers jouaient au bingo. »   S. de BEAUVOIR, *Les Mandarins*, p. 423 (□ 1954).

« Et puis si, de toute évidence, la tétraphonie fait vendre davantage de matériel (quatre amplificateurs, quatre haut-parleurs) — le gain d'illusion sonore ou musical vaudra-t-il ce surcroît de dépenses ? Cela reste à prouver. »   *Les Nouvelles littéraires*, 13 mars 1972, p. 28.

✻ Calque de l'anglais *loud-speaker* n. (attesté seulement en 1923 dans l'Oxford dict.), de *loud* adv. « fort, haut » et *speaker* « celui qui parle, orateur » (sur le même modèle : *hasty speaker, short speaker*, etc., désignant des personnes). Le français a un terme technique *parleur* n. « appareil destiné à recevoir les dépêches télégraphiques » (*Année scientifique et industrielle*, 1888, p. 98 ; 2e Suppl. de P. Larousse 1890). *Haut-parleur* apparaît beaucoup plus tard (1902) d'abord comme adjectif : « la trompe haut-parleuse d'un phonographe » (A. Jarry, in *Revue blanche*, juil. 1900). Cette forme semble bien être un calque de *loud-speaker*, car le modèle de composition adverbe + racine verbale + suffixe d'agent n'est pas vivant en français moderne (type ancien *bienfaiteur, beau parleur*).

HÉLER ['ele] *v. tr.*

(1491) Appeler (une embarcation) à l'aide d'un porte-voix. — *Par ext.* Appeler de loin (quelqu'un à pied ou dans un véhicule). — REM. : N'apparaît comme terme de marine que dans le dict. de l'Académie 1762, le seul donné aussi dans le dict. de 1835 ; les deux sens figurent dans Littré 1866.

« L'inconnu héla un fiacre qui se rendait à une place voisine, et y monta rapidement [...]. »   BALZAC, *La Maison du chat qui pelote*, in *La Comédie humaine*, t. I, p. 24 (□ 1830).

✻ Francisation de l'anglais *to hail* v. « saluer » (XIIIe s.), terme de marine attesté au XVIe siècle dans l'Oxford dict., du substantif *hail* n. « santé, bonheur, prospérité » de l'ancien nordique. Ce mot a pénétré en français sous la forme *heiler* à la fin du XVe siècle selon Wartburg. Néanmoins il devait être rare car il ne figure pas dans les dict. généraux (Richelet, Furetière) ni dans les dict. de Godefroy (Moyen Âge) et de Huguet (XVIe s.). On trouve aussi les formes *hailer, heuler* jusqu'au XVIIe siècle, selon Wartburg et Littré. Quant au sens « appeler de loin », il n'apparaît dans les dictionnaires qu'avec Bescherelle 1846 (avec une fausse étymologie *to hale* « tirer »), et paraît s'être répandu au XIXe siècle. *Héler* ne semble pas avoir intéressé les puristes : il passe inaperçu.

HÉLIPORT [elipɔʀ] *n. m.*

(1952) Terrain d'atterrissage pour hélicoptère.

✻ Mot anglais *heliport* (1948, *in* Oxford Suppl.), de *heli*copter et air*port* « aéroport ». La coupe syllabique, et non pas morphologique de *helicopter*, est fréquente dans la formation des néologismes en anglais. Les dérivés *héliporté* (1955), *héliportage* (1967, *in* Gilbert) sont formés en français.

HELLO ['(h)ɛllo] *interj.* et *n. m.*

(1895) Interjection pour appeler quelqu'un en le saluant. *Hello ! comment ça va ?* — Nom de cette interjection. *Je n'ai pas attendu son hello, ses hellos.* — REM. : Absent du dict. de l'Académie 1935.

« vous remarquerez sur le sol un renflement qui n'y était pas la veille. [...] Vous poussez votre cheval de ce côté, et à vos vigoureux *hellos*, vous voyez se rabattre une couverture qui cachait un trou creusé dans la terre. Une tête d'homme émerge [...] — "Hello ! Étranger," dit-il, "d'où venez-vous ?" »   P. BOURGET, *Outre-Mer*, p. 52 (□ 1895).

« Quand il s'approcha, elle lui lança son gentil "Hello !". »
M. BEDEL, *Jérôme 60° latitude nord*, p. 137 (□ 1927).

« — Hello ! s'écrièrent des gens qui descendaient d'un taxi. »
R. QUENEAU, *Zazie dans le métro*, p. 104 (□ 1959).

✻ Mot anglais (1883) qui a ces deux emplois (plur. *helloes*) ; variante de *hallo, halloo*, etc., spécifiquement britannique (XVIe s.). *Hallo, hello* servent aussi comme appel téléphonique (→ **Allo**), et la téléphoniste s'appelle *hello girl*. Ce mot a d'abord passé en français en parlant des mœurs américaines, ou en s'adressant à des anglophones. Il tend à s'employer aujourd'hui entre Français, surtout pour appeler de loin ; nous ne disposons guère d'interjection qui remplisse cet office : *Hé ! hep !* sont trop brefs et peu sonores ; *holà !* est sorti de l'usage ; *ohé !* a un air « maritime » ; *ho ho ! hé ho !*, ou *ou !* manquent de consonnes d'appui. — *Hello !* est absent de tous les dictionnaires, excepté des dict. Robert. Au Canada, on dit souvent *hello* au lieu de *allo* au téléphone ; cet emploi est condamné par Colpron (p. 108).

HENRY [ɑ̃Ri] *n. m.*

(v. 1894) Unité pratique d'inductance électrique. *Des henrys.*

« Le 2 mai 1896, le Journal officiel a enregistré un décret présidentiel dont la partie scientifique est considérable. Ce décret définit les unités légales des mesures électriques que le commerce réclamait impatiemment, et qui lui serviront désormais de base dans ses marchés avec l'État [...]. L'*henry* est l'induction dans un circuit où la force électromotrice est un volt, quand le courant inducteur varie en raison d'un ampère par seconde. » É. GAUTIER, *L'Année scientifique et industrielle*, pp. 108-109, 1897 (□ 1896).

✻ Mot anglais *henry* n. (1868), du nom de Joseph *Henry,* physicien américain (1797-1878). Le pluriel anglais est *henries.* Ce mot scientifique a pénétré en français à la fin du XIXe siècle ; il ne pose pas de problème d'assimilation.

HERD-BOOK ['œrdbuk] *n. m.*

(1839) Livre généalogique des races bovines. — REM. : Signalé dans le dict. de Littré 1866, absent des dict. de l'Académie.

« C'est bien avant la découverte des lois de l'hérédité que les éleveurs ont senti le besoin d'inscrire sur des registres généalogiques, les reproducteurs qualifiés d'une race déterminée et d'en suivre la descendance. En 1791 le Stud-Book de la race chevaline anglaise de course fut créé. COATES en 1822 fonda le Herd-Book de la race bovine Durham [...]. Depuis, de nombreux Livres généalogiques ont été institués pour de multiples races : 12 pour les races de chevaux de trait (Stud-Book), 28 pour les races bovines (Herd-Book), 8 pour le mouton (Flock-Book), 6 pour le porc (Pig-Book). Ces deux derniers sont de création récente et n'intéressent qu'un petit nombre d'éleveurs. » L. GALLIEN, *La Sélection animale*, p. 121, P.U.F., Que sais-je ?, n° 215, 1950 (□ 1946).

✻ Mot anglais *herd-book* n. (1822), de *book* « livre » et *herd* « troupeau, spécialt de bovins lorsqu'il est opposé à *flock* » → aussi **Flock-book, stud-book.** Ce mot a passé en français vers 1839 selon Mackenzie (sans référence). Il est critiqué par Étiemble :

« maintenant que tout le bétail et tous les chevaux doivent figurer au stud-book, au herd-book, maintenant que le dry-farming se répand de plus en plus, comme on se félicite d'avoir toujours acheté *Mickey, Top* et *Spirou.* » ÉTIEMBLE, *Parlez-vous franglais ?*, p. 98 (□ 1964).

HICKORY ['ikɔRi] *n. m.*

(1803) Noyer de l'Amérique du Nord, dont le bois brun rougeâtre est employé dans la fabrication des cannes à pêches, des skis et de certains articles de tabletterie. *Des hickorys.* — REM. : Absent des dict. de l'Académie ; signalé dans Littré 1866.

« *Le noyer blanc de Virginie* ou *l'hickery* est un petit arbre qui ne s'élève en France qu'à 12 ou 15 piés. » DAUBENTON, in *Encyclopédie,* 1765 [*in* D.D.L., 2e série, 15].

« La forêt de magnoliers devenait moins épaisse et moins régulière ; de magnifiques hickorys et des chênes verts les remplaçaient peu à peu. » A. POUSSIELGUE, *Quatre Mois en Floride* [1851-1852], p. 120 (□ 1869).

✻ Mot américain *hickory,* d'abord *pohickery* (1618), mot indien de Virginie. Ce terme apparaît en français chez Volney, *Tableau des États-*

Unis 1803, p. 25 (*in* Mackenzie), et antérieurement, sous les formes *hickery, hiccory* (1783). On a aussi *ycory* (Brillat-Savarin, 1825 ; Mozin, suppl.). Au XIXᵉ s., la forme anglaise prévaut : Baudelaire, traduisant Poe, écrit : *« le groupe de roches d'où s'élançait l'hickory isolé »* (*Le Cottage Landor*, Pléiade, p. 974). La liaison ne se fait plus.

HI-FI [ˈajfi] ou [ˈifi] *n. f. et adj. invar.*

(1956) Synonyme de *haute fidélité,* en parlant des appareils acoustiques, des disques, etc. → **Fidélité (haute).** — REM. : Signalé avec cette date dans Gilbert.

« À côté du port, la plage offrira aux amateurs le " dolce farniente ", tandis que, sur les hauteurs dominant la baie, un club Hi-Fi détendra les plus agités. »   *Bateaux*, sept. 1966, p. 30.

✳ Abréviation américaine de *high fidelity* (1950), prononcé parfois à l'anglaise en français.

« [Des] abréviations sont prononcées à la française mais ne correspondent pas à des mots " entiers " français [...]. Ces abréviations semblent remplir les mêmes fonctions que les mots " entiers " [...]. Des sigles fonctionnent comme adjectifs : [...] " Sonorisation Hi-Fi en tous genres " (*Science et Vie*, mars 65, p. 26) [...]. »
             S. HANON, *Anglicismes en français contemporain*, pp. 136-137 (□ 1970).

HIGHLANDER [ˈajlɑ̃dɛʀ] *n. m.*

(1688) Habitant ou natif des Highlands en Écosse. Soldat d'un régiment écossais. — REM. : Absent des dict. de l'Académie et de Littré.

« Pendant que, sous les flots de mitraille, au milieu
Des balles, bondissaient vers le but électrique
Les highlanders d'Écosse et les spahis d'Afrique [...]. »
HUGO, *Les Châtiments*, Saint-Arnaud, Flammarion, 1923, p. 220 (□ 1853).

« Par son attitude, sa physionomie, aussi bien que par son costume traditionnel, il était resté un highlander d'âme et de corps [...]. »
                              Jules VERNE, *La Maison à vapeur*, p. 14 (□ 1880).

✳ Mot anglais *Highlander* n. « *highland* « montagne », littéralement « haute (*high*) terre (*land*) », qui s'emploie spécialement pour « natif des *Highlands* », nom spécifique des montagnes écossaises (XVIIᵉ s.). Ce mot a pénétré en français au début du XVIIIᵉ siècle (Miège *in* Mackenzie) ; la forme *highlandais,* semi-francisée (1797, Faujas de St Fond, *in* Mackenzie) n'a pas vécu. Le mot *highlander* est assez connu en France ; la prononciation n'en est pas très aisée encore que le son [aj] nous soit familier sous la graphie *-aille, -ail.* Seul *highland* figure dans Littré, avec la prononciation [ˈajlɑ̃d].

HIGH LIFE [ˈajlajf] *n. m. et adj.*

1° *N. m.* (1818) *Vx.* Manière de vivre du grand monde ; le grand monde, la société élégante. — REM. : Absent des dict. de l'Académie ; figure dans le Suppl. de Littré 1877.

« Hier soir j'ai assisté à un concert admirable chez Mᵐᵉ Catalani, car elle reçoit chez elle certains jours de la semaine et, de deux assemblées l'une, on entend de la musique assez passable ainsi que vous allez en juger ; d'abord toute l'*high life* anglaise et française, le Lord Wellington, les ambassadeurs, etc., etc. ; tout cela ne constitue pas une réunion de connaisseurs, mais n'en est pas moins fort curieux à voir en passant. »   A. de MARESTE, Lettre à H. Beyle, 10 mars 1818,
                                    in STENDHAL, *Corresp.*, t. I, pp. 1257-1258.

« Le Français ne *peut pas* garder un secret, on n'est aimable ici qu'en parlant, il faut parler. Dès qu'un Français de l'*high life* ne trouve rien à dire, gare les secrets. »   STENDHAL, Lettre à Mᵐᵉ Sarah Austin,
                                    10 sept. 1825, in *Corresp.*, t. II, p. 69.

« Les romanciers anglais ont, plus que les autres, cultivé le roman de *high life*, et les Français qui, comme M. de Custine, ont voulu spécialement écrire des romans d'amour, ont d'abord pris soin, et très

judicieusement, de doter leurs personnages de fortunes assez vastes pour payer sans hésitation toutes leurs fantaisies [...]. »
BAUDELAIRE, Le Peintre de la vie moderne,
Le Dandy, pp. 1177-1178 (□ 1869 †).

2° *Adj. invar.* (1874) *Vx.* Du high life, mondain. — REM. : Absent des dict. de l'Académie et de Littré.

« L'Administration de *la Dernière Mode* songe sérieusement à cet accessoire (planches de travaux à l'aiguille), coutume chez les Gazettes de Modes d'un ton différent et innovation chez nous, mais qui n'ôtera rien à la valeur high-life ou mondaine du journal [...]. »
MALLARMÉ, La Dernière Mode, 18 oct. 1874, p. 775.

« Émile Gérard, plus connu sous le nom de Bachaumont, avait quasiment inventé la chronique high-life. Aujourd'hui, tout le monde s'en mêle et patauge plus ou moins dans le *select* et le *vlan*. »
Le Charivari, 6 juil. 1891, p. 2.

✳ Calque de l'expression anglaise *high life* (1581) proprement « vie élevée ». Ce mot est vieux aujourd'hui ; il avait produit deux dérivés vers 1890 *highlifer* v. « vivre selon le highlife » et *highlifeur* n. « mondain ».

« En effet, il était difficile aux bourgeois de Versailles et aux high-lifeurs de Pontoise de venir à l'Opéra, sous peine de coucher à Paris. »
Le Charivari, 6 janv. 1892, p. 2.

« ceux qu'on appelait autrefois les *gens du monde* et que, depuis que le "monde" s'est élargi, on nomme, dit Jay, la *société* en attendant que se répande une désignation que Jouy emploie, déjà en 1825, celle de *high life*. »
G. MATORÉ, Le Vocabulaire et la Société sous Louis Philippe, p. 53 (□ 1946).

✳ On a tenté (Littré, Suppl.) d'introduire le calque « haute vie », qui n'a pas été adopté. *High life* n'a jamais été ni compris ni prononcé à l'anglaise par le Français moyen. Les cigarettes de ce nom, à la mode peu après la guerre, se disaient le plus souvent [iʃlif].

« Oui, il y a deux jours, combien une telle matinée, peuplée de petits nobles inconnus, dans un cadre nouveau, m'eût changé de la "haute vie" parisienne ! »
PROUST, Sodome et Gomorrhe, p. 768 (□ 1922).

HIGH(-)SCHOOL [ʹ(h)ajskul] *n. f.*

(1895) Établissement d'enseignement secondaire du second cycle, aux États-Unis. *Les élèves qui entrent à l'Université sortent des high-schools.* — REM. : Absent de tous les dictionnaires français.

« — Puis viennent quatre cent quatre-vingt-une écoles primaires qui comptent vingt-cinq mille élèves, — cinquante-cinq écoles dites de grammaire, qui en comptent plus de trente mille, — dix écoles de latin, ou *high schools*, qui sont suivies par trois mille quatre cents écoliers, — [...]. »
P. BOURGET, Outre-Mer, p. 79 (□ 1895).

« On n'admet [à Wellesley] que des jeunes filles qui ont été bien notées dans les high-schools. »
S. de BEAUVOIR, L'Amérique au jour le jour, 15 avril 1947, p. 272 (□ 1954).

✳ Mot anglais *high school* n., littéralement « haute *(high)* école *(school)* », qui a pris ce sens en américain (1824). Il est malaisé de traduire *high school* en français, *lycée* ne convenant pas, ou seulement pour les dernières classes ; de plus notre enseignement du second cycle se prolonge en fait à l'Université. *High-school* risque donc de se perpétuer pour parler des écoles américaines. Ce mot est connu de tous les gens cultivés.

HIGHWAY [ʹ(h)ajwɛ] *n. m.*

(1928) Grande route, en Angleterre et aux États-Unis.

« Quoi de plus plat que ce *highway* de ciment qui va le long du Pacifique de Los Angeles à Seattle ? »
CLAUDEL, Conversations dans le Loir-et-Cher, p. 797 (□ 1928).

« Il se trompe une fois de plus à la fourche de deux *highways* et roula pendant près d'une heure vers Albany [...]. »
SIMENON, La Boule noire, p. 177 (□ 1955).

∗ Mot anglais *highway* n. (IXe s.), de *high* « principal, grand » et *way* « chemin » (Cf. *Grand chemin* en français). S'emploie parfois à propos des grandes routes américaines, comme le composé *superhighway*. Sauf en parlant des pays de langue anglaise, ces mots ont cédé la place à *autoroute* n. f.

« Donc une largeur de 13 mètres sera un minimum et, dès 1931, on a construit des *superhighways* qui ont 71 mètres, c'est-à-dire la largeur de notre avenue Foch, jardins compris. »   H. LAUWICK, *La Route en Amérique*, in *L'Illustration*, 3 oct. 1931.

HINDOUSTANI [ɛ̃dustani] *n. m.*

(1829) S'est dit autrefois de l'ensemble du hindi et de l'ourdou, langues parlées dans le nord de l'Inde, ou du hindi seul (synonymes dans Littré 1867). — REM. : Signalé dans le dict. de l'Académie 1878 au sens de *hindi*.

« La nécessité du langage s'est présentée d'abord. Cet ignoble patois d'hindostani [*sic*] qui ne me servira jamais à rien quand je serai retourné en Europe, est difficile ; de plus ce n'est pas le langage du peuple ici. Je ne puis le parler à mes domestiques dont deux, à quinze francs par mois, sont de stupides Bengalis qui éventent, portent mes lettres, nettoient, brossent, etc., etc. ; et le troisième, un *tamoul* de Madras, ne parle cette langue qu'imparfaitement, la mêlant à la sienne propre et de bengali ; en sorte que ce n'est qu'avec mon *moonshee* ou pundit de Bénarès que je puis étudier et pratiquer. »
V. JACQUEMONT, Lettre à M. Jacquemont père, 3 sept. 1829, in *Corresp.*, t. I, p. 95.

« M. Alexandre Burnes [...] formé à sa mission [...] par l'étude de la langue persane, de l'hindoostani et de quelques autres dialectes de l'Orient. » *Revue des Deux-Mondes*, Lettres politiques, 1839, 4e série, p. 112.

« Les cadets apprennent à parler l'hindoustani et à l'écrire dans les deux caractères d'usage, le persan et le *nagari*. »
A. ESQUIROS, *L'Angleterre et la vie anglaise*, in *Revue des Deux-Mondes*, 15 sept. 1860, p. 269.

« Le hindi occidental est important parce que son principal dialecte est l'HIDOUSTANI. Ce terme, en fait, quoique accrédité par l'usage, n'est pas indien ; il a été inventé par l'Anglais Gilchrist en 1787 pour désigner la langue la plus usuelle de l'Inde. L'hindustani, né aux environs et au nord de Mirat, a pris la valeur d'une langue commune dans le bazar attaché à la cour de Delhi et de là s'est étendu dans l'Inde du Nord. Il comporte une forme littéraire, l'OURDOU *(urdu)* proprement "(langue du) camp militaire", qui s'écrit avec l'alphabet arabe et use largement du vocabulaire persan ; il a été d'abord employé par les Musulmans et les Hindous qui ont subi l'influence persane. Une autre forme littéraire de l'hindoustani, le HINDI, noté en alphabet indien, représente une réaction contre l'ourdou et s'est abondamment imprégné de mots sanskrits. »
A. MEILLET et M. COHEN, *Les Langues du monde*, p. 23 (□ 1924).

∗ Mot anglais *hindoostanee, hindustani* n. (1800), emprunté à l'ourdou, du persan (-stân « endroit, pays »). Cette étymologie de l'Oxford dict. est controversée par Cohen (cit. ci-dessus). Le français a emprunté le mot au début du XIXe siècle en francisant d'après *hindou*.

HIP ['ip] *interj.* et *n. m.*

1° *Interj.* (1889) *Hip, hip, hip, hourra (hurrah)* ! Exclamation pour introduire une ovation, porter en triomphe.

2° *N. m.* (XXe s.) Ce mot. *Des hips et des hourras.* → **Hourra.**

« Faut-il chiffrer les hips ! hips ! hips ! qui éclatèrent de toutes parts comme des détonations de boîtes d'artifice, lorsque Uncle Prudent et Phil Evans parurent sur la plate-forme, au-dessous de l'aérostat pavoisé aux couleurs américaines ? »
Jules VERNE, *Robur-le-Conquérant*, p. 236 (□ 1886).

« Ce jour-là, dans un meeting tenu au milieu du parc, une motion est faite à ce sujet et suivie d'une triple salve de hurrahs et de hips. »
Jules VERNE, *L'Île à hélice*, p. 353 (□ 1895).

✻ Mot anglais *hip*, autre forme de *hep*, qui sert à appeler. Il est attesté en 1889 (D. D. L., 2ᵉ série, 7), et est toujours associé à *hourra*. Ce mot n'est mentionné ni dans Wartburg ni dans Mackenzie.

HIP ['ip] *adj. invar.*

(1967) Marginal, chez les beatniks et les hippies.

« Aujourd'hui les hippies sont libres. Libres d'être hip ou de ne pas l'être. »   *L'Express*, 16 oct. 1967 [*in* Gilbert].

« Quant au premier album de Country Joe, lui aussi pressé en 1967, au meilleur moment de la grande vague hip à San Francisco, il vient de sortir. »   *L'Express*, 10 juil. 1972, p. 5.

« Les sociologues ont disséqué la morale "*hip*", les "beatniks" ont fui Métropolis, éparpillés et méditant au sommet des monticules déserts, au milieu des cocotiers des bords de l'océan Indien. »
                                Le Nouvel Observateur, 17 juil. 1972, p. 32.

✻ De l'argot américain *hip* (1904) *hep* (*vx*, 1908), adj. d'origine inconnue, qui signifie originairement « informé, affranchi, branché » et qui a pris le sens de « qui aime la musique cool » entre 1945 et 1955, puis chez les beatniks ou *hipsters* (1958) le sens de « marginal, asocial, non engagé ». *Hippy* vient de *hip*. Hip est démodé en français.

HIPPY ou HIPPIE ['ipi] *n. et adj.*

(1967) *N.* Personne (en général, jeune) qui rejette les valeurs sociales et culturelles de la société de consommation et le nationalisme, qui a un mode de vie commun à tous ceux du même mouvement (pacifisme, tolérance, refus du travail, liberté du costume, mysticisme, vie communautaire, etc.). *Un, une hippie. Les hippies.*

« Le monde des hippies de San Francisco n'est fait que de liberté et de douceur. »   *L'Express*, 27 mars 1967 [*in* Gilbert].

« RANGOON. — "*Que ce peuple est donc gentil !*", s'exclame un hippie, voyageur aux bons yeux doux. »   *Le Monde*, 9 juin 1972, p. 1.

— ADJ. : Relatif aux hippies. *Une coiffure hippie.*

« Hyland est un appelé qui a terminé ses études secondaires, qui porte des perles hippy, des "breloques de la paix" et ne va pas souvent chez le coiffeur. »   *Lectures pour tous*, mars 1971, p. 37.

« c'est la violence qu'il fallait craindre dans la non-violence. Comme il faut craindre les yppies chez les hippies. »
                            A. BRINCOURT, in *Le Figaro*, 11 juin 1971, p. 27.

✻ Mot d'argot américain *hippy* n., de *hip, hep*. Les hippies sont beaucoup plus qu'un groupe à la mode car ils revendiquent un type de vie qui s'oppose complètement à celui de la société moderne. Néanmoins ils représentent aussi une mode, une silhouette, une référence qui succèdent à celles des beatniks✻. Il en existe dans la plupart des pays, même les pays de l'Est ; ils voyagent beaucoup et font des adeptes, vivant moitié de bricolage, moitié de la charité publique.
   Le mot *hippie* s'est répandu vers 1967 en français. Ce mot est aisément assimilable, et d'ailleurs son avenir sera celui des mots du même genre. Il a donné naissance en français au dérivé *hippysme* n. m. parfois écrit *hippyisme* ou même par plaisanterie *hippisme* : « Le " hippisme " est un mode de vie qui est possible seulement dans les interstices de l'économie d'abondance et grâce à ses surplus. » (*L'Express*, 11 mai 1970). On rencontre aussi *hippisé, ée* adj. « transformé en *hippie* », et le v. *hippiser* :

« On garde le style mais on augmente les prix. On fait du faux vieux pour de faux jeunes. Le sophistiqué consiste à se donner des airs de peuple, on " hippise ", on " popise ". Ça passe peut-être. Mais le fric est là. »
                            P. SÉRY, *Le Nouvel Observateur*, 11 nov. 1972, p. 61.

HISTOGRAMME [istɔgʀam] *n. m.*

(1950) *Stat.* Graphique ou diagramme représentatif des distributions de fréquence.

« Lorsqu'on a un groupe assez grand de valeurs d'une même variable, on commence par représenter graphiquement la distribution de ces valeurs. Pour cela, on divise l'échelle en un certain nombre de classes (pratiquement compris entre 10 et 20) et on concentre toutes les valeurs appartenant à une classe en la valeur centrale de celle-ci. Le nombre de valeurs appartenant à une classe est l'effectif de cette classe. On construit ensuite l'histogramme de la distribution en figurant par une pyramide de bâtons l'ensemble des éléments de chaque classe. »

J.-M. FAVERGE, *Méthodes statistiques en psychologie appliquée*,
t. I, p. 10, P.U.F., 1963 (□ 1950).

✳ Francisation du mot anglais *histogram*, 1903, de *histo-* (grec *histos*) « tissu, texture » pris ici au sens de « réseau, graphe » et *-gram* « -gramme ». Cet emprunt, comme tous les emprunts à l'anglais scientifique d'origine gréco-latine, ne pose aucun problème en français.

HIT ['(h)it] *n. m.*

(1930) Succès. — REM. : Absent de tous les dictionnaires.

« spéculateurs précaires, ignorant tout de l'art dramatique, prêts à lancer une pièce avec juste assez de capitaux pour la soutenir pendant une semaine, mais qui tentent un coup de chance, une mise dans le mille, un *hit*. »   P. MORAND, *New-York*, pp. 173-174 (□ 1930).

« BILL WITHERS : Pour écouter le " hit " de cette nouvelle gloire du style " soul ", qui donne son titre à l'album : " Harlem ". »
Le Nouvel Observateur, 17 juil. 1972, p. 8.

✳ Mot anglais *hit* n., de *to hit* « frapper » ; *hit* signifie d'abord « coup » puis « chance » et « succès » (déb. XIXe s.). C'est un emprunt peu courant en français, mais qui risque de se diffuser dans la presse. Il est signalé comme anglicisme canadien par Colpron (p. 109). → **Hit parade.**

HIT PARADE ['(h)itpaʀad] *n. m.*

(1964) Tableau d'honneur des succès de la chanson, d'émissions de radio, de télévision, etc. que l'on présente dans l'ordre décroissant de leur popularité.

« Ces quatre jeunes Anglais ont gagné une place de choix au hit-parade de Grande-Bretagne. »   *Elle*, 5 juin 1964 [*in* D.D.L., 2e série, 4].

« Large écoute ou satisfaction élevée ? Le débat est ouvert sur l'art et la manière de savoir si une émission de télévision a répondu aux goûts des spectateurs. Un sondage original, combinant l'indice d'écoute et l'indice de satisfaction, a été réalisé récemment.
Les résultats, confidentiels, permettent de dresser le hit parade des émissions " les plus appréciées " du mois de septembre. »
L'Express, 22 nov. 1971, p. 104.

« L'univers dur du show-business, avec son argot, son snobisme, son culte de l'argent et du hit-parade reflète la déshumanisation d'une société où l'arrivisme et l'argent transforment les hommes en choses. »
L'Express, 6 juin 1971, p. 106.

✳ Mot anglais *hit parade* (1958, tiré du nom d'une entreprise *Your hit parade*), littéralement « parade des succès » → **Hit.** Ce mot a pénétré en français avec le vocabulaire de la télévision (le show, etc.). On pourrait le traduire par *palmarès des succès, parade des succès* ou selon les cas *palmarès de la chanson*. *Hit parade* est signalé comme anglicisme canadien par Dulong et Colpron (p. 183) qui propose cette dernière équivalence.

HITTITE ['itit] *adj.* et *n.*

(v. 1890) Se dit d'un peuple non sémitique de l'Antiquité qui vivait en Asie mineure et en Syrie actuelle de 1600 à 1200 avant l'ère chrétienne. — *N. m.* Personne qui appartient à ce peuple. — Langue des Hittites.

« les Assyriens utilisent le plomb, les Égéens le cuivre. Puis vint la prospection de ce Pérou avant la lettre, la Nubie (*noub*, or), et de cette Argentine, le pays des Hittites ou Syrie actuelle (*hit*, argent). »

J. Labadié, in *L'Illustration*, 18 juil. 1931, p. 422.

« On peut considérer comme sûrement indo-européenne quatre de ces langues, le hittite, le *luwi*, le *palā* et le "hittite hiéroglyphique". [...] Le déchiffrement du *hittite* (du nom des Hittīm, peuple mentionné dans la Bible) par B. Hrozny, en 1916, a été aussi important pour la linguistique indo-européenne que pour la connaissance du monde antique au IIᵉ millénaire avant notre ère. Le hittite est écrit au moyen du syllabaire cunéiforme akkadien et représente la langue des fondateurs et des maîtres de l'empire hittite, qui avait son centre à *Hattušaš* (Boghaz-Köy). Les archives de *Hattušaš* ont livré, entre autres, des milliers de tablettes hittites qui s'échelonnent entre le XIXᵉ et le XIVᵉ s. environ (l'empire hittite disparaît vers 1200, ruiné par l'invasion phrygienne), et dont on n'a publié qu'une faible partie [...]. »

A. Meillet et M. Cohen, *Les Langues du monde*, pp. 16-17 (□ 1924).

✱ Mot anglais *Hittite* n. et adj. (mil. XIXᵉ s.), *Hethite* dans les anciennes trad. anglaises de la Bible (les traductions françaises donnent *Héthéen*). Le mot apparaît avec les deux formes *Hétéen* et *Hittite* dans le second Suppl. de P. Larousse.

« À notre époque, ce peuple a été dénommé *Hétéens* par les Français, *Hittites* par les Anglais et *Hethiter* par les Allemands. »

P. Larousse, *Suppl. au Grand Dict. univ.* 1890, art. *Hétéens.*

HOBBISME ['ɔbism] *n. m.*

(1706) Philosophie de Thomas Hobbes (1588-1679), auteur du *Léviathan* (1651).

« je ne vois point de milieu supportable entre la plus austère démocratie et le "hobbisme" le plus parfait. »

J.-J. Rousseau, *Lettre à Mirabeau*, 26 juil. 1767
[*in* Brunot, t. VI, 1-a, p. 433].

✱ Francisation de l'anglais *Hobbism* n. (1691). *"Hobbism" became, ere he [Hobbes] died, the popular synonym for irreligion and immorality* « Le "hobbisme" devint dès avant sa mort le synonyme populaire de l'irréligion et de l'immoralité » (Green, *Short Hist.* IX, 1, 602, *in* Oxford dict.). Ce mot apparaît en français en 1706 (*Nouvelles de la républ. des Lettres*, août 1706, *in* Mackenzie). Il a perdu de son actualité mais peut la retrouver.

« On rencontre assez souvent "hobbisme" pour désigner "le système qui fait de la force la suprême loi", comme dit Raynal (*Histoire philosophique des Indes*, XIII, § XIII, 1772), ou, pour parler plus exactement, la conception qui met entre les mains du souverain non seulement la vie et les biens, mais même la conscience de ses sujets. À rapprocher : "Gouvernement du sabre". »

F. Brunot, *H. L. F.*, t. VI, 1-a, p. 433.

HOBBY-HORSE ['(h)ɔbiɔʀs] *vx* ou HOBBY ['(h)ɔbi] *n. m.*

(1815) Passe-temps préféré, violon d'Ingres. — *Par ext.* et *vieilli*. Marotte, dada. *Des hobbies ; parfois des hobbys.* — REM. : Absent des dict. de Littré et de l'Académie.

« Comme je suis dans mon éloignement le *hobby-horse* de sa tendresse, tout papier blanc noirci de ma plume lui est bon, quelles que soient les figures [...]. »

V. Jacquemont, Lettre à Victor de Tracy, 28 mai 1831,
in *Corresp.*, t. II, p. 82.

« On sait, en outre, que chaque Anglais a sa manie propre, son dada, son *hobby*. Chaque soir, il se réfugie dans son univers de rêve, celui du second métier [...]. »

P. Morand, *Londres*, p. 78 (□ 1933).

« Mais cependant ici comme partout, jour après jour la vie se répète ; alors on s'amuse de *gadgets* et faute de véritables projets on cultive des hobbys [...]. »

S. de Beauvoir, *L'Amérique au jour le jour*,
19 mai 1947, pp. 372-373 (□ 1954).

✱ Mot anglais *hobbyhorse* n., d'abord « cheval aubin » XVIᵉ siècle (*hobby* a donné *aubin** en français) ; a signifié ensuite « cheval de bois (à manche, à bascule, etc.) pour les enfants » (XVIe s.), puis « passe-temps » (1676) directement en relation avec le sens précédent : *Almost every person hath somme hobby horse or other wherein he prides himself* « Presque tout le monde a quelque hobby-horse dont il tire orgueil » (Hale, *Contempl. 1*, 201, 1676, *in* Oxford dict.). Devenu *hobby* tout court en anglais et dans ce sens au début du XIXe siècle, le mot a d'abord pénétré en français sous sa forme complète *hobby horse* en 1815 (Jouy, *L'Hermite de la Chaussée d'Antin*, II, p. 1, *in* Mackenzie) et ne s'est répandu que plus tardivement (v. 1930) sous la forme *hobby*. On avait déjà, depuis 1776, un calque de *hobby horse* qui est *dada**, courant dans un des deux emplois de *hobby*. *Hobby* appartient en français au langage des gens cultivés. Il est critiqué par les puristes français et canadiens (Dulong, Bélisle).

« Outre le birth-control, cet habile journaliste avait un autre hobby, le bowling, qu'il préférait au karting [...]. »   ÉTIEMBLE, *Parlez-vous franglais ?*, p. 28 (□ 1964).

« Les nouvelles *T. V.*, les *paperbacks*, les *comics* et les *hobbys* particuliers restent cependant les divertissements les plus populaires [...]. »
                                                                    J. KELLEY, *Le Franglais de Montréal*, p. 17 (□ 1964).

✱ Enfin *hobbyhorse*.a servi à désigner en anglais, par retour au sens initial, une sorte de draisienne qui a soulevé l'intérêt des Français amateurs de cyclisme, vers 1890 :

« Le hobby-horse était en effet un très réel perfectionnement de la draisienne. Fin et distingué d'allures, il était à notre invention ce que le pur sang est à notre percheron. Aussi l'engouement du public anglais en fit-il rapidement un jouet chéri. » L. BAUDRY de SAUNIER, *Le Cyclisme théorique et pratique*, pp. 28-29 (□ 1892).

HOCKEY [ˈɔkɛ] *n. m.*

(1889) Sport d'équipe dont les règles rappellent celles du football, mais où l'on utilise une crosse aplatie pour frapper la balle, et qui se joue sur gazon ou sur glace. — REM. : Figure dans le dict. de l'Académie de 1935.

« j'étais alors demi-pensionnaire à Maida Vale, et capitaine de hockey. »   P. MORAND, *Lewis et Irène*, p. 146 (□ 1924).

« Elle portait [...] un sweat-shirt blanc et une jupe jaune. Elle avait des souliers blancs et jaunes et des patins de hockey. »
                                   Boris VIAN, *L'Écume des jours*, p. 25, Pauvert (□ 1946).

« Hockey sur Gazon — L'Inde, le Pakistan, l'Espagne et le Kenya [...] se sont qualifiés pour les demi-finales de la Coupe du monde de hockey sur gazon disputée à Barcelone. »   *Le Monde*, 22 oct. 1971, p. 29.

« l'équipe olympique des États-Unis s'est fait étriller, mercredi soir, en hockey sur glace, à la patinoire de Makomanai, par celle de l'Union soviétique (7 buts à 2). »   *Le Monde*, 11 fév. 1972, p. 11.

✱ Mot anglais *hockey* n. (1527), probablement de l'ancien français *hoquet* n. « bâton de berger », du francique *hôk*. L'emprunt s'est fait à la fin du XIXe siècle (1889, Saint-Clair, *Exercices en plein air*, p. 2, *in* Mackenzie). Il a produit un dérivé *hockeyeur* n. « joueur de hockey » (1932, I. G. L. F.), d'abord *hockeyer* 1908, Petiot (l'anglais dit *hockeyist*).

HOLDING [ˈɔldiŋ] *n. m.*

(1930) Entreprise qui possède les actions d'autres sociétés, accomplit les opérations financières qui s'y rapportent, et dirige ou contrôle leur activité → **Trust.** — REM. : Absent du dict. de l'Académie 1935.

« Il aurait fallu se tourner contre les holdings, ces immenses sociétés conduites par quelques familles, qui mènent toujours la politique en sous-main. »   *L'Express*, 6 juin 1971, p. 56.

« Le groupe Gazocéan, holding suisse, assure maintenant le tiers du trafic mondial des gaz de pétrole liquéfiés et d'ammoniac, et son chiffre d'affaires négoce-transport maritime a dépassé, l'an dernier, les 490 millions de francs. »   *L'Express*, 15 nov. 1971, p. 117.

✱ Abréviation française de l'anglais *holding company* (1912), même sens, de *holding* « qui possède, contrôle » et *company* « compagnie ». Le mot apparaît dans les dictionnaires français en 1930 (Larousse du xxᵉ s. et Larousse commercial), tantôt sous la forme *holding company* tantôt sous la forme *holding* ; on en trouve dès cette date la traduction *société de portefeuille*. En 1948, on rencontre aussi *société holding*, et la traduction *société de participation*. *Holding* a pris le relais de *trust* n. (1888). On signale (Hanon, p. 147) *une holding,* au fém. qui ne semble pas très répandu.

HOLD(-)UP ['ɔldœp] *n. m.*

(1925) Attaque à main armée dans un lieu public pour effectuer un cambriolage. *Des hold-ups* ou *des hold-up.*

« Cependant, vous n'ignorez pas que, la semaine dernière encore, il y a eu un "hold up" tout près d'ici. »
V. MANDELSTAMM, *Hollywood,* 1925 [*in* D. D. L., 2ᵉ série, 7].

« Il y a des vols et des meurtres à New-York, comme partout, mais ce qu'on y pratique le plus, c'est le "haut les mains !" (hold up). »
P. MORAND, *New-York,* p. 90 (□ 1930).

« [...] Stène avait presque assisté à un *hold-up,* en plein jour, dans Madison Avenue. Plus exactement, il en avait vu l'épilogue. »
SIMENON, *Feux rouges,* pp. 60-61 (□ 1953).

« Ces enragés étaient capables, si l'on n'y mettait bon ordre, de razzier le vin de la division ou de faire un *hold up* chez l'officier payeur. »   R. DORGELÈS, *La Drôle de guerre,* pp. 84-85 (□ 1957).

✳ Mot américain *hold up* devenu *holdup* n. (plur. *holdups*), qui a divers sens dont le sens ci-dessus (déb. xxᵉ s.) ; de l'anglais *hold up your hands !* « haut les mains ! », littéralt « levez *(hold up)* vos *(your)* mains *(hands)* ». Ce mot est signalé dans le Suppl. de l'Oxford dict. en 1878 comme de l'argot américain et s'applique alors aux attaques des trains et diligences dans le Far-West ; c'est au début du xxᵉ s. que le hold up se manifeste dans les villes. Le hold up est une des activités criminelles les plus typiques imaginées par les Américains et constamment pratiquée depuis le milieu du xixᵉ siècle ; elle a probablement son origine dans l'attaque des banques du Far-West au xixᵉ siècle. Le mot *hold up* (ou *hold-up*) ne s'est vraiment répandu en français que depuis que ce genre de cambriolage s'est acclimaté en Europe. Il est critiqué par les puristes. La forme anglaise est soutenue par d'autres emprunts en français *(pick up, pin up, holding)*. Le meilleur équivalent que l'on peut donner de ce mot est *vol à main armée*. Mais *hold up* connote la mythologie de la violence américaine.

« *Hold up* : c'est une attaque à main armée dirigée contre un ou plusieurs êtres humains. Aussi la phrase suivante que je trouve dans la *Semaine du Monde,* 5-11 septembre 1953, sous la plume de M. Georges Raymond, constitue-t-elle un pataquès : "Le coffre-fort de l'hôtel Aioli, victime du hold up le plus sensationnel..." »   F. de GRAND COMBE, *De l'anglomanie en français,* juil. 1954, p. 199.

« Pour désigner l'acte de banditisme que nous connaissons certes depuis longtemps et qui consiste à dévaliser quelqu'un en lui faisant lever les mains sous la menace d'une arme à feu, le français académique use de la périphrase peu précise *attaque à main armée,* mais dans la langue plus hardie et plus colorée du journalisme moderne, cela s'appelle à l'anglaise *hold up.* On peut penser qu'un *haut-les-mains* aurait été un néologisme adéquat, mais faut-il dire qu'il n'aurait ni la brièveté ni la résonance évocatrice de l'anglicisme et qu'il satisferait dès lors moins parfaitement au besoin linguistique [...]. »
L. DEROY, *L'Emprunt linguistique,* p. 168 (□ 1956).

« En revanche, il n'y a pas lieu d'accepter nombre d'anglicismes comme *hold up, recordman, speaker, shopping, suspense* ou *standing,* qui n'apportent rien de nouveau aux mots français *attaque* (à main armée), *champion, annonceur* (ou *parleur), achats (emplettes), suspens* et *niveau.* »
LE BIDOIS, *Les Mots trompeurs,* pp. 279-280 (□ 1970).

HOLLYWOODIEN, ENNE ['ɔliwudjɛ̃, ɛn], ou *pop.* ['ɔlivudjɛ̃, ɛn] *adj.*

(v. 1945) De Hollywood, capitale du cinéma américain. — Qui rappelle le style, le luxe tapageur de Hollywood.

« Et voici, pour *Le Figaro* : Robert Montgomery illustre *ARTHUR RIMBAUD,* avec un Rimbaud en capitales grasses, qui écrase le nom de la vedette. D'où je conclus que, pour un lecteur du *Figaro,* le prestige

quasi religieux de Rimbaud l'emporte sur celui d'une étoile holivou-
dienne. »   ÉTIEMBLE, *Le Mythe de Rimbaud*, p. 416 (□ 1952).

« on est tout content d'avoir, par mégarde, épargné Notre-Dame pour
la pousser en gros plan sous les projecteurs, la transformer en tape-à-
l'œil holivoudien, monument publicitaire au service du tourisme à
monnaie forte [...]. »   J. PERRET, *Bâtons dans les roues*, p. 20 (□ 1953).

« les hollywoodiennes villas des négociants en vins pourvues de
pergolas, de piscines, de palmiers hollywoodiens [...]. »
                                              Cl. SIMON, *Le Vent*, p. 41 (□ 1957).

« Quoi qu'il en soit, cette interprétation de Notre-Dame de Paris est,
en effet, assez hollywoodienne dans la moins bonne acception de
l'adjectif. Rien ne reste du lyrisme de Hugo, de ces pages extraordinaires de souffle et de puissance sur la cathédrale de Paris ; ne demeure
que l'intrigue et singulièrement ramenée au feuilleton, privée de son
tragique peut-être boursouflé, mais authentique, et doté d'une fin quasi-
inventée, alors que dans le roman elle est d'une fascinante grandeur. »
        J. DONIOL-VALCROSE, in *France-Observateur*, 27 déc. 1956, pp. 18-19.

✱ Francisation de l'américain *Hollywoodian* (1934) adj., ou plus probablement dérivé français de *Hollywood*. *Hollywood* (littéralt « bois » *wood*
« de houx » *holly*) est un quartier de Los Angeles où coexistent les
studios de tournage et les luxueuses résidences des vedettes. Comme
tous les dérivés de noms propres étrangers, *hollywoodien* est à l'abri
des attaques des puristes : s'il est légitime d'employer *Hollywood* en
français, *hollywoodien* n'est que normal (*Paris → Parisien*). La prononciation populaire [ɔlivudjɛ̃] est souvent transcrite par dérision dans le
langage littéraire (voir les cit. ci-dessus).

HOME ['(h)om] *n. m.*

(1807 ; répandu v. 1815) Domicile, logis, considéré sous son
aspect intime et familial ; chez soi. — REM. : Ce mot apparaît
dans le Littré Suppl. 1877 ; l'Académie le rejette même dans son
édition de 1935.

« Mais que dire et que penser des mœurs et des idées d'une famille
dont le *home* est vide et immobile, sans avoir l'excuse ou le prétexte de
la propreté. »   G. SAND, *Un hiver au midi de l'Europe*,
                                          in *Revue des Deux-Mondes*, p. 355, 1841.

« Le Bédouin de la civilisation apprend dans le Saharah [*sic*] des
grandes villes bien des motifs d'attendrissement qu'ignore l'homme dont
la sensibilité est bornée par le *home* et la famille. »
                                    BAUDELAIRE, *Un mangeur d'opium*,
                             in *Les Paradis artificiels*, p. 486, 1951 (□ 1860).

« La demeure d'un Français est une chambre d'auberge : entre qui
veut ; le home d'un Saxon est une forteresse, défendue avec un soin
jaloux contre les importuns et les curieux. »
                                    R. LEFÈBVRE, *Paris en Amérique*, p. 248 (□ 1864).

« Or le sentiment du " chez soi ", ou du " home " n'est pas autre chose
que cette coïncidence de notre attente et de la réalité [...]. »
                                    A. MAUROIS, *Le Côté de Chelsea*, p. 116 (□ 1932).

« Si je cherchais l'âme, le secret de Paris, c'est aux rues de Paris
que je le demanderais. Mais les civilisations nordiques ne s'épanouissent
que dans le home. »   P. MORAND, *Londres*, p. 110 (□ 1933).

« Tout concourait à faire de l'ensemble un home douillet et confortable. »   Boris VIAN, *Vercoquin et le Plancton*, p. 169, Losfeld (□ 1947).

— LOC. ADV. (1888) *At home* « chez soi, à la maison ».

« Les uns retournaient *at home*, les autres dînaient sur l'herbe,
d'autres encore faisaient la sieste. »
                                    La Science illustrée, 2ᵉ sem. 1888, p. 164.

« Dans tous les cas, je préfère vous savoir à la maison, *at home*, en
Angleterre. »   P. d'IVOI, *Les Cinq Sous de Lavarède*, p. 15 (□ 1894).

— (1947) *Home d'enfants*, sorte de pension de famille pour
enfants.

« quelque temps avant l'accession de Hitler au pouvoir, ses parents jugèrent bon de le mettre à l'abri en Suède. Un home pour enfants de réfugiés l'accueillit pendant la première année. »

L'Humanité, 25 nov. 1962 [*in* Blochwitz et Runkewitz, p. 280].

✶ Mot anglais *home* n. (IXᵉ s.), de l'ancien anglais *ham* « village », même origine que *hameau ; -ham* sert en anglais à former des noms de lieu (Cf. *-ville*, en français) comme par ex. dans *Buckingham, Birmingham*. Il a son équivalent en allemand sous la forme *-heim*, par ex. dans *Mannheim* et de nombreux noms de petites villes alsaciennes : *Molsheim, Wittenheim*, etc. Le mot *home* garde de son origine, en anglais, des emplois assez larges qui vont du foyer au pays tout entier (*home* opposé à *abroad*, « à l'étranger »). Ce mot semble avoir été introduit en français par Mᵐᵉ de Staël, dès 1807, mais dans un emploi qui ne s'est pas fixé en français : « Si vous interrogez des Anglais voguant sur un vaisseau à l'extrémité du monde et que vous leur demandiez où ils vont, ils vous répondent — chez nous (home) — si c'est en Angleterre qu'ils retournent. » *Corinne*, II, XI, III. Mackenzie signale ensuite plusieurs emplois de *home* à partir de 1816 (Simond, Lady Morgan, Lamartine). On remarquera que *home* a été emprunté en même temps que *confort, confortable* (1815), et que les Français ont eu la révélation d'un intérieur à la fois intime et confortable protégé du monde extérieur et hostile (typique des pays du Nord). *Home* a d'abord servi à parler des intérieurs anglais et américains puis s'est appliqué aux intérieurs français, mais toujours avec une pointe de snobisme. Ce mot ne semble pas avoir inquiété les puristes, peut-être pour cette raison. Il est difficile à prononcer, et faute d'aspirer le *h* on crée des homonymies gênantes *(homme, ohm, heaume)*. Les meilleurs équivalents sont *un chez-soi* (mais ce mot varie : *un chez-moi*, etc.), *un intérieur* et *un foyer*, selon le contexte.

« HOME (hô-m', *h* aspirée), *s. m.* Mot anglais qui tend à s'introduire en français et pour lequel nous n'avons pas d'autre équivalent que : le chez-soi. »

LITTRÉ, *Suppl. du Dict.*, 1877.

✶ L'emploi de *home d'enfants* est signalé en 1947 par Galliot, *Essai sur la langue de réclame.*

HOME RULE ['(h)omʀul] *n. m.*

(1876) Gouvernement d'une région, d'une colonie par ses propres citoyens, dans un pays ; direction des affaires locales par les intéressés. — REM. : Absent des dict. de l'Académie et du suppl. de Littré 1877.

« Donc disproportion entre l'énorme effort que demandera l'établissement du *home rule* et les forces de la coalition gladstonienne. »

Le Charivari, 20 juil. 1892, p. 1.

« Tout était alors si facile avec un Home Rule suspendu et une conscription non appliquée. » P. MORAND, *Fermé la nuit*, p. 37 (□ 1923).

« La revendication de cette sorte de *home rule* des mœurs étrangères est un des articles les plus populaires du programme démocrate dans les grandes cités de l'Est. »

A. SIEGFRIED, *Les États-Unis d'aujourd'hui*, p. 73 (□ 1927).

✶ Mot anglais *Home Rule* n. (1860) « autonomie » de *home* « chez soi (opposé à l'étranger) » et *rule* « gouvernement ». L'expression a été forgée à propos de l'autonomie d'administration accordée à l'Irlande (1870-1914). Mackenzie signale son apparition en français en 1876 (Barrot), ainsi que celle de *home-ruler* n. « partisan du home-rule », 1879. C'est aujourd'hui un terme d'histoire.

« Aux élections générales, 68 *home rulers* furent élus. Dans leur première réunion ils choisirent pour leader Parnell. »

LAVISSE et RAMBAUD, *Histoire Générale*, t. XII, p. 71 (□ 1902).

HOMESPUN ['(h)omspœn] *n. m.*

(1890) Tissu grossier aux fibres filées et tissées artisanalement. — REM. : Absent des dict. de l'Académie.

« Beauté de ce tissage où même la matière première est indigène et que rien ne vient adultérer. On suit la fabrication depuis le début.

Aucune intervention extérieure. On parle de réformer cela. Pourquoi ?
Un peu de snobisme aidant, ce *home spun* ferait prime sur le marché. »
        A. GIDE, *Voyage au Congo*, janv. 1926, Boïngar, p. 823 (□ 1927).

✳ Mot anglais *homespun* adj. et n., littéralt « filé *(spun)* à la maison
(home) », XVIᵉ siècle. Ce mot est attesté en français en 1890 *(Indus.*
textile, p. 164, *in* Mackenzie). Il est peu connu des Français, sauf des
touristes qui achètent ces tissus en Écosse et en Irlande.

HOMME-SANDWICH → SANDWICH.

HONORABLE [ɔnɔʀabl] *adj.*

(1725) Se dit parfois en français et en canadien en parlant
d'un membre du gouvernement.

« Un gouverneur à qui l'on donnera le titre d'honorable [...]. »
                Constitution de l'État de Géorgie, 5 février 1777
                            [*in* Brunot, t. IX, 2, p. 679].

« c'est toujours à l'honorable membre du Parlement que l'on
s'adresse [...]. » NECKER, *Du pouvoir exécutif dans les grands États*, 1791
                            [*in* Brunot, t. IX, 2, p. 679].

« le corps que voilà, et qui était de son vivant l'honorable sir Jap
Muzzleburn, de très-gracieuse mémoire [...]. »
                Ch. NODIER, *La Fée aux miettes*, p. 224 (□ 1831).

✳ Adaptation de l'anglais *honourable*, adj., lui-même tiré de l'ancien
français, même sens, titre donné à de nombreuses hautes personnalités
du Gouvernement et de la Justice, en Angleterre et aux États-Unis. Cet
emploi est signalé en canadien par Colpron (p. 190). Mackenzie date
son entrée en français de 1725.

« Parfois, à l'instar des Anglais et des Américains, on donne la qualification
d'" honorable " aux députés. Dans sa séance du 15 octobre 1791, l'Assemblée
Législative décida que la qualification d'" honorable membre " serait désormais
exclue de son procès verbal. »   F. BRUNOT, *H.L.F.*, t. IX, 2, p. 679.

HORMONE [ɔʀmɔn] ou [ɔʀmon] *n. f.*

(1911) Substance chimique spécifique élaborée par un groupe
de cellules ou un organe, et qui exerce une action spécifique sur
un autre tissu ou un autre organe. — REM. : Absent du dict. de
l'Académie 1935.

« Créé par Starling, le mot hormone vient du grec (hormaein),
"exciter", et a, naturellement, son équivalent dans tous les idiomes. Il
s'applique à certaines substances provenant de sécrétions internes,
qu'on trouve dans le sang, où elles sont appelées à jouer le rôle de
stimulants ou de modificateurs de telles ou telles fonctions déterminées. »
        É. GAUTIER, *L'Année scientifique et industrielle*, p. 159, 1913 (□ 1912).

« l'action de substances chimiques, ou hormones, qu'élabore la
glande génitale, et qui, passant dans le milieu humoral, influencent
l'organisme tout entier. » J. ROSTAND, *L'Homme*, p. 92 (□ 1926).

✳ Mot créé par Starling en anglais (1905) à partir du grec *hormân*
« exciter » avec assimilation en *hormone* d'après le suffixe *-one : These*
chemical messengers, however, or " hormones "... as we might call them
« ces messagers chimiques... ou " hormones " comme nous pourrions
les appeler » (E. H. Starling, *Lancet*, 5 août 1905, 340/1, *in* Oxford dict.).
Cet emprunt n'est signalé ni par Mackenzie ni par Wartburg. Il ne pose,
venant du grec, aucun problème d'assimilation en français. Il a produit
un composé *hormonothérapie* n. f. (1940). L'adjectif *hormonal* semble
directement emprunté de l'anglais *hormonal*.

HORS-BORD ['ɔʀbɔʀ] *n. m.* et *adj.*

N. m. (1930) Petit canot automobile, très léger et rapide, dont
le moteur généralement amovible est placé en dehors de la
coque (« hors du bord »). *Des hors-bords*. — REM. : Absent du
dict. de l'Académie 1935.

« Ces bateaux appartiennent à la catégorie dite des hors-bords, c'est-à-dire des bateaux munis d'un moteur amovible placé à l'arrière et en dehors de la coque. Leur vitesse dépasse 80 kilomètres à l'heure. »
L'Illustration, 10 oct. 1931, p. 205.

« les jeunes Favre-Libert — ceux des conserves... grosse fortune — nous ont dépassé en trombe avec leur hors-bord en nous faisant le signe d'amitié de ces gens très contents de vous voir chavirer dans leur remous. » DANINOS, *Un certain Monsieur Blot*, p. 109, Hachette (□ 1960).

— *Adj. invar.* Qualifie le moteur de ce type de bateaux et tout moteur hors de la coque. *Moteurs hors-bord.*

« Nouvelle huile Mobil, Mobiloil Outboard assure votre sécurité : elle est spécialement conçue pour votre moteur hors-bord 2 temps. »
Bateaux, sept. 1966, p. 6 (Publ.).

✴ Calque de l'anglais *outboard* adj. adv. et n., d'abord adj. (1823) « situé à l'extérieur du bateau », puis subst. au début du xxᵉ siècle. De *board* « bord (au sens maritime) » et *out* « à l'extérieur », opposé à *inboard*. Ce calque est bon ; d'une manière générale *out* est rendu par *hors* en français : *outlaw* → *hors-la-loi*, *outcaste* → *hors-caste*, etc. L'emploi adjectival semble plus tardif en français et constitue soit un réemprunt au sens anglais soit une adjectivation par opposition nominale.

HORSE-GUARD [ˈɔʀsgwaʀd] *n. m.*

(1792) Soldat de l'armée britannique, appartenant au régiment des gardes à cheval de la maison du Roi. *Des horse-guards.* — REM. : Absent des dict. de l'Académie ; signalé dans le Suppl. de Littré 1877.

« Il [Charles II] ne se fait pas garder à vue, comme plus tard (1671), par un officier *horse-guards.* »
E.-D. FORGUES, *John Wilmot, comte de Rochester*, in *Revue des Deux-Mondes*, 15 août 1857, p. 827.

« Puis il nous apprend qu'il était question, ces jours-ci de refaire un costume de la garde, quelque chose dans le genre des horse-guard [...]. »
E. et J. de GONCOURT, *Journal*, 28 janv. 1859, t. I, p. 208.

« Les horseguards en tuniques d'or, précédés du grand timbalier aux bras croisés, se rendaient de leur caserne à Buckingham Palace, les jours de gala. » P. MORAND, *Londres*, p. 123 (□ 1933).

✴ Mot anglais *Horse Guard* n. (xviiᵉ s.), de *horse* « cheval » et *guard* « garde ». Ce mot apparaît en 1792 dans Chantreau, selon Mackenzie. Son usage est limité à l'institution anglaise qui fait partie du folklore britannique (→ aussi **Beefeater**).

HORSE-POWER [ˈɔʀspɔwœʀ] *n. m. invar.*

(v. 1820) Unité de puissance valant 75,9 kgm/seconde, utilisée en Grande-Bretagne et aux États-Unis (le cheval-vapeur vaut 75 kgm/s). Abrév. *HP.* — REM. : Absent des dict. de Littré et de l'Académie.

« La puissance des moteurs s'évalue en kilogrammètres *par seconde* ou en *chevaux-vapeur* par seconde, le cheval-vapeur étant égal à 75 kilogrammètres. Les Anglais ont adopté pour cette mesure le *horse-power* (pouvoir du cheval) équivalent à 76 kilogrammètres environ. On désigne cette mesure par les initiales HP. »
R. CHAMPLY, *Le Moteur d'automobile à la portée de tous*, pp. 9-10 (□ 1907).

« Ce mot-là, elle le prononçait déjà quand nous revenions le soir, le long de l'Adour, lorsque, les cheveux au vent, elle conduisait une 100 HP Fiat à tombeau ouvert, comme une troïka. »
P. MORAND, *Ouvert la nuit*, p. 88 (□ 1922).

✴ Mot anglais *horsepower* n. (1806) « puissance de travail *(power)* d'un cheval *(horse)* ». Ce mot apparaît au début du xixᵉ siècle (1825, selon Wartburg) ; il a été traduit presque aussitôt par *cheval-vapeur*. En fait, le horse-power, HP, et le cheval-vapeur, CV, ne mesurent pas la même grandeur. (Pour l'histoire de la formation du mot *cheval-vapeur* → **Vapeur**.)

HORSE-POX [ˈɔrspɔks] *n. m.*

(1864) Variole du cheval. — REM. : Absent des dict. de l'Académie et de Littré.

« la maladie éruptive du cheval, dissimulée jusque-là sous des apparences diverses et désignée sous des noms différents, ce qu'on pourrait appeler désormais, comme l'a proposé M. Bouley, du nom de *horse-pox* [...]. »   L. FIGUIER, *L'Année scientifique et industrielle*, p. 369, 1865 (□ 1864).

✳ Mot anglais *horse-pox* n. (XIXᵉ s.), de *horse* « cheval » et *pox* « vérole ». On trouve le mot dans le Dict. de Médecine de Littré-Robin 1873 (→ **Cow-pox**).

HORS(-)LA(-)LOI [ˈɔRlalwa] *adj. invar., adv.* et *n. m. invar.*

1° *Adj.* et *adv.* (1774) En dehors de la loi. Il s'est mis hors la loi. *Le gouvernement a déclaré ce parti hors la loi.* — REM. : Signalé dans le dict. de l'Académie 1835 et dans Littré 1867 (art. *hors*).

« car enfin je ne suis pas ce qu'on appelle en Angleterre ex-lex, hors la loi [...]. » BEAUMARCHAIS, *Mémoires*, pp. 326-327, Garnier, 1878 (□ 1774).

« Je demande qu'il soit mis hors de la loi [...]. »
                        ROBESPIERRE, 13 avril 1793 [*in* Brunot, t. IX, 2, p. 874].

« Les ministres sont *out laws*, hors la loi, et y ont placé le roi. — Pourquoi n'est-il pas à Paris ? »
                        VIGNY, *Journal d'un poète*, 28 juil. 1830, p. 36, Larousse, *s. d.*

« Je vois rouler dans vos yeux l'histoire des Républiques, avec ses magnanimités de collège. Épargnez-m'en les citations, je vous en supplie, car à mes yeux l'Antiquité tout entière est *hors la loi* philosophique à cause de l'Esclavage qu'elle aimait tant [...]. »
                        VIGNY, *Stello* in *Œuvres complètes*, pp. 687-688 (□ 1832).

« Il est appuyé entre autres par le secrétaire du travail qui a demandé qu'on mette le P. C. hors la loi [...]. »
                        S. de BEAUVOIR, *L'Amérique au jour le jour*, 13 mars 1947, p. 169 (□ 1954).

2° *N.* (v. 1940) Individu qui est mis ou se met hors la loi, dans une société. *Robin des Bois (Robin Hood), célèbre hors-la-loi.* — *Par ext.* Celui qui vit en marge de certaines lois. — REM. : Absent des dict. de Littré et de l'Académie.

« le premier métier qu'il a choisi de faire en ces régions lointaines est celui d'orlaloua. » QUENEAU, *Loin de Rueil*, p. 39 (□ 1944).

« On a trouvé de ces cartes sur les corps de "hors-la-loi" tués ces derniers temps aux confins algériens. »
                        France-Observateur, 13 oct. 1955, p. 4.

« En dépit de plusieurs tentatives, au cours des pages, l'auteur ne parvient pas — et pour cause — à établir le portrait-robot du hors-la-loi, ni à classer statistiquement les raisons qui poussent tel ou tel à vivre ainsi en marge : trop de facteurs jouent et la caractérologie, la psychologie, la psychiatrie, la sociologie ont beau être appelées à la rescousse des données familiales, économiques et politiques, elles ne fournissent ici que des réponses approximatives. »
                        Le Monde, 3 mars 1972, p. 12.

✳ Calque de l'anglais *outlaw* n. (XIᵉ s.) littéralement « hors *(out)* loi *(law)* ». Le terme *hors la loi* se répand dès les approches de la Révolution française et se trouve alors rapproché de *ex lex*, terme du latin juridique qui s'emploie aussi :

« les apologistes du despotisme devraient être déclarés exleges [...]. »
                        Cᵗᵉ DE MIRABEAU, *Essai sur le Despotisme*, t. II, p. 398 (□ 1773).

✳ Il semble que ce soit Vigny qui l'ait rapproché de *outlaw*, anormalement employé comme adjectif (cit. ci-dessus) → **Outlaw**. Le western divulgua *outlaw* et *hors la loi* comme noms, en France ; les deux mots réfèrent maintenant pour nous à la réalité américaine. La graphie de Queneau est personnelle et humoristique. Ni Wartburg ni Mackenzie ne signalent ce calque.

« Mettre hors la loi, se dit d'un pouvoir souverain ou dictatorial qui, mettant un homme hors de la protection de la loi, déclare qu'il suffira de constater son identité pour l'envoyer au supplice sans jugement. La Convention mit hors la loi plusieurs de ses membres. »   *Dict. de Littré*, 1867, art. *Hors*, 2°.

HOSPITALISME [ɔspitalism] *n. m.*

(1965) Troubles physiques et psychologiques créés par le séjour en hôpital. — État psychique d'un individu élevé hors de sa famille naturelle, dans une communauté publique. — REM. : Signalé dans Gilbert.

« Un enfant [qui] a été séparé de sa mère, [qui] a été à l'hôpital, s'est névrosé, il a perdu pied ; c'est ce qu'on appelle l'*hospitalisme*, la maladie du manque de communication. »
Le Nouvel Observateur, 2 déc. 1968 [*in* Gilbert].

✱ Francisation de l'anglais *hospitalism* n. (1869), de *hospital* « hôpital », du latin. Tel quel, cet emprunt n'est pas trop choquant puisque nous avons *hospitaliser*. Mais il vaudrait mieux dire *hôpitalisme*.

HOT ['(h)ɔt] *adj. invar., adv.* et *n. m.*

(v. 1930) *Jazz hot*, jazz de style rapide et vif.

« Dans l'évolution qui s'est exercée entre les jazz de la première époque héroïque et le jazz que l'on nomme actuellement *hot* (chaud, improvisé), un effacement graduel de la batterie s'est opéré [...]. »
A. SCHAEFFNER, *Vogue et Sociologie du jazz*,
in *Encyclopédie française*, t. XVI, 72-12 (□ juil. 1935).

« J'aim' pas la pêch' à la ligne
J'aim' pas l'billard
J'aim' pas l'jazz-band, hot ou swingue [...]. »
Boris VIAN, *J'aime pas*, in *Textes et Chansons*, p. 17 (□ 1955 †).

— *En emploi libre.* (1944) Rapide et vif, en jazz. *Un air hot.* — Adv. *Jouer hot.* — *N. m.* Le style hot. *Le hot et le cool*.*

« La trompette avec sourdine joue hott [*sic*] à donner le frisson. »
M. PRUNIÈRES, in *Revue musicale*, déc. 1932 [*in* D. D. L., 2e série, 12].

« Rubiadzan siffle un air hot. » QUENEAU, *Loin de Rueil*, p. 187 (□ 1944).

« il s'illumine, il chantonne en tapant du pied, en frappant des mains pour indiquer le rythme : plus vite ! plus vite ! Le blanc ne joue pas assez *hot* et le noir lui met la main sur le bras en roulant des yeux suppliants : plus vite ! » S. de BEAUVOIR, *L'Amérique au jour le jour*,
22 mars 1947, p. 195 (□ 1954).

« Deuil, travail, sensualité, érotisme, joie, tristesse, révolte, espoir, la musique noire exprimait toujours quelque chose, et le *hot* était la forme fiévreuse et passionnée de cette expression [...]. »
S. de BEAUVOIR, *op. cit.*, 11 avril 1947, p. 259 (□ 1954).

✱ Mot anglais *hot* adj., proprement « chaud », qui a pris ce sens musical à l'américain (1924, *hot jazz*) ; l'opposition de *hot* à *cool* est plus tardive. *Jazz hot* a passé en français lorsque les premières formations se créèrent en France. *Hot* en emploi libre est relativement récent, et semble dater des premiers essais de musique « cool ».

HOT(-)DOG ['ɔtdɔg] *n. m.*

(1930) Saucisse de Francfort chaude servie à l'intérieur d'un petit pain. *Des hot-dogs.*

« Il [...] s'arrêta devant une *cafeteria* dont on apercevait du dehors les murs d'un blanc éblouissant, le comptoir de métal, deux ou trois clients qui mangeaient [...]. La patronne, brune, paisible, occupée à préparer des *hot dogs* [...]. » SIMENON, *Feux rouges*, p. 33 (□ 1953).

« N. A. partit pour Mexico d'où il regagna l'Amérique, faisant quantité de métiers : vendeur de *hot-dogs* et de *hamburgers*, masseur, *pin-boy* dans un bowling [...]. »
S. de BEAUVOIR, *L'Amérique au jour le jour*, 22 fév. 1947, p. 104 (□ 1954).

« la foire [...], où nous sommes restés bien après la tombée de la nuit, où nous avons dîné, debout autour d'un brasero, de "fish and chips" et de "hot dogs" arrosés de café au lait [...]. »
M. BUTOR, *L'Emploi du temps*, p. 110 (□ 1956).

« jusqu'aux pensions de famille où les "Monsieur Hulot" américains, les veuves et les marchands de *hot dogs* retraités viennent passer leurs vacances ou finir leurs jours. » *Le Nouvel Observateur*, 17 juil. 1972, p. 20.

✱ Mot américain *hot dog* n. (1908) littéralement « chien *(dog)* chaud *(hot)* », ainsi appelé parce que la saucisse peut ressembler à un chien basset (teckel). S'est d'abord employé à propos de l'Amérique, mais assez tardivement ; Morand présente *hot dog*, en 1930 comme un mot anglais :

« C'est un coin de petites échoppes, de boutiques de crème à la glace, où l'on vend aussi ces saucisses populaires sorties de l'eau bouillante et servies en sandwich, dans un pain, que l'on nomme des "chiens chauds", *hot-dogs*, et que Chaplin a rendues célèbres dans *Une Vie de Chien*. »
P. MORAND, *New-York*, p. 97 (□ 1930).

✱ Le mot s'est vraiment diffusé avec la vente en France de ce type de sandwich (vers 1960) qui figure à peu près partout dans les cafés, en bonne place à côté du traditionnel croque-monsieur. Certains usagers hésitent à mettre le *s* du pluriel. Au Canada, on a essayé d'implanter le calque *chien chaud* qui n'a pas de succès en France ; il semble d'ailleurs que *hot-dog* se dise autant parmi les Canadiens qu'en France. *Chien chaud* possède, semble-t-il, en français, des connotations peu ragoûtantes qui n'ont pas arrêté les Américains, pourtant aisément écœurés en matière de nourriture. Lorsque *hot dog* est traduit en français, on dit *saucisse chaude*.

« [Chez les Français, le] snobisme entraîne un emprunt direct plutôt qu'un emprunt déguisé. Ils préfèrent donc : [...] "hot dog" à "chien chaud". »
J. KELLEY, *Le Franglais de Montréal*, p. 132 (□ 1964).

« Dans le cas de "*hot dog*" la traduction "saucisse chaude" — mais non le calque "chien chaud" — paraît préférable à l'emprunt pur et simple. "Saucisse chaude", dira-t-on, ne rend pas la particularité des "*hot dogs*", car la saucisse, à l'encontre du saucisson, se mange chaude. Cette objection ne tient pas compte de l'importance de la situation dans les faits de langue. Si la saucisse se mange chaude, elle s'achète froide. La pancarte "saucisse chaude" indiquera donc clairement qu'à cet éventaire on trouve des saucisses prêtes à être consommées. Il est vrai que l'ambiguïté peut subsister dans d'autres situations, et c'est pourquoi je me rallierais plutôt à l'expression "saucisses en sandwich" ou même "saucisse-sandwich". Ce n'est pas du langage académique, mais le "*hot-dog*" est un sandwich et le français commercial pratique la juxtaposition des substantifs. »
J. DARBELNET, *Regards sur le français actuel*, pp. 20-21 (□ 1963).

HÔTESSE [otɛs] *n. f.*

(v. 1950) Jeune femme, jeune fille qui accueille, dirige, informe des passagers, des visiteurs. *Hôtesse de l'air. Hôtesse d'accueil d'une exposition.*

« L'École parisienne des hôtesses prépare à une nouvelle profession, appelée à un avenir prometteur pour des jeunes filles distinguées, intelligentes, aimant les rapports sociaux. »
Le Monde, 6 sept. 1966 [*in* Gilbert].

✱ *Hôtesse* existait en français avec le sens de « aubergiste » vx ; « maîtresse de maison qui reçoit » ; il a pris ce sens à l'américain *hostess* (1936) [anglais *hostess* lui-même emprunté à l'ancien français *ostesse*]. Le premier emploi en français est celui d'*hôtesse de l'air*.

HOT MONEY ['ɔtmɔnɛ] *n. m.*

(av. 1973) Capitaux spéculatifs qui passent d'un pays à l'autre, placés à court terme selon la variation des taux d'intérêt.

« Les grandes banques s'arrachent les opérateurs surdoués, les cracks du métier, les apatrides de la *hot money*, Paribas et Suez ont dû

acquérir leur lot de prodiges pour asseoir leurs ambitions internationales. »   *Le Nouvel Observateur*, 24 oct. 1981, p. 49.

✳ De l'américain *hot money* ("argent" *money*, "chaud" *hot*), 1936,
expression employée par Roosevelt et les financiers de cette époque.
On dit parfois en français *capitaux flottants*, mais le *Journal officiel* du
3 janv. 1974 recommande *capitaux fébriles* (arrêté du 29 nov. 1973).

« "Hot money", que contient la liste, fait image pour les capitaux spéculatifs
prêts à se placer à court terme, suivant les variations d'intérêt. Les gens qui ont
commencé à employer une telle expression s'amusaient. Capitaux fébriles, qui doit
légalement la remplacer, n'est pas mal, mais plus abstrait, plus morose. Pourquoi
pas — la spéculation est un jeu, n'est-ce pas ? — mise ardente ?... Ou encore
mise à chaud ? »   Cl. DUNETON, in *Elle*, 18 fév. 1974, p. 112.

HOUACHE [waʃ], HOUAICHE ou OUAICHE [wɛʃ] *n. f.*

(1678) *Vx.* Sillage d'un navire en marche. — REM. : Signalé
dans le dict. de l'Académie 1798 *(ouaiche)* et dans le dict. de
Littré 1866 *(houache, houaiche).*

✳ Adaptation de l'anglais *wash* n. « sillage » (1547), de l'ancien
Nordique **vaku* « crevasse ». Ce mot apparaît en 1678 dans Guillet sous
la forme *ouaiche*, la plus ancienne (Mackenzie).

HOULIGAN ['uligǎ] *n. m.*

(1964) Jeune voyou qui exerce son vandalisme dans les rues,
en Angleterre ; « blouson noir » anglais. — REM. : Absent du
Gilbert et des *Mots « dans le vent »*, 1971.

« De 1952 à 1958, alors qu'il dirigeait les Jeunesses Communistes,
Alexandre Chelepine mena une guerre sans répit aux "houligans", ces
jeunes Soviétiques qui préfèrent écouter du jazz et boire de la vodka
plutôt que d'étudier le marxisme-léninisme. »
                                    L'Express, 23 nov. 1964, p. 31 [*in* D. D. L., 2ᵉ série, 3].

✳ Adaptation graphique de l'anglais *hooligan* n. « jeune voyou » (1898),
d'origine controversée (soit nom propre irlandais, soit mauvaise interprétation de *Hooley's gang* « la bande à Hooley »). Il a passé en français
vers 1964 et semble déjà hors de mode.

HOUPPELANDE ['uplãd] *n. f.*

(1281) Longue et large cape à manches évasées. — REM. :
Mentionné dans tous les dict. de l'Académie et dans Littré.

« Deux ceintures d'or de broderie qui sont assises sur l'espaulle
senestre de deux houppelandes [...]. » DE LABORDE, Émaux, XIVᵉ s. [*in* Littré].

« Je me levai ; je secouai la cendre de mon cigare. Puis, en homme
de décision, je mis mon chapeau, ma houppelande et mes gants ; je pris
ma valise et mon fusil ; je soufflai les bougies et je sortis [...]. »
                                    VILLIERS DE L'ISLE-ADAM, *Contes cruels*, p. 200 (□ 1883).

✳ Probablement de l'ancien anglais **hop* n. « vêtement » et deuxième
élément non identifié. Ce mot n'est signalé ni dans Mackenzie ni dans
Wartburg.

HOURRA ['uʀa] *n. m.* et *interj.*

1° *N. m.* (1722 *hourra* ou *huzza, houzza, houzaye*) Cri d'accla-
mation, d'enthousiasme à l'adresse de quelqu'un, pour approuver quelque chose. *Des hourras.* Parfois écrit *hurrah* à l'anglaise. — REM. : L'emploi ancien de *houra* « cri de guerre des
cosaques » vient du russe *urá ;* on a souvent mêlé les deux
orthographes de ces mots, par confusion (→ cit. Ségur). —
Signalé dans le dict. de l'Académie de 1835 (seulement chez les
marins) et dans Littré 1866 (confusion avec *houra*, de *urá*).

« Le pavillon anglais y fut arboré sur le champ et le nôtre jeté dans la mer avec de grands cris d'*huzza* [...]. »
BEAUMARCHAIS, *Observation sur le mémoire justificatif de la cour d'Angleterre*, 1779 [*in* Brunot, t. VI, 2-a, p. 1235].

« Ce qui augmenta le péril, c'est qu'on prit d'abord ces clameurs pour des acclamations et ces hourras pour des cris de vive l'empereur ; c'était Platot et six mille cosaques. »
SÉGUR, *Histoire de Napoléon*, 1824 [*in* Littré].

« À chaque entrée, c'était un hurrah frénétique ; tous les carreaux dansaient dans les châssis, les assiettes remuaient dans les buffets, comme par un tremblement de terre. »
Th. GAUTIER, *Les Jeunes-France*, p. 227 (□ 1873 †).

« Les serviteurs du château avaient salué de leurs cris cette proposition ; il s'agissait de sauver des frères, des Écossais comme eux, et lord Glenarvan s'unit cordialement aux hurrahs qui acclamaient la dame de Luss. »
Jules VERNE, *Les Enfants du capitaine Grant*, p. 33, Lidis (□ 1867).

« "Appelons-la l'île Lincoln !" Trois hourras furent la réponse faite à la proposition de l'ingénieur. »
Jules VERNE, *L'Île mystérieuse*, t. I, pp. 144-145, Livre de poche (□ 1874).

« Non ! ce ne sont pas des pommes qu'on leur jette à travers vingt ou trente fenêtres béantes, ce sont des applaudissements, des hurlements, des hurrahs, des hips ! hips ! hips ! »
Jules VERNE, *L'Île à hélice*, p. 27 (□ 1895).

2° Interj. *Hourra pour l'heureux vainqueur ! Hip, hip, hip, hourra !* → **Hip.**

« Dans les intervalles des morceaux de musique, les Prussiens criaient *houra !* »
Journal des dames et des modes, 25 juil. 1830
[*in Le Français moderne*, avril 1947, p. 136.]

« Et pendant cette scène touchante, les serviteurs du château, émus et enthousiasmés, laissaient échapper de leur cœur ce cri de reconnaissance : "Hurrah pour la dame de Luss ! hurrah ! trois fois hurrah pour lord et lady Glenarvan !" »
Jules VERNE, *Les Enfants du capitaine Grant*, p. 32, Lidis (□ 1867).

✱ De l'anglais *huzza* (aussi *hussa, hussaw, huzzah, huzzay*) nom (1573) et interjection (1682), « cri d'encouragement, d'approbation, originairement parmi les marins », mot qui a pris un peu plus tard la forme *hurrah* (aussi *hurray, hurrea, whurra, horay*), peut-être sous l'influence du français *houra* (russe *urá*). Le mot a pénétré en français vers le début du XVIIIe s. avec des formes diverses et confusion fréquente avec *houra* comme en témoigne encore la citation de Ségur. La forme anglaise *hurrah*, reprise très tôt, se prononce en français comme *hourra*. Littré signale un emploi péjoratif de *hourra* au sens de « huée » sans citation, dont nous n'avons pas retrouvé la trace dans les textes ; il est vieux en tout cas.

« HUZZA. C'est un cri de joye et de débauche usité chez les Anglois, qui prononcent ce mot, *houzai*. Il est aussi en usage chez les Allemans, qui disent *huisa* ; et par corruption on dit en François, *houzza*. Il a la même signification que, allons, courage, à boire. » Ph.-J. LE ROUX, *Dict. comique*, art. *Huzza*, Lyon, 1752.

HOUSE-BOAT ['awzbɔt] *n. m.*

(mil. XXe s. ?) Bateau aménagé en maison flottante, le plus souvent ancré et fixe.

« Pour voguer tranquillement, les Américains ont inventé les "house-boats". »
L'Express, 22 janv. 1973, p. 60.

✱ Mot anglais (1790), de *house* « maison » et *boat* « bateau ». L'Oxford dict. fait référence à ce genre d'habitations sur la Tamise et le Rhin. Les house-boats furent introduits au Cachemire, où ils sont très nombreux, à la fin du XIXe siècle. Le plus souvent, on peut remplacer *house-boat* par *péniche*.

HOVERCRAFT [ovœ/ɛ/ʀkʀatt] *n. m.*

(av. 1965) Aéroglisseur destiné à traverser une étendue d'eau importante, notamment un bras de mer. — REM. : Il s'agit en fait d'une marque britannique d'aéroglisseurs.

« Dès l'année prochaine, un " hovercraft " anglais devrait être mis en service régulier sur la Manche. »   *Le Monde*, 25 nov. 1965 [*in* Gilbert].

« Au 1ᵉʳ octobre 1971, quelque 2 millions de passagers avaient emprunté l'hovercraft pour traverser la Manche [...]. »
                          Science et Vie, Hors série, mars 1972, p. 4.

✱ Mot anglais *Hovercraft* (1959 ; enregistré comme marque en 1961, Oxford Suppl.) composé de *to hover* (1400) « planer », « être suspendu en l'air » et *craft* « embarcation ». Malgré l'existence d'équivalents comme *naviplane, aéroglisseur,* etc., le mot, soutenu par la situation géographique de Calais et la prépondérance des entreprises britanniques dans ce domaine, s'est pratiquement imposé, plutôt comme nom propre (on prend l'Hovercraft) que comme générique. Le composé anglais *hoverport* « port de l'Hovercraft » s'emploie lui aussi en France (1977, *in* Gilbert).

H. P. → HORSE-POWER.

HULA-HOOP ['ulaup] *n. m.*

(1959) Cerceau de plastique que, par jeu ou par sport, on fait tourner autour de sa taille par simple rotation du bassin. Le jeu lui-même. *Faire du hula-hoop.*

« Sans tenir compte des incidents variés résultant de la maladresse des joueurs, le *British Medical Journal* signale quelques manifestations caractéristiques de ce que l'on pourrait appeler le syndrome du Hula-Hoop.
Un nombre inhabituel d'enfants et de jeunes adultes se plaignent d'une nuque douloureuse, de torticolis, de douleurs dans la région supérieure de l'abdomen. [...] et toujours les personnes indisposées ont fait Hula-Hoop. »   A. TETRY, in *Sciences*, juil.-août 1959, p. 58.

« Des psychologues, des sociologues, se sont aussitôt penchés sur ce phénomène nouveau (le " tac-tac "). Bien sûr, on évoque les jeux anciens de bilboquet, de diabolo, le fameux yo-yo des années 1930 et l'éphémère hula-hoop (qu'on accusa de déplacements de vertèbres et de tours de reins). »   *Ouest-France*, 14 oct. 1971, p. 22.

✱ Mot américain *Hula Hoop* n. [1958 ?], même sens (marque déposée de cet objet), de l'anglais *hoop* « cerceau » et *hula (skirt) ; hula skirt* signifie « jupe *(skirt)* pour danser le hula » (jupe de paille souple que font mouvoir les danseuses), *hula* étant le nom hawaïen de cette danse bien connue (*hula hula,* 1892 en anglais). La vogue de ce jeu fut brutale et éphémère, aux États-Unis comme en Europe. Le mot est déjà presque oublié aujourd'hui.

HULLY-GULLY ['uliguli] *n. m.*

(v. 1963) Danse à la mode vers 1963, rappelant le twist. *Des hully-gullies* ou *hully-gully.*

« les évolutions de la jeune vague sacrifiant au madison et autres hully-gully. »   *Le Figaro*, 16 juil. 1963 [*in* Blochwitz et Runkewitz, p. 280].

✱ Mot américain *hully-gully* ou *hully gully* n. (v. 1960), probablement de *hull-gull* [həlgəl] jeu d'enfant, étymologie inconnue (il s'agit de deviner combien de haricots sont enfermés dans une main). Ce mot a passé en France avec la danse, les deux très éphémères. Le mot est signalé par Kelley (p. 17). On a tenté un dérivé verbal *hully-gullyer* v. (Hanon, p. 101, Étiemble ci-dessous) d'autant plus plaisant que c'était une gageure linguistique.

« Quand on pense que, si l'on doit conjuguer le verbe *twister* à l'indicatif présent, on peut hésiter entre *je twist* et *je twiste, tu twist* et *tu twistes, on twist* et *on twiste,* et que le verbe *to hully-gully,* commence à subir l'influence pernicieuse du français au point qu'on devait lui concéder quelques formes

bâtardes dans *Elle*, le 24 juillet 1963 : "je hully-gully, tu hully-gullys, il et elle
AMOUREUSEMENT hullient-gullient" (alors que la tendance du sabir eût été de
conjuguer : je, tu, il, ils hully-gully), qui n'approuverait la méfiance des fans, teens
et teenettes pour les formes personnelles ? »
Étiemble, Parlez-vous franglais ?, pp. 192-193 (□ 1964).

HUMBUG [ˈœmbœg] *n. m.*

(1830) *Vx.* Farce, mystification. — REM. : Absent de tout
dictionnaire.

« Les pyramides ! d'honneur, c'est un *regular humbug*. C'est bien
moins haut qu'on ne croit. »
MÉRIMÉE, Mosaïque, Le Vase étrusque, p. 290 (□ 1830).

« Mais qu'un être raisonnable offrît de prendre passage dans le
projectile, de tenter ce voyage invraisemblable, c'était une proposition
fantaisiste, une plaisanterie, une farce, et, pour employer un mot dont
les Français ont précisément la traduction exacte dans leur langage
familier, un "humbug" [une mystification]. »
Jules VERNE, De la terre à la lune, p. 214 (□ 1867).

— ADJECTIVEMENT :

« Je ne dois pas les dissuader [...] je continuerai de passer pour sa
femme et ce sera très plaisant, très *humbug*, de le faire acclamer
président. »
P. d'IVOI, Les Cinq Sous de Lavarède, p. 104 (□ 1894).

✱ Mot anglais *humbug* [hʌmbʌg] n. d'origine argotique (1735) et
d'étymologie inconnue, même sens. Ce mot ne s'est jamais répandu en
français, et reste rare. Mackenzie le signale comme emprunt. Sa
prononciation en français est peu aisée, et nous avons tout ce qu'il faut
pour le remplacer. Un sens différent, « chiqué », s'est développé aux
États-Unis :

« Le soir, une torche électrique éclaire soudain par transparence un rideau de
soie rose. C'est l'atmosphère, bien new-yorkaise, du "humbug" ou chiqué. »
P. MORAND, New-York, p. 152 (□ 1930).

HUMMOCK [ˈœmɔk] *n. m.*

(1854) *Océanogr.* Monticule formé par des plaques de glace
qui se rencontrent sur la banquise et chevauchent les unes sur
les autres. — REM. : Absent des dict. de Littré et de l'Académie.

« mais c'est près des deux bricks, surtout à l'endroit où le squeez se
fait le plus sentir, que les hummocks ont pris une forme singulière. »
J.-R. BELLOT, Journal d'un voyage aux mers polaires,
29 juil. 1851, 1854 [in D. D. L., 2ᵉ série, 5].

« Tenez, voici là-bas, sur cet ice-field, une protubérance produite par
la pression des glaces ; nous appelons cela un hummock ; si cette
protubérance était submergée à sa base, nous la nommerions un calf ;
il a bien fallu donner des noms à tout cela pour s'y reconnaître. »
Jules VERNE, Les Aventures du capitaine Hatteras, p. 57 (□ 1864).

✱ Mot anglais *hummock* (aussi *hammock, hummack*, vx) d'origine
obscure, d'abord « éminence, colline en forme de cône », terme de
marine (1556), spécialisé en 1818. Ce mot a pénétré en français comme
terme de géographie pour désigner les hauts entassements de glace
provoqués par le resserrement des floes✱. Il est peu connu et utilisé par
les spécialistes en concurrence avec *toross*, emprunté au russe.

HUMORISTE [ymɔʀist] *adj.* et *n.*

Adj. (1793) Qui a de l'humour. *Un peintre humoriste.*
— Subst. (1834) *C'est un humoriste.* — REM. : Figure dans le
dict. de Littré 1866 et dans le compl. au dict. de l'Académie
1866.

« HUMOURISTE. s. m. Écrivain qui se fait remarquer par un mélange
ingénieux de sensibilité, de gaieté, de légèreté piquante et de philosophie
profonde. On naît *humouriste* comme on naît poète ; on ne le devient
guère. » *Encyclopédie des gens du monde*, 1831-1834 [*in* Bescherelle 1846].

« Je m'étais donc fait une fête de renouer connaissance avec Leslie, ce riche, naïf et noble *humourist*, expression des plus accentuées de l'esprit britannique [...]. »
BAUDELAIRE, *Salon de 1859*, in *Œuvres complètes*, p. 1026, 1961.

« On n'a pas oublié les spirituelles fantaisies de cet humourist malicieux qui signait Théo-Critt [...]. »   *Le Charivari*, 9 juil. 1892, p. 4.

✱ Francisation de l'anglais *humorist* (aussi *humourist* vx) n. (XVIᵉ s., de l'italien *humorista*, terme de médecine, « partisan de la théorie des quatre humeurs »), au sens vieux de « personne capricieuse, difficile à vivre » ; il a pris en anglais le sens correspondant à celui de *humour* à la fin du XVIᵉ siècle et a été repris en français avec ce nouveau sens, le seul actuellement vivant, en 1834 (dans la citation de Pichot, *in* Mackenzie, le mot est donné comme de l'anglais). La graphie de *humoriste* est restée hésitante au XIXᵉ siècle ; on trouve assez souvent la forme anglaise *humourist(e)* probablement maintenue à cause de l'emprunt *humour**.

HUMORISTIQUE [ymɔʀistik] *adj.*

(1801) Plein d'humour. *Dessin humoristique.* — REM. :
Signalé dans le dict. de Littré (comme « terme de littérature ») et dans le dict. de l'Académie 1878.

« l'auteur d'une nouvelle a à sa disposition une multitude de tons, de nuances de langage, le ton raisonneur, le ton sarcastique, l'humoristique [...] qui sont comme des dissonances, des outrages à l'idée de beauté pure. »   BAUDELAIRE, *Notes nouvelles sur Edgard Poe*,
in *Œuvres en prose*, p. 1069, 1951 (□ 1857).

✱ Francisation de l'anglais *humoristic* adj., fin XVIIIᵉ siècle, de *humorist* (→ **Humoriste**).

HUMOUR [ymuʀ] *n. m.*

(1725) Qualité d'esprit qui consiste à présenter la réalité (spécialement lorsqu'elle est pénible) de façon à en dégager les aspects plaisants et insolites. *Il a de l'humour, le sens de l'humour. Humour noir.* — REM. : Signalé dans le dict. de Littré 1866, et dans le compl. du Dict. de l'Académie de 1866.

« Et les sarcasmes, les saillies, les quolibets, cette chose française qu'on appelle l'entrain, cette chose anglaise qu'on appelle l'humour [...]. »   HUGO, *Marius*, in *Les Misérables*, p. 686, Pléiade (□ 1862).

« Telle mon ami me l'avait décrite avec un *humour* attendri, telle je la trouvai [...]. »
P. BOURGET, *Physiologie de l'amour moderne*, p. 396 (□ 1889).

« Pas d'ironie ! Elle vous déssèche et déssèche la victime ; l'humour est bien différent : c'est une étincelle qui voile les émotions, répond sans répondre, ne blesse pas et amuse. »
Max JACOB, *Conseils à un jeune poète*, p. 81, Gallimard (□ 1945).

« on sait qu'au terme de l'analyse qu'il [Freud] a fait porter sur l'humour, il déclare voir en celui-ci un mode de pensée tendant à l'épargne de la *dépense nécessitée par la douleur.* »
A. BRETON, *Anthologie de l'humour noir*, p. 11,
éd. du Sagittaire, 1950 (□ 1940).

« le surréalisme, lui, un peu à la manière des romantiques allemands, contenait dans son essence une *ironie* [...]. Cette sorte de distance exercée entre le créateur et sa créature, elle vaut ce qu'elle vaut, elle est une manière d'être. Moralement : une respiration. Peut-être serait-il plus exact de dire : *humour*, car en même temps que la distance, ce comportement provoque aussi, paradoxalement, une pénétration brutale de l'artiste dans l'œuvre, une subjectivité triomphante. Par là, et je ne fais que paraphraser un truisme : l'humour refoule l'objectivité du monde extérieur, l'éclipse, et par là — par un curieux détour — rompt avec une certaine fixité. Ses moyens sont l'hybride, le non-sens *(à prononcer à l'anglaise)*, la métamorphose. C'est par là, en y réfléchissant, que la peinture surréaliste statique perd une partie de sa fixité.

Bien que restant statique formellement, cette fixité se déplace et gagne
sur le plan de l'ontologie et de l'éthique. »

                                    A. Masson, *Propos sur le surréalisme*,
                                    in *Médiations*, automne 1961, pp. 39-40.

✱ Mot anglais *humour* n. (en américain *humor* [(h)jumǝʀ]), emprunté
à l'ancien français *umor, humeur, humour* n. f., devenu par la suite
humeur n. f. (xiiᵉ s. ; latin *humor, umor* « liquide, humidité »). L'histoire
du mot *humour* en anglais est très voisine de celle du mot *humeur* en
français : d'abord employé au sens d'« humidité » comme en latin (*umor*
et *umidus* ont même racine, le *h* plus tardif vient d'une attraction de
humur) puis de « liquides organiques », puis des « états psychologiques
qui en dépendaient ». Le français a connu deux sens absolus de
humeur : « disposition à l'irritation, à la tristesse » *(il parla avec humeur
de son insuccès)*, et *vx*, « disposition à la gaieté, à la plaisanterie »
(Corneille, Suite du *Menteur* III, I : « Cet homme a de l'humeur. — C'est
un vieux domestique qui, comme vous voyez, n'est pas mélancolique ») ;
les deux emplois antinomiques n'ont pu coexister longtemps en français,
et nous n'avons gardé que le premier. À l'opposé, les Anglais semblent
avoir ignoré le sens de « disposition à l'irritation » et nous ont aisément
emprunté le sens de « disposition à la gaieté, à la plaisanterie » : *That
quality of action, speech, or writing, which excites amusement ; oddity,
jocularity, facetiorisness, comicality, fun* « cette qualité de l'action, de la
parole ou des écrits qui provoque l'amusement ; étrangeté, drôlerie,
caractère facétieux, comique, amusant » (Oxford dict. 1682, *vx*). Ce sens
a évolué en celui de : *The faculty of perceiving what is ludicrous or
amusing, or of expressing it in speech, writing, or other composition ;
jocose imagination or treatment of a subject* « Faculté de percevoir ce
qui est plaisant ou amusant, ou de l'exprimer par la parole, les écrits ou
tout autre création ; manière facétieuse d'imaginer ou de traiter un sujet »
(Oxford dict.). Le développement de ce dernier sens s'est fait en
Angleterre à la fin du xviiᵉ siècle et au début du xixᵉ siècle, en France
à la fin du xixᵉ siècle. Les emplois antérieurs sont plus proches d'« esprit
(wit), ironie ». Ainsi en témoigne l'apparition de *humour* en français en
1725 : « Cette *houmour* [des Anglais] est à peu près ce que fut le diseur
de bons mots chez les Français » (Béat de Muralt, *Lettres sur les Anglais
et les Français, in* Mackenzie). Littré encore, en 1866, définit *humour*
par « gaîté d'imagination, veine comique ». Le sens actuel, semble-t-il,
fait porter l'accent sur deux éléments essentiels : la faculté de mettre
en valeur les situations incongrues (*the mental faculty of discovering,
expressing or appreciating ludicrous or absurdly incongruous elements...*
[Webster's Third] et l'alliance du comique à une réalité pathétique par
rapport à laquelle on prend du recul (*Distinguished from wit as being
less purely intellectual, and as having a sympathetic quality in virtue of
which it often becomes allied to pathos* [Oxford dict., ˙Remarque
préliminaire] ; *the happy compound of pathos and playfulness, which we
style by that untranslateable term humour* « l'heureux composé de
pathétique et d'enjouement que nous désignons par ce mot intraduisible,
humour » (H. Reed, *Lect. Lit.*, 1855, *in* Oxford dict.). La notion d'humour
(et le mot) ont pris une grande importance en français, mais l'humour
est toujours considéré comme une qualité essentiellement britannique
qui subjugue les Français et entre pour une grande part dans les
anglophilies les plus déclarées (bien que les Américains n'ignorent pas
ce tour d'esprit hérité des Anglais, d'autres caractères socio-culturels
viennent en limiter les manifestations). *Humour* se trouve être en
français un doublet de *humeur*. Bien que les témoignages soient rares,
il semble que très tôt *humour* a été prononcé à la française (Dict. de
Landais 1834, P. Larousse 1870) mais que les personnes cultivées
gardaient approximativement la prononciation anglaise (Littré et Encycl.
univ. du xxᵉ siècle [jumœʀ]). Cette dernière prononciation est aujourd'hui
complètement sortie d'usage. Le mot *humour* a d'emblée paru intraduisible et irremplaçable dans notre langue. On ne lui trouve pour
équivalent qu'une « longue périphrase » (Le Bidois, *Mots trompeurs*,
p. 248), et les puristes filent doux. La finale typiquement anglaise
[*honour, glamour*, etc.] s'oppose à notre *-eur* ; mais cette alternance de
sons n'est pas étrangère au français *(meurs/mourir, cœur/courage)* qui
possède aussi *amour* → **Humoriste, humoristique.**

« Ils [les Anglais] ont un terme pour signifier cette plaisanterie, ce vrai comique,
cette gaité, cette urbanité, ces saillies qui échappent à un homme sans qu'il s'en

doute ; et ils rendent cette idée par le mot humeur, *humour,* qu'ils prononcent *yumor ;* et ils croient qu'ils ont seuls cette humeur, que les autres nations n'ont point de terme pour exprimer ce caractère d'esprit. Cependant c'est un ancien mot de notre langue, employé en ce sens dans plusieurs comédies de Corneille. »

VOLTAIRE, Lettre à M. l'abbé d'Olivet, 20 août 1761,
in Œuvres complètes, t. XLVII, p. 171.

« Le même auteur se trompe encore en assurant que les mots anglais *humour* et *spleen* ne peuvent se traduire. Il en a cru quelques Français mal instruits. Les anglais ont pris leur *humour,* qui signifie chez eux plaisanterie naturelle, de notre mot *humeur* employé en ce sens dans les premières comédies de Corneille, et dans toutes les comédies antérieures. Nous dîmes ensuite *belle humeur.* D'Assouci donna son *Ovide en belle humeur ;* et ensuite on ne se servit de ce mot que pour exprimer le contraire de ce que les Anglais entendent. *Humeur* aujourd'hui signifie chez nous chagrin. Les Anglais se sont ainsi emparés de presque toutes nos expressions. On en ferait un livre. »

VOLTAIRE, Dictionnaire philosophique, art. Langues, t. XL, p. 497 (□ 1764).

« HUMOUR, s. m. (Morale.) les Anglois se servent de ce mot pour désigner une plaisanterie originale, peu commune, et d'un tour singulier. Parmi les auteurs de cette nation, personne n'a eu de l'*humour,* ou de cette plaisanterie originale, à un plus haut point que Swift, qui, par le tour qu'il savoit donner à ses plaisanteries, produisit quelquefois, parmi ses compatriotes, des effets qu'on n'auroit jamais pû attendre des ouvrages les plus sérieux et les mieux raisonnés, *ridiculum acri,* etc. C'est ainsi, qu'en conseillant aux Anglois de manger avec des choux-fleurs les petits enfans des Irlandois, il fit rentrer en lui-même le gouvernement anglois, prêt à leur ôter les dernières ressources de commerce qui leur restassent [...]. »

DIDEROT, Encyclopédie, art. Humour, 1765.

« En 1728, on le retrouve dans les *Lettres et Voyages* de C. de Saussure (p. 272). "Ils les émaillent [les pièces] la plupart du temps de mots piquants à double entente que les Anglois appellent *humours* ". Puis dans la traduction du Hudibras, de Samuel Butler (1757), on nous avertit dès la préface : "ce que les Anglois appellent *the humour* est bien intraduisible ; et comme c'est cela qui fait la principale beauté du Poème, on ne peut présumer que ceux qui ne liront que le François y trouvent autant d'esprit que M. de Voltaire." Il est en effet curieux de voir le terme *beauté* appliqué à l'humour anglais, et à cet égard on se rappelle que l'humour est précisément pour Voltaire une expression de l'*urbanité* anglaise. C'est ainsi que Voltaire s'exprima en écrivant le 20 août 1761 à l'abbé d'Olivet.

« Toutefois, dit Brunot, la naturalisation de ce mot sera difficile. Voltaire veut le traduire par *humeur,* Mercier préfère *facesiosité.* Bien que le mot soit employé par Leblanc (1745), Fréron (1753), Voltaire (1761), Diderot (1765, article *humour* de l'Encyclopédie), de Brosses et Charrière (1765), on doit le considérer, sauf peut-être chez ce dernier, comme un terme d'origine étrangère. »

MACKENZIE, t. I, p. 93.

HUNTER ['œntœʀ] *n. m.*

(1802) Cheval de chasse dressé à sauter les obstacles. — REM. : Absent du dict. de Littré 1866 et des dict. de l'Académie.

« La première qualité d'un *hunter* est d'être léger à la main. Il doit avoir la tête petite, le cou mince, l'encolure ferme et arquée ; l'avant-main élevé, l'épaule large, épaisse et oblique ; le coffre ample, afin de laisser de l'espace au mécanisme du cœur et des poumons. »

E. CHAPUS, Le Turf ou les Courses de chevaux en France
et en Angleterre, p. 42 (□ 1853).

« Paganel ouvrait déjà la bouche pour raconter ses impressions de la nuit passée, quand deux jeunes gens apparurent, montant deux chevaux de sang de toute beauté, de véritables "hunters". »

Jules VERNE, Les Enfants du capitaine Grant, p. 187 (□ 1867).

✱ Mot anglais *hunter* n. « chasseur » (de *to hunt* « chasser »), 1250, spécialisé pour les chevaux au XVIIe siècle. Ce mot a passé en français avec d'autres termes de hippisme au début du XIXe siècle (1802, Le Moniteur, *in* Mackenzie). Il n'a jamais été très répandu dans notre langue.

HURDLER ['œʀdlœʀ] *n. m.*

(1930) Coureur de haies. *Des hurdlers.* — REM. : Absent du dict. de l'Académie 1935.

✱ Mot anglais *hurdler* n. (XIXe s.), même sens, de *hurdle* n. « haie » et suff. *-er* « -eur ». Cet emprunt n'est pas signalé par Mackenzie.

HURRA → HOURRA.

HYDROFOIL [idʀofɔjl] *n. m.*

(1960) Embarcation à ailes portantes, qui, à grande vitesse, sort de l'eau.

« Les navires "aile portante" ou "hydrofoil" sont basés sur le principe suivant : à partir d'une certaine vitesse, leur coque est soulevée hors de l'eau afin de réduire la résistance à l'avancement. »

Le Monde, 24 avril 1964 [*in* Gilbert].

« Jusqu'ici, presque tous les systèmes d'hydrofoils, ou bateaux à ailes sous-marines, étaient propulsés par des hélices marines. Mais, lorsqu'on a voulu employer des turbines à gaz à grande puissance, on s'est heurté au problème des réducteurs de vitesse nécessaires pour adapter la très grande vitesse de rotation des turbines à la faible vitesse de rotation des hélices. »   *Science et Vie*, nov. 1966, p. 52.

✳ Mot anglais qui a d'abord désigné vers 1930 (Webster's Second, 1934) une feuille courbe ou plate dessinée pour offrir une certaine résistance à l'eau, proprement « feuille *(foil)* d'eau *(hydro)* ». *Hydrofoil* précède en français *hovercraft** ; les deux types d'embarcation ne fonctionnent d'ailleurs pas de la même façon, et les résultats obtenus ne sont pas les mêmes. On dit aussi *naviplane,* ou *aéroglisseur marin. Hydrofoil* n'est pas à encourager, à cause de sa prononciation aberrante. L'équivalent donné par le *Journal officiel* (12 août 1976) est *hydroptère.*

HYLOZOÏSME [ilɔzɔism] *n. m.*

(1765) Doctrine philosophique selon laquelle la vie est essentielle à la matière, qu'elle lui soit propre, ou communiquée par un principe interne vivifiant (âme du monde).

« HYLOZOÏSME, s. m. (hist. de la Philos.) espèce d'athéisme philosophique, qui attribue à tous les corps considérés en eux-mêmes, une vie comme leur étant essentielle, sans en excepter le moindre atome, mais sans aucun sentiment et sans connaissance réfléchie ; comme si la vie d'un côté, et de l'autre la matière, étoient deux êtres incomplets, qui joints ensemble, formassent ce qu'on appelle *corps* [...]. Tout *Hylozoïsme* n'est pas un athéisme [... mais ...] il faut avouer que l'*Hylozoïsme* est naturellement uni avec la pensée de ceux qui n'admettent que des corps. »   DIDEROT, *Encyclopédie*, art. *Hylozoïsme*, 1765.

« Tel fut l'hylozoïsme antique, hypothèse timide et même contradictoire, qui conservait à la matière son étendue tout en lui attribuant de véritables états de conscience [...]. »

BERGSON, *Essai sur les données immédiates de la conscience*, p. 139, P. U. F. Éd. du Centenaire, 1959 (☐ 1888).

✳ Mot anglais *hylozoism* formé en 1678 par le philosophe Cudworth à partir du grec *hylè* « matière » et *zôè* « vie ». Comme tous les mots savants de ce type, il a passé sans problème en français et en allemand, en espagnol, en italien. Il possède un dérivé *hylozoïste* n. et adj. sans doute emprunté en même temps que lui à Cudworth. La chose a de loin précédé le mot puisque « l'explication hylozoïste du monde est la première qui se soit présentée à l'esprit de ceux qui ont commencé à réfléchir » (V. Brochard). Straton de Lampsaque est considéré comme son premier véritable représentant ; on le rencontre avant lui cependant chez les philosophes Ioniens, après lui chez les stoïciens, les Alexandrins, puis chez quelques modernes (G. Bruno). Kant l'a discutée dans sa *Critique de la faculté de juger*, § 72-73.

HYPNOTISME [ipnɔtism] *n. m.*

1° (1845) Ensemble des phénomènes qui constituent le sommeil artificiel, l'hypnose. — REM. : Signalé dans le dict. de Littré 1866, et seulement en 1935 dans celui de l'Académie.

« La fatigue oculaire, résultant de la position fixe des yeux du sujet attachés sur ceux de l'opérateur, suffit pour engendrer l'*hypnotisme*, ou sommeil nerveux. »

L. FIGUIER, *L'Année scientifique et industrielle*, p. 365, 1880 (☐ 1879).

2° Ensemble des procédés physiques ou psychiques mis en œuvre pour provoquer l'hypnose.

« HYPNOTISME, s. m. [...] Nom donné par le docteur Braid au procédé qu'il emploie pour jeter une personne dans le sommeil somnanbulique [...]. Le succès presque invariable obtenu par M. Braid à l'aide de ce procédé paraît en partie dû à la condition mentale du patient qui, d'ordinaire, est prédisposé à l'*hypnotisme* par l'attente qu'il sera produit certainement, et par l'assurance d'un homme à volonté ferme, déclarant qu'il est impossible d'y résister. »

LITTRÉ et ROBIN, *Dictionnaire de Médecine de Nysten*, art. *Hypnotisme*, Baillière, 1855.

« On commence à partir en guerre contre l'hypnotisme. Quelques personnes demandent que les représentations des hypnotiseurs soient rigoureusement interdites. »   *Le Charivari*, 3 fév. 1892, p. 1.

✳ Francisation de l'anglais *hypnotism* n., de *hypnot(ic)* d'origine grecque, et *-ism*, mot créé par le Dr. James Braid à Manchester en 1842 sous la forme *neuro-hypnotism*, abrégé en *hypnotism* en 1843. Ce mot a eu aussitôt les deux sens qu'il a en français. Il a été introduit dans notre langue très rapidement et le dict. de Bescherelle 1845 le signale déjà au sens 1°. On a parlé aussi de *braidisme* n. m. (vx) d'après J. Braid (→ cit. de P. Larousse). Le mot qui sert à définir *hypnotisme* dans Bescherelle est *hypnalisme* n. (dér. de *hypnal*, serpent dont la piqûre provoquerait un sommeil mortel) mais il ne semble pas que ce mot ait été fort connu. Le seul mot courant de la famille de l'*hypnotisme* qui ait existé en français à l'époque est *hypnotique* adj. (1549) « qui provoque le sommeil ». *Hypnotiser* (v. 1855) vient de *hypnotique*.

I

-IC [ik]

✳ Terminaison que l'on donne à quelques adjectifs et noms, dans la publicité, et qui remplace -ique.

« Du point de vue morphologique, le fait dominant est sans doute la substitution à la désinence -ique d'une désinence sabirale en -ic. Non seulement toutes les salles parisiennes de cinéma ont suivi la nouvelle vague, le new look, et portent comme enseigne : Artistic, Atlantic, Atomic, Celtic, Magic, Majestic, Olympic, Pacific, mais on peut tenir que le jour est proche où la désinence -ic aura complètement éliminé la désinence -ique. Tout le monde boit de la tonic-water, porte la ceinture anatomic, utilise une glacière frimatic, se rase au rollectric ou au lektronic, porte des créations nautic, utilise une huile visco-static, joue de la guitare supersonic, couche sur une literie micromatic, adopte l'allure dynamic, etc. » ÉTIEMBLE, Parlez-vous franglais ?, p. 172 (□ 1964).

✳ Cette terminaison empruntée à l'anglais ne se répand que dans les noms propres publicitaires. Néanmoins elle est soutenue par certains emprunts du type tonic water, basic english. Beaucoup de noms commerciaux sont des mots-valises formés avec automatic (ex. le système de relevé de comptes du C.I.C. qui s'appelle relevématic).

ICEBERG [isbɛʀg] ou moins cour. [ajsbɛʀg] n. m.

(1819) Océanogr. Masse flottante de glace d'eau douce (opposé à floeberg*), dont la majeure partie est sous l'eau, détachée d'un glacier polaire ou d'une barrière flottante. Le Titanic a péri en mer en heurtant un iceberg. — REM. : Signalé dans le Suppl. du Littré 1877, et dans le dict. de l'Académie 1935 seulement.

« De temps en temps une sourde détonation annonce le résultat de la décomposition amenée par la chaleur ; un roulement saccadé se fait entendre, semblable au bruit du tonnerre dans un orage d'automne, et nous voyons la tête d'un iceberg se détacher du tronc, glisser en mugissant, et se précipiter dans l'onde au milieu des nuages d'écume qui jaillissent à une grande hauteur. Le monstre oscille plusieurs fois, comme pour se raffermir sur sa base, ou peut-être en signe de salut aux autres icebergs ; car qui peut traduire le mystérieux langage de la nature ? » Ch. GRAD, Courants et Glaces des mers polaires, 23 fév. 1867, in Revue des cours scientifiques, p. 207.

« Nous avions rencontré notre premier iceberg la veille de notre arrivée au cercle polaire. En entendant la mer briser avec fureur contre la masse encore enveloppée de brume, la vigie fut sur le point de crier : " Terre ! " mais bientôt le formidable colosse émergea du brouillard ; il venait droit sur nous, terrible et menaçant ; nous nous hâtâmes de lui laisser le champ libre. C'était une pyramide irrégulière d'environ trois cents pieds de largeur et cent cinquante de hauteur ; le sommet en était encore à demi caché dans la nuée, mais l'instant d'après, celle-ci brusquement déchirée, nous laissa voir un pic étincelant autour duquel de légères vapeurs enroulaient leurs volutes capricieuses. »

Trad. de J. J. HAYES, *Voyage à la mer libre du pôle arctique* [1860-1862], p. 116 (□ 1868).

« Ce fut ainsi que le *Nautilus*, guidé par cette main habile, dépassa toutes ces glaces, classées, suivant leur forme ou leur grandeur, avec une précision qui enchantait Conseil : icebergs ou montagnes, ice-fields ou champs unis et sans limites, drift-ice ou glaces flottantes, packs ou champs brisés, nommés palchs quand ils sont circulaires, et streams lorsqu'ils sont faits de morceaux allongés. »

J. VERNE, *Vingt Mille Lieues sous les mers*, p. 475 (□ 1869).

✳ Mot anglais *iceberg* n. (1774), du hollandais *ijsberg* (danois *isbjerg* « montagne [*bjerg*] de glace [*is*] ») ; a d'abord signifié « glacier côtier en forme de colline », puis a pris le sens actuel au XIXe siècle (on disait *ice-island* « île de glace »). Le mot *iceberg* a passé en français en 1819 (*Annales de chimie*, 12, p. 301, selon Wartburg). La prononciation donnée par Littré est [ajsbɛʀk] ; il est plus courant aujourd'hui de franciser en [isbɛʀg]. Néanmoins d'autres emprunts en *ice-* [ajs] (voir plus loin) gênent une francisation totale. On peut noter que la forme abrégée de *berg* n. attestée en anglais en 1823, est apparue en français comme variante au XIXe siècle :

« La même cause, agissant sur les montagnes de la glace ou *bergs*, détruit souvent leur équilibre par l'altération de leurs formes. »
J.-R. BELLOT, *Expédition à la recherche de Sir John Franklin*, in *l'Illustration*, 1853 [*in* D.D.L., 2e série, 4].

ICE-BOAT [ajsbot] *n. m.*

(1879) Voilier muni de patins, pour avancer sur la glace. *Des ice-boats*. — REM. : Absent des dict. de Littré et de l'Académie.

« Il en était presque de même au détroit du Grand-Belt. À ce sujet, on peut rappeler comment les communications, et spécialement les communications postales, s'opèrent en hiver entre le Danemark, la Suède et la Norvège. Quand les détroits sont gelés, ou du moins encombrés par les glaces, les magnifiques bateaux à vapeur qui dans l'été entretiennent le service, font place au modeste, mais utile *eisboat*, ou bateau-glace. Le bateau-glace est un solide canot, monté sur des patins. »

L. FIGUIER, *L'Année scientifique et industrielle*, pp. 327-328, 1889 (□ 1888).

✳ Mot anglais *ice-boat, iceboat* n. (1819), de *ice* « glace » et *boat* « bateau ». Il semble que les premiers ice-boats aient fonctionné en Hollande. Le mot a passé en français en 1879 selon Wartburg qui se réfère sans doute à Bonnaffé (absent de Mackenzie). Il est mal asssimilé parce que relativement rare (à la différence d'*iceberg*). On trouve le calque *bateau-glace* chez Figuier (cit ci-dessus) à côté d'une graphie à demi phonétique de l'emprunt.

ICE-CREAM [ajskʀim] *n. m.*

(1895) Glace à base de crème (opposé à *sorbet*). *Des ice-creams*. — Absent du dict. de l'Académie 1935.

« l'"ice-cream", cette friandise nationale pareille à une tranche de savon tricolore, mais délicieuse et froide dans la bouche. »

P. ADAM, *Vues d'Amérique*, p. 99 (□ 1906).

« on peut aussi s'asseoir dans une *cafetaria* qui est de plain-pied avec la piste et les observer en mangeant une ice-cream. »

S. de BEAUVOIR, *L'Amérique au jour le jour*, 3 fév. 1947, p. 37 (□ 1954).

(1905) *Ice-cream soda*, glace molle et mousseuse faite de glace, de sirop et de soda, servie dans un verre. *Des ice-cream sodas*.

« Toute son existence [de la femme américaine] n'est qu'une perpétuelle flânerie : courses dans les magasins, stations prolongées dans les "refreshment rooms" où elle absorbe force ice-cream-sodas et gâteaux, soirées au théâtre ou au concert où elle exhibe, selon sa fortune, des robes et des chapeaux presque toujours "exagérés". »
J. HURET, *En Amérique, De San Francisco au Canada*, pp. 390-391 (□ 1905).

« Park and Tilford où l'on vend les plus beaux fruits et les meilleurs ice-cream sodas de tout Manhattan, caviar, fraises, asperges, grappes de Chanaan. » P. MORAND, *New-York*, p. 123 (□ 1930).

✳ Mot anglais *ice cream* n. (1769), déformation de *iced-cream* « crème (cream) glacée *(iced,* de *to ice)* », qui par ailleurs produit en français le calque *crème glacée* → **Crème glacée.** *Ice cream* a pénétré en français à la fin du XIXᵉ siècle (1895, *Cordon bleu,* I, 456, *in* Mackenzie) mais n'a jamais servi qu'en parlant des réalités des pays anglophones — le véritable anglicisme est *crème glacée. Ice-cream soda,* par contre, a plus de chances en français, car la mixture qu'il désigne n'existait pas en France avant la création des drugstores.

ICE-FIELD [ajsfild] *n. m.*

(1864) *Océanogr.* Vaste champ de glace dans les régions polaires (opposé à *pack**). *Des ice-fields.* — REM. : Absent des dict. de Littré et de l'Académie.

« Pendant cette journée, [le brick] le *Forward* se fraya un chemin facile parmi les glaces à demi brisées ; le vent était bon, mais la température très basse ; les courants d'air, en se promenant sur les *ice-fields* [en note : *champ de glace*], rapportaient leurs froides pénétrations. » J. VERNE, *Les Aventures du capitaine Hatteras,* p. 53 (□ 1864).

« — Tenez, examinez cette plaine immense.
— Dans notre langage de baleiniers, monsieur Clawbonny, nous appelons cela un ice-field, c'est-à-dire une surface continue de glaces dont on n'aperçoit pas les limites. » *Id.,* p. 56.

« Cependant, dans la journée du 16 mars, les champs de glace nous barrèrent absolument la route. Ce n'était pas encore la banquise, mais de vastes ice-fields cimentés par le froid. Cet obstacle ne pouvait arrêter le capitaine Nemo, et il se lança contre l'ice-field avec une effroyable violence. Le *Nautilus* entrait comme un coin dans cette masse friable, et la divisait avec des craquements terribles. [...] Quelquefois, emporté par son élan, il montait sur le champ de glace et l'écrasait de son poids, ou par instants, enfourné sous l'ice-field, il le divisait par un simple mouvement de tangage que produisait de larges déchirures. » Jules VERNE, *Vingt Mille Lieues sous les mers,* La Banquise, pp. 475-476 (□ 1869).

✳ Mot anglais *icefield* n. (1694), littéralement « champ *(field)* de glace *(ice)* ». On dispose en anglais d'un autre terme pour désigner les glaciers : *glacier* n. (empr. au français). Le mot est mal intégré au système français et peu intégrable vu sa basse fréquence. La prononciation **[isfild]** pourrait être alignée sur celle de *iceberg* [isbɛʀg].

On peut noter que la forme abrégée de *field* n. attestée en anglais en 1818 est apparue la première en français :

« ce champ mouvant auquel les premiers navigateurs ont donné le nom de field (plaine) à cause de cela et de bien d'autres raisons sans doute. »
J.-R. BELLOT, *Journal d'un voyage aux mers polaires,* 6 août 1851 [*in* D. D. L., 2ᵉ série, 5].

« quand il s'agit de passer les nuits sur les fields ».
H. FEUILLERET, *Voyage à la recherche de Sir John Franklin,* 1861 [*in* D. D. L., 2ᵉ série, 5].

ICE-FLOE [ajsflo] *n. m.*

(1872) *Océanogr.* → **Floe.** *Des ice-floes.* — REM. : Absent du dict. de l'Académie.

« Lorsque l'été arrive, les rayons solaires échauffent ces larges plaines glacées, de vastes surfaces se détachent et se dirigent en dérive vers des latitudes plus basses, entraînées par les courants de ces parages. De là ces vastes champs de *glace (ice-fields),* qui peuvent avoir en étendue jusqu'à cent milles carrés, et qui, se séparant en fragments plus petits, constituent ces glaces flottantes *(ice floes, ice pack, stream drifts* et *brash ice)* si célèbres. L'épaisseur de ces morceaux de *glace* varie de 1 à 10 mètres. »
P. LAROUSSE, *Grand Dict. universel,* art. *Glace,* 1872.

« Les courants entraînent de plus en plus vite les pans de croûte noire, comme si une débâcle infernale s'emparait d'un *ice-floe* de feu. »
H. TAZIEFF, *Histoires de volcans*, p. 129 (□ 1964).

✻ Mot anglais *icefloe* n. (1819), de *ice* « glace » et *floe* « glace flottante ». Le mot, qui alterne avec *floe* seul dans les textes français depuis 1872, reste peu connu. Il est signalé comme mot anglais dans le *Dict. de Géomorphologie* de Baulig (1956) avec le correspondant français *glaçon*.

ICONIQUE [ikɔnik] *adj.*

(1970) *Didact.* De l'image, de la nature de l'image visuelle ; de la nature de toute image (visuelle, auditive, etc.). *L'onomatopée est un signe iconique.*

« l'analogie iconique — notion qui doit être conservée dans la mesure où elle désigne un caractère très frappant de beaucoup d'images — ne saurait constituer pour la réflexion sur l'image qu'un point de départ [...]. C'est *au-delà* de l'analogie que le travail du sémiologue peut commencer, faute de quoi on pourrait craindre — en caricaturant un peu les choses — qu'il n'y ait plus rien à dire de l'image, sinon qu'elle est ressemblante. »
Ch. METZ, *Au-delà de l'analogie, l'image*, in *Communications*, n° 15, 1970, p. 9.

« Peirce définissait les icones comme *ces signes qui ont une certaine ressemblance native avec l'objet auquel ils se réfèrent* [...]. La définition du signe iconique a connu une certaine fortune et a été reprise par Morris (à qui on doit sa diffusion — et aussi parce qu'elle constitue une des tentatives les plus commodes et apparemment les plus satisfaisantes pour définir sémantiquement une *image*). Pour Morris, est iconique le signe qui *possède quelques propriétés de l'objet représenté*, ou, mieux "qui a les propriétés de ses denotata". »
U. ECO, *Sémiologie des messages visuels*, in *Communications*, id., p. 13.

✻ Francisation de l'anglais *iconic* [ajkɔnik], du bas latin *iconicus,* gr. *eikonikos ;* a d'abord été employé en anglais (1656) et en français (1765, Encycl.) pour qualifier les statues des athlètes vainqueurs de l'Antiquité, d'une facture conventionnelle spéciale. Le mot *iconic* a pris très tôt en anglais un sens plus général de « relatif à l'image » (au sens général de représentation), sens qui n'a que récemment passé en français (Dict. Robert Suppl. 1970), par le vocabulaire de la sémiotique et notamment par les traductions des ouvrages du philosophe américain Ch. S. Peirce (*signes iconiques,* qui représentent ce qu'ils désignent). On emploie aussi *iconicité,* emprunt à l'anglais *iconicity.* Pour distinguer l'image sémiotique de l'icône, le français emploie à présent *icone* n. m.

IDÉO-MOTEUR, TRICE [ideɔmɔtœʀ, tʀis] *adj.*

(1908) *Psychol. Action idéo-motrice*, par laquelle toute représentation d'un mouvement tend à produire ce mouvement.

✻ Calque de l'anglais *ideomotor* adj. (*ideo-motor*, 1874) mot créé par W. B. Carpenter qui oppose *ideo-motor action* à *volitional action* (*Mental. Physiol.* II, ch. XIV, p. 557). Cet emprunt est signalé par Mackenzie en 1932 ; il figure déjà dans l'*Encyclopédie universelle du XXᵉ siècle* (1908).

IGNITEUR [ignitœʀ] *n. m.*

(XXᵉ s. : 1962 Larousse) *Techn.* Électrode qui sert à l'allumage périodique de l'arc dans certains tubes redresseurs → **Ignitron.** — REM. : D'abord écrit *igniter* [ignitœʀ].

« *Igniter :* Électrode d'amorçage de la tache cathodique dans un ignitron, mise au point par Slepian. C'est une électrode auxiliaire en matériau semi-conducteur (carbure de bore, nitrure de bore, ou graphite), qui plonge dans le mercure. La tache cathodique qui est entretenue par le courant anodique est déclenchée par cet igniter. Pour cela, une impulsion de forte puissance (décharge d'un condensateur ou autre procédé) est appliquée à l'igniter pendant un court instant. Ang. Igniter. » *Mémento d'électronique*, art. *Igniter*, éd. publ. Radio-Prim, 1963.

✻ Francisation de l'anglais *igniter* n. (1887) « allumeur (appareil) », de *to ignite* « chauffer au rouge » (latin *ignitus*) ; on trouve aussi la forme *ignitor*. Ce calque s'intègre bien dans la famille savante *igné, ignition, ignifuge*, etc. Mais sa morphologie est anormale en français (pas de verbe **igniter*).

IGNITRON [ignitʀɔ̃] *n. m.*

(1960) Tube redresseur à igniteur → **Igniteur.**

« *Ignitron :* Tube redresseur à vide entretenu ou scellé qui se présente comme un tube triode composé d'une cathode en mercure, d'une électrode d'amorçage et d'une anode. Le rôle de l'électrode d'amorçage est très important car elle doit amorcer le tube à chaque alternance. »   *Dictionnaire memento d'électronique*, art. *Ignitron*, éd. Dunod, 1969 (□ 1960).

✻ Mot anglais *ignitron* n. (Webster's Third, 1969, absent du Webster's Second 1934), de *igni-* « feu » et *-tron* (Cf. français *cyclotron*, etc.). Signalé en français dans le Grand Larousse encyclopédique 1960.

ILLUSTRER [i(l)lystʀe] *v. tr.*

(1836) Accompagner (un texte) de gravures, dessins, photos. *Illustrer un livre. Édition illustrée.*

✻ Emprunt sémantique de l'anglais *to illustrate*, 1638 dans ce sens, spécialisation de « rendre clair par un exemple » (1612), sens qui est aussi français. Il existait évidemment de nombreux livres français illustrés avant 1836 (D. D. L., II, 15) ; on disait alors *orné, accompagné, enrichi* (de vignettes, gravures, figures, dessins, etc.). Ainsi « Jules Gérard, *La Chasse au lion*, orné de gravures dessinées par Gustave Doré » (1855) devient, en 1874, « *La Chasse au lion*, Nouvelle édition illustrée de vingt-trois gravures [...] par Gustave Doré ». Le mot ne s'est vraiment généralisé qu'à la fin du XIXᵉ s. avec l'essor de la photo. Le mot *illustration* n. f. a suivi la même évolution.

IMMATURE [immatyʀ] *adj.*

(1897) Qui n'a pas atteint la maturité, le plein développement (organes, plantes, animaux, personnes).

« On trouve aussi des œufs morts, en voie de résorption, dans les ovaires immatures. »
F. HENNEGUY et C. R. CUNNINGHAM, *Histologie de l'ovaire de certains poissons*, in *L'Année biologique*, p. 94 (□ 1897).

« Les jeunes bandits qui ne font pas vraiment partie du milieu mais tentent de s'y incorporer sont plus souvent déséquilibrés psychiquement, immatures, présentant des tendances perverses, moins assurés d'eux-mêmes, parfois suicidaires. »   *Sciences et Avenir*, n° 16, 1975, p. 67.

✻ Reprise par l'anglais *immature* adj. (1548 ; du latin *immaturus*), de l'ancien mot français du XVIᵉ siècle *immature* adj., même sens, latinisme qui avait disparu depuis lors. Il se peut que le néologisme *immaturé, ée* adj. (*in* Gilbert) vienne aussi de l'anglais *immatured* (1803). Le mot *immaturation* n. f., quoique rare, existe depuis longtemps en français.

« il y exécute des rétablissements la contraction des bras maigres tire sur chaque muscle immaturé »   T. DUVERT, *Paysage de fantaisie*, p. 146 (□ 1973).

IMPEACHMENT [impitʃmənt] *n. m.*

(1778) Procédure de mise en accusation publique contre un membre du Parlement, devant la Chambre des Lords (en Grande-Bretagne) ; ou (aux États-Unis) contre un homme politique, y compris le Président, devant le Sénat (l'accusateur étant la Chambre des représentants).

« le Secrétaire à la Guerre, convaincu d'avoir touché $ 6 000 l'an pour favoriser illégalement un trafiquant indien, n'échappa à l'*impeachment* que par une démission précipitée. »
E. PRÉCLIN, *Histoire des États-Unis*, p. 164 (□ 1937).

✳ Mot anglais *impeachment* « obstacle, difficulté ; dommage » attesté en 1432 et spécialisé dans ce sens en 1640. De *to impeach* « empêcher », d'origine latine comme le français *empêcher*. Le mot a été emprunté tel quel, malgré les difficultés graphiques et phonétiques, et le *Courrier de l'Europe*, qui l'atteste au XVIIIe s., est très clair sur son statut linguistique : il s'agit d'un mot institutionnel anglais, bien plutôt que d'un anglicisme. La traduction par *empêchement* serait un faux-sens, la personne pouvant être empêchée d'exercer ses fonctions pour d'autres raisons ; *mise en accusation* ou *demande de destitution*, si l'on n'est pas juriste international sont des approximations très suffisantes.

> « le jour d'enquête et d'*impeachment* approchoit [...]. Le mot impeachment pourroit se traduire par *accusation, dénonciation publique*, mais comme il est consacré uniquement aux accusations intentées en Parlement contre un des Membres qui ne peut être jugé que par ses Pairs, afin qu'on ne confondit pas les objets, nous avons cru ce mot nécessaire. Les *impeachments* sont toujours portés et jugés à la Chambre des Pairs. »
>
> *Courrier de l'Europe*, 20 mars 1778 [*in* Proschwitz, p. 249].

IMPÉDANCE [ɛ̃pedɑ̃s] *n. f.*

(1904) *Électr.* Grandeur qui est, pour les courants alternatifs, l'équivalent de la résistance pour les courants continus. — REM. : Absent du dict. de l'Académie 1935.

> « Dans le cas d'un courant alternatif de fréquence donnée, l'impédance est définie par le rapport de la tension efficace d'origine à l'intensité efficace du courant qui traverse le circuit. Si le circuit est dépourvu d'*inductance* et de *capacité*, l'impédance se confond avec la *résistance ohmique* du circuit. Si le circuit contient une *bobine d'inductance*, elle introduit un élément de *résistance apparente* (réactance de self). Il en est de même s'il contient un *condensateur* (réactance de capacité). Les éléments de résistance apparente se combinent avec la résistance ohmique, pour constituer l'impédance du circuit, c'est-à-dire sa résistance apparente totale. »
>
> J. BRUN, *Dict. de la radio*, art. *Impédance*, Albin Michel, 1948.

> « Prenons une résistance présentant de la self-induction, et faisons-y passer un courant alternatif [...]. Tout se passe [...] comme si la self opposait au passage du courant une *résistance apparente* ou *impédance Z* plus grande que la résistance ohmique R. »
>
> EURIN et GUIMIOT, *Physique*, Classe de Math., p. 377, Hachette, 1960 (□ 1958).

✳ Mot anglais *impedance* n., créé en 1886 par Heaviside d'après *to impede* « entraver » (latin *impedire* même sens) : *let us call the ratio of the impresses force to the current in a line when electrostatic induction is ignorable the Impedance of the line, from the verb impede* (Heaviside, *Electr. Pap.* II, 64, *in* Oxford Dict.).

Ce mot a passé dans le vocabulaire français de l'électricité comme beaucoup de noms d'unités physiques et chimiques empruntées à l'anglais. On le repère dans les dictionnaires généraux en 1931 (Larousse du XXe s.), dès 1904 dans un technologique trilingue (*in* D.D.L.). Il est aisément assimilable pour la prononciation et la graphie ; mais sa morphologie est obscure en français, *impédant n'existant pas (*brillant* → *brillance*).

IMPÉRIALISME [ɛ̃peʀjalism] *n. m.*

(1880) Politique d'un État qui vise à réduire d'autres États sous sa dépendance politique et économique. — REM. : Figure dans le dict. de l'Académie 1935. — *En termes de marxisme-léninisme*. Stade final du capitalisme où domine le capital financier et où le besoin de débouchés entraîne la conquête de nouveaux territoires (donc la guerre).

> « Le nom d'Empire britannique appliqué à l'ensemble des possessions anglaises remonte au milieu, peut-être au commencement de ce siècle. L'impérialisme s'est développé surtout depuis le ministère Disraeli, qui fit proclamer la reine impératrice des Indes et qui reprit la politique d'expansion coloniale. Le mouvement avait commencé vers

1868, par réaction contre l'abandon des colonies à elles-mêmes, pratiqué par les libéraux manchestériens alors au pouvoir. »
LAVISSE et RAMBAUD, *Histoire générale*, t. XII, p. 160 (□ 1902).

« Même l'impérialisme qui, maintenant réussit à enthousiasmer la foule, semble exprimer un seul besoin net. Devant l'avenir, ce peuple entend faire la preuve indiscutable de sa majesté productrice. »
P. ADAM, *Vues d'Amérique*, p. 16 (□ 1906).

« Cette politique de l'Angleterre !... Ce mélange de sermons altruistes pour notre usage et d'impérialisme égoïste pour leur compte !... Sont-ils sincères ? peuvent-ils l'être ? »
A. MAUROIS, *Les Discours du docteur O'Grady*, p. 225 (□ 1922).

« Que le prétendu tiers monde ne soit que les communs de l'impérialisme n'empêche pas, mais fait au contraire qu'il appartient à l'impérialisme. L'expression "tiers monde" tend cependant à masquer cette réalité, elle est objectivement mystifiante. »
P. JALÉE, *Le Pillage du Tiers-Monde*, p. 7, F. Maspero, 1968 (□ 1965).

✱ « De l'anglais *imperialism* n., de *imperial* adj., lui-même de l'ancien français *emperial, imperial* adj. (latin *imperialis*). Il a d'abord signifié en anglais « le système de gouvernement d'un empereur », notamment le « despotisme » (1858) : *Roman imperialism had divided the world into master and slave* « le pouvoir de l'Empire romain avait divisé le monde en maîtres et en esclaves » (Pearson, 1861, *in* Oxford dict.). Puis il s'est appliqué à la politique anglaise de Disraeli vers 1874 ; Disraeli, chef du parti Tory, prit le pouvoir à cette date, et inaugura une politique extérieure très active ; il n'y avait pas de nuance péjorative dans le mot *imperialism* qui était employé par ses propres partisans. Voici la définition qu'en donne l'Oxford dict. : *In recent British politics, the principle or policy of seeking, or at least not refusing, an extension of the British Empire in directions where trading interests and investments require the protection of the flag ; and of so uniting the different parts of the Empire having separate governments, as to secure that for certain purposes, such as warlike defence, internal commerce, copyright, and postal communication, they shall be pratically a single state.* « Récemment, dans la politique britannique, le principe ou la politique de recherche (ou au moins d'acceptation) d'une expansion de l'Empire britannique dans les directions où les intérêts du commerce et des investissements requièrent la protection du drapeau ; le principe ou la politique qui consiste à réunir les différentes parties de l'Empire ayant des gouvernements séparés en faisant en sorte que dans certains domaines comme la défense armée, le commerce intérieur, les droits d'auteur, les communications postales, elles forment pour ainsi dire un seul et même état. » Le mot s'est appliqué très tôt à la politique d'expansion économique des États-Unis. C'est pour ainsi dire la prise en charge de ce terme par le vocabulaire marxiste-léniniste qui lui a donné son sens péjoratif (Lénine, *L'Impérialisme, stade suprême du capitalisme*, 1916, mais l'idée est déjà développée par lui en 1899).
Le mot *impérialisme* existait en français depuis 1832 avec le sens de « attitude des partisans de l'Empire en France » opposé d'une part à *royalisme* et d'autre part à *républicanisme*, sens qui a peu de rapport avec le sens anglais, c'est l'idée de « puissance d'Empire (romain) » qui domine et non celle de « gouvernement d'un empereur ». Il a pris ce sens en 1880 (*Le Figaro*, 4 fév. 1880, p. 5, selon Mackenzie). D'autre part, le mot *impérialiste* est beaucoup plus ancien en français au sens de « partisan de l'Empereur d'Allemagne » (xvie s.) → **Impérialiste.**

IMPÉRIALISTE [ɛ̃peʀjalist] *adj.* et *n.*

(1893) *Adj.* De l'impérialisme. *Politique, guerre impérialiste.*
— *N.* Partisan de l'impérialisme. *Les impérialistes.* — REM. : Figure dans le dict. de l'Académie 1935.

« Les *impérialistes* ou partisans de la fédération entendent respecter et même augmenter l'autonomie coloniale. Mais ils pensent qu'il serait profitable à la fois pour les colonies et pour la métropole de resserrer les liens politiques et économiques qui les rattachent. Les uns proposent un *zollverein*, les autres voudraient simplement une entente pour la

défense commune, analogue à celle qui s'est faite entre l'Australie et le Royaume-Uni. »
LAVISSE et RAMBAUD, Histoire Générale, t. XII, p. 159 (□ 1902).

« La première tentative d'impérialisme politique eut lieu pendant la guerre de Sept ans, lorsque l'Angleterre voulut faire supporter aux colonies américaines une partie des frais qu'elle nécessitait. Cette première tentative fut suivie d'une réaction formidable et la révolution américaine, qui en fut la conséquence, enraya pour un moment la folie impérialiste anglaise. »
J. HURET, En Amérique, De San Francisco au Canada, p. 438 (□ 1905).

« le public commença de penser que, si la politique pacifiste de Gladstone était sans gloire, la politique impérialiste de Disraëli n'était pas sans danger. »   A. MAUROIS, Histoire d'Angleterre, p. 672 (□ 1937).

« [...] Disraëli et ses amis se proclamaient "impérialistes". L'idée d'Empire, défaillante depuis la mort de Chatham et la perte des colonies américaines, renaissait dans l'imagination romantique de Disraëli. Avant Chamberlain, avant Rhodes, avant Kipling, il proposait à l'Angleterre une image toute romaine de son rôle et de ses devoirs dans le monde. »
Ibid., p. 670.

✳ De l'anglais imperialist n. et adj. (de imperial, lui-même emprunté à l'ancien français) ; imperialist a d'abord le sens de « partisan de l'Empereur d'Allemagne » (XVIe s.), puis « partisan d'un empereur » (XVIIe s.), « partisan français de Bonaparte » (1800) et « partisan de l'impérialisme anglais » (fin XIXe s.). Le français possède le mot impérialiste depuis le XVIe siècle au premier sens, et depuis la fin du XIXe siècle au sens de « partisan de Bonaparte ». On le trouve chez Proust (Jean Santeuil, 1900, p. 426) et chez Mérimée (D.D.L., 2e série, 3), on rencontre anti-impérialiste. Ce n'est donc que le sens politique actuel qui constitue un emprunt à l'anglais. Cet emploi est relevé par Mackenzie dans le Temps, 22 septembre 1893, comme adjectif, et en 1901 dans Lavisse et Rambaud comme substantif → **Impérialisme.**

IMPLOSION [ɛ̃plozjɔ̃] *n. f.*

1° (v. 1914) *Phonét.* Première phase de l'articulation d'une occlusive.

2° (v. 1960) *Phys.* Irruption d'un fluide à l'intérieur d'une enceinte où la pression est plus faible (contr. *Explosion*).

« D'autre part, la vie urbaine n'a pas disparu avec l'explosion de sa morphologie ancienne. Au contraire : le processus d'explosion s'accompagne paradoxalement d'une implosion. Ici, la vie urbaine se concentre et s'accentue dans ce qui reste de l'ancienne morphologie (villes et quartiers anciens). »   H. LEFEBVRE, La Vie quotidienne dans le monde moderne,
p. 326 (□ 1968).

✳ De l'anglais implosion, subst., de to implode d'après explosion ; 1877 en phonétique, 1880 en physique. Cet emprunt apparaît tardivement en français comme terme de physique. L'adj. implosif, ive (1933) est aussi emprunté à l'angl. implosive adj. (1877).

IMPOPULAIRE → POPULAIRE.

IMPORTATION [ɛ̃pɔʀtasjɔ̃] *n. f.*

(1734) Action d'importer (des marchandises) ; entrée de marchandises achetées à l'étranger. *Produit d'importation.* — (1772) Marchandises importées. — REM. : Signalé dans le dict. de l'Académie 1762.

« Là où il y a du commerce, il y a des douanes. L'objet du commerce est l'exportation et l'importation des marchandises en faveur de l'État, et l'objet des douanes est un certain droit sur cette même exportation et importation, aussi en faveur de l'État. »
MONTESQUIEU, L'Esprit des lois, in Œuvres complètes, p. 353 (□ 1748).

« La compagnie des Indes occidentales ne fut pas moins encouragée
que les autres : le roi fournit le dixième de tous les fonds. Il donna trente
francs par tonneau d'exportation et quarante d'importation. »
> VOLTAIRE, *Du siècle de Louis XIV*, t. XX, p. 238 (□ 1751).

✳ Mot anglais *importation* n. (XVIIe s.), de *to import* « importer », sens
commercial. Ce mot a passé en français en 1734 (*Melon, in* Brunot,
t. VI, p. 329) en même temps que le mot *exportation*. Selon Brunot
importation reste rare au XVIIIe siècle — disons plutôt, technique (il existe
de nombreuses attestations) → **Importer.** Depuis le XIXe s., ce mot est
parfaitement intégré au français.

IMPORTER [ɛ̃pɔʀte] *v. tr.*

(1396) Introduire dans un pays (des marchandises provenant
de l'étranger). — REM. : Ne donne pas lieu à un article dans le
dict. de l'Académie 1762 qui le signale à *importation*.

« Les Hambourgeois et même les Hollandais avaient contracté
l'habitude de fréter les vaisseaux de ces étrangers, pour importer chez
eux les productions des plus riches climats de l'Europe. »
> G. RAYNAL, *Histoire philosophique des Indes*, 1772
> [*in* Littré, art. *Importer*].

✳ Mot repris à l'anglais *to import* v. (latin *importare*) ; *importer* avait,
en ancien français et antérieurement, le sens de « mettre (une somme)
dans une entreprise commerciale commune ». Le sens emprunté est
très ancien (1396, selon Wartburg, art. *importare*) → **Exporter.** Le
français a formé sur *importer* le dérivé *importateur* (1756) ; mais il y a
eu une tentative infructueuse d'emprunt *importeur* n. (1764, de l'anglais
importer n., XVIIe siècle).

« je dirois que je trouverois plus raisonnable de gratifier l'"importateur" de
grains que l'exportateur. »
> Marquis de MIRABEAU, *L'Ami des hommes ou Traité de la population*, 1755
> [*in* Brunot, t. VI, 1-a, p. 330].

« En accordant aux "importeurs" de rum la permission de débarquer [....]. »
> CHAMBON, *Commerce de l'Amérique*, 1764 [*in* Brunot, t. VI, 1-a, p. 330].

IMPORT-EXPORT [ɛ̃pɔʀɛkspɔʀ] *n. m.*

(XXe s.) Commerce de produits importés et exportés. *Une
maison d'import-export.*

« Troisième vendeur d'or après l'U.R.S.S. et les U.S.A., le cheikh
Rachid a prévu la construction de nouveaux bassins pour développer
cette fructueuse activité d'import-export. » *Paris-Match*, 8 janv. 1972, p. 29.

« [La banque newyorkaise] y facilitera les échanges entre le *big
business* américain et les centrales d'import-export soviétiques, qui ont
connu depuis quelques années un essor remarquable. »
> *Le Nouvel Observateur*, 9 juin 1973, p. 37.

✳ De l'anglais *import-export*, « importation-exportation » plutôt qu'abrév.
française de *importation-exportation*.

IMPROPER [impʀɔpœʀ] *adj.*

(1830) *Vx.* Qui n'a pas de bonnes manières. — REM. : Absent
de tout dict.

« les Chattes anglaises enveloppent dans le plus profond mystère les
choses naturelles qui peuvent porter atteinte au respect anglais, et
bannissent tout ce qui est *improper*, en appliquant à la créature, comme
vous l'avez entendu dire au révérend docteur Simpson, les lois faites par
Dieu pour la création. »
> BALZAC, *Peines de cœur d'une chatte anglaise*, p. 435 (□ 1842).

« Dans sa curiosité de voyageur, Gérard de Nerval avait franchi la
ligne de démarcation qui sépare les premières des secondes ; une
conversation s'était engagée entre lui et un Marseillais, et par ce contact,
malgré son habit noir, ses bottes vernies et ses gants blancs, il avait
perdu tout droit à la considération des gens comme il faut, des
gentlemen. Il était devenu *improper* et chacun lui tournait brusquement
le dos. » Th. GAUTIER, *Syrie*, pp. 217-218 (□ 25 déc. 1860).

✻ Mot anglais *improper* adj. (XVIᵉ s.), de *proper* « propre à », d'après l'ancien français *impropre*. Ce mot anglais a à peu près les mêmes sens que *impropre* sauf celui-ci, tout à fait spécial, qui apparaît au XVIIIᵉ siècle. Il est emprunté en français au moment de la *fashion** en 1830 (Stendhal, Lord Byron en Italie selon Mackenzie) et il a peu vécu. Nous ignorons tout de la prononciation qu'il avait alors.

IMPULSER [ɛ̃pylse] *v. tr.*

(1966) Donner une impulsion à...

« Le patronat et les chefs du personnel rabâchent le même refrain : "J'ai besoin d'un jeune qui puisse *impulser (sic)* mon service, d'un jeune qui s'intègre à l'équipe". »   *Le Monde*, 28 oct. 1966 [*in* Gilbert].

✻ Adaptation du verbe angl. *to impulse,* de même origine latine que le franç. *impulsion ;* était donné pour archaïque (« now rare ») par le Dict. d'Oxford, mais semble avoir trouvé une nouvelle vigueur vers 1930 (Oxford Suppl.).

IN [in] *adj. invar.*

1° (1965) À la mode, dans le vent. *Des gens très in. Un spectacle in.*

« C'est l'endroit chic, bien, snob, élégant, racé, comme il faut, "up", "in", "V.I.P.", "high level"... de la région ... »
          L. CHOUCHON, *Guide de l'homme seul en province*, p. 85 (□ 1970).

« Dans les boîtes "in" d'Abidjan on danse le jerk. »
          Lectures pour tous, mai 1971, p. 39.

« Le Hung ne fait pas exception qui, il y a trois ans, avec *Delphine,* nous a donné un film terriblement *in.* »
          Les Nouvelles littéraires, 21 août 1972, p. 23.

✻ Mot anglais *in* adv. et adj. (de *in* « dans », préposition, mot d'origine germanique apparenté au latin *in*) ; a pris au début du XIXᵉ siècle, en anglais, le sens « de saison (fruits, etc.) », « à la mode » : *jewelry is in this year* « les bijoux sont à la mode cette année » (G. A. Wagner, *in* Webster's Third, p. 1139). Ce mot s'est répandu en français vers 1965 (Gilbert) pour qualifier ce qui est à la mode (*in* est in !), succédant à l'expression *dans le vent.*

2° (1972) *Adv.* et *adj.* Qui fait partie d'un programme (opposé à *off* qui se passe hors programme). — REM. : Absent de tout dictionnaire.

« Qu'est-ce qui est "in", qu'est-ce qui est "off" ? Seuls les organisateurs le savent. »   *L'Express*, 7 août 1972, p. 42.

« Les manifestations *off* se sont multipliées à tel point qu'il y a, parfois, plus de quarante spectacles par jour. Ce qui était *in* hier est *off* aujourd'hui [...]. Ce qui était *off* l'année dernière est devenu *in* [...]. Enfin on peut être *in* et *off* tout à la fois [...]. »
          Le Nouvel Observateur, 31 juil. 1972, p. 38.

« Le mois gargantuesque d'Avignon s'est achevé [...]. In et off, un total d'au moins 654 représentations recensées dans 44 lieux différents, qui vont du Palais des Papes et des cloîtres au préau d'école et à la cour d'h.l.m. »   *Les Nouvelles littéraires*, 21 août 1972, p. 19.

✻ De l'anglais *in* proprement « à l'intérieur » et *off* « à l'extérieur ».

IN(-)AND(-)IN [inɛndin] *adv.* et *n. m.*

(1835) *Adv.* Par accouplements consanguins (mode de sélection). — *N. m.* Mode de sélection par accouplements consanguins. — REM. : Absent des dict. de l'Académie et de Littré.

« on abrège beaucoup le temps nécessaire pour que la transformation désirée des races d'élevage s'accomplisse, en mariant les frères avec les sœurs, le père avec les filles, la mère avec les fils. Ce second procédé, très en usage en Angleterre, d'où il est passé en France, est connu par nos voisins sous le nom de *breeding in and in*, ce que nous traduisons par ces mots "reproduction en famille". »

M. de QUATREFAGES, in *Revue des cours scientifiques*, 2 oct. 1868, p. 710.

« les zootechniciens considèrent les accouplements consanguins comme le moyen le plus prompt et le plus efficace de perfectionner les races. Les habiles éleveurs qui ont amélioré celles que nous admirons le plus, ont accouplé les animaux précisément en proche parenté, *in and in*, comme disent les Anglais. »

L. FIGUIER, *L'Année scientifique et industrielle*, p. 341, 1863 (□ 1862).

✳ Mot anglais *in and in* ou *in-and-in* adv., littéralt « dedans et dedans », proprement « de plus en plus loin à l'intérieur » (XVIIᵉ s.) spécialement employé (1765) pour signifier « constamment à l'intérieur du même groupe consanguin » *(to breed in and in, to marry in and in)*. Ce mot apparaît en 1835 selon Mackenzie (Blaine-Delaguette, *Pathol. canine*, p. 123), dans les dictionnaires, en 1848, selon Wartburg. Il est resté un terme technique. Les Anglais ont aussi un nom *inbreeding* « engen-drement à l'intérieur (d'un groupe) » dont le sens s'approche de celui de notre *endogamie** (lui-même emprunté) et que F. de Grand Combe souhaite voir apparaître en français.

« Plutôt que de prendre aux Anglais des termes dont nous n'avons nul besoin, ne serait-il pas infiniment préférable de leur emprunter les mots qui nous manquent et dont on ne peut, en français, exprimer le sens que par le détour d'une longue périphrase... Je me bornerai à en citer un petit nombre, en donnant pour chacun la traduction : [...]
inbreeding : "accouplement d'animaux consanguins" [...]. »

F. de GRAND COMBE, *De l'anglomanie en français*,
in *Le Français moderne*, oct. 1954, p. 273.

INCENTIVE [insɛntiv] *n. m.*

(1969) Facteur de stimulation psychologique.

✳ Mot anglais *incentive* (v. 1450) « ce qui excite, pousse à faire qqch. », du latin *incentivus* « incitation », de *incinere*.

« INCENTIVES n. m. pl. (mot anglais). Désigne en psychologie (scolaire notamment) les facteurs de stimulation de nos activités. À rapprocher de *motivation* qui est cependant un mot d'allure plus latine et de sens plus large, désignant tous les motifs qui expliquent nos comportements individuels ou collectifs.
Constatant, d'après des études de marché, que le voyage est "la meilleure source de stimulation pour le personnel d'une entreprise", une compagnie aérienne propose, à des prix intéressants, des *incentives* ou "voyages de stimulation" réservés à des groupes d'au moins vingt personnes (1969, *Le Monde*). Un mot à retenir, puisque la publicité le découvre. *Incitateur(s)* signifierait la même chose, mais il y manquerait la pointe de préciosité qu'ajoute l'anglicisme. »

J. GIRAUD, P. PAMART, J. RIVERAIN, *Les Mots « dans le vent »*, p. 128 (□ 1971).

INCH [inʃ] *n. m.*

(1669) Mesure de longueur anglaise, douzième partie du pied, qui vaut 2,54 cm. *Cinq inches* [inʃ]. — REM. : Absent des dict. de l'Académie et de Littré.

« les mesures longues d'Angleterre, sont le pouce, *jnch* ; la palme, *palm* ; l'empan, *span* ; le pié, *foot* ; la coudée, *cubic* ; la verge, *yard* ; le pas, *pace* ; la brasse, *fathom* ; la perche, *pole* ; le stade, *furlongue* ; le mille, *mile*. » Chevalier de JAUCOURT, art. *Mesure*, in *Encycl. Diderot*, 1765.

✳ Mot anglais *inch* n., plur. *inches*, de l'ancien anglais *unkya (du latin *uncia* « douzième partie » qui a donné aussi, en anglais *ounce* et en français *once* n. f.). Ce mot apparaît en 1669 en français dans Chamberlayne (*L'État présent d'Angleterre*, t. I, p. 17) selon Mackenzie.

INCHANGÉ, ÉE [ɛ̃ʃɑ̃ʒe] *adj.*

(1793) Qui n'a pas changé (situation, état). *La situation financière est, reste, demeure inchangée.* — REM. : Absent des dict. de l'Académie ; figure dans le dict. de Littré 1867.

✳ Francisation de l'anglais *unchanged* p. p. adj. (*unchaunged*, 1387) de *un-* « *in-* » et *changed* « changé », qui a un emploi plus général qu'en français. Cet emprunt date de 1793 selon Mackenzie (Pougens, *Vocabu-laire de nouveaux privatifs français*).

« Chaque langue, on le sait, a ses alliances de mots qui ne se laissent pas traduire littéralement. Ne parlons pas de "pertes sévères" *(severe losses)*, mais de "fortes pertes". L'état du malade est "sans changement" *(unchanged)* et non "inchangé". »   J. DARBELNET, *Regards sur le français actuel*, p. 13 (□ 1963).

INCIDENCE [ε̃sidɑ̃s] *n. f.*

1° (1626) Rencontre d'un rayon, d'une ligne, ou d'une surface avec une ligne, une autre surface. — REM. : Signalé dans le dict. de l'Académie 1762, et dans le dict. de Littré 1867.

« Et ainsi vous voyez facilement comment se fait la réflexion, à savoir selon un angle toujours égal à celui qu'on nomme l'angle d'incidence. Comme si un rayon, venant du point A, tombe au point B sur la superficie du miroir plat CBE, il se réfléchit vers F, en sorte que l'angle de la réflexion FBE n'est ni plus ni moins grand que celui de l'incidence ABC. »   DESCARTES, *La Dioptrique*, disc. II, in *Œuvres et lettres*, p. 191, Pléiade, 1958 (□ 1637).

2° (1952) *Fig.* Effet, Conséquence.

« L'incidence possible des déclarations du chancelier sur la ratification des accords [...]. »   *Le Monde*, 9 mars 1955 [*in* Gilbert].

✳ Reprise à l'anglais *incidence* n. (emprunté de l'ancien français *incidence* XVe siècle « caractère de ce qui est incident ») du sens physique de ce mot (début XVIIe siècle). Apparaît en 1626 chez Mersenne selon Wartburg. Le tout nouveau sens figuré « conséquence » est aussi un anglicisme (*incidence* n. 1846, « the range or scope of a thing, the extent of its influence or effects », Oxford dict.). Il est critiqué par les puristes.

« C'est encore l'influence de l'anglais (par anglais il faut comprendre aussi américain) qui infléchit des mots bien de chez nous, comme *incidence, accent* et *valable*, vers des sens inédits qui ne ressortissent plus à l'usage traditionnel du français [...]. On emploie [...] *incidences budgétaires* (encore un anglicisme) pour conséquence ou répercussions [...]. »   R. GEORGIN, *Comment on parle au Parlement*, in *Défense de la langue française*, juil. 1959, pp. 15-16.

INCIDENTEL, ELLE [ε̃sidɑ̃tεl] *adj.*

(1783) Relatif à un incident, qui constitue un incident. — REM. : Absent des dict. de l'Académie ; signalé dans le dict. de Littré, Additions 1872.

« Depuis que la conservation de la Saxe et l'expulsion de Murat étaient devenues de graves sujets de négociations qu'il n'était pas possible de résoudre d'une manière incidentelle, à propos d'une simple question de forme [...]. »
THIERS, *Histoire du Consulat et de l'Empire*, t. XVIII, 1860 [*in* Littré, Additions].

✳ Le mot *incidentel* adj. existe en ancien français (1495 *incidentalle*) pour qualifier ce qui se rapporte aux incidents d'un procès. Il a été repris grâce à l'anglais *incidental* adj. (de *incident* et *-al*), XVIIe siècle, dans un sens plus général. Mackenzie signale son apparition en français dans Linguet, *Annales*, XIV, 1783.

INCONDITIONNEL, ELLE [ε̃kɔ̃disjɔnεl] *adj.*

1° (1777) Qui ne dépend d'aucune condition.

2° (v. 1960) Qui suit en toutes circonstances et sans discussion les décisions d'un homme, d'un parti.

✳ Le mot est formé sur *conditionnel*, mais s'inspire de l'angl. *inconditional* (1651), variante archaïque de *unconditional*. Le sens 2° ne semble pas influencé par l'anglais.

INCONFORTABLE → CONFORTABLE.

INCONSISTANCE [ɛ̃kɔ̃sistɑ̃s] *n. f.*

(1755) Incompatibilité entre plusieurs choses. — (mil. XXᵉ s.) Incohérence, contradiction d'un ensemble dont les éléments sont incompatibles. *Inconsistance d'une théorie.* — REM. : Absent des dict. de Littré et de l'Académie.

« Hantés par le "spectre" *(Gespenst)* de la contradiction nous nous évertuons en quelque sorte à prendre nos instruments linguistiques en flagrant délit d'"inconsistance", et, pour ce faire, nous construisons des énoncés marginaux déconcertants dont la fonction exacte dans le jeu et le sens précis nous échappent [...]. »
J. BOUVERESSE, *Philosophie des mathématiques*,
in *Cahiers pour l'Analyse*, hiver 1969, p. 198 (□ 1967).

✴ *Inconsistance* existe en français depuis 1738 avec d'autres emplois. Ce sens est repris à l'anglais *inconsistency* n., XVIIᵉ siècle, employé en logique au début du XIXᵉ siècle pour *contradiction*. La première pénétration en français remonte à un texte de Rouquet, *État des Arts en Angleterre*, p. 108 (*in* Mackenzie). On emploie surtout ce mot depuis la seconde moitié du XXᵉ siècle en logique et en épistémologie. On traduit aussi par *incohérence* ou *contradiction* (→ **Consistance**).

INCONSISTANT, ANTE [ɛ̃kɔ̃sistɑ̃, ɑ̃t] *adj.*

(1793) Se dit d'éléments incompatibles, en contradiction ; d'une théorie qui ne respecte pas le principe de non-contradiction. — REM. : Absent des dict. de Littré et de l'Académie.

✴ *Inconsistant* existe en français depuis 1544. Il a pris ce sens à l'anglais *inconsistent* adj. (XVIIᵉ s.) ; le mot apparaît en français chez Beaumarchais selon Mackenzie, mais ne s'est diffusé dans le vocabulaire de la logique que vers le milieu du XXᵉ siècle, comme *consistant*.

INCONSTITUTIONNEL, ELLE [ɛ̃kɔ̃stitysjɔnɛl] *adj.*

(1775) Qui est en opposition avec la constitution d'un État. *Loi inconstitutionnelle.* — REM. : Signalé dans le dict. de l'Académie 1798 et dans le dict. de Littré 1867.

« Formeriez-vous des complots contre mon bonheur ? Une telle conduite seroit bien inconstitutionnelle. »
MARCHANT, *Les Sabats Jacobites*, 1791-1792 [*in* Brunot, t. IX, 2, p. 5].

✴ De l'anglais *unconstitutional* adj. (1765), de *un-* et *constitutional* (→ **Constitution**). Ce mot est signalé par Linguet en 1778 (*Annales* III, 500, *in* Mackenzie). Il a donné un dérivé français *inconstitutionnellement* adv. (1783, Linguet). *Inconstitutionnalité* n. (1797) est peut-être emprunté directement de *unconstitutionality* n. (1795).

INCRÉMENT [ɛ̃kʀemɑ̃] *n. m.*

(1735, en math.) *Sc.* Quantité dont une variable est augmentée à chaque phase d'un processus (notamment, de l'exécution d'un programme).

✴ Mot anglais *increment* (1425) qui, comme l'ancien provençal *encrement* (1445) et le moyen français *increment* (1547), provient du latin *incrementum*, de *increscere* (qui a donné en angl. *to increase*) ; spécialisé en mathématiques au début du XVIIIᵉ s., après l'ouvrage en latin de Taylor : *Methodus Incrementorum* (calcul des différences finies). L'adj. *incrémentiel* provient de l'angl. *incremental* (1715), le v. *incrémenter* et *incrémentation* n. f. sont formés en français. L'ensemble, bien adapté à notre langue, de par l'étymologie latine, est accepté par l'Administration (*Journal officiel*, 12 janvier 1974) avec pour *incrément* la proposition du synonyme : *le pas de progression*.

INDÉLICAT, ATE [ɛ̃delika, at] *adj.*

(1786) Qui manque de délicatesse morale, grossier. — REM. : Signalé dans le dict. de l'Académie 1835 et dans le dict. de Littré 1867.

« Il n'y a rien de plus indélicat que de reprocher les services qu'on a rendus. »   Mme de STAËL, *Delphine*, 1802 [*in* Robert].

✱ Calque de l'anglais *indelicate* adj. 1742 (de *in-* et *delicate*) ; mot créé par Richardson (*Pamela*, IV, 42) et répandu en France avec l'engouement de la fin du XVIIIe siècle pour cette œuvre. Premier emploi chez Louvet de Couvrais, *Faublas*, III, 36, 1786 (*in* Mackenzie).

INDÉSIRABLE [ɛ̃deziʀabl] adj. et n.

(1801) *Adj.* Se dit des personnes dont un pays, une communauté ne veut pas (qu'on empêche d'entrer ou qu'on rejette). — *N.* Personne ainsi traitée. — REM. : Signalé dans le Suppl. de Littré 1877 (comme adjectif) et dans le dict. de l'Académie 1935.

« Napoléon est indésirable. »
Le Prince de LIGNES, *Fragments de l'histoire de ma vie*, 1805 [*in* D.D.L.].

« Pendant la plus grande partie du XIXe siècle le principe de la " libre immigration " avait prédominé aux États-Unis. C'est seulement à partir de 1882 qu'une sélection individuelle avait été instituée ; la loi de 1907, confirmation et développement de plusieurs textes antérieurs, fermait rigoureusement la porte aux indésirables. »
A. SIEGFRIED, *Les États-Unis d'aujourd'hui*, p. 114 (□ 1927).

✱ Adaptation de l'anglais *undesirable* adj. et n. (1667) de *un-* « in » et *desirable* « désirable », d'abord « peu souhaitable », puis appliqué aux personnes dont une communauté ne veut pas. Ce mot apparaît dans la *Néologie* de Mercier (1801) ; il s'est répandu en 1911.

« Les résultats sont parfois surprenants ; qui soupçonnerait raisonnablement qu'*intransigeant* en français est d'origine espagnole et que nous devons *indésirable* et *international* à l'anglais. »   L. DEROY, *L'Emprunt linguistique*, p. 47 (□ 1956).

INDOOR [indɔʀ] adj. invar.

(1959, *in* Petiot) Qui a lieu en salle, dans un espace couvert et fermé (en parlant d'une manifestation sportive). *Athlétisme indoor. Courses indoor.*

« La meilleure performance "indoor" au saut en hauteur. »
L'Équipe, 2 juin 1965 [*in* Petiot].

✱ Mot anglais *indoor* (1711), composé de *in* « dans » et *door* « porte », spécialisé en sports dès 1847 (Oxf. Suppl.). L'équivalent *en salle,* bien implanté, n'a pas éliminé l'anglicisme.

INDUCTION [ɛ̃dyksjɔ̃] n. f.

(1837) Production d'un état électrique ou magnétique non neutre par proximité d'un corps électrisé ou magnétisé.

« Lorsqu'un conducteur, parcouru par un courant voltaïque, est approché ou éloigné d'un autre conducteur, il fait naître dans ce dernier un courant inverse ou direct. M. Faraday a donné à ces courants passagers le nom de *courants par induction.* »
C. LAMÉ, *Cours de Physique*, t. II, p. 252, Bachelier (□ 1836).

« La plus belle et la plus instructive des nombreuses découvertes faites par M. Faraday est certainement celle de l'*induction*. [...] Faraday a prouvé que si l'on approche un circuit parcouru par un courant galvanique d'un second circuit, sur lequel on a placé un galvanomètre et dans lequel il n'y a pas de force électro-motrice, il se développe à l'instant même dans ce dernier une force *électro-motrice induite* qui donne naissance à un courant instantané dirigé en sens contraire du courant de la pile, qui, pour cette raison, est appelé courant inducteur. »
C. MATTEUCCI, *in Revue des cours scientifiques*, 10 nov. 1866, p. 813.

✱ Mot anglais *induction* proposé en 1812 par Sir Humphrey Davy, puis employé par Faraday (1832) : *the power which electricity of tension possesses of causing an opposite electrical state in its vicinity has been expressed by the general term Induction* « le pouvoir que possède l'électricité de tension de déterminer dans son voisinage un état électrique opposé a été désigné par le terme général d'induction ». L'adaptation de ce terme en français a été évidemment facilitée par l'existence de la forme, attestée dès 1290 au sens de « action d'induire qqn à faire qqch. ». *Induire*, dans cet emploi scientifique est tardif et rare (fin xixe s.) ; il adapte l'anglais *to induce* (1839) ; au contraire (courant) *induit* (1865, Cf. cit.) est très usuel et correspond à l'anglais *induced* (1812, Sir Humphrey Davy). Quant à *inductif* que le hasard des dépouillements permet d'attester plus tôt dans notre langue (1832, *Annales de Chimie*), il correspond sans doute aussi à l'angl. *inductive* (1849). Enfin *inductance* (attesté en franç. déb. xxe s.) est à l'évidence un empr. à l'anglais *inductance* (1886, *in* Oxf. Suppl.).

> « Le retrait de l'aimant a donc provoqué la formation d'un nouveau courant de sens contraire au premier. Ces courants secondaires ont été désignés par Faraday sous le nom de *courants induits*. Il se produisent également sous l'influence des solénoïdes. Les courants induits peuvent produire tous les effets des courants ordinaires. Ces effets sont même beaucoup plus intenses que ceux des courants constants, mais ils sont très-passagers comme les courants qui les produisent. »
> M. JAMIN, *in* Revue des cours scientifiques, 11 fév. 1865, p. 187.

✱ En embryologie, *induction* n'est attesté en anglais qu'en 1928, et il se pourrait que son emploi soit antérieur en français.

INEXPÉDIENT, ENTE [inɛkspedjã, ãt] *adj.*

(1787) Qui n'est pas expédient ; inopportun, contre-indiqué. — REM. : Absent des dict. de l'Académie ; signalé dans le Suppl. de Littré 1877.

> « ce qui avoit rendu le traité de Methuen très important lorsqu'il fut fait, le rendroit dans ce moment-ci *très-inexpédient*. »
> *Courrier de l'Europe*, 30 janv. 1787 [*in* D. D. L. 2e série, 1].

✱ Mot anglais *inexpedient* adj. (1608) de *in-* et *expedient*. Le français possédait *expédient* adj. (xive s., du latin *expediens*) et a emprunté son contraire à l'anglais. Il est peu usité.

INEXPRESSIBLE [inɛksprɛsibl] *n. m.*

(XVIIIe s.) *Vx* depuis le début du XXe siècle. Pantalon. — Signalé dans le dict. de Littré 1867, absent dans les dict. de l'Académie.

> « L'étoffe soyeuse glisse entre les mains de l'ambassadeur : malédiction ! l'INEXPRESSIBLE est tombé dans le jardin. »   ROUSSEAU, av. 1778
> [*in* P. Larousse, *Grand Dict. univ.*, art. *Inexpressible*].

> « Le pauvre dindon, fortement comprimé, réalisa les craintes de son nouveau maître ; il salit copieusement l'*inexpressible*, c'est-à-dire le pantalon de M. Georgey. Celui-ci fit un *oh !* indigné, ouvrit les mains d'un geste involontaire, et lâcha le dindon, qui s'enfuit avec une telle vitesse, que l'Anglais désespéra de l'attraper. »
> Ctesse de SÉGUR, *Le Mauvais Génie*, pp. 30-33 (☐ 1867).

✱ Mot anglais *inexpressible* adj. et n. (xviie s.), de *in* et *expressible*, proprement « inexprimable, indicible », « ce qui ne peut s'exprimer, être dit » ; s'est appliqué avec la forme plurielle *inexpressibles*, et par euphémisme puritain, au pantalon (*trousers, breeches* en anglais) dont le nom était déplacé dans la bonne société : *A fine lady can talk about her lover's inexpressibles, when she would faint to hear of his breeches* « Une dame très bien peut parler des inexpressibles de son amant alors qu'elle défaillirait si elle entendait parler de ses pantalons » (*Farmer's Magazine*, X, 500, 1809, in *Oxford dict.*). Cet emprunt remonte à J.-J. Rousseau ; il a une morphologie choquante en français, et pour le sens, il aurait fallu lui substituer le calque *inexprimable* (signalé dans le Larousse 1902) ou mieux *indicible, ineffable*. Il est quasiment inconnu de nos jours.

> « *Inexpressibles* [...] s. m. pl. Mot anglais dit par euphémisme pour culotte, pantalon, et employé quelquefois en ce sens en français par plaisanterie. »
> LITTRÉ, *Dict. de la langue française*, 1867.

INFINITÉSIMAL, ALE, AUX [ɛ̃finitezimal, o] adj.

(1706) Relatif aux quantités infiniment petites. *Calcul infinitésimal.* — (1770) Très petit (quantité). — REM. : Signalé dans le dict. de Littré 1867 et le dict. de l'Académie 1835.

« Pour se former des notions exactes de ce que les géomètres appellent *calcul infinitésimal*, il faut d'abord fixer d'une manière bien nette l'idée que nous avons de l'infini [...]. Le calcul différential est la première branche du calcul infinitésimal ; la seconde s'appelle *le calcul intégral.* »   D'ALEMBERT, *Essai sur les éléments de philosophie,*
in *Œuvres complètes,* t. I, p. 288 (□ 1759).

✳ Mot anglais *infinitesimal* adj. et n. formé de *infinite* « infini », du latin *-esimus* (Cf. français *millésime*) et du suffixe *-al.* Le sens originel était celui d'un nombre ordinal (nombre infini), devenu par la suite celui d'un nombre fractionnaire (tout comme en français *millième* désigne le nombre ordinal mille et la fraction 1 000). Le français avait le mot *infinitésime* (1752, Dict. de Trévoux). *Infinitésimal* a passé en français en 1706 (*Nouv. Rép. des Lettres,* novembre) selon Wartburg. Mackenzie ne considère pas ce mot comme un anglicisme.

INFLATION [ɛ̃flɑsjɔ̃] n. f.

(v. 1920) Accroissement excessif des instruments de paiement (billets, capitaux) qui entraîne une hausse des prix et une dépréciation de la monnaie. — REM. : Figure dans le Dict. de l'Académie 1935.

« Ainsi tous les avertissements auront été inutiles. La démocratie française roule sur la pente où les démocraties autrichienne, allemande, polonaise l'ont précédée [...]. De même qu'on répétait il y a un mois : "Pas d'inflation, à aucun prix", on répète que la situation n'est pas désespérée tandis que l'on recourt aux moyens du désespoir [...]. Il était sûr que la démocratie française recourrait à l'inflation, comme les autres, parce que c'est le procédé le plus commode, celui qui s'offre tout de suite, celui qui n'atteint immédiatement que la partie inerte et passive de la nation, les vieillards et les impotents, les veuves et les orphelins [...] la nouvelle inflation qui vient d'être votée est une inflation du type le plus primitif et le plus grossier. Elle n'est inoffensive que pour les ignorants. Elle n'est "gagée" que pour les naïfs [...]. On assure aujourd'hui que l'inflation est provisoire et qu'elle sera résorbée [...]. L'inflation est si bien la chute du franc que cette chute est prévue dans le projet de loi lui-même. »
J. BAINVILLE, *L'Inévitable : Dans l'inflation jusqu'au cou,*
in *L'Action française,* 6 déc. 1925.

« le déséquilibre mondial drainait vers l'Amérique l'or européen, grâce auquel, sans qu'il y eût à proprement parler inflation, la mise en valeur du territoire national redoublait d'intensité [...]. »
A. SIEGFRIED, *Les États-Unis d'aujourd'hui,* p. 228 (□ 1927).

« Nul doute que les "peuples prolétaires", victimes désignées de l'inflation mondiale, envient ceux qui semblent avoir brisé le cercle infernal de la paupérisation. »   *Le Monde,* 21 janv. 1972.

✳ Mot anglais *inflation* n. « gonflement » (XIVe s.) qui a pris le sens financier (1838) vraisemblablement aux États-Unis ; *inflation* vient du latin *inflationem (inflare)* qui a donné *inflation* « gonflement » en ancien français, mot disparu depuis. *Inflation* et *déflation* ont eu une grande vogue en anglais lors de la grande crise monétaire européenne qui succéda à la guerre de 1914-1918 ; c'est le cours forcé des billets et la disparition des pièces d'or qui entraîna l'inflation. *Inflation* et *déflation**
ont pénétré en français vers cette époque et se portent bien depuis, les occasions d'employer ces mots ne manquant pas. On a formé sur ce mot *désinflation* n. f. (1974) « réduction de l'inflation ».

INFLATIONNISTE [ɛ̃flɑsjɔnist] n. et adj.

(v. 1920) *N.* Partisan de l'inflation. — *Adj.* Relatif à l'inflation. *Politique inflationniste. Menace inflationniste.* — REM. : Absent du dict. de l'Académie 1935.

« Le paysan est inflationniste parce que ses produits en papier-monnaie ont l'air de se vendre cher et, dans certains cas, se vendent plus cher qu'en or. Le commerçant et l'industriel le sont aussi [...] parce que le "de plus en plus" est le seul remède à l'arrêt et à la paralysie. L'ouvrier est inflationniste parce que ses salaires augmentent. Le fonctionnaire l'est également [...] parce qu'il est habitué à penser que la miraculeuse Providence qui fait fabriquer des vignettes [...] ne le laissera jamais manquer du nécessaire. Enfin l'homme — et la femme — que vous voyez dans les rues de Paris, vers cinq heures du soir lire la cote de la Bourse, sont inflationnistes à leur insu. Ceux-là ont acheté des valeurs étrangères [...]. Ils ont craint la chute du franc [...]. Ils sont maintenant intéressés, sans l'avoir voulu, et même sans le savoir, à ce que le franc ne remonte pas. »
J. BAINVILLE, *Les couches profondes de la Démocratie sont favorables à l'inflation*, in *L'Action française*, 28 mars 1926.

« Pour faire face à la poussée inflationniste, le gouvernement a donné un nouveau tour de vis tendant à réduire la consommation intérieure. Il a relevé le taux de l'escompte à 4,5 % et il a resserré les vannes du crédit en demandant aux banques de limiter au maximum les comptes débiteurs dont dispose leur clientèle. »
France-Observateur, 13 oct. 1955, p. 12.

✳ De l'anglais *inflationist* n. et adj. (1876) de *inflation* et *-ist*. Ce mot a passé en français à la même époque qu'*inflation*.

INFORMEL, ELLE [ɛ̃fɔʀmɛl] adj.

(mil. XXᵉ s.) Qui n'a pas de caractère officiel ; n'est pas organisé de manière systématique.

« On dit symposium et non pas concile, pour marquer le *caractère "informel"*, c'est-à-dire non officiel de cette assemblée (d'évêques). »
Vie et Langage, 1969 [*in* Gilbert].

✳ Mot anglais, *informal* (1608 ; 1828, dans le sens emprunté) de *in-* et *formal* « formel, empreint de formalisme ».

-ING [iŋ] suffixe.

✳ REM. : Ce suffixe est diversement prononcé en français. La prononciation la plus courante à Paris — et la plus élégante — est [iŋ] (comme dans l'*igne g*/auche [liŋgoʃ]) ou [ing] ; c'est la première que nous avons notée ; on entend aussi [iɲ] surtout dans les milieux populaires, et [in] surtout dans le Midi de la France ; [ɛ̃ʒ] et [ɛ̃g] à la française ne sont que des emplois humoristiques.

« À quoi donc attribuer cette incapacité actuelle [de franciser spontanément les importations anglaises], au moins au niveau du grand public, le seul dont les décisions soient sans appel ? Sans doute à ce que l'image de marque de notre élite technique, celle qui produit... et consomme, comporte précisément et nécessairement la " connaissance " de l'anglais, et donc le maintien d'une prononciation anglaise, ou supposée telle, et d'une graphie anglaise des mots importés. Parler de " parquinge " ou de " travellingue ", de " cash-flow " comme d'un cache-flot, c'est donner à penser à son interlocuteur qu'on ignore l'anglais, s'avouer " primaire " ; faiblesse impardonnable dans une société efficiente. »
J. CELLARD, *Français, franglais, Europe*, in *Le Monde*, 29 déc. 1971, p. 7.

« Les résultats obtenus par Martinet en 1945 [...] pour les mots *smoking* et *camping* : " la tendance générale est bien à employer de plus en plus les formes anglaises aux dépens des prononciations en "-n" et "-ng" [...] ne sont pas tout à fait vérifiés par Deyhime [...] dont le but était de faire une étude parallèle à celle de Martinet. Le *-ing* est réalisé à Paris soit comme [in] : (2 %), soit comme [iɲ] : (38 %), soit comme [iŋ] ou [ing] : (60 %).
Deyhime enregistre des différences pour la France méridionale : [in] : 14 % ; [iɲ] : 0 % ; [iŋ] ou [ing] : 86 %. "
Pour la France non méridionale : [in] : 1 % ; [iɲ] : 19 % ; [iŋ] ou [ing] : 80 %.
Si nous comparons les résultats de Martinet et ceux de Deyhime, nous enregistrons une montée à Paris de la prononciation en [iɲ]. La baisse de la prononciation en [iɲ] n'est pourtant pas typique chez Deyhime dans la catégorie "junior" de Deyhime. Parmi nos résultats, nous avons observé justement la [iɲ] ou [in] souvent indifféremment chez des sujets jeunes et connaissant l'anglais.
Par contre le [ŋ] se trouve concurremment à (voyelle + ng) dans d'autres groupes que *-ing* : *long* drink [lɔŋdʀink] folk-song [fɔlksɔŋg]. »

[...] Nous avons vu [...] les divers modes d'approche pour rendre la finale -ing le plus anglaise possible. Il est cependant nécessaire d'attirer l'attention sur un autre phénomène. Les mots contenant -ing qui sont intégrés de longue date en français ont réagi autrement. -ing est prononcé soit [ɛ̃] comme dans *shampooing* [ʃɑ̃'pwɛ̃] et *boulingrin* [bulɛ̃'gʀɛ̃] soit [ɛ̃g] dans *redingote* [ʀ(ə)dɛ̃gɔt].

D'après Dubois (thèse, op. cit. p. 73), la prononciation la plus ancienne est -ingue que l'on retrouve dans *métingue* [me'tɛ̃g], variante ironique de *meeting* [mi'tin]. Cette prononciation est renforcée par l'existence d'un suffixe argotique -ingue (Cf. *lourdingue*). Une autre prononciation francisée [ɛ̃ʒ(ə)] rime avec singe (Cf. le roman en argot de San Antonio : *Le Standinge*) Ces prononciations sont de nos jours surannées et elles ne sont employées que pour souligner le côté parodique de l'emploi des mots en -ing (exemple oral conférence de M. Durand, Aarhus, 1970) « des happenings ou plutôt comme on dit aussi des happeninges... » [deapnin]... [deapnɛ̃ʒ]. »

S. HANON, *Anglicismes en français contemporain*, pp. 112-113 (□ 1970).

1° Suffixe commun à de nombreux substantifs d'origine anglaise comme *camping* n. m., *dumping* n. m., *fading* n. m., *meeting* n. m., *yachting* n. m., etc. Ce suffixe, en anglais (ancienne forme -ung), a d'abord servi à former des substantifs sur des verbes, avec un sens voisin de -age', -ement. Plus tardivement il a servi à former le gérondif anglais (XIVe s.) qui est propre à cette langue par sa fonction intermédiaire entre celle du nom et du verbe (il peut être qualifié par un adverbe et gouverner un verbe, et cependant être l'objet du cas possessif). Le français a emprunté tantôt le nom véritable *(meeting)* tantôt le gérondif anglais *(camping)*. Lorsque la racine anglaise et la racine française sont semblables *(camping, editing)* on peut envisager de remplacer -ing par -age.

« On ne peut que se féliciter du dynamisme de la Biennale de la langue française 1971 qui s'est tenue en octobre ; peut-être est-il dommage qu'elle n'ait pas osé systématiser la francisation du type : *factoring* → *factorage* [...]. Et pourquoi ne pas étendre le système à *prêtage* (pour *leasing*), *gardage* d'enfants (pour *baby-sitting*), *éditage* (pour *éditing*). Tout n'est pas toujours possible dans cette voie ; du moins la liste est-elle susceptible des francisations faciles. »

J. CELLARD, *Français, franglais, Europe*, in *Le Monde*, 29 déc. 1971, p. 7.

2° Suffixe de substantifs provenant de composés anglais formés d'un participe adjectif en -ing et d'un nom qui est tombé en français, comme dans *parking* n. m. (de l'anglais *parking place*, « endroit pour se parquer »), *dancing* n. m. (de *dancing-hall* « salle de danse ») ; il désigne le plus souvent des noms de lieu. En anglais, ce suffixe de participe présent vient de l'ancien anglais -ende, -inde (autre origine que le -ing du 1°) mais s'est confondu phonétiquement avec -ing 1°.

« Mais, on sait que ce suffixe possède en français un autre sens, inconnu de l'anglais mais tout aussi vivace que le premier, celui, notamment, de "lieu ou local où telle ou telle action se fait". Un *dancing* est un lieu où l'on danse, ce qui, en véritable anglais [des États-Unis], s'appelle *a dance-hall*, à moins qu'il ne s'appelle *a palais de danse* ou même, parfois, *a danse-de-luxe*. Un *skating* est un local pour la patinage à roulettes, un *rink* ; un *betting* est la partie d'un terrain de courses réservée aux paris, tout comme un *pressing*, dernière-née, je crois, de ces créations en -ing, est un local où les vêtements se pressent à la vapeur. Il ne paraît pas douteux que, si le premier sens du suffixe est emprunté directement de l'anglais, le second, au contraire, résulte d'un raccourcissement de composé analogue à ceux que nous avons signalés plus haut et que, d'autre part, c'est la langue du turf, dont l'influence sur le vocabulaire sportif a été très grande, qui aura fourni les premiers exemples de cet emploi. Celle-ci, en effet, a pratiqué plusieurs abrégements de mots composés pour aboutir à des substantifs simples en -ing fort bien connus. À côté de *trotting (race)*, "course de trot attelé", où nous trouvons une modification du premier sens, et de *selling (race)* "course à réclamer", où le sens du suffixe est encore assez semblable, nous offre son *betting (-ring)* où la valeur "locale" de -ing est très nette. Ainsi, si *dancing* n'est peut-être qu'un (café) *dansant* anglicisé, derrière *skating*, il y a *skating-ring*, comme derrière *smoking*, un *smoking-jacket* (angl. mod. *dinner-jacket*) [...]. »

J. ORR, *Les Anglicismes du vocabulaire sportif*, oct. 1935, pp. 300-301.

3° Suffixe qui sert à former des noms en français, soit avec une racine anglaise ou pseudo-anglaise, soit avec une racine française, comme dans *pressing* « teinturerie ». On peut le considérer comme un emprunt (tiré du système des mots en -ing empruntés) ; l'emprunt de suffixe est un phénomène rare.

« Ainsi un suffixe anglais dont l'assimilation phonétique est difficile est-il en voie de devenir un procédé de création de mots français. Le fait qu'il ne présente pas tous les avantages de la suffixation française traditionnelle, qu'il n'offre pas en particulier de possibilité de dérivation verbale ne semble pas entraver sa carrière. »

L. GUILBERT, *Anglomanie et vocabulaire technique*, oct. 1959, pp. 281-282.

« *flouting* : il s'agit certainement d'un hapax, mais c'est le fait que les Français emploient ce suffixe qui nous intéresse. Voici l'origine de ce mot : " " Si jolie " est le nom de la nouvelle ligne de coiffure. "Flouter", ce n'est pas l'appellation d'une danse à la mode telle : le twist, le surf ou autre boogie-woogie, mais le " flouting " est une mode qui sera suivie partout et révolutionnera la silhouette féminine. cet hiver... » (*Jours* 4.9.65, p. 35). Il s'agit d'un grand placard publicitaire pour la Haute Coiffure Française dans *Jours de France*. On part, semble-t-il, du mot " flou ", auquel on ajoute un *t* adventice (phénomène fréquent comme dans *chapeauter* et *chapeau*) et la désinence *-er* de verbe. Du verbe *flouter*, on tire le *flouting*, ce qui semble bien montrer que le *-ing* est un suffixe très vivant ; de plus il est senti d'une façon ou d'une autre comme plus ou moins verbal puisqu'on peut le faire dériver de " flouter ". » S. Hanon, *Anglicismes en français contemporain*, p. 141 (□ 1970).

« Sur le modèle pressing, renoving, composer à partir des verbes suivants des substantifs en *-ing*, et dire quel ou quels substantifs français ils doivent désormais remplacer (exemple : bouffer donnera le *bouffing*, au lieu de la bouffe [...]). »
                                        Étiemble, *Parlez-vous franglais ?*, p. 166 (□ 1964).

INLAY [inlɛ] *n. m.*

(v. 1950) Obturation dentaire au moyen d'or coulé ; matière obturatrice. *Des inlays.*

« Les moyens d'obturation furent l'étain, l'or, en obturation au marteau. Actuellement l'argent est employé en amalgame, c'est-à-dire avec du mercure, auquel on adjoint d'autres métaux lui ajoutant certaines qualités, comme le zinc, le cuivre, l'étain ou l'or. On se sert encore d'or coulé : c'est ce que l'on appelle les INLAYS ou les ONLAYS, selon que cet or se trouve à l'intérieur ou à l'extérieur de la dent. »
                                        P.-L. Rousseau, *Les Dents*, p. 77 (□ 1951).

✳ Mot anglais *inlay* n. « incrustation », de *to inlay* « incruster » (de *to lay in*) qui apparaît au sens général au XVIIe siècle ; l'emploi en dentisterie est du XXe siècle. Ce serait un emprunt bien inutile, s'il n'allait de pair avec *onlay*✳.

« Quand son vieux copain le dentiste, en guise de plombage, lui proposa un inlay, Pierre piqua une colère à quoi l'autre ne comprit rien. "Tu pourrais pas dire orage, non ? sur or, puisque sur plomb tu fais plombage ? ou, du moins, à cause de l'autre mot orage, tu pourrais pas dire insertion ou mieux encore incrustation, non ? Parce qu'enfin, ton inlay, voilà ce que c'est, rien de plus : une incrustation, in et lay". » Étiemble, *Parlez-vous franglais ?*, pp. 31-32 (□ 1964).

« Inlay, *m.* Terme anglais utilisé, à tort, en dentisterie comme syn. d'*incrustation.* » Manuila (A. et L.), Nicole et Lambert, *Dict. français de médecine et de biologie*, t. II (□ 1971).

INLET [inlɛt] *n. m.*

(1819) *Géogr.* Bras de mer entrant profondément dans les terres.

« Il faut faire attention de ne pas se tromper sur la configuration des inlets (passages). »
                    J.-R. Bellot, *Journal d'un voyage aux mers polaires*, 28 août 1851
                                        [*in* D. D. L., 2e série, 5].

✳ Mot anglais *inlet,* d'abord « entrée, admission » (1300), de *in* « dans » et *to let* exprimant la possibilité d'action ; spécialisé en géogr. dès 1570.

INOCULATION [inɔkylasjõ] *n. f.*

(1722) Action d'inoculer (les germes d'une maladie). — REM. : Signalé dans le dict. de l'Académie 1762, et dans le dict. de Littré 1867.

« Dès qu'elle [la princesse de Galles] eut entendu parler de l'inoculation ou insertion de la petite-vérole, elle en fit faire l'épreuve sur quatre criminels condamnés à mort, à qui elle sauva doublement la vie ; car non seulement elle les tira de la potence, mais, à la faveur de cette petite-vérole artificielle, elle prévint la naturelle, qu'ils auraient probablement eue, et dont ils seraient morts peut-être dans un âge plus avancé [...]. Peut-être dans dix ans prendra-t-on cette méthode anglaise, si les curés et les médecins le permettent ; ou bien les Français dans trois

mois, se serviront de l'inoculation par fantaisie, si les Anglais s'en
dégoûtent par inconstance. »   VOLTAIRE, *Lettres sur les Anglais*,
                              Sur l'insertion de la petite-vérole, pp. 53-54 (□ 1727).

✱ Mot anglais *inoculation* n., du latin *inoculationem* de *inoculare*
→ **Inoculer**. Ce mot est d'abord un terme d'horticulture et signifie
« greffe » (1589) ; comme tel, il est peut-être emprunté au français
inoculation n. f. (1580), vx en ce sens. Il a pris le sens médical en
Angleterre au début du XVIIIe siècle (v. 1720) à propos de la variole.
L'inoculation est l'ancêtre du vaccin (en anglais *vaccine inoculation*
« inoculation de vaccine », 1799, Jenner) ; elle consistait à injecter du
pus variolique de provenance humaine (et non de la vache) qui
provoquait une variole légère qui immunisait contre une variole plus
grave (qui pouvait défigurer les malades), en cas d'épidémie ; elle était
pratiquée depuis l'Antiquité et existe encore aujourd'hui dans certains
pays d'Orient, mais est interdite partout ailleurs. Ce traitement immuni-
sant porte aujourd'hui le nom de *variolisation* n. f. L'inoculation s'est
répandue en France vers 1750. Le mot avait déjà passé dans notre
langue en 1722 → **Inoculer**.

« INOCULATION s. f. (On sous-entend de la petite vérole.) Opération par laquelle
on communique artificiellement cette maladie. Ce mot est synonyme d'*Insertion*,
cette opération ayant beaucoup d'analogie avec celle de l'ente ou de la greffe des
arbres. On a d'abord dit indifféremment, *Inoculation, insertion, transplantation de
la petite vérole.* La première a prévalu : et pour abréger, on dit souvent, *Inoculation*
simplement, en sous-entendant le reste. »
                              Dictionnaire de l'Académie françoise, 4e éd., 1762.

INOCULER [inɔkyle] *v. tr.*

(1722) Introduire dans l'organisme (les germes d'une maladie). — REM. : Signalé dans le dict. de l'Académie 1762 et celui
de Littré 1867.

« Il y a quelques années qu'un missionnaire jésuite ayant lu cet
article, et se trouvant dans un canton de l'Amérique où la petite-vérole
exerçait des ravages affreux, s'avisa de faire inoculer tous les petits
sauvages qu'il baptisait ; ils lui durent ainsi la vie présente et la vie
éternelle. »   VOLTAIRE, *Lettres sur les Anglais*,
                              Sur l'insertion de la petite-vérole, p. 55 (□ 1727).

« On choisit pour *inoculer* une saison qui ne soit ni trop froide ni
trop chaude. Le printemps et l'automne y paroissent également propres.
On préfère ordinairement le printemps, parce que la belle saison favorise
la convalescence ; mais il y a nombre d'exemples d'*inoculations* qui ont
réussi en toute saison. Les opératrices grecques *inoculoient* en hiver à
Constantinople. L'été est, d'un aveu général, la saison la moins
convenable, cependant on *inocule* avec succès à la Jamaïque qui est
située dans la Zone torride. M. Tronchin vient d'*inoculer* à Genève au
mois d'Août 1759, une dame de Paris qui vouloit être en état de revenir
au mois de Septembre [...]. »
                              M. TRONCHIN, art. *Inoculation*, in *Encycl. Diderot*, 1765.

« Nous vîmes ensuite le quartier des paralytiques généraux, les seuls
à qui on appliquât régulièrement une thérapeutique ; en leur inoculant
le microbe de la malaria, on arrêtait l'évolution de la maladie au stade
euphorique [...]. »   S. de BEAUVOIR, *La Force de l'âge*, p. 260 (□ 1960).

✱ Francisation de l'anglais *to inoculate* v., du latin *inoculare* « implanter », de *in* et *oculus* « œil ». Il a d'abord été employé en horticulture au
sens de « greffer un œil, un bourgeon » (xve s.), puis au sens figuré, et
au début du XVIIIe s., comme terme de médecine ; cet emploi est lié au
contexte des débuts de l'immunisation contre la variole (avant l'invention
du vaccin par Jenner → **Vaccine**). *Five Children have been inoculated
of the Small Pox* « On a inoculé la variole à cinq enfants » (*London Gaz.*
n° 6045/8, 1722, in Oxford dict.). Le mot a passé en français en 1722
selon Bloch, avant la pratique elle-même. Il a produit les dérivés
inoculateur, trice n. (1762) et *anti-inoculiste* n. (Vx, *Encycl. Diderot*, art.
Inoculation, p. 763) → **Inoculation**.

INOFFENSIF, IVE [inɔfɑ̃sif, iv] *adj.*

(1777) Qui est incapable de nuire. — REM. : Signalé dans le
dict. de l'Académie 1835 et dans le dict. de Littré 1867.

« Il y a quelque chose de triste au fond de la plaisanterie fondée sur la connaissance des hommes : la gaieté vraiment inoffensive est celle qui appartient seulement à l'imagination. »

Mᵐᵉ de STAËL, *Corinne*, p. 129 (□ 1807).

✳ Francisation de l'anglais *inoffensive* adj. (1598), de *in-* et *offensive* « qui nuit » *(offensif* existe en français depuis le XVIᵉ siècle, mais avec le sens militaire et opposé à *défensif).* Le mot apparaît en 1777 dans Vergennes selon le dict. de Dauzat-Dubois-Mitterand. Il apparaît en 1801 dans la *Néologie* de Mercier, avec une traduction de Sterne : « B... est exactement une de ces innocentes et inoffensives créatures qui ne se fâchent jamais [...] ».

INPUT [input] *n.*

(v. 1965) Entrée des documents dans un système de traitement (ordinateur...).

« On peut obtenir beaucoup d'informations tant sur les données primaires constituant l'input que sur la grammaire qui est l'"output" d'un tel dispositif et le théoricien est confronté au problème de déterminer les propriétés intrinsèques d'un dispositif capable d'articuler cette relation input-output (¹).
1. Un modèle de perception peut être décrit comme un dispositif automatique qui accepte un signal d'entrée *(input)* et qui assigne diverses représentations grammaticales comme sortie *(output)* [note de la rédaction]. »   Trad. de N. CHOMSKY, *Théorie linguistique et apprentissage,* in *La Recherche,* avril 1971, pp. 326-327.

✳ Mot anglais *input* n. de *to input* v. « mettre dedans », d'abord « contribution monétaire » (XVIIIᵉ s.), puis dans divers sens techniques (fin XIXᵉ s.) « entrée » (d'un mécanisme, d'un processus) opposé à *output* « sortie ». S'est spécialisé pour les ordinateurs au milieu du siècle (figure avec cet emploi dans le Webster's Third 1960 mais non dans le Webster's Second de 1947). En français il est normal de traduire *input* par *entrée.*

INSANE [ɛ̃san] *adj.*

(1784) *Rare.* Qui n'est pas sain d'esprit, qui déraisonne. *Un homme insane.* — Dénué de bon sens, inepte. *Idée insane.* — REM. : Absent des dict. de l'Académie et de Littré.

« Les gens devenaient méfiants à présent. Ils étaient tellement gavés d'ennuis, de soucis, d'une télévision stupide, de journaux insanes qu'ils n'avaient plus aucune notion de gratuité. »

F. SAGAN, *La Chamade*, p. 191 (□ 1965).

✳ Mot anglais *insane* adj. (XVIᵉ s.), du latin *insanus* de *sanus* « sain ». Ce mot a passé en français avec une prononciation alignée sur *sanitaire* en 1784 dans *Le Courrier de l'Europe* selon Dauzat-Dubois-Mitterand ; mais il ne semble pas s'être répandu avant le XXᵉ siècle, étant absent de tous les dictionnaires français jusqu'en 1952 (Petit Larousse). *Insane* semble donc récent, à la différence d'*insanité. Insane* n'est pas très bien formé en français, car on attendrait *sain* à la finale, comme dans *malsain.* Les puristes cependant restent froids.

INSANITÉ [ɛ̃sanite] *n. f.*

(1784) Caractère de ce qui est insane, de ce qui est insensé. — Parole ou action insensée. *Dire des insanités.* — REM. : Signalé dans le dict. de Littré 1867 et dans le dict. de l'Académie 1878.

« Il était un curieux mélange de sentimentalité germanique, de blague parisienne, et de fatuité qui lui appartenait en propre. Tantôt c'était des jugements apprêtés et précieux, tantôt des comparaisons extravagantes, tantôt des indécences, des obscénités, des insanités, des coquecigrues. »   Romain ROLLAND, *La Foire sur la place,* p. 679 (□ 1907).

✳ Francisation de l'anglais *insanity* n. « folie, débilité mentale » (XVIᵉ siècle), du latin *insanitatem* de *insanus.* Ce mot a passé en français en 1784 (*Courrier de l'Europe*, selon Dauzat-Dubois-Mitterand) et s'est répandu au début du xixe siècle (signalé dans le Dict. de Boiste 1839). Tel quel, il n'est pas mal formé en français, et s'intègre à la série savante en *san-* (*sanitaire, sanatorium*).

INSERT [insɛʀt] *n. m.*

(1946) Très gros plan d'objet, au cinéma, et par ext., en photomontage, dans un dessin, une bande dessinée, etc.

« angles de vision inusuels [...], multiplication des *inserts* " perceptifs ", lumières, bruits, très gros plans à la limite de lisibilité [dans les bandes dessinées de Guido Crepas]. »
A. REY, *Les Spectres de la bande*, p. 199 (□ 1978).

— PAR EXT. : Élément mis en valeur dans un texte journalistique. — Élément sonore isolé et mis en valeur (radio, etc.).

✱ Mot anglais (1916 dans ce sens, *in* Oxf. Suppl.), substantivation de *to insert*, du lat. *inserere* « insérer ». C'est donc une *insertion ;* le mot est entré en français par les cinéastes (Berthomieu, 1946, *in* I.G.L.F.). *Insert* se rencontre aussi, en français pour désigner un élément métallique dur noyé dans un métal plus tendre en fonderie (traduction proposée : *mise rapportée*), mais cet emploi, attesté en 1913 en anglais, reste propre aux techniciens.

INSTRUMENTALISME [ɛ̃stʀymɑ̃talism] *n. m.*

(XXe s.) Doctrine philosophique pragmatique suivant laquelle toute théorie est un instrument pour l'action, dont on mesure la valeur à l'efficacité.

✱ Mot américain *instrumentalism* (1909), nom de la philosophie de l'Américain J. Dewey (mort en 1952), de *instrument* même origine que le français. On rencontre aussi *logique instrumentale* (Em. Leroux, *in Lalande*).

INSURGENT [ɛ̃syʀʒɑ̃] *n. m.*

(1777) *Vx.* Insurgé américain soulevé contre les Anglais pendant la guerre d'Indépendance. — REM. : Signalé dans le dict. de Littré et dans le dict. de l'Académie 1798 (*insurgens,* n. m. pl.).

« Nous sommes ici fort occupés des insurgens, et fort impatiens de voir quel sera le succès de la campagne décisive qui va s'ouvrir. On dit que les Anglais dépeuplent l'Allemagne pour envoyer des troupes en Amérique ; il me semble qu'il n'est pas fort honnête, et encore moins honorable à tous ces petits souverains germaniques, d'envoyer ainsi leurs sujets se faire égorger à deux mille lieues, pour procurer un opéra à leurs maîtres. Aussi dit-on que la plupart restent en Amérique, et il me semble que c'est encore leur meilleur parti. »
D'ALEMBERT, *Lettre au roi de Prusse*,
in Œuvres complètes, t. V, 28 avril 1777, p. 386.
« un ouvrage considérable où mes services rendus à ce peuple alors insurgent [...]. » BEAUMARCHAIS, *Requête à la Commune*, av. 1795
[*in* Brunot, t. VI, 2-a, p. 1235].

✱ Sens emprunté à l'anglais *insurgent* adj. et n. (1765) « insurgé » (latin *insurgens, -entis,* de *insurgere*) ; le français avait un sens d'*insurgents* n. m. pl. (1752) « soldats hongrois levés exceptionnellement pour le service de l'État », sans rapport avec celui d'*insurgé*. On rencontre aussi dès 1777 le mot *insurgence* n. f. « insurrection, révolte », de l'anglais *insurgency* n. :

« Vous voilà donc, Monsieur, à la tête d'une *insurgence* des poètes dramatiques contre les comédiens [...]. »
DIDEROT, Lettre à Beaumarchais, 5 août 1777 [*in* Brunot, t. VI, 2-a, p. 1235].

INTENSION [ɛ̃tɑ̃sjɔ̃] *n. f.*

(1951) *Log.* Ensemble des caractères qui définissent un concept par opposition à *extension*. On dit aussi *compréhension*.
— REM. : Ne pas confondre avec *intention* n. f.

« L'ACCEPTION SÉMANTIQUE, PRAGMATIQUE et ÉPISTÉMOLOGIQUE DE L'‴ INTENSION ". Le terme d'*intension* semble être la traduction par Sir William Hamilton du terme de *compréhension* qu'emploie la *Logique* de Port-Royal (Arnauld et Nicole, 1662 [1965 : 59]) ; il correspond chez Bolzano à *Inhalt* (Bolzano, 1837), s'approche de *Sinn* chez Frege (Frege, 1892), et se retrouve jusqu'à la formalisation de Carnap comme *L-content* (Carnap, 1942). »
    J. KRISTEVA, *Du sujet en linguistique*, in *Langages*, déc. 1971, p. 107.

✻ Mot anglais *intension* n., XVIIᵉ siècle, nombreux sens début XIXᵉ siècle ; sens logique : *The Internal Quantity of a notion, — its Intension or Comprehension — is made up of [...] the various characters connected by the concept itself into a single whole in thought* « la quantité interne d'une notion — son intension ou compréhension — est faite des caractères variés unis par le concept lui-même en un tout dans la pensée » (W. Hamilton, *Logic* VIII, in Oxford dict.). Ce mot a récemment passé en français (1951, *Vocabulaire technique et critique de la philosophie de Lalande*) dans des traductions de textes de logique. Il n'est aucunement utile, et même très gênant à cause de l'homonymie *intention/intension*. Néanmoins *intension* s'oppose peut-être plus clairement à *extension* que ne le fait *compréhension* (qui, par ailleurs a d'autres sens plus courants et gênants : *la compréhension d'un terme* est ambigu). D'autre part il a donné un adjectif, *intensionnel, elle* qui n'a pas le même sens que *compréhensif ;* cet adjectif, plus général, s'applique non aux termes mais aux procédures : *définition intensionnelle.* Leibniz avait déjà utilisé *intension* au début du XVIIIᵉ siècle, mais l'emploi ne s'en est pas répandu à l'époque :

« disant *tout homme est animal,* je veux dire que tous les hommes sont compris dans tous les animaux ; mais j'entends en même temps que l'idée de l'animal est comprise dans l'idée de l'homme, mais l'homme comprend plus d'idées ou plus de formalités ; l'un a plus d'exemples, l'autre plus de degrés de réalité ; l'un a plus d'extension, l'autre plus d'intension. »
LEIBNIZ, *Nouveaux Essais sur l'entendement humain,* Garnier Flammarion, 1966, p. 432 (□ 1765).

✻ *Intension* au sens de « haut degré » (*intension de la fièvre, de la charité divine,* etc.) figure dans le dict. de Trévoux 1771, qui le donne comme vieux.

INTERCLUBS [ɛ̃tɛʀklœb] *adj. invar.*

(1887) Qui oppose plusieurs clubs (sports, jeux). *Rencontre interclubs.* — REM. : Absent du dict. de l'Académie 1935.

✻ Anglicisme selon Bonnaffé et Mackenzie (le premier donne la date de 1889, et le second celle de 1898, mais le mot est attesté dès 1887 dans *la Revue des sports*). Néanmoins le mot est absent de l'Oxford dict. et des Suppléments, ainsi que du Webster's Second 1947. Il n'apparaît que dans le Webster's Third 1960. On peut se demander si ce mot n'est pas plutôt un mot de formation française (de *inter-* et *club,* lui-même un anglicisme) emprunté par les anglophones.

INTERCOURSE [ɛ̃tɛʀkuʀs] *n. f.*

1° (1853) Droit réciproque accordé mutuellement aux navires de deux nations, quant à l'accès et à la pratique de certains ports.

2° (1867) *Rare.* Ensemble des communications commerciales entre deux pays ; *par ext.* ensemble des relations entre habitants de régions différentes. — REM. : Signalé dans le dict. de Littré 1867 et absent des dict. de l'Académie.

« *La force d'intercourse* (¹) *et l'esprit de clocher.*
La propagation des faits de langue est soumise aux mêmes lois que n'importe quelle habitude, la mode par exemple. Dans toute masse

humaine deux forces agissent sans cesse simultanément et en sens contraires ; d'une part l'esprit particulariste, l'" esprit de clocher " ; de l'autre, la force d'" intercourse ", qui crée les communications entre les hommes [...]. Si l'esprit de clocher rend les hommes sédentaires, l'intercourse les oblige à communiquer entre eux. C'est lui qui amène dans un village les passants d'autres localités, qui déplace une partie de la population à l'occasion d'une fête ou d'une foire, qui réunit sous les drapeaux les hommes de provinces diverses, etc. En un mot, c'est un principe unifiant, qui contrarie l'action dissolvante de l'esprit de clocher.
(1) Nous avons cru pouvoir conserver cette pittoresque expression de l'auteur, bien qu'elle soit empruntée à l'anglais (intercourse, prononcez *interkors*, "relations sociales, commerce, communications"), et qu'elle se justifie moins dans l'exposé théorique que dans l'explication orale [Éd.]. »
F. de SAUSSURE, *Cours de linguistique générale*, pp. 281-282, Payot, 1969 (□ 1906-1911).

✴ Mot anglais *intercourse* n., 1494 au sens général (2°) et XVIIᵉ siècle au sens maritime (1°). Le mot anglais est un calque du français *entrecors, entrecours* n. m. « échange, commerce », du latin *intercurrere* ; on trouve même dans Godefroy une forme *intercours* : « Communication et intercours de marchandise » (1477, *Ord.*, XVIII, 272). *Intercourse* est donc la reprise à l'anglais d'un mot oublié de l'ancien français. Il apparaît dans notre langue en 1853 selon Mackenzie (*Dict de la Conversation*, art. *Californie*, p. 229). Ce mot ne s'est jamais véritablement réacclimaté. Il n'a pas été compris et ne l'est d'ailleurs toujours pas dans le texte célèbre de Saussure, qui oppose très justement *force d'intercourse* à *esprit de clocher*.

« On sait que le célèbre linguiste genevois Ferdinand de Saussure a choisi le mot anglais *intercourse* pour désigner un phénomène linguistique qui n'avait pas d'expression claire et simple en français. »
L. DEROY, *L'Emprunt linguistique*, p. 168 (□ 1956).

INTERFACE [ɛ̃tɛʀfas] n. f.

(v. 1970) Jonction, limite commune entre deux ensembles, deux systèmes ou deux unités (notamment entre deux systèmes informatiques).

✴ Mot angl. *interface*, attesté en 1882 au sens concret de « surface formant frontière entre deux portions de matière ou d'espace », de *inter-* et *face* « face, surface, aspect... ». Les deux éléments étant communs aux deux langues, le mot s'est facilement introduit quand il a pris sa valeur technique plus abstraite de « moyen ou lieu d'interaction entre deux systèmes » (1962, McLuhan, *in* Oxford Suppl.) et de « dispositif destiné à assurer la connection entre deux systèmes » (1964). Le mot est accepté par l'Administration (qui propose aussi l'équivalent *jonction* : *Journal officiel*, 12 janvier 1974).

INTERFÉRENCE [ɛ̃tɛʀferɑ̃s] n. f.

1° (1793) *Phys.* Rencontre d'ondes de même direction qui se détruisent ou se renforcent selon que la crête de l'une coïncide avec le creux de l'autre ou que les deux crêtes se superposent. *Interférence des rayons lumineux, des ondes sonores.* — REM. : Signalé dans le Littré 1867 et dans le dict. de l'Académie 1878.

« Deux jours après avoir quitté la Nouvelle-Zélande, nous vîmes plusieurs arcs-en-ciel nocturnes [...]. Sous le rouge de l'arc intérieur de ceux que nous observâmes, j'aperçus différentes bandes de vert et de pourpre formant des arcs étroits, contigus, bien arrêtés et parfaitement concentriques à l'arc principal. Nul doute que ces arcs supplémentaires ne soient un effet des *interférences lumineuses* qui ne peuvent être engendrées que par des gouttes d'eau d'une extrême petitesse. »
G. LAFOND, *Voyages autour du monde*, p. 294 (□ 1854).

2° (déb. XXᵉ s.) Ingérence, immixion. *Pour éviter l'interférence du gouvernement dans ce domaine.*

« Quinze ou vingt maisons où je suis reçu de plain pied, *de plano*, sans interférence de rien. Quinze ou vingt maisons où, quand je passe

le pas de (la) porte, il n'y a pas l'ombre du déplacement de rien ; ni dans les esprits, ni dans les meubles, ni dans les cœurs. »
    Ch. PÉGUY, *Victor-Marie, comte Hugo,* p. 44, Gallimard, 1947 (□ 1910).

    « Le président du patronat vient de prendre position contre l'interférence de l'État dans l'accord projeté [...]. »
                     Le Monde, 24 oct. 1968 [*in* Gilbert].

  — Effet d'actions simultanées qui interfèrent, qui cumulent ou se contrarient. *Afin qu'il n'y ait pas d'interférence entre nos démarches.*

    « L'interférence d'Alger et de Paris, c'est le fait tragique des jours que nous vivons. »
    F. MAURIAC, *Le Nouveau Bloc-Notes 1958-1960,* 27 juin 1958, p. 70.

✳ Mot anglais *interference* n. de *to interfere* v. (→ **Interférer**) ; semble avoir été d'abord créé en anglais comme terme de physique à propos des rayonnements en 1773 par Monboddo, selon Mackenzie, mais le sens général existe à la fin du XVIIIe siècle, d'après celui de *to interfere.* Le mot apparaît en français en 1793 selon Bloch et Wartburg, et les dictionnaires ne signalent que le sens physique (même le Grand Larousse encyclopédique 1960), sauf récemment les dict. Robert. Le sens du XIXe siècle est lui aussi emprunté à l'anglais qui emploie *interference* pour *ingérence, intervention, immixion :* [*interference*] *with a person, etc., or in some action* « [interférence] *avec* quelqu'un, etc., ou *dans* quelque action » (Oxford dict.). Il semble que le sens dans lequel Mauriac emploie *interférence* soit un figuré direct du sens physique, lequel n'existe pas en anglais.

    « Un autre anglicisme qui se glisse jusque dans les éditoriaux de nos meilleurs quotidiens est le mot *interférence,* pris au sens d'*ingérence* ou d'*immixion.* Il est vrai que l'exemple vient de haut puisqu'on peut lire dans le dictionnaire Robert (à l'article *Immixtion*) cette phrase extraite des Mémoires du général de Gaulle : *Les interférences et les pressions de vos représentants...* »
    LE BIDOIS, *Les Mots trompeurs,* p. 272 (□ 1970).

✳ L'adjectif *interférentiel, elle* (1895) semble plutôt fait sur *interférence* (Cf. *Différence* → *différentiel*) qu'emprunté à l'anglais *referential.*

    « il convient de mentionner les notes suivantes : [...] *Sur le contrôle des tourillons d'un instrument méridien par la méthode interférentielle de M. Fizeau* [...]. » É. GAUTIER, *L'Année scientifique et industrielle,* p. 363, 1896 (□ 1895).

INTERFÉRER [ɛ̃tɛʀfeʀe] *v. intr.*

1° (1833) *Phys.* Produire des interférences. — REM. : Signalé dans le dict. de Littré ; absent dans les dict. de l'Académie.

2° (1902) Se dit d'actions simultanées qui se gênent soit par cumul, soit par contrariété. *Leurs initiatives risquent d'interférer. Interférer avec quelque chose.* — REM. : Absent du dict. de l'Académie.

    « à cette période undécennale (d'accalmie solaire) s'en ajoute une autre de trente-trois ans, qui semble *interférer* avec la première. »
    É. GAUTIER, *L'Année scientifique et industrielle,* p. 1, 1903 (□ 1902).

    « Ces épisodes aussi multipliés qu'envahissants, qui interfèrent avec le récit [...]. »   *Les Études,* déc. 1958 [*in* Gilbert].

  — *Interférer dans* (sujet personne), s'ingérer, intervenir, s'immiscer dans.

    « [Le président de la République] n'a pas le pouvoir d'interférer dans une décision de justice [...]. »   *L'Express,* 29 sept. 1969 [*in* Gilbert].

✳ Francisation de l'anglais *to interfere* v. (XVIe s., *entrefyer, enterfere, interfier*). Ce verbe est emprunté à l'ancien français *s'entreférir* de *férir* « frapper », « se frapper l'un l'autre, s'entrechoquer » : *Li vent s'encontrent dessus les nues et s'entrefièrent* « les vents se rencontrent sur les nues et s'entrechoquent » (Brunetto Latini, *Tresor, in* Godefroy). Il a passé en anglais pour signifier « s'entrechoquer les pattes » (d'un cheval qui a ce défaut en marchant) : *If the horse interfering doe wound himselfe upon his hinder feet* « si le cheval en s'entrechoquant se blesse au pied de derrière » (1616, *in* Oxford dict.). Il s'est ensuite employé au sens général de « se frapper l'un l'autre, s'entrechoquer », spécialement des ondes, en physique (1801) ; puis au sens de « entrer en collision ou en opposition » (*to interfere with*, XVIIe s., « interférer avec ») et de « intervenir » (*to interfere with*, XVIIe s., « interférer avec ») et de « intervenir » (*to interfere in*, XVIIIe s., « interférer dans »). On voit donc que tous les sens anglais sauf le premier ont été empruntés par le français. Les dictionnaires sont très discrets sur les sens figurés, et les puristes n'acceptent l'anglicisme que comme terme de physique (apparu en 1833 dans Brewster, selon Mackenzie).

INTERFÉRON [ɛ̃tɛʀferɔ̃] *n. m.*

(v. 1957) *Méd.* Protéine synthétisée par une cellule animale attaquée par un virus, qui a la propriété d'empêcher le développement de tout virus quel qu'il soit.

« L'interféron agit, non pas directement sur le virus lui-même, comme le font les anticorps, mais indirectement, en modifiant certaines propriétés de la cellule. Toutes les cellules infectées par des virus produisent de l'interféron (interféron viral). Mais on sait aujourd'hui que différentes substances n'ayant rien à voir avec les virus (antigènes spécifiques, mitogènes) peuvent induire, uniquement dans les cellules du système immunitaire, la synthèse d'interférons (interférons immunologiques). » *La Recherche*, oct. 1979, p. 247.

« Voilà vingt ans, l'interféron, substance "miracle" et naturelle, arme absolue contre tous virus, fraîchement découverte par les biologistes, permettait, dans une bande dessinée "Flash Gordon", de juguler in extremis une mystérieuse épidémie d'origine extra-terrestre. Depuis, les chercheurs ont appris la prudence et ils s'efforcent de freiner l'imagination des auteurs de science-fiction. « *L'interféron est un produit passionnant*, dit l'un des grands spécialistes français, le docteur Périès, de l'hôpital Saint-Louis à Paris, *mais, à quelques exceptions près, il n'a pas encore d'effets cliniques démontrés de manière irréfutable. Il n'est pas encore un médicament, et surtout pas "miracle".* » Pourtant, il vaut quarante millions de dollars le gramme, cent quatre-vingt millions de francs — un prix qui en dit long sur les espoirs et les convoitises suscités par la fabuleuse molécule. » *Le Nouvel Observateur*, 5 mai 1980, p. 69.

✴ Mot anglais *interferon*, créé par les chercheurs A. Isaacs, anglais, et J. Lindenmann, suisse, en 1957 (article de revue portant le titre *Virus Interference : the Interferon*), d'après *to interfer(e)* et le suff. *-on*, parce que l'action d'un virus « interfère » avec celle d'un autre. L'anglais *interferon* est mentionné dans l'Oxford Suppl., mais absent du Webster's 3d, qui ne donne que le nom du processus : *Interference phenomenon*. Il est probable que le français *interféron* (avec l'accent aigu) a suivi de près la découverte de 1957 qui constitue une date importante dans la virologie. Les propriétés de l'interféron ne sont pas entièrement connues et constituent un sujet de recherche active qui défraye périodiquement la chronique, notamment au sujet de la lutte contre le cancer.

INTERFLUVE [ɛ̃tɛʀflyv] *n. m.*

(1956) *Géogr.* Espace qui sépare deux vallées parallèles.

✴ Mot anglais *interfluve* n., de *inter-* et du latin *fluvium* « fleuve, rivière », XXe siècle (Webster's Second 1947). Apparaît en français dans le *Vocabulaire de géomorphologie* de H. Baulig (1956). C'est un terme scientifique ; tel quel, il n'est pas mal formé dans notre langue, sinon qu'on attendrait *interfleuve* (mais *fleuve* n'a pas un sens assez général en français).

INTERLINGUAL, ALE, AUX [ɛ̃tɛʀlɛ̃gwal/ɥal, o] *adj.*

(XXe s.) *Ling.* Qui appartient à plusieurs langues, se passe entre plusieurs langues (opposé à *intralingual*). *Nom propre interlingual. Traduction interlinguale.*

✴ Mot anglais *interlingual* adj. (1854), de *inter-* « entre » et *lingual* « de la langue ». Récemment introduit en français dans les textes de linguistique. Il semble que son opposé *intralingual* adj. ait été formé en français d'après *interlingual*.

INTERLOCK [ɛ̃tɛʀlɔk] *n. m.*

(av. 1955) Nom donné à un métier à tricoter à deux séries d'aiguilles qui alternent ; tissu de coton indémaillable obtenu avec ce métier.

« avec deux cartons de becquetance, quatre pulls chauds et des combinaisons en interlock [...]. » A. SARRAZIN, *La Cavale*, p. 152 (□ 1965).

✳ De l'anglais *interlock* adj. (xxᵉ s.), de *to interlock* « entrecroiser ». Le mot apparaît en français vers le milieu du xxᵉ siècle ; il s'emploie surtout pour désigner la matière de certains sous-vêtements d'hommes, d'enfants.

« *Interlock* : pourquoi ne pas utiliser pour ce genre de tissus l'appellation "entrelacs" ? » F. de GRAND COMBE, *De l'anglomanie en français*, juil. 1954, p. 192.

INTERLOPE [ɛ̃tɛʀlɔp] *adj.* et *n. m.*

1° (1685) N. m. *Vx.* Navire de commerce qui trafique en fraude. — Marchand qui vend sans licence, sans permission. — REM. : Signalé dans le dict. de l'Académie 1740 et Littré 1867.

« En Angleterre [...] il y a encore des marchands sans permission, que l'on appelle "interlopes", que les lois d'Angleterre tolèrent [pour le trafic des nègres aux Antilles]. »
DES CASAUX, *Mémoire* au Conseil de Commerce, 1701
[*in* Brunot, t. VI, 1-a, p. 321].

« Les interlopes enrichissent la Jamaïque [...]. »
MELON, *Essai politique sur le Commerce*, 1734
[*in* Brunot, t. VI, 1-a, p. 321].

2° *Adj.* Dont l'activité n'est pas légale. *Navire interlope. Commerce interlope.*

« s'ils s'adonnent uniquement au commerce interlope [...]. »
V. de FORBONNAIS, *Éléments du Commerce*, 1766
[*in* Brunot, t. VI, 1-a, p. 321].

3° *Adj.* D'apparence louche, suspecte (personnes). *Le monde interlope.* — Subst. *Un interlope* (1772), un personnage interlope. — *Adj.* Se dit aussi de ce qui a rapport aux interlopes (lieux, etc.) — REM. : Signalé dans le dict. de Littré 1867 et le dict. de l'Académie 1935.

« Je me suis toujours déclaré l'implacable ennemi de ces interlopes, qui sont l'opprobre de la littérature, et je suis fidèle à mes principes. »
VOLTAIRE, *Lettre à Marmontel*, 11 avril 1772, t. LXVIII, p. 51.

« Il y a Théophile Gautier et ses filles, Peyrat, sa femme et sa fille, Gaiffe, et un de ces interlopes quelconques, qui semble toujours faire le quatorzième de la société. »
E. et J. de GONCOURT, *Journal*, 27 mars 1862, t. II, p. 20.

« Veillez encore à ce que l'étranger ne soit pas raccroché au coin de chaque rue, dans vos quartiers interlopes, par des prostituées de dix ans, dont le cynisme épouvante les plus endurcis. »
Le Charivari, 8 juil. 1891, p. 2.

« Mais l'allégorie des poètes a souvent édulcoré la réalité sordide de la Cour des miracles, repaire de brigands, de prostituées et de prêtres défroqués. Les guerres successives de la fin du Moyen Âge déversèrent sur Paris leur lot de mutilés, de soldats perdus. La capitale, alors dévastée par les épidémies et la misère, rassemblait les vaincus et les victimes. La mendicité devenait institution et le monde interlope s'organisait peu à peu, criant ses règles, sa hiérarchie, ses rites et son langage, l'argot. » *Les Nouvelles littéraires*, 28 fév. 1972, p. 10.

✳ Francisation de l'anglais *interloper* n. (1590) au sens 1° (le sens 3° s'est développé en français). L'anglais *interloper* n. vient de *to interlope* v., de *inter-* et moyen néerlandais *lôpen* « sauter », littéralt « s'entremettre (dans une affaire sans en avoir le droit) ». Le mot a été emprunté en 1685 (Miège, selon Mackenzie) ; tel quel, il est opaque en français pour l'élément *-lope,* qui n'évoque rien. *Interlope* ne semble pas tracasser les puristes.

> « Le premier exemple d'*interlope* que j'aie trouvé est dans le *Mémoire* de Des Casaux, député de Nantes, au Conseil de Commerce (Mars 1701). Le mot est en 1723, dans Savary, qui donne un long article avec renvoi au mot *Commerce.* "Les interlopes enrichissent la Jamaïque", dit Melon. On appliqua interlope au commerce : "s'ils s'adonnent uniquement au *commerce interlope*" (Forbonnais). *Interlope* finit par être un nom, synonyme de contrebande : "la preuve en est la contrebande ou *interlope* qui a lieu en cette partie". »   F. BRUNOT, *H. L. F.,* t. VI, p. 321.

INTERLUDE [ɛ̃tɛʀlyd] *n. m.*

(1829) Petit intermède dans un programme dramatique, puis cinématographique, télévisé. — REM. : Absent du dict. de Littré 1867 et signalé seulement dans le dict. de l'Académie 1935.

— FIG. Intermède ; actes transitoires.

> « Ma visite à Pékin, en février, n'amènera certainement pas une solution rapide aux profondes divergences qui nous séparent de la République populaire de Chine. Mais elle constituera un début et marquera la fin d'un interlude stérile et vain dans les relations entre deux grands peuples. »
>   Trad. d'un discours de R. NIXON, *Le Monde,* 11 fév. 1972, p. 2.

✱ Mot anglais *interlude* n. (1303, anciennement *enterlude, entirlodie*) du latin médiéval *interludium* de *inter* « entre » et *ludus* « jeu ». S'est employé d'abord en anglais pour désigner les intermèdes, petites scènes comiques, entre les mystères et les moralités. Ce mot a passé en français au début du XIXe siècle ; il figure dans le dict. de Landais 1836. Tel quel, il n'est pas mal formé et s'intègre à la famille savante *prélude, ludique,* etc.

INTERNATIONAL, ALE, AUX [ɛ̃tɛʀnasjɔnal, o] *adj.*

(1801-1802) Qui a lieu, se fait de nation à nation, entre plusieurs nations ; qui concerne les rapports des nations entre elles.

✱ Mot anglais *international* adj., créé par Jérémie Bentham en 1780 : *The law may be referred to the head... of international jurisprudence* « la loi peut être soumise au chef de la jurisprudence *internationale* », avec en note : *the word* international, *it must be acknowledged, is a new one* « le mot *international,* il faut le noter, est un mot nouveau » (Bentham, *Princ. legisl.* XVII, 25, 1780, in Oxford dict.). Ce mot a pénétré en français en 1801 dans la traduction de Bentham, selon Mackenzie (voir ci-dessous la cit. de Benveniste). Il est bien formé en français.

> « Voilà [le texte de Bentham : voir ci-dessus] l'acte de naissance de notre adjectif. Comment alors est-il entré en français ? Simplement par la traduction française de l'ouvrage de Bentham que Et. Dumont publia à Paris, en 1802, sous le titre de Traités de législation civile et pénale. Cette traduction est en fait une version assez libre de l'original. " Je n'ai pas traduit les mots, dit Et. Dumont (I, p. IX), j'ai traduit les idées ; j'ai fait à quelques égards un abrégé, et à d'autres un commentaire. " Sous cette nouvelle forme, le passage cité plus haut devient (I, pp. 146-147) : " Le second [droit] est celui qui règle les transactions mutuelles entre les Souverains et les Nations. On pourrait l'appeler exclusivement Droit international. " Ici en note : " Ce mot est nouveau, mais analogue et facile à comprendre. Il n'y a que la force de l'habitude qui puisse faire conserver un terme aussi impropre, aussi dépourvu de signification que celui de Droit des gens. Le chancelier d'Aguesseau avait déjà observé que ce qu'on appelle communément Droit des gens devrait être appelé Droit entre les gens. Mais les gens, dans la langue française, ne signifient pas les Nations. " »
>   E. BENVENISTE, in *Le Français moderne,* janv. 1947, p. 2.

INTERSECTING [ɛ̃tɛʀsɛktiŋ] *n. m.*

(XXe s.) *Techn.* Machine à peignes rectilignes employée pour le défeutrage de la laine.

« Le ruban de carde est constitué de fibres dont les extrémités sont trop bouclées encore pour qu'on puisse le soumettre immédiatement à l'action des peigneuses. Aussi le fait-on passer d'abord au *défeutrage* : un certain nombre de rubans sont réunis et traversent une ou successivement plusieurs machines (jusqu'à quatre) appelées *intersectings*. Dans un intersecting le ruban est *étiré et peigné.* »
Ch. MARTIN, *La Laine*, p. 53, P.U.F., Que sais-je ? n° 464 (□ 1951).

✱ Mot angl. *intersecting* « entrecroisé » (1656 en emploi général), de to *intersect,* lat. *intersec[are]*. Le sens technique ci-dessus n'est attesté ni dans l'Oxford dict. ni dans le Webster. Il pourrait s'agir d'un faux anglicisme.

INTERTIDAL, ALE, AUX [ɛ̃tɛʀtidal, o] *adj.*

(1931, Larousse) *Géogr.* Compris entre les limites extrêmes de l'oscillation des marées. — *Syn.* Intercotidal.

✱ Mot angl. (1883, dans un autre emploi, en biologie, Oxford s.v. *Inter-*), de *inter-* et *tidal*, de *tide* « marée ».

INTERVIEW [ɛ̃tɛʀvju] ou [intɛʀvju] *n. f.*

(1883) Entrevue au cours de laquelle un journaliste interroge une personne sur sa vie, ses travaux, ses projets, etc., dans l'intention de publier la relation de l'entretien. *Des interviews* [ɛ̃tɛʀvju]. — REM. : Signalé dans le dict. de l'Académie 1935.

« Il y a eu quelques affaires bien " parisiennes ". On sait quels agréments ces affaires-là amènent avec elles. Ce ne sont pendant quelques jours, qu'interviews passionnantes dont s'occupe l'univers entier. »   *Le Charivari*, 8 janv. 1892, p. 1.

« Je demande au journal qui prête appui à ce projet en l'énonçant, d'aller plus loin même et, par ses *interviews*, de solliciter l'avis intéressant d'une corporation à laquelle lui et moi voulons du bien. »
MALLARMÉ, *La Musique et les Lettres*, in *Œuvres complètes*, p. 642 (□ 1894).

« À peine débarqué, j'allais être obligé de repartir sans avoir eu le temps de déboucler ma valise ! Que voulez-vous ? Il faut bien satisfaire aux exigences du reportage, aux nécessités si modernes de l'interview ! »
Jules VERNE, *Claudius Bombarnac*, p. 5 (□ 1893).

— Texte ou enregistrement de cette entrevue. *Publier une interview. Interview réécrite.*

« Quelques journaux ont commencé à publier des articles ou des interviews sous ce titre : *Que fera-t-on du Dahomey ?* »
Le Charivari, 30 oct. 1892, p. 1.

« Il a éclaté de rire quand je lui ai demandé une interview : " Personne, dit-il, n'osera la publier. N'oubliez pas qu'on m'appelle le Tigre du Bengale. " »   F. PORTES, in *Paris-Match*, 25 déc. 1971, p. 32.

✱ Mot anglais *interview* n. (1514) emprunté à l'ancien français *entrevue,* XVe siècle, employé au sens général puis au sens ci-dessus (journalisme, etc.) au milieu du XIXe siècle. Ce mot a été repris en français dans ce sens particulier en 1883 (Wartburg) et sans doute antérieurement (*interviewer,* n. ; 1881). Le Nouveau Larousse universel (1898-1902) signale la prononciation [ɛ̃tɛʀvju] et précise qu'on fait parfois ce mot masculin, ce qui semble persister chez quelques-uns encore aujourd'hui. La prononciation actuelle la plus courante reste celle-là et [intɛʀvju] à l'anglaise, est plus rare et plus affectée. La prononciation à la française [ɛ̃tɛʀvjɛv] reste une plaisanterie littéraire.

« Je viens de la Radiodiffusion française pour l'interviève à laquelle vous avez bien voulu vous soumettre... »   Boris VIAN, *Le Dernier des métiers*, p. 33.

✱ *Interview* est toléré même par les puristes en dépit de sa forme mal intégrée au système français -*view* [vju].

« Même un puriste comme Abel Hermant (*Ainsi parla M. Lancelot*, 1932, p. 161) admet que le sens de l'*interview* ne pourrait être exprimé par *entrevue,* alors que le mot anglais représente la forme française anglicisée. »
L. GUILBERT, *Anglomanie et vocabulaire technique*, oct. 1959, p. 294.

« ou bien nous dirions *entrevue, entretien* (c'est le sens même du mot interview), ou bien nous accepterons le mot barbare, mais nous le francisons *autant que faire se peut.* Sur interviewer, prononcé *interviouver,* accentué sur la dernière syllabe, je proposerai donc une *interviouve* prononcée à la française. Mais le mot me paraît inutile et fâcheux. »   Étiemble, *Parlez-vous franglais ?,* p. 274 (□ 1964).

« Avant de rejeter un terme anglais ou américain, il faut [...] voir s'il apporte une nuance nouvelle ou s'il répond à une spécialisation d'emploi. Marcel Galliot a très justement noté : " [...] Une *interview* est bien une *entrevue,* mais dont l'objet est nettement spécialisé. " »
        Le Bidois, *Les Mots trompeurs,* Anglicismes, p. 248 (□ 1970).

« Un cas qui n'est pas cité dans le référendum de l'OVP (Office du Vocabulaire Français) est le mot *interview* — ce mot est à l'origine un mot français passé en anglais et revenu avec une nouvelle acception récemment. Son " doublet " historique est *entrevue. Interview* est indispensable parce qu'il n'a pas tout à fait la même sphère sémantique que *entrevue* (entretien, rendez-vous, etc.). *Interview* est presque un " genre " en soi, une conversation-interrogatoire par un journaliste d'un personnage célèbre : " une interview de J. Henric par Ph. Sollers intitulée : *Pour une avant-garde révolutionnaire...* " (*Nouv. Obs.* 1er mars 1970, p. 10). " M. Wilson déclare dans un *interview* au *Guardian* ... " (*Monde. hebdo.* 14-20 oct. 65, p. 11) etc.

D'ailleurs *interview* est renforcé par un verbe, *interviewer* (-ve) et un substantif d'agent *interviewer* (-voer). De la même façon *entrevue* s'appuie sur *entrevoir.* Si nous comparons les deux verbes, il est facile d'observer la différence de sens entre les deux actions : *entrevoir/interviewer.* Le mot *interview* et ces dérivés sont donc des mots remplissant une fonction, une " case vide ". »
        S. Hanon, *Anglicismes en français contemporain,* pp. 163-164 (□ 1970).

✱ *Interview* n. a produit vraisemblablement en français le dérivé *interviewer* [ɛ̃tɛʀvjuve] v. (1883, Wartburg) dont la prononciation s'appuie sur la graphie (le *w* muet devient [v]) qui a donné lui-même *interviewable* adj. (1891, Wartburg) → aussi **Interviewer** n.

« Oui, le Martin fait un article sur le nouveau théâtre, et Duret doit à ce sujet vous interviewer, vous, Zola et moi. »
        E. et J. Goncourt, *Journal,* 20 déc. 1885, t. VII, p. 73.

« Et cette autre qui, elle, a vu hier son amant assassiné par son mari et qui se laisse aujourd'hui interviewer par un reporter, comme un auteur au lendemain d'une " première " [...]. »
        P. Bourget, *Physiologie de l'amour moderne,* pp. 114-115 (□ 1889).

« les seuls fumeurs dont l'opinion serait intéressante à connaître, et les seuls qu'on ait oublié d'interviewer. »   *Le Charivari,* 8 juil. 1891, p. 2.

INTERVIEWER [ɛ̃tɛʀjuvœʀ] *n. m.*

(1881) Journaliste, reporter spécialisé dans les interviews ; celui, celle qui interviewe. — REM. : Absent du dict. de l'Académie 1935.

« Naturellement j'éprouvai le désir de voir Edison, mais comment arriver jusqu'à lui ? Il ne recevait personne : d'abord pour échapper aux *interviewers* et aux *reporters* des journaux américains, dont on connaît l'insistance. »   P. Neis, « *Sur les frontières du Tonkin* »,
in *Le Tour du monde,* t. LV, Hachette, p. 407 (□ 1er sem. 1881).

« Ainsi qu'un très gros major belge l'expliquait l'autre jour à un interviewer, la neutralité n'est qu'une atroce blague. Elle autorise le *droit de passage* et même le *droit d'occupation.* »
        Le Charivari, 22 août 1891, p. 1.

« Les Français ne supporteraient pas qu'un interviewer français s'adresse au président de la République comme un reporter américain parle au président des États-Unis, sur un ton direct, agressif, à peine poli. »   *Paris-Match,* 11 déc. 1971, p. 59.

✱ Mot anglais *interviewer* [intərvjuər] n. (1869), de *to interview* « interroger, interviewer ». Ce mot pénètre en français avec les mots de la même famille → **Interview.** Il n'a pas de féminin, bien que sur la graphie francisée *interviewer* n. m. on puisse faire *intervieweuse n. f.

« les intervieweurs possèdent à fond l'art de confesser leur monde. »
        Le Canard enchaîné, 9 oct. 1963 [*in* Blochwitz et Runkewitz, p. 280].

IN THE POCKET → POCKET.

IN THE WORLD [inzəwœʀld] *loc.*

(mil. XXᵉ s.) Du monde (avec un superlatif). *Le plus grand in the world* → **Best** *(the best in the world).*

« Histoire le moins drôle in the world. »
ÉTIEMBLE, *Parlez-vous franglais ?*, p. 57 (□ 1964).

✳ Expression anglaise qui suit un superlatif et qui a le même sens.

INTROSPECTION [ε̃tʀɔspεksjɔ̃] *n. f.*

(1838) *Psychol.* Observation d'une conscience individuelle par elle-même. *L'introspection ne peut remplacer la psychanalyse.* — REM. : Signalé dans le dict. de Littré 1877 et celui de l'Acad. 1935.

« Les *techniques psychologiques* sont les unes introspectives les autres extrospectives. L'observation intérieure ou introspection demeure irremplaçable pour l'analyse des processus psychologiques délicats, cependant les behavioristes et les tenants les plus orthodoxes de la psychologie du comportement ont cherché systématiquement à la proscrire [...]. Ils se privent ainsi d'un merveilleux instrument [...]. »
J. DELAY, *La Psycho-physiologie humaine*, p. 8 (□ 1945).

✳ Mot anglais *introspection* n. (xvIIᵉ s.), du latin *introspicere ;* a d'abord signifié tout « examen à l'intérieur », puis sens psychologique (xvIIᵉ s.). Il a passé en français au début du xIXᵉ siècle (Wartburg) et a donné les dérivés *introspectionnisme* n. m. et *introspectionniste* adj. et n. (xxᵉ s.).

INTUBATION [ε̃tybasjɔ̃] *n. f.*

(XXᵉ s.) *Méd.* Introduction d'un tube dans un conduit de l'organisme ; mise en place d'une sonde à l'intérieur de la trachée, du larynx.

« Pour empêcher le poumon de s'affaisser, il suffit [...] de créer une pression positive dans la trachée et les bronches [...]. Ceci peut être réalisé de façon simple en introduisant (par la bouche) un tube dans la trachée. C'est ce qu'on appelle l'intubation endotrachéale. Entrevue par Vésale au xvIᵉ siècle, cette idée avait été reprise par Trendelenburg, chirurgien allemand de peu l'aîné de Sauerbrück. Mais ce n'est qu'après la première guerre mondiale que l'intubation fut couramment utilisée par les anesthésistes. »
Cl. d'ALLAINES, *La Chirurgie du cœur*, pp. 28-29 (□ 1967).

✳ Mot anglais *intubation* n. (1887), de *to intubate* v. « intuber » (latin *tuba* « tube »). A pénétré en français dans la première moitié du xxᵉ siècle. Tel quel, il est bien formé dans notre langue ; *intuber* v. semble tiré en français du substantif.

INVARIANT [ε̃vaʀjɑ̃] *n. m.*

(1877) Grandeur, expression, relation, ou propriété qui ne varie pas, qui se conserve dans une transformation de nature physique, mathématique, etc. — REM. : Signalé dans le Suppl. de Littré (1877) comme terme de mathématiques ; absent des dict. de l'Académie.

« Mais Cayley et Sylvester sont avant tout des algébristes et leur principal titre de gloire est d'avoir constitué, comme une nouvelle branche de la science, la théorie des *invariants.* Cayley doit en être considéré comme le véritable créateur, par ses premiers mémoires publiés dans le *Cambridge Mathematical Journal*, à partir de 1845. [...] Sylvester, en revanche, a peut-être la gloire d'avoir davantage systématisé la nouvelle théorie, et c'est à lui que l'on doit le plus grand nombre de termes techniques, y compris celui d'*invariant* lui-même. »
LAVISSE et RAMBAUD, *Histoire Générale*, t. IX, p. 947 (□ 1899).

✳ Mot anglais *invariant* n. (1851, Sylvester), aussi adj. (1874), de *in-* et *variant* « qui varie ». Le mot passe en français peu de temps après (Littré Suppl. 1877) et s'oppose à *variable.* Cet anglicisme n'est mentionné ni par Mackenzie ni par Wartburg.

INVESTIR [ɛ̃vɛstiʀ] *v. tr.*

(1929) Placer (des capitaux) dans une entreprise. — REM. : Signalé dans le dict. de l'Académie 1935.

« Les grands de la came vont bientôt investir leurs bénéfices dans le cinéma antidrogue : c'est un placement de père de famille. »
L'Express, 31 janv. 1972, p. 60.

✳ *Investir* v. existait en français avec les sens de « revêtir d'un pouvoir » *(investir un empereur, un ministre)* et « entourer avec des troupes » *(investir une ville)*. Il a emprunté ce sens financier à l'anglais *to invest* (XVIIe s.) qui, lui-même, le tenait de l'italien *investire* v. (1333). Apparaît en français dans le dict. Larousse de 1922.

« Militairement, on *investit* une place *avec* des troupes. Financièrement on *investit* (anglicisme) un capital pour en tirer un revenu... »
Défense de la langue française, janv. 1960, p. 31.

INVESTISSEMENT [ɛ̃vɛstismɑ̃] *n. m.*

(1924) Action d'investir des capitaux dans l'acquisition de moyens de production ; ces capitaux. *Les investissements d'une entreprise.* — REM. : Absent du dict. de l'Académie 1935 dans ce sens.

« Si l'Amérique est au Vietnam, c'est pour protéger ses investissements dans toutes les parties du monde. Et c'est à cause des bas salaires en pays pauvres que les bénéfices sont énormes. C'est une théorie qui ne résiste pas à l'examen. » L. PAUWELS, in *Paris-Match*, 18 déc. 1971, p. 18.

✳ Sens emprunté à l'anglais *investment* n. (1615 dans ce sens), né dans le commerce avec les Indes Orientales → **Investir.**

« Or le grand danger de l'anglicisme est le suivant : en traduisant le mot anglais par son homonyme français on donne à celui-ci un sens nouveau qu'il n'a pas en bon français, et, pour peu que cette faute se répète, elle entraîne un glissement de sens où la langue perd sa pureté. Un exemple frappant nous est fourni par le mot *investissement*. Ce vocable n'avait, en français classique, d'autre sens que : "disposer des troupes autour d'une place, d'une ville, d'une maison, pour en faire le siège ou le blocus". Mais, le mot anglais *investment* a lui, le sens de placement, participation, mise de fonds ; en traduisant *investment* par *investissement*, on a affublé ce mot français de ces sens nouveaux dont on aura bien du mal à le débarrasser, tant ils ont fait fortune dans le monde de la politique et des affaires. »
Ch. HOLTER, in *Défense de la langue française*, janv. 1960, p. 26.

ION [jɔ̃] *n. m.*

(1840) *Phys.* Atome ou groupement d'atomes portant une charge électrique. *Ions positifs, négatifs.* — Atome modifié qui possède moins ou plus d'électrons. — REM. : Absent du dict. de Littré 1867 et 1877 ; signalé dans le dict. de l'Académie 1935.

« Ce serait [la radio-activité] la manifestation d'une nouvelle modalité de l'énergie, d'une force inconnue jusqu'ici, la force intra-atomique, qui serait aux atômes [*sic*], ou plutôt aux éléments constitutifs des atômes, aux *ions* et aux *électrons*, ce que l'énergie cosmique est aux troupeaux d'astres vagabonds qui peuplent l'espace infini. »
É. GAUTIER, *L'Année scientifique et industrielle*, pp. 88-89, 1904 (□ 1903).

« Pour expliquer ce fait curieux [...] on fait généralement intervenir une théorie fort à la mode aujourd'hui, où l'on voit apparaître les *ions*, les *électrons*, les rayons *ultra-violets* issus du soleil qui absorberaient une partie de l'énergie des ondes électriques. »
É. MONIER, *La Télégraphie sans fil*, p. 209, Dunod et Pinat, 1913.

✳ Mot anglais *ion* n., mot créé par le physicien anglais Faraday (1834), d'après le p. présent *ion* du grec *ienai* « aller », pour désigner à la fois les anions et les cations (ions négatifs et ions positifs). Le mot apparaît en français dans le Complément au dict. de l'Académie 1840.

IONIQUE [jɔnik] *adj.*

(1907) Des ions. — REM. : Absent du dict. de l'Académie 1935.

« de cette constatation est née la thérapeutique électro-ionique. »
É. Gautier, *L'Année scientifique et industrielle*, p. 210, 1908 (□ 1907).

« M. le Dr. Desfosses a publié également sur ce sujet plusieurs
articles intéressants ; Technique de la Thérapeutique ionique, *la Presse
médicale* 1907, 2 janvier ; La Sclérolyse ionique, *la Presse médicale* 1907, 20 mars [...]. »
É. Gautier, *L'Année scientifique et industrielle*, p. 209, 1908 (□ 1907).

✳ Adaptation de l'anglais *ionic* adj. (1890), même sens. Se trouve être
l'homonyme de *ionique* adj. qui qualifie un ordre de l'art grec. Apparaît
en français au début du siècle (cit. ci-dessus 1907).

IONISATION [jɔnizɑsjɔ̃] *n. f.*

(1907) Production d'ions, transformation en ions. — REM. :
Absent du dict. de l'Académie 1935.

« Les ions, avec leur état énergétique particulier, jouent un grand
rôle dans l'action des solutions médicamenteuses ; mais, si l'on vient à
faire passer un courant dans ces solutions, à l'action chimique propre
des ions viennent s'ajouter les avantages que procure leur transport vers
l'électrode. »   É. Gautier, *L'électro-ionisation*,
in *L'Année scientifique et industrielle*, p. 209, 1908 (□ 1907).

« Boursier [P. Langevin] au laboratoire Cavendish de Cambridge, il
y fait d'éclatants débuts avec ses recherches sur l'ionisation des gaz, qui
le conduisent à instituer une nouvelle physique de l'atmosphère basée
sur le jeu subtil des ions, révélés responsables de la formation des
différents types de nuages. » *Les Nouvelles littéraires*, 31 janv. 1972, p. 14.

✳ Mot anglais *ionization* n. (1899), de *to ionize* → **Ioniser.** Ce mot
apparaît en français au début du siècle (Cf. cit. ci-dessus, 1907).

IONISER [jɔnize] *v. tr.*

(v. 1908) Transformer (un atome) en ion ; produire des ions
dans (un milieu). — *Ionisé, ée,* transformé en ion, où il y a des
ions (atomes à nombre anormal d'électrons). — REM. : Absent
du dict. de l'Académie 1935.

« Si l'on admet que les particules ionisées des protubérances
(solaires) subissent l'action d'un champ magnétique, on peut calculer
l'intensité de ce champ en mesurant la vitesse de ces particules et la
courbure de la trajectoire des protubérances. »
É. Gautier, *L'Année scientifique et industrielle*, p. 15, 1914 (□ 1913).

✳ Adaptation de l'anglais *to ionize* v., de *ion* n. même sens 1898. A
passé très tôt en français, se trouve chez Poincaré (1911, *Phys. mod.*)
selon Mackenzie mais *ionisation* n. f. est déjà de 1907. On trouve le
composé *photoionisation* n. f. (*La Recherche,* janv. 1975, p. 56).

IRISH COFFEE [ajʀiʃkɔfi] *n. m.*

(mil. XXᵉ s.) Café chaud, sucré, avec du whisky et recouvert
de crème fraîche.

✳ Expression anglaise, « café *(coffee)* irlandais *(Irish)* » ; boisson irlandaise appréciée des Anglais et des Américains, qui commence à être
connue en Europe grâce au tourisme et surtout aux pubs et drugstores
où on la sert. L'irish coffee est délicieux lorsqu'il est préparé soigneusement (on doit faire couler lentement la crème sur le dos d'une petite
cuiller). Certains Écossais disent que cette boisson est destinée à
écouler les stocks de whisky irlandais, qu'ils trouvent imbuvables.
L'expression est hélas quasi imprononçable par un Français ; la traduction *café irlandais* s'impose. Au XIXᵉ s., le français employait le mot *gloria*
« café mélangé d'eau-de-vie ».

IRRESPONSABLE [iʀ(ʀ)ɛspɔ̃sabl] *adj.*

(mil. XXᵉ s.) Qui agit légèrement, n'a pas le sens de ses
responsabilités ; (action) digne de celui qui n'a pas le sens des
responsabilités. — Subst. *Des irresponsables.*

« Quelques nihilistes soutenus par des intellectuels irresponsables [...]. »
Le Nouvel Observateur, 26 juin 1968 [in Gilbert].

✱ Le mot *irresponsable* adj. signifie en français (depuis 1787) « qui n'est pas responsable » (*les enfants sont irresponsables ; Président de la République irresponsable* [en droit constitutionnel]...). Il a pris récemment le sens, ci-dessus illustré, à l'anglais *irresponsible* adj. (XVIIe s.). Cet anglicisme est critiqué par Étiemble (*Parlez-vous franglais ?*, p. 216). Il a été diffusé par les orateurs politiques.

-ISME suff. de noms

1° Provient directement de mots anglais comme *américanisme* (de *Americanism*). Cette finale doit toujours être prononcée à la française [-ism] et non [-izm] d'après [-izəm].

2° Suffixe français ajouté à quelques racines anglaises au détriment des suffixes réels.

« Mais où le mot en *-isme* prend toute son originalité, c'est quand il est formé sur un mot emprunté à l'anglais sans que cette même dérivation existe dans la langue d'origine. Un linguiste anglais qui a étudié les anglicismes en français et les gallicismes en anglais, voit dans ce contraste la preuve du caractère pratique des Anglo-Saxons et de l'esprit essentiellement analytique des Français, de leur goût pour les idées générales. Nous avons emprunté aux Anglais le système parlementaire et nous l'avons appelé *parlementarisme*. Si " *parlamentarianism* " peut sans doute se dire en anglais, il est plus rare et n'est apparu qu'après. Par contre, ni "*tourism*" ni "*scoutism*" ne sont vraiment des mots anglais, alors que *tourisme* et *scoutisme* sont devenus usuels en français. Du fait même de son suffixe, *scoutisme* prend un caractère organique, conceptuel, que " *scouting* " n'a pas. Du mot anglais " *snob* " nous avons fait *snobisme* en face de " *snobbery* " et de " *snobbishness* ". »   J. DARBELNET, *Regards sur le français actuel*, p. 79 (□ 1963).

ISOLATIONNISME [izɔlasjɔnism] n. m.

(1931) Politique d'isolement. — REM. : Absent du dict. de l'Académie 1935.

« il y a ces films qui écrivent l'histoire américaine pour la foule et qui, faute de pouvoir lui offrir une Jeanne d'Arc du Kentucky, un Charlemagne du Kansas, l'exaltent avec l'histoire d'Al Jolson, le chanteur de jazz, de Gershwin, le compositeur. Il y a la doctrine de Monroe, l'isolationnisme, le mépris de l'Europe et puis il y a l'attachement sentimental de chaque Américain pour son pays d'origine [...]. »
SARTRE, *Situations III*, p. 128 (□ 1946).

« On aurait tort de confondre cette volonté de paix avec un quelconque regain d'isolationnisme. »
France-Observateur, 29 nov. 1956, p. 9.

« MM. Pompidou et Maurice Schumann gardent, dans la tête, la condamnation la plus formelle de l'isolationnisme qu'ils aient entendue : "Une nation, ou un peuple, leur a déclaré M. Nixon, qui se replie sur lui-même et s'isole comme s'il vivait dans une île, se retrouvera irrémédiablement rejeté derrière le reste du monde". »
Paris-Match, 1er janv. 1972, p. 22.

✱ Mot américain *isolationism* n. (déb. XXe s.) de *isolation* « isolement » et *-ism*, d'après *isolationist* n. ; ce mot s'est appliqué à la politique d'isolement des États-Unis à la fin du XIXe siècle. Il a passé en français en 1931 mais ne s'est répandu que vers 1945. *Isolationniste* adj. et n. (mil. XXe s.) semble tiré du précédent (en américain, *isolationist* est plus ancien qu'*isolationism* et apparaît en 1899).

ISOPRÈNE [izɔpʀɛn] n. m.

(1878) *Chim.* Carbure diéthylénique qui peut donner, par polymérisation, une substance ∗ analogue au caoutchouc. — REM. : Absent du dict. de l'Académie 1935.

« Quand on chauffe du caoutchouc dans une cornue, il distille de multiples produits [...]. Parmi ceux de ces produits qui distillent entre 30 et 40 degrés, figure notamment un certain hydrocarbure ($C^5 H^8$), baptisé *isoprène*, auquel certains chercheurs subtils ont eu l'idée d'attribuer une importance plus grande qu'aux autres produits de distillation. »   É. GAUTIER, *L'Année scientifique et industrielle*, pp. 135-136, 1911 (□ 1910).

« Au point de vue chimique, le caoutchouc naturel est une substance complexe que, le premier, Bouchardat put définir, avec une bonne exactitude, comme étant un produit de polymérisation de l'isoprène. »
                     J. VÈNE, *Caoutchoucs et Textiles synthétiques*, p. 14 (□ 1961).

✳ Mot anglais *isoprene* n. formé sur *iso-*, *pr(opyl)* et *-ene* par C. G. Williams en 1860. Il a passé en français vers 1875 (figure dans le 1er Suppl. du dict. de P. Larousse 1878) ; c'est un mot assez opaque en français (la racine n'étant représentée que par *pr*). On a formé sur ce mot *diisoprène* n. m. (v. 1894, Grande Encycl. Berthelot).

ISOSTASIE [izɔstazi] *n. f.*

(1900) *Géol.* État d'équilibre des différents segments de l'écorce terrestre. — REM. : Absent du dict. de l'Académie 1935.

« Les continents [...] correspondraient aux radeaux les plus épais, puisque ce seraient ceux qui émergeraient le plus ; ce seraient aussi ceux qui s'enfonceraient le plus profondément, de sorte que sur une profondeur plus grande, le liquide dense interne serait déplacé par un solide de moindre densité ; grâce à ce mécanisme, la compensation serait toujours automatique et parfaite.
Cette explication de l'isostasie, séduisante au premier abord, ne répond pas aux observations de M. Hayford. »
É. GAUTIER, *L'Année scientifique et industrielle*, pp. 16-17, 1911 (□ 1910).

✳ Francisation de l'anglais *isostasy* n. (1896), de *iso-* et du grec *stasis* (Cf. français *statique*). Il apparaît en français v. 1900. Tel quel, il est bien formé. *Isostatique* adj. existe en mathématiques dès avant 1870 dans notre langue.

ITEM [itɛm] *n. m.*

(v. 1960) *Sc.* Objet d'observation, en tant qu'unité d'un ensemble. *Une documentation de trois milliers d'items.*

« Les éléments différentiels identifiés ne sont pas tous de la même valeur, en ce sens que certains seulement jouent comme *items* pertinents du système considéré, c'est-à-dire comme critères de distinction ayant une portée significative [...]. »
                     Ethnologie régionale 1, p. 43 (□ 1972).

— *En construction, etc.* Lot (de travaux, etc.).

✳ *Item* existe en français comme latinisme adverbial « de même » (1279). On l'a employé au XVIe siècle (vx) comme n. m. pour désigner un article de compte, un article d'accusation, un point (dans un raisonnement). On a repris récemment ce nom avec le sens anglais comme terme didactique notamment dans les sciences humaines. Cet emprunt est critiqué par Étiemble :

« Dans une spécialité *up to date* où "l'objet de l'enquête est défini opérationnellement *a posteriori* comme le domaine référé par les items et dont l'unidimensionnalité est testée par la scalabilité" [...]. »
                     ÉTIEMBLE, *Parlez-vous franglais ?*, p. 103 (□ 1964).

J

JABIRU [ʒabiʁy] *n. m.*

(1765) Grand échassier des régions chaudes *(Ciconiidés)*, à gros bec recourbé vers le haut, voisin de la cigogne. *Des jabirus.* — REM. : Enregistré dans l'Encycl. Diderot 1765, et dans le dict. de Littré 1867 ; absent des dict. de l'Académie.

« S'il [Buffon] peint en d'autres climats une autre nature, sous les zones brûlées de l'Afrique et de l'Asie, on se croit transporté au milieu des déserts de l'Arabie, et l'on distingue à travers les sifflements des reptiles la voix de l'onocrate et le cri du jabiru, ou bien on frémit en voyant sur les bords du Sénégal la timide gazelle descendre au rivage où le tigre est embusqué. »
P.-L. COURIER, *Éloge de Buffon,* in *Œuvres complètes,* p. 568 (□ 1799).

✻ Tupi-guarani *jaburú, jabirú, yabirú,* probablement par l'anglais *jabiru* (aussi *jaburu*) n. (XVIIIᵉ s.) de même origine.

JACK [(d)ʒak] *n. m.*

(1888 ; « appareil de filature », 1870) → **Jack-knife.** *Des jacks.* — REM. : Absent des dict. de l'Académie.

✻ Anglais *jack* n. (1875), forme abrégée de l'américain *jackknife.* Le nom commun *jack* tiré du nom propre *Jack,* hypocoristique de *John* « Jean » (bas latin *Johannes*) sert depuis le XVIᵉ siècle en anglais à désigner divers appareils et un grand nombre d'animaux. Dans son Suppl. 1877, Littré signale le mot *jack* « appareil de filature, différent de la mule-jenny », dans *Mémoires d'agriculture,* etc., 1870-1871, p. 314, mais le français n'a retenu que la désignation ci-dessus, enregistrée par P. Larousse, dans son 2ᵉ Suppl. 1888. Le français connaît également *jack* au sens de « drapeau » dans le terme *Union Jack* (→ ce mot).

JACKET ou **JAQUETTE** [ʒakɛt] *n. f.*

(XXᵉ s.) Couronne creuse en porcelaine, en résine, etc., employée en prothèse dentaire esthétique.

✻ Abréviation de l'anglais *jacket crown* n. (1903) « jaquette-couronne », de *jacket* « veste, jaquette », lui-même de l'anc. français *jacquet.* Ce mot s'est répandu en France avec la chose désignée avant le milieu du XXᵉ s. Il est recommandé de le franciser en *jaquette,* comme *jaquette* de livre.*

JACK-KNIFE [(d)ʒaknajf] *n. m.*

(1880) Commutateur à chevilles, muni d'un ressort en lame de couteau, dont on fait usage dans un central téléphonique pour faire communiquer les abonnés entre eux. *Des jack-knives* [(d)jaknajv]. — REM. : Absent du dict. de l'Académie 1935.

« *Commutateur américain.* — L'organe essentiel de ce commutateur est un interrupteur dit *jack-knife*, qui tire son nom de la forme de couteau qu'il affectait à l'origine. »
L. FIGUIER, *L'Année scientifique et industrielle*, p. 134, 1882 (□ 1881).

« Le bureau central [des téléphones] renferme 27 tableaux indicateurs à *jack-knives* américains, présentant les derniers perfectionnements réalisés dans les appareils employés à Paris. »
L. FIGUIER, *L'Année scientifique et industrielle*, p. 104, 1888 (□ 1887).

✳ Mot américain *jackknife* n. « couteau de poche » (1711), de *jack* et *knife* « couteau ». Le sens du commutateur téléphonique s'est développé par analogie de forme. Le mot a passé en français en 1880 selon Bonnaffé (Kaskins, *Lumière électrique*, II, p. 156). Cet emprunt est très mal assimilé dans notre langue.

JACOBITE [ʒakɔbit] *n.* et *adj.*

(1701) *Hist. polit.* Membre du parti légitimiste anglais qui soutint la cause de Jacques II après la révolution de 1688, puis celle des derniers Stuarts. — REM. : Signalé dans le dict. de Littré 1867 ; absent des dict. de l'Académie.

« Je suis restée jacobite, malgré les changements qui sont arrivés en ce pays-ci. »   Mme de CAYLUS, *Souvenirs*, v. 1720 [*in* Littré].

« Un troisième parti est celui des Jacobites. »
C. de SAUSSURE, *Lettres et Voyages*, 1729 [*in* Mackenzie, p. 158].

« [...] il a été, à dix-sept ans, stuartiste, jacobite et cavalier. »
HUGO, *Les Feuilles d'automne*, préf., 1831 [*in* D.D.L., 2e série, 4].

« Hume était réputé tory jacobite, lourd et rétrograde. »
CHATEAUBRIAND, *Mémoires d'outre-tombe*, t. I, 1848
[*in* D.D.L., 2e série, 4].

✳ Anglais *jacobite* n. (1689) et adj. (1692 ; « relatif à Jacques 1er, 1611), du latin *Jacobus* « Jacques » et suffixe *-ite*. Mackenzie (p. 158) signale ce terme en 1701 (*Nouvelles de la république des lettres*, p. 573). REM. : Ne pas confondre avec les homonymes *jacobite* (1690 ; du nom du moine *Jacob* Baradée ou Zanzale [VIe s.]) « membre de l'Église monophysite de Syrie » et *jacobite* (1797) « qui concerne les Jacobins de la Révolution française ».

JAMBOREE [ʒãbɔʀe] *n. m.*

(1920) Réunion internationale de Scouts. — REM. : Absent du dict. de l'Académie 1935.

« Le premier Jamboree s'ouvrit le 29 juillet 1920 à l'Olympia de Londres en présence du duc de Connaught. Vingt-sept nations étaient représentées et des milliers d'éclaireurs qui ne s'étaient jamais connus, qui portaient les uniformes les plus variés, qui ne parlaient pas la même langue, firent l'expérience d'une vie commune inspirée par une règle unique, la Loi Scoute de Baden-Powell. Ce fut un succès éclatant. Il y eut des compétitions, quelque chose comme les Jeux Olympiques du scoutisme. Il y eut surtout des chants, des bans, des danses, des démonstrations, des défilés d'un pittoresque achevé. »
H. VAN EFFENTERRE, *Histoire du scoutisme*, p. 48 (□ 1947).

✳ Mot américain *jamboree* n. (1868) d'origine inconnue (Bloch se trompe lorsqu'il parle d'un emprunt au hindi fait par Kipling). Il a d'abord signifié « fête, noce, bringue, bombe », 1872 (*There have not been so many dollars spent on any jamboree* « il n'y avait pas eu beaucoup de dollars dépensés pour la fête» (Scribner's Mag. IV. 363, *in* Oxford dict.). C'est en 1919 qu'il dénomme la rencontre internationale des Scouts de juillet 1920. Le dict. étymol. de Dauzat date de 1910 son apparition en français, ce qui est peu vraisemblable. D'une façon générale ce mot donne matière aux informations les plus diverses et les plus fantaisistes. Par bonheur il a quelques mérites du point de vue de la prononciation, bien francisée. Il serait souhaitable d'écrire *jamborée* ou *jamboré*.

« Les scouts donnent le nom de *jamboree* à leurs grandes réunions périodiques, depuis celle qui eut lieu à Olympia, aux États-Unis, en 1920.

Une tradition, dont je n'ai pu repérer l'origine, voyait dans *jamboree* un mot hindou, vulgarisé par Kipling. Il n'en est rien. Il s'agit, comme me l'a indiqué mon collègue Fernand Mossé, d'un mot d'argot des États-Unis, attesté en anglais d'Amérique depuis 1864. *L'Historical American English Dictionary* le définit : " *an unrestrained celebration or merry making... a big party* ". En somme, une partie joyeuse.

L'origine est inconnue. Il se peut, comme le croit le *Larousse du XXᵉ siècle*, que le mot ait été emprunté à une langue des Peaux-Rouges ; mais la démonstration n'a pas été faite. »

A. Dauzat, *Notes étymologiques*, in *Le Français moderne*, juil. 1949, pp. 162-163.

JAMESBONDERIE [dʒɛmsbɔ̃dʀi] *n. f.*

(1971) Péripétie ou série d'aventures peu ordinaires dont le héros sort vainqueur grâce à son art d'exploiter les derniers perfectionnements techniques. — *Par ext.* Aventure rocambolesque.

« Les barbouzes, les tables d'écoute, les cambriolages au clair de lune et toutes sortes de " jamesbonderies " font du scandale. »

L'Express, 14 mai 1973, p. 142.

✱ De *James Bond*, nom du célèbre héros de l'écrivain anglais Ian Fleming (1908-1964), dont le personnage a été incarné à l'écran notamment par Sean Connery. Dérivé français (l'anglais a le dérivé *Jamesbondish*, adj., 1966).

JAM-SESSION [dʒamsɛsjɔ̃] *n. f.*

(v. 1935) Réunion de musiciens de jazz qui improvisent sans préparation. *Des jam-sessions.*

« chaque séance se déroulera un peu comme une jam-session : quelques poètes improvisateurs broderont sur des thèmes lancés par les spectateurs dans la salle. »

Le Figaro, 31 oct. 1963 [*in* Blochwitz et Runkewitz, p. 281].

« Deux jours après [l'enterrement de Lucien] ses parents organisaient une *hootenanny*, un " bœuf ", une espèce de *jam session* à la mémoire de leur fils. »

Le Nouvel Observateur, 5 déc. 1977, p. 74.

— AU SENS FIGURÉ :

« Pour cette fantastique " *jam session* " du théâtre de tous les pays, Jack Lang ne reçoit que cent cinquante mille francs des Affaires culturelles [...]. »

Le Nouvel Observateur, 16 avril 1973, p. 73.

✱ Mot américain (*jam session* 1933, 1929 sous la forme *jam ;* aujourd'hui abrégé en *session),* formé de *jam* et de *session* « séance » (emprunt au français). L'étymologie et le sens de *jam* sont obscurs ; peut-être à rattacher à *jam* « confiture » ; certains noms de nourriture ont été associés au sexe féminin en argot anglais et spécialement chez les Noirs américains ; cf. Robert S. Gold : *A Jazz Lexicon*, New York, A. A. Knopf, 1964. *Jam-session* a pénétré en français après la guerre, avec quantité d'autres termes de jazz. Il est mal intégré au système français. Dans l'argot des musiciens de jazz, on dit en ce sens : un *bœuf.*

JAQUETTE [ʒakɛt] *n. f.*

(1951) Chemise d'un livre, généralement attrayante et publicitaire. *La jaquette bleu blanc rouge du Petit Robert.*

✱ Sens emprunté à l'anglais *jacket* n., 1894 (le mot *jacket* lui-même emprunté à l'ancien français *jacquet*). A pénétré en français après la guerre, avec l'emploi généralisé des jaquettes de livre ; signalé par Larousse en 1951. La métamorphose est plaisante et reste la même dans les deux langues → **Jacket.**

« Jaquette : (jacket) en termes d'édition, c'est une couverture en papier destinée à protéger la couverture reliée, non à la remplacer. »

F. de Grand Combe, *De l'anglomanie en français*, juil. 1954, p. 199.

JAZZ [dʒaz] *n. m.*

1° (1920, *jezz* 1918) *Vx.* Danse d'origine négro-américaine, sur
une musique syncopée dans le genre du rag-time. Musique sur
laquelle elle est exécutée. — REM. : Absent du dict. de
l'Académie 1935.

« Il a bien voulu diriger pour moi quelques-uns des morceaux les plus
typiques du répertoire militaire américain. Des "blues" et des "Jezz"
exécutés par un quintette de saxophones m'ont paru tout particulièrement remarquables [...]. » *Le Matin*, 25 août 1918 [*in* M. Höfler, p. 351].

« — Le jazz, hurlait le général à son aide de camp, tout en
bostonnant majestueusement... Le jazz, qu'est-ce que c'est, Dundas ?
— Tout ce que vous voudrez, sir, répondit l'éphèbe rose... Il n'y a
qu'à suivre la musique. »
        A. MAUROIS, *Les Discours du docteur O'Grady*, p. 166 (□ 1922).

2° (1921) Musique des Noirs des États-Unis ou inspirée de son
style. *Disque de jazz. Orchestre de jazz. Critique de jazz. Jazz
hot*, cool*. Free jazz* (→ ce mot). *Festival de jazz de Newport.*
— REM. : Absent du dict. de l'Académie 1935.

« J'aime également l'opéra, le classique et le jazz. »
                        Cinémagazine, 16 sept. 1921 [*in* M. Höfler].
« Harlem, c'est la patrie du jazz. Le jazz, c'est la mélodie nègre du
sud débarquant à la gare de Pennsylvanie, plaintive et languissante, soudain affolée par ce Manhattan adoré, où tout est bruit et lumière [...]. »
                        P. MORAND, *New-York*, pp. 239-240 (□ 1930).
« Triomphe de la sottise barbare, avec approbation, explications et
commentaires techniques de musiciens instruits qui redoutent, par-
dessus tout, de n'avoir pas l'air "à la page", de contrarier leur clientèle,
et qui sacrifient au jazz comme les peintres de 1910 sacrifiaient au
cubisme, par grande frayeur de laisser filer le coche. »
                        G. DUHAMEL, *Scènes de la vie future*, p. 147 (□ 1930).
« la musique de jazz, avec ses rythmes syncopés et son *swing*, qui
nous frappe au creux du ventre. »
                        L. S. SENGHOR, *Le Lyrisme de Lahner*, 1959,
                        in *Négritude et Humanisme*, p. 292, Le Seuil, 1964.

3° Abrév. de *jazz-band**.

* Mot américain *jazz* n., employé d'abord parmi les Noirs, et attesté
dans les mêmes sens de « danse ; musique de danse » (1909, *in* Oxford
Suppl. 2) et de genre musical (1917 ; l'Oxford Suppl. 2, cite notamment
The Sun du 5 août : « *Jazz is based on the savage musician's wonderful
gift for progressive retarding and acceleration guided by his sense of
"swing"* » et le *Lit. Digest* du 25 août : « *Jazz music is the delirium
tremens of syncopation* »). Il apparaît vers 1916 (ou 1911 ?) dans *jazz
band ;* sa forme n'est pas fixée : « *Jas, Jass, Jaz, Jazz, Jasz and Jascz.* »
(*The Sun* 5 août 1917 [*in* Oxford, Suppl. 2]). Son étymologie reste
obscure, en dépit des hypothèses avancées : mot d'origine africaine
(*The Sun, ibid.*), ou du nom de Jasbo Brown, musicien noir (*American
Mercury,* 7 sept. 1925 [*ibid.*]). La plus sérieuse, attribuée à Lafcadio
Hearn, fait allusion à un verbe argotique noir (« dans le patois ou idiome
créole de la Nouvelle-Orléans », vers 1870-1880, selon *American
Speech* [I, 514 ; 1926]). Selon un autre article de la même revue (XII,
180 ; 1937) citant le trombone noir Preston Jackson, « le mot jass était
un verbe du "patois" nègre signifiant "exciter", avec une connotation
érotique et rythmique ». D'après le Dr Bender (*New York Times,* 30 juin
1950, *in* Oxford) le mot proviendrait de la côte Ouest de l'Afrique (mais
l'hypothèse n'est, semble-t-il, pas appuyée sur une langue précise, ce
qui lui ôte tout sérieux).

« Dans ses premiers moments, le jazz ne fut guère connu et diffusé en dehors
des quartiers noirs, ceux des bordels (New Orleans), des cabarets et dancings
noirs (Chicago, New York). [...] Associé d'emblée — et par son nom même (de *to
jass :* baiser) — aux orgies à la fois barbares (africaines) et honteuses, le jazz
n'avait pratiquement *aucune chance* de connaître une diffusion large dans
l'Amérique blanche puritaine et raciste — ni d'obtenir, par là, quelque succès
commercial. »   Ph. CARLES, J.-L. COMOLLI, *Free jazz/black power*, p. 36.

✱ M. Höfler, amené par ses recherches sur la famille de *jazz* en
français à corriger les datations fournies jusqu'ici par les dictionnaires
(nous nous inspirons très largement de son article : *Zeitschrift für
romanische Philologie*, 1979, Band 95, Heft 3/4, *Die Wortfamilie von* jazz
im Französischen, pp. 343-357), estime que *jazz*, aux sens 1° et 2°,
constitue un emprunt direct, indépendant de *jazz band*, adopté antérieurement ; il écarte, comme attestation isolée, le *jezz* de 1918. Le pluriel
français est *jazz*. Bien que d'un emploi très courant, le mot a maintenu
son [dʒ] initial, à l'anglaise, que l'on retrouve dans *jazzifier* v. tr.
« adapter pour le jazz » (1961), *jazzique* (1971), *jazziste* n. « partisan du
jazz » (1943), adj. « de jazz » (1970), *jazzistique* adj. (1954), *jazzité* n.
(1971), *jazzoïde* adj. (1932), *jazzologue* (1971), *jazzophile* n. « amateur
de jazz » (1967), sans parler de *jazzfan* n. (1973), *anti-jazz* adj. (1961),
anti-jazziste n. (1943) → **Jazz-band, jazzman**. On ne peut affirmer que
les plus employés de ces termes, *jazzifier, jazziste* soient de formation
française. M. Höfler note que l'anglais a *to jazzify* depuis 1922, *jazzist*
depuis 1926 et *jazzophile* depuis 1941. *Jazzifier* a supplanté *jazzer*
(1923), correspondant à *to jazz* (dont on ne sait s'il est antérieur ou
postérieur à *jazz*, n.). Ce verbe *jazzer* était préparé par l'homonymie de
jaser et du premier élément de *jazz-band* : « La Pie qui... jazz », *Le
Siècle*, 7 octobre 1918 (*in* M. Höfler, p. 347) qui relève aussi « Paris
qui... jazz », « ça jazz'ouilles », toujours dans *Le Siècle*, 1ᵉʳ janvier 1921.

    « P. Fouché (*Traité de prononciation française*, p. 241) donne bizarrement une
prononciation [dʒ-] pour *jazz* et [ʒ-] pour *jazz-band*. En fait, il y a hésitation entre
les prononciations anglaise et française, mais la plus courante, même dans les
composés, est [dʒɑz]. »
                    DUPRÉ, *Encycl. du bon français dans l'usage contemporain*, art. *Jazz*.
    « entre deux scènes les petites musiciennes ne se font nullement prier pour
jazzer "stumbling" ou "Say It with music"... »
                    Cinémagazine, 3 août 1923 [*in* M. Höfler, p. 354].
    « vers la fin des années 1950 [...] il présente aux jazzfans éblouis le "jeune
homme en colère du saxophone ténor", un certain John Coltrane. »
                    Le Nouvel Observateur, 9 juil. 1973, p. 14.
    « Un cantique célèbre, transformé en spiritual "jazzifié", diront certains avec
horreur. »   *Le Monde*, 5 janv. 1968 [*in* Gilbert].
    « Les critères esthétiques bourgeois occidentaux allaient donc servir à "défi-
nir" [...] les caractères spécifiques du jazz. [...] filiation des formes jazziques aux
formes classiques — comme si celles-ci avaient prévu celles-là : concerto, basse
continue, règles modales, etc. »
                  Ph. CARLES, J.-L. COMOLLI, *Free jazz/black power*, pp. 54-55.
    « La guitare des chanteurs de blues se glissa dans les premiers orchestres
jazzistes. »   *Le Monde*, 31 déc. 1970 [*in* Gilbert].
    « L'une des plus belles et des plus swingantes pages de toute la saga
jazzistique. »   *L'Express*, 1ᵉʳ janv. 1973, p. 6.
    « Si ces chansons n'ont pas toutes la forme et les structures dans lesquelles
les jazzologues blancs voudraient confiner le blues, Billie Holliday, tout autant que
les musiciens noirs, a toujours vécu, chanté dans l'univers du blues. »
                  Ph. CARLES, J.-L. COMOLLI, *Free jazz/black power*, p. 184.

JAZZ-BAND [dʒazbãd] *n. m.*

1° (1918) *Vx.* Orchestre de danse jouant dans le style propre
aux Noirs américains. *Il jouait dans un jazz-band. Des jazz-
bands.* — REM. : Absent du dict. de l'Académie 1935.

    « Il est très évident que le théâtre marque actuellement le pas
derrière le music-hall. [...] Comment s'étonner [...] que tous les
impresarii songent à ouvrir de nouvelles salles aux revues à grand
spectacle et aux Jazz-Band, au moment où Paris est devenu la Babel du
vingtième siècle. »   *Le Siècle*, 10 déc. 1918 [*in* M. Höfler, p. 349].
    « Ils [les Noirs] apportaient leur orchestre, cet étonnant jazz-band,
bientôt inséparable de toute soirée qui se respectait. »
                  F. de MIOMANDRE, *Danse*, p. 61 (□ 1935).

— (1920) Abrégé en *jazz*. Pl. *Des jazz.*

    « Le jazz est cyniquement l'orchestre des brutes au pouce non
opposable et aux pieds encore préhensifs, dans la forêt de Vaudou. Il
est tout excès, et par là plus que monotone : le singe est livré à lui-
même, sans mœurs, sans discipline, tombé dans tous les taillis de
l'instinct, montrant sa viande à nu, dans tous ses bonds, et son cœur,

qui est une viande plus obscène encore. Ces esclaves doivent être soumis, ou il n'est plus de maître. » *Revue musicale*, 1920, *in* A. CŒUROY, *Hist. générale du jazz...*, p. 7, Denoël, 1942.

« Le truc a fait fureur depuis, mille fois repris, ratatouillé, dégobillé par toutes les mécaniques du monde, par tous les jazz des continents !... » CÉLINE, *Guignol's band*, p. 187 (□ 1944).

« comme si les jazz endiablés des anciens esclaves du Mississipi [...] et les orchestres infiniment tragiques des Noirs brésiliens [...] qui retentissent toutes les nuits au cœur même de la capitale [*Rio*], n'étaient pas la malédiction annonciatrice de la fin de cette brillante société des Blancs qui les ont exclus ! [...] je crois bien volontiers à cette forme précipitée, syncopée, dansante, accélérée, coulissée, en tam-tam de la fin du monde moderne avec la *batuta* et la *maraca* des bombes atomiques [...]. » CENDRARS, *Bourlinguer*, p. 438, Folio (□ 1948).

2° (1930) *Vx.* Musique des Noirs des États-Unis, jazz. *Un air de jazz-band.*

« Et le cri ! Le cri, toujours, qui renaît au bout de la chaîne. Le cri, si fort et si vivant qu'on en fera quelque chose, un jour. Il est absurde que cette énorme somme d'énergie s'évapore ainsi, se perde dans l'espace. On en fera de la musique, de beaux airs de jazz-band. » G. DUHAMEL, *Scènes de la vie future*, p. 129 (□ 1930).

« J'aim' pas la pêch' à la ligne
J'aim' pas l'billard
J'aim' pas l'jazz-band, hot ou swingue » Boris VIAN, *Textes et Chansons*, p. 17 (□ 1955 †).

✱ Mot américain *jazz band* n. « orchestre *(band)* de jazz » (1916 ; mais l'expression, d'après des témoins, a existé plusieurs années auparavant), de *jazz*, mot à l'étymologie incertaine. Après la critique de M. Höfler (*Die Wortfamilie von* jazz *im Französischen, in* Zeitschrift für romanische Philologie, 1979, Band 95, Heft 3/4, pp. 343-357), on doit rejeter la date d'apparition en français donnée par Behreus (1908), due à une coquille, et revenir à 1918 : c'est à la fin de la Première Guerre mondiale que la vogue de ces orchestres se répandit. *Jazz-band* apparut d'abord dans des noms propres, à l'affiche des music-halls parisiens ou dans leurs annonces publicitaires (1917, *Sherbo American Band ;* 1918, *The Sensational American Jazz Band, Casino Jazz Band, The Jazz Band, Le véritable et Joyeux Jazz Band de New York...*, *in* M. Höfler, pp. 347-349). À la fin de 1918, ce mot était employé comme nom commun (le pluriel *jazz-bands* n'est attesté qu'à la fin de 1919) ; il suscita le dérivé *jazz-bandisme*, se démoda à partir de 1935 et fut peu à peu remplacé par *orchestre de jazz* (1925) ou *jazz* tout court (1920) ; le calque *orchestre-jazz* (1930) relevé par M. Höfler (p. 351 n. 42) ne fut pas retenu. Si *jazz-band* est encore employé aujourd'hui pour désigner l'orchestre des temps héroïques, on a abandonné tout à fait le sens 2° au profit de *jazz*.

JAZZMAN [dʒazman] *n. m.*

(av. 1948) Musicien de jazz. *Des jazzmen* [dʒazmɛn].

« Les jazzmen noirs : des enfants qui découvrent la musique [...]. » *L'Aurore*, 13 mai 1948 [*in* M. Höfler, p. 355].

« De dix en dix années, Armstrong, Lester Young et Parker ont su donner à la musique noire de nouvelles orientations. C'est sur l'apport de Parker — le dernier — que travaille présentement toute une jeune génération de jazzmen qui s'efforcent, à son exemple, d'avancer. » L. MALSON, *Les Maîtres du jazz*, p. 120 (□ 1952).

« Le disque a [...] permis à de nombreux musiciens de connaître et d'étudier de grands jazzmen jouant à des centaines ou des milliers de kilomètres de chez eux et c'est ainsi que Louis Armstrong, Jimmie Noone, Fats Waller, Coleman Hawkins, Earl Hines et d'autres ont pu influencer une multitude de musiciens de jazz. » H. PANASSIÉ, M. GAUTIER, *Dict. du jazz*, art. *Disque* (□ 1954).

✱ Mot américain, même sens, « celui qui fait ou s'occupe du jazz✱ ». *Jazzman* (1926, *in* Oxf. Suppl. 2) a en anglais les synonymes *jazzer* (1919, *in* Oxf. Suppl. 2), *jazzist* (1929 en ce sens, Mathews) et *jazz player* (1939, *in* Oxf. Suppl. 2) ; l'attestation de *jazzman* fournie par l'Oxford est tardive, si l'on en juge par le calque *l'homme du jazz,* relevé par M. Höfler en 1921. La première attestation de *jazzman* en français est de 1948 mais le mot doit dater des années 1930. On note quelquefois la graphie *jazz-man* (1960, 1964, *in* Höfler, *Ibid.*).

> « Entraîné par ses propres bruits, l'homme du jazz devient fou tout à coup... »
> *Le Siècle,* 19 mai 1921 [*in* M. Höfler, p. 355].

JEAN [dʒin] ou JEANS [dʒins] *n. m.*

1° (1954) *Fam.* → **Blue-jeans.**

> « D'autres portent cet ensemble que blâment vainement les vieux professeurs et qui est presque un uniforme à Vassar : les *jeans* bleus retroussés au-dessus de la cheville [...]. »
> S. de BEAUVOIR, *L'Amérique au jour le jour,* 7 fév. 1947, p. 52 (□ 1954).

> « c'est un Jésus contemporain en jeans bariolés qui tient la vedette à Paris depuis le début du mois. »   *Paris-Match,* 12 fév. 1972, p. 65.

> « Le *jean,* ce vieux héros des *westerns,* enfant gâté du bleu de travail, est devenu un uniforme international. »
> *Le Nouvel Observateur,* 3 sept. 1973, p. 54.

2° (1973) DU JEAN : tissu servant à confectionner des jeans ou tout autre vêtement. *Le jean.* Syn. *denim.*

> « Le jean devient un matériau à la mode dont on fait des shorts, des jupettes, des sacs, des bottes, des vestes, des valises. »
> *Le Nouvel Observateur,* 3 sept. 1973 [*in* Gilbert].

✱ Anglais *jean* n. (1567, pour le tissu ; 1843, au pluriel, en parlant de vêtements faits de ce tissu, puis spécialt de blue-jeans) → **Blue-jeans.** On rencontre parfois la forme graphique franglaise *jean's.* Un dérivé français *jeannerie* n. f. est attesté. Il désigne le lieu où l'on vend des jeans : « en vente dans les jeanneries et stocks américains » (*L'Express,* 20 oct. 1975).

JEEP [dʒip] ou [ʒip] *n. f.*

(v. 1942) Automobile tout terrain, d'abord utilisée dans l'armée américaine. *Des jeeps.* — REM. : A d'abord été écrit avec une majuscule, comme un nom de marque.

> « Il prend place à bord d'une Jeep avec quatre compagnons américains et il commence à patrouiller en direction de Falaise pour découvrir les nids de résistance boches et les signaler au P. C. du régiment [...]. »
> *Les Cahiers du Maine libre,* 1ᵉʳ janv. 1945, pp. 25-26.

> « J'ai mis la Jeep en route et je suis allé dans les pâtures pour voir un de mes taureaux qu'on m'avait dit malade. »
> R. VAILLAND, *Bon pied, bon œil,* p. 197 (□ 1950).

✱ Mot américain *jeep* n. (1941) nom donné à une voiture tout terrain construite par Ford pour l'armée américaine. Ce mot est la retranscription de la prononciation des initiales G. P. **[dʒipi]** de *General Purpose* « tous usages », influencée par le nom du personnage de bande dessinée Eugene *the Jeep,* dont l'astuce et la force sont légendaires (Popeye, créé le 16 mars 1936 par E. C. Segar). Le mot apparaît en français vers 1942 (Wartburg) mais il ne s'est diffusé massivement qu'au moment du débarquement des Américains en France (1945). *Jeep* a normalement pris le genre féminin en français d'après *voiture, automobile* n. f. Au Canada il est masculin.

> « La radio nous parlait de la Jeep, mais les journaux de la " collaboration " n'en parlaient pas — et pour cause. S'il avaient pu s'en mêler, ils eussent écrit, bien sûr, la Jeep, puisque c'est son nom. Et dans ces conditions, les trois quarts des Français l'eussent appelée la " Jèpe ". Seulement, la radio, alors, avait le monopole de la voix libre, en même temps que l'exclusivité de la forme orale. Et voilà pourquoi, lorsque les Américains ont fait leur entrée dans la capitale, tous les Parisiens ont reconnu la Jeep et en l'appelant par son nom, Jip, ou mieux Djip. »
> M. SCHÖNE, *Vie et mort des mots,* 1947, *in* L. DEROY, *L'Emprunt linguistique,*
> p. 211.

JENNY [ʒɛni] *n. f.*

(*h.* 1762 ; 1829, Boiste). *Ancienn.* Machine à filer le coton. *Des jennys* → **Mule-jenny.** — REM. : Enregistré dans le dict. de Littré 1867 ; absent des dict. de l'Académie.

✳ Le prénom féminin anglais *Jenny,* diminutif familier de *Janet* « Jeannette » (ou *Jane* « Jeanne », féminin de *John* « Jean »), sert de féminin à l'anglais *Jack* et, comme ce dernier, désigne comme nom commun un certain nombre d'outils et d'appareils. *Jenny* est entré dans le terme *Spinning jenny* (de *to spin* « filer ») attesté en 1783, comme nom de la machine à filer inventée par Hargreaves vers 1765 ; puis le mot a été employé comme forme abrégée de *spinning jenny* (1796). Brunot signale *jenny* en français dès 1762 (sans doute comme terme générique). Plus tard, le français a emprunté *mule-jenny,* nom du métier inventé en Angleterre par Crompton, et désigné aussi par *jenny* divers métiers, notamment le rouet à six broches, inventé par Thomas Highs (vers 1764).

JERK [dʒɛʀk] *n. m.*

(1965) Danse moderne, d'inspiration libre, qui consiste à imprimer des secousses rythmées à tout le corps. *Danser le jerk.*

« Les danses à la mode, le jerk et le monkey, ne sont plus des danses de figures, mais des danses d'inspiration. »
L'Express, 20 déc. 1965 [*in* Gilbert].

« Ici, on vient en avion ou en solex, on parle caserne ou collège, on attend les slows ou les jerks... »
L. CHOUCHON, *Guide de l'homme seul en province,* p. 147 (□ 1970).

✳ Mot américain *jerk* n. (attesté en 1966, en ce sens), nom de cette danse, de l'anglais *jerk* n. « secousse, saccade » (XVIᵉ s.), également employé en physiologie pour désigner un mouvement spasmodique. Ce mot a passé en français avec la vogue de la danse. Il a produit le verbe *jerker,* v. intr. (17 oct. 1966, *Le Nouveau Candide*).

JÉROBOAM [ʒeʀɔbɔam] *n. m.*

(1906) Grosse bouteille contenant trois litres. *Un jéroboam de champagne. Des jéroboams.*

« Tout autour de la pièce, l'œil suit avec satisfaction une collection de bouteilles ventrues qui datent du temps de Falstaff ; dans les caves, qui s'étendent jusque sous le Palais, dorment les plus vénérables magnums et jéréboams [*sic*] du monde : ce sont les réserves des clients, et on leur porte les bouteilles à domicile, au fur et à mesure de leurs besoins. » P. MORAND, *Londres,* p. 209 (□ 1933).

« chaque fois que je débarquais, comme j'apportais une bouteille de calvados au président de la République, un jéroboam, j'avais dans mes bagages une caisse de muscadet pour Kéroual [...]. »
CENDRARS, *Bourlinguer,* p. 43, Denoël (□ 1948).

✳ Mot anglais *jeroboam* n. (1816, Scott), du nom *Jeroboam* d'un roi d'Israël qui, selon la Bible (*Rois,* XI, 28), conduisit son royaume au péché. Ce mot a été emprunté au début du siècle (ou avant) ; il figure dans le Suppl. du Nouveau Larousse illustré 1906. On lui affecte généralement un accent aigu en français.

JERRICANE ou **JERRYCAN** [ʒeʀikan] *n. m.*

(1963, jerricane ; 1948, jerrycan) Bidon quadrangulaire à poignée, d'environ vingt litres. *Des jerrycans d'essence.*

« Vers 2 heures, arrive un huissier, qui scelle les jerrycans prévus dans le cas où notre expérience alimentaire échouerait. »
A. BOMBARD, *Naufragé volontaire,* p. 55 (□ 1958).

« des caravanes de porteurs chargés du matériel de campement, des vivres, des pièces du treuil, des caisses d'instruments, de dames-jeannes de vin, de jerrycans d'eau. »
H. TAZIEFF, *Histoires de volcans,* p. 107 (□ 1964).

✻ Mot anglais *jerrican, jerrycan, jerry-can* ou *jerricane* n. (1943), formé de *can* « récipient » et de *Jerry* sobriquet donné par les Anglais aux Allemands en 1914 ; a désigné d'abord des bidons de l'armée allemande. Apparaît en français pendant la guerre. Le Comité des termes techniques français a recommandé de remplacer ce mot par *bidon, nourrice*. Mais le jerrycan a une forme quadrangulaire que le bidon et la nourrice ne possèdent pas obligatoirement.

« Il est généralement admis que les objets étrangers introduits dans un pays peuvent porter le nom de leur état civil. Il n'y aurait pas eu d'inconvénient, semble-t-il, à proposer d'appeler *jerrycan* le bidon qui porte ce nom et qui répond à un type précis apparu dans les circonstances précises de la guerre, au lieu de le traduire par le mot impersonnel *bidon*. »
L. GUILBERT, *Anglomanie et Vocabulaire technique*, oct. 1959, p. 294.

✻ Le *Journal officiel*, du 18 janvier 1973, enregistre *jerricane*.

JERSEY [ʒɛʀzɛ] *n. m.*
1° (1666) *Vx*. Laine, drap de jersey.

2° (1881) *Vieilli*. Pull over à mailles fines qui moule le buste. — REM. : Signalé dans le dict. de l'Académie 1935.

« il trouvait [...] cette petite Russe irrésistiblement plaisante avec sa toque de voyage, son jersey montant au cou, serrant les bras, moulant sa taille encore mince, mais d'une élégance parfaite. »
A. DAUDET, *Tartarin sur les Alpes*, p. 26, Flammarion, 1950 (□ 1885).

« Blonde, ongles rouges, très jolie figure. Toute petite, très nue sous jersey de soie. » P. MORAND, *Lewis et Irène*, p. 42 (□ 1924).

3° (1907) Tissu tricoté, souple, présentant le même aspect qu'un tricot à la main au point de jersey. *Jersey de laine, de coton, de soie. Jersey indémaillable. Robe de jersey.*

« en culotte de jersey et béret de laine. »
COLETTE, *La Retraite sentimentale*, 1907 [*in* D. D. L., 2ᵉ série, 16].

« très pâle sous son chapeau de toile cirée, d'où sortaient deux touffes de cheveux roux bouclés ; maigrie dans une robe de jersey noir que dissimulait mal un cache-poussière. »
P. MORAND, *Ouvert la nuit*, p. 96 (□ 1922).

✻ Mot anglais *jersey*, nom de la plus grande île de la Manche (îles anglo-normandes) renommée pour ses ouvrages de tricot, d'abord « ouvrage de laine tricotée » (*jarnsy*, 1583), puis « vêtement collant » (ce que nous appelons *tricot*, au sens de « tricot de corps » ou « pull over »), début XIXᵉ s., spécialt appliqué au tricot des marins. Il désigne aussi en anglais une race de vaches.
Le mot a passé en français en 1666 (Thévenot, *in* Mackenzie) mais ne s'est répandu qu'à la fin du XIXᵉ s. au sens de « pull over moulant » (hors d'usage aujourd'hui, courant en espagnol). Sa prononciation est complètement francisée, probablement à cause de l'emploi bien plus ancien de *Jersey*, nom de l'île.

JET [(d)ʒɛt] *n. m.*
(mil. XXᵉ s.) Avion à réaction. *Des jets* → **Jetliner ; jumbo-jet.**

« — Je ne reviendrai pas par le train : la fatigue du voyage, la longueur du trajet... Enfin, s'il préfère le Jet, moi, je n'y vois aucun inconvénient : après tout, c'est plus mon fric. »
A. SARRAZIN, *La Cavale*, p. 385 (□ 1965).

« De là, les jets britanniques sont à douze minutes de vol de l'ancienne "Côtes des Pirates", dont ils peuvent détruire à coups de bombes les installations pétrolières [...]. » *Paris-Match*, 8 janv. 1972, p. 43.

✻ De l'anglais *jet* n. (1944) même sens, abrév. de *jet plane, jet airplane* de *plane, airplane* « avion » et *jet* « réaction », application du sens plus ancien de « échappement violent d'un fluide par un petit orifice » lui-même emprunté au français *jet* n. m. Enregistré dans le G. L. E. 1962 ; Étiemble signale le mot en 1964 comme synonyme de *réacteur* (*Parlez-vous franglais ?*, p. 218). Par arrêté du 12 août 1976, le terme *avion à réac-*

tion doit obligatoirement remplacer l'emprunt *jet*. L'auteur du roman-feuil-
leton paru dans le *Monde* (été 1980) emploie agréablement *réacté* n. m.

JETLINER [(d)ʒɛtlajnœʀ] *n. m.*

(1954) Avion à réaction destiné aux transports intercontinen-
taux. *Des jetliners* → **Jet.**

« Les U. S. A. en particulier, qui furent largement distancés [par
l'aéronautique anglaise], voulaient avant tout épuiser les possibilités de
leurs appareils de transport à moteurs à pistons avant de se lancer dans
la construction de "jetliner". Il ne fait aucun doute que leurs ingénieurs
ont suivi avec attention les résultats de mise en exploitation des
"Comet". »   *Larousse mensuel*, mai 1954, p. 452.

✳ Mot américain n. (1949), de *jet* et *liner* « de grande ligne ». Emprunt
de faible fréquence en français général.

JET PIERCING [dʒɛtpiʀsiŋ] *n. m.*

(1958) *Techn.* Forage de roches dures que l'on fait éclater
sous l'effet d'un chalumeau alimenté par de l'oxygène et du
pétrole camphrant.

✳ Mot anglais récent, de *piercing* « percement » et *jet* « jet ». Le
Comité d'étude des termes techniques français recommande la traduction *forage thermique* ou *thermoforage* n. m. (juil. 1958).

JET SET [(d)ʒɛtsɛt] *n. m., f.* depuis 1978.

(1971) Petit milieu des gens riches (qui ne voyagent qu'en
jet✳).

« Au noyau de fidèles issus de la grande bourgeoisie et de la
noblesse, s'ajoutent le "jet set", le monde international des affaires, les
vedettes, les femmes d'industriels, de médecins. »
                                                        L'Express, 31 janv. 1972, p. 46.
« Les grands malfrats de 1972 roulent en Bentley, ont fait du droit,
lisent "Fortune" et font partie du "jet set". »
                        ZYLBERSTEIN, in *Le Nouvel Observateur*, 10 juil. 1972, p. 48.
« c'est le roi de la dolce vita parisienne et corse et sa bande, c'est
le meilleur des mondes parisiens, saint-tropéziens. Bref, le "jet set"
international. »   *Le Canard enchaîné*, 23 août 1972, p. 2.
« Le voyage de noces ne se fera pas dans un paradis frelaté de
milliardaires, au milieu des papotages de la *jet-set*, mais sur les bords
du lac Baïkal, dans les terres vierges de la Sibérie centrale. »
                                            Le Nouvel Observateur, 5 août 1978, p. 34.

✳ Expression américaine (1951), de *jet* « avion à réaction » et *set*
« groupe, ensemble ».

« On nomme plaisamment en Angleterre, depuis peu, *jet set* (*set*, "milieu",
"groupe") le milieu riche, cosmopolite habitué des *jets* internationaux : *Autour du
duc d'Edimbourg, le jet set qui ne le quitte pas d'une semelle...* »
                 J. RIVERAIN, art. *Jet*, in *Les Mots « dans le vent »*, p. 135 (□ 1971).

✳ En anglais, ce terme a rapidement remplacé *café society, smart set*,
etc. En français, on rencontre maintenant la variante *jet society* n. f. qui
semble responsable du passage de *jet set* au féminin.

JET SOCIETY [(d)ʒɛtsɔsjete] *n. f.*

(1977) Petit milieu international des gens riches « qui ne
voyagent qu'en jet » → **Jet set.**

« Est-ce à dire qu'un Cro-Magnon sommeille en chaque membre de
la Jet Society ? En tout cas, les puissants de ce monde ont pris une belle
revanche sur la Révolution française et sur l'abolition des privilèges. »
                                            Le Nouvel Observateur, 31 oct. 1977, p. 58.
« Adulé par les puissants, invité permanent des grands de ce monde,
membre à part entière de la *jet society*, il passe pour un mondain. »
                                            Le Point, 26 juin 1978 [*in* Gilbert, 1980].

✻ Faux américanisme créé à partir de *jet (set)** avec le mot *society*
« société ».

JET-STREAM [(d)ʒɛtstʀim] *n. m.*

(1956) *Météo.* Couloir de vents violents dans les couches
élevées de la troposphère, au-dessus des zones subtropicales.
Des jet-streams.

« La turbulence, agitation propre de l'atmosphère, provoque une
agitation induite sur l'avion, relation parfois assez lâche. Ces zones de
turbulence se rencontrent surtout dans les nuages à développement
vertical (cumulus), mais existent aussi dans des zones claires. On note
encore ici l'importance du "jet-stream". »
                                    Larousse mensuel, mars 1956, p. 44.

✻ Mot anglais d'origine américaine *jet stream* (1947) de *jet* « jet » et
stream « courant ». Ce mot a récemment passé en français ; le Comité
d'étude des termes techniques propose l'équivalent *courant-jet* [kuʀɑ̃ʒɛ]
(déjà utilisé par les météorologistes français). L'Administration approuve
cette recommandation (arrêté du 12 août 1976).

JIGGER [dʒigœʀ] *n. m.*

1° (1887) *Ancienn.* Appareil pour teindre les tissus, bac à
teinture où sont immergés deux rouleaux entre lesquels passe le
tissu.

2° (1907) Transformateur pour coupler les circuits radioélec-
triques. *Des jiggers.* — REM. : Les deux sens sont absents du
dict. de l'Académie 1935.

✻ L'anglais *jigger* n., proprement « celui qui danse la gigue *(jig)* », a
été employé aux XVIIIᵉ et XIXᵉ siècles pour désigner de nombreux
appareils et mécanismes. Selon le Suppl. de l'Oxford Dict., c'est en
Amérique que *jigger* a d'abord été employé aux sens ci-dessus, en 1893
comme terme de teinture, et en 1902 (*in* Encycl. Britannica) comme
terme de radio-électricité.
  Bonnaffé atteste l'emprunt en français au sens ancien dès 1887 chez
Léon Lefèvre, *Teinture des tissus de coton*, p. 321. Mackenzie (p. 256)
signale le terme de radio-électricité en 1907 (Boulanger et Ferrié, *Les
Ondes électriques et la Télégraphie sans fil*, p. 238).

JINGLE [dʒingœl] *n. m.*

(1979) Motif sonore court, employé fréquemment à la radio
en association avec un message ou un contenu particulier.

« Autre conseil [du Syndicat de la publicité] : l'utilisation de ces
petites phrases musicales généralement tonitruantes et appelées des
*jingles : "La mémoire sonore liée à l'émotivité s'inscrit de façon très
profonde et durable. Les* jingles *en particulier écoutés dès l'enfance
peuvent vous accompagner toute votre vie."* Heureux nourrissons qui ont
quelques *jingles* dans l'oreille pour les quatre-vingts ans à venir... Mais
il est vrai que le *jingle* agit comme une sonnette dans la mémoire. Le
chien de Pavlov, c'est bien connu, consommait dès qu'il entendait son
jingle... »
                    Ph. AUBERT, *Ces voix qui nous gouvernent*, p. 80, Alain Moreau, 1979.

✻ Mot anglais *jingle* (1599, « bruit métallique, son de cloche... »). Le
mot a surtout une valeur péjorative lorsqu'il désigne (1645) la répétition
d'un même son dans le langage. La valeur publicitaire du mot (1930)
« court slogan » (*in* Oxford Suppl.) repose donc sur une ironie, que le
français ne paraît pas avoir conservée.

JINGOÏSME [dʒingɔism] *n. m.*

(1902 ; *jingoism*, 1888) Chauvinisme, nationalisme belliqueux
chez les Anglais.

✳ Mot anglais *jingoism* n. (1878) de *Jingo* nom donné en 1878 aux Anglais qui soutenaient la politique de Lord Beaconsfield (envoi de la flotte dans les eaux turques pour résister à l'avance de la Russie) ; de *By Jingo !* équivalant à *Dieu ! Pardieu !* (*hey* ou *high jingo !*), v. 1670, d'origine inconnue. Le mot apparaît sous la forme *jingoism* dans le 2ᵉ Suppl. du dict. de P. Larousse 1888. C'est un mot d'histoire.

« On chantait dans les cafés-concerts de Londres des couplets patriotiques et belliqueux ; le passage d'une chanson de circonstance,
Nous ne voulons pas la guerre,
Mais, par *Jingo !* s'il faut la faire...
a introduit dans le jargon politique anglais deux nouveaux mots *jingo* et *jingoïsme*, pour désigner les chauvins et le chauvinisme. »
                    LAVISSE et RAMBAUD, *Histoire générale*, t. XII, p. 63 (□ 1902).

JOB [dʒɔb] *n. m.*

(1831, à propos de l'Angleterre ; répandu v. 1945-1950) Travail rémunéré, souvent occasionnel. *Un petit, un bon job. Chercher un job.*

« le "pauvre blanc", lui, ne voit dans le nègre qu'un compétiteur brutal, qui cherche à lui prendre son *job*, à le dégrader : sa haine, compliquée de crainte, est sans répit et sans merci. »
                    A. SIEGFRIED, *Les États-Unis d'aujourd'hui*, p. 93 (□ 1927).

« Je ne vais pas énumérer tous les métiers auxquels il m'a été donné de me livrer dans la vie, mais, parmi tous les *jobs* qui se présentaient en ce temps-là, le plus attrayant pour moi était d'aller faire l'intérim dans une agence télégraphique. »
                    CENDRARS, *Trop c'est trop*, pp. 21-22 (□ 1929).

« J'ai d'abord travaillé à l'usine à gaz, puis j'ai trouvé le *job* qui me convient. Je conduis un camion du ramassage des poubelles. »
                    SIMENON, *La Boule noire*, p. 171 (□ 1955).
— PAR EXT. : Profession ; type d'activité salariée.

« Devenez programmeur sur ordinateur. La programmation est un job neuf, vivant, passionnant et très ouvert. »
                    Sciences et Avenir, fév. 1971, p. 91 (Publ.).

✳ Mot anglais *job*, d'abord dans le sens péjoratif de « travail insignifiant, ou pénible », aujourd'hui « travail, emploi ». Le mot est resté au XIXᵉ s. (« On appelle *job* une tâche désagréable ou de peu d'importance » ; la Bourse de Londres, *Revue britannique*, août 1831, *in* D. D. L., 2ᵉ série, 1) un anglicisme pittoresque ; en revanche il a pris au Canada français le genre féminin *(une job)* et le sens général de « travail », le Français Louis Hémon se fait l'écho de cet usage, resté courant au Québec :

« Non, on a été malchanceux tout du long. Mais nous voilà revenus pareil, et ça fait toujours une "job" de faite. »   L. HÉMON, *Maria Chapdelaine*, p. 68 (□ 1916).
« Et à l'automne je suis sûr de trouver une "job" comme foreman dans un chantier, avec de grosses gages. Au printemps prochain, j'aurai plus de cinq cents piastres de sauvées, claires, et je reviendrai. »   *Ibid.*, p. 76.

JOCKEY [ʒɔkɛ] *n. m.*

1° (1775) *Vx.* Jeune domestique qui conduisait une voiture en postillon, un cheval. *Des jockeys.* — REM. : Enregistré dans les dict. de l'Académie 1835 et de Littré 1867. — Le mot a varié dans sa forme.

« jetant alors un regard sur le docteur, je m'aperçus qu'il était botté, éperonné comme un de nos *Jacqys.* [...] Comment, monsieur, nous soumettre à l'étiquette de Londres plutôt qu'à celui d'Olympie, repartit le bel esprit. Non, non. Feuilletons le Père Montfaucon, travestissons-nous sous un masque de la Phocide, ayons des automédons et non pas des jacquys. »   J.-J. RUTLIDGE, *La Quinzaine angloise à Paris*, 1776, *in* A. FRANKLIN, *La Vie de Paris sous Louis XVI* [*in* D.D.L., 2ᵉ série, 12].

« Le comte d'Artois s'élançant pour aller encourager ses postillons ou jaquets. »   MERCY, Lettre à Marie-Thérèse, 18 déc. 1776,
    in JUSSERAND, *Les Sports et les Jeux d'exercice dans l'ancienne France*
                                                                        [*in* G. Petiot].

« Le lendemain, après avoir distribué force argent du Roi mon maître, je me suis mis en route pour Londres, au ronflement du canon, dans une légère voiture, qu'emportaient quatre beaux chevaux menés au grand trot par deux élégants jockeys. »

CHATEAUBRIAND, *Mémoires d'outre-tombe* [Londres, 1822], t. I, p. 248 (□ 1848).

2° (av. 1813, Deliele ; *jockei*, 1778 ; *jaquet*, 1777) Celui dont le métier est de monter les chevaux dans les courses. — REM. : Signalé dans le dict. de l'Académie 1935.

« LA FLEUR. [...] La fortune aidant à l'animal sur lequel il avait risqué trois mille louis, le jaquet adverse se sera, pour notre bonheur, cassé le col.

M. GIRARD. Qu'est-ce qu'un jaquet adverse ?

LA FLEUR. Un jaquet, monsieur ? C'est un personnage très intéressant et très cher. Comment ? On se les arrache aujourd'hui plus qu'on ne ferait un bel esprit, on leur graisse la patte, comme au secrétaire d'un rapporteur. »

J.-J. RUTLIDGE, *Le Train de Paris ou les bourgeois du tems*, 1777, *in* A. FRANKLIN, *La Vie de Paris sous Louis XVI* [*in* D.D.L., 2ᵉ série, 12].

« [...] à la course un beau cheval de race
Dont les aïeux ont vaincu dans la Thrace,
Emporte au but le jockei noir ou blanc
Qui rend la bride, et lui serre le flanc. »

. A. BERTIN, *Épître à M. Des Forges-Boucher*, 1778, in *Œuvres complètes* [*in* D.D.L., 2ᵉ série, 12].

« N'ont-ils pas arrêté la Révolution dans sa course, au risque de la faire cabrer et de se voir jeter à terre comme des jockeys inhabiles ? »

BALZAC, *De ce qui n'est pas à la mode*, in *Œuvres diverses*, t. II, p. 252 (□ 1830).

* Anglais *jockey* (aussi *iocky*, *jockie*), diminutif affectueux de *Jock*, variante écossaise de *Jack*, hypocoristique du prénom anglais *John* « Jean » ; a été appliqué (XVIᵉ s.) avec une nuance de mépris à tout homme du peuple, puis (XVIIᵉ s.) aux maquignons et aux palefreniers ; s'est ensuite spécialisé dans le domaine du turf où il désigne le professionnel des courses de chevaux (1670).

Jockey apparaît en français en 1775 dans une traduction de Tristan Shandy par Frenais (*in* Mackenzie, p. 182) ; on le trouve sous diverses formes à partir de 1776 (Cf. cit.). C'est l'engouement pour les courses de chevaux qui contribua à répandre et à imposer cet emprunt en français. *Un jockey* s'est aussi dit par extension d'une casquette de jockey (*Cabinet des modes*, I, 1785, p. 8, *in* Mackenzie, p. 188 ; Cf. anglais *jockey-cap*, 1748), puis vers 1900 d'un chapeau analogue à celui que portaient les palefreniers. Il a aussi désigné un ornement en forme de volant en haut des manches d'un corsage imité du costume des jockeys (Cf. anglais *jockey-sleeve*, 1692).

« Jamais toilette n'alla mieux à madame César que cette robe de velours cerise, garnie en dentelles à manches courtes, ornées de jockeis. »

BALZAC, *Histoire de la grandeur et de la décadence de César Birotteau*, 1837 [*in* D.D.L., 2ᵉ série, 16].

JODHPURS [ʒɔdpyʀ] *n. m. pl.*

(1960 ; *joodpur*, 1953 ; *jodhpur*, n. m. s., 1939) Pantalon de cheval, serré du genou à la cheville, qui évite le port de la botte.

« faire crever des chevaux rien que pour le plaisir d'appuyer sur le bouton de ce chronomètre et promener ses fesses dans ces culottes ou ces jodhpurs [...]. »

Cl. SIMON, *La Route des Flandres*, p. 142, éd. de Minuit, 1975 (□ 1960).

* Anglais *jodhpurs* n. (XIXᵉ s.), de *Jodhpur*, nom d'une ville de l'Inde. L'attestation de 1939 est une publicité de la revue *Adam* (*in* D.D.L., 2ᵉ série, 16).

1. JOGGER [dʒɔgœʀ] *n. m.*

(1979) Personne qui fait du jogging*. *Des joggers.*

« Et voilà à peine une semaine, j'ai été pris dans un embouteillage à l'entrée du bois de Boulogne, un " jogger " passe entre les voitures et me lance : " Alors, t'avances [...] ". »   *L'Express*, 8 sept. 1979, p. 141.

✶ Mot anglais n. (1968 en ce sens emprunté à l'américain). Terme non francisé, apparu avec la mode récente du jogging, importée d'Amérique. On trouve la graphie *joggeur* (*L'Express*, 8 déc. 1979, p. 47).

2. JOGGER [dʒɔge] *v. intr.*

(1979) Faire du jogging✶.

« sportive, pour jogger ou s'affairer à la maison, une combinaison en éponge de coton très fine, gris souris ou en six autres coloris. Sans manches, coulissée autour du cou et à la taille. »
                                        L'Express, 24 fév. 1979, p. 160 (Publ.).

✶ De *jogg*[*ing*]✶, pour rendre l'anglais *to jog* (1565, en ce sens), remis à la mode en américain (1968). Néologisme qui pourrait être aussi éphémère que l'ancien verbe *sporter* (→ **Sport**).

« On dit " jogger " comme on prononce " voguer ", quand on veut dire " courir " [...]. Aujourd'hui, tout le monde fait du jogging — et donc jogge [...]. Le moment le plus favorable pour jogger se situe loin des repas [...]. »
                                        Le Point, 19 fév. 1979 [*in* Gilbert, 1980].

JOGGING [dʒɔgiŋ] *n. m.*

(1974) Course à pied pratiquée à allure modérée, en plein air, sans esprit de compétition → **Footing.** *Faire du jogging* → **Jogger.**

« Jogging de to jog : aller son petit bonhomme de chemin. »
                                        Éducation physique et Sport, sept. 1974 [*in* G. Petiot].

« Entre cette crise de l'énergie, à laquelle ils n'arrivent pas à croire, et les dernières " rages ", comme le " jogging " ou les plantes d'intérieur, les Américains de Jimmy Carter essaient surtout de rassembler leurs idées. »   *L'Express*, 5 déc. 1977, p. 69.

✶ Anglais *jogging* n., répandu par l'usage américain (1969), substantivation de *to jog* v. intr. (XIVᵉ s.) « trottiner ». Signalé en français dans *la Bibliographie de la France*, 10 avril 1974, p. 1318 B, dans le titre d'une traduction de l'américain : *Jogging et conditionnement physique* (marche à pied).

JOHN BULL [dʒɔnbul] *n. propre m.*

(1753) Nom du personnage qui représente la nation anglaise. — *Par ext.* L'Anglais moyen. — Les Anglais, l'Angleterre.

« Nous passons Cantorbery, attirant les yeux de John Bull et des équipages qui nous croisaient. »
          CHATEAUBRIAND, *Mémoires d'outre-tombe* [Londres, 1822], t. I, p. 248 (□ 1848).

« dans nos sublimes annales, où l'on peint les généraux, les batailles, les rois et les ministres avec toutes les grâces de la chronologie et toute la chaleur du style du *Moniteur*, il y a toujours quelqu'un d'oublié ; ce quelqu'un, c'est le John Bull des Anglais, le Jacques Bonhomme des Français ; en un mot, ce quelqu'un, c'est tout le monde. »
          BALZAC, *Le Bois de Boulogne et le Luxembourg*, t. II, in *Œuvres diverses*, p. 54 (□ 1830).

« John Bull est convaincu que, par droit de naissance, il est le roi des mers [...]. »   R. LEFEBVRE, *Paris en Amérique*, p. 349 (□ 1864).

« cette énorme cuvette, fût-elle remplie de brandy ou de gin, John Bull ne serait pas gêné de la vider tout entière. »
                                        Jules VERNE, *L'Île à hélice*, p. 123 (□ 1895).

« La foule [de Londres] perd chaque jour de son caractère : la monotonie des habits congestionnés, l'influence du cinéma sur les gestes, l'usure quotidienne du travail, une molle alimentation de sucreries et de conserves, remplaçant le riche régime azoté des anciens Anglo-saxons, fait que le type de John Bull a quasiment disparu [...]. »
                                        P. MORAND, *Londres*, pp. 114-115 (□ 1933).

❋ Nom du personnage de la satire de Arbuthnot, *The history of John Bull* (1712). On remarquera que la traduction du nom propre est « Jean le Taureau » (Cf. Bouledogue, etc.). L'équivalent pour la France est *Jacques Bonhomme* bien que ce personnage soit moins connu et moins évoqué en France que ne l'est *John Bull* en Angleterre. Pour l'Amérique → **Oncle Sam.** Mackenzie (p. 172) signale dès 1753 la traduction de Arbuthnot par l'abbé Velly : *Histoire de John Bull.*

JOINT [ʒwɛ̃] *n. m.*

(1967) *Arg. de la drogue.* Dose de drogue à fumer ; cigarette de marijuana, de haschisch roulée à la main. *Des joints.* — Haschisch.

« Il a des yeux de drogué, Ovide. M'est avis qu'il part en planeur fréquemment. Je palpe les doublures de ses frusques, mais sans y dégauchir le moindre "joint". »
San Antonio, *J'ai essayé : on peut !*, p. 139 (□ 1973).

« C'était à prévoir, dans cette Amérique ultra-programmée. On y étouffe. Alors, on fume des "joints" (le père de Jack l'Ours, une chance ! ne compte pas les siens). »   *Le Monde*, 14 mars 1975, p. 21.

❋ Mot d'argot américain (1883 *Harper's Magazine,* in Oxford dict.) désignant tout lieu où l'on se réunit, spécialement les « mauvais lieux », bars, fumeries d'opium, etc. C'est de ces lieux où l'on prend de la drogue que vient le sens « cigarette de marijuana » (1956, Dict. of American Slang). Le mot est apparu en français vers les années 1967-1968, avec une prononciation française, *joint* [ʒwɛ̃] existant déjà.

JOKER [ʒɔkɛʀ] *n. m.*

(1917) *Jeu.* Carte dont la valeur varie au gré de son détenteur. *Des jokers.* — REM. : Absent du dict. de l'Académie 1935.

« Or Nabokov joue au poker, et bluffe bien. Son roi est un joker qui bat tous les brelans. Ici, plus que jamais, Nabokov est un caricaturiste, amusant et cruel. »   *L'Express*, 31 janv. 1972, p. 78.

« Avec une exception pour le personnage cher à son cœur, mobile joker de son jeu de cartes : l'ambitieux. L'auteur de *La Comédie humaine* n'est pas simplement snob, comme Honoré. Mais il pratique volontiers des valeurs de comédie, lie une convention sociale à une convention romanesque. »
Malraux, *L'Homme précaire et la Littérature*, p. 120 (□ 1976).

❋ Terme de jeu d'origine américaine n. (1885), de l'anglais *joker* n. (1729) « farceur, bouffon », de *to joke* « plaisanter » (latin *jocus*). Attesté en français dans *Le Matin,* du 31 juillet 1917 (*in* Mackenzie, p. 261). De nos jours, la prononciation est complètement francisée.

JOULE [ʒul] *n. m.*

(1888) Unité pratique d'énergie électrique. — (1948) Unité de travail (*symb.* J) correspondant au travail d'une force d'un newton dont le point d'application se déplace de un mètre dans la direction de cette force. *Un joule vaut 10^7 ergs. Effet joule,* échauffement d'un conducteur, proportionnel au carré de l'intensité du courant qui le traverse → **Watt.** — REM. : Absent des dict. de l'Académie.

❋ Anglais *joule* n., du nom du physicien anglais James Prescott *Joule* (1818-1884), terme proposé en 1882 par Sir William Siemens, au congrès de l'Association britannique tenu à Southampton (d'après P. Larousse, Suppl. 1888) pour désigner l'unité d'énergie électrique. C'est en 1948 que la 9e Conférence générale des poids et mesures proposa d'intégrer le terme au système international d'unités.

JUBARTE [ʒybaʀt] *n. f.*

(1665) Grande baleine du nord des deux océans Atlantique et Pacifique ou mégoptère appelée aussi *baleine à bosse* ou *à bec, poisson de jupiter*, etc. — REM. : Enregistré dans l'Encycl. Diderot 1765, le dict. de Littré 1867 ; absent du dict. de l'Académie.

✱ Altération, sous l'influence de l'anglais *jubartes* n. (1616), du moyen français *gibbar* (1611, Cotgrave ; du latin *gibbus* « bosse »).

JUKE-BOX [dʒykbɔks] *n. m.*

(1947) Électrophone public fonctionnant avec des pièces de monnaie ou des jetons et comprenant un choix de disques. *Des juke-boxes.*

« Ici, il n'y avait pas de télévision, mais un *juke-box* lumineux, jaune et rouge, dont les rouages luisants maniaient les disques avec une fascinante lenteur. »   SIMENON, *Feux rouges*, p. 39 (□ 1953).

« Je m'enchante surtout de ces *Juke-box* que j'avais à peine remarqués dans les bars des grandes villes et qui résument pour le cow-boy perdu dans l'Arizona toutes les splendeurs de Times Square : jour et nuit, des lumières au néon tournent en rond autour de la cage de verre où sont empilés les disques, dont les titres sont inscrits sur le ventre de l'appareil : on presse un bouton correspondant au morceau choisi, on glisse un nickel dans une fente et une griffe métallique saisit avec un discernement intelligent une des galettes noires et la dépose sur le plateau du phonographe ; pour un *quarter*, l'opération se répète cinq fois de suite. »   S. de BEAUVOIR, *L'Amérique au jour le jour*,
16 mars 1947, p. 174 (□ 1954).

« Régnier finit son verre de bière. Il va vers le juke-box. Il se demande comment ça marche, cet engin rutilant. »
H.-F. REY, *Les Pianos mécaniques*, p. 593 (□ 1962).

✱ De l'américain *juke box* (aussi *jook box*) n. (1937), composé de *juke* terme d'argot « relais ; bordel » n. (1935 ; probablement du gullah, dialecte des Noirs de la Caroline du Sud et de la Géorgie, où *juke, joog*, d'origine africaine, signifie « en désordre ; mauvais »), et de *box* « boîte ». Attesté en français en 1947 (D. D. L., 2e série, 9).

« Le nom de *Juke-box* a une origine un peu incertaine. Les Juke constituent une famille célèbre dans les annales de la criminologie et de la psychiatrie parce que tous les hommes ont été des criminels et toutes les femmes des prostituées. La vogue des *Juke-box* serait née dans un bordel tenu par une Juke femelle qui aurait été la première à faire l'achat de ce grand buffet à musique. »
S. de BEAUVOIR, *op. cit.*, p. 175.

JUMBO [(d)ʒœmbo] *n. m.*

1° (1953) *Techn.* Chariot à portique supportant des perforatrices, utilisé pour le forage dans le percement de souterrains.

2° (1973) → **Jumbo-jet.**

« Curieusement, les avions diminuent au fil des kilomètres. Parti sur un Jumbo, je suis descendu au Boeing 707, puis rétréci à un Armstrong-Siddeley à hélices. J'attends maintenant "Air Nauru" : je me parie un cigare que ce sera un vieux DC3 des familles. »
R. AUBOYNEAU, *Lui*, Noël 1973, p. 108.

✱ Au premier sens, américain *jumbo* n. (1908). De l'anglais *jumbo* n. (1823 ; contraction probable de *Mumbo Jumbo* nom d'une divinité africaine), d'abord « individu (personne ou animal) gigantesque et lourd », ensuite nom de l'éléphant géant du jardin zoologique de Londres qui fut vendu à Barnum en 1882, puis surnom familier de l'éléphant ; employé par la suite comme épithète (1897) « éléphantesque, géant, immense ». En anglais, *jumbo*, forme abrégée de *jumbo jet*, est attesté en 1960.

JUMBO-JET [(d)jœmbo(d)ʒɛt] *n. m.*

(1969) Avion de transport à réaction (comme le Boeing 747), de très grande capacité. *Des jumbo-jets.*

« Mais elle traverse ces décors, insensible au sillage des regards qu'elle éveille à son passage. Habituée à se déplacer au septième ciel des jumbo-jets, à vivre au quart de "clic" et à démarrer au tour de "clap", Héloïse n'est pas une héroïne de roman-photo : elle préfère le jeu de la vérité au monde des rêves. »   *Lui*, Noël 1973, p. 146.

✱ Mot anglais, n. (1964), de *jumbo* « géant » et de *jet*. L'Administration recommande de remplacer cet emprunt par *gros porteur* (*Journal officiel*, 12 août 1976), qui n'a évidemment aucune valeur évocatrice (il faudrait un composé du genre *baleine à réaction...*).

1. JUMP [dʒœmp] *n. m.*

(1932) Détente qui permet au sprinter de l'emporter sur son adversaire dans une épreuve cycliste. *Des jumps. Spécialiste du jump* → **1. Jumper.** — REM. : Absent du dict. de l'Académie 1935.

« S. a le jump pour passer d'un peloton dans l'autre. »
                              L'Écho des sports, 12 mai 1932 [*in* G. Petiot].

« Il s'attaque ensuite à Paillard et, au prix d'un "jump" très applaudi, le passe sans coup férir. »   *L'Auto*, 5 mars 1934 [*in* I. G. L. F.].

✱ Mot anglais *jump* n. proprement « saut », très critiqué en français, où il n'a pas, même dans le vocabulaire du sport, la même fréquence que *jumping* ou même 1. *jumper*. On dit de préférence *détente* ou même *saut*.

2. JUMP [dʒœp, dʒœmp] *n. m.*

(1966) Au Bridge, Enchère d'un niveau supérieur à celui exigé par les règles du jeu, pour contraindre l'adversaire.

« En zone 16-17, l'ouvreur est maximum pour une couverture d'un trick en majeure [...]. Pour exprimer cette force maxima, l'ouvreur sur le relais-forcing redemandera en jump. »
                    P. GHESTEM et C. DELMOULY, *Le Monaco*, p. 23 (□ 1966).

✱ Mot anglais *jump* n., t. de bridge (1927, *in* Oxford 2e Suppl.) ou *jump bid* (1931, *id.* de *jump* « saut » et *bid* « enchère »). L'équivalent français est *saut* (*Banque des mots*, n° 18, 1979, p. 222). On a formé *jumper* v. intr. sur *jump* « faire un jump » (1966).

1. JUMPER ou **JUMPEUR** [(d)ʒœmpœʀ] *n. m.*

(1902) *Sport.* Cheval spécialisé dans le jumping✱. *Des jumpers.* — REM. : Absent du dict. de l'Académie 1935.

« Des cavaliers sur des "jumpers". »
                              Encyclopédie des sports, 1924 [*in* G. Petiot].

— (1908) Spécialiste des courses de haies.

« Dans le 110 m haies [...], belle empoignade des deux "jumpers" H et A ».   *L'Auto*, 10 juil. 1908 [*in* G. Petiot].

— (1924) Coureur cycliste qui excelle dans le jump✱.

« Le poulain de T. est un "jumpeur". »
                              La Pédale, 12 fév. 1924 [*in* G. Petiot].

✱ Anglais *jumper* n., de *to jump* « sauter », attesté comme terme d'équitation en français dès 1902 (*La Vie au grand air*, 28 juillet, *in* G. Petiot). Terme réservé au domaine du sport.

2. JUMPER [dʒœmpœʀ] *n. m.*

(1925) *Mode.* Vêtement de femme, sans manches, qui a la forme d'une chasuble.

« En principe, il faut prévoir au moins un ensemble de tricot : robe et vêtement, ou bien jupe et vêtement avec un choix de sweaters et de jumpers permettant de varier l'aspect de la toilette. »
Ève, 5 juil. 1925 [*in* D. D. L., 2ᵉ série, 16].

✳ Anglais *jumper* n. (1853), probablement issu de l'ancien mot *jump* n. (1654) désignant un manteau court pour homme porté aux XVIIᵉ et XVIIIᵉ siècles, mot peut-être emprunté du français *jupe* et assimilé par étymologie populaire à l'anglais *jump* n. « saut » et v. « sauter ». *Jumper* revient périodiquement en français comme terme de mode, mais il est en recul devant le terme *chasuble,* courant dans les catalogues.

JUMPING [dʒœmpiŋ] *n. m.*

(1931) *Sport.* Saut d'obstacles à cheval, issu de la chasse à courre et qui se pratiquait au début du siècle sous le nom de *concours hippique.* — REM. : Absent du dict. de l'Académie 1935.

« Les manèges parisiens et les centres mondains chers aux vedettes du jumping. »   *L'Équipe*, 26 mai 1948 [*in* G. Petiot].

« Le concours hippique, d'où est né le jumping, a suivi, en France, l'évolution générale des mœurs. Il fut naguère un des épisodes les plus achalandés de la grande saison parisienne de printemps... La place prise par le sport dans la vie moderne donne au jumping un caractère différent du concours hippique de naguère... Le premier jumping eut lieu en 1947 au Palais des sports. »   *Larousse mensuel illustré*, avril 1951, p. 636.

✳ Mot anglais, substantivation de *to jump* « sauter ». Terme de sport enregistré en français en 1931 (Larousse du XXᵉ siècle).

JUNGLE [ʒɔ̃gl] ou *cour.* [ʒœ̃gl] *n. f.*

1° (1796) Dans les pays de mousson, Forme de savane touffue où se mêlent de hautes herbes, des broussailles et des palmiers, et où vivent les grands fauves. *Le Livre de la jungle*, de R. Kipling. — REM. : Enregistré dans les dict. de Littré 1867, et de l'Académie 1878.

« De Burdwan, je marchai sept jours au nord-ouest sur la rive gauche de la Dammhoudœurr [...] passant par Manncore, Dignagur : c'est là que je rencontrerai les Jungles (prononcez *Djonguèle*). — J'avoue que je fus très-désappointé. Je m'étais figuré une forêt épaisse, impénétrable, offrant toute la richesse de formes et de couleurs de la végétation des tropiques, hérissée d'arbres épineux, enlacée d'arbrisseaux sarmenteux, de plantes grimpantes montant jusqu'aux sommets des plus grands arbres, et en retombant avec grâce comme des cascades de fleurs : à Rio-Janeiro et à Saint-Domingue j'avais vu les traits épars de ce tableau. »
V. JACQUEMONT, Lettre à M. Jacquemont père, 24 déc. 1829, t. I, p. 134.

« Plus de ces gigantesques fougères ni de ces interminables parasites, tenus d'un tronc à l'autre, comme dans les sous-bois de la jungle. Aucun animal, ni chevaux sauvages, ni yaks, ni bœufs tibétains. »
Jules VERNE, *Robur-le-Conquérant*, p. 116 (□ 1886).

— (1923, A. de Chateaubriant) *Par anal.* Forêt vierge ; végétation touffue.

— (1926, F. de Croisset) *Par ext.* Les grands fauves qui vivent dans la jungle. — (déb. XXᵉ s.) *La loi de la jungle*, la loi du plus fort, de la sélection naturelle.

2° (1920, Duhamel) *Fig.* Milieu humain où règne la loi de la jungle, celle du plus fort.

« Voici la jungle. Place à l'argent ! Je connais les règles, elles sont simples : je dépasse tous ceux qui sont moins riches que moi. Je me laisse, forcément, dépasser par les autres. Rien de plus clair. »
G. DUHAMEL, *Scènes de la vie future*, p. 97 (□ 1930).

✳ Anglais *jungle* n. (v. 1776 ; 1850 au figuré) lui-même emprunté de l'hindoustani *jangal* « steppe » (sanscrit *jangala* « désert »). Mackenzie (p. 191) atteste *jungle* en 1796 (*Bibliothèque britannique*, II, p. 245). *Jungle* est courant en français au sens figuré ; au sens propre, il est critiqué dans l'acception généralisée de « forêt vierge ». On hésite encore toutefois sur la prononciation du mot.

JUNKIE [(d)ʒœnki] *n.*

(1970) *Arg. de la drogue.* Toxicomane qui s'adonne aux drogues dures. *Des junkies.*

« Il faut distinguer " hippie " et " junkie ", le second étant un véritable drogué. » *Réalités*, mars 1970 [*in* Gilbert, 1980].

« Au deuxième étage, les vrais drogués, les junkies, et ceux qui ont abusé de l'acide, qui ont besoin d'une longue période de réadaptation. »
L'Express, 25 sept. 1972, p. 93.

« Depuis deux ans, le " Bel-Espoir " promène sa cargaison de *junkies* à travers le monde : quatre mois d'une randonnée thérapeutique qui mène une vingtaine de garçons et filles accrochés à la coco, au " cheval " (héroïne), à l'opium, de Madère aux Açores [...]. »
Le Nouvel Observateur, 9 juil. 1973, p. 47.

✳ De l'américain *junkie* (aussi *junkey, junky*) n. (1923), de *junk* « drogue dure », terme d'argot attesté en 1925 en Amérique, anglais *junk* n. (xvᵉ s.) d'origine obscure « bric-à-brac, ferraille, camelote ». On trouve aussi *junky* (*Le Monde*, 7 fév. 1980). *Junk* « drogue dure » est attesté en français sous la forme *jonc*. Son emploi ne paraît pas très répandu.

« " Junk ", le " jonc " est le nom le plus populaire. C'est celui de l'héroïne vendue à la sauvette, dans les rues. Celle qui n'est jamais pure [...]. »
Ciné-Revue, 4 fév. 1971, p. 11.

JURY [ʒyʀi] *n. m.*

1° (1688 pour l'Angleterre ; 1790 pour la France) Ensemble de citoyens n'appartenant pas à la magistrature, désignés pour exercer dans des conditions déterminées des fonctions de justice ; ensemble des jurés inscrits sur les listes départementales annuelles ou désignés pour une session. *Former la liste du jury. Des jurys.* — REM. : Enregistré dans le Suppl. des Additions 1798 du dict. de l'Académie, et dans le dict. de Littré 1867.

« Voici à quoi la législation anglaise est enfin parvenue : à remettre chaque homme dans tous les droits de la nature dont ils sont dépouillés dans presque toutes les monarchies. Ces droits sont, liberté entière de sa personne, de ses biens ; de parler à la nation par l'organe de sa plume ; de ne pouvoir être jugé en matière criminelle que par un *jury* formé d'hommes indépendants ; de ne pouvoir être jugé en aucun cas que suivant les termes précis de la loi ; de professer en paix quelque religion qu'on veuille, en renonçant aux emplois dont les seuls anglicans peuvent être pourvus. Cela s'appelle des prérogatives. »
VOLTAIRE, *Questions sur l'Encyclopédie*, art. *Gouvernement*, in *Dict. philosophique*, t. XL, p. 108 (□ av. 1764).

« Les " jurés " qui déclareront le fait ne pourront être au-dessous du nombre de douze. Tout homme acquitté par un " jury " légal ne peut plus être repris ni accusé du même fait. »
Constitution de 1791, chap. IV, section III, art. 9.

— (1835, Académie) Spécialt. *Jury de jugement* ou *jury*, groupe de neuf (*ancienn.* douze, puis sept) jurés tirés au sort pour participer à un jugement en Cour d'assises.

2° (1793) *Par ext.* Assemblée, commission chargée d'un examen particulier, d'une exposition, etc. — Spécialt. *Cour.* Ensemble d'examinateurs ou de personnes chargés de désigner le titulaire d'un prix. *Jury d'agrégation, de thèse. Le jury du prix Goncourt.*

« Art. 2. Il sera créé un " Jury des arts et des sciences " composé de soixante membres. »   Bureau des Arts et Métiers, séance du 19 nov. 1794
[*in* Brunot, t. IX, 2, p. 1186].

« Ce résultat obtenu aujourd'hui [...] vient, à ce que l'on assure, de recevoir l'approbation du jury industriel, et ce sera une des plus heureuses innovations de l'exposition prochaine. »
La Mode, 5 avril 1844, p. 589.

✻ Anglais *jury* n. (1290 ; *iuree,* en moyen anglais) signifiant « réunion de jurés d'un tribunal de justice », lui-même emprunté par l'anglo-normand *juree* de l'ancien français *jurée* (XIIᵉ s.) « serment, enquête (judiciaire) », part. passé féminin substantivé de *jurer.*
Bonnaffé relève *jury,* à propos de l'Angleterre, dès 1688 ; l'Assemblée Constituante de 1790 emploie le mot à propos de la France.

« Le 22 janvier 1791, Domergue s'élève à la fois contre la confusion de *juré* avec *jury,* et contre l'emploi de ce dernier terme en français, proposé par Siéyes ; il préférerait *jurande* (*Journal,* I, 109). »   F. BRUNOT, *H. L. F.,* t. V, p. 1232.

✻ Repris de l'ancien français, ce mot a été refrancisé pour la prononciation d'après l'orthographe anglaise : il s'est imposé dès l'époque de la Révolution. Brunot (t. X) relève le second sens dès 1793. On remarque la graphie *juri* en 1791 (D.D.L., 2ᵉ série, 11).

JUTE [ʒyt] *n. m.*

(1849) Plante herbacée *(Tiliacées)*, cultivée pour les fibres textiles de ses tiges. — REM. : Enregistré dans les dict. de l'Académie 1878 et de Littré 1877 (Suppl.).

« De toutes les plantes textiles dont nous venons de donner la longue énumération, celle, assurément, dont le nom a le moins frappé le lecteur, c'est le *jute.* »
L. FIGUIER, *L'Année scientifique et industrielle*, p. 202, 1859 (□ 1858).

— (1849) PAR EXT. Fibre textile extraite des tiges de cette plante. *Toile de jute.*

« Le coton et le jute sont extrêmement employés dans l'Inde, depuis une époque reculée, pour la fabrication des vêtements, La partie musulmane de la population des Indes s'habille de coton, tandis que les Hindous filent et tissent leurs vêtements avec le jute. »
L. FIGUIER, *L'Année scientifique et industrielle*, p. 203, 1859 (□ 1858).

✻ Bengali *jhóto, jhuto* (sanscrit *jūta*), par l'anglais *jute* « chanvre de l'Inde » n. (1746). *Jute* est attesté dans les *Annales du commerce extérieur* en 1849.

K

KAKI [kaki] *adj. invar.* et *n. m.*

(1902 ; *khaki*, 1898) D'une couleur jaunâtre, terreuse, tirant sur le brun. *Toile kaki.* — REM. : Enregistré dans le dict. de l'Académie 1935 comme adjectif des deux genres.

« Le chef du village (je crois que Samé est son nom) vient à notre rencontre en redingote très longue et très fripée, casquette kaki, culotte kaki, leggins noirs, gros souliers ferrés. Le tout ineffablement laid et ridicule. »   A. GIDE, *Le Retour du Tchad*, 28 avril 1926, in *Journal 1939-1949*, p. 1001.

« Il n'avait jamais eu d'ennuis avec son Comité de Maison, et comme il se coiffait volontiers d'une casquette khaki et ne donnait aucun signe de luxe extérieur ou d'aisance, il n'avait pas été inquiété. »
P. MORAND, *L'Europe galante*, p. 22 (□ 1926).

— (1915) *N. m.* Couleur kaki. *Le kaki.*

« Les uniformes de ces rescapés sont uniformément jaunis par la terre ; on dirait qu'ils sont habillés de kaki. Le drap est tout raidi par la boue ocreuse qui a séché dessus ; les pans des capotes sont comme des bouts de planche qui ballottent sur l'écorce jaune recouvrant les genoux. »   H. BARBUSSE, *Le Feu*, p. 47 (□ 1916).

✳ Anglais *khaki* (d'abord *khakee*) adj. (1863) et n. (1857) désignant l'étoffe de laine mince de cette couleur adoptée par l'armée anglaise de l'Inde en 1857 (puis par diverses armées, dont l'armée américaine) ; de l'hindoustani *khâki* « couleur de poussière », du persan *khâk* « poussière ». Signalé par Mackenzie (p. 251) chez Deiss, *A travers l'Angleterre*, p. 75, 1898, sous la forme *khaki,* puis par Larousse 1902, sous la forme actuelle.

KALÉIDOSCOPE [kaleidɔskɔp] *n. m.*

(1818) Sorte de lorgnette dont le tube contient des verres de couleur mobiles qui en se réfléchissant sur un jeu de miroirs produisent des dessins aux multiples couleurs et variant à l'infini. — REM. : Enregistré dans les dict. de Littré 1867 (renvoi à *Caléidoscope*, 1863) et de l'Académie 1878.

« Et ce diable d'homme vous met dans le cerveau tant d'images de kaléidoscope et de lanterne magique, et un tel bruit de paroles, et un tel *brouillamini* de faits prédits, qu'il semble, avec la sonorité de sa voix et la fixité de ses yeux, vous verser de la confusion dans le cerveau et de l'étourdissement dans l'attention. »
E. et J. de GONCOURT, *Journal*, 29 oct. 1856, t. I, p. 121.

« La date de l'année 1823 était pourtant indiquée par les deux objets à la mode alors dans la classe bourgeoise qui étaient sur une table, savoir un kaléidoscope et une lampe de fer-blanc moiré. »
HUGO, *Cosette*, in *Les Misérables*, p. 391, Pléiade (□ 1862).

✳ Anglais *kaleidoscope,* nom de l'appareil inventé par David Brewster en 1817, du grec *kalos* « beau », *eidos* « aspect, forme », et suffixe

-scope (gr. *skopeîn*). Enregistré en français dès 1818 par Wailly *(Nouveau Vocabulaire français)*. *Kaléidoscope* a produit, dans notre langue, le dérivé *kaléidoscopique* adj. (1832 ; Cf. anglais *kaleidoscopic,* 1846 « du kaléidoscope ») et *kaléidoscopie* (1836, Balzac, *in* D. D. L., 2ᵉ série, 10) inconnu en anglais.

> « Ne serait-ce pas, comme l'a dit Byron, une bien froide plaisanterie que le jeu d'une matière sortie de Dieu pour y revenir, après mille transformations kaléidoscopiques du monde ?... » BALZAC, Lettre à Charles Nodier, 21 oct. 1832, in *Œuvres diverses*, t. II, p. 560.

KANGOUROU [kãguʀu] *n. m.*

(1774) Grand mammifère australien herbivore *(Marsupiaux)*, aux membres postérieurs très développés lui permettant des sauts de plusieurs mètres, et aux membres antérieurs très courts. *Des kangourous.* — REM. : Le dict. de l'Académie enregistre *kanguroo* en 1835, *kangourou*, en 1935 ; Littré 1867 *kanguroo* ou *kangurou* (et les graphies *kangarou* et *kangourou*).

> « J'allais voir à Kew les kanguroos, ridicules bêtes, tout juste l'inverse de la girafe : ces innocents quadrupèdes-sauterelles peuplaient mieux l'Australie que les prostituées du vieux duc de Queensbury ne peuplaient les ruelles de Richmond. » CHATEAUBRIAND, *Mémoires d'outre-tombe* [avril à sept. 1822], t. I, p. 520 (□ 1848).

> « Tous [...] sont pourvus d'une poche ou faux utérus dans laquelle ils portent leurs petits ; tel est le kangourou, grande espèce de sarigue, animal à membres inégaux, qui tient à la fois de l'écureuil et du daim, et dont la taille varie beaucoup. » G. LAFOND, *Voyages autour du monde*, p. 215 (□ 1854).

> « Au-dessus des arbrisseaux sautaient et ressautaient des kangourous comme une troupe de pantins élastiques. » Jules VERNE, *Les Enfants du capitaine Grant*, t. II, p. 205, Hachette (□ 1867).

✱ Anglais *kangaroo* n. (1770, James Cook, Joseph Banks), du mot australien *kangooroo* ou *kanguru. Kangourou* est attesté en français en 1774 dans une traduction anonyme de John Hawkesworth *(Relation des voyages entrepris par ordre de sa Majesté Britannique...)* ; sont également attestées les graphies *kangorou* (Tench, *Voyage de la Baye Botanique*, p. 149, 1791) et *kanguroo* (*Annales du Muséum d'histoire naturelle*, I, p. 178, 1802).

KARMAN [kaʀman] *n. m.*

(1959) *Aviat.* Pièce de raccord entre le fuselage et l'aile d'un avion, qui évite la formation de tourbillons. *Des karmans.*

> « Les stratifiés, sous forme monolithique ou sous forme "sandwich", ont permis de réaliser des éléments d'avion aux formes tourmentées aussi bien dans les structures externes, telles que carénages, coupoles et karmans, que dans les structures internes, telles que cloisons, aménagements intérieurs, canalisations de conditionnement, etc. » J.-C. DESJEUX et J. DUFLOS, *Les Plastiques renforcés*, p. 97 (□ 1964).

✱ Anglais *karman* n. (1928), du nom de l'inventeur américain d'origine hongroise, Theodore von *Kármán* (1881-1963). Emprunt accepté par le Comité d'étude des termes techniques français et signalé par Guilbert en 1959 (in *Le Français moderne*, p. 290).

KART [kaʀt] *n. m.*

(v. 1960) *Sport.* Petite voiture de sport de compétition, à embrayage automatique, sans carrosserie, ni boîte de vitesse, ni suspension. *Des karts* → **Karting.**

> « C'est en 1956 que les *karts* furent lancés dans le commerce. » *Tous les sports*, 1970 [*in* G. Petiot].

✱ Américain *kart* n. (1959) ou *go-kart* n. (1963), ancienne variante de l'anglais *cart* « charrette, véhicule à deux roues » (Cf. Anglo-normand, vieux normand *carette*, mod. *charrette*, diminutif de *char*).

KARTING [kaʀtiŋ] *n. m.*

(1960) Sport automobile pratiqué avec le kart✱. *Faire du karting* → **Kart.**

« Ce n'est d'ailleurs pas la vitesse en soi qui est recherchée par les nouveaux fanatiques de l'*ilinx*, mais la griserie qu'elle procure. Le nouveau sport qui fait son apparition sous le nom de *karting* en est la preuve. Il s'agit de tout petits châssis sans carrosserie, qui ne peuvent rouler à très grande allure mais sur lesquels le conducteur, cahoté à quelques centimètres de la piste et menacé, à chaque virage, de capoter avec son jouet instable, bénéficie de sensations presque aussi fortes que celles d'un coureur sur son bolide de course. »
J. CAZENEUVE, *Jeux de vertige et de peur*, in *Jeux et Sports*, pp. 725-726 (☐ 1967).

✱ Mot américain comme le sport qu'il désigne (1959), dérivé de *kart*. Notons que *karting*, emprunt intégral de l'américain, est exclusivement employé dans le langage particulier du sport.

KAYAK ou KAYAC [kajak] *n. m.*

1° (1851 ; *cayac*, 1829) Canot de pêche, long et étroit, fabriqué avec des peaux de phoque fixées sur une carcasse de bois, utilisé chez les Esquimaux. *Des kayaks.* — REM. : Absent des dict. de Littré et de l'Académie.

« nous ne sommes pas éloignés de la terre ; il y a des kaïaks d'Esquimaux qui passent inaperçus entre les glaçons [...]. »
Jules VERNE, *Les Aventures du capitaine Hatteras*, p. 71 (☐ 1864).

« Le kayak est certainement la plus frêle des embarcations qui aient jamais porté le poids d'un homme. Construite en bois très-léger, la carcasse du bateau a neuf pouces de profondeur, dix-huit pieds de longueur et autant de pouces de large, vers le milieu seulement ; elle se termine à chaque bout par une pointe aiguë et recourbée par le haut. On recouvre le tout de peaux de phoque rendues imperméables, et si admirablement cousues par les femmes au moyen de fil de nerfs de veaux marins, que pas une goutte d'eau ne passerait à travers les coutures ; le dessus du canot est garni comme le fond ; seulement, pour donner passage au corps du chasseur, on a laissé une ouverture parfaitement ronde et entourée d'une bordure de bois sur laquelle le Groënlandais lace le bas de sa blouse également imperméable ; il est ainsi solidement fixé à son kayak où l'eau ne saurait pénétrer, une seule rame de six pieds de long, aplatie à chaque bout, qu'il tient par le milieu et plonge alternativement à droite et à gauche, lui sert à diriger cette embarcation aussi légère qu'une plume et gracieuse comme un caneton nageant [...]. »
I. J. HAYES, *Voyage à la mer libre du pôle Arctique* [1860-1862], pp. 117-118 (☐ 1868).

2° (v. 1930) *Par anal.* Canot de tourisme ou de sport en toile dont l'imperméabilité est assurée par une jupe serrée à la taille et qui se manœuvre à la pagaie double (opposé à *canoë canadien*). — Sport pratiqué avec ce genre de canot.

✱ Anglais *kayak* n. (1757), de l'esquimau du Groenland *qajag*. Dans les récits de voyageurs, on le trouve en 1829 (D. D. L., 2ᵉ série, 22, 1982). D'après G. Petiot, il existe des kayaks de sport depuis 1865 (« Le " Rob Roy " date de 1865, dérivé du kayak », *La Revue des sports*, 30 janvier 1889), mais il ne semble pas que le terme de sport et la désignation de l'embarcation conçue pour le pratiquer soient antérieurs à 1930. *L'Auto*, du 4 novembre 1932, parle d'une démonstration du « kayak Club » ; le premier championnat de kayak mono a lieu en 1934. *Kayak* a produit le dérivé *kayakiste* n. (1943), précédé de *kayakeur* n. m.

(1941, *in* G. Petiot. Cf. anglais *kayaker*, 1856) « sportif qui pratique le kayak ».

« Les quarante canoëistes et kayakistes. »

LA TOMBELLE, *L'Homme à la pirogue*, 1943 [*in* G. Petiot].

K.-D. → KNOCK-DOWN.

KEEPSAKE [kipsɛk] *n. m.*

(1829) *Ancienn.* Album de souvenirs, généralement illustré de gravures, qu'on offrait volontiers à l'époque romantique. *Des keepsakes.* — REM. : Enregistré dans les dict. de Littré 1867 et de l'Académie 1878.

« La plupart des étrangers qui arrivent à Rome préfèrent à toutes les figures de Raphaël les jolies lithographies enluminées que l'on vend à Paris sur le boulevard (l'alphabet de M. Grévedon), ou les petites gravures fines et soignées du *Keepsake* et autres almanachs anglais. »

STENDHAL, *Promenades dans Rome*, t. I, p. 229 (□ 1829).

« Pendant de longues années, M. Achille Devéria a puisé, pour notre plaisir, dans son inépuisable fécondité, de ravissantes vignettes, de charmants petits tableaux d'intérieur, de gracieuses scènes de la vie élégante, comme nul keepsake, malgré les prétentions des réputations nouvelles, n'en a depuis édité. »

BAUDELAIRE, *Salon de 1845*, in *Œuvres complètes*, 1961, p. 826.

« les premiers *keepsakes* venaient de paraître, la mélancolie pointait pour les femmes, comme, plus tard, le byronnisme pour les hommes et les cheveux du sexe tendre commençaient à s'éplorer. »

HUGO, *En l'année 1817*, in *Les Misérables*, p. 133, Pléiade (□ 1862).

✱ Mot anglais n. (1790, Mme d'Arblay) désignant à l'origine toute chose gardée ou donnée en souvenir de quelqu'un, et par la suite servant de nom pour certains livres ornés de gravures. *Keepsake* est composé de *to keep* « garder », et de *sake* « considération » (*for the sake of* « pour l'amour de », *for my sake* « pour l'amour de moi »). Relevé en 1829 dans la *Revue de Paris* (in *Le Français moderne*, t. XIII, p. 193).

KELVIN [kɛlvin] *adj. invar.* et *n. m.*

(mil. XXe s.) *Phys.* Vieilli. *Degré kelvin*, dans le Système international d'unités, Unité de base de température (*symb.* K), équivalant à la fraction 1/273,16 de la température thermodynamique du point triple de l'eau. — (1967) *Subst.* Mod. *Le kelvin.*

✱ Mot adopté en français lors de la 13e Conférence générale des poids et mesures, en octobre 1967, emprunt de l'anglais *degree kelvin* ou *kelvin degree* (1911), d'où *kelvin* n. (1967). Du titre du physicien britannique Sir William Thomson, Lord *Kelvin* (1824-1907).

KÉROSÈNE [keʀɔzɛn] *n. m.*

(1877) Pétrole lampant provenant de la distillation des huiles de pétrole, principalement utilisé de nos jours pour l'alimentation des réacteurs d'avion. — REM. : Enregistré dans le Suppl. 1877 du dict. de Littré ; absent des dict. de l'Académie.

✱ Anglais d'origine américaine *kerosene* n. (1866 ; *kerocene*, 1855), nom donné par l'inventeur américain (brevet 1854), du grec *kêros* « cire », et suffixe scientifique *-ene* « -ène ». Le kérosène fut d'abord employé en France comme gaz d'éclairage. On rencontre parfois la forme *kérosine*.

KETCH [kɛtʃ] *n. m.*

(1788 ; *cache*, 1666) *Mar.* Cotre à tapecul et double foc dont le mât est en avant du gouvernail. *Des ketchs.* — REM. : Absent des dict. de Littré et de l'Académie.

« C'est une sorte de ketch malais, à deux mâts, à poupe carrée, monté par une dizaine d'hommes, sous les ordres d'un capitaine de figure énergique. »   Jules VERNE, *L'Île à hélice*, p. 131 (□ 1895).

✳ Anglais *ketch* n. (XVIIe s. ; *cache*, XVe s.), peut-être de *catch* n. « prise, capture », lui-même emprunté par l'anglo-normand *cachier* de l'ancien français *chacier* (mod. : *chasser*). On trouve en français, outre *cache* (1666, Boulan), *quaiche* (1688, Miège), *quesche* (1691, Ozanam), *quèche* (1706, Richelet).

KETCHUP [kɛtʃœp] *n. m.*

(1873 ; *calchup*, 1826) Sauce à base de jus de tomates ou de champignons légèrement sucrée. *Une bouteille de ketchup.* — REM. : Absent des dict. de l'Académie.

« un domestique portant, dans un nécessaire d'acajou, tous les ingrédients dont il avait enrichi son répertoire [...] des anchois, du catchup, du jus de viandes [...]. »
            BRILLAT-SAVARIN, *Physiologie du goût*, t. II, p. 197 (□ 1826).
« Sortez-les [les beefsteaks] de la graisse et mettez-les dans une casserole avec de bon jus, une cuillerée de bon vin rouge et du *catsup*. Servez avec le jus et quelques champignons marinés. »
Beefsteaks ou Biftecks, in *Encycl. domestique*, t. I, p. 120, Salmon, 1830.
« Le KETCHUP. — Sauce à l'essence de champignons et qui en a le parfum très prononcé. Une des meilleures sauces anglaises. Elle parfume agréablement les biftecks et les entre-côtes. »
            E. DUMONT, *La Bonne Cuisine française*, 1873 [*in* D.D.L., 2e série, 16].
« Il vida son verre et noya le steak placé sur son assiette dans une petite mer de " ketchup ". »   L. HÉMON, *Battling Malone*, p. 11 (□ 1911).

✳ Anglais *ketchup* n. (XVIIIe s. ; *catchup*, XVIIe s. ; *catsup*, Swift), du chinois *kōechiap*, *kē-tsiap* « saumure de poisson » ou de son dérivé malais *kêchap* « goût ». On trouve en français, outre les formes ci-dessus, *ket-chop* (1873).

« Tel quel, le *ketchup* a bien une allure britannique. L'étymologie populaire croit y reconnaître le *up* familier, qui donne du montant, précédé d'un *ketch* difficile à interpréter ; le vulgaire y voit une forme archaïque de *catch* (" prendre "), c'est-à-dire le vieux mot français *cachier*, soit le nom du bateau que les marins du Grand Siècle appelaient *caiche* en France et que nous préférons baptiser aujourd'hui, à l'anglaise, *ketch* ou *dundee*. »   M.-M. DUBOIS, in *Vie et Langage*, août 1965, p. 478.

KEYNÉSIEN, IENNE [kenesjɛ̃, jɛn] *adj.*

(1959) *Écon.* Relatif ou propre aux conceptions économiques de Keynes, notamment en ce qui concerne le contrôle des investissements par l'État. *Théorie keynésienne.*

« Le rapport reste trop *keynésien* : dans les pays sous-développés, il ne suffit pas d'augmenter l'investissement pour faire augmenter le revenu. »   R. GENDARME, *L'Économie de l'Algérie*, 1959 [*in* Gilbert].

✳ Anglais *Keynesian* adj. (1937), du nom de l'économiste anglais John Maynard *Keynes* (1883-1946).

KEYNÉSISME [kenesism]

(1972) Doctrine économique keynésienne✳ ou de Keynes.

« L'école américaine du keynésisme, les hommes qui, dès 1934, ont adhéré complètement aux idées de Keynes. »
            L'Expansion, 1972, in *Les Nouveaux Mots « dans le vent »*.

✳ Du nom de l'économiste britannique *Keynes*, peut-être d'après l'anglais *Keynesianism*, n. (1946).

KICHENOTTE → QUICHENOTTE.

KICK-STARTER [kikstaRtɛR] ou KICK [kik] *n. m.*

(1948) Dispositif de mise en marche d'un moteur, en particulier d'un moteur de motocyclette, au moyen d'une pédale commandée au pied. *Des kick-starters.* — *Kick,* forme abrégée courante. *Démarrer au kick.*

« C'est l'histoire d'un type façon cow-boy clean avec moustache blonde, Rayban et jeans repassés qui démarre au kick sa 1340 cc alors qu'il possède un démarreur électrique [...]. » *Moto-Revue,* 6 mai 1981, p. 19.

✳ Anglais *kick-start* n. (1914) ou *kick-starter* n. (1916), composé de *kick* « coup de pied » et de *start,* de *to start* « démarrer », ou de *starter* « démarreur, bouton de démarrage ». Larousse enregistre *kick-starter* en 1948 ; de nos jours, *kick,* forme abrégée typiquement française, est le terme le plus courant.

KIDNAPPAGE [kidnapaʒ] *n. m.*

(1931) Enlèvement → **Kidnapping.**

« Ça va : la boîte est sur le territoire des concessions ; donc, pas de police chinoise. Et le kidnappage y est moins à craindre même qu'ici : trop de gens... J'y passerai entre onze et onze et demie.
(*Note de l'auteur :* "Terme shangaïen : de l'anglais *kidnapped,* enlevé".) »
MALRAUX, *La Condition humaine,* p. 157, Livre de poche (□ 1933).

✳ Francisation de l'anglais *kidnapping* relevée dans les *Annales politiques et littéraires,* 1ᵉʳ décembre 1931, p. 501 (*in* Wartburg) ou de *kidnapped* (→ **Kidnapper**). On dit normalement *enlèvement* ou *rapt.*

KIDNAPPER [kidnape] *v. tr.*

(v. 1930) Enlever un enfant ou un adulte pour s'en servir comme otage ou plus généralement pour en tirer une rançon. *Se faire kidnapper.* — REM. : Absent du dict. de l'Académie 1935.

« Un coup de téléphone le renforce dans sa décision de ne rien dire. S'il parle en effet, lui dit une voix au bout du fil, lui et sa femme ne reverront jamais vivant leur jeune garçon, kidnappé par les meurtriers. »
J.-L. GODARD, in *Cahiers du cinéma,* in *Jean-Luc Godard,* p. 49 (□ 1968).
— (1951) *Fam.* Enlever subrepticement.

« Des fourmis, accourant par une fente de plancher, s'en allaient kidnapper le corps momifié d'une cigale. »
R. FALLET, *Le Triporteur,* pp. 258-259 (□ 1951).

✳ Anglais *to kidnap* v. (1682), de *kid* « enfant », et autrefois dans les colonies américaines « serviteur blanc engagé pour une période déterminée », 1724, et de *to nap* « s'emparer de, enlever », qui se disait à l'origine à propos des enfants ou de toute personne qu'on prenait illégalement pour en faire des serviteurs ou une main-d'œuvre agricole dans les plantations américaines, et dont le sens s'est étendu à tout enlèvement ou rapt. C'est probablement à propos de l'enlèvement du fils de Lindbergh que le mot et ses dérivés (→ **Kidnappage, kidnappeur, kidnapping**) ont fait leur entrée en France.

KIDNAPPEUR, EUSE [kidnapœʀ, øz] *n.* ou **KIDNAPPER** [kidnapœʀ] *n. m.*

(1953 ; *kidnapper,* 1937, hapax 1783) Auteur d'un kidnapping✳ ou kidnappage✳.

« Mon beau-père nous avait menacés de *gangsters* et de *kidnappers.* »
A. MAUROIS, *La Machine à lire les pensées,* 1937,
in *Les Mondes impossibles,* p. 80.

« Tu veux pas me faire croire que tu lis pas les journaux, non ?
— Je les lis, bien sûr, mais parole, j'ai rien vu dedans au sujet de Riton depuis que vous avez trouvé drôle de nous faire passer pour des kidnappeurs... » A. SIMONIN, *Touchez pas au grisbi,* p. 211 (□ 1953).

✳ Anglais *kidnapper* n. (1678) ou américain *kidnaper* n., de même étymologie que *to kidnap* (→ **Kidnapper**). L'emploi isolé de *kidnapper,* au XVIIIᵉ siècle, se rattache au sens initial de *to kidnap* :

« La Virginie avoit ses ambaucheurs publics, ou ses kidnappers [...] qui alloient dans l'Europe voler des hommes et des enfants libres et les vendoient ensuite dans le continent et dans les isles comme esclaves. »
Courrier de l'Europe, 23 sept. 1783, *in* Proschwitz, *Introduction à l'étude du vocabulaire de Beaumarchais* [*in* D. D. L., 2e série, 1].

KIDNAPPING [kidnapiŋ] *n. m.*

(1948) Action de kidnapper* (quelqu'un) ; son résultat. *Des kidnappings* → **Kidnappage**. *Faire un kidnapping* (→ **Kidnapper**). *Auteur d'un kidnapping* (→ **Kidnappeur**).

« Les faits divers les plus marquants, ce furent le kidnapping du bébé de Lindbergh, le suicide de Kreuger, l'arrestation de Mme Hanau, la catastrophe du *Georges-Philippart*. »
S. de Beauvoir, *La Force de l'âge*, p. 116 (□ 1960).

« L'enlèvement de trois enfants dans le village de M. a soulevé dans tout le pays une grande indignation. Les *kidnappings* sont extrêmement rares en France. » *Le Monde*, 30 sept. 1964 [*in* Gilbert].

✻ Anglais *kidnapping* n. (1682), de *to kidnap* (→ **Kidnapper**). Terme d'abord francisé (→ **Kidnappage**), puis repris intégralement (1948, Larousse).

KIDNEY-PUNCH [kidnɛpœnʃ] *n. m.*

(1914) *Boxe.* Coup de poing porté aux reins, dans le corps à corps avec l'adversaire.

« Le kidney-punch est défendu depuis deux ans. »
La Vie au grand air, 31 janv. 1914 [*in* G. Petiot].

✻ Terme américain n. (1896), de l'anglais *kidney* « rein », et *punch* « coup ».

KILT [kilt] *n. m.*

(1792) Jupe courte et plissée, plate devant et croisée sur le côté, en tartan, costume national des Écossais. *Des kilts.* — (mil. XXe s.) Par ext. *Mode.* Jupe semblable, courte ou longue, pour femme. — REM. : Signalé dans le Compl. 1840 du dict. de l'Académie ; absent du dict. de Littré.

« Leur uniforme [des soldats] consistait en une chemise rayée, nouée à la taille par une ceinture de cuir ; de pantalon, de culotte ou de kilt écossais, il n'était point question ; la douceur de la température autorisait, d'ailleurs, la légèreté relative de ce costume. »
Jules Verne, *Les Enfants du capitaine Grant*, Lidis, p. 152 (□ 1867).

« Personne ne peut dire si elle commença par son nom ou par son physique. Il y a chance pour l'un et pour l'autre. Un beau nom d'Écosse qui lui va comme un kilt, mais remarquez que la nouvelle Jessica eût pu partir des genoux du jeune homme. »
Aragon, *Blanche ou l'Oubli*, p. 301 (□ 1967).

« Ces messieurs en kilt qu'on rencontre l'été autour du château d'Edimbourg, près de la cathédrale de Glasgow, dans les pubs de Dundee ou sur les quais d'Aberdeen, ne sont que rarement d'authentiques écossais. » M. Denuzière, Kilts et Tartans. *Pour une ballade écossaise*, *in Le Monde*, 11 sept. 1971, p. 11.

✻ Mot anglais n. (1730), de *to kilt,* d'un dialecte du Nord, signifiant « retrousser », d'origine scandinave. Ne pas confondre avec *quilt**.

KINESTHÉSIE [kinɛstezi] *n. f.*

(fin XIXe s.) Sensation interne des mouvements des parties du corps assurée par le sens musculaire et les excitations du labyrinthe de l'oreille interne.

« Le terme "kinesthésie" désigne aussi bien la perception des déplacements des différentes parties du corps les unes par rapport aux autres que celle des déplacements globaux du corps. C'est cette

perception globale qui nous intéresse ici ; c'est elle qui est en jeu dans l'appréciation de la vitesse propre du corps. »
La Recherche, nov. 1974, p. 990.

✱ Adaptation de l'anglais *kinaesthesis* n. (1880) du gr. *kinêsis* « mouvement » et *aisthêsis* « sensation ». Ce mot emprunté, comme *kinésithérapie* n. f. qui est français (1847), acclimate le radical *kinés-* alors que nous avions *cinét-* (*cinétique*, etc.). Il ne doit pas être confondu avec *cénesthésie* « impression globale interne » du gr. *koinos* « commun ». L'adjectif *kinesthésique* (1893, D. D. L., II, 12) est de formation française (angl. *kinaesthetic*).

KING-CHARLES [kinʃaʀl] *n. m. invar.*

(1845) Variété anglaise d'épagneul de petite taille et à poils longs. — REM. : Enregistré dans le Suppl. 1877 du dict. de Littré sous la forme *king's charles* ; absent des dict. de l'Académie.

« Une jeune femme, assise près d'une jeune fille, lui donne des conseils sur la manière de faire le point de broderie. Un *king-charles* à la robe soyeuse complète ce tableau d'intimité. »
Le Moniteur de la mode, 20 mars 1845 [*in* D.D.L., 2ᵉ série, 16].

« Il y a loin, assurément, du robuste chien danois, ou du lévrier des Cordillières à l'élégant *king's Charles*, ou à cette miniature si frêle et si délicate qui orne le giron de nos belles désœuvrées du grand et du petit monde. »   M. COSTE, in *Revue des cours scientifiques*, 21 mai 1864, p. 324.

✱ Anglais *King Charles('s spaniel)*, proprement « (chien, épagneul) du roi Charles », de *king* « roi », et de *Charles* n. propre (cette race ayant été très en vogue sous les règnes de Charles Iᵉʳ et de Charles II d'Angleterre). Attesté chez Banville, *Opéra turc*, en 1845, sous la forme anglaise initiale, et simplifié en français sous la forme actuelle, malgré l'avis de Littré.

KIPPER [kipœ(ɛ)ʀ] *n. m.*

(1922) Hareng ouvert, légèrement fumé et salé. *Des kippers.*
— REM. : Absent du dict. de l'Académie 1935.

« Je n'avais jamais vu d'aussi belles soles... Les *kippers* ressemblent à des feuilles d'or battu ; crevettes grises et bouquets se vendent en boîtes de fer-blanc. »   P. MORAND, *Londres*, p. 304 (□ 1933).

✱ Mot anglais n. (1000 ; 1326, en ce sens) d'origine obscure, désignant proprement le saumon mâle, par opposition à *shedder* « saumon femelle ». Signalé par Larousse 1922.

KIT [kit] *n. m.*

(1967) Objet vendu en pièces détachées à monter soi-même. *Des kits.* — (1973) En appos. *Exposition kit. Procédé kit.*

« Très rapide avec sa voiture à grand allongement il [un bateau] peut être fourni en *kits* pour la construction amateur. »
Le Figaro, 20 janv. 1967 [*in* Gilbert].

« Des tissus au nécessaire de bricolage, tout est là. On peut même choisir des meubles en " kit " à monter soi-même. »
Le Point, 9 oct. 1972, p. 79.

« Le bricolage conquiert un nouveau public, celui des mélomanes. Désormais, grâce au procédé " kit " — panoplie d'objets à monter soi-même — chaque menuisier du dimanche peut réaliser un clavecin vénitien, une épinette ou un luth de la Renaissance. C'est la révélation du IIᵉ Salon du kit, qui s'ouvre, à la Foire de Paris, le 28 avril. »
L'Express, 23 avril 1973, p. 83.

✱ Mot anglais n. (1375 ; 1859, en ce sens), « trousse, nécessaire, ensemble, lot » au XVIIIᵉ siècle, du moyen-néerlandais *kitte,* d'origine inconnue. Peut-être employé en français, en ce sens très particulier, sous l'influence des techniques de commerce américaines.

KITCHENETTE [kitʃənɛt] *n. f.*

(1939) Très petite cuisine, souvent aménagée dans un coin de studio.

« Si j'étais encore Américaine, j'irais prendre dans la glacière de ma *kitchenette* le grand verre de jus d'orange ou de pamplemousse que j'y laissais toujours à rafraîchir. »

Ph. HÉRIAT, *Les Enfants gâtés*, p. 91 (□ 1939).

« un petit logement [...] qui comportait, luxe inespéré, deux pièces, une entrée minuscule et une de ces cuisines que les Américains appellent kitchenettes. »

G. DUHAMEL, *Le Temps de la recherche*, p. 109 (□ 1947).

✽ Américain *kitchenette* n. (1911), de l'anglais *kitchen* « cuisine », et suffixe diminutif *-ette,* lui-même emprunté du français. L'Administration recommande de remplacer cet emprunt par l'équivalent français *cuisi-nette.*

KITTIWAKE ou **KITTI-WAKE** [kitiwɛk] *n. m.*

(*kittiawke,* 1822) Mouette tachetée *(Rissa)* des régions polaires. *Des kittiwakes.* — REM. : Absent des dict. de Littré et de l'Académie.

« Kittiawke [*sic*]. (Ornith.) L'oiseau qu'on appelle ainsi en Écosse, est le *kutgeghe,* ou mouette tachetée, *Iarus canus,* Linn. »

Dict. des sciences naturelles, 1822 [*in* D.D.L., 2ᵉ série, 10].

« les dovekies avec le corps noir, les ailes tachetées de blanc, les pattes et le bec rouges comme du corail, les bandes criardes de kitty-wakes et les gros loons au ventre blanc représentaient dignement l'ordre des oiseaux. »

Jules VERNE, *Les Aventures du capitaine Hatteras*, p. 158 (□ 1864).

✽ Anglais *kittiwake* n. (1661), onomatopée du cri de cet oiseau.

KIWI [kiwi] *n. m.*

1º (1842 ; *kivi-kivi,* 1828) Oiseau coureur de Nouvelle-Zélande *(Ratites),* de la taille d'une poule, et qui ne possède que des rudiments d'ailes, appelé aussi *aptéryx. Des kiwis.* — REM. : Absent des dict. de Littré et de l'Académie.

« Le kiwi, car c'est ainsi que les Nouveaux-Zélandais nomment l'apteryx, en doublant le plus ordinairement ce nom, kiwi-kiwi, suivant le génie de leur langue, habite les forêts les plus obscures et les plus épaisses. »

LESSON, *Description de mammifères et d'oiseaux récemment découverts,* in *Suppl. aux Œuvres de Buffon,* 1847 [*in* D.D.L., 2ᵉ série, 15].

« Le *kiwi* est un oiseau de petite taille. Il n'est pas plus grand qu'une poule : il est sans aile et sans queue ; il a quatre doigts et porte un long bec muni de narines à son extrémité. Son corps est couvert de longues plumes séparées. »

L. FIGUIER, *L'Année scientifique et industrielle,* p. 196, 1866 (□ 1865).

« Les chasseurs trouvèrent par bandes nombreuses les kiwis si rares au milieu des contrées fréquentées par les Maoris. C'est dans ces forêts inaccessibles que se sont réfugiés ces curieux oiseaux chassés par les chiens zélandais. Ils fournirent aux repas des voyageurs une abondante et saine nourriture. »

Jules VERNE, *Les Enfants du capitaine Grant,* t. III, p. 182 (□ 1867).

✽ Nom indigène (aussi *kiwi-kiwi, kivi*), courant en anglais (1835), de l'aptéryx, mot emprunté au maori. Apparu en français en 1842 chez d'Orbigny, dans une traduction d'un texte de Cunningham, 1838.

2º (v. 1975) Fruit exotique *(Actinidia chinensis)* oblong, à pulpe verte et petits pépins (semblables à ceux de la figue), recouvert d'une fine écorce, qui a un goût frais et acidulé.

« Le premier contact avec ce nouveau restaurant, au décor séduisant et confortable, avait été irritant, la carte cédait à tous les tics de la mode actuelle : langoustines "à la mangue", canard "aux kumquats", ris de veau "au gingembre", raie "au beurre de framboise", il ne manquait que les inévitables kiwis,˙ fruits insipides qui n'ont, pour plaire, que leur jolie couleur verte. On nous en propose quand même à la place de la mangue. »   *L'Express*, 20 oct. 1979, p. 32.

✳ De l'anglais *kiwi* n. (1972) abrév. de *kiwi berry*, *kiwi fruit* (1966, Oxford 2ᵉ Suppl.) appelé antérieurement *Chinese gooseberry* (1925) « groseille de Chine » parce qu'on l'importa de Chine pour la cultiver en Nouvelle-Zélande. Le nom actuel vient probablement du surnom donné aux Néo-Zélandais. Le terme *Actinidia* figure dans le *Dictionnaire des Sciences* de Poiré (1924) comme groupe de plantes volubiles décoratives de l'Inde, de la Chine et du Japon, sans mention du fait que le fruit est comestible. Le kiwi est commercialisé en France surtout dans les grandes villes, et reste un fruit de luxe.

K.K.K. [kakaka] *n. propre m.*

(1909) *Rare* → **Ku Klux Klan.**

« Le k. k. k. fut réorganisé sous l'autorité d'un Grand Magicien de l'Empire Invisible, aidé d'un Grand Dragon par État, d'un Grand Titan par district, d'un Grand Géant par comté, d'un Grand Cyclope par " tanière ". »   *Larousse mensuel illustré*, juil. 1909, p. 505.

« Ces jours derniers, un vétéran du KKK, Robert Chambliss, y était jugé pour un attentat commis en 1963 contre un temple noir. Quatre fillettes avaient été tuées par l'explosion de la dynamite. Autrefois, Chambliss aurait été acquitté sans histoire par un jury tout blanc. Il vient d'être reconnu coupable par un jury où figuraient trois Noirs. »
L'Express, 5 déc. 1977, p. 69.

✳ Mot américain, n. propre (1872), sigle de *Ku Klux Klan.*

KLAN [klã] *n. propre m.*

(1909) → **Ku Klux Klan.**

« Une revue solennelle eut lieu dans plusieurs˙ villes le 4 juillet 1867, et donna aux populations une haute idée de la puissance mystérieuse du klan. Son influence fut d'abord utile. Les fauteurs de désordres, terrifiés, se calmèrent ; les nègres superstitieux et ignorants, mystifiés par d'habiles procédés d'escamotage, devinrent plus respectueux des lois de la propriété d'autrui. »   *Larousse mensuel illustré*, juil. 1909, p. 505.

« Par cette façon extra-légale de donner une expression au sentiment de la communauté, le Klan est fasciste d'inspiration [...]. »
A. Siegfried, *Les États-Unis d'aujourd'hui*, p. 129 (□ 1927).

✳ Mot américain, n. propre (1867), forme abrégée de *Ku Klux Klan.*

KLAXON [klaksɔn] *n. m.*

(1914) Avertisseur électrique très sonore, pour automobiles. *Des klaxons. Donner un coup de klakson* (→ **Klaxonner**). — REM. : Absent du dict. de l'Académie 1935.

« Nous traversâmes la ville, faisant à chaque cahot une révérence ; le klakson nous débitait un passage en tranches minces ; les passants n'offraient guère de résistance. »
P. Morand, *Ouvert la nuit*, p. 180 (□ 1922).

« Qu'un encombrement se produise, ni coup de klaxon brutal, ni bousculade, ni agitation. Tout le monde attend. Non : personne n'est pressé. C'est délicieux... »
H. Lauwick, *La Route anglaise*, in *L'Illustration*, 3 oct. 1931.

✳ Mot américain n. (1910), marque déposée, du nom de la firme qui fabriquait cet avertisseur d'automobiles. Bloch et Wartburg attestent ce mot en français (Cf. anglais *horn*) en 1914. On rencontre les graphies *klakson, claxon, clakson* et même *clackson. Klaxon* est un mot critiqué ; il est recommandé de le remplacer par le terme générique de *avertisseur.* Le verbe intransitif *klaxonner* (1930, P. Morand, *Champion du monde*, p. 40) est de formation française (américain *to klaxon*, 1922).

KLEENEX [klinɛks] *n. m. invar.*

(1965) Mouchoir de papier (en principe de la marque Kleenex).

« Antoine, raidi, écoutait les bruits légers dans la salle de bains. Le déchirement des kleenex, le crissement de la brosse à cheveux couvraient largement pour lui les violons et les cuivres du concerto. »
F. SAGAN, *La Chamade*, p. 116 (□ 1965).

« Je me mouche avec énergie (penser à racheter des kleenex), je range l'écritoire et je reprends mon porte-à-porte. »
A. SARRAZIN, *La Traversière*, p. 67 (□ 1966).

« Les mythes d'aujourd'hui, ou d'hier déjà, c'est comme nos mouchoirs, pas besoin de déranger la blanchisseuse, du *kleenex*, on s'en sert et on les jette. »   ARAGON, *Blanche ou l'Oubli*, p. 217 (□ 1967).

✳ Mot américain (1925), marque déposée, de *kleen* pour *clean* « nettoyer » et suffixe *-ex*.

KLYSTRON [klistRɔ̃] *n. m.*

(1939) Tube électromagnétique, utilisé comme oscillateur ou amplificateur, dans la gamme des ondes centimétriques. *Des klystrons.*

« Les amplificateurs qui permettent d'atteindre ces puissances gigantesques utilisent des klystrons dans lesquels circulent des électrons qu'il faut accélérer à des centaines de milliers de volts. »
Le Monde, 14 nov. 1973, p. 20.

✳ Mot anglais n. (1939), nom donné par R. H. et S. F. Varian (in *Journal of Applied Physics*, X, p. 324), du grec *kludzein* « déferler, battre de ses vagues », et suffixe *-tron*. On trouve en français la graphie *clystron*.

KNACK [nak] ou [knak] *n. m.*

(1966) Tour de main, sens de l'à-propos. *Avoir le knack.*

« S'il est vrai que *"knack"* signifie le charme inattendu et sans artifice, peu de spectacles méritent autant ce nom. »
Le Monde, 24 sept. 1966 [*in* Gilbert].

« Mais, au dire même de ses propres conseillers, il manquait trop de "knack" politique pour mobiliser les foules. » *L'Express*, 6 nov. 1972, p. 137.

✳ Mot anglais n. (XIVᵉ s.), d'origine néerlandaise, d'usage courant, surtout dans l'expression *to have the knack* « avoir beaucoup d'à-propos », de valeur onomatopéique. Cet emprunt est encore senti comme étranger : il n'a pas atteint une très haute fréquence en français.

KNICKERBOCKERS ou **KNICKER(S)** [nikœrbɔkœRs ; nikœr(s)] *n. m. pl.*

1° (1863) *Vieilli.* Pantalons de sport, serrés juste au-dessous du genou. *Les premiers cyclistes portaient des knickerbockers.* — (vers 1930) Culotte de golf*. — REM. : Absent des dict. de Littré et de l'Académie.

« En deux temps, il remplaçait sa grosse chemise de laine par du linge empesé fin, ses knickers-bockers de montagne par la jaquette vert-serpent qui, le dimanche, à la musique, tournait la tête à toutes les dames de Tarascon. »
A. DAUDET, *Tartarin sur les Alpes*, pp. 34-35 (□ 1885).

« La situation sociale était la seule chose à laquelle le directeur fît attention, la situation sociale, ou plutôt les signes qui lui paraissaient impliquer qu'elle était élevée, comme de ne pas se découvrir en entrant dans le hall, de porter des knickerbockers, un paletot à taille, et de sortir un cigare ceint de pourpre et d'or d'un étui en maroquin écrasé [...]. » PROUST, *À l'ombre des jeunes filles en fleurs*, p. 663 (□ 1918).

« Il portait des *knickerbockers*, charmantes culottes anglaises qui se bouclent sous le genou et retombent sur la jambe, des bas écossais, une chemise molle, une cravate aux rayures de son club. »
COCTEAU, *Le Grand Écart*, p. 143 (□ 1923).

2° (1949) *Knickers* ou *knicker*, forme abrégée. *Mod.* Culotte utilisée pour le ski ou pour l'alpinisme.

« En montagne, le fuseau fait place au knicker. »
P. GAZIER, *Les Sports de la montagne*, p. 47, P. U. F., 1949.

« Pull-over en V, en spinacker bordé et doublé de jersey de laine très fin. Et knickers. »   *L'Express*, 6 fév. 1978, p. 29 (Publ.).

— (depuis 1978) Cette culotte, portée par les femmes comme pantalon de ville.

✳ Anglais *knickerbockers* n. pl. (1859) ou, par contraction *knickers* n. pl. (1881), de *Knickerbocker,* nom donné aux descendants des premiers colons hollandais d'Amérique, en particulier aux New-Yorkais (1809). Diedrick Knickerbocker est le pseudonyme de l'écrivain américain Washington Irving (1783-1859), pour son livre intitulé *A History of New York,* 1809, en l'honneur de son ami Herman Knicker-bocker, nom du héros du livre. Ce sont les éditions illustrées de cet ouvrage montrant plusieurs personnages portant ce genre de culotte courte qui seraient à l'origine de ce nom de vêtement. Le nouveau terme de mode français est original. L'emprunt initial est attesté dans une lettre de Prosper Mérimée à Panizzi, du 21 mars 1863, sous la forme *knicker-bocker ;* la prononciation populaire [knikɛʀs] semble gagner du terrain.

KNOCK-DOWN [nɔkdawn] ou **K.-D.** [kɑde] *n. m. invar.* et *adj. invar.*

(1909) *Boxe.* Mise à terre d'un boxeur qui se relève avant d'être mis hors combat ou knock-out. *Des knock-down.* — (1931) *K.-D.* (forme abrégée et fam.). — REM. : Absent du dict. de l'Académie 1935.

« Le boxeur se relève d'un knock-down à la sixième reprise. »
Le Miroir des sports (Légende), 1927 [*in* D. D. L., 2ᵉ série, 10].

« Après 7 ou 8 k. d. son manager consentit à jeter la serviette. »
Le Miroir des sports, 29 sept. 1931 [*in* G. Petiot].

— (1936) *Adj. invar.*

« il ne fut knock down que quatre secondes environ. »
L'Écho des sports, 1936, *in* I. G. L. F. [*in* D. D. L., 2ᵉ série, 5].

✳ Anglais *knockdown* adj. (1690) et n. (1698 ; 1809, comme terme de boxe), de *to knock down* « faire tomber à terre, étendre, d'un ou de plusieurs coups », de *to knock* « frapper », et *down* « en bas, à terre ». Terme de sport, moins répandu que l'emprunt *knock-out,* attesté dans la *Vie au grand air* en 1909 (*in* G. Petiot).

KNOCK-OUT [nɔkawt] ou [knɔkut] ou **K.-O.** [kɑo] *n. m.* et *adj. invar.*

1° *N. m.* (1904 ; 1900, comme terme étranger) *Boxe.* Mise hors combat du boxeur demeuré à terre, sur coup adverse, plus de dix secondes. *Des knock-out* ou *des knocks-outs. Battre l'adversaire par knock-out.* — (1926) *K.-O.* (forme abrégée et fam.). — REM. : Absent du dict. de l'Académie 1935.

« [En Amérique] les matches ne prenaient fin que par une élimination (knock-out). »   *La Vie au grand air*, 4 mars 1900 [*in* G. Petiot].

« Les journaux du lendemain dirent de ces cinq derniers rounds : "Ils furent monotones. Battling Malone cherche le *knock-out* sans succès..." »   L. HÉMON, *Battling Malone*, p. 252 (□ 1911).

— (1934) *Knock-out* (ou plutôt *K.-O.*) *technique,* arrêt du match de boxe déclaré par l'arbitre qui juge que l'un des boxeurs n'est plus en état de se défendre.

« Vainqueur par K. O. technique. »   *L'Auto*, 1ᵉʳ juin 1934 [*in* G. Petiot].

2° (1907, *in* G. Petiot) *Adj.* Hors de combat. *Mettre knock-out, K.-O.*

« En cinq ans de ring je n'avais été mis "knock-out" que quatre fois, et ce garçon-ci, depuis quinze jours que je travaille avec lui, me met régulièrement "knock-out" deux fois par jour ! »
L. HÉMON, *Battling Malone*, p. 85 (□ 1911).

— (1926) *Fam.* Assommé, en état d'infériorité. *Il est knock-out, K.-O., complètement K.-O.*

« Il ne se passait pas de seconde qu'il n'étendît au sol, knock-out, un couple imprudent et au bout de dix minutes, le centre de la salle lui appartenait sans conteste. »
Boris VIAN, *Vercoquin et le Plancton*, Losfeld, p. 42 (□ 1947).

✷ Anglais *knock-out* adj. (1818 ; *"knock-out" blow*, 1898) et n. (1854 ; 1894, comme terme de pugilisme), de *to knock out* (1591 ; 1883 comme t. de boxe ; de *to knock* "cogner, frapper" et *out* « hors, dehors, complètement »). Bonnaffé relève *knock-out* en 1904 (*L'Auto*, 18 décembre, p. 3, *in* Mackenzie) et Esnault enregistre la forme abrégée *K.-O.*, prononcée à la française, en 1926. Petiot signale « *technical K. O.*, terme intraduisible », dans *L'Auto*, 13 avril 1932. Des milieux sportifs, les termes *knock-out* et *K.-O.* sont passés dans le langage familier. *Knock-out* a produit le dérivé *knockouter* (1907, *in* Petiot) qui n'est pas passé dans l'usage courant.

KNOW-HOW [nɔaw] *n. m. invar.*

(1959) *Techn.* Ensemble des détails pratiques permettant d'utiliser un procédé, une technique ou une invention. *Un know-how de fabrication.* — (v. 1970). *Par ext.* Habileté acquise par l'expérience ; connaissance pratique.

« des méthodes, qui se nomment aussi techniques, ou traditions, ou en américain, "know-how". »
P. BERTAUX, *La Mutation humaine*, p. 150 (□ 1964).

« En cas de réussite, l'opération Janus conférera à la COMEX une avance technique et un *know how* appréciables pour concurrencer efficacement les grandes sociétés internationales comme l'Ocean Systems ou la Doxiell Schlumberger. » *La Recherche*, juil.-août 1970, p. 283.

« Et ce n'est que le début de cette chasse au "know-how" (savoir-faire) dans laquelle se sont lancés les Japonais. »
L'Express, 20 sept. 1980, p. 107.

✷ Anglais *know-how* n. d'origine américaine (1838), de *to know how* ou, autrefois, simplement *to know* « savoir comment (faire quelque chose) ». Terme voisin de *recette, mode d'emploi, tour de main*, signalé dès 1959 par le Comité d'étude des termes techniques français (*in Sciences*, novembre-décembre 1959, p. 84) : équivalents proposés : *savoir-faire* ou *recette. Savoir-faire* a été approuvé, comme équivalent français de *know-how*, par arrêté du ministre du Développement industriel et scientifique (*Journal officiel*, 18 janvier 1973). Il s'agit d'un terme technique utilisé lors de l'achat d'un brevet d'invention ou de certaines transactions industrielles.

K.-O. → KNOCK-OUT.

KOALA [kɔala] *n. m.*

(1817) Mammifère australien (Marsupiaux), animal grimpeur recouvert d'un pelage gris très fourni qui le fait ressembler à un petit ours.

« On vit aussi quelques sangliers, des agoutis, des kangourous et autres rongeurs, et deux ou trois koulas, auxquels Pencroff eût volontiers adressé quelques charges de plomb. »
J. VERNE, *L'Île mystérieuse*, Le Livre de Poche, t. I, p. 342 (□ 1874).

✷ Mot anglais d'origine australienne (1802), aussi *koolah ; küla* dans la langue indigène. Il apparaît en français chez Cuvier (Cf. J. M. Kidman, « Quelques mots français d'origine australienne », *in le Français moderne,* avril 1971, n° 2, p. 150). Jules Verne écrit *koula,* probablement d'après l'angl. *koolah.*

KODAK [kɔdak] *n. m.*

(1889) *Vieilli.* Appareil photographique à main, *spécialt* l'appareil de marque Eastman. *Des kodaks.* — REM. : Absent du dict. de l'Académie 1935.

« M. GARNER espère réussir, à l'aide d'un *kodak,* à photographier les singes pour avoir les gestes correspondant aux paroles. »
L. FIGUIER, *L'Année scientifique et industrielle,* p. 308, 1893 (□ 1892).

« Je me contente de regarder, du quai de la gare, les maisons blanches, des Mexicains réfugiés sous un hangar de terre [...]. Un jeune touriste les poursuit en braquant sur eux son kodak : ils l'évitent, se détournent avec un air menaçant. »
J. HURET, *En Amérique, De San Francisco au Canada,* p. 8 (□ 1905).

✲ Mot américain créé arbitrairement en 1888 pour ses possibilités internationales d'emprunt, pour désigner le petit appareil inventé par l'industriel américain George Eastman (1854-1932), marque déposée. En effet, il ne contient que deux consonnes [k], [d] et deux voyelles [o] et [a], et sa structure est la plus simple possible. Bonnaffé relève *kodak* dès 1889 (*Monsieur de la photo,* p. 4, *in* Mackenzie, p. 245). De nos jours, le terme général est *appareil-photo.*

KRYPTON ou CRYPTON [kʀiptɔ̃] *n. m.*

(1898) Gaz rare de l'atmosphère, élément de n° at. 36 (*symb.* Kr). — REM. : Absent du dict. de l'Académie 1935.

« Il y a quelques mois, en effet, sir William Ramsay, en collaboration avec M. Morris W. Travers, a découvert que l'air renfermait encore un élément nouveau, qui fut baptisé du nom de *krypton* — le gaz qui " se cache " — et enfin que dans ce *krypton* il se trouvait encore deux autres éléments qui ont reçu les noms de *néon* et de *métargon.* »
É. GAUTIER, *L'Année scientifique et industrielle,* p. 99, 1899 (□ 1898).

✲ Anglais *krypton,* nom donné en 1898 au gaz découvert la même année par Ramsay et Travers, formé sur l'adj. grec *kruptos* « caché, secret ». Attesté dans les *Comptes rendus* [...] *de l'Académie des sciences,* 6 juin 1898, p. 1612.

KU KLUX KLAN [kyklyksklɑ̃] *n. propre m.*

(fin XIXᵉ s.) Puissante société secrète fondée dans le Sud des États-Unis après la guerre de Sécession, en 1866, pour assurer, par la terreur et des moyens clandestins, la suprématie des Blancs sur les Noirs. → **Klan, K.K.K.,** formes abrégées.

« Le gouvernement des " carpet-baggers " dans la région noire (du sud des États-Unis) suscita de singuliers phénomènes sociaux, comme l'organisation de la société secrète du Kuklux-Klan pour le meurtre des noirs. »
LAVISSE et RAMBAUD, *Histoire générale,* t. XII, p. 653 (□ 1902).

« C'est du premier Ku Klux Klan, fondé en 1866 à Pulaski (Tennessee) par les sudistes " pour le maintien de la suprématie blanche dans les États à esclaves " qu'il [le Klan actuel] tient ses méthodes, sa hiérarchie, son pittoresque langage. »
A. SIEGFRIED, *Les États-Unis d'aujourd'hui,* p. 126 (□ 1927).

✲ *Ku-Klux Klan* ou *Ku Klux Klan,* nom forgé au Sud des États-Unis en 1867, composé de *ku-klux,* grec χύχλος [*kuklos*] « cercle », et de *klan* « clan », parfois abrégé sous les formes *Klan,* 1867, *Ku-Klux,* 1868, et *K.K.K.,* 1872. *Ku-klux* n. peut désigner aussi un membre de cette société secrète (au pluriel, à l'origine, *ku-kluxes,* 1868). En ce sens *ku-klux* n. invar. est aussi attesté en français.

« Des condamnations furent prononcées, auxquelles les ku klux répondirent par des représailles. »   *Larousse mensuel illustré,* juil. 1909, art. *Ku Klux Klan,* p. 505.

✲ La première société du Ku Klux Klan, fondée à Pulaski, dans le Tennessee, en 1867, fut dissoute en 1869 après avoir sévi dans les divers États du Sud. Une nouvelle société secrète, fondée en 1915 dans l'État de la Géorgie, reprit la structure et les méthodes du Klan pour terroriser les minorités ethniques et religieuses ; vers les années 50, le Ku Klux Klan se remit à l'œuvre dans le Sud des États-Unis pour combattre le nouveau mouvement d'émancipation des Noirs.

KUMQUAT [kɔmkwat] *n. m.*

(1917) Variété de citronnier d'origine asiatique *(citrus japonica)* acclimatée en Amérique. — *Par ext.* Le fruit du kumquat. *Des kumquats.* — REM. : Absent du dict. de l'Académie 1935.

« les fruits du kumquat trouvent jusqu'à présent leur emploi en confiserie, où ils sont utilisés à la préparation des conserves. »
Larousse mensuel illustré, oct. 1917, p. 260.

✳ Anglais *kumquat* n. (1870), forme graphique actuelle de *cumquat* n. (1699, Dampier), du dialecte chinois de Canton *kin kü* « orange dorée ».

L

LABEL [labɛl] *n. m.*

I. 1° (1906) Marque apposée sur un produit pour certifier qu'il a été fabriqué dans les conditions de travail et de salaire fixées par le syndicat ou l'association propriétaire de la marque. *Des labels.* — REM. : Absent du dict. de l'Académie 1935.

« Les syndicats peuvent déposer, en remplissant les formalités prévues par l'article 2 de la loi du 23 juin 1857, modifiée par la loi du 3 mai 1890, leurs marques ou labels. Ils peuvent, dès lors, en revendiquer la propriété exclusive dans les conditions de ladite loi. »
Loi du 21 mars 1884, art. 5 (Modifié, L. 12 mars 1920)
in P. COLIN, *Codes et Lois...*, p. 703.

« L'apposition d'une *marque-label collective nationale artisanale* sur tous les produits fabriqués ou transformés par les maîtres-artisans et destinés à être vendus au détail par des intermédiaires, est obligatoire. »
Petit Dict. de droit, art. *Artisanat*, § 7, Dalloz, 1951.

« Le carton s'ornait seulement d'un encadrement rouge, de la marque "L'Indispensable" inscrite en capitales tout en haut, et du label au centre de la roue dont les couteaux constituaient les rayons. »
ROBBE-GRILLET, *Le Voyeur*, p. 55, éd. de Minuit (□ 1955).

2° (1938) Marque qui garantit la conformité d'un produit à certaines règles de qualité (origine, fabrication, conditionnement).

« Un décret du 2 août 1947 rend obligatoire l'utilisation d'un *label d'exportation* pour les fruits, légumes frais, semences et plans de produits végétaux exportés à l'étranger. »
Nouveau répertoire de droit, Marques de fabrique...,
§ 33, Dalloz, 1964 (mise à jour).

— (1966, *in* P. Gilbert) PAR EXT. *Fig.* Signe tenu pour garantie de la valeur d'une autre chose, à laquelle on l'associe.

« Le Premier ministre ne s'est-il pas désigné lui-même, en lançant au dernier Comité central : "Je suis à votre tête." Beaucoup ont été convaincus. Pour eux, le label gouvernemental est encore le meilleur. »
L'Express, 8 nov. 1971, p. 60.

✴ Mot emprunté au début du siècle (1906, *in* Bonnaffé) à l'anglais *label* « étiquette, marque distinctive », issu lui-même (v. 1679) d'un emprunt du XIVe s. à l'ancien français *label* « ruban pendant en manière de frange » (XIIe s.), du vieux francique *labba*. Ni l'anglais ni l'américain n'ont spécialisé *label* dans le sens d'« étiquette syndicale », de « marque de qualité, image de marque » qui motivèrent l'emprunt. Certains puristes en ont tiré argument pour critiquer ce terme, pourtant euphonique et bien adapté au français. Il a d'ailleurs été admis par la Commission de terminologie de l'Économie et des Finances (→ cit. ci-dessous de Giovaninetti). C'est avec plus de raison que Deroy et Dulong condamnent son emploi dans le sens anglais d'« étiquette ». L'usage du label, au sens 1°, resta assez limité en France et le mot s'employa surtout par référence aux pays anglo-saxons (Bélisle l'enregistre dans son dict.). L'homologation officielle de normes de qualité (AFNOR, 1938) et plus récemment la création de ligues de consommateurs, qui semblent être aussi en France un phénomène d'importation, ont favorisé le deuxième sens, largement répandu à partir de 1963.

« En anglais, *label* signifie tout simplement "étiquette". En "français" on l'emploie dans le sens de "certification de qualité" (cf. la loi du 2 juillet 1963).
(Cette solution paraît s'imposer en dépit de l'inconvénient qu'il peut y avoir à adopter en français un mot étranger avec un sens qu'il n'a pas dans la langue d'origine, ce qui est de nature à engendrer des difficultés dans les travaux des organismes internationaux.) » A. GIOVANINETTI, in *La Banque des mots*, n° 2, 1971, p. 175.

II. (v. 1970) *Inform.* Caractère ou groupe de caractères servant à identifier un ensemble de données constituant une unité, dans un ensemble plus vaste.

✱ Cet emprunt est indépendant du premier, et son emploi reste limité au domaine de l'informatique. Il correspond à l'anglais *label* dans l'un de ses sens (1961, Oxford dict.), l'autre acception du mot « nom symbolique d'une donnée ou d'une instruction en langage de programmation » (1958, Oxford dict.) étant traduite par *étiquette*.

LABORATOIRE DE LANGUES [labɔratwardəlãg] *n. m.*

(av. 1962) Local destiné à l'apprentissage des langues vivantes, équipé de cabines individuelles avec magnétophone et écouteurs, où l'élève peut travailler oralement en comparant sa prononciation à celle du maître ou à un modèle enregistré.

✱ Calque de l'américain *language laboratory* (1931, *in* Oxf. dict., Suppl. 2), abrégé familièrement en *language lab* (1963, *Ibid.*). Enregistrée tardivement par les dictionnaires français, l'expression est attestée en 1962 (R.-P. Léon, *Laboratoire de langues et correction phonétique*, Didier) ; très probablement employée auparavant par les spécialistes, elle s'est répandue v. 1967, quand l'usage des laboratoires de langues a dépassé, en France, le stade expérimental. (A. I. D. E. L. A., *Le Laboratoire de langues dans l'enseignement supérieur. Une expérience*. Marcel Didier, 1967.)

LABOUR (PARTY) [lɛbɔʀ] ou [labuʀ (paʀti)] *n. m.*

(1911) *Polit.* Nom du parti travailliste en Grande-Bretagne. *Le Labour, le Labour Party.*

« Bien qu'ils forment l'ossature du Labour Party, les syndicats — dont la puissance et la richesse sont considérables — constituent un facteur supplémentaire (autant qu'inattendu) de stabilité, voire d'immobilisme [...] »
T. MAYER, *La Vie anglaise*, p. 18, P. U. F., Que sais-je ?, n° 838 (□ 1959).

« — Mais il n'est plus premier ministre. Et vous connaissez la position du Labour sur l'Inde. » MALRAUX, *Antimémoires*, p. 121 (□ 1967).

✱ Expression anglaise (littéralement « parti [*party*] du Travail [*Labour*] », 1886) qui est devenue le nom du parti de la classe ouvrière anglaise en 1906, deuxième parti de Grande-Bretagne dès 1918 et principal parti d'opposition. En français, où Mackenzie le relève en 1911 (E. Pfeiffer, *La Société fabienne et le Mouvement socialiste contemporain*, p. 9), on abrège souvent en *Labour*.

LACCOLITE ou LACCOLITHE [lakɔlit] *n. m.* ou *f.*

(1888, *lacolithe* ; 1902, *laccolite*) *Géogr.* Masse de roches volcaniques insinuées dans une série sédimentaire, sans atteindre la surface, où elle crée cependant des reliefs bombés.
— REM. : Absent du dict. de l'Académie 1935.

« Les terrains dans lesquels se trouvent intercalés les laccolithes des Elk Mountains appartiennent au groupe Crétacé supérieur ; l'intrusion a donc dû avoir lieu à l'époque tertiaire [...]. En France, les seuls

laccolithes bien caractérisés sont les porphyres bleus de l'Esterel, si bien étudiés par Michel-Lévy. »
E. HAUG, *Traité de géologie*, pp. 277-278, A. Colin, 1927.

« Ces volcans avortés sont appelés *laccolites* [...] en France, l'un des plus célèbres est le laccolite du Dramont, près de Saint-Raphaël (Var) [...]. Leur base, sensiblement horizontale, est en relation avec le magma sous-jacent par une cheminée verticale. Leur section est elliptique, leur toit en forme de coupole pouvant émettre des apophyses dans les roches sédimentaires encaissantes [...]. »
Ch. POMEROL et R. FOUET, *Les Roches éruptives*, pp. 17-19, P. U. F., Que sais-je ?, n° 542 (□ 1952).

✱ De *laccolite,* mot créé en 1877 par le géologue américain G. K. Gilbert, à partir du grec *lakkos* « réservoir, citerne » et du suffixe de noms de minéraux *-lite* auquel un autre géologue américain, Whitman Cross, substitua la terminaison *-lith* (1879). D'après l'Oxf. dict., Suppl. 2, *laccolith* serait aujourd'hui plus employé en anglais que *laccolite.* Les deux graphies coexistent également en français, où la différence de prononciation n'apparaît pas. À ce double usage (non exceptionnel pour de telles formations : *phonolite* ou *phonolithe, microlite* ou *microlithe*) s'ajoute une hésitation sur le genre du mot : les dictionnaires le font féminin (P. Larousse 1888, G. L. E. 1962, G. L. L. F. 1975, Petit Larousse 1977 ; P. R. 1 1977) ou masculin (*La Grande Encyclopédie* 1895, Quillet 1969, Lexis 1975), mais il semble que les géologues l'emploient généralement au masculin, comme *batholite, lopolite.* L'anglais a deux dérivés adjectivaux *laccolitic* (1877, Oxf. dict.) et *laccolithic ;* la seule forme attestée en français est *laccolitique.* Notons enfin que *laccolithe* est passé du vocabulaire de la volcanologie à celui de la glaciologie :

« Sous l'effet de la pression la couche saturée se déforme [...] et s'injecte en poches dans les fentes du sol gelé. Lors du progrès du regel, il se forme de la couche saturée des *laccolithes* (ou lentilles souterraines) de glace dont la présence se traduit en surface par l'apparition de gros monticules [...]. »
F. TAILLEFER, *Paysages glaciaires et périglaciaires,* in *Géographie générale,* p. 528 (□ 1966).

LAC(-)DYE ou LAQUE-DYE [lakdaj] *n. m.* ou *f.*

(1839, *laque-dye*) Colorant extrait de la laque en bâtons.
— REM. : Absent de Littré et des dict. de l'Académie.

« Dans nos établissements d'Asie, en Cochinchine surtout, se rencontrent des gommes *laques* de qualité supérieure et en abondance, tant pour la fabrication du vernis que pour celle du *lac-dye* [...]. »
Catalogue des produits des colonies françaises, 1867
[*in* P. LAROUSSE, *Grand Dict. univ.,* art. *Laque*].

« Le *Lac dye* vient des Indes et son usage fut répandu par les Arabes dans les pays qu'ils conquirent. Ce colorant rouge est tiré de la résine qui se forme sur plusieurs arbres, à la suite de la piqûre d'une sorte de cochenille. »
J. MEYBECK, *Les Colorants,* p. 32, P. U. F., Que sais-je ?, n° 119, 1948 (□ 1943).

✱ Mot anglais *lac-dye* (attesté seulement en 1846) formé de *lac* « laque », de l'hindoustani *lākh,* et de *dye* « teinture » vers la fin du XVIIIe siècle, époque où le commerce britannique en Inde prenait une grande extension. C'est le même radical *lak-* du sanscrit *lākshā* « 100 000 » qu'on trouve à l'origine de l'hindoustani *lākh* et du français *laque. Lac-dye* entra dans le vocabulaire technique français en 1839 (Bonnaffé) avec une forme (*lac et dye,* 1846 ; *lac-dye,* 1855 ; *lac dye,* 1924) et un genre mal déterminés. La chose, déjà connue dans l'Antiquité (Ptésias, Ve s. av. J.-C.), et d'un usage traditionnel en Inde dans l'artisanat et la parure (les femmes laissant sur le sol, dit-on, de leurs pieds colorés, « la ponctuation de leur démarche légère »), fut introduite en Europe au XIIIe s. par les Arabes qui l'employaient pour teindre leurs cuirs. Les Encyclopédistes qui, en 1765, ont décrit sa préparation, la nommaient *écarlate de gomme laque* (art. *Teinture*). Le lac-dye et le lac-laque*, comme les autres colorants naturels, ont perdu beaucoup de leur importance avec les progrès de la chimie.

LAC(-)LAQUE [laklak] *n. m.* ou *f.*

(1843) Colorant rouge extrait de la laque. — REM. : Figure dans Littré ; absent des dict. de l'Académie.

« La résine laque sert aussi à obtenir deux autres produits utilisés en teinture, la *lac-lack* ou *lac-laque* et la *lac-dye*. La première était déjà connue en Angleterre, dès 1796 ; elle se présente sous forme de pains irréguliers, de couleur lie de vin, à cassure luisante. On l'obtient en faisant une dissolution étendue de résine laque, en l'épuisant par le carbonate de soude, et en précipitant par l'alun. [...] La *lac-dye* n'est que ce même produit, mais purifié [...]. »

E.-O. LAMI, *Dict. encycl. et biogr. de l'industrie et des arts industriels*, art. *Laque*, 1886.

✳ Mot emprunté à l'anglais *lac-lake* même sens, où *lac* « laque » et *lake* « pigment rouge », attestés respectivement en 1533 et 1616, sont tous deux issus de l'hindoustani *lākh* (→ **Lac-dye**). Il est probablement passé en français en même temps que *lac-dye*. Landais l'a enregistré en 1843 avec la graphie *lac-lak*, bientôt remplacée par *lac-laque* (pl. *des lac-laques*). La graphie *lac-lack* (→ cit.) est aberrante du point de vue de l'anglais. Le mot est féminin pour Littré et Lami, masculin ailleurs.

LACTUCARIUM [laktykaʀjɔm] *n. m.*

(1843) *Pharm.* Suc obtenu par incision des tiges de laitues montées et évaporé au soleil, qui entre dans la composition de calmants. — REM. : Enregistré dans les dict. de Littré et de l'Académie 1878 ; absent du dict. de l'Académie 1935.

« On obtient ce suc [*la thridace*] en quantité plus considérable en faisant à la plante une série d'incisions successives. Quelquefois, au lieu de faire couler ce suc et de le recueillir, on écrase la plante elle-même et on en exprime le suc, qu'on fait ensuite évaporer. On obtient ainsi le *Lactucarium* des Anglais, dont les effets sont inférieurs à ceux du suc concrété. »

Ch. d'ORBIGNY, *Dict. univ. d'Histoire naturelle*, art. *Laitue* (□ 1846).

✳ Mot savant forgé peut-être à la fin du XVIIIe s. par le Dr Cox, de Philadelphie, sur le latin *lactuca* « laitue » à l'aide du suffixe *-arius*, neutre *-arium,* « de, qui a trait à », pour désigner le suc épaissi de laitue, et repris au début du XIXe s. (av. 1836) par A. Duncan, d'Édimbourg. En France, le docteur François avait donné au suc de laitue un nom d'origine grecque : *thridace* (1825). *Lactucarium* (défini par Landais en 1843 comme une « substance extraite de la laitue sauvage ») fut d'abord employé pour spécifier le mode de préparation, à l'anglaise, de la thridace. Puis on décida de réserver le nom de *thridace* à l'extrait sec, et *lactucarium* resta le nom du suc recueilli par incision des tiges, puis coagulé, coupé en tranches et séché au soleil, selon le procédé d'Hector Aubergier, de Clermont. On connut alors la pâte et le sirop de lactucarium. (Aubergier publiera en 1864 *Le Dernier Mot sur le lactucarium.*)

« THRIDACE, s. f. [...] Suc blanc, amer, un peu visqueux, qui découle d'incisions faites aux tiges de la laitue (*Lactuca sativa*). Ce suc se concrète sur la plante, prend une couleur brune, et acquiert une odeur un peu vireuse. C'est le *lactucarium* des Anglais. On a proposé de réserver ce dernier nom au produit de l'évaporation spontanée, et de donner celui de *thridace* à l'extrait préparé avec le suc exprimé des tiges convenablement évaporé. »

E. LITTRÉ et Ch. ROBIN, *Dict. de Médecine* [...] de P.-H. Nysten, art. *Thridace*, J.-B. Baillière, 1855.

LAD [lad] *n. m.*

(1854) Garçon d'écurie chargé de garder, de soigner les chevaux de course. — REM. : Absent de Littré ; figure dans le dict. de l'Académie 1935.

« Il se rendit en grognant à la corvée de café ; il vitupéra l'adjudant, la hiérarchie militaire et la sottise des exercices, du même cœur et avec les mêmes mots que les jeunes paysans beaucerons et les lads de Chantilly qui étaient ses camarades de peloton. »

M. DRUON, *Rendez-vous aux enfers*, p. 288 (□ 1951).

∗ Mot anglais *lad* même sens (1848, Oxf. dict., Suppl. 2) sans doute une abréviation de *stable-lad* « garçon d'écurie » (1856), formé de *stable* « écurie », du vieux français *estable* et de *lad* « garçon, adolescent » (xvᵉ s.), d'abord « valet » (xiiiᵉ s.), d'origine inconnue. *Lad* a passé en français avec le vocabulaire du turf ; Mackenzie le signale en 1854 mais il ne paraît pas s'être répandu avant la dernière décennie du siècle. On le prononçait alors **[lad]** ou **[lɛd]**.

LADY [lɛdi] ou [ledi] *n. f.*

1° (1669) Titre anglais donné aux femmes des membres de la noblesse jusqu'aux chevaliers inclusivement, et par courtoisie aux filles de la noblesse héréditaire. *Des ladies* **[lɛdiz]**. — REM. : Enregistré dans le dictionnaire de l'Académie 1762 (avec la forme *ladi*) et dans Littré 1867.

« Changé ! moi changé ! pourquoi ? parce que je suis lord. Sais-tu ce qui se passe, Dea ? tu es lady. [...] On se trompe si l'on croit qu'on fera de lord Clancharlie ce qu'on voudra ! Pair d'Angleterre, oui, avec une pairesse, qui est Dea. »   HUGO, *L'Homme qui rit*, p. 519 (□ 1868).

2° (1818) Dame, femme distinguée, le plus souvent anglaise, ou par référence à l'Angleterre.

« peut-être pas deux cents Français dans cette foule ; de jeunes Ladys [*sic*] anglaises de soixante ans, décolletées comme des filles de dix-huit ans ; une profusion de toute chose, une magnificence digne des financiers du siècle de Louis XV. »
A. de MARESTE, à Louis Beyle, 10 mars 1818, *in* STENDHAL, *Corresp.*, t. I, p. 1258.

« il y a cette phrase qui ne fera pas rire les ladies : "L'attouchement des Anglais eût compromis la pudeur des marbres". »
BALZAC, *Lettres sur la littérature*, 25 juil. 1840, *in Œuvres diverses*, t. III, p. 281.

« Nous sommes venus sur le Lloyd avec un Américain, sa femme et son fils [...]. Monsieur brutalise Madame qui se lave les yeux avant de se mettre à table. De plus, j'ai découvert que ce bon Américain est un affreux polisson qui chauffe une petite femme Grecque [...] laquelle n'est pas digne de nouer les souliers de la lady Américaine. »
FLAUBERT, Lettre à sa mère, 14 nov. 1850, in *Corresp.*, t. II, p. 259.

« Et dans ces mêmes feuilletons, il avait lu des descriptions de jeunes ladies prodigieusement belles, pétries de raffinement inouïs, foncièrement différentes des femmes du commun. »
L. HÉMON, *Battling Malone*, p. 125 (□ 1911).

3° (v. 1965) FIRST LADY : femme du président des États-Unis.

« la femme du sénateur, qui [...] se montre à présent le plus souvent possible aux côtés de son mari, mais que l'on voit mal, pourtant, assumant les charges écrasantes de "First Lady". »
L'Express, 3 nov. 1979, p. 144.

∗ Mot anglais *lady* (v. 1374 ; *ladi*, v. 1350), attesté antérieurement sous les formes *levedi, lafuedi, lefdi, lafdi...*, du vieil anglais *hlaéfdize* « celle qui pétrit *(dize)* le pain *(hláf)* » correspondant féminin, mais non dérivé, de *hláford*, étymon de *lord*∗. L'histoire de ce nom ressemble à celle du français *dame* : il prit les sens de « maîtresse (qui dirige esclaves ou domestiques) » (déb. ixᵉ s.), de « femme qui règne sur des sujets ou à laquelle un hommage féodal est dû » (xᵉ s.) — il est alors l'équivalent féminin de *lord* —, de « femme qui est l'objet d'un dévouement chevaleresque » (xivᵉ s.). Plus généralement il désigna, par opposition à *woman,* une « femme d'une position sociale élevée » ; on le donne encore à une « femme dont les manières, les mœurs et les sentiments ont le raffinement qui caractérise les plus hauts rangs de la société » (xixᵉ s.). C'est d'abord comme titre qu'il est passé en français (1669, trad. E. Chamberlayne, *L'État présent de l'Angleterre*, I, 306, *in* Mackenzie). L'Académie qui l'écrit *ladi* (1762) puis *lady* (1798) prononcé **[ledi]** 1835, puis **[ledɛ]** 1935, et au pluriel *ladys* (1835) puis *ladies* (1878) prononcé **[ledɛz]** 1935, n'enregistre pas d'autre sens. C'est seulement à la belle époque de l'anglomanie que fut emprunté le sens « femme de distinction ». Même appliqué à d'autres qu'à des Anglaises, le terme a toujours gardé une connotation anglaise qui lui donnait un pouvoir d'évocation fort apprécié des écrivains.

First lady (*Chicago Tribune*, 26 juin 1948, *in* Oxford dict., Mathews), abréviation de *first lady in (of) the land* (1863) — à rapprocher de *The Lady of the White House* (1841, Mathews) — peut être rendu en français par *Première dame des États-Unis* ; il est surtout employé dans la presse → **Ladylike, milady.**

LADYLIKE [lɛdilajk] adj.

(1825) Digne d'une lady*, qui distingue une lady.

« Comme ce jeune homme est allemand, la première qualité d'une femme à ses yeux, est la *bonté* [...]. S'il était Anglais, il verrait en vous l'air aristocratique et *lady-like* [en note : L'air grande dame.] d'une duchesse, mais, s'il était moi, il vous verrait telle que vous êtes [...]. »
STENDHAL, *De l'amour*, Le Rameau de Salzbourg, p. 352, éd. de Cluny (□ 1822).

∗ Mot anglais *lady(-)like* adj. (XVIe s.) et adv. (XVIIe s.), écrit aujourd'hui sans trait d'union, de *lady* et *-like* « ressemblant à, digne de ; à la manière de ». Emprunté, comme *gentlemanlike**, au début du siècle dernier (mais employé adjectivement), il est signalé par Mackenzie dans le passage précité. Aujourd'hui, inusité.

LADYSHIP [lɛdiʃip] n. f.

(1933) Titre honorifique qu'on emploie, précédé du possessif, en s'adressant à une lady (1°)*. — REM. : Absent du dict. de l'Académie 1935.

« — Votre ladyship refuse tous les jours le fromage ; je m'étais permis de le supprimer.
— C'est un tort, Stanley ; dès demain vous me ferez le plaisir de rétablir ce service. »   P. MORAND, *Londres*, p. 165 (□ 1933).

∗ D'après l'usage anglais (XIVe s.) selon lequel on s'adresse à une personne de rang, en faisant précéder du pronom possessif *(her, your),* le terme qui énonce sa qualité (comme en français pour *Éminence, Seigneurie*...). Non lexicalisé en français.

LAGER [lagœʀ] n. f.

(après 1950) Bière blonde légère obtenue par fermentation basse et lente (température de 5 à 6° pour la fermentation principale, de 0 à 1° pour la fermentation secondaire ou « garde »).

∗ Mot américain abrégé de *lagerbeer,* emprunt à l'allemand *Lagerbier* « bière de conservation », de *Bier* « bière » et *Lager* « magasin, réserve », attesté en 1853 en parlant de bières allemandes et en 1855 de bières américaines, ce type de bière étant le plus répandu aux États-Unis. On emploie aussi le mot en Angleterre où la lager est opposée à l'ale (bière blonde de fermentation haute). C'est dans cette opposition que le touriste français a appris le mot *lager,* car en France le terme de *bière blonde* suffit à exprimer la notion de *lager.* Un petit livre sur la bière paru en 1950 (coll. Que sais-je ?, P. U. F.) ne mentionne pas le mot.

LAGUNE [lagyn] n. f.

(av. 1962) *Indus., techn.* Étang artificiel peu profond, pour le traitement des eaux usées par l'oxydation naturelle et l'action des microorganismes.

∗ Calque de l'anglais *lagoon* n., même sens (1909, *in* Oxf. dict.). Au sens de « étendue d'eau de mer comprise entre la terre ferme et un cordon littoral », *lagune* (1574) et *lagoon* (1612) sont tous deux dérivés du vénitien *laguna,* du latin *lacuna,* de *lacus* « réservoir d'eau » (Cf. *Lac*).

Pour désigner le procédé d'épuration, l'anglais a formé *lagooning* (1911, *in* Oxf. dict.), probablement emprunté plus tard par les techniciens français, et pour lequel le Comité d'étude des termes techniques préconisa en 1972 la traduction *lagunage,* attestée en 1973. *Lagoonage* (→ cit. ci-dessous, 1975) n'est signalé ni dans l'Oxf. dict. ni dans le Webster's 3d.

« L'épuration naturelle est utilisée et aidée dans les *bassins dits d'oxydation ou de stabilisation* dénommés souvent "lagunes" parallèlement aux termes employés en Amérique de *lagoon* et de *lagooning* [...].
On y laisse écouler naturellement les eaux usées brutes ou décantées. Elles y subissent une épuration biologique, combinée avec une oxygénation et avec l'action de la photosynthèse. »
R. COLAS, *La Pollution des eaux,* p. 92, P. U. F., Que sais-je ?, n° 983 (□ 1962).

« LAGUNAGE (nom masc.). Équivalent français du terme anglais *lagoonage* qui désigne l'utilisation d'étangs ou de bassins peu profonds pour y faire séjourner des eaux résiduaires, soit afin de stabiliser les débits, soit en vue de réoxygéner les eaux (lagunage aéré). »
C. et E. LEMAIRE, *Dict. de l'Environnement,* Marabout Université, 1975.

LAIRD [lɛR] ou [lɛRd] *n. m.*

(1579) Propriétaire d'une terre et d'un manoir, en Écosse. — REM. : Absent des dict. de l'Académie ; figure dans Littré 1867.

« Tout ce qu'on écrivit, fabriqua, bâtit, fut gothique : livres, meubles, maisons, églises, châteaux. Mais les lairds de la Grande-Charte sont aujourd'hui des *fashionables* de Bond-Street, race frivole qui campe dans des manoirs antiques [...]. » CHATEAUBRIAND, *Mémoires d'outre-tombe* [Londres, 1822], t. I, p. 507 (□ 1848).

✶ Mot écossais *laird* (xvᵉ s. ; aussi *lard* du xvᵉ au xviiᵉ s.), de l'anglais médiéval du Nord *laverd ;* équivalent septentrional de *lord* qu'il remplace parfois au xvᵉ s., il n'a survécu, d'abord appliqué à ceux-là seuls qui tenaient directement du roi leur titre de propriété, que dans le sens spécial de « propriétaire terrien » (Cf. *Landlord).* Mackenzie note le passage en français de *lard* en 1579 dans D. Chambre d'Ormont, *Recherches des singularitez concernant l'estat d'Escosse* et Wartburg relève *laird* en 1614.

LAKISTE [lakist] *adj.* et *n.*

(1825) *N.* Poète de l'École des lacs ; adepte de cette école. — *Adj.* De l'École des lacs, de sa poésie, ses théories. — REM. : Absent des dict. de l'Académie ; figure dans Littré 1867.

« En politique les lakistes sont torys, mais le républicanisme fut un péché de leur jeunesse [...]. » A. PICHOT, cité par Sainte-Beuve, *Le Globe,* 15 déc. 1825 [*in* Mackenzie, p. 207].

« Si l'on parle de Lamartine, oh ! comme tout le monde vous écoutera si vous dites froidement :
— Il est de l'école des *lakistes...* »
BALZAC, *Des mots à la mode,* in *Œuvres diverses,* t. II, p. 37 (□ 1830).

— ADJ. :

« Trois jeunes gens, Wordsworth, Coleridge, Southey, que l'on est habitués à réunir dans le groupe lakiste, nom qui convient très bien au premier, moins au second, fort peu au troisième, firent de la *Political justice* leur évangile révolutionnaire. »
LAVISSE et RAMBAUD, *Histoire générale,* t. IX, p. 578 (□ 1897).

✶ Mot anglais *lakist* n. (1822, *in* Oxf. dict.), formé sur *lake* « lac » à l'aide du suffixe d'agent *-ist* pour caractériser, ironiquement, les membres de l'école poétique des Lacs *(Lake School)* et ses adeptes, puis devenu un terme d'histoire de la littérature, d'ailleurs plus utilisé en France et dans le reste de l'Europe qu'en Grande-Bretagne. Les « Lake Poets », Wordsworth, Coleridge, Southey, etc., furent ainsi nommés parce qu'ils séjournaient dans la région des Lacs (Lake District) où Wordsworth, originaire du Cumberland, s'était installé à la fin de 1799 et qu'il contribua à faire connaître *(A description of the Scenery of the Lake in the North of England). Lakist* apparut en français en même temps

(1825) que sa forme francisée *lakiste,* dans *le Voyage hist. et litt. en Angleterre et en Écosse* d'A. Pichot (*in* Mackenzie) dont Sainte-Beuve fit un compte rendu dans *Le Globe,* 15 décembre 1825, p. 1027. Les auteurs français firent du mot un emploi adjectival dont les dictionnaires ne signalent pas l'équivalent en anglais ; ils adoptèrent aussi *lakisme* n. m. « caractère, tendances de l'école *lakiste* » (Pierre Larousse, 1873), de *lakism, lakeism* (1822, *in* Oxf. dict.).

LAMBETH WALK [lãbɛswɔk] *n. m.*

(1938) Danse d'origine londonienne, à la mode avant la Deuxième Guerre mondiale.

« Et Ventura [...] fait chanter la France [...] "Y a des jours où toutes les femmes sont jolies", 1938. [...] On danse sur un volcan, mais qui sait que l'éruption est proche ?
Alors "Dansons le Lambeth walk"
[...] Pas de souci à se faire "Tout va très bien, Madame la Marquise" et, de toute façon, entonne-t-on en 1939, "On ira pendre notre linge sur la ligne Siegfried"... »   *L'Express,* 7 avril 1979, p. 47.

✱ Anglais *Lambeth walk,* même sens (1937, *in* Oxf. dict.), nom d'une rue de Lambeth, quartier du sud de Londres (*walk* signifie « promenade »), pris pour titre d'un morceau dansé et chanté dans un style cockney, lancé par Lupino Lane dans la revue *Me and My Gal.*

LAMBSWOOL [lãbswul] *n. m.*

(1698 ; répandu mil. XXᵉ s.) Laine très douce et très légère provenant de la tonte d'agneaux ; tissu qui en est fait.

« Veste à carreaux en lambswool. »   *L'Express,* 3 sept. 1973, p. 77.

✱ Mot anglais *lamb's wool* « laine *(wool)* d'agneau *(lamb's)* » (1552, *Lambes Wool, in* Oxf. dict.). L'attestation fournie par Mackenzie (1698, Dampier, *Nouv. Voyage autour du monde,* p. 355) reste isolée : le mot, connu surtout pour figurer, sans contexte, sur les étiquettes précisant la composition de vêtements de laine, ne s'est pas diffusé avant le XXᵉ siècle (*Marie-Claire,* janv. 1965, *in* Hanon).

LAND ACT [lãdakt] *n. m.*

(1901) *Droit.* Nom de plusieurs lois agraires, en Grande-Bretagne.

« Par le *Land Act* de 1870 ces dispositions avaient été étendues à toute l'Irlande ; mais Gladstone n'avait pas rendu le *Land act* obligatoire ; on pouvait faire des contrats en dehors de la loi, et les *landlords* en profitaient pour contraindre leurs tenanciers à renoncer à sa protection. » LAVISSE et RAMBAUD, *Histoire générale,* t. XII, p. 67 (□ 1902).

✱ Anglais *Land Act,* de *act* « décret pris par une assemblée législative » et *land* « terre ».

LAND ART [lãdaʀt] *n. m.*

(v. 1971) *Hist. de l'art.* Genre d'art plastique qui utilise le terrain, l'environnement naturel comme matière, support ou partie intégrante de l'œuvre.

« certaines manifestations du Land Art, comme celle qui consiste à utiliser des bulldozers pour creuser dans le Nevada une œuvre éphémère qui sera comblée un jour par la poussière et les vents du désert... mais qui est déjà achetée par un collectionneur allemand et un collectionneur russe. »   P. RESTANY, in *Plaisir de France,* juin 1971, p. 6.

« Si les découvreurs de cités disparues ont recours à la vue aérienne pour déceler des villes passées " du volume à la trace ", les tenants du land-art (qui consiste à inscrire de faux indices sur un terrain) " reconstituent artificiellement ces lieux du souvenir ". »
        Le Nouvel Observateur, 19 juin 1978, p. 75.

✳ Un des multiples composés sur *art* apparus en américain depuis le milieu du siècle *(minimal art, op art, pop art)*, formé à l'aide de *land* « terre, terrain, pays » pour qualifier une pratique artistique qui refuse à l'œuvre une existence séparée de l'espace qui l'environne et du temps qui la détruit, tendance représentée par des artistes nés dans les années 1935-1945 aux États-Unis, en Grande-Bretagne, aux Pays-Bas, en Allemagne. Le français, qui a aussi emprunté *Land Artist* (Cf. cit. ci-dessous), emploie *land art* de préférence au synonyme *earth work*.

> « Mike Heizer (né en 1944 à Berkeley, en Californie) est, avec De Maria et Oppenheim, le plus connu des Land Artists. Il travaille uniquement en extérieur, le plus souvent dans des endroits désertiques, l'action de la nature s'y faisant sentir avec plus de force qu'ailleurs. »
> *Dict. universel de la peinture*, art. *Earth Work*, S. N. L. Robert, 1975.

LANDAU [lɑ̃do] *n. m.*

(1814) Voiture à cheval à quatre roues, découvrable grâce à une capote formée de deux soufflets indépendants. *Des landaus.*
— REM. : Enregistré dans le dict. de l'Académie 1835 (et dans le Suppl. de 1829) et dans le dict. de Littré 1867.

> « L'un [il s'agit d'Anglais] se pique de conduire mieux que son cocher sa *barouche* attelée de quatre chevaux ; l'autre conduisant un *landaw* [...]. »
> *L'Hermite de Londres*, 1820, in *Le Français moderne*, oct. 1952, p. 304.

> « Mardoche, habit marron, en landau de louage,
> Par devant Tortonu passait en grand tapage.
> — Gare ! criait le groom. — Quoi ! Mardoche en landau ? »
> MUSSET, *Premières poésies*, Mardoche, p. 125, éd. Hypérion (□ 1829).

> « Alençon, qui ne comptait pas en 1816 deux voitures propres, vit en dix ans rouler dans ses rues des calèches, des coupés, des landaus, des cabriolets et des tilburys, sans s'en étonner. »
> BALZAC, *La Vieille Fille*, p. 325 (□ 1837).

✳ Nom de *Landau,* ville d'Allemagne, adopté en anglais vers le milieu du XVIIIᵉ s. (1743, *Lando ;* 1748, *Landau ;* 1753, *landeau,* la forme actuelle restant *landau*) pour désigner une voiture fabriquée pour la première fois dans cette ville, et que les Allemands appellent *Landauer Wagen* « voiture *(Wagen)*, de Landau *(Landauer)* » ou *Landauer.* Cette voiture offrait principalement l'avantage de pouvoir être utilisée, à volonté, découverte ou fermée. Relevé en français en 1814 dans Jouy (sans indication de graphie) par Dauzat, Dubois, Mitterand, *Nouveau Dict. Étym.,* le mot n'est mentionné comme anglicisme ni par Wartburg ni par Deroy alors que Mackenzie le compte avec beaucoup de vraisemblance au nombre des termes de carrosserie anglais empruntés en français au début du XIXᵉ s. : la graphie *landaw* fréquente en français, mais qui n'existe pas en anglais, cesse de surprendre si l'on admet que les auteurs français prirent le parti d'écrire le nom de la voiture comme celui de la ville *(Landau* ou *Landaw).* Ce mot a pris son sens moderne de « voiture d'enfant à caisse suspendue » indépendamment de l'anglais.
Le mot *landaulet* défini dans le Dict. gén. de Raymond (1832, *in* Mackenzie) comme une « sorte de jolie voiture anglaise qui a la forme d'un landau », et qui désignait un petit landau à capote d'une seule pièce, doit être lui aussi un emprunt à l'anglais (1794, même sens, Oxf. dict.). Il eut pour synonymes *landaulette* (1815) et *demi-landau.* Comme *landau, landaulet* et *landaulette* ont été repris, en français et en anglais, par différents constructeurs automobiles pour caractériser tel ou tel type de véhicule.

> « Il possédait, quant à lui, un landaulet 9 H-P de Dion, monocylindre, dont les départs à froid étaient malheureusement un peu difficiles. »
> Jules ROMAINS, *Les Hommes de bonne volonté*, t. III, p. 152 (□ 1932-1947).

LANDING [lɑ̃diŋ] *n. m.*

(1876) Débarcadère sur le cours d'un fleuve, aux États-Unis.
— REM. : Absent des dict. de l'Académie et du Suppl. de Littré.

> « L'accostage de nuit aux landings n'a pas un caractère moins étrange. Le quai du débarquement et l'avant du pont du bateau sont

éclairés par une douzaine de torches dont l'éclat, en se concentrant dans un rayon limité, rend plus épaisses encore les ténèbres environnantes. »
X. EYMA, *La Vie aux États-Unis*, p. 175 (□ 1876).

✳ Mot anglais *landing* n., même sens (1609, *in* Oxf. dict. ; *landyng place*, 1512). Anglicisme occasionnel, de « couleur locale ».

LANDLORD [lãdlɔʀ(d)] *n. m.*

(1835) Grand propriétaire foncier en Angleterre et en Irlande, dont dépendent des tenanciers. — REM. : Absent des dict. de l'Académie et de Littré.

« Ces vilains, avides et inexorables, dépouillèrent complètement les Anglais, s'arrogeant, d'après le mode féodal, la possession du sol conquis, qui est restée depuis lors concentrée dans les mains de leurs héritiers ou successeurs, les *landlords*. »
G. FLOURENS, *in Revue des cours scientifiques*, 9 juil. 1864, p. 441.

✳ Mot anglais *landlord* n. « maître *(lord)* d'une terre *(land)* », xvᵉ s. ; enregistré seulement dans les documents écrits dans le sens spécial de « qui loue une terre à un tenancier », il est devenu peut-être déjà au xvɪᵉ s. le corrélat de *tenant* « tenancier » ; il a encore pris les sens de « propriétaire d'une maison où qqn loge ou prend pension contre paiement », « propriétaire, tenancier d'auberge » (xvɪɪᵉ s.), « hôte, amphitryon (dans le privé) » (xvɪɪɪᵉ s.). Il a passé en français au sens de « grand propriétaire » (*Journal des Débats,* 4 septembre 1835, p. 2, *in* Mackenzie) à l'époque où, en Grande-Bretagne et en Irlande, les grands propriétaires terriens, enrichis au détriment des anciens fermiers et des petits propriétaires (→ **Yeoman**), avaient pris une place importante au Parlement et dans la politique anglaise. Les encyclopédistes avaient traduit le mot anglais par « lord de terre » :

« ses vassaux l'appellent *lord,* et en quelques endroits *lord de terre,* pour le distinguer des autres. C'est dans cette dernière signification que les livres anglois de droit prennent le plus souvent le mot *lord.* »
BOUCHER D'ARGIS, art. *Lord, in Encycl.* Diderot, 1765.

✳ *Landlordisme* [lãdlɔʀdism] n. m., que Mackenzie relève en 1889 reste en français un mot de spécialité ; c'est le *landlordism* anglais (v. 1844) « système selon lequel la terre appartient à un propriétaire qui la loue à des tenanciers contre une redevance déterminée ».

LANDROVER [lãdʀɔvœʀ] ou [lãdʀɔvɛʀ] *n. m.* ou f.

(1963) *Nom déposé.* Voiture tout terrain de cette marque à quatre roues motrices. *Des landrovers.*

« les chefs de Scotland Yard [...] n'y ont cependant trouvé que les sacs vides, un camion et deux landrovers. »   *Le Figaro,* 15 août 1963
[*in* Blochwitz et Runkewitz, p. 282].

« la Land Rover a bénéficié d'une nouvelle calandre et de nombreuses améliorations pour l'aménagement. »
Science et Vie, (Hors Série) sept. 1972, p. 41.

✳ Nom anglais d'un modèle de la firme *Rover* (Grande-Bretagne), où *land* doit évoquer la destination de cette « Rover » conçue pour rouler sur toutes sortes de terrains. C'est l'engouement récent pour ce genre de voitures (Jeeps*, Méharis, etc.) qui a favorisé la diffusion du nom de cette marque en français. Comme *half-track*, landrover* est tantôt féminin, tantôt masculin, selon que l'on sous-entend ou non *voiture.*

LANDSCAPE [lãdskɛp] *n. m.*

(1835) *Vx.* Livre, album illustré de gravures, de lithographies, et consacré à la description d'un pays. — REM. : Absent des dict. de l'Académie et de Littré.

« Allemagne et Pays-Bas. Landscape français. Paris. Louis Janet. »
in G. VICAIRE, *Manuel de l'amateur de livres du XIXᵉ s.,*
t. IV, p. 650, A. Rouquette, 1900 (□1835).

« Sur les tables gisent des albums, des livres de beauté, des keep-sakes, des landscapes qui servent de contenance aux gens embarrassés ou timides. »   Th. GAUTIER, *Voyage en Russie*, p. 137 (□ 1867).

✻ Terme technique de peinture (d'abord *landskip*) emprunté par l'anglais à la fin du XVIe s. au hollandais *landschap* n., où l'on reconnaît *land* « terre, pays » et le suffixe *-schap* (Cf. allemand *-shaft*, anglais *-ship*), pour désigner les représentations picturales de paysages. Cet emprunt, contemporain de *keepsake*✻, eut une vogue éphémère dans la première moitié du XIXe s., et est aujourd'hui oublié.

LASER [lazɛʀ] *n. m.*

(1960) Amplificateur quantique de radiations dans lequel les ondes lumineuses émises sont monochromatiques et en phase. *Laser à gaz ; lasers déclenchés, pulsés, relaxés. Tube laser.*

« Quel est le rôle du laser ? Il émet un *faisceau lumineux étroit*, *monochromatique* — c'est-à-dire d'une seule couleur ou d'une seule longueur d'onde bien définie — et *cohérent*, du fait que toutes les ondes lumineuses se déplacent en ordre régulier, telles les vagues d'une mer calme [...]. La théorie des lasers a été définie aux États-Unis en 1958 par le professeur C. H. Townes de l'Université Columbia et M.A.L. Schawlow des laboratoires de la Bell telephone. Le premier prototype a été mis au point en 1960 par M. T.H. Maiman, également des États-Unis [...]. »
        Trad. B. FRIEDMAN, *Le Laser, une Révolution dans les Communications*, in *Le Courrier de l'Unesco*, fév. 1964, p. 15.

« Les lasers de 1980 trouveront leur application comme "câbles" pour transmettre des ondes millimétriques. La photographie au laser, ou holographie, peut être à la base de systèmes de reconnaissance et de mémoires de stockage. »   *Informations tg*, 15 fév. 1972, p. 5.

✻ Nom formé, par analogie avec *maser*, des initiales de *Light Amplification by Stimulated Emission of Radiation* (certaines sources donnent *amplifier, amplifior, amplificator* au lieu de *amplification*). Le mot a pénétré en français en 1960, année où le dispositif, appelé aussi *maser*✻ *optique (optical maser)*, fut pour la première fois réalisé aux États-Unis par T. H. Maiman (1960). Le mot est soutenu en français par de nombreux emprunts en *-er*✻ ; les commissions de terminologie ne lui ont d'ailleurs pas trouvé de substitut (Cf. *Banque des mots*, no 4, 1972, p. 204). Il faut remarquer son emploi fréquent en apposition : on relève des *raies laser*, des *faisceaux*, des *impulsions*, des *échos*, des *cavités*, des *récepteurs laser*, et, inversement, un *laser-scalpel* à comparer à *bistouri au laser*, expression non technique (→ ci-dessous). Bien ou mal compris, ce terme absolument international est entré dans la langue courante.

« on dit déjà un *bistouri au laser*, mais le bistouri qui était un couteau géant pour les gens d'armes, devenu depuis Ambroise Paré l'instrument plus réduit de la chirurgie sanglante, qu'adviendra-t-il de lui quand on ne charcutera plus l'homme à l'acier ? désignera-t-il seulement le rayon-découpeur ou s'effacera-t-il devant le mot *laser* ? De toute façon, le progrès ici encore se fait d'oublier le couteau pour le rayon, ou le rayon pour le couteau. »   ARAGON, *Blanche ou l'Oubli*, p. 385 (□ 1967).

LASSO [laso] *n. m.*

(1829) Longue corde à nœud coulant servant à attraper le bétail, les chevaux, en Amérique du Sud et du Nord.

✻ Pour ce mot, la langue anglaise n'est évidemment qu'un intermédiaire entre l'espagnol *lazo*, utilisé dans ce sens notamment en Argentine et au Chili et passé en anglais sous la forme *lasso* (correspondant à la phonétique espagnole) et plus couramment *lassoo*, anglicisé. L'emprunt en anglais est attesté dès 1768 (écrit *laço*), mais surtout à partir de 1808. Les emplois français du XIXe s., lorsqu'ils émanent de voyageurs en Amérique du Sud, sont des hispanismes (d'ailleurs souvent écrits *lazo*) mais lorsqu'il s'agit des cow-boys des États-Unis, c'est bien d'un anglicisme qu'il s'agit.

LAST BUT NOT LEAST [lastbœtnɔtlist] *loc.*

(1893) *Dans une énumération.* Le dernier (la dernière), mais non le (la) moindre.

« Terminons le catalogue des ressources de Georgetown par la mention des terrains adaptés au cricket et au lawn-tennis, et, *last not least,* du champ de courses. Une colonie anglaise sans champ de courses ne serait pas complète ; celui-ci date déjà de 1829. Il y a deux réunions par an, en mars et en octobre. »
        M. G. VERSCHUUR, *Voyage aux trois Guyanes* [1892], p. 54 (□ 1893).

« Dernièrement voilà pourtant ce qui nous arrive : l'assomption d'une alternative socialiste, la matérialisation sous le signe du pouvoir politique de tout le système conceptuel de valeurs (progrès, morale de l'histoire, rationalité du politique, imagination créatrice et, *last but no least :* la vertu transfigurée par l'intelligence au pouvoir) bref tout l'idéal platonicien qui est foncièrement celui de la classe intellectuelle (même si on le dénonce). »
        J. BAUDRILLARD, « L'extase du socialisme », in *Libération*, 29 sept. 1981, p. 14.

✳ Locution anglaise, qui joue de l'allitération. La mode des anglicismes, plus virulente que jamais à la fin du XIXᵉ s., en a fait un emprunt de syntagme (phénomène assez rare), qui reste assez vivant dans un usage légèrement snob.

LASTEX [lastɛks] *n. m.*

(av. 1962, Larousse) Fil de caoutchouc et d'un textile traditionnel (coton, soie) ou synthétique d'une marque déposée ; tissu de ce fil.

✳ Marque anglaise déposée par Dunlop-Revere à Birmingham, en 1934 (Oxf. Suppl.) ; croisement de *latex* « latex » et *elastic* « élastique ».

LASTING [lastiŋ] *n. m.*

(1830, *-aing*) Étoffe rase, en laine peignée, à armure satin à 5 lisses. — REM. : Figure dans Littré 1867 et dans le dict. de l'Académie 1878.

« Les étoffes les plus recherchées pour ce vêtement (les pantalons) sont le *lastaing* [*sic*] de laine... »
        Nouveauté, 24 juin 1830, in *Le Français moderne,* oct. 1949, p. 294.

« L'État a perdu dans cet espace de temps une somme bien plus considérable : [...] Sur les tissus de laine croisée, purs et mélangés, tels que circassiens, burats, lastings, satin laine, flanelles et escots réduits de 25 %. »   STENDHAL, à Guizot, 15 juin 1841, in *Corresp.,* t. III, p. 457.

« Il y a parmi les convives un dur à cuire de soixante-seize ans, qui en paraît quarante, et qui est en pantalon blanc, en redingote de lasting, en chaussettes de soie dans de fins escarpins. »
        E. et J. de GONCOURT, *Journal,* 15 août 1858, t. I, p. 196.

✳ Ce nom anglais, qui désigne par ellipse une étoffe résistante (XVIIIᵉ s.) encore appelée *durance* aux États-Unis, est l'adjectif participial *lasting* « durable » de *to last* « durer, résister ». Il est malaisé de savoir lequel de *lasting* ou de son synonyme superlatif *everlasting* fut formé d'abord, suscitant l'apparition de l'autre. Tous deux ont passé en français à la même époque. La graphie aberrante *lastaing* (1830) dut correspondre à une prononciation [lastɛ̃]. On fabriquait du lasting à Roubaix (Bouillet).

LATITUDINARIEN [latitydinaʀjɛ̃] *n. m.* et *adj. m.*

(1688) Membre d'une secte anglicane qui croyait au salut de tous les hommes. — *Syn.* Universaliste. — REM. : Absent des dict. de l'Académie ; figure dans Littré 1867.

« Il s'est formé en Angleterre [...] une secte qui est répandue dans toute l'église anglicane protestante, où l'on ne parle que de paix et de charité universelle. Les défenseurs de cette paix se donnent eux-mêmes le nom de *Latitudinariens,* pour exprimer l'étendue de leur tolérance qu'ils appellent charité et modération, qui est le titre spécieux dont on couvre la tolérance universelle. »

Bossuet, *Sixième Avertissement contre M. Jurieu*, in *Œuvres complètes*, vol. XV, pp. 223-224, Librairie L. Vivès, 1863 (□ 1688).

« C'est la maxime de ces latitudinaristes dont nous venons de parler, qui disent que c'est dans les mœurs qu'il faut rétrécir la voie du ciel en la dilatant pour les dogmes. »   Bossuet, *Ibid.*, p. 228.

✳ Adaptation de l'anglais *latitudinarian* n. (1662) et adj. (1672) « théologien de l'Église anglicane qui, tout en restant attaché au gouvernement épiscopal et aux formes du culte, les considère comme des choses indifférentes ; (par suite) celui qui, sans être sceptique, est indifférent aux croyances et aux formes particulières de gouvernement clérical et de culte ». Chez Bossuet, où l'on note son apparition, il côtoie *latitudinariste,* même sens ; mais c'est *latitudinaire* (1704) qui, des trois formes, devait devenir la plus fréquente, avec un sens plus large : « celui qui se donne trop de liberté dans les principes de religion, ou qui en parle trop librement ». *Latitudinaire* est vraisemblablement issu du latin *latitudinarius* plutôt que de l'angl. *latitudinarian*.

LATTICE [latis] *n. m.*

(mil. XXᵉ s.) *Math. et log.* Ensemble dont la structure est définie par une certaine relation d'ordre partiel, tel qu'un couple quelconque de ses éléments en constitue un sous-ensemble borné. — *Syn.* Treillis, ensemble réticulé, réseau ordonné.

✳ Mot anglais *lattice* « ouvrage fait de lattes » (XIVᵉ s.), du judéo-français *latiç* (probablement d'un radical germanique qui a donné aussi le français *lattis,* même sens) ; 1933 en math. (Oxford Suppl.). En français, les mathématiciens rejettent également *lattice* et son calque *lattis* pour *treillis.*

LAUNCH [lɔnʃ] ou [lanʃ] *n. m.*

(v. 1890) *Yachting.* Embarcation légère non pontée. *Des launches.* — REM. : Absent du dict. de l'Académie 1935.

« Au reste, après le signal envoyé du large, l'officier de port a pris les mesures relatives au sauvetage. Une des electric-launchs [*sic*], amarrée dans la darse, s'est élancée hors des piers. »

Jules Verne, *L'Île à hélice*, p. 150 (□ 1895).

— (1880) Vieilli. *Steam-launch*, canot à vapeur non ponté.

« Les steam-launches sont des bâtiments de rivière ; quelques-uns sont assez grands et sont même aménagés pour y faire des voyages de quelque longueur. »   *Encycl. univ. du XXᵉ s.*, 1908.

✳ Nom anglais, de l'esp. *lancha* « chaloupe » (aussi portug. *lanchara*) lui-même du malais *lancharan,* radical *lanchār* « rapide, agile », qui désigna d'abord « le plus grand canot d'un vaisseau de guerre » (XVIIᵉ s.), puis une « grande barque propulsée par l'électricité *(electric-launch),* la vapeur *(steam-launch),* etc., utilisée pour le transport de passagers, ou comme bateau de plaisance » (v. 1865). C'est en ce dernier sens qu'il a passé en français, où l'on rencontre *steam-launch* (1890, P. Bourget, *Cœur de femme, in* Mackenzie), *launch* (1894, *in* Wartburg), et *electric-launch* (1895, Jules Verne → cit.). Assez rares en français contemporain, *launch* et *steam-launch* figurent encore dans le G. L. E. 1962, 1964.

LAUNCHING [lɔnʃiŋ] *n. m.*

(1964) Lancement (d'une affaire, d'un homme, etc.).

« de procéder au launching (lancement) de *Consciencisme,* le dernier livre d'Osagyefo sur la philosophie et l'idéologie de la décolonisation et du développement avec une référence particulière à la Révolution africaine. »   *L'Humanité*, 6 oct. 1964 [*in* Blochwitz et Runkewitz, p. 282].

✳ Déverbal de *to launch* v., lui-même du vieux français *lancher, lanchier* « lancer des traits, percer, piquer » et qui prit les sens « percer, blesser » (XVᵉ s.) ; « lancer, envoyer » (XIVᵉ s.). Le français possède le mot *lancement* « recommandation, par la publicité, d'une entreprise commerciale, etc. » (1907) ; il a même eu *lançage* « action de lancer (un journal, un artiste) » (1900). On n'a vraisemblablement emprunté *launching* que pour le prestige d'une allusion aux lancements de l'astronautique.

LAVAGE DE CERVEAU → BRAINWASHING.

LAVATORY [lavatɔRi] *n. m.*

(1907 ; 1902 « salon de coiffure ») *Vieilli.* Lavabos publics avec cabinets d'aisance. *Des lavatories* [lavatɔRiz]. — REM. : Absent du dict. de l'Académie 1935.

✱ Mot anglais *lavatory* n., d'abord « récipient pour laver » (XIVᵉ s.), puis « lavage, lotion » (XVᵉ s.), « endroit où l'on trouve ce qu'il faut pour se laver les mains et le visage » (XVIIᵉ s.), incluant souvent aujourd'hui des water-closets, etc. (du latin *lavatorium* « lavoir »). C'est à titre d'emprunt exotique et publicitaire qu'il fut adopté en français, d'abord par les coiffeurs. Ceux-ci prirent l'habitude vers la fin du siècle dernier de l'afficher dans leur vitrine pour signifier « boutique de coiffure avec cabinet de toilette », si bien qu'on l'entendit d'abord comme « salon de coiffure » ! (1902, Vandaele, *Néol. Exotique, in* Mackenzie). Ce sens coexista jusque vers le milieu du siècle avec le sens actuel « cabinet de toilette public avec watercklosets attenants » enregistré en 1907 (*Larousse pour tous, in* Wartburg). Pour Deroy (p. 225), il est au nombre des mots étrangers qui « restent parfaitement inassimilés en français et font l'effet de citations étrangères pour le locuteur ordinaire » ; cette opacité sert ici la fonction d'euphémisme. Le français aurait eu pourtant un calque tout trouvé dans *lavatoire* n. « lieu où on se lave, lavoir, lavatorium » (XVIᵉ s.).

« *Lavatory* : les Anglais se gaussent de nous voir employer ce mot au sens de " salon de coiffure " alors qu'il veut dire cabinet d'aisance. »
F. de GRAND COMBE, *De l'anglomanie en français,* juil. 1954, p. 193.

LAWN-TENNIS [lɔntenis] *n. m.*

(1880) *Vx* (sauf dans le langage officiel) → **Tennis.** *La Fédération française de Lawn-Tennis, fondée en 1920.* — REM. : Absent du dict. de l'Académie.

« Être astreinte à la société forcée de ces miss turbulentes, qui ne vivent que pour le criquet, le cheval, le lawn-tennis ?... »
La Science illustrée, 20 oct. 1888, p. 335.

« On dit que le premier soin des Anglais, lorsqu'ils émigrent et s'en vont planter leur drapeau sur une terre nouvelle, est de construire d'abord une église, ensuite une école et troisièmement un *public-house.* Aujourd'hui, pour que ce dicton soit complet, il est nécessaire d'ajouter : " et un Lawn-Tennis ". »
E. de NANTEUIL, G. de SAINT-CLAIR et C. DELAHAYE, *La Paume et le Lawn-Tennis,* p. 242 (□ 1898).

✱ Mot anglais *lawn tennis* n. (1874), littéralement « paume *(tennis)* de pelouse *(lawn)* », qui remplaça en 1874 le nom de *sphairistike* donné par le major Walter Compton Wingfield à la nouvelle formule du jeu de paume qu'il proposait (1874), codifiée en 1877 au premier championnat de Wimbledon. C'est en 1877 que le premier club de lawn-tennis, *le Decimal-Club,* se constitua en France, à Paris. Le mot est attesté chez Bourget, dans *Le Parlement,* 25 juillet 1880 (Mackenzie). En français comme en anglais, le mot fut vite abrégé en *tennis** ; *lawn-tennis* subsiste cependant dans le langage officiel.

« Le *Lawn-Tennis* peut revendiquer les mêmes origines que la Paume [...]. Tel qu'il se pratique actuellement, il procède évidemment de notre vieux jeu national : la forme rectangulaire du Jeu, le filet qui le divise en deux parties égales, la manière de compter les points, son nom même de Lawn-Tennis (Paume de Pelouse), tout le prouve [...]. À l'avenir, nous simplifierons en écrivant Tennis, au lieu de Lawn-Tennis, simplification déjà adoptée par l'usage. »
E. de NANTEUIL, G. de SAINT-CLAIR, C. DELAHAYE, *op. cit.,* pp. 183-184.

LAWRENCIUM [lɔʀɑsjɔm] *n. m.*

(1962) Élément radioactif instable de numéro atomique 103, produit artificiellement à partir du californium (*symb.* Lw).

✳ Mot américain (1961, *in* Oxf. Suppl.) formé sur le nom de Ernest O. *Lawrence,* physicien américain mort en 1958. Le lawrencium a d'abord été obtenu à Berkeley en 1961.

LAWSONIA [lɔsɔnja] *n. f.* ou *m.*

(1862) *Bot.* Genre de la famille des Lythracées, appelé communément *henné.*

« Très répandu dans le N. de l'Afrique, le henné se rencontre aussi dans l'Arabie et dans l'Inde [...]. Par la distillation, on obtient, des fleurs, une essence très forte, connue dès la plus haute antiquité, puisque nous la retrouvons chez les Israélites qui appelaient Hacopher la teinture obtenue du Lawsonia chez les Égyptiens. Les ongles des momies égyptiennes paraissent avoir été teints avec la couleur extraite des feuilles du Lawsonia [...]. »
L. KNAB, art. *Henné,* in *La Grande Encycl. Berthelot* (□ 1893).

✳ Mot du latin scientifique, créé sur le nom de John *Lawson,* médecin et botaniste écossais. On a dit aussi *lawsonie* n. f. (P. Larousse, 1873). L'anglicisme n'est pas certain, le nom figurant chez Linné.

LAWYER [lɔjœʀ] *n. m.*

(1895) Homme de loi, juriste. — REM. : Absent du dict. de l'Académie 1935.

« En 1863, vivait à Boston un homme de loi très distingué dans sa profession : M. Henry Fowle Durant [...]. Dans cette année 1863, cet homme [...] perdit son fils unique. L'épreuve fut très forte [...]. Il devint [...] le plus passionné des Chrétiens Évangélistes. C'est ici, et dans cette crise de mysticité, qu'apparaît le vigoureux esprit de positivisme, toujours présent chez l'Américain. Celui-ci abandonne son métier de lawyer qui ne lui paraissait plus s'accorder avec l'ardeur de ses convictions nouvelles. »   P. BOURGET, *Outre-Mer,* pp. 112-113 (□ 1895).

✳ Anglais *lawyer* (1377), de *law* « loi » et *-yer* suffixe d'agent. Le mot, ici anglicisme de couleur locale, ne s'est pas diffusé.

LAY OUT [lɛawt] *n. m.*

(1971) *Publ.* Étude, projet, maquette. *Par ext.* Ligne de conduite.

« LAY-OUT (Rough sketch). Terme anglo-saxon en faveur dans le langage des concepteurs graphiques. Il désigne le crayonné fixant dans ses grandes lignes le sens dans lequel doit s'engager la *maquette* à réaliser. On l'emploie surtout en matière d'annonce ou de *conditionnement,* lui préférant généralement l'appellation de *prémaquette* lorsqu'il s'agit de travaux relevant davantage de l'édition. »
La Chose imprimée (□ 1977).

✳ Mot américain *lay out* « schéma, plan ; marche d'une action » (1850 ; 1924 au sens américain) du verbe *lay out* « étendre, exposer à la vue » (xvᵉ s.). Il a pénétré en français par le vocabulaire de la publicité. J. Riverain *(Les Mots « dans le vent »)* note : « [...] on parlera, en franglais, du *lay out* d'un congrès, d'une conférence : *N'abordons pas ce sujet, il est tout à fait en dehors de notre lay out.* » *Prémaquette* est le bon équivalent, dans l'édition (les anglophones disent d'ailleurs : *a rough*).

LEADER [lidœʀ] *n. m.*

I. 1° (1839) *Polit.* Chef, porte-parole d'un parti, d'un mouvement politique. — REM. : Seul sens enregistré dans Littré, Suppl. 1877, et dans le dict. de l'Académie 1935.

« Aucun de nos chefs parlementaires n'a exercé dans aucun temps cette autorité en vertu de laquelle un *leader* parle, agit et stipule, non pas seulement pour ses collègues [...], mais encore pour la masse des intérêts moraux et matériels groupés derrière eux dans les trois royaumes. »   L. de CARNE, *Lettres sur la nature* [...] *du gouvernement représentatif en France*, in *Revue des Deux-Mondes*, p. 797 (□ 1839).

« Voilà dix ans que Numa, le grand Numa, le député leader de toutes les droites, est prophète en terre de Provence [...]. »
A. DAUDET, *Numa Roumestan*, p. 10 (□ 1880).

2° *Par ext.* Celui, celle qui conduit d'autres personnes dans la vie, les affaires ; chef, conseiller, pilote.

« Quoiqu'il eût fait plusieurs voyages, Petermann était surtout un géographe de cabinet. Avec une science immense et une critique profonde, il dirigeait les travaux des géographes, faisait des plans d'explorations lointaines, et savait dégager la vérité et rectifier les erreurs contenues dans les récits des voyageurs. [...] Ce rôle de "leader" des explorations est l'un des côtés caractéristiques de l'existence de Petermann. »   L. FIGUIER, *L'Année scientifique et industrielle*, pp. 520-521, 1879 (□ 1878).

« Le Christ américain n'est pas hiératique, sentimental ou mystique [...], c'est un leader et, pour beaucoup, le type même du surhomme. »
A. SIEGFRIED, *Les États-Unis d'aujourd'hui*, p. 44 (□ 1927).

— (En parlant d'une collectivité, d'une entreprise.)

« L'Angleterre, au XIXᵉ siècle, a joué, dans le monde extra-européen, le rôle de leader principal de la race blanche. »
A. SIEGFRIED, *Les États-Unis d'aujourd'hui*, p. 341 (□ 1927).

« Après les invasions, les leaders de la culture sont des Celtes, des Anglais, des Francs ; ils doivent apprendre la grammaire latine [...]. »
R. BARTHES, *L'Ancienne Rhétorique*, in *Communications*, n° 16, 1970, p. 188.

3° *Sports.* — (1872) Cheval qui tient la tête, dans une course. — (1891, *in* Petiot) Concurrent qui est en tête (course, compétition). En alpinisme, Premier de cordée.

« l'inclinaison de la pente oblige le grimpeur à tailler d'une seule main et le travail du leader en est rendu extrêmement dangereux. »
FRISON-ROCHE, *Premier de cordée*, p. 302, Arthaud, 1966 (□ 1941).

« [...] Laurent Dauthuille incontesté leader du puissant parti des poids moyens devenait challenger désigné du maroquin [...]. »
J. PERRET, *Bâtons dans les roues*, p. 194 (□ 1953).

« En outre, l'équipe de France, indisciplinée, s'est plutôt employée à chasser mes primes qu'à épauler son leader. »
J. CAU, *La Pitié de Dieu*, p. 226 (□ 1961).

II. (1829, d'Herbelot ; 1852, *leader-article*). *Journalisme.* Article de fond, figurant généralement en première page.

« Un de nos confrères les plus répandus a consacré un leader-article à cette question palpitante, c'est le cas de le dire, de l'attaque nocturne chronique. »   *Le Charivari*, 27 sept. 1891, p. 1.

« J'ai obtenu qu'il fasse désormais le *leader article* dans *le Figaro*. Ce sera tout à fait *the right man in the right place*. »
PROUST, *À l'ombre des jeunes filles en fleurs*, p. 581 (□ 1918).

✱ Mot anglais *leader* (XIIIᵉ s.) « celui (ou ce) qui mène, dirige, conduit », de *to lead* « conduire » (IXᵉ s.) et *-er*, suffixe d'agent. La multiplicité de ses sens en anglais, sa grande souplesse d'emploi, devaient le faire adopter en français non seulement en politique et par référence à l'Angleterre (1839, *Revue des Deux-Mondes* → cit.) mais bientôt dans d'autres domaines de la vie sociale. Sa qualité d'emprunt le servait même dans la mode (« arbitre de la mode », « favori des réunions mondaines », 1883) et dans le sport (« cheval qui mène la course », 1872), terrains privilégiés de l'anglicisme. Notons que la commission ministérielle chargée d'étudier le vocabulaire militaire propose de remplacer, dans la langue de l'aviation, *leader-pilot* par *chef pilote*, *leader-navigator* par *chef navigateur* et *leader* par *chef* ou *pilote* (« responsable

pour mener une affaire à bien »), *chef de patrouille* ou *de formation,* et
meneur («iridicatif radio du chef de patrouille ou de formation») in
Banque des mots, n° 4, 1972, p. 207.

« Quand on parle, en français [...] de *leader* [...], on fait de l'anglomanie. [...]
En tout cas, personne n'empêche le journaliste qui "exploite" la dépêche de
remplacer l'expression anglaise par son équivalent français et [...] de traduire
leader, suivant le cas, par *président, chef de parti, dirigeant, meneur de jeu,
personnalité influente,* etc. »
                                        C. Holter, in *Défense de la langue française,* janv. 1960, p. 24.

« Nous eûmes raison, je crois, de proscrire [...] *leader, open* [...] et de suggérer
qu'on les remplacât par : [...] major (comme major de promotion), ouvert [...]. »
                                        Étiemble, *Parlez-vous franglais ?,* p. 40 (□ 1964).

✳ C'est le même mot *leader* (1844), ici synonyme de *leading article*
« article imprimé en plus gros caractères que le reste du journal, et
exprimant l'opinion des éditeurs sur un sujet » 1807, qui a passé en
français du vocabulaire des typographes dans la langue commune.
Leader article figure dans le *Bulletin de la Bourse de Paris,* 5 juin 1852
(D. D. L., 2ᵉ série, 14). On relève aussi son diminutif *leaderette* « court
paragraphe éditorial, imprimé en mêmes caractères qu'un article leader »
(*Débats,* 16 mars 1887, *in* Mackenzie). Il est souvent remplacé
aujourd'hui par l'américanisme *éditorial** — que l'Office du vocabulaire
français proposait comme « équivalent français » au « néologisme d'origine étrangère, *leader* ».

LEADERSHIP [lidœrʃip] *n. m.*

(1877) Fonction, position de leader*. — REM. : Absent du
Suppl. de Littré et des dict. de l'Académie.

« Le parti libéral [...] n'a plus de chef, lord Rosebery ayant
abandonné le *leadership,* et sir William Harcourt n'ayant pas assez
d'influence pour unir sous sa direction les éléments divers de l'ancienne
coalition gladstonienne. »
                                        Lavisse et Rambaud, *Histoire générale,* t. XII, p. 97 (□ 1902).

« Néanmoins, c'est avec réticences que Washington envisage d'avoir
à assumer les responsabilités du "leadership" dans ce secteur [l'Égypte],
alors qu'on préférerait de beaucoup s'abriter derrière les Nations
Unies. »
                                        J. Hemont, in *France-Observateur,* 6 déc. 1956, p. 8.

✳ Anglais *leadership* n. « position, dignité, fonction de leader » et
« aptitude à diriger, à guider » (1834), de *leader* et *-ship,* suffixe d'état.
D'abord féminin en français («M. Gladstone ne voulait ni reprendre ni
quitter ce qu'on appelle la *leadership.* » John Lemoinne, *in* P. Larousse,
Suppl. 1877). Les puristes proposent de multiplier les équivalents selon
ses usages, aussi divers que ceux de *leader* (I) : *primauté, conduite,
direction* (*Vie et Langage,* décembre 1959, p. 645), *commandement,
suprématie, hégémonie, domination* (*Défense de la langue française,*
n° 18, avril 1963, p. 44)... La fréquence de ce « vieil » emprunt dans la
langue actuelle de la politique et de l'économie marque d'ailleurs sa
renaissance suscitée par l'intérêt pour la dynamique des groupes ; c'est
donc aussi un « mot nouveau » (Gilbert), un mot « dans le vent »
(J. Giraud).

« — Allons donc ! Comme beaucoup de mots anglais, *leadership* est un mot
vague, mais qu'on peut traduire facilement, suivant le contexte [...]. »
                                        Défense de la langue française, avril 1963, p. 44.

LEASE-BACK [lizbak] *n. m.*

(1969) *Fin.* « Forme de crédit dans laquelle l'emprunteur
transfère au prêteur, dès le départ, la propriété d'un bien que
l'emprunteur rachète progressivement, suivant une formule de
location assortie d'une promesse unilatérale de vente » (Commission de terminologie de l'Économie et des Finances).

« Plus de 30 millions de Francs dans la caisse du Bon Marché. C'est le
fruit de l'opération de " lease-back " réalisée par M. Bernard Willot, qui
a vendu puis reloué à son acheteur le centre de vente par correspondance de Wissous. »   *L'Express,* 16 oct. 1972, p. 120.

✻ Américain *leaseback* (aussi *sale-and-leaseback*) 1947, de *to lease back* « louer en retour ». L'Administration française préconise la traduction *cession-bail* (*Banque des Mots*, n° 2, 1971, p. 175) préférable à *crédit-bail* que l'on rencontre parfois, puisque le lease-back est une forme particulière de leasing* : « Le *crédit-bail* (ou "lease-back") est conforme à une bonne gestion et bien adapté à l'économie moderne. Une entreprise vend un bien immobilier et en encaisse le montant. Elle devient aussitôt locataire en vertu d'un bail signé pour une longue durée et verse une somme pour le rachat progressif de l'immeuble », *Le Monde*, 25 mai 1969 [*in* Gilbert, art. *Crédit-bail*].

LEASING [liziŋ] *n. m.*

(1966, *in* Gilbert) *Comm.* Location (avec achat en option, au terme d'une période déterminée) de biens d'équipement à une société financière qui se charge de l'investissement.

« Face à cette invasion et aux perspectives offertes par le développement du tourisme, les Français se sont réveillés. Plutôt que de racheter des hôtels existants, ils ont préféré en construire de nouveaux en usant de la formule moins onéreuse du "leasing" (location à un financier proprétaire des murs). »   *Le Point*, 9 oct. 1972, p. 79.

— Adj. *Un financement leasing.*

✻ Emprunt d'un néologisme américain, créé à partir du verbe *to lease* (XVIᵉ s.) « donner en location », qui apparaît en 1952 dans la dénomination d'une société : *The U. S. Leasing Corporation* « Société de location des États-Unis ». *Leasing,* terme superflu, auquel correspondait le substantif *lease,* n'a pas survécu en anglais. Il a été adopté en français où les emprunts de mots en *-ing* sont fréquents. Après avoir connu une certaine vogue, *leasing* a été remplacé par *crédit-bail* (1966) beaucoup plus parlant.

LEAVERS [livœʀ] *n. m.*

(v. 1850) *Techn.* Métier pour la fabrication du tulle. — REM. : Absent de Littré et des dict. de l'Académie.

« Ce ne fut qu'en 1841 que MM. Hooton et Deverille prirent un brevet pour les *leavers* jacquardés qui sont encore aujourd'hui les plus employés à Nottingham et à Calais-Saint-Pierre. »
E. O. LAMI, *Dict. de l'Industrie et des Arts industriels*, art. *Tulle*, p. 853 (□ 1888).

« Il y a, aujourd'hui, un millier de métiers "leavers" à Calais, 300 à Caudry, environ 80 à Lyon, 80 en Italie, 90 en Espagne et encore 400 à Nottingham. Mais dans le grand centre des Midlands on n'en fabrique pratiquement plus. [...] La productivité du métier Raschel était bien supérieure et les ouvriers tullistes chargés de l'alimenter et de surveiller sa marche n'avaient pas besoin — contrairement à ceux qui travaillent sur les "leavers" — de qualification particulière. [...] il faut vraiment être un expert aux yeux de lynx pour saisir ce qui distingue la contexture des deux dentelles. »   F. GROSRICHARD, in *Le Monde*, 6 juil. 1971, p. 14.

✻ Mot anglais (v. 1841 ; 1828, *Levers' machine*), du nom de John Levers ou Leavers, artisan de Nottingham (1786-1848).

LEG [lɛg] *n. m.*

(1853) *Turf.* Sur les champs de course, Joueur de profession insolvable. — REM. : Absent de Littré et des dict. de l'Académie.

« chacun, même parmi les plus véreux, fait de son mieux pour se donner les dehors de la probité. [...] Quant aux *legs*, ces coquins émérites, c'est à qui remplira le plus exactement les obligations que leur impose le résultat des paris. Ils payent avec la ponctualité d'un banquier un jour d'échéance. Ce n'est qu'à la suite d'une déconfiture complète, quand toutes les ressources sont épuisées, que tout est perdu, y compris l'honneur, qu'ils se décident à fuir [...]. »
E. CHAPUS, *Le Turf ou les Courses de chevaux en France et en Angleterre*, pp. 148-149 (□ 1853).

✳ Abréviation anglaise (1815) de *blackleg,* même sens (1771), terme de l'argot du turf, littéralement « jambe noire ». E. Chapus, en 1853, emploie le mot par référence à l'Angleterre mais l'explication qu'il en donne, reprise par P. Larousse, reste sujette à caution :

> « On se sert de ce mot pour désigner des personnages de cette espèce, parce que la fuite est toujours le moyen de salut auquel ils ont recours dans les bagarres d'argent. *Ils prennent leurs jambes à leur cou,* selon le dicton populaire. »
> E. CHAPUS, *op. cit.,* p. 374.

LEGGED [lɛgd] *adj.*

(1829) *Turf.* Se dit d'un poulain qui a les jambes trop longues. — REM. : Absent de Littré et des dict. de l'Académie.

✳ Terme anglais *legged,* adj. (xvᵉ s.), de *leg* « jambe », et suffixe *-ed,* introduit en France par les turfistes anglomanes. Le français a eu *jambu* et *long-jambu.*

> « Un des rédacteurs de la *Grande Ville* [1843], Albert Cler, nous montre, lui aussi, le *sportsman* [...] s'efforçant partout d'être très anglais. L'amateur du *turf* ne dit pas " généalogie " mais *pedigree,* et pour exprimer qu'un poulain a les jambes trop longues, il dira qu'il est *legged.* »
> G. MATORÉ, *Le Vocabulaire et la Société sous Louis-Philippe,* p. 83 (□ 1946).

LEGGINGS [legiŋs] ou LEGGINS [legins] *n. m.* ou *f. pl.*

(1803 ; répandu 1860) Jambières de cuir ou de toile. — REM. : Absent de Littré et des dict. de l'Académie.

> « Le plus jeune [des Indiens Toutos] avait des mocassins déchirés, des leggins et une espèce de jaquette en coton [...]. »
> G. DEPPING, *Voyage de M. Möllhausen* [1853-1854], p. 371 (□ 1860).

> « Avec un paquetage semblable, le cycliste est assuré de pouvoir, en cinq minutes passées dans sa chambre d'hôtel, se présenter partout décemment [...]. Je ne parle pas ici de guêtres ou de leggins, qui m'ont toujours paru des inventions détestables immobilisant les muscles de la jambe et causant des crampes le plus souvent, mais quelques personnes leur trouvent de l'agrément, et il est certain qu'elles préservent en hiver de la boue et en été des morsures de chien. »
> L. BAUDRY de SAUNIER, *Le Cyclisme théorique et pratique,* p. 472 (□ 1892).

✳ Mot anglais *legging* n. (le plus souvent pl.), aussi *leggins* n. pl., même sens dérivé de *leg* « jambe » (v. 1760). Mackenzie le relève en 1803 dans Volney, *Tableau des États-Unis,* VII, 384 ; considéré d'abord comme terme de cricket, sport anglo-saxon par excellence, il ne s'est pas répandu en français avant 1860.

LEGHORN [legɔRn] *n. m.* ou *f.*

(1888) Race de poule domestique, estimée pour ses qualités de pondeuse. — *Par ext.* Animal de cette race. — REM. : Absent du dict. de l'Académie 1935.

> « — La race de Leghorn, introduite en 1835 aux États-Unis, où elle s'est beaucoup développée, est une race de poules d'origine italienne ; [...] toutes les variétés ont dos court, plastron large et fuyant, cou long, tête fine, pattes moyennes de couleur jaune ainsi que le bec, quatre doigts, crête en faucille développée, grands oreillons blanc crème, longs barbillons, joues nues et rouges, queue fortement relevée. »
> R. YUIGNER, art. *Leghorn* [*in* Poiré, Suppl., 1924].

> « Elle montra du geste l'enclos où picoraient des leghorns, où des chèvres blanches broutaient parmi les lapins blancs tandis que des bœufs et des chevaux blancs servaient aux travaux agricoles. »
> P. MORAND, *Champions du monde,* p. 137 (□ 1930).

✳ Du nom anglais *Leghorn* de la ville toscane de *Legorno* aujourd'hui *Livorno* (« Livourne »), adopté aux États-Unis au milieu du xixᵉ s. (1869) pour désigner une race de poule domestique originaire d'Italie. Passé en français (*Journal officiel,* mars 1888, p. 988, *in* Mackenzie), il est employé le plus souvent comme nom propre ; son genre, mal déterminé, varie selon que l'on sous-entend la race ou des individus.

LÉGISLATIF, IVE [leʒislatif, iv] *adj.*

(1685) Qui fait les lois, a la mission, le pouvoir de légiférer. *Pouvoir législatif.* — REM. : Admis dans le dict. de l'Académie 1718 et dans Littré 1867.

« On en finiroit point sur ces dénominations dont l'énergie épuise toute explication, et qui est la plus expresse sur la grandeur du rang, sur l'exercice du pouvoir législatif et constitutif, et sur l'identité de pairies et de pairs de tous les siècles et de tous les temps [...]. »
SAINT-SIMON, *Mémoires*, t. IV, p. 480 (□ av. 1730).

« Si la puissance législative laisse à l'exécutrice le droit d'emprisonner des citoyens qui peuvent donner caution de leur conduite, il n'y a plus de liberté, à moins qu'ils ne soient arrêtés pour répondre sans délai à une accusation que la loi a rendue capitale [...]. »
MONTESQUIEU, *Esprit des lois*, in *Œuvres complètes*, p. 266 (□ 1748).

✳ De l'anglais *legislative* adj. (1641), formé d'après *legislation, legislator,* par substitution du suffixe *-ative*. Le français avait eu au XIVe siècle *législatif* adj. et *législative* n. « science du législateur », tombés en désuétude. C'est sous l'influence de l'anglais que le terme reparaît, d'abord dans l'*Eikonoklaster* de Milton (1652, *in* Mackenzie, p. 76) : « Parmi toutes les nations sages le pouvoir legislatif et l'execution judicielle de ce pouvoir-là ont ordinairement été choses distinctes. » Mais, comme les autres mots de la même famille (→ **Législation, législature**), il ne fut guère employé avant 1685, l'usage de ces mots se développant avec la réflexion et les événements politiques. On sait quelle fortune il eut après 1789 dans le syntagme *Assemblée législative* puis substantivement *(la Législative).*

« Il convient de considérer avec *fédératif*, les deux termes, *législatif* et *exécutif*, dont les origines, d'après Paul Barbier, se retrouvent chez Locke, où il est question, dans le *Tract of Civil Government* (1691), de : "The legislative, executive and federative power." On rencontre, en effet, les trois termes : *législatif, exécutif* et *confédératif* dans la traduction de ce tract (1691). *Législatif* se rencontre même en 1652 chez Milton [...]. »
F. MACKENZIE, t. I, p. 103 (□ 1939).

« On a justifié, bien ou mal, les mots *législatif, législation, législateur* [...]. J'ai trouvé *législatrice : condamnation émanée de la puissance législatrice (Examen* [*du Gouvernement d'Angleterre...* Londres et Paris, 1789], p. 254, note). »
F. BRUNOT, t. VI, p. 449 (□ 1930).

LÉGISLATION [leʒislasjɔ̃] *n. f.*

(1721) Action, droit, pouvoir de faire des lois. — REM. : Admis dans le dict. de l'Académie 1740, et dans Littré 1867.

« Si le monarque prenait part à la législation par la faculté de statuer, il n'y aurait plus de liberté. Mais comme il faut pourtant qu'il ait part à la législation pour se défendre, il faut qu'il y prenne part par la faculté d'empêcher. »
MONTESQUIEU, *Esprit des lois*, in *Œuvres complètes*, p. 266 (□ 1748).

✳ Anglais *legislation* n., même sens (1655), du latin *legislationem* «présentation d'une loi ». Le mot avait existé en français au XIVe s. mais on le redécouvre au XVIIIe s. à travers les textes anglais où les événements politiques avaient suscité l'apparition des mots *legislator, legislative, legislature...* dès le XVIIe s. → **Législatif, législature.** Aujourd'hui, il est vieux en ce sens ; *législation* signifie « ensemble des lois ».

« LÉGISLATION, s. f. Autorité, puissance de faire des loix ; c'est aussi l'exercice de cette puissance, qui se fait en donnant des loix. Ce mot se trouve dans quelques livres récens de Droit. »
Dict. de Trévoux, 1740.

LÉGISLATURE [leʒislatyʀ] *n. f.*

(1745) *Rare.* Corps législatif d'un pays. — REM. : Admis dans le dict. de l'Académie 1798 et dans Littré 1867.

« C'est encore la peur qui venait de faire décréter la réunion d'une législature, lorsque la politique des réviseurs semblait présager une plus longue durée du Corps constituant. »
BARBAROUX, *Mémoires*, 1794 [*in* Brunot, t. IX, 2, p. 644].

✳ Anglais *legislature* n., même sens (1676), formé d'après *legislator* « législateur » par substitution de suffixe. L'origine latine de ses éléments, la communauté de suffixe (exemple : magistrat*ure*), permirent au mot de s'adapter en français (1745, Abbé Le Blanc, *Lettres d'un Français à Londres, in* Mackenzie, p. 169). Il prit dès 1791 un sens, plus courant, qu'il n'a pas en anglais : « Période durant laquelle une assemblée législative exerce ses pouvoirs ». Les verbes dérivés *législaturer* (1815, *in* Brunot) et *législater* (Mercier, *Néol.*, 1801), n'ont pas vécu ; *légiférer* existait depuis 1796.

LEISHMANIA [lɛʃmanja] *n. f.*

(1909) Nom générique de Trypanosomidés parasites des cellules endothéliales et parfois des leucocytes, qui déterminent les maladies appelées *leishmanioses*. *Leishmanie*, individu du genre Leishmania. — REM. : Absent du dict. de l'Académie 1935.

✳ Mot anglais (1903) formé sur le nom du général William Boog *Leishman* (1865-1926), chirurgien dans l'armée britannique, qui identifia ces parasites en 1903 ; il a donné en français les deux formes *leishmania* (1909) et *leishmanie* (1910) dont il recouvre les sens. Plusieurs dérivés : *leishmaniose* (1910), *leishmanide* « séquelle cutanée de la leishmaniose viscérale », *leishmanien, enne* adj. « non flagellé, qui se présente sans flagelle ».

« Depuis longtemps déjà, les sables diamantifères s'épuisaient ; la région était infestée de malaria, de leishmaniose et d'ankylostomiase... la fièvre jaune sylvestre avait fait son apparition. »   LÉVI-STRAUSS, *Tristes Tropiques*, p. 181 (□ 1955).

LEM [lɛm] *n. m.*

(1969, *in* Gilbert) *Astronautique.* Module✳ lunaire, véhicule à deux étages destiné à l'alunissage des cosmonautes.

« On dépressurise la cabine du LM pour pouvoir ouvrir la porte et Armstrong, sous l'œil vigilant de la caméra de télévision, descend avec précaution les neuf marches de l'échelle [...].

La survie n'étant assurée que pour trois heures, les astronautes regagnent le LM [...] mettent le moteur de remontée en marche et le 21 juillet à 18 h 54 mn quittent la Lune en laissant la partie inférieure du LM à l'endroit de l'atterrissage [...]. »

F. LINK, *La Lune*, pp. 120-121, P. U. F., Que sais-je ?, n° 1410 (□ 1970).

✳ Mot formé sur le sigle américain *LM, Lunar (excursion) Module* « module (d'excursion) lunaire », adopté aux États-Unis en 1962. La réalisation d'un vieux rêve — un véhicule habité qui se poserait sur la Lune — explique l'intérêt particulier accordé à ce sigle, le seul que le français ait adapté de cette façon, bien que l'américain désigne par CM, SM d'autres modules constituant, avec le LM, un vaisseau spatial lunaire (→ **Module**). On rencontre les graphies *L. M., LM, lem,* mais la seule prononciation [lɛm] s'est imposée.

LEMON-GRASS [lemɔngʀɑs] *n. m.*

(1924 ; cité en 1855) Nom de plusieurs plantes graminées du genre Andropogon, renfermant du citral, et dont l'essence est utilisée en parfumerie. — REM. : Absent du dict. de l'Académie 1935.

✳ Mot anglais (1837), littéralement « herbe *(grass)* à citron *(lemon)* », à cause de l'odeur citronnée de ces plantes cultivées autrefois dans les colonies britanniques des Indes orientales, et encore aujourd'hui en Inde et à Ceylan... C'est comme terme technique de parfumerie qu'il a passé en français, alors que l'on disait aussi *chiendent-citron, citronnelle,* et où l'on traduisait *lemon-grass oil* par *huile d'herbe à citron ;* le terme anglais est néanmoins cité dans le Nysten-Littré-Robin (1855).

LET [lɛt] *n. m.*

(1894 ; *balle let*, 1932) *Sports*. Au tennis, au ping-pong, Coup, point ou service qui ne compte pas et doit être rejoué. — REM. : Généralement employé adjectivement au sens « à remettre » ou exclamativement.

« Le service est à remettre *(let)* :
a) Si la balle tombe bonne après avoir touché le filet, la bande ou la sangle, ou si après avoir touché le filet, la bande ou la sangle, *mais avant d'avoir atteint le sol*, elle touche le relanceur ou toute partie de ses vêtements ou objets qu'il porte ;
b) Si le service (qu'il soit bon ou qu'il y ait faute) a été effectué avant que le relanceur ne fût prêt (voir règle 11).
En cas de balle à remettre, le service est annulé, et le serveur sert à nouveau, mais une balle à remettre n'annule pas une faute précédente. » H. COCHET, « Définition adoptée par l'Assemblée générale de la Fédération internationale de Lawn-Tennis, le 12 juil. 1950 », *Le Tennis*, p. 84 (□ 1950).

✳ Mot anglais, n. (1871, en ce sens), de *to let* v. archaïque « obstruer, empêcher » (IXᵉ s.). Ce terme vient remplacer en français (dates fournies par l'I. G. L. F.) le *net** que, par confusion, on a dit et que l'on dit encore dans le même sens, un let étant prononcé quand une balle de service heurte le « filet », *net*, en anglais.

« au tennis, lorsque la balle de service touche la bande du filet avant de retomber dans le carré de service, beaucoup de joueurs français, trompés par la coïncidence, s'écrivent *"net !"*. Le terme qui convient est *let* (à remettre). » F. de GRAND COMBE, *De l'anglomanie en français*, juil. 1954, p. 200.

LÉVITATION [levitasjɔ̃] *n. f.*

(1888) Élévation d'une personne au-dessus du sol, sans appui ni aide matérielle. — REM. : Absent du dict. de l'Académie 1935.

« — Nous supposions que cette force, procédant essentiellement du système nerveux, formait une sorte d'atmosphère nerveuse d'intensité variable entourant les corps, et capable, dans la sphère de son action, de donner des mouvements aux objets solides.
C'est ainsi que, à notre avis, la *lévitation*, ou l'enlèvement du corps humain, s'opérait par une sorte de répulsion ; le corps étant pour ainsi dire chassé du sol sous l'influence de cette atmosphère nerveuse l'environnant de toutes parts. » *La Science illustrée*, 2ᵉ sem. 1889, p. 251.

« Souvent, dans l'histoire des saints, on lit la description d'extases, de lectures de pensée, de visions d'événements qui se passent au loin, et parfois de lévitatios [...]. Mais il n'a pas été possible jusqu'à présent de soumettre ces faits extraordinaires à la critique scientifique. » A. CARREL, *L'Homme, cet inconnu*, p. 173 (□ 1935).

✳ Mot anglais *levitation*, d'abord « action de s'élever en l'air », formé au XVIIᵉ s. (1668, H. More) sur le modèle de *gravitation* n., à partir de l'adjectif latin *levis* « léger ». Il prit au XIXᵉ s. (1874) le sens dans lequel le français l'a emprunté (1888, Daudet *in* Wartburg). Le verbe *léviter*, beaucoup plus rare, vient plutôt de *lévitation* que de l'angl. *to levitate* (créé en même temps que *levitation*) ; il est attesté chez H. Michaux (I. G. L. F.).

LIAS [ljɑs] *n. m.*

(1822) *Géol*. Couches de terrains calcaires formant la subdivision inférieure du système jurassique. — REM. : Enregistré dans Littré 1867 et dans le dict. de l'Académie 1878.

« Les paléontologues ont essayé de séparer le lias en un certain nombre de subdivisions, et de caractériser ces différentes zones au moyen des ammonites, groupes d'espèces de coquillages. » ANSTED, in *Revue des cours scientifiques*, 15 sept. 1866, p. 691.

✳ Mot anglais *lias* (déb. XVᵉ s.), nom d'une roche calcaire, lui-même emprunté au vieux français *liois*, *liais*, même sens (XIIᵉ s. ; du gaulois **liga* « dépôt » ; Cf. *Lie*) et qui fut emprunté à la langue technique des carriers v. 1788 par le géologue W. Smith pour désigner l'ensemble de terrains principalement calcaires dont on a fait ensuite un sous-système du Jurassique. Il est attesté en 1822 en français (Cuvier, *Mém. de l'Acad. des sciences*, V, *in* Mackenzie) où il a donné naissance à des dérivés : *liasique* ou *liassique* adj. « qui appartient au lias, qui a rapport au lias » (1840, admis Acad. 1878) ; *liasien* adj. et n. m. (d'Orbigny 1842), aujourd'hui remplacé par *charmouthien, infralias* n. m., également obsolète.

« La réunion du Rhétien et de l'étage Hettangien, qui lui fait suite, en un groupe particulier, auquel on donnait le nom d'*Infralias*, ne répond plus à l'état actuel de nos connaissances. »   É. HAUG, *Traité de géologie*, t. III, p. 939, Colin, 1927.

LIBÉRAL, ALE, AUX → LIBÉRALISER.

LIBÉRALISATION [libeʀalizɑsjɔ̃] *n. f.*

(mil. XXᵉ s.) Fait de rendre plus libéral. — Spécialt. *(Écon.)* Tendance à la liberté accrue dans les échanges internationaux.

« 95 % des militants qui se sont prononcés seraient maintenant hostiles à une libéralisation de l'avortement. »   *L'Express*, 13 août 1973.

✻ De l'anglais *liberalization* « action de libéraliser, d'être libéralisé ou de devenir libéral » (1835), de *to liberalize* v. « rendre libéral » et suffixe *-ation*. Pris peut-être à l'américain, il passa sans peine en français où l'emprunt *libéraliser**, qu'il contribua à renforcer, l'avait précédé de plus d'un siècle.

« Ce terme est un néologisme encore contesté, quoique de construction régulière (le verbe "libéraliser" se trouve dans Littré).
Il y a intérêt à l'employer, à côté du mot "libération", en lui donnant le sens de "réduction des tarifs douaniers", le mot "libération" correspondant uniquement aux contingents importés. »   *Termes techniques français*, Paris, 1972.

LIBÉRALISER [libeʀalize] *v. tr.*

1° (1785) Ouvrir (l'esprit), élargir (des idées), rendre plus libéral (un régime politique). — REM. : Absent des dict. de l'Académie ; figure dans Littré 1867.

« La déclaration des droits de l'homme et du citoyen est [...] si consolante pour des âmes qui ont commencé une fois à se libéraliser [...]. »   *L'Ami des patriotes*, 11 août 1791 [*in* Brunot, t. IX, p. 660].

2° Rendre plus libéral (un régime, une politique économique).

✻ D'après l'anglais *to liberalize* v. (1774), même sens que 1°, de l'adj. *liberal* (emprunté au français), et suffixe *-ize*. Libéraliser « donner », « mettre au rang des arts libéraux » avait existé en français au XVIᵉ s. Réadopté avec le sens 1° en 1785, il resta peu usité, bien que la fortune de *libéral* dans l'acception nouvelle « qui est favorable à la liberté civile et politique » (v. 1799) ait rejailli sur lui : aux alentours de 1830, les dictionnaires le définissent « rendre *libéral*, noble et libre » (Landais, Boiste). L'emprunt récent de *libéralisation** développe aujourd'hui son usage, au sens 2°. Sans être un anglicisme l'adj. *libéral* lui-même a pris ses connotations actuelles sous l'influence de l'anglais, notamment sous la Restauration.

« À peine le comte de Schelburne [...] a-t-il signé le traité de paix, qu'il s'empresse de faire connaître au ministre français que... c'est vous qui avez *libéralisé* ses idées (l'Académie ne s'offensera pas de la fidélité qui m'oblige à lui faire entendre un mot qu'elle n'a point adopté, mais dont j'aurais peine à trouver l'équivalent) ; que vos écrits, vos conversations ont contribué à l'éclairer sur les avantages de la liberté de commerce... »
Réponse de Chastellux au discours de réception de l'abbé Morellet, 16 juin 1785, in *Mélanges* de Morellet [*in* Brunot, t. VI, 2, p. 1232].

LIBERTY [libɛʀti] *n. m.*

(1892) Étoffe de soie légère, souvent à dessins ou petites fleurs sur fond clair, employée dans l'ameublement et l'habillement. — REM. : Absent du dict. de l'Académie 1935.

« Au lieu des belles robes dans lesquelles Mme Swann avait l'air d'une reine, des tuniques gréco-saxonnes relevaient avec les plis des Tanagra, et quelquefois dans le style du Directoire, des chiffons liberty semés de fleurs comme un papier peint. »
PROUST, *Du côté de chez Swann*, p. 425 (□ 1913).

✳ Nom de l'inventeur anglais *A. Liberty* (1843-1917) — et de la firme de textiles londonienne *Liberty and Co.* L'emploi du mot en construction absolue, au sens de « tissu ordinairement coloré, soierie, satin, etc. » s'est imposé en Grande-Bretagne par la mode française : *Soft satin, called in Paris Liberty, is again being employed as a blouse fabric* « L'étoffe de satin, appelée à Paris Liberty, est encore employée comme tissu pour blouses » (*Daily Chron.*, 19 septembre 1903, *in* Oxford Suppl. ; l'anglais emploie toujours ce mot avec la majuscule). C'est en ce dernier sens que le mot est attesté en français (1892, *Monit. de la Mode*, p. 434, *in* Mackenzie, p. 251). Très en vogue dans les années 20, le liberty revient aujourd'hui à la mode — ce qui explique peut-être que *Liberty* retrouve dans les emplois récents une graphie de nom propre, à l'anglaise (« son habit en Liberty », *Elle,* 15 mars 1971 ; « gansée de Liberty... », *L'Express,* 22 janvier 1973).

LIBERTY-SHIP [libɛʀtiʃip] *n. m.*

(v. 1945) *Mar.* Cargo d'un modèle construit pendant la Seconde Guerre mondiale par les États-Unis. *Des liberty-ships.*

✳ Mot américain (1941-1942, Oxford Suppl.), habituellement écrit *Liberty Ship,* littéralement « bateau (ship) de la liberté ». On construisit entre 1941 et 1945 près de 3 000 de ces cargos de plus de 10 000 t, destinés au transport des troupes et du matériel de guerre.

LIBRE-ÉCHANGE [libʀeʃɑ̃ʒ] *n. m.*

(v. 1840) *Écon.* Système dans lequel les échanges commerciaux entre États sont libres ou affranchis des « barrières » qui les entravent. — REM. : Enregistré dans Littré 1864 et dans le dict. de l'Académie 1878.

« ces intransigeants démocrates sont devenus républicains. Ils le sont d'abord parce qu'avec l'industrialisation croissante du Sud le protectionnisme les a en partie gagnés. Quand ils ne faisaient que du coton, le libre-échange était leur doctrine. »
A. SIEGFRIED, *Les États-Unis d'aujourd'hui*, p. 255 (□ 1927).

✳ D'après l'anglais *free trade* (1606) de *free* « libre » et *trade* « commerce, trafic », qui prit v. 1823 sa valeur économique précise (en 1776, A. Smith employait *freedom of trade* dans le même sens). Les économistes français du XVIIIe s. (Quesnay, Dupont de Nemours, Turgot, Necker...) avaient déjà défendu « le libre cours des échanges » (1784, Necker, *in* Brunot, t. VI, p. 325), mais l'expression *libre-échange* n'apparaît qu'au XIXe s. (v. 1840 Proudhon, *in* Wartburg). Elle est suivie par *libre-échangiste* n. et adj. « partisan du libre-échange ; relatif au libre-échange » (1845 ; Littré a *échangiste*) et *libre-échangisme* n. m. « doctrine des libre-échangistes ». On note à la même époque l'apparition de leurs antonymes, *protectionniste* et *protectionnisme*. Les mots *free-trade* (1845) et *free-trader* « partisan du libre-échange » (1846) furent aussi empruntés, mais ne s'employèrent guère, et presque toujours par référence à l'Angleterre.

« C'est l'antagonisme des libre-échangistes et des protectionnistes, qui a trouvé chez nous, dans la nouvelle législation des céréales, une solution définitive. »   L. FIGUIER, *L'Année scientifique et industrielle*, p. 455, 1864 (□ 1863).

LIBRE(-)PENSÉE [libʀəpɑ̃se] *n. f.*

(1870) Attitude d'esprit du libre-penseur* ; exercice libre et indépendant de la raison, notamment en matière religieuse. — REM. : Enregistré dans le Suppl. de Littré 1877, et dans le dict. de l'Académie 1935.

« Le repos du dimanche est obligatoire, et, l'assistance au service religieux, à moins que l'élève ne formule par écrit une déclaration de libre-pensée, contresignée par ses parents. »

P. BOURGET, *Outre-Mer*, p. 129 (□ 1895).

✳ D'après l'anglais *freethinking* n. « libre exercice de la raison en matière religieuse » (1692), de *free* « libre » et *thinking*, de *to think* « penser ». *Libre-pensée* n'est attesté en français qu'au XIXᵉ s., bien après *libre-penseur** (*La Libre Pensée*, titre d'une revue créée en 1870). *Libre-pensée* n'est qu'un « anglicisme a posteriori », correspondant à un courant idéologique du XIXᵉ s. : on avait dit au XVIIIᵉ s. *liberté de penser*, et le célèbre *Discourse of Free-thinking* de J. A. Collins (1713), traduit en français dès 1714, s'y nomma *Discours sur la liberté de penser*.

LIBRE(-)PENSEUR [libʀəpɑ̃sœʀ] *n. m.*

(v. 1780) Celui qui, en matière religieuse, refuse de soumettre sa raison au contrôle de l'autorité, de se conformer sans examen au dogme établi. *Des libres penseurs.* — REM. : Enregistré dans Littré 1867 et dans le dict. de l'Académie 1878.

« Parmi les hommes qui commettent des crimes, il y a beaucoup plus de gens crédules que de libres penseurs ; et il faut se garder de confondre la liberté de penser, produite par l'usage de la raison, avec ces maximes immorales qui sont depuis tous les temps à la bouche de la canaille de tous les pays [...].

On a dit aussi que les libres penseurs étaient dangereux parce qu'ils formaient une secte : cela est encore absurde. Ils ne peuvent former de secte, puisque leur premier principe est que chacun doit être libre de penser et de professer ce qu'il veut : mais ils se réunissent contre les persécuteurs ; et ce n'est point faire secte que de s'accorder à défendre le droit le plus noble et le plus sacré que l'homme ait reçu de la nature. »

Avertissement des éditeurs de l'édition de Kehl,
in VOLTAIRE, *Traité sur la tolérance*, t. XXIX, p. 49 (□ 1785-1789).

✳ Calque de l'anglais *freethinker* (1692), nom choisi par une secte, mais qui connut bientôt une plus large extension : *The atheists, libertines, despisers of religion [...] that is to say, all those who usually pass under the name of Free-thinkers* « Les athées, les libertins, les contempteurs de la religion [...] c'est-à-dire tous ceux qui passent habituellement sous le nom de Libre-Penseurs » (1708, Swift *in* Oxford dict.). L'anglais avait emprunté au français au XVIᵉ s. un sens de son *libertine* ; il lui donnait au XVIIIᵉ s. *libre-penseur*, et à l'allemand *Freidenker*, à l'italien *libero pensatore...* Bloch et Wartburg signalent *libre-penseur* en français dès 1659 (faut-il lire 1695 ?) avec la mention « rare avant le XVIIIᵉ s. ». Selon Féraud (*Dict. critique de la langue française*, 1787-1788), c'est l'abbé Guénée (1717-1803) qui, le premier, aurait ainsi nommé les « Philosophistes » (Brunot, t. VI, p. 20). L'abbé polémiqua avec Voltaire, mais ce dernier n'employait pas *libre-penseur* : il avait formé *franc-pensant* (1769), sur le modèle de *franc-maçon**. En français *libre-penseur* a aussi acquis la valeur d'adjectif (fém. : *libre-penseuse*).

« Nous avons parmi nous une secte assez connue qu'on appelle les *Free-thinkers*, les francs-pensants, beaucoup plus étendue que celle des francs-maçons. Nous comptons pour les principaux chefs de cette secte, milord Herbert, les chevaliers Raleig et Sifney, milord Shaftesbury, le sage Locke modéré jusqu'à la timidité, le grand Newton, qui nia si hardiment la divinité de Jésus-Christ, les Collins, les Toland, les Tindal, les Trenchard, les Gordon, les Woolston, les Wollaston, et surtout le célèbre milord Bolingbroke. Plusieurs d'entre eux ont poussé l'esprit d'examen et de critique jusqu'à douter de l'existence de Moïse. »

VOLTAIRE, *Dieu et les Hommes*, p. 248 (□ 1769).

« Les hommes dont je veux parler sont ceux qu'on appelle à Londres *Free-thinkers*, les Francs penseurs, ceux dont Toland fut le premier apôtre en publiant son *Christianisme sans mystère*. »

P. N. CHANTREAU, *Voyage dans les trois royaumes d'Angleterre, d'Écosse et d'Irlande*, 1792 [in Mackenzie, pp. 96-97].

« Ce fou aimable [Lord Herbert of Cherbury], cet écervelé héroïque, fut le premier en date de ces philosophes pour lesquels fut créé le mot de *free thinkers* (penseurs en dehors de l'église), mot dont le sens s'est singulièrement élargi, mais qui, à l'origine, avait exactement la même signification que le mot *libertin*, pour les philosophes chrétiens de la France de Louis quatorze. »

E. Montégut, *Essais sur la littérature anglaise :
Un Don Quichotte historique,* 1883 [*in* Mackenzie, p. 97]

LICENSEUR [lisɑ̃sœʀ] *n. m.*

(1771) En Grande-Bretagne, Personne qui exerce la fonction officielle de la censure sur les livres, les journaux. — REM. : Absent des dict. de l'Académie et de Littré.

∗ Francisation de l'anglais *licenser (of the press)* n., même sens (1644), de *to license* v. « donner licence, autoriser (la publication de) » et suffixe *-er.* Enregistré en 1787 dans le Dict. de Trévoux, le terme est relevé en français par Gohin déjà en 1771 *(in* Wartburg, art. *Licere).* Ce remarquable euphémisme, par lequel le censeur est censé autoriser, et non pas interdire, n'a pas fait fortune en français.

LIDAR [lidaʀ] *n. m.*

(1971) Système ou appareil de détection, qui émet un faisceau laser∗ et en reçoit l'écho, permettant de déterminer la distance d'un objet.

∗ Mot américain (v. 1963) formé par analogie avec *radar* des initiales de l'expression *Light Detecting And Ranging* « détection et réglage (par la) lumière ». Le mot reste rare et technique.

LIFE-BOAT [lajfbot] *n. m.*

(1802) *Mar.* Bateau de sauvetage.

« Les qualités d'un bateau de sauvetage, déjà arrêtées dans le programme du concours institué en 1852 par le duc de Northumberland, concours où fut primé le *life-boat* employé par la Société centrale de sauvetage des naufragés, sont la stabilité, l'insubmersibilité, l'évacuation spontanée de l'eau embarquée et le redressement en cas de chavirement sous une lame prenant le bateau par le travers [...] le bateau Henry n'en est pas à son coup d'essai [...].
Ce *life-boat* perfectionné, insubmersible, inchavirable, rapide et vaste, marchant à l'aviron, à la voile et mécaniquement, représente l'une des plus belles inventions de la science moderne [...]. »

É. Gautier, *L'Année scientifique et industrielle,*
pp. 354-358, 1905 (□ 1904).

∗ Mot anglais (1801), littéralement « bateau *(boat)* (de) vie *(life)* ». Mackenzie le signale dans *Le Moniteur,* 18 ventôse an X, p. 1. Cet anglicisme n'a pas fait fortune.

LIFE(-)GUARDS [lajfgwaʀds] *n. m. pl.*

(1842) Dans l'armée britannique, Régiment de cavalerie qui forme, avec les Royal Horse Guards, la cavalerie de la Maison royale.

« Puck, un des neveux de Puff, qui prétendait à sa succession, et qui, pour le moment, habitait la caserne des *Life-Guards,* rencontra *my dear* Brisquet. »

Balzac, *Peines de cœur d'une chatte anglaise,* p. 441 (□ 1842).

∗ Nom anglais (1670), de *life-guard* n. (1648), littéralement « garde (de) vie », qui fut peut-être suggéré par le néerlandais *lijfgarde* (allemand *Leibgarde*). Les Anglais nomment *Life Guardsman* un soldat de ce régiment. On rencontre au Canada *lifeguard* « sauveteur chargé de la surveillance des plages » (A. Turenne, *Petit Dict. du Joual au français,* p. 68, éd. de l'Homme, Montréal 1962).

1. LIFT [lift] *n. m.*

1° (1904) *Vx.* Ascenseur. — REM. : Absent du dict. de l'Académie 1935.

« On monte en prison dans des ascenseurs confortables et rapides qui n'ouvrent sur les couloirs de la prison que grâce à des serrures très compliquées manœuvrées par l'agent qui gouverne le *lift*. »

J. HURET, *De San Francisco au Canada*, p. 511 (□ 1905).

2° (1918) *Vx.* Garçon d'ascenseur. — REM. : Absent du dict. de l'Académie 1935.

« le directeur vint lui-même pousser un bouton : et un personnage encore inconnu de moi, qu'on appelait " lift " (et qui au point le plus haut de l'hôtel, là où serait le lanternon d'une église normande, était installé comme un photographe derrière son vitrage ou comme un organiste dans sa chambre), se mit à descendre vers moi avec l'agilité d'un écureuil domestique, industrieux et captif. Puis glissant de nouveau le long d'un pilier il m'entraîna à sa suite vers le dôme de la nef commerciale. »

PROUST, *À l'ombre des jeunes filles en fleurs*, p. 665 (□ 1918).

✳ Mot anglais *lift* « ascenseur, monte-charge » (mil. XIXe s.), d'abord « action d'élever », de *to lift* « élever » (XIVe s.). Le sens 1° est un véritable emprunt à l'anglais (1904, *in* Mackenzie), alors que le sens 2° remplace les comp. anglais *lift-boy* (1904), *lift-attendant*... En français, *lift*, avec des incertitudes phonétiques issues du snobisme anglicisant (→ cit. de Proust ci-dessous) a été à la mode au début du siècle, puis a vieilli. Seul le dérivé *liftier* (attesté en 1918, comme *liftman* [liftman], toujours chez Proust) a conservé quelque vie : P. Gilbert atteste même un féminin *liftière* (1970). *Garçon d'ascenseur* paraît être plus usuel. La chute de ces anglicismes n'est pas due à l'action des puristes, mais aux caprices de la mode et, probablement, au fait que l'" ascenseur " américain est un *elevator ;* or Londres n'est plus le modèle de modernité qu'il fut vers 1900...

« Bloch [...] ajouta : [...] dites au " laïft " de [...] vous prévenir de suite [...]. Bloch croyait [...] qu'en Angleterre non seulement tous les individus du sexe mâle sont lords, mais encore que la lettre *i* s'y prononce toujours *aï*. Quant à Saint-Loup, il [...] pensait bien que Bloch attachait plus d'importance que lui à cette faute. Ce que Bloch prouva quelque temps après, un jour qu'il m'entendit prononcer " lift ", en interrompant : " Ah ! on dit lift. " Et, d'un ton sec et hautain : " Cela n'a d'ailleurs aucune espèce d'importance. " »   PROUST, *op. cit.*, pp. 738-740.

2. **LIFT** [lift] *n. m.*

Aide donnée sur la route à un piéton en le transportant gratis, pour une certaine distance, dans un véhicule.

✳ Emploi spécialisé de *to lift* « soulever », d'où « emporter », d'abord emprunté en français du Canada, mais utilisé (rarement) en France en concurrence avec *auto-stop*.

3. **LIFT** [lift] *n. m.*

(1913) *Sports.* Coup qui consiste à frapper une balle (un ballon) de bas en haut, qui lui fait décrire une courbe assez haute et qui l'accélère quand elle (il) rebondit. — REM. : Absent du dict. de l'Académie 1935.

« En *lift*, le mouvement de frappe devra être très ample (préparation et fin de geste importantes), " arraché ", et terminé par un violent coup de poignet enveloppant. »   H. COCHET, *Le Tennis*, p. 103 (□ 1950).

✳ Abréviation purement française de l'anglais *lifted shot* (1902) « coup (shot) soulevé (lifted) ».

« Peu novateur dans la prononciation des mots anglais [...] le français fait montre à d'autres égards d'une belle indépendance [...]. Qu'un mot composé lui paraisse trop long, il le soumet à des amputations impitoyables, à des synecdoques sans merci [...] *the lift-boy* devient *le lift*, homonyme du *lift* (angl. *lifted shot*) du jeu de tennis. »   J. ORR, *Les Anglicismes du vocabulaire sportif*, oct. 1935, p. 299.

LIFTER [lifte] *v. tr.*

1° (1921) *Sports.* Frapper une balle (un ballon) en lift✳ (3). *Service lifté* — REM. : Absent du dict. de l'Académie 1935.

« La balle " liftée " (de l'anglais *to lift* : soulever) est une balle qui tourne dans le sens de sa course ; mais, à la différence du *top-spin*, elle a été cette fois prise par en dessous et remontée énergiquement de bas en haut. [...] elle aura une trajectoire très arrondie, et un rebond plus haut et plus long que la normale. Parfois même, elle prendra encore de la vitesse en touchant le sol, et ce, d'autant plus qu'elle aura été plus " travaillée ". »   H. COCHET, *Le Tennis*, p. 100 (□ 1950).

✳ De l'anglais *to lift* v., même sens (2e moitié XIXe s.) ou plutôt dérivé français de *lift* (3).

2° (1968) *Chir.* Retendre la peau du visage, des seins, par décollement et tension de l'épiderme ; faire un lifting*. — Au fig. :

« Son visage est légèrement griffé de rides aux coins des yeux quand elle est sérieuse, mais le moindre sourire le " lifte " instantanément [...]. »
                                        L'Express, 19 fév. 1968 [*in* Gilbert].

✳ Même formation, d'après un autre sens de l'anglais *to lift* v. « relever » : *The "face-lifting" process which does away with wrinkles [...] by literally "lifting" off part of the old face and replacing it* « La méthode du "face-lifting" qui fait disparaître les rides [...] en "relevant" littéralement une partie du vieux visage et en la refixant » (F. Courtenay, *Physical Beauty* 57, 1922, *in* Oxford dict.). C'est l'emprunt de *lifting* (1°) qui a entraîné l'adoption de ce sens.

LIFTING [liftiŋ] *n. m.*

1° (1955) Traitement esthétique, le plus souvent chirurgical, qui consiste à retendre la peau du visage, etc., pour faire disparaître les rides et autres traces du vieillissement.

« Notre clientèle, dit l'un des grands spécialistes parisiens de chirurgie esthétique, comprend beaucoup plus de femmes que d'hommes [...]. Trois mille francs pour un nez [...]. Un lifting (effacement des rides) coûte plus cher, quatre à cinq mille francs environ [...]. »
                                        Télé-7 Jours, 25 mars 1972, p. 53.

✳ Anglais *lifting*, même sens, d'abord *face-lifting* (1922). La Commission ministérielle du langage médical (1970-1971) n'a pas retenu la traduction *ridectomie ;* elle propose les équivalents *déridage,* pour le visage, et *modelage,* pour les seins (*Banque des mots*, n° 4, 1972, p. 217).

2° (1973) Exercice de gymnastique consistant à soulever et à ramener lentement au sol successivement les jambes et le buste d'une personne allongée sur le sol.

✳ Emploi spécial du participe présent substantivé de *to lift*. Le français dit très clairement : *élévation.*

LIFTMAN → LIFT 1.

LIGAND [ligã] *n. m.*

(1970) *Chim.* Molécule ou ion dans laquelle (lequel) un atome central est lié à d'autres atomes ou groupements d'atomes en nombre supérieur à la charge ou au degré d'oxydation de l'atome central (Comité consultatif du langage scientifique).

« On donne le nom de "ligand" à un corps caractérisé comme tendant à se *lier* à un autre. »
            J. MONOD, *Le Hasard et la Nécessité*, éd. du Seuil, p. 93 (□ 1970).

✳ Mot anglais (1952), du latin *ligandum,* gérondif de *ligare* « lier ». Le Comité consultatif du langage scientifique propose de le traduire par *coordinat.* Mais *ligand,* généralement francisé dans la prononciation, est entré dans l'usage scientifique.

LIGHT-BOAT [lajtbot] *n. m.*

(1865) *Mar.* Bateau-phare ; navire équipé de moyens de signalisation, dont un mât tubulaire portant un phare, mouillé dans un endroit où la navigation est dangereuse et la construction d'un phare impossible.

« Ils ont aussi les phares flottants ou bateaux-phares, *light-boats*, qui dénoncent au marin certains écueils entièrement cachés [...]. Je me souviens d'avoir rencontré par un temps assez gros un de ces *light-boats* de la Manche. »   L. SIMONIN, *Un voyage aux mines de Córnouailles* [1862], pp. 395-396 (□ 1865).

« Le cortège des boats et des tenders suivait toujours la frégate, et il ne la quitta qu'à la hauteur du *light-boat* dont les deux feux marquent l'entrée des passes de New York. »
Jules VERNE, *Vingt Mille Lieues sous les mers*, p. 26 (□ 1869).

✱ Anglais *light-boat* n. (1831), littéralement « bateau-phare *(light)* » ; on rencontre aussi en anglais *lightship* (1837). Le mot n'apparaît en français, où existe *bateau-feu*, que par souci de la couleur locale.

LIGHT-SHOW [lajtʃo] *n. m.*

(v. 1972) Dans un spectacle, Accompagnement visuel de jeux de lumière colorée.

« Vingt orchestres, 150 musiciens [...]. Avec, en prime, un véritable environnement jazz : conférences, expositions, light show, jam sessions. »
L'Express, 10 juil. 1972, p. 9.

« Les modernes merveilles du *light-show*, ces tableaux abstraits aléatoires que la lumière engendre et dissipe. »
Le Nouvel Observateur, 15 janv. 1973, p. 13.

✱ Mot anglais (1966) qui signifie littéralement « spectacle *(show)* (de) lumière *(light)* ».

LIGNE [liɲ] *n. f.*

(v. 1968, G. L. L. F.) *Publ.* Gamme (de produits).

« HABIT ROUGE ligne pour homme de Guerlain Paris. »
L'Express, 10 juil. 1972, p. 11 (Publ.).

✱ Calque de l'anglais *line* n. « ensemble de choses variées qui peuvent être considérées comme arrangées dans une série ou une suite » (1834). Seul cet emploi publicitaire a passé en français de France, alors qu'on relève au Canada de nombreux autres emplois.
Le Comité d'étude des termes techniques, les commissions ministérielles chargées d'étudier les vocabulaires de spécialités préconisent d'ailleurs de nouveaux emplois de *ligne* correspondant à des syntagmes comprenant *line*, dans d'autres sens, dans les langues de l'informatique (*off-line** : hors ligne ; *on-line** : en ligne ; *line-loop* : en ligne), de l'armée (*line-scanning* : balayage en ligne), de l'astronautique (*line of nodes* : ligne des nœuds), etc.

-LIKE [lajk]

✱ Suffixe signifiant « ayant le caractère ou les qualités de la chose exprimée par le mot suffixé » qui sert en anglais à former des adjectifs et des adverbes. Il figure en français dans les composés archaïques *gentlemanlike**, *ladylike**, mais c'est sa fréquence dans les emprunts spéciaux au vocabulaire médical qui le fait remarquer de la Commission ministérielle du langage médical ; elle préconise de lui substituer *à effet...* suivi de l'adjectif (*Banque des Mots*, n° 4, 1972, p. 217).

LILLIPUTIEN, IENNE [lilipysjɛ̃, jɛn] *adj. et n.*

N. (1727) Habitant(e) de Lilliput, pays imaginaire des *Voyages de Gulliver* ; *(par ext.)* personne de petite taille, de petit esprit. — *Adj.* (1727) De Lilliput ; *(par ext.* ; 1779) Petit, minuscule. — REM. : Enregistré dans Littré 1867 (adj. et n.), et dans le dict. de l'Académie 1878 (adj.).

« Que devient le dénigrement absurde de l'envie lilliputienne ? Quelle pitié, en effet, de voir le petit homme accabler le nain, et le nain écraser un ciron ! »   L. S. MERCIER, *Néologie*, p. 66, 1801.

« Il avait aussi des mots délicats et charmants, mais il ne fallait pas qu'ils s'élevassent au-dessus de la taille lilliputienne de ses idées. »
          STENDHAL, *Souvenirs d'égotisme*, ap. 1821 [*in* Robert].

✳ De *Lilliputian,* mot créé par Swift, dans les *Voyages de Gulliver* (1726), pour dénommer les habitants, hauts de six pouces, du pays imaginaire de *Lilliput.* Il apparaît en français avec la traduction du roman par l'abbé Desfontaines (1727) et, dans son sens large, v. 1779 (Wartburg). La renommée universelle du roman de Swift a effacé du mot tout caractère d'anglicisme ressenti.

LIME-JUICE [lajmdʒus] *n. m.*

(1867) Jus de limette.

« un esprit observateur comprenait de primesaut que le *Forward* allait naviguer dans les mers polaires, à la vue des barils de limejuice, des pastilles de chaux, des paquets de moutarde [...] ces puissants antiscorbutiques, dont l'influence est si nécessaire dans les navigations australes et boréales. »
          Jules VERNE, *Les Aventures du capitaine Hatteras*, p. 16 (□ 1864).

✳ Anglais *lime juice* (1704). La consommation obligatoire de cette boisson antiscorbutique sur les bateaux anglais fit qu'on appela ceux-ci *lime-juicers* aux États-Unis. C'est par référence à des habitudes anglaises que le français a emprunté *lime-juice* : *Lime* n. f. « sorte de citron », de l'arabe *limun,* est attesté dans notre langue depuis 1555, et enregistré par l'Académie dès 1694 (elle le supprime en 1935). *Limette* n. f. « lime douce » apparaît en 1782 et *limettier* n. m. « arbre qui produit la limette » (Citrus limetta) en 1846. Cependant, *lime,* désignant une boisson, représente une abréviation de l'anglicisme bien plutôt que l'ancien terme français ; *lime-juice* est en effet imprononçable en français.

« Vous préférez le whisky, n'est-ce pas, à cette heure ? Eh bien, à la vérité, moi, c'est le gin avec un peu de lime. »   J. KESSEL, *Le Lion*, p. 196 (□ 1958).

1. LIMERICK [lim(ə)ʀik] *n. m.*

(attesté XXᵉ s.) Poème amphigourique de cinq vers, rimant en a, a, b, b, a.

✳ De l'anglais *limerick,* même sens (XIXᵉ s.), du nom de la ville irlandaise, probablement à cause d'un jeu de société où chaque convive devait improviser des vers sur lesquels on reprenait en chœur : *Will you come up to Limerick ?* « Viendrez-vous jusqu'à Limerick ? » (Oxford Dict.).

2. LIMERICK [lim(ə)ʀik] *n. m.*

(1877) *Pêche.* Hameçon noir à pointe remontant droit.

✳ Abréviation française de l'anglais *Limerick(-)hook* n. « hameçon de Limerick » (1828 ; *limerick* en 1835) du nom de la ville irlandaise où ce type d'hameçons fut d'abord fabriqué. Mackenzie la relève en 1877 dans Morin-Mauduit, *Guide pratique du pêcheur*, p. 30.

LIMESTONE [lajmston] *n. m.*

(1797) Géol. *(Rare)* Calcaire, roche calcaire (exclusivement par référence aux pays de langue anglaise). — REM. : Absent de tous les dictionnaires.

« au local près, la Société asiatique de Calcutta et le lycée d'histoire naturelle de New-York [...] ont la plus grande ressemblance. La géologie y est très à la mode. C'est une science très-cultivée pour apprendre à nommer scientifiquement les pierres qu'on trouve sur son chemin, et

qu'on ramasse dans son palanquin lorsqu'on change de résidence ou de garnison. Ainsi il y a du granit, du gneiss, du micaslate, du clayslate, du sandstone (qui est toujours du newred-sandstone), et du limestone (qui est invariablement du lias). Je crois que j'ai tout dit. »
V. Jacquemont, à Elie de Beaumont, 9 sept. 1830, in *Corresp.*, t. I, p. 258.

✳ Mot anglais (1523), de *lime* « mortier ou ciment utilisé dans la construction ; chaux » et *stone* « pierre, roche ». Signalé par Mackenzie dans B. Faujas et Saint-Fond, *Voyage en Angleterre, en Écosse et aux Îles Hébrides*, II, 318 (1797).

LIMESTRE [limɛstʀ] *n. m.*

(1530) *Vx.* Serge croisée et drapée, dite aussi *drap de Limestre*, qu'on fabriquait à Rouen. — REM. : Absent des dict. de l'Académie ; figure dans Littré 1867.

« mon voisin, de la toison de ces moutons seront faictz les fins draps de Rouen ; les louschetz des balles de Limestre, au pris d'elle, ne sont que bourre. »
Rabelais, *Pantagruel*, in *Œuvres complètes*, p. 578, Pléiade (□ 1552).
« Aydez-vous seulement, et Dieu vous aydera.
Combien, pour avoir mis leur honneur en sequestre
Ont-elles en velours eschangé leur limestre,
Et dans les plus hauts rangs eslevé leurs maris ! »
M. Régnier, *Satyres*, Macette, 1613 [*in* Godefroy].

✳ Ancien nom français de la ville anglaise de Lemster (ou *Limster*, d'abord *Leominster*), pris pour désigner une étoffe fabriquée primitivement dans cette ville, puis en Espagne, à Ségovie (xvᵉ s., *limiste*) et au xviᵉ s. à Rouen.

LIMINAL, ALE, AUX [liminal, o] *adj.*

(déb. xxᵉ s.) *Psychol.* Qui est au niveau d'un seuil de sensibilité.

✳ Anglais *liminal* adj., même sens (1884), formé sur le latin *limen, inis* « seuil » à l'aide du suffixe *-al*. On a créé aussi outre-Manche le dérivé *subliminal* adj. « inférieur à un seuil de sensibilité » (1886) pour traduire l'allemand de Herbert : *unter der Schwelle des Bewusstseins* « sous le seuil de conscience » (*Psychologie als Wissenschaft*, 1824). Le français a aussi *liminaire* — sur le latin *liminaris* « relatif au seuil » — et *infraliminaire*. On tend à réserver *subliminal* au sens d'« inférieur au seuil d'éveil de la conscience » (H. Piéron).

« À partir du seuil de la sensation, c'est-à-dire de la grandeur minimale du stimulus se montrant efficace (grandeur dite " liminaire "), l'intensité sensorielle augmente bien à mesure que s'accroît l'intensité de la stimulation [...]. »
H. Piéron, *La Sensation*, p. 59, P. U. F., Que sais-je ?, nº 555, 1953 (□ 1952).

LIMITED, abrév. Ltd [limitəd] *adj.*

(1875) [*Société*] *Limited, Ltd*, société commerciale dans laquelle la responsabilité de chaque administrateur ou actionnaire est limitée à un montant proportionnel à son apport de fonds, et ne dépassant pas celui-ci. — REM. : Absent de Littré et des dict. de l'Académie.

« Ces propriétaires ne s'étaient pas transformés, comme aujourd'hui, en sociétés anonymes et n'ajoutaient pas à la liste de leurs immeubles " Estates Ltd ". »   P. Morand, *Londres*, p. 49 (□ 1933).

✳ D'après l'abréviation anglaise *limited company* (mil. xixᵉ s.), de *limited liability company* « société à responsabilité limitée ». Apparu en français en 1875 (*in* Wartburg), ce mot y désigne exclusivement une réalité étrangère. Il a cependant été l'objet, à la fin du xixᵉ s., d'un engouement de journalistes au sens de « restreint, limité ». *Limited*, comme le canadianisme *limitée* adj. f., entre dans la composition des noms de sociétés.

« Il [M. Coquelin] avait conclu un engagement *limited*. Cet engagement est fini, il reprend sa liberté. Quoi de plus simple ? »   *Le Charivari*, 30 janv. 1892, p. 1.

« Si vous voulez pratiquer le protectorat [au Dahomey], même *limited*, vous serez forcés d'entretenir là-bas un corps d'armée permanent [...]. »
Le Charivari, 29 nov. 1892, p. 1.

1. LINER [lajnœʀ] *n. m.*

1° (1907) Paquebot de grande ligne. — REM. : Absent du dict. de l'Académie 1935.

2° (1949) Avion de transport de passagers à grande capacité, affecté à une ligne régulièrement assurée par une compagnie.

« L'entrée en scène d'énorme " liners " comme le Boeing 747, qui emportera d'un seul coup 450 passagers. »   *Science et Vie*, n° 593, p. 96.

✳ Mot américain au sens 1° (1836) et anglais au sens 2° (1905), de *line* n. « ligne (de transports) » (fin XVIIIᵉ s.). La Commission ministérielle chargée d'étudier le vocabulaire de la construction aéronautique (1970) préconise, pour le sens 2°, la traduction *avion de ligne* (*Banque des mots*, n° 4, 1972, p. 181).

2. LINER → EYE-LINER.

LINGAM ou LINGA [linga(m)] *n. m.*

(1765) *Didact.* Symbole phallique du Dieu Shiva, dont le culte est lié à l'idée de création. — REM. : Figure dans Littré 1867 ; absent des dict. de l'Académie.

« Les Indiens adorent *Isuren* sous une figure obscène et monstrueuse qu'ils exposent dans les temples, et qu'ils portent en procession. Lorsque cette divinité ne paroît pas dans les temples sous la forme infame du Lingam, mais sous celle d'un homme, elle est représentée comme ayant un troisième œil au milieu du front. »
Chevalier de JAUCOURT, art. *Isuren*, in *Encycl. Diderot*, 1765.

✳ Sanscrit *linga* (le *m* flexionnel du nominatif a été conservé dans la forme *lingam*, adoptée dans les langues non aryennes de l'Inde) passé en français (1765) par l'intermédiaire de l'anglais (1719). On note les variantes *lingan*, *lingum* (*Encycl. Diderot*, 1765), *lenghe* (P. Larousse, 1873).

LINKAGE [linkaʒ] *n. m.*

(1943) *Biol.* Liaison existant entre les gènes d'un chromosome ; association de facteurs héréditaires qu'elle entraîne.

« on pourra, comme l'a suggéré *Sturtevant*, par l'étude méthodique du *linkage* pour chaque couple de gènes d'un même groupe, déterminer les points où il sont localisés *(loci)* sur les chromosomes correspondants, c'est-à-dire faire la *carte* des *loci* des divers gènes, correspondant aux diverses mutations. »   M. CAULLERY, *Génétique et Hérédité*, p. 56, P. U. F., Que sais-je ?, n° 113, 1951 (□ 1943).

✳ Mot anglais *linkage* « condition ou manière d'être lié ; système de liaisons » (1874), de *link* n. « lien » ou de *to link* v. « lier » et suffixe *-age*, d'un emploi général en chimie, en géométrie, en biologie. Le sens particulier emprunté par le français (in *Dict. des termes techn. de méd.*, Garnier-Delamare, 1845) est apparu en américain avec les travaux de Morgan sur l'hérédité (1912). On dit de caractères héréditaires associés en raison de la liaison des gènes dont ils dépendent qu'ils sont *linkés* (angl. *linked*) ; mais *linkage group* « groupe de gènes qui tend à se transmettre comme une unité », est rendu par *groupe de liaison*.

« En étudiant de nombreux couples de caractères, le généticien est amené à définir des *groupes de liaison*, c'est-à-dire des ensembles de caractères qui, chez un même organisme, sont liés entre eux et indépendants des caractères des autres groupes. Pour tous les organismes étudiés, le nombre des groupes de liaison, déduit de l'analyse génétique, est identique au nombre de chromosomes de l'espèce. »
J. BEISSON, *La Génétique*, p. 39, P. U. F., Que sais-je ?, n° 113 (□ 1971).

LINKS [liŋks] *n. m. pl.*

(1894) Terrain de golf. — REM. : Absent du dict. de l'Académie 1935.

« La vie à la campagne n'existe plus qu'en fonction de la proximité des links [...]. »   P. MORAND, *Londres*, p. 138 (☐ 1933).

« Le " beau monde " se retrouve enfin seul à l'abri de la " popularisation " qui, après le tennis, le ski, la voile a même touché le cheval, les *links* sont, tout naturellement en France le terrain d'élection des *happy few* et des locataires du Bottin mondain. »
P. SERRY, in *Le Nouvel Observateur*, 9 oct. 1972, p. 59.

✳ Mot anglais, même sens (1728, en Écosse), spécialisation de *links* n. pl. « terrain littoral sablonneux, légèrement accidenté, couvert d'herbe ou de gazon ». Il a passé en français à la fin du XIX⁰ s. avec le vocabulaire du golf* (1894, *in* Petiot).

LINO [lino] → LINOLÉUM, LINOTYPE.

LINOLÉIQUE [linɔleik] *adj.*

(av. 1873, Larousse) Chim. *Acide linoléique,* acide diéthylénique $C_{18}H_{32}O_2$ constituant de la vitamine F, et dont le glycéride se trouve dans les huiles siccatives. — REM. : Absent des dict. de l'Académie.

✳ De l'anglais *linoleic (acid),* nom donné par Sacc v. 1857 à un acide oléique obtenu par saponification de l'huile de lin. Le français a aussi pris à l'anglais *linoléate* n. m. (*linoleate,* 1865) « sel de l'acide linoléique », et *linoléine* n. f. (*linolein,* 1857) « glycéride de l'acide linoléique ».

LINOLÉUM ou **LINOLEUM** [linɔleɔm] *n. m.*

(1874) Revêtement imperméable fait de toile de jute enduite d'un mélange de poudre de liège, d'huile de lin oxydée, de gomme et de résine. Abrév. *Lino* [lino]. — REM. : Enregistré dans le Suppl. de Littré (additions) 1877 et dans le dict. de l'Académie 1935.

« Le 23 juin 1887, à cinq heures du soir, une usine [...] où l'on fabriquait de la poussière de liège pour la confection des tapis de *linoléum,* a fait explosion et a rapidement été dévorée par l'incendie qui s'ensuivit. »
L. FIGUIER, *L'Année scientifique et industrielle*, p. 163, 1888 (☐ 1887).

✳ Nom anglais *linoleum* déposé en 1860 par l'inventeur F. Walton, et créé à partir du latin *linum* « lin » et *oleum* « huile », à cause de l'huile de lin qui entre dans la composition de ce matériau. (L'anglais possédait déjà la formation savante *linoleic* → ci-dessus *linoléique.*) Il est relevé en 1874 par Mackenzie (*Nature*, p. 191). Le français l'a abrégé, comme *linotype* et *linotypiste,* en *lino* sur lequel on a forgé *linogravure* « procédé de gravure sur plaque de linoléum ; planche obtenue par ce procédé ».

LINOTYPE [linɔ|o|tip] *adj.* et *n. f.*

(1889) *Techn. (Nom déposé)* Machine à composer et à clicher, fondant d'un bloc la ligne (dite *ligne-bloc*) composée avec des matrices. Abrév. *Lino* [lino]. *Composer à la lino.* — REM. : Enregistré dans le dict. de l'Académie 1935.

« Dans la salle de composition, l'électromoteur est associé au linotype, le travail de la composition s'effectue avec une grande précision et célérité [...]. »
E. DIEUDONNÉ, *L'Électricité dans l'imprimerie*, in *La Science illustrée*, 2⁰ sem. 1902, p. 311.

« Les linotypes ont comme particularité, non seulement de composer mécaniquement le texte ligne par ligne, mais encore de le *fondre* du même coup, d'improviser les caractères, en faisant un seul bloc d'une ligne. Il suffit d'avoir des *matrices* pour servir de moules, et, en fait, ce sont ces matrices que l'on *compose.* »

J.-F. BOIS, art. *Linotype* [*in* Poiré Suppl., 1924].

✳ Nom déposé en 1885 aux États-Unis par l'inventeur Ottmar Mergenthaler, contraction de *lin(e) o(f) type(s)* « ligne de caractères », à cause de la propriété de cette machine de composer et de clicher ligne par ligne. Passé en français (*Gutenberg-Journal*, p. 2, 20 novembre 1889, *in* Mackenzie), le mot est d'un genre mal déterminé (→ cit.). L'Académie est seule à en faire aussi un adjectif. Elle enregistre les dérivés *linotypiste* n. m. et f. « celui, celle qui compose à la linotype » (1904, *in* Wartburg ; l'américain a dans le même sens *linotypist,* 1895, *linotyper,* 1896, *linotype operator,* 1903) et *linotypie* n. f. « composition à la linotype » (A. Meyr, *Le Gaulois,* p. 1, 24 janvier 1911, *in* Mackenzie). *Linotypiste* s'abrège, comme *linotype* et *linoléum* en *lino,* m. ou f. (l'abrév. américaine *lino* est attestée en 1907).

« Voilà quelques années, un linotypiste gagnait 1 500 F par mois. Puis on a changé les linotypes et introduit des machines nouvelles où il faut taper les lettres sur un petit clavier. Il a fallu recycler les linotypistes. »   *L'Express,* 21 mai 1973, p. 200.

LINTER [lintɛ|œ|ʀ] *n. m.*

(1936) Duvet de fibres très courtes qui reste attaché aux graines de coton après l'égrenage (utilisé dans la fabrication du fulmicoton).

✳ De l'américain *linters* n. pl. « résidu de courtes fibres *(fuzz)* qui adhèrent à la graine de coton après l'égrenage et qui, recueilli, sert à des usages qui ne nécessitent pas de coton à fibres longues (bourre, fourniture de cellulose, etc.) ». Cette dénomination (1903) vient de *linter* (1890) « machine employée pour l'obtention de ces résidus », de *lint* n. au sens de « fibre qui entoure la graine du coton » (1835).

LION [ljɔ̃] *n. m.*

(1833) *Vx.* Personne en vue, célèbre. — *Par ext.* Jeune homme élégant, affectant l'originalité. — REM. : Figure dans Littré 1867 ; absent des dict. de l'Académie.

« tout le monde, qui s'attendait à voir un original, un *lion,* comme disent les Anglais, était émerveillé de le voir s'acquitter des devoirs sociaux avec une aisance aussi parfaite. »

Th. GAUTIER, *Les Jeunes-France,* p. 129 (□ 1833).

« On sait que la race à laquelle le lion appartient a toujours vécu en France sous divers noms ; ainsi le lion s'est appelé autrefois raffiné, muguet, homme à bonnes fortunes, roué ; plus tard muscadin, incroyable, merveilleux ; dernièrement enfin dandy et fashionable ; aujourd'hui c'est lion qu'on le nomme. »

F. SOULIÉ, *Le Lion amoureux,* 1842 [*in Littré,* art. *Lion*].

« dès que le lion promena dans Paris sa crinière, sa barbe et ses moustaches, ses gilets et son lorgnon tenu sans le secours des mains, par la contraction de la joue et de l'arcade sourcilière, les capitales de quelques départements ont vu des sous-lions qui protestèrent, par l'élégance de leurs sous-pieds contre l'incurie de leurs compatriotes. »

BALZAC, *Albert Savarus,* in *La Comédie humaine,* t. I, p. 756 (□ 1842).

« Il s'habillait en dandy ou, comme on disait alors, en " lion " : habit de drap à large collet et cravate blanche, gilet de piqué de Londres, jonc à pommeau d'or. »

A. MAUROIS, *Les Trois Dumas,* p. 209, Hachette (□ 1957).

✳ Il s'agit de l'anglais *lion* « lion » qui prit au XVIIIe s. ce sens de personne de renom (homme ou femme) très recherchée, par allusion aux lions de la Tour de Londres, où la ménagerie établie par Jacques Ier et qui fut conservée jusqu'en 1834 attirait nombre de visiteurs. La citation de Gautier (ci-dessus) constitue actuellement la première attestation en français. *Lion* s'est substitué à *dandy* avec le même sens (en anglais, il ne signifiait pas « dandy »). Mérimée suit l'usage anglais en appliquant le mot à une femme. Cependant le français a aussi *lionne* employé métaphoriquement (ci-dessous, cit. Balzac). Balzac semble

avoir créé *lionnerie* « manières, habitudes du dandy, de la lionne »
(1842, cit. ci-dessous) ; F. Soulié forge *lionner*. Toute la série a vieilli
après 1850.

« Depuis dix ans, l'Angleterre nous a fait deux petits cadeaux linguistiques. À
l'*incroyable*, au *merveilleux*, à l'*élégant*, ces trois héritiers des *petits-maîtres* dont
l'étymologie est assez indécente, ont succédé le *dandy*, puis le *lion*. Le *lion* n'a
pas engendré la *lionne*. La lionne est due à la fameuse chanson d'Alfred de
Musset : *Avez-vous vu dans Barcelone... C'est ma maîtresse et ma lionne* : il y
a eu fusion, ou, si vous voulez, confusion entre les deux termes et les deux idées
dominantes. »   BALZAC, *op. cit.*, pp. 755-756.

« En 1834, Amédée était le seul qui portât des sous-pieds à Besançon. Ceci
vous explique déjà la *lionnerie* du jeune monsieur de Soulas. »   *Ibid.*, p. 759.

« l'étudiant *fadard*, autrement dit calé, ou si vous le voulez bien pensionné, y
lionne ce jour là, il danse à l'orchestre. »
                                     F. SOULIÉ, *La Grande Ville*, av. 1847 [*in* Matoré, p. 46].

« Le mot *lion*, qui est aussi un cadeau linguistique de l'Angleterre, a vu
rapidement sa signification évoluer en France : Mme de Girardin (*Lettres paris.*,
t. II, p. 194 sqq.) proteste contre cette extension de sens ; pour elle, un *lion* est,
à Paris comme à Londres, l'homme " que tout le monde doit connaître, parce
qu'une grande célébrité le recommande à l'attention générale. [...] Le dandy est
celui qui veut se faire voir, le lion est celui qu'on veut voir... " Cependant, malgré
Mme de Girardin, *lion* garde le sens d'" original " et d'" élégant ". »
          G. MATORÉ, *Le Vocabulaire et la Société sous Louis-Philippe*, p. 46 (□ 1946).

LIP-GLOSS [lipglɔs] *n. m.*

(v. 1970) Fard transparent brillant qu'on applique sur les
lèvres nues, ou par-dessus le rouge à lèvres.

✳ De *lip* « lèvre » et *gloss* « éclat », ce terme de l'industrie cosmétique,
emprunté à l'américain (1939), disparaîtra sans doute quand il aura
épuisé son effet publicitaire. On dit aussi *brillant à lèvres, transparent à
lèvres*.

LISTE CIVILE [listəsivil] *n. f.*

(1755) Somme allouée au chef d'un État pour subvenir aux
dépenses et charges de sa fonction (d'abord exclusivement à
propos de l'Angleterre). — REM. : Enregistré dans le dict. de
l'Académie 1798, et dans Littré 1867.

« La liste civile et ce qu'ils savaient prendre d'ailleurs leur servait à
gagner des élections dans les provinces [...]. »
                   SAINT-SIMON, *Mémoires*, av. 1755 [*in* Littré, art. *Liste*].

« Il sera payé par le Trésor public une somme de 25 millions pour
la dépense du roi et de sa maison [...]. La dépense du garde-meuble
sera entièrement à la charge de la *liste civile* [...]. »
                   Assemblée constituante, décret du 9 juin 1790.

✳ Calque de l'anglais *civil list* (1712), à l'origine « liste de dépenses
imputables au gouvernement civil ou administratif de l'État » et « ensemble des choses entretenues par les subsides votés sur cette liste ». Le
terme était employé pour spécifier certaines dépenses supportées par
les revenus publics. Nombre d'entre elles ayant été reportées sur
d'autres comptes, le terme désigne le montant des revenus publics voté
par le parlement pour les dépenses de la maison royale, les dépenses
personnelles du souverain, etc. L'expression désigna d'abord en français
(1755, → cit.) une réalité anglaise, apparue lors de la révolution de 1688,
mais le 7 octobre 1789, un décret de l'Assemblée constituante institua
une liste civile pour le roi de France.

« *Liste civile* est chez nous un mot nouveau qui désigne *salaire du roi*. Le mot
eût été choquant pour ces vils sycophantes accoutumés à ramper au pied du
trône ; nous n'osons encore appeler les choses par leur nom, et tel satrape
imbécile se croit honoré de toucher tous les ans une partie de la *liste civile*, qui
croirait la France perdue et la monarchie détruite si on lui disait que son maître est
un homme à appointements. »
          D'AUDOIN, *Journal universel*, 9 juin 1790 [*in* P. Larousse, art. *Liste*].

LISTE NOIRE [listənwaʀ] *n. f.*

(1702) Liste de personnes tenues pour suspectes, à surveiller, à abattre, à boycotter ; liste de produits à boycotter. — REM. : Absent de Littré et des dict. de l'Académie.

« — Comment se fait-il, dit-elle à Fabrice, que vous marchiez ainsi librement dans la rue ? [...]
Vous saurez que je me suis brouillée avec la vieille femme parce qu'elle voulait me conduire à Venise, où je savais bien que vous n'iriez jamais, puisque vous êtes sur la liste noire de l'Autriche. »
STENDHAL, *La Chartreuse de Parme*,
in *Romans et Nouvelles*, t. II, p. 222 (□ 1838).

✱ Calque de l'anglais *blacklist* (1692) « liste de personnes suspectes ou ayant encouru la censure, une condamnation, ou qui sont l'objet d'une discrimination ». *Blacklist* s'est appliqué aux États-Unis aux débiteurs insolvables, aux ouvriers engagés dans des actions contraires aux intérêts patronaux, mais aussi aux employeurs abusifs. *Liste noire* (1702, *Nouvelles de la républ. des Lettres*, décembre, p. 689, *in* Mackenzie) n'est pas enregistré dans les dictionnaires avant 1949 (Nouveau Larousse universel). L'expression s'intègre bien en français à la « série noire » (*cabinet noir, caisse noire*, etc.). On employait, dans un sens voisin, *livre rouge* : « On dit aussi, qu'un homme est écrit sur le *livre* rouge, quand il est noté pour quelque faute dont le Magistrat ou le Supérieur pourroient se souvenir en tems et lieu. » *Dict. de Trévoux*, art. *Livre*, 1771.

LISTING [listiŋ] *n. m.*

(mil. XXᵉ s.) *Inform.* Établissement de listes sur lesquelles les objets seront classés par catégories. Ces listes elles-mêmes.

✱ De l'américain *listing* n. (1906), de *to list* v. « dresser une liste ». La Commission ministérielle pour la terminologie de l'informatique propose de traduire ce dernier verbe par *lister* v. « établir un document ayant la forme d'une liste », et préconise pour *listing* les équivalents *listage* « action de lister » et *liste* ou *listage* « résultat de cette action ; document en forme de liste » (*Banque des Mots*, nᵒ 3, 1972, p. 97). A noter que *lister* est récent en français (1962, dans les dict.) et peut être considéré comme un calque de l'angl. *to list*.

« Dans de nombreux cas le mot "listing" est employé à tort à la place de "tableau de classement" (soit en abrégé tableau) ou d'expressions similaires.
Ainsi dans les phrases : "La Société... a bien voulu se charger de traduire en *listings* les réponses correspondant à notre enquête. Il a ainsi été fait plus de 200 kg de *listings* sur papier pelure", le mot "listings" doit être remplacé par "tableaux". » *Termes techniques français*, art. *Listing*, Hermann, 1972.

LIVING-ROOM [liviŋʀum] ou **LIVING** [liviŋ] *n. m.*

(1922 ; *living*, 1954) Pièce de séjour, disposée pour servir à la fois de salle à manger, de salon, et parfois de chambre. *Des living·rooms, des livings.* — REM. : Absent du dict. de l'Académie 1935.

« Ce club a ses *living-rooms* qui se trouvent dans la rue du Lard et la rue du Linge, près des Halles, ou dans les bouches de Métro du boulevard extérieur, ses *dining-rooms* et ses *grill-rooms* à la porte des soupes populaires. » P. CADILHAC, in *L'Illustration*, 24 oct. 1931, p. 257.

« Et puis, comment chauffer, l'hiver, un living-room de neuf mètres sur onze ! » COLETTE, *L'Étoile Vesper*, p. 161 (□ 1946).

« Là-dedans, les Gaiffier campent. Ils n'ont laissé ouvert, du rez-de-chaussée, que le grand *living room* médian, destiné à d'hypothétiques festivités. » ARAGON, *Blanche ou l'Oubli*, p. 232 (□ 1967).

✱ Mot anglais *living room*, littéralement « pièce *(room)* à vivre *(living)* », 1825. Passé en français avec la chose (1922, *in* Wartburg). Il s'intègre à la série de mots célébrant le mode de vie britannique. Des équivalents proposés (*pièce de séjour, salle à vivre, salle commune), salle de séjour* s'est imposé. On peut regretter, avec J. Darbelnet, qu'il ait été abrégé en *séjour* plutôt qu'en *salle* déjà connu en français dans un sens voisin : « Peu de personnes connaissent l'importance d'une salle dans les petites villes de l'Anjou, de la Touraine et du Berry. La salle est à la fois l'antichambre, le salon, le cabinet, le boudoir, la salle à manger ; elle est le théâtre de la vie domestique, le foyer commun ; » Balzac, *Eugénie Grandet,* Pléiade, t. III, p. 492. Toutefois, les plus piquants débats ont pour objet l'adoption de l'équivalent canadien français *vivoir :* bien formé *(boudoir, fumoir, parloir),* il évoque malencontreusement le *vivier,* et, à cause de *viveur, faire la vie,* quelque lieu de plaisir. Qu'on prise ou non l'association d'idées, *vivoir* est supplanté dans l'usage français par *séjour* et *living,* abréviation peu anglaise, mais moins archaïque que *living-room.*

« Il faut se féliciter que l'abominable living-room ait cédé la place à notre salle de séjour. Mais reconnaissons-le, sans le living-room, il n'y aurait pas eu de salle de séjour. Ici, l'importation a été temporaire. Il s'est passé ce qui se passe quand on commence par importer des objets fabriqués à l'étranger, puis qu'on les fabrique sous licence, et enfin que, fort de l'expérience acquise, on en arrive à créer une production purement nationale ! (Sven Sainderichin)
Ajoutons que si, chez nous, les architectes amis du français n'avaient pas livré bataille, *salle de séjour* n'aurait pas eu si facilement raison de *living-room.* »
Défense de la langue française, oct. 1959, p. 24.

« Au risque d'étonner certains lecteurs, j'avouerai que ce mot ne me choque pas outre mesure, car il désigne une notion nouvelle. Le living-room en effet n'est ni le salon, ni la salle à manger, ni le bureau, mais un mode d'aménagement qui combine ces trois pièces et qui en tient lieu. »
Le Bidois, *Les Mots trompeurs,* p. 247 (□ 1970).

« Non, messieurs-dames les américolâtres, ce n'est pas moi que vous ferez vivre dans un *living-room,* quand les Canadiens français m'offrent tout chaud, tout chaleureux, leur irréprochable *vivoir.* » Étiemble, *Parlez-vous franglais ?,* p. 300 (□ 1964).

« nous voilà dans ce que ma mère appelait le salon, Gisèle le living, tandis que les enfants l'appellent maintenant le vivoir. C'est toujours la même pièce... »
H. Bazin, *Au nom du fils,* p. 28, Seuil (□ 1960).

« La pièce où on se trouve n'est plus un vivoir, mais une sorte de pièce à tout faire : réchaud sur une table, cuvette sur une autre, etc. »
Boris Vian, *Les Bâtisseurs d'empire,* p. 37, Pauvert, 1965 (□ 1959).

LIVRE [livʀ] *n. f.*

1° (1685) *Livre sterling** ou *livre,* unité monétaire britannique → **Pound, 2°.**

« Quant au caissier, il fait, sous la protection de son grillage, le compte des espèces, qui, en ce jour de liquidation, atteignent le total imposant de soixante-douze mille soixante-dix-neuf livres, deux schellings et quatre pence, soit un million huit cent seize mille trois cent quatre-vingt francs quatre-vingt centimes. »
Jules Verne, *L'Étonnante Aventure de la mission Barsac,* p. 3, Hachette, 1919 (□ 1905 †).

2° *Livre anglaise* ou *livre,* unité de mesure anglo-saxonne de masse, valant 453,59 g ou 16 onces* anglaises, dans le système avoirdupois* → **Pound, 1°.** — REM. : Depuis la conquête en 1760 jusqu'à l'adoption du système métrique, le mot *livre* s'est employé officiellement en ce sens, au Canada.

✻ *Livre sterling* est une traduction de *pound sterling* (→ ces deux mots), *livre* ayant été en français le nom d'une ancienne monnaie de compte de valeur variable selon les temps et les lieux (1080, *livre parisis,* in *Chanson de Roland*).

LLOYD [lɔjd] *n. m.*

(1832) Nom adopté par des compagnies de navigation, d'assurances. — REM. : Figure dans Littré 1867 ; absent des dict. de l'Académie.

✻ De l'anglais *Lloyd's (Corporation),* société d'assureurs maritimes qui tient son nom d'Edward *Lloyd,* lequel avait ouvert à Londres en 1688 un café fréquenté par les armateurs, les commerçants, les banquiers et assureurs de navires. L'existence de cette société fut ratifiée par un acte du Parlement britannique en 1871. En Autriche, en Allemagne, en Russie, d'autres associations se formèrent, en en empruntant le nom, sur le modèle du Lloyd britannique, qui étendit lui-même son action à d'autres risques (vol, guerre, intempéries, etc.) que ceux de la navigation, et à d'autres pays que la Grande-Bretagne.

LOAD [lɔd] *n. m.*

(1671) Mesure pour le bois, pour le minerai. — REM. : Absent des dict. de l'Académie et de Littré.

✳ Anglais *load* n. « quantité spécifique d'une substance qu'il est d'usage de charger en une fois ; de là, unité de mesure ou de poids pour certaines substances » (XIVe s.). On évalue celle-ci, variable selon les matières et les lieux, à 50 pieds cubes pour le bois, à un yard cube pour le minerai. Relevé dans un ouvrage concernant l'Angleterre (Seignelay, *Marine d'Angleterre,* 1671, *in* Mackenzie), ce terme n'est enregistré dans les dictionnaires qu'à partir de 1923 (Larousse universel) ; son emploi semble technique et rare.

LOADER [lodœʀ] *n. m.*

(mil. XXe s.) *Techn.* Engin de travaux publics capable de soulever la matière à déplacer (tracteur à benne ou excavatrice automotrice munie d'une chaîne élévatrice).

✳ Emprunt de *loader* « celui qui charge » (1476), « machine qui sert à charger » (1872), de *to load* « charger » et suffixe *-er,* dans un sens apparu en américain (absent du Webster's 2d, 1945 ; enregistré dans le Webster's 3d, 1966). La traduction *chargeuse* est d'un usage obligé dans l'administration (*Journal officiel* du 18 janvier 1973), de même que l'emploi de *rétrochargeuse* pour *back-loader.*

« Le mot " chargeuse " exprime la fonction de l'engin ; il est déjà utilisé concurremment avec l'appellation américaine ; c'est ce qui a empêché de retenir le terme " chouleur ", parfois employé au Canada et qui, en France, désigne un engin analogue en usage dans les mines et dans les ports. »
Commission du vocabulaire du bâtiment, des travaux publics et de l'urbanisme [*in Banque des mots,* n° 3, 1972, p. 92].

LOAFER [lɔfœʀ] *n. m.*

(1958, *in* D. D. L.) Chaussure de marche basse, confortable (en général employé au plur. : *des loafers*).

« Les boots sont à fermeture éclair ou élastique, réalisés dans des peausseries souples. Vous porterez aussi des chaussures basses lacées [...] et des loafers à élastique, montant haut sur la cheville. »
Marie-Claire, oct. 1971, p. 118.

✳ Nom américain, marque déposée (1939) d'un type de chaussure à large talon plat, dont le dessus ressemble au mocassin. Le nom est tiré de *to loaf* « vagabonder, paresser » ; un *land loafer* est un traîneur, un vagabond. Le goût des Anglo-Saxons pour le confort libre se marque ainsi dans les mots, comme dans les choses. *Loafer* est rare en France, mais fréquent au Canada, où des équivalents peu flatteurs (*souliers-pantoufles,* Colpron) ont été proposés. Des *flâneurs* ou des *traînards* conviendraient parfaitement.

LOAM [lom] *n. m.*

(1766) *Agric.* et *géol.* Terrain argileux et sableux, très fertile. — REM. : Enregistré dans Littré 1867 ; absent des dict. de l'Académie.

« Les loams sont très-estimés, parce qu'ils sont propres à toutes sortes de cultures. » BOSC, 1809 [*in* P. Larousse].

✳ Nom anglais *loam* (vieil angl. *lām,* même origine que l'allemand *Lehm,* le français *limon*) « terre argileuse, boue », puis « terre à modeler, à cuire » et « sol très fertile composé principalement d'argile, de sable et de débris végétaux » XVIIe s. Attesté en français au XVIIIe s. (*loams,* 1766, Véron de Forbonnais, *in* Mackenzie). On a formé le dérivé *loammeux, euse* adj. « de la nature des loams » (av. 1873). Il disparaît actuellement des dictionnaires, la langue lui ayant préféré un synonyme d'origine germanique : *Lœss*.

« il s'agissait de donner un nom correspondant à celui de la terre *Loams* de l'Irlande, très favorable à la culture du lin. Forbonnais rapporte un passage d'une lettre d'Angleterre, où il est dit que la terre molle et légère, un peu grasse et en général assez profonde, est la terre *Loams*. " Selon M. Rusticus, Anglois, la Terre *Loams* est celle qui est composée de Terre forte et pesante et de Terre légère ". L'Auteur du *Préservatif* remarque : "Ces descriptions paroissent être contradictoires, ou pour le moins très confuses, ce qui vient de ce que les termes de *forte*, *argileuse*, *molle*, *pesante*, *légère* et autres, joints à celui de terre pour exprimer ses qualités, n'en scauroient représenter des idées distinctives et précises". On tournait autour du mot à employer. »   F. BRUNOT, t. VI, pp. 227-228.

LOB [lɔb] *n. m.*

(1894) *Sports (d'abord au tennis)*. Coup qui consiste à envoyer la balle assez haut pour qu'elle passe par-dessus la tête du joueur opposé, hors de sa portée.

« si le lob est mal réussi, il peut être considéré comme un point perdu : c'est un coup qui demande beaucoup de précision et de maîtrise de soi, car il doit être extrêmement juste pour être efficace, ni trop haut (sauf quand on ne peut faire autrement), ni trop court. »
                                        H. COCHET, *Le Tennis*, p. 65 (□ 1950).

✳ Anglais *lob* n., de *to lob* v. « se mouvoir lourdement », d'abord terme de cricket : « balle lente frappée en dessous » (1851), puis au tennis (en 1890). Attesté en 1894 (Petiot) en français. On a formé le verbe *lober* « faire un lob » (1906) sur *lob* (*to lob* n'est attesté qu'en 1921) ; notons l'emploi transitif : « tromper, passer (l'adversaire) grâce à un lob ». *Lob* est passé dans la langue et *chandelle*, qui pourrait le remplacer, n'est pas un terme spécialisé.

« s'il parvient tout de même à monter au filet et qu'il s'en trouve très rapproché, n'hésitez pas à lober ; s'il est au contraire à mi-court, passez-le plutôt sur les côtés et mettez-lui aussi quelquefois la balle dans les pieds. »   H. COCHET, *op. cit.*, p. 91.

LOBBY [lɔbi] *n. m.*

1° (v. 1950) Groupement, organisation ou association qui exerce une pression sur les pouvoirs publics pour faire triompher des intérêts particuliers. *Des lobbies.*

« La structure du " lobby " viticole n'est pas la même que celle du lobby de la betterave ; il n'est pas jusqu'aux intérêts politiques en jeu qui ne diffèrent. »   J. CALLEN, in *France-Observateur*, 27 mai 1954, p. 17.

« La clef de l'énigme marocaine est-elle vraiment dans le fonctionnement du " lobby " marocain ? C'est cet envers de l'histoire contemporaine qu'il faudrait découvrir. »
                        F. MAURIAC, *Bloc-Notes 1952-1957*, 3 sept. 1954, p. 126.

« En d'autres termes, demandent Ralph Nader et son équipe, qui possède les hommes politiques ? Les intérêts privés, par l'intermédiaire des *lobbies*. L'objectif du livre : faire le procès d'un double abandon de pouvoir — celui des citoyens au Congrès, celui du Congrès aux *lobbies*. [...] Face au système des *lobbies* le citoyen devrait apprendre à se servir des armes du groupe de pression. »   *Le Sauvage*, juin-juil. 1973, p. 58.

2° Hall (emploi rare en France, mais courant au Canada).

« s'ils ont consacré leur première visite à l'Onu à saluer, dans le grand " lobby " de verre, les délégués les plus déshérités d'entre les nations, [...] ils se sont aussitôt mis à l'ouvrage. »
                                        L'Express, 15-21 nov. 1971, p. 74.

✳ Mot anglais *lobby*, du latin médiéval *lobium* ou *lobia*, d'origine francique, « allée couverte dans un monastère » (1553), puis « couloir, hall » (1593) et, spécialement, « hall ouvert au public dans un corps législatif » (1640). De là viennent les sens américains empruntés en français (sens 1°) : « personnes qui fréquentent les couloirs d'une assemblée législative, dans le but d'influencer ses membres dans leurs fonctions officielles » (1808), et par ext. « groupe de personnes représentant des intérêts particuliers » (1952).

En dépit de l'analogie entre *lobby* et l'ancien *antichambre*, employé aussi par métonymie pour « personnes qui font antichambre », celui-ci ne pourrait remplacer celui-là : *antichambre* implique une sollicitation servile, *lobby* un pouvoir occulte, mais efficace.

LOBBYIST [lɔbiist] *n. m.*

(1927) Membre ou employé d'un groupe de pression, d'un lobby*.

« En fait de pratique électorale et parlementaire, les agents centraux que les plus grandes associations entretiennent à Washington peuvent en remontrer aux plus vieux routiers. La réunion de ces *lobbyists*, parfois royalement appointés, correspond peut-être à ce qu'il y a de plus vraiment influent dans le pays. »
    A. SIEGFRIED, *Les États-Unis d'aujourd'hui*, pp. 246-247 (□ 1927).

« Le *lobbyist* possède le contrôle de l'information qui parvient au Congrès ou qui en émane, par l'intermédiaire des hommes de loi de Washington, les aristocrates du *lobby*. »   *Le Sauvage*, juin-juil. 1973, p. 58.

✱ Mot américain (1863 ; variante *lobbyer,* 1841) « personne qui fréquente les couloirs d'une chambre législative dans le but d'en influencer les membres, de faire voter tel projet de loi ou prendre telle décision politique », puis « quelqu'un qu'on emploie et paie pour faire cela », de *lobby* n. Attesté en français en 1927 mais diffusé après 1960. On pourrait alléger en *lobbiste* une forme mal adaptée au système de notre langue.

LOCH [lɔk] *n. m.*

(1893) Lac de vallée ou bras de mer très allongé (en Écosse, à l'origine). *Le loch Fyne. Le monstre du loch Ness.*

« Dans la période géologique contemporaine, le comblement des lochs se poursuit ; quelques-uns ont déjà été détachés de la mer, comme le loch Fleet ou dans les îles Orcades le loch Stennis, dont la moitié est salée, l'autre remplie d'eau douce. »
    Grande Encycl. Berthelot, art. *Grande-Bretagne*, 1893, p. 148.

✱ Attesté en français chez les géographes (→ cit. ci-dessus), mais certainement antérieur dans les récits de voyages pour parler de l'Écosse. Mackenzie le relève en 1708 dans Miège (*État Nouv. de Gr.-Bretagne*, p. 689), mais pour les Encyclopédistes en 1765, ce n'est pas un terme français (→ cit. ci-dessous). Noter la graphie *logh*). L'anglais (et écossais) *loch, locht, louch*, attesté en 1375, est un emprunt au gaélique.

« LOGH, (*Géog.*) c'est ainsi que l'on appelle un lac en Écosse, où il s'en trouve en assez grand nombre. Voici le nom des plus remarquables : logh-Arkeg [...], logh-Sinn, et logh-Tay [...]. Les cartes françaises disent, le lac de Sinn, le lac de Tay, etc., mais les cartes étrangères conservent les noms consacrés dans chaque pays, et cette méthode est préférable. » .   *Encycl. Diderot*, art. *Logh*, 1765.

LOCK-OUT [lɔkawt] *n. m.*

(1865) Fermeture d'ateliers, d'usines, décidée par des patrons qui refusent le travail à leurs ouvriers, pour briser un mouvement de grève ou riposter à des revendications. *Des lock-out.*
— REM. : Enregistré dans le Suppl. de Littré 1877, et dans le dict. de l'Académie 1935.

« Le *lock-out* a surtout pour but de répondre à une manœuvre des grévistes qui s'appelle la *grève par échelons* ou la *grève tampon* et qui consiste à décréter la grève d'abord dans une seule usine, puis, quand celle-ci a capitulé, dans une autre, et ainsi de suite, les grévistes étant successivement entretenus par les camarades qui continuent à travailler. »   Ch. GIDE, *Cours d'économie politique*, p. 357 (□ 1909).

« La classe ouvrière échoua à contrer les Décrets-Lois qui lui reprenaient la plus grande partie de ses conquêtes : à la grève du 30 novembre le patronat riposta victorieusement par un lock-out massif. »
    S. de BEAUVOIR, *La Force de l'âge*, p. 364 (□ 1960).

✳ Anglais *lockout,* même sens (1854) de *to lock out* « condamner sa porte à qqn » (xvie s.). Le terme a d'abord été employé en France à propos de l'Angleterre (1865, J. Anderson, *Journal des Chemins de Fer,* p. 2283, *in* Mackenzie). Les dérivés *lock-outé* **[lɔkawte]** adj. et n. « (ouvrier) frappé du lock-out » (1902, *in* Wartburg), puis *usine lock-outée* et *lock-outer* « appliquer le lock-out » (1908, *in* Mackenzie), formés au début du siècle, ne sont enregistrés dans les dict. que récemment (Le Robert, Suppl. 1970 ; Gilbert). L'anglais dit *locked out* (1854) pour *lock-outé.*

« [Presse quotidienne du matin] 27-5-62. — Titre : "Nouveaux incidents aux mines *lockoutées* de Sud-Aviation." Dans l'article : "Cet après-midi, après que les ouvriers *lockoutés* se furent heurtés..."

— Ainsi, dans le titre, le mot *lockouté* a le sens de "fermé par décision patronale", et dans le corps de l'article, le sens de "touchés par cette fermeture". Le néologisme *lockouter,* qui appartient au jargon syndical, manque au moins de précision. »   *Défense de la langue française,* oct. 1962, p. 38.

« l'affaire semble devoir tourner à l'épreuve de force entre les syndicats et la direction du groupe De Wendel-Sidelor qui menace de *lock-outer* quelque vingt mille salariés. »   *Le Nouvel Observateur,* 16 avril 1973, p. 36.

« la grève de Renault s'achève dans le désarroi : les 7 000 lock-outés reprennent le travail sans indemnisation de leurs heures de repos forcé. »
                                    Le Nouvel Observateur, 28 mai 1973, p. 36.

LOCOMOTIVE [lɔkɔmɔtiv] *adj.* et *n. f.*

1° *Adj.* (1825) Hist. techn. *Machine (à vapeur) locomotive,* machine à vapeur montée sur roues, qui peut se transporter d'un lieu à un autre ou qui peut opérer le transport d'une charge dans la direction horizontale. — *N. f.* Machine à vapeur. — REM. : Enregistré dans le dict. de Littré 1867 ; absent du dict. de l'Académie.

« il est possible qu'une machine locomotive éclate ; c'est alors un coup de mitraille ; mais à la distance où sont placés les voyageurs, le danger n'est pas énorme. Il n'en serait pas de même dans un tunnel ; là vous auriez à redouter les coups directs et les coups réfléchis ; là vous auriez à craindre que la voûte ne s'éboulât sur vos têtes. »
                    ARAGO, Discours, 14 juin 1836, *Notices historiques,*
                    in FIGUIER, *Les Merveilles de la science,* t. I, pp. 299-300 (□ 1867).

— (1830, *in* Wexler) *Voiture locomotive.*

2° *N. f.* (1826) Engin, véhicule de traction servant à remorquer les trains. *Locomotive à vapeur, électrique.* — Abrév. fam. (1878) *Loco* **[loko].** — REM. : Enregistré dans le dict. de Littré 1867, et de l'Académie 1878.

« La locomotive de G. Stephenson est un monstre redoutable, une folie criminelle. Nous proposons son interdiction immédiate en France. »
                    Académie royale des arts et des sciences,
                    1829, citée in *Le Monde,* 14 juil. 1972, p. 7.

« Nous avons dompté l'hydre, et elle s'appelle le steamer ; nous avons dompté le dragon, et il s'appelle la locomotive ; nous sommes sur le point de dompter le griffon, nous le tenons déjà, et il s'appelle le ballon. » HUGO, *Jean Valjean,* in *Les Misérables,* p. 1214, Pléiade (□ 1862).

— (1850) *Locomotive-tender,* n. f. → **Tender.** *Locomotive compound* n. f. → **Compound.**

— (av. 1885) *Vx.* Engin de traction mû par une force motrice.

« Toutes les utopies d'hier sont toutes les industries de maintenant [...] locomotive-voiture, locomotive-charrue, locomotive-navire. »
                    HUGO, av. 1885 [*in* G. L. L. F., art. *Locomotive*].

✳ La dénomination de *locomotive* a été choisie sous l'influence de l'anglais *locomotive* n. (1829), pour *locomotive engine* (1823), *locomotive steam engine* (1815). *Locomotive* adj. existait en anglais depuis le xviie s. et *locomotif, ive* en français depuis le xvie s. (du latin *locomotivus* « qui se meut dans l'espace »). Le mot fut choisi avec hésitation pour désigner une chose dont les ancêtres et les concurrents s'appelèrent *machine à feu* (1770), *voiture à feu* (1771), *machine à vapeur (sur des roues)* (1815), *chariot à vapeur* (1815), *machine ambulante* (1817), *diligence à vapeur* (1823), *voiture à vapeur* (1824), *tilbury à vapeur* (1837). Il triompha de *cheval de fer* (1818, calque de l'anglais *iron-horse*), de *cheval de vapeur* (1821, calque de *steam-horse*) et de *chariot locomoteur* (1830) ou *machine locomotrice* (1830), comme aussi de *machine* ou *voiture locomotive* (→ ci-dessus). On aurait plutôt attendu un substantif terminé par un suffixe d'agent, mais *locomoteur* (1825), *remorqueur* (1842) ne prirent pas, alors que *automotrice* et *locomotrice*, adoptés vers le milieu du xxᵉ s., n'ont pas la même valeur.

Les flottements initiaux de l'usage montrent que le choix de *locomotive* n'était pas naturel en français. La persistance de l'adjectif *locomotif, ive,* notée par Matoré, est significative :

« Entre 1840 et 1850, on éprouve des hésitations, dont les dictionnaires et les écrivains se font les échos, pour désigner ce que nous appelons aujourd'hui une *locomotive* [...]. Ce dernier mot est celui qui devait survivre, mais on trouve encore chez Gautier les dénominations de *chariot locomotif* "le chariot locomotif, le cheval de vapeur, qui râlait affreusement depuis quinze minutes..." *Caprices et Zigzags,* p. 64 et de *machine locomotive* "[...] et les chemins de fer, avec leur machine locomotive [...]" (*Caprices et Zigzags,* p. 64). »
            G. Matoré, *Le Vocabulaire et la Société sous Louis-Philippe,* pp. 29-30 (□ 1946).

✳ Les titres d'ouvrages faisant autorité en la matière, comme ceux de Le Chatelier, portent longtemps *machines locomotives,* puis peu à peu, *locomotives : Recherches expérimentales sur les machines locomotives,* avec E. Gouin (Paris, 1844) ; *Études sur la stabilité des machines locomotives en mouvement* (Paris, 1849) ; *Guide du mécanicien constructeur et conducteur de locomotives,* avec Flachat et Polonceau (Paris, 1851). Cette substantivation progressive, bien étudiée par Wexler (op. cit.) provient d'emplois autonymes : « Leur machine (celle de Vivian et Trevithick, 1802) reçut le nom de *locomotive* », Girard, 1827), « [...] qu'on appelle locomotives », Monbrion, *Dict.,* I, 1838, p. 450 ; le premier emploi nettement nominal datant de 1834 : « un rail ne peut jamais avoir à supporter plus du quart du poids d'une locomotive » (C.-F. Minard, *Leçons faites sur les chemins de fer,* 1834, p. 9 [ex. de Wexler]).

Le choix de l'adj. *locomotif, ive,* suggéré par l'anglais, impliquait un glissement de sens du terme, de « qui a rapport à la locomotion », à celui de *locomoteur, trice* « qui opère la locomotion ». La fréquence d'emploi de *machine locomotive* a contribué à l'adoption du féminin. Le mot est entré définitivement dans l'usage, où il a pris par métaphore un sens qu'il n'a pas en anglais : « chose (ou personne) qui se meut rapidement entraînant d'autres choses (ou personnes) » (1845) ; on l'applique à la presse (xixᵉ s.), à un meneur de peloton, en cyclisme (1926), à une partie de spectacle destinée à attirer le public (1955).

« Le mécanicien redoute la machine que le voyageur admire, et les officiers étaient un peu les chauffeurs de la locomotive napoléonienne, s'ils n'en furent pas le charbon. »   Balzac, *Modeste Mignon,* pp. 373-374 (□ 1844).

✳ Le terme est aussi passé dans des locutions familières. *C'est une vraie locomotive,* en parlant d'un cheval de course, d'un coureur puissant, rapide, infatigable. *Fumer comme une locomotive,* « fumer beaucoup ». Depuis 1955 (Esnault) on le trouve également dans l'argot de cinéma, « Film loué à un directeur de salle sous la condition qu'un film médiocre, dit "wagon", soit accepté en même temps ». Tout produit appartenant à une série et qu'il aide à vendre est nommé *locomotive.*

1. **LOFT** [lɔft] *n. m.*

(xxᵉ s.) *Golf.* Inclinaison de la tête du club en arrière de la verticale.

« Il est mille fois plus facile pour le joueur moyen de frapper convenablement la balle avec un bois 4, 5 ou 6 qu'avec les fers 1, 2 ou même 3. Ce n'est qu'à partir du fer 4 que le problème change, grâce au "loft" (angle de l'ouverture de la canne) beaucoup plus prononcé de la face du club. »   G. de Dampierre, *Connaissance et technique du golf,* 1969, *in* A. Bernard, *Le Golf,* p. 20 (□ 1970).

✳ Nom anglais, 1887 en ce sens. A. Bernard (*op. cit.,* p. 11) ne relève en français que cette acception. En anglais, le mot signifie encore « coup dirigé vers le haut ».

2. LOFT [lɔft] *n. m.*

(1979) Local à usage commercial, artisanal ou industriel transformé en habitation.

« Économie, rentabilité n'expliquent pas tout. La mode et le goût s'en mêlent. Le dernier chic parisien est de dénicher un atelier à la Bastille pour le transformer en simili loft new-yorkais. Même La Samaritaine transforme un de ses anciens entrepôts, quai des Célestins, en logements de luxe... »   *L'Express*, 23 juin 1979, p. 86.

« Nouveau chic, nouveau choix, le loft écrase les prix et abat les cloisons. »   *Le Nouvel Observateur*, 24 mars 1980, p. 14.

✶ De l'américain *loft* « atelier, hangar, local spacieux à usage industriel » (Webster's Third) de l'anglais *loft* « lieu élevé d'un bâtiment, fenil » (XVIᵉ s.), même origine que *1. Loft.*

LOGARITHME [lɔgaʀitm] *n. m.*

(1626) *Au pl.* Classe particulière de fonctions arithmétiques, inventée par John Napier de Merchiston *(logarithmes népériens).* — *Au sing.* Nombre d'une progression arithmétique donnée, correspondant au nombre de même rang d'une progression géométrique donnée, dit son *antilogarithme.*

« Les propriétés que nous venons de démontrer, ont servi de fondement à la construction des tables des *logarithmes*, moyennant lesquelles on fait par l'addition et la soustraction, les opérations que l'on seroit obligé sans leur secours, d'exécuter avec la mutiplication, la division et l'extraction des racines [...].
Neper publia en 1614, sa découverte dans un livre intitulé *mirifici logarithmorum canonis descriptio.* Les *logarithmes* des nombres qu'il donne dans cet ouvrage, different de ceux que nous employons aujourd'hui dans nos tables ; car dans les nôtres le *logarithme* de 10 est l'unité, ou ce qui est la même chose, 1, 000000 ; et dans celles de Neper, le *logarithme* de 10 est 2, 3025850. »
                                     D'ALEMBERT, art. *Logarithme*, in *Encycl. Diderot*, 1765.

✶ Latin savant *logarithmus*, n. m., mot formé en 1614 par le mathématicien écossais John Napier ou Neper (1550-1617), à partir du grec *logos* « raison, calcul » et *arithmos* « nombre », en traduction anglaise *logarithm* (1615-1616). Un *Traicté de logarithmes* parut en français en 1626 (Denis Henrion, *in* Mackenzie). Seul le hasard géographique fait du mot un anglicisme ; c'est en réalité un composé savant de nature interlinguistique.

LOG CABIN [lɔgkabin] *n. m.* et *f.*

(1876) Cabane, petite maison de bois que construisaient les colons aux États-Unis. — REM. : Absent de Littré et des dict. de l'Académie.

« C'est en parcourant par désœuvrement un numéro du *Times* anglais, qui avait au moins trois mois de date — et trouvé dans un log-cabin de bûcheron, que j'appris un jour le mariage d'un de mes amis de Paris. »   X. EYMA, *La Vie aux États-Unis*, p. 182 (□ 1876).

✶ Mot américain *log cabin* n., même sens (1770). Employé seulement à propos de l'Amérique → **Log house.**

LOGE [lɔʒ] *n. f.*

(1732) Local où se réunissent des francs-maçons ; association, groupe de francs-maçons ; leur assemblée. *Tenir une loge, la Grande Loge de France.* — REM. : Figure dans le dict. de l'Académie 1835, et dans Littré 1867.

« Les loges de Francs-maçons s'ouvrent et l'on n'a point emprisonné les frères. » L.-S. MERCIER, *Tableau de Paris*, 1783 [*in* Brunot, t. VI, p. 39].

« l'incapacité est une franc-maçonnerie dont les Loges sont en tout pays [...]. »
CHATEAUBRIAND, *Mémoires d'outre-tombe* [27 mai 1833], t. IV, p. 239 (□ 1848).

✴ De l'anglais *lodge* n., dont le sens « atelier des membres de la corporation des " maçons " », 1371, est à l'origine de l'emprunt. *Atelier* existe en français pour « compagnie de francs-maçons groupés sous un même vocable ; local où ils se réunissent ». C'est le même mot francique *laubja* « lieu couvert ou ombragé » qui a donné en français *loge* (XIIᵉ s.), et en anglais *lodge* (XIIIᵉ s.) et *lobby,* celui-ci par l'intermédiaire du latin médiéval. Les premières loges françaises furent constituées directement par la Grande Loge *(Grand Lodge)* de Londres (1732), et se réunirent v. 1743 en Grande Loge de France.

LOGGERHEAD [lɔgœʀɛd] ou [lɔgɛʀɛd] *n. m.*

(1887) Pièce de bois arrondie fixée verticalement à l'arrière d'une baleinière, et destinée à l'enroulement de la ligne.

« Puis, sous le coup de la douleur que lui causent ses blessures, il [le cétacé] s'enfuit en sondant, entraînant la pirogue et la ligne ; le frottement que celle-ci exerce sur le *logger-head* et sur la cannelure de l'étrave est tel que le feu y prendrait si l'on n'avait le soin de jeter constamment de l'eau dessus. »
L.-F. PHARAON, art. *Baleine,* in *Grande Encycl. Berthelot,* 1887.

« profondément blessé, affolé, le cachalot démarre brutalement de toute la puissance de ses deux mille kilos. Le câble fixé au harpon se déroule à une vitesse telle qu'il frotte jusqu'à l'enflammer le *loggerhead,* grosse cheville de bois, et un homme est obligé à cause de cela de la refroidir sans cesse à coups d'eau de mer. »
H. TAZIEFF, *Histoires de volcans,* p. 17 (□ 1964).

✴ Mot anglais (XVIᵉ s. « personne stupide, obtuse »), de *logger* « pièce de bois » et *head* « tête », attesté en 1840 dans le sens de l'emprunt.

LOG HOUSE [lɔgawz] *n. m.*

(1784) Habitation en troncs d'arbres que se construisaient les colons en Amérique du Nord. — REM. : Absent des dict. de l'Académie et de Littré.

« Ce *log-house,* cette petite maison qu'il s'est construite en poutres mal équarries, se dresse dans un des coins de cette prairie, solitaire domaine qu'un torride soleil brûle en été, que la neige arrose en hiver. »
P. BOURGET, *Outre-Mer,* p. 2 (□ 1895).

✴ Américain *log(g)house* n., même sens (1662, *logg house*) d'abord « prison » littéralement « maison *(house)* de pièces de bois *(log)* » → **Log cabin.** Attesté en français dans Crèvecœur (1784, *in* Macken-zie), il y désigne toujours une réalité proprement américaine. Mais il est masculin, de même que *workhouse*,* l'attraction avec « maison » ne jouant apparemment pas.

LOGISTIQUE [lɔʒistik] *n. f.*

(1944) Art militaire qui organise le transport, l'approvisionnement et le logement des troupes. — *Adj.* Relatif à cet art.

« En choisissant des plans raisonnables, en s'y tenant avec fermeté, en respectant la logistique, le général Eisenhower mena jusqu'à la victoire la machinerie compliquée et passionnée des armées du monde libre. »
CH. de GAULLE, *Mémoires de guerre* [1942-1944], t. II, p. 118 (□ 1956).

✴ Adaptation de l'anglais *logistics* n. pl. (1879, Oxford dict.), avec ce sens ; l'angl. a emprunté le français *logistique* n. f. (1780) issu du sens mathématique, et qui signifiait « stratégie » jusqu'au milieu du XIXᵉ s. (il disparaît alors des dictionnaires français). Néanmoins, Littré lui consacre un article dans les Additions de son Supplément (1877), où la logistique est distinguée de la stratégie :

« *Ajoutez :* || 4° *S. f.* Partie de l'art militaire qui a pour objet l'étude des voies et moyens pour amener le plus promptement possible les troupes mobilisées, avec leur matériel et leurs convois, des camps et des lieux de garnison aux points de concentration, et des points de concentration sur le théâtre des opérations militaires. La logistique sert de base à la stratégie. || Adjectivement. Les élèves entreprendront une campagne logistique sous la direction du colonel... *Journ. offic.*, 3 juin 1874, p. 3749, 2e col. »

✳ C'est, semble-t-il, avec ce sens que les Anglais ont emprunté le mot français qu'ils rattachent à *loger, logis* (cf. *Maréchal des logis*) en insistant sur toute l'organisation matérielle des armées et pas seulement sur les mouvements de troupe. « Strategy is the art of handling troops in the theatre of war ; tactics that of handling them on the field of battle... The French have a third process, which they call logistics, the art of moving and quartering troops, i. e., quartermaster-general's work. » (*Atheneum* 341, 10 sept. 1898, *in* Oxford 2e Suppl.). Tous les dictionnaires anglais donnent cette étymologie, y compris le *Klein's Etymological Dictionary of the English Language :* « **logistics,** n. the art of transporting, quartering and supplying troops. — F. *logistique* (short for *l'art logistique*), a hybrid coined fr. F. *logis,* "a lodging" (fr. *loger,* "to lodge", *loger des soldats,* "to quarter soldiers", fr. *loge,* "hut, cabin, lodge"), and the Greek suff. -istikos ». Le mot *logistique* a été repris à l'anglais en 1944 alors qu'il était oublié chez nous. Aucun Français ne songe évidemment à le rapprocher de *loger, logis.*

LOLLARD, ARDE [lɔlaʀ, lɔlaʀd] *n. m.* et *f.*

(1683) Adepte des doctrines de l'hérésiarque anglais John Wycliffe, ou de doctrines proches des siennes. *Les Lollards.* — REM. : Enregistré dans Littré 1867, et dans le dict. de l'Académie 1878 ; supprimé du dict. de l'Académie 1935.

« Il y a eu aussi des *Lollards* en Angleterre depuis le règne d'Édouard III. Soit que les *Lollards* d'Allemagne y eussent porté leur doctrine hérétique, et que Wiclef l'eût embrassée, soit que Wiclef fût hérésiarque lui-même, ses dogmes impies avoient tant de ressemblance avec ceux des *Lollards,* qu'on appela *Lollards* les disciples de Wiclef. »
                                        Dict. de Trévoux, art. *Lolards,* 1740.

✳ Mot anglais *Lollard* (v. 1300), du moyen néerlandais *lollaerd* « qui marmonne ». D'abord appliqué aux membres de la congrégation des Cellites ou Alexiens, apparue aux Pays-Bas au xive s., ce nom fut ensuite donné péjorativement aux partisans de Wycliffe (v. 1330-1384), puis (xviie s.) à qui ne faisait pas partie de l'Église anglicane, aux non-conformistes. Mackenzie le relève dans la traduction française (1683-1685) de Burnet, *Hist. de la réformation de l'Église d'Angleterre.* Le dérivé *lollardisme* (ou *loillardisme*) [Bescherelle, 1856] est sans doute repris de l'anglais *lollardism* (1823, *in* Oxf. dict.). Des étymologies fictives ont eu cours, qui donnaient au mot plus de noblesse.

« Les *Lollards* sont une secte qui s'éleva en Allemagne au commencement du xive siècle. Elle prit son nom de son Auteur, nommé Lolhard Waltèr, qui commença à dogmatiser en 1315 [...]. Pour l'étymologie du Moine de S. Augustin de Cantorbéry, qui dit qu'ils furent ainsi appellez de *lolium,* mot latin, qui signifie de l'yvraie, parceque c'étoit de l'yvraie semé dans le champ du Seigneur, cette étymologie, dis-je, n'est pas vraie. [...] Jovet [...] dit que *Lolard* signifie *Louant-Dieu,* apparemment de l'Allemand *loben, louer,* et *herr, Seigneur ;* parcequ'ils faisoient profession d'aller de côté et d'autre en chantant des Pseaumes et des hymnes [...]. »   *Dict. de Trévoux,* art. *Lolards,* 1740.

LONG ACTING [lɔŋgaktiŋ] *adj.* et *n.*

(v. 1970) *Méd.* À action prolongée. *Subst.* Médicament à action prolongée ; médication retard.

✳ Attesté en anglais dès 1951 « qui agit *(acting)* longtemps *(long)* », ce mot a été relevé par la Commission ministérielle du langage médical (*Banque des mots,* n° 4, 1972, p. 217) qui le condamne.

LONG DRINK → DRINK.

LONG-PLAYING [lɔ̃gplɛiŋ] *adj.*

(v. 1950) Se dit d'un microsillon 33 1/3 tours, de 30 cm de diamètre, d'enregistrements magnétiques.

✳ De l'américain *long-playing* adj. « qui joue longtemps » (1929 ; 1912 à propos d'une aiguille). Aujourd'hui remplacé par *longue durée*, (1967, Petit Robert). Cette dernière expression est préconisée par les membres de la Commission ministérielle de terminologie de l'audiovisuel (*Banque des mots*, n° 3, 1972, p. 83). — Gilles Colpron condamne, au Canada, l'emploi dans le même sens de *long-jeu*, calque de *long play* (*Les Anglicismes au Québec*, p. 160).

LOOPING [lupiŋ] *n. m.*

(1911 ; *looping the loop*, 1903) Acrobatie aérienne consistant à décrire une boucle dans un plan vertical. *Faire des loopings.*
— REM. : Absent du dict. de l'Académie 1935.

« Le monoplan se relève, se cabre tout en virant à gauche, retombe, remonte, fait un troisième plongeon, tourne sur lui-même, accomplit un *looping the loop* remarquable, et remonte une dernière fois pour s'abattre sur le sol [...]. »
É. GAUTIER, *L'Année scientifique et industrielle*, p. 60, 1914 (□ 1913).

« il pourra suivre, en compagnie d'un aviateur qui ne vole pas en ce moment, les évolutions d'un pilote exécutant des loopings [...]. »
PROUST, *Le Côté de Guermantes 2*, p. 400 (□ 1921).

✳ Abréviation française (*Écho de Paris*, 2 juin 1911, p. 1, *in* Mackenzie) de l'expression anglaise *looping the loop* (1898, Jarry sous forme de jeu de mots *Loubing the loof*) elle-même dérivée de *to loop the loop* sur lequel le français a formé le calque *boucler la boucle* (1914, *in* D. D. L., 2ᵉ série, 16). Les premiers « bouclages de la boucle » furent des numéros de music-hall exécutés par des cyclistes, par des automobilistes ou dans des wagonnets utilisant la force centrifuge, sur une piste spécialement construite nommée *boucle*. Mais c'est de la figure de voltige aérienne que *looping* devait recevoir son sens définitif. Il a acquis droit de cité, et il est douteux qu'il soit jamais remplacé par *boucle, faire une boucle*, moins audacieux à notre oreille, que proposent le Comité d'étude des termes techniques et la Commission ministérielle pour le vocabulaire de la construction aéronautique. — Mackenzie signale *looper* n. « aviateur qui effectue des loopings » dans *Le Matin* (22 juillet 1917). Le mot n'a pas vécu.

LORAN [lɔʀɑ̃] *n. m.*

(v. 1949) *Techn.* Procédé radio-électrique utilisant un réseau de stations (une principale et trois secondaires, groupées deux à deux), et permettant à un avion, à un navire d'obtenir son point.

« le Loran fonctionne sur ondes longues et sa portée considérable en fait un moyen de navigation transocéanique. C'est ce système qui est utilisé dans l'Atlantique Nord. »
F. RAYMOND, *Radionavigation et Radioguidage*, p. 106 (□ 1941).

✳ Nom américain *loran* (1943 ; LRN, 1942), abréviation de *Long-Range Navigation*, choisi pour ce procédé mis au point aux États-Unis pendant la Seconde Guerre mondiale.

LORD [lɔʀ(d)] *n. m.*

1° (1558) Titre de noblesse en Angleterre ; celui qui porte ce titre. *La Chambre des Lords* [lɔʀ]. — REM. : Admis dans le dict. de l'Académie 1762, et dans Littré.

« Près de l'abbaye de Westminster il y avait un antique palais normand qui fut brûlé sous Henri VIII. Il en resta deux ailes. Édouard VI mit dans l'une la chambre des lords, et dans l'autre la chambre des communes. »   HUGO, *L'Homme qui rit*, p. 572 (□ 1868).

2° (1528) Titre attribué à certains hauts fonctionnaires où à certains ministres britanniques dans l'exercice de leurs fonctions.

« Le lord-lieutenant d'Irlande, qui est proprement un vice-roi, et dont le pouvoir est très-étendu, a pour son conseil le lord-*chancelier* et le trésorier du royaume, avec quelques comtes, évêques, barons et juges [...]. » Boucher d'Argis, art. *Chancelier*, in *Encycl. Diderot*, 1753.

« Deux conseillers considérables avaient été informés et consultés, le lord-chancelier, qui est, de par la loi, "gardien de la conscience du roi d'Angleterre", et le lord-maréchal, qui est "juge des armes et de la descente de la noblesse". » Hugo, *L'Homme qui rit*, p. 450 (□ 1868).

✻ Anglais *lord* n. « maître, souverain, suzerain, seigneur » (Ixe s.), du vieil anglais *hláford, hláfweard* littéralement « celui qui garde *(weard)* le pain *(hláf)* », adopté pour traduire le lat. *dominus,* notamment dans ses sens religieux. Devenu l'équivalent de *nobleman* « gentilhomme, homme noble », il a pour corrélatif le féminin *lady.* Comme titre, il est attaché au rang nobiliaire, à la dignité épiscopale, à certaines fonctions officielles (Lords of the Admiralty, of the Treasury, Lord Chief Justice, Lord Privy Seal...) et se donne aussi par courtoisie ou politesse. *The Lords* se dit pour l'ensemble des pairs, temporels et spirituels, siégeant à la Chambre des Lords *(House of Lords),* dont le rôle législatif est aujourd'hui très restreint.

Mackenzie relève *lord* en français dans E. Perlin, *Description des royaumes d'Angleterre et d'Écosse,* p. 11, Paris, 1558. Le mot entre dans de nombreux emprunts qui tous se réfèrent à des réalités anglaises et dont la forme, pour un même terme, est souvent mal fixée : *lord chambellan* (Lord Chamberlain) 1528 ; *lord chef de justice* (Lord Chief Justice) 1680 ; *lords justices* 1693 ; *lord député* (Lord Deputy) 1695 ; *lord-lieutenant* 1704 ; *lord de l'amirauté* (Lord of the Admiralty) 1759 ; *lord du trésor, lord (haut) trésorier* (Lord Treasurer), etc. → **Lord-maire.** Dans les emprunts anciens, c'est souvent la forme *milord*✻ qui est adoptée.

LORD-MAIRE [lɔʀ(d)mɛʀ] *n. m.*

(1680) Maire élu de Londres, de certaines grandes villes anglaises. — REM. : Enregistré dans Littré 1867 et dans le dict. de l'Académie 1878.

« Le *Lord* Maire, c'est le Maire de Londres. » *Dict. de Trévoux,* art. *Lord,* 1740.

« mais tant qu'un shérif pourra devenir lord maire, on ne me fera pas entendre qu'à Londres la peine de mort est dépopularisée. » Balzac, *Souvenirs d'un paria,* in *Œuvres diverses,* t. I, p. 232 (□ 1830).

« Vous savez que jadis le Lord-Maire était si puissant qu'il alarmait les rois et se mettait à la tête de toutes les révolutions. » Vigny, *Stello,* in *Œuvres complètes* (□ 1832).

✻ Calque de l'anglais *Lord Mayor* xvie s., même sens, de *lord* et *mayor,* d'après une variante ancienne du français *maire* (Cf. *Mayeur,* région.). Ce titre, porté d'abord par les maires de Londres, York et Dublin, a été donné plus récemment à ceux d'autres grandes villes comme Liverpool, Birmingham, Sheffield... Mackenzie le relève dans *Les Conspirations d'Angleterre,* p. 397, Cologne 1680.

LORDSHIP [lɔʀ(d)ʃip] *n. f.*

(1868) Dignité et fonctions de lord✻. — REM. : Absent de Littré et des dict. de l'Académie.

« Quant à lord David, on l'envoya en mer, sur les côtes de Flandre. Il allait perdre la lordship et ne s'en doutait pas. » Hugo, *L'Homme qui rit*, p. 455 (□ 1868).

✻ Anglais *lordship* n., même sens (Ixe s.), de *lord* et *-ship,* suffixe d'état. N'est pas lexicalisé en français.

LORRY [lɔʀi] *n. m.*

(1868) *Techn.* Wagonnet plat employé dans les travaux de construction et d'entretien des voies ferrées. — REM. : Enregistré dans le Suppl. de Littré, add. 1877 *(loris)* ; absent des dict. de l'Académie. — Plur. *Lorrys* ou *lorries* (plur. anglais).

« Les matériaux et les outils d'entretien sont amenés à pied d'œuvre au moyen de wagonnets légers dits *lorrys* simplement posés sur leurs essieux, que les hommes d'équipe poussent à bras et qu'ils enlèvent des voies lorsqu'un train est attendu. »
P. LEFÈVRE et G. CERBELAUD, *Les Chemins de fer*, p. 104 (□ 1888).

✻ Anglais *lorry, lurry* même sens (1838). Mot originaire de l'Angleterre du Nord, d'abord *laurie* (1834) peut-être du nom de l'inventeur et dont la graphie aurait changé sous l'influence du verbe dialectal *to lurry* « tirer, traîner ». Passé en français (1868, Jacquin, *Exploit. des chem. de fer*, I, p. 189, *in* Mackenzie), il fut écrit aussi *loris* (Littré).

LOUGRE [lugʀ] *n. m.*

(1778) *Mar.* Petit bâtiment renflé à l'avant, fin à l'arrière, dont les bordages sont à clin, et les mâts, au nombre de deux ou trois, inclinés sur l'arrière. — REM. : Enregistré dans le dict. de l'Académie 1835, et dans Littré 1867.

« Mon sabot, c'est un *lougre*, un fin flibustier brutal à la mer brute, sourd au temps ; et, même en calme, avec une mine de tourmente, il semble toujours faire tête au grain. Ras d'eau, ras de mâture : trois mâts comme des pics hardiment penchés sur l'arrière. Trois larges voiles triangulaires tannées, voilà pour courir son bord. »
T. CORBIÈRE, *L'Américaine*, in *Œuvres en prose*, p. 900 (□ 1874).

✻ De l'anglais *lugger* n., même sens (1757), de *lug(sail)* « voile autiers, ou à bourcet » (XVIIe s.), parce que les lougres étaient équipés à l'avant et à l'arrière de ce type de voile. Armés, ils étaient utilisés par les contrebandiers, les pirates, la marine de guerre. Ils furent aussi employés comme navires marchands destinés au cabotage et comme bâtiments de pêche. Selon Wartburg, c'est du mot français (d'ailleurs attesté jusqu'à présent avant l'anglais ; Cf. Brunot, t. IX, p. 1010) que dérivent le danois *lugger* et le hollandais *logger*.

LOVE [lɔv] *n. f.*

(1839) *Techn.* Pain de savon ayant la longueur d'une brique, la largeur et l'épaisseur de trois. — REM. : Figure dans Littré 1867 ; absent des dict. de l'Académie.

✻ Francisation du nom anglais *loaf*, pl. *loaves,* du vieil anglais *hláf* « pain » Xe s., « pain de sucre » XIVe s., et « masse, morceau de qqch. » XVIe s. Passé en français, pour désigner un pain de savon, par l'intermédiaire du vocabulaire commercial, il est enregistré d'abord dans le complément du dict. de l'Académie [*in* D. D. L.].

LOVELACE [lɔvlas] *n. m.*

(1766, *in* Bonnaffé) Séducteur de femmes élégant, brillant et corrompu. — REM. : Absent des dict. de l'Académie ; figure dans Littré 1867.

« tu as encore la prétention de faire le lovelace, comme si tu étais colonel, et obligé de soutenir la réputation militaire dans les garnisons ! fi ! [...] »
BALZAC, *La Paix du ménage*, in *La Comédie humaine*, t. I, p. 999 (1830).

✻ Nom signifiant littéralement « lacs *(lace)* d'amour *(love)* » (*lacs* au sens de « filet, piège ») créé par Richardson (1689-1761) pour un personnage du célèbre roman *Clarisse Harlowe* (1748), dont l'abbé Prévost donna en 1751 une traduction française. Une pièce d'A. Duval-Monvel porte le titre de *Le Lovelace français ou la Jeunesse du duc de Richelieu* (1796). Il ne s'emploie plus guère aujourd'hui (on dit *don Juan*).

LOVETEL [lɔvtɛl] *n. m.*

(1970) Hôtel de passe (J. Riverain).

« Sa dignité (celle de la municipalité d'Osaka, Japon) l'empêche de réquisitionner les 25 000 chambres de "lovetels" que leurs propriétaires louent à l'heure... » *France-Soir*, 1970, in *Les Mots « dans le vent »*, p. 143.

✷ Mot-valise, de *love* « amour » et *-tel*, fin de *hotel* « hôtel ». Formé à l'imitation de la série *motel, boatel*, etc. (S. Hanon, *Anglicismes en français contemp.*, p. 136). Le mot est rare, malgré une analogie formelle avec... *bordel*.

LOYALISTE [lwajalist] *n. m.* et *adj.*

1° (1701) En Angleterre, Partisan des successeurs des Stuarts.

2° Lors de la révolution d'Amérique, Colon resté fidèle au gouvernement du Royaume-Uni. — PAR EXT. (1869) Celui qui est fidèle aux institutions établies. — REM. : Enregistré dans Littré 1867, et, dans le dernier sens, dans le dict. de l'Académie 1935.

« Pour amadouer les électeurs du Massachusetts, on remplaça le gouverneur Bernard par un Bostonien loyaliste, Hutchinson [...]. »
LAVISSE et RAMBAUD, *Histoire générale*, t. VII, p. 539 (□ 1896).

✷ De l'anglais *loyalist* n. « celui qui est loyal ; partisan du souverain ou de l'autorité établie, *spécialt* en temps de troubles » (2e moitié XVIIe s.).
De l'adjectif *loyal* « fidèle, en particulier, fidèle dans l'allégeance au souverain » lui-même emprunté au français du XVIe s. L'Oxford dict. ne signale qu'en 1837 le dérivé *loyalism* « principes ou actions d'un loyaliste ; fidélité au souverain ou au gouvernement ». *Loyaliste* (*Nouvelles de la République des Lettres*, août 1701, p. 203, *in* Mackenzie) et *loyalisme* n. m. (1839, Boiste, Acad. 1935) furent d'abord employés en français exclusivement à propos de l'Angleterre et des États-Unis, avant de prendre un sens plus général (1869, Renan, *in* Wartburg), *loyalisme* en venant à désigner un « attachement dévoué à une cause », quelle qu'elle soit.

« une rixe ayant éclaté, en mars 1970 [...] rixe dénoncée par les patriotes sous le bien gros terme de "massacre de Boston", North consentit à faire retirer les troupes de la ville [...]. Cette conduite habile ramena un grand nombre d'Américains au loyalisme. »   LAVISSE et RAMBAUD, *op. cit.*, p. 539.

LSD [ɛlɛsde] *n. m.*

(v. 1960) Substance hallucinogène tirée d'alcaloïdes présents dans l'ergot de seigle. — Abrév. D (prononcé à l'anglaise : [di]). — *Syn.* Acide lysergique diéthylamide ; lysergamide.

« Le L. S. D., c'est l'acide lysergique : un simple dérivé de l'ergot de seigle auquel on découvrit un jour d'étranges propriétés hallucinatoires. »   *Marie-Claire*, 1966, in *La Banque des mots*, n° 2, 1971, p. 223.

« Il prend et il a pris de tout. Les mystères du LSD — le D (prononcer di) — n'ont plus de secrets pour lui. »
J. CAU, *Paris-Match*, 15 oct. 1966 [*Ibid.*].

✷ De l'américain *LSD* (v. 1950) lui-même emprunté à l'allemand, abréviation de *Lyserg Säure Diäthylamid* « acide lysergique diéthylamide », nom d'un produit synthétisé en 1938 à partir de la diéthylamide et de l'acide d-lysergique par les chercheurs des laboratoires Sandoz (Bâle) qui travaillaient sur les alcaloïdes de l'ergot de seigle et qui appelèrent LSD 25 ce vingt-cinquième composé d'une série de 27. L'un de ces chercheurs, Albert Hofmann, découvrit par accident en 1943 les propriétés psychotropiques du LSD. Celui-ci fut alors étudié dans plusieurs pays et notamment en France par J. Delay et Ph. Benda (*L'Expérience lysergique*, LSD 25, in *Encéphale*, XLVII, n° 1, 1958), mais c'est la vogue du LSD, utilisé comme drogue aux États-Unis à partir de 1960, qui introduisit le mot (et la chose) auprès du public français, et l'on vit apparaître, outre l'abréviation *D* [di] (1966), les dérivés *LSDique* adj. (1967), *LSdéisé*, adj. (1969), *élesdéique*, adj. (1969), *LSD-party*, n. f. (1969), Cf. *Banque des Mots*, n° 2, 1971, p. 223.

→ aussi **Acid-party, trip.** Malraux écrit L. S. D. avec des points (*L'Homme précaire et la Littérature*, p. 267).

« les moyens audio-visuels modernes d'information ont contribué puissamment à faire connaître le nom de LSD 25. À partir de 1966, il n'y eut pas un producteur d'émission télévisée, pas un directeur de quotidien ou de magazine pour laisser passer une occasion si belle d'augmenter son audience, en consacrant une séquence ou un article à cette "nouvelle drogue". François Mauriac y est même allé d'une belle indignation, voyant dans l'ivresse lysergique le péché contre l'esprit de l'Écriture, celui qui ne sera pas pardonné.
Dans ce tohu-bohu, il est difficile d'étudier avec sérieux les propriétés hallucinogènes et mythogènes du LSD 25. »
J.-L. BRAU, *Histoire de la drogue*, p. 160 (□ 1968).

Ltd → LIMITED.

LUDDISTE [lydist] *n. m.* et *adj.*

(1834) *Hist.* Membre de groupes organisés d'ouvriers de l'industrie textile en Angleterre (1811-1816) qui luttaient contre la mécanisation en détruisant les machines industrielles. — REM. : Absent de Littré et des dict. de l'Académie.

✳ De l'anglais *Luddite*, même sens (1811), du nom propre *Lud* ou *Ludd*. Personnage probablement légendaire *Ned Lud,* qui aurait vécu v. 1779 dans un village du Leicester, est réputé avoir détruit dans un accès de colère deux métiers à bas, de sorte que le dicton *Lud must have been here* « Lud a dû passer par ici » se répandit chez les bonnetiers, à propos de métiers endommagés. Les ouvriers qui en 1811 se révoltèrent contre l'introduction des machines textiles, accusées d'entraîner le chômage, de durcir les conditions de travail, et de diminuer la qualité des produits, prirent le nom de *Ludds* ou *Luddites* et surnommèrent leurs chefs *King Ludd, Captain Ludd*... Parti de Nottingham, le mouvement s'étendit au Yorkshire, au Lancashire, au Derbyshire et au Leicestershire ; réprimé par une loi contre laquelle Lord Byron prononça un discours à la Chambre des Lords, et par la force armée, il s'interrompit avec les arrestations nombreuses de 1813 et reprit en 1816.
Le français adapta d'abord le mot en *luddiste* (1834, Landais : *Luddistes,* n. m. pl.) ; il semble que *luddite,* n. et adj., ait été réemprunté au XXᵉ s., avec *luddisme,* n. m. de *luddism* n. « pratiques des luddites » (1812, Oxford dict.).

« Dès 1811 s'organisèrent, en Angleterre, des bandes qui brisèrent les machines, et ce mouvement prit le nom de *luddisme* qui, depuis, est demeuré attaché à ces explosions de colère contre le progrès technique. »
Cl. FOHLEN, *Le Travail au XIXᵉ s.,* p. 34 (□ 1967).

LUG-SAIL [lœgsɛl] *n. m.*

(1897) *Mar.* Petit yacht dont le gréement comprend seulement une voile au tiers avec ou sans foc (Gruss). — REM. : Absent du dict. de l'Académie 1935.

✳ De l'anglais *lug-sail boat* « bateau *(boat)* à voile au tiers *(lug-sail)* » XVIIIᵉ s. → **Lougre.** C'est *lug-sail boat* qui a d'abord été emprunté en français, et qu'on a abrégé ensuite.

LUMP [lɔ̃p ; lœp ; lœmp] *n. m.*

(1799) *Zool.* Poisson de la famille des Cycloptéridés (*Cyclopterus lumpus*, Linné), de couleur grise, de formes lourdes, portant sur le ventre un disque suceur qui lui permet d'adhérer aux objets. *Œufs de lump.* — REM. : Figure dans Littré 1867 ; absent des dict. de l'Académie.

« Cuvier les divise [les Cycloptères] en deux sous-genres : 1º Les *Lumps* ou *Lompes* ; corps épais, première dorsale plus ou moins visible, à rayons simples. La seule espèce connue est le *Lump de nos mers, Gras mollet, Lièvre de mer, Bouclier* ; *C. Lumpus* qu'on trouve dans les mers

du Nord, où il vit de méduses et autres animaux gélatineux. Sa chair est molle et insipide. 2° Les *Liparis* [...]. »
PRIVAT-DESCHANEL et FOCILLON, art. *Cycloptère*, 1883.

✱ Nom anglais *lump*, même sens, XVIᵉ s., origine incertaine, peut-être du moyen bas-allemand *Lumpen*. On rencontre côte à côte en français depuis 1799 (Lacépède, *Hist. naturelle des poissons, in* Mackenzie) les formes *lump* et *lompe* [lõp], n. m. ; ce dernier, obtenu par traduction du latin *(Cyclopterus) lumpus*, lui-même (1793) de l'anglais ou du flamand *lomp*, semblait s'être imposé au XIXᵉ s. Cependant, et c'est dommage, les dictionnaires récents lui préfèrent *lump*, prononcé tantôt [lõp], tantôt [lœmp] ou plus couramment [lœp]. Les œufs de lump, imitation moins coûteuse du caviar, ont vulgarisé ce mot en français.

LUMPS [lõps] *n. m. pl.*

(1791) Pains de sucre de qualité inférieure, fabriqués avec les sirops verts, extraits des sucres raffinés. — REM. : Absent des dict. de l'Académie ; figure dans Littré 1867.

« Les débris de sucre [...] mélangés avec des sirops qui ont servi à laver les seconds produits, servent à fabriquer des produits secondaires [...]. Ces seconds produits sont les *lumps* ou les *bâtardes.* »
N. BASSET, art. *Sucre*, 1886 [*in* Laboulaye, t. III].

✱ D'après l'anglais *lump (sugar)* « sucre *(sugar)* en morceaux *(lump)* » 1657, où *lump* « morceau » (orig. inconnue, XIIIᵉ s.) désigne un des produits obtenus par raffinage du sucre, distinct notamment du *loaf (sugar)* « (sucre) en pain ». Passé en français avec l's du pluriel (*Journal de Paris,* 20 mars 1791, p. 319, *in* Mackenzie), *lumps* est considéré tantôt comme singulier tantôt comme pluriel par les dictionnaires. Nous reprenons la définition de la Grande Encyclopédie (Berthelot) 1895, qui précise : « On leur donne [aux lumps] une forme spéciale, afin qu'ils ne puissent être confondus avec les pains de première qualité. »

LUNCH [lœntʃ] ou [lœ(n)ʃ] *n. m.*

1° (1820) Repas léger, collation. Le plus souvent en Angleterre, aux États-Unis, au Canada, Déjeuner ou goûter froid. *L'heure du lunch.* — REM. : La forme *luncheon* (1823) est restée un emprunt culturel, il fut à la mode au XIXᵉ siècle.

« Ma chère Colomba, dit le colonel, nous ne reviendrons jamais à Pise à temps pour notre *luncheon*. Est-ce que vous n'avez pas faim ? »
P. MÉRIMÉE, *Colomba, in Romans et Nouvelles*, p. 591 (□ 1840).

« Gédéon Spilett proposa à ses compagnons de faire halte en cet endroit. On accepta, car la marche avait aiguisé l'appétit de chacun, et, bien que ce ne fût pas l'heure du dîner, personne ne refusa de se réconforter d'un morceau de venaison. Ce lunch devait permettre d'attendre le souper à Granite-house. »
Jules VERNE, *L'Île mystérieuse*, t. I, p. 359, Livre de poche (□ 1874).

« Des lunchs s'organisaient en plein air, en attendant le Grand Prix. On mangeait, on buvait plus encore [...] c'était un étalage de viandes froides, une débandade de paniers de champagne [...]. »
ZOLA, *Nana*, p. 331 (□ 1880).

« vers midi, le lundi 27 janvier, le nègre s'apprêtait à faire son *luncheon* ; il remarqua que sa chandelle était à sa fin, il la remplaça par une neuve [...]. » G. MOYNET, *in La Science illustrée*, 1ᵉʳ sem. 1902, p. 370.

2° (1864, *luncheon*) Repas léger que l'on sert devant un buffet et pris au milieu du jour ou dans l'après-midi, à la place d'un déjeuner, à l'issue d'une cérémonie, ou au cours d'une réception. *Des lunchs.* — REM. : Absent des dict. de l'Académie ; figure dans Littré 1867.

« Madame Truth avait préparé un formidable *luncheon* pour les amis de son mari, et avait eu la bonté de me mettre au rang des invités. »
R. LEFEBVRE, *Paris en Amérique*, p. 210 (□ 1864).

« Avant de se mettre à table les convives s'approchent d'un guéridon où sont placés du caviar (œufs d'esturgeon), des filets de harengs marinés, des anchois, du fromage, des olives, des tranches de saucisson, du bœuf fumé de Hambourg et autres hors-d'œuvre qu'on mange avec des petits pains pour s'ouvrir l'appétit. Le luncheon se fait debout, et s'arrose de vermouth, de madère, d'eau-de-vie de Dantzik [...]. »
Th. GAUTIER, *Voyage en Russie*, p. 131 (□ 1867).

« un lunch solide fortement arrosé, qui mit chacun de nous dans un état de bonne humeur, entretenu toute la soirée par les verres de punch et de champagne sifflés au passage sur les plateaux de la desserte. »
A. DAUDET, *Le Nabab*, p. 21 (□ 1877).

✳ Anglais *lunch* n., d'abord « gros morceau, tranche épaisse » (XVIᵉ s.), peut-être de l'espagnol *lonja* même sens. Le mot est adopté au XIXᵉ s. comme abréviation de *luncheon* n., au XVIIᵉ s. « collation prise entre les heures ordinaires des repas, spécialement le matin » ; le mot garde ce sens pour ceux qui nomment encore *dinner* le repas de midi ; pour ceux — les plus nombreux — qui prennent le soir leur repas principal, le luncheon est un repas moins substantiel, moins cérémonieux, pris ordinairement au début de l'après-midi. La forme *lunch* (1820, Jouy, *L'Hermite de Londres*, I, 336, *in* Mackenzie) a précédé de peu en français *luncheon* : « Le second [repas], qui n'a point d'analogue chez nous, se nomme *launcheon* » (1823, D'Arcieu, *Diorama de Londres*, p. 168, *in Le Français moderne*, 1949, p. 295). *Luncher* v. « prendre un lunch » (1856, de *to lunch*, même sens 1823) et même les rares *luncheonner (to luncheon)* et *luncheur* (1896) ont suivi. Bien que *lunch* ait tendance à se franciser dans la prononciation, il garde une forme manifestement étrangère qui convient aussi bien à l'emploi mondain qu'à celui dans lequel il désigne une habitude anglo-saxonne.

« je trouve extravagante la prétention qu'ont certaines gens de nous faire dire [...] un *lunch*, des *luncheon* [...] adoptez une forme unique et mettez-y l's au pluriel. Et riez au nez des pédants. »
A. THÉRIVE, *Querelles de langage*, t. I, pp. 164-165 (□ 1929).

« Ce n'est pas d'aujourd'hui sans doute qu'existe un genre de repas pris au début de l'après-midi, généralement debout, après un mariage, une séance de congrès ou une autre cérémonie. Or, en français moderne, faute d'un nom spécial, on a accoutumé d'appeler ce repas un *lunch*, d'un mot anglais dont la signification est beaucoup plus large en Angleterre. Mais la spécialisation comble une lacune du lexique et les hôteliers qui essaient de conserver à *lunch* le sens de " déjeuner de midi " ne sont pas suivis. »
L. DEROY, *L'Emprunt linguistique* (□ 1956).

— LUNCHER, LUNCHEONNER :

« Et puis, il nous a donné rendez-vous [...] pour luncher. »
DUMANOIR et de BIEVILLE, *Les Fanfarons de vice*, 1856 [*in* D. D. L., 2ᵉ série, 2].

« Mon cher Dickens, nous sommes enchantés de votre retour [...] venez luncheonner demain à une heure et amenez votre brave ami Forster [...]. »
D'ORSAY, in *Revue des Deux-Mondes*, 1ᵉʳ mars 1875 [*in* Littré, Suppl.].

« Impunément les étudiantes peuvent recevoir dans les halls de l'Université des étudiants et des amis, danser, luncher, rire, flirter avec eux. »
P. ADAM, *Vues d'Amérique*, p. 103 (□ 1906).

✳ On rencontre aussi en français le composé rare *lunch-room* (S. de Beauvoir, 1954) pour désigner le « petit restaurant où l'on sert des *quick lunches,* repas rapides et sommaires » (1919 ; dès 1830 non lexicalisé, en anglais).

« Mais nous nous arrêtons dans un *lunch-room* solitaire pour prendre le breakfast [...]. »
S. de BEAUVOIR, *L'Amérique au jour le jour*, 12 mars 1947, p. 165 (□ 1954).

LUNCHER → LUNCH. — REM. : Ne pas confondre avec *lyncher*.

LUNE DE MIEL [lyndəmjɛl] loc. nom.

(1805 ; *lune du miel* en 1748) Les premiers temps du mariage, d'amour heureux et de bonne entente. — *Par ext.* : Première période sans nuage d'une nouvelle amitié, d'une entente... — REM. : Enregistré dans le dict. de l'Académie 1835, et dans Littré 1867.

« Zadig éprouva que le premier mois du mariage, comme il est écrit dans le livre du Zend, est la lune du miel, et que le second est la lune

de l'absinthe. Il fut quelque temps après obligé de répudier Azora, qui
était devenue trop difficile à vivre [...]. »
                    VOLTAIRE, *Zadig*, in *Romans*, p. 37, Garnier Frères, *s.d.* (□ 1748).

« [...] Mais tout s'use.
Une lune de miel n'a pas trente quartiers,
Comme un baron saxon. — Et gare les derniers !
L'amour (hélas ! l'étrange et la fausse nature !)
Vit d'inanition, et meurt de nourriture. »
                    MUSSET, *Premières poésies*, Mardoche (□ 1829).

✱ Calque de l'anglais *honeymoon* n. (XVIᵉ s.), « premier mois qui suit
le mariage » par comparaison de l'affection mutuelle des nouveaux
mariés à la lune *(moon)* changeante qui, sitôt entière, commence à
décroître ; aujourd'hui couramment « vacances qui suivent le mariage, et
précèdent l'installation du nouveau couple chez lui ». C'est Voltaire qui
a introduit l'expression en français et elle a été traduite de là en espagnol
(luna de miel) et en italien *(luna di miele)*.

LUREX [lyʀɛks] *n. m.*

(av. 1968) Fil à tricoter gainé de polyester qui lui donne un
aspect métallique (doré, argenté, etc.).

« [Maillot] sobre, pas cher [...] une ganse de lurex or quand il est
noir. »   *L'Express*, 9 juin 1979, p. 200.

✱ De l'américain *Lurex,* nom déposé en 1945, de *lure* « charme,
attrait » et suffixe publicitaire *-ex.*

LUTTE POUR LA VIE [lytpuʀlavi] *loc. nom.*

(1862) Lutte que doit mener pour vivre chaque individu,
contre les individus de son espèce et d'espèces différentes, et
contre les obstacles opposés par le milieu naturel. — *Fig.* État
de compétition, dans un milieu donné. — REM. : Absent de
Littré et des dict. de l'Académie.

« M. Lacaze-Duthiers donne, dans son ouvrage, de curieux exemples
de cette *lutte pour la vie (struggle for life)*, qui forme la base des théories
du naturaliste anglais Darwin. »
                    L. FIGUIER, *L'Année scientifique et industrielle*, p. 515, 1865 (□ 1864).

« Le milieu vient-il à changer, l'organisme souffre et cherche à
s'habituer à de nouvelles conditions d'existence ; mais il ne peut le faire
qu'en soutenant une véritable lutte heureusement appelée par Darwin
struggle for life. De cet antagonisme résulte la sélection naturelle, et si
l'organisme résiste, la transformation ou l'élimination des caractères
primitifs qui se trouvaient en lui incompatibles avec le nouveau milieu.
[...] L'origine des races humaines est évidemment la même, à cette
différence près que, par son intelligence, l'homme est mieux armé dans
la *lutte pour la vie* et qu'il ne s'applique jamais à lui-même la sélection
artificielle. »   M. de QUATREFAGES, in *Revue des cours scientifiques*,
                                                    21 sept. 1867, p. 684.

✱ Calque de l'anglais *struggle* (« lutte ») *for* (« pour ») *life* (« la vie »),
expression choisie par Darwin (*On the Origin of Species by Means of
Natural Selection,* Londres, 1859) pour caractériser les relations qui
règnent entre les espèces d'êtres organisés, animaux et végétaux,
coexistant dans un milieu donné, où les causes qui tendent à favoriser
la survie d'une espèce, tendent à entraîner l'extinction d'une autre.
Struggle for life, qui n'a pas été créé par Darwin, coexistait en anglais
avec *struggle for existence.* La traduction du livre de Darwin par
Mˡˡᵉ Auguste-Clémence Royer (*De l'origine des espèces...,* Paris, 1862)
fit connaître l'expression *struggle for life* sur laquelle Daudet devait créer
en 1888 *(L'Immortel)* le dérivé *struggleforlifeur* « celui qui met en
pratique la théorie de l'anéantissement des faibles par les forts,
arriviste » (aussi *struggle-for-lifer* : 1889, Bourget ; 1920, Proust).
L'expression anglaise coexista en français avec plusieurs traductions :
concurrence vitale (Auguste-Clémence Royer), mais aussi *combat pour
la vie,* avant que s'impose définitivement le calque *lutte pour la vie.* Bien
d'autres termes furent suscités à la même époque par les théories de

Darwin. Citons *sélection* naturelle, évolution**, *réversion*. Mais *lutte pour la vie* est le seul qui s'employa figurément :

> « Cela tient, non-seulement à l'infériorité des organismes, et, par suite du pouvoir reproducteur, mais encore à une loi de physiologie générale qui régit le monde organique tout entier, la loi de *concurrence vitale*. »
> M. Coste, in *Revue des cours scientifiques*, 21 mai 1864, p. 323.

> « Ce sont les plus grosses espèces qui survivent, en vertu de la loi du plus fort. C'est une sorte de *lutte pour l'existence*, comme l'appelle le naturaliste Darwin. »   L. Figuier, *L'Année scientifique et industrielle*, p. 322, 1865 (□ 1864).

✱ Quant à *struggle for life* et à son dérivé, ils furent à la mode entre 1890 et 1920 :

> « Je lutte, tu luttes, il lutte, nous luttons... Le plus actif et le plus terrible de tous les verbes. Comme si ce n'était pas assez du *struggle for life !* »
> *Le Charivari*, 15 oct. 1891, p. 1.

> « son tempérament d'homme de propagande et d'action s'accommodait mal du cadre étroit des laboratoires clos et couverts où l'avaient, à ses débuts, confiné les dures nécessités du *struggle for life*. »
> É. Gautier, *L'Année scientifique et industrielle*, p. 397, 1898 (□ 1897).

> « Car, quand il parlait de ces grands seigneurs du passé, il trouvait spirituel et "couleur de l'époque" de faire précéder leur titre de Monsieur et disait Monsieur le duc de la Rochefoucauld, Monsieur le cardinal de Retz qu'il appelait aussi de temps en temps : Ce struggle for lifer de Gondi, ce "boulangiste" de Marsillac. »
> Proust, *Sodome et Gomorrhe*, p. 876 (□ 1922).

LYDDITE [lidit] *n. f.*

(1890) Explosif à base d'acide picrique. — REM. : Absent du dict. de l'Académie 1935.

> « il y a des explosifs de guerre, tels que la *roburite* en Allemagne, et la *mélinite* en France, dont la composition est tenue secrète dans l'intérêt de la défense nationale, mais qui, pourtant, est fabriquée, sous le nom de *lyddite*, par l'Angleterre. »
> P. Larousse, *Grand Dict. univ.*, 2ᵉ suppl., art. *Explosif*, 1890.

✱ Mot anglais (1888), dérivé de *Lydd*, ville du Kent où l'explosif, utilisé dans la fabrication d'obus *(lyddite shells)*, fut essayé pour la première fois.

LYNCH (Loi de) [lɛ̃ʃ] ou [linʃ] *loc. nom.*

(1837) Pratique selon laquelle une assemblée sans autorité légale se constitue elle-même en tribunal pour juger sommairement, et punir ou exécuter en conséquence une personne supposée criminelle. — REM. : Figure dans Littré 1867 (art. *Loi*) ; absent des dict. de l'Académie.

> « Un tribunal sommaire se constitua, séance tenante ; cinq minutes après, au nom de la loi de Lynch, l'aubergiste était condamné à la peine de mort, et un quart d'heure ne se passa pas sans que nous vissions son corps se balançant à une branche d'arbre. »
> X. Eyma, *La Vie aux États-Unis*, pp. 65-66 (□ 1876).

✱ Calqué de l'américain *Lynch law* (1839), même sens, d'abord *Lynch's law* (1782) du nom du capitaine William *Lynch* du comté de Pittsylvania, en Virginie, qui eut l'initiative de cette pratique, limitée ensuite à l'exécution sommaire de personnes prises en flagrant délit. La forme américaine (1853 ; → ci-dessous) a d'abord côtoyé en français sa traduction (*Revue britannique*, juin 1837, *in* D. D. L., 2ᵉ série, 2 ; Stendhal, *Mémoires d'un touriste*, 7 juin 1837).

> « Durant votre séjour en Amérique [...] a-t-on pendu deux ou trois personnes par jour en vertu de cette loi de la lanterne, de cette *Lynch law* [...]. »
> R. Lefebvre, *Paris en Amérique*, pp. 420-421 (□ 1864).

✱ Quant à l'emploi de *lynch*, n. m., pour désigner cette pratique, il ne s'est pas implanté :

> « Quelques policemen suffisent pour maintenir l'ordre, et quand ils ne suffisent pas, on se garde et on se fait justice soi-même. Ce qu'on appelle le *lynch* consiste dans le fait du peuple qui prend les coupables, ou réputés tels, les pend, les fusille, les brûle ou les noie sans cérémonie. C'est le fait de tous les jours. »
> E. Michel, *Le Tour du monde en deux cent quarante jours.*
> *Le Canada et les États-Unis*, p. 119 (□ 1881).

LYNCHER [lɛ̃ʃe] *v. tr.*

(1861) Exécuter sommairement, sans jugement régulier et par une décision collective (un criminel ou supposé tel). — *Par ext.* Exercer de graves violences sur qqn, en parlant d'une foule. — REM. : Enregistré dans Littré 1867, et dans le dict. de l'Académie 1935.

« Les Américains viennent pourtant d'annoncer qu'ils avaient arrêté ce dangereux scélérat. En effet, au dire des journaux du pays, Jud à l'heure qu'il est serait lynché — traduction française — pendu. »
Le Charivari, 6 mai 1861, p. 2.

✳ De l'américain *to lynch* v. (1835), de *Lynch,* nom propre. Il signifie aussi en anglais « exercer une violence physique sur qqn, battre, le plus souvent tuer qqn dans une action de foule » (on a, en français, *molester, massacrer*) ; et aujourd'hui, « attaquer violemment qqn en paroles ou en écrits » (inconnu en français). On a formé les dérivés *lynchage* n. m. (1883 ; admis Académie 1935), *lyncheur, euse* n. et adj. « qui participe à un lynchage » (1892).

« il grossit l'estimation vingt mille fois, ce qui lui valut, de la part des *cowboys,* un simulacre de lynchage où il faillit laisser sa vilaine peau de concussionnaire. »
P. BOURGET, *Outre-Mer,* p. 65 (□ 1895).

« Pauvres sots, qui êtes de l'espèce des lyncheurs, pour qui droite et gauche sont égales, pourvu que le sang jaillisse [...]. »
ARAGON, *Blanche ou l'Oubli,* p. 225 (□ 1967).

LYRIC [liRik] *n. m.*

(1931) Texte d'un passage chanté dans une comédie musicale, un film, un spectacle de music-hall. — REM. : Absent du dict. de l'Académie 1935.

« un "collectif" d'étudiants à New York, menant une enquête rigoureuse dans "les quartiers les plus défavorisés", ramassant des témoignages et des bouts de lettres, dirigeant tout cela vers leur Université puissante, hein, pourquoi pas ? Survient une sorte d'auteur, quand même, M. Livingston, et un vague compositeur, plus un fabricant de lyrics. C'est parti pour off-Broadway. »
F.-R. BASTIDE, in *Les Nouvelles littéraires,* 28 fév. 1972, p. 25.

✳ Mot anglais emprunté par l'américain « paroles d'une chanson populaire, d'un numéro de comédie musicale » (1876), de *lyric* adj. « destiné à être chanté » (XVIe s.), du français *lyrique* ou du latin *lyricus.* Les dictionnaires français le notent d'abord *lyric* n. m. (1931), mais plus récemment tendent à rétablir *lyrics* n. m. pl. Lié au genre de la comédie musicale, *lyric(s)* en aurait donc subi les modes, demeurant un terme de la langue du spectacle, mal assimilé.

LYSOZYME [lizozim] *n. m.*

(mil. XXe) *Biol.* Enzyme présent dans de nombreuses sécrétions animales et dans certains tissus animaux et végétaux, capable d'attaquer par lyse les parois bactériennes.

« À l'agression microbienne, l'organisme oppose un certain nombre de défenses [...]. Le revêtement cutané est pratiquement infranchissable [...]. Les muqueuses sont plus facilement franchies [...]. Cette vulnérabilité relative est atténuée par la présence de certaines substances chimiques douées d'un pouvoir bactéricide. Elles sont représentées essentiellement par un polypeptide, le lysozyme, étudié par Flemming et Allison. Il est présent dans les larmes, la salive, les sécrétions vaginales, mais ne se trouve pas dans le sang. »
V. VIC-DUPONT, *La Maladie infectieuse,* p. 54,
P. U. F., Que sais-je ?, n° 1220 (□ 1966).

✳ Terme créé par Fleming en 1922 à partir des éléments savants *lys-* et *-zyme,* respectivement du grec *lusis* « action de délier, dissolution » et *zumê* « levain », à cause des propriétés biochimiques caractéristiques de ces protéines. Le français a le dérivé *lysozymémie,* n. f. « présence de lysozyme dans le sérum sanguin » (1972).

M

MACADAM [makadam] *n. m.*

1° (1830 ; *pavé à la Mac-Adam*, 1829) Revêtement routier fait de pierre concassée et de sable agglomérés au moyen d'un rouleau compresseur. — REM. : Enregistré dans les dict. de Littré 1867, et de l'Académie 1878.

« Les routes de la Californie sont très rapidement parcourues, ouvertes en tout sens, sillonnées de diligences, de charrettes, en un mot très-animées ; mais nul cantonnier ne les entretient ; l'empierrement, le macadam et encore plus l'arrosage, y sont complètement inconnus. »
L. SIMONIN, *Voyage en Californie* [1859], p. 38 (□ 1862).

« Dès les premiers pas que je fis pour m'y rendre, je dus constater l'absence regrettable de tout macadam ou pavage dans les avenues de Saint-Boniface. »
H. de LAMOTHE, *Excursion au Canada et à la rivière Rouge du Nord* [1873], p. 258 (□ 1878).

— *Macadam goudronné* → **Tarmacadam.** *Macadam au bitume.*

« C'est ainsi qu'on doit commencer par gratter le macadam et par le laver à grande eau afin de faciliter l'imprégnation par le mazout ou le goudron, lesquels doivent être répandus à chaud. »
É. GAUTIER, *L'Année scientifique et industrielle*, pp. 250-251, 1903 (□ 1902).

— PAR EXT. (1845) Chaussée en macadam. *Rouler sur le macadam.*

« — De quoi donc se plaint-on ? crie un autre quidam ;
Et flânant sur l'asphalte et sur le macadam,
Je gagne tous les jours trois cents francs à la Bourse. »
HUGO, *Les Châtiments*, in *Œuvres complètes*, p. 80 (□ 1853).

« Pour un pied parisien habitué aux élasticités du bitume, à la mollesse du macadam, cette dégringolade est un rude exercice. »
Th. GAUTIER, *Constantinople*, p. 92 (□ 1853).

— (1864) *Fam.* Vx. *Le macadam*, le trottoir des prostituées. (1888) *Faire le macadam*, faire le trottoir.

2° (v. 1900) → **Tarmacadam.** — *Par ext.* Chaussée en tarmacadam.

« Ses semelles caoutchoutées adhéraient bien au macadam, ses bras volaient en l'air, ses grandes jambes bien articulées lui offraient sans compter la liberté. » P. MORAND, *L'Homme pressé*, p. 101 (□ 1941).

3° (1962) *Techn.* Pierre cassée en morceaux de 4 à 7 cm, pour l'empierrement des routes.

✱ Du nom de l'ingénieur écossais, John Loudon McAdam (1756-1836), qui, chargé de l'administration des routes d'Écosse, et plus tard de la direction générale des routes de Grande-Bretagne (1827), fit imposer l'idée de remplacer le pavage traditionnel par un revêtement en pierre concassée. Le mot est d'abord attesté en anglais comme épithète (1824 : *the Mac-Adam ways*) ; à l'origine, il s'écrit toujours avec un *M* majuscule sous les formes suivantes : *Mac-Adam, McAdam, Macadam*.

Le macadam, qui constitue un perfectionnement du procédé d'empierrement inventé en 1775 par l'ingénieur français Trésaguet, marque une date importante de l'histoire de la route tant par sa diffusion que par la série de progrès techniques dont il a été l'origine. Préconisé vers 1815, bientôt généralisé en Grande-Bretagne, il se répandit rapidement. À Paris, il ne fut adopté qu'en 1849 ; son succès au xixe siècle est étroitement lié au développement de la circulation routière qui, en France notamment, avait quadruplé entre 1800 et 1850. Offrant une surface plus unie, plus lisse et pourtant moins glissante que les anciens pavés, le revêtement en macadam rendait possible une accélération appréciable de vitesse. Ainsi, selon A. Maurois (*Histoire d'Angleterre,* p. 593), sur les routes anglaises, la vitesse des diligences est passée en quinze ans « de quatre à sept, puis à dix milles à l'heure ». Mais le passage des véhicules sur le macadam produisait d'épais nuages d'une poussière toxique. Le développement de la circulation et l'accroissement du réseau routier aggravèrent encore le problème. Dès 1850, les fondations de certaines routes furent recouvertes directement d'asphalte ou de bitume. Après 1900, le macadam fut peu à peu remplacé par le tarmacadam, mélange de pierres concassées et de goudron.

Le mot est attesté en français dès 1829, dans la locution *à la Mac-Adam* (Dict. de Boiste, *pavé à la Mac-Adam*). La graphie moderne *macadam* apparaît en 1839 (Bonnaffé). *Macadam* est surtout employé aujourd'hui pour *tarmacadam** qui est d'un emploi technique. Signalons aussi que le sens de « trottoir » est typiquement français.

MACADAMISATION [makadamizɑsjɔ̃] *n. f.*

(1875 ; *mac-adamisation,* 1830) Rare. *Travaux publics.* Procédé, opération par lesquels on recouvre une voie de macadam ; état d'une voie ainsi revêtue. — REM. : Absent des dict. de Littré et de l'Académie.

« [...] où l'on doit, comme en Angleterre, adopter l'usage de la mac-adamisation. »   A. de TISSOT, *Paris et Londres comparés,* 1830, *in* Greimas, 1948 [*in* D. D. L., 2e série, 3].

✳ Adaptation de l'anglais *macadamization* (1824). Le mot n'a pas eu le succès du dérivé concurrent, *macadamisage,* bien qu'il figure maintenant en seconde entrée dans certains dictionnaires contemporains (→ **Macadam, macadamiser**).

MACADAMISER [makadamize] *v. tr.*

(1828) Faire à une route un revêtement en macadam. *Macadamiser une route, une voie* (→ aussi **Tarmacadam** et ses dérivés). — REM. : Enregistré dans les dict. de Littré 1867, et de l'Académie 1878. — Dans l'usage courant, surtout employé au part. passé ou comme adj.

« Une ou deux rues et quelques endroits ont des chaussées ; mais toutes les autres sont imparfaitement macadamisées, et c'est assez dire en quel état elles se trouvent par les temps de pluie. »
BALZAC, *Le Député d'Arcis,* p. 718 (□ 1847).

« Les chemins, macadamisés de cendres et de coke, s'enroulent aux flancs des montagnes. »
Jules VERNE, *Les Cinq Cents Millions de la Bégum,* p. 60 (□ 1879).

✳ Adaptation de l'anglais *(to) macadamize,* attesté dans le même sens en 1826, et qui signifie également : « réduire (de la pierre, du granit, une matière solide) en petits fragments, pour en faire du macadam » (1825), « réduire en miettes une chose, une personne, solide ou qu'on croyait solide » (1825), « niveler une chose, aplanir les difficultés » (1826). En français, on trouve une attestation ancienne d'une forme concurrente de *macadamiser, macadamer,* qui n'a pas été retenue par l'usage :

« Il y a une ville dans la terre de Diémen, où se publient trois journaux ; les chemins d'alentour sont *macadamés ;* il y a des auberges où l'on peut dîner magnifiquement si l'on consent à payer une guinée ; des sociétés savantes et littéraires, telles quelles ; pas d'esclaves, et nous n'en savons pas le nom. Cette grande nation anglaise envahit tout l'univers. »
V. Jacquemont, Lettre à Victor de Tracy, 12 janv. 1829, in *Corresp.*, t. I, p. 54.

✳ L'ancienne forme *Mac-Adamiser* figure en entrée dans le dict. de Boiste 1829, mais la graphie actuelle y est aussi signalée. *Macadamiser* a donné le dérivé concurrent *macadamisage* n. m. (1827), concurrent de *macadamisation*✳ n. f. (1830).

MACCARTHYSME ou MACCARTISME [makkaʀtism] *n. m.*

(1953) Sectarisme politique, généralement anticommuniste, inspiré du mouvement dirigé par le sénateur Joseph McCarthy, dans les années 50, aux États-Unis.

« les livres brûlés, les ghettos de noirs, les lynchages, le maccarthysme. » Aragon, *Le Neveu de M. Duval*, 1953 [*in* D. D. L., 2ᵉ série, 12].

« Vous ne reconnaîtriez plus l'Amérique. L'atmosphère a complètement changé. Le maccarthysme y a répandu ses poisons. Les esprits libres se sentent inquiets et à la merci du zèle des dénonciateurs. »
Jules Romains, *Passagers de cette planète, où allons-nous ?*, p. 94 (□ 1955).

— Par anal. Méthodes d'insinuations et d'accusations sans preuves, comparables à celles qui ont caractérisé· le mouvement maccarthyste.

« le sénateur Proxmire, l'un des plus sévères critiques de la politique du président, a vu dans certaines insinuations de la presse sur les responsabilités de M. Nixon de la " *basse démagogie* " et " *la pire forme de maccarthysme* ". » *Le Monde*, 16 mai 1973, p. 1.

✳ De l'américain *McCarthyism* n. (1950) « courant antisubversif, spécialt anticommuniste, caractérisé par des méthodes d'insinuations et de dénonciations sans preuves », du nom d'un ancien sénateur du Wisconsin, Joseph Raymond McCarthy (1909-1957) qui, en tant que président d'une commission sénatoriale d'investigations *(Un-American Affairs)*, mena au sein du Congrès, de l'Armée, puis de la population, une véritable croisade anticommuniste aux États-Unis dans les années 50. Les méthodes et les excès de McCarthy lui valurent d'être désavoué par le Sénat américain en 1954. Au-delà des communistes, tous les sympathisants de gauche, les opposants, les non-conformistes, voire les artistes, réalisateurs et producteurs de cinéma en particulier, étaient directement et indistinctement menacés. Certains d'entre eux furent réduits à l'inactivité ou à l'exil. Plusieurs fonctionnaires furent démis de leurs fonctions. Ce mouvement fut très tôt qualifié de « chasse aux sorcières » ; pour une bonne partie de la population américaine, le maccarthysme n'était pas sans rappeler par certains côtés l'histoire de la fin du XVIIᵉ siècle en Nouvelle-Angleterre (Cf. « les Sorcières de Salem »). En français, le mot s'applique généralement aux États-Unis. Il a donné le dérivé *maccarthyste* [makkaʀtist] adj. et n. (v. 1955), d'après l'américain *McCarthyist* adj.

« On le sait, il s'agit en fait d'un thème politique : l'athéisme de la France n'intéresse l'Amérique que parce qu'il est pour elle le visage préalable du communisme. " Réveiller " la France de l'athéisme, c'est la réveiller de la fascination communiste. La campagne de Billy Graham n'a été qu'un épisode maccarthyste. »
Barthes, *Billy Graham au Vel'd'Hiv'*, in *Mythologies*, p. 115 (□ 1954-1956).

« Ne devons-nous pas accueillir avec méfiance des histoires orchestrées par une administration dont la corruption vient d'éclater au grand jour et dont le chef suprême a contribué, autrefois, à plonger le pays dans la terreur maccarthyste ? »
Le Nouvel Observateur, 18 juin 1972, p. 32.

MACFARLANE [makfaʀlan] *n. m.*

(1859) *Ancienn.* Manteau d'homme, sans manches, avec des ouvertures pour passer les bras et un grand rabat en forme de cape. — Rem. : Enregistré dans le Suppl. 1877, du dict. de Littré, sous la forme aujourd'hui désuète de *mac-ferlane ;* absent du dict. de l'Académie.

« [...] Henri, peu attentif, avait boutonné son *macfarlane*, ouvert son parapluie, et, notre conducteur, couvrant ses épaules d'une ample roulière, déployait sur les nôtres une lourde couverture de laine qui bientôt me parut et trop courte et trop mince. »
F. de LANOYE, *Voyage aux volcans de la France centrale* [1864],
p. 75 (□ 1866).

« les étuis de jumelles passés en sautoir, les fusils de chasse enveloppés dans leur fourreau et jetés sur l'épaule, les macferlanes, les couvertures bariolées, et tout ce monde gênant d'ustensiles que le voyageur croit devoir emporter avec lui, donnaient un aspect assez étrange à cette foule européenne [...]. »
Th. GAUTIER, *L'Orient*, t. II, p. 153 (□ 1877).

« Un quidam drapé dans un vaste mac-ferlane, entre chez une somnambule. »   *Le Charivari*, 2-3 nov. 1892, p. 2.

« Six heures du soir, en entrant en mac-farlane bleu et un infirmier qui porte son billet d'hôpital. »
JARRY, *Les Jours et les Nuits*, p. 804 (□ 1897).

✱ Du nom propre écossais *MacFarlane*, nom présumé du créateur de cette mode. Le mot *macfarlane* existe aussi en ce sens en anglais, mais il n'est pas attesté dans l'Oxford dict. Il faut attendre le Webster's Third 1966, pour le trouver (les graphies initiales de *MacFarlane* et *Macfarlane* avec le *M* majuscule, y sont aussi signalées) ; l'article est accompagné d'une illustration du vêtement. Le macfarlane était un manteau de sport et de voyage.

MACHINE À VAPEUR [maʃinavapœʀ] *n. f.*

(1794) Machine fixe (pompe, compresseur, chaudière) ou mobile (locomobile, locomotive), qui utilise l'expansion de la vapeur d'eau pour produire la force motrice. *Machine à vapeur à simple, à double effet. Machine à vapeur à basse, à haute pression. Machine à vapeur alternative, rotative.* — REM. : Enregistré dans les dict. de l'Académie 1835 et de Littré 1867.

« Notice historique sur les machines à vapeur, machines dont les Français peuvent être regardés comme les premiers inventeurs ».
M. Baillet, inspecteur divisionnaire au corps impérial des mines,
Journal des mines, mai 1813, *in* L. FIGUIER,
Merveilles de la science, p. 12.

« Établies dans un local spécial, en contre-bas du sol, les chaudières des exposants étaient entretenues en feu pour produire un immense courant de vapeur qui venait circuler dans un tuyau général placé dans la galerie. Sur ce conduit se faisaient toutes les prises de vapeur destinées à faire mouvoir les machines à vapeur. »
L. FIGUIER, *Rapport sur l'Exposition universelle de 1855 présenté à l'Empereur par le Prince Napoléon président de la commission*,
in L'Année scientifique et industrielle, p. 469, 1858 (□ 1857).

— Hist. techn. *Machine (à vapeur) atmosphérique.*

« Tel est le mécanisme de la pompe à feu de Newcomen (1705), dont le principe moteur est, à proprement parler, le poids de l'atmosphère, et qu'il faudrait, d'après cela, désigner sous le nom de *machine atmosphérique*, ou si l'on veut, de *machine à vapeur atmosphérique*. »
L. FIGUIER, *Les Merveilles de la science*, p. 71 (□ 1867).

— *Machine (à vapeur) de X chevaux* (→ **Horse-power, cheval-vapeur,** art. *Vapeur*). Vx. *Machine (à vapeur) locomotive* → **Locomotive.**

« Nous ne pouvons, Monseigneur, différer plus longtemps à organiser nos moyens de transport, et à accomplir le dessein que nous avons toujours eu de substituer, en tout ou en partie, à l'emploi des chevaux, l'emploi de chariots mis en mouvement par l'action de la vapeur, dont on fait usage en Angleterre et qu'on désigne sous le nom de *iron horses*, ou de *machines à vapeur locomotives.* »
La Compagnie du chemin de fer de Saint-Étienne à la Loire, *Registre des délibérations du Conseil d'administration* [des Ponts et Chaussées], séance du 21 avril 1826 [*in* Wexler, p. 102].

— *Machine à vapeur à plusieurs cylindres, compound**.

« C'est précisément pour mettre à profit cette vapeur sortant des cylindres, et qui était perdue jusqu'ici, qu'ont été imaginées, en Angleterre et en Amérique, les machines à vapeur dites *compound*, ainsi qu'on le faisait déjà, du reste, dans l'ancienne machine de Wolf, d'une façon rudimentaire. » L. FIGUIER, in *La Science illustrée*, 2ᵉ sem. 1889, p. 215.

✳ Le français possédait déjà depuis longtemps *machine à feu* (signalé dans Littré 1867, à l'art. *Machine*, comme dénomination primitive de la machine à vapeur) et, depuis près d'un siècle, *pompe à feu* (figurant en exemple dans le dict. de l'Académie, de 1798 à 1878, à l'art. *Pompe*) lorsque le *Journal des mines* lança et préconisa l'emploi, en 1794, du calque de *machine à vapeur*, refait sur l'anglais *steam-engine* n. (1751), de *steam* « vapeur » et *engine* « machine ». La substitution du calque aux dénominations en usage ne s'est effectuée que très progressivement au cours du XIXᵉ siècle ; d'après le témoignage direct du *Journal des mines*, elle est justifiée et imposée par l'évolution même des conceptions relatives à la vapeur et à ses applications :

« Nous croyons nécessaire d'adopter cette dénomination *(machine à vapeur)* au lieu de celle de pompe à feu, sous laquelle cette machine est connue jusqu'à présent. L'eau réduite en vapeur en est le moteur : le feu n'est que la cause de sa vaporisation : quant au mot de pompe il est absolument impropre puisque cette machine peut s'adapter à tout autre usage qu'à élever des eaux... On n'a fait ici que traduire l'expression anglaise *steam engine*. »
Journal des mines, 1794 [*in* Wexler, p. 98].

✳ Notons que la terminologie de l'anglais a également connu des flottements correspondant à l'état d'avancement de la technique avant de se stabiliser : *steam-engine* a été précédé par *fire-engine* (1722), de *fire* « feu », et par *atmospheric engine* (Newcomen, 1705), de l'adj. *atmospheric* « atmosphérique ».

D'après Wexler (*Nouvelles littéraires*, 25 juil. 1972, p. 12), c'est le nom de *pompe à feu* que le précurseur français, Denis Papin, a donné à son invention. On trouve des emplois assez anciens de ce terme (→ cit. à l'art. *Bateau* [Bateau à vapeur]) qui s'est ensuite répandu dans les milieux de la noblesse et de la cour, assez sceptiques, en France comme dans les autres pays à l'époque, sur l'intérêt des expériences relatives à la vapeur, si l'on en juge par les propos rapportés par Figuier au sujet du marquis de Jouffroy à qui l'on doit pourtant les premiers bateaux à vapeur dont les essais aient été contrôlés (1776, 1783) :

« On ne le désignait dans sa province, que sous le sobriquet de *Jouffroy la Pompe ;* et quand le bruit de ses essais parvint jusqu'à Versailles, on se disait à la cour, en s'abordant : " Connaissez-vous ce gentilhomme de la Franche-Comté qui embarque des pompes à feu sur des rivières ; ce fou qui prétend faire accorder le feu et l'eau ? " » L. FIGUIER, *Les Merveilles de la science*, p. 168 (□ 1867).

✳ Chez les philosophes et les ingénieurs, on s'intéresse cependant depuis longtemps à la machine atmosphérique de Savery et surtout à la machine de Newcomen qui s'était répandue dans presque toutes les houillères de Grande-Bretagne. Mackenzie voit dans *machine à feu* un calque de *fire-engine*, apparu dans l'*Année littéraire* de 1758, pp. 15-21 (« L'auteur décrit [...] la célèbre machine à feu des Anglais »). On trouve un emploi plus ancien (1754), chez l'abbé Gauthier (cité à *Bateau à vapeur*), dont les travaux se sont inspirés de Jonathan Hulls, considéré en Angleterre comme l'inventeur des bateaux à vapeur (1736). Dans l'Encyclopédie de Diderot, on parle en 1765 de « la machine à feu des anglois » (art. *Pompe*) et de « la machine à feu de Londres » (art. *Hydraulique* [Machines hydrauliques]).

MACHINE-TENDER → TENDER.

MACKINTOSH [makintɔʃ] *n. m.*

(1854) *Vx*. Manteau imperméable. *Des mackintoshs* → aussi **Waterproof**. — REM. : Enregistré dans le dict. de Littré 1867 ; absent du dict. de l'Académie.

« J'ai bien envie d'un macintosh [*sic*] car s'il pleut dans les cérémonies... c'est toujours moins bête qu'un parapluie. »
NERVAL, Lettre à F. Sartorius, 30 juin 1854, in *Corresp.*, p. 1075.

« Emmitouflés dans leurs mackintoshs et leurs couvertures de voyage [...], les vingt-trois touristes déploient leurs vingt-trois parapluies [...]. »
M. A. de BOVET, *Trois Mois en Irlande* [1889], p. 54 (□ 1890).

« On revêt par-dessus ses habits un mackintosh imperméable et on peut affronter le dessous de la chute. »   J. HURET, *Niagara*,
in *En Amérique, De San Francisco au Canada*, p. 333 (□ 1905).

✳ Anglais *mackintosh* ou *macintosh,* n. et adj. (1836), du nom de l'inventeur [brevet 4804, 17 juin 1823], Charles Macintosh (1766-1843), à qui l'on doit les premiers procédés d'utilisation du caoutchouc dans la fabrication d'une toile imperméable, dont il commença, en 1821, à faire des vêtements. À l'origine, le mot prenait la majuscule et se disait de plusieurs types de vêtements, mais sa signification s'est vite restreinte aux manteaux et aux capes réalisés selon le procédé de Macintosh *(Mackintosh cloak, coat).* Plus tard, en 1880, apparaît en anglais le sens de « toile imperméable utilisée dans la fabrication de ces vêtements », et qui, par extension, peut s'appliquer aujourd'hui à tout tissu imperméabilisé par un enduit de caoutchouc.

Curieusement, en français, le mot est d'abord attesté dès 1842 (chez E. Sue) au sens aujourd'hui disparu de « toile imperméable ». Même au sens de « manteau imperméable », il est sorti de l'usage. Mais nul ne songerait à contester le succès de l'invention venue d'Angleterre pour remplacer le parapluie encombrant. Le mackintosh est notre premier imperméable (le mot *imperméable* apparaît en 1874).

MAÇON [masɔ̃] *n. m.*

1° (1735) *Vx. Maçon libre* → **Franc-maçon.**

« Chansons de la Très Vénérable Confrairie des Maçons-Libres. »
R. LEFORESTIER, *L'Occultisme et la Franc-Maçonnerie écossaise,*
in *Histoire de la franc-maçonnerie,* 1928 [*in* Mackenzie, p. 101].

2° (1782, *forme abrégée*) → **Franc-maçon.** — REM. : Enregistré dans les dict. de l'Académie 1835 et de Littré 1867.

« Souffrez, Monseigneur, qu'on vous exhorte, au nom de tous les maçons qui ne déshonorent pas ce titre, d'employer pour le bonheur de l'humanité l'influence impérieuse que vous aurez nécessairement sur l'assemblée projetée. »
J. de MAISTRE, *La Franc-Maçonnerie,* 1782 [*in* D. D. L., 2ᵉ série, 3].

« Lorsqu'il étoit question de rendre compte, ou de procéder au jugement de quelques Maçons, le roi les assembloit extraordinairement dans un lieu secret. »
A. LENOIR, *La Franche-Maçonnerie rendue à sa véritable origine,* 1814
[*in Ibid.*].

✳ La dénomination maintenant disparue de *maçon-libre* est apparue deux ans plus tôt que celle de *franc-maçon,* avec laquelle elle a été en concurrence pour traduire l'anglais *freemason* n. On peut y rattacher le dérivé *maçonnique* adj., attesté dès 1778, bien avant *franc-maçonnique* adj. (1872), et signalé dans les dict. de l'Académie 1835 et de Littré 1867. (L'adj. *masonic* n'apparaît en anglais qu'en 1797.) *Société, loge maçonnique. Emblèmes maçonniques. Les musiques maçonniques de Mozart.*

« les franc-maçons rigoureux trouvent un si grand relâchement dans les assemblées maçonniques qui se tiennent [...]. »
L.-S. MERCIER, *Tableau de Paris,* 1783 [*in* Brunot, t. VI, 1, p. 89].

✳ Quant à la forme abrégée, *maçon,* on sait qu'elle se confond avec le mot *maçon* existant déjà en français depuis le XIIᵉ s., mais on peut penser que son usage au sens de « franc-maçon » a été repris de l'anglais *mason* alternant avec *freemason,* dans son premier sens, depuis 1425. Le dérivé *maçonnerie* n. f., forme abrégée de *franc-maçonnerie,* est attesté avant *maçon* (2°), dès 1766, et est enregistré, comme inusité, dans les dict. de l'Académie 1835 et de Littré 1867 (anglais *masonry,* 1686).

« Il paraît donc qu'on ne devrait pas être flatté de trouver l'origine de la Maçonnerie dans l'ordre des Templiers. »
J. de MAISTRE, *La Franc-Maçonnerie,* 1782 [in D. D. L., 2ᵉ série, 3].

« Mais il parle quelquefois de mâçonnerie ! — Foutus bêtes ! eh vous êtes tous maçons, dès le moment où vous travaillez d'un commun accord à l'édifice de la liberté. » *Et je m'en fous, Liberté, Libertés*, 1790 [*in* Brunot, t. IX, 2., p. 634].

« tous les mots secrets de la Maçonnerie. »
A. Lenoir, *La Franche-Maçonnerie rendue à sa véritable origine*, 1814 [*in* D. D. L., 2e série, 3].

MACROBIOTIQUE [makʀɔbjɔtik] *adj.* et *n. f.*

(v. 1970) Se dit d'un régime alimentaire à base de céréales et de légumes naturels, sans aucun ingrédient issu de transformations chimiques ou industrielles. *Régime macrobiotique.* Par ext. *Restaurant macrobiotique.* — N. f. *La macrobiotique*, diététique macrobiotique.

« Lubo, 20 ans, a découvert un jour avec stupéfaction qu'il en avait assez de la cuisine macrobiotique qu'on lui administrait chaque jour : c'était la première fois qu'il réagissait à autre chose qu'au "shoot". »
A. Bercoff, *L'Express*, 25 sept. 1972, p. 93.

« elle insiste toujours pour emmener sa sœur à des conférences sur la nourriture macrobiotique ou la décider à apprendre les claquettes. »
F. Mallet-Joris, *Le Jeu du souterrain*, p. 57 (□ 1973).

✱ De l'anglais *macrobiotic* adj. (grec *macrobiotos* « qui a une longue vie ») et n. « science de la prolongation de la vie », 1797, Hufeland. Le nom est passé en français, *macrobiotique* en 1808 (Cuvier, *in* D. D. L., II, 15). Le mot *macrobiotics* se trouve divulgué (1965, Oxford 2e Suppl.) avec un sens alimentaire plus spécial, hérité du Zen macrobiotique bouddhiste (Japon). C'est le seul sens aujourd'hui connu en français par la grande publicité donnée aux problèmes diététiques. On a aussi *macrobiote* n. « personne qui est adepte de la macrobiotique », qui n'existe pas au sens moderne en anglais (en 1882 c'est le sens général ancien).

« Mais je ne suis pas végétarienne. Je m'emmêle les pieds dans les querelles de chapelle entre végétariens, végétaliens, hygiénistes jeûnistes, macrobiotes et autres combattants de la foi diététique. [...] Si j'étais végétarienne, pour de bon, j'aurais eu, en choisissant mon menu, l'intense satisfaction d'appliquer la *"théorie des protéines complémentaires"* : céréales plus légumineuses Yin + Yang et inversement, puisque, comme chacun sait, *"Yin attire Yang, Yang attire Yin, Yin repousse Yin, Yang repousse Yang* [...]". » *Le Nouvel Observateur*, 5 déc. 1977, p. 88.

MADE IN... [mɛdin] *loc.*

1° (v. 1930) *Made in* (suivi du nom anglais d'un pays, d'une ville, d'une communauté économique) [Étiquette commerciale]. Fabriqué en... (Marque d'origine, apposée sur un produit pour en signaler la fabrication étrangère.) *Made in France. Made in England. Made in Europe.* — REM. : Absent du dict. de l'Académie 1935.

« Les attaques contre la Chambre des Lords, le fléchissement du libre-échange créaient un malaise profond, et sous la pression des Dominions, on parlait d'élever des tarifs contre l'invincible *"made in Germany"*. Le *"buy british"* de 1933 s'appelait alors *"made in England"* [...]. » P. Morand, *Londres*, p. 51 (□ 1933).

« la boutique de souvenirs arrachait ses étiquettes "made in Hong Kong" et affichait "articles de Chine". » *L'Express*, 15 nov. 1971, p. 74.

2° Loc. adj. invar. *Comm.* Se dit pour qualifier une fabrication étrangère déterminée. *Des appareils made in Japan. Des articles made in India.* — *Par anal.* (à propos d'un personnage ou d'une création envisagée comme produit typique d'un pays, d'une société, d'un milieu.)

« Cette pépée-là, made in Moscou, c'est l'héroïne libératrice d'une bande dessinée *samizdat* — "auto-édition" en russe, *underground* pour nous — que publie depuis quelques années un petit journal clandestin : "Mtsyry". » G. Ponthieu, *in Le Nouvel Observateur*, 7 août 1972, p. 33.

« La notion de star disparaît. (Marilyn Monroe aura vraiment été la dernière idole made in Hollywood.) » M. Delain et M. Ciment, *in L'Express*, 11 sept. 1972, p. 69.

« À travers la confession d'une cover-girl (Faye Dunaway), une analyse édifiante de toutes les obsessions made in U. S. A. »
                                                    L'Express, 20 nov. 1972, p. 50.

✳ Expression anglaise signifiant « fabriqué en, à » dont l'usage commercial en Grande-Bretagne pourrait remonter à l'étiquette *Made in Birmingham* « fabriqué à Birmingham » apposée sur les objets de production massive destinés au marché colonial et fabriqués dans la ville industrielle de Birmingham. Après les campagnes parallèles de « *Achetez Français* », en France (1930-1934), et de *Buy British* « Achetez Anglais », en Grande-Bretagne (1932-1934), et avant la Deuxième Guerre mondiale, l'étiquette *Made in ...*, utilisée Outre-Manche pour signaler l'origine étrangère d'un produit (*Made in Japan* « fabriqué au Japon », *Made in Germany* « fabriqué en Allemagne », etc.) était essentiellement associée à l'idée de camelote ou encore de concurrence économique plus ou moins déloyale : elle avait surtout valeur de dissuasion, sauf dans la formule de *Made in England* « fabriqué en Angleterre », garantie de qualité et argument patriotique souvent renforcé par la présence de l'Union Jack, apposé sur le même produit. La formule de réclame pour la fabrication étrangère de qualité avait recours aux composés *French-made* « de fabrication française », *Swiss-made* « de fabrication suisse », etc., de préférence à la tournure *Made in...*, initialement sentie comme péjorative.

Au lendemain de l'occupation, on trouve en français, dans le dict. de Quillet 1946, sous l'entrée *made in Germany* « fait en Allemagne » : « S'applique [...] surtout, ironiquement, aux produits contrefaits par les Allemands. *Articles de Paris made in Germany* ». À la fin de l'article, Quillet signale sans plus : « De même : *made in France, in U. S. A., in England*, etc., signifient Fabriqué en France, aux États-Unis, en Angleterre, etc. ». Dans l'édition de 1953, l'entrée de *made in Germany* a fait place à celle de *made in...*, et aucun aspect dépréciatif n'est signalé.

En France, l'article 39 du Code des Douanes, en application de la loi de protection de l'origine (établie en 1905 et modifiée en 1936, ainsi qu'en 1964-1965), impose l'obligation de faire apposer une mention corrective d'origine sur tout produit d'importation qui pourrait être pris pour un produit de fabrication française. En bonne règle, cette mention doit être libellée en français : « *Importé de...* », « *Originaire de...* », etc., mais les usages commerciaux ayant répandu la formule *Made in...*, du reste utilisée dans le monde entier, ont créé un précédent toléré par la réglementation douanière actuelle, dans laquelle figure l'expression anglaise comme variante admise (*Règlement particulier ; Prohibition, restriction et formalités diverses, p. C 27, Imprimerie nationale*).

En français, *Made in...* semble fonctionner comme terme neutre en matière de commerce ; dans les sens figurés dérivés, il n'est pas rare que l'expression soit employée avec une pointe d'humour ou d'ironie (Cf. l'ouvrage humoristique de Daninos intitulé : *Made in France*).

MAGASIN [magazɛ̃] *n. m.*

1° (1650) *Vx.* Ouvrage composite où est emmagasinée l'information (comme dans un magasin général, un arsenal). — REM. : Absent du dict. de l'Académie et de Littré.

« Un magasin général et une bibliothèque universelle ».
          Discours de RAMSAY, 1737, cité par Le Forestier [*in* Mackenzie, p. 167].
     « *Le Magasin des événements de tous genres... recueillis par une société d'amis.* »   (Titre) 1741-1742 [*in* Mackenzie, p. 167].

2° (1751) *Vx.* → **Magazine.** *Le Magasin pittoresque* (1833-1938). *Le Magasin des Enfants.* — REM. : En ce sens, on rencontre toujours le mot avec une majuscule. — Enregistré dans les dict. de l'Académie 1835 et de Littré 1867.

« L'auteur du *Nouveau Magasin français* dit à la fin des nᵒˢ de 1751, dans un Avis : L'auteur du Magasin enseigne aux jeunes demoiselles le français, l'écriture, l'arithmétique, la géographie [...]. Depuis trois ans qu'elle exerce ses talents, elle a formé, dans tous ces genres, des écolières qui font honneur à ses soins. »
          E. HATIN, *Bibliographie historique et critique de la presse... française*, 1866 [*in* Brunot, t. VIII, 1, p. 266].

✱ Francisation de l'anglais *magazine* (lui-même emprunté du français *magasin* au XVIe siècle) dans le sens figuré original aujourd'hui disparu de « magasin, arsenal d'information » dérivé du sens primitif de « lieu de dépôt » et du sens militaire de « arsenal », rencontré autrefois dans le titre de certains ouvrages anglais (R. Ward, *Animadversions of Warre ; or, a Militarie Magazine of the Truest rules... for the Managing of Warre*, 1639, *in* Oxford dict.), puis de « publication périodique », 1731. En français, le mot *magasin* a été utilisé pour la première fois dans le sens figuré de l'anglais *magazine* en 1650 (Bonnaffé), puis il a été introduit dans le nouveau sens de « publication périodique » par Mme Leprince de Beaumont en 1751. Petit à petit, *magasin* a été tout à fait remplacé dans ce sens par l'emprunt direct de *magazine* n. m. apparu en 1776 au féminin. Étiemble nous apprend que le mot était encore employé en 1946.

« Quand il se trouve en présence d'un mot comme *magazine* le Petit Larousse signale que c'est un mot anglais, en donne une définition à peu près correcte "revue périodique, souvent illustrée, traitant des sujets les plus divers", mais se garde bien d'apprendre à nos élèves qu'il existait en France entre autres *magasins*, un illustré *magasin pittoresque* qui n'était autre chose que ce qu'on appelle aujourd'hui un *magazine*. S'il va consulter ce mot-là, l'usager du Petit Larousse ne connaîtra donc que le mot *magazine*. Rien ne l'y renvoie au bon mot français *magasin*, encore utilisé par M. Kléber Haedens, en 1946, sur son *Magasin du spectacle.* »   ÉTIEMBLE, *Le Babélien* [*in* Dupré].

MAGAZINE [magazin] *n. m.*

1° (1776, *n. f.*) Publication périodique de vulgarisation, généralement illustrée (opposé à *revue*) → **Magasin.** *Magazine à gros tirage. Magazine populaire.* — REM. : Enregistré dans les Additions du Suppl. 1877, du dict. de Littré à propos des « recueils anglais ou américains qui portent ce titre », et dans le dict. de l'Académie 1935.

« Sur une table étaient étendus plusieurs numéros de *Magazines* anglais et américains, et une foule de livraisons illustrées à *four* et à *six pence*, où apparaissaient vaguement les noms d'Edgar Poe, de Dickens, d'Ainsworth, etc. [...]. » NERVAL, *Les Nuits d'octobre*, pp. 135-136 (□ 1854).

« Le *Mercure* perd tout doucement sa tenue de revue littéraire d'avant-garde pour tourner non à la grosse revue officielle, mais au magazine. »
Jules ROMAINS, *Les Hommes de bonne volonté*, t. IV, p. 248 (□ 1933).

— (XXe s.) Par compar. *De magazine*, qui évoque l'image convenue et superficielle idéalisée par les magazines.

« Bouche un peu grande, figure triangulaire. Mais une taille merveilleuse bâtie comme un dessin de magazine, les épaules larges et les seins hauts, avec des hanches — à profiter de suite — et des jambes longues. »   Boris VIAN, *Les Lurettes fourrées*, p. 207 (□ 1950).

« Cette chaleur abrutissante, c'est donc l'Amérique ; et ce jus d'orange que me tend avec un sourire de magazine une jeune femme aux cheveux lustrés, c'est aussi l'Amérique. »
S. de BEAUVOIR, *L'Amérique au jour le jour*, 15 janv. 1947, p. 14 (□ 1954).

2° (1959) Émission périodique de radio, de télévision sur un sujet déterminé. *Magazine féminin. Magazine d'actualité.*

« le journal est un fait à peu près unique dans la télévision mondiale ; on se contente en beaucoup d'autres lieux de donner aux téléspectateurs une information sèche sous forme de bulletin ; c'est au contraire un véritable magazine que propose la T. V. française. Chaque fois que cela est possible, les événements du jour sont illustrés par le film, le graphique, la photographie, de façon à donner à l'information une forme imagée et vivante. »   *La Classe de français*, mars-avril 1959, p. 80.

— *Adj.* Selon le style de présentation d'un magazine.

« la " spectatrice " qui conversait avec lui n'ajoutait rien si ce n'est un petit ton " *magazine* ". »
L'Humanité, 22 juil. 1964 [*in* Blochwitz et Runkewitz, p. 186].

✳   Mot anglais (1583) n. emprunté du français *magasin*, mot provençal *magazenum* (XIIIᵉ s.) lui-même emprunté de l'arabe *makhâzin*, plur. de *makhzin* « dépôt, bureau » du verbe *khazan* « rassembler, amasser », par l'intermédiaire de l'italien *maggazzino*. C'est l'Anglais Edward Cave qui donna à *magazine* le sens de « publication périodique » en fondant en 1731 sa revue intitulée *« The Gentleman's Magazine »*, à partir du sens figuré apparu en anglais en 1639 « magasin, arsenal d'information » aujourd'hui oublié. Ces innovations anglaises ont été rendues aux XVIIIᵉ et XIXᵉ siècles en français par le mot *magasin* aujourd'hui sorti de l'usage dans ces emplois. Le mot *magazine* est apparu en français au sens de « publication périodique » en 1776 dans le *Journal anglais* (I, p. 251, *in* Mackenzie, p. 167). Il a d'abord été employé au féminin, la finale *-ine* appartenant à des mots féminins en français. En réponse aux critiques des puristes, Brunot et Bruneau ont défendu l'utilité de cet emprunt :

> « *Magasin-revue* a été éliminé ; *magazine*, qui désigne une revue populaire, de grand format abondamment illustrée, ne représente-t-il pas autre chose que notre mot "revue", et ne serait-il pas pour notre langue un enrichissement ? Langue mondiale, le français ne possédera jamais trop de mots de ce genre, à la fois significatifs, faciles à lire et de bonne sonorité. »
> F. BRUNOT et Ch. BRUNEAU, *Précis de grammaire historique de la langue française*,
> p. 157 (□ 1949).

✳   De nos jours, l'anglais *magazine* est parfaitement intégré au français dans les deux sens de « publication » et d'« émission périodique ».

MAGNAT [magna] *n. m.*

(1760-1770 ; repris 1895) *Souvent péj.* Puissant capitaliste. *Les magnats de l'industrie, de la finance. Un magnat du pétrole.*
— REM. : Sens enregistré dans le dict. de l'Académie 1935.

> « Des gens se font tuer pour que leur sang fasse l'utopie descendre du ciel sur la terre. J'apprends que certains " magnats " sont dans la coulisse, truquent ce drame et considèrent ces martyrs comme des pantins dont eux savent tenir en main les ficelles. Puis l'on me dit que, sans ficelles, le pantin n'aurait pas bougé. Et l'on croit faire ainsi l'apologie des ficelles ! Non ; mais la condamnation du pantin. »
> A. GIDE, *Journal 1889-1939*, juin 1933, p. 1175.

✳   Le français moderne possède depuis 1732 *magnat,* mot polonais, du lat. médiéval *magnates* « les grands », de *magnus* « grand » : Titre donné autrefois aux grands de la noblesse et de l'État en Pologne et en Hongrie. Le sens ci-dessus vient de l'anglais *magnate* surtout employé au pluriel et issu directement du latin au XVᵉ siècle « homme riche, puissant, ou éminent dans son domaine ». La forme *magnates* m. pl. a eu cours en ancien français (1541-1550), et la forme *magnats* m. pl. s'est rencontrée de 1760 à 1770 au sens de « grands industriels » (Mirabeau, *in* Brunot, t. VI). Signalé en 1895 par Behrens.

MAHOGANI ou MAHOGANY [maɔgani] *n. m.*

(1851) Nom courant d'un acajou très recherché en ébénisterie. — REM. : Enregistré dans le dict. de Littré 1867 sous la forme *mahagoni* ; absent des dict. de l'Académie.

> « La scierie West est située au milieu d'une belle forêt de chênes verts, d'hickorys et de mahoganys, qui s'étend sur un côteau au-dessus du fleuve. Le paysage est très-majestueux entre ces grands bois et ces grandes eaux. »
> A. POUSSIELGUE, *Quatre Mois en Floride* [1851], p. 360 (□ 1870).

✳   Emprunt anglais d'origine indigène obscure, *mahogany* d'abord écrit *mahogeney* (1671), adopté par Linné en 1762 sous la forme *mahagoni* pour désigner en latin botanique le *Swietenia Mahagoni*, arbre originaire d'Amérique tropicale (Mexique, Amérique centrale, Antilles), introduit à la Martinique et à la Réunion. Littré atteste le mot sous sa forme latinisée. Mackenzie relève la forme anglaise moderne *mahogany* dans deux traductions françaises antérieures au récit de Poussielgue (cit. ci-dessus) : *L'Histoire de la Jamaïque* de H. Sloane traduite en 1751 par Raulin ; les *Œuvres* de Franklin, traduites par M. Barbeau Dubourg, vol. II, p. 212, 1773. Larousse écrit *mahogoni* en 1902, et *mahogani* en 1962.

MAID [mɛd] *n. f.*

(1885) Domestique, femme de chambre (à l'hôtel), dans les pays anglo-saxons. — REM. : Absent du dict. de l'Académie et de Littré.

« À mesure que le bruit s'était répandu dans l'hôtel qu'O'Patah parlait, les journalistes qui, dans le salon Marie-Antoinette attendaient, les clients qui dans les chambres se rasaient avant dîner, les maids et les nourrices irlandaises, cygnes gris, abandonnaient les enfants dans Gerald Park, les laveurs de vaisselle, les lingères, les détectives, les pédicures, le gardien du magasin frigorifique pour la conservation des fourrures, se massaient dans le couloir et même autour du lit. »
P. MORAND, *Fermé la nuit*, p. 26 (□ 1923).

✳ Anglais *maid* n. (1175), forme abrégée de *maiden*, signifiant à l'origine « jeune fille » et aujourd'hui « femme célibataire », attesté en ce sens en 1390, le plus souvent précisé au moyen d'un substantif préfixé : *barmaid* « serveuse (de bar) », *chambermaid* « femme de chambre », *housemaid* « bonne, femme de chambre », *nursemaid* « bonne d'enfant », *servantmaid* « servante ». Mackenzie (p. 245) a relevé le mot pour la première fois en français en 1885 dans le livre de M. Grancey, *Chez l'Oncle Sam*, p. 57.

MAIDEN [mɛdɛn] ou [mɛdœn] *n. m.* et *adj.*

1° *N. m.* (1795) *Ancienn.* Sorte de guillotine déjà utilisée à Édimbourg.

✳ Anglais *maiden* n. (v. 1000) « jeune fille, vierge », nom donné à une sorte de guillotine. Mot rarissime en français, d'intérêt essentiellement historique, attesté en 1795 (La Tocknaye, *Promenade autour de la Grande-Bretagne, in* Mackenzie, p. 232).

2° *Adj.* (1907 ; 1858, comme mot anglais) *Turf.* Se dit du cheval ou du jockey qui n'a encore jamais gagné de course.

« P. sortant de la catégorie des *maiden horses*, a gagné ».
Le Sport, 8 sept. 1858 [*in* G. Petiot].

« Un cheval maiden avait battu le favori ».
DE NEUTER, *Mémoires d'un entraîneur*, 1924 [*in* G. Petiot].

✳ Anglais *maiden* adj. (1300) « de jeune fille, virginal », qui a acquis ce sens au XVIIIᵉ siècle (1760). En français, l'adjectif *maiden* a figuré dans Larousse, de 1907 à 1949.

MAIDEN(-)SPEECH → SPEECH.

MAIL-COACH [mɛlkotʃ] ou **MAIL** [mɛl] *n. m.*

(1802) *Ancienn.* Berline à quatre chevaux, comportant plusieurs rangs de banquettes sur le toit, qui sert pour la chasse ou les réunions sportives. *Conduire un mail-coach à quatre. Des mail-coach(es).* — (1866) *Mail*, forme abrégée (→ **Coach 1°, drag**). — REM. : Absent des dict. de l'Académie et de Littré.

« On mangeait, on buvait plus encore, un peu partout, sur l'herbe, sur les banquettes élevées des four-in-hand et des mail-coach, dans les victorias, les coupés, les landaus. » ZOLA, *Nana*, p. 331 (□ 1880).

« j'ai assisté au départ des mail-coachs se rendant au match Eton contre Harrow, aux réunions du *Four-in-hand Club*, les chevaux steppant devant le public admiratif du Tattersall [...]. »
P. MORAND, *Londres*, pp. 120-121 (□ 1933).

— SPÉCIALT. Dans les pays anglo-saxons, Malle-poste ; diligence (→ aussi **Stage, stage-coach**).

« L'administration de la province elle-même fit preuve de zèle et de prudence. Des détachements de gendarmes indigènes furent envoyés dans les campagnes. On assura plus spécialement le service des

dépêches. Jusqu'à ce moment, le mail-coach courait les grands chemins sans escorte. »
Jules VERNE, *Les Enfants du capitaine Grant*, Hachette, p. 162 (□ 1867).

✱ Mot anglais n. (1787) « malle-poste ou diligence qui transporte le courrier », de *mail* n. « courrier » emprunté du français *malle* au XIIIᵉ siècle au sens de « coffre, valise », et de *coach* forme abrégée de *stage-coach* « diligence » (1674). Mot créé à l'occasion de l'inauguration des services postaux en Grande-Bretagne par John Palmer (1784), qui ne s'est appliqué, en anglais, qu'au transport du courrier par diligence ou par train. Apparu en français en 1802 (Mackenzie, pp. 128-129) dans *Le Moniteur universel*, il perd aussitôt son sens spécifique de « malle-poste » pour s'auréoler de tous les prestiges de la tradition aristocratique et sportive de la société anglaise. Il en va de même pour la forme abrégée *coach*✱ qui s'est répandue en France dans un sens typiquement français.

MAILING [mɛliŋ] *n. m.*

(v. 1970) *Comm.* et *publ.* Prospection, démarchage ou vente par voie postale auprès d'une clientèle sélectionnée à partir d'un fichier de prospection souvent géré par informatique (listes de souscripteurs, échantillonnages d'enquêtes par sondage, annuaires téléphoniques, professionnels, etc.), au moyen de supports publicitaires et commerciaux imprimés (circulaires, documentations, bulletins de souscription, lettres d'appel, etc.) → aussi **Couponing.** — *Par ext.* Utilisation aux mêmes fins des boîtes aux lettres personnelles par des réseaux privés de distribution.

« 5 000 nouveaux contrats ont été signés avec les établissements X..., Y..., Z..., et d'autres établissements connus et contactés par *mailing.* »
Entreprise, 28 oct. 1971 [in *Les Nouveaux Mots « dans le vent »*].

« Il est souvent moins cher de tester une nouvelle accroche d'abord dans une annonce presse que de la tester directement dans un message de mailing... » *La Lettre du marketing direct*, Paris, 17 fév. 1976, p. 6.

✱ Pseudo-américanisme formé en français, par ajout du suff. *-ing*✱ à l'anglais *mail* n. « courrier » et « poste », 1654 (du français *malle* emprunté au XIIIᵉ siècle au sens de « coffre, valise ») employé couramment avec *post* en Grande-Bretagne mais seul en usage en Amérique. En américain, *mail* a donné le verbe transitif *to mail* « poster, envoyer par la poste », 1827, et entre dans plusieurs composés. Le substantif *mailing* issu de *to mail* est attesté dès 1871 ; *mailing* signifie aussi « contenu d'un courrier », et au pluriel, *mailings,* « tout ce qui fait ou qui peut faire l'objet d'une expédition postale ». On trouve les termes *mail order* n. « commande postale » ou « commerce par correspondance » dès 1867, et *mailing list* n. « répertoire d'adresses postales (d'abonnés, de clients) » en 1909. Mais le terme américain qui englobe les techniques commerciales et publicitaires de prospection, de démarchage ou de vente par voie postale auxquelles les développements de l'informatique ont donné un grand essor dans les années 60, n'est pas *mailing*, mais *direct mail* n., enregistré dans le Webster's Third 1966 (Cf. Richard S. Hodgson, *The Dartnell Direct Mail and Mail Order Handbook*, Chicago, Dartnell, 1964). *Direct* entre dans de nombreux composés américains dans les domaines du commerce et de la publicité pour suggérer un rapport plus direct et plus personnel entre producteurs et consommateurs (*direct advertising* « publicité directe », Webster's Second 1939). Pour remplacer le terme *mailing*, en français, on a proposé les termes *postalage* n. m. et *publipostage* n. m. (*La Banque des mots*, nº 2, 1971, p. 175). *Le Journal officiel* a entériné (18 janv. 1973) le mot *publipostage*, de *publi*[*cité*], *poste*, et suffixe *-age*.

MAINTENANCE [mɛ̃tnɑ̃s] *n. f.*

1º (1953) Maintien à leur nombre normal des effectifs et du matériel d'une troupe au combat ; services d'entretien, de réparation, de stockage.

2° (1962) *Par ext.* Maintien d'un matériel technique en état de fonctionnement ; ensemble des moyens d'entretien et de leur mise en œuvre.

« Cette importante fonction [de directeur d'exploitation] couvre la gestion d'un vaste ensemble industriel, réparti sur un territoire étendu, la maintenance des bâtiments et du matériel (ateliers, silos, séchoirs), l'optimisation de l'utilisation d'une flotte de camions. »
L'Express, 31 oct. 1977.

✳ Nom anglais (1369), emprunté du français *maintenance* « protection, soutien », ayant revêtu ces nouveaux sens au XVᵉ siècle (1460). Revenu d'Angleterre après la Deuxième Guerre mondiale, ce mot français du XIIᵉ siècle, vieux au sens de « action de maintenir, de confirmer dans une possession » vient d'être admis officiellement dans ses deux sens d'emprunt (arrêté du 18 janv. 1973).

MAISON-BLANCHE (LA) [mɛzɔ̃blɑ̃ʃ] *n. propre f.*

(XIXᵉ s.) Résidence du Président des États-Unis. — *Par ext.* Le gouvernement américain.

« Les jeunes Américaines disent, en plaisantant, que toujours elles parcourent les livres et les journaux afin de s'assurer qu'ils peuvent être placés sans inconvénient sous les yeux de leurs parents. C'est l'office que remplissent les dames de la Maison-Blanche à l'égard du Président. »
W. HEPWORTH-DIXON, *La Conquête blanche* [1875], pp. 140-141 (□ 1876).

« mais, l'accident survenu au chef de l'État [l'assassinat de Garfield] avait changé toute chose : la tristesse la plus profonde régnait partout et on ne voyait de foule qu'aux abords de la Maison-Blanche. »
E. MICHEL, *Le Tour du monde en deux cent quarante jours*,
p. 67 (□ 1881).

✳ Traduction de *White House,* nom donné à la résidence du président des États-Unis, attesté en ce sens en américain en 1811, et au sens de « gouvernement » en 1946 (*in* Mathews).

MAÏZENA [maizena] *n. f.*

(1853) Fécule de maïs préparée pour être utilisée en cuisine. — REM. : Marque de fabrique déposée en France le 22 fév. 1929.

« Les paquets de maizena [*sic*] portent cette mention : "La '*maizena*' a obtenu les plus hautes récompenses, dont : la Médaille de Première classe à l'Exposition Universelle de Paris, 1867..." Ces paquets portent aussi la reproduction d'une médaille décernée à ce produit à Londres en 1862, mais il n'est pas établi que le produit et son nom aient été introduits en France dès cette date. »
Le Français moderne, oct. 1954, p. 305.

✳ Nom anglais (v. 1850), dérivé de *maize* « maïs » 1555, de l'espagnol *maiz,* anciennement *mahiz, mahis, mayz* (dialecte cubain). Cf. Français *maiz,* 1519, de l'espagnol *mais,* mot d'Haïti. Attesté dès 1853, d'après le Petit Robert.

MAJORETTE [maʒɔrɛt] *n. f.*

(v. 1955) Jeune femme ou adolescente qui défile en uniforme militaire de fantaisie et en jonglant généralement avec une canne de tambour-major.

« Vingt mille *majorettes* en France ! Nos fanfares municipales se rouillaient. Le tout était de les rendre plus "sexy". Les *majorettes* ont entendu l'appel. »
L'Express, 10 mai 1971 [*in* Gilbert].

« En tee-shirt, en combinaison de joueur de football américain, en jupette de majorette, ce sont toujours les mêmes adolescents, même à l'heure de l'éducation sexuelle obligatoire. » *Paris-Match*, 2 oct. 1971, p. 64.

✳ Américain *majorette* n. f. (1941), forme abrégée de *drum majo-rette* n. f. (1938) « tambour-major féminin », de l'anglais *drum major* n. (1598) « tambour-major » (de *drum* « tambour », et *major* n. emprunté du français *major*, forme abrégée de *sergent-major*) et du diminutif *-ette* à la française. L'institution américaine des majorettes qui tend actuellement à se répandre en France ne rallie pas tous les suffrages, mais le mot ne pose aucune difficulté d'intégration au français. La relève se prépare :

« [aux] cadettes il a fallu donner un nom. Alors, on a créé le vocable *minorette* [...] on a aussi parlé de *mini-majorettes* (et même) de *minirettes*. Le mot de *majorette* étant devenu populaire, la publicité l'a adopté et l'a associé à des objets aussi disparates que des automobiles miniatures, des "collants" ou des bouteilles. »   *Vie et Langage*, mai 1971 [*in* Gilbert].

MAJORITÉ [maʒɔʀite] *n. f.*

1° (1735, à propos de l'Angleterre ; 1760, à propos de la France) Groupement (de voix) qui l'emporte par le nombre dans un vote, une réunion de votants (opposé à *minorité**). *La majorité des suffrages, des voix, des votes, des membres présents.* — REM. : Signalé à l'art. *Minorité* dans le dict. de l'Académie 1798 ; enregistré dans le dict. de Littré, 1868 (→ aussi cit. du duc de Lévis-Mirepoix, 1751, de Beaumarchais, 1775, et de Chateaubriand, à l'art. *Opposition*).

« La cour [d'Angleterre] l'a emporté de 73, elle a eu 10 de moins que dans les résolutions de l'adresse ; cette majorité, avec les circonstances qui s'y rencontrent, n'est pas bien présageuse pour le ministère. »
CHAVIGNY à la cour de France, 23 fév. 1735, *in* P. MANTOUX, 1906 [*in* Proschwitz, p. 99].

« L'élection eut lieu ; je passai au scrutin à une assez forte majorité. »
CHATEAUBRIAND, *Mémoires d'outre-tombe* [20 fév. 1811], t. II, p. 265.

« Maintenant, reste une dernière chance, celle d'une immense majorité nationale en faveur de l'un des deux systèmes, soit celui du mouvement, soit celui de la résistance [...]. »
BALZAC, *Essai sur la politique des deux ministères*, p. 368 (□ 1831).

— *Majorité absolue* (ou *constitutionnelle*), réunissant la moitié plus un des suffrages exprimés. — *Majorité relative* (ou *simple*), groupement de voix supérieur en nombre à chacun des autres groupements, mais inférieur à la majorité absolue. — REM. : *Majorité simple* est dans le *Point du jour*, 27 nov. 1789.

« une "majorité absolue", c'est-à-dire une voix au dessus de la moitié, décidera seule l'élection. »
Assemblée nationale, Règlement, 2 juil. 1789, in *Archives parlementaires* [*in* Brunot, t. IX, 2, p. 780].

— ABSOLT. *Avoir la majorité.*

« Malgré les manœuvres de votre préfet, à qui sans doute il est parvenu des instructions confidentielles contre moi, j'aurai la majorité. »
BALZAC, *Les Employés*, p. 1042 (□ 1835).

— (1789) Parti, groupement qui réunit la majorité des suffrages sur un ou sur plusieurs points d'un programme. *Les partis, les députés de la majorité. Membre de la majorité.*

« on voit un grand nombre de motions utiles rejetées par la majorité ministérielle. »   J. D. LANJUINAIS, *Assemblée nationale*, 7 nov. 1789, in *Archives parlementaires* [*in* Brunot, t. IX, 2, p. 781].

2° (1802) *(Sans idée de suffrages ni de votants)* Le plus grand nombre, dans une collectivité, dans un ensemble. *La majorité des esprits. Se rallier à l'opinion de la majorité. Dans la majorité des cas.*

« Parcourons la vie humaine ; commençons par les pauvres et les infortunés, puisqu'ils font la majorité sur la terre. »
CHATEAUBRIAND, *Génie du christianisme*, p. 140 (□ 1802).

« C'était un grouillement cosmopolite inimaginable, dans lequel dominait en grande majorité l'élément grec. »   P. LOTI, *Azyadé*, p. 117 (□ 1879).

3° (1970) *La majorité silencieuse,* le plus grand nombre d'un groupe, généralement considéré comme une masse amorphe et dont l'opinion inexprimée est invoquée.

« *Majorité silencieuse :* ensemble de gens qui représentent, comme le nom l'indique, la majorité dans un groupe et qui préfèrent se taire plutôt que manifester leurs opinions. Sont généralement manipulés par les minorités agissantes. » *Femme pratique,* sept. 1970 [*in* Gilbert].

✱ Anglais *majority* n. (XVIe s.) emprunté du français *majorité* (XIVe s., lat. *majoritas,* de *major* « plus grand ») au sens aujourd'hui disparu dans les deux langues de « supériorité » et au sens juridique d'« âge légal à partir duquel une personne est tenue pour responsable ». *Majority* est employé dès le XVIIe siècle en Angleterre au sens du plus grand nombre (avec ou sans idée de vote ou même de personne).

Notons que l'usage américain réserve le mot *majority* pour désigner la majorité absolue et qu'il emploie le mot *plurality* pour parler de majorité relative.

Au XVIIIe siècle, c'est le mot *pluralité* qui exprimait en français le sens de « le plus grand nombre », « le plus nombreux ». Ainsi J.-J. Rousseau écrit : « *La loi de la pluralité de suffrages* » (le *Contrat social,* I, v). *Majorité* reste rare, mais dès le XIXe siècle, il est consacré par l'usage, comme une bonne partie du vocabulaire parlementaire venu d'Angleterre (→ **Minorité**). Aujourd'hui *pluralité,* que Littré jugeait préférable à *majorité,* désigne ce qui est « plus d'un », et non plus « le plus grand nombre ».

Le français *majorité* a donné le dérivé *majoritaire* opposé à *minoritaire* adj., 1911 (Larousse mensuel) qui se dit d'un système électoral dans lequel la majorité l'emporte, sans qu'il soit tenu compte des suffrages de la majorité. *Scrutin, motion majoritaire. Le fait majoritaire.* — *Adj.* et *n.* (1959) : « relatif à une majorité quelconque ». *Voter avec les majoritaires.*

Majorité silencieuse est le calque de la formule *silent majority* employée par Richard Nixon vers 1969 lors de son premier mandat à la présidence des États-Unis, étendue en France à d'autres réalités qu'à la politique américaine. En anglais, l'expression s'oppose à *active minority* « minorité agissante » (→ cit. de Péguy à l'art. *Minorité*).

MAKE-UP [mɛkœp] *n. m.*

1° (v. 1965) Fond de teint.

« Dans les lacs asséchés de ses prunelles, je distingue des paillettes, de petites flaques d'alluvions scintillantes ; et son teint irrigué comme par dedans [...] semble voilé d'une subtile pellicule de make-up. »
A. SARRAZIN, *La Traversière,* p. 129 (□ 1966).

2° Maquillage (du visage).

« Il y a le genre faux James Dean avec maillot de corps collant, le genre "Jolie Madame", *make-up* pêche et perle à l'oreille, le genre *macho,* collier de chien et bottes cruelles. »
Le Nouvel Observateur, 28 nov. 1977.

✱ Mot anglais, de *to make up* utilisé dans le domaine du théâtre au sens de « s'habiller, se maquiller, se coiffer, pour incarner un personnage », substantivé au XIXe siècle (1821). Le sens de « composition » a ensuite donné celui de « cosmétique », 1886, puis celui de « fond de teint » répandu par la publicité américaine. Dans les deux sens retenus en français, cet emprunt fait double emploi avec des termes courants dans la langue. Il est d'ailleurs déjà vieilli.

MAL-

✱ Préfixe d'origine française entrant dans quelques emprunts récents de l'anglais tels que *malnutrition, malocclusion, malposition.* Arrivé dans des emprunts du français composés de l'adjectif *mal, e* « mauvais, funeste, méchant » du latin *malus* ou de l'adverbe *mal* « d'une mauvaise manière » du latin *male, mal-* a servi d'élément de formation en anglais dès le XVIe siècle (exemples encore courants : *maladministration* n. XVIIe s., *malpractice* n. XVIIe s.). Dans sa valeur adverbiale, ce préfixe reste très vivant en anglais et en français ; dans sa valeur adjectivale, en revanche, il n'est plus productif qu'en anglais où il entre dans de nombreux termes médicaux désignant un processus biologique ou une fonction physiologique dont on qualifie de mauvais le développement ou le déroulement : *malformation, malassimilation*, etc. En français, le préfixe *mal-* issu de l'adjectif est senti comme archaïsant du fait que l'adjectif ne subsiste plus qu'au masculin dans quelques locutions figées *(bon an, mal an ; bon gré, mal gré)* ou qu'en fonction d'attribut. On ne le trouve plus guère que dans des emprunts de l'anglais et dans quelques mots remontant aux XIIᵉ *(malheur)* et XIIIᵉ siècles *(malchance, malfaçon)*. Au XIXᵉ s., *maldonne* 1827 et *malformation* 1867 (attesté en anglais dès 1800) restent des cas isolés. Rien ne s'oppose à ce qu'il redevienne productif pour les besoins de la terminologie scientifique.

MALAIS, AISE [malɛ, ɛz] *adj.* et *n.*

(XVIIIᵉ s.) De Malaisie. — N. *Les Malais*. — N. m. *Le malais*, langue de relation du groupe indonésien. — REM. : Enregistré dans le dict. de Littré 1867, sous la forme de *malai, aie*. Littré signale que plusieurs écrivent *malais* et que quelques-uns disent *la langue malaise*. Absent des dict. de l'Académie.

✳ Anglais *Malay* n. et adj. (1598), mot d'origine malaise.

MALAYO-POLYNÉSIEN, IENNE [malajopɔlinezjɛ̃, jɛn] *adj.*

(1888) *Langues malayo-polynésiennes*, groupe de langues comprenant l'indonésien (malais, philippin, javanais, malgache, etc.) et le polynésien. — REM. : Absent des dict. de l'Académie et de Littré.

✳ Adaptation de l'anglais *Malayo-Polynesian* adj. (1878, à propos du groupe de langues ; 1842 à propos du groupe ethnique).

MALFORMATION [malfɔRmɑsjɔ̃] *n. f.*

(1867) Vice de conformation congénital et permanent d'un organe, d'un tissu, de l'organisme entier. — REM. : Enregistré dans les dict. de Littré 1867, et de l'Académie 1935.

✳ Ce mot composé de *mal-* et de *formation* est emprunté à l'anglais où il est attesté dès 1800. C'est le premier des termes médicaux composés avec le préfixe *mal-*, qui sont arrivés en français par l'anglais. Il a sa place à côté de *déformation* qui désigne habituellement des anomalies acquises plutôt que congénitales.

MALLE DES INDES [maldezɛ̃d] *n. f.*

(1867) *Hist.* Service, par chemins de fer et bateaux, assurant le courrier de Londres aux Indes, par Calais et Marseille. — REM. : Enregistré dans les dict. de Littré 1868 (sous la forme *malle de l'Inde*) et de l'Académie 1935.

« À Calais, elle [Miss Bly] prend la malle des Indes ; elle la quitte à Brindisi pour s'embarquer sur le *Victoria*, arrive à Colombo, où elle doit attendre cinq jours l'*Oriental*, touche à Hong-Kong le 23 décembre, à Yokohama le 3 janvier, et part le 7 pour San-Francisco, où elle arrive le 21. [...] miss Bly dut gagner Chicago pour joindre New-York par une autre voie. Elle y fit, le 25 janvier, une entrée que nous qualifierons volontiers de royale, bien que le fait se soit passé dans la libre Amérique. Son absence avait duré soixante-douze jours six heures onze minutes et quatorze secondes. » P. LEGRAND, in *La Science illustrée*, 2ᵉ sem. 1890, p. 5.

« la Malle des Indes, ce fameux courrier transcontinental qui va de Londres à Brindisi pour donner aux paquebots de la Compagnie Peninsular le courrier de toute l'Europe occidentale à destination des Indes, de la Chine et du Japon. »
É. GAUTIER, *L'Année scientifique et industrielle*, p. 76, 1914 (□ 1913).

✳ Calque de l'anglais *Indian mail* de *Indian* adj. « des Indes » et *mail* n. « courrier » et « poste » (1654) emprunté lui-même du français *malle*

« coffre, valise » au XIIIe siècle. *Mail* est souvent utilisé comme forme abrégée de *mail coach* « voiture postale », 1787, ou de *mail train* « train postal », 1838, qui réfèrent aux divers modes de transport assurant le courrier Londres-Brindisi : train et bateau à vapeur. Le mot *mail* usuel en Amérique ne s'emploie plus guère de nos jours en Grande-Bretagne qu'à propos précisément des courriers d'outre-mer. Le français a appelé *malle* ou *malle-poste* les voitures affectées aux services postaux (1793, *Moniteur universel*), et *courrier de la malle*, le fonctionnaire chargé d'accompagner les lettres et dépêches. L'usage a varié. Selon Littré (1867), *malle* se dit aussi de tout autre mode de transport que les diligences et les chemins de fer. Littré donne précisément comme exemple : *La malle de l'Inde est arrivée à Marseille.* Les voitures et les bateaux des services postaux accueillant des passagers, on a pris l'habitude d'associer le mot *malle* à un mode de transport en commun, diligence, bateau, grand express européen. De nos jours, on désigne encore à Calais, sous le nom de *malle*, le service maritime entre cette ville et Douvres : *« Je suis obligé de repartir demain par la malle de nuit »* (Hermant, *in* G. L. E.). Cette extension de sens a pu se produire sous l'influence de l'anglais, mais elle est aussi parfaitement normale en français. *Malle* « mode de transport (du courrier, des voyageurs) » n'a cependant plus qu'une valeur historique.

MALNUTRITION [malnytʀisjɔ̃] *n. f.*

(mil. XXe s.) Alimentation mal équilibrée (sous-alimentation, suralimentation, carence d'éléments nutritifs indispensables, mauvaise assimilation des aliments due à divers états pathologiques).

« Certes, l'instruction peut remédier dans une certaine mesure à la malnutrition des ignorants. Mais il reste la malnutrition des pauvres. L'homme qui gagne à peine de quoi acheter le pain quotidien de sa famille ne songe guère au bien que lui feraient une douzaine d'œufs ou un pot-au-feu. »

La Santé des hommes, in *Le Courrier de l'Unesco*, avril 1962, p. 8.

« dans une grande partie du monde [...] les hommes souffrent de sous-alimentation et de malnutrition et particulièrement du manque de protéines. »   A. SAUVY, *Croissance zéro ?*, p. 143 (□ 1973).

✳ Mot anglais n. (1862) composé de *mal-* et du substantif *nutrition* (XVIe s.) de même origine que le mot français 1361 (latin *nutritionem*). En français, le mot *malnutrition,* répandu dans les domaines de la médecine et de l'hygiène publique vers 1955, ne fait pas double emploi avec le mot *sous-alimentation,* car il suppose un concept de l'alimentation rationnelle beaucoup plus poussé que ce dernier.

« J'ai [...] consulté des textes où il est question d'alimentation, et, presque tout de suite, je suis tombé sur la phrase suivante : " Ainsi se développent la sous-alimentation, si la nourriture est insuffisante, et la malnutrition, si elle est mal composée." Il semble donc que l'on doive accepter *malnutrition* à côté de *sous-alimentation,* de façon à marquer aussi bien l'aspect qualitatif que l'aspect quantitatif du problème de l'alimentation. Comme le mot à mot français, que nous avons déjà et *nutrition* et le préfixe *mal-,* ce qui est sans doute un anglicisme est en même temps une formation parfaitement régulière. »

J. DARBELNET, *Regards sur le français actuel*, p. 22 (□ 1963).

✳ Dans *Le Monde* du 5 juin 1963, Le Bidois fait la même analyse sémantique que Darbelnet. Selon Dupré : " *Malnutrition,* en conséquence, semble un néologisme utile et digne d'être conservé." La presse a aussi créé *mal-nourri, ie* n. et adj. *« Les besoins des mal-nourris du " tiers monde " »* (*Le Monde,* 23 juin 1966, *in* Gilbert), et le barbarisme *mal-nutri, ie* n. et adj. *« Les malnutris de l'Amérique latine* [...] *sont les derniers à vouloir s'élever dans l'échelle sociale à la force du poignet »* (*La Vie française,* 1972, in *Les Nouveaux Mots* « *dans le vent »*). Très peu répandus dans le langage courant mais utilisés à l'O. M. S. et à l'UNICEF, ces mots pourraient être des calques de l'américain qui, à côté de *malnutrition,* possède aussi *malnourishment* n. (1932), et qui distingue les adjectifs *undernourished* « sous-alimenté » et *malnourished* « qui présente les symptômes physiques et physiologiques de la malnutrition », littéralement « mal-nourri ».

MALOCCLUSION [malɔklyzjɔ̃] *n. f.*

(1963) *Méd.* Fermeture défectueuse des dentures (implantation anormale de certaines dents, anomalie de position des mâchoires).

✳ Anglais *malocclusion* n. (1888), composé de *mal-* et de *occlusion* n. (1645) de même origine que le français *occlusion* n. f. 1808 (latin *occlusionem*). Terme d'usage strictement scientifique. Appelle les mêmes observations, concernant la composition, que le mot *malnutrition**.

MALPOSITION [malpozisjɔ̃] *n. f.*

(1951) *Méd.* Position anormale d'un organe, notamment des dents.

« L'extraction prématurée [d'une dent de lait] hâte l'éruption de la dent sous-jacente [...]. C'est aussi une des causes principales de malpositions dentaires. »   P.-L. ROUSSEAU, *Les Dents*, p. 70 (□ 1951).

✳ Mot anglais n. (1836-1839) surtout utilisé en obstétrique (alors qu'il appartient principalement à la terminologie de l'odontologie en français) de *mal-* et *position* n. emprunté au français au XIIIᵉ siècle (du latin *positio*, de *ponere* « poser ») attesté en ce sens au XVIIIᵉ s. En français, le mot *malposition* appelle les mêmes observations que *malnutrition**.

MALT [malt] *n. m.*

(1702) Céréales (surtout l'orge) germées artificiellement et séchées, puis séparées de leurs germes. *Utilisation du malt dans la fabrication de la bière, du whisky. Malt grillé,* consommé comme succédané du café. — REM. : Enregistré dans les dict. de l'Académie 1762 et de Littré 1867.

« *Bières de malt.* — Ces bières sont ainsi nommées parce qu'elles sont préparées, entièrement ou en partie, d'orge *maltée*. La fabrication de ces boissons implique deux opérations chimiques distinctes : la transformation de l'amidon ou fécule de grain en sucre, et la transformation de ce sucre en alcool. Pour atteindre le premier but, on prépare le grain en malt ; pour le second, on le soumet à la fermentation au moyen de la levure. »   A. BITARD, *Les Boissons fermentées*, in *La Science illustrée*, 1ᵉʳ sem. 1889, p. 407.

« On procédera ensuite à une double distillation dans des alambics de cuivre rouge en forme d'énormes oignons montés en batteries jumelles. Dans ces *"pots-still"* s'élabore le vrai whisky de malt, qui tombera goutte à goutte dans l'appareil à tester l'alcool, astiqué comme la châsse de saint Gilles, et sur lequel veillent les responsables de la distillerie et le représentant de la régie de Sa Majesté. »
M. DENUZIÈRE, *La Liqueur de la patience*, in *Pour une ballade écossaise*, in *Le Monde*, 9 sept. 1971, p. 7.

— (1785) Techn. et vx. *Drèche-malte,* drèche ou résidu de l'orge, après soutirage du moût, en brasserie.

« C'est à ce point que le grain est en état d'être moulu grossièrement, et qu'on le nomme " *drèche-malt* ". »
Abbé ROZIER, *Cours complet d'agriculture... ou Dict. universel d'Agriculture*, 1785 [*in* Brunot, t. VI, 1-a, p. 300].

— (mil. XXᵉ s.) *Whisky pur malt* et ellipt, *pur malt,* whisky non mélangé, de qualité supérieure.

✳ Mot anglais du VIIIᵉ siècle, employé en français à propos de l'Angleterre en 1702 (*in* Mackenzie, p. 159), puis comme mot français en 1745 (*in* Brunot, t. VI). Littré avait cru pouvoir établir un lien entre l'ancien français *mast* et le mot *malt* par une origine allemande commune, *maiz,* de l'ancien allemand *melzen* « se ramollir ». Ce n'est ni l'avis de Hatzfeld et Darmesteter (1890) ni de Wartburg (1967). Brunot (t. VI, p. 300) indique que *malt* était assez nouveau au XVIIIᵉ siècle et qu'il s'est séparé difficilement de *drèche* avant de se répandre. Au XIXᵉ siècle, *malt* a donné en français plusieurs dérivés : *Malterie* n. f. (*in* Larousse 1872, et dans le Suppl. de Littré 1877) : 1° « usine où l'on prépare le malt » ; — 2° (1959) « magasin à malt d'une brasserie » ; — 3° « industrie du malt ». *Malter* v. tr. « convertir (une céréale) en malt » (1808, *Annales de chimie*, 1ʳᵉ série, t. 66, p. 138). Sur ce verbe ont été dérivés *maltage* n. m. (1834), *malteur* n. m. (1840) et *malté* adj. (1872, *orge malté*). Dérivés savants : *maltose* n. m. 1872 (N. M. Bouillet) et *maltase* n. f. 1902 (Larousse). Le dérivé *maltose* [*Chim.* Sucre formé de deux oses (diholoside) obtenu par l'hydrolyse enzymatique de l'amidon de l'orge germée *(sucre de malt)*] est passé en anglais où il est attesté dès 1862.

MALTÉ, ÉE [malte] *adj.*

(v. 1970) Qui contient du malt. *Lait malté* (→ aussi **Milk-shake**).

✻ Adjectif attesté en anglais en ce sens en 1896 en parlant d'aliments ou de lait contenant une préparation à base de malt. Ce sens apparaît d'abord en américain en 1887 dans la marque de commerce créée et déposée par Wm. Horlick (1846-1936), *Malted Milk* « lait malté » ou *MM*, pour désigner une poudre composée de lait évaporé et de céréales maltées, destinée à l'alimentation des enfants et des invalides. Le même nom, sans majuscules, désigne la boisson préparée avec cette poudre et, spécialement, la même boisson mélangée avec de la crème glacée généralement parfumée → **Milk-shake.**

MALTHUSIANISME [maltyzjanism] *n. m.*

1° (1870 ; *système de Malthus*, 1825) Doctrine de Malthus, qui préconisait la limitation volontaire des naissances par la « contrainte morale » pour remédier au danger de la surpopulation du globe. — REM. : Enregistré dans l'Add. de Littré 1870 ; absent des dict. de l'Académie. — *Par ext.* (1907) *Malthusianisme* ou *néo-malthusianisme*, doctrine démographique qui, se réclamant de Malthus, préconise les pratiques anticonceptionnelles.

« Bien qu'elles préconisent des méthodes que Malthus aurait vraisemblablement rejetées comme immorales, qu'en tout cas il n'a jamais proposées lui-même, les théories favorables à la restriction des naissances, à la limitation volontaire de la population sont généralement rangées sous le vocable de malthusianisme. »
ROMEUF, *Dict. des Sciences économiques*, t. II, art. *Malthusianisme*
(☐ 1958).

2° (1923 ; *malthusianisme économique*, 1949) *Écon.* Doctrine ou pratique de restriction volontaire de la production, de l'expansion.

« Par une extension paradoxale on appelle *malthusianisme économique* les pratiques de restriction volontaire de la production, voire de destruction des richesses produites en vue de restreindre d'une manière définitive l'offre sur le marché et de maintenir les prix. »
ROMEUF, *op. cit.*, t. II (☐ 1958).

— PAR EXT.

« Faire aujourd'hui du *malthusianisme* universitaire, c'est se condamner demain à une économie malthusienne, dont le développement serait freiné, faute d'un nombre suffisant de cadres supérieurs. »
Le Monde, 20 mai 1964 [*in* Gilbert].

✻ Anglais *Malthusianism* n. (1848), de *Malthus*, comme *Malthusian* adj. (→ **Malthusien**). Dès 1797, Jeremy Bentham prêche en faveur de la limitation volontaire de la natalité par la contraception ; en 1822, Francis Place publie *Illustrations and Proofs of the Principle of Population — Illustrations et preuves du principe de population —* et entreprend une campagne d'éducation populaire en faveur de l'utilisation des méthodes contraceptives pour des raisons économiques et médicales, amorcée paradoxalement sous le règne victorien (Knowlton et Wilde aux États-Unis, Drysdale et Annie Besant en Angleterre, Robin en France) ; ce mouvement s'exprimera par de nombreuses publications et plus tard, par la création de centres de planning familial dans plusieurs pays, dont le principal chef de file au XXe siècle sera l'Américaine Margaret Sanger (1883-1966).

Le dérivé *néo-malthusianisme* n. m. apparaît en ce sens en français en 1907 (Larousse, art. *Malthusianisme*) et peut référer à la contraception, à la stérilisation ou à l'avortement. Le mot *neo-Malthusianism* n'est attesté en anglais qu'en 1934 ; il est donc postérieur au mot français. Aujourd'hui *malthusianisme* et *néo-malthusianisme* ont fait place dans l'usage courant à une série de termes spécifiques modernes.

MALTHUSIEN, IENNE [maltyzjɛ̃, jɛn] *n. et adj.*

1° (1841, *n. m.*) *N.* Partisan des doctrines économiques de Malthus, du malthusianisme*. *Contre les Malthusiens*, de Proudhon, en 1848. — REM. : Enregistré dans le dict. de Littré 1867 ; absent des dict. de l'Académie.

« Personne ne voudrait croire que ces horreurs soient accumulées, comme des expédiens réguliers, par d'affreux malthusiens qui n'ont pas lu Malthus, mais qui l'ont deviné. »
BLANQUI, *Considérations sur l'état des populations de la Turquie d'Europe*, 1841, *in* E. BRIFFAULT, *Historiettes contemporaines* [*in* D. D. L., 2ᵉ série, 12].

« Dans ce livre [de Malthus], comme dans la plupart des autres, il y a d'excellentes choses, puis il y en a de médiocres, et aussi de mauvaises. Il n'y a personne, aujourd'hui (parmi ceux qui l'ont lu), qui ne loue les unes et ne rejette les autres, et qui ne soit ainsi à la fois malthusien et antimalthusien. »
M. BROCA, in *Revue des cours scientifiques*, 30 mai 1868, p. 424.

— SPÉCIALT. (1926) Partisan du malthusianisme démographique ou *néo-malthusianisme*.

« Très rares sont en France les "malthusiens". Melon croit à la possibilité de surpeuplement, mais les colonies servent alors de soupape. Auxiron, remarquable économiste, admet bien l'existence d'un maximum, mais cite, pour la France le chiffre de 140 millions, en avant de 40 millions et de deux siècles sur de Gaulle. »
A. SAUVY, *Croissance zéro ?*, p. 26 (□ 1973).

— ADJ. Favorable au malthusianisme. *Une politique malthusienne.*

« La propagande malthusienne, ses produits et ses appareils qui, avant la guerre, se cachaient près de Leicester Square, s'étalent maintenant partout, emblèmes du : "Décroissez et ne multipliez plus". »
P. MORAND, *Londres*, p. 94 (□ 1933).

2° (1861) *Adj.* Relatif aux théories de Malthus, et, *par ext.*, au malthusianisme démographique ou économique. *Doctrine malthusienne* → **Malthusianisme**. — REM. : Signalé dans le dict. de Littré 1867 ; relevé dans la *Revue de philologie française*, n° XLIII, p. 43.

« On qualifie de malthusiennes deux conceptions apparemment contradictoires en ce que l'une s'applique à la population et l'autre à la production des richesses. Ces deux conceptions ont en commun la restriction volontaire. »
ROMEUF, *Dict. des Sciences économiques*, t. II, art. *Malthusianisme* (□ 1958).

✱ Anglais *Malthusian* n. (1812) et adj. (1821), du nom de l'économiste anglais Thomas Robert Malthus (1766-1834), auteur du célèbre *Essai sur la population* publié anonymement en 1798 et développé dans plusieurs éditions successives jusqu'en 1826, basé sur l'idée que la population croît suivant une progression géométrique alors que la production n'augmente que suivant une progression arithmétique, ce qui crée une situation de déséquilibre entraînant pauvreté, famine, guerres, destruction et à laquelle on ne peut remédier préventivement que par la limitation volontaire de la procréation, en particulier dans la classe des pauvres où il faut prêcher la continence et la « contrainte morale » :

L'ensemble de l'œuvre économique de Malthus a fait l'objet de sérieuses critiques de la part des économistes, surtout des économistes socialistes tels que Fourier, Proudhon, Marx. Dès 1848, Proudhon écrivait *Contre les malthusiens*. En revanche les idées de Malthus eurent un rôle déterminant dans l'œuvre de Ricardo, en économie, et dans la formation du concept de sélection naturelle chez Darwin. La théorie de la limitation des naissances connut des développements qui dépassèrent considérablement la pensée de l'auteur, et qui prenaient appui sur de tout autres considérations ; à tel point que le contrôle des naissances coexiste aujourd'hui avec les nécessités d'une politique nataliste.

MAMIE, MAMY ou MAMMY [mami] *n. f.*

(mil. XXᵉ s.) *Fam.* Appellation donnée à leur grand-mère par les enfants.

« — Où sont donc passés mes draps de couleur et ceux en liberty ? Il n'y a que du blanc ici. On a tout changé. C'est insensé ! Qui a bien pu faire ça ? [...].

— Ça doit être un coup de ta grand-mère ou de tante Marthe. Tu sais comme elles sont attachées au vieux style.

— Jamais Mamie n'aurait fait une chose pareille, sans m'en parler. »
A. HÉBERT, *Héloïse*, pp. 57-58, Seuil (☐ 1980).

— PAR EXT. (v. 1970) Appellation donnée à une vieille femme.

« *Mammy* (c'est ainsi que l'on appelle les vieilles malades à l'hôpital). » *Le Nouvel Observateur*, 26 juin 1974, p. 84.

✻ Anglais *mammy* n. (1523), diminutif affectueux de *mam* n., 1500, comme le redoublement hypocoristique *mamma* ou *mama* n., 1555. Ce mot, qui signifie en anglais « maman », est parfois employé dans l'usage contemporain au sens de « grand-maman » surtout chez les enfants qui appellent leur mère *mother* « mère ». Répandu en français au milieu du siècle, francisé par la graphie *mamie* ou parfois *mamy*, le mot est senti comme un hypocoristique de [*grand-*]*mam*[*an*]. Il tend à remplacer *mémère* de niveau populaire et *mémé* senti comme vieilli dans certains milieux, tous deux contaminés par des emplois péjoratifs. Comme *grand-mère*, le mot a aussi pris le sens général de « vieille femme » (→ cit. à l'art. *Materner*).

-MAN, -MEN

✻ Du substantif anglais *man* « homme » entrant dans la formation de plusieurs composés, noms d'agent, empruntés de l'anglais, tels que *barman, businessman, clergyman, congressman, jazzman, policeman*. L'élément *-man* fonctionne librement comme un suffixe d'agent (avec le sens de « garçon », « homme ») dans la création de faux anglicismes, combiné soit avec une base française *(claquetteman)* soit avec une base anglaise *(rallye-man ; recordman*, angl. *recordholder ; tennisman*, angl. *tennisplayer)*.

« Il est vrai que l'anglais connaît l'emploi du mot *man* avec une valeur diminuée de suffixe : dans *yachtsman, oarsman, spokesman*, par exemple. Il est vrai aussi qu'il emploie *racing man* (en deux mots) dans le sens de "amateur de courses de chevaux", [...] mais il n'en est pas moins vrai, [...] que les Français, tout en croyant parler anglais, ainsi qu'il sied en matière de sport, se sont emparés de l'élément *man* de mots facilement traduisibles, comme *barman* et *policeman*, pour en faire un véritable suffixe, en lui conférant, à la fois, une spécialisation de sens et une extension d'emploi que l'anglais ignore. Pour s'en convaincre, il suffit de considérer le mot *véloceman*, "coureur cycliste", où on le voit accolé à un thème complètement inusité en anglais. »
J. ORR, *Les Anglicismes du vocabulaire sportif*, oct. 1935, p. 301.

✻ Les pseudo-anglicismes en *-man* comme les emprunts directs de l'anglais font leur pluriel en *-men (jazzmen)*, leur féminin en *-woman** *(recordwoman)*, féminin pluriel *-women)* ou parfois en *-maid*.

MANAGEMENT [manaʒmã] *n. m.*

(1921 ; répandu v. 1965) *Écon.* et *admin.* Ensemble des techniques d'organisation et de gestion d'une affaire, d'une entreprise. — REM. : Entériné, avec la prononciation française, par l'Académie, dans un communiqué du 27 février 1969 ; inscrit au *Journal officiel* du 18 janvier 1973.

« Je n'aime pas l'expression " management ", non pas que j'aie pour le franglais les réticences d'Étiemble mais parce que je trouve le terme pompeux et agaçant. Il permet à toute une série de jeunes technocrates, n'ayant pour la plupart aucune expérience des affaires, de se proclamer experts en management comme si l'essentiel de la direction des sociétés consistait en un ensemble de recettes techniques. »
                    A. ROUX, art. *Management,* in *Les 100 Mots-clés
                       de l'économie contemporaine* (□ 1973).

✳ En anglais, ce mot est attesté dès 1598 dans le sens très général de « maniement d'une chose, conduite d'une affaire, d'une opération, d'une maison, etc. », comme dérivé de *to manage* (→ **Manager**) mais ce n'est qu'au XXᵉ siècle (1906), qu'il prend ce sens dans le langage de l'économie et de l'administration. Introduit en français en 1921 par H. Fayol (*L'Incapacité industrielle de l'État : les P. T. T., in* G. L. L. F.), le mot ne s'est pas répandu avant les années 1965. Le Comité d'étude des termes techniques français propose d'abord de traduire *management* par *direction*, *management engineer* par *ingénieur-conseil en organisation*, et *management engineering* par *organisation de la gestion des entreprises* (*Sciences,* nov.-déc. 1959, p. 84).

« *Management* intraduisible, mais comment donc ! Il n'y a que des mots intraduisibles. [...] On usera donc d'un mot français, ou d'un autre mot français, suivant que l'on mettra l'accent sur tel ou tel aspect du " *management* ", et suivant la précision de ce que l'on voudra dire, [...] (par exemple) " administration ", " conduite ", " direction ", " gestion ", " organisation " Remarquez que rien ne s'opposerait à ce que nous fassions entrer dans le vocabulaire français le mot " *management* ", à condition de le prononcer à la française. »   *Vie et Langage,* oct. 1968.

✳ Il s'offrait deux autres possibilités : continuer d'employer les mots *direction* et *gestion* en renonçant à rendre compte du concept spécifique de management, ou encore préciser « *gestion à l'américaine* » chaque fois qu'on veut y référer. Le mot *management* a été retenu par l'Administration. Le *Journal officiel* du 3 janvier 1974 ajoute même : « On peut envisager que ce mot, adopté récemment par l'Académie française, produise les dérivés « manager » (verbe), « manageur » (substantif), etc. » (→ **Manager,** *n. m.,* **manager,** *v. tr.*).

1. MANAGER [manadʒœʀ] ou [manadʒɛʀ] *n. m.*

1° (1865) Dans les pays anglo-saxons, Personne qui dirige une entreprise, mène une affaire, gère un service, supervise une opération (affaires, commerce, industrie, etc.). *Des managers.* — REM. : Absent des dict. de Littré et de l'Académie.

« Le *manager* est l'agent général ou régisseur de la mine ; à lui incombe la partie économique, comme la partie technique au capitaine. Il a quelquefois sous ses ordres un *purser* ou agent comptable ; d'ordinaire il en fait lui-même les fonctions. »
L. SIMONIN, *Une visite aux mines de Cornouailles* [1862], p. 383 (□ 1865).

« Si un banquier a généreusement prêté cinquante dollars sans garantie à tel jeune Français dans l'embarras, si le manager de mon hôtel prend le léger risque d'encaisser lui-même les chèques de ses clients, c'est que cette confiance est exigée et impliquée par une économie basée sur le crédit et la dépense. »
                    S. de BEAUVOIR, *L'Amérique au jour le jour,*
                       31 janv. 1947, p. 31 (□ 1954).

— (1961) *Écon.* et *admin.* Personne qui exerce une fonction de management*.

« Les patrons français s'emploient depuis quelques années à " rationaliser " au maximum leur autorité. C'est là qu'apparaît cet homme nouveau qu'aucun mot français ne désigne encore parfaitement : le " *manager* ". Le personnage n'est pas sans séduction. Il est moderne, dynamique. Nos chefs d'entreprise le prennent volontiers comme modèle. »   *Le Figaro,* 12 oct. 1961 [*in* Gilbert].

2° (1868) *Spect.* Personne qui s'occupe de l'organisation matérielle de spectacles, concerts, matchs, qui administre les intérêts d'artistes professionnels. *Des managers.* — REM. : Absent des dict. de Littré et de l'Académie.

« Autrefois, je faisais des engagements dans les music-halls. J'ai passé à Lyon, à Bordeaux, partout. Et puis je me suis fatigué de penser que les managers gagnaient des fortunes sur mon dos — pensez, un numéro unique au monde ! — et je me suis mis à mon compte. »
COLETTE, *La Paix chez les bêtes*, p. 168 (□ 1916).

— (1889) *Sports.* Entraîneur chargé par contrat des intérêts d'un champion professionnel → **Coach 4°.**

« Le directeur et *manager* [*sic*] de l'excursion américaine. »
Revue des sports, 29 juin 1889 [*in* G. Petiot].

« Le boxeur professionnel est entre les mains d'un manager qui s'occupe de lui comme un entraîneur de son cheval. »
Les Sports modernes illustrés, 1906 [*in* G. Petiot].

✱ Mot attesté en anglais dès 1588, de *to manage* (→ **Manager,** *v. tr.*), souvent utilisé avec un adjectif précisant le domaine, employé dès 1705 dans le sens de « régisseur, gérant, agent général », et spécialisé en Amérique au XXe siècle dans le sens de « personne qui exerce une fonction de management✱ ». Entré dans le langage du spectacle en 1868 (in *l'Événement illustré, in* G. L. L. F.), *manager* est de nos jours en recul devant *impresario*, d'origine italienne, et concurrencé comme terme de sport (qui d'après John Orr, p. 297, faisait partie en 1935 du vocabulaire sportif commun) par le mot autochtone *entraîneur*. Comme emprunt récent à l'américain, *manager* s'est répandu en même temps que *management.* On a d'abord proposé de l'assimiler à *chef d'entreprise* ou encore de le rendre par *organisateur* ou même *technocrate.*

« En mon âge enfantin, les Français n'employaient le mot "*manager*" qu'en matière de boxe. Pour rendre le sens spécifiquement américain de "*manager*", c'est au mot "organisateur", que je ferai appel, en le dotant d'une légère extension de sens. En français, l'organisateur organise, puis, l'affaire en marche, part vers d'autres destins. L'extension de sens consiste en ce que le *manager* ne part pas ; l'organisation est permanente, elle dure autant que l'entreprise. Lazare Carnot, organisateur de la victoire, fut un *manager.* On a proposé le mot "technocrate", mais il ne convient pas. Le technocrate est une caricature du *manager.* Le technocrate part d'un principe, qu'il ne songe même pas à discuter, et l'applique sans souci des conséquences. Le *manager* a de la sympathie pour l'objet de son activité. »
P. AGRON, in *Vie et Langage*, oct. 1968, p. 645.

✱ Mais aucun de ces termes n'a paru satisfaisant, et le ministère de l'Économie et des Finances a souhaité voir admettre le terme *manageur* dans le langage des affaires (*Journal officiel*, 3 janv. 1974). Comme le mot *manager* a pénétré dans plusieurs pays et dans plusieurs langues, qu'il existe déjà avec la graphie anglaise en français dans le langage du sport, on peut se demander si le processus d'assimilation pourra se poursuivre dans le sens d'une francisation graphique et phonétique plus complète.

2. MANAGER [manadʒe] ou [manaʒe] *v. tr.*

1° (1880) Exercer les fonctions de manager✱ (2°) auprès d'un champion, d'une équipe sportive, d'un artiste professionnel (surtout employé à la forme passive). — REM. : Absent des dict. de Littré et de l'Académie.

« C. parfaitement managé par D. a fini par l'emporter ».
Le Sport, 13 oct. 1880
[*in* G. Petiot, qui cite un ex. du verbe actif daté du 16 mars 1896].

« Les Pop Tops, un groupe espagnol "managé" par un Français, sont ainsi les premiers à enregistrer en... anglais ! »
L'Express, 11 oct. 1971, p. 96.

2° (1969) *Écon. polit.* Organiser la gestion d'une affaire, d'une entreprise, d'une opération.

« Nous verrons plus tard comment "manager" la participation [du personnel] ». Chr. COLLANGE, *Madame et le Management*, 1969 [*in* Gilbert].

✳ En anglais, *manager* n. (1588) et *management* n. (1598) sont des dérivés de *to manage* v. tr. (1561), de l'italien *maneggiare* « manier » (venu du français *manier*, lat. *manus* « main ») qui a aussi donné au XVIᵉ siècle les substantifs *manage* en anglais et *manège* n. m. en français. Le verbe *manage* a d'abord voulu dire « entraîner (un cheval) », et très rapidement (1594) « entraîner, conduire, diriger (une personne, un animal) » ; dès 1585 il a aussi signifié « (savoir) manier (une chose) » et dès 1579 « conduire, mener (une affaire, une entreprise, une opération) » ; en 1649, il prend le sens de « gérer, administrer (une maison, un service) ». (Aux XVIIᵉ et XVIIIᵉ siècles, le verbe *manage*, à l'origine *manege*, a souvent été confondu en anglais avec le français *ménager* « régler avec soin, adresse ».) De nos jours, le verbe ne s'emploie plus guère en anglais qu'à la forme passive (sport, spectacle) ou en emploi absolu (affaires), sauf dans les acceptions qui font intervenir l'idée d'adresse, de réussite. Le verbe *manager* correspond à *manager* n. m., emprunt de l'anglais comme terme de sport, et à *manager* et *management*, d'origine américaine, comme terme d'économie politique et d'administration. L'emploi avec un complément direct (→ Cit. ci-dessus) est typiquement français. Dupré conseille de remplacer *manager* par *entraîner* chaque fois que la chose est possible, au premier sens ; le ministère de l'Économie et des Finances souhaite voir accepter *manager* comme dérivé de *management* (in *Journal officiel*, 3 janv. 1974), au second sens.

MANDRILL [mɑ̃dʀil] *n. m.*

(1744) Le plus grand des singes cynocéphales d'Afrique, dont les parties nues et les calosités fessières sont d'un rouge vif nuancé de bleuâtre (→ **2. Drill**). — REM. : Enregistré dans les dict. de Littré 1867, et de l'Académie 1878.

« Cette espèce de babouin se trouve à la côte d'Or et dans les autres provinces méridionales de l'Afrique, où les nègres l'appellent *boggo* et les Européens *mandrill* [...]. »
BUFFON, *Histoire naturelle des animaux*, Le Mandrill, t. IV, p. 49 (□ 1766).

✳ Mot d'origine guinéenne attesté en anglais en 1744 par W. Smith qui le rapportait du Sierra Leone, et attesté en français la même année dans le *Voyage de Smith* publié par l'abbé Prévost (in Mackenzie, p. 169). Smith précise que ce sont les blancs qui appellent ce babouin *mandrill*, à cause peut-être d'une certaine ressemblance avec l'homme. Au sens de « babouin d'Afrique occidentale » *drill* n., apparu en anglais en 1644, est probablement un emprunt d'une langue de la Guinée, mais le composé *mandrill* de *man* « homme » et *drill* paraît être un emprunt à l'anglais colonial.

MANGROVE [mɑ̃gʀɔv] *n. f.*

(1902) *Géogr.* Forêt ou association végétale caractéristique des littoraux lagunaires de la zone intertropicale, où domine le palétuvier, arbre soutenu dans la vase par des racines-échasses munies d'excroissances verticales et aériennes servant à la respiration. — REM. : Absent du dict. de l'Académie 1935.

« Ainsi se constituent de véritables forêts compactes, qui s'étendent sur plusieurs milles et s'avancent dans la mer. Ces forêts, qui constituent les *Mangroves*, laissent accumuler dans leurs branches de la vase, des poussières et des débris de toute sorte, qui finissent par former un véritable sol, conquis sur la mer. Les côtes septentrionales de l'île de Java s'avancent ainsi progressivement par les progrès de la Mangrove. La Mangrove est encore précieuse parce qu'elle sert de retraite à une foule d'oiseaux de mer, à des crustacés et à des huîtres qui se réfugient en grand nombre entre les racines. »
G. BOHN et R. PERRIER, art. *Manglier*, in *Nouveau Dictionnaire des Sciences et de leurs applications*, t. II, p. 1837, Delagrave 1924.

✳ Le mot anglais *mangrove* n. (XVIIᵉ s.) désigne le palétuvier, spécialement le *Rhizophora mangle* de Linné ou palétuvier manglier, et par ext. plusieurs variétés voisines d'arbres tropicaux. Il est apparenté au mot français *manglier* par un ancêtre américain commun, *mangle* emprunté du taïno (langue des Antilles) par le portugais (*mangue,* xvie s.) et par l'espagnol (*mangle,* 1535) d'où est issu le français *mangle* (Poleur, 1555) forme initiale de *manglier* (maintenant employée uniquement en parlant du fruit). L'origine malaise attribuée à *mangrove* est contestée du fait que le mot apparaît d'abord à propos des Antilles, sous les formes *mangrowe* (Bermudes, 1613), *mangrave* (Barbade, 1657) et enfin (1697) *mangrove,* par assimilation avec l'anglais *grove* « plantation ». On pense que le mot malais *mangi-mangi,* rare de nos jours, auquel on rattachait habituellement le mot *mangrove,* pourrait être d'origine portugaise. En français, le terme de géographie *mangrove* est une forme abrégée de l'anglais *mangrove swamp, thicket* ou *wood* « marécages, forêt, bois de palétuviers ».

MANHATTAN [manatan] *n. m. invar.*

(1908, *Manhattan cocktail,* 1907) Cocktail américain composé de whisky et de vermouth français ou italien, servi avec du citron et de la glace. — Un verre de ce cocktail. — REM. : Absent du dict. de l'Académie 1935.

« le même comptoir se développait avec la ligne des minces tonneaux derrière, et, sur le marbre, tout l'appareil destiné à la confection des "Manhattan", des "Widow's Smile", et autres "drinks". »
P. BOURGET, *Les Détours du cœur,* 1908 [*in* D. D. L., 2e série, 6].

« Elle a regardé la photographie un moment, puis, sans faire de réflexions, a commandé un double *manhattan.* »
SIMENON, *Un nouveau dans la ville,* p. 157 (□ 1949).

✳ Américain *Manhattan* n. (1890), forme abrégée de *Manhattan cocktail,* nom d'un cocktail très populaire aux États-Unis, déjà connu en 1886, probablement du nom propre *Manhattan,* nom du quartier central de New York souvent confondu avec la ville (provenant du nom d'une tribu algonquine qui vivait dans l'île formant le berceau de New York, tribu appelée *Manahata* ou *Manhatoes,* probablement d'après le nom indigène donné à l'île, *manah* « île », *atin* « montagne »). Si l'habitude de prendre un martini ou un manhattan sur le coup de cinq heures ne s'est pas généralisée en France, on trouve toutefois dès 1907 l'emprunt *Manhattan cocktail* suivi de la recette dans F. P. Newman, *American-Bar, Boissons anglaises et américaines,* pp. 64-65 [*in* D. D. L. , *op. cit.*].

MANIFOLD [manifold] *n. m.*

1° (1931) Liasse comportant plusieurs feuilles de papier séparées entre elles par des feuilles de carbone permettant d'établir plusieurs copies d'un document à la fois. — REM. : Absent du dict. de l'Académie 1935.

✳ Anglais *manifold* n. (1897), forme abrégée de *manifold-writer* n. (1808) « appareil muni de papier carbone servant à établir des copies de documents », de *manifold* « multiple » (de *many* « nombreux » et *fold* « fois ») et *writer* « qui écrit ».

2° (1963) *Écon. pétrolière.* Ensemble de conduites et de vannes servant à diriger des fluides vers des points déterminés ; collecteur.

✳ Mot anglais enregistré dans le Webster's Third 1966. En français, terme enregistré dans le *Journal officiel,* 18 janv. 1973, et homologué par le ministère du Développement industriel et scientifique.

MARÉCHAL, AUX [maʀeʃal, o] *n. m.*

(1086) Artisan dont le métier est de ferrer les chevaux et les bêtes de trait, bœufs, ânes et mulets.

✳ Dans son sens initial, celui de *maréchal-ferrant,* composé apparu en 1611, le français *maréchal* est venu par l'anglo-normand sous la forme *marescal* attestée en 1086 (*mareschal* au xiie siècle et *maréchal* en 1636), du francique *marhskalk* « domestique chargé de soigner les chevaux » de *mark* « cheval » et *skalk* « domestique ». On peut noter que les formes *marescal*, 1258, *mareschal*, 1297, sont ensuite passées à leur tour en anglais où elles ont donné *marshall*, d'abord au sens de « officier supérieur ou fonctionnaire royal » au XIIIe siècle, et de « maréchal-ferrant » au XIVe s. L'un des sens typiquement britanniques de *marshall*, celui d'officier judiciaire, connaîtra en Amérique une évolution particulière qui le rapprochera de celui de *sheriff*. *Marshal** fait à son tour apparition en français à propos des États-Unis.

MARENNINE [maʀɛnin] *n. f.*

(1909) *Techn.* Pigment produit par la navicule bleue, qui provoque le verdissement des huîtres en se fixant dans les branchies. — REM. : Absent du dict. de l'Académie 1935.

✳ .Anglais *marennin*, nom créé en 1885 par E. Ray Lankester, d'après le nom propre français *Marennes*, pour désigner le pigment qui donne aux huîtres de Marennes leur couleur verte caractéristique.

MARGINAL, ALE, AUX [maʀʒinal, o] *adj.*

(1910) *Écon. polit.* Se dit de tout fait économique qui est à la limite d'un groupe relativement homogène dont les unités peuvent avoir une dimension variable. *Efficacité marginale du capital. Ouvrier marginal. — Entreprise marginale*, entreprise la moins favorisée, qui est à la limite du bénéfice et du déficit, dont la production est nécessaire pour satisfaire la demande. — *Prix marginal*, prix de marché égal au prix de revient dans l'entreprise la moins favorisée. — *Utilité marginale* (dite aussi *limite* ou *finale*), utilité de la dernière unité disponible d'un bien économique correspondant à celui de ses emplois qui est considéré comme le moins essentiel. — REM. : Absent du dict. de l'Académie 1935 dans ces emplois.

« La doctrine marginaliste a pour origine la découverte de la théorie de l'utilité marginale réalisée dans les années 1871-1874 par trois économistes travaillant séparément : l'Anglais W. S. Jevons, l'Autrichien K. Menger et le Français L. Walras. Elle s'oppose à la théorie de la valeur-travail selon laquelle la valeur des marchandises a pour condition l'utilité (valeur d'usage) et pour substance la quantité de travail socialement nécessaire à leur production. Selon les marginalistes, la valeur dérive de l'utilité, qui apparaît au cours du processus d'estimation subjective par lequel l'individu entre en relation avec les choses. »
G.-C. BENETTI, art. *Marginalisme* et *Néo-Marginalisme*, in *Encycl. universalis*, t. X, 1971.

✳ En anglais, on trouve *marginal cost* « coût marginal » dès 1887, puis *marginal utility* « utilité marginale » dès 1890 (sous la plume de l'économiste Alfred Marshall). L'adj. vient de *margin* n. 1382 (du latin *margin-, margo* comme le français *marge*) employé en économie politique dès 1863 au sens figuré de « ce qui est à la limite du possible ou du souhaitable ». On pense que le terme de *marginal utility* est d'abord apparu en 1889 comme traduction du terme allemand *Grenznutzen* utilisé par l'école marginaliste autrichienne. À propos de la théorie de l'utilité marginale selon laquelle la valeur d'échange d'un bien est déterminée non pas par la somme de travail investie mais par l'utilité de sa dernière unité disponible, c'est-à-dire la plus faible, en raison de la loi de la décroissance des utilités, on a pu parler de révolution dans la pensée économique par rapport à l'économie classique et à l'économie marxiste. Les économistes français et suisses ont d'abord parlé d'*utilité limite* ou d'*utilité finale*. Mackenzie relève *utilité marginale* en 1910 (p. 276). L'emprunt de *marginal* au sens anglais a donné lieu aux dérivés de *marginalisme* n. m. pour désigner la théorie, de *marginaliste* n. et adj. (*marginalism* et *marginalist* sont aussi attestés en anglais) et de *néo-marginalisme* et *néo-marginaliste* vers les années 40.

✳ Le français possède *en marge*, loc. adv. et adj. (*vivre en marge, être en marge*), depuis le début du siècle (Léautaud, 27 oct. 1906) et *en marge de*, loc. prép. depuis 1931, « en s'écartant plus ou moins d'un système, d'une école, d'un parti » *(vivre en marge de la société, des lois, etc.).* Le dérivé *marginal,* apparu vers 1960, adj. (*L'Homme marginal,* G. Balandier, *Sociologie actuelle de l'Afrique noire,* p. 32, P. U. F., 1963) et n. utilisé en parlant d'une personne ou d'un groupe qui vit en marge de la société du point de vue économique ou du point de vue intellectuel, pourrait avoir été répandu sous l'influence du sens économique emprunté à l'anglais.

MARIA JOHANNA, MARIE-JEANNE → MARIHUANA.

MARIHUANA [maʀiʀwana] ou MARIJUANA [maʀiʒɥana] *n. f.*

(1953) Mélange de feuilles et de fleurs desséchées du chanvre indien, employé comme stupéfiant. *Cigarette de marijuana.*

« N'importe quelle drogue, que ce soit le [*sic*] marihuana ou l'héroïne, lui faisait peur, et il observait toujours avec une gêne mêlée d'effroi une cliente de chez Louis, une jolie femme, pourtant très jeune, qui travaillait comme modèle et passait pour intoxiquée. »
SIMENON, *Feux rouges,* p. 43 (□ 1953).

« La commission rejette aussi l'idée d'une réglementation ou d'une légalisation de la marijuana [...]. »					*Le Monde,* 24 mars 1972, p. 12.

✻ Ce mot d'origine hispano-mexicaine, *mariguana, marihuana,* nous a été transmis avec la chose par les Américains. En américain, on le trouve sous la forme *mariguan* en 1894, *marijuana,* 1923, et *marihuana,* 1927. Peu avant 1968, on trouvait aussi dans l'argot de la drogue en français plusieurs déformations américaines du mot, *Maria Johanna, Mary Warner* et *Mary Weaver,* pour désigner une cigarette de marijuana (*in* Brau, *Histoire de la drogue,* p. 266). Dans le langage familier est apparue à la même époque l'adaptation française de *Marie-jeanne* n. f.

« N'importe qui peut, aujourd'hui, se procurer ce qu'on appelle de "l'herbe", du "H", du kif, de la marie-jeanne (adaptation française du mot marijuana) au prix d'une place de cinéma. »						*L'Express,* 1er sept. 1969 [*in* Gilbert].

« À Paris, le trafic de la marie-jeanne s'opère surtout à Saint-Germain-des-Prés, tandis que Montmartre a pour spécialité la neige (cocaïne). »
Vie et Langage, nov. 1970 [*in* Gilbert].

MARINE [maʀin] *n. m.*

(1860) Soldat de l'infanterie de marine américaine (*Marine Corps,* créé le 10 nov. 1775) ou anglaise (*Royal Marines,* créé le 26 oct. 1664 et réorganisé en 1775). — *Les marines,* corps de débarquement. — REM. : Absent des dict. de Littré et de l'Académie.

« À ce dernier chiffre, il faut ajouter 18 000 soldats de marines ou simplement *marines,* comme on les nomme [...]. Ces *marines* [...] sont de précieux auxiliaires à bord des vaisseaux [...]. Ils sont fusiliers, canonniers, servent les pièces pendant le combat, montent à l'abordage, opèrent des débarquements. »
L. REYBAUD, *Force navales en France et en Angleterre,* in *Revue des Deux-Mondes,* 1er oct. 1860, p. 590.

« Webb a mis nos *marines* de faction dans les ports du Pacifique, avec défense de toucher aux objets exposés [...]. »
P. MORAND, *Champions du monde,* p. 52 (□ 1930).

« Deux gitanes mendient. Une vieille putain marchande avec un "marines" [*sic*]. » H.-F. REY, *Les Pianos mécaniques,* pp. 299-300 (□ 1962).

✻ Mot anglais, de *marine* adj. « relatif à la mer » emprunté au français au xve siècle et substantivé au xvie siècle au sens général de « marin », puis employé en ce sens, au xviie siècle (1672). Le mot avait fait son apparition en français au xixe siècle ; il s'est répandu au xxe siècle après les débarquements alliés en France. Rappelons avec *Vie et langage* (déc. 1968, p. 779) que «les *marines* sont des troupes de terre mises au service de la marine, alors que les *fusiliers marins* sont des marins mis au service de l'armée de terre ». Le masculin de *marine* est choquant en français, tous les mots en *-ine* étant féminins.

MARKETING [maʀkətiŋ] *n. m.*

(1959) *Écon.* Ensemble coordonné des fonctions ayant trait à l'élaboration, à la mise en œuvre et au contrôle d'une stratégie commerciale prenant en compte les besoins d'une clientèle (déterminée par sondages), la composition du marché (délimitée par études de marché et de motivation), la définition du produit proposé et les techniques de publicité, de promotion des ventes et de distribution. *Faire du marketing* (→ **Merchandising**). *Directeur du marketing.* — Par appos. *Politique marketing. Esprit marketing.*

« Le concept du *marketing* implique l'acceptation par la direction de l'entreprise que toute décision soit prise à la lumière des besoins du consommateur et non des siens propres. Il signifie la prise en considération de la demande au lieu et place de l'exclusif souci de l'offre. »
      Congrès inaugural de l'Association française du marketing, mars 1960,
                in A. Birou, *Vocabulaire pratique des sciences sociales,*
                                                      1966 [*in* Gilbert].

✻ Mot anglais n. (1561), proprement « action d'acheter ou de vendre au marché », « commercialisation » (1884), ainsi que « ce qu'on a acheté (1701) ou ce qui est destiné (1886) au marché », de *market* n. (1066) « marché » emprunté à l'ancien français du Nord (usage picard), du latin *mercatus* « marché ». *Marketing* apparaît en anglais en 1919. Premier des termes économiques et financiers introduits en français par l'américain dans les années 1960, *marketing* a été condamné par l'Académie française (*Le Figaro*, 21 avril 1967) au profit de *commercialisation*. Mais comme le note le Supplément du Robert :

« Cet anglicisme inutile, d'ailleurs mal adapté en français par *études techniques, science des marchés,* est pourtant employé dans les milieux du commerce et de l'industrie : "*Congrès du marketing et de la distribution* (Paris, juin 1967)". »

✻ Jacques Cellard attribue le succès du terme à des facteurs psychologiques :

« l'usage, l'abus plutôt, d'un jargon anglicisant mi-technique, mi-mondain, fait partie de l'image de marque des cadres "in". Quand Monsieur fait dans le marketing, Madame fait plus volontiers son shopping que son marché. C'est la pierre de touche des réussites flatteuses dans le style présumé anglo-saxon. C'est irritant, ce n'est pas bien grave. »
            J. Cellard, *Français, franglais, Europe,* in *Le Monde*, 29 déc. 1971, p. 7.

✻ Le concept du marketing présente toutefois une originalité certaine par rapport aux anciennes formes de commercialisation. D'autre part, le maniement des expressions proposées par le Comité d'étude des termes techniques français, en 1959, *techniques commerciales, stratégie commerciale,* n'est pas aussi commode que celui d'un mot simple. On a proposé de remplacer l'emprunt brut par divers calques morphologiques dont aucun n'est entré dans l'usage : *marchaison, marcante, mercantage, mercantement, marchetage, marcheture, merxologie, péripoléinisme.* L'Administration recommande (arrêté du 29 nov. 1973) d'utiliser, selon les cas, les termes spécifiques de : *mercatique* n. f. (d'apr. le latin *mercatus* « marché »), « étude des aspects théoriques et généraux de la commercialisation » ; *marchéage* n. m. (de *marché*), « ensemble des techniques d'application pratique de la mercatique ». *Marchandisage* n. m. (de *marchandise*) → **Merchandising**.

MARSHAL [maʀʃal] *n. m.*

(1862) Aux États-Unis, Officier fédéral nommé par le Président et le Sénat pour assurer la police et exécuter les jugements de la Cour dans un comté ou un district fédéral → **Sherif.** — REM. : Absent des dict. de l'Académie.

« Précédé d'un orchestre jouant d'instruments en cuivre — ce peuple aime avec passion "le métal bruyant qui sonne les fanfares guerrières" — et accompagné du marschal, l'évêque, debout dans sa voiture, appela les capitaines du convoi [...]. »
      R. Burton, *Voyage à la cité des saints* [1860], p. 374 (□ 1862).

✻ Mot anglais du XIIIᵉ siècle primitivement emprunté au français *marescal, mareschal* (mod. : *maréchal**, lui-même venu en français par l'anglo-normand), employé en ce sens en Amérique depuis 1789. N'est utilisé en français qu'à propos des États-Unis et se rencontre surtout dans les feuilletons télévisés et les versions françaises des westerns américains.

MARSHMALLOW [maʀʃmalo] n. m.

(mil. XXᵉ s.) Nom commercial d'un bonbon de texture spongieuse présenté sous forme de cubes pastels, fait à base de gomme arabique ou de sirop de maïs battu avec de la gélatine et du sucre.

« Le jour où il [le potto] atteignit son 12ᵉ mois, le petit saisit et mangea sa première nourriture vraiment solide : c'était un marshmallow. »   M. ANDERSON, in *La Recherche*, mai 1971, p. 483.

✻ Mot anglais désignant le même bonbon ainsi qu'une pâte de guimauve (1884) faite avec la racine de l'arbre appelé *marsh mallow* ou en français *guimauve*.

MARTINI [maʀtini] n. m. invar.

(v. 1905) Cocktail américain fait d'au moins deux parts de gin mélangées à une part de vermouth blanc sec. *Martini sec* ou *martini dry**. — Un verre de ce cocktail. — REM. : Absent du dict. de l'Académie 1935.

« — Que prendrez-vous ? demanda-t-il. Un martini ?
— Va pour un martini.
Le bar était plein d'officiers américains et de femmes bien habillés ; la chaleur, l'odeur des cigarettes, le goût coupant du gin me montèrent tout de suite à la tête et je me sentis contente d'être là. »
S. de BEAUVOIR, *Les Mandarins*, pp. 67-68 (□ 1954).

✻ *Martini* ou *Martini cocktail* (avec ou sans la majuscule), nom (attesté en américain en 1894) d'un cocktail aussi populaire en Amérique que le manhattan*, du nom propre *Martini,* nom d'un célèbre vermouth italien. En français, on rencontre d'abord l'emprunt brut de *martini cocktail :*

« Les femmes ont le cocktail facile.
En voyant ces jolies filles roses et pudiques sucer — avec quelle désinvolture ! — des Martini Cocktail, je pense aux jeunes filles et aux mères françaises que je connais, et à leur effarement si on leur proposait ces mœurs de promenoirs de music-hall. »
J. HURET, *Chicago*, in *En Amérique, De San Francisco au Canada*, p. 300 (□ 1905).

✻ De nos jours, on n'emploie plus que la forme abrégée *martini. Martini dry* est une adaptation respectant l'ordre syntaxique du français de l'américain *dry martini* ou *martini sec,* désignation française normale. Le sens de « cocktail » doit être distingué de la marque déposée (attestée en français vers 1930) par la firme Martini et Rossi pour l'apéritif (vermouth) de sa fabrication. *Martini rouge* (doux), *blanc* (sec). L'américanisme crée en France (comme en Italie) une ambiguïté gênante. Néanmoins quiconque demande, en France, un martini, obtient un vermouth de cette marque (sans gin !), c'est-à-dire un apéritif. Ce qu'on sert sous le nom de *martini gin* n'est pas non plus le martini américain : c'est un vermouth rouge rehaussé de gin et non un gin rehaussé de vermouth blanc.

MARYLAND [maʀilɑ̃(d)] n. m.

1° (1762) Tabac à fumer dans lequel prédomine un tabac originaire du Maryland. — REM. : Enregistré dans le dict. de Littré 1868 ; absent des dict. de l'Académie.

« il baissa le store de sa fenêtre, se fit une cigarette, et se renversa dans sa causeuse tout en suivant en l'air la blonde fumée du maryland. »
Th. GAUTIER, *Les Jeunes-France*, p. 98 (□ 1833).

2° (1785) *Ancien.* Jeu de cartes semblable au boston.

✻ Du nom propre de lieu *Maryland,* de *Mary* « Marie » et *land* « terre, pays, contrée », nom donné par Charles Iᵉʳ à l'une des colonies atlantiques anglaises (qui déclarera son indépendance en 1776 et deviendra l'État américain du même nom) en l'honneur de son épouse la reine Henriette-Marie de France, fille d'Henri IV, sœur de Louis XIII. En 1762, le *Dictionnaire du Commerce*, IV, de Savary des Bruslons, enregistre *tabac du Maryland* [*in* Mackenzie, p. 177]. L'emploi du mot comme nom commun est plus tardif.

MARY WARNER, MARY WEAVER → MARIHUANA.

MASCARA [maskaʀa] *n. m.*

(1903, *mascaro*) Fard à cils.

« Elle se maquille en rose, se poisse les cils de mascaro (c'est Marthe qui me l'a dit) sans arriver à tonifier sa fadasse anémie. »
WILLY, *Claudine s'en va*, p. 21, 1903 [*in* D. D. L., 2ᵉ série, 16].

« Avec cette façon qu'elle s'était maquillée avec du rouge à lèvres gras et épais qu'elle mouillait tout le temps avec sa langue, le noir, le bleu, le blanc, surtout le bleu et le blanc sur les paupières, et avec chaque cil couvert personnellement de mascara, on risquait de se tromper sur ma profession..»
ÉMILE AJAR, *L'Angoisse du roi Salomon*, p. 112 (□ 1979).

✴ De l'anglais *mascaro*, vx (1890) ou *mascara* « a kind of paint used for the eyebrows and eyelashes by actors » ; la forme *mascara* s'est généralisée. Ce mot emprunté à l'italien *maschera* « masque » ou à l'espagnol *máscara* s'est répandu en français au début du xxᵉ s. Il a été partiellement évincé par *rimmel* n. m. (1936), qui est une marque déposée, mais le seul terme commercial disponible est *mascara*, peu usité.

MASER [mazɛʀ] *n. m.*

(1954) Amplificateur obtenu par enrichissement en atomes ou molécules susceptibles d'émettre une radiation de fréquence donnée inférieure aux fréquences lumineuses (→ **Laser**) au profit des atomes ou des molécules susceptibles de l'absorber (et rendant ainsi l'énergie émise supérieure à l'énergie absorbée). *Masers à gaz ou à vapeurs. Masers à l'état solide. Masers à ammoniac, à césium. Masers à inversion magnétique.* — Par appos. *Effet maser.* — REM. : Retenu par l'Académie pour la prochaine édition de son dict. (Cf. *Défense de la langue française*, juin 1969).

« Le maser n'intervient que pour remplacer un amplificateur existant et diminuer le bruit du système. »
D. LAUNOIS, *L'Électronique quantique*, p. 109 (□ 1968).

« cette molécule [la molécule OH interstellaire], très répandue dans la Galaxie, se manifeste par des raies au voisinage de 18 cm de longueur d'onde tantôt en absorption devant des sources de continu radio, tantôt en émission, mais ces raies sont quelquefois d'une énorme intensité et sont visiblement produites par un effet maser naturel. »
La Recherche, janv. 1974, p. 58.

✴ Sigle anglais formé des initiales de *Microwave Amplification by Stimulated Emission of Radiation* (amplification de micro-ondes [hertziennes] par émission stimulée du rayonnement électro-magnétique), acronyme lancé en 1955 par le physicien américain Charles Hard Townes, qui réalisa en 1954 le premier maser à ammoniac. Formé avec la terminaison *-er** fréquente en français, le terme a été immédiatement retenu comme un mot autochtone (*La Banque des mots*, nᵒ 4, 1972, p. 205).

MASSAGE [masaʒ] *n. m.*

(1969) *Sociol.* Message de la collectivité à elle-même par le moyen des mass-media* mis à sa disposition par la technique moderne.

« Le mot "massage" nous alerte sur un danger, la fascination narcissique de l'homme par ses media ».

P. EMMANUEL, in *Les Nouvelles littéraires*, 1969
[in *Les Mots « dans le vent »*].

* Mot valise créé en anglais par l'universitaire canadien Marshall McLuhan, auteur de *Understanding Media* (1964) traduit en français *Pour comprendre les media* (Seuil), formé de la contraction de *mass*[media] (→ ce mot) et de l'aphérèse de [*mess*]*age* (emprunté au français au XIIIe siècle). Le mot serait parfaitement acceptable en français comme en anglais s'il n'existait déjà dans chacune de ces langues l'homonyme courant de *massage* dérivé du verbe français *masser* issu de l'arabe *mass* « toucher, palper ».

MASS(-)MEDIA [masmedja] *n. m. pl.*, MASS(-)MEDIUM [masmedjɔm] *n. m. sing.*

(1962) *Sociol.* et *publ.* Ensemble des techniques et des supports de diffusion massive de l'information et de la culture (presse écrite et parlée, radio, télévision, cinéma, publicité, etc.).
→ **Massage, media.** — REM. : Surtout utilisé au pluriel.

« Quand on parle de Radio et de Télévision, il s'agit d'émetteurs collectifs et l'on a affaire à ces "communications de masses", que les sociologues appellent aujourd'hui *mass-media*, ce terme s'appliquant également au cinéma et à la presse. »

J. CAZENEUVE, *Sociologie de la radio-télévision*, p. 7 (□ 1962).

« La télévision est-elle essentiellement image ? Est-elle un vrai *mass medium* ou, du moins, mérite-t-elle la philosophie qu'on en tire ? »

M. CLAVEL, in *Le Nouvel Observateur*, 21 août 1972, p. 38.

« Pourquoi s'intéresser aux mass media ? Ils sont le système nerveux de tout organisme social urbanisé et industrialisé. Phénomène du XXe siècle, ils doivent leur développement aux révolutions sociale et scientifique qui "décollèrent" au XIXe siècle et dont, à leur tour, ils ont accéléré le mouvement. »

Cl.-J. BERTRAND, *Les « Mass Media » aux États-Unis*, p. 6 (□ 1974).

* Mot anglais (1923), composé de *mass* « masse » (1675 en ce sens, mot initialement emprunté du français) et de *media*, répandu en français par l'américain. Pour les sociologues, *mass-media* sert à désigner le véhicule de la culture de masse, pour les spécialistes de la publicité, par leur caractère collectif et populaire, les mass-media sont aux supports de diffusion de l'information ce que sont les magazines aux revues et aux périodiques. Le mot remplit donc un rôle spécifique en français. Dans un communiqué du 27 février 1969 (in *Défense de la langue française*, juin 1969) l'Académie propose de franciser le terme en *masses-média*. Les observations de Dupré (art. *Media*) éclairent les réticences de l'usager :

« On peut être surpris de cette proposition. *Masses-média* est un mot composé où le déterminant suit le déterminé, ce qui est contraire aux traditions françaises. Ce composé présente un aspect tout à fait germanique. Si *mass media*, terme américain, est indispensable aux sociologues et aux publicitaires — ce qui ne nous paraît pas certain — *culture de masse, technique de masse, support de masse*, etc., nous sembleraient bien préférables à *masses-média*, qui reste un mot composé américain très mal francisé. »

* Des décennies de recherche sociologique en Amérique sur ce que certains, à la suite de McLuhan, appellent la « civilisation de l'image », ont contribué à répandre l'emprunt brut de *mass-media* ou simplement *media*, mais le terme de *moyens de communication de masse* est également très fréquent dans l'usage français.

MASTIFF [mastif] *n. m.*

(1611) Grand chien de garde de race anglaise. — REM. : Absent des dict. de l'Académie et de Littré.

« Large et basse comme un porcelet de quatre mois, jaune et rase de poil, masquée largement de noir, elle [*la chienne*] ressemblait plutôt à un petit mastiff qu'à un bouledogue. »

COLETTE, *La Maison de Claudine*, p. 117 (□ 1922).

✳ Mot anglais n. (1330) probablement venu de l'ancien français *mastin* (mod. : *mâtin*), attesté en français en 1611 par Cotgrave.

MATCH [matʃ] *n. m.*

(1819) *Sports.* Défi sportif à disputer entre deux ou plusieurs rivaux, deux ou plusieurs équipes concurrentes. *Match de boxe, de football, de lutte, de rugby, de tennis.* — *Par anal.* Tournoi opposant des experts. Plur. à la française, *des matchs*, à l'anglaise, *des matches. Disputer un match* (→ **Matcher**). — REM. : Absent du dict. de Littré ; enregistré dans le dict. de l'Académie 1935.

« [...] William Arnull, l'homme des *matches* ; Wheatley, fils du célèbre jockey qui montait pour O'Kelly ; [...] tous ces noms appartiennent à la grande confrérie de New-Market. »
E. CHAPUS, *Le Turf ou les Courses de chevaux en France et en Angleterre*, pp. 76-77 (□ 1853).

« En somme, les deux champions étaient vraiment bien choisis, et, quoique le temps fût peu favorable, on comprit que le match réussirait. »
HUGO, in *L'Homme qui rit*, p. 274 (□ 1869).

« La production se maintient difficilement au niveau de la consommation. Déjà mon cachet de ce soir s'est vaporisé ! Et pas de grands matchs en perspective. »
P. MORAND, *Champions du monde*, p. 102 (□ 1930).

— PAR ANAL. (1969) Compétition (économique, politique), concurrence.

« Un match Allemagne-Grande-Bretagne qui commencera avec l'élargissement du Marché commun. »   *La Croix*, 1er oct. 1969 [*in* Gilbert].

✳ Mot anglais (XVIe siècle en ce sens), solidement implanté en français depuis la fin du XIXe siècle dans le langage du sport où il voisine avec *combat, joute, partie,* etc. Jean Darbelnet (*Regards sur le français actuel*, p. 21) relève dans ce mot une spécialisation sémantique qui en justifie l'emploi dans certains cas :

« je ne suis pas certain que *match* et *partie* soient interchangeables. Des camarades font une partie de tennis, mais un match met aux prises des équipes officielles représentant un pays, une ville, une école. Le match relève de l'organisation sportive. Il y a donc une nuance. »

✳ Tout en conservant le mot *match,* la Commission du vocabulaire sportif conseille d'employer les mots français *rencontre, partie, confrontation, choc, joute* lorsque son usage n'est pas indispensable (in *Vie et Langage,* juil. 1961, p. 389). On peut franciser la graphie du mot au pluriel en écrivant *matchs* plutôt que *matches.*
Le mot *match* illustre plusieurs phénomènes caractéristiques de l'emprunt. Il a pour lui la brièveté, qui a contribué à le répandre dans l'usage populaire. Apparu en français comme terme de turf au fém. (1827, *in* Mackenzie), le mot s'est répandu dans tous les sports. Il n'est utilisé en français qu'au sens de « compétition » alors qu'il possède en anglais plusieurs autres acceptions dont certaines sont beaucoup plus anciennes (en particulier « partenaire » 831). Cependant ce sens a été étendu à beaucoup plus de réalités qu'en anglais :

« Le mot *match* [...] s'applique en français à des épreuves qui chez nous n'entrent guère dans la catégorie des *matches :* tel "un *match* d'athlétisme" *(athletic contest),* ou "le *match* (de rame) Oxford-Cambridge" *(the Oxford and Cambridge boat race).* Mais il est clair qu'il s'agit en l'espèce d'élargissements de sens qui ont été effectués après la restriction préalable dont nous avons parlé, d'épisodes de la vie du mot devenu français, sans rapport avec sa vie antérieure. Le français, en effet, ayant fait sien le mot étranger, en use comme d'un bien propre, et souvent [...] d'une manière qui nous fait sourire. »
J. ORR, *Les Anglicismes du vocabulaire sportif,* oct. 1935, p. 298.

MATCHER [matʃe] *v.*

1° *V. intr.* (1892) Sports. *(Vx.)* Concourir dans un match ; disputer un match*. — REM. : Absent du dict. de l'Académie 1935.

« C. matche avec T. »   *Le Vélo*, 21 janv. 1893 [*in* G. Petiot].

2° *V. tr.*

« D. matche F. » *L'Écho des sports*, 3 sept. 1892 [*in* G. Petiot].

✳ Dérivé de *match** qui n'est guère sorti des milieux sportifs, où il demeure du reste moins fréquent que *disputer un match*. Les sens de l'anglais *to match* les plus rapprochés de l'usage français étaient déjà sortis de l'usage anglais lorsque *matcher* a fait son apparition dans le vocabulaire du sport. *Matcher* a donné le dérivé, vieilli, de *matcheur, euse* n. (1822 au masculin ; 1894 au féminin, *in* G. Petiot) « personne qui dispute un match ».

3° (1894) *Rare.* Rivaliser (avec quelqu'un, quelque chose). — REM. : S'emploie aussi transitivement.

« Quelques-unes [des voitures à pétrole] pourraient matcher avec les mails-coachs du *New York Herald.* »
L. FIGUIER, *L'Année scientifique et industrielle*, p. 92, 1895 (□ 1894).

« Sans me vanter, je tiens encore bien. Il n'y a pas beaucoup de jeunes gens qui pourraient me matcher. »
N. SARRAUTE, *Martereau*, p. 79 (□ 1953).

✳ Anglais *to match* « arriver à égalité avec, soutenir la comparaison » (1567, en ce sens). Emploi rarissime et critiqué, qui n'a jamais pénétré dans l'usage courant.

MATCHMAKER [matʃmekœR] *n. m.*

(1931) *Boxe* et *catch.* Organisateur de matchs* de boxe, de catch. *Des matchmakers.* — REM. : Absent du dict. de l'Académie 1935.

« mon matchmaker Paul Lafrance ».
L'Auto, 21 nov. 1933, *in* I. G. L. F. [*in* D. D. L., 2ᵉ série, 6].

✳ Longtemps tenu pour un pseudo-anglicisme *matchmaker* est un terme américain (*in* Webster's Third et Second) composé de *match* et de *maker* « celui qui fait, arrange, organise une chose », de *to make* « faire, fabriquer ». Pour un Anglais, le mot *matchmaker* n. (1639) évoque d'abord un marieur ou une marieuse (Cf. J. Orr, ci-dessous). Dupré propose de remplacer l'américanisme *matchmaker* par *organisateur de rencontres sportives* ou encore par *organisateur de matchs*.

« Voici ensuite le mot anglais employé dans un sens que l'anglais ignore : [...] *matchmaker* (sur l'analogie de *bookmaker*), "celui qui apparie les adversaires" :
L'ancien champion R. fonctionnera comme *match-maker* (dans une série d'épreuves de lutte *catch-as-catch-can*), Auto, 5-IX-34.
— sens anglais : "faiseur d'allumettes", ou "arrangeur de mariages" ! »
J. ORR, *Les Anglicismes du vocabulaire sportif*, oct. 1935, pp. 299-300.

MATCH-PLAY ou MATCH PLAY [matʃplɛ] *n. m.*

(1930) *Golf.* Compétition de golf entre deux joueurs, se jouant trou par trou (opposé à *medal*-play*). *Des match-plays.* — REM. : Absent du dict. de l'Académie 1935.

« En match play (par trous), le gagnant de chaque trou est évidemment celui qui a fait rentrer sa balle en moins de coups que son adversaire, mais le total des coups est sans importance [...]. On compte par trous : un joueur a tant de trous d'avance et il en reste tant à jouer. »
A. BERNARD, *Le Golf*, pp. 34-35 (□ 1970).

« Angel Gallardo s'est, en effet, comporté de bout en bout comme un grand joueur de match-play, fort d'un superbe tempérament à la lutte et aussi d'un esprit d'équipe [...]. » *L'Équipe*, 11 sept. 1972, p. 1.

✳ Terme anglais attesté en 1886, de *match* et *play* « jeu » déverbal de *to play* « jouer », en parlant du golf classique de l'Écosse. Emprunt du vocabulaire sportif international relevé par Petiot en 1930. On dit en français « *partie par trous* ».

MATÉRIALISME [mateʀjalism] *n. m.*

(1702) *Philo.* Système philosophique qui s'appuie sur la seule substance de la matière considérée tantôt comme continue tantôt comme discontinue. — REM. : Enregistré dans les dict. de l'Académie 1762 et de Littré 1868.

« Les deux couplets sur le livre d'Helvétius sont assez jolis ; mais il me paraît qu'en général il y a beaucoup d'injustice et bien peu de philosophie à taxer de matérialisme l'opinion que les sens sont les seules portes des idées. L'apôtre de la raison, le sage Locke, n'a pas dit autre chose ; et Aristote l'avait dit avant lui. »

VOLTAIRE, Lettre à M. Thiriot, 3 oct. 1758, in *Corresp.*, t. LX, p. 435.

✳ Dérivé savant de *matériel* (latin *materialis*) d'après l'anglais *materialism*. Apparu en français sous la plume de Leibniz dans sa *Réplique aux réflexions de Bayle*, Erdmann, 1702, p. 186 (*in* Mackenzie, p. 159), dans laquelle il oppose le matérialisme et l'idéalisme. Lalande (*Vocabulaire de la philosophie*, p. 595) indique que le terme a fait son apparition à l'époque de Robert Boyle ; Mackenzie ajoute que *materialism* a été créé par Boyle lui-même en 1674 dans *The Excellence and Grounds of the Mechanical Philosophy* « La supériorité et les fondements de la philosophie mécanique ». L'Oxford dict. n'en relève cependant pas d'emploi antérieur à 1748 (Needham), mais il atteste le mot *materialist* dès 1668 (d'abord au pluriel) chez Henry More, *Divine Dialogues*. D'après Bloch et Wartburg, *matérialiste* n'apparaît qu'en 1729 (aussi en 1553 en parlant de marchands de drogues). D'après l'Encycl. de Diderot qui intitule un article *Matérialistes*, ce mot aurait été le nom donné à une secte par l'ancienne Église. Comme terme de philosophie, le mot est du XVIIIᵉ siècle, comme en témoigne la fin de l'article (1765) :

« On donne encore aujourd'hui le nom de *matérialistes* à ceux qui soutiennent ou que l'ame de l'homme est matiere, ou que la matiere est éternelle, et qu'elle est Dieu ; ou que Dieu n'est qu'une ame universelle répandue dans la matiere, qui la meut et la dispose, soit pour produire les êtres, soit pour former les divers arrangemens que nous voyons dans l'univers. »

✳ On ne saurait guère tirer de conclusion définitive sur l'origine des termes philosophiques créés au XVIIIᵉ siècle, dont la formation eut lieu presque simultanément en français, en anglais et en allemand, et dont la circulation dans l'Europe entière a accompagné celle des idées parmi les « philosophes » pour la plupart cosmopolites de ce siècle. On peut noter une antériorité de l'anglais par rapport au français en ce qui concerne les mots *matérialiste* (partisan du matérialisme philosophique) et *matérialisme*. Ce sera le contraire pour *idéalisme*, terme de nuance platonicienne, probablement d'origine allemande, attesté chez Diderot en 1749, qui précédera *idealism* attesté d'abord chez W. Taylor dans *Monthly Review*, XX, p. 576, en 1796, ainsi que pour *idéaliste* apparu en français à la fin du XVIIᵉ s., et *idealist* en anglais en 1702 (Norris, *Ideal World*, t. III, p. 182, *in* Oxford dict.).

MATERNAGE [matɛʀnaʒ] *n. m.*

(1956) *Psychol.* « Technique de psychothérapie des psychoses, particulièrement de la schizophrénie, qui vise à établir entre le thérapeute et le patient, sur un mode à la fois symbolique et réel, une relation analogue à celle qui existerait entre une "bonne mère" et son enfant » (Laplanche et Pontalis, *Vocabulaire de la psychanalyse*). — *Par ext.* Relation caractérisée par le comportement maternel d'une personne par rapport à une autre.

« Les arriérés profonds sont dirigés sur le foyer d'accueil spécialisé de Saint-Germain-du-Teil, où l'éducation se ramène, pour l'essentiel, à des techniques de "maternage". » Cl. BOBIN, in *Sélection*, mars 1978, p. 83.

✳ Terme créé en 1956 par Racamier, de *matern[el]* (du latin *maternus*, de *mater* « mère ») pour rendre l'anglais *mothering* n. utilisé en ce sens spécialisé au XXᵉ siècle, mais qui existe dans l'usage courant dès 1868 pour désigner le fait de traiter quelqu'un maternellement. Le terme s'emploie maintenant aussi de façon plus générale pour désigner l'ensemble des comportements de la mère ou des moyens mis en œuvre par une collectivité, pour favoriser ou permettre le développement normal des jeunes enfants.

« les travaux sur les différents modes de maternage (kibboutz, famille africaine, etc...) sont d'un grand intérêt théorique et pratique dans leur confrontation avec celui de la famille occidentale nucléaire classique, considérée comme une entité abstraite. »   *Éducation nouvelle*, 2 janv. 1974 [in *La Clé des mots*, sept. 1974].

MATERNER [matɛʀne] *v. tr.*

(1956) *Psychol.* Traiter (qqn) par maternage*. — *Par ext.* Traiter (qqn) de façon maternelle.

« Ceux-là — les plus fragiles, les plus vieux aussi — sont maternés à outrance. Ils sont tutoyés, affublés de surnoms passe-partout. D'emblée, ils deviennent le "pépé", la "mamie" du service. »
          A. de VOGÜÉ et S. GRASSET, *S. O. S. Hôpitaux*, p. 92 (□ 1975).

✳ Terme créé par Racamier en 1956, à partir de *matern[el]*, pour rendre l'emploi spécialisé de l'anglais *to mother*, verbe transitif d'usage courant signifiant dès 1863 « agir comme une mère avec qqn ».

-MATIC [matik]

✳ Pseudo-suffixe emprunté à l'anglais, contraction de l'adj. *automatic*, composé de *automat(on)* « automate » et de la désinence *-ic* (→ *-ic*) du latin *-icus* comme le français *-ique*.

« Taillée dans l'adjectif *automatic*, la pseudo-désinence *matic* est en train de pourrir le français. Dans *Camera* de novembre 1959, je vois des *Elada-matic* (et des *Balda-matic*) ; ailleurs, on me recommande un réfrigérateur *Freematic*, sottement composé avec la première syllabe du verbe to *Free(ze)* et les deux dernières de l'adjectif *(auto)matic* ; mais *free* évoque la liberté, non la glacière ; cependant que *-matic* devient désormais en américain une espèce de slogan magique. On vous parle maintenant de *Remington Roll-a-Matic*. »
          ÉTIEMBLE, *Le Babélien*, 1959 [*in* Dupré].

✳ Terminaison répandue par la publicité américaine, employée dans certains mots-valises créés comme marques de commerce pour évoquer l'idée d'automaticité. Elle ne fait nullement partie des éléments de formation du français.

MATRILINÉAIRE [matʀilineɛʀ] *adj.*

(XXe s.) *Ethnol.* Se dit du mode de filiation et, par extension, d'organisation sociale, qui ne reconnaît que la seule ascendance maternelle (opposé à *patrilinéaire**). — REM. : Absent du dict. de l'Académie 1935.

« Ce débat [*sur le Surmoi*] en appelle un autre et qui porte sur l'universalité du "complexe d'Œdipe" (dont certains anthropologues comme Malinovski estiment qu'il n'affecte pas les sociétés matrilinéaires et qu'il n'a donc pas une valeur universelle)... »
          J. DUVIGNAUD, *L'Impossible Rencontre*, in *La Nef*, juil.-août 1967, p. 134.

« On retrouve, en Afrique noire la structure matrilinéaire avec filiation transmise par voie utérine, le chef de famille étant le représentant de la femme la plus âgée de la génération la plus ancienne [...]. »
          L.-V. THOMAS, *Généralités sur l'ethnologie négro-africaine*,
          in *Ethnologie régionale*, t. I, p. 251 (□ 1972).

✳ Mot formé du latin *mater, matris* « mère » et de *linéaire* « en droite ligne (en parlant de la parenté) » d'après l'anglais *matrilinear* apparu en 1910 au même sens que *matrilineal*, 1904 (de *lineal* « en droite ligne » opposé à *collateral*). Le terme désignant un clan* composé par la voie matrilinéaire a la même forme en anglais et en français, *matriclan* (opposé à *patriclan*).

MATRILOCAL, ALE, AUX [matʀilɔkal, o] *adj.*

(1939) *Ethnol.* Se dit du mode de résidence déterminé par la résidence de la mère de l'épouse (opposé à *patrilocal**). — REM. : Absent des dict. de l'Académie.

« Le mariage est affaire collective : à chaque génération, deux groupes échangent leurs garçons, s'il est matrilocal, leurs filles dans le cas contraire. »   CAILLOIS, *L'Homme et le Sacré*, p. 94 (□ 1939).

✳ Mot attesté pour la première fois en français chez Caillois (→ cit.), formé du lat. *mater, matris* « mère » et de *-local* du bas latin *localis* « de lieu », d'après l'anglais *matrilocal* apparu en 1906.

MAUVE [mov] *n. f.*

(v. 1119) *Région.* Mouette. — REM. : Enregistré dans Littré 1868 ; absent des dict. de l'Académie.

✳ Anglo-saxon *maew* apparu en ancien normand sous la forme *mave* (Ph. de Thaon). La graphie *mauve* apparaît chez Gace de la Burgine en 1373. À ne pas confondre avec l'homonyme *mauve* venu du latin *malva* « mauve [plante] ». C'est probablement *mauve* « mouette » qui a donné le dérivé *mauvis*✳.

MAUVIS [movi] *n. m.*

(v. 1160) Variété de grive, plus petite que la litorne, ressemblant à la mouette par la couleur claire de sa poitrine.

✳ Probablement dérivé de *mauve*✳, de l'anglo-saxon *maew* « mouette », *mauvis* a d'abord désigné, en anglo-normand, un oiseau aquatique. Apparu sous la forme *mauviz* (Benoît de Sainte-Maure), écrit *mauvis* vers 1200 (Godefroy). Notons que *mauvis* est passé à son tour en anglais au même sens sous la forme *mavis*, 1366 (aujourd'hui poétique ou dialectal).

MAXIMATION [maksimɑsjɔ̃] *n. f.*

(1958) *Écon.* Action de porter à son maximum → aussi **Maximisation.**

« Si la raison d'être du monopole demeure la maximation du gain monétaire, il reste vrai que le monopole est un régime moins favorable à l'intérêt général que la concurrence. »
H. GUITTON, *in* ROMEUF, *Dict. des Sciences économiques*, art. *Monopole* (□ 1958).

✳ L'anglais *maximation* attesté en 1891 est un dérivé de *to maximate* (vx) « porter à son maximum », de *maxim[um]*. En anglais *maximation* est un synonyme vieilli de *maximalization ;* en français, *maximation* est restreint au domaine économique où il est maintenant concurrencé par *maximisation*✳.

MAXIMISATION [maksimizɑsjɔ̃] *n. f.*

1° (1930) *Philo.* Action de maximiser✳ (un fait, une idée). — REM. : Absent du dict. de l'Académie 1935.

« pour parler le bizarre, mais expressif langage de Bentham, à la maximisation du bien-être. »
L. CARRAU, *La Morale utilitaire* [*in* Mackenzie, p. 265].

2° (1969) Action, fait de maximiser✳ → aussi **Maximation.**

« Les trois fonctions essentielles du marketing : [...] ; se donner pour objectif final la *maximisation* du profit ».
Revue générale des chemins de fer, mai 1969 [*in* Gilbert].

✳ De *maximiser* d'après l'anglais *maximization* attesté chez J. Bentham en 1802 en même temps que le verbe *to maximize* dont il dérive. Terme repris récemment en français avec *maximiser* dont il dérive.

MAXIMISER [maksimize] *v. tr.*

1° (1828) *Philo.* Donner la plus haute valeur, la plus grande importance à (un fait, une idée). Cf. Optimiser. — REM. : Absent des dict. de l'Académie et de Littré.

« Une majoration des formules et des images qui en maximise le contenu en niant ses limites. »
E. LE ROY, *in Larousse mensuel*, 1907, p. 1387.

2° (1968) *Math.* Donner à une quantité sa valeur maximale. — *Écon. polit.* Porter au maximum.

« Donner à chaque division les moyens de gérer elle-même ses affaires afin de *maximiser* ses *résultats* ».
F. HETMAN, *Les Secrets des géants américains*, 1969 [*in* Gilbert].

« De périodes de deux ans en périodes de deux ans, on peut trouver le meilleur "chemin" qui mène à l'utilisation optimale des terroirs agricoles de ce bassin, compte tenu d'objectifs fixés *a priori* comme celui de maximiser le bénéfice des agriculteurs. »
La Recherche, nov. 1970, p. 544.

✱ Adaptation de l'anglais *to maximize* v. tr. apparu chez J. Bentham en 1802 et introduit en français en 1828 dans *De l'organisation judiciaire et de la codification*, recueil d'extraits de divers ouvrages de Jérémie Bentham, par Ét. Dumont (*in* Mackenzie, p. 208). Le terme ne s'est vraiment répandu qu'au second sens (1943, en anglais comme terme d'économie), sous l'influence des techniques commerciales américaines, au milieu du XXᵉ siècle. Sur l'adjectif *maximal, ale, aux*, signalé par Littré (à l'art. *Minimal*) dans le Supplément 1877, mais répandu vers 1953, d'abord dans le domaine de la météorologie, le français a formé le verbe *maximaliser* v. tr. attesté dans le G. L. E. 1963, concurrent actuel de *maximiser*.

MAXWELL [makswɛl] *n. m.*

(1900) *Phys.* Unité de flux magnétique du système C. G. S. équivalant au flux traversant une surface de 1 cm² normale à un champ de 1 gauss. — REM. : Absent du dict. de l'Académie 1935.

✱ Du nom du physicien écossais James Clerk *Maxwell* (1831-1879), nom donné par le Congrès d'électricité réuni à Paris en 1900 (d'après le *Nouveau Larousse illustré* 1902).

MAY DAY ! [mede] *interj.*

(mil. XXᵉ s.) Signal radiotéléphonique international utilisé comme message de détresse. — REM. : Absent du dict. de l'Académie 1935.

« lorsque la radiotéléphonie fit son apparition, on utilisa pour les appels de détresse parlés, par opposition aux appels en morse, l'expression "May day" (du français : "m'aidez"). »
D. WOODWARD, *S. O. S. en mer*, in *Le Courrier de l'Unesco*, mai 1963, p. 6.

« — Nous avons heurté quelque chose, ou quelque chose nous a heurtés.
Quelques secondes de silence puis le pilote hurle :
— May day ! May day ! (mot de code pour S. O. S. en phonie internationale). »
G. TARADE, *Soucoupes volantes et Civilisations d'outre-espace*, p. 226
(□ 1969).

✱ Mot repris à l'anglais *mayday* ! (1927), altération du français *m'aider*. Signal de détresse, utilisé initialement dans l'aviation, qui remplace aujourd'hui S. O. S.

MECCANO [mekano] *n. m.*

(v. 1930) *Marque déposée.* Jeu de construction métallique composé d'éléments interchangeables. — REM. : Absent du dict. de l'Académie 1935.

« pour toi, puisque tu es l'aîné et que je suppose que tu aimes bricoler, voici pour toi la grande boîte de *Meccano* et tout un attirail de clés anglaises et d'autres outils [...], des boulons de toutes dimensions dans ces boîtes [...], ramasse tout ça, et tu pourras construire des grues, des ponts, des gares, des wagons, un gros camion, un grand navire, un aéroplane, tout ce qui te passera par la tête... »
CENDRARS, *Bourlinguer*, p. 325, Folio (□ 1948).

« On avait trop souvent l'impression que le communisme restait pour lui un jeu sérieux, une espèce de mécano [*sic*] à l'usage des personnes instruites. »   M. AYMÉ, *Uranus*, p. 75 (□ 1948).

✻ Mot anglais (1907) forgé sur le radical de *mechanics* n. (1648) « la mécanique » (pluriel substantivé de l'adjectif *mechanic*, 1549, lui-même venu du latin *mechanicus* par le français *mécanique* adj.), par le fabricant anglais F. Hornby pour servir de marque de commerce déposée et de nom d'une société. À l'origine le mot prenait la majuscule. Avant de devenir un jouet pour enfants, le jeu de meccano a d'abord été conçu comme moyen de réaliser, en modèle réduit, des constructions, des appareils mécaniques, diverses machines. Homonyme de l'abréviation populaire de *mécanicien*, *mécano* (avec laquelle il est souvent confondu) et ne présentant aucune difficulté de prononciation, *meccano* a été rapidement intégré en français au vocabulaire courant. Par apocope du mot et adjonction de *maison*, on a d'ailleurs créé le nouveau vocable commercial de *meccamaison* n. f. pour désigner le procédé lancé en France par M. Chalandon. La meccamaison est la maison en modèle réduit assemblée par un acheteur éventuel à l'aide d'une boîte de pièces détachées, servant à l'établissement du coût de la même maison en grandeur réelle. Ce mot-valise est attesté dans *Les Nouveaux Mots « dans le vent »*, 1974.

MEDAL-PLAY ou MEDAL PLAY [medalplε] *n. m.*

(1930) *Golf.* Compétition de golf dans laquelle le gagnant est celui qui joue les dix-huit trous avec le minimum de coups (opposé à *match*-play*). *Des medal-plays.* — REM. : Absent du dict. de l'Académie 1935.

« Les pénalités pour infraction aux règles sont les suivantes : dans une partie par trous (match play), perte du trou ; dans une partie par coups (medal play), disqualification. »   A. BERNARD, *Le Golf*, p. 35 (□ 1970).

« Aussi, la victoire des Gallois en demi-finale, fermement engagés dans un foursome catastrophique pour Jacklin et finalement assuré par Vaughan dans son simple contre Townsend, ne fut-elle point une surprise comparable à ce qu'elle eût été en medal-play. »
L'Équipe, 11 sept. 1972.

✻ Terme anglais n. (1890), composé de *medal* « médaille » et de *play* « jeu », déverbal de *to play* « jouer » (synonyme *stroke play* n., 1905), utilisé pour caractériser le golf anglais, par opposition à l'ancienne manière écossaise ou match* play, dont les règles furent édictées en 1754 par le *Royal and Ancient Golf Club* de Saint Andrews. Emprunt du langage sportif international relevé par Petiot en 1930. En français, on dit *partie par coups*.

MÉDECINE-BALL [medsinbɔl] ou MEDICINE-BALL [medi-sinbɔl] *n. m.*

(1931 ; *medicine-ball*, 1924 ; *ballon médecine*, 1912) *Gymnastique.* Ballon lourd, bourré de cuir, qui sert à l'entraînement, aux exercices d'assouplissement. *Des medicine-balls.* — REM. : Absent du dict. de l'Académie 1935.

« En lançant le ballon médecine de huit livres ».
La Vie au grand air, 18 mai 1912 [*in* G. Petiot].

« Mais quelqu'un des effrontés rencontrait une page manuscrite égarée, zébrée de strophes, lisait, cessait de rire, levait un regard incrédule sur notre "petite Hélène", occupée de billes, de medicine-ball trop lourd pour ses poignets délicats ; [...]. »
COLETTE, *L'Étoile Vesper*, p. 111 (□ 1946).

« Ce matin, Eugène et Alex [*des prisonniers*] sont allés au Bois pour y effectuer une séance de footing et d'assouplissement au médecine-ball. Alex trottinait autour de la cellule, sautillait sur place, lançait et rattrapait l'imaginaire ballon de cuir rempli de sable. »
J. CAU, *La Pitié de Dieu*, p. 63 (□ 1961).

✻ Anglais *medicine ball* n. (1903), composé de *medicine* nom employé comme épithète « qui sert à traiter », lui-même emprunté du français *medecine* « remède, médicament » au XIIIᵉ siècle, et de *ball* (→ **-Ball**). Dupré émet le vœu de voir remplacer cet emprunt, même à demi-francisé sous la forme de *médecine-ball,* par *ballon lourd* opposé à *ballon gonflé.*

MÉDECINE-MAN [medsinman] ou MEDICINE-MAN [medisinman] *n. m.*

(mil. XXᵉ s.) *Ethnol.* Guérisseur, chez les Indiens de l'Amérique du Nord. *Des medecine-men* ou *medicine-men.*

« les Navahos constatent en effet que l'industrialisation [...] détruit l'équilibre social en créant des concentrations de populations arbitraires qui perturbent l'organisation des clans et des coutumes individuelles (il faut faire des kilomètres pour retrouver son "medecine man" ou en changer). » P. DOMMERGUES, Entretien avec Vine DELORIA, in *Le Monde,* 25 fév. 1972, p. 15.

« Géronimo n'est pas chef et ne le sera jamais dans le cadre de la vie tribale traditionnelle mais ses qualités de guerrier et son goût de l'entreprise militaire lui vaudront rapidement un réel prestige, que des talents de *medecine-man* ne feront que renforcer [...]. » M. IZARD, in *Le Nouvel Observateur,* 7 août 1972, p. 38.

✳ Mot anglais d'origine américaine n. (1801, en anglais canadien ; 1817, en anglo-américain). Dans la plupart des langues indiennes d'Amérique du Nord, il existe un mot signifiant à la fois « pratique magique : sort, formule, fétiche, rite religieux » et « remède ». Ces divers mots amérindiens ont été rendus en anglais dès 1805 par le substantif *medicine* « remède, médicament, traitement », emprunté au français en ce sens au XIIIᵉ siècle. Le composé *medicine man* ou parfois, anciennement, *medicine* correspond aux termes amérindiens couvrant l'aire sémantique de *guérisseur* et *médecin,* et de *sorcier, exorciste, magicien, prêtre, prophète.* Il se peut que le mot *medicine man* ait été choisi par les Indiens eux-mêmes, car on en trouve une attestation en 1806 sous la forme *meddison man* (in *A Dict. of Americanisms*). On peut noter aussi que le terme a été précédé au même sens en anglais en 1709 par *doctors* or *conjurors,* « médecins ou sorciers ». En français, *medecine-man* ou *medicine-man* s'est spécialisé au sens de « guérisseur » (surtout employé à propos des sociétés indiennes d'Amérique), et c'est le mot *chamane* ou *chaman* d'origine ouralo-altaïque que l'ethnologie a retenu pour désigner les sorciers des sociétés primitives. La graphie de *medecine-man* pourrait être francisée en *médecine-man.* Dans l'usage courant, c'est le mot *guérisseur* qui prévaut.

MEDIA ou MÉDIA [medja] *n. m. pl.,* MÉDIUM [medjɔm] *n. m. sing.*

(1965) Forme abrégée de *mass-media**. — REM. : Surtout employé au pluriel. On rencontre parfois *media* au lieu de *medium,* au singulier.

« Un nouveau "média", la télévision ». *Le Monde,* 9 juin 1965 [*in* Gilbert].

« Marshall McLuhan (1964) a lancé l'idée selon laquelle le medium serait le seul facteur véritablement déterminant du processus de la communication : "Le message, c'est le medium". À la limite, le medium, dans la conception duquel McLuhan englobe tout le domaine technique, finit par apparaître chez lui comme le déterminant exclusif de l'évolution socio-culturelle dans son ensemble. » O. BURGELIN, art. *Masse (communication de),* in *Encycl. universalis,* 1971.

« On se souvient de la vieille distinction de McLuhan entre media froids et media chauds. La télévision — media froid — on s'en abstrait pour boire un whisky ou torcher ses gosses. » *L'Express,* 11 sept. 1972, p. 106.

« Les idéalistes sont déçus que la masse une fois émancipée ne s'adonne pas à des loisirs nobles, et ils vitupèrent les media. Il leur a été répondu que la production des media est infiniment plus abondante et assez nettement supérieure, en moyenne, à ce que produisait jadis le "folklore". » Cl.-J. BERTRAND, *Les « Mass Media » aux États-Unis,* p. 112 (□ 1974).

— MÉDIUM DE MASSE : Francisation de *mass-media**.

« L'O. R. T. F. se considère essentiellement comme un médium de
masse. »   *L'Express*, 5 avril 1971.

✳ L'anglais possède depuis le xvie siècle la forme *medium* n. et adj.
(plur. *media, mediums,* du latin *medium* « moyen, milieu, centre »,
neutre substantivé de l'adjectif *medius* « central ; moyen, intermédiaire ».
Au xxe siècle, *medium* prend le sens de « véhicule, support publicitaire » ; c'est dans ce sens que le plur. *media* entrera dans la
composition de *mass media* en 1923. *Media* devient à son tour la forme
abrégée de *mass media* dès 1923 (le sing. *medium* n'apparaîtra que
chez le Canadien McLuhan en 1967 : [titre] *The Medium is the Massage*)
→ aussi **Massage.** De nos jours, *media* est plus fréquent que *mass
media.*

1. MÉDIUM [medjɔm] *n. m.*

(1854) *Spiritisme.* Personne réputée douée du pouvoir de
communiquer avec les esprits des morts. *Des médiums* (→ **Spirite**). *Sa femme est un bon médium.* — REM. : Enregistré dans
les dict. de Littré 1868, et de l'Académie 1935.

« — Pardieu ! pensai-je en relisant cette lettre, je ne serai pas fâché
de faire connaissance avec un *medium* américain, un confrère en
pneumatologie positive et expérimentale ; car moi aussi je suis *spirite !* »
                                    R. LEFEBVRE, *Paris en Amérique*, p. 3 (□ 1864).

« la première loi à observer dans la Magie et dans le Spiritisme, c'est
d'éloigner les incrédules, car bien souvent leur fluide contrarie celui de
la voyante ou du médium ! »   HUYSMANS, *Là-bas*, p. 138 (□ 1891).

✳ Terme lancé par le savant suédois Emmanuel Swedenborg (Stockholm 1688-Londres 1772) qui eut de nombreux disciples, surtout en
Angleterre, pour la partie mystique de son œuvre. Le mot est repris plus
tard, comme terme d'occultisme, presque simultanément en américain,
1852, en anglais et en français, 1854 (Alcide Morin, *Comment l'esprit
vient aux tables,* p. 11, d'après le G. L. L. F.). Ce substantif dérivé du
latin *medium* « moyen, milieu, centre », neutre substantivé de l'adj.
medius « central, intermédiaire », existait déjà en anglais depuis le
xvie siècle au sens latin, et en français, comme terme de musique,
depuis 1701. Ce sens emprunté de l'américain et retenu par Allan
Kardec (*Le Livre des médiums,* 1861), a produit les dérivés typiquement
français *médiumnique* adj. (1905, Wartburg), « propre au médium » (Cf.
anglais *mediumnistic,* adj., 1869), et *médiumnimique* adj. (1920, Proust),
de même sens, et aujourd'hui inusité, ainsi que *médiumnité* n. f. (1873),
« état de médium ».

2. MÉDIUM → MEDIA.

MEETING [mitiŋ] *n. m.*

1° (1764 ; *mitine,* 1733) *Hist. relig.* Réunion des Églises de tous
les non-conformistes d'Angleterre, et par ext., réunion de fidèles
d'une Église, et lieu où ils se réunissent pour l'exercice du culte.
— REM. : Signalé dans le Suppl. 1877, du dict. de Littré.

« On a vu jusqu'ici le précis de la 1re lettre. Dans la seconde le
Quakre va à son église ou Mitine et y mène son curieux à qui personne
ne prend garde. »   *Bibliothèque britannique ou Histoire des ouvrages
                            des savants de la Grande-Bretagne,* 1733 (à propos des
                            Lettres sur les Anglais, de Voltaire) [*in* Mackenzie, p. 167].

« En Angleterre l'Église dominante donne le nom d'assemblée,
meeting, aux Églises de tous les non-conformistes. »
                        VOLTAIRE, *Dict. philosophique,* art. *Assemblée,* t. XXXVII,
                                                                        p. 145 (□ 1764).

« Mais un matin il remarque un embarras singulier, presque une
affliction ; c'est que les vieux parents reviennent, gens grognons et
austères qui s'étaient absentés pour assister à un meeting annuel de
méthodistes à Caernarvon. »   BAUDELAIRE, *Un mangeur d'opium,*
                                    in *Les Paradis artificiels,* p. 480, 1951 (□ 1860).

2° (1786) Importante réunion publique organisée pour discuter de questions d'ordre politique, social. *Un meeting monstre. Des meetings* → **Métingue.** — REM. : Enregistré dans les dict. de Littré 1868, et de l'Académie 1878.

« On est tenu d'être patient dans un *meeting,* de se laisser contredire et même diffamer, d'attendre son tour pour répondre, de répondre avec modération, de subir vingt fois de suite le même raisonnement orné de chiffres et de documents positifs. »
TAINE, *Philosophie de l'art,* t. I, p. 238 (□ 1865).

3° (1845) *Par ext.* Importante réunion sportive qui attire la foule. *Un meeting d'athlétisme.*

« Les journaux imprimaient son nom, à l'avance, en tête des plus illustres invités. Aux bals d'Almack, aux *meetings* d'Ascot, il pliait tout sous sa dictature. » BARBEY d'AUREVILLY, *Du dandysme et de George Brummell,* pp. 697-698 (□ 1845).

— (1912) *Spécialt.* Démonstration d'aviation.

« Les aéro-clubs soumettent à une même discipline tous les meetings ». BEAUMONT, *Mes Trois Grandes Courses,* 1912 [*in* G. Petiot].

« Bien que les aviateurs modernes nous aient habitués à des exploits impressionnants, le meeting de Reims [...] n'en a pas moins présenté un intérêt tout à fait particulier. »
É. GAUTIER, *L'Année scientifique et industrielle,* p. 63, 1914 (□ 1913).

✱ *Meeting* n. (XIIIe s.) « entrevue, assemblée, réunion » (Cf. ancien anglais *gemēting* « convention, assemblée ») est un dérivé de *to meet* (XIIIe s.) « rencontrer, rejoindre » de l'ancien anglais *mētan* (aussi *gemētan*). *Meeting* est un mot courant en anglais qui a connu en passant en français une spécialisation de sens. En anglais, le sens général de « réunion publique » attesté dès 1513 précède celui de « réunion du culte » (1593) et d'assemblée des Églises non-conformistes (XVIIe siècle). En français, Voltaire introduit le mot au sens religieux. On trouve ensuite le sens de « réunion publique » en 1786 chez Chastellux (*in* Mackenzie, p. 167). L'emploi de *meeting* appliqué à des réalités françaises suppose toujours une importante réunion de personnes et ne concerne jamais, comme en anglais, une simple réunion de service ou une rencontre professionnelle ; le mot fait exclusivement partie des vocabulaires politique et sportif.
La prononciation de *meeting* a subi une évolution. L'Académie 1878 donne la transcription *mitinng,* Littré 1868, *mi-tin'gh',* et l'Académie 1935, *mitign.* Dans la prononciation courante, on entendait [metiɲ] et [metɛ̃g] forme populaire (→ **Métingue**), mais la prononciation anglicisée [mitiɲ] l'emporte de nos jours.

MÉGALITHE [megalit] *n. m.*

(1877) *Archéol.* Monument préhistorique formé de blocs de pierre brute de grandes dimensions (menhir, dolmen, etc.). — REM. : Enregistré dans le Suppl. 1877 du dict. de Littré et dans le dict. de l'Académie 1935.

✱ De *méga-* (du grec *megas* « grand ») et de *-lithe* (grec *lithos* « pierre ») d'après l'anglais *megalith* attesté dès 1853 chez F. C. Lukis (*Celtic Megaliths*) à propos des mégalithes de Guernesey → **Mégalithique.**

MÉGALITHIQUE [megalitik] *adj.*

(1863) Qui est formé de pierre brute, caractérisé par des mégalithes✱. *Ère, civilisation mégalithique.* — REM. : Enregistré dans les dict. de Littré 1868, et de l'Académie 1935.

« ces monuments étranges que je vous proposerais volontiers de ne plus appeler celtiques, mais de nommer, avec nos amis d'Irlande, mégalithiques... mégalithique est plus prudent et cependant caractérise. »
R. GALLES, in *Bulletin de la Société polymatique,* 2e sem. 1863, p. 39.

✱ Anglais *megalithic* adj. (1839), du grec *megas* « grand » et *lithos* « pierre ». Cet emprunt a remplacé le terme français initial *celtique.*

MÉGALOPOLE ou **MÉGALOPOLIS** [megalɔpɔl ; megalɔpɔlis] *n. f.*

(1966) Agglomération urbaine très importante.

« Comment sortir de la *mégalopole*, comment perdre de vue les usines, les cheminées, les gazomètres ? »
Le Figaro littéraire, 23 juin 1966 [*in* Gilbert].

« Mais rien n'est plus attrayant qu'un week-end à Londres : il permet de se plonger dans la ville la plus cosmopolite du monde, dans une cité énorme et tentaculaire qui vous prend à bras-le-corps, dans une mégalopole auprès de laquelle Paris fait figure de village lilliputien. »
Le Nouvel Observateur, 5 avril 1970, p. 2.

✲ Américain *megalopolis* n. (1832, souvent avec la majuscule à l'origine) « très grande ville », du grec *megalopolis* formé de *megas, megalou* « grand » et de *polis* « ville ». C'est le géographe français Jean Gottmann qui a proposé en 1950 de donner le nom de *mégalopolis* à la plus grande conurbation du globe qui s'étend sur plus de 1 000 kilomètres au centre de la côte Atlantique des États-Unis entre Boston et Washington. L'usage anglais a retenu le mot *megalopolis* pour désigner une concentration urbaine importante pouvant comprendre une ville et ses banlieues, des villes voisines réunies ou des villes associées non contiguës souvent reliées à une métropole. *Mégalopole* est la forme francisée de *mégalopolis* (→ **Mégalopolitain**).

MÉGALOPOLITAIN, AINE [megalɔpɔlitɛ̃, ɛn] *adj.*

(1969) D'une mégalopole✲.

« [Les spécialistes] réclament la formation d'une administration mégalopolitaine ».   R. GUILLAIN, *Japon Troisième Grand*, 1969 [*in* Gilbert].

✲ De l'anglais *megalopolitan* n. et adj. (1926).

MÉGAPHONE [megafɔn] *n. m.*

(1892) Appareil portatif servant à amplifier le son. — REM. : Absent du dict. de l'Académie 1935.

« Le riz a brûlé dans la marmite du campement
Ça signifie qu'il faut prendre garde à bien des choses
Le mégaphone crie
Allongez le tir
Allongez le tir amour de vos batteries ».
APOLLINAIRE, *Fusée*, in *Calligrammes* (□ 1918).

✲ De *méga-* et *-phone*, d'après l'américain *megaphone* (1878), nom donné à l'appareil inventé par Edison. Enregistré par Guérin (*Dict. des dict.* 1892) [*in* D. D. L., 2ᵉ série, 4].

MELTING-POT ou **MELTING POT** [mɛltiŋpɔt] *n. m.*

1° (1927) *Hist.* Mélange et assimilation des divers éléments démographiques qui ont composé le peuplement des États-Unis au XIXᵉ siècle. — REM. : Absent du dict. de l'Académie 1935.

« La formule du "creuset", devenue presque classique, répondait à une doctrine généralement acceptée : chacun était persuadé que, par la vertu de ce *melting-pot*, le nouveau continent assimilerait plus ou moins vite mais complètement, un nombre indéfini d'immigrants. »
A. SIEGFRIED, *Les États-Unis d'aujourd'hui*, p. 9 (□ 1927).

« La puissance et la volonté d'assimilation des U. S. A. est si grande que très souvent un mélange de sang israélite passe aussi inaperçu qu'une hérédité allemande, suédoise, indienne, irlandaise : du *melting-pot* sortent finalement des Américains. »
S. de BEAUVOIR, *L'Amérique au jour le jour*,
29 avril 1947, p. 313 (□ 1954).

— PAR EXT., à propos d'autres sociétés, d'autres pays.

« Et puis, aussitôt qu'ils parlent, le *melting pot* israélien révèle son extravagant pouvoir de mutation. »
Le Nouvel Observateur, 22 oct. 1973, p. 70.

2° (1966) *Fig.* Milieu qui favorise le mélange (et souvent le renouveau) d'éléments très variés.

> « Dans le *melting pot* de la société de consommation, le genre de vie des masses ouvrières tend à s'identifier à celui des catégories moyennes ».   *Le Monde*, 5 fév. 1966 [*in* Gilbert].

> « L'université est partagée entre les anciens et les modernes, entendez ceux qui ont été formés autrefois à Pékin et ceux, plus jeunes, qui sortent des universités américaines (ou ont été formés selon des méthodes américaines). Ce " melting-pot " a produit surtout des cadres, mais Taipeh ne se distingue pas particulièrement par ses stimulants intellectuels. »   *Le Monde*, 15 fév. 1972.

✱ Mot anglais « creuset » attesté dès 1545 (d'abord sous la forme *meltynge pottes*), composé de *melting*, de *to melt* employé transitivement « fondre », et *pot* « pot, marmite ». *Melting pot* est attesté en 1887 au figuré à propos de la refonte des institutions, et utilisé en 1908 par l'écrivain anglais Israel Zangwill comme titre d'un roman portant sur les problèmes d'immigration, plus tard adapté pour le théâtre. Ce titre a été traduit en français par « *Le Creuset* ». Le second sens semble venir de l'évolution du terme aux États-Unis.

MÉMORANDUM [memɔʀɑ̃dɔm] *n. m.*

1° (1777) *Diplom.* « Note écrite par un agent diplomatique au gouvernement auprès duquel il est accrédité, exposant le point de vue de son propre gouvernement sur une question faisant l'objet de négociations diplomatiques » (Capitant). *Des mémorandums.* — REM. : Enregistré dans les dict. de Littré 1868, et de l'Académie 1878. — Par ext. *Cour.* Nomenclature de revendications.

2° (1831) *Cour.* Note destinée à rappeler le souvenir de quelque chose. — *Par ext.* Carnet où l'on consigne cette note.

> « cet homme est une sorte de table des matières vivantes, il a l'habitude, en un mot, de régler non seulement ses actions comme la note d'un fournisseur, mais encore de tenir un compte succinct de tout ce qui a été fait et même dit d'intéressant durant le cours de la semaine ; il est clair que ce personnage mystérieux n'est autre chose qu'un *memorandum* revêtu d'une redingote et d'une cravate [...]. »
> MUSSET, *Revues fantastiques*, 7 mars 1831, p. 792.

> « je n'ai plus, maintenant, de longues notes à transcrire. À dater du 8 juin, j'ai cessé de tenir régulièrement le mémorandum de ma vie à Loselée. Il est des impressions, des pensées, des événements qui s'inscrivent directement dans l'âme même. »
> BOSCO, *Un rameau de la nuit*, p. 195 (□ 1950).

3° (1903) *Comm.* Feuille de papier à en-tête utilisé pour passer des commandes.

✱ Anglais *memorandum* du neutre latin substantivé de *memorandus* « qui doit être rappelé » adjectif venant de *memorare* « rappeler ». Dauzat, Dubois et Mitterand relèvent le mot dans le *Courrier de l'Europe*, 1777, le G. L. L. F., la même année, dans Beaumarchais, au sens diplomatique. Le mot s'emploie en ce sens en anglais en 1658 et il est déjà courant au deuxième sens dès 1542 ; initialement (1433), il était apposé en tête d'une note pour annoncer la référence à rappeler ou pour signaler un point à retenir. Sous la forme *mémorandum* (avec l'accent aigu) et avec le pluriel en *s*, le mot est complètement francisé, mais il ne possède pas tous les sens spécialisés de l'anglais *memorandum* ni sa fréquence d'emploi dans le domaine administratif, souvent sous la forme abrégée de *memo* « note de service », « rappel », « projet », etc.

MÉMORIAL [memɔʀjal] *n. m.*

(déb. XXe s.) Monument commémoratif. *Des mémoriaux.*

✱ De l'anglais *memorial* n. « souvenir, inscription commémorative » puis « monument commémoratif » (1726, Swift, *in* Oxford dict.). Le

français a un mot *mémorial* n. m. qui signifie « aide-mémoire » ou
« mémoires (d'un écrivain) » (XIIIᵉ s.).

MEN'S LIB [mɛnzlib] *n. propre m.*

(1974) Mouvement de libération des hommes, créé aux États-
Unis sur les mêmes principes que le Women's Lib*.

« Aux États-Unis, la vogue est au Men's Lib. Des hommes, de plus
en plus nombreux, saisissent la Justice afin d'obliger les employeurs à
leur confier des emplois dits "féminins". Paradoxalement, ils bénéficient
des luttes menées par les femmes du Women's Lib. En effet, c'est en
invoquant une clause qui protège les droits des femmes et des minorités
que les hommes se sont vu ouvrir l'accès à des emplois jusque-là
réservés aux femmes à l'American Telephone and Telegraph Company. »
                                                      L'Express, 25 mars 1974.

✳ Nom d'un mouvement américain dit de libération des hommes, forgé
en 1970 d'après *Women's Lib* à partir de *men* « hommes », et faisant
son profit des revendications du Women's Lib au plan de l'égalité des
droits.

MENTALISME [mɑ̃talism] *n. m.*

(1951) *Didact.* Attitude épistémologique fondée sur la valeur
de l'introspection et de l'étude des fonctions mentales comme
principe de connaissances en logique, en linguistique ou en
sémantique.

« D'autres critiques, dirigées contre la psychologie de la vie intérieure, ou, comme on dit maintenant, du " mentalisme ", se réfutent
aisément... »   A. BURLOUD, art. *Mentalisme* [*in* Lalande].

« [La thèse du positivisme logique] est grosse de conséquence. Du
point de vue psychologique, elle tend à réduire, avec le behaviorisme,
toute pensée à un langage intériorisé et à condamner sous toutes ses
formes le " mentalisme " au profit d'une pure description du comportement. »   PIAGET, in *Logique et Connaissance scientifique*, p. 86 (□ 1967).

✳ Anglais *mentalism* n. (1874) « processus mental », de *mental* adjectif
emprunté au français (1425), lancé au sens philosophique en 1901 par
Sidgwick (*Mind*, 20 janvier) qui oppose le mentalisme au matérialisme
tout en le distinguant de l'idéalisme. *Mentalisme* a été proposé comme
néologisme en 1845 par J.-B. Richard de Radonvilliers, mais il n'a été
repris qu'au milieu du XXᵉ siècle.

MENTALISTE [mɑ̃talist] *adj.* et *n.*

(mil. XXᵉ s.) *Didact.* Relatif au mentalisme*. — *N.* Adepte
du mentalisme.

« Si Bloomfield renvoie à la théologie l'étude des fonctions mentales,
les psychologues " mentalistes " s'y retrouveront dans la bonne compagnie des mathématiciens qui croient encore aux concepts. »
                PIAGET, in *Logique et Connaissance scientifique*, p. 86 (□ 1967).

✳ Adaptation de l'anglais *mentalist* n., attesté dès 1790 au sens de
« celui qui goûte les plaisirs de l'esprit » (opposé à *materialist*, 1851
« celui qui aime les biens matériels »). Le sens emprunté apparaît en
anglais en 1901 chez Sidgwick.

MENTALITÉ [mɑ̃talite] *n. f.*

1° (1877) État d'esprit, dispositions psychologiques ou morales.
La mentalité des étudiants a changé. Une mentalité d'esclave.
— REM. : Enregistré dans le Suppl. 1877, *(Add.)* du dict. de
Littré et dans le dict. de l'Académie 1935.

« Habitués à vendre des produits dont l'étranger ne peut se passer,
les Américains n'ont guère connu jusqu'ici la rude école de la concurrence sur les marchés internationaux. Il ne leur a pas suffi d'exporter
du coton, du cuivre, du pétrole ou du blé pour se faire une véritable

mentalité d'exportateurs. Seul, le placement difficile de l'article industriel la leur donnera. »

  A. SIEGFRIED, *Les États-Unis d'aujourd'hui*, p. 195 (□ 1927).

« Pour comprendre ce que pouvait être l'état d'âme de Dietrich, il
faut songer à cette *mentalité* spéciale qui est celle du permissionnaire,
quel qu'il soit, quels que soient son grade, son rang social. »

  P. BENOIT, *Axelle*, p. 176, Albin Michel (□ 1928).

« Nous vivons encore dans une mentalité *pré*-voltairienne, [...]. »

  BARTHES, *Mythologies*, p. 67 (□ 1954-1956).

2° (1922) *Sociol.* Ensemble des dispositions psychiques et des
habitudes de pensée qui caractérisent une collectivité, un
groupe socio-culturel. *La Mentalité primitive*, ouvrage de Lévy-
Bruhl (1922).

« derrière toutes les différences et les nuances individuelles il
subsiste une sorte de résidu psychologique stable, fait de jugements, de
concepts et de croyances auxquels adhèrent au fond tous les individus
d'une même société. Cet ensemble constitue la *structure mentale
spécifique* de chaque civilisation. C'est ainsi que nous proposons de
définir la mentalité du point de vue de la société. »

  G. BOUTHOUL, *Les Mentalités*, p. 30 (□ 1952).

✻ Anglais *mentality* n. (1691) dérivé de l'adjectif *mental* (1425)
emprunt du français. Au sens 1°, la première attestation remonte à 1877,
La Philosophie positive (cité *in* Littré), à propos des encyclopédistes.
Elle a été précédée par une proposition de néologisme, au sens de
« caractère mental » (1845, J.-B. Richard de Radonvilliers). Après avoir
été critiqué par certains puristes malgré ses nombreuses illustrations
littéraires, le terme s'est imposé dans le langage de la sociologie. Il
s'emploie aussi de façon populaire dans un sens péjoratif typiquement
français *(Jolie mentalité ! Quelle mentalité !)*, pour évoquer les comportements que l'on condamne, que l'on juge immoraux.

MERCERISER [mɛʀsəʀize] *v. tr.*

(fin XIXᵉ s.) *Techn.* Traiter des fils ou tissus (de coton, de lin,
de chanvre, etc.) par imprégnation d'une solution de soude
caustique qui a pour résultat de les contracter et de leur donner,
après dessiccation, un aspect brillant et soyeux. *(Courant* au participe passé ou comme adjectif.) *Fil, coton mercerisé.* — REM. :
Absent du dict. de l'Académie 1935.

✻ Anglais *to mercerize* v. tr. (1859) du nom de l'inventeur du procédé,
John Mercer, qui le découvrit en 1844, le fit breveter en 1850, mais ne
parvint pas à le faire imposer avant 1895. Notons que ce patronyme
vient de *mercer* n. (1225) « marchand (de textiles, de tissus) » emprunté
en ce sens à l'ancien français *mercier,* de *merz* « marchandise ». En
face des deux dérivés anglais *mercerizing* n. (1886), de *to mercerize*
« action de merceriser », et *mercerization* n. (1902) « procédé consistant
à merceriser », *merceriser* a donné en français un dérivé unique,
mercerisage n. m. (1903), « procédé consistant à merceriser ». Il a en
outre produit deux autres dérivés inconnus en anglais : *mercerisette* n. f.
(1903), « satinette obtenue par mercerisage », *merceriseuse* n. f. (1935),
« machine servant à effectuer le mercerisage ».

MERCHANDISER [mɛʀʃãdizɛʀ] ou [mœʀʃãdajzœʀ] *n. m.*

1° (1968) Présentoir utilisé au cours d'une opération de mer-
chandising✻.

2° (1971) Spécialiste chargé de mettre en œuvre, au point de
vente, les techniques du merchandising✻.

« Conseiller de synthèse et, comme on dit, "*merchandiser*" ? Les
métiers de demain ont parfois de drôles de noms. Est conseiller de
synthèse celui qui prétend au moins à une triple compétence, juridique,
fiscale et de gestion. Le *merchandiser,* c'est le metteur en scène des
articles offerts en libre service ».   *L'Express,* 29 mars 1971 [*in* Gilbert].

« apportera quelques années d'expérience comme directeur de magasin où il aura prouvé ses qualités de "merchandiser". »
                              L'Express, 10 juil. 1972, p. 61 (Offre d'emploi).

✳ Mot anglais n. (1597) « négociant, marchand », de *merchandise* n.
(emprunté du français *marchandise* au XIII° siècle) et suffixe *-er*, répandu
au XX° siècle dans l'usage américain (*in* Webster's Third 1966) au sens
de « spécialiste du merchandising ». *La Banque des mots* (n° 6, 1973,
pp. 202-203) préconise le remplacement de cet emprunt brut par le mot
marchandiseur n. m., dérivé de *marchandise* comme *marchandisage*
n. m., recommandé officiellement pour remplacer l'emprunt *merchandising*✳.

MERCHANDISING [mɛʀʃãdiziŋ] ou [mœʀʃãdajziŋ] *n. m.*

(1961) *Écon.* Fonction de direction commerciale comprise
dans le marketing✳ et englobant les problèmes de création,
d'amélioration, de présentation et de distribution des marchandises en fonction de l'évolution des besoins. — Par appos.
Exigences merchandising.

« L'hypermarché est un piège à clients. Aussi sûrement que l'on peut
prévoir le comportement du rat dans un labyrinthe expérimental, le
psychologue et le technicien en *merchandising* peuvent prévoir le
comportement du client devant les rayons. »
                              A. HERVÉ, in *Le Nouvel Observateur*, 9 oct. 1972, p. 56.

« Le merchandising est une préoccupation de distributeur, gestionnaire de l'ensemble et de son assortiment [...]. Aux résultats du
merchandising concourent donc le produit [...], mais également le dosage
des moyens du magasin entre les différents composants de l'assortiment. »
                              J. PIMIENTA, *Points de vente et produits*,
                              1973, *in* DAYAN, *Le Marketing*, p. 93.

✳ Acception technique américaine issue du sens du verbe *to merchandise* en américain « pratiquer la promotion des ventes » (1926) du mot
anglais *merchandising* n. « transaction commerciale », gérondif substantivé au XIV° siècle (1382), de *to merchandise* « commercer », du nom
merchandise. *Merchandise* a été emprunté au français *marchandise* à
la fin du XIII° siècle (1297) peu après *merchant* n. (1290), emprunté au
français *marchand*, du latin populaire *mercatans, antis*, p. prés. de
mercatare, de *mercatus* « marché », rac. *merx, mercis* « marchandise ».
Apparu en français en 1961, le mot *merchandising* dont la formation et
la prononciation trahissent les origines américaines n'a pas échappé à
la vigilance d'Étiemble :

« Il est question de réaliser avec profit une "*opération type merchandising*"
dans *l'Information* du 26 janvier 1961, citant le bulletin du service de Presse de
l'Association française pour l'accroissement de la Productivité. Cette association
siège 6 rue Royale. Quelle langue elle parlerait si elle siégeait Place des États-
Unis ! »   ÉTIEMBLE, *Le Babélien*, t. II [*in* Dupré].

✳ Phonétiquement le mot est difficile à assimiler. On a entendu
[mœʀʃãdajziŋ ou -diziŋ] et on hésite encore entre [mɛʀʃãdajziŋ et
-diziŋ]. L'implantation des techniques marchandes américaines et leur
évolution dans la pratique française appelaient un nouvel apport terminologique en français. Pour remplacer l'emprunt direct de *merchandising*,
J. Giraud (*Vie et Langage*, avril 1969, p. 190) avait proposé le terme
marchandisme n. m., et le Comité des termes techniques français avait
préconisé l'expression *techniques marchandes* (*La Banque des mots*,
n° 2, 1972, p. 176). L'Administration a choisi le terme *marchandisage*
n. m., de *marchandise* et suffixe *-age*, francisation de *merchandising*
(arrêté du 29 novembre 1973). On recommande également le dérivé
marchandiseur n. m. (→ **Merchandiser**).

MÈRE PATRIE [mɛʀpatʀi] *n. f.*

État qui a fondé des colonies, pour les colons. *Retrouver la
mère patrie.* — *Par ext.* La patrie.

✳ Calque de l'angl. *mother country* (XVI° s.) « pays *(country)* mère
(mother) », lui-même calque du fr. *terre mère*, 1490.

MESCAL BUTTON [mɛskalbœtɔn] *n. m.*

(1932) Méristème séché du petit cactus mexicain appelé peyotl*. *Des mescal-buttons.* — REM. : Absent du dict. de l'Académie 1935.

« Le *peyotl* est employé frais, en nature ou découpé en rondelles que l'on fait sécher au soleil et qui se vendent sous le nom de *mescal-bultons* [*sic*], parce que l'ivresse qu'il produit ressemble à celle du *mescal* ou eau-de-vie d'agave [...]. »   *Larousse du XXᵉ siècle*, art. *Peyotl*, 1932.

« Les "mescal-buttons" sont consommés de l'ouverture de la cérémonie jusqu'à minuit. Après le chant de minuit, suivi d'une pause, nul n'en prendra plus. »   J.-L. BRAU, *Histoire de la drogue*, p. 151 (□ 1968).

✳ Mot américain n. (1888) composé de *button* « bouton » et de *mescal* « agave ; peyotl » (1702) ; « alcool d'agave » (1829) du nahuatl [aztèque] *mexcalli* par l'intermédiaire de l'espagnol (→ Mescaline). Terme utilisé en français par les ethnologues.

MESCALINE [mɛskalin] *n. f.*

(1926 ; *mezcaline*, 1907) Alcaloïde extrait du peyotl*, cactée mexicaine, qui produit de puissantes hallucinations visuelles. — REM. : Absent du dict. de l'Académie 1935.

« Le docteur Lagache lui proposa de venir à Sainte-Anne se faire piquer à la mescaline ; cette drogue provoquait des hallucinations. »   S. de BEAUVOIR, *La Force de l'âge*, p. 216 (□ 1960).

« Le peyotl lui-même et son alcaloïde principal la mescaline doivent une grande part de leur succès aux expériences d'Antonin Artaud, d'Aldous Huxley et de Henri Michaux. »   J.-L. BRAU, *Histoire de la drogue*, p. 143 (□ 1968).

✳ Du nahuatl [aztèque] *mexcalli* « alcool de peyotl » (*metl* « agave », et *xcalli* contraction de *ixcalli* « décoction ») qui a donné par l'intermédiaire des formes hispanisées *mescal, mezcal, mexcal*, l'américain *mescal* n. « agave » (1702), *spécialt* « peyotl » et « eau-de-vie d'agave » (1829). Sur *mescal* est formé le mot *mescaline* n. (1896, *in* Webster's Second) écrit aussi *mezcaline* (*in* Webster's Third). Pierre Larousse avait signalé en français les formes *mescal* « boisson alcoolique en grand usage au Mexique » (1874) et *mezcal* « eau-de-vie du Mexique » (1888). Le mot *mezcaline* est enregistré dans le *Larousse mensuel*, t. I, p. 122, 1907, mais la mescaline elle-même est connue depuis 1896 (travaux d'Heffter). Ce mot est probablement entré en français par l'anglais. On rencontre le dérivé *mescalinique* adj. (attesté chez le pharmacologue Rouhier en 1926), « qui est causé par la mescaline » (→ *peyotlique*, art. *Peyotl*).

« L'ivresse mescalinique est brutale : "*Elle viole le cerveau*", dit Henri Michaux. Après une courte période d'état nauséeux (que l'on peut prévenir en absorbant une tablette de dramamine) viennent des hallucinations et des visions colorées que Havelock Ellis fut le premier à signaler en 1896 [...]. »   J.-L. BRAU, *Histoire de la drogue*, p. 146 (□ 1968).

MÉSON [mezɔ̃] *n. m.*

(v. 1935) *Phys.* Particule de masse intermédiaire entre celle de l'électron et celle du proton.

✳ De l'anglais *meson* n., correction de *mesotron* mal formé (*-tron*, tiré de *neutron* n'étant pas un morphème), de *meso-* « milieu » (gr. *meson*) et *-on* désignant des particules.

MESS [mɛs] *n. m.*

(1831) Lieu où les officiers ou les sous-officiers d'un même corps prennent leur repas en commun. — REM. : Enregistré dans les dict. de Littré 1868 et de l'Académie 1878.

« Les muletiers, dans les excursions du Grand Ouest, sont toujours les premiers et les mieux servis, et nos hommes avaient déjà fini leur souper, que les soldats commençaient à peine le leur, et que le *maître coq* des officiers, au *mess* desquels nous étions conviés, n'avait pas même dressé son fourneau. »   L. SIMONIN, *Le Far-West américain*, p. 270 (□ 1867).

— PAR EXT. (1865) Institution comprenant le personnel et le matériel affectés au service de ce lieu. — REM. : Signalé dans le Suppl. 1877 du dict. de Littré.

« On mange en commun, par escouades ; c'est un " *mess* " qui a ses règlements et où chacun fournit sa part en argent ou en nature. »
TAINE, *Philosophie de l'art*, t. II, p. 185 (□ 1865).

✱ Mot anglais *mess* « plat, mets » à l'origine, emprunté à l'ancien français *mes* (mod. : *mets*) au XIIIᵉ siècle. Le mot anglais a pris, au XVᵉ s., le sens général de « réunion de personnes prenant ensemble un repas », et, au XVIᵉ s. (1536), dans le langage de l'armée et de la marine, celui de « ensemble des membres d'une même unité qui prennent leur repas en commun », puis « lieu qui sert de salle à manger, de club pour les officiers ou les sous-officiers ». Le mot *mess* est revenu en français dans ce seul sens particulier et sous la forme graphique anglaise (1831, Balzac, *in* D. D. L., 2ᵉ série, 9).

« Pourquoi garder au *mess* ces deux *s* ridicules ? Puisque nous disons *la messe*, il importe à la beauté de notre langue que nous disions *le messe*, ce qui francisera le mot anglais de façon très satisfaisante, cependant que la différence des genres interdira toute confusion. »   ÉTIEMBLE, *Le Babélien*, t. II [*in* Dupré].

✱ Étiemble oublie visiblement *le vin de mess(e)*. Comme le signale Dupré cette suggestion a d'autant moins de chance d'être suivie d'effet que le mot est bien ancré dans la tradition militaire :

« Quant aux synonymes français comme *cantine* ou *popote*, ils ne peuvent remplacer *mess* (sauf en parlant de troupes en campagne), car ils évoquent une installation et une cuisine sommaires et vulgaires, peu différentes de celles des hommes de troupe, tandis que le *mess* des garnisons est une sorte de restaurant dont la dénomination est liée au prestige social des sous-officiers et des officiers. »

MESSAGE [mɛsaʒ] *n. m.*

(1704, à propos de l'Angleterre ; 1789, à propos de la France). *Dr. const.* et *polit.* Communication du souverain, du chef de l'État, au pouvoir législatif. *Le message du président des États-Unis.* — REM. : Signalé dans les dict. de Littré 1868 et de l'Académie 1878.

« il est vrai que le roi envoie de temps en temps des " messages " à l'une ou l'autre des Chambres... mais ces " messages " sont toujours exprimés en termes généraux ».
DE LOLME, *Constitution de l'Angleterre*, 1771 [*in* Brunot, t. IX, 2, p. 745].

« Le Roi aurait la faculté de recommander par des " messages " de prendre un objet en considération ».
MOUNIER, 4 sept. 1789, in *Archives parlementaires* [*in* Brunot, *Ibid.*].

✱ Sens remontant en anglais à 1625, du mot *message* emprunté du français à la fin du XIIIᵉ siècle (de l'ancien français *meis, mes* « envoyé », latin *missus*, de *mittere* « envoyer »). Relevé dans Clarendon, 1704 (*in* Mackenzie, p. 159), à propos de l'Angleterre, puis repris en France à l'époque de la Révolution.

MÉTHODISME [metɔdism] *n. m.*

(1760) Société protestante fondée à Oxford par John et Charles Wesley en 1729. — Église protestante issue de ce mouvement. — REM. : Enregistré dans les dict. de l'Académie 1835 et de Littré 1868.

« La plupart [des habitants de la grande Manitouline] sont catholiques romains ; quelques-uns ont embrassé le méthodisme ; une centaine à peine adorent officiellement les manitous à qui l'île avait été spécialement consacrée par leurs ancêtres. »
H. de LAMOTHE, *Excursion au Canada et à la rivière Rouge du Nord* [1873], p. 230 (□ 1878).

« Wesley décida alors de séparer l'Église méthodiste américaine du méthodisme anglais. Coke et Asbury, avec le titre de *superintendants*, organisèrent en 1784 la branche américaine de la secte. »
LAVISSE et RAMBAUD, *Histoire générale*, t. VIII, p. 843 (□ 1896).

— Ensemble de la doctrine et des pratiques religieuses de cette Église.

« Hélas ! c'est bien toujours cette ville [Genève] que Voltaire a peinte d'un mot :
On y calcule et jamais on n'y rit. J'aurais cru que les gens qui ont reçu de leur père une grande fortune auraient pu se dispenser de calculer ; ils sont tombés dans *un autre inconvénient bien pire :* le *méthodisme anglais* et toutes ses *momeries.* »
STENDHAL, *Mémoires d'un touriste*, t. II, p. 202 (□ 1838).

✻ Anglais *Methodism* n. (1739) de *method* n. emprunté du français *méthode* (Rabelais), nom donné par John Wesley à la doctrine des méthodistes dont il était le chef de file. En français, *méthodisme* est signalé par Mackenzie (p. 280) en 1760, et par Brunot (t. VI, 2-a, p. 1299) dans le *Journal étranger*, nov. 1761.

MÉTHODISTE [metɔdist] *n.* et *adj.*

(1760) Qui professe le méthodisme✻ ; qui est propre, relatif au méthodisme. — Adj. *Culte méthodiste.* — REM. : Enregistré dans les dict. de l'Académie 1835 et de Littré 1868.

« Vous connaissez ces jolies îles d'Othaïti dont Cook et Bougainville vous ont donné l'amusante description. Des prêtres méthodistes y ont pénétré. Non-seulement on n'y fait plus l'amour,
Plus d'amour, partant plus de joie,
mais on y meurt de faim ; les nouveaux chrétiens ne cultivent plus les champs, la population diminue. Ma foi, ils ont raison, une si triste vie ne vaut pas la peine de planter des pommes de terre pour la continuer. »
STENDHAL, *Mémoires d'un touriste*, t. II, p. 203 (□ 1838).

✻ Depuis le xvie siècle, l'anglais possède la forme *methodist,* du latin *methodista,* pour désigner un médecin membre de l'école du méthodisme ou encore une personne qui attache une importance primordiale à la méthode, spécialement un naturaliste partisan de classifications artificielles plutôt que naturelles. Dès 1692 le terme s'applique à celui qui préconise une « méthode » particulière en théologie. En 1733, le nom de *Methodist* est donné aux membres d'une société religieuse surnommée *« The Holy Club »* fondée à Oxford en 1729 par John et Charles Wesley, à cause de la sévérité de leur doctrine et de leurs règles. Par la suite, le nom s'est étendu aux membres des nombreuses Églises méthodistes issues du mouvement des Wesley et portant des dénominations multiples, en particulier *The Wesleyan-Methodist Society* en Angleterre, et *The Methodist Episcopal Church* aux États-Unis, toutes deux fondées par John Wesley lui-même. Le français ne retient que le sens religieux de ce mot anglais. Mackenzie (p. 177) relève *méthodiste* dans J. des Champs, *Dialogue des morts* 1760, p. 27. On peut noter au milieu du xxe siècle l'apparition en français de *méthodiste* adj. et n. « qui considère la méthode comme primordiale, en science ». Il s'agit d'un dérivé formé sur *méthode.*

« les conflits entre les fixistes et ceux qui ne le sont pas, ou entre les méthodistes et les partisans du système. »
M. FOUCAULT, *Les Mots et les Choses,* p. 139, Gallimard (□ 1966).

MÉTINGUE [metɛ̃g] *n. m.*

(1890) *Vieilli* → **Meeting.** — REM. : Absent du dict. de l'Académie 1935.

« C'était tout d' même un bien chouette métingue.
Que le métingu' du métropolitain ! »
Chanson de MAC-NAB,
Le Grand Métingue du Métropolitain (vers 1890).

« Je me rappelle une autre fois, c'était à Valentigney, un métingue des ouvriers de chez Peugeot, les hommes faisaient une forêt serrée qui hurlait comme une tempête. » M. AYMÉ, *La Vouivre,* p. 117 (□ 1943).

« rappelant l'allure et l'ambiance des métingues de Poujade ».
Le Canard enchaîné, 29 janv. 1964 [*in* Blochwitz et Runkewitz, p. 283].

✻ Transcription francisée de la prononciation populaire de *meeting.*

« Le peuple prononce résolument *métingue,* entraîné par l'analogie... Il faut féliciter Gourmont *(Esthétique de la langue française)* d'écrire *métingue* pour

meeting, alors que le Petit Larousse donne, pour 1962, l'orthographe anglaise et la prononciation pseudo-anglaise *mi-tin'g.* »
                                                                    ÉTIEMBLE, *Le Babélien,* t. III, pp. 48-49 [*in* Dupré].

✻ Dupré fait très justement observer qu'on n'emploie plus guère la forme *métingue* que pour rire. La prononciation [metiŋ] a elle-même cédé la place à [mitiŋ].

MÉTROPOLITAIN [metʀɔpɔlitɛ̃] ou MÉTRO [metʀo] *n. m.*

(1874 ; *chemin de fer métropolitain,* 1873) Chemin de fer électrique partiellement ou totalement souterrain, qui dessert les différents quartiers d'une capitale, d'une grande ville. — (1891) *Métro,* forme abrégée courante. — REM. : Enregistré dans le dict. de l'Académie 1935 sous les deux formes.

« Les retards viennent de ce que le commodore a voulu éviter toutes les difficultés qui se sont présentées à Londres à propos de la construction des chemins de fer métropolitains. »
               L. FIGUIER, *L'Année scientifique et industrielle,* p. 324, 1874 (□ 1873).

« Au Métropolitain se rattachent deux autres lignes dans l'enceinte de la ville, le *Metropolitan-District* et le *Saint-John's Wood-Railway.* »·
                                        La Presse libre, in *L'Année scientifique et industrielle,* pp. 177-178, 1875 (□ 1874).

« Une des questions à l'ordre du jour qui préoccupe le plus la population parisienne est, sans contredit, celle du *Métropolitain.* Voilà bien longtemps qu'on en parle, car le premier projet, étudié par MM. Brame et Flachat, date de 1855 !... Mais ce n'est guère que depuis une quinzaine d'années qu'on songe sérieusement à doter la capitale de ce puissant moyen de circulation, que possèdent déjà Londres, New-York et Berlin. »   G. CERBELAUD, *Le Chemin de fer métropolitain de Paris,*
                                        in *La Science illustrée.* 1er sem. 1891, p. 49.

✻ Le français possède la forme *métropolitain, aine* adj. et n., (du latin *metropolitanus*), avec les sens de « archiépiscopal » (XIVe s.) et « de la métropole (par rapport aux colonies) » (1772, Raynal, *in* Littré). Pour signifier « de la capitale », il ne disposait que de *parisien* ou *urbain* (« *chemins de fer urbains* », 1856). Il a emprunté *métropolitain* dans ce sens à l'anglais *metropolitan* adj., de même origine, « de la grande ville » (1555) entrant dans le nom du chemin de fer métropolitain exploité à Londres dès 1863, le Metropolitan Railway, qui reliait les nombreuses voies ferrées aboutissant à la capitale. Cet emprunt de l'adj. *métropolitain* ne fonctionne que dans l'expression « chemin de fer métropolitain ». Notons que le métropolitain français ne date que de 1900, et que le mot *métropolitain* l'a précédé depuis 1874. La forme abrégée de l'usage courant, *métro,* est attestée dans *Le Charivari,* du 10 juil. 1891, qui le donne comme déjà ancien (le projet de « métro » n'en finissait pas de se réaliser, rencontrant à la fois des difficultés techniques et l'hostilité des Parisiens).

MICROPHONE [mikʀɔfɔn] *n. m.*

(1878) Appareil qui transforme les ondes sonores en oscillations électriques, lesquelles sont à leur tour transformées en sons. *Utilisation du microphone en téléphonie, en radiodiffusion.* — (1915) *Micro,* forme abrégée. — REM. : Enregistré dans le dict. de l'Académie 1935.

« En 1876, l'Américain Graham Bell exposait à Philadelphie le premier *téléphone,* bientôt complété (déc. 1877) par le *microphone* de son compatriote Hughes. »
               LAVISSE et RAMBAUD, *Histoire générale,* t. XII, p. 570 (□ 1902).

✻ Nom donné par l'ingénieur américain d'origine anglaise, le Professeur David Edward Hughes (1831-1900), à l'appareil qu'il inventa en 1877 presqu'en même temps que Lüdtge. Composé de *micro-* et de *-phone,* le mot *microphone* existait déjà en anglais (1683) et en français (1721) pour désigner tout instrument servant à augmenter l'intensité des sons. Aujourd'hui il ne s'emploie plus qu'en parlant de cet appareil.

Passé en français dans ce sens en 1878 (d'après Mackenzie, p. 239), il y apparaît en général sous la forme abrégée de *micro* n. m., attestée dès 1915 par Esnault.

MICROPROCESSEUR [mikʀopʀɔsɛsœʀ] n. m.

(v. 1976) *Inform.* Circuit intégré permettant de réaliser l'unité centrale d'un micro-ordinateur.

« Bien qu'apparus accidentellement en 1971, les microprocesseurs ont étendu leur marché au secteur industriel et grand public. Un système à microprocesseur peut gérer des applications aussi diverses que l'atterrissage automatique d'un avion, le contrôle d'une machine-outil, la programmation d'une machine à laver, les jeux vidéo... »
La Recherche, fév. 1978, p. 20.

✳ Adaptation de l'américain *microprocessor* n. (de *micro-* et *processor* → **Processeur**), 1976, Barnhart 2, mais probablement antérieur (construit en 1971). On trouve aussi en français le terme *microprocessing* n. m., au sens de « utilisation de microprocesseurs », qui est inconnu en américain :

« Le microprocessing vous permet de vous libérer de l'utilisation exclusive de la grosse informatique.
Le microprocessing est véritablement un auxiliaire étonnant de décentralisation et de démocratisation de l'informatique. » *L'Express*, 8 sept. 1979.

MIDDLE WEST [midəlwɛst] ou MIDWEST [midwɛst] n. propre m.

(1954, v. 1970) Vaste région des États-Unis s'étendant des Rocheuses à l'ouest aux Appalaches à l'est, de la frontière canadienne au nord, au confluent de l'Ohio au sud.

« Le soleil était si beau, l'eau de l'Hudson si verte que j'ai pris le bateau qui emmène les provinciaux du Middle-West vers la statue de la Liberté. »
S. de BEAUVOIR, *L'Amérique au jour le jour*, 26 janv. 1947, p. 17 (□ 1954).

« Dans ce site heureux, Ojai est aussi désolant qu'un village du Middle West : c'est une morne rue blanche bordée de banques et de magasins et coupée perpendiculairement d'autres rues blanches. »
Op. cit., 28 fév. 1947, p. 125 (□ 1954).

« Le Midwest représente un dizième du territoire de l'Amérique du Nord, plus de 2 000 000 de kilomètres carrés, c'est-à-dire presque quatre fois la surface de la France. »
J. BEAUJEU-GARNIER, in *Encycl. universalis*, t. X, art. *Middle West*, 1971.

✳ *Middle West*, de *middle* adj. « au milieu, central » et *West* « Ouest », nom attesté en 1898. La colonisation de l'immense étendue des plaines centrales à vocation agricole et industrielle n'a commencé qu'au début du XIXᵉ siècle ; favorisée par l'immigration européenne, elle a pu atteindre toute la région dès 1890. Avec le recul de la frontière de l'ouest, on en vint à dissocier le *Middle West* du *Far West**. À partir de 1920, la dénomination *Midwest*, de *mid* adj. « central », remplace progressivement en Amérique celle de *Middle West* ; mais *West* se justifie mal, d'un point de vue géographique. En français *Middle West* est un terme de géographie naturelle qui est loin d'avoir le pouvoir évocateur de *Far West. Midwest* est beaucoup moins courant.

MIDSHIP [mitʃip] n. m.

(1858) *Mar. (fam.)* Enseigne de vaisseau de deuxième classe (à un galon) ou sous-lieutenant dans la marine militaire française. *Des midships* → **Midshipman.** — REM. : Absent des dict. de Littré et de l'Académie.

« C'est moi qui montais [*dans la hune*] de temps en temps lui faire visite, bien que mon service ne m'y obligeât plus depuis que j'avais franchi le grade de midship [...]. » P. LOTI, *Mon Frère Yves*, p. 49 (□ 1883).

« une demi-douzaine de jeunes midships, groupés autour de Tartarin, écoutaient ses récits bouche bée. »
A. DAUDET, *Port-Tarascon*, p. 109 (□ 1890).

✻ Abréviation française de l'anglais *midshipman* à ne pas confondre avec l'anglais *midship* qui désigne soit le milieu d'un navire soit un rameur placé au milieu d'un bateau. Relevé dans la *Revue des Deux-Mondes*, XIII, 1858, p. 547 (*in* Mackenzie, p. 225), *midship* sert surtout dans la marine française de terme familier pour désigner un sous-lieutenant.

MIDSHIPMAN [mitʃipman] *n. m.*

(1751) *Mar.* Aspirant dans la marine britannique (au grade de sous-lieutenant) et dans la marine américaine (au grade d'enseigne). *Des midshipmen.* — *Rare.* Enseigne de vaisseau de deuxième classe dans la marine française → **Midship.** — REM. : Enregistré dans le dict. de Littré 1868 ; absent des dict. de l'Académie.

« Le gentleman anglais dit "Votre Grâce" au duc de Wellington, lui jette des pierres quand Sa Seigneurie passe ; le midshipman insulte au monde, répond : "Ceci est à nous !..." en goûtant l'eau de la mer, et croit appartenir à la nation la plus libre du monde. »
      BALZAC, *Essai sur la situation du parti royaliste*, p. 532 (□ 1832).

« La lumière est si intense qu'elle fait peur aux peintres (et seul Manet, alors midshipman à bord d'un navire-école qui faisait relâche dans la baie de Guanabara, sut la rapporter de là-bas pour la faire exploser dans les toiles des impressionnistes et de fauves...). »
      CENDRARS, *Trop c'est trop*, p. 171 (□ 1948).

✻ Mot anglais n. (1626) « aspirant de marine » composé de *midship* n. (1555) « milieu d'un vaisseau » (de *mid* adj. « au milieu de » et *ship* « navire »), littéralement « homme du milieu du vaisseau » parce que cette partie du navire était réservée aux élèves officiers inexpérimentés. Mackenzie (p. 173) relève le mot pour la première fois dans *L'Histoire de la Jamaïque* de H. Sloane, trad. de l'anglais par Raulin, 1751. Il a surtout cours en français au sujet de la marine anglaise. Au sens français, on emploie le plus souvent la forme abrégée *midship**.

MIDWEST → MIDDLE WEST.

MILADY [milɛdi] *n. f.*

(1727) *Vieilli.* Titre donné en France à une dame anglaise de qualité. — (1868) Personne qui a droit à ce titre. *Des miladys* ou *des miladies.* — REM. : Enregistré dans les dict. de Littré 1868 et de l'Académie 1878.

« [...] Fergus possède la véritable éloquence, dans laquelle, au reste, il s'est perfectionné en faisant à Grenoble un excès de filles ; car c'est une chose assez drôle de le voir tantôt avec une petite traînée et tantôt avec nos *Myladies* les plus huppées. »
      F. FAURE, Lettre à Henri Beyle, 7 mars 1806,
      in STENDHAL, *Corresp.*, t. I, p. 1208.

« Depuis trente ans, il ne s'agit plus tant du titre de *sir* pour un homme qui donne à sa femme celui de *milady*. Le rang est devenu une chose plus compliquée, plus difficile à atteindre. »
      STENDHAL, Lettre à Romain Colomb, 10 janv. 1838,
      in *Corresp.*, t. III, p. 254.

✻ De l'anglais *my lady* « Madame », de *my* « ma », et *lady*, *milady*, terme francisé, attesté en 1727 (*in* Bonnaffé), a été ultérieurement repris en anglais (1839). En français, il apparaît d'abord chez Voltaire, dans une lettre ; le personnage des *Trois Mousquetaires* d'A. Dumas (1844) qui porte ce nom n'a pas peu contribué à sa diffusion en France.

MILDIOU [mildju] *n. m.*

(1883 ; *mildew*, 1874) Nom de plusieurs maladies cryptogamiques qui attaquent diverses plantes, notamment la vigne, et qui sont causées par des champignons parasites et se manifestent

par l'apparition de taches principalement sur les feuilles. —
REM. : Enregistré dans le dict. de l'Académie 1935.

« Le mildew est dû [...] aux atteintes du *Peronospora viticole*,
champignon adhérent aux feuilles de la vigne, qu'il détruit avec
promptitude, en y déterminant une sorte de pourriture. »
    L. FIGUIER, *L'Année scientifique et industrielle*, p. 396, 1886 (□ 1885).

✳ Anglais *mildew* (1 000 ; 1 340, en ce sens) qui a d'abord signifié
« miellé ». D'abord emprunté sous sa forme anglaise (Pierre Millardet,
Compte rendu de l'Académie des sciences, XXII, 1874, p. 2) *mildew* a
toujours été prononcé à l'anglaise, comme l'atteste la graphie *mildiou*
(1883, d'après Wartburg). D'après le *Nouveau Larousse illustré*, 1903,
le mildiou a été importé en France avec des vignes américaines atteintes
du *Peronospora viticole*, champignon parasite originaire d'Amérique.
Mildiou a produit le dérivé *mildiousé, ée* adj., (1903, Larousse), « atteint
du mildiou » (Cf. anglais *mildewed*, 1552).

MILE [majl] *n. m.*

(1866) Mesure anglo-saxonne de longueur valant 1,609 mètres
ou 1,760 yards✳. *Cent miles* [majls]. *Le record du monde du mile*
→ **Mille.** — REM. : Absent des dict. de Littré et de l'Académie.

« Le chemin de fer de Kotree a une longueur de quarante *miles*, il
aboutit à l'Indus en face de Haïderabad. »
    G. LEJERAN, *Le Pandjab et le Cachemir* [1866], p. 178 (□ 1868).

✳ Anglais *mile* n., de même origine latine que le français *mille*✳, qui a
d'abord été francisé sous la forme de *mille* [mil] *d'Angleterre*, *mille
anglais* ou tout simplement *mille,* et qui est réapparu au milieu du
XIXᵉ siècle. Ce n'est toutefois que vers 1930 (1931, Larousse) qu'on a
commencé à substituer *mile* à *mille* lorsqu'il s'agissait de la mesure de
longueur anglo-saxonne. Cette tendance ne s'est jamais manifestée au
Québec, où l'on maintient les deux.

MILK-BAR [milkbaʀ] *n. m.*

(1947) Café où l'on ne sert que des boissons non alcoolisées.
Des milk-bars.

« Il y avait non loin du Consortium un Milk-bar où l'on trouvait des
tas de choses très froides et nageant dans des jus divers, fort délectables
et porteuses de noms ronflants et ascensionnels. »
    BORIS VIAN, *Vercoquin et le Plancton*, p. 135 (□ 1947).

✳ Mot anglais *milkbar* n. (1935), de l'anglais *milk* « lait » et *bar* répandu
en français par l'américain. Ce mot a été à la mode tout de suite après
la guerre. Il semble que le mot et la chose soient actuellement en
régression en France.

MILK-SHAKE [milkʃɛk] *n. m.*

(mil. XXᵉ s.) Boisson sucrée et aromatisée, composée de lait et
de crème glacée battus ensemble. *Des milk-shakes* (→ **Malté**).

« Le hamburger est le plat unique mais on peut d'un jour à l'autre
opérer des variations : avec ou sans *ketchup*, oignons, crème, fines
herbes, *etc.* Et, pour finir, le *milk-shake* ou l'*apple-pie*. »
    Le Nouvel Observateur, 23 déc. 1972, p. 38.

« Cette semaine madame Express a... déjeuné sur le pouce d'un
hamburger et d'un milk-shake avant d'aller acheter des surgelés dans
un magasin de surplus. »   *L'Express*, 12 mars 1973, p. 164.

✳ Mot américain n. (1889), de *milk* « lait » et de *to shake* « secouer »
(Cf. *Shaker*✳). Cette boisson, restée très typiquement américaine n'est
servie que dans les milk-bars, les fast foods. Les Français ne considèrent pas le lait comme une boisson et l'envisagent, encore plus que
l'eau, sous le signe de la dérision.

MILLE (ANGLAIS) [mil] *n. m.*

(1765 ; *mille d'Angleterre*, 1694) *Mille anglais*, dans le système de mesure anglo-saxon, Unité de longueur valant 1,609 mètres ou 1,760 yards* → **Mile.** — REM. : À l'article *Mille*, les dict. de l'Académie signalent depuis 1694 le *mille d'Angleterre*, l'Encycl. Diderot 1765, le *mille anglois*, le dict. de Littré 1868, le *mille anglais*.

« Le canon Rodman, qui portait à sept milles un boulet pesant une demi-tonne, aurait facilement renversé cent cinquante chevaux et trois cents hommes. » Jules VERNE, *De la terre à la lune*, p. 5 (□ 1865).

« Supposons encore qu'un mécanicien sur la locomotive d'un train express, faisant un mille (anglais) à la minute, étende le bras vers le tender et remue les doigts [...]. »
E. du BOIS-REYMOND, trad. de l'angl. par Ed. BARBIER,
in *Revue des cours scientifiques*, 15 déc. 1866, p. 39.

« Chicago s'étend au bord du lac Michigan sur quarante-cinq kilomètres de front. S'étend ou plutôt s'étendait : pendant que j'achève ma phrase, Chicago s'allonge d'un mille. Chicago ! La ville tumeur ! La ville cancer ! Où toute statistique arrive après la bataille, où toute addition est à refaire avant même d'être achevée. »
G. DUHAMEL, *Scènes de la vie future*, pp. 102-103 (□ 1930).

✱ L'ancien terme de mesure français *mille* n. m. (XIIIᵉ s.), du latin *mille* (*millia* ou *milia* au plur.), ne se retrouve plus guère en France que dans le domaine maritime ou comme équivalent du *mile* anglo-saxon (de même étymologie). Malgré la récente adoption du système métrique au Canada (1978) le mot *mille* est resté très vivant au Québec ; il a produit le dérivé *millage* (d'après l'anglais *mileage*) n. m., « action de mesurer en milles », « nombre de milles parcourus, kilométrage » : *Millage d'une voiture*. Le dérivé *mileur* « coureur » (1975) est donné avec un seul l par l'Académie pour éviter la prononciation [mijœʀ].

MILORD [milɔʀ] *n. m.*

1° (1578 ; *millour*, XIVᵉ s.) *Vx*. Titre donné en France aux lords* et pairs d'Angleterre. — REM. : Signalé dans le dict. de l'Académie 1762. — Par ext. *Fam.* et *vieilli*. Étranger riche et puissant. *Des milords. Vêtu comme un milord.* — REM. : Signalé dans les dict. de l'Académie 1798 et de Littré 1868.

« Ce mot de *mylord* que vous employez me semble bien dur.
Charlotte répliqua : Je ne vous trouve point changé, pas même vieilli. Quand je parlais de vous à mes parents pendant votre absence, c'était toujours le titre de *mylord* que je vous donnais ; il me semblait que vous le deviez porter : n'étiez-vous pas pour moi comme un mari, *my lord and master*, mon seigneur et maître ? »
CHATEAUBRIAND, *Mémoires d'outre-tombe* [1822], t. I, p. 463.

« je n'ai jamais trouvé ici cette attention pleine de respect qui porte l'Anglais à rechercher dans son journal l'annonce du *rout* de milord tel et du grand dîner donné à *une partie choisie*, par milady une telle. »
STENDHAL, *Promenades dans Rome*, t. I, p. 211 (□ 1829).

— *Arg. anc.* Protecteur, souteneur.

« — Eh ! bien, vieux grigou, s'écria la danseuse qui pleurait, laisserez-vous déshonorer votre propre neveu, le fils de l'homme à qui vous devez votre fortune, car il se nomme Oscar Husson ! sauvez-le, ou Titine te renie pour son milord ! » BALZAC, *Un début dans la vie*,
in *La Comédie humaine*, t. I, p. 735 (□ 1842).

2° (v. 1835) *Ancienn.* Cabriolet à quatre roues, pourvu d'un siège surélevé pour le conducteur. — Par appos. *Cabriolet milord.* — REM. : Signalé par Littré.

« Une de ces voitures nouvellement mises en circulation sur les places de Paris et nommées des milords ».
BALZAC, *Excentr. du langage* [*in* Littré].

✳ De l'anglais *my lord*, de *my* « mon », et *lord* « seigneur », repris ultérieurement en anglais (1596 ; « homme (anglais) riche », 1758) sous la forme *milord* ou *milor*. Le second sens n'est pas attesté en anglais. Le mot est passé dans des emplois populaires et argotiques, d'abord au XIXᵉ s. (Cf. ci-dessus l'ex. de Balzac), puis au XXᵉ siècle (Cf. le personnage de *Milord l'Arsouille*, la chanson de Moustaki *Milord* chantée par Édith Piaf, 1959).

MINCE-PIE [minspaj] *n. m.*

(1819) Tourte farcie d'un hachis très sucré de raisins, groseilles, pommes et fruits secs cuits dans la graisse avec des épices, qui se mange généralement chaude. *Des mince-pies.*
— REM. : Absent des dict. de Littré et de l'Académie.

« Les membres des deux Chambres descendaient de cheval à sa porte, et venaient manger des buns et des mince-pies en continuant la discussion sur le Bill. » VIGNY, *Stello*, in *Œuvres complètes*, p. 654 (□ 1832).

« Et ces tourtes, ces minced-pies, où les ingrédients de toutes sortes se trouvent amalgamés pour ce jour si cher aux cœurs anglais [*Noël*]. »
Jules VERNE, *Les Aventures du capitaine Hatteras*, p. 209 (□ 1864).

✳ Anglais *mincepie* n. (v. 1600), simplification de *minced-pie*, de *minced (meat)* « viande *(meat)* hachée *(minced)* », puis « hachis très fin d'aliments », et de *pie* « tourte ». Le mince-pie est une tourte *(pie)* au mince-meat *(mince)*. Le verbe *to mince* est lui-même emprunté à l'ancien français *mincier* « émincer ». L'origine de *pie* est obscure. Son emploi correspond à celui de notre ancien mot *pâté* « hachis d'aliments en croûte ». Terme de cuisine attesté en français dans l'*Année de Londres*, 1819, p. 50 (*in* Mackenzie, p. 202). Le mince-pie, qui s'apparente au pudding par le goût, est moins connu en France que ce dernier. C'est un produit d'importation.

MINI-

✳ Élément de formation tiré du latin *minimum*, apparu en français à la fin du XIXᵉ siècle, mais répandu, au sens de « très petit », « très court dans le temps, dans l'espace », sous l'influence de composés anglais en *mini-* (abrév. de *miniature*), nombreux depuis les années 60 (ex. *minibag, minibike, minicamera, minicab, minicar, minicomputer, minigun, minirecession, minishort, miniski, minitractor, miniwar*, etc.). La vogue de la petite voiture anglaise *Mini Morris* a pu être déterminante. Est souvent opposé à *maxi-*, en particulier dans *mini-skirt*, qui a donné en français *mini-jupe**.

MINI-JUPE [miniʒyp] *n. f.*

(1966) Jupe très courte, s'arrêtant à mi-cuisses. *Des mini-jupes.*

« La *mini-jupe*, dernière conquête d'une civilisation qui s'est résolument prononcée pour le "digest", vient de mettre largement le genou, voire la cuisse au vent ». *Le Monde*, 21 avril 1966 [*in* Gilbert].

« Les fans femelles relèvent leurs jupes, relevées d'ailleurs par nature, puisque ce sont des mini-jupes. »
P. GUTH, *Lettre ouverte aux idoles*, p. 15 (□ 1968).

✳ Composé de jupe d'après l'anglais *mini-skirt, miniskirt* n. (1965), de *mini-* et *skirt* « jupe », nom de la mode lancée par la modéliste anglaise Mary Quant en 1965. Ce terme de mode est à l'origine de la vogue du préfixe *mini-*.

MINIMAL ART [minimalaʀt] ou MINIMAL [minimal] *n. m.*

(v. 1970-1971) Mouvement de peinture d'origine américaine qui vise à éliminer tout ce qui est extérieur à la démarche esthétique et à réduire au minimum ses moyens d'expression.

« Un artiste américain mort récemment, dont la peinture élégante et dépouillée invite à la méditation et a eu une grande influence sur le "minimal art". » *Le Nouvel Observateur*, 23 oct. 1972, p. 17.

« Les artistes du *minimal* veulent une peinture d'où soit exclue toute marque personnelle. »
J. RIVERAIN, art. *Minimal*, in *Les Mots « dans le vent »* (□ 1971).

« certains artistes du Minimal Art, tels Alfred Jansen, Agnes Martin, Myriam Shapiro, tentèrent de fragmenter l'espace du tableau en superposant à des fonds monochromes des "grilles" de petites touches égales [...]. »   *Dict. universel de la Peinture*, art. *Minimal Art*, 1975.

✳ Le terme de *Minimal Art* a été employé pour la première fois par le critique américain R. Wollheim en 1965 dans la revue *Arts Magazine* à propos d'œuvres présentant un contenu artistique minimal, dont l'urinoir de faïence de Marcel Duchamp présenté en 1917 au Salon des Indépendants de New York. Le français emploie normalement le syntagme : *art minimal. Minimal* a produit le dérivé *minimaliste* n. (1971, in *Les Mots « dans le vent »*), « membre de ce courant de peinture ». (Cf. américain *Minimalist*, 1967. L'anglais avait emprunté *minimaliste* au français au sens de « menchevik », 1907.)

MINORITÉ [minɔʀite] *n. f.*

1° (1727) La partie la moins nombreuse d'un groupement, d'une assemblée, qui combat la majorité✳. *Être dans la minorité. Une minorité de droite, de gauche. Représentation de la minorité, des minorités dans un système électoral* (→ aussi **Opposition**). — REM. : Enregistré dans les dict. de l'Académie 1798 et de Littré 1868.

« Les Lords Temple et Marlboroug sont rentrés à la chambre des Pairs pour y renforcer la minorité. »
BEAUMARCHAIS, Lettre à Vergennes, 12 déc. 1777, *in* Archives du ministère des Affaires étrangères de Paris.

— SPÉCIALT. (1910) Groupe peu nombreux d'individus que leurs idées, leurs intérêts, leurs tendances distinguent à l'intérieur d'un parti, d'une collectivité.

« Elle n'est conduite à ses grands destins douloureux que forcée par une poignée de factieux, une *minorité agissante*, une bande d'énergumènes et de fanatiques, une bande de forcenés, groupés autour de quelque têtes qui sont très précisément les prophètes d'Israël. »
Ch. PÉGUY, *Notre Jeunesse*, in *Œuvres en prose*, p. 548 (□ 1910).

— (1791) Groupement de voix qui est inférieur en nombre (à la moitié) dans un vote, une réunion de votants. *Une petite minorité d'électeurs. L'Assemblée a mis le ministère en minorité.* — REM. : Enregistré dans le dict. de l'Académie 1798.

« Le plus grand de tous les dangers, celui de transporter à la minorité des suffrages l'influence que le bien général donne incontestablement à la majorité [...]. »
MIRABEAU, *Collection complète des travaux de M. Mirabeau, l'aîné, à l'Assemblée nationale*, 1791 [*in* Littré].

2° (fin XVIIIe s.) Le plus petit nombre, le très petit nombre, dans une collectivité, un ensemble (sans idée de suffrages ni de votants). *Cette thèse ne peut intéresser qu'une minorité de lecteurs. Dans la minorité des cas.* — REM. : Enregistré dans le dict. de Littré 1868.

« Nous ne pouvons plus souffrir que la majorité des hommes travaille et soit au service et pour le bon plaisir d'une petite minorité. Il n'y a qu'un seul soleil, un seul air pour tous, pourquoi la même portion et la même qualité d'aliments ne suffiraient-elles pas à chacun ? »
S. MARÉCHAL [1750-1803], cité in BARANTE, *Histoire du Directoire, de la République française*, 1855 [*in* Brunot, t. IX, 2, p. 709].

3° (déb. XXe s.) *Dr. internat.* « Collectivité de race, de langue ou de religion, caractérisée par un vouloir-vivre collectif, englobée dans la population majoritaire d'un État dont ses affinités tendent à l'éloigner » (Capitant). *Droits, protection, indépendance des minorités.*

« Les traités de paix de 1919 avaient érigé en devoir international, placé sous la garantie de la Société des Nations, la protection des minorités de race, de langue et de religion. »
Larousse du XXe siècle, art. *Minorité*, 1931.

« La plupart des minorités ethniques, au XIXe siècle, en même temps qu'elles luttaient pour leur indépendance, ont passionnément tenté de ressusciter leurs langues nationales. »
SARTRE, *Situations III*, p. 243 (□ 1949).

« Les responsables de la communauté catholique doivent se débarrasser de l'"obsession" de la réunification pour accepter une considérable amélioration de la condition de la minorité catholique en Ulster. »
Le Monde, 11 fév. 1972, p. 5.

✳ Anglais *minority* lui-même emprunté du français *minorité* ou directement du latin médiéval *minoritas* (du latin classique *minor* « moindre ») au début du xvie siècle, au sens aujourd'hui désuet dans les deux langues de « infériorité », et au sens juridique de « état d'une personne qui n'a pas encore atteint l'âge légal à partir duquel une personne est considérée comme pleinement responsable », employé au sens de « moindre nombre » (avec ou sans idée de vote ou de votants) au début du xviiie siècle. L'Oxford dict. atteste ce dernier sens de *minority* en 1736 ; Proschwitz le relève en 1734, écrit en italique.

Avant la Révolution, le terme *minorité* est moins fréquent en français dans le vocabulaire politique que *majorité*, mais il y a déjà fait son entrée. Mackenzie (p. 163) signale une occurrence isolée dans *Le Freeholder*, p. 77, 1727. Le terme ne s'implantera véritablement dans l'usage qu'au xixe siècle. Le dérivé *minoritaire* (opposé à *majoritaire*) date de la fin du xixe siècle comme adjectif, et de 1920 *(Congrès de Tours)* comme nom.

MINSTREL [minstʀɛl] *n. m.*

(1935) Musicien blanc qui se faisait la figure d'un Noir dans les orchestres de musique populaire américaine, puis dans les premières formations de jazz.

« nous les connaissions déjà, ces noirs. C'étaient les *Minstrels*, et ils enchantaient les soirées londoniennes et les scènes parisiennes où l'on donnait les fameuses pantomimes anglaises, avec leurs banjos, leurs cake-walks et leurs étranges costumes, parodies de celui de l'Oncle Sam. »
F. de MIOMANDRE, *Danse*, pp. 60-61 (□ 1935).

« Inaugurée artisanalement, bien avant la naissance historique du jazz, par les *minstrels* (musiciens blancs au visage noirci qui caricaturaient, pour la plus grande joie des colons et citadins, les comportements et musiques des esclaves ; à l'exploitation économique du travail des Noirs, aux répressions raciales et culturelles, s'ajoutant la dérision : le Nègre comme objet de divertissement et raillerie — preuve de la supériorité blanche, et facile moyen de la plus sereine autosatisfaction des maîtres), l'exploitation commerciale de la musique noire ne se fait sur une grande échelle qu'au moment de l'instauration du capitalisme industriel. »
P. CARLES et J. L. COMOLLI, *Free-jazz/black power*, p. 37 (□ 1971).

✳ Mot américain (1843, Mathews) de l'angl. *minstrel* "ménestrel" (empr. au français au xiiie s.) qui désigne des musiciens noirs ou "noircis", chantant dansant et amusant le public, d'abord aux États-Unis, puis en Europe.

MINT-JULEP [mintʒylɛp] *n. m.*

(1841) Boisson typique du sud des États-Unis, composée de bourbon ou de cognac additionné de sucre et parfumée à la menthe fraîche, servie glacée. *Des mint-juleps.* — REM. : Absent des dict. de Littré et de l'Académie.

« — Qui veut goûter le véritable mint-julep, à la dernière mode ? s'écriaient ces adroits marchands en faisant passer rapidement d'un verre à l'autre, comme un escamoteur fait d'une muscade, le sucre, le citron, la menthe verte, la glace pilée, l'eau, le cognac et l'ananas frais qui composent cette boisson rafraîchissante. »

> Jules VERNE, *De la terre à la lune*, p. 341 (□ 1865).

« Nous nous installons autour de mint-juleps. »

> QUENEAU, *Loin de Rueil*, p. 226 (□ 1944).

✱ Mot américain n. (1809), composé de l'anglais *mint* « menthe », et *julep* lui-même emprunté au XIVe siècle du français *julep* « potion aromatisée à base d'eau et de sucre » (espagnol *julepe*, arabe *djulâb*, persan *gul-âb* « eau de rose »). Attesté dans la *Revue des Deux-Mondes*, II, 1841, p. 24.

MIOCÈNE [mjɔsɛn] *adj.* et *n. m.*

(1843) *Géol.* Se dit de la période intermédiaire de l'ère tertiaire, située entre l'oligocène et le pliocène. — REM. : Enregistré dans les dict. de Littré 1868 et de l'Académie 1935.

✱ Anglais *Miocene* n. et adj., du grec *meion* « moins », neutre adverbialisé de l'adj. *meiôn* « moindre », et de *kainos* « nouveau, récent », terme créé en 1833 par le géologue anglais Charles Lyell. Mackenzie relève *miocène* en 1843.

MISFIT [misfit] *n. m.*

(1966) Au bridge, Répartition des deux mains d'un camp telle qu'aucune des couleurs ne se complètent (→ **Fit**).

« Avec un jeu, misfit ou non, mais limité et sans avenir, le répondant ne saurait prendre le capitanat, il doit au contraire aviser l'ouvreur, le plus tôt possible, de sa faiblesse ou du misfit ou des deux. »

> P. GHESTEM et C. DELMOULY, *Le Monaco*, p. 35 (□ 1966).

✱ Mot anglais *misfit* n., de *to misfit* "ne pas aller avec" (absent des dictionnaires d'anglais courants comme t. de bridge). L'équivalent français *désaccord* est peu usité.

MISS [mis] *n. f.*

1° (1713) Titre précédant le nom d'une jeune fille anglaise, américaine, comme le français *Mademoiselle*. *Miss Smith*. — REM. : Enregistré dans les dict. de Littré 1868 et de l'Académie 1878. — (v. 1930) Titre, suivi d'un nom de lieu ou de domaine, donné aux jeunes reines de beauté. *Miss Univers*. *Miss Cinéma*.

« il ne levait même plus les yeux pour la regarder, elle, si jolie, si faite pour jouer les *Miss France*. »

> MONTHERLANT, *Le Démon du bien*, p. 254 (□ 1937).

2° (1713) *Vieilli* ou *fam.* Demoiselle, jeune fille anglaise. *Des misses* ou *des miss*.

« et la berline accoucha 1° d'un milord gros, court, enluminé et ventru ; 2° de deux miss longues, pâles et rousses ; 3° d'une milady paraissant entre le premier et le second degré de la consomption. »

> BRILLAT-SAVARIN, *Physiologie du goût*, t. II, p. 211 (□ 1825).

« En fait de cant, Mlle Gillenormand l'aînée eût rendu des points à une miss. C'était la pudeur poussée au noir. Elle avait un souvenir affreux dans sa vie ; un jour, un homme avait vu sa jarretière. »

> HUGO, *Les Misérables*, p. 621, Pléiade (□ 1862).

— SPÉCIALT. (1923) *Vieilli*. Gouvernante anglaise employée en France (ne s'employait guère qu'en appellatif).

✱ Mot anglais (XVIIe s.), contraction de *Mistress*, ayant d'abord signifié « maîtresse, concubine », 1645, avant d'être employé comme titre préfixé, 1666-1667, puis comme substantif, 1667. Attesté dans les *Mémoires de Grammont*, de Hamilton, 1713.

« *Miss*, mot anglais équivalant au français *mademoiselle*, doit obligatoirement être suivi du nom de baptême de la personne ou, s'il s'agit de la fille aînée, du nom de famille : *Miss Helen Garott. Je vous en prie, miss Helen. Un livre de miss Garott.*

Miss pris absolument désigne une gouvernante : *Miss, vous accompagnerez Mademoiselle à l'école.* »

A. Thomas, *Dict. des difficultés de la langue française* (□ 1956).

✳ Comme titre donné aux reines de beauté, *Miss* est un emprunt à l'américain dans des calques de *Miss America* (1922), attestés en français vers 1930.

MISSILE [misil] *n. m.*

(1949) *Milit.* Projectile aérospatial autopropulsé et autoguidé ou téléguidé (dit selon son point de départ et son objectif *sol-sol, sol-air, air-air, mer-sol,* etc.). *Missile balistique. Missile à courte, à moyenne portée. Missile à longue portée* ou *missile stratégique. Missile défensif* ou *antimissile.*

« plus tard, allaient se succéder sa prise de position immédiate, au côté des États-Unis, contre l'envoi des missiles soviétiques à Cuba, — et celle, à si longue échéance, contre les États-Unis, au sujet de l'Asie du Sud-Est. » MALRAUX, *Antimémoires*, p. 155 (□ 1967).

« L'accord est en deux parties, l'une, qui concerne les armes *défensives*, c'est-à-dire les missiles antimissiles (A.b.m.) et l'autre les missiles *offensifs*, que l'on lance à partir de silos ou de sous-marins nucléaires. » *L'Express*, 14 mai 1973, pp. 188-193.

✳ Nom donné en 1945 par les Américains et les Anglais à ce type d'armement souvent appelé en français *engin spécial.* L'anglais *missile* n. (XVIIe s.) qui vient du latin *missile* « arme de jet », neutre substantivé de l'adj. *missilis* « qu'on peut lancer », de *missum*, supin de *mittere* « envoyer », désignait déjà toute arme de jet ou de trait. Nous avons eu aussi un mot français *missile* n. m. « arme de jet, projectile » (XVIe s., enregistré dans le Compl. du dict. de l'Académie 1840 et du Suppl. du dict. de Littré 1877, rare entre la fin du XVIIe siècle et 1840). Le sens français actuel a été repris après la fin de la guerre. Larousse enregistre *missile* en 1949. Dans *La Banque des mots*, n° 1, 1971, p. 107, Pinder et Rousselot signalent que le terme de techniques spatiales *missile* est réservé en français au domaine militaire. *Missile* est donc un mot bien français qui revêt un emprunt de sens récent à l'américain.

MISSING LINK [misiŋlink] *n. m.*

(1900) *Sc.* Type intermédiaire hypothétique dans la chaîne d'une évolution, en particulier entre l'homme et le singe, dans la théorie de Darwin. — REM. : Absent du dict. de l'Académie 1935.

« Qu'est-ce que le pithecanthropus ? L'être intermédiaire entre le singe et l'homme, le missing link, l'anneau manquant dont Darwin a conçu par hypothèse l'existence. »
Le Pithecanthropus à Java, in *À travers le monde*, 3 nov. 1900 [*in* D. D. L., 2e série, 1].

« cet indigène était un *missing link* suivant la théorie darwinienne [*sic*], possédant des pieds à forme de mains, absolument comme les singes. »
É. GAUTIER, *L'Année scientifique et industrielle*, p. 368, 1908 (□ 1907).

✳ Anglais *missing link* n. (1862, comme terme de zoologie ; 1851, comme terme général), de *missing* « qui manque », et *link* « lien, intermédiaire », qui se rend en français par *le maillon qui manque à la chaîne* au sens général, et par *le chaînon manquant* dans le domaine scientifique. *Missing link* est néanmoins assez courant dans le langage scientifique et dans celui de la presse.

MISTER [mistœr] *n. m.*

(1903) Équivalent anglais de *Monsieur*, qui s'emploie devant le nom des hommes qui n'ont droit ni au titre de *sir*✳ ni à celui de *lord*✳ → **Mr.** — REM. : Absent du dict. de l'Académie 1935.

✳ Mot anglais n. (1551), issu de *master* « maître » (vieil anglais *mægister, magister*, emprunt du latin, avec influence de l'ancien français *maistre*, mod. : *maître*).

MISTRESS [mistʀɛs] *n. f.*

(1874 ; *mistriss*, 1776) *Vx.* Madame → **Mrs.** — REM. : Enregistré sous la forme *mistriss* dans les dict. de Littré 1868 et de l'Académie 1878, et de *mistress*, dans le dict. de P. Larousse 1874 ; absent du dict. de l'Académie 1935.

« Elle sera, ce soir, au bal de mistriss Lawington, une Anglaise que je connais ». Ch. de BERNARD, *La Femme de quarante ans*, 1853 [*in* Littré].

— *Fam.* et *vieilli*. Dame de la société anglaise. *Des mistresses.*

« Une mistriss [*sic*] élégante encore, malgré son embonpoint, étant sortie de la chambre voisine pour faire les honneurs de la théière, nous nous aperçûmes que Brummel avait aussi sa marquise de Conyngham. » BALZAC, *Traité de la vie élégante*, p. 166 (□ 1830).

✳ Mot anglais (XIVᵉ s.), féminin de *master* (→ **Mister**), de l'ancien français *maistresse* (mod. : *maîtresse*).

MIXAGE [miksaʒ] *n. m.*

1° (1934) *Cin.* et *radio*. Report sur une même bande sonore de divers sons enregistrés sur des bandes distinctes. *Faire le mixage sonore* (→ **Mixer**).

« Ils semblent ignorer que, seul, un musicien — au courant, bien entendu, de la chose cinématographique — peut donner d'utiles indications dans les opérations délicates du " mixage " et du montage sonore, si souvent fatales à la musique. » J. IBERT, in *Revue musicale*, déc. 1934 [*in* D. D. L., 2ᵉ série, 12].

« Ces divers éléments sonores enregistrés sur des bandes séparées interviennent, tantôt isolément, tantôt ensemble, au cours du film. Il est nécessaire de les enregistrer sur la même bande. C'est l'opération des *mélanges* ou *mixage*. » J.-P. CHARTIER et F. DESPLANQUES, *Derrière l'écran*, 1950 [*in* D. D. L., 2ᵉ série, 3].

2° (1959) *Techn.* Action de mélanger dans un ordre déterminé.

✳ Adaptation de l'anglais *mix* n., même sens, de *to mix* « mélanger », employé comme terme technique de cinéma aux États-Unis dès 1922. L'équivalent français recommandé est *mélange*, en usage en ce sens depuis 1950 (→ cit. ci-dessus). Au sens technique signalé par Larousse en 1959, le mot *mixage* ne s'est jamais répandu dans l'usage courant.

MIXED GRILL [miksədgʀil] *n. m.*

(mil. XXᵉ s.) Plat chaud de viandes assorties, grillées ou frites (généralement côte de mouton, rognon de porc, bacon, saucisse), parfois servi avec une tomate et des champignons.

✳ Anglais *mixed grill* (1913, Oxford 2ᵉ Suppl.) de *mixed* « mélangé » *(to mix)* et *grill* « aliment grillé ». Le mixed grill est un plat anglais assez commun dans les restaurants bon marché d'Europe de l'Ouest ; on le sert en France dans certains pubs.

MIXER [mikse] *v. tr.*

(1934) *Cin.* et *radio*. Procéder au mixage* du son (→ cit. de Hoérée, art. *Mixeur*, 1°). — REM. : Absent du dict. de l'Académie 1935.

« les diverses pistes sonores sont " mixées ", c'est-à-dire mélangées pour se fondre en une piste unique qui sera la bande son définitive accolée à la bande image. » M. BESSY, *Les Truquages au cinéma*, p. 153 (□ 1951).

« [...] Frank Zappa a eu tout le loisir de longuement triturer et mixer ce dernier album. » J.-F. BIZOT, *L'Express*, 4 sept. 1972, p. 14.

✳ Adaptation de l'américain *to mix* (1922), verbe anglais signifiant « mêler, mélanger » (1538). Remplacé dans l'usage par le terme français *mélanger*, l'américanisme *mixer* se retrouve de nouveau dans le langage de la publicité.

MIXEUR ou MIXER [miksœʀ] *n. m.*

1° (1934) Cin. et radio. *Vieilli.* Dispositif électrique servant à mêler et à doser des courants de basse fréquence issus de micros différents.

« Le *mixeur* repose sur un principe identique et peut *mixer* trois bandes-phono et même davantage. »
A. HOÉRÉE, in *Revue musicale*, déc. 1934 [*in* D. D. L., 2ᵉ série, 12].

« Mixer (ou potentiomètre mélangeur), double plateau avec double pick-up, potentiomètres mélangeurs. »
G. COHEN-SÉAT, *Essai sur les principes d'une philosophie du cinéma*, 1946 [*in* I. G. L. F.].

— (1955) *Vx.* Ingénieur du son qui opère le mixage*.

« le *mixage*, appelé aussi mélange, opération dirigée par un ingénieur du son ou *mixeur* (en anglais *mixer*) ».
R. JEANNE et Ch. FORD, *Le Vocabulaire du cinéma*, juin 1955, p. 264.

2° (1953 ; « mélangeur », 1952, Quillet, *Encycl. du bâtiment et des travaux publics*, t. III, p. 747) Appareil ménager électrique servant à mélanger, à battre et à broyer les aliments.

« Nous avons inventé des appareils à dénicher les champions, des mixeurs à les monter en neige [...]. »
PERRET, *Bâtons dans les roues*, p. 10 (□ 1953).

« on a des appareils pour les regarder tourner... Le mixer broie, l'aspirateur aspire [...]. » H. BAZIN, *Le Matrimoine*, p. 207 (□ 1967).

« On lui a donné [à l'électricité] les moteurs, les ampoules, les tubes de néon, les aspirateurs, les sèche-cheveux, les mixers, les radiateurs, pour qu'elle use ses forces. » LE CLÉZIO, *Les Géants*, p. 201 (□ 1973).

✳ Emprunts successifs à l'américain *mixer* n. (1929 comme terme de cinéma et de radiotechnique pour désigner l'ingénieur et l'appareil ; 1957 comme nom d'appareil ménager [angl. *blender*]). *Mixer* est la forme abrégée de *electric mixer* (1933) « batteur électrique » qui a été précédé de *cake-mixer* « batteur (à main) », littéralement « mélangeur de gâteaux », v. 1877, composé à partir de l'anglais *mixer* n. (1876) de *to mix* « mêler, mélanger ». Le Comité d'étude du langage scientifique de l'Académie des sciences a rejeté ce terme, même sous sa forme francisée en *-eur*, le 6 février 1956, et a recommandé de le remplacer par *mélangeur*, *broyeur*, etc., suivant les cas. Au premier sens, *mixeur* a été remplacé dans l'usage par *mélangeur* pour désigner l'appareil ; *mixeur*, ou souvent *mixer* ne subsiste plus que comme nom d'appareil ménager toutefois très courant.

M. M. P. I. [ɛmɛmpei] *n. m.*

(1969) *Psychol.* Nom d'un test de personnalité mesurant certains traits pathologiques, notamment la dépression, la schizophrénie, l'hystérie, etc.

✳ Sigle de *Minnesota Multiphasis Personality Inventory* « Inventaire multiphasique de personnalité du Minnesota », test élaboré par S.R. Hathaway et J.C. MacKinley, présenté pour la première fois aux États-Unis en 1941 et très largement utilisé en psychiatrie.

MOBILE [mɔbil] *n. m.*

(1949) *Arts.* Ensemble d'éléments en matériaux légers agencés de telle sorte qu'ils entrent en mouvement sous l'effet de la moindre vibration et prennent des dispositions différentes.

« Avec des matières inconsistantes et viles, avec de petits os ou du fer-blanc ou du zinc, il [Calder] monte d'étranges agencements de tiges et de palmes, de palets, de plumes, de pétales. Ce sont des résonateurs, des pièges, ils pendent au bout d'une ficelle comme une araignée au bout de son fil ou bien ils se tassent sur un socle, ternes, rabattus sur eux-mêmes, faussement endormis ; passe un frisson errant, il s'y empêtre, les anime, ils le canalisent et lui donnent une forme fugitive : un *Mobile* est né. [...] Ses mobiles ne signifient rien, ne renvoient à rien qu'à eux-mêmes : ils sont, voilà tout ; ce sont des absolus. »
                                  SARTRE, *Situations III*, pp. 307-308 (□ 1949).

✳ Nom donné en anglais en 1936 à cette nouvelle forme d'art, par son créateur, le sculpteur américain A. Calder (Cf. Stabile).

MOBILE-HOME [mɔbilhom] *n. m.*

(v. 1970) Maison légère transportable derrière une voiture ou sur un train, qui ressemble à une grande roulotte et s'installe où l'on veut, avec un raccordement d'eau et d'électricité.

« Les sous-bois et les dunes de sable de Rivedoux, de La Flotte et de Bois-Plage se constellent de tentes, de caravanes et de mobil-homes... Certaines installations font rêver. Un voisin vient d'acheter un mobil-home de 11,50 m. »   *L'Express*, 25 août 1979.

✳ De l'américain *mobile home* « maison mobile » (av. 1950, attesté en 1954 dans le *New Herald Tribune*). Aux États-Unis, la maison ne possède pas, comme en Europe, de détermination historique et géographique. Vite remplacée, elle est aussi déplacée selon les besoins professionnels de ses occupants. Le mobile home constitue une solution intermédiaire entre la caravane et la maison, qui permet d'éviter les déménagements. On écrit parfois *mobil home* en français pour faire « plus anglais ».

MOCASSIN [mɔkasɛ̃] *n. m.*

1° (1707) Chaussure montante et fourrée des Indiens d'Amérique du Nord. — REM. : Enregistré dans les dict. de Littré 1868 et de l'Académie 1878.

« Il est défendu [aux lutteurs indiens] de se garantir les pieds de souliers et de *mocassins* (bottines indiennes en cuir de cerf mou) ; d'ailleurs ces pieds, comme tout le reste du corps, sont peints d'ornements bizarres de toutes couleurs. »
            G. DEPPING, *Voyage de M. Möllhausen, du Mississippi aux côtes de l'océan Pacifique* [1853-1854], p. 340 (□ 1860).

« Johnson soigna tout particulièrement la confection des snow-shoes, fixées sur des montures en bois garnies de lanières de cuir ; elles servaient de patins ; sur les terrains entièrement glacés et durcis, les mocassins de peau de daim les remplaçaient avec avantage ; chaque voyageur dut être muni de deux paires des unes et des autres. »
            Jules VERNE, *Les Aventures du capitaine Hatteras*, p. 215 (□ 1864).

— PAR ANAL. (XXᵉ s.) Chaussure de marche, basse et généralement sans attaches.

« Minne songe qu'elle va pouvoir s'accorder deux grandes heures de robe de chambre, de pieds nus dans les petits mocassins de daim cru, de cheveux frais en pluie lisse sur les épaules... »
            WILLY, *Les Égarements de Minne*, 1905 [*in* D. D. L., 2ᵉ série, 16].

✳ De l'algonquin *makisin ;* attesté en français dès 1615 sous la forme *makezin*, mot passé dans le français du Canada comme emprunt direct mais répandu en France au milieu du XIXᵉ siècle par l'anglais, où la forme actuelle de *moccasin* a été précédée par diverses variantes américaines à partir de 1612 : *mockasins, mockasans, moggizons, makissins.* En français, on rencontre les formes *moccassin,* et d'après Bloch et Wartburg, *moccassin,* en 1707, et *mackisin* en 1728. En 1801, Chateaubriand en fait un nom féminin : « Elle [Atala] me broda des moccassines de peau de rat musqué avec du poil de porc-épic » (*Atala*, Flammarion, 1948, p. 79). Mackenzie (p. 225) pour sa part ne relève pas d'attestation de la forme *mocassin* n. m. antérieure à celle de la *Revue des Deux-Mondes*, IX, 1857, p. 695. Notons les emplois cités ci-dessus dans les récits de voyageurs en Amérique du Nord. Le sens le plus récent correspond à peu près au type de chaussure que l'américain appelle *loafer**.

2° (1878) Nom usuel d'un serpent venimeux américain.

✳ Anglais *moccasin snake* n. (1755) « serpent mocassin » ou simplement *moccasin* n. (1784) puis *water moccasin* (1842) car il vit près de l'eau. Mot d'origine américaine et d'étymologie obscure mais probablement apparenté à *mocassin 1°*.

MODERN [mɔdɛʀn] *adj.*

✳ Adjectif anglais emprunté au français *moderne* au XVIᵉ siècle (bas latin *modernus* « récent, actuel », de *modo* « récemment »), entrant dans certains emprunts du français à l'anglais, tels que *modern dance* « danse moderne », *modern style* (→ ce terme), ou dans des composés créés en France dans lesquels il est antéposé à l'anglaise et se présente sous la forme originale de *modern*. Tout en dénonçant cette anglomanie publicitaire, F. de Grand Combe en excuse la bizarrerie orthographique :

« L'enseigne si fréquente en France : "Modern' Bar", "Modern' Nettoyage" m'horripile. Je fais volontiers aveu de cette pusillanime partialité. Pourtant cette élision d'un "e" qui n'existe pas en anglais que ces annonces prétendent singer, n'est pas plus grotesque que l'était l'apostrophe de "grand'mère" qui, elle aussi, représentait un e muet qui n'a jamais existé. »
De l'anglomanie en français, juil. 1954, p. 196.

MODERN STYLE [mɔdɛʀnstil] *n. m.* et *adj.*

1° (1896) Style de décoration en vogue dans les années 1900. *Le modern style.* — Adj. *Décor modern style.* — REM. : Absent du dict. de l'Académie 1935.

« Si bien que toute la pièce avait l'air d'un de ces dortoirs modèles qu'on présente dans les expositions "modern style" du mobilier [...]. »
PROUST, *Du côté de chez Swann*, p. 383 (□ 1913).

« Mais Winnie la laissait dans son cabinet de travail et passait dans sa chambre pour s'habiller, après avoir déposé sur un affreux petit guéridon modern style, un verre et une bouteille de whisky. »
F. CARCO, *Les Innocents*, p. 74 (□ 1916).

2° (1898) Adj. *Par ext.* Nouveau genre, dernier style.

« Le croiseur s'appelait "Jeanne d'Arc", ce que M. Loubet, bon historien, jugea très suffisamment première croisade et moderne style. »
A. JARRY, *Le Loubing the louf*, in *Gestes*, in *Œuvres complètes*, t. VIII, p. 126 (□ 1898).

« Nous voilà loin de la fonderie traditionnelle [...]. La fonderie "modern style" n'est même plus une usine : c'est un meuble. »
É. GAUTIER, *L'Année scientifique et industrielle*, p. 331, 1910 (□ 1909).

« Avec les nouveaux hallucinogènes qui divisent les spécialistes et attirent les chercheurs d'absolu, le toxicomane "modern style" n'est plus un réprouvé. »
J.-L. BRAU, *Histoire de la drogue*, p. 270 (□ 1968).

✳ Anglais *modern style*, d'abord attesté en américain (1883, Mark Twain), composé de *modern* et de *style*, emprunt de l'ancien français. En ce sens, on dit plutôt en anglais *art nouveau*, désignation empruntée à la raison sociale du magasin d'exposition ouvert à Paris en 1896 par Siegfried Bing, et qui coexiste en français avec *modern style* (l'allemand a *Jugendstil*, l'italien *stile Liberty*). *Modern style* est attesté en 1896 dans *Le Figaro* (d'après le G. L. L. F.). Le Robert précise que le terme a déjà été francisé dans ses premiers emplois sous la forme *moderne style* (→ cit. de Jarry) ; on n'a cependant jamais rétabli l'ordre syntaxique du français : *style moderne*. En histoire de l'art, *modern style* ne connote pas plus que *art nouveau* une école nationale, alors que *Biedermeier* s'applique surtout à un style propre aux pays germaniques (première moitié du XIXᵉ s.). Le terme est neutre alors que *style nouille*, plus pittoresque et familier, conserve des effets ironiques.

MODULE [mɔdyl] *n. m.*

(1967) *Astronaut.* Élément d'un train spatial permettant de raccorder entre eux différents véhicules spatiaux.

« [On] projette la mise sur orbite lunaire d'un réservoir de fusée et d'un *"module"* — capsule annexe —, qui seront utilisés comme laboratoires permanents ». *Le Figaro*, 26 janv. 1967 [*in* Gilbert].

« *Le module de commande* constitué par la capsule *Apollo* dans laquelle prennent place les trois astronautes de la mission. »
J. PELLANDINI, *Fusées et Missiles*, p. 104 (□ 1970).

✴ Américain *module* n. (1961), de l'anglais *module,* lui-même emprunté du français au XVIe siècle.

MOHAIR [mɔɛʀ] *n. m.*

(1868) Poil de chèvre angora, long, fin et soyeux dont on fait une laine légère. — Par appos. *Laine mohair.* — (1874, Larousse) Étoffe faite avec cette laine. *Costume de mohair.* — REM. : Enregistré dans le Suppl. 1877 du dict. de Littré ; absent des dict. de l'Académie.

« Dans la colonie du Cap de Bonne-Espérance, plusieurs personnes eurent à leur tour l'idée d'essayer l'élevage de la chèvre d'Angora, et cette industrie prit rapidement une importance si considérable, qu'aujourd'hui le marché de Bradford tire presque exclusivement du Cap la matière première des étoffes connues sous le nom de *mohair.* »
L. FIGUIER, *L'Année scientifique et industrielle*, p. 416, 1886 (□ 1885).

✴ Anglais *mohair (mocayare, moochary, mockaire)* n. (XVIe s.), emprunt de l'arabe *mukhayyar* « étoffe de poil de chèvre », proprement « sélect, de choix », par attraction de l'anglais *hair* « poil ». *Mohair* a d'abord été emprunté sous la forme *mouaire* (→ **Moire**) ; relevé par Bonnaffé, en 1868, au sens actuel.

MOIRE [mwaʀ] *n. f.*

1° (1690, Furetière, art. *Mohere ; mohère,* 1669 ; 1650, *mouaire,* Ménage) Apprêt donné à un tissu par écrasement irrégulier de son grain (à la calandre, au cylindre). — *Par ext.* Tissu d'armure toile présentant des parties mates et des parties brillantes par suite de cet apprêt. *Moire de soie, de rayonne.* — REM. : Enregistré dans les dict. de l'Académie 1787 et de Littré 1868.

« d'amples et puissants rideaux de velours nacarat doublés de moire blanche, frangés de crépine d'or [...]. »
Th. GAUTIER, *Fortunio*, p. 8, Garnier, 1930 (□ 1837).

— PAR EXT. (1845, Bescherelle) Le reflet donné à l'étoffe. — (1843) Se dit d'une surface à reflets changeants.

« Les dents courtes, mais éclatantes, brillaient aux lueurs flottantes de la torche comme des écailles de nacre aux bords de la mer sous la moire de l'eau frappée du soleil. »
LAMARTINE, *Graziella*, p. 29, Garnier frères, 1927 (□ 1843).

2° (1764) *Vx.* → **Mohair.**

« *Tabis,* [...] c'est ce qu'on appelle improprement *moire* [...]. La véritable moire n'admet pas un seul fil de soie. »
VOLTAIRE, *Dict. philosophique*, art. *Tabis*, in *Œuvres complètes*, t. XLII, p. 295 (□ 1764).

✴ Anglais *mohair* n. (XVIe s.), qui a été réemprunté sous sa forme intégrale au second sens au XIXe siècle. L'emprunt francisé sous la forme de *moire* a produit les dérivés *moiré* adj. (1540), *moirer* v. tr. (1765), *moireur* n. m. (1829), *moirage* n. m. (1765, Encycl. Diderot), *moirette* n. f. (1761), « voile moiré ». La chose comme le mot nous vient d'Angleterre. Sous Louis XIV, le velours, le satin, la moire et la brocatelle étaient les tissus les plus recherchés pour les robes. À la fin du XVIIe siècle, on passe des soieries rayées et moirées aux toiles de l'Inde.

MOLESKINE [mɔlɛskin] *n. f.*

1° (1874 ; *molesquine*, 1857 ; *mole-skin*, 1838) Étoffe de velours de coton servant surtout à doubler des vêtements d'homme. — REM. : Enregistré dans le Suppl. 1877 du dict. de Littré (*moleskine* ou *molesquine*) et dans le dict. de l'Académie 1935.

« Deux chemises, l'une en mérinos léger, l'autre de couleur, des pantalons en molesquine blanche, deux paires de bas en coton et une paire de souliers composaient ma toilette de rechange. »
É. DAIREAUX, *Voyage à la Plata. Trois Mois de vacances* [1886],
p. 199 (□ 1888).

2° (1874) *Cour.* Toile de coton revêtue d'un enduit imitant le grain du cuir. — REM. : Signalé dans les dict. de P. Larousse 1874, Littré 1877 et de l'Académie 1935.

« Les larges glaces reflétaient à l'infini cette cohue de têtes, agrandissaient démesurément l'étroite salle, avec ses trois lustres, ses banquettes de moleskine, son escalier tournant drapé de rouge. »
ZOLA, *Nana*, p. 28 (□ 1880).

✱ Anglais *moleskin* n. (1668 ; 1803, en ce sens), signifiant proprement « peau de taupe », de *mole* « taupe », et de *skin* « peau ». Relevé en 1838 par Bonnaffé sous la forme *mole-skin ;* écrit *molesquine* en 1857 (in *Revue de philologie*, 1933, p. 29), puis *moleskine* chez P. Larousse, en 1874. Au 2ᵉ sens, la moleskine avait les mêmes usages que nos matières plastiques actuelles (skaï et autres) ; c'était le cuir du pauvre.

MONEL [mɔnɛl] *n. m.*

(1931) Alliage de nickel (68 p. 100) et de cuivre (30 p. 100) contenant aussi un peu d'étain, de fer, de manganèse et de carbone, et qui résiste à la corrosion. — REM. : Absent du dict. de l'Académie 1935.

✱ Marque de commerce déposée aux États-Unis en 1909, du nom du Président de l'*International Nickel Company*, Ambrose *Monell*.

MONITOR [mɔnitɔʀ] *n. m.*

1° (1864) *Ancienn.* Cuirassé de guerre de moyen tonnage, bas sur l'eau, créé aux États-Unis pendant la guerre de Sécession. *Des monitors.* — REM. : Enregistré dans le dict. de Littré 1868 ; absent des dict. de l'Académie.

« Elle [la seconde chambre de Hollande] a autorisé la construction de quatorze monitors, de dix navires cuirassés à tour et à éperon [...]. »
Le Moniteur universel, 22 et 23 avril 1867 [*in* Littré].

« L'avant des monitors est renforcé et taillé en éperon pour agir comme un bélier. On voit donc que ces petits navires sont parfaitement appropriés à la guerre des fleuves et des rivières : faible tirant d'eau, vitesse suffisante, grande facilité de manœuvre et d'évolution, épaisse cuirasse, protection complète des artilleurs. »
L. FIGUIER, *L'Année scientifique et industrielle*, p. 328, 1870 (□ 1869).

✱ Américain n. (1715 ; 1862, en ce sens), du latin *monitor*, signifiant proprement « moniteur, surveillant », nom donné en 1862 au bâtiment conçu par John Ericsson et construit en moins de trois mois pour prendre part à la guerre de Sécession. Signalé dans le *Dict. de la conversation*, Suppl., p. 800, 1864 (*in* Mackenzie, p. 232).

2° (1969) *Rare.* Appareil de surveillance et de contrôle électronique utilisé en médecine et dans les télécommunications → **Monitoring.**

✱ Anglais *monitor* n. (1931, en ce sens). Signalé dans *Vie et Langage*, mars 1969. Le Comité d'étude des termes médicaux français *Clair-Dire* a adopté la traduction *moniteur* (enregistré in *Dict. de Médecine et de Biologie* 1971).

MONITORING [mɔnitɔʀiŋ] *n. m.*

(1969) Technique de surveillance électronique à l'aide d'un dispositif appelé moniteur, utilisée en médecine et dans les télécommunications. — REM. : Utilisé quelquefois en français comme synonyme de *monitor 2°*, ou *moniteur*.

« les diverses approches électrocardiographiques ont toutes en commun une saisie d'information spécifique utilisant des méthodes informatiques qui s'appuient sur des enregistrements de courte ou de longue durée. Les premières répondent aux exigences du " monitoring " qui nécessite un diagnostic rapide. » *La Recherche*, sept. 1970, p. 368.

✳ Terme d'électronique anglais, probablement d'origine américaine, n. (1933 ; 1924, comme terme de radio), de *to monitor* « contrôler la qualité technique de », de *monitor* n. (1931, nom d'un appareil de contrôle électrique). Dans *Vie et Langage*, janvier 1969, p. 38, P. Pamart signale que le mot désigne « l'appareil ou la méthode propre à surveiller à distance l'évolution de l'état de santé d'un patient » (→ **Monitor, 2°**). Pour parler de la technique, on a proposé *télésurveillance*, et le *Dict. de médecine et de biologie*, 1971, a retenu *surveillance électronique*. Le ministère de la Santé préconise la forme francisée *monitorage*.

MONOPOLY [mɔnɔpɔli] *n. m.*

(v. 1940) Jeu à tableau dans lequel chaque joueur à tour de rôle déplace son pion sur une piste fermée en pratiquant les diverses opérations de la spéculation immobilière. — REM. : Absent de tout dict. de français.

« Le jeu de Monopoly réalise une abstraction tout à fait schématique du monde de la spéculation immobilière ; et, si nombreuses qu'elles soient, les possibilités de la roulette ne sont pas grand-chose à côté des possibilités infinies du destin. Au sein de cet espace-temps simplifié, chacun sait ce qu'il engage, ce qu'il risque de perdre ou de gagner ; et les responsabilités se trouvent par avance limitées. Celui qui perd au Monopoly n'y laisse par son honneur et sa fortune ; celui qui, sur le champ de foire, se plaît au jeu des autos tamponneuses ne risque pas sa vie. » G. GUSDORF, *L'Esprit des jeux*, in *Jeux et Sports*, p. 1169 (□ 1967).

« Le Monopoly, c'est "Main basse sur la ville". Adapté en 15 langues, distribué dans 25 pays, il reste le premier jeu du monde : 80 millions d'exemplaires ont été vendus depuis 1935, date de sa création par l'Américain Charles Darrow, chômeur, ex-représentant en appareils de chauffage. » *L'Express*, 19 déc. 1977, p. 111.

✳ Mot anglais de même sens et de même origine que le français *monopole* (latin *monopolium*, grec *monopôlion*, de *pôlein* « vendre ») choisi comme marque de commerce en 1935 pour ce jeu dit « capitaliste » inventé aux États-Unis par Charles Darrow qui, selon la légende, aurait été chômeur.

MONORAIL [mɔnɔʀaj] *adj. invar.* et *n. m.*

1° (1884) Se dit d'une voie ferrée à un rail unique. — (1888) Subst. *Un monorail*. — REM. : Absent du dict. de l'Académie 1935.

« Le *chemin monorail* de M. Lartigue a 105 kilomètres de long. Une trentaine de wagonnets sont traînés facilement par un seul chameau. » L. FIGUIER, *L'Année scientifique et industrielle*, p. 159, 1885 (□ 1884).

« Installé depuis 1882 sur les hauts plateaux du Sud-Oranais, le chemin de fer monorail a rendu déjà d'immenses services. » P. LAROUSSE, *Grand Dict. universel*, 2e Suppl., 1888, art. *Chemin de fer*.

2° (1907) N. m. *Monorail* ou (vx) *monorailway*, voiture ou dispositif circulant sur un seul rail.

« Car le monorailway ne se limite pas, comme on pourrait le supposer, à une seule unité automotrice : il comprend, le cas échéant, un véritable train, composé d'un nombre quelconque de wagons, qui,

montés sur boggies, peuvent franchir, sans dérailler, non seulement les courbes horizontales, mais encore les courbes verticales [...]. »
　　É. GAUTIER, *L'Année scientifique et industrielle*, p. 297, 1908 (□ 1907).

✳ De *mono-* (grec *monos* « seul, unique ») et de *rail* pour l'adjectif et le substantif à propos du système monorail de Lartigue (l'Oxford dict. atteste *mono-rail* en 1897 et *mono-railway* en 1902, à propos de la voiture circulant sur un monorail).

MONSIEUR [məsjø] *n. m.*

1° (mil. XXᵉ s.) *Fam.* (Suivi du nom de famille) *Bonjour, Monsieur Dupont.*

2° (1966) *Fam.* (Suivi d'un nom commun ou d'une locution substantive indiquant un domaine, une spécialité). *Monsieur circulation routière.* Cf. *Miss (Cinéma).*

　　« C'est avec B. que l'on prit l'habitude de casser les fauteuils. On l'appelait *"Monsieur cent mille volts"* ; il était la première "idole" des jeunes ».　　　　　　　　　　　　*Le Monde*, 5 fév. 1966 [*in* Gilbert].

✳ Calque de l'usage anglo-saxon de *Mister*. On ne donnait le nom de la personne après le titre de politesse *Monsieur* que lorsqu'on parlait d'elle et non lorsqu'on lui parlait ; encore préférait-on dire *Monsieur votre père* à *Monsieur X*. L'emploi du nom propre ne se faisait qu'avec des subalternes (appellation qui se situait à peine au-dessus du prénom). Aujourd'hui il arrive qu'on appelle familièrement des égaux et même des supérieurs par leur nom. Il semble que les usagers ayant perdu la règle, pensent à tort que *Monsieur*, tout seul, est plus froid et moins poli que *Monsieur X*

　　« *Monsieur Untel, Madame Untelle.* Choquante cette façon de faire suivre désormais du nom de famille, quand on s'adresse à quelqu'un, le *Monsieur* et le *Madame* de politesse. Les hôteliers américains ayant observé que leur clients aiment qu'on les salue sous la forme *Good morning, Mr Smith !* ou *Good evening, Mrs White !* les Français ont adopté cet usage que s'interdisaient naguère encore chez nous les gens bien élevés. »　　ÉTIEMBLE, *Le Babélien*, 1959 [*in* Dupré].

✳ Par contre, sous l'influence de l'usage anglais, le calque de [*Mister* + nom commun], *Monsieur*, suivi d'un nom de lieu, de domaine et de spécialité, n'a pas la valeur dépréciative ou caricaturale de l'usage antérieur (*Monsieur Veto*, 1791, surnom de Louis XVI sous la Constituante. *Monsieur Cinq pour cent, in* Robert 1959).

MONTRE (CONTRE LA) [kɔ̃tRəlamɔ̃tR] *loc.*

　　(1885) Sports. *Contre la montre*, d'après les temps chronométrés de chaque concurrent, et non pas d'après leur ordre d'arrivée. *Course contre la montre.*

　　« Les rivaux marchent moins vite [en ligne] que lorsqu'ils courent contre la montre ».　　　　*Le Sport vélocipédique*, 13 nov. 1885 [*in* G. Petiot].

— SUBST.

　　« Celui qui gagne le "contre la montre" disputé samedi ».
　　　　　　　　　　　　　　　　　L'Équipe, 28 juin 1965 [*in* G. Petiot].

✳ Calque de l'anglais *against the watch* utilisé seulement dans le langage sportif ; signalé par Mackenzie (p. 135) et par John Orr (p. 306).

MOOG [mug] *n. m.*

　　(1972) *Mus.* Synthétiseur électronique se rapprochant de l'orgue.

　　« Okko Bekker, jeune musicien néerlandais, à la tête d'un quartette, incluant le flûtiste américain Herb Gerber, joue au sitar et au moog ses propres compositions et des succès des Beatles. »
　　　　　　　　　　　　　　Ph. ADLER, in *L'Express*, 2 oct. 1972, p. 20.

✳ Marque déposée américaine, n. (1969), du nom propre R. A. Moog, son inventeur.

MORMON, ONE [mɔʀmɔ̃, ɔn] *n.* et *adj.*

(1843 ; *mormonite*, 1832) Membre d'une secte religieuse
d'origine américaine, appelée « Église de Jésus-Christ des saints
des derniers jours », dont la doctrine est celle du *Livre de
Mormon. Salt Lake City, la ville des Mormons.* — (1854) Adj.
Secte mormone. Théologie mormone. — REM. : Enregistré dans
le dict. de Littré 1868 ; absent des dict. de l'Académie.

« Les Mormonites sont des fanatiques ainsi nommés du livre de
Mormon, autrement dit la Bible dorée, recueil de sottises et de rêveries,
dont ils ont fait leur évangile. »
Lettres sur les États-Unis d'Amérique, 1ᵉʳ août 1832 [*in* D. D. L., 2ᵉ série, 1].

« C'est dans ces belles contrées, sur un vaste plateau qui domine la
rivière, que les *Marmons* [*sic*] ont établi leur culte et leur *Sainte Cité.*
Cette secte d'imposteurs et de dupes est peut-être inconnue en France ;
je me contenterai d'une histoire succincte ».
THÉBAUD, in *Annales de la propagation de la foi,*
1843 [*in* D. D. L., 2ᵉ série, 12].

« "Certes, j'irai", se dit Passepartout, qui ne connaissait guère du
mormonisme que ses usages polygames, base de la société mormone. »
J. VERNE, *Le Tour du monde en 80 jours,* p. 234 (☐ 1873).

✱ Américain *Mormon* n. (1830) et *Mormonite* n. (1831), du nom que
s'est donné Joseph Smith Junior, auteur de la bible des mormons
intitulée *Book of Mormon* « Le Livre de Mormon », 1830, et fondateur
de la secte des mormons *(Church of Jesus Christ of Latter-Day Saints),*
d'après le nom d'un prophète mythique qui aurait été l'auteur des
Annales ou du *Livre d'or* dont Smith affirme être le simple traducteur,
de l'égyptien en anglais, mais qui pourrait être le nom d'un personnage
d'un roman historique inédit (→ cit. de Burton, art. *Mormonisme*). Les
Mormons ne boivent pas d'alcool ; ils ont une importante activité
militante. On trouve *marmoniser* v. tr. (1867) dans Sainte-Beuve
(D. D. L., 2ᵉ série, 3).

MORMONISME [mɔʀmɔnism] *n. m.*

(1851) Religion des mormons✱. — REM. : Enregistré dans le
dict. de Littré 1868 ; absent des dict. de l'Académie.

« On se demande comment cet homme [Joseph Smith] incontestablement habile, mais fort peu lettré, aurait pu écrire le *Livre de Mormon.*
La réponse n'est que trop facile, s'il faut en croire l'histoire suivante,
regardée comme authentique par tous les adversaires du mormonisme,
et qui paraît au moins très-vraisemblable.
Ils disent donc qu'en l'année 1809, le nommé Salomon Spaulding,
autrefois ministre d'une église protestante quelconque, fit de mauvaises
affaires dans l'État de New-York. C'était un homme lettré, que les
revers du commerce rendirent aux lettres. Son attention avait été
éveillée par une controverse, alors assez animée, sur cette question :
"Les Indiens d'Amérique descendent-ils réellement des dix tribus
dispersées d'Israël ?" Il crut trouver dans ce thème le fond d'un roman
historique, auquel il travailla trois années, et qu'il intitula : *le Manuscrit
trouvé.* Mormon et son fils Moroni, qui jouent un si grand rôle dans le
Livre d'or, sont au nombre des principaux personnages de l'œuvre de
Salomon Spaulding. En 1812, le manuscrit fut présenté à un imprimeur
nommé Patterson, résidant à Pittsbourg, en Pensylvanie ; mais l'auteur
étant mort avant la conclusion d'aucun arrangement, M. Patterson ne
songea pas davantage à cette affaire ; lui-même mourut en 1826, et le
manuscrit resta entre les mains de son prote principal. Or celui-ci n'était
autre que Sidney Rigdon, qui devint plus tard l'Oma, ou si l'on aime
mieux, le compère du nouveau Mahomet. »
R. BURTON, *Voyage à la cité des saints, capitale du
pays des Mormons* [1860], p. 387 (☐ 1862).

✱ Américain *Mormonism* n. (1831), de *Mormon.* Attesté en français en
1851 (P. Chasles, *Études sur la littérature et les mœurs des Anglo-
Américains,* p. 487, in Mackenzie, p. 225).

MORMONITE → MORMON.

MORPHÈME [mɔʀfɛm] *n. m.*

(1952) *Ling.* Unité minimum signifiante d'une langue, libre ou liée à une autre dans un mot.

❊ Sens emprunté à l'école linguistique américaine de Bloomfield (in *Language*, 1926) de l'anglais *morpheme* proposé dès 1896 par R.J. Lloyd (in *Neueren Sprachen*, III, p. 615) par opposition à *phoneme* « phonème », du grec *morphê* « forme », comme le français *morphème* créé par Vendryes (*Le Langage*, 1921) dans un autre sens : « élément de formation qui confère un aspect grammatical déterminé à un élément de signification *(sémantème)* ». Le sens américain, le plus répandu de nos jours en linguistique, se retrouvait déjà dans les *Travaux du Cercle linguistique de Prague*, 1931, et chez Troubetzkoy, 1934. Jean Cantineau y consacre un article dans les *Cahiers Ferdinand de Saussure*, n° 10, 1952. La linguistique fonctionnelle française emploie parfois le terme *monème* créé par A. Martinet et qui correspond à un concept un peu différent.

MORSE [mɔʀs] *n. m.*

(1856) Système de télégraphie électromagnétique et de code de signaux utilisant des points et des traits ou des sons brefs et des sons longs. *Le morse. Signaux en morse.* — Par appos. *Alphabet morse.* — (1859) *Télégraphe morse*, appareil télégraphique servant à transmettre et à recevoir ces signaux. — REM. : Absent des dict. de Littré et de l'Académie.

« Avec le télégraphe Morse, l'employé doit réunir beaucoup d'intelligence ou d'adresse pour faire manœuvrer son appareil avec une rapidité qui ne compromette point l'exactitude de la transmission. »
L. FIGUIER, *L'Année scientifique et industrielle*, p. 236, 1860 (□ 1859).

❊ Mot d'origine américaine, du nom de l'inventeur, le peintre et physicien américain Samuel Finley Breese *Morse* (1791-1872), qui fit breveter en 1838 l'emploi des électro-aimants dans la télégraphie. En français, c'est *alphabet morse* qui est attesté en premier lieu (Becquerel, *Travaux d'électricité*, 1856, in Mackenzie, p. 225).

MOTS CROISÉS [mokʀwaze] *n. m. plur.*

(1925) Jeu qui consiste à remplir une grille avec des mots qui se croisent aux lettres communes, ces mots répondant chacun à une définition ou à une devinette.

« Le premier journal français qui accueillit les mots croisés fut *Le Gaulois*, suivi peu après par *L'Excelsior*, *Le Journal*, *Le Matin* et *L'Intransigeant*, autant de titres aujourd'hui disparus. Dès 1925, Renée David publiait *Le Journal des mots croisés.* »
R. de la FERTÉ et J. CAPELOVICI, *Pratique des mots croisés*, p. 6 (□ 1975).

❊ Calque de l'anglais *crossword*, abrév. de *crossword puzzle* « problème de mots croisés » (1914, *in* Oxford, 2e Suppl.). Apparaît en français en 1925 (D. D. L., 2e série, 16) concurremment sous les formes *mots en croix* et *mots croisés*. Ce jeu fut instauré en Angleterre par Arthur Wynne dans les premières années du XXe s. et emprunté avec grand succès par les Américains (1913, Supplément du *New York World*). À cette époque tous les mots croisés étaient en anglais.

MOTEL [mɔtɛl] *n. m.*

(1953) Hôtel situé à proximité ou le long d'une route à grande circulation et aménagé pour les besoins des voyageurs motorisés.

« Enfin les premiers *motels* s'allument. *Motels, courts, lodges* se succèdent pendant des miles et des miles. Il y a la plus grande variété dans ces villages artificiels : les uns sont en style mexicain, d'autres évoquent des igloos, d'autres des cottages anglais. »
S. de BEAUVOIR, *L'Amérique au jour le jour*, 7 mars 1947, p. 145 (□ 1954).

« Un arrêté du 14 avril 1953 prévoit une nouvelle classe d'établissement : le *motel* de tourisme est un établissement commercial d'hébergement classé, situé à proximité d'un axe routier, hors des agglomérations ou à leur périphérie ».   *Le Monde*, 6 avril 1965 [*in* Gilbert].

✻ Mot américain créé par un architecte en 1925 pour une chaîne d'hôtels de la Mileston Interstate Corporation, en Californie, formé par télescopage de l'anglais *mo*[*tor*] forme abrégée de *motor car* n. (1895) « automobile », et de [*ho*]*tel* lui-même emprunté du français *hôtel* au XVIIe siècle, d'abord au sens de « résidence d'un grand seigneur ou d'un riche propriétaire », puis d'« établissement d'hébergement » au XVIIIe s. En français, le mot *motel* figure au *Journal officiel* du 14 avril 1953. La chose elle-même reste beaucoup moins répandue en France qu'en Amérique où elle a pris naissance. Ceci tient au fait que les beaux quartiers américains sont extérieurs alors qu'en Europe, ils sont plutôt au centre des villes. *La Clé des mots* (fév. 1974) enregistre le dérivé *motelier* n. m. « tenancier, patron d'un motel ».

« De même, rien n'oblige le "motelier" à mettre un ascenseur dans son établissement. »   *Le Monde*, 14 avril 1973.

✻ La forme *motel* a donné naissance à de nombreux composés américains (*boatel*, etc.), mais aucun n'a eu en français la fortune de *motel* (→ **Lovetel**). En revanche, le pseudo-suffixe -*tel* (hôtel) fonctionne dans plusieurs noms propres.

MOTION [mosjɔ̃] *n. f.*

1° (1775) *Polit.* Proposition faite au Parlement anglais par l'un de ses membres.

« Terme dérivé d'un mot latin qui signifie *agiter*. Faire une motion veut dire en Angleterre agiter, ou plutôt élever une question. En France, depuis la révolution, il signifie quelquefois agiter des riens, mais ordinairement il signifie, agiter sa langue et ses poumons, agiter les esprits, agiter les brandons du patriotisme, agiter les poignards du Jacobinisme. »
Nouveau Dictionnaire pour servir à l'intelligence des termes mis en vogue par la Révolution, dédié aux amis de la religion, du roi et du sens commun, janv. 1792 [*in* Brunot, t. IX, 2, p. 776].

— PAR EXT. *Rare*. Proposition en faveur de quelqu'un.

« [ma] petite motion en faveur des négociants protestants ».
BEAUMARCHAIS, Lettres aux ministres SARTINES
et MAUREPAS, 1779 [*in* Proschwitz, p. 100].

2° (1789) Proposition faite dans une assemblée délibérante par un de ses membres. *Faire, proposer, déposer une motion. Amender la motion. Motion de censure.* — REM. : Enregistré dans le dict. de l'Académie 1798 comme mot adapté de l'anglais et dans le dict. de Littré 1868.

« Après plusieurs observations préliminaires, dont aucune n'a été "réduite en motion" [...]. »   *États généraux*, 20 mai 1789, in *Archives parlementaires* [*in* Brunot, t. IX, 2, p. 776].

« Une "motion" est une proposition faite par un membre à la Chambre pour obtenir son consentement, elle devient "question", quand l'orateur *(speaker)* demande à la Chambre, si elle adopte la motion ou non. Dans le langage ordinaire la motion est appelée question. »
MIRABEAU, 29 juil. 1789 [*in* Brunot, t. IX, 2, p. 776].

« Il ne sera plus admis aucune motion incidente, sous le titre de "motion d'ordre", "motion de fait", suite ou conséquence du procès-verbal ».
CAMUS, *Convention nationale*, 13 oct. 1792, in *Archives parlementaires*,
[*in* Brunot, t. IX, 2, p. 776].

✻ Emprunt sémantique à l'anglais *motion* n. (1579, en ce sens) lui-même emprunté du français au XVe siècle (latin *motio*) au sens ancien de « action de mouvoir ». Proschwitz (*op. cit.*, p. 100) relève le terme en français en 1775 ; d'après Brunot (t. IX, 2, p. 776), c'est de Lolme (*Constitution d'Angleterre*, 4e éd., 1787) qui paraît avoir le plus contribué à naturaliser ce sens anglais à la fin de l'Ancien Régime. *Motion* eut sa place dès le début de la Révolution dans la langue parlementaire. *Motion*

a donné des dérivés aujourd'hui très rares : *motionner* v. intr. (1789) ;
motionnaire n., (1789), « personne qui fait une motion » (Notons que
l'anglais *motioner* n. 1536 est désuet de nos jours) ; *motionneur* n.,
(1793), « parlementaire qui fait trop de motions ». *Motionnaire* et
motionneur figurent au Suppl. du dict. de Littré 1877.

MOTOBALL ou MOTO-BALL [mɔtobɔl] *n. m.*

(1931) Sport d'équipe analogue au football, qui se pratique à
motocyclette. — REM. : Absent du dict. de l'Académie 1935.

> « La Féd. de Moto-Ball a 18 mois d'existence ».
> *L'Auto*, 29 nov. 1931 [*in* G. Petiot].

✱ Pseudo-anglicisme forgé en France, de *moto*[*cyclette*] et de l'anglais
ball (→ **-ball**). Signalé comme mot « anglais » complètement fictif par
John Orr, 1935, p. 301, et par Deroy, p. 64.

MOTOCROSS ou MOTO-CROSS [mɔtokRɔs] *n. m.*

(1949) Course à motocyclette sur circuit tout terrain.

> « Le moto-cross a quatre ans. Il dérive du dirt-track anglais ».
> *Sport-Digest*, nov. 1949 [*in* G. Petiot].

✱ Pseudo-anglicisme composé de *moto*[*cyclette*] et de l'anglais *cross*.

MOT-VALISE [movaliz] *n. m.*

(1952) Mot composé de morceaux d'autres mots qui ne sont
pas (tous) des morphèmes (comme l'américain *transistor* de
trans[*fer*] et [*re*]*sistor* ou *motel* de *mot*[*or*] [*car*] et [*hot*]*el*).

> « [Note] 1. On sait qu'en l'honneur de Lewis Carroll (cf. *Through the
> looking-glass* (29), chap. VI, Humpty Dumpty : "You see it's like a
> portmanteau there are two meanings packed up into one word"), j'ai
> proposé d'appeler "mots-valises" les néologismes par agglutination ou
> condensation. On trouvera ici un chapitre, le deuxième, de la monogra-
> phie que je leur consacre. »
> G. FARDIÈRE, « Les "Mots-valises" et le Wonderland de l'enfance »,
> in *Les Temps modernes*, déc. 1952, p. 937.

> « Il apparaît que le mot-valise est fondé dans une stricte synthèse
> disjonctive. Et, loin que nous nous trouvions devant un cas particulier,
> nous découvrons la loi du mot-valise en général, à condition de dégager
> chaque fois la disjonction qui pouvait être cachée. Ainsi pour "frumieux"
> (furieux et fumant) [...]. » G. DELEUZE, *Logique du sens*, p. 64 (□ 1969).

> « Lewis Carroll, toute sa vie, fut affecté d'un trouble d'élocution. Le
> père du mot-valise bégayait. Cette apparente maladie fut sa première
> insolence. Il sortait de sa bouche des vocables défigurés, méconnais-
> sables, traînant toujours avec eux quelques syllabes parasitaires. La
> nature, en lui, résistait à la morale du langage. »
> A. FINKIELKRAUT, *Ralentir : mots-valises !*, Introduction (□ 1979).

✱ Calque de l'angl. *portmanteau (word)* de *portmanteau* « valise »
(emprunté au français *portemanteau* au XVIᵉ s.) et *word* « mot »,
expression créée par Lewis Carroll pour désigner des mots inventés par
lui, qui mélangent les sons de deux autres mots dont les sens
s'additionnent : « *"Mimsy" is "flimsy and miserable" (there's another
portmanteau for you)* 1872, *in* Oxford dict. (« *Mimsy*, c'est *flimsy*
["fragile, faible"] et *miserable* ["triste, malheureux"]. Voici un autre mot-
valise pour vous »). Le mot *portmanteau* « valise » indique que les
éléments sont empaquetés les uns avec les autres. Ce mode de
composition, à l'origine purement ludique, s'est rapidement répandu en
anglais et surtout en américain, même dans le langage scientifique
(*quasar*, etc.). Il était inconnu en français et toujours accidentel (par ex.
joufflu = anc. fr. *joue* + *giflu*) ; on parlait alors d'« attraction » de
« confusion » ou de « télescopage ». Le mot-valise comme dénomination
est apparu avec les emprunts à l'anglais. Mais le procédé se heurte en
français aux connaissances morphologiques et étymologiques des locuteurs, et ne semble pas se répandre sinon dans les noms de marques

(*chocomousse*, etc.). Néanmoins, l'affreux *reprographie* n. f. *(repro[duc-tion]* et *-graphie)* est formé en français (1963), et il convenait si bien au système anglais qu'on nous l'a emprunté (*reprography* n., 1967 Barnhart 1).

MOUCHOIR (DANS UN) [dɑ̃zœmuʃwaʀ] *loc. adv.*

(1895) *Sports.* Vieilli. *Dans un mouchoir* ou *sur un mouchoir*, en peloton serré, en parlant des concurrents. *Finir sur un mouchoir* ou *dans un mouchoir. Arriver dans un mouchoir.*

« Ils finissent tous "dans un mouchoir" ».
Le Vélo, 29 juil. 1895 [in G. Petiot].

✴ Calque de l'anglais *in a handkerchief* signalé par Mackenzie (p. 135), par John Orr (p. 296) et par Deroy (p. 222), employé uniquement dans le langage sportif.

MOUND [mawnd] ou [mund] *n. m.*

(1875) *Archéol.* Monument de l'Amérique précolombienne formant un tertre artificiel (bassins du Mississippi, de l'Ohio, région des Grands Lacs). — REM. : Absent des dict. de l'Académie.

✴ Substantif d'origine américaine (déb. du xviiiᵉ s.) « tertre ». En français, le terme général est *tumulus. Mound*, attesté en 1875 (*in* Mackenzie, p. 239), ne se dit que des tumulus d'Amérique du Nord → aussi **Mound-builders.**

MOUND-BUILDERS [mawndbildœʀ] ou [mundbildœʀ] *n. m. pl.*

(1883) *Ethnol.* et *archéol.* Nom des populations précolombiennes qui ont construit les mounds*. — REM. : Absent du dict. de l'Académie 1935.

✴ Terme d'origine américaine n. (1838) composé de *mound* et de *builder* « constructeur ». Signalé en 1883 (*in* Mackenzie, p. 245).

MOVIOLA [mɔvjɔla] *n. f.*

(v. 1930) *Cin.* Appareil de projection cinématographique en format réduit, utilisé pour le montage. — REM. : Absent du dict. de l'Académie 1935.

« Pour la "lecture" de ses bouts de film et de son travail au fur et à mesure qu'il avance, le monteur se sert de la moviola ou movitone, sorte de petit appareil de projection sonore qui montre une image d'environ 9 × 12 cm sur dépoli. »
Lo Duca, Technique du cinéma, p. 48 (□ 1974, 1ʳᵉ éd., 1943).

✴ Américain *moviola* (aussi *moviela*), marque déposée (1929), de l'américain *movie* « film » (1912), et de *-ola*, d'après *pianola*. Le Petit Robert date ce mot des environs de 1930 d'après des témoignages oraux.

Mr. [mistəʀ] *n. m.*

(1918) Équivalent français de *M.*, forme écrite abrégée de *Monsieur* → **Mister.** — REM. : Absent du dict. de l'Académie 1935.

« [...] Odette avait fait faire des cartes où le nom de Charles Swann était précédé de "Mr.". »
Proust, À l'ombre des jeunes filles en fleurs, p. 546 (□ 1918).

✴ Abréviation anglaise (xviᵉ s.) de *Mister.* On emploie parfois en français et par erreur, l'abrév. *Mr* pour *M.* ; *Mr.* (avec un point dans l'usage anglais) représente *mister* et non *monsieur.*

Mrs. [misis] *n. f.*

Forme abrégée anglaise correspondant au français *Mme*, précédant le nom d'une femme mariée. *Mrs. Dalloway* [misisda-lowɛ]. — REM. : Prononciation signalée dans le dict. de Littré 1868, art. *Mistriss*.

✻ Anglais *Mrs.* (XVIIe s.), forme abrégée de *Mistress*, uniquement utilisée de nos jours comme titre préfixé au nom d'une personne mariée (depuis 1615), qui a pris au XIXe s. la prononciation [misiz] au moment ou fut abandonné *mistress* dans ce sens. Cette prononciation elle-même a été retranscrite en anglais populaire par *missis, missus*, incorrects en anglais. La prononciation moderne de *Mrs.* semble plus récente en français qu'en anglais → **Mistress.** L'usage de *Mrs.* en français est critiqué même à propos d'une Anglaise ou d'une Américaine.

> « *Mistress* : lorsqu'il veut dire Madame, ce mot s'écrit toujours en abrégé aujourd'hui : "Mrs". Le voyageur français malavisé qui, dans un hôtel anglais, inscrit sa femme et lui "M. Dubois and mistress" s'expose à des désagréments. »
> F. de GRAND COMBE, *De l'anglomanie en français*, juil. 1954, p. 198.

> « Le cas de "*Mrs*" est tout autre. Il n'y a aucune raison pour ne pas dire "Mme Asquith". Cependant on regrette de constater que "*Mrs*" tend à s'implanter. J'en trouve un exemple dans le numéro de *Paris-Match* du 7 décembre 1957 où il est question de "*Mrs*" Wheaton, secrétaire du président Eisenhower. En 1918, l'*Illustration*, ayant l'occasion de parler de la femme du président des États-Unis qui avait accompagné son mari à Paris pour la Conférence de la paix, ne l'a pas appelée autrement que "Mme Wilson" [...]. »
> J. DARBELNET, *Regards sur le français actuel*, pp. 56-57 (□ 1963).

MUFFIN [myfin] ou [mœfin] *n. m.*

(1793) Petit pain rond (à la farine de blé ou aux flocons d'avoine) cuit au moule et qui se mange généralement chaud et beurré. *Des muffins. Il prit des toasts et des muffins.* — REM. : Absent des dict. de Littré et de l'Académie.

> « Dans l'excès de sa gratitude elle aurait mangé en un seul repas tous les "muffins". »
> Mme de STAËL, *Lettres diverses*, 1793, in *Corresp. générale, in* C. R. T. L. F. [*in* D. D. L., 2e série, 5].

✻ Mot anglais n. (1703) d'origine obscure, peut-être à rapprocher de l'ancien français *pain moufflet*, du radical *mouff-*. Le mot et la chose sont assez rares en France.

MULE-JENNY [mylʒe/ɛ/ni] *n. f.*

(1801) *Techn.* Métier à filer le coton et la laine à mouvement automatique, succédant aux simples jennys* et inaugurant les métiers renvideurs. *Des mule-jennys.* — REM. : Enregistré dans le dict. de Littré 1867. Absent des dict. de l'Académie.

> « Il va sans dire que Cyrus Smith n'ayant à sa disposition ni cardeuses, ni peigneuses, ni lisseuses, ni étireuses, ni retordeuses, ni "mule-jenny", ni "self-acting" pour filer la laine, ni métier pour la tisser, dut procéder d'une façon plus simple, de manière à économiser le filage et le tissage. »
> Jules VERNE, *L'Île mystérieuse*, p. 311 (□ 1874).

✻ Anglais *mule jenny* (1792) plus souvent abrégé en *mule* (1797), de [*spinning*] *jenny* (→ **Jenny**) et *mule* n. « hybride », sens dérivé (1727) d'un emprunt à l'ancien français (*mul* m., *mule* f.) ; la machine désignée, inventée par S. Crompton, combinait en effet deux modèles de jennys. D'après Wartburg, *mule-jenny* apparaît en 1801. On trouve aussi en ce sens le mot *mule* refrancisé :

> « L'industrie cotonnière marchait d'un train fabuleux. [...] Inventions successives : en 1764, la *spinning-jenny* de Hargreaves ; en 1769, les rouleaux de Wyatt ; puis la *mule* de Crompton ; en 1785, le cylindre imprimant, et le *power-loom* de Cartwright. »
> LAVISSE et RAMBAUD, *Histoire générale*, t. VIII, pp. 654-655 (□ 1897).

MULTI-PROCESSEUR → PROCESSEUR.

MULTIPROCESSING → PROCESSING.

MUSICAL, ALE, ALS [myzikal] *adj.* et *n. m.*

(1930) *Comédie musicale,* opérette à l'américaine ou spectacle de comédie légère dans laquelle l'intrigue est subordonnée aux développements musicaux et aux ballets. — REM. : Absent du dict. de l'Académie 1935.

« C'est l'époque historique des comédies de Wilde et de Pinero, des premières pièces d'Ibsen et de Shaw. Ce que Frohman est pour la comédie, Oscar Hammerstein l'est pour l'opéra. Manhattan se forme le goût ; le vieux mélo à vécu. La nouvelle comédie musicale, à l'anglaise, style *Geisha : la Poupée, Belle de New-York,* fait fureur et ne sera détrônée que par l'opérette viennoise. » P. MORAND, *New-York,* p. 168 (1930).

— (1953) MUSICAL. *n. m. :* comédie musicale américaine ou de style américain. *Des musicals.*

« Deux œuvres britanniques ou made in U. S. A., des *"musicals"* vont bientôt se succéder [...]. "Houdini le magicien" est la première comédie musicale à prendre le départ dans cette course au succès ».
                                        Le Figaro, 19 nov. 1966 [*in* Gilbert].

« Festival Fred Astaire-Ginger Rogers. Le couple ailé du *musical* américain. »   *Le Nouvel Observateur,* 11 déc. 1972, p. 29.

✻ Avant la naissance de la comédie musicale américaine, à la fin du XIXᵉ siècle, le terme de *musical comedy* est attesté en anglais (1765, *in* Oxford dict.). Il est composé de l'anglais *musical* adj., 1420, du lat. *musicalis* par le français *musical,* au sens de « qui accompagne la musique ou qui est accompagné par de la musique » 1685, et de *comedy* n. autre mot emprunté au français au XIVᵉ siècle. En américain, *A Dict. of Americanisms* atteste *musical comedy* en 1890. La forme abrégée de *musical* n. n'a pris ce sens spécifique qu'au milieu du XXᵉ siècle. En français, on la trouve sous la plume de Raymond Cartier dans *Paris-Match,* 18 avril 1953. Elle n'est pas aussi répandue que le calque *comédie musicale* qui a paru naturel aux Français malgré le léger glissement sémantique de *musical.* Le mot est surtout employé par les spécialistes du théâtre et du cinéma. Ne pas confondre avec *music-hall*✻.

MUSIC-HALL [myzikɔl] *n. m.*

(1862 ; en France : 1893) Établissement qui présente des spectacles de variétés dans lesquels domine le tour de chant et comprenant des attractions diverses. *Des music-halls.* — REM. : Enregistré dans le dict. de l'Académie 1935.

« En dehors des théâtres, il existe à San Francisco des lieux de représentations diverses, entre autres des salles de concert. La nouvelle salle ou *Music-hall* est la mieux fréquentée ; elle peut contenir jusqu'à deux mille auditeurs, et la disposition particulière du lieu ainsi que l'éclairage ont été combinés de manière à faire ressortir dans tout son éclat la toilette des dames. »
                        L. SIMONIN, *Voyage en Californie* [1859], pp. 45-46 (□ 1862).

« il parla avec dédain des fameux mercredis, et ajouta que M. Verdurin ignorait l'usage du smoking, ce qui rendait assez gênant de le rencontrer dans certains "music-halls" où on aurait autant aimé ne pas s'entendre crier "bonjour, galopin" par un monsieur en veston et en cravate noire de notaire de village. »
                        PROUST, *À l'ombre des jeunes filles en fleurs,* p. 883 (□ 1918).

« C'est en 1893 que le nom de "music-hall" fut donné pour la première fois à Paris à un établissement fondé par Oller, l'Olympia. »
                        G. FRÉJAVILLE, *Le Music-hall,* in *Encycl. française,*
                                        t. XVI, 76-16 (□ juil. 1935).

— (1913) Genre de spectacle présenté par ce type d'établissement.

« Hélène n'est pas une danseuse — elle est "une petite femme qui danse". Elle a débuté au music-hall, la saison dernière, dans une revue, et pour un coup d'essai, elle a "envoyé" au public deux couplets grivois [...]. »
                        COLETTE, *L'Envers du music-hall,* pp. 74-75 (□ 1913).

« Le music-hall, à l'imitation de l'Empire ou de l'Alhambra de Leicester square, se développe à son tour. On veut avoir toutes les étoiles de Paris, jusqu'à Cléo de Mérode et à la belle Otero. Le music-hall adopte des procédés anglais, mais demeure spécifiquement newyorkais. »

P. MORAND, *New-York*, p. 168 (□ 1930).

✳ Mot anglais n. (1842, *in* Dickens), composé de *music* lui-même emprunté au français *musique* au XIIIᵉ siècle (v. 1130, lat. *musica*, grec *mousikê* « art des Muses ») et de *hall* « salle ». Le terme est entré dans le nom du cabaret de Londres qui eut l'idée au milieu du siècle dernier de présenter sur scène des chanteurs, le *Canterbury Music Hall*. Comme nom commun, le mot a fait le tour du monde. En français, il est attesté d'abord à propos de l'Amérique (→ cit. de Simonin ci-dessus) et de l'Angleterre (Malot, *Vie moderne en Angleterre*, 1862, *in* Mackenzie, p. 232). En France, le music-hall succède au café-chantant ou café-concert. En 1893, on donne à l'Olympia le nom de *« music-hall »* (→ cit. de Fréjaville). La Belle Époque est témoin des développements les plus fulgurants du genre. À Paris s'ouvrent le Ba-Ta-Clan, la Gaîté (Bobino), les Folies-Bergères et le Moulin-Rouge. Ce genre d'établissement est prévu par la loi du 25 juin 1920, art. 92, sur les spectacles et autres attractions ou divertissements assimilés ; le mot *music-hall* y figure comme genre de spectacle. Enfin, le dictionnaire de l'Académie enregistre le mot (sans trait d'union) en 1935, comme emprunt de l'anglais.

MUSTANG [mystɑ̃(g)] *n. m.*

(1840) Cheval de petite taille, à demi sauvage, des pampas de l'Amérique du Sud et de la prairie de l'Amérique du Nord. — Ce cheval dressé à la selle ou au harnais ; *par ext.*, poney des cow-boys d'Amérique du Nord. — REM. : Enregistré dans le Suppl. 1877 du dict. de Littré ; absent des dict. de l'Académie.

« les chevaux [...] étaient plus petits que l'espèce commune, et tous tachetés comme des chiens de chasse. C'étaient ce qu'on appelle des *mustangs*, les chevaux sauvages du Désert. »

A. LE FRANÇOIS, *L'Habitation du désert*, 1856, trad. de l'angl. de Th. Mayne Reid [*in* D. D. L., 2ᵉ série, 12].

« Les Indiens ont une autre manière d'augmenter leurs richesses en chevaux ; c'est la chasse aux *mustangs*. Ces chevaux sauvages sont petits, mais vigoureusement bâtis. Ils ont un œil vif, un nez pointu, de larges naseaux, les jambes et les pieds élégants ; ce sont, sans aucun doute, les rejetons de cette race qui fut introduite par les Espagnols à l'époque de la conquête du Mexique, quand la race arabe était déjà à demi abâtardie dans la Péninsule. » *Voyage de circumnavigation de la frégate autrichienne La Novara* [1857-1859], *in Le Tour du monde*, t. I, p. 35, Hachette (□ 1ᵉʳ sem. 1860).

✳ Mot d'origine américaine n. (1808), emprunté de l'espagnol avec confusion de *mestengo* (mod. : *mesteño*) et *mostrenco* qui désignent tous deux des troupeaux sauvages ou libres. *Mesteño* vient de *mesta* (lat. *mixta*, substantivation du part. passé fém. de *miscere* « mélanger, mêler ») « association de fermiers dont l'une des fonctions consiste à prendre possession des animaux sauvages qui se mêlent aux troupeaux des propriétaires ». *Mustang* a le même sens que *mesteño* en espagnol américain. Ce mot apparaît en français en 1840 (D. D. L., 2ᵉ série, 15).

MUTANT, ANTE [mytɑ̃, ɑ̃t] *adj.* et *n.*

(1909) *Biol.* Qui dérive par mutation. *Espèce mutante. Caractère, gène, type mutant.* — REM. : Absent du dict. de l'Académie 1935.

« Dès lors que la nouvelle espèce naît dans un seul individu mutant et non pas, comme l'admet Darwin, dans l'élite de chaque génération, de Vries préférerait au terme de sélection celui d'*élection*, qui s'applique au choix d'un individu, plutôt que d'un groupe. »

J. ROSTAND, *Esquisse d'une histoire de la biologie*, p. 211 (□ 1945).

— SUBST. Individu mutant.

« La mutation *swaying* porte donc sur l'anatomie macroscopique, sur la forme du cervelet. Le simple fait que des mutants de ce type existent démontre que la forme du cervelet, comme celle du cerveau d'ailleurs, est sous contrôle génétique. »

J.-P. CHANGEUX, in *La Recherche*, juil.-août 1970, p. 214.

— Personnage qui a subi une mutation, dans les œuvres de science-fiction.

« Le mutant de la science-fiction se distingue en général de l'homme dont il est un dérivé par sa supériorité, en particulier par l'étendue de ses pouvoirs psychiques (intelligence extraordinaire, télépathie, parfois capacité de prévoir l'avenir ou de plier les autres à sa volonté) ; cependant les mutants vampires du *Je suis une légende*, de Richard Matheron sont seulement des post-humains mieux adaptés aux conditions d'un monde bouleversé par la radioactivité. »

Encycl. universalis, t. XIX, 1975, art. *Mutant.*

— Personne donnant les signes d'un changement fondamental et brusque dans l'humanité.

« J'avais vu monter à l'assaut de Londres une génération de mutants ».   P. de BOISDEFFRE, *in Les Nouvelles littéraires*, 1969 [in *Les Mots « dans le vent »*, 1971].

✻ Anglais *mutant* adj. et n. (1901) ou allemand, sous l'influence de *mutation*. L'adjectif est attesté en français dans le *Larousse mensuel illustré*, t. I, p. 389, 1909. En emploi métaphorique, R. Garaudy a dénommé : *Université des mutants* un lieu de rencontres d'intellectuels préoccupés des problèmes du monde « en mutation » (dans l'île de Gorée, proche de Dakar).

MUTTON CHOP → CHOP.

N

NABAB [nabab] *n. m.*

(1777) *Ancienn.* Européen ayant fait fortune aux Indes. —
REM. : Enregistré dans les dict. de l'Académie 1835 et de
Littré 1868.

« Je vais dîner avec une douzaine d'Européens qui gouvernent une
partie de l'empire britannique [...]. Ce ne sont pas de vulgaires nababs,
caractère qui n'existe plus que dans les comédies des théâtres du
Boulevard à Londres. »   V. JACQUEMONT, Lettre à M. Jacquemont père,
31 déc. 1829, in *Corresp.*, t. I, p. 148.

— PAR EXT. (1835) *Mod.* Personnage immensément riche et
fastueux (qui fait étalage de luxe). *Les nababs de la finance.* —
REM. : Signalé dans les dict. de Littré 1868, et de l'Académie 1935.

« Si votre nabab est un nabab, il peut bien donner des meubles à
Madame. Le bail finit en avril 1830, votre nabab pourra le renouveler,
s'il se trouve bien. »
BALZAC, *Splendeurs et Misères des courtisanes*, p. 857 (□ 1843).

« — Bah ! les Parisiens n'y regardent pas de si près... Pour eux, tout
riche étranger est un nabab, n'importe d'où il vienne... Celui-ci du reste
a bien le physique de l'emploi, un teint cuivré, des yeux de braise
ardente, de plus une fortune gigantesque dont il fait, je ne crains pas
de le dire, l'usage le plus noble et le plus intelligent. »
A. DAUDET, *Le Nabab*, t. I, p. 8 (□ 1877).

✱ Emprunt sémantique à l'anglais *nabob* (attesté dans ces deux sens
en 1764, in *Mogul Pitt and Nabob Bute*, par H. Walpole), lui-même
emprunté (1612), par le portugais *nababo* ou l'espagnol *nabab*, de
l'hindoustani *nabab* ou *navab* « grand dignitaire » venu de l'arabe
nawwâb, pluriel de *nâïb* « vice-roi, lieutenant », comme titre donné dans
l'Inde musulmane aux gouverneurs de districts et aux grands dignitaires.
Le français *nabab* est attesté en ce sens dès 1653 (La Boullaye ; *navabo*,
par le portugais, 1614, P. Du Jarric, *Histoire des choses les plus
mémorables advenues tant ez Indes Orientales que autres païs de la
descouverte des Portugais, en l'establissement et progrez de la foy
chrestienne et catholique* [...], t. III, p. 56, 1614). *Nabab* est bien connu
dans l'usage français du XVIIIᵉ siècle :

« Enfin le vice-gérent d'une compagnie marchande reçut du grand mogol une
patente de nabab. Les Anglais lui ont soutenu que cette patente était supposée,
que c'était une fraude de la vanité, pour en imposer aux nations de l'Europe dans
l'Inde. Si le gouverneur français avait usé d'un tel artifice, il lui était commun avec
plus d'un nabab et d'un souba. »
VOLTAIRE, *Fragments historiques sur l'Inde*, Actions de La Bourdonnais et de Dupleix,
p. 363 (□ 1773).

✱ Aux sens européens du terme, Proschwitz signale en français la
forme anglaise *nabob* en 1777, puis la forme *nabab* en 1780 (in
Introduction à l'étude du vocabulaire de Beaumarchais, 1956). Les dict.
de l'Académie 1835 et de Littré 1868 relèvent dans les emplois français

généralement appliqués aux Anglais enrichis en Inde une pointe d'ironie pour le faste oriental affiché par ces personnages. D'après Wartburg, le sens étendu de « homme riche et fastueux » est attesté en français en 1835.

NAPALM [napalm] *n. m.*

(v. 1945) Agent solidifiant constitué de palmitate de sodium ou d'aluminium servant à gélifier l'essence utilisée dans les lance-flammes et dans les projectiles incendiaires. — *Par ext.* L'essence gélifiée au moyen de cet agent. *Bombes au napalm.*

« Or, loin de l'aider, nous lui donnons dans le nez de l'arme rouge, de l'arme blanche, du canon, de la bombe variée, du napalm ; [...]. »
Boris VIAN, *Textes et Chansons*, p. 134 (□ 1955 †).

« Un vent léger, un rien, pouvait déclencher à chaque seconde l'incendie, faire jaillir les flammes hautes comme des maisons, déverser dans les rues des torrents de napalm, mettre le feu aux poudres [...]. »
LE CLÉZIO, *La Fièvre*, p. 21 (□ 1965).

∗ Mot-valise américain composé de l'anglais *Na,* symbole chimique du sodium (1ʳᵉ syllabe de *natron*), et de *palm* (première partie de *palmitate*). Le napalm a été inventé le 13 avril 1942 par des scientifiques de l'université de Harvard en collaboration avec le service de l'Armée américaine chargé de l'étude des armes chimiques. Cette substance gélifiée, qui a pour effet d'augmenter considérablement l'intensité de la chaleur en ralentissant la durée de combustion de l'essence, a fourni aux Alliés une arme puissante à la fin de la Seconde Guerre mondiale. Les bombes au napalm utilisées plus tard en Corée et au Vietnam, généralement constituées de palmitate d'aluminium, pouvaient atteindre de très vastes rayons d'action et carboniser troupes et régions entières. *Napalm* apparaît dans les dict. français en 1949 (Larousse) ; il a donné le dérivé *napalmiser* v. tr. « attaquer au moyen de napalm » (Cf. anglais *to napalm*). Généralement employé au participe passé ou comme adjectif.

« Voltaire n'écrirait pas aujourd'hui les aventures de Bichon comme l'a fait *Match* : il imaginerait plutôt quelque Bichon cannibale (ou coréen) aux prises avec le "guignol" napalmisé de l'Occident. »
R. BARTHES, *Bichon chez les Nègres*, in *Mythologies*, p. 73 (□ 1954-1956).

NARCO-ANALYSE [narkɔanaliz] *n. f.*

(1949) *Psychiatrie.* Investigation de l'inconscient pratiquée chez un sujet mis dans un état de narcose artificielle incomplète.

« Sous le nom de "narco-analyse", on désigne un procédé thérapeutique dont le but est de faire une sorte de psychanalyse accélérée ou brusquée ; l'introduction d'une drogue dans l'organisme, en levant certains contrôles, permet l'extériorisation de tendances, d'émotions et de souvenirs qui ne se manifesteraient pas autrement. »
D. LAGACHE, *La Psychanalyse*, p. 109 (□ 1955).

∗ De *narco-*, et *analyse,* d'après l'anglais *narcoanalysis* n. désignant la méthode inventée en 1936 par J. S. Horsley, utilisée en France dès 1944, où elle a été modifiée et développée par Delay, Sutter, Targowla et Heuyer. Le mot a donné le dérivé *narco-analyste* n. « analyste pratiquant la narco-analyse ». *Narco-analyse* a pour synonymes techniques *narcosynthèse* n. f. et *narcopsychanalyse* n. f. On dit aussi *subnarcose barbiturique, narcose liminaire, narcothérapie, état hypnagogique provoqué*, etc.

N. A. S. A. ou NASA [naza] *n. pr. f.*

(v. 1960) Organisme officiel du gouvernement américain, chargé d'exploration spatiale et de recherche aéronautique.

« Qu'est-ce que la NASA ? Autant demander d'abord ce qu'elle n'est pas. J'ai été en effet désorienté quand à mon arrivée, j'appris que, sur les 54 satellites mis sur orbite en 1962, moins du tiers l'avaient été par la NASA. Alors l'espace, est-ce ou n'est-ce pas la NASA ? L'antériorité appartient aux militaires. S'il n'avait pas été décidé à Washington en

1958 que l'exploration scientifique de l'espace tomberait dans le domaine public, et de créer à cet effet la NASA (National Aeronautics And Space Administration), je ne serais pas en mesure d'écrire cet article. »

J. WERNER, *Comment la NASA prépare le débarquement sur la lune*, in *Réalités*, juin 1963, pp. 54-55.

« "2 001" est une réalisation américaine récente jaillie des imaginations conjointes de Stanley Kubrik et de la Nasa. »

L'Express, 11 nov. 1968, p. 92.

✳ Sigle américain NASA de *National Aeronautics and Space Administration* (Administration nationale pour la navigation aérienne et l'espace), nom de l'organisme créé le 1er oct. 1958 en remplacement de la NACA *(National Advisory Committee for Aeronautics)*, au lendemain des réalisations soviétiques de 1957, pour regrouper dans un programme commun les différents effectifs de recherche civils et militaires des États-Unis et réaliser ainsi un vaste programme d'exploration spatiale et de recherche de pointe en aéronautique. *Nasa* est un acronyme.

NATIF, IVE [natif, iv] *n.*

(1829) Personne originaire d'un pays peu civilisé. — REM. : Acception signalée dans les dict. de Littré 1868 et de l'Académie 1878 et définie par *naturel*.

« Il a bien paru par là quelques voleurs ou brigands, mais ils ont la bêtise de ne voler que leurs frères, que les natifs, qu'ils tuent sans remords pour quelques roupies, et je n'ai pu découvrir un seul cas d'Européen tué par eux. »

V. JACQUEMONT, Lettre à P. F. Jacquemont, 5 nov. 1829, in *Corresp.*, t. I, p. 110.

« Cette main-d'œuvre bariolée qu'ils commandent, ne la considèrent-ils pas un peu avec le détachement supérieur du colon pour le " natif " qu'il emploie ? » A. SIEGFRIED, *Les États-Unis d'aujourd'hui*, p. 275 (□ 1927).

✳ Le substantif anglais *native* (1450), du latin médiéval *nativus*, emploi substantivé de l'adj. *nativus*, a d'abord signifié « celui qui est né dans l'esclavage, la servitude ». Au XVIe siècle, il a pris le sens de « personne née dans une localité déterminée » *(native of)* et au XVIIe s. de « habitant originaire d'un pays, spécialement d'un pays non européen et peu civilisé ». Le français possède depuis le XIVe siècle l'adj. *natif, ive* (lat. *nativus*) au sens maintenant vieilli de « né d'une famille établie à (tel endroit) ». Au XVIe siècle, on rencontre en ce sens le substantif (généralement au pluriel) : *Les natifs de Paris*. Première attestation, Bonivard, 1556 (d'après G. L. L. F.). Les dict. de Littré 1868 et de l'Académie 1878 signalent le sens « naturel, personne originaire d'un pays ». Là où l'anglais dit couramment *native*, le français dispose de *naturel* n. m., (1587), « habitant originaire d'un pays, spécialement d'un pays peu civilisé », et d'*indigène* n., (1762), « naturel d'un pays et couramment d'un pays exotique (des anciennes colonies) ». *Natif* semble donc peu nécessaire. — L'emploi adjectif dans le calque *locuteur natif (native speaker)*, en linguistique, est un barbarisme. Mais l'équivalent *locuteur qui parle sa langue maternelle* est bien encombrant, et *locuteur indigène* souffre des connotations exotiques de ce mot.

NAVICERT [navisɛʀ(t)] *n. m. invar.*

(1940) *Comm.* Permis de navigation délivré par des belligérants à des navires de commerce.

« Dans le même temps [1915], les puissances alliées instituèrent un mécanisme de surveillance du commerce neutre par le système des *navicerts* : sous peine de voir leurs navires déroutés pour inspection ou privés de combustible, les armateurs neutres devaient soumettre le contenu de leurs cargaisons au contrôle des autorités alliées. »

J. P. COT, in *Encycl. universalis*, t. III, 1969, art. *Blocus*.

✳ Mot-valise anglais « certificat de navigation » n. (1923), composé de *navi[gation]* « navigation » lui-même emprunté au français au XIVe siècle, et de *cert[ificate]* « certificat » emprunté au français au XVe siècle.

NECK [nɛk] *n. m.*

(1911) *Géol.* Piton de lave ayant rempli la cheminée d'un volcan normal se trouvant mise en relief par l'érosion des formations encaissantes. — REM. : Absent du dict. de l'Académie 1935.

« L'absence complète de toute relation entre les NECKS et les dislocations des couches traversées, voire avec toute fissure, démontre avec évidence que la perforation de la couche terrestre est due à l'échappement violent, sous forme d'explosions, de gaz à haute température, emmagasinés sous une énorme pression à l'intérieur de la terre. »
E. HAUG, in *Larousse mensuel*, 1911, p. 41.

✳ Mot anglais du fonds anglo-saxon « cou », « goulot », attesté en ce sens spécialisé en 1876. Terme enregistré dans le *Dict. de la géographie* de P. George, 1970.

NÉGOCIER [negɔsje] *v. tr.*

(1904) *Sports.* Aborder et franchir avec art (une trajectoire courbe, un obstacle, un passage difficile) ; manœuvrer de manière à accomplir une performance difficile. *Négocier un virage, un tournant, une courbe.* — REM. : Absent du dict. de l'Académie 1935.

« Pouvoir négocier la plaine à 30 à l'heure. »
Le Cycliste, avril 1904 [*in* G. Petiot].
« Elle négociait bien les tournants, comme elle disait. »
H. POURRAT, *Monts et Merveilles*, 1934 [*in* G. L. E.]
« Ses qualités de descendeur habitué à négocier des traversées les skis à plat ».
L'Équipe, 10 fév. 1970 [*in* G. Petiot].

— *Fig.* (1968) Savoir manœuvrer pour changer d'orientation, de situation.

« Prévoir si l'économie française pourra prendre sans déraper le virage que le gouvernement tente de " négocier " ».
L'Express, 2 déc. 1968 [*in* Gilbert].
« Jean Piat négocie ce tournant de sa carrière avec un extrême brio, rendant crédible son personnage un peu trop raisonneur. »
L'Express, 15 janv. 1973, p. 66.

✳ Emprunt sémantique à l'anglais *to negotiate* v. intr. et tr., de même origine latine que le français *négocier* (*negotiari,* de *negotium* « occupation, affaires commerciales », de *nec* « et ne ... pas », et de *otium* « repos, loisir »). *To negociate* signifie « venir à bout d'une affaire difficile à régler » (XVIIᵉ s.), « venir à bout d'un obstacle », à la chasse, 1862 (1888, au figuré), « manœuvrer de manière à bien prendre un virage, un tournant » (*to negociate a curve,* etc.). En français, cet emprunt sémantique a surtout cours comme terme de sport cycliste ou automobile, et de ski. La métaphore du pilote automobile qui sait prendre un virage à très grande vitesse tend à se répandre dans le langage courant ; elle est encore sentie comme étrangère.

NEGRO-SPIRITUAL, ALS [negʀospiʀityɔl, ɔls] *n. m.*

(1932) Chant religieux, d'inspiration chrétienne et en langue anglaise, des Noirs des États-Unis d'Amérique → **Spiritual.** *Des negro-spirituals.* — REM. : Absent du dict. de l'Académie 1935.

« Pour bercer sa douleur, le jazz joue un negro spiritual déchirant. »
H. PRUNIÈRES, in *Revue musicale*, déc. 1932 [*in* D. D. L., 2ᵉ série, 12].
« il allait sans cesse dans les genres les plus divers, de l'Opéra-Comique au negro spiritual ; il était la trompette bouchée, la clarinette, le saxo-alto, ou bien le craquement sec d'un ongle qu'on casse. »
LE CLÉZIO, *La Fièvre*, p. 85 (☐ 1965).

✳ Américain *Negro spiritual* n. (1867) composé de l'anglais *Negro* « nègre » emprunté comme le français *nègre* au XVIᵉ siècle de l'espagnol

ou du portugais *negro* « noir » (latin *nigrum, niger*), et de *spiritual* n.
Nous avons un mot *négro* en français populaire (1888), mais qui est
péjoratif, comme l'anglais *nigger*.

NÉO-DARWINIEN → DARWINIEN.

NÉOLITHIQUE [neɔlitik] *adj.* et *n. m.*

(1866) *Archéol.* Se dit de l'âge de la pierre polie, caractérisé
par l'apparition de la culture, de l'élevage et de la vie sédentaire
(opposé à *mésolithique* et à *paléolithique**). — REM. : Enregistré
dans le Suppl. 1877 du dict. de Littré et dans le dict. de
l'Académie 1935.

« À l'époque néolithique, la densité de la population [en Alsace]
devait être déjà assez grande, d'après les nombreux instruments de
pierre polie qu'on a découverts [...]. »
      L. FIGUIER, *L'Année scientifique et industrielle*, p. 292, 1887 (□ 1886).

— *N.* (1902) *Le néolithique.*

« Et voilà maintenant, séparés de nous par trois cents générations
tout au plus, les ingénieux, les habiles, les adaptés du néolithique,
talonnés bientôt par les technocrates du cuivre et du fer [...]. »
      M. YOURCENAR, *Archives du Nord*, pp. 21-22 (□ 1977).

✱ De *néo-* et de *-lithique,* du grec *lithos* « pierre », d'après l'anglais
Neolithic, terme créé en 1865 par sir John Lubbock. *Néolithique* apparaît
en français comme adj. dès 1866 dans la traduction de Lubbock par
Ed. Barbier (*in* Mackenzie, p. 233), et comme nom, en 1902 (*Congrès
international d'anthropologie,* p. 206, d'après G. L. L. F.).

NÉO-MALTHUSIANISME → MALTHUSIANISME.

NÉO-MALTHUSIEN → MALTHUSIEN.

NÉOPRÈNE [neɔprɛn] *n. m.*

(1959) *Techn.* Caoutchouc synthétique thermoplastique,
obtenu par polymérisation du chloroprène.

« produits de polymérisation linéaire tels que $CH_2 = CH.C \equiv CH$,
vinyl-acétylène, matière première du néoprène. »
      P. MAITTE, in *Sciences*, sept.-oct. 1959, p. 27.

✱ Mot américain *neoprene* n. (1937), de *neo-* et *-prene,* contraction
de *pr*[opyle], et suff. scientifique *-ene,* comme dans *chloroprene* et
isoprene. Neoprene est le nom déposé d'un élastomère de synthèse
inventé aux États-Unis, à partir des travaux du Père J. A. Nieuwland
(catalyseur de Nieuwland, 1931) par les chimistes de Du Pont de
Nemours, firme qui a commencé à fabriquer et à commercialiser le
produit en 1931. À l'origine, ce caoutchouc synthétique a porté le nom
de *duprene.*

NEPER ou NÉPER [nepɛʀ] *n. m.*

(v. 1950) *Phys.* Unité d'expression du rapport de deux
puissances (électriques, acoustiques), correspondant au demi-
logarithme népérien* du rapport.

✱ Du nom du mathématicien écossais John Neper ou Napier [1550-
1617], baron de Merchiston, l'inventeur des logarithmes. L'anglais a
aussi adopté *neper* n. (1924) bien qu'il utilise parfois en ce sens le
subst. *napier.*

NÉPÉRIEN, IENNE [nepeʀjɛ̃, jɛn] *adj.*

(1846) *Math.* Qui a été inventé par le mathématicien écossais
Neper (ou Napier). *Baguette(s) népérienne(s) (vx.)* ou de *Néper,*
appelée(s) de nos jours *bâtons de Neper* « règle à calcul conçue

pour faciliter les quatre opérations arithmétiques ». *Logarithme* *népérien* ou *naturel*, « logarithme d'un nombre dans un système dont la base est le nombre *e* » (→ cit. de d'Alembert à l'art. *Logarithme*). — REM. : Absent des dict. de l'Académie ; enregistré dans le dict. de Littré 1868.

✻ Neper ou Napier (→ **Néper,** *n. m.*) livra en 1614 sa découverte des logarithmes dans *Mirifici Logarithmorum Canonis descriptio* [...], et en 1615 son invention de réglettes à calcul dans *Rabdologiæ seu Numerationis per Virgulas libri duo.* En anglais, les réglettes prennent le nom de *Napier's bones* attesté en 1658 ou parfois de *Napier's rods* attesté en 1678, du vrai nom de l'auteur, *Napier,* et de *bones* « os » du nom du matériau le plus couramment utilisé pour faire ces règles (certaines sont en ivoire ou en bois), ou de *rods* « baguettes ». L'Encycl. de Diderot, 1765, consacre un article abondant à *Neper (Baguettes ou Bâtons de),* mais Bescherelle est le premier à signaler en 1846 l'adjectif *népérien : Baguette népérienne* ou *baguette de Néper.* Les logarithmes ont été connus en France dès le XVIIe siècle. Le terme de *logarithmes népériens* apparaît d'abord en anglais sous la forme de *Naperian logarithms* (1816), à laquelle succédera *Napierian logarithms* en 1865. En français, Bescherelle enregistre *logarithmes népériens* en 1846. *Napierian* vient de *Napier* alors que *népérien* vient de la forme *Néper* retenue en français, avec l'accent aigu, à l'origine.

NET [nɛt] *n. m.*

(1891) Tennis. *Vieilli.* → **Let.** — *Adjectivt.* À remettre. — REM. : Généralement employé exclamativement. *Net !*

✻ Mot anglais d'origine germanique « filet », « réseau à mailles servant à capturer des animaux » (IXe s.), « réseau de mailles pour envelopper, tenir, retenir » (fin Xe s.), « filet de tennis » (1856), que les Français ont confondu avec *let* « coup ou service à remettre en raison d'un obstacle ». Signalé par Bonnaffé en 1891, le terme est souvent remplacé par l'emprunt *let** ou par l'expression française *à remettre.*

NEUTRON [nøtʀɔ̃] *n. m.*

(1932) Particule élémentaire dénuée de charge électrique, qui fait partie de tous les noyaux atomiques, à l'exception du noyau d'hydrogène normal.

« C'est en 1930, à Heidelberg, que W. Bothe et H. Becker isolèrent le neutron [...] ; ils crurent d'ailleurs qu'ils avaient affaire à des photons gamma, de grande énergie. Ces expériences furent reprises et précisées, l'année d'après, par Frédéric et Irène Joliot. À la suite d'une discussion très serrée (1932), le physicien anglais J. Chadwick fit prévaloir l'existence d'un nouveau corpuscule, *dépourvu de charge électrique* et qui, pour cette raison, reçut le nom de *neutron.* »
M. BOLL, *Les Deux Infinis*, p. 103 (□ 1938).

✻ Mot créé par le physicien anglais Lord Ernest Rutherford of Nelson [1871-1937], qui pressentit dès 1920 l'existence de cette particule. Le mot est formé de la contraction de l'adj. *neutral* « neutre » (1900, en électricité ; XVIe siècle au sens général) et du suffixe *-on,* d'après *electron* et *proton,* désignant ainsi une particule électriquement neutre. Attesté en anglais dès 1921, puis associé à la découverte du physicien anglais J. Chadwick en 1932, à laquelle les expériences de plusieurs physiciens, en particulier Frédéric et Irène Joliot en France l'année précédente avaient préparé. Le terme fait dorénavant partie du vocabulaire international de physique nucléaire. On a aussi emprunté *antineutron* (1956, *in* D. D. L., 2e série, 9).

NÉVROSE [nevʀoz] *n. f.*

(1785) *Psychol.* Affection psychologique caractérisée par un comportement anormal dont le sujet a douloureusement conscience sans, pour autant, pouvoir le maîtriser, par des troubles affectifs et émotifs qui peuvent altérer la personnalité mais qui n'atteignent pas l'intégrité des fonctions mentales. *Névroses et psychoses.* — REM. : Enregistré dans les dict. de Littré 1868 et de l'Académie 1935.

« Les névroses sont des maladies de la personnalité caractérisées par des conflits intrapsychiques qui inhibent les conduites sociales. »
H. EY, *in* R. LAFON, *Vocabulaire de la psychopédagogie*, p. 592, P. U. F., 1973.

✻ De *névr[o]-*, élément tiré du grec *neuron* « nerf, fibre » (comme *neur[o]*), et *-ose*, élément tiré du grec *-osis* servant à former des noms de maladies non inflammatoires. Adaptation de l'anglais *neurosis*, terme créé par le médecin écossais William Cullen, et qui figure dans le titre de la deuxième partie (*Neurosis or Nervous Diseases* « Névroses ou Maladies nerveuses ») de son traité de médecine paru en 1777. C'est Pinel qui introduisit en français le terme *névrose* dans sa traduction de Cullen en 1785 : *Institutions de médecine pratique*, t. II, p. 493. Chez Cullen, chez Pinel, et jusqu'à la fin du XIXᵉ siècle, le terme englobait tous les symptômes nerveux sans base organique connue. De nos jours, comme terme de psychiatrie et de psychanalyse, *névrose* s'oppose à *psychose*, mais cette opposition vient de l'allemand (Freud).

« L'extension du terme de névrose a varié ; de nos jours on tend à le réserver lorsqu'il est employé seul, aux formes cliniques qui peuvent être rattachées à la névrose obsessionnelle, à l'hystérie et à la névrose phobique. La nosographie différencie ainsi névroses, psychoses, perversions, affections psychosomatiques, tandis que le statut nosographique de ce qu'on nomme "névroses actuelles", "névroses traumatiques", "névroses de caractère" reste discuté. »
LAPLANCHE et PONTALIS, *Vocabulaire de la psychanalyse*, p. 268 (□ 1967).

✻ *Névrose* a produit des dérivés (absents du dict. de l'Académie 1935) : *Névrosé, ée* adj. et n. (1880, Larchey) qui se dit d'une personne atteinte de névrose et péjorativement, dans le langage courant, d'une personne dont le comportement est jugé anormal (opposé à *nerveux*). *Un névrosé. Névrotique* adj. (1903, Larousse), « relatif à la névrose ».

NEW DEAL [njudil] *n. m.*

(v. 1936) *Hist. des États-Unis.* Plan des conseillers de Franklin D. Roosevelt pour mettre fin à la crise économique américaine de 1929. — *Par ext.* Politique intérieure des États-Unis de mars 1933 (arrivée au pouvoir du président Roosevelt) à déc. 1941 (entrée en guerre des États-Unis). — Par anal. *Rare.* Plan de redressement économique. — REM. : Absent des dict. de français, à l'exception de Dupré.

« Un *new deal* algérien exige la formation d'un véritable mouvement "nationaliste" et "libéral" parmi les Européens. »
P. NORA, *Les Français d'Algérie*, p. 247 (□ 1961).

« Passant immédiatement des principes à leur application, M. McNamara propose un véritable "new deal" avec lancement de travaux publics pour attaquer de front le chômage, "SMIC" croissant comme le revenu moyen, puis, plus rapidement, réformes (agraires, fiscales, etc.) redistribuant le pouvoir dans les pays du tiers-monde, réaménagement des dépenses publiques, qui, aujourd'hui, profitent plus aux privilégiés qu'aux déshérités. »
Le « New Deal » de McNamara, in *Le Monde*, 28 sept. 1972, p. 1.

✻ Terme d'histoire politique des États-Unis, *New Deal* « nouvelle donne », a été lancé le 2 juillet 1932 par Franklin Delano Roosevelt devant la Convention de Chicago qui venait de le désigner comme candidat du Parti démocrate à la présidence. Repris du jeu de cartes, le terme avait déjà été employé comme mot d'ordre dès 1834 par Andrew Jackson. Dans la tradition américaine, *New Deal* s'inscrivait en 1932 dans le prolongement du *Square Deal* (« distribution honnête, équitable des cartes », 1883, Mark Twain) de Theodore Roosevelt (1901-1909), et du *New Freedom* (« nouvelle liberté ») du président Woodrow Wilson (1913-1921). Le New Deal de Franklin Roosevelt (1933-1938) a servi d'exemple dans plusieurs pays, notamment en France, après le succès électoral du Front populaire en 1936. Il consistait en une série de mesures économiques et sociales destinées à venir à bout de la crise économique de 1929, notamment dans sa deuxième phase (après 1936) par l'application des théories de Keynes. Dans ses emplois ultérieurs, le terme évoque un nouvel arrangement, un nouvel ordre des choses : il est rare et traité comme étranger. On emploie normalement des termes français, comme *plan de redressement économique, nouvelle politique des revenus*, etc.

NEW-LOOK [njuluk] *n. m.* et *adj. invar.*

1° (1947) Mode féminine des années 1947-1948, créée par Christian Dior et caractérisée par le brusque rallongement de la jupe à la cheville et par l'ampleur nouvelle des tissus. *Le new-look. La mode du new-look.* — Adj. *La mode new-look.*

« [...] il faudra le coup de tonnerre du "new-look", lancé par Christian Dior en 1947, pour que le prestige de Paris ne soit plus discuté : jupe à la cheville, taille pincée, retour du jupon à volants, aplatissement des épaules ramenées à leurs proportions naturelles. »
                              Du Pasquier, in *Larousse mensuel*, déc. 1954, p. 571.

« Le rêve est américain : les bas nylon et les gadgets automatiques appartiennent encore aux États-Unis. La France tente de se retrouver : elle invente la mode "new look", l'existentialisme et renoue avec le Tour de France et les 24 heures du Mans. »   *L'Express*, 8 janv. 1973, p. 44.

2° (1955) Changement radical de forme ou de conception, surtout en politique. — Adj. *Président new-look.*

« Richard Brooks est probablement un homme de gauche, ce qui n'est pas si fréquent dans les studios d'Hollywood et ce qui, il n'y a guère, en fermait les portes aux imprudents. Son film [*Graine de violence*] est résolument antiraciste et antifasciste [..., et] va beaucoup plus loin. Il y a donc une sorte de "new look" qu'il est intéressant de signaler et à qui l'on souhaite d'être fructueux. »
                              France-Observateur, 1er déc. 1956, p. 19.

« après tout, le "new-look" washingtonien est une bonne école d'adaptation ».   *Le Monde*, 17 janv. 1963 [*in* Blochwitz et Runkewitz].

✶ Faux anglicisme créé en 1947 par Christian Dior, d'après l'anglais *new* « nouveau » et *look* « aspect, allure, ligne », pour la mode qu'il lança après la guerre et dont le succès fut immense dans le monde entier. Les autres emplois, directement empruntés de l'américain, tendent à disparaître.

NEWSMAGAZINE [njuzmagazin] *n. m.*

(1973) *Presse.* Périodique d'information, généralement hebdomadaire, consacré à l'analyse de la dernière actualité (politique, sportive, artistique, etc.).

« Si j'ai choisi un hebdomadaire, c'est parce qu'il m'a semblé que le phénomène du "newsmagazine" était important, et contemporain. Il y a cinq ans, j'aurais décrit un quotidien. »
                              Ph. Labro, in *L'Express*, 26 mars 1973, p. 95.

✶ Mot américain n. (1923, *Time*), composé de *news* « l'actualité » et de *magazine*.

NEWTON [njutɔn] *n. m.*

(1946) *Phys.* Unité M. K. S. de force (symb. N), équivalant à une accélération d'un mètre/seconde par seconde à une masse d'un kilogramme.

« l'unité légale [de mesure de force] est le "newton" par mètre carré ou "pascal" [...]. »   J. Larras, *L'Hydraulique*, p. 8 (□ 1965).

✶ Du nom du célèbre physicien, mathématicien et astronome anglais Isaac Newton [1642-1727]. Terme adopté par la 9e Conférence générale des poids et mesures en 1948, en remplacement de l'expression *Unité M. K. S. de force.*

NEWTONIEN, IENNE [njutɔnjɛ̃, jɛn] *adj.* et *n.*

(1728) *Hist. sc.* Relatif au système de Newton concernant les mouvements des corps célestes. — *Subst.* Partisan de ce système. *La querelle des cartésiens et des newtoniens.* — REM. : Enregistré dans les dict. de l'Académie 1835 et de Littré 1868.

« La lumière pour un cartésien existe dans l'air, pour un newtonien elle vient du soleil en six minutes et demie. »
VOLTAIRE, *Lettres philosophiques*, XIV, Sur Descartes et Newton, p. 72 (□ 1723).

« J'attends votre réponse pour savoir si je dois croire ou non à l'attraction. Ma foi dépendra de vous ; et si je suis persuadé de la vérité de ce système, comme je le suis de votre mérite, je suis assurément le plus ferme Newtonien du monde. »
VOLTAIRE, *Lettre à M. de Maupertuis*, 30 oct. 1732, in *Corresp. générale*, t. LVI, p. 261.

✳ Dérivé du nom propre *Newton* (→ art. précédent), d'après l'anglais *Newtonian* adj. (1713) et n. (1741). Brunot (t. VI, 2-1, p. 1321) signale en 1729 un dérivé français de *newtonien, newtonianisme,* n. m., synonyme de *système newtonien.* C'est le terme retenu par Voltaire dans sa *Défense du newtonianisme,* 1739. (*Newtonianism* n'apparaît en anglais qu'en 1890.)

NICKEL [nikɛl] *n. m.*

(1884) Pièce de monnaie composée d'un alliage comprenant du nickel, *spécialement,* pièce de cinq cents aux États-Unis et au Canada. — REM. : Acception inconnue du dict. de l'Académie 1935.

« à Custer, on ne savait pas ce que c'était que de rendre ou de demander la monnaie d'un nickel. La pièce de cinq sous était l'unité de dépense. » P. BOURGET, *Outre-Mer,* p. 39 (□ 1895).

« Supposez que vous habitiez Chicago, que vous ayez dépensé votre dernier "nickel" et que vous n'ayez plus d'autre ressource que de vous adresser au centre de Secours de votre quartier. »
A. MAUROIS, *Chantiers américains,* p. 39 (□ 1933).

✳ Acception américaine (1857) du mot *nickel,* attesté en anglais en 1755 et en français en 1765 *(Encycl. de Diderot).* *Nickel* est le nom donné par le minéralogiste suédois Axel F. von Cronstedt au minerai qu'il avait découvert en 1751. C'est une abréviation de l'allemand *Kupfernickel* de *Kupfer* « cuivre » et *Nickel,* abréviation de *Nicolaus* « lutin, espiègle », littéralement « lutin de cuivre », nom donné par les mineurs allemands au minerai de nickel qu'ils avaient d'abord pris pour du minerai de cuivre. Les Américains ont fait de *nickel* un terme de monnaie en 1857. Jusqu'en 1864, le nickel était une pièce d'un cent composée partiellement de nickel. Depuis 1881, c'est une pièce de cinq cents composée de trois parts de cuivre pour une part de nickel. En français ce sens est attesté en 1884 par Villatte (d'après G. L. L. F.).

NICOL [nikɔl] *n. m.*

(1866) *Optique.* Prisme polarisateur de la lumière constitué essentiellement par un spath d'Islande. *Prisme de Nicol.* — REM. : Enregistré dans le Suppl. 1877 de Littré sous la forme *nichol.* Absent des dict. de l'Académie.

« Un physicien anglais a eu la très heureuse idée de former avec le spath un petit appareil dans lequel l'un des rayons, l'ordinaire, est réfléchi intérieurement, de manière à ne laisser sortir qu'un seul rayon, l'extraordinaire. Ce petit appareil, très-précieux pour l'étude de l'optique et auquel la reconnaissance des physiciens a donné le nom de son inventeur, s'appelle un *Nicol.* »
A. BERTIN, *Polarisation de la lumière,* in *Revue des cours scientifiques,* 26 janv. 1867, p. 132.

« Un observateur d'Auteuil, M. Ch. Moussette, a observé le Soleil avec des verres teintés, ou des *nicols* croisés, à différents moments du jour. » L. FIGUIER, *L'Année scientifique et industrielle,* p. 14, 1885 (□ 1884).

✻ Du nom du physicien anglais, William *Nicol,* qui inventa à Edinburgh en 1828 cet instrument aussi appelé en anglais *nicol* (1863) ou fréquemment *Nicol's prism* (prisme de Nicol).

NIGHT-CLUB [najtklœb] *n. m.*

(1930) Boîte de nuit. *Des night-clubs.* — REM. : Absent du dict. de l'Académie 1935.

« Les théâtres, les night clubs [*sic*], les palais cinématographiques, les restaurants font feu de tous leurs sabords. Prismes inédits ; arc-en-ciel carrés. »   P. MORAND, *New-York*, p. 162 (□ 1930).

« Et si elle a eu un peu chaud dans une boîte de nuit — pardon... un night-club... — Elle dira : "J'ai failli mourir !" »
                          DANINOS, *Un certain Monsieur Blot*, p. 220 (□ 1960).

✻ Nom anglais (1894, en parlant des boîtes de Londres) composé de *night* « nuit » et de *club,* attesté en français dès 1930 (→ cit. de P. Morand supra) d'abord à propos de l'Amérique, puis de diverses villes étrangères.

NO MAN'S LAND [nomanslãd] *n. m.*

1° (v. 1915) Zone inoccupée entre les premières lignes de deux armées ennemies. — REM. : Absent du dict. de l'Académie 1935.

« J'aurais pu prendre ceci [un jeune homme beau comme un acteur ; sur sa poitrine, il tient deux femmes qui s'embrassent...] comme un des mille spectacles déraisonnables qu'offre Paris ; m'en distraire, — les hommes font généralement ainsi, dire en riant : *"no man's land"* et le passer à mon voisin ; le manier moi-même ; l'endurer, l'oublier. Mais en souffrir ? En être traversé comme d'une balle ? »
                          P. MORAND, *Fermé la nuit*, p. 128 (□ 1923).

« Animés comme de grands gosses, ils [les brancardiers] chargent, se passent la balle, *dribblent,* dégagent, tout cela en braillant. Comme but, ils ont une barricade. Derrière, le *no man's land.* À sa limite, l'ennemi. » R. DORGELÈS, *La Drôle de guerre, 1939-1940*, p. 177 (□ 1957).

— (1948) *Fig.* Zone mal définie où s'opposent des forces contraires.

« Obsédés par ces supplices, il ne se passait pas de semaine que nous ne nous demandions : "Si l'on me torturait, que ferais-je ?" Et cette seule question nous portait nécessairement aux frontières de nous-mêmes et de l'humain, nous faisait osciller entre le *no man's land* où l'humanité se renie et le désert stérile d'où elle surgit et se crée. »
                          SARTRE, *Situations II*, p. 249 (□ 1948).

« Les autres vivent dans une sorte de no man's land juridique. »
                          F. DEBRÉ, in *Le Nouvel Observateur*, 16 oct. 1972, p. 90.

2° (1948) Territoire inhabité, désert.

« Il est difficile de faire ressentir l'impression que pouvait donner cette ville déserte, ce *no man's land* plaqué contre nos fenêtres et qu'ils peuplaient seuls. »
                          SARTRE, *Paris sous l'occupation*, in *Situations III*, p. 22 (□ 1948).

« Chantiers, entrepôts, rails, carcasses abandonnées de grands bateaux, je marche dans un *no man's land* qui n'est ni port, ni gare, ni ville [...]. »
S. de BEAUVOIR, *L'Amérique au jour le jour*, 19 fév. 1947, p. 92 (□ 1954).

✻ Expression anglaise signifiant littéralement « terrain n'appartenant à personne » (1320), désignant à l'origine un lieu d'exécution situé au nord de l'enceinte de Londres, et appliquée au domaine militaire en 1908. Elle est formée de *land* « terre, terrain » et de *no man* « personne ». C'est sur la décomposition littérale de *no man* que repose le jeu de mots de P. Morand (→ cit. ci-dessus). En français, l'expression était employée pendant la guerre de 1914 ; Bonnaffé et Mackenzie la signalent en 1917. Elle est maintenant entrée dans l'usage et enregistrée dans la plupart des dictionnaires de français contemporain.

« Dans le *no man's land* (le mot n'est pas dans les dictionnaires, mais il faudra bien l'y admettre un jour, car il est adopté, et le français ne lui oppose aucune création propre, à ma connaissance), dans le *no man's land*, dis-je, où s'affrontent parfois les puristes et leurs adversaires, à cette limite imprécise entre le langage correct et le barbarisme, se trouve une position souvent disputée [...]. »
Ch. MULLER, in *La Classe de français*, mars-avril 1956, p. 174.

NON-

✻ Élément entrant dans la composition de quelques mots empruntés de l'anglais, où le préfixe *non-*, placé devant un substantif, un adjectif, un adverbe ou même un pronom, sert à exprimer la négation. Ce *non-* a été emprunté au français par les Anglais (anglo-normand) et correspond à l'ancien français *non-*, *nom-*, *num-*, *num*. La fréquence du *non-* préfixé en anglais a renforcé les formations du même genre en français. REM. : Il est correct de ne pas mettre de trait d'union entre *non-* et les adjectifs.

NON-CONFORMISME [nɔ̃kɔ̃fɔʀmism] *n. m.*

1° (1877) *Hist. relig.* Doctrine, état des non-conformistes*. — REM. : Enregistré dans le Suppl. 1877 du dict. de Littré ; absent des dict. de l'Académie.

2° (XXᵉ s.) *Par ext.* Attitude d'un non-conformiste.

« Allons, monsieur Wolf, pouvez-vous me parler dans le détail de vos premières manifestations de non-conformisme ? »
Boris VIAN, *L'Herbe rouge*, p. 72 (□ 1950).

« Ces nihilistes de salon étaient évidemment menacés de fournir en serviteurs les orthodoxies les plus strictes. Mais il y a dans le surréalisme quelque chose de plus que ce non-conformisme de parade, l'héritage de Rimbaud, justement, que Breton résume ainsi : "Devons-nous laisser là toute espérance ?" »
CAMUS, *L'Homme révolté*, p. 500 (□ 1951).

✻ Adaptation de l'anglais *nonconformism* n. attesté dès 1844.

NON(-)CONFORMISTE [nɔ̃kɔ̃fɔʀmist] *n.* et *adj.*

1° *N.* (1672) *Hist. relig.* En Grande-Bretagne, Protestant qui n'est pas conformiste*. — REM. : Enregistré dans les dict. de l'Académie 1762 et de Littré 1868. — Adj. *Doctrine, église non conformiste.*

« On ne peut avoir d'emploi, ni en Angleterre ni en Irlande, sans être du nombre des fidèles anglicans ; cette raison, qui est une excellente preuve, a converti tant de non-conformistes, qu'aujourd'hui il n'y a pas la vingtième partie de la nation qui soit hors du giron de l'Église dominante. » VOLTAIRE, *Lettres philosophiques*, V, t. XXVI, p. 26 (□ 1734).

« Tous ces non-conformistes engendreront cette démocratie anglaise si peu connue de nous, qui a pris le pouvoir avec Llyod George et Ramsay Mac Donald. » P. MORAND, *Londres*, p. 37 (□ 1933).

2° *N.* et *adj.* (1830) *Par ext.* Se dit d'une personne qui ne se conforme pas aux idées reçues et aux usages établis, dans sa conduite ou dans son mode de pensée. *D'irréductibles non-conformistes. Goûts non conformistes.*

« En ce moment, il existe une certaine manière d'employer les mots qui vous donne des effets pittoresques dans le discours ; vous accablez le *non-conformiste* par une éloquence *barbarismique* dont il est stupéfait. » BALZAC, *Des mots à la la mode* in *Œuvres diverses*, t. II, p. 37 (□ mai 1830).

« Le non-conformiste s'oppose aux idées reçues, s'engage avec impétuosité mais d'une manière lucide dans une voie nouvelle, sans égards pour les périls et la réprobation qu'il encourt. »
E. WOLFF, *Discours de réception à l'Académie française*, 19 oct. 1972, in *Le Monde*, 20 oct. 1972, p. 19.

✳ Anglais *nonconformist* n. (1619) formé de *non-* et de *conformist* (→ **Conformiste**). Terme d'histoire religieuse qui signifie maintenant « protestant dissident » et qui s'est généralisé, en anglais, dès 1677, au sens maintenant désuet de « celui qui refuse une pratique, une façon d'agir ». En français, *non(-)conformiste* est apparu comme substantif en parlant d'une secte protestante anglaise (Galland, *Journal d'un séjour à Constantinople*, p. 157, 1672, *in* Mackenzie, p. 82). Le sens profane courant apparu à l'époque de Balzac ne semble guère répandu avant le xxᵉ siècle.

NON-DIRECTIF, IVE [nɔ̃diʀɛktif, iv] *adj.*

(1960) *Psychol.* Qui évite de suggérer une direction au patient ou d'exercer la moindre pression sur l'interviewé (opposé à *directif**). Psychothérapie non-directive. Relation non-directive. Questionnaire non-directif.*

« En tout état de cause, pour comprendre l'interview non-directive, il est préférable de se référer aux formes d'interview les plus non-directives utilisées en psychologie clinique. » *Sciences*, nov.-déc. 1960, p. 49.

✳ De *non-* et de *directif,* d'après l'américain *nondirective* adj. (1951), notion dégagée par opposition à *directive* « directif », par Lewin et Lippitt, en 1938, en socio-psychologie, et élaborée par Rogers, en psychologie clinique, pour la psychothérapie de certains troubles mentaux d'une part, et pour le traitement de certaines difficultés d'adaptation scolaire, professionnelle et familiale, d'autre part. *Non-directif* a produit le dérivé *non-directivité* n. f. (1969), « attitude, méthode non-directive ».

« Chez certains parents il y avait une confusion pédagogique entre le "laisser-faire" et la *non-directivité* [...]. La *non-directivité* veut susciter chez le psychothérapeute ou l'animateur une attitude d'accueil ». *La Croix*, 28 sept. 1969 [*in* Gilbert].

✳ L'attitude non-directive s'appelle aussi *non-directivisme* n. m., (1960), *rare.*

« Le non-directivisme n'est pas un "tout ou rien", une technique rigide que l'on ne peut qu'employer ou laisser de côté. Son application est susceptible de degrés [...]. » *Sciences, op. cit.*, 1960, p. 49.

NON-RETOUR (POINT DE) [pwɛ̃dənɔ̃ʀ(ə)tuʀ] *n. m.*

(1965) *Point de non-retour,* point d'un itinéraire au delà duquel un avion militaire n'ayant plus les réserves de carburant nécessaires pour revenir à sa base, est forcé d'aller au bout de sa mission. *Atteindre, dépasser le point de non-retour. — Fig.* Stade au delà duquel on ne peut plus se permettre de faire machine arrière ou de renoncer à l'exécution d'une entreprise.

« Le Marché commun est loin d'avoir atteint le "point de non-retour". Le plus difficile reste à faire ». *L'Express*, 26 sept. 1965 [*in* Gilbert].

« Il n'est pas un mot, pas une pensée, qui ne déclenche à tout moment l'odieux mécanisme pendulaire des outrages et des représailles. On arrive encore à l'amortir, mais qui sait où se situe le point de non-retour, celui où l'impulsion sera plus forte que le freinage. » R. ESCARPIT, in *Le Monde*, 26 oct. 1967 [*in* Robert, Suppl.].

✳ Traduction de l'expression américaine d'origine militaire créée vers 1945 et répandue par le roman de John Phillips Marquand (1893-1960), *Point of No Return,* 1949. L'expression s'est répandue en français dans ses emplois métaphoriques en parlant d'une entreprise désormais irréversible.

« Lorsque, vers l'an 2000 l'Académie française examinera la lettre N, "non-retour" sera courant [...]. » J. GUITTON, cité par LE BIDOIS, in *Le Monde*, 17 juin 1970.

NON-SENS [nɔ̃sɑ̃s] *n. m. invar.*

1º (av. 1778) Phrase, discours dépourvu de sens, de signification. *Spécialt.* Faute objective de pensée ou d'expression. *Dire des non-sens. Faire un non-sens* (ou *contresens*) *dans une traduction. —* (1787) Absence de sens, de signification ; ce qui

n'est pas le sens. *Sens et non-sens,* chez Merleau-Ponty. —
REM. : Enregistré dans les dict. de l'Académie et de Littré 1868.

> « puisque le mot *patrie et honneur* n'est plus un non-sens, j'espère
> que ma lettre vous suggérera des réflexions saines et sages sur la guerre
> que vous faites à l'Académie. »
> BALZAC, *Les Deux Amis,* pp. 249-250 (□ 1830).

2° (1830) Défi au bon sens, à la raison ; absurdité → **Nonsense.**
— REM. : Signalé dans le dict. de Littré.

> « Il faut *fonder,* il faut asseoir solidement et sur de larges bases les
> intérêts nouveaux, — briser la pairie ; — le cens du député est un non-
> sens dans le système actuel, — tout est provisoire !... etc. »
> BALZAC, *Lettres sur Paris,* p. 67 (□ 1830).

> « — L'amour sans capital est un non-sens ! lui dis-je. »
> BALZAC, *Peines de cœur d'une chatte anglaise,* p. 442 (□ 1842).

3° (1961) Nonsense (2°).

> « l'humour [dans le surréalisme] refoule l'objectivité du monde
> extérieur, l'éclipse, et par là — par un curieux détour — rompt avec
> une certaine fixité. Ses moyens sont l'hybride, le non-sens (à *prononcer*
> *à l'anglaise),* la métamorphose. »
> A. MASSON, *Propos sur le surréalisme,* in *Médiations,* automne 1961,
> pp. 39-40.

✱ Adaptation de l'anglais *nonsense,* signalé comme anglicisme dès
1787 par Féraud, puis relevé chez Voltaire (av. 1778) par Mercier
(*Néologie,* 1801). Cf. Gohin et Brunot, t. VI, 2-a, p. 1221 et p. 1235.
L'évolution de *non-sens,* admis par l'Académie dès 1835, n'ayant pas
suivi celle de l'anglais *nonsense,* le français a recours de nos jours à
l'emprunt direct *nonsense*✱ pour désigner une certaine forme d'art et de
logique de l'absurde typiquement anglaise.

NONSENSE ou NON SENSE [nɔnsɛns] *n. m.*

1° (1829) *Rare.* Absurdités, fadaises, inepties → **Non-sens**
(2°).

> « la botanique n'est chez eux qu'une étude puérile et ridicule, un *non*
> *sense* fait pour rendre *non sensical* les gens qui s'y livrent [...]. »
> V. JACQUEMONT, Lettre à V. de Tracy, 1ᵉʳ sept. 1829, in *Corresp.,*
> t. I, p. 88.

2° (mil. XXᵉ s.) *Cin., litt.* et *philo.* Phrase ou chose absurde,
l'absurde et le paradoxe exploités à la manière anglo-saxonne
illustrée notamment par Lewis Carroll → **Non-sens (3°).**

> « "maîtres" du *nonsense* Tex Avery, Lewis Carroll [...] sont relati-
> vement peu connus, à l'exception des frères Marx, ces "trois infatigables
> drôles" : auprès d'eux, les grands comiques (Chaplin, Keaton, Langdon)
> paraissent des monstres de rationalisme. »
> M. MARTIN, in *Cinéma 1962,* janv. p. 87.

> « Le non-sens est à la fois ce qui n'a pas de sens, mais qui, comme
> tel, s'oppose à l'absence de sens en opérant la donation de sens. Et c'est
> ce qu'il faut entendre par *non-sense.* »
> G. DELEUZE, *Du non-sens,* in *Logique du sens,* p. 89, éd. de Minuit
> (□ 1969).

> « Le nonsense et le non-sens s'opposent dès lors à l'absurde qui, en
> logique, depuis les preuves aristotéliciennes, comme en philosophie et
> en littérature (Merleau-Ponty, Camus), se définit par le manque et
> l'absence : c'est au contraire un "trop" dont la surabondance produit le
> sens. » *Encycl. universalis,* t. XIX, 1975, art. *Nonsense.*

✱ Mot anglais désignant ce qui n'a pas de sens (1614, Ben Johnson),
de *non* « non » (latin *non* exprimant l'absence, le manque, le défaut), et
sense « sens ; signification ; bon sens », du latin *sensus,* de *sens-,* radical de *sentire* « percevoir », comme le français *sens* « sens, jugement,
bon sens, sens commun », peut-être d'après l'ancien français *non-sens*
« absence, défaut de bon sens » (1211, *Le Bestiaire*).

Sur le modèle de *nonsense,* le français a d'abord recréé le terme *non-sens** à la fin du XVIIIe siècle et en a fait un terme de jugement objectif par rapport au sens « signification » et à l'absurde.

Or, en anglais, *nonsense* est passé très tôt dans l'usage courant comme collectif pour « bêtises, sottises », 1638 (en particulier *a piece of nonsense* « une absurdité, une bêtise », 1643). Le français *non-sens* n'a pas repris ces emplois affectifs. De là, l'usage de l'emprunt direct *nonsense* dans quelques cas isolés.

Par contre, c'est l'emprunt direct *nonsense,* de préférence à l'emprunt sémantique (→ **Non-sens,** 3°) qui est en passe de s'imposer de nos jours en logique, en philosophie, en art pour parler d'un certain registre d'expression et de pensée, illustré par les comptines pour enfants, *Alice au pays des merveilles* et toute une production cinématographique du paradoxe et de l'absurde issue de l'humour anglais et apparentée à l'univers de Lewis Carroll. *Nonsense* est signalé par Dupré et par l'Encycl. Universalis ; absent de tout autre dictionnaire.

NON-SENSIQUE ou NON SENSIQUE [nɔ̃sɑ̃sik] *adj.*

(1966) *Rare.* Propre, relatif au nonsense*.

✱ Anglais *nonsensical* adj. (1655) et n. (1842), de *nonsense.* Emprunt non codé en français et jugé abusif :

> « Non-sens ou Non(-)sense, Non(-)sensique. Calques snobs des expressions anglo-saxonnes *nonsense* (phrase, ou chose, absurde) et *nonsensical* (dépourvu de sens). »
> J. Giraud, *Contribution au vocabulaire farfelu du cinéma,* in *Vie et Langage,*
> juin 1966, p. 320.

NON-STOP [nɔnstɔp] ou [nɔ̃stɔp] *adj.* et *n. f. invar.*

1° (1932) *Spect.* et *sport.* Qui se poursuit sans interruption. *Émission non-stop.*

> « Quatorze concerts non-stop de musique avec ou sans haut-parleur, par le Groupe de Recherches musicales de l'O. R. T. F. [...]. »
> *Le Nouvel Observateur,* 21 août 1972, p. 3.

2° (1962, *in* Clare, *Le Ski*) Ski. *Descente, épreuve non-stop,* course d'essai effectuée de bout en bout sur le parcours officiel, précédant une compétition de ski. — (1968) Subst. et ellipt. *Une non-stop.*

> « Les descendeurs ont la faculté de réaliser un parcours non-stop, c.-à-d. d'enchaîner les passages du haut en bas dans les mêmes conditions que le jour de la course. » Franco, *Le Ski,* 1967 [*in* G. Petiot].

> « La veille de l'épreuve [de ski], se déroule la "non-stop". Un essai à blanc. Chaque engagé effectue une descente complète, sans s'arrêter sans chronomètre, mais dans les conditions de la course, seul sur la piste. » *L'Express,* 5 fév. 1968 [in *La Banque des mots,* n° 2, 1971, p. 226].

3° (1966) *Vol non-stop,* voyage aérien, sans escale, sans « stop(-)over ».

> « Les compagnies aériennes vont assurer un vol quotidien *Non-Stop* entre Paris Stuttgart ». *Le Monde,* 23 avril 1966 [*in* Gilbert].

✱ Anglais *nonstop* adj. (1903) et n. (1909) *non stop* adv. (1920), de *non-,* et *stop* « arrêt, escale », déverbal de *to stop* (→ **Stopper**), qui s'est d'abord dit des trains, des épreuves sportives, puis du spectacle. Attesté en français comme terme de moto en 1932 (Petiot), comme terme de spectacle, en 1966 (*Le Monde,* 23 avril 1966). Comme terme de ski, il est recommandé de le remplacer par *essai final.* Comme terme de voyage, on dit déjà *vol sans escale.*

NON-VIOLENCE [nɔ̃vjɔlɑ̃s] *n. f.*

(1924) Doctrine selon laquelle il faut renoncer à la violence comme moyen d'action politique ou en toutes circonstances, et faire acte de résistance active face à l'oppression (opposé à *non-*

résistance et à *résistance passive*). — REM. : Absent du dict. de l'Académie 1935.

« je sais que la Non-violence est infiniment supérieure à la violence, que le pardon est plus viril que le châtiment [...]. Non-violence n'est pas soumission bénévole au malfaisant. Non-violence oppose toute la force de l'âme à la volonté du tyran. Un seul homme peut ainsi défier un empire et provoquer sa chute... »
R. ROLLAND, trad. de GANDHI, in *Mahatma Gandhi*, pp. 54-55 (□ 1924).

✶ Nom de la doctrine bouddhique et jaïna prêchée par Gandhi, d'après la traduction anglaise du sanscrit *ahimsā* « (le) non-nuire » : *non-violence* n. (1920), de *non-* et *violence*, lui-même emprunté du français *violence* au XIIIᵉ siècle. *Non-violence* a produit le dérivé *non-violent, ente* adj. et n. (1924 ; aussi *nonviolent* en anglais, 1920) qui se dit de la doctrine et des partisans de cette doctrine. *Action non-violente. Personne non-violente.* Subst. *Les non-violents.* — « Qui procède de la non-violence. » *Manifestation non-violente.*

NORD-

✶ Plusieurs grands ensembles géographiques, continents, pays, ont été divisés en deux parties, soit selon l'axe des latitudes soit selon celui des longitudes, distinguées entre elles par le nom des points cardinaux correspondants : *Afrique du Nord, Afrique du Sud ; Amérique du Nord, Amérique du Sud ; Europe de l'Est, Europe de l'Ouest ; Corée du Nord, Corée du Sud.* Or, l'usage des noms des points cardinaux comme préfixe tend actuellement à se répandre dans les composés géographiques (tels que *Nord-Vietnam, Sud-Vietnam, nord-atlantique*) et ethniques (tels que *Nord-Africain, aine,* 1935, *Nord-Américain, aine*✶, 1877, *Nord-Coréen, enne,* 1952). On peut y voir un calque syntaxique de la démarche anglaise dans laquelle le déterminant précède normalement le déterminé (*South Africa, North American,* 1766, etc.). Dupré fait observer que l'usage français fait un sort différent aux composés géographiques de ce type et à leurs dérivés ethniques :

« L'emploi des adjectifs ethniques de ce type est bien assimilé par notre langue, les noms de points cardinaux et le mot *centre* y étant devenus des sortes de préfixes. On dira sans scrupules : *Nord-africain, Sud-américain, Nord-coréen, Sud-vietnamien,* etc. ; en conséquence, il paraît logique d'admettre aussi *Est-allemand, Ouest-allemand,* qui, cependant, choquent davantage.
Mais l'emploi de noms de pays du même type n'est pas aussi bien admis par le français. Personne n'aurait l'idée de dire *la Nord-Corée, la Sud-Corée, l'Est-Allemagne, l'Ouest-Allemagne.* Il faut donc considérer *Nord-Amérique, Nord-Afrique, Nord-Vietnam* et *Sud-Vietnam* comme des calques maladroits de l'anglais. Le *Centre-Afrique* ne vaut guère mieux. »
DUPRÉ, art. *Nord-Africain, Nord-Afrique, Nord-Atlantique.*

✶ Les plus anciens de ces dérivés ethniques, *Nord-Américain*✶ et *Sud-Américain*✶ remontent à 1877 : leur création permet de résoudre l'ambiguïté sémantique du mot *américain.* Théoriquement, on peut remplacer *nord-africain* par *maghrébin* :

« Par ailleurs, si nous pouvons difficilement éviter *sud-américain,* qui est vraisemblablement, lui aussi, un anglicisme, nous disposons dans le cas de *nord-africain* d'un équivalent bien préférable : *maghrébin* ou *moghrébin*. L'Afrique du nord est en effet le Maghreb ou pays du couchant. »
DARBELNET, *Regards sur le français actuel,* p. 95 (□ 1963).

✶ Les premiers composés toponymiques calqués sur l'anglais sont apparus dans l'usage vers 1910 :

« l'usage se répand dans les journaux d'écrire le *Nord-Amérique,* le *Nord-Afrique,* qui transposent exactement *North America, North Africa.* C'est beaucoup moins grave que de dire la *Nord-Afrique,* qui montrerait une inversion inadmissible et un mot composé monstrueux en français. »
A. THÉRIVE, *Querelles de langage,* t. II, p. 68 (□ 1933).

✶ Heureusement, ces formations n'ont guère vécu, et n'ont jamais détrôné les termes français officiels : *Afrique du Nord* et *Amérique du Nord.* Les calques plus récents, *Nord-Vietnam* et *Sud-Vietnam,* en revanche, se sont déjà imposés dans l'usage.
Quant au terme *Nord-Atlantique* créé en 1966 pour désigner la zone terrestre de l'Atlantique Nord, il n'échappe pas comme vocable géographique aux réticences de l'usager français.

NORD [nɔʀ] *n. m.* et *adj.*

(XIIᵉ s.) Celui des quatre points cardinaux correspondant à la direction du pôle qui est situé dans le même hémisphère que l'Europe et la majeure partie de l'Asie.

✻ Anglais *north,* de l'anglo-saxon *norþ,* apparu en français sous les formes *north* (Gaimar, v. 1138), *nort* (Wace, v. 1155), puis *nord* (R. Estienne, 1549). Le mot a eu largement le temps de s'acclimater.

NORD-AMÉRICAIN, AINE [nɔʀameʀikɛ̃, ɛn] *adj.* et *n.*

1° (1877) *Adj.* Relatif à l'Amérique du Nord (opposé à *sud-américain**). *Le continent nord-américain.* — *Subst.* Habitant des divers pays de l'Amérique du Nord : Canada, États-Unis, Mexique (d'abord opposé à *Sud-Américain,* puis à *Américain*). *Les Nord-Américains.*

2° (1906) *Spécialt. Vieilli.* Se dit des habitants des seuls États-Unis (comme synonyme de *Américain*).

« Un chapitre [de M. de Vogüé, *Le Maître de la mer*] expose la rencontre de ces deux êtres, l'un plein de foi [le pasteur protestant], l'autre [le manieur d'argent] plein de sagesse, et tous deux avides également de commander au monde, par l'énergie de leur pensée, de leurs actes, qu'ils croient les meilleurs avec certitude. C'est là qu'il convient de se renseigner sur le véritable génie créateur des Nordaméricains. »
                                        P. ADAM, *Vues d'Amérique,* p. 219 (□ 1906).

✻ Calque de l'anglais *North American* adj. et n. (1766), de *North America* « Amérique du Nord ». Darmesteter (*De la création actuelle des mots nouveaux,* p. 157, 1877) relève *nord-américain* en même temps que *sud-américain,* terme dont la création s'imposait pour distinguer ce qui a trait à l'Amérique du Sud et au Sud des États-Unis. Au début du siècle, on a aussi dit *Nord-Américain* pour *Américain.* De nos jours, *Nord-Américain* se dit de tout habitant de l'Amérique du Nord, Américain, Canadien ou Mexicain. C'est bien imprécis pour désigner les gens des États-Unis qui n'ont pas de nom : *Étasunien* (1955, *étazunien, in* Gilbert) est rare et *Yankee* est péj.

NORFOLK [nɔʀfɔlk] *n. m.*

1° (1889) Race anglaise de chevaux de petite taille et de demi-sang, issue du croisement de races indigènes du Norfolk avec des pur-sang ou des chevaux de chasse, aussi appelée *hackney du Norfolk* ou *trotteur anglais.* — REM. : Absent du dict. de l'Académie 1935.

« Les petits norfolks ou croisés norfolk ».
                                        Les Colonies françaises, 1889, *in* J. GLASGOW,
                                        *Le Vocabulaire de l'élevage en Nouvelle-Calédonie :
                                        étude de français régional,* 1968 [*in* D. D. L., 2ᵉ série, 5].

✻ Emploi français comme nom commun, du nom du comté de l'Est de l'Angleterre d'où provient cette race. Ce sens n'existe pas en anglais.

2° (1923)*Vx.* Veste à martingale. — *Spécialt.* Vêtement de garçonnet composé de ce type de veste et d'une culotte courte.

« En fait, il [O'Patah] avait déjà eu soin d'énoncer sa neutralité, car sur sa veste norfolk il portait, en brassard, une grande croix rouge [...]. »
                                        P. MORAND, *Fermé la nuit,* p. 41 (□ 1923).

✻ Veste typique du Norfolk, désignée en anglais sous les noms de *Norfolk blouse* (1887), *Norfolk jacket* (1893), ou par ellipse *norfolk* n. (1902). Cette veste, à la mode entre 1880 et 1930, est décrite par les Anglais comme appartenant à une tenue de sport élégante en tweed *(Norfolk suit).* Les pantalons assortis sont des knickerbockers*.

NUISANCE [nɥizɑ̃s] *n. f.*

(v. 1960) Facteur de gêne, d'origine technique (bruit, pollution, etc.) ou sociale (promiscuité, encombrements, etc.) comportant un risque d'altération de la santé et de l'environnement. — Absent du dict. de l'Académie.

« Au lieu de relever le niveau du fleuve de 2 mètres, ne serait-il pas possible d'en creuser le lit ? Les résultats pour la navigation seraient les mêmes, les nuisances pour les riverains disparaîtraient. »
Le Monde, 4 oct. 1962 [*in* Gilbert].

« Relâchement de la sélection naturelle, péril de surpeuplement, accumulation des "nuisances" : tout cela présage une décadence de l'espèce — beaucoup plus alarmante que cette "mort de l'homme" annoncée par les philosophes... »
J. ROSTAND, *Réponse au Discours de réception à l'Académie française de M. E. Wolff*, 19 oct. 1972, in *Le Monde*, 20 oct. 1972, p. 22.

✱ Mot français (1120 ; de *nuire*) passé en anglais au XVe siècle au sens ancien de « ce qui fait du mal, cause du tort, constitue un danger » où il a revêtu au XVIIe siècle le sens de « élément (chose : odeurs, laideurs, dangers ; ou personne) de gêne pour la collectivité ou pour la personne », et qui, pratiquement tombé dans l'oubli en français, reparaît aujourd'hui dans les vocabulaires de l'urbanisme, de l'environnement, de l'écologie, par l'intermédiaire de l'anglais. Jean Riverain (in *Les Mots « dans le vent »*) rappelle la carrière particulière de *nuisance* en français :

« Ce mot avait pris une acception très large dans la langue classique. Il s'entendait de tout ce qui nuit, au physique comme au moral : *Dans l'ordre moral, don Juan représente les dangers de la passion abandonnée à elle-même, ses misères, ses nuisances* (Massillon). D'après Littré, "ce mot, très anciennement français, nous le reprenons des Anglais, qui l'ont reçu des Normands...". Littré écrivait en 1865, et donnait pour exemple, une citation de la *Revue des Deux-Mondes* [Reybaud, janv. 1863, p. 384] où *nuisance* a exactement le sens qu'on lui prête aujourd'hui : *Quand il a fallu créer une législation sur les établissements insalubres, définir les nuisances...*

Exemple assez curieux d'un terme appelé à deux reprises par la nécessité : d'abord au Second Empire, quand est née la "ville tentaculaire", celle de l'âge du gaz, de la vapeur, de l'alcoolisme et de la phtisie ; puis un siècle plus tard, lorsque l'excès du bruit, des encombrements, des odeurs a rendu la vie urbaine tout aussi insupportable. »

✱ Littré définit le terme dans son dictionnaire (1868) comme suit : « Qualité de ce qui nuit ». *Les nuisances politiques et sociales.* Il n'hésite pas à l'employer lui-même :

« Beaucoup de nuisances (c'est un mot de la vieille langue émigrée chez les Anglais, je reprends volontiers ces transfuges), beaucoup de nuisances [...] doivent être écartées. » LITTRÉ, *De la méthode en sociologie*, VI, p. 299, R. P. P. (□ 1870).

NUMBER ONE [nœmbœʀwan] *adj. et n.*

(1979) *Adj.* Numéro un, premier de sa catégorie, excellent.

« À peine sorti, le nouvel album de Téléphone (Pathé 1437) fait un malheur. Alors, les trois garçons et la demoiselle de ce groupe français number one partent vers leurs fans et vont semer la bonne parole aux six coins de l'Hexagone. » *L'Express*, 21 avr. 1979, p. 17.

— *Subst.* Champion(ne), vedette.

« D'abord née du bouche à oreilles pour découvreurs de perles rares, elle est vite devenue la Number One du comique au féminin. »
F. Magazine, déc. 1979, p. 68.

✱ De l'anglais *number one* (N° 1), proprement « numéro un » qui a pris ce sens qualitatif au XIXe s. (1829, Oxford 2e Suppl.).

NURSE [nœʀs] *n. f.*

1° (1855) Bonne d'enfant, gouvernante (anglaise à l'origine). — REM. : Absent des dict. de Littré et de l'Académie.

« Les enfants sont envoyés au Collège quand ils sont grands ou bourrés de candi par leur nurse tant qu'ils restent babies ».

M. de FONTENAY, *L'Autre Monde*, 1855 [*in* D. D. L., 2ᵉ série, 1].

« Il semblera plus étrange, puisque tout le monde parle ainsi et peut-être même maintenant à Combray, que je n'eusse pas à la première minute compris de qui voulait parler Mᵐᵉ Swann, quand je l'entendis me faire l'éloge de notre vieille "nurse". [...] c'est tout ce que Gilberte lui avait raconté sur ma "nurse" qui leur avait donné à elle et à son mari de la sympathie pour moi. »

PROUST, *À l'ombre des jeunes filles en fleurs*, p. 508 (□ 1918).

« Elle est sortie avec sa neurse... Une ravissante Danoise qui ne sait pas un mot de français. » QUENEAU, *Le Dimanche de la vie*, p. 174 (□ 1951).

2° (1896) Infirmière, dans les pays anglo-saxons.

« Toutes les filles ne vont pas travailler à l'usine. Elle se font de préférence *nurses* (infirmières) dans les hôpitaux et les cliniques privées, ou employées de magasins ou de bureaux. »

J. HURET, *En Amérique, De San Francisco au Canada*, p. 394 (□ 1905).

✱ Substantif anglais signifiant « nourrice » à l'origine (1387), emprunté du français *norrice,* ancienne forme de *nourrice* (bas latin *nutricia,* fém. de *nutricius* « nourricier », de *nutrire* « nourrir »). *Nurse* est d'abord attesté en anglais sous les formes *norice* et *n(o)urice.* Il apparaît en français chez Taine en 1872 dans *Notes sur l'Angleterre* (*in* Mackenzie, p. 239). En anglais, le sens général de « garde-malade » est apparu en 1590 et celui d'« infirmière » en 1860, date de la fondation d'une école d'infirmières par Florence Nightingale (1820-1910). Dans l'usage français, la nurse s'occupe d'un jeune enfant mais elle ne le nourrit pas (nourrice) ; elle vit en général dans la famille de l'enfant qu'elle accompagne dans ses déplacements. On disait autrefois *bonne d'enfants,* sorti de l'usage en même temps que *bonne,* terme disqualifié. Le mot *nurse* est le seul mot disponible dans les milieux qui ont des domestiques.

« Qu'allons-nous faire de nos *nurses* ? Ce mot, dont le seul snobisme explique chez nous la vogue [...] nous l'employons indifféremment, à l'anglaise, pour désigner toutes sortes de professions. Aujourd'hui, toutes sortes de petites personnes veulent bien servir comme *nurses,* qui, pour rien au monde, ne seraient des bonnes d'enfants, des garde-malades, des gardes, des infirmières, voire des gouvernantes. Or ce sont à très peu près toutes les acceptions anglaises du mot *nurse.* »   ÉTIEMBLE, *Le Babélien,* t. III [*in* Dupré].

✱ La graphie *neurse* utilisée par Queneau (cit. supra) est une fantaisie d'auteur.

NURSERY [nœʀs(ə)ʀi] *n. f.*

(1763) Pièce ou partie de la maison réservée aux enfants, surtout à propos des pays anglo-saxons. — REM. : Absent des dict. de Littré et de l'Académie.

« vous seuls donc pourriez comprendre les regards que j'échange avec Mary quand, après avoir fini d'habiller nos deux petites créatures, nous les voyons propres au milieu des savons, des éponges, des peignes, des cuvettes, des papiers brouillards, des flanelles, des mille détails d'une véritable *nursery.* Je suis devenue Anglaise en ce point [...]. »

BALZAC, *Mémoires de deux jeunes mariées*, p. 277 (□ 1841).

« C'est alors qu'on décida de livrer la France aux enfants, de refaire ce pays rempli de spasmes secs et rempli d'objets d'art inutiles, un champ d'ébats, une nursery politique. »

P. MORAND, *L'Europe galante*, La Croisade des enfants, p. 154 (□ 1926).

✱ Mot anglais apparu au XVᵉ siècle, dérivé de *nurse,* peut-être d'après l'ancien français *noricerie.* Le mot a d'abord signifié en anglais « art de nourrir, d'élever, de prendre soin des enfants », puis « lieu réservé aux enfants et à leur nourrice ou leur gouvernante » et dès le XVIᵉ siècle « école (lieu, institution, pratique) », etc. Il est attesté en français en 1763 chez l'abbé Prévost (*in* Mackenzie, p. 177), mais il ne paraît pas avoir été très utilisé avant le XIXᵉ siècle. Certains écrivains ont alors tenté en vain de le franciser en *nourricerie* n. f. On trouve quelquefois l'adaptation graphique de *nurserie.* De nos jours, le mot semble toutefois en recul devant *chambre* et *salle de jeux*. Il vit aussi dans le composé anglais, difficilement traduisible, *nursery rhyme*.

NURSING [nœʀsiŋ] *n. m.*

(1963) *Méd.* Ensemble des soins infirmiers à dispenser au malade par une personne apte et habilitée à exercer dans ce domaine paramédical. — *Spécialt.* Surveillance et soins intensifs assurés par un personnel infirmier qualifié, sous la direction d'un médecin, dans les salles d'opération et de réanimation.

« À l'école d'infirmières on insiste pourtant beaucoup sur l'importance des tâches de nursing dans le bien-être du malade. Mais entre un discours général de type humanitaire sur la prise en charge psychologique, morale et physique du malade et des cours théoriques sur les soins, il n'y a pas de place pour le vécu quotidien. »
A. de VOGÜE et S. GRASSET, *S. O. S. Hôpitaux*, p. 227, Gallimard, 1975.

✳ Mot anglais attesté dès 1532, comme emploi substantivé du gérondif de *to nurse* « nourrir, élever, prendre soin d'un enfant », puis (1736) « garder, soigner un malade », verbe dérivé du substantif *nurse* (→ **Nurse**). Le mot *nursing* n'a pris en anglais son sens paramédical de « profession de l'infirmière », « ensemble des fonctions de l'infirmière », qu'au XIXᵉ siècle. On s'accorde à voir en Florence Nightingale, qui créa en 1860 au St. Thomas's Hospital à Londres la première école d'infirmières, la fondatrice du « nursing » moderne. En français, le mot *nursing* n'est pas d'usage courant. Il désigne très rarement la profession, sauf à propos des pays anglo-saxons. Comme terme technique, on lui préfère généralement l'expression française de *soins infirmiers*. Le Grand Larousse encyclopédique retient toutefois le sens très particulier de rôle du personnel infirmier auprès d'un opéré, d'un comateux ou d'une personne en état d'inconscience. L'emprunt *nursing* est d'un emploi très circonscrit en français.

NYLON [nilɔ̃] *n. m.*

1° (v. 1938) Fibre synthétique (polyamide) obtenue soit par polymérisation d'acides aminés, soit par polycondensation de diamines et de diacides. *Brosse en nylon. Nylon pour fils chirurgicaux, pour lignes de pêche. Bas de nylon* ou par apposition *bas nylon. Étoffe, fil de nylon* ou elliptiquement *du nylon.*

« Plus question également de bas Nylon ou de cigarettes. Les temps devenaient difficiles [...]. » CARCO, *Les Belles Manières*, p. 35 (□ 1945).

« En France, la Société Rhodiacéta exploite les brevets de la Société Dupont de Nemours (500 à 600 tonnes par an). L'Allemagne fabrique, à côté du nylon, différents types de superpolyamides, en particulier le perlon. » *Larousse mensuel illustré*, sept. 1948, p. 138.

— *Fam.* Tissu en nylon, vêtement en nylon.

« des chemises qu'il me prie "oh, juste un peu le col et les poignets", de vouloir bien lui laver.
Je tortille son nylon, je renifle son eau de toilette [...]. »
A. SARRAZIN, *L'Astragale*, p. 116 (□ 1967).

2° *N. m. pl.* Bas de nylon. *Des nylons 15 deniers.*

« Ses jambes s'inséraient étroitement dans une paire de nylons fins... » Boris VIAN, *L'Automne à Pékin*, p. 92 (□ 1956).

✳ Mot-valise d'invention américaine, formé de *nyl-*, arbitraire, et de la terminaison de [*cott*]*on* « coton » et de [*ray*]*on* « rayonne » ; marque déposée d'un polyamide découvert par le chimiste américain Wallace Hume Carothers (1886-1937) dans les laboratoires de la société Dupont de Nemours. Le brevet a été déposé en 1931 ; la production industrielle et la commercialisation, sous le nom de *Nylon,* ont été entreprises par la même société en 1938 aux États-Unis. Première application, poils de brosses à dents ; en 1939, bas de nylon ; en mai 1940, bonneterie à l'échelle nationale. Le nylon a surtout remplacé la soie artificielle ou rayonne. Sa découverte est à l'origine du prodigieux essor des fibres synthétiques dont on peut actuellement dénombrer environ 2 500 noms commerciaux. En France, on connaissait déjà l'existence des bas nylon avant leur apparition sur le marché au terme de la dernière guerre. Le mot *nylon* s'est répandu rapidement dans la langue commerciale et dans le langage populaire. On l'emploie parfois abusivement non seulement à propos d'autres polyamides protégés par des marques de fabrique distinctes mais également à propos d'autres fibres textiles synthétiques de formule ou de caractéristiques très différentes (polyester, acrylique, trivinyle, etc.).

O

OAKS [oks] *n. m. pl.*

(1828) *Turf.* Course pour pouliches de trois ans, qui se dispute à Epsom (le vendredi après le derby) depuis 1779. — Grand prix pour cette course. — *Par ext.* Tout prix établi dans les mêmes conditions. — REM. : Absent des dict. de Littré et de l'Académie.

« Il [le jockey Buckle] a gagné cinq fois le derby, sept fois les oaks, deux fois le Saint-Léger, et *à peu près tout ce qui valait la peine d'être gagné* de son temps à New-Market, pour nous servir de ses propres expressions. »   E. CHAPUS, *Le Turf et les Courses de chevaux en France et en Angleterre*, pp. 72-73 (□ 1853).

✳ En anglais, cette course, fondée en 1779, s'appelle *The Oaks* « les chênes », du nom d'une villa de Lord Derby située près du champ de courses, l'*Oaks Castle* « le Château des chênes ». En français, l'emprunt est attesté en 1828 dans le *Journal des haras* [*in* Mackenzie, p. 208].

OATS [ots] *n. m. pl.*

(1915) Comm. *Quaker(-)oats*, flocons d'avoine pour bouillies et soupes. — (1923) *Oats.*

« comme tout le village vendait maintenant des quaker oats, des cigarettes woodbines et des cartes postales brodées. »
A. MAUROIS, *Les Silences du colonel Bramble*, 1918 [*in* D. D. L., 2ᵉ série, 6].

« Et partout sur les murs il y a de fraîches images aux couleurs de *drug-store* où sourit une jeune Amérique saine et gaie, aux dents bien lavées, gavées de *quakers-oats* et de coca-cola. »
S. de BEAUVOIR, *L'Amérique au jour le jour*, 11 mai 1947, p. 346 (□ 1954).

✳ Comme nom de céréale, l'anglais *oat* « avoine » (vieil anglais *ate*, pl. *atan*, d'origine inconnue) se trouve généralement sous la forme du pluriel *oats* qui peut commander un verbe au singulier tout aussi bien qu'au pluriel. C'est le composé *oatmeal* n. (1420), de *oat* et de *meal* « farine, flocons », qui sert en anglais à désigner les flocons d'avoine, et *par ext.* (1883) le porridge ou potage épais qu'on en fait. La forme *oatsmeal*, rencontrée en français en 1852 (→ cit. à l'art. *Porridge*), n'est pas attestée en anglais moderne. La forme *oats* est enregistrée par Larousse en 1923. C'est la marque de commerce *Quaker oats* qui est attestée la première en français (*Le Matin*, 11 juin 1915, *in* Mackenzie, p. 261). L'emploi de *oats*, seul, est en voie de régression.

OBJECTEUR [ɔbʒɛktœʀ] *n. m.*

(v. 1925) *Objecteur de conscience*, ou ellipt, *objecteur*, celui qui, au nom de ses convictions morales ou religieuses, refuse de porter les armes ou d'accomplir le service militaire obligatoire. — REM. : Absent du dict. de l'Académie 1935.

« une opposition défaitiste et pacifique [à la guerre de 1914-1918] beaucoup moins sourde et moins timide qu'à Paris, se manifeste parmi l'intelligenzia, parmi les "objecteurs de concience", au café Royal ou dans Bloomsbury [...]. » P. MORAND, *Londres*, p. 65 (□ 1933).

« Ma réponse aux "objecteurs de conscience" traîne depuis quinze jours sur ma table ; je n'ai pu me résoudre à l'envoyer [...] ; mais me retient la crainte qu'on en puisse tirer parti pour me forcer à jouer un rôle politique pour lequel je me sens on ne peut moins qualifié. » A. GIDE, *Journal*, 1er sept. 1933 (□ 1941).

« Pour ne pas quitter l'exemple des objecteurs au service militaire, certains d'entre eux réclament de pouvoir participer à la défense du pays en formant un corps de résistance non violente [...]. » J.-P. CATTELAIN, *L'Objection de conscience*, pp. 4-5 (□ 1973).

— PAR EXT. *N. f.* Rare. *Objecteuse de conscience*, celle qui partage l'attitude de non-violence des objecteurs de conscience.

« Suis-je en train réellement de tourner casaque et de prêcher à mon tour la violence ? Bien sûr que non, bien incapable ou bien trop objecteuse de conscience je suis seulement occupée à enfoncer mes doigts dans les plaies [...]. » M. PERREIN, *Entre chienne et louve*, p. 228 (□ 1978).

✱ Traduction de l'anglais *conscientious objector* (1899) au sens général de « celui qui refuse, au nom de sa conscience, de se soumettre à certaines obligations imposées par l'État » (les premiers emplois relevés dans l'Oxford dict. ont trait à la vaccination obligatoire). Le terme est formé de l'adj. *conscientious* « qui obéit à la conscience morale » emprunté au français *consciencieux* au XVIIe siècle (1611), et du subst. *objector*, du verbe intr. *to object* (du lat. *objectare*, comme le français *objecter*) employé ici dans le sens anglais le plus courant de « s'opposer à qqch., protester contre qqch. ». Le français possédait déjà depuis 1777 (Beaumarchais) la forme *objecteur* n. m. au sens maintenant vieilli de « celui qui fait des objections », mais il a emprunté à l'anglais, en le restreignant au service militaire ou armé, le sens évoqué ici. Dans ce sens spécialisé, le terme *objecteur de conscience* a donné comme dérivé en français *objection de conscience* n. f., dont le sens tend à s'élargir.

« Où s'arrête l'objection de conscience ? Si vraiment elle était limitée au port de l'uniforme, notre conscience serait cependant troublée puisque, en acquittant des impôts, nous participons à la fabrication d'armements. Alors peut-être faudrait-il ajouter demain, dans leur statut, que les objecteurs de conscience seraient dispensés du paiement de certains impôts, afin qu'ils ne participent pas à la fabrication d'armements destinés à la défense du pays ! » A. MOYNET à l'Assemblée nationale, 24 juil. 1963, cité in *L'Objection de conscience*, p. 3, *op. cit. supra*.

OBSOLESCENCE [ɔpsɔlɛsɑ̃s] n. f.

(1958) *Didact.* Le fait de devenir périmé. — *Spécialt.* Dépréciation, indépendante de l'usure, de l'équipement industriel, du seul fait de l'apparition d'un matériel nouveau plus perfectionné ou d'une plus grande rentabilité.

« L'obsolescence soudaine d'une partie significative de leur équipement [des grands monopoles] serait un désastre économique qui pourrait très bien mettre en danger leur position sur le marché. » *La Recherche*, mars 1973, p. 210.

✱ Mot anglais *obsolescence* dérivé d'*obsolescent*, apparu en 1828 et attesté comme terme d'économie politique en 1930. *Obsolescence* a été introduit en français par l'économiste Romeuf en 1958, et admis par le Comité du langage scientifique de l'Académie des sciences, au sens de « l'évolution tendant à rendre périmé » (*Le Monde*, 31 mars 1965, cité in Dupré).

OBSOLESCENT, ENTE [ɔpsɔlɛsɑ̃, ɑ̃t] adj.

(1966) *Écon. polit.* Se dit d'un équipement rendu périmé du seul fait de l'évolution technique.

« On a profité de ce remodelage pour remplacer les équipements obsolescents par des équipements de technologie plus moderne ; mais la structure et l'articulation des chaînes fonctionnelles sont restées identiques à ce qu'elles étaient sur Diamant-B. »

L'Aéronautique et l'Astronautique, 1973, p. 7.

— PAR EXT.

« Il faudra surmonter les difficultés des travailleurs "obsolescents" qui n'auront plus d'avenir. »   *Le Monde*, 8 fév. 1966 [*in* Gilbert].

« C'est le cas pour les affaires sociales où va certainement resurgir le mythe déjà obsolescent de la participation. »

M. COTTA, in *L'Express*, 10 juil. 1972, p. 22.

✶ Emprunté à l'anglais *obsolescent* (1755, part. prés. du lat. *obsolescere* « sortir de l'usage, tomber en désuétude ») dont est dérivé *obsolescence* au XIX⁰ siècle (1828). Ne pas confondre avec *obsolète* adj., du latin *obsoletus,* part. passé d'*obsolescere,* rare en français.

OBSTRUCTION [ɔpstʀyksjɔ̃] *n. f.*

(1879) *Fig.* Tactique qui consiste à entraver la marche des débats dans une réunion ou une assemblée en les faisant traîner en longueur. *Obstruction systématique. Obstruction parlementaire.* — REM. : Signalé dans le dict. de l'Académie 1935.

« on avait vu [au Parlement anglais antérieurement à 1881] des orateurs, en se succédant, reculer indéfiniment l'heure du vote, triompher de leurs adversaires par la lassitude, et comme, de la sorte, la marche des travaux parlementaires se trouvait obstruée, cette tactique avait reçu le nom d'*obstruction,* mais ce furent surtout les autonomistes irlandais [...] qui rendirent ce mot populaire. »

P. LAROUSSE, *Grand Dict. universel,* 2⁰ suppl. 1888, art. *Obstruction.*

✶ La forme *obstruction* existe en français et en anglais depuis le XVI⁰ siècle (latin *obstructio* « voile, dissimulation, action d'enfermer », de *obstructum,* supin de *obstruere* « construire devant, fermer, boucher ») comme terme de médecine. C'est l'anglais qui a produit au XVII⁰ siècle (1656) le sens figuré « fait d'entraver ou d'arrêter le cours d'une chose », et spécialement, au XIX⁰ siècle « fait de paralyser la marche des débats (parlementaire, politique) ». C'est au sens de « manœuvre ou tactique parlementaire dilatoire » (→ **Obstructionnisme**) que l'emprunt de l'anglais s'est effectué en français, d'abord à propos du Parlement anglais (D. Behrens, *Über Englisches Sprachgut im Französischen,* 1927, *in* Mackenzie, p. 239). Nous avons récemment accueilli le mot *filibuster*,* dans le même sens, mais *obstruction* est plus courant.

OBSTRUCTIONNISME [ɔpstʀyksjɔnism] *n. m.*

(1892) *Polit.* Tactique parlementaire qui consiste à faire de l'obstruction* systématique. — REM. : Absent du dict. de l'Académie 1935.

« Néol., Système qui consiste à faire traîner en longueur les discussions parlementaires. »

P. GUÉRIN, *Dictionnaire des dictionnaires,* 1892 [*in* D. D. L., 2⁰ série, 4].

✶ De l'anglais *obstructionism* n., rare (1879).

OBSTRUCTIONNISTE [ɔpstʀyksjɔnist] *n. et adj.*

(1888) *Polit.* Homme politique qui pratique l'obstruction*. — *Adj.* Relatif à l'obstruction ou aux obstructionnistes. — REM. : Absent du dict. de l'Académie 1935.

« Les députés irlandais, en poussant jusqu'à l'extravagance leur tactique obstructionniste, avaient lassé la patience de la Chambre et du public. »   Ed. HERVÉ, art. *Obstructionniste,* in P. LAROUSSE, *Grand Dict. universel,* 2⁰ Suppl. 1888.

✶ De l'anglais *obstructionist* n. (1846) et adj. (1879).

OCCLUSION [ɔklyzjõ] *n. f.*

(1869) *Chim.* Propriété que possèdent les métaux et certains autres solides d'absorber les gaz et de les retenir. — REM. : Absent des dict. de Littré et de l'Académie.

« M. Schuster propose d'appeler *dialyse* le passage des gaz à travers les substances solides, et *occlusion*, le fait de l'absorption des gaz dans les matières solides qui les retiennent plus ou moins longtemps emprisonnés. »
L. FIGUIER, *L'Année scientifique et industrielle*, pp. 157-158, 1870 (□ 1869).

✳ Le substantif *occlusion* apparaît en anglais en 1645 comme nom d'action ou d'état (latin *occlusio, -onis*) correspondant au verbe *to occlude* attesté dès 1597 (latin *occludere* « fermer complètement »). En 1866, ces deux mots entrent dans le vocabulaire de la chimie. Le français, possédant déjà la forme *occlusion,* apparue comme terme médical en 1808, emprunte en 1869 le sens chimique de l'anglais. Le verbe *occlure,* attesté en médecine en 1858, ne s'emploie guère en chimie. On trouve cependant la forme *occlus* dans *gaz occlus,* d'après l'anglais *occluded gas.*

OCCURRENCE [ɔkyʀɑ̃s] *n. f.*

(mil. XXᵉ s.) *Ling.* Apparition d'une unité linguistique dans le discours. *Compter les occurrences d'un mot dans un texte. Relever les occurrences du même caractère dans une inscription égyptienne.* — Cette unité.

« Quand ces unités virtuelles (les "lexèmes") sont actualisées dans un texte, on appellera chacune d'elles "vocable", le terme de "mot" désignant chaque occurrence d'un vocable quelconque. »
Ch. MULLER, *Étude de statistique lexicale*, p. 15, Larousse (□ 1967).

✳ Sens emprunté à l'anglais *occurrence* n. (XVIᵉ s.) signifiant à l'origine « incident, rencontre fortuite », puis « le fait de se produire, de se présenter » (1725, en ce sens) dérivé de *occurrent* adj. et n. 1535, lui-même emprunté au français *occurrent* au sens aujourd'hui vieilli de « qui advient » (du lat. *occurens, -entis* part. prés. de *occurrere* « aller au devant, se présenter »). C'est sous l'influence de la linguistique américaine que le mot s'est répandu en français comme terme de linguistique au milieu du XXᵉ siècle. On trouve aussi *co-occurrence* « apparition simultanée de deux unités » (C. Hagège, *La Grammaire générative,* P. U. F., p. 116).

OCEAN RACER → RACER.

OCTET [ɔktɛ] *n. m.*

(1946) *Chim.* Ensemble de huit électrons formant la couche extérieure d'un atome.

✳ Le mot *octet,* du lat. *oct[o]* « huit » est d'abord apparu en anglais comme terme de musique (→ **Octette**) au XIXᵉ siècle ; il est attesté comme terme de chimie en 1927. Le français emprunte le terme de chimie [*in* Quillet 1946] et fait ensuite passer le mot dans le vocabulaire de l'informatique où il désigne un multiple de 8 bits servant d'unité de codage de l'information (en anglais *byte,* forme abrégée de *8-bit type*).

« S'y trouve également une mémoire qui stocke les informations, programmes ou données. Les capacités de cette mémoire s'évaluent en mots (octets), selon le nombre de KO (1 024 octets). En outre, des mémoires supplémentaires sont disponibles sous forme de cassettes ou de disquettes souples. »
Sciences et Avenir, nᵒ spécial 35, 1981, p. 24.

OCTETTE [ɔktɛt] *n. m.*

(XXᵉ s.) *Mus.* Ensemble de musique de chambre formé de huit instruments. — REM. : Absent des dict. de l'Académie.

✳ Emprunt de l'anglais *octet* ou *octette* n. (1864), du lat. *octo* « huit » d'après *duet* « duo », *quartet* « quartette ». Notons que le français a déjà utilisé en ce sens la forme *ottette* n. m. [*in* Larousse 1874] de l'italien *ottetto* et même l'emprunt direct de *ottetto* avec le pluriel à l'italienne *ottetti*. D'autre part, le terme *octuor* du lat. *octo* « huit » d'après *quatuor*, attesté en 1878 [*in* Larousse], désignant une œuvre musicale pour huit voix ou huit instruments, est aussi employé maintenant au sens de « formation de chambre de huit instrumentistes ou de huit chanteurs ».

O.D. → OVERDOSE.

OFF [ɔf] *adv., adj.* et *n. m. invar.*

1° (1951) *Cin.* et *télév.* Qui ne vient pas de la bouche d'un personnage figurant à l'écran. *Voix off.*

> « C'est pourquoi le texte récité "off" du Journal enchaîne avec tant d'aisance sur celui que prononceront réellement les protagonistes, il n'existe entre les deux aucune différence essentielle de style ni de ton. »
> A. BAZIN, in *Cahiers du cinéma*, juin 1951, in I. G. L. F.
> [*in* D. D. L., 2ᵉ série, 6].

> « Beaucoup moins de commentaires "off", apparition à l'image de Marguerite Yourcenar qui parle de Piranèse comme si l'esprit de ce visionnaire l'inspirait. »
> *Le Monde*, 7 janv. 1972, p. 13.

— *N. m.* Voix off.

> « Le commentaire en *off* — sa littérature — ne réapparaît que par intermittence. »   J.-L. BORY, in *Le Nouvel Observateur*, 4 sept. 1972, p. 52.

✳ Forme abrégée d'un terme d'origine américaine *offscreen* « hors de l'écran » (*in* Webster's Third 1966), de *off-* préfixe prépositionnel « hors de », et *screen* « écran », formé d'après *offstage* « dans les coulisses » ou littéralement « hors scène » (*in* Webster's Second 1934), terme pouvant s'appliquer en anglais à tout élément de l'action, acte ou parole. En français, *off* a été très attaqué.

> « Nos amis canadiens remplacent, chaque fois qu'ils le peuvent, *off* par *hors* : *off camera* = hors du champ (*on camera* = dans le champ) ; *off mike* = hors micro. Ils traduisent même *off screen commentaries* par "commentaires devant l'image". »   J. GIRAUD [24 mai 1962], in *Vie et Langage*, janv. 1963, p. 14.

> « *Off* employé seul ou dans *voix off* (avec ou sans trait d'union) est une expression barbare pour de nombreux téléspectateurs. De plus, elle me paraît suspecte même en anglo-américain, où cette préposition est normalement suivie d'un substantif : *off camera, off tube, to be off duty* ("hors des heures de service"), *off side* (langue du rugby)...

> La suppression, en français, de *caméra* me semble être une raison de plus pour renoncer à ce jargon (le *dialogue off*, quelle langue pure !) au profit de *hors champ*, par analogie, si vous voulez, avec *hors texte*. Il est bien entendu que l'on signifie "hors du champ *de la caméra*". »   *Ibid.*, p. 14.

✳ Lors de la journée d'étude du 24 mai 1962, l'Office du vocabulaire français a adopté les formules *voix hors champ* et *image hors champ*. Le *Journal officiel* du 18 janv. 1973 préconise le remplacement de *off* par *hors champ* adj. et n. f.

2° (1964) Théâtre *Off-Broadway*, se dit des théâtres de Manhattan éloignés de Broadway, et, *par ext.*, d'un théâtre américain d'avant-garde (→ **Off-off**).

> « Après avoir exercé dix métiers, Edward Albee, qui a trente-six ans maintenant, s'était fait connaître par quelques pièces en un acte jouées sur de petites scènes "off-Broadway" (c'est-à-dire d'esprit "rive gauche" par rapport au boulevard). »
> R. KANTERS, in *L'Express*, 7 déc. 1964, in *La Banque des mots*, n° 6, 1973, p. 227.

— PAR EXT. (1969) *Off* (forme elliptique), se dit d'un spectacle, généralement d'avant-garde, présenté en marge d'un programme officiel.

> « Dans les sous-sols d'une "boîte" où s'improvise un festival "off" : musique pop, sketches balbutiants, ou numéros bien rodés [...]. »
> C. ALEXANDER, in *L'Express*, 3 juil. 1972, p. 52.

— (1970) *Emploi adv.* Hors.

« spectacle créé à Nice, présenté cet hiver à Paris au Lucernaire et
repris, aujourd'hui, "*off*" Avignon. »
F. KOURILSKY, in *Le Nouvel Observateur*, 2 août 1972, p. 41.

« *Off* » *festival*, festival « off » (→ cit. de Dumur, 6 juil. 1970,
art. *Off-off*).

« À Avignon, "off" Festival, dans une petite salle de la rue des
Teinturiers, il a apporté, avec deux très beaux spectacles donnés en
alternance [...], les fruits d'une réflexion longuement mûrie [...]. »
C. ALEXANDER, in *L'Express*, 14 août 1972, p. 40.

✳ *Off* est la contraction du terme new-yorkais *off*[-*Broadway*] (1963)
de *off-* « dispersé autour, à l'écart de », et *Broadway* nom de la capitale
du théâtre américain. *Off* marque un moment déterminé de l'évolution
du théâtre contestataire. On emploie le mot abusivement lorsqu'on en
fait un synonyme de *nouveau* ou d'*avancé* en musique ou dans toute
forme de spectacle. Ce terme a correspondu en France à une forme
particulière de recherche d'avant-garde inspirée d'un mouvement américain et a toujours été employé comme un emprunt, avec les guillemets,
et très souvent dans un syntagme suivant l'ordre syntaxique anglais. On
trouve en effet *festival « off »*, mais le plus souvent *« off-festival »*. Nous
sommes donc en présence d'une construction tout à fait étrangère au
français, qui n'a d'ailleurs eu cours que dans les milieux spécialisés, par
un snobisme qu'on espère passager.

OFF-BROADWAY → OFF.

OFFICE [ɔfis] *n. m.*

1° (1863) Établissement consacré à une activité déterminée ;
bureau. *Office commercial. Office de publicité. Offices internationaux.* — REM. : Enregistré dans le dict. de Littré 1868 ;
absent du dict. de l'Académie 1935.

« Il existe à Paris plusieurs offices de publicité, de correspondance,
etc. Les correspondances internationales tombées en rebut doivent être
rendues, sans frais, à l'office expéditeur. »
Commission internationale des postes, Paris 1863 [*in* Littré 1868].

— PAR EXT. (1891) *Dr. admin.* Service public doté de la
personnalité morale et de l'autonomie financière, confié à un
organisme spécial relevant d'un ministère. *Office des changes.
Office de Radio-Télévision française.* — REM. : Enregistré dans
le dict. de l'Académie 1935.

« L'Office du travail fut créé en France par la loi du 20 juillet 1891
et organisé par le décret du 19 août suivant, modifié plusieurs fois,
surtout par le décret du 6 juin 1897. Il a pour but "de rassembler,
coordonner et vulgariser tous les renseignements concernant la statistique du travail" [...]. »   *Nouveau Larousse illustré*, Suppl. 1907, art. *Office.*

2° (1876) *Rare* et *critiqué.* Lieu où l'on exerce une fonction. —
REM. : Absent des dict. de Littré et de l'Académie.

« Il apprécie avant tout [...] ce qui est utile et profitable [...]. Tel est
l'Américain dans sa vie ordinaire, dans son magasin, dans son *office*, au
milieu de ses affaires. »
X. EYMA, *La Vie aux États-Unis*, pp. 177-178 (□ 1876).

✳ Emprunt sémantique de l'anglais *office* n. (1386, au sens de
« bureau, agence ») lui-même emprunté au français au XIIIᵉ siècle (bas
latin *officium*) au sens de « service, fonction ». Comme nom d'établissement spécialisé dans une activité particulière, à rapprocher des mots
agence, bureau et *service*, le terme *office* a cours en français dès 1863
(comme terme de droit, il se distingue de *régie*). Au sens matériel de
bureau « local de travail », *office* est un anglicisme condamné ; sauf au
Canada, il ne s'emploie guère en français qu'à propos des bureaux
américains, comme *policeman* pour l'agent de police anglais. Mackenzie

(p. 188) relève un emploi isolé de *office* « bureau » dès 1786, dans Chastellux, *Voyages de M. le marquis de Chastellux dans l'Amérique septentrionale dans les années 1780, etc.*, I, p. 134.

OFFICIALISATION [ɔfisjalizasjɔ̃] *n. f.*

(1933) Action de rendre une chose officielle* ; son résultat.
— REM. : Absent du dict. de l'Académie 1935.

« l'annonce des forfaits, l'officialisation des titulaires. »
L'Auto, 4 août 1933, *in* I. G. L. F. [*in* D. D. L., 2ᵉ série, 6].

❊ Adaptation de l'anglais *officialization* n. (1907), de *to officialize*
(→ **Officialiser**).

OFFICIALISER [ɔfisjalize] *v. tr.*

(1959) Rendre officiel*. *Officialiser une nomination.*

❊ Adaptation de l'anglais *to officialize* v. tr (1887 ; 1850, comme v. intr.), enregistré dans le Robert 1959.

OFFICIEL, ELLE [ɔfisjɛl] *adj. et n. m.*

1° (1778) *Admin.* Qui émane, procède du gouvernement, et, *par ext.*, d'une autorité reconnue. *Nomination officielle. Acte, document officiel. Journal officiel de la République française* (1869) ou *subst.* et ellipt. *L'Officiel* (1903). — REM. : Enregistré dans les dict. de l'Académie 1798 et de Littré 1868.

« je conçois que ce n'est encore rien là d'"officiel". »
SERVAN, *Assemblée législative*, 15 sept. 1792, *Archives parlementaires*
[*in* Brunot, t. IX, p. 1050].

— SPÉCIALT. Qui a la garantie, la caution d'une autorité (opposé à *officieux*). *Nouvelle officielle.* — Fam. *C'est officiel*, c'est absolument certain.

— N. m. (1869) *Par ext.* Personne qui a une fonction officielle. *Tribune des officiels.* — Adj. (1874) *Un personnage officiel. Porte-parole officiel du gouvernement. Milieux officiels. Le représentant officiel d'une Société.* — Par ext. *Cortège officiel. Voitures officielles. Bâtiments officiels.*

2° (1820) *Par ext.* Généralement admis ; qui fait règle. *Version officielle d'un incident. La grammaire officielle. La presse officielle.* — REM. : Souvent péjoratif.

« Quand le soldat, dit-il (faites attention ; chaque mot est officiel, approuvé des censeurs), quand le soldat voit ces gens qui n'aiment pas les hautes classes, les classes à privilège, il met d'abord la main sur la garde de son sabre. »   P.-L. COURIER, *Deuxième Lettre particulière*,
28 nov. 1820, in *Œuvres complètes*, p. 68.

« Vous ne me paraissez pas fort en Histoire. Il y a deux Histoires : l'Histoire officielle, menteuse qu'on enseigne, l'Histoire *ad usum delphini* ; puis l'Histoire secrète, où sont les véritables causes des événements, une histoire honteuse. » BALZAC, *Illusions perdues*, p. 1020 (□ 1837).

— PAR EXT. *Péj.* Conventionnel. *Un style froid et officiel.* — Compassé et solennel. *Prendre un ton officiel.*

3° (1874) *Par ext.* Qui est rendu public, conformément aux usages. *Fiançailles officielles.* — Par ext. Notoire. *Maîtresse officielle.*

❊ Anglais *official* n. (1340), lui-même emprunté du français *official* (bas latin *officialis*, de *officium* → **Office**) « personne chargée d'une fonction particulière », et adj. (XVIᵉ s.) « public, fait ou communiqué en vertu d'une autorité » venu directement du latin « relatif à une charge, une fonction ». Le Dict. général date l'apparition de *officiel* de 1791 (*Annales politiques*,

civiles et littéraires, de Linguet), mais le Petit Robert, de 1778 (Cf.
Officiellement). Comme substantif masculin, le G. L. L. F. le date de 1869
(Dubourg-Neuville). Le mot, depuis longtemps, n'est plus senti comme
anglicisme.

OFFICIELLEMENT [ɔfisjɛlmɑ̃] *adv.*

(1789 ; *officialement,* 1777) D'une manière officielle ; à titre
officiel. — REM. : Enregistré dans les dict. de l'Académie 1798
et de Littré 1868.

> « il suffit au pouvoir législatif d'être assuré des faits "officiel-
> lemment". »   ROBESPIERRE, *Ass. Const.* 3 août 1789,
>   *in* BUCHET et ROUX, *Histoire parlementaire de la Révolution française*
>   *ou Journal des Assemblées nationales,* 1834 [*in* Brunot, t. IX, p. 1050].

✳ De *officiel** pris au sens de l'anglais *official,* d'abord sous la forme
officialement.

> « ces lettres n'étant pas écrites *officialement* (being not official) elles
> ne peuvent être communiquées au public. »
> *Le Courrier de l'Europe,* 17 oct. 1777, *in* PROSCHWITZ, *Introduction à*
>   *l'étude du vocabulaire de Beaumarchais,* 1956 [*in* D. D. L., 2ᵉ série, 1].

✳ Notons que l'Oxford dict. n'atteste l'anglais *officially* qu'en 1790.

OFF-LINE [ɔflajn] *adj.* et *adv.*

(1969) *Inform.* Se dit d'une unité ou d'un ensemble d'unités qui ne sont pas effectivement reliées à l'ordinateur central
(opposé à *on-line**). — *Phase « off-line »,* phase pendant laquelle
l'appareil fonctionne de manière autonome. — *Saisie « off-line »*
des données, transcription des données sur un support intermédiaire.

✳ Terme anglais signifiant littéralement « hors ligne », et dont l'équivalent français est *autonome* (opposé à *connecté*), lorsqu'il s'agit d'un
appareil. Le terme *off-line,* dont les emplois techniques sont très variés,
hors du domaine de l'informatique, tend à s'introduire en français. La
Commission chargée par le ministère des Armées d'examiner le
vocabulaire en usage dans les administrations militaires, a proposé le
terme *hors ligne* comme équivalent français acceptable [*in La Banque
des mots,* nº 4, 1972, p. 211]. *Hors ligne* est opposé à *en ligne* (→ **on-
line**).

OFF-OFF [ɔfɔf] *adj.* et *n. m.*

(1967) *N. m.* Théâtre. *Off-off-Broadway,* théâtre qui se
démarque de l'off-Broadway* par une recherche plus audacieuse
de formes anticonventionnelles → **Off.**

> « Avant l'explosion de "Hair", il [le théâtre] connaît l'existence
> incertaine des pionniers dans les caves et les usines désaffectées de
> l'"off-off-Broadway", mouvement contestataire deux fois hors du circuit
> régulier, qu'il [Tom O'Horgan] a fondé avec Jo Chaikin, de l'Open
> Theater, et Peter Schumann, du Bread and Puppet. »
> C. ALEXANDER, *in L'Express,* 8 juin 1970, *in La Banque des mots,* nº 6,
>   1973, p. 228.

— *Emploi adverbial :*

> « Dans l'interstice d'entrepôts séparant le Village de Wall Street,
> j'avais été voir en 1968 le spectacle présenté par le Performance Group,
> "Dyonisus sixty-nine", adaptation des "Bacchantes" d'Euripide jouée par
> des acteurs nus, ce qui n'était pas encore conventionnel. C'était alors
> une expédition téméraire, *"off-off"* Broadway, en infraction aux usages
> de la société bien-pensante, et même à l'avant-garde des expériences
> progressistes. »   J.-P. ARON, *in Le Nouvel Observateur,* 23 fév. 1976, p. 57.

— PAR EXT. (1966) Ellipt. *« Off-off »,* forme ultra-avancée de
recherche musicale, théâtrale. *Festival « off-off ».* — Subst.
L'« off-off ».

« Après le "*off*-festival", nous aurons droit à un "*off-off*-festival" : trois animateurs parisiens [..] s'installeront, du 18 juillet au 15 août, au pied du fameux pont Bénezet. »

G. Dumur, in *Le Nouvel Observateur*, 6 juil. 1970,in *La Banque des mots*, n° 6, 1973, p. 228.

✱ *Off-off* est la forme elliptique de l'expression new-yorkaise *off-off-Broadway* (1967) construite sur *off-Broadway* (→ **Off**), avec un redoublement de *off* « à l'écart de » pour marquer le caractère doublement contestataire de cette forme de théâtre par rapport à celui de Broadway et par rapport à celui de l'« off-Broadway ». *Off-off* n'a correspondu en français qu'à un aspect déterminé des formes avant-gardistes du spectacle correspondant à une période bien définie. On notera l'ordre syntaxique anglais : « *off-off festival* » et les guillemets présentant le terme comme emprunt non assimilé en français, réservé à l'usage des initiés.

OFF-OFF BROADWAY → OFF-OFF.

OFF-RECORD [ɔfRekɔRd]
ou OFF-THE-RECORD [ɔfzəRekɔRd] *adv.* et *adj.*

(1973) *Journalisme*. Se dit de propos d'un officiel, d'un membre de comité, que l'auteur demande expressément de tenir confidentiels.

« Tout ce qu'elle [Mme Gandhi] dit doit être pesé. Donc elle ne dit rien qui ne soit tactique — ou bien elle parle "off record". Propos non destinés à la publication. »   *L'Express*, 12 fév. 1973, p. 98.

✱ Terme d'origine américaine signifiant littéralement « hors *(off)* archive *(record)* » c'est-à-dire « qui n'est pas retenu au procès-verbal », répandu en Amérique dans le domaine de l'administration. Le français emploie dans ce sens selon le cas les mots *confidentiel, secret* ou *officieux. Off-record* reste un terme étranger.

OFFSET [ɔfsɛt] *n. m.* et *adj. invar.*

(1932) *Imprim*. Procédé d'impression à plat par report sur caoutchouc. — Adj. invar. *Procédé offset.*

« Le succès de l'offset tient pour une part appréciable aux améliorations intervenues depuis une vingtaine d'années dans la fabrication des papiers ne présentant plus, aujourd'hui, les inconvénients qui furent à l'origine des principaux déboires rencontrés par les imprimeurs offsettistes. »   *La Chose imprimée*, p. 488 (□ 1977).

— *Papier offset*, papier conçu pour la réalisation de ce procédé. — *Presse, machine, rotative, duplicateur offset*, machine qui réalise ce procédé. — Subst. *Une offset.*

« Durant les années qui précédèrent immédiatement la dernière guerre apparurent les "petites offsets", que les imprimeurs professionnels appelèrent par dérision les offsets de bureau. »   *Ibid.*, pp. 133-134.

✱ Mot anglais n. (1555), du préf. *off-* « hors de », et part. passé de *to set* « poser, placer », ayant pris le sens de « report » dans le domaine de l'impression en 1888, et que l'Américain Rubel choisit pour le nom du procédé qu'il mit au point en 1904. Ce terme, opaque pour l'usager français, est en usage depuis 1932 [*in* Larousse du xxe siècle].

« Que pouvons-nous opposer là, nous autres traducteurs ?... J'ai cherché l'autre mot dont on désigne parfois l'offset gréco-français : la *rotocalcographie*. Pédantesque à souhait, fabriqué à coup de grec et de latin, ce mot ne figure pas au Petit Larousse, mais le Harrap's nous le propose. Entre le mot anglais, qui du reste ne définit pas la méthode, et le mot gréco-latin qui la définit fort mal et à l'usage des seuls pédants, sommes-nous sommés de choisir ? Non. Ni *offset*, ni *rotocalcographie*. Puisqu'il s'agit d'un tirage par report, que le Harrap's et le Petit Larousse sont d'accord là-dessus, je me contenterais de dire soit *en tirage par report*, soit plus simplement : *en report*. »   Étiemble, *Le Babélien*, t. III, p. 66 (□ 1962).

✴ Au nom de l'usage et de la monosémie souhaitable dans les vocabulaires techniques, Dupré plaide en faveur du maintien de cet emprunt relativement ancien :

« Terme technique d'imprimerie. Il paraît difficile de lui substituer : *report*. En effet, *report*, en français, est un terme polyvalent utilisé surtout dans la langue de la comptabilité et de la Bourse. *Offset*, lui, appartient exclusivement à la langue de la gravure et de l'impression dans laquelle il est solidement entré. »

✴ *Offset* a donné en français le dérivé *offsettiste* [ɔfsɛtist] n. et adj., attesté dans le *Dict. des Métiers* (1955) « technicien en offset » → cit. ci-dessus. Le mot *offset* n'est pas pénible pour une oreille française.

OFF-SHORE ou OFFSHORE [ɔfʃɔʀ] *adj.* et *n. m. invar.*

1° (1952) *Hist. Programme, commandes, crédits off-shore,* se disait des équipements de l'armée américaine, acquis et payés en dollars dans les pays mêmes où les troupes étaient station-nées. — Subst. *Un off-shore. Des off-shore* ou *des off-shores.*

« le lecteur [...] vient d'apprendre que M. Pinay a refusé de recevoir une lettre de l'ambassadeur américain au sujet des crédits *off shore* et autre. » P. NAVILLE, in *Les Temps modernes*, déc. 1952, p. 899.

✴ Adaptation de l'américain *offshore procurement program* de l'améri-cain *offshore* « à l'étranger » (*in* Webster's Third, 1966 ; angl. *offshore*, 1720 de *off* « loin de, hors de » et *shore* « rivage, plage »), *procurement* « acquisition » et *program* « programme ». Ce syntagme a été créé pour désigner un système d'équipement à l'étranger mis en vigueur par le gouvernement des États-Unis au début de la guerre de Corée en 1950. Le français « traduit » cette expression par *programme* ou *Commandes offshore.*

2° (1963) *Indus. du pétrole.* Relatif aux gisements de pétrole sous-marins et à leur exploitation au moyen de recherches et de travaux en mer. — *N. m.* Installation de forage pétrolier en mer, sur plate-forme.

« Pour des interventions brèves mais répétées, à grande profondeur et en divers endroits (observations scientifiques, entretien d'un champ pétrolifère *off-shore,* assemblage d'un pipe-line, etc.) les plongeurs seront emmenés vers le fond et remontés ensuite de leur lieu de travail dans une cloche [...]. » *Science et Vie*, mars 1967, p. 92.

« On se tourne aussi avec un intérêt accru vers l'énergie d'origine nucléaire, qui va sans doute faire son entrée sur la vaste scène des océans. Deux puissantes compagnies américaines, Westinghouse Elec-tric et Tenneco, ont créé une filiale commune qui édifie actuellement à Jacksonville (Floride) une usine pour la fabrication de centrales nucléai-res "off-shore". » *La Recherche*, déc. 1974, p. 1106.

« Pour faire face à notre développement très rapide dans l'offshore pétrolier, nous recherchons : ingénieurs travaux débutants. » *Le Point*, 2 nov. 1981, p. 144 (Annonce).

✴ Sens américain « en dehors des eaux territoriales » (*in* Webster's Third 1966). Le terme *off-shore* est fortement déconseillé en français. Le *Journal officiel* du 18 janv. 1973 préconise son remplacement par *marin* adj. ou *en mer* loc. prép., selon le cas.

OGHAM ou OGAM [ɔgam] *adj.* et *n. m. invar.*

(1868) *Ling.* Se dit de la plus ancienne écriture celtique et britannique, retrouvée dans les inscriptions celtiques d'Irlande et du Pays de Galles des Vᵉ-VIIᵉ s. et présentant des analogies avec l'écriture runique. *Écriture, caractère ogham.* — Subst. *L'ogham,* cette écriture. — REM. : Enregistré comme adj. invar. dans le Suppl. du dict. de Littré 1877 ; absent des dict. de l'Académie.

« M. Tylor signale de grandes différences entre l'alphabet ogham et tous les alphabets connus. »

Compte rendu du Congrès international d'archéologie préhistorique, tenu à Norwich, en Angleterre, août 1868, in *Revue des cours scientifiques*, 2 janv. 1869, p. 72.

✳ Vieil irlandais *ogam, ogum* (irlandais moderne *ogham,* gaélique *ogum*) du nom propre légendaire irlandais *Ogma,* inventeur mythique d'un système de signes formant un langage ésotérique à l'usage exclusif des gens instruits. *Ogham* n. apparaît dans un texte anglais en 1627 au sens de « langage obscur utilisé par les anciens Irlandais », dans un texte latin en 1677, puis en anglais sous la forme *ogum* en 1729, *ogham* en 1794, au sens d'« écriture celtique ancienne ». L'adjectif employé à propos de l'alphabet, des inscriptions, des pierres, remonte à 1784. En français, le mot est adopté comme terme d'archéologie en 1868.

O. K. [ɔke] ou [ɔkɛ] *adj. invar.* et *adv. interj.*

1° (1869) Adj. attrib. *Fam.* Bien, bon, satisfaisant ; en bon ordre, en bon état. *Tout est O. K., on peut partir.* — REM. : Absent du dict. de l'Académie.

« Favorisés par un temps magnifique, les engins faisaient tous paisiblement leur devoir [...], le câble [transatlantique français] se succédait à lui-même en s'enfonçant dans la mer comme une chaîne sans fin ; tout était O. K. » *L'Ingénieur,* août 1869, in *L'Année scientifique et industrielle,* pp. 111-112 (□ 1870).

« Cependant, nous avons gagné le bar — barman impeccable et digne, tout de blanc vêtu, et, au-dessus de la gamme colorée des flacons, deux lettres symboliques et indispensables : O. K. En style de Chicago ou de New York, O. K., corruption linguistique de *all correct,* signifie : tout va bien ! et notre amour-propre national s'afflige à constater que l'ingénieux tavernier qui, près de la porte Saint-Denis, tient boutique à cette enseigne n'est, hélas ! qu'un vil plagiaire. »
P.-E. CADILHAC, in *L'Illustration,* 2 mai 1931, p. 23.

2° (1932) Adv. interj. *Fam.* D'accord.

« Là, tu alertes un garagiste s'il y en a un, tu lui racontes qu'on est perdus par tant de latitude sud et de longitude est, et tu nous l'envoies. O. K. ? » R. FALLET, *Le Triporteur,* p. 180 (□ 1951).

« Tout désormais était "Go", c'est-à-dire comme les différents correspondants étrangers l'ont traduit dans leur langue respective "O. K.". »
L. SAUVAGE, in *Le Figaro,* 16 mai 1963, p. 5.

✳ Terme américain dont l'origine a été longtemps discutée. D'après *A Dictionary of Americanisms,* A. W. Read a démontré (in *The Saturday Review of Literature,* 10 juin 1941) qu'il s'agissait du sigle de *oll korrect,* altération graphique de *all correct* (littéralement « tout bien, tout est bien »), équivalent familier de l'anglais *all right.* Les lettres *O. K.* sont apparues à New York lors de la campagne présidentielle mouvementée de 1840, comme symbole parlé et écrit du *O. K. Club* (23 mars 1840) ou *Kinderhook Club* (3 avril 1840), comité démocratique de New York rallié autour du président en exercice, Martin Van Buren, appelé par ses partisans « *Old Kinderhook* », de *Kinderhook,* N. Y., son lieu de naissance. Le parti opposé, le *Whig Party* (1834-1854), d'origine bostonienne, s'empare du sigle et du symbole en en changeant la signification. Le *Dict. of Americanisms* et le Suppl. de l'Oxford dict. citent l'*Atlas* de Boston du 18 juin 1840 : *The band [of the Barre Whig Association] rode in a stage, which had a barrel of Hard Cider on the baggage rack, marked with large letters "O. K." (oll korrect).* « La bande [de l'Association Whig de Barre] était à bord d'une diligence, sur le porte-bagages de laquelle il y avait un tonneau de cidre raide, portant en grosses lettres "O. K." (oll korrect) ». Certains ont attribué au président Andrew Jackson [1767-1845] l'habitude d'apposer les lettres *O. K.* sur les documents [pour *all correct,* altéré en *oll korrect*] pour donner son accord, mais on ne trouve aucune attestation de cette fantaisie orthographique présidentielle. Le mot s'écrit aussi *okay* ou *okeh.* Certains ont voulu y voir un mot d'origine indienne ou encore hollandaise. Rien ne permet de l'affirmer.

Malgré quelques emplois isolés, le terme O. K. était pratiquement inusité en France avant la guerre de 1940. Cet américanisme est aujourd'hui répandu dans le monde entier. Notons qu'il se prononce maintenant, en français, [ɔke] et non pas [oke] comme les initiales anglaises. À l'origine, on disait [ɔkɛ].

« O. K. : la jeunesse française s'est jetée avec une vorace frénésie sur ce vulgarisme américain qu'elle prononce généralement "hoquet" ... Il suffirait de dire "entendu" pour ne pas contrister ceux qui trouvent "d'accord" vulgaire. »
F. de GRAND'COMBE, *De l'anglomanie en français*, juil. 1954, p. 193.

OKAPI [ɔkapi] *n. m.*

(1901) Mammifère ongulé ayant des caractéristiques de la girafe, du cheval et de l'antilope. — REM. : Absent du dict. de l'Académie 1935.

« L'okapi n'a encore été rencontré jusqu'ici que dans le nord du Congo, et plus spécialement dans le bassin de la rivière Semliki et sur les frontières de l'Ouganda. »   É. GAUTIER, *L'Okapi*, in *L'Année scientifique et industrielle*, p. 157, 1902 (□ 1901).

✳ Mot d'une langue du nord-est de l'ex-Congo, cité en anglais en 1900. Le savant anglais Ray Lankester en a tiré la dénomination scientifique *okapia* [*johnatoni*]. L'anglais et le français ont retenu *okapi*.

OLÉFINES [ɔlefin] *n. m. pl.*

(v. 1900) *Chim.* Carbures éthyléniques de formule $C_n H_{2n}$. — REM. : Absent des dict. de l'Académie.

« [il peut] y avoir intérêt à déshydrogéner préalablement les hydrocarbures saturés, ou à les transformer, par craquage, en oléfines. »
G. CHAMPETIER, *La Grande Industrie chimique organique*, p. 111 (□ 1950).

✳ Anglais *olefine* 1860, substantif dérivé de l'adj. *olefiant* 1807, *olefiant gas*, emprunté au français *oléfiant, iante* ou *oléifiant, iante,* de *olé(i)-* (tiré du rad. lat. de *olea* « olivier », *oleum* « huile ») et part. prés. construit sur le lat. *ficare,* altération de *facere* « faire ». *Oléfiant* est apparu comme terme de médecine en 1823 [in *Dictionnaire des termes de médecine*] « qui produit de l'huile », puis dans le terme *gaz oléfiant,* ou *oléifiant* 1828, ancien nom de l'éthylène donné en 1795 par les chimistes hollandais Deiman, Paets Van Troostwyk, Bondt et Lauwerenburgh.

OMBUDSMAN [ɔmbydsman] *n. m.*

(1966) En Suède, Magistrat contrôleur parlementaire, chargé de protéger les particuliers contre les excès du pouvoir. *Des ombudsmen.* — Dans divers pays, notamment en Grande-Bretagne, dans certaines provinces canadiennes, en France, Personne chargée par l'État de défendre les droits du citoyen face aux pouvoirs publics.

« Offre d'emploi : médiateur. Pour assumer le rôle ingrat de défenseur du citoyen français, M. Messmer cherche un ombudsman. Il cherche mais n'a pas encore trouvé. »   *Le Point*, 16 oct. 1972, p. 43.

« L'ombudsman suédois est, au sens étymologique du terme, un *conseiller du contentieux* [...]. L'ombudsman étudie les doléances du plaignant. S'il les trouve fondées, il a les moyens juridiques de contraindre l'Administration, civile ou militaire, quel que soit le rang de l'instance fautive, à réparer le préjudice commis. C'est franc, net, sans compromis ni médiation. »   *L'Express*, 23 oct. 1972, p. 186.

✳ Mot suédois, littéralement « agent, représentant », du vieux nordique *umbothemathr, umboth* « commission », et *mathr* « homme », d'abord attesté en français sous l'influence de l'anglais *ombudsman,* lui-même emprunté du suédois, à propos de l'Angleterre (in *Le Monde*, 19 avr. 1966) et immédiatement après, à propos de la Suède (*L'Express,* 23 sept. 1968). D'origine scandinave, l'ombudsman fut créé en Suède par la loi de 1809 (*riksdagen justitieombudsman* « agent parlementaire de la justice », appelé par ses initiales « J. O. ») pour permettre au Parlement de limiter les pouvoirs du roi ; l'institution se répandit plus d'un siècle plus tard dans d'autres pays, tout en se modifiant souvent considérablement suivant les divers régimes de gouvernement, en

Finlande d'abord (1919), puis au Danemark (1953), en Norvège (1963), ainsi qu'en Allemagne fédérale (1956), en Nouvelle-Zélande (1962), en Grande-Bretagne (*Parliamentary Commissioner* « Commissaire parlementaire pour l'Administration », loi du 22 mars 1967), au Québec (1968), en France (loi n° 73-06, du 3 janv. 1973), etc. L'équivalent français *médiateur* est attesté dès 1972 (in *L'Express,* 9 oct. 1972, d'après *la Banque des mots*, n° 6, 1973, p. 228) ; il a été retenu officiellement :

> « Comment conviendrait-il d'appeler l'homme qui, chez nous, pourrait être l'équivalent de l'ombudsman suédois [...] M. G. Longuet, on s'en souvient, l'avait emporté, sur plus de 2 000 concurrents, en proposant la traduction suivante : "intercesseur" [...]. Le gouvernement a, pour sa part, retenu le mot de médiateur. »
> *Le Figaro*, 16 janv. 1973, in *La Banque des mots*, n° 6, 1973, p. 227.

✳ Au Québec, l'équivalent retenu est *protecteur du citoyen*.

OMNIUM [ɔmnjɔm] *n. m.*

1° (1776) *Hist. d'Angleterre*. Totalité des effets publics que le prêteur reçoit du gouvernement, dans la formule d'emprunt public lancée en Angleterre, en 1760. — REM. : Enregistré dans le dict. de Littré 1868 ; absent des dict. de l'Académie.

> « Les courtiers ont fait à la Bourse des marchés pour des billets de loterie à 11 liv. pour le premier Juillet et à 12 liv. pour le tirage. La plus forte prime sur *l'omnium*, c'est-à-dire sur la loterie et la souscription ensemble, a été de 1 1/2 p. cent ».
> FRANKLIN, Court de GÉBELIN et ROBINET, *Aff. de l'Angleterre, 1776*, in *Studia Neophilologica* [in D. D. L., 2ᵉ série, 3].

— PAR EXT. (1872) Société financière ou commerciale qui centralise toutes les branches d'un secteur industriel ou commercial. *L'omnium du pétrole.*

> « Fondée à l'origine au capital d'un million, cette compagnie [d'exploitation des chemins de fer] a vu rapidement affluer vers elle les éléments qui en feront une sorte d'omnium pour les affaires de chemins de fer ». *Journal officiel*, 16 oct. 1872 [*in* Littré, Suppl. 1877].

2° (1855, *in* G. Petiot) Épreuve handicap pour chevaux de tout âge. *Des omniums.* — REM. : Enregistré dans le Suppl. 1877 du dict. de Littré.

— (1894) *Cyclisme, Golf.* Compétition comportant plusieurs sortes d'épreuves, ou ouverte aux amateurs (avec handicap) et aux professionnels. *Le Grand Omnium.*

> « Le club l'Omnium donne sa première réunion ». *Le Vélo*, 30 nov. 1894 [*in* G. Petiot].

3° (1920) Titre d'une publication abordant tous les aspects d'une spécialité. *L'Omnium agricole*, fondé en 1920.

✳ Mot latin « de tout », génitif plur. de *omnis* « tout », apparu en anglais, comme terme de bourse, en 1760, et alternant à partir de 1775 avec l'expression *omnium gatherum* « collection, assemblage, réunion (de choses ou de personnes) ». Cette expression, attestée dès 1530, est composée du latin *omnium* et du pseudo-latin *gatherum*, de l'anglais *to gather* « réunir, rassembler ». Emprunt du vocabulaire financier anglais, le substantif *omnium* a connu en français une évolution autonome comme terme d'économie politique (Cf. Corporation), comme terme de sport (Cf. Prime, en cyclisme) et comme terme d'édition. Comme terme de cyclisme, *omnium* a produit le dérivé *omniumiste* n. (1895 *Le Vélo*, *in* G. Petiot), « coureur cycliste spécialiste de l'omnium ».

ONCE [ɔ̃s] *n. f.*

(1874) Nom donné à l'ounce*, unité de mesure anglo-saxonne de masse, valant 28,349 g (dans le système avoirdupois*). — REM. : En usage en ce sens au Canada depuis 1760. — Absent en ce sens des dict. de l'Académie.

« Sladen, son chronomètre à la main, annonça "Time !" et les deux boxeurs ayant revêtu des gants de six onces, s'avancèrent l'un vers l'autre. »   L. HÉMON, *Battling Malone*, p. 82 (□ 1911).

—— → **Ounce** (Troy ounce).

« Les monnaies du monde entier seront fortement dévaluées par rapport au prix officiel de l'or qui est aujourd'hui de 38 dollars par once. »   J. MORNAND, in *Le Nouvel Observateur*, 7 août 1972, p. 15.

✱ Emprunt à l'anglais *ounce* lui-même emprunté au français au XIVᵉ siècle. L'ancien français *unce* attesté v. 1112 (mod. *once*) vient du lat. *uncia* « douzième partie d'un tout » de *unus* « un ». Historiquement, l'once, unité de mesure, a correspondu à la douzième partie de la livre romaine (27,288 g), à la seizième partie de la livre de Paris (30,594 g). « *Il y a huit onces au marc* » (Dict. de l'Académie 1694). Dans plusieurs autres pays, elle a eu une valeur comprise entre 24 et 33 g. Dans le système de mesure anglo-saxon, il faut prendre garde que l'once vaut 28,349 g dans le système courant de l'avoirdupois*, mais 31,103 g dans celui de troy, utilisé pour l'évaluation du poids des matières précieuses. Aujourd'hui, le mot *once* est souvent utilisé en parlant du cours de l'or. Depuis la conquête en 1760, jusqu'à l'adoption du système métrique en 1978, le mot *once* a été couramment utilisé au Canada avec la valeur anglaise de l'avoirdupois.

ONCLE SAM [ɔ̃kləsam] *n. m.*

(1875) *Fam.* Les États-Unis ; les Américains ; l'Américain type. — REM. : Absent des dict. de l'Académie.

« Dans une autre [caricature], l'oncle Sam, sous le costume d'un colporteur, entre dans la Maison-Blanche avec une bière qu'il dresse contre le mur et qui porte pour inscription : "Troisième mandat".
L'oncle Sam demande au Président [le général Grant], en lui montrant sa marchandise :
"Vous désirez un troisième mandat ?" »
                    W. H. DIXON, *La Conquête blanche*, 1875, p. 140 (□ 1876).

« Bien qu'elle [Mᵐᵉ Berma, dit M. de Norpois] ait fait de fréquentes et fructueuses tournées en Angleterre et en Amérique, la vulgarité je ne dirai pas de John Bull, ce qui serait injuste, au moins pour l'Angleterre de l'ère Victorienne, mais de l'oncle Sam n'a pas déteint sur elle. Jamais de couleurs trop voyantes, de cris exagérés. »
                    PROUST, *À l'ombre des jeunes filles en fleurs*, p. 457 (□ 1918).

✱ Traduction de l'expression américaine *Uncle Sam*, de *uncle* « oncle » et de *Sam*, abrév. fam. de *Samuel*, apparue en 1813 dans un journal américain, le *Troy Post*, en parlant du gouvernement des États-Unis. D'après cette première attestation écrite, on a joué sur les deux premières lettres de *U[nited] S[tates]* inscrites sur les voitures officielles pour créer ce nom familier qui est à l'origine d'un personnage caricatural personnifiant l'Amérique, son gouvernement et la nation américaine. On raconte que ce personnage aurait été à l'origine un humble citoyen de Troy, N. Y., incorruptible dans ses fonctions d'inspecteur du ravitaillement des troupes américaines pendant la guerre de 1812. Ce Samuel Wilson [1766-1854], appelé affectueusement par son entourage *Uncle Sam*, vit ses initiales devenir symbole d'intégrité professionnelle. Elles se seraient confondues dans les milieux militaires avec le cachet *U. S.* [pour *United States*] apposé sur les balles d'approvisionnement approuvées par l'inspection. Selon le *Dict. of Americanisms* et l'*Oxford dict.*, les autres textes disponibles ne permettent pas de retenir cette version. Notons qu'on a appelé plus tard (1866), par plaisanterie, le général Ulysses S. Grant, en utilisant les initiales de ses prénoms, *Uncle Sam*, ainsi que *Unconditional Surrender* « capitulation sans condition », *United we Stand* « nous restons unis », et même *United States*. Le français retient *Oncle Sam*, symbole populaire de l'Amérique, au même titre que *John Bull*, symbole de l'Angleterre.

ONCLE TOM [ɔ̃klətɔm] *n. m.*

(1967) *Péj.* Surnom méprisant donné aux Noirs américains dont l'attitude souriante, candide et résignée, rappelle le comportement de soumission du héros de *la Case de l'Oncle Tom*. Adj. *Un représentant Oncle Tom*.

« Il [le pouvoir solidement structuré de Chicago] avait des armes sournoises : un programme contre le paupérisme, un membre du congrès "Oncle Tom", des emplois à distribuer et d'immenses stocks de tolérance. » A. KOPKIND, *La seconde guerre civile a commencé*, in *Le Nouvel Observateur*, 2 août 1967, p. 8.

✳ *Uncle Tom*, de *uncle* « oncle » titre donné autrefois dans les familles américaines du Sud (à partir de 1830) aux Noirs, en particulier aux esclaves et aux serviteurs les plus âgés (on disait *aunt* « tante » pour les femmes), et de *Tom*. Nom du héros noir du célèbre roman anti-esclavagiste de Harriet Beecher Stowe [1811-1896] *Uncle Tom's Cabin* (ou en traduction française, *la Case de l'Oncle Tom*), publié en feuilleton en 1851 et en volume en 1852. Le terme a produit en américain dès 1853 divers dérivés servant à caractériser l'attitude des maîtres par rapport à l'esclave *(uncle-tomitude, uncle-tomitized, uncle-tomific)*. Dès 1927, *Uncle Tom* se dit du Noir bon enfant et résigné.

Le substantif *Oncle Tom* a donné le dérivé *oncletomisme* n. m. désignant l'attitude typique d'un Oncle Tom, d'après l'américain *uncle tomism* n. ou simplement *tomism* n. (tous deux *in* Barnhart, *A Dict. of New English* 1973).

« On lui [Louis Armstrong] a reproché son comportement sur scène, son oncletomisme à peu près constant, sa prudente neutralité sur tout ce qui pouvait, de près ou de loin, toucher à la politique ». *Les Lettres françaises*, 1971, in *Les Nouveaux Mots « dans le vent »* (□ 1974).

ONE MAN SHOW [wanmanʃo] *loc. subst. m.*

(1964) Spectacle centré sur une vedette, un seul artiste → **Show.**

« R. D. nous conviera vendredi à un "one man show" : seul en scène pendant deux heures et demie. » *Le Monde*, 24 sept. 1964 [*in* Gilbert].

« À quatre-vingt-un ans, Groucho Marx a repris la route. Il balade d'un bout à l'autre des États-Unis un *one man show*, où il parle de sa vie, raconte des anecdotes et projette des morceaux de ses films. » *Le Nouvel Observateur*, 11 sept. 1972, p. 56.

— PAR ANAL. Performance d'un homme politique ou d'un Chef d'État sous les feux de l'actualité.

« Le parti cherche un leader. Reste à le définir : une vedette ? Un brillant second rôle ? Un spécialiste du one man-show... Ou, tout simplement, la consécration de l'homme en place ? » *L'Express*, 8 nov. 1971, p. 60.

✳ Expression anglaise composée de la locution adjective *one man* (1882), littéralement « d'un seul homme », « à un seul homme », et de *show* « spectacle ». L'anglais utilise la locution *one man* pour exprimer l'idée que c'est un seul homme qui mène le jeu dans une situation donnée, et un substantif précisant cette locution. L'expression *one man show*, construite suivant l'ordre syntaxique de l'anglais, n'a pas sa place en français. L'Administration (*Journal officiel*, 18 janv. 1973) recommande de la remplacer par *solo*, n. m. *(spectacle solo)*.

ONE STEP [wanstɛp] *n. m.*

(XXᵉ s.) Danse d'origine américaine s'exécutant sur une musique à deux temps plus ou moins syncopée, un temps par pas, comprenant une marche en avant et en arrière, des pas glissés et le pas dit « du tonneau ». — Musique sur laquelle elle se danse. — REM. : Absent du dict. de l'Académie 1935.

« — ôtez votre vareuse et venez apprendre le one step, cela vaudra mieux que de vous lamenter toute la soirée. » A. MAUROIS, *Les Discours du docteur O'Grady*, p. 158 (□ 1922).

✳ Nom anglais *one-step* (1911), de *one* « un » et *step* « pas », signifiant « un pas par temps », de cette danse d'origine américaine à la mode de France après la guerre 1914-1918.

ON-LINE [ɔnlajn] *adj.* et *adv.*

(1969) *Inform.* Se dit d'une unité ou d'un ensemble d'unités liées à l'ordinateur central par des moyens automatiques de commande et d'échange d'information (opposé à *off-line**). — En liaison. *Phrase « on-line ».* — Sans transcription intermédiaire sur un support. *Saisie « on-line » des données.*

« La fabrication des matériels périphériques a pris une grande importance qu'elle gardera sans doute à l'avenir. (Nous entendons par matériel périphérique, tout matériel qui peut être connecté ou non au calculateur, c'est-à-dire qui peut être utilisé *on line* ou *off line*, et qui constitue une partie de la chaîne complète de traitement de l'informatique.) »   P. MATHELOT, *L'Informatique*, p. 78 (□ 1969).

✳ Terme anglais signifiant littéralement « en ligne ». Le terme français correspondant est *connecté*. La Commission chargée par le ministère des Armées d'examiner le vocabulaire en usage dans les administrations militaires, a proposé le terme *en ligne* comme équivalent français acceptable de l'anglais *on-line* dans ses divers emplois techniques (Cf. *La Banque des mots*, n° 4, 1972, p. 211). *En ligne* est opposé à *hors ligne* (→ **Off-line**).

ON-THE-ROCKS ou **ON THE ROCKS** [ɔnzəRɔks] *adv.*

(1960) Se dit d'une boisson servie uniquement avec de la glace pilée ou un glaçon, sans eau ni soda. *Whisky on the rocks.*

« Comment posséderai-je jamais l'aisance verbale de cette *intelligentzia* qui parle un français fluide où perce à point nommé un subtil accent britannique ? Il ne s'agit pas seulement des phrases où, l'anglais s'imposant, il faut bien y mettre l'accent : ainsi la façon — sans doute acquise de naissance — de demander un whisky *on the rocks* [...]. »
        DANINOS, *Un certain Monsieur Blot*, pp. 179-180 (□ 1960).

✳ Expression d'origine américaine (*on the rocks*, in *Dict. of American Slang*, 1960, art. *Rock*), de *rocks* « glaçons, cubes de glace » en argot américain (de « petit diamant, petit objet dur : domino, glaçon... » sens américain de l'anglais *rock* « rocher », lui-même emprunté au XIVᵉ siècle à l'ancien français *ro[c]que*, variante de *roche*). Les Québécois disent plaisamment *un verre de Jean Marcheur sur les rochers* (un verre de *Johny Walker on the rocks*).

OP-ART, OP'ART ou **OP ART** [ɔpaRt] *n. m.* ou **OP** [ɔp] *n. m.* et *adj.*

(1966) Forme d'art caractérisée par la recherche de l'effet optique, par le choix des matériaux, des couleurs et des formes et par la suggestion du mouvement à l'aide de lignes, de trames, de structures géométriques périodiques.

« Lancé aux États-Unis, il y a quelques années, le rowlux, composé de deux feuilles de plastique transparent dont la superposition produit un effet optique à trois dimensions, a déjà tenté Salvador Dali, Roy Lichtenstein, Richard Lindner et Enrico Baj, sans compter de nombreux amateurs d'OP'ART pouvant ainsi faire " bouger " leur œuvre sans besoin de recourir à l'ordinateur, ou au moteur. »
                        Le Nouvel Observateur, 2 juil. 1973, p. 44.

— Forme elliptique : *Op.*

« OP par-ci OP par-là OP partout. Il a vraiment gagné droit de cité et la mode entière s'en est emparée. Mais rappelez-vous : ce qui vous a d'abord charmée, c'est ce jeu de blanc et de noir, ces dessins géométriques d'où naissait tant de fantaisie. Maintenant, le op c'est avant tout deux tons qui se font des clins d'œil et vous en raffolerez avec toutes les couleurs de l'arc-en-ciel, du moment que c'est vif, jeune, imprévu. »
        Marie-Claire, 15 juin 1966 [in *La Banque des Mots*, n° 2, 1971, p. 226].

— Adjectif : *Exposition Op.*

✱ *Op art (optical art)*, terme américain forgé sur le modèle de *pop art*, de la contraction de *optical* adj. dérivé de *optic*, lui-même emprunté au français *optique* au XVIe siècle (du grec *optikos*) et de *art* n. emprunté au français *art* au XIIIe siècle. *Op art* a été créé par un rédacteur de la revue *Time* en octobre 1964 pendant la préparation de la grande exposition du musée d'Art moderne de New York qui eut lieu en 1965 sous le titre « The Responsive Eye ». Conjugué avec les démarches de l'art cinétique, l'art optique a débouché sur la conception de grands espaces.

OPEN [ɔpɛn] ou [ɔpœn] *adj.*

1° (1937, *in* Petiot) *Tennis* et *golf.* Se dit d'une compétition sportive à laquelle peuvent participer les amateurs et les professionnels.

« En 1860 fut organisé en Écosse le premier championnat "open" de golf ».　　　　　　　　VERMOT-GAUCHY, *Le Vol à voile*, 1962 [*in* G. Petiot].

2° (1963) Se dit d'un billet d'avion dont la date d'utilisation n'est pas déterminée. *Billet open.*

✱ Mot anglais, de *to open* « ouvrir », pouvant signifier « accessible à tous sans distinction » (XIVe siècle en ce sens) ou « indéterminé dans le temps ». Comme terme de sport, le mot apparaît comme qualificatif étranger dès 1931 :

« Ces championnats de France sont ce que l'on appelle en anglais : *open*, autrement dit ouverts à tout venant et ce que nous qualifions en français de l'adjectif : internationaux. »　　　　G. HANOT, in *L'Illustration*, 6 juin 1931, p. 218.

✱ Dans le second sens, le mot vient de l'expression anglaise *open ticket* « billet ouvert ». Un communiqué de l'Académie française, du 17 fév. 1969, propose la traduction : « ouvert, libre ». On trouve en exemple chez Dupré : *billet d'avion à date libre, tournoi de tennis ouvert.*

OPEN DOOR [ɔpəndɔʀ] *n. m.* et *adj.*

(v. 1970) Dans une entreprise, une usine, Accueil réservé au public pour la visite des lieux et des installations. *Pratique de l'open door.* — Dans les services de psychiatrie et de gérontologie, Liberté de mouvement, d'entrée et de sortie. — Adj. *Hôpital open door.*

✱ Expression anglaise (1526) signifiant littéralement « porte ouverte », de *door* « porte », et *open* « ouverte ». Il est conseillé de la remplacer par la traduction *porte ouverte (journée de porte ouverte)* ou par l'adj. *ouvert (l'usine ouverte). La Banque des mots* (n° 4, 1972, p. 217) préconise le terme *hôpital ouvert* pour éviter l'anglicisme *open door hospital* très vivement critiqué.

OPENFIELD [ɔpɛnfield] ou [ɔpɛnfild] *n. m.*

(1958) *Géogr.* Paysage agraire caractérisé par le groupement de l'habitat en villages et par le morcellement géométrique, en lanières ou en lames de parquet, d'un territoire de champs ouverts, sans clôtures. *Openfield villageois. Openfield à lanière.*

« Mais, comme les terrains se prêtaient inégalement à cette heureuse combinaison, il fallut l'[l'ensemble agro-pastoral] adapter aux conditions de climat, de relief, de sol, et, de là, trouver l'expression parfaite de ce complexe dans le régime de l'openfield, ou le tronquer dans les pays de Champagne, ou enfin se résigner à le remplacer par autre chose en pays trop humide ou trop pauvre, et y créer les enclos. »
　　　　　　A. MEUNIER, *Les Paysages agraires*, p. 187, Colin, 1958.

✱ Anglais *open field* « étendue de terre arable non divisée, sans clôtures », de *open* « ouvert » et *field* « champ ». Surtout employé comme épithète dans l'expression *open-field system* (1780) « paysage

agraire de champs ouverts ». Larousse enregistre le terme *openfield*
n. m. en français en 1963. Le terme a soulevé des oppositions :

> « L'auteur d'une savante étude sur les paysages agraires parle à six reprises
> d'openfield (l'openfield européen, l'openfield sarde, la formation de l'openfield...),
> ce qui ne l'empêche pas d'employer, apparemment dans le même sens, des
> locutions françaises : campagnes ouvertes, paysages ouverts, champs ouverts...
> S'il y a tant d'équivalents français, à quoi bon recourir à un terme anglais pour
> désigner ce type de paysage qui n'a rien de spécifiquement anglo-saxon ? »
>
> Le Bidois, *Les Mots trompeurs*, p. 262 (□ 1970).

✳ Pierre George précise (*Dict. de la géographie*, p. 303, 1970) :

> « C'est ce type fondamental de paysage agraire qui caractérise une partie de
> l'Europe (France de l'Est, Allemagne rhénane et centrale, Europe orientale par
> place). Ce paysage en voie de régression rapide était beaucoup plus étendu dans
> l'Europe médiévale (en Angleterre en particulier d'où vient le mot). »

✳ Dans la langue courante, on dit plutôt *campagne* ou même *champs
ouverts*.

OPÉRANDE [ɔpeʀɑ̃d] *n. m.*

(1963) *Math.* Quantité entrant dans une opération mathématique. — *Inform.* Élément constitutif d'une instruction dans un
programme. — (1972) *Ling.* Dans la théorie transformationnelle,
Phrase à partir de laquelle on opère une transformation (opposé
à *résultante*).

> « dans une multiplication, le multiplicande et le multiplicateur sont
> deux opérandes. Pour la division, ce sont le dividende et le diviseur ;
> dans cette dernière opération, le quotient et le reste, par contre, ne sont
> pas des opérandes. Les instructions des ordinateurs comportent un ou
> plusieurs opérandes. Ceux-ci sont définis dans l'instruction par une
> adresse (qui renvoie à une partie de la mémoire) ou par l'indication d'un
> registre. Parfois, l'opérande est directement incorporé dans l'instruc-
> tion [...]. »   *Encycl. universalis*, t. XIX, p. 1407, 1975.

✳ De *opérer*, d'après *multiplicande* en français, et d'après l'anglais
operand n. (1886), du latin *operandum*. Terme proposé par le Comité
d'étude des termes techniques français (*Défense de la langue française*,
janv. 1963, p. 49). *Opérande* est enregistré dans le Suppl. 1969 du
G. L. E. et dans les divers lexiques d'informatique.

OPÉRATIONNEL, ELLE [ɔpeʀasjɔnɛl] *adj.*

1° (1951) Qui repose sur une opération, un ensemble d'opérations. *Définition opérationnelle. Méthode opérationnelle* (opposé
à *conceptuelle*).

> « Quant à nous, nous constaterons qu'il existe une différence
> opérationnelle très nette entre le psychologique et le biologique [...]. Ce
> n'est pas la même chose de chercher à comprendre un malade et de
> chercher à agir sur lui en lui parlant — ou d'ordonner une potion qu'une
> infirmière "administrera". »
>
> G. Palmade, *La Psychothérapie*, p. 26 (□ 1951).

> « À l'inverse de la démarche du philosophe, celle du praticien
> s'attache bien moins à "travailler un concept" qu'à faire surgir des faits
> utilisables. D'où une confiance bien plus grande en ce qui est opération-
> nel qu'en ce qui est conceptuel. »
>
> A. Amar, *Le Praticien et le Philosophe*, in *La Nef*, juil.-août 1967, p. 9.

2° (1958) Relatif à la stratégie des décisions dans un ensemble
d'opérations (en économie politique, stratégie militaire, informatique...). *Recherche opérationnelle*, ensemble d'application de
techniques mathématiques à l'étude des choix rationnels à
opérer en vue d'un résultat donné ou d'une rentabilité optimale.

> « La Recherche Opérationnelle, née vers 1942 aux États-Unis, a
> d'abord été appliquée à l'étude de décisions concernant les opérations
> militaires, et c'est de là qu'elle tire son nom [...].
>
> Après la guerre, des méthodes analogues furent utilisées pour
> résoudre les problèmes économiques d'une entreprise. Leur emploi

s'étendit rapidement aux États-Unis, puis en Grande-Bretagne et à partir de 1954, dans les autres pays européens. »

J.-L. CARIE, art. *Recherche opérationnelle,*
in J. ROMEUF, *Manuel du chef d'entreprise,* pp. 832-833 (□ 1960).

— PAR EXT. Propre à la réalisation d'une opération, à l'obtention d'un résultat. *Concept opérationnel. Hypothèse opérationnelle.*
— REM. : En ce sens, on dit aussi *opératoire,* dans le domaine de la recherche.

3° (1964) Relatif à l'exécution présente ou éventuelle des opérations (militaires, scientifiques, industrielles, techniques, etc.). *Base opérationnelle. Zone opérationnelle. Réserve opérationnelle. Système d'armes opérationnel. Conditions opérationnelles.* — Qui est en état de fonctionner, de remplir correctement ses fonctions (opposé à *expérimental*). *Engin opérationnel. Bombe, fusée opérationnelle.*

« Le Redoutable, unique sous-marin atomique français actuellement opérationnel, va disparaître pour de longues semaines dans la profondeur des mers, dans le secret le plus absolu. Ce sera sa première mission réelle de dissuasion. »   *Paris-Match,* 15 janv. 1972, p. 55.

— PAR EXT.

« Les entreprises sont moins assurées qu'avant de garder leurs cadres ; elles hésitent, par conséquent, à les surpayer au début, d'autant plus qu'ils ne sont pas "opérationnels" tout de suite. »

L'Expansion, juin 1971, p. 114.

— Qui est effectivement en service, en activité ; utilisable. *Système opérationnel* (*in* P. Gilbert).

✶ Adaptation de l'anglais *operational* adj. (1922, dans l'industrie ; 1927, en mathématiques ; 1928, dans le domaine militaire). L'angl. *operation* n. est lui-même emprunté au français au XIVᵉ siècle au sens de « action d'un agent ; ses effets » (lat. *operatio* « travail, ouvrage »). Notons que le sens militaire du mot *opération* attesté en français lors de la Dernière Guerre mondiale, est apparu en anglais dès le XVIIIᵉ siècle. Le français possédait l'adjectif *opératoire* (1784) « qui concerne les opérations chirurgicales » et il l'a étendu aux autres sens de *opération.* À cette exception près, l'usage a imposé *opérationnel,* emprunté à l'anglais, dans les emplois correspondant aux sens non médicaux du mot *opération,* d'abord dans le domaine des sciences et de leurs applications.

« *Opératoire* appartient à la langue de la médecine chirurgicale et *opérationnel* à celle de la stratégie. [...] Lorsqu'on parle de *recherche,* de mémoire *opérationnelle,* on signifie que la machine guidée par l'homme exerce des opérations sur des données, afin de transformer celles-ci en résultats. »

J. GIRAUD, *Les Mots « dans le vent »,* art. Opérationnel (□ 1971).

✶ Étiemble (in *Le Babélien,* t. II, p. 48) avait déjà relevé le dérivé *opérationnalité* n. f., « valeur opérationnelle » dès 1959 (*Revue militaire d'information*). Le mot reste de très basse fréquence ; on emploie plutôt *valeur opérationnelle.* De même l'adv. dérivé *opérationnellement* (d'après l'anglais *operationally, in* Webster's Third 1966) peut souvent être remplacé par *d'un point de vue opérationnel.*

« Pour [l'avion] Concorde le point de non-retour est dépassé, nous sommes condamnés à réussir opérationnellement et commercialement ».

Le Monde, 29 nov. 1968 [*in* Gilbert].

OPOSSUM [ɔpɔsɔm] *n. m.*

1° (1640) Nom donné à divers marsupiaux d'Amérique, spécialement à une espèce de sarigue de la taille d'un écureuil, au pelage noir, blanc et gris, utilisée comme gibier. *Rôti d'opossum.*
— REM. : Enregistré dans les dict. de Littré 1868 et de l'Académie 1878.

« Le sarigue ou l'opossum est un animal de l'Amérique qu'il est aisé de distinguer de tous les autres par deux caractères très-singuliers. Le

premier de ces caractères est que la femelle a sous le ventre une ample cavité dans laquelle elle reçoit et allaite ses petits. Le second est que le mâle et la femelle ont tous deux le premier doigt des pieds de derrière sans ongle et bien séparé des autres doigts [...]. »
BUFFON, *Les Quadrupèdes*, in *Œuvres complètes*, t. III, pp. 154-155 (□ 1761).

— PAR EXT. *Rare*. Petit mammifère océanien de l'ordre des marsupiaux dont la taille varie de celle d'un gros chat à celle d'une marmotte, et qu'on appelle habituellement *phalanger*. *Opossum d'Australie*.

« Rien n'est comparable à la condition de l'Australienne [...]. Elle doit procurer des vivres à sa famille ; elle chasse les lézards, les opposums et les serpents jusqu'à la cime des arbres ; elle coupe le bois du foyer ; elle arrache les écorces de la tente [...]. »
J. VERNE, *Les Enfants du capitaine Grant*, p. 323, Lidis (□ 1867).

2° (1909) Fourrure des sarigues américaines, grise ou brune d'aspect avec des taches blanches brillantes, ou teinte en imitation de martre ou de sconse *(Oposum-skunks)*. — Fourrure du renard phalanger. *Opossum d'Australie*.

« Les cols et parementures de fourrure, en martre, en skungs, en opossum naturel d'un gris très fin et joliment nuancé, complètent souvent ces manteaux et, en même temps qu'ils les rendent plus confortables ajoutent encore à leur élégance. »
La Mode illustrée, 14 nov. 1909 [*in* D. D. L., 2ᵉ série, 16].

✳ Mot d'origine algonquine « animal blanc ». Le mot est attesté en américain dès 1610 sous la forme *apossouns*. Il désigne la sarigue. Il apparaît ensuite en anglais (1777) à propos des phalangers océaniens. En français, il est attesté au sens 1°, en 1640, sous la forme *opassum* (*in* G. L. L. F.). La graphie *opossum* apparaît au début du XVIIIᵉ siècle. C'est celle qui a été aussi adoptée en anglais.

OPPORTUNITÉ [ɔpɔʀtynite] *n. f.*

(1864 ; répandu au milieu du XXᵉ s.) Occasion favorable. — REM. : Absent des dict. de Littré et de l'Académie.

« Aucune définition n'avait été faite du *jardinier-paysagiste*, comme du poëte ; et cependant, il semblait à mon ami [Ellison] que la création du *jardin-paysage* offrait à une Muse particulière la plus magnifique des opportunités. »
Ch. BAUDELAIRE, *Le Domaine d'Arnheim*, in *Histoires grotesques et sérieuses*, trad. de Edgar A. Poe, p. 956 (□ 1864).

« Le programme [d'une nouvelle école destinée aux arts mécaniques] s'en trouve résumé dans cette phrase que je transcris textuellement : " Pour la première fois, à Boston, l'enfant qui veut entrer dans l'industrie aura, pour s'y préparer aux frais du public, les mêmes opportunités données depuis si longtemps à ceux qui se préparent aux affaires ou à quelque autre existence professionnelle... ". »
P. BOURGET, *Outre-Mer*, p. 91 (□ 1895).

✳ Emprunté au français au XIVᵉ siècle (lat. *opportunitas* « condition favorable, avantage », de *opportunus* « convenable, approprié »), l'anglais *opportunity* n. (1375) est resté plus près du latin que le français *opportunité* « caractère de ce qui est opportun, de ce qui vient à propos ». Or, sous l'influence de l'anglais, et plus particulièrement des attitudes américaines reflétées par le vocabulaire, il arrive que l'on emploie le mot en français au sens de « occasion (favorable) ».

« Autre anglicisme manifeste dans cette phrase : " Guy Burgess, ancien diplomate britannique, qui travaille actuellement aux éditions d'État soviétiques, a l'intention de regagner la Grande-Bretagne selon *l'opportunité*. " Transposition du mot anglais *opportunity*, qui veut dire là *occasion* : le " selon l'opportunité " du traducteur trop pressé devait se traduire : " dès qu'il en aura l'occasion ". »
Ch. HOLTER, *Anglomanie et Anglicisme*, in *Défense de la langue française*, janv. 1960, pp. 25-26.

✳ On classe habituellement cet emprunt sémantique à l'anglais parmi les américanismes ; les premiers emplois isolés, de Baudelaire au milieu du XXᵉ siècle, se rattachent effectivement à la littérature ou à la vie américaines ; les emplois les plus récents dans la presse voisinent avec les termes de publicité d'inspiration américaine (*management, consulting*, etc.). Étiemble (*Le Babélien*, t. III, p. 75) en déplore la fréquence dans « les dépêches, les reportages et, de proche en proche, dans toutes les autres rubriques des journaux » ; Radio-Canada le compte parmi les anglicismes à combattre (*Défense de la langue française*, avril 1963, p. 27). Certes, cet emploi n'est pas senti comme étant du « bon français », mais, d'un point de vue linguistique, rien ne s'oppose dans l'usage français à la reprise d'un sens étymologique. L'option est d'ordre politique.

OPPOSITION [ɔpozisjɔ̃] *n. f.*

1° (1745) *Polit.* Celui des deux partis politiques de Grande-Bretagne qui s'oppose au parti au pouvoir. *Le parti de l'opposition. Être dans l'opposition* (→ **Minorité**).

« Le parti de l'opposition a vivement contrarié le projet de la cour pour l'élection d'un roi des Romains, mais celui de la cour l'a emporté par une majorité de 94 contre 55. »
Duc de LÉVIS-MIREPOIX, Ambassadeur de France à Londres, Lettre du 11 mars 1751, *in* PROSCHWITZ, *Le Vocabulaire politique au XVIII* siècle avant et après la Révolution*, in *Le Français moderne*, avril 1966, p. 97.

« tout ce qui compose la *Majorité* c'est a dire le plus grand nombre de voix dans le parlement qui appartient aujourd'hui a lord North, passeroit dans le parti de l'opposition qui n'a aujourd'hui que la *Minorité*, c'est a dire le moins grand nombre de voix. »
BEAUMARCHAIS, Document inédit, 1775, *in* PROSCHWITZ, *op. cit.*, p. 97.

« l'opposition et la majorité ministérielles avaient fait trêve : Lady Canning causait avec lord Londonderry, Lady Jersey avec le Duc de Wellington. »
CHATEAUBRIAND, *Mémoires d'outre-tombe* [1809-1841], t. I, p. 447 (□ 1848).

2° (1772) Partie d'une assemblée nationale qui s'oppose à la partie dominante. *L'opposition fut la plus forte, l'emporta. L'opposition s'affaiblit chaque jour.* — REM. : Enregistré dans le dict. de l'Académie 1798 et de Littré 1868.

« Peut-être aurois-je rencontré moins d'epines dans cette derniere negociation si V. M. avoit eu de commerce moins intime avec les personnes de l'opposition [en France]. »
L'Ambassadeur de Suède en France, Lettre à Gustave III, 1772, *in* PROSCHWITZ, *op. cit.*, p. 97.

« L'idée que j'avais du gouvernement représentatif me conduisit à entrer dans l'opposition ; l'opposition systématique me semble la seule propre à ce gouvernement ; l'opposition surnommée de *conscience* est impuissante. [...] L'opposition dite de *conscience* consiste à flotter entre les partis, à ronger son frein, à voter même, selon l'occurrence, pour le ministère, à se faire magnanime en enrageant ; opposition d'imbécillités mutines chez les soldats, de capitulations ambitieuses parmi les chefs. »
CHATEAUBRIAND, *L'Opposition systématique*, in *Mémoires d'outre-tombe* [1824], t. IV, p. 256 (□ 1848).

3° (1782) *Par ext.* Ensemble des personnes qui combattent le gouvernement, le régime politique en vigueur. *Le Journal de l'opposition*, ventôse an III (fév. 1795).

« Il est du bel air actuellement d'être dans ce que nous appelons aussi l'*opposition* ».
Mme du DEFFAND, Lettre à Walpole, 7 janv. 1782 [*in* Brunot, t. VI, 2-a, p. 1232].

« Depuis trois semaines, cette affaire faisait un bruit énorme. Elle avait bouleversé Rouen, elle passionnait Paris, et les journaux de l'opposition, dans la violente campagne qu'ils menaient contre l'Empire, venaient de la prendre comme machine de guerre. »
ZOLA, *La Bête humaine*, p. 99 (□ 1890).

✱ Spécialisation de sens, du mot français *opposition* (XIIe siècle, latin *oppositis*) sous l'influence de l'anglais *opposition*, lui-même emprunté au français au XIVe siècle et utilisé comme terme politique au XVIIIe s. La première attestation de ce sens en français est relevée par Mackenzie (p. 169), en 1745, dans *les Lettres d'un François* de l'abbé Le Blanc : il s'agit alors de l'Angleterre et non pas encore de la France. Vers la fin du XVIIIe siècle, le mot s'applique à la politique française. La première livraison d'un journal qui porte ce nom sort en février 1795. Proschwitz signale que le terme *opposition* restera longtemps discuté même après la Révolution et même après sa consécration par l'Académie française en 1798. Balzac donne au mot un sens plus étendu et typiquement français : « je fais partie de l'opposition qui s'appelle la vie » (Lettre à Laure Surville, 30 avril [1849], in *Lettres à sa famille, in* Proschwitz, *op. cit.*, p. 99).

OPPOSITIONNEL, ELLE [ɔpozisjɔnɛl] *n.* et *adj.*

(1935) *Polit.* Personne qui combat le régime en place, qui pratique une forme d'opposition* politique.

« On sait que d'autres " oppositionnels ", tels que Zinoviev et Kamenev — et les plus gros personnages du Parti avec Lénine, Trotski et Staline [...] abondaient dans le sens de Trotski. »
H. BARBUSSE, *Staline*, 1935 [*in* D. D. L., 2e série, 7].

« Elle n'était pas communiste, elle appartenait à une fraction d'oppositionnels trotskystes... »
S. de BEAUVOIR, *La Force de l'âge*, p. 126 (□ 1960).

— *Adj.* (1955) De l'opposition politique. *Tendances oppositionnelles au sein d'un parti.*

« Il avait même trouvé un excellent moyen d'embêter le maire. Celui-ci étant plus ou moins R. P. F., Baptiste avait inventé de se dire, lui, communiste [...]. Son communisme, purement oppositionnel, ne tendait qu'à chasser l'usurpateur et à restaurer l'ancien régime : Baptiste était un communiste en quelque sorte légitimiste. »
R. IKOR, *Les Fils d'Avrom*, Prologue, in *Les Eaux mêlées*, p. 16, Livre de poche, 1963 (□ 1955).

✱ Adaptation de l'adj. anglais *oppositional* (1686 ; 1857, au sens politique). Notons que le substantif anglais correspondant est *oppositionist* (1773). *Oppositioniste* est attesté en français au XVIIIe siècle.

« Le Chevalier Frankland étant *oppositioniste* par tempérament, n'a jamais été de l'avis d'aucun ministre. »
Le Courrier de l'Europe, 6 avril 1784, in PROSCHWITZ, *Introduction à l'étude du vocabulaire de Beaumarchais* [*in* D. D. L., 2e série, 1].

✱ C'est toutefois la forme *opposant, ante*, n. et adj. (XIVe s.), qui l'emporte au XIXe s. en parlant de l'opposition politique dans le régime parlementaire.

OPTIMISATION [ɔptimizasjɔ̃] *n. f.*

(1966) Action d'optimiser* ; son résultat (Cf. Maximisation).

« Compte tenu de la vitesse élevée [de l'avion Concorde] l'équipage n'aurait absolument pas le temps [...] de calculer ses paramètres et de les afficher. Il sera donc indispensable d'effectuer à l'avance une " optimisation " sur les calculatrices des services opérationnels de la compagnie. » *Science et Vie*, n° 590, 1966, p. 112.

✱ Adaptation de l'anglais *optimization* n. (1857) répandu par la technique américaine. Néologisme enregistré dans le Suppl. 1968 du G. L. E. et dans le Suppl. du Robert 1972. Qualifié de « monstre » dans *Vie et Langage* (déc. 1967, p. 712), *optimisation* est concurrencé par un nouveau dérivé français de *optimal, optimalisation*, n. f.

OPTIMISER [ɔptimize] *v. tr.*

(v. 1960) *Techn.* Donner à une chose les conditions de rendement optimum (Cf. Maximiser). — *Écon.* Calculer le modèle optimum de rentabilité d'une entreprise, d'une production. — *Inform.* Établir le programme de manière à ce qu'il soit réalisé dans un temps minimum de déroulement.

« Pour "optimiser les performances et la sécurité" des aviateurs, il faut des recherches sur les divers effets de l'accélération, de la pression et de la température sur le comportement humain. »

P. Thuillier, in *La Recherche*, janv. 1972, p. 10.

✳ De *optim[um]*, sur le modèle de *minimiser* d'après l'anglais *to optimize* v. tr. (1857) « tirer le meilleur parti possible de quelque chose » (du lat. *optim[us]* « le meilleur »), d'après *optimism*. Ce dernier est emprunté au français *optimisme* au XVIIIᵉ siècle, nom donné à la doctrine de Leibnitz (*Théodicée*, 1710) selon laquelle tout est pour le mieux dans « le meilleur des mondes possibles ». Le néologisme *optimiser* est entré en français vers 1960 (*in* Suppl. du G. L. E. 1968 et Suppl. du Robert 1972). Selon *Défense de la langue française* (juil. 1962), *optimiser* et *optimaliser* sont admis, *optimer* ne l'est pas.

OPTIONNEL, ELLE [ɔpsjɔnɛl] *adj.*

(1963) Qui fait matière à option, qui résulte d'un choix. *Cours optionnels. Crédits optionnels.* — *Comm.* Se dit d'un complément que l'on peut faire ajouter si on le désire moyennant supplément. *Accessoires optionnels.*

✳ Adaptation de l'anglais *optional* adj. (1792) et n. (1857) dérivé de *option*, lui-même emprunté au français au XVIᵉ siècle (lat. *optis* « choix », « libre volonté »), au sens récent d'« objet d'un choix », issu de *matières à option* [*in* Robert 1959], répandu dans le vocabulaire économique et politique.

« C'est fait [...] : l'*option*, fille moderne du choix, l'*option* face à laquelle on nous met quotidiennement, et dont on se demande comment la France, de Charlemagne à Clemenceau, a pu vivre sans — heureux aïeux qui n'étaient pas *confrontés* chaque jour avec des *options décisives !* — l'*option* a gagné nos campagnes. Il était à prévoir que, sous le déluge d'options dont nous accablent politiciens, syndicalistes, ingénieurs, pédagogues, un jour, elles n'auraient plus le *choix.* »
Daninos, in *Le Figaro*, 4 mai 1966 [*in* Dupré].

✳ *Optionnel* n'est pas l'équivalent pur et simple de *facultatif* puisque comme le syntagme *à option*, il implique la nécessité de choisir entre deux ou plusieurs choses dont aucune n'est obligatoire en elle-même. Le mot convient aux nouveaux programmes d'enseignement qui laissent une part au choix des étudiants. Dans le domaine commercial, il est jugé prétentieux :

« Il faut dénoncer l'intrusion de l'adjectif *optionnel* dans l'arsenal commercial des vendeurs d'autos. Ils croient allécher la clientèle avec leurs freins à disques *optionnels*.
Que ne disent-ils : *freins à disques sur demande*, ce que tout le monde comprendrait.
Cet abus provient de la nouvelle carrière que fait le mot *option* aux dépens du mot *choix*, jugé trop usé. »   F. Feugère, in *Le Figaro*, 10 avril 1963 [*in* Dupré].

-ORAMA [ɔʀama]

✳ Élément tiré du grec *orama* « vue », qui entre dans la composition de quelques mots formés sur le modèle d'un emprunt de l'anglais, *panorama**, tels que *diorama*, *cinéorama*, qui s'est répandu sous la forme tronquée et critiquée de *-rama** au milieu du XXᵉ siècle.

« À un siècle et demi d'intervalle, deux vagues venant du domaine anglo-saxon nous apportent des éléments grecs associés au radical *orama* : c'est assez curieux.
Ces deux vagues déterminent, en France, une mode génératrice de néologismes qui finit par donner matière à plaisanterie.
Chaque fois, le domaine français reprend la balle et crée à son tour ; chaque fois, le phénomène parti d'un terrain bien particulier tend à se généraliser à tous les domaines de la vie courante.
La première fois, dans le premier tiers du XIXᵉ siècle, les échos sont assez limités, mais la seconde fois la répercussion est profonde et d'autant plus étendue que les contacts internationaux sont à la mode et faciles. »
A. Doppagne, *Parler en rama...*, in *Vie et Langage*, nov. 1959, p. 573.

« *Rama* devient un véritable suffixe, et l'on assiste aujourd'hui à la formation de doublets : *cinérama* après *cinéorama*, *diarama* à côté de *diorama*. »   *Ibid.*, p. 573.

« *Cinérama* n'a fait que démarquer l'invention bien française que Germain Sanson, pour l'exposition de 1900, baptisa *cinéorama*.

Jean Giraud, dans son lexique, classe *cinéorama* comme gallicisme. Car si *rama* peut passer pour anglais (*panorama* fut formé vers 1790 à Londres) *ciné* est un affreux gallicisme. Un puriste anglais ne dit pas *cine*, mais *kine*. »
G. SADOUL, in *Les Lettres françaises*, 2 avril 1964 [*in* Dupré].

« Passons sur les étapes ultérieures : Balzac se moquant de la manie des *ramas* dans *le Père Goriot* (1834) ; le renouveau que donne à ce type de formation l'invention de la photographie fixe, puis "animée", en particulier durant l'Exposition de 1900 *(Cinéorama, Maréorama, Stéréorama)* ; la place qu'il prend au cinéma (à large écran et à grand spectacle) et à la télévision. On arrive ainsi à son immense déploiement publicitaire, et sa valeur sémantique devient très floue. »
J. GIRAUD, *Les Mots « dans le vent »*, art. *Rama* (□ 1971).

ORDALIE [ɔʀdali] *n. f.*

(1704) *Hist.* et *anthropol.* Épreuve judiciaire par les éléments naturels, dont le résultat est interprété comme étant le jugement de Dieu. — REM. : Enregistré dans les dict. de l'Académie 1787 et de Littré 1868.

« C'est que son impureté même rend le criminel sacré. Il est devenu dangereux d'attenter directement à sa vie ; en lui consentant quelques aliments, la cité dégage sa responsabilité et laisse faire aux dieux (c'est le principe de l'ordalie, comme G. Glotz l'a bien vu). »
R. CAILLOIS, *L'Homme et le Sacré*, p. 58 (□ 1939).

« On leur a enseigné les vertus des plantes et la manière de procéder à des ordalies, truquées ou non, le jugement de Dieu ayant été d'abord le Jugement des Dieux. » M. YOURCENAR, *Archives du Nord*, p. 30 (□ 1977).

✳ Du vieil anglais *ordāl, ordēl* (mod. : *ordeal*), du francique *urdeili*, « jugement », par le latin médiéval *ordalium.* Attesté en 1704 (D. D. L., 2e série, 21, 1982) ; le mot *ordalie* a d'abord désigné en français une méthode judiciaire du Moyen Âge ; de nos jours, il est aussi utilisé comme terme d'ethnologie.

ORDRE [ɔʀdʀ] *n. m.*

1° (1771) *Ordre du jour*, n. m., liste des questions inscrites au programme d'une séance ou d'une session d'une assemblée délibérante, présentée dans l'ordre où elles doivent être examinées. *L'ordre du jour est très chargé. Mettre, porter à l'ordre du jour. Demander l'ordre du jour.* — REM. : Enregistré dans le Suppl. des mots de la Révolution du dict. de l'Académie 1798, et dans le dict. de Littré 1868.

« tous les objets renvoyés à un jour sont appel(l)és les "ordres du jour". » MIRABEAU, *Régl.*, 29 juil. 1789 [*in* Brunot, t. IX, 2, p. 772].

— (1790) *Passer à l'ordre du jour*, procéder à l'examen des questions inscrites au programme.

« Que chaque Membre méprise pour son honneur ce que l'Assemblée a méprisé pour le sien et "passons à l'ordre du jour". »
MIRABEAU, *Discours*, 9 nov. 1790 [*in* Brunot, t. IX, 2, p. 772].

— (1793, *in* Brunot, t. IX-2, p. 772) *Être à l'ordre du jour*, compter parmi les questions dont le gouvernement s'occupe. — *Fig.* Être d'actualité. *Allus. hist. La Terreur est à l'ordre du jour* (décret de la Convention du 5 sept. 1793, proposé par Barère). — (1840) Par ext. *Vx.* Dont on parle beaucoup, qui est au centre des préoccupations du moment.

« Qu'est-ce que l'Ordre ? chacun l'entend à sa manière, l'Ordre est une question éternellement à *l'ordre du jour*, ce n'est que le maintien des intérêts. Les intérêts sont changeants : donc, l'Ordre change, et le principe d'un gouvernement doit être éternel, immuable. »
BALZAC, *Sur les ouvriers*, août 1840, in *Œuvres diverses*, t. III, p. 407.

« Mme de Sévigné, comme La Fontaine, comme Montaigne, est un de ces sujets qui sont perpétuellement à l'ordre du jour en France. »
SAINTE-BEUVE, *Causeries du lundi*, 22 oct. 1849, t. I, p. 49.

— (1874) Motion adoptée à l'issue d'un débat parlementaire, administratif. *Voter l'ordre du jour.*

« Au cours de la suspension de séance qui avait suivi, plusieurs amis engagèrent Gurau à déposer un ordre du jour. Il se laissa convaincre. C'était la priorité en faveur de cet ordre du jour que la Chambre venait de refuser par 352 voix contre 181. »
J. ROMAINS, *Les Hommes de bonne volonté*, t. V, p. 215 (□ 1933).

2° (1771) *Rappeler à l'ordre,* faire observer par un blâme présidentiel à un membre d'une assemblée qu'il a manqué au règlement ou aux convenances. — REM. : D'après Brunot (t. IX, 2, p. 775), on a longtemps hésité entre *appeler, rappeler* ou même *mettre à l'ordre.* — Ellipt. *À l'ordre !* — Enregistré dans les dict. de Littré 1869 et de l'Académie 1878.

« Quelques voix crient à l'ordre ! *Je "suis à l'ordre", puisque je réclame le règlement* ».
MIRABEAU, *Discours*, 1ᵉʳ août 1789 [*in* Brunot, t. IX, 2, p. 775].

— Subst. *Rappel à l'ordre.*

« les amis de l'abbé Maury demandent le rappel à l'ordre. »
MIRABEAU, 9 mars 1790 [*in* Brunot, t. IX, 2, p. 775].

✳ Dans les expressions *ordre du jour* et *rappeler à l'ordre* attestées dès 1771 [*in* Mackenzie, p. 184], le mot *ordre* (*in* J.-L. Delorme, *Constitution de l'Angleterre,* 1771) est employé au sens de l'anglais *order* n., lui-même emprunté du français au XIIIᵉ siècle (latin *ordinem,* accusatif de *ordo, ordinis*). *Order* avait pris dès le XVᵉ siècle le sens maintenant désuet de « procédure réglementaire », « usage établi », d'où est issu au XVIIIᵉ s. (1782) le sens particulier de « marche à suivre dans la conduite des débats dans une assemblée », sens qui subsiste encore dans l'expression *order of the day* « ordre du jour » (1792). Mais ce dernier est une traduction du français *ordre du jour,* attestée en anglais en 1792 à propos du vocabulaire de la Révolution française (A. Young, *Travels in France,* p. 551, note, *in* Oxford Dict. et *in* Mackenzie, II, p. 208). De même *call to order* n'est attesté en anglais qu'en 1812, alors que *rappeler à l'ordre* est attesté en français dès 1771, et se répand après 1789. L'expression *To order ! to order !* remonte à 1782 ; l'équivalent français *À l'ordre !* (1789) est enregistré dans le dict. de Littré 1869, comme forme elliptique de *rappeler à l'ordre.*

ORIEL [ɔʀjɛl] *n. m.*

(1899, *in* Encycl. Berthelot) Fenêtre en encorbellement faisant saillie sur un mur de façade → **Bay-window, bow-window.**

« Colmar, capitale du vignoble, rassemble dans ses rues étroites les vieilles maisons ornées de peintures murales, de pignons ouvragés d'"oriels" à poutres sculptées qui témoignent de la richesse accumulée au cours des siècles de commerce prospère. »
Ph. LE CORROLLER et P. FEUDEL, in *L'Express,* 4 sept. 1972, p. 34.

✳ Forme abrégée de l'anglais *oriel window* n. (1765) composé de *window* « fenêtre », et de *oriel* n. (1385) « portique, galerie, balcon », lui-même emprunté à l'ancien français *oriol* « porche » (Cf. ancien français *orel* « galerie, porche », dérivé de *ore* « bord ») d'origine obscure (le latin médiéval *oriolum,* 1259, vient peut-être du latin *ora* « bord »). Le *Journal officiel* du 18 janv. 1973 inscrit *oriel* comme synonyme français de *bow-window,* et en recommande l'usage, sans peut-être s'aviser qu'il s'agit là encore d'un anglicisme !

ORLON [ɔʀlɔ̃] *n. m.*

(1950) *Nom déposé.* Fibre textile synthétique de polyacrylonitrile. *Pull-over en orlon.*

« Les premières fibres acryliques (polyacrylonitrile) obtenues par polymérisation de l'acrylonitrile $CH_2 = CH - CN$ ont été mises au point par *Du Pont de Nemours* en Amérique et lancées sous le nom d'Orlon

(1948) ; des fibres analogues ont été mises au point en Allemagne sous la marque Dralon (1954) et en France sous la marque Crylor. »

H. AGULHON, *Les Textiles chimiques*, p. 16 (□ 1962).

✳ Mot créé artificiellement aux États-Unis, avec la finale de *nylon,* en 1948, comme marque de commerce déposée par la firme Du Pont de Nemours. Larousse enregistre le nom en français en 1950.

OSCAR [ɔskaʀ] *n. m.*

(v. 1930) Haute récompense attribuée chaque année, sous forme d'une statuette, par l'Académie des arts et sciences du cinéma, aux États-Unis, aux meilleurs acteurs et aux meilleures réalisations. *Obtenir l'oscar du court métrage.*

« Recevoir un Oscar vaut toutes les Palmes d'Or, de tous les Festivals du monde. Car c'est être reconnu et acclamé par ses pairs, donc par ses juges les plus sévères. »

Ph. LABRO, in *Paris-Match*, 21 avril 1978.

— PAR EXT. (1955) Récompense décernée par un jury dans un domaine quelconque. *L'oscar de la chanson.*

✳ Prix décerné annuellement à Hollywood par l'Académie cinématographique américaine *(Academy of Motion Picture Arts and Sciences)* depuis 1928, mais dont le nom actuel n'est attesté que depuis 1936 (d'après *A Dict. of Americanisms*). Ce terme devrait son origine au secrétaire de l'Académie qui, en voyant l'une des statuettes à attribuer se serait écrié *Gosh! It reminds me of my Uncle Oscar!* « Mince ! Elle me fait penser à mon oncle Oscar ! ». Par extension, *Oscar* désigne en Amérique divers prix d'excellence (1941). Le terme aurait été connu en France vers 1930.

« Il faut inévitablement aussi adopter les noms d'institutions internationales qui ont pris naissance dans un pays anglo-saxon, comme le *Rotary Club, Oscar,* etc. »

F. de GRAND'COMBE, *De l'anglomanie en français,* juil. 1954, p. 188.

OSSIANIQUE [ɔsjanik] *adj.*

(1800) *Hist. litt.* Qui appartient ou ressemble aux poésies publiées par Macpherson en 1760, sous le nom d'Ossian → **Romantique.** — REM. : Enregistré dans les dict. de Littré 1868 et de l'Académie 1878 (absent du dict. de 1935). — Th. Gautier écrit *ossianesque* (1872), forme enregistrée par Larousse (1874).

« Les émotions causées par les poésies ossianiques peuvent se reproduire dans toutes les nations ; parce que leurs moyens d'émouvoir sont tous pris dans la nature... »

Mme de STAËL, *De la littérature,* 1800 [*in* Robert].

✳ De *Ossian,* forme anglaise de *Oisin,* nom d'un hypothétique barde gaélique du IIIe siècle dont Macpherson diffusa les « poèmes » qu'il prétendait avoir retrouvés et adaptés, à partir de 1760 (Cf. anglais *ossianic* adj., 1808). Le mot produit les dérivés : *ossianisme* n. m. (1834, Boiste ; Cf. anglais *ossianism,* 1862) « forme poétique de l'école d'Ossian » ; (1840, Académie) « imitation des poèmes attribués à Ossian » ; *ossianiser* v. tr. (1829, Boiste. Cf. anglais *ossianize,* 1814) « rendre semblable aux poésies attribuées à Ossian ».

OUEST [wɛst] *n. m.*

(1379 ; *west,* v. 1138) Celui des quatre points cardinaux, qui est du côté où le soleil se couche.

✳ Mot anglo-saxon *west* (XIIe s.). L'un des plus anciens emprunts à l'anglais.

OUEST-ALLEMAND, ANDE [wɛstalmɑ̃, ɑ̃d] *adj.* et *n.*

(v. 1950) De l'Allemagne de l'Ouest ou République fédérale d'Allemagne.

∗ Calque critiqué de l'anglais *West German*. La syntaxe française réclame : *Allemand de l'Ouest*.

OUNCE [awns] *n. f.*

(1892) Unité anglo-saxonne de mesure de masse (symb. oz), valant 437,5 grains ou 28,349 g dans le système courant avoirdupois∗, ou 480 grains, soit 31,10348 g dans le système troy servant à la mesure des matières précieuses. *Troy ounce*, n. f. — REM. : Absent des dict. de Littré et de l'Académie. — Valeur généralement exprimée par le mot français *once*∗.

« À Demerara, on prélève un droit de 4 fr. 65 par *ounce* d'or trouvé par les prospecteurs. »
G. VERSCHUUR, *Voyage aux trois Guyanes* [1892], p. 75 (□ 1893).

∗ L'anglais *ounce* a été emprunté au XIVe siècle (1330) à l'anc. français *unce*, mod. *once*∗. Dans le système avoirdupois utilisé pour les marchandises ordinaires, l'ounce vaut le seizième de la livre (ou *pound*) ; dans le système troy réservé aux pierres et aux métaux précieux, l'ounce correspond au douzième de la livre. En français, la forme anglaise *ounce* n'est enregistrée dans les dictionnaires qu'en 1963 (*in* G. L. E.) ; c'est habituellement le mot français *once*, employé avec les valeurs anglaises, qui la remplace.

OUT [awt] *adv.* et *adj. invar.*

1° *Adv.* (1891) *Tennis.* Hors des limites du court. — Interj. *Out !* Adj. invar. *Des balles out.*

« Out ! Hors la ligne de service ».
MOUREY, *Lawn-Tennis*, 1891 [*in* G. Petiot].

2° *Adj. invar.* (1966) Se dit d'une personne dépassée, rejetée hors du circuit d'une évolution, démodée (opposé à *in*∗).

« On le disait fini, lessivé, out [...]. Et voilà qu'à 64 ans un Delannoy inconnu ressuscite : bonne pomme et le sourire aux lèvres. »
L'Express, 20 nov. 1972, p. 49.

« Un psychanalyste le dirait peut-être, mais Geneviève elle-même rétorquerait que Freud est définitivement "out" — du rococo. »
F. MALLET-JORIS, *Le Jeu du souterrain*, p. 202 (□ 1973).

∗ Mot anglais *out* adv. et adj. « hors [de], dehors », d'origine germanique, employé en français comme terme de tennis dès 1891, souvent en un sens inconnu de l'usage anglais.

« *Out :* au tennis, ce terme ne convient que lorsque la balle a franchi les limites *extérieures* du court. Si elle dépasse seulement le carré de service, c'est *"fault"* qui est correct en anglais. »
F. DE GRAND'COMBE, *De l'anglomanie en français*, juil. 1954, p. 200.

∗ Au second sens, *out* est attesté en français en 1966 (*l'Express* du 16 mai) comme terme à la mode opposé à *in*∗ qui a succédé vers 1965 à l'expression *dans le vent*. Il ne semble pas que *out* se dise des choses ; le terme paraît beaucoup moins répandu que *in*. Ces deux contraires correspondent probablement à un usage passager.

OUTLAW [awtlo] *n. m.*

1° (1783) *Ancienn.* Dans les pays anglo-saxons, Personne mise hors la loi. *Des outlaws.* — REM. : Enregistré dans le Suppl. 1877 du dict. de Littré ; absent des dict. de l'Académie.

« Les Anglais, Gaulois, Saxons, Danois, se soumirent en général [aux Normands], beaucoup pourtant, les plus braves, préférèrent l'exil [...] ou allèrent dans les forêts faire une guerre de partisans sous le nom d'*outlaws*, bandits hors la loi (Robin Hood). »
G. FLOURENS, in *Revue des Cours scientifiques*, 9 juil. 1864, p. 44.

« C'est ici, dit-on, que vécut le Robin Hood du Nouveau Mexique, Billy the Kid, le plus célèbre des *outlaws*. »
S. de BEAUVOIR, *L'Amérique au jour le jour*, 22 mars 1947, p. 194 (□ 1954).

2° (1875) Personne qui vit en marge de la société et de ses règles.

« Quand la chrétienté entière demandait la paix aux musulmans, ces outlaws [les Zaporogues] abandonnés de tous, continuaient la guerre. » RAMBAUD, in *Revue des Deux-Mondes*, 1ᵉʳ juin 1875 [*in* Littré, Suppl. 1877].

« Et puis, j'ai du vieux sang de *outlaw* dans les veines. J'ai toujours pensé que la meilleure des justices est celle que l'on se fait à soi-même. » P. BOURGET, *Outre-Mer*, p. 305 (□ 1895).

✱ Mot anglais, adaptation moderne de *out* « hors de » et *law* « loi » du vieil anglais *útlaga* (v. 1000), de l'adj. *útlag, utlah* « proscrit, hors-la-loi, bandit ». Le mot est emprunté au vieux nordique *útlagi*, de *út* « hors (de) », « dehors » et de **lagu log* « loi ». Le mot *outlaw* est attesté en français à propos des réalités britanniques dès 1783, dans le *Courrier de l'Europe*.

« L'anglicisme *outlaw* n'a pas été introduit d'un seul coup dans l'usage français. En 1830, Alfred de Vigny écrit dans le *Journal d'un poète* : "Les ministres sont outlaws, hors la loi, et y ont placé le roi". En 1838, Augustin Thierry emploie le mot sans commentaire, mais à propos de l'Angleterre. Puis le mot entre dans l'usage courant. On lit chez Lemaître en 1899 : "Le Parisien... dépossédé de Paris, outlaw dans sa propre ville". » L. DEROY, *L'Emprunt linguistique*, p. 227 (□ 1956).

✱ De façon générale, quand il s'agit de la France, on doit préférer le calque *hors-la-loi*, mot invariable, à l'emprunt → **Hors-la-loi.**

OUTPUT [awtput] *n. m.*

(v. 1965) *Inform.* Sortie des données dans un ordinateur (→ cit. à l'art. *Input*).

✱ Mot anglais *output* n., de *to output* « mettre dehors », signifiant « production » (1858), « rendement », et depuis le milieu du xxᵉ siècle, comme terme d'informatique, « [produit] de sortie » (*in* Webster's Third 1966). Les lexiques de l'informatique Olivetti et Guilhaumou (1969) enregistrent *output* comme terme anglais et le rendent par *sortie [des données]*.

OUTRIGGER [awtʀigœʀ] *n. m.*

(1854) *Sport.* Embarcation de course, légère, longue et étroite, sur le bord de laquelle est fixée une armure métallique servant de point d'appui décalé pour les avirons. *Des outriggers. Outrigger à un seul rameur* → **Skiff.** — REM. : Absent des dict. de Littré et de l'Académie ; enregistré par P. Larousse 1874.

« Les meilleurs rameurs montant leur outrigger ».
Le Sport, 17 sept. 1854 [*in* G. Petiot].

✱ Mot anglais (1769) désignant une chose installée à l'extérieur, qui s'avance, fait saillie, de l'adv. *out* « en dehors » et du verbe *to rig* (xvᵉ s.), d'origine scandinave, « armer, équiper, gréer (un bateau) », employé, comme terme de sport, en 1845. D'après l'Oxford dict., les premiers outriggers ont fait leur apparition sur la Tyne entre 1830 et 1840, mais n'ont été introduits à Londres, à Oxford et à Cambridge que dans les années 1844-1845.

OUTSIDER [awtsajdœʀ] ou [utsajdɛʀ] *n. m.*

1° (1859) *Turf.* Cheval de course qui ne figure pas parmi les favoris, mais qui a une certaine chance de se classer en bonne place (opposé à *favori*). *Des outsiders.* — REM. : Absent des dict. de Littré et de l'Académie.

« M. s'il partait serait le plus dangereux *outsider* ».
Le Sport, 18 mai 1859 [*in* G. Petiot].

« Quelle race, ces parieurs ! Quand j'ai un favori, ils se jettent tous dessus, et il n'y en a plus pour moi. Puis, quand un outsider est demandé, ils clabaudent, ils crient comme si on les écorchait. » ZOLA, *Nana*, p. 336 (□ 1880).

— Par ext. (1886, *Le Sport vélocipédique, in* G. Petiot) Tout concurrent sportif dont la victoire ou la performance n'avait pas été pronostiquée.

2° (1932) *Par anal.* Personne peu connue dans les rangs d'une formation, souvent recrutée à l'extérieur d'un groupe dominant, qui réunit la majorité des suffrages ou qui déjoue les pronostics dans un domaine déterminé. — Au féminin *(rare)* :

« Je ne suis pas seulement silencieux, j'ai même conscience d'être fort mal élevé. Il faut tout de même que j'explique un peu... d'autant qu'elle est charmante cette voisine. Elle est la seule *"outsider"* de ce dîner où chacun connaît l'autre... ou croit le connaître. »
Ph. Boegner, *Les Punis*, p. 198, Livre de poche (□ 1978).

✳ Mot anglais n. (1800, Jane Austen) « personne qui est à l'extérieur d'une frontière (au propre ou au figuré) », *spécialt* « étranger », de *outside* n. (XVIᵉ s.) « l'extérieur, le côté extérieur », attesté comme terme de turf en 1857. Cet emprunt du XIXᵉ siècle fait encore problème pour la prononciation. La forme francisée [utsidɛʀ] semble en régression par rapport à [awtsajdœʀ], modelée sur la prononciation anglaise.

OVER ARM STROKE [ɔvɛʀaʀmstʀok], **OVER ARM SIDE STROKE** [ɔvɛʀaʀmsajdstʀok] ou **OVER** [ɔvɛʀ] *n. m.*

(1898) *Natation.* Nage sur le côté avec rapprochement brusque des jambes en ciseaux, dans laquelle un bras est ramené d'arrière en avant hors de l'eau. — (1963) Forme abrégée. *Over.* — REM. : Absent du dict. de l'Académie 1935.

« En Angleterre c'est encore l'Over Arm Stroke qui a triomphé ».
Le Vélo, 12 oct. 1898 [*in* G. Petiot].

« La performance du demi-mille... avec la méthode anglaise du *overarm stroke* ».
Fleurigand, *Sports et grands matches*, 1903 [*in* Mackenzie, p. 257].

✳ Anglais *over arm stroke* (1887), composé de *stroke* « coup, mouvement (des bras) », et *over arm* adj. (apparu comme synonyme de *overhand* comme terme de cricket, en 1864), de *over* « au-dessus, pardessus », et *arm* « bras ». Manière de nager employée par les Indiens de l'Amérique du Nord, qui nous est venue d'Angleterre avec son nom anglais à la fin du siècle dernier [*in* Suppl. 1907, Larousse]. La forme abrégée *over* est typiquement française. On dit aussi plus justement *coupe indienne, nage indienne* ou *nage à l'indienne.*

OVERDOSE [ɔvɛʀdoz] ou [ɔvœʀdoz] *n. f.*

(1968) Dose excessive de drogue provoquant une syncope, un coma extatique ou quelquefois la mort (abrév. O. D.).

« La mort du guitariste Brian Jones, il y a trois ans : "over-dose", dose excessive d'héroïne. »
J.-P. de Lucovich, in *L'Express*, 31 juil. 1972, p. 44.

« Avec moi les mecs ils risquent pas l'overdose. C'est mauvais pour la santé ces drogues. OK, moi, j'en prends. Mais à mon âge c'est autre chose, on connaît la mécanique. »
A. Pavy, *Jonathan*, p. 97, Le Sagittaire (□ 1977).

✳ Mot anglais n. (1690) « dose excessive, trop forte », de *over-* « excessif, en trop grande quantité » et de *dose*, emprunté au français au XVᵉ siècle (du lat. médiéval *dosis*). En français, le mot est attesté en 1968 par J.-L. Brau (*Histoire de la drogue*, p. 266). Comme il est formé du mot français *dose*, il a pris le genre de ce dernier.

OVERDRIVE [ɔvɛʀdʀajv] ou [ɔvœʀdʀajv] *n. m.*

(1960) *Automobile.* Système de transmission de changements de vitesse sur une automobile, où la vitesse de l'arbre de transmission est supérieure à celle de l'arbre moteur.

« L'overdrive — monté comme supplément — s'enclenche automatiquement à partir d'une certaine vitesse [...]. L'overdrive est commandé par un levier sur le volant. » *L'Autojournal*, 17 juil. 1969 [*in* Gilbert].

✻ La forme verbale *to overdrive* est ancienne, et remonte au vieil anglais *oferdrifan,* mais le substantif est une création américaine des années 1932-1933 (*in* Webster's Second 1934) à partir de *over-* « supérieur, plus grand » et *drive* « propulsion » du verbe *to drive* « entraîner, conduire », servant à désigner le système de vitesse surmultipliée, inventé par l'ingénieur français Fleischel. Le Comité d'étude des termes techniques français propose de reprendre le terme initial de *surmultiplication* n. f. créé par l'auteur du procédé (in *Sciences,* mars-avril 1960, p. 90).

OVERKILL [ɔvɛrkil] ou [ɔvœrkil] *adj. invar.*

(1975) Milit. *Politique overkill,* théorie américaine de dissuasion, des années 1960-1970, préconisant la menace de l'anéantissement du potentiel adverse par des armes nucléaires stratégiques.

✻ Mot américain, n., créé vers 1960 [in *The Penguin English Dict.* 1969], de *over-* « trop, plus qu'il n'en faut » et de *kill* « tuer », pour désigner une force nucléaire nationale, supérieure à celle requise pour l'extermination totale de l'ennemi.

OVNI [ɔvni] *n. m.*

(1972) Objet volant non identifié → **Soucoupe volante.**

✻ Sigle qui est un calque du sigle anglais UFO, même sens → **UFO.**

OXFORD [ɔksfɔrd] *n. m.*

(1873) Tissu de coton à armure toile, rayé ou quadrillé, dont la trame et la chaîne sont de couleur différente. — REM. : Absent des dict. de l'Académie.

« Il porte une chemise oxford et a l'air d'un gentleman. »
Gazette des Tribunaux, 31 oct. 1873 [*in* Suppl. Littré 1877].

« Leur fabrication était l'oxford, la moleskine et le velours. »
Journal officiel, 18 nov. 1875 [*in* Suppl. Littré 1877].

✻ Mot anglais [*in* Webster's Second 1934], du nom de la ville anglaise d'Oxford où on a commencé à fabriquer ce tissu. La prononciation notée par Littré est [ɔksfɔʀ].

OZALID [ɔzalid] *n. m.*

(1963) *Imprim.* Papier sensibilisé avec des composés diazoïques, utilisé pour la reproduction de documents. *En appos. Papier ozalid.*

« À côté des ozalids-papier existent aussi des ozalids-calque [ou contreclichés] très utiles pour la vérification, par superposition, des montages des différentes couleurs d'un travail. »
La Chose imprimée, p. 489 (□ 1977).

— Épreuve de montage hélio ou offset, ou d'un positif tiré sur papier ozalid, soumise pour bon à tirer.

« Elles [les tables lumineuses] servent enfin à vérifier les ozalids en bon à graver. Car même lorsque les différentes couleurs d'un travail se trouvent chacune sur un ozalid-calque, la transparence de ceux-ci n'est pas suffisante pour qu'on puisse juger de la précision des montages si l'on ne reçoit pas le secours de la lumière de la table de montage, autre nom courant des tables lumineuses. »
Ibid., p. 611.

✻ Du nom propre *Ozalid,* anagramme de *diazol,* nom de la firme britannique qui a lancé ce papier, marque déposée devenue terme générique. Mot enregistré dans le G. L. E. 1963.

P

PACEMAKER [pɛsmɛkœʀ] *n. m.*

1° (1909 ; 1892, comme mot anglais) *Sport* (*turf, cyclisme*, à l'origine). *Vx.* Entraîneur sportif. *Des pacemakers.* — REM. : Absent du dict. de l'Académie 1935.

« On l'appelle en anglais pace maker parce qu'il doit "faire le train". »
Le Cycliste, sept. 1892 [*in* G. Petiot].

« Les entraîneurs sont totalement interdits (cette année). Plus de "pacemaker" [...] comme en 1907. »   *L'Auto*, 5 juil. 1909 [*in* I. G. L. F.].

✻ Mot anglais n. (1884) composé de *pace* « pas, rythme de progression » lui-même emprunté du français *pas* au XIIIᵉ siècle, et de *maker* « personne, chose, qui fait ou règle une chose ». En ce sens, l'emprunt *pacemaker* a été remplacé en français par le mot *entraîneur*. Pour la course à pied, nous avons *lièvre*.

2° (v. 1960) *Méd.* Prothèse électronique conçue pour régulariser le rythme cardiaque.

« les prothèses miniaturisées qui donnent aux sourds le moyen d'entendre, les pacemakers, qui permettent aux cardiaques de mener une existence à peu près normale. »
G. BONNOT, in *L'Express*, 18 déc. 1972, p. 90.

✻ Acception américaine récente (*in* Webster's Third 1966) de l'anglais *pacemaker* employé comme terme d'anatomie dès 1915 pour désigner le centre cardiaque d'automatismes. Comme nom de prothèse cardiaque, le mot *pacemaker* est apparu en français vers 1960 lors de la première implantation de ce genre d'appareil ; en 1975, il a fait l'objet d'un arrêté ministériel : l'emploi de *stimulateur (cardiaque)*, déjà largement répandu, doit remplacer celui de *pacemaker* dans les textes officiels.

PACFUNG ou PACKFUNG [pakfõ] *n. m.*

(1836) *Techn.* Alliage naturel de cuivre, de zinc et de nickel, dont la couleur se rapproche de celle de l'argent. — REM. : Enregistré dans le dict. de Littré 1868, sous la forme *packfong* ; absent des dict. de l'Académie.

✻ Anglais *pakfong*, forme attribuée à une erreur typographique répandue par le dict. de Ure (*A Dictionary of Arts, Manufactures and Mines* 1839), de la variante cantonaise du chinois *peh t'ung, peh* « blanc » et *t'ung* « cuivre », apparue en 1775 sous la forme *paaktong* (mod. : *paktong* ou *packtong*). En français, la graphie *pacfung* n'apparaît qu'en 1923 (Larousse) ; en 1836, Landais écrit *packfond* ; en 1858, Legoarant écrit *packfong* et *packfung*. À l'article *packfong*, Littré note également en 1868 les variantes *packfond* et *packfung*.

PACK [pak] *n. m.*

1° (1817) *Océanogr.* Banquise ; agglomération de glaces de mer flottantes mêlées par les courants et par les vents, réalisant un revêtement général ou étendu de la mer. — REM. : Absent des dict. de Littré et de l'Académie.

« Nous passons dans un véritable *stream-ice*, et au milieu : c'est un *pack* (train de glaces). »
J.-R. BELLOT, *Journal d'un voyage aux mers polaires*, 26 juin 1851
[*in* D. D. L., 2ᵉ série, 4].

« au centre de la baie de Baffin [...] s'étend l'immense *pack du milieu*, que tout navigateur, tout baleinier, à la destination *des eaux du nord*, c'est-à-dire du débouché des détroits de Smith, de Jones et de Lancastre, est obligé de contourner par l'est [...]. »
I.-I. HAYES, *Voyage à la mer libre du pôle arctique* [1860], p. 123 (□ 1868).

« Ce fut ainsi que le *Nautilus*, guidé par cette main habile, dépassa toutes ces glaces, classées, suivant leur forme ou leur grandeur, avec une précision qui enchantait Conseil : icebergs ou montagnes, ice-fields ou champs unis et sans limites, drift-ice ou glaces flottantes, packs ou champs brisés, nommés palchs quand ils sont circulaires, et streams lorsqu'ils sont faits de morceaux allongés. »
Jules VERNE, *Vingt Mille Lieues sous les mers*, pp. 473-474 (□ 1869).

2° (1912) Groupe des avants d'une équipe de rugby. *Des packs.*

« Le travail de mêlée du "pack". »
La Vie au grand air, 2 mars 1912 [*in* G. Petiot].

3° (v. 1970) Marchandise vendue en lot de plusieurs unités identiques présentées comme un tout dans un emballage conçu pour en faciliter la manutention et le transport à domicile. *Un pack de bière, de soda.*

✳ Mot anglais signifiant proprement « paquet, ballot » n. (1225), du néerlandais *pak* (d'où est également issu le français *paquet* n. m. 1538 ; *pacquet*, 1368, de l'ancien français *pacque*). D'après l'Oxford dict., le mot est attesté comme terme de géographie et de marine en 1791 dans l'expression *pack of ice (de glace)*, puis en 1820 sous la forme abrégée de *pack*, et enfin dans le composé *pack-ice*. Ce dernier est daté de 1876 par les dict. anglais, mais est antérieur à cette date, car on le rencontre en français dès 1852 :

« nous sommes à une douzaine de milles à l'est de la pointe sud de la baie Elwin, courant des bordées avec petite brise, ou remorquant avec une embarcation au milieu de *pack-ice*. »
J.-R. BELLOT, *Journal d'un voyage aux mers polaires*, 15 août 1852
[*in* D. D. L., 2ᵉ série, 6].

✳ *Pack-ice* s'emploie encore en glaciologie :

« Dans l'Antarctique, le centre étant occupé par un immense continent, les glaces marines se forment autour de cette terre et ont généralement reçu le nom anglais de *pack-ice*, celui de banquise étant plus couramment réservé à l'Hémisphère boréal. »   V. ROMANOVSKY ET A. CAILLEUX, *La Glace et les Glaciers*, p. 32 (□ 1953).

✳ La forme abrégée de *pack* apparaît en français en 1817 dans les *Annales de Chimie* 5, p. 6, puis en 1819 dans *Un voyage au pôle arctique* traduit par Dufauconpret (d'après Wartburg). Le *Dict. de la géographie* de Pierre George (1970) donne le mot comme étant l'équivalent anglais de *banquise*, mais le terme figure néanmoins dans son acception géographique spécialisée dans les dict. généraux contemporains, sans doute parce que le mot *pack* est maintenant intégré au vocabulaire sportif. Comme terme de rugby, *pack*, attesté en anglais en 1887, apparaît en français en 1912 (→ cit. ci-dessus). Comme terme de commerce, le mot est d'importation américaine (ainsi pour *paquet de cigarettes*, l'américain dit *a pack of cigarettes* alors que l'anglais dit *a packet...*). En ce sens, *pack* fait double emploi avec le mot français *paquet*.

PACKAGE [pakɛdʒ] *n. m.*

1° (1968) *Inform.* Logiciel destiné au traitement d'une classe d'applications sur un ordinateur. — *Par ext.* Ensemble comprenant un bloc cohérent de programmes pour traiter un problème déterminé, des jeux d'essais et la documentation correspondante, et susceptible d'être commercialisé.

« On distingue les packages à vocation générale, comme les systèmes de création, d'interrogation et d'édition de fiches, et les packages d'application, comme la paye ou la réservation des places d'avions. »
            Le Monde, 1968, in *Les Mots « dans le vent »* (□ 1971).

« Il existe [...] des organismes et des compagnies qui se chargent de la vente de programmes écrits par d'autres *(software brokers)*.
Si, pour des programmes simples, des transactions de ce genre sont à la rigueur envisageables, il en va tout autrement pour des programmes, ou des ensembles de programmes, plus complexes tels que ceux qui constituent les *packages*. Dans ce dernier cas, le fabricant de logiciel se charge en général de la maintenance et de l'assistance. »
            P. MATHELOT, *L'Informatique*, p. 86 (□ 1969).

2° *Publ.* et *information.* Ensemble de documents complémentaires constituant un programme complet (d'animation, de formation, etc.).

« Les packages multimedia en sont le résultat. Chaque package comprend le matériel nécessaire pour animer une session de formation : [...] Quelle que soit la formule choisie, le package comprend des moyens de formation efficaces et... le service est compris. »
            L'Express, 27 nov. 1972, p. 20.

3° *Tourisme.* Forfait.

« PACKAGE — sens voisin, mais peut ne comprendre qu'un "lot" séjour (sans le voyage). *Forfait* est courant. »
            Petit Glossaire des voyages, in *Le Monde*, 25 août 1977, p. 8.

✱ Acceptions américaines, enregistrées dans le *Webster's New Collegiate dict.* 1974, du mot anglais *package* n. (XVIe s.) du verbe *to pack* « emballer ; rassembler, condenser », de *pack** n. signifiant à l'origine « action d'emballer », puis « paquet » (1722). *Package* est aussi la forme abrégée de *package deal* (→ cette expression). D'après le *Dict. of Americanisms*, on rencontre *package* « global », en apposition dans plusieurs expressions américaines dès le début du XIXe siècle : *package sale* (vente), 1821 ; *package service* (service), 1896 ; *package ticket*, 1846, etc. Le mot *package*, d'importation très récente, ne se rencontre en français que dans les sens spécialisés ci-dessus. Comme terme d'informatique, *La Banque des mots* (nº 1, 1971, p. 74) avait proposé de le remplacer par *bloc de programmes* ; le *Journal officiel* du 12 janv. 1974 recommande l'emploi de *programme-produit* n. m. Comme terme de publicité, l'emprunt *package* n'ajoute rien (sinon l'évocation des méthodes américaines) aux expressions françaises *l'ensemble, le tout, tout compris.* Comme terme de voyage, le mot français *forfait*, très courant, doit lui être préféré.

PACKAGE DEAL [pakɛdʒdil] *n. m.*

(1963) *Écon. pol.* Accord global à conventions multiples. *Des package deals.*

« en ouvrant la discussion globale sur l'ensemble des problèmes en suspens et en donnant ainsi le départ à ce fameux marchandage, que les experts préfèrent appeler pudiquement *"package deal" par lequel s'achèvent toutes les négociations à données multiples.* »
            Le Monde, 24 déc. 1963 [*in* Blochwitz et Runkewitz, p. 283].

« La méthode de M. Kissinger n'est cependant pas le "package deal", l'accord-paquet des hommes d'affaires. »
            J.-J. FAUST, in *L'Express*, 25 sept. 1972, p. 115.

« Nixon ne se contentera pas de lier les questions commerciales et monétaires dans la négociation de son contentieux avec l'Europe. Il a l'intention d'obtenir un *"package deal"* dans lequel les problèmes militaires joueront un rôle essentiel. »

> J. MORNAND, in *Le Nouvel Observateur*, 11 nov. 1972, p. 30.

✴ Expression américaine enregistrée dans le Webster's Third 1966, de *deal* n. « marché, accord », et *package* n., employé également comme terme de commerce pour désigner « un ensemble de services, un tout pouvant être contracté ». Comme terme de politique, l'expression suppose l'acceptation d'un compromis ou tout au moins d'une proposition à laquelle est subordonnée l'acceptation d'une autre proposition ou même de l'accord tout entier. Malgré quelques rares exceptions, on peut dire que l'expression ne s'emploie en français qu'à propos de la politique américaine ou d'obédience américaine. Elle porte toujours des marques d'emprunt (guillemets, italiques).

PACKAGING [pakɛdʒiŋ] *n. m.*

(1971) *Publ.* et *comm.* Technique de l'emballage et du conditionnement des produits de grande consommation. — REM. : Enregistré dans *la Banque des mots*, n° 6, 1971, p. 203.

✴ Gérondif substantivé du verbe américain *to package* « emballer », enregistré dans le Webster's Third 1966, de l'anglais *package* n. qui a aussi donné *packaging* n. (1875) au sens général de « action de faire un paquet de quelque chose ». L'Oxford dict. ne signale pas de verbe *to package*. En français, ce terme d'emprunt est strictement technique.

PACKET, PACKET-BOAT, PACKET SHIP → PAQUEBOT.

PADDAIR [padɛR] *n. m.*

(1977) Sport de raquette, parent du tennis* et du squash*, qui se joue sur un petit court (162 m²) entouré d'un grillage sur lequel les rebonds sont autorisés, avec une balle en mousse et des raquettes en bois à manche court.

« Ainsi le brillant paddair, qui fait appel à la stratégie, et se pratique sur un mini-court, où l'on peut se servir du grillage (Fédération française de paddair, 48, place des Saisons, la Défense 1, 92 Puteaux, 774.63.39). »

> *L'Express*, 26 mai 1979, p. 203.

« Malgré son hybridité, le paddair est un sport à part entière, qui peut apporter de très grandes satisfactions. Pour le débutant, les difficultés paraissent moins insurmontables qu'au tennis. Et pourtant, la petitesse du terrain fait qu'il faut réagir deux fois plus vite et avec plus de précision ; obligation d'être plus concentré : il ne faut jamais quitter la balle des yeux si l'on veut avoir une chance de suivre sa trajectoire lorsque le grillage entre en jeu. Raisons pour lesquelles les joueurs de tennis peuvent accomplir d'énormes progrès en se frottant à cet exercice. Le champion américain Stan Smith utilise ses vertus pour aiguiser sa forme. »

> *Le Figaro*, 6 sept. 1979.

✴ Mot formé en français d'après l'américain *padd(le) (tennis)* et *(plein) air,* marque déposée en oct. 1977 par Le Paddair Club du Pont de Neuilly. *Paddle tennis* (1925, Mathews) a d'abord désigné un jeu d'enfant (*paddle* « batte » désigne aussi la raquette de ping-pong), puis un sport en 1928.

PADDING [padiŋ] *n. m.*

1° (1946) Rembourrage d'un vêtement (à l'épaule, à la hanche).

« Féminisez votre robe-chemisier, modifiez le *"padding"* de vos robes. »

> *Elle*, 2 oct. 1946, *in* N. SHKLAR, *L'Anglicisme et l'Américanisation de la publicité de 1945 à 1961* [*in* D. D. L., 2ᵉ série, 9].

« Budget junior : une robe désuète, à col châle, padding aux épaules, boutonnée devant [...]. »

> *L'Express*, 18 déc. 1972, p. 169.

2° (1972) Rembourrage de protection placé au centre du volant d'une voiture.

« Le volant, lui aussi, est nouveau. Plus petit de diamètre, il comporte un "padding" rembourré en son centre. »
L'Express, 2 oct. 1972, p. 11 (Publ.).

✱ Du verbe anglais *to pad* (1827) « rembourrer », de *pad* n. (1554) qui a d'abord eu le sens de « botte de paille sur laquelle on s'appuie » avant de prendre au XVIIᵉ siècle celui de « petit coussin (de protection, de mode, etc.) », et du suffixe *-ing*. Le mot de remplacement, proposé pour cet emprunt par le Comité d'étude des termes techniques français, est *rembourreur* (*in* A. Sauvageot, *Portrait du vocabulaire français*, Larousse, 1964, p. 223). Pour le rembourrage des épaules, on dit fréquemment *épaulette*.

PADDOCK ou PADOCK [padɔk] n. m.

1° (1828) Enclos aménagé dans une prairie d'élevage pour les juments poulinières et leurs poulains. — REM. : Enregistré dans le Suppl. du dict. de Littré · 1877 ; absent des dict. de l'Académie.

« Ces malheureux chevaux se promenaient dans leur paddock. »
Journal des haras, 1828 [*in* G. Petiot].

2° (1880) Au pesage d'un champ de courses, Enceinte réservée dans laquelle les chevaux sont promenés en main.

« Sous un champignon rustique, couvert de chaume, des gens en tas gesticulaient et criaient ; c'était le ring. À côté, se trouvaient des boxes vides ; et, désappointée, elle y découvrit seulement le cheval d'un gendarme. Puis, il y avait le padock, une piste de cent mètres de tour, où un garçon d'écurie promenait Valerio II, encapuchonné. »
ZOLA, *Nana*, p. 337 (□ 1880).

✱ Mot anglais n. (1622) « enclos dans un pâturage, pré », altération de la forme dialectale *parrock* issue du vieil anglais *pearroc, -us* « parc ». En français, *paddock* fait son entrée dans le *Journal des haras* [...] de 1828 [*in* Mackenzie, p. 208], mais Mackenzie relève deux emplois antérieurs du terme à propos de l'Angleterre : en 1669 et en 1708. Le sens populaire de « lit » est typiquement français. En ce sens, on écrit aussi *padoc* (*in* Esnault 1929).

PADDY [padi] n. m. et adj.

(1785) *Comm.* Riz non décortiqué. Adj. *Riz paddy.* — REM. : Enregistré dans le Suppl. 1877 du dict. de Littré ; absent du dict. de l'Académie.

« Les arroyos sont si remplis de jonques et de sampans — sacs de paddy [*en note :* Riz brut] amoncelés, grandes jarres de terre brune, cageots de volaille, pots de nuocman — qu'on pourrait passer d'une berge à l'autre sans se mouiller les pieds. Bateaux le jour, maisons la nuit. »
DORGELÈS, *Sur la route mandarine*, in *L'Illustration*, 14 mars 1925, p. 245.

✱ Mot anglais n. (1623) lui-même emprunté au malais *pādī*, apparu en français en 1785, dans la traduction du 3ᵉ voyage de Cook [*in* Mackenzie, p. 188].

PAIR [pɛʀ] n. m.

1° (1704) *Polit.* En Grande-Bretagne, Membre de la Chambre haute du Parlement*, aussi appelée *Chambre des pairs* ou *Chambre des lords.* — REM. : Enregistré dans les dict. de l'Académie 1835 et de Littré 1868.

« La chambre des pairs et celle des communes sont les arbitres de la nation, le roi est le surarbitre. »
VOLTAIRE, *Lettres philosophiques*, VIII, Sur le parlement, p. 37 (□ av. 1731).

« Vers onze heures du matin, les pairs, en robe écarlate et hermine que la boue ne saurait tacher, sont descendus de leur voiture. Pour une fois tous sont présents : ducs, marquis, comtes et barons, les seize pairs d'Écosse et les trente pairs d'Irlande, les vingt-quatre évêques et les deux archevêques d'York et de Canterbury, se sont assis à leurs bancs cramoisis, surveillés par le Corps diplomatique et par les pairesses surmontées de tiares, gaînées dans leurs traînes. »

P. MORAND, *Londres*, p. 223 (□ 1933).

— PAR EXT. En Grande-Bretagne, Homme accédant à la noblesse par la pairie*.

« On connaît le mot de Johnson sur les fils aînés des pairs d'Angleterre : "le droit d'aînesse a ce grand avantage de ne faire qu'un sot par famille".

Lord Byron faisait un récit plaisant de la révolution qui s'opéra autour de lui quand, à l'âge de dix ans, étant à l'école, il succéda au titre de son cousin et devint lord. Il aurait été plus heureux et plus grand poëte s'il n'eût été pair qu'à trente ans. »

STENDHAL, *Promenades dans Rome*, 27 janv. 1828, t. I, p. 212.

« Tel pair d'Angleterre, énormément riche, est primé toute sa vie par un petit lord, qui n'a que des dettes, et qui se croirait déshonoré d'adresser la parole à l'autre. »

STENDHAL, *Mémoires d'un touriste* [1837], t. II, p. 210 (□ 1838).

2° (1814) Par anal. *Hist. polit.* En France, Membre de la Haute Assemblée législative ou *Chambre des pairs**, de 1814 à 1848. *Pair de France.* — REM. : Enregistré dans les dict. de l'Académie 1835 et de Littré 1868.

« 24. La chambre des pairs est une portion essentielle de la puissance législative.

25. Elle est convoquée par le Roi en même temps que la chambre des députés des départements. La session de l'une commence et finit en même temps que celle de l'autre.

26. Toute assemblée de la chambre des pairs qui serait tenue hors du temps de la session de la chambre des députés, ou qui ne serait pas ordonnée par le Roi, est illicite et nulle de plein droit.

27. La nomination des pairs de France appartient au Roi. Leur nombre est illimité : il peut en varier les dignités, les nommer à vie ou les rendre héréditaires, selon sa volonté. »

Charte constitutionnelle du 4 juin 1814, in L. DUGUIT et H. MONNIER, *Les Constitutions [...] de la France depuis 1789*, p. 189.

« Fille d'un compagnon d'exil du comte d'Artois et veuve d'un maréchal de l'Empire créé pair de France en 1830, elle tenait à l'ancienne cour comme à la nouvelle et pouvait obtenir beaucoup de choses. » FLAUBERT, *L'Éducation sentimentale*, p. 268 (□ 1869).

* La première forme du français *peer* v. 980, *per* v. 1050 (du latin *par, paris* « égal, semblable ») est passée comme substantif en anglais par l'anglo-normand au XIIIᵉ siècle au sens de « personne égale à une autre » et a pris au XIVᵉ siècle le sens de « membre de la noblesse ». L'anglais *peer* s'applique à trois catégories de nobles ou *pairs : les pairs du Royaume-Uni ou du Royaume (*peers of the United Kingdom* ou *of the realm*, appelés *peers of England « pairs d'Angleterre »* jusqu'en 1707, et *peers of Great Britain « pairs de Grande-Bretagne »* de 1707 à 1801), qui tous ont droit de séance et de suffrage à la Chambre haute du Parlement ; les pairs d'Écosse *(peers of Scotland)* dont douze sont élus comme représentants à chaque Parlement ; les pairs d'Irlande *(peers of Ireland)* dont 28 sont élus à vie à la Chambre des lords. Le Dict. de Trévoux, 1704, refrancise, à propos de la Grande-Bretagne, le mot *peer* en *pair*. En France, les constitutions de 1814 et de 1830 donnent ensuite le nom de *pair* aux membres de la Haute Assemblée législative. En ce sens le terme est purement historique et correspond à une période infime de la vie politique française, par rapport au régime féodal où le mot *pair* désigne, pendant des siècles, les grands vassaux de la couronne de France (*Chanson de Roland*, 1080 : Roland était l'un des douze pairs de France) ou encore le seigneur d'une terre érigée en pairie, qui de droit est membre du parlement (Godefroy, XIIIᵉ s.), ou enfin les vassaux ayant même rang auprès d'un suzerain (xvɪᵉ s.). Comme terme de politique, le mot ne s'applique plus de nos jours qu'aux réalités britanniques.

PAIRESSE [pɛʀɛs] *n. f.*

(1698) En Grande-Bretagne, Épouse d'un pair*. — (1835) Ferme qui, en Grande-Bretagne, possède personnellement une pairie*. — REM. : Enregistré dans les dict. de l'Académie 1835 et de Littré 1868.

« Les pairs et les pairesses de l'empire britannique, les ambassadeurs, les étrangers de distinction ont rempli mes salons magnifiquement décorés. Mes tables étincelaient de l'éclat des cristaux de Londres et de l'or des porcelaines de Sèvres. Ce qu'il y a de plus délicat en mets, vins et fleurs abondait. Portland-Place était encombré de brillantes voitures. » CHATEAUBRIAND, *Mémoires d'outre-tombe* [1822], t. I, p. 446 (□ 1848-1850).

✱ Adaptation de l'anglais *peeress* n. f. (1689) « épouse d'un pair », de *peer* lui-même emprunté à l'ancien français (→ **Pair**), et forme abrégée de *peeress in her own right* (1765) « femme possédant personnellement le titre de pair par naissance ou par création du roi ». En ce sens, *pairesse* apparaît pour la première fois en français dans H. Misson de Valbourg, *Mémoires et Observations faites par un voyageur en Angleterre*, 1698 [*in* Mackenzie, p. 89]. Vers 1924 (A. France), on emploie le mot à propos de la femme des pairs de France de l'Ancien Régime.

PAIRIE [pɛʀi] *n. f.*

1º (v. 1830) *Polit.* Dignité de membre de la Chambre des pairs* ou lords, en Grande-Bretagne. *Pairie femelle*, titre de pair du Royaume-Uni, transmissible aux femmes. — REM. : Signalé dans les dict. de l'Académie 1835, Bescherelle 1845, et Littré 1868.

« Elle parlait comme elle avait vécu, à tort et à travers ; aimant en zigzag, ayant supprimé la nuit, brûlant son linge une fois porté, ignorant nos manies, le pardon : ce blanchissage, méprisant les radicaux, leurs filles sans dot, leur prononciation sans h, mais les tolérant parce qu'ils disposent de la pairie et des vice-royautés. »
P. MORAND, *Fermé la nuit*, La Nuit de Putney, p. 199 (□ 1923).

— Corps des pairs du Royaume-Uni.

« La chute de la pairie anglaise sera, après la chute de Napoléon, ce qu'il y aura de plus grand dans les révolutions de ce siècle, car les autres événements n'ont encore élevé que des questions, et celui-ci décidera la question des gouvernements à l'anglaise dans toute l'Europe. »
BALZAC, *Chronique de Paris*, pp. 95-96 (□ mai 1836).

2º (1834) Par anal. *Hist.* Dignité et titre de membre de la Chambre des pairs*, sous la Restauration. — REM. : Enregistré dans les dict. de l'Académie 1835 et de Littré 1868.

« Malgré l'admirable discours de monsieur Royer-Collard, l'hérédité de la pairie et ses majorats tombèrent sous les pasquinades d'un homme qui se vantait d'avoir adroitement disputé quelques têtes au bourreau, mais qui tuait maladroitement de grandes institutions. »
BALZAC, *La Duchesse de Langeais*, p. 152 (□ 1834).

✱ Emprunt sémantique à l'anglais *peerage* (1454), par l'intermédiaire de *pair. Pairie* existait en français (xɪɪɪᵉ s., *perie*) dans un autre sens.

PALACE [palas] *n. m.*

(1905) Hôtel de grand luxe et de renom international. — REM. : Absent du dict. de l'Académie 1935.

« Ma mère ne vint pas, et sans ménagements pour mon amour-propre [...] me fit dire par Françoise ces mots : "Il n'y a pas de réponse" que depuis j'ai si souvent entendus des concierges de "palaces" ou des valets de pied de tripots, rapporter à quelque pauvre fille qi s'étonne [...]. »
PROUST, *Du côté de chez Swann*, pp. 31-32 (□ 1913).

« En treize ans je n'avais vu pareille ruée ! ils roulaient, les "estrangiers", sur une pente naturelle, du nord au sud, de Saint-Pol à Saint-Aygulf, de Toul à Toulon, de Camaret à Camarat, et ne s'arrêtaient qu'à la mer. Bientôt, la Côte les refoula de palace en hôtel et d'hôtel en auberge ; alors ils stoppèrent à tout porche, sonnèrent à nos grilles : "Un coin pour coucher, n'importe quoi... Nous paierons bien...". »   COLETTE, *Belles Saisons*, p. 38 (□ 1954 †).

— Fam. *Mener la vie de palace.*

« — T'as combien ? demanda Gilieth à Mulot.
— Trente pesetas... Et toi ?
— Cinquante.
— À nous la vie de palace ? fit Mulot, en crachant par la portière. On ira boulotter chez Teresa... Qu'est-ce qu'on donne au ciné ? »
                    P. MAC ORLAN, *La Bandera*, pp. 70-71, Gallimard, 1950 (□ 1931).

✳ Mot anglais n. (1290) « palais, habitation somptueuse » emprunté à l'ancien français *paleis, palais*, du latin *Palatium,* nom du mont Palatin, devenu nom de la maison d'Auguste et plus tard de l'ensemble d'édifices qui composaient le palais des Césars. En anglais, le mot *palace* a été employé dès 1834 par apposition avec des noms d'établissements commerciaux spacieux et de bon goût pour leur associer l'idée de grand luxe : *gin-palace, coffee-palace,* etc. *Gin-palace* est attesté chez un auteur français :

« — Que m'apprends-tu là ! Les nuits de Londres sont délicieuses ; c'est une série de paradis ou une série d'*enfers*, selon les moyens qu'on possède. Les *gin-palaces* (palais de genièvre) resplendissants de gaz, de glaces et de dorures, où l'on s'enivre entre un pair d'Angleterre et un chiffonnier... »
            NERVAL, *Les Nuits d'octobre*, Les Nuits de Londres, p. 105 (□ 1854).

✳ C'est aux États-Unis qu'a été créé le composé *palace hotel* n. (1884), dans lequel *palace* fait fonction d'épithète. *A Dict. of Americanisms* cite à ce sujet M. Twain (1889) : *A Republican simplicity... has invented and exported to the Old World... the palace hotel, with its multifarious conveniences, comforts, shows and luxuries* « La simplicité républicaine... a inventé et exporté au Vieux Monde le palace hotel et toutes ses formes de services, de confort, de spectacle et de luxe ». — *Palace hotel* avait été précédé en américain par *palace car* n. (1868) « wagon-palais ».
Chose étonnante, c'est dans un récit d'un voyageur français que le terme américain *palace car* est attesté pour la première fois (cité *in* Suppl. de l'Oxford dict.).

« Une amélioration en amène bien vite une autre, surtout en Amérique, où l'esprit d'invention ne s'arrête jamais. Après les *sleeping-cars,* d'installation assez récente, on a eu les *palace-cars* et les *state-rooms,* ou les wagons-palais et les salons d'état, comme les nomment les Américains dans leur langue imagée et si souvent ampoulée. Nous prîmes un de ces wagons-palais de Syracuse à Chicago, et jamais prince européen ne voyagea avec autant de confort que nous. Qu'on se figure un immense salon, que nous occupions seuls, mais où il y a place pour quatre voyageurs. »   L. SIMONIN, *Le Far-West américain* [1867], p. 230 (□ 1868).

✳ Quelques années plus tard, en 1881, un autre voyageur français, E. Michel, emploiera pour la première fois, en français, le mot *palace,* par apposition, pour traduire *palace car* : « wagon palace » (→ cit. à l'art. *Pullman*). Mais cet emploi reste isolé, et ce n'est qu'en 1905 qu'apparaît, par une tout autre voie, le nom commun *palace* désignant un hôtel luxueux. (De Nion, in l'*Écho de Paris,* 28 août 1905, *in* Mackenzie, p. 257.) L'arrivée du mot en français est liée à la grande fréquentation de la Côte d'Azur par de riches Anglais. L'expression *Palace Hotel* est passée en français comme nom propre. F. de Grand'Combe la range parmi les anglicismes à bannir, tout comme le nom commun *palace* :

« *Palace* : j'ignore combien il y a de *Palace Hotels* en France et j'ignore encore davantage combien d'entre eux méritent ce nom. Peut-être beaucoup d'hôteliers ont-ils reculé devant l'immodestie du mot français "palais". »
            F. de GRAND'COMBE, *De l'anglomanie en français,* juil. 1954, p. 193.

✳ Le mot *palace,* dont la prononciation est totalement francisée, se rencontre chez de grands écrivains français ; il a sa place pour désigner une classe d'hôtel déterminée. C'est dans les noms propres composés, où il a pour fonction d'évoquer le caractère luxueux d'un établissement commercial, tels que *Palace Hotel, Palace-Cinéma, Palace-Coiffeur,* etc., qu'il risque d'introduire en français une construction étrangère.

PALE-ALE [pɛlɛl] *n. f.*

(1856) Bière anglaise blonde, ale* claire. — REM. : Absent des dict. de Littré et de l'Académie.

« Il y a un siècle, quand les premiers wagons descendus des houillères roulèrent jusque sur les quais de Swansea pour y verser le charbon, le peuple faillit s'ameuter contre les propriétaires de mines, prétendant que le passage rapide des wagons sur les rails, la trépidation qu'ils imprimaient au sol faisait tourner la bière dans les caves. Peu s'en fallut qu'on ne revînt à l'antique portage à dos d'hommes ou tout au moins à dos de chevaux. Aujourd'hui les craintes des buveurs de *pale ale* ont bien disparu, et la susceptibilité a fait place à l'intérêt [...]. »
L. SIMONIN, Une visite aux grandes usines du pays de Galles [1862],
p. 324 (□ 1865).

✳ Mot anglais n. (1708) composé de *pale* adj. emprunté au XIIIᵉ siècle à l'anc. français *palle, pale* (mod. : *pâle*) et de *ale*. Le mot est opposé à *porter*. En français, il est de très basse fréquence, car il ne s'applique qu'à ce type de bière anglaise. On rencontre aussi la forme abrégée *ale*. Le G. L. L. F. atteste *pale-ale* en 1856, dans la *Revue des Deux-Mondes*. Notons un emploi de *pale beer* (de *beer* « bière ») chez Th. Gautier, en 1853 (→ cit. art. *Gin*).

PALÉOLITHIQUE [paleɔlitik] *adj.* et *n. m.*

(1866) *Archéol.* Se dit de l'âge de la pierre taillée (opposé à *néolithique**). — Subst. *Le paléolithique*. — REM. : Enregistré dans le Suppl. 1877 du dict. de Littré et dans le dict. de l'Académie 1935.

« Les périodes *paléolithique* et *néolithique*, si distinctes dans certaines régions, ne le sont nullement en Alsace et dans la Lorraine française, où leurs gisements se confondent. »
L. FIGUIER, L'Année scientifique et industrielle, p. 292, 1887 (□ 1886).

« nous traiterons ici de l'Âge de la Pierre, c'est-à-dire du Paléolithique qui s'achève en Europe avec la dernière phase glaciaire et la disparition ou la migration de la faune froide. »
D. de SONNEVILLE-BORDES, L'Âge de la pierre, p. 6 (□ 1961).

✳ Anglais *Palaeolithic* ou *Paleolithic* adj. et n., du grec *palaios* « ancien » et *lithos* « pierre », terme créé en 1865 par sir John Lubbock, et immédiatement francisé (1866) sous la forme *paléolithique* (*L'Homme avant l'histoire*, traduit de l'angl. par Ed. Barbier, *in* Mackenzie, p. 233).

PALETOT [palto] *n. m.*

(1849) *Vieilli*. Vêtement de dessus, droit et généralement à poches plaquées, boutonné par-devant. — REM. : Enregistré dans les dict. de Littré 1868 et de l'Académie 1878, comme nom de vêtement masculin. *Paletot* s'est aussi dit au XXᵉ siècle d'un vêtement féminin.

« À entendre, en France, certaines gens, l'Égypte est un véritable four. D'accord, mais il tiédit quelquefois. Si tu veux, pauvre vieille, avoir l'inventaire de ce que je porte sur le corps (d'après le conseil unanime des gens sensés), voici comment je suis vêtu : ceinture de flanelle, une chemise de flanelle, un caleçon de flanelle, pantalon de drap, gros gilet, grosse cravate et paletot par-dessus ma veste le soir et le matin. »
FLAUBERT, Lettre à sa mère, 2 déc. 1849, in Corresp., t. II, Conard, p. 123.

« Je sortis enfin de chez le barbier, transfiguré, ravi, fier de ne plus souiller une ville pittoresque de l'aspect d'un paletot-sac et d'un chapeau rond. »
NERVAL, Voyage en Orient, p. 166 (□ 1851).

✳ Emprunté au moyen anglais *paltok* « jacquette », ce mot est arrivé en français sous la forme *paltoke* (1370, chez Skeat) au sens de « sorte de justaucorps ». La forme *paletot* est attestée par Godefroy en 1403. Furetière (1690) signale le mot au sens de « casaque de paysan », et Boiste (1819) au sens de « habit-veste ». La vitalité de ce terme est maintenue en français moderne par les locutions familières *tomber, sauter sur le paletot (de qqn)*, « l'aborder, l'agresser ». On peut noter que *paltok,* n. d'origine inconnue (XIVᵉ s.), a fait place en anglais, au XIXᵉ siècle, au mot *paletot* réemprunté au français au sens de « vêtement droit de dessus, pour homme ou pour femme ».

PALLADIUM [paladjɔm] *n. m.*

(1803) *Chimie.* Élément (*symb.* Pd, n° at. 46, p. at. 106, 7), métal précieux extrait de la mine de platine, blanc ou gris de plomb, très ductile et très dur. — REM. : Enregistré dans les dict. de l'Académie 1835 et de Littré 1868.

« Il a été constaté par Faraday, comme résultat de toutes ses expériences, que le palladium était *réellement,* quoique faiblement, magnétique, et ce corps a été placé par lui au nombre de ce qu'on appelle maintenant les *métaux paramagnétiques.* »
M. GRAHAM, in *Revue des cours scientifiques,* 20 fév. 1869, p. 191.

✱ Mot anglais, nom donné par Wollaston au métal qu'il découvrit en 1803, dérivé savant de *Pallas,* nom d'une petite planète découverte en 1802 au voisinage de Cérès, du latin *Pallas, -adis* « Pallas [nom d'une déesse] », du grec *Pallas, -ados.* Le mot est entré en français par les *Annales de chimie* en 1803 (d'après Wartburg).

PALYNOLOGIE [palinɔlɔʒi] *n. f.*

(1958) *Bot.* Étude des pollens, spécialement des résidus de pollens contenus dans les sédiments (paléobotanique).

« les *Gagea* ont un type de pollen très fixe tandis que les Anémones ont presque autant de types de pollens que d'espèces. Mais, *pratiquement, le genre est l'unité systématique de base en palynologie :* un palynologue expérimenté parvient presque toujours à déterminer le genre de la plante qui a produit le pollen isolé qu'il examine. »
A.-H. PONS, *Le Pollen,* p. 63 (□ 1958).

✱ Anglais *palynology,* terme créé en 1944 par les botanistes anglais H. A. Hyde et D. A. Williams, du grec *palunein* « répandre (de la farine, de la poussière) ». En français, *palynologie* a donné les dérivés *palynologique,* adj. (angl. *palynological), palynologiquement,* adv. (angl. *palynologically), palynologue* n. (→ cit. supra), *palynologiste,* n.

« Cette formation rassemble aujourd'hui trois géologues du quaternaire, un palynologiste, un géophysicien, quatre préhistoriens, sept protohistoriens, trois anthropologues, deux paléozoologues, un céramologue, tous travaillant en étroite collaboration avec une quinzaine de chercheurs étrangers. »
La Recherche, 6 nov. 1970, p. 591.

PAMPHLET [pɑ̃flɛ] *n. m.*

1° (1653) *Vx.* Brochure, opuscule. — REM. : Enregistré dans les dict. de l'Académie 1787 (1762, sous la forme *pamflet*) et de Littré 1868.

« Je lui ai écrit pour le prier de m'envoyer par la première commodité un pamphlet qui a pour titre *Dutch-politics* [politique hollandaise]. »
BAYLE, Lettre à des Maizeaux, 1ᵉʳ déc. 1705 [*in* Littré].

« Alors je lui demandai [à M. Arthur Bertrand, libraire] ce que c'était qu'un pamphlet, et le sens de ce mot qui, sans m'être nommé, avait besoin pour moi de quelque explication. C'est répondit-il, un écrit de peu de pages comme le vôtre, d'une feuille [en note : "Il s'agit de l'unité typographique, qui forme huit, seize pages, selon le format".] ou deux seulement. De trois feuilles, repris-je, serait-ce encore un pamphlet ? Peut-être, me dit-il, dans l'acception commune ; mais proprement parlant, le pamphlet n'a qu'une feuille seule ; deux ou plus font une brochure. Et dix feuilles ? quinze feuilles ? vingt feuilles ? Font un volume, dit-il, un ouvrage. »
P.-L. COURIER, *Pamphlet des pamphlets,* in *Œuvres choisies,* p. 205 (□ 1824).

2° (1767) Court écrit sur un sujet d'actualité ou de controverse, destiné à faire réagir le public. — REM. : Le dict. de l'Académie

1835 signale le caractère souvent péjoratif du mot dans cet emploi.

« Grub-street est la rue où l'on imprime la plupart des mauvais pamphlets qu'on fait journellement à Londres. »
VOLTAIRE, *Examen important de milord Bolingbroke*, p. 35 (□ 1767, supposé écrit en 1736).

« Les délicieux pamphlets de Courier, lus après les circonstances qui les ont suscités et qui les ont fait comprendre, ressemblent à des carcasses de feux d'artifice. Cette portion des œuvres de cet homme remarquable ne saurait être populaire : il y a quelque chose de trop élevé dans ce style concis, trop de nerf dans cette pensée rabelaisienne, trop d'ironie dans le fond et dans la forme, pour que Courier plaise à beaucoup d'esprits. Il a fait la *Satire Ménippée* de notre époque. »
BALZAC, *Le Feuilleton des journaux politiques*, pp. 370-371 (□ 17 mars 1830).

— (1778) *Spécialt.* Écrit satirique ou polémique, généralement court, de ton ferme et incisif, dirigé contre une chose, un groupe ou un personnage connu, dans les domaines politique, religieux ou littéraire.

« Votre pamphlet que nous venons de condamner, par exemple, je ne le connais point ; je ne sais, en vérité, ni ne veux savoir ce que c'est, mais on le lit ; il y a du poison. »
P.-L. COURIER, *Pamphlet des pamphlets*, in *op. cit.*, p. 206 (□ 1824).

« *L'Homme aux quarante écus*, l'un des chefs-d'œuvre de Voltaire, et *Candide* sont deux pamphlets. Le pamphlet doit devenir populaire. C'est la raison, la critique faisant feu comme un mousquet et tuant ou blessant un abus, une question politique ou un gouvernement. Le pamphlétaire est rare ; il doit, d'ailleurs, être porté par des circonstances ; mais il est alors plus puissant que le journal. Le pamphlet veut de la science réelle mise sous une forme plaisante, il veut une plume impeccable, car il doit être sans faute ; sa phraséologie doit être courte, incisive, chaude et imagée, quatre facultés qui ne relèvent que du génie.
Sous la Restauration, le pamphlet a fourni Benjamin Constant, Chateaubriand, Courier et M. Vatout. »
BALZAC, *Monographie de la presse parisienne*, Le Pamphlétaire, p. 571 (□ 1843).

« Nous achetons les DÉBATS, et nous trouvons dix-huit colonnes d'éreintement, dans lesquelles Janin nous accuse d'avoir fait un pamphlet contre notre ordre, un tableau poussant au mépris des lettres. »
E. et J. de GONCOURT, *Journal*, 30 janv. 1860, t. I, p. 239.

✳ Ce mot a été emprunté au XVIIᵉ siècle à l'anglais *pamphlet* (aussi *pamflet, pamfilet, paunflet*) n. (1387), de l'anglo-latin *panfletus* (1344). D'après Onions et l'Oxford dict., cette forme serait elle-même issue du moyen néerlandais *Panflet* et de l'ancien français *Pamphilet*, deux noms populaires, au XIIIᵉ siècle, d'une comédie satirique en vers latins du XIIᵉ siècle, *Pamphilus, seu de Amore*, très connue autrefois à cause d'un célèbre personnage de vieille entremetteuse. Gaston Paris, dans la *Revue critique* du 26 sept. 1874, p. 197, signale que *Pamflette* est cité dans la seconde moitié du XIIIᵉ siècle par Dirk van Asenede dans sa traduction néerlandaise de *Flore et Blanchefor* (in Littré Suppl. 1877). Ce *Pamflette* du XIIIᵉ siècle servirait ainsi de lien entre le nom anglais des feuilles volantes satiriques (1387) et l'ancien français *Pamphilet* attesté au milieu du XIVᵉ siècle. *Pamphlet* serait donc issu d'un nom propre français. Il faut prendre garde que l'anglais et le français *pamphlet* sont actuellement des faux-amis linguistiques. Dans son sens initial attesté chez La Boullaye-Le-Gouz dans *Voyages et observations*, p. 427, 1653 [*in* Mackenzie, p. 77], *pamphlet* est sorti de l'usage en français au profit de *dépliant, brochure* et *opuscule*, alors qu'il est toujours très courant en anglais. Au sens de « petit ouvrage de circonstance », le mot est attesté en anglais en 1592, mais depuis son introduction en français par Diderot en 1778 comme désignation d'un genre satirique, le mot est associé en France au ton violent et agressif et à l'esprit incisif qui ont illustré le genre au XIXᵉ siècle. Le mot ne s'est popularisé en français qu'à partir du XVIIIᵉ siècle et au sens de « petit écrit critique violent ».

✳ On a formé *pamphlétaire* (1790, Condorcet, *in* Wartburg) soit d'après l'anglais *pamphleteer* (1642) utilisé par Voltaire, soit d'après *pamphlet*. *Pamphlétaire* était en concurrence au XVIIIᵉ s. avec *pamphlétier* et *pamphlétiste*, néanmoins considérés comme péjoratifs par Littré.

« Sieyès reste le prince des pamphlétaires : il a montré la manière de se servir de ce stylet politique, car Courier ne fut qu'un agréable moqueur. »
BALZAC, *Monographie de la presse parisienne*, Le Pamphlétaire, p. 571 (□ 1843).

PANAMÉRICAIN, AINE [panameʀikɛ̃, ɛn] *adj.*

1° (1901) *Polit.* Qui concerne tous les États de l'Amérique du Nord, de l'Amérique centrale et de l'Amérique du Sud. — REM. : Absent du dict. de l'Académie.

« Le panaméricanisme est une doctrine qui a pris naissance avec celle de Monroë, c'est-à-dire il y a environ 80 ans, et qui s'est consolidée en 1890, au premier Congrès panaméricain réuni à Washington. Son but fut bien simple et s'explique par son nom. M. Blaine mit tout en œuvre pour nouer d'étroites relations entre les diverses républiques sud-américaines et les États-Unis eux-mêmes ; les discussions qui suivirent ne furent pas tout à fait stériles, puisqu'elles préparèrent la voie au congrès qui s'est tenu à Mexico en 1901. »
É. GAUTIER, *L'Année scientifique et industrielle*, pp. 372-373, 1902 (□ 1901).

2° (mil. XXᵉ s.) Du continent américain tout entier, de toutes les parties de l'Amérique. *Route panaméricaine.*

✳ Mot d'origine américaine, *Pan-American* adj. (1889) et n. (1890), du grec *pan* « tout » et angl. *American* « du continent américain ». On peut noter que la politique du panaméricanisme* poursuivie lors des divers congrès panaméricains qui se sont échelonnés de 1889 à 1948 a trait essentiellement aux relations entre les États-Unis et l'Amérique latine. L'adj. *panaméricain* n'inclut habituellement pas le Canada. Ainsi, le système routier transcontinental appelé *route panaméricaine* (*Pan-American Highway*, 1925) s'arrête à la frontière canadienne.

PANAMÉRICANISME [panameʀikanism] *n. m.*

(1901) *Polit.* Système politique qui vise à développer les relations entre les États-Unis et l'Amérique latine et à soustraire les pays du continent américain à toute ingérence étrangère. — REM. : Absent du dict. de l'Académie 1935.

✳ Mot d'origine américaine, *Pan-Americanism* n. (1901), de *Pan-American* (→ **Panaméricain**).

PANCAKE [pankɛk] *n. m.*

(1822) *Rare.* Grosse crêpe ; pannequet*. — REM. : Absent du dict. de Littré et des dict. généraux de l'Académie ; enregistré dans le Compl. 1840 du dict. de l'Académie.

« On faisait frire des saucisses dans des poêlons, bouillir des gaudes dans des bassines, sauter des crêpes sur des plaques de fonte, enfler des pancakes sur des paniers. »
CHATEAUBRIAND, *Mémoires d'outre-tombe* [1822], t. I, p. 510 (□ 1848).

✳ Mot anglais n. (1430), littéralement « gâteau à la poêle », composé de *pan* « poêle » et de *cake* « gâteau », probablement d'après le moyen bas allemand *pannekōke* (hollandais *pannekock*). *Pancake* est signalé dans le *Dictionnaire franco-allemand* de Folmann, Leipzig, 1903, comme appartenant au dialecte de Thionville et de Sierck. Le mot est aussi signalé dans Larousse 1923 : il désigne la crêpe à l'anglaise où il est synonyme assez peu usité de *pannequet*.

PANCOSMISME [pɑ̃kɔsmism] *n. m.*

(1951) *Philo.* Doctrine selon laquelle il n'existe pas de réalité transcendante au monde (opposé à *acosmisme*). — *Syn.* Panthéisme, matérialisme.

✳ Anglais *pancosmism* n. (1865), du grec *pan* « tout » et *kosmos* « ordre de l'univers, le monde », terme créé par le philosophe anglais George Grote (1794-1871) d'après *pantheism* pour désigner le panthéisme matérialiste, dans *Plato and the Other Companions of Sokrates* (Platon et les autres compagnons de Socrate).

« La création de ce mot [*pancosmisme*] me paraît assez malheureuse, car le monde est nécessairement *le tout*, et un être hors du monde ne peut pas faire partie du tout. »
J. LACHELIER, in LALANDE, *Vocabulaire technique et critique de la philosophie* (□ 1951).

PANDÉMONIUM [pãdemɔnjɔm] *n. m.*

1° (1714) Capitale imaginaire de l'enfer. *Le Pandémonium de Milton.* — REM. : Enregistré dans les dict. de l'Académie 1835 et de Littré 1868.

« il [le sauvage le plus primitif] invente des dieux informes qu'il taille péniblement dans le bois ou la pierre, joignant au sentiment religieux le sentiment de l'art.
Il y a dans ce pandémonium sauvage un dieu de la guerre qui est bien le plus étrange fantoche qu'on puisse imaginer. Ce Mars polynésien est entièrement couvert de petites plumes rouges de perroquet. »
Th. GAUTIER, *Missions évangéliques, Religions et Superstitions*,
in *L'Orient*, t. II, p. 9 (□ 1867).

2° (1835) *Par anal.* et *littér.* Lieu où règnent la corruption, le désordre, l'agitation. — Lieu bruyant. — REM. : Enregistré dans les dict. de l'Académie 1835 et de Littré 1868.

« Quel pandémonium ! quelle cohue énorme et inextricable doit être un théâtre véritable !
Depuis que l'on a parlé de jouer la comédie, tout est ici dans le désordre le plus complet. Tous les tiroirs sont ouverts, toutes les armoires vidées ; c'est un vrai pillage. Les tables, les fauteuils, les consoles, tout est encombré, on ne sait où poser le pied [...]. »
Th. GAUTIER, *Mademoiselle de Maupin*, p. 293 (□ 1836).

« Devant le gîte d'étape de Moussareu, ahurissant tam-tam ; d'abord à la clarté de photophores, tenus à bras tendus par nos boys ; puis au clair de la pleine lune. D'admirables chants alternés rythment, soutiennent et tempèrent l'enthousiasme et la frénésie du pandémonium. »
A. GIDE, *Voyage au Congo*, 8 oct. 1926, p. 61 (□ 1927).

✳ Anglais *pandemonium* (d'abord *pandaemonium*) n. (1667) du grec *pan* « tout » et *daimôn* « démon », terme créé par Milton. Le second sens est attesté en 1779. En français, *pandémonium* apparaît dès 1714 dans *Le Spectateur* (d'après Mackenzie, p. 161). On rencontre aussi les formes *pandaemonium* (dans la traduction du *Paradis perdu* de Milton, par Dupré de Saint-Maur, vol. I, p. 3, 1729 : «*Pandaemonium, Palais de Satan*», *in* Mackenzie, p. 161), *pandaemonie* n. f. (*Ibid.*, p. 72 : «A Pandaemonie, la grande capitale de Satan et de ses Pairs ») et *pandémonion* n. m., chez Voltaire (« Une foule de martyrs qui ne tiendraient pas dans le Pandémonion de Milton », cité *in* Littré).

PANEL [panɛl] *n. m.*

1° (1954) *Stat.*, *psychol.* et *publ.* Échantillon sélectionné comme groupe-témoin interrogé à plusieurs reprises dans un sondage d'opinion étalé dans le temps et destiné à apprécier l'évolution d'une attitude. — *Par ext.* Méthode de sondage ayant recours à un panel.

« Des "panels" de consommateurs et de commerçants, procédant à des sondages réguliers pour le compte de tel ou tel client vendant du savon, du café ou des apéritifs. »   *Le Monde*, 21 août 1964 [*in* Gilbert].

« Conseils donnés par un pannel [*sic*] de consommatrices du Centre d'études ménagères, C. e. r. c. »   *L'Express*, 6 juin 1974, p. 187.

2° (1963) Débat entre spécialistes de disciplines différentes, destiné à faire connaître au public les divers aspects d'une

question. — *Par ext.* Le groupe de spécialistes qui participent
à ce type de discussion.

✻ Le mot anglais *panel* n. (XIIIᵉ s.) a été emprunté à l'ancien français
panel (mod. *panneau*) du lat. *pannelus* diminutif de *pannus* « morceau
d'étoffe », aux sens de « pan d'étoffe », « coussin de selle », « pièce ».
Au XIVᵉ siècle, il a pris le sens de « morceau de parchemin portant le
nom des jurés », puis de « liste du jury ». À ce sens se rattache celui
de « ensemble des membres d'un jury » qui s'est étendu au XXᵉ siècle
sous l'influence de l'américain, à tout groupe de personnes sélectionné
à des fins d'enquête ou d'arbitrage, *spécialt* un échantillon statistique
ou encore un groupe d'experts. Dans les domaines économique et
publicitaire, *panel* est la forme abrégée de l'américain *consumer panel*
(*panel de consommateurs* → cit. supra); Romeuf et Guinot le signalent
en 1954 en introduisant en français le terme *panel du consommateur*.
Au sens de « table ronde » ou de « réunion-débat », *panel* est la forme
abrégée de *panel discussion* (*in* Webster's Third 1966). En ce sens,
panel n'est signalé en français qu'en 1963 (*in* G. L. E.) et reste encore
senti comme emprunt.

PANKA, PANCA [pǎka] ou **PUNKA** [pŏka] *n. m.*

   (1841) Dans les pays d'Asie tropicale, Écran de toile monté
sur un cadre suspendu au plafond, qui se manœuvre au moyen
de poulies et de cordes et qui sert de ventilateur. — REM. :
Enregistré dans le Suppl. 1877 du dict. de Littré ; absent du dict.
de l'Académie.

   « Vous serez plus fraîchement sur ce froid et blanc canapé, dans
cette salle ventilée par les ponkas toujours en mouvement [...]. »
                Th. GAUTIER, *L'Inde à l'Exposition universelle de Londres*,
                                      in *L'Orient*, t. I., p. 329 (□ 1852).

   « Les appartements personnels du prince [de Galles, sur le *Sérapis*]
sont séparés de ceux de ses officiers par un salon qui sera vraiment
splendide ; il sera ventilé par six pankas, immenses éventails qui seront
mis en mouvement au moyen d'un engrenage. »
                        Journal officiel, 20 août 1875 [*in* Suppl. Littré].

   « Dans l'Inde anglaise et dans toutes les contrées chaudes de l'Asie,
on fait usage, comme ventilateurs, de grands éventails ou écrans
(*pankas*, ou *punkas*).
   Le panka est un cadre de bois léger, recouvert d'une étoffe frangée.
On le suspend en l'air sous le plafond de la pièce, de manière à en
embrasser presque toute l'étendue. Une corde, attachée au bas de
l'appareil et passant dans une poulie, est mise en mouvement par un
domestique. Le panka se relève, et il retombe au moyen d'un poids fixé
à la partie inférieure. »
      L. FIGUIER, *L'Année scientifique et industrielle*, p. 141, 1887 (□ 1886).

✻ Hindi *pankhā* « éventail », du sanscrit *pakshaka*, de *pakaha* « aile »,
répandu en français sous l'influence de l'angl. *punkah* ou *punka* n.
(v. 1625) désignant à l'origine un éventail (1807, au sens de « ventilateur »). En français, on rencontre d'abord la forme *punka*, chez Jacquemont, en 1841. On trouve aussi les variantes *ponka* (→ supra, cit.
Gautier), *panca* (Larousse 1888), et *pankha* (Tharaud, *in* G. L. L. F.). La
graphie *panka* apparaît dans le *Journal officiel*, 20 août 1875 (→ supra).

PANNEQUET [pankɛ] *n. m.*

   (1808) Sorte de crêpe épaisse saupoudrée de sucre. ou
masquée d'une composition sucrée ou salée, que l'on sert
comme entremets ou comme hors-d'œuvre. *Pannequets aux
abricots, aux crevettes* (→ **Pancake**). — REM. : Enregistré dans
le Compl. du dict. de l'Académie 1860 (sous la forme *panekèque*
dans le Compl. 1840) et dans le dict. de Littré 1868.

   « Adeline, à qui l'on repassait des pannequets à la frangipane et qui
les refusait d'un geste, attendait que son père eût fini de raconter leur
visite chez la nourrice. »   P. HÉRIAT, *Famille Boussardel*, p. 202 (□ 1944).

✲ Altération de l'anglais *pancake,* mot attesté en français en 1808 chez A. B. L. Grimot de la Reynière dans l'*Almanach des gourmands* et dans le *Manuel des Amphitryons* [*in* Mackenzie, p. 198]. On trouve aussi la forme *panékèque* dans les dict. de Bescherelle 1845 et de Landais 1851.

PANOPTIQUE [panɔptik] *adj.* et *n. m.*

(1797) *Adj.* Se dit d'un bâtiment (maison de détention, de correction) construit de telle sorte que, d'un point de l'édifice, on puisse en embrasser toutes les parties de l'intérieur, sans être vu soi-même. — (1802). Subst. « *On a proposé de bâtir un panoptique pour servir de maison de correction.* » (Littré 1868). — REM. : Absent des dict. de l'Académie.

✲ Du grec *pan* « tout » et de *optique,* d'après l'anglais *panopticon* (du gr. *pan-* et *opticon* de *opticos* « optique ») nom donné en 1791 par Jeremy Bentham au plan de construction qu'il proposait pour les établissements pénitentiaires (le mot *panopticon* lui-même avait été créé en 1768 pour désigner un instrument d'optique). L'adjectif *panoptique* (*le principe panoptique*) apparaît en français en mai 1797, dans *Bibliothèque britannique,* et le substantif, en 1802, dans J. Bentham, *Traités de législation civile et pénale* [...], III, publiés en français par Ét. Dumont de Genève, d'après les manuscrits confiés par l'auteur [*in* Mackenzie, p. 192].

PANORAMA [panɔʀama] *n. m.*

1° (1799) Vaste tableau circulaire peint en trompe l'œil sur une surface murale ou sur un rouleau, qui vu du centre donne au spectateur l'illusion d'objets réels (Cf. *-rama,* cit. Balzac). — *Par ext.* Salle ou bâtiment où ce dispositif est installé. — REM. : Enregistré dans les dict. de l'Académie 1835 et de Littré 1868.

— PAR EXT. Vaste peinture, parfois circulaire, représentant un paysage, une bataille.

« M. Lottier, au lieu de chercher le gris et la brume des climats chauds, aime à en accuser la crudité et le papillotage ardent. Ces panoramas inondés de soleil sont d'une vérité merveilleusement cruelle. On les dirait faits avec le daguerréotype de la couleur. »
BAUDELAIRE, *Curiosités esthétiques,* Salon de 1846, p. 661 (□ 1867).

— (1833) *Par métaph.* et *fig.* Succession ininterrompue d'images se présentant à la pensée.

« Ma mémoire est un Panorama ; là, viennent se peindre sur la même toile les sites et les cieux les plus divers avec leur soleil brûlant ou leur horizon brumeux. »
CHATEAUBRIAND, *Mémoires d'outre-tombe* [3-4 juin 1833], t. IV, p. 305 (□ 1848-1850).

« Les personnes sur le point de se noyer présentent cette rapidité de la pensée qui leur fait parcourir d'immenses panoramas, presque leur vie entière. » H. MICHAUX, *La nuit remue,* p. 79 (□ 1935).

2° (1830) *Par ext.* Vaste étendue (de pays) que l'on peut contempler de tous côtés à partir d'un point élevé ; vue d'ensemble d'une région.

« Cette hyperbole tourangelle signifie, pour un homme sans préjugés, que vous jouissez d'un admirable tableau, d'une vue semblable à celle de l'Allouette, la Loire pendant dix lieues avec ses îles vertes ; le Bréhémont avec ses villages ; et Luynes, et d'innombrables coteaux, des vallées, des horizons lointains, qui ressemblent à une féérie !... On a des décorations d'opéra ; on a un panorama, — néorama, — diorama, *et cétérama...* » BALZAC, *Les Deux Amis,* p. 230 (□ 1830).

« De la dernière plate-forme, le panorama qui se déroule est fort beau ; d'un côté les Vosges, de l'autre les montagnes de la forêt Noire. »
NERVAL, *Lorely,* Du Rhin au Mein, p. 746 (□ 1852).

— *Spécialt.* (Cinéma) Vue panoramique d'une région.

« Pendant dix ans, de 1859 à 1868, l'auteur [M. Civiale] a parcouru les Alpes, en prenant des vues de détail et des panoramas [...]. »
L. FIGUIER, *L'Année scientifique et industrielle*, p. 266, 1883 (□ 1882).

3° (1800) *Fig.* Étude présentant une vue d'ensemble d'une question. *Panorama des verbes français*, par Lemare (1800).

✻ Mot anglais créé par l'inventeur du procédé, R. Barker, vers 1789, du gr. *pan-* « tout » et *-orama**, emprunté en français par Fulton en 1799 pour la présentation de son *Panorama de Paris.* Le français a donné *panoramique* adj. (1815, *in* Wartburg ; *panoramic* existe en anglais avec le même sens attesté en 1813). Le *panoramique* n. m. « appareil panoramique » (1906), « mouvement de rotation de la caméra autour d'un axe » (1928) est typiquement français. Il s'abrège parfois en *pano* (1956). Le nom a donné le dérivé *panoramiquer* v. intr. (1912). Vers 1970 est apparu en français le dérivé *panoramisme* n. m. « champ de visibilité d'une voiture ». On peut noter aussi que le mot *panorama* est à l'origine de nombreux mots en *-orama* et surtout en *-rama*, forme simplifiée du premier élément, créés au XXᵉ siècle.

« Panoramique en éclair sur la tête extatique de Bonaparte. »
A. GANCE, *Scénario de « Napoléon »*, in *Le Rouge et le Noir*, juil. 1928
[*in* D. D. L., 2ᵉ série, 6].

« Il faut prendre garde à ne jamais panoramiquer trop vite. »
LÖBEL, *La Technique cinématographique*, 1912, in J. GIRAUD,
Le Lexique français du cinéma, des origines à 1930 [*in* D. D. L., 2ᵉ série, 6].

PANTHÉISME [pɑ̃teism] *n. m.*

1° (1709) *Philo.* Doctrine religieuse et philosophique selon laquelle Dieu est l'unité du monde, tout est Dieu, et Dieu est tout. *Le panthéisme stoïcien. Le panthéisme de Plotin. Panthéisme matérialiste ou naturaliste* → **Pancosmisme.** *Panthéisme idéaliste* (Hegel). *Le panthéisme de Spinoza.* — REM. : Enregistré dans les dict. de l'Académie 1835 et de Littré 1868.

« Le panthéisme aujourd'hui est partout, mais presque toujours il se cache, il ne veut pas s'avouer, il se dissimule. Il faut donc d'abord lui arracher le masque dont il se couvre et mettre à nu le visage du *monstre* dans toute sa laideur ; ses principes ensuite doivent être combattus avec les armes d'une saine philosophie, du bon sens, de la logique et de l'histoire ; tel est l'objet de cet ouvrage. »
Abbé MARET, *Essais sur le panthéisme*, 1839
[*in* P. Larousse, *Grand Dict. universel*, 1874].

« Voyons donc les gestes de cette attitude qui résument si bien la physionomie de cette pensée [bergsonienne] : hostilité au mécanisme, réaction spirituelle ou idéaliste, panthéisme organisateur, acceptation de la métaphysique du continu, critique du concept, volonté d'atteindre, par l'effort de l'intuition, le "réel absolu" (l'Être, si je comprends bien). »
ÉTIEMBLE, *Le Mythe de Rimbaud*, p. 101 (□ 1952).

2° (1810) *Littér.* Attitude d'esprit qui consiste à vouer un culte à la nature.

« Le panthéisme [...] c'est-à-dire la nature divinisée, à force d'inspirer de la religion pour tout, la disperse sur l'univers, et ne la concentre point en nous-mêmes. »   Mᵐᵉ de STAËL, *De l'Allemagne*, 1810 [*in* Robert].

« des lacs, des paroles de Dieu, une espèce de panthéisme christianisé, enrichi de rimes rares [...]. »
BALZAC, *Illusions perdues*, p. 543 (□ 1837).

✻ Le substantif anglais *pantheism* n'a pas été créé en même temps que le terme *pantheist*, forgé par Toland en 1705. D'après Lalande, ce n'est qu'en 1709 que le mot se trouve chez Fay, l'adversaire du panthéiste anglais. Or, le mot *panthéisme* figure aussi en 1709 dans le *Journal des savants*, pp. 683-686 (d'après G.L.L.F.). Il est donc difficile de dire si le mot a été formé directement sur le grec en français ou s'il a été emprunté à l'anglais. En 1712, Élie Benoist l'emploie également dans sa critique de Toland, p. 257 (→ **Panthéiste**) alors que le texte anglais ne porte que l'adjectif *pantheist*. La doctrine elle-même a connu une diffusion et des développements beaucoup plus considérables en Angleterre et en Allemagne qu'en France. Mme de Staël reprend le mot en 1810 ; Boiste le signale en 1800.

PANTHÉISTE [pãteist] *n.* et *adj.*

N. (1712) Personne qui croit à l'identité de Dieu et du monde. — (1829) Partisan du panthéisme*. — (1829) *Adj.* Relatif au panthéisme. *Système panthéiste.* — REM. : Enregistré dans les dict. de Littré 1868, et de l'Académie 1878.

« Schelling s'approche beaucoup, on ne saurait le nier, des philosophes appelés panthéistes, c'est-à-dire, de ceux qui accordent à la nature les attributs de la Divinité. »
Mme de STAËL, *De l'Allemagne*, 1810 [*in* Robert].

« en science, on se traite poliment de panthéiste pour ne pas lâcher le mot athée. » BALZAC, *Guide-Âne*, p. 119 (□ 1842).

✻ Anglais *pantheist* n., du grec *pantheos*, de *pan* « tout » et *theos* « dieu », terme créé en 1705 par le philosophe irlandais John Toland (1670-1722), qui se désigne lui-même sous ce nom dans le titre d'un ouvrage consacré à une doctrine hérétique niant la personne divine du Christ, *Socinianism truly stated* (Le socinianisme exactement formulé), *Recommended by a Pantheist to an Orthodox Friend* (recommandé par un panthéiste à un ami orthodoxe). Le mot *panthéiste* a d'abord été employé par le théologien français Élie Benoist, dans *Mélange de remarques critiques... sur les deux dissertations de M. Toland*, Delft, 1712, p. 256 (d'après Mackenzie, p. 161), puis repris longtemps plus tard, en 1810, par Mme de Staël. Boiste enregistre le nom et l'adjectif en 1829.

PANTY [pãti] *n. m.*

(1961) Gaine-culotte à jambes. — REM. : S'emploie habituellement au pluriel : *des panties* (forme anglaise) ou *des pantys* (graphie rencontrée en français).

« De chez Valisère, dans la série des gainettes en Rilsan, qui remportent un si grand succès [sans virgule] nous présentons : "Gainette" et "Panty". Cette dernière gaine-culotte mi-jambe, a été tout spécialement étudiée pour être portée sous les pantalons et pour tous les sports. »
Mode et lingerie, juin-juil. 1961 (sorte de n. pr.) [*in* D. D. L., 2e série, 16].

« Panty à jambes en tulle Helanca extra souple, plastron double devant, système de jarretelles amovibles. »
Les Dessous élégants, oct.-nov.-déc. 1961 [*Ibid.*].

✻ Mot d'origine américaine *pantie* ou *panty* (pl. *panties*) n. (1845) « caleçon, pantalon court », « sous-vêtement à jambes très courtes couvrant le bas du tronc, pour femme ou pour enfant » au XXe siècle, diminutif de *pants*, n. pl., forme abrégée familière apparue à la même époque (surtout dans l'usage américain) de *pantaloons*, n. pl., « pantalon » dans l'usage américain du XIXe siècle ; l'angl. *pantaloon* a été lui-même emprunté au français *pantalon* vers 1590.

PAPERBACK [pɛpœʀbak] *n. m.*

(mil. XXe s.) *Édition.* Livre broché de grande diffusion. *L'édition en paperback.*
— *Spécialt.* Livre au format de poche. *Des paperbacks*
→ **Pocket-book, 2°.**

« À la cuisine, pour savoir comment fricoter un plat italien... Dans Central Park, à New York, où le cocher anachronique, en chapeau claque, attend flegmatiquement le client, le livre a partout sa place. On vend aux État-Unis plus d'un million de "paperbacks" par jour. Les "paperbacks" représentaient en 1964 un tiers des titres publiés. »
Le Courrier de l'Unesco, sept. 1965, p. 7.

« Au cours des dernières années, le *paper-back* a envahi les universités américaines avec des effets révolutionnaires sur les méthodes de recherche et d'enseignement. »

R. Escarpit, *La Révolution du livre*, in *Le Courrier de l'Unesco*, sept. 1965, p. 8.

✳ Mot anglais n. (1899) composé de *back* n. « dos, couverture », et *paper* « en papier » opposé à *hardback* « livre cartonné ou relié toile » (de *hard* « rigide »), à *hardcover* (de *cover* « couverture ») et à *hardbound* (de *bound* « relié »). L'édition en « paperback » a pris un prodigieux essor lors de la fondation de la collection Penguin en Angleterre, en 1935, par Allen Lane, et par la création aux États-Unis, en 1939, de *Pocket Book*. Le sens de « format de poche » a été répandu par l'édition américaine. En français, *paperback* est un terme technique. Enregistré dans le *Dict. de l'édition*, de Philippe Schuwer, Cercle de la librairie, 1977 ; absent des dict. généraux de français. L'équivalent consacré par l'usage est *livre de poche* (nom déposé, milieu xxe s.), et sa forme abrégée, *poche* n. m. (1965), surtout au sens de « livre au format de poche ». Pour le sens plus général, *livre broché* convient.

« Dans les pays anglophones, on lui [le livre de diffusion de masse] donne souvent le nom impropre de *paper-back*, bien que certains livres brochés soient d'un prix élevé et d'un tirage très limité. Dans la plupart des pays européens, on l'appelle, plus improprement encore, *livre de poche*, ou, ce qui est purement et simplement absurde, *livre de format de poche*. Il ne serait pas plus exact de parler de livre bon marché ou de livre à grand tirage. »   R. Escarpit, *op. cit.,* p. 4.

PAPIER-MONNAIE [papjemɔnɛ] *n. m.*

(1720) *Hist.* ou *didact.* Monnaie de papier non convertible en métal précieux. *Des papiers-monnaies.* — REM. : Enregistré dans les dict. de l'Académie 1798 et de Littré 1868.

« Si V. M. adoptait jamais un système aussi dangereux [...] que celui d'une création de "Papier monnaie" ».

Necker, *Compte Rendu* 1781 [*in* Brunot, t. VI, 1-a, p. 156].

« Le *papier-monnaie* [...] c'est la peste circulante. »

Mirabeau, *Discours*, 1er oct. 1789 [*in* Brunot, *ibid.*].

« L'opération s'acheva sans grande souffrance, et Achmet remit à l'artiste un papier-monnaie de dix piastres, provenant de la bourse d'Aziyadé. »   P. Loti, *Aziyadé*, p. 164 (□ 1879).

« Il [le Régent] fut conquis par le Système de Law, très séduisant en apparence, et qui consistait à créer une richesse artificielle et des ressources fictives, sans avoir l'air de rien demander à personne, en imprimant du papier-monnaie. »

J. Bainville, *Histoire de France*, p. 263 (□ 1924).

✳ Calque de l'anglais *paper money* n. (1691) composé de *money* n. (xiiie s.) « argent, monnaie » emprunté à l'ancien français *moneie* (mod. *monnaie*), et de *paper* emprunté au français *papier* par l'anglo-normand *papir*. L'expression *papier-monnaie* est introduite en français par les *Mémoires sur les banques*, de J. Law, en 1720 ; elle a été précédée par une forme abrégée, *papier* (Arrêt du Conseil du 22 avril 1719, *in* Brunot, t. VI, 1, p. 155), et par une traduction, *argent en papier* (1701-1702, d'après Mackenzie, p. 163).

« Supposons que, du temps du Système [de Law], dans le rapport du titre et du poids de la monnaie d'argent, le taux du change fût de quarante gros par écu ; lorsqu'un papier innombrable fut devenu monnoie, on n'aura plus voulu donner que trente-neuf gros par écu, ensuite que trente-huit, trente-sept, etc. Cela alla si loin que l'on ne donna plus que huit gros, et qu'enfin il n'y eut plus de change. C'étoit le change qui devoit, en ce cas, régler en France la proportion de l'argent avec le papier. Je suppose que, par le poids et le titre de l'argent, l'écu de trois livres d'argent valût quarante gros, et que le change, se faisant en papier, l'écu de trois livres en papier ne valût que huit gros, la différence étoit de quatre cinquièmes. L'écu de trois livres en papier valoit donc quatre cinquièmes de moins que l'écu de trois livres en argent. »

Montesquieu, *De l'esprit des lois*, pp. 58-59 (□ 1748).

PAPISME [papism] *n. m.*

(1651) *Péj.* et *vx.* Doctrine des papistes*, catholicisme romain. — REM. : Enregistré dans les dict. de l'Académie 1762 et de Littré 1868.

« Le zèle contre le papisme fut porté si loin, que la chambre des communes vota presque unanimement l'exclusion du duc d'York, et le déclara incapable d'être jamais roi d'Angleterre. [...]

Le parlement d'Angleterre ajouta à l'ancien serment du test l'obligation d'abhorrer le papisme comme une idolâtrie. »

> VOLTAIRE, *Essai sur les mœurs*, De l'Angleterre sous Charles II,
> p. 278 (□ 1756).

« PAPISME, PAPISTE, s. m. *(Gram. et Hist. mod.)* nom injurieux que les Protestants d'Allemagne et d'Angleterre donnent au Catholicisme et aux Catholiques romains, parce qu'ils reconnoissent le pape comme chef de l'Église. »

> *Encycl. Diderot*, 1765.

✳ Emprunt sémantique à l'anglais *papism* n. (1550) ; *papisme* existait en français (1553) avec le sens de « soumission à l'autorité du pape ».

PAPISTE [papist] *n.* et *adj.*

N. (1605) *Péj.* En Angleterre surtout, Catholique romain. — REM. : Enregistré dans les dict. de l'Académie 1762 et de Littré 1868.

« Le Parlement qui est ce que nous appelons Estats en France [...]. Il [le Roy] dit beaucoup de choses des catholiques qu'il appelle *Papistes.* »

> Anonyme, *Chronologie septenaire de l'Histoire de la paix entre les roys*
> *de France et d'Espagne*, 1605 [*in* Mackenzie, p. 68].

« Le chrétien est impie en Asie, le musulman en Europe, le papiste à Londres. »

> DIDEROT, *Pensées philosophiques*, 1746 [*in* Littré].

« Pourquoi traiterons-nous plus durement les déistes, qui ne sont point idolâtres, que les papistes, à qui nous avons tant reproché l'idolâtrie ? On sifflerait un jésuite qui dirait aujourd'hui que c'est le libertinage qui fait des protestants. On rirait d'un protestant qui dirait que c'est la dépravation des mœurs qui fait aller à la messe. »

> VOLTAIRE, *Défense de milord Bolingbroke*, p. 131 (□ 1752).

— *Adj.* (1690).

« Il [Charles II] n'avait point d'enfant, et son frère, héritier présomptif de la couronne, avait embrassé ce qu'on appelle en Angleterre la *secte papiste*, objet de l'exécration de presque tout le parlement et de la nation. Dès qu'on sut cette défection, la crainte d'avoir un jour un papiste pour roi aliéna presque tous les esprits. »

> VOLTAIRE, *Essai sur les mœurs*, De l'Angleterre sous Charles II,
> pp. 275-276 (□ 1756).

✳ Emprunt sémantique à l'anglais *papist* (1534), lui-même pris au français *papiste* (1525) qui signifiait « personne soumise à l'autorité du pape ».

PAQUEBOT [pakbo] *n. m.*

1° (1665 ; *paquebouc*, p.-ê. 1634) *Vx.* Petit navire rapide pour le transport des paquets de dépêches des amiraux, des commandants des ports, etc. — REM. : Enregistré dans le dict. de l'Académie 1798 (1718, sous la forme *paquet-bot*) et dans le dict. de Littré 1868.

« *Paquebouc*, sont vaisseaux de passage qui trajectent ordinairement de Calais à Douures en Angleterre pour les passans et messagers. »

> E. CLEIRAC, *Explication des termes de marine...*, 1647
> [*in* Arveiller, p. 391] (1634, d'après Wartburg et Dauzat).

« Le 11. nous sejournasmes attendant le Paquebot, qui est une petite barque pontée, qui passe et repasse de Calais a Douure deux fois la semaine, pour porter les lettres des Marchans, et qui prend cinq chelins pour le passage de chaque personne. »

> B. de MONCONYS, *Journal des voyages de Monsieur de Monconys*, 1665
> [*in* Arveiller, p. 391].

— PAR EXT. (1687. 1698 ; *paquet-bot*) *Vx.* Bâtiment de mer, de dimension moyenne, aménagé pour le transport du courrier et des passagers.

« PAQUET-BOT. Est le nom d'un Vaisseau, qui sert au passage de Calais à Douvres, et ailleurs. »
DESROCHES, *Dictionnaire des termes propres de marine*, 1687
[*in* Arveiller, p. 391].

« Les Anglois [de la Barbade] ne manquerent pas d'envoyer un Paquebot [à la Martinique] chercher leurs prisonniers. »
F. FROGER, *Relation d'un voyage fait en 1695, 1696, et 1697, aux Côtes d'Afrique* [...], 1698 [*in* Arveiller, p. 391].

« Le paquebot sur lequel je m'embarquais était encombré de familles émigrées. »
CHATEAUBRIAND, *Mémoires d'outre-tombe* [1822], t. I, p. 433 (□ 1848).

« Mme Bridau courut au-devant de son bien-aimé fils le colonel Philippe. Une fois au Havre, elle alla tous les jours au-delà de la tour ronde bâtie par François 1er, attendant le paquebot américain, et concevant de jour en jour de plus cruelles inquiétudes. »
BALZAC, *La Rabouilleuse*, p. 879 (□ 1842).

— (1839) Vx. *Paquebot-poste*, paquebot affecté au transport du courrier. *Des paquebots-poste.*

« Je reçois la lettre de Votre Excellence en date du 2 octobre, relativement aux transports gratuits des colis sur nos paquebots-poste. »
STENDHAL, Lettre au maréchal Soult, 16 oct. 1839, in *Corresp.*, t. III, p. 299.

« Là, il aurait vu le paquebot-poste français des Messageries allant au Sénégal et au Brésil, mais vu seulement [...]. »
P. d'IVOI, *Les Cinq Sous de Lavarède*, p. 40 (□ 1894).

✱ Ce mot vient de l'anglais *packet-boat* n. (1641) « malle-poste maritime » composé de *boat* « bateau » et de *packet* « paquet », du néerlandais *pak* « ballot » (d'où est également issu le français *paquet* n. m. 1538, *pacquet* 1368, de l'anc. fr. *pacque*) peut-être par l'intermédiaire d'une forme anglo-normande. À l'origine, le packet-boat était destiné au transport du courrier de l'État, appelé *packet*. Son usage s'est ensuite généralisé à tout courrier maritime. Il a d'abord porté plusieurs autres noms, tous sortis de l'usage au profit de *packet-boat* (répandu très tôt dans l'usage familier) qui a triomphé des autres formes dès le XVIIe siècle et qui se trouve plus tard sous la forme abrégée de *packet* n. (1709). Les formes du XVIe siècle sont *post-bark* (barque postale), *post-boat* (bateau postal) ; au début du XVIIe siècle, on rencontre *pacquets postmaster* (1628) et *postmasters frigate* (1637).

La francisation de *packet-boat* s'est effectuée en plusieurs temps. D'après Wartburg et d'après Dauzat, on trouve la forme *paquebouc* dès 1634 ; on rencontre également *baquebouc* (Furetière 1690) et *baquebout* (Furetière 1701 — Trévoux 1752). En 1718, le dict. de l'Académie enregistre *paquet-bot*, attesté dès 1687 (→ cit. ci-dessus). On trouve également au XVIIIe siècle les formes *paquebout* et *paquebot*. La forme *paquebot* est attestée dès 1665 chez Monconys (→ cit. ci-dessus), mais elle ne fait son entrée au dict. de l'Académie qu'en 1798. Au cours du XIXe siècle, on rencontre aussi l'emprunt direct *packet-boat* ainsi que la forme abrégée *packet* n. m. (1860).

« Au milieu de toutes ces excursions, la fin de juin était venue. Je voulais aller voir Maurice avant de retourner en Europe par le *packet* de juillet. »
L. SIMONIN, *Voyage à l'île de la Réunion* [1860], p. 176 (□ 1862).

« la baie d'Espiritu-Santo incessamment sillonnée par les steamers, les packets-boats, les yachts de plaisance, les fly-boats de toutes dimensions [...]. »
Jules VERNE, *De la terre à la lune*, p. 220 (□ 1865).

« — Mon père, à Paris, dans le mouvement de la gare, tu cours le risque de le perdre de vue. Mais en allant l'attendre à Bordeaux, là, tu es sûr de ne pas le manquer. Pour embarquer dans le packet-boat, il n'y a qu'un seul chemin, la planche. »
P. d'IVOI, *Les Cinq Sous de Lavarède*, pp. 14-15 (□ 1894).

✱ De 1903 à 1923, Larousse enregistre la forme abrégée, francisée en *paquet*, n. m. Dans l'usage actuel, seule la forme *paquebot* a subsisté, et elle désigne maintenant un autre type de bâtiment que l'anglais appelle *steamer* ou *liner*.

2° (1845) *Mod.* Grand navire de la marine marchande destiné au transport des passagers (opposé à *cargo*) et assurant généralement un service régulier. — REM. : Signalé dans les dict. de Bescherelle 1845, de Littré 1868, et de l'Académie 1878.

« L'Istrie, les îles du Quarnero et la Dalmatie restent jusqu'aujourd'hui un pays mystérieux pour nous ; la côte, de Trieste à Raguse, est mieux connue, reliée qu'elle est par un service de paquebots du *Lloyd*, très-fréquenté, très-confortable et bien organisé [...]. »
Ch. YRIATE, *L'Istrie et la Dalmatie* [1874], p. 193 (□ 1875).

« Mars, avril, au contraire, ménagent les surprises des grands spectacles changeants, dignes d'être contemplés sur la dunette d'un de ces paquebots agréables, *Lorraine*, *Savoie*, *Touraine*, *Provence*, qu'affrète notre Compagnie Transatlantique et où vous accueillent des marins diserts [...]. »
P. ADAM, *Vues d'Amérique*, pp. 27-28 (□ 1906).

PAQUET → PAQUEBOT.

PAR [paʀ] *n. m.*

(1930) *Golf.* Score sur un trou ou sur tout le parcours, qui égale le score que doit, en principe, réussir un joueur dont le handicap est zéro. — REM. : Absent du dict. de l'Académie 1935.

« Un concours contre le Par ou le Bogey est une forme de concours par coupe qui se joue contre un nombre de points déterminés pour chaque trou du parcours stipulé. »
Aviron - Cyclisme - Course à pied - Golf - Hockey - Natation - Tennis - Sports d'hiver, 1930 [*in* G. Petiot].

✱ Mot anglais n. (1898, comme terme de golf), signifiant proprement « égalité » (latin *par* « égal »).

PARAPSYCHOLOGIE [paʀapsikɔlɔʒi] *n. f.*

(1956) *Didact.* Étude des phénomènes parapsychiques, métapsychiques.

« Art antique ou science neuve, la parapsychologie apparaît comme l'appellation récente de ce que des générations de chercheurs désignaient, depuis bien des lustres, sous le nom de métapsychique. La nouvelle désignation, dérivée de l'anglaise et de l'allemande, aussi discutable que l'ancienne, et s'appliquant comme celle-ci à l'étude des phénomènes .réputés "paranormaux", a surgi depuis peu d'années en France. Introduite par l'initiateur en matière psychologique qu'est Michel Pobers, elle semble en passe de s'installer [...]. »
Larousse mensuel, déc. 1956, p. 190.

✱ De l'anglais *parapsychology* n. (1924), composé de *para-* « à côté » et *psychology*, qui a remplacé dans l'usage *metapsychics* n. (1905), emprunté au français. *Métapsychique* adj. et n. (de *méta-* « au-delà » et de *psychique*), a été créé sur le modèle de *métaphysique*, par Charles Richet au début du xxᵉ siècle pour désigner des phénomènes de spiritisme qu'il se proposait de soumettre à l'observation et à l'expérimentation scientifiques et dont la tentative aboutit à la fondation d'un Institut métapsychique à Paris (1920). Le mot *parapsychologie* n'est attesté en français qu'en 1956, mais il semble avoir totalement remplacé *métapsychique*, du moins comme dénomination d'un type d'étude. Il a donné le dérivé *parapsychologique* adj. (angl. *parapsychological* adj.).

PARCMÈTRE [paʀkmɛtʀ]
ou **PARCOMÈTRE** [paʀkɔmɛtʀ] *n. m.*

(1967) Compteur de stationnement payant pour les véhicules automobiles.

« Le stationnement payant est la solution de l'avenir : le principe du *parcomètre* [...]. »
L'Express, 12 juin 1967 [*in* Gilbert].

« Les services de police ont été saisis d'une plainte à la suite d'une série de vols commis sur des parcs de stationnement. Des malfaiteurs ont fracturé les caisses des trente-trois *parc-mètres*. »
Le Monde, 20 déc. 1967 [*in* Gilbert].

« Quatre-vingts *parcmètres* pourraient être installés et permettraient d'éviter que des "voitures ventouses" ne stationnent trop longtemps aux abords de la gare. » *Le Monde*, 23 juil. 1969 [*in* Gilbert].

« Avec le progrès, nos contemporains n'ont plus le temps de s'approvisionner pendant la journée. C'est à peine s'ils ont le loisir, entre deux pointages et deux parcmètres, d'aller chercher un paquet de cigarettes, en coup de vent, au bureau de tabac. »
Le Dauphiné libéré, 28 déc. 1971, p. 3.

✱ Francisation de l'américain *parking meter* n. (1936) composé de l'angl. *meter* « compteur » (du verbe *to mete* « mesurer »), moyen-anglais *meten*, vieil anglais *metan* (apparenté au vieux haut-allemand *mazzan*) et *parking* « action de parquer, de garer (une voiture) » en fonction d'épithète (→ **Parking,** n. m.). *Parcomètre* a été formé sur le modèle de mots comme *gazomètre* à partir de *parc* [à voitures, d'autos, de stationnement] et du suffixe *-mètre* « mesure ». *Parcmètre,* plus souvent attesté, a la même étymologie, sans le *-o-* de liaison. Le parcmètre, comme solution au problème du stationnement payant autorisé, est d'origine américaine ; sa désignation en France connaît encore une certaine hésitation entre deux formes acceptables.

PARC NATIONAL, AUX [paʀknasjɔnal,o] ou PARC [paʀk] n. m.

1° (1874, d'abord comme n. pr.) En Amérique du Nord, Site naturel ou historique appartenant à l'État et auquel l'accès du public est réglementé, *spécialt* immense territoire sauvage ou partiellement aménagé où l'on protège la faune, la flore et les beautés naturelles. — *Par ext.* Vaste étendue de pays constituée en réserve naturelle pour la sauvegarde de ses richesses. — REM. : Absent du dict. de Littré ; signalé en ce dernier sens dans le dict. de l'Académie 1935.

« nous n'avions évidemment vu que la moitié des étranges fantaisies auxquelles la nature s'est livrée dans ces retraites solitaires. [...] j'espérais, à mon tour, découvrir d'autres prodiges : aussi c'est avec plaisir que j'acceptai l'invitation que me fit le docteur Hayden de me joindre à la Mission qui devait faire, en 1872, au nom du gouvernement, une nouvelle étude du Parc National et des régions environnantes. »
LANGFORD, in *Le Parc national des États-Unis* [1870-1872],
trad. de l'angl. par E. DELEROT, in *Le Tour du monde*, t. XXVIII,
p. 326, Hachette (□ 2ᵉ sem. 1874).

— *Parc* (forme abrégée), parc national américain.

« nous traversons le parc : ce mot n'a pas le même sens en Amérique qu'en Europe ; il désigne un site que le gouvernement a pris sous sa protection ; il faut payer pour y entrer, mais c'est un morceau de nature brute ; ici, le parc n'est rien d'autre qu'un coin de la côte ; moyennant un dollar, nous pouvons continuer, au lieu de prendre la grande route, à suivre le bord de la mer. »
S. de BEAUVOIR, *L'Amérique au jour le jour*, 2 mars 1947, p. 131 (□ 1954).

2° (1960) Vaste territoire où la nature est protégée et, éventuellement, aménagée pour l'agrément et l'éducation du public (opposé à *réserve naturelle*). *Parc national. Parc régional.*

« *Parc national* : en 1960 la loi instituant les *parcs nationaux* avait prévu de transformer certaines étendues en véritables sanctuaires de la nature où la flore et la faune seraient gardées, contre toute activité humaine, dans leur intégrité. » *Le Monde*, oct. 1966 [*in* Gilbert].

« En France, ce sont des décrets pris en Conseil d'État qui créent les parcs nationaux : le premier parc national désigné a été celui de la Vanoise en 1963 (57 000 ha), suivi de celui de l'île de Port-Cros et de celui des Pyrénées occidentales en 1967 (45 000 ha). »
P. GEORGE, *Dict. de la Géographie*, art. *Parc national* (□ 1970).

＊ De l'américain [*Yellowstone*] *National Park,* nom donné à l'immense territoire constitué en réserve par le Congrès américain le 1ᵉʳ mars 1872. En Amérique, l'expression *national (public) park* « parc (public) national » est née en 1868 à propos du *Yosemite National Park* comprenant la vallée du Yosemite cédée en juin 1864 par le Congrès à l'État de la Californie, à la condition expresse que le territoire soit réservé à l'usage et à l'agrément du public. Un nouveau sens du mot anglais *park,* lui-même emprunté du français au XIIIᵉ s. (→ **Park**) était ainsi consacré. Il apparaissait déjà en 1841 chez Catlin (in *A Dict. of Americanisms*) : *A nation's Park containing man and beast, in all the wild and freshness of their nature's beauty !* « Le "parc" d'une nation, réunissant les hommes et les bêtes dans toute la beauté de leur nature à l'état sauvage et dans sa prime fraîcheur ! » Le *national park* américain du XIXᵉ s. se rattache à un sens régional ancien du mot *park* « espace naturel dans une forêt ou dans une région vierge, ayant l'aspect d'un terrain aménagé pour l'agrément du public » (1643), que l'Amérique a inscrit dans plusieurs noms de lieux (*Dunn Park,* 1643 ; *Beverley Parke,* 1686 ; etc.). Dans l'usage nord-américain (1905, en anglais canadien), la forme abrégée de *park* remplace souvent l'expression *national park.*

Pendant longtemps le parc national a été senti en France comme une institution étrangère. On rencontre même l'emprunt direct de l'américain dans la littérature française du XXᵉ s. :

« Des millions de pèlerins inconscients aux vacances chaque année vont prier Dieu dans le désert et entonnent au fond de leur âme devant le soleil qui se couche une espèce de psaume inchoatif. Et vous savez ce qu'on appelle en Amérique les "National Parks". C'est un peu déjà la réalisation du rêve de Civilis. »
CLAUDEL, *Conversations dans le Loir-et-Cher,* 16 mars 1928, p. 801 (□ 1935).

＊ L'emprunt sémantique de *parc* en ce sens d'origine américaine est toutefois passé dans l'usage français : l'expression *parc national,* comme terme de géographie, s'applique aujourd'hui à une réalité française et fait aussi partie du vocabulaire commun aux écologistes et à tous ceux qui s'intéressent à la qualité de la vie. Le dict. de Gilbert enregistre, en seconde entrée, l'expression *parc naturel,* moins usitée que *parc national* :

« L'ambiguïté du *parc naturel* régional s'est manifestée quand on a parlé de sa rentabilité. Personne ne nie qu'intégré dans le capital de santé d'un pays, un *parc naturel* soit "rentable". »   *Le Monde,* 5 oct. 1966 [*in* Gilbert].

PARIAN [paʀjã] *n. m.*

(1869) Porcelaine à grain fin contenant du feldspath et présentant l'aspect du marbre (de Paros). — REM. : Absent du dict. de l'Académie ; enregistré dans le dict. de Littré, Suppl. 1877.

« Le parian est un produit analogue à la porcelaine, ayant l'apparence du marbre de Paros (de là son nom). »
Tarif des douanes, 1869 [*in* Littré, Suppl. 1877].

＊ Mot anglais n. (1850, en ce sens) et adj. (1638) « appartenant à l'une des îles des Cyclades, Paros, célèbre pour son marbre blanc utilisé dans la statuaire ancienne », du latin *parius* « de Paros ».

PARK ou **PARC** [paʀk] *n. m.*

(1881) *Géogr.* Dans les montagnes Rocheuses, en particulier dans le Colorado et le Wyoming, Vallée située à une haute altitude et entièrement ceinturée par les montagnes ou les rochers très élevés qui l'entourent — REM. : Absent des dict. de Littré et de l'Académie.

« Les "parks" ou parcs forment l'un des aspects caractéristiques de cette partie des Montagnes-Rocheuses. Ce sont de grandes plaines situées au cœur des montagnes, à une altitude très élevée, et encadrées de toutes parts par les rochers. Le South Park n'a pas moins de cinq mille kilomètres carrés, cent kilomètres de long sur cinquante de large. Leur surface, à peu près plane, semble indiquer l'emplacement d'anciens lacs comblés ou vidés. Il y a dans les environs trois parks importants : le *South Park,* le *Middle Park* et le *North Park.*

Le Middle Park, qui occupe le milieu de la chaîne, est rempli de forêts. Le gros gibier y est très abondant, et un lord anglais y a construit une maison de chasse pour tirer l'élan, l'ours gris et le puma, le petit lion des Montagnes-Rocheuses. Le South Park est couvert d'une herbe épaisse, et les Indiens, qui y passent tout l'été, y ont détruit presque tous les animaux sauvages. »

E. de LAVELEYE, *Excursion aux nouvelles découvertes minières du Colorado* [1878], p. 421 (□ 1881).

✳ Ce sens particulier, attesté en 1839 en américain, de l'anglais *park* n., lui-même emprunté au français *parc* au sens de « enclos où sont enfermés des animaux pour la chasse » et apparu en moyen-anglais, est issu des rapports entre les anciens coureurs des bois canadiens-français avec les Indiens et avec les premiers colons britanniques en Amérique du Nord. Les anciens trappeurs canadiens-français avaient donné le nom de *parc* à des lieux entièrement fermés dans lesquels on conduisait les buffalos, les orignaux, etc. pour les abattre. L'américain *park* apparaît avec la même signification vers 1797 [in *Dict. of Canadianisms* et in *Dict. of Americanisms*]. Comme les Indiens avaient donné aux vallées alpestres des montagnes Rocheuses, en raison des immenses troupeaux de buffalos qui y vivaient, des noms signifiant « enclos à vaches, à buffalos », les coureurs des bois et les voyageurs canadiens-français ont aussi donné, par analogie, le nom de *parc* à la réalité géographique qu'ils venaient de découvrir. C'est ce *parc* qui a été repris en américain en 1839 sous la forme *park* et que l'on retrouve chez un voyageur français sous les deux formes en 1881 puis sous la forme anglaise, chez Larousse en 1888. Ne pas confondre ce *parc* ou *park* avec la forme abrégée de *parc national* (→ ce terme), terme également d'origine américaine.

PARKA [paʀka] *n. f.*

(v. 1960) Court vêtement de dessus, militaire ou de sport, en tissu imperméable, fourré ou molletonné, et muni d'un capuchon. — REM. : Mot depuis longtemps en usage en français du Canada, où il est masculin.

« Fringues : grande uniformité chez les garçons. D'abord, le jean, en toile délavée ou en velours côtelé pour l'hiver, des tee-shirts, des pulls, un blouson (parfois en cuir), une parka pour le vélomoteur — et le casque, orange ou blanc, bien sûr. »

Le Nouvel Observateur, 16 oct. 1978, p. 83.

✳ Américain *n.* (1890) d'abord attesté en anglais du Canada (1852, in *A Dictionary of Canadianisms*) au sens de « chemise ou veste d'intérieur des Esquimaux, descendant à mi-cuisse et surmontée d'un capuchon, en castor porté côté côté peau à l'extérieur et côté fourrure à l'intérieur », emprunt de l'esquimau des îles Aléoutiennes *purka* « peau », « manteau », lui-même venu du russe « peau ou fourrure non tannée » comme emprunt au samoyède.

PARKING [paʀkiŋ] *n. m.*

1° (1925) Emplacement (terrain ou bâtiment) affecté au stationnement temporaire des véhicules automobiles. — REM. : Absent du dict. de l'Académie 1935.

« Finalement, le 17 octobre dernier [1925], M. Morain, notre vigilant préfet de police, a présidé la première réunion d'une commission spéciale chargée d'étudier les questions relatives aux garages et passages souterrains. Il s'agit, bien entendu, de garages publics, aussitôt dénommés *parkings*. » *La Nature*, 20 fév. 1926 [in Wartburg].

« Tout d'un coup, il semble qu'une bombe soit tombée sur trois ou quatre maisons, les réduisant en poudre, et qu'on vienne tout juste de déblayer ; c'est un "parking" : deux cents mètres carrés de terre nue avec, peut-être, pour seul ornement, une affiche de publicité sur un grand panneau à claire-voie. »

SARTRE, *Situations, III*, Villes d'Amérique, pp. 105-106 (□ 1949).

« Ce qui est important, ici, c'est la blanche Hyperpolis qui brille au soleil, avec ses quatre parkings de goudron autour d'elle. Le vent souffle sur les parkings entre les roues des voitures [...]. »

LE CLÉZIO, *Les Géants*, p. 35 (□ 1973).

2° (1962) *Rare*. Action de parquer* une voiture.

« Des butoirs de caoutchouc ont été placés sur les pare-chocs en prévision de parkings difficiles. »
Paris-Match, in J. DARBELNET, *Regards sur le français actuel*, p. 24 (□ 1963).

✱ Le verbe anglais *to park* (1526), de *park* n., lui-même emprunté au français *parc* au XIIIᵉ siècle, a donné le gérondif substantivé *parking* (1526) désignant l'action exprimée par le verbe dans ses divers sens. L'anglais *parking* n., n'est attesté au sens de « action de parquer une voiture » qu'au moment où le substantif *park* a lui-même acquis le sens de « emplacement affecté au stationnement des véhicules automobiles », c'est-à-dire en 1925 (d'après l'Oxford dict., Suppl. 1933). Ce *park* a été concurrencé comme dénomination de parc de stationnement par des composés formés avec le substantif *parking* en fonction d'épithète. Ainsi l'Oxford dict., Suppl. 1933, enregistre *parking place* n. (1925) ; le *Dict. of Americanisms*, *parking ground* n. (1944), *parking lot* n. (1924), *parking space* n. (1924). Si le *parking* français, au second sens, correspond parfaitement au substantif anglais, il n'en va pas de même pour le premier sens. Comment le mot est-il entré dans la langue ? Par contraction des composés anglais et américains ? Ou par formation à l'aide du suffixe *-ing*⁎ à l'imitation de l'anglais ?

« [*ing*] a été élevé en français au rang de suffixe vivant puisqu'il sert à former des mots qui n'ont pas en anglais leur équivalent morphologique ou sémantique. Il sert à désigner l'endroit où s'accomplit l'action, valeur inconnue de l'anglais : *parking*, endroit où l'on parque les voitures ; *pressing*, endroit où on repasse les vêtements [...]. » L. GUILBERT, *Anglomanie et Vocabulaire technique*, oct. 1959, p. 281.

✱ Malgré la consonance anglaise du suffixe *-ing*, on pourrait parler, dans le cas de *parking*, de pseudo-anglicisme ; la graphie, par contre, rend indiscutable l'emprunt à la forme anglaise. *Parking* est l'un des mots qui ont été le plus souvent condamnés et qui en sont venus à symboliser l'investissement de la langue française par l'anglais. Ainsi :

« En titre : "Une nouvelle réglementation visant les piétons et les *parkings*." Disons mieux : les parcs à voitures ... Nous sommes en France ! »
Le Français à la dérive, in *Défense de la langue française*, juil. 1959, p. 13.

« Le monde politique est également en grande partie responsable de la fortune de certains mots anglais comme [...] *parking* dont on devrait interdire l'emploi en lui substituant obligatoirement sur les panneaux *parcs*, *parc d'autos*, ou *parcage*. »
R. GEORGIN, *Comment on parle au Parlement*, in *Défense de la langue française*, juil. 1959, p. 16.

✱ Ces vœux rencontrent les recommandations du Comité d'étude des termes techniques français, qui, dès 1959 (in *Sciences*, nov.-déc.), a proposé l'adoption de *parc* avec ses dérivés *parquer*⁎ et *parcage*. En réalité *parc* est attesté dès 1931 au sens de « lieu de stationnement » ; d'abord employé en alternance avec *parking*, il est en voie de triompher de celui-ci dans les expressions *parc à autos*, *parc(-)autos*, *parc de stationnement*.

« Allez-vous à Londres ? Voici une liste des parcs — gratuits, ô monsieur Chiappe ! »
H. LAUWICK, in *L'Illustration*, La circulation routière à l'étranger, La route anglaise, 3 oct. 1931.

« Nulle part je n'ai vu tant de terrains vagues ; il est vrai qu'ils ont une fonction précise : ils servent de parcs à autos. »
SARTRE, *Situations, III*, Villes d'Amérique, p. 105 (□ 1949).

✱ *Parcage* a quelquefois été utilisé au sens de *parc* (de stationnement) :

« Allons-y pour *parcage*. (Vu deux ou trois fois, dans certaines villes. Spontané dans certaines bouches. À appuyer officiellement, au lieu de mettre de grands P, aux abords desdits parcages.) »
H. BAZIN, *Chronique de l'Office du vocabulaire français*, in *Vie et Langage*, déc. 1957, p. 484.

« Pour *parking*, qui a la vie dure, on a suggéré *parc de stationnement* qui a été jugé trop long. *Parcage*, déjà employé par différentes administrations et par quelques hôteliers estimables, a été admis à l'unanimité. »
R. GEORGIN, in *Défense de la langue française*, juil. 1963.

PARKINSONISME [paʀkinsɔnism] *n. m.*

(1933) Maladie dégénérative de certains noyaux gris centraux du cerveau, caractérisée par des tremblements lents (surtout des mains et aussi de la tête) et une raideur musculaire, maladie aussi appelée *paralysie agitante* (vx.), *maladie de Parkinson*, et par abréviation *parkinson* (n. m.). — REM. : Absent du dict. de l'Académie 1935.

« souvent c'est seulement en présence d'un *syndrome bradykinétique* constitué, d'un *parkinsonisme* complet que l'on peut être appelé à songer à une atteinte encéphalomyélitique épidémique intérieure. »
J. CARLES, *Précis de thérapeutique appliquée*, 1933
[*in* D. D. L., 2e série, 8].

« En dehors des tableaux névropathiques ou psychopathiques variés [...] que peut réaliser l'encéphalite épidémique en les associant à des troubles neurologiques tels que le parkinsonisme [...]. »
H. BARUK, *Psychoses et névroses*, pp. 97-98 (□ 1946).

✳ De *maladie de Parkinson* (anglais *Parkinson's disease*) du nom du médecin anglais, James Parkinson (1755-1824) qui décrivit en 1817 cette maladie, d'après l'anglais *Parkinsonism* n. (1924). Cette maladie a d'abord été connue sous les noms de *shaking palsy (paralysie tremblante)* puis de *paralysis agitans (paralysie agitante)*. On peut noter que l'adj. et n. *parkinsonien, ienne* (1896 : P. Blocq, *in* G.-M. Debove et Ch. Achard, *Manuel de médecine*, t. IV, p. 415, d'après D. D. L., 2e série, 8) est apparu beaucoup plus tôt que l'angl. *Parkinsonian* adj. et n. (1924).

PARLEMENT [paʀləmɑ̃] *n. m.*

1° (1275) En Grande-Bretagne, Grand conseil de la nation exerçant avec le souverain le pouvoir législatif. — REM. : Dans cet emploi, le mot se rencontre avec l'article indéfini et souvent au pluriel. — Enregistré dans les dict. de l'Académie 1694 et de Littré 1868.

« Preamble, Ces sunt les Establisemenz le Rey Edward, le fiz le Rey Henry, fez a Weymoster a son primer parlement general apres son corounement... par son Conseil e par le assentement des Erceveskes, Eveskes, Abbes, Priurs, Contes, Barons et la Comunaute de la tere ileokes somons. »
Statut de Westminster, 1275 [*in* Oxford dict].

« Le Parlement qui est ce que nous appelons Estats en France [...]. »
Anonyme, *Chronologie septenaire de l'histoire de la paix entre les roys de France et d'Espagne*, 1605 [*in* Mackenzie, p. 68].

« Il est vrai qu'avant et après Guillaume-le-Conquérant les Anglais ont eu des parlements ; ils s'en vantent comme si ces assemblées, appelées alors parlements, composées de tyrans ecclésiastiques, et de pillards nommés barons, avaient été les gardiens de la liberté et de la félicité publique. »
VOLTAIRE, *Lettres philosophiques*, IX, Sur le gouvernement, pp. 40-41 (□ 1734).

— SPÉCIALT. Institution britannique de l'Assemblée législative composée de la Chambre des lords et de la Chambre des communes. — REM. : Dans cet emploi, le mot prend la majuscule lorsqu'il désigne concrètement l'organe législatif en exercice.

« Les membres du parlement d'Angleterre aiment à se comparer aux anciens Romains autant qu'ils le peuvent. »
VOLTAIRE, *Lettres philosophiques*, VIII, Sur le parlement, p. 35 (□ av. 1731).

« Il faut voir le Parlement en novembre, lorsque le Roi l'ouvre solennellement. »
P. MORAND, *Londres*, pp. 222-223 (□ 1933).

2° (1825) *Par anal.* Dans les pays à régime représentatif, Nom donné collectivement aux assemblées qui exercent le pouvoir législatif, ou parfois à la seule assemblée des députés. — REM. : En ce sens, le mot prend la majuscule.

« Nos chambres offrent deux sections d'un seul et même corps qu'on pourrait aussi appeler parlement, et qui reçoit effectivement ce nom dans le langage des Chambres. »

LAMENNAIS, *De la religion considérée dans ses rapports avec l'ordre politique et social*, 1825 [*in* Mackenzie, p. 123].

— *Dans les constitutions françaises* : Le Sénat et la Chambre des députés sous la IIIe République ; l'Assemblée nationale et le Conseil de la République sous la IVe République ; l'Assemblée nationale et le Sénat sous la Ve République.

« Le Parlement se compose de deux Chambres, la création d'un Sénat étant [...] la principale initiative prise par l'Assemblée nationale. »

M. PRÉLOT, *Précis de droit constitutionnel*, Le Parlement, p. 222 (□ 1951).

« L'étude de la procédure électorale et du mandat parlementaire a déjà fait apparaître la dualité des Chambres établie par la constitution du 27 octobre 1946. Le "Parlement — dit l'article 5 — se compose de l'Assemblée nationale et du Conseil de la République". »

Ibid., Le Bicamérisme, p. 423.

« Le Parlement comprend l'Assemblée Nationale et le Sénat.
Les députés à l'Assemblée Nationale sont élus au suffrage direct.
Le Sénat est élu au suffrage indirect. Il assure la représentation des collectivités territoriales de la République. Les Français établis hors de France sont représentés au Sénat. »

Constitution de la Ve République, Le Parlement, art. 24, in *Journal officiel*, 5 oct. 1958.

✱ Le mot français *parlement* n. m. (1080, *Chanson de Roland*), dérivé du verbe *parler*, est passé en moyen-anglais au XIIIe siècle au sens initial de « action de parler, de conférer » maintenant périmé dans les deux langues, ainsi qu'au sens général de « assemblée délibérante ». La forme anglaise de *parliament* de l'anglo-latin *parliamentum* (XIIe s.) a triomphé des quatre formes en usage au XVe siècle, *parle- -la-, -li-, -lia-*. Du sens général d'« assemblée des grands du royaume ou d'une région », le mot est insensiblement passé en anglais au sens d'« assemblée législative » (1330, selon l'Oxford dict. ; dès 1242 selon certains chroniqueurs, mais il ne s'agit alors que de la seule assemblée des pairs ou d'une assemblée délibérante) et spécialement au sens de « corps législatif composé de la Chambre des lords et de la Chambre des communes » (1362). Pour désigner les premières assemblées législatives anglaises, le français emploie, dès le Moyen Âge, le mot *parlement*. Ainsi, Mackenzie (p. 57) en relève un emploi vers 1386 (Chandos, *Prince Noir*, p. 546) et Bonnaffé en 1421. Dès la fin du XIIIe siècle, le français abandonna par contre le mot *parlement* pour désigner les assemblées de la nation, au profit de *états généraux*.

« Nous avons des séances de parlement judiciaire depuis 1254 ; et une preuve qu'on s'était servi souvent du mot général *parlement*, en désignant les assemblées de la nation, c'est que nous donnâmes ce nom à ces assemblées dès que nous avons écrit en langue française ; et les Anglais, qui prirent toutes nos coutumes, appelèrent *parlement* leurs assemblées de pairs. »

VOLTAIRE, *Dictionnaire philosophique*, art. Parlement de France, t. XLI, p. 340 (□ 1764).

« Comme on avait appelé du nom de parlements ces parloirs du roi, ces conseils où il ne s'agissait pas des intérêts de l'état, les vrais parlements, c'est-à-dire les assemblées de la nation, ne furent plus connus que sous le nom d'états généraux, nom beaucoup plus convenable, puisqu'il exprimait à la fois les représentants de la nation entière et les intérêts publics. Philippe appela, pour la première fois, le tiers-état à ces grandes assemblées (1302). »

VOLTAIRE, *Histoire du parlement*, p. 15 (□ 1769).

« [28 mars 1302] Les communes, sous le nom de tiers-état, assistèrent donc par députés aux grands parlements ou états-généraux tenus dans l'église de Notre-Dame. »

Ibid.

✱ Des Capétiens à la Révolution, le mot *parlement* au sens d'« assemblée » s'applique en France aux cours souveraines de justice.

« Nos rois laissèrent prendre à nos cours de justice le nom de *parlemens*, qui ne convenoit qu'à l'assemblée de la nation. »

Les Révolutions de Paris, 1789-1794 [*in* Brunot, t. IX, 2, p. 659].

✱ À partir du XVIIe siècle, *parlement* ne désigne plus, en français, qu'une cour de justice ; de la Révolution au XIXe siècle, il ne s'applique qu'au Parlement britannique. Par analogie, il s'emploie ensuite pour désigner d'autres assemblées législatives européennes (→ supra cit. de Lamennais) ; il entre dans la Constitution française de 1875. L'emprunt sémantique est dès lors officiellement sanctionné. Pour les dérivés *parlementaire* n. m. et adj., *parlementarisme* n. m. et *parlementairement* → **Parlementaire.**

PARLEMENTAIRE [paʀləmɑ̃tɛʀ] *n. m.* et *adj.*

1° *N. m.* (1649) Membre du Parlement* britannique — Spécialt *Hist.* Partisan du Parlement d'Angleterre dans ses luttes contre la monarchie. — REM. : Enregistré dans les dict. de l'Académie 1798 et de Littré 1868.

« Le père de Léonore en était parti quinze jours auparavant pour aller en Angleterre, où il était allé servir le roi contre les parlementaires. »   SCARRON, *Le Roman comique,* 1651, 1657 [*in* Littré].

— *Adj.* (1651) Relatif au Parlement britannique ou à ses membres.

« En 1688, il y eut à Londres un parti parlementaire, qui engendra le pouvoir parlementaire, qui engendra le gouvernement parlementaire, qui leva des armées parlementaires, qui remporta des victoires parlementaires, et qui fit au roi, parlementairement, un procès. Le gouvernement parlementaire, c'est la majorité se faisant pouvoir exécutif. On a pris peu garde au mot gouvernement parlementaire, invention de la presse, fantaisie d'écrivain ! »
BALZAC, *Lettres russes,* in *Œuvres diverses,* t. III, pp. 340-341
(□ 25 juil. 1840).

2° *Adj.* (1789) *Par anal.* Relatif ou propre aux assemblées législatives modernes (constituant le Parlement), ou à leurs membres. — REM. : Signalé dans les dict. de l'Académie 1835 et de Littré 1868.

« Vous ne pensiez donc qu'à quelques dissensions "parlementaires" [...]. »   MIRABEAU, Discours, 16 juil. 1789, in *Archives parlementaires de 1787 à 1860* [*in* Brunot, t. IX, 2, p. 734].

« En estimant ses forces, M. Thiers sentit la nécessité d'opposer au parti de la Cour et aux Conservateurs un mot qui eût l'air d'une chose. En passant en revue ces escouades d'ambitions bourgeoises, en envisageant ces figures, il leur adapta une selle et une bride. Il trouva la gaîne d'où il peut tirer, où il peut faire rentrer *ad libitum* toute une révolution. Il fit éclore dans les couloirs de la Chambre le *gouvernement parlementaire !* Ce mot est magnifique, il ne dit rien, il se prête à tout, il peut tout abriter, tout couvrir ; il doit plaire à toutes les ambitions, il convient à toutes les Chambres, il flattera toutes les médiocrités qui viendront s'asseoir sur ces fatales banquettes. »
BALZAC, *Lettres russes,* in *Œuvres diverses,* t. III, p. 340 (□ 25 juil. 1840).

— *N. m.* (1824) Membre d'un parlement ou assemblée législative moderne.

« La corruption parlementaire résultait du fait qu'en dehors de quelques postes importants, toutes les autres fonctions étaient accessibles aux parlementaires et que tout parlementaire nommé fonctionnaire pouvait le demeurer, à condition d'être réélu, ce qui arrivait d'ordinaire. »   M. PRÉLOT, *Précis de droit constitutionnel,*
La Réforme parlementaire et électorale, p. 162.

✱ Dérivé de *parlement*,* *parlementaire* est d'abord attesté comme substantif désignant un « membre d'un parlement français ou cour souveraine de justice de l'Ancien Régime » (Saint Amant 1644, *in* Mackenzie, p. 74). Dès 1649, il est attesté au sens des mots anglais : *parliamentary* n. (1625) et adj. (1626) « membre du Parlement d'Angleterre » ; et *parliamentarian* n. (1644) et adj. (1691) « partisan ou membre du Parlement d'Angleterre opposé au roi, au XVIIe siècle » (chez J. Ango, dans *Récit véritable de tout ce qui s'est fait au procez du roy de la Grand'Bretagne : son arrest et la manière de son exécution,* p. 3). En 1651, dans un ouvrage anonyme intitulé « *Abbrege des derniers mouve-*

mens d'Angleterre » figure également l'adjectif (Mackenzie, p. 74). Celui-ci ne commence à s'appliquer à la vie politique française qu'à la Révolution (→ cit. de Mirabeau, ci-dessus), époque à laquelle les termes *parlement, régime parlementaire* et *parlementarisme* sont encore inconnus du vocabulaire politique. Le terme *régime parlementaire* n'apparaîtra qu'en 1869, chez Amigues, p. 21 (*in* G. L. L. F.). Quant au substantif désignant un membre d'une assemblée politique française, il est attesté en 1824 chez Jouy et Jay, t. III, p. 221 [*in* G. L. L. F.].

Cet emprunt sémantique a donné lieu au dérivé *parlementarisme* n. m. (1845, *in* Petit Robert), création française attribuée à l'empereur Napoléon III : « régime, gouvernement parlementaire » ; *péj.* « abus, excès de ce régime ». En anglais, *parliamentarism* n. n'est attesté qu'en 1870. L'autre dérivé français *parlementariste* n. fait son entrée dans l'œuvre d'Hugo en 1852 :

« Louis Bonaparte ne s'est pas contenté de renverser la tribune. Il a voulu la ridiculiser. [...] Qu'est-ce que c'est que ça, la tribune ? s'écrie M. Bonaparte Louis ; c'est du "parlementarisme !"
Que dites-vous de parlementarisme ? Parlementarisme me plaît. Parlementarisme est une perle. Voilà le dictionnaire enrichi. Cet académicien de coups d'État fait des mots. Au fait, on n'est pas un barbare pour ne pas semer de temps en temps un barbarisme. »   Hugo, *Napoléon-le-Petit*, Le Parlementarisme, p. 146 (□ 1852).

PARQUER [paʀke] *v. tr.*

(1930) Mettre (une voiture) en stationnement (dans un parc, un parking*). — Fam. *Se parquer*, parquer sa voiture. — *Intrans.* Stationner (dans un parc). — REM. : Sens absent du dict. de l'Académie 1935.

« Enfin l'auto s'arrête. Voudrait-elle me punir ?
— Descendons, dit Mrs Lytton. Il nous faut "parquer" par ici, loin du centre où le stationnement est tout à fait défendu. »
G. Duhamel, *Scènes de la vie future*, p. 101 (□ 1930).

* De l'anglais *to park* (1911) pour servir de verbe à *parking**. L'emploi de *parc* (à voitures, de stationnement, etc.) en remplacement de *parking* rend ce mot indispensable dans le vocabulaire de l'automobile. Le Comité d'étude des termes techniques français a recommandé l'usage des dérivés *parquer* et *parcage* (in *Sciences,* nov.-déc. 1959). On évitera cependant d'employer *parquer* à la place de *stationner,* v. intr., « rester à la même place, être en stationnement (pour une voiture) ». *Garer* et *ranger* sont courants au sens général.

PARTENAIRE [paʀtənɛʀ] ou PARTNER [paʀtnɛʀ] *n.*

1° (1784 ; *partner,* 1767) Personne associée à une autre au jeu contre d'autres joueurs (opposé à *adversaire*). *Trouver son partenaire de bridge. Changer de partenaire.* — REM. : Enregistré dans le dict. de l'Académie 1835 qui signale également la variante *partner*, et dans le dict. de Littré 1868.

« Sa conduite [du chevalier de Valois] au jeu était d'une distinction qui l'eût fait remarquer partout : il ne se plaignait jamais, il louait ses adversaires quand ils perdaient ; il n'entreprenait point l'éducation de ses partners, en démontrant la manière de mieux jouer les coups. »
Balzac, *la Vieille Fille*, p. 214 (□ 1836).

« Un remaniement des équipes les rassembla dans la même partie, d'abord en adversaires, puis en partenaires. Ils étaient de même force.
[...] Jacques s'occupait beaucoup de Jenny, mais toujours d'une façon tracassière, voire blessante, raillant ses fautes de jeu, et prenant un visible plaisir à la contredire. Jenny répondait du tac au tac, avec une voix de tête qui ne lui était pas naturelle. Il lui eût été facile d'éviter un partenaire aussi désobligeant [...]. »
Martin du Gard, *Les Thibault*, t. II, p. 213, Gallimard (□ 1942).

2° (1834, *partner,* 1767) *Vieilli.* Personne avec qui l'on forme un couple de danseurs. — REM. : Enregistré dans les dict. de l'Académie 1835 et de Littré 1868.

« Le second valseur arriva bientôt tout rouge de bonheur ; il avait vu passer tous les couples, Mina ne dansait pas ; quelque chose s'était opposé à ce qu'elle donnât la main à son premier partner ; il avait quelque espoir de danser avec elle, il était ivre de joie. »
STENDHAL, *Le Rose et le Vert*, p. 1069 (□ 1837).

« un homme qui ne danse pas est un ennemi du genre humain. Le danseur et le bridgeur, ne pouvant vivre sans partenaires, sont sociables par nécessité ; mais, vous, un livre vous suffit. Vous êtes un mauvais citoyen. »   A. MAUROIS, *Les Discours du docteur O'Grady*, p. 158 (□ 1922).

— (1923) *Spect.* Personne à qui l'on est associé dans la présentation d'un numéro, d'une scène. *Partenaire d'un patineur, d'un équilibriste, d'un fantaisiste.*

« [...] Yves Mirande jouait sur la même scène un acte d'Yves Mirande, *La Bonne Hôtesse*. Seulement, lui, il jouait bien. Son partenaire ? Un petit débutant fluet, comédien à miracle, un nommé... Victor Boucher... »   COLETTE, *L'Étoile Vesper*, p. 199 (□ 1946).

— (1933) *Spécialt.* Personne considérée dans ses relations sexuelles avec une autre.

« Le paroxysme passé, quand il avait affaire à une maîtresse en titre, et non à une fille de rencontre, il lui arrivait, si peu porté qu'il fût à se tourmenter pour des ombres, de s'aviser néanmoins que sa partenaire n'avait pas dû prendre beaucoup de plaisir. »
Jules ROMAINS, *Les Hommes de bonne volonté*, t. V, p. 71 (□ 1933).

3° (1784 ; *partner*, 1767) *Par ext.* Personne avec qui on partage une activité, une entreprise quelconque, et en particulier, avec qui on tient conversation. *Trouver un partenaire à sa hauteur.*

« Je dirai cette raison à mon désolé *partner*. »
DIDEROT, Lettre à S. Volland, 24 sept. 1767
[*in* Brunot, t. VI, 2-a, p. 1 234].

« Je pense que sans dédain tu romps tout doucement avec les *partners* ennuyeux de cette excellente tante que nous avons perdue. »
Lettre de STENDHAL à Pauline Périer-Lagrange (signée d'Anneville),
23 juin 1808, in *Corresp.*, t. I, pp. 499-500.

— (1784 ; repris au milieu du XXᵉ s.) *Spécialt* (Commerce, politique, etc.) Personne, groupe, qui a des intérêts dans une entreprise commune avec d'autres.

« Du 7 au 15 novembre, le Brésil va y exposer, à l'attention de tous les pays du monde, le large éventail de ses possibilités économiques et touristiques, ainsi que les avantages offerts aux investisseurs. Tout ce qui fait de lui un partenaire commercial de premier ordre. »
Paris-Match, 3 nov. 1973, p. 129 (Publ.).

✱ *Partenaire* est la forme francisée (apparue chez Beaumarchais en 1784 au sens 3°) de l'anglais *partner* n. (XIVᵉ s.). Le terme anglais est une altération, sous l'influence de *part* « part, parti » emprunté au français *part*, de *parcener* ou *parsener* n. (XIIIᵉ s.) « partenaire » (*vx* en ce sens) ; « propriétaire indivis » (XVIᵉ s.). Il s'agit d'un emprunt, par l'anglo-normand *parcener*, à l'anc. franc. *parçuner* « associé » (1080), *parçonier* (v. 1155), dérivé de *parcion* « séparation » (v. 1160), *parçon* « partage, butin » (XIIIᵉ s.), du latin *partitio*. Apparu en français sous la forme anglaise *partner* au sens de « celui avec qui l'on danse » dans une lettre de Madame du Deffand à H. Walpole, 23 janvier 1767, et au sens étendu de « compagnon, associé » chez Diderot la même année (→ cit. ci-dessus, sens 3°), ce mot a conservé sa forme anglaise jusqu'au XIXᵉ siècle. Comme la plupart des emprunts à l'anglais d'origine française, *partner* (et sa forme désormais intégrée à la langue française *partenaire*) a connu en français une évolution sémantique assez différente de celle du *partner* anglais. Ce dernier est apparu dans le sens extrêmement général de « personne qui partage une chose avec une ou plusieurs autres » (1297), « associé », « compagnon » ou même « complice » pour en venir à s'appliquer plus spécifiquement au commerce (1523), à la danse (1613), au jeu et aux sports de compétition (1680), puis à l'un des époux (surtout à la femme) [1749]. L'emprunt français a d'abord été enregistré dans les dictionnaires au sens de « co-équipier » comme terme de jeu et de sport (*partner*, 1767, *in* Brunot, t. VI, 2-a, p. 1234 ; *partenaire, in* Landais 1834, Académie 1835) et au sens de « cavalier » comme terme appliqué à la danse (*partner*, 1767 ; *partenaire, in* Encycl. méthodique, 1792, *in* Landais 1834, Académie 1835). Comme terme de spectacle, *partenaire* n'est enregistré qu'en 1923, par Larousse. Le sens général introduit par Diderot en 1767 (→ cit.) « personne qu'on associe dans une entreprise quelle qu'elle soit » n'est signalé dans le dict. de l'Académie qu'en 1935. Le sens spécifique de « personne, collectivité, qui a des intérêts communs avec d'autres » apparu chez Beaumarchais en 1784 fait aujourd'hui figure de néologisme dans les domaines du commerce et de l'économie politique. En français contemporain, *partenaire* peut signifier « associé » ou plus spécifiquement « membre d'un partnership* », « co-équipier », « associé dans un spectacle », « partenaire sexuel » ou comme l'écrit Dupré « "l'autre" dans le couple » très distinct sémantiquement du *partner* anglais « conjoint ».

PARTITION [paʀtisjɔ̃] *n. f.*

1° (1947) Division (d'un territoire, d'un pays) en plusieurs États indépendants.

> « Car *partition* prenait dans l'affaire de l'Inde un sens absolu : la partition, c'était un immense espoir de libération [...]. La partition, c'était un nom propre [...] qui possédait le pouvoir énorme de condenser en neuf lettres l'écroulement d'un empire, la naissance de deux nations, le déchaînement de passions religieuses dans le cadre somptueux et sordide, dans la misère et dans la couleur de la Péninsule indienne. »
> M. OLIVIER-LACAMP, *Un anglicisme « partition » ?*,
> in *Vie et Langage*, déc. 1961, p. 657.

2° (1961) *Logique.* Dans un ensemble, Sous-ensembles disjoints (deux à deux) recouvrant l'ensemble tout entier. *Partitions d'un ensemble.*

> « On appelle partition d'un ensemble *E* un ensemble **non ordonné** de parties non vides de *E*, parties ayant les propriétés suivantes :
> 1° 2 parties quelconques sont disjointes ;
> 2° la réunion de ces parties est l'ensemble *E* lui-même.
> Chacune de ces parties est appelée classe de la partition.
> M. DUMONT, *Étude intuitive des ensembles*, pp. 40-41 (□ 1967).

✱ Anglais *partition* « partage », « division », lui-même emprunté au xvᵉ siècle au français *partition* au sens ancien de « action de partager ; son résultat » (lat. *partitio*, de *partitum*, supin de *partire* « partager, diviser en parties » qui a donné le vieux verbe français *partir* « partager », d'où le dérivé ancien *partition* « division »). En ce sens de « division politique d'un territoire », *partition* a été maintes fois condamné comme archaïsme repris sous l'influence de l'anglais (*Défense de la langue française*, avril 1960).

> « Lors de la guerre d'Algérie, nos journalistes et nos politiciens ont parlé quelque temps de *"la partition"* de ce pays. Si ce mot a pu signifier autrefois "l'action de partager", ce sens est depuis longtemps périmé et constitue un véritable anglicisme (cf. "The *partition* of Poland"). »
> LE BIDOIS, *Les Mots trompeurs*, p. 272 (□ 1970).

✱ L'Académie française y voit un synonyme inutile de *partage* (in *Le Figaro*, 21 mai 1965). En réponse au jugement porté par J. Capelovici dans *Vie et langage*, avril 1961, p. 466 :

> « Ce néologisme (?) n'est-il pas, en définitive, une sorte de... cocktail composé d'anglomanie, d'ignorance de la langue française et de l'amour immodéré des mots ronflants en -*tion*, qui font tellement plus... "intellectuel" ? »

Max Olivier-Lacamp explique pourquoi il a pris la responsabilité comme correspondant unique de l'agence France-Presse à Delhi, en 1947, de relancer l'ancien sens du français *partition* sur le modèle sémantique de l'anglais :

> « J'avais commencé — mes premières dépêches, s'il en reste trace, pourraient en faire foi — par rendre *partition* par *partage*, parce que, comme à tous, le mot m'évoquait le langage du blason et celui de la musique... Mais *partage* ne me plaisait pas. Il me faisait penser à celui (plutôt à ceux) de la Pologne..., il entraînait dans mon esprit des idées de brigandage, de malfaiteurs partageant leur butin...

Or, la Grande-Bretagne se dessaisissait d'un Empire pour en remettre la souveraineté à deux États nouveau-nés, libres et sympathiques ! *Division*, trop vague, rappelait la classe de calcul ; *démembrement*, affreux, sentait l'équarrissage ; *morcellement* faisait banlieusard (pourquoi pas *lotissement ?*), enfin *découpage* prenait un sens de précision chirurgicale que le chaos des événements ne justifiait pas le moins du monde. »

Un anglicisme « partition » ?, in *Vie et Langage*, déc. 1961, p. 657.

✳ Dans le même numéro (p. 642), un lecteur argue du sens mathématique, lui-même emprunté à l'anglais, pour défendre l'utilité du mot *partition,* distinct de *partage* ou *division.* Au premier sens, l'emprunt sémantique est enregistré dans le G. L. E. 1963, et dans le Suppl. du Robert 1972, et au second, dans le Suppl. du G. L. E. 1969 et dans le Suppl. du Robert 1972.

PARTNERSHIP [paʀtnɛʀʃip] *n. m.*

(1963) Association de deux ou plusieurs personnes ou groupes qui ont des intérêts communs, dans une entreprise collective, généralement commerciale ou politique (→ **Partenaire,** 3°).

« la vision d'un vaste *"partnership"* transatlantique. »
Le Monde, 2 janv. 1963 [*in* Blochwitz et Runkewitz, p. 284].

« la formule du "partner-ship" a permis aux cabinets d'ingénieurs-conseils de se développer dans la ligne des activités libérales. »
Le Monde, 24 oct. 1972, p. 19.

« Car il ne reste au Canada que deux issues : ou se constituer en État fort [...] pour résister à l'emprise américaine, ou négocier les meilleurs termes d'une reddition, d'un *partnership,* qui se terminera par une absorption de fait. » *Le Nouvel Observateur*, 31 oct. 1978, p. 50.

✳ Mot anglais n. (1576), de *partner* « partenaire » et suffixe *-ship* indiquant l'état ou la qualité, désignant d'abord le fait d'être partenaire* dans les diverses acceptions de *partner* (sens commercial, v. 1700). Mot d'emprunt très rare en français et limité aux domaines commercial et politique. Les mots *association, alliance* et *participation* permettent de l'éviter facilement, sauf si on veut évoquer les pays anglo-saxons et en particulier les États-Unis.

PART-TIME [paʀttaim] *adj.* et *n. m.*

(1963) *Rare.* Se dit du travail à temps partiel, et *par ext.* de la personne qui le pratique. *Emploi « part-time ».* — Subst. *Un « part-time ».*

« *le travail à temps partiel* est souvent considéré comme intéressant surtout les femmes. D'une façon générale le *"parttime"* a toujours plus ou moins existé. »
Le Monde, 27 déc. 1963 [*in* Blochwitz et Runkewitz, p. 284].

« Je vais d'abord vous conter une manière de short story. Elle advint à l'un de mes pals, un de mes potes, quoi, tantôt chargé d'enquêtes full-time, tantôt chargé de recherches part-time dans une institution mondialement connue, le C. N. R. S. »
ÉTIEMBLE, *Parlez-vous franglais ?*, p. 13 (☐ 1964).

✳ Anglais *part-time* adj. (1891) composé de *time* « temps » et de *part* en fonction d'épithète « partiel », opposé à *full-time* adj. (1898), de *full* « complet ». Emprunt critiqué que rend inutile l'expression *à temps partiel* opposé à *à plein* temps,* adj. invar.

PARTY ou PARTIE [paʀti] *n. f.*

1° (1829) D'abord à propos des pays anglo-saxons, Réunion, rendez-vous mondain ; petite réception chez un particulier. *Des parties* → **Garden-party, surprise-partie.** — REM. : Absent des dict. de Littré et de l'Académie.

« je n'ai jamais trouvé ici cette attention pleine de respect qui porte l'Anglais à rechercher dans son journal l'annonce du *rout* de milord tel et du grand dîner donné à *une partie choisie*, par milady une telle. Cette vénération pour les hautes classes passerait ici pour le comble de la bassesse et du ridicule. »

STENDHAL, *Promenades dans Rome*, 27 janv. 1828, t. I, pp. 211-212
(□ 1829).

« Gladys a été, il y a dix ans, Gladys Weston ; c'était en ce temps-là une jeune Américaine qui, un peu avant la guerre, prit Londres d'assaut en un seul soir parce qu'elle était arrivée dans une *party* assez solennelle vêtue d'un habit d'homme et de pantalons de satin blanc. »

A. MAUROIS, *Le Côté de Chelsea*, p. 82 (□ 1932).

« cheveux longs à la mode d'Oxford, toupets frisés, un parapluie au bras, les zazous donnaient des *"parties"* où ils se grisaient de musique *"swing"* ... »   S. de BEAUVOIR, *La Force de l'âge*, p. 528 (□ 1960).

— En appos. *Garden*-party. Surprise*-party.*

« Philippine donne une *crêpe-party* dans sa cuisine [...]. »
Femmes d'aujourd'hui, 19 janv. 1965 [*in* Hanon, p. 139].

« Réussissez vos *TV-parties* [...]. »
Marie-Claire, 1er mars 1966 [*in* Hanon, p. 139].

✱ Anglais *party* n. (1716, en ce sens), mot lui-même emprunté au XIIIe siècle au français *partie* n. f. « élément, portion d'un ensemble » (remplacé en ce sens par le mot *part*), « partie adverse », et dont ce sens particulier se rattache à un emprunt plus tardif du français *parti* n. m. « groupe ou groupement de personnes (militaire, politique, etc.) ». En français, le mot, généralement présenté sous sa forme anglaise *party* (depuis Mérimée *Lettre à une Inconnue*, 1870, *in* Mackenzie, p. 240), porte habituellement les marques graphiques de l'emprunt, guillemets, italiques, même lorsqu'il est refrancisé sous la forme *partie* (→ ci-dessus, cit. de Stendhal), jusqu'au milieu du xxe siècle, où il prend les proportions d'une véritable mode. En revanche, l'emprunt à l'américain *surprise party* (→ **Surprise-partie**) a donné lieu à la forme abrégée francisée *partie*, signalée dans le G. L. L. F. 1977. *Party* ou *partie* a toujours été au féminin, ce qui peut indiquer qu'on le rattache sponta-nément à l'un des sens du français *partie* (et non pas de *parti* n. m.) « divertissement concerté à plusieurs personnes » (av. 1631, d'après G. L. L. F.). *Partie de plaisir. Partie de campagne. Partie fine. Partie de pêche, de chasse*, etc.

Sur le modèle d'une construction anglaise, celle de *garden-party** ou même de *fishing* ou *hunting party* (partie de pêche, de chasse), dans des composés où un substantif ou un gérondif sont placés en premier plan, en fonction d'épithète, on construit des expressions passagères, telles que *crêpe-party* ou *TV-party* (ci-dessus) dont aucune n'est réellement lexicalisée en français : l'emprunt lexical et sémantique est doublé ici d'un calque syntaxique toujours condamnable.

2° (1965) Réunion occasionnelle d'amateurs d'une chose, de personnes réunies dans un but immédiat déterminé. — REM. : Le mot figure dans un composé dont le premier élément, en fonction d'épithète, précise la nature ou le caractère de la réunion.

« J'ai pensé que ça t'amuserait que nous invitions nos amies à une *déclaration de revenus-party* [...]. »
Pourquoi, 5 mars 1965 [*in* Hanon, p. 132].

« Une tragique *"drogue-party"* a été évoquée hier devant la chambre correctionnelle du Tribunal de Marseille, le drame avait débuté [...] lorsqu'une jeune fille de 20 ans [...] acheta [...] un sachet d'héroïne frelatée à un jeune homme [...]. »   *Nice-Matin*, 18 déc. 1971, p. 24.

✱ En ce sens de « réunion occasionnelle dans un but déterminé » l'anglais *party* est attesté depuis 1773. D'emploi récent en français, le mot tend à se lexicaliser dans des composés comme *drogue-party*, mais il donne le plus souvent lieu à des compositions fantaisistes pseudo-anglaises.

PASSING-SHOT [pasinʃɔt] n. m.

(1928) *Tennis.* Balle rapide, en coup droit ou en revers, en diagonale ou le long d'un couloir, passant à gauche ou à droite d'un joueur à la volée. *Des passing-shots.* — Par abrév. *Un passing.* — REM. : Absent du dict. de l'Académie 1935.

« C'est à ses lobs plus qu'à ses "passing shots" qu'il doit de battre B. »   LACOSTE, *Tennis,* 1928 [*in* G. Petiot].

« Ils semblent craindre de s'aventurer au filet, instruits par la fâcheuse expérience de passing shot définitifs. »
                                   L'Auto, 8 juil. 1933 [*in* D. D. L. 2ᵉ série, 6].

« S'il s'agit d'un joueur de fond du court, profitez-en pour vous imposer à la volée, mais prenez garde à ses *passing-shots* et à ses lobs qui sont certainement ses meilleurs coups. »
                                   H. COCHET, *Le Tennis,* pp. 91-92 (□ 1964).

✳ Terme anglo-saxon *passing shot* n. « coup passant » enregistré seulement dans le Webster's Third 1966, composé de *shot* « coup » (1868, dans le langage des sports), déverbal de *to shoot* « lancer, tirer », et de *passing,* part. prés. de *to pass* « passer », lui-même emprunté au français au XIIIᵉ siècle. *Passing shot* est construit sur le modèle de l'anglais *passing stroke* n. (1901), terme de cricket, de *stroke* « coup », déverbal de *to strike* « frapper », attesté comme terme de tennis dès 1778. Dans un communiqué publié le 23 février 1967, l'Académie condamne l'emprunt *passing-shot* et propose de le remplacer par *coup imparable.* Comme le fait remarquer Dupré, ce terme a l'inconvénient de pouvoir s'appliquer au lob aussi bien qu'au passing-shot. Dupré propose *coup débordant* qui n'est pas meilleur, car on peut déborder son adversaire par d'autres coups.

PASSIVATION [pasivasjõ] *n. f.*

1° (1953) *Techn.* Traitement au phosphate, avant peinture, des métaux et alliages ferreux.

2° (1959) *Chimie.* Action de rendre passif un métal (opposé à *activation*).

« Bien qu'il [l'acide nitrique fumant rouge] soit corrosif, son transport est relativement élevé avec un produit à haute concentration par suite de la formation d'un film protecteur d'oxyde (phénomène de passivation). »   J.-F. THÉRY, *Les Carburants nouveaux,* p. 29 (□ 1961).

3° *Ling.* Transformation passive, mise au passif.

✳ De l'anglais *passivation* n. enregistré comme terme de chimie dans le Webster's Second 1934, de l'adj. *passive* emprunté au français *passif, -ive* au XIVᵉ siècle. En français, le mot *passivation* est d'abord signalé par Larousse en 1953, comme terme technique. Il est passé dans l'usage des spécialistes.

« Les termes *passivation* (opposé à *activation*), *passiver, passivant* sont admis. (Un élément ou un agent *passivant* rend passif un alliage.) »
              Comité consultatif du langage scientifique de l'Académie des sciences,
                                   in *Sciences,* nov.-déc. 1959, p. 82.

PATATE [patat] *n. f.*

(1768) *Vx* ou *région.* (Canada). Pomme de terre.

« En certains endroits de France on les nomme *patates,* et il m'en a coûté quelque chose pour en connoître un autre nom. »
     ENGEL, art. *Pomme de terre,* in *Suppl. de l'Encycl. Diderot,* t. IV, 1777.

« Des odeurs de patates frites et de viande rôtie flottaient dans l'air. »
                          R. LEMELIN, *Au pied de la pente douce,* p. 49 (□ 1944).

— *Fam.* (aujourd'hui en France). — REM. : Signalé dans le dict. de Littré 1868, et de l'Académie 1935.

« Aux patates, là dedans, mes petits agneaux ! brame à la porte, dans une forme encapuchonnée, une voix sonore.
C'est le sergent Henriot. »   H. BARBUSSE, *Le Feu,* p. 58 (□ 1916).

✳ Le français possède depuis le XVIᵉ siècle le mot *patate* désignant une plante de la famille des convolvulacées (qui n'a rien à voir avec la pomme de terre), cultivée en Amérique et en Asie. Le terme désigne aussi les tubercules comestibles dont la principale variété s'appelle *patate douce*. *Patate* (et sa variante *batate*) est un emprunt populaire d'une langue indigène des Antilles, où les Européens ont découvert cette plante, l'arouak d'Haïti, peut-être sous l'influence de l'espagnol *batata* ou *patata* d'après l'évolution de la forme : *battatte* (1519, Wartburg), *batate* (1519, Dauzat), *batane* (1544, Arveiller), *patatte* (av. 1582, id.), *patade* (1599, id.) et *patate*.

La pomme de terre fut introduite en Europe au XVIᵉ siècle par les Espagnols et cultivée en Grande-Bretagne et en Allemagne beaucoup plus tôt qu'en France (le mot date de 1716). Sa dénomination primitive en France a toutefois été *potatoe* n. (1565) de même origine que *patate*, par l'intermédiaire de l'espagnol, mot qui en est venu à désigner dès 1597 la pomme de terre (décrite antérieurement sous le nom indigène de *papas*, 1553), puis le tubercule (1663). Très tôt l'anglais a appelé *sweet* ou *Spanish potato* (patate douce, espagnole) la patate, et a réservé le mot *potato* pour la pomme de terre.

« C'est sous le nom de *potatoe* que la pomme de terre a été transportée d'Angleterre en France ; on continue même à l'appeler ainsi dans toute la Grande-Bretagne et dans quelques-unes de nos provinces, en sorte qu'elle a été confondue et qu'on la confond journellement avec la *patate*, et même avec le *topinambour*, trois racines originaires à la vérité de l'Amérique, dont l'utilité alimentaire et la vigueur de la végétation sont également incontestables, mais qui appartiennent chacune à des familles très distinctes, n'ayant entre elles nulle ressemblance dans les parties de leur fructification. »
PARMENTIER, *Traité sur la culture et les usages des pommes de terre, de la patate, et du topinambour*, 1789 [*in* Brunot, t. VI, 1-a, p. 292].

* Le passage de *potatoe* à la forme française *patate* est attesté dès 1768, mais il ne sera jamais consacré par l'usage général. Selon J.-C. Valmont de Bomare (*Dict. raisonné universel de l'histoire naturelle*, Suppl. 1768), *patate* « se dit quelquefois » pour *pomme de terre*. D'autres noms sont entrés également en concurrence avec *pomme de terre* et *patate*. L'article de l'Encycl. Diderot 1765 porte pour titre *Pomme de terre, Topinambour, Batate, Truffe blanche, Truffe rouge*. Or, à cette époque, le légume ne faisait encore en France que l'objet d'expérimentations isolées inspirant plus de réticence que de curiosité. Roze raconte qu'« on l'accusait de donner la lèpre ! » (p. 123).

Lié aux efforts de Parmentier au XVIIIᵉ siècle, le développement de la pomme de terre ne se fit en France qu'au XIXᵉ siècle. Bouillet signale en 1859 (art. *Patate*) qu'on donne improprement le nom de *patate* à ce légume, dans le midi de la France. Au XXᵉ siècle, l'appellation est sentie comme populaire, et le dict. de l'Académie 1935 la signale comme très familière. Pour les Canadiens, qui ne disposent pas du mot *pomme de terre*, *patate* est le seul terme normal, non familier (*patates frites*), directement renforcé par l'anglais, ce qui n'est évidemment pas le cas en France.

PATCHWORK [patʃwœʀk] *n. m.*

(1964) Assemblage hétérogène et coloré de morceaux de tissu ou de tricot disparates cousus les uns aux autres. *Des coussins, des tapis, des tentures en patchwork.*

« Un grand magasin parisien a fait venir des États-Unis [...] les meubles en érable massif, les dessus de lit en chenille ou en patchwork, et tout ce qui rend la vie facile et agréable. »
Elle, 1ᵉʳ mai 1964 [*in* D. D. L., 2ᵉ série, 3].

« Vraiment ravissantes ces chambres ; tendues de toile de Jouy, avec des lits campagnards, des couvertures en patchwork, et sur un lavabo une cuvette et un broc de faïence. »
S. de BEAUVOIR, *Les Belles Images*, p. 141 (□ 1966).

— PAR EXT. Tissu imprimé évoquant cette forme d'assemblage. Par appos. *Une robe-patchwork*.

— PAR ANAL. Surface dont l'aspect évoque le patchwork.

« Le paysage aérien n'est pas comme les autres. Les perspectives immenses, ce "*patchwork*" de cultures, la marée blanche des nuages [...]. »
Le Figaro, 16 oct. 1969 [*in* Gilbert].

— *Fig.* et *péj.* Chose faite de pièces et de morceaux.

« Patchwork hâtif de petites mesures, de petites phrases, de petites promesses. »   R.-G. SCHWARTZENBERG, in *L'Express*, 20 nov. 1972.

« Tortures moyenageuses et inflations monétaires coexistent : l'univers devient le *patchwork* d'époques pulvérisées, mieux, atomisées [...]. »   *Le Nouvel Observateur*, 26 mars 1973, p. 68.

✳ Mot anglais n. (1692) qui s'est d'abord dit, souvent au figuré, de choses faites de pièces et de morceaux (1725, au sens artisanal), composé de *work* n. « ouvrage » et *patch* n. (XIVe s.) « pièce, morceau de rapiéçage » et verbe (XVe s.), mot d'origine incertaine, peut-être française (*pacche, patche* en haut moyen-anglais, peut-être d'une forme anglo-normande de l'ancien français *pieche,* variante dialectale de *pièce*). D'origine britannique, le mot *patchwork* semble toutefois être entré en France en même temps que les premières importations de patchwork venues d'Amérique, et s'être solidement implanté dans le vocabulaire de la mode au même titre que *damier, madras, pied-de-poule* ou *prince de Galles.*

PATERNALISME [patɛʀnalism] *n. m.*

(1894) Conception sociale selon laquelle les rapports entre le chef d'entreprise et les travailleurs doivent être de même nature qu'entre le père et ses enfants. — *Par ext.* Attitude d'une personne au pouvoir ou d'un pays qui sous couvert de protection désintéressée exerce une domination abusive. — REM. : Absent du dict. de l'Académie 1935.

« — "Eh bien ! dis-leur que le paternalisme de Salazar est une ignoble dictature et que les Américains devraient se dépêcher de le vider, dit Henri d'une voix rapide. Malheureusement ce n'est pas pour demain : il va leur vendre des bases aériennes aux Açores." »
            S. de BEAUVOIR, *Les Mandarins*, pp. 104-105 (□ 1954).

✳ De l'angl. *paternalism* n. (1881) dérivé de *paternal* adjectif formé au XVIIe siècle sur le latin *paternus,* de *pater* « père », comme le français *paternel* au XIIe s. *Paternalisme* est attesté en français en 1894 (D. D. L., 2e série, 20, 1981). Dans l'histoire des mouvements ouvriers, le mot est ordinairement employé par dénigrement de certaines institutions patronales qui confondent à leur profit la protection paternelle discrétionnaire et la justice sociale obligatoire. Le mot a donné le dérivé *paternaliste* adj. (déb. XXe s.) et n. (1963) (en anglais : *paternalistic* adj. 1890 ; *paternalist* adj. 1928). Le verbe tr. *paternaliser,* rare en français, est attesté en 1948, sous la forme pronominale :

« Tiens ! le vieux redevient respectueux des avis de sa femme. Il sent l'écurie. La fausse camaraderie, qu'il avait cru bon d'adopter au départ, se paternalise de plus en plus. »   H. BAZIN, *Vipère au poing*, p. 153 (□ 1948).

✳ Le sens de « donner un caractère pseudo-paternel ou paternaliste à (un comportement, une attitude) » est aussi celui du verbe *paternize* enregistré dans le Webster's Second 1934, mais dont l'Oxford dict. ne fait état que sous la forme participiale *paternized* (1903).

PATRILINÉAIRE [patʀilineɛʀ] *adj.*

(XXe s.) *Ethnol.* Se dit du mode de filiation et, *par ext.,* d'organisation sociale, qui ne reconnaît que la seule ascendance paternelle (opposé à *matrilinéaire**). — REM. : Absent du dict. de l'Académie 1935.

« Les Miwok sont répartis également en deux phratries exogames patrilinéaires, celle de l'Eau ou du Crapaud-Bœuf, celle de la Terre ou du Geai Bleu. »   R. CAILLOIS, *L'Homme et le Sacré*, p. 80 (□ 1939).

« Bien que la parenté s'établisse suivant les deux lignes, le clan, donnant accès au tombeau, est patrilinéaire. Il arrive pourtant que le tombeau de la mère ait droit à un certain nombre d'enfants. »
                              H. DESCHAMPS, *Ethnologie de Madagascar*,
                              in *Ethnologie régionale*, t. I, p. 1451 (□ 1972).

✻ De l'anglais *patrilinear* attesté dès 1913 (après *patrilinéal*, 1904, de même sens) et formé du lat. *pater, patris* « père » et *linear* « en droite ligne (parenté) ». *Patriclan* n. m. (du latin *pater*, et de *clan**) « clan composé par la voie patrilinéaire » existe sous la même forme en anglais et en français (opposé à *matriclan*).

PATRILOCAL, ALE, AUX [patʀilɔkal, o] *adj.*

(XXᵉ s.) *Ethnol.* Se dit du mode de résidence des nouveaux couples, déterminée par la résidence du père du mari (opposé à *matrilocal**). — REM. : Absent du dict. de l'Académie 1935 (→ cit. à l'art. *Matrilocal*).

« Si nous exceptons le cas des jeunes ménages, particulièrement en milieu urbain, qui s'installent loin des parents, on discerne, en Afrique traditionnelle, quatre possibilités principales : systèmes matrilinéaires à résidence uxorilocale (Ashanti, Yao, quelques rares clans agni) ; systèmes matrilinéaires à résidence virilocale (quasi-totalité des filiations utérines) ; systèmes patrilinéaires à résidence patrilocale (totalité des filiations masculines) ; filiation bilatérale à résidence virilocale, très fréquente dans les systèmes mixtes. Parfois, c'est le cas des Tswana et des Bushmen, la résidence virilocale ne se réalise qu'après la première ou la troisième maternité (matrilocalité temporaire). »
L.-V. THOMAS, *Généralités sur l'ethnologie négro-africaine*, in *Ethnologie régionale*, t. I, p. 252 (□ 1972).

✻ Mot formé du latin *pater, patris* « père » et de *-local* du bas latin *localis* « de lieu », d'après l'anglais *patrilocal* apparu en 1906.

PATRONNESSE [patʀɔnɛs] *adj. fém.*

(1833) *Dame patronnesse*, femme qui se consacre à des œuvres de bienfaisance. — REM. : Enregistré dans les dict. de Littré 1868, et de l'Académie 1878. — REM. Souvent employé ironiquement.

« L'assaut était donné au profit des orphelins du sixième arrondissement de Paris, sous le patronage de toutes les femmes des sénateurs et députés qui avaient des relations avec la *Vie Française*.
Mᵐᵉ Walter avait promis de venir avec ses filles, en refusant le titre de dame patronnesse, parce qu'elle n'aidait de son nom que les œuvres entreprises par le clergé [...]. » G. de MAUPASSANT, *Bel-Ami*, p. 290 (□ 1885).

✻ Ce mot, féminin de *patron,* est apparu en français en 1575 au sens de « femme qui protège », mais c'est sous l'influence de l'anglais *patroness* n. f. (1440), de *patron* (lui-même emprunté au français avec le suff. *-ess*) que le mot a été repris dans la loc. *dame patronnesse*. D'après le *Dict.* étymologique de Bloch et Wartburg, *patronnesse* aurait été employé en ce sens pour la première fois en 1833 à l'occasion d'un bal par souscription à l'Opéra.

1. PATTERN [patɛʀn] *n. m.*

(av. 1959) *Sc. hum.* Modèle simplifié d'une structure de comportement (psychologique, sociologique, linguistique), obtenu par une série homogène d'épreuves et représenté sous forme schématique.

« La notion d'institutionnalisation a besoin d'être précisée, car elle s'applique non seulement à toute culture donnée, mais aussi à tous les groupes, si petits soient-ils, qui constituent cette société. Il y a donc lieu de spécifier le groupe, la culture, l'aire culturelle dans lesquels on a rencontré tel ou tel *pattern* de communication. »
H. HÉCAN, in *Essais de sémiotique*, p. 524, Mouton, 1971 (□ Communication présentée à Bloomington, Indiana, en 1962).

✻ Mot anglais n. (XIVᵉ s.) « exemple, modèle, spécimen, patron », employé en ce sens spécialisé en 1934 *(Patterns of Culture)* par l'anthropologiste américaine Ruth Benedict (1887-1948). La forme *pattern* est une altération qui s'est produite au XVIᵉ siècle *(patarne, paterne, pattern)* de l'anglais *patron* n. (1369), lui-même emprunté au français *patron*, qui, en anglais, ne se dit plus que des personnes alors que *pattern* a pris le relais en parlant des choses. L'emprunt de *pattern* a été condamné dès 1959 comme « xénisme ».

> « Je dirai qu'il y a *xénisme* (en empruntant ce terme à notre ami M. le Professeur Sauvageot) quand nous employons le terme étranger tel quel, avec son orthographe d'origine et sa prononciation. Exemples de xénismes : le cybernéticien français qui utilise les mots *pattern* et *feed-back*, l'aviateur qui se résout à faire un *crash* [...]. »
>
> G. COMBET, *Les travaux du Comité d'étude des termes techniques français*, in *Sciences*, mai-juin 1959, p. 81.

✱ Le Comité d'étude des termes médicaux français *Clair-dire* propose de remplacer *pattern* selon les cas, par *schéma, modèle* ou *type*. Dans certaines circonstances, les mots *patron, profil, structure* peuvent aussi lui être substitués. La psychologie sociale a adopté les termes de *modèle (de comportement)* et de *schème* :

> « Le terme anglais de *pattern* est employé dans des contextes différents : *cultural pattern, behavior pattern, ideal pattern*. Il est assez délicat à traduire, certaines traductions adoptées nous paraissent peu conformes au sens réel, telle que "échantillon" (*Patterns of Culture* de R. Benedict a été traduit en 1950 par "Échantillons de cultures"), ou "style" (M. Bourricaud, p. III, traduit *pattern of culture* par "style culturel" , quoique souvent, il adopte également le terme de "modèle"). Nous emploierons le terme de "modèle" (cf. Jean Maisonneuve, les *Modèles socio-affectifs* et Bourricaud, dans sa traduction de Parsons) ou de "schème", ces deux termes paraissant le mieux correspondre à l'idée de "patron" (dans le sens de "patron de mode") sur lequel viennent se calquer les "conduites réelles", idée contenue dans le terme anglais (remarque de M. Lagache). »
>
> A.-M. ROCHELAYE-SPENLÉ, *La Notion de rôle en psychologie sociale*, p. 49 (□ 1962).

✱ Le *Dict. de l'ethnologie* (Petite Bibliothèque Payot, 1970) donne *pattern* comme terme spécialisé indispensable :

> « Mot anglais que l'on évite souvent de traduire, car les équivalents français qui ont été proposés (modèle, configuration, patron, thème, structure, etc.) ne sont pas entièrement satisfaisants. Développée par les culturalistes américains, la notion de *pattern* désigne la forme caractéristique que prennent les divers éléments constitutifs d'une culture ou d'une société et les attitudes qu'observent ses membres, définissant ainsi une façon de vivre cohérente et spécifique. Il recouvre donc les notions d'usage, de coutume, de mœurs permettant de reconnaître l'originalité d'une culture. »

✱ De façon générale, il paraît difficile d'éviter le mot *pattern* dans les textes scientifiques où on doit l'opposer à des mots recouvrant des notions très distinctes, telles que *modèle* et *structure*.

2. PATTERN (PAINTING) [patɛʀn(pɛntiŋ)] *n. m.*

(1979) École de peinture qui puise son inspiration dans les motifs imprimés, brodés, tissés, les tapis persans, etc. et qui revendique un but décoratif.

> « Le Pattern, mouvement new-yorkais dont Kushner est un des leaders, semble à la mode. Franchement décoratif, libre, gai, cela rappelle Matisse, Picabia, les expressionnistes allemands. »
>
> *L'Express*, 20 avr. 1979, p. 19.

> « Il faut donc voir ces artistes, intéressants dans la mesure où ils rompent avec la rigueur ascétique de l'art minimal et le dessèchement du monochrome conceptuel. Le "pattern" fait appel au plaisir visuel, à l'invention gratuite, au droit à la gaieté. » *L'Express*, 23 juin 1979, p. 40.

✱ Expression américaine, « peinture *(painting)* de motifs *(pattern)* », nom d'une nouvelle école de peinture (absent de tout dictionnaire).

PAUPÉRISME [popeʀism] *n. m.*

(1823) *Didact.* État permanent de pauvreté, d'indigence, dans une société ou une partie de celle-ci. — REM. : Enregistré dans les dict. de Littré 1868, et de l'Académie 1878.

> « Quels palliatifs apporter à tant de misères ? Le paupérisme est-il un vice irrémédiable, une plaie que les sociétés modernes doivent accepter sans espoir d'en être jamais délivrées ? Les grandes villes sont-

elles invariablement vouées aux tristes spectacles dont Londres venait
de nous présenter le spécimen ? »
L. Simonin, *Une excursion dans les quartiers pauvres de Londres* [1862],
p. 335 (□ 1865).

« Le paupérisme est la conséquence fatale du capitalisme, non moins
que l'enrichissement excessif d'un petit nombre de privilégiés. »
R. Gonnard, *Histoire des doctrines économiques*, p. 506 (□ 1930).

✳ De l'anglais *pauperism* n. (1815), dérivé savant de *pauper* n. (1631)
du latin *pauper* « pauvre ». Francisé sous la forme *paupérisme*, le mot
s'emploie d'abord à propos de l'Angleterre (Boiste, 1823). On sait que
Charles Louis Bonaparte, le futur Napoléon III, écrivit, après s'être évadé
du fort de Ham et réfugié en Angleterre, un ouvrage sur *L'Extinction du
paupérisme* (1846). Au xxᵉ siècle, apparaissent en français deux termes
formés sur le même radical : *paupériser* v. tr. (d'après l'anglais *to
pauperize*, 1834), *didact.*, « appauvrir graduellement et radicalement une
population ou un groupe social » ; *paupérisation* n. f. (d'après l'anglais
pauperization 1847), *écon. pol.*, « abaissement continu du niveau de vie,
diminution absolue du pouvoir d'achat *(paupérisation absolue)* ou
appauvrissement d'une classe sociale par rapport à l'ensemble de la
société *(paupérisation relative)* » (*Robert*, 1962).

« Nul doute que les "peuples prolétaires", victimes désignées de l'inflation
mondiale, envient ceux qui semblent avoir brisé le cercle infernal de la paupérisation. »   *Le Monde*, 21 janv. 1972, p. 28.

PAUSE-CAFÉ [pozkafe] *n. f.*

(1966) Courte interruption du travail, pendant laquelle on
prend une tasse de café, de thé ou un rafraîchissement
quelconque.

« Encore inconnue en 1960, la *pause café* a été adoptée depuis par
2 347 entreprises. »   *Paris-Match*, 15 oct. 1966 [*in* Gilbert].

✳ De *pause* et *café,* adaptation française de l'expression d'origine
américaine *coffee break,* de l'anglais *break* n. « interruption, pause » (du
verbe tr. *to break* « casser, rompre, partager ») et *coffee* « café »,
enregistrée dans le *Webster's Third* 1966. Ce mot correspond à une
institution américaine déjà bien établie en 1950, celle d'une interruption
d'environ dix minutes autour d'une tasse de café le matin et/ou l'après-
midi dans les bureaux et dans les ateliers.
Sur le modèle de *pause-café* attesté en 1966, on a tôt fait en France
de créer *pause-repas*, n. f. (1969) pour désigner l'interruption de travail
réservée au repas de midi.

PAYANT, ANTE [pɛjã, ãt] *adj.*

(1962) *Fam.* Se dit d'une chose qui paie (→ **Payer**).
L'industrie touristique est payante. — *Fig.* Se dit de ce qui est
profitable, donne de bons résultats. *Cette attitude n'est pas
payante.* — REM. : Absent des dict. de Littré et de l'Académie.

« Savoir si le neutralisme n'était pas plus *"payant"* que l'adhésion
aux alliances occidentales. »   *Le Monde*, 23 juil. 1964 [*in* Gilbert].

« Le genre désarmé, ce n'est pas toujours payant. »
F. Mallet-Joris, *Le Jeu du souterrain*, p. 54 (□ 1973).

✳ L'adj. *payant, ante* apparu en français au sens de « qui doit être
payé » en 1260, a pris le sens de « qui rapporte (à court ou à long
terme) » sous l'influence de l'angl. *paying* adj. part. (1882). Attesté dans
le *Robert* (1962) → **Payer.**

PAYER [peje] *v. tr.*

(1875) Fam. *(En emploi absolu avec un sujet nom de chose ou
d'action)* Rapporter, être profitable. *Ce travail paie bien.* — Fig.
Le crime ne paie pas. — REM. : Enregistré dans le Suppl. 1877
du dict. de Littré ; absent des dict. de l'Académie.

« On croyait alors [1851] que les mines du quartz [aurifère] ne payaient pas. »

> L. SIMONIN, in *La Revue des Deux-Mondes*, 15 nov. 1875
> [*in* Littré, Suppl.].

« Je ne veux pas dire par là que Figuig et Beni-Ounif soient appelés à un avenir économique mondial [...]. Mais je ne serais pas éloigné d'espérer que, du moins, leur trafic avec les tribus du Sud-Marocain, dont les besoins et les ressources augmenteront vraisemblablement à notre contact, "payera", au sens anglais du mot, et couvrira peut-être un jour, sur d'autres chapitres du budget, les frais de l'occupation militaire que la sécurité du reste de l'Algérie nous force à maintenir sur cette frontière. »   LYAUTEY, *Paroles d'action*, 25 fév. 1904, p. 39 (□ 1927).

✻ Cet emploi du verbe *payer* avec un sujet nom de chose est emprunté à l'usage anglais. Le verbe *to pay* (lui-même emprunté au français au XIIIᵉ siècle) a commencé à être employé intransitivement, à propos d'une chose, en ce sens, en 1812. Il a donné l'adj. part. *paying* en 1882. En français, la construction verbale absolue, avec un sujet nom de chose, est apparue en 1875 (→ cit. de Simonin, ci-dessus) ; mais l'usage de l'adj. *payant, ante* au sens de « qui se révèle lucratif, avantageux, positif ou efficace » n'est pas attesté avant le milieu du XXᵉ siècle (*in* Robert 1962).

PECAN [pekã] *n. m.*

(1930) Fruit lisse, en forme d'olive, d'un hickory d'Amérique *(Carya illinoensis)*, qui renferme une amande oléagineuse comestible, ressemblant au cerneau de nos noix. *Noix de pecan.* — Par appos. *Noix pecan.* — REM. : Absent du dict. de l'Académie 1935.

« Marchandes de noix glacées au caramel, d'amandes grillées, de pékans [*sic*], où avons-nous déjà vu cela ? »

> P. MORAND, *New-York*, p. 164 (□ 1930).

✻ Mot anglais d'origine américaine n. (1773), aussi *paccan* au XVIIIᵉ s., *pecanne, peccan(e)*, de l'algonquin *pakan* « noix » (et dans d'autres langues indiennes, cri : *pakan*, ojibway : *pagan*, abénakis : *pagann*) nom générique de la noix des diverses espèces de hickory, qui a donné en français *pacane* n. f. et son dérivé *pacanier* n. m. (1839, Boiste), qui se sont dits à l'origine d'une espèce de noyer noir de la Louisiane et de son fruit.

L'anglais *pecan* n. (1773) ou *pecan nut (tree)* n. (1778) désigne spécifiquement un noyer de très grande taille, de la famille des juglandacées, commun dans les vallées de l'Illinois, de l'Ohio et du Mississippi *(Carya illinoensis)*. Le nom français est *pacanier. Pecan nut* « noix de pecan » n. (1778) ou sa forme abrégée *pecan* (1822) désigne le fruit ou noix de cet arbre, appelé *pacane, noix pecan* ou quelquefois *pecan* en français (*in* Quillet, 1970). Pour la forme graphique dans la cit. de Morand → art. *Pékan.* La noix de pecan se mange avec l'apéritif comme la noix de cajou ; les Anglais en mettent dans leurs cakes.

PÉCARI [pekaʀi] *n. m.*

(1688) Mammifère d'Amérique méridionale *(Suidés)*, voisin du sanglier, appelé aussi *cochon (sauvage) d'Amérique.* — REM. : Enregistré dans les dict. de Littré 1868, et de l'Académie, seulement en 1935.

« Le cochon d'Europe, le cochon de Guinée et le pécari sont trois espèces qui paraissent être fort voisines, et qui cependant sont distinctes et séparées les unes des autres, puisqu'elles subsistent toutes les trois dans le même climat sans mélange et sans altération. »

> BUFFON, *Les Quadrupèdes*, in *Œuvres complètes*, t. III, p. 110 (□ 1761).

— PAR EXT. (déb. XXᵉ s.) Cuir de cet animal.

« — Elle a raison, Gégène. Tu devrais mettre des gants de pécari et un smoking... dit l'un.
— Et une chemise avec des plis et un nœud papillon sous le menton... dit un autre. »   J. CAU, *La Pitié de Dieu*, p. 23 (□ 1961).

✱ Wartburg rattache ce mot directement au caraïbe de la Guyane et du Venezuela, *begare*. L'évolution de la forme (*pacquire*, Laet, 1640 ; *pécari*, trad. de l'anglais de *L'Amérique anglaise* par R. Blome, 1688 [*in* Mackenzie, p. 86] ; *pécary* et *pécari* in *Nouvelles de la république des lettres*, avril 1699, p. 392 [d'après Wartburg]) manifeste le passage par l'anglais *peccary* (aussi *pakeera*, *pecary*) n. (1613) de *pakira*, nom caraïbe sans doute apparenté à la forme *begare*.

PEDIGREE [pedigʀe] n. m.

1° (1828) *Turf.* Généalogie (d'un cheval de race pure) ; document établissant cette généalogie. — *Par ext.* (À propos d'un animal domestique) *Chiens, chats à pedigree, avec pedigree.* — REM. : Enregistré dans les dict. de Littré 1868, et de l'Académie 1935.

« C'était la classique matinée du printemps à Paris-quartier chic. L'avenue, jusqu'au Rond-Point, n'était qu'un square de soleil où circulaient des belles en robes légères, tirant derrière leurs hauts talons des pékinois ou des caniches abrutis de pedigrees. »
R. FALLET, *Le Triporteur*, p. 332 (□ 1951).

2° (1935) PAR EXT. Origine (d'une personne).

« Une chance insigne dut s'émouvoir en ma faveur, afin que je puisse dire en entrant, à votre Assemblée, non pas "J'arrive", mais bien "Je reviens". Cette chance qui me fait doublement vôtre, Valère Gille l'a rendue claire, en parlant de ma famille belge, en me légitimant si j'ose ainsi dire, à l'aide du plus honorable "pedigree". »
COLETTE, *Discours de réception à l'Académie royale belge*, 1935, in *Belles Saisons*, p. 215 (□ 1945 †).

— *Fig.* et *plaisant.* Curriculum vitae.

« il débitait son *pedigree* — normalisé comme on normalise un texte pour philologues débutants. » *Le Nouvel Observateur*, 22 mars 1971.

— *Argot.* Casier judiciaire.

« Oui, j'ai peur que les juges, en dépit de notre pedigree, de notre peu de hâte à réintégrer "le droit chemin", etc., ne nous filent pas le coup de barre ; ou bien, qu'ils nous le filent avec la confusion des peines [...]. » A. SARRAZIN, *La Cavale*, p. 292 (□ 1965).

✱ Mot anglais n. (1410) « généalogie, arbre généalogique » lui-même emprunté à l'ancien français *pié de grue* par l'anglo-normand *pe de gru* (*pedegru*, -*gre*, *petegreu*, -*gru*, au XVᵉ s.), par analogie de forme entre le pied de la grue et les trois petits traits rectilignes dont on se servait dans les registres officiels anglais pour indiquer les degrés ou les ramifications d'un arbre généalogique à trois branches. L'assimilation du français à l'anglais s'est faite par analogie avec *degree* « degré ». Le terme n'est attesté à propos des animaux qu'en 1608. En français, *pedigree* se dit proprement des chevaux et des animaux domestiques de race pure. Le terme est attesté dans le *Journal des haras*, II, p. 116, 1828 [*in* Mackenzie, p. 208]. Le second sens, et en particulier l'acception argotique, est typiquement français. À l'origine, on prononçait le mot à l'anglaise [pedigʀi] ; on dit de nos jours [pedigʀe], comme si le mot se terminait en *ée*.

PÉDIMENT [pedimɑ̃] n. m.

(1951) *Géol.* Dans les régions arides ou semi-arides, Glacis d'érosion développé sur des roches dures au pied d'un inselberg.

« Les manuels de géographie physique, en nous montrant les divers types d'érosion : normale, semi-aride, désertique, périglaciaire..., ne nous renseignent guère que sur ce qu'on a déjà appelé érosion "ordinaire". Grâce à eux, "devant nous" se façonnent surfaces d'érosion, pénéplaines, pédiments, terrasses fluviales... »
J. POUQUET, *L'Érosion*, p. 68 (□ 1951).

✱ Anglais *pediment* n. (XVIIᵉ s.), proprement « fronton (d'un temple, par exemple, qui peut porter une ou plusieurs statues) », forme issue, d'après l'Oxford dict. et Onions, de *periment, peremint* (vx.), altération populaire probable de *pyramid* « pyramide », sans rapport historique avec le latin *pes, pedis* « pied ». L'Américain W. J. McGee introduit en 1897 le terme de géographie *(rock) pediment* « pediment (rocheux) » ; son compatriote K. Bryan reprend le terme à son compte en 1922, en signalant l'ambiguïté morphologique. La forme graphique francisée de *pédiment* est attestée dans *L'Érosion,* de J. Pouquet (1951), dans le *Dict. de la géographie* de P. George, 1970, qui signale les synonymes français de *glacis rocheux* et de *glacis d'érosion en roche dure.* Sur *pédiment* a été formé le dérivé *pédimentation* n. (*in* G. L. E. 1963), « évolution du relief par formation de pédiments » (d'après l'angl. *pedimentation,* n., *in* Webster's Third 1966).

PÉDIPLAINE [pediplɛn] *n. f.*

(1956) *Géol.* Surface plane des régions arides formée par le développement de pédiments* contigus.

« Les aplanissements les plus parfaits sont dus à l'action combinée de l'érosion et du dépôt des sédiments détritiques dans les zones de ruissellement situées au pied des montagnes : ce sont les *pédiplaines.* Leur aplanissement est donc à la fois dû à un rabotage et à un remblaiement. Les exemples les plus typiques se sont formés sous climat aride. Les matériaux détritiques des pédiplaines entrent dans la catégorie de ce que nous nommons *mollasses.* »
H. et G. TERMIER, *Histoire de la surface terrestre,* in *La Terre,* pp. 1350-1351 (□ 1959).

✳ Anglais *pediplain* n., terme créé par J. A. Maxson et G. H. Anderson en 1935 (aussi, plus tard *pediplane* n., de *plane* n. « surface plane », introduit par A. D. Howard), de la contraction de *pedi[ment]* et de *plain* « plaine ». La forme graphique francisée de *pédiplaine* est enregistrée dans le *Vocabulaire [...] de géomorphologie,* de H. Baulig, 1956. Le dérivé *pédiplanation,* d'après l'anglais *pediplanation* (théorie proposée par L. C. King pour remplacer celle de la pénéplanation davisienne), est attesté dans le G. L. E. 1963.

PEELING [piliŋ] *n. m.*

(1935) *Techn.* Traitement esthétique consistant à desquamer les couches superficielles de l'épiderme du visage pour en atténuer les défauts. — REM. : Absent du dict. de l'Académie 1935.

« On emploie [...] chez les restaurateurs de charmes défaillants, *le peeling* [...]. »
J. ORR, *Les Anglicismes du vocabulaire sportif,* oct. 1935, p. 300.

« Pour les petites rides, par irritation superficielle de l'épiderme, la neige carbonique, l'étincelage de haute fréquence, ou un PEELING, fait prudemment, on peut obtenir des résultats très intéressants. Si les plis sont extrêmement accusés surtout au front, au cou, aux joues, la chirurgie plastique seule peut les faire disparaître. Il en est de même de la patte d'oie, de la boursouflure des paupières. »
P. BLUM, *La Peau,* p. 118 (□ 1953).

✳ Mot anglais n. (1564) du verbe *to peel* au sens général de « retirer l'écorce, la pelure, la peau ou la couche extérieure d'une chose », employé en ce sens technique au xxe siècle, de *to peel off the skin,* littéralement « enlever la peau ». Pour remplacer en français cet emprunt de l'anglais, on a proposé le terme *exfoliation,* n. f. (*la Banque des mots,* n° 4, 1972, p. 217) qui a déjà cours en médecine.

PÉKAN [pekã] *n. m.*

(1683) Nom usuel de la marte du Canada (*Martes* ou *Mustela pennanti*). — *Par ext.* Fourrure très recherchée de cet animal. — REM. : Enregistré dans le dict. de Littré 1868 ; absent des dict. de l'Académie. — Ne pas confondre avec *pecan**.

« ainsi nous nous croyons fondés à regarder le pekan comme une variété dans l'espèce de la marte [...]. »

BUFFON, *Les Quadrupèdes*, in *Œuvres complètes*, t. III, p. 499 (□ 1765).

« La peau d'un pékan monte de vingt à trente-huit francs ; celle d'une martre de dix-neuf à vingt-neuf, et celle d'un foutereau de douze à dix-huit. »

MILTON et CHEADLE, *Voyage de l'Atlantique au Pacifique* [nov. 1862], p. 222 (□ 1866).

✱ De *pékanē*, mot de l'algonquin des Abénakis, passé en anglais du Canada sous la forme *pekan* (aussi *pecan*) n. (1760) par l'intermédiaire du français du Canada *pékan, pécan(t), peccan,* et repris en français par Buffon avec la graphie anglaise, plus tard refrancisée avec l'accent aigu. Buffon précise cependant que le mot était connu depuis longtemps :

« Il y a longtemps que le nom de *pekan* était en usage dans le commerce de la pelleterie du Canada, sans que l'on en connût mieux l'animal auquel il appartient en propre ; on ne trouve ce nom dans aucun naturaliste, et les voyageurs l'ont employé indistinctement pour désigner différents animaux, et surtout les mouffettes ; d'autres ont appelé *renard* ou *chat sauvage* l'animal qui doit porter le nom de *pekan*, et il n'était pas possible de tirer aucune connaissance précise des notices courtes et fautives que tous en ont donné. Il en est du *vison* comme du *pekan*, nous ignorons l'origine de ces deux noms, et personne n'en savait autre chose, sinon qu'ils appartiennent à deux animaux de l'Amérique septentrionale. »

Ibid., p. 498.

✱ *Pekan* est en effet attesté dès 1683 parmi les noms des peaux qu'on tirait du Canada :

« Les pekans, chats sauvages ou enfants du diable, valent 1 liv. 15 sous la peau. » *Voyage de La Hontan*, t. II, p. 39, *in* BUFFON, t. III, p. 498 (□ 1765).

« Et que dans les chasses éloignées, où ils ont costume d'aller, il y a des ours, des cerfs, des biches, des chevreuils, [...] quelques peccans et des loutres. »

N. PERROT, *Mémoire sur les mœurs* [...] *des Sauvages de l'Amérique septentrionale,* av. 1716 [in *Dict. of Americanisms*].

PELLET [pɛlɛ] *n. m.*

1° (1952) *Méd.* Comprimé pharmaceutique (surtout d'hormone) que l'on implante sous la peau pour assurer une résorption très lente du principe actif.

2° (1960) *Métall.* Petite boule de minerai de fer aggloméré, destinée à enrichir un minerai en fer et à faciliter son traitement en haut fourneau.

« Avec du minerai de fer très finement broyé et mouillé, on confectionne des boulettes, qui sont ensuite cuites au four à la température d'agglomération du métal. Ces boulettes sont appelées pellets, et l'opération la pellétisation. » *Sciences,* mars-avril 1960, p. 90.

✱ Mot anglais n. (1390), lui-même emprunté au français *pelote* (lat. pop. *pilotta,* diminutif de *pila* « balle »), signifiant « balle, petite boule, pelote, boulette » et spécialement « pilule », qui a pris ces sens techniques au XXᵉ siècle. En français, le terme *pellet,* attesté en 1952 [*in* Suppl. 1970 du Robert] est admis en médecine ; en métallurgie, il a fait l'objet d'une proposition de remplacement par le terme *boulette* (in *Sciences,* mars-avril 1960, p. 90). De même, on recommande de substituer *boulettage* au dérivé *pellétisation,* n. f. utilisé en métallurgie (→ cit. supra).

PEMMICAN [pɛmmikã] *n. m.*

(1836) Préparation de viande séchée et concentrée (dont on fait provision pour de longues expéditions). — REM. : Signalé dans le Compl. 1836 du dict. de l'Académie et dans le dict. de Littré 1868.

« À notre départ de Fury-Beach, sybarites que nous étions, à peine trouvions-nous à notre goût le plat succulent que les Canadiens du nord-

ouest appellent *rababou*, mélange de biscuit et de farine, bouilli avec le *pemmican.* »
J.-R. Bellot, *Journal d'un voyage aux mers polaires*, 1854
[*in* D. D. L., 2ᵉ série, 4].

« Les caisses de pemmican (viande broyée et comprimée) sont à dégeler sur les coffres de la cabine ; les vêtements de peau de buffle sèchent près du poêle [...]. »
E.-K. Kane, *La Mer polaire* [1854], p. 261 (□ 1860).

« Puis il [Tartarin] fit venir de Marseille toute une cargaison de conserves alimentaires, du pemmican en tablettes pour faire du bouillon [...]. »
A. Daudet, *Tartarin de Tarascon*, p. 82 (□ 1872).

* Mot d'origine algonquine (en langue cri : *pimikkân,* de *pimii* « graisse » et suffixe *-kân* « préparé ») attesté en anglais du Canada (*pimmegan,* 1743), en américain (*pimmecan,* 1791), en anglais (*pemican,* 1801 ; *pemmican,* 1824), nom d'une préparation indienne à base de buffle, ou parfois de caribou, d'orignal, etc., dont ont fait grand usage les coureurs des bois et les trappeurs en Amérique du Nord, et dont le mode de conservation, dans des sacs de cuir étanches, représente la première forme de mise en conserves. En français, le mot évoque les longues ou lointaines expéditions des explorateurs ; il a été diffusé par les traductions de romans d'aventures américains, au XIXᵉ siècle.

PÉNALISATION [penalizasjõ] *n. f.*

(fin XIXᵉ s.) *Sport.* Dans une épreuve sportive, Désavantage infligé à un concurrent qui a contrevenu au règlement. *En football, le coup franc et le penalty* sont des pénalisations. En rallye, la pénalisation se chiffre en temps ou points.* — REM. : Absent du dict. de l'Académie 1935. — Plus rare que *pénalité.*

« [rallye] N'avoir pas réussi à terminer sans pénalisation ».
L'Équipe, 19 juil. 1965 [*in* G. Petiot].

« Ses pouvoirs [de l'arbitre] commenceront au moment où il sifflera le coup d'envoi et son droit de pénalisation s'étendra aux infractions commises pendant une suspension temporaire du jeu ou quand le ballon est hors du jeu. Cependant, il s'abstiendra de pénaliser dans le cas où le faisant il croirait favoriser l'équipe ayant commis la faute. »
J. Mercier, *Le Football*, p. 20 (□ 1966).

* Anglais *penalization* n. (1888), du verbe *to penalize* (→ **Pénaliser**). La forme francisée *pénalisation* est enregistrée dans le Suppl. 1907 du *Nouveau Larousse illustré* ; d'après Mackenzie et Wartburg, le mot remonte à la fin du XIXᵉ siècle, comme le verbe *pénaliser** dont il est le dérivé. *Pénalisation* est plus rare que *pénalité,* attesté comme terme de sport dès 1868.

PÉNALISER [penalize] *v. tr.*

(v. 1900) *Sport.* Infliger une pénalisation* à (une équipe sportive, un joueur qui a contrevenu au règlement). — REM. : Souvent employé à la forme passive. — Absent du dict. de l'Académie 1935.

« L'on pénalise d'un coup franc tout pied quittant le sol dans une mêlée ordonnée avant que le ballon ait été correctement placé. »
L'Auto-Vélo, 7 oct. 1902 [*in* G. Petiot].

« L'avant centre fut pénalisé pour "pied en avant", ce qui permit aux Bourguignons de dégager leur camp. »
R. Fallet, *Le Triporteur*, p. 408 (□ 1951).

— PAR EXT. Infliger une peine, une punition à (quelqu'un). — *Spécialt.* Imposer un désavantage à (un groupe, une personne). — *Être pénalisé,* souffrir d'un désavantage imposé. — *Spécialt.* Être frappé d'une pénalité fiscale.

« Plusieurs membres socialistes [du ministère] suivant les consignes que leur donnait leur parti, me firent entendre qu'ils se retireraient, plutôt que d'opposer un refus aux syndicats et de pénaliser les agents et employés qui manqueraient à leur service. »

Ch. de GAULLE, *Mémoires de guerre*, p. 277 (□ 1959).

« Il est évident qu'il y a interférence constante entre les différents aspects de la condition féminine et qu'on ne peut évoquer le travail des femmes sans tenir compte de son double visage, sans avoir toujours présent à l'esprit le fait qu'elles sont doublement pénalisées dans le monde professionnel, l'obligation qui leur était faite jusqu'ici d'assumer seules ou presque seules les tâches domestiques ayant servi de prétexte à leur donner une formation professionnelle moins poussée et des salaires moindres. »   *F Magazine*, pp. 172-173, Mazarine, 1979.

✳ Anglais *to penalize* v. tr. (1868), de l'adj. *penal* « relatif aux peines », lui-même emprunté au français *pénal* (latin *pœnalis*, de *pœna* « peine ») au xvᵉ siècle. En français comme en anglais, ce verbe est d'abord attesté comme terme de sport. Selon Mackenzie et Wartburg (sans attestation précise), la forme francisée de *pénaliser* remonte à la fin du xxᵉ siècle comme le dérivé *pénalisation**. En anglais, on trouve le sens généralisé de *to penalize* dès 1888 ; en français, le terme *pénaliser* ne sort du langage du sport qu'au milieu du xxᵉ siècle. On a formé *dépénalisation* n. f. et *dépénaliser* v. tr. (*L'Express*, 2 fév. 1980).

PÉNALITÉ → PENALTY.

PENALTY [penalti] *n. m.*

(1902 ; *penalty kick*, 1901) *Football* et *hockey*. Sanction infligée à une équipe de football, de hockey pour une faute commise par un de ses joueurs dans la surface de réparation de son camp, qui consiste en un tir au but en face du seul gardien. *Des penalties* ou *des penaltys*. — REM. : Absent du dict. de l'Académie 1935.

« L'arbitre accorde un "penalty kick". »

L'Auto-Vélo, 25 fév. 1901 [*in* G. Petiot].

« Penalty ! B. le donne et le réussit. »

L'Auto-Vélo, 27 oct. 1902 [*in* G. Petiot].

« — Penalty ! Penalty ! tonitruaient les Girondins.
Évidemment, penalty ! S'il n'avait pas été sifflé, celui-là, la foule sautait les grillages et courait pendre l'arbitre au plus proche réverbère. »   R. FALLET, *Le Triporteur*, p. 381 (□ 1951).

« Un penalty, c'est un peu comme un peloton d'exécution : le tireur est tout seul à six mètres du goal et celui-ci n'a le droit de bouger qu'au coup de sifflet, c'est-à-dire lorsque le coup de pied part et que la balle est en une demi-seconde aux fins fonds des ficelles. C'est assez inhumain. »   *Ibid*, p. 382.

✳ Mot anglais n. (1512) « sanction, peine imposée », de même racine que *penal* (latin *penalitas*), peut-être emprunté au français *pénalité* par l'intermédiaire d'un terme de droit anglo-normand *penalte*, attesté comme terme de sport en 1885. Pour franciser le mot, la Commission du vocabulaire sportif de l'Union syndicale des journalistes sportifs de France a fait les propositions suivantes :

« Après de longs échanges de vues, la Commission propose, par analogie avec le "coup de pied de pénalité" du rugby, d'employer le mot *pénalité*, en ce sens restreint de "penalty". On qualifierait donc toutes les autres fautes commises par la sanction appliquée à ces fautes : coup-franc, balle à terre, etc., le mot *pénalité* étant strictement réservé à la réparation d'une faute commise dans la surface dite "de réparation". Pour éviter certaines répétitions, la Commission propose, pour désigner également cette action de jeu, un calque de l'allemand *elf meter*, le terme *onze mètres*. On pourra donc dire : "l'arbitre ordonne un *onze mètres*", "Untel tire le *onze mètres* dans le coin droit du but". »

A. CHASSAIGNON, *Une révision des termes sportifs*,
in *Vie et Langage*, juil. 1961, p. 388.

✳ Le mot *penalty* est toutefois bien entré dans l'usage avec une prononciation francisée et un pluriel français (*penaltys* attesté dans G. L. L. F., 1977). L'emprunt sémantique de *pénalité* a aussi cours.

PENCIL [pɛnsil] *n. m.*

(1864) *Vx.* Crayon de maquillage pour les sourcils, le contour des yeux, des lèvres. — REM. : Absent des dict. de Littré et de l'Académie.

« Il était difficile en effet de se la figurer ainsi, avec ses onguents, ses pencils qu'elle promenait lentement en caresse sur son cou de statue. »   A. DAUDET, *L'Évangéliste*, p. 276 (□ 1883).

✳ Mot anglais n. « pinceau » vx (1385), « crayon » (1612), lui-même emprunté à l'ancien français *pincel* (mod. : *pinceau*). Mot signalé en français par Mackenzie, en 1864, par Bonnaffé, en 1866 ; actuellement sorti de l'usage.

PÉNÉPLAINE [peneplɛn] *n. f.*

(1903) *Géol.* Surface d'aplanissement réalisée par l'érosion et comportant des reliefs résiduels ou *monadnocks**. — REM. : Absent du dict. de l'Académie 1935.

« Si la réduction à l'état de pénéplaine représente le terme final de l'érosion normale, il est intéressant d'embrasser l'ensemble des formations qui y conduisent. »
E. de MARTONNE, *Traité de géographie physique*, t. II, p. 105 (□ 1925).

✳ Anglais *peneplain* n., de *plain* « plaine », et *péné-* (latin *paene* « presque »), terme créé en 1889 par l'Américain W. M. Davis. (D. Johnson remplace en 1916 *peneplain* par *peneplane*, de *plane* n. du latin *planum*, « surface plane ».) La forme graphique francisée de *pénéplaine* est enregistrée dans le Nouveau Larousse illustré 1903. Le dérivé *pénéplanation* n. f. (d'après l'américain *peneplanation*, 1904) « formation d'une pénéplaine », est signalé dans le G. L. E. 1963 (théorie davisienne). On rencontre aussi *pénéplané* (→ cit. de H. et G. Termier, 1959, à l'art. *Monadnock*), d'après l'anglais *peneplained* adj. (1905).

PÉNICHE [peniʃ] *n. f.*

1° (1803) *Mar. (Vx.)* Canot léger employé dans la guerre maritime. *Péniches de flottille.* — REM. : Enregistré dans les dict. de l'Académie 1835 et de Littré 1868.

« J'ai ici, autour de moi, plus de 120 000 hommes et 3 000 péniches et chaloupes *qui n'attendent qu'un vent favorable pour porter l'aigle impériale sur la Tour de Londres.* »
NAPOLÉON, Lettre à Brune, 8 thermidor, an XII (1804) [*in* Robert].

« Les *péniches* ont acquis une grande célébrité dans la dernière guerre entre l'Angleterre et la France. Ces téméraires embarcations venaient capturer, presque sous le feu de la côte, souvent en plein jour, les bâtiments marchands, dont elles étaient la terreur. Le meilleur moyen de les éviter était de tendre des filets sur les bastingages et au bout des vergues ; les filets retardaient l'abordage, s'ils ne l'empêchaient pas ; l'équipage de la *péniche* se trouvait prisonnier sous les filets. »
P. LAROUSSE, *Grand Dict. universel*, 1875.

2° (1875) *Mod.* Grand et lourd chaland servant au transport des marchandises sur les rivières et les canaux. — *Train de péniches remorquées. Péniches à moteur Diesel.* — REM. : Enregistré dans le dict. de l'Académie 1935 ; absent du Littré.

« Sur le canal Saint-Martin glisse,
Lisse et peinte comme un joujou,
Une péniche en acajou,
Avec ses volets à coulisse,
Un caillebot au minium,
Et deux pots de géranium
Pour la Picarde, en bas, qui trôle. »
TOULET, *Contrerimes*, Dixaine, p. 118 (□ 1921).

« Amsterdam. Cossues, les maisons à pignons se reflètent dans l'eau lisse des canaux. Sur une péniche immense, un godilleur transporte une minuscule balle de thé. »   A. MAUROIS, *Bernard Quesnay*, p. 188 (□ 1926).

— Par ext. (1944) *Péniche de débarquement*, bateau de faible tonnage, à fond plat, utilisé pour le débarquement des troupes et du matériel militaire.

« Le nom de *péniches de débarquement* a été donné à toutes les petites unités, remorquées ou à moteurs *(landing-craft)*, utilisées pour la mise à terre des troupes et du matériel au cours de l'opération Neptune. » R. Gruss, *Petit Dict. de Marine*, 1952.

✱ Francisation par métathèse vocalique et substitution de suffixe, de l'anglais *pinnace* [pinɛs] n. (1546), lui-même emprunté à l'ancien français *pinace* n. f. (mil. xvᵉ s.; mod. : *pinasse*, 1596; de l'espagnol *pinaza*, proprement « vaisseau en bois de pin », du latin *pinus* « pin »). *Péniche* est attesté au sens ancien dans *le Mercure de France*, XIII, p. 142, 1803 (*in* Wartburg), et au sens moderne dans P. Larousse, *Grand Dict. universel* 1874. Le nom de *péniche de débarquement* est l'équivalent français de l'anglais *landing craft* (*craft* « embarcation, petit bateau », *landing* « débarquement »), créé lors de l'opération Neptune menée en Angleterre, qui aboutit au débarquement des troupes alliées sur les côtes de France, le 6 juin 1944.

PÉNICILLINE [penisilin] *n. f.*

(1948) Antibiotique produit par une moisissure du genre pénicille *(penicillium notatum)*.

« La pénicilline, de formule $C_{14}H_{19}NO_6$ a été découverte en 1928 par le professeur britannique Alexander Fleming. »
Dr M. Gautrelet, in *Larousse mensuel illustré*, avril 1948.

« La vraie grippe m'attendait à Paris : la grande nauséeuse qui fait monter le thermomètre à 40° et que deux piqûres de pénicilline foudroient. Alors, on gît délivré mais sans pensée, au bord de l'abîme. Il faut interrompre le "Bloc-Notes". »
F. Mauriac, *Le Nouveau Bloc-Notes*, 13 avril 1959, p. 189 (□ 1961).

✱ Anglais *penicillin* n. (1928), du latin scientifique moderne *penicillium*, tiré du latin classique *penicillum*, « pinceau », par analogie entre le champignon appelé *penicillium* (1865) et un pinceau. La forme francisée *penicilline* est attestée en français en 1948 et s'est répandue rapidement, comme la thérapeutique nouvelle à base de pénicilline.

PENNY [peni] *n. m.*

1° (1558) La plus petite pièce de monnaie en circulation en Angleterre — à l'exception du *halfpenny* « demi-penny » —. *Le penny fut en argent jusqu'au XVIIIᵉ s., puis en cuivre, et il est en bronze depuis 1860.* REM. : En ce sens, le pluriel est *pennies*. — Enregistré dans le dict. de Littré 1868 ; absent du dict. de l'Académie.

« Ainsi l'une d'elles, avisant un touriste dont les cheveux et la barbe d'un rouge flamboyant disaient la nationalité écossaise, lui pose en travers de la selle un bambin qui trottait sur ses talons : "Ne donnerez-vous pas un penny à ce petit garçon, *dear sweet gentleman* ? Sûr, il appartient à votre famille. — ??? — Mais oui : il est presque aussi *carotty* que Votre Honneur." Cette fois tout le monde a ri, excepté le principal intéressé. »
M.-A. de Bovet, *Trois Mois en Irlande* [1889], p. 62 (□ 1890).

— Par ext. Pièce de monnaie, argent.

« Le grand secret du bonheur sur lequel les philosophes avaient disputé pendant tant de siècles était donc décidément découvert ! On pouvait acheter le bonheur pour un penny et l'emporter dans la poche de son gilet ; l'extase se laisserait enfermer dans une bouteille, et la paix de l'esprit pourrait s'expédier par la diligence ! »
T. de Quincey, *Confessions of an English Opium Eater*, 1821, trad. par Baudelaire, *Un mangeur d'opium*, in *Œuvres*, p. 493, 1951 (□ 1860).

« — Nous sommes à quatre mille lieues de notre pays, sans un penny en poche. » P. d'Ivoi, *Les Cinq Sous de Lavarède*, p. 148 (□ 1894).

2° (1765) Unité monétaire divisionnaire britannique qui valait autrefois le douzième du shilling*, et qui vaut depuis l'adoption du système décimal en 1971 le centième de la livre (le schilling étant abandonné). — REM. : En ce sens, le pluriel est *pence* mais on emploie aussi *pence* comme singulier. — Enregistré dans les dict. de Littré 1868 ; absent des dict. de l'Académie.

« À Londres, le commerçant, le négociant et l'ouvrier se transportent en un quart d'heure, et pour quelques *pence*, du centre de la ville à sa périphérie. »
　　L. FIGUIER, *L'Année scientifique et industrielle*, p. 111, 1873 (□ 1872).

✳ Mot anglais n. (moyen-anglais *peni, peny,* du vieil anglais *penig*) attesté sous diverses formes à partir de 725, devenu, comme *sou* en français, *par ext.* un terme vague et général pour parler d'argent. Le mot *penny* est attesté en français sous la forme *penni* en 1558 (Perlin, d'après G. L. L. F.) ; l'*Encycl. de Diderot* le reprend sous sa forme actuelle en 1765. Le composé anglais *half penny* a parfois été francisé en *demi-penny,* pour désigner la plus petite pièce de monnaie britannique :

« Que peuvent quelques pièces de cuivre contre pareille abjection ? Et à ce propos, dans toute l'Irlande le *penny* est l'étalon monétaire de la gent mendiante. On accepte un demi-*penny,* mais en faisant la grimace, et jamais vous ne passerez pour une *great lady* ou un *real gentleman* si vous êtes ladre à ce point. »
　　M.-A. de BOVET, *Trois Mois en Irlande* [1889], p. 58 (□ 1890).

PENTAGONE [pɛ̃tagɔn] *n. m.*

(1953) *Le Pentagone,* bâtiment pentagonal abritant le Ministère de la défense nationale des États-Unis, près de Washington. — *Par ext.* L'état-major général des forces armées américaines.

✳ Anglais *Pentagon* n. (XVIᵉ s.), du français *pentagone* n. m. ou du latin *pentagonum ;* nom donné à l'immense bâtiment pentagonal construit en 1941-1942, près de Washington, pour réunir sous un même toit les divers services de l'armée, de la marine et de l'aviation américaine, et qui est devenu le siège du ministère de la Défense nationale des États-Unis. Larousse enregistre en 1953 l'emprunt sémantique à l'américain du mot français *pentagone.*

PENTHODE ou PENTODE [pɛ̃tɔd] *n. f.*

(av. 1949) *Phys.* et *techn.* Tube à vide à cinq électrodes, utilisé en radio et en électronique.

✳ Anglais *pentode* n. (attesté comme adj. en 1919), de *pent[a]-* « cinq » et *-ode* « route ». Enregistré en français par Larousse en 1949.

PENTHOUSE [pɛntawz] *n. m.*

(1974) En Amérique du Nord surtout, Appartement construit sur le toit d'un bâtiment élevé. — REM. : Enregistré dans *Les Nouveaux Mots « dans le vent »,* 1974.

« Magnifique penthouse très ensol., dernier étage petit immeuble terminé en déc. 71. [...] Terrasse (150 m²) de plain-pied entourant l'appart. (76 m²) et plantée d'arbres et de fleurs. »
　　L'Express, 31 oct. 1977, p. 68.

✳ Acception américaine (1921) du mot anglais *penthouse* n. (fin XIVᵉ s.) composé de *house* « maison » et de la contraction de *pentice* n. (1325) (moyen anglais *pentis,* rarement *pendis*), aphérèse par l'intermédiaire de l'anglo-normand *pentis* de l'ancien français *apentis, apendis* (mod. *appentis,* du latin *appendicium* « appendice, prolongement ») associé au français *pente,* désignant une petite construction ajoutée à un bâtiment, un toit à une seule pente servant d'abri le long d'un mur, un petit bâtiment annexe adossé à un grand, ou encore une sorte de cage édifiée sur un toit pour recouvrir un moteur, une sortie, etc.
　　Au début du siècle, le penthouse américain, construction rudimentaire édifiée sur certains toits de New York, était surtout habité par des artistes. Actuellement, *penthouse* sert à désigner un appartement

luxueux au sommet des grands immeubles d'habitation en Amérique du
Nord. En français, le mot *penthouse* désigne presque toujours une
réalité étrangère, puisque la chose n'est pas répandue dans l'architecture française. L'équivalent culturel serait le *duplex*, l'*appartement à
terrasse*, etc.

PENTLANDITE [pɛntlɑ̃dit] *n. f.*

(1856) Sulfure naturel de fer et de nickel appelé aussi
nicopyrite. — REM. : Absent des dict. de Littré et de l'Académie.

✱ Du nom de l'explorateur britannique, J. B. *Pentland*, qui le découvrit.
Nom donné par le géologue et minéralogiste français Dufrénoy en 1856
et repris par l'anglais dès 1858. Il s'agit donc du dérivé français d'un
nom propre anglais, et non d'un anglicisme.

PEP [pɛp] *n. m.*

(1966) *Fam.* Vigueur, dynamisme ; tonus, élan, vitalité,
esprit, enthousiasme. *Avoir du pep.*

« Le récital — non sonorisé dans la salle, ce qui en enleva tout le
"*pep*" pour la moitié du public — n'a pas pu être enregistré. »
La Tribune de Lausanne, 2 mai 1966 [*in* Gilbert].

« M. s'astreint depuis plusieurs années à un régime amaigrissant [...].
Comme ce régime a un effet déprimant, elle a eu recours à des
remontants [...] qu'elle a pris en quantités excessives, pour avoir du
"*pep*". »   *Jours de France*, 18 fév. 1967 [*in* Gilbert].

✱ Mot américain n. (1912) très courant dans l'usage familier, forme
abrégée de l'anglais *pepper* « poivre » aussi utilisé en Amérique au sens
de *pep* (sens attesté en 1912, d'après le Dict. of Americanisms).
Mencken propose l'étymologie *pepsin*, produit considéré comme un
tonique (Cf. *Pepsi-Cola*). Ce mot d'importation américaine est rare en
France et toujours senti comme un emprunt étranger ; au Canada, *pep*
est répandu depuis longtemps dans le français familier.

PEPPERMINT [pepɛrmint] ou [pepɛrmɛt] *n. m.*

(1891) Liqueur composée de 2 g d'essence de menthe
anglaise dissoute dans 500 g d'alcool à 70 p. 100, et de 500 g de
sirop de sucre (→ **Pippermint**). — REM. : Absent du dict. de
l'Académie 1935.

« Seul vrai pippermint, propriété exclusive de Get frères, inventeurs.
Ne pas confondre avec les nombreux et vulgaires peppermints, etc. »
Le Charivari, 29 juil. 1891, p. 3 (Publ.).

✱ Mot anglais n. (1696) composé de *mint* « menthe » et *pepper*
« poivre », désignant une espèce de menthe *(Mentha piperita)* dont on
tire une huile essentielle appelée *peppermint-oil* (1836) ou *peppermint*
(1836), qu'on fait entrer dans la préparation de cordiaux, de pastilles, de
liqueurs appelées aussi par extension *peppermint*. En français, le mot
est enregistré dans le Larousse mensuel illustré, 1903 ; sa prononciation
s'est francisée. La forme *pippermint*, marque déposée, est d'ailleurs la
mieux connue.

PERCALE [pɛrkal] *n. f.*

(1701 ; *percallen*, 1666) Tissu de coton, très fin et serré.
Percale glacée. — REM. : Enregistré dans les dict. de l'Académie 1835 et de Littré 1869.

« Revenu depuis hier dans le pays chaud je suis vêtu de perkale
blanche des pieds à la tête. »
V. JACQUEMONT, Lettre à M. Jacquemont père, 31 oct. 1830,
in Corresp., t. I, p. 281.

« Mais une bourrasque souffla, un vol de menus linges, des cols et
des manchettes de percale, des fichus et des guimpes de batiste, fut

soulevé, s'abattit au loin, ainsi qu'une troupe d'oiseaux blancs, roulés dans la tempête. »   ZOLA, *Le Rêve*, p. 114 (□ 1888).

✱ Du persan *pargâla* « rapiéçage, lambeau, sorte de toile » par l'intermédiaire de l'anglais *percale* (aussi *percalla, -callis, -caula[h]*) n. (1621) désignant à l'origine un tissu importé des Indes aux XVIIᵉ et XVIIIᵉ siècles, puis, à partir de 1840, le tissu de fabrication française. *Percale* attesté en français en 1701 (Havard ; *percallen*, 1666, M. Thévenot, *Relations de divers voyages curieux qui n'ont point été publiées*, t. III, p. 35, d'après G. L. L. F.) a donné le dérivé français *percaline*, n. f. (1829), « toile fine de coton, utilisée surtout pour les doublures », dérivé qui a été à son tour emprunté par l'anglais (1858) sous la même forme.

PERCENTAGE [pɛʀsɑ̃taʒ] *n. m.*

(1842) *Dr. fiscal.* Droit à percevoir fondé sur le tant pour cent. — REM. : Enregistré dans le Compl. 1842 du dict. de l'Académie et dans le dict. de Littré 1868.

« M. Magnin, qui a l'expérience de ces matières, sait qu'il faut faire une sorte de percentage des produits de toute l'année pour arriver à une utile répartition par mois [...]. »
                    Le Moniteur universel, 19 mars 1868 [*in* Littré].

✱ Mot anglais n. (1786-1789) « percentage », dérivé de *per cent,* du latin *per centum* (*per* « par », et *cent* « cent »). Le mot *percentage* est très rare en français et ne s'emploie que dans des contextes spécialisés.

PERCENTILE [pɛʀsɑ̃til] *n. m.*

(mil. XXᵉ s.) *Stat.* Grandeur qui sépare une distribution en cent groupes égaux. *Il y a 99 percentiles. Le cinquantième percentile est la médiane.*

✱ Mot anglais n. (1885) dérivé de *per cent* ou *per centum* comme *percentage.* Terme spécialisé, enregistré en français par le G. L. E. en 1963.

PERCEPT [pɛʀsɛpt] *n m.*

(1907) *Philo.* Objet de la perception ; résultat de la perception, sans référence ontologique à une réalité (opposé à *concept*). *De la sensation au percept, et du percept au concept.*

« notre esprit, par bonds successifs, saute des mots aux images, des images à l'idée originelle, et remonte ainsi, de la perception des mots, accidents provoqués par des accidents, à la conception de l'Idée qui se pose elle-même. Ainsi procède le philosophe en face de l'univers. L'expérience fait passer sous ses yeux des phénomènes qui courent, eux aussi, les uns derrière les autres dans un ordre accidentel, déterminé par les circonstances de temps et de lieu. Cet ordre physique, véritable affaissement de l'ordre logique, n'est point autre chose que la chute du logique dans l'espace et le temps. Mais le philosophe, remontant du percept au concept, voit se condenser en logique tout ce que le physique avait de réalité positive. »   BERGSON, *L'Évolution créatrice*, p. 320 (□ 1907).

✱ Mot introduit en anglais, d'après *concept,* par le philosophe Hamilton, en 1837, du latin *perceptum* « (chose) perçue », neutre du part. passé de *percipere* « percevoir ». Bergson emploie le terme sans marque particulière (→ cit.) ce qui incite à penser qu'il était d'usage chez les philosophes français avant 1907.

PERCEPTION(N)ISME [pɛʀsɛpsjɔnism] *n. m.*

(1882) *Philo.* Doctrine selon laquelle l'esprit a, dans la perception, une conscience immédiate et par conséquent véridique d'une réalité extérieure à lui. — REM. : Absent des dict. de Littré et de l'Académie.

« Les perceptionnistes veulent supprimer les intermédiaires entre l'esprit et les choses : ils ont raison. Seulement, en conservant la dualité réalistique de l'esprit et des choses, ils s'enlèvent le moyen de réussir et ils font perdre tout sens à leurs formules. »

O. HAMELIN, *Essai sur les éléments principaux de la représentation*, p. 276, P. U. F., 1952 (□ 1907).

✳ Anglais *perceptionism* n. (1882) « théorie selon laquelle toute connaissance vient des perceptions sensorielles », de *perception* n. au sens philosophique mis en lumière par Reid (1762). Notons que Hamilton appellera en 1891, *perceptionalism*, la doctrine philosophique du "sens commun" appelée en français *perceptionnisme*, mot attesté dès 1882 (d'après Dauzat, Dubois et Mitterand), mais qui ne semble guère connu avant 1932.

PERCEPTUEL, ELLE [pɛʀsɛptɥɛl] *adj.*

(av. 1970) *Didact.* et *rare.* Relatif à la perception. — *Philo.* De la nature du percept*.

✳ De l'anglais *perceptual* adj. (1889) formé d'après le latin *perceptus* et du suff. *-al.* L'adjectif *perceptuel* s'aligne sur *conceptuel* et est enregistré dans le Suppl. 1970 du Robert, mais doit être bien antérieur dans la langue philosophique.

PERCHMAN [pɛʀʃman] *n. m.*

(1952) *Cin.* et *télév.* Technicien qui assure le maniement et les déplacements de la perche portant un micro au-dessus de la personne qui parle.

« Ne nous occupons pas du jargon professionnel, fait de termes de métier aussi fréquemment argotiques que techniques, tels : [...] *perchman*, nom donné à l'homme porteur d'une perche à l'extrémité de laquelle se trouve un micro qui suit les acteurs dans leurs déplacements. »

R. JEANNE et C. FORD, *Le Vocabulaire du cinéma*, oct. 1954, p. 453.

« Bien sûr, ça peut aussi exister dans un studio de films, que vous laissiez une certaine responsabilité au perchman, au cadreur, à celui qui pousse le travelling, etc. Mais à la télévision, vous êtes forcé de le faire. »

J.-L. GODARD, in *Arts*, 15 avril 1959, in *Jean-Luc Godard*, p. 244 (□ 1968).

✳ Pseudo-anglicisme formé de *perch* forme anglaise du français *perche* emprunté au XIIIᵉ siècle, et de *-man**. L'équivalent anglais du mot hybride français *perchman* est *boom operator* (*boom* « perche de micro » et *operator* « opérateur »). Le mot *perchman* a été condamné ; il a parfois été considéré à tort comme un véritable emprunt de l'anglais ou de l'américain.

« Quant aux autres mots anglais, ou yanquis, dont on abuse dans les studios de la télé, ils sont inutiles, et laids. Le *perchman*, c'est tout simplement un *perchiste* (le mot existe avec un autre sens : *sauteur à la perche*, mais pourra fort bien en porter un second ; nos américanolâtres ignorent en effet que le même substantif, le même verbe, sont susceptibles de plusieurs acceptions, et que la "polysémie" comme disent les savants vaut mieux que la barbarie). »

ÉTIEMBLE, *Parlez-vous franglais ?*, p. 279 (□ 1964).

✳ Pour remplacer *perchman*, le *Journal officiel* du 18 janv. 1973 recommande le mot *perchiste* n. qui signifie aussi, malencontreusement, « sauteur à la perche ».

PERCIPIENT [pɛʀsipjɑ̃] *n. m.*

(1951) *Philo. Rare.* Sujet de la perception (→ **Percept**).

✳ Mot anglais n. (1662), du latin *percipientem*, part. prés. de *percipere* « percevoir ». Signalé comme terme peu usité dans le *Vocabulaire* [...] *de la philosophie*, de Lalande, 1951. Absent des dict. généraux de français.

PERFORMANCE [pɛʀfɔʀmɑ̃s] *n. f.*

1° (1839) *Turf.* Manière dont se comporte un cheval de course au cours d'une épreuve. *Belle, bonne, médiocre, mauvaise performance.* — *Spécialt* Résultat chiffré obtenu lors de cette épreuve. *Au plur.* Tableau des épreuves subies par le même cheval. — REM. : Le dict. de Littré 1869 n'enregistre que *performances* n. f. pl. ; l'Académie n'enregistre le terme qu'en 1935.

« Flying fit ces nobles performances que vous savez. »
Journal du horse, 1839 [*in* G. Petiot].

— (1877) En parlant des athlètes, des coureurs à pied, cyclistes, etc., au cours d'une épreuve sportive. — (1962) En parlant d'une voiture de compétition dans une course automobile. *Indice de performance*, rapport entre le classement d'une voiture dans une compétition et sa cylindrée.

« [Lutte] Nombre d'amateurs étaient curieux d'étudier sa performance. »   CLADEL, *Ompdrailles, le tombeau du lutteur*, 1877 [*in* G. Petiot].

« Les rendements se font généralement d'après les résultats des performances *publiques* des coureurs, sans tenir compte des résultats obtenus à l'entraînement. »
L. BAUDRY de SAUNIER, *Le Cyclisme théorique et pratique*, p. 409 (□ 1892).

— (1924) Résultat sportif exceptionnel ; record sportif.

« Et je suis sûre, vous entendez, j'ai la certitude que je peux battre le record féminin du mille, qui est de 3 minutes 16 secondes. [...] Il faut que dès demain, si possible, vous veniez me chronométrer. Je ne rentrerai au club et je ne reprendrai ma bonne vie que si je peux le faire avec votre témoignage que j'ai battu ce record... Il faut...
Inutile supplication. Elle [Mlle de Plémeur] m'avait convaincu. Sans doute son désir était-il peu fondé, puisque, si elle battait ce record, sa performance, accomplie sans témoins officiels, ne serait pas homologuée. »   MONTHERLANT, *Les Olympiques*, p. 91 (□ 1924).

— PAR ANAL. (1869) Manière de montrer ses capacités en public.

« L'auteur [Miss Becker] a développé son sujet avec la même adresse et la même légèreté de main que les femmes conduisent un cheval. Le pas est varié, mais alerte ; les obstacles et les brèches sont surmontés avec adresse. Bref, c'est une très-jolie *performance*, digne des applaudissements qu'elle a obtenus. »
J. FAURE, *Des différences physiologiques et intellectuelles qui caractérisent les deux sexes,* in *Revue des cours scientifiques*, 2 janv. 1869, p. 79.

— Exploit, réussite remarquable. — Exploit sexuel.

« ayant piqué un galop au sortir du village et semé tous ses officiers, il franchit une haie d'un bond, se laissa glisser du haut d'un talus et surgit devant le drapeau, son épée à la main, précédant de dix longueurs sa suite mortifiée. Le capitaine-adjoint ne fut pourtant pas ébloui par cette performance. »
DORGELÈS, *Le Cabaret de la Belle Femme*, p. 161 (□ 1928).

« Cette traversée de l'Atlantique en avion est une magnifique performance. »   *Dict. de l'Académie* 1935.

« C'est au fond à la "performance" que j'en ai. Ce Leonard Bernstein en fait trop, pour mon goût, mais c'est parce qu'il n'y a rien qu'il ne puisse faire. »
F. MAURIAC, *Le Nouveau Bloc-Notes*, 10 nov. 1958, p. 128 (□ 1961).

✳ Mot anglais n. (XVIe s.) dérivé de *to perform* lui-même emprunté au XIVe siècle à l'ancien français *parfournir* (latin méd. *perfurnire*), *parformer* (déb. XIIIe s.) « achever, accomplir », par l'anglo-normand *par-, perfourmer* (anglo-latin *performare*), et transformé sous l'influence de *form* « forme ». L'anglais *performance* pourrait être un emprunt direct de l'ancien français *parformance* n. f. (XVIe s.) « accomplissement » attesté notamment dans une lettre de Marie Stuart (in *Mém. de M. Stuart pour la R. Elisab.*, 1571-1572, Labanof, cité dans le dict. de Godefroy), mais l'existence en anglo-normand de *performance* reste hypothétique.

Repris aux Anglais au XIXᵉ siècle, le mot *performance* n'a jamais retrouvé en français le sens original de l'ancien mot *parformance* « accomplissement », pas plus qu'il ne recouvre l'aire sémantique de l'anglais, n'ayant pas de correspondant verbal en face de *to perform* dont le sens va du plus général, « exécuter, accomplir », au plus particulier. Entré en français comme terme de turf en 1839 (*Journal des haras*, XXIII, p. 191) le mot a d'abord été confiné dans ce sens très particulier aux milieux élégants. Ce n'est qu'à la fin du siècle qu'il pénètre peu à peu dans d'autres sports plus récents, notamment le cyclisme. Devenu populaire, le terme s'est ensuite enrichi d'un sens typiquement français (→ cit. de Montherlant) dans lequel il est en concurrence avec le mot *exploit* (sportif ou autre).

« Il peut arriver qu'il y ait disparité de sens, c'est-à-dire que le mot anglais soit employé dans la phrase française avec une signification plus ou moins différente de son sens anglais. Prenons par exemple le mot *performance*. Les différents sens anglais de *performance* sont : exécution, réalisation, accomplissement, fonctionnement, rendement, représentation théâtrale, mais jamais, au grand jamais, *performance* n'a, en anglais, signifié *record*, même dans la langue du sport. »
C. HOLTER, *Anglomanie et anglicismes*, in *Défense de la langue française*, janv. 1960, p. 24.

✱ Mackenzie et Wartburg signalent dans *L'Homme qui rit* (1869) de Victor Hugo, une occurrence de *performance* au sens de « spectacle, représentation » répandu en anglais depuis le XVIIᵉ siècle. Ce sens n'est pas attesté en français contemporain.

Performance a évolué en français, indépendamment du mot anglais, d'abord par création sémantique originale, puis ensuite, sous l'influence américaine, par emprunts spécialisés parallèles et successifs de sens particuliers. Comme terme de sport, *performance* a déjà les honneurs du dict. de l'Académie, mais dans les autres sens, le mot ne fait pas l'unanimité.

2° (déb. XXᵉ s.) Aptitude à accomplir une chose, à remplir une fonction, mesurée en termes de rendement dans les conditions déterminées. — *Psychométrie*. Résultat individuel chiffré obtenu lors d'un test*, d'une épreuve psychométrique. Spécialt. *Test de performance*, test d'intelligence non verbal, basé sur des épreuves standardisées de manipulation.

« La plupart [des tests non verbaux, individuels, d'intelligence pour enfants] ne doivent pas être employés seuls, mais doivent être inclus dans des batteries ou échelles pour avoir une validité suffisante. À l'heure actuelle l'échelle la plus employée utilisant uniquement des tests de performance est l'*Échelle de performance de Grace Arthur*. »
P. PICHOT, *Les Tests mentaux*, pp. 30-31 (□ 1954).

— (1949) *Techn*. Rendement maximal d'une machine, et *par ext.*, d'un être vivant et de l'homme lui-même (→ **Performant**). — Spécialt. *Au plur*. Indications quantitatives sur les caractéristiques d'un avion (vitesse de croisière, de montée maximale ; autonomie ; rayon d'action ; plafond ; etc.), d'une automobile (accélération, vitesse, décélération).

« On a ainsi parlé de vitesses 100 ou 1 000 fois plus grandes que celles que nous venons de citer [40 000 opérations par seconde], et aussi de loger toutes les informations contenues dans la Bibliothèque nationale dans un volume de quelques centimètres cubes ! Il ne semble pourtant pas que de tels progrès soient actuellement utiles, les performances présentes étant suffisantes pour la très grande majorité des problèmes. »
J. KOVALEVSKY, *Conférence internationale sur le traitement numérique de l'information*, juin 1959, in *Sciences*, sept.-oct. 1959, p. 16.
« Pour "optimiser les performances et la sécurité" des aviateurs, il faut des recherches sur les divers effets de l'accélération, de la pression et de la température sur le comportement humain. »
P. THUILLIER, *Les Scientifiques et la Course aux armements*, in *La Recherche*, janv. 1972, p. 10.

— SPÉCIALT. *Écon*. En parlant d'une méthode de travail, d'un mode de fonctionnement, d'une entreprise.

« l'accélérateur de performance le plus efficace est la *concurrence*, et plus encore celle qui vient du dehors que celle qui s'exerce au-dedans ». P. BERNARD et P. MASSÉ, *Les Dividendes de la croissance*, 1969, in *Les Mots « dans le vent »* (□ 1971).

— Psychol. expérimentale. *Niveau de performance* (opposé à *niveau d'aspiration*), degré de réussite atteint dans l'exécution d'une tâche. *Besoin de performance*, motivation du sujet dans l'accomplissement d'une chose. *Index de performance*, nombre défini expérimentalement (Mc Clelland, 1953) pour la mesure du besoin de performance.

3° (v. 1960) *Ling.* Réalisation d'un acte de langage par une personne ; son résultat.

« le fonctionnement du verbe a été lui-même analysé dans la perspective d'une grammaire transformationnelle qui pour nous se situera au niveau des performances réalisées [...]. » J. DUBOIS, *Grammaire structurale du français : le verbe*, p. 5 (□ 1967).

— SPÉCIALT. Dans la théorie de Chomsky et en grammaire générative, Manifestation de la compétence* des sujets parlants dans leurs divers actes de parole.

« construire un modèle de la *performance* des sujets parlants, c'est-à-dire de la manière dont leur compétence linguistique est mise en œuvre dans des "actes de paroles" concrets. Ce modèle de performance doit, au moins, comprendre un modèle de l'émission (du locuteur) et un modèle de la réception (de l'auditeur). Il pourrait aussi comprendre une théorie des contextes (linguistiques) et des situations (extra-linguistiques) dans lesquels les sujets sont amenés à exercer leur compétence. » N. RUWET, in *La Grammaire générative*, in *Langages*, déc. 1966, pp. 6-7.

✱ Larousse enregistre en 1949 *performances* au sens de « résultats chiffrés qui caractérisent les possibilités de vol d'un avion ». Sous l'influence américaine, le mot s'étend ensuite rapidement à divers domaines techniques, notamment à l'électronique. Dupré signale que le Comité consultatif chargé de vérifier la pureté du langage scientifique, créé en 1955 par l'Académie des sciences, a banni l'emploi de *performance* pour parler « des résultats maximaux d'un appareil » (*Le Monde*, 31 mars 1965). En psychologie et en linguistique, le terme de *performance* est entré dans l'usage des spécialistes. L'apport des psychologues français (Binet, 1905) dans l'élaboration des tests mentaux, notamment des tests de performance (Séguin, Test de la planche à encastrement) est de premier ordre, mais la terminologie est d'inspiration américaine (*mental test, performance test*). En psychologie expérimentale, ce sont Hoppe et Lewin qui ont introduit en Amérique la notion de « niveau de performance » (1930), et McClelland qui a défini l'index de performance (1953). Le G. L. E. est le premier dict. général à avoir enregistré dans son Suppl. 1968 *test de performance* (attesté par ailleurs à l'article *Test* dans le *Vocabulaire de la psychologie*, de H. Piéron, 1951), ainsi que *besoin, index et niveau de performance*. Quant à la notion de « performance » dégagée en linguistique par Noam Chomsky en 1957 (*Syntactic Structures*, trad. en français en 1967), elle représente une distinction fondamentale dans la théorie linguistique américaine la plus répandue de nos jours.

PERFORMANT, ANTE [pɛʀfɔʀmɑ̃, ɑ̃t] *adj.*

(1968) *Techn.* Se dit d'un appareil, d'une machine, d'un système électronique, dont les performances* sont élevées. *Des spectrographes très performants.*

« Les grandes marques [d'automobiles] ne s'efforceront plus de proposer à chaque Salon des *modèles* [de voitures] de plus en plus "*performants*",mais se contenteront de perfectionnements de détail dont la sécurité sera l'inspiratrice principale. » *Entreprise*, 3 oct. 1970 [*in* Gilbert].

« Or cette mémoire est très performante mais de qualité limitée étant donné son coût. » *Sciences et Avenir*, fév. 1971, p. 124.

— *Écon.* Capable de performances* spectaculaires, très compétitif*.

« Quelles sont les préoccupations de la nouvelle association (Entreprise et progrès) qui groupe un certain nombre d'entreprises ? Rendre l'entreprise plus "performante". »
                    Le Figaro, 1969, in *Les Mots « dans le vent »* (□ 1971).

« stage de formation pour les hommes qui désirent faire une carrière performante dans la vente de produits immobiliers. »
                    L'Express, 22 oct. 1973, p. 121.

— Subst. *Rare* → **Performer.**

« Membre du club des performants nous avons de l'ambition et aussi 9 usines, 8 filiales, 3 000 personnes. »
                    L'Express, 11 sept. 1972, p. 61 (Offre d'emploi).

✱ Dérivé de *perform[ance]* au sens technique de « rendement optimal », condamné en ce sens, l'adjectif *performant* a d'abord été enregistré dans le 1er Suppl. du G. L. E. 1968, à propos des systèmes électroniques, et dans *la Clé des mots,* de novembre 1973. Dans le domaine de la publicité et des techniques commerciales, le mot vise à renchérir sur *compétitif* ; il fait actuellement l'objet de vives critiques. Néologisme enregistré dans le dict. de Gilbert 1971, et dans *Les Mots « dans le vent »,* 1971.

PERFORMATIF, IVE [pɛʀfɔʀmatif, iv] *n. m.*
   (av. 1962) *Philo.* et *ling.* Énoncé qui constitue simultanément l'acte auquel il se réfère (opposé à *constatif*). — Adj. *Énoncé performatif. Fonction performative.*

« [L'énoncé performatif]
a sa fonction à lui, il sert à effectuer une action. Formuler un tel énoncé, *c'est* effectuer l'action, action, peut-être, qu'on ne pourrait guère accomplir, au moins avec une telle précision, d'aucune autre façon. En voici des exemples :
   Je baptise ce vaisseau *Liberté.*
   Je m'excuse.
   Je vous souhaite la bienvenue.
   Je vous conseille de le faire.
... Dire : "je promets de", formuler, comme on dit, cet acte performatif, *c'est* là l'acte même de faire la promesse... »
      J.-J. AUSTIN, *Performatif : constatif,* in *La Philosophie analytique*, 1962, in É. BENVENISTE, *Problèmes de linguistique générale*, p. 271 (□ 1966).

« En décrivant, il y a quelques années, les formes subjectives de l'énonciation linguistique [*De la subjectivité dans le langage*, in *Journal de psychologie*, juil.-sept. 1958, P. U. F.], nous indiquions sommairement la différence entre *je jure*, qui est un acte, et *il jure* qui n'est qu'une information. Les termes "performatif" et "constatif" n'apparaissaient pas encore, c'était bien néanmoins la substance de la définition. »
      É. BENVENISTE, *La Philosophie analytique du langage*,
                    in *Les Études philosophiques*, janv.-mars 1963
         in *Problèmes de linguistique générale*, pp. 270-271 (□ 1966).

✱ Anglais *performative* n., de *to perform* « exécuter, réaliser, accomplir » (→ **Performance** pour l'étymologie), créé par le philosophe anglais J. L. Austin, avant 1962, et répandu par son ouvrage *How to Do Things with Words*, 1962, traduit en français en 1970. *Performatif* a été introduit en français lors d'un colloque de philosophie tenu à Royaumont auquel participait Austin lui-même. Le linguiste français, E. Benveniste, qui s'intéressait déjà à la même notion, a immédiatement plaidé en faveur du mot (1963) :

« Puisque *performance* est déjà entré dans l'usage, il n'y aura pas de difficulté à y introduire *performatif* au sens particulier qu'il a ici. On ne fait d'ailleurs que ramener en français une famille lexicale que l'anglais a prise à l'ancien français : *perform* vient de l'ancien français *parformer.* » É. BENVENISTE, *op. cit.*, pp. 270-271.

PERFORMER [pɛʀfɔʀmœʀ] *n. m.*

1° (1867) *Turf.* Cheval dont les performances* sont bonnes. — *Par ext.* (à propos d'un athlète, d'un coureur). Rare. *Le meilleur performer du 800 m.*

   « Le meilleur performer des courses de deux ans. »
                                                   Le Sport, 22 mai 1867 [*in* G. Petiot].

2° (1972) *Par anal.* Personne performante*.

   « Doubler rapidement un CA vous met en appétit. Vous êtes un performer et vous l'avez prouvé. »
                                                   L'Express, 16 oct. 1972, p. 125 (Offre d'emploi).

✲ Mot anglais n. (xvɪᵉ s.), de *to perform* « exécuter, accomplir », attesté au xvɪɪɪᵉ siècle au sens de « celui qui participe à une représentation théâtrale », « sportive » (xɪxᵉ s.), mais jamais au sens ci-dessus. *Performer* est apparu en français comme terme de turf (N. Pearson, *Dict. du sport français*, 1872, *in* Mackenzie, p. 240). Sa forme n'a jamais été francisée, et son emploi est très critiqué comme terme de sport. Il est à déconseiller au sens récent correspondant à *performant*.

PERGÉLISOL [pɛʀʒelisɔl] *n. m.*

   (1956) *Géol.* et *géogr.* Sous-sol gelé en permanence et complètement imperméable des régions arctiques, hémi-arctiques et subarctiques → **Permafrost.**

   « La caractéristique essentielle du sol [des zones froides] est d'être constamment gelé à une profondeur de l'ordre de 50 cm à 1 m, tout au moins dans les régions vraiment typiques. Au-dessus de ce *pergelisol* (ou *permafrost*, ou *tjäle* d'après le nom suédois, ou encore *merzlota* d'après le nom russe), le sol est seulement gelé en hiver mais dégèle avec l'élévation de température estivale. »
                                   B. Gèze, *Altération des roches et formation des sols*,
                                               in *La Terre*, p. 1146 (☐ 1959).

✲ Mot anglais *pergelisol* n. créé par l'Américain Kirk Bryan en 1946 (*Cryopedology, the Study of Frozen Grounds and Intensive Frost-action, with Suggestions on Nomenclature*, in *American Journal Sc.*, 244, 1946, pp. 622-642), de la contraction de *per*[*manent*], du latin *gelare* « geler », de *-i-*, et du latin *solum* « sol ». Dans son *Vocabulaire de géomorphologie*, 1956, H. Baulig enregistre les termes *pergelisol* et *permafrost*. Il propose comme équivalent français *permagel* n. m., de *perma*[*nent*] et *gel*. Le G. L. E. enregistre en 1963 la forme graphique francisée de *pergélisol*. Le *Journal officiel* du 18 janv. 1973 préconise l'emploi de *pergélisol* ou de *permagel* plutôt que de l'anglais *permafrost*. Le *Dict. de la géographie* de P. George, 1970, signale *pergélisol* sous l'entrée *gélisol*, « sol gelé », de *sol* et *gelé*, forme abrégée rencontrée également chez d'autres géographes comme terme générique.

   « Le sol gelé, ou *gélisol*, porte dans les pays où il est fréquent un nom particulier : *merzlota* en Russie, *tjäle* dans les pays scandinaves. »
                                   F. Taillefer, *Paysages glaciaires et périglaciaires*,
                                               in *Géographie générale*, p. 525 (☐ 1966).

PÉRIHÉLIE [peʀieli] *n. m.*

   (1690) *Astron.* Apside inférieure d'une planète, d'une comète, par rapport au soleil ; point de son orbite le plus proche du soleil. — REM. : Enregistré dans les dict. de l'Académie 1762 et de Littré 1869.

   « PERIHELIE s. m. Terme d'Astronomie. C'est un mot dont se servent les Copernicains pour expliquer la plus grande approche du Soleil vers la terre : ce que dans les autres hypotheses on appelle *perigée*. On dit aussi le *perihelie* de Mars, et de même des autres Planetes, quand ils sont les plus proches du Soleil. »   Furetière, *Le Dict. universel*, 1690.

   « Il [M. Newton] prouve que toutes les planetes fesant leurs révolutions dans des ellipses, et par conséquent étant bien plus éloignées les unes des autres dans leurs périhélies et bien plus proches dans leurs aphélies, la terre, par exemple, devrait aller plus vite quand elle est plus près de Vénus et de Mars, puisque le fluide qui l'emporte, étant alors plus pressé, doit avoir plus de mouvement, et cependant c'est alors même que le mouvement de la terre est plus ralenti. »

VOLTAIRE, *Lettres philosophiques*, XV, *Sur le système de l'attraction*, pp. 80-81 (□ 1734 ; 1728, en anglais) — Autre ex. dans une *Lettre à Maupertuis*, 1732, in *Œuvres complètes*, t. LVI, p. 283.

✱ Adaptation de l'anglais *perihelion* n. (1666) forme hellénisée du latin moderne *perihelium* introduit par Kepler en 1596 (de *péri-* « autour » et grec *hêlios* « soleil »).

PÉRISCOPE [peʀiskɔp] *n. m.*

(av. 1903) Instrument d'optique, formé de lentilles et de prismes à réflexion totale, permettant de voir par-dessus un obstacle *(périscope de tranchée)* ou servant de système de vision à la surface de la mer aux sous-marins en plongée peu profonde. — REM. : Enregistré dans le dict. de l'Académie 1935.

« Dans la navigation sous-marine, le problème consiste à ramener la vision horizontale d'une portion de l'horizon à un plan inférieur au plan de l'horizon. Deux miroirs plans inclinés à 45° suffisent pour constituer un *périscope* ; dans la pratique on a préféré deux prismes à réflexion totale ; enfin on a employé aussi des lentilles paraboliques concaves pour avoir une vue panoramique. »

Nouveau Larousse illustré 1903, art. *Périscope.*

✱ Anglais *periscope* n. (1822-1834), du grec *periskopein* « regarder tout autour, de tous les côtés », de *peri-* « autour (de) », et de *skopein* « observer, examiner », signifiant à l'origine « vue d'ensemble », nom donné par l'inventeur anglais, H. Grubb [*in* Mackenzie, pp. 141 et 252], d'après *microscope*, *télescope*, et peut-être formé sur *periscopic* adj. (1804), et attesté en 1899. Le mot *périscope* a déjà existé en français au sens de « genre de reptiles ophidiens » [*in* P. Larousse 1875] ; au sens actuel, Mackenzie le fait remonter à la fin du XIXᵉ siècle. D'après le G. L. E. 1963, le périscope de marine est apparu en France en 1893, avec le *Gustave-Zédé* qui fut le premier sous-marin à avoir réussi à atteindre avec une torpille un objectif en marche. Mais on ne signale pas d'attestation du mot *périscope* avant 1903 (→ cit. ci-dessus).

PÉRISCOPIQUE [peʀiskɔpik] *adj.*

1° (1827) *Verres périscopiques*, verres d'optique de grand champ visuel, dont l'une des faces est plane ou concave et l'autre convexe. *Objectif périscopique.* — REM. : Enregistré dans le dict. de Littré 1869 ; absent des dict. de l'Académie.

2° (1923) Qui a rapport au périscope✱. *Mât périscopique.* — REM. : Absent du dict. de l'Académie 1935. — (1963) En marine, *immersion périscopique*, profondeur, inférieure à 15 m de la surface de la mer, à laquelle un sous-marin peut se servir d'un périscope.

✱ *Periscopic spectacles,* nom donné par l'inventeur anglais, Wollaston, en 1804, de *spectacles* « lunettes, verres », et de *periscopic* adj. de même étymologie que *periscope* (→ **Périscope**), mais formé avant ce nom. *Periscopic* se dira ensuite d'un appareil de photo (1812), puis du périscope. Mackenzie (p. 214) signale *(lunettes) périscopiques,* dans une trad. de M. Brewster, *Manuel d'optique ou Traité complet et simplifié de cette science*, II, p. 167, 1833. Le second sens est enregistré dans le *Larousse universel* 1923.

PERMAFROST [pɛʀmafʀɔst] *n. m.*

(1956) *Géol.* et *géogr.* → **Pergélisol.**

« Ils [les cristaux de glace] constituent une trame de glace qui transforme le sol le plus meuble en une masse si dure qu'on la casse difficilement avec un marteau. De plus, le sol est rendu imperméable, les vides entre les particules étant occupés par de la glace. Le permafrost forme la couche imperméable qui coiffe certains gisements de pétrole dans le Nord de l'Alaska. »

F. TAILLEFER, *Paysages glaciaires et périglaciaires,*
in *Géographie générale,* p. 526 (□ 1966).

« Les esquimaux creusaient un trou dans le "permafrost" (terre gelée toute l'année) et gardaient la viande dans ces réfrigérateurs naturels. »

Paris-Match, 8 sept. 1973, p. 53.

✳ Mot anglais n. créé en 1945 par l'Américain W. S. Muller, de la contraction de *perma*[*nent*] et de *frost* « gel, gelée », relevé dans le *Vocabulaire* [...] *de géomorphologie,* de Baulig, 1956. Baulig a proposé comme équivalent français *permagel,* mot recommandé comme variante acceptable de *pergélisol*✳ par le *Journal officiel* (18 janv. 1973).

PERMALLOY [pɛʀmalwa] ou [pɛʀmalɔj] *n. m.*

(1932) *Comm.* Alliage de nickel et de fer (à 78 % de nickel), d'une perméabilité magnétique très élevée. — REM. : Absent du dict. de l'Académie 1935.

« Cet alliage est utilisé pour la fabrication des câbles sous-marins selon le procédé Krarup, et, dans certains cas, pour la fabrication des noyaux de bobines Pupin. Il sert au "chargement" des câbles, et permet ainsi d'obtenir un grand rendement du conducteur ; en augmentant l'inductance du câble, le *ruban de permalloy* aide le courant à circuler dans celui-ci. »   *Larousse du XXe siècle,* art. *Permalloy,* 1932.

✳ Nom d'un alliage inventé par la Société américaine Western Electric Co. en 1923, composé de la contraction de l'adj. anglais *perm*[*eable*] « perméable », et du subst. *alloy* « alliage » lui-même issu au XVIe siècle du français *aloi* (à l'origine, dans l'expression *de bon aloi*). En français, on a d'abord prononcé à l'anglaise [pɛʀmalɔj] ; [pɛʀmalwa] est plus courant de nos jours.

PERMISSIF, IVE [pɛʀmisif, iv] *adj.*

(1970) *Psychol.* et *cour.* Qui favorise la liberté de choix, de développement, de comportement, et qui s'oppose au principe de l'interdiction et de la sanction. *Attitude permissive. Éducateur permissif. Personne, société permissive. Climat, milieu permissif.* — *Subst.* Personne permissive.

« C'est bien notre chance, à nous, élevés au temps des interdits, c'est aussi la raison de nos faibles réticences que d'avoir été les derniers-nés de la société de rigueur et en même temps les premiers permissifs ! Mais délogeant l'honneur de son triangle noir, où l'hygiène le remplace, ne sommes-nous pas allés un peu loin, un peu vite, dans le souci de la compréhension ? »   H. BAZIN, *Cri de la chouette,* p. 104 (□ 1972).

— *Cour.* Très tolérant. — *Péj.* Laxiste.

« Si on admettait le système de censure locale pratiqué par M. Royer, les jeunes mettraient un point d'honneur à vouloir connaître ce qu'on prétendrait leur cacher. Ils voyageraient d'une ville à l'autre pour aller voir chez un maire permissif les films dont un maire puritain aurait souhaité les préserver. »   *Le Monde,* 16 déc. 1971, p. 8.

« il a écrit six pièces de théâtre. Voilà l'homme qui sera le héraut de Paris et de la société — comme on dit — "permissive", c'est-à-dire largement tolérante. »   *Paris-Match,* 25 déc. 1971, p. 24.

✳ Acception d'abord répandue en Amérique (*in* Webster's Third 1966) de l'anglais *permissive* adj. (1603) lui-même emprunté au français *permissif, ive* (dérivé de *permis*) au sens ancien de « qui donne la permission de » [en parlant d'une loi]. Le mot peut être synonyme de *tolérant.* Il s'emploie spécialement en matière d'attitude sexuelle et de morale. *Permissif* est enregistré comme terme didactique dans le Suppl. du Robert.

PERMISSIVITÉ [pɛʀmisivite] *n. f.*

(1967) *Psychol.* Caractère de ce qui est permissif.

« Il apparaît [...] que ce qu'on a baptisé du nom barbare de "permissivité" (traduction littérale, faite d'une acceptation aveugle du mot anglais *permissiveness*) a eu de piètres résultats. La psychanalyste américaine Edith Sterba comparait elle-même l'enfant élevé sans opposition ni contrainte à un homme qui avance dans le brouillard et qui sait néanmoins qu'il risque à chaque instant de buter douloureusement contre un obstacle. »   C. KOUPERNIK, *Un traitement d'exception*, in *La Nef,* juil.-août 1967 [*in* Robert, Suppl. 1970].

— *Cour.* Tolérance. — *Péj.* Excès de tolérance, laxisme.

✱ Adaptation française de l'anglais *permissiveness* n. (1622), de l'adj. *permissive* (→ **Permissif**), employé comme terme de psychologie au XXᵉ siècle.

PERMITTIVITÉ [pɛʀmitivite] *n. f.*

(XXᵉ s.) *Sc.* et *électr.* Propriété d'un diélectrique d'affaiblir les forces électrostatiques, par rapport à ces mêmes forces s'exerçant dans le vide ; constante diélectrique. *La permittivité de l'eau est de 80.*

« les deux paramètres classiques de l'électromagnétisme, ε et μ, permittivité et perméabilité, ne sont nullement des constantes dans le vide, puisqu'il n'existe pas de vide. »   *Science et Vie*, fév. 1974, p. 19.

✱ Anglais *permittivity* n. (1919), du verbe *to permit* « permettre ». *Permittivité* est enregistré dans le G. L. E. 1963.

PERSONNALISATION [pɛʀsɔnalizɑsjɔ̃] *n. f.*

1° (1951) Action de personnaliser✱, d'individualiser un service en fonction de chacun ; son résultat ; et *spécialt,* en publicité, système consistant à porter le nom (et l'adresse) de chacun des destinataires sur les documents de publicité directe adressés à domicile.

« Certes, il ne suffira pas que le "prospecté" même trié sur le volet ait reçu son enveloppe pour qu'il prenne une connaissance utile de son contenu : le choc physiologique ne sera pas fatalement suivi du choc psychologique. Aussi les annonceurs et les éditeurs publicitaires s'ingénient-ils à imposer la lecture de leurs papiers : une des dernières inventions dans ce domaine a été la personnalisation. »   B. de PLAS et H. VERDIER, *La Publicité*, p. 86 (□ 1951).

« Le rapporteur, partisan de la *"personnalisation"* des *aides,* souhaite la création d'une allocation logement qui serait une véritable prestation sociale. »   *Le Monde*, 16 nov. 1969 [*in* Gilbert].

2° (v. 1965) Action de personnaliser✱, de donner un cachet individuel à une chose de série.

« Peut-on parler de *personnalisation* puisque, dans sa voiture, le conducteur imagine déjà la suivante ? »   P. GASCAR, *Auto*, 1967 [*in* Gilbert].

✱ Le mot existe depuis le XIXᵉ siècle comme dérivé de *personnaliser*✱ aux sens anciens de ce terme. Il s'est répandu au milieu du XXᵉ siècle aux sens ci-dessus sous l'influence de l'américain. Il s'agit d'un emprunt sémantique.

PERSONNALISÉ, ÉE [pɛʀsɔnalize] *adj.*

1° (1960) Qui peut être modifié, adapté, à la demande, en fonction des désirs, des besoins et des possibilités d'une personne. *Crédit personnalisé.*

« La grande idée d'Hubert, c'est l'assurance personnalisée, ou plutôt, pour employer un terme qui fleurit sur toutes les lèvres, *fonctionnelle.* Finies ces polices anonymes qui ne tenaient aucun compte des particularités de chacun et s'appliquaient aussi bien au garagiste de Dunkerque qu'au vigneron de Perpignan. »   DANINOS, *Un certain Monsieur Blot*, p. 48 (□ 1960).

2° (1965) Se dit d'un objet de série auquel certains détails modifiés donnent un cachet personnel.

« Votre montre, fût-elle très ordinaire, peut devenir un bijou dernier cri. Il suffit pour cela d'y adapter un bracelet personnalisé. »

Le Monde, 12 juin 1965 (Publ.).

— SPÉCIALT. Qui porte le nom (et l'adresse) de l'expéditeur en caractères imprimés.

« Souhaits personnalisés. »   *Le Nouveau Candide*, 21 janv. 1967.

✳ De *personnaliser** d'après l'anglais *personalized* adj. répandu récemment par la publicité américaine. Étiemble s'est élevé contre l'abus de ce terme :

« C'est dégrader la paysannerie que de lui enseigner, à coups de publicité sabirale, qu'elle *vivra mieux* en portant des bas *personnalisés* et en *conditionnant* les pommes de terre (plutôt qu'en les ensachant). »

ÉTIEMBLE, *Parlez-vous franglais ?*, p. 257 (□ 1964).

✳ La forme *personnalisé, ée,* est attestée chez P. Larousse (1875), mais au sens ancien de « personnifié ». La reprise du terme correspond au besoin de faire sortir les objets de série de l'uniformité.

PERSONNALISER [pɛʀsɔnalize] *v. tr.*

1° (XXᵉ s. ; répandu v. 1960) Rendre (une chose, un service) personnel, en individualisant, en aménageant suivant les particularités individuelles de chacun. — REM. : Sens absent du dict. de l'Académie 1935. — Nombreux ex. de presse *in* Gilbert, *op. cit.*

2° (XXᵉ s. ; répandu v. 1965) *Publ.* Donner une note personnelle à (un objet fabriqué en série) en apportant des modifications de détail qui sont supposées l'adapter à la personne et même à la personnalité de l'acquéreur. *Personnaliser un vêtement. Personnaliser son appartement.* — Spécialt. Graver ou imprimer sur un objet le nom (et éventuellement l'adresse) de la personne à laquelle il appartient.

« Notre service spécialisé se met à votre disposition et vous propose de personnaliser votre papier à lettres. »   *Vitrine magique*, 1978, p. 32.

✳ *Le Robert* enregistre comme néologisme en 1962 le sens de *personnaliser* « rendre personnel ; donner (à quelque chose) la qualité de personne morale ». *Personnaliser un impôt, un groupement, une association.* Le verbe français *personnaliser* (du latin *personalis*) était sur le point de tomber en désuétude. Au sens de « prêter une existence, un caractère personnel à (une abstraction, une chose) » (1704), il a été remplacé dans l'usage contemporain par *personnifier*. On constate actuellement que le verbe *personnaliser* au sens de « rendre personnel » s'est étendu à d'autres domaines que le droit, le commerce, les finances, l'éducation, la publicité, etc. On peut y voir l'influence de la publicité américaine qui a répandu le verbe anglais *to personalize* v. tr. (1727-1741) « rendre personnel », de *personal* adj. (1387) « personnel » lui-même issu de l'ancien français *personal* (mod. *personnel*), au sens de « adapter une chose, un objet, à la personne ou même à la personnalité de quelqu'un » ou de « conférer à un objet un cachet d'originalité ». L'emprunt de ce sens en français reflète à la fois une réaction par rapport à la standardisation industrielle et une adhésion aveugle aux solutions que fait miroiter la publicité.

PERSONNALISME [pɛʀsɔnalism] *n. m.*

1° (1903) *Philo.* Doctrine consistant à faire de la personne humaine la valeur suprême. *Le personnalisme,* de Renouvier, 1903. — REM. : Absent du dict. de l'Académie 1935.

2° (1936) Doctrine morale et sociale fondée sur la valeur de la personne et sur sa place dans la société. *Manifeste au service du personnalisme*, d'Emmanuel Mounier, 1936.

« Le personnalisme est une philosophie, il n'est pas seulement une attitude. Il est une philosophie, il n'est pas un système. [...] Parce qu'il précise des structures, le personnalisme est une philosophie, et non pas seulement une attitude.

Mais son affirmation centrale étant l'existence de personnes libres et créatrices, il introduit au cœur de ces structures un principe d'imprévisibilité qui disloque toute volonté de systématisation définitive. »   E. MOUNIER, *Le Personnalisme*, p. 6 (□ 1950).

✱ Dérivé savant de *personnel* d'après l'anglais *personalism* n. (1846), de *personal* adj. (1387) emprunté à l'ancien français *personal* (mod. *personnel*). Dans la tradition américaine, le mot *personalism* a d'abord été lié à la pensée de Walt Whitman (*Democratic Vistas*, 1867). Le sens le plus général est actuellement celui de « philosophe mettant en relief la valeur de la personne morale » (Lalande, *op. cit.*), sens répandu par R. T. Fleming, auteur de *Creative Personality*, 1926, fondateur et directeur de la revue *The Personalist*, lancée en 1919.

En français, Ch. Renouvier a donné en 1903 le nom de *personnalisme* à la dernière forme de son système. Avant lui, Paul Janet avait choisi le même nom, sans pouvoir l'imposer, pour désigner sa propre doctrine, selon laquelle Dieu est personnel.

« Le terme de Personnalisme... s'était offert jadis au choix de Paul Janet pour définir sa propre doctrine... Il l'avait essayé, approuvé, recommandé ; mais il n'avait pas pu, quand même, lutter avec succès contre le vieil usage, et il s'était résigné à s'entendre qualifier de spiritualiste, comme son maître Victor Cousin. »
          DAURIAC, *Bulletin de la Société française de philosophie*, fév. 1904, p. 40.

✱ Ce sens de *personnalisme* est très rare en français ; il pourrait dater d'environ 1887. L'ancien sens du mot, « égoïsme », relevé par Brunot en 1737, est totalement sorti de l'usage français.

Selon Mounier, le mot *personnalisme,* tombé en désuétude après Renouvier, a été repris en France vers les années 1930 pour désigner les premières recherches de la revue *Esprit* (dont il a été le fondateur en 1932) et de quelques autres groupes, notamment *Ordre nouveau*, mais ce mot ne s'applique pas uniquement au personnalisme chrétien.

Le dérivé français *personnaliste,* adj., « relatif au personnalisme », est attesté dès 1887, dans le sens le plus rare :

« Mesurer avec précision les mérites et les défauts de la thèse personnaliste et de la thèse impersonnaliste (sur la nature de Dieu), telle a été l'œuvre de notre siècle. »   P. JANET et G. SÉAILLES, *Histoire de la philosophie*, 1887, *in* LALANDE, *Vocabulaire de la philosophie*, p. 757.

✱ Il est appliqué ensuite au personnalisme de Renouvier (*in* Suppl. 1907, Nouveau Larousse illustré), puis au personnalisme opposé à l'individualisme.

« Soyons socialement anti-individualistes dans la mesure même où nous serons humainement personnalistes. »
          P. LAMOUR, in *Plans*, 1931, cité d'après J.-M. DOMENACH par P.-H. SIMON,
          in *Le Monde,* 10 mars 1972, p. 13.

✱ Enregistré en 1907 (Larousse), le substantif *personnaliste* « adepte du personnalisme », reste non attesté jusqu'aux années 30 (*personalist* n. l'est en anglais en 1901).

PESTICIDE [pɛstisid] *n. m.* et *adj.*

(v. 1960) Produit (généralement chimique) utilisé contre les parasites animaux et végétaux des cultures. *Les pesticides comprennent les insecticides, les insectifuges, les herbicides et les fongicides.* — Adj. *Produits, plaquettes pesticides.*

« Ce procédé mécanique [de pulvérisation] fait tomber un fin brouillard sur les organes du végétal qui forment écran ; grâce à l'emploi de jets diversement disposés le pesticide peut être assez bien réparti mais la face inférieure des feuilles ainsi que tous les organes, feuilles ou grappes de l'intérieur de la souche se trouvent insuffisamment recouverts de bouillie. »
          L. LEVADOUX, *La Vigne et sa culture*, p. 82 (□ 1961).

« Les effets à long terme de la consommation de produits agricoles traités aux insecticides, aux pesticides, aux fongicides, etc., de produits animaux fournis par des bêtes nourries d'aliments industriels à croissance artificiellement accélérée, sont mal connus, mais préoccupent des citadins soucieux de ne consommer que des produits conditionnés, leur assurant toutes les garanties d'une alimentation rationnelle et hygiénique. »   P. GEORGE, *Géographie des États-Unis*, p. 108 (□ 1971).

✻ Mot anglais n. (mil. XXᵉ s.), de *pest* lui-même emprunté au français *peste* au XVIᵉ siècle et ayant pris par analogie avec la *peste*, au XVIIᵉ siècle, le sens de « chose ou personne nuisible » et plus particulièrement celui de « insecte ou plante nuisible, parasite », et de *-cide*, du latin *caedere* « frapper, abattre, tuer ». En français, *pesticide* est un mot mal formé, puisque *peste* ne signifie pas « parasite ».

PÉTITION [petisjɔ̃] *n. f.*

(1704, à propos de l'Angleterre ; 1789, à propos de la France) Écrit adressé aux pouvoirs publics ou à une autorité, par lequel une personne ou un groupe de personnes formule une demande, une requête, élève une protestation ou exprime son opinion sur une question de justice ou d'intérêt général. *Pétition aux deux Chambres*, pamphlet politique de P.-L. Courier (10 déc. 1816).
— REM. : Enregistré dans les dict. de l'Académie.

« Joindre des "pétitions" aux bills [...]. »
                    J.-L. DELOLME, *Constitution d'Angleterre*, 1787
                                        [*in* Brunot, t. VI, 1-a, p. 47].

« La "pétition", la demande, la requête, la plainte, voilà bien quatre mots ; mais M. Chapelier, ni personne, ne nous a prouvé la distinction qui existe entre eux. »   ROBESPIERRE, *Débats de mai 1791*,
        in BUCHEZ et ROUX, *Histoire parlementaire de la Révolution française*
                                        [*in* Brunot, t. IX, 2, p. 783].

« Une pétition signée par 71 députés et appuyée par Mendizabal, vient d'être présentée aux procuradorès pour demander la remise en vigueur des décrets de 1820, concernant les biens politiques ou les majorats, les dîmes et les droits seigneuriaux, décrets qui réduisent d'un coup la richesse de cette caste base de l'aristocratie espagnole. »
                    BALZAC, *Chronique de Paris*, p. 93 (□ 26 mai 1836).

— (1790) *Droit de pétition*, droit reconnu à toute personne d'adresser une pétition aux pouvoirs publics.

« Une nation organisée, qui exercera constamment le "droit de pétition" dans les formes légales. »
                    MIRABEAU, *Discours*, 20 mai 1790 [*in* Brunot, t. IX, 2, p. 783].

✻ Anglais *petition* n. « supplique » (1330), « demande » (1417), employé en ce sens officiel dès 1450 et particulièrement connu après la célèbre *Petition of Right* (Pétition du droit) présentée par le Parlement d'Angleterre au roi Charles Iᵉʳ (1628). Ce mot est lui-même un emprunt au français *pétition* n. f. (1120) « demande, requête » au sens général (du latin *petitio*, du verbe *petere* « chercher à atteindre, demander »). Au sens de « demande officielle écrite à une autorité », le mot *pétition* est introduit en France dans la traduction de Edward Hyde, Earl of Clarendon, *The History of the Rebellion and Civil Wars in England* (*Histoire des Guerres civiles d'Angleterre*, 1704). Dans la même traduction on trouve attestés *droit de pétition* et *pétition de droits* à propos de l'Angleterre (*in* Mackenzie, pp. 91, 119 et 159). C'est aux États Généraux de 1789 que le mot s'appliqua pour la première fois à la France. Le droit de pétition fait l'objet du ch. v du Décret du 29 juillet 1789 (*in* Duvergier, *Collection complète des lois, décrets* [...] *de 1788 à 1824*, t. I, p. 32, Paris 1824, d'après Brunot, t. IX, 2, p. 783, n. 2). Le droit existait déjà en réalité avant qu'il fût reconnu officiellement. Jusqu'à la Révolution, on se servait des vieux noms *supplique* et *placet*. *Pétition* restait réservé au droit (« réclamation faite en justice », v. 1265) et à la philosophie (*pétition de principe*, 1662, Arnauld et Nicole). L'emprunt sémantique à l'anglais introduit le sens de « demande collective » distinct de l'imploration et pouvant exprimer la volonté générale : il est aussitôt intégré au nouveau vocabulaire politique de la Révolution.

PÉTITIONNAIRE [petisjɔnɛʀ] *n.*

(1784) *Dr.* Personne qui présente ou qui signe une pétition*.
— REM. : Enregistré dans les dict. de l'Académie 1798 et de
Littré 1869.

« J'y verrais bien plutôt l'action, l'instigation directe de ceux qui
avaient intérêt à détruire la pétition, avec les pétitionnaires. Je parle des
royalistes. »   MICHELET, *Histoire de la Révolution française*,
              Massacre du Champ-de-Mars (17 juil. 1791), t. I, p. 709 (□ 1849).

✱ Emprunt sémantique, *pétitionnaire* (1603 « représentant du roi dans
un pays ») ayant pris en 1784 (*in* Proschwitz, p. 281, d'après G. L. L. F.)
le sens de l'anglais *petitioner* n. (1414).

PÉTITIONNER [petisjɔne] *v. intr.*

(1784) *Rare.* Faire une pétition. — REM. : Enregistré dans les
dict. de Littré 1869 et de l'Académie 1878.

« Pétitionner est un droit de la nature. »
                    J.-D. LANJUINAIS, *Adresse à la Convention nationale*, an III,
                                  in *Œuvres* [*in* Brunot, t. IX, 2, p. 783].

✱ De *pétition**, d'après l'anglais *to petition* v. intr. (1637), dérivé de
petition. *Pétitionner* apparaît en ce sens en 1784 chez Necker, que ce
mot scandalisait (*Pouvoir exécutif*, in *Œuvres*, t. VIII, p. 474, Staël, 1820-
1821, d'après Brunot, t. IX, 2, p. 783). Les attestations antérieures
(Milton, 1652, d'après Wartburg) avaient trait à la francisation de l'anglais
to petition v. tr. (1607) « implorer, supplier, adresser une pétition ». On
a formé sur ce verbe le nom masculin *pétitionnement* (1836, Compl. du
dict. de l'Académie).

PÉTREL [petʀɛl] *n. m.*

(1705) Oiseau palmipède (*Procellariidés*), très vorace, qui fréquente les hautes mers, appelé scientifiquement *procellaria* et
vulgairement *oiseau de saint Pierre*, *oiseau des tempêtes*.— REM. :
Enregistré dans les dict. de l'Académie 1835 et de Littré 1869.

« Pourvus de longues ailes, munis de pieds palmés, les pétrels
ajoutent à l'aisance et à la légèreté du vol, à la facilité de nager, la
singulière faculté de courir et de marcher sur l'eau, en effleurant les
ondes par le mouvement d'un transport rapide dans lequel le corps est
horizontalement soutenu et balancé par les ailes, et où les pieds frappent
alternativement et précipitamment la surface de l'eau : c'est de cette
marche sur l'eau que vient le nom *pétrel ;* il est formé de *peter, pierre,*
ou de *petrill, pierrot* ou *petit-pierre*, que les matelots anglais ont imposé
à ces oiseaux en les voyant courir sur l'eau comme l'apôtre saint Pierre
y marchait. »   BUFFON, *Les Oiseaux*, Les Pétrels,
                          in *Œuvres complètes*, t. VIII, p. 554 (□ 1780).

« Dans les airs passaient [...] des pétrels gigantesques, entre autres
des *quebrante-huesos*, aux ailes arquées, qui sont grands mangeurs de
phoques [...]. »
                    Jules VERNE, *Vingt Mille Lieues sous les mers*, p. 493 (□ 1869).

✱ Anglais *petrel* n. (1703) altération de *pitteral* (aussi *pittrel*) n. (1676)
d'origine obscure, d'abord attesté chez William Dampier (*A New Voyage
round the World*, 1703-1709) qui le fait dériver de *saint Pierre* par
allusion à la marche sur les eaux (→ cit. de Buffon ci-dessus). À l'appui
de cette hypothèse, l'existence des formes ultérieures de *Soren Peders*
et *Pedersfugl* en norvégien, et de *Petersvogel* en allemand. En français,
le mot fait son apparition dans une traduction de Dampier, *Nouveau
Voyage autour du monde*, t. IV, p. 79, 1705, sous la forme *petrel*. La
francisation de la graphie avec l'accent aigu n'est attestée qu'en 1723
(*in* Dampier). En 1767, Buffon parlait du *petteril des Anglois* (d'après
Wartburg).

PÉTREL-PUFFIN → PUFFIN.

PÉTROCHIMIE [petʀoʃimi] *n. f.*

(1959) Branche de la chimie qui a pour objet les produits extraits ou dérivés du pétrole et du gaz naturel. — *Par ext.* Fabrication industrielle de ces produits. *Les travailleurs de la pétrochimie.*

✳ Mot composé de la contraction de *pétro[le]* et de *chimie* d'après l'anglais *petrochemistry* n. (mil. xxᵉ s., *in* Webster's Third 1966), dont la forme est critiquée. On a recommandé officiellement *pétrolochimie*, de *pétrolo-*, élément tiré de *pétrole*, et *chimie* (*in* Robert 1962).

« L'existence de pétrographie conduit à croire que pétrochimie signifie chimie des pierres et non chimie du pétrole. Pour éviter cette équivoque le Comité propose "pétrolochimie", avec l'approbation du regretté A. Dauzat. »
Comité d'étude des termes techniques français, in *Sciences*, nov.-déc. 1959, p. 84.

✳ Pour éviter la confusion entre *pétro-* du grec *petros* « pierre » et *pétro-* contraction de *pétrole*, on a aussi introduit le terme *pétroléochimie*, de *pétroléo-*, élément tiré du lat. médiéval *petroleum*, et de *chimie* (*in* Suppl. 1969 du G. L. E.). *Le Dict. technique des termes utilisés dans l'industrie du pétrole*, de M. Moureau et J. Rouge (Technip 1963), signale *pétrochimie*, forme la plus courante, et *pétroléochimie*. On rencontre de même les dérivés *pétrochimique* adj. (G. L. E., 1963), *pétroléochimique* adj. (Suppl. 1969 du G. L. E.) et *pétrolochimique* adj. (*ibid.*). Mais on ne trouve que la forme *pétrochimiste* n. pour désigner le chimiste spécialisé en pétrochimie (G. L. E. 1963) et l'industriel de la pétrochimie (*Le Monde*, 22 fév. 1969, d'après G. L. L. F.).

PÉTRODOLLAR [petʀodɔlaʀ] *n. m.*

(1974) *Fin.* Unité de valeur monétaire déterminée par la vente du pétrole par les pays exportateurs, et exprimée au moyen du dollar américain servant d'étalon d'échange monétaire.

« L'avant-garde conquérante des *pétro-dollars*, butin de la razzia pétrolière. » *L'Aurore*, 9 sept. 1974, p. 1.

« les pétrodollars constitueront une épargne mondiale, d'un volume sans précédent, susceptible d'être investie dans des équipements productifs. *L'économie de marché aura été stimulée par l'accident pétrolier*, et la croissance peut, contrairement aux pronostics, reprendre un élan de longue portée. »

J.-J. SERVAN-SCHREIBER, in *L'Express*, 3 fév. 1975.

✳ Anglais *petrodollar* n. (1973) formé sur le modèle de *eurodollar**, composé de *petro[l]* « pétrole » et de *dollar*. *Pétrodollar* est admis comme terme de finances ; enregistré dans le Suppl. 1975 du G. L. E.

PEUPLE [pœpl] *n. m.*

(1789) Ensemble des individus ayant le même territoire et les mêmes institutions politiques, qui constituent la nation. *Le Livre du peuple*, de Lamennais (1838). *Le Peuple*, œuvre de Michelet (1846). — *Hist.* Les membres des trois ordres (clergé, noblesse et tiers état) réunis en 1789, qui s'opposèrent au roi.

« Quand Chatam renferma dans un seul mot la charte des nations, et dit : *la majesté du peuple*, quand les Américains ont opposé les droits naturels du peuple à tout le fatras des publicistes sur les conventions qu'on leur oppose, ils ont reconnu toute la signification, toute l'énergie de cette expression, à qui la liberté donne tant de valeur. »
MIRABEAU, *Discours*, 15 juin 1789 [*in* Brunot, t. IX, 2, pp. 724-725].

« Je persévère dans ma motion et dans la seule expression qu'on en avait attaquée, je veux dire la qualification de *peuple français*, je l'adopte, je la défends, je la proclame, par la raison qui la fait combattre. » *Ibid.*, p. 725.

✳ Reprise à la Révolution du sens de *poblo*, forme initiale du français *peuple*, dans les *Serments de Strasbourg* (842), sous l'influence de l'anglais *people* n. (xiiiᵉ s.) lui-même emprunté à l'ancien français *pople* (du latin *populus*) par l'intermédiaire de l'anglo-normand *poeple, people* (moyen-anglais *peple, poeple, people*). Comme le précise *Le Robert* :

> « PEUPLE peut désigner la totalité de la nation, en tant que sujet de droit, ou la partie de la nation qui est gouvernée, soumise à d'autres éléments (souvent en s'opposant aux gouvernants, ou aux classes dirigeantes). *Peuple* est d'un emploi moins abstrait, moins théorique et plus affectif que *Nation* ou *Pays*. »

✳ Or d'un point de vue politique, à l'époque de la Révolution, *peuple* pouvait signifier soit « l'ensemble des sujets par rapport au souverain », soit la « partie du peuple qui ne jouit ni de la noblesse ni de la fortune de la bourgeoisie ». Le mot pouvait donc sembler inapproprié dans l'expression *représentant du peuple* pour parler de la noblesse, du clergé et du tiers état. Son adoption marquait une étape définitive dans l'évolution des institutions politiques représentatives en France.

PEYOTISME [pɛjɔtism] *n. m.*

(1968) *Ethnol.* → Culte du peyotl*.

> « La meilleure définition du peyotisme a été donnée par l'anthropologue américain Weston La Barre [*The Peyote Cult*, Yale University Press, 1938] : *"Le peyotisme est essentiellement une religion américaine aborigène s'exprimant en termes de concepts indiens fondamentaux... Peut-être les amateurs de peyotl feront-ils leur la phrase du chef comanche Quanah Parker faisant allusion à la supériorité du culte du peyotl sur le christianisme : L'homme blanc va à l'église et parle DE Jésus, mais l'Indien va dans son tipi et parle À Jésus"*. »
>
> J.-L. BRAU, *Histoire de la drogue*, p. 148 (□ 1968).

> « Pour ne pas revêtir les formes tyranniques de l'Inquisition espagnole, la répression américaine contre le peyotisme n'en fut pas moins vigoureuse. »
> *Ibid.*, p. 156.

✳ Américain *peyotism* n. (1934) de *peyote*, variante de *peyotl*.

PEYOTL [pɛjɔtl] *n. m.*

(1926) Petit cactus non épineux (*Lophophora Williamsii*, Lemaire), répandu au Mexique et dans le Sud des États-Unis, qui renferme plusieurs alcaloïdes, notamment la mescaline* (→ **Mescal button**). — REM. : Absent du dict. de l'Académie 1935.

> « Il est, croyons-nous, inexact de ne considérer la "question du peyotl" que comme une simple question de stupéfiants. Elle est beaucoup plus haute et constitue une véritable "question ethnique". La guerre déclarée au peyotl n'est ni plus ni moins qu'une guerre de religion et de race. »
>
> A. ROUHIER, *La Plante qui fait les yeux émerveillés : le peyotl*, 1926, in J.-L. BRAU, *Histoire de la drogue*, p. 156.

> « En 1889, le Dr Langry, de Logansport, Indiana, est le premier à utiliser le peyotl, dans un but thérapeutique, comme tonicardiaque. Hefter, cinq ans plus tard, en isole le principal alcaloïde, la mescaline, une triméthoxyphényléthylamine de formule $C_{11}H_{17}O_3N$ qui dérive de l'hordénine, et dont la synthèse sera faite par Späth en 1910. D'autres alcaloïdes ont été découverts depuis, en particulier la peyotine à effet narcotique, l'anhaline, l'anhaloïdine, l'anhalinine, l'anhalonine, et la lophophorine. »
>
> J.-L. BRAU, *Histoire de la drogue*, p. 144 (□ 1968).

> « Selon B. de Sahagûn, "les Chichimèques estimaient le peyotl en place de vin ou de champignons... Ils se rassemblaient en terrain plat, chantaient, dansaient toute la nuit et tout le jour. Et le lendemain pleuraient copieusement... Ils ont des visions terrifiantes ou hilarantes. Cet état d'ivresse dure deux ou trois jours". »
>
> A. HOFMANN, in *La Recherche*, juil.-août 1970, p. 243.

— *Culte du peyotl*, culte de tribus indiennes du Mexique et des États-Unis, associant le peyotl et le dieu soleil, le peyotl et la nourriture de l'esprit, exprimé par un ensemble de pratiques rituelles → **Peyotisme**.

« Le culte du Peyotl se pratique le samedi soir et dure jusqu'au lendemain matin. Réunie dans un tipi, la tribu consomme le peyotl en breuvage, prie et chante des psaumes rituels. »

J.-L. BRAU, *Histoire de la drogue*, p. 148 (□ 1968).

✻ La dénomination de *peyotl* est entrée en français par l'intermédiaire de l'américain *peyote* ou *peyotl* (1892) lui-même emprunté à un mot indien (nahuatl) du Mexique, qui avait déjà fourni un emprunt à l'espagnol (Francisco Hernandez, au XVIe s.).

« Le nom de peyotl, d'origine nahuatl (aztèque), dériverait, selon certains savants, des verbes "peyonia inic" qui signifie "stimuler" ou "pepeyoca" (pepeyon) dont le sens serait "exciter, illuminer, activer", en référence aux propriétés des substances actives de la plante. D'autres chercheurs voient son origine dans le terme "peyutl", qui indiquerait le cocon du ver à soie ou encore une chose blanche et duveteuse ; cette dénomination est en rapport avec l'aspect de la plante, dont la partie aérienne se recouvre, à certaines périodes de l'année, de touffes blanchâtres et laineuses. » *Science et Vie*, sept. 1872, p. 3.

✻ On trouve dès 1926 le dérivé français *peyotlique,* adj. « qui est causé par le peyotl ».

« On a isolé de la plante [du peyotl] une quinzaine de substances actives, dont la mescaline est la plus connue. Chaque alcaloïde a une action particulière et l'ensemble produit — comme l'a écrit le pharmacologue Rouhier [→ cit. ci-dessus] — "une symphonie de phénomènes physiologiques et psychiques" dénommée "ivresse peyotlique ou mescalinique". » *Science et Vie*, sept. 1972, p. 3.

Ph. D. [piɛtʃdi] *n. m.*

Docteur en « philosophy », c'est-à-dire toute matière à l'exception de la médecine, du droit et de la théologie. — Se dit familièrement du doctorat lui-même.

✻ Abréviation (1869, Mathews) du lat. *philosophiae doctor* qui apparaît à côté des noms d'universitaires anglais et américains qui publient ou enseignent en France. Tout comme l'organisation universitaire française donne à un géographe le titre de « docteur ès lettres », l'organisation anglo-saxonne fait d'un chimiste un « doctor in philosophy ». On voit que l'Université a encore beaucoup à faire apprendre dans le domaine de l'épistémologie.

PHÉNOLOGIE [fenɔlɔʒi] *n. f.*

(1907) Discipline météorologique qui étudie les variations de durée et d'époque, en fonction des divers climats, des phénomènes périodiques de la vie végétale (germination, floraison, feuillaison, etc.) et animale (migration, hibernation, etc.) — REM. : Absent du dict. de l'Académie 1935.

✻ Adaptation, d'après *phéno[mène]* et *-logie,* de l'anglais *phenology* n. (1884), de l'adj. *phenological.* Enregistré dans le *Larousse mensuel* 1907. *Phénologique,* adj. (angl. *phenological,* 1875), apparaît en français en 1907.

PHILIBEG ou FILIBEG [filibɛg] *n. m.*

(1839) *Rare.* Petit jupon, plus court que le kilt*, porté par les montagnards écossais. — REM. : Absent des dict. de Littré et de l'Académie.

✻ Mot anglais *filibeg, philibeg* n. (1746), du gaélique *feileadh-beag* « petit [*beag*] kilt [*feiladh*] », opposé à *feileadh-mor* « grand kilt » *(n. m.).* Terme enregistré en français dans le dict. de Boiste 1839 sous la forme *philibeg.*

PHOTO-FINISH ou PHOTOFINISH [fɔtofiniʃ] *n. f.*

(mil. XXe s.) Enregistrement photographique de l'arrivée d'une course ; épreuve développée de cet enregistrement ; appareil qui sert à effectuer l'enregistrement. *Des photos-finish.*

« Les arrivées sont contrôlées au "photofinish", vérifiées par des mouchards électroniques. »
J.-F. HELD, in *Le Nouvel Observateur*, 4 sept. 1972, p. 38.

✴ Mot américain *photo finish* n. (1944), composé de *photo*[*graphy*] et de *finish* « arrivée des chevaux », de *to finish* « finir, arriver » lui-même emprunté au français *finir* (vieux français *feniss-*), signifiant « course si serrée qu'on ne peut déterminer le vainqueur qu'au moyen d'un enregistrement photographique de l'arrivée », et *par ext.* en américain, « toute compétition ou lutte très serrée ». Enregistré dans son sens particulier en français dans le Suppl. 1972 du Robert.

PHOTOGÉNIQUE [fɔtɔʒenik] *adj.*

1° (1839) *Phys.* Relatif aux effets chimiques de la lumière ; qui produit des images par la lumière. *Rayons photogéniques.* — REM. : Enregistré dans les dict. de Littré 1869, et de l'Académie 1935.

« Le composé photogénique employé pour recevoir l'action de la lumière, c'est-à-dire l'iodure d'argent, ne s'impressionne qu'avec une certaine lenteur quand on se borne à le déposer, sans aucun mélange, sur le papier ou sur une lame de verre. »
L. FIGUIER, *L'Année scientifique et industrielle*, p. 119, 1858 (□ 1857).

2° (1869) *Par ext.* En photographie, Qui donne une image nette et claire, qui rend bien. *Le blanc n'est pas aussi photogénique que le bleu.* — REM. : Enregistré dans les dict. de Littré 1869, et de l'Académie 1935.

« Et il était vraiment beau, ainsi que le disait la Faustin, le jeune lord Annandale, beau de la douceur mélancoliquement tendre de ses yeux bleus, beau de la frisure soyeuse de ses cheveux et de sa barbe, beau de la clarté photogénique qu'a seule la peau anglaise, beau de la sveltesse élancée d'une taille à la fois frêle et nerveuse, beau de l'aristocratie des belles races blondes. »
E. de GONCOURT, *La Faustin*, p. 168 (□ 1881).

— (1932) *Cour.* Qui produit un effet esthétique supérieur à l'écran ou en photo qu'au naturel. *Actrice photogénique.*

« C'est la photographie qui avait fait naître en 1839 le mot de photogénie. Il y est toujours utilisé. Nous nous découvrons, devant nos clichés, "photogéniques" ou non... La photographie nous flatte ou nous trahit ; elle nous donne ou nous dénie un je ne sais quoi. »
E. MORIN, *Le Cinéma ou L'Homme imaginaire*, II, p. 25 (□ 1956).

✴ De l'angl. *photogenic* (1839), dans *photogenic drawing*, terme créé par W. H. Talbot (in *Comptes rendus de la Société royale,* 31 janv. 1839) pour désigner la technique qui prendra dès le 14 mars le nom de *photography* (→ **Photographie**), ainsi que le résultat de cette technique ou *photograph.* Comme terme de physique, *photogénique* est attesté dès 1839 dans les *Annales de Chimie,* 2ᵉ série, LXXI, p. 338.

PHOTOGRAPHIE [fɔtɔɡʀafi] *n. f.*

1° (1839) Technique, procédé permettant de fixer l'image durable des objets par l'action de la lumière sur une surface qui y est rendue sensible par des produits chimiques. — REM. : Enregistré dans les dict. de Littré 1869 et de l'Académie 1878.

« mais je suis convaincu que les progrès mal appliqués de la photographie ont beaucoup contribué, comme d'ailleurs tous les progrès purement matériels, à l'appauvrissement du génie artistique français, déjà si rare. La Fatuité moderne aura beau rugir, éructer tous les borborygmes de sa ronde personnalité, vomir tous les sophismes indigestes dont une philosophie récente l'a bourrée à gueule-que-veux-tu, cela tombe sous le sens que l'industrie, faisant irruption dans l'art,

en devient la plus mortelle ennemie, et que la confusion des fonctions empêche qu'aucune soit bien remplie. »
BAUDELAIRE, *Le Public moderne et la photographie, Salon de 1859,* in *Curiosités esthétiques,* p. 763.

— PAR EXT. (1849, Lettre de Flaubert, 14 déc.) Art d'user de cette technique pour prendre des images photographiques*.

« La gravure est un art qui s'en va, mais sa décadence n'est pas due seulement aux procédés mécaniques avec lesquels on la supplée, ni à la photographie, ni à la lithographie, genre qui est loin de la suppléer, mais plus facile et plus économique [...]. »
DELACROIX, *Journal,* 25 janv. 1857.

2° (1858) Image obtenue au moyen de cette technique, généralement l'épreuve positive ; reproduction de cette image. *Une, des photographie(s).* — REM. : Enregistré dans le Suppl. 1877 du dict. de Littré, et dans le dict. de l'Académie 1878.

« Cette image projetée de la lune, en dehors du contour solaire, paraissait sur la glace dépolie plus blanche que la région voisine du ciel. Un phénomène très-singulier et tout à fait nouveau qui s'est produit, est l'apparition de cette image sur les photographies 2, 3, 4 et 5, et surtout sur les photographies 2 et 3. »
E. LIAIS, *L'Éclipse totale [du soleil] du 7 sept. 1858,* in *L'Année scientifique et industrielle,* p. 47, 1859 (□ 1858).

« Il en est des plaisirs comme des photographies. Ce qu'on prend en présence de l'être aimé n'est qu'un cliché négatif, on le développe plus tard, une fois chez soi, quand on a retrouvé à sa disposition cette chambre noire intérieure dont l'entrée est "condamnée" tant qu'on voit du monde. » PROUST, *À l'ombre des jeunes filles en fleurs,* p. 872 (□ 1918).

3° (1859) *Fig.* Description fidèle, reproduction exacte d'une personne, d'une réalité. — REM. : Absent des dict. de l'Académie.

«"Ainsi l'industrie qui nous donnerait un résultat identique à la nature serait l'art absolu." Un Dieu vengeur a exaucé les vœux de cette multitude. Daguerre fut son messie. Et alors elle se dit : "Puisque la photographie nous donne toutes les garanties désirables d'exactitude (ils croient cela, les insensés !), l'art, c'est la photographie". »
BAUDELAIRE, *Salon de 1859, op. cit.,* p. 762.

✱ L'ancien mot français *photographie* n. (1835, Raymond, d'après G. L. L. F.), de *photo-* (du grec *phôs, phôtos* « lumière »), et *-graphie* (du grec *graphein* « écrire, inscrire »), désignait la partie de la physique qui a pour objet la lumière. Le sens moderne vient de l'anglais *photography* n. de même étymologie créé par Sir John Herschel (1792-1871) en combinant le *photogenic* de Fox Talbot (→ **Photogénique**) et l'*héliographie* de Niepce. L'anglais *photography* apparaît pour la première fois dans une communication de Herschel à la Société royale, le 14 mars 1839 ; il a été précédé par une occurrence de l'allemand *Photographie* (in *Vossische Zeitung,* 23 février 1839). En français, le terme *art photographique** apparaît dans les *Comptes rendus de l'Académie des sciences* du 6 mai 1839 ; Arago emploie *photographie* et *photographique* dès le 3 juillet 1839 (d'après Mackenzie, p. 214). Au sens de « image, cliché », le français conserve le mot *photographie,* alors que l'anglais emploie *photograph* n. (Herschel, 14 mars 1839). L'abrév. française *photo* (1878) est absente des dict. de l'Académie. Le dérivé *photographier* (1858) est influencé par le verbe anglais *to photograph* (Herschel, 14 mars 1839), mais *photographique,* attesté la même année que l'angl. *photographic,* pourrait avoir été créé en français.

« J'employai les quelques rares éclaircies qui eurent lieu jusqu'au 7 septembre, à régler mon instrument dans le méridien et à essayer les procédés à employer pour pouvoir photographier le soleil. »
E. LIAIS, *L'Eclipse totale [du soleil] du 7 sept.,* in *L'Année scientifique et industrielle,* p. 45, 1859 (□ 1858).

« [In titre] J.-F. Soleil, *Guide de l'amateur de photographie ou exposé de la marche à suivre dans l'emploi du daguerréotype et des papiers photographiques,* 1840. »
F. DENIS, P. PINÇON et de MARTONNE, *Nouveau Manuel de bibliographie universelle,* 1840 [in D. D. L., 2e série, 12].

PHOTO-STOP ou **PHOTOSTOP** [fɔtostɔp] *n. m.*

(mil. XXᵉ s.) *Comm.* Technique, activité du photostoppeur*.
Faire du photostop sur les grands boulevards.

✻ Pseudo-mot anglais forgé sur *photo[graphie]* et *stop** emprunt de
l'anglais, d'après *auto-stop**. On a forgé *photostoppeur, euse* n. sur le
modèle de *autostoppeur*, en recul devant *photofilmeur* n. m. (1966).

« Que pense le gouvernement de l'exercice, sur la voie publique, de certains
métiers, notamment de celui de photo-stoppeur ? »
Le Monde, 3 juil. 1960 [*in* Gilbert, art. *Photo-*].

PHYSIOGÉNIE [fizjɔʒeni] *n. f.*

(1903) *Biol.* Transformations physiologiques subies chez un
être vivant, depuis la fécondation jusqu'à la réalisation de sa
forme définitive. — REM. : Absent du dict. de l'Académie 1935.

✻ De l'anglais *physiogeny* n. (1879, en ce sens ; signifiant à l'origine
« genèse des corps naturels », 1858), du latin moderne *physiogenia*.
Physiogénie est signalé à l'article *Physiogenèse* dans le Nouveau
Larousse illustré 1903. Le dérivé *physiogénique* adj. (1903) correspond à
l'anglais *physiogenic*.

PHYTOTRON [fitɔtʀɔ̃] *n. m.*

(1954) *Bot.* Laboratoire de climatologie expérimentale conçu
et aménagé pour l'étude des conditions physiques et chimiques
de la croissance des végétaux.

« [le] jour où Went put reprendre expérimentalement la question avec
son "phytotron" : cet engin est une sorte de serre à laquelle sont annexés
plusieurs dispositifs permettant à tout moment de contrôler tous les
paramètres physico-chimiques du milieu et encore de les faire varier
avec précision, selon un plan préétabli. »
J. GUILLERMÉ, *La Vie en haute altitude*, pp. 32-33 (□ 1954).

✻ Mot d'abord créé par dérision sur le modèle de *cyclotron*, « cyclotron
pour plantes », par les collègues du chercheur hollandais Fritz W. Went
au California Institute of Technology à Pasadena (Earhart Plant Research
Laboratory), notamment par R. A. Millikan, président du California
Institute. Le nom fut immédiatement adopté pour désigner les installations de ce type : Liège (1950), Ottawa (1954), Moscou (1957), Uppsala
(1957), Gif-sur-Yvette (1958), Canberra (1962). Le dér. *phytotronique*
date en français de 1964 (Colloque de l'U. N. E. S. C. O.) et provient de
l'angl. *phytotronic*.

PIANOLA [pjanɔla] *n. m.*

(av. 1922) Marque de piano mécanique. — REM. : Absent du
dict. de l'Académie 1935.

« Je restais dans mon lit et elle [Albertine] allait s'asseoir au bout de
la chambre devant le pianola, entre les portants de la bibliothèque. Elle
choisissait des morceaux ou tout nouveaux ou qu'elle ne m'avait encore
joués qu'une fois ou deux, car, commençant à me connaître, elle savait
que je n'aimais proposer à mon attention que ce qui m'était encore
obscur [...]. » PROUST, *La Prisonnière*, p. 371 (□ 1922).

✻ Mot qu'on dit avoir été forgé par Edwin S. Votey, qui inventa cette
sorte de piano mécanique en 1896, comme diminutif de l'anglais *piano*
ou *pianoforte* (emprunté de l'italien *pianoforte*), attesté en 1899 en
américain comme marque de commerce.

PIBROCK [pibʀɔk] *n. m.*

(1862 ; *pibroch*, 1839) Cornemuse écossaise. — REM. :
Pibroch est enregistré dans le Compl. 1840 du dict. de l'Académie ; *pibrock*, dans le Compl. 1866 du dict. de l'Académie et
dans le dict. de Littré 1869.

« Le joueur de cornemuse au centre [du 75ᵉ régiment des highlanders], pendant qu'on s'exterminait autour de lui, baissant dans une inattention profonde son œil mélancolique plein du reflet des forêts et des lacs, assis sur un tambour, son pibrock sous le bras, jouait les airs de la montagne. Ces Écossais mouraient en pensant au Ben Lothian, comme les Grecs en se souvenant d'Argos. Le sabre d'un cuirassier, abattant le pibroch et le bras qui le portait, fit cesser le chant en tuant le chanteur. »   Hugo, *Les Misérables*, p. 346, Pléiade (□ 1862).

— Air écossais joué avec cet instrument (thème et variations).

« Il faut renoncer à peindre les sentiments de Glenarvan et de ses amis, quand résonnèrent à leurs oreilles les chants de la vieille Écosse. Au moment où ils mettaient le pied sur le pont du *Duncan*, le bag-piper, gonflant sa cornemuse, attaquait le pibroch national du clan de Malcolm, et de vigoureux hurrahs saluaient le retour du laird à son bord. »
    Jules Verne, *Les Enfants du capitaine Grant*, p. 503, Lidis (□ 1867).

✳ Mot anglais n. (1719), du gaélique *piobaireachd* « art de jouer la cornemuse », de *piobair* « joueur de cornemuse » (de *piob* « cornemuse », de l'anglais *pipe* « cornemuse ») et du suffixe de fonction, de qualité *-achd*. Mackenzie (p. 214) relève *pibroch* en 1839 chez Dumas (*Comtesse de Salisbury*, II, 303). Il n'a jamais désigné l'instrument en anglais *(bagpipe)* et Hugo fait une erreur.

PICCALILLIES [pikalili] *n. m. pl.*

(1877) *Rare*. Pickles* sucrés aux épices. *Des piccalillies.*
— REM. : Absent des dict. de Littré et de l'Académie.

« Joli songe doré des bords de la Tamise, on se fatigue à la fin de comparer ces réverbères à des points d'orgue. La diversion survint heureusement sous les espèces d'une fille de comptoir dans une de ces maisons de piccles et de piccalilies qui parfument tout un quartier au vinaigre rose, encens d'un culte inconnu. »
              Aragon, *Anicet*, pp. 13-14 (□ 1921).

✳ Mot anglais (aussi *piccalillo*) n. (1769) d'origine incertaine, peut-être marque de commerce fantaisiste à partir de *pickle* et par association avec *chili* « piment (rouge) ». On a aussi dit *Indian pickle*. Mackenzie relève le terme en 1877 (p. 240). Ce produit est importé en France et utilisé comme condiment ; on dit aussi parfois *du picalilli.*

PICKER [pikɛʀ] *n. m.*

(1961) *Techn.* Machine servant à la cueillette mécanique du coton.

« La cueillette mécanique, cependant, gagne du terrain. La machine à cueillir le coton est un vieux rêve d'inventeur, longtemps poursuivi sans succès, aujourd'hui réalisé. Sous les noms de *stripper* (déshabilleur) ou *picker* (cueilleur) un certain nombre de types de machines, mettant en œuvre des techniques variées, sont actuellement en service. »
P. de Calan, *Le Coton et l'Industrie cotonnière*, P. U. F., Que sais-je ?, nᵒ 90, 1961.

✳ Mot anglais n. « personne qui fait la cueillette » (1669), « instrument ou machine pour faire la cueillette » (1707), employé à propos du coton, d'abord en américain, en parlant d'une personne (1759), en parlant d'une machine (1891), dérivé du verbe *to pick* « cueillir » (1325). Selon le Robert (suppl., 1970) la traduction française *cueilleuse* devrait éliminer cet anglicisme inutile.

PICKLER [pikle] *v. tr.*

(1963) *Techn.* Soumettre des peaux au picklage*.

✳ Anglais *to pickle* v. tr. (1552), proprement « saler », de *pickle* n. (→ **Pickles**), attesté en 1844 au sens de « tremper dans un bain d'acide ou dans une préparation chimique », et signalé à propos des peausseries dans le Webster's Third 1966. *Pickler* est enregistré dans le G. L. E. 1963, comme *picklage,* formé en français (l'angl. *pickling* date de 1691).

PICKLES [pikœls] *n. m. pl.*

(1823) Ensemble de petits légumes, de graines aromatiques, macérés dans du vinaigre, servi comme condiment. — REM. : Absent des dict. de Littré et de l'Académie.

« Cette profusion de *pickles* dont vous [les Anglais] êtes si friands ?
En note :
Pickle est le nom générique de toutes les confitures au vinaigre ; les Anglais en ont presque autant d'espèces que de *sauces*. »
M. E. d'ARCIEU, *Diorama de Londres ou Tableau des mœurs britanniques en 1822*, F. Louis, 1823, in *Le Français moderne*, oct. 1949, p. 299.

« des pots de confitures et des bocaux de *pickles*, confectionnés, ces jours derniers, par sa femme, et dont, un moment, dans une enfantine gaieté, il me faisait voir les jolies colorations, sentir les aromes piquants. »   E. et J. GONCOURT, *Journal*, t. VI, 22 août 1884, p. 233.

✳ Mot anglais *pickle* n. (XIVe s.) « saumure », généralement au pluriel en ce sens (XVIIe s.). Moyen anglais *pekille, pykyl*, du moyen allemand et du moyen néerlandais *pekel* (allemand *pökel*) d'origine inconnue (selon Verda, un dérivé du radical verbal *pik-, pek-* au sens de « ce qui pique, ce qui est piquant »). Alain Guillermou signale que les Canadiens français ont traduit ce mot par *marinades* (in *Carrefour*, 19 juill. 1967).

PICKPOCKET [pikpɔkɛt] *n. m.*

(1792 ; *pick-pocket* comme mot anglais, 1726) Voleur à la tire. *Des pickpockets.* — REM. : Enregistré dans le Suppl. 1877 du dict. de Littré et dans le dict. de l'Académie 1935.

« Montrez un peu moins vos pieds, et montrez un peu plus vos mains. J'aperçois d'ici des fripons qui plongent leurs griffes ingénieuses dans les goussets de leurs voisins imbéciles. Chers pick-pockets, de la pudeur ! Boxez le prochain, si vous voulez, ne le dévalisez pas. Vous fâcherez moins les gens en leur pochant un œil qu'en leur chipant un sou. Endommagez le nez, soit. Le bourgeois tient à son argent plus qu'à sa beauté. Du reste, agréez mes sympathies. Je n'ai point le pédantisme de blâmer les filous. »   HUGO, *L'Homme qui rit*, p. 493 (□ 1869).

« En voilà un genre que j'aime pas !.. les femmes pickpockets !.. »
CÉLINE, *Guignol's band*, p. 62 (□ 1951).

✳ Mot anglais *pickpocket* n. (1591), de *to pick* (forme qui a succédé à *to pike*, XIVe s., probablement sous l'influence du verbe français *piquer*) et de *pocket* n. (XVe s.) « poche », issu de l'ancien français *pochet, pochette*. Mackenzie (p. 165) atteste *pick-pockets* « fouille-poches » dans *Lettres et Voyages*, de C. de Saussure, en 1726 mais cette occurrence est présentée comme mot anglais. Bonnaffé atteste *pickpocket* comme mot français en 1792 (*in* Brunot, t. VI, 2-a, p. 1235). Le mot a fait son entrée dans plusieurs langues et a depuis longtemps fait le tour du monde. En français, il semble avoir été assez répandu au XIXe siècle. On peut noter deux dérivés : *Pickpoqueter*, v. tr. et intr. (1867) [anglais *to pickpocket*, 1673] ; cf. *picpoquer* chez Queneau (*Le Dimanche de la vie*, p. 70) et *pickpockettisme* n. m. (1874), « art du pickpocket » (anglais *pickpocketism* n., 1830, et *pickpocketing* n., 1886).

« L'autre jour, sur un champ de courses, on arrêta deux Anglais accusés de pick-pockettisme. »   P. VERON, in *Le Charivari*, 18 mars 1892, p. 1.

PICK-UP [pikœp] *n. m.*

1° (1932 Lar. XXe s.) Dispositif servant à recueillir et transformer en oscillations électriques des vibrations mécaniques enregistrées sur disques, pour provoquer dans un haut-parleur des émissions sonores. *Pick-up électromagnétique, à cristal, piézoélectrique. Pick-up à tête amovible, tournante.* Cour. *Bras de pick-up.* — REM. : Absent du dict. de l'Académie 1935. — (v. 1935) Par ext. Cour. Phonographe électrique ou *électrophone, tourne-disque.* Vieilli. *Récepteur de radio muni d'une prise de pick-up* (abrév. *P. U.*).

« Il m'est apparu, grâce au pick-up, que la gêne (que je prenais pour de l'ennui) et qui dans une salle de concert naissait de mille petites causes : [...] que ce malaise disparaissait d'un coup dans la pièce familière où j'étais seul avec la musique choisie par moi, selon mon cœur de ce soir-là. »   F. MAURIAC, *Journal*, t. III, p. 52, Grasset (□ 1940).

« Antoine s'asseyait toujours devant le pick-up comme devant une statue païenne ou un feu de bois ; elle [Diane] avait beau lui expliquer que le son venait des haut-parleurs perfectionnés placés de chaque côté de la chambre et que ceux-ci relançaient chaque note exactement au milieu, à la hauteur de son lit, il s'installait devant le pick-up, comme fasciné par la rotation noire et luisante du disque. »
F. SAGAN, *La Chamade*, p. 115 (□ 1965).

— On rencontre la graphie fantaisiste *piqueupe* créée d'après la prononciation :

« Le barman avait une casquette blanche de marin et le piqueupe dévidait en sourdine une chanson de mer. »
M. AYMÉ, *Travelingue*, p. 218 (□ 1941).

« Le bonisseur vint voir s'il pouvait y aller. On pouvait commencer. Il fit donc fonctionner le *piqueupe* qui se mit à débagouler Travadja la moukère et le Boléro de Ravel [...]. »
QUENEAU, *Pierrot, mon ami*, p. 67 (□ 1943).

✳ Mot anglais n. (XIXᵉ s. ; 1926, en ce sens), de *to pick up* « ramasser, recueillir, reprendre », enregistré comme terme technique dans le *Larousse du XXᵉ siècle*, 1932. Le mot a vieilli au profit de *tourne-disque* et d'*électrophone* (si l'appareil est muni d'un haut-parleur). En acoustique, *pick-up* est aussi en voie de disparition au profit de *lecteur* n. m., terme recommandé par le Comité d'étude des termes techniques français (in *Défense de la langue française*, avril 1966). De même *prise tourne-disque* devrait remplacer *prise pick-up (PU)*, conformément aux recommandations du *Journal officiel* du 18 janvier 1973.

2° (1963) *Techn.* Dispositif placé à l'avant des moissonneuses-batteuses sur des ramasseuses-presses, pour le ramassage automatique du fourrage, de la paille, des légumineuses.

✳ Sens enregistré dans le *Webster's Third* 1966, pour l'anglais, et dans le G. L. E. 1963, pour le français. Comme pour le substantif *picker*✳, il faudrait remplacer cet emprunt. La traduction la plus simple entre déjà dans le terme *ramasseuse-presse*.

3° (av. 1966) *Phys.* Réaction nucléaire sans formation de noyau composé, dans laquelle le projectile enlève un des nucléons du noyau cible.

✳ Le *Journal officiel* du 18 janvier 1973 recommande pour éliminer l'anglicisme *pick-up* le terme *rapt* n. m.

4° (1970, *in* Robert, Suppl.) Petite camionnette à plateau découvert.

✳ Emprunté en ce sens à l'américain *pickup,* forme abrégée de *pickup truck* n. (1932) « camion, camionnette de ramassage ».

PICTOGRAPHIE [piktɔɡʀafi] *n. f.*

(1877) *Didact.* Système d'écriture dont le code est composé de scènes figurées ou symboliques. — REM. : Enregistré dans le Suppl. 1877 du dict. de Littré ; absent des dict. de l'Académie.

« L'emploi développé de la pictographie se rencontre surtout chez les populations de chasseurs et de pêcheurs-navigateurs, à groupements homogènes relativement denses ou pratiquant sur des domaines assez étendus des relations régulières de groupe à groupe. »
M. COHEN, *L'Écriture*, p. 16, Éd. Sociales, 1953.

✳ Du latin *pictus* « peint, coloré » (part. passé adjectivé de *pingere* « peindre ») et de *-graphie* (du grec *graphein* « écrire »), très probablement d'après l'anglais *pictography* n. (1851) de même étymologie, d'abord employé à propos des systèmes d'écriture des Indiens d'Amérique. *Pictographique* adj. est attesté antérieurement (1860, *in* D. D. L., 2e série, 12) et pris à l'anglais *pictographic* (1851). Le substantif masculin *pictogramme* « caractère pictographique constituant un élément d'un système d'écriture » est relevé en 1853.

« Les caractères sont des petits dessins représentant des objets ou des figures humaines de manière artistique [...]. Il est acquis que certains sont des *picto-idéogrammes*. Expliquons ce terme : un idéogramme (du mot grec *idea* : idée et de la racine « écrire ») ou signe-chose est un caractère ou un ensemble de caractères représentant une notion qui par ailleurs est exprimée par un mot unique pouvant donc se lire en une langue quelconque ; *picto* exprime le fait que le caractère consiste en un dessin reconnaissable. C'est ce qu'on peut appeler un rébus direct (en latin, *rebus* : par les choses). En fait, on sait la ou les significations de certains de ces *idéogrammes*, ainsi l'image stylisée du soleil signifie "soleil" ou "jour". On ne sait pas si d'autres que les Mayas lisaient ces caractères. Pour les Mayas, on sait qu'ils les lisaient dans leur langue : de cette manière le signe-chose devenait un signe-mot ; ainsi *kin* pour le *soleil*. »   M. COHEN, *Ibid.*, p. 21.

PIDGIN [pidʒin] *n. m.*

(déb. XXe s. ; *pudgin*, 1902 ; *pidgin-english*, 1875) *Ling.* Système linguistique composite (plus complet qu'un sabir) formé d'anglais modifié et d'éléments autochtones, servant de langue d'appoint en Extrême-Orient (opposé à *créole*, langue maternelle de certaines communautés). *Le pidgin-english ou pidgin de Chine est composé d'un vocabulaire anglais et d'une base grammaticale chinoise. Le pidgin mélanésien (bichlamar ou bêche-de-mer) comporte un vocabulaire mixte, anglais et malais.* — Ensemble des langues mixtes d'Extrême-Orient, à base d'anglais. — REM. : Absent du dict. de l'Académie 1935.

« À votre grande surprise, l'un deux [de la foule de petits industriels] vous accoste familièrement, vous appelle " capitaine ", et vous dit, en vous regardant de l'air d'un homme qui retrouve une ancienne connaissance :
" Tsing ! Tsing ! too muchee long tim my no hab see you ! "
Ce qui veut dire en pidjin English (le *pidjin English* est la *lingua franca* de ces ports de l'Orient) :
" Je vous salue ; il y a bien longtemps que je ne vous ai vu ". »
      J. THOMSON, *Voyage en Chine* [1870-1872], p. 356 (□ 1875).

« La langue qu'il [Alit, le prince] parle n'est pas celle dont Blanche a plus ou moins pris coutume à Batavia dans la vie courante, et devant lui la jeune femme rougit du pidgin malais avec lequel elle se débrouille habituellement, et par quoi elle se sent un peu comme les Hollandais qui ont toujours l'air de parler à leurs domestiques. »
      ARAGON, *Blanche ou l'Oubli*, p. 231 (□ 1967).

✱ Anglais *pidgin* ou *pigeon* (aussi *pidjin, pidjun, pidgeon*) n. (1850), altération chinoise *(bigeon, pigeon)* du mot anglais *business* « affaire, commerce » utilisé comme véritable mot passe-partout par les Chinois pour désigner tout type d'action, d'occupation ou d'affaires. *Pidgin* ou *pigeon* en est venu à désigner la langue de contact entre les Européens et les populations indigènes dans les ports d'Extrême-Orient (1876). On a d'abord dit *Pigeon English* (1859) et *Pidgin English* (1875) à propos du pidgin chinois. En Mélanésie, le pidgin, formé d'éléments européens (anglais, allemand et portugais), d'éléments malais et mélanésiens, ayant servi de langue de relation entre la puissance dominante et les populations autochtones, est devenu la langue véhiculaire entre populations appartenant à des groupes linguistiques différents (on l'appelle parfois *néo-mélanésien*, n. m.).

PIER [piʀ] *n. m.*

(1862) Dans les pays anglo-saxons, Jetée, môle, quai. — REM. : Absent des dict. de Littré et de l'Académie.

« Trois heures avant que l'*Abraham Lincoln* ne quittât le *pier* [en note : sorte de quai spécial à chaque bâtiment] de Brooklyn, je reçus une lettre [...]. »
      Jules VERNE, *Vingt Mille Lieues sous les mers*, p. 18 (□ 1869).

✱ Mot anglais n. (XIIᵉ s.) d'origine inconnue (moyen anglais *per-*, anglo-latin *pera*), qu'on a tenté de rapprocher avec l'ancien français normand *pire* « môle » sans pouvoir établir de lien formel. Attesté en 1862 par Bonnaffé, *pier* a toujours été présenté en français comme un mot étranger. Il est absent des dict. de français.

PILCHARD [pilʃaʀ] ou [pilʃaʀd] *n. m.*

(1803) Sardine de la Manche, appelée aussi *célan* ou *célerin*. — REM. : Enregistré dans le dict. de Littré 1869 ; absent des dict. de l'Académie.

« On pêche encore, dans de certains creux, des plies et des pilchards, mais les saumons, effarouchés, ne remontent plus la Wey entre la Saint-Michel et la Noël pour y pondre leurs œufs. »
                                        HUGO, *L'Homme qui rit*, pp. 146-147 (□ 1869).

✱ Mot anglais n. (1530) d'origine obscure, enregistré en français dans le dict. de Boiste, 1803. Mackenzie (p. 159) signale un emploi antérieur en 1707 (in *Modern Language Review*, 1913, p. 180).

PING-PONG [piŋpɔ̃g] *n. m.*

(1901, *in* G. Petiot) Tennis de table. — REM. : Absent du dict. de l'Académie 1935.

« Van Norden, Ram et Webb, s'en allèrent vers une table de ping-pong. Je restai seul avec Brodsky. »
                                        P. MORAND, *Champions du monde*, p. 19 (□ 1930).

« Les soldats que j'approche n'en paraissent pas atteints. Ils lisent, écrivent, bavardent, s'entraînent par équipes pour le prochain tournoi de belote. Je découvre même, dans un renfoncement, une table de ping-pong, à l'intention des champions de tennis prisonniers. »
                                        DORGELÈS, *La Drôle de guerre*, p. 187 (□ 1957).

✱ Mot anglais n. (XIXᵉ s.), de *ping* n. (1856) onomatopée, construit d'après *ding-dong* autre onomatopée, marque déposée du jeu, inventé vers 1880 par l'ingénieur James Gibb. Wartburg relève le mot dans *l'Illustration*, nᵒ 3039, 25 mai 1901, p. 340. D'après l'article cité, le nom dériverait d'une chanson ayant eu un grand succès dans les music-halls de Londres vingt ans plus tôt. Le nom officiel du jeu est *tennis de table* (en anglais, *table tennis*). Boris Vian (*Vercoquin et le Plancton*, p. 40) l'a plaisamment francisé en *pigne-pongue*.
   La dernière partie du mot *ping-pong* a produit en français le dérivé *pongiste*. n. (1935, *in* I. G. L. F.) « joueur, joueuse de ping-pong ».

« Tout cela me déconcerte autant que les *pongistes* vaudois, que je découvris dans *La Tribune de Lausanne*, le 25 novembre 1959. Belle surprise ! Je crus d'abord identifier des partisans de Francis Ponge, le poète. Hélas, le contexte ne me permit pas d'en douter, les *pongistes* vaudois cachaient des *ping-pongistes*, des gens qui pratiquent le tennis de table, et tant pis pour la poésie française ! »
                                        ÉTIEMBLE, *Parlez-vous franglais ?*, p. 67 (□ 1964).

PIN-UP BOY [pinœpbɔj] *n. m.*

(1946) Jeune homme dont le physique correspond aux canons de la beauté masculine, défini par la publicité, le cinéma, le sport. *Des pin-up boys.*

« On le traite [William Desmaret] de " pin-up boy ". »
                                        Écran français, 27 mars 1946, pp. 12-13.

✱ Mot américain formé sur le modèle de *pin-up girl**, resté rare dans sa langue d'origine, et épisodique en français.

« Certes, le jeune premier en herbe a droit, comme sa partenaire, au " portrait épinglé " ; mais le terme est un peu choquant, sinon équivoque. »
                                        J. GIRAUD, *Contribution au vocabulaire farfelu du cinéma*, in *Vie et Langage*, juin 1966, p. 321.

PIN-UP GIRL [pinœpgœʀl] *n. f.* ou PIN(-)UP [pinœp] *n. f. invar.*

1º (*pin-up*, 1944 ; *pin-up girl*, 1948) Photo, image de jolie femme nue ou assez déshabillée. *Des pin-up. Des pin-up girls. Mur couvert de pin-up.*

« les journaux de la zone sud ne publiant que des actualités d'un parisianisme éphémère, plus que superficiel, alléchant, distrayant, souriant, passé au crible le plus fin, posé sur velours, fardé pour ne laisser paraître qu'une image séduisante, une *pin-up girl* propre à servir de modèle à la province comme si les Boches n'eussent pas été là et que la capitale bâillonnée ne se fût pas débattue hagarde dans les affres de la torture, je ne les lisais pas, tant cela était outrageant [...]. »
CENDRARS, *Bourlinguer*, p. 412, Folio (□ 1948).

« Ne confondons pas les pin up avec les nus de la Grèce et de l'Inde, dont les sensualités si différentes reliaient l'homme au cosmos. »
MALRAUX, *Les Voix du silence*, p. 523 (□ 1951).

2° (1946) *Par ext.* Jeune femme dont la beauté, le charme correspondent aux critères d'Hollywood, de la presse érotique ou de la publicité (→ **Cover-girl**).

« La chanteuse-danseuse qui paraît sur la scène est le premier personnage non caricatural de dessin animé qui soit réussi. C'est une *pin-up girl* à peine stylisée, qui danse et qui chante comme une actrice en chair et en os. Tex Avery l'a si amoureusement animée qu'elle a un réel pouvoir de séduction. »
J. DONIOL-VALCROZE, in *La Revue du cinéma*, 1er fév. 1947 [*in* I. G. L. F., *in* D. D. L., 2e série, 7].

« la censure [du cinéma américain] permet à l'érotisme de se faire jour mais à travers un camouflage de niaiserie, comme dans *Gilda* ; il existe des règlements précis et puérils sur la largeur minimum des soutiens-gorge et des slips : au pays des *pin-up girls*, on fait parfois recommencer un film pour un décolletage trop hardi [...]. »
S. de BEAUVOIR, *L'Amérique au jour le jour*, 13 mars 1947, p. 170 (□ 1954).

« mais quand même, je ne suis pas tellement excité par ces maquillages déclamatoires, ces feux de rampe qui font de l'Arc-de-Triomphe une vedette de casino, donnent au Sacré-Cœur des airs de m'as-tu-vu et à cet obélisque impossible un hiératisme de pinupe. »
J. PERRET, *Bâtons dans les roues*, p. 19 (□ 1953).

— *Fam.* Femme bien tournée, pourvue de sex-appeal*. — Adj. *Elle est très pin-up.*

« Rodrigue réfléchit.
" Ce n'est pas mon genre, dit-il enfin. Elle est petite et mal peignée. "
Puis il rit.
" Pour le truc, dit-il encore, je préfère les *pin-up* bien briquées. " »
R. VAILLAND, *Bon pied, bon œil*, p. 169 (□ 1950).

✱ Mot américain *pinup* n., de *to pin up* « afficher, épingler au mur », de *pin* « épingle ». D'après le G. L. L. F., *pin-up* au sens de « photo, image » est attesté en français fin 1944. Pour la femme qu'elle représente, André Bazin voyait en elle « un phénomène érotique très précis, quant à la forme et à la fonction » (*Entomologie de la pin-up girl*, in *Écran français*, 17 déc. 1946, p. 15 [in *Vie et Langage*]). Le mot a été diffusé en France par le vocabulaire du cinéma, mais il a pris naissance dans le langage militaire.

« *Pin-up* est une abréviation de *pin-up girl* : cette expression n'est pas d'origine cinématographique, mais militaire, et c'est la guerre — celle de Corée non moins que celle de 1939-1945 — qui l'a mise en circulation dans les cantonnements américains. Puis elle s'est introduite dans les studios. Les soldats s'en servaient pour désigner les jolies filles, plus ou moins déshabillées, dont ils gardaient les photographies publiées par les magazines ou qu'ils fixaient avec des épingles (*pin*) aux (*up*) murs de leurs baraquements. L'expression a connu une fortune extraordinaire, et comme certaines des jeunes personnes vers lesquelles allaient ces hommages appartenaient au monde du cinéma, elle s'est très vite appliquée à toute une catégorie de candidates à la renommée cinématographique que la nature a dotées de plus d'avantages physiques que de talent : " Marilyn Monroe est une *pin-up* devenu vedette. " Il y a également des *pin-up boys*. »
R. JEANNE et C. FORD, *Le Vocabulaire du cinéma*, juil. 1955, p. 312.

PIONNIER [pjɔnje] *n. m.*

1° (1828) Colon qui défriche des terres inhabitées ou incultes.
— REM. : Absent en ce sens du dict. de Littré ; enregistré dans
le dict. de l'Académie 1878.

« Les ressources immenses de cette terre, encore vierge à demi, sont
constamment métamorphosées en matières de commerce et d'industrie,
par l'audace des prospecteurs et des pionniers. »
                              P. ADAM, *Vues d'Amérique*, p. 121 (□ 1906).

« Les Américains parlent encore beaucoup de ces pionniers qui
furent leurs ancêtres et dont la vie était une constante création du
monde ; et ils perpétuent la légende selon laquelle le plus humble des
émigrants peut devenir demain Président des U. S. A. »
S. de BEAUVOIR, *L'Amérique au jour le jour*, 26 avril 1947, p. 303 (□ 1954).

2° (XIXe s.) *Fig.* Personne qui est la première à se lancer dans
une nouvelle entreprise, qui ouvre les voies dans un domaine
inexploré. — REM. : Enregistré dans le dict. de l'Académie 1935.

« Les commerçants sont les pionniers de la politique. »
                 M. CHEVALIER [*in* P. LAROUSSE, *Grand Dict. universel*, 1875].

✳ Emprunt sémantique de l'anglais *pioneer* n. lui-même emprunté au
sens militaire du français *pionnier, pionner* au XVIe siècle. Par analogie
avec les travaux de terrassement ou de défrichement confiés aux
pionniers militaires, l'anglais a déjà donné le nom de *pioneer* aux
mineurs (1572). Le sens figuré de « celui qui est le premier à
entreprendre une nouvelle chose » est attesté en anglais dès 1605.
Pendant tout le XVIIe siècle, il repose sur la métaphore de l'exploitation
minière. Par analogie encore, au XIXe siècle, *pioneer* acquiert le sens de
« défricheur » à propos de la colonisation de l'Amérique du Nord (1817,
d'après le *Dict. of Americanisms*, 1833, d'après le *Dict. of Canadianisms*).

PIPELINE ou **PIPE-LINE** [piplin] ou [pajplajn] *n. m.*

(1887 au masc. *Dict.* de J. Lamy ; 1884, *n. f.*) Tuyau d'assez
grand diamètre servant au transport à distance de gaz (gaz
naturel, air comprimé), de liquides (produits pétroliers) et de
certaines substances pulvérisées telles que la poudre de charbon. *Des pipelines.* — (1963) Ensemble des installations permettant ce transport par canalisation. — REM. : Absent du dict. de
l'Académie 1935, mais adopté par l'Académie (communiqué du
20 avril 1967).

« On construit, en outre, de nouvelles conduites ou *pipe-lines* allant
à Philadelphie ou à Baltimore. Toutes ces *pipe-lines* appartiennent à la
Standard Oil Compagny, une des Compagnies les plus riches et les plus
puissantes du monde entier. »
       L. FIGUIER, *L'Année scientifique et industrielle*, p. 481, 1885 (□ 1884).

« C'est ainsi que le mécanicien mentionna incidemment et comme
une vision furtive, un détail, une anecdote le sort des milliers et des
milliers de prisonniers russes et français qui travaillaient cette nuit-là à
l'établissement d'un pipe-line en bordure de la voie ferrée et qui, dès le
début de l'alerte, s'étaient réfugiés dans les tuyaux de fonte qu'ils
accouplaient [...]. »   CENDRARS, *Bourlinguer*, p. 287, Denoël (□ 1948).

✳ Mot anglais attesté d'abord dans le syntagme *pipe line* « ligne de
tuyaux » en 1883, puis immédiatement comme composé, sous la forme
pipe-line ou *pipeline* n. L'anglais *pipe* (XIe s. : « flûte » ; XIVe s. :
« tuyau ») est emprunté du germanique *pipa*, du latin *pippa* altération de
pipa dérivé du verbe *pipare* « piauler, glousser ». Parallèlement le
français a produit le verbe *piper* au XIIe siècle dont est dérivé au
XIIIe siècle le substantif *pipe* n. f. signifiant à l'origine « flûte, pipeau »,
« chalumeau avec lequel on boit ».
      Dans les milieux scientifiques et techniques français le mot *pipe-line*
s'est imposé dès le début. Au milieu du XXe siècle, le mot a été battu
en brèche par *oléoduc*. Ce mot, formé sur le modèle d'*aqueduc* de deux
éléments tirés du latin *oléo-* d'*oleum* « huile » et *ducere* « conduire », a

été relevé dès 1894 (*in* D. D. L., 2ᵉ série, 4). D'autre part la prononciation française [piplin] remplace souvent la prononciation anglaise initiale [pajplajn]. Malgré les propositions de remplacement (*pipe-ligne*, etc.), le mot reste courant en français. Le dérivé *pipeliner* (1973) adapte l'angl. *pipeliner* (1966). On abrège parfois *pipe-line* en *pipe*.

« Les usines seront placées sur les lieux de consommation (du pétrole). L'impossibilité de transporter les fuels lourds par *pipe* est une justification supplémentaire de cette petite révolution. »   *Le Monde*, 23 fév. 1958 [*in* Gilbert].

PIPER-CUB [pipəʀkœb] *n. m.*

(v. 1945) Petit avion d'observation très léger. *Des piper-cubs.*

« Un train est arrêté sur le pont de la rivière Ravi et les milliers de misérables qui s'y étaient entassés sont exterminés jusqu'au dernier. Les terribles vautours de l'Inde, qui paraissent se matérialiser l'azur à la moindre charogne, ne volent plus, repus. Mon ami Sydney Smith, envoyé du "Daily Express", qui survola la région, se souvient que l'odeur du charnier l'incommodait dans son pipercub. »
R. CARTIER, in *Paris-Match*, 18 déc. 1971, p. 60.

✱ Mot américain n. (v. 1940) composé de *cub* « petit avion léger », proprement « petit du renard, de l'ours, etc. », et de *Piper,* du nom de la société fabriquant ces avions, la *Piper Aircraft Corporation.*

PIPPERMINT [pipɛʀmɛ̃t] ou [pipəʀmint] *n. m.*

(1891) Nom déposé d'une liqueur à base de menthe (→ **Peppermint**). — REM. : Absent du dict. de l'Académie 1935.

« Camélia sert les menthes vertes, en reniflant d'un air dégoûté ; ce n'est pas que la menthe verte lui répugne, mais c'est un tic. Le consommateur, avec calme, lui fait remarquer qu'elle lui a servi un picon ; elle n'en revient pas ! elle se souvient parfaitement avoir pris la bouteille de pippermint ; alors, ça ! Elle retourne changer les consommations. »   QUENEAU, *Le Chiendent*, p. 248 (□ 1932).

✱ Variante de l'anglais *peppermint* attestée en français dans *Le Charivari* 1891.

PITCH [pitʃ] *n. m.*

(1934) *Golf.* Balle qui reste à l'endroit où elle est tombée.

« les greens très réguliers et tenant bien le pitch. »
Tennis et Golf, 1ᵉʳ août 1934 [*in* I. G. L. F.].

✱ Mot anglais n. (xixᵉ s.), de *to pitch* « ficher, enfoncer ». Enregistré en français dans *le Golf,* de A. Bernard, Que sais-je ?, n° 1385, 1970, p. 13. Terme d'emploi strictement spécialisé. On trouve le verbe *pitcher* également en 1934.

PITCHPIN [pitʃpɛ̃] *n. m.*

(1875) Nom commercial de plusieurs espèces de pins résineux de l'Amérique du Nord, dont les bois, jaunes ou rougeâtres, sont employés en menuiserie et en ébénisterie. — REM. : Enregistré dans le Suppl. 1877 du dict. de Littré et dans le dict. de l'Académie 1935.

« On lit dans le *Génie civil :* le bois de pitchpin est à la mode et à l'ordre du jour ; l'ébénisterie et la menuiserie artistique en font une énorme consommation. Tous les intérieurs de yachts, d'embarcations de luxe, de grands navires transatlantiques sont faits en bois de pitchpin. Tous les cahiers des charges le prescrivent. Qu'est-ce que le pitchpin ?
Le pitchpin est une essence forestière américaine poussant au Canada, dans les États du Maine, en Pennsylvanie, en Virginie, dans le Maryland où il atteint 25 mètres de hauteur et 60 centimètres de diamètre. »   *La Science illustrée,* 1ᵉʳ sem. 1888, p. 384.

« Une cretonne claire, encadrée de pitchpin, tapisse les murs [de la cabine], se fronce en rideaux devant l'alcôve de la couchette, sous laquelle nos malles plates furent arrimées. »
P. ADAM, *Vues d'Amérique*, p. 19 (□ 1906).

✳ Mot américain *pitch pine* n. (1676) composé de *pitch* « substance résineuse » et de *pine* « pin » (vieil anglais *pin*, du latin *pinus* « pin » combiné en moyen-anglais avec le français *pin* de même origine). Attesté en français dans la *Revue britannique*, avril 1875, p. 531 (*in* Mackenzie p. 240 et Wartburg).

PIXEL [piksɛl] *n. m.*

(1980) *Inform.* La plus petite surface homogène constitutive d'une image enregistrée définie par les dimensions de la maille d'échantillonnage.

« On est également limité par la quantité d'informations qu'il faut traiter en temps réel avec l'ordinateur ; les calculateurs actuels ne permettent pas de dépasser un million de pixels. Malgré ces limitations, ce détecteur est quasi idéal et de nombreux dispositifs de ce type sont en cours de réalisation dans les observatoires du monde entier. De ce point de vue la France est tout à fait à la pointe de ces techniques. »
La Recherche, avril 1980, p. 408.

✳ Mot américain formé de *pix*, autre forme de *pics*, abrév. fam. de *pictures* « images de cinéma », et de *el(ement)*, proprement « élément » *el-*, « d'images » *pix*. Cet emprunt est approuvé au *Journal officiel* du 11 déc. 1980.

PLACEBO [plasebo] *n. m.*

(apr. 1945) *Pharm.* et *méd.* Substance inoffensive et inactive que l'on substitue à un médicament pour contrôler ou susciter les effets psychologiques accompagnant la médication.

« Il convient de distinguer le placebo du simple remède de charlatan ; il ne se présente pas comme une drogue miraculeuse encore inusitée ; il prend l'aspect, la couleur, et même la saveur d'un autre médicament. Les comprimés ont exactement la même forme, et les ampoules la même contenance, que celles d'un médicament connu ; le conditionnement est identique. On pourra donc facilement, sans faire naître la suspicion dans l'esprit du malade, comparer l'action du médicament réel (morphine par exemple) et celle du placebo, soit en alternant les deux, soit en constituant deux lots de patients. »
A. LE GALL et R. BRUN, *Les Malades et les Médicaments*, p. 48 (□ 1968).

— *Cour.* Médicament qui agit parce qu'on pense qu'il est efficace.

« En effet, la plupart de ces médicaments n'ont pas plus de propriété que les vulgaires boules de gomme. Et elles n'ont d'autres vertus, calmantes ou stimulantes, que celles que leurs utilisateurs veulent bien leur prêter. En langage de chercheurs, cela s'appelle des placebos. En commerce, cela s'appelle "vendre du vent". » *L'Express*, 4 oct. 1971, p. 70.

« En fait je vis sur une douzaine de médicaments que j'ai trouvés seul, parmi lesquels il en est certainement qui n'agissent qu'en placebos, et dont j'use parcimonieusement et en toute satisfaction. »
M. TOURNIER, *Le Vent Paraclet*, p. 15 (□ 1977).

— AU SENS FIGURÉ :

« Prodiguer l'apaisement des *placebos* intellectuels. »
L'Express, 16 oct. 1967 [*in* Gilbert].

✳ Mot anglais, du latin *placebo* signifiant proprement « je plairai ». Le mot anglais (XIIIe s. comme terme liturgique) apparaît en 1811 dans le vocabulaire de la médecine (*Hooper's Medical Dictionary*) au sens général de « médication prescrite plus pour plaire au malade que pour lui être utile » et, presque simultanément (1824), au sens figuré. Il apparaît en français après la publication, en 1945, de O. P. H. Pepper (*Note on Placebo*, Philadelphie). Gilbert en relève une première occurrence dans *Le Monde* du 12 mai 1958.

PLACER [plasɛʀ] *n. m.*

(1849) Gisement de métaux précieux, généralement d'or, de minerais lourds ou de pierres précieuses. — REM. : Enregistré dans les dict. de Littré 1869 et de l'Académie 1878.

« Nous voici en pleine Californie. Les chercheurs d'or arrivés hier sur le *Placer* du ministère des finances se sont immédiatement mis à la besogne. Inquiétés comme ils l'ont été toute la journée par les peaux rouges, ils n'ont pu faire une récolte bien abondante. »
A. LIREUX, Assemblée nationale comique, 13 avril 1849
[in D. D. L., 2e série, 12].

« Cinquante kilomètres avant d'arriver [à Siguiri], un "placer" sur la route. Délirante activité d'un peuple grattant le sol. (Ils sont de cinq à six cents.) Par places, des puits profonds de 8 à 10 mètres. La fièvre ne s'est déclarée que depuis quatre ou cinq jours. Le peuple afflue. Nous pensons d'abord : pas encore avertis, les gros accapareurs n'ont pas eu le temps de venir ; mais non : la teneur en or est trop faible et le *placer* est abandonné aux indigènes. »
A. GIDE, Journal, 1889-1939, 9 fév. 1938, p. 1300.

✳ Mot américain d'origine espagnole signifiant proprement « dépôt, banc de sable » (relié à *placel* « banc de sable », de *plaza* « place ») attesté en 1842 et apparu en français dès 1849 (généralement présenté avec les signes graphiques de l'emprunt, sauf comme terme de minéralogie).

PLAID [plɛd] *n. m.*

1° (1667 ; *plaidin*, 1664) *Vx.* Étoffe de laine écossaise, à carreaux.

« Serges d'Escosse demy estroittes blanches ou teintes, neufues ou vieilles, appelées *plaidins.* »
Tarif général des droits des sorties et entrées du royaume, 1664
[in D. D. L., 2e série, 3].

2° (1797) Couverture à carreaux drapée servant de manteau aux montagnards écossais. *Des plaids.* — REM. : Enregistré dans les dict. de Littré 1869 et de l'Académie 1835.

« une jolie petite fille, toute roulée, à cause du froid, dans un plaid quadrillé, et qui regagnoit le pays sur des jambes aussi blanches qu'ivoire, en piétinant comme un oiseau de rivage. »
Ch. NODIER, La Fée aux miettes, p. 194 (□ 1831).

3° (1827 ; 1708, à propos des Anglais) *Vx.* Ample manteau de voyage, d'homme ou de femme, généralement à carreaux.

« nos petits-maîtres, en parlant de leur jeune domestique, de leur manteau, ont pris l'habitude de dire *groom* et *plaid* [...]. »
Journal des Dames et des Modes, 10 juin 1827,
in Le Français moderne, oct. 1949, p. 300.

« Cet automne-là, [...] mes parents [...] prirent l'habitude de me laisser aller me promener sans eux du côté de Méséglise, enveloppé dans un grand plaid qui me protégeait contre le pluie et que je jetais d'autant plus volontiers sur mes épaules que je sentais que ses rayures écossaises scandalisaient Françoise, dans l'esprit de qui on n'aurait pu faire entrer l'idée que la couleur des vêtements n'a rien à faire avec le deuil [...]. »
PROUST, Du côté de chez Swann, p. 208 (□ 1913).

4° (1869) *Mod.* Couverture de voyage en laine aux couleurs vives et à dessin écossais. — REM. : Enregistré dans le dict. de Littré 1869 ; absent des dict. de l'Académie.

« La fraîcheur pénètre les membres. C'est le moment de s'étendre sur les fauteuils, de faire emmailloter ses jambes dans les plaids [...]. »
P. ADAM, Vues d'Amérique, p. 24 (□ 1906).

✳ Mot anglais n. (1512), du gaélique *plaide* « couverture » (*ploid*, en irlandais) d'origine inconnue. En français, Bonnaffé relève *plaid* en 1667 au sens de « étoffe » (1634, en anglais). Au sens de « vêtement des montagnards écossais » le mot est attesté chez B. Faujas de Saint-Fond, dans *Voyage en Angleterre, en Écosse et aux Îles Hébrides,* t. I, p. 307, 1797 (Wartburg). Au sens de « manteau ample de voyage », le mot figure chez Miège dans *État Nouv. de Grande-Bretagne,* p. 643, à propos des Anglais (Mackenzie, p. 159) ; il est ensuite appliqué à la France en 1827. L'Académie n'a enregistré que le sens 2. Notons l'existence de l'homonyme ancien *plaid* [plɛ], du latin *placitum,* part. passé de *placere* « plaire », dans le vocabulaire juridique.

PLANNING [planiŋ] *n. m.*

1° (1947) Plans d'opérations, dans les domaines militaires, industriels, architecturaux, etc. *Planning d'ensembles. Planning industriel.* — *Spécialt.* Programme de travail détaillé et chiffré des diverses opérations à mener simultanément ou successivement pour la réalisation d'un objectif déterminé. *Planning des délais d'exécution. Tableau de planning.* — REM. : On écrit parfois *planing.*

« Redevenu lucide, il entreprit la construction d'un planning soigné des embêtements qu'il lui serait possible de susciter à destination du Major afin de le faire haïr par Miqueut. »
Boris VIAN, *Vercoquin et le Plancton,* p. 130, Losfeld (□ 1947).

« Contrairement à une opinion courante, le planning n'est pas spécial au travail en série. Il est, au contraire, particulièrement indiqué quand il s'agit de régler des manifestations temporaires, comme une exposition, ou d'exécuter un travail qui ne se fait qu'une fois, telle la construction d'un bâtiment ou d'un navire. »
G.-L. CAMPION, art. *Planning d'ensembles,* in J. ROMEUF et J.-P. GUINOT, *Manuel du chef d'entreprise,* p. 744 (□ 1960).

— PAR EXT. Fonction ou service de préparation du travail comportant la prévision et le contrôle de chaque étape d'un programme (de fabrication). *Spécialt.* Service d'ordonnancement et de lancement.

« Le rôle du service ou bureau de planning est de répartir les tâches entre les ateliers, les ouvriers et les machines, en vue d'éviter les temps morts et d'exécuter les opérations conformément aux directives fournies par les services précédemment énumérés. »
G.-L. CAMPION, art. *Planning industriel,* in ROMEUF et GUINOT, *op. cit.,* p. 749.

✻ Le mot *planning* (1748, en anglais) est le gérondif substantivé de *to plan* « dessiner, projeter, imaginer, prévoir » emprunté au français *plan* au XVIIIᵉ siècle. Sauf dans l'usage américain récent (*planning board, conference* « conseil, bureau de planning », *in* Webster's Second 1934) on lui préfère habituellement au sens industriel strict le mot *schedule* ou même le mot *programme.* Dès 1959, le Comité d'étude des termes techniques français (in *Sciences,* n° 4, nov.-déc. 1959, p. 84) a souhaité voir remplacer ce terme par *plan* et ses dérivés *planification* et *planifier.* Les économistes ont effectivement adopté cette série depuis longtemps.

« Suétone rapporte que Tibère, bien qu'il eût une forte culture hellénique, élimina d'un texte officiel les mots "emblème" et "monopole" parce qu'ils avaient un relent exotique. Peut-être eût-il contesté la naturalisation d'un mot hybride comme *autodétermination ?* Il eût, en tout cas, frémi devant le terme *planning* que nos urbanistes emploient maintenant couramment. »
A. MOUSSET, in *Défense de la langue française,* janv. 1960, p. 8.

✻ Le *Journal officiel* (18 janvier 1973) conseille de remplacer *planning* par *programme.* Le *Langage médical moderne,* 1974, précise que *planning* appelle plusieurs équivalents à choisir selon les cas : « plan, programme, calendrier, emploi du temps, planification, tableau, semainier ».

2° (1958) PLANNING FAMILIAL : régulation des naissances dans une famille.

« on suggérera que le "planning familial" comporte une autre forme de prévoyance que le lapinisme de jadis [...]. »
P. BERTAUX, *La Mutation humaine,* p. 17 (□ 1964).

« Beaucoup de médecins membres de l'A. N. E. A. font aussi partie du "Planning familial" et mènent une lutte parallèle pour faire mieux connaître et accepter les moyens de contraception efficaces. »

Lectures pour tous, mars 1971, p. 107.

✻ Le terme de *planning familial* est emprunté à l'anglais *family planning* (v. 1950); il a été lancé en France à une époque où le mot *planning* était encore en pleine vogue (*Mouvement français pour le planning familial*, 1958). C'est le nom donné à la forme qu'a prise en France le mouvement de *birth-control*✻ ou de régulation des naissances développé aux États-Unis d'Amérique. Au Danemark, dès 1878, s'ouvrait un dispensaire où les sages-femmes enseignaient l'usage des contraceptifs. En France, la loi de 1920, visant à protéger la natalité, interdisait la diffusion des moyens anticonceptionnels. Ce n'est que vers 1956 que le mouvement de planification familiale a pris un certain essor.

On a proposé de remplacer le mot *planning* par *planification*, mot que d'aucuns estiment trop marqué comme terme d'économie politique pour s'appliquer à la politique de la natalité. Dès 1967, on rencontre le verbe *planifier* à propos de régulation des naissances, mais rarement le substantif *planification*. Le *Langage médical moderne*, 1974, recommande l'usage du terme *régulation des naissances* ou encore *planisme familial*, le premier étant devenu courant et le second restant inusité.

PLANTATION [plɑ̃tasjɔ̃] *n. f.*

1° (1627, *in* Mackenzie) *Hist.* Établissement dans une colonie (généralement anglaise). — REM. : Enregistré dans le dict. de Littré 1869 ; absent en ce sens des dict. de l'Académie.

« Les Anglois nomment ainsi [*planteur*] les habitans qui passent dans de nouvelles colonies pour établir des plantations [...]. »

Dict. de Furetière, 1727, art. *Planteur.*

« (1695) Les Anglais détruisirent les plantations de la France à Saint-Domingue. (1696) Un armateur à Brest ravagea celles qu'ils avaient à Gambie dans l'Afrique. Les armateurs de Saint-Malo portèrent le fer et le feu à Terre-Neuve sur la côte orientale qu'ils possédaient. Leur île de la Jamaïque fut insultée par les escadres françaises, leurs vaisseaux pris et brûlés, leurs côtes saccagées. »

VOLTAIRE, *Du siècle de Louis XIV*, in *Œuvres complètes*, t. XIX, p. 470
(□ 1751).

✻ Le français possède depuis le XIVe siècle le mot *plantation* (*plante-son*, variante populaire, 1190 ; rare jusqu'au XVIe siècle) « action de planter », latin *plantatio*, mais il a emprunté ce sens à l'anglais *plantation* n. (v. 1450), emploi renforcé par l'emprunt du sens historique de « établissement colonial » au XVIIe siècle (1614).

2° (1664) Vaste domaine, généralement dans une colonie, où l'on cultive en grand des produits tropicaux destinés à l'exportation. *Plantation de café, de coton, de canne à sucre.* — REM. : Enregistré dans le dict. de l'Académie 1787 à propos de l'Amérique (et 1878 pour tout pays) ; absent du dict. de Littré 1869.

« Il falloit qu'ils se retirassent [...] en quelque endroit de l'Isle [anglaise de la Barbade] et qu'ils y achetassent une plantation, comme on parle parmy les Anglois. »

A. BIET, *Voyage de la France équinoxiale en l'isle de Cayenne*, 1664
[*in* Arveiller, p. 415].

« Il y a cependant des plantations de café, les Itous fournissent la plus grande partie des quelques milliers de tonnes de café qui se vendent actuellement au Harar. Ces contrées, très salubres et très fertiles, sont les seules de l'Afrique orientale adaptées à la colonisation européenne. »

RIMBAUD, Lettre au directeur du Bosphore égyptien,
août 1887, in *Œuvres complètes*, p. 428.

✻ Ce second emprunt sémantique est d'origine américaine « ferme, domaine » (1645). Les plantations de la Nouvelle-Angleterre et du Nord des États-Unis en général, étaient de petites terres cultivées par leurs propriétaires, alors que celles du Sud représentaient d'immenses domaines exploités par de puissants colons européens qui utilisaient largement la main-d'œuvre des esclaves. Passé en français par l'anglais de l'île de la Barbade (1664 → cit. ci-dessus), le terme *plantation* ne s'est répandu en ce sens qu'aux XVIIIᵉ et XIXᵉ siècles à propos des plantations du Sud des États-Unis d'abord, puis de toute plantation coloniale (Académie 1878).

PLANTEUR [plɑ̃tœʀ] *n. m.*

(1667) Celui qui possède et exploite une plantation* dans les pays tropicaux. *Les premiers planteurs étaient tous des colons. Riche planteur.* — REM. : Enregistré dans les dict. de l'Académie 1798 et de Littré 1869.

« Ce commerce a fort enrichi la ville de Flessingue, dont les habitants appellent ceux des Isles, *leurs Planteurs*, par ce qu'en effet ils ont toute la peine, et ceux-là tout le profit. »
P. J.-B. du TERTRE, *Histoire générale des Antilles habitées par les François*, 1667 [*in* Arveiller, p. 415].

« Mon idée est d'aller vivre de la vie patriarcale au milieu d'un grand domaine, cent mille arpents, par exemple, aux États-Unis, dans le sud. Je veux m'y faire planteur [...]. »
BALZAC, *Le Père Goriot*, pp. 937-938 (□ 1835).

✳ Adaptation de l'américain *planter* (1619) de l'anglais *planter* (1382, au sens général) ; nom donné aux colons anglais des exploitations de tabac de la Virginie et du Maryland, puis aux propriétaires de plantations tropicales, mais qui n'a jamais perdu la connotation de richesse et de puissance associée au planteur du Sud. Arveiller fait remarquer que cet emploi a pu être un emprunt au néerlandais *planter*. *Planteur* a la forme d'un dérivé normal de *planter*, et le dict. de l'Académie l'a enregistré dès 1798 au sens de « colons d'Amérique, qui possèdent et cultivent des plantations » ; au XIXᵉ siècle, le mot se dit aussi des colons européens d'Afrique et d'Asie.

PLASTIC [plastik] *n. m.*

(v. 1943) Explosif plastique ayant la consistance du mastic. *Attentat au plastic.*

« nous discutons un bon moment à savoir si nous devons placer l'explosif sous l'appareil ou sous le réseau de câbles ; je m'inquiète même si cinq kilos de plastic suffisent ; Michel sourit ironiquement et m'explique pendant une vingtaine de secondes qu'avec 100 grammes de ce produit, il avait fait sauter les carreaux de sa caserne en Angleterre [...]. »   *Les Cahiers du Maine libre*, 1ᵉʳ janv. 1945, p. 24.

✳ Emprunt de l'anglais *plastic* n. (v. 1940), forme abrégée et substantivée de *plastic explosive, explosive* « explosif », et *plastic* adj. emprunt du français *plastique* (lat. *plasticus*, gr. *plastikos* « relatif au modelage »), nom donné pendant la Seconde Guerre mondiale à une catégorie d'explosifs dont la matière est rendue plastique par mélange avec un produit visqueux. L'aviation anglaise en a souvent parachuté des paquets à la Résistance française. Ces paquets portaient la mention *Plastic explosive*. Le substantif *plastic* a été retenu en français sans transformation graphique. Il a produit plusieurs dérivés : *Plastiquer* v. tr. (mil XXᵉ s.) « faire exploser au plastic ». — *Plastiqueur* n. m. (1961) « auteur d'un attentat au plastic ». — *Plasticage* ou *plastiquage* n. m. (v. 1960, *in* G. L. E. 1963) « action de plastiquer ; son résultat ».

PLATE-FORME ou PLATEFORME [platfɔʀm] *n. f.*

(1855) Programme proposé par un parti politique, et, *par ext.*, par un syndicat, un organisme ; ensemble des principes, des idées et des positions auquel divers groupes se rallient pour établir une politique commune dans la poursuite d'une action déterminée. — REM. : Dans le dict. de 1869, Littré enregistre *platform*, dans le Suppl. 1877, *plate-forme* ; le dict. de l'Académie 1935 enregistre *plate-forme*.

« Les républicains furent très embarrassés pour les élections d'automne 1878. Il s'agissait de trouver une *platform*. »

LAVISSE et RAMBAUD, *Histoire générale*, t. XII, p. 667 (□ 1902).

« Aux élections de 1679, les Whigs l'emportèrent en prenant pour " plateforme ", avec une grande mauvaise foi, les mensonges d'Oates. »

A. MAUROIS, *Histoire d'Angleterre*, p. 480 (□ 1937).

« C'est là, en tout cas, la position étroite sur laquelle nous pouvons, pour commencer, espérer de nous réunir. Toute plate-forme plus vaste ne nous offrirait, pour le moment, qu'un champ de discorde supplémentaire. Nous devons être patients avec nous-mêmes. »

CAMUS, *Actuelles*, *III*, Appel pour une trêve civile, 1956, p. 178 (□ 1958).

✽ Francisation de l'américain *platform* (1844), mot anglais emprunté au XVIIe s. du français *plate-forme* (XVe s. : « plan, surface plane, horizontale, plus ou moins élevée, endroit plan »). L'anglais *platform* a connu rapidement de nombreux sens figurés : « plan, schéma » (1574), et *spécialt* « règle religieuse », « ensemble des principes et des doctrines d'une église ou d'une secte » (1573), et même « programme d'action politique » (1598). Le terme politique américain se rattache à ces sens tombés en désuétude, mais aussi à *plateform* « tribune, estrade, lieu où se font les discours électoraux ». Le premier document portant le programme d'un parti américain aurait été établi par les Républicains nationaux et adopté à Washington en mai 1832 (d'après le *Dict. of Americanisms*) ; mais le mot *platform* n'est attesté en ce sens qu'en 1844. En français, *plateforme* apparaît comme terme politique dans un ouvrage de 1855 portant sur les États-Unis : J. J. Ampère, *Promenade en Amérique*, t. II, p. 56 (*in* Mackenzie, p. 225). Le terme est resté très rare jusqu'à ces dernières années où il est entré dans le vocabulaire du journalisme et a été étendu à plusieurs autres domaines que la politique.

PLATER [platœR] *n. m.*

(1875) Turf. *Rare*. Cheval de courses en terrain plat. — REM. : Absent des dict. de Littré et de l'Académie.

✽ Mot anglais n. (1859, en ce sens), de *to plate*, du substantif *plate* n. (XIIIe s.) emprunté de l'ancien français *plate* « plaque de métal ». *Plater*, en anglais, signifie « cheval destiné à courir pour un prix, une médaille (en argent) ». Enregistré en français en 1875 (Larousse) ; d'emploi très limité.

PLAY ! [plɛ] *interj.*

(1891) *Tennis*. Exclamation employée par le serveur pour annoncer qu'il va jouer un coup (opposé à *ready !*✽, réponse du relanceur). — REM. : Absent du dict. de l'Académie 1935.

« Je sens que nous allons gagner. Allons ! Play ! »

G. MOUREY, *Lawn Tennis*, p. 16 (□ 1891).

✽ Mot anglais, interj., signifiant « jouez ! », attesté comme terme de cricket en 1787, puis de tennis, du verbe *to play* « jouer ».

PLAY-BACK [plɛbak] *n. m. invar.*

(1934) *Cin.* et *télév.* Technique d'enregistrement de l'image sur un son déjà enregistré (opposé à *doublage*), faisant appel à l'interprétation mimée (par un acteur ou un chanteur) ; son résultat. *Jouer, chanter en play-back* (opposé à *en direct*). Faire des play-back.

« Certaines scènes d'atmosphère devraient être composées et enregistrées à l'avance, et tournées ensuite *sur la musique*, renvoyée par le procédé du "play-back". »

J. IBERT, in *Revue musicale*, déc. 1934 [*in* D. D. L., 2e série, 12].

« À côté de cette méthode, qui consiste à prendre les images d'abord et à enregistrer le son ensuite, il existe une méthode inverse : celle-ci, utilisée surtout pour l'inscription sonore des chansons, consiste à faire enregistrer par le chanteur, dans un auditorium, les couplets qu'on doit

lui voir chanter à l'écran. Ce son est ensuite émis par un haut-parleur, dans le décor de la chanson même. Le chanteur cherchera alors, en entendant sa propre voix, à reproduire en jouant, le mouvement exact de ses lèvres. Cette méthode s'appelle le play-back (de l'anglais : jouer en retour). »   École technique du cinéma par correspondance, 1944,
                   Le son et sa reproduction, in I. G. L. F. [*in* D. D. L., 2e série, 3].

« Quand Jean Casaril m'a proposé d'être Piaf, j'ai dû tout apprendre sur elle en deux mois. Et répéter pour les seize play-back (huit en français, huit en anglais), sur les indications de scène d'un chorégraphe venu des États-Unis. »   *L'Express*, 13 août 1973, p. 45.

✳ De l'américain *playback* n. (v. 1940) de *to play back* v. tr. « passer un enregistrement (disque ou bande magnétique) » de l'anglais *to play* « (re)jouer, (re)passer » et *back* adv. au sens de « retour ». Attesté en français comme terme spécialisé dès 1933, le mot manque de transparence pour le public. Après avoir examiné plusieurs équivalents possibles pour *play-back*, l'Office du vocabulaire français a proposé unanimement en 1962 le terme *contre-jeu*. Ni ce mot, ni *présonorisation* n'ont prévalu.

PLAY-BOY [plɛbɔj] *n. m.*

(1962) Homme jeune, élégant et riche, dont l'existence est centrée sur la recherche du plaisir et les conquêtes féminines (→ **Play-girl**). *Des play-boys.*

« Jean-Noël Grinda, le *play-boy* des courts de tennis. »
                   L'Aurore, 28 juin 1962 [*in* Blochwitz et Runkewitz, p. 285].

« Son fils, qui de Saint-Tropez à Los Angeles jouait les play-boys, fit alors éclater quelques scandales qui, Dieu merci ! rejaillirent sur son nom. »   G. CESBRON, in *Les Nouvelles littéraires*, 17 mai 1971, p. 14.

« celle qui se laisse prendre totalement en charge et qui ne connaîtra de Delhi que le New Delhi ou New-Neuilly, la piscine de l'hôtel, les villas coloniales britanniques, les salles de réception des ministères, le pilote play-boy d'Air-India [...]. »
                   Le Nouvel Observateur, 26 mars 1973, p. 54.

✳ De l'américain *playboy*, 1926 dans ce sens. L'anglais avait *play-boy*, 1630 « jeune comédien » (Cf. J. M. Synge, *The Playboy of the Western World*, 1907 « Le Baladin du monde occidental »). Ce mot est formé de *to play* « jouer, s'amuser » et *boy* « garçon ». Terme attesté en français en 1962 et soutenu par le titre d'une revue. On a proposé de le remplacer par *jeune beau* (*Télé 7-Jours*, 12 mai 1973, p. 9), création plaisante et stylistique (Cf. péj. *vieux beau*) sans rapport avec les connotations de l'emprunt.

PLAY-GIRL [plɛgœʀl] *n. f.*

(1964) Femme riche et insouciante menant une vie de plaisir. *Des play-girls.*

« est-ce l'effet de ce breuvage divin, mais la pièce que l'on y joue "Les *play-girls*" de Marc'Olo paraît quelque peu farfelue avec ses poèmes lettristes. »
                   Le Canard enchaîné, 29 janv. 1964 [*in* Blochwitz et Runkewitz, p. 285].

« une femme de 16 ans plus âgée que lui, Fiona "play-girl" et ancienne épouse du baron [...]. »   *L'Express*, 5 fév. 1973.

✳ De l'américain *playgirl* n. f., de *play*[-*boy**] et de *girl* « fille », enregistré plus tard que *play-boy*, et toujours resté rare en français.

PLEIN(-)EMPLOI [plɛnãplwa] *n. m.*

(1949) *Écon. polit.* Emploi de la totalité de la main-d'œuvre disponible. *Politique de plein-emploi.*

« Assurer le *plein-emploi*, c'est-à-dire créer suffisamment d'emplois pour tous. »   *Le Monde*, 24 janv. 1968 [*in* Gilbert].

✳ Traduction de l'anglais *full employment* probablement repris de Keynes [1883-1946], vulgarisé lors de la campagne électorale travailliste, en 1945. Il figure dans un titre en 1949 : I. N. S. E. E., *L'Économie du plein emploi*, P. U. F.

(À) PLEIN(-)TEMPS [plɛ̃tɑ̃] *adj. invar.* et *adv.*

1° *Adj. invar.* (1960) Se dit d'un employé qui est engagé pour accomplir la durée totale de travail pour la journée, la semaine (opposé à *mi-temps* et à *temps partiel*).

— SPÉCIALT. (1963) Se dit du personnel hospitalier qui consacre entièrement son temps de travail à un service et qui n'a pas de cabinet privé. *Médecin, chirurgien plein-temps.*

« Son frère, médecin, a un brillant camarade, Philippe Engelmann, qui, à 34 ans, vient d'être nommé professeur agrégé "plein temps" à la maternité de l'hôpital Lariboisière. »
J.-V. MANEVY, in *L'Express*, 6 nov. 1972, p. 100.

2° *Loc. adv.* (1964) *À plein temps*, pendant tout son temps de travail. *Travailler à plein-temps, à mi-temps.* — (En parlant d'un service public.) Pendant tout son temps d'utilisation.

« C'est ainsi que Créteil, à 10 km de Paris, sera un ensemble utilisable à plein temps : dans la semaine par la population scolaire de quatre quartiers de Paris, le dimanche par les familles. »
B. GROS, in *L'Express*, 11 nov. 1968, p. 98.

✱ Calque de l'anglais *full-time* adj. et adv. (1898), pour éviter l'emprunt de ce dernier terme. Le G. L. E. 1963 enregistre l'adjectif dans son sens hospitalier. Le Robert (1964) signale la locution adverbiale à l'art. *Temps* (2°).

« *Full time job* se tient bien, mais la consommation de *Plein temps* est à peu près équivalente. »   DANINOS, *Du langage courant*, in *Snobissimo*, p. 179 (□ 1964).

PLENUM ou PLÉNUM [plenɔm] *n. m.*

(mil. XXᵉ s.) *Polit.* Réunion plénière d'une assemblée, d'un organisme, en particulier du Comité central du parti communiste dans les pays socialistes.

« Le *plénum* du comité central du parti communiste soviétique, réuni à Moscou. »   *Le Monde*, 20 fév. 1966 [*in* Gilbert].

✱ Mot latin « le plein », repris au sens de l'anglais *plenum* n. « assemblée plénière » (1772), terme de physique opposé à *vacuum* (1678 ; latin *plenum*, chez Cicéron, neutre de *plenus*). Dans son Suppl. 1877, Littré avait enregistré *plenum* « ce qui est arrivé à son plein ». Ce sens est disparu.

PLEXIGLAS ou PLEXIGLASS [pleksiglas] *n. m.*

(1948) Matière plastique transparente (polyméthacrylate), employée comme verre de sécurité. *Pare-brise en plexiglas.*

« Pour l'instant, c'est le *Plexiglas* qui est encore le plus employé, quoiqu'il possède certains défauts. Le Plexiglas est à base de résine méthacrylique. [...] Le Plexiglas est utilisé dans l'industrie automobile et l'industrie aéronautique pour les pare-brise et les glaces de portières et de cabines. »   J. VÈNE, *Les Plastiques*, p. 95 (□ 1948).

« ceux que l'on peut voir, le samedi ou le lundi, faire patiemment la queue [...], bien avant l'ouverture, devant les portes géantes en plexiglass des Galeries Modernes, les vitrines aux mannequins hermaphrodites [...]. »   Cl. SIMON, *Le Vent*, p. 104 (□ 1957).

« C'est un moucheron, un millimètre carré d'ailes et de corps noir ; un plan invisible soutient son vol, comme un horizon qui aurait soudain basculé sa plaque de plexiglass et n'aurait plus gardé que le signe de présence de cet animal isolé. »   LE CLÉZIO, *Le Déluge*, p. 278 (□ 1966).

✱ Nom déposé, d'origine anglaise, de *plexi-*, élément tiré du latin *plexum*, supin de *plectere* « plier », et de l'anglais *glass* « verre », enregistré sous la forme *Plexiglas* n. dans le Webster's Third 1966. Le plexiglas compte parmi les matières plastiques mises au point pendant la guerre de 1940.

PLI [pli] *n. m.*

(mil. XXᵉ s.) *Techn.* Chacune des couches de bois, dont l'assemblage et le collage constituent le contre-plaqué.

∗ Anglais *ply* n. et adj. « couche », déverbal de *to ply* « appliquer, plier » emprunté du français *plier* (*pleier,* au XIVᵉ s.), dans le composé *plywood* n. (1907) « contre-plaqué ».

PLIOCÈNE [plijɔsɛn] *adj.* et *n. m.*

(1843) *Géol.* Se dit de l'étage supérieur de l'ère tertiaire, succédant au miocène. — Subst. *Le pliocène* — REM. : Enregistré dans les dict. de Littré 1869 et de l'Académie 1935.

« Et ce n'était pas tout. Des débris nouveaux exhumés du terrain tertiaire pliocène avaient permis à des savants plus audacieux encore d'assigner une plus haute antiquité à la race humaine. »
Jules VERNE, *Voyage au centre de la terre,* p. 307 (□ 1867).

∗ Anglais *pliocene* n., créé par le géologue anglais Lyell en 1833, du grec *pleion* « plus », et *kainos* « nouveau, récent ». Le mot apparaît en français dès 1843 dans une traduction de Sir C. Lyell, *Principes de géologie* [...], par Mᵐᵉ Tullia (Mackenzie).

PLUM-CAKE [plœmkɛk] ou [plumkɛk] *n. m.*

(1850, *in* Wartburg ; *plumb-cake,* 1824) *Vieilli.* Cake∗. *Des plum-cakes.* — REM. : Absent des dict. de Littré 1869 ; enregistré dans le dict. de l'Académie 1935.

« Le thé était servi, un thé de manoir anglais, gâteau rose, gâteau vert, plum-cake géant, minces tranches de pain bis beurré. »
A. MAUROIS. *Voyage au pays des Articoles,*
in *Les Mondes impossibles,* p. 188 (□ 1928).

∗ Mot anglais n. (1635) désignant un gâteau aux raisins de corinthe, de *cake* « gâteau » et de *plum,* originairement « prune » qui a pris le sens de « raisin sec pour gâteau » parce qu'on remplaçait les pruneaux *(prunes* ou *dry plums)* par des raisins, dans ce gâteau (Cf. Plum-pudding) : *The dried grapes we term simply raisins when used for eating uncooked, and plums when they form an ingredient in the famous English plum pudding* « Les raisins secs qu'on appelle simplement *raisins* quand on les mange tels quels et *plums* quand ils entrent dans la composition du réputé plum pudding anglais » (1884, *in* Oxford dict.). Au début du XVIIIᵉ s., les Anglais avaient deux graphies pour ce sens : *plum* et *plumb* prononcés [plʌm] : *A grocer is a man who buys and sells sugar, and plumbs, and spices, for gain* « Un épicier est un homme qui achète et vend du sucre, des raisins secs et des épices pour gagner sa vie » (1725, *in* Oxford dict.). De telle sorte que le jeu de mot sur *plumb* « raisin » et *plumb* « plomb » pénétra jusqu'en français sous la forme *gâteau de plomb :*

« des gâteaux de plomb *(plum cakes)* trop dignes de leur nom [...]. »
A. BLANQUI, *Voyage en Angleterre,* 1824, in *Le Français moderne,* oct. 1949, p. 300.
« Le soir, après le thé, on fait servir, entre les meringues, et autres petits fours, un grand gâteau de plomb que l'on coupe en mouillettes. »
Journal des dames et des modes, 10 mai 1827, in *Le Français moderne,*
avril 1947, p. 139.

∗ En français *plum-cake* a suivi une double voie. Aujourd'hui abrégé en *cake,* il désigne bien le plum-cake anglais, seul cake consommé couramment en France ; mais abrégé en *plum* [plum], il désigne un dessert de restaurant bon marché, sorte de baba au rhum et aux raisins de forme rectangulaire, enveloppé dans du papier d'étain.

PLUM-PUDDING [plœmpudiŋ] *n. m.*

(1745) Gâteau à base de farine, d'œufs, de graisse de rognon de bœuf, de raisins de Corinthe, souvent parfumé avec une eau-de-vie, que l'on sert traditionnellement en Grande-Bretagne à l'époque de Noël. *Des plum-puddings*→ **Pudding.** — REM. : Signalé dans le Compl. 1866 du Dict. de l'Académie et dans le Dict. 1935.

« Il nous fit boire du vin de Porto, manger du roastbeef et du plumpudding à en crever. »
CHATEAUBRIAND, *Mémoires d'outre-tombe* [avril-sept. 1822], t. I, p. 448.

« comme le plum-pudding anglais, qui figure obligatoirement à tous les repas dans le palais et dans la chaumière. »
Th. GAUTIER, *Constantinople*, Dîner turc, p. 192 (□ 1853).

. « Traversant Londres, pour gagner la campagne, j'y humais, en passant, le brouillard ; je regardais avec surprise les petites maisons basses, couleur raisins de plum-pudding, "tant de petites choses ajoutées sans fin à d'autres petites choses", comme dit Burke ; [...] »
P. MORAND, *Londres*, p. 48 (□ 1933).

✱ Mot anglais n. (1711) composé de *pudding*✱ et de *plum* « prune, raisin de Corinthe, raisin sec » (Cf. Plum-cake). Le mot est attesté chez Voltaire, en 1756 ; P. Barbier (*English Influence on the French Vocabulary*, Society for pure English, tract n° VII, Oxford 1921, *in* Mackenzie, p. 169) le relève en 1745. On dit aussi *Christmas pudding*, de *Christmas* « Noël », variante anglaise attestée en français en 1938 (d'après G. L. L. F.), mais on dit le plus souvent *pudding*✱, forme abrégée.

PNEUMATIQUE [pnømatik] *adj.* et *n. m.*

(1890) *Vx.* Se dit d'un bandage de roue formé d'une carcasse de fils de coton, d'acier, enduite de caoutchouc, contenant de l'air sous pression soit directement, soit dans une chambre à air qui est introduite à l'intérieur et qui adhère à la surface de roulement. — Subst. *Un pneumatique.* — REM. : Enregistré dans le dict. de l'Académie 1935.

« la moindre piqûre, la moindre écorchure, le "pneumatique" est réduit à néant ».
La Revue du sport vélocipédique, 15 août 1890 [*in* D. D. L., 2ᵉ série, 6].

« La course organisée en 1893 de Paris à Trouville par le *Journal* a mis en relief les avantages du pneumatique Michelin : le coureur Meyer, arrivé premier, montait un de ces pneumatiques. »
L. FIGUIER, *L'Année scientifique et industrielle*, p. 154, 1894 (□ 1893).

✱ Francisation de l'anglais *pneumatic* adj. et n. (1890 ; brevet n° 4206 : *pneumatic tyres* « bande pneumatique »), de même étymologie que le français *pneumatique* (xvıᵉ s., latin *pneumaticus*, grec *pneumatikos*, racine *pneuma* « souffle »), nom donné à l'invention attribuée au Britannique Dunlop. L'abréviation courante *pneu* n. m. (fin xıxᵉ s.) est typiquement française.

POCKET [pɔkɛt] *n. m.* et *n. f.*

1° *N. m.* (XIXᵉ s.) *Littér.* et *vx.* Forme abrégée de *pocket-book* (ci-dessous, 1°). — REM. : Absent des dict. de Littré et de l'Académie.

« N'avez-vous pas souvent vu de ces demi-fashionables qui se fatiguent à courir après la grâce, sont gênés s'ils voient un pli de moins à leur chemise, et suent sang et eau pour arriver à une fausse correction, semblables à ces pauvres Anglais tirant à chaque mot leur *Pocket* ? »
BALZAC, *Traité de la vie élégante*, p. 177 (□ 1830).

2° *N. f.* (mil. XXᵉ s.) Loc. arg. *In the pocket*, dans la poche, gagné. — *C'est dans la pocket !*, c'est dans la poche, dans le sac.

« ah ! disait-on, c'est gagné, c'est dans la *pocket !* »
Le Canard enchaîné, 25 déc. 1963 [*in* Blochwitz et Runkewitz, p. 285].

✱ Mot anglais « poche, sac » (xvᵉ s. ; moyen-anglais *poket*, de l'anglo-normand *pokete* variante de l'ancien français *pochet, pochette*, par le normand *pouquet, -ette*). *Pocket* est revenu en français comme terme étranger dans le terme *pocket-book** au XXe siècle ; il y avait déjà fait une brève apparition au XIXe s. Cette forme anglaise du français *poche* n'est toutefois pas restée dans l'usage. De nos jours, la variante *dans la pocket* pour *dans la poche* reste une expression familière et plaisante (aussi sous la forme *in the pocket* [inzəpɔkɛt]). Elle a été créée en français (angl. *in the bag*). A. Sarrazin emploie *poquette* (Cf. *Chewing-gum,* cit.).

POCKET-BOOK [pɔkɛtbuk] *n. m.*

1° (XIXe s.) *Littér.* et *vx.* Livre de format assez réduit pour pouvoir être mis dans la poche d'un vêtement. *Spécialt.* Dictionnaire de poche → **Pocket.** — REM. : Absent des dict. de Littré et de l'Académie.

« pour beaucoup de gens, le cœur humain est un pays perdu ; ils ne connaissent pas les hommes, leurs sentiments, leurs manières ; ils n'ont pas étudié cette diversité de langage que parlent les yeux, la démarche, le geste. Que ce livre leur serve de carte ; et, comme les Anglais, qui ne se hasardent pas dans Paris sans leur *Pocket Book*, que les honnêtes gens consultent ce guide, assurés d'y trouver les avis bienveillants d'un ami expérimenté. »   BALZAC, *Code des gens honnêtes*, p. 66 (□ 1825).

2° (mil. XXe s.) Livre broché de grande diffusion. — *Spécialt.* Livre de format de poche. *Des pocket-books* → **Paperback.**

« Que Faulkner maintenant soit lu, grâce aux "pocket-books", par des millions de jeunes gens n'empêche pas qu'il soit toujours méprisé par les intellectuels du Nord, qui ne voient dans son œuvre qu'obscurantisme et barbarie. »
G. DUMUR, *L'Été américain,* in *Les Lettres nouvelles*, mars 1956, p. 582.

✳ Mot anglais n. (1617, au premier sens) de *pocket** « de poche » (lui-même emprunté du français) et de *book* « livre », devenu aux États-Unis, en 1939, le nom d'une maison d'édition *(Pocket Books)* spécialisée dans le livre de diffusion de masse, innovant sur les méthodes inaugurées par la collection Penguin (1935) en Angleterre. En ce sens, le français a créé l'expression *livre de poche* (nom déposé) au milieu du XXe siècle, et la forme abrégée familière, un *poche,* qui désigne le plus souvent un livre au format de poche, à l'instar de l'usage américain. *Livre de poche* et *poche* ont déjà triomphé dans l'usage courant.

POFFER → PUFFER.

POINT DE NON-RETOUR → NON-RETOUR.

POINTER ou POINTEUR [pwɛ̃tœʀ] *n. m.*

(1852 ; *spanish pointer,* 1834) Chien d'arrêt de race anglaise. — REM. : Le dict. de Littré 1869 enregistre *pointer,* et, le dict. de l'Académie 1878, la forme graphique francisée *pointeur.*

« Le lendemain, toute la troupe était réveillée par des aboiements inattendus. Glenarvan se leva aussitôt. Deux magnifiques "pointers", hauts sur pied, admirables spécimens du chien d'arrêt de race anglaise, gambadaient sur la lisière d'un petit bois. À l'approche des voyageurs, ils rentrèrent sous les arbres en redoublant leurs cris. »
Jules VERNE, *Les Enfants du capitaine Grant,* p. 331, Lidis (□ 1867).

✳ Anglais *pointer* n. (XVe s. ; 1717 au sens de « chien d'arrêt ») de *to point* « montrer », de *point* n. lui-même emprunté du français au XIIIe siècle. Attesté en français dans le terme *spanish pointer* « pointer espagnol » en 1834 (Magendie, *Compte rendu de l'Académie des sciences,* p. 171, *in* Mackenzie), puis, chez Th. Gautier, *pointer,* en 1852. L'Académie 1878 signale l'adjectif *chien pointeur,* et le nom *pointeur* qui, sous la forme francisée, est resté rare.

POKER [pɔkɛʀ] *n. m.*

1° (1855) Jeu de cartes dans lequel chaque joueur dispose de cinq cartes et où le gagnant est celui qui possède la combinaison la plus forte ou qui parvient, en bluffant, à le faire croire à ses adversaires. — REM. : Absent du dict. de Littré 1869 ; enregistré dans le dict. de l'Académie 1935.

« On jouait le *poker*. »
M. de FONTENAY, *L'Autre Monde*, 1855 [*in* D. D. L., 2ᵉ série, 2].

« Il avait joué au poker toute la nuit en buvant du whiskey. Ayant par bonheur gagné plusieurs centaines de dollars, il fut plus accommodant que nous ne l'espérions. D'ailleurs, il avait, comme beaucoup d'Américains, un sentiment d'hospitalité nationale. »
P. BOURGET, *Outre-Mer*, p. 32 (□ 1895).

« Je dis que si on tuait tous les cons, il resterait juste assez de types sur terre pour faire un poker. »   J. CAU, *La Pitié de Dieu*, p. 214 (□ 1961).

— PAR EXT. (1923) Quatre cartes de même valeur. *Poker de dames, d'as.*

✶ Mot américain n. (1834) d'origine incertaine. Le Webster et le *Dict. of Americanisms* y voient une altération du français dialectal *poque* n. f., terme de jeu, dérivé de *poquer* (*pocquer* « frapper », 1544, du flamand *pokken* « frapper ») ; l'Oxford dict. et Onions rapprochent *poker* de l'allemand *poch (spiel)*, jeu de bluff très ancien, de *pochen* « bluffer », peut-être de même origine que l'anglais *poke* (moyen et bas allemand, néerlandais *poken*). Le mot avec la chose a pénétré dans le monde entier. En français, le mot a donné le dérivé rare *pokériste* n. (1895, Bonnaffé).

2° (1924) *Poker d'as* (cour.) ou (1932) *poker dice*, jeu de dés rappelant le poker, qui se joue avec cinq dés dont les faces représentent des cartes.

« Le corbeau, derrière un arbre à l'entrée d'un boqueteau borgne, joue seul au poker d'as. »
P. MAC ORLAN, *Simone de Montmartre*, p. 99 (□ 1924).

« comment ne pas admettre que le destin qui avait joué avec nous tous au poker dice n'était un barman ivre qui nous avait fait boire des satanés cocktails, plus nombreux et d'une mixture moins avouable que les sorbets qui circulaient sur plateau d'argent et de vermeil dans la tribune royale [...]. »   CENDRARS, *Bourlinguer*, p. 155, Folio (□ 1948).

✶ Américain *poker dice* n. (1879) composé de l'anglais *dice* « dés », pluriel de *die* « dé à jouer » (emprunté du français *dé* au xiiiᵉ siècle) et *poker*. Par étymologie populaire, le terme est devenu en français *poker d'as*. L'emprunt intégral de *poker dice*, moins courant, est enregistré dans le Larousse du xxᵉ siècle 1932 avec la forme altérée.

POLAROÏD [pɔlaʀɔid] *n. m.*

1° (1954) *Opt.* Feuille transparente de résine synthétique capable de polariser la lumière qui la traverse. *Lunettes de soleil en polaroïd.*

« Le spectateur porte, de son côté, des lunettes à verres polarisants, dits "polaroïds", paraissant transparents, mais effectuant la sélection utile. »   *Larousse mensuel*, mars 1954, p. 421.

2° (1963) Appareil photographique de ce nom, utilisant le procédé polaroïd et permettant d'obtenir immédiatement dans l'appareil même une épreuve positive.

« négligeant les palais, il passera le reste de son séjour à poursuivre Pamela Tiffin avec son Polaroïd (modèle encore expérimental), qui produit des photos couleurs instantanées. »   *L'Express*, 4 juin 1973, p. 105.

✶ *Polaroid*, marque déposée du procédé inventé en 1948 par l'Américain Edwin Land, mot formé de *polaro-*, élément tiré de *to polarize*

emprunté du français *polariser* au XIXᵉ siècle (1811), d'après *polaire* adj.,
et de *-id* (grec *eidos* « forme, apparence »).

POLICEMAN [pɔlisman] *n. m.*

(1839) Agent de police, en Grande-Bretagne, dans l'ancien
empire britannique ou dans les pays anglo-saxons. *Des policemen*. — REM. : Enregistré dans le Suppl. 1877 du dict. de Littré ;
absent du dict. de l'Académie.

« Les policemen, armés d'un court bâton aux armes d'Angleterre,
comme ceux de Londres, parcourent d'un pas réglé cette foule méridionale, et y font régner l'ordre. Rien n'est plus sage, sans doute ; mais ces
hommes graves, froids, convenables dans toute la force du mot,
impassibles représentants de la loi, font un singulier effet entre ce ciel
lumineux et cette terre ardente. Leur profil semble fait expressément
pour se découper sur les brouillards d'High-Holborn et de Temple-Bar. »
                    Th. GAUTIER, *Constantinople*, Malte, p. 22 (□ 1853).

« À mon premier passage à New-York, on avait cru devoir me
présenter à un policeman toujours en service au même endroit de
Broadway. J'avais demandé la raison de cette présentation. La réponse
qu'on me fit fut évasive : "Ça n'est pas mauvais. Il faut être bien avec
les policemen". Et c'est vrai que tout Américain se montre plein de
déférence pour eux, paraît fier d'être reconnu par eux. »
        J. HURET, *En Amérique, De San Francisco au Canada*, p. 504 (□ 1905).

✴ Anglais *policeman* n. (1829 ; féminin *policewoman*, 1853), de *police*
n. (XVIIIᵉ s., en ce sens) emprunté au français au XVIᵉ siècle au sens de
« organisation politique, gouvernement ». Le mot fut créé pour désigner
les membres *(New Policeman)* de la *New Police* (Nouvelle Police)
établie à Londres en 1829. Bonnaffé relève le terme en français dès
1839 ; le mot s'emploie toujours à propos des agents de police
britanniques ou anglo-saxons, et surtout à propos des agents de
Londres.

« *Policeman* : pourquoi les écrivains français qui parlent des agents de Londres
s'acharnent-ils à les appeler des *policemen* ? J'ai même vu des "policemans" ! —
"Mais, me répond-on parce que ce sont des agents anglais." La belle réponse !
Disent-ils les *soldiers* quand ils parlent des militaires britanniques ? »
        F. de GRAND'COMBE, *De l'anglomanie en français*, juil. 1954, p. 193.

POLISH [pɔliʃ] *n. m.*

(1931) Produit de peinture que l'on applique en dernier pour
obtenir un aspect lisse et brillant.

« Se présenter ganté de blanc sur le terrain de départ avec un
délicieux roadster lustré au polish [...]. »
                    H. KISTEMAECKERS, in *l'Illustration*, 3 oct. 1931.

« un bon coup de polish, et une simonization par là-dessus. J'étendrai
le produit, et tu frotteras. »
        J. ROMAINS, *Les Hommes de bonne volonté*, t. XXVII, p. 193 (□ 1947).

✴ Mot anglais n. (1704, « action de polir ; son résultat »). *French polish*,
1819, « substance utilisée pour faire briller les meubles », *polish* 1881,
de *to polish* emprunté au XIIIᵉ siècle des formes en *-iss-* de *polir* (latin
polire « égaliser, adoucir, fourbir, rendre brillant »).

En octobre 1959, le Comité d'étude des termes techniques français
a proposé de traduire *polish,* par *produit de brillantage* ou *brillantine.*
Polish signifie surtout en anglais « cirage ».

POLITICIEN, IENNE [pɔlitisjɛ̃, jɛn] *n. et adj.*

(1862) N. *Péj.* Personne qui s'occupe de politique de manière
intéressée et qui vit le plus souvent de ses activités et de ses
intrigues en ce domaine (opposé à *politique*). *Politicien retors,
véreux*. — Adj. Qui relève d'une politique intéressée. *Manœuvres
politiciennes. Politique politicienne*. — REM. : Enregistré dans
le Suppl. 1877 du dict. de Littré, à propos des États-Unis, et
dans le dict. de l'Académie 1935.

« Une municipalité sans foi [à New York] a, dans maintes rencontres, impudemment empoché l'argent des contribuables pour le partager avec les politiciens qui l'avaient nommée [...]. »

L. SIMONIN, in *La Revue des Deux-Mondes*, 1ᵉʳ déc. 1874
[*in* Littré, Suppl. 1877].

« Il ne faut pas du moins que cette table ronde soit utilisée à l'intérieur d'un nouveau plan de marchandages impuissants, destinés à maintenir au pouvoir des hommes qui ont apparemment choisi le métier de politicien pour n'avoir pas de politique. »

CAMUS, *Actuelles, III*, L'Algérie déchirée, 1956 (□ 1958).

✱ Francisation de l'anglais *politician* n. (xvıᵉ s.) aux sens de « personne qui intrigue en politique » *(vx.)*, de « personne versée en politique » ; (1628) de « personne qui fait profession d'activités et d'intrigues politiques » (sens rencontré surtout en américain) de *politic* adj. lui-même emprunté, au xvᵉ siècle, au français *politique* (latin *politicus*, grec *politikos*). *Politicien* apparaît chez Beaumarchais en 1779 : « *grand politicien ou politiqueur* » (*Œuvres*, V, p. 30), déjà avec une nuance péjorative. Le terme n'est repris qu'en 1865, sous l'influence de l'américain *politician*.

POLLUER [pɔlɥe] *v. tr.*

(1958) Infester, dégrader l'environnement.

« Après les " casseurs seront les payeurs " est donc né un nouveau slogan : " qui pollue paie ". Cette parafiscalité a été créée pour les riverains des aérodromes d'Orly et de Roissy. [...] Dans la limite des fonds disponibles, la taxe servira à apporter des aides financières à l'insonorisation des bâtiments publics ou privés ou à reloger, le cas échéant, les occupants d'habitations situées en zone de bruit fort. »

Science et Vie, n° 106, 1974, p. 155.

✱ Le verbe anglais *to pollute* (xıvᵉ s.) de même origine que le français *polluer* (latin *polluere* « souiller, salir, profaner », de *por-* préfixe marquant le mouvement vers l'avant, et de *luere* « laver, baigner ») a conservé très vivant le sens de « souiller, salir physiquement » acquis au xvıᵉ siècle. En ce sens, comme au sens figuré de « profaner », le verbe *polluer* ne subsistait plus que dans la langue littéraire lorsqu'il est entré avec le substantif *pollution** dans le vocabulaire de l'environnement sous l'influence de l'anglais, en particulier de l'américain.

Polluant, ante, adj. et n. (1880, Huysmans : « qui contamine, qui infeste » ; 1968 « qui pollue ») vient de *polluer* mais est précédé par l'anglais *pollutant* n. (1892). *Pollueur* est un dérivé français.

POLLUTION [pɔlysjɔ̃] *n. f.*

(mil. xxᵉ s.) Dégradation d'un milieu par l'introduction d'un polluant. *Pollution atmosphérique. Pollution des eaux. Pollution thermique.*

« Pendant les années cinquante, il n'a guère été question que d'excès de population ; des pollutions étaient bien dénoncées, notamment à Londres et Los Angeles, mais il s'agissait surtout de dangers localisés, dus à la concentration. C'est surtout dans les années soixante que les hommes ont envisagé la fin de leur planète. »

A. SAUVY, *Croissance zéro ?* p. 74 (□ 1973).

✱ Emprunt sémantique de l'anglais *pollution,* lui-même emprunté du français au xıvᵉ siècle (latin ecclésiastique *pollutio* « salissure, souillure » [au propre et au figuré]), conservé au sens de « émission involontaire de sperme », jusqu'à sa récente intégration au vocabulaire de l'environnement. On a créé l'adj. *antipollution*.

« En l'espèce, les sommes qui seront consacrées à épurer, dépoussiérer, neutraliser, transporter, organiser, etc., auraient été affectées à d'autres usages et ceux-ci ne manquent pas. Si une voiture coûte 1 000 francs de plus, en raison de dispositifs antipollution, bien nécessaires, ou bien la vente de voiture sera touchée, ou bien d'autres industries le seront par réduction des ressources de la clientèle. »

A. SAUVY, *Croissance zéro ?*, p. 238 (□ 1973).

POLO [pɔlo] *n. m.*

1° (1872, *in* Petiot) Sport d'équipe qui se pratique à cheval, dans lequel chaque joueur cherche à pousser une boule de bois dans le camp adverse, en la frappant avec un maillet à long manche. — REM. : Enregistré dans le dict. de l'Académie 1935.

« Plus loin de jeunes gentlemen se livrent aux exercices du tennis, du crocket, du golf, du foot-ball, et aussi du polo, montés sur d'ardents poneys. »   Jules VERNE, *L'Île à hélice*, p. 78 (□ 1895).

« il s'étonne, comme moi, qu'on ne vous ait pas vu aux réunions de polo, cette année, en Angleterre. Il paraît que les Mato-Suarès y ont amené quarante-deux poneys de leurs estancias de Corrientes, pour jouer avec le duc de Christminster, le prince de Xaintrailles et lord Molland. »   V. LARBAUD, *A. O. Barnabooth*, pp. 155-156 (□ 1913).

✳ Mot anglais n. (1872) emprunté du balti, langue indienne parlée au Cachemire, *polo* « balle », apparenté au tibétain *pulu*. Le sport lui-même est une variante d'un jeu pratiqué anciennement chez les Perses et depuis longtemps à l'honneur dans l'aristocratie chinoise avant de parvenir aux Indes, où les Anglais créèrent en 1859, à Calcutta, leur premier club de polo. Le nom n'est attesté en anglais qu'un an après la première partie jouée en Angleterre même, en juillet 1871. En français, il apparaît en 1882 (Halévy, *in* Mackenzie, p. 246), mais l'acclimatation du jeu en France date de 1891.
     Au sens de « coiffure féminine » (analogue à la toque des joueurs de polo), *polo* est typiquement français : il apparaît chez A. Hermant, *Frisson de Paris*, 1895, p. 93.
     Polo a produit le dérivé *poliste* n. (1905), *rare*, « joueur de polo », puis, au même sens, *poloïste* n. (1949, *in* Larousse ; anglais *poloist*, 1891).

2° (mil. XXᵉ s.) Par appos. *Chemise polo* (forme abrégée : *un polo*), chemise de sport à col ouvert.

« si la tenue réglementaire pour le pesage de Deauville avait été la chemise polo et le blue jean, ces jeunes gens auraient mis chapeaux et cravates. »   DANINOS, *Un certain Monsieur Blot*, p. 118 (□ 1960).

✳ Traduction de l'américain *polo shirt* n. (*in* Webster's Third 1966) composé de *polo* et de *shirt* « chemise ». Le Robert 1962 enregistre *chemise polo* et *polo* n. m. Notons que *polo* a aussi été le nom au début du siècle d'un costume de femme imitant la casaque des joueurs de polo (in *Nouveau Larousse illustré* 1903).

POMÉLO ou **POMELO** [pɔmelo] *n. m.*

(déb. XXᵉ s.) Nom du *citrus paradisi* dont les fruits viennent en grappes *(grape-fruit)*. — REM. : Absent du dict. de l'Académie 1935.

« On eût probablement évité cette confusion [*entre les pamplemousses et les pomélos*] en adoptant pour les fruit du pomélo le nom américain de *grape-fruit* sous lequel il est commercialement connu et qui évoque la fructification en grappes de cette espèce [...]. »
P. ROBERT, *Les Agrumes dans le monde et le développement de leur culture en Algérie*, p. 25, Société d'éditions techniques coloniales, 1947.

— Fruit de cet arbre, appelé couramment *pamplemousse*.

✳ Américain *pomelo* n. (mil. XIXᵉ s.) d'origine incertaine, altération de *pompelmous* n. (1696), du néerlandais *pompelmoes* « gros citron » (d'après le Webster), ou latin *pomum melo* « pomme melon ».

PONEY [pɔnɛ] *n. m.*

(1828 ; *pooni*, 1801) Cheval de diverses races de petite taille. — REM. : Enregistré dans le dict. de Littré 1869 et dans le dict. de l'Académie 1878 (*ponet* en 1836).

« je renvoyai à Scharunpore, à l'écurie de mon botaniste, mon pauvre poney (les Anglais ont cinq ou six mots excellents et polis contre notre unique et ignoble *bidet*, que je ne puis me résoudre davantage à appliquer à ma monture). »

V. JACQUEMONT, *Lettre à M. P. Jacquemont*, 15 mai 1830,
t. I, pp. 185-186.

« Quelques instants après, Modeste, vêtue d'une délicieuse amazone de casimir vert-bouteille, coiffée d'un petit chapeau à voile vert, gantée de daim, des bottines de velours aux pieds sur lesquelles badinait la garniture en dentelle de son caleçon, et montée sur un poney richement harnaché, montrait à son père et au duc d'Hérouville le joli présent qu'elle venait de recevoir [...]. » BALZAC, *Modeste Mignon*, p. 559 (□ 1844).

✻ Anglais *pony* n. (1659) d'origine écossaise *pown(e)y*, peut-être de la forme *poulney*, de l'ancien français *poulenet*, diminutif de *poulain*, *polain* (bas latin *pullamen, -minis* « petit d'un animal », du latin *pullus* « jeune animal, poulain »). Le Dict. général atteste le mot, sous la forme *pooni*, en 1801, dans Grandpré, *Voyage dans l'Inde*, t. II, p. 4. La forme actuelle de *poney*, admise par l'Académie en 1878, est attestée chez Lamartine en 1828 (Wartburg).

PONGÉ [pɔ̃ʒe] *n. m.*

(1903, *in* Nouv. Lar. ill. ; *ponghée*, 1890) Tissu léger fait de soie ou de schappe. — REM. : Le dict. de l'Académie 1935 a enregistré *pongé*.

« L'enveloppe [du ballon militaire] est en soie, dite *ponghée* de Chine, étoffe écrue très souple et à grains serrés. On a préféré le *ponghée* au taffetas de Lyon, d'une fabrication plus homogène, mais beaucoup plus coûteux. »

E. LALANNE, *in La Science illustrée*, 2ᵉ sem. 1890, p. 283.

« La laideur du dehors est masquée par des rideaux, de pongé jaune, qui répandent en toute saison une illusion de soleil. »

J. ROMAINS, *Les Hommes de bonne volonté*, t. I, p. 35 (□ 1932).

✻ Anglais *pongee* n. (1711), peut-être du chinois du nord *pun-chi*, variante du mandarin *pun-kî* « métier à tisser » ou *pun-cheh* « tissage fait à la maison ».

PONGO [pɔ̃go] *n. m.*

(av. 1765) *Vx*. Grand singe d'Afrique, chimpanzé ou gorille. — *Mod.* Grand singe anthropoïde, auquel est apparenté l'orang-outan. — REM. : Enregistré dans le dict. de l'Académie 1835 ; absent du dict. de 1935.

« Ce sont des *pongos* que les Carthaginois, qui découvrirent cette côte sous Hannon, prirent pour des hommes sauvages, et les *pongos* femelles pour des femmes. »

Chevalier de JAUCOURT, art. *Pongo*, in *Encycl. Diderot*, 1765.

« "il y a deux espèces de ces singes très-ressemblants à l'homme, le pongo, qui est aussi grand et plus gros qu'un homme, et l'enjoko, qui est beaucoup plus petit, etc." : c'est de ce passage très-précis que j'ai tiré les noms de *pongo* et de *jocko*. »

BUFFON, *Les Orangs-Outangs, ou le Pongo et le Jocko*, in *Les Singes*, t. IV, pp. 25-26 (□ 1766).

✻ Congolais *mpongo, mpongi, impungu,* par l'intermédiaire de l'anglais *pongo* de même origine, nom attesté dès 1625 chez le voyageur anglais A. Battel, dans Purchas, *Pilgrims,* II.

1. POOL [pul] *n. m.*

(1854) *Rare*. Petite étendue d'eau stagnante formant une sorte de lac dans un cours d'eau. — REM. : Absent des dict. de Littré et de l'Académie.

« Nous allons courir sur la glace, poursuivre un troupeau de narvals qui se trouvent sur les quelques pools d'eau qui séparent les floes. »

J.-R. BELLOT, *Journal d'un voyage aux mers polaires*, 29 juil. 1851
[*in* D. D. L., 2ᵉ série, 6].

« Traversée du Stanley-Pool. Ciel gris, S'il faisait du vent, on aurait froid. Le bras du pool est encombré d'îles, dont les rives se confondent avec celles du fleuve. [...] »
A. GIDE, Voyage au Congo [5 sept. 1926], p. 27 (□ 1927).

✶ Mot anglais n. (IXᵉ s. ; *pôl* en vieil anglais, apparenté au vieil anglais *pyll* « crique, anse »). Le terme est enregistré dans le *Vocabulaire* [...] *de géomorphologie,* de Baulig, 1956.

2. POOL [pul] *n. m.*

1° (1889) Mise en commun (généralement momentanée) de leurs moyens d'exploitation, entre membres d'un syndicat de producteurs ou d'un groupement d'entreprises similaires, en vue du contingentement de la production et de la maîtrise d'un marché pour le maintien ou l'accroissement de profits élevés et stables (opposé à *cartel* et à *trust**). — REM. : Absent du dict. de l'Académie 1935. — *Par ext.* (av. 1959) Organisme international chargé d'établir une répartition des ressources et d'organiser un marché commun dans l'intérêt des consommateurs. *Pool vert* (organisation agricole). *Pool blanc* (organisation sanitaire). *Pool bancaire.*

« L'économie libérale cherche à organiser des pools mondiaux des matières premières : étain, caoutchouc, cuivre, non point tant en vertu d'une ambition dominatrice ou d'une rapacité impérialiste, que pour stabiliser les cours et rendre possible la prévision dans tel ou tel secteur économique. »   P. BERTAUX, *La Mutation humaine*, p. 38 (□ 1964).

« Alors, pourquoi l'Onu, pourquoi les organisations humanitaires privées ne se mettent-elles pas en "pool" pour acheter des appareils, comme la Croix-Rouge le fit durant la dernière guerre ? »
L'Express, 22 nov. 1971, p. 75.

« il n'y a pas une sorte de pool mondial de l'eau, avec distribution égalitaire. Certains pays resteront largement pourvus, alors que dans d'autres, la pénurie est déjà là. »
A. SAUVY, Croissance zéro ?, p. 195 (□ 1973).

2° (av. 1959) Groupe de personnes entre lesquelles on répartit une charge de travail au sein d'une entreprise, d'un organisme. *Pool dactylographique. Pool de journalistes.*

« Mettre uniquement des femmes dans un métier, c'est s'assurer qu'on pourra les sous-payer impunément, car elles ne pourront se comparer aux hommes. Si vous mettez un homme dans un pool de dactylos, il taperait moins vite et se ferait payer plus cher. Donc on n'en met pas. »   *L'Express*, 21 mai 1973, p. 200.

✶ Emprunt de l'américain *pool* n. (1875) répandu initialement dans le domaine des chemins de fer. L'anglais *pool*, lui-même emprunté au XVIIᵉ siècle du français *poule* n. f., est d'abord un terme de jeu (1665, en ce sens) : « enjeu déposé au début de la partie par chacun des joueurs ». Il vient peut-être de *poule* « femelle du coq », à cause du pondoir où plusieurs poules viennent déposer leurs œufs.

Mackenzie (p. 246) relève *pool* en français dès 1889 à propos des États-Unis (Jannet, *Ét.-Unis Contemp.*, II, p. 161).

Dans les nouveaux sens politique et économique apparus en français au milieu du XXᵉ siècle, le terme *pool* a déjà été remplacé. Ainsi le *pool européen du charbon et de l'acier* s'appelle *La Communauté européenne du charbon et de l'acier* (C. E. C. A.), *le pool vert* a fait place au *Marché commun agricole. La Banque des mots* (n° 2, 1971, p. 176) conseille de remplacer *pool bancaire* par *consortium bancaire* (plur. *consortiums bancaires*). Au sens de « ensemble de personnes effectuant le même travail au sein d'une entreprise », d'origine américaine (1945, à propos des chauffeurs et des mécaniciens de locomotive), le terme est également critiqué, et le Comité d'étude des termes techniques français a proposé, selon les contextes : *communauté, groupement, centre* ou *centrale, comptoir. Le Journal officiel,* du 18 janvier 1973, enregistre quatre termes à substituer à *pool* selon les cas :

— *groupe* (de travail) ; *atelier* (de dactylos) ; *équipe* (de journalistes) ; *Communauté* (charbon-acier).

Enfin, les commissions de terminologie signalent la tendance dans les milieux du rugby et de l'escrime à employer l'anglais *pool* au lieu du terme français normal *poule* au sens de «compétition où chaque concurrent ou chaque équipe rencontre successivement chacun de ses adversaires». *Poule* est attesté en ce sens depuis 1870 : la formule de classement par poules a cours depuis 1896 en championnat de France de rugby.

POP [pɔp] *adj. invar.* et *n. m.*

1° (mil. XXe s.) Se dit des formes artistiques et musicales issues du mouvement du pop-art* et de la pop-music*. *Festival de musique pop. Des rythmes pop. Un tableau pop* (→ **Pop-song**).

«Go, go les amis ! Pour la première fois [dans *Special-Pop*] l'histoire complète et inédite du mouvement pop dans le monde. D'Elvis aux Beatles, de Procol Harum à Sandy Shaw, de Johnny à Adamo, tout sur les chanteurs pop ! Et pas seulement les chanteurs, mais le monde pop, les stations pirates, les boîtes de Londres et de New York, les boutiques, la sono, les disc-jockeys, les hit parades, les revues pop, les sounds, les beatniks.» *La Grande Parade du Pop*, in *L'Express*, 20 nov. 1967, p. 130.

«Au sommet de la vague "pop", toute une série de films anglo-saxons ont été tournés, saisissant le phénomène musical et sociologique sous ses multiples aspects.» *Le Monde*, 3 déc. 1971, p. 31.

— SUBSTANTIVEMENT.

«Le pop ne mobilise pas les foules en France.»
M. RIGHINI, in *Le Nouvel Observateur*, 3 juil. 1972, p. 43.

«À l'exception de Rosenquist, qui ne déteste pas les compositions très compliquées et auquel on doit le plus immense tableau pop (F 111, 1965), le Pop new-yorkais se caractérise par la simplification de l'image, ce qui confère beaucoup d'efficacité à l'objet représenté, compte tenu des grands formats généralement pratiqués.»
Dict. universel de la Peinture, art. *Pop Art*, 1975.

2° *Par ext.* Qui s'inspire du style pop. *Un décor, un objet pop.*

✱ Mot américain *pop* adj., de l'anglais *popular*, lui-même emprunté du français au XVe siècle, au sens de «destiné au peuple». Désigne d'abord aux États-Unis un concert populaire (au plur. «série de concerts à la portée de toutes les bourses» : *The Boston Symphony's Pops*) ; l'adj. (*pop songs* «airs, chants populaires», *pop music* «musique populaire», *pop art* «art populaire») est plus tardif. En français, il est suivi d'un cortège d'emprunts : *pop-art, pop-music, pop-club, pop-rock.*

On a créé le composé *pop-man*, sur le modèle de *jazzman*, pour désigner le musicien de la musique pop. Des *pop-men* (*L'Express*, 1er janv. 1973) ; on emploie également le composé *pop-star* en parlant des vedettes de la musique pop.

«Hors scène, la mythologie pop a créé ses dieux : les *pop-stars*. Leurs groupes voient vite s'agglutiner autour d'eux une bande plus ou moins bigarrée, dont les *groupes*, femmes et hommes, offrent assez volontiers leurs charmes à tout ce qui, de près ou de loin, touche à la pop-music.»
H.-S. TORGUE, *La Pop-Music*, pp. 83-84 (□ 1975).

✱ Pendant la grande vague du pop en France, le mot a produit le dérivé *popiser* v. intr. «exécuter une musique à la manière pop», d'où *popisant* (*in* Gilbert).

«On garde le style mais on augmente les prix. On fait du faux vieux pour de faux jeunes. Le sophistiqué consiste à se donner des airs de peuple, on "hippise", on "popise". Ça passe peut-être. Mais le fric est là.»
P. SERY, in *Le Nouvel Observateur*, 11 nov. 1972, p. 61.

POP-ART, POP' ART ou POP ART [pɔpaʀ(t)] *n. m.* ou **POP** [pɔp] *adj. invar.* et *n. m.*

(mil. XXe s.) Mouvement de création plastique, centré sur l'assemblage d'objets ou de fragments d'objets quotidiens → **Pop.**

« Après le pop-art, la pop-music, les traditionnelles petites Volkswa-
gen peintes *"pop"* voici la *ville pop* : 600 m² de rayons au Printemps. »
Femme Pratique, nov. 1970 [*in* Gilbert].

« Mais le pop-art, comme le "camp", comme le surréalisme,
recherche ou reconstitue volontairement la banalité du quotidien, pour
en dévoiler l'insolite. »
J.-F. REVEL, *La Pédagogie du « Kitsch »*, in *L'Express*, 6 juin 1971, p. 109.

« Il convient également de faire état de plusieurs "naissances" du Pop
Art. Les premières manifestations significatives ont lieu en Grande-
Bretagne vers 1955 [...]. Aux États-Unis, 1959 est l'année décisive : c'est
celle où se tient au Museum of Modern Art de New York l'exposition
Art of Assemblage, qui met un point final à la période assemblagiste.
En Europe, l'événement important est la formation, en 1960, du groupe
des Nouveaux Réalistes ; mais le succès du Pop Art ne s'y produit pas
avant 1963, malgré l'apparition de nombreux phénomènes avant-coureurs
[...].
À vrai dire, chacune de ces "naissances" a ses caractéristiques
propres selon la conjoncture artistique locale. Aussi conviendrait-il de
parler *des* Pop Arts plutôt que *du* Pop Art [...]. »
Dict. universel de la Peinture, art. *Pop Art*, 1975.

✱ De *pop art*, terme américain, formé de *pop*✱ adj. et de *art* n.
L'expression francisée *art pop*, où se trouvent rétablies la syntaxe et la
prononciation française, est attestée (*Femme pratique*, sept. 1970, *in*
Gilbert), mais elle est moins répandue.

POP-CORN [pɔpkɔʀn] *n. m.*

(1893, répandu mil. XXᵉ s.) Grains éclatés d'une variété de
maïs qui contient plus d'huile que les autres.

« dans une petite cage en verre, une machine automatique fabriquait
du *pop-corn*. Les grains de maïs éclaté bombardaient la vitre. »
H. TROYAT, *La Tête sur les épaules*, p. 166 (□ 1951).

« Sur la chaussée circulent des petites voitures où l'on vend des
glaces, du coca-cola, et d'autres chargées de *pop-corn* : dans la cage de
verre oscille la flamme d'une petite lampe dont la chaleur fait éclater
les graines poreuses. »
S. de BEAUVOIR, *L'Amérique au jour le jour*, 14 mai 1947, p. 357 (□ 1954).

✱ De l'américain *popcorn* n. (1860, en ce sens), nom courant de la
variété de maïs *Zea maya everta*, dont on peut faire éclater les graines
sous l'action de la chaleur (1819), contraction de *pop[ped]corn* composé de l'américain *corn* n. (1608) « maïs », et de *popped* « éclaté »
part. passé de *to pop* v. tr. (1850) au sens américain de « faire chauffer,
griller ou rôtir des grains de maïs jusqu'à ce qu'ils éclatent (avec un petit
bruit sec) », de l'anglais *pop* n. (1591) onomatopée pour un bruit de
pétard ou d'explosion subite. La première attestation est de E. Reclus
(*in* D. D. L., 2ᵉ série, 15).

POPELINE [pɔplin] *n. f.*

(1735) *Vx.* Tissu à chaîne de soie et à trame de laine.
— REM. : Enregistré dans les dict. de l'Académie 1835 et de
Littré 1869. — (1869) Par ext. *Mod.* Tissu de coton à armure
taffetas.

« celle [la pelisse] en *popeline* couleur *alézan doré* se double en satin
[...]. »   *L'Observateur des modes*, 10 nov., 1821,
in *Le Français moderne*, oct. 1949, p. 301.

« Qu'est-ce que c'est, de la popeline ? demandait-il à brûle-pourpoint.
— De la popeline ? c'est une étoffe soie et laine, sèche, tu sais, qui
ne colle pas... »   COLETTE, *La Fin de Chéri*, pp. 173-174 (□ 1926).

✱ Anglais *poplin* n. (1710) lui-même emprunté du français *papeline*
n. f. (1667) qu'on a cru emprunté à l'italien *papalina*, féminin substantivé
de *papalino* « papal » l'étoffe étant ainsi nommée parce qu'elle a d'abord
été fabriquée à Avignon, ville papale de 1309 à 1791 (ce qui expliquerait
le *o* de l'anglais poplin, de *pope* « pape »). Certains évoquent le nom
d'une ville flamande célèbre pour ses draps au Moyen Âge, *Pope-*

ring[h]e, employé autrefois dans la locution *dra[p]s de Poperinghe* (1290). D'après Bloch, la refrancisation de *poplin* en *popeline* est attestée dès 1735.

POP-MUSIC, POP' MUSIC ou POP MUSIC [pɔpmjuzik] *n. f.* ou POP [pɔp] *adj. invar.* et *n. f.*

(mil. XXe s.) Mouvement de musique populaire inséparable du pop-art*, issu du jazz, du folksong et du rock and roll, d'abord animé en Amérique par Bob Dylan, et en Angleterre par les Beatles → **Pop.**

« La *pop'music* ajoute un message sonore aux montages visuels du *pop'art :* "Les mots n'ont pas d'importance, ils ne sont rien, c'est le sentiment qui compte [...]. L'on aime juste le son des mots pour faire des formes diverses, des images différentes" (1969, *Le Monde*). La *pop'music* est née du blues, du rock et du rhythm'n'blues. Elle est par excellence la musique des instincts profonds, du *soul*, des aspirations à la liberté, des colères prophétiques. »
J. GIRAUD, in *Les Mots « dans le vent »*, art. *Pop'art, pop'music* (□ 1971).

« Aux interrogations d'une jeunesse, et à son besoin de dépense d'énergie, la pop-music apporte une formulation propre et la violence de son expression artistique. La pop-music est le manifeste politique d'une masse non politisée. »   H.-S. TORGUE, *La Pop-Music*, p. 23 (□ 1975).

— ELLIPT. *La pop.*

« Les paroles [de *Jesus-Christ Superstar*] s'inspirent de l'Évangile selon saint Matthieu, la musique combine allègrement les charmes de la pop et du negro spiritual : la foi se joue présentement à guichets fermés. »   *L'Express*, 11 oct. 1971, p. 87.

✳ De l'américain *pop music*, formé de *pop* adj., contraction de *popular* « populaire », et de *music* n. lui-même emprunté du français *musique* au XIIIe siècle. La traduction *musique pop* (→ **pop**) rétablit l'ordre normal des mots en français.

POP-ROCK ou POP' ROCK [pɔpʀɔk] *n. m.*

(v. 1967) Mouvement anglais de musique pop*, représenté à partir des années 1966-1968 par les Rolling Stones et par l'underground*, et caractérisé par l'importance accordée à la guitare électrique et à la tradition du blues (opposé à *rock-song*).

« Issu du pop-rock, ce groupe [les Moody Blues] est progressivement passé à une pop-music de plus en plus élaborée, qui les conduisit à graver *Days of future passed*, véritable poème symphonique, proche de la tradition classique, et qui fait incontestablement date dans l'histoire de la pop-music. »   H.-S. TORGUE, *La Pop-Music*, p. 19 (□ 1975).

✳ Mot anglais n. (1966) composé de *pop* (→ **Pop-music**) et de *rock,* apparu en français vers 1967, pour évoquer le rock des boîtes de nuit anglaises. On notera l'ordre syntaxique anglais.

POP-SONG ou POP'SONG [pɔpsɔ̃g] *n. m.*

(1967) Domaine de la chanson pop* → **Pop-music.**

« Plus de la moitié du volume [*Spécial-Pop*] est constituée par un dictionnaire du pop-song de A jusqu'à... Zouzou, cover-girl et twisteuse qui chante les chansons de Jacques Dutronc ; même Louis Armstrong n'est pas oublié. »
La Grande Parade du Pop, in *L'Express*, 20 nov. 1967, p. 130.

✳ Mot anglais composé de *pop*, abréviation de *popular tune* ou *pop tune* « air à succès » (opposé à *standard* « qui résiste à l'épreuve du temps »), et de *song* « la chanson ».

POPULAIRE [pɔpylɛʀ] *adj.*

(1780) Se dit d'une personne qui s'est acquis la popularité*.
— REM. : Signalé dans les dict. de l'Académie 1835 et de Littré 1869.

« En anglois, ce mot veut dire, avoir la faveur du peuple, et c'est le sens dans lequel on le prendra ».   (1786) [*in* Mackenzie, p. 87].

« Le beau rôle était au Clergé, d'abord parce qu'il semblait être dans un danger personnel ; ce danger le relevait ; tel prélat incrédule, licencieux, intrigant, se trouvait tout à coup, par la grâce de l'émeute, posé dans la gloire du martyre. Martyre impossible pourtant, avec les précautions infinies de M. de Lafayette, si fort alors, si populaire, à son apogée, vrai roi de Paris. »
          J. MICHELET, *Histoire de la Révolution française*,
                                    t. I, pp. 367-368 (□ 1847).

✳ Le français possède depuis le XIIᵉ siècle l'adjectif *populaire* (*latin populARIS* « relatif au peuple, qui émane du peuple, fait pour le peuple », de *populus* « peuple »). Le sens de « qui plaît au peuple, qui a la faveur du peuple » remonte à 1559 (Amyot), mais ce n'est qu'au XVIIIᵉ siècle (1780, d'après Wartburg), sous l'influence de l'anglais *popular,* que l'idée de résultat l'emporte sur l'idée des moyens employés pour s'acquérir la « popularité ». En parlant des personnes qui plaisent aux autres (*élève populaire dans sa classe),* cet emploi est senti comme étranger et incorrect ; on dit plutôt *qui a du succès. Impopulaire* adj. (1780) est aussi un emprunt à l'anglais.

Le verbe *populariser,* dérivé de *populaire,* initialement formé en français comme pronominal (« se répandre partout, en parlant d'un usage », 1622 ; « être à la portée de tout le monde, en parlant d'un penseur », v. 1700) a dès lors revêtu comme verbe transitif le sens, disparu de nos jours, de « procurer (à quelqu'un) la popularité » (signalé dans les dict. de l'Académie 1835 et de Littré, 1869 ; Cf. anglais *to popularize* 1797).

« Comme il était nécessaire de "populariser" cet homme [...]. »
          BEAULIEU, *Diurnal,* 11 juin 1793 [*in* Brunot, t. IX, p. 806].
« Rien ne popularise plus un roi que d'être d'un accès facile. »
                                    Dict. de l'Académie 1835.

POPULARITÉ [pɔpylaʀite] *n. f.*

(*h.* 1632 ; 1766) Faveur dont on jouit auprès du peuple, du plus grand nombre, et *par ext.* (1908) dans un cercle déterminé. — REM : Signalé dans les dict. de l'Académie 1798 et de Littré 1869.

« Devais-je élever des autels à la "popularité", comme les Anciens à la terreur, et, lui immolant mes opinions et mes devoirs, l'apaiser par de coupables sacrifices ? »
          MIRABEAU, *Coll.,* 1792 [*in* Littré et *in* Brunot, t. IX, p. 806].
« On se demande par quel prestige Bonaparte, si aristocrate, si ennemi du peuple, a pu arriver à la popularité dont il jouit : car ce forgeur de jougs est très certainement resté populaire chez une nation dont la prétention a été d'élever des autels à l'indépendance et à l'égalité. [...] »
          CHATEAUBRIAND, *Mémoires d'outre-tombe,* t. II, p. 648 (□ 1848-1850).

✳ Dès 1766 (Proschwitz), sous l'influence de l'anglais *popularity* (1601 ; empr. au français au XVIᵉ s.), *popularité* commence à prendre le sens passif de « faveur dont on jouit auprès du peuple », vu sous l'angle d'un résultat acquis, alors que l'ancien sens, voisin de *affabilité* et de *sans-façon,* désignant des manières simples qu'on affectait pour séduire, commence à sombrer dans l'oubli (Cf. Brunot, IX, pp. 805-806).

POPULATION [pɔpylɑsjɔ̃] *n. f.*

1° (1682) *Vx.* Action de peupler ; peuplement. *Favoriser la population.* — REM. : Signalé dans le dict. de l'Académie 1798 et de Littré 1869.

« Les concessions et les privilèges avancent fort la population des nouvelles villes. »
          A. LE MAISTRE, *La Métropolitée,* 1682 [*in* A. SAUVY, *La Démographie,*
                    in Histoire de la Science, Encycl. de la Pléiade, p. 1595].

« Ses principes [de l'athéisme] ne font pas tuer les hommes, mais ils les empêchent de naître, en détruisant les mœurs qui les multiplient, en les détachant de leur espèce, en réduisant toutes leurs affections à un secret égoïsme, aussi funeste à la population qu'à la vertu. »

J.-J. ROUSSEAU, *L'Émile*, pp. 386-387 (□ 1762).

— (1778) *Par ext.* (En parlant d'animaux, de végétaux.) *Vx.*

« On peut donc croire que la population de la mer en animaux, n'est pas plus ancienne que celle de la terre en végétaux [...]. »

BUFFON, *Des époques de la nature*, t. IX, p. 511 (□ 1768).

2° (1750) Ensemble des habitants d'un espace quelconque (le globe, un pays, une région, une ville, etc.), considéré du point de vue démographique. *Recensement, dénombrement de la population. Population dense, faible.* — REM. : Enregistré dans les dict. de l'Académie 1798 et de Littré 1869.

« en 1751, Voltaire dit encore la "peuplade". C'est en 1755, avec le *Traité sur la population* du marquis de Mirabeau, que le mot passe définitivement dans la langue, pour désigner peu à peu non plus l'action de peupler, mais l'ensemble des habitants. »

A. SAUVY, *La Démographie, op. cit.*, p. 1597.

« les hommes ne peuplent pas comme le prétendent ceux qui nous disent froidement qu'après le déluge il y avait des millions d'hommes sur la terre. Les enfants ne se font pas à coup de plume, et il faut des circonstances fort heureuses pour que la population augmente d'un vingtième en cent années. »

VOLTAIRE, Lettre à M. de la Michaudière, nov. 1757, in *Œuvres complètes*, t. LX, p. 327.

— (1765 ; d'Amilaville) *Sc. nat.* Ensemble d'individus d'une même espèce. *Population de petits pois.*

3° (1829) Ensemble des personnes de même lieu, de même condition. *Soulever les populations. Les populations laborieuses.* — REM. : Souvent au pluriel.

« Par un de ces dévouements qui n'ont pas été rares dans la Péninsule, les assassins des Français, prévoyant, d'après la cruauté connue du général [le général G..t..r] que Menda serait peut-être livrée aux flammes et la population entière passée au fil de l'épée, proposèrent de se dénoncer eux-mêmes au général. Il accepta cette offre [...]. Cette capitulation consentie, le général promit de faire grâce au reste de la population et d'empêcher ses soldats de piller la ville ou d'y mettre le feu. »

BALZAC, *El Verdugo*, p. 870 (□ 1829).

« Je fus aussitôt assiégé d'une armée d'indigents [...]. Si j'avais eu un million il eût été distribué en quelques heures. M. de Bondy avait tort de dire que la *population parisienne toute entière protesterait par son refus* ; la population de Paris prendra toujours l'argent de tout le monde. »

CHATEAUBRIAND, *Mémoires d'outre-tombe* [mai 1832], t. IV, p. 69 (□ 1848).

✱ Reprise de l'anglais *population* n. (« lieu habité », *vx*, XVIᵉ s. ; « ensemble des habitants d'un pays », Bacon, 1612 ; « peuplement », 1776) de même origine que l'ancien mot français *populacion* « ensemble des habitants d'un pays », probablement répandu au sens moderne sous l'influence du français (bas latin *populatio*, du latin classique *populus* « peuple »). Wartburg et Mackenzie (p. 173) datent de 1750 la reprise en français du sens moderne attesté chez Bacon en 1612. Le mot *population* s'est répandu en France au XVIIIᵉ siècle, sous l'influence de l'anglais.

POQUETTE → POCKET.

PORRIDGE [pɔRidʒ] *n. m.*

(1852) Bouillie de flocons d'avoine. — REM. : Absent des dict. de Littré et de l'Académie.

« un mélange d'*oatsmeal* ou porridge (farine d'avoine ou souffre) et de neige. »   J.-R. BELLOT, *Journal d'un voyage aux mers polaires*, 20 fév. 1852 [*in* D. D. L., 2ᵉ série, 6].

« On se lève dès cinq heures et demie ; mais vers sept heures, quel breakfast ! Porridge, canard froid, rognons d'am'raï, flan, fromage, le tout arrosé d'un thé excellent. »   A. GIDE, *Le Retour du Tchad*, 26 ou 27 fév. 1926, in *Journal* 1939-1949, p. 878.

✳ Mot anglais n. (1532, au sens ancien de « potage, soupe » ; v. 1643, en ce sens), altération de *pottage* (*podech*, XVIᵉ s. ; *podditch, -idge*) n. (1225) lui-même emprunté au français *potage*, dérivé de *pot* (bas latin *potus,* d'un radical préceltique *pott-* servant à désigner un récipient). En français, le mot *porridge* ne s'emploie que pour évoquer la couleur locale des pays anglo-saxons.

PORTABLE [pɔʀtabl] *adj.* et *n. m.*

1° (1939) Que l'on peut porter à la main. *Machine à écrire portable.* — Subst. et ellipt. *Une (caméra) portable. Un (téléviseur) portable.*

« Bartlett avait profité de ce délai pour écrire deux articles — en bras de chemise, sur la table de cuisine tachée de cercles multicolores, à égale distance des deux fenêtres qui envoyaient un peu d'air dans la chambre torride ; et il les recopiait sur sa Remington "portable". »
Jules ROMAINS, *Les Hommes de bonne volonté*, t. XX, p. 156 (□ 1943).

2° (1949) *N. m.* Appareil conçu pour être porté ou transporté.

« Au chariot monté sur rails de Murnau, L'Herbier — profitant d'une invention technique française — substitua le *portable*, appareil capable d'enregistrer même sans avoir un opérateur près de lui. »
G. SADOUL, *Le Cinéma des origines à nos jours*, p. 166 (□ 1949).

« Le nouveau portable Philips 31 cm, entièrement transistorisé, est d'une très grande sensibilité. Il a un tube extra-plat 110 degrés. »
Le Nouvel Observateur, 17 mars 1975, p. 108 (Publ.).

✳ Emprunt, répandu par la publicité américaine, de l'anglais *portable* adj. (v. 1400) et n. (1883), lui-même emprunté du français *portable* « facile à porter, à transporter ». En français moderne, c'est l'adj. *portatif, ive* dérivé savant de *porter,* qu'on doit employer pour qualifier un objet ou un instrument facile à porter avec soi ou sur soi. Néanmoins, il semble que *portatif* s'applique plutôt aux objets qui fonctionnent dans cette situation (radio, etc.).

PORTER [pɔʀtɛʀ] *n. m.*

(1726) Bière anglaise brune, très houblonnée, assez amère.
— REM. : Enregistré dans les dict. de Littré 1869 et de l'Académie 1878.

« Par le diable ! disait gaiement Bolton, je ne sais pourquoi il me vient à la pensée que dans Water-street il y a une jolie taverne où l'on ne s'accote pas trop mal entre un verre de gin et une bouteille de porter. » Jules VERNE, *Les Aventures du capitaine Hatteras*, p. 61 (□ 1864).

✳ Mot anglais n. (1743), forme abrégée de *porter's ale* (1727), *porter beer* (1730), littéralement « bière de portefaix », de *ale* ou *beer* « bière », et de *porter* n. « portefaix ». Ce dernier est emprunté (1382) à l'ancien français *port(e)our*, mod. *porteur* (bas latin *portator,* de *portare* « porter »). Le mot est attesté en français chez C. de Saussure, *Lettres et Voyages*, p. 163, 1726 [*in* Mackenzie, p. 163], mais il ne s'est répandu qu'au XIXᵉ siècle.

PORTLAND [pɔʀtlɑ̃d] *n. m.*

1° (1725) *Pierre de Portland*, pierre de la presqu'île de Portland (Dorsetshire), très recherchée pour la construction.

« Et ces maisons détachent soudain des façades pures, à l'antique,
d'un goût jamais théâtral. Les plus belles sont en pierre de Portland,
blanche, compacte, les autres en pierre de Bath, dorée et légère [...].
Je préfère la pierre de Portland à cause de la qualité incomparable de
ses blancs, comme des rehauts de gouache, de ses gris rouillés sous
l'averse, ou bleutés par les éclaircies, ou rose cuivre sous les couchers
de soleil. »   P. MORAND, *Londres*, p. 111 (□ 1933).

2° (1876 ; *ciment de Portland*, 1868) Ciment hydraulique très
résistant, fabriqué par la cuisson d'un mélange artificiel de
calcaire et d'argile. — REM. : Enregistré dans le Suppl. 1877 du
dict. de Littré ; absent des dict. de l'Académie.

« En 1824, un maçon du nom de Leeds prit un brevet pour la
fabrication d'un ciment qu'il appela *ciment de Portland*, à cause de sa
ressemblance avec la pierre grise de Portland employée à Londres. »
              P. LAROUSSE, *Grand Dict. universel*, art. *Chaux*, 1868.

« Les vagues furieuses ont détruit les rampes en maçonnerie,
cimentées au portland, qui défendent les escaliers et les abords des
maisons ».   *Journal officiel*, 16 mars 1876 [*in* Littré, Suppl. 1877].

✱ *Pierre de Portland* est une traduction de *Portland stone* (v. 1720),
de *stone* « pierre », et *Portland* nom de la presqu'île d'où l'on extrait
cette pierre très employée à Londres. Le Nouveau Larousse illustré
enregistre *portlandstone* n. m. en 1904. Mackenzie (p. 165) atteste
pierre de Portland dès 1725 (*in* C. de Saussure, *Lettres et Voyages*,
p. 87), mais le terme n'est guère usité en France, la chose n'y étant pas
répandue. En revanche, au sens 2°, le mot est entré dans l'usage
(*Portland cement* est attesté en anglais en 1858).

PORTO FLIP → FLIP.

POSITIONNEMENT [pozisjɔnmã] *n. m.*

1° (1964) *Techn.* Action de positionner* (une pièce, un objet).
*Positionnement des tables et fauteuils d'opérations médicales,
chirurgicales.*

2° (1973) *Publ.* Action de positionner* (un produit).

« Cette façon de promouvoir les produits en spécifiant qu'ils
s'adressent à une catégorie très précise de clientèle s'appelle le
positionnement. »   *Entreprise*, mars 1973, in *La Clé des mots*, déc. 1973.

3° (1972) *Techn.* Action de déterminer la position d'un navire,
d'un engin, d'une troupe, etc.

« La mise en place par l'U. S. Navy, sur orbite circulaire polaire, de
quatre satellites croisant à 1 000 km d'altitude, lui a permis, depuis près
de six ans, une nouvelle méthode de positionnement en haute mer. »
                              Science et Vie, n° 98, Marine 1972, p. 60.

✱ De *positionner*, d'après l'américain *positioning* (*in* Webster's Third
1966), gérondif substantivé de *to position* (→ **Positionner**). *Positionnement* a été vivement critiqué par l'Office du vocabulaire français, qui
propose de lui substituer le mot *réglage*.
  Le mot a toutefois été repris pour désigner une technique de
marketing ; il a aussi cours dans les milieux scientifiques. Il a acquis en
outre un sens typiquement français (*in* Petit Robert 1977) « action de
positionner un compte », comme terme de banque et de comptabilité.

POSITIONNER [pozisjɔne] *v. tr.*

1° (mil. XXe s.) *Techn.* Mettre (une pièce) dans une position
déterminée en vue d'un assemblage par soudure, d'une opération exécutée sur une machine-outil, de l'exécution d'un travail
de précision, ou de la mise en marche d'un appareil.

2° (1972) *Publ.* Promouvoir (un produit) en déterminant sa position par rapport à son marché, en précisant la catégorie de clientèle à laquelle il est destiné.

> « Tout est à bâtir : positionner les produits ; augmenter le marché, définir les stratégies, évaluer les canaux de distribution, structurer le réseau, l'animer... »   *Le Monde*, 12 oct. 1972, p. 27 (Publ.).

3° (1975) *Techn.* Déterminer la position géographique exacte de (un navire, un engin, une troupe).

✻ Au XIVe siècle, l'anglais a emprunté du français le substantif *position* (latin *positio* « action de mettre en place, situation, place »), et il en a fait le verbe *to position* (1817, « placer » ; 1881, « déterminer la position de »). Le français *positionner*, de *position*, a été créé comme terme de manutention (1963, G. L. F.), avec *positionneur*✻.

Sous l'influence des méthodes américaines de marketing, *positionner* et *positionnement* ont été retenus pour parler de la technique appelée en Amérique *positioning* ; de même les deux mots sont entrés dans l'usage des scientifiques comme francisation du *positioning* des techniciens de la N. A. S. A. L'emploi français, bancaire, a donné naissance à *positionneuse* (1963) et *positionniste*, respectivement machine comptable et technicien.

POSITIONNEUR [pozisjɔnœR] *n. m.*

(mil. XXe s.) *Techn.* Appareil qui sert à positionner✻ des pièces métalliques et à les maintenir dans la position souhaitée, au cours d'une opération de soudure. — Dispositif électro-pneumatique permettant de positionner✻ à distance un organe d'obturation ou de commande.

✻ De l'américain *positioner* n. (*in* Webster's Third 1966).

POSTED PRICE → POSTING.

1. POSTER [pɔste] *v. tr.*

(fin XIXe s.) Remettre (du courrier) à la poste ou le déposer dans une boîte aux lettres. *Poster son courrier.* — REM. : Absent du dict. de l'Académie 1935.

> « Le courrier acheminé par la voie des paquebots doit ÊTRE POSTÉ dès la veille à Paris. »   *Larousse mensuel illustré*, avril 1909.
>
> « Il avait posté à la gare les deux lettres, afin qu'elles n'arrivassent que le lendemain matin, quand il serait loin. Que de précautions mêlées à sa tendresse ! »   MONTHERLANT, *Le Démon du bien*, p. 161 (□ 1937).

✻ Adaptation de l'anglais *to post* (1837, en ce sens), de *post* n. lui-même emprunté du français *poste* « position » au XVIe siècle. À l'origine, le verbe était un terme de commerce inspiré de l'anglais ; on disait en français *mettre à la poste*. D'après A. Dauzat (*Le Guide du bon usage*, p. 40, Delagrave 1954) « C'est l'usage populaire qui a créé *poster une lettre*, bien plus élégant que "mettre à la poste" ». F. de Grand Combe qui y voit un emprunt de l'anglais défend néanmoins le mot.

> « Bien sûr, il est encore d'autres termes pour lesquels sont légitimes les emprunts qui, jamais rendus, enrichissent l'emprunteur sans appauvrir le prêteur. Ce sont ceux qui, dans le français, comblent une véritable lacune en remplaçant une périphrase gauche et lourde et dont l'aspect n'est pas choquant dans notre langue. De cette catégorie je ne donnerai qu'un exemple : "poster" une lettre. Qui pourrait lui préférer "jeter une lettre à la boîte" (quelle boîte ?). »
> *De l'anglomanie en français*, juil. 1954, p. 188.

✻ On peut noter l'existence de *maller*, au même sens en français du Canada, construit sur *malle* n. f. d'après l'américain *to mail* « poster », lui-même issu du français. *Maller* a été maintes fois signalé comme anglicisme par les Canadiens.

2. **POSTER** [pɔstɛʀ] *n. m.*

(1967) Affiche non publicitaire, destinée à la décoration.

« Le *poster* présente tout l'éventail des dieux et des mythes modernes : cosmonautes, athlètes, idoles de la chanson, philosophes d'avant-garde comme Marcuse, chefs d'État comme Mao Tsé-toung, Hô Chi Minh, etc. Le plus souvent il cherche moins à frapper par le sujet représenté que par un certain style, qui peut être celui de la Belle Époque, de l'expressionnisme allemand, du surréalisme, du pop'art : esthétiques parfois plus ou moins caricaturées, parodiées et dont le mauvais goût volontaire doit être regardé comme un effort vers l'anti-art, homologue de l'alittérature. »   J. RIVERAIN, in *Vie et Langage*, nov. 1969.

« Des posters [...] créés spécialement et signés par de grands peintres contemporains sont déjà en vente. »   *L'Express*, 14 août 1972, p. 68.

✷ Acception américaine (*in* Webster's Second 1934) de l'anglais *poster* n. (*in* Dickens, 1838) « affiche administrative ou publicitaire », de *to post* (1650) « afficher (dans un lieu public) ». Le poster a connu une grande vogue en France vers 1967 (*Paris-Match*, 20 janv. 1967) ; mais le mot est contesté :

« La vague du poster gagne la France. "Poster" (prononcer pausteur) est le mot anglais pour affiche. Mais il sonne mieux, il est plus "in", plus commercial. Il a déjà ses dérivés : postérophile (collectionneur), postériste (créateur) et la postermanie (manie de collectionner les posters) est en train de succéder à la copocléphilie [...]. »   G. ASARIA, in *Paris-Match*, 16 nov. 1967
[in *La Banque des mots*, nº 2, 1971, p. 228].

✷ *La Banque des mots* atteste la forme graphique francisée de *postère* (*L'Express*, 1ᵉʳ sept. 1969 et 8 sept. 1969), qui malencontreusement rappelle l'argot *postère* « cul ». J. Cellard a proposé la forme *posteur* (in *Le Monde*, 29 déc. 1971, p. 7), qui risquerait toutefois d'introduire une confusion entre l'anglais *post* et le français *poste* n. m. ou *poste* n. f.

La vie de cet emprunt est confirmée par l'existence de dérivés : *postériser* (1968), v. tr., « représenter (quelqu'un ou quelque chose) sur un poster » et *postérisation* n. f.

« Chaque mois, de nouveaux modèles [de jeans] apparaissent : ils sont tricolores, en pattes d'éléphant, brodés de chameaux Camel ou de drapeaux américains, postérisés par Kennedy ou le "Che". »
Le Nouvel Observateur, 3 sept. 1973, p. 55.

« Comment ? En misant non pas sur la postérité, mais la postérisation. En effet dans tous ces nouveaux journaux, le poster croît et multiplie. Se plie et se déplie. »
L'Express, 9 mars 1973, p. 107.

POSTING [pɔstiŋ] *n. m.*

(v. 1960) *Techn.* Publication par affichage des prix du pétrole brut et des produits finis sur les marchés du pétrole.

✷ Acception spécialisée d'origine américaine de l'anglais *posting* n. (1656) « affichage », de *to post* « afficher » (pour l'étymologie → **2. Poster**). Le *Journal officiel* du 18 janv. 1973 porte la recommandation d'utiliser obligatoirement en ce sens le mot *affichage* n. m., de même que *prix affiché* n. m. pour désigner les prix figurant sur les cotations publiées (en anglais, *posted price*).

POST-TESTING → TESTING.

POTASSIUM [pɔtasjɔm] *n. m.*

(1808) Métal alcalin (*symb.* K), extrait de la potasse, mou, blanc d'argent, très réactif et très oxydable. — REM. : Enregistré dans les dict. de l'Académie 1835 et de Littré 1869.

« Je me suis hasardé à nommer ces deux substances nouvelles par les noms de potassium et de sodium. »
H. DAVY, in *Annales de Chimie*, 31 déc. 1808 [*in* Bloch et Wartburg].

« — Erreur, répondit mon oncle ; la terre a été échauffée par la combustion de sa surface, non autrement. Sa surface était composée d'une grande quantité de métaux, tels que le potassium, le sodium, qui ont la propriété de s'enflammer au seul contact de l'air et de l'eau [...]. »
Jules VERNE, *Voyage au centre de la terre*, p. 50 (□ 1864).

✱ Mot créé en anglais par le chimiste H. Davy en 1807, sur le modèle
de *magnesia* → *magnesium, soda* → *sodium,* à partir de *potash* n.
(XIIIᵉ s.). Ce mot vient du néerlandais *potashen* (mod. *potasch*),
littéralement « centre de pot », de *pot* « marmite », et de *asch* « cendre »,
ou de *potass* n. (1799), lui-même emprunté du français *potasse* n. f. de
même origine néerlandaise. *Potassium* a produit en français le dérivé
potassique adj. (1831, Berzelius, *Traité de chimie,* III, p. 422). « Qui
contient du potassium ou de la potasse » ; le correspondant anglais
potassic n'est attesté qu'en 1858.

POTENTIALISER [pɔtɑ̃sjalize] *v. tr.*

(mil. XXᵉ s.) *Pharm.* et *méd.* Déterminer une action plus
forte, une potentialisation✱.

« Bien qu'elle soit un processus de défense, la réaction d'alarme est
parfois plus dangereuse pour l'organisme que l'agression elle-même : le
processus de défense dépasse son but (maladies auto-entretenues). La
technique d'hibernation artificielle proposée par Laborit a pour but de
bloquer l'ensemble des réponses à l'agression, grâce à l'hypothermie
provoquée et en particulier à un "cocktail réfrigérant" composé de
médicaments qui ont une prégnance particulière sur les centres nerveux,
l'un d'eux étant une phénothiazine qui potentialise l'action des barbitu-
riques : la chlorpromazine. »
    J. DELAY, *Introduction à la médecine psychosomatique,* p. 69 (□ 1961).

— PRONOM. *Fig.*

« Je suis, a poursuivi [le ministre de l'agriculture], pour le soutien de
l'exploitation familiale, non pour qu'elle reste petite, mais pour qu'elle
se développe et se *"potentialise".* »   *Le Figaro,* 9 nov. 1966 [*in* Gilbert].

✱ De l'anglais *to potentialize* v. (1856) « rendre puissant », spécialt en
parlant de l'énergie, de *potential* adj. lui-même emprunté de l'ancien
français *potencial* au XIVᵉ siècle ou directement du latin médiéval
potentialis, du latin classique *potentia* « puissance ». *Potentialisation*
(mil. XXᵉ s.) est un calque de l'anglais *potentialisation* (1865).

POTER → 2. PUTTER.

POTEUR → 1. PUTTER.

POTLATCH [pɔtlatʃ] *n. m.*

(XXᵉ s.) *Ethnol.* Échange ou destruction de richesses de
caractère rituel, constituant un défi au donataire de faire à son
tour le contre-don équivalent.

« Le grand mariage (aristocratique ou bourgeois) répond à la fonction
ancestrale et exotique de la noce : il est à la fois potlatch entre les deux
familles et spectacle de ce potlatch aux yeux de la foule qui entoure la
consommation des richesses. » R. BARTHES, *Mythologies,* p. 49 (□ 1954-1956).

« on va chercher les paquets accumulés derrière un canapé, on fait
sauter les ficelles dorées, on dénoue les rubans, on déplie les papiers
aux couleurs brillantes, imprimés d'étoiles et de sapins, en se guettant
les uns les autres du coin de l'œil, pour savoir qui gagne à ce potlach. »
    S. de BEAUVOIR, *Les Belles Images,* p. 204 (□ 1966).

✱ Mot anglais d'origine américaine n. (v. 1861) emprunté aux langues
indiennes d'Amérique. Le chinook *patshatl* « don » est une variante du
nootka, *potlatsh* ou *patlatsh* n. « don (de rivalité ou de provocation) », v.
« donner ».

« Initialement le mot se référait à une institution propre aux Indiens de la côte
Nord-Ouest des États-Unis (ethnies kwakiutl, tlingit, tsimshian, etc.), puis l'universalité de cette pratique ou de pratiques semblables ayant été reconnue dans le
reste du monde, il est de plus en plus utilisé par les ethnologues comme terme
générique appliqué à un certain type de comportement à l'égard des richesses. »
            M. PANOFF et M. PERRIN, *Dict. de l'ethnologie,* art. *Potlach,* Payot, 1973.

POTTO [pɔto] *n. m.*

(1900) *Zool.* Mammifère primate du sous-ordre des lémuriens (loris, mycticebus, per dictus et arctocebus). — *Spécialt.* Lémurien de l'Afrique de l'Ouest *(Perodictus potto)* à pelage gris rougeâtre et à queue et index atrophiés. — REM. : Absent du dict. de l'Académie 1935.

« Les pottos sont des lémuriens dont la taille est un peu inférieure à celle d'un chat. Cet animal se distingue par son beau pelage gris-brun, ses yeux de grosseur moyenne pourvus d'une pupille ronde, ses oreilles courtes et nues, sa tête ronde à museau pointu, son corps svelte, ses membres d'égale longueur et sa queue toujours rudimentaire et terminée en pinceau. Les mains sont assez grandes, mais l'index atrophié est réduit à un petit tubercule. Aux membres postérieurs, l'index est garni d'un ongle transformé en griffe. »
G. REGELSPERGER, *Animaux rares du Congo belge*, in *La Science illustrée*, 1ᵉʳ sem. 1902, p. 330.

✱ Mot anglais n. (1705) qu'on croit emprunté d'une langue africaine de Guinée (d'après M. de la Kethulle, cité par Regelsperger, les indigènes de l'ex-Congo belge appellent l'animal *ekatokato ;* d'après M. Anderson, citée ci-dessus, *potto* serait une adoption du twi, langue de la Côte-de-l'Or). Dans la Grande Encyclopédie Berthelot 1900, *potto* fait l'objet d'un renvoi à *loris.* Notons que Buffon, en 1766, signale le nom indigène de *poto* pour le kinkajou de la Jamaïque, que l'anglais appelle également *potto* (1790, en ce sens).

POUDING → PUDDING.

POUDINGUE [pudɛ̃g] *n. m.*

(1753) *Géol.* Roche détritique formée par un conglomérat de cailloux ou de galets plus ou moins arrondis et liés entre eux par un ciment naturel. — REM. : Enregistré dans les dict. de l'Académie 1798 et de Littré 1869.

« On a recours ordinairement au déluge universel pour expliquer l'arrondissement des petits cailloux dont les *poudingues* font des amas ; ce qu'il y a de certain, c'est que leur rondeur annonce qu'ils ont dû avoir été roulés avant que d'être collés et réunis. »
Encycl. Diderot, art. *Poudingue* ou *Pudding-stone*, 1765.

✱ Forme elliptique francisée de l'anglais *pudding-stone* n. (1753, *in* Chambers), composé de *pudding* et de *stone* « pierre, roche ». *Poudingue* est attesté comme terme de géologie dès 1753 (Guettard, *in Mémoires de l'Académie des sciences*, p. 153), mais en 1765, à l'entrée *Poudingue,* l'Encycl. Diderot rappelle encore l'anglais *pudding-stone,* aujourd'hui sorti de la mémoire linguistique française. Noter que l'anglais *pudding** est passé en français comme terme de cuisine, d'abord avec la prononciation francisée de [pudɛ̃g], et de nos jours [pudiɲ].

POUFFER → PUFFER.

POULE → POOL.

POUND [pawnd] *n. m.*

1° (1765) *Rare.* Unité fondamentale de mesure de masse (*symb.* lb) dans le système anglo-saxon, valant 453,59 g ou 16 onces* anglaises, dans le système avoirdupois* → **Livre, 2°.** — REM. : Absent des dict. de l'Académie et de Littré. — Le G. L. E. 1963, et le G. L. L. E. 1973 enregistrent ce mot comme étant un nom féminin.

« Le *pound aver-du-pois* d'Angleterre, pris d'après l'étalon qu'on garde à l'échiquier, est d'environ 7 000 grains troy, et l'once est d'environ

437 $^1/_2$ grains ; mais il faut observer qu'on garde à l'échiquier divers étalons qui diffèrent un peu les uns des autres.

Le *pound* d'Ecosse se divise en deux marcs ou 16 onces, l'once en 16 gros, et le gros en 36 grains. Le *pound* d'Ecosse, de Paris ou d'Amsterdam, est au *pound-aver-du-pois* d'Angleterre, comme 38 et à 35. Le *pound-troy* d'Ecosse est estimé communément égal à 15 onces 3/4 du poids de troy d'Angleterre, c'est-à-dire égal à 7 560 grains ; mais suivant les étalons qu'on garde à Édimbourg, le poids de troy d'Ecosse pèse 7 599 2/32 ou 7 600 grains. »

> Chevalier de JAUCOURT, art. *Pound aver-du-pois (Poids anglais)*,
> *Encycl. Diderot* 1765.

2° (1786) *Rare* et *Vx.*→ **Livre sterling** (*symb.* £).

✱ Mot anglais n. (805-831, comme mesure de masse ; 975, comme ancienne monnaie de compte équivalant à l'origine au poids d'une livre d'argent), vieil anglais *pund* (plur. *pund*), d'origine germanique (*pundo* « poids », du latin *pondo*, forme abrégée de *libra pondo*, rattaché à *ponder-*, *pondus* « poids », et à *pondere* « peser »). Mot de très basse fréquence en français. Au premier sens, on dit *livre anglaise* ou *livre* ; au second, *livre sterling* ou *livre* (en ce second sens, Bonnaffé a relevé *pound* en français en 1786).

PRAGMATICISME [pʀagmatisism] *n. m.*

(1907) *Philo.* Doctrine selon laquelle l'idée que nous avons d'un phénomène, d'un objet, n'est que la somme de tous les effets imaginables pouvant avoir une valeur pratique quelconque, que nous lui attribuons. *Le pragmaticisme de Ch. S. Peirce* (opposé à *pragmatisme**). — REM. : Absent du dict. de l'Académie 1935.

✱ *Pragmaticism* n., terme créé en 1905 par le philosophe américain Charles S. Peirce (1839-1914), pour distinguer sa propre doctrine des courants de pensée se réclamant du pragmatisme, notamment du pragmatisme de W. James. Peirce avait d'abord songé au mot *pragmatism* qu'il employait dans ses cours et dont il a fait le titre de son article dans le *Dict. of Philosophy and Psychology*, de J. M. Baldwin, 1902, pour désigner son propre système. Le trouvant déjà trop galvaudé en 1905, il forgea une nouvelle dénomination.

PRAGMATIQUE → PRAGMATISTE.

PRAGMATISME [pʀagmatism] *n. m.*

(1907) *Philo.* Doctrine de Charles S. Peirce → **Pragmaticisme.** — Doctrine selon laquelle le critère de la vérité se définit par la valeur pratique ou l'utilité d'une proposition. *Le pragmatisme de W. James.* — REM. : Enregistré dans le dict. de l'Académie 1935.

> « La structure de notre esprit est donc en grande partie notre œuvre, ou tout au moins l'œuvre de quelques-uns d'entre nous. Là est, ce me semble, la thèse la plus importante du pragmatisme, encore qu'elle n'ait pas été explicitement dégagée. C'est par là que le pragmatisme continue le kantisme. Kant avait dit que la vérité dépend de la structure générale de l'esprit humain. Le pragmatisme ajoute, ou tout au moins implique, que la structure de l'esprit humain est l'effet de la libre initiative d'un certain nombre d'esprits individuels. »

> H. BERGSON, *Sur le pragmatisme de William James.*
> *Vérité et réalité*, 1911, in *La Pensée et le Mouvant*, p. 249.

> « Je proteste énergiquement [...] contre le pragmatisme des Anglo-Saxons, dont je n'admets aucunement l'anti-intellectualisme et l'empirisme immanentiste ; et lorsque j'ai employé ce terme, c'était en un sens tout différent. »

> M. BLONDEL, *in* A. LALANDE, *Vocabulaire technique et critique de la philosophie*, p. 803 (☐ 1951).

✱ Le terme *pragmatisme*, de l'allemand *Pragmatismus* « sorte de positivisme historique », de l'adjectif grec *pragmatikos* « qui concerne l'action », de *pragma* « action », est attesté dans le premier supplément du Larousse, dès 1878. D'autre part, Maurice Blondel avait lui-même pensé au même mot, sans toutefois le retenir, pour désigner la doctrine exposée dans *l'Action*, 1893.

Au sens actuel, le terme *pragmatisme*, enregistré dans le Suppl. 1907 du Nouveau Larousse illustré, désigne le courant philosophique issu de William James (1842-1910). Mais le mot lui-même, *pragmatism*, emprunté de l'allemand *Pragmatismus*, a été introduit par James en 1898 *(Philosophical Conception and Practical Results)* pour désigner la doctrine du philosophe américain Charles S. Peirce (1839-1914), à laquelle ce dernier a plus tard donné le nom de *pragmaticism* pour le distinguer du système de James. Peirce emploie le terme à propos de sa propre doctrine (dans ses cours, et dans le *Dict. of Philosophy and Psychology,* de J. M. Baldwin, 1902) jusqu'en 1905. En français, *pragmatisme* peut signifier « pragmatisme » ou « pragmaticisme ».

PRAGMATISTE [pʀagmatist] *n.* et *adj.*

1° *n.* (1909) Représentant, partisan du pragmatisme* philosophique. — REM. : Enregistré dans le dict. de l'Académie 1935.

« Les pragmatistes réclament [...] comme leur le métaphysicien Bergson, dont certaines idées essentielles vont en effet dans leur direction, et même le mathématicien Poincaré, dont la conception de la vérité et de la valeur de la science nous semble très opposée à la leur. »
Larousse mensuel, janv. 1909, p. 392.

— PAR ANAL. (1928) Personne qui recherche l'utilité, l'efficacité.

« — "D'ailleurs", fit-il, sur le ton d'un aparté, "on ne m'ôtera pas de l'idée que la plupart des catholiques intelligents, et notamment beaucoup de prêtres cultivés, sont plus ou moins pragmatistes sans le savoir". »
MARTIN DU GARD, *Les Thibault,* t. IV, p. 310 (□ 1928).

2° *Adj.* (1911) Relatif au pragmatisme*. *Doctrine, philosophie pragmatiste.* — REM. : En ce sens, le Robert 1962 signale aussi l'emploi de l'adj. *pragmatique.*

« On pourrait, ce me semble, résumer tout l'essentiel de la conception pragmatiste de la vérité dans une formule telle que celle-ci : *tandis que pour les autres doctrines une vérité nouvelle est une découverte, pour le pragmatisme c'est une invention.* »
H. BERGSON, *Sur le pragmatisme de William James.*
Vérité et réalité, 1911, in *La Pensée et le Mouvant,* p. 247.

— PAR ANAL. Qui a les caractères du pragmatisme. *Pensée, attitude pragmatiste.*

« le conflit était ouvert entre l'idéologie à ras de terre du partisan de "la Chine seule" et le gestionnaire pragmatiste, décidé à l'ouverture la plus hardie au monde extérieur. »
J. LACOUTURE, in *Le Nouvel Observateur,* 7 août 1972, p. 22.

✱ Anglais *pragmatist* n. (1903, en ce sens ; « personne active, officieuse », « éminence grise » au XVIIᵉ s.), de *pragmatism,* terme de philosophie. (L'adj. *pragmatistic* est attesté chez W. James en 1907.)

PRATIQUEMENT [pʀatikmɑ̃] *adv.*

(mil. XXᵉ s.) Presque, quasiment, virtuellement. *Cet ouvrage est pratiquement introuvable.*

« Certains ensembles électroniques atteignent des vitesses d'exécution de 40 000 opérations par seconde, avec une capacité de mémoire pratiquement infinie grâce aux bandes magnétiques, mais une émulation toute sportive règne parmi les techniciens afin d'augmenter la vitesse d'exécution et diminuer l'encombrement des mémoires. »
Sciences, sept.-oct. 1959, p. 16.

✳ Sens nouveau de l'adv. français, d'après une valeur américaine de *practically*, elle-même très récente (Webster's Third 1966). L'anglais *practically* adv. (1623), de *pratic* adj. (xive s.) lui-même emprunté du vieux français *practique* (variante de *pratique*), a les mêmes sens que le français *pratiquement*.

> « Sous l'influence de l'anglais *practically*, beaucoup de Français emploient *pratiquement* au sens de "presque, à peu près". Ainsi, lors de l'ascension de l'Everest, nos journaux ont écrit : "Hillary et le sherpa *sont pratiquement arrivés ensemble au sommet*". »   Le Bidois, *Les Mots trompeurs*, p. 276 (□ 1970).

PRÉALABLE (QUESTION) [kɛstjɔ̃pʀealabl]

(1789) *Question préalable*, dans les assemblées délibérantes, Motion préliminaire pour savoir si on délibérera sur la chose proposée. *Cette proposition fut écartée par la question préalable.* — REM. : Signalé dans le dict. de l'Académie 1798 et dans le dict. de Littré 1869.

> « La "question préalable", y a-t-il ou n'y a-t-il pas lieu à délibérer quant à présent, ayant été invoquée, la négative est admise. »
> Séance, mercredi 26 août 1789, in Buchez et Roux, *Histoire parlementaire de la Révolution française ou Journal des Assemblées nationales* [*in* Brunot, t. IX, 2, p. 777].

> « On cite, on demande, on ajourne la *question préalable*. On entend par cette expression une question à ajouter, à discuter préalablement ou avant la motion ou l'amendement qu'on vient de proposer pour en prouver l'utilité ou les écarter comme inconstitutionnels : c'est une ruse d'aristogustins qui commence à être usée. »
> Mr de L'épithète, *Dictionnaire national et anecdotique*, 1790 [*in* D. D. L., 2e série, 11].

✳ Calque du terme parlementaire anglais *previous question,* qui a pu entrer dans le vocabulaire de la Révolution avec le mot *motion*✳. Mirabeau emploie *question préalable* dans un discours du 9 sept. 1789 (*in* Brunot, t. IX, 2, p. 776), mais aussi *question préliminaire*. L'anglais *previous question,* de *previous* « préalable », lui-même emprunté du français au xiiie siècle, est attesté dès 1700-1715, dans le vocabulaire parlementaire britannique.

PRÉCÉDENT [pʀesedɑ̃] *n. m.*

1° (1824 ; comme mot anglais, 1771) Fait antérieur qui a acquis force de jurisprudence ou qui pourra servir à justifier une décision. *L'autorité des précédents. Précédent juridique. Invoquer un précédent.* — REM. : Enregistré dans les dict. de l'Académie 1835 et de Littré 1869.

> « Pétion, insouciant, indolent de sa nature, était infiniment peu propre à ce travail d'inquisition sur les personnes, à l'examen minutieux des biographies, des précédents, des tendances, des intérêts de chacun. Le seul Robespierre était apte à cela, et avec lui peut-être un autre membre de ce comité épurateur, Royer, évêque de l'Ain. »
> J. Michelet, *Histoire de la Révolution française*, t. I, p. 721 (□ 1849).

2° (1830) *Par ext.* Fait antérieur qui pourra servir d'exemple ou de règle de conduite dans un cas analogue. *Créer un précédent. Un dangereux précédent.*

> « Pourtant, celui-ci [un interviewer], je ne sais trop pourquoi, avait trouvé grâce à mes yeux. Je l'avais accueilli deux fois. Il y avait de cela fort longtemps ; mais cela créait un précédent dont il s'autorise pour s'introduire, tant il savait qu'une première concession nous oblige. »
> A. Gide, *Attendu que...*, 11 nov. 1941, p. 31, Charlot, 1943.

— (1869) *Sans précédent*, dont il n'existe pas d'exemple antérieur ; exceptionnel, inouï. *Prospérité sans précédent.* — REM. : Enregistré dans le dict. de Littré 1869.

« Toute maladie [...] se présente comme un cas premier, sans précédent identique ; comme un cas *exceptionnel*, pour lequel une thérapeutique nouvelle est toujours à inventer. »

MARTIN du GARD, *Les Thibault*, t. IX, p. 239 (□ 1940).

✳ Anglais *precedent* n. (1433 ; 1869, comme terme de droit), substantivation de l'adj. *precedent* (lui-même emprunté au français *précédent* adj. au XVᵉ siècle) remplacé de nos jours par *preceding* adj. (1494). Le substantif *précédent* est d'abord attesté comme mot anglais chez Jean-Louis de Lolme (*Constitution de l'Angleterre*, 1771) ; puis il entre en 1824 dans le dict. de Raymond.

« Au moment où je mets cet ouvrage .au jour, le mot *précédent* est devenu substantif dans la langue ministérielle et parlementaire, pour exprimer, je crois, une chose faite qui a acquis force de jurisprudence... Il faut espérer que ce détestable argot n'entrera pas dans le dictionnaire. »

Ch. NODIER, *Examen critique des dictionnaires de la langue française* (□ 1828).

PREMIER [pʀəmje] *n. m.*

(1923) Premier ministre de Grande-Bretagne. — REM. : Signalé dans le dict. de l'Académie 1935.

« Six mille Africains agitant des drapeaux britanniques avaient salué M. Harold Wilson lors de son arrivée à Salisbury. Le Premier les a durement détrompés. »   *Le Figaro*, 17 nov. 1965 [*in* Hanon].

« Le moment est venu de procéder à un choix : ou bien le renforcement [de la communauté européenne] ou bien la fin, c'est-à-dire la dissolution dans un ensemble atlantique sous obédience américaine. C'est ce qu'il [M. Pompidou] répétera en tête à tête au Premier britannique, en faisant connaître son refus de la seconde éventualité. »

R. TOURNOUX, in *Paris-Match*, 12 fév. 1972, p. 36.

✳ L'anglais a emprunté, du français *premier ministre*, l'expression *premier minister* ou *minister premier* au XVIIᵉ siècle (1686), et l'a abrégée sous la forme *Premier* dès 1726. C'est cette forme raccourcie que le français a reprise au XXᵉ siècle (*in* Larousse 1923), avec la prononciation française, pour parler du premier ministre de la Grande-Bretagne (aussi appelé en anglais *Prime Minister*).

PREPRINT [pʀepʀint] *n. m.*

(av. 1960) Exemplaire en bonnes feuilles d'un ouvrage ou texte imprimé d'une communication, d'un article, distribué avant sa présentation officielle.

✳ Mot anglais n. (1889), de *pre-* « devant » marquant l'antériorité, et *print* « imprimé ». Le Comité d'études des termes techniques français a proposé de traduire ce terme par *prétirage* :

« Des expressions telles que "bonnes feuilles" ou "tiré à part" sont déjà utilisées en matière d'édition avec un sens différent de preprint. Certaines maisons d'édition utilisent depuis longtemps "prétirage". »   *Sciences*, nov.-déc. 1960, p. 85.

PRÉRAPHAÉLIQUE [pʀeʀafaelik] *adj.*

(1882) Qui évoque la peinture des prédécesseurs de Raphaël ou la manière des préraphaélites*. — REM. : Absent des dict. de l'Académie.

« Exposition de Bastien-Lepage : de la peinture préraphaélique appliquée sur des motifs et des compositions de Millet. »

E. et J. de GONCOURT, *Journal*, 28 mars 1885, t. VII, p. 24.

✳ De *préraphaé[lite]*, d'après l'anglais *pre-Raphaelitic* (orthographié également *preraphaelitic*, *praeraphaelitic*), adj. (1877). Mackenzie (p. 246) relève *préraphaélique* dans le *Journal* des Goncourt, au 23 décembre 1882.

PRÉRAPHAÉLISME [pʀeʀafaelism] *n. m.*

(1861 ; *préraphaélitisme*, 1858) Doctrine esthétique et manière des peintres préraphaélites*. — REM. : Enregistré dans le Suppl. 1877 du dict. de Littré ; absent des dict. de l'Académie.

« M. James Tissot, quoiqu'il n'ait d'anglais que le prénom, tente d'importer en France ce préraphaélitisme anglais, et l'accueil fait à ses quatre scènes de Faust n'est pas décourageant. »
W. BÜRGER [Th. THORÉ], *Salons de 1861 à 1868* [*in* Littré, Suppl. 1877].

✱ Emprunt à l'anglais *pre-Raphaelism* écrit aussi *preraphaelism, praeraphaelism,* n. (1853) attesté chez W.-M. Rossetti, précédé en 1851 par *pre-raphaelitism* (Titre d'un ouvrage de Ruskin), *preraphaelitism, praeraphaelitism.*

PRÉRAPHAÉLITE [pʀeʀafaelit] *n. m.* et *adj.*

1° *N. m.* (1855) Se dit des peintres anglais qui s'attachèrent à l'étude et à l'imitation des peintres italiens antérieurs à Raphaël.
— REM. : Enregistré dans le Suppl. 1877 du dict. de Littré ; absent des dict. de l'Académie.

« Les Anglais ont leurs préraphaélites, qui forment groupe à part dans l'école indigène. »
W. BÜRGER [Th. THORÉ], *Salons de 1861 à 1868* [*in* Littré, Suppl. 1877].

« Je ne sais gré à Whistler de son aversion pour les préraphaélites. Leur chef, Dante Gabriel Rossetti vivait au n° 16 de Cheyne Walk. Il y exerça une profonde influence littéraire sur les peintres et une non moins profonde influence esthétique sur les littérateurs. Nouveau Walter Scott, il inventa un second faux Moyen Âge, non plus gothique, cette fois, mais siennois, toscan, florentin. »   P. MORAND, *Londres,* p. 156 (□ 1933).

2° *Adj.* (1861) Qui appartient à l'art et à la manière de ces peintres. *Motifs, sujets préraphaélites.* — (début XXᵉ s.) *Par ext.*
→ **Préraphaélique.**

« A Chelsea, les dames faisaient leur marché en robes préraphaélites, style Ghirlandajo (sans corset, ce qui scandalisait) [...]. »
P. MORAND, *Londres,* p. 50 (□ 1933).

✱ Anglais *pre-Raphaelite, preraphaelite* n. et adj., mot créé en 1848 par le peintre D. G. Rossetti, à partir du nom de *Raphael,* et du préfixe *pre-* « avant, antérieur », pour désigner l'école qu'il avait fondée avec Holman-Hunt et Millais (*Pre-Raphaelite Brotherhood,* Fraternité préraphaélite, ou P. R. B.). Les préraphaélites se sont fait connaître en France lors de l'Exposition universelle de 1855 (Th. Gautier, *Les Beaux-Arts en Europe,* 1856, *in* Mackenzie, p. 225).

PRESBYTÉRIANISME [pʀɛsbiteʀjanism] *n. m.*

(1704) Église réformée, directement issue de la doctrine de Calvin, préconisant un système ecclésiastique dans lequel un corps mixte (pasteurs et laïques) appelé *presbyterium* assure le gouvernement de l'Église. — REM. : Enregistré dans les dict. de l'Académie 1762 et de Littré 1869.

« La religion anglicane ne règne qu'en Angleterre et en Irlande. Le presbytérianisme est la religion dominante en Écosse. Ce presbytérianisme n'est autre chose que le Calvinisme pur, tel qu'il avait été établi en France et qu'il subsiste à Genève. Comme les prêtres de cette secte ne reçoivent de leurs églises que des gages très médiocres, et que par conséquent ils ne peuvent vivre dans le même luxe que les évêques, ils ont pris le parti naturel de crier contre les honneurs où ils ne peuvent atteindre. »   VOLTAIRE, *Lettres philosophiques,* VI,
Sur les presbytériens, t. XXVI, p. 30 (□ 1734).

✱ Francisation de l'anglais *presbyterianism* n. (1644), de *presbyterian* (→ **Presbytérien**). Mackenzie (p. 159) atteste *presbytérianisme* dans Clarendon (1704) et dans C. de Saussure (*Lettres,* p. 329, 1729).

PRESBYTÉRIEN, IENNE [pʀɛsbiteʀjɛ̃, jɛn] *n.*

(1649) Protestant adepte du presbytérianisme* (→ **Non-conformiste**). — REM. : Enregistré dans les dict. de l'Académie 1718 et de Littré 1869.

« Là [la Bourse de Londres] le juif, le mahométan, et le chrétien, traitent l'un avec l'autre comme s'ils étaient de la même religion, et ne donnent le nom d'infidèles qu'à ceux qui font banqueroute ; là le presbytérien se fie à l'anabaptiste, et l'anglican reçoit la promesse du quaker. » VOLTAIRE, *Lettres philosophiques*, VI, Sur les presbytériens, t. XXVI, p. 32 (□ 1734).

— ADJ. (av. 1782) Qui a rapport ou appartient au presbytérianisme, aux presbytériens.

« La constitution ecclésiastique de Genève est purement presbytérienne [...]. » D'ALEMBERT, *Description abrégée du gouvernement de Genève*, in *Œuvres complètes*, t. IV, pp. 419-420.

✱ Francisation de l'anglais *Presbyterian* adj. et n. (1641), latin ecclésiastique *presbyterium* (qui a donné le français *presbytère*), radical *presbyter*, « prêtre ». Enregistré dans le dict. de l'Académie 1718, *presbytérien* est attesté dès 1649, dans la *Remontrance des ministres de la province de Londres adressée par eux au général Fairfax* [...], trad. en français [...] par Samuel Gellibrand et Raphaël Smith, p. 3 et p. 16 (*in* Mackenzie).

PRESS-BOOK [pʀɛsbuk] *n. m.*

(v. 1960) Sorte de gros cahier à volets transparents pour présenter des documents, surtout des photos d'art, de mode, etc. *Des press-books.*

« la moins importante des affaires frauduleuses découvertes depuis 1970, dans le domaine des "press-books", totalise soixante-quinze victimes connues. [...] Les plaignants se bornent à réclamer le remboursement du droit d'inscription et la restitution des photographies confiées au "press-book". [...] dans l'un des "press-books" saisis récemment par les policiers parisiens figurait l'effigie d'une jeune femme singulièrement maltraitée par la nature, et à qui manquaient, dernière disgrâce, deux incisives. » J. BENOIT, in *Le Monde*, 26 fév. 1972, p. 18.

« J'ai voulu me rendre aux champs et suis allé dîner, rue de Dantzig, dans le très connu "Restaurant du marché", dont le PRESS-BOOK à l'usage des nouveaux venus consacre et la perfection et la destination spécifique : promouvoir la terre humiliée à la supériorité gourmande. » *Le Nouvel Observateur*, 16 juil. 1973, p. 40.

✱ Mot anglais n. (1930), littéralement « livre de presse », composé de *book* « livre », et de *press* n. lui-même emprunté soit au français *presse* soit directement au latin *pressare* « presser, serrer ». *Press-book* est un terme d'imprimerie désignant un ouvrage publié par un *« private editor »*, c'est-à-dire une imprimerie dirigée par un artiste du livre ou par un spécialiste des éditions soignées ou rares. Le sens rencontré dans la publicité française, notamment dans le domaine du spectacle, se rattache à l'interprétation littérale du mot « livre de presse », les documents étant généralement présentés à la presse pour être vendus ou comme curriculum vitæ pour d'autres travaux, etc. Ce sens n'est pas attesté dans les dict. d'anglais ou d'américain.

PRESSE-BOUTON [pʀɛsbutɔ̃] *adj. invar.*

1° (1954) Fig. *Guerre presse-bouton*, guerre menée au moyen des appareils de précision les plus perfectionnés, par simple manœuvre de commandes s'effectuant en appuyant sur un bouton.

2° (1963, *in* Gilbert) Qui est entièrement automatique ; dont les opérations sont commandées par des dispositifs automatiques. *Cuisine presse-bouton.*

« L'approche automatique d'aujourd'hui, l'atterrissage entièrement "presse-bouton" de demain. »   *Science et Vie*, n° 593, 1967, p. 96.

✳ Adaptation française de l'américain *push-button* adj. (Webster's Second 1934), d'abord substantif (1878), au sens de « bouton-poussoir ; de *to push* « pousser, appuyer, presser », et *button* « bouton ». *Presse-bouton* a été formé en français pour traduire l'expression américaine de *push-button war* (attesté en 1948) « guerre presse-bouton » ; la var. *press-button* existait d'ailleurs en américain. L'équivalence *guerre éclair*, préférée par les puristes, n'évoque nullement l'abstraction froide de la mort technologique. On trouve *pousse-bouton* en 1954 (*Larousse mensuel*, n° 473, p. 392).

PRESSING [pʀɛsiŋ] n. m.

1° (av. 1935) Teinturerie. (En appos.) *Teinturerie-pressing.* — (1949) Repassage à la vapeur.

« Il y avait un couple d'Américains à table. Elle, presque belle, en tout cas formidablement soignée, sortant du pressing, parlant peinture, l'Italie... Lui, assez provocant. »
                                  ARAGON, *Blanche ou l'Oubli*, p. 369 (□ 1967).

✳ En 1935, John Orr signalait la récente création en français du pseudo-anglicisme *pressing* « local où l'on presse les vêtements », de l'anglais *to press* « repasser (à la vapeur) », employé en américain à la place de *to iron*, et du suffixe *-ing*✳, au sens typiquement français, inconnu de l'anglais, de « lieu ou local où telle ou telle action se fait » (*Les Anglicismes du vocab. sportif*, in *Le Français moderne*, oct. 1935, p. 300). Le Comité d'étude des termes techniques français a proposé de remplacer ce terme critiqué par *pressage* (in *Défense de la langue française*, janv. 1960, p. 39), déjà utilisé depuis longtemps au Canada.

2° (1950) *Sport.* Pression constante, persistante → **Forcing.**

« Le "pressing" acharné des Français. »
                                              L'Équipe, 30 oct. 1950 [*in* G. Petiot].

✳ Autre création française à partir de l'anglais *to press*, fig. « presser, attaquer constamment (en t. de jeu, de sport) », et du suffixe *-ing*.

PRESSION [pʀɛsjõ] n. f.

(v. 1955) Loc. subst. m. *Groupe de pression*, groupement qui par une action concentrée cherche à exercer une pression sur l'État, les partis politiques et l'opinion publique, pour la défense des intérêts de ses membres ou pour la défense d'une position morale ou idéologique → **Lobby.**

« Il existe aujourd'hui une propension à étendre largement l'emploi de la catégorie *groupes de pression* et, en particulier, à y intégrer des organes mêmes de l'appareil gouvernemental. Le ministère de l'Agriculture, dit-on fréquemment, est, dans tous les pays, un organisme de pression au service des paysans. L'administration dans son ensemble fonctionne comme un *lobby.* Quant à l'Armée, n'est-elle pas devenue en France, depuis le 13 mai 1958, le premier des groupes de pression du pays ? Une telle extension est-elle légitime ? »
                                  J. MEYNAUD, *Les Groupes de pression*, p. 35 (□ 1960).

✳ Traduction du terme anglais d'origine américaine *pressure group* n. (1906), de *group* lui-même emprunté au XVIIᵉ siècle au français *groupe*, et de *pressure* n. « pression, influence », du latin *pressura* (Cf. français *pression*). Le concept d'analyse politique est d'origine anglo-saxonne ; en 1964, P. Bertaux emploie encore le terme *pressure group*. *Groupe de pression* était pourtant d'usage courant en français en 1960.

PRESSURISER [pʀɛsyʀize] v. tr.

(1949) *Techn.* Maintenir à une pression normale (un avion, un véhicule spatial ou autre). — REM. : On rencontre surtout le part. passé ou l'adj. *cabine pressurisée.*

✻ Américain *to pressurize* v. tr. (*in* Webster's Third 1966), de l'anglais *pressure* n. « pression », du latin *pressura*. Larousse enregistre *pressuri- ser* en 1949 de même que *pressurisation*. Termes critiqués par les puristes. Le Robert 1962 propose les équivalents *mettre en (sous) pression, surcomprimer* et *le Journal officiel*, nº 262 (1976) propose *mise en pression* pour *pressurisation*.

« Tout le monde, je crois, est d'accord pour blâmer l'anglicisme *pressurisé* dans : les " cabines *pressurisées* " des avions. Ce mot, qui évoque en français le verbe pressurer, péjoratif au figuré (au propre " écraser sous le pressoir "), est éminemment fâcheux pour indiquer l'agrément d'une cabine soumise à une pression constante. Mais par quoi le remplacer ? [...]. Si on demandait l'avis des usagers. »   A. DAUZAT, in *Le Monde*, 2 déc. 1953 [*in* Gilbert].

PRÊT-À-PORTER [pʀɛtapɔʀte] *n. m.*

(XXᵉ s.) Vêtement de confection (opposé à *sur mesure*). *Des prêts-à-porter.* — REM. : Absent du dict. de l'Académie 1935.

« une affaire de gros qui crée et distribue des modèles exclusifs de prêt-à-porter pour quarante détaillants français et qui exporte ces modèles en Suisse, Belgique, Allemagne, Italie [...]. Nous faisons deux collections par an de cent vingt modèles chacune [...]. »
          P. GUTH, *Lettre ouverte aux idoles*, Sheila, p. 98 (□ 1968).

— PAR EXT.

« Un large éventail de toutes les maisons individuelles : de la construction " sur mesure " traditionnelle au " *prêt-à-porter* " industria- lisé ».   *Paris-Match*, 25 avril 1970 [*in* Gilbert].

✻ Calque de l'américain *ready-to-wear* n. et adj. [*in* Webster's Third 1966] ou *ready-for-wear*, adj. (à propos de vêtements) [*in* Webster's Second 1934], de l'anglais *ready* « prêt », et *to wear* « por- ter », variante de l'expression anglaise *ready-made* (*made* « fait »).

« Dans le commerce du vêtement, les mots *tout fait, confection* ayant fini par prendre une valeur péjorative en face de *sur mesures*, les commerçants se sont mis à employer, depuis une vingtaine d'années, l'expression moins crue : *prêt à porter*. La maison Thiery, rue Auber, vient tout récemment de trouver mieux encore : elle propose des vêtements
          "*sur mesure industrielle*, au prix du tout fait" (*Fig.*, 5-7-50),
rédaction qui a l'avantage de conserver la prestigieuse locution *sur mesure*, tout en l'atténuant par une épithète qui contient l'idée d'une fabrication "de série". »
          M. GALLIOT, *Essai sur la langue de la réclame contemporaine*, p. 69 (□ 1955).

✻ La publicité commerciale a créé plusieurs termes sur le modèle de *prêt-à-porter* : *prêt-à-coiffer*, *prêt-à-construire*, *prêt-à-dormir*, *prêt-à- habiter*, *prêt-à-manger*, etc. On trouve même des expressions figurées de ce type :

« Le Tout-Paris des dîners en ville, encore empêtré dans ses formules de prêt- à-penser. »   *L'Express*, 3 fév. 1969.

✻ S. Hanon (pp. 154-155) attire l'attention sur l'ambiguïté de la formule dans certains cas :

« Les infinitifs à sens passif ne sont pas chose nouvelle en français. Certains grammairiens considèrent qu'il s'agit d'un infinitif actif comme dans " vin prêt à boire "... (Grevisse, *le Bon Usage*, p. 655). Ce qui nous intéresse est de montrer la fréquence d'une construction qui semble être traduite de l'anglais " ready-to- wear ". On a : " Ce *prêt-à-porter* est aussi du *prêt à copier*... " (*Marie-Claire*, 1ᵉʳ fév. 1965, p. 39). On espère que l'infinitif est bien passif dans le cas suivant : " une imposante coupeuse de laquelle sortaient en une fois 80 ou 100 robes *prêtes-à- piquer.* » (*Femmes d'aujourd'hui*, 1964, p. 67).

PRÉVALENCE [pʀevalãs] *n. f.*

(1966) *Méd.* Nombre de personnes atteintes de maladie ou victimes d'accident, dans une population déterminée, soit à un moment précis, soit durant une période déterminée, sans distinction entre les cas anciens et les cas nouveaux (opposé à *incidence* et à *fréquence*).

✻ Terme introduit par l'Organisation mondiale de la santé, en 1966, correspondant à l'anglais *prevalence* enregistré en ce sens spécialisé dans le Webster's Third 1966. Mot emprunté au français au XVIᵉ siècle au sens de « force supérieure » (latin *praevalentia*, de *praevalere* « prévaloir »). *Prévalence* nous revient avec un nouveau sens pour remplacer l'expression *fréquence globale*.

PRÉVALOIR [pʀevalwaʀ] *v. intr.*

(mil. XXᵉ s.) Exister, se produire. *La consternation prévalait dans l'assemblée.*

✱ Emprunt sémantique de l'anglais *to prevail* v. intr. (1398 ; 1776, en ce sens affaibli), de même origine que le français *prévaloir*, latin *praevalere* « valoir plus, prévaloir, avoir plus d'efficacité ». Le Bidois nous met en garde contre cet anglicisme :

« *Prévaloir*, conformément à l'étymologie, c'est l'emporter en valeur, avoir l'avantage, etc. Mais journalistes et traducteurs l'emploient de plus en plus au sens très vague d'exister, se produire (comme l'anglais *to prevail*) : " Les conditions qui *prévalent* en Algérie ", " La situation qui *prévaudra* alors... " C'est là un de ces mots pompeux qui imposent (et en imposent) aux lecteurs naïfs ! »
        Les Mots trompeurs, p. 270 (□ 1970).

PRIME [pʀim] *n. f.*

1° (1620) Somme que l'assuré doit payer à échéances régulières à l'assureur (opposé à *cotisation*, terme employé dans les sociétés mutualistes). *Prime d'assurance.* — REM. : Enregistré dans les dict. de l'Académie 1762 et de Littré 1869.

« La prime, ou coût de l'assurance, sera payée en son entier lors de la signature de la police. »   *Ordonnance*, août 1681 [*in* Littré 1869].

« Il avait contracté trois ou quatre assurances sur le même objet et s'épuisait à payer les primes. »
        G. DUHAMEL, *Vie et Aventures de Salavin*, p. 212 (□ 1948).

2° (1730) *Fin.* Dédit convenu d'avance, dans une négociation à terme, qu'une partie doit payer en cas de résiliation d'un marché. *Opération à prime. Action émise à prime.* — (1835) *Marché à prime*, vente où les contracteurs gardent la faculté d'annuler le marché contre versement d'une prime convenue (opposé à *marché ferme*). — REM. : Enregistré dans le dict. de l'Académie 1835.

« [Interdit] les engagemens pour fournir ou recevoir *à terme* des Actions de la Compagnie des Indes, sous le nom de *Prime*, marché ferme ou autrement... veut S. M. qu'il ne puisse estre fait à l'avenir aucune vente des dites Actions qu'en les délivrant réellement, et en recevant la valeur comptant ».
        Arrêt du Conseil, 7 mars 1730 [*in* Brunot, t. VI, 1-a, p. 170].

— Excédent du prix d'une valeur, d'une action, d'une obligation, sur le chiffre de son émission. *Cette valeur fait prime, elle est à prime. Prime de remboursement. Toucher une prime.* — REM. : Enregistré dans les dict. de Littré 1869 et de l'Académie 1878.

« L'or était à prime, et la banque de France n'avait que de l'argent. »
        D'EICHTAL, *Enquête sur la banque*, 1867 [*in* Littré 1869].

— FIG. *Faire prime*, augmenter de valeur, rapporter ; être très recherché. *Cet ouvrage fait prime sur le marché.*

« Je crois que je gagnerai de quoi payer, cependant ! Le *Vingtras* est en hausse [...].
        Partout je fais prime.
        Je suis devenu un grand homme chez Joly. »
J. VALLÈS, *Jacques Vingtras*, *Le Bachelier*, p. 268, Fasquelle, 1947
        (□ 1881).

« Car, tout naturellement aussi, c'est toujours le faux qui fait prime et prend le pas sur la vérité, pour peu qu'on y prête la main, ou seulement qu'on abandonne. Car la vérité gêne et le mensonge profite (et sinon l'on ne mentirait pas). »   A. GIDE, *Journal*, 14 déc. 1933, p. 1192.

3° (1751) Bénéfice sous forme d'argent ou de tout autre avantage, accordé par l'État ou par une collectivité à titre d'aide, d'encouragement ou de récompense. *Prime d'encouragement. Prime à l'importation, à l'exportation, à la construction. Donner, octroyer une (forte) prime à quelqu'un. Primes allouées dans un concours agricole, industriel.* — REM. : Enregistré dans les dict. de l'Académie 1798 et de Littré 1869.

« Les sommes employées à payer les primes sont levées sur la nation, ce qu'il ne faut point perdre de vue. L'effet d'une prime est d'augmenter pour le commerçant l'intérêt des fonds qu'il met dans le commerce ; il peut donc se contenter d'un moindre profit. Ainsi, l'effet de ces primes est d'augmenter le prix des denrées pour le vendeur, ou de les diminuer pour l'acheteur, ou plutôt de produire à-la-fois les deux effets. [...] Ainsi, proposer une prime d'exportation, c'est forcer tous les citoyens à payer pour que les consommateurs d'une denrée l'achètent plus cher, et que ceux qui la récoltent la vendent aussi plus cher. »
VOLTAIRE, *Du siècle de Louis XIV*, t. XX, pp. 238-239 (□ 1751).

— (v. 1820) *Fig.* Encouragement (souvent à une chose considérée mauvaise). *Prime à la paresse.* — REM. : Enregistré dans le dict. de l'Académie 1935.

« Faire la charité, selon l'expression vulgaire, me parut souvent êtré une espèce de prime donnée au crime. »
BALZAC, *Mme de La Chanterie*, in *La Comédie Humaine*, t. VII, p. 288 (□ 1843-1845).

— (1869) Cadeau ou remise gracieuse que l'on accorde à un acheteur, à un abonné. *Album donné en prime.* — REM. : Enregistré dans les dict. de Littré 1870 et de l'Académie 1878.

« et puis au mur, au-dessus de la boîte à ouvrages, une grande photo d'école de Bébert, avec son tablier, un béret et la croix. C'était un " agrandissement " qu'elle avait eu en prime avec du café. »
CÉLINE, *Voyage au bout de la nuit*, p. 341, Pléiade (□ 1932).

— (1875) Forme de rémunération accordée à un salarié en sus de son salaire normal, pour couvrir des frais ou pour l'intéresser à la production, le récompenser. *Prime de transport, de déménagement. Prime d'exactitude, de rendement, d'entreprise.* — REM. : Enregistré dans le dict. de l'Académie 1935.

« Pour M. le préfet Caumont, ce fut un jeu d'enfant. Ces salaires, que les uns voulaient obtenir, que les autres ne pouvaient consentir, il les accorda sans les accorder, il les refusa sans les refuser. Il les refusa sous le nom de salaires, il les accorda sous le nom de primes. Il les refusa sans blesser l'orgueil ouvrier ; il les accorda sans affaiblir l'autorité patronale. Il les refusa en louant la modération prolétarienne ; il les accorda en exaltant la bonne volonté bourgeoise. »
A. MAUROIS, *Bernard Quesnay*, p. 117 (□ 1926).

— *Fig. En prime*, par surcroît, en plus.

« Alors, tu ne sais pas ton bonheur. Une vie de bagnard t'est évitée. Tu as ta place au ciel retenue d'avance et tu auras droit à la considération des hommes, en prime. »
J. ANOUILH, *Ornifle ou Le Courant d'air*, p. 168 (□ 1955).

✱ Francisation de l'anglais *premium* prononcé [prɪmjəm] *n.* « récompense, prix » (1601), « prime (d'assurance) » (1661 ; on disait d'abord *premio*, 1622), du latin *praemium* « avantage, profit ». Le mot est d'abord passé en français comme terme d'assurance (1620, d'après Aubin, 1736, *in* Wartburg), puis, comme terme de bourse (1730), deux institutions importées d'Angleterre. Au sens primitif de l'anglais *premium* « récompense, prix », *prime* n'est attesté qu'au milieu du XVIIIe siècle (→ cit. Voltaire) ; et au sens de « gratification, avantage supplémentaire », au XIXe siècle (Littré et P. Larousse ; en anglais, 1695).

Il importe de distinguer *prime*, emprunt de l'anglais, de ses homonymes français issus du latin *primus, prima* « le plus avancé, le plus important, le principal, premier ».

Prime a produit en français les dérivés *primer* v. tr. (1853, Laboulaye), « gratifier d'une récompense », et *primage* n. m. (1783 ; « prime d'assurance [maritime] », 1730, Savary des Brulons) « action d'accorder une prime ».

PRINTING [pʀintiŋ] *n. m.*

(1932) Appareil de transmission télégraphique permettant de frapper directement les dépêches dans tous les récepteurs reliés à l'émetteur, utilisé par les agences de presse. — REM. : Absent du dict. de l'Académie 1935.

« L'épreuve ne devait pas tarder. Dès lundi, M. July était appelé au printing qui relie directement la Résidence de Rabat au Ministère des Affaires Tunisiennes et Marocaines. C'était le général Boyer de Latour qui à 2 500 kilomètres, inscrivait lui-même au téléscripteur : " *Je suis démissionnaire* ". Le ministre, de la même façon, lui répondit : " *Pas avant d'avoir mis en place le Conseil du Trône* ". »
                                      France-Observateur, 13 oct. 1955, p. 11.

✱ De l'anglais *printing* n. signifiant « impression, imprimerie » en terme de typographie, part. présent ˈle *to print* (XIVᵉ s.) « imprimer ». *Print* n., vient de l'anc. français *priente, preinte* « empreinte », féminin du part. passé de *priembre* « presser », du latin *premere*. *Printing* n'est pas attesté comme nom d'appareil télégraphique en anglais. Le Larousse du XXᵉ siècle (1932) enregistre *printing* en français comme nom d'un appareil employé par l'agence Havas. Le *Journal officiel* du 18 janv. 1973 porte la recommandation officielle de remplacer ce mot par les termes français de *téléscripteur* et de *téléimprimeur*.

PRIVATISER [pʀivatize] *v. tr.*

(v. 1960) *Écon. pol.* Faire passer au secteur privé des biens ou des moyens de production qui relevaient jusqu'alors du secteur public. — REM. : Ce verbe se rencontre souvent en emploi absolu.

« Albin Chalandon a fourni la preuve que point n'était besoin d'avoir des masses de crédits pour innover. Il a compris qu'en " privatisant " on rendait souvent service à la collectivité. »
                          M. DRANCOURT, in *Réalités*, oct. 1969, p. 61.

✱ De l'américain *to privatize* v. tr. (*in* Webster's Third 1966), dérivé de l'anglais *private* adj. (XIVᵉ s.) « privé », latin *privatus* « particulier, propre, individuel » qui a donné le français *privé* adj. et n. m. et *privatif* adj., en droit *(jardin privatif)*. En mai 1972, le Conseil international de la langue française a recommandé le mot *privétiser*, de *privé* (in *La Clé des mots*, oct. 1973). On a formé *privatisation* (1965, *in* Gilbert) d'après l'américain *privatization* :

« La " privatisation " des autoroutes, mise en œuvre par M. Chalandon, tout récemment, devrait être étendue sur une grande échelle. Les fonds privés prendraient le relais du budget dans de nombreux secteurs avec toutes les conséquences que cela implique. » *Le Nouvel Observateur*, 17 juin 1969, p. 13.

PRO [pʀo] *n. m.*

(1912) *Fam.* Professionnel. *C'est un pro. Passer pro*, devenir un professionnel, ne plus être un amateur.

« Coupez-les [les cheveux] ou plutôt ne les coupez pas, laissez au moins ça aux pros mais, si vous ne résistez pas, on vous autorise à tailler une mèche de temps en temps mais à sec. Frisés ou raides, les cheveux remontent quand ils sont mouillés. » *Le Point*, 9 juin 1980, p. 35.

✱ De l'américain *pro* adj. (*a pro baseball player, in* Webster's Third), abrév. de l'anglais *professional*.

PROBLÈME [pʀɔblɛm] *n. m.*

1° (XXᵉ s.) *Fam. Il n'y a pas de problème ; y a pas de problème*, c'est une chose simple, facile, évidente. — (En réponse à une question, une demande) Certainement, bien sûr, évidemment.

2° (mil. XXe s.) Fam. *C'est mon problème*, cela ne regarde que moi. *C'est son problème*, cela le concerne particulièrement.

« — Ça, coco, c'est *ton* problème.
— On dit toujours ça pour se désintéresser. Quand je lui ai apporté des fleurs, elle a rougi comme une jeune fille. »
É. AJAR, *L'Angoisse du roi Salomon*, p. 84 (□ 1979).

✻ Ces emplois sont des calques d'expressions américaines construites avec le mot *problem* emprunté au français, ou directement au latin *problema* au XIVe siècle. Le sens affaibli de *problem* n'est enregistré que dans les dict. américains (*in* Webster's Second 1934).

PROCÉDURE [pʀɔsedyʀ] *n. f.*

(av. 1959) *Techn.* Méthode de travail selon laquelle on détermine les éléments et les étapes successives d'une opération complexe et en fixe les règles de déroulement. *Procédure d'approche. Procédure nucléaire.* — *Inform.* Méthode de résolution ordonnée d'un problème.

« Un bon appareil, avec un excellent pilote, n'a pu s'écraser sur le dos d'âne que parce que quelque chose a " cloché " dans les procédures d'atterrissage. » Presse quotidienne du soir, 24 juin 1962
[*in Défense de la langue française*, oct. 1962, p. 38].

✻ Emprunt sémantique récent à l'anglais *procedure* n. (1611) « procédé, méthode », lui-même emprunté au français *procédure*, « manière de procéder dans le domaine judiciaire », de *procéder* (latin *procedere* « aller en avant »). Issu de l'usage technique et scientifique, *procédure* au sens de « mode opératoire, méthode » a tendance à se généraliser. Ainsi Pamart (art. *Procédure, Les Nouveaux Mots « dans le vent »*) signale que « dans le domaine des télécommunications, les règles à suivre pour la transmission et la réception des messages, appelées *règles de service* dans la terminologie antérieure à 1939, sont devenues des *procédures* ». Le Comité d'étude des termes techniques français a condamné cet emprunt, avec la plupart des puristes.

« Le mot " procédure " est, en français, spécial au domaine judiciaire. Il ne paraît pas opportun de lui donner de nouvelles acceptions.
Il est donc recommandé de ne pas l'employer à la place de : méthode, mode opératoire, processus. » *Sciences*, nov.-déc. 1960, p. 85.

PROCÈS → PROCESS.

PROCESSEUR [pʀɔsesœʀ] *n. m.* et *adj.*

(1969) *Inform.* Unité centrale d'un ordinateur, qui exécute la séquence d'instructions du programme contenu dans la mémoire. — *Par ext.* Programme d'adaptation des programmes de traitement des données. — Adj. *Programme processeur.*

« L'une des caractéristiques essentielles d'un microprocesseur, qui le différencie d'un calculateur de poche [...] est d'être muni de la faculté de *décision*. Le processeur teste l'état des lignes externes ou mesure les paramètres et, suivant les résultats obtenus, il se branche vers un segment de programme ou un autre. En d'autres termes, suivant qu'un paramètre aura atteint une valeur spécifiée ou non, un algorithme ou bien un autre sera alors exécuté. C'est là que réside la *faculté " d'intelligence "* du micro-ordinateur. » *La Recherche*, fév. 1978, p. 22.

✻ Adaptation de l'américain *-processor* (en composition dans *food-processor, micro-processor*, etc.) « appareil qui traite qqch. », de *to process* « traiter » (XIXe s.) ; il est enregistré en français dans le *Lexique de l'informatique* de J. Guilhaumou, 1969. L'Académie des sciences propose le terme *traiteuse* n. f. qui ne convient que pour le premier sens. Sur *processeur* on a construit les termes *bi-, tri-, multiprocesseur, microprocesseur*, ainsi que *pré-* et *postprocesseur*. L'adoption de ces termes implique toutefois un glissement de sens du français *procès*. Le *Journal officiel* du 12 janv. 1974 a néanmoins entériné le terme *processeur*.

PROCESSIF [pʀɔsesif] *adj.*

(1966) Écon. pol. *Progrès processif,* progrès qui améliore les conditions sociales et la situation économique.

« Certains d'entre eux [les auteurs classiques] avaient même montré que le progrès pouvait être processif (lorsqu'il augmentait " les moyens d'existence de la classe laborieuse ") ou récessif (quand une partie de cette classe était " rendue superflue par l'emploi des machines ") ; ou encore avaient-ils établi que des changements techniques apparemment progressifs étaient en fait régressifs (s'ils permettaient au capitalisme d'accroître son " produit net " tout en diminuant le " produit brut " de l'économie). »   J.-P. COURTHÉOUX, *La Politique des revenus,* p. 96 (□ 1966).

« les progrès de productivité ont, pour effet, d'augmenter le nombre total des emplois dans la nation. Le résultat dépend, cependant, de la forme du progrès. Le meilleur (progrès processif) s'observe, lorsque la nouvelle demande de personnel porte sur des catégories en chômage ou en sous-emploi, et qu'au contraire le personnel éliminé appartient à des catégories déficitaires, enfin lorsque la demande de produits importés diminue. »   A. SAUVY, *Croissance Zéro ?,* pp. 252-253 (□ 1973).

✳ Emprunt sémantique de l'anglais *processive* adj. « qui va de l'avant » (1819), lui-même emprunté au XVIIᵉ siècle (1622) du français *processif, ive* « relatif à un procès (judiciaire) », et qui s'est spécialisé comme terme d'économie en américain. Comme terme technique, *progrès processif* (opposé à *récessif*) est admis par les auteurs français les plus soucieux d'éviter les anglicismes.

PROCESSING [pʀɔsesiŋ] *n. m.*

(v. 1960) *Techn.* Ensemble des opérations que l'on fait subir aux matières premières, dans l'industrie du pétrole. *Spécialt.* Traitement de brut à forfait pour le compte d'une société à qui reviennent les produits finis. — (1972) *Inform.* Déroulement ordonné selon une méthode pré-établie, d'une suite d'opérations mathématiques et logiques sur des données.

✳ Mot anglais, probablement d'origine américaine, n. (absent des dict. généraux), de l'anglais *to process* « traiter ». Terme enregistré comme désignation anglaise, avec l'équivalent français *traitement* n. m., dans le *Dict. technique des termes utilisés dans l'industrie du pétrole,* par M. Moureau et J. Rouge, 1963. Le *Journal officiel* du 18 janv. 1973 inscrit *traitement* parmi les termes techniques obligatoires (équivalent de *processing*). *Processing* est signalé comme terme anglais d'informatique dans *Terminologie du traitement de l'informatique,* I. B. M., 1972, avec son équivalent français *traitement.*
De même on dira *traitement par lot(s)* (*in* Guilhaumou, 1969) au lieu de *batch processing,* et *multitraitement* (Guilhaumou, 1969) pour *multiprocessing.*

PRODUCER [pʀɔdjusœʀ] *n. m.*

1° (1921, *in* J. Giraud, *Le Lexique français du cinéma*) *Cin.* → **Producteur** (cinématographique). — REM. : Absent du dict. de l'Académie 1935.

« Les grands producers d'outre-Atlantique ».
              Le Lyon républicain, 4 déc. 1924 [*in* D. D. L., 2ᵉ série, 6].
« Les vrais maîtres des films furent désormais [après Griffith] les producers, hommes d'affaires appréciés ou choisis par Wall Street. [...] Sous la menace tacite d'une dénonciation de contrat, les producers enlevèrent aux " directors " la plupart de leurs anciennes prérogatives.
Le producer devenait ainsi maître de tous les éléments du succès ou de l'échec artistique. »
     ˙ G. SADOUL, *Le Cinéma des origines à nos jours,* pp. 200-201 (□ 1949).

— Personne ou société qui assure la production✳ d'un spectacle.

« Récupéré par d'astucieux *producers,* " Hair " passait à Broadway, puis à Londres et en Allemagne. »
     G. DUMUR, *in Le Nouvel Observateur,* 9 juin 1969 [*in* D. D. L., 2ᵉ série, 6].

2° (1935) Personne qui monte une revue de variétés à grand spectacle, qui assure la mise en scène et la supervision des décors, des costumes, des éclairages, etc.

« L'ensemble du spectacle est une suite de tableaux à figuration nombreuse, de chansons, de danses et de numéros de variétés, présentés dans un rythme rapide, avec un luxe prodigieux de décoration, de costumes, d'éclairage, de machinerie, où l'art, la fantaisie, et la prodigalité du " producer ", qui est l'ordonnateur suprême de ces merveilles, se donnent libre carrière pour éblouir, étonner, ravir le spectateur. Le producer est aidé dans son dessein par une foule de collaborateurs spécialisés. » G. FRÉJAVILLE, *Le Music-Hall*, in *Encycl. française*, t. XVI, 78-1 (□ juil. 1935).

✱ L'anglais *producer* n. (1513), de *to produce* (du latin *producere* « faire avancer, présenter, exposer », d'où est également issu le français *produire*, adapté d'après *conduire*) « personne ou chose qui produit » est attesté en 1909 en matière de théâtre. C'est aux États-Unis, vers 1918, que le mot prend le sens de « personne ou société assurant le financement d'un film ».

Cet emprunt n'a pas eu une grande carrière car il a été précédé et suivi de l'emprunt sémantique *producteur* (1908) qui a finalement triomphé.

PRODUCTION [pʀɔdyksjɔ̃] n. f.

(1906) *Rare.* Action de produire un film ou un spectacle ; son résultat. *Directeur de production* (distinct de *producteur*✱). *Assistant de production.* — *Par ext.* Le film, le spectacle lui-même. — REM. : Absent en ce sens du dict. de l'Académie 1935.

« Ils commentent ensemble les productions qu'ils ont vues, ils apprécient les comédiens, ils jugent. »
QUENEAU, *Loin de Rueil*, p. 224 (□ 1944).

« L'activité cinématographique se partage en trois grandes branches : production, distribution, exploitation. Le mot *production* n'a pas besoin d'explication. Il y a des *sociétés de production* et des *producteurs*. La mise sur pied d'un film est maintenant une entreprise tellement considérable qu'un producteur peut avoir un ou plusieurs associés. Le responsable de l'entreprise s'appelle alors *producteur délégué*. [... le mot] *production* s'applique aussi bien à l'ensemble de l'industrie cinématographique — " La *production* française est la plus importante de l'Europe " — qu'à un film en particulier — " Si *Versailles m'était conté* est une *production* en Eastmancolor ". Il y a des films faits en *coproduction* ou plus simplement des *coproductions* — " Les *coproductions* franco-italiennes ont été particulièrement nombreuses cette année ". On connaît également dans le langage des professionnels le terme *superproduction* qui indique un film de grande envergure, un film cher. *Le directeur de production* est le représentant du producteur ou de la firme productrice. Il dirige administrativement le tournage d'un film aussi bien en plein air qu'au *studio.* »
R. JEANNE et C. FORD, *Le Vocabulaire du cinéma*, juin 1955, pp. 264- 265.

✱ Emprunt sémantique à l'anglais *production* n. (1483 ; « produit de l'activité humaine », *spécialt* [surtout au pluriel] « œuvre artistique ou littéraire », 1651 ; « spectacle de théâtre », 1896), mot lui-même emprunté au français *production*. Jean Giraud a relevé un emploi de *production* dans le domaine du cinéma dès 1915 (*Le Lexique français du cinéma*, p. 166, C. N. R. S. 1958). Le français classique possède déjà le sens de « ouvrage fait par un artiste, un écrivain ».

PROFESSIONNALISME [pʀɔfɛsjɔnalism] n. m.

(1885) Caractère professionnel✱ d'une activité que l'on exerce comme métier (opposé à *amateurisme*). *Le professionnalisme dans les sports.* — REM. : Absent du dict. de l'Académie 1935. — On a aussi écrit *professionalisme*.

« Il a cherché à élever l'étendard du professionnalisme. »
Le Sport vélocipédique, 27 fév. 1885 [*in* G. Petiot].

« Loin de l'esprit d'une animation qui a fait des ravages ces dix dernières années — galvaudant l'outil vidéo, par exemple, — il [Jean Fléchet, fondateur de Téciméoc : Télévision et Cinéma méridional et occitan] revendique le professionnalisme [...]. »

Cl. DEVARRIEUX, in *Le Monde*, 20 juil. 1980, p. IX.

✳ De l'anglais *professionalism* n. (1884 en ce sens ; « caractère professionnel », 1856), de *professional*.

PROFESSIONNEL, ELLE [pʀɔfɛsjɔnɛl] *n.* et *adj.*

(1872) *Sport.* Personne régulièrement salariée pour sa participation à des épreuves sportives ou à la formation des sportifs (opposé à *amateur*). *Un professionnel de la boxe.* — Adj. *Cycliste, sportif professionnel. Équipes professionnelles de football.* — Par ext. *Le tennis professionnel.* — REM. : Enregistré dans le dict. de l'Académie 1935.

« Ce ne serait plus un gentleman mais, comme on dit en Angleterre, un professionnel. »   PEARSON, *Dict. du sport français*, 1872 [*in* G. Petiot].

« Après n'avoir eu que des professionnels, dans le sens anglais du mot, on a fait quelques tentatives vers l'amateurisme en 1889, mais depuis on est revenu en arrière et actuellement presque tous les coureurs français sont considérés comme professionnels par l'Angleterre et les pays régis par les lois similaires. »

BAUDRY de SAUNIER, *Le Cyclisme théorique et pratique*, p. 367 (□ 1892).

✳ Emprunt sémantique à l'anglais *professional* adj. (1805, en ce sens) et n. (1811, en ce sens), de *profession* n. « occupation, métier », mot lui-même emprunté au français au XIIIᵉ siècle au sens de « acte par lequel un religieux prononce ses vœux ». Le français *professionnel* est attesté en 1842 avec le sens général « relatif à la profession ». Le sens ici décrit (opposé à *amateur*) est entré en français par le vocabulaire du sport, et s'est ensuite étendu à d'autres domaines *(musicien, écrivain professionnel)* ; on l'abrège en *pro**.

PROGRAMME [pʀɔgʀam] *n. m.*

(1959) *Inform.* Ensemble séquentiel d'instructions enregistrées sur un support mémoriel, qui permet à un ordinateur d'effectuer les opérations nécessaires et suffisantes pour obtenir un résultat déterminé. — *Sc.* et *techn.* Ensemble ordonné (généralement formalisé) des opérations nécessaires et suffisantes pour l'obtention d'un résultat.

« La diversité est aussi très grande dans la manière dont on peut [...] indiquer à la machine l'ensemble des opérations à exécuter qu'on appelle " programme " (cablage de tableaux de connexion ou méthodes semblables à l'entrée des données). »

J. KOVALEVSKY, in *Sciences*, sept.-oct. 1959, p. 15.

« D'importants programmes n'ont pas pour objet de produire les résultats numériques d'un calcul, mais les *instructions d'un programme* permettant de résoudre un problème donné, le problème est alors décrit en un langage condensé, différent du langage machine, beaucoup plus voisin du langage mathématique. C'est ce qu'on appelle " l'autoprogrammation ", la machine elle-même produisant son programme. »

R. CAYREL, *La Programmation pour calculateur électronique*, in *Sciences*, mars-avril 1960, p. 83.

— PAR ANAL. Biol. *Programme génétique.*

« le stock des chromosomes change à chaque création d'un individu au " programme génétique " strictement personnel. »

Sciences et Avenir, mars 1978, p. 49.

✳ Emprunt sémantique à l'américain *program* (angl. *programme*, dont la graphie, d'origine française, s'est répandue au XIXᵉ s.). *Program* apparaît aux environs de 1950, date à laquelle les ordinateurs commencent à être commercialisés aux États-Unis. En français, *programme* est attesté en 1959 (Petit Larousse). Le développement de l'informatique a entraîné l'emprunt de nouveaux termes (*programmer** et *program-*

meur*) et la création de dérivés (*programmable, programmation, programmateur*). L'Académie des sciences et l'Académie nationale de médecine de Paris ont adopté la suggestion suivante du Comité consultatif du langage scientifique :

« Le mot *programme* est adopté avec le sens " ensemble d'instructions, de données ou d'expressions nécessaires à l'exécution d'une suite d'opérations déterminées demandées à un calculateur ou à un appareillage automatique ".
La *programmation* est la préparation d'un programme.
Le *programmeur* est l'agent chargé de la préparation du programme.
On appellera *programmateur* un appareil dont les signaux de sortie commandent l'exécution d'une suite d'opérations correspondant à un programme. »
                                                 Délibération de l'Académie des sciences, 8 juil. 1963,
                                                 in *Défense de la langue française*, oct. 1963, p. 40.

* Le Suppl. 1975 du G. L. E. enregistre le dérivé français *programmerie* n. f. « ensemble des programmes et des règles de fonctionnement d'un système de traitement de l'information ».

PROGRAMMER [pRɔgRame] *v. tr.*

1° (1917, *in* J. Giraud) Inscrire dans un programme (de cinéma, de radio, de télévision, etc.). — REM. : Absent du dict. de l'Académie 1935.

« " le pouvoir politique français, régissant une télévision monopoliste d'État, concentre depuis toujours, à Paris, le pouvoir de programmer, donc de produire et de diffuser ". »
                                                 Cl. DEVARRIEUX, in *Le Monde*, 20 juil. 1980, p. IX.

2° (v. 1960) *Électron.* Préparer pour l'exécution d'un programme* électronique. *Programmer un ordinateur.* — *Intrans.* Élaborer un programme* destiné à un ordinateur ou à un calculateur. — *Par anal.* Munir un appareillage automatique, un appareil ménager, d'un programmateur*. *Machine à laver programmée.* — *Par ext.* Organiser, planifier en détail.

« L'éditeur de livres de diffusion de masse se trouve donc devant un problème difficile. D'une part, étant donné l'importance des capitaux engagés, il lui faut limiter ses risques en programmant au maximum sa production. D'autre part, il lui faut pallier les inconvénients de l'absence de *feedback.* » R. ESCARPIT, in *Le Courrier de l'Unesco*, sept. 1965, p. 8.

— SPÉCIALT. *Enseignement programmé.* — Par ext. *Manuel programmé.*

* De l'américain *to program* (*in* Webster's Second 1934) du verbe anglais *to program* ou *to programme* (1896) « établir un programme ». Le verbe *programmer*, souvent employé au participe passé, a d'abord été très critiqué comme terme de cinéma avant de se répandre dans les divers domaines du spectacle, de la radio et de la télévision.

« J'ai reçu deux lettres, et j'en attends d'autres, à propos d'une annonce insérée dans un journal à la rubrique de l'écran, et ainsi conçue : *Depuis huit jours, le Marignan programme un des plus émouvants films que le cinéma américain nous ait donné de voir.*
Je suis tranquille, pas un de mes lecteurs ne peut douter de mon sentiment à l'endroit du verbe *programmer*. Comme je n'ai pas l'habitude de mâcher les mots, je dirai simplement qu'il est grotesque. »
A. HERMANT, *Chronique de Lancelot du « Temps »*, t. II, p. 304, Larousse, 1938.

* *Programmer* n'a certes pas sa place comme synonyme de *présenter*, mais son emploi est normal au sens de « inscrire au programme ». Comme terme d'informatique, *programmer* s'est répandu sous l'influence de l'emploi intransitif d'origine américaine du v. *to program* « établir un programme ». L'emploi du mot est jugé abusif dans le domaine de la réclame pour les appareils ménagers. Notons l'existence du dérivé *programmable* adj. (in *La Banque des mots*, n° 2, 1971, p. 129), « susceptible de traitement de l'information par ordinateur ».

PROGRAMMEUR, EUSE [pRɔgRamœR, øz] *n.*

(1959) Spécialiste de la préparation des programmes* destinés aux ordinateurs et aux calculateurs électroniques.

« Le programme une fois lu et enregistré dans la mémoire, le débutant a souvent l'idée qu'il n'y a plus qu'à appuyer sur le bouton " départ " et attendre pour voir sortir les résultats. Si l'on procède ainsi, on constate qu'au bout d'une fraction de seconde (1/10 au plus) la machine est arrivée à une erreur, faite par le programmeur dans la conception du programme. »

R. CAYREL, *La Programmation pour calculateur électronique*, in *Sciences*, mars-avril 1960, p. 82.

✳ De l'américain *programer* (v. 1950). *Programmeur* a été admis par l'Académie des sciences et par l'Académie nationale de médecine de Paris. *Programmateur* est formé en français.

PROHIBITION [pʀɔibisjɔ̃] n. f.

(1927) Absolt. *La prohibition*, aux États-Unis, Législation interdisant d'importer, de fabriquer, de consommer des boissons alcoolisées, entre 1919 et 1933.

« La prohibition appartient à la même série législative que la défense d'enseigner l'évolution : c'est une mesure de moralisation nationale. »

A. SIEGFRIED, *Les États-Unis d'aujourd'hui*, p. 67 (□ 1927).

« Comme la plupart des Américains lettrés que j'eus l'honneur d'approcher, il protestait contre la loi de prohibition. Il protestait à sa manière, en absorbant tous les quarts d'heure de grands verres de whisky, coupé de cognac. »

G. DUHAMEL, *Scènes de la vie future*, p. 31 (□ 1930).

✳ L'anglais a emprunté au français au XIVe siècle le mot *prohibition* n. « défense, interdiction légale » (latin *prohibitio, -tionis*, de *prohibitum*, supin de *prohibere* « empêcher »), qui a pris aux États-Unis, dès 1851, le sens particulier de « interdiction légale de l'alcool ». Le mot désigne de nos jours la période de prohibition nationale imposée aux Américains par le *Volstead Act*, (28 oct. 1919) de 1920 à 1933.

PROHIBITIONNISTE [pʀɔibisjɔnist] n. et adj.

(1927) Aux États-Unis d'Amérique, Partisan d'une législation interdisant les boissons alcoolisées.

« Le vote du 18e amendement n'est en effet que le couronnement d'une longue série de conquêtes préparatoires : avant de s'attaquer à la constitution fédérale elle-même, les prohibitionnistes avaient patiemment investi le village, le comté, la cité et enfin l'État. »

A. SIEGFRIED, *Les États-Unis d'aujourd'hui*, p. 67 (□ 1927).

— *Adj.* Favorable à la prohibition* (de l'alcool).

« Mais, depuis la guerre, l'intempérance paraît avoir pris la première place dans ces anathèmes. Le mouvement prohibitionniste a donc sa source au " saint des saints " ; de là son immense portée. Celui qui en aurait la compréhension intégrale pourrait se vanter d'avoir pénétré l'âme américaine. »   A. SIEGFRIED, *op. cit.*, p. 68.

✳ Anglais *prohibitionist* n. (1846), de *prohibition** n., qui a pris aux États-Unis le sens particulier de « partisan de la prohibition (de l'alcool) » dès 1854 (*The Prohibitionist*, titre d'une revue mensuelle de l'État de New York). *Prohibition* a donné en français dès 1833 (in *Revue britannique*, XLVII, p. 65) les dérivés *prohibitionniste* n. « partisan de la prohibition en matière économique », et adj. « favorable à la prohibition » (chez Proudhon, avant 1865), et *prohibitionnisme* n. m. (1878, Larousse art. *Prohibitisme*) « politique favorable à la prohibition ». Vers les années 30, *prohibitionnisme* a pris le sens de « système des partisans de la prohibition de l'alcool, aux États-Unis » (anglais *prohibitionism* n., 1889).

PROJECTIF, IVE [pʀɔʒɛktif, iv] adj.

(1951, *in* Piéron, *Vocab. de la psychologie*) *Psychol.* Se dit de procédés qui permettent de faire manifester les tendances, désirs et sentiments plus ou moins inconscients, d'un sujet. *Méthodes, techniques projectives. Psychologie projective.* — *Test projectif.* Synonyme de *test de projection*, et par ext., de *test de personnalité.*

« Le terme de Techniques Projectives a été employé pour la première fois en 1939 par le psychologue américain Lawrence K. Frank pour désigner un groupe de tests, dont certains étaient d'ailleurs connus et utilisés depuis fort longtemps, mais qu'il rassemblait dans une nouvelle perspective psychologique. "Dans son essence, écrit Frank, une technique projective est une méthode d'étude de la personnalité qui confronte le sujet avec une situation à laquelle il répondra suivant le sens que cette situation a pour lui, et suivant ce qu'il ressent au cours de cette réponse... Le caractère essentiel d'une technique projective est qu'elle évoque du sujet ce qui est, de différentes manières, l'expression de son monde personnel et des processus de sa personnalité. »
P. PICHOT, *Les Tests mentaux,* p. 82 (□ 1954).

✱ Emprunt sémantique de l'acception technique d'origine américaine (1939, L. K. Frank) de l'anglais *projective* adj. (1632), de *to project* (v. 1477) « projeter ». En ce sens, le français *projectif* correspond au nouveau sens du mot *projection* emprunté à Freud (allemand *Projektion,* 1894) pour désigner un mécanisme de défense contre l'angoisse, consistant à projeter sur autrui ses propres états intérieurs, et se rattachant au sens figuré général de « image projetée ». *Projectif* a de nombreuses acceptions en psychologie et en sociologie : *stade projectif, système projectif,* etc.

PROMOTION [pʀɔmɔsjɔ̃] *n. f.*

(v. 1930 selon P. Nepveu-Nivelle) *Promotion des ventes,* études, techniques et actions ayant pour objet le développement rationnel des ventes des produits et services, dans les entreprises de production ainsi que dans les réseaux de distribution et dans les entreprises purement commerciales ; service chargé de cette fonction dans une entreprise. — Ellipt. *Promotion.* — REM. : Absent du dict. de l'Académie 1935.

« [Premier âge du marketing] C'est la découverte de la promotion des ventes "qui pousse le produit au point de vente". C'est l'âge d'or de la publicité qui "tire le produit hors du point de vente". »
F. MOREAU de BALASY, art. *Marketing,* p. 258 (□ 1973).

— *Vente-promotion,* vente réclame → **Promotionnel** *(vente promotionnelle).*

✱ Le mot français *promotion,* bas latin *promotio* « avancement en grade », de *promovere,* est passé en anglais au XVᵉ siècle, où il a pris dès 1483 le sens général de « encouragement, avancement ». De là, le sens spécialisé attesté en américain, en 1926, dans le domaine de la publicité, de « développement, accroissement (des ventes) », et le terme *sales promotion* créé plus tard pour désigner un ensemble de techniques (publicité, information, démonstrations, échantillons gratuits, baisse temporaire de prix, soldes, etc.) destinées à augmenter le chiffre d'affaires par la multiplication des ventes. Le Comité d'étude des termes techniques français condamne cet emploi et attire l'attention sur le sens récent de *promotion* « élévation sociale des classes défavorisées » (1945, *in* Colette [G. L. L. F.]) répandu vers 1960 dans le langage de la politique et du journalisme. Cette acception se rattache toutefois au sens de « nomination et accession d'une personne à une fonction, à un grade supérieur » (déb. du XVIIIᵉ s.).
Le mot français *promoteur* a aussi acquis le sens de « agent commercial chargé de la promotion des ventes dans une entreprise » (*in* Suppl. 1968 du G. L. E. ; d'après l'acception américaine de l'anglais *promoter* n.). *Promoteur des ventes.*

« Le terme "promotion des ventes" commence à être utilisé en France dans les milieux commerciaux évolués au cours des années 1930 et suivantes. Mais ce n'est réellement qu'aux environs de 1946 que les idées commencent à se préciser à son sujet [...]. »
P. NEPVEU-NIVELLE, art. *Promotion des ventes,* in *Manuel du chef d'entreprise,* p. 810 (□ 1960).

PROMOTIONNEL, ELLE [pʀɔmɔsjɔnɛl] *adj.*

(1962) *Comm.* et *publ.* Relatif à la promotion* des ventes. *Campagne promotionnelle.* — *Tarifs promotionnels*, tarifs
réduits. — *Vente promotionnelle*, vente réclame destinée à
augmenter le chiffre d'affaires d'une entreprise. — Par ext.
Objet, article promotionnel, produit faisant l'objet d'une action
de promotion. *La daurade est aujourd'hui promotionnelle.*

« ces morceaux [de viande] seront mis en vente *promotionnelle* à
raison de deux par jour. »
                                 L'Humanité, 5 déc. 1962, p. 5 [*in* Blochwitz et Runkewitz].

« Malgré l'existence d'opérations promotionnelles adaptées aux différents "intermédiaires" [...] il est clair que c'est vers l'utilisateur final que
sont dirigées ces actions ; et surtout, on s'en doute, sur les marchés de
grande consommation, où la concurrence est la plus vive (alimentation,
produits d'entretien, d'hygiène-beauté). »
                                 A. DAYAN, *Le Marketing*, p. 87 (□ 1976).

✳ De l'anglais *promotional* adj. (1922), employé dans le domaine de la
publicité aux États-Unis à partir des années 1930. Terme très critiqué.

PROMPTEUR [pʀɔ̃ptœʀ] *n. m.*

(1978) Appareil qui fait défiler au-dessus de la caméra de
télévision le texte que la personne visible sur l'écran doit dire,
afin qu'elle ne soit pas contrainte de l'apprendre par cœur, de
consulter des notes ou d'improviser, comme un orateur.

« mais Gicquel tient à "chapeauter" chaque séquence. Il écrit lui-
même (en vérité il dicte) tous les textes qu'il "récite" ensuite à l'antenne,
face à la caméra. En utilisant le "prompteur", qui fait défiler sur un
écran, en gros caractères, le texte dactylographié, à la hauteur du
regard. Gicquel joue à merveille de cet instrument, au point qu'il donne
l'impression d'improviser. »   *L'Express*, 20 oct. 1978, p. 143.

✳ Abréviation française et adaptation de l'américain *TelePrompter*
marque déposée (attesté en 1970) et terme générique pour cet appareil,
de l'angl. *prompter* « souffleur de théâtre » (1604), de *to prompt*
« pousser à faire (qqch.), souffler (des paroles) ». Cet emprunt courant
est obscur en français *(prompt = rapide)* et on pourrait lui substituer le
calque *souffleur*. On emploie aussi *téléprompteur*, moins courant, et
Autocue [otɔkju] n. m., autre marque américaine.

« Voix off, série, téléfilm, régie, téléprompteur... ces nouveaux mots que vous
devez connaître »   *Télé-7 Jours*, 25 mars 1978, p. 18.

PROROGATION [pʀɔʀɔgasjɔ̃] *n. f.*

(1683) *Polit.* Acte du pouvoir exécutif qui, en Angleterre,
suspend les séances du Parlement et en reporte la continuation
à une date ultérieure. — REM. : Enregistré dans le dict. de
l'Académie 1787. — (1779) Acte par lequel l'autorité gouverne-
mentale proroge* les séances d'une assemblée délibérante.
— REM. : Enregistré dans les dict. de l'Académie 1835 et de
Littré 1869.

« "le discours du roi d'Angleterre au parlement, le 3 juillet, jour de
la *prorogation* de cette Compagnie". En note : "*Proroger* en ce sens est
un mot anglois que nous avons adopté ; il signifie précisément le
contraire de ce qu'il semble présenter à une oreille françoise. Parmi
nous la *prorogation* d'un commandement en indique la continuation ; et
chez nos voisins elle en est la fin, la clôture". »
                      LINGUET, *Annales politiques, civiles et littéraires du XVIIIᵉ s.*,
                                           1779 [*in* Brunot, t. VI, 1-a, p. 1 232].

✳ Reprise de l'anglais *prorogation* n. (1472-1473, en ce sens), lui-
même emprunté au français *prorogacion* (mod. *prorogation*) du latin
prorogatio « prolongement, remise, ajournement, délai », de *prorogare*.
Le mot est d'abord attesté en ce sens à propos de l'Angleterre ;
Mackenzie le relève en 1683.

PROROGER [prɔrɔʒe] *v. tr.*

(1690) *Polit.* Prononcer la prorogation* du Parlement, en Angleterre. — REM. : Enregistré dans les dict. de Furetière 1690 et de l'Académie 1787. — (1779) Prononcer la prorogation d'une assemblée. — Remettre à un autre jour. *Proroger la séance.* — REM. : Enregistré dans les dict. de l'Académie 1835 et dans les dict. de Littré 1869.

« Un gouverneur y convoque [dans les colonies anglaises], y proroge, y termine les assemblées. »
G.-T.-F. RAYNAL, *Hist.* [...] *des établissements et du commerce des Européens dans les deux Indes*, 1770 [*in* Littré 1869].

— *V. pron.* (1748) *Se proroger*, en parlant d'une assemblée délibérante, Prononcer sa propre prorogation.

« Le corps législatif ne doit point s'assembler lui-même : car un corps n'est censé avoir de volonté que lorsqu'il est assemblé ; et, s'il ne s'assemblait pas unanimement, on ne saurait dire quelle partie serait véritablement le corps législatif, celle qui serait assemblée, ou celle qui ne le serait pas. Que s'il avait droit de se proroger lui-même, il pourrait arriver qu'il ne se prorogerait jamais ; ce qui serait dangereux dans le cas où il voudrait attenter contre la puissance exécutrice. »
MONTESQUIEU, *De l'esprit des lois*, in *Œuvres complètes*, p. 267 (□ 1748).

✱ Reprise sémantique de l'anglais *to prorogue* (moyen anglais *proroge*) v. tr. (1455, en ce sens), lui-même emprunté au français *proroger, proroguer* (latin *prorogare* « prolonger »).

PROSPECT [prɔspɛ] ou [prɔspɛkt] *n. m.*

1° (1861) *Vx* et *rare.* Prospection, recherche des gîtes minéraux. — REM. : Sens absent des dict. de Littré et de l'Académie.

2° (1960) *Comm.* et *publ.* Client potentiel d'une entreprise.

« *L'approche du prospect* — traduisez : le siège du client éventuel — obéit à des lois rigoureuses consignées dans la notice dite de "la prise de contact téléphonique". »
DANINOS, *Un certain Monsieur Blot*, p. 49, Hachette (□ 1960).

✱ Mot anglais n. (xvᵉ s.) de même étymologie que le français *prospect* vx « vue, aspect, manière de regarder » (latin *prospectus* « vue, perspective », de *prospectum* supin de *prospicere* « regarder au loin, en avant » [au propre et au figuré], de *pro* « en avant » et du verbe archaïque *specere* « regarder »). *Prospect* a acquis en Amérique les deux sens ci-dessus, le premier au xixᵉ siècle (1832) lors de la ruée vers l'or, et le second au xxᵉ siècle (attesté en 1922).
En français, le mot *prospect* a toujours été rare comme terme de mines. Wartburg l'atteste chez L. Simonin en 1861. Le jargon commercial vient de réintroduire le mot dans l'usage ; on recommande de le remplacer par le terme français normal : *client potentiel* (*La Banque des mots*, nᵒ 6, 1973, p. 203).

PROSPECTER [prɔspɛkte] *v. tr.*

1° (1862) Examiner (un terrain) pour y rechercher des richesses naturelles (gisements minéraux, pétrole, etc.). — REM. : Absent du dict. de Littré ; enregistré dans le dict. de l'Académie 1935.

« Aubert, ancien pêcheur de Terre-Neuve, ancien boulanger, grand chasseur de lièvres et d'écureuils, mineur à ses heures, brocanteur de claims (portions de placers) qu'il revend aux Chinois, mais toujours et par-dessus tout franc buveur, a également droit à une mention. Le pic sur l'épaule, la battée à laver l'or sous le bras, il est là, "prospectant" le terrain ; il s'en va à la découverte, flairant les terres encore vierges et les sables riches en pépites. »
L. SIMONIN, *Voyage en Californie* [1859], p. 28 (□ 1862).

2° (1932) *Par ext.* Explorer méthodiquement une région, un lieu pour y découvrir une chose à exploiter, une source de profit, et *en particulier* des adhérents, une clientèle. *Prospecter une région par hélicoptère. Prospecter un milieu social. Prospecter un secteur de vente.* — (1951) Sonder (un marché, une clientèle).

« Suivant les faits à mettre en lumière, il faut déterminer les milieux à prospecter, la qualité et le nombre des individus à interroger, les questions à poser. » B. de PLAS et H. VERDIER, *La Publicité*, p. 24 (□ 1951).

3° (déb. XXe s.) *Fig.* Explorer un domaine psychologique, intellectuel ; scruter une chose.

« Jamais il ne lui sera possible de relâcher sa vigilance. À tout instant, derrière son dos, leur regard, prospectant discrètement, effleurera cela imperceptiblement et se détournera aussitôt, une petite flamme s'allumera au fond de leur œil : Tiens, tiens, c'est le fin connaisseur, le grand expert, c'est cela, ce goût fameux, mais il n'y connaît rien, ce pauvre Alain... "Vous avez vu sa cheminée, cette Vierge avec l'Enfant... C'est du faux Renaissance ou je ne m'y connais pas...". »
N. SARRAUTE, *Le Planétarium*, p. 283 (□ 1959).

✳ De l'anglais *to prospect*, dérivé, comme terme de mines, du substantif *prospect*✳, attesté pour la première fois en américain (1841 comme v. intr., 1851 comme v. tr.). D'abord utilisé comme terme étranger (→ cit. ci-dessus), le verbe *prospecter* est enregistré dès 1864 dans *le Suppl. du Dict. de la conversation et de la lecture* ; il fait son entrée dans le Dict. de l'Académie en 1935. Comme terme de publicité et de commerce, il est enregistré dans le Larousse du XXe siècle 1932 ; il a produit le dérivé *prospecté, ée* adj. et n. (1951) « qui a fait l'objet d'une prospection publicitaire ». *Les entreprises prospectées.* — Subst. *Les prospectés.*

« La publicité met en rapport un vendeur et un acheteur ; en termes plus techniques, un "annonceur" et un "prospecté". » B. de PLAS et H. VERDIER, *op. cit.*, p. 53.

✳ À la différence de *prospecteur*, *prospection* n'est pas un anglicisme.

PROSPECTEUR, TRICE [pʀɔspɛktœʀ, tʀis] *n.*

1° (1862) Personne qui prospecte✳ un terrain, une région. — REM. : Dans le Suppl. 1877, Littré enregistre *prospecter* ou *prospecteur*, n. m. ; le dict de l'Académie 1935 enregistre *prospecteur* n. m.

« Quand il aura ainsi rencontré un endroit convenable, le prospecteur *marquera son claim*, il annoncera au public par une notice en anglais, et clouée à un poteau fiché en terre, qu'à partir de ce point à un autre point correspondant, situé à cent cinquante pieds du premier, il se propose de commencer une exploitation. Il attendra trois jours, et si aucune réclamation ne se produit, le travail commencera immédiatement. » L. SIMONIN, *Voyage en Californie* [1859], p. 28 (□ 1862).

« Et le coup de pioche du bagnard, qui humilie le bagnard, n'est point le même que le coup de pioche du prospecteur, qui grandit le prospecteur. »
SAINT-EXUPÉRY, *Terre des hommes*, pp. 206-207, Gallimard (□ 1939).

2° (1923) *Fig.* Personne qui explore dans les domaines intellectuel, psychologique, etc.

« Certainement, les vérités psychologiques paraissent toujours à Dostoïevsky ce qu'elles sont en réalité : des vérités particulières. En romancier (car Dostoïevsky n'est nullement un théoricien, c'est un prospecteur), il se garde de l'induction et sait l'imprudence qu'il y aurait (pour lui du moins) à tenter de formuler des lois générales. »
A. GIDE, *Dostoïevsky*, p. 111 (□ 1923).

✳ Francisation de l'anglais *prospector*, substantif attesté en américain en 1846.

PROSPECTIF, IVE [pʀɔspɛktif, iv] *adj.* et *n. f.*

1° *Adj.* (1834 ; répandu mil. XXᵉ s.) Relatif à l'avenir, à ce qui anticipe sur l'avenir (opposé à *rétrospectif*). — REM. : Absent des dict. de Littré et de l'Académie ; enregistré dans le Grand Dict. universel de P. Larousse, 1875.

« La critique *rétrospective* est frappée d'impuissance. La critique *admirative* est désormais inutile. La critique *prospective* a maintenant son rôle à jouer. »   G. PLANCHE, in *Revue des Deux-Mondes*, 1834, in *Le Français moderne*, oct. 1949, p. 302.

« En ce sens, l'existant humain est toujours plus que ce qu'il est (sur le champ), quoiqu'il ne soit pas encore ce qu'il sera. Il est, dira Sartre, l'"être qui n'est pas ce qu'il est et qui est ce qu'il n'est pas". Cette conception prospective de l'existence, Heidegger l'oppose à l'inertie, à la détermination totale de l'*existentia* classique, de la substance, tout au moins de l'image dégradée qu'on en a souvent proposé. »
E. MOUNIER, *Introduction aux existentialismes*, pp. 46-47 (□ 1946).

« Mais aussi, et peut-être surtout, *de loin*, en prenant tous les reculs du temps : recul rétrospectif, qui intègre le "passé" ; recul prospectif, qui oblige à imaginer le possible ou le probable. »
A.-C. DÉCOUFLÉ, *La Prospective*, p. 6 (□ 1972).

2° *N. f.* (1957) Ensemble de recherches ayant pour objet les directions possibles de l'évolution du monde moderne (distinct de *futurologie*).

« L'objet propre de la prospective ne peut ainsi se définir, au départ, que par opposition avec celui de pratiques abusivement confondues avec elle ; il ne réside ni en un effort de divination du futur, ni en une rêverie sur le devenir. Il consiste à élaborer un corps d'hypothèses sur l'histoire en marche qui soit de mieux en mieux assujetti à des méthodes et à des techniques de contrôle empruntées au *corpus* des disciplines scientifiques établies, de sorte que leur énoncé et les conclusions toujours provisoires qu'il est loisible d'en tirer soient de plus en plus crédibles, et accoutument à l'idée qu'il n'est pas interdit de raisonner sur le possible ou le probable sans trop d'arbitraire. » A.-C. DÉCOUFLÉ, *op. cit.*, p. 11.

« Marx a été le fondateur, il y a un siècle, de la prospective. La prospective c'est, en effet, une méthodologie de l'initiative historique : elle nous apprend à dégager des contradictions du présent les possibles futurs capables de les surmonter. »
R. GARAUDY, *Parole d'homme*, p. 166 (□ 1975).

— *Adj.* Relatif à la prospective.

« Au niveau de l'entreprise, comme au niveau de la nation, le point de départ de toute réflexion prospective, c'est la prise de conscience de la brusque accélération du rythme de l'histoire qui s'est opérée au milieu du XXᵉ siècle. »   R. GARAUDY, *op. cit.*, p. 166.

✶ Le mot a existé en moyen-français comme adjectif dans le terme *science prospective* « optique » et comme nom au sens de « perspective ». Dans les emplois signalés ici, l'adjectif *prospectif* semble avoir été repris de l'anglais *prospective* adj. (1590), lui-même du moyen-français *prospectif* ou du bas-latin *prospectivus*. Il a été répandu sous l'influence des travaux anglo-saxons, mais c'est le philosophe Gaston Berger, fondateur du Centre international de prospective, en 1957, qui l'a introduit en français. Étiemble condamne le terme parce qu'il y voit un emprunt « yanki », un emprunt qui « fournit un des témoignages les plus flagrants de notre asservissement culturel » (*Le Jargon des sciences*, p. 101, 1966). Il s'agit toutefois d'une reprise du moyen-français, d'un terme bien formé, que les spécialistes opposent à *prospection*, à *prévision*, à *planification* et à *perspective*. *La Banque des mots* (n° 2, 1971, p. 228) signale le dérivé *prospectiviste* (distinct de *futurologue*), n. « spécialiste, chercheur en prospective ».

« Ainsi, l'*An 2000*, par Herman Khan et Anthony Wierner [...] contient l'histoire de tout ce qui va nous arriver (et non pas de ce qui peut nous arriver). Les auteurs sont deux des prospectivistes les plus actifs d'Outre-Atlantique. »
J. GAILLARD, in *Le Figaro littéraire*, 23 sept. 1968, p. 28.

PROTÉIDE [pʀɔteid] *n. m.*

(1923) *Biochimie.* Protéine au sens large (comprenant les holoprotéines et les hétéroprotéines). — REM. : Ce terme tend à remplacer *protéine* dans l'usage scientifique. — *Spécialt* Protéine conjuguée (hétéroprotéine). *Protéide ferrique*, hémoglobine. — REM. : Absent du dict. de l'Académie 1935.

✱ Anglais *proteid* n. (1871), formé, par substitution de suffixe, sur *protein* n. (1844), lui-même emprunté au français *protéine* (1838), dérivé du grec *prôtos* « premier », les protéines ayant été considérées comme le fondement de la matière vivante.

PROTEST [pʀɔtɛst] *n. m.*

(v. 1970) Aux États-Unis, Chanson de contestation, illustrée par Bob Dylan et Woody Guthrie vers les années 60.

« Les *media* ont envoyé à Resurrection City toutes leurs équipes spécialisées dans l'*underground* et le *protest*, reporters à tête de Christ, opérateurs barbus [...]. »
Cl. ROY, in *Le Nouvel Observateur*, 17 juil. 1972, p. 21.

✱ De la rencontre de Bob Dylan et de Woody Guthrie en 1960 est né aux États-Unis un type particulier de chanson de contestation appelé *protest song* « chanson de contestation ». L'anglais *protest* vient du français *protest* (mod. *protêt*), de *protester* (latin *protestari* « déclarer formellement » de *pro* « devant » et de *testari* « témoigner, attester », de *testis* « témoin »). En France, M.-H. Fraïsse consacre en 1973 un ouvrage à ce courant américain : *Protest-song* (Seghers). L'emprunt est parfois employé intégralement *(protest-song)*, de même que le dérivé *protest-singer*.

« Le caractère individuel du blues n'avait jamais permis à celui-ci d'adopter cette étendue sociale que Woodie Guthrie confère à la chanson. Il ne s'agit d'ailleurs pas de proclamer une idéologie-message quelconque : la chanson engagée, qui deviendra *protest-song*, conteste, condamne, réveille, propose, mais ne devient pas pour autant l'hymne d'un parti politique. »
H.-S. TORGUE, *La Pop-Music*, p. 15 (□ 1975).

« C'est là, dans le campus survolté, que le *protest singer* colle mieux au public et à l'événement. » M. RIGHINI, in *Le Nouvel Observateur*, 18 sept. 1972, p. 50.

✱ La forme abrégée *protest* désigne en français le mouvement américain appelé *protest-song* ; pour la chanson française, on emploie le terme *chanson contestataire*.

PROTON [pʀɔtɔ̃] *n. m.*

(apr. 1920) Particule constitutive du noyau atomique, de charge électrique positive, égale numériquement à celle de l'électron, mais de masse 1 840 fois plus grande, qui forme le noyau de l'atome d'hydrogène. — REM. : Absent du dict. de l'Académie 1935.

« Il semble bien que les noyaux soient formés non pas de protons et d'électrons, mais de protons et de neutrons maintenus liés les uns aux autres par des "forces d'échange" du type nouveau dont nous avons parlé plus haut. » L. de BROGLIE, *Physique et microphysique*, p. 280 (□ 1947).

✱ Mot créé en anglais (1920) par Sir Ernest Rutherford, du grec *prôton,* neutre substantivé de l'adjectif *prôtos* « premier », proprement « la première chose ».

PROZINE → FANZINE.

PSR → PULSAR.

PSYCHÉDÉLIQUE [psikedelik] *adj.* et *n. m.*

1° (1967) Se dit de l'état spécifique résultant de l'absorption de drogues hallucinogènes, comme le L. S. D., la mescaline, etc.

« Rentré aux États-Unis, Leary y poursuit son apostolat, cependant que Richard Alpert organise des conférences vantant les mérites de l'expérience psychédélique, multiplie les interviews, prend part à des colloques scientifiques, devient, en somme, le "public-relation" du L. S. D. À l'automne 1963 Leary crée la Castalia Foundation qu'il installe à Millbrook, dans le Comté de Dutchess, État de New York, dans une propriété mise à sa disposition par William Hitchock, milliardaire et partisan convaincu des voyages psychédéliques. »

J.-L. BRAU, *Histoire de la drogue*, p. 166 (□ 1968).

— Qui provoque cet état. *Drogues, substances psychédéliques.*

« Leary définit le "voyage" psychédélique comme une transcendance des concepts verbaux, des dimensions spatio-temporelles et de l'*ego* (identité). Cet état n'est pas produit par la drogue elle-même qui n'est qu'une *"clé chimique"*. Les substances psychédéliques ne font que le rendre possible, au même titre d'ailleurs que les exercices du Yoga, la méditation dirigée, l'extase religieuse ou esthétique. Il peut même survenir spontanément. »   J.-L. BRAU, *op. cit.*, p. 303.

— Subst. *Un psychédélique.* « *Le libre usage des psychédéliques* » (J.-L. Brau, *op. cit.*, p. 165).

2° (1967) *Par ext.* Qui évoque, recherche les représentations, les visions propres à l'état psychédélique. *Éclairage, musique, spectacle psychédélique.*

« Appelé aussi musique psychédélique, *l'acid-rock* tente de reproduire par le son les effets des hallucinogènes ; en fait, il désigne aussi la musique créée sous l'influence de la drogue, notamment du L. S. D. (acide lysergique diéthylamide). Références orientales et électro-acoustique se mêlent dans cette musique du voyage intérieur. »

H.-S. TORGUE, *La Pop-Music*, p. 23 (□ 1975).

— PAR EXT. Coloré, imaginatif, féerique. *Décor, dessin psychédélique.*

3° (1968) Se dit du mouvement contestataire d'origine américaine, issu vers 1966 de la « révolution verte » des hippies à San Francisco, qui prône l'expérience psychédélique obtenue par l'usage des hallucinogènes ou par tout autre moyen. *La révolution psychédélique.* — *Subst.* Ce mouvement lui-même.

✶ De l'anglais *psychedelic* ou *psychadelic* (1965, *in* Barnhart, *A Dict. of New English*), du grec *psukhê* « âme », et *dêlos* « visible », proprement « qui manifeste la psyché ». *Psychédélique* est attesté au premier sens dans *le Nouveau Candide*, 2 janv. 1967, p. 24. Il a produit le dérivé *psychédélisme* n. m. (1968) « état, élément psychédélique ».

PSYCHODRAME [psikɔdʀam] *n. m.*

(1951) *Psychol.* Technique de psychothérapie de groupe, reposant sur l'improvisation de scènes dramatiques sur un thème donné, par laquelle les sujets sont amenés avec l'aide d'un thérapeute meneur de jeu, à extérioriser leurs conflits intérieurs, à jouer des rôles propres à les libérer de leurs complexes → **Sociodrame.**

« Le malade, dans le psychodrame, doit être acteur. Il est obligé d'agir, de sortir de sa maladie au lieu d'y assister. Il vit et il extériorise ses pensées en passant successivement par les diverses étapes du développement de la spontanéité. »
G. PALMADE, *Le Psychodrame*, in *La Psychothérapie*, pp. 102-103 (□ 1951).

— PAR EXT. (1960) Rencontre qui tient du psychodrame, en comporte les effets.

« nous nous livrâmes à de sommaires psychodrames, chaque fois que nous avions à affronter des situations désagréables ou difficiles : nous les transposions, nous les poussions à l'extrême, ou nous les ridiculi-

sions ; nous les explorions en long et en large et cela nous aidait
beaucoup à les dominer. »
S. de BEAUVOIR, La Force de l'âge, p. 23 (□ 1960).

✳ Calque de l'américain <i>psychodrama</i> n. (v. 1926). <i>Psychodrame</i> est
enregistré dans le <i>Vocabulaire de la psychologie</i>, par H. Piéron, 1951.
Le dérivé <i>psychodramatique</i> est attesté (1951) en même temps que
l'adj. anglais <i>psychodramatic</i> (<i>in</i> Webster's Third 1966).

PTARMIGAN [ptaʀmigɑ̃] <i>n. m.</i>

(1795) Perdrix blanche des montagnes et des contrées arctiques <i>(lagopus mutus</i> ou <i>alpinus). —</i> REM. : Enregistré dans le
dict. de Littré 1869 ; absent des dict. de l'Académie et des dict.
généraux actuels.

« Que cette comparaison étoit plus pénible encore pour Jeannie,
quand elle se représentoit ses nobles rivales [...] quand elle détailloit
dans sa pensée les richesses de leur toilette, les couleurs brillantes de
leurs robes à quadrilles, l'agrément et le choix de leurs plumes de
ptarmigan et de héron [...] ! »   Ch. NODIER, Trilby, p. 61 (□ 1822).

« Les ptarmigans seuls, perdrix de rocher particulières à cette
latitude, ne fuyaient pas devant l'hiver ; on pouvait les tuer facilement
et leur grand nombre promettait une réserve abondante de gibier. »
Jules VERNE, Les Aventures du capitaine Hatteras, p. 189 (□ 1864).

✳ Mot anglais n. (1684 ; <i>termigan</i> et var., fin du XVIe s.), d'origine
inconnue, probablement à rapprocher du gaélique <i>tàrmachan</i>. L'ajout du
p initial, consacré en ornithologie anglaise par Pennant en 1768, remonte
à un texte de Sibbald, 1684. Ce type de grouse existe dans les Alpes
et les Pyrénées ; Mackenzie relève <i>ptarmigan</i> dès 1795 (p. 193), mais
le mot semble peu répandu de nos jours.

PUB [pœb] <i>n. m.</i>

(1932) En Grande-Bretagne et dans certains pays anglo-
saxons, Établissement où l'on sert, à certaines heures, des
boissons alcoolisées et où domine la clientèle masculine. <i>Des
pubs →</i> **Public-house.** — REM. : Absent du dict. de l'Académie 1935.

« ... Mamy, disais-je à la grosse pianiste venue s'asseoir dans un
fauteuil à côté de moi et qui ressemblait à une de ces damnées
pochardes comme on en rencontre tant dans les <i>pubs</i> de Londres à la
nuit tombante mais qui voulait se faire passer à mes yeux pour une lady
respectable ayant eu des malheurs et ayant maintenant charge d'âmes
et des responsabilités, Mamy, c'est entendu, on vous enlève toutes les
cinq. Vous avez bien une carrée ? On monte. On boira. On fera de la
musique... »   CENDRARS, <i>Bourlinguer</i>, p. 294, Folio (□ 1948).

— (v. 1960) En France, Bar, brasserie, café, dont le cadre et le
décor évoquent (ou prétendent évoquer) les pubs britanniques.
Nous avons mangé dans un pub des Champs-Élysées.

« le restaurant manifeste une renaissance. D'autant plus singulière
que les <i>pubs</i>, les <i>snacks</i>, les <i>drugstores</i> dessinent l'avenir alimentaire,
que le surgelé envahit la cuisine, que nous n'avons plus le temps de
manger, que les messieurs veillent à leur ligne. »
Le Nouvel Observateur, 30 juil. 1973, p. 39.

✳ Mot anglais (1865), de <i>public</i> n. (1709), lui-même forme elliptique
de <i>public house</i>. Il est signalé en français comme abréviation anglaise
dans le Larousse du XXe siècle 1932, art. <i>Public-house. Pub</i>, utilisé pour
donner de la couleur locale, a complètement remplacé l'emprunt
antérieur de <i>public-house</i>. Comme <i>drugstore, pub</i> est employé en
France dans un sens très différent du mot d'emprunt. L'atmosphère
chaleureuse du pub britannique fait place chez nous, trop souvent, au
snobisme et au mauvais goût petit bourgeois, sinon à un luxe hors de
propos. Ne pas confondre avec l'homographe d'origine française, <i>pub</i>
[pyb], n. f., forme abrégée de <i>publicité</i>.

PUBLIC-HOUSE [pœblikaws] *n. m.*

(1786) *Rare* et *vx* → **Pub.** *Des public-houses.* — REM. : Absent des dict. de Littré et de l'Académie.

« Ces feux de fête illuminent des *public-houses* pareils à ceux d'Angleterre, établissements éclairés avec autant de luxe que les estaminets du boulevard, et qui ne sont autre chose que le "mastroquet" du coin. Pressés comme les moutons d'un troupeau, les clients de ces tristes lieux boivent debout, accoudés au comptoir ou accotés à la muraille, dans une atmosphère empestée de vapeurs alcooliques, épaissie de fumée de tabac, empuantie de relents humains. »
M.-A. de BOVET, *Trois Mois en Irlande* [1889], p. 2 (□ 1890).

« Il avait tenu jusqu'à quatre ou cinq heures, mais quand le jour déclina le mal d'estomac le prit et il ne résista pas aux lettres lumineuses qui s'éclairèrent au premier étage d'un *public-house*, d'où s'échappaient les flots d'harmonie d'un piano mécanique. »
ARAGON, *Blanche ou l'Oubli*, p. 306 (□ 1967).

✷ Mot anglais *n.* (1669, en ce sens ; « établissement public », 1574) composé de *house* « établissement », et de *public* « public » lui-même emprunté au français au XVe siècle. Mackenzie (p. 188) relève cet emprunt en français dès 1786 (J.-F. de Chastellux, *Voyages de M. le marquis de Chastellux dans l'Amérique septentrionale dans les années 1780, etc.,* t. I, p. 134). De nos jours, il a été remplacé par l'abréviation anglaise la plus récente du terme, *pub.*

PUBLICISTE [pyblisist] *n.*

(1906 ; repris mil. XXe s.) Agent de publicité commerciale. — REM. : Absent du dict. de l'Académie 1935.

« Au-dessus des têtes, branle la réclame pour le thé purgatif inscrite en anglais sur le coton jaune des parasols que l'astuce des publicistes plante gratuitement derrière les hauts sièges des camions, des charrettes et des diables. » P. ADAM, *Vues d'Amérique*, p. 279 (□ 1906).

✷ De l'américain *publicist* (v. 1900), spécialisation de sens de ce mot qui signifie « spécialiste du droit public », « écrivain politique » et « personne qui rend publique une nouvelle », emprunté au français qui a ces mêmes sens. Le terme normal en français est *publicitaire.*

PUBLIC RELATIONS [pœblikʀilɛʃœns] ou [pyblikʀəlasjɔ̃] *n.*

1° *N. f. pl.* (1951) *Comm.* et *publ.* Ensemble de techniques et de méthodes destinées à favoriser les intérêts d'une entreprise ou d'un groupement, en soignant le caractère de sa publicité et de ses rapports avec le public. *Service de public relations. Agent de public relations* → **Relations publiques.**

« Par exemple, on a livré une machine à écrire à un client, il n'en coûtera que très peu, six mois plus tard, pour lui demander s'il est toujours content et il est plus que probable qu'il vous en saura gré.
C'est l'application d'une méthode que, sous le nom de "Public Relation" [*sic*], on veut américaine, mais que les Orientaux pratiquent depuis bien longtemps avec succès. »
J. ROMEUF, *L'Entreprise et la publicité*, in *L'Entreprise dans la vie économique*, p. 122 (□ 1951).

« C'est une satire des "Public Relations", agence de renseignements qui est destinée en principe à servir les intérêts de tous les citoyens mais dont les informations sont hautement dirigées ; en fait, elle est financée par des hommes d'affaires et des producteurs et, avec une apparente et fallacieuse impartialité, elle invite le public à consommer tel ou tel produit qu'on souhaite écouler sur le marché ; par exemple à l'instigation des "Public Relations" les médecins ouvriront une campagne déclarant que la bière est le plus riche et le plus sain des aliments : ce n'est qu'une publicité déguisée payée par les fabricants de bière. »
S. de BEAUVOIR, *L'Amérique au jour le jour*, 12 avril 1947, p. 263 (□ 1954).

2° *N.* (1959) Personne chargée de public relations.

« Quentin regardait d'un œil vague le démarcheur qui plaçait les produits manufacturés par les moines de l'abbaye de Saint-Wandrille. C'était un jeune homme décoré, coiffé d'un béret basque, un ancien combattant déjà ; mais il tournait avec une jubilation enfantine autour de la voiture où il empilait ses échantillons, un engin de forme américaine, et il se déclarait volontiers *public-relations.* »
A. BLONDIN, *Un singe en hiver*, p. 136 (□ 1959).

∗ De l'américain *public relations* (*in* Webster's Third 1966) « relations publiques ». Dès 1959, le Comité d'étude des termes techniques français a proposé diverses traductions : *relations extérieures, relations publiques, relations humaines.*

« À notre avis, il conviendrait de chercher encore... "Relations extérieures" fait penser au Quai d'Orsay, "relations publiques" souffre de la dégradation de l'adjectif *public* évoquant la foule anonyme et grise, "relations humaines" est bien général. Toute la vie sociale n'est-elle pas faite de relations humaines ? »
Vie et Langage, déc. 1959, p. 672.

∗ La fonction de « public relations » est née en Amérique lors de la guerre de 1914 grâce à l'impulsion du journaliste américain Ivy Lee, qui s'est mis au service de la grande industrie pour dissiper l'hostilité de l'opinion publique à l'égard d'un certain patronat. Elle s'est ensuite développée et précisée avant d'être introduite en Europe par le Plan Marshall. De l'emprunt direct *public relations*, on est passé au calque de *relations publiques*, lorsque la fonction elle-même a été intégrée à l'économie française avec ses caractères propres, si bien que le terme de *public relations* ne s'emploie guère qu'avec un certain humour, ou par naïveté. L'incertitude quant à la prononciation ajoute à la mauvaise réputation du mot.

« Les anglicismes se font de plus en plus rares, et si un commentateur se risque à poser le pied sur ce terrain brûlant, il lui arrive de s'excuser d'user d'un terme qui sent le fagot, ou de l'employer sur le mode ironique, comme ce reporter de "Paris-Club" disant (8-XI-65) : Vous êtes *publique relécheune* ou *peublik relassion ?* »
Vie et Langage, mai 1966, p. 293.

PUBLIC SCHOOL [pœblikskul] *n. f.*

(1894) En Angleterre, École secondaire payante qui prépare à l'Université. *Des public schools.* — REM. : Absent du dict. de l'Académie 1935.

« les *public schools* modelées sur le type de celle de Saint-Paul se multiplièrent. Les *grammar schools* d'Édouard VI et d'Élisabeth, qui ont transformé au XVIᵉ siècle les classes supérieures et moyennes de la société anglaise, sont nées de la fondation de Colet. »
LAVISSE et RAMBAUD, *Histoire générale*, t. III, p. 559 (□ 1894).

« Les effets du système d'éducation britannique se font particulièrement sentir dans la Cité ; chacun sait que les maîtres des *public-schools* s'attachent à développer le caractère plutôt que l'intelligence (et non sans raison, car le caractère est rare et l'intelligence court les rues). Ils font servir à cela le sport qui stimule l'esprit d'association, la loyauté dans les combats, l'inflexible résistance à la douleur, le *self-control* et l'honneur anglais. Au sortir de ces écoles, un homme rend un son spécial. À son arrivée dans la Cité, il peut entrer en affaires avec des étrangers beaucoup plus malins que lui car le tutélaire *public school spirit* veille sur lui ; ses aînés le reconnaissent à ses manières et aux couleurs de ses cravates et le prennent sous leur protection, convaincus qu'il ne peut être qu'un gentleman. » P. MORAND, *Londres*, p. 295 (□ 1933).

— En Écosse, dans les anciennes colonies britanniques ainsi qu'aux États-Unis, Établissement public d'enseignement, généralement gratuit, relevant de l'État (école primaire et secondaire).

∗ Anglais *public school* n. (1580), du latin *publica schola*, forme elle-même attestée en Angleterre vers 1180 et employée pendant quatre siècles. L'adjectif *public* désignait à l'origine une gestion publique opposée à celle des maîtres. En Amérique, le terme de *public school* est repris en Nouvelle-Angleterre dès 1636 et utilisé en Pennsylvanie dès le XVIIᵉ siècle ; il est de nos jours d'usage général aux États-Unis ainsi qu'au Canada, mais il a eu pour concurrents *free school* « école gratuite » et *common school* « école commune » ; le terme désigne des établissements d'enseignement primaire et secondaire gratuits, et plus spécialement l'école primaire. En Écosse, le terme est intégré dans la loi de 1872 sur les écoles paroissiales. En France, le terme ne s'applique qu'aux écoles anglaises.

PUDDING ou POUDING [pudiŋ] *n. m.*

1° (1678) → **Plum-pudding.** *Des puddings.* — REM. : Enregistré dans le dict. de Littré 1869 (sous la forme *pouding*) et dans le dict. de l'Académie 1935 (sous la forme *pudding*). — On emploie en France le mot en ce sens dans la région de Calais, où l'on dit aussi *Christmas pudding.*

« les grandes marées de puddings et de cartes fleuries gonflèrent chaque jour davantage les camions de postiers et Noël vint rappeler la douceur de vivre à la division et au village. »
A. MAUROIS, *Les Silences du colonel Bramble*, p. 121 (□ 1918).

2° (1857) *Par ext.* Toute préparation molle où il entre de la farine, cuite à l'eau ou à la vapeur, typique de la cuisine anglaise. *Yorkshire pudding*, pâte cuite dans du jus de rôti.

« Après le souper, où il y eut beaucoup de vins d'Espagne et de vins du Rhin, des potages à la bisque et au lait d'amandes, des puddings à la Trafalgar et toutes sortes de viandes froides avec des gelées alentour qui tremblaient dans les plats [...]. »
FLAUBERT, *Madame Bovary*, in *Œuvres*, t. I, p. 373 (□ 1857).

« Comment ? encore un pudding à la Nesselrode ! ce ne sera pas de trop de la cure de Carlsbad pour me remettre d'un pareil festin de Lucullus. » PROUST, *À l'ombre des jeunes filles en fleurs*, p. 466 (□ 1918).

« Dès l'entrée, par Wine Court Yard, la bonne odeur d'un pudding aux alouettes et aux huîtres cuites vous monte au nez. »
P. MORAND, *Londres*, p. 260 (□ 1933).

✱ Mot anglais n. (XVIᵉ s. en ce sens ; moyen-anglais *poding*, *puddying*, attesté au XIIIᵉ siècle au sens de « boudin », et, au pluriel, au XVᵉ siècle au sens de « boyau ») ; le lien à établir entre l'anglais *pudding* et le français *boudin* reste obscur.

« La préparation du moderne *pudding* est en usage depuis 1550 environ, mais, dès cette époque, la recette comportait une cuisson, à l'eau bouillante, de la pâte enveloppée dans un sac. Sans doute est-ce la ressemblance entre le traitement de ce sac farci et celui du véritable boudin, qui fit évoluer le sens du mot. Aujourd'hui, on appelle *pudding* toutes sortes de préparations qui n'ont plus aucun rapport avec l'ancienne formule. À tel point que, dès 1698, le français a emprunté à l'anglais son *pouding* savoureux.
Notons encore que certains linguistes rapprochent l'anglais *pudding* du bas-allemand *pudding* ou de l'irlandais *putog*, cherchant à retrouver dans ces formes le germanique *pud-* ("gonfler"). Or, il n'est pas impossible que le français *boudin* ait possédé, lui aussi, le sens d'"enflé", comme en témoigne l'ancien *boudine* ("gros ventre"), d'où dérive le moderne *bedaine*, et que *boudin* et *pudding* remontent tous les deux à la même racine germanique. »
M.-M. DUBOIS, in *Vie et Langage*, oct. 1954, p. 479.

✱ Wartburg atteste *pudding* en français en 1678, et le dict. de Trévoux écrit *pouding* en 1752. Le mot se prononçait [pudɛ̃g] à l'origine, d'où la graphie et la prononciation retenues pour le terme de géologie *poudingue*✱ ; pour l'entremets, on dit de nos jours [pudiŋ], ce qui exclut l'ancienne graphie *poudingue*. Le pudding (1°) est en France un produit d'importation. Mais les boulangers font une espèce de gâteau grossier, avec du pain rassis et des raisins, qui porte le nom de *pouding* [pudɛ̃].

PUDDLAGE [pœdlaʒ] ou [pydlaʒ] *n. m.*

(1827) *Techn.* Ancien procédé métallurgique utilisé pour transformer la fonte en fer ou en acier par chauffage avec des scories oxydantes. — REM. : Enregistré dans les dict. de Littré 1869, et de l'Académie 1878.

« Deux systèmes différents sont en usage pour l'affinage de la fonte : l'un employé presque exclusivement sur le continent européen, porte le nom d'*affinage au bois* ; l'autre, imaginé en Angleterre, a reçu le nom de *puddlage*, ou *affinage par la méthode anglaise.* »
L. FIGUIER, *L'Année scientifique et industrielle*, p. 99, 1858 (□ 1857).

✱ De l'anglais *to puddle* (→ **Puddler**) — l'équivalent anglais *puddling* n'est attesté en ce sens qu'en 1839, bien que l'opération elle-même soit décrite en détail dès 1791 — le terme *puddlage* apparaît en français en 1827 (Dufrénoy-de-Beaumont, *Voyage métallurgique en Angleterre*, p. 478, *in* Mackenzie, p. 208).

PUDDLER [pœdle] ou [pydle] *v. tr.*

(1834) *Techn.* Affiner (la fonte) par puddlage✱. — REM. : Enregistré dans les dict. de Littré 1869 et de l'Académie 1878.

« La fonte de fer, quand elle n'est pas directement moulée en objets usuels au sortir du haut fourneau ou des fours où on la raffine et la blanchit, est complètement décarburée, et transformée en fer doux presque chimiquement pur dans des fours à réverbère. Nous nommons ces fours en français fours à puddler, de l'anglais *puddling furnace*, mot à mot fours à pétrir. On y pétrit, en effet, la fonte, et la température du four est portée au blanc soudant. »
L. SIMONIN, *Une visite aux grandes usines du Pays de Galles* [1862], p. 351 (□ 1865).

« Embauché comme puddleur ?... demanda-t-il. Vous paraissez bien jeune ?

— L'âge ne fait rien, répondit l'autre. J'ai bientôt vingt-six ans, et j'ai déjà puddlé pendant sept mois... »
Jules VERNE, *Les Cinq Cents Millions de la Bégum*, pp. 67-68 (□ 1879).

✱ Francisation de l'anglais *to puddle* (1798, en ce sens ; « barboter dans la boue », XVe s. ; etc.), de *puddle* n. (moyen-anglais *podel, puddel*, diminutif du vieil anglais *pudd* « fossé ; sillon »). Bonnaffé et Mackenzie (p. 208) attestent *puddler* en 1834 (*Annales des mines*, V, p. 676). Outre *puddlage*✱, antérieur, on signalera le dérivé *puddleur* (1859, Mozin), d'après l'angl. *puddler* n. (1831).

« Le puddleur, alors, du bout de son crochet, pétrissait et roulait en tous sens la masse métallique : il la tournait et retournait au milieu de la flamme ; puis au moment précis où elle atteignait, par son mélange avec les scories, un certain degré de résistance, il la divisait en quatre boules ou "loupes" spongieuses, qu'il livrait, une à une, aux aides-marteleurs. »
Jules VERNE, *Les Cinq Cents Millions de la Bégum*, p. 70 (□ 1879).

PUFF [pyf] ou [pœf] *n. m.*

1° (1783 ; repris en 1824) *Vx.* Publicité mensongère ou outrancière ; tromperie de charlatan. — REM. : Enregistré dans le dict. de Littré 1869 ; absent des dict. de l'Académie, sauf sous la forme *pouf*, dans le Compl. 1840.

« Cette nouvelle pourrait être un *puff*, car nous n'avons pas trouvé la dynastie des Léo dans l'Almanach du Gotha. »
BALZAC, *Voyage d'un lion d'Afrique à Paris*, in *Œuvres diverses*, t. III, p. 465 (□ 1842).

« Au mois d'octobre 1878, des annonces venues de New-York affirmèrent que M. Edison, le célèbre inventeur du phonographe, aurait résolu, dans ce sens, le problème de l'éclairage électrique. Si ce n'est pas là un simple puff américain, M. Edison aura la gloire d'avoir fait une des plus grandes découvertes de notre siècle. »
L. FIGUIER, *L'Année scientifique et industrielle*, p. 84, 1879 (□ 1878).

2° (1830) *Vx* et *littér.* Manœuvre trop voyante.

« La Fontaine disait à la Champmeslé : "Nous aurons la gloire, moi pour écrire des vers, vous pour réciter." Il a deviné. Mais pourquoi parler de ces choses-là ? La passion a sa pudeur ; pourquoi révéler ces choses intimes ? Pourquoi des noms ? Cela a l'air d'une rouerie, d'un *puff.* »
STENDHAL, Lettre à Sainte-Beuve, 26 mars 1830, in *Corresp.*, t. II, p. 180.

✱ Mot anglais d'origine onomatopéique (bruit bref de l'air qu'on expire brusquement) n. (XIIIe s.), d'où (XVe s.) « objet gonflé, soufflé (pâtisserie légère) » puis XVIIe s., en ce sens figuré. Le mot est de même origine que le verbe *to puff* « expirer l'air des lèvres brusquement et violemment », XIIIe s. ; au figuré 1526. *Puf* n. et *puffen* v. apparaissent simultanément en moyen-anglais au XIIIe siècle ; ces formes peuvent se rattacher à l'ancien anglais **puf*, **puffan*, à rapprocher du hollandais *puffen* (mod. *pof*, *poffen*) et de l'allemand *pof*, *puf*. Von Proschwitz a relevé le substantif *puff* en français dès 1783 ; le terme apparaît ensuite dans la correspondance de Stendhal le 24 décembre 1824 (Mackenzie, p. 208) et connaît une très grande vogue au XIXe siècle. De nos jours, il est sorti de l'usage, après avoir donné les dérivés *puffer* (1827), *puffisme* (1874) et *puffiste* (1848) dont seules les œuvres littéraires gardent le souvenir (sauf pour le verbe, encore employé au Québec).

> « Le *puffisme* parisien n'a pas encore dit son dernier mot. Je causais avec un industriel qui a déjà élevé le génie de la réclame jusqu'au zénith de l'art. »
> *Le Journal amusant*, 21 nov. 1874 [*in* D. D. L., 2e série, 14].

> « Je propose au public d'adopter le verbe *poffer* (du mot anglais *puff*), qui veut dire vanter à toute outrance, prôner dans les journaux avec effronterie. Ce mot manque à la langue, quoique la chose se voie tous les jours dans les colonnes des journaux à la mode, auxquels on paie le *puff* en raison du nombre de leurs abonnés ; car, je dois l'avouer, monsieur, avec le verbe *poffer* (vanter effrontément et à toute outrance), je propose aussi le substantif *poff*. Ce mot serait bien vite reçu, et avec joie, si tous vos lecteurs pouvaient comprendre le langage du personnage du *puff* dans la charmante comédie du *Critique* de Sheridan. M. Poff, moyennant une légère rétribution, vante tout le monde dans tous les journaux. »
> STENDHAL (signé Polybe LOVE-PUFF), Lettre au Rédacteur du *Globe*, 6 déc. 1825, in *Corresp.*, t. II, pp. 74-75.

PUFFIN [pyfɛ̃] *n. m.*

(1760) Oiseau de haute mer, palmipède *(Procellariidés)*, de la taille d'un pigeon et voisin du pétrel. — REM. : Enregistré dans le dict. de Littré 1869, absent des dict. de l'Académie.

> « Klein prétend que le nom de *puffin* ou *pupin* est formé d'après le cri de l'oiseau : il remarque que cette espèce a ses temps d'apparition et de disparition ; ce qui doit être en effet pour des oiseaux qui ne surgissent guère sur aucune terre que pour le besoin d'y nicher, et qui du reste se portent en mer, tantôt vers une plage et tantôt vers une autre, toujours à la suite des colonnes des petits poissons voyageurs, ou des amas de leurs œufs dont ils se nourrissent également. »
> BUFFON, *Les Oiseaux*, Le Pétrel-Puffin, t. VIII, p. 567 (□ 1780).

> « Puis, sur cette nature désolée, un silence farouche, à peine rompu par le battement d'ailes des pétrels ou des puffins. Tout était gelé alors, même le bruit. »
> Jules VERNE, *Vingt Mille Lieues sous les mers*, p. 477 (□ 1869).

— EN APPOS. *Pétrel-puffin* n. m. (Buffon, *op. cit.*, pp. 566-567).

✱ Mot anglais *(puffin ;* moyen-anglais *poffo[u]n, pophyn ;* anglo-latin *poffo)* n. (1337), d'origine incertaine, peut-être de Cornouailles, probablement assimilé ultérieurement à *puff** à cause de l'aspect soufflé de l'oiseau, que l'on a du reste longtemps pris pour un poisson et dont la chair était autorisée pendant le Carême. En français, *puffin* est attesté dès 1760 dans R. Brisson, *Ornithologie* [...], t. VI, p. 131 (d'après Mackenzie, p. 177).

PUGILISME [pyʒilism] *n. m.*

(1801) Boxe anglaise. — REM. : Absent des dict. de Littré et de l'Académie.

> « C. s'est mis au ban du pugilisme sportif. »
> *Le Vélo*, 24 nov. 1898 [*in* G. Petiot].

✱ Anglais *pugilism* n. (1791), de même étymologie latine que *pugiliste**. Signalé dans la *Néologie*, de Mercier, 1801.

PUGILISTE [pyʒilist] *n. m.*

(1789) Celui qui pratique la boxe anglaise. *Battling Malone pugiliste,* roman de L. Hémon, 1911. — REM. : Signalé dans les dict. de Littré 1869 et de l'Académie 1935, comme terme de boxe.

« Jack Hoskins était un pugiliste plus habile, d'un type qui ne se rencontre guère dans toute sa perfection qu'en Angleterre. »
L. HÉMON, *Battling Malone,* p. 90 (□ 1911).

✳ Anglais *pugilist* n. (1790), latin *pugil* « athlète de pugilat », de *pugnus* « poing ». Dauzat, Dubois et Mitterand attestent *pugiliste* dans le *Courrier de l'Europe,* 1789 ; Mackenzie (p. 209) relève le mot en 1832 dans le *Dict. général,* de Raymond, t. II, p. 316. Le mot ne semble intégré qu'à partir de 1860 (G. Petiot).

PUGILISTIQUE [pyʒilistik] *adj.*

(1866) Du pugilisme*, de la boxe anglaise.

« Confiance que l'adresse pugilistique inspire à l'individu. »
DARYL, *Renaissance physique,* 1888 [*in* G. Petiot].

« Serrurier était la merveille pugilistique de cette décade, le prodigieux Français devant qui tous les poids moyens d'Angleterre et d'Amérique avaient dû baisser pavillon. »
L. HÉMON, *Battling Malone,* p. 85 (□ 1911).

✳ Anglais *pugilistic* adj. (1811), de *pugilist* (→ **Pugiliste**). Signalé par Mackenzie (p. 209) en 1866 (Esquiros, *L'Angleterre et la vie anglaise*).

1. PULL ! [pul] *interj.*

(1854) *Chasse.* Signal donné au puller* pour qu'il lâche les oiseaux (tir aux pigeons). — REM. : Absent des dict. de Littré et de l'Académie.

« Le *pull* par lequel le tireur prévient qu'il est prêt. »
E. CHAPUS, 1854, *Le Sport à Paris* [*in* G. Petiot].

✳ Mot anglais « tirez ! » de *to pull,* enregistré dans le Larousse du XXe siècle 1932.

2. PULL [pul] *n. m.*

(1924) *Golf.* Effet donné à la balle de droite à gauche.

« Pull : coup tiré, la balle oblique à gauche. »
Encycl. des sports, 1924 [*in* G. Petiot].

✳ Anglais *pull* n. (1892, comme terme de sport), de *to pull* « tirer ; hooker ». On dit aussi en français *coup hooké.*

3. PULL → PULL-OVER.

PULLER ou **PULLEUR** [pulœʀ] *n. m.*

(1885) *Chasse.* Au tir aux pigeons, Personne qui lâche les oiseaux enfermés dans les boîtes, au signal convenu (→ **1. Pull**) lorsque l'on va tirer. — REM. : Absent du dict. de l'Académie 1935.

« Le tireur est placé à 15 m d'une tranchée dans laquelle est abrité le "puller" qui, sur son ordre, lance un plateau qui s'éloigne en faisant au maximum un angle de 45°. »
Contact (revue mensuelle d'information de la F. N. A. C.), avril 1972, p. 13.

✳ Mot anglais du XIVe siècle « personne qui tire, qui arrache », de *to pull* « tirer », attesté en français en 1885 (d'après Wartburg).

PULLMAN [pulman] *n. m.*

(1888 ; *Pullman's car,* 1868) Wagon de luxe. *Voyager en pullman. Des pullman-cars* ou des *pullmans.* — Par appos.

Voiture-pullman. — REM. : Absent des dict. de Littré et de l'Académie.

« Allons nous réconforter un instant, avant de demander un lit pour la nuit, non à l'hôtel de la station où nous sommes (c'est Laramie qu'elle s'appelle), mais au wagon-dortoir dit *Pulman's car* qui va nous emporter jusqu'à la station extrême de Benton. »
>   L. SIMONIN, *De Washington à San Francisco,*
>   *à travers le continent américain* [1868], p. 170 (□ 1874).

« Les trains ont ordinairement peu de wagons, mais ce sont des wagons *palace*, quatre fois grands comme les nôtres ; on s'y promène à l'aise, on respire sur les balcons, on parcourt le train d'un bout à l'autre ; chaque wagon à son poêle, son watercloset et un robinet d'eau glacée. Les Pullman cars ont leurs salons, chambres et salles à manger. En général, il n'y a que des premières classes dans les trains rapides. »
>   E. MICHEL, *Le Tour du monde en deux cent quarante jours.*
>   *Le Canada et les États-Unis,* pp. 38-39 (□ 1881).

« [l'hôtel Waldorf-Astoria, à New York] lavant dans ses baignoires de porcelaine toutes les poussières recueillies pendant les longs trajets en pullman-car depuis les rives embaumées de la Californie, les jardins de la Floride, les forêts du Canada et les gorges des Montagnes Rocheuses. »
>   P. ADAM, *Vues d'Amérique,* p. 88 (□ 1906).

✱ Américain *Pullman car* n. (1867), composé de *car* « voiture » (usage américain opposé à l'usage britannique : *carriage*) et de *Pullman* nom de l'industriel américain de Chicago (1831-1897) qui, avec Ben Field, établit les plans de ce type de voiture, les fit breveter en 1864, et lança en 1865 le premier wagon-lit, le « Pioneer », dont le modèle allait se répandre en Grande-Bretagne en 1875 et bientôt dans toute l'Europe. La forme abrégée *Pullman* apparaît en américain en 1870 (*Pullman's,* à l'origine). *Pullman car* (1874) a connu plusieurs variantes américaines, dont *(Pullman) palace car* (1867) ou *hotel car* (1875), etc. En français, *pullman-car* est attesté dès 1873 chez J. A. Hubner, dans *Promenade autour du monde,* t. I, p. 86 (*in* Mackenzie, p. 240) → **Sleeping.**

PULL-OVER [pulɔvœʀ] ou [pylɔvɛʀ] *n. m.*

(1925) Tricot de laine ou de coton, avec ou sans manches, qui ne se boutonne pas et qu'on met et qu'on retire en le faisant passer par-dessus la tête. *Des pull-overs. Un pull-over à col roulé.* — REM. : Absent du dict. de l'Académie 1935.

« Gilieth passa devant son hôtel. La servante jeune et laide, dont les seins lourds étaient moulés dans un pull-over orange, lui sourit. Les beaux yeux étincelaient de courtoisie. »
>   P. MAC ORLAN, *La Bandera,* p. 18, Gallimard, 1950 (□ 1931).

« Moi, ma seule élégance, c'était mes pull-overs, que ma mère me tricotait d'après des modèles soigneusement sélectionnés et que souvent mes élèves copiaient. » S. de BEAUVOIR, *La Force de l'âge,* p. 164 (□ 1960).

— PULL. (v. 1947). Forme abrégée en français de *pull-over* (aujourd'hui plus courante ; inconnue en anglais). — REM. : S'est longtemps prononcé [pul] mais aujourd'hui [pyl]. *Des pulls.*

> « T'es tout' nue
> Sous ton pull
> Y'a la rue
> Qu'est maboul'
> Jolie môme. »
>
> L. FERRÉ, *Jolie Môme, in* Ch. ESTIENNE, *Léo Ferré,* p. 134, Seghers,
>   1962 (□ 1961).

✱ Mot anglais n. (1925, en ce sens ; « voilette, chapeau couvert d'une voilette », 1875 ; etc.), de *to pull over* « tirer au-dessus de », attesté en français dès 1925 (*Écho de Paris,* 11 août, p. 4, d'après Wartburg). L'indignation d'Étiemble contre cet emprunt, qui cède d'ailleurs devant *pull,* semble excessive, d'autant que *chandail* n'a nullement disparu.

« Mot hideux qui remplace chez nous le très beau *chandail* (taillé dans *marchand d'ail* comme *chandabit* dans *marchand d'habits*). »
>   ÉTIEMBLE, *Le Babélien,* t. I [*in* Dupré].

« *Pull-over* est-il un de ces mots éphémères qu'une mode apporte et qu'une autre mode emporte ! Abandonnons-le alors à son destin. Sinon traitons-le comme nos ancêtres ont traité *riding-coat*, dont ils ont fait *redingote*, et écrivons le *poulover*. » F. Brunot et Ch. Bruneau, *Précis de grammaire historique*, p. 148.

PULP [pœlp] *n. m.*

(1973) Magazine populaire américain imprimé sur du papier épais et bon marché (opposé à *slick*), qui publie des romans policiers *(detectives)*, d'anticipation *(science-fiction)*, d'aventures *(westerns)*, de confidences *(true stories). Des pulps.* — REM. : Absent de tout dict. français.

« *Planet stories* est l'un des deux pulps qui, avec *Marvel*, dont nous parlerons plus loin, fit de l'érotisme un des fondements de sa politique. Mais, contrairement à l'autre revue, où l'accent était mis sur les *textes* érotiques, c'est uniquement d'un point de vue pictural, couverture et illustrations intérieures, que *Planet* adopta ce style. » J. Sadoul, *Histoire de la science-fiction moderne (1911-1975)*, pp. 211-212 (□ 1973).

✱ Mot américain n. (1931), forme abrégée de *pulp magazine* n. (1931) composé de *pulp* « pâte à papier », et de *magazine**. *Pulp*, comme *slick* ou *comic book*, est un terme qui évoque, pour les initiés de l'édition littéraire, une réalité américaine très concrète dans le domaine de la diffusion à grande échelle.

PULSAR [pylsaʀ] *n. m.*

(1970) *Astron.* Source de rayonnement radio-astronomique détectée dans notre galaxie, hors du système solaire. *Des pulsars.* — REM. : On désigne les pulsars par les lettres P. S. R. suivies de l'ascension droite de leur position.

« Récemment, l'*Air Force Research Review* a indiqué par exemple que les pulsars avaient une application militaire précise (mars-avril 1971). En effet, les radio-sources célestes permettent de mesurer de façon très exacte la distance entre deux radiotélescopes terrestres. " En se servant des pulsars, une distance de 5 200 km peut être déterminée avec une erreur ne dépassant pas 100 mètres ", — ce qui peut contribuer à un meilleur guidage des missiles vers leurs cibles. » Entretien de P. Thillier avec M. Leitenberg, in *La Recherche*, janv. 1972, p. 10.

✱ Mot anglais n., contraction de *pulsating star*, de *to pulse* « produire ou émettre des pulsations, des vibrations, des rayonnements », du latin *pulsare* de *pellere* « mettre en mouvement, pousser » (qui a aussi donné le français *pouls*) et de *star* « étoile ». Les premiers pulsars ont été découverts en 1967 à l'observatoire radio-astronomique de Cambridge en Angleterre. Le mot est attesté en français dans *le Monde* du 12 fév. 1970 (*in* G. L. L. F.).

PULSER [pylse] *v. tr.*

(1966) *Techn.* Envoyer (un gaz, de l'air chaud) par pression. *Pulser de l'air chaud.*

✱ De l'anglais *to pulse*, du latin *pulsare*. Ce néologisme a donné le dérivé *pulseur* n. m. (1969) « appareil qui sert à pulser (un gaz, de l'air chaud) ». Le participe passé *pulsé (air pulsé)*, plus fréquent, est aussi plus ancien (1960 ?).

PULSOMÈTRE [pylsɔmɛtʀ] *n. m.*

1° (1874) Techn. *Vx.* Pompe élévatoire utilisant, comme seul agent moteur, la pression de la vapeur d'eau. — REM. : Absent des dict. de Littré et de l'Académie.

« Pompe dite *pulsomètre* de Hall. Cette pompe est fondée sur le même principe que celui des pompes à vapeur de Savery construites au dix-huitième siècle, et dans lesquelles

on vit pour la première fois, la condensation de la vapeur employée comme agent moteur. »
L. FIGUIER, *L'Année scientifique et industrielle*, p. 94, 1875 (□ 1874).

2° (1875) Techn. *Vx.* Ancien instrument servant à mesurer la force et la fréquence du pouls, appelé aussi *pulsimètre* (vx) et *sphygmomètre*. — *Mod.* Petit sablier, préréglé à 15, 30 ou 60 secondes, pour compter le nombre des pulsations artérielles.

✳ Anglais *pulsometer,* n., du latin *pulsus* « pouls », et *-meter,* du grec *metron* « mesure », formé d'après *barometer* « baromètre », et apparu en 1858 comme variante de *pulsimeter* n. (1842). Ce dernier vient de *pulse* « pulse » lui-même emprunté au vieux français *pous, pousse* (moyen-anglais *pous, pouce*), au sens de « sphygmomètre » puis donné comme nom à la pompe à vapeur inventée par l'Américain Hall, en 1872 (L'Oxford dict. signale que cet appareil, n'étant pas un instrument de mesure, devrait s'appeler *pulsator*).

1. PUNCH [pɔ̃ʃ] *n. m.*

1° (1673 ; *bolleponge,* 1653 ; *bouleponge,* 1671 ; *ponche* n. f., v. 1688, *in* Arveiller) Boisson alcoolisée, flambée ou non, que les Anglais buvaient initialement aux Indes, composée à l'origine d'eau-de-vie (arach, etc.) sucrée et parfumée de citron et de cannelle, et mélangée à une infusion de thé. — *Par ext.* Boisson alcoolisée à base de gin, de rhum, de liqueur ou de vin, mélangée à du lait, de l'eau ou à une infusion quelconque, sucrée et parfumée. *Punch flambé. Punch antillais, au rhum. Bol de punch* → **Bol.** — REM. : Admis par l'Académie sous la forme francisée de *ponche* n. f. en 1762, puis enregistré plus tard sous la forme *punch* n. m. (prononcé [pɔ̃ʃ]) dans les dict. de l'Académie 1835 et de Littré 1869.

« La quatrieme sorte s'appelle Punch, dont j'ay beu par fois : on le fait avec de l'eau et du Sucre mis ensemble, et qui après avoir reposé dix jours, devient tres-fort et propre pour ceux qui travaillent. »
H. JUSTEL, *Histoire de l'isle des Barbades*, trad. de l'anglais, 1673
[*in* R. Arveiller, p. 419].

« Pour vous prouver ma piété filiale, je viens de changer de vêtements, et je bois à votre santé un verre de punch qui ne nuira point à la mienne : c'est pour chasser l'humide dont j'ai fait ample provision ce matin, en galopant trois heures dans le déluge pour faire cette étape. »
V. JACQUEMONT, Lettre à M. Jacquemont père, 11 avril 1831,
in *Corresp.*, t. II, p. 10.

« HOURRA GÉNÉRAL. — Le bol de punch ! le bol de punch !
Un bol de punch, grand comme le cratère du Vésuve, fut déposé sur la table par deux des moins avinés de la troupe.
Sa flamme montait au moins à trois ou quatre pieds de haut, bleue, rouge, orangée, violette, verte, blanche, éblouissante à voir. Un courant d'air, venant d'une fenêtre ouverte, la faisait vaciller et trembler ; on eût dit une chevelure de salamandre ou une queue de comète. »
Th. GAUTIER, *Le Bol de punch*, in *Les Jeunes-France*, p. 244 (□ 1833).

« c'est le Londres même de 1800, qui s'enrichit de toute la misère continentale, qui attire chez lui l'or de l'Europe, puis court à ses plaisirs ; ou bien s'installe autour du grand bol à punch (que les puristes français, d'il y a cent cinquante ans essayaient déjà, sans succès, d'orthographier *ponche*) [...]. »   P. MORAND, *Londres*, p. 41 (□ 1933).

2° (Fin XIXe s.) Par ext. *Vx.* Réunion, cocktail ou l'on offre du punch. *Punch d'honneur. Punch d'adieu.* — REM. : Signalé dans le dict. de l'Académie 1935.

« Un grand dîner à 2 heures, le thé et le " punch " dans l'après-midi. »
J.-F. de CHASTELLUX, *Voyages [...] dans l'Amérique septentrionale,*
1786-1788 [*in* Brunot, t. VI, 1-a, p. 338].

✳ Anglais *punch* n. (1632), mot qui d'après Fryer (*Account of East India,* 1698) serait un emprunt au marathi et au hindi *pānch* (sanscrit

pănchan « cinq ») à cause des cinq éléments qui entraient dans cette
boisson. D'après Onions, *punch* pourrait provenir d'une forme antérieure
qui expliquerait la prononciation anglaise moderne. En effet [pʌntʃ] ne
correspond pas à l'évolution normale en anglais du mot indien *(pănch,
panch-)*.

   Bowl of punch (1658) a d'abord donné en français *bolleponge*
« punch » d'où s'est détaché le français *bol**. Traduction de l'anglais à
l'appui, Arveiller montre, en utilisant le dépouillement de K. König
(*Ueberseeische Wörter im Französichen*, Halle, 1939), que l'anglais
punch était en usage dans les Antilles anglaises au XVIIe siècle et que
l'emprunt du mot en français a pu se faire dans les Antilles. L'anglais
punch était aussi en usage à la même époque en Afrique occidentale ;
il a donné la forme francisée de *ponche* n. f. *Ponche* est enregistré par
le Dict. de Trévoux 1704, et par l'Académie en 1762. *Punch* fait son
entrée dans les dictionnaires en 1750 (*Manuel Lexique* de l'abbé
Prévost) et prend la place de *ponche* dans le dict. de l'Académie 1835.
On attribue généralement à Voltaire (1768, *La Guerre civile de Genève*)
et à Jean-Jacques Rousseau le triomphe de la forme *punch* n. m. sur
la francisation en *ponche* n. f.

2. PUNCH [pœnʃ] *n. m.*

1° (1911) *Boxe.* Capacité d'un boxeur à porter des coups secs
et décisifs. — *Par ext.* Ce type de coup de poing. — REM. :
Absent du dict. de l'Académie 1935.

   « Ils ont le punch ; voyez-vous. C'est pour cela qu'ils gagnent. Ils ont
le punch : l'utilisation correcte des muscles frappeurs, et la détente. Le
punch : tout est là. »   L. HÉMON, *Battling Malone*, p. 11 (□ 1911).

   « Indifférent à l'eau qui gicle et qui avive son maillot étoilé, ses
chairs roses, figé sur ce pilori en couleurs, défiant la nuit, l'orage, la
vitesse du trafic, la fatigue des passants, Ram retient son punch pour
me laisser passer. »   P. MORAND, *Champions du monde*, p. 93 (□ 1930).

   — PAR EXT. (1963) *Sport.* Réserve de vigueur qui permet à un
sportif (coureur, footballeur, etc.) d'agir avec énergie, précision
et rapidité.

   « Appliquant la tactique de l'offensive à outrance décidée par Bertie
Mee, leur manager, les avants anglais [...] se lancèrent en vain à l'assaut
du but de leurs adversaires.
   Manque de chance sans doute mais aussi manque de précision, de
punch, de fini dans l'exécution. »   *Le Monde*, 24 mars 1972, p. 25.

2° (1952) Fig. *Fam.* Efficacité, dynamisme d'une personne.
Avoir du punch. Manquer de punch → **Pep.** — Force, vigueur
d'une chose.

   « Zutty Singleton, bien enregistré à partir de *No Papa No*, apporte
à la section rythmique un " punch " qu'elle n'avait pas. »
                        L. MALSON, *Les Maîtres du jazz*, p. 43 (□ 1952, 2e éd.).

   « ses concurrents directs, tout en reconnaissant son *punch* commercial, son audace et ses réussites, lui reprochent de " gâcher le métier ",
de faire des " ersatz " de dentelles et de vendre de vulgaires franfre-
luches. »   F. GROSRICHARD, in *Le Monde*, 6 juil. 1971, p. 14.

✱ Mot anglais n. (1580, « coup », *spécialt* « coup de poing »), de *to
punch* (XIVe s.) anciennement « poignarder, frapper d'un coup de
couteau », « frapper, donner un coup », *spécialt* « un coup de poing »
(1530), variante de *to pounce* (vx.), deux formes de même origine que
le français *poinçon*.
   Comme terme de vocabulaire sportif, il a donné le dérivé français
puncheur [pœnʃœr] n. m. (1932), construit sur le modèle de *catcheur*,
autre pseudo-anglicisme de création française. *Puncheur* se dit d'un
boxeur qui a le punch, et s'emploie aussi dans les sens figurés de
punch.

   « Il a mis knock-out le puncheur. »   *L'Auto*, 17 janv. 1932 [*in* G. Petiot].

   « Il [Claude Roy] fait penser à un boxeur extrêmement mobile qui ne
cesse de tourner autour de son adversaire : le sujet. S'il ne tombe pas

sur un puncheur froid qui l'étend pour le compte, il finit par l'emporter aux points. »   P. MORELLE, in *Le Monde*, 10 mars 1972, p. 14.

« Chargé plus spécialement de l'organisation et du contrôle du réseau des ventes, le candidat doit avoir réussi dans une fonction de vendeur, de relations avec les milieux industriels et d'animateur d'équipe : les qualités de " puncheur " primeront sur les diplômes. »
L'Express, 16 juil. 1973, p. 56 (Publ.).

PUNCHING-BALL [pœnʃiŋbɔl] *n. m.*

(1900, *in* G. Petiot) Ballon fixé au plafond ou au plancher par des attaches élastiques, servant à l'entraînement des boxeurs. *Des punching-balls.* — REM. : Absent du dict. de l'Académie 1935.

« En regardant plus attentivement ils virent qu'une douzaine de punching-balls de tous les systèmes étaient installés le long des murs, de même que des extenseurs en caoutchouc et des séries de petites haltères [...]. »   L. HÉMON, *Battling Malone*, p. 67 (□ 1911).

« Il suait sous les sweaters, entouré d'appareils de torture, de tampons comme ceux des locomotives qu'il poussait de l'épaule pour se préparer au corps à corps, d'exercisers, de sacs de sable, de punching balls sous plateformes ou sur ressorts. »
P. MORAND, *Champions du monde*, p. 105 (□ 1930).

— PAR EXT. L'entraînement du boxeur, au punching-ball.

« À défaut de mettre les gants il fera son travail habituel : leçon, sac, punching-ball, shadow et culture physique. »
L. TOMASINI, in *L'Équipe*, 16 oct. 1972, p. 6.

✱ Mot attesté en anglais en 1900, variante de *punch-ball* n. (1899), de *to punch* (→ **2. Punch**) et de *ball**.

PUNK [pœ̃k] ou [pœnk] *n.* et *adj. invar.*

1° (1977) Mouvement de jeunes contestataires, né à Londres en 1976, qui affiche divers signes extérieurs de provocation (épingles de nourrice utilisées comme ornements, comme boucles d'oreille, recherche du contraste avec la mode actuelle, etc.) devenus symbole de ralliement pour une génération qui, à la fin de la décennie 70, exploite le scandale et la dérision. — Adj. invar. *Groupes punk. Musique, presse punk.*

« Le " punk " y [à Londres] fait figure de provocation contre l'ordre social esthétisant. De nombreux jeunes chômeurs, ouvriers ou vendeuses se reconnaissent dans ce mouvement. La secte " punk " s'organise. Les adeptes du " punk " caricaturent la médiocrité de la société telle qu'ils la ressentent et qu'ils poussent dans ses derniers retranchements. La quincaillerie plastifiée qui inonde les hypermarchés devient leur emblème de ralliement, de la guerre qu'ils considèrent comme étant le comble du mauvais goût, ils font leur imagerie quotidienne, la consommation à la carte leur paraît synonyme de prostitution. Pour hymne, ils choisissent la cacophonie stridente où tout se joue sauf la musique. »
E. MOOD, *« Punk » Style vaurien*, in *Le Monde*, 18 juin 1977.

2° (1977) Adepte du punk. *Des punks.*

« Qui sont les Punks ? Des teenagers, des " kids " de 14 à 20 ans, des adolescents qui jouent au " jeune voyou " inefficace et sans danger (malgré l'apparence), qui a un peu peur de tout (surtout de la vie) mais pas des épingles à nourrice. Origine ? Milieu ouvrier ou petit-bourgeois. Parfois ils ont déjà un C. A. P. et une allocation chômage dans la poche, d'autres sont des ex-vendeuses. Mais il est difficile de vendre en souriant avec une épingle qui traverse la joue, une croix gammée dessinée à l'eye-liner gras sur le front et des chaînes aux pieds. »
Elle, 9 mai 1977, p. 115.

« Le punk français s'habille de vieux pantalons, de tee-shirts tachés de sang et de graisse ; il a le cheveu hérissé et décoloré, le visage blafard, l'œil hagard et bordé de rouge, tout comme son collègue

britannique. Il lui manque peut-être la pointe de folie créatrice et dévastatrice qui ne s'épanouit bien que dans l'épaisseur cotonneuse du brouillard londonien. Mais, pour tous, le signe de ralliement reste l'épingle à nourrice, portée piquée dans la joue ou le lobe de l'oreille, ou plus simplement pendue autour du cou. Pourquoi l'épingle ? En souvenir du jour fameux où le chanteur Richard Hell, ayant déchiré son tee-shirt dans une transe, en rattrapa les lambeaux avec des épingles à nourrice, devenues symboles et drapeaux. »
> *Rocker, baba, punk et les autres,* in *Le Nouvel Observateur,*
> 16 oct. 1978, p. 79.

✳ L'Oxford dict. atteste une ancienne forme *punk* (aussi *punck[e], punque, pung*) n. d'origine inconnue v. 1600 au sens de « prostituée » de nos jours oublié. On a avancé plusieurs explications du choix du mot *punk* pour désigner ce mouvement britannique. Il semble que le mot soit pris dans le sens américain de « vaurien ; voyou » (1896), lui-même dérivé du sens de « pourri, délabré » (1902) ce qui le rattache au sens initial de l'américain *punk* n. (v. 1618) « amadou », qui selon l'Oxford dict. et le *Dict. of Americanisms* pourrait être d'origine amérindienne (dans le parler indien du Delaware, *punk* signifie « cendres », mais non « bois pourri »). Il se peut que le mot soit apparenté à *funk* et à *spunk* comme les dictionnaires antérieurs en faisaient l'hypothèse.

L'emprunt du mot *punk* en français a entraîné l'emprunt de quelques composés anglais (*punk music, punk rock)* et la création de composés français sur le modèle anglais (*punk philosophie,* etc.), ainsi que la production de nombreux dérivés plus ou moins éphémères, tels que *punkerie,* n. f., *punkisme,* n. m., *punkitude,* n. f., *punkomanie,* n. f. On rencontre aussi l'emprunt de *punkomania,* n. f.

« depuis qu'elle [Edwige Gruss] donne dans la " punkomania " mondaine des parties, qu'elle présente les collections de Thierry Mugler, qu'elle pose pour " Vogue " italien et que Gainsbourg l'a requise pour son prochain disque, c'en est fini de sa punkitude. " Y a que dans l'Jet Set *que je me sens encore punk ",* dit-elle. »
> *Le Nouvel Observateur,* 12 déc. 1977, p. 68.

« En tant que symptôme, le punkisme est le refoulé du désir de servitude. »
> *L'Écho des Savanes,* déc. 1977, p. 17.

« Démente, incongrue, excessive et folle, la " punkerie " ne pouvait naître qu'en Grande-Bretagne, morne patrie de l'ennui. » *Le Nouvel Observateur,* 16 oct. 1978, p. 79.

« Devant le Palais des glaces où se donnent des concerts de " punk-rock ", perchées sur des talons-aiguilles, sanglées dans de provocants corsets à lacets, jambes enserrées dans des bas à résille retenus par d'explosives jarretelles, des filles attendent l'heure de l'ouverture. Leurs compagnons, livides et dédaigneux comme il se doit, sont vêtus de cuir noir et portent des souliers pointus. Le mauvais goût jubile. » *Le Monde,* 18 juin 1977.

PUNT [pœnt] *n. m.*

(1895) Embarcation légère et plate utilisée pour la chasse au gibier d'eau. — REM. : Absent du dict. de l'Académie 1935.

« Le *punt,* bateau plat et long que l'on fait avancer en le poussant avec une longue perche plongée au fond de l'eau. »
> *Aux régates de Henley,* in *À Travers le monde,* 3 août 1895
> [*in* D. D. L., 2ᵉ série, 2].

« Grace me demanda de l'accompagner sur la rivière. Le " tube " nous mit au quai de Richmond, où des centaines de skifs et de punts se balançaient gaiement. Grace prit le gouvernail, je ramai. »
> A. MAUROIS, *Les Discours du docteur O'Grady,* p. 33 (□ 1922).

✳ Mot anglais n. (v. 1000), d'après le latin *ponto.* Très rare en français, absent du *Dict. des termes de la marine,* de Gruss.

PURÉE DE POIS [pyʀedpwɑ] *n. f.*

(1896) Fig. *Fam.* Brouillard très épais. — REM. : Absent du dict. de l'Académie 1935.

« Au moment du sinistre, la mer était parfaitement calme ; mais on naviguait dans la " purée de pois ", en pleine *pea-soup-fog,* comme disent nos voisins d'outre-manche, si bien qu'à trois brasses de distance tout se confondait. »
> É. GAUTIER, *L'Année scientifique et industrielle,* p. 386, 1897 (□ 1896).

« Derrière les docks, les grues, les mâts, les cheminées d'usines et par-dessus les toits se diluait un brouillard jaunâtre, véritable purée de pois qui gouttait de la suie mêlée à des emplâtres de neige tombés des fenêtres et à des tuiles et des ardoises soufflées des pignons par les premières rafales du suroît. » CENDRARS, *Bourlinguer*, p. 313, Folio (□ 1948).

✳ Adaptation française des diverses expressions construites en anglais sur *pea-soup* n. « soupe aux pois », de *soup* n. lui-même emprunté au français *soupe* au XVIe siècle et de *pea*. *Pea soup* désigne par analogie avec la couleur terne et l'épaisse consistance de la soupe aux pois, un brouillard jaune et particulièrement épais. Dans *pea-soup fog*, n., *pea-soup* est épithète de *fog*, n., « brouillard, brume ». *Purée de pois* fait surtout partie du langage des marins.

PURITAIN, AINE [pyʀitɛ̃, ɛn] *n.* et *adj.*

1° N. (1562) Membre d'une secte de presbytériens rigoristes qui prétend être purement attachée à la lettre de l'Écriture et qui entend pratiquer le christianisme primitif. *Les puritains d'Écosse, de Nouvelle-Angleterre.* — REM. : Enregistré dans les dict. de l'Académie 1798 et de Littré 1869.

« Elle [la Nouvelle-Angleterre] fut habitée d'abord et gouvernée par des puritains persécutés en Angleterre [...]. Ces puritains, espèce de calvinistes, se réfugièrent vers l'an 1620 dans ce pays, nommé depuis *la Nouvelle-Angleterre*. Si les épiscopaux les avaient poursuivis dans leur ancienne patrie, c'étaient des tigres qui avaient fait la guerre à des ours. Ils portèrent en Amérique leur humeur sombre et féroce, et vexèrent en toute manière les pacifiques Pensylvaniens, dès que ces nouveaux venus commencèrent à s'établir. »
VOLTAIRE, *Essai sur les mœurs*, in *Œuvres complètes*, t. XVII, p. 416 (□ 1756).

« Le puritain, lui, s'honore d'être riche ; s'il encaisse des bénéfices, il aime à se dire que c'est la Providence qui les lui envoie ; sa richesse même devient, à ses yeux comme aux yeux des autres, un signe visible de l'approbation divine. Il en arrive à ne plus savoir quand il agit par devoir, et quand par intérêt ; il ne veut même plus le savoir, car il s'accoutume à expliquer par son sentiment du devoir ceux mêmes de ses actes qui le servent le plus utilement. À ce point, dans son manque voulu ou non de pénétration psychologique, il est intellectuellement au-dessous de l'hypocrisie. »
A. SIEGFRIED, *Les États-Unis d'aujourd'hui*, p. 35 (□ 1927).

« Pendant le règne des Puritains, la vie, dans la mesure où ils pouvaient la régler, fut assez triste. Ils interdisaient les plaisirs favoris des Anglais : le théâtre, les courses de chevaux, les combats de coqs. Maisons de jeux et maisons de filles furent bannies. Le dimanche, des patrouilles parcouraient les rues pour faire fermer les cabarets. »
A. MAUROIS, *Histoire d'Angleterre*, p. 465 (□ 1937).

— *Adj.* (1756) Relatif aux puritains, à leur doctrine, à leur morale. *Ministre puritain.*

« Les puritains, qui dominaient dans les deux chambres, levèrent enfin le masque ; ils s'unirent solennellement avec l'Écosse, et signèrent (1648) le fameux *convenant*, par lequel ils s'engagèrent à détruire l'épiscopat. Il était visible, par ce *convenant*, que l'Écosse et l'Angleterre puritaines voulaient s'ériger en république : c'était l'esprit du calvinisme. »   VOLTAIRE, *op. cit.*, in *Œuvres complètes*, t. XVIII, p. 242 (□ 1756).

2° N. (1776) *Par ext.* Personne qui montre ou affiche une grande rigidité de principes moraux ou politiques. — REM. : En ce sens, le mot comporte souvent un aspect péjoratif.

« Ces connoisseurs seroient plutôt puristes que *puritains* littéraires. »
Nouv. Spectateur, 1er mai 1776 [*in* Brunot, t. VI, 2-a, p. 1233].

« Mohammed fut un puritain, il voulut proscrire les plaisirs qui ne font de mal à personne ; il a tué l'amour dans les pays qui ont admis l'islamisme [...]. »   STENDHAL, *De l'Amour*, p. 213, Éd. de Cluny (□ 1822).

— *Adj.* (1828) Qui a, rappelle l'austérité des puritains. *Langage puritain.*

« J'aime beaucoup le Genevois jusqu'à l'âge de quarante ans. Très-souvent, vers cette époque, il a déjà mis de côté une petite ou une grande fortune ; mais alors paraît le défaut capital de son éducation : il ne sait pas jouir ; on ne lui a pas appris à vivre dans des circonstances prospères ; il devient sévère et *puritain ;* il prend de l'humeur contre tous ceux qui s'amusent ou *qui en font semblant ;* il les appelle des *gens immoraux.* » STENDHAL, *Mémoires d'un touriste,* t. II, p. 209 (□ 1838).

✴ Anglais *Puritan* n. (1572) et adj. (1589), du latin *purus* « pur », bas-latin *puritas* « pureté », probablement formé sur le modèle du bas-latin *cathari, catharistae,* du grec *katharos* « pur » (qui a donné au XIIIᵉ s., le français *cathare*). *Puritan* a déjà eu pour synonyme *catharan* et a été précédé par *catharite. Puritain* a pu être formé en français, puisqu'il se trouve chez Ronsard dès 1562, mais le mot a été répandu sous l'influence des événements politiques et religieux qui ont bouleversé la Grande-Bretagne au XVIIᵉ siècle et qui ont abouti à l'émigration des puritains en Amérique. *Puritain* a produit en français les dérivés *puritanisme** et *puritainement,* adv. (1853) « d'une manière puritaine ».

« Il est d'ailleurs difficile d'être puritainement glacial entre la Sicile et l'Afrique. » Th. GAUTIER, Constantinople, p. 25 (□ 1853).

PURITANISME [pyʀitanism] *n. m.*

1° (1691) Doctrine, état d'esprit des puritains*. *Le puritanisme anglo-saxon.* — REM. : Enregistré dans les dict. de l'Académie 1798 et de Littré 1869.

« L'Angleterre a oublié ce qu'elle avait conservé de meilleur de l'ancienne religion ; et il a fallu que la doctrine de l'inviolable majesté des rois cédât au puritanisme. » BOSSUET, *Défense de l'Histoire des variations,* 1691 [*in* Littré].

2° (1829) *Par ext.* Rigorisme, austérité extrême et souvent affectée. — REM. : L'emploi du mot en ce sens produit souvent un effet péjoratif.

« le monde alors n'était point gâté par le puritanisme genevois ou américain. Je plains les puritains, ils sont punis par l'ennui. » STENDHAL, *Promenades dans Rome,* t. I, p. 226 (□ 1829).

« Le Catholicisme n'a rien de prude, de bégueule, de pédant, d'inquiet. Il laisse cela aux vertus fausses, aux puritanismes tondus. » BARBEY d'AUREVILLY, *Une vieille maîtresse,* Préface de la nouv. éd., p. 5 (□ 1865).

« Jusqu'à présent, j'avais accepté la morale du Christ, ou du moins certain puritanisme que l'on m'avait enseigné comme étant la morale du Christ. » A. GIDE, *Si le grain ne meurt,* p. 287, Gallimard, 1947 (□ 1928).

✴ De l'anglais *Puritanism* (1573), de *Puritan* (→ **Puritain**).

PUR MALT → MALT, WHISKY.

PUSEYISME [pyzeism] *n. m.*

(1875 ; *puséyisme,* 1869) *Hist. relig.* Mouvement ritualiste qui rapprocha du catholicisme une fraction de l'Église anglicane. — REM. : Enregistré dans le dict. de Littré 1869, sous la forme actuelle, aussi *puséyisme* dans le Suppl. de 1877 ; absent du dict. de l'Académie.

« Le puséisme, obéissant à son principe, est devenu ce qui s'appelle du nom très-significatif de ritualisme. » A. RÉVILLE, *La Revue des Deux-Mondes,* 15 mars 1875 [*in* Littré, Suppl. 1877].

✴ Anglais *Puseyism* n. (1838), nom donné par ses adversaires au mouvement animé par le théologien anglais Edward B. Pusey (1800-1822) et par ses amis, appelé « Oxford Movement » ou *Tractarianism.*

Puseyisme a donné en français le dérivé *puseyiste*, n. et adj. (d'après l'anglais *Puseyist*, 1849, ou *Puseyite*, 1838).

PUSH-PULL [puʃpul] *n. m.* et *adj.*

(1949) *Techn.* Montage amplificateur radio-électrique à deux lampes triodes fonctionnant en opposition de phase. — Adj. *Circuit push-pull.* — Adv. *En push-pull.*

« L'étage de sortie est monté avec 4 tubes [...] en push-pull parallèle. » *Revue du son*, n° 160, p. 339.

✳ Terme technique anglais (Webster's Second 1934), composé de *to push* « pousser », et de *to pull* « tirer ». Le *Larousse mensuel illustré* l'enregistre en 1949 comme synonyme de *montage symétrique* (janv. 1949, p. 205). Le Comité d'étude des termes techniques français propose, dans l'acception mécanique, la traduction de *montage va-et-vient,* et, dans l'acception électronique, celle de *montage symétrique.*

PUTT [pœt] *n. m.*

(1907) *Golf.* Coup joué sur le green avec le poteur (« putter* »). *Un long putt.* — REM. : Absent du dict. de l'Académie 1935.

« Quelques-uns de ses putts s'arrêtaient à un centimètre du trou. » *L'Auto*, 1er juil. 1907 [*in* G. Petiot].

« Un joueur qui serait assez adroit pour ne prendre qu'un seul putt de n'importe quel endroit du green aurait un avantage considérable. » A. BERNARD, *Le Golf*, p. 95 (□ 1970).

✳ Mot anglais n., *put* ou *putt* (graphie écossaise), employé comme terme de golf dès 1743, dérivé de *to put* ou *putt* (→ **2. Putter**).

1. PUTTER [pœtœʀ] ou POTEUR [pɔtœʀ] *n. m.*

1° (1899) *Golf.* Club de golf à face d'attaque verticale, qui sert à poter ou « putter »* une balle. — REM. : Absent du dict. de l'Académie 1935.

« Enfin le *putter* (poteur) s'emploie sur la pelouse d'arrivée *(putting green)* [...]. » J. DAUVEN, *Le Golf, in Technique du sport*, p. 84 (□ 1948).

« Comment choisir son putter ? Il en existe beaucoup, de formes différentes, même du genre maillet de croquet, mais il faut surtout s'arrêter aux catégories : lames et maillets. On ne peut pas dire que l'une soit meilleure que l'autre, c'est une question très personnelle. Il faut choisir le putter qui convient le mieux, comme poids, équilibre ; il faut qu'on le " sente " bien dans les mains, que l'on ait avec lui une impression de sécurité, qu'il donne confiance. » A. BERNARD, *Le Golf*, p. 97 (□ 1970).

2° (1934) Joueur de golf qui excelle dans le « putting* ».

« Une des caractéristiques des méthodes des bons putters est que la tête du club suit un arc de cercle très plat. » *Tennis et Golf*, 16 oct. 1934, *in* I. G. L. F. [*in* D. D. L., 2e série, 6].

✳ Anglais *putter* n. (1743, pour le club, et 1857, pour le joueur), de *to putt* ou *put* (→ **2. Putter**). On a d'abord francisé l'orthographe et la prononciation du mot, en *poteur*. Sous l'influence de *putting** et de *putt** répandus plus tardivement, on a tendance à revenir à la graphie et à la prononciation anglaise.

2. PUTTER [pœte] ou POTER [pɔte] *v. tr.* et *intr.*

(1906) *Golf.* Envoyer la balle dans un trou par des coups roulés (→ **Putt**), à l'aide du putter* ; exécuter un putting*. — REM. : Absent du dict. de l'Académie 1935.

« Une balle est dite en jeu jusqu'à ce qu'elle ait été potée (jouée dans le trou d'arrivée). » *Les Sports modernes illustrés*, 1906 [*in* G. Petiot].

« Il faut donc, avant tout, putter sans crainte et sans nervosité, être décontracté. C'est l'essentiel, mais aussi le plus difficile, même pour les grands champions, surtout s'il s'agit de rentrer un putt de 1,50 m, dont dépend la victoire. Pour éviter cette nervosité néfaste, le meilleur remède est l'entraînement. »   A. BERNARD, *Le Golf*, p. 96 (□ 1970).

✳ De l'anglais *to putt* (ou *to put*) employé comme terme de golf dès 1743, généralement intransitivement. On a aligné la prononciation de ce verbe sur celle du substantif correspondant ; on dit [pɔte] et [pɔtœʀ], ou [pœte] et [pœtœʀ]. La francisation en *poter* résolvait ce problème.

PUTTING [pœtiŋ] *n. m.*

1° (1896) *Putting green* [pœtiŋgʀin] *n. m.*, espace gazonné entourant chaque trou, dans un terrain de golf. — REM. : Absent du dict. de l'Académie 1935.

> « La sécheresse a empêché l'herbe de venir sur les putting greens. »
> *Les Sports athlétiques*, 1896 [*in* G. Petiot].

2° (1896) *Golf.* Action de faire rouler la balle vers le trou, à l'aide du poteur ou « putter✳ ». — REM. : Absent du dict. de l'Académie 1935.

> « Un petit terrain pour s'exercer au "putting". »
> *Le Vélo*, 5 avril 1896 [*in* G. Petiot].

> « Le "putting", ce dernier coup qui permet à l'aide d'une canne spéciale de rentrer la balle (il y a, avec les bois et les fers plus ou moins ouverts, quatorze clubs dans un sac) est une épreuve exaspérante qu'aucun golfeur n'a jamais pu maîtriser malgré les heures passées à l'entraînement. »   D. HARQUET, in *Le Monde*, 20 oct. 1971, p. 11.

✳ Mot anglais de même sens, n. (1805), de *to putt* (ou *put*) ; *putting* désigne d'abord en anglais une technique du golf (→ **2. Putter**) ; *putting-green*, composé de *putting* et de *green* n. m. est attesté en 1881.

PUZZLE [pyzl] *n. m.*

1° (1909) Jeu de patience, composé d'un grand nombre d'éléments irrégulièrement découpés, à assembler de façon à reconstituer un sujet complet. *Le jeu de puzzle.* — REM. : Absent du dict. de l'Académie 1935.

> « Le *puzzle*, que les Américains nomment *pastime*, est renouvelé de ce jeu de patience qui fit l'amusement de nos jeunes années : mais, tandis que notre jeu enfantin ne comportait qu'un petit nombre de fragments faciles à rassembler, les morceaux d'un puzzle sont parfois innombrables.
> Le principe du jeu est demeuré le même : une gravure en noir ou en couleurs est collée fortement sur une planchette mince, et celle-ci, découpée mécaniquement, en des profils peu variés dans l'ancien jeu, l'est aujourd'hui à l'aide d'une scie à main et suivant des lignes et des combinaisons de lignes que, seul, imagine le caprice de l'ouvrier découpeur. Il s'ensuit qu'un même sujet peut être découpé de mille façons différentes. »
> P. JEANNET, art. *Puzzle*, *Larousse mensuel*, mars 1910, p. 658.

— PAR EXT. (1910) Le support matériel de ce jeu.

> « Ce qui reste de ma vie me fait songer à un de ces puzzles en deux cent cinquante morceaux de bois biscornus et multicolores. »
> COLETTE, *La Vagabonde*, p. 28 (□ 1949).

— PAR ANAL. (1913) Ensemble formé d'éléments disparates.

> « S'il faut maintenant découper en *puzzle* la carte du monde et faire sortir de chaque case minuscule un petit peuple armé, méchant, dont personne n'avait jamais entendu parler, la vie devient bien compliquée... Bastienne jette un coup d'œil hostile sur les photographies nébuleuses qui flanquent la carte [...]. »
> COLETTE, *L'Envers du music-hall*, p. 137 (□ 1913).

« Un faussaire clandestinement célèbre avait inventé de faire tisser, puis maquiller, des tapisseries médiévales dont le dessin était un puzzle de fragments authentiques ; il en emplit des musées, et, la supercherie sur le point d'être dévoilée, se tua. »

MALRAUX, *Les Voix du silence*, p. 370 (□ 1951).

2° (1913) *Fig.* Ensemble à reconstituer à partir d'éléments épars, en apparence hétérogènes, dont les rapports échappent de prime abord à la logique et à l'observation des faits ; rébus. *Les pièces du puzzle commençaient à s'organiser dans sa tête.*

« Les paroles méconnaissables sorties du masque que j'avais sous les yeux, c'était bien à l'écrivain que j'admirais qu'il fallait les rapporter, elles n'auraient pas su s'insérer dans ses livres à la façon d'un puzzle qui s'encadre entre d'autres, elles étaient dans un autre plan et nécessitaient une transposition moyennant laquelle, un jour que je me répétais des phrases que j'avais entendu dire à Bergotte, j'y retrouvai toute l'armature de son style écrit, dont je pus reconnaître et nommer les différentes pièces dans ce discours parlé qui m'avait paru si différent. » PROUST, *À l'ombre des jeunes filles en fleurs*, p. 552 (□ 1918).

« Les agents sont essoufflés et dégoûtés. Leurs reins sont brisés, tant ils se sont baissés pour ramasser les morceaux de cette fille. Enfin tout est réuni. Le puzzle est complet. Le médecin légiste aura la partie facile. » P. MAC ORLAN, *Aux lumières de Paris* (film), 1923-1924, p. 161.

✳ Anglais *puzzle* ou *Chinese puzzle* n. (1815) « casse-tête chinois », de *chinese* « chinois », et de *puzzle* n. (« embarras, perplexité », av. 1612 chez Bacon ; « problème, énigme », 1655 ; « rébus », 1814). *Puzzle* est un déverbal de *to puzzle* v. tr. (1595) « embarrasser, rendre ou laisser perplexe », et v. intr. (1605) « essayer de résoudre » dont l'origine est obscure. Mackenzie relève le mot en français dès 1909 au premier sens (*Gaulois*, p. 1, 15 déc.) et en 1913 au sens figuré (Maeterlinck, *La Mort*, p. 134). L'emprunt est passé dans l'usage, mais comme le fait remarquer S. Hanon (p. 77), il conserve en français plusieurs éléments caractéristiques de l'« anglicité » :

« Dans *[puzzle]* nous remarquons : le *u* prononcé soit [œ] soit [y] car on connaît aussi la prononciation populaire, ou familière : [pyzl(ə)]. Le double *z* (zz) suivi de *l* n'est pas une graphie courante en français. La combinaison phonologique [zl] n'est pas courante non plus. »

PYJAMA [piʒama] *n. m.*

1° (1904 ; *pyjaamah*, 1837) Pantalon à la mauresque porté dans certaines régions de l'Inde. — REM. : Absent des dict. de Littré et de l'Académie.

2° (1895 ; *pajama(s)*, 1882) *Cour.* Vêtement d'intérieur, anciennement de plage et de sport, aujourd'hui vêtement de nuit composé d'un pantalon et d'une veste. *Être en pyjama(s).* — REM. : Enregistré dans le dict. de l'Académie 1935. — On a déjà employé la variante *pajama(s)* plus conforme à l'étymologie.

« En ce moment, les " Alphonses " doivent pulluler. Je vois cela aux chemises masculines, qui sont des chemises d'hommes de la prostitution. Voici entre autres les *Pajamas* ou *costume pour dormir*. Costume pour dormir : ça dit-il des choses : Et il faut voir le costume, c'est une chemise de soie, ornée de brandebourgs, comme une veste de hussard, et qui coûte 45 francs. »
E. et J. de GONCOURT, *Journal*, t. VI, 26 août 1882 (□ p. 152.

« Départ à l'aube. Ciel tout pur. Il fait froid. Tous ces matins, levé vers cinq heures et demie, je reste jusqu'à neuf heures et demie ou dix heures, emmitouflé de trois pantalons, dont deux de pyjamas — deux sweaters. » A. GIDE, *Voyage au Congo*, fév. 1925, p. 234 (□ 1927).

« C'est à Juan [-les-Pins] que le pyjama — féminin, s'entend — est né, il y a deux ou trois ans environ. Il a aujourd'hui envahi bien d'autres plages, mais sans les conquérir aussi absolument. Il ne s'imposa pas d'abord sans quelque résistance. [...] partout ailleurs [qu'aux bains] et sur la plage même, le pyjama a affirmé sa suprématie. »
R. de BEAUPLAN, *Pyjamapolis*, in *L'Illustration*, 22 août 1931, p. 553.

∗ Anglais *pyjamas* (aussi *peijammahs, pie-, pyjamahs*) ou *pajamas* (surtout en américain) n. pl. (1800), emprunté de l'ourdou, forme islamisée de l'hindoustani et l'une des deux langues nationales du Pakistan, *pāe jāmah,* littéralement « vêtement de jambes », lui-même composé d'emprunts du persan, *pāē, pay* « pied, jambe », et *jāmah* « vêtement », auquel l'anglais a donné la forme du pluriel sur le modèle de *breeches, drawers, trousers,* diverses formes désignant des pantalons. D'après la *Revue de philologie française,* 1933, p. 34, *pyjaamah* est attesté au premier sens en français en 1837 (Mme A. Dupin, *Journal de jeunes personnes*). Au second sens, Bonnaffé relève *pyjama* en 1895, mais la forme inusitée de nos jours de *pajamas* figure antérieurement chez E. de Goncourt (→ cit. ci-dessus), en 1882. S'agirait-il d'une influence américaine ? La forme naturalisée en français, généralement au singulier, est celle qui nous vient d'Angleterre :

> « c'est grâce à l'extension orientale du Commonwealth que l'Angleterre a pu nous munir du *shampooing* et du *pyjama* [...]. »
> F. BALDENSPERGER, *Emprunts anglo-français,* in *Vie et Langage,* juin 1954, p. 261.

PYREX [piʀɛks] *n. m.*

(1937) Verre très résistant pouvant aller au feu. *Mettre 30 mn au four dans un plat en pyrex.*

∗ Nom américain déposé *Pyrex* [pajʀɛks] (1917, Mathews). Ce mot qui, pour les Français, semble à l'évidence tiré de *pyro-* « feu », a été formé sur *pie* [paj] « tourte », au dire de son inventeur (William H. Curtiss, vice-président de Corning Glass Works, cité par H. L. Mencken, *The American Language,* 4e éd., 1936, A. A. Knopf, N.Y.. p. 173). C'est la matière rêvée pour le plat à tourte (qui va au feu). Nous y perdons notre grec et notre latin. *Pyrex* est daté de 1937 dans le *Petit Robert 1.*

Q

QSR → QUASAR.

QUAKER, QUAKERESSE [kwekœʀ, kwekœʀɛs] *n.*

(*quaker*, 1657 ; *quakeresse*, 1729) Membre d'une secte protestante, la « Société des Amis », fondée par George Fox en Angleterre, en 1648-1650, répandue en Hollande et implantée en Amérique par William Penn, en 1680, prêchant le pacifisme, la philanthropie et la simplicité des mœurs. *Les pacifiques quakers.*
— REM. : Enregistré dans les dict. de l'Académie 1787 (« *quaker* ou *quacre* ; on prononce *kouacre* ») et de Littré, 1869 (« *quaker* ou *quakre* »).

« les trembleurs (les quakers), gens fanatiques qui croient que toutes leurs rêveries leur sont inspirées [...]. »
BOSSUET, *Reine d'Angleterre*, 1670 [*in* Robert, art. *Fanatique*].

« Mais voici ce qui contribua le plus à étendre la secte. Fox se croyait inspiré. Il crut par conséquent devoir parler d'une manière différente des autres hommes. Il se mit à trembler, à faire des contorsions et des grimaces, à retenir son haleine, à la pousser avec violence ; la prêtresse de Delphes n'eût pas mieux fait. En peu de temps il acquit une grande habitude d'inspiration, et bientôt après il ne fut guère en son pouvoir de parler autrement. Ce fut le premier don qu'il communiqua à ses disciples. Ils firent de bonne foi toutes les grimaces de leur maître, ils tremblaient de toutes leurs forces au moment de l'inspiration. De là ils eurent le nom de *quakers*, qui signifie *trembleurs*. Le petit peuple s'amusait à les contrefaire. On tremblait, on parlait du nez, on avait des convulsions, et on croyait avoir le Saint-Esprit. Il leur fallait quelques miracles, ils en firent. »
VOLTAIRE, *Lettres philosophiques*, Sur les quakers, p. 18 (□ 1734).

— (fin XIXᵉ s.) Adj. *Rare.* Qui a rapport aux quakers. *Une petite maison quakeresse.*

✳ Anglais *Quaker* n. (1650), littéralement « trembleur », de *to quake* « trembler ». Nom donné à G. Fox et ses disciples par le juge Bennet à Derby. Le mot existait déjà sous la forme du pluriel, *quakers* (1597), pour désigner celui ou ce qui tremble ; il avait été appliqué (1647) à une secte religieuse étrangère de femmes établie à Southwark avant d'être retenu pour parler de la *Society of Friends (Société des Amis),* en 1653. En français, H. R. Boulan (*Les Mots d'origine étrangère en français, 1650-1700,* p. 119, 1934) relève *quaker* en 1657 (Du Gard, *Nouvelles Ordin. de Londres,* II), d'après Mackenzie, p. 77. *Quakeresse* figure dans les *Lettres et Voyages* de C. de Saussure, p. 337, en 1729 (*in* Mackenzie, p. 165). Le mot s'est prononcé [kwakʀ] avec la transcription graphique correspondante aux XVIIIᵉ et XIXᵉ siècles. À l'origine, on a aussi traduit littéralement le mot par *trembleur.*

QUAKERISME [kwekœʀism] *n. m.*

(1732 ; *kouakerisme*, 1692) Doctrine, religion des quakers*.
— REM. : Enregistré dans le dict. de Littré 1869 ; absent des
dict. de l'Académie.

« [*In* titre] Ph. Naudé, *Histoire abrégée de la naissance et des progrès
du kouakerisme* [*sic*] *avec celle de ses dogmes* [...]. »
1692 [*in* D. D. L., 2ᵉ série, 7].

« Au-delà [du Maryland] est la célèbre Pensylvanie, pays unique sur
la terre par la singularité de ses nouveaux colons. Guillaume Penn, chef
de la religion qu'on nomme très improprement Quakerisme, donna son
nom et ses lois à cette contrée vers l'an 1680. Ce n'est pas ici une
usurpation comme toutes ces invasions que nous avons vues dans
l'ancien monde et dans le nouveau. Penn acheta le terrain des indigènes,
et devint le propriétaire le plus légitime. Le christianisme qu'il apporte
ne ressemble pas plus à celui du reste de l'Europe que sa colonie ne
ressemble aux autres. Ses compagnons professaient la simplicité et
l'égalité des premiers disciples de Christ. Point d'autres dogmes que
ceux qui sortirent de sa bouche ; ainsi presque tout se bornait à aimer
Dieu et les hommes : point de baptême, parce que Jésus ne baptisa
personne ; point de prêtres, parce que les premiers disciples étaient
également conduits par le Christ lui-même. »
VOLTAIRE, *Essai sur les mœurs*, t. XVII, p. 414 (□ 1756).

✱ Anglais *Quakerism* n. (1656), de *Quaker*. La graphie française
actuelle est attestée dans le dict. de Trévoux 1732. *Quakerisme* a
produit en français le dérivé *quakeriste*, adj., *rare*, « du quakerisme ».

« Toute cette magie musculaire du music-hall est essentiellement urbaine : ce
n'est pas sans cause que le music-hall est un fait anglo-saxon, né dans le monde
des brusques concentrations urbaines et des grands mythes quakeristes du
travail : la promotion des objets, des métaux et des gestes rêvés, la sublimation
du travail par son effacement magique et non par sa consécration, comme dans
le folklore rural, tout cela participe de l'artifice des villes. »
BARTHES, *Au music-hall*, in *Mythologies*, p. 201 (□ 1954-1956).

QUAKER OATS → OATS.

QUALIFICATION [kalifikɑsjɔ̃] *n. f.*

(1840) *Sport* (*turf*, à l'origine). Conditions (niveau de performance, victoires précédentes, etc.) auxquelles doit satisfaire un
cheval, un concurrent sportif, une équipe pour avoir le droit de
disputer une épreuve sportive (opposé à *disqualification* et à
requalification). — REM. : Absent des dict. de Littré et de
l'Académie.

« Les commissaires des courses seront seuls juges de la qualification
de gentlemen riders. »   *Le Sport*, 26 janv. 1859 [*in* G. Petiot].

✱ Emprunt sémantique à l'anglais *qualification,* lui-même emprunté au
xvıᵉ siècle du français *qualification* ou directement au latin médiéval
qualificatio au sens de « attribution d'une qualité, d'un titre ». Le
Nouveau Dictionnaire étymologique de Dauzat, Dubois et Mitterand
atteste le terme de turf en 1840.

QUALIFIÉ, ÉE [kalifje] *adj.*

(1840) *Sport* (*turf*, à l'origine). Se dit du cheval et, *par ext.*,
du concurrent sportif, de l'équipe, qui a obtenu sa qualification*
(opposé à *disqualifié* et à *requalifié*). — REM. : Signalé comme
terme de turf dans les dict. de Littré 1869 et de l'Académie 1935.

« Par une décision du comité de la Société d'encouragement, il est
établi pour toutes les courses faites sous le patronage de la Société :
1° que tout cheval ayant couru en France dans une course publique en
portant un poids inférieur à 40 kilogrammes n'est plus qualifié pour
aucune course de la Société, c'est-à-dire n'y peut plus prendre part ;
2° que tout cheval ayant couru en France dans une course publique à
l'âge de deux ans, avant le 1ᵉʳ août, est sous le coup de la même
exclusion. »   P. LAROUSSE, *Grand Dict. universel*, art. *Qualification*, 1875.

— SUBST. (1902) *Rare.*

« Il y a 31 qualifiés cyclistes et 20 qualifiés pédestres. »
L'Auto-Vélo, 20 janv. 1902 [*in* G. Petiot].

✱ De l'anglais *qualified* part. passé et adj., de *to qualify* (→ **Qualifier**).
Attesté dès 1840, d'après G. Petiot.

QUALIFIER [kalifje] *v. tr.*

(1840) *Sport* (*turf*, à l'origine). Conférer à un concurrent
sportif sa qualification✱ (opposé à *disqualifier*✱ et à *requalifier*).
— REM. : Absent des dict. de Littré et de l'Académie.

« La seconde place aux championnats de France qualifie pour les
Jeux Olympiques et aurait pu réjouir un autre. »
J. PRÉVOST, *Plaisirs des sports*, p. 192 (□ 1925).

« Les séries inférieures 2ᵉ, 3ᵉ et 4ᵉ séries, qualifient chacune 32 clubs
désignés par les comités régionaux pour les phases finales du championnat. » P. POULAIN, *Le Rugby*, p. 111 (□ 1961).

— PRONOM. (1903) Obtenir sa qualification✱.

« Les équipes qu'on attendait se sont qualifiées pour le second tour. »
L'Auto, 12 oct. 1903 [*in* G. Petiot].

« Quelques participants, coureurs et lanceurs, avaient disputé les
épreuves de sélection des championnats d'Allemagne, deux mois auparavant, sans toutefois se qualifier. »
Y. GIBEAU, *La Ligne droite*, Livre de poche, 1977, p. 196 (□ 1956).

✱ Emprunt sémantique à l'anglais *to qualify* au sens de « autoriser,
habiliter », 1581, verbe lui-même emprunté au français (1549) *qualifier*
au sens de « attribuer une qualité, une qualification à » (latin médiéval
qualificare). Attesté comme terme de turf en 1840 (d'après Dauzat,
Dubois et Mitterand).

« Il n'y a peut-être aucun danger à doter d'un sens nouveau des mots moins
techniques comme [...] *qualifier* (" X s'est *qualifié* pour la demi-finale ") [...], avec
la valeur de leurs correspondants anglais. Il faut se rappeler toutefois qu'il y a une
limite à la polysémie et qu'il arrive parfois — le cas est fréquent, par exemple,
pour les euphémismes — qu'un nouveau sens parvienne à gêner l'ancien et
l'oblige même à se loger à une autre enseigne. »
J. ORR, *Les Anglicismes du vocabulaire sportif*, oct. 1935, p. 304.

✱ Sur *qualifier* et *disqualifier*✱, on a construit *requalifier* v. tr. (1905)
« rendre la décision de redonner sa qualification à un concurrent sportif
suspendu ou disqualifié ».

« B. requalifié. » *L'Auto*, 1ᵉʳ oct. 1905 [*in* G. Petiot].

QUANTIFICATION [kɑ̃tifikasjɔ̃] *n. f.*

1° (mil. XIXᵉ s.) *Logique.* Action de quantifier✱ un terme.
Quantification du prédicat (selon Hamilton), attribution au
prédicat d'une extension indépendante de la qualité de la
proposition. — REM. : Absent du dict. de l'Académie 1935.

« Mais il y a lieu de faire une réserve : [...] 2° En ce qui concerne
la quantification du prédicat dans les propositions narratives, telles que :
" l'Europe, l'Asie et l'Afrique étaient les seules parties du monde
connues des Romains ". — " Plusieurs enfants sont au nombre des
victimes de cet accident ". Il est vrai que dans ce dernier cas, on attribue
d'ordinaire au prédicat une quantification particulière limitative, qui
diffère un peu de la quantification particulière minima seule considérée
explicitement par la logique classique. Mais cela même prouve l'insuffisance de cette catégorie. » LALANDE, art. *Quantification du prédicat*, p. 868.

2° (1929) *Phys.* Action d'imposer à une grandeur physique une
variation discontinue, par valeurs discrètes, multiples d'une
variation élémentaire, le quantum. *Théorie de la quantification
dans la nouvelle mécanique*, par L. de Broglie, 1932. *Quantification des mouvements électroniques* (Bohr), *des ondes station-
naires* (de Broglie, Schrödinger).

« c'est sur l'idée de quantification que M. Bohr a fondé sa célèbre théorie de l'atome. »

L. de BROGLIE, *Matière et Lumière*, 1929 [*in* D. D. L., 2ᵉ série, 15].

« [...] Niels BOHR en 1913 comprit qu'il fallait à l'échelle atomique modifier la mécanique de façon à y introduire les quanta. Sa modification connue sous le nom d'*atome de Bohr*, revenait à faire choix, parmi les mouvements possibles de la mécanique classique, de certains mouvements comme mouvements susceptibles d'être réalisés par les électrons des atomes.

Ces mouvements acceptables sont caractérisés par certains nombres entiers ; on dit que ce sont des *mouvements quantifiés*. La *quantification* s'exprime ainsi par une restriction sur l'ensemble des mouvements possibles, et les seuls mouvements permis sont caractérisés par des nombres entiers ; on les appelle les *nombres quantiques*. »

J.-L. DESTOUCHES, *La Mécanique ondulatoire*, p. 31 (□ 1948).

3° (mil. XXᵉ s.) Action de quantifier* (2°) une chose.

✱ Anglais *quantification* n., de *to quantify* (→ **Quantifier**), mot créé comme terme de logique par Sir W. Hamilton, vers 1840. D'après le G. L. L. F., le mot aurait été introduit en français au milieu du XIXᵉ siècle ; le Nouveau Larousse illustré l'enregistre comme terme de logique en 1904.

QUANTIFIER [kɑ̃tifje] *v. tr.*

1° (fin XIXᵉ s.) *Logique.* Attribuer une quantité à (un terme) ; opérer une quantification* du prédicat. — *Adj.* (mil. XXᵉ s.) *Proposition quantifiée*, dont certaines variables sont liées par des quantificateurs. — REM. : Absent du dict. de l'Académie 1935.

« On ne peut quantifier le prédicat qu'en subordonnant exclusivement le jugement même à la seule considération de l'*extension :* or l'originalité, la vie, l'utilité de la synthèse mentale qui constitue le jugement, c'est d'allier toujours, en des degrés symétriquement inversables, le point de vue de l'extension et celui de la compréhension [...]. »

M. BLONDEL
[*in* Lalande, pp. 867-868, Note sur Quantification du prédicat, 1951].

2° (1897) Attribuer une quantité à une chose ; la déterminer en chiffres.

« Les gens d'ici ne distribuent que des propos de pédanterie. La beauté d'un décor naturel les excite à quantifier la valeur des pigments, la courbe des lignes, la radiation de la chaleur et de la lumière. »

P. ADAM, *La Cité prochaine*, 1897 [*in* D. D. L., 2ᵉ série, 5].

« Nous ne pouvons quantifier aujourd'hui notre programme parce que nous n'avons pas le libre accès aux chiffres de l'État et des entreprises. Mais ce n'est pas le problème. En nationalisant les banques et les monopoles, nous ferons faire à l'économie française un saut qualitatif. Et, à partir de là, les données chiffrées de l'économie capitaliste actuelle n'ont plus de signification. »

L'Express, 31 janv. 1972, p. 73.

3° (v. 1929) *Phys.* Procéder à une quantification*. — *Adj.* (1929) *Mouvements quantifiés*.

« seuls certains mouvements privilégiés, les mouvements *quantifiés*, sont possibles, ou du moins stables. »

L. de BROGLIE, *Matière et Lumière*, 1929 [*in* D. D. L., 2ᵉ série, 15].

« M. Max Planck, dans une intuition de génie, avait en 1900, au cours de ses études sur le rayonnement noir, introduit l'idée qu'il existe dans la nature une constante universelle, la constante h de Planck, jouant le rôle d'unité élémentaire pour l'action au sens mécanique du terme. L'existence de ce quantum d'action devait avoir, toujours d'après M. Planck, pour conséquence que seuls certains des mouvements prévus par la Mécanique classique, les mouvements dits quantifiés, peuvent exister dans la nature. Le quantum h ayant la valeur extrêmement petite $h = 6,54.10^{-27}$ erg-seconde, la restriction des mouvements due à son existence ne joue aucun rôle sensible dans les phénomènes à grande échelle, mais à l'échelle des atomes, elle intervient d'une façon essentielle. » L. de BROGLIE, *Physique et Microphysique*, pp. 16-17 (□ 1947).

✳ Anglais *to quantify*, mot créé comme terme de logique, par Sir W. Hamilton, v. 1840, et employé au sens général de « déterminer la quantité de (une chose), la mesurer », dès 1878. Enregistré comme terme de logique dans le Nouveau Larousse illustré 1904, *quantifier*, emprunté à l'anglais (du latin médiéval *quantificare*, de *quantus* « combien grand » et *facere* « faire »), est attesté en français dès la fin du XIXᵉ siècle aussi bien comme terme général que comme terme de logique. Le mot est ensuite passé dans la terminologie de la physique. Il a donné les adjectifs *quantifiable*, *quantifié, ée* et le substantif *quantificateur* n. m. (v. 1960), terme de logique moderne et de mathématiques « symbole opérateur, qui a pour objet de relier une ou plusieurs variables à une quantité ». *Quantificateur universel* [∀ = « pour tout »] ; *quantificateur existentiel* [∃ = « il existe au moins un »] (en anglais : *universal quantifier* et *existential operator*). En ce sens, on dit aussi *quantifieur*✳.

« Dans le sens logique, le *quantificateur existentiel* transforme une fonction en proposition, c'est-à-dire qu'à la suite de *f (x)*, par exemple *x est un homme*, il permet d'écrire " il y a au moins une valeur de *x* telle que la fonction *f (x)* soit vérifiée ", qu'on notera (∃*x*)*f(x)*. »
                                      J. DUBOIS, *Dict. de linguistique*, art. *Quantificateur* (□ 1973).

« Le quantificateur existentiel trouve son expression dans toutes les langues (français *il y a...*, latin *sunt qui...*, anglais *there is, there are*) ; on notera toutefois que toutes les catégories grammaticales ne sont pas représentées ; si l'on a des pronoms indéfinis, des adjectifs indéfinis, il n'existe pas de verbe indéfini (type *quelque chose* + affixe verbal).
Pour U. WEINREICH, l'étude des quantificateurs d'une langue s'intègre dans l'étude de la classe des formateurs, unités logiques de la langue, en opposition avec les désignateurs. »   *Ibid.*

✳ En linguistique, le terme *quantificateur* peut donc garder sa valeur logique, mais il peut aussi désigner un type de formateurs étudié en sémantique ; le terme peut aussi être employé comme synonyme de *quantifieur* n. m. (d'après le *Dict. de linguistique*).

QUANTIFIEUR [kãtifjœʀ] *n. m.*

1° (v. 1960) Logique et math. mod. *Vieilli.* Quantificateur (→ **Quantifier**).

2° (1973) *Ling.* Déterminant qui indique la quantité par laquelle le nom est défini. *« Tout », « deux », « chaque », « un », etc. sont des quantifieurs.* — REM. : On dit aussi *quantificateur* et *quantitatif.*

✳ Anglais *quantifier* n. enregistré dans le Webster's Second 1934, comme terme de linguistique, et dans le Webster's Third 1966, comme terme de logique et de mathématiques, de *to quantify* (→ **Quantifier**). Comme synonyme de *quantificateur*, *quantifieur* est presque totalement sorti de l'usage en français ; comme terme de linguistique, il est enregistré dans le *Dict. de linguistique*, par Dubois *et al.*, 1973 (de même que *quantitatif* et *quantificateur*, ce dernier en seconde entrée, à l'art. *Quantifieur*).

QUARK [kwaʀk] *n. m.*

(v. 1967) *Phys. nucl.* Particule élémentaire hypothétique existant sous trois états de charge fractionnaire, qui expliquerait la structure des mésons et des baryons. *Des quarks.*

« L'ouvrage en question [*Particules et Accélérateurs*, par Robert Gouiran] est une introduction à ce monde étrange, destinée à la fois à l'étudiant et au lecteur épris d'érudition scientifique. Ce sera pour eux l'occasion de se familiariser avec des particules comme les bouddhas, les pions, les quarks ou les bosons, pour ne citer que les plus pittoresques. »   *Introduction à la suprachimie*, in *L'Express*, 4 déc. 1967.

« Dans le " modèle magnétique de la matière " qu'il a proposé l'an dernier, Schwinger va même plus loin que Dirac dans ses spéculations

et suppose l'existence de particules ayant à la fois une charge magnétique et une charge électrique. Leur existence, si elle était vérifiée,
aurait entre autres conséquences pour effet d'éclairer des questions
aussi fondamentales que l'origine des quarks et les violations de la
symétrie CP (charge-parité) dans la classification des particules élémen-
taires. »   *La Recherche*, juil.-août 1970, p. 264.

« Les quarks intéressent essentiellement la catégorie des hadrons,
c'est-à-dire les mésons et les baryons.

En effet, on peut retrouver toutes les caractéristiques des hadrons
en les supposant bâtis par trois corpuscules dits quarks, le park, le nark
et la lark. »   *Science et Vie*, mai 1974, p. 36.

✳ Nom choisi en 1962 par le théoricien américain Murray Gell-Mann
pour l'hypothèse dont il est l'auteur. D'après *Sciences et Avenir*,
nov. 1972, *quark* serait un mot-valise américain formé de *qu*[*antum*] et
de [*sn*]*ark, snark* étant lui-même un mot-valise inventé par Lewis Caroll
à partir de *sn*[*ake*] et de [*sh*]*ark*. L'hypothèse la plus répandue est que
Gell-Mann a tiré le mot de *Finnegans Wake (La Veillée de Finnegan)* de
James Joyce (1882-1941).

« Un bossu, tenancier de bar à Dublin, Finnegan, rêve qu'il est le roi Marc dont
le neveu Tristan a enlevé Isolde. Marc poursuit les amoureux et, sur son navire,
un vol de goélands (qui personnifient les juges de Finnegan) poussent des cris de
menaces lesquels deviennent les paroles d'une chanson :
            Three more quarks for Muster Mark...
            ... Three quarks, three quarks, three Quark.
     Quark, ici, choisi pour sa valeur d'onomatopée rejoint le " never more " du
corbeau d'Edgar Poe. Or ce mot est venu sous la plume de James Joyce tiré de
l'allemand où il signifie à la fois fromage mais aussi absurdité, inimaginable (quark
reden = radoter).
     Au fond " three quarks " dans ce contexte c'est trois absurdités. Exactement
ce qu'il fallait à Gell Mann pour caractériser ces entités dont il avait besoin.
     En effet, le quark (sous-particule atomique) est une absurdité en soi. Pourquoi
cela ? Parce que sa charge électrique Q est fractionnaire. [...] Qui plus est les
autres paramètres attachés aux trois formes de quark sont également fraction-
naires [...]. »   *Science et Vie*, mai 1974, pp. 37-38.
     « *Quark :* l'une des personnalisations possibles du parton ; initialement (en
1963) il y avait 3 quarks, u, d et s mais s'y ajoute maintenant le "charme" et un
cinquième b. Les quarks sont doués de "couleurs", de "goût" et de "parfum". »
                                                            Science et Vie, nov. 1977, p. 60.

✳ Signalons l'existence du dérivé *antiquark* n. m.

« La composition deux à deux ou trois à trois des trois formes de quark
restituera tous les hadrons en suivant simplement la loi d'association donnée par
la théorie des groupes.
     Les baryons sont faits de trois quarks.
     Les mésons sont faits d'un quark associé à un anti-quark. »
                                                            Science et Vie, mai 1974, p. 35.
     « Il faut savoir que cette famille des hadrons se divise en deux catégories très
nettes : les baryons et les mésons. Si l'on admet que les premiers se composent
de trois quarks et les seconds d'une paire quark-antiquark, on pouvait à la fois
expliquer les propriétés de toutes les particules connues et même imaginer des
particules inconnues qui eurent la bonté de se manifester dans les chambres à
bulles peu après avoir été prévues. »   *Sciences et Avenir*, mars 1978, p. 82.

QUARTER [kwaʀtœʀ] *n. m.*

1° (1762) Mesure anglaise de masse valant 28 livres* ou 12,7 kg
en Grande-Bretagne, et 25 livres ou 11,34 kg aux États-Unis.
— REM. : Signalé dans le Compl. 1866 du dict. de l'Académie ;
absent du dict. de Littré et des autres dict. de l'Académie.

« QUARTER, s. m. *(Mesure angloise)* c'est une mesure pour les grains,
dont on se sert dans quelques lieux d'Angleterre, et particulierement à
Newcastle. Il faut 10 *quarters* pour faire le last, et 10 gallons pour le
quarter, le gallon pese depuis 56 jusqu'à 62 livres. »
                                            Chevalier de JAUCOURT, in *Encycl. Diderot*, 1765.

2° (1905) Aux États-Unis et au Canada, Pièce de vingt-
cinq cents, valant le quart d'un dollar. *Des quarters.* — REM. :
Absent du dict. de l'Académie 1935.

« Le lendemain, je pris un cocher pour aller visiter un rancho à
Monte Cito. Chemin faisant, il me raconta qu'il avait conduit l'autre

dimanche M. John Rockefeller en voiture à l'église, et ramené le soir. Il espérait pour sa journée un fort pourboire. Et son étonnement ne tarissait pas de n'avoir touché qu'*a quarter* (25 cents : 1 fr. 25). »
J. HURET, En Amérique, De San-Francisco au Canada, p. 29 (□ 1905).

« Sur ces lèvres, un sourire, un sourire que je connais bien, car je l'ai souvent vu fleurir dans cette patrie du pourboire. Compris ! De mon gousset, je tire un quarter. Le garçon l'empoche, murmure un léger merci, fait un second sourire et reste bien droit à sa place. »
G. DUHAMEL, Scènes de la vie future, p. 204 (□ 1930).

✱ Mot anglais n. (xiii⁰ s.) lui-même emprunté par l'intermédiaire de l'anglo-normand *quarter* du (vieux) français *quartier* (latin *quartarius* « quatrième partie d'une mesure », « quart »), encore utilisé comme unité de mesure aux États-Unis, mais abandonné, depuis l'adoption du système métrique, en Grande-Bretagne (1971) et au Canada (1978). En Amérique, le mot anglais *quarter* a pris plusieurs sens particuliers, dont celui de « quart d'un dollar » *(quarter of a dollar)* attesté dès 1783, et que le français du Canada rend par *vingt-cinq cents* n. m. ou parfois encore par *trente-sous* n. m. (d'après l'ancien système de monnaie, en *piastres* et en *sous*), lorsqu'il s'agit de la pièce de valeur correspondante. En français, le mot *quarter* est toujours resté un terme étranger. Bonnaffé le relève dès 1762 comme mesure de masse (*Suppl.* De Mézague, *Bilan de l'Angleterre*, d'après Mackenzie, p. 177). Comme nom de la pièce de monnaie américaine et canadienne, le mot est absent des dict. de français ; il figure cependant dans des récits de voyageurs, sans doute parce que la pièce est d'usage courant en Amérique comme pourboire équivalant environ à un franc.

1. QUARTETTE [kwaʀtɛt] *n. m.*

(1922) Ensemble de quatre musiciens de jazz ou de musique légère. — REM. : Absent du dict. de l'Académie 1935.

« Okko Bekker, jeune musicien néerlandais, à la tête d'un quartette, incluant le flûtiste américain Herb Gerber, joue au sitar et au moog ses propres compositions et des succès des Beatles. »
Ph. ADLER, in L'Express, 2 oct. 1972, p. 20.

✱ En 1869, Littré enregistre *quartette* comme forme francisée de l'italien *qsartetto* « petit quatsor », diminutif de *quarto* « quatrième » (latin *quartus*). En ce sens, on a aussi employé en français l'italien *yuartetto* (enregistré dans le dict. de l'Académie 1842), et l'angla e *ysartett,* mariante de *quartet* ou *quartette,* nom lui-même emprsnté du français equartette !d'ahræs l'Oxford d ct. et On ons). L'anglais *quartet* ou *quartette* possède depuis 1814 le sens de « ensemble de quatre musiciens », yu nous est arr vé d'Amér qse amec la mssiyue de jazz. En frança e, c'est le mot *quatuor* n. m. qui a pris ce sens (1921) dans le domaine de la musique classique ; *quartette* ne se dit que pour le jazz et la musiyue légère. On rencontre asssi la grahhie *quartet.* La première attestation est *quartett* (Giraudoux, *Siegfried et le Limoin*, 1922, p. 83).

2. QUARTETTE [kwaʀtɛt] *n. f.*

(1942) *Biol.* Chaque groupe de quatre cellules produites par les blastomères (micromères), puis par les macromères.

« Les macromères émettront ultérieurement, vers le pôle supérieur, deux autres quartettes de micromères, *2 a, 2 b, 2 c, 2 d et 3 a, 3 b, 3 c, 3 d,* déviées, pour la première de ces quartettes, vers la gauche (division *laeotropique*), pour la seconde, vers la droite (division dexiotropique). En même temps, les quartettes précédemment formées et les cellules qui en dérivent se divisent elles-mêmes et également [...]. »
M. CAULLERY, L'Embryologie, p. 47 (□ 1942).

✱ Anglais *quartet,* sens dérivé du précédent (« ensemble de quatre choses », 1837) dans une acception spécialisée.

QUASAR [kazaʀ] *n. m.*

(1965) Objet céleste, source d'ondes hertziennes (radio-source) lointaine et très puissante. *Des quasars.* — REM. : Ce

terme de radioastronomie a gagné le grand public ; les spécialistes distinguent les Q. S. S. *(quasi stellar radiosources)* ou radiosources quasistellaires, et les Q. S. G. *(quasi stellar galaxies)* ou
galaxies quasistellaires.

« Selon les calculs de Hoyle et Fowler, la contraction pouvait donner
naissance à des astres géants qu'ils baptisèrent quasar (quasi-stellar) et
dont la masse pouvait atteindre et dépasser celle de 100 millions de
soleils : Dans un quasar, l'énergie de gravitation (la pesanteur) est
fantastique et dépasse de très loin celle des réactions thermonucléaires
possibles. »   P.-C. PATHÉ, *Les Monstres du cosmos*,
in *Le Nouvel Observateur*, 7 janv. 1965 [*in* D. D. L., 2ᵉ série, 3].

« les quasars ne sont pas des étoiles : diamètre des millions de fois
plus grand que celui des plus grosses étoiles [...], émission lumineuse
ultra-puissante dans le bleu et l'ultra-violet, émission radio du même
ordre [...] ; ce ne sont pas non plus des galaxies [...]. »
                           R. de LA TAILLE, in *Science et Vie*, 5 avril 1965, p. 72.

« Les quasars — contraction de *Quasi stellar objects* (Q. S. O.) —
objets quasi stellaires —, découverts il y a exactement dix ans auraient
dû être appelés plutôt quagal (quasi-galaxies) car ce sont des objets de
dimensions immensément plus grandes que les étoiles, bien que très
petits par rapports aux galaxies spiralées que nous connaissons. »
Le quasar : île ou continent du ciel ?, in *Science et Vie*, oct. 1973, p. 50.

« Malgré leur nom, les quasars (contraction de quasi-star) ne sont
pas des étoiles, bien qu'ils apparaissent comme des étoiles dans les
télescopes. Mais, en radioastronomie, ce sont de très puissants émetteurs, incomparables à une étoile, et plus intenses que bien des galaxies
pourtant riches de millions d'étoiles.
    Les quasars sont des objets très lointains — des milliards d'années-
lumière — mais petits : certains ne seraient pas plus volumineux que le
système solaire. »   M. ARVONNY, *Pulsars, quasars, trous noirs ...*, in
                                            Le Monde, 15 nov. 1978, p. 11.

✶ Mot anglais n., contraction de *quas*[*i*] [*stell*]*ar (radiosource* ou
object), « (radiosource ou objet) quasi stellaire ». Le 5 août 1962, à l'aide
du grand radiotélescope qui venait d'être mis en opération à Parkes, en
Australie, par la technique nouvelle appelée « occultation par la Lune des
radiosources », l'Anglais Hazard et les Australiens Mackey et Shimmins
obtinrent la position de la radiosource 3 C 273 avec la précision d'une
seconde d'arc. À l'aide de ce résultat, Schmidt, travaillant à l'observatoire
du mont Palomar aux États-Unis, identifia, en 1963, 3 C 273 à un objet
d'aspect stellaire semblable à la radiosource 3 C 48, étudiée par Maarten
Schmidt, mais plus brillant.

QUATERNION [kwatɛʀnjɔ̃] *n. m.*

(1878) *Math.* Nombre complexe formé par quatre nombres
ordinaires (appelés aussi « réels » ou « scalaires ») *s, a, b, c* pris
dans un ordre déterminé et combinés selon certaines lois.

« La France a trébuché dans une équivoque... signalée par Stuart
Mill, dans les exemples de sophisme syllogistique de l'espèce dite
quaternion. »   J. IZOULET, *Les Surhumains*, 1896 [*in* Mackenzie, p. 252].

✶ Terme d'origine anglaise n. (1843, en ce sens, chez Sir W. R. Hamilton ; 1382 « groupe de quatre »), du bas latin *quaternio,* du latin
classique *quaterni* (comme l'ancien français *quaternion* « assemblage de
quatre »). *Quaternion* est enregistré en 1878 dans le 1ᵉʳ Suppl. de
P. Larousse.

QUERCITRON [kɛʀsitʀɔ̃] *n. m.*

(1806) Chêne noir *(Quercus coccinea* ou *Quercus tinctoria)*
originaire de la Pennsylvanie et de la Caroline, dont l'écorce
fournit une teinture d'un jaune citron foncé, utilisée dans
l'industrie du textile. — En appos. *Chêne quercitron.* — *Par ext.*
L'écorce préparée de cet arbre. — REM. : Enregistré dans les
dict. de Littré 1869 et de l'Académie 1835.

« On tire l'écorce de quercitron de Baltimore, de New-York, de Philadelphie. Pour l'employer en teinture, on la fait infuser dans l'eau tiède ; on fixe la couleur sur la laine à l'aide de l'alun ou du chlorhydrate d'étain. »
Bouillet, *Dict. des sciences, des lettres, et des arts*, art. *Quercitron*, 1864.

✳ Mot anglais n. (1794), nom donné par Edward Bancroft, forme abrégée de *querci-citron*, du latin *quercus* « chêne », et de *citron*, lui-même emprunté du français *citron* au xvie s. Ce mot hybride est enregistré en français en 1806, dans Lunier, *Dict. des Sciences et des arts [...]*, ainsi que dans P. Larousse 1875. Le chêne quercitron a été introduit en Europe dès le début du xixe siècle.

QUESTION PRÉALABLE → PRÉALABLE.

QUESTION (THAT IS THE) [zatizzəkwɛstjɔn]

Expression utilisée après l'énoncé d'un problème, d'un sujet impliquant des difficultés à résoudre, d'un point sur lequel on s'interroge et qui signifie littéralement « là est la question ! » « c'est là (toute) la question ! » — REM. : Absent des dict. généraux de français.

« Quel est le degré d'absurdité et de mensonge exigé par le rédacteur en chef ? *That is the question*. Comme on finit toujours par être connu, s'il faut être ridicule et mentir trop fort, je n'en suis pas. »
Stendhal, Lettre à Adolphe de Mareste, juil. 1822, in *Corresp.*, t. II, p. 38.

« En est-il une [opinion] en justice. *That is the question* qui fut résolue l'autre jour. »   *Le Charivari*, 24 oct. 1892, p. 2.

« La question que vous incitez à me poser me trouble sincèrement. Je n'y avais pas pensé. Nick est-il français ou ne l'est-il pas, that is the question. »   Queneau, *Le Vol d'Icare*, p. 46, Gallimard (□ 1968).

✳ Citation tirée du monologue dans lequel Hamlet en arrive au dilemme essentiel entre la vie et la mort : *To be or not to be, that is the question* « Être ou ne pas être, voilà la question ». On fait fréquemment allusion à cette scène de la tragédie de Shakespeare (*Hamlet*, joué en l'an 1600), et il n'est pas rare que l'on cite intégralement le texte anglais. L'expression *that is the question* sert d'allusion culturelle ; il arrive qu'elle soit employée ironiquement à propos de problèmes très accessoires. (Rappelons que l'anglais *question* est un emprunt du français, du latin *quaestio*, réalisé au xiiie siècle par l'anglo-normand *questium*.)

QUICHENOTTE ou KICHENOTTE [kiʃnɔt] *n. f.*

(xxe s.) *Région*. Dans l'Ouest (îles de la Charente-Maritime et en Vendée), Coiffe ou capeline en forme de demi-cylindre hor zontal.

✳ De l'anglais *kiss not*, proprement « ne [m']embrasse[z] pas ! », de *to kiss* « embrasser, donner un ba ser à quelqu'un », et *not* « ne...pas ». La forme *kissnot* (n. m.) est d'ailleurs attestée dans le parler saintongeais dès 1869 (Jônain, *in* Wartburg).

QUICK [kwik] *n. m.*

(v. 1960) Revêtement d'un court de tennis en briques pilées, de couleur rouge, sur fond de cendres. *Jouer sur le quick.*

✳ Abréviation de l'anglais *quick drying clay* « argile *(clay)* qui sèche *(drying)* vite *(quick)* » appliqué au revêtement en argile poreuse ou en brique pilée qui sèche aisément après la pluie (à la différence des courts en gazon, en terre battue ou goudronnés). Ce revêtement fut inventé par Claude Brown (1909), qui était directeur d'une briqueterie.

QUICK LUNCH [kwiklœnʃ] *n. m.*

(1905) Aux États-Unis et au Canada, à l'origine, Repas rapide. — REM. : Absent des dict. de français.

« À la porte basse d'un petit restaurant de Broadway, il est écrit :
Quick lunch (déjeuner rapide). »
    J. HURET, *En Amérique, De San Francisco au Canada*, p. 504 (□ 1905).

— Établissement où l'on sert des repas rapides. *Des quick
lunches* → **Snack-bar**. — Par abrév. *Quick*.

« Non loin de là se trouve un autre *quick lunch* plus original encore.
J'y suis allé pour finir de déjeuner. On entre, en prenant à l'entrée, sur
une haute pile, une assiette, on se promène à travers une étroite et
longue salle où, sur des rayons, sont exposées vingt sortes de victuailles
froides. Les prix sont écrits sur chaque plat. Si vous voulez un plat
chaud et à boire, vous vous adressez à des comptoirs spéciaux où l'on
vous sert à la minute. On mange debout ; en sortant vous dites votre
total à un garçon qui vous donne un check du montant indiqué par vous
et vous payez à la caisse qui est à côté. Personne ne vous a contrôlé.
On s'en rapporte exclusivement à votre honnêteté. »
    J. HURET, *op. cit.*, p. 505.

✱ Mot d'origine américaine n. (1903), composé de *quick* « rapide », et
de *lunch**, dont l'usage est critiqué en français, sauf à propos des
réalités américaines (Cf. Étiemble, *Parlez-vous franglais ?*, p. 16, 1964).

    « Rien de plus louable que le souci manifesté par des lectrices de *Vie et
Langage* devant l'irruption de vocables anglais dans notre langue. Réprosvons
aven elles le *snob sme* d'un jeune *sportif* yu dirait : " En *week-end*, à cause du
football, je vais au *snack-bar* pour un *quick-lsnch.* " »
    F. BALDENSPERGER, *Emprunts anglo-français*, in *Vie et Langage*, juin 1954, p. 260.

QUILT [kilt] *n. m.*

(1972) En Grande-Bretagne et dans les pays anglo-saxons,
Couverture de lit, rembourréeet piquée. *Des quilts.* — REM. :
Absent de tout dict. français.

« Que deux expositions simultanées soient en ce moment consacrées,
à Paris, aux " Quilts ", ces courtepointes américaines dont le XIXe siècle
fut l'âge d'or, n'a rien d'étonnant. »   P.-M. GRAND, *Les « Quilts »
américains au XIXe siècle*, in *Le Monde*, 31 mai 1972, p. 17.

✱ Mot anglais (aussi *cowlts*, pl., *quoiltene, qwylte, quilte, qu-, qvylte,
quylt*, etc.) n. (v. 1290) signifiant à l'origine « édredon, couette », lui-
même emprunté du vieux français *coilte, cuilte* (mod. *couette*), du latin
culcita « matelas, coussin ». C'est toutefois d'Amérique que le mot nous
arrive, à l'occasion d'expositions de quilts de Pennsylvanie, à Paris, en
1972, quilts dans lesquels on peut voir les origines du patchwork. Le
mot garde en français le statut de terme étranger. — Ne pas confondre
avec l'homonyme *kilt**.

QUINTE FLUSH → FLUSH.

QUINTETTE [kɛ̃tɛt] *n. m.*

1° (1934) Orchestre (*spécialt* de jazz) composé de cinq musiciens. — REM. : On disait autrefois *quintetto*. — Sens absent
du dict. de l'Académie 1935.

« Le quintette que constitue Parker comprend une section rythmique
animée par les meilleurs spécialistes du bop — ce que nous attendions
— Curley Russel est à la contrebasse, Gillespie ou John Lewis au piano,
Max Roach (le plus remarquable rythmicien du jazz moderne avec
Clarke) à la batterie. »   L. MALSON, *Les Maîtres du jazz*, p. 115 (□ 1952).

« Orchestre formé en 1934 avec l'aide et sous le patronage du Hot
Club de France, et dont les deux vedettes furent Django Reinhardt et
Stéphane Grapelli. Originellement et jusqu'en 1939, ce fut un quintette
à cordes (trois guitares, un violon, une contrebasse). Lorsque Grapelli
eut quitté la France, la composition instrumentale du quintette du Hot
Club de France se modifia, en 1940 : deux guitares, clarinette,
contrebasse et batterie. Après la guerre, Grapelli rejoua à plusieurs
reprises avec le quintette du Hot Club de France. Ce petit orchestre fut

le seul groupement de jazz européen à atteindre une célébrité mondiale. »   H. PANASSIÉ et M. GAUTIER, *Dict. du jazz*, Albin Michel, art. *Quintette du Hot Club de France.*

2° (1931) *Sport.* Groupe de cinq joueurs d'attaque.

« Le résultat fut indécis malgré la volonté de chaque quintette ».
Lyon-Sport, 27 nov. 1931 [*in* G. Petiot].

✱ Emprunt sémantique à l'anglais *quintet* ou *quintette* n. (v. 1880 pour désigner un ensemble de cinq personnes, musiciens, chanteurs, sportifs), mot lui-même emprunté du français *quintette* n. m. (1832) au sens de « œuvre de musique d'ensemble écrite pour cinq instruments ou pour cinq voix », de l'italien *quintetto*, diminutif de *quinto* « cinquième » (latin *quintus*). Comme *quartette, quintette* nous est revenu d'Amérique dans un nouveau sens avec la musique de jazz. Le sens sportif est d'origine britannique.

QUIZ [kwiz] *n. m.*

(1959, *in* Gilbert) Jeu (radiophonique ou télévisé) par questions et réponses, auquel un candidat peut gagner un prix.

« Spectacles à la bonne franquette, humour au ras des pâquerettes, les "quiz" télévisés sont probablement l'une des raisons du renouveau général des jeux. »
L'« Opium » des jeux TV, in *L'Express*, 19 déc. 1977, p. 110.

✱ De l'américain *quiz game* n. (1945) composé de *game* « jeu », et de *quiz* n. (1867) « examen oral ou écrit, colle, série de questions », substantif américain, déverbal de *to quiz* v. tr. (XIXᵉ s.) « questionner, interroger (une personne) » d'origine inconnue. En français *quiz* désigne un type de jeu télévisé (ou radiodiffusé), un *jeu-concours*.

QUORUM [k(w)ɔʀɔm] *n. m.*

(1672, à propos d'assemblées anglo-saxonnes ; 1868, à propos d'assemblées françaises) *Dr. admin.* Nombre minimum de membres présents à une assemblée pour qu'elle puisse délibérer valablement et prendre une décision. *Le quorum est atteint, n'est pas atteint.* — REM. : Enregistré dans les dict. de Littré 1869 et de l'Académie 1935.

« La séance [de la Chambre anglaise] dure du lundi quatre heures après midi jusqu'au mercredi matin à neuf heures et demie. Les *home rulers* veillaient à ce que le *quorum* fût atteint pour chaque vote : les députés de la majorité s'étaient partagés en équipes qui se relayaient. »
LAVISSE et RAMBAUD, *Histoire générale*, t. XII, p. 72 (□ 1902).

« Pour être valable, le vote exige la présence, dans le palais, d'un *quorum*. Il est de la majorité absolue des membres composant l'Assemblée [...]. La constatation du nombre nécessaire pour atteindre le *quorum* est faite par le bureau. Si le bureau n'a pas été consulté ou s'il a inexactement apprécié l'existence du *quorum*, le vote est cependant acquis. Lorsque le bureau constate que le *quorum* n'est pas réuni, il renvoie le vote à la séance suivante qui ne peut avoir lieu avant un délai d'au moins une heure. Le vote est alors valable, quel que soit le nombre des participants. »   M. PRÉLOT, *Précis de droit constitutionnel*,
Le Parlement, p. 441 (□ 1953).

✱° Mot anglais n. (1616, en ce sens ; à l'origine, « juge dont la présence était nécessaire au tribunal », 1455), mot latin « desquels », génitif pluriel du pronom relatif *qui* au sens partitif, employé dans les formules des commissions qui désignaient les personnes dont la présence était nécessaire pour qu'une délibération fût valable (*quorum vos ... unum, duos* [*etc.*]). En français, le mot *quorum* a longtemps été employé exclusivement à propos des assemblées anglo-saxonnes ; Mackenzie (p. 82) le relève dès 1672. En droit parlementaire français, le quorum, depuis la Constitution de 1791, est la majorité absolue du nombre légal des membres d'une assemblée ; le mot lui-même n'est pourtant attesté en ce sens qu'en 1868 (*in* Mackenzie, p. 234). Littré 1869 et P. Larousse 1875 ne signalent encore que le *quorum* des assemblées anglaises ; le dict. de l'Académie 1935 enregistre le mot en parlant de toute assemblée, française ou étrangère.

QUOTA [k(w)ɔta] *n. m.*

(1927) Contingent ou pourcentage déterminé. *Système du quota de l'immigration américaine.* — Comm. *Quotas d'importation.* — REM. : Absent du dict. de l'Académie 1935.

« les immigrants du Canada, de l'Amérique centrale ou méridionale sont admis sans limitation de nombre, en voisins ; mais à ceux originaires de l'Europe, de l'Afrique, de l'Asie méditerranéenne ou russe, on applique le système du quota, c'est-à-dire que le contingent alloué à chaque pays ne peut s'élever qu'à 2 p. 100 des personnes nées dans ce pays qui résidaient aux États-Unis en 1890 (la loi de 1921 avait dit 3 p. 100 et 1910). »
A. SIEGFRIED, *Les États-Unis d'aujourd'hui*, p. 115 (□ 1927).

« Une conférence internationale ouverte à Genève le 25 octobre 1950 a examiné les moyens de maintenir la stabilité du marché de l'étain en constituant des stocks régulateurs et en organisant le contrôle de l'exportation au moyen de quota [*sic*] révisables, calculés en fonction de la demande mondiale. »
P. GEORGE, *Les Grands Marchés du monde*, p. 92 (□ 1953).

« Le gouvernement déposera au printemps un projet de loi instituant un "quota" minimum de 20 % de femmes sur les listes de candidatures aux élections municipales de 1983. »   *Le Monde*, 2 fév. 1979.

— (1960) *Quota de vente* ou *quota*, chiffre d'affaires imposé à un représentant, un agent, un service de ventes.

« La tendance est souvent d'attribuer les quotas en fonction du chiffre d'affaires que l'entreprise désire réaliser. C'est là intervertir les termes du problème. Des quotas rationnels ne peuvent être déterminés qu'au moyen d'investigations analogues à celles que les bureaux d'études font couramment dans les usines pour fixer les normes d'exécution d'une tâche industrielle. Il s'agit d'abord de savoir comment un vendeur moyen emploie son temps et d'en tirer des conclusions sous forme de standards. »   G.-L. CAMPION, *Quotas de vente*,
in J. ROMEUF, *Manuel du chef d'entreprise*, p. 826 (□ 1960).

✳ Mot anglais n. (1668), « quote-part », « quotité », emprunté du latin *quota*, féminin de *quotus* « en quel nombre, quel », dérivé de *quot* « combien nombreux, aussi nombreux » (abréviation de *quota pars*). Terme d'usage récent en français, surtout utilisé dans le langage des économistes.

R

RACER [ʀa/ɛ/sœʀ] *n. m.*

1° (1846) Turf. *Vx.* Cheval destiné aux courses de plat. *Des racers.* — REM. : Absent des dict. de Littré et de l'Académie.

« Nous allons revoir le *Derby* sur le *turf*, les *gentlemen* du sport causant de *stakes* avec les *hostlers*, ou organisant des *handicaps* à propos de *racers.* »
Causeries du Tintamarre, in BAUDELAIRE, *Œuvres en collaboration*, 1846
[*in* D. D. L., 2ᵉ série, 2].

« Certaines particularités de formes, certaines différences entre le *hunter* et le *racer*, sont caractéristiques de leur destination : il faut au premier une grande force et une grande élasticité dans son avant-main pour résister au choc qu'il éprouve en touchant le sol après un saut ; chez le second, au contraire, toute la force de propulsion est requise à l'arrière ; moins il y a de poids à l'avant-main, plus la machine est aisément et rapidement poussée. »
E. CHAPUS, *Le Turf ou les Courses de chevaux en France et en Angleterre*,
pp. 42-43 (□ 1853).

2° (1904) Par anal. *Mar.* Yacht de course ; canot automobile rapide. — (1963) *Ocean racer*, yacht de course-croisière. — REM. : Enregistré dans le G. L. E. 1963.

« Classification des canots automobiles : 1) Cruisers ; 2) Racers. »
L'Auto, 2 fév. 1904 [*in* G. Petiot].

« Après les *racers* qui luttent de vitesse avec les meilleurs torpilleurs, nous allons voir le moteur d'automobile s'emparer des bateaux de pêche, des chalands et des services publics fluviaux, c'est l'affaire de quelques années encore. »
R. CHAMPLY, *Le Moteur d'automobiles à la portée de tous*, p. 433 (□ 1907).

3° (1932) *Sport automobile.* Petite voiture de course, de faible cylindrée. — REM. : Enregistré dans le Larousse du XXᵉ siècle 1932.

✱ Mot anglais *n.* (« coureur », 1649 ; « cheval de course », 1670 ; « engin, véhicule, etc. de course [à pied, à cheval, etc.] », 1793), de *to race* « courir (vite) », « participer à une course » (→ **Racing**), de *race* *n.* « course, ruée », du vieux nordique *rás*.

RACING [ʀa/ɛ/siŋ] *n. m.*

1° (1865) *Vieilli.* Sport de la course à pied. — REM. : Absent des dict. de Littré et de l'Académie.

2° (1905) Forme abrégée de *racing-club**.

« Les supporters du Racing redonnaient de la voix, attachés à galvaniser leur équipe. » R. FALLET, *Le Triporteur*, p. 396 (□ 1951).

✳ Mot anglais n. (1680) « course(s) », part. présent substantivé de *to race* v. intr. (1680) « participer à une course (à pied, à cheval, etc.) ». Signalé en français en 1865 au sens de « course à pied » (Kervigan, *L'Anglais à Paris*, *in* G. Petiot), enregistré en 1923 par Larousse. L'emprunt ne subsiste plus guère que dans le terme *racing-club** ou comme forme abrégée de ce dernier (1905, Bonnaffé). On a formé, en français, le faux anglicisme *racingman* n. (1898).

RACING-CLUB [ʀa/ɛ/siŋklœb] *n. m.*

(1882) Association ayant pour objet l'organisation des courses à pied. Le *Racing-Club de France*, créé en 1882. — (1936) *Par ext.* Nom de nombreux clubs sportifs → **Racing, 2°.**

« [...] Pierre Lenoir se leva à cinq heures et demie pour se rendre au Racing-Club où il se proposait d'étudier une nouvelle méthode d'économie respiratoire, préconisée par un spécialiste finlandais du cinq mille mètres. »   M. AYMÉ, *Travelingue*, pp. 23-24 (□ 1941).

✳ Mot anglais n. (1840) composé de *racing* et de *club*. Le mot a été introduit en français comme nom propre : *Racing-Club de France*, club organisé par le fondateur de l'athlétisme français, G. de Saint-Clair, et créé par des lycéens en 1882. *Le Petit Lexique à l'usage des sportifs*, 1936, signale l'extension du terme à d'autres sports que la marche à pied. Noter la forme abrégée *racing** et le dérivé *racingman* de création française.

RACINGMAN → RACING.

RACK [ʀak] *n. m.*

(1963) *Radio.* Montage des éléments d'un meuble radio-électrique sur des tiroirs métalliques.

« Cette machine d'enregistrement [...] se compose de deux éléments montés en rack. »   *Revue du son*, août-sept. 1966, p. 363.

✳ Mot anglais (XIVᵉ s.), signifiant « casier », « classeur », « étagère », d'usage récent en ce sens technique. Le G. L. E. l'enregistre en 1963 comme synonyme de *montage en baie*. On préférera ce terme français à l'emprunt inutile de *rack*.

RACKET [ʀakɛt] *n. m.*

1° (1930) Association de malfaiteurs se livrant au chantage et à l'intimidation (parfois même à l'enlèvement et à l'assassinat) en vue d'une extorsion de fonds à des commerçants ou à des particuliers. — REM. : Absent du dict. de l'académie 1935.

« En raison de sa valeur refuge, l'objet d'art est devenu la cible privilégiée d'un racket international. »
J. DEROGY, *Le Racket des tableaux volés*, in *L'Express*, 20 nov. 1972, p. 98.

2° (1953) Forme d'activité ou d'opérations exercées par ces malfaiteurs.

« Ça devait être des terreurs de banlieue qui se croyaient des dons pour le rackett [*sic*]. » A. SIMONIN, *Touchez pas au grisbi*, p. 111 (□ 1953).

« Au premier rang de ce tableau d'honneur une affaire exemplaire, l'entreprise de la "bande à Charly" — l'E. T. E. C. — montée par des anciens du S. A. C. qui mêlaient habilement le racket, le trafic d'influence, le chantage et l'action politique. »
Le Canard enchaîné, 12 janv. 1972, p. 4.

✳ Mot anglais, probablement d'origine onomatopéique que l'on rattache parfois au gaélique *racaid,* d'abord « tapage, raffut, boucan, vacarme » (1565), puis « escroquerie, trafic » (1812), qui a pris le sens très particulier que nous lui connaissons de nos jours à Chicago (1928). Ce mot d'importation américaine est attesté en français dès 1930 (d'après Dauzat, Dubois et Mitterand) ; il s'emploie surtout au second sens « extorsion de fonds par violence, chantage, intimidation, etc. »

RACKETTEUR ou **RACKETTER** [ʀakɛtœʀ] *n. m.*

(1962 ; *racketter*, 1957 ; 1930, comme mot anglais) Auteur, organisateur d'un racket*.

« [La psychanalyse] attire la clientèle par des moyens d'intimidation et de chantage psychiques, un peu comme ces racketters américains qui vous imposent leur protection. »
R. GARY, *La Promesse de l'aube*, p. 80 (□ 1960).

✱ De l'américain *racketeer* n. (1928), de *racket*. Le terme est signalé dans un ouvrage français, à propos de l'Amérique, dès 1930.

« On enrôla les bandits mexicains ou italiens du voisinage, ceux qu'on nomme *thugs* ou *desperadoes*. Aujourd'hui on les désigne d'un vieux mot élisabéthain récemment exhumé, *racketeers*. »
P. MORAND, *New-York*, p. 80 (□ 1930).

✱ On trouve ensuite la graphie francisée de *racketteur* et la prononciation [ʀakɛtœʀ].

RADAR [ʀadaʀ] *n. m.*

1° (1941) Système ou appareil de détection, qui émet un faisceau d'ondes électromagnétiques très courtes et en reçoit l'écho, et qui sert à déterminer ainsi la direction et la distance d'un objet. — En appos. *Système radar, écran radar.*

« Le principe du radar repose sur un phénomène physique absolument général. Tout rayonnement se propageant dans un milieu isotrope et y rencontrant des obstacles se réfléchit sur eux. »
F. RAYMOND, *Radionavigation et radioguidage*, p. 103 (□ 1941).

« mais j'ignorais tout du *radar* et ne savais pas qu'à chaque raid les avions anglais jetaient par-dessus bord dans le ciel allemand des millions et des millions de rubans de papier argenté propre à brouiller toute détection par *radar*. »
CENDRARS, *Bourlinguer*, p. 360, Folio (□ 1948).

« On sait que le radar, dont le principe est connu depuis le début du siècle (les premiers brevets datent de 1904), n'a été véritablement mis au point que pendant la dernière guerre mondiale, d'impérieuses nécessités de défense fournissant une motivation puissante à l'effort de recherche nécessaire. Ainsi le but des premiers radars était-il, comme leur nom l'indique (Radio detection and Ranging), la détection et le repérage en distance et direction de cibles généralement ponctuelles. »
La Recherche, mai 1973, p. 485.

2° (1948) *Fig.* Ce qui permet de découvrir, de détecter.

« Léro fut le précurseur, il inventa d'exploiter le surréalisme comme une "arme miraculeuse", et un instrument de recherche, une sorte de radar qu'on envoie cogner dans les profondeurs abyssales. »
SARTRE, *Situations III*, p. 256 (□ 1948).

✱ Mot d'origine américaine n. (1941), contraction de *Ra[dio]* « radio », (latin *radius* « rayon ») *D[etecting]* (de *to detect* « détecter ») *A[nd]* « et » *R[anging]* (de *to range* « repérer ») [*system*] « système », ou « détection et télémétrie par radio-électricité ». Les Français, qui furent parmi les pionniers dans le domaine du radar, ont introduit le mot *D. E. M.,* c'est-à-dire *Détection Électro-Magnétique.* L'acronyme américain *radar* s'est toutefois répandu en français et dans plusieurs langues. Il a produit les dérivés *radariste* n. (1953, *in* Larousse), « spécialiste chargé de l'entretien et du fonctionnement des radars » (en anglais : *radarman*) ; *radariser* v. tr. (1953), rare, « munir d'un radar » (*in* Cocteau, *Journal d'un inconnu,* p. 182, en note, Grasset 1953), et aussi *radarastronomie* n. f. (1975), *radarphotographie* n. f. (1978).

RADE [ʀad] *n. f.*

1° (1474) Bassin naturel ou artificiel de vastes dimensions, ayant une issue vers la mer, et où les navires peuvent s'abriter. — REM. : Enregistré dans les dict. de l'Académie 1694 et de Littré 1869.

« Mes vaisseaux à la rade, assez proches du port,
N'ont que trop de soldats à faire un coup d'effort. »
        CORNEILLE, *Médée*, in *Théâtre*, p. 467, Pléiade, s. d. (□ 1635).
« La *Léopoldine* devait mouiller en grande rade devant ce Pors-Even,
et n'appareiller définitivement que le soir [...]. »
        P. LOTI, *Pêcheur d'Islande*, p. 274 (□ 1886).

2° (1914) *Loc. fig.* (fam). *En rade*, abandonné, à l'écart, en
panne. *Rester, tomber en rade. Laisser (qqn, qqch.) en rade.*

✳ Emprunt ancien du vieil anglais *rad, rade* n. (qui a évolué vers la
forme moderne *road* et qui est aussi à l'origine de la variante écossaise
qui a produit *raid*✳ n.) attesté en ce sens vers 1320, puis au sens de
« route », en 1596. *Rade* apparaît en français dès 1474 (Isambert). La
locution *en rade* est spécifiquement française (Esnault).

RADIAN [ʀadjɑ̃] *n. m.*

(1904) *Math.* Unité de mesure d'angle (*symb.* rd), équivalant
à l'angle ou centre qui intercepte, sur une circonférence, un arc
d'une longueur égale à celle du rayon de la circonférence.
— REM. : On a aussi utilisé la forme *radiant*.

✳ Anglais *radian* n. (1879), du latin *radius* « rayon ». Enregistré dans
le Nouveau Larousse illustré 1904.

RADICAL, ALE, AUX [ʀadikal, o] *n.* et *adj.*

1° *N.* (1820) *Polit.* À propos de l'Angleterre et des pays anglo-
saxons, Partisan de réformes radicales des institutions politiques
et économiques ; en France, Membre d'un parti prônant des
réformes, en particulier du parti républicain radical et radical-
socialiste. — REM. : Enregistré dans les dict. de Boiste 1823, de
Littré 1869 et de l'Académie 1878.

« Le général [Grant] représentait le parti *républicain*, et M. Seymour
le parti *démocrate* ; celui-ci se déclarant pour le *droit des États* allant
jusqu'à la sécession, et opposé à l'admission des noirs au rang de
citoyens ; celui-là partisan des *droits de l'Union* tendant vers une sorte
de centralisation du pouvoir suprême, et maintenant l'égalité pour les
noirs. En Angleterre, on eût appelé l'un des partis les *whigs*, l'autre les
tories ; en France, les *radicaux* et les *conservateurs*. »
        L. SIMONIN, *De Washington à San Francisco* [1868], pp. 225-226 (□ 1874).

« Les radicaux sont convaincus qu'il faut préparer les esprits à une
participation de l'opposition nationale à la gestion des affaires du pays. »
        D. BARIANI, *La République aujourd'hui*, Suppl. au B. I. R. S.
        [Bulletin d'information radical-socialiste], déc. 1979, p. 6.

2° *Adj.* (1820) Relatif au radicalisme✳ ou à un parti de tendances radicales.

« Il est libéral : on appelle cela *radical* en anglais, dénomination qui
sonne plus mal aux oreilles de la bonne compagnie anglaise que celle
de sans-culotte aux nôtres. Je me suis rencontré avec lui à cet égard
comme avec l'excellent M. de La Harpe qu'il me rappelle souvent. »
        V. JACQUEMONT, Lettre à M. Jacquemont père, 3 sept. 1829, in *Corresp.*,
        t. I., p. 92.

« *Le Pilote* était une feuille radicale dirigée par monsieur Tissot. »
        BALZAC, *Le Père Goriot*, p. 1010 (□ 1835).

« La politique radicale, une fois accomplies la réforme du personnel
administratif et la séparation de l'Église et de l'État, ne pouvait devenir
qu'un opportunisme et supposait, pour se maintenir un moment, la paix
sociale et la paix internationale. » SARTRE, *Situations II*, p. 234 (□ 1948).

« Le renouvellement du parti *radical* devrait être profond et, si j'ose
dire... radical, car il est exigé par un esprit nouveau, par des alliances
nouvelles. »
        MAURIAC, *Bloc-notes, 1952-1957*, 17 août 1956, p. 258 (□ 1958).

✱ Emprunt à l'anglais *radical* adj. (1398) de même origine que le français *radical* apparu à la fin du XVᵉ siècle (bas latin *radicalis*, de *radix* « racine »), d'abord employé au sens de « qui appartient à la racine », et qui a pris au XVIIᵉ siècle (1651) le sens de « qui remonte à la source, aux principes fondamentaux, qui va jusqu'au bout de ses conséquences » ; de ce sens est issu le terme *radical reform* « réforme radicale » (v. 1786) qui est à l'origine du nom donné, d'abord en mauvaise part, aux partisans les plus convaincus de la nécessité d'une réforme démocratique totale parmi les membres du parti libéral. *Radical* n. est attesté en anglais en 1802. En ce sens, *radical* est attesté comme nom et adjectif en français dans le *Journal de Paris* du 8 juil. 1820, à propos de l'Angleterre. Balzac (→ cit. ci-dessus) emploie le mot à propos de la France, en 1835.

RADICALISER [ʀadikalize] *v. tr.*

1° (1917) Rendre radical, plus extrême, plus intransigeant. — REM. : Absent du dict. de l'Académie 1935.

« Dans nos discussions avec P.-J. Jouve, j'ai réagi contre certain sentimentalisme, et j'ai exagéré, radicalisé ma pensée. »
H. GUILBEAUX, lettre à R. Rolland, *in* R. ROLLAND,
Journal des années de guerre 1914-1919, 1952 [*in* D. D. L., 2ᵉ série, 7].

« La répression fut assez brutale pour [...] radicaliser bon nombre d'étudiants et de jeunes. »   É. MORIN, in *Le Monde*, 5 juin 1968.

2° PRONOM. (1938) Politique. *Rare*. Devenir radical*, en politique.

« Mais depuis [1900] il y eut un changement [en France]. La Chambre des Députés s'est peu à peu radicalisée par la non élection des nobles et gros bourgeois, et depuis la guerre mondiale, c'est-à-dire depuis 1921, elle a même été peu à peu envahie par des élus socialistes et communistes. »
B. SHAW, *Soviétisme et Fascisme*, trad. par A. et H. HAMON, 1938
[*in* D. D. L. , 2ᵉ série, 7].

— (1968) *Cour*. Devenir radical, plus dur, plus intransigeant ; se durcir.

« Une contestation universitaire *permanente qui n'a cessé depuis dix ans de se radicaliser* [en Amérique latine] ».   *Le Monde*, 9 juin 1968.

✱ De l'anglais *to radicalize* v. intr. (1823) et v. tr. (1830), dérivé de *radical* adj. (pour l'étymologie → **Radical**). Le français a formé le dérivé *radicalisation* n. (1964) qui s'est probablement répandu sous l'influence de l'anglais *radicalization* (1885).

RADICALISME [ʀadikalism] *n. m.*

1° (1820) *Philo*. Doctrine politique, économique et philosophique, issue de publicistes et de philosophes anglais (dont J. Bentham, James Mill, J. D. Mill), prônant le libéralisme sous toutes ses formes.

« Ponge veut seulement prêter son langage à toutes ces paroles enlisées, engluées, qui surgissent autour de lui, de la terre, de l'air et de l'eau. Que faire pour cela ? D'abord revenir à cette attitude naïve chère à tous les radicalismes philosophiques, à Descartes, à Bergson, à Husserl : "Feignons que je ne sache rien." »
SARTRE, *Situations I*, p. 262 (□ 1947).

2° (1823) *Polit*. En Grande-Bretagne et dans d'autres pays, Doctrine, attitude des partisans radicaux des réformes institutionnelles. — REM. : Enregistré dans les dict. de Littré 1869, et de l'Académie 1878.

« L'*Adam Press* et le parti travailliste éditent le *Daily Herald*, journal qui n'a rien de révolutionnaire, qui n'est pas subventionné par le IIIᵉ Internationale, tire à un million et demi d'exemplaires et ne fait, en réalité, que du radicalisme modéré. »

P. MORAND, *Londres*, pp. 275-276 (☐ 1933).

— (1832) *Hist.* En France, Doctrine et position politique des républicains appelés radicaux*.

« Les incessants progrès de ce qu'on appelait avec effroi "le radicalisme" inquiètent le Maréchal de Mac-Mahon depuis le 24 mai 1873 successeur de M. Thiers, et ses conseillers, ses plus fidèles soutiens. D'accord avec le Sénat, en majorité conservateur, il exerce le droit, que la Constitution de 1875 lui donne, de dissoudre la Chambre des Députés, où siègent trois cent soixante-trois républicains qui, dans un manifeste retentissant, protestent contre cette décision. »

G. LECOMTE, *Ma traversée*, p. 28 (☐ 1949).

— *Mod.* Doctrine politique du parti radical et radical-socialiste.

✶ De l'anglais *radicalism* n. (1820), d'abord attesté en français comme terme de philosophie (1820, d'après P. Barbier), enregistré comme terme de politique britannique dans le dict. de Boiste 1823, et attesté à propos de la politique française dans *Le Temps*, du 20 fév. 1832.

RADIO(-)SOURCE [Radjosuʀs] n. f.

(1978) Région du ciel située hors du système solaire, d'où nous arrivent des ondes électro-magnétiques très courtes.

« D'autres observations sont venues confirmer l'idée d'une évolution des radiosources avec le temps cosmique. Les progrès des identifications des radiosources avec des objets optiques, galaxies ou quasars, et de la spectroscopie de ces objets généralement très faibles (et c'est là que l'apport du télescope de 5 m de Mont Palomar à la cosmologie a été réellement déterminant) ont permis d'établir des échantillons complets de radiosources. » *La Recherche*, janv. 1978, p. 42.

« En fait, ce fut d'abord l'étude des radiosources extragalactiques, identifiées dès 1951 avec des galaxies optiquement visibles, qui conduisit à soupçonner l'importance primordiale des noyaux (*la Recherche* nᵒ 101, p. 633, juin 1979). L'énergie mise en jeu dans les radiosources est colossale, dépassant de très loin les mécanismes énergétiques envisagés à l'époque : ainsi, la radiosource Cygnus A émet cent millions de fois plus d'énergie que notre Galaxie dans le domaine radio... »

La Recherche, juin 1980, p. 696.

✶ De l'anglais *radio source* n. (*in* Webster's third). Cette notion a été mise en évidence par l'ingénieur américain Karl Jansky en 1932.

RADÔME ou RADOME [Radɔm] n. m.

(1962) *Techn.* Coupole en matière plastique protégeant une antenne de radio ou de radar. *Le radôme de Pleumeur-Bodou.*

« Le sisal a été l'une des premières fibres à être stratifiée pour la fabrication de *radômes* en 1940. »

J.-C. DESJEUX et J. DUFLOS, *Les Plastiques renforcés*, p. 36 (☐ 1964).

✶ Anglais *radome* n. (*in* Webster's Third 1966) composé de la contraction de *ra[dar]* et de *dome* « dôme », lui-même emprunté du français au XVIIᵉ siècle, en ce sens. Le Suppl. 1970 du Robert date ce terme, en français, de 1962.

RAGLAN [Raglã] n. m. et adj. invar.

1ᵒ (v. 1855) *Ancienn.* Ample manteau de voyage à pèlerine, pour homme, à la mode sous le Second Empire. — REM. : Enregistré dans le Suppl. 1877 du dict. de Littré et dans le dict. de l'Académie 1935.

« Il n'est resté, en souvenir de la guerre de Crimée, que le raglan, pardessus plus commode et plus élégant que le paletot. »

E. de la BÉDOLLIÈRE, *Histoire de la mode*, 1858 [*in* Littré, Suppl. 1877].

2° (1904) *Mod.* Pardessus assez ample à emmanchures coupées en biais et remontant en pointe sous le col.

« De la poche de son raglan chaudron, derrière le corbillard et le parfum des couronnes de lilas entourant le cortège d'un printemps inactuel, Pastafina tira une sorte de résine. »

P. MORAND, *Lewis et Irène*, pp. 17-18 (□ 1924).

— Adj. invar. (1933) *Des manches raglan. Manteau raglan.*

« un vaste pardessus raglan, couleur caca d'oie, qui lui descendait presque jusqu'au pieds [...]. »

Jules ROMAINS, *Les Hommes de bonne volonté*, t. V, p. 283 (□ 1933).

✱ Mot anglais n. (attesté seulement en 1863 dans le 1er suppl. de l'Oxford dict.), du nom de Lord Fitzroy James Henri Somerset, baron *Raglan* (1788-1855), feld-maréchal anglais qui fut commandant en chef de l'armée anglaise pendant la guerre de Crimée et mourut à Sébastopol. Mackenzie (p. 226) date l'apparition de ce mot vers 1855 et sa reprise vers la fin du XIXe siècle. Le Larousse mensuel illustré 1904, signale le sens actuel. *Raglan* est francisé, mais l'adjectif reste normalement invariable ; on trouve cependant une adaptation aberrante : *raglant, raglante.*

« — D'une chronique de mode [26-8-1963] : *"construits aussi méticuleusement qu'un ouvrage d'art, ils gonflent les épaules grâce à des manches raglantes, se creusent sous le buste et sont profilés vers l'arrière".*
— M. Raglan appartient à cette noble phalange d'inventeurs dont les noms sont devenus communs. Nous le connaissons bien pour l'avoir porté sur nos épaules. Mais... *raglantes...* c'est une autre paire de manches. »
Le Français à la dérive, in *Défense de la langue française*, oct. 1963, p. 35.

RAGTIME, RAG-TIME [ʀagtajm] ou RAG [ʀag] *n. m.*

(1913) Musique syncopée et rapide (essentiellement de piano, à l'origine) que les Noirs américains ont adoptée des marches, airs populaires et danses d'origine européenne (polka, quadrille, etc.), à la fin du XIXe siècle. *Des ragtimes.* — REM. : Absent du dict. de l'Académie 1935.

« Au coucher du soleil, il se forma un grand cortège précédé des musiques jouant le *rag-time.* Ensuite venait le cercueil de Whitman porté par six hommes ivres et suivi de la foule. »

APOLLINAIRE, *Anecdotiques*, 1913 [*in* D. D. L., 2e série, 15].

— (1933) *Rag.* Forme abrégée. *Des rags.*

« Cependant l'époque brillante folle de l'après-guerre est révolue ; les *"wild parties,"* avec mal aux cheveux et aspirine, dont Alec Waugh restera l'historiographe, les *rags* de Chelsea où un danseur ayant parié de sauter par la fenêtre, s'empala en habit sur la grille. »

P. MORAND, *Londres*, p. 74 (□ 1933).

✱ De l'américain *ragtime* n. (1897) composé de l'anglais *rag* « chiffon, haillon, loque », et de *time* « temps ».

« Dans l'étymologie du mot *ragtime :* temps en haillons, nous avons, appliqué au seul rythme, ce que le jazz étend à la musique entière. »
A. SCHAEFFNER, *Vogue et sociologie du jazz*,
in *Encycl. française*, t. XVI, 72-13 (□ juil. 1935).

RAID [ʀɛd] *n. m.*

1° (1865) *Milit.* Opération militaire éclair en territoire ennemi, menée par des éléments très mobiles (cavaliers, sous-marins ; motorisés, blindés, etc.) pouvant atteindre rapidement un objectif éloigné, et qui a pour objet une mission ponctuelle déterminée (destruction, reconnaissance, etc.) plutôt que l'occupation du terrain. *Raids des anciens Normands sur les côtes d'Europe. Raid de blindés.* — REM. 1 : Absent du dict. de Littré ; enregistré dans le dict. de l'Académie 1935. — REM. 2 : Dans les emplois anciens, le mot évoque surtout une marche de manœuvre.

« Par ce temps de "raids" ou de "manœuvres de corps d'armée", il nous semble de quelque intérêt de dire ici comment se pratiquent les marches militaires, par quels exercices d'entraînement on peut arriver à faire parcourir aux hommes, une assez longue distance avec le minimum de fatigue, et enfin, quelles sont les mesures hygiéniques à prendre pendant ces marches. »   L. MARÉVÉRY, *Marches militaires*, in *La Science illustrée*, 2ᵉ sem. 1902, p. 326.

« La Grande Flotte suffit [en 1915] à éloigner les raids allemands et les premiers sous-marins. »   P. MORAND, *Londres*, p. 62 (□ 1933).

— SPÉCIALT. (1915) Opération aérienne en territoire éloigné, exécutée par une formation de bombardement. *Les raids des bombardiers alliés.*

« C'était l'époque où il y avait continuellement des raids de gothas ; l'air grésillait perpétuellement d'une vibration vigilante et sonore d'aéroplanes français. »   PROUST, *Le Temps retrouvé*, p. 777 (□ 1922 †).

2° (1885 *in* Petiot, d'abord dans un contexte militaire) *Sport.* Épreuve sportive destinée à mettre en valeur l'endurance des hommes, la résistance du matériel. — REM. : Signalé dans le dict. de l'Académie 1935.

« en somme ces épreuves sportives, dans la forme ayant pour objet apparent le concours pour le prix de la coupe, ne sont dans le fond que des *raids*, des reconnaissances poussées avec le maximum de rapidité, et l'officier qui conduit un raid de ce genre a un mérite indiscutable lorsqu'il obtient une rapidité comme celle que je viens de mentionner, et qu'il présente à l'arrivée sa troupe fraîche et prête à toute éventualité ! »   BAUDRY de SAUNIER, *Le Cyclisme théorique et pratique*, p. 526 (□ 1892).

« Cette année, l'Asie a été le théâtre d'un fait de *globe-trotting* peu banal. Élaboré par l'industrie pour servir de réclame à des marques d'automobile, il n'en a pas moins été d'un certain intérêt pour la géographie : nous voulons parler du raid Pékin-Paris, auquel prit part notamment un écrivain connu, M. Jean du Taillis. »   É. GAUTIER, *L'Année scientifique et industrielle*, p. 410, 1908 (□ 1907).

✳ Mot anglais n. (1425), variante écossaise du vieil anglais *rad* (mod. *road* « route, chemin »), qui signifiait à l'origine « action d'aller à cheval » — à rattacher à *to ride* —, et à *rade*. Bonnaffé relève *raid* en français en 1883 ; Mackenzie (p. 234) le signale dans *L'Illustration*, p. 102, dès 1865. Comme terme militaire, le mot peut souvent être remplacé par *coup de main* ou par *incursion*. John Orr le classe parmi les « anglicismes qui font désormais partie du vocabulaire sportif commun » (in *Le Français moderne*, oct. 1935, p. 29).

RAIL [ʀɑj] n. m.

1° (1825 ; 1817, comme mot anglais, *in* Wexler) Chacune des barres de fer ou d'acier profilé, mises bout à bout sur deux lignes parallèles et fixées sur des traverses pour constituer une voie ferrée ; chacune des deux bandes parallèles ainsi formées. — REM. : Enregistré dans les dict. de Littré 1869, et de l'Académie 1878. — (fin XIXᵉ s.) *Rail de tramway*, rail présentant une gorge, posé sur la chaussée. — Les premiers documents du chemin de fer de Saint-Étienne à Lyon, 1826, parlent de *rail* au sens ci-dessus, ainsi qu'au sens de « ligne ou voie de chemin de fer ». *Rail* restera synonyme de *chemin de fer*, de *railway** (vx.) et de *railroad** (vx.) au moins jusqu'en 1842.

« Dans l'effacement confus des wagons et des machines encombrant les rails, un grand signal rouge tachait le jour pâle. »   ZOLA, *La Bête humaine*, p. 2 (□ 1890).

« Tout y est à l'abandon, même les camions *Ford* qui démarrent en klaxonnant et les misérables ou ridicules petits tramways couverts de panneaux de publicité qui tressautent sur les rails en tintinnabulant dans leur auréole de poussière. »   CENDRARS, *La Corogne*, in *Bourlinguer*, p. 42, Folio (□ 1948).

— (1946, in *Discours de Bayeux*) Loc. fig. *Sur les (ses) rails*, sur la bonne voie. *Remettre sur ses rails l'économie d'un pays.*

« votre conception de l'adolescence est celle d'une adolescence à l'affût. Ce que je ne conteste pas, mais ce que nos plus grands saints n'eussent guère accepté... Pour eux, le train était sur les rails... »
MALRAUX, *Antimémoires*, p. 460, Folio, 1972 (□ 1967).

2° (XIXe s.) Par ext. *Le rail*, la voie ferrée, les deux rails.

3° (1836) *Surtout au sing.* Transport par voie ferrée, par chemin de fer. *Le rail et la route.* — REM. : Enregistré dans le dict. de l'Académie 1935.

« Interrogez ceux qui veillent aujourd'hui à la soupape de sûreté d'un état social qui se fie à la vapeur et aux rails ; demandez-leur combien en ce moment ils regrettent les grandes institutions imprudemment abattues ! Écoutez leur réponse ! »
BALZAC, *Chronique de Paris*, p. 6 (□ 23 fév. 1836).

« On a beaucoup parlé, ces temps derniers, et parfois même sagement, de l'espèce de compétition qui, en France notamment, oppose le rail à la route. »
G. DUHAMEL, *Technique et civilisation*, in *Manuel du protestataire*, p. 136 (□ 1952).

✱ Mot anglais n. (v. 1734, au premier sens ; 1843, au troisième) lui-même emprunté du vieux français *raille, reille* « barre » (latin *regula* « règle, barre ») au XIIIe siècle. Wexler (pp. 46-48) relève les termes d'origine française qui ont précédé l'emploi de *rail* en français (*Journal hebdomadaire des arts et métiers de l'Angleterre*, I, 1825, p. 251, *in* Wexler, p. 51) ou qui l'on concurrencé longtemps après son adoption par les ingénieurs :

« ce sont *guide* (Morand 1776), *bande* (Lesage, Daubenton 1784), *longuerine* (La Métherie, Baudot 1787), *tringle* (Baudot, 1791), *plaque* (Guillot-Duhamel an IV), *barreau* (Lamache an VIII). Au début du XIXe siècle, on y ajoute *barre* et *coulisse* (O'Reilly an IX), *boudin* et *ornière* (traduction d'Edgeworth 1803), *lame* (Egerton 1803), *limande* (Solanges 1808).
Avec la Restauration, il n'y a pas de solution de continuité : on trouve presque tous ces termes à partir de 1815. *Guide, lame, limande, longrine, plaque, tige, tringle* sont pourtant rares : ce sont moins des noms que des descriptions, d'un emploi tout occasionnel. *Bande, barre, coulisse,* ne le sont guère moins. *Barreau* sera le terme employé à Saint-Étienne, du moins jusqu'à l'entrée en scène de la compagnie dirigée par Marc Seguin.
Par contre, *ornière* sera l'un des termes les plus fréquents jusqu'en 1835 environ, c'est-à-dire jusqu'au début de la période parisienne des chemins de fer.
À partir de 1818, on distingue deux types de chemins de fer, ceux dont les rails ont un rebord à l'intérieur pour maintenir les roues dans la voie *(tram-rail)* et ceux d'un type plus moderne où le rebord est pratiqué sur la roue *(edge-rail)*. *Ornière* s'appliquera à tous les deux : pour faire la distinction, il faudra ajouter *ornière saillante* ou *convexe* ou *en relief*, opposée à *ornière plate* ou *creuse*. »

« Rail est un mot par lequel on désigne en anglais les pièces en bois ou barres de métal qui, placées à la suite les unes des autres sur des lignes parallèles, forment les ornières du chemin. Cette expression étant passée dans notre langue, nous l'emploierons comme synonyme avec celle d'ornière. »
A. PERDONNET et L. COSTE, *Mémoire sur les chemins à ornières*, in *Annales des mines*, 1829 [*in* Wexler, p. 57].

✱ L'emprunt *rail* a fini par triompher de tous les équivalents français en usage, sans doute sous l'influence des techniques ferroviaires importées d'Angleterre et des options linguistiques des ingénieurs français, notamment de Seguin et Biot qui construisirent la ligne de Saint-Étienne à Lyon, commencée en 1826. Le terme a connu une évolution phonétique (on prononçait d'abord [REl] à l'anglaise) et, à l'origine, des flottements de forme et de genre (on trouve *rail* dès 1825, mais *raile* en 1827, *la rail* en 1826, *la raile* en 1831). *Rail* a pris en français, par extension, le sens de « voie ferrée » (en anglais : *track*). La locution *sur les rails* est spécifiquement française. Elle s'emploie notamment en navigation maritime. *Rail* a produit très tôt de nombreux dérivés français : *dérailler* v. intr. (1838) ; *déraillement* n. m. (1839) ; *dérailleur* n. m. (1928) ; *contre-rail* n. m. (1841) ; *entre-rail* (1855) ; *autorail* n. m. (1928) ; *monorail* n. m. (1907). Au sens particulier de « ligne ou voie de chemin de fer » (anglais *railway* ou *railroad*) lancé par Seguin et Biot en 1826, *rail* n'a pas été retenu par l'usage français.

RAIL-ROAD ou **RAILROAD** [RɛlRod] *n. m.*

(1819) *Rare* et *vx.* Chemin de fer. *Des rails-roads* → **Rail-way.** — REM. : Enregistré dans les dict. de Boiste 1839 et de Littré 1869 ; absent des dict. de l'Académie. — On a aussi dit *rail.*

« On connaît la façon de voyager sur les *railroads* américains. On sait de quels avantages, de quelle liberté y jouit le voyageur, alors qu'il est emprisonné chez nous comme un véritable colis. »
L. SIMONIN, *Le Far-West américain* [1867], p. 228 (□ 1868).

« Parfois un coup de sifflet que lançait quelque locomotive terrestre en courant les rails-roads, ou des hurlements d'animaux domestiques. »
Jules VERNE, *Robur-le-Conquérant*, pp. 85-86 (□ 1886).

✱ Mot anglais n. (1775) composé de *rail** et de *road* « route », plus ancien que le terme *railway**, en usage en Grande-Bretagne, mais de nos jours employé presque uniquement aux États-Unis d'Amérique. Mackenzie (p. 203) relève *railroad* en français en 1819 (Villefosse, *Richesse minérale*, II, p. 554). En 1875, P. Larousse l'enregistre comme terme peu usité. *Rail-road* n'a presque jamais été employé à propos d'un chemin de fer français ; le mot a surtout servi à évoquer l'Amérique. L'adaptation *rail-route* s'est (peu) employée de 1836 à 1860-1870 (Cf. Littré et P. Larousse). Le composé *rail-route* [RɑjRut] (1949, *in* Larousse) s'emploie adjectivement au sens de : « qui emprunte, concerne à la fois le rail et la route ».

« Les manœuvres de wagons sur les embranchements privés de moyenne importance semblent un domaine particulièrement bien adapté à l'utilisation d'un nouveau type d'engins : des tracteurs rail/route dont plusieurs modèles sont apparus sur le marché. » *Industries et techniques*, 1973 [in *La Clé des mots*, mai 1974].

RAIL-WAY ou **RAILWAY** [Rɛlwɛ] *n. m.*

(1800, *in* Brunot et Wexler) *Vx.* Chemin de fer. *Des railways* → **Rail-road.** — REM. : Enregistré dans les dict. de Littré 1869 et de l'Académie 1935.

« Une circonstance fabuleuse faisait que mon co-détenu de rail-way voulait voyager comme j'entends qu'un homme voyage, à raison de douze lieues à l'heure ; c'était le docteur Roth, médecin de l'ambassade d'Autriche qui portait des dépêches à M. de Metternich. »
BALZAC, *Lettre sur Kiew*, p. 660 (□ 1847).

« Depuis que la gare du railway d'Orléans a envahi les terrains de la Salpêtrière, les antiques rues étroites qui avoisinent les fossés Saint-Victor et le Jardin des Plantes s'ébranlent, violemment traversées trois ou quatre fois chaque jour par ces courants de diligences, de fiacres et d'omnibus qui, dans un temps donné, refoulent les maisons à droite et à gauche [...]. »
HUGO, *Les Misérables*, p. 450 (□ 1862).

« Les chemins de fer souterrains analogues au *Metropolitan* de Londres, tendent de jour en jour à prendre un accroissement plus considérable. La plupart des grandes métropoles des deux mondes possèdent déjà leur *railway* caché. »
M. HÉLÈNE, *Les Galeries souterraines*, p. 334 (□ 1879).

✱ Mot anglais n. (1838) composé de *rail* et de *way* « chemin », postérieur à *railroad*, toujours en usage en Grande-Bretagne. Attesté en français dès 1800 à propos des chemins de fer britanniques, *railway* devient usuel vers 1825 et se dit à propos de la France dès 1827. Il a été parfois abrégé en *rail*. Le mot a produit le dérivé éphémère de *railwayen, enne* adj. (1883, in Jules Verne, *Kéraban le Têtu*), « propre au railway ». Seul le *scenic railway**, attraction de l'ancien Luna Park, à Paris, laisse encore un souvenir de ce mot.

« les agents de la baie sont toujours informés de la position en longitude et en latitude de Standard-Island. Il en résulte que le service des navires d'approvisionnement se fait avec une régularité railwayenne. »
Jules VERNE, *L'Île à hélice*, p. 71 (□ 1895).

✱ *Rail-way*, emprunt direct de l'anglais, a subi le même sort que les diverses créations françaises qui ont concurrencé l'adaptation *chemin de fer*, longtemps critiquée avant d'être consacrée par l'usage.

« Chaque mot pour "rail" donnera une expression correspondante pour "chemin de fer" ; les plus communes seront les types *route (chemin) à ornières en fer, de fer, routes-ornières (en fer)* —, types qu'on trouve ensemble.

Il ne semble pas qu'on ait utilisé le sens premier d'*ornière* pour maintenir la distinction *tramway/railway*. Le mot a suivi une évolution pareille à celle de *rail* en anglais, devenu terme générique après avoir été le nom du type le plus répandu. »
WEXLER, p. 48 (□ 1955).

✳ Alors que *rail* a triomphé, avec une prononciation française, de tous les équivalents français proposés, *rail-way* a été supplanté par la dénomination d'origine française, *chemin de fer,* qui a fini par s'imposer dans l'usage courant. On trouve *railwayen* adj. en 1883.

RALLYE, RALLY ou RALLIE [Rali] *n. m.*

1° (1885) *Rare* et *vx*. → **Rallye-paper.** — N. m. (1899, *in* G. Petiot) Vieilli. *Rallie-ballon* ou *rallye-ballon*, jeu, sport qui consiste à rejoindre un ballon aérostatique sphérique à son point d'atterrissage.

« La série des réunions aéronautiques annuelles a été ouverte le 27 mai par le concours d'Obidine ; celui-ci consistait en un concours de distance minima relative pour huit ballons, ne cubant pas plus de 900 mètres cubes. Un rallye-ballons automobile était également organisé. Le départ eut lieu à partir de 4 h 35 de l'après-midi, et, en dépit du vent, les concurrents se retrouvèrent bien groupés dans la région où la plupart d'entre eux avaient choisi leur point d'atterrissement. »
É. GAUTIER, *L'Année scientifique et industrielle*, p. 64, 1907 (□ 1906).

2° (1911 ; *rallye-auto*, 1900) *Sport automobile.* Épreuve automobile de régularité à moyenne horaire imposée, pouvant comporter des épreuves de vitesse, où les concurrents peuvent partir de points divers. *Des rallyes. Le rallye de Monte-Carlo,* organisé en 1911. — REM. : Absent du dict. de l'Académie 1935.

« le Rallye-Auto s'installera confortablement à Meulan [...]. »
La France automobile, 1900, in *Le Français moderne*, janv. 1975, p. 54.

« Il est donc préférable de convenir avant que le concours d'élégance et le rallye sont d'institution assez récente, et plus récente que l'usage de l'automobile même, cet usage étant né dans la poussière et le cambouis, ennemis de l'élégance, autant que dans une incertitude de progression tout à fait opposée au concept de ralliement. »
H. KISTEMAECKERS, *Concours d'élégance et Rallyes automobiles,*
in *L'Illustration*, 3 oct. 1931.

3° (1931) *Par ext.* Événement sportif ou autre réunissant un grand nombre de concurrents (généralement partis de points divers).

✳ Au sens 1°, forme abrégée du pseudo-anglicisme *rallye-paper*⁎ ; relevé par Mackenzie (p. 240) dans *Le Figaro*, 1885, probablement chez A. de Saint-Albin (Robert Milton), auteur de l'ouvrage intitulé *Les Sports à Paris. Rallye-ballon* ou *rallie-ballon* est formé sur le modèle de *rallye-paper*⁎. C'est aussi un pseudo-anglicisme. Au sens 2°, forme elliptique de *rallye-auto* (« *rally* also *rallye* », in Webster's Third) comme terme de sport automobile forgé sur le modèle de *rallye-paper*. Le sens 3° est un développement français :

« Le mot *rally(e)* qui, en anglais, comme terme de sport, ne se dit guère que des randonnées à cheval ou en automobile, s'emploie en France pour tout genre d'"événement" sportif qui réunit un grand nombre de concurrents ; on parlera, par exemple, d'un rally d'aviateurs, de rameurs, voire même d'un rally de ballons, "concours de distance pour ballons d'enfants". Tantôt il a, à peu près, le sens de *meeting*, tantôt il s'en distingue [...]. »
J. ORR, *Les Anglicismes du vocabulaire sportif*, oct. 1935, p. 298.

✳ Le français a produit *rallyeman* (1966, *in* Gilbert) et *rallyeur, euse* (1932, *in* Petiot) *n*. « personne qui prend part à un rallye ».

RALLYE-PAPER [Ralipepœʀ] *n. m.*

(1890 ; *rallie-paper* et *rallie-papier*, 1877) Sport. *Vieilli.* Jeu équestre ou pédestre, imité de la chasse à courre, dans lequel un concurrent, parti avant les autres, sème des papiers sur sa route pour guider la meute des chasseurs. *Des rallye-papers.* — REM. : Absent des dict. de l'Académie ; Littré avait enregistré dans son Suppl. 1877, l'adaptation initiale *rallie-papier* n. m. — *Rallye**, forme abrégée, est attesté en 1885.

« Dans le rallye-paper pédestre, quelques coureurs figurent un certain nombre de lièvres, les autres sont les chiens ; la couleur du costume, composé d'un jersey et d'une culotte courte, indique si l'on fait partie du gibier ou de la meute. Les lièvres, comme la bête du rallye-paper à cheval, sèment des petits morceaux de papier sur leur trace, que suit la meute. »
P. LAROUSSE, *Grand Dict. universel*, 2e Suppl., art. *Rallye-paper*, 1890.

✳ Le terme français est une adaptation originale dont la forme a été anglicisée artificiellement. Le terme employé en anglais est *paper-chase* (1856) ou *paper-hunt* (1871). Littré atteste en 1817 *rallie-papier* d'après *to rally* « réunir, rassembler » (lui-même emprunté du français *rallier*). Mackenzie (p. 240) relève aussi en 1877 la forme *rallie-paper*, puis en 1885 dans *Le Figaro* la forme abrégée *rallye** orthographiée à l'américaine. P. Larousse (→ cit. ci-dessus) est le premier à enregistrer *rallye-paper* sous sa forme définitive.

« *rallye-paper* a été forgé de bric et de broc au xixe siècle pour désigner une épreuve sportive que les Anglais nomment *paper-chase*. »
L. DEROY, *L'Emprunt linguistique*, p. 63 (□ 1956).

RAM [ʀam] *n. m.*

(1867) Navire de combat pourvu d'un éperon d'acier, de l'époque de la guerre de Sécession en Amérique. — REM. : Enregistré dans le Suppl. 1877 du dict. de Littré ; absent des dict. de l'Académie.

✳ Mot anglais n. (1862, en ce sens ; 1865 « éperon d'un navire de guerre ») signifiant « bélier » (v. 825).

-RAMA [ʀama]

✳ Forme tronquée de l'élément *-orama** obtenue par un découpage arbitraire du mot *panorama**, apparue en français vers 1820, puis reprise au milieu du xxe siècle dans le langage de la publicité et de la réclame sous l'influence principale de l'américain.

« La récente invention du Diorama, qui portait l'illusion de l'optique à un plus haut degré que dans les Panoramas, avait amené dans quelques ateliers de peinture la plaisanterie de parler en *rama*, espèce de charge qu'un jeune peintre, habitué de la pension Vauquer, y avait inoculée.
— Eh bien ! *monsieurre* Poiret, dit l'employé au Muséum, comment va cette petite *santérama* ? »   BALZAC, *Le Père Goriot*, p. 888 (□ 1835).

« La voyelle de liaison entre les deux éléments du mot est, aujourd'hui, aussi bien *a* que *o*, ce qui nous permet de noter en même temps *discarama* et *discorama* pour désigner deux entreprises différentes. »
A. DOPPAGNE, *Parler en rama...*, in *Vie et Langage*, nov. 1959, p. 573.

« *Rama* est devenu envahissant et il a été signalé partout. Étymologiquement il est absurde et ne veut rien dire, mais on sait d'où il vient. Le verbe grec *orân* veut dire voir et le substantif *orama*, spectacle. L'*o* de orama est indispensable puisqu'il fait partie du radical. Le mot *panorama* transcrivait sans y rien changer le grec *pan orama*, c'est-à-dire spectacle total. Il est possible qu'une étymologie populaire ait coupé le mot en *panneau rama ;* en tout cas on en a tiré le faux suffixe *rama*, que l'on met à toutes les sauces. Le dernier, que j'ai relevé sur un véhicule à deux étages qui promenait des touristes, c'était le monstre anglo-pseudogrec *cityrama* pour signifier, sans doute, à l'usage des Britanniques, visite de la ville. À moins que nos amis d'outre-Manche ne soient aussi ingorants que nos prétentieux lanceurs de néologismes, ils on dû bien rire... ou n'ont pas compris. »
É. MOUSSAT, *Les Faux Suffixes*, in *Défense de la langue française*, janv. 1963, p. 17.

« le sabir a mis au point, en quelques années, toute une série d'élégants substantifs, valables et rentables (ce qui n'est pas à négliger) : l'*amusorama*, le *babyrama*, le *bazarama*, le *cartechnorama*, le *catchorama*, le *chansonnierama*, le *cinérama*, le *cinépanorama* (plus discutable), le *circorama*, le *cityrama* (et son heureuse variante, le *cithyrama*), le *colorama*, le *crédirama*, le *cuisinierama*, le *cuisinorama*, le *cyclorama*, le *diorama*, le *discorama*, le *drapeaurama*, le *filérama*, le *foodarama*, le *grosjeanrama*, l'*héraklorama*, l'*historama*, le *kinopanorama* (plus discutable), le *linguarama*, le *meublorama*, le *musirama*, le *musicorama*, la *parirama*, le *photorama*, le *restaurama*, le *sandorama*, le *sexyrama*, le *sonorama*, le *stick'rama* [...], le *striperama* et le *stripperama*, le *tangorama*, le *télérama*, le *théâtrorama*, etc., etc. Si grande la vitalité du suffixe *-rama* qu'on le voit déjà produire ses adjectifs : ainsi le *Building Esders Econoramique*. À quand le baby-sitter babyramique, le parirama sexyramique, le tangorama musiramique, ou le musirama tangoramique ? L'intérêt du suffixe *-rama* réside en ceci qu'on ne lui peut attribuer aucune valeur sémantique.

ÉTIEMBLE, *Parlez-vous franglais ?*, pp. 151-152 (□ 1964).

✱ L'élément de formation *-rama* est l'un des éléments les plus productifs des années 60. M. Georges Bühler a recueilli pour *Vie et Langage* un inventaire d'environ trois cents mots français en *-rama*.

« Le phénomène atteint l'échelle mondiale et toutes les couches sociales y sont intéressées. Où va-t-il s'arrêter ? Entendrons-nous un jour les historiens parler de l'*époque rama* pour désigner les années 1955-1960 ? »

A. DOPPAGNE, *op. cit.*, p. 574.

✱ Dans un communiqué publié le 17 juil. 1965, l'Académie française a condamné l'extension de sens souvent donnée à cet élément, mais elle ne l'a nullement rejeté comme forme abrégée de *-orama* :

« *Rama*, abréviation du grec *orama* qui signifie "spectacle", est accolé à tort dans la langue de la publicité à des noms qui n'ont rien à voir avec la vue. La plupart des mots ainsi formés n'offrent aucun sens. Exemple : *Discorama*. »

RANCH [ʀɑtʃ] ou [ʀɑʃ] *n. m.*

1° (1862) *Rare*. Dans l'Ouest des États-Unis, Bâtiment isolé dans un lieu solitaire. *Des ranchs* ou *des ranches*. — REM. : Enregistré dans le dict. de Littré, Suppl. 1877.

« Le *ranch* ou station, où nous arrivons à six heures et demie, et qui se trouve au bord de la rivière, est la demeure de M. Macarthy, notre cocher. » R. BURTON, *Voyage à la cité des Saints* [1860], p. 354 (□ 1862).

« Après avoir visité une habitation de pionnier *(ranch)*, où vivait dans la solitude, occupé de pêche et de chasse, un Anglais nommé Sawtelle, nous franchîmes un col qui nous rapprocha sensiblement du Parc National. »

LANGFORD, *Le Parc national des États-Unis*, L'exploration de 1872, trad. de l'angl. par Em. DELEROT, in *Le Tour du monde*, 2ᵉ sem., p. 343, Hachette (□ 1874).

2° (1872) Habitation, bâtiments de ferme, dans la Prairie nord-américaine.

« Au confluent des deux rivières on élève des terrassements et le ranch s'édifie. Des arbres à peine équarris, des planches de six pouces d'épaisseur entrent dans sa construction. Tout est solide, grand, vaste, conçu pour l'avenir. Les bâtiments s'alignent, granges, magasins, réserves. » CENDRARS, *L'Or*, p. 92 (□ 1947).

« Mais la bande à Johnny incendie un ranch où Grand Bill avait passé son enfance et les fermiers qui étaient ses parents adoptifs sont tous grillés. » J. CAU, *La Pitié de Dieu*, p. 158 (□ 1961).

3° (1872) Exploitation agricole et grand parc d'élevage dans les vastes plaines de la Prairie nord-américaine.

« Donc M. Barrin-Condé avait quitté la France quatorze ans auparavant, pour venir fonder un *ranch* dans les Montagnes Rocheuses. »

P. BOURGET, *Outre-Mer*, p. 16 (□ 1895).

« Il [le Nevada] est habité par des ouvriers travaillant dans les mines et surtout par des cow-boys qui vivent durement au fond de ranchs solitaires ; ces ranchs sont encore régis par la loi du plus fort [...]. »

S. de BEAUVOIR, *L'Amérique au jour le jour*, 7 mars 1947, p. 147.

4° *Par anal.* En France, Établissement où l'on pratique l'équitation comme dans un ranch.

« Tout finit pas s'arranger ; Jacques offre un ranch à Daisy, ce qui permet à la petite d'exhiber une jupe-culotte et des bottes blanches. »

QUENEAU, *Loin de Rueil*, p. 43 (□ 1944).

✴ L'américain *ranch* n. (1808) vient de *rancho*, mot espagnol signifiant « cabane ». *Rancho* est employé dans toute l'Amérique latine aux sens de « modeste demeure (la plupart du temps isolée) », « petite ferme ». *Ranch* a connu en américain des sens très variés : « village », « habitation rustique », « taverne », « maison de ferme », puis « petite ferme » (1831), « grande exploitation agricole ou d'élevage » (mil. XIXᵉ s.). Au sens de « maison de ferme », on dit généralement *ranch house* n. (1862) ; et *ranch* en est venu à désigner spécialement en Amérique du Nord les grandes fermes d'élevage des plaines de l'Ouest.

RANCHMAN [Rãtʃman] ou [Rãʃman] ou RANCHER [Rãtʃœʀ] ou [Rãʃɛʀ] *n. m.*

(1885, *ranchman* ; 1909 *rancher*) Fermier d'un ranch*. *Des ranchmen. Des ranchers.* — REM. : Absents du dict. de l'Académie 1935.

« Avais-je raison d'affirmer que la fraude en matière d'impôt devient alors un cas de légitime défense ?

Les *ranchmen,* comme on pense, ne s'en font pas faute. Je me rappelle encore la physionomie de Fyffe, le trésorier de 188., aujourd'hui au pénitencier, quand le *foreman* de la Compagnie Anglo-Américaine vint solennellement déclarer qu'à la suite des rigueurs de la saison, il ne lui restait plus qu'une seule vache laitière. Or la Compagnie possédait au delà de trente mille têtes. »   P. BOURGET, *Outre-Mer*, p. 64 (□ 1895).

« Dans ce film [*Les Cow-boys*], John Wayne joue le rôle d'un vieux "rancher" qui recrute toute une classe d'écoliers pour convoyer un troupeau et qui leur apprend les habitudes, les ruses et les dangers de l'Ouest. »   *Paris-Match*, 4 mars 1972, p. 48.

✴ Mot américain *rancher* n. « personne qui possède ou qui tient un ranch » (1836), « fermier » (1884), ou *ranchman* n. (1856) « personne qui possède un ranch ou qui travaille dans un ranch, *spécialt* dans une exploitation d'élevage » (Cf. Cow-boy). Bonnaffé relève en français *ranchman* en 1885, et *rancher* en 1909. Les deux mots ne s'appliquent qu'à l'Ouest nord-américain.

RANDOMISATION [Rãdɔmizasjɔ̃] *n. f.*

(v. 1970) Introduction volontaire d'un élément de hasard dans une opération, une distribution ; *en statistique,* échantillonnage aléatoire destiné à réduire ou supprimer l'interférence de variables autres que celles qui sont étudiées.

« Au début de ce siècle, vers 1920, l'outil statistique fit un grand pas avec les travaux de Karl Pearson, qui mit au point l'analyse par corrélation, et de R. A. Fisher, qui introduisit le concept de randomisation ou tirage au sort. »   *La Recherche*, avril 1980, p. 487.

✴ De l'anglais *randomization* n., même sens (*in* Webster's Third), formé sur *random* adj., en mathématiques : *random variable, sample*, etc. « variable, échantillon aléatoire » (Cf. *Random* n. « hasard », de l'anc. fr. *randon* « impétuosité, précipitation », les deux notions étant liées). On a aussi emprunté *randomiser* v. tr. « procéder à la randomisation » (angl. *to randomize*), et *randomisé* adj. Certains scientifiques écrivent *randonisation, randoniser,* par référence à l'ancien français *randon* qui n'avait nullement le sens de « hasard » ; cette forme n'est pas à encourager. D'autre part, la production de dérivés à partir de *aléatoire* n'est guère possible.

« Ces courbes randonisées ont de plus l'avantage de mieux refléter la réalité que les courbes systématiques. La figure représentée constitue le réseau "fluvial" d'une telle approchée de Peano, le lecteur étant libre de lui trouver d'autres interprétations. »   *La Recherche*, févr. 1978, p. 8.

« Si on ajoute les contradictions, souvent observées, même entre deux essais randomisés, on mesurera la difficulté du problème. » *La Recherche*, oct. 1980, p. 1092.

RANGER [Rãdʒɛʀ] *n. m.*

1° (v. 1960) Autrefois aux États-Unis, Membre de la police montée.

« Le lendemain, vers midi, des Rangers texans, une douzaine environ, le rattrapèrent et lui demandèrent le bétail "volé". »

J.-L. RIEUPEYROUT, *Histoires et Légendes du Far West*, p. 156 (□ 1969).

2° (v. 1950) Soldat d'un corps d'élite d'une armée de terre (américaine ou autre).

« Ils [des officiers] font de la figuration stupide ou carrément grotesque. Quand, par exemple, ils refusent d'aller voir si le "Viêt-công" attaque des rangers sud-viêtnamiens [...]. »

Le Nouvel Observateur, 26 mars 1973, p. 44.

3° (1958) Garde d'une réserve, d'un parc national.

« Les *rangers* portaient un uniforme : vareuse de toile kaki à gros boutons métalliques, short et chechia de la même étoffe, cartouchière à la ceinture. »   KESSEL, *Le Lion*, p. 63 (□ 1958).

« La perplexité admirative qu'inspire à ses lecteurs Rogers Caillois ressemble à celle que j'ai vue ressentie par un *ranger* néophyte dans un parc national des États-Unis. »   *Le Nouvel Observateur*, 19 juin 1978, p. 73.

4° (v. 1941) Brodequin à guêtre attenante utilisé dans l'armée française.

5° (1964) Nom d'un programme spatial des États-Unis. — (Suivi d'un numéro) Nom des sondes lancées au titre de ce programme.

« Au cours des dix-sept dernières minutes de son vol, Ranger-7 fit parvenir plus de 4 000 photographies à haute résolution de la surface de la Lune, dont la dernière fut prise à une altitude d'environ 500 m. Ranger-8 et Ranger-9 remplirent par la suite avec succès des missions analogues. »

Encyclopaedia universalis, t. VI, art. *Espace (Conquête de l')*, 1970.

✱ Emprunt à l'américain *ranger*, de *to range* « errer », qui désignait autrefois un membre de la police montée chargé de la surveillance d'un territoire et spécialement de la lutte contre les Indiens (attesté au XVIIᵉ s.). Les rangers texans, en anglais *Texas rangers*, ou par abrév., *rangers* acquièrent une grande renommée en s'illustrant comme francs-tireurs pendant la guerre avec le Mexique au XIXᵉ s. *Ranger* devint synonyme de soldat d'élite [*in* Webster's Third].

C'est aussi à l'américain que le français a emprunté *ranger* (3°). L'anglais possédait ce terme aujourd'hui archaïque, depuis le XVᵉ s. au sens de « garde des forêts royales ». *Ranger* est attesté en américain en 1913.

Le sens « brodequin » est français et procède de la métonymie. Il apparaît en 1941, date à laquelle les Forces françaises libres furent approvisionnées par l'intendance de l'armée américaine. *Le Journal officiel* du 12 juil. 1976, a proposé de remplacer ce terme par *brodequin à guêtre*. L'armée fait mieux. Elle utilise officiellement *brodequin de marche à jambière attenante* qu'elle abrège élégamment en B. M. J. A. On comprendra aisément que *ranger* continue à être employé.

Quant au nom du programme spatial américain et à celui des sondes lancées en 1964 et 1965, il s'agit probablement d'un néologisme de sens : *ranger* « chose qui erre, vagabonde » d'après le substantif *ranger* « vagabond ».

L'incidence de ces emprunts est très faible. Ce sont des termes de civilisation sauf *ranger* « brodequin » utilisé uniquement par les soldats.

RAOUT [Raut] *n. m.*

(1824 ; *rout*, 1804) *Vieilli.* Grande réunion mondaine. — REM. : Les dict. de l'Académie 1835 et de Littré 1869, enregistrent *rout*.

« Il [l'Anglais en France] ne sort pas sans un spencer,
Ne lit que Milton et que Chaucer ;
Pour n'en pas perdre l'habitude,
Du nom de rout il appelle nos bals, [...]. »

DELILLE, *Épître à deux enfants voyageurs*, in *Œuvres*, 1804
[*in* D. D. L., 2ᵉ série, 12].

« Il y a huit jours que j'ai assisté à un bal chez M. Laffitte ; jamais *rout* n'a mieux mérité son nom ; mille deux cents personnes ; cohue telle qu'il a fallu une grande heure d'horloge pour passer des salles de bal aux salles à manger [...]. »

A. de MARESTE, *Lettre à Henri Beyle*, 8 mars 1818,
in STENDHAL, *Corresp.*, t. I, p. 1258.

« J'ai fait des amis à foison ; je me suis tellement fatigué avec deux amis aujourd'hui à la villa Borghèse et au Pincio, dans une promenade de cinq heures et demie, que je me couche au lieu d'aller au *raout* de M. l'ambassadeur d'Autriche. »

STENDHAL, *Lettre à A. de Mareste*, 13 janv. 1824,
in *Corresp.*, t. II, pp. 24-25.

✳ Anglais *rout* n. (1742, en ce sens) lui-même emprunté du français *route* au sens ancien de « troupe, compagnie » au XIIIᵉ siècle. Les dict. de l'Académie 1835 et de Littré 1869, adoptent la graphie anglaise et indiquent qu'on prononce toujours le *t* final ; ils signalent la prononciation [Raut]. *Raout* n'évoque plus que la vie mondaine au XIXᵉ siècle.

RATIO [Rasjo] *n. m.*

(1951) *Écon.* et *compt.* Indice établi par le rapport quantitatif entre deux phénomènes obtenu en divisant l'un par l'autre.
— REM. : On rencontre aussi le mot au féminin.

« Rappelons que les ratios sont dits *réels* lorsqu'ils sont tirés des éléments réels de l'entreprise et *standards* lorsqu'ils sont prévisionnels.
On dénomme *ratios moyens* ceux qui se rapportent à une branche de l'activité économique et qui permettent de classer l'entreprise par rapport à la concurrence. »

J. ROMEUF, *Manuel du Chef d'entreprise*, art. *Ratios*, p. 831 (□ 1960).

« Dans les firmes en expansion les ratios de solvabilité sont faibles ; les encaisses sont limitées à la couverture de l'exigible ; les capitaux travaillent, s'emploient en immobilisations ou, tout au moins, dans le fond de roulement. »

J.-P. COURTHÉOUX, *La Politique des revenus*, p. 98 (□ 1966).

✳ Mot anglais employé en mathématiques dès 1660 au sens de « rapport », « coefficient », entré dans le vocabulaire financier en 1879, du latin *ratio* « calcul, évaluation ». Le Suppl. du Robert date l'apparition de ce mot comme terme spécialisé, en français, de 1951.

RAY-GRASS [RɛgRɑs] *n. m.*

(1758) Plante herbacée, variété d'ivraie, employée pour les pelouses, les prairies artificielles.

« L'herbe à Guernesey, c'est l'herbe de partout, un peu plus riche pourtant ; une prairie à Guernesey, c'est presque le gazon de Cluges ou de Géménos. Vous y trouverez des fétuques et des paturins, comme dans la première herbe venue, plus le brome mollet aux épillets en fuseau, plus le phalaris de Canaries, l'agrostide qui donne une teinture verte, l'ivraie *raygrass*, la houlque qui a de la laine sur sa tige, la flouve qui sent bon, l'amourette qui tremble, le souci pluvial... »

HUGO, *L'Archipel de la Manche*, p. V (□ 1883).

✳ Emprunt à l'ancien anglais *ray-grass* (1677), de *grass* (VIIIᵉ s.) « herbage, pâturage » et de *ray*, aujourd'hui altéré en *rye-grass* (1747) par confusion de *ray* (1398) mot rare d'origine obscure, « ivraie » et *rye* « seigle ». *Ray-grass* est attesté en français par Mackenzie en 1758. Cette plante qui donne un excellent fourrage est également utilisée pour les pelouses. Nous l'employons en France, mais le mot s'y acclimate mieux que la chose : nos maigres gazons ne valent pas les belles pelouses anglaises.

RAYONNE [Rɛjɔn] *n. f.*

(1930) Textile artificiel à base de cellulose, aussi appelé *soie artificielle*. — REM. : Absent du dict. de l'Académie 1935.

« L'idée de produire de la "soie artificielle", plus tard appelée "rayonne" est ancienne. Dans ses mémoires pour servir à l'histoire des

insectes, qui datent de 1754, le physicien et naturaliste *français* Réaumur (1683-1754) en parle déjà [...]. »
R. THIÉBAUT, *La Filature*, p. 103 (□ 1952).

« [Selon la législation française] "Soie et rayonne" ou "Soie mélangée" : le tissu doit renfermer au moins 50 % de soie, le terme soie étant placé en premier.

"Rayonne et soie" : le tissu n'est tenu de posséder qu'un minimum de 25 % de soie ; il en est de même pour l'appellation "Mélange de soie". À moins de 25 % de soie, le mot "soie" ne peut figurer dans la désignation de l'étoffe. Enfin, toute dénomination telle que "Soie fantaisie", "Soie artificielle" ou "Simili-soie" est formellement prohibée. »
J. VASCHALDE, *Les Industries de la soierie*, p. 46 (□ 1961).

✱ Forme graphique francisée correspondant à la prononciation de l'américain *rayon* n. (1924) marque déposée d'une soie artificielle, de l'anglais *ray* « rayon » lui-même emprunté du (vieux) français *rai* (latin *radius* « baguette, rayon de roue, rayon lumineux »), à cause de l'aspect brillant de cette matière, et du suffixe *-on* → **Nylon.**

READY ! [ʀɛde] ou [ʀɛdi] *interj.*

(1891) Sport. *Vieilli.* Exclamation employée dans différents jeux, notamment le tennis, la boxe, pour aviser ses adversaires qu'on est prêt. — REM. : Absent du dict. de l'Académie 1935.

✱ Adjectif anglais employé exclamativement. Il apparaît en français en 1891 chez G. Mourey, *Lawn-Tennis*, p. 11 [*in* Mackenzie, p. 252].

« Chez certains sportifs peu cultivés, le *pool* est devenu la *poule,* et *ready* a été changé en *radis.* » L. DEROY, *L'Emprunt linguistique*, p. 285 (□ 1956).

READY-MADE [ʀɛdimɛd] *n. m. invar.*

(1913) *Hist. de l'art.* Objet élevé au rang d'œuvre d'art, par les surréalistes, sans aucune élaboration. *Des ready-made.* — REM. : Absent du dict. de l'Académie 1935.

« Cependant, aux États-Unis, dès 1915, Marcel Duchamp, logicien implacable et contempteur, offre ses "ready-made", autrement dit : objets tout faits élevés au rang d'œuvres d'art. Il devient la personnalité dirigeante du groupe Stieglitz et de la revue 291 à laquelle collaborent Man Ray, Picabia, de Zayas, Arensberg et dont les tendances sont similaires à celle du Zurichois Dada. »
M. GIEURE, *La Peinture moderne*, p. 103 (□ 1958).

✱ C'est le peintre français Duchamp, établi à New York, qui a donné en 1913 le nom de *ready-made* au type d'objets qu'il a été le premier à présenter comme œuvres d'art. C'est un emploi d'origine américaine de l'expression anglaise *ready-made* « tout fait », de *ready* « prêt » et *made* « fait », qui se dit d'objets manufacturés (1535), et plus particulièrement de vêtements (→ **Prêt-à-porter**).

RÉALISER [ʀealize] *v. tr.*

(1895) *Réaliser qqch., réaliser que,* se rendre compte avec une conscience nette de la réalité d'une chose, l'éprouver par expérience personnelle, en saisir pleinement toutes les implications. — REM. : Absent du dict. de l'Académie 1935.

« Parlant de l'École normale, le rapporteur écrit avec une parfaite simplicité : "On réalisera combien un agrandissement est nécessaire, si l'on se souvient que le présent établissement est juste dans le même état qu'il y a quinze ans..." » P. BOURGET, *Outre-Mer*, p. 80 (□ 1895).

« J'ajoute que si nous laissons aux Américains du Nord le temps de "réaliser" la situation, comme ils disent, nous pourrons venir ensuite avec nos 75 millions de francs Poincaré ! »
Jules ROMAINS, *Donogoo*, p. 64 (□ 1931).

— (av. 1920) *Absolt. Tu réalises,* tu te rends compte.

« — Avez-vous vu tout à l'heure la duchesse de Guermantes ? demandai-je à Mme Swann. [...]

— Je ne sais pas, je n'ai pas *réalisé*, me répondit-elle d'un air désagréable, en employant un terme traduit de l'anglais. [Une correction de l'auteur précise "... de l'anglais qui s'était ajouté au vocabulaire mondain"]. » PROUST, *Le Côté de Guermantes* 1, p. 273 (□ 1920).

✷ Emprunt sémantique de l'anglais *to realize* (1646, en ce sens ; « rendre réel », 1611), peut-être d'après le français *réaliser* (XVIe s.), de *réel* d'après le latin *realis*. Violemment attaqué par Paul Souday, Léautaud, etc., et encore critiqué par certains puristes, cet anglicisme a pénétré dans l'usage courant ; Gide (*Journal,* août 1927) l'admet au sens de « rendre réel » qui est littéraire.

« *Réalisez*-vous que l'homme est... ? (30-5-59) Pourquoi cette acception importée d'Angleterre, qui confond la conception et l'exécution, alors que nous avons *comprendre, concevoir, imaginer, se représenter, saisir, voir... ?* »
                                       Défense de la langue française, juil. 1959, p. 12.

« *Je n'avais pas réalisé* pour *je ne m'étais pas rendu compte.* [...] Pourquoi ce transfert en français s'est-il répandu spontanément ? Je ne sais pas bien quoi dire. Il y a là-dedans une idée de "comprendre" qui n'est pas dans *s'apercevoir ;* pour *se rendre compte,* c'est une locution verbale (ou verbe composé) comme nous en avons tant et dont nous ne saurions nous passer ; ne suffit-elle pas ? oui, certes, elle a suffi longtemps, et suffit encore à une majorité des Français. Alors ? Il y a bien des impondérables dans les petits mouvements du vocabulaire. Le plaisir de l'oreille peut en faire partie : *réaliser* est agréable à entendre avec son joli hiatus intérieur. » M. COHEN, *Nouveaux regards sur la langue française,* p. 161 (□ 1963).

RÉCESSION [resesjɔ̃] *n. f.*

(1954) *Écon. polit.* Régression, ralentissement de l'activité économique, industrielle et commerciale.

« Dans la construction qui jusqu'ici était demeurée à l'abri de la récession, on enregistre les premières difficultés sérieuses. »
             J. MORAND, *« La "récession" américaine continue »,*
                          in *France-Observateur,* 6 mars 1954, p. 14.

« La Bourse de Tokyo a connu un repli qui a pris l'allure d'une débâcle : est-ce l'annonce d'une récession dans ce pays en plein boom jusque-là ? » R. PRIOURET, in *L'Express,* 27 nov. 1967, p. 87.

✷ Emprunt de l'acception américaine (*in* Webster's Third 1966) de l'anglais *recession* de même origine que le français *récession* « action de se retirer » (latin *recessio* « action de s'éloigner », de *recessum* supin de *recedere* « s'éloigner »). *Récession* a pu être employé comme euphémisme pour *crise, dépression,* mais le mot s'est imposé dans la langue des économistes pour désigner un certain type de crise mineure :

« En tout cas, *récession* ne saurait être remplacé par le mot *crise,* qui est beaucoup plus général. Une *récession* est une diminution de l'activité économique ; une *crise* peut être au contraire une crise de surproduction, ou d'excès de demande (surchauffe), ou d'inadaptation. » DUPRÉ, art. *Récession.*

RÉCITAL, ALS [resital] *n. m.*

(1884 ; 1872, comme mot anglais) Séance musicale donnée par un seul artiste sur un seul instrument. *Des récitals. — Par ext.* (1962) Séance artistique donnée par un seul interprète ou consacrée à un seul genre. *Récital de danse, de poésie. Récital de musique brésilienne. —* REM. : Absent des dict. de Littré et de l'Académie.

« Mais l'intérieur de cet Albert-Hall ? Du reps terne et de pâles détrempes. Il faut considérer cet intérieur avec sa véritable décoration confuse de têtes humaines ; et ce n'est pas l'heure du "*Recital*". ».
             MALLARMÉ, *Exposition de Londres,* 1872, in *Œuvres complètes,* p. 682.

✷ Anglais *recital* n., terme de musique (1811), mot employé dès le XVIe siècle au sens de « répétition, récit, narration », dérivé de *to recite* « réciter, rapporter » lui-même emprunté du français *réciter* au XVe siècle. D'après le G. L. E., *récital* aurait été lancé par Liszt en 1840 ; Mackenzie (p. 246) relève le terme en mars 1884 dans *Le Ménestrel,* p. III.

RECORD [ʀ(ə)kɔʀ] *n. m.*

1° (1882, *in* Petiot) *Sport.* Exploit sportif officiellement constaté et qui dépasse tous les résultats déjà enregistrés dans la même catégorie. *Détenir un record* (1893). *Homologuer un record.* — REM. : Enregistré dans le dict. de l'Académie 1935.

« Pour qu'un record mérite son nom dans le sens complet du mot, il faut qu'il soit établi aller et retour ; alors le recordman bénéficie des conditions favorables dans les mêmes conditions qu'il subit les conditions contraires ; il y a donc égalité parfaite et sincérité absolue dans la performance. »
BAUDRY de SAUNIER, *Le Cyclisme théorique et pratique*, p. 434 (□ 1892).

« Sans doute son désir était-il peu fondé, puisque, si elle battait ce record, sa performance, accomplie sans témoins officiels, ne serait pas homologuée. »   MONTHERLANT, *Les Olympiques*, p. 91 (□ 1924).

— (1902, *in* Petiot) *Spécialt.* Liste des performances d'un champion.

2° (1893) *Par ext.* Résultat supérieur à tous ceux qui ont été obtenus dans le même domaine. *Le Livre des records.* — (1904) *Par iron. Pour la bêtise, il bat tous les records.*

« Bon nombre de personnes, telles que le tireur à la veille d'un concours de tir, l'oculiste sur le point de faire une opération délicate, etc., pourront aussi s'en servir utilement [du tromomètre imaginé par le Dʳ Quintard (d'Angers)] de même que les simples mortels pourront en faire une distinction intéressante et établir des *records* d'un nouveau genre. »   *La Nature, in* L. FIGUIER, *L'Année scientifique et industrielle*, p. 390, 1894 (□ 1893).

« Parmi les recherches dont les planètes ont été l'objet cette année, on peut dire que Mars détient le *record*, sans contredit. »
É. GAUTIER, *L'Année scientifique et industrielle*, p. 9, 1899 (□ 1898).

3° (1924) *En appos.* Jamais atteint. *En un temps record. Des temps records.*

« Qu'il y ait dans le niveau de vie le plus magnifique progrès, point de doute, mais ce niveau de vie record évoque désormais un tableau de travail collectif, de discipline, d'organisation bureaucratique monstre, où l'initiative et la fantaisie d'autrefois sont devenues difficiles, pour ne pas dire impossibles. »   A. SIEGFRIED, *L'Âme des peuples*, p. 177 (□ 1950).

✳ Mot anglais n. (1883, en ce sens ; « témoignage [enregistré] », XIIIᵉ s.) lui-même emprunté de l'ancien terme de droit français *record (recort, recor-s)* « rappel », dérivé de *recorder* « rappeler, enregistrer » (latin *recordare,* variante de *recordari* « se rappeler, se représenter par la pensée, de *re-* préfixe marquant le mouvement en retour, et racine *cor, cordis* « cœur, esprit »), qui est également à l'origine de l'anglais *to record* (XIIIᵉ s.) « rappeler, enregistrer ».

1. RECORDER [ʀikɔʀdœʀ] *n. m.*

(1653) En Angleterre et aux États-Unis, Officier de justice qui remplit les fonctions de juge de paix, d'archiviste municipal. — REM. : Absent des dict. de Littré et de l'Académie.

« — Eh bien ! reprit l'un des hommes de la police, vous allez nous suivre chez le recorder. — Vous plaisantez, sans doute. Qu'est-ce que je puis avoir à faire chez le recorder ? Et puis je n'ai pas encore déjeuné. Au revoir, messieurs. »   X. EYMA, *La Vie aux États-Unis*, p. 187 (□ 1876).

✳ Mot anglais n. (1426) lui-même emprunté de l'ancien français *recordeur (recordour, recordeour)* « témoin », dérivé du verbe *recorder* (→ **Record**), attesté en français en 1653 chez H.-R. Boulan, *Les Mots d'origine étrangère en français (1650-1700).*

2. RECORDER [ʀikɔʀdœʀ] *n. m.*

(1952) *Cin.* Dans la réalisation d'un film, Technicien de l'enregistrement du son.

« Enfermé dans sa cabine, le *recorder* règle et contrôle l'enregistrement de la bande sonore du film [...]. »
> J. GIRAUD, *Contribution au vocabulaire farfelu du cinéma*,
> in *Vie et Langage*, déc. 1966, p. 684.

✳ Terme technique, de *to record* « enregistrer », correspondant à l'anglais *recording technician*, de *recording* et de *technician* « technicien », ou encore à *sound man*.

RECORDING [Rikɔrdiŋ] *n. m.*

(1951) *Techn.* Enregistrement électromagnétique du son.

« Ces sons sont d'ailleurs le plus souvent enregistrés après coup, une fois ma scène tournée, au moment du "mixage" sur la piste sonore par le procédé dit "re-cording". »
> M. BESSY, *Les Truquages au cinéma*, p. 143 (□ 1951).

✳ Mot anglais dérivé de *to record* « enregistrer » (→ **Record**), traité dans le 1er Suppl. du G. L. E., 1968.

RECORDMAN [Rəkɔrdman] *n. m.* et **RECORDWOMAN** [Rəkɔrdwuman] *n. f.*

(1884, *in* Petiot ; 1896) Celui, celle qui détient ou tente un record sportif. *Des recordmen et des recordwomen* ou *des recordmans et des recordwomans*. — REM. : Absent du dict. de l'Académie 1935. — Le féminin est rare.

« le record perd beaucoup de son mérite puisque le recordman est aidé puissamment par une force [le vent] autre que la sienne propre. »
> BAUDRY de SAUNIER, *Le Cyclisme théorique et pratique*, p. 434 (□ 1892).

« Elle parcourut son premier tour en trois secondes de plus que la recordwoman de France. Beau résultat, que je lui criais au passage. »
> H. de MONTHERLANT, *Les Olympiques*, Livre de poche, p. 80 (□ 1924).

— PAR EXT. et *par plaisant.* (1913).

« — Quel homme ! Saoul à sept heures du matin ! Ne serait-ce pas le recordman du monde ? »
> Jules ROMAINS, *Les Copains*, p. 90 (□ 1913).

« (Depuis le lycée, il était recordman de la descente d'escalier.) »
> P. MORAND, *L'Homme pressé*, p. 61 (□ 1941).

✳ Pseudo-anglicisme créé en France (en anglais *record holder*) composé de *record** et de *-man**, ou *-woman**. Wartburg relève *recordwoman* dès 1896.

REDINGOTE [R(ə)dĕgɔt] *n. f.*

1° (1725) *Ancienn.* Longue veste d'homme croisée, ajustée à la taille et à basques descendant jusqu'aux genoux. *La redingote grise de Napoléon. Des redingotes.* — REM. : Enregistré dans les dict. de l'Académie 1787 et de Littré 1869.

« Il était près de six heures ; le jour ne luisait plus ; le froid était excessif ; presque tous les courtisans portaient de ces manteaux qu'on nomme par corruption redingotes. »
> VOLTAIRE, *Précis du siècle de Louis XV*, p. 348 (□ 1768).

« Je veux affecter l'anglomanie, les cheveux et les favoris poudrés, l'habit anglais, culottes larges, grosse canne, chapeau court et rabattu, la tournure grotesque et grave ; en même temps, une tasse de thé continuellement à côté de moi ; enfin je la pousserai si loin, que je mettrai dans mon habillement une redingote anglaise. »
> L. CROZET, Lettre à H. BEYLE, 8 janv. 1806,
> in STENDHAL, *Corresp.*, t. I, pp. 1171-1172.

2° (1847) Par anal. *Vx.* Robe de femme, évasée et plus ou moins appuyée à la taille. — Par appos. *Robe-redingote.*

« Elle portait [...] une robe-redingote en mousseline de laine [...] qui s'ouvrait par en bas pour laisser voir un jupon garni d'une petite valencienne. »
> BALZAC, *Le Député d'Arcis*, p. 1 (□ 17 avril 1847).

— MOD. (1924) Manteau pour dame, de même style.

« Du bleu marine et du blanc, des jaquettes longues ceinturées sur des robes chemisiers imprimées, des tailleurs classiques, des redingotes, des vestes kimonos sur plantalons larges à revers, des robes à jupes volantées... »   *L'Express*, 31 janv. 1972, p. 46.

✱ Francisation de l'anglais *riding coat* n. (1507) « habit pour monter à cheval », de *riding* participe présent de *to ride* « monter à cheval » et de *coat* « habit, manteau » nom lui-même emprunté de l'ancien français *cote* (mod. *cotte*) au XVIe siècle. Cet emprunt, effectué par voie orale, a connu (et connaît encore : *reguingote*, 1897, pop. ; *reguimpette*, XXe s., pop.) plusieurs variantes dialectales et populaires avant d'être intégré en français dans sa graphie et dans sa prononciation définitives (le *-ing* anglais est devenu [ɛg]) : *rodingote, rodingotte, rèdingote, ringuingote, réguingote, reguingate, roguigote, erdingote, arlingote, artingoute, roguingota.*

« *Ridingcoat* veut dire un *habit de cheval* ; on en a fait *redingote*, et le peuple croit que c'est un ancien mot de la langue. Il a bien fallu adopter cette expression avec le peuple, parce qu'elle signifie une chose d'usage. »
VOLTAIRE, *Dictionnaire philosophique*, art. *Langues*, t. XI, p. 517 (□ 1764).

✱ Ce que le français appelait *redingote* correspondait à l'anglais *frock coat* n. (1823), de *frock* lui-même emprunté du français *froc* au XIVe siècle (1350). Mais de nos jours, *redingote* ne se dit plus que d'un vêtement féminin que l'anglais appelle *fitted coat* « manteau ajusté à la taille ».

RÉFLEXIBLE [Reflɛksibl] *adj.*

(1706) *Phys.* Qui peut être réfléchi. *Rayon réflexible* (→ cit. de Voltaire, art. *Réfrangible*). — REM. : Enregistré dans les dict. de l'Académie 1835 et de Littré 1870.

✱ Anglais *reflexible* adj. (1706), de *to reflex* « réfléchir », du radical latin *reflex-*, de *reflectere* « ramener en arrière ». Dans sa traduction de Newton, en 1720, P. Coste utilise l'adj. *réflexible* ; Mackenzie atteste le terme dès 1706 en même temps que *réflexibilité**, *réfrangible** et *réfrangibilité**.

RÉFLEXIBILITÉ [Reflɛksibilite] *n. f.*

(1706) *Phys.* Propriété de ce qui est réflexible*. — REM. : Enregistré dans les dict. de l'Académie 1835 et de Littré 1870.

« La réflexibilité des rayons est leur disposition à être réfléchis ou renvoyés dans le milieu d'où ils sont partis, de tout autre milieu sur la surface duquel ils viennent à tomber. Et les rayons sont plus ou moins réflexibles, selon qu'ils sont renvoyés avec plus ou moins de facilité. »
P. COSTE, *Traité d'optique*,
trad. de l'ouvrage de NEWTON, p. 4, P. Humbert, 1720.

✱ Anglais *reflexibility* n., terme créé par I. Newton en 1673, de *reflexible* (→ **Réflexible**). *Réflexibilité* figure dans la traduction de Newton par P. Coste, en 1720 ; Mackenzie (p. 159) atteste le terme en français dès 1706 (*Nouvelles de la République des lettres*, avril).

REFORMING [Rifɔrmiŋ] *n. m.*

(mil. XXe s.) *Techn.* Opération chimique de raffinage qui modifie la nature d'une catégorie de constituants du pétrole sous l'effet de la température et de la pression, tout en maintenant le nombre d'atomes de carbone des molécules.

« Par exemple l'isomérisation des hydrocarbures ramifiés contenus dans l'essence est un reforming. »
Sciences, mai-juin 1959, p. 89 (□ mars 1955).

« Le reforming est encore un procédé classique de la chimie organique. Il consiste, moyennant certaines conditions, à reformer deux composés en d'autres composés. Par exemple, à haute température, l'oxyde de carbone et l'eau se reforment pour donner du gaz carbonique

et de l'hydrogène. »   R. de La TAILLE, *Le Moteur à eau ne peut pas exister*,
in *Science et Vie*, déc. 1974, p. 63.

— N. m. *Steam reforming*, craquage en présence de vapeur
d'eau et d'un catalyseur (→ **Steam cracking,** art. *Cracking*).

« D'autre part, il est évident que la méthode proposée par l'équipe
d'Ispra pour la fabrication de l'hydrogène avec l'énergie nucléaire se
présente comme une concurrence directe des méthodes classiques de
steam-reforming soutenues par les sociétés pétrolières. »
C. NANTILLAC, in *La Recherche*, juil.-août 1970, p. 270.

✱ Mot anglais, de *to reform* « réformer, rectifier », lui-même emprunté
du français *réformer*. Pour remplacer cet emprunt, le Comité d'étude
des termes techniques français a recommandé les traductions suivantes :

« *Reformage* (dans le sens de l'Industrie du Pétrole) ; *Conversion* (dans le
sens de l'Industrie du Gaz).
JUSTIFICATION : Les équivalents suivants ont été passés en revue : réforme,
réformation, réformage ou reformage. Par analogie avec craquage, le Comité
propose de retenir le terme "reformage" (sans accent), le verbe correspondant
étant reformer (également sans accent). » *Sciences*, mai-juin 1959, p. 89 (□ mars 1955).

RÉFORMISTE [ʀefɔʀmist] *n.* et *adj.*

1° (1834) Partisan d'une réforme politique. — REM. : S'est
d'abord dit *spécialt* des partisans de la réforme électorale en
Angleterre. — *Adj.* (1844) *Un ministre réformiste.* — REM. :
Enregistré dans les dict. de Boiste 1834, de Littré 1870 et de
l'Académie 1935.

« Un épais brouillard de religiosité pèse aujourd'hui sur toutes les
têtes réformistes. »
PROUDHON, 1844 [*in* P. LAROUSSE, *Grand Dict. univ.*, 1875].

2° (1841) *Spécialt.* Partisan de réformes politiques légales et
progressives destinées à faire évoluer la société (capitaliste) vers
une plus grande justice sociale (opposé à *révolutionnaire*). *Douze
Lettres d'un communiste à un réformiste sur la communauté*, de
E. Cabet (1841). — REM. : En ce sens, le mot est souvent
péjoratif.

« Ce qui est terrible, c'est l'injustice, c'est l'infériorité, c'est l'inégalité. [...].
C'est pour ça qu'Edmond est révolutionnaire, et qu'il n'aime pas les
réformistes. Beaucoup de patrons sont réformistes. Bertrand s'imagine
qu'il fait tout ce qu'il peut pour le bonheur de ses ouvriers, en les payant
bien, en leur installant des ateliers nets et spacieux. D'autres fondent
des crèches, des orphelinats. Ces gars-là sont peut-être sincères. Ils ne
comprennent pas la question. »
Jules ROMAINS, *Les Hommes de bonne volonté*, t. IX, p. 134 (□ 1935).

— *Adj.*

« Les forces de gauche doivent savoir qu'elles se trouvent désormais
en présence d'un courant bourgeois réformiste qui n'est dépourvu ni de
dynamisme, ni d'efficacité. »   *La Gauche est-elle « paralysée »*,
in *France-Observateur*, 30 sept. 1954, p. 6.

✱ Reprise de l'anglais *reformist* n. (1641, comme terme de politique,
fréquent entre 1792 et 1830) terme créé en 1589 pour désigner les
partisans de la Réforme (religieuse), soit à partir de *to reform* « réformer » (XIVe s.), soit de l'ancien français *reformer* (mod. *réformer*), soit
du latin *reformare*. L'opposition *réformiste/révolutionnaire* est typiquement française. À la fin du XIXe s. *réformiste* a produit en France le
dérivé *réformisme* n. m. « doctrine politique des réformistes ».

RÉFRACTER [ʀefʀakte] *v. tr.*

(1734) *Phys.* Faire dévier un rayon lumineux de sa direction
par le phénomène de la réfraction. — REM. : Enregistré dans les
dict. de l'Académie 1835 et de Littré 1870.

« Ayant ainsi décomposé la lumière, et ayant porté la sagacité de ses découvertes jusqu'à démontrer le moyen de connaître la couleur composée par les couleurs primitives, il [Newton] fait voir que ces rayons élémentaires, séparés par le moyen du prisme, ne sont arrangés dans leur ordre que parcequ'elles sont réfractées en cet ordre même ; et c'est cette propriété, inconnue jusqu'à lui, de se rompre dans cette proportion, c'est cette réfraction inégale des rayons, ce pouvoir de réfracter le rouge moins que la couleur orangée, etc., qu'il nomme réfrangibilité. »

VOLTAIRE, *Lettres philosophiques*, XVI,
Sur l'optique de M. Newton, p. 93 (□ 1734).

« En été, les rayons sont plus approchés de la perpendicule et plus réfractés sur notre horizon septentrional. »

Id., Lettre au prince royal de Prusse, 4 avril 1738 [*in* Littré, 1870].

✳ Emprunt par le biais de la terminologie newtonienne de l'anglais *to refract* (1611), latin *refractum,* supin de *refringere* « briser, réfracter ». Le français possédait déjà *réfraction* n. f. (v. 1270 ; bas latin *refractio* « renvoi, renversement », de *refringere*). Dans sa traduction du *Traité d'optique* de Newton, P. Coste, recule encore, en 1720 devant le verbe *réfracter* (il emploie le verbe *rompre*), mais il inscrit le terme *réfraction* dans un titre. Voltaire, pour sa part, emploie le verbe et le substantif dès 1734 et l'adjectif *réfracté, ée* dès 1738.

RÉFRANGIBILITÉ [ʀefʀɑ̃ʒibilite] *n. f.*

(1706) *Phys.* Propriété qu'a la lumière d'être réfrangible* (→ cit. de Voltaire, art. *Réfracter*). — REM. : Enregistré dans les dict. de l'Académie 1835 et de Littré 1870.

« La réfrangibilité des rayons de lumière est leur disposition à être rompus ou détournés de leur chemin, en passant d'un corps ou milieu transparent dans un autre. Et la plus grande ou la moins grande réfrangibilité des rayons est leur disposition à être détournés plus ou moins de leur chemin à égales incidences sur le même milieu... »

P. COSTE, *Traité d'optique*, t. I, trad. de l'ouvrage de NEWTON,
P. Humbert, 1720.

✳ Anglais *refrangibility,* substantif créé par I. Newton en 1673, de *refrangible* (→ **Réfrangible**). Mackenzie (p. 159) atteste *réfrangible* et *réfrangibilité* dans *Nouvelles de la république des Lettres,* avril 1706, p. 397.

RÉFRANGIBLE [ʀefʀɑ̃ʒibl] *adj.*

(1706) *Phys.* Capable d'être réfracté*. — REM. : Enregistré dans les dict. de l'Académie 1835 et de Littré 1870.

« Les rayons les plus réflexibles sont les réfrangibles, de là il [Newton] fait voir que le même pouvoir cause la réflexion de la lumière. »

VOLTAIRE, *Lettres philosophiques*, XVI,
Sur l'optique de M. Newton, p. 93 (□ 1734).

✳ Anglais *refrangible,* mot créé par I. Newton en 1673, du latin populaire *refrangere* sur *refringere* « réfracter », de *frangere* « briser ». Mackenzie (p. 159) atteste *réfrangible* dans *Nouvelles de la république des lettres,* avril 1706, p. 400.

REGGAE [ʀege] *n. m. et adj.*

(1977) Musique des Noirs jamaïquains, à rythme marqué, à structure répétitive. — Adj. *Groupe reggae.*

« *Rock. Reggae.* La salle est chaude, elle danse. »

Le Nouvel Observateur, 5 déc. 1977, p. 74.

« Une musique qui pulse méchamment et vient nous rappeler que les Antilles ne sont pas loin du berceau du reggae. »

L'Express, 19 mai 1979, p. 17.

« Bob Marley, Peter Tosch — l'autre maître du reggae — avec leurs boucles hirsutes, leurs bonnets de laine et leur musique des "slums" ont "évangélisé" les masses [...]. Les Blancs vibrent au rythme du reggae.

Mais les jeunes Noirs, eux, s'enivrent, en plus, des mots qui parlent de libération. »   *L'Express*, 8 sept. 1979, p. 122.

— Morceau de cette musique. Danse effectuée sur elle.

« Entre un reggae et un rock, des attractions de cirque prendront le relais des danseurs. »   *L'Express*, n° 1462, 14 juillet 1979, p. 26.

✻ Anglais de la Jamaïque *reggae,* passé en français sans doute par l'intermédiaire de l'américain, cette musique ayant été portée à la connaissance du grand public par Eric Clapton avant que ses créateurs, principalement Bob Marley, Peter Tosch et Bunny Livingston n'acquièrent une renommée internationale. Mais la chose et le mot furent peut-être connus antérieurement aux Antilles. Le reggae est lié dans son origine au militantisme des Ras-Tafaris ou, pour employer un anglicisme, Rastafarians, dits aussi *Rastas* (de *Ras-Tafari,* nom de l'empereur Hailé Sélassié avant son couronnement, les membres de ce mouvement, apparu en 1916 chez les descendants des esclaves noirs jamaïquains, cherchant un retour à leurs sources africaines). Caractérisé par son swing, le reggae a fait école, notamment en Angleterre.

RÉHABILITATION [ʀeabilitɑsjɔ̃] *n. f.*

(av. 1968) Le fait de remettre en état, de restaurer complètement (un bâtiment, etc.).

✻ Sens nouveau de *réhabilitation* (et de *réhabiliter*) sous l'influence de l'angl. *rehabilitate* et *rehabilitation* (av. 1966 dans ce sens : cit. *in* Webster's Third).

« Pour la première fois, *réhabilitation* s'applique à des objets inanimés. On lit, par exemple, dans *le Monde* du 24 octobre 1968 : *Tout le reste du quartier* (c'est-à-dire toute la partie du quartier qui ne sera pas entièrement transformée) *sera voué à la "réhabilitation"* [...]. *La commission Capitant se prononce pour la "réhabilitation" par des procédés plus simples, plus expéditifs et moins coûteux que ceux de la restauration, qui prend souvent un caractère luxueux* (nous préférerions "de luxe") *et aboutit à des loyers dépassant la capacité financière des occupants...* »   *Les Mots « dans le vent »*, art. *Réhabilitation.*

RELATIONS PUBLIQUES [ʀ(ə)lɑsjɔ̃pyblik] *n. f. pl.*

(1957) → **Public relations.**

« Technicien de l'information d'entreprise, le professionnel des relations publiques est donc chargé de concevoir . et *éventuellement d'exécuter tout ce qui a trait* à la politique de communication humaine, mais, par là même, il assume aussi le rôle de conseiller de l'entreprise pour tout ce qui relève des relations internes et externes. »

F. DUMONT, *Relations publiques*, in J. ROMEUF,
Manuel du chef d'entreprise, p. 842, 1960.

✻ Calque de l'américain *public relations, relations publiques* a été proposé dès 1959 par le Comité d'étude des termes techniques français (→ cit. art. *Public relations*). Il a été l'objet de nombreuses critiques.

« Les "relations publiques" d'un homme d'État, d'un homme public, sont celles qu'il entretient dans l'exercice et à l'occasion de ses fonctions ; elles peuvent ne pas se confondre avec ses "relations privées", de même que sa "vie publique" ou sa "correspondance publique" sont distinctes de sa "vie privée" et de sa "correspondance privée". *Public*, accolé à *relations*, signifie en français "du domaine public", concernant des personnes "revêtues de l'autorité publique".
En conséquence, l'adjectif *public* de *public relations* ne saurait être rendu par *publiques*, il doit l'être par "avec le public".
D'autre part, la signification de *relations* est, en français, moins étendue qu'en anglais. Ce terme suppose chez nous une liaison assez étroite et constante, qui s'observe dans les "relations commerciales" ou "relations d'affaires" entretenues régulièrement par une entreprise avec ses fournisseurs et avec ses clients. »
P. VUILLE, in *Vie et Langage,* avril 1960, p. 172.

« En conclusion, M. Vuille propose "rapports avec le public", ou encore une formule plus ramassée de "rapports extérieurs". Si l'organisme entretient également des rapports avec son personnel, on pourra parler de "rapports extérieurs et intérieurs". Qu'en pensent nos lecteurs ? »   *Vie et Langage, ibid.,* p. 172.

✻ Cependant le vocabulaire de l'économie a consacré la forme *relations publiques* en remplacement de l'emprunt direct, au mépris de l'usage français de *public* adj.

RELAX ou **RELAXE** [Rəlaks] ou [Rilaks] *adj.* et *n.*

1° *Adj.* (v. 1955) Qui favorise la détente, un repos dans la
détente. *« Une petite balade très relax(e) »* (Petit Robert). —
Spécialt. *Fauteuil, siège relax,* et subst., *un relax,* fauteuil,
siège de repos. — (Personnes ; actions) Décontracté, cool. *Il
était très relax. Tenue relax(e).*

> « il avait dit [...] en s'affalant à la renverse dans les coussins : "Ah,
> dites-donc, ce truc-là, pour du relax, alors, c'est vachement relax !" »
> ARAGON, *Blanche ou l'Oubli,* p. 511 (□ 1967).

2° *N. m.* (1966, *in* G. L. L. F.) Repos, décontraction.

3° *N. f.* Relaxation. *« Cure de relaxe »* (*Le Monde,* 30 août
1955).

4° *Adv.* D'une manière décontractée. *Conduisez relax.*
— REM. : Dans certains contextes, le mot, invariable au plur.,
peut être interprété comme adj. ou comme adv.

> « Exécutants inamovibles, Jean-Luc Bideau et Jacques Denis pia-
> notent, relax, une partition qu'ils semblent improviser. »
> *L'Express,* 30 oct. 1972, p. 38.

5° *Interj.*

> « Stop ! Repos ! Couche-toi sur l'herbe, bras en croix, jambes
> écartées... Rilax ! » J. CAU, *La Pitié de Dieu,* p. 63 (□ 1961).

✴ Cette forme recouvre plusieurs mots : deux anglicismes (mais *relax,*
n. m., et *relax,* adj. sont archaïques, selon l'Oxford), un déverbal du
verbe *relaxer,* une abréviation de *relaxation,* enfin une homonymie, avec
une forme bien française, la *relaxe* (en droit).

> « *"Relax"* provient de la mode actuelle du mot "relaxation" qui ne signifie rien
> de plus que "détente". Il a été vulgarisé récemment par les hygiénistes et
> médecins. » A. THÉRIVE, *Clinique du langage,* 1956 [*in* Gilbert].

RELAXATION [R(ə)laksɑsjɔ̃] *n. f.*

1° (mil. XXᵉ s. ; 1954, *in Le Monde*) *Méd.* Méthode thérapeutique de détente et de maîtrise des fonctions corporelles par des
procédés psychologiques actifs. — Par ext. *Cour.* Repos,
détente. — Relax.

> « Durant le jour l'un de nous allait se placer à l'aviron-gouvernail,
> l'autre prenant alors du repos, car je pensais qu'une vie aussi anormale
> nécessitait le plus de relaxation possible. »
> A. BOMBARD, *Naufragé volontaire,* p. 63, Livre de poche, 1967 (□ 1958).

2° (v. 1960) *Techn.* Ensemble des phénomènes par lesquels un
système en rupture d'équilibre revient à son équilibre initial. —
Perte de tension (d'un acier).

✴ L'anglais *relaxation* (1526) vient, comme le français *relaxation,* du
latin *relaxatio.* Outre des valeurs communes aux deux langues, il s'est
employé depuis le XVIᵉ s. au sens de « relâchement de l'esprit ».
Relaxation, en français, est attesté au début du XIVᵉ s. au sens concret
de « action de délier », puis au fig. « action de délier d'un serment ». Le
sens médical (chez A. Paré « distension, relâchement [des muscles] »)
conduit tout naturellement au sens de l'anglicisme, et le sens technique
est très voisin de l'emploi en physiologie, que Littré donne pour
« actuellement inusité » *(la relaxation des fibres).* Les techniques de
relaxation, développées en Allemagne et aux États-Unis ont emprunté
leurs vocabulaires à l'anglais (Cf. Durand de Bousingen, *La Relaxation,*
1961). La forme latine du mot, la parenté des sens dans les deux
langues, font de *relaxation* un très mauvais objet pour la condamnation
puriste. Pourtant, on lit :

> « *Relâche* est très exactement ce que nos imbéciles qualifient de *relaxation.*
> Mais comme ces superpatriotes n'ont jamais lu nos écrivains et qu'en revanche
> ils croient comme parole d'évangile toutes les dépêches de presse mal traduites

de l'américain, ils s'imaginent que *relaxation* manque à notre langue et ajoute à leur dignité. Molière dit : *L'esprit veut du relâche, et succombe parfois / Par trop d'attachement aux sérieux emplois* (*l'École des maris,* I, 5). »

ÉTIEMBLE, *Le Babélien,* t. I, p. 5 (□ 1959).

RELAXER (SE) [ʀ(ə)lakse] *v. pron.*

(mil. XXᵉ s. ; 1964, *in* Larousse) Se détendre, se reposer en se détendant.

« Roger devait venir à neuf heures ; il en était sept ; elle avait tout le temps. Le temps de s'allonger sur son lit, les yeux fermés, de ne penser à rien. De se détendre. De se relaxer. »

F. SAGAN, *Aimez-vous Brahms...,* p. 10 (□ 1959).

— Trans. (1969, *in* Gilbert) Détendre (qqn). *Un spectacle qui vous relaxe.*

✳ Sens emprunté au v. anglais *to relax* « relâcher » (1420), qui a pris, outre les valeurs du français, de nombreux sens psychologiques (XVIIIᵉ-XIXᵉ s.) dont « se détendre », lui-même emprunté au français *relaxer* « remettre (un prisonnier) en liberté » attesté en 1320, par le sens médical (XVIᵉ s.) « relâcher, détendre (les muscles) » enregistré par l'Académie ; le mot a été employé isolément au XIIᵉ s. au sens de « pardonner ». Il vient du latin *relaxare,* de *laxare* « étendre, élargir ». Le passage à l'anglicisme a été favorisé par l'existence du sens médical (Cf. la définition du G. L. E. « détendre ses muscles, son esprit »). *Relaxer* et les mots de sa famille sont depuis leur diffusion l'une des tartes à la crème du commentateur de langage.

« *Relaxer* et *relaxation* dans le langage médical ou juridique, sont parfaitement justifiés, mais dans le langage ordinaire, il faut se garder de leur faire, par une sorte de snobisme, plus de place qu'ils n'en méritent. »

M. GREVISSE, *Problèmes de langage,* t. II, p. 36 (□ 1962).

✳ *Relaxant, ante,* adj., est formé en français (1961, Delay *in* Robert Suppl.) mais rejoint l'adj. anglais *relaxing ;* la forme existait au XVIᵉ s. en médecine (Paré : medicaments *relaxans*).

RÉLUCTANCE [ʀelyktɑ̃s] *n. f.*

(1904) *Phys.* Phénomène magnétique analogue à la résistance, en électricité.

✳ Mot anglais *reluctance,* employé dans ce sens en 1888 par Heaviside (Oxford dict.), spécialisation de *reluctance* (1641) « le fait de résister ; opposition », de *reluctant* et de l'anc. franç. *réluctance,* de *re-* et latin *luctari* « lutter » (Cf. *réluctant* « réticent »).

REMAKE [ʀimɛk] *n. m.*

(1946) *Cin.* Réalisation d'une nouvelle version d'un film à succès. *Le remake américain du « Marius » de Pagnol.*

« Mais le "remake" est tout autre chose. Il ne s'agit plus de réadapter au cinéma une œuvre originale mais de démarquer au plus près possible un film dont le succès exceptionnel paraît pouvoir encore être fortement élargi dans la nouvelle version. »

A. BAZIN, *Les Jeux étaient faits,* in *France-Observateur,* 13 mai 1954, p. 22.

— (1946) Film produit de cette façon.

« Ce remake est une affaire de trois millions de dollars. »

BEN HECHT, *Morts aux auteurs,* trad. de Michel ARNAUD, 1946
[*in* J. GIRAUD, *op. cit.,* pp. 685-686].

« Pierre Billon et Giorgo Capitani ont-ils pensé à tout cela en faisant en 1954 une nouvelle version, franco-italienne, d'*Orage* ? Il s'agit d'un "remake", à peu près scène par scène, et, au passage, j'ai retrouvé nombre de jeux de scène et de détails de mise en scène absolument identiques. »

J. DONIOL-VALCROZE, in *France-Observateur,* 29 juil. 1954, p. 23.

— PAR EXT. (1954) Nouvelle version d'une œuvre, d'un texte → **Rewriting.**

« Mais n'est-ce pas, après tout, seulement à travers des "remake" grecs ou latins de dixième main que nous avons accès à certains textes fondamentaux de l'antiquité hébraïque ou orientale qui sont à la base de notre civilisation ? »   A. BAZIN, *op. cit.*, p. 22.

✱ Emprunt du jargon cinématographique américain, *remake* v. tr. « donner une nouvelle forme à » et n., de l'anglais *to remake* « refaire ». Le substantif *remake* est entré dans le vocabulaire français du cinéma vers 1945. On a proposé, pour remplacer cet anglicisme *copie, adaptation, révision, refonte, remaniement, reconstruction.* Mais ces mots, dont les domaines d'emploi sont trop nombreux, ne convenaient guère, si bien qu'on a maintenu l'emprunt.

« Le mot *remake* s'applique aussi bien à l'action de "refaire" un film qu'au résultat de cette opération. Il appartient, avec ses deux significations, au langage cinématographique le plus courant : "*Le Grand Jeu* est le plus récent *remake* français." »   R. JEANNE et CH. FORD, *Le Vocabulaire du cinéma,* juil. 1955, p. 312.

✱ Le français a créé le v. *remaker* à partir du substantif *remake.* Après une petite vague de succès dans les années soixante, ce terme, mal formé, est retombé dans l'oubli. *Refaire* l'a remplacé.

REPLAY [ʀiplɛ] *n. m.*

(1978) Procédé de télévision qui permet la rediffusion instantanée, éventuellement au ralenti, d'une image prise en direct pendant un reportage.

« Le "replay" est communément utilisé pendant les retransmissions sportives et permet de revoir une action décisive ou litigieuse (ex. : le but refusé à Platini pendant le récent Italie-France). »
Télé-7 Jours, 25 mars 1978, p. 18.

✱ Abrév. française de l'américain *instant replay* « rediffusion instantanée » (1970) de l'anglais *replay* n., t. de sports « match rejoué » (Oxford dict., sans date).

REPORTER [ʀ(ə)pɔʀtœʀ] ou [ʀ(ə)pɔʀtɛʀ] *n. m.*

(1828) Journaliste d'information. *Un grand reporter.* — REM. : Enregistré dans les dict. de Littré 1870 et de l'Académie 1878.

« On cite plusieurs *reporters* de journaux anglais, dont le voyage en Italie est défrayé par les lettres qu'ils font insérer dans le *Times* ou le *Morning Chronicle.* Ainsi, la liberté de la presse est utile même dans les pays qui en sont privés. »
STENDHAL, *Promenades dans Rome*, 5 avril 1828, t. I, p. 268.

« mais ces attelages et ces *four-in-hands* n'étaient-ils pas, dans leur galop soulevant le tourbillon des feuilles d'automne, suivis par un cortège de reporters, l'œil à la vitre et le crayon aux doigts ? La presse quotidienne a, toute entière et jour par jour, répandu des détails lus maintenant dans les bourgades et dans les hameaux épars. »
MALLARMÉ, *La Dernière Mode*, 1ᵉʳ nov. 1874, pp. 785-786.

« Dès le 14 octobre au soir, la Cité de l'Acier s'était vu investie par une véritable armée de reporters, le carnet ouvert et le crayon au vent. »
Jules VERNE, *Les Cinq Cents Millions de la Bégum*, p. 198 (□ 1879).

— PAR EXT. *Reporter photographe. Reporter de la radio* ou *radio(-)reporter* (1934). *Reporter-cameraman.*

✱ Mot anglais n. (1813, comme terme de journalisme ; « rapporteur des tribunaux », 1617 ; « personne qui fait un rapport, qui relate », XIVᵉ s.), lui-même emprunté de l'ancien français *reporteur, rapporteur* (Cf. mod. *rapporteur).* Mot employé comme terme étranger par Stendhal puis repris à l'anglais comme terme de journalisme dès le XIXᵉ siècle. D'après P. Fouché (*Traité de prononciation française*, p. 393), on prononce [ʀəpɔʀtɛʀ], mais d'après l'Académie on prononce [ʀəpɔʀtœʀ]. L'Administration préconise la graphie francisée de *reporteur* (*Journal officiel*, 18 janv. 1973, p. 725) en remplacement de *reporter.* Étiemble l'utilise dès 1952 :

« Rimbaud l'aventurier sert bientôt d'"alcool" pour "doper" nos reporters, nos Mac Orlan et nos Cendrars : [...] »   ÉTIEMBLE, *Le Mythe de Rimbaud*, p. 259 (□ 1952).

✱ L'Administration préconise également *(op. cit.)* le terme *reporteur d'images* n. m. (télévision et cinéma) comme équivalent de l'anglais *reporter-cameraman.*

Reporter a connu plusieurs formes différentes au féminin, dont aucune n'a survécu :

« D'abord la galanterie française fera que les *reportrices* verront beaucoup plus aisément les portes s'ouvrir devant elles. »   *Le Charivari*, 12 août 1892, p. 2.

« il est exact que la reporteresse Véronique, de son kodak, prit un instantané. »
A. JARRY, *Spéculations, La passion considérée comme une course de côtes*, 1898
[*in* D. D. L., 2ᵉ série, 10].

« les journalistes dans le salon de la Paix — chemineaux, vieux étudiants, dames reporters —, qui recopiaient les ordres du jour des groupes [...]. »
P. MORAND, *Fermé la nuit*, p. 140 (□ 1923).

✱ *Reporter* a produit en français le dérivé original de *reportage* n. m. (1865), enregistré dans le Suppl. de Littré 1877, et dans le dict. de l'Académie 1935. L'anglais a *reporting* n. en parlant du métier de reporter ou du genre journalistique ou littéraire que constitue le reportage, et *report* ou *article,* en parlant de l'article lui-même écrit d'après l'enquête d'un reporter. Mackenzie (p. 234) atteste le mot *reportage* en 1865 (Edmond Got, *Journal*, 23 juil. 1865, t. II, p. 46). Le dict. de l'Académie 1935 fournit la première attestation de *reportage* au sens de « article de reportage ». Nous n'avons pas de verbe pour décrire cette activité ; on dit *faire un reportage.*

« ils faisaient ce qu'on appelle depuis quelques années "le grand reportage politique et militaire". »   Jules VERNE, *Michel Strogoff*, p. 9 (□ 1876).

« Narrer, enseigner, même décrire, cela va et encore qu'à chacun suffirait peut-être, pour échanger la pensée humaine, de prendre ou de mettre dans la main d'autrui en silence une pièce de monnaie, l'emploi élémentaire du discours dessert l'universel reportage dont, la Littérature exceptée, participe tout entre les genres d'écrits contemporains. »   MALLARMÉ, *Avant-dire au Traité du verbe de René Ghil*,
in *Œuvres complètes*, p. 857 (□ 1886).

« Mais le reportage est loin d'avoir purgé la littérature autant que la photographie put désencombrer la peinture de certaines valeurs adventices. »
A. GIDE, *Journal 1942-1949*, 10 avril 1943, p. 223.

« Nous étaierons ces documents par des enquêtes et des reportages. Il nous paraît, en effet, que le reportage fait partie des genres littéraires et qu'il peut devenir un des plus importants d'entre eux. La capacité de saisir intuitivement et instantanément les significations, l'habileté à regrouper celles-ci pour offrir au lecteur des ensembles synthétiques immédiatement déchiffrables sont les qualités les plus nécessaires au reporter ; ce sont celles que nous demandons à tous nos collaborateurs. Nous savons d'ailleurs que parmi les rares ouvrages de notre époque qui sont assurés de durer, se trouvent plusieurs reportages comme "Les dix jours qui renversèrent le Monde" et surtout l'admirable "Testament espagnol"... »
SARTRE, *Situations II*, p. 30 (□ 1948).

REPRINT [ʀəpʀint] *n. m.*

(v. 1960) Réédition (d'un ouvrage imprimé) par procédé photographique. *Éditeur spécialisé dans les reprints.*

« "Un sire de Gourberville" (Mouton, réédition 1972), que l'on vient de rééditer en *reprint*, avec une brillante et truculente préface d'Emmanuel Le Roy Ladurie [...]. »   *Le Nouvel Observateur*, 11 nov. 1972, p. 69.

✱ Mot anglais, *reprint* (1611), de *to reprint* (1551), de *re-* et *to print* « imprimer ».

REQUALIFICATION → QUALIFICATION.

REQUALIFIER → QUALIFIER.

RÉSERVATION [ʀezɛʀvɑsjɔ̃] *n. f.*

(v. 1930-1935) Action de réserver une place (sur un paquebot, dans un avion, une salle de spectacle), de retenir une chambre (dans un hôtel), une table (dans un restaurant), qui n'entraîne pas en soi versement et désignation particulière d'une place déterminée (opposé à *location*). *Bureau de réservations.* — REM. : Absent du dict. de l'Académie 1935.

✳ L'anglais *reservation* n. lui-même emprunté de l'ancien français *réservation* au XIVᵉ siècle ou directement du latin juridique médiéval *reservatio* « action de se réserver un droit ; ce droit », de *reservare* « réserver », a pris d'abord en américain (1906) le sens ci-dessus. D'après le Robert, 1964, *réservation* aurait été introduit en ce sens en français vers 1930-1935 par les compagnies de navigation, maritimes ou aériennes. Ce néologisme a fait l'objet d'une longue polémique.

« Mais à aucun prix n'admettons cet autre barbarisme *réservation* qui fait fureur dans les agences de voyages puisque "location de places" veut dire exactement la même chose. »   F. de GRAND'COMBE, *De l'anglomanie en français*, oct. 1954, p. 271.

« A-t-on assez protesté contre l'expression hôtelière *réservation de chambres* ! Affreux mot : en quoi est-il plus affreux que *observation* qui n'a jamais passé, que je sache, pour un mot déplaisant ? Quoiqu'on ait dit, il ne fait pas double emploi avec *location*. »   A. DAUZAT, *Le Guide du bon usage*, p. 40, Delagrave, 1954.

« Les compagnies de navigation aérienne ont tort d'employer le mot *réservation* ; elles pourraient aussi bien parler de la location des places, comme les chemins de fer, les théâtres, les cinémas. Mais *location* ne peut s'employer, en ce sens, pour les chambres d'hôtel. Comment suppléer à l'absence d'un nom d'action correspondant au verbe *réserver* ? Faut-il "tourner" par le verbe lui-même, ce qui serait sans doute plus élégant, ou admettre l'anglicisme *réservation*, en sachant d'avance qu'il ne se cantonnera pas dans les vestibules des hôtels ? »
     G. GOUGENHEIM, in *Vie et Langage*, juin 1958, p. 299.

✳ Le Robert 1964, enregistre *réserver quelque chose* « retenir à l'avance, faire garder une chose pour une date déterminée ». L'emploi elliptique de *réserver* se répand au milieu du XXᵉ siècle. *Avez-vous réservé ?* Le substantif *réservation* a été adopté, malgré quelques voix discordantes, par l'Office du vocabulaire français, lors de la journée d'étude du 9 mai 1963 consacrée au vocabulaire du tourisme :

« Dans une certaine mesure, il ne faut pas se battre pour défendre des causes perdues. Ce serait le cas, je crois, pour *réservation* : je ne pense pas que nous puissions aller contre cet usage. Si l'on dit *location,* on évoque un "versement d'argent" alors que le mot *réservation* est associé à l'idée de "s'assurer une place". C'est un contexte très différent. Ce mot n'est pas mal formé : il est analogue à *conservation*. Je suis sûr que dans dix ans il sera utilisé couramment. »
     J. DUROND, in *Vie et Langage*, nov. 1963, p. 581.

« Je propose à l'Assemblée d'émettre un vœu en faveur de "*réservation*", limité au sens technique de "*réservation* d'une place, d'une chambre d'hôtel". (Voté à l'unanimité). »   A. GUILLERMOU, *Ibid.*, p. 594.

RÉSERVE [ʀezɛʀv] *n. f.*

(après 1830) Aux États-Unis, au Canada, etc., Territoire réservé aux Indiens et soumis à un régime spécial (*par anal.* Territoire réservé à des indigènes, dans un pays du Commonwealth). — REM. : La forme anglaise *reservation* a été aussi utilisée en français au XIXᵉ s.

« Les Omahas, les Paunies, les Ottoes, les Winebagoes, sont restés dans ces parages [...], à l'état de tribus déchues, cantonnées dans les *réserves* ou enclaves imposées par le gouvernement fédéral. Ces réserves s'étendent ici le long du Missouri et de la rivière Plate [...]. »
L. SIMONIN, *De Washington à San Francisco* [1868-1871], p. 167 (□ 1874).

« "Reserve for the blacks", la réserve pour les noirs. C'est là que les indigènes ont été brutalement repoussés par les colons. On leur a laissé, dans les plaines éloignées, sous les bois inaccessibles, quelques places déterminées, où la race aborigène achèvera peu à peu de s'éteindre. Tout homme blanc, colon, émigrant, squatter, bushman, peut franchir les limites de ces réserves. Le noir seul n'en doit jamais sortir. »
     Jules VERNE, *Les Enfants du capitaine Grant*, p. 320, Lidis (□ 1867).

« les jeunes Indiens ont un tel air d'ennui, si morne, si lointain, si résigné, qu'on les prendrait plutôt pour des prisonniers que pour des élèves libres. [...] Il [le directeur] m'expliqua qu'il était forcé d'aller les chercher lui-même, très loin, dans la *reservation*, partout où il pouvait. On leur paye tout : le voyage, les habillements, la nourriture, et le séjour, et l'enseignement, et le retour. Tout enfin. »
     J. HURET, *En Amérique, De San Francisco au Canada*, p. 185 (□ 1905).

✳ Adaptation de l'américain *reservation* (1830), sens spécialisé de *reservation* (1320) « action de réserver ».

RÉSILIENCE [Reziljãs] *n. f.*

(1911) *Phys.* Rapport de l'énergie cinétique absorbée nécessaire pour provoquer la rupture d'un métal à la surface de la section brisée.

✴ Mot anglais *resilience* (1824, dans ce sens) spécialisation de *resilience* (1626, Bacon) « fait de rebondir », de *resilient*, latin *resiliens, entis,* de *resilire.* L'adj. *résilient* (1932) vient lui aussi de l'angl. *resilient* (1674, dans ce sens).

RÉSISTIVITÉ [Rezistivite] *n. f.*

(1907) *Phys.* Résistance spécifique d'une substance (opposé à *conductibilité*).

✴ Mot anglais *resistivity* (1890), de *resistive* (1603) « capable de résistance », de *to resist,* de même origine que *résister.* On rencontre plus rarement l'adj. *résistif, ive,* emprunt direct de l'anglais *resistive.*

RESPECTABILITÉ [Rɛspɛktabilite] *n. f.*

(1784 ; rare avant 1845) Caractère d'une personne jugée respectable par sa position sociale, par ses manières, son comportement ; et *spécialt (souvent péj.)* apparence d'honorabilité. — REM. : Enregistré dans les dict. de Littré 1870 et de l'Académie 1935. — On a longtemps conservé la graphie anglaise *respectability.*

« En Angleterre, il n'y a que les laquais qui frappent un seul coup ; un honnête gentleman en frappe sept ou huit, et le nombre des coups de marteau est en raison du rang et de la *respectabilité* de ceux qui font visite. »   MUSSET [*in* Dict. de Bescherelle 1845, art. *Respectabilité*].

« Le pharisaïsme avait mis le salut au prix d'observances sans fin et d'une sorte de "respectabilité extérieure". »
                    E. RENAN, *Vie de Jésus,* in *Œuvres complètes,* t. IV, p. 187,
                                        Calmann-Lévy, 1949 (□ 1863).

« D'ailleurs, à l'ivresse du cabaret, à la bamboche, il préfère ce décor du home, et lui consacre tout son argent comme à la toilette bourgeoise de sa femme, de ses filles. Avant de satisfaire ses instincts, il veille à sa respectabilité. Cette sagesse est moins commune dans nos pays industriels. »
                    P. ADAM, *L'Œuvre de Pittsburg,* in *Vues d'Amérique,* p. 69 (□ 1906).

✴ Francisation de l'anglais *respectability* n. (v. 1785), dérivé de l'adj. *respectable* lui-même emprunté du français au XVIIᵉ siècle. Dauzat, Dubois et Mitterand attestent le mot *respectabilité* dans le *Courrier de l'Europe* dès 1784, mais il s'agit d'un emploi isolé. Au XIXᵉ siècle, le terme sert à évoquer une notion typiquement anglaise et s'emploie surtout à propos des pays anglo-saxons. Même francisé, il a longtemps été senti comme étranger.

REST-HOUSE [Rɛstawz] *n. m.* ou *f.*

(1926) Lieu de gîte d'étape (dans certains pays : Indes, États-Unis).

« Lunch au *rest house* américain, avec les provisions emportées de l'hôtel. »   A. GIDE, *Voyage au Congo,* p. 1066 (□ 1926).
« Enfin Bénarès, ses hôtels fermés en cette saison, sa rest-house dont les vieilles femmes tiraient le panka toute la nuit, comme avant la révolte des Cipayes [...]. »   MALRAUX, *Antimémoires,* p. 113 (□ 1967).

✴ Mot anglais *rest-house* (1807), désignant un bâtiment, aux Indes, où le voyageur (anglais) pouvait s'abriter.

REVIVAL [Rivajvœl] ou [Rǝvival] *n. m.*

(1855) « Assemblée religieuse destinée à raviver la ferveur des fidèles » (Wartburg) ; ensemble des mouvements religieux protestants basés sur le réveil de la foi.

« Dans ces *revivals*, sortes d'assemblées religieuses et prédicantes, un peu comme nos "Jubilés" et ce qu'en Suisse on appelle des "Réveils", les attaques convulsives ne sont pas rares. »

A. DAUDET, *L'Évangéliste*, p. 264 (□ 1883).

« Un des événements qui remua le plus profondément Joseph Smith fut un *revival* tenu dans le village de Manchester, quand il avait quinze ans. Il y vit toutes les sectes du voisinage se réunir, faire des prédications, discuter et s'exalter. Ces *revivals* où l'on vient de fort loin, sont des méthodes d'échauffement qui provoquent des extases, toujours de l'enthousiasme, et parfois des maladies mentales. »

TAINE, *Nouveaux Essais de critique et d'histoire*, p. 184 (□ 1861).

— PAR EXT. : Mouvement de reviviscence du jazz traditionnel.

✱ Mot anglais *revival* (1651) « fait de réanimer, de faire revivre », de *to revive*. Le mot a eu de nombreux emplois spécialisés dont celui qui a été emprunté en français (1702, en Angleterre). Littré, G. L. L. F. donnent la prononciation [ʀəvival]. Les dérivés *revivalisme* et *revivaliste* (1870, Littré, [ʀəvivalist]), qui correspondent au premier sens, sont empruntés à l'anglais (*revivalism*, 1815 ; *revivalist*, 1820).

REVOLVER [ʀevɔlvɛʀ] *n. m.*

(1853 ; av. 1848 comme mot américain) Pistolet à répétition se tenant d'une seule main, muni d'un barillet situé à l'arrière du canon qui sert à en assurer l'approvisionnement automatique.
— REM. : Enregistré dans les dict. de Littré 1870 et de l'Académie 1878.

« Je remarquais au milieu des papiers qui couvraient son bureau une espèce de pistolet à plusieurs coups, semblable à ceux que les Américains appellent *revolvers*. »

A. BARBIER, *Souvenirs personnels*, av. 16 avril 1848 [*in* Mackenzie, p. 219].

« Quand des adversaires politiques se rencontrent dans une buvette, avinés ou à jeun, il n'est pas rare que les paroles insultantes soient bientôt suivies de coups de poignard ou de *revolvers*, et plus d'une fois, on a vu le vainqueur boire sur le cadavre du vaincu. »

É. RECLUS, *Fragment d'un voyage à la Nouvelle-Orléans* [1855], p. 191 (□ 1860).

« — Savez-vous ce que c'est qu'un revolver ?
— Oui, répondit l'armurier, c'est américain.
— C'est un pistolet qui recommence la conversation.
— En effet, ça a la demande et la réponse.
— Et la réplique.
— C'est juste, monsieur Clubin. Un canon tournant.
— Et cinq ou six balles. [...]
— L'arme est bonne, M. Clubin, je crois qu'elle fera son chemin.
— Je voudrais un revolver à six canons.
— Je n'en ai pas.
— Comment ça, vous armurier ?
— Je ne tiens pas encore l'article. Voyez-vous, c'est nouveau. Ça débute. On ne fait encore en France que du pistolet. »

HUGO, *Les Travailleurs de la mer*, in *Œuvres complètes*, t. XI, p. 129 (□ 1866).

— PAR EXT. (1895) *Cour.* Toute arme à feu à répétition se tenant d'une seule main, munie ou non d'un barillet.

« Nos camarades descendent de cheval et ils traversent tout le train d'un bout à l'autre, en s'écriant : "*Hands up*", le revolver au poing. »

P. BOURGET, *Outre-Mer*, p. 19 (□ 1895).

« Zigzaguant ainsi durant plusieurs mois à travers le Sahara central qu'il trouva plus fertile qu'il ne s'y attendait, il [l'explorateur] a atteint Gao à 400 kilomètres de Tombouctou, sans avoir jamais déchargé son revolver. »

É. GAUTIER, *L'Année scientifique et industrielle*, p. 401, 1908 (□ 1907).

✱ Mot anglais d'origine américaine (1835), tiré de l'anglais *to revolve* « tourner », de même radical que le français *révolution* (latin *revolvere*

« rouler en arrière », de *re-*, préfixe marquant le mouvement en arrière, et de *volvere* « faire rouler ») ; ce nom fut créé par l'inventeur, le colonel américain Samuel Colt, pour évoquer le mouvement du magasin du revolver qui tourne sur lui-même. L'Académie des sciences avait signalé une invention analogue en France, en 1767, mais l'inventeur n'avait pas jugé à propos de trouver un terme simple pour la désigner :

> « Un autre invente le *fusil-revolver*. Voici le nom qu'il lui donne : *Fusil qui tire vingt-quatre coups de suite, se charge, s'amorce, et s'arme par le seul mouvement circulaire du canon* (Bouillet, *Ac. des Sc.*, H., 1767). »   Brunot, *H. L. F.*, t. VI, 1-a, p. 418.

✻ Comme terme technique d'armement, *revolver* est enregistré en français, en 1853, dans le *Dict. des Arts et Manufactures*, de Laboulaye. Le mot désigne proprement le vieux pistolet à barillet dont on ne se sert plus que pour le jeu de la roulette russe. On a aussi dit quelquefois *revolver Colt* (→ **Colt**) :

> « Glenarvan, Paganel, Mac Mabbs, Robert Grant, Tom Austin, Wilson, Mulradu, armés de carabines et de revolvers Colt, se préparèrent à quitter le bord. »
> Jules Verne, *Les Enfants du capitaine Grant*, p. 71, Lidis (□ 1867).

✻ En langage technique, l'usage est rigoureux bien que l'on confonde couramment *pistolet automatique* et *revolver*. Rappelons que le terme générique reste *pistolet*. On a formé le verbe *révolvériser* « tuer au revolver » en 1892.

REVUE [ʀ(ə)vy] *n. f.*

(1792) Publication périodique, généralement mensuelle, réunissant, sous forme de brochure, des articles portant sur des sujets d'actualité, des ouvrages littéraires, scientifiques, etc. → **Magazine.** *Revue du patriote* (quotidien), 1792 ; *Revue philosophique*, 1804. — REM. : Enregistré dans les dict. de Littré 1870 et de l'Académie 1835.

> « Les *Revues* anglaises ayant parlé de moi avec éloge, la louange rejaillit sur tout le corps des *fidèles*. »
> Chateaubriand, *Mémoires d'outre-tombe* [avril à sept. 1822], t. I, p. 472 (□ 1848-1850).

> « [il] vivait besogneusement d'un grisâtre bulletin bibliographique dans une grande revue. À ce titre, il voyait passer chez lui le torrent des livres lancés sur le monde par la sottise ou la vanité contemporaines. »   L. Bloy, *Le Désespéré*, p. 39 (□ 1886).

✻ De l'anglais *review* n. (1705, en ce sens), mot lui-même emprunté de l'ancien français *reveue* (mod. *revue*) au sens de « révision » au xvie siècle (1565).

1. **REWRITER** [ʀi/ə/ʀajte] *v. tr.*

(1954) *Cin.*, *presse* et *édition*. Récrire, remanier un texte, un scénario, en observant certaines normes précises de correction et de présentation imposées par la nature de la publication à laquelle il est destiné, ou des techniques de mise en scène et de réalisation envisagées.

> « [...] Robert Boulin, ministre des Relations avec le parlement, *rewrite* sa plate-forme de la majorité où un anticommunisme pavlovien tient lieu de programme. »
> F.-O. Giesbert, in *Le Nouvel Observateur*, 27 nov. 1972, p. 35.

✻ Francisation de l'anglais *to rewrite* (« répondre », 1567 ; « récrire, remodeler [un texte] », 1730) répandu dans le jargon journalistique américain (*in* Webster's Second 1934 ; signalé dans le Deak comme terme de journalisme américain). *Rewriter* est un verbe difficile à prononcer en français, et qui a été condamné comme américanisme inadmissible (→ cit. de Giraud, art. *2. Rewriter*). On dit simplement *récrire* ou *réécrire*, de graphie plus récente ; néanmoins ce terme est trop général (« écrire une seconde fois »). Le Comité d'étude des termes techniques français a proposé deux équivalents : *récrire* ou *adapter* (in *Sciences*, nov.-déc. 1959, p. 85).

2. **REWRITER** [ʀi/ə/ʀajtœʀ] *n. m.*

(1958 ; *rewrighter*, 1957) Personne chargée de rewriting* dans un bureau de rédaction ou pour le compte d'une maison d'édition, pour la presse ou pour le cinéma. *Des rewriters.*

« — Je n'ai rien à dire.
— Parfait : rien ne marche comme le roman vide.
— J'écris comme un cochon.
— Nous avons des rewriters. »
Ch. ROCHEFORT, Le Repos du guerrier, p. 151 (□ 1958)..

« Il appartenait à cette race de journalistes qui, à défaut de savoir écrire, savent tout voir... il suffit de leur trouver un bon rewriter. »
Ph. BOEGNER, Les Punis, p. 234, Livre de poche (□ 1978).

✱ Mot d'origine américaine (*in* Webster's Second 1934 ; signalé dans le Deak comme américanisme), synonyme de *rewrite man* n. m. (1901), terme de journalisme composé de *to rewrite* « récrire (un texte destiné à être publié) », et de *man*. En français, cet emprunt a été condamné :

« Nous poursuivons, avec de tels vocables [*rewriter* n. et v., *rewriting*], l'escalade dans l'absurde et le laid. On peut d'ailleurs se demander si les journalistes sérieux ne les emploient pas avec ironie : ainsi, lorsque G. Sadoul orthographie burlesquement *rewrighter*, dans une sorte de surenchère (*les Lettres françaises*, 6 juin 1957, 8/4) et rappelle que l'on trouve au Littré un certain verbe *récrire...* »
J. GIRAUD, Contribution au vocabulaire farfelu du cinéma,
in Vie et Langage, déc. 1966, pp. 686-687.

✱ Le Comité d'étude des termes techniques français a proposé de rendre *rewriter* par *adaptateur* (in *Sciences*, nov.-déc. 1959, p. 85). La dénomination officielle de ce métier est *rédacteur (-réviseur).*

REWRITING [ʀi/ə/ʀajtiŋ] *n. m.*

(1945) *Cin., presse* et *édition.* Réécriture et remaniement d'un texte, d'un scénario, d'après les normes imposées par la publication ou la réalisation à laquelle il est destiné.

« D'où le quiproquo de l'affaire Kravchenko. Le Rewriting étant dans les mœurs, Kravchenko, est, pour un Américain, l'auteur de son livre. Nous, au contraire, nous avons peine à le considérer comme tel. »
SARTRE, Situations III, p. 87 (□ Le Figaro, févr. 1945).

« — Emmener les jumeaux au Jardin des Plantes, dit-elle avec amertume. Ou le rewriting pour Laffont ? »
F. MALLET-JORIS, Le Jeu du souterrain, p. 67 (□ 1973).

— PAR EXT. (1956) La nouvelle mouture obtenue. *Des rewritings.* → **Remake.**

« Et René Bourdier, par allusion à la façon dont le roman original est souvent travesti dans le *rewriting :* "Qu'on tourne *Salammbô* et ce n'est plus Flaubert qui sera l'auteur, mais Sidonie Duflanc ou Honoré Carteverte, gens de plume à tout faire." »
J. GIRAUD, Les Mots « dans le vent », art. Remake ou rewriting (□ 1971).

✱ Terme de journalisme américain (signalé *in* Deak), anglais *rewriting*, n. 1863, participe présent substantivé de *to rewrite* (→ **1. Rewriter**). Au sens de « nouvelle mouture », l'américain dit *rewrite* comme *remake* et non pas comme en français *rewriting*. La condamnation de cet emprunt et de l'extension lexicale prise en France a été générale (→ notamment cit. de Giraud, art. *2. Rewriter*). Étiemble propose de le remplacer par le terme de *récriture*.

« J'ai connu quelqu'un qui acceptait de faire du *rewriting* pour la télé, mais qui se sentirait déshonoré de se livrer pour elle à du travail de récriture. »
ÉTIEMBLE, Parlez-vous franglais ?, p. 279 (□ 1964).

✱ La Commission de terminologie de l'audio-visuel a retenu comme équivalent le mot *adaptation :*

« *Adaptation* a été adopté d'une manière générale du fait que l'*adaptateur* peut être chargé d'un travail de *réécriture* d'une manière plus particulière.
Il existe à la TV un bureau des *réécritures.* »
La Banque des mots, n° 3, 1972, pp. 84-85.

RHÉOSTAT [ʀeɔsta] *n. m.*

(1844) Ensemble de résistances ou résisteur qui, intercalé dans un circuit, permet de régler l'intensité du courant électrique.

« M. Cauderay a construit sur ce principe un *rhéostat*, appareil qui est d'un fréquent usage dans la télégraphie et dans diverses applications pratiques de l'électricité. »
L. Figuier, *L'Année scientifique et industrielle*, p. 86, 1867 (□ 1866).

✱ Mot anglais *rheostat* (1843, Wheatstone) du grec *rheo-* et *statos*. Attesté en français dès 1844 (*Dict. d'Hist. naturelle* de d'Orbigny). Le dérivé *rhéostatique* (1877) est antérieur à l'anglais *rheostatic* (1878). Du même radical grec, on trouve les anglicismes *rhéologie* (1943, angl. *rheology* 1928 [branche de la mécanique]).

RHUM [ʀɔm] *n. m.*

(1784 ; *rum*, 1688) Eau-de-vie de canne à sucre, obtenue par la fermentation et la distillation du jus de canne, ou de mélasses, résidus de la fabrication du sucre. *Rhum blanc des Antilles. Punch, baba, savarin au rhum.* — REM. : Enregistré dans les dict. de l'Académie 1835 et de Littré 1870. — La graphie *rum* se retrouve de 1688 à 1923 (Larousse).

« Les Anglois ont beau nous vanter leur " Rhum". »
Chambon, *Commerce de l'Amérique*, 1764 [*in* Brunot, t. VI, 1-a, p. 338].

« Une eau-de-vie que les Anglois appellent rum, et les François "taffia" ».
Raynal, *Histoire philosophique des Indes*, t. IV, 1772 [*in* Brunot, t. VI, 1-a, p. 338].

« Les importations consistent en objets provenant des manufactures anglaises, et principalement en rhum, eau-de-vie, vins, tabac. »
G. Lafond, *Voyage autour du monde*, p. 230 (□ 1854).

— Par ext. Verre de rhum.

« Il s'assit enfin devant une espèce de marchand de vin où plusieurs consommateurs étaient déjà installés, et il demanda : "Un rhum", comme il aurait demandé ; "Une absinthe", sans songer à l'heure. »
Maupassant, *Bel-Ami*, p. 73 (□ 1885).

✱ Anglais *rum* (aussi *rumme* et *rhum*) n. (1654) d'origine obscure, peut-être forme abrégée de *rumbullion* (1651) ou de sa variante *rumbustion* (1652), de même sens, qui signifiait aussi dans le parler des colons de la Barbade « boisson forte, qui cause souvent des bagarres » (le mot dialectal moderne, *rumbellion,* signifie « tumulte, vacarme »).
On trouve le mot *rum* en 1688 dans *L'Amérique angloise ou Description des isles et terres du roi d'Angleterre dans l'Amérique* [...] [description de l'Amérique du Nord et des Antilles anglaises], traduction anonyme de l'ouvrage de Richard Blome, *The Present State of His Majesties Isles and Territories in America* [...], 1687. Bonnaffé relève la graphie actuelle en 1784. *Rhum* a produit en français les dérivés *rhumerie, rhumier* et *rhumé,* tous absents des dict. de l'Académie. *Rhumerie* n. f. (1802, *in* Laveaux, *Dict. de l'Académie française,* édition augmentée de plus de 20 000 articles ; 1870, *in* Littré), « distillerie de rhum » ; (1964, *in* Robert) « café où l'on boit surtout du rhum et des boissons au rhum ».

« Outre les dix-huit usines à sucre qui ont été détruites, le travail des rhumeries a été arrêté net, au moment précis des opérations de distillation. »
L. Figuier, *L'Année scientifique et industrielle,* p. 51, 1892 (□ 1891).

✱ *Rhumier, ière* adj. (1930) « relatif à l'industrie et au commerce du rhum ». *Comptoirs rhumiers.*

« la confiance de ceux qui avaient travaillé avec Jean Galmot était telle qu'on se trouve en présence de la situation paradoxale suivante décrite dans une lettre par un des plus importants négociants rhumiers de la Guadeloupe [...]. »
Cendrars, *Rhum,* p. 146, Livre de poche, 1967 (□ 1930).

✱ *Rhumé, ée* adj. (1932, *in* Larousse du XXe siècle) « additionné de rhum ». *Eau-de-vie rhumée.*

RHYTHM(-)AND(-)BLUES
ou **RHYTHM'N BLUES** [ʀitmɛnbluz] *n. m.*

(mil. XXᵉ s.) Musique de jazz noire, issue du blues, comportant un fond d'accompagnement au rythme très fortement marqué. — REM. : On écrit aussi fautivement *rythm and blues* et *rythm'n and blues.*

« La "Black music" est d'une énorme richesse et d'autres formes de musique noire ont conquis le terrain : le "rythm and blues", puis le son particulier de Memphis développé par les musiciens noirs des studios Stax [...]. »   C. FLÉOUTER, « *Black music* » et « *Black people* », in *Le Monde*, 10 fév. 1972, p. 13.

« Après des années passées à triompher dans le monde païen de la soul music et du rhythm and blues, Aretha Franklin s'offre — le temps d'un double album — le luxe de revenir à ses premières amours : le gospel song. »   Ph. ADLER, in *L'Express*, 2 oct. 1972, p. 20.

« Accompagnement "géant" par de solides vieux routiers du jazz et du rhythm and blues. »   *L'Express*, 23 avril 1973, p. 14.

« Mink Deville joue un rock traditionnel teinté de blues et de rhythm'n blues. »   *Le Monde*, 2 fév. 1978, p. 19.

✳ Expression américaine (*in* Barnhart, *A Dict. of New English*, 1973), de *rhythm* « rythme » et *blues* lancée après la guerre par les compagnies de disques et reprise ensuite par la presse pour remplacer l'expression *race records* « disques de la race (noire) » qui était devenue très impopulaire. *Rhythm and blues* n'a pas encore fait son entrée dans le Webster. En France, le terme est connu mais aucun dictionnaire français ne l'a encore enregistré. La graphie *rythm* attestée en français provient d'une confusion entre la forme française *rythme* et la forme anglaise *rhythm* elle-même issue du vieux français (*rithme*, au XVIᵉ s.) ou directement du latin *rhythmus* « battement régulier, mesure, cadence, nombre oratoire », du grec *rhuthmos*. On rencontre l'abrév. *R'n'B* :

« la majorité des Noirs américains n'écoutent pas constamment du jazz, lui préférant ses formes dérivées (variété blanche ou *R'n'B* noir). »
Ph. CARLES, J.-L. COMOLLI, *Free jazz/black power*, p. 31, Champ libre (□ 1971).

RICKSHAW [ʀikʃɔ] *n. m.*
(fin XIXᵉ s.) Pousse-pousse ou cyclo-pousse (aux Indes et dans les pays voisins).

« À Kuala Lumpur, il est difficile de distinguer un multi-millionnaire d'un conducteur de *rickshaw* — cyclo-pousse. »
F. DEBRÉ, *Le Nouvel Observateur*, 16 oct. 1972, p. 88.

✳ Mot anglais *ricksha* (1887) ou *rickshaw* (1889, Kipling), abrév. du mot hindi *jinricksha*, attesté en français dès 1898.

« sur la chaussée large et propre, entretenue avec un soin britannique, courent les pousse-pousse, les djinrickshô, comme on les nomme dans tout l'Extrême-Orient, qui sont exactement la même chose que les Kourouma japonais, de minuscules voitures à deux roues, montées sur ressorts et que traîne d'un trot infatigable un Chinois jaune, que vous payez sept ou huit sous par heure. »
Cl. FARRÈRE, *Croquis d'Extrême-Orient*, p. 44 (□ 1898).

RIDEAU DE FER [ʀidodfɛʀ] *n. m.*
(1946) Ligne qui isole en Europe les pays communistes d'obédience soviétique des autres pays, ne laissant passer ni les personnes ni l'information.

✳ Calque de l'anglais *iron curtain* (1794 « rideau de protection au théâtre », 1819 « barrière impénétrable ») employé au sens actuel par W. Churchill dans le *Times* du 6 mars 1946 : « *From Stettin, in the Baltic, to Trieste in the Adriatic, an iron curtain has descended across the Continent* » (souvent écrit avec la majuscule *Iron Curtain,* en anglais). Le calque s'est rapidement répandu en français, où il évoque probablement plus le rideau de fer des magasins que celui des théâtres.

RIFLE [ʀifl] *n. m.*

(1862 ; n. f., 1833) Carabine à long canon rayé. — REM. : Enregistré dans le Suppl. 1877 du dict. de Littré ; absent des dict. de l'Académie.

« Je remarquai un rifle et un pistolet, suspendus à la portée de la main sur la muraille de droite ; on m'a dit que ce dernier était un revolver à douze coups et de nouvelle invention. »
R. BURTON, *Voyage à la cité des Saints* [1860-1861], p. 379 (□ 1862).

« Warner avait eu déjà quelques démêlés avec les Indiens, et il s'en était tiré à son avantage. Son log-cabin était un arsenal ; et plus d'une fois sa femme et son fils aîné, un gars d'une douzaine d'années, avaient manié avec succès le rifle et le pistolet. »
X. EYMA, *La Vie aux États-Unis*, p. 211 (□ 1876).

✳ L'anglais possédait le substantif *rifle* (1751) signifiant « rainure d'un canon de fusil », de *to rifle* « faire des rainures », verbe lui-même emprunté du français *rifler* au XVIIᵉ siècle au sens ancien de « racler, égratigner » (XIIᵉ s., rattaché à l'ancien haut allemand *riffilôn* « frotter, déchirer en frottant »). D'après le Dict. of Americanisms, *rifle*, comme nom d'arme à feu, attesté en 1772 en américain, viendrait des armuriers allemands de la Pennsylvanie, et serait à rapprocher directement de l'allemand *Riffel* « rainure d'un canon rayé ».

En français, *rifle* est d'abord attesté comme nom féminin (Th. Pavie, *Souvenirs atlantiques, voyage aux États-Unis et au Canada*, t. II, p. 19 ; Roret 1833, d'après Mackenzie, p. 215). La plupart des premières attestations comme nom masculin proviennent de récits de voyage aux États-Unis. La prononciation a été francisée d'après la graphie. De nos jours, le mot ne s'emploie plus guère que dans l'expression *22 long rifle* (calibre 22/100ᵉ de pouce) employée dans le syntagme *carabine 22 long rifle* ([lõgʀifl] *in* Robert, 1964) ou *carabine de 22 long rifle* (*in* G. L. E., 1964), « carabine de chasse et de sport de calibre 22 », ainsi que par analogie, dans *pistolet 22 long rifle* (*in* Robert 1962), « pistolet de tir de calibre 22 à canon long ».

RIFT [ʀift] *n. m.*

(1959, *rift valley*) *Géol.* Profonde dépression tectonique allongée, atteignant des dimensions continentales (plusieurs centaines ou plusieurs milliers de kilomètres).

« L'Est de l'Afrique est caractérisé par de grandes blessures [...] que l'on remarque dès le premier coup d'œil sur toutes les cartes, quelle qu'en soit l'échelle. Ce sont les "fossés africains", ou rift-valleys, véritables traits planétaires [...], fossés d'effondrements qui s'étendent [...] sur 6 000 km. »
H. et T. TERMIER, *Hist. de la surface terrestre*, in *La Terre*, p. 1467 (□ 1959).

« Tous les océans sont d'ailleurs traversés par des rides (ou dorsales) médio-océaniques creusées en leur centre d'un rift en extension et décalées par de grands décrochements transversaux (failles de transformation). »   *Encyclopaedia universalis*, t. VI, art. *Faille* (□ 1970).

✳ Mot anglais *rift*, abréviation de *rift(-)valley* « dépression entre deux lignes de failles » (1894, Oxf. dict.), de *rift* « fissure, crevasse dans la terre, le roc », XIVᵉ (d'abord « déchirure », XIIIᵉ s. ; mot d'origine scandinave), et *valley* « vallée », emprunté (1297) au vieux français *valee*, du latin *vallis*.

RIGHT MAN IN THE RIGHT PLACE [ʀajtmaninzəʀajtplɛs].

(1927) (précédé de *the* ou de *le*) L'homme qui convient dans l'endroit, la situation qui convient.

« Et je rêve d'un régime mixte où ces grands chefs à leur tour puisent indifféremment dans leur personnel ; prenant ici un militaire pour une province, là un administrateur pour une autre, un médecin pour une troisième, simplement parce qu'ils sont le *right man in the right place*. »
LYAUTEY, *Paroles d'action*, p. 5 (□ 1927).

✻ Locution anglaise qui semble provenir d'un contexte politique et qui n'est pas signalée dans l'Oxford dict.

RING [ʀiɲ] *n. m.*

1° (1850 ; 1829, comme mot anglais signifiant « attroupement spontané autour d'une querelle de passants ») Turf. *Vx.* Enceinte où se tenaient les parieurs à la cote (la *rotonde*). — Par ext. *Vx.* Ensemble des parieurs, dans les courses de chevaux. — REM. : Absent des dict. de Littré et de l'Académie ; enregistré dans le dict. de P. Larousse 1875, au sens de « ensemble des parieurs ».

« Sous un champignon rustique, couvert de chaume, des gens en tas gesticulaient et criaient ; c'était le ring. À côté, se trouvaient des boxes vides ; et, désappointée, elle y découvrit seulement le cheval d'un gendarme. »   ZOLA, *Nana*, p. 337 (□ 1880).

2° (1886 ; « arène d'un cirque », 1879) Sport. *Rare* et *vieilli.* Enceinte réservée à certaines épreuves sportives, à la pratique d'un sport.

« Et tous deux s'exerçant dans le secret, cherchant, préparant de petites inventions drôlatiques, étaient des clowns — des clowns ayant d'avance dans leurs malles leurs costumes — des clowns tout prêts à faire leur apparition dans le *ring*, quand le hasard leur en fournirait l'occasion. » Ed. de GONCOURT, *Les Frères Zemganno*, pp. 156-157 (□ 1879).

« À la limite de cette futaie s'ouvrait une large clairière, vaste champ ovale, merveilleusement disposé pour les luttes d'un ring. »
                        Jules VERNE, *Robur-le-Conquérant*, p. 43 (□ 1886).

— SPÉCIALT. (1911) *Mod.* Estrade carrée (5 à 6 m de côté), délimitée par des piquets et bordée par trois rangs de corde jusqu'à hauteur de ceinture, où se déroulent les combats de boxe, de lutte, etc.

« Pris par surprise, son adversaire fut bousculé jusque dans les cordes du ring, et, avant qu'il ait pu reprendre son équilibre et sa garde, quatre coups terribles venaient lui marteler l'estomac et faire plier ses côtes. »   L. HÉMON, *Battling Malone*, p. 39 (□ 1911).

« La mollesse des grands corps blancs qui s'écroulent à terre d'une pièce ou s'effondrent dans les cordes en battant des bras, l'inertie des catcheurs massifs réfléchis pitoyablement par toutes les surfaces élastiques du Ring, rien ne peut signifier plus clairement et plus passionnément l'abaissement exemplaire du vaincu. »
        R. BARTHES, *Le Monde où l'on catche*, in *Mythologies*, p. 17 (□ 1954).

3° (1908 ; 1861, comme mot anglais) La boxe.
« En cinq ans de ring je n'avais été mis "knock-out" que quatre fois [...]. »   L. HÉMON, *op. cit.*, p. 85 (□ 1911).

« Le grand pugiliste, une des plus pures figures du ring américain, transporté à l'hôpital, avait cessé de vivre. »
                        P. MORAND, *Champions du monde*, p. 118 (□ 1930).

— (1911) Loc. *Monter dans le ring* (vx), *sur le ring*, disputer un combat de boxe.

« Quelques poids lourds consentiraient bien à monter dans le ring avec lui, mais sans se faire aucune illusion sur leur propre chance [...]. »
                        L. HÉMON, *op. cit.*, p. 155 (□ 1911).

✻ Mot anglais d'origine germanique signifiant proprement « anneau, rond, cercle », qui a pris dès le XIVe siècle (1330) le sens de « enceinte où se déroule une activité sportive, une compétition, une représentation dramatique », spécialement, dès 1607, dans le domaine du turf, et vers 1700, dans celui de la lutte (où il a désigné la lutte elle-même comme sport et comme profession, 1770). Au premier sens ci-dessus, *ring* est attesté en anglais en 1859. En français, le mot *ring* fait une apparition comme terme étranger, en 1829 :

« A ring, un cercle, c'est-à-dire, le cercle des spectateurs qui se rassemblent en un clin d'œil autour de deux passants qui se querellent. »
E. LAMI, *Voyage en Angleterre*, 1829 [*in* Mackenzie, p. 209].

✻ Il est ensuite emprunté comme terme de sport, de turf, à l'origine. Mackenzie (p. 226) le signale au sens de « pari » dans *L'Illustration*, 9 mars 1850, ainsi que dans le *Dict. du sport français*, de N. Pearson, 1872. Ces sens sont tombés dans l'oubli. On observera que dans son seul sens vivant en français, *ring* (2°) en est venu à désigner une estrade carrée alors que son sens initial est « cercle, anneau ». Mais l'anglais dit aussi en ce sens *ring* ou *boxing-ring*.

RINK → SKATING.

RIPPER [Ripœʀ] *n. m.*

(v. 1960) *Techn.* Engin de travaux publics muni de dents métalliques et capable de défoncer les terrains durs.

✻ Mot anglais *ripper* (1793, en parlant d'un outil), de *to rip* « couper, arracher » ; spécialisé au XXᵉ s. pour désigner l'engin de travaux publics. Équivalent officiel *défonceuse (portée)* (*Journal officiel*, 18 janv. 1976).

ROADSTER [Rodstɛʀ] *n. m.*

(1931) *Ancienn.* Voiture automobile décapotable à deux places avec spider à l'arrière. — REM. : Absent du dict. de l'Académie 1935.

« Se présenter ganté de blanc sur le terrain de départ avec un délicieux roadster lustré au polish, où l'éclat mesuré des toilettes et la beauté des passagères s'unissent pour soulever un long murmure d'admiration. Jouir pleinement. »
H. KISTEMAECKERS, *Concours d'élégance et rallyes automobiles*, in *L'Illustration*, 3 oct. 1931.

« Pendant ce temps-là, je verrai la voiture. Ça fait un peu kiki, un peu radin, comme dit Camille, un roadster... Voilà ce qu'on gagne à être "des mariés si jeunes..." »   COLETTE, *La Chatte*, p. 34 (□ 1933).

✻ Mot anglais n. (1922, en ce sens), formé comme terme de marine (1744), de *road* « route », mot d'origine germanique. Emprunt vieilli, de valeur historique.

ROAST-BEEF [Rɔsbif] *n. m.*

1° (1764) *Vx.* → **Rosbif, 2°.** — REM. : Absent des dict. de l'Académie et de Littré.

« *Roastbeef* signifie en anglais du *bœuf rôti*, et nos maîtres d'hôtel nous parlent aujourd'hui d'un *roastbeef* de mouton. »
VOLTAIRE, *Dictionnaire philosophique*, art. *Langues*, t. XL (□ 1764).

2° (1775) *Vx.* → **Rosbif, 1°.** — REM. : Absent des dict. de l'Académie et de Littré.

« Vous autres chrétiens de delà la mer britannique, en tirant vers le sud, vous avez plus tôt fait cuire un de vos frères, soit le conseiller Anne Dubourg, soit Michel Servet, soit tous ceux qui furent ards sous Philippe II, surnommé *le Discret*, que nous ne fesons rôtir un roast-beef à Londres. »
VOLTAIRE, *Histoire de Jenni* ou *l'Athée et le Sage*, pp. 269-270 (□ 1775).

« Ils [*les gentlemen-farmers* anglais] chassaient le renard ou le faisan en automne, mangeaient l'oie grasse à Noël, criaient *vivat* au *roastbeef*, se plaignaient du présent, vantaient le passé, maudissaient Pitt et la guerre, laquelle augmentait le prix du vin de Porto, et se couchaient ivres pour recommencer le lendemain la même vie. »
CHATEAUBRIAND, *Mémoires d'outre-tombe* [1822] t. I, p. 524 (□ 1848-1850).

« La soupe aux huîtres, le porc aux haricots, le *roast beef* aux pommes, tous mets sacramentels, sont étalés sur une table, avec quelques morceaux de pain coupés menus. »
L. SIMONIN, *Voyage en Californie* [1859], p. 7 (□ 1862).

✳ Anglais *roast beef* (aussi *roast-beef, roastbeef*) n. (1635), de *beef* « bœuf » lui-même emprunté de l'ancien français *boef, buef* (mod. *bœuf*) par l'anglo-normand, et de *roast* « rôti », part. passé de *to roast* « griller, rôtir, faire rôtir » également emprunté de l'ancien français *rostir* (mod. *rôtir*). En français, ce terme a été naturalisé sous la forme *rosbif**, et l'emprunt brut de *roast-beef* n'a guère eu cours qu'à propos de l'Angleterre et des pays anglo-saxons.

ROCK [ʀɔk] *adj.* et *n. m.*

1° *Adj.* (1957, *in* Gilbert) Relatif, propre au rock and roll*. *Chanteur rock. Opéra rock. Jazz rock.*

2° *N. m.* (1963) → **Rock and roll.** *Rock blues. Rock reggae.*

« Je me demande si plus tard, ça n'est pas Philippe, c'est moi, une idée à moi, si plus tard, les gens, ils s'ennuieront de nous voir faire l'amour, organiser des hold-up, le rock, Sartre, tout ça, comme nous avec leur guerre, leurs camps de déportés, leurs histoires de collabos, etc. Peut-être bien. On ne sait jamais. »
ARAGON, *Blanche ou l'Oubli,* p. 104 (□ 1967).

« Les subtilités du swing, les nuances d'expression s'accusent dans le rock. Rien n'est laissé à la traîne et l'exposition brutale des effets remplace la suggestion imaginative du blues. »
H.-S. TORGUE, *La Pop-Music*, pp. 9-10 (□ 1975).

— (En parlant de la danse).

« Le chibreli — bien que nom d'une danse folklorique locale — est moins dansé [...] que le jerk, le rock ou les blues. »
L. CHOUCHON, *Guide de l'homme seul en province*, p. 106 (□ 1970).

✳ Mot américain *rock* n. (*in* Barnhart, *A Dict. of New English*, 1973), forme abrégée de *rock'n'roll* → **Rock and roll.**
Rock entre dans de très nombreuses expressions, empruntées, ou formées en français, où l'on trouve aussi le dérivé *rocker**. Notons *comédie rock, rock-opéra, rock culture, rock music, jazz-rock* et surtout *hard(-)rock*, littéralement « rock dur », souvent abrégé en *hard*.

« Trois pop-men qui crachent le feu comme quinze. Du hard rock "baraqué", lourd, puissant. »   *L'Express*, 1ᵉʳ janv. 1973, p. 6.

ROCK AND ROLL [ʀɔkɛnʀɔl] *n. m.*

(v. 1955) Musique populaire de jazz américaine, issue directement du rhythm and blues → **Rock.** *Rock and roll blanc. Rock and roll noir.* — *Par ext.* Morceau de cette musique. — REM. : Transcription américaine familière *rock'n'roll.*

« Et j'ai sous les yeux, pour ne pas dire aux oreilles, l'exemple de ma fille qui semble ne pouvoir assimiler Tacite ou Salluste qu'avec un fond sonore d'un *calypso* de Belafonte ou d'un *rock'n'roll* de Johnny Raye. »   DANINOS, *Un certain Monsieur Blot*, p. 191 (□ 1960).

« La vague populaire du "rock and roll", musique torride, fondée sur l'accentuation forcenée des 2ᵉ et 4ᵉ temps de la mesure, a permis à la génération montante de trouver des emplois au sein des orchestres de choc et sans doute aussi de prendre goût à ce blues que, leur apprentissage achevé, ils ont révélé ostensiblement dans les quintettes du néo-bop. »   L. MALSON, *Les Maîtres du jazz*, pp. 121-122 (□ 1962).

« Le rock and roll, c'est du blues devenu rengaine, ce n'est plus du jazz, c'est du commerce. »
J.-E. BERENDT, *Le Jazz des origines à nos jours*, 1963, *in* H.-S. TORGUE, *La Pop-Music*, p. 9 (□ 1975).

« À ta première visite, cette *maison* te prie de repasser et d'apprendre, dans l'intervalle, à chanter du rock-n'-roll et des chansons de Johnny [Hallyday]. »   P. GUTH, *Lettre ouverte à Françoise Hardy*, *in Lettre ouverte aux idoles*, p. 55 (□ 1968).

« Le rock and roll — blanc surtout — traverse l'Atlantique et va bientôt apparaître comme l'idéal à suivre à la jeunesse anglaise et notamment à quatre jeunes gens de Liverpool qui deviendront les

Beatles. Les chanteurs-idoles vont faire place aux groupes-dieux et, par eux, le rock and roll deviendra pop-music. »

H.-S. TORGUE, *La Pop-Music*, pp. 10-11 (□ 1975).

— Danse à deux ou à quatre temps sur un rythme de jazz très marqué → **Rock.**

« si elle [la volte] est citée ici, c'est qu'elle se trouve être l'ancêtre du rock'n'roll moderne dont elle annonce l'acrobatie pittoresque. »

A. MACHABEY, *La Musique de danse*, pp. 43-44 (□ 1966).

✳ De l'américain *rock-and-roll* n. ou *rock'n'roll* (*in* The Pocket Dict. of American Slang) signifiant proprement « balancez et roulez ! », des verbes anglais *to rock* « balancer », et *to roll* « rouler, tourner » (emprunt du vieux français *rol(l)er*, mod. *rouler*). D'après le Suppl. du Robert et le G. L. L. F., ce terme serait apparu en France vers 1955 dès le début du rock and roll américain.

« Par contre, "rock'n'roll" est plus difficile à éviter. À moins de créer avec des mots français une expression aussi imagée, ce qui n'est pas impossible, mais demande de la réflexion et de l'ingéniosité, il faudra se résigner à l'emprunt. »

J. DARBELNET, *Regards sur le français actuel*, p. 18 (□ 1963).

✳ Notons que les amateurs de rock avaient reçu en France le nom de *yéyé****, mot repris ultérieurement en anglais pour parler du rock français.

L'emprunt du dérivé *rock'n'roller* « musicien de rock and roll » (1972) est toujours vivant en 1982, mais on lui préfère *rocker.*

ROCKER [ʀɔkœʀ] *n.*

1° (1972) Chanteur de rock and roll.

« Il manquait au rock une satire narcissique, un souvenir moqueur des rythmes primaires des rockers gominés, des blousons de cuir décorés. »   *L'Express*, 4 sept. 1972, p. 14.

2° (1973) Amateur de rock and roll. Jeune homme, jeune fille qui se réclame du mouvement rock dans son comportement comme dans ses goûts musicaux, imitant dans sa tenue, les chanteurs des années 1960.

« Les rockers des années 1950 ne se trompaient pas quand il se jetaient sur ses 45 tours. »   *Le Nouvel Observateur*, 14 mai 1973, p. 20.

« Serrés dans du cuir noir ils arrivent [...] les rockers. Ils viennent des banlieues bétonnées [...]

Ils marchent en se déhanchant, sur le rythme intérieur d'un rock qu'ils s'inventent, et ils redressent d'une main négligente leurs cheveux luisants de gomina, ramenés sur le front en "banane" [...].

Ils ont leur monde : la bande. Leur religion : le rock. »

Le Nouvel Observateur, 16 oct. 1978, p. 79.

✳ Mot anglais, de *rock,* abréviation de *rock' n' roll,* et *-er,* suffixe d'agent. Il est passé en français seulement avec la « deuxième vague » du rock : c'est *a posteriori* que le *Nouvel Observateur* (→ cit.) nomme *rockers* les amateurs des années 1950. Le mot, qui a eu plus de succès que *rock'n'roller* (→ **Rock and roll**), a été suivi par son abréviation familière *rocky* (pl. *rockys*). On trouve aussi *rockeur* (1981).

« Ils sont punk, baba, rocky, disco ou rasta, ou simplement branchés, "turned on", comme on disait à San Francisco il y a dix ans déjà. »

Le Nouvel Observateur, 8 janv. 1979, p. 45.

✳ Tous les rockers ne se revendiquent pas comme tels, le terme étant souvent péjoratif dans la bouche de non-rockers :

« Ici, à la Courneuve, on dit que les rockers font la loi [...].

— Pour le terme rocker je ne suis pas d'accord, moi je suis pour le terme amateur du rock n'roll. Sur le point de faire la loi, je ne vois pas pourquoi on raconterait ça. »   *Le Nouvel Observateur*, 16 oct. 1978, p. 79.

✳ Le français a aussi connu d'autres *rockers* n. m., emprunts de couleur locale : « berceau qui sert à laver les terres aurifères », de *to rock* « balancer » (1859), et, « perdrix de rocher », de *rock* « rocher » (1851 et 1907).

ROCKET [ʀɔkɛt] *n. m.*

(1949) *Vieilli* → **Roquette.**

« *Projectiles autopropulsés* — ces projectiles ont été employés aussi dans le tir contre avions. Les Anglais semblent avoir été des précurseurs dans ce domaine avec leurs "rockets" lancés en 1940 de vedettes ou de navires et qui "dépotaient" en l'air des rubans en acier ou des câbles munis de parachutes. »   *La Seconde Guerre mondiale,*
Numéro spécial du *Larousse mensuel,* n° 400, 1949, p. 45, art. *Artillerie.*

« Le porte-parole dut préciser en épelant : "Ce n'est pas un racket, mais un rocket. Il ne s'agit pas d'un gang, mais d'un missile." »
L'Express, 4 sept. 1972, p. 83.

✳ Anglais *rocket* n. « fusée » (1611) lui-même emprunté de l'ancien français *roquet, roquette,* « fusée de guerre » ou directement de l'italien *rocchetto,* diminutif de *rocca,* du germanique *rukka* « quenouille », par analogie de forme. Le Comité d'étude des termes techniques français a proposé la reprise du vieux mot français *roquette* comme équivalent de l'anglais *rocket. Roquette* figure, dans l'arrêté ministériel du 12 août 1976, parmi les termes qui seront obligatoirement utilisés.

ROCKING [ʀɔkiŋ] *n. m.*

(1895) *Rare.* → **Rocking-chair.**

« Peut-être sentait-elle que, si elle était arrivée inconnue au Grand-Hôtel de Balbec, elle eût, avec sa robe de laine noire et son bonnet démodé, fait sourire quelque noceur qui de son "rocking" eût murmuré "quelle purée !" [...] »
PROUST, *À l'ombre des jeunes filles en fleurs,* p. 678 (□ 1918).

✳ Forme abrégée de *rocking-chair*,* attestée chez P. Bourget, dans *Outre-Mer,* t. I, p. 88, Lemerre 1895 (*in* Mackenzie, p. 252). On peut noter chez Bourget (t. II, p. 213) un emploi isolé de *rocking,* substantif verbal « action de se bercer dans un rocking-chair ; cette activité » :

« Le salon sur lequel donnait cette antichambre et où mon hôte me laissa seul, était une longue pièce meublée de fauteuils munis de bascules et destinés au délicieux exercice du *rocking.* »

ROCKING-CHAIR [ʀɔkiŋ(t)ʃɛʀ] *n. m.*

(1851) Chaise ou fauteuil à bascule, généralement montée sur deux patins incurvés, que l'on peut faire balancer d'avant en arrière par un simple mouvement du corps. *Des rocking-chairs* → **Rocking.** — REM. : Absent des dict. de Littré et de l'Académie.

« Mollement balancé dans mon *rocking-chair* ou chaise berceuse, j'écoutais avec attention le récit de ses aventures passées. »
L. SIMONIN, *Voyage en Californie* [1859], p. 24 (□ 1862).

« On traverse ainsi la vaste rivière Charles, puis deux milles environ d'une contrée pleine de petites maisons en bois, avec des balcons où l'éternel *rocking-chair* attend le repos énervé de l'Américain. »
P. BOURGET, *Outre-Mer,* p. 99 (□ 1895).

✳ Nom anglais d'un meuble typique de l'Amérique du Nord (1766), composé de l'anglais *chair,* lui-même emprunté de l'ancien français *chaire* (mod. *chaise*), et *rocking,* de *to rock* « balancer, bercer », mot d'origine germanique.
Rocking-chair est attesté en français en 1851 (X. Marmier, *Lettres sur l'Amérique,* t. I, p. 371, *in* Mackenzie, p. 226). Le mot n'est guère employé qu'à propos de l'Amérique, car il désigne un article d'ameublement rare en France. La chose avait été un objet de curiosité parmi les relations de Benjamin Franklin lorsque ce dernier, chargé en septembre 1776 de solliciter l'aide financière et économique de Louis XVI en faveur de l'indépendance des États-Unis, s'était apporté un rocking-chair pour son séjour en Europe. En français, on désigne le même article sous le nom de *chaise berceuse* (→ cit. de Simonin, ci-dessus) ou simplement de *berceuse ;* on a parfois recours comme dénomination à la définition *chaise à bascule, fauteuil à bascule.* Les Canadiens français, chez qui ce meuble est répandu depuis fort longtemps, ont forgé le

terme *chaise berçante*, abrégé parfois en *berçante*, calque de l'américain attesté dès 1824, créant ainsi sur le verbe *bercer* l'adjectif *berçant*
inconnu en français. A. Guillermou a proposé d'adopter le terme
berçante en remplacement de *rocking-chair* (in *Carrefour*, 19 juil. 1967).

ROCKS → ON-THE-ROCKS.

ROCK-SONG [ʀɔksɔ̃g] *n. m.*

(v. 1967) Mouvement anglais de musique pop*, représenté
vers les années 1966-1968 par les Beatles, qui à l'opposé du pop-
rock*, marque une tentative d'affranchissement des blues et une
recherche de l'intégration des paroles et de la musique dans la
composition des œuvres.

« l'influence de la musique classique européenne sur la mélodie et
l'harmonie va également dans le sens de cette intégration totale. Le
rock-song est le descendant direct de la musique classique popularisée
et actualisée. Rien de ce qui est son ne doit être étranger, et la bande
magnétique devient bientôt un instrument à part entière. »
                                    H.-S. TORGUE, *La Pop-Music*, p. 17 (□ 1975).

✳ Mot anglais n. (1966) composé de *rock* et de *song* « chanson »,
apparu en français vers 1967 pour parler de l'un des deux courants du
rock anglais.

RODÉO ou RODEO [ʀɔdeo] *n. m.*

(1944, *in* G. L. L. F.) Dans l'Ouest des États-Unis, Jeu
équestre qui consiste à maîtriser ou à monter un cheval sauvage
ou un bœuf non domestiqué. — *Par ext.* Lieu où se pratique ce
jeu → **Stampede.**

« "Vous descendriez pas du côté du rodeo de Dayton, des fois ?"
Guido : "Pourquoi ? T'es engagé ?"
Perce : "Ça me dirait assez de tenter le coup... Si seulement je
pouvais dégoter dix dollars pour mon droit d'entrée... Et si je pouvais
me faire prêter un cheval bien vicieux." Il rit. "Je suis équipé, pas à
dire !" »
                A. MILLER, *Les Misfits*, trad. de l'angl. par R. MASSON, p. 82 (□ 1961).

— *Fig.* et *fam.* Lutte, agitation ; corrida.

« De leur côté, les constructeurs ne le cachent pas : ce rodéo n'a
rien d'un grand prix. Il joue le rôle d'un banc d'essai. Leurs consignes
aux pilotes le prouvent. Elles interdisent la lutte gratuite, le grand
cirque. »   P. ACCOCE et J. GIRBAS, *Les Pilotes accusent le Mans*,
                                          in *L'Express*, 5 juin 1967, p. 85.

✳ De l'américain *rodeo* n. (1914, en ce sens) lui-même emprunté au
XIXᵉ siècle (1844) à l'hispano-américain *rodeo* « encerclement du bétail,
emplacement circulaire où l'on marque le bétail », de l'espagnol *rodear*
« tourner, encercler », élargissement de *rodar* « tourner », latin *rotare*.

ROLL-BACK [ʀɔlbak] *n. m.*

(1972) En politique, Fait de repousser un adversaire, de
limiter son influence géographique.

« La politique du *roll-back* de Foster Dulles ne visait pas à autre
chose. »   *Le Nouvel Observateur*, 18 juin 1973, p. 36.

✳ Mot américain de *to roll* « rouler, pousser en roulant » et *back* « en
arrière ».

ROLLER-

✳ Élément qui signifie « patin(s) à roulettes », tiré de l'anglais *roller
skate(s)* « patin(s), *skate(s) ;* à roulettes, *roller* », ou *roller-skating*
« action de faire du patin à roulettes » et qui entre dans la composition
de *roller catch* [ʀɔlœʀkatʃ] *n. m.* « catch sur patin à roulettes » (1934,

Petiot ; anglais *roller catch*) ; *roller-disco* [Rɔlœʀdisko] n. m. « patinage sur une musique disco » (américain *roller disco* 1979, Barnhart 2) ; *rollerdrome* [RɔlœʀdRɔm] n. m. « piste circulaire pour faire du patin à roulettes » (américain *rollerdrome*, 1979 *ibid.*, aussi *roller-skating rink*).

« charmante ingénuité d'un voyageur qui s'extasie sur tout ce qu'il découvre de cette cité tentaculaire. Y compris les poncifs (le roller-catch ou ces "caddies" de supermarché). »   *L'Express*, 22 janv. 1973, p. 10.

« "Dès la rentrée, promet le Palace, nous réserverons une soirée par semaine au roller disco ". Lancement en fanfare prévu, avec un tube ad hoc, mitonné par Barclay. Thème : "Si tu m'attrapes, tu pourras me tenir la main, et on ira au rollerdrome ensemble." »   *L'Express*, 28 juil. 1979, p. 50.

« Le patin [...] a les honneurs de l'actualité avec le roller-disco, patinage pratiqué sur fond de musique. »   *F.-Magazine*, avril 1980, p. 18.

✳ Le mot *roller-skate,* parfois usité en français, est inutile ; mais comme la dérivation n'est pas aisée sur *patin à roulettes,* on a tendance à utiliser *roller-skater* n. (personne) et *roller-skating* n. m. (sport ou piste) :

« Le *roller-skating* était comble. La rumeur de Vésuve des patins sur le béton remplissait les oreilles, même pendant les pauses. »
J. Cocteau, *Le Grand Écart*, p. 139 (□ 1923).

« Central Park : les "rollerskaters" patinent sur une musique disco diffusée par des haut-parleurs. Certains s'offrent leur propre musique avec des postes de radio à écouteurs. »   *L'Express*, 25 août 1979, p. 71.

ROMANTIQUE [Rɔmɑ̃tik] *adj.* et *n.*

1° (1675) *Vx.* Qui tient du roman ; qui a le caractère merveil-leux, chimérique, mystérieux d'une aventure de roman, exalté, extravagant d'un personnage de roman (→ **Sentimental, 1°**).
— REM. : Enregistré comme synonyme de *romanesque* dans le dict. de Littré 1870 ; sens absent des dict. de l'Académie.

« L'âme ardente et l'imagination romantique de Melle l'Espinasse lui firent concevoir le projet de sortir de l'étroite médiocrité où elle craignait de vieillir. »   J.-F. Marmontel, *Mémoires*, 1792-1795 [*in* Littré].

2° (1774 ; *romantic* 1745, *in* Bloch et Wartburg) *Vx.* Se dit des lieux, des paysages qui touchent la sensibilité et parlent à l'imagination comme les descriptions des poèmes et des romans.
— REM. : Enregistré dans les dict. de l'Académie 1798 et de Littré 1870.

« il est une autre situation que la nature seule peut offrir ; c'est la situation *Romantique*. [En note : j'ai préféré le mot anglois, *Romantique*, à notre mot françois, *Romanesque*, parce que celui-ci désigne plutôt la fable du roman, et l'autre désigne la situation, et l'impression touchante que nous en recevons.] [...] la situation *Romantique* doit être tranquille et solitaire, afin que l'âme n'y éprouve aucune distraction, et puisse s'y livrer toute entière à la douceur d'un sentiment profond. »
Marquis R.-L. de Girardin, *De la composition des paysages*, 1777, *in* J.-J. Rousseau, *Œuvres complètes*, pp. 1794-1795 (□ 1959).

« Les rives du lac de Bienne sont plus sauvages et romantiques que celles du lac de Genève, parce que les roches et les bois y bordent l'eau de plus près ; mais elles ne sont pas moins riantes. »
Rousseau, *Les Rêveries du promeneur solitaire*, in *Œuvres complètes*, p. 1040 (□ 1781).

« Les effets romantiques sont les accens d'une langue primitive que les hommes ne connaissent pas tous, et qui devient étrangère à plusieurs contrées. On cesse bientôt de les entendre, quand on ne vit plus avec eux ; et cependant cette harmonie romantique est la seule qui conserve à nos cœurs les couleurs de la jeunesse et la fraîcheur de la vie. »
É. de Senancour, *De l'expression romantique et du ranz des vaches*, in *Oberman*, t. I, p. 161 (□ 1804).

— Subst. (1804) *Vx.* Synonyme de *romantisme* (→ ci-dessous). *Le romantique de la scène* (Littré, 1872).

« Le romanesque séduit les imaginations vives et fleuries ; le roman-tique suffit seul aux âmes profondes, à la véritable sensibilité. »
É. de Senancour, *op. cit.*, t. I, p. 161 (□ 1804).

3° (1810) *Hist. litt. et artistique.* Affranchi des formules et des disciplines classiques ; propre, relatif au mouvement littéraire et artistique du XIXe siècle que l'on appelle *romantisme. L'école romantique.* — REM. : Enregistré dans les dict. de l'Académie 1835 et de Littré 1872.

« La poésie romantique, par ses formes vagues et indécises, échappe à la critique : semblable à ces hôtes fantastiques de l'Élysée païen, qui frappaient la vue et se dérobaient à la main qui les voulait saisir. »
V. [Victor Hugo], Compte rendu de Lalla Roukh, de Thomas Moore, in *Le Conservateur littéraire*, juin 1820 [*in* Brunot, t. XII, p. 125].

« Quel est l'ouvrage littéraire qui a le plus réussi en France depuis dix ans ?
Les romans de Walter Scott.
Qu'est-ce que les romans de Walter Scott ?
De la tragédie romantique, entremêlée de longues descriptions. »
STENDHAL, *Racine et Shakespeare*, t. I, p. 30 (□ 1823).

« Shakespeare fut romantique parce qu'il présenta aux Anglais de l'an 1590, d'abord les catastrophes sanglantes amenées par les guerres civiles, et, pour reposer de ces tristes spectacles, une foule de peintures fines des mouvements du cœur, et des nuances de passions les plus délicates. » *Ibid., Ce que c'est que le romantisme*, pp. 63-64.

« La poésie, l'inspiration, le sentiment, semblaient lui paraître préférables à une correction laborieuse. C'était, pour employer un mot dont le sens se comprenait plus clairement autrefois que de nos jours un véritable peintre *romantique* ; il avait déchiré les vieux poncifs employés par l'école de David, reniait la mythologie et empruntait ses sujets à Goethe, à lord Byron, à Burger, aux vieilles légendes allemandes ; bref, il était orthodoxe dans l'hérésie. »
Th. GAUTIER, *Ary Scheffer*, in *Portraits contemporains*, p. 306 (□ 1858).

— Substantivement.

« N'ayant pas trouvé chez lui l'ami classique auquel je voulais donner votre pamphlet à lire, je lui ai écrit officiellement par la poste que la bêtise de ses classiques mettait dans un grand embarras un romantique de mes amis voulant se battre pour sa cause et avec un adversaire quelque peu habile et spirituel et je lui ai proposé la partie. »
V. JACQUEMONT, Lettre à H. Beyle, 27 juin 1824, in STENDHAL, *Corresp.*, t. II, p. 788.

« Shakespeare, par exemple, fait voyager les gens de Rome à Londres, et d'Athènes à Alexandrie, en un quart d'heure ; ses héros vivent dix ou vingt ans dans un entr'acte ; ses héroïnes, anges de vertu pendant toute une scène, n'ont qu'à passer dans la coulisse pour reparaître mariées, adultères, veuves et grand'mères. Voilà, disions-nous, le romantique. »
MUSSET, *Lettres de Dupuis et Cotonet*, I, p. 838 (□ 1836).

✱ Dans les deux premiers sens, le mot *romantique* est un emprunt de l'anglais *romantic* adj. (1650) et n. (1679), de *romant, romaunt* n. (1530), formes de l'ancien français (mod. *roman ;* latin populaire **romanice,* adv., « à la façon des Romains, en langue latine », du latin classique *Romanus* « Romain », opposé, à basse époque, à *Franc*). L'anglais *romantic* a pu être formé directement sur le latin *romanticus* attesté au XVe siècle. *Romantique* est d'abord attesté en français à propos d'ouvrages anglais ; Morize en relève une occurrence dès 1675 dans Sorbière (*Revue d'histoire littéraire de la France*, 1911, *in* Brunot, t. IV, 1, p. 503, n.). Le terme est ensuite attesté chez Nicaise en 1694. C'est pour qualifier des sites, puis par extension, des jardins et des tableaux, que *romantique* sera véritablement francisé au XVIIIe siècle. En 1774, C. H. Watelet, dans son *Essai sur les jardins* définissait « trois caractères qui [...] peuvent servir de base à la décoration des nouveaux parcs » : *le pittoresque, le poétique et le romanesque* (Notes et variantes, in J.-J. Rousseau, *Œuvres complètes*, p. 1795, Pléiade 1959). Mais, en ce sens ,(1705, en anglais), *romantique* sera lancé par les *Rêveries* de Rousseau (→ cit. ci-dessus, 1781), lequel hésite encore entre *romantique* et *romanesque*. Devenu très à la mode à la fin du XVIIIe siècle comme terme plus ou moins opposé à *pittoresque,* l'adjectif *romantique* est ensuite accouplé à *voyage* comme synonyme de *sentimental** et se rapproche de nouveau de *romanesque* (*Voyages pittoresques et romantiques dans l'ancienne France,* par Ch. Nodier, J. Taylor et Alphonse de Cailleux, t. I, 1820). L'emploi s'élargit ensuite à tout ce qui se rapporte à la mélancolie, au mystère, à l'imagination, etc. Mais le mot serait peut-être totalement tombé en désuétude s'il n'avait été repris au XIXᵉ siècle dans une seconde vague d'emprunt, de l'allemand, cette fois, qui tient lui-même *romantisch* (1698) ou *romantik* de l'anglais *romantic.*

C'est de l'allemand que vient le sens archaïque (1804) de « propre aux œuvres littéraires inspirées de la chevalerie et du christianisme médiéval », opposé en littérature à *classique* (dont l'emploi technique est d'ailleurs contemporain). Voir *De l'Allemagne,* de Mᵐᵉ de Staël, Hugo (*Odes et Ballades,* Préface). Il en va de même pour le sens littéraire (3°) connu aujourd'hui (1810, Mᵐᵉ de Staël, *Ibid.*). Cependant, l'influence anglaise sur la terminologie et la doctrine littéraire reste intense, du fait de l'activité poétique en Grande-Bretagne et de la référence quasi obligée à Shakespeare. Dans l'emploi adjectif comme pour le substantif (1824) « partisan du romantisme », l'emploi par des écrivains tournés vers l'Angleterre, tels Stendhal, Jacquemont, Mérimée, manifeste la persistance du courant d'emprunt initial.

L'adjectif *romantique* a produit en français plusieurs dérivés, dont *romantisme* et *romantiquement* (1833). *Romantisme* apparaît en 1804 comme synonyme de *romantique* n. m. (1804) au sens ancien de « caractère romantique (1° et 2°) [d'une chose] » → **Sentimentalité, sentimentalisme,** art. *Sentimental.* Ce sens est inconnu des dict. de Littré et de l'Académie (qui s'en tient à *romantique* n. m.).

« Il [Fonsalbe] a rendu à mes déserts quelque chose de leur beauté heureuse, et du *romantisme* de leurs sites *alpestres* : un infortuné, un ami y trouve des heures assez douces qu'il n'avait pas connues. »
  É. de SENANCOUR, *Oberman,* t. II, p. 236 (□ 1804).

✳ L'évolution du mot échappe à l'histoire des anglicismes, même si le concept est resté partiellement lié à l'évolution des idées littéraires outre-Manche. *Romantisme,* discuté à l'Académie dès 1824, n'a été retenu, après un délai de réflexion qui ne surprendra guère, qu'en 1878. Tous les grands écrivains l'employaient depuis 1820. Le terme de *romanticisme* est à rapprocher du mot de courte durée lancé par Stendhal en 1818 (d'après Wartburg), *romanticisme* (Cf. anglais *romanticism* n., 1803 ; 1844, en ce sens) qui pourrait aussi être un italianisme.

« Voilà le principe du *romanticisme* que vous ne sentez pas assez. Le mérite est d'administrer à un public la drogue juste qui lui fera plaisir. Le mérite de M. Manzoni, si *mérite y a, car je n'ai rien lu,* est d'avoir saisi la saveur de l'eau dont le public italien a soif.
  Cette eau ferait peut-être mal au cœur au public de la rue Richelieu. Qu'est-ce que cela me fait à Milan ? Sentez bien ce principe du *romanticisme ;* là il n'y a pas d'Académie de Turin entre vous et moi. »
  STENDHAL, *Correspondance,* Lettre à Adolphe de Mareste, 21 déc. 1819, t. I, p. 999.

✳ Mais, dès 1824, Stendhal lui-même abandonne le terme *romanticisme ;* il emploie *romantisme* dans une lettre au baron de Mareste, du 26 avril 1824, et dans son *Racine et Shakespeare,* t. II, 1825.

ROMSTECK ou RUMSTECK [ʀɔmstɛk] *n. m.*

(*romsteck,* 1890 ; *rumsteck,* 1907 ; *rumsteak,* 1852 ; *rumpsteak,* 1843) Partie de l'aloyau. *Bifteck, rôti dans le romsteck.*
— REM. : Absent des dict. de Littré et de l'Académie.

« Les voyageurs des autres nations ne sont pas assez reconnaissants envers les Anglais [...] qui transportent partout leur patrie avec eux, dans des boîtes à compartiments, et qui [...] ont [...] établi par toute la terre le *rumsteak,* les côtelettes de saumon [...]. »
  Th. GAUTIER, *Voyage en Italie,* pp. 331-332 (□ 1852).

« Ce soir-là, après de longs essais inutiles sur la prononciation d'un mot "rumsteack", il fallut remporter le rôti, oublié au feu par Victoire, et dur comme une semelle de botte. »
  ZOLA, *Pot-Bouille,* t. I, p. 208, Fasquelle, s. d. (□ 1882).

— Perret s'est amusé à franciser la graphie :

« pour exalter la baisse du beurre et chanter les prix-plafonds du romstèque. »
  J. PERRET, *Bâtons dans les roues,* p. 57 (□ 1953).

✻ Anglais *rump-steak* n. (1886 ; *rump-beef* « bœuf dans la croupe », 1689), de *rump* « croupe », mot d'origine probablement scandinave et de *steak*, mot issu du vieux norrois, signifiant « tranche de viande ». Ce n'est que tardivement (1890) que la graphie *romsteck* a été adoptée. Elle est pourtant aberrante. Le premier élément *rom-* est francisé. Le second élément *-steck* ne correspond ni à une graphie française (pas de groupe consonantique *-ck-* dans notre langue) ni à celle de l'anglais que nous avons adoptée pour *steak*.

ROOKERIE [ʀukʀi] n. f.

(1898) *Didact.* Colonie d'oiseaux qui se protègent du froid par leur réunion (régions arctiques et antarctiques). — *Par anal.* Lieu de réunion des phoques, otaries.

« Une rookerie [...] est le lieu choisi par certaines espèces de phoques pour la parturition des femelles. Ils se rassemblent alors par centaines de milliers et passent plusieurs mois sans prendre la moindre nourriture. » *La Science illustrée*, 2ᵉ sem. 1890, p. 365.

— Adaptation française : *roquerie.*

« Ils filment aussi une roquerie de pingouins papous avec un tas de crevettes peu abîmées (explication très problématique) ainsi qu'une roquerie de cormorans [..]. » Cdt COUSTEAU, *Paris-Match*, 13 oct. 1973, p. 79.

✻ Mot anglais *rookery* (1725), de *rook* « corbeau », puis « oiseau vivant en colonie ». On trouve en français la variante *rockerie* (1906).

ROQUETTE [ʀɔkɛt] n. f.

1° (1939) Projectile autopropulsé par fusée, généralement non guidé (opposé à *missile*), utilisé comme arme tactique. *Roquette antichar* (→ **Rocket**).

« Alourdi par son nouvel armement, le chasseur-bombardier perd sa maniabilité et devient une proie facile pour le chasseur ennemi. La solution du problème est donnée par les roquettes ou projectiles-fusées, dont la charge creuse apporte au projectile du chasseur la puissance de perforation sans augmentation de poids prohibitive. » *Larousse mensuel* (1939 à 1947), p. 406, art. *Stratégie* [...] *militaire.*

« Oui, c'est un métier dur. Entre deux roquettes, il faut se faire une idée du "coup", écrire son article à chaud, attendre quelquefois six ou huit heures, un télex libre. » L. BODARD, in *L'Express*, 7 oct. 1968. p. 111.

✻ Reprise du vieux mot français *roquette* comme équivalent de l'anglais *rocket,* lui-même emprunté à l'italien *rocchetta*. L'emploi de *roquette* à l'exclusion de *rocket* est rendu obligatoire par l'arrêté du 12 août 1976.

2° (1953) *Par ext.* L'arme qui lance ces projectiles. — REM. : On dit maintenant *lance-roquettes* n. m.

« Autour de la base, l'étau se resserre. C'est la seconde leçon de cette bataille-test : pour la première fois, le Nord-Vietnam et le Vietcong expérimentent toute leur gamme de canons, mortiers et lance-roquettes — tous d'origine soviétique. » J.-F. KAHN, in *L'Express*, 2 oct. 1967, p. 82.

ROSBIF [ʀɔsbif] n. m.

1° (1727 ; *rôs de bif*, 1698) Morceau de bœuf rôti ou à rôtir, généralement d'aloyau. — REM. : Enregistré dans les dict. de l'Académie 1798 et de Littré 1870 — On a aussi écrit *rost-bif* et employé l'emprunt brut *roast-beef*✻.

« Il m'a expliqué très-clairement l'industrie fort compliquée de l'éleveur de bœufs ; il s'agit de ces bœufs que nous voyons à Paris sous la forme de rosbif. » STENDHAL, *Mémoires d'un touriste*, t. II, p. 64 (□ 1837).

« Il avait réduit de moitié un rosbif très dur et abandonné le reste, il réclamait maintenant une oseille qui n'arrivait point. »

HUYSMANS, *En ménage*, p. 33 (□ 1881).

— AU SENS FIGURÉ.

« Je vous proteste à toutes deux, et à l'archevêque de Paris, et au syndic de la Sorbonne, que l'*A B C* est un ouvrage anglais, composé par un M. Huet, très connu, traduit il y a dix ans, imprimé en 1762 : que c'est un rost-bif anglais, très difficile à digérer par beaucoup de petits estomacs de Paris. »   VOLTAIRE, Lettre à Mme du Deffand, 26 déc. 1768,
in *Corresp. générale*, t. LXVI, p. 354.

2° (1727 ; *ros de bif* 1691) *Vieilli*. Partie de derrière d'un mouton, d'un chevreuil, etc. qu'on sert rôtie. *Rosbif de chevreuil. Rosbif de cheval.*

« et bientôt après le dîner fut servi. Il consistait en une énorme pièce de rosbif, un dindon cuit dans son jus [...]. »

BRILLAT-SAVARIN, *Physiologie du goût*, t. II, p. 160 (□ 1826).

✳ Forme assimilée en français de l'anglais *roast-beef*. L'Académie a d'abord enregistré la forme *rôt de bif*, en 1740, avant d'admettre *rosbif*, en 1798, aux deux sens ci-dessus. Le dict. de l'Académie de 1835 ne signale plus que le sens de « pièce de bœuf rôti », le seul qui soit en usage de nos jours, sauf à propos de la viande de cheval où le terme s'emploie quelquefois ; au second sens, *rosbif* était du reste un terme spécialisé de cuisinier.

ROTARY [ʀɔtaʀi] *n. m.*

1° (mil. XXe s.) *Techn.* Appareil de sondage par rotation. — Système de téléphone automatique.

2° (1905, angl.) Nom d'un club international réunissant des membres de chaque profession ou activité sociale, et dont l'insigne est une roue symbolisant la réunion des efforts.

✳ Mot anglais *rotary* adj. (1731) et n., du latin *rotarius*. Le dérivé du sens 2°, *rotarien* (1922) s'inspire de l'anglais *rotarian* :

« Personnifié dans l'immortel Babbit, le *rotarian* croit dur comme fer qu'il sert l'humanité en remplissant sa poche de confortables dollars. »
A. SIEGFRIED, *Les États-Unis d'aujourd'hui*, p. 44 (□ 1927).

ROUGH [ʀœf] *n. m.*

(1932) *Golf.* Partie de parcours non entretenue, bordant la partie bien tondue et bien roulée d'un terrain de golf. — REM. : Absent du dict. de l'Académie 1935.

« Un coup dans le rough est naturellement plus difficile à jouer qu'un coup sur le fairway. »   A. BERNARD, *Le Golf*, p. 14 (□ 1970).

✳ Mot anglais n. (1901, en ce sens ; « terrain accidenté ou raboteux », XIVe s.), de *rough* adj. « raboteux, rude, grossier ».

ROUND [ʀawnd] ou [ʀund] *n. m.*

(1888 ; 1816, à propos du ring anglais) Reprise, passe dans un combat de boxe, séparée des autres par un temps d'arrêt. *Des rounds.* — REM. : Absent des dict. de Littré et de l'Académie.

« Ils s'assoient sur des chaises, et ils s'abandonnent avec une passivité singulière aux soins de leurs assistants, qui les lavent, qui les peignent, qui les frottent comme des bêtes, tandis que le personnage vêtu de l'ample jaquette annonce le programme du combat, sa durée, le nombre des passes ou *rounds*, le poids des champions, leurs noms et leur patrie. »   P. BOURGET, *Outre-Mer*, p. 152 (□ 1895).

« Le gars Limard fut un peu plus difficile à croquer mais au septième round Jacques lui estomaqua le plexus solaire d'une gauche infaillible. »

QUENEAU, *Loin de Rueil*, p. 62 (□ 1944).

✳ Mot anglais n. (XIVe s., proprement « rond » ; 1812, comme terme de boxe) lui-même emprunté au XIIIe siècle du français *rond*. La forme refrancisée, *rond*, a été employée de façon épisodique. On la trouve chez Hugo, en 1869, mais au sens de « suspension, arrêt », plutôt qu'au sens de « reprise, passe ».

« S'il était arbitre, il présidait à la loyauté des coups [...] veillait à ce que le temps des ronds ne dépassât pas une demi-minute [...]. »
HUGO, *L'Homme qui rit*, p. 225 (□ 1869).

✳ L'emprunt direct de *round* s'est imposé dans le vocabulaire sportif au début du siècle :

« [On a recours à l'emprunt, même quand les analogies de langues existent], par esprit de groupe et afin de marquer, dans l'idée, son caractère spécial et technique, particulier au groupe, et qu'on croirait sacrifier en usant d'un mot de la langue commune : "L'anglais, ça fait sportif." *Score, team* et *round* auront ainsi un certain avantage sur leurs concurrents, *marque, équipe, reprise*. »
J. ORR, *Les Anglicismes du vocabulaire sportif*, oct. 1935, p. 295.

✳ De nos jours, *reprise* et *passe* reprennent du terrain.

« Dans l'enquête du *Figaro* [du 5 mai 1964] "Pour un glossaire du français universel", 68 % des lecteurs consultés proposent de remplacer le mot *round* par *reprise* ; 8 % par *manche, partie, tour, séquence* ; 24 % veulent conserver *round*. »
DUPRÉ, art. *Round*.

ROWING [Rowiŋ] *n. m.*

(1860) *Rare* et *vieilli*. Sport de l'aviron. — REM. : Absent des dict. de Littré et de l'Académie.

« Nous passons sous silence le canotage, ou *rowing*, qui ne peut guère être compris dans une navigation maritime. »
E. LISBONNE, in *La Science illustrée*, 1er sem. 1891, p. 60.

✳ Mot anglais n. (950), de *to row* « ramer », verbe d'origine germanique. Mackenzie (p. 234) atteste le terme en français dans *Le Sport*, du 25 janv. 1860, p. 2. Au XIXe siècle, *rowing* a produit en français les dérivés *rowing-man* n. m. (1885, d'après Mackenzie, pp. 134-135), « amateur de rowing » ; *rowing-woman* (1904, Larousse), féminin de *rowing-man* ; *rowing-club* n. m. (1853, Larousse), « club d'amateurs du rowing ». Tous ces dérivés sont sortis de l'usage ; *rowing* cède le pas à *aviron*.

« La machine était extrêmement basse. Le cavalier s'asseyait sur un petit banc à coulisses, appuyait ses deux pieds sur la monture de la roue d'avant comme un rowingman le fait sur la barre d'appui de sa yole et saisissait dans chaque main deux poignées de métal comme on saisit les manches des avirons. »
BAUDRY de SAUNIER, *Le Cyclisme théorique et pratique*, p. 509 (□ 1892).

ROYALTY [Rwajalti] *n. f.*

1° (1910) Redevance due à un inventeur, à un auteur, à un interprète, à un éditeur. *Toucher des royalties.* — REM. : Généralement employé au pluriel. — On rencontre aussi la forme *royauté(s)*.

« J'écris trois versions différentes à la fois, suivant le public auquel je m'adresse : une version pour Dublin, l'autre pour New-York, la troisième pour Paris. Plus, une grosse royalty pour le film. »
P. MORAND, *Fermé la nuit*, pp. 66-67 (□ 1923).

« Sans aucun doute, si l'Institut Pasteur touchait des *royalties* sur toutes les doses de vaccin B. C. G., de vaccin antitétanique ou antidiphtérique, il n'y aurait pas de problème sur le plan financier. »
Le Nouvel Observateur, 14 mai 1973, p. 58.

2° *N. f. pl.* (1962, *in* Blochwitz et Runkewitz) Comm. *Royalties* [Rwajalti(z)], sommes proportionnelles au nombre d'objets fabriqués, versées à l'inventeur par l'utilisateur d'un brevet étranger. — *Spécialt.* Redevances payées par une société pétrolière au pays sur le territoire duquel se trouvent les gisements qu'elle exploite, ou aux pays sur lesquels passe un pipe-line servant à transporter le pétrole.

« Le colonel Ojukwu, lui, paraît décidé à ne pas céder. [...] il voudrait convaincre les compagnies pétrolières de lui verser les "royalties" jusqu'alors payées au gouvernement fédéral. »

L'Express, 5 juin 1967, p. 76.

« La participation [de l'Arabie Saoudite à l'industrie du pétrole] — même limitée à 20 % — est le moyen qui lui permettra de dépasser son rôle passif de percepteur de royalties. »   *L'Express*, 31 janv. 1972, p. 71.

✳ Anglais *royalty* n. (1398), lui-même emprunté de l'ancien français *roialté* (mod. *royauté*), employé au pluriel *(royalties)* au sens de « droit régalien » au XVᵉ siècle (1400), puis de « prérogative accordée par le souverain à un individu ou à une corporation » (1483), puis de « redevance payée par l'exploitant au propriétaire d'une mine » (1839), et enfin de « droits d'auteur versés à l'inventeur pour l'utilisation de son brevet » (1864), puis de « droits d'auteur » au sens large (1880).

Le G. L. L. F. atteste le mot *royalty* (sens 1°) dans le *Vocabulaire technique de l'éditeur*, Cercle de la Librairie, 1910. Le Comité d'étude des termes techniques français préconise *droits d'auteur* (in *Sciences*, nov.-déc. 1960, p. 86) déjà employé de même que *droits d'inventeur*. Comme terme de commerce, il propose de remplacer *royalties* par *redevance*. L'Académie a adopté la même résolution devenue maintenant une obligation :

« Dans l'industrie minière, contribution imposée au titulaire d'un titre d'exploitation et payable en nature ou en espèces.

La redevance pétrolière est en général une obligation fixée par le cahier des charges de la concession, payable en espèces ou en nature, et qui a pour assiette la production.

La redevance est également la contribution imposée à l'utilisateur d'un procédé. »   *Journal officiel*, 18 janv. 1973.

✳ Le terme *royauté(s)*, utilisé depuis longtemps au Canada et parfois en France, n'a pas encore été accrédité par les instances supérieures. On peut noter des emplois isolés et déjà assez anciens du mot *royalty* comme terme étranger, aux sens de « droit régulier » et de « prérogative accordée par le souverain à un particulier ».

« L'exploitation des mines, suivant les idées de ces temps, fut déclarée de droit régalien, c'est-à-dire appartenant à la couronne, qui seule pouvait battre monnaie ; mais les particuliers avaient permission d'exploiter le cuivre et l'étain en payant au souverain le droit de *royalty*. »
        L. SIMONIN, *Une visite aux mines de Cornouailles* [1862], p. 366 (□ 1865).

« Les mines de métaux du Cornouailles sont restées la propriété de la couronne, du moins sur les terrains vagues, et sont données en apanage à l'héritier présomptif, qui perçoit sur les exploitants le droit de *royalty*. » L. SIMONIN, *op. cit.*, p. 366.

ROYAUTÉ → ROYALTY.

RUBIK'S CUBE [rybikskyb] *n. m.*

(1980) Cube formé de 27 petits cubes de couleurs différentes (dont un central invisible), amovibles par rangées qu'il faut faire tourner, pour que chaque face ait une couleur uniforme.

« Pour la plupart des gens, le Rubik's Cube est un jeu ; il appartient à la famille des "casse-têtes". Le problème fondamental est le suivant : partant de la position standard où les six faces sont unicolores, on brouille le cube en effectuant une vingtaine de rotations élémentaires, et il s'agit alors de remonter à la position initiale. »
            Sciences et Avenir, n° spécial n° 35, 1981, p. 63.

✳ De l'américain *Rubik's cube* « cube de Rubik », jeu inventé par le mathématicien hongrois Eznö Rubik et présenté au Congrès de mathématiques d'Helsinki en 1978, puis aussitôt commercialisé par les Américains. Ce jeu s'est répandu dans le monde entier avec un succès incroyable tant pour l'amusement que comme application de théories scientifiques (les groupes finis). Il faut dire, comme certains, *cube de Rubik* ou *cube hongrois*. Mais l'expression est si connue que *rubik* n. m. suffirait. Celui qui pratique le cube de Rubik est un *cubiste*.

« (le) fameux Rubik's Cube (ou Cube hongrois, Cube magique etc.) dont les cinquante-quatre facettes multicolores allaient provoquer bien des nuits blanches.

(On dit même qu'il est responsable de désarticulations bénignes du pouce chez certains cubistes acharnés). »   *Sciences et Avenir*, id., ibid.

RUGBY [ʀygbi] *n. m.*

(1889) Sport qui oppose deux équipes (de quinze ou de treize joueurs) et qui consiste à poser un ballon ovale, joué au pied ou à la main, au-delà de la ligne de but de l'adversaire *(essai)*, ou à le faire passer au-dessus de la barre transversale entre les poteaux du but *(transformation, drop-goal). Rugby à quinze. Rugby à treize. Le championnat de rugby se dispute par poules**. — REM. : Absent des dict. de l'Académie. — Ce sport étant l'une des variantes du football s'est appelé *football rugby* par opposition au *football association* ou ellipt *association* (J. Dedet, *Le Football Rugby*, Paris 1922).

« Le rugby est strictement réservé aux amateurs ; les grands matchs internationaux ont lieu à Twickenham. »
                                            P. MORAND, *Londres*, p. 138 (□ 1933).

« Le dimanche, j'allais avec lui au *rugby*, au fodeballe ou au vélodrome. J'applaudissais, je criais. "Vas-y, ou bien allez, dégage." »
                                            M. AYMÉ, *Le Passe-Muraille*, p. 252 (□ 1943).

« Claude Abadie s'arrêta de jouer vers trois heures. Il allait le lendemain voir le match de ballon ovale des Transporteurs à Gazogène contre les Cheminots d'Intérêt Local, rugby route contre rugby rail, et tenait à dormir un peu. »
                        Boris VIAN, *Vercoquin et le Plancton*, p. 187, Folio (□ 1947).

« Comme le mentionne une plaque scellée au mur du Collège de Rugby, c'est en 1823 qu'un élève du nom de William Webb Ellis courut au mépris des règles établies, en *portant* un ballon qui, jusque-là n'était que frappé. Pour qui connaît l'esprit traditionnel des Britanniques, cette entorse au règlement fit grand bruit. L'histoire veut que de ce jour date le rugby moderne. »   R. POULAIN, *Le Rugby*, p. 8 (□ 1961).

✶ Anglais *rugby* n. (1879) ou *Rugby game* « le jeu de Rugby » (1864), du nom du Collège de Rugby (à Rugby, ville du comté de Warwick) où ce sport fut inventé. Le mot familier *rugger* est plus courant en anglais.

Bloch et Wartburg avaient cru pouvoir attester ce terme en français dès 1859, mais *rugby* ne s'emploie comme nom commun en anglais qu'en 1879 ; Wartburg donne la date de 1889, mais il est certain que ce terme est resté rare en français jusqu'à la fin du XIXᵉ siècle. On prononce [ʀybi] dans le midi de la France où ce sport est le plus populaire.

« C'est en 1873 que fut constituée au Havre, sur l'initiative de jeunes étudiants revenant d'Angleterre, la première équipe française. Entre 1885 et 1890, la "barrette", adaptation du rugby, puis le rugby lui-même furent pratiqués uniquement par les élèves de lycées et universités. Deux sociétés sportives de Paris, le *Stade Français* et le *Racing club de France*, créèrent alors des équipes, qui pendant quelques années furent les seules à jouer en France en dehors des milieux scolaires et universitaires. De 1895 à 1900 le jeu gagna la province [...]. Dès 1910 le rugby était devenu populaire. Dans chaque grande ville les sociétés sportives avaient constitué une section de rugby. »
J. PIGNON, *Notes sur le lexique du rugby*, in *Le Français moderne*, juil. 1942, p. 197.

✶ Notons que le terme *ballon ovale* s'emploie comme synonyme familier de *rugby. Rugby* a produit en français les dérivés *rugbyman* et *rugbystique* adj. (1931), « relatif au rugby ».

« Parlons maintenant de la France, qui a le privilège d'être admise dans le grand concert rugbystique britannique et qui, d'autre part, se trouve être à la tête du mouvement international de la F. I. R. A. Ayant presque tout appris des Britanniques, elle a maintenant mission d'éduquer. »
                                            R. POULAIN, *Le Rugby*, p. 123 (□ 1961).

RUGBYMAN [ʀygbiman] *n. m.*

(1914) Joueur de rugby. *Des rugbymen* [ʀygbimɛn] → **Rugger.** — REM. : Absent du dict. de l'Académie 1935.

✶ Pseudo-anglicisme forgé en France (Cf. anglais *rugby player*) à partir de *rugby** et de l'élément *-man**. Attesté par Mackenzie en 1914 (p. 134).

« Enfin avec *rugbyman*, qui signifie [...] "joueur de rugby", il ne s'agit plus d'une erreur sur le sens du mot, mais bien d'un nom fabriqué en France, appartenant à ce "pseudo-anglais" dont J. Orr a relevé quelques exemples dans la langue des sports : crossman, racingman, recordman, coming-man, etc... (in *Le Français moderne*, oct. 1935, p. 301). »

J. PIGNON, *Notes sur le lexique du rugby*, in *Le Français moderne*, juil. 1942, p. 199.

RUGGER [Rœgœr] *n. m.*

(1927, *in* Petiot) *Rare*. Joueur de rugby*. *Des ruggers.*
→ **Rugbyman**. — REM. : Absent du dict. de l'Académie 1935.

✻ Mot anglais *n.* (1893), altération populaire du mot *rugby*, désignant le « Rugby football » ou jeu du rugby. *Rugger* n'a jamais le sens de « joueur de rugby » en anglais *(rugby player* ou plus couramment *ruggerman* ou *rugger player)*. La terminaison *-er* a été prise pour un suffixe d'agent → **Soccer.**

RUMSTECK → ROMSTECK.

RUSH [Rœʃ] *n. m.*

1° (1851) *Vieilli*. Invasion rapide d'une région par des colons, des chercheurs de mines, de pétrole, etc. — REM. : Absent des dict. de Littré et de l'Académie.

« Pendant les neuf premiers mois de cette année, 498 000 colons se sont installés en Sibérie, et, les terres étant toutes occupées, le gouvernement est obligé de détourner le *rush* vers le Turkestan russe. »
É. GAUTIER, *L'Année scientifique et industrielle*, p. 351, 1908 (□ 1907).

« D'après une nouvelle de source portugaise, on aurait retrouvé, dans le sud de l'Angola, une mine d'or exploitée autrefois, mais dont on avait oublié jusqu'à l'emplacement. [...] Un *rush* de prospecteurs s'est immédiatement dirigé vers le nouvel El Dorado. »
Ibid., p. 382, 1909 (□ 1908).

« Quand on sut que des quantités énormes de ce précieux liquide [le pétrole] gisaient dans les pourtours du golfe Persique, ce fut un *rush* général. Mais lorsque les statistiques révélèrent que cette région contenait 62 % des réserves mondiales, la fièvre monta encore. »
Paris-Match, 8 janv. 1972, p. 43.

— (1923, répandu mil. XXᵉ s.) Afflux brusque d'un grand nombre de personnes (dans la même direction). *C'est le grand rush du week-end. Le rush vers les places libres.*

2° (1875) *Sports*. Effort suprême pour dépasser ses concurrents en fin de course → **Sprint.**

« Rush [Rœʃ], nom masculin : course d'un joueur qui dans un effort violent réussit à traverser un groupe d'adversaires. »
J. PIGNON, *Notes sur le lexique du rugby*, in *Le Français moderne*, juil. 1942, p. 199.

3° (1960) *Cin.* et *Télév*. Prise de vue brute, après le développement du film et avant le montage. *Des rushes.*

« [...] Jean Gabarit et Maréchal ont reconstitué, avec l'aide de Jacques Durand, la copie intégrale de LA RÈGLE [DU JEU], ont retrouvé, dans un stock de boîtes, des "rushes" d'une même scène, où les acteurs, en particulier Renoir, ne disent jamais tout à fait le même texte d'une prise à l'autre. » A.-G. BRUNELIN, in *Cinéma 60*, fév. 1960, p. 52.

« Pour Buñuel, le cinéma est un art franc, le montage, une technique dont il ne faut pas abuser. Il détruit la sincérité, la poésie. Deux jours ont suffi pour examiner les *rushes.* »
P. SÉRY, in *Le Nouvel Observateur*, 18 juil. 1972, p. 50.

— PAR EXT. *Au plur*. Séance au cours de laquelle on visionne l'ensemble des prises de vue après un certain temps de tournage pour déterminer le montage. *Aller aux rushes.*

« Le soir, aux "rushes", cette séance de travail où réalisateur et acteurs voient le bilan filmé de leur journée, ces quelques pas de danse de Mastroianni prennent la dimension inattendue d'un adieu à la jeunesse et à la vie amicale des vieux quartiers. »

L'Express, 24 oct. 1977, p. 60.

✴ Mot anglais n. (1380) signifiant proprement « mouvement précipité, violent », de *to rush* « se précipiter, se ruer », lui-même emprunté de l'ancien français *re(h)usser, russer,* (mod. *ruser*) par l'anglo-normand *russher,* au XIVᵉ siècle, au sens de « repousser, faire reculer quelqu'un ».

Au premier sens ci-dessus, *rush* est attesté en anglais en 1850. Mackenzie l'atteste en français en 1851 (O. Reclus, *Terre à vol d'oiseau,* t. II, p. 562). *Rush* fait ici double emploi avec le mot français *ruée* (Cf. Ruée vers l'or) et, au sens moderne, avec *affluence,* ou *de pointe,* suivant les cas.

Au deuxième sens, *rush* est d'abord attesté en anglais comme terme de football, en 1857. Mackenzie (p. 240) le relève en français dans *Le Figaro* du 15 avril 1878, p. 3. Petiot le signale dès 1875. D'aucuns (Cf. Enquête du *Figaro* 7 avril 1964) ont proposé de remplacer cet anglicisme par le terme *assaut.*

Comme terme de cinéma et de télévision, l'emprunt de *rush* a été condamné. L'Administration recommande de lui substituer le terme *épreuve de tournage* n. f. (*Journal officiel,* 18 janv. 1973).

RYE [Raj] *n. m.*

(1907) Whisky✴ de seigle (pur ou mélangé) fabriqué aux États-Unis et au Canada. — REM. : Absent du dict. de l'Académie 1935.

« Ensuite je leur donne à chacun un petit coup de "rye" du flacon que je trimballe dans ma poche-revolver et je les asseois tous deux sur le lit comme deux petits garçons bien sages. »

M. DUHAMEL, trad. de P. CHEYNEY, *La Môme vert-de-gris,* in *L'Arbalète,* 1944 [*in* D. D. L., 2ᵉ série, 12].

✴ De l'américain *rye* n. (1890), forme abrégée de *rye-whisky* n. (1785), de l'anglais *whisky* et de *rye* « seigle », mot d'origine germanique. — Aux États-Unis, *rye* désigne souvent le whisky canadien mélangé *(blended).*

Le D. D. L. (2ᵉ série, 12) signale l'emprunt de *rye* en français chez F. P. Newman, *American-Bar, Boissons anglaises et américaines,* 1907. Le terme est très peu usité en France, où l'on consomme surtout le scotch (whisky d'orge) et le bourbon (whisky de maïs).

RYTHM AND BLUES → RHYTHM(-)AND(-)BLUES.

S

SABBATIQUE [sabatik] *adj.* et *n. f.*

(1936) *Année sabbatique*, dans certains pays, initialement aux États-Unis et au Canada, Année de congé accordée tous les sept ans aux professeurs d'université pour la poursuite de leurs travaux personnels. — *Par ext.* Année de congé. — Subst. et ellipt. *Prendre sa sabbatique.*

« Au moment où le président Hoover [...] eût l'idée (après tout pas si mauvaise) de proposer une espèce d'année sabbatique pendant laquelle toutes les dettes resteraient suspendues et inopérantes sur le monde en proie à une catalepsie conventionnelle, un fil insubstantiel et sonore venait d'être établi entre les deux rives de l'Atlantique. »
P. CLAUDEL, *Contacts et Circonstances, le Téléphone*, p. 1262 (□ 1936).

« Durant mon année sabbatique (1970-1971) dans le service de biochimie de l'université de Californie à Berkeley, je me suis intéressé à la levure *Hansenula wingei* [...]. » *La Recherche*, janv. 1975, p. 21.

✷ Emploi figuré du terme *année sabbatique* (dérivé de *sabbat*) enregistré par Furetière en 1701 au sens de « dernière année d'un cycle de sept ans pendant laquelle les Juifs (*Lévitique* 25, 1-5) devaient laisser reposer la terre et s'abstenir d'exiger les créances », correspondant à l'emploi américain de *sabbatical leave* « congé sabbatique » (1903), de l'anglais *leave (of absence),* terme d'origine militaire signifiant « permission de s'absenter (de son poste) », 1771. *Sabbatical* n. (1946) s'emploie aussi en américain pour *sabbatical leave.* D'après le Suppl. du Robert, *année sabbatique* est attesté en français au sens américain dès 1948. Il est question, en 1982, d'institutionnaliser l'année sabbatique en France.

SALOON [salun] *n. m.*

1° (1852) *Rare.* Dans les pays anglo-saxons, Grande salle ou hall d'un hôtel, d'un établissement commercial, aménagé comme lieu de rencontre et de divertissement. — REM. : Absent des dict. de Littré et de l'Académie.

« La foule alors se précipite dans les *bœuf-maisons*, dans les *huître-maisons*, dans les cercles, dans les clubs et dans les *saloons.* »
NERVAL, *Les Nuits d'octobre*, Nuits de Londres, p. 105 (□ 1852).

« le dimanche expire avec la soirée, et [...] dès minuit, les *saloons* dansants, les cabarets à musique, etc., recommencent leurs bruits ; la ville s'allume, la circulation renaît. »
F. WEY, *Les Anglais chez eux*, 1856 [*in* D. D. L., 2ᵉ série, 15].

2° (1895) Aux États-Unis, Vaste bar du Far West d'autrefois, avec de la musique et des jeux, des femmes, dépeint comme lieu de violence et de débauche fréquenté par les cow-boys. *Pianiste, chanteuse de saloon.*

« De telles rencontres sont rares, je l'ai déjà dit, et fort heureusement, car si les rivalités du sexe exaspéraient encore la férocité des
querelles de jeu ou de boisson qui jonchent les *saloons* de cadavres,
toute la Prairie serait bientôt dépeuplée. »
P. BOURGET, *Outre-Mer*, p. 57 (□ 1895).

« Il [le prospecteur] s'arrête quelquefois dans un de ces *saloons*
qu'on voit à proximité des mines, baraques en planches, où l'on vend à
boire et à manger, où l'on trouve tous les jeux de hasard, et quelques
femmes venues de la ville. Il arrive que le malheureux mineur sort de
ces *saloons* complètement ruiné par le jeu et par les femmes. »
J. HURET, *En Amérique, De San Francisco au Canada*, p. 193 (□ 1905).

✳ Le mot anglais *saloon* n. (1728), lui-même emprunté du français
salon (italien *salone,* augmentatif de *sala* « salle », de même étymologie
que le français *salle,* latin *sala*) au sens de « pièce de réception (dans
une maison privée) », attesté au premier sens ci-dessus en 1747, a pris
en américain le sens de « bar, tripot » dès 1841. Attesté chez Nerval en
1852 comme terme étranger, le mot *saloon* s'est dit quelquefois en
français en parlant de l'Angleterre, mais c'est surtout au second sens,
en parlant de l'Amérique, qu'il est employé, ce sens ayant été vulgarisé
par les westerns.

SAMMY [sami] *n. m.*

(1917) *Fam.* et *vx.* Sobriquet donné aux soldats américains
pendant la Première Guerre mondiale. *Les Sammies et les
Tommies**. — REM. : Absent du dict. de l'Académie 1935.

« Le SAMMY porte un feutre mou à larges bords [...]. Les SAMMIES ont
débarqué pour la première fois en Europe (en France) le 26 juin 1917. »
Larousse mensuel illustré, août 1917, art. *Sammy*.

✳ Mot anglais n. (1917), diminutif de [*uncle*] *Sam* → **Oncle Sam.**

SANATORIUM [sanatɔʀjɔm] ou SANA [sana] *n. m.*

(1877) Maison de santé établie dans des conditions clima-
tiques définies et destinée aux malades atteints de tuberculose.
Cure en sanatorium. Plur. français : *des sanatoriums* ; plur.
latin, rare, littéraire : *des sanatoria.* — REM. : Enregistré dans
le dict. de l'Académie 1935. — (déb. XXᵉ s.) *Sana* (forme abrégée
courante). *Il a passé un an en sana. Des sanas.*

« [...] M. Lagneau demande, comme mesures d'hygiène publique
prophylactiques de la phtisie [...] qu'on établisse des *sanitaria*, c'est-à-
dire de petites et nombreuses maisons agricoles, bien aérées, bien
situées, soit à proximité des grandes villes, soit sur le littoral, soit dans
les montagnes plus ou moins élevées, pour y recevoir les personnes
délicates, prédisposées à la phtisie [...]. »
L. FIGUIER, *L'Année scientifique et industrielle*, pp. 333-334, 1878 (□ 1877).

« Elle [ma femme de chambre] est aujourd'hui tuberculeuse déclarée,
et doit entrer en sanatorium. Et je me souviens que vous m'avez dit que
votre mère vous avait légué une fondation de lit dans un sana dont le
nom m'échappe. »　MONTHERLANT, *Les Lépreuses*, Épilogue, VII (□ 1939).

✳ Anglais *sanatorium* (aussi *sanitarium* et, par confusion avec ce
dernier, *sanatarium*) n. (1840), mot latin, de *sanare* « guérir », de *sanus*
« sain, bien portant ».

SANCTUAIRE [sɑ̃ktɥɛʀ] *n. m.*

(v. 1970) *Polit.* Lieu protégé (contre une agression) ; lieu qui
sert de refuge. — *Par ext.* Territoire qui doit être protégé,
défendu à tout prix ; territoire d'importance vitale. *Le « sanctuaire national »* (*Le Monde*, 26 janv. 1972, *in* Gilbert). — Lieu
protégé (notamment où vivent des espèces menacées). *Un
sanctuaire d'oiseaux, « de la faune sauvage »* (*in* Gilbert).

« Pour mieux protéger le corps de la mère patrie, lui épargner le viol
des troupes étrangères, on en relève préventivement l'empreinte sacrée

(le "sanctuaire", disent les théoriciens de la dissuasion) en une vaste mosaïque amoureuse et stratégique, la carte d'état-major. »

L'Express, 7 juin 1980, p. 27.

✱ Francisation d'emplois spéciaux de l'anglais *sanctuary* (XIVe s.), lui-même du français *sain(c)tuaire*, français moderne *sanctuaire*. Dès le XIVe siècle (Chaucer, Wycliff, *in* Oxford), le mot anglais prend d'abord, dans le contexte religieux chrétien, le sens de « lieu protégé, où l'on a l'immunité » et « immunité ». D'où des composés comme *sanctuary-place*, *-town* (« lieu-, ville-sanctuaire ») attestés dès le XVIe siècle. Le sens de « refuge d'animaux » est attesté dans le Webster's Second (1932). Les dérivés *sanctuariser*, *sanctuarisation* (1973, *in* Gilbert) « transformer en un sanctuaire ; action de... » sont probablement aussi empruntés aux formes anglaises (*to sanctuarize*, 1602, Shakespeare, *in* Oxford dict. ; le subst. n'étant pas attesté dans les dict. disponibles).

SANDERLING [sɑ̃dɛʀliŋ] ou [sɑ̃dɛʀlɛ̃] *n. m.*

(1750) Oiseau appelé bécasseau des sables, qui sautille au bord des vagues.

✱ Mot angl. *sanderling* (1602), de *sand* « sable ».

SANDOW [sɑ̃do] *n. m.*

1° (1902) Câble élastique de caoutchouc, utilisé dans le montage de certains appareils de gymnastique (exerciseurs, extenseurs), pour la fixation des bagages sur la galerie d'une voiture, pour le lancement des planeurs. *Des sandows. Arbalète à sandow* (*Sciences et Avenir*, sept. 1979, p. 55). — REM. : Absent du dict. de l'Académie 1935.

« Ces conjointes en gomme élastique, pour la grande douceur avec laquelle elles se prêtent aux coups de pied et de poing, sont un précieux engin gymnastique bien supérieur aux sandows. »
A. JARRY, *Gestes*, 15 fév. 1902, *Battre les femmes*, in *La Revue blanche*, 1902 [*in* D. D. L., 2e série, 9].

2° (1933) L'appareil gymnastique monté avec ces câbles.

« Je commence à prendre du ventre. Faut que je me surveille. J'ai bien essayé de faire des exercices le matin avec un sandow. Mais c'est la barbe. »
Jules ROMAINS, *Les Hommes de bonne volonté*, t. XXII, p. 234 (□ 1943).

✱ Marque déposée, du nom de la firme qui produisait l'extenseur ainsi appelé, *Sandow*, sans doute d'après le nom de l'illustre *Sandow*, l'homme le plus fort du monde, dont le manager n'était autre que Ziegfeld, le célèbre impresario du music-hall américain vers 1908.

« Voulez-vous [...] développer certains de vos muscles en vue de tel record spécial, voulez-vous vous entraîner à la lutte, à la boxe, à l'haltérisme, à l'acrobatie, et faire la pige à Bonnes ou à Padoubny, à Sandow ou à Derriaz ? Faites — systématiquement — des poids lourds ! »
É. GAUTIER, *L'Année scientifique et industrielle*, p. 165, 1908 (□ 1907).

SANDWICH [sɑ̃dwi(t)ʃ] *n. m.*

1° (1802) Mets composé de deux tranches de pain (grillé ou non), généralement beurrées, entre lesquelles on place des tranches minces de viande froide (jambon, charcuterie), de fromage, ou une autre garniture. Plur. à la française : *des sandwichs*, ou à l'anglaise : *des sandwiches*. — REM. : Enregistré dans le dict. de Littré 1870, comme nom féminin, et dans le dict. de l'Académie 1935, comme nom masculin. — Hormis une certaine survivance, dans quelques aires régionales, le féminin est entièrement sorti de l'usage.

« — Hé ! bien, cher enfant, reprit l'imposante madame Rabourdin, qui voulait faire acte public de bonté, voici des sandwiches et de la crème, venez là près de moi. »   BALZAC, *Les Employés*, p. 916 (□ 1836).

« Car ne sachant que faire, je fais du feu, qui m'est inutile. C'est comme les grands hommes, il faut du sublime incompréhensible et cela leur rôtit le cœur comme une tartine que les peuples savourent et lèchent tout comme un sandwich. »   FLAUBERT, Lettre à E. Chavelier, 20 janv. 1840, in *Corresp.*, t. I, p. 59, Pléiade.

« Ce sont des pâtés, des *sandwich*, — une volaille peut-être [...]. »
NERVAL, *Les Nuits d'octobre*, Le Café des aveugles, p. 107 (□ 1852).

« Alors, ces dames, qu'effrayait l'idée de nous voir partir à peu près à jeun, se mirent sur-le-champ à préparer des *sandwich's* qu'un domestique nous offrit à la ronde. Nous arrosâmes ces tartines d'un vin de Champagne tiré d'Exeter, où on le fabrique avec du poiré. »
P. MARCOY, *Voyage de l'océan Atlantique à l'océan Pacifique* [1846-1860], p. 85 (□ 1862).

« Le gros type achetait un sandouiche et une canette de bière à un personnage en contre-bas. Valentin sursauta. »
QUENEAU, *Le Dimanche de la vie*, p. 76 (□ 1951).

— CLUB SANDWICH : sandwich de plusieurs tranches de pain de mie garnies et superposées.

2° *N. m.* (1881) HOMME-SANDWICH : homme payé pour se promener dans les rues en portant des placards de publicité (à l'origine, l'un devant, l'autre derrière). *Des hommes-sandwiches* ou des *hommes-sandwichs*. — REM. : Enregistré dans le dict. de l'Académie 1935.

« Elle se sauve en compagnie de Médard, un bohème déclassé qui tour à tour, le soir, compose des refrains pour les concerts à bocks, et promène en homme-sandwich, le jour, des affiches marchantes dans les rues. »   *Le Charivari*, 31 janv. 1881 [*in* D. D. L., 2ᵉ série, 3].

« Nous avions ici l'homme-sandwich, dont l'idée première revient d'ailleurs à la folâtre Albion. »   *Le Charivari*, 18 juil. 1892, p. 2.

3° *Loc. adv.* (1884) *Fam.* EN SANDWICH : serré, coincé entre deux objets, deux personnes, deux animaux.

« Sa demeure [de Mᵐᵉ Kergaron], tout étroite, n'ayant qu'une seule ouverture sur la rue, à chaque étage, avait l'air d'une échelle de fenêtres, ou bien encore d'une tranche de maison en sandwich entre deux autres. »
MAUPASSANT, *Les Sœurs Rondoli*, La Patronne, p. 73 (□ 1884).

« La première fois, tant son apparition suscitait de convoitise dans les rangs de ces affamées, il fut pris en sandwich par deux vaches herculéennes, glissa sur un topinambour, roula dans une bouse, sentit à ses oreilles la bourrasque d'une ruade de jument et resta affalé, se croyant mort à tout jamais. »   R. FALLET, *Le Triporteur*, p. 139 (□ 1951).

4° *N. m.* (1947) Techn. MATÉRIAU SANDWICH ou SANDWICH : matériau composite composé d'une substance légère comprise entre deux plaques de matériau résistant. — En appos. *Verre sandwich. Structure sandwich.*

« Le verre triplex est encore appelé verre sandwich, nom qui évoque mieux son mode de fabrication. En principe, une feuille de matière plastique transparente est emprisonnée entre deux glaces. »
F. MEYER et P. GRIVET, *Le Verre*, p. 68, P. U. F., Que sais-je ?, n° 264 (□ 1947).

— EN SANDWICH, *loc. adv.*

« Il s'agit de ce que les spécialistes appellent un montage "en sandwich" : entre deux métaux — supra-conducteurs en l'occurrence — est intercalé un corps isolant. »   *Le Monde*, 25 oct. 1973, p. 17.

✱ Mot anglais n. (1762), tiré du nom de John Montagu, comte de *Sandwich* (1718-1792), dont le cuisinier inventa cette forme de repas sommaire pour éviter à son maître de quitter sa table de jeu. *Sandwich* est attesté pour la première fois en français dans *Le Moniteur universel* du 2 fév. 1802 [13 pluviôse an X]. Le pluriel de *sandwich* a été incertain (Cf. cit.) ; la graphie de Queneau est personnelle.

Sandwich a produit le dérivé familier *sandwicher* (1925) « mettre en sandwich » ; *au fig.* « serrer, comprimer entre deux choses ».

> « Bast ! phonographe, piano, cris ou roucoulements dessus, dessous, à gauche ou à droite. Vous êtes "sandwichés" entre trois ou quatre voisins ; vous êtes un caillou dans un poudingue. »
> LE CORBUSIER, *Urbanisme*, p. 204, 1925 [*in* D. D. L., 2ᵉ série, 13].

> « Le monsieur obèse et la grosse dame entre qui j'étais sandwiché, échangèrent un regard lourd — lui aussi... »
> F. JOURDAIN, *De mon temps*, 1958 † [*in* Robert, Suppl.].

✱ L'anglais *sandwich-man* n. (1864) composé de *sandwich* et de *man* « homme » a passé en français en 1892 (D. D. L., 2ᵉ série, 14) mais on lui a préféré dès 1881 le calque *homme-sandwich*.

SCALAIRE [skalɛʀ] *adj.*

(fin XIXᵉ s.) *Math.* Se dit d'une grandeur définie par sa mesure arithmétique ou algébrique en fonction d'une unité déterminée (opposé à *vectoriel*).

> « Ce mot semble avoir été introduit pour la première fois par W.-R. Hamilton, dans la théorie des *quaternions*, pour représenter la partie réelle d'un quaternion : Q = SQ + VQ ; S et V désignent le scalar et le vecteur du quaternion respectivement. On dit quelquefois aussi la partie scalaire et la partie vectorielle. »
> *Grande Encycl. Berthelot*, art. *Scalar, scalaire*, 1901.

✱ Anglais *scalar* adj. (1656) « qui ressemble à une échelle », adj. et n. (1853, Hamilton, comme terme de mathématiques).

SCALP [skalp] *n. m.*

1° (1803) Chevelure d'un ennemi vaincu, détachée par incision de la peau du crâne, que les Indiens d'Amérique conservaient comme trophée. *Des scalps.* — REM. : Enregistré dans les dict. de Littré 1872 (sous la forme *scalpe*), et de l'Académie 1935.

> « Le plus courageux, celui qui a pris le plus de *scalps* à la guerre ou qui a tué le plus de bisons, celui qui a fait quelque action d'éclat, celui qui parle avec une grande éloquence, tous ceux-là ont des droits pour être nommés chefs. »
> L. SIMONIN, *Le Far-West américain* [1867], p. 287 (□ 1868).

> « Hopkins, un de ceux-là [un chercheur d'or], me racontait les semaines qu'il avait passées, vivant de lard froid entre des fissures de rochers. La moindre fumée eût donné l'éveil aux Indiens qui battaient la Prairie en tout sens, à la recherche de son scalp. Il n'en avait pas moins continué, avant, pendant et après, sa chasse chimérique. »
> P. BOURGET, *Outre-Mer*, p. 58 (□ 1895).

2° (1826) Action de scalper*. — REM. : Absent du dict. de Littré en ce sens ; signalé dans le dict. de l'Académie 1935. — On a aussi dit *scalpement* n. m. (1870, *in* Littré 1872) et *scalpation* n. f. (1877).

> « Le sachem des Onondagas étoit un vieil Iroquois dans toute la rigueur du mot : sa personne gardoit le souvenir des anciens usages et des anciens temps du désert : grandes oreilles découpées, perle pendante au nez, visage bariolé de diverses couleurs, petite touffe de cheveux sur le sommet de la tête, tunique bleue, manteau de peau, ceinture de cuir, avec le couteau de scalpe et le casse-tête, bras tatoués, mocassins aux pieds, chapelet ou collier de porcelaine à la main. »
> CHATEAUBRIAND, *Les Onondagas*, in *Voyage en Amérique*, p. 63 (□ 1827).

> « Les Indiens Jivaroz pratiquent un deuxième art singulier qui surenchérit encore sur le scalp cher aux Peaux Rouges. C'est la tête, voire le corps entier de leurs ennemis qu'ils conservent par-devers eux. »
> CENDRARS, *Moravagine*, p. 169 (□ 1926).

— *Danse du scalp*, Danse guerrière des Indiens d'Amérique.
— REM. : Signalé dans le dict. de l'Académie 1935. — *Au fig.* :

« Pendant plus d'un mois les ennemis de Vaugoubert ont dansé autour de lui la danse du scalp, dit M. de Norpois, en détachant avec force ce dernier mot. »
PROUST, *À l'ombre des jeunes filles en fleurs*, p. 461 (□ 1918).

✳ Mot anglais n. (« calotte crânienne », 1300 ; 1601, au premier sens ci-dessus). Le second sens est typiquement français. En anglais, c'est le mot *scalping*, substantivation du participe présent de *to scalp* (→ **Scalper**), attestée en américain en 1750, qui désigne l'action de scalper. Ainsi le *couteau de scalp* est une adaptation de *scalping knife* (1756), plus rarement *scalp knife* ou *scalpblade* (1850), de *blade* « lame ». Le terme *danse du scalp* rend l'américain *scalping dance* (1755) ou *scalp dance* (1791). D'après Mackenzie (p. 199) le mot *scalp* est attesté pour la première fois en français en 1803 chez le comte de Volney (*Tableau du climat et du sol des États-Unis d'Amérique, suivi d'éclaircissements* [...] *sur les sauvages*, d'après *Œuvres*, éd. 1821, t. VII, p. 445).

SCALPER [skalpe] *v. tr.*

(1769) Détacher le cuir chevelu d'un ennemi par incision circulaire de la peau du crâne. — REM. : Enregistré dans les dict. de l'Académie 1835 et de Littré 1872.

« L'affreuse coutume de scalper l'ennemi augmente la férocité du combat. On met le pied sur le cou du vaincu : de la main gauche on saisit le toupet de cheveux que les Indiens gardent sur le sommet de la tête ; de la main droite on trace, à l'aide d'un étroit couteau, un cercle dans le crâne, autour de la chevelure : ce trophée est souvent enlevé avec tant d'adresse, que la cervelle reste à découvert sans avoir été entamée par la pointe de l'instrument. »
CHATEAUBRIAND, *Mœurs des Sauvages*, La Guerre, in *Voyage en Amérique*, pp. 169-170 (□ 1827).

« Le chef portait une coiffure de plumes d'aigles ; les autres leur simple chevelure noire, avec la tresse à scalper *(skalp-locke)*, à laquelle pendait un chapelet de disques d'étain. »
G. DEPPING, *Voyage de M. Möllhausen, du Mississipi aux côtes de l'océan Pacifique* [1853-1854], p. 353 (□ 1860).

« De nombreuses chevelures, fraîchement scalpées, sont suspendues au bout de longues perches. »
E. de GIRARDIN, *Voyage dans les mauvaises terres du Nebraska (États-Unis)* [1849-1850], p. 63 (□ 1864).

« L'Indien scalpe l'ennemi qu'il tue, en lui enlevant la partie supérieure de la chevelure, celle qui forme la tonsure des moines catholiques. Quelques tribus prennent même tout le scalp, toute la chevelure. Pour scalper, l'Indien, armé de son couteau, fait une incision en rond autour du crâne et, prenant la chevelure par le sommet, l'arrache vivement ; elle vient avec la peau, sur toute la surface découpée. "Ça vient tout seul" me disait un jour un vieux trappeur, qui avait pris fait et cause pour les Indiens dans leurs guerres intestines, et avait lui-même scalpé. »
L. SIMONIN, *Le Far-West américain* [1867], p. 287 (□ 1868).

✳ Américain *to scalp* (1693), de *scalp* n. Le terme *tresse à scalper* (→ cit. de Depping ci-dessus) est une adaptation de l'expression américaine *scalp-lock* n. (1826) désignant une longue couette de cheveux que les Indiens portaient sur le sommet de la tête, en signe de défi lancé à l'ennemi. Brunot (t. VI, p. 1234) et Mackenzie (p. 199) attestent *scalper* en 1769. *Scalper* a produit le dérivé *scalpeur* n. m. (attesté en 1845 chez G. Sand, d'après Mackenzie, p. 199 ; puis chez Pagnol), « celui qui scalpe ses victimes » (américain *scalper*, n., 1760, *vx*).

« Ce fut pour nous la révélation, confirmée par le *Chercheur de Pistes* : nous étions des Indiens, des fils de la Forêt, chasseurs de bisons, tueurs de grizzlys, étrangleurs de serpents-boas, et scalpeurs de Visages Pâles. »
M. PAGNOL, *La Gloire de mon père*, t. I, p. 155, Éd. de Provence, 1966 (□ 1957).

SCANNAGE → SCANNING.

1. SCANNER [skane] *v. tr.* et *intr.*

(1980) Explorer avec un scanneur en vue d'obtenir une image (dite *scannogramme* n. m.). — *Intr.* Utiliser un scanneur.

✱ Adaptation de l'anglais *to scan,* même sens (de *to scan* « scruter »). Admis au *Journal officiel* du 11 déc. 1980. Ne pas confondre avec *Scanner, scanneur* n. m.

2. SCANNER [skanɛʀ] ou **SCANNEUR** [skanœʀ] *n. m.*

1° (1964) *Imprim.* Appareil électronique de photogravure produisant des clichés typographiques, des cylindres gravés d'héliogravure ou des films de demi-teinte ou tramés, d'après des documents en noir et blanc ou en couleur.

« La photogravure électronique fait appel à des scanners, qui fabriquent des clichés typographiques par gravure directe — sans intervention chimique — d'une plaque de métal ou de plastique. »
La Chose imprimée, p. 102 (□ 1977).

2° (1974) *Méd.* Appareil de radiographie en profondeur, traitant par une calculatrice électronique les résultats obtenus.

« Depuis peu, cinq hôpitaux en Grande-Bretagne et aux États-Unis disposent d'un nouvel appareil, né du mariage de l'électronique et des rayons X : le "scanner" EMI (du nom du fabricant). »
Science et Vie, janv. 1974, p. 42.

« Mais, pour installer un rein artificiel, une bombe au cobalt, un scanner (la radiographie en profondeur sans douleur ni danger), il faut obtenir des autorisations, passer des conventions. »
L'Express, 2 janv. 1978, p. 64.

« Le scanner ou, en français, le tomodensitomètre, permet très souvent de compléter les renseignements apportés par d'autres examens, parfois même de se dispenser de certains de ces examens.
Schématiquement, il en existe deux sortes selon qu'il permet l'examen de la tête ou celui du corps entier.
Ce serait certes une erreur de penser qu'il n'y a qu'à "passer au scanner" pour faire en quelque sorte vérifier son corps comme on ferait pour sa voiture. »   *Le Figaro*, 18 oct. 1979, p. 30.

— (1979) → **Scanning.**

« C'est à des recherches qui ont abouti à la mise au point d'une méthode d'examen médical fort importante, le "scanner", qu'a été décerné cette année le prix Nobel de médecine : au Britannique G.-N. Hounsfield et à l'Américain A. MacLeod Cormack. »
Le Figaro, 18 oct. 1979, p. 30.

✱ Mot anglais n., de *to scan* « scruter, examiner minutieusement », « balayer », de même origine que le français *scander* (latin *scandere* « monter, escalader, scander [des vers] »). Le G. L. E. 1964 enregistre *scanner* comme terme d'imprimerie. En médecine, dans les années 1970, l'emprunt de *scanner* a été accompagné de celui de *scanning*✱. Ces emprunts sont critiqués. La graphie francisée *skanneur* a été approuvée par le *Journal officiel* du 11 déc. 1980 ; on dit aussi *radiomètre de balayage* et *scannographe* (→ **Scannographie**). Mais d'après *le Figaro* du 18 oct. 1979, c'est le terme *tomodensitomètre* qui s'impose dans les milieux médicaux. On trouve aussi *tomodensitographe* (*Le Monde*, 12 mai 1981, p. 20). Néanmoins le radical *scann-* est mieux propre à la dérivation (→ **Scanner** et **scanneur**). Sur *scanneur*, le français a formé *scanneuriste* n. « utilisateur d'un scanneur », approuvé au *Journal officiel (id., ibid.),* en concurrence avec *scannographiste.* — ʀᴇᴍ. Ne pas confondre *scanner* n. et *scanner* v.

SCANNING [skaniŋ] *n. m.*

(1973) *Méd.* Méthode d'examen radiologique au moyen du scanner (2, 2°)*.

« Surface de l'endothélium aortique d'un Lapin, examinée à l'aide du *scanning*. Cette méthode de recherche permet de mettre en évidence la présence de ponts intercellulaires protoplasmatiques entre les cellules endothéliales, qui se fragmentent après administration d'adrénaline ou de cholestérol. »
Encycl. internationale des sciences et des techniques, 1973 (Publ.).

✶ Mot anglais *scanning* (1968), de *to scan* (→ **Scanner**), dont l'emploi est critiqué en français. L'usage médical actuel préfère le mot français *tomodensitométrie* au mot *scanning*. Comme terme d'électronique et comme terme de technologie radar, rappelons qu'on a proposé le mot français *balayage* (*La Banque des mots*, n° 4, 1972, p. 212 ; *Journal officiel*, n° 262, arrêté du 12 août 1976), et plus récemment *scannage* (*Journal officiel*, 11 déc. 1980).

SCANNOGRAPHIE [skanɔgʀafi] *n. f.*

(1977) Ensemble des connaissances et des procédés techniques qui permettent d'utiliser un scanneur et les données qu'il saisit.

✶ Mot français tiré de l'angl. *scanner* et proposé par le *Journal officiel* du 11 déc. 1980. Il est plus abstrait que *scanning* ou *scannage* qui ne désignent que l'opération. La voyelle d'appui *o* qui suit le radical anglais *scan(n)-* (*to scan* « scruter ») est analogique des éléments grecs ou latins en *-o*, et ce type de formation semble nouveau en français. On a aussi produit *scannographe* n. pour remplacer *scanneur*, et *scannographiste* n. en concurrence avec *scanneuriste*, cependant approuvé par le *Journal officiel*. Il semble que *le Monde* ait mal orthographié ces mots :

« *Le professeur Jean Bernard*, président de la commission de terminologie du ministère de la Santé, a transmis à ses collègues de l'Académie française, la requête de son ministre sollicitant un équivalent du mot anglais Scanner. [...]
La commission de l'Académie propose : "scanographe" (l'appareil), "scanographie" (la méthode) et "scanographiste" (l'utilisateur). »   *Le Monde*, 18 juin 1977.

SCAT [skat] *n. m.*

(v. 1948) *Jazz.* Imitation vocale du style instrumental, dans laquelle on remplace les paroles d'un morceau par des syllabes sans signification ou par des onomatopées. — Adj. invar. *Le chant scat.*

« Chaque phrase est soumise à un pétrissement admirable, chaque syllabe est façonnée selon les exigences du rythme, accentuée ou avalée ou étirée. Lorsque les paroles lui font défaut, il [Louis Armstrong] poursuit son chant en vocalises "dat-de-dat", les syllabes acquérant alors une sorte de force bondissante. Cette manière, qui a fait fortune, le style "scat", Armstrong en fut le créateur. »
L. MALSON, *Les Maîtres du jazz*, p. 39 (□ 1952).

— *Scat chorus*, chorus chanté en scat ou vocalises.

« On trouve d'autres scat chorus de Louis Armstrong dans *Hotter than that, Squeeze me, Basin Street Blues, Song of the Islands, Shine.* »
H. PANASSIÉ, M. GAUTIER, *Dict. du jazz*, art. *Scat* (□ 1971).

✶ Terme américain, probablement d'origine onomatopéique, désignant un style d'improvisation vocale créé par Louis Armstrong, qui a été le premier à l'employer en disque, dans *Heebie Jeebies*, en 1926, et qui a donné à l'un de ses disques le titre *Da-De-Dat,* l'un des groupes de syllabes utilisés dans le chant scat.

SCENIC RAILWAY [senikʀɛlwɛ] *n. m.*

(1904) Suite de montées et de descentes rapides parcourues par un véhicule où peuvent s'asseoir des personnes, dans les attractions foraines. — REM. : Absent du dict. de l'Académie 1935.

« Enfin n'omettons pas le Scenic railway. Ce dernier est pour l'instant le paria de l'Exposition. Planté derrière le temple d'Angkor, il avait lancé vers les dieux une émouvante cime couverte de neiges éternelles. À cet aspect on cria haro et raca sur le maudit. Le Scenic déshonorait le paysage. »

P.-E. CADILHAC, *Promenade à travers les cinq continents*, Exposition coloniale, in *L'Illustration*, 23 mai 1931.

« Dans l'espoir de nous égayer nous montons dans le *scenic-railway* ; mais d'en bas nous n'en avions pas mesuré les courbes terrifiantes ; emportées par une horrible chute verticale, N. et moi nous fermons les yeux pendant qu'une voix ferme et sépulcrale articule lentement derrière nous : "Oh ! comme je regrette que nous ayons fait cette chose !" »

S. de BEAUVOIR, *L'Amérique au jour le jour*, 26 fév. 1947, p. 118 (□ 1954).

« Après j'ai fait un tour de scénique rélouais. Pour faire passer la choucroute, c'est au poil. »

QUENEAU, *Le Dimanche de la vie*, p. 192 (□ 1951).

« Tel homme est passionné de bridge ou de tennis. Obligez-le à se livrer à son occupation favorite chaque fois qu'il se trouve n'en avoir pas envie, il n'y verra plus qu'un pensum. Mais ce serait bien pire s'il avait du plaisir à se faire secouer dans le *scenic railway* d'une foire : contraint de monter dans cet engin au-delà de son envie, il en aurait la nausée et se croirait martyrisé. »

J. CAZENEUVE, *Jeux de vertige et de peur*, in *Jeux et sports*, p. 686 (□ 1967).

✲ Mot d'origine américaine, n. (1901, aussi *scenic railroad* n. 1949), composé de *railway* et de *scenic* « panoramique » (de *scene* n., du latin *scena* « scène, décor »), désignant un petit train d'agrément. En français, le terme *scenic railway* est devenu synonyme de *montagnes russes* ; Bonnaffé l'atteste en 1904 dans *Anglicismes et Mots d'influence anglaise*, in *The French Quarterly*, sept. 1922. Ce qu'on appelle *montagnes russes* ou *scenic railway* en français, s'appelle en Angleterre *switchback* n. (1887) ou *switchback railway* n. (1888), et en Amérique *roller coaster* n. (1903). Ce qu'on appelle en anglais *scenic railway* n. s'appelle en français *petit train*.

SCHALL → CHÂLE.

SCHELEM → CHELEM.

SCHOONER [skunœʀ] ou [ʃunœʀ] *n. m.*

(1751) *Ancienn.* Petit navire généralement à deux mâts, goélette utilisée surtout pour la pêche et le commerce. — REM : Figure dans Littré 1870 et dans le dict. de l'Académie 1878.

« Je m'embarquai sur le schooner américain où [...] M. Lear m'avait fait obtenir un passage. »

CHATEAUBRIAND, *Itinéraire...*, 1811 [*in* Le Robert].

« Paine et Proudfoot avaient été débarqués dans l'île par un schooner qui faisait la pêche des phoques. Suivant la coutume des pêcheurs, ils devaient pendant un mois s'approvisionner de peaux et d'huile, en attendant le retour du schooner. Le schooner ne reparut pas. »

J. VERNE, *Les Enfants du capitaine Grant*, t. II, p. 33, Hachette (□ 1867).

✲ Mot américain, d'abord *skooner* (1716), adapté en *schooner* (1721) peut-être sur le modèle d'emprunts en *sch-* au hollandais ; l'étymologie en reste obscure bien qu'une anecdote datant sa création de 1713 à Gloucester, Massachusetts, le fasse dériver de *to scoon* « effleurer la surface de l'eau », ce verbe ne semblant pas fréquent dans l'anglais de la Nouvelle-Angleterre. Mackenzie (p. 105) le relève dans une traduction de *L'Histoire de la Jamaïque* de H. Sloane par Raulin (1751). Dès 1808, Boiste enregistre *schooner* et *skouner ;* on trouve *schouner* en 1829 (Suppl. au dict. de l'Académie), et *schoner* à côté de *schooner* (Quillet 1953, Le Robert). Certains auteurs le considèrent comme un emprunt au hollandais (Boiste 1839, G. L. L. F.), mais selon l'Oxf. dict. c'est de l'anglais qu'il est passé dans cette langue, comme en français, en allemand, en danois, en suédois.

SCIENCE-FICTION [sjãsfiksjõ] *n. f.*

(1951) Genre romanesque qui fait intervenir ce qui est scientifiquement possible dans l'imaginaire. *Livre, film de science-fiction. Le fantastique et la science-fiction.* — Abrév. fam. *La S. F.* [ɛsɛf]. — REM. : Cette expression a suscité de nombreux composés de *fiction* (*politique-fiction, médecine-fiction,* etc.).

« La science-fiction pourchasse la merveille. »
Boris VIAN et S. SPRIEL, *Un nouveau genre littéraire, la science-fiction,* in *Les Temps modernes,* oct. 1951.

« La cruauté ou l'érotisme, la poésie ou le rêve sont dévolus à des genres réputés hors de la littérature, tels que la *Science-fiction* ou la *Detective-story* où les psychanalystes et les sociologues puisent à loisir. »
G. DUMUR, *L'Été américain,* in *Les Lettres nouvelles,* mars 1956, p. 582.

« La science-fiction incite à une conception cosmique du monde ; le lecteur de science-fiction se rend compte de l'absurdité des actuelles divisions tribales de l'humanité. » *Le Courrier de L'Unesco,* nov. 1962, p. 16.

« Pluralité des mondes habités, pluralité des mondes possibles — cela évoque pour nous des images de science-fiction, les mondes des autres planètes ou des autres galaxies. »
P. BERTAUX, *La Mutation humaine,* p. 59 (□ 1964).

✳ Mot d'origine américaine n. (1927) composé de l'anglais *fiction* n. « romans et nouvelles », lui-même emprunté du français au xvie siècle au sens de « création de l'imagination », et de *science* n. en fonction d'épithète « scientifique ». *Science-fiction* est la forme modifiée du terme créé en 1926 par l'éditeur américain Hugo Gernsback (lui-même auteur en 1911 de la nouvelle *Ralph 124C 41 +* qui illustrait déjà le genre), *scientifiction,* mot-valise composé de *fiction* et de *scientific* « scientifique », avec chevauchement des deux termes sur *fic.*
La science-fiction nous vient d'Amérique ; il en est de même pour le mot que l'on substitue vers 1950 au français *anticipation.* La science-fiction recouvre le domaine du roman d'anticipation, mais elle peut également se situer entièrement dans le présent sans faire intervenir le futur, en exploitant le scientifiquement possible. Il fallait un mot pour désigner ce nouveau genre ; les spécialistes français ont opté pour le terme retenu par les éditeurs américains Hugo Gernsback et John W. Campbell, qui ont exercé au début du siècle une influence décisive en ce domaine.
Outre qu'il contienne un mot pris dans le sens de l'édition anglo-saxonne, *fiction* « romans et nouvelles », le composé *science-fiction* pèche contre l'ordre normal des mots en français en présentant le déterminant avant le déterminé.

« Une maison d'édition française vient de lancer le terme "science-fiction" qui m'a tout l'air d'être un anglicisme de syntaxe. »
LE BIDOIS, in *Combat,* 10 sept. 1953 [*in* Gilbert].

« C'est proprement mettre la charrue avant les bœufs. J'en dirai de même du composé *science-fiction,* et il est étrange qu'une formule aussi contraire aux règles de notre syntaxe ait pu se répandre avec tant d'assurance, dans le jargon de nos contemporains : il ne s'agit pas, en effet, d'une science qui serait fictive, mais bien d'une fiction, d'un roman qui est ou se prétend scientifique. »
Id., *Les Mots trompeurs,* p. 253.

✳ Malgré ces critiques tout à fait pertinentes, il semble que le terme *science-fiction* soit définitivement entré dans l'usage. Aucun équivalent français n'a encore été proposé.

SCOOP [skup] *n. m.*

(1966) *Journalisme.* Nouvelle importante ou à sensation donnée en primeur ou en exclusivité. *Tenir un scoop. Obtenir les scoops.*

« En toutes les langues la date des journaux m'annonce la même merveilleuse nouvelle, et j'ai failli en somme manquer le *scoop* de l'année : depuis hier, dans tout l'hémisphère, sous tous les régimes, de part et d'autre de tous les rideaux, le printemps est arrivé ».

Le Monde, 24 mars 1966 [*in* Gilbert].

« Les Soviétiques fournissent si rarement des informations inédites que chacun de leurs *"scoops"* est repris sans discernement par les journalistes du monde entier. »

G. MARTINET, in *Le Nouvel Observateur*, 7 août 1972, p. 20.

✳ Mot anglais d'origine germanique signifiant proprement « pelle, cuiller », qui a pris ce sens dans le jargon journalistique américain au XIXe siècle (1874). *Scoop* a fait son apparition dans la presse française vers 1966 ; l'Administration française recommande l'emploi du terme *exclusivité* n. f. en remplacement de cet emprunt (*Terminologie de l'audio-visuel*, in *La Banque des mots*, n° 3, 1972, p. 85).

SCOOTER [skutœʀ] ou [skutɛʀ] n. m.

(1949) Véhicule à moteur, à deux roues, caréné, à cadre ouvert, où le conducteur est assis et non à califourchon.

« " — Je prends le scooter, dit Saphir. Je suis de retour dans trois minutes."

Il enfourcha le petit scooter qui partit en grondant et cahota sur le chemin de briques. »   Boris VIAN, *L'Herbe rouge*, p. 11 (□ 1950).

« Le parc français des "deux roues" atteint actuellement 6 175 000 unités dont 4 100 000 cyclomoteurs, 1 750 000 vélomoteurs et scooters, chiffres qui permettent de constater la progression rapide des cyclomoteurs et des scooters qui ont détrôné la bicyclette, "Petite Reine" de la belle époque. »   J. BERTHOMIER, *Les Routes*, p. 64 (□ 1959).

✳ Forme abrégée de l'anglais *motor scooter* n. (1919) « patinette à moteur » composé de *motor* n. en fonction d'épithète, de même étymologie que le français *moteur* (latin *motor*, de *movere* « mouvoir »), et de *scooter* « patinette, trottinette », de *to scoot* « démarrer à grande allure, filer », verbe d'origine inconnue (la forme initiale *scout* est sortie de l'usage au XIXe siècle ; la forme moderne paraît venir des États-Unis).

Enregistré par le Larousse en 1949, *scooter* s'est imposé en français pendant la dizaine d'années où ce type de motocycle a été à la mode en France (surtout la Vespa) ; il a produit le dérivé *scootériste* n. (v. 1955 ; cf. anglais *motor scooterist*, 1960), « personne qui conduit un scooter ». Le mot et la chose sont sortis de l'usage au profit de la moto. Reste le *scooter des neiges*, « engin permettant à une ou deux personnes de parcourir les champs de neige ». L'Administration française préconise le remplacement de ce terme par *motoneige* n. f., mot forgé au Québec et récemment introduit en France.

SCORE [skɔʀ] n. m.

1° (1911) *Sport*. Nombre de points obtenus respectivement par chaque adversaire dans une compétition sportive. — REM. : Absent du dict. de l'Académie 1935. — *Fig.* :

« Il ne lui regardait que les seins. Pas tort : un joli coup double au score. D'ailleurs parfaitement persuadé d'être seul à marquer. À son âge. Et plutôt content de lui. »   ARAGON, *Blanche ou l'Oubli*, p. 13 (□ 1967).

2° (1967) *Par anal.* Résultat (chiffré ou non) atteint par un candidat lors d'une élection, d'une compétition. *Score électoral.*

« Je n'ai jamais pu supporter les amis qui parlent de leurs talents, de leurs scores. Je reste amateur de cette gaucherie dans le consentement qui fait partie pour moi des gênes délicieuses. »

H. BAZIN, *Le Matrimoine*, p. 23 (□ 1967).

« Il semble douteux, toutefois, quel que soit le « score » que fera M. Tsiranana, que tous ces concours lui soient acquis. »

Le Monde, 21 janv. 1972, p. 3.

« La moitié des Français trouvent que ce baptiste se révèle un assez bon ou très bon occupant de la Maison-Blanche. Il [Carter] atteint des " scores " aussi respectables parmi les électeurs du R. p. r. que parmi ceux du P. r. »   *L'Express*, 5 déc. 1977, p. 68.

3° (1968) Nombre exprimant le résultat individuel d'un test.

« Les autorités académiques de N. ont décidé de publier les *"scores"* obtenus aux tests de lecture par les élèves de toutes les écoles primaires et secondaires de la ville. »
Le Monde, 27 avril 1973, in *Le Français dans le monde,* janv. 1975, p. 48.

✱ Mot anglais n. (xvᵉ s.) « entaille (à l'origine " une entaille " pour 20), marque » employé comme terme de sport au xviiiᵉ siècle (1742). Bonnaffé relève le terme en français en 1911 (in *Football,* 14 janv. 1911, p. 2, d'après Mackenzie, p. 260).

« " L'anglais, ça fait sportif. " *Score, team* et *round* auront ainsi un certain avantage sur leurs concurrents, *marque, équipe, reprise.* »
J. Orr, *Les Anglicismes du vocabulaire sportif,* oct. 1935, p. 295.

« L'Académie française, dans un communiqué publié le 23 février 1967, condamne *score* et demande de dire de préférence *marque.* Enregistrons cet arrêt, mais constatons que le français sportif, langue vivante, admet *score,* mot facile à prononcer et qui ne sera pas dépaysé au milieu de tous les termes d'origine anglaise du vocabulaire sportif. *Score* [...] ne nous scandalise pas plus que *jockey* [...]. »
L'Encyclopédie du bon français dans l'usage contemporain, t. III, p. 2346 (□ 1972).

✱ *Score* a produit en français le dérivé *scorer,* d'après l'anglais *to score* « marquer (un point) ». Ce verbe est absent de tout dict. ; il a été condamné par l'Académie française. On peut dire à la rigueur *faire un score.*

1. SCOTCH [skɔtʃ] *n. m.*

(1954) Whisky* d'orge d'origine écossaise (opposé à *bourbon** et à *rye**). *Des scotches. Scotch ordinaire* (mélange). *Scotch pur malt.*

« Il [Julien] tira de sa poche un flacon plat : " Tu veux du vrai scotch ?
— Je veux.
— Mademoiselle, un autre verre et un autre soda, je vous prie ", dit Julien. Il remplit à mi-hauteur le verre d'Henri.
— Fameux ! dit Henri ; il avala une large rasade : " J'avais besoin d'un petit remontant : j'ai eu une journée si bien remplie [...]." »
S. de Beauvoir, *Les Mandarins,* p. 158 (□ 1954).

— Par ext. (1959) Un verre de ce whisky. *Commander un double scotch.* — *Baby scotch* [babiskɔtʃ] et par abrév. *un baby,* demi-scotch servi dans un café, un bar.

« Il se leva, prit un scotch sur un plateau, le but d'un trait et se sentit mieux. »   F. Sagan, *Aimez-vous Brahms...,* p. 102 (□ 1959).

« Non, décidément, Jenny, je crève de soif.
— Tu auras droit à deux scotches à La Estrella. »
H.-F. Rey, *Les Pianos mécaniques,* p. 148 (□ 1962).

✱ Anglais *scotch* n. forme abrégée de *scotch whisky* n. (1855), de *scotch* « écossais » et de *whisky.* En français, l'emprunt récent de *scotch* commence à concurrencer l'emprunt ancien de *whisky** lorsqu'il s'agit de whisky écossais.

2. SCOTCH [skɔtʃ] *n. m.*

(1958) Ruban adhésif transparent.

« Va-t'en. File. Tu ne m'entends pas ? Je ne veux pas de toi. Fous-moi la paix. Lève l'ancre. Barka ! Vade retro, ouh ! Elle reste. C'est la glu. Le papier tue-mouches. Le scotch en rouleaux. Le filet de rétiaire. Le harpon de baleine. L'araignée. La drosera. La gale. Le morpion à croix noire. Le lézard vert, qui ne lâche que si on lui coupe la tête. »
Ch. Rochefort, *Le Repos du guerrier,* p. 103 (□ 1958).

« je n'ai pas de colis de linge moi, je préfère envoyer des paquets postaux avec beaucoup de scotch et d'emballages pour embêter la personne chargée de les défaire — on a des bonnes en prison, on ne décachette, on ne dépapillote jamais rien sans l'aide du Personnel ! »
A. Sarrazin, *La Traversière,* p. 83 (□ 1967).

✱ Mot américain n. (*in* Webster's Third), marque déposée d'un collant appelé aussi *scotch tape* « ruban adhésif "Scotch" ». Ce nom de marque est passé dans l'usage français, où il a produit le dérivé *scotcher* [skɔtʃe], v. tr. (1965, cf. *to scotch tape*, in Webster's Third), « coller avec du scotch ».

« Mme E. a *scotché* pour les discipliner, pattes, guiches, mèches et nuques courtes. »   *L'Express*, 18 oct. 1965 [*in* Gilbert].

SCOTTISH-TERRIER [skɔtiʃteʀje] ou SCOTCH-TERRIER [skɔtʃteʀje] *n. m.*

(1908 ; 1868) Race de chiens terriers, à poils durs et drus, originaire d'Écosse. *Des scottish-terriers, des scotch-terriers.* — REM. : Absent des dict. de Littré et de l'Académie.

« Terriers à long poil : Griffons à nez simple, à double nez, écossais, scotchterriers, skyes... »
M. de QUATREFAGES, *Races domestiques : chiens, chiens d'utilité*, in *Revue des cours scientifiques*, 25 juil. 1868, p. 545.

« L'aspect général est celui d'une bête vive, hardie et audacieuse ; les yeux petits, mais brillants, expriment de l'intelligence et de la décision. Gai, affectueux et fidèle, le scottish-terrier est peu querelleur avec ses congénères, mais il est rapide à la riposte lorsqu'il est attaqué. La finesse de son flair en fait un excellent chien de chasse. »
J. de CRAON, art. *Scottish-terrier*, in *Larousse mensuel illustré*, août 1908, p. 303.

« Paul Rab, avec " Ric et Rac ", avait lancé, avant guerre, le scotch-terrier, et Hergé, avec Milou, le compagnon de Tintin, a popularisé le fox-terrier. »   *L'Express*, 12 mars 1973, p. 80.

✳ Anglais *Scotch terrier* n. (1863) ou *Scottish terrier* n. (xxe s.), de *Scotch* ou *Scottish* « écossais », et de *terrier* lui-même emprunté au français au xve siècle.

SCOUT, OUTE [skut] *n. m.* et *adj.*

1° *N. m.* (1923) → **Boy-scout.** — REM. : Absent du dict. de l'Académie 1935.

« Jacquot se donne une contenance en sortant de sa poche un gros couteau de scout avec des vilebrequins, des scies, des harpons. »
QUENEAU, *Loin de Rueil*, p. 49 (□ 1944).

« Ah ? Tiens, on fait encore tout ça aux scouts ? Les nœuds et le morse aussi ? Dis-donc... Est-ce que tu sais faire le nœud double des marins suédois ? »   Boris VIAN, *Le Dernier des métiers*, p. 25 (□ 1950).

2° *Adj.* (1923) Relatif, propre aux scouts, au scoutisme. *Camp scout. Mouvement scout. Fraternité scoute.* — Au fig. :

« On voit comment fonctionne ici le courage : c'est un acte formel et creux : plus il est immotivé, plus il inspire de respect : on est en pleine civilisation scoute, où le code des sentiments et des valeurs est complètement détaché des problèmes concrets de solidarité ou de progrès. C'est le vieux mythe du " caractère ", c'est-à-dire du " dressage ". »
R. BARTHES, *Bichon chez les Nègres*, in *Mythologies*, p. 70 (□ 1954-1956).

« Tu connais Robert. Il s'est lancé là-dedans à l'aveuglette, sur un coup de tête, et maintenant il est la proie de ces gens-là, le petit photographe, la vieille fille, le gardien de musée, le maire, est-ce que je sais... Et il va se perdre en démarches, en lettres de recommandation, en coups de fil...
— C'est son côté scout, dit Geneviève avec une certaine tendresse. »
F. MALLET-JORIS, *Le Jeu du souterrain*, p. 223 (□ 1973).

✳ Forme abrégée de *boy-scout*✳ enregistrée par Larousse en 1923, comme nom et comme adjectif.

« *Scout* n'est pas l'équivalent ni d'*éclaireur*, ni de *guide*.
Les *éclaireurs* ne sont pas un mouvement catholique (ce que les *scouts* sont) : on oppose les *Scouts de France* aux *Éclaireurs de France* (mouvement laïque) aux *Éclaireurs unionistes* (protestants) et aux *Éclaireurs israélites*.
Les *Guides* sont des " scouts féminins ", donc une variété particulière de " scouts ", qui ne saurait se substituer au terme générique. En outre, toutes ces

variétés sont désignées par le terme collectif *les Scouts*, qui conserve sa valeur, comme *militaire* en face de *capitaine* et de *sergent*. »   Dupré, art. *Scout*.

✱ *Scout* a produit en français le dérivé *scoutisme* n. m. (v. 1914, d'après le Robert ; puis 1933, Larousse), « mouvement international fondé en Angleterre en 1908, par le général Baden-Powell, implanté en France en 1911, ayant pour objet le développement de la résistance physique, du sens moral et du sens pratique chez les enfants et les adolescents des deux sexes ».

« ni " *tourism* " ni " *scoutism* " ne sont vraiment des mots anglais, alors que *tourisme* et *scoutisme* sont devenus usuels en français. Du fait même de son suffixe, *scoutisme* prend un caractère organique, conceptuel, que " *scouting* " n'a pas. »   J. Darbelnet, *Regards sur le français actuel*, p. 79 (□ 1963).

SCRABBLE [skʀabœl] *n. m.*

(1966) Jeu de société consistant à former des mots sur une grille pré-établie avec des jetons portant une lettre.

« Les Parisiens découvrent à nouveau [...] les jeux de société. Le scrabble a remplacé le monopoly. C'est un jeu qui consiste à faire des mots sur une sorte de grille de mots croisés avec un nombre déterminé de jetons, le dictionnaire servant d'arbitre. Pas n'importe lequel. Le Petit Robert. »
              J.-L. Delpal, in *Le Nouveau Candide*, 3 déc. 1967 [*in* Robert, Suppl.].

« Inventé, selon la légende, en 1947, par un colonel américain en chômage de guerre qui s'ennuyait, et, selon l'Histoire, par Alfred Butts, architecte américain en chômage réel, le Scrabble, jeu de lettres mais aussi de calcul mental, a trouvé chez nous sa terre d'élection. C'est un délassement digne de nos prétentions intellectuelles nationales. »
                    L'Express, 19 déc. 1977, p. 111.

✱ Mot anglais signifiant « gribouillage », de *to scrabble*, choisi en 1947 comme marque de commerce pour ce jeu d'origine américaine (Cit. de *L'Express*, ci-dessus). Le Robert date l'apparition de cet emprunt en français de 1966. D'autres jeux semblables existaient en France, par exemple le *Diamino*, vers 1935. On a formé sur *scrabble*, les dérivés *scrableur, euse* n. et *scrabler* v. intr.

SCRAPER [skʀɛpœr] ou [skʀapɛʀ] *n. m.*

(1939) *Techn*. Engin de terrassement. *Des scrapers*.

« Le principe de travail du scraper est très simple : un godet de forme et de volume adapté au problème de travail, fixé à un câble d'acier, est traîné par un treuil. Par l'intermédiaire d'une poulie de renvoi, le godet du scraper fait un va-et-vient et ramasse les matériaux à charger. Il les monte et les verse dans des trémies ou des wagonnets.
Des scrapers ont été utilisés pour le creusement des tunnels, dans les sablières, pour le curage des bassins, etc. »
                    Larousse mensuel illustré, avril 1939, p. 386.

✱ Mot anglais n. (1561 ; 1940, pour désigner un excavateur), de *to scrape* « enlever en grattant ou en râclant », du vieux nordique *skrapa* ou du moyen néerlandais *schrapen* (qui a produit l'ancien français *escraper*). Le Comité d'étude des termes techniques français avait proposé de remplacer cet emprunt par des termes déjà connus dans l'usage technique :
« Bonne râcleuse ou râcloir dans le cas de manutention de matières pondéreuses.
Piston râcleur ou râcleur dans le cas du nettoyage de conduites. »
                    Sciences, nov.-déc. 1960, p. 87.

✱ L'Administration recommande de lui substituer le terme de *décapeuse* n. f. (*Journal officiel*, 18 janv. 1973).

SCRATCH [skʀatʃ] *n. m., adj.* et *adv.*

1° *N. m.* (1870) *Cyclisme* et *athlétisme*. Ligne de départ d'une course. — REM. : Absent du dict. de l'Académie.

« [Angleterre] le comité décide quel est le plus fort et le place au scratch. »   *Le Vélocipède illustré*, 7 avril 1870 [*in* G. Petiot].

« On conçoit en effet qu'il est bien plus simple de mettre tous les coureurs de front et de les faire partir ensemble que de mesurer les rendements, placer les coureurs à leur distance respective et leur donner un départ régulier et simultané. La forme même des terrains de course ne s'y prêterait souvent pas, surtout les lignes droites où le scratch serait trop éloigné de celui qui reçoit le plus grand rendement. »
BAUDRY DE SAUNIER, *Le Cyclisme théorique et pratique*, p. 405 (□ 1892).

— *En appos.* (1895) *Course-scratch*, course où tous les concurrents partent ensemble sur la même ligne (opposé à *course-handicap*). — (1898) Subst. et ellipt. *Un scratch.*

« La réunion commença par une course scratch. »
Journal, 7 juil. 1895 [*in* G. Petiot].

« Enfin Prévot vient de battre Morin et Parlby, au vélodrome du parc des Princes, dans une course scratch. »
La Vie au grand air, 1ᵉʳ juin 1898 [*in* D. D. L., 2ᵉ série, 14].

2° *Adv.* (1887) *Partir scratch* (cyclisme et athlétisme), partir sans handicap de distance dans une course, étant placé sur la même ligne de départ ou scratch.

« B. parti scratch rendait 20 mètres à D. »
Revue des sports, 26 fév. 1887 [*in* G. Petiot].

— *Adj.* (1891) *Coureur scratch*, dans une course handicap, Coureur le meilleur ne bénéficiant d'aucun handicap de distance au départ. — *Par ext.* Au tennis et au golf, Joueur dont les points sont ramenés à zéro dans une compétition à handicap.

« Le coureur qui a l'intégralité du temps ou de la distance à accomplir, s'appelle *scratch*. »
BAUDRY de SAUNIER, *Le Cyclisme théorique et pratique*, p. 406 (□ 1892).

3° *Adj.* (mil. XXᵉ s.) *Temps scratch* ou *classement scratch*, meilleur temps ou classement tous groupes, toutes catégories.

✱ Mot anglais n. (1586) « égratignure, éraflure, rayure », employé comme terme de sport, d'abord au sens de « marque, ligne de départ », 1778, puis de « point de départ pour un concurrent qui ne bénéficie d'aucun handicap », 1867, et enfin, pour désigner le concurrent lui-même, 1886. Le mot est passé en français, comme terme opposé à *handicap* dans le vocabulaire du sport. Il a été retenu récemment dans le domaine des sports automobiles (Cf. J. Amiard, in *La Banque des mots*, n° 8, 1974, p. 163). On a créé *scratchman* n. m. (1898) aujourd'hui démodé (angl. *scratcher*) et *scratcher* (1906) v. tr. « rayer un concurrent qui, dans un championnat ou un handicap, n'est pas présent à l'appel de son nom ».

1. SCRIPT [skʀipt] *n. m.*

(XVIIIᵉ s.) *Fin.* Document remis à un créancier, représentant la valeur des intérêts ou du capital qu'une collectivité emprunteuse ne peut payer à échéance. — REM. : Absent des dict. de Littré et de l'Académie.

« Copie du *script* de société d'Alexandre Morel Dumoulin et Compagnie de Lyon. »   *Archiv. du Rhône, Copie de l'acte ou script de société fait à Lyon le 12 août 1788* [*in* D. D. L., 2ᵉ série, 9].

✱ Anglais *script* n. (1763), *vx*, variante de *scrip* n. (1762), contraction de *subscription receipt* « reçu de prêt ».

2. SCRIPT [skʀipt] *n. m.*

1° (XXᵉ s.) Écriture à la main simplifiée, non liée, voisine des caractères typographiques. *Écrire en script.* En appos. *Écriture* *script.* — *Imprim.* SCRIPTES : caractères typographiques imitant l'écriture.

« Dans notre perspective historique, nous ne retiendrons, parmi les méthodes d'enseignement actuelles, que la tendance, en pays d'écriture latine, à employer un type nouveau appelé *script.* Il s'agit d'une écriture non liée, composée en grande partie "de lignes droites, de cercles et de portions de cercles", pratiquement très proche des caractères typographiques. »   Ch. HIGOUNET, *L'Écriture*, p. 127 (□ 1955).

« Il faut revenir aux vieux errements qui ont fait leurs preuves, renoncer à la "méthode globale" de lecture, à l'écriture *script* [...]. »
M. GALLIOT, in *Défense de la langue française*, juil. 1959, p. 27.

✻ Mot anglais n. (1920), forme abrégée de *scriptwriting* « écriture script » ou de *printscript* « script en caractères d'imprimerie ». L'anglais *script* (latin *scriptum* « écrit », part. passé neutre substantivé de *scribere* « écrire ») s'emploie comme terme de typographie depuis 1838.

2° (mil. XXᵉ s.) *Cin.* et *télév.* Scénario d'un film, d'une émission, comprenant le découpage technique et les dialogues.

« On aurait, je pense, beaucoup de mal à retrouver un script intégral de LA RÈGLE DU JEU. Il n'en a jamais existé. À part celui que Philippe Esnault a écrit récemment en partant de la copie intégrale et inédite de LA RÈGLE. »   A. G. BRUNELIN, in *Cinéma 60*, fév. 1960, p. 52.

« Il écrit ses scripts comme des romans où le dialogue a l'ambition de sonner si juste qu'il appelle l'image, la dicte, la précède, et se passe de tout effet descriptif. »   M. DELAIN, in *L'Express*, 25 sept. 1972, p. 97.

✻ Mot anglais de même sens.

« j'ai constaté que tous [nos lecteurs] avaient été attirés vers le piège tendu par *script*. Ce terme suggère tout naturellement l'idée d'écrit. De là à se laisser persuader que la *script-girl* est une girl qui écrit, il n'y a que l'espace d'un faux pas. Contamination ! »   A. RIGAUD, in *Vie et Langage*, fév. 1964, p. 117.

✻ L'Administration préconise le remplacement de cet emprunt par le mot français *texte* (*Journal officiel*, 18 janv. 1973, liste 2).

3. SCRIPT → SCRIPT-GIRL.

SCRIPT-GIRL [skʀiptgœʀl] *n. f.,* **SCRIPT** [skʀipt] *n. f.* ou **SCRIPTE** [skʀipt] *n. m.* ou *f.*

(1929) Auxiliaire du réalisateur d'un film ou d'une émission de télévision, responsable de la tenue des documents et de la continuité de la réalisation. *Des script-girls.* — REM. : Absent du dict. de l'Académie 1935. — On a aussi dit par abréviation, *script* n. f. (1958) ; l'Administration préconise la forme francisée *scripte* n. m. ou f.

« Personnage essentiel, la script-girl doit noter et chronométrer minutieusement le travail (temps passé à la réalisation d'une scène, nombre de prises de vues effectuées, accessoires utilisés, etc.). »
Larousse mensuel illustré, déc. 1948, p. 190.

« Lorsque j'assiste aux scènes d'un film tournées la veille, je me ferme aux spécialistes. Chacun juge d'après sa spécialité. L'opérateur, d'après les lumières, le chef machiniste, d'après son rail, la *script-girl*, d'après la place des meubles, le comédien, d'après son rôle. Je reste seul juge. »   COCTEAU, *Journal d'un inconnu*, p. 124 (□ 1952).

« Près de la caméra également, ou plutôt entre elle et le metteur en scène, s'installe la *script-girl*, ou plus brièvement la *script* [...]. Le rôle de la *script* est de surveiller ce qui se passe sous l'œil de la caméra et de contrôler à chaque instant si les images sont conformes au schéma prévu par le découpage technique. Ce travail est important et il mérite une appellation précise et sans équivoque ; aussi a-t-on voulu substituer à *script-girl* le titre de *secrétaire de plateau*. »
R. JEANNE et Ch. FORD, *Le Vocabulaire du cinéma*, juin 1955, p. 267.

✻ Anglais *script(-)girl*, composé de *script* « texte » (→ **2. Script, 2°**) et de *girl*.

« ce qui distingue la secrétaire de la *script-girl*, c'est que la première écrit alors que la seconde n'écrit pas. Elle se borne à prendre des notes, parfois sous forme de croquis, d'idéogrammes, ou de signes conventionnels qui n'ont de sens que pour elle seule.

Elle doit effectivement son nom à ce qu'elle détient un des nombreux exemplaires du *script*, c'est-à-dire de la brochure qu'on appelle, en français, le *découpage*, en anglais la *continuity*, en espagnol le *libro* [...]. »
A. Rigaud, in *Vie et Langage*, fév. 1964, p. 117.

✻ Giraud (*Le Lexique du cinéma français*, p. 181) relève cet emprunt en français dès 1929. *Scripte* n. m. ou f., forme francisée préconisée par l'Administration (*Journal Officiel*, 18 janv. 1973, liste 2), est en train de remplacer *script-girl* (ou elliptiquement *script*) dans l'usage actuel.

SCRUB [skʀœb] *n. m.*

(1960) *Géogr.* Brousse épaisse de type australien, contenant diverses formations végétales, en particulier des acacias. *Des scrubs.*

« Elles [les Angiospermes] forment de vastes forêts (chênaies, hêtraies, châtaigneraies, forêt dense), des landes étendues (landes à Genêts, Ajoncs, Bruyères, Myrtilles), des groupements buissonnants (buissons, maquis, garrigues, scrubs), et aussi nos herbages (Graminées, Légumineuses), de même que les vastes surfaces des savanes, steppes, prairies, parcs naturels, gazons, etc. » *Botanique*, p. 857 (□ 1960).

✻ Mot anglais n. (1398 ; 1857, en ce sens), variante de *shrub* n. « arbrisseau, arbuste ». Le terme courant correspondant est *broussailles* n. f. pl.

SCRUBBER [skʀœ/y/bœʀ] *n. m.*

(1886) *Techn.* Tour de lavage où se fait l'épuration du gaz par pulvérisation d'eau qui entraîne les poussières en suspension. — REM. : Absent du dict. de l'Académie 1935.

« ne pas employer ce gaz sans purification à travers un scrubber, si l'on ne veut pas voir du goudron se déposer sur les soupapes. »
La Nature, 14 avril 1906, p. 154.

✻ Mot anglais n. (1839 ; 1853, en ce sens), de *to scrub* « frotter, nettoyer », aussi « enlever les impuretés d'un gaz, par lavage », 1835. *Scrubber* est attesté en français en 1886 à propos de l'opération du gaz d'éclairage (*in* Wartburg). Le Comité d'étude des termes techniques français propose de remplacer cet emprunt et ses dérivés par des termes français :

« Le Comité estime [...] que les mots scrubber, to scrub et scrubbing sont inutiles et peuvent être remplacés par tour de lavage, laver et lavage. »
Sciences, nov.-déc. 1960, p. 87.

SEA-LINE [silajn] *n. m.*

(1950) *Techn.* Canalisation immergée reliant les réservoirs de pétrole et les pétroliers lorsque l'accostage à quai est rendu difficile. *Des sea-lines.*

« les sea-lines ont pour but de faciliter le déchargement du bateau pétrolier dans les ports où l'accostage est difficile, sinon impossible pour les cargos de fort tonnage [...].

Les sea-lines permettent le déchargement de tous cargos, quel que soit leur tirant d'eau. » *Larousse mensuel illustré*, juin 1950, p. 478.

« pas d'ouvrages de protection, mais seulement des bouées d'accostage reliées à la côte par sea-lines. » *Science et Vie*, sept. 1972, p. 79.

✻ Mot anglais n. composé de *sea* « mer », et de la contraction de [*pipe*] *line* « canalisation ».

SEALSKIN [silskin] *n. m.*

(1854) Étoffe veloutée, fabriquée avec des poils d'animaux à fourrure, très employée pour faire des couvertures de voyage.

Des sealskins. — REM. : Absent des dict. de Littré et de l'Académie.

« Les Esquimaux sont-ils plus misérables que les Péchoras de Bougainville, sur la terre de Feu, qui ne profitent même pas, pour se couvrir, de leurs seal skins ou des plumes des oiseaux aquatiques ? »
J.-R. BELLOT, *Journal d'un voyage aux mers polaires,* 1854
[*in* D. D. L., 2ᵉ série, 6].

« Les SEALSKINS sont d'origine anglaise ; ils paraissent avoir été fabriqués pour la première fois en 1849 ou 1850, par Benjamin Crosland, propriétaire d'une importante manufacture à Oakes, près de Hudderfield. »
MAIGNE, *in* P. LAROUSSE, *Grand Dict. universel,* art. *Sealskin,* 1875.

✻ Mot anglais (aussi *seal's skin,* autrefois) n. (1325-1326), de *seal* « phoque », et *skin* « peau ».

SÉCESSIONNISTE [sesesjɔnist] *adj.* et *n.*

(1861) Aux États-Unis, Partisan de la sécession d'un État de l'Union américaine, en particulier, de la sécession des États confédérés du Sud lors de la guerre civile qui opposa ces derniers aux États unionistes du Nord, de 1861 à 1865. — REM. : Enregistré dans le dict. de Littré 1872 ; absent des dict. de l'Académie.

« L'arsenal maritime de Nordfolk est évacué par les fédéraux [le 20 avril 1861]. Les sécessionnistes s'y emparent de la frégate, alors en *bois,* le *Merrimac.* »
P. LAROUSSE, *Grand Dict. universel,* art. *Amérique,* 1866.

✻ De l'américain *secessionist* n. (1851), de l'anglais *secession* n., de même origine que le français *sécession* (latin *secessio* « action de se séparer, séparation politique »). Le mot apparaît en 1861 (*in* D. D. L., 2ᵉ série, 12).

SECTORIEL, IELLE [sɛktɔrjɛl] *adj.*

(1963) Qui appartient à un secteur (économique, sociologique).

« enfin un troisième cycle (2 ans maximum) de spécialisation fonctionnelle et *sectorielle.* »
Le Figaro, 4 juin 1963 [*in* Blochwitz et Runkewitz, p. 127].

« Peut-être leur destin [de celles et de ceux que les sociétés industrielles appellent "les marginaux"] est-il de vaincre à chaud, sur des points de sensibilité précise, grâce à un mouvement sectoriel, puis de provoquer un reflux et une réaction de rejet dont ils sont victimes. »
J. DANIEL, in *Le Nouvel Observateur,* 20 nov. 1972, p. 36.

✻ Adaptation de l'anglais *sectorial,* de *sector* n. de même origine que le français *secteur* (latin *sector* « celui qui tranche », supin de *secare* « couper, mettre en tranches, en morceaux, diviser »). *Sectoriel,* créé comme terme d'économie, s'emploie aussi en mathématiques [*in* G. L. E. 1964].

SEERSUCKER [sirsœkœr] *n. m.*

(1971) Tissu de coton rayé (parfois mélangé à du polyester) dont une rayure sur deux est gaufrée.

« Le plus gai : un trench léger en seersucker vivement coloré [...]. »
Elle, 15 mars 1971, p. 121.

« [chemise] blanche à très fines rayures bleues, en seersucker. »
L'Express, 21 mars 1979, p. 201.

✻ Mot anglais n. (1757), lui-même emprunté aux Indes (altération indienne du persan *shīr o shakkar* « lait et sucre »), désignant le plus souvent de nos jours des imitations faites aux États-Unis. *Seersucker* est enregistré dans le 2ᵉ Suppl. du G. L. E., 1975.

SÉGRÉGÉ, ÉE [seɡʀeʒe] ou **SÉGRÉGUÉ, ÉE** [seɡʀeɡe] *adj.*

(*Ségrégé*, 1966 ; *ségrégué*, 1965) Qui est l'objet d'une ségrégation (sociale).

« Les répugnances des cadres militaires ne disparurent qu'avec la
guerre de Corée : l'expérience montra que des unités ségréguées se
comportaient plus mal au feu que les unités amalgamées. »
Cl. FOHLEN, *Les Noirs aux États-Unis*, p. 54 (□ 1965).

« Même l'espérance de vie [aux États-Unis] est *ségrégée* avec
63,5 ans pour un Noir, 70,5 ans pour un Blanc. »
Gazette de Lausanne, 27 août 1966 [*in* Gilbert].

∗ Adaptation de l'anglais *segregated*, part. passé de *to segregate*, du
latin *segregare* « mettre à part, isoler », proprement « séparer du
troupeau », de *se-*, préfixe marquant la séparation, et de *grex, gregis*
« troupeau ». La forme *ségrégué, ée*, imitée de la prononciation de
ségrégation est abusive (Cf. *Agrégation* → *agrégé*).

SELECT ou SÉLECT, ECTE [selɛkt] *adj.*

1° (1831) *Vx.* De premier choix, de qualité supérieure. — REM. :
Absent des dict. de Littré et de l'Académie. — Même au
féminin, la forme *sélecte* était plus rare que *select* invariable, à
l'anglaise.

« Mon cher Prosper, excusez cette grande feuille de *foolscap*
infiniment peu *select*. Puissiez-vous n'avoir jamais à écrire sur de tel
papier avec une plume de paon. »
V. JACQUEMONT, Lettre à Prosper Mérimée, 15 déc. 1831, in *Corresp.*,
t. II, p. 197.

2° (1888) *Fam.* D'élite, choisi, distingué, élégant, chic. *Des
réunions select, selects* ou *sélectes* → **Smart.**

« et nous allons au vernissage, voir mon portrait de Raffaëlli. Une
foule — ce jour *select*, comme jamais je n'en ai rencontré au Salon. On
y étouffe. »   E. et J. de GONCOURT, *Journal*, 30 avril 1888, t. VII, p. 194.

« Persuadé que les Verdurin allaient faire un pas de clerc en laissant
s'introduire dans leur salon "select" un individu taré, le sculpteur crut
devoir prendre à part la Patronne. »
PROUST, *Sodome et Gomorrhe*, p. 904 (□ 1922).

— SUBST. *Rare.* Personne distinguée.

« Impossible d'en douter, ces Français ne sont pas de haute
distinction, des "selects" du "high-life" ; mais, pour de braves gens, j'en
réponds, et, quand il s'agit de frayer avec des compatriotes, il ne faut
pas se montrer trop difficile en pays turkestan. »
Jules VERNE, *Claudius Bombarnac*, p. 31 (□ 1893).

∗ Anglais *select* adj. (1565, en parlant des choses ; 1602, en parlant
des personnes, de la société), du latin *selectus* (participe passé de
seligere « choisir et mettre à part », de *se-*, préfixe marquant la
séparation, et de *legere* « ramasser, recueillir », qui avait donné le
français classique *sélecte* « choisi », av. 1654, chez Guez de Balzac ;
Cf. Sélection). L'adjectif *select* a longtemps été invariable en genre et
en nombre ; de nos jours, il est francisé en *sélect, ecte* et prend la
marque du pluriel français. Le terme ne s'emploie plus guère que de
façon ironique.

SÉLECTEUR, TRICE [selɛktœʀ, tʀis] *adj.* et *n.*

1° *Adj.* (1905) *Techn.* Qui opère, permet d'opérer une sélection,
un tri. — REM. : Absent du dict. de l'Académie 1935.

« mais ce relais est également *sélecteur*, c'est-à-dire qu'il ne reçoit
que les courants qui lui sont destinés, à l'exclusion de tous les autres
circulant sur une même ligne, réunissant un grand nombre de postes. »
É. GAUTIER, *L'Année scientifique et industrielle*, p. 64, 1906 (□ 1905).

— (1923) *Écran sélecteur*, écran coloré, utilisé en photographie, qui ne livre passage qu'à certains rayons déterminés.

2° *N. m.* (1905) *Techn.* Dispositif qui permet d'opérer une sélection* — (1949) Organe fondamental de la téléphonie automatique.

> « Le sélecteur inventé par Mgr Cerebotani n'est autre chose qu'un relais universel pour la télégraphie. »
> É. GAUTIER, *L'Année scientifique et industrielle*, p. 61, 1906 (□ 1905).

— (1949) Commutateur à plusieurs directions. *Sélecteur rotatif. Sélecteur d'un central téléphonique. Sélecteur de température.* — (1964) Pédale de changement de vitesse d'une motocyclette. — (1964) Dispositif composé d'un relais électromagnétique à deux positions, servant à sélectionner des cartes perforées dans un système mécanographique.

3° *N. m.* (1945) Personne qui pratique, opère la sélection* (→ **Sélectionner,** art. *Sélection*).

> « Qu'est-ce qui, dans la nature, pourrait bien jouer le rôle de l'homme, choisisseur, sélecteur de caractères ? »
> J. ROSTAND, *Esquisse d'une histoire de la biologie*, p. 148 (□ 1945).

✱ Adaptation de l'anglais *selector* n. « personne, chose qui opère une sélection, qui sélectionne » (1782 ; 1890, comme nom de divers appareils), de *to select* « choisir par sélection, opérer une sélection », du radical latin *select-*, de *seligere* (→ **Select**). Attesté en 1905, *sélecteur* est enregistré en 1923 (Larousse) comme terme de photographie, et en 1949 (Larousse) comme terme technique. Le G. L. E. 1964 enregistre le terme de mécanographie, ainsi que le verbe transitif *sélecter* (mil. XXe s., d'après le Petit Robert) « opérer la sélection de », *spécialt* « effectuer une opération de sélection sur une machine à cartes perforées » (opposé à *sélectionner* → art. *Sélection*).

SÉLECTIF, IVE [selɛktif, iv] *adj.*

1° (1872) Qui repose sur la sélection* ; qui a le caractère de la sélection*. *Classement, recrutement sélectif.* — REM. : Enregistré dans le dict. de Littré 1872 ; absent des dict. de l'Académie.

2° (1876) Destiné à opérer une sélection*. *Méthode sélective. Contrôle sélectif.* — REM. : Enregistré par P. Larousse 1876. — (1964) Qui opère une sélection*. *Un baccalauréat qui n'est plus assez sélectif.*

3° (1933) *Spécialt.* Se dit d'un poste de radio qui opère bien la sélection entre des émissions de fréquences voisines. *Poste sélectif.*

✱ Adaptation de l'anglais *selective* adj. (1625), de *to select* « sélectionner, sélecter » (→ **Select**). *Sélectif* est attesté dès 1872 dans un sens général, où il a produit le dérivé adverbial *sélectivement* « d'une manière sélective » (Cf. anglais *selectively*, 1651) enregistré par Littré. Comme terme de radiotechnique, il a produit le dérivé *sélectivité* n. f. (1933, Larousse) « qualité d'un récepteur de radio sélectif ».

> « Un ami belge me signale dans la circulaire d'une maison de disques, ce mot curieux : *la sélectivité* des morceaux. Qu'est-ce que ça peut bien vouloir dire ? le soin qu'on a mis à les choisir ? ou *l'éclectisme* au sens premier de ce mot ? Autre exemple de niais pédantisme. »   A. THÉRIVE, *Querelles de langage*, t. II, p. 229 (□ 1933).

✱ Dans l'usage actuel, *sélectivité* n'a cours que comme terme technique et comme terme de chimie, où il signifie « aptitudes à opérer un choix, à discerner des éléments dans un mélange » ; le mot n'est pas entré dans l'usage courant.

SÉLECTION [selɛksjɔ̃] *n. f.*

1° (1801) Action de choisir méthodiquement, systématiquement, parmi plusieurs choses de même nature, plusieurs individus de même espèce, les éléments qui répondent le mieux au caractère d'excellence ou à certains critères qualitatifs en particulier (Cf. Select). — REM. : Enregistré dans les dict. de Littré 1872 et de l'Académie 1878.

« Je m'obstine à voir Stamboul comme il n'est plus, se dit-il ; il s'écroule, il est fini. Maintenant il faut faire une complaisante et continuelle sélection de ce qu'on y regarde, des coins que l'on y fréquente [...]. »   P. LOTI, *Les Désenchantées*, p. 237 (□ 1906).

« L'accès [de la Franc-Maçonnerie d'aujourd'hui] en est peut-être un peu trop facile, par le bas. Mais sa hiérarchie lui permet une sélection de plus en plus rigoureuse. »
Jules ROMAINS, *Les Hommes de bonne volonté*, t. IV, pp. 107-108 (□1932).

— (1908) *Sports*. Choix des athlètes ou des joueurs en vue d'une épreuve sportive, généralement internationale. *Épreuve, match de sélection. Comité de sélection.*

« Match de sélection d'où devait sortir l'équipe de Paris ».
L'Auto, 2 mars 1908 [*in* G. Petiot].

« Quelques participants, coureurs et lanceurs, avaient disputé les épreuves de sélection des championnats d'Allemagne, deux mois auparavant, sans toutefois se qualifier. »
Y. GIBEAU, *La Ligne droite*, p. 196, Livre de poche, 1977 (□ 1956).

— (1933) *Radio-électricité*. Séparation d'un signal déterminé des signaux parasites reçus par le récepteur. — (1933) Psychométrie. *Sélection professionnelle*, ou ellipt, *sélection*, technique de choix des candidats dont les aptitudes et les motivations correspondent le mieux aux exigences d'un métier ou d'un poste déterminé. — *Techn*. Opération par laquelle on dirige une impulsion vers l'un des organes d'un système binaire. — *Ling*. Opération par laquelle le locuteur, sujet de l'énonciation, choisit une unité sur l'axe paradigmatique. *Axe des sélections* (opposé à *axe syntagmatique* ou *des combinaisons*). — (1964) *Absolt* Contrôle systématique accru des connaissances et des aptitudes des candidats à l'enseignement supérieur, destiné à limiter le nombre des étudiants, parfois en fonction des débouchés.

« Il paraît que la sélection a été le péché capital de l'ancienne Université. Elle distinguait les bons des médiocres, les médiocres des mauvais, c'était son crime... »   P. GAXOTTE, in *Le Figaro*, 1970, in *Les Mots « dans le vent »*, art. *Sélection*, 1971.

— PAR EXT. (1893) Ensemble des personnes, des choses ainsi choisies. *La sélection française pour les Jeux olympiques. Une sélection des meilleurs poèmes. Une sélection de films.*

« C'est toujours avec un nouveau plaisir, comme disait le roi Louis-Philippe, que je vois groupée autour de moi cette sélection d'intelligence... »   COURTELINE, *Messieurs les Ronds-de-cuir*, p. 140 (□ 1893).

« Et tous ainsi, toute la force fraîche, toute la sélection française, quand elle reflue dans les soirs de dimanche sur Paris. »
MONTHERLANT, *La Gloire du stade*, in *Les Olympiques*, p. 55 (□ 1924).

« la sélection, la classification, l'expression des faits [historiques] qui nous sont conservés ne nous sont pas imposées par la nature des choses [...] ; elles sont pratiquement toujours abandonnées à des habitudes et à des manières traditionnelles de penser ou de parler dont nous ne soupçonnons pas le caractère accidentel ou arbitraire. »
P. VALÉRY, *Regards sur le monde actuel*, p. 14 (□ 1945).

2° (1857) Choix volontaire dans une espèce animale ou végétale des individus dont les caractéristiques sont susceptibles, par reproduction, d'améliorer l'espèce ou de la modifier dans un sens déterminé. — REM. : Signalé dans les dict. de Littré 1872 et de l'Académie 1878. — On dit aussi *sélection artificielle*.

« La *sélection* est donc, pour ainsi dire, le grand art des éleveurs. [...] Considérée dans son principe, la *sélection* dérive de la loi d'hérédité, en vertu de laquelle les reproducteurs sont censés transmettre à leurs descendants les formes et les aptitudes qui les caractérisent. »
         P. LAROUSSE, *Grand Dict. universel*, art. *Sélection*, 1876.

— PAR EXT. (1924) [À propos de l'homme].

« La sélection : tous jeunes et sains. Pas de maladies. La blessure, et elle est saine. »   MONTHERLANT, *La Leçon de football dans un parc*,
                        in *op. cit.*, p. 118 (□ 1924).

« Conscients du péril génétique qui menace l'espèce, les partisans de l'Eugénique souhaitent de substituer à la sélection mécanique d'autrefois une sélection artificielle, volontaire, et qui, celle-là, porterait non pas sur les individus, mais sur leurs germes.
Il y a deux manières d'opérer cette sélection : soit en écartant de la reproduction les individus capables de transmettre de mauvais gènes (et c'est l'Eugénique *négative*), soit en favorisant la reproduction des individus capables de transmettre de bons gènes (et c'est l'Eugénique *positive*). »
     J. ROSTAND, *La Sélection humaine*, in *L'Homme*, pp. 137-138 (□ 1926).

3° (1866) Biol. *Sélection naturelle*, ou ellipt, *sélection*, Théorie de Darwin sur l'évolution des espèces animales et végétales selon laquelle l'élimination naturelle des individus les plus faibles dans la lutte pour la vie ou la concurrence vitale, au profit des plus forts et des mieux adaptés aux conditions du milieu, permet à l'espèce, par transmission de caractères, de se perfectionner d'une génération à l'autre. *De l'origine des espèces par voie de sélection naturelle*, trad. de Darwin, 1866. — REM. : Signalé dans les dict. de Littré 1872 et de l'Académie 1878.

« C'est sous l'influence de l'ensemble de ces forces [le milieu, l'hérédité] que s'engage pour tous les êtres, aussi bien entre eux qu'avec le monde ambiant, ce que Darwin a appelé *la lutte pour l'existence, the struggle for life*. Le résultat immédiat de cet état de lutte est la *sélection naturelle*. »
M. de QUATREFAGES, in *Revue des cours scientifiques*, 26 sept. 1868, p. 693.

✶ Anglais *selection* n. (1646-1658, Sir T. Browne), du latin *selectionem*, de *seligere* (→ **Select**). Le français classique possédait *sélection* « choix », 1609, d'après Bloch et Wartburg, emprunt direct du latin *selectio*, mais le terme est resté très rare avant le XIXᵉ siècle, où il a été repris de l'anglais (1801, Mercier, *Néologie*).
Le français a fait trois emprunts successifs à l'anglais *selection*, en 1801 d'abord, puis en 1857, comme terme d'élevage et d'agriculture (1837 en anglais ; 1862, en français [*sélection*], d'après Bonnaffé, mais dès 1857, d'après Mackenzie, p. 226, in *L'Illustration*, XXIX, p. 234), puis en 1866, par la théorie de Darwin (lequel parle de *natural selection*, dès 1857). C'est ce dernier sens qui a répandu le mot. Notons qu'avant la traduction de l'ouvrage de Darwin, parue en 1866, le français a eu fréquemment recours à l'expression *élection*.

« D'un autre côté, l'accumulation dans les races permanentes de variétés accidentelles n'est pas soumise seulement à ce que Darwin appelle l'*élection humaine*, mais aussi à l'*élection naturelle*, c'est-à-dire à la loi de conservation de ces variations fortuites du type, qui mettent les individus chez lesquels elles se sont manifestées, en état de rester, d'une manière spéciale, vainqueurs dans la lutte incessante des êtres pour leur existence. »
     F. de PHILIPPI, in *Revue des cours scientifiques*, 23 juil. 1864, p. 467.

✶ *Sélection* a produit en français *sélectionner* v. tr. sur lequel ont été dérivés *sélectionné* adj. et *sélectionneur* n. et adj.
Au sens de sélection naturelle, le terme a produit les dérivés *sélectionnisme* n. m. (1923, Larousse), « doctrine biologique qui admet la sélection naturelle », et *sélectionniste* adj. et n. (1923, Larousse), « relatif au sélectionnisme » ; « partisan du sélectionnisme ». Ces dérivés s'emploient maintenant (1975, Lexis) au sens le plus récent du mot *sélection*, à propos de la tendance politique favorable à une sélection

scolaire et universitaire accrue. Ces dérivés sont inconnus du dict. de l'Académie.

En face du verbe anglais *to select* (1567), du radical latin *select-*, de *seligere* (→ **Select**), le français possède deux verbes : *sélectionner* et *sélecter* (→ **Sélecteur**). *Sélectionner* est attesté en 1889 (*Agriculture moderne*, p. 16, *in* Mackenzie, p. 226) au sens de « choisir par sélection ». *La mémoire sélectionne et modifie les souvenirs.*

« *Sélectionner* n'est pas le synonyme exact de *choisir* : il éveille l'idée d'un choix rationnel et scientifique d'où le caprice est exclu. »
A. Dauzat, *La Langue française d'aujourd'hui*, 1908 [*in* Dupré].

« *Sélectionner, choisir... choisir* peut s'appliquer à des choses disparates (on peut *choisir* entre des objets divers), *sélectionner* marque plus particulièrement un choix effectué sur plusieurs choses de même nature, un tri opéré pour conserver des éléments les meilleurs... *Choisir un plat dans cette gargote infâme. Sélectionner des joueurs de rugby en vue d'une compétition.* On *choisit* ses amis parmi ses connaissances ; *sélectionner* ses amis serait les classer par affinités, par aptitudes. » A. Thomas, *Dict. des difficultés de la langue française*, p. 379 (□ 1956).

✳ *Sélectionner* a produit les dérivés *sélectionné* n. et adj. et *sélectionneur* adj. et n. *Sélectionné, ée* est d'abord attesté comme substantif, dans le domaine du sport (1934).

« [...] tous les *sélectionnés* de l'équipe au maillot rouge ».
Match, 20 nov. 1934, *in* I. G. L. F. [*in* D. D. L., 2e série, 5].

✳ Le mot se dit des individus et des choses qui ont fait l'objet d'une sélection, et en particulier, en termes de commerce, d'un produit qui a été trié, choisi, comme variante de *de premier choix*. *Produits sélectionnés.*

« Essayez plutôt nos graines sélectionnées, conseille M. Priapet en frottant ses joues pommes d'api.
— Vraiment ? C'est garanti ? Ça va vite ?
— Je ne les recommanderais pas à n'importe qui, mais à un jardinier comme vous ! » P. Morand, *L'Homme pressé*, pp. 175-176 (□ 1963).

✳ *Sélectionneur, euse* a d'abord été formé comme adjectif (1923, Larousse) à propos de ce qui a rapport à la sélection. Il ne s'emploie guère de nos jours que comme nom pour désigner l'agent d'une sélection (d'une sélection professionnelle, 1949, Larousse ; d'une sélection agricole, naturelle, 1952, Larousse → **Sélecteur, 3e** ; d'une sélection sportive, 1953, Larousse ; d'une sélection commerciale, 1964, Robert).

« Le sélectionneur choisit les plantes d'après leur réaction au milieu ; n'est-il pas aussi efficace de laisser le milieu faire lui-même son choix, pendant plusieurs années ? » *Les Plantes*, in *Nouveau Larousse agricole*, p. 603, 1952.

SELF- [sɛlf]

✳ Premier élément de formation qui entre dans la composition de certains emprunts de l'anglais et qui a tendance à s'introduire en français dans le système des dérivatifs. Dans les emprunts techniques, *self-induction**, *self-inductance**, *self-* a une valeur adverbiale et signifie « par soi-même » ; dans la plupart des autres emprunts, il entre avec un nom d'action dans une construction réfléchie, et signifie « (de) soi-même » (self-control*, *self-government**, *self-made man**, *self-service**).

Dans la composition des mots techniques, le préfixe *auto-* permet la plupart du temps d'éviter l'emprunt *self-*. Mais au lieu de créer des équivalents français l'usage courant a tendance à laisser tomber la partie significative du composé anglais et de faire de *self* un substantif à part entière. Il s'agit là d'une tendance typiquement française.

« La plupart des mots commençant par *self-* sont des mots dits techniques. On peut supposer que ces mots ont été adoptés tels quels dans les langues techniques (Le domaine de l'électricité surtout comme dans *self-allumage*, *self-excitation*, *self-induction*, etc.). En effet comme mots à radicaux anglais, on ne peut nommer que *self-government*, *self-control*, *self-service* et *self-made-man*. La plupart de nos autres exemples viennent de l'ouvrage de Teilhard de Chardin, *La place de l'homme dans la nature* (Le Monde 10/18, Paris, 1962) ; où pour expliquer certaines évolutions le Père Teilhard de Chardin semble avoir créé de nouveaux vocables ; à telle enseigne : "la cérébralisation... se refermant sur elle-même dans un processus de *self-achèvement...*" (sans réf. de page). De même il emploie aussi les termes *self-évolution*, *self-activation* et les adjectifs correspondants ainsi que *self-suffisant*, *self-subsistant*, etc. et le verbe *self-centrer* : "l'Humanité n'a plus d'autre possibilité que d'engendrer des particules *self-suffisantes* et *self-cen-trées...*" (op. cit. p. 131).

D'autres mots comme *self-semelle* et *self-sandwich* appartiennent à la langue de la réclame, de même *self-modeling* : " Le *self-modeling* sculpte le corps à volonté et relaxe en 60 minutes " (*Vie et Langage,* janv. 65, p. 57). Certains des mots cités sont francisés tels *self-gouvernement* et *self-contrôle.*

Self-service est remplacé par *libre-service* dans bien des cas. Enfin il faut mentionner à nouveau que *self* est tellement indépendant qu'il est employé comme nom commun : un *self* (un magasin à self-service) ou bien comme abréviation de *self-induction* : " ... phénomènes de self, bobines de self, un self antiparasite, etc. " (Robert). »

                                                                    Hanon, pp. 140-141.

1. SELF → SELF-INDUCTANCE, SELF-INDUCTION.

2. SELF [sɛlf] *n. m.*

1° (mil. XXᵉ s.) *Méd.* Spécificité immunologique de l'individu (opposé à *non-self*).

✳ Terme anglais employé en français à propos de la théorie de Burnet, dite *théorie de la sélection clonale,* fondée sur l'aptitude des cellules immunologiquement compétentes à reconnaître le *self* du *non-self* (d'après le *Dict. français de médecine et de biologie,* de Manuila et al., 1972).

2° (mil. XXᵉ s.) Psychanalyse et psychol. *Rare.* Moi, soi, ego.

✳ Substantif anglais d'origine germanique (900), employé comme terme de philosophie dès le XVIIᵉ siècle (1674) pour désigner le sujet, l'unité transcendantale du moi, puis comme terme de psychanalyse, pour désigner le moi. Emprunt non naturalisé, de très faible fréquence en français.

3. SELF → SELF-SERVICE.

SELF-CONTROL [sɛlfkɔ̃tʀɔl] *n. m.*

(1883) *Vieilli.* Contrôle, maîtrise de soi, qui fait qu'on garde toujours son sang-froid. *Garder son self-control.* — REM. : Absent du dict. de l'Académie 1935. — On a aussi écrit *self control.*

« C'est un homme froid, possédant le self-control, très énergique sous sa flegmatique apparence, très anglais par son attitude réservée, ses manières gentlemanesques, la discrétion diplomatique qui préside à ses paroles comme à ses actes. » J. VERNE, *L'Île à Hélice,* p. 108 (□ 1895).

« Si les patrons américains diffèrent des patrons français par le flegme et le *self-control,* les théories des uns et des autres se ressemblent devant la crise. »

J. HURET, *En Amérique, De San Francisco au Canada,* p. 262 (□ 1905).

✳ Mot anglais n. (1711), de *self* « soi-même », et de *control* n., de *to control* « maîtriser, dominer », mot lui-même emprunté par l'anglo-normand *contreroler* de l'ancien français *conteroller* (mod. *contrôler*) au XVᵉ siècle au sens de « soumettre à un contrôle, vérifier ». Bonnaffé relève ce terme en français en 1883 (Haussonville, *À travers les États-Unis,* p. 255, *in* Mackenzie, p. 246). Cet emprunt est vieilli. On dit naturellement *maîtrise de soi* ou encore *sang-froid,* selon le degré de gravité des situations.

SELF-GOVERNMENT [sɛlfgɔvɛʀnmãt] *n. m.*

1° (1831) Système anglo-saxon d'administration dans lequel les citoyens décident eux-mêmes, par un ensemble de corps inter-médiaires, de tout ce qui les concerne en particulier et qui ne relève pas des décisions d'ensemble du gouvernement. — REM. : Absent des dict. de Littré et de l'Académie. — On a aussi écrit *self government.*

« c'est aller trop loin que de prétendre que, sous le *self-government*, les grands rois soient impossibles. »   Ch. MAGNIN, *National*, 16 mars 1831, *in Causeries et méditations* [*in* D. D. L., 2e série, 10].

« L'usage du *self-government* habitue le citoyen à ne compter que sur lui-même, et jamais il ne se trouve embarrassé. »
L. SIMONIN, *Voyage en Californie* [1859], p. 42 (□ 1862).

« AMÉRIQUE. Bel exemple d'injustice : c'est Colomb qui la découvrit et elle tient son nom d'Améric Vespucci. — Faire une tirade sur le self government. » FLAUBERT, *Dictionnaire des idées reçues*, p. 956 (□ av. 1880).

2° (1861) *Par ext.* Autonomie relative du gouvernement d'une colonie par rapport à la Métropole, comme dans les colonies et les dominions de la Grande-Bretagne.

« Mais tous les avantages d'un *self-government* ne peuvent faire oublier aux Canadiens qu'en 1541 leurs ancêtres sont partis des côtes de la Normandie pour explorer le Saint-Laurent, sous la conduite de Jacques Cartier, et qu'ils ont fondé les villes de Québec et de Montréal. »
L. DEVILLE, *Voyages dans l'Amérique septentrionale* [1856-1857], p. 250 (□ 1861).

« Notre colonie d'Algérie commence à se sentir chez elle, et son gouverneur général lui-même, M. Révoil, demande à ce qu'elle jouisse d'une sorte de *self-government*, à telles enseignes qu'un projet a été rédigé dans ce sens pour être présenté à la prochaine session des Chambres. »
É. GAUTIER, *L'Année scientifique et industrielle*, p. 356, 1903 (□ 1902).

« la constitution éventuelle, même lointaine, de *self-gouvernement* dans les colonies est à écarter. »
L'Humanité, 9 avril 1964 [*in* Blochwitz et Runkewitz, p. 288].

✻ Le mot *self-government* n. (1734), de *self-* « soi-même », et *government* « action de gouverner » ; mot lui-même emprunté de l'ancien français *governement* (mod. *gouvernement*) au XVIe siècle, a d'abord existé en anglais comme synonyme de *self-control**. Comme terme politique, c'est Jefferson qui a été le premier à l'employer, dès 1790. L'institution est originaire d'Amérique, plus particulièrement de Virginie. La forme d'autonomie pratiquée par les premières colonies atlantiques anglaises par rapport au gouvernement métropolitain de Londres a conduit à l'indépendance des États-Unis d'Amérique, puis des pays d'Amérique latine. Les anciennes colonies du Canada furent organisées en dominion en 1867, celles de l'Australie, de la Nouvelle-Zélande et de l'Union sud-africaine en 1930. À l'échelle locale et régionale, le self-government est une forme de décentralisation que l'on associe habituellement à la Grande-Bretagne et à l'Allemagne. C'est en ce sens que le mot *self-government*, venu d'Angleterre, est arrivé en français. Le terme porte toujours les marques graphiques de l'emprunt non-naturalisé et il ne s'est employé que de façon exceptionnelle (→ cit. de Gautier, ci-dessus) à propos de la politique coloniale française. En français, on dit *autonomie* en parlant des États, et *décentralisation* en parlant de l'administration régionale ou locale.

SELF-INDUCTANCE [sɛlfɛ̃dyktɑ̃s] ou SELF [sɛlf] n. f.

(1933) *Électr.* Coefficient de self-induction**. *Bobine de self-inductance.* — Par abrév. *Self.* — REM. : Absent du dict. de l'Académie 1935.

✻ Anglais *self-inductance* n. (1897), du préfixe adverbial *self-* « par lui-même », et de *inductance* n. (1888), de *to induct* (1380), du radical latin *induct-*, de *inducere* « induire », employé comme terme d'électricité sous la forme participiale *inducting* (1839). Mot enregistré dans le Larousse du XXe siècle 1933, couramment remplacé par la forme abrégée *self* (1933). Le terme technique français correspondant est *auto-inductance* n. f.

SELF-INDUCTION [sɛlfɛ̃dyksjɔ̃] ou SELF [sɛlf] n. f.

(1882, 1904) *Électr.* Propriété d'un courant électrique en vertu de laquelle il tend à conserver son intensité. *Coefficient*

de self-induction → **Self-inductance.** — *Par abrév.* (1904)
Self. — REM. : Absent du dict. de l'Académie 1935.

« Les deux circuits mobiles peuvent être fermés individuellement sur
deux résistances sans self-induction, variables à volonté. »
L. FIGUIER, *L'Année scientifique et industrielle*, pp. 100-101, 1892 (□ 1891).

« les courants électriques présentent une sorte d'*inertie* spéciale
appelée *self-induction.* »
                          H. POINCARÉ, *La Science et l'Hypothèse*, p. 284 (□ 1906).

— (1904) *Bobine de self-induction*, bobine qui, intercalée dans
un circuit, modifie la fréquence des oscillations électriques qui
s'y produisent. *Par abrév.* (1904) *Bobine de self.*

« On peut donc avoir, comme secours à un allumage par magnéto à
rupture, une batterie d'accumulateurs et une *bobine de self* [...]. »
R. CHAMPLY, *Le Moteur d'automobiles à la portée de tous*, pp. 313-314
                                                                   (□ 1904).

« On peut produire, en cas d'accroc à la magnéto à rupture,
l'allumage intérieur au cylindre au moyen d'une batterie ordinaire
d'accumulateurs et d'une bobine de *self-induction* destinée à renforcer
le courant produit par les accumulateurs. »
    R. CHAMPLY, *Le Moteur d'automobile à la portée de tous*, p. 313 (□ 1907).

✱ Anglais *self-induction* n. (1873), du préfixe adverbial *self-* « par lui-
même », et de *induction* n. lui-même emprunté du français *induction* au
XIVᵉ siècle ou directement du latin *inductionem*, nom d'action dérivé de
inducere « induire », employé comme terme d'électricité en 1812.
Bonnaffé relève le terme en français dès 1882 (Brillouin, in *Journal de
physique*, I, 1882, *in* Mackenzie, p. 246). Dans l'usage courant, on
emploie la forme abrégée *self.* Le terme technique français *auto-
induction* n. f. (1904) est recommandé officiellement en remplacement
de l'emprunt intégral et de sa forme tronquée *self.*

« Cette *auto-induction* ou *self-induction* a été observée par Henry en 1812,
Masson et Jenkins en 1834, et étudiée par Faraday, qui l'a désignée sous le nom
d'*extra-courant.* »   *Nouveau Larousse illustré*, art. *Self-induction*, 1904.

✱ Le français a créé l'adj. *selfique* (1966) sur l'abréviation *self.*

« phénomènes parasites dus à la nature selfique ou inductive des circuits. »
                                        Ingénieurs et Techniciens, juil.-août 1966, p. 26.

SELF-MADE MAN [sɛlfmɛdman] *n. m.*

(1878) Homme qui ne doit sa réussite et son ascension sociale
qu'à ses propres moyens et ses seuls efforts. (Plur. à l'anglaise)
des self-made men. — REM. : Absent des dict. de l'Académie.

« Loin que les Anglais n'aient point d'équivalent de notre terme de
"parvenu", ils en ont deux [...]. Ces deux termes sont upstart et self-
made man. »
    AMÉRO, *L'Anglomanie dans le français*, 1878 [*in* D. D. L., 2ᵉ série, 5].

« le père, grand et fort, un vrai type d'homme du second Empire,
fils d'un paysan, un *self made man*, comme disent les Anglais, avec de
gros os, de larges mains, une immédiate hérédité de rudes travailleurs
dans ses larges épaules et son teint rouge [...]. »
       P. BOURGET, *Physiologie de l'amour moderne*, p. 59 (□ 1888-1889).

« Ce fut, en vérité, une bien singulière figure que ce Georges Ville,
qui, fils de ses œuvres, le type complet du *self-made man*, ayant conquis
sa place et sa renommée à la force du poignet, avait, à trente ans, sans
titres ni parchemins officiels, pas même le diplôme de bachelier en
poche, violé les portes, si jalousement closes aux intrus, des tabernacles
universitaires, enlevé de haute lutte une chaire au Muséum, empli
l'univers du bruit de son nom [...]. »
    É. GAUTIER, *L'Année scientifique et industrielle*, p. 395, 1898 (□ 1897).

« les *self made men*, les anciens saute-ruisseaux ou petits gratte-
papier qui mourraient multi-millionnaires. Cette image a surtout cours
outre-Atlantique, où l'on cite le cas des Carnegie, Rockefeller, Pullman,
Remington... »   Cl. FOHLEN, *Le Travail au XIXᵉ siècle*, p. 114 (□ 1967).

✻ Mot anglais d'origine américaine n. (1832), littéralement « homme qui s'est fait lui-même », de *self-made* « fait par soi-même » (→ **Self-**). En français, le mot se dit surtout à propos des Américains et revêt généralement les signes graphiques de l'emprunt. Équivalent parfois utilisé : *fils de ses œuvres*. On remarquera que ni l'emprunt ni le français ne fournissent d'équivalent pour les femmes.

SELF-SERVICE [sɛlfsɛrvis] *n. m.*

1° (v. 1950) Technique de vente selon laquelle le service est assuré par le client lui-même, dans un magasin, un restaurant, une station d'essence, etc.

« Il est des prestations où le self-service n'apporte pas la satisfaction idéale : la croisière en fait partie. On estime ainsi qu'il faut un homme du personnel pour quatre passagers ou pour trois... » *Atlas*, avril 1970, p. 72.

« Il ne fait pas de doute qu'un enfant de 10 à 14 ans, habitué au self-service et à acheter savonnette ou boîte de sardines en hypermarchés, se trouve désarmé dans une librairie.
Le libre service correspond à un besoin d'aujourd'hui et le méconnaître serait grave. »   *Ouest-France*, 26 oct. 1971, p. 7.

— En appos. *Restaurants self-service.*

« Les rosiers s'offrent désormais empaquetés sous polyéthylène chez les spécialistes qui les expédient à domicile, et jusque dans les *magasins* "*self-service*". »   *Le Figaro*, 13 déc. 1966 [*in* Gilbert].

2° *Par. ext.* Magasin, restaurant où cette technique de vente est appliquée. *Des self-services.* Abrév. fam. *Self. On mange dans un self.*

« Avec l'argent qui lui restait, Besson décida d'aller manger au self-service. »   LE CLÉZIO, *Le Déluge*, p. 191 (□ 1966).

« puis, comme j'aime bien précéder l'obligation, je propose de donner un coup de main au Self pour lessiver les clayettes, déplacer les boîtes de conserve et faire l'inventaire du solde de camembert. »
A. SARRAZIN, *La Traversière*, p. 104 (□ 1967).

✻ Anglais *self-service* d'origine américaine n. (*in* Webster's Second 1934), de *self-* et de *service*, lui-même emprunté de l'ancien français *servise* (mod. *service*) au XIIᵉ siècle. Le Petit Robert date l'apparition de *self-service* en France aux environs de 1950. Sauf sous la forme abrégée de *self* (attestée vers 1960) employée dans le langage familier, le terme a été remplacé dans l'usage par l'adaptation française *libre-service*, apparue également vers les années 1950, mais critiquée à cause de l'inversion des termes sur le modèle de l'anglais (*Vie et Langage*, avril 1969, p. 238). L'usage fréquent de l'abrév. *self* nuit à l'implantation de *libre-service*. On dit aussi *cafétéria**. *Auto-service*, traduction plus fidèle que *libre-service*, n'a pu s'imposer à cause du sens ambigu de *auto-*.

« Tout comme "*cargo boat*" est devenu *cargo*, "*self-service*" a perdu son second élément, et il n'est pas rare d'entendre dire à Paris qu'on est allé déjeuner dans un "*self*". Le mot *self* est court, toutes ses lettres se prononcent, et de plus se prononcent à peu près de la même façon dans les deux langues. »
J. DARBELNET, *Regards sur le français actuel*, p. 22 (□ 1963).

« Au risque de scandaliser certains lecteurs, je dois dire que si *self-service* est un anglicisme flagrant (par sa forme et sa construction), l'expression *libre-service*, qui est censée traduire *self-service*, ne me paraît pas moins détestable. Comment en effet la notion de "libre" s'est-elle substituée à l'idée marquée par le mot *self* ? Serait-ce que les garçons et les serveuses de nos restaurants traditionnels entravent la liberté du consommateur, ou que les clients du *self-service* veulent pouvoir se dire "libres-mangeurs" ? En fait, ce prétendu *libre-service* ne serait-il pas mieux nommé "auto-service", sur le modèle d'auto-consommation, autodidacte, autonomie, etc. »
LE BIDOIS, *Les Mots trompeurs*, p. 251 (□ 1970).

SÉMIOTIQUE [semjɔtik] *n. f.* et *adj.*

1° (1954) Système structuré de signes. *Sémiotique linguistique,* langue, en tant que structure de signes. *Sémiotique dénotative, connotative.*

« On peut désigner par une L une " sémiotique linguistique " (c'est-à-dire une " langue " dans le sens traditionnel des linguistes, et en y comprenant le texte, ou syntagmatique linguistique).

Il sera supposé ci-après en principe que l'objet d'investigation soit une seule sémiotique (et non pas, par exemple, une famille ou une succession génétique de langues [...]). De même, il sera supposé [...] que la sémiotique envisagée ne soit, ni une sémiotique connotative, ni une métasémiotique. De fait et pratiquement, le lecteur pourra se représenter un état de langue ordinaire, ou, au besoin, une sémiotique non linguistique [...]. »

L. HJELMSLEV, *La Stratification du langage* (1954) in *Essais linguistiques* (Travaux du Cercle ling. de Copenhague, XX, 1959), pp. 41-42.

— N. B. L'auteur, publiant cet article en français, y emploie aussi *sémiotique* comme adjectif et renvoie, quant aux " définitions exactes pour *système sémiotique* et pour *langue* " à ses *Prolegomena to a Theory of Language* (1953, en anglais). Dans ses articles antérieurs en français, Hjelmslev n'utilisait que *sémiologie, sémiologique* (avec un autre contenu).

2° (1966) Doctrine, théorie des signes et des systèmes signifiants, du sens et de la signification (incluant l'étude de la communication au moyen de signes) → **Zoosémiotique.**

✳ Le mot anglais *semiotic* a été adopté par le philosophe américain Charles Sanders Peirce, qui lui a donné son statut scientifique en créant la doctrine des signes (1914), puis diffusé par Charles Morris (1938) et Carnap. Déjà John Locke, en 1690, opposait à la « physique » et à la « morale » une *Semeiôtikê* (de l'adj. grec tiré de *semeion* « signe »). L'usage moderne du mot (au sens 2°) est fixé en 1964, avec sa forme plurielle *(semiotics,* comme *semantics)* [Cf. T. A. Sebeok, *Approaches to Semiotics,* 1964]. Le mot a été adapté en *sémiotique,* en français, peu après, pour entrer en concurrence (parfois en opposition) avec *sémiologie,* créé en français v. 1910 (F. de Saussure). Mais le linguiste danois Louis Hjelmslev avait déjà employé le mot dans sa théorie, en danois (1943), en anglais (1953) et en français (1954 ; → cit.), avec une autre valeur.

Sémiotique était d'ailleurs ancien en médecine (1555), mais avait été supplanté par *sémiologie* (1752) au sens de « étude des symptômes » ; il s'agit dans ces emplois d'emprunts directs au grec.

SENTIMENTAL, ALE, AUX [sãtimãtal, o] *adj.*

1° (1769) Relatif aux sentiments, aux inclinations affectives, et *spécialt,* aux sentiments tendres et à l'amour. *L'Éducation sentimentale,* roman de Flaubert, 1869 → **Romantique, 1°.**
— REM. : Enregistré dans les dict. de l'Académie 1835 et de Littré 1872.

« Le but de ce poème naturel et *sentimental.* »
C.-H. WATELET, *Essai sur les jardins,* 1774 [*in* Brunot, t. VI, 2-a, p. 1236].

« Pour moi, *je vous l'avoue avec quelque pudeur,* j'ai assez pris goût à cette science, qui est une espèce de divination, et, en style sentimental, je pourrais vous dire que je me plais parmi les tombeaux. »
P.-L. COURIER, Lettre à M. Chlewaski, 8 janv. 1799, in *Œuvres complètes,* p. 665.

« À la classe de musique, dans les romances qu'elle chantait, il n'était question que de petits anges aux ailes d'or, de madones, de lagunes, de gondoliers, pacifiques compositions qui lui laissaient entrevoir, à travers la niaiserie du style et les imprudences de la note, l'attirante fantasmagorie des réalités sentimentales. »
FLAUBERT, *Madame Bovary,* in *Œuvres,* t. I, pp. 358-359 (□ 1857).

— SUBST. (1924) *Le sentimental* → aussi **Romantique, 2°.**

« Aujourd'hui tu méprises la culture ; il est visible que tu n'apprendras jamais sérieusement un métier ; ton insensibilité est extraordinaire.

Tu es intelligent, mais volontairement fermé à tout le spirituel, l'intellectuel et le sentimental de la vie. »
> MONTHERLANT, *Les Olympiques*, p. 239 (□ 1924).

2° (1781) Qui comporte, manifeste une grande sensibilité
(souvent exagérée), *spécialt*, qui comporte, exprime un attachement, des sentiments tendres, amoureux (opposé à *passionné*
et à *sensuel*). *Lieds sentimentaux.*

« Pour que l'absence soit utile, il faut que l'ami guérisseur soit
toujours là, pour faire faire à l'amant toutes les réflexions possibles sur
les événements de son amour, et qu'il tâche de rendre ses réflexions
ennuyeuses, par leur longueur et leur peu d'à-propos ; ce qui leur donne
l'effet de lieux communs : par exemple être tendre et sentimental après
un dîner égayé de bons vins. »
> STENDHAL, *De l'amour*, p. 144, Garnier-Flammarion (□ 1822).

« et le docteur O'Grady, qui avait la bière sentimentale, chantait,
avec des larmes dans la voix, cette chanson de son pays :
La mer est large et profonde
Entre moi et mon amour [...]. »
> A. MAUROIS, *Les Discours du docteur O'Grady*, p. 192 (□ 1922).

—— *Péj.* Qui comporte une sensibilité mièvre, facile ou superficielle, qui exprime de beaux sentiments aux antipodes d'une
pensée solide et réfléchie. *Niaiseries sentimentales.*

« La fin de la prohibition est une grande défaite puritaine. La sottise
sentimentale qui si longtemps s'est étalée dans les annonces, dans les
films, dans les magazines populaires, dans les professions de foi
politiques, est battue en brèche par l'ironie de la nouvelle génération. »
> A. MAUROIS, *Chantiers américains*, p. 181 (□ 1933).

3° *Adj.* et *n.* (1798) *Parfois péj.* Se dit d'une personne qui se
laisse guider par ses sentiments, chez qui l'affectivité prédomine.

« Il fallait qu'elle pût retirer des choses une sorte de profit personnel ; et elle rejetait comme inutile tout ce qui ne contribuait pas à la
consommation immédiate de son cœur, — étant de tempérament plus
sentimentale qu'artiste, cherchant des émotions et non des paysages. »
> FLAUBERT, *Madame Bovary*, in *Œuvres* t. I, p. 358 (□ 1857).

« Il vous faisait à volonté une missive qui, transmise à un grapho-
logue, trahissait un homme d'affaires, riche, volontaire, mais au fond un
cœur d'or, généreux avec les dames, ou un timide employé de banque,
sentimental, prêt à tout croire, épris de petite fleur bleue. »
> ARAGON, *Les Beaux Quartiers*, p. 394 (□ 1936).

—— SPÉCIALT. (1945) *Psychol.* Émotif non actif secondaire
(opposé à *actif*).

✳ Mot anglais adj. (1749), de *sentiment* n., lui-même emprunté au
XIVe siècle de l'ancien français *sentement* (mod. *sentiment*), d'après le
latin médiéval *sentimentum*, de *sentire* « sentir ». *Sentimental*, emprunté
de l'anglais, apparaît dans une traduction de Sterne en 1769.

« le mot anglois [*sentimental*] n'a pu se rendre en françois par aucune
expression qui pût y répondre et on l'a laissé subsister. Peut-être trouvera-t-on en
lisant qu'il méritoit de passer dans notre langue. »
J.-P. FRÉNAIS, *Voyage sentimental par la France et l'Italie*, Préface à la traduction de
Sterne, *The Sentimental Journey* [1768], 1769 [*in* Mackenzie, p. 178].

✳ Le français *sentimental* est attesté au deuxième sens en 1781
(Linguet, *Annales politiques, civiles et littéraires du dix-huitième siècle*,
n° X, p. 387, d'après G. L. L. F.), au troisième, en 1798 (*Journal de Paris*,
n° 9, pluviôse an VI, d'après Wartburg), en 1945, comme terme de
psychologie (R. Le Senne, *Traité de caractérologie*, P. U. F.). En français,
comme en anglais, le mot dénotait à l'origine une certaine élévation de
sentiments, mais il a très vite revêtu une connotation plus ou moins
péjorative, surtout au sens 2°, où il traduit le plus souvent de beaux
sentiments et une sensibilité mièvre ou à fleur de peau.
> *Sentimental* a produit en français les dérivés *sentimentalement*
(1827, Balzac), *sentimentaliser* et *sentimentalisme*. *Sentimentaliser,*

v. intr. (1801, Mercier), « faire du sentiment », v. tr. (1845, Bescherelle), *vx,* « donner un cachet sentimental (à une œuvre d'art) », est resté assez inusité en français (Cf. anglais *to sentimentalize,* courant comme v. intr., 1812 ; attesté en 1821, comme v. tr.). Le dérivé *sentimentalisme* est attesté plus tôt que l'anglais *sentimentalism* n. (1817, Byron). Mercier le définit dans sa *Néologie,* en 1801, comme une affectation de sensibilité ; Bescherelle, 1845, le donne comme nom du genre sentimental (en littérature) ; le Compl. 1842 de l'Académie, comme nom de la morale du sentiment telle qu'on la trouve chez Rousseau, Comte et Schopenhauer. *Sentimentalisme* est absent du dict. de Littré 1872 ; il ne fait son entrée au dict. de l'Académie qu'en 1935. Dans l'usage courant, il a tendance, comme *sentimentalité**, à produire des effets péjoratifs, sauf comme terme d'histoire de la philosophie.

> « On faisait là de l'esprit et du paradoxe comme partout ; mais cela était empreint de sentimentalisme, et même d'une sorte de mysticisme qui se rattachait facilement aux impressions superstitieuses de personnes issues, pour la plupart, de la vieille Armorique. Le marquis de Fayolle était le plus ardent interprète de ces idées. »   G. de NERVAL et É. GEORGES, *Le Marquis de Fayolle, les Chouans,* in *Œuvres,* t. I, p. 554 (□ 1856).

> « son mari, coquin d'une certaine profondeur, ruffian lettré à la grammaire près, grossier et fin en même temps, mais, en fait de sentimentalisme, lisant Pigault-Lebrun, et pour " tout ce qui touche le sexe " comme il disait dans son jargon, butor correct et sans mélange. »   HUGO, *Fantine,* in *Les Misérables,* pp. 161-162 (□ 1862).

✱ *Sentimentalisme* a produit le dérivé *sentimentaliste* adj. (1842, Compl. Académie), « qui a les caractères du sentimentalisme ». Absent des autres dict. de l'Académie et du dict. de Littré.

SENTIMENTALITÉ [sãtimãtalite] *n. f.*

1° (1804) Caractère de ce qui est sentimental*, qui fait une large place au sentiment. — Spécialt. *Péj.* Affectation de sentiment, d'une personne sentimentale → *Sentimentalisme,* art. **Sentimental.** — REM. : Enregistré dans les dict. de Littré 1872 et de l'Académie 1878.

> « Quoique je n'aime guère les sentimentalités de cheveux, de fleurs et de médaillons, pour ne pas faire l'*homme fort,* je t'envoie une fleur de coton que j'ai cueillie hier à Fechnah à ton intention. »
> FLAUBERT, Lettre à sa mère, 24 juin 1850, in *Corresp.,* t. I, Pléiade.

2° (1836) Caractère de ce qui est sentimental*, qui exalte le sentiment. *La sentimentalité de Rousseau, de Senancour.* — REM. : Signalé dans le Compl. 1842 du dict. de l'Académie.

> « La transparence de l'air, la splendeur de la campagne et l'aspect de cette nature en joie m'ont jeté dans l'âme assez de sentimentalité et de tendresse pour faire convenir Rosette qu'au bout du compte j'avais une manière de cœur tout comme un autre. »
> Th. GAUTIER, *Mademoiselle de Maupin,* p. 135, 1930 (□ 1836).

✱ Adaptation de l'anglais *sentimentality* n. (1770), de *sentimental.* Bonnaffé atteste *sentimentalité* en 1804.

SÉPARATISTE [separatist] *n. et adj.*

1° *N.* (1842 ; 1650, à propos de l'Angleterre) Relig. *Vx.* Membre d'une communion dissidente d'une Église ; partisan d'une séparation par rapport à l'Église à laquelle il appartient. — REM. : Enregistré dans le Compl. 1842 du dict. de l'Académie et dans les dict. de Bescherelle 1845 et de Littré 1872.

> « Les *séparatistes* d'Écosse forment une secte qui eut pour premier chef Robert Brown, sous Édouard IV et Élisabeth, et dont le principal caractère est de s'être séparé de l'Église d'Angleterre. »
> P. LAROUSSE, *Grand Dict. universel,* 1875, art. *Séparatiste.*

— (1871, à propos des États-Unis) *Polit.* Membre d'une formation ou d'une population qui réclame une séparation d'ordre politique par rapport à un État, à une fédération.

2° *Adj.* (1845) Favorable à une séparation par rapport à une Église (*vx* en ce sens) ou à un État.

« Ce que je ne puis concevoir, c'est que les deux républiques séparatistes du nord et de l'ouest ne nous aient point culbutés. »
L. VEUILLOT, *Le Lendemain de la victoire*,
in *La Revue des Deux-Mondes*, 1849, p. 468.

« Il y a un tronc d'arbre au centre duquel se rencontrèrent le boulet du Nord et l'obus du Sud. Tel piano porte la trace des balles tirées par les assaillants de la villa où s'étaient retranchés les artilleurs séparatistes. »
P. ADAM, *Vues d'Amérique*, p. 281 (☐ 1906).

✴ *Séparatiste* est apparu en français comme terme d'histoire religieuse pour rendre l'anglais *separatist* « dissident (d'une église) » (et plus tard « sécessionniste »). *Separatist* est le nom donné, en Angleterre, aux divers partisans d'une séparation par rapport à l'Église anglicane, initialement, aux disciples de Robert Brown, en 1608. C'est un dérivé de *to separate* « séparer, se séparer », de même origine que le français *séparer* (latin *separare*).
D'après le G. L. L. F., c'est Cl. de Saumaise dans une traduction de l'ouvrage qu'il avait écrit en latin en 1649, *Apologie royale pour Charles I, roy d'Angleterre* [...], qui, en 1650, a introduit le mot *séparatiste* en français. Le terme peut être un emprunt de l'anglais *separatist* ou encore un dérivé savant du français *séparer*. Au sens de « dissident (religieux) », le mot n'a plus qu'une valeur historique. Selon Bloch et Wartburg, *séparatiste,* signalé par Littré, en 1872, comme terme de politique, à propos des États-Unis, ne se serait dit d'autres pays qu'à partir de 1914. G. Esnault atteste le mot, en ce sens étendu, dès 1903 (in *Le Mercure de France*, 15 juil. 1934, p. 403, d'après Mackenzie, p. 240). L'adjectif est enregistré dans le dict. de Bescherelle 1845, et de P. Larousse 1875.
Le substantif *séparatisme* n., enregistré comme terme de religion dans le dict. de Trévoux 1721 (*vx* en ce sens), et comme terme de politique dans le dict. de Littré 1872, peut être considéré comme un dérivé français de *séparatiste* ou comme un emprunt de l'anglais *separatism* n. (1628), de *separatist* n. L'Académie enregistre en 1935 *séparatisme* comme seul terme de sociologie et de politique.

SESSION [sɛsjɔ̃] *n. f.*

(1657, en parlant du Parlement d'Angleterre) Période de l'année pendant laquelle une assemblée délibérante, un tribunal tient séance. *La session ordinaire du Parlement. Réunir l'Assemblée en session extraordinaire.* — REM. : Enregistré dans les dict. de l'Académie 1798 et de Littré 1872.

« il est bon qu'on imprime tous les huit jours le journal de ses " sessions ". »
MABLY, *Observations sur le gouvernement et les lois des États-Unis*, 1784,
in *Œuvres* [*in* Brunot, t. VI, 1-a, p. 455].

« le roi ouvre la " session ". »
DE LOLME, *Constitution d'Angleterre*, 1787 [*in* Brunot, *op. cit.*].

✴ Le mot *session,* du latin *sessio* « action de s'asseoir, audience du préteur, pause, séance d'un concile », de *sessum,* supin de *sedere* « être assis », avait eu en français le sens de « fait d'être assis » (v. 1120), puis de « séance » (1462). Au XVIIᵉ siècle, le mot français *session* ne s'employait qu'en parlant des séances d'un concile (*in* Richelet 1680, et Académie 1762). Dans son *Manuel lexique* 1750, Prévost d'Exiles signale que ce mot se dit en parlant du parlement d'Angleterre ; l'Encycl. de Diderot 1765 accepte à l'article *Session, session du Parlement ;* Bonnaffé en relève une première occurrence dès 1657 dans un texte sur l'Angleterre. Il s'agit d'un emprunt de l'anglais *session* n. (1553, en ce sens) lui-même emprunté au XIVᵉ siècle soit de l'ancien français *session,* soit directement du latin *sessio* « séance », car le français disait en ce sens *séance.* Au XVIIIᵉ siècle, Miège et Féraud n'acceptent que le mot *séance,* mais c'est l'anglicisme *session* qui l'emporte à l'époque de la Révolution (Décrets du 17 juin 1789 et du 30 juin 1790 ; *Journal de Paris*, 2 janv. 1791 ; Dict. de la Constitution 1791 ; Dict. de l'Académie 1798 ; Dict. de Boiste et Bastien 1800).

SET [sɛt] *n. m.*

1° (1896) *Sports.* Manche d'un match de tennis, de ping-pong, de volley-ball, dans laquelle le gagnant doit remporter au minimum six jeux au tennis, vingt et un points au ping-pong, avec deux jeux ou deux points d'avance. *Des sets. Balle de set,* balle qui peut décider de la manche. — REM. : Absent du dict. de l'Académie 1935.

« On jouera en une série de trois *sets ;* le gagnant des deux sets éliminera son adversaire ».   *Le Vélo,* 14 fév. 1896 [*in* G. Petiot].

« Ce n'est pas tout que d'avoir fait bonne figure dans le tournoi jusqu'à ce match-ci. Tu t'es tiré très convenablement du simple : tu es arrivé en quart de finale et là, tu as pris un set à Steens, bravo. Contre Steens, il faut le dire, tu ne pouvais pas faire mieux. »
Ph. HÉRIAT, *L'Innocent,* p. 63 (□ 1954 ; p.-ê. dans la version originale 1931).

2° (1925) Cin. *Vieilli.* Plateau sur lequel on tourne un film.

3° (1933) *Set* ou *set de table,* ensemble de napperons remplaçant la nappe dans un service de table. — *Un set (de table),* l'un de ces napperons.

✱ Mot anglais qui est à la fois un déverbal de *to set* « poser, placer », verbe d'origine germanique, et un emprunt de l'ancien français *sette* (du latin *secta* « secte ») qui a produit les sens de « groupe de personnes » (XIVe s.) puis de « ensemble, collection de choses » (XVIe s.). *Set* a d'innombrables emplois en anglais ; il est attesté comme terme de tennis dès 1578 (aussi *sett, set ball* « balle de set », en 1928 seulement), comme terme de cinéma en 1918. Le mot est entré en français comme terme de sport en 1896, où il est souvent remplacé de nos jours par le mot français *manche.* Il est attesté dans le vocabulaire du cinéma en 1925 (d'après J. Giraud) et au sens de « ensemble de napperons » en 1933 (Larousse, d'après le G. L. L. F.). Comme terme de cinéma, il a eu une existence éphémère, car il fait double emploi avec *plateau.* Il est toléré au sens collectif de « ensemble de napperons » et condamné comme synonyme de *napperon,* pourtant d'usage courant.

SETTER [sɛtɛʀ] *n. m.*

(1835) Race anglaise de chien d'arrêt, de taille moyenne, à poils longs et ondulés et aux oreilles tombantes. *Setter anglais. Setter irlandais. Gordon-setter. Des setters.* — REM. : Absent des dict. de Littré et de l'Académie.

« 2° et 3° prix, médaille d'or, 3e catégorie, *Tom et Carlo,* race Setters, à MM. Ichez et Deville. »
L. FIGUIER, *L'Année scientifique et industrielle,* p. 374, 1866 (□ 1865).

✱ Mot anglais n. (XVIIIe s. en ce sens ; « épagneul », 1576), de *to set* « arrêter, s'arrêter » ; aussi *English setter (setter anglais), Irish setter (setter irlandais), setter Gordon.* Mackenzie (p. 215) atteste *setter* en 1835 dans Blaine-Delaguette, *Pathologie canine,* p. 29, note.

SETTLEMENT [setəlmɛnt] *n. m.*

(1873) Établissement stable de colons, aux États-Unis, et *par ext.,* dans d'autres pays anglophones.

« Les deux tiers de la population de Salt-Lake-City sont Mormons ; ils ont, en outre, dans la vallée, cent cinquante *settlements* (établissements), avec environ cent mille habitants. »
E. MICHEL, *Le Tour du monde en deux cent quarante jours.*
Le Canada et les États-Unis, p. 93 (□ 1881).

« il y a trop de misère, donc trop d'électricité contraire dans les quartiers vieux ou les baraquements tout neufs qui circonvoisinent les ports sous toutes les latitudes et maints et maints navigateurs y ont laissé la peau, poignardés au coin des ruelles fameuses ou étranglés dans les barbelés anonymes d'un *settlement.* »
CENDRARS, *Bourlinguer,* p. 263, Denoël (□ 1948).

✳ Mot anglais *settlement* (1962, dans le sens « résidence légale ») de *to settle* « s'établir ». On trouve le mot en français en 1873 (H. de Lamothe, *Excursion au Canada*, in *Le Tour du monde*, p. 267, 1878) et *settler* « colon » en 1870 (*Ibid.*, t. XXI, 1er sem.).

SEX-APPEAL [sɛksapil] *n. m.*

(1932 ; *sexe-appeal*, 1931) Ensemble de qualités physiques et de comportements qui appelle le désir sexuel, dans une société donnée (se dit généralement d'une femme, *spécialt* d'une femme dont le métier exige qu'elle soit belle). *Avoir du sex-appeal* → **Sexy, 2°.** — REM. : Absent du dict. de l'Académie 1935.

« Elle était parée de ce que les cinéastes américains nomment le *sexe-appeal.* »
SIMENON, *La Nuit du carrefour*, inédit 1931 [*in* D. D. L., 2e série, 2].

« Elle trouvait assez raisonnable de supposer que le principal du *sex-appeal* est dans le regard. Toute une littérature de l'œil l'y aidait : œil pervers, œil lubrique, œil luisant, regard diabolique, regard concupiscent, magnétique, chaud, ardent, brûlant, lourd, passionné, trouble, etc. »   M. AYMÉ, *Travelingue*, p. 112 (□ 1941).

« J'ai du youmph... Du youmph, répéta la fille, tranquillement. C'est un mot américain. En français, ça s'appelle le sex-appeal. »
R. GARY, *Le Grand Vestiaire*, 1949 [*in* Hanon].

« Au sortir de ma conférence, une vieille dame m'interroge : "En somme, ce pauvre Pétain, il était existentialiste : il était bien embarrassé pour choisir..." J'ai l'impression que Pétain a eu beaucoup de *sex-appeal* aux yeux des vieilles dames françaises d'Amérique. »
S. de BEAUVOIR, *L'Amérique au jour le jour*, 14 fév. 1947, p. 80 (□ 1954).

✳ Mot d'origine américaine n. (1926) « attrait du sexe », composé de l'anglais *sex*, lui-même emprunté au XVIe siècle du français *sexe* (latin *sexus*), et *appeal* « appel, attrait », déverbal de *to appeal*, lui-même emprunté de l'ancien français *apeler* (mod. *appeler*), issu des milieux du cinéma. D'après Dauzat, c'est une pièce de théâtre américaine qui a fait entrer en 1932 le terme *sex-appeal* en français, terme que d'aucuns ont ressenti comme étant grossier :

« Puisque l'on me demande ce que je pense de cette dernière expression [*sex-appeal*] je répondrai, ayant assez montré, et trop montré peut-être, que je n'ai pas froid aux yeux, je répondrai sans ambages que je la trouve grossière et dégoûtante. »
A. HERMANT, *Chronique de Lancelot* du « *Temps* », t. II, p. 153, Larousse, 1938.

✳ Mais dans l'usage général et en particulier dans le monde du spectacle le mot s'est taillé une place distincte de *charme* en évoquant la sensualité des vamps célèbres de la première époque du cinéma hollywoodien. *Sex-appeal* est aujourd'hui démodé. La famille du mot *sexe* est en régression par rapport à celle d'*Éros* (*érotisme*, *érotique*, etc.).

SEX-SHOP [sɛksʃɔp] *n. m.*

(v. 1970) Boutique spécialisée dans la vente d'affiches, d'écrits et d'objets pornographiques ainsi que de produits aphrodisiaques. *Des sex-shops.* — REM. : Enregistré dans le 2e Suppl. du G. L. E. 1975.

« Bien plus, le Trucstore, qui vient de s'ouvrir près de la Madeleine, décide d'être le "premier magasin de Paris ouvert 24 heures sur 24 "... Inauguré dans la rue des sex-shops, la rue de Sèze, c'est un magasin plus vertueux que ses voisins. Cette librairie d'articles de Paris ne vend pas de livres à cover-girls sans couverture. »
Le Dauphiné libéré, 28 déc. 1971, p. 3.

« Et dire que le drôle tonnait contre les *sex-shops* et le dévergondage de la jeunesse ! » M. CLAVEL, in *Le Nouvel Observateur*, 21 août 1972, p. 38.

« Des architectes s'installaient dans des ateliers loués à des prix dérisoires, des restaurants style copains métamorphosaient d'anciens bistrots, des *sex shop* allaient au-devant des collectionneurs d'équivoque. »   P. SÉRY, in *Le Nouvel Observateur*, 11 nov. 1972, p. 60.

✳ Mot composé de l'anglais *sex* (emprunt du français *sexe*) en
fonction d'épithète, et *shop* « boutique », lui-même emprunté du français
eschope (mod. *échoppe*) au XIIIe siècle par l'anglo-normand. *Sex-shop*
est absent de tout dictionnaire d'anglais ou d'américain. Il est attesté en
anglais en 1977 et figure dans le Robert-Collins bilingue 1978. Il semble
que ce mot soit un pseudo-anglicisme des pays scandinaves, libéraux
dans ce domaine.

SEXY [sɛksi] *adj. invar.*

1° (1925) En parlant d'une œuvre, Licencieux, osé en matière
sexuelle. — REM. : Absent du dict. de l'Académie 1935.

« Depuis que Joyce a publié un livre qu'ils croient *"sexy"* — cet état
d'esprit n'a pas d'équivalent français — on s'en empare avec d'autant
plus de joie que sa méthode sert de modèle à des gens qui aiment
barbouiller du papier et se disent surréalistes. »
          E. BOYD, in *Nouvelle Revue française*, 1925 [*in* D. D. L., 2e série, 12].

2° (1954) *Fam.* en parlant d'une personne. Qui a du sex-
appeal*, qui exerce un attrait physique. — En parlant d'une
chose, Qui excite le désir sexuel, érotique. *Mode, robe sexy.*
Attitude très sexy.

« D'ailleurs on parle de l'amour avec des mots spécialisés, presque
hygiéniques : une femme agréable est *sexy*, on aimerait avoir avec elle
une *sex-affair*, un *sexual-intercourse*. Il y a une acceptation rationnelle
de la sensualité qui est une manière sournoise de la refuser. »
          S. de BEAUVOIR, *L'Amérique au jour le jour*, 1er mai 1947 (□ 1954).

✳ Mot américain adj. (*in* Webster's Second 1934, au premier sens) de
l'anglais *sex*, lui-même emprunté du français *sexe* (→ **Sex-appeal**).
Au sens 1°, il n'est plus usité (Cf. Cochon, porno). Au sens 2°, il est
assez fréquent et Étiemble fustige l'abus de cet américanisme :

« L'ignoble *sexy* remplace aujourd'hui toutes nuances, toutes les délicatesses
que le français savait distinguer dans les charmes d'une femme. Si nous le
désirons, ce que suppose l'idée de *sexy*, nous pouvons en tout cas l'appeler
désirable. Et si nous voulons signifier les raisons de l'attrait que nous éprouvons
pour elle, nous pouvons, nous autres la dire "charmante, charmeresse, charmeuse,
séduisante, séductrice, attirante, capiteuse, piquante, stimulante, aguichante,
affriolante, excitante, voluptueuse", etc. (j'en passe, et des meilleures). Au lieu de
quoi, l'indigence affective ou érotique de la civilisation à qui nous croyons tout
devoir nous propose tout bêtement l'épithète de *sexy*. »
          ÉTIEMBLE, *Le Babélien*, t. III [*in* Dupré].

SHADOW-BOXING [ʃadɔbɔksiŋ] *n. m.*

(1912, *in* Petiot) Combat d'entraînement où le boxeur se bat
contre un adversaire imaginaire.

« Cinq minutes de saut à la corde puis trois rounds de shadow-
boxing. »   J. CAU, *La Pitié de Dieu*, p. 15 (□ 1961).

✳ Mot anglais (1919, *in* Oxford dict., 1er Suppl., mais antérieur), de
shadow « ombre » et *boxing* « action de boxer ».

SHAKE-HAND [ʃɛkãd] ou [ʃekɛ̃d] *n. m. invar.*

(*h.* v. 1790 ; v. 1840) *Vx.* ou *plaisant.* Poignée de main. *Un*
vigoureux shake-hand — REM. : Absent des dict. de Littré et de
l'Académie. — On a écrit aussi *shakehand* en un seul mot et
shake-hands (pluriel de *hand* : la main droite de chacun).

« Puis, après le *shake-hand* amical, nous lâchâmes la bride. »
          J.-J. CASANOVA, *Mémoires* (écrits entre 1785 et 1798),
                                   in *Le Français moderne*, juil. 1954, p. 181.
« En me donnant un petit *schake hands* vous ne risquez pas de vous
cogner dans la foule. »   MUSSET, Lettre de nov. 1842,
          in *Corresp.* 1827-1857, in *Le Français moderne, op. cit.*, p. 182.

« Mme de Lucenay tendit sa belle main au jeune duc. — Celui-ci allait donner un *shake-hands*, à sa cousine, mais... [elle] lui dit gaiement : — Baisez-la... vous avez vos gants [...]. »
É. SUE, *Les Mystères de Paris*, 1843, in *Le Français moderne*, oct. 1954, p. 252.

« elle n'avait rien fait que de dire bonsoir aux gens, et avec une grande révérence, donner un petit *shakehand* à des demoiselles anglaises ».
MUSSET, *Pierre et Camille*, 1844, in *Le Français moderne*, juil. 1954, p. 181.

« Le pasteur électrisé, se leva et vint infliger au héros une poignée de main en coup de pompe, bien anglaise. Sa femme l'imita, puis toutes ces demoiselles, continuant le *shake hands* avec une vigueur à faire monter l'eau à un cinquième étage. »
A. DAUDET, *Tartarin sur les Alpes*, p. 54 (□ 1885).

« Elle était de ces femmes à qui c'est un si grand plaisir de serrer la main qu'on est reconnaissant à la civilisation d'avoir fait du shake-hand un acte permis entre jeunes gens et jeunes filles qui s'abordent. »
PROUST, *À l'ombre des jeunes filles en fleurs*, p. 919 (□ 1918).

✳ Substantivation de la locution anglaise *to shake hands (with)* « serrer la main (à) » (1535), de *to shake* « secouer », et *hand* « main », qui a produit ultérieurement les formes substantivées de *handshaking* (1805), *shake-hands* (1811), rare, et *handshake* (1873). Brian Foster (*Shakehand : nouvelle datation,* in *Le Français moderne,* juil. 1954, pp. 181-183) relève l'emploi nominal de *shake-hand* chez Casanova (→ cit. ci-dessus) vers 1790, puis cinquante ans plus tard chez Musset (→ cit. ci-dessus) dans une lettre de nov. 1842 dans laquelle il est fait état des *Mémoires* de Casanova. D'où l'hypothèse que Musset aurait emprunté de Casanova le substantif forgé par ce dernier à partir de la locution verbale anglaise. Foster cite toutefois deux autres lettres antérieures de Musset, dans lesquelles *shake* est pris comme un verbe à l'impératif (?) : « Bonsoir, madame, *and shake hands.* » Lettre à sa marraine (1840).

Le verbe anglais *shake hands* devient en français un substantif inusité en anglais (on dit *handshake*) et affublé de graphies fantaisistes (Cf. cit.). Notons que *shake-hand,* en français, a surtout été employé pour désigner un type particulier de poignée de main associé aux manières anglaises ; le mot est presque sorti de l'usage.

SHAKER [ʃekœʀ] *n. m.*

1° (1835) *Hist.* Membre de la secte américaine des trembleurs → **Quaker.**

« Comme je revenais de Troie on me dit que j'avais manqué l'occasion d'assister aux cérémonies religieuses des Shakers, établis depuis 1787 à New-Lebanon [...]. La secte des Shakers, fondée par une Anglaise nommée Ann Lee, se compose de huit mille personnes environ. Ces chrétiens font consister la sainteté dans le célibat et dans la chasteté la plus absolue ; ils pratiquent la communauté de biens et considèrent la danse comme la principale pratique du culte. »
L. DEVILLE, *Voyages dans l'Amérique septentrionale* [1854-1855], p. 239 (□ 1861).

2° (1895) Récipient à double timbale, dont on se sert pour mélanger la glace et les ingrédients qui entrent dans la composition des cocktails et boissons glacées, en les secouant. — REM. : Absent du dict. de l'Académie 1935.

« Il regardait ce bar, ses shakers, sa barre nickelée, comme de vieilles choses amicales. »
MALRAUX, *La Condition humaine*, in *Romans*, p. 139 (□ 1933).

« il secouait le shaker, l'ouvrait, faisait couler une mousse jaune dans les verres avec des gestes d'une précision légèrement superflue : il jouait au barman. »
SARTRE, *L'Âge de raison*, p. 181 (□ 1945).

✳ Mot anglais dérivé de *to shake* « secouer », « trembler », signifiant proprement « celui ou ce qui secoue », 1440 ; « celui qui tremble », 1648 (« membre de la secte américaine des trembleurs, d'origine britannique,

introduite en Amérique en 1774 », 1784). On a aussi donné le nom de
shaker à divers appareils utilisés pour secouer quelque chose. C'est en
Amérique, que l'on commence à parler de *cocktail shaker* n. (1868),
puis elliptiquement de *shaker* n. (1889).

Mackenzie (p. 215) atteste *shaker* au premier sens retenu en
français en 1835 (Beaumont, *Marie*, t. II, p. 205), et au second (p. 253),
en 1895 (*Le Gourmet*, 21 mai, p. 8). Aucun équivalent n'a encore
concurrencé l'emprunt de *shaker* dans l'usage moderne. Il est vrai que
l'emploi en est limité, le Français n'étant guère amateur de cocktails.

SHAMPOOING ou SHAMPOING [ʃɑ̃pwɛ̃] *n. m.*

(1877) Nettoyage des cheveux et du cuir chevelu au moyen
d'un liquide savonneux et parfumé. *Se faire faire un shampoing
chez le coiffeur.* — REM. : Enregistré dans le Suppl. 1877 du
dict. de Littré ; absent du dict. de l'Académie.

« — Monsieur veut-il une friction ? — Non. — Un shampooing alors ?
— Pas davantage. — Monsieur a tort, cela rafraîchit le cuir chevelu et
détruit les pellicules. D'une voix mourante, l'on finit par accepter le shampooing... Alors une rosée coule, goutte à goutte, sur votre tignasse..., puis
bientôt cette rosée qui pue se change en mousse, et stupéfié, l'on
s'aperçoit dans la glace, coiffé d'un plat d'œufs à la neige que de gros
doigts crèvent... »   HUYSMANS, *Le Coiffeur*, in *De tout*, 1902 [*in* Robert].

— PAR EXT. (1877) Le produit particulier dont on se sert pour
faire le shampoing. — REM. : Enregistré dans le Suppl. 1877 du
dict. de Littré ; signalé par Bonnaffé en 1920 seulement.

« Avec quelle ardeur elle avait versé sur lui le shampooing, frottant
le crâne et les cheveux de mains déchaînées, s'amusant à laisser la
mousse gagner les oreilles et le nez, ajoutant à l'huile les premiers
liquides qui étaient à sa portée, lavande ou collyres, pour une recette
infernale. »   GIRAUDOUX, *Choix des élues*, pp. 72-73 (□ 1939).

✱ L'anglais a emprunté de l'hindoustani *čămpo* « massage des muscles », de *čampnā* « presser, masser », le verbe *to shampoo* « masser »
(1762, *vx* en ce sens), qui sera ensuite utilisé au sens de « faire un
shampooing » (1860). Le substantif verbal *shampooing* « action de
masser » est attesté en anglais dès 1762, et il a été concurrencé par le
déverbal *shampoo* n. dès 1838, « action de masser », puis « produit
utilisé pour le lavage de la chevelure ». Chose étrange, c'est la forme
shampooing prononcé à la française (*champoû-ingue*, d'après Littré,
puis [ʃɑ̃pwɛ̃]) que le français a empruntée, alors que l'anglais dit
shampoo. Malgré son orthographe inhabituelle avec les deux *o* (la
graphie simplifiée ne comportant qu'un seul *o* n'a pas supplanté la
première), *shampooing* fait partie des mots intégrés depuis longtemps
en français, dans lesquels *-ing* se prononce [ɛ̃] et non pas [iŋ].

Shampooing a produit le dérivé *shampooineur, -euse* ou *shampoui-
neur, -euse* [ʃɑ̃pwinœʀ, -øz] n. (*shampooingneur, -euse*, 1955, *Dict.
des Métiers*), « personne spécialement chargée, dans un salon de
coiffure, de faire les shampooings ».

« une lectrice nous manifeste son embarras pour le pourboire chez son
coiffeur, car elle passe par les mains de la " shampooingeuse ", puis la " teinturière ",
puis le coiffeur. »   *Libération*, 17 juil. 1963 [*in* Blochwitz et Runkewitz, p. 288].

✱ Dans les salons de coiffure on écrit le plus souvent *shampoineuse*.
On emploie le même mot, parfois au masculin, parfois au féminin, pour
désigner un appareil servant à appliquer une mousse nettoyante sur les
sols et les moquettes.

« Système Kirby — Un moteur sur lequel s'adaptent différents accessoires
permettant de l'utiliser en aspirateur droit ; en shampoinneur [*sic*] : produit, étale,
récupère la mousse grâce à une brosse tournante incorporée [...]. »
Paris-Match, 2 mars 1973, in *La Clé des mots*, sept. 1974.

« On trouve désormais, rassemblé dans le même magasin, tout le matériel
nécessaire pour faire du bricolage [...], du jardinage [...], de la décoration [...] ; du
nettoyage (shampouineuse à moquette) [...]. »   *L'Express*, 23 avril 1973.

✱ Sur le modèle de *to shampoo* (1860, en ce sens), *shampooing* a
aussi donné le néologisme *shampooiner* ou *shampouiner* [ʃɑ̃pwine] v.
intr. et tr. « faire un shampooing ».

« Son propriétaire l'a [une vache, grande vedette du Salon de l'agriculture]
toilettée, " *shampouinée* " et lustrée à la brillantine ».

Paris Match, 9 mars 1968 [*in* Gilbert].

« Elle *shampooinait* à tour de bras dans un salon de beauté ».

F. MALLET-JORIS, *La Maison de papier*, 1970 [*in* Gilbert].

SHAMROCK [ʃamʀɔk] *n. m.*

(1817) Trèfle qui sert d'emblème aux Irlandais.

« Mes faibles efforts ont essayé de faire revivre le *shamrock*, humble
emblème de mon pays, qui languit maintenant tristement sur le sol où
jadis il verdissait avec éclat. »

Lady Morgan, *Fragments patriotiques sur l'Irlande* XIV, 1817
[*in* D. D. L., 2ᵉ série, 13].

✳ De l'anglais *shamrock* n. (1577), adaptation de l'irlandais *seamróg*
(gaélique *seamrag*, dimin. de *seamar* « trèfle », nom du petit trèfle
trifolium minus). Selon la légende, saint Patrick, qui christianisa l'Irlande,
l'utilisa pour symboliser la Trinité.

SHELLING → SHILLING.

SHÉRIF [ʃeʀif] *n. m.*

1° (1680 ; *chérif*, 1601 ; *cherray*, 1547) En Angleterre, Magistrat
qui représente la Couronne dans chaque comté et y est
responsable de l'application de la loi. — REM. : Enregistré dans
les dict. de l'Académie 1762 et de Littré 1872. — On a
quelquefois écrit *sheriff*.

« J'eus la consolation de l'envisager [le grand Aureng-Zeb] le jour de
la pompeuse cérémonie dans laquelle il reçut le présent céleste que lui
envoyait le shérif de La Mecque. »
VOLTAIRE, *Histoire des voyages de Scarmentado*, in *Romans et contes*,
p. 141 (□ 1756).

« Le shérif, qui de sa baguette touche le patient ; le shérif, qui donne
le signal de l'attacher à la traverse, et qui, suivant le texte de la loi,
serait obligé de l'attacher lui-même, à défaut d'exécuteur ; le shérif, dis-
je, peut être élu lord-maire, et personne n'est élevé à cette dignité sans
avoir été shérif. »   BALZAC, *Souvenirs d'un paria*, p. 231 (□ 1830).

« les constables s'étoient rangés en cercle autour de moi, et le shériff
m'avoit touché de sa canne d'ébène en signe de prise de possession. »
Ch. NODIER, *La Fée aux miettes*, p. 244 (□ 1832).

2° (1876) Aux États-Unis, Officier d'administration élu, chargé
du maintien de l'ordre et de l'exécution des sentences dans un
comté ou dans un district administratif. *Le shérif des westerns.*
Étoile du shérif.

« Ayant appris qu'Adams, shérif de Santa Clara, et Rowland, shérif
de Los Angeles, s'étaient mis en campagne et battaient le pays à la
recherche des assassins, il se porta au-devant des agents de police, tout
prêt à se livrer lui-même et, moyennant récompense, à conduire les
shérifs sur les traces du voleur. »
W. HEPWORTH DIXON, *La Conquête blanche* [1875],
trad. de l'anglais par H. VATTEMARE, p. 126 (□ 1876).

« — " Je demanderai toujours pour vous un billet au shériff " fit
l'hôtelier, " vous vous en servirez ou ne vous en servirez pas... " »
P. BOURGET, *Outre-Mer*, p. 228 (□ 1895).

✳ Anglais *sheriff* n. (1034), vieil anglais *scírġeréfa*, de *scír* (mod. *shire*)
« comté », du vieux haut-allemand *scíra* « charge officielle », et *ġeréfa*
(mod. *reeve*) « premier magistrat, officier supérieur » (la forme étymologique *shire-reeve* a quelquefois été utilisée. Comme dans les divers
pays anglo-saxons, l'officier d'Administration appelé *sheriff* exerce des
responsabilités assez différentes d'un pays à l'autre.

Selon Wartburg, le mot est d'abord attesté en français sous la forme
cherray (*Correspondance politique de Odet de Selve*, ambassadeur de

France en Angleterre, de 1546 à 1549, p. 141, Alcan 1888, 1547), puis sous la forme *chérif* en 1601 (*L'Estoile,* d'après le G. L. L. F.) et enfin sous la forme actuelle de *shérif* en 1680 (H. R. Boulan, *les Mots d'origine étrangère en français,* 1650-1700). Néanmoins la graphie *shériff* est assez fréquente. Le mot ne s'emploie qu'à propos des institutions anglo-saxonnes. C'est le cinéma américain qui l'a relancé en français au xxᵉ siècle.

SHERRY [ʃeʀi] *n. m.*

(1828 ; *cherry,* 1819 ; *sherry,* comme mot anglais, 1786) Xérès. — REM. : Enregistré dans le Suppl. 1877 du dict. de Littré ; absent du dict. de l'Académie.

« Le *Sherry* que l'on sert dans quelques bals travestis... est une boisson importée de Londres, et qui se fait avec du vin de Madère et de l'eau de vie... »   *Journal des dames et des modes,* 20 fév. 1828,
in *Le Français moderne,* oct. 1949, p. 304.

« Les muids, cerclés de saule, à la bonde odorante, ne révèlent rien des essences précieuses qu'ils renferment : sherrys pâles et secs pour l'apéritif, sherrys de table, doux, d'un brun chaud, dont les ondes lourdes se propagent lentement du palais dans le gosier. »
P. MORAND, *Londres,* p. 311 (□ 1933).

— PAR EXT. Verre de cette boisson.

« Il dut avant de se mettre à table, boire un cocktail et un sherry, puis encore un vermouth italien, réveillé d'une goutte de gin. »
A. MAUROIS, *Les Discours du docteur O'Grady,* p. 184 (□ 1922).

✳ Mot anglais n. (1608), apparu comme le singulier de *sherris* pris pour un pluriel, forme abrégée de *Sherris sack* ou *Sherry sack* n. (1597), de *sack* (1536) nom d'une catégorie de vins importés d'Espagne et des Canaries, forme abrégée de *wyne seck* (déb. xvlᵉ s.), du français *vin sec,* et de *Sherris* ou *Sherry,* altération de *Xeres* (mod. *Jerez*), nom de la ville d'Espagne d'où provient ce vin. Ne pas confondre avec *cherry* « cerise », d'où *cherry** « liqueur de cerise » ou *cherry-brandy.*

Bloch et Wartburg relèvent *sherry* en français en 1786, comme mot anglais ; Bonnaffé atteste le terme comme mot français, en 1819, sous la forme *cherry.* Forme actuelle, 1828 (→ cit. ci-dessus).

« [*Paris Match* (10 décembre 1960) me parle] de *sherry,* adaptation anglaise du mot espagnol *Jerez,* mais nous ne saurions boire en France un vin d'Espagne, si ce n'eût sous son nom anglais [en français *vin de Xérès*]. »
ÉTIEMBLE, *Le Babélien,* t. II [*in* Dupré].

✳ Néanmoins *sherry* est un mot plus facile que le « français » *xérès* dont la prononciation est hésitante [xeʀɛs, gzeʀɛs, keʀɛs]. Cette boisson n'est d'ailleurs pas d'une consommation courante, les Français préférant le porto en matière de vin cuit.

SHERRY-COBBLER [ʃeʀikɔblɛʀ] *n. m.*

(1858) Boisson américaine composée de xérès, de citron et de sucre. — REM. : Absent des dict. de Littré et de l'Académie.

« le gentleman nonchalamment étendu sur le canapé des bar-rooms devant sa chope de sherry-cobbler [en note : Mélange de rhum, de jus d'orange, de sucre, de cannelle et de muscade. Cette boisson de couleur jaunâtre s'aspire dans des chopes au moyen d'un chalumeau de verre. Les bar-rooms sont des espèces de cafés.] ».
Jules VERNE, *De la terre à la lune,* p. 34, Folio, 1977 (□ 1865).

« Puis viennent des buvettes, où tous les breuvages composites chers aux gosiers américains, les *mint-juleps,* les *portwine-sangries,* les *sherry-cobblers,* les *sherry-cocktails,* vous sont servis à la seconde [...]. »
L. SIMONIN, *De Washington à San Francisco* [1868], p. 206 (□ 1874).

✳ Mot américain n. (1839), composé de l'anglais *sherry* et *cobbler,* proprement « cordonnier », mot d'origine inconnue, devenu en américain (1839) le nom d'une boisson glacée composée de vin, de sucre et de jus de fruits. Cet emprunt reste très rare en français ; Mackenzie l'atteste en 1858 (Assolant, *Scènes de la vie des États-Unis,* p. 111).

SHETLAND [ʃɛtlãd] *n. m.*

(1908) Laine des moutons des îles Shetland. — Tissu de laine d'Écosse fabriqué avec cette laine. *Tailleur en shetland.*

« je passe à la redingote (pour homme) qui s'est portée beaucoup cette année, aux courses surtout, toujours ouverte, en cheviotte noire ou en shetland gris, de nuance assez claire. »
Femina, 1ᵉʳ juil. 1908 [*in* D. D. L., 2ᵉ série, 1].

— PAR EXT. (1971) Pull-over de shetland. *Des shetlands.*

« Si j'aime les blue-jeans, les vieux shetlands, les chemises de tweed qui ont des coudes en cuir, j'aime aussi la patine d'un bijou en argent, le verni impeccable d'un bois, la belle matière d'un acier. »
Vogue, sept. 1971, p. 79.

✱ Anglais *Shetland wool* « laine shetland » n. (1790), *Shetland* (1794), nom d'une race de moutons, du nom des îles situées au nord-est de l'Écosse et formant un comté de celles-ci.

SHILLING [ʃlɛ̃] ou [ʃiliŋ] *n. m.*

(1656 ; *chelin*, 1558) Monnaie divisionnaire anglaise, valant un vingtième de la livre sterling. — REM. : Le dict. de l'Académie enregistre *schelling* en 1762, et *shilling* en 1935 (avec la prononciation de *chelin*) ; l'Encycl. de Diderot écrit *schilling*, en 1765 ; le dict. de Littré enregistre *schilling*, en 1872 (en indiquant qu'on prononce surtout *chelin*). — On a aussi écrit *schelling* (1680, Richelet ; 1756, Voltaire). — Dans l'usage actuel, éviter de confondre *shilling*, monnaie anglaise, et son homonyme *schilling* n. m. (1359), unité monétaire principale de l'Autriche (symb. SCH), divisée en 100 groschen.

« le pays était si peu riche en espèces, que le prince de Galles n'avait que vingt schellings par jour pour sa paie [...]. »
VOLTAIRE, *Essai sur les mœurs*, De la France et de l'Angleterre, in *Œuvres complètes*, t. XVI, p. 325 (□ 1756).

« *(Monnoie d'Angleterre)* le *schilling* est une monnoie d'argent d'Angleterre qui vaut environ 24 sols de France sur le pié actuel ; vingt *schillings* sont la livre sterling ; ainsi le *schilling* est le sol sterling composé de douze deniers sterling. Il y a aussi des *schillings* en Hollande, en Flandres et en Allemagne ; mais qui n'étant ni du poids ni au titre de ceux d'Angleterre, n'ont pas cours sur le même pié. »
Chevalier de JAUCOURT, art. *Schilling*, in *Encycl. Diderot* (□ 1765).

« sans compter que cette bienheureuse anglomanie lui permettait dans certains cas de substituer le *bill* à la note et de détailler les dépenses de ses voyageurs par *shillings* au lieu de francs. »
P. BOURGET, *La Terre promise*, p. 119 (□ 1892).

✱ Mot anglais n. (900) d'origine controversée, probablement du vieil allemand *scellan* « tinter », apparu en français sous la forme *chelin* en 1558 (E. Perlin, *Description des royaulmes d'Angleterre et d'Escosse* [...], et conservé sous la forme *shilling* attestée en 1656 (Laurens, *Un subside accordé au Roy*, p. 5). L'ancienne graphie avec un *e* est liée à la prononciation [ʃlɛ̃] qui était la seule courante.

SHIMMY [ʃimi] *n. m.*

1° (1920) *Ancienn.* Danse noire américaine, voisine du fox-trot, qui s'exécutait avec un tremblement des épaules, et qui fut en vogue en France dans la décennie qui a suivi la Première Guerre mondiale. *Le trépidant shimmy. Des shimmys.* — REM. : Absent du dict. de l'Académie 1935.

« Le tango et le shimmy, voilà de quoi mêler utilement les races, même à bord des paquebots d'Extrême-Orient !... »
Cl. FARRÈRE, *Mes Voyages*, p. 15 (□ 1923).

2° (1927) Tremblement ou flottement des roues et du train avant d'une automobile, généralement dû au mauvais équilibrage des roues.

« L'usage de plus en plus généralisé de pneumatiques à large section et à faible pression [...] a fait apparaître un phénomène curieux que les Américains, nos précurseurs dans l'emploi de ce type de pneu, connaissent depuis longtemps et ont baptisé " le shimmy " par assimilation à la danse du même nom [...]. »   *Larousse mensuel,* juin 1927, p. 446.

« On tend depuis longtemps à rendre indépendantes les roues avant, c'est-à-dire à ne plus les monter sur un même essieu. Liées, à un même essieu, l'une d'elles ne peut ni s'élever ni s'abaisser sans provoquer chez l'autre une déviation qui engendre des réactions gyroscopiques (dandinement et shimmy). »

BAUDRY de SAUNIER, *Causerie sur le salon de 1931,* in *L'Illustration,*
3 oct. 1931.

✻ De l'américain *shimmy* (aussi *shimmey*) n. (1919, au premier sens ; *in* Webster's Second 1934, au second) utilisé à l'origine (1839) au sens de « chemise, liquette », altération du français *chemise.* Le Deak enregistre « *Shimmy Girl* », surnom donné à Gilda Gray, danseuse qui lança le shimmy en 1918. Gilda Gray, d'origine polonaise, de son vrai nom Maryanna Michalska, disait, en dansant, avec un accent étranger prononcé « *I'm just shaking my shimmy* », « Je ne fais que secouer ma chemise ». De sa prononciation particulière est né le nom de cette danse populaire de jazz. Ainsi *shimmy* « chemise » acquérait le sens de « tremblement » repris ensuite dans le vocabulaire de l'automobile. Mackenzie (p. 263) atteste le terme de danse en français dès 1920. Le mot ne s'emploie plus guère que dans le vocabulaire technique de l'automobile (Larousse 1933), où il est admis.

SHIPCHANDLER [ʃipʃɑ̃dlœʀ] *n. m.*

(1905) Commerçant qui tient un magasin de fournitures pour bateaux. *Des shipchandlers.* — REM. : Absent du dict. de l'Académie 1935.

« Et le "*ship-chandler*" qui me racontait lui-même cette absolument véridique histoire, déclarait n'avoir jamais tant ri de sa vie. »
A. ALLAIS, *Fraude,* in *Contes et Chroniques,* p. 98 (□ 1905).

« J'étais employé chez un courtier maritime à Barcelone. On gagne bien sa vie. Vous pensez, j'étais en combinaison avec un schipchandler. »
MAC ORLAN, *La Bandera,* p. 246, Cercle du Bibliophile, 1969 (□ 1931).

« Sa position [du port], face au complexe commercial possédant son shipchandler, facilitera l'avitaillement des navires [...]. »
Bateaux, sept. 1966, p. 30.

✻ Mot anglais n. (1642), composé de *ship* « bateau », mot d'origine germanique, et de *chandler* « fournisseur » (XVIᵉ s.), mot lui-même emprunté par l'anglo-normand *chaundeler* au français *chandelier* (de *chandelle,* latin *candela*) au XIVᵉ siècle, au sens de « fabricant ou commerçant de chandelles ». Ce mot est courant en français en dépit de la difficulté de prononciation et de graphie (Cf. cit. de Mac Orlan).

SHIPPER [ʃipœʀ] *n. m.*

(1961) Maison spécialisée dans la commercialisation du coton d'un pays producteur.

« Toutes ces maisons [spécialisées dans la commercialisation du coton] assurent l'achat de la récolte — soit directement, soit après intervention d'un acheteur primaire —, son égrenage, son classement, son stockage et son financement, sa vente et son embarquement vers les pays utilisateurs. Cette dernière fonction leur a valu le nom de *shippers,* embarqueurs ou affréteurs, sous lequel on les désigne le plus fréquemment. »   P. de CALAN, *Le Coton et l'Industrie cotonnière,*
pp. 23-24, P. U. F., Que sais-je ?, n° 90 (□ 1961).

✻ Mot anglais signifiant proprement « celui qui assure l'expédition par bateau » (XVIIIᵉ s.), de *to ship* « expédier par bateau », de *ship* n.

« bateau ». Notez que *to ship* et *shipper* ont pris respectivement en Amérique le sens général de « expédier (par bateau, par chemin de fer, etc.) » (1857), et de « expéditeur (par mer et par terre) » (1840). La restriction du terme *shipper* au domaine du coton est typiquement française. On dit plutôt *embarqueur, affréteur* (→ cit. ci-dessus).

SHIRTING [ʃiʀtɛg] *n. m.*

(1855) Tissu de coton d'armure toile, utilisé pour la fabrication d'articles de lingerie résistante. — REM. : Absent des dict. de Littré et de l'Académie.

« Au lavage aussi mes caleçons longs que je portais en hiver pour me préserver du froid, et même quelques-uns de mes caleçons courts en shirting. »   P. GUTH, *Le Naïf locataire*, p. 250 (□ 1956).

✳ Mot anglais *n.* (1604), de *shirt* « chemise » mot d'origine germanique. Attesté en français en 1855 dans le *Catalogue officiel* de l'Exposition de l'industrie, p. 340 [*in* Mackenzie, p. 227]. Couramment employé jusqu'à la dernière guerre, ce mot ne se dit plus guère depuis que la lingerie est essentiellement en tissu synthétique.

SHIT [ʃit] *n. m.*

(1978) *Argot de la drogue.* Haschisch.

« Ouais on a un copain, il a une somme d'argent, il va acheter de la drogue, du shit, tout ça et il nous le revend 5 000 la barette. Il se fait un bénéfice là-dessus. »   *Libération*, 13 mars 1978, p. 20.

✳ Argot américain, de *shit* « merde », appliqué surtout à l'héroïne (1958, *Dict. of American Slang*, 2d suppl. edition).

« pour ceux que la petite histoire des mots intéresse, précisons que le mot "shit" (merde en bon français), largement utilisé pour qualifier la drogue, est né en Europe, par le bon vouloir des G. I's américains stationnant en Allemagne et découvrant le haschisch jusque-là inconnu aux États-Unis. La couleur de la chose expliquant le reste. »   J. MERLINO, *Les Jargonautes*, p. 64. (□ 1978).

SHOCK → CHOC.

SHOCKING [ʃɔkiŋ] *interj.* et *adj. invar.*

1° Interj. (1842) *Vieilli.* S'emploie à propos de ce qui peut paraître impudique, déplacé, inconvenant. *Shocking !* — REM. : Absent des dict. de Littré et de l'Académie. — S'emploie le plus souvent par plaisanterie ou avec une nuance d'ironie.

« Nous trouvâmes les Chattes de la Pairie qui venaient me féliciter et m'engager à entrer dans leur Société Ratophile. Elles m'expliquèrent qu'il n'y avait rien de plus commun que de courir après les Rats et les Souris. Les mots *shocking, vulgar*, furent sur toutes les lèvres. »   BALZAC, *Peines de cœur d'une chatte anglaise*, p. 438 (□ 1842).

« il [Balzac] savait de bonnes histoires et en inventait : ses grasses gaillardises entrelardées de crudités gauloises eussent fait crier *shocking* au *cant* épouvanté [...]. »
Th. GAUTIER, *Honoré de Balzac*, in *Portraits contemporains*, p. 118 (□ 1858).

« la dite petite-fille ne possédait point, par hasard, de longs pieds et ne manquait pas — autre stupéfiant hasard — d'une certaine... rotondité. Schocking ! »   *Le Charivari*, 10 août 1892, p. 2.

« À l'exception de quelques pudibondes mises hors d'âge qui protestèrent avec force shockings, il ne se trouva personne dans la salle qui fut capable de tenir son sérieux [....]. »
La Science illustrée, 1er sem. 1902, p. 270.

2° *Adj. invar.* (1866) *Vieilli.* Choquant, inconvenant.

« Comme le puritanisme protestant a pénétré dans toutes les classes de la société et descendu tous les échelons de la famille humaine, et

comme l'exhibition de tout ou partie du corps a été déclarée immodeste, *shocking*, il s'en est suivi que les négresses ont été forcées de s'affubler des défroques rebutées des Européennes, et de copier les modes des blanches [...]. »
F. Bouyer, *Voyage dans la Guyane française* [1862-1863], p. 343 (□ 1866).

« Après la défaite de l'armada, le castillan fut chez Élisabeth un élégant baragouin de cour. Parler anglais chez la reine d'Angleterre était presque "shocking". »   Hugo, *L'Homme qui rit*, p. 47 (□ 1869).

✴ Mot anglais adj. (xviiie s., en ce sens) , de *to shock* « choquer la pudeur, les convenances », lui-même emprunté vraisemblablement du français *choquer* « heurter ». Notons que le sens de l'anglais *shocking* est beaucoup plus fort que le sens répandu en français ; en anglais, *shocking* veut dire « bouleversant », « choquant, scandaleux ».

« **Shocking**. — Angleterre de poche du Français, avec *dancing, footing* et *smoking*. »   Daninos, *Le Jacassin*, p. 168 (□ 1962).

✴ La graphie, en français, est souvent fautive (Cf. cit. du *Charivari*) ; le pluriel, dans la citation de la *Science illustrée*, est anormal.

SHOOT [ʃut] *n. m.*

1° (1897) Football. *Vieilli.* Tir (au but) → **Shot.**

2° (v. 1960) *Argot de la drogue.* Injection d'un stupéfiant.

« Ce qui met les drogués dans un état encore plus terrible qu'après le shoot d'héroïne. »   *L'Express*, 29 janv. 1973, p. 56.

« En Afghanistan, en Inde, un *shoot* de morphine coûte 1,50 F. En France, pour un gramme d'héroïne (de six à douze *shoots*), il faut payer plus de quatre cents francs. »   *Le Nouvel Observateur*, 22 oct. 1973, p. 44.

« Je fumerais bien un joint, de la colombienne, snifferais de la coque [cocaïne], me ferais un shoot. »
A. Pavy, *Jonathan*, p. 215, Le Sagittaire (□ 1977).

— Absolt. Usage de la drogue par injection intraveineuse.

« Dans votre bande ça vous intéresse le shoot ? »
Libération, 13 mars 1978, p. 20.

✴ Anglais *shot* n. « injection, piqûre », *spécialt* « injection intraveineuse de drogue » (1929, en ce sens), répandu par l'argot américain de la drogue [*in* The Pocket Dict. of American Slang, et *in* Webster's Third 1966]. D'après Lexis, *shoot* serait apparu en France vers les années 1960. Noter l'altération de *shot* en *shoot*, peut-être sous l'influence de l'usage du football où *shoot* ou *shot* se prononcent [ʃut] en France.

1. SHOOTER [ʃute] ou SHOTER [ʃɔte] *v. intr.*

(1900, 1924) Football. *Vieilli.* Faire un shot* ; tirer. *Shooter au but.* — REM. : Absent du dict. de l'Académie 1935. — On a parfois écrit *chouter*.

« C. shoote : la balle passe au-dessus des poteaux. »
L'Auto-Vélo, 29 oct. 1900 [*in* G. Petiot].

« L'adversaire qui shote. »   *Encycl. des sports*, 1924 [*in* G. Petiot].

« S'ils shootaient seulement un petit point de plus que c'était l'usage, alors nos mômes devenaient féroces... »
Céline, *Mort à crédit*, p. 720 (□ 1936).

« Mais c'est mon ballon ! allez je choute bang et bang ! »
T. Duvert, *Paysage de fantaisie*, p. 136 (□ 1973).

✴ Anglais *to shoot* « lancer » (1882, en ce sens), verbe d'origine germanique. Dans son communiqué du 23 février 1967, l'Académie condamne *shoot* et *shooter*, et recommande de remplacer ces termes par *tir* et *tirer*. De nos jours, la presse sportive utilise effectivement de plus en plus le mot français *tirer* à la place de l'ancien anglicisme *shooter*. L'écrivain Tony Duvert transcrit *chouter* (1973).
Notons que *shoot* n. et *shooter* v. intr. avaient produit en français le dérivé *shooteur* n. m. (1906), « joueur de football qui excelle au shot (ou shoot) ou tir au but », terme qui a été remplacé par *tireur*.

« Le shooteur s'était mis hors-jeu ».　　　　　　　　　*L'Auto,* 23 avril 1906 [*in* G. Petiot].

« Les très bons shooteurs ne sont pas légion. »
　　　PEFFERKORN, *Le Football-association,* 1921, *in* I. G. L. F. [*in* D. D. L., 2e série, 6].

2. SHOOTER [ʃute] *v. tr.*

(v. 1968) *Argot de la drogue.* Administrer une injection de
drogue.

« Un mec m'a shooté. C'était mieux que l'acide, incomparablement
mieux. »　　　　　　　　　*Le Nouvel Observateur,* 3 mars 1975, p. 42.

— Pronom. *Se shooter* → **Fixer (se).**

« Ils sont au moins 25 000, les jeunes Français de 14 à 25 ans, qui,
chaque jour, se "shootent" en moyenne 4 g d'héroïne dans les veines.
Cent kilos par jour. Trente tonnes par an. »　*L'Express,* 15 nov. 1971, p. 82.

« Après, tu as le plaisir de te shooter toi-même, de te préparer la
cuillère. »　　　　　　　　*Le Nouvel Observateur,* 3 mars 1975, p. 42.

— *Emploi intr.* Avoir l'habitude du shoot.

« *Tu n'as pas l'impression qu'après ce sera la seringue ?*
Oui, j'ai des copains qui shootent déjà... » *Libération,* 13 mars 1978, p. 20.

✳ Adaptation de l'emploi américain de *to shoot* dans les milieux de la
drogue [*in* The Pocket Dict. of American Slang]. Dans son *Histoire de
la drogue,* 1968, p. 267, J.-L. Brau enregistre le dérivé *shooteuse* n. f.,
« seringue hypodermique servant à injecter des stupéfiants ».

« La méthadone, dit le Dr Haroldo Saragosa, n'est certes pas une panacée [...].
Mais étant prise en sirop ou en pilule, elle prive le "junkie" de la seringue, de cette
"shooteuse" qui joue un rôle si important dans sa mythologie particulière. »
　　　　　A. BERCOFF, in *L'Express,* 25 sept. 1972, p. 92.

« La shooteuse, surtout, était encore là, obsédante, dans leur tête. »
　　　　　C. OLIEVENSTEIN, *Il n'y a pas de drogués heureux,* p. 251 (□ 1977).

SHOPPING [ʃɔpiŋ] *n. m.*

(1906, h. 1804 et 1868 ; *for shopping,* 1905) Le fait d'aller de
magasin en magasin pour regarder, comparer, acheter. — REM. :
Absent du dict. de l'Académie 1935. — On a aussi écrit *shoping.*

« Le *shopping* est l'occupation capitale des Américaines de toutes
classes. Elles ne disent presque jamais : "Venez me prendre demain
chez moi ; nous irons nous promener." Elles disent : "Venez me prendre
for shopping." Tout le temps que leur laissent les devoirs de leurs
associations philanthropiques, ceux de leurs associations artistiques,
tout le temps que leur laissent les lectures en commun et à haute voix,
les visites aux musées, tout le temps qui ne se trouve pas absorbé par
la culture physique, les femmes l'emploient dans les grands bazars. »
　　　　　P. ADAM, *Vues d'Amérique,* p. 223 (□ 1906).

« — Comptez-vous pour rien le plaisir du *shoping,* en voyage ?
Flâner devant ce qui se porte ou se mange est aussi nécessaire au
curieux du monde que la visite au port, au marché aux fleurs, à la
cathédrale, au cimetière. »
　　　　　É. HENRIOT, *La Rose de Bratislava,* p. 40 (□ 1948).

« la zone de loisirs de Rungis où seront concentrés un centre de
congrès, des restaurants, deux cinémas, un bowling, des boutiques de
shopping, un marché aux oiseaux, un club de gymnastique, etc. »
　　　　　L'Express, 15 nov. 1971, p. 125.

✳ Anglais *shopping* n. (1764), participe présent substantivé de *to shop*
v. tr. (1583) employé intransitivement (1764) en ce sens, de *shop* n.
(1297) « boutique, magasin », lui-même emprunté de l'ancien français
escope, eschope (mod. *échoppe*). En français, Mackenzie (p. 199) a
relevé un emploi de *shopping* datant de 1804 (Saint-Constant [J.-L. de
Ferri], *Londres et les Anglais* [...], t. I, p. 27), ainsi que des occurrences
isolées d'une forme hybride, *shopper* v. (1815 ; 1875, V. Sardou,
L'Oncle Sam, II, p. 16) ; Bonnaffé relève *shopping* en 1868. Balzac
donne son interprétation du substantif anglais :

« César fut si vigoureusement féru par la beauté de Constance qu'il entra
furieusement au *Petit Matelot* pour y acheter six chemises de toile, dont il débattit

longtemps le prix, en se faisant déplier des volumes de toiles, non plus ni moins qu'une Anglaise en humeur de marchander *(shoping).* »

César Birotteau, p. 346 (□ 1839).

✳ Repris au xxe siècle, comme mot étranger portant d'abord les signes graphiques de l'emprunt, le mot *shopping* s'est acclimaté en français vers les années 1950 dans certains milieux mi-mondains où il a acquis une connotation d'élégance, de luxe et de prestige que le terme n'a pas en anglais. *Shopping* a été condamné par plusieurs auteurs, notamment A. Dauzat (*Le Guide du bon usage,* 1954), R. Le Bidois *(Les Mots trompeurs),* F. de Grand'Combe et Étiemble (→ cit. ci-dessous).

« *Shopping :* pas la moindre excuse pour cet anglicisme puisque le français dispose de deux mots excellents, "achats" et "emplettes", pour ne rien dire d'"acquisitions". » F. de GRAND'COMBE, *De l'anglomanie en français,* juil. 1954, p. 195.

« [...] Mlle Shklar a discerné le "mythe du mot étranger", ce mythe qui nous vaut cent âneries du genre : "le mot shopping n'a pas d'équivalent en français, mais il désigne bien ce passe-temps aimable qui consiste à acheter des objets dont nous n'avons nul besoin". Lorsqu'une Française fait des *emplettes,* il s'agit toujours de savon noir ou de serviettes hygiéniques ; une paire de gants, une franfreluche ne sauraient constituer une *emplette !* »

ÉTIEMBLE, *Parlez-vous franglais ?,* pp. 254-255 (□ 1964).

✳ Dupré, pour sa part, juge le terme utile :

« *Faire des emplettes* n'est pas ressenti actuellement comme *faire du shopping.* De même que *faire du lèche-vitrines* n'est pas exactement *faire du shopping. Faire des emplettes* (et même *courir les magasins)* ne contient pratiquement que l'idée d'achat, *faire du lèche-vitrines* que l'idée de flânerie devant les magasins, alors que *faire du shopping* suppose flânerie intéressée par d'éventuels achats. La présentation commerciale actuelle créant une figure nouvelle de client occasionnel, il fallait bien qu'un "signe" nouveau dans la langue correspondît à un nouvel usage. On peut seulement déplorer qu'il ne soit pas français. »

Art. *Shopping.*

✳ L'expression verbale *for shopping,* qui n'est plus usitée, a donné lieu à des adaptations françaises.

« Il y a le lundi, dans toutes les villes importantes, des expositions à bon marché des grands magasins. Les Unions (car tous les domestiques sont syndiqués, naturellement) exigent que les patrons permettent à leurs serviteurs d'y aller, *for shopping,* pour acheter. De sorte que si le lundi vous avez besoin de vos domestiques vous serez forcé de vous en passer ! Et cela, de par la loi des Unions. » HURET, *En Amérique, De San Francisco au Canada,* p. 355 (□ 1905).

« À Chicago, Mmes Van Vorst ont cousu les boutons dans les ateliers de confection, en compagnie de ces demoiselles aisées qui besognent uniquement afin d'acquérir, grâce à leur salaire du mois, les toilettes élégantes, les chapeaux frais, afin d'être munies d'argent "*for shopping,* pour boutiquer". »

P. ADAM, *Vues d'Amérique,* pp. 222-223 (□ 1906).

✳ Huret se contente de traduire par *« pour acheter »,* Adam crée *« pour boutiquer »* de *boutique. Boutiquer,* qui n'est pas passé dans l'usage, est construit de la même manière que le *magasiner* du français du Canada (v. intr., de *magasin ;* attesté en 1894 dans Sylva Clapin, *Dictionnaire canadien-français* ou *Lexique-Glossaire des mots, expressions et locutions ne se trouvant pas dans les dictionnaires courants et dont l'usage appartient surtout aux Canadiens français,* Montréal, Beauchemin et fils).

« Elle passait des heures autour des comptoirs, à "*magasiner",* c'est-à-dire à tripoter les étoffes, faire sortir les blouses, essayer des gants, bref à mettre sur les dents les vendeuses qui l'exécraient ; tout cela dans l'espoir d'être vue. »

RINGUET, *Le Poids du jour,* p. 14 (□ 1949).

✳ Au Canada, *magasiner,* v. intr. a donné le dérivé *magasinage* n. m. (*Faire du/son magasinage. « la malheureuse épouse épuisée par son après-midi de "magasinage" »,* Victor-Levy Beaulieu, *La Nuitte de Malcom Hudd,* p. 175, Éd. du Jour 1969) attesté en 1909 (Narcisse-Eutrope Dionne, *Le Parler populaire des Canadiens français*).

Qu'on le prenne en anglais ou en français, le mot *shopping* traduit l'attitude de l'acheteur éventuel dans une société de consommation. Jules Huret en 1905 et Paul Adam en 1906 (Cf. *op. cit.,* pp. 256-257) mettent déjà l'accent sur un nouveau type d'occupation, voire de loisir, qui, en Amérique, consiste à parcourir les magasins (à y entrer ! Le lèche-vitrines ne représente qu'une forme limitée du shopping, le *window-shopping,* qui consiste à admirer les étalages) à la façon d'un bouquineur qui fouille dans les livres, quel que soit le type de produits proposés (alimentation, gadgets, vêtement, mobilier, etc.), quel que soit le standing de l'établissement. C'est précisément en ce sens que s'emploient au Canada les mots *magasiner* et *magasinage*. Selon Dupré, il paraît difficile d'accréditer *magasiner* en France « où il évoquerait l'entrée des fournisseurs et leurs caisses inélégantes plutôt que les jolies vitrines ». Cette réflexion appelle une distinction d'ordre linguistique entre *magasiner,* v. tr., et *magasiner,* v. intr., ce dernier désignant une activité qui ne semble pas partout tolérée en France, puisque certaines boutiques affichent *« Entrée libre »*. On touche là à un phénomène socio-culturel.

SHOPPING CENTER [ʃɔpiŋsɛntœʀ] *n. m.*

(1966) Aux États-Unis et au Canada, Centre commercial comprenant un magasin à prix unique, divers magasins de détail et un parc de stationnement. — En Europe, Grande surface de vente groupant divers commerces, un parc de stationnement, des bureaux et des services intégrés, et souvent des salles de cinéma et de spectacle (→ **Shopping**).

« Le plus grand et le plus élégant *"Shopping Center"* d'Europe — 160 magasins — est un lieu de rencontres où s'épanouit la vie sociale et mondaine, du théâtre au cinéma d'exclusivités, du club de bridge au drug-store géant ouvert jour et nuit ».
Le Monde, 19 mai 1966 (Publ.) [*in* Gilbert].

« On verra plus loin que le centre de mon projet de théâtre spatiodynamique est occupé par un "shopping-center" autour duquel fonctionne une véritable usine à spectacles ».
N. SCHÖFFER, *La Ville cybernétique,* p. 122, Tchou (□ 1969).

✱ Mot et forme de commerce de détail originaires d'Amérique du Nord (mil. XXe s.) de *shopping* et de *center,* graphie américaine de l'anglais *centre* « centre » (emprunt du français au XIVe s.). Aux États-Unis et au Canada, on rencontre aussi les termes *shopping plaza,* de l'espagnol *plaza* « place » ; et *shoping mall,* de l'anglais *mall* « mail ». Au Canada français, on a d'abord traduit *shopping center* par *centre d'achat(s)* (av. 1950). En France, on utilise en ce sens (depuis 1960) l'expression *centre commercial.* C'est le terme préconisé par l'Administration (*La Banque des mots,* n° 2, 1971, p. 177) pour remplacer l'emprunt direct.

SHORT [ʃɔʀt] *n. m.*

(1929) Culotte courte (pour le sport, les vacances). *Être en short. Porter le short* → **Bermuda.** — REM. : Absent du dict. de l'Académie 1935.

« Il seraient bien plus à l'aise les jambes à l'air, en *shorts.* »
Le Miroir des sports, 18 juin 1929 [*in* G. Petiot].

« Théorème prenait son portefeuille sur la cheminée et, avant de le glisser dans la poche fessière de son chorte [*sic*], en extrayait une photo. »   M. AYMÉ, *Le Passe-Muraille,* p. 28 (□ 1943).

« On me fait visiter la salle de gymnastique ; voici la leçon de danse : en shorts bleus, cuisses et jambes nues, les élèves oscillent sur la pointe de leurs pieds. »
S. de BEAUVOIR, *L'Amérique au jour le jour,* 7 fév. 1947, p. 51 (□ 1954).

« Il était net, luisant et solide, comme sa moto neuve — car bientôt il eut une moto — en été juste un short sur le corps, en hiver un cuir et des bottes... »   E. TRIOLET, *Roses à crédit,* p. 59 (□ 1959).

✱ Anglais *shorts* n. pl. (1826), de *short* « court » adjectif d'origine germanique. Alors que l'anglais utilise toujours le pluriel *shorts,* le français emploie le singulier *short* (attesté par Larousse, dès 1933). Cet emprunt est entré dans le vocabulaire de l'habillement et n'a pas d'équivalent.

SHORT-STORY [ʃɔʀtstɔʀi] *n. f.*

(1955) Œuvre romanesque plus courte et moins élaborée qu'une nouvelle ; conte. *Des short-stories.*

« Leur technique était très neuve et marquait une rupture presque complète avec la forme traditionnelle de la *short story*. »
Larousse mensuel, juil. 1955, p. 678.

« une *short story* courait l'autre week-end à l'Élysée. »
Le Canard enchaîné, 12 fév. 1964 [*in* Blochwitz et Runkewitz, p. 288].

✳ Mot anglais n. (1898) composé de *short* « court », et de *story* « histoire, récit, conte ». Le mot *short-story* est senti comme totalement étranger en français. Aucun dictionnaire ne l'a enregistré. Il est toutefois connu comme terme important dans la classification des œuvres littéraires anglo-saxonnes.

SHOT ou SHOOT [ʃut] *n. m.*

(1893-1897) Football. *Vieilli*. Lancement du ballon par un coup de pied vif et sec. *Des shots* ou *shoots*. *Faire un shot* (→ **Shooter**). — REM. : Absent du dict. de l'Académie 1935.

« Meilleurs "shots" (intraduisible). »
L'Écho des sports, 30 déc. 1893 [*in* G. Petiot].

« Un shoot de longueur que le goal-keeper ne peut arrêter. »
Le Vélo, 2 janv. 1897 [*in* G. Petiot].

« Obnubilé par l'unique pensée du bolide qu'expédierait l'avant-centre Delatouche dans le coin droit des buts du Haut-Médoc, il décocha un shot terrible. »   R. FALLET, *Le Triporteur*, p. 324 (□ 1951).

✳ Anglais *shot* n. (1868, en ce sens), de *to shoot* « lancer » (→ **1. Shooter**). Par confusion avec le verbe, on a forgé en français la forme *shoot* n. m. ; on écrit de plus en plus *shot*, mais on continue de prononcer [ʃut]. *Shot* est avantageusement remplacé par le français *tir*. Le même coup tiré pour éloigner le ballon du but est appelé *dégagement*.

« Exemple de synonymes (appelant la préférence pour le mot d'essence française) : shot et tir. Shot est plus absurde d'être prononcé choute, par confusion entre le nom *shot* et le verbe *to shoot*. Il faut simplement espérer que *tir* remplacera et effacera *shot*. »
J. QUEVAL, *La Langue des sports*, in *Jeux et Sports*, p. 1662 (□ 1967).

SHOW [ʃo] *n. m.*

(1947) Spectacle de variétés centré sur une seule vedette. *Des schows*. *Show à l'américaine* → **One man show.**

« Pas de "burlesques" ; les *shows* sont censurés. »
S. de BEAUVOIR, *L'Amérique au jour le jour*, 26 fév. 1947 (□ 1954).

« Ce n'est pas que l'on soit privé de tourner des *Tosca*, des *Rigoletto* ou des *Vies de bohème* (particulièrement en Italie), ou des opérettes filmées (en Allemagne et en France), ou des "show" à mi-chemin entre la comédie musicale et le music-hall (aux États-Unis). »
Larousse mensuel illustré, août 1955, p. 700.

« il en raconte sans fin sur un petit gars qui vient de débuter chez Barclay, ou le *show* de fin d'année de Sacha Distel... »
ARAGON, *Blanche ou l'Oubli*, p. 217 (□ 1967).

— PAR ANAL. Performance d'un homme politique ou d'un chef d'État sous les feux de l'actualité.

« Devant lui, des journalistes, et seulement des journalistes. Du temps de De Gaulle, c'était un "show", une grand-messe : mille à mille deux cents personnes avec le "Tout-Paris" politique : les ministres, des diplomates, des parlementaires, des amis. Pompidou a voulu une vraie conférence de presse. Au départ, il souhaitait la présence de 80 journalistes seulement mais l'Élysée aurait fait trop de mécontents [...]. »
Paris-Match, 2 oct. 1971, p. 24.

✳ Le mot anglais *show* n. (1300 ; « spectacle, parade », 1561), déverbal de *to show* « montrer, exposer », verbe d'origine germanique, a revêtu ce sens particulier en Amérique (*in* Deak). Au sens initial, Voltaire ne goûtait guère le show britannique :

« Puissent les tragédies n'être désormais ni une longue conversation partagée en cinq actes par des violons, ni un amas de spectacles grotesques, appelé par les Anglais *show*, et par nous, la rareté, la curiosité. »
VOLTAIRE, *Les Lois de Minos*, p. 405, in *Œuvres complètes*, t. VIII, (□ 1773).

✱ L'évolution du spectacle aux xixe et xxe siècles a conduit insensiblement au sens actuel dans le domaine des variétés :

« Un angliciste, et des plus avisés, et des mieux rompus à la traduction, resta
pantois, le 19 août 1959, lorsque Joséphine Baker (faut-il dire *Bèquere, Baquère*
ou *Béqueure ?*) fut présentée à la *Gazette de Paris* comme une *vedette du chaud.*
La prononciation de l'annonceur étant exactement celle du français *chaud,* mon
ami s'interrogea quelques instants sur cette qualification exceptionnellement
chaleureuse qu'on se permettait indiscrètement d'attribuer à une négresse.
Soudain, ce fut l'illumination : on avait voulu dire la *vedette du show,* la vedette
du spectacle. »   Étiemble, *Parlez-vous franglais ?,* pp. 274-275 (□ 1964).

« Les Anglais l'appellent ["le show"] *variétés,* les Américains *vaudeville,* et les
Français *revue.* Il est composé d'un certain nombre d'actes ou tableaux, avec une
ou plusieurs "stars". La revue se déroule d'après une formule éprouvée, et c'est
la vedette qui en fait le succès ou l'échec. »   A. Fleek, *Les Enfants de la T. V.,*
                                    in *Horizons,* janv. 1956, in *Les Mots « dans le vent »,* art. Show.

✱ En français, l'emprunt *show* est un terme spécialisé de music-hall.
On dit aussi *gala, spectacle de variétés.*

SHOW-BIZ ou **SHOW BIZ** [ʃobiz] *n. m.*

(1972) *Fam.* → **Show-business.**

« Guerrier psychédélique ? Saltimbanque des campus en révolte ?
Country Joe est bien autre chose. Les dictateurs du *showbiz* ne l'ont pas
sous-estimé. »   M. Righini, in *Le Nouvel Observateur,* 18 sept. 1972, p. 50.

« Désormais la loi du show-biz va être dictée par les 10-15 ans. »
                                 Ph. Adler, in *L'Express,* 27 nov. 1972, p. 111.

✱ Mot américain n. (*in* Webster's Third 1966), forme abrégée et altérée
de *show-business.*

SHOW-BUSINESS ou **SHOW BUSINESS** [ʃobiznɛs] *n. m.*

(1962) Industrie, métier du spectacle, en particulier du
music-hall. *Les coulisses du show-business* → **Show-biz.**

« que la belle Julia a décidé d'abandonner provisoirement le *show-
business* pour le business tout court. »
                       L'Aurore, 15 juin 1962 [*in* Blochwitz et Runkewitz, p. 288].

« Serge Reggiani, 46 ans, est entré l'an dernier dans l'arène du show
business comme un taureau. Avec la force, la pureté, l'aveuglement d'un
taureau. »   *L'Express,* 21 oct. 1968, p. 83.

✱ Mot anglais d'origine américaine n. composé de *show* « spectacle »
et de *business* « affaires, commerce ». En français, le mot *show-
business* est surtout réservé au monde du music-hall, alors qu'en
anglais, le terme peut s'appliquer à d'autres formes de spectacle.
L'Administration française préconise l'expression *industrie du spectacle*
en remplacement de cet emprunt.

SHUNT [ʃœt] *n. m.*

1° (1881) *Électr.* Résistance placée en dérivation sur un circuit
électrique pour réduire l'intensité du courant qui le traverse.
— REM. : Enregistré dans le 2e Suppl. 1890 de P. Larousse ;
absent du dict. de l'Académie 1935.

2° (1964) *Méd.* Court-circuit dans la circulation du sang, par
ouverture anormale entre deux cavités cardiaques ou abou-
chement anormal d'un vaisseau entre le système artériel et le
système veineux.

« Étant donné que les pressions sont plus élevées dans les cavités
gauches que dans les cavités droites, par cette communication anormale
se fait une fuite (on dit un *shunt*), fuite qui se fera toujours de la gauche
vers la droite. »   Cl. d'Allaines, *La Chirurgie du cœur,* p. 96 (□ 1967).

— *Chir.* Dérivation du courant sanguin réalisée comme technique chirurgicale.

« Pour l'artère hépatique, pas de problème immédiat : il suffit de le lier. Mais il faut bien, pendant que le chirurgien va suturer les vaisseaux du nouveau foie aux vaisseaux du receveur, assurer le vidange de son système cave inférieur et de son système porte.
Starzl y parvient en réalisant des "bypass", ou des "shunts", avec des tubes de plastique qui relient les veines cave-inférieure et porte aux veines jugulaires du chien. Évidemment, l'organisme tolère assez mal ces libertés prises avec le circuit normal de sa circulation, et il faut les abréger au maximum. »   *Science et Vie,* juil. 1966, p. 116.

✱ Mot anglais n. (1863), déverbal de *to shunt* (→ **Shunter**). Mackenzie (p. 246) relève *shunt* dans *L'Électricien, revue générale d'électricité,* 1881, p. 157.

« *Feeder,* comme *starter, shunt, krarupisation* et tant d'autres termes ne relèvent que du vocabulaire technique et de lui seul. Ces mots sont déjà internationaux dans le langage technique, ou en passe de le devenir... »
                          C. NAOUMOFF, Lettre, in *Vie et Langage,* avril 1954, p. 172.

✱ On emploie aussi le terme français *dérivation. Shunt* est enregistré comme terme de médecine dans le G. L. E. 1964. *Le Dict. français de médecine et de biologie,* 1972 (art. *Shunt*), signale qu'on a proposé les mots *dérivation* et *court-circuit* pour remplacer cet emprunt, mais que ces termes ne sont pas encore imposés dans l'usage.

SHUNTER [sœte] *v. tr.*

(1890) *Techn.* Munir d'un shunt* un circuit électrique ou sanguin. — P. p. et adj. *Condensateur shunté.* — REM. : Enregistré comme terme d'électricité dans le 2ᵉ Suppl. 1890 de P. Larousse ; absent du dict. de l'Académie 1935.

✱ Anglais *to shunt* (1225 ; 1873, comme terme d'électricité), verbe d'origine obscure signifiant « aiguiller, détourner, dériver ». En électricité, *shunter* a produit le dérivé *shuntage* n. m. (1964, G. L. E.), « opération consistant à pourvoir d'un shunt ». Le terme français équivalent est *monter en dérivation. Shunter* et *shuntage* sont peu usités en médecine.

SIDE-CAR [sidkaʀ] ou [sajdkaʀ] ou SIDE [sajd] *n. m.*

1° (1912 ; « cabriolet irlandais », 1890, Larousse) Caisse carrossée pour un passager, montée sur une roue et accouplée latéralement à une motocyclette. *Des side-cars.* — REM. : Absent du dict. de l'Académie 1935.

« On commence à voir circuler ces "side-cars". »
                          Le Temps, 13 août 1912 [*in* G. Petiot].
« Le *side-car* a la forme d'un fauteuil et se construit en bois, en métal, en osier, etc. »   *Larousse mensuel illustré,* janv. 1914, p. 23.

— PAR EXT. (1922) L'ensemble du véhicule.

« Aïno conduisait le side-car avec application, insensible à l'odeur fétide de l'huile, à la rapsodie des ratés [...]. »
                          P. MORAND, *Ouvert la nuit,* p. 182 (□ 1922).
« Je n'aime pas ceux qui portent la maman du bon Dieu sur une chaînette d'or, juste à la fourchette. Ceux qui ont une moto ou un side... d'abord la question se posait, mais, passé vingt ans, ils ont tous une bagnole, grande ou petite, c'est toujours de la bagnole. »
                          ARAGON, *Blanche ou l'Oubli,* p. 12 (□ 1967).

✱ Anglais *side-car, sidecar* n. (1904), proprement « véhicule de côté », composé de *side* n. « côté » et de *car* n. « voiture, véhicule » (emprunt du français dialectal *car,* variante de *char*). Dans *Le Français moderne* (oct. 1935, p. 299), John Orr signale que *side-car* est devenu en français l'équivalent de l'anglais *motorcycle and sidecar* « motocyclette pourvue d'un side-car » ; en ce sens le mot est pour lui un spécimen du pseudo-anglais. On a formé *side-cariste* sur ce mot (*Moto-Revue,* 6 mai 1981, p. 35).

2° (1960) Cocktail américain composé d'un tiers de cointreau, un tiers de jus de citron, un tiers de cognac avec des glaçons.

« Le soir, au Falstaff, au College Inn, nous buvions avec éclectisme des bronx, des side-car, des baccardi, des alexandra, des martini [...]. »
S. de BEAUVOIR, *La Force de l'âge*, p. 21 (□ 1960).

✱ Du précédent, en américain (1928). Rare en français.

SIDE-LOADER → LOADER.

SILENTBLOC [silɑ̃tblɔk] *n. m.*

(1928) *Techn.* Cylindre de caoutchouc assurant la fixation de certains organes (moteur, etc.) sur le châssis d'une voiture.

« D'autre part, il y a deux ans, dans la Causerie sur le Salon de 1928, j'ai décrit un petit organe élastique, le Silentbloc, que les constructeurs commençaient à adopter pour supprimer le graissage dans certaines articulations de petite amplitude de leur châssis, pour la fixation même du moteur sur les longerons. Le Silentbloc, je le rappelle, est un petit cylindre d'un caoutchouc spécial, avec canal axial, enfoncé à force dans un cylindre métallique. » BAUDRY de SAULNIER, in *L'Illustration*, 3 oct. 1931.

✱ Nom de marque formé avec l'angl. *silent* « silencieux » et le français *bloc*. Il s'agit probablement d'un faux anglicisme de prestige.

SILICIUM [silisjɔm] *n. m.*

(1810) *Chim.* Corps simple (poids at. 28,09 ; n° at. 4 ; symb. *Si*) de couleur grise, métalloïde analogue au carbone, qui entre dans un grand nombre de composés naturels, tels que la silice, les silicates. — REM. : Signalé dans le Compl. 1829 du dict. de l'Académie, et enregistré dans le dict. de Littré 1872.

« C'est en enlevant ce carbone et ce silicium par l'opération de l'affinage dans les fours à puddler que l'on transforme la fonte en fer ductile. »   Jules VERNE, *De la terre à la lune*, p. 188 (□ 1865).

✱ Mot créé en anglais en 1808 par Sir H. Davy, du latin *silex, -licis* « silex », où il a bientôt été remplacé par *silicon*, n. (1817) mot créé par T. Thomson. Bloch et Wartburg attestent *silicium* en français dès 1810 ; puis le *Dict. des sciences naturelles* l'enregistre en 1829.

SIMILARITÉ [similaʀite] *n. f.*

(1960) Similitude.

« Les constituants d'un contexte ont un statut de contiguïté, tandis que dans un groupe de substitution, les signes sont liés entre eux par différents degrés de similarité, qui oscillent de l'équivalence des synonymes au noyau commun des antonymes. »
R. JAKOBSON, *Essais de linguistique générale*, pp. 48-49 (□ 1963).

✱ Adaptation de l'anglais *similarity* n. (1664) de *similar* adj. « similaire ». Ce mot semble avoir été introduit en français par la traduction des ouvrages du linguiste américain R. Jakobson. L'emprunt français est renforcé par l'adj. *similaire* qui, normalement, produirait *similarité*, mais ne dit rien de plus que *similitude,* seul nom signalé dans le Petit Robert 1.

SIMOUN [simun] *n. m.*

(1828 ; *semoun*, 1822 ; *simoon*, 1791) Vent de sable au Sahara. — REM. : Enregistré dans le dict. de l'Académie 1842, puis en 1878, ainsi que dans le dict. de Littré 1872.

« On entendait mugir le semoun meurtrier, Et sur les cailloux blancs les écailles crier sous le ventre des crocodiles. »
HUGO, *Les Orientales*, pp. 311-312 (□ 1829).

« Le *Samiel* ou *Simoon* se compose de bouffées d'une nature pestilentielle, extrêmement aride ; il souffle de temps en temps, avec

une furie épouvantable, et en soulevant des colonnes de sable, dans les vastes déserts de l'Arabie. »
> C. BAILLY de MERLIEUX, *Résumé complet de météorologie*, p. 86, Bachelier, 1830.

« Du Caire à Benisouëf, rien de bien curieux. Nous avons mis dix jours à faire ces 25 lieues à cause du Khamsin (ou Simoûn meurtrier) qui nous a retardés. Rien de ce que l'on dit sur lui n'est exagéré. C'est une tempête de sable qui vous arrive. »
> FLAUBERT, Lettre à L. Bouilhet, 13 mars 1850, in *Corresp.*, p. 602, Pléiade.

« La sécheresse était encore plus forte, et la chaleur non moins intolérable sous le souffle poussiéreux du vent du nord, ce simoun des Pampas. »
> Jules VERNE, *Les Enfants du capitaine Grant*, p. 123, Lidis (□ 1867).

✳ Anglais *simoom* (aussi *simoon*) n. (1790), lui-même emprunté de l'arabe *samūm* (du verbe *samm* « empoisonner ») qui avait donné directement le français *samum* (*in* Encycl. Diderot 1777). Mackenzie (p. 193) relève *simoom* dans une traduction de l'anglais en 1791. La forme actuelle apparaît en 1828 (D. D. L., 2ᵉ série, 15).

SINÉCURE [sinekyʀ] *n. f.*

(1820 ; *n. m.*, 1803) Charge ou emploi où l'on est rétribué sans avoir rien (ou presque rien) à faire. — REM. : Enregistré dans les dict. de l'Académie 1835 et de Littré 1872.

« Il [sir John Bickerstaff] n'y [au parlement] fut pas, que le voilà qui tonne, tempête contre les dépenses de la cour, la corruption, les *sinécures*. On crut qu'il en voulait sa part, et les ministres lui offrirent une place qu'il accepta, et une somme qu'il toucha, proportionnée à sa fortune, selon l'usage des gouvernants de donner plus à qui plus a. »
> P.-L. COURIER, *Pamphlet des pamphlets*, in *Œuvres complètes*, pp. 213-214 (□ 1824).

« Il est de ceux qui ne croient qu'à l'initiative privée, pour qui fonctionnaire à tous les degrés signifie sinécure et paperasses, homme public à tous les degrés : impuissance et corruption (bien que les deux griefs semblent contradictoires). »
> Jules ROMAINS, *Les Hommes de bonne volonté*, t. V, pp. 138-139 (□ 1933).

✳ Anglais *sinecure* n. (1662 ; 1676, en ce sens), adaptation du latin *sine cura,* dans l'expression *beneficium sine cura* « bénéfice ecclésiastique sans travail ». Dans *Remarques sur l'Angleterre faites par un voyageur dans les années 1710 et 1711,* G.-L. Lesage écrit en 1715 *sinecura ;* la forme francisée est enregistrée par Boiste, en 1803, mais comme nom masculin. D'après le G. L. L. F., il faut attendre 1820 pour trouver le mot au féminin (J.-C. Laveaux, *Nouveau Dict. de la langue française*).

Littré 1872, enregistre *sinécure* et ses dérivés *sinécuriste* n. (1830 ; anglais *sinecurist* n., 1817) et *sinécurisme* n. (1845, Bescherelle ; anglais *sinecurism* n., 1817). Le premier désigne celui qui jouit d'une sinécure ; le second, le vice d'un régime qui multiplie les sinécures. Ces dérivés sont sortis de l'usage.

« Pour être fashionable, il faut jouir du repos sans avoir passé par le travail : autrement, gagner un quaterne, être fils de millionnaire, prince, sinécuriste ou cumulard. »
> BALZAC, *Traité de la vie élégante*, p. 155 (□ 1830).

« Il ne faut pas confondre les retraités avec les sinécuristes ; les retraités sont ceux qui ne travaillent plus ; les sinécuristes, ceux qui n'ont jamais travaillé ».
> Comte de PONT-MARTIN, *Les Jeudis de Mᵐᵉ Charbonneau*, 1862 [*in* Littré, 1872].

SINGLE [siŋɡœl] *n. m.* et *adj.*

1° (1898) *Tennis.* Partie de tennis entre deux joueurs ou *simple. Des singles.* — REM. : Absent du dict. de l'Académie 1935.

2° (1950) *Chemin de fer.* Compartiment individuel de wagon-lit. — (1964) *Tourisme.* Occupé par une seule personne (chambre, cabine, wagon-lit).

« Et pourtant ce confort de roulottes admirablement closes est celui que l'on retrouve dans la cabine de priorité d'un paquebot ou dans un " single " dont la possession vous comble d'aise et de sécurité [...]. »
MAC ORLAN, *Solitude et Sentimentalité mobiles*, p. 196 (□ 1950).

✱ Mot anglais adj. et n. (moyen anglais *sengle*), emprunté au XIVᵉ siècle, de l'ancien français *sengle* « chacun, l'un après l'autre, seul », latin. *singulus* (comme *simple*) signifiant proprement « seul », « simple (opposé à *double*) », « singulier (combat) », « individuel », « un(e) seul(e) ». Le Petit Robert 1967 atteste *single* comme terme de tennis en 1898. On utilise le plus souvent le terme français *simple* n. m. : *un simple dames, un simple messieurs.* Comme terme de tourisme et de transport, il est recommandé de recourir à l'adjectif français *individuel,* éventuellement employé comme substantif : *une cabine individuelle* ou *une individuelle* (Cf. *La Banque des mots,* nº 2, 1971, p. 177 et p. 201).

SINGLETON [sɛ̃glətɔ̃] *n. m.*

1º (1767) Dans certains jeux de cartes (boston, whist et bridge), Carte qui est seule de sa couleur dans la main d'un joueur. *Avoir un singleton. Jouer le singleton* → **Doubleton.** — REM. : Enregistré dans le dict. de Littré 1872 ; absent des dict. de l'Académie.

« À ses yeux, un homme qui jouait un *singleton* ou ne savait pas risquer une *impasse* était un homme incapable, un homme à fuir, un bourgeois. »   *La Mode*, 1829, in *Le Français moderne*, avril 1947, p. 141.

2º (mil. XXᵉ s.) *Math.* Ensemble composé d'un seul élément.

✱ Mot anglais n. attesté seulement en 1876 comme terme de cartes, création fantaisiste sur le modèle de *simpleton* « nigaud, niais », littéralement « simple (d'esprit) », de *single* (→ **single**) et *-ton,* vieil anglais *tūn* (mod. *town*) « ville », finale de plusieurs noms de villes tels que *Somerton, Boston. Singleton* est attesté en français le 11 septembre 1767 (M. de Plainchêne, *Chanson sur le jeu de whisk* dans *Mémoires secrets,* éd. 1780, p. 226, *in* Mackenzie, p. 110). (*Singleton* a existé en ancien français, comme variante de *sigleton.*) *Singleton* vient d'être réemprunté de l'anglais comme terme de mathématique (enregistré dans le 2ᵉ Suppl. 1975 du G. L. E.).

SIR [sœʀ] *n. m.*

1º (1779) Titre d'honneur chez les Anglais, qui, s'il est accompagné du nom de la personne, doit obligatoirement être suivi du prénom, puis du nom de famille. *Sir Winston Churchill.*

« Depuis trente ans, il ne s'agit plus tant du titre de *sir* pour un homme qui donne à sa femme celui de *milady.* Le rang est devenu une chose compliquée, plus difficile à atteindre. »
STENDHAL, Lettre à Romain Colomb, 10 janv. 1838, in *Corresp.*, t. III, p. 254.

« C'est une gaucherie familière à nos romanciers, quand ils parlent d'un personnage anglais, de dire, par exemple, *sir Clifton,* s'il s'agit d'un M. William Clifton ; il faut absolument dire *sir William Clifton* ou *master Clifton ;* de même qu'en espagnol on ne saurait dire *don Caballero,* si l'on veut parler de M. Fernan Caballero ; il faut dire *don Fernan Caballero.* On dit bien *sir Walter Scott,* parce que Walter est un prénom ; on paraîtrait un ignorant et un barbare à tout Anglais si l'on disait *sir Scott.* »   P. LAROUSSE, *Grand Dict. universel,* art. *Sir,* 1876.

2º (1876) *En s'adressant à un homme,* Monsieur. — REM. : Dans la conversation ou la correspondance, l'emploi de *Sir* marque un sentiment de la hiérarchie.

✱ Mot anglais (moyen anglais *sir, ser, sur,* écossais *scher*) du XIIIᵉ siècle comme titre, du XIVᵉ siècle comme terme de respect, variante de *sire* lui-même emprunté du français (latin populaire **seior,* contraction du latin classique *senior,* proprement « plus vieux ») à l'époque de la conquête normande et officialisé sous le règne des Plantagenêts.

D'après Wartburg, *sir* est attesté dans un texte français en 1779 ; Larousse 1876, enregistre le vocatif.

SIT-IN [sitin] *n. m.*

(1967) Manifestation non violente consistant à s'asseoir par terre en groupes pour occuper des lieux publics.

« 1960 - 10 mai : " Sit ins " des Noirs dans les restaurants de Nashville qui pratiquent la ségrégation. »   *Le Nouvel Observateur*, 2 août 1967, p. 11.

« Non seulement les étudiants distribuent des tracts, organisent des *sit-in* autour de la caserne française et lancent une pétition, qui recueillera 1 500 signatures, mais les notables de Constance, évêque et maire en tête, demandent des explications. »

F. DUPUIS, in *Le Nouvel Observateur*, 23 déc. 1972, p. 41.

« En 1971, des lycéens, pour manifester en faveur de l'un de leurs qu'on jugeait en cour d'appel, ont pratiqué le *sit-in*, à Paris, boulevard Saint-Michel. On a vu, par milliers, garçons et filles assis sur la chaussée, bloquant la circulation, sous les yeux d'une police assez surprise par cette manifestation toute nouvelle, visiblement importée des États-Unis. Quelques jours plus tard, à Moscou, des juifs russes réclamaient par le même procédé leur droit au départ pour Israël. Le lieu de leur *sit-in* : l'antichambre redoutée du Comité central : *Comment peut-on dire sit-in en Russie ?* (1971, *Le Monde*). »

J. GIRAUD et P. PAMART, art. *Sit-in, Les Nouveaux Mots « dans le vent »*
(□ 1974).

✱ Expression d'origine américaine signifiant littéralement « s'asseoir là », « prendre place, s'installer », de l'anglais *to sit* « s'asseoir, être assis » et *in* « dans, sur », employée comme variante abrégée de l'américain *sit-down strike* (1936) ou *sit-in strike* (*in* Deak) « grève sur le tas », de *strike* « grève ». Le Webster's Third 1966 enregistre *sit-in* et *sit-down strike* comme synonymes. Cependant, aux États-Unis, *sit-in* évoque surtout la forme de contestation des Noirs face à la discrimination raciale dont ils sont victimes. En français *sit-in* correspond au sens général de *sit-down strike* et peut se traduire par *occupation des locaux, des lieux*.

SKATE-BOARD [skɛtbɔʀd] ou SKATE [skɛt] *n. m.*

(1977) Planche montée sur des éléments de patins à roulettes. *Des skate-boards.*

« Sûr que maman ne m'y laissera pas aller avec ma " planche " (son skate-board), elle a trop peur des voitures. »

Vendredi Samedi Dimanche, 16 sept. 1977, p. 6.

« Patrice Almuzara (17 ans), artisan menuisier à Paris, est devenu recordman de France du saut à skate-board, lors du festival qui vient de se tenir sur la dalle des Flanades (Sarcelles), en sautant 1 m 20 (l'élan et la réception du saut se faisant sur le skate-board). »

L'Express, 5 déc. 1977, p. 105.

« La contagion a mis près de quinze ans à gagner la France. Chez Rollet, firme de jouets quinquagénaires et n° 1 du patin, on fabriquait des skate-boards depuis 1966. »   *Marie-Claire*, janv. 1978, p. 22.

— PAR EXT. Patinage au moyen de skate-boards.

« Inventé par Arnaud de Rosnay, le speedsail combine deux passions d'aujourd'hui, skateboard et windsurf. »

La Planche dans le vent, in *L'Express*, 19 déc. 1977, p. 11.

« le skate devient sport quand au bout de deux ou trois mois d'entraînement on aborde le slalom en ligne (petits écarts) ou géant (plots très espacés latéralement) ou le saut en longueur et en hauteur. »

Marie-Claire, janv. 1978, p. 22.

✱ Mot d'origine américaine (*in* Barnhart, *A Dict. of New English*, 1973), composé de *skate* « patin » et de *board* « planche », nom donné en 1960 à cette nouvelle forme de patins inventée en Californie ; le sport lui-même s'appelle *skate-boarding*. Pour éviter l'emprunt, on dit *planche à roulettes* dans les deux cas. On trouve quelques occurrences du dérivé *skateboarder* (*in* Barnhart. *A Dict. of New English,* 1973) pour désigner la personne qui pratique ce sport.

« C'est en 1962. On compte aujourd'hui 20 millions de " skateboarders " aux États-Unis. »
Marie-Claire, janv. 1978, p. 22.

✳ Mais on dit plus fréquemment *skater :*

« "Béton hurlant" va devenir le domaine des jeunes skaters qui, eux également, ont leurs grandes vedettes, dont certaines ont tout juste douze ans. »
Jours de France, 10 juin 1978.

✳ Comme équivalent français, on a forgé le mot *planche-à-roulettiste,* dérivé de *planche à roulettes.* Mais on dit plus souvent *planchiste,* qui est équivoque *(planche à voile).*

« Nos planches-à-roulettistes rêvent de pistes réservées dignes de leurs exploits. »
Marie-France, oct. 1978, p. 22.

SKATER → SKATE-BOARD.

SKATING [skɛtiŋ] *n. m.*

1° (1875 ; *skating-club,* 1870) *Vx.* Patinage au moyen de patins à roulettes (ou patins à glace). — REM. : Absent des dict. de Littré et de l'Académie.

« L'aspect du skating n'a pas encore été ce qu'il promet de devenir ».
Le Sport, 8 déc. 1875 [*in* G. Petiot].

« Ce qui lui plaisait, c'était le skating à Luna, et la radio. »
ARAGON, *Les Beaux Quartiers,* p. 264 (□ 1936).

2° (1880 ; *skating-rink, skating-ring,* 1876) *Vx.* Lieu, piste où l'on pratique le patinage (surtout à roulettes). — REM. : Littré enregistre *skating-rink* dans son Suppl. 1877.

« L'affiche du skating, immense, de tons criards, qui ressortait sous le ciel pluvieux et grisâtre [...]. »
A. DAUDET, *Numa Roumestan,* p. 274 (□ 1880).

« Tout est gris, asphalté, cela sent le sous-sol, la poussière comme au skating-ring, une poussière humide, bétonnée. »
E. TRIOLET, *Bonsoir, Thérèse,* p. 165 (□ 1938).

✳ Emprunt, au premier sens, de l'anglais *skating* n. (1723), participe présent substantivé de *to skate* « patiner », de *skate* n. « patin » (à glace, à l'origine), attesté en français en 1875 (Bonnaffé). Notons *skating-club* dès 1870 :

« Chaque année, dans les premiers jours de juin, les membres du Skating-club offrent un concours auquel peuvent prendre part de droit tous les membres des Jockey-clubs d'Europe, d'Amérique, ainsi que toute personne présentée au comité du cercle par deux de ses membres. »
A. JOANNE, *Paris illustré,* 1870 [*in* D. D. L., 2e série, 12].

✳ *Skating* avait produit les dérivés *skatiner* (1877, Littré), « patiner avec des patins à roulettes », et *skatinage* n. m. (1907, Larousse), « action de skatiner ».

Au second sens, *skating* est la forme tronquée de l'anglais *skating-rink* n. (1875), de *rink* variante de *ring* « cercle, piste ». *Skating-rink* est aussi attesté en français (1876, d'après Mackenzie, p. 134), ainsi que *skating-ring* (*Le Charivari,* 16 mai 1876, *in* D. D. L., 2e série, 3). Seule la forme abrégée a survécu en français.

« si *dancing* n'est peut-être qu'un (café) *dansant* anglicisé, derrière *skating,* il y a *skating-rink,* comme derrière *smoking,* il y a *smoking-jacket* (angl. mod. *dinner-jacket*) [...]. » J. ORR, *Les Anglicismes du vocabulaire sportif,* oct. 1935, p. 30.

SKEET [skit] *n. m.*

(1948) *Sports.* Forme de ball-trap, qui consiste à abattre au fusil des plateaux d'argile projetés dans les airs. *Le skeet olympique.*

« Une variante du ball-trap classique : le skeet. »
Mémo-Sport, 1948 [*in* G. Petiot].

« Ne disposant que des installations classiques de fosse et de skeet, il est donc tout-à-fait possible de créer un parcours de chasse déjà très complet. »   *Revue nationale de la chasse*, sept. 1966, p. 48.

✻ Mot américain (*in* Webster's Second 1934) tiré du vieux norrois *skjōta* « tirer » (Cf. anglais *to shoot* « tirer »), choisi lors d'un concours national, en 1925, pour désigner ce sport inventé aux États-Unis en 1910, appelé aussi *skeet-shooting.* En français, on emploie parfois à la place de cet emprunt le terme générique de *tir au pigeon* (désignant toutefois un dispositif de lancement) ou l'adaptation *tir au plateau d'argile.*

SKELETON [skɛltɔn] *n. m.*

(1898) Long toboggan métallique très bas, sur lequel le coureur, casqué, est couché à plat ventre.

« Les toboggans dits skeleton sont en fer et ont de 1,50 à 2 m de long. »   *Le Vélo*, 15 janv. 1898 [*in* G. Petiot].

✻ Forme abrégée de *skeleton toboggan,* attestée en anglais en 1904, de *skeleton* n. du grec, qui a produit le français *squelette.* Le dérivé *skeletoniste* est attesté en 1935 (D. D. L., 2ᵉ série, 6).

SKETCH [skɛtʃ] *n. m.*

(1903) Scène dialoguée, généralement rapide et comique, parfois improvisée, au théâtre, au music-hall, au cirque, au cinéma. *Film à sketches.* — REM. : Absent du dict. de l'Académie 1935.

« Ce jeune homme fit représenter de petits sketches, dans des décors et avec des costumes de lui, et qui ont amené dans l'art contemporain une révolution au moins égale à celle accomplie par les Ballets russes. »
                                        PROUST, *La Fugitive*, p. 605 (□ 1925 †).

« Pour les films de Charlot, il improvisait des sketches vertigineux et irrésistibles. »   CENDRARS, *Trop c'est trop*, p. 233 (□ 1957).

✻ Mot anglais n. (1861, en ce sens) signifiant proprement « esquisser, croquer », emprunté au XVIIᵉ siècle du néerlandais *schets,* lui-même emprunté de l'italien *schizzo* qui a donné le français *esquisse* et dont l'origine probable serait le latin *schedium* « poème improvisé ». Bonnaffé relève *sketch* en français en 1903.

SKI-BOB [skibɔb] *n. m.*

(v. 1965) Bicyclette montée sur skis, et munis d'une selle et d'un guidon. *Des ski-bobs.*

« L'enfant, qui faisait du *ski-bob*, s'était égaré dans le brouillard. »
                                        Le Monde, 10 avril 1968 [*in* Gilbert].

✻ Le premier ski-bob aurait été breveté aux États-Unis en 1892, mais le sport ne s'est développé que beaucoup plus tard vers les années 1965 dans les Alpes suisses (d'après *Time,* 17 mars 1967, p. 36, *in* Barnhart, *A Dict. of New English,* 1973). Le mot peut dès lors avoir été créé directement en français à partir du substantif *ski* et de la contraction de l'anglais *bob*[*sleigh*]. *Ski-bob* est un néologisme du vocabulaire des sports d'hiver et en anglais et en français. Équivalent francisé *véloski,* n. m. [*in* Petit Robert 1977].

SKIDOO [skidu] *n. m.*

(1973) Véhicule motorisé, pour les déplacements sur la neige, la glace, muni de chenilles à l'arrière et de skis à l'avant.

« Quand Catherine a envie de quelque chose (les envies sont si rares dans le bout d'Outremont que c'est défendu de renoncer), ce n'est pas parce que tu t'appelles McPherson, que t'as un petit port de plaisance, un petit stand à hot dogs, un petit club de skidoo et un fils qui lit les nouvelles en anglais à la TV que tu vas pouvoir opposer des fins de non-recevoir insurmontables. » R. DUCHARME, *L'Hiver de force*, p. 271 (□ 1973).

« Quatorze skidoos, ou scooters des neiges équipés de chenilles, seront chargés sur le brise-glace. Ainsi, on sera sûr d'en avoir au moins trois en parfait état de marche. » *L'Express*, 1er sept. 1979, p. 95.

✱ De l'américain *skidoo* n. (1970, Barnhart 1), lexicalisation de *Ski-Doo* marque déposée du véhicule, jeu de mots sur *ski* et *skidoo* « dehors ! », *to skidoo* « s'enfuir », probablement de *to skedaddle* v. (1861, orig. inconnue) « s'enfuir, déserter » appliqué aux Sudistes qui fuyaient devant les Yankees, puis aux Yankees déserteurs qui fuyaient au Canada pendant la guerre de Sécession. L'américain possède aussi le mot *snowmobile* (1934, Mathews). L'équivalent français est *motoneige* n. f. *(snowmobile)* ou *scooter des neiges* (angl. *ski-scooter*). Les Canadiens, qui font grand usage de ce véhicule, ont formé en français sur *skidoo* le verbe tr. *skider* « transporter en skidoo » :

« Le bois va être *skiddé* [sic] au lac. Au printemps on va faire un *boom* pis jeter les billots dedans ; un bateau va tirer ça jusqu'à la décharge du lac. Après, la drave. » J. Y. Soucy, *Un dieu chasseur*, p. 164 (□ 1976).

SKIFF [skif] n. m.

(1851) *Mar.* Bateau de compétition très long et très effilé, pour un seul rameur. *Des skiffs* → **Outrigger**. — REM. : Absent du dict. de Littré et de l'Académie. — On a aussi écrit *skif.*

« On voit courir ces fameux skiffs anglais. »
Le Sport, 12 oct. 1854 [*in* G. Petiot].

« Nous nous trouvons sur la berge, dans l'exposition de la navigation de plaisance. Yoles, skifs, *périssoires*, canots à vapeur, klippers, gondoles, etc., apparaissent à nos yeux [...]. »
L. FIGUIER, *L'Année scientifique et industrielle*, pp. 28-29, 1868 (□ 1867).

« des chantiers navals, des hangars pour calfateurs de péniches, des abris de yachts dont on devine les lignes harmonieuses sous les bâches blanches, de skiffs légers qui attendent le retour des beaux jours [...]. »
P. MORAND, *New-York*, p. 250 (□ 1930).

✱ Mot anglais n. (1793, en ce sens), lui-même emprunté du français *esquif* au XVIe siècle (1575) au sens de « petit bateau » (du lombard *skif*, radical germanique *scif* « bateau ». Cf. Skipper*). Bonnaffé atteste cette reprise en 1851. On trouve le dérivé *skiffeur* en 1933 (D. D. L., 2e série, 9).

SKIP [skip] n. m.

(mil. XXe s.) *Techn.* Grande benne guidée sur rails, utilisée pour l'extraction du minerai des puits inclinés ou verticaux.

« La plupart des puits sont utilisés indifféremment pour la circulation du personnel, du matériel, des bois, des stériles et du charbon ; certains peuvent avoir une destination spécifique et sont par exemple réservés exclusivement au charbon.
Il en est ainsi avec le skip qui est un vaste silo métallique chargé au fond et vidé au jour grâce à une trappe à ouverture automatique placée à la base. »
G. TIFFON, *Le Charbon*, p. 59, P. U. F., Que sais-je ?, n° 193 (□ 1967).

✱ Mot anglais *skip* (1815), variante de *skep* (1300) « panier, benne ».

SKIPPER ou SKIPPEUR [skipœʀ] n. m.

1° (1773) *Vx.* Commandant d'un petit navire marchand, d'un yacht de course-croisière. — REM. : Absent des dict. de Littré et de l'Académie.

« C'était un hardi marin que le capitaine Grant, un homme sachant bien son métier, bon navigateur et bon négociant tout à la fois, réunissant ainsi une double aptitude précieuse aux skippers de la marine marchande. »
Jules VERNE, *Les Enfants du capitaine Grant*, p. 28, Lidis (□ 1868).

2° (1937, *in* Petiot) *Mod.* Barreur d'un yacht de régate.

« Mais il fait bon vivre sur ce coursier ["Pen Duick III"]. Tout comme il fait bon vivre près de son capitaine [É. Tabarly]. Un skipper vraiment peu ordinaire. »   *L'Express*, 15 déc. 1967, p. 38.

✳ Mot anglais n. (1390, au premier sens) d'origine germanique *schipper* (Cf. ancien français *eskipre*), de *Schip* « bateau » (Cf. Skiff✳). Au premier sens, on dit normalement en français, *capitaine,* et au second, *barreur.* L'emprunt a surtout cours au sujet des capitaines et des barreurs anglais. Il a été relevé au premier sens par Bonnaffé. Enregistré au second sens dans le G. L. E. 1964.

SKYE-TERRIER [skajtɛʀje] *n. m.*

(1891 ; *skye,* 1868) Race de chiens terriers à longs poils, devenue de nos jours race d'agrément. *Des skye-terriers.*
— REM. : Absent du dict. de l'Académie 1935.

« Terriers à long poil : Griffons nez simple, à double nez, écossais, scotch-terriers, skyes... »
M. de QUATREFAGES, *Races domestiques : chiens, chiens d'utilité,* in *Revue des cours scientifiques*, 25 juil. 1868, p. 545.

« chiens terriers, de petite taille, vifs, courageux, au museau fort, un peu court, aux oreilles petites, droites, demi-pendantes, les jambes sont courtes mais droites. Il y a des terriers à poil ras, ex., le terrier anglais, et le fox-terrier, et des terriers à long poil, ex., le Skye-terrier et le Dandy-dinimont. »
A. LARBALÉTRIER, *Zootechnie,* art. *Chien,* in *Grande Encycl. Berthelot,* 1891.

✳ Anglais *Skye* n. (1851) ou *Skye terrier* n. (1871), de *terrier,* emprunt du français, et de *skye* adj. (1856), du nom de l'île de Skye, dans les Hébrides, d'où ce chien est originaire (gaélique *Sgith*).

SKY-SCRAPER [skajskʀapœʀ] *n. m.*

(1895) Édifice à nombreux étages, aux États-Unis.

« point de ces demeures à vingt-sept étages, ces sky-scrapers, c'est-à-dire "grattoirs de nuage", que l'on voit à Chicago. »
Jules VERNE, *L'Île à hélice,* p. 67 (□ 1895).

« L'immeuble comporte dix étages, ce qui n'est pas excessif en Amérique, attendu qu'à Chicago même il s'en trouve qui comptent jusqu'à vingt étages, entre autres, ces fameuses habitations que les Américains désignent sous l'appellation pittoresque de *sky-scraper,* gratteur de ciel. »   E. DIEUDONNÉ, *La Science illustrée,* 2ᵉ sem., 1902, p. 71.

✳ Emprunt brut de l'américain *skyscraper* (1883, dans ce sens) de *sky* « ciel » et *scraper* « gratteur », de *to scrape* « gratter ». Aux États-Unis, le mot existait dans divers sens : « oiseau qui vole haut » (1840), «grand chapeau » (1847), « balle lancée en l'air, au base-ball » (1866, *in* Mathews). Les traductions que l'on voit dans les textes (ainsi que *égratigneur de ciel,* P. Adam, *Vues d'Amérique,* p. 85) ont cédé la place à *gratte-ciel✳. Sky-scraper* est resté un américanisme de couleur locale.

SLACKS [slak] *n. m. pl.*

(1945) Pantalons de toile (notamment, pour femmes).

« Il y a plusieurs femmes en habit d'homme qui affichent des allures viriles ; même celles qui ne renient pas leur sexe portent des slacks, des sandales, des souliers plats. »
S. de BEAUVOIR, *L'Amérique au jour le jour,* p. 196 (□ 1954).

✳ Mot anglais *slacks* (1824, au sens général de « pantalons » ; 1848 « fond de pantalon », spécialisation de sens d'un mot signifiant « étoffe lâche »). Attesté en français dans *Elle* (28 nov. 1945).

SLANG [slɑ̃g] *n. m.*

(1856) Argot anglais, américain. — (1964) Jargon anglais des métiers et des groupes sociaux. — REM. : Absent des dict. de Littré et de l'Académie.

« Cette joie un peu grossière, mais franche et naturelle, semble de mauvais ton. On lui préfère les plaisanteries en *langue verte*, les phrases prises au dictionnaire du *slang* et les épileptiques insanités du répertoire des Bouffes. » Th. GAUTIER, *Paul de Kock*, in *Portraits contemporains*, 25 mai 1870, p. 193 (□ 1881).

« plusieurs trios de gaillards roses, bien peignés sous la casquette, et qui rient formidablement, qui crient, avec la bouche et avec le nez, les interjections du *slang*. Ce sont les citoyens de New-York. »
P. ADAM, *Vues d'Amérique*, p. 20 (□ 1906).

✻ Mot anglais n. (1756) d'origine argotique obscure. Le mot *slang* figure dans un ouvrage français en 1856 : Francisque Michel, *Études de philologie comparée sur l'argot et sur les idiomes analogues parlés en Europe et en Asie* [...]. *Slang* s'emploie aussi en anglais au sens de « jargon de métier » (1802-1812 en anglais ; signalé en français dans le G. L. E. 1964). Sauf dans cette acception, *slang* comporte une connotation de vulgarité et d'ignorance du bon usage.

SLEEPING [slipiŋ] *n. m.*

(1884 ; *sleeping-car*, 1868) *Vieilli*. Wagon-lit. — *Par ext.* (fin XIXᵉ s.) *Vx*. Place dans un wagon-lit. *Des sleeping-cars, des sleepings*. — REM. : Absent des dict. de Littré et de l'Académie.

« Des *sleeping-cars* ou wagons-dortoirs, accompagnent chaque train pour la nuit. Là, moyennant un faible supplément, un dollar ou cinq francs par personne, on jouit d'un bon lit. Les couchettes sont superposées deux par deux. La construction en est établie d'après un système fort ingénieux. »
L. SIMONIN, *Le Far-West américain* [1867], p. 230 (□ 1868).

« Dès cinq heures du matin je suis à mon poste d'observation sur la plate-forme du sleeping : je ne veux pas manquer la station de Rat Portage, d'où je pourrai voir le fameux lac des Bois. »
É. COTTEAU, *Le Transcanadien et l'Alaska*, 27 juil. 1890, p. 7 (□ 1891).

✻ Forme abrégée, signalée par Wartburg chez A. Daudet en 1884, de l'anglais *sleeping car*, mot d'origine américaine n. (1839 ; aussi *sleeper* n., 1881) composé de *sleeping* (de *to sleep* « dormir ») et de *car* « voiture ». L'emprunt initial de *sleeping-car* est entièrement sorti de l'usage ; la forme abrégée ne s'emploie plus guère que sur un ton plaisant par allusion à la vie luxueuse d'une clientèle internationale au début du siècle (notamment celle de l'Orient Express). Un roman populaire, *La Madone des sleepings* (M. Dekobra, 1925), avait vulgarisé le mot.

SLICE [slajs] *n. m.*

(1924) *Golf, tennis*. Effet donné à la balle frappée latéralement. *Faire un slice.* → **Slicer.** — REM. : Absent du dict. de l'Académie 1935.

« Slice — coup coupé ; la balle oblique à droite au lieu de filer à gauche. » *Encycl. des sports*, 1924 [*in* G. Petiot].

« si le *slice* est fait de la droite vers la gauche, la trajectoire aura tendance à s'écarter vers la droite : et, inversement s'il est fait de la gauche vers la droite, elle tendra à s'écarter vers la gauche. »
H. COCHET, *Le Tennis*, p. 103 (□ 1950).

✻ Mot anglais n. (1886, comme terme de golf), déverbal de *to slice* (→ **Slicer**).

SLICER [slajse] *v. intr.*

(1933) *Golf, tennis*. Faire un slice. Trans. *Slicer une balle.* — REM. : Absent du dict. de l'Académie 1935.

« Un coup est slicé quand il est dévié à droite. »
L'Auto, 29 août 1933 [*in* G. Petiot].

« Une balle "slicée" est une balle qui a été frappée de haut en bas et latéralement. Sa trajectoire sera, comme pour toutes les "balles à effet", déviée dans le sens de sa rotation. »
H. Cochet, *Le Tennis*, p. 103 (□ 1950).

✳ Adaptation de l'anglais *to slice* (1890, comme terme de golf) signifiant proprement « couper en tranches », d'après le vieux français *esclicer, esclisser* (mod. *éclisser*).

SLICK [slik] *n. m.*

(1973) Aux États-Unis, Magazine à grand tirage, très soigné (opposé à *pulp*✳), généralement imprimé sur du papier glacé. *Life, Ladies Home Journal, Esquire, Cosmopolitan sont des slicks.* — REM. : Absent de tout dict. français.

« Mais ensuite il [Ray Bradbury] parvient à paraître régulièrement dans *Weird Tales* et *Planet*. Campbell refusa tous ses récits pour *Astounding*, sauf un, car il ne les jugeait pas assez scientifiques. C'est alors que son agent parvint à placer ses œuvres à des magazines à grand tirage [en note : Appelés "slicks" par opposition aux magazines populaires beaucoup plus épais, les pulps. Le papier des slicks était bien meilleur que celui des pulps.], tels que *Colliers's, Mademoiselle*, etc. Grâce au mépris dans lequel le tenaient les grandes revues de science-fiction, Bradbury parvint à franchir la barrière du ghetto de la S-F et fut lu par un plus vaste public. »
J. Sadoul, *Histoire de la science-fiction moderne* (1911-1975), t. I., p. 213 (□ 1973).

✳ Mot américain (*in* Webster's Third 1966), forme abrégée de *slick-paper* n., de même sens, littéralement « papier glacé », lui-même abrégé de *slick-paper magazine* n. (1931) ou *slick magazine* (*in* Deak 1973). L'adjectif anglais *slick* « qui a une surface parfaitement lisse », *spécialt* « lisse et brillant, luisant (en parlant des cheveux) » remonte au XIVᵉ siècle, mais il a été remplacé en ce sens, sauf aux États-Unis et dans certaines aires dialectales, par *sleek* ; il a pris au XIXᵉ siècle, le sens de « brillant en apparence », « ingénieux, adroit, roublard, astucieux, rusé », d'où le sens américain de « luxueux, de première classe » (*in* Webster's Second 1934). Le terme *slick* évoque une qualité supérieure de papier et d'édition, un contenu exceptionnel (jugé superficiel par certains). Comme *pulp*✳, *slick* sert de point de repère dans l'histoire de l'édition littéraire en Amérique.

1. SLIP [slip] *n. m.*

(1903 ; « laisse de chien », 1885) *Mar.* Plan incliné pour haler à sec les navires à réparer, pour mettre à l'eau de petits bâtiments. — (1964) Plan incliné pour hisser les baleines à bord d'un navire-usine de pêche. — REM. : Absent du dict. de l'Académie 1935.

« De plus, deux cornières en acier protègent les joints de bois lorsqu'on ramène l'avion marin sur le *slip*. »
É. Gautier, *L'Année scientifique et industrielle*, p. 65, 1913 (□ 1912).

✳ Mot anglais n. (1467) signifiant « cale de halage, de radoub » ainsi que « laisse de chien » (1578), « jupon, combinaison » (1761), etc., déverbal de *to slip* « glisser », verbe d'origine germanique. D'après Wartburg, le terme de marine est attesté en français en 1903 ; le G. L. E. et le Robert 1964 signalent le dernier sens.

2. SLIP [slip] *n. m.*

(1913) Culotte très courte, échancrée sur la cuisse, portée par les hommes et par les femmes, comme sous-vêtement et comme culotte de bain. *Slip d'homme, slip de femme. Slip de bain. Slip string*, qui, sur les hanches, se réduit à un cordon, à un élastique. — REM. : Absent du dict. de l'Académie 1935.

« Il la serra contre lui plus étroitement et, somme toute, elle se laissa faire. Mais il relâcha rapidement son étreinte car elle laissait aller sa

joue contre celle d'Antioche et celui-ci avait l'impression très nette que son slip ne tiendrait pas le coup. »
Boris VIAN, Vercoquin et le Plancton, p. 24 (□ 1947).

« Plus elle [la danseuse] se dénude, plus les visages deviennent austères [...] ; quand elle abandonne son slip, ne conservant autour des reins qu'un petit triangle pailleté retenu par un cordonnet de soie, l'atmosphère est si chargée de moralité qu'on se croirait au temple, un dimanche matin. »
S. de BEAUVOIR, L'Amérique au jour le jour, 31 mars 1947, p. 224 (□ 1954).

« Deux industries se trouvent en présence : lingerie contre bonneterie, caleçon contre slip. Cette guerre des dessous a été largement gagnée par les slips, qui couvrent 46 % des Français répartis à peu près également dans toutes les classes sociales, quand 21 % seulement déclarent être restés exclusivement fidèles au caleçon. »
Ch. HÉBERT, in France-Observateur, 15 déc. 1955, p. 11.

✳ Les Anglais ont donné le nom de *slip* (1761) à la combinaison ; en anglais, *caleçon* se dit *trunks*. Les Français se sont emparés du mot *slip* pour désigner un autre sous-vêtement, porté par les deux sexes, et éviter ainsi pudiquement les mots français de *culotte* et de *caleçon*. En ce sens typiquement français, *slip* est attesté dans *Le Gaulois*, du 19 oct. 1913, p. 2. Il se dit d'abord d'un caleçon-ceinture pour la pratique des sports et comme variante de *cache-sexe*.

« Slips (suspensoirs) indispensables pour la pratique des sports. »
Catalogue de la maison « Williams et Co. », 1914,
in Le Français moderne, avril 1954, p. 144.

✳ *Slip* est aujourd'hui entré dans l'usage courant.

« *Slip* : l'ingéniosité de nos magasins de nouveautés est-elle incapable de trouver un nom pour cet abrégé de caleçon ? »
F. de GRAND'COMBE, De l'anglomanie en français, juil. 1954, p. 195.

SLOGAN [slɔgã] *n. m.*

(1931 ; 1930, à propos de la publicité américaine, « cri de guerre d'un clan écossais », 1842, Académie) Formule concise et frappante lancée par la publicité, la propagande, l'action politique, pour propager une réclame, une revendication, une consigne. — REM. : Absent du dict. de l'Académie 1935.

« Nulle part on n'offre autant de fleurs qu'à New-York et nulle part elles ne sont aussi chères. *Say it with flowers*, "dites-le en fleurs", est une de ces heureuses formules *(mottos* ou *slogans)* que sait inventer le commerce américain. Parler ce langage-là, c'est parler d'or. La fleur est la reine de la Cinquième Avenue. »   P. MORAND, *New-York*, p. 216 (□ 1930).

« Nous devons à l'Amérique et, de façon plus générale, à la grande presse, le goût dangereux du *slogan*, de la phrase à effet, dont un ministre croit se faire à la fois un programme et une plate-forme et dont il se fait plutôt un maître. » A. MAUROIS, *Le Côté de Chelsea*, p. 94 (□ 1932).

« Si Flaubert avait vécu jusqu'à nos jours, il rirait bien de nos "slogans", car il avait pour les phrases toutes faites, que nous appelons aujourd'hui *slogans* à l'américaine, une inimitié particulière. »
A. HERMANT, in *Le Figaro*, 22 août 1937, in A. GIDE, *Journal 1889-1939*,
p. 1269.

« Et, aujourd'hui, je voudrais vous donner mon impression à propos de ces deux "slogans" contradictoires qui courent les rues de Paris : "L'Américain est conformiste" et "L'Américain est individualiste". »
SARTRE, *Situations III*, p. 76 (□ 1949).

« Un bon slogan doit saisir l'imagination. »
ÉTIEMBLE, *Le Mythe de Rimbaud*, p. 284 (□ 1952).

✳ Mot anglais n., emprunté du gaélique *sluagh-ghairm* « cri de guerre », composé de *sluagh* « troupe » et de *gairm* « cri », employé d'abord au sens de « cri de guerre ou de bataille » (1513), en particulier celui des montagnards d'Écosse, puis utilisé pour désigner la devise, le mot d'ordre d'une personne ou d'un groupe (1704).

« Le slogan n'est point précisément "une phrase toute faite" ; c'était originairement un "cri de guerre" susceptible de rallier les gens d'un parti. Le mot désigne aujourd'hui n'importe quelle formule concise, facile à retenir en raison de sa brièveté et habile à frapper l'esprit. Telles ces phrases de Mussolini qui couvrent les murs d'Italie. Flaubert eût peut-être admiré ces formules ; ce qui l'indignait, c'était de les voir accepter sans contrôle. Mais la formule-slogan n'abrite pas nécessairement un lieu commun. Le mot de saint François de Sales, que nota Massis, fait slogan : "Il n'y a pas de sainteté toute faite", de même que la phrase de Malraux : "La culture ne s'hérite pas ; elle se conquiert." Et Flaubert les eût approuvées, car c'est au "tout fait" qu'il en a, à tout ce qui s'obtient sans combat, ou, plus précisément encore : à la paresse, et à ce qui la favorise.

Le *slogan* de Flaubert : "J'appelle bourgeois quiconque pense bassement", me paraît déborder beaucoup plus la signification qu'Abel Hermant lui prête. »

A. GIDE, *Journal 1889-1939*, 22 août 1937, p. 1269.

✳ C'est aux États-Unis que l'on trouve d'abord le sens étendu de « cri, formule de ralliement d'un parti » (1916), puis de « formule publicitaire » (1928). Dans l'usage actuel, le terme *slogan* nous vient d'Amérique : il désigne une formule frappante de la publicité ou de la politique, qu'il ne faut pas confondre avec le français *devise*.

SLOOP [slup] *n. m.*

(1835 ; « corvette de guerre », 1752) *Mar.* Petite navire à voiles, à un seul mât vertical, gréé en cotre. — REM. : Enregistré dans les dict. de l'Académie 1835 (1798, au sens ancien) et de Littré 1872 qui signalent la graphie francisée *sloupe*. De nos jours, on trouve parfois *sloup*.

« À ces divers genres de commerce, il faut ajouter celui des esclaves. Combien y a-t-il de ces malheureux à bord des sloops et des praws au milieu desquels nous avons circulé dans la rade ? »

J. MONTANO, *Voyage aux Philippines* [18 déc. 1879], p. 141 (☐ 1884).

✳ Mot anglais (1629), emprunté du néerlandais *sloep* (probablement emprunt au français *chaloupe*). Trévoux enregistre *sloop* en 1752 au sens de « corvette de guerre » (en anglais, en 1676).

SLOT-MACHINE [slɔtmaʃin] *n. f.*

(XXᵉ s.) Appareil où l'on joue des pièces de monnaie. *Des slot-machines.* — REM. : Absent du dict. de l'Académie 1935.

« Trois compagnies se partagent aujourd'hui le monopole (à peu près mondial) de la *slot machine* [...]. Le nom populaire sous lequel la machine à sous est désignée aux États-Unis c'est le *one-armed bandit* (le bandit manchot). Ce sobriquet, suggéré à la fois par le dissymétrique levier et l'aptitude à dévaliser ont inspiré une présentation spéciale : la machine forme l'estomac d'une silhouette inquiétante, le levier étant remplacé par un avant-bras gauche porteur d'un revolver. »

M. NEVEUX, *Jeux de hasard*, in *Jeux et Sports*, p. 559 (☐ 1967).

« Ni le soleil, ni les néons non plus, ne se couchent jamais [à Las Vegas] sur l'étrange univers des trente mille "slot machines" qui encaissent, vingt-quatre heures sur vingt-quatre, des millions de pièces et en recrachent quelques-unes de temps en temps pour entretenir l'espérance des joueurs. »   *Paris-Match*, 18 fév. 1972, p. 46.

✳ Mot anglais n. (1892) désignant les distributeurs automatiques et les machines à sous, composé de *slot* n. (1888, en ce sens) signifiant proprement « fente, rainure », lui-même emprunté au XIVᵉ siècle de l'ancien français *esclot* au sens de « cavité du sternum », et de *machine*, également emprunté du français, au XVIᵉ siècle.

En français, le mot *slot-machine* est toujours traité comme un terme étranger (absent de tout dict. de français) et ne s'emploie que pour désigner les machines à sous américaines, dont le premier inventeur fut le mécanicien Charles Fey, qui plaça en 1895 quelques appareils artisanaux fabriqués à la main, dans le hall des palaces de San Francisco. En français, on appelle ce type d'appareils (d'ailleurs peu répandus) *appareil à sous* (attesté en 1936) ou couramment *machine à sous*.

« Il gagnait sa pitance à l'appareil à sous où, par haine de son père, il jouait sur le vert ou le jaune. Toujours contre le rouge. »

ARAGON, *Les Beaux Quartiers*, p. 211 (☐ 1936).

SLOW [slo] *n. m.*

(v. 1925) Fox-trot* à pas glissés, de tempo lent. *Des slows.*
— *Par ext.* Musique sur laquelle on exécute cette danse.
— REM. : Absent du dict. de l'Académie 1935 ; on a dit aussi
slow-fox.

« Ainsi le fox-trott [...] se subdivisa aussi, peu à peu, comme en deux
branches : l'une dirigée vers la lenteur, l'abandon, la paresse : le blues
langoureux et traînant, plus tard le slow, nuance imperceptible ; l'autre
vers la rapidité : le trépidant shimmy. »
                              F. de MIOMANDRE, *Danse*, pp. 59-60 (□ 1935).

« Ils firent une dernière danse, c'était un slow qu'il dansa merveilleusement. Ils s'en allèrent. »   R. VAILLAND, *Bon pied, bon œil*, p. 42 (□ 1950).

✱ Forme abrégée de *slow-fox-trot* ou elliptiquement *slow-fox,* nom
d'une danse américaine des années 20, composé de *fox-trot* et de *slow*
« lent ». Une des danses les plus faciles et les plus propices aux
effusions, le slow reste, en France, un classique de la musique de
danse.

SLUM [slœm] *n. m.*

(1927) Dans les pays anglo-saxons, Quartier, rue misérable.
Les slums. — REM. : Le mot s'emploie surtout au pluriel. —
Absent de tout dict. de français.

« La race dernière arrivée, qui se contente des plus humbles
besognes, se satisfait aussi des plus pauvres maisons dans les bas
quartiers des grandes villes : elle s'empile misérablement dans les *slums*
de New-York, de Boston, de Chicago. »
                     A. SIEGFRIED, *Les États-Unis d'aujourd'hui*, p. 27 (□ 1927).

« Alors fut abrogée cette excellente loi d'Elizabeth qui interdisait de
construire un cottage sans lui laisser au moins quatre acres de jardin.
Ce fut cette abrogation qui permit le développement des *slums*, ces
quartiers de taudis qui devaient jusqu'au vingtième siècle, déshonorer
les grandes villes anglaises. »
                              A. MAUROIS, *Histoire d'Angleterre*, p. 589 (□ 1937).

« *L'Express* : le slum, autrement dit, était un bon bouillon de
culture ?
R. DUBOS : Celui-là, oui, pas tous les slums. Ceux d'aujourd'hui, le
ghetto noir sont d'une étroitesse infernale. Ce sont des slums unidimen-
sionnels. »   *L'Express*, 16 oct. 1972, p. 182.

✱ Mot d'argot anglais n. (1825) qui a aussi voulu dire « chambre,
pièce » (1812). En français, *slum* s'emploie toujours comme terme
étranger et à propos des pays anglo-saxons ; notre langue dispose déjà
des termes *bas-quartiers* et *(les) taudis,* ainsi que du néologisme
bidonville n. m., mot créé avant 1950 à propos de l'Afrique du Nord.

SMART [smart] *adj. invar.*

(1898) *Vx* et *fam.* Élégant, chic, à la mode → **Select.**
— REM. : Absent du dict. de l'Académie 1935.

« Qui donc aurait pu penser de telles horreurs de Madame, qui
recevait des archevêques et des nonces du pape, et dont le Gaulois,
chaque semaine, célébrait les vertus, l'élégance, la charité, les dîners
smart et la fidélité aux pures traditions catholiques de la France ?... »
                     O. MIRBEAU, *Le Journal d'une femme de chambre*, p. 127 (□ 1900).

« Quelque temps après cette présentation au théâtre, elle lui avait
écrit [...] qu'il lui semblait qu'elle le connaîtrait mieux quand elle l'aurait
vu dans "son home" où elle l'imaginait "si confortable avec son thé et
ses livres", quoiqu'elle ne lui eût pas caché sa surprise qu'il habitât ce
quartier qui devait être si triste et "qui était si peu *smart* pour lui qui
l'était tant". »   PROUST, *Du côté de chez Swann*, p. 196 (□ 1913).

« Un jour, par exemple, une bonne femme entre, Que désirez-vous,
chère madame, tels sont les mots que prononce LN et voilà que la bonne

femme répond, Je voudrais une culotte cycliste, quelque chose de très smart. Vous tombez bien, madame, lui répond LN, j'ai tout ce qu'il faut pour orner les arrière-trains et souligner les mollets. »
QUENEAU, Le Vol d'Icare, p. 188, Gallimard (□ 1968).

✱ Mot anglais adj. (1718, comme terme de mode, répandu fin XIXe s.) signifiant proprement « cuisant, piquant, vif » (XIe s.). *Smart* (d'abord prononcé [smaʀ]) est attesté dans *Le Figaro* du 8 nov. 1898 (d'après E. Carassus, *Le Snobisme et les lettres françaises*, p. 221, Colin 1966, *in* D. D. L., 2e série, 12) ainsi que dans le *Journal des débats* du 7 déc. 1898, p. 1. D'après Mackenzie (p. 253), le terme est relevé depuis 1880 dans le français du Canada, mais il peut s'agir du sens canadien « avisé, astucieux, malin », que l'on retrouve notamment chez Louis Hémon. Initialement intégré en français au langage mondain, il a pris la relève de *fashionable* avec lequel il reste en concurrence à la fin du XIXe siècle. *Smart* s'emploie encore sur le mode plaisant.

SMASH [smaʃ] *n. m.*

(1894) *Tennis.* Coup violent qui consiste à écraser la balle pour la faire rebondir hors de la portée de l'adversaire. *Des smashes. Faire un smash* → **Smasher.** — REM. : Absent du dict. de l'Académie 1935.

« Un smash est une volée haute attaquée de toute la force du bras. »
DARYL, Jeux de balle et de ballon, 1894 [in G. Petiot].

« c'est [la *volée en dessus*] que les Anglais désignent sous le nom de *smash*, que nous avons traduit par "écrasement", car le joueur, en la donnant, frappe la balle avec tant de vigueur, qu'il semble vouloir l'assommer et l'écraser sur le terrain. »
E. de NANTEUIL, G. de SAINT-CLAIR et C. DELAHAYE,
La Paume et le Lawn-Tennis, p. 286 (□ 1898).

✱ Mot anglais n. (1892, comme terme de tennis), déverbal de *to smash* (→ **Smasher**). Comme équivalents français, on a proposé *écrasement, écrasé, piqué* et *massé. Smash* n'a pas encore été détrôné ; la prononciation du mot est souvent déformée en [smatʃ].

« Tel autre [...] prononcera *smatch,* qui lui paraît plus anglais — influence de *match* — que *smash.* » J. ORR, *Les Anglicismes du vocabulaire sportif,* oct. 1935, p. 298.

« Quand on n'a pas la possibilité d'écrire les mots anglais de travers, on a du moins celle d'estropier leur prononciation. Au tennis, nous avons tous entendu des joueurs qui, après avoir terminé la partie par un beau *smatch (smash),* remettent leur *sweeter (sweater).* »
F. de GRAND'COMBE, De l'anglicisme en français, juil. 1954, p. 198.

SMASHER [smaʃe] *v. intr.*

(1912 ; *smacher,* 1906) *Tennis.* Faire un smash*. — REM. : Absent du dict. de l'Académie 1935.

« Smash : action de smacher... Frapper très violemment une balle de volée pour la faire rebondir très haut. »
Les Sports modernes illustrés, 1906 [in D. D. L., 2e série, 9].

« Ils sont peu habitués à smasher. »
La Vie au grand air, 3 fév. 1912 [in G. Petiot].

✱ Adaptation de l'anglais *to smash* « casser, fracasser, mettre en pièces » (XVIIIe s. ; 1882, comme terme de tennis). On a proposé *écraser* en remplacement de *smasher,* mais le terme français ne s'est pas encore imposé dans l'usage.

« L'anglais, ça fait sportif [...]. Au tennis [...] *lifter* et *smasher* n'ont rien à craindre de la concurrence de *brosser* et *écraser.* »
J. ORR, Les Anglicismes du vocabulaire sportif, oct. 1935, p. 295.

✱ *Smasher* a produit un dérivé peu usité, *smasheur* n. m. (1933), « joueur qui fait un smash, qui excelle au smash ».

« Mauvais smasheurs, ils usent honorablement du lob. »
Paris-Sport, 30 juil. 1933, in I. G. L. F. [in D. D. L., 2e série, 5].

SMOG [smɔg] *n. m.*

1° (1905) Brouillard épais et pollué de Londres. — REM. :
Absent du dict. de l'Académie 1935.

  « le *Smog*, cette infernale "purée de pois" qui n'a pas son pareil sous
d'autres cieux. »
                L'Humanité, 8 déc. 1962 [*in* Blochwitz et Runkewitz, p. 289].

  « La pollution locale de l'air par les industries est un fait bien connu :
le "smog" de Londres, les brouillards industriels de Los Angeles [...]. »
            P. BERTAUX, *La Mutation humaine*, p. 122 (□ 1964).

2° (v. 1960) *Écologie* et *environnement*. Brouillard épais, chargé
de polluants, dans les régions industrielles et urbaines et dans
certaines régions humides.

  « Le smog constitue le pire des épisodes de pollution, car, par son
opacité, il s'oppose à l'action de réchauffement des radiations solaires
et contribue de lui-même au maintien de l'inversion. »
      P. CHOVIN et A. ROUSSEL, *La Pollution atmosphérique*, p. 12 (□ 1968).

  « Les millions de tuyaux d'échappement crachant des tonnes de gaz
délétères qui vont bientôt former au-dessus de la ville [de Los Angeles]
un couvercle puant de couleur jaunâtre. C'est le smog, curieux cata-
clysme naturel fabriqué par le genre humain. Dans les forêts qui
touchent à la ville, des millions d'arbres en sont morts. La télévision
annonce chaque soir le degré de nocivité du smog du lendemain. »
                    Paris-Match, 1ᵉʳ avril 1972, p. 41.

  « L'Australie, dans son immense territoire, souffre de smog et de
diverses dégradations, plus que bien d'autres pays moins peuplés. »
            A. SAUVY, *Croissance zéro ?*, p. 208 (□ 1973).

✶ Mot-valise anglais créé lors d'un congrès d'hygiène publique en
1905 par le docteur Des Vœux pour désigner le brouillard chargé de
polluants de Londres, composé de la contraction de *sm[oke]* « fumée »
et de *[f]og* « brouillard ». Ce mot est entré vers 1960 dans le vocabulaire
de l'environnement de plusieurs langues.

SMOKING [smɔkiŋ] *n. m.*

1° (1888) Veste de cérémonie à revers de soie, qui peut être
noire, blanche ou bleu de nuit, que les hommes portent dans les
réceptions où l'habit n'est pas de rigueur. *Des smokings.* — *Par
ext.* Costume habillé d'homme, composé de ce veston, du
pantalon à galon de soie et du gilet. *Se mettre en smoking.*
— REM. : Absent du dict. de l'Académie 1935.

  « les princes de la mode, ceux qui sont cités dans les feuilles pour
des *smokings*, et qui méritent, après leur mort, l'oraison funèbre qu'un
journal élégant consacrait à ce pauvre d'Avançon : "M. d'Avançon vient
d'être emporté hier... C'était un homme mûr du meilleur style." »
          P. BOURGET, *Physiologie de l'amour moderne*, p. 122 (□ 1888).

  « Mais il parla avec dédain des fameux mercredis, et ajouta que
M. Verdurin ignorait l'usage du smoking, ce qui rendait assez gênant de
le rencontrer dans certains "music-halls" où on aurait autant aimé ne pas
s'entendre crier : "Bonjour, galopin" par un monsieur en veston et en
cravate noire de notaire de village. »
          PROUST, *À l'ombre des jeunes filles en fleurs*, p. 883 (□ 1918).

  « Le public remarquait tout de suite, dans une de ces petites
baignoires découvertes où l'on ne tient que deux, cet Hercule en
"smoking" (puisqu'en France on donne à toute chose plus ou moins
britannique le nom qu'elle ne porte pas en Angleterre), le monocle à
l'œil [...]. »   PROUST, *Le Côté de Guermantes 2*, p. 481 (□ 1921).

2° (1924) Vx. *Mode.* Ensemble pour dame, veste noire portée
sur une jupe.

  « je tremblais de me voir contrainte, pour faire comme tout le monde,
au smoking, ou à l'horrible pantalon, dit de fantaisie, qui contracte avec
la jaquette une irrémédiable union sans raison ni amour. »
    COLETTE, *Arrière-Saison*, in *Demain*, nov. 1924 [*in* D. D. L., 2ᵉ série, 16].

— Veste noire pour femme.

« Un smoking en faille noire bordé de tresse, posé sur une jupe d'alpaga écossais gris noir et blanc. »

Fémina, avril 1926 [*in* D. D. L., 2ᵉ série, 16].

✶ Forme abrégée, avec modification de sens, du terme anglais *smoking-jacket* (attestée aussi en 1889 chez P. Bourget, *Études et Portraits*, II, p. 350, d'après Mackenzie, p. 247) désignant une veste d'intérieur, proprement « pour fumer », de *smoking* part. prés. de *to smoke* « fumer », et de *jacket* « vêtement court, veste », emprunté de l'ancien français *ja(c)quet* au XVᵉ siècle (mod. *jaquette*).

« En anglais, ce qui correspond à *smoking* français se dit précisément *dinner jacket,* car la jaquette française est appelée *morning coat* outre-Manche, ce qui explique pourquoi les Anglais se marient en jaquette *(morning coat)* et non en habit, qu'ils nomment *evening dress* et ne portent scrupuleusement que le soir ! »

P. PAMART, in *Vie et Langage*, mars 1960, p. 151.

« on aimerait savoir si cette pérégrination linguistique est pour quelque chose dans le fait que le danois et le français, parallèlement, ont adopté ou semblent avoir adopté des mots anglais et les ont chargés d'une même signification nouvelle. On peut donner comme exemples les mots *smoking* et *speaker*. Le danois et le français entendent par *smoking* un vêtement d'homme pour une cérémonie "habillée". Le mot est abrégé de *smoking-jacket*, qui a en anglais le sens de "veste d'intérieur", "veste que l'on met chez soi après dîner pour fumer". »

S. HANON, *Anglicismes en français contemporain*, p. 34.

✶ Là où le français dit *smoking,* l'anglais dit *dinner jacket,* et l'américain dispose du terme *tuxedo* (aussi *toxedo*) n. (1894), de *Tuxedo,* nom d'une tribu algonquine donné à un club sportif luxueux de l'État de New York, où cette tenue s'est imposée.

SNACK [snak] *n. m.*

(1958) → **Snack-bar.**

« C'est une misère ! me dit le patron (d'un restaurant). Les Parisiens ne mangent plus. Regardez-moi toutes ces têtes à *snack* [...]. »

DANINOS, *Vacances à tout prix*, 1958 [*in* Gilbert].

« Le café, ou plutôt le *snack*, s'était soudain rempli jusqu'aux bords : c'était l'heure de l'apéritif du soir, l'heure des rendez-vous, l'heure où la femme, l'homme seuls, mesurent leur solitude... »

E. TRIOLET, *Roses à crédit*, pp. 295-296 (□ 1959).

« quatre heures de digest et vous bouffez relax, au *snack* de Folkestone, un mixed grill arrosé d'une Guinness pour le doping. »

Le Canard enchaîné, 12 fév. 1964 [*in* Blochwitz et Runkewitz, p. 289].

✶ Alors que l'anglais *snack* signifie « repas pris sur le pouce », et se traduit normalement en français par *casse-croûte, snack,* forme tronquée de *snack-bar,* est devenu en français le nom de l'établissement où l'on sert des repas légers. *Snack* devient ainsi un exemple typique de faux-amis linguistiques, par chute du second élément du mot emprunté.

SNACK-BAR [snakbaʀ] *n. m.*

(1933) Café-restaurant moderne où l'on sert rapidement des repas légers. *Des snack-bars* → **Quick lunch, snack** (forme abrégée). — REM. : Absent du dict. de l'Académie 1935.

« Au cœur même de la Cité, dans des *snack bars*, ou chez *Birch's* dans Old Broad Street [...] on fait d'excellents déjeuners, debout, au comptoir [...]. »   P. MORAND, *Londres*, p. 261 (□ 1933).

« un snack-bar [...]. Un bar, avec quinze tabourets, dix petites tables de quatre couverts... Il expliqua l'avantage des snack-bars. Que les automobilistes d'aujourd'hui n'aiment pas perdre de temps dans les auberges. Qu'ils préfèrent manger sur le pouce, pendant qu'on leur fait le plein d'essence ; et que, s'ils ne veulent pas quitter leur siège, on leur porte un sandwich, avec du vin dans un gobelet de carton. »

R. VAILLANT, *325 000 francs*, 1955 [*in* Robert, Suppl.].

✶ Mot anglais n. (1930) composé de *bar* et de *snack* « casse-croûte » (1757), initialement « bouchée, pâtée » (1402), de *to snack* « mordre, happer » (XIVᵉ s.), verbe d'origine obscure. En France, c'est la forme abrégée *snack* qui triomphe de nos jours ; au Québec on donne le nom de *casse-croûte* à ce type d'établissement.

SNIFF [snif] *n. m.*

(1977) Prise de drogue (cocaïne, héroïne, etc.) par le nez, en respirant.

« Un autre [...] vient le brancher avec un rien de psycho pour l'employer comme dealer. Le loulou craque, il rêve d'un ampli. On va le voir s'accrocher par sniff et piquouse. »
Charlie Hebdo, 22 déc. 1977, p. 17.

« Antoine jubile, il s'envoie deux énormes sniffs, abandonne le reste aux curieux qui l'ont suivi et retourne à la fête. »   *Actuel*, fév. 1980, p. 37.

✻ Nom tiré, en français, du verbe argotique américain *to sniff* « aspirer de la drogue en poudre par le nez ». On a aussi en français le verbe *sniffer*, « prendre (de la drogue) par le nez » :

« Rastignac, aujourd'hui, aurait sniffé de la cocaïne pour conquérir Paris. »
L'Express, 1er sept. 1979, p. 93.

✻ J. Merlino, dans *les Jargonautes* (1978) signale aussi la *sniffette*, au sens de « sniff ».

SNOB [snɔb] *n. et adj.*

1° *N.* (1857) Personne dont l'ambition est d'être assimilée aux gens distingués de la haute société ou des milieux en vue, qui en imite les manières et les usages sans discernement et en emprunte les goûts et les opinions sans besoin profond ni sens critique, et qui se fait gloire des relations qu'elle y peut avoir. *Des snobs. Une snob* (→ **Snobinette,** *infra*). — REM. : Enregistré dans le dict. de l'Académie 1935 ; absent du dict. de Littré.

« La vanité du Snob est si totale, elle envahit si complètement le champ rétréci de son âme ! »
P. BOURGET, *Physiologie de l'amour moderne*, p. 227 (□ 1888-1889).

« Un sot parle de *snobs*, détournant l'argot étranger ; qualificatif vain, préférable à son foncier état de blague. »
MALLARMÉ, *Variations sur un sujet*, in *Œuvres complètes*, p. 415 (□ 1895).

« C'était de la meilleure foi du monde que, quand on parlait à Odette de Mme Verdurin comme d'une snob, Odette se mettait à rire et disait : "C'est tout le contraire. D'abord elle n'en a pas les éléments, elle ne connaît personne. Ensuite il faut lui rendre cette justice que cela lui plaît ainsi. Non, ce qu'elle aime ce sont ses mercredis, les causeurs agréables." » PROUST, *À l'ombre des jeunes filles en fleurs*, p. 601 (□ 1918).

« Le vrai "snob" est celui qui craint d'avouer qu'il s'ennuie quand il s'ennuie ; et qu'il s'amuse, quand il s'amuse. »
P. VALÉRY, *Instants*, in *Mélange*,
in *Œuvres*, t. I, p. 389, Pléiade, 1957 (□ 1941).

2° *Adj.* (1905 ; « magnifique », 1888) Qui fait preuve de snobisme*, qui manque de simplicité (→ **Sophistiqué**). — REM. : Enregistré dans le dict. de l'Académie 1935. — Certains font l'adjectif *snob* invariable.

« Mais, comme partout, il y a des femmes sottes, poseuses, snobs, manquant de mesure et de tact. »
J. HURET, *En Amérique, De San Francisco au Canada*, p. 383 (□ 1905).

« il [Legrandin] aimait beaucoup les gens des châteaux et se trouvait pris devant eux d'une si grande peur de leur déplaire qu'il n'osait pas leur laisser voir qu'il avait pour amis des bourgeois, des fils de notaires ou d'agents de change, préférant, si la vérité devait se découvrir, que ce fût en son absence, loin de lui et "par défaut" ; il était snob. »
PROUST, *Du côté de chez Swann*, p. 128 (□ 1913).

✻ Mot anglais n. (1781), terme d'argot d'origine obscure, signifiant d'abord « cordonnier, apprenti-savetier », puis dans l'argot des étudiants de Cambridge « personne qui n'est pas de l'université », 1796, d'où

« personne de classe moyenne ou de basse condition », 1831, et *par ext.* « parvenu, personne vulgaire dans ses goûts et dans ses manières », 1838, et enfin, lancé par Thackeray en 1848 dans son célèbre livre intitulé *The Book of Snobs* (Le Livre des snobs), qui parut d'abord par chapitre avec un succès retentissant dans le *Punch* (fév. 1846 - fév. 1847).

« Comment définir le snob britannique du XIXᵉ siècle ?
Il est avant tout vulgaire et sans goût, prétentieux et sot. C'est l'acception primitive, celle qui avait cours avant l'apparition du *Livre des snobs* [...]. Thackeray en élargit le sens. Il faut du snob l'"important", soucieux de considération, le tartufe [...], le châtelain ruiné [...], le courtisan vaniteux [...], l'officier vantard [...], le geai [...], le poseur suffisant et ridicule [...]. Le snobisme est alors un mélange de badauderie, de platitude, d'affectation et d'hypocrite bienséance.
Installé en France, le snob de Thackeray se spécialise, pour ainsi dire. Il développe un des traits essentiels du type britannique. Il prend figure d'imitateur fanatique des personnages en vue et d'admirateur béat des médiocrités à la mode. Cet idolâtre du rang possède une confiance en soi insolente et comique ; il se juge supérieur à ses égaux, qu'il traite avec condescendance ; il dédaigne ou méprise ses inférieurs, dont les origines lui paraissent peu flatteuses ; mais il rampe devant les représentants de la classe inaccessible à laquelle il rêve d'appartenir. »
M.-M. DUBOIS, « *Snob* », in *Vie et Langage*, mars 1963, p. 157.

✳ Le livre de Thackeray a été traduit en France dès 1857 par G. Guiffrey avec, pour exergue : « *Béotien à l'état parfait* ». *Snob* serait entré en français sous la plume de Forgues dans *La Revue des Deux-Mondes*, XI, 1857, p. 636. Il s'est répandu dans l'argot ; il est enregistré en 1866 dans le *Dict. de la langue verte* de Delvau, et en 1889, dans le *Nouveau Supplément du dict. d'argot* de Lorédan Larchey. Naturalisé en français, le terme a perdu la notion de vulgarité qu'il comportait en anglais.

« Aujourd'hui, le snob en Angleterre est plus spécialement un poseur et un fat, dédaigneux des humbles, tandis qu'il est en France un gobeur, sujet à de multiples engouements, un prétentieux dont les opinions ne tiennent pas à des convictions personnelles, mais à la certitude que ces convictions sont bien portées. »
M.-M. DUBOIS, *op. cit.*, p. 157.

✳ D'après J. Marouzeau (*Aspects du français*, Masson 1950), cet emprunt viendrait, selon certains, de l'expression latine *s[ine]nob[ilitate]* : « non noble », appliquée d'abord aux élèves non nobles de certaines grandes écoles. C'est une opinion très répandue qui ne semble pas rendre compte de l'évolution du terme en anglais, puisque *snob* existait déjà dans le langage populaire ou dialectal pour désigner le cordonnier ou l'apprenti-savetier (Cf. *Bouif*, en français), lorsqu'il est entré dans l'argot universitaire. *Snob* n'est que substantif en anglais (Cf. adj. *snobbish*).

Snob a produit en français les dérivés *snobinette, snobinard* et *snober,* tous absents du dict. de l'Académie 1935. Pierre Daninos a même ajouté par son ouvrage intitulé *Snobissimo* (1964) le superlatif adverbial. *Snobinette* n. f. (1888), diminutif féminin de *snob,* formé sur le modèle *midinette,* désigne une jeune femme ou une jeune fille snob et s'emploie ordinairement de manière péjorative.

« Il existe de par le monde un très grand nombre de ces paons-femelles que l'on pourrait appeler les *snobinettes* de l'amour et auprès desquelles l'homme dont on parle a seul des chances de réussir. Elles se spécialisent d'ordinaire sur une catégorie de célébrités : il y en a pour politiciens et il y en a pour peintres. L'Institut fascine les unes, et d'autres le Théâtre. »
P. BOURGET, *Physiologie de l'amour moderne*, pp. 121-122 (□ 1888-1889).

« On doit me considérer dans votre groupe comme un vieux troupier ; j'ai le tort de mettre du cœur dans ce que j'écris, cela ne se porte plus ; et puis la vie du peuple, ce n'est pas assez distingué pour intéresser vos snobinettes. »
PROUST, *Le Côté de Guermantes 1*, p. 154 (□ 1920).

✳ *Snobinet* n. m., terme rare, est attesté.

« tout à coup je le vois qui commence à faire du plat à un petit snobinet, des plus mignons, je dois dire, qui était assis devant lui. »
R. NIMIER, *Les Enfants tristes*, p. 58, Livre de poche (□ 1951).

— *Snobard, arde* n. (1946) *Fam.* et *péj.* « snob déplaisant ».

« C'est bon pour les snobards ».
Boris VIAN, *L'Écume des jours*, p. 144, J.-J. Pauvert (□ 1946).

— *Snobinard, arde* adj. et n. (25 oct. 1955, *Combat*) *Fam.* et *péj.* « un peu snob. » — *Subst.* « petit, petite snob ».

« Drugstore Opéra. Treize heures. Dans les quatre ou cinq salles où l'on débite plus de cinq mille repas par jour, employés, secrétaires, cadres, vendeuses et clientes de grands magasins s'entassent autour de tables rachitiques certes mais auréolées du halo snobinard que confère l'appellation "drugstore". »
Le Nouvel Observateur, 5 déc. 1977.

— *Snob* a produit en français le dérivé *snober,* lancé par Proust en 1921, « traiter (qqn) de haut par ses manières de snob, le mépriser ».

« la "persévérance" [...] de Mme de Villebon à snober Mme G... ne fut pas tout à fait inutile. Aux yeux de Mme de Villebon.. elle doua Mme de Villebon d'un prestige tel, d'ailleurs purement imaginaire, que, quand la fille de Mme G..., qui était la plus jolie et la plus riche des bals de l'époque, fut à marier, on s'étonna de lui voir refuser tous les ducs. » PROUST, *Le Côté de Guermantes 2,* p. 443 (□ 1921).

« La dame était bien étonnée : Pierrot la snobait. »
QUENEAU, *Pierrot mon ami,* p. 146, Livre de poche (□ 1943).

— Oublié pendant un certain temps, le verbe *snober* s'est répandu vers les années 1960 ; il se dit maintenant aussi au sens de « s'abstenir de participer à (qqch.) par mépris ou snobisme ; dédaigner ».

« On fera plus de choses ensemble, à l'intérieur du club, qu'on ne pourrait en faire seul en *snobant* le *club.* » *L'Express,* 21 sept. 1964 [*in* Gilbert].

« Marguerite Duras, Nathalie Sarraute et Claude Roy "*snobent*" le *prix Médicis.* » *Le Figaro,* 7 janv. 1967 [*in* Gilbert].

— *Snober* a produit le dérivé *snobeur* n. m., terme rare désignant celui qui a tendance à snober.

« ce siècle avait soixante-trois ans, Clément remplaçait Gabriel, et déjà le *snobeur* perçait sous Averty. » *Le Canard enchaîné,* 25 déc. 1963
[*in* Blochwitz et Runkewitz, p. 289].

SNOBISME [snɔbism] *n. m.*

(1867) Attitude, comportement de snob*. *Snobisme mondain, littéraire, artistique.* — REM. : On a aussi écrit *snobbisme.* Littré, en 1872, enregistre *snobbisme ;* le dict. de l'Académie 1935, *snobisme.*

« Ce sont ces réflexions qui m'ont fait décider de ne laisser publier qu'après ma mort mon grand ouvrage : Introduction à l'histoire du snobbisme parisien. »
H. de LAGARDIE, in *Journal des débats,* 12 mai 1867 [*in* Littré].

« Les compliments, les invitations, les hommages, le sentiment d'être devenue une de ces préférées, une de ces élues que Paris acclame, adule, adore tant que dure son entraînement, la joie d'être ainsi choyée, admirée, d'être appelée, attirée, recherchée partout, firent éclater dans son âme une crise aiguë de snobisme. »
MAUPASSANT, *Notre cœur,* p. 178 (□ 1890).

« Est-ce par goût de t'élever vers la noblesse — une noblesse très à-côté du reste, mais tu es demeuré naïf — que tu fréquentes de Saint-Loup-en-Bray ? Tu dois être en train de traverser une jolie crise de snobisme. Dis-moi, es-tu snob ? Oui, n'est-ce pas ? »
PROUST, *À l'ombre des jeunes filles en fleurs,* p. 740 (□ 1918).

* Francisation de l'anglais *snobbism* n. (1856), de *snob* n. (le mot courant est *snobbishness,* 1846 ou *snobbery*). Snobisme est enregistré dans le *Dict. de la langue verte* de L. Delvau, 1867. C'est un emprunt naturalisé en français, qui, comme *snob,* est très vivant.

SNOW-BOOT [snobut] *n. m.*

(1885) *Ancienn.* Chaussure imperméable généralement fourrée, en caoutchouc, en feutre, en velours ou en cuir, portée par-dessus le soulier. *Une paire de snow-boots.* — REM. : Absent du dict. de l'Académie 1935.

« Dans le vestibule où je demandai aux valets de pied mes snow-boots que j'avais pris par précaution contre la neige, dont il était tombé quelques flocons vite changés en boue, ne me rendant pas compte que c'était peu élégant, j'éprouvai, du sourire dédaigneux de tous, une honte qui atteignit son plus haut degré quand je vis que Madame de Parme n'était pas partie et me voyait chaussant mes caoutchoucs américains. »
PROUST, *Le Côté de Guermantes 2,* p. 546 (□ 1921).

✳ Ce mot enregistré par Dauzat en 1885 semble être une création française : de *boot** et de *snow* « neige ». Le mot américain qui désigne cette chaussure en voie de disparition est *overshoe* attesté en 1851, composé de *shoe* « chaussure » et de *over* « sur, par-dessus ».

« Ce que l'on nomme en France *snow-boot* s'appelle "pardessus" au Canada. Ce sont des grosses chaussures employées au cours de l'hiver et couvrant les chaussures ordinaires. On emploie parfois comme synonyme de "pardessus" : "couvre-chaussure". »   *Vie et Langage*, janv. 1968 [*in* Dupré].

✳ Proust désigne aussi le snow-boot sous le nom de *caoutchouc américain* (→ cit. ci-dessus) ; l'usage français semble avoir rejeté *snow-boot* au profit de *caoutchouc* (*mettre des caoutchoucs*). En ce sens, la désignation rend peu compte de la chose.

SNOWMOBILE → SKIDOO.

SOCCER [sɔkœʀ] *n. m.*

(1913) Footballeur des équipes anglaises et américaines.

« Les rugbymen se produiraient avec les soccers du club ».
L'Auto, 2 déc. 1931.

— Football des pays anglo-saxons. — REM. : Absent de tout dictionnaire.

✳ Argot anglais *soccer*, aussi *socker* n. (1891, Oxford dict.) formé sur *Assoc.* (Cf. Arg. français *Assoce*), abrév. de *Association football* (« football association », qui est notre football) expression qui s'oppose à *Rugby football* (angl. fam. *rugger*, 1893). Aux États-Unis (mais non en Angleterre) *football* ou *American football* désigne un type de rugby, d'où l'utilité de connaître *soccer*. Au soccer, le ballon est rond et n'est jamais pris avec les mains ; au rugby, le ballon est ovale, pris avec les mains mais non lancé ; au football américain le ballon est ovale, il est pris et lancé. On a donc les oppositions *football* / *rugby* (français), *soccer* / *rugger* (anglais) et *soccer* / *football* (américain). Le sens de « footballeur » (1913, *in* Petiot) est français (*soccer player*), le suffixe *-er* ayant été senti comme un suffixe d'agent.

SOCIODRAME [sɔsjodʀam] *n. m.*

(1950) Technique de psychothérapie de groupe reposant sur l'improvisation de scènes dramatiques sur un thème très large par un assez grand nombre de participants formant un groupe qui vise à une catharsis collective (→ **Psychodrame,** et cit. de Brau, à l'art. *Happening*, pour *psychosociodrame*).

« Le sociodrame est une technique qui permet d'explorer l'image véridique des maux sociaux dans un groupe, c'est-à-dire la vérité affective et souvent camouflée sous la structure sociale réelle et sous les conflits qu'elle provoque ; d'indiquer la direction des transformations désirables au moyen des méthodes dramatiques. »
J.-L. MORENO, *Les Fondations sociodynamiques de la psychothérapie de groupe*, 1950, in G. PALMADE, *La Psychothérapie*, p. 108.

✳ De *socio-* et *drame,* d'après l'anglais *sociodrama* (*in* Webster's Third) sur le modèle de *psychodrama* (→ **Psychodrame**), mot et technique créés par J.-L. Moreno, en Autriche, puis aux États-Unis, avant les années 1930. *Sociodrame* est enregistré dans le *Vocabulaire de la psychologie*, de H. Piéron, 1951, ainsi que dans le *Dict. de la langue philosophique*, par P. Foulquié et R. Saint-Jean, P. U. F., 1962.

SODA [sɔda] *n. m.*

1° (1837 ; *soda-water* n. m., 1820 ; n. f., 1814) Eau de Seltz (eau gazéifiée). *Un whisky** *soda.* — *Par ext.* Verre de soda. *Des sodas.* — REM. : Enregistré dans le dict. de Littré 1872 *(soda-water* signalé à l'art. *1. Soda)* ; absent des dict. de l'Académie.

« *Menu élégant.* Des œufs frais, — une salade, — un pilau, — beurre de Bretagne, — des fraises, — thé, — lait ou crème, — soda water, — mufflings. »

BALZAC, *Nouvelle Théorie du déjeuner*, p. 46 (□ 29 mai 1830).

« Elle me faisait verser du *soda-water* et me souriait avec un air de douceur et de prévenance, comme s'attendant toujours à quelque saillie extrêmement gaie de la part du *Français* ; elle riait même quand j'avais ri. »

VIGNY, *Histoire de Kitty Bell*, in *Stello*, in *Œuvres complètes*, p. 655 (□ 1832).

« Le fromage, le traditionnel *chester*, les galettes sèches dont les Anglais sont si friands, les conserves, quelquefois les viandes froides, sont admises au lunch et la boisson est la bière, le porter, le sherry ou vin de Xérès alcoolisé dans les docs de Londres. Le soda ou eau gazeuse jouit aussi des honneurs du lunch. Le thé en est sévèrement banni. »

L. SIMONIN, *Un voyage aux mines de Cornouailles* [1862], p. 359 (□ 1865).

« À chaque moment j'entendais le bruit des bouteilles de soda que l'on débouchait, et l'on ne se doute pas de la quantité de brandy qui entre dans un verre de soda. »

W. HEPWORTH DIXON, *La Conquête blanche* [1875], p. 126 (□ 1876).

2° Boisson gazeuse aromatisée sans alcool. *Soda citron, soda framboise.*

✱ Anglais *soda-water* (aussi *soda water*) n. (1802), proprement « eau de soude », de *water* « eau » et *soda* n. (1558) « soude » (du latin médiéval *soda* qui a produit en français *soude*), abrégé en *soda* n. (1842). Cette eau contient une solution de bicarbonate de soude ou, plus généralement, est chargée de gaz carbonique sous pression. Mackenzie (p. 210) atteste *soda-water* n. m. en 1820 (V. J. de Jouy, *L'Hermite de Londres*, t. I, p. 336) ; le mot apparaît dès 1814 comme nom féminin dans le *Bulletin de pharmacie*, VI, p. 556 [*in* D. D. L., 2e série, 2]. La forme elliptique *soda* est attestée dès 1837 en français (*Dict. commerce, in* Wartburg) ; c'est la seule qui soit usitée de nos jours. Au sens 1°, *soda* ne se dit guère en France, puisque nous avons l'eau de Seltz (inventée en 1775, répandue vers 1830) qui se présente en siphon dans les cafés *(soda-water fountain)*, et que, de plus en plus, on la remplace par de l'eau gazeuse naturelle, eau Périer, etc. Le mot n'est connu qu'au sens 2° de « soft drink », qui peut faire confusion avec le sens 1° ; encore donne-t-on, de préférence, le nom de la marque (par ex. *pschitt citron, orangina, schweppes, gini,* etc.). Au sens 2°, les sodas américains sont généralement accompagnés de crème fraîche.

SODIUM [sɔdjɔm] *n. m.*

(1808) Métal alcalin (symb. Na ; masse at. 22, 990 ; n° at. 11), blanc d'argent (dens. 0,971 ; point de fusion, 97,5 °C), de consistance molle, qui brûle à l'air et réagit violemment avec l'eau, très abondant dans la nature à l'état de chlorure (sel marin et sel gemme) et de nitrate. — REM. : Terme de chimie enregistré dans les dict. de l'Académie 1835 et de Littré 1872.

« Sa surface [de la terre] était composée d'une grande quantité de métaux, tels que le potassium, le sodium, qui ont la propriété de s'enflammer au seul contact de l'air et de l'eau [...]. »

Jules VERNE, *Voyage au centre de la terre*, p. 50 (□ 1864).

« on abattait les noix avec des gaules, et l'odeur d'iodure de sodium se dégageait des cosses que les enfants foulaient à terre. »

A. GIDE, *Journal*, fin sept. 1894, p. 51.

✱ Mot anglais, dérivé de *soda* « soude », créé par H. Davy qui isola ce corps simple en 1807. *Sodium* est attesté l'année suivante en français, dans les *Annales de chimie*, 1re série, LXVIII, 1808, p. 254.

SOFTWARE [sɔftwɛʀ] ou SOFT [sɔft] *n. m.*

(1966) *Inform.* Ensemble des moyens d'utilisation d'un ordinateur ou d'un système informatique (opposé à *hardware**). — (1971) *Le soft,* forme abrégée.

« Le "plan calcul" mettra à la disposition des industriels des moyens financiers pour leur permettre de réaliser les matériels et le *"software"* que nécessite le traitement automatique de l'information. »

Le Monde, 11 nov. 1966 [*in* Gilbert].

« La science informatique a enrichi notre vocabulaire de deux expressions intraduisibles en français : hardware et software. Le hardware est la quincaillerie, c'est-à-dire tous les éléments physiques qui entrent dans la fabrication d'un ordinateur. Le "hard", comme disent les informaticiens, c'est du dur, du palpable. Par contre, le software, en abrégé le "soft", c'est du tendre, de l'impalpable. C'est la matière grise : l'ensemble des techniques permettant le dialogue homme-machine. »

Sciences et Avenir, fév. 1971, p. 123.

— EN APPOSITION :

« La communication continue entre l'homme et la machine est le but de nombreuses recherches tant *hardware* (pupitre, écrans, etc.) que *software* (langages de communication). »

P. MATHELOT, *L'Informatique*, p. 50 (□ 1969).

[Note : les termes *hardware* et *software* ont été remplacés respectivement par *sur les matériels* et *sur les logiciels*, dans l'édition de 1975.]

✱ Mot anglais issu de l'argot des ingénieurs américains (absent du Webster's Third ; enregistré dans Barnhart, *A Dict. of New English*, 1973), forgé sur le modèle de *hardware*, proprement « quincaillerie », par opposition de *soft* « mou » à *hard* « dur ». De formation plaisante, à l'origine, *software* est entré dans le vocabulaire international de l'informatique, et a fini par désigner en américain tout ce qui touche à la « matière grise » et à l'intelligence par opposition aux « moyens purement matériels ou à la quincaillerie ». Le terme a longtemps paru intraduisible en français. La recherche d'un équivalent s'est effectuée en plusieurs temps.

« *Software :* et son opposé "hardware" sont les deux mots clés de "l'informatique", c'est-à-dire du traitement de l'information au moyen d'ordinateurs. Par opposition à "hardware", les Américains ont forgé le mot "*software*" — "hard" : dur, "soft" : doux — pour désigner tout ce qui est le résultat d'un effort intellectuel pour faire fonctionner le matériel. En France, L. Armand a proposé les mots "quincaille" et "mentaille" pour éviter les anglicismes. Mais ceux-ci prévalent pour l'instant, car les Français, dans ce domaine, semblent manquer de "matière grise" ».

Réalités, mars 1970 [*in* Gilbert].

✱ Dans *Les Mots « dans le vent »*, 1971, art. *Software*, Jean Giraud propose *périphériques (éléments périphériques), ensemble fonctionnel, intellectronique*. La Commission de défense de la langue française en matière d'informatique a proposé le terme *logiciel* n. m., initialement recommandé par l'A. F. N. O. R., et à titre subsidiaire, *programmerie* n. f., terme agréé par le Comité consultatif du langage scientifique (Académie des Sciences), avec la définition suivante :

« Ensemble des programmes, procédés et règles, et éventuellement de la documentation, relatifs au fonctionnement d'un ensemble de traitement de l'information. »

La Banque des mots, n° 3, 1972, p. 97.

✱ Après l'avoir initialement rejetée, l'Académie française s'est finalement ralliée à la proposition de la Commission. Le *Journal officiel,* du 12 janv. 1974, a inscrit *logiciel* au nombre des mots français qui devront obligatoirement remplacer les termes anglo-saxons en usage jusque-là. (*Logiciel* est couramment employé depuis.) Il recommande également de rendre *software house* par *société de services et de conseil en informatique* pour désigner une « société dont l'activité consiste à vendre des services et du conseil en informatique, sous des formes qui peuvent être très diverses ».

SOLICITOR [sɔlisitɔR] *n. m.*

(1864) En Grande-Bretagne, Personne pouvant agir en tant qu'agent juridique (distinct de l'attorney).

« — L'honorable solicitor, continua mon fils en appuyant sur le premier mot, n'aime pas l'épicerie. Cela m'étonne. Il fait une telle dépense de gros sel, que nous serions heureux d'avoir sa pratique. »

R. LEFEBVRE, *Paris en Amérique*, p. 131 (□ 1864).

✳ Mot anglais *solicitor* (XVIᵉ s. dans ce sens ; début XVᵉ s. en emploi général), de l'anc. fr. *solliciteur*. On trouve aussi la variante *solliciteur*, qui est absolument française par la forme.

« M. Reynard, l'avocat du second, s'appelle M. le solliciteur Fox, et n'en perdra pas une de ses malices. »   R. LEFEBVRE, *op. cit.*, p. 12.

SOMMET [sɔmɛ] *n. m.*

(1958) *Fig.* Polit. *Conférence au sommet*, rencontre officielle entre les dirigeants suprêmes et, *par ext.*, entre chefs d'États, chefs de parti, etc. — REM. : On dit aussi *réunion, rencontre, consultation au sommet.*

« Quelles possibilités resteraient à la diplomatie française de mener son jeu particulier, au cas où les Américains donneraient dans le panneau de cette "conférence au sommet", le général de Gaulle le sait. »
MAURIAC, *Le Nouveau Bloc-notes, 1958-1960*, 26 juil. 1958, p. 81.

— (1964) *Ellipt.* Cette rencontre. *Préparation du sommet du Caire.*

« On avait parlé d'un éventuel *"sommet"* à trois sous l'égide du Prince N. »   *Le Monde*, 26 mai 1964 [*in* Gilbert].

✳ Calque de l'anglais *summit* (*conference*), terme récent de diplomatie, composé de deux mots eux-mêmes empruntés au français (*summit* n., XVᵉ s., de l'ancien français *som(m)ete, somet, sumet*, mod. *sommet*, de *som, sum*, au sens propre, du latin *summum* « le sommet, le haut, le point le plus élevé », neutre substantivé de l'adjectif *summus* « le plus haut, le plus élevé », et *conference* n., XVIᵉ s., du français *conférence* ou directement du latin médiéval *conferentia*).

« Parmi les valeurs les plus fermes on notera l'ascension, quasi vertigineuse, du *Sommet*, parti littéralement de zéro puisque ce terme, réservé à la montagne et aux plus hautes expressions de l'art, n'était politiquement pas né avant que les grands de ce monde se l'approprient. Une fois *organisé*, le sommet *marche, se poursuit, ne marche pas, se languit*. Longtemps réservé aux chefs d'État, le *sommet* est, si l'on peut dire, descendu au niveau des chefs de service. À tel point qu'il est devenu courant d'entendre les membres du haut personnel se demander *"Alors, on organise un petit sommet ?"* »
DANINOS, *Du langage courant*, in *Snobissimo*, p. 179 (□ 1964).

SONAR [sɔnaʀ] *n. m.*

(1949) Appareil de détection sous-marine analogue au radar, utilisant les ondes sonores et supersoniques. *Des sonars.*

« Des recherches sur la propagation des sons dans l'eau de mer doivent améliorer l'emploi des sonars, la prédiction des ondes de choc dues à des explosions sous-marines et la construction des mines acoustiques. »   P. THUILLIER, *Les Scientifiques et la Course aux armements*, in *La Recherche*, janv. 1972, p. 10.

« Après les États-Unis et l'U. R. S. S., la France cherche à utiliser leurs sons remarquables [des dauphins] : un *"sonar"* naturel infiniment plus précis que tous les sonars en usage, une capacité de plongée et une intelligence qui permettent de les entraîner à diverses formes de guerre sous-marine. »   *Paris-Match*, 11 mars 1972, p. 37.

✳ Nom donné par les Américains à l'appareil mis au point par les Anglais à la veille de la dernière guerre mondiale pour détecter les fonds sous-marins, et qui connut une vaste utilisation comme arme de guerre. *Sonar* est un acronyme [*in* Webster's Third] formé de la contraction de *so*[*und*] *na*[*vigation and*] *r*[*anging*], de *sound* et *navigation*, respectivement empruntés du français *son* et *navigation*, et de *ranging*, de *to range* « repérer ». Le G. L. L. F. atteste *sonar* en 1949 dans le Larousse : le terme a pour synonyme moins usité l'acronyme *asdic* n. m. (1948, Larousse), emprunt de l'acronyme anglais formé des initiales de *Allied Submarine Detection Investigation Committee*.

SOPHISTIQUÉ, ÉE [sɔfistike] *adj.*

1° (1952) Qui se distingue dans son aspect physique, par la

recherche très élaborée d'un style assumant l'artifice (opposé à *naturel* et à *simple*). *Une beauté sophistiquée* → **Snob.**

« Mais elle [la vamp] est sûrement sophistiquée, c'est-à-dire arrangée, transformée, teinte et repeinte, truquée si l'on veut. »
L. PIÉCHAUD, *Questions de langage*, p. 126 (□ 1952).

— FIG. Très recherché, et à la limite de l'affectation et du maniérisme.

« Un écrivain cérébral, humoriste, sophistiqué, féroce et probablement réservé, par ses qualités mêmes, à une petite élite. »
L'Express, 8 mars 1965 [*in* Gilbert].

2° (1968, *in* Gilbert) *Techn.* Très perfectionné, d'un haut degré de complexité technique et de raffinement, où interviennent les techniques de pointe.

« Pour avoir une force de frappe rapidement opérationnelle, la France va se contenter de fabriquer une bombe atomique "rustique", à l'inverse des bombes américaines et russes, qui sont terriblement "sophistiquées" comme nul ne l'ignorait. »
G. MACE, *Vive la politique de Rusticité*, in *Le Canard enchaîné*, 13 janv. 1971.

« Nos soldats, dit-il, ne peuvent qu'utiliser ou des armes extrêmement sophistiquées et superautomatisées — comme les missiles — ou des armements légers et simples. »
Le Nouvel Observateur, 15 oct. 1973, p. 32.

✻ Mot français dont les emplois les plus fréquents de nos jours sont des emprunts sémantiques de l'américain. *Sophistiqué,* participe passé de *sophistiquer* v. tr. (bas-latin *sophisticari* « déployer une fausse habileté », de *sophisticus* « sophistique, captieux », grec *sophistikos* « propre aux sophistes ») s'est d'abord dit au sens vieilli de « frelaté, falsifié à l'aide d'un produit artificiel » (août 1484, *Ordonnance royale*), puis de tout ce qui manque de naturel par excès de recherche (1588, Montaigne), ainsi que des raisonnements d'une subtilité excessive qui, à l'analyse, se révèlent spécieux (1671, Mᵐᵉ de Sévigné). L'anglais *sophisticated* adj. (1603), participe passé de *to sophisticate* v. tr. (1400) de même origine que le français *sophistiqué* avec influence de ce dernier, a aussi le sens de « frelaté », 1607, d'« artificiel, maniéré », et de « spécieux, captieux », 1672, mais il a pris, en américain, les deux sens ci-dessus, qui ont en commun l'idée de recherche très poussée, soit dans la mise, la pensée, soit dans la technologie. Dans l'usage courant, l'américain *sophisticated* et le français *sophistiqué*, repris au milieu du xxᵉ siècle sous l'influence de ce dernier, n'ont toutefois pas exactement la même valeur d'emploi. *Sophisticated* s'oppose à *banal*, à *populaire*, à *traditionnel*, alors que *sophistiqué*, conservant l'idée d'artifice, se situe à l'opposé de ce qui est simple et naturel et mêle souvent une note dépréciative à l'admiration. Il s'applique très souvent aux femmes, et a été répandu par le style des stars américaines entre les deux dernières guerres.

« Il [le mot *sophistiqué*] nous appartient depuis quelque sept ou huit siècles, venu du grec et des *sophistes* pourfendus par Socrate. Toutefois, ce n'est pas nous qui l'avons infligé aux femmes. Nous ne parlions guère que de monnaies ou de vins frelatés, *sophistiqués.* »
L. PIÉCHAUD, *Questions de langage*, pp. 126-127 (□ 1952).

✻ De même dans le domaine de la création intellectuelle et artistique, *sophistiqué,* synonyme de *maniéré, quintessencié, trop raffiné,* dénotant un manque de naturel et de simplicité, repris au milieu du xxᵉ siècle, est en passe de signifier « raffiné et subtil », « destiné à l'élite », « d'avant-garde, à la pointe des recherches » comme l'américain *sophisticated,* mais le terme conserve néanmoins dans l'usage français l'idée de subtilités excessives sans qu'on puisse pour autant y voir une allusion même lointaine aux sophistes grecs.

Au sens technique, *sophistiqué* a acquis la même valeur d'emploi que l'américain *sophisticated* « très élaboré » situé à l'extrême opposé de *banal* ou *trivial**, au sens de « très perfectionné, hautement complexe » comme antonyme de *simple* « sans complication », *élémentaire*.

Sous l'influence de l'adjectif, les mots français *sophistiqué* et *sophistication* ont acquis les mêmes sens que *sophistiqué. Sophistiquer* reste rare comme verbe transitif ; il se répand de nos jours comme réfléchi au sens technique de « devenir de plus en plus complexe ».

« Dans le contexte d'une économie qui tend à *se sophistiquer*, le flair des Libanais aura toujours sa place ». *Entreprise*, 27 juil. 1968 [*in* Gilbert].

✱ *Sophistication* n. f. (xive s.) a été repris au milieu du xxe siècle au sens de « affectation, maniérisme », mais il a aussi acquis le sens de « recherche très poussée, d'avant-garde » tout en devenant plus ou moins synonyme de *ésotérisme* et de *hermétisme*.

« Un style qui mêlait curieusement [dans un film] le réalisme sans concession du cinéma-document à une sorte de *sophistication* théâtrale. »
Le Monde, 9 oct. 1964 [*in* Gilbert].

— Dans l'usage courant, *sophistication* désigne le caractère de ce qui est sophistiqué, élégant et raffiné (parfois excentrique). *La sophistication d'une vedette.*

« Aux meilleurs moments du film, l'extrême *sophistication* de Richard L. apparaît comme une forme de pudeur. » *Le Monde*, 3 déc. 1968 [*in* Gilbert].

— *Sophistication* est entré dans l'usage technique au sens de « haute complexité technique », « niveau d'élaboration très poussé ».

« Le niveau de "sophistication" atteint dans la solution de problèmes jadis traités simplement, voire non résolus faute de moyens, croît rapidement et nécessite des performances techniques de plus en plus grandes. »
P. MATHELOT, *L'Informatique*, p. 68 (□ 1969).

S. O. S. [ɛsoɛs] *interj.* et *n. m.*

(1908) Signal de détresse. *S. O. S. !* → **May day !** — N. m. *Lancer un S. O. S.* — *Par ext.* Appel au secours.

« À tous, il criait les trois lettres d'appel, cet S. O. S. qui était comme la formule magique du bord, y déchaînait une activité précise et rapide. »
R. VERCEL, *Remorques*, p. 17 (□ 1935).

— Dans des expressions où le substantif qui suit *S. O. S.* désigne un objet à sauvegarder :

« Si vous laissez faire ce crime, menace l'association S. O. S. cathédrale, nous présenterons des candidats contre vous aux prochaines élections législatives. » M.-L. de LÉOTARD, *L'Express*, 20 nov. 1972, p. 85.

✱ Sigle anglais (1908, Convention radio-télégraphique) interprété comme signifiant *Save Our Souls* « sauvez nos âmes », mais choisi en réalité arbitrairement pour la facilité de transmission et le caractère aisé à distinguer des signaux morse correspondants.
Bien que les lettres de l'alphabet latin soient internationales et soient prononcées à la française dans les pays francophones, certains se sont émus de l'origine anglo-saxonne de cet appel de détresse, notamment dans l'usage administratif.

« pourquoi, au lieu de nous inviter à préciser la destination des dons par les mots "Secours Fréjus" ou "Aide à Fréjus", a-t-on indiqué, imposé "S. O. S. Fréjus", qui est de l'anglais ? Il est regrettable qu'on n'y ait pas pensé.
Sans doute, "S. O. S." appartient à un code universel de sauvetage et il est, sinon compris, du moins connu de tout le monde, mais *aide* ou *secours* aurait été encore mieux compris. » *Défense de la langue française*, janv. 1960, p. 27.

SOUCOUPE VOLANTE [sukupvɔlɑ̃t] ou SOUCOUPE [sukup] *n. f.*

(v. 1950) Engin volant extra-terrestre, affectant la forme d'une grande soucoupe, que certains affirment avoir observé dans l'atmosphère → **Ovni, ufo.**

« Au lieu de regarder fixement dans leur assiette, ils [le gang S. F. I. O.] feraient mieux de lever les yeux cinq minutes vers les soucoupes volantes sur lesquelles je viens d'apprendre encore du nouveau. » J. PERRET, *Bâtons dans les roues*, p. 190 (□ 1953).

« L'histoire américaine des soucoupes volantes date du 24 juin 1947. [...] L'histoire suisse commence, elle, le 25 janvier 1946 [...]. La seconde

est passée inaperçue : elle ne mentionne pas les "soucoupes volantes"
[...]. »   P. GENDRON, *Un savant suisse a-t-il dévoilé en 1948
l'énigme des soucoupes ?*, in *Sciences*, 28 oct. 1954.

— ELLIPT. *Soucoupe.*

« Le Commander Robert B. Mc Laughlin, observateur officiel des
soucoupes, se déclare persuadé qu'il s'agit de véhicules venant d'autres
planètes et conduits par des êtres vivants et intelligents. Et après ? Rien
ne s'oppose à croire que des pilotes stellaires atterriront bientôt, munis
d'arguments définitifs en faveur du scrutin proportionnel intégral ou
d'arrondissement à deux tours. Également permis en revanche d'imaginer que les soucoupiers icariens, qu'ils soient anthropomorphes, ondula-
toires ou ectoplasmiques, nous prodigueront à pleines soucoupes les
bouleversantes vérités premières qui rendraient caduc et même impen-
sable le torturant problème de la participation ministérielle. »
                               J. PERRET, *Bâtons dans les roues*, p. 190 (□ 1953).

« Inconnues en Europe jusqu'en 1950, les "Soucoupes" surgissent
maintenant de tous les azimuts. »   P. GENDRON, *op. cit.*, p. 21.

✳ Calque de l'américain *flying saucer,* dont l'usage remonte aux
rapports d'un pilote d'aviation américain, Kenneth Arnold, qui aperçut, le
24 juin 1947, une série d'objets volants, en forme de croissants,
évoluant au-dessus des montagnes aux environs du mont Rainier
(Washington). L'existence des soucoupes volantes a pris le relais de
celle, également hypothétique, du « monstre du Loch Ness » et de
l'« abominable homme des neiges ».

En ce sens, *soucoupe* a produit le dérivé *soucoupier* « occupant
d'une soucoupe volante » (→ cit. de Perret, ci-dessus), et *soucoupiste,*
n. et adj. qui se dit d'une personne qui croit à l'existence des soucoupes
volantes (Cf. Ufologue).

« Tout ce qui rappelle la polémique stérile des "Scientistes" et des "Soucou-
pistes" nous paraît inutile et même nuisible. »   *Sciences et Avenir,* sept. 1972, p. 696.

SOUL [sul] *adj. invar.* et *n. m.*

1° *Adj. invar.* (1962) *Jazz.* Se dit de la musique des Noirs
américains caractérisée par la pureté d'inspiration et la sincérité
d'expression. *Musique soul. Jazz soul — Atmosphère soul.*

« À côté de Horace Silver, de Cannonball Adderleu, de Les McCann
qui sont les apôtres de la musique "soul" ou "funky" et qui se contentent
de mêler au be-bop les accents du spiritual ou d'un folklore séculaire,
des improvisateurs et des compositeurs tentent de renouveler plus
radicalement l'univers du jazzz. »
                               L. MALSON, *Les Maîtres du jazz*, p. 123 (□ 1962).

« Ils jouent aujourd'hui une *pop'* instrumentale très *soul* [...]. »
                               Le Nouvel Observateur, 28 août 1972, p. 9.

— SUBST. *Le soul,* musique soul. *Les Dieux du soul,* par
Ph. Garland, 1972.

2° *N. m.* (1971) Façon de ressentir profondément, avec âme, à
la manière des Noirs américains (opposé à *la raison*).

« La "black music" est d'une énorme richesse et d'autres formes de
musique noire ont conquis le terrain : le "rythm and blues", puis le son
particulier de Memphis ..., puis le "soul", c'est-à-dire une certaine
sincérité, une certaine conviction et un certain sentiment ethnique,
c'est-à-dire Aretha Franklin mais aussi le "showman" James Brown. »
                               C. FLÉOUTER, « *Black music* » et « *Black people* », in *Le Monde*,
                                                              10 fév. 1972, p. 13.

✳ Emprunt de l'américain *soul* « âme », mot anglais d'origine germanique, qui a pris ce sens particulier de l'usage des Noirs d'Amérique
pour dénommer un style de jazz (vers 1960). Selon Jean Riverain, on
parle aussi de *chemise soul,* à fleurs, comme en Amérique. On peut
penser que la ressemblance avec *soule* adj., limite la diffusion du mot
(comme adjectif, en tout cas).

SOUS-

✱ Élément de formation, préposition française, du latin *subtus* adv. « en dessous, par-dessous » (et à basse époque, comme prép. « sous »), qui a emprunté le sens de « insuffisance quantitative, infériorité d'une chose par rapport à la moyenne, à la norme », notamment dans des adjectifs calqués de l'anglais *under-* + participe passé, tels que *sous-adapté*, *sous-alimenté* (Cf. *malnutrition**), *sous-développé**, *sous-payé*, etc., et dans des dérivés nominaux tels que *sous-développement**, *sous-emploi* (opposé à *plein-emploi**), etc.

SOUS-DÉVELOPPÉ, ÉE [sudevlɔpe] *adj.* et *n.*

1° (1956) *Vieilli. Pays sous-développé*, pays dont l'économie n'a pas atteint la productivité suffisante pour répondre aux besoins de la population. — REM. : À l'origine, on employait l'expression au pluriel : *les pays sous-développés*. Dès que le syntagme s'est employé au singulier, on a pu substituer à *pays*, *région* ou *peuple*. — De nos jours, on dit plutôt : *en voie de développement*.

« Rejetant la loi des rendements décroissants, ils [les communistes occidentaux] poussent des critiques vigoureuses contre les théoriciens capitalistes de la population optimale et surtout contre les malthusiens outranciers qui dénoncent l'assistance médicale aux pays sous-développés [...]. »
A. SAUVY, *La Démographie*, in *Histoire de la science*, p. 1616 (□ 1956).

« Nombre de pays actuellement sous-développés ne possèdent pas les matières premières nécessaires à leur industrialisation. [...] la plupart de ces pays sous-développés n'ont jamais vu émerger une puissante classe de négociants [...]. »
Qu'est-ce que le sous-développement ?, in *Le Courrier de l'Unesco*, nov. 1962, p. 32.

« Ce fait du *sous-développement*, qui obsède notre temps, n'est apparu qu'après l'acceptation universelle — tant par les peuples développpés que sous-développés — des normes occidentales du progrès économique et de la croissance. »
J. RIVERAIN, art. *Sous-développement*, in *Les Mots « dans le vent »* (□ 1971).

— *N.* (1967) *Par ext.* Habitant d'un pays sous-développé.

« Outre que c'est plein de politique [les romans d'espionnage] et, les auteurs, ils se trompent tout le temps eux-mêmes, étant donné que, le temps d'écrire et que ça vous parvienne dans les pattes, les frontières ne sont plus à la même place, il y a eu trois contre-révolutions, les vilains deviennent des sous-développés, on ne s'y retrouve plus. »
ARAGON, *Blanche ou l'Oubli*, p. 82 (□ 1967).

« Ton apostolat, c'est de me rendre heureuse, moi. Pas d'aller au Brésil t'occuper des sous-développés. »
F. MALLET-JORIS, *le Jeu du souterrain*, p. 236 (□ 1973).

2° (1958) [*Sujet chose*] Qui n'a pas atteint le niveau souhaitable de développement (économique).

« L'économie de guerre et le développement de l'équipement au sein d'une économie sous-développée provoquent généralement la limitation contrôlée de la consommation. » M. LENGELÉ, art. *Rationnement*, in J. ROMEUF, *Dict. des sciences économiques*, t. II (□ 1958).

3° (v. 1965) *Par ext. Fam* Qui n'a pas atteint le niveau de développement intellectuel, culturel normal. — *Subst.* (1968) Retardé, arriéré.

« Rien ne permet d'envisager que nous sortions de l'état d'infantilisme et de "*sous-développés*" dans lequel nous sommes. »
Le Monde, 11 janv. 1968 [*in* Gilbert].

✱ Calque de l'anglais d'origine américaine *underdeveloped* adj. (1948), de *under* « sous », (→ **Sous-**) et *developed*, participe passé de *to develop* (d'abord *disvelop* du XVIe au XVIIIe s.), lui-même emprunté de l'ancien français *desveloper* (mod. *développer*) au sens de « étendre ce qui est plié, enroulé » au XVIᵉ siècle. L'acception familière et l'emploi substantif sont typiquement français.

SOUS-DÉVELOPPEMENT [sudevlɔpmã] n. m.

1° (1956) État d'un pays, d'une région, d'un peuple, d'un secteur économiquement sous-développé.

« Tandis que la marine à vapeur progresse en tous pays, la France protège et encourage la marine à voile, entrant proprement et volontairement dans la voie qu'on appelle aujourd'hui le sous-développement. »
A. SAUVY, *Croissance zéro ?*, p. 49 (□ 1973).

2° (1966) *Par ext.* Retard par rapport aux normes admises.

« Au service de la recherche, les chercheurs doivent être de plus en plus nombreux, les installations de plus en plus perfectionnées. Il y a là une tâche indispensable dont la méconnaissance nous conduirait au *sous-développement intellectuel*, puis *économique* ».
Le Monde, 2 oct. 1966 [*in* Gilbert].

✳ Calque de l'anglais *underdevelopment* d'origine américaine, de *underdeveloped [countries]* (pays sous-développés✳). Le Petit Robert date *sous-développement* de 1956.

« La notion de sous-développement date de 1948, quand le président Truman l'a formulée dans son "IVᵉ point". »
J. RIVERAIN, art. *Sous-développement*, in *Les Mots « dans le vent »* (□ 1971).

SOUS-GRADUÉ, ÉE [sugradɥe] adj. et n.

(1930) Se dit d'étudiants des pays anglo-saxons qui n'ont pas encore leur diplôme (correspondant à peu près à notre licence).
— REM. : Absent de tous dictionnaires.

« Les sous-gradués des quatre années étaient au complet, freshmen, sophomores, juniors, seniors ; les âges s'alignaient en bandes ordonnées. »
P. MORAND, *Champions du monde*, p. 27 (□ 1930).

✳ Calque de l'anglais *undergraduate* adj. et n. (1630) désignant les étudiants qui ne sont pas des « *graduates* » → **Gradué.** Cet emprunt a été fait à l'américain plutôt qu'à l'anglais. On ne l'applique jamais au système français.

SOUVERAIN [suvrɛ̃] n. m.

(1834) Monnaie d'or anglaise de valeur égale à la livre✳ sterling.

« Le fermier, qui savait que de pareilles haltes lui valaient toujours une récolte de *souverains*, faisait les honneurs de sa maison le mieux qu'il pouvait. »
E. CHAPUS, *Le Turf ou les Courses de chevaux en France et en Angleterre*, p. 64 (□ 1854).

✳ Adaptation du mot anglais *sovereign* (1503, dans ce sens) lui-même emprunté au français *souverain.*

SPACE OPERA [spɛsɔpeʀa] n. m.

(v. 1965) Œuvre de science-fiction caractérisée par une intrigue grandiose, de nombreux personnages et une narration couvrant un temps considérable.

« Aux États-Unis c'est l'adaptation du personnage de Robert Howard, *Conan*, qui déclencha la vogue de séries plus proches du récit de cape et d'épée que du space-opera. » *Magazine littéraire*, déc. 1974, p. 24.

✳ Expression américaine, de *space* « espace » et *opera* « opéra », évoquant une « mise en scène » spectaculaire.

SPARDECK [spaʀdɛk] n. m.

(1813) *Mar.* Pont supérieur qui s'étend sans interruption de l'avant à l'arrière d'un bateau (sans dunette ni gaillard). — Sur

un paquebot, Pont léger sur montants qui recouvre les cabines
et salons du pont supérieur. — REM. : Enregistré dans le
Suppl. 1877 du dict. de Littré ; absent des dict. de l'Académie.

« Les logements sont situés au-dessus du pont cuirassé, et en partie
dans le *spardeck* placé entre les tourelles. »
      L. FIGUIER, *L'Année scientifique et industrielle*, p. 147, 1886 (□ 1885).

« Si le *spardeck* de la *Bourgogne* avait été machiné de cette façon
[avec un radeau capable de porter six cents personnes], presque tous
les malheureux qui dorment depuis plus de deux ans l'éternel sommeil
au fond de l'Atlantique, seraient encore en vie [...]. »
      É. GAUTIER, *L'Année scientifique et industrielle*, p. 307, 1901 (□ 1900).

✱ Anglais *spar-deck* n. 1570, composé de *spar* « espar », « barre,
poutre », et de *deck* « pont ». Enregistré dans le *Dict. de la marine
française* de Ch. Romme, 1813.

SPARRING PARTNER [spaʀiŋpaʀtnɛʀ] *n. m.*

(1925) *Boxe.* Boxeur servant, à l'entraînement, d'adversaire
à celui qui prépare un match.

« Une odeur de sueur et d'embrocation flottait dans l'air, et Pat
Malone, de même que ses deux "sparring partner", avait la figure encore
un peu empourprée et marquée de meurtrissures superficielles, vestiges
de leur travail journalier. »   L. HÉMON, *Battling Malone*, p. 135 (□ 1925).

« Des amateurs, des sparring-partners, vinrent lui donner la réplique
avec des gants de huit onces ; on l'opposa à des poids légers, pour la
vitesse [...]. »   P. MORAND, *Champions du monde*, p. 106 (□ 1930).

✱ Mot anglais *sparring partner* (1908), de *sparring* « combat » (1686),
de *to spar* « combattre » et *partner* « partenaire ».

SPEAKEASY [spikizi] *n. m.*

(1930) Cabaret, tripot clandestin, au temps de la prohibition
aux États-Unis.

« Le *speakeasy* (m. à m. : "cause-en-douce"), qui évoque le mot de
passe chuchoté à voix basse, est un cabaret clandestin avec bar, où l'on
sert de l'alcool et du vin. »   P. MORAND, *New-York*, p. 151 (□ 1930).

« Les prohibitionnistes, résolus, ardents, fanatiques, ne peuvent être,
eux aussi, qu'une minorité, et beaucoup plus petite !
    Je posais cette question à un Américain avec lequel je dînais dans
un *speak-easy* de New-York. On appelle ainsi, aux États-Unis, les
restaurants clandestins où l'on peut boire du vin et des alcools. »
      G. FERRERO, in *L'Illustration*, 19 sept. 1931, p. 56.

« voilà deux fois que je le vois au billard d'en face, où ce n'est pas
la place d'un garçon de bonne famille. Hier, il s'y trouvait en plein jour,
à l'heure des classes, à deux pas de l'atelier de son père. Il est entré
par la porte de derrière, comme au temps des *speakeasies.* »
      SIMENON, *Un nouveau dans la ville*, p. 114 (□ 1949).

✱ Mot américain *speakeasy* (1889) de *to speak* « parler, causer » et
easy, adv., « tranquillement, facilement ».

SPEAKER [spikœʀ] *n. m.*

1° (1649) En Angleterre, Président de la Chambre des communes. — (1876) Aux États-Unis, Président d'une législation
coloniale, puis de la Chambre des représentants. — REM. :
Absent des dict. de Littré et de l'Académie.

« Cette conduite le [Jean de Gand, duc de Lancastre] rendit bientôt
impopulaire, et c'est elle qui fut indirectement mise en cause par le "Bon
Parlement" (1376). Les députés des Communes firent entendre leurs
griefs par la voie d'un brave et honnête chevalier, Pierre de la Mare,
qui est le premier speaker mentionné dans l'histoire. »
      LAVISSE et RAMBAUD, *Histoire générale*, t. III, p. 385 (□ 1894).

« Vous ouvrez un journal par hasard dans le train qui vous emporte vers ce Charleston, vous y voyez que le *Speaker* actuel du Congrès — notre président de la Chambre des Députés — a été officier dans l'armée confédérée. »   P. BOURGET, *Outre-Mer*, p. 202 (□ 1895).

« le Roi se met à lire le discours du Trône. Le speaker et le Premier Ministre se tiennent debout à la tribune (qui d'ailleurs n'en est pas une mais s'appelle barre, comme un gouvernail), et l'écoutent, comme l'écoute, assis sur son sac de laine, le Chancelier. »
                                        P. MORAND, *Londres*, p. 224 (□ 1933).

✳ Mot anglais n. (1303 ; 1400, en ce sens), de *to speak* « parler », verbe d'origine germanique. Bonnaffé relève ce terme à propos de l'Angleterre, en 1649 (Lettre de M. de Croullé à Mazarin, in *Archives des Affaires étrangères*). En français, le mot s'applique aux Assemblées anglo-saxonnes.

« Il va de soi que les opinions sur la conduite des débats demeurent encore toutes spéculatives, ou se réfèrent aux usages de pays étrangers, tels que l'Angleterre. D'où des mots anglais tout crus, tels que "speaker" — en traduction "parleur" —. Voltaire, et plus tard Necker, le rendront par "orateur". C'est un terme usité aussi dans le langage maçonnique. »   BRUNOT, *H. L. F.*, t. VI, 1-a, p. 454.

2° (1904 ; « orateur », 1866, Suppl. Académie) Sport. *Vx*. Celui qui est chargé d'annoncer au public les résultats des épreuves sportives. *Des speakers.*

« — Fritz Unger, Allemand, 178 livres. — Jack Ram, Américain, champion du monde, 184 livres, annonça le speaker. »
                              P. MORAND, *Champions du monde*, p. 107 (□ 1930).

✳ Dans ce sens, *speaker* est un pseudo-anglicisme attesté en français dès 1904 (J. d'ORSAY, in *Le Matin*, 27 sept. 1904, p. 1 [in Mackenzie, p. 258]).

« Voici ensuite le mot anglais employé dans un sens que l'anglais ignore [...] ; *speaker* (et *speakeur*) pour *announcer*, — à l'origine, "celui qui, aux courses, à l'aide d'un porte-voix, annonçait les résultats des épreuves" [...]. »
                J. ORR, *Les Anglicismes du vocabulaire sportif*, oct. 1935, p. 299.

3° (1933) Celui qui est chargé de présenter les émissions, les programmes, les bulletins de nouvelles, à la radio, à la télévision (→ **Speakerine, téléspeakerine ; annonceur**). — REM. : Absent du dict. de l'Académie 1935.

« des postes de radio qui versaient par toutes les fenêtres ouvertes leurs chansons, leur musique et les voix enflées des speakers. »
                                        R. BARJAVEL, *Ravage*, p. 38 (□ 1943).

« Jusqu'à présent la radio ne fait pas la loi dans mon foyer, mais il s'en est fallu de peu que les homélies, trémolo, vociférations et basses plaisanteries des spiqueurs de Londres ne m'aient rejeté dans le doriotisme éperdu. »   J. PERRET, *Bâtons dans les roues*, p. 12 (□ 1953).

« Sabotage de la prononciation de notre belle langue par les speakers de la radio. »   A. GIDE, *Journal*, 5 juil. 1944 (□ 1954).

✳ Cet emploi de *speaker* est inconnu de l'anglais, qui, en ce sens, emploie *announcer* n. depuis 1922, de *announcement* n., lui-même emprunté au français *annoncement* au XVIIIe siècle (1798), employé au sens de « personne qui annonce officiellement les nouvelles » depuis 1611.

« Au mot anglais *speaker* vous trouverez comme traduction "parleur ; orateur", et pas du tout "celui qui annonce les programmes, les nouvelles à la T. S. F.", comme écrit le "Petit Larousse". Épreuve inverse : cherchez le mot anglais qui correspond à cette définition, c'est-à-dire *announcer*. Vous trouverez... "speaker" !... »   M. SUTTER, *Courrier des lecteurs*, in *Vie et Langage*, nov. 1955, p. 520.

✳ Fait intéressant, *speaker* existe également en danois au même sens qu'en français.

« Dans les deux langues [le danois et le français], il [*speaker*] signifie "annonceur" de la radio ou de la télévision. Le français a même *speakerine* et *télé-speakerine*, comme dérivés. L'anglais ne connaît que le sens de ' président de la Chambre des Communes ou personne faisant un discours. On peut imaginer deux possibilités pour l'origine de ce phénomène : Ou bien un développement parallèle mais indépendant ; ce qui donne des résultats analogues mais frappants par leur ressemblance. Ou bien il y a eu une pérégrination linguistique passant par exemple

de l'anglais au français en un premier temps ; le français, chargé d'une signification nouvelle, passant à son tour au danois ou à d'autres langues. »
S. HANON, Anglicismes en français contemporain, p. 34 (□ 1970).

✳ Les puristes ont rejeté ce mot et ont proposé des équivalents, notamment *annonceur* en lui donnant le sens acquis par l'anglais *announcer* vers 1920.

« Parfois le *speaker*, qui est un *orateur*, est qualifié d'*annonceur*, et c'est un terme excellent. Quelques gens disent *annoncier*, mais c'est une confusion. Il faut laisser *annoncier* au sens de commerçant qui fait de la publicité, ou publiciste qui fait des annonces. Il y a des moments où l'*annonceur* de la T. S. F. devient *annoncier*, c'est quand il recommande tel balai ou tel fromage. Mais il est d'abord *annonceur*. »
A. THÉRIVE, Querelles de langage, II, p. 186 (□ 1933).

« M. Sutter propose qu'un "speaker" s'appelle en France un "annonceur". Est-ce une prétention excessive ? Nous ne le croyons pas. Les anglomanes pourront même se réjouir : "annonceur" est plus "anglais", par le sens, que "speaker". En revanche, il est plus "français" par la forme. »
Vie et Langage, nov. 1955, p. 520.

✳ Lors de la journée d'étude consacrée au Vocabulaire de la radiodiffusion et de la télévision, du 24 mai 1962, l'Office du vocabulaire français, associé au Comité d'étude des termes techniques français, a décidé de remplacer *speaker* par *annonceur,* mais cette décision n'a pas fait l'unanimité. Laboriat fait état des propos des adversaires d'*annonceur.*

« Mais annonceur a le défaut de mal s'appliquer à celui qui dit un long texte ; et de plus, le radical *annonce* fait penser aux affiches, aux placards publicitaires, aux petites annonces des journaux (cf. *annoncier*) et ce rapprochement peut être source de malentendus [...].
En outre, le mot *annonceur* a l'inconvénient d'avoir une forme féminine peu distinguée : *annonceuse.* »
J. LABORIAT, in Journal des professeurs, mars 1963,
in Vie et Langage, mai 1963, pp. 279-280.

✳ *Speaker* est démodé dans l'usage français ; on dit *annonceur* et *présentateur*.

SPEAKERINE [spikʀin] *n. f.*

(1950) Femme qui exerce le métier de speaker* à la radio, à la télévision.

« Les spiquerines [*sic*] excellent dans cette sorte de phonation à la fois déclamatoire, familière, condescendante, ignorantine et maniérée. »
J. PERRET, Bâtons dans les roues, p. 115 (□ 1953).

« Là-dessus la speakerine [...] — je cherche sans le trouver l'équivalent en français de speakerine — nous annonça froidement qu'il n'y aurait pas de Hitchcock. »
MAURIAC, in L'Express, 22 oct. 1959.

✳ Dérivé français de *speaker* (3°).

« Je vais maintenant — dussé-je scandaliser quelques lecteurs — prendre la défense de la *speakerine.* Ce féminin, dit-on, n'est même pas anglais ; il est allemand. Bien sûr ! Mais c'est aussi le féminin d'un suffixe français, ce qui contribue à l'acclimatation du mot. Pourquoi pas "speakeresse", d'après l'anglais, qui concorde avec une formation féminine bien française ? Pourquoi ? Mais tout simplement parce que ce féminin est déprécié et que les intéressés n'en veulent plus. Au contraire la valeur diminutive de la finale -ine lui confère une légèreté, une grâce, qui plaît. C'est un fait. »
DAUZAT, in Le Monde, 13 déc. 1950 [in Gilbert].

« Quand on a absolument besoin d'un dérivé, il peut se faire de manière bizarre. On a voulu donner un féminin à *speaker ;* mais il n'y a pas de forme bien établie pour les professions féminines ; aussi n'a-t-on pas fait *speakère* ou *speakeresse*, mais *speakerine*, en greffant sur le masculin la forme féminine d'un suffixe *-in ;* on rejoint ainsi curieusement les féminins en *-in* (avec *i* et *n* prononcés) qui sont normaux en allemand. »
M. COHEN, Regards sur la langue française, p. 81 [in Dupré].

✳ *Speakerine* a été très critiqué par les puristes, soit comme pseudo-anglicisme soit comme terme ayant une résonance germanique.

« Aussi longtemps que les auditeurs accepteront d'écouter des *speakers* et des *speakerines*, pourquoi se plaindraient-ils d'entendre sabirer les ondes ? Commençons par imposer *annonceur* et *annonceuse.* »
ÉTIEMBLE, Parlez-vous franglais ?, p. 273.

✳ *Annonceuse* s'est dit quelquefois, mais ses adversaires le qualifient de « forme féminine peu distinguée » (→ cit. de Laboriat, art. *Speaker,* 3°). Le terme recommandé officiellement est *présentatrice*, c'est celui qui a cours à Radio-France actuellement. De même, le composé *téléspeakerine* tend heureusement à disparaître.

SPEECH [spitʃ] *n. m.*

1° (1829) *Fam.* et *plaisant.* Petite allocution de circonstance. *Des speechs* → **Toast** (**1°**). *Il nous a fait un petit speech.* — REM. : Enregistré dans les dict. de Littré 1872, et de l'Académie 1935.

« il n'y a que dans une nombreuse réunion, et alors nécessairement mêlée, que j'allonge le *speech* et me fais lourd à leur façon [des Anglais]. Quand je suis sûr de mon petit auditoire, je parle par le plus court chemin, et m'épargne ainsi qu'à lui l'ennui du *speech*, que du reste j'ai perfectionné singulièrement. »
V. JACQUEMONT, Lettre à M. Jacquemont père, 3 sept. 1829, in *Corresp.*, t. I, pp. 93-94.

« Ce n'est pas tout, il a dit, car vous savez qu'en mourant tous les hommes célèbres font un dernier *speech* (mot anglais qui signifie *tartine parlementaire*), il a dit... Comment a-t-il dit cela ? Ah ! »
BALZAC, *Les Employés*, p. 959 (□ 1836).

« L'homme politique est le galérien du journal : il va voir une de ses fermes, il est toujours accueilli par la localité, qui lui donne un banquet où il fulmine un *speech* (spitche) ; mot anglais qui va devenir français, car il signifie quelque chose qui n'est ni français ni anglais, qui se dit et ne se pense pas, qui n'est ni un discours, ni une conversation, ni une opinion, ni une allocution, une bêtise nécessaire, une phrase de musique constitutionnelle qui se chante sur toute espèce d'air, entre la poire et le fromage, en plein champ, chez un restaurateur, mais toujours au sein de *ses* concitoyens, n'y en eût-il que cinq, y compris l'homme politique. »
BALZAC, *Monographie de la presse parisienne*, p. 568 (□ 1843).

« L'Angleterre [...] ouvre ses arènes à de plus nobles luttes. Les femmes se mêlent au mouvement électoral et prononcent des *speech* politiques. »   G. DESNOIRESTERRES, in *La Mode*, 15 juil. 1853, p. 84.

✻ L'anglais *speech* « discours, langage, parole », mot d'origine germanique remontant au VIIIᵉ siècle, a pris le sens de « discours, allocution, développement oratoire, harangue » au XVIᵉ siècle (1583-1584). En français, le mot a pris une valeur ironique et familière inconnue de l'anglais, qui appartient au registre de *laïus* et de *topo* plutôt qu'à celui de *discours* et *allocution*.

2° *N. m.* (1867) Rare *et* vieux. *Maiden(-)speech* [mɛdɛnspitʃ], premier discours officiel d'un homme politique. — REM. : Absent des dict. de Littré et de l'Académie.

✻ Anglais *maiden speech* n. (1794) « premier discours d'un orateur à la Chambre des communes », de *maiden** adj. au sens figuré de « premier du genre, d'une série », 1555, et de *speech* « discours (politique) », qui apparaît en français en 1867 chez O. Feuillet, *M. de Camore* (p. 323, *in* Mackenzie, p. 232). On connaît aussi un emploi antérieur du terme, entre parenthèses, qui vient préciser le sens d'une traduction littérale recourant au sens originel de *maiden* « jeune fille, vierge ». Cet emprunt, peu usité, est signalé dans le Larousse entre 1907 et 1949.

« Un mois après, le *discours vierge* (*A Maiden speech*, le premier discours d'un orateur) de M. Stafford parut dans le même journal. »
Journal d'un médecin, in *La Revue britannique*, fév. 1831 [*in* D. D. L., 2ᵉ série, 1].

SPEED [spid] *n. m.*

1° (1968) *Argot de la drogue.* Amphétamine. *Des speeds.*

« Hasch, speed, héroïne, tout y passe et circule ici comme des gourmandises. »   M. CHAPSAL, in *L'Express*, 4 sept. 1972, p. 95.

« Mais pas de drogue, non : "Le joint, c'est bon pour les babas. Quelquefois, on se paie un petit speed, et c'est tout." »
Rocker, baba, punk et les autres, in *Le Nouvel Observateur*, 16 oct. 1978, p. 79.

2° (1972) *Arg.* SPEED, SPEEDÉ ou SPEEDY *adj.* Dans un état d'excitation euphorique dû aux amphétamines.

« En revanche, le L. S. D. progresse. C'est la valse des *pils* (de la taille d'une pilule de saccharine), *"speedées"* de préférence (où l'on a ajouté des amphétamines pour que le "décollage" soit plus rapide). »

Le Nouvel Observateur, 22 oct. 1972, p. 44.

« Aucune ville, tout d'abord, ne m'excite autant que New York. C'est, il est vrai, d'une excitation très particulière qu'il s'agit, à la limite de l'intoxication : lorsque je m'y trouve, je suis "speedy", comme disent ceux qui se défoncent aux amphétamines. »

C. OLIEVENSTEIN, *Il n'y a pas de drogués heureux*, p. 145 (☐ 1977).

« On écoutait Elton John sur ma nouvelle hi-fi, avec Nicole. J'étais speed, j'allais l'embrasser, il a fallu qu'elle me dise qu'elle était contre la pilule ! »

P. de NUSSAC, *Le Français des moins de 20 ans ou l'Aide-mémoire des adultes « débranchés »*, *Signature*, n° 133, 1981.

✱ De l'argot américain *speed* n. « amphétamine » (*Dictionary of American Slang*, 1975), abrév. de *speedball* n. « mélange de cocaïne et de morphine » (1930) du sens de « vin fort qui saoûle vite » (1920) enregistré en français en 1968 dans J.-L. Brau, *Histoire de la drogue*, p, 267. Les emplois adjectifs *speed*, *speedé* et *speedy* sont exclusivement français et issus du sens 1°.

SPEEDOMÈTRE [spidɔmɛtʀ] ou SPEEDO [spido] *n. m.*

(1975) Compteur de vitesse en nœuds, sur un bateau. *Par ext.* Compteur de vitesse pour skieurs.

« Vu dans des magasins de la chaîne Record : un "speedomètre" se fixant au bras et fonctionnant par déplacement de l'air. Permet de "mesurer sa vitesse", à un cheval près, pour 30 F. »

Science et Vie, nov. 1975, p. 155.

✱ De l'anglais *speedometer* n. (de *speed* « vitesse », *-o-* interconsonantique et *-meter* « mesure ») « compteur de vitesse d'automobile », 1904 (Oxford dict.), puis « tout compteur de vitesse ». L'emprunt français a un domaine spécialisé mais n'est pas nécessaire.

SPEED-SAIL ou SPEEDSAIL [spidsɛl] *n. m.*

(1977) Sport terrestre qui consiste à se déplacer sur une planche à roulettes (→ **Skateboard**) équipée d'une voile ; ce véhicule.

« C'est l'alliance du ciel et de la terre, de la toile et des roues, du sport et du gadget. Inventé par Arnaud de Rosnay, le speedsail combine deux passions d'aujourd'hui, skateboard et windsurf. »

L'Express, 19 déc. 1977, p. 111.

« Le skate ne déferle pas seul d'ailleurs ; il est accompagné d'une nombreuse famille qui commence aussi à se faire remarquer : surf, planche à voile, speed-sail, etc. »   *Marie-France*, oct. 1978, p. 22.

✱ De l'anglais *speed* « vitesse, rapidité » et *sail* « voile », nom donné au sport inventé récemment par le Français Arnaud de Rosnay.

SPEEDWAY [spidwɛ] *n. m.*

(1970) Épreuve de vitesse de motos disputée sur une piste ovale de 400 m en cendrée.

✱ De l'américain *speedway* n. (1894, Mathews) proprement « route *(way)* de vitesse *(speed)* » appliqué aux routes sans limitation de vitesse et aux circuits de course (voitures, motos). Ce mot a pris en français le sens d'« épreuve ». Il a remplacé l'emprunt plus ancien de *dirt-track* (1928) et apparaît en 1970 (*in* Petiot).

SPEEDY → SPEED.

SPENCER [spɛsɛʀ] ou [spɛnsœʀ] *n. m.*

1° (1797) *Ancienn.* Veste courte d'homme, sans basque. *Des spencers.* — REM. : Enregistré dans les dict. de l'Académie 1835 et de Littré 1872.

> « Il [l'Anglais en France] ne sort pas sans un spencer,
> Ne lit que Milton et Chaucer ;
> Pour n'en pas perdre l'habitude,
> Du nom de *rout* il appelle nos bals,
> Et du sort des Français n'a plus d'inquiétude
> Depuis qu'ils ont adopté les wauxhalls. »
>   J. DELILLE, *Épître à deux enfants voyageurs*, in *Œuvres*, 1804
>   [*in* D. D. L., 2ᵉ série, 12].

> « Le spencer fut inventé, comme son nom l'indique, par un lord sans doute vain de sa jolie taille. Avant la paix d'Amiens, cet Anglais avait résolu le problème de couvrir le buste sans assommer le corps par le poids de cet affreux carrick qui finit aujourd'hui sur le dos des vieux cochers de fiacre ; mais comme les fines tailles sont en minorité, la mode du spencer pour homme n'eut en France qu'un succès passager, quoique ce fût une invention anglaise. »   BALZAC, *Le Cousin Pons*, p. 526 (□ 1847).

— (1904) *Ancienn.* Dolman très ajusté porté par les officiers de cavalerie.

2° (1835) Corsage court ou veste courte de femme. — REM. : Signalé dans les dict. de l'Académie 1835 et de Littré 1872.

> « Elle [une Arménienne] portait une sorte de spencer de velours vert, garni d'une épaisse bordure en duvet de cygne, dont la blancheur et la masse donnaient de l'élégance à son cou entouré de fins lacets, où pendaient des aigrettes d'argent. »
> NERVAL, *Les Nuits du Ramazan*, in *Voyage en Orient*, pp. 469-470 (□ 1851).

> « Cambrée à outrance, comme elle l'était, pour accrocher son chapeau à cette patère placée très haut, elle déployait la taille superbe d'une danseuse qui se renverse, et cette taille était prise (c'est le mot, tant elle était lacée !) dans le corselet luisant d'un spencer de soie verte à franges qui retombaient sur sa robe blanche [...]. »
> BARBEY d'AUREVILLY, *Le Rideau cramoisi*, in *Les Diaboliques*, p. 30 (□ 1874).

✳ Mot anglais n. (1796, comme terme de vêtement masculin ; 1803, comme terme de vêtement féminin), du nom de Lord John Charles Spencer (1758-1834) qui mit ce vêtement à la mode. Brunot (d'après Wartburg) atteste *spencer* comme terme de vêtement masculin en 1797 ; le sens militaire est signalé par Larousse en 1904. De nos jours, l'emprunt n'a plus cours qu'à propos du costume féminin.

SPI → SPINNAKER.

SPIDER [spidɛʀ] *n. m.*

1° (1877) *Ancienn.* Voiture légère à deux sièges parallèles montée sur de hautes roues minces. — REM. : Absent des dict. de Littré et de l'Académie.

2° (1931) *Ancienn.* Emplacement ménagé à l'arrière des cabriolets automobiles (pour des bagages et, à la rigueur, des passagers).

> « le cabriolet d'affaires à quatre places, dont deux en spider ; le cabriolet de grand luxe à quatre places intérieures ; enfin, le roadster à quatre places, dont deux en spider. »
>   *L'Illustration*, n° spécial, L'Automobile et le Tourisme, 3 oct. 1931.

✳ Mot anglais signifiant proprement « araignée », attesté au premier sens technique en 1879, originaire d'Afrique du Sud. Bonnaffé relève le terme en français dès 1877 (*Guide du Carrossier*, p. 30, *in* Mackenzie, p. 241). De nos jours, le mot n'a plus qu'une valeur historique.

SPIN [spin] *n. m.*

(1938) Moment cinétique de rotation sur elle-même d'une particule élémentaire.

« Il y a, pour l'électron, une dernière donnée, que nous connaissons avec certitude : c'est sa "rotation propre" ou son "pivotement".
[En note : Ou encore son "spin" (mot qui, en anglais, veut dire *faire tourner*).] »   M. BOLL, *Les Deux Infinis*, p. 97 (□ 1938).

✱ Mot anglais n. (1926, en ce sens, Uhlenbeck et Goudsmit) signifiant proprement « tournoiement, rotation », déverbal de *to spin* « tourner », verbe d'origine germanique.

« Les particules élémentaires (l'électron par exemple) se comportent comme si elles tournaient (à la manière d'une toupie) autour de leur centre. On a donc été amené à attribuer à chaque particule un moment cinétique, dit de spin (ou tout simplement spin), dont la valeur est donnée par application de la mécanique quantique.
Dans ce cas, et ce cas seul, le mot spin est consacré par l'usage. Il doit être proscrit pour toute autre espèce de mouvement de rotation. »
R. PINDER et R. ROUSSELOT, *Techniques spatiales*,
in *La Banque des mots*, n° 1, 1971, p. 108.

SPINNAKER [spinakɛʀ] ou SPI [spi] *n. m.*

(1888) Grande voile creuse d'avant en nylon léger, qui a la forme d'un triangle isocèle curviligne, à bordure et guindant libres, utilisée aux allures portantes pour donner aux voiliers de plaisance le maximum de vitesse.

« Une méchante claque les fit chavirer : le spi était coincé dans la girouette. »   *L'Équipe*, 6 août 1965.

— Tissu de nylon léger et solide dont on fait cette voile, employé pour la confection des sacs, des anoraks, etc. — REM. : On dit aussi *toile de spi.*

« — Pull-over en V, en spinacker [*sic*] bordé et doublé de jersey de laine très fin. Et knickers. »   *L'Express*, 6 févr. 1978, p. 29.

✱ Anglais *spinnaker* n. (1866, Oxford dict.) qui viendrait de la mauvaise prononciation [spinks] de *Sphynx*, nom du premier voilier qui utilisa cette voile. *Spinnaker* est attesté en français en 1888 (*in* Petiot). La forme abrégée *spi*, qui n'existe pas en anglais, est plus courante en français.

SPIRITE [spiʀit] *n.*

1° (1857) Adepte du spiritisme → **Spiritiste** (ci-dessous), **spiritualiste**. — REM. : Signalé dans le dict. de l'Académie 1878 ; absent en ce sens du dict. de Littré (*Spiritiste*, dans le Suppl. 1877).

« Comment les esprits communiquent-ils avec les vivants ? D'abord ils leur apparaissent en songes et en visions et conversent avec eux, et à ce sujet les spirites modernes sont d'accord avec leurs devanciers. »
M. E. BRUNET-TAYLOR, *Les Idées barbares dans la civilisation moderne*, trad. de l'anglais par H. LE FOYER, in *Revue des cours scientifiques*, 4 sept. 1869, p. 644.

« Au début, on avait été attentif, ces sortes d'expériences produisant toujours sur l'imagination une impression superstitieuse. Au bout d'un quart d'heure, quelques-uns s'étaient lassés et avaient voulu "blaguer" la table. Mais les spirites convaincus avaient impérieusement commandé le silence et le respect. »
BLEUNARD, *Le Spirite malgré lui*, in *La Science illustrée*, 2° sem. 1889,
p. 43.

— *Adj.* (1857) Relatif aux esprits des morts et à leur évocation ; relatif au spiritisme → **Spiritiste** (ci-dessous).

« Les esprits scientifiques, et particulièrement celui de Franklin, ont mis au service des communications spirites les forces vitales électromagnétiques. Ai-je besoin de dire que leurs communications sont au niveau de l'intelligence des médiums qui les interrogent, qu'elles sont le plus souvent si ineptes, que les spirites intelligents sont obligés de les interpréter, et que *spiritisme* deviendra quelque jour synonyme de *sottise*. »   BRUNET-TAYLOR, *op. cit.*, p. 644 (□ 1869).

2° (1858) *Spécialt.* Personne qui évoque les esprits des morts par l'entremise d'un médium → **Spiritiste** (ci-dessous). — REM. : Enregistré dans les dict. de Littré 1872 et de l'Académie 1878. — On a aussi écrit *spirit* comme en anglais.

« Ce que la sotte humanité prend pour une invention de l'artiste n'est que la confession d'un mort inconnu ; mais vous, spirite, ou prétendu tel, comment ne reconnaissez-vous pas une voix extra-naturelle ? »
R. LEFEBVRE, *Un Spirite américain*, in *Paris en Amérique*, p. 7 (□ 1864).

« Elle [l'homéopathie] marche de compagnie avec le *somnambulisme artificiel*, qui lui dispute le suffrage des gens du monde, et par lequel on opère, disent les crédules, de si grandes merveilles thérapeutiques, avec les *médiums* et les *spirits*, qui président l'avenir, et avec les *tables tournantes*, dont les oracles servent encore de guide médical à une foule de personnes. »   M. BOUCHUT, *Du mysticisme médical et de la thérapie*, in *Revue des cours scientifiques*, 23 janv. 1864, p. 95.

« Grâce à l'obligeant concours d'un spirite et d'une table tournante, j'ai pu être mis en rapport avec l'illustre philosophe de Samos, qui s'est laissé interviewer de la meilleure grâce du monde. »
Le Charivari, 17 nov. 1892, p. 2.

✱ Forme abrégée francisée du terme anglais d'origine américaine *spirit-rapper* n. (1854 ; abrégé quelquefois en *spirit* n. et surtout adj.) littéralement « esprit frappeur », de *spirit-rapping* n. (1852), de l'anglais *spirit* « esprit (des morts) », sens remontant à 1375, de la forme anglo-normande *spirit*, de *espirit* (ancien français *esperit,* mod. *esprit*), et de *rapping,* forme substantivée de *to rap* « frapper (d'un coup sec) », composé créé aux États-Unis (« coups prétendus frappés par les esprits en réponse aux questions qu'on leur pose », 1853 ; « communication avec les esprits au moyen d'un code de coups secs », 1854). *Spirit-rapping* est le nom donné à la première forme de spiritisme conçue en 1947, à Hydesville aux États-Unis par les sœurs Fox, plus tard convaincues de supercherie, qui prétendaient avoir conversé avec un fantôme en utilisant un code de claquements de doigts. C'est en France que fut ensuite élaborée la doctrine du spiritisme, par H.-L. Rivail, dit Allan Kardec, qui donna en 1857 *Le Livre des esprits* contenant les principes de la doctrine spirite dans lequel figurent le mot *spiritisme* et sa définition, suivi en 1858 par la *Revue spirite* ainsi que par *l'Évangile selon le spiritisme,* 1859, et par *Le Livre des médiums,* 1861.
Au début, le mot *spirite* (et quelquefois *spirit*) a été employé comme nom et adjectif en parlant des adeptes du spiritisme ; au sens le plus courant de nos jours, il était concurrencé par *spiritiste* et par la traduction littérale de *spirit-rapper : esprit frappeur.*

« Ailleurs ce sont les *tables tournantes* animées par des esprits invisibles, disant l'âge de celui qui les interroge, lui indiquant l'avenir, l'époque de sa mort, la nature de ses maladies et jusqu'aux remèdes à employer. Ces *esprits malades* que les *spirits* (c'est le nom que prennent aujourd'hui ceux qui croient aux manifestations des esprits) consultent et dont ils expliquent les oracles, tant sous le double rapport de la santé et de la maladie, que sous celui des intérêts ordinaires de l'existence. »   M. BOUCHUT, *op. cit.,* p. 96 (□ 1864).

✱ Avec l'évolution des formes de communication avec l'au-delà, on en vint à passer du code sonore à l'écriture, puis aux tables tournantes, et enfin aux médiums. C'est avec l'apparition de ces derniers que se répand le sens actuel du substantif *spirite,* mot pourtant attesté chez Kardec.
Spiritisme, mot créé par Kardec en 1857 (passé ensuite en anglais, *spiritism,* 1864), pour désigner la science occulte fondée sur l'existence et les manifestations des esprits des morts et se donnant pour objet la communication matérielle entre les âmes des défunts et des vivants, a produit le dérivé *spiritiste* adj. (1861, *L'Illustration,* p. 354, *in* Mackenzie, p. 227), « relatif au spiritisme », et n. (1861, *Ibid.,* in Littré, Suppl. 1877), synonyme rare de *spirite,* « adepte du spiritisme ».

« J'ajouterai qu'il n'en faut pas plus pour démontrer que le fluide magnétique n'existe pas ; que les merveilles de Mesmer, de Cagliostro, de M. de Puységur et de tous les magnétiseurs, que celles des tables tournantes, des médiums et des spiritistes sont des phénomènes vrais, quoique souvent mélangés de simulation, et que dans leur réalité ils n'ont rien que de naturel et d'explicable par les troubles du système nerveux. » BOUCHUT, in *Revue des cours scientifiques,* 27 fév. 1864, p. 160.

« Nous n'examinerons pas ici ce qu'il peut y avoir de vrai ou de faux dans les doctrines spiritistes ; il nous suffit de savoir que les phénomènes spirites, acceptés comme vrais par les sauvages et les barbares, sont aujourd'hui généralement rejetés par la science moderne. »   BRUNET-TAYLOR, *op. cit.*, p. 644 (□ 1869).

✱ → aussi **Spiritualisme, spiritualiste** (terminologie américaine initiale).

SPIRITUAL, ALS [spiʀitɥol] ou [spiʀitɥal] *n. m.*

(1935) *Mus.* → **Negro-spiritual.** — REM. : Absent du dict. de l'Académie 1935.

« Ceux-ci [les anciens esclaves nègres], en s'appropriant le choral protestant dans leurs *spirituals* et en procédant avec les Blancs à un échange de danses et d'instruments, ont pratiquement réalisé cette synthèse qu'a tant recherchée la musique américaine. »
A. SCHAEFFNER, *Vogue et sociologie du jazz,*
in *Encycl. française,* t. XVI, p. 72-12 (□ juil. 1935).

« Ils [les noirs] nous révélèrent leurs *spirituals,* ces chants religieux, si naïfs et si douloureux, que la tristesse des anciens esclavages a comme arrachés à leur gorge pathétique. »
F. de MIOMANDRE, *Danse,* p. 61 (□ 1935).

« Wright me dit que pour entendre les plus beaux spirituals et pour sentir le côté émotionnel de la religion noire, il faut aller dans les églises des quartiers pauvres. Il m'y conduira. »
S. de BEAUVOIR, *L'Amérique au jour le jour,* 9 fév. 1947, p. 61 (□ 1954).

✱ L'adjectif anglais *spiritual* initialement emprunté du français *spirituel* (latin ecclésiastique *spirit[u]alis*) et latinisé par la suite, a été employé au sens de « religieux, sacré » en parlant d'un chant, dès 1832. En 1870 apparaît *spiritual* comme substantif « chant sacré », hymne religieux ». Attesté en américain dès 1867, le substantif *spiritual* circule déjà depuis plusieurs années parmi les Noirs (d'après *A. Dict. of Americanisms*) pour parler des chants religieux de leur propre création. Ces chants populaires perçus comme une forme très distincte du folk-song américain, ont pris chez les Blancs le nom de *Negro spiritual. Spiritual* s'emploie en français sous sa forme d'emprunt. On peut noter une tentative isolée de francisation :

« Un texte de Cora Lyman, encore antérieur au jazz, insiste sur les inflexions chantantes de la voix de l'homme du sud (aux États-Unis), sur "son goût des mélodies douces et poignantes", sur son "optimisme naïf" et sur "cette espèce vraiment nouvelle d'humour qui lui est particulière" : toutes choses héritées du nègre et qui se retrouvent aussi bien dans les *spirituels* que dans le jazz tout entier. »
A. SCHAEFFNER, *op. cit.*, p. 72-12.

SPIRITUALISME [spiʀitɥalism] *n. m.*

(1878) *Rare.* Spiritisme. *Nouveau spiritualisme. Spiritualisme expérimental.*

« Le 3 avril [1861], les spirites de Nantes et des environs s'étaient réunis, avec quelques amis sympathiques au spiritualisme pour célébrer la désincarnation du coordinateur des enseignements des Esprits, Allan-Kardec. »   Procès verbal, *Fête du libre-penseur Allan-Kardec,* p. 2,
Librairie des sciences psychologiques et spirites, 1881.

✱ Emprunt sémantique de l'américain *spiritualism* n. (1853), de *spiritual* adj. au sens américain de « qui a trait à la communication avec les esprits », 1851 (→ art. *Spirite ;* l'anglais attesté *spiritism,* 1864, après le français *spiritisme,* 1857). Mackenzie (p. 241) relève *spiritualisme* « spiritisme » en 1878 (W. Crooker, *Recherches sur les phénomènes du spiritualisme) ;* Lalande, 1947, signale que le terme est employé improprement pour *spiritisme.*

SPIRITUALISTE [spiʀitɥalist] *n.*

(1895) *Rare* et *vx.* → **Spirite.**

« Un voyageur préoccupé de psychologie trouverait dans la fréquentation de ceux que l'on appelle ici des spiritualistes et qui, réellement, sont des spirites, le plus intéressant sujet d'étude. »
P. BOURGET, *Outre-Mer,* pp. 176-177 (□ 1895).

✳ De l'américain *spiritualist* n. (1853 ; Cf. anglais *spiritist* n. et adj., 1858), de *spiritualism* (→ **Spirite, spiritualisme**).

SPLACH [splaʃ] ou SPLATCH [ʃplatʃ] *interj. et n. m. invar.*

(1873) Onomatopée évoquant le heurt d'une masse liquide et d'une surface (liquide projeté sur un solide ou solide qui tombe dans un liquide).

« Il fallut en venir aux grands moyens, les sauver malgré eux : ils se couchaient dans la boue [...].

Le barbotage dura deux jours : un pied d'eau en moyenne, avec çà et là des trous de quatre à cinq pieds de profondeur. Splache, splache, splache, était la seule chose qu'on entendît depuis le moment du départ jusqu'à l'arrivée aux bomas, c'est-à-dire aux camps, qui sont établis aux seuls endroits secs de la route. »
H. STANLEY, *Voyage à la recherche de Livingstone au centre de l'Afrique* [1871-1872], p. 22 (□ 1873).

— *N. m.*

« Je m'attendais à ce que mes viscères se mettent à faire des bruits mous de vase, des "plouf", des "slop", des "splach". »
M. CARDINAL, *Les mots pour le dire*, p. 13 (□ 1975).

« Voilà sans doute pourquoi tout ce que souhaiteraient certains parents comme signes d'une éducation supprimant les clivages tombe à l'eau dans un splatch lamentable [...]. »   *F. Magazine*, mai 1981, p. 115.

✳ De l'anglais *splash* n. (1819), même sens. Le français, qui a retenu une graphie en *-ch*, la réinterprète à l'anglaise [tʃ]. *Splach* est un mot utile, *plouf* ne désignant que le bruit sourd et bref d'un plongeon. Quand le plongeur fait un « plat », on entend splach !

SPLEEN [splin] *n. m.*

(1763 ; *spline*, 1760 ; *splene*, 1745) État passager de mélancolie et de dégoût de toute chose, sans cause apparente. — REM. : Enregistré dans le dict. de l'Académie 1798 et de Littré 1872. — Voltaire (1777) a aussi écrit *le splin* et *la splin, la spleen.*

« Le *Splene* ou les vapeurs. »
[J.-B. LE BLANC], *Lettre d'un François*, 1745 [*in* Brunot, t. VI, 2-a, p. 1235].

« Vous ne savez pas ce que c'est que le *spline* ou les vapeurs anglaises. »
DIDEROT, Lettre à Sophie Volland, 28 oct. 1760 [*in* Brunot, t. VI, 2-a,
p. 1235].

« On ne nous dit point, et il n'est pas vraisemblable que du temps de Jules César et des empereurs, les habitants de la Grande-Bretagne se tuassent aussi délibérément qu'ils le font aujourd'hui quand ils ont des vapeurs qu'ils appellent le *spleen*, et que nous prononçons le *spline*.

Au contraire, les Romains, qui n'avaient point le spline, ne fesaient aucune difficulté de se donner la mort. C'est qu'ils raisonnaient ; ils étaient philosophes, et les sauvages de l'île *Britain* ne l'étaient pas. »
VOLTAIRE, art. *De Caton et du suicide*, in *Dict. philosophique*,
t. XXXVII, p. 460 (□ 1764).

« Le *scorbut* qui était jadis inconnu dans nos contrées, y devient commun comme en Angleterre ; le *spleen* qui nous vient de cette île, nous amene aussi le premier. »
Chevalier de JAUCOURT, art. *Scorbut*, in *Encycl. Diderot*, 1765.

« Le repos absolu produit le *spleen*. »
BALZAC, *Traité de la vie élégante*, p. 155 (□ 1830).

« depuis ce matin j'ai le spleen, un tel spleen, que tout ce que je vois, depuis qu'on m'a laissé seul, m'est en dégoût profond. J'ai le soleil en haine et la pluie en horreur. »
VIGNY, *Stello*, in *Œuvres complètes*, p. 625 (□ 1832).

« — Les bains de mer me sont défendus.
— Par qui donc, Madame ?
— Mais par les médecins, oui, Monsieur, j'ai une maladie noire.
— Le spleen ?

— Le spleen, si vous voulez... Je m'ennuie... On ne s'en douterait pas. »   E. et J. de GONCOURT, *Journal*, 26 mars 1855, t. I, p. 70.

✱ Mot anglais n. (1664, en ce sens vieilli) signifiant proprement « rate », 1300, et « rate comme siège des humeurs noires », 1390, du latin *splen*, grec *splên* « rate », et au pluriel « douleurs de rate, hypocondrie ». En latin et en français, la rate était considérée aussi comme le siège des humeurs noires (*atrabile*, bile noire) mais de façon caractérielle (le misanthrope de Molière est un atrabilaire amoureux). Attesté en français dès le XVIIIe siècle à propos des Anglais, le terme se répand en France au XIXe siècle, où il est généralement chargé d'évocation romantique. De nos jours, *spleen* appartient au registre littéraire ; le mot ne fait nullement partie de l'usage concret. Dans le style rétro, il a fait récemment une brève réapparition.

SPLEENÉTIQUE [splinetik] ou SPLÉNÉTIQUE [splenetik]
adj. et *n.*

1° *Adj.* (*spleenétique*, 1860 ; *splénétique*, 1776) *Littéraire.* Qui exprime, inspire le spleen✱ ; qui ressent le spleen✱. — REM. : Signalé dans le dict. de Littré 1872, à l'art. *Splénétique* ; absent des dict. de l'Académie.

« Il [Flaubert] regrette un volume d'environ 150 pages, composé l'année qui a suivi sa philosophie : la visite d'un jeune splenétique [*sic*] à une fille, un roman psychologique trop plein, dit-il, de sa personnalité. »
BAUDELAIRE. *Chacun sa chimère*, in *Le Spleen de Paris*, p. 280, 1951 (□ 1862).

« Malgré ces avatars, nous restons constamment gais, alors que les Anglais restent spleenatiques [*sic*]. »   *Le Charivari*, 30 sept. 1892, p. 1.

« endormir leur résistance en murmurant ces mêmes phrases tendres, sempiternelles, qui, sous tant de cieux, ont raison des cœurs faibles et spleenétiques. »   P. ADAM, *Vues d'Amérique*, p. 105 (□ 1906).

2° *N.* (1864) *Rare.* Personne mélancolique souffrant du spleen✱.

« nous qui, par le fait, ne sommes pas deux, ne sommes point l'un à l'autre une compagnie, nous qui souffrons en même temps des mêmes défaillances, des mêmes malaises, des mêmes maladies morales, nous qui ne sommes à nous deux qu'un isolé, un spleenétique, un névropathe. »   E. et J. de GONCOURT, *Journal*, 9 avril 1869, t. II, p. 150.

✱ Anglais *splenetic* (aussi *spleenetick*) adj. « relatif à la rate », « qui souffre de la rate », 1544, « qui souffre de nervosité, de mélancolie » (1592) et n. (1398), du latin *spleneticus*, de *splen* « rate » (→ **Spleen**). Le moyen français possédait *splenetique* « qui souffre de la rate ». Bonnaffé atteste *splénétique* en rapport avec le *spleen* en 1776 (*Journal anglais*, II, p. 416, *in* Mackenzie, p. 184). Forme adoptée au milieu du XIXe siècle : *spleenétique* ; mot de très basse fréquence en français, essentiellement lié à l'époque romantique.

SPONSOR [spɔ̃sɔʀ] n. m.
(1972) Personne, organisme qui soutient financièrement une entreprise prestigieuse à des fins publicitaires. *Des sponsors.*

« Pour trouver le *"sponsor"* qui financera les travaux, le chercheur définit un programme chiffré en temps et en argent. »
L'Expansion, fév. 1972 [*in* Gilbert 1980].

« Les sponsors ou les publicitaires ont des pudeurs... Ils font beaucoup de mousse avec un peu de savon. C'est leur logique. Mais, derrière chaque coque, derrière chaque voile, se profile un sponsor. Ce sont eux qui financent le rêve, l'aventure, la victoire. »
Le Nouvel Observateur, 6 nov. 1978, p. 66.

✱ Mot américain « bailleur de fonds ; annonceur, commanditaire d'émissions de radio ou de télévision » (1931), de l'anglais *sponsor* n. « parrain, marraine ; répondant, caution ». Ce mot s'est infiltré dans le

jargon de la publicité française, surtout dans le monde du sport
→ **Sponsorer.**

SPONSORER [spɔ̃sɔʀe] ou SPONSORISER [spɔ̃sɔʀize] v. tr.

(v. 1975) Soutenir financièrement (une entreprise prestigieuse) à des fins publicitaires ou pour tout autre profit.

« Absorba [fabricant de vêtements pour enfants] vient même de
sponsoriser l'association de Bi-crossing en créant une tenue compétition
destinée à l'équipe de France. » *Ma maison, mon ouvrage*, nov. 1981, p. 19.

« Toutes les entreprises peuvent déduire de leurs bénéfices impo-
sables 1 % de leur chiffre d'affaires pour encourager financièrement des
artistes. Bien peu le savent. Plus rares encore sont celles qui "sponso-
risent" ainsi les muses. Aussi, en juin prochain, à Beaubourg, les Assises
du mécénat d'entreprise distingueront-elles par des Oscars les sociétés
qui auront le mieux mené ces investissements "culturels". »
L'Express, 14 fév. 1981, p. 87.

✳ Adaptation de l'américain *to sponsor* v., même sens, angl. *to
sponsor* « patronner, cautionner » (1884). Ce qui caractérise l'emploi de
sponsorer, sponsoriser (et les mots de la même famille) en français,
c'est la notion d'échange de services dans le domaine financier ; le
sponsor, à la différence du mécène ou du comité de patronnage, tire de
sa générosité un bénéfice qui n'est pas seulement moral. Aussi bien
patronner ne convient-il pas, et *commanditer* est par ailleurs trop
spécial. Il semble que la forme *sponsorer* se répande au détriment de
sponsoriser.

« Sᴘᴏɴsᴏʀ pour commanditaire
"Il n'y a pas de sponsor dans cette course."
Pour mécène
"Il faudrait que les manifestations culturelles trouvent des sponsors." On a aussi
entendu sponsoré, sponsorisé, sponsoring : "sous le sponsoring d'une firme
d'apéritifs anisés" pour "sous le patronnage de..." »
Médias et Langage, déc. 1979-janv. 1980, p. 10.

SPONSORING [spɔ̃sɔʀiŋ] n. m.

(1974) Aide financière apportée à un sport, à des fins
publicitaires, par une firme ou par un secteur commercial.

« En matière sportive, le *sponsoring* est courant, qu'il s'agisse de
courses cyclistes ou d'autres épreuves sportives dont les équipes sont
financièrement soutenues par des fabricants d'articles de sport, quand
ce n'est pas des stylos à billes ou d'eaux minérales... »
P. PAMART, art. *Sponsoring*, in *Les Nouveaux Mots « dans le vent »* (□ 1974).

« Fini, aussi, le *sponsoring*, les subventions accordées aux clubs
sportifs à condition que la marque du généreux donateur soit inscrite
sur les voitures de course, les motos ou le survêtement des athlètes. »
Le Nouvel Observateur, 31 mai 1976, p. 49.

✳ Mot américain (1931), participe présent substantivé de l'américain *to
sponsor* (→ **Sponsorer**), de *sponsor* n. (→ **Sponsor**). Apparu très
récemment, *sponsoring* n'a cours en français que dans le monde du
sport. Selon Pierre Pamart *(op. cit.)* :

« *Sponsoring* est l'action de *patronner,* et pourrait sans inconvénient être
remplacé par *patronage,* dans le sens de "protection". »

SPOON [spun] n. m.

(1924) *Golf.* Club en bois à face ouverte. — *Par ext.* (1933)
Coup joué avec le spoon.

« il joua son spoon pour essayer d'atteindre le green. »
Tennis et golf, 1ᵉʳ juil. 1933, *in* I. G. L. F. [*in* D. D. L., 2ᵉ série, 6].

✳ Mot anglais n. (725 ; 1814, comme terme de golf) signifiant proprement « cuiller », attesté en français dans l'*Encyclopédie des sports*,
1924.

SPORT [spɔʀ] *n. m.* et *adj. invar.*

1° *N. m.* (1828) Activité physique en plein air exercée dans le sens du jeu, de l'effort, souvent de la lutte, et dont la pratique suppose l'entraînement et l'observation de règles précises. *Le Sport,* journal fondé en 1853 par Chapus. — Chacune des formes particulières de cette activité. *Sports individuels et sports d'équipes.* — REM. : Enregistré dans les dict. de Littré 1872 (on prononce alors [spɔʀt]) et de l'Académie 1878. — A l'origine, *sport* se disait surtout des courses de chevaux, où il était pris pour synonyme de *turf,* et supposait l'idée de pari ; il ne se disait tout au plus que de deux autres sports en France, la chasse et la boxe.

« Le Jockey-Club [créé en 1833] fait toujours beaucoup de bruit avec les promesses du *sport* futur malgré le faste de ces paroles, nous croyons que les épouvantables ravages du jeu dans les fortunes fashionables laissent peu de chance à la splendeur dont on parle. »
La Mode, 5 avril 1844, p. 556.

« Dans toute société il existe des classes d'hommes qui ont beaucoup d'heures à dépenser en loisirs. C'est pour ce monde privilégié que l'Angleterre maintient avec une sorte de culte religieux ses exercices de sport. »   E. CHAPUS, *Le Turf ou les Courses de chevaux en France et en Angleterre,* p. 1 (□ 1853).

— PAR ANAL. (déb. XXᵉ s.) *Fam.* Exercice difficile, dangereux. *Ça, c'est du sport !* — *Péj.* Lutte passionnée, bagarre. *Il va y avoir du sport.*

« [Tour de France] Il y aura du sport d'ici à l'entrée du Parc des Princes. »   *L'Auto,* 17 juil. 1905 [*in* G. Petiot].

2° (1906) PAR EXT. *De sport* (loc. adj.) ou ellipt *sport* (adj. invar.), se dit de vêtements pour la promenade, le voyage, la campagne (opposé à *de ville* et à *habillé*) → **Sportswear.**

« toute la famille s'était rhabillée, ensemble marron pour Hélène, robe écossaise pour Pierrette et complet sport pour Frédéric. »
M. AYMÉ, *Le Chemin des écoliers,* p. 250 (□ 1946).

« pour l'instant, elle vivait escortée d'un nain à torse géant et à face de bouledogue, qui exhibait par l'échancrure de sa chemisette de sport une fourrure sauvage, vivait en fort bonne intelligence avec les chiens et les enfants [...]. »   M. DRUON, *Rendez-vous aux enfers,* p. 156 (□ 1951).

« Et nos deux culottes-sport pareilles pour le tandem, avec les deux pull-overs jumeaux ? »   COLETTE, *Belles Saisons,* p. 12 (□ 1954).

3° (1931) Fig. et fam. *Être sport,* être loyal et sans rancune comme c'est l'usage entre sportifs → **Sportif, 3°.**

« Jeunes filles charmantes et très sport. »
L'Ami des sports, 15 déc. 1931 [*in* G. Petiot].

« Vous savez, on est très libre là-bas, très sport. Quelle différence de climat. » J. ANOUILH, La Sauvage, acte III, p. 223 [*in* D. D. L., 2ᵉ série, 5].

✱ Le mot anglais *sport* n. (xvᵉ s.), aphérèse de *disport* n. « passe-temps, récréation, jeu » et v. « s'amuser », lui-même emprunté au xivᵉ siècle de l'ancien français *desport* n., variante de *deport* « divertissement », déverbal de *(se) déporter* « s'amuser », a d'abord le sens de « divertissement, passe-temps », et ne prend qu'au xviᵉ siècle, au pluriel, le sens de « compétitions, manifestations sportives ». C'est dans le *Journal des haras,* créé le 1ᵉʳ avril 1828, qu'apparaît, la même année, le mot *sport* en France, entraînant à sa suite les termes *sportsman**, *sportswoman**, *sportif**.

Sport a produit le dérivé éphémère de *sporter* v. intr. (1898), *rare,* « faire du sport, pratiquer un sport ».

« La Côte d'Azur est donc le pays rêvé pour sporter, la Terre Promise des sportsmen. »   *La Vie au grand air,* 1ᵉʳ avril 1898 [*in* D. D. L., 2ᵉ série, 14].

« La presque totalité des élèves sportent avec régularité [...]. »
L'Auto, 21 nov. 1941 [*in* G. Petiot].

✳ *Sport* et *turf* marquent au XIXᵉ siècle le début de l'engouement de la société française privilégiée pour les courses de chevaux, et par la suite, pour les nombreux sports importés successivement d'Angleterre, et de l'emprunt en masse de vocables anglais dans le vocabulaire sportif français. *Turf* a été supplanté dans certains emplois par des termes français ; *sport* s'est imposé comme terme générique.

SPORTIF, IVE [spɔʀtif, iv] *adj.*

1° (1862) Propre ou relatif au sport, aux activités sportives. *Journal sportif.* — REM. : Enregistré dans le Suppl. 1877 du dict. de Littré et dans le dict. de l'Académie 1935.

« Une société de veneurs déploie une activité sportive. »
Le Sport, 31 déc. 1862 [*in* G. Petiot].

« Voici enfin une charmante *esquisse sportive*, résultat d'une conversation avec le merveilleux naturaliste Toussenel. »
MALLARMÉ, *La Dernière Mode*, 15 nov. 1874, pp. 808-809.

2° (1872) Qui pratique, qui aime le sport. — Subst. (1897) *Les sportifs* → **Sportsman, sportswoman.**

« Tant que la France ne sera pas une nation sportive [...]. »
L'Auto, 17 avril 1872 [*in* G. Petiot].

« Je n'ai jamais vu des sportifs battre en brèche le président choisi par eux. »
Père DIDON, *Influence morale des sports athlétiques*, 1897 [*in* G. Petiot].

« À vivre dans ce monde américain des pugilistes que ne relève pas, comme en Angleterre, la présence de lords sportifs, Jack Ram était devenu un hybride mélange de professionnel, de gentleman et de gymnasiarque. » P. MORAND, *Champions du monde*, p. 100 (□ 1930).

3° (1931) Qui fait preuve de sportivité → **Sport, 3°.**

« Les managers de boxe sont-ils vraiment sportifs ? »
L'Auto, 13 déc. 1931 [*in* G. Petiot].

✳ Adaptation de l'anglais *sportive* adj. (1590 ; 1705, au sens 1°) proprement « folâtre, badin », de *sport* n. L'adjectif *sportif* a triomphé en français de deux formes concurrentes, *sportesque* (v. 1860) et *sportique* (1877).

« Elle [Rosa Bonheur] a aussi cet amour sportesque qui l'initie aux mœurs, aux tournures, aux habitudes des animaux. »
BÜRGER, *Salons* de 1861 à 1868 [*in* Littré, Suppl., art. *Sportif*].

« Il [un juge anglais qui ménageait les braconniers] est devenu impopulaire parmi toute la gent sportique. »
Journal des Débats, 14 mars 1877 [*in* Littré, Suppl., art. *Sportif*].

✳ Notons que le sens le plus courant en français (3°) est inconnu de l'anglais.

« Ayant adopté le mot, [le français] lui permet de faire souche et de proliférer : [...] sur *sport*, *sportif* (et *sportivité*), à l'instar sans doute de l'anglais *sportive*, mais avec le sens de l'anglais *sportsman* ou *sporting*, — "avoir l'esprit *sportif*", "être un vrai *sportif* [...]. » J. ORR, *Les Anglicismes du vocabulaire sportif*, oct. 1935, p. 299.

✳ *Sportif* a produit les dérivés *sportivement* adv. (*L'Écho des Sports*, 21 oct. 1893 *in* G. Petiot ; Cf. anglais *sportingly*), « d'une manière sportive, dans un esprit sportif », et *sportivité* n. f. (1898 ; Cf. anglais *sportsmanship*) « attitude sportive, esprit sportif ». — REM. : Absents du dict. de l'Académie 1935.

« La sportivité n'est pas l'apanage de telle ou telle manifestation de l'activité, c'est bien plutôt un état d'âme. » *Le Vélo*, 16 janv. 1898 [*in* G. Petiot].

SPORTSMAN [spɔʀtsman] *n. m.*

1° (1823) *Vx.* Celui qui s'adonne au sport hippique ou qui s'y intéresse ; parieur. *Des sportsmen. L'ensemble des sportsmen.* → **Turf, 3°.** — REM. : On a aussi écrit *sportman*.

« En votre qualité de bon sportsman, vous auriez dû ménager vos chevaux. » ARCIEU, *Diorama de Londres*, 1823 [*in* G. Petiot].

« O vanité ! rhabillage de tout avec de grands mots, une cuisine est un laboratoire, un danseur est un professeur, un saltimbanque est un gymnaste, un boxeur est un pugiliste, un apothicaire est un chimiste, un perruquier est un artiste, un gâcheux est un architecte, un jockey est un sportman, un cloporte est un ptérigibranche. »

HUGO, *Les Misérables*, p. 680, Pléiade (□ 1862).

2° (1872) *Vieilli.* Celui qui s'intéresse à un sport, au sport, qui s'y distingue → **Sportif, 2°.** — REM. : Littré 1872 enregistre *sportsman* « celui qui se livre au sport » ; absent du dict. de l'Académie.

« Les uns se bornent à telle espèce de *sport* ; les autres, se montrant également amateurs de chasse, de courses, de canotage, de boxe, méritent encore mieux et plus complètement le nom de *sportsmen.* »

P. LAROUSSE, *Grand Dict. universel*, art. *Sport*, 1875.

« Ce jeune homme qui avait l'air d'un aristocrate et d'un sportman dédaigneux n'avait d'estime et de curiosité que pour les choses de l'esprit [...]. » PROUST, *À l'ombre des jeunes filles en fleurs*, p. 732 (□ 1918).

« Sportsmen. — Nom que les journaux donnent aux gens qui regardent les autres s'agiter dans les stades ou sur les hippodromes. »

DANINOS, *Le Jacassin*, p. 170 (□ 1962).

✷ Anglais *sportsman* n. m. (1706-1707), « sportif et amateur de sports », de *sport* et *man* « homme ».

« mot emprunté sous une forme fautive [...], *sportman* à côté de *sportsman,* et avec la valeur de "celui qui se distingue aux sports", valeur qui est loin d'être la signification normale du mot anglais. »

J. ORR, *Les Anglicismes du vocabulaire sportif*, oct. 1935, p. 299.

✷ Cet emprunt, rare de nos jours, a servi de modèle pour la fabrication des pseudo-anglicismes français (→ **-man**).

SPORTSWEAR [spɔrtswɛr] ou **SPORT WEAR** [spɔrtwɛr] *n. m.*

(1966) Vêtement sport conçu de façon à allier l'élégance au confort → **Sport, 2°.**

« C'est elle qui a décidé de vendre dans cette boutique de mode uniquement du "sportswear" (comme disent les Américains), c'est-à-dire des vêtements de loisirs, de week-end et de sport, à la fois élégants, pratiques et confortables. »

La Croix, 2 oct. 1967 [in *La Banque des mots*, n° 3, 1972, p. 107].

« — Qu'est-ce que vous fabriquez ?
— Du "sportswear", Madame.
Ce terme archiconnu grâce à la presse ne dit rien à la dame. On lui explique : du vêtement confortable, sportif, pour tout aller [...]. »

Le Nouvel Observateur, 7 oct. 1968 [*Ibid.*].

✷ Anglais *sportswear* (aussi *sportwear*, surtout aux États-Unis) n. (1927), composé de *sport* et de *wear* n. « vêtement, tenue », de *to wear* « porter », collectif désignant toute tenue de sport, employé en français au sens donné par extension à ce mot, pour désigner un style de vêtement sport importé d'Amérique. Relevé dans *L'Express*, 21 mars 1966, et dans *Réalités*, août 1966.

SPORTSWOMAN [spɔrtswuman] *n. f.*

(1875 ; *sportwoman*, 1863) *Rare* et *vieilli.* Femme qui s'adonne au sport hippique, qui s'occupe d'un sport. *Des sportswomen* (→ **Sportsman**). — REM. : Absent des dict. de Littré et de l'Académie.

« Cette fantasque Aurore, ce caractère étrange plein de passions et d'emportements, cette sportwoman. »

La Vie parisienne, 1863 [*in D. D. L.*, 2e série, 3].

« L'amateur du *sport* s'appelant *sportsman*, la femme qui aime ces amusements est appelée *sportswoman* ; les anglomanes illettrés disent tout simplement des *sportsmen femelles* [...]. »

P. LAROUSSE, *Grand Dict. universel*, art. *Sport*, 1875.

« Mais ce que la Diane elle-même des Tuileries, toute déesse ! n'obtiendrait pas, descendue de son piédestal pour aller, plutôt que près du costumier chez un des tailleurs ou l'une des couturières en renom et de chasseresse devenir sportwoman ; c'est la parure presque indispensable aujourd'hui du vêtement de chasse. »
MALLARMÉ, *La Dernière Mode*, 18 oct. 1874, p. 763.

✻ Anglais *sportswoman* n. f. (1754), de *sport* et *woman* « femme ».

SPOT [spɔt] *n. m.*

1° (1889) *Phys.* Image lumineuse réfléchie par le miroir de certains instruments de mesure (galvanomètre, etc.), qui se déplace sur une échelle graduée. *Des spots.* — REM. : Enregistré dans le 2e Suppl. 1890, de P. Larousse ; absent des dict. de l'Académie.

« J'observe la déviation d'un galvanomètre à l'aide d'un miroir mobile qui projette une image lumineuse ou spot sur une échelle divisée. Le fait brut, c'est : je vois le spot se déplacer [...] et le fait scientifique c'est : il passe un courant dans le circuit. »
H. POINCARÉ, *La Valeur de la science*, p. 223, Flammarion (□ 1925).

— (1949) Tache lumineuse mobile produite par un faisceau d'électrons sur l'écran fluorescent d'un tube cathodique, spécialement sur l'écran d'un téléviseur.

2° (1925, *spotlight*, vx) *Spect.* (de *cinéma*, à l'origine). Petit projecteur à faisceau lumineux étroit, utilisé pour l'éclairage d'un acteur, d'une partie du décor, ou pour l'éclairage indirect d'une pièce. *Spot orientable, réglable.*

« le "spot" qui jette un rayon vif et court imitant un rayon de soleil. »
Mon Ciné, 7 mai 1925, *in* GIRAUD, *Le Lexique français du cinéma*
[*in* D. D. L., 2e série, 6].
« Il y a des lampes à arc de grande puissance et qui suffisent pour les cas ordinaires du cinéma ; on les appelle spot-lights. »
A. DELPUECH, in *Le Cinéma*, 1927, *in* I. G. L. F. [*in* D. D. L., 2e série, 5].
« Martha contourna le comptoir, tâtonna pour trouver le tableau de commande électrique. Des faisceaux de lumière rouge jaillirent des spots scellés au-dessus du bar. »   D. DECOIN, *Un policeman*, p. 148 (□ 1975).

3° (1968) Bref message publicitaire, à la télévision. *Spot publicitaire.*

« Jacques Duby, l'interprète de "L'Œuf", de Félicien Marceau, vantant les qualités d'un fromage : ce sera l'un des premiers "spots" de publicité de marque qui apparaîtront, à partir du mardi 1er octobre, sur les 9 millions de téléviseurs français. »   *L'Express*, 30 sept. 1968, p. 44.

✻ Mot anglais n. (xiie s.) « tache, marque, point » d'abord emprunté comme terme de physique (Dumont, *Dict. d'Électricité*, 1889, p. 880, *in* Mackenzie, p. 247), et accepté par la Commission de terminologie de l'audio-visuel pour désigner une tache lumineuse mobile sur un écran de contrôle (Cf. *La Banque des mots*, no 3, 1972, p. 85). Au sens de « projecteur », *spot* (ou *spotlight*, vx) vient du cinéma américain. La Commission recommande de le remplacer par *projecteur (ponctuel)*. On dit aussi *projecteur directif*. Comme terme de publicité, également d'origine américaine, l'Administration recommande de remplacer *spot* par *message publicitaire* (*Journal officiel*, 18 janv. 1973).

SPOT MARKET [spɔtmaʀkɛt] *n. m.*

(1978) Marché libre du pétrole raffiné où les revendeurs spéculent sur la fluctuation des cours.

« C'est sur le *spot market* qu'Aristote Onassis a triplé sa fortune en 1956 et 1967, grâce aux guerres du Proche-Orient. »
Le Nouvel Observateur, 19 août 1978, p. 40.

« Le spot market ne traite que des quantités marginales (de 3 à 5 % de la consommation européenne). Mais, seul marché concurrentiel européen, il donne la mesure de l'offre et de la demande, et sert de référence mondiale aussi bien aux compagnies qu'aux gouvernements. »
L'Express, 28 avril 1979, p. 76.

✱ De l'américain *spot market* (XXᵉ s.) « marché *(market)* sur place *(spot)* » dit parfois en français *marché du comptant, marché disponible* parce que la marchandise est prise sur place, sans commande ni livraison et payée comptant. *Spot market* s'est spécialisé en français pour le marché du pétrole.

SPRAT [spʀa] *n. m.*

(1775, *in* Wartburg) Petit poisson, voisin du hareng, abondant dans les mers septentrionales, qui se mange surtout fumé.

« Les hommes de ce régiment du Nord étaient exclusivement nourris de sardines, de biftèques et de patates ! Tous les autres essais avaient été infructueux et les Chtimis avaient même considéré une distribution de sprats comme une injure personnelle. »
A. LANOUX, *Le Commandant Watrin*, pp. 29-30 (□ 1956).

✱ Emprunt à l'anglais, d'origine germanique, *sprat* (1597), forme moderne pour *sprot* (XIᵉ s.). Le mot a subi en français de très nombreuses variations. Les dict. du XIXᵉ s. donnent les formes *esprot*, n. m. et *sprate* n. f. et définissent le poisson comme une « espèce de sardine ». Dans le dict. de Landais (1843), on trouve, en outre, *sprot* n. m. « peau d'anguille servant d'appât ». Pierre Larousse reprend les deux sens sous une entrée unique *sprat*. Littré, sous la double entrée *sprot, sprat* n. m. ne retient que le sens « appât constitué de peau d'anguille ». Cette *anguille* est l'*anguille de sable* « poisson de l'océan septentrional qui est fort fréquent sur les côtes d'Angleterre [...]. Il a la tête mince et ronde, les mâchoires allongées et pointues, la bouche petite ; il n'est pas plus gros que le pouce [...] son dos est bleu, et le ventre couleur argentine [...] » (Dict. des Sciences 1751). Après bien des vicissitudes, le français a opté pour la forme et la graphie anglaises. La prononciation est complètement francisée.

SPRAY [spʀɛ] *n. m.*

(1884, comme terme technique ; répandu v. 1965, comme terme de commerce) Jet de liquide projeté en fines gouttelettes par pulvérisation. — REM. : Absent du dict. de l'Académie 1935.

« Lister invente le spray, la pulvérisation d'eau phéniquée. »
Dict. encycl. des sciences médicales [*in* Bonnaffé, *in* Mackenzie, p. 247].

« Il n'est pas impossible qu'on se prémunisse un jour contre les refroidissements, au moyen d'un "spray" nasal contenant de l'interféron ou l'un de ses inducteurs. »
J. de HAEYER-GUIGNARD, *in La Recherche*, fév. 1971, p. 182.

— PAR EXT. (1890, comme terme technique ; répandu v. 1965, comme terme de commerce) Le pulvérisateur lui-même et son contenu (ex. de 1968, 1970 *in* Gilbert).

« Bien sûr, la Française dépense encore chaque année trente mille francs pour s'embellir [...]. Elle est aussi sensible que ses consœurs à la magie qui émane des petits pots de graisse colorée, au halo séducteur vendu avec les *"blushes"*, les *"sticks"*, les *"sprays"*. »
M. RIGHINI, *in Le Nouvel Observateur*, 24 juil. 1972, p. 30.

✱ Mot anglais *spray* signifiant « embruns », 1621, « gouttelettes », 1750, utilisé comme terme de médecine au sens de « pulvérisation », en 1875, puis au sens de « pulvérisateur », en 1881, substantif d'origine obscure qui pourrait se rattacher au moyen-néerlandais *spra(e)yen* d'où est issu l'ancien verbe anglais *to spray* « asperger ». *Spray* est enregistré comme terme technique dans les deux acceptions connues en français, dans le 2ᵉ Suppl. du *Grand Dict. universel* de Pierre Larousse, mais le terme n'a été diffusé dans le public qu'au cours de ces dernières années sous l'influence de l'industrie et de la publicité américaine. On dit de préférence en français *atomiseur, bombe, vaporisateur, pulvéri-seur* et *nébuliseur* pour l'appareil, *aérosol* et *pulvérisation* pour le procédé.

SPRINT [spʀint] *n. m.*

1° (1895) *Sports.* Effort intense et bref d'accélération du cou-reur à un moment déterminé d'une course, et *spécialt* à la fin ; ce moment, cette fin de course (→ **Finish**). *Le sprint final.* — REM. : Absent du dict. de l'Académie 1935.

« C'est en face de la ligne d'arrivée que le sprint commence. »
Le Gil Blas, 5 juin 1895 [*in* G. Petiot].

« — Si tu avais eu un vélo convenable, tu m'aurais suivi...
— Non. Je n'ai pas ton coffre. Je suis sûr que tu battrais Maroussel au sprint... »   H. TROYAT, *La Tête sur les épaules,* p. 33 (□ 1951).

— *Fam.* (hors de toute compétition sportive). *Piquer un sprint.*

« et Emmanuel disparut comme une légère fumée, piqua un sprint terrible dans le couloir et finit par se jucher sur la chasse d'eau des water-closets [...]. »
Boris VIAN, *Vercoquin et le Plancton,* p. 185, Folio (□ 1947).

— *Fig. Au sprint,* très rapidement.

« Buñuel, qui mûrit chacun de ses films, tranquillement, pendant un an, les réalise *"au sprint" :* ses montages ne durent que deux jours. »
L'Express, 11 fév. 1974 [*in* Gilbert].

2° (1923 ; *sprinting,* 1888) *Athlétisme, cyclisme* et *natation.* Épreuve de vitesse sur une courte distance. *Des sprints. Sprint court* (le 100 mètres), *long* (le 400 mètres).

« Les courses à petites distances ou *sprinting* sont préférées des amateurs. »   DARYL, *Renaissance physique,* 1888 [*in* G. Petiot].

« Les sprints commençaient. Plus haut que les placards de publicité, je vis les traits tirés, les yeux ardents des populaires. »
P. MORAND, *Ouvert la nuit,* p. 130 (□ 1923).

« Ce n'est pas en nageant des sprints qu'on peut obtenir style et respiration. »   TARIS, *La Joie de l'eau,* 1937 [*in* G. Petiot].

✳ Mot anglais n. (1865, en ce sens), déverbal de *to sprint.* La Commission du vocabulaire sportif conserve ce mot en français :

« Il n'a pas paru souhaitable de franciser ce mot, qui correspond à une donnée précise. On recommandera cependant aux radio-reporters d'unifier la prononciation *sprint.*
On emploiera, autant que possible, les équivalences françaises *débouler, démarrage, enlevage.* »   *Vie et Langage,* juil. 1961, p. 389.

« En athlétisme, le *sprint* comprend les courses de 100 et 200 m.
Le 400 m est une course de sprint prolongée.
En cyclisme, la course de *sprint* se fait sur plusieurs tours de piste. L'emballage final, chronométré, se fait sur les 200 derniers mètres. En réalité, en cyclisme, *sprint* a une triple acception :
1) "l'emballage final d'une épreuve".
2) "l'accélération brusque au cours d'une épreuve".
3) "la pointe de vitesse sur une distance donnée" : *il a un bon sprint de 50 mètres.*
En natation, la *course de sprint* est de 100 m et aussi de 200 m. »
DUPRÉ, art. *Sprint.*

✳ Le français a formé *sprinter* v. intr. (1907, *in* Petiot ; angl. *to sprint,* 1871, comme terme de sport).

1. SPRINTER [spʀintœʀ] *n. m.*

(1887) Coureur spécialiste des courses de vitesse (de sprint*) ; coureur remarquable au sprint*. *Des sprinters.* — REM. : Absent du dict. de l'Académie 1935.

« Le nouveau venu peut être considéré comme un des meilleurs sprinters du Racing Club. »   *Revue des Sports,* 19 mars 1887 [*in* G. Petiot].

« D'ailleurs, le croira qui voudra, cet Américain n'était pas l'homme le plus vite du monde. *Sprinter* sans doute, il était en aussi piètre condition que moi. »   MONTHERLANT, *Les Olympiques*, p. 42 (□ 1924).

✱ Anglais *sprinter* n. (1871), de *to sprint* (1871, comme terme de sport). La Commission du vocabulaire sportif avait recommandé de franciser le terme en *sprinteur, euse* n. (*Vie et Langage,* juil. 1961, p. 389).

2. SPRINTER → SPRINT.

SQUARE [skwaʀ] *n. m.*

1° (1725) En Angleterre et dans les pays anglo-saxons, Place publique carrée. *Des squares.*

« Londres a plusieurs belles places que l'on appelle squares, parce qu'elles sont carrées. »
          C. de SAUSSURE, *Lettres et Voyages [...], en Allemagne, en Hollande et en Angleterre*, 1725 [*in* Mackenzie, p. 166].

« Quelques *squares*, semés de gazon et plantés d'arbres, interrompent la monotonie du tracé géométrique de la ville. »
          L. SIMONIN, *Voyage en Californie* [1859], p. 6 (□ 1862).

« Plus encore que les parcs, les squares sont essentiellement londoniens. Squares clos par des grilles, dont les propriétaires des maisons qui les bordent possèdent les clés, squares ornés d'une statue, ou d'une fontaine ou d'un pavillon chinois du dix-huitième, dessiné par Kent. »   P. MORAND, *Londres*, p. 134 (□ 1933).

2° (1836) Petit jardin public situé sur une place et généralement entouré d'une grille. — REM. : Enregistré dans les dict. de l'Académie 1878 (signalé dès 1836) et de Littré 1872.

« Au moment où, de tous côtés, les administrations municipales, s'appliquent à doter les villes de boulevards et de places, ou *squares* garnis d'arbres, les directeurs de ces grands et utiles travaux se sont vivement préoccupés des inconvénients qui résultent, pour la végétation, du voisinage des conduites du gaz d'éclairage. »
          L. FIGUIER, *L'Année scientifique et industrielle*, p. 474, 1863 (□ 1862).

« Sur la place taillée en mesquines pelouses,
Square où tout est correct, les arbres et les fleurs. »
          RIMBAUD, *Poésies*, XI, 1870 [*in* Robert].

3° *Vx.* (1844) Espace quadrangulaire entouré de maisons.

« et d'abord, où demeurait jadis cette demoiselle ?
— À te dire vrai, je n'en sais plus rien ; c'était, je crois, dans un passage, une espèce de *square*, de cité. »
MUSSET, *Le Secret de Javotte*, in *Œuvres complètes en prose*, p. 651 (□ 1844).

✱ Mot anglais n. (1300 ; 1687, en ce sens) signifiant proprement « carré », lui-même emprunté de l'ancien français *esquarre* « carré », variante ancienne de *équerre*. Au XIXᵉ siècle, on prononçait à l'anglaise [skwɛʀ] ; la prononciation populaire [skwaʀ] s'est imposée dans l'usage. Au Canada, on dit *un carré*.

SQUARE DANCE [skwɛʀdɑ̃s] *n. m.* ou *f.*

(v. 1960) Danse folklorique de l'Ouest, aux États-Unis, où quatre couples forment un carré.

« Aujourd'hui, son dernier film, "Urban Cow-boy", sort en France, et l'on peut se demander si le héros de l'intrigue, fier-à-bras macho charmeur et danseur de square dance, redonnera des couleurs au mythe estompé ou fera définitivement de John Travolta un bon comédien parmi d'autres. »   *L'Express*, 13 sept. 1980, p. 35.

✱ Mot anglais (1902, Oxford 1ᵉʳ Suppl., mais l'abréviation *square* n. pour *square dance* est donnée en 1893). Il désigne une sorte de quadrille qui a été mis à la mode aux États-Unis lors de la conquête de l'Ouest, puis évoqué dans les westerns. La square dance se pratique le plus souvent en plein air. Il semble qu'on la désignait antérieurement par *country-dance*.

SQUASH [skwaʃ] *n. m.*

(1949) Sport dans lequel deux joueurs côte à côte dans un court fermé aux dimensions déterminées se renvoient à tour de rôle une balle de caoutchouc à l'aide de raquettes légères au manche long et mince, en utilisant les murs pour les rebonds.

« Le squash se joue à deux partenaires, avec des raquettes assez semblables à celles du tennis, dans une salle carrée de 5 mètres de côté, où les murs et le plafond sont utilisés pour les rebonds. »
                            Larousse mensuel illustré, oct. 1949, p. 350.

« Une partie de squash excède rarement trois quarts d'heure [...]. Le court de squash [...] rappelle un trinquet en miniature. »
                    O. MERLIN, *Aux championnats d'Europe de squash*,
                                    in *Le Monde*, 28 fév. 1979, p. 18.

✱ Mot anglais *n.* (1899), forme abrégée de *squash racket(s) n.* (1886), composé de *squash* nom initialement donné à la balle molle de caoutchouc avec laquelle on pratiquait ce sport à l'origine, à Harlow de *to squash* « écraser, presser », souvent utilisé comme onomatopée. Ce verbe est emprunté au XVIe siècle de l'ancien français *esquasser (escasser), esquacer (escacier),* du latin populaire *ex-quassare,* de *quassare* « secouer violemment, casser », de *quatere* « secouer », qui a donné le français *casser.* Le second élément : *racket,* est emprunté au français *raquette* au XVIe siècle. Né en Grande-Bretagne au milieu du XIXe siècle, le squash se répand depuis quelques années dans le monde entier. Le premier club français de squash a été ouvert il y a cinquante ans à Paris, mais le sport encore à peine connu en 1972 ne s'est popularisé en France qu'en 1974. La définition du Larousse mensuel est fautive (l'utilisation du plafond est interdite).

SQUAT(T) [skwat] *n. m.*

1° (1977) Action de squatter une maison, de l'occuper illégalement.

« Jean-Pierre raconte l'occupation du moulin des Trois-Cornets, "le squat le plus snob de Paris". "On avait repéré un bel immeuble avec un jardin. On a monté le coup des semaines à l'avance. Un beau matin, on est entrés, à vingt, avec des talkies-walkies et des camionnettes de déménagement. On avait averti les locataires. Ils étaient expulsés mais n'étaient pas partis. Alors, là, quand tu ouvres une porte et que tu entres et que tu te dis : on est chez nous, sans aucun intermédiaire, c'est extra." »   *Le Nouvel Observateur*, 26 déc. 1977, p. 51.

2° Habitation occupée par un squatter.

« Les jeunes de la rue La Fayette étaient connus pour avoir été interpellés lors de manifestations et pour fréquenter des "squatt", immeubles en démolition occupés illégalement. » *Le Point*, 9 juin 1980, p. 99.

✱ Faux américanisme tiré du verbe *squatter* (amér. *squatting* n.). On avait aussi formé *squattage* n. (1957).

1. SQUATTER [skwatœ/ɛ/ʀ] *n. m.*

1° (1835) *Hist.* Aux États-Unis, Pionnier qui allait se fixer sur des terres inoccupées, sans titre légal de propriété, dans les régions encore inexplorées de l'Ouest. — REM. : Enregistré dans le Suppl. 1877 du dict. de Littré ; absent des dict. de l'Académie. — On a parfois francisé la graphie en *squatteur.*

« Le *squatter* est celui qui s'empare du terrain d'autrui, quand il le trouve inoccupé. Il applique ainsi le dicton : Qui va à la chasse, perd sa place. »   L. SIMONIN, *Le Far-West américain* [1867], p. 242 (□ 1868).

2° (1854) *Hist.* En Australie, Propriétaire de troupeaux de moutons, auquel le gouvernement accorde le droit de pâturage sur d'immenses terrains. — REM. : Enregistré dans le Suppl. 1877 du dict. de Littré ; absent des dict. de l'Académie.

« Vers la fin de 1848, il [M. De Castella] s'est engagé dans le 1ᵉʳ régiment de chasseurs à cheval, et, en 1853, il arrivait au grade de sous-lieutenant, lorsqu'une lettre d'un de ses frères, qui s'enrichissait en élevant du bétail en Australie, lui donna l'envie de renoncer aux épaulettes et d'aller aussi essayer de la vie du squatter [En note : On appelle *squatters* les propriétaires de stations, éleveurs de bétail, auxquels le gouvernement accorde le droit de pâture sur de vastes terrains. Ce mot vient du verbe anglais *to squat*, s'asseoir sur le sol et le couvrir.]. »
H. de CASTELLA, *Souvenirs d'un squatter français en Australie* [1854-1859], p. 81 (□ 1861).

« Ce mot "station" s'applique aux établissements de l'intérieur où se fait l'élève du bétail, cette principale richesse de l'Australie. Les éleveurs, ce sont les "squatters", c'est-à-dire les gens qui s'asseoient sur le sol. [En note : Du verbe anglais "to squat", s'asseoir.] En effet, c'est la première position que prend tout colon fatigué de ses pérégrinations à travers ces contrées immenses. »
Jules VERNE, *Les Enfants du capitaine Grant*, t. II, p. 96, Hachette (□ 1867).

3° (1948) *Par anal.* (avec le sens 1). Personne sans logement qui, de sa propre autorité et souvent en groupe s'installe illégalement dans un local inoccupé.

« avoue que *le roman* est ailleurs, que tu n'as fait, bernard-l'hermite, que te loger comme un squatter dans la coquille d'autrui. »
ARAGON, *Blanche ou l'Oubli*, p. 495 (□ 1967).

✱ Mot anglais attesté en américain en 1788, de l'anglais *to squat* v. intr. (XVᵉ s.) « s'accroupir, s'asseoir sur ses talons », emprunté comme verbe transitif au XIIIᵉ siècle de l'ancien français *esquatir, -ter* « écraser, aplatir ». Le sens australien attesté en anglais en 1840 apparaît en français en 1854 (D. D. L., 2ᵉ série, 13). Le sens de « occupant illégal » est d'origine américaine récente (*in* Deak).

Bonnaffé relève *squatter* en français dès 1835 ; mais le troisième sens reste seul vivant (*in Larousse mensuel* 1948).

2. SQUATTER [skwate] *v. tr.*

(1969) Action d'occuper illégalement une maison vide ou abandonnée. *Squatter un immeuble.* Absolt. *Leur seule ressource est de squatter.*

« Quinze jours après les expulsions, les squatters se sont expliqués pendant trois heures sur Radio Verte. Voix F. I. P. : *"Des immeubles de grande classe, des appartements prestigieux, venez 'squatter' avec nous, rue de l'Ouest et rue Raymond-Losserand."* »
Le Nouvel Observateur, 26 déc. 1977, p. 51.

« Un immeuble "squatté" est une maison vide, qu'on occupe sans payer ; pratique qui s'est répandue depuis deux ans. »
L'Express, 24 nov. 1979, p. 159.

✱ Adaptation de l'américain *to squat,* v. intr., même sens (→ **Squatter 1**), signalé dans le Webster's Third. Le verbe français apparaît en 1969 *(Lexis)* ; on trouve aussi *squattériser* (1975, *id.*).

SQUAW [skwo] *n. f.*

(*h.* 1688 ; 1797) En Amérique du Nord, Femme d'un Indien ; femme indienne. *Des squaws.* — REM. : Absent des dict. de Littré et de l'Académie. — On a aussi écrit *squau.*

« Le 23, nous rencontrâmes un Indien, sa squau, portant un enfant à dos. »
MILTON et CHEADLE, *Voyage de l'Atlantique au Pacifique* [1862-1864], trad. de l'angl. par J. BELIN de LAUNAY, p. 248 (□ 1866).

« Quelques minutes après cette alerte, les *squaws* (femmes des Indiens) examinaient avec une sorte de curiosité fébrile les crinolines et les balmorals des dames élégantes. En même temps elles tâchaient d'exciter les sympathies des belles étrangères pour leurs *papouses* (enfants) qu'elles portaient sur le dos. »

M. HEINE, *Le Chemin de fer du Pacifique*, in
Revue des cours scientifiques, 29 juin 1867, p. 487.

« Ce gentilhomme belge, perdu de vue depuis longtemps par sa famille, me rencontra un jour au fond de la réserve Indienne. Il était à cheval avec ses deux femmes, deux véritables *squaws*, qui l'escortaient, à cheval aussi, et le fusil sur l'épaule comme lui. »

P. BOURGET, *Outre-Mer*, p. 48 (□ 1895).

✳ Mot anglais n. attesté en américain dès 1634 au sens de « femme d'un Indien » ou de « femme indienne », lui-même emprunté de l'algonquin, où le mot signifie « femme ». Mackenzie (p. 88) relève le terme en français en 1688 dans la traduction de R. Blome, *L'Amérique anglaise, ou Descriptions des rôles et terres du roi d'Angleterre dans l'Amérique* [...], p. 287. Mais c'est Chateaubriand qui a vraiment introduit le terme en français.

SQUEEZE [skwiz] *n. m.*

(1964) Au bridge, coup réputé difficile, qui oblige l'adversaire à se débarrasser d'une carte maîtresse.

« Dans un véritable *squeeze* vous êtes aussi à court d'une levée et vous défilez également vos cartes maîtresses. Mais si certaines conditions se trouvent réunies (nous verrons plus loin lesquelles) et si vous procédez correctement, votre adversaire, si bien inspiré qu'il soit, ne pourra pas garder "la bonne". Il sera littéralement pressé, étouffé, étranglé, ou, pour employer le mot anglais aujourd'hui universellement admis dans le langage du bridge, *squeezé* (les disciples de Queneau écriraient *squouizé*). »   G. VERSINI, *Le Bridge*, p. 111 (□ 1972).

✳ Mot anglais *squeeze* n., t. de bridge (*in* Webster's Third) au sens propre « pression, action de serrer, coincer ». Il apparaît dans le *Grand Larousse Encyclopédique* 1964, et n'a pas d'équivalent français. On a formé le verbe transitif *squeezer* « obliger l'adversaire à se débarrasser d'une carte maîtresse » (1964, *ibid.*) :

« Est prend, mais sur l'avant-dernier atout, *Ouest est squeezé.* »
Le Monde, 2 mars 1972, Bridge, n° 433.

SQUIRE [skwɑjʀ] *n. m.*

(1614) *Rare* → **Esquire**. — REM. : Signalé dans le Compl. du dict. de l'Académie 1866 ; absent des autres dict. de l'Académie et de Littré.

« Elle [la paroisse] était gouvernée par une sorte de conseil de fabrique *(vestry)* chargé, outre l'entretien des églises et du culte, de la levée de la taxe des pauvres et de tous les soins de l'administration civile, présidé par le pasteur de l'église officielle et opérant sous l'influence du *squire* (gentilhomme propriétaire). »

LAVISSE et RAMBAUD, *Histoire générale*, t. XII, p. 85 (□ 1902).

« Les squires, dont la principale occupation consistait à chasser à courre et à tir, ont adopté ce sport moins coûteux ; par le golf, la fusion se fait entre la ville et les châteaux, entre les fermiers et les avocats. »

P. MORAND, *Londres*, p. 138 (□ 1933).

✳ Mot anglais n. (« écuyer », 1290 ; « propriétaire terrien », 1676), lui-même emprunté de l'ancien français *esquier, escuier* (mod. *écuyer)* dont est également issu le mot anglais *esquire*. Mackenzie (p. 69) relève *squire* en 1614 (A. Duchesne, *Histoire générale d'Angleterre, d'Écosse et d'Irlande*, p. 14), mais le terme ne s'employant qu'à propos de réalités britanniques, est exceptionnel en français, où il est plus rare encore que *esquire*.

STAFF [staf] *n. m.*

(1962) Groupe de personnes assurant une fonction déterminée dans un service, une catégorie d'activités. *Le staff médical.*

« T. A. S. (Technic Assistance Service) mit immédiatement à sa disposition... le " staff " de techniciens spécialisés nécessaires. »
Le Monde, 28 nov. 1962 [*in* Blochwitz et Runkewitz, p. 289].

« Puis, entouré de journalistes, de gardes du corps et de son *staff*, il est remonté dans sa voiture ; et il est retourné à l'hôtel Doral. »
Le Nouvel Observateur, 17 juil. 1972, p. 20.

— *Ellipt.* Réunion du staff (dans les hôpitaux).

« Fini les cas choisis pour alimenter le *staff*, fini la richesse symptomatique des nuits de garde. »
Le Nouvel Observateur, 2 juil. 1973, p. 42.

✱ Mot anglais n. d'origine germanique (1837, en ce sens ; « état-major », 1781). Emprunt critiqué, qui fait double emploi avec *personnel*. *Staff* « réunion de service » est une invention française qui n'a cours que dans le jargon hospitalier.

STAGE [stɛdʒ] *n. m.*

(1823) *Ancienn.* → **Stage-coach.** *Des stages* → **Coach.**
— REM. : Absent des dict. de Littré et de l'Académie.

« d'un bout à l'autre de l'Union, c'est-à-dire de l'Atlantique au Pacifique, sur cinq à six mille kilomètres de longueur, les routes comme les *stages* (c'est ainsi qu'on nomme les diligences) sont partout les mêmes. Il y a mieux : les stages sont tous construits à Concord, la grande ville des carrossiers, dans l'état de New-Hampshire [...]. »
L. SIMONIN, *Le Far-West américain* [1867], p. 242 (□ 1868).

« Le "stage" — les Américains, qui abrègent tout, disent "stage" pour "stage-coach" — est un vieux véhicule de forme antédiluvienne, une large caisse suspendue très haut sur de fortes courroies en cuir cru, précaution indispensable pour franchir les obstacles de la route. Il est traîné par quatre ou six chevaux, suivant les difficultés du chemin. »
E. de LA VELEYE, *Excursion aux nouvelles découvertes minières du Colorado* [1878], p. 420 (□ 1881).

✱ Mot anglais n. (1671), forme abrégée de *stage-coach*. Mackenzie (p. 210) signale *stage* dans le *Diorama de Londres*, p. 46, d'Arcieu.

STAGE-COACH [stɛdʒkotʃ] *n. m.*

(1822) *Ancienn.* Dans les pays anglo-saxons, Diligence. *Des stage-coaches* → **Coach, mail-coach, stage.** — REM. : Absent des dict. de Littré et de l'Académie.

« Un stage-coach semblable à celui qui m'avait amené de Baltimore me conduisit de Philadelphie à New-York [...]. »
CHATEAUBRIAND, *Mémoires d'outre-tombe*, [avril à sept. 1822], t. I, p. 288 (□ 1848-1850).

✱ Mot anglais n. (1658) « voiture de transport public », composé de *stage* n. XIIIᵉ s., « étape (routière) » (en 1603), et de *coach* n. (XVIᵉ s.), du français *coche*, signifiant aux XVIᵉ et XVIIᵉ siècles « carrosse (royal, officiel, etc.) ». L'anglais connaît deux abréviations : *stage* (1671) et *coach* (1674).
En français, on trouve d'abord *stage-coach* chez Chateaubriand. Mackenzie (p. 210) signale la forme abrégée *stage* en 1823. *Stage-coach* et *stage* ne se sont jamais dits de diligences françaises. *Coach*✱ en revanche a pris en France un sens particulier.

STAGFLATION [stagflɑsjɔ̃] *n. f.*

(1971) *Écon. polit.* Situation économique d'un pays caractérisée par la stagnation de la production et par l'inflation des prix.

« Si la France est elle aussi secouée par la bourrasque, comme tout le monde, du moins ne connaît-elle pas tous les maux à la fois : elle ne connaît pas pour l'instant la *stagflation*, cocktail déprimant de hausse des prix et de piétinement de la production. »
L'Express, 1971, in *Les Nouveaux Mots « dans le vent »* (□ 1974).

« Les conseillers économiques du gouvernement américain eux-mêmes, confrontés avec une "stagflation" [en note : Inflation dans la stagnation.] qui démentait les hypothèses classiques, finirent par perdre leur sang-froid. »
                          M. Bosquet, in *Le Nouvel Observateur*, 23 oct. 1973, p. 35.

✳ Mot-valise composé de la contraction de *stag*[*nation*] et de [*in*]*flation*, enregistré comme mot britannique dans Barnhart, *A Dict. of New English* 1973, mais qui serait apparu dans la grande presse américaine en 1970. En français, le mot vient vraisemblablement d'Amérique.

STAMPEDE [stampid] *n. m.*

(1980) Dans l'Ouest canadien, Rodéo*.

« Si tu aimes l'originalité, va [...] au Stampede de Calgary, en Alberta, vibrer aux rodéos et serrer les mains calleuses d'authentiques cow-boys. »   *Télérama*, 2 fév. 1980.

✳ Anglais du Canada n. (1912, en ce sens), de l'hispano-américain *estampida* « débandade » par l'américain *stampede* n. (1844).

STAND [stãd] *n. m.*

1° (1883 ; « tribune des spectateurs de courses », 1854) Emplacement réservé à un participant ou à une catégorie de produits, dans une exposition ; ensemble des installations et des produits exposés. *Location d'un stand à la Foire de Paris.* — REM. : Enregistré dans le dict. de l'Académie 1935.

« Là aussi [à l'Exposition de Casablanca], pour la première fois, apparut dans son ensemble l'effort de nos vaillants colons, colons agricoles, colons industriels, et qui ne se souvient de la surprise avec laquelle nous constatons, dans le stand de Casablanca, l'importance qu'y avait déjà pris, en si peu d'années, le développement local des industries. »   Lyautey, Allocution à la Foire de Fez, 22 oct. 1916, in *Paroles d'action*, p. 203 (□ 1927).

2° (1964) Sports. *Stand de ravitaillement* ou ellipt. *stand*, emplacement aménagé en bordure de piste pour les ravitaillements et les interventions mécaniques dans les courses cyclistes ou automobiles en circuit fermé.

3° (1964) *Techn.* Tablette destinée à recevoir une machine de bureau (machine à écrire, machine comptable, etc.).

✳ Mot anglais n. (XIIIᵉ s.), déverbal de *to stand* « (se) tenir debout », verbe d'origine germanique, dans certains de ses nombreux sens (« tribune » ; 1615, comme terme de sport ; « comptoir, emplacement », « support », 1664). Mackenzie (p. 247) atteste *stand*, emprunt de l'anglais, en 1883 (Comte d'Haussonville, *À travers les États-Unis, notes et impressions*, p. 134). Dans son Suppl. 1877, Littré enregistre *stand* (*de tir*) n. de même racine que le *stand* ci-dessus, mais emprunté de l'allemand par la Suisse romande.

1. STANDARD [stãdaʀ] *n. m. et adj.*

1° *N. m.* (1905 ; 1883, comme mot anglais ; « titre légal de la monnaie ou des matières d'or et d'argent, en Angleterre », *h.* 1702 et 1857) Étalon (de mesure) ; en particulier, dans l'industrie, type, modèle, valeur-unité d'un produit. *Des standards.* — REM. : Absent des dict. de Littré et de l'Académie.

« L'étalon *(standard)* de l'urine normale est celui d'un nourrisson bien portant allaité par une mère en parfaite santé. »
            L. Figuier, *L'Année scientifique et industrielle*, p. 317, 1884 (□ 1883).

« Cette expression Américaine et qui fait comme le pendant du *record*, n'est pas non plus aisée à traduire. Le *standard*, c'est la valeur d'une marque de fabrique, c'est l'étalon, c'est le type auquel on mesure les qualités d'un produit. »   P. Bourget, *Outre-Mer*, p. 84 (□ 1895).

« Il y a les standards du logis [...]. Il faut tendre à l'établissement de standards pour affronter le problème de la perfection. Le Parthénon est un produit de sélection appliquée à un standard. L'architecture agit sur les standards. Les standards sont chose de logique, d'analyse, de scrupuleuse étude ; ils s'établissent sur un problème bien posé. L'expérimentation fixe définitivement le standard. »

> LE CORBUSIER. — Catalogue de l'exposition Le Corbusier, Paris, nov. 1962-janv. 1963, p. 17.

— *Adj.* ou *en appos.* (1905). Conforme à un type ou, dans l'industrie, à une norme de fabrication en série. *Modèle standard* (opposé à *modèle de luxe*). *Pièces standard.* Sc. *Conditions standard*, conditions types, normales ou de référence ; état idéal. — REM. : En général invariable, l'adjectif *standard* se rencontre toutefois de nos jours avec la marque du pluriel.

« Particulièrement, dans l'industrie, on rencontre avec cette valeur les mots *de série* ou *standard*, s'opposant à *de luxe*, et désignant, par exemple, une voiture de présentation moins soignée, moins luxueusement équipée : en 1935, Renault vendait, à côté de sa *Celtaquatre* de luxe, une *Celtastandard*. »

> M. GALLIOT, *Essai sur la langue de la réclame contemporaine*, p. 49 (□ 1955).

— Spécialt. *Échange standard*, dans l'industrie automobile, Remplacement d'une pièce usée par une autre du même type, neuve ou remise à neuf.

2° (1930) En appos. ou adj. invar. *Fig.* et *péj.* Qui est conforme au modèle habituel, qui est banal, sans originalité.

« Son éclat avait quelque chose de violent et de populaire qui la distinguait des beautés standard de l'Amérique. »

> P. MORAND, *Champions du monde*, p. 75 (□ 1930).

« Et c'est une déception, lorsque vous arrivez à Wichita, à Saint-Louis, à Albuquerque, à Memphis, de constater que, derrière ces noms magnifiques et prometteurs, se cache la même cité standard, en damier, avec les mêmes feux rouges et verts qui règlent la circulation et le même air provincial. » SARTRE, *Villes d'Amérique*, 1945, in *Situations III*, p. 109.

« c'est ce qui permet de considérer qu'un prix décerné par un jury s'applique pratiquement toujours à un concurrent standard, c'est-à-dire totalement dénué de points saillants [...]. »

> Boris VIAN, *Textes et Chansons*, p. 38 (□ 1955 †).

3° (1933 ; 1895, comme mot étranger) *Fig.* Niveau. — (1933) Écon. polit. *Vieilli.* Niveau de vie. *Standard de vie* (→ **Standing**).

« On cite le nom d'un des citoyens de l'Illinois qui a donné du coup à l'Université de Chicago six cent mille dollars, à la condition que d'autres personnes complèteraient le million [...]. Le premier donateur l'a augmenté du double, pour son propre compte, soit de dix autres millions de francs. Il a voulu, a-t-il dit à un journaliste, assurer à sa ville un *standard* d'instruction supérieure. »

> P. BOURGET, *L'Éducation*, in *Outre-Mer*, p. 84 (□ 1895).

« le standard de vie y [à Londres] est plus élevé qu'en aucun lieu du globe, les maisons ont parfois des salles de bains, les clubs, des appartements pour les membres et déjà le week-end à la campagne a commencé. » P. MORAND, *Londres*, p. 45 (□ 1933).

— L'expression anglaise a été utilisée telle quelle :

« Les nouveaux venus, sollicités jusque chez eux par des agences, voulaient surtout profiter d'un niveau de salaires en apparence élevé par rapport au médiocre *standard of living* de l'Europe sud-orientale. »

> A. SIEGFRIED, *Les États-Unis d'aujourd'hui*, p. 7 (□ 1927).

« Mais l'État, lui, où peut-il se procurer les sommes énormes qu'absorbent de telles libéralités ? Il cherche à les obtenir par des emprunts, ce qui revient à dire qu'il voudrait bien faire entretenir à un niveau de vie supérieur sa population, aux frais de voisins qui, eux, sont encore munis de quelques économies précisément parce qu'ils ont su, à

tort ou à raison, se contenter d'un *standard of life* tout à fait retardataire. »
L. NADEAU, *L'Allemagne et nous*, in *L'Illustration*, 19 déc. 1931, p. 542.

✱ Mot anglais n. (1154 ; « étalon de poids et de mesure », 1429 ; 1683, dans l'industrie) et adj. (1622) de l'ancien français *estandard, -art* (francique **standhart*) par l'anglo-normand *estaundart*. L'Oxford dict. signale que le sens de « étalon de poids et de mesure » était apparu antérieurement, au XIIIᵉ siècle, en ancien français *(estaundart)* et en anglo-latin *(standardus)*. Wartburg atteste *standard* n. et adj. comme terme de l'industrie, en français, en 1905. Il signale les occurrences antérieures isolées du substantif au sens de « titre légal de la monnaie ou des matières d'or et d'argent, en Angleterre » (1463, en anglais) de 1702 et de 1857 (Lavelaye, in *Journal des chemins de fer*, 1857, p. 1213). Comme terme technique et scientifique, le Comité d'étude des termes techniques français propose de remplacer *standard* et ses dérivés *standardiser** et *standardisation** par *norme, normaliser* et *normalisation* (in *Sciences*, nov.-déc. 1959, p. 88). Le sens 2°, figuré et péjoratif, est typiquement français. L'Oxford dict. atteste *standard* (sens 3°) « degré de perfection, de réussite, de qualité », dès 1711, et l'expression *standard of living*, en 1903, mais *standard of life* et *standard of living* sont certainement entrés dans l'usage beaucoup plus tôt en anglais. *Standard of life* est employé dès le 25 nov. 1868 dans un texte français *(Journal des débats)*. *Standard de vie* (introduit par Bergson en 1932) est remplacé aujourd'hui par *niveau de vie*.

2. STANDARD [stɑ̃daʀ] *n. m.*

(1897) *Standard téléphonique* ou ellipt. *standard*, meuble muni d'un dispositif permettant d'établir les communications téléphoniques dans une administration, une entreprise, avec les lignes extérieures et entre les postes intérieurs. *Des standards.*
— REM. : Absent du dict. de l'Académie 1935.

« Le téléphone sonne sans arrêt, de façon aigre, querelleuse, au milieu de la grêle lettrée des Underwood. Un standard est installé à la tête de son lit, qui le met en rapport avec ses bureaux, ses ingénieurs, le box en Bourse . »   P. MORAND, *Lewis et Irène*, p. 89 (□ 1924).

« Le téléphoniste plantait ses fiches dans le standard, et notait sur un livre épais les télégrammes. »
SAINT-EXUPÉRY, *Vol de nuit*, p. 56 (□ 1931).

✱ Emprunt du mot anglais *standard* « support, panneau (vertical) » pour désigner ce que l'anglais appelle *switchboard* n. (1884 ; 1889, en ce sens). En ce sens, *standard* est un pseudo-anglicisme. Mackenzie (p. 253) l'atteste en 1897 (*Éclairage Élect.*, X, p. 214). Le Comité d'étude des termes techniques français admet ce terme (*Sciences*, nov.-déc. 1959, p. 88).
Attesté en 1933 (*L'Auto*, 24 oct., *in* I. G. L. F.), le mot *standardiste* n. forgé en français, désigne la personne chargée du service d'un standard téléphonique. Mot absent du dict. de l'Académie 1935.

« Des standardistes polyglottes triaient les réceptions, les branchaient par langues sur des sous-standards qui les distribuaient ensuite par genre littéraire. »
R. BARJAVEL, *Ravage*, p. 19 (□ 1943).

STANDARDISATION [stɑ̃daʀdizasjɔ̃] *n. f.*

1° (1904) *Indus.* Production de modèles standard* fabriqués en série ; action de standardiser*, de rendre la production conforme à certaines normes de référence. — REM. : Absent du dict. de l'Académie 1935.

« La diminution désormais permanente de la réserve de main-d'œuvre, qu'il ne sera plus possible de renouveler par le bas, aura pour effet d'imposer au patronat un recours de plus en plus intense au machinisme ; par là les États-Unis se verront confirmés dans l'évolution qui les oriente vers une standardisation croissante de la production. »
A. SIEGFRIED, *Les États-Unis d'aujourd'hui*, pp. 119-120 (□ 1927).

2° (1927) *Fig.* et *péj.* Action de standardiser*, de rendre conforme à un modèle standard*.

« La "fordisation", nécessité sans laquelle il n'est pas d'industrie américaine, aboutit à la standardisation de l'individu lui-même. »
                    A. SIEGFRIED, *Les États-Unis d'aujourd'hui*, p. 347 (□ 1927).

« Mais il ne faut pas chercher à former les individus supérieurs par les mêmes procédés que les médiocres. Aussi la standardisation des êtres humains par l'idéal démocratique a assuré la prédominance des faibles. »   A. CARREL, *L'Homme, cet inconnu*, p. 238 (□ 1935).

✱ Adaptation de l'anglais *standardization* n. (1896), de *to standardize* (→ **Standardiser**). Mackenzie atteste *standardisation* dès 1904 (M. Plessix, in *La Revue technique*, 2 juil. 1904, p. 746). Au sens industriel, le mot s'est répandu sous l'influence des techniques américaines. Le Comité d'étude des termes techniques français a recommandé de le remplacer par *normalisation* (*Sciences*, nov.-déc. 1959, p. 88), n. f. attesté depuis 1923 et d'usage général de nos jours (Cf. *L'Association française de normalisation* AFNOR, créée le 22 juin 1926). Le sens péjoratif de *standardisation* est typiquement français.

STANDARDISER [stɑ̃daʀdize] *v. tr.*

1° (1904) *Indus.* Soumettre (une production) à des normes de fabrication tendant à ramener à un petit nombre de types standard*. — REM. : Absent du dict. de l'Académie 1935. — S'emploie le plus souvent au participe passé ou comme adjectif.

« En fait, elles [les industries qui fabriquent en série, sur une large base] n'ont pas besoin d'un tarif protecteur ; leur protection véritable contre la concurrence internationale réside dans les conditions mêmes où elles travaillent et que l'Europe ne possède pas : abondance de ressources naturelles et de capital disponible sur place, vaste marché intérieur uniformisé, permettant une fabrication standardisée et, à ce titre, économique. »
                    A. SIEGFRIED, *Les États-Unis d'aujourd'hui* p. 181 (□ 1927).

2° (1927) *Fig.* ou *par anal.* Rendre conforme à un modèle social standard* ; uniformiser.

« Standardiser l'individu, afin de pouvoir mieux standardiser le produit qu'on lui vendra, c'est perdre de vue en effet que les choses sont faites pour l'homme et non l'homme pour les choses. »   *Ibid.* p. 166.

✱ Adaptation de l'anglais *to standardize* v. tr. (1873), de *standard* au sens de « étalon, norme ». Mackenzie atteste *standardiser* en 1915 (Le Chatelier, in *La Nature*, p. 422). Le mot s'est d'abord répandu à propos de l'Amérique. Le sens figuré est typiquement français. Le Comité d'étude des termes techniques français (*Sciences*, nov.-déc. 1959, p. 88) a recommandé de remplacer *standardiser* par *normaliser*.

STANDARDISTE → STANDARD 2.

STAND BY [stɑ̃dbaj] *n.* et *adj.*

(1977) Personne qui prend l'avion sans avoir réservé, en attendant une place vacante au guichet. *Un stand by.* — *N. m.* Cette façon de voyager. *Faire le tour du monde en stand by.* — Adj. *Billet stand by.*

« 50 % de réduction aux titulaires de cartes " stand by " sans réservation de place ».
           Jet Guide, avril 1977, in *Néologie en marche*, série B, n° 9, 1978, p. 109.

✱ Abréviation française de *stand-by passenger*, de *to stand by* « se tenir prêt » et *passenger* « passager ». Comme adjectif, *stand by* est un emprunt direct à l'anglais *stand by ticket* « billet sans garantie ». On pourrait aisément remplacer ce terme par les expressions *passager en attente, vol sur attente, billet « attente »* puisqu'il existe déjà *la liste d'attente*.

STANDING [stãdiŋ] *n. m.*

1° (1928) Position économique et sociale (élevée) d'une personne ou d'un groupe ; rang dans le monde. *Améliorer son standing. Vouloir du standing* (→ **1. Standard** [de vie] 3°).
— REM. : Absent du dict. de l'Académie 1935.

« Moi, cher ami, je suis forcé d'exiger une part qui corresponde à mon standing.
— Quand je vous ai connu, en fait de standing, vous n'aviez qu'un gant, un chapeau de paille et des dettes. »
M. PAGNOL, *Topaze*, 1928 [*in* D. D. L., 2ᵉ série, 2].

« le marchand de remèdes surgit soudain derrière le comptoir.
— Je vous ai fait attendre, dit-il.
— Ça n'a pas d'importance, assura Colin.
— Si... dit le marchand. C'était exprès. C'est pour mon standing. »
Boris VIAN, *L'Écume des jours*, p. 122, Pauvert (□ 1946).

— Francisations fantaisistes de San Antonio *(standinge)*, de Queneau :

« — Noble époux, moi qui étais si fière d'avoir un astrologue tout comme la reine Catherine. Je pensais à votre prestige... à votre standinge [...]. »   QUENEAU, *Les Fleurs bleues*, p. 146, Gallimard (□ 1965).

2° (1958, *in* Gilbert) *Publ.* Niveau (élevé) de confort, de qualité.

« Ce n'est pas la seule publicité qui est responsable de ce genre de chose. C'est le monde du " standing ", c'est la concurrence du paraître. »
Le Sauvage, juin-juil. 1973, p. 54.

— SPÉCIALT. (1960) Niveau, qualité d'aménagement qui classe une habitation, un immeuble, dans une catégorie élevée, inférieure toutefois aux catégories de luxe et de « prestige ». *Immeuble de standing, de bon standing, de grand standing.*
— REM. : Souvent employé dans des locutions adjectives. Queneau (→ cit. ci-dessous) l'emploie comme attribut.

« Il paraît que je dois maintenir un certain *standing*. Elle rêve d'un appartement *grand standing* (comme disent les annonces immobilières qui ne parlent jamais de petit standing)... »
DANINOS, *Un certain Monsieur Blot*, p. 185 (□ 1960).

« ma péniche est une demeure chaste et pure qui vaut mieux que le stripteuse dans un bocard tropical et minable.
— Minute. Moi je ne fais pas le bocard miteux. Les boîtes que je fournis sont tout ce qu'il y a de plus standigne.
— Ma péniche aussi est standigne. »
QUENEAU, *Les Fleurs bleues*, p. 97, Gallimard (□ 1965).

✳ Mot anglais *n.* (1382 ; 1607 au sens 1°), de *to stand* « être, rester, debout, (se) tenir », verbe d'origine germanique. Le sens 2° est typiquement français : *Standing,* en anglais, signifie le rang quel qu'il soit ; *grand standing* est rendu par *high class* ou par *exclusive* « de grande classe ». La prononciation est stabilisée [stãdiŋ] même si le titre du roman de San Antonio, *Le Standinge,* [stãdɛʒ] implique une prononciation francisée de fantaisie.
L'emploi de *standing* a été très critiqué (surtout au deuxième sens) :

« Voici l'envahissant et détestable *"standing".* Qu'un tailleur nous déclare : *"*Votre *standing,* monsieur, exige que vous soyez bien habillé*",* le mal n'est pas grand, car nous ne sommes pas obligés de le croire sur parole. Mais pourquoi les agences immobilières pensent-elles allécher les acheteurs éventuels en vantant le *"grand"* ou *"haut standing"* de leurs immeubles ? »
LE BIDOIS, *Les Mots trompeurs,* p. 255 (□ 1970).

✳ Appliqué aux personnes, l'Office du vocabulaire français a proposé de remplacer *standing* par *niveau de vie, niveau, train de vie.* Mais suivant L. Deroy (*L'Emprunt linguistique,* p. 301), « N'en déplaise aux puristes, les Français d'aujourd'hui ne sont pas prêts à abandonner [...] *standing* pour *"position, situation financière".* » Appliqué aux immeubles, la Commission du vocabulaire du bâtiment, des travaux publics et de l'urbanisme a recommandé de substituer à *standing* le mot *classe* (*Journal officiel,* 18 janv. 1973).

STAR [staʀ] *n. f.*

(1919) Vedette féminine de cinéma (et de music-hall) très célèbre. *Des stars* (→ **Superstar**). — REM. : Absent du dict. de l'Académie 1935.

« L'étoile de cinéma, la *star*, est un personnage féminin nouveau, présent par ces innombrables images, répandues dans le monde entier, absente en chair et en os et éveillant ainsi des désirs dont leurs désirants inconnus savent, de science certaine, qu'ils ne seront jamais réalisés. Elles peuplent des rêveries solitaires, rien de plus. »
L. DAUDET, *La Femme et l'Amour*, pp. 128-129 (□ 1930).

« dans un immense secteur de la production cinématographique, les films gravitent autour d'un type solaire de vedette justement nommé étoile ou *Star*. Les noms et les visages des stars mangent les placards publicitaires... Les stars déterminent souvent l'existence et la fabrication des films. On leur prépare des scénarios sur mesure. »
E. MORIN, *Les Stars*, 1957 [*in* Robert].

✳ Le mot anglais *star* n. (825) « étoile », d'origine germanique, est attesté en 1824 dans le langage du théâtre pour désigner une grande vedette masculine ou féminine, puis par extension, une célébrité. Jean Giraud (*Le Lexique du cinéma des origines à 1930*, p. 185) atteste *star* dans le langage du cinéma français, le 16 mars 1919. Le mot désigne généralement une vedette féminine, à quelques exceptions près, dont Paul Morand fournit un exemple :

« Ram ressemble à ces nouveaux rois du cinéma de l'Ouest, nommés stars, auxquels la province commence à s'intéresser. »
P. MORAND, *Champions du monde*, p. 96 (□ 1930).

✳ Le mot a connu une grande vogue vers les années 1930 ; un moment en disgrâce, il a trouvé une nouvelle jeunesse surtout dans le composé *superstar*, et aussi dans *antistar*.

« Comme le mot *gag* et avant lui, c'est d'Hollywood qu'est venu le mot *star*. Prononcé sur le ton de l'admiration et de l'adoration dans les années 1920-1930, il est complètement délaissé aujourd'hui. Pourquoi, d'ailleurs, ce mot a-t-il été accueilli chez nous ? *Étoile* signifiait la même chose et, depuis au moins un siècle, servait à désigner toute personnalité brillant au firmament théâtral. Aujourd'hui, c'est le mot *vedette* que l'amateur de cinéma emploie quand il parle des célébrités de l'écran. »   R. JEANNE et Ch. FORD, *Le Vocabulaire du cinéma*, mai 1955, p. 227.

STARLETTE [staʀlɛt] *n. f.*

(1953 ; *starlet*, 1922) Jeune actrice de cinéma qui rêve de devenir une star✳. — REM. : Absent du dict. de l'Académie 1935. — On a aussi écrit *starlett*.

« Les femmes étaient beaucoup plus jeunes et plus jolies que dans le salon de Claudie [...] ; il y avait beaucoup de mannequins avides de devenir des starlets, et des starlets avides de se muer en stars ; elles avaient toutes [...] une personnalité, différente pour chacune, mais fabriquée dans les mêmes ateliers. »
S. de BEAUVOIR, *Les Mandarins*, pp. 342-343 (□ 1954).

« Aux murs, il y avait les mêmes images qu'au village, des stars et starlettes et *pin-up*, de préférence nues, elles trouvaient que cela allait mieux dans une chambre à coucher. »
E. TRIOLET, *Roses à crédit*, p. 111 (□ 1959).

✳ Anglais *starlet* n. (1830) « petite étoile », diminutif de *star* employé en ce sens dans le langage d'Hollywood (enregistré seulement dans le Webster's Third 1961). Jean Giraud atteste *starlet* en français le 21 déc. 1922 (*Le Lexique du cinéma des origines à 1930*, p. 186). Le mot a été francisé en *starlette* :

« Après mon confrère Paul Gordeaux, je reviens sur ce point : n'écrivez pas "starlett". Vous restez enfermé dans ce dilemme : ou bien vous vous servez du mot anglais et vous l'orthographiez convenablement, ou bien vous le francisez et vous ajoutez l'*e* muet que le féminin français exige impérieusement. Écrivez alors *starlette*. Le néologisme étranger change de physionomie. Il devient gentil et assimilable. »   J. FAYARD, *La Langue de tous les jours*, in *Historia*, avril 1953, *in* R. JEANNE et Ch. FORD, *Le Vocabulaire du cinéma*, p. 228.

✳ La proposition d'Étiemble (*Le Babélien*, t. III, p. 39) de remplacer *starlet* par *étoilette* n'a pas eu de succès :

> « *Étoilette*, calque de *starlet*, semble puéril, et ce mot a l'inconvénient d'évoquer un certain type de... cabinet, plutôt que le cinéma ou le music-hall. »
>
> Le Bidois, *Les Mots trompeurs*, p. 251 (□ 1970).

STAR-SYSTEM [staʀsistɛm] *n. m.*

(1949) Dans l'industrie du spectacle, en particulier du cinéma, Organisation de la production, de la diffusion et de la publicité basée sur le culte de la vedette. — REM. : On a aussi écrit *star system*.

> « La vedette fut la façade d'Hollywood, et le *Star System* la base de sa domination mondiale. La flamme des admirateurs fut entretenue par des millions de photographies dédicacées, la publicité créa autour des idoles une atmosphère de légende. »   G. Sadoul, *Édification d'Hollywood*, in *Le Cinéma des origines à nos jours*, p. 201 (□ 1949).

✻ Mot anglais n. (1873, comme terme d'astronomie ; 1902, comme terme de spectacle) composé de *star** et de *system* lui-même emprunté du français *système* au XVIIᵉ siècle (bas latin *systema*, grec *sustêma*, *-matos*). Terme du jargon du cinéma importé d'Amérique. Nous avons le terme *vedettariat*, mot mal formé sur *vedette*.

START [staʀt] *n. m.*

(1910) *Sports. Rare.* Départ (de course, de descente). *Des starts.* — REM. : Absent du dict. de l'Académie 1935.

> « Le start est échelonné. »   *La Montagne*, 1910, in S. Gredic, *Vocabulaire du skieur français*, 1939 [in D. D. L., 2ᵉ série, 5].

> « Le sprinter accomplira une dizaine de départs. Au cours de ces starts, il pourra en prolonger un jusqu'à 80 mètres. »
>
> *La Vie au grand air*, 7 juin 1913 [in G. Petiot].

✻ Mot anglais n. (1300 ; v. 1586 comme terme de sport), déverbal de *to start* « partir » (→ **Starter**). Rare de nos jours, même dans le vocabulaire du sport.

STARTER [staʀtɛʀ] *n. m.*

1° (1861) *Sports* (*Turf*, à l'origine) Personne officiellement chargée de donner le signal de départ d'une course. *Des starters.* — REM. : Enregistré dans le dict. de Littré 1872 ; absent des dict. de l'Académie.

> « Mais le premier départ ne fut pas bon, le starter, qu'on apercevait au loin comme un mince trait noir, n'avait pas abaissé son drapeau rouge. Les chevaux revinrent, après un temps de galop. Il y eut encore deux faux départs. Enfin, le starter, rassemblant les chevaux, les lança avec une adresse qui arracha des cris. »   Zola, *Nana*, p. 345 (□ 1880).

2° (1931) *Auto.* Dispositif manuel ou automatique incorporé au carburateur, permettant d'envoyer au moteur un mélange gazeux riche pour faciliter le démarrage à froid.

> « La maison Solex a étudié à fond ce problème difficile, et expose, sous le nom de *starter*, autrement dit d'appareil de départ, un petit carburateur accolé au carburateur principal, tous deux venus ensemble de fonderie quant au corps, tous deux réglés par le même flotteur quant au niveau d'essence. »   Baudry de Saunier, in *L'Illustration*, 3 oct. 1931.

✻ Mot anglais n. (1818, comme terme de sport), de *to start* proprement v. intr. « s'en aller, partir », v. tr. « commencer, mettre en marche », d'origine germanique. Mackenzie (p. 235) relève *starter* (sens 1°) dans la *Revue des Deux-Mondes*, 15 nov. 1861, p. 270. Le terme a encore cours de nos jours dans le langage du sport. Le deuxième sens est emprunté de l'américain : forme abrégée de *car-starter*, de *car*, forme elle-même abrégée de l'américain *street-car* « tramway », d'abord employé à propos d'un dispositif de démarrage à froid pour les tramways (1874).

> « Quand en 1932, les voitures automobiles furent dotées en France d'un dispositif, alors nouveau, qui facilitait le départ du moteur à froid, on désigna ce

nouvel agencement du nom qu'il portait aux États-Unis où il s'était répandu d'abord : ce nom était *starter*. Le terme était déjà connu en France. On l'employait pour désigner la personne qui donne le signal de départ d'une course. »
A. SAUVAGEOT, *Français écrit, français parlé*, p. 17.

✻ Emprunt critiqué :

« L'éviction de *starter* s'impose car il ne désigne pas la même chose en France et en Angleterre. Le *starter* anglais désigne le *démarreur* et non le *volet d'air*, alors que notre *starter* français est nommé là-bas *choke*. »
F. FEUGÈRE, in *Le Figaro*, 3 juin 1964 [*in* Dupré].

✻ Le Comité d'études des termes techniques français a proposé de le remplacer par *enrichisseur* (*Sciences*, mars-avril 1960, p. 91). On dit aussi *étrangleur* ou *prise d'air* (Cf. F. de Grand'Combe, in *Le Français moderne*, oct. 1954, p. 271).

STARTING-BLOCK [staʀtiŋblɔk] *n. m.*

(1939, *in* Petiot) Cale artificielle sur laquelle le coureur de vitesse prend appui, au départ de la course. *Des starting-blocks.*

« Pourquoi siffler Jeanneney et applaudir Max Lejeune, qui se retrouvent même s'ils ne partent pas des mêmes *starting-blocks* ? »
J.-Ch. HARVET, in *Le Nouvel Observateur*, 11 nov. 1972, p. 32.

✻ Mot anglais n. composé de *starting*, de *to start* « partir » (→ **Starter**), et *block* « bloc », mot lui-même emprunté du français. On dit aussi *bloc de départ*, *support de pied* et *butée*. Dans le *Petit Glossaire français de l'athlétisme* en 1971 (in *La Banque des mots*, n° 1, 1971, p. 93), Jean Amsler propose le terme de *bloc-départ* n. m. *(des blocs-départ).*

STARTING-GATE [staʀtiŋɛt] *n. m.* ou *f.*

(1906, *in* Petiot) *Turf.* Appareil fait de rubans élastiques tendus horizontalement devant les chevaux, que le starter relève d'un seul coup en déclenchant un ressort pour donner le signal de départ d'une course. *Des starting-gates.* — REM. : Absent du dict. de l'Académie 1935.

« il sentait les billets palpiter dans son portefeuille comme des pur sang derrière le starting-gate. »
MONTHERLANT, *Pitié pour les femmes*, p. 172 (□ 1931).

✻ Mot anglais n. (1898) désignant une invention australienne, de *starting*, de *to start* « partir » (→ **Starter**), et *gate* « barrière ».

STATION-SERVICE [stasjɔ̃sɛʀvis] *n. f.*

(1949) Poste de distribution d'essence, situé en bordure d'une rue ou d'une route, auquel sont adjoints divers services (lavage, graissage, etc.) et, généralement, un atelier pour les dépannages d'urgence. *Des stations-service.*

« Besson traversa la station-service dans toute sa longueur. Quand il passa près du garage, le chien-loup dressa les oreilles [...]. »
LE CLÉZIO, *Le Déluge*, p. 238 (□ 1966).

✻ Calque rétablissant l'ordre du français (déterminé + déterminant), de l'américain *service station* n. (1922) signifiant « station de service », de l'anglais *service* et *station*, deux emprunts anciens du français. Attesté en 1949, Larousse (*in* G. L. L. F.). Le terme semble adopté en français. À noter que le français d'Afrique a forgé un équivalent : *essencerie*.

STATION-WAGON [stasjɔ̃vagɔ̃] *n. f.*

(1968, *in* Gilbert) Voiture à grande capacité, d'origine américaine, dont la carrosserie est en bois → **Break**. *Des station-wagons.*

✻ Mot américain n. (1904), de l'anglais *station* « station, relais », et *wagon* au sens américain de « véhicule, voiture » (« diligence », 1799). Emprunt direct non traité en français.

STAYER [stɛjœʀ] *n. m.*

1° (1875, *in* Petiot) *Turf.* Cheval de course de grande endurance. *Des stayers.* — REM. : Absent du dict. de l'Académie 1935.

2° (1895, *in* Petiot) *Cyclisme.* Coureur cycliste de demi-fond. — (1901, *in* Petiot) *Spécialt.* Coureur sur piste derrière motocyclette.

✲ Mot anglais n. (1862, comme terme de sport), de *to stay* « tenir jusqu'à la ligne d'arrivée », proprement « rester, demeurer », probablement emprunté lui-même par l'anglo-normand *estai-, estei-,* de l'ancien français *ester* (latin *stare*).

STEAK [stɛk] *n. m.*

(1911) → **Bifteck.** *Des steaks. Steak haché* → **Hamburger.** *Steak frites.* — REM. : Absent du dict. de l'Académie 1935.

« Il vida son verre et noya le steak placé sur son assiette dans une petite mer de " ketchup ". »   L. HÉMON, *Battling Malone,* p. 11 (□ 1911).

« Nous arrivons au *Sceptre,* dans Warwick Street, vieille taverne, disparue en 1920 [...] où, à l'abri de cloisons de bois, on nous servait de magnifiques steaks mauves à peine saisis [...]. »
P. MORAND, *Londres,* p. 194 (□ 1933).

« Qu'est-ce qui l'a pris, ma petite Janine ? Hier encore, avec quel amour elle me préparait mon steak tartare et comme le collier de ses deux bras m'était chaud sur la nuque... »
R. FALLET, *Le Triporteur,* pp. 376-377 (□ 1951).

✲ Mot anglais n. (XVᵉ s.), du vieux nordique *steik,* fém., apparenté à *steikja* « faire rôtir à la broche », *stikna* « être rôti ». De nos jours, *steak* tend à remplacer *bifteck :* l'emprunt est passé en français dans les termes *steak au poivre, steak tartare,* puis s'est imposé au menu des restaurants moyens dans les termes *steak frites* et *steak salade* vers le milieu du siècle.

STEAMBOAT ou **STEAM-BOAT** [stimbot] *n. m.*

(1829) *Vx* → **Bateau à vapeur.** *Des steamboats* (→ **Steamer**). — REM. : Enregistré dans le Suppl. 1877 du dict. de Littré ; absent des dict. de l'Académie.

« Vingt-quatre cheminées comme celles des *steamboats,* mais d'une proportion incomparablement plus grande, garnissoient chacun des deux flancs de son immense carène [du grand vaisseau de la *Reine de Saba*], et sembloient destinées à faire mouvoir autant de paires de roues qu'un mécanisme simple et ingénieux rendoit propres à mordre en tout sens sur les flots. »   Ch. NODIER, *La Fée aux miettes,* p. 214 (□ 1831).

« Le steam-boat du South-Fery avait transporté à dix heures du matin quarante-cinq mille personnes dans Long-Island, et celui du Fulton-Fery trente mille. »   E. CHAPUS, *Le Turf ou les Courses de chevaux en France et en Angleterre,* p. 123 (□ 1853).

« Les steamboats sont un excellent théâtre pour étudier sous presque toutes ses faces et dans toute sa bigarrure la société américaine. Quiconque passe une semaine à bord d'un steamboat peut y surprendre, sur une échelle plus ou moins réduite, les mœurs, les habitudes, les préjugés, les passions, le fort et le faible, enfin, du monde américain dans la latitude où l'on se trouve. Cela vient de la grande habitude qu'ont les Américains de voyager ; si bien que tout ce peuple de passagers s'installe sur un steamboat et s'y met à vivre absolument comme à terre, chacun comme chez soi, et selon le caractère et les lois de l'État auquel il appartient. »   X. EYMA, *La Vie aux États-Unis,* p. 83 (□ 1876).

✲ *Steamboat* n. (1785), de *steam* « vapeur » et *boat* « bateau », est la première dénomination anglaise des bâtiments munis de moyens de propulsion à vapeur (elle est d'abord attestée en américain) ; c'est relativement plus tard qu'on rencontre en anglais *steamship* n. (1819), *steamer* n. (1825), et *steam-vessel* n. (1825). Le mot a pu s'appliquer indifféremment aux bateaux de navigation maritime ou fluviale, de grand ou de petit tonnage, mais il a surtout été employé au début de la navigation à vapeur pour désigner les bateaux équipés de roues à aube, tels que les premiers vapeurs américains navigant sur l'Hudson, entre New York et Albany (le *Clermont*, de Robert Fulton, 1807) sur l'Ohio et sur le Mississippi, entre Pittsburg et la Nouvelle-Orléans (1811), ou, en Grande-Bretagne, la *Comète* de Henry Bell, assurant le service de la Clyde (1812), l'*Hibernia* et la *Britannia* desservant une ligne régulière entre Holyhead et Dublin, à travers le canal Saint-George (1817). Dès que les perfectionnements de la technique ont permis aux voiliers partiellement propulsés à la vapeur de s'aventurer sur la mer, les mots *steamship* et *steamer* ont commencé à prendre le relais de *steamboat* pour désigner les bateaux de mer.

En français, l'emprunt brut de *steamboat* est apparu en même temps que celui de *steamer** (→ Jacquemont, *Voyage dans l'Inde*, 15 juin 1829, *in* Mackenzie, p. 210), mais il n'a pas eu le même succès que ce dernier, maintenant vieilli, qui avait été naturalisé en français. *Steamboat* n'a pas eu à souffrir de la concurrence de la dénomination française primitive de *pyroscaphe* n. m. (Jouffroy d'Abbans, 1776 ; grec *pyro*-« feu », et *scaphe* « barque »), peu usitée, mais son emprunt a été précédé par la traduction directe de *bateau à vapeur* (1816), qui a fini par l'emporter complètement dans l'usage français, soit sous sa forme complète, soit sous la forme elliptique de *vapeur* n. m. (1816).

STEAM CRACKING → CRACKING.

STEAMER [stimœR] *n. m.*

(1829) *Vieilli.* Navire à vapeur. *Des steamers* (→ **Bateau à vapeur, steamboat**). — REM. : Enregistré dans les dict. de Littré 1872 et de l'Académie 1878.

> « Et les canons, hurlant contre l'homme, molosses
> De la mort, les vaisseaux, titaniques colosses,
> Les mortiers lourds, volcans aux hideux entonnoirs,
> Les grands steamers, dragons dégorgeant des flots noirs,
> Tous ces géants tremblaient au sein des flots terribles
> Sous le frémissement d'ailes imperceptibles ! »
> HUGO, *Saint-Arnaud*, in *Les Châtiments*, p. 219, Flammarion (□ 1853).

> « Quant aux Nomades véritables, ils choisissent, pour leur absence d'une saison entière, des sites qui seraient véritablement lointains, si la rapidité du railway n'était continuée par celle des steamers : *Alger*, *Le Caire*, et tant de lieux bienfaisants de la *Sicile* aux *Baléares.* »
> MALLARMÉ, *Les Voyages*, in *La Dernière mode*, p. 844 (□ 1874).

✳ Anglais *steamer* n. (1825), de *steam* n. « vapeur » et v. intr. « qui marche à la vapeur », et suffixe d'agent *-er*, repris par V. Jacquemont, *Voyage dans l'Inde*, 15 juin 1829 (*in* Mackenzie, p. 210). Emprunt qui a eu une certaine vogue en français au XIXe siècle, surtout pour parler des navires à vapeur. Concurrencé par *bateau à vapeur* (1816), par les termes spécifiques de *navire, paquebot, vaisseau à vapeur*, ainsi que par la création française de *vapeur* n. m. (1816), il est peu à peu sorti de l'usage avec le déclin de la propulsion à vapeur à partir des années 1914-1918. Malgré un certain regain actuel de la vapeur, *steamer* n'est pas réapparu dans l'usage courant (→ **Steamboat**).

STEAMING [stimiŋ] *n. m.*

(XXe s.) *Techn.* Injection de vapeur d'eau pratiquée dans les fours de distillation de la houille.

✳ Anglais *steaming* n. (XIIe ; XIXe s. au sens de « procédé à la vapeur »). En français, l'emprunt a un sens beaucoup plus restreint qu'en anglais, sens pour lequel le Comité des termes techniques français a préconisé l'emploi de *injection de vapeur* (*Sciences*, nov.-déc. 1960, p. 88). Dans les autres sens techniques de l'anglais *steaming*, M. Moureau et J. Rouge, *Dictionnaire technique des termes utilisés dans l'industrie du pétrole*, 1963, donnent *entraînement à la vapeur, traitement à la vapeur*.

STEAM-LAUNCH → LAUNCH.

STEAM REFORMING → REFORMING.

STEAM-YACHT → YACHT.

STEEPLE [stipl] ou [stipœl] *n. m.*

1° (1866) *Hippisme* → **Steeple-chase.** — REM. : Absent, sous cette forme abrégée, des dict. de Littré et de l'Académie.

« Je commence par Mme la baronne de M. [...] dont la boîte osseuse a été légèrement endommagée dans un steeple. »
                    La Vie parisienne, 1866 [*in* D. D. L., 2e série, 3].

« Famille d'éleveurs, grandi dans les haras. Remporté tous les steeples du Sud-Ouest... »
                    DORGELÈS, *Le Cabaret de la Belle Femme*, p. 161 (□ 1928).

— (1842) *Fig.* Objectif à atteindre.

« Aussi le dôme de l'Institut est en ce moment mon steeple, c'est-à-dire le but de ma course. »
                    Le Charivari, 1er déc. 1842 [*in* D. D. L., 2e série, 3].

— Course d'obstacles.

« Les modes hippiques nous viennent d'Angleterre. Signalons donc le nouveau *steeple* que l'on va s'empresser d'adopter en France : le *steeple-chase parlementaire.* »   *Le Charivari*, 10 mars 1892, p. 2.

2° (1906, *in* Petiot) *Athlétisme.* Course de fond sur un parcours de 3 000 mètres semé d'obstacles dispersés sur la piste. — Appos. *Le 3 000 mètres steeple.*

« j'étais certain de n'avoir point à me mêler au steeple. De Scève franchit des haies, des fossés. » VERCEL, *Capitaine Conan*, p. 184 (□ 1934).

✱ Forme abrégée de l'anglais *steeplechase* créé comme terme de sport hippique en 1805, et étendu à la course de fond, en 1864. La forme tronquée *steeple* (proprement « clocher ») n'a pas cours en anglais en ce sens. La graphie *stiple* attestée chez Jules Romains a été proposée comme francisation orthographique du terme (*Petit glossaire de l'athlétisme* en 1971, in *La Banque des mots*, n° 1, 1971, p. 99).

« -Pas intéressant, un stiple de 4 500 mètres avec 10 000 de pris ? »
                    Les Hommes de bonne volonté, t. I, p. 141 (□ 1932).

STEEPLE-CHASE [stipəlʃɛz] *n. m.*

(1828, *in* Petiot) *Hippisme.* Course d'obstacles dans laquelle les chevaux doivent franchir des haies, des murs, des fossés. *Piste de steeple-chase. Des steeple-chases* → **Steeple.** — REM. : Enregistré dans les dict. de Littré 1872 et de l'Académie 1878.

« [Lady Dudley] est d'une force à ne rien craindre dans une lutte : nul homme ne peut la suivre à cheval, elle gagnerait le prix d'un *steeple-chase* sur des centaures [...]. »
                    BALZAC, *Le Lys dans la vallée*, p. 947 (□ 1835).

« la chasseresse Angleterre a cherché par quelle application spéciale elle pourrait prédisposer, assouplir les facultés du pur sang aux difficultés du saut, et le steeple-chase, ou la course au clocher, a été imaginé. C'est le pur sang vainqueur du steeple-chase qui de préférence devient la souche du cheval demi-sang propre à la chasse [...]. On ne sait pas au juste à quelle date appartient l'origine du steeple-chase, ce brillant exercice qu'on appelle dans la bourgeoisie l'élégant casse-cou du sport ».   E. CHAPUS, *Le Turf ou les Courses de chevaux en France et en Angleterre*, p. 44 (□ 1853).

— FIGURÉ (1843).

« Six mois après, il [Joseph Delorme] aspirait à une position sociale : il fut alors traîné sur des roulettes à travers le Luxembourg, où de facétieux étudiants le déposèrent rue Notre-Dame-des-Champs, à la porte d'un cuistre. Durant ce *steeple-chase*, il inventa de se suicider, pour voir s'il renaîtrait en typographie ; et il suivit son propre convoi, qui eut lieu dans tous les journaux. »

> BALZAC, *Monographie de la presse parisienne*, p. 594 (□ 1843).

✳ Mot anglais n. (1805) signifiant proprement « course au clocher », composé de *steeple* « (au) clocher », et de *chase* « chasse », lui-même emprunté de l'ancien français *chace* (mod. *chasse*) au XIIIᵉ siècle (à l'origine, la course avait pour point d'arrivée un clocher). Le sens figuré, répandu au XIXᵉ siècle, est typiquement français → **Steeple.**

STENCIL [stɛnsil] *n. m.*

(1910) Papier paraffiné servant à la reproduction en plusieurs exemplaires au moyen d'un duplicateur ou d'une ronéo. — REM. : Absent du dict. de l'Académie 1935.

> « Elles se remirent au travail, et, sous la pression de leurs doigts puissants, les machines à écrire volèrent, une à une, en éclats [...]. Les stencils, crevés à la troisième frappe, planaient dans le bureau parmi un nuage de débris de métal surchauffé et l'odeur du corector rouge se mêlait à celle des femelles enragées. »
> Boris VIAN, *Vercoquin et le Plancton*, p. 123, Folio (□ 1947).

✳ Forme abrégée de l'anglais *stencilpaper* n. (1875) « papier servant de pochoir », de *paper* « papier », et *stencil* n. (1707) « pochoir », de *to stencil* « orner de couleurs vives ou d'un métal précieux ». Ce verbe est emprunté de l'ancien français *estenceler* (mod. *étinceler*). Bonnaffé (*Anglicismes et Mots d'influence française*, 1922) atteste *stencil* en 1910 ; le *Larousse mensuel illustré* l'enregistre en mai 1916 (p. 770). *Stencil* a produit le dérivé *stenciliste* n. (1950 ; Cf. anglais *stenciler* n., 1832), « personne qui prépare les stencils ». Par appos. *Dactylographe stenciliste.*

> « Les stencilistes sont choisis parmi les meilleurs dactylographes. »
> *Larousse mensuel illustré*, avril 1950, p. 444.

STÉNOGRAPHIE [stenɔgʀafi] *n. f.*

(1792 ; « cryptographie », 1711, Voltaire) Procédé d'écriture abrégée et simplifiée qui permet de reproduire la parole à vitesse normale, au moyen de signes conventionnels. — REM. : Enregistré dans les dict. de l'Académie 1835 et de Littré 1872. — De nos jours, on emploie surtout la forme abrégée *sténo* n. f.

> « M. Craigs, secrétaire d'État en Angleterre, ne voulut jamais qu'on ouvrît les lettres dans son bureau ; il disait que c'était violer la foi publique [...] que cette trahison est d'autant plus malhonnête qu'on peut la faire sans risque et sans en pouvoir être convaincu. Pour dérouter l'empressement des curieux, on imagina d'abord d'écrire une partie de ses dépêches en chiffres ; mais la partie en caractères ordinaires servait quelquefois à faire deviner l'autre. Cet inconvénient fit perfectionner l'art des chiffres, qu'on appelle *sténographie*. »
> VOLTAIRE, *Dict. philosophique*, art. *Poste*, 1771, in BENVENISTE, in *Le Français moderne*, janv. 1947, p. 3.

> « Il faut donc qu'elle [la photographie] rentre dans son véritable devoir, qui est d'être la servante des sciences et des arts, mais la très humble servante, comme l'imprimerie et la sténographie, qui n'ont ni créé ni suppléé la littérature. »   BAUDELAIRE, *Curiosités esthétiques*, Salon de 1859, in *Œuvres*, p. 763, 1951.

✳ Anglais *stenography* n. (1602), mot créé par l'inventeur John Willis : du grec *stenos* « étroit », et -*graphy* « -graphie », grec -*graphos*.

> « [...] Théodore-Pierre Bertin publiait en 1792 le premier traité français de sténographie. Mais il n'avait créé ni le mot ni la technique. Son livre s'intitule : *Système universel et complet de Sténographie inventé par Taylor et adapté à la langue française*. Il prétendait n'offrir, quant au procédé, qu'une adaptation dont le modèle — anglais — était nommément désigné : c'est l'ouvrage de Samuel Taylor, qui a pour titre *Essay Intented to Establish a Standard for a Universal System of Stenography*, paru en 1786. De cette simple confrontation de titres, il résulte que *sténographie* est en français pris à l'anglais. »   BENVENISTE, *op. cit.*, pp. 2-3.

« Le mot *sténographie* a [...] été introduit deux fois de l'anglais en français : par Voltaire d'abord, en 1771 ; puis par Bertin en 1792, cette fois dans le sens qu'il a gardé depuis et où il a été consacré grâce à l'utilité pratique de la méthode qu'il désignait. » *Ibid.*, p. 4.

✻ La référence de 1572 avancée par Dauzat, Dubois et Mitterand a trait à l'ancien mot *stéganographie* n. f. « écriture en signes secrets », et non à *sténographie*.

Sténographie a produit les dérivés *sténographe* n. (1792, *in* Brunot, t. IX, p. 785), qu'on ne retrouve de nos jours que sous la forme abrégée *sténo* n. (1933, Larousse), *sténographier* v. tr. (1792, *in* Brunot), *sténographique* adj. (1795, *Journal de Paris*, 20 janv., p. 489) et *sténographiquement* adv. (1832, *in* Raymond, *Dict. général de la langue française*), tous enregistrés dans le dict. de Littré 1872. L'Académie enregistre les trois premiers en 1835, et l'adverbe en 1878.

1. STEPPER [stɛpɛʀ] *n. m.*

(1842) Cheval bon trotteur.

« Nous n'avons pas vu les chevaux en action, mais nous connaissons les magnifiques allures des *steppers* russes qui trottent d'un pied si ferme sur la glace de la Neva [...]. » Th. GAUTIER, *L'Orient*, Chinois et Russes, p. 264 (□ 1852).

« le banquier, allongeant un fouet immense, lançait les deux chevaux attelés en flèche, le premier un petit alezan doré, au trot de souris, le second un grand bai brun, un stepper, qui trottait les jambes hautes. » ZOLA, *Nana*, p. 325 (□ 1880).

✻ Mot anglais *stepper* (1835) de *to step* « marcher » puis « trotter, etc. ». Attesté en français dans le *Charivari* du 30 déc. 1842 (*Zeitschrift für romanische Philologie*).

2. STEPPER [stepe] *v. intr.*

(1859) Trotter (d'un cheval) ; faire trotter un cheval.

« Tous les vieux se marient avec de jeunes femmes. Ils les pomponnent, ils les rênent court, et ils les envoient stepper aux Champs-Élysées ». DUMAS fils, *Un père prodigue*, 1859 [*in* D. D. L., 2ᵉ série, 2].

« Le cheval part au grand trot en steppant de manière à toucher ses naseaux avec ses genoux ; on dirait qu'il danse, mais cette coquetterie d'allure ne lui fait rien perdre de sa rapidité. » A. GIDE, *Voyage en Russie*, p. 80 (□ 1867).

✻ Adaptation de l'anglais *to step* (1856, dans ce sens).

STÉRÉOSCOPE [steʀeɔskɔp] *n. m.*

(1841) Instrument d'optique où l'observation des deux images simultanées prises par deux objectifs parallèles (dont la distance est voisine de celle des yeux) donne la sensation de la profondeur et du relief à des images à deux dimensions. — REM. : Enregistré dans les dict. de Littré 1872 et de l'Académie 1878 (signalé dans le Compl. 1842).

« Peu de temps après, des milliers d'yeux avides se penchaient sur les trous du stéréoscope comme sur les lucarnes de l'infini. L'amour de l'obscénité, qui est aussi vivace dans le cœur naturel de l'homme que l'amour de soi-même, ne laissa pas échapper une si belle occasion de se satisfaire. » BAUDELAIRE, *Curiosités esthétiques*, Salon de 1859, in *Œuvres*, p. 762, 1951.

✻ Anglais *stereoscope*, mot créé par l'inventeur, C. Wheatstone, en 1838 (*stereo-* « stéréo- », élément tiré du grec *stereos* « solide, cubique » et *-scope* « -scope », du grec *skopeîn* « observer, examiner »). *Stéréoscope* a produit le dérivé *stéréoscopique* adj. (1856 : Cf. anglais *stereoscopic*, 1855) « relatif au stéréoscope » (Enregistré dans le dict. de Littré 1872 ; absent des dict. de l'Académie).

« On sait depuis longtemps que, pour obtenir l'effet stéréoscopique, il suffit de tenir la plaque photographique à une certaine distance des yeux, de regarder, dans

le champ extrême de sa surface supérieure, un point parallèle au rayon visuel, et plus éloigné que la plaque, et de rapprocher celle-ci graduellement. »
L. Figuier, *L'Année scientifique et industrielle*, p. 272, 1857 (□ 1856).

✳ Notons aussi le dérivé *stéréoscopie* n. f. (fin XIXe s.).

STERLING [stɛʀliɲ] *n. m.* et *adj. invar.*

1° *N. m.* (1677 ; *sterlin*, 1756) Au début du règne de Henri II, en Angleterre, Penny d'argent des Normands servant d'étalon monétaire, dont le poids correspondait à celui de trente-deux grains de blé. *Des sterlings.*

« [...] Cambden estime que le mot *sterling* est moderne, et qu'il a été vraisemblablement pris de certains ouvriers flamands, qui sous le regne de Jean-Sans-terre, furent attirés dans la grande-Bretagne pour y rafiner l'argent ; à quoi ils réussissoient bien mieux que les Anglois. Comme on appelloit communément les gens de ce pays-là *Esterlings*, à cause de leur situation à l'est de l'Angleterre, il est arrivé que la monnoie qu'ils firent, fut nommée *esterling*, et par abréviation *sterling*, c'est-à-dire, faite par les *Esterlings* ou Flamands, et par conséquent plus pure que celle qu'on avoit battue jusqu'alors. »
Chevalier de Jaucourt, art. *Sterling*, in *Encycl. Diderot*, 1765.

2° *Adj. invar.* (1685) *Livre sterling*, unité monétaire de la Grande-Bretagne, divisée en 20 shillings de 12 pence, jusqu'à l'adoption du système décimal le 1er février 1971, et depuis, en 100 *newpence* ou nouveaux pence (→ **Penny, pound**). — Cour. *Livre**. — REM. : Enregistré dans les dict. de l'Académie 1740 et de Littré 1872.

« Oui, oui, continuez. La nation ne vous donnera pas quinze mille livres sterling, comme les Anglais les ont données à Pope ; mais peu d'Anglais ont eu le courage de lire toute son *Iliade*. »
Voltaire, *Dict. philosophique*, art. *Scoliaste*, t. XLII, p. 197 (□ 1764).

— (1836) *Ellipt.* et *en appos.* Se dit des valeurs et des monnaies évaluées en livres sterling. *La zone sterling.*

« [...] M. Macario de Castro a déclaré à la Chambre que la dette étrangère du Portugal est de *trente millions sterling* [...]. »
Balzac, *Chronique de Paris*, p. 38 (□ 1836).

« Tun Tan Siew Sin, ministre malaisien des Finances [...] a demandé qu'une garantie-or soit substituée à la garantie-dollar accordée aux détenteurs de *balances sterling* par l'accord de Bâle, quand celui-ci sera renouvelé en septembre prochain. » *Le Monde*, 20 mai 1971, p. 34.

— (1691) *Fig. Vx.* De première qualité ; très remarquable.

« Un Anglais qui pousse vingt soupirs sterling auprès de la grisette. »
D. de Monchesnay, *Phénix*, 1691 [in *Dict. général*].

« Il la saisit à bras-le-corps et la plaça assise dans le grand fauteuil doré. Le contact de ce corps charmant lui rappela cependant un peu qu'il tenait dans ses bras et qu'il avait à sa disposition une des plus jolies femmes de Paris. Et sa beauté, n'étant pas d'expression et de grâce, mais une vraie beauté *sterling* et pittoresque, ne perdait presque rien à l'état d'évanouissement. »
Stendhal, *Lucien Leuwen*, p. 1343 (□ 1836).

✳ Mot anglais n. (1297) et adj. (*pound sterling* pour *pound of sterlings*, v. 1444), du latin médiéval *sterlingus* (d'où vient aussi le français *esterlin* n. m., v. 1155, « monnaie d'origine écossaise qui eut cours en Europe aux XIIe et XIIIe siècles »), qui se rattache probablement à l'ancien anglais *steorling*, monnaie d'argent marquée d'une étoile, de *steorra* « étoile », et *-ling*, suffixe d'origine germanique. Introduit en Angleterre par les Normands au XIIIe siècle, le sterling disparut comme monnaie réelle au XVIe siècle, mais il devint l'étalon monétaire de tout le Royaume-Uni, et le mot ne s'employa plus alors que comme adjectif. En français, le substantif *sterling* est enregistré par Guy Miège (*A new Dictionary French and English, with another English and French*, 1677) ; Huguet,

III, p. 735, atteste *sterlin,* en 1576. Furetière enregistre *livre sterling* en 1685.

STEWARD [stjuwaʀd] ou [stiwaʀt] *n. m.*

(1833) Maître d'hôtel, garçon de service, à bord d'un paque-bot, d'un avion de ligne. *Des stewards* → **Stewardess.** — REM. : Absent des dict. de Littré et de l'Académie. — On a aussi écrit *stewart.*

« Un steward [en note : "Domestique à bord d'un steamer".] entra. Il nous apportait des vêtements [...]. Je me hâtai de les revêtir, et mes compagnons m'imitèrent. Pendant ce temps, le steward — muet, sourd peut-être — avait disposé la table et placé trois couverts. »
Jules VERNE, *Vingt Mille Lieues sous les mers,* p. 79 (□ 1869).

« Les retardataires sont tirés par les pieds et secoués poliment, c'est-à-dire à tour de bras, par le *stewart* ou premier garçon du bord. On plie les lits de sangles et on dresse les tables. »
E. ANDRÉ, *L'Amérique équinoxiale,* Colombie, 1875-1876, p. 16 (□ 1877).

✴ Mot anglais n. (1450, en ce sens), vieil anglais *stigweard, stiweard,* de *stig* signifiant probablement « maison » d'après Onions, et *weard* (mod. *ward*) « gardien ».

« Le steward a [..], à l'origine, désigné le porcher, puis celui qui prend soin des troupeaux, à une époque où le bétail représentait la principale richesse d'une famille.
Le sens s'est étendu ensuite à l'intendant, qui organise les détails de la vie quotidienne dans une grande propriété, dirige la domesticité et tient les comptes ; il désigne également celui qui régit une propriété pour le compte d'autrui, le régisseur et le majordome qui règle le service des domestiques d'une même livrée.
Titre existant parmi les anciens grands officiers, il se traduit alors par " sénéchal " *(the lord high steward of England).* Il s'emploie également pour les personnalités qui participent à l'organisation d'un banquet par souscription, d'un bal dans la haute société et que nous appelons les "commissaires". Dans un collège, il correspond à notre économe, dans la marine de guerre au commis aux vivres, ou cambusier. Enfin, à bord des paquebots, il était initialement réservé au restaurateur qui assurait et distribuait la nourriture et les boissons.
C'est à partir de ce dernier sens que s'est développée l'habitude d'appeler *steward* un maître d'hôtel à bord d'un paquebot, puis d'un avion de ligne. »
P. PAMART, *De quelques mots touristes,* in *Vie et Langage,* oct. 1964, pp. 587-588.

✴ En français, *steward* (du bateau) est attesté en 1833 (Th. Pavie, *Souvenirs atlantiques, voyages aux États-Unis et au Canada,* II, p. 170, *in* Mackenzie, p. 215). La forme *steward* avec un *d* final a été adoptée après quelques hésitations. L'usage réserve ce mot pour désigner les maîtres d'hôtel et les serveurs des paquebots et des avions de ligne. Dans le milieu de l'aviation, on entend parfois l'abrév. fam. *stew* [stju].

STEWARDESS [stjuwaʀdɛs] *n. f.*

(1906 ; *stuartess,* 1875) *Vx.* Femme occupant un emploi de steward*. — REM. : Absent du dict. de l'Académie 1935. — On dit de nos jours *hôtesse de l'air,* sur un avion de ligne.

« Il y avait sur le *Normandy* vingt-huit hommes d'équipage, une femme de service, la stuartess, et trente et un passagers, dont douze femmes. » HUGO, *Ce que c'est que l'exil,* in *Pendant l'exil,* p. 13 (□ 1875).

✴ Anglais *stewardess* n. (1631 ; 1837, en ce sens), féminin de *steward. Stewardess* est attesté en français en 1906 (P. de Coulevain, *L'Île inconnue,* p. 10, *in* Mackenzie, p. 215). De nos jours, le mot est sorti de l'usage ; *hôtesse de l'air* (v. 1950) a pris le relais, dans l'aviation.

STICK [stik] *n. m.*

1° (1846 ; *stic* « outil en bois ou en fer employé à la fonderie », 1795, *Journal des Mines,* VI, p. 22) Canne mince et souple. *Des sticks.* — REM. : Enregistré dans le dict. de Littré 1872 ; absent des dict. de l'Académie.

« Le baron Montès de Montéjanos était un lion, mais un lion inexpliqué. Le Paris de la fashion, celui du turf et des lorettes admiraient les gilets ineffables de ce seigneur étranger, ses bottes d'un vernis irréprochable, ses sticks incomparables, ses chevaux enviés, sa voiture menée par des nègres parfaitement esclaves et très bien battus. »
BALZAC, *La Cousine Bette*, p. 478 (□ 1846).

« Il me semble, monsieur l'avocat, que tout à l'heure vous m'avez arraché mon stick un peu brusquement. — Votre stick ? — Ma canne, si vous voulez. »
Ch. de BERNARD, *Le Gentilhomme campagnard*, 1847 [*in* Littré, 1872].

2° (1894) *Sports.* Maillet de joueur de polo. — (1913) Crosse de hockey.

3° (1960) Article de toilette, de maquillage, solidifié sous forme de bâton. *Stick de fard à paupières.*

« La cire de Carnauba s'utilise pour élever le point de fusion des *cold creams*, des rouges à lèvres, des sticks désodorisants, etc. »
Ch. BOURGEOIS, *Chimie de la beauté*, p. 10 (□ 1960).

« On n'est pas de ceux qui vous invitent pour lancer leur nouveau soutien-gorge ou leur stick déodorant. »
Le Nouvel Observateur, 26 mars 1973, p. 54.

4° (1964) *Milit.* Équipe de parachutistes largués par le même avion. *Un stick de dix hommes.*

5° (1966) *Mar.* Prolongement articulé de la barre permettant au barreur de se déplacer latéralement en conservant la commande de sa barre.

✱ Mot anglais n. (1 000) d'origine germanique signifiant proprement « petite branche, bâton » et désignant divers objets ayant la forme d'un bâton (notamment « canne », 1620 ; comme terme de sport et de jeu, 1674, 1896-1897 en hockey). Très à la mode en France au XIXᵉ siècle, le mot s'est d'abord imposé dans le langage mondain *(le stick du dandy)* avant de pénétrer dans le vocabulaire sportif. L'usage de cet emprunt de l'anglais est resté très circonscrit en français jusqu'à ce que l'industrie et la publicité américaine répandent le mot dans le domaine de la cosmétologie (Cf. Spray), où le mot français convenable est *bâton (bâton de rouge à lèvres).*

STOCK [stɔk] *n. m.*

1° (h. 1656 ; rare av. fin XIXᵉ s. ; *prendre a stoc* « emprunter à intérêt », av. 1559, J. du Bellay) *Comm.* Quantité de marchandises en réserve dans un magasin, sur un marché. *Des stocks. Mettre en stock* (→ **Stocker**). — REM. : Enregistré dans les dict. de Littré 1872, et de l'Académie 1878. — (1756) *Par anal.* Fonds existant en numéraire.

« Et l'appel des soies de fantaisie ne cessait pas. Favier, à demi-voix, fit alors remarquer que le stock serait joli : la direction allait être contente, cette grosse bête de Bouthemont était peut-être le premier acheteur de Paris, mais comme vendeur on n'avait jamais vu un pareil sabot. »   ZOLA, *Au Bonheur des dames*, p. 333 (□ 1883).

« Elle a sans doute appris, ou il a appris, que les stocks possédés par son père à lui ou par son père à elle avaient subi une forte baisse, et tout a été rompu. »   P. BOURGET, *Outre-Mer*, p. 169 (□ 1895).

— (1926) Ensemble des matières premières, des produits semi-ouvrés et des produits finis qui sont la propriété de l'entreprise à une date donnée. *La rotation des stocks.*

« Mais quand la vente est dure, le chômage probable, quand le patron, affolé d'accumuler un stock ruineux, souhaite produire le moins possible, alors l'ouvrier travaille à plein rendement. »
A. MAUROIS, *Bernard Quesnay*, p. 153 (□ 1926).

« Mais cela risquait d'être une ruine pour le Consortium, qui faisait de grosses dépenses, qui relançait sans cesse de nouvelles voitures, et qui risquait de se trouver un beau jour avec des stocks considérables sur les bras, et des accords auxquels il ne pourrait plus faire face. »
                    ARAGON, *Les Cloches de Bâle*, p. 299 (□ 1934).

2° (1877) *Fam.* Ensemble de choses (au propre et au figuré) en réserve, généralement en grande quantité.

« Je n'envoie pas la première épreuve, parce que je n'en ai ni qu'un exemplaire. Cette épreuve est assez belle pour que j'aie entièrement conquis la situation. À mon prochain voyage à Paris j'apporterai un stock de résultats. »   Ch. CROS, Lettre à Henriette Cros, 8 mars 1877,
                                         in *Œuvres complètes*, p. 638.

« Il avait gardé de son éducation de séminariste raté tout un stock de ce genre de facéties, insupportablement chantonnées en soprano mineur, avec l'accompagnement ordinaire d'une goguenarde révérence. »
                    L. BLOY, *Le Désespéré*, p. 160 (□ 1886).

« Il n'avait pas non plus de banque de joie, de banque de sagesse, de banque d'intelligence [...]. Tout le stock amassé par l'humanité ne lui servait en rien. Impossible d'avoir un passé avec lui, ou seulement des souvenirs. »
                    J. GIRAUDOUX, *Stéphy*, in *Aventures de Jérôme Bardini*, p. 135 (□ 1930).

✱ Mot anglais d'origine inconnue, « tronc, souche », en vieil anglais, « récipient creux » au XIVᵉ s., « fonds, banque », au XVᵉ s., et « quantité », au XVIIᵉ s. Signalé en français en 1656 (Laurence, *in* Bonnaffé), répandu à la fin du XIXᵉ s. Le sens familier est typiquement français. *Stock* a produit en français *stockiste* n. m. (1907, Larousse, d'après Wartburg), « commerçant ou industriel qui détient en magasin le stock disponible d'un fabricant. » — — « Agent qui détient en dépôt les pièces détachées des machines et véhicules d'un constructeur. »

STOCK-CAR [stɔkkaʀ] *n. m.*

1° (1957) *Sports.* Voiture de série spécialement équipée pour les tamponnements et les carambolages caractéristiques d'un type de course automobile sur pistes en circuit, apparenté au rodéo. *Des stock-cars.*

« maintenant il se trouvait à peu près dans la position d'un garçon livreur de tartelettes pris au milieu d'une course de stock-cars, avec cette différence qu'au lieu de se contenter d'essayer de tenir son plateau à bout de bras le plus haut possible au-dessus de sa tête et d'éviter la bagarre, il avait fait en sorte de se lancer en plein dedans [...]. »
                    Cl. SIMON, *Le Vent*, p. 107 (□ 1957).

2° (1961) Course de stock-cars.

« Les *stocks-cars* également font de l'automobile l'instrument d'un jeu. »   *Jeux et Sports*, p. 726 (□ 1961).

✱ Anglais d'origine américaine *stockcar* n. (*in* Webster's Second 1934) « voiture de série gardée en stock », de *stock* n. *employé comme adj. et car* « voiture » (le mot existe aussi en Amérique au sens de « wagon à bestiaux », 1858, de *stock* n. collectif au sens de « bétail », et *car* « wagon »). La course elle-même, d'origine américaine, s'appelle *stock-car racing; stock-car* en ce sens est une forme abrégée typiquement française.

STOCKER [stɔke] *v. tr.*

(fin XIXᵉ s.) Mettre en stock✱, faire une réserve de quelque chose. *Stocker des marchandises en magasin.* — Absolt. *Stocker pour spéculer.* — REM. : Absent du dict. de l'Académie 1935.

« Et il y a des bourgeois anciens combattants qui ont rapporté de la camaraderie d'armes non le goût de stocker des mitrailleuses dans leurs caves, mais un profond désir de voir la question sociale avec une compréhension dont ils ne ressentaient pas la nécessité auparavant. »
                    MONTHERLANT, *Les Olympiques*, pp. 14-15 (□ 1924).

« Cottard racontait qu'un gros épicier de son quartier avait stocké des produits alimentaires pour les vendre au prix fort et qu'on avait découvert des boîtes de conserves sous son lit, quand on était venu le chercher pour l'emmener à l'hôpital. »   CAMUS, *La Peste*, p. 69 (□ 1947).

✳ Adaptation de l'anglais *to stock* v. tr. (XVIIe s., en ce sens), de *stock* n. Apparu à la fin du XIXe siècle (d'après Bloch et Wartburg), *stocker* a produit en français le dérivé *stockage* n. m. (1920, Bonnaffé), « action de stocker ». *Stockage de marchandises en magasin*.

STOCK-EXCHANGE [stɔkɛksʃɑ̃ʒ] *n. m.*

(1802 ; 1923) À Londres et dans certaines villes anglo-saxonnes, Bourse (des valeurs). *Des stocks-exchanges*. — REM. Absent des dict. de Littré et de l'Académie.

✳ Anglais *stock exchange* n. (1773), de *stock* au sens de « capital, valeur », XVIIe siècle, et *exchange* « échange », emprunté au XIVe siècle par l'anglo-normand *eschaunge* de l'ancien français *eschange* (mod. : *échange*), de *eschanger* (mod. : *échanger*). Mackenzie (p. 200) relève ce terme dans *Le Moniteur*, 1802, p. 813 ; Larousse l'enregistre en 1923. Il n'a cours qu'à propos de villes anglo-saxonnes.

STOCK-SHOT [stɔkʃɔt] *n. m.*

(1952) *Cin.*, *télév.* Série d'images cinématographiques destinée aux archives.

« *stockshot*, sm — archives où on conserve des vues typiques qu'on peut incorporer à un film quelconque. »
          O. UREN, *Le Vocabulaire du cinéma français*, juil. 1952, p. 219.

✳ Anglais d'origine américaine *stock shot* n. (*in* Webster's Third 1966), de l'anglais *stock* « réserve » et *shot* « prise de vues ». L'Administration préconise le remplacement de ce terme par *plan d'archives* (*Journal officiel*, 18 janv. 1973).

STOKER ou STOCKER [stɔkɛʀ] ou [stɔkœʀ] *n. m.*

(1951, 1948) *Techn.* Dispositif d'alimentation mécanique en charbon d'une locomotive. *Des stokers* ou *des stockers*.

« Le stoker résulte de la combinaison d'une vis sans fin qui transporte le charbon depuis le tender jusqu'au foyer et d'un système de jets de vapeur qui répartissent le charbon sur toute la surface de la grille du foyer de la locomotive. »
          Larousse mensuel illustré, août 1948, p. 127.

✳ Anglais *stoker* n. (XVIIe s.) « chauffeur », emprunt au néerlandais. Terme admis en français dans le *Vocabulaire des chemins de fer* (*stoker*, forme la plus usitée, *in Science et Vie*, no hors série, 1951 ; *stocker*, *in* Larousse 1949).

-STOP [stɔp]

✳ Second élément de composition, de *stop* interj. et n., entrant dans des substantifs récents construits sur le modèle d'*auto-stop**, dans lesquels le premier élément désigne un moyen de déplacement, utilisé à titre gracieux, tels que *cargo-stop*, *bateau-stop*, *camion-stop*, etc. (ex. *in* Gilbert).

1. STOP [stɔp] *interj.* et *n. m.*

1° *Interj.* (1792) Commandement impératif ou cri d'arrêt (d'abord *t. de marine*). *Stop !* — REM. : Signalé dans le dict. de Littré 1872, à l'art. *Stopper* ; absent des dict. de l'Académie.

« À peine eûmes-nous le temps de saluer *le Great-Eastern* tristement ancré dans ces eaux, que déjà le signal réglementaire *stop !* se faisait entendre et que notre steamer, heureusement arrivé au port, déroulait bruyamment la chaîne de ses ancres. »

L. SIMONIN, *Un voyage aux mines de Cornouailles*
[1862], p. 399 (□ 1865).

« [Il] arrêta la nage en criant : "Stop !". Les huits avirons sortirent de l'eau. » MAUPASSANT, *L'Inutile Beauté*, Mouche Flammarion (□ 1890).

— (XXᵉ s.) Signal obligeant à marquer l'arrêt. — (1970) Fig. *Stop à...* Il faut mettre un terme à... → **Stopper,** v. intr. *Stop à la vie chère.*

2° → AUTO-STOP.

« Nous pensions qu'il s'agissait d'un touriste qui regagnait Paris. C'était mal connaître notre stoppeur — et notre époque. L'homme venait d'Algésiras et "montait" sur Oslo. Comme je lui demandais ce qu'il faisait [...]. — Du stop [...] me répondit-il. J'ai terminé mes études. Je fais le monde en stop. » DANINOS, *Tout Sonia*, 1958 [*in* Robert].

3° *N. m.* (1927 ; « position d'arrêt pour un appareil », 1888). Panneau de signalisation routière portant un signal de temps d'arrêt complet. *Tournez à droite après le stop.*

— (1964) *Signal de stop* ou *stop*. Signal lumineux à l'arrière d'un véhicule, qui s'allume quand on freine.

✻ Emprunt comme terme de marine de l'anglais *stop*, impératif de *to stop* « arrêter, s'arrêter » (→ **Stopper**), attesté en français dès 1792 (Charles Romme, *Dict. de la marine française*, in *Le Français moderne*, t. XXVI, p. 57). Comme terme de signalisation routière, *stop* est attesté en 1927 [*in* Kristoffer Nyrop, *Études de grammaire française*, XVI, II, p. 23]. À l'origine, l'emploi semble typiquement français ; en effet, l'anglais dit *Halt* « halte », et les termes américains *stop sign* « signe d'arrêt » et *stop signal* « signal d'arrêt » ne sont attestés qu'en 1950. *Stop* entre dans la composition de substantifs typiquement français (→ **Auto-stop** et **-stop**) ; c'est aussi la forme abrégée familière d'*auto-stop*, d'où le dérivé *stoppeur, euse* (1858).

2. STOP [stɔp] *n. m.*

(1923) *Télécom.* Dans les messages télégraphiés, Mot conventionnel pour séparer nettement les phrases. — REM. : Absent du dict. de l'Académie 1935.

« L'héliotrope revenait souvent, "comme le mot stop dans les télégrammes !" se dit soudain l'estanciero [...]. » J. SUPERVIELLE, *L'Homme de la pampa*, p. 67, Gallimard, 1951 (□ 1923).

« — Monsieur, il y a un télégramme pour vous. [...] Je décachète : "Dixième anniversaire convoquez Champions premier février sept heures dîner stop retenez salon en votre nom Hôtel Pennsylvania stop. Remember stop. Mad Brodsky". » P. MORAND, *Champions du monde*, pp. 41-42 (□ 1930).

✻ Anglais *stop* n. (1616), forme abrégée de *full stop* n. (1596), littéralement « arrêt complet », signifiant « fin de la phrase », « point (signe de ponctuation) », de même origine que le précédent.

STOP(-)OVER [stɔpɔvœʀ] *n. m.*

(v. 1975) *Tourisme aérien.* Arrêt volontaire d'un voyageur en un point intermédiaire de son parcours. *Des stop(-)overs.* — En appos. *Billet stop(-)over.*

« Les tarifs publics sont réputés s'appliquer à des voyages directs sans stop-over. » *Jet-Guide*, avril 1977, in *Néologie en marche*, série B, n° 9, 1978, p. 88.

« sa mère lui dit : "*À toi je n'ai pu offrir un voyage de noces. Qu'est-ce qui te ferait plaisir ?*" Ce qui lui plairait ? Un billet d'avion *stop over* pour parcourir le monde. Cette balade autour du globe durera sept mois. » *Le Point*, 28 août 1978, p. 61.

✻ Emprunt à l'américain *stop over* (1881, *in* Dict. of American English)
« halte, escale », déverbal de *to stop over* (1857, *in* Dict. of American
English) « s'arrêter, faire escale » de *to stop* (→ **Stopper**) et *over* « en
chemin ». En français, ce terme appartient exclusivement au vocabulaire
spécialisé du tourisme aérien. On a proposé de le traduire par *arrêt
volontaire, arrêt libre* (Dict. touristique international).

STOPPER [stɔpe] *v.*

1° *V. intr.* (1847) S'arrêter (en parlant de navires, de véhicules,
d'appareils). *Ordre de stopper* → **1. Stop.** — REM. : Enregistré
dans les dict. de Littré 1872 et de l'Académie 1878.

> « Au commandement de : un homme à la mer, je fis jeter la bouée,
> amener la baleinière, et stopper. »
> BOUET-WILLAUMEZ, *Rapport au ministre*, 1847,
> *in* JAL, *Glossaire nautique*, 1848 [*in* Littré].

> « Le navire stoppe ici deux heures pour donner et prendre les lettres
> avant de se lancer dans l'Océan [...]. »
> E. MICHEL, *Le Tour du monde en deux cent quarante jours*, p. 15 (□ 1881).

— (1928) *Fam.* S'arrêter net, comme de façon mécanique (dans
le cours d'une action, en parlant d'une personne).

> « il semblait au bord même de l'aveu ; puis soudain, comme si les
> paroles se bloquaient dans sa gorge, il stoppait net. »
> MARTIN du GARD, *Les Thibault*, t. IX, p. 85 (□ 1928).

2° *V. tr.* (1865) Arrêter (automatiquement) la marche d'un
bateau (à vapeur, à l'origine), d'un véhicule, le fonctionnement
d'une machine, d'un appareil. — REM. : Ne pas confondre avec
l'homonyme *stopper*, v. tr. (du néerlandais *stoppen* « boucher,
bourrer, repriser ») qui signifie « réparer un trou, une déchirure,
en refaisant la trame et la chaîne ».

> « L'ordre de *stopper* (arrêter) la machine fut immédiatement
> donné [...]. »
> L. SIMONIN, *Un voyage aux mines de Cornouailles* [1862], p. 377 (□ 1865).

— (1847) *Fig.* Arrêter énergiquement le cours, l'évolution d'une
chose ; empêcher de (se) continuer. *Stopper une attaque. Stopper
la maladie* (→ aussi *Stop à...*).

> « Pons faisait de vains efforts pour répondre, la Cibot parlait comme
> le vent marche. Si l'on a trouvé le moyen d'arrêter les machines à
> vapeur, celui de *stopper* la langue d'une portière épuisera le génie des
> inventeurs. »   BALZAC, *Le Cousin Pons*, pp. 647-648 (□ 1847).

✻ Adaptation de l'anglais *to stop* v. tr. « arrêter » (XIVᵉ s.) et intr.
« s'arrêter » (XVIᵉ s.), mot d'origine germanique. *Stopper* est entré dans
l'usage français comme terme de marine à l'époque de la machine à
vapeur. Dans ses emplois familiers et figurés, il comporte toujours la
métaphore sous-jacente de l'arrêt d'une machine ou d'un appareil.
Comme verbe intransitif, *stopper* ne se dit guère de nos jours que d'un
véhicule.

1. STOPPEUR [stɔpœʀ] *n. m.*

(1848 ; *stopper*, 1845) *Mar.* Dispositif servant à arrêter les
chaînes et câbles en mouvement sur un navire. — REM. :
Bescherelle, 1845, enregistre *stopper*, Littré 1872, *stoppeur* ;
absent des dict. de l'Académie.

> « Kerlo regardait la remorque filer jusqu'au couronnement arrière où
> elle disparaissait dans la mer furieuse. Il fit un signe : le stoppeur grinça,
> ses mâchoires serrées sur les torons. »
> R. VERCEL, *Remorques*, p. 91 (□ 1935).

✻ Francisation de l'anglais *stopper* n. (XVIIᵉ s., comme terme de
marine), de *to stop* « arrêter » (→ **Stopper**). *Stoppeur* est enregistré
dans le *Glossaire* de Jal 1848.

2. STOPPEUR, EUSE → STOP 1.

STOUT [stawt] ou [stut] *n. m.*

(1844) Bière anglaise brune, épaisse et fortement houblonnée, à fermentation haute. *Des stout* ou *des stouts. La Guiness est un stout.* — REM. : Absent des dict. de Littré et de l'Académie.

« N'ayant sous la main ni opium, ni haschisch, et voulant s'emplir le cerveau de crépuscule, il avait eu recours à cet effrayant mélange d'eau-de-vie, de stout et d'absinthe qui produit des léthargies si terribles. »
HUGO, *Corinthe*, in *Les Misérables*, p. 1121, Pléiade (□ 1862).

« le sommelier vous apporte votre ale ou votre stout sous pression dans un pot d'étain ou de métal (le stout en bouteille, tel qu'on peut le boire à l'étranger, est une horrible boisson qui a perdu sa merveilleuse odeur de réglisse et de malt). »   P. MORAND, *Londres*, p. 240 (□ 1933).

✱ Mot anglais n. (1677), d'origine argotique, forme abrégée de *stout ale* ou *stout beer. Stout* adj., appliqué du XVIIᵉ au XIXᵉ siècle aux « boissons qui ont du corps », signifiait à l'origine « brave, fier », puis « fort, puissant », et enfin « corpulent » ; le mot est emprunté au XIVᵉ siècle, par l'anglo-normand, de l'ancien français *estout* d'origine germanique → **Ale.**
Attesté en 1844 (A. Michiels, *Angleterre*, p. 186, *in* Mackenzie, p. 220), puis en 1853 (Chapus, *Le Turf ou les Courses de chevaux* [...], p. 189, sous la forme adjectivale *porter double stout*), puis chez Hugo.

1. STREAKER [stʀikœʀ] *n. m.*

(1974) Personne qui fait du streaking*. *Des streakers.* — REM. : *Streaker* ne possède pas de féminin.

« " C'est un acte joyeux de liberté ", explique un streaker. Et un psychiatre : " Il n'y a rien de plus naturel. Lorsque les enfants sont nus, nous trouvons cela charmant. " Pour d'autres, il s'agit de politique. »
L'Express, 11 mars 1974, p. 64.

« les raids individuels ont pris la forme d'une manifestation collective. C'est par centaines maintenant que se comptent les " streakers " qui ont cessé de courir et défilent cérémonieusement, bloquant la circulation. »   *Le Monde*, 17 mars 1974.

✱ Jargon universitaire américain n. (v. 1970), de *to streak* (→ **Streaking**) ; le terme pourrait être adapté en *streakeur, euse.*

2. STREAKER [stʀike] *v. intr.*

(1974) Faire du streaking*.

« Quand je streake, j'ai l'impression de m'exprimer avec tout mon corps, c'est presque de la danse. »   *Le Point*, 18 mars 1974.

« Les étudiants *streakent*, en effet, " pour le plaisir ". Pour faire du bruit, pour choquer ou peut-être prouver qu'ils existent. »
Le Nouvel Observateur, 13 avril 1974, p. 6.

✱ Adaptation du v. *to streak* dans l'acception argotique qui lui a été conférée par les étudiants contestataires américains (→ **Streaking**).

STREAKING [stʀikiŋ] *n. m.*

(1974) Forme de manifestation qui consiste à courir entièrement nu dans un lieu public.

« Streaking : expression intraduisible en français. Qui signifie, à la fois, se déshabiller entièrement et courir comme l'éclair. C'est la dernière mode sur les campus des universités américaines. Un mouvement qui est parti comme une facétie et se répand comme une épidémie. »   *L'Express*, 11 mars 1974, p. 64.

« Il y a des streaking banals, mais il y a des streakers inspirés qui élèvent cet exercice corporel au niveau de l'art. Les critères sont : audace, vitesse d'exécution et risque couru. »   *Le Point*, 18 mars 1974.

✱ Emprunt au jargon universitaire américain n. (v. 1970), part. présent substantivé de *to streak* « filer comme l'éclair », de l'anglais *to streak* « jaillir, en parlant d'un éclair », de *streak* n. d'origine germanique « raie, filet ». Terme retenu au titre du vocabulaire de contestation estudiantine en Amérique, très localisé dans le temps. Les Québécois ont proposé et utilisé l'équivalent *nuvitisme* (de *nu* et *vite*).

STRESS [stʀɛs] *n. m.*

1° (1952) *Méd.* Action spécifique de facteurs physiques, physiologiques ou psychologiques sur l'organisme, qui nécessitent un travail d'adaptation.

« En l'absence d'hypophyse, les manifestations du dommage (hypothermie, ulcère gastrique, hypotension, hypoglycémie) sont plus graves, tandis que les manifestations défensives (activation de la surrénale, fièvre, hyperglycémie, hypertension, dissolution du tissu lymphatique) sont diminuées. La certitude était donc acquise que la réponse au stress utilise la voie humorale endocrine, par la mise en action de la cortico-surrénale, elle-même stimulée par une sécrétion du lobe antérieur de l'hypophyse. »
J. STAROBINSKI, *La « sagesse des corps » et la maladie comme égarement : le « stress »,* in *Critique*, avril 1952, pp. 347-348.

2° Réponse de l'organisme aux facteurs d'agression physiologiques et psychologiques ainsi qu'aux émotions qui nécessitent une adaptation. *État de stress. Syndrome de stress (stress-syndrome)* ou syndrome général d'adaptation.

« Des agents variés amènent donc une réponse identique et non spécifique qui augmente la résistance des animaux exposés à l'agression, mis par le fait même dans une condition nouvelle : le stress.
Cette expression est intraduisible mais le vieux mot français d'astreinte qui signifie état de rude et sévère contrainte est peut-être celui qui s'en rapproche le plus. Qu'est-ce en effet que le stress, sinon un état de tension aiguë de l'organisme obligé de mobiliser ses défenses pour faire face à une situation menaçante ? L'organisme se trouve alors astreint à un labeur maximum qui est précisément la réaction d'alarme. »
J. DELAY, *Introduction à la médecine psychosomatique,* p. 76 (□ 1961).

— Par ext. *Cour.* Réaction de l'organisme à l'action de tout agent capable de produire une tension *(agent stressant),* en particulier au choc de facteurs d'agression (traumatisme, intoxication, bruit, pollution, émotion-choc, surmenage, etc.) ; et par ext. l'agent lui-même. *Des stress.*

« Rien dans la théorie de Selye ne nous permet de supposer que le stress dû aux intempéries, à la famine, ou à la lutte contre un animal sauvage doive se traduire par une réponse humorale différente de celle que provoque chez l'homme civilisé l'émoi de la sonnerie nocturne du téléphone ou l'angoisse de la perte de salaire. »
J. STAROBINSKI, *op. cit.,* 1952, p. 360.

✱ Terme proposé dès 1936 en anglais par l'endocrinologiste canadien Hans Selye, repris dans ses ouvrages : *Stress,* 1950, *The Stress of Life,* 1956. Mot anglais n. (XIVᵉ s.) d'usage courant aux sens de « pression, contrainte, grande tension, surmenage ; agression », ayant d'abord signifié « épreuve, affliction ». *Stress* semble issu à la fois de l'ancien français, par aphérèse, de *distress* n. (XIIIᵉ s.) « affliction » (Cf. *détresse*) et de *estrece,* « étroitesse, oppression », les deux mots venant du latin *stringere* « serrer, resserrer ».
Critiqué comme terme d'usage courant, cet emprunt à succès, venu de Montréal, ne fait pas non plus l'unanimité comme terme de médecine. Cf. Manuila et al., *Dict. de médecine et de biologie.*

« La théorie de Selye du "syndrome d'adaptation" est une hypothèse scientifique, elle ne décrit pas un stress absolu. Même si l'Académie française accepte, dans certains cas, "stress", lui préférer selon le cas : agression, choc, ou réponse (réaction) à l'agression. » *Langage médical moderne,* 1974.

✱ *Stress* a produit le dérivé *stresser,* v. (v. 1965) « soumettre à un stress ; déterminer, occasionner un état de stress ». *Être stressé.* Ce verbe, surtout employé comme part. passé et adj., n'est pas admis dans le langage soigné. Il est enregistré dans le Suppl. 1970 du Robert. Sur *stresser*, le français a formé *stressant, ante,* adj. (1967) « qui provoque un stress ». L'adjectif entre notamment dans le terme médical *agent stressant* (1972, *Dictionnaire de médecine et de biologie*), traduction de l'anglais *stressor,* n. La *Clé des mots* propose de substituer *agressant* à *stressant,* et *le Langage médical* moderne (1974) préconise *facteur d'agression* pour remplacer *agent stressant.*

> « Combien d'individus normaux rencontrons-nous qui ne soient pas à un moment donné dans une situation plus ou moins stressante ? »
> P. Schilder, cité par C. Koupernik, in *La Nef,* n° 31, 1967, p. 156.

STRETCH [stʀɛtʃ] *n. m.*

(1963) *Techn.* Procédé de traitement des tissus les rendant élastiques dans le sens horizontal sans adjonction de caoutchouc. — (1948) *Par ext.* Tissu ainsi traité. Par appos. *Velours stretch.*

✻ Nom déposé du procédé mis au point en Amérique en 1963 (*in* Webster's Third 1966), de l'anglais *to stretch* « étirer, étendre ». Enregistré dans le 1ᵉʳ Suppl. du G. L. E. 1968.

STRING [stʀiŋ] *n. m.*

(1978) Le plus petit des slips, retenu sur les hanches par une cordelette, une chaînette, un élastique, etc.

> « Boxer, minislip ou string ? Dans la cabine d'essayage du rayon maillots de bains, c'est l'examen de passage. De l'hiver à l'été. Les candidates défilent. Pas fières. Lumière blafarde du néon, glace implacable. »
> *Le Nouvel Observateur,* 22 mai 1978, p. 58.

✻ De l'américain *string* n. (1974, Barnhart 2), abrév. de *string bikini* de *string* « cordon » et *bikini* « slip », influencé par *G-string* ou *Gee-string* « pagne à ficelle » (1878) puis « cache-sexe de music-hall » (1936). On dit aussi *slip string* en français. Nous avons le mot *cache-sexe* mais il est démodé (l'idée de se cacher étant mal reçue), et d'ailleurs son emploi est plutôt limité au contexte du music-hall.

1. STRIP [stʀip] *n. m.*

(1965) *Rare* → **Strip-tease.**

> « c'est en comédienne que je fais du strip [...]. »
> *Pourquoi,* 5 mars 1965 [*in* Hanon, p. 133].

✻ Forme abrégée d'origine américaine (*in* Deak) de *striptease.*

2. STRIP [stʀip] *n. m.*

(1947 ; *comic strip,* 1967) *Rare.* Bande dessinée américaine.

> « Viens petite fille dans mon comic strip,
> « Viens faire des bulles, viens faire des wip,
> « Des clip ! crap ! des bang ! des vlop ! »
> S. Gainsbourg, Chanson, in *L'Express,* 25 sept. 1967, p. 114.

> « Le chat de Fat Freddy, l'un des frères [les *Freak Brothers,* de Gilbert Shelton], fait l'objet d'un strip à part, souvent très drôle. »
> *Magazine littéraire,* déc. 1974, p. 34.

✻ De l'américain *strip* n. (1923), forme abrégée de *comic strip* n. (1920), de l'anglais *strip* « bande », et *comic* « comique ». Le *strip* est la « bande » proprement dite, caractéristique du quotidien, et opposé à la page dessinée ; dans ce sens technique précis, le mot n'a pas d'équivalent français clair.

1. STRIPPER [stʀipœʀ] *n. m.*

1° (1961) *Techn.* Machine agricole utilisée pour la cueillette mécanique du coton. *Des strippers.*

« La machine à cueillir le coton est un vieux rêve d'inventeur, longtemps poursuivi sans succès, aujourd'hui réalisé. Sous les noms de *stripper* (déshabilleur) ou *picker* (cueilleur) un certain nombre de types de machines, mettant en œuvre des techniques variées, sont actuellement en service. »   P. de CALAN, *Le Coton et l'Industrie cotonnière*, P. U. F., Que sais-je ?, n° 90, p. 19, 1961.

2° (1964) *Techn.* Instrument de chirurgie employé pour dénuder les veines dans le traitement contre les varices.

✱ Mot anglais n., de *to strip* « enlever, dépouiller », enregistré dans le G. L. E. 1964. En chirurgie, le *Langage médical moderne,* 1974, conseille de le remplacer par *tire-veine* n. m.

2. **STRIPPER** [stʀipe] *v. tr.*

(1964) *Techn.* Dépouiller (un liquide pétrolier) de ses fractions trop volatiles.

✱ De l'anglais *to strip* → **Stripping.**

STRIPPING [stʀipiŋ] *n. m.*

1° (1964) *Indus. pétrolière.* Entraînement des fractions trop volatiles d'un liquide pétrolier.

2° (1964) *Chir.* Méthode d'ablation chirurgicale des varices.

3° (1968) *Phys. nucl.* Réaction nucléaire produite par un deuton arrivant sur un noyau d'atome.

« Enfin, la seule machine entièrement nouvelle, conçue spécialement pour l'accélération des ions très lourds, a été financée en Allemagne fédérale pour 80 millions de marks et va être construite à Darmstadt, près de Francfort. Elle est encore basée sur le principe de plusieurs structures linéaires différentes et séparées par des dispositifs de stripping. »   *La Recherche*, fév. 1971, p. 170.

✱ Mot anglais, de *to strip* « dépouiller, ôter, enlever ». L'usage est critiqué en français. Comme terme de chirurgie, le *Langage médical moderne,* 1974, conseille de le remplacer par *éveinage, phlébectomie ;* comme terme de physique nucléaire, l'Administration exige son remplacement par *stripage* (*Journal officiel,* 18 janv. 1973).

STRIP-TEASE [stʀiptiz] *n. m.*

1° (1954) *Spect.* Déshabillage progressif et suggestif, exécuté sur une musique de danse. *Numéro de strip-tease. Des strip-teases* → **1. Strip.** *Faire du strip-tease* → **Strip-teaser** (ci-dessous).

« Le sommet de leur morne intrigue [de ces personnages de London], très semblable à la scène de strip-tease à peine déguisée qui avait servi à réveiller l'intrigue défaillante de *Theft* est le moment où la jeune fille, qui assiste en contrebande à un spectacle de boxe, aperçoit à la dérobée son jeune amoureux prolétarien " tout nu, excepté les souliers de toile et l'étroite culotte blanche ". »   *Les Temps modernes*, janv. 1954, p. 1307.

« car c'est une loi évidente que tout le strip-tease est donné dans la nature même du vêtement de départ : si celui-ci est improbable, comme dans le cas de la Chinoise ou de la femme enfourrurée, le nu qui suit reste lui-même irréel, lisse et fermé comme un bel objet glissant, retiré par son extravagance même de l'usage humain : c'est la signification profonde du sexe de diamant ou d'écailles, qui est la fin même du strip-tease : ce triangle ultime, par sa forme pure et géométrique, par sa matière brillante et dure, barre le sexe comme une épée de pureté et repousse définitivement la femme dans un univers minéralogique, la pierre (précieuse) étant ici le thème irréfutable de l'objet total et inutile. »   BARTHES, *Strip-tease*, in *Mythologies*, p. 166 (□ 1954-1956).

— (1958) *Par ext.* Établissement où l'on propose ce genre de spectacle.

« J'irai partout, sur les plages des milliardaires, chez les derniers Indiens, dans les strip-teases minables. »
F. REICHENBACH, in *Arts*, 27 oct. 1958.

2° (1956) *Fig.* et *fam.* Propos, attitudes exhibitionnistes ; étalage de sentiments, de convictions intimes. *Ces mémoires sont un véritable strip-tease !*

✱ Mot d'origine américaine n. (1947, *in* Webster's *New Words*), de l'anglais *to strip* v. intr. (XIIIᵉ s.) « se déshabiller », et *to tease* « agacer, taquiner ».

« Mot hideux pour *effeuillage* ou *chatouille-tripes* (selon que l'opération sera réussie, ou non), *strip-tease*, à mon sens, n'a pas sa place dans un dictionnaire du français. »   ÉTIEMBLE, *Parlez-vous franglais ?*, p. 298 (□ 1964).

✱ Le déshabillage en musique aurait déjà été pratiqué à Paris, en 1895, par Moreno de Blansac, au Divan japonais, café-concert de la rue des Martyrs.
    Ce genre de spectacle très pratiqué en Amérique y a d'abord été connu sous le nom générique de *burlesque*. Le terme *strip-tease* est aujourd'hui connu dans le monde entier. En français, il a produit le dérivé *strip-teaseuse* ou *stripteaseuse* n. f. (v. 1955 ; Cf. américain *stripper* n., de *to strip* « faire du strip-tease »), « artiste qui fait du strip-tease », parfois remplacé par *effeuilleuse*.

« Et puis, le strip-tease est assimilé à une *carrière* (débutantes, semi-professionnelles, professionnelles), c'est-à-dire à l'exercice honorable d'une spécialisation (les strip-teaseuses sont des ouvrières qualifiées) [...]. »
BARTHES, *op. cit.*, p. 168 (□ 1954-1956).

✱ On rencontre aussi quelquefois le verbe *strip-teaser* intr. (1972), « faire du strip-tease ».

« Zouzou ne strip-teasera pas. »
C. COURCHAY, *La vie finira bien par commencer*, p. 223 (□ 1972).

STRONTIUM [stʀɔ̃sjɔm] *n. m.*

(1829) *Chim.* Élément (symb. *Sr*), métal alcalin-terreux, de couleur jaune, analogue au calcium. — REM. : Signalé dans le Compl. 1829 du dict. de l'Académie et enregistré dans le dict. de Littré 1872.

« — Et du Mendelsohn [*sic*] ou du Mozart pour les tempéraments sanguins, ce qui remplace avantageusement le bromure de strontium ! »
Jules VERNE, *L'Île à hélice*, pp. 88-89 (□ 1895).

✱ Mot anglais n. (1808), mot créé par Sir H. Davy, sur le modèle des termes de chimie, *baryum, calcium, potassium*, etc., de *strontia* n. (1802), « strontiane », de *strontian* adj. (1789), du nom propre *Strontian*, village d'Écosse près duquel cet élément fut découvert.

STRUGGLE FOR LIFE → LUTTE POUR LA VIE.

STUD-BOOK [stœdbuk] *n. m.*

(1828) Registre portant le nom, la généalogie et les performances des chevaux pur sang. *Des stud-books.* — REM. : Enregistré dans le dict. de Littré 1872 ; absent des dict. de l'Académie.

« C'est au règne de Louis-Philippe que l'on doit l'ordonnance du 3 mars 1833, portant l'établissement d'un registre matricule, le *Stud-Book* français, destiné à constater la généalogie . des chevaux et à recueillir l'historique des courses. »
E. CHAPUS, *Le Turf ou les Courses de chevaux en France et en Angleterre*, p. 17 (□ 1853).

✱ Mot anglais n. (1803), de *stud* « haras », et *book* « livre ». Le *stud-book* d'Angleterre remonte à 1791 ; celui de France, à 1833 (→ ci-dessus). Le mot apparaît dans le *Journal des haras,* II, 1828, p. 116 (*in* Mackenzie, p. 210).

STUDIO [stydjo] *n. m.*

1° (1830) *Vx.* Atelier d'artiste. — (1906) Atelier de photographe d'art. — REM. : Absent de Littré et des dict. de l'Académie.

« Maurice avait installé son *studio* [...] dans une vaste pièce qui passait pour avoir servi d'atelier à Van Loo [...]. Là, s'entassaient ses tableaux, ses dessins, ses ébauches. »
        E. JALOUX, *Fumées dans la campagne,* p. 87, Plon, 1918 (□ 1914).

« Un photographe de génie s'avisa de fixer, sur la plaque sensible, ces figures d'esthètes aux voiles de deuil. Dans le *studio* de M. Strauss on peut voir, à Saint-Louis, une série d'épreuves qui ne le cèdent en rien aux eaux-fortes des grands maîtres. »
        P. ADAM, *Vues d'Amérique,* p. 229 (□ 1906).

2° (v. 1908) Local aménagé pour les prises de vues cinématographiques. — *Au plur.* Ensemble des locaux aménagés par une firme cinématographique pour la prise de vues et le traitement des films. *Scène tournée en studio. Les studios de Joinville.*

« La réalisation d'un film a lieu soit dans un "studio", soit en "extérieur", soit dans des "décors extérieurs". Un studio est un vaste atelier [...] où sont rassemblés le matériel électrique destiné à fournir la lumière nécessaire aux prises de vues et le matériel utile aux prises de son. » R. CLAIR, in *L'Encyclopédie française,* t. XVII, 88-10 (□ déc. 1935).

« Pas assez de scènes dans la nature à leur gré, et trop de scènes de studio avec du vent artificiel — Les souffleries, c'est du chiqué —. »
        Le Monde, 21 janv. 1972, p. 23.

— (1949) Local d'enregistrement de la radiodiffusion, de la télévision, ou d'un producteur de disques. *Studio insonorisé.*

3° (1949) Salle de spectacle de petite dimension où l'on passe des films pour les connaisseurs. *Studios d'art et d'essai* (ou cinémas d'essai).

4° (1955) Salle de travail pour les artistes (danseurs, chanteurs, acteurs).

5° (1914) Pièce servant de salle de séjour, dans un appartement → **Living.**

« Le salon tenait de l'atelier et de la garçonnière. Un très grand divan [...], une table couverte de livres et de revues, mêlés à des bibelots saugrenus [...], quelques fauteuils anciens ; et un piano dans un coin. [...] C'était vraiment un logis d'étudiant, et si j'ajoute qu'une bouteille de porto ou de xérès traînait toujours sur la cheminée, à côté de plusieurs cendriers et de boîtes de cigarettes du Levant, j'aurai indiqué la surprise que l'on éprouvait en pénétrant dans ce *studio* de jeune fille. » E. JALOUX, *Fumées dans la campagne,* p. 106, Plon, 1918 (□ 1914).

« venez donc un de ces jours [...] prendre votre thé avec Gilberte, elle vous le fera comme vous l'aimez, comme vous le prenez dans votre petit "studio" [...] un "studio" j'étais incertain si j'en avais ou non. »
        PROUST, *À l'ombre des jeunes filles en fleurs,* p. 508 (□ 1918).

« Les architectes ont donc conçu de nouveaux plans. L'appartement comporte surtout une grande pièce, dite studio, à laquelle s'ajoute parfois une ou deux petites chambres et toujours une salle de bain et une cuisine, aménagées dans un espace aussi restreint que possible. Ainsi la pièce commune est née du désir d'utiliser, à tout moment, tout l'espace dont on dispose. [...] La chambre devient donc salle à manger à l'heure des repas et salon à l'heure des visites. »
        R. COGNIAT, in *L'Encyclopédie française,* t. XVII, 14-1 (□ déc. 1935).

— (av. 1949) Le plus petit des appartements, formé d'une seule pièce principale, avec salle de bains et cuisine ou coin-cuisine. *Acheter un studio.*

« afin de vous dédommager de votre dérangement, je vous propose de venir un de ces jours siroter un verre de porto avec moi dans mon petit studio Lévitan tout neuf. »

QUENEAU, *Le Dimanche de la vie*, p. 32 (□ 1951).

✻ Anglais *studio*, emprunt de l'italien *studio* (du latin *studium* « étude ») au sens « atelier d'artiste », d'abord employé à propos d'artistes italiens ou de l'Italie (1819, 1820 *in* Oxf. dict. ; c'est aussi à ce titre qu'il est attesté en français en 1830, dans une traduction de Lady Morgan ; Cf. Mackenzie, p. 216), puis généralisé (1837, à propos d'artistes anglais). Il ne s'est pas répandu en français avant la fin du XIXᵉ siècle, et la revue d'art anglaise *The Studio,* fondée en 1893, dont il existait une édition française, contribua peut-être à sa diffusion. Le Quillet 1970 indique encore une prononciation à l'anglaise [stjudjo].

Le français se souvint de l'étymologie du terme en l'appliquant à un « cabinet de travail » (→ ci-dessous, jeu de mots de Queneau), sens aujourd'hui vieilli qui n'était pas un anglicisme (notons *étude* en argot pour « chambre, appartement », « chambre malpropre », 1899 *in* Wartburg, Esnault). C'est peut-être à ce sens « studieux » qu'il faut rattacher « salle de spectacle » attesté seulement en français (au moins seize salles en 1980, à Paris, s'intitulent *studio*).

Le sens « pièce de séjour », s'il est indépendant de l'anglais, ne l'est sans doute pas de l'américain *studio apartment,* d'abord « appartement comportant un atelier d'artiste ou une pièce y ressemblant par la luminosité, la hauteur du plafond » puis « appartement à une seule pièce principale » (1944). Dans ce dernier sens, *studio* en français a remplacé *garçonnière* et produit le dérivé *studette* (1969).

« La servante le conduisit dans un studio où turellement jamais l'on n'estudia mais garni de phonos radios bars et de fleurs. » QUENEAU, *Loin de Rueil,* p. 145 (□ 1944).

« une dactylo qui se respecte et qui habite une petite chambre avec un divan l'appelle immanquablement un studio ; en anglais ce mot désigne un "atelier d'artiste". » F. de GRAND'COMBE, *De l'anglomanie en français,* oct. 1954, p. 267.

✻ Quant aux différents sens de « local aménagé pour un travail artistique », le terme a eu une évolution parallèle dans les deux langues et il est malaisé de déterminer, dans un domaine si perméable aux échanges, dans quel sens s'effectuèrent, pour chaque cas, les emprunts : attestation antérieure en français pour le cinéma (1912, *in* Oxf. dict.) ce qui ne surprend pas, la France ayant gardé une avance dans ce domaine jusqu'en 1914, mais postérieure pour les autres sens (Webster's Third).

STYLOGRAPHE [stilɔgʀaf] *n. m.*

(1902) Porte-plume à réservoir d'encre.

« Le docteur, dodelinant de la tête et près de s'assoupir lui-même, inscrivit le total alors atteint : 70 et rentra son stylographe. »

JARRY, *Le Surmâle*, in *Œuvres complètes*, t. III, p. 200, éd. du Livre (□ 1902).

✻ Mot anglais *stylograph* (1882), abrév. de *stylographic pen* (1880) « plume stylographique », expression utilisant l'adj. *stylographic* (1808) « relatif à l'écriture, à la gravure au moyen d'un style » (du latin *stylus* pour *stilus*). L'abrév. courante *stylo* est propre au français.

SUD [syd] *n. m.* et *adj.*

(XIIᵉ s.) Celui des quatre points cardinaux qui est diamétralement opposé à la direction du Pôle nord.

✻ Anglo-saxon *sūd* (anglais mod. : *South*), adjectif d'origine germanique, employé substantivement au XIIIᵉ siècle. Cet emprunt est apparu en français sous la forme *suth* (Gaimar, v. 1138) ; on trouve *sud* vers 1170 *(Livre des Rois)*.

SUD- [syd]

✻ Préfixe issu du substantif *sud* entrant dans un certain nombre de calques syntaxiques de l'anglais, dans lesquels le déterminant précède le déterminé (→ aussi **Nord-**) : *sud-africain, sud-américain*✻, *sud-coréen, sud-vietnamien,* etc.

« Les journaux nous servent quotidiennement les anglicismes suivants : les *Nord-Coréens,* les *Sud-Coréens,* les *Nord-Africains.* Ce sont d'horribles solécismes. Appellerez-vous Olive et Marius des *Sud-Français ?* »
F. de GRAND'COMBE, *De l'anglicisme en français,* oct. 1954, p. 270.

« le terme [...] de *Sud-américain* est si bien implanté dans la langue qu'il peut passer pour légitimer les autres. Cela fait réfléchir et incline à l'indulgence. »
A. THÉRIVE, *Querelles de langage,* t. II, p. 71 (□ 1933).

SUD-AMÉRICAIN, AINE [sydameʀikɛ̃, ɛn] *adj.* et *n.*

(1877) De l'Amérique du Sud. *Les pays sud-américains. Les Sud-Américains.* — REM. : Absent des dict. de Littré et de l'Académie.

« Aujourd'hui, la " rêveuse lumière des réverbères " (dreamy lamps lights) d'Oxford Street s'est éteinte devant un éclairage électrique terrible, très sud-américain. »
P. MORAND, *Londres,* p. 184 (□ 1933).

✳ Anglais *South American,* de *South America* n. « Amérique du Sud », de *South-* (→ **Sud-**). *Sud-Américain* est attesté en 1877 (*in* Darmesteter, *De la création actuelle des mots nouveaux,* p. 157).

« De même, si nous continuons à dire "l'Amérique du Nord" et "l'Afrique du Nord", nous appelons ceux qui y vivent des *Sud-Américains* et des *Nord-Africains.* Un " Américain du sud " risquerait de prêter à confusion : s'agit-il d'un Argentin ou d'un Virginien ? »
J. DARBELNET, *Regards sur le français actuel,* p. 95 (□ 1963).

SUFFRAGETTE [syfʀaʒɛt] *n. f.*

(1907) Militante qui, en Angleterre, au début du XXᵉ siècle, revendiquait le droit de vote pour les femmes. — REM. : Absent du dict. de l'Académie 1935.

« L'antimilitarisme chez elle était une révolte contre les hommes, contre tous les hommes, et pas seulement Mercurot ou Jean Thiébault. Ce sont les hommes qui sont soldats, ce sont les hommes qui sont électeurs. Catherine ne réclamait pas le droit de vote pour les femmes, comme les suffragettes anglaises. »
ARAGON, *Les Cloches de Bâle,* p. 204 (□ 1934).

✳ Mot anglais n. (1906), dimin. fém. de *suffrage,* du latin *suffragium* « tesson avec lequel on votait », de *frangere* « briser » probablement par le français. Attesté en français dans le *Suppl.* du *Nouveau Larousse illustré.*

SUGGESTIF, IVE [syɡʒɛstif, iv] *adj.*

1° (1857) Qui a le pouvoir de suggérer des idées, des images, des sentiments, des actes. — *Spécialt.* Qui fait penser. — REM. : Enregistré dans le *Suppl.* 1877 du dict. de Littré et dans le dict. de l'Académie 1935.

« Delacroix est le plus *suggestif* de tous les peintres, celui dont les œuvres, choisies même parmi les secondaires et les inférieures, font le plus penser, et rappellent à la mémoire le plus de sentiments et de pensées poétiques déjà connus, mais qu'on croyait enfouis pour toujours dans la nuit du passé. »
BAUDELAIRE, *L'Œuvre et la Vie de Delacroix,* in *Œuvres complètes,* p. 1117, 1961 (□ 1863).

« L'ouvrage [*L'Hérédité,* par M. Ribot] est très *suggestif ;* on peut le recommander à tous ceux qui veulent se faire une idée du progrès accompli en philosophie, en psychologie et même en biologie, depuis trente ans. »
TAINE, *Études de psychologie,* in *Derniers Essais de critique et d'histoire,* p. 185 (□ 1893 †).

2° (1889) Qui suggère des idées érotiques.

« Ce soir, un spectacle assez drolatique, rue du Caire. Un ecclésiastique que j'ai devant moi, à la danse du ventre, se met à regarder de côté, toutes les fois que le ventre de l'almée soubresaute voluptueusement, devient trop suggestif. »
E. et J. de GONCOURT, *Journal,* 16 sept. 1889, t. VIII, p. 75.

✻ Francisation de l'anglais *suggestive* adj. (XVIIᵉ s.), de *to suggest* « suggérer », du latin *suggestum,* supin de *suggerere* « porter [*gerere*] sous », comme le français *suggérer. Suggestif* est attesté en 1857 (Forgues, in *La Revue des Deux-Mondes,* XI, p. 655, *in* Mackenzie, p. 227).

SUITE [sɥit] *n. f.*

(1913) *Hôtel.* Série de pièces en enfilade constituant un appartement indépendant dans un grand hôtel. *Occuper une suite.* — REM. : Absent du dict. de l'Académie 1935.

« Tout cela [les achats] est étalé sur les tables et les fauteuils de mes deux salons. (J'ai, au Carlton, une suite de dix fenêtres sur l'Arno, salle à manger, fumoir, salle de bains aussi grande que la chambre à coucher ; on a doublé le personnel, à mon étage.) »
    V. LARBAUD, *Journal,* in *A. O. Barnabooth,* pp. 107-108 (□ 1913).

✻ Anglais *suite* n. (XVIIᵉ s. ; « série de pièces en enfilade », 1716) lui-même emprunté du français *suite* au sens de « subordonnés qui accompagnent une personne ». Comme terme d'hôtellerie, *suite* est un anglicisme critiqué. On dit en français *appartement.*

SULKY [sylki] *n. m.*

(1860) *Turf.* Voiture légère à deux roues, sans caisse, à une seule place, utilisée exclusivement pour les courses de chevaux au trot attelé. *Des sulkies.* — REM. : Absent des dict. de Littré et de l'Académie.

« En Amérique, au contraire, on s'est attaché avant tout à la vitesse. Les chevaux ont pris des petites tailles. Ils battent tous les records d'allures, mais ils ne peuvent que tirer de légers *sulkies* sur des distances ne dépassant pas 1 600 m. »
    P. ARNOULT, *Les Courses de chevaux,* p. 80 (□ 1962).

✻ Mot anglais n. (1756), désignation de la voiture légère à deux roues, à une place, utilisée comme terme de turf, principalement, en Amérique, de *sulky* adj. « bouddeur », parce que cette voiture ne peut servir qu'à une seule personne. Attesté en français dans *Le Sport,* 11 janv. 1860, p. 3.

SUNDAE [sœndɛ] *n. m.*

(v. 1970) Dessert glacé, constitué par une glace à divers parfums, accompagnée de crème fouettée, fruits, etc.

✻ Mot américain attesté en 1904 sous la forme *sundi,* altération de *Sunday* « dimanche ». Semble avoir été d'abord une désignation commerciale, lancée par une « Pharmacy » (→ **Drugstore**) de Ithaca, dans l'État de New York, en 1897.

SUNLIGHT [sœnlajt] *n. m.*

(1923) Projecteur de grande puissance utilisé dans les studios de cinéma. *Des sunlights.* — REM. : Absent du dict. de l'Académie 1935.

« Dans *Le Magicien d'Oz,* une courte scène se passait dans un champ de coquelicots. La chaleur des sunlights était si forte qu'elle risquait de faner les fleurs et c'est ainsi que 40 000 coquelicots artificiels furent plantés d'un aspect aussi réel que ceux qui poussent dans les champs de blé. » M. BESSY, *Les Truquages au cinéma.* p. 171 (□ 1951).

✻ Terme de cinéma d'origine américaine, de l'anglais *sunlight* n., proprement « lumière [*light*] du soleil [*sun*] ». Attesté en français le 8 février 1923 (d'après Giraud, p. 189). Emprunt difficile à prononcer et à écrire en français qui, selon l'Office du vocabulaire français, peut être aisément remplacé par *projecteur* (*Vie et Langage,* oct. 1957, p. 451).

SUPER- [sypɛʀ]

✳ Premier élément de formation, latin *super* « en dessus, par-dessus, au-dessus de », entrant dans la composition de nombreux adjectifs et substantifs, dont certains sont des emprunts directs de l'américain *(supérette*, superman*, superstar*, superproduction*, supertanker*),* certains, des traductions plus ou moins littérales de l'américain *(super-forteresse, supermarché*),* tandis que les autres prolifèrent depuis les années 60 dans la langue de la réclame.

« Que l'on puisse, notamment au cinéma, dans un film publicitaire, parler de *super-dentifrice* sans provoquer un éclat de rire général, ni même particulier, prouve à quel point nous nous sommes habitués au *super,* sinon au ridicule.
J'avais cru que tout était déjà passé au super : les détergents, les shampooings, les préfets, les *blue-jeans,* les express du Japon. Je me trompais. La dernière chose que nous voyons traitée au *super* c'est un carré : vantant dans sa publicité une nouvelle voiture, une firme annonce : moteur *super-carré.* Félicitations à l'ingénieur : c'est vraiment la quadrature du cercle [En note : "Des techniciens m'ont écrit pour me démontrer par A + B, dessin à l'appui, que le moteur *super-carré* existe et que, si je l'ignore, je peux aller me faire cuire un œuf. Il est d'ailleurs tellement plus carré que les autres, ce moteur, qu'on jurerait un rectangle. Mais croirait-on un instant que l'un de mes correspondants soit convenu du comique de l'appellation ? En aucune façon. Ils n'y font aucune allusion."]. » DANINOS, *Du langage courant,* in Snobissimo, p. 176 (□ 1964).

✳ D'après Guilbert et Dubois *(Formation du système préfixal intensif en français moderne et contemporain),* le préfixe *super-* aurait été introduit massivement après 1914 avec le vocabulaire de l'aviation et celui du cinéma américain. La langue publicitaire lui confère abusivement une valeur qualitative alors qu'il marque à l'origine un dépassement quantitatif (ex. *superpétrolier, superfluidité,* etc.). *Super-* demeure l'un des préfixes les plus productifs de nos jours :

« d'autres titres encore jeunes tiennent la vedette à tel point que beaucoup les considèrent déjà comme des "valeurs de père de famille". Il en est ainsi du *Super,* pour lequel les demandes, en dépit des excès commis, restent abondantes, aucun produit de remplacement n'étant en vue. » DANINOS, *op. cit.,* p. 179.

SUPÉRETTE [sypeʀɛt] ou SUPERETTE [sypeʀɛt] *n. f.*

(1959, *in* Gilbert) *Comm.* Magasin d'alimentation en libre-service, de surface plus réduite (de 120 à 400 m²) que le supermarché (opposé à *hypermarché* et à *supermarché*).

« La superette est un libre-service, assez sophistiqué et avec une marge normale, qui a entre 120 et 400 mètres. C'est un ménage qui le tient. Mais il vit rarement seul, soit qu'il se rattache à un succursaliste, soit qu'il soit lié par contrat avec un grossiste, soit qu'il fasse partie d'une coopérative de détaillants. Il y a, en France, aujourd'hui, près de 5 000 superettes, et il s'en ouvre 40 par mois. » *L'Express,* 4 juin 1973, p. 83.

✳ De l'américain *superette* n. *(in* Webster's Third 1966), contraction de *super[-market]* et suffixe diminutif *-ette.*

« Ce dernier mot est d'une absurdité radicale en français, puisqu'il est formé d'un préfixe augmentatif et d'un suffixe diminutif ! Il est emprunté à l'américain où le suffixe français *-ette* a perdu son sens primitif et s'emploie à tort et à travers. » Dupré, art. *Supermarché. Supérette. Hypermarché.*

SUPERMAN [sypɛʀman] *n. m.*

1° (1954) Personnage fantastique doué d'une force supérieure et de pouvoirs surhumains. *Des supermen.*

« Le héros, Burning Daylight, est un nouvel exemplaire flagrant du Superman des neiges, la brute blonde du Pôle Nord qui devait devenir plus tard, dans le décor retrouvé de la Californie, le Loup solitaire de la finance occidentale. » *Les Temps modernes,* janv. 1954, pp. 1310-1311.

2° (1955) Par ext. *Fam.* (souvent *ironique*) Homme supérieur, surhomme.

« Ce matin, P. M. F. [Pierre Mendès-France]. Ses ennemis l'appellent superman par dérision ; qu'il le soit en effet par rapport à eux, ils n'en doutent pas et ils en crèvent. »

F. MAURIAC, *Bloc-Notes*, 24 mai 1955, p. 180.

✳ Du nom d'un héros américain de bandes dessinées, *Superman*, créé en 1938 par Siegel et Schuster, de *super-* et *man* « homme » (le mot avait été créé en anglais au sens de « surhomme » pour traduire l'allemand *Übermensch* de Nietzsche). On trouve les calques *super-homme* et *superfemme* (*Nouvel Observateur*, 2 mars 1981).

SUPERMARCHÉ ou SUPER-MARCHÉ [sypɛʀmaʀʃe] *n. m.*

(v. 1960) Vaste magasin (de 400 à 2 500 m²) d'alimentation et de produits d'achat courant, où se pratique le libre-service (Ne pas confondre avec *hypermarché* et *supérette*) → **Supermarket.**

« Les voix sortaient des haut-parleurs invisibles, avec leur drôle de musique qui faisait peur. Elles appelaient, elles cherchaient le long des couloirs du Super-Marché. Elles parcouraient lentement toutes les allées, une à une, entre les montagnes de boîtes de fer blanc, elles disaient des choses calmes et sûres, qu'on ne comprenait pas bien mais qui étalaient leurs frissons le long de la peau. »

LE CLÉZIO, *Les Géants*, p. 233 (□ 1973).

✳ Francisation de *supermarket* par traduction littérale. *Supermarché, hypermarché* et *supérette*, termes critiqués, correspondent, en termes de commerce, à des surfaces différentes. Seul *supermarché* est d'usage courant ; le terme est lui-même concurrencé par la locution française *grande surface*. Le regroupement de plusieurs grandes surfaces (pouvant atteindre 50 000 m²) constitue ce qu'on appelle *centre commercial* (→ **Shopping center**).

SUPERMARKET [sypɛʀmaʀket] *n. m.*

(1953) *Rare* → **Supermarché.** Des *supermarkets.*

« Rank a transformé ses salles dancings, en bingo (salle de jeux de loto), en bowlings, en motels, en supermarkets. »

Le Monde, 22 août 1953 [*in* Blochwitz et Runkewitz, p. 290].

« Comme directeur de Supermarket, il faisait de grosses journées, commençant parfois à sept heures du matin [...]. »

SIMENON, *La Boule noire*, p. 16 (□ 1955).

✳ De l'américain *supermarket* n. (1946), de *super-* et de *market* « marché ». Cet emprunt a été francisé en *supermarché**, lui-même critiqué. La locution française *grande surface* a tendance à remplacer cet emprunt.

SUPERPRODUCTION [sypɛʀpʀɔdyksjɔ̃] *n. f.*

(1921) Film et, *par ext.*, spectacle de grande envergure, qui a exigé de gros moyens financiers. — REM. : Absent du dict. de l'Académie 1935.

« Ces girls qui, toutes, ressemblent à d'illustres héroïnes de cinéma, ces girls ne vont pas danser un numéro dans une " superproduction ". »

G. DUHAMEL, *Scènes de la vie future*, p. 122 (□ 1930).

« Toujours est-il qu'en abusant du super, on en perd le goût : que l'on mentionne, à propos d'un film, *superproduction* ou *production* tout court, on s'en superfiche. »   DANINOS, *Snobissimo*, p. 176 (□ 1964).

✳ Terme de cinéma d'origine américaine, de *super-* et de *production*, relevé en français le 21 fév. 1921 [*in* J. Giraud, p. 191]. Le mot s'emploie maintenant dans tous les domaines du spectacle.

SUPERSTAR [sypɛʀstaʀ] *n. f.*

(1971) Personne qui jouit d'une très grande renommée dans le monde du spectacle, et, *par ext.*, dans d'autres domaines. *Des superstars.* — Par appos. *Jésus superstar.*

« Reste le succès de ce Jésus " superstar ". La clé en est assez simple : elle se situe surtout sur la côte ouest des États-Unis où, depuis un an environ, fleurissent des " communes " dédiées à Jésus. Tout comme *Hair* célébrait le " flower people ", *Jésus Christ superstar* est un clin d'œil à ces " Jesus Freaks ", ces " doux dingues " qui se convertissent à Jésus comme leurs prédécesseurs s'étaient consacrés au Zen, à la méditation transcendentale, à l'astrologie, à la magie noire, à la ferveur pour Krishna, au fanatisme écologique... » *Le Monde*, 16 déc. 1971, p. 17.

« Jimmy Carter vient en France. Mr. Carter, on le sait, est président de la République des États-Unis. Un personnage — pour nous Français — fatalement mystérieux et mythique, une *superstar* de la politique mondiale, quelqu'un que nous ne pourrons jamais approcher. »
Le Nouvel Observateur, 1er janv. 1978, p. 56.

✳ Mot anglais d'origine américaine (*in* Barnhart, *A Dict. of New English* 1973), de *super-* et de *star*. Terme lancé en français par la superproduction *Jésus Christ Superstar*.

SUPERTANKER ou SUPER-TANKER [sypɛʀtɑ̃kœʀ] *n. m.*

(1964) *Techn.* Pétrolier de très grande capacité (plus de 100 000 tonnes) → **Tanker.**

« Le transport via Le Cap des 750 millions de tonnes [de pétrole] dont l'Europe aura besoin en 1980 exigerait cinq cents supertankers. »
Le Monde, 18 mai 1971, p. 19.

« Chaque année, cinq millions de tonnes d'hydrocarbures se répandent dans les océans (l'équivalent de dix de ces super-tankers de cinq cent mille tonnes dont deux viennent d'être mis en construction aux Chantiers de l'Atlantique). »
Le Nouvel Observateur, 21 août 1972, p. 69.

✳ Mot anglais d'origine américaine (*in* Webster's Third 1966), de *super-* et de *tanker*. Enregistré dans le G. L. E. 1964, *supertanker* est strictement réservé à l'usage technique. Terme francisé sous la forme *superpétrolier* n. m. (1966 ; *L'Express*, 19 déc. *in* Gilbert).

SUPERVISER [sypɛʀvize] *v. tr.*

(1921) Contrôler la marche d'un travail, les activités de quelqu'un, sans entrer dans les détails.

✳ Adaptation de l'anglais *to supervise* v. tr. (1588 « inspecter », 1645 sens ci-dessus), lat. *supervidere* proprement « regarder au-dessus ». Introduit en français dans le langage du cinéma (1921, PR 1).

SUPER-WELTER → WELTER.

1. SUPPORTER [sypɔʀtœʀ] ou [sypɔʀtɛʀ] *n. m.*

(1907, *in* Petiot) Partisan d'un sportif, d'une équipe, qui manifeste son appui. — REM. : Absent du dict. de l'Académie 1935.

« Demandez à une équipe dont tous les supporters "donnent" à pleine voix, demandez à un international qui joue à l'étranger, parmi des têtes qui ne lui reviennent pas [...] demandez-leur si dans le sport il n'y a pas d'impressions, et si ces impressions n'influent pas sur les résultats ! »
MONTHERLANT, Préface, 1938, *Les Olympiques*, p. 164, Livre de poche (□ 1924).

« il passait détaché avec cinq minutes d'avance sur le peloton lancé à ses trousses, des millions de supporters lui criaient : "Vas-y Gégène ! Allez Gégène !" J. CAU, *La Pitié de Dieu*, pp. 54-55 (□ 1961).

— (1948) *Par ext.* Personne qui apporte son appui, son aide à quelqu'un.

« et les peintres qui ne pipaient mot de son vivant et le laissaient faire estomaqués, trop heureux d'être mis sous contrat par un tel *supporter*, ont eu le front de se plaindre de lui [Ambroise Vollard] après sa mort ! » CENDRARS, *Bourlinguer*, p. 429, Folio (□ 1948).

✱ Mot anglais n. (1432-1450) « partisan », « soutien », de *to support*
(→ **Supporter**, *v.*). La Commission du vocabulaire sportif puis, dans un
communiqué du 23 fév. 1967, l'Académie française, ont condamné
supporter et conseillé *supporteur* ou *partisan*.

2. SUPPORTER [sypɔRte] *v. tr.*

(1963) Encourager, soutenir un sportif, une équipe. *Supporter
une équipe de football.* — *Par ext.* Aider, donner son appui à,
subventionner. *Supporter un parti politique.*

✱ Emprunt sémantique critiqué du verbe anglais *to support,* lui-même
emprunté au XIVe siècle du français *supporter* au sens de « endurer,
tolérer ». Le verbe anglais a pris les sens de « encourager, donner son
appui, son aide », sens inconnus du français avant d'être introduits dans
les reportages sportifs, sans doute sous l'influence de l'emprunt
supporter n.

> « *Supporter* veut dire " endurer " et non " pourvoir aux besoins de " ou " prendre
> le parti de ". Les parents supportent leurs enfants dans la mesure où ils endurent
> leurs caprices ou leur turbulence ; ils les nourrissent ou subviennent à leurs
> besoins jusqu'à ce que ceux-ci soient en mesure de gagner leur vie. Un chef
> soutient ses subordonnés dans un différend avec l'autorité supérieure. »
> J. DARBELNET, *Regards sur le français actuel*, pp. 31-32 (□ 1963).

SURBOOKING [syRbukin] *n. m.*

(v. 1975) Dans les transports aériens, dans l'hôtellerie,
Location d'un nombre de places, de chambres supérieur à celui
dont on dispose.

> « Le " surbooking ", dernier mal du tourisme galopant, fait des
> ravages. Des hôteliers [...] vendent leurs chambres plusieurs fois aux
> agents de voyages, qui les réservent en payant de 10 à 30 % de leur prix
> au début de l'année. Pour s'en assurer l'exclusivité, il leur faudrait
> payer, dès l'hiver, la totalité du montant des chambres qu'ils espèrent
> occuper l'été. » *L'Express*, 9 juin 1979, p. 201.
> « Personne ne bouge. Il faut demander la police et faire évacuer
> l'avion. Nouveau pointage : les " clandestins " sont découverts, munis
> d'une réservation, mais victimes du "surbooking". Soit que la compagnie
> ait parié, à tort, sur des défections ; soit que des agences de voyages
> n'aient pas signalé à la compagnie certains billets vendus. »
> *L'Express*, 14 juil. 1979, p. 70.

✱ Adaptation française de l'anglais *overbooking,* forme du verbe *to
overbook* (1900, *in* Oxf. dict.) composé de *(to) book* « louer » et du
préfixe *over-* « sur- » qui signifie « trop ». On pourrait avantageusement
remplacer cette adaptation par le calque *surlocation,* moins opaque.

1. SURF [sœRf] *n. m.*

(1961) Sport nautique, d'origine polynésienne, pratiqué sur
les plages où la mer fait des rouleaux, et qui consiste à se
déplacer sur la crête d'une vague, debout sur une planche
→ **Surf-board, surfing.** *Faire du surf* (→ **Surfer**).

> « Elles sont jeunes, belles et abandonnées. Assises, face à l'Océan,
> sur des marches de béton, elles attendent, huit à dix heures d'affilée,
> le retour des hommes partis en mer... sur une planche. Chaque jour,
> les célèbres rouleaux de la Côte des Basques (commune de Biarritz) font,
> de plus de cent jeunes filles en vacances, deux cents veuves du surf. »
> *L'Express*, 31 juil. 1967, p. 37.
> « Parce qu'un jour de l'année 1778, le capitaine Cook s'est passé par
> les îles Hawaï, parce qu'il a vu des indigènes se déplacer sur des vagues
> de quatre ou cinq mètres de haut, parce qu'il a été conquis par ce sport
> difficile et dangereux, grandiose et élégant, parce qu'il l'a décrit dans
> ses récits de voyages, le surf a quitté son île natale dès le XVIIIe siècle,
> mais ce n'est que 130 ans plus tard qu'il atteindra les côtes de Californie
> puis celles d'Australie et de France. » *Science et Vie*, juil. 1973, p. 52.

✱ Forme abrégée de *surf-board* au sens français de « sport du surf ».
Surf figure dans l'*Encycl. des sports,* Larousse 1961. Depuis 1960, on
dit aussi en français *monoski (faire du monoski).*

« Le 17 août 1963, j'y [dans *Paris Match*] lus un article sur le " surf ", ce
nouveau jeu importé des îles du Pacifique. Nous avons droit à *surf, surfing* et *surf
riding,* alors que *rase-vagues* ou *rase-rouleaux* (sur *rase-mottes*) disait excel-
lemment la chose. Ouais ! ce n'est ni angliche, ni amerloque, ni en *-ing !* »
                                    ÉTIEMBLE, *Parlez-vous franglais ?,* p. 267 (□ 1964).

✱ L'emploi de *surf-riding* en français est rare.

« Ainsi ne connaît-on que depuis une époque relativement récente la signification mythique du *surf-riding* pratiqué depuis des siècles en Polynésie : ce jeu
sacré est maintenant devenu un sport au même titre que le ski nautique. »
                                    F. CARADEC, *Exploits aberrants et paris stupides,*
                                    in *Jeux et Sports,* pp. 1135-1136 (□ 1961).

2. SURF → SURF-CASTING.

SURF-BOARD [sœrfbɔrd] *n. m.*

1° (1939) *Rare.* Planche de surf*. *Des surf-boards.*

« Et tout à coup j'entendis Norman me crier gare. Il arrivait droit
sur moi, au sommet d'une vague, follement poussé par le flot, impuissant
à rectifier l'élan de sa planche. — Plongez ! — cria-t-il.
    Le *surf-board* était à deux mètres. J'obéis éperdue. La masse d'eau
déplacée par l'engin passa sur moi en trombe, me froissant les reins
avec brutalité. »   PH. HÉRIAT, *Les Enfants gâtés,* p. 87 (□ 1939).

— Par ext. *Rare* et *vx.* Le sport nautique pratiqué sur cette
planche → **1. Surf, surfing.**

« Cependant, vers cinq heures, la marée se fit sentir et les garçons
en profitèrent pour un sport que je ne pus partager. Il s'agissait du *surf-
board,* jeu violent venu, je crois, d'Honolulu, et où les femmes ne se
risquent pas. »   PH. HÉRIAT, *op. cit.,* p. 86 (□ 1939).

✱ Anglais *surf-board* ou *surfboard* n. (1826), composé de *surf* n.
(1685, répandu au XIXᵉ s.) « vague déferlante, ressac », et de *board*
« planche », désignant la planche de surf, dont la première connue date
de 1808. Quant au sport lui-même, les Anglais l'appellent *surf-riding,* et
les Américains *surfing.* Les Français en ont fait, par abréviation, le *surf*.*

SURF-CASTING [sœrfkastin] *n. m.*

(1964) Pêche à la ligne dans la vague. — *Par abrév.* (1967)
Surf.

« Un tel équipement permettra un double et même triple emploi en
autorisant, au même endroit, la pêche du congre, également à fond [...]
et la pratique du surf diurne ou nocturne sur les plages de sable, les
jours de grosse mer. »   *Toute la pêche,* fév. 1967, p. 32.

✱ Mot d'origine américaine n. (*in* Webster's Third 1966), composé de
l'anglais *surf* « ressac », et *casting,* part. présent substantivé de *to cast*
« lancer » ; enregistré dans le G. L. E. 1964. La forme abrégée, typiquement française, est la plus courante.

1. SURFER [sœrfœr] *n. m.*

(1964) Personne qui pratique le surf*. — REM. : On rencontre
aussi la forme francisée *surfeur, euse* n. (1970, *in* Gilbert, 1980).

« Pendant que leurs Pénélopes respectives les attendent en bronzant
(on brode peu à Biarritz), les surfers, ces demi-dieux qui marchent sur
l'eau, chassent la vague à la manière des rois hawaïiens. »
                    M. SERRE, *Les Veuves du surf,* in *L'Express,* 31 juil. 1967, p. 37.

« le Parti socialiste, aussi satisfait que le surfer, en haut du rouleau,
quand il ne sait pas encore si la vague lui réserve une claque ou une
envolée. »   *Actuel,* déc. 1974, p. 14.

✳ Anglais d'origine américaine *surfer* n. (1917), de *to surf* « faire du surf » (→ ci-dessous). Comme beaucoup d'autres anglicismes, il a été critiqué par Étiemble :

> « À partir de *surfing,* on te nous fabrique un *surfer* (le *surfer*), en vertu de la règle qui veut que tout substantif d'agent soit en sabir un mot en *-er,* dérivant si possible d'une racine anglo-saxonne. » ÉTIEMBLE, *Parlez-vous franglais ?,* p. 267 (□ 1964).

✳ Le mot a pu être diffusé dans certains milieux par une bande dessinée célèbre : le *surfer d'argent (Silver Surfer).* On rencontre aussi *surfiste (L'Express,* 13 sept. 1980, p. 19).

2. SURFER [sœʀfe] *v. intr.*

(1967) Pratiquer le surf✳.

> « Nous savons toutes, à nos dépens, déclare l'une d'elles [les femmes des surfers], que dès qu'un surfer s'arrête de surfer, c'est pour aller dormir. »   *L'Express,* 31 juil. 1967, p. 37.

— *Par métaph.*

> « Dans ces conditions, il serait bien difficile pour Carter de " surfer " de vague en vague sans perdre l'équilibre au moins de temps en temps. Les uns le critiquent parce qu'il n'est pas assez présidentiel, et quelques autres parce qu'il l'est encore trop. »   *L'Express,* 5 déc. 1977, p. 70.

✳ Adaptation de l'anglais *to surf* v. intr. (1917) d'abord répandu en Amérique (l'anglais dit aussi *to surfboard,* v. intr., de *surfboard* n.).

SURFING [sœʀfiŋ] *n. m.*

1° (1949, *in* Petiot) *Rare.* → **1. Surf.**

> « Je vais prendre un *snack* en vitesse avec Bill et nous allons faire un peu de *surfing* avec sa pétoire s'il ne nous fout pas à la flotte… »
> DANINOS, *Un certain Monsieur Blot,* p. 201 (□ 1961).

2° (1964) Le fait pour une embarcation de glisser sur la lame.

> « Son skipper, S. A. Huey Lang estime avoir atteint 17 à 18 nœuds en surfing pendant 1 à 2 minutes […]. »   *Bateaux,* sept. 1966, p. 88.

✳ Anglais *surfing* n. (1917), part. présent substantivé de *to surf* (→ **2. Surfer**), très répandu en Amérique, comme synonyme de *surf-riding.* En ce sens, *surf* est en français plus courant que *surfing.*

SURPRISE-PARTIE ou SURPRISE-PARTY [syʀpʀizpaʀti] *n. f.*

1° (*h.* 1882 ; 1910) *Vieilli.* Réunion de personnes qui s'invitent à l'improviste chez quelqu'un en apportant les éléments de nourriture et de boisson nécessaires à la fête. *Des surprises-parties* ou *des surprises-partys.* — REM. : Absent du dict. de l'Académie 1935.

> « — Si nous montions souper chez elle à l'improviste, dis-je ; Surprise party. »   P. MORAND, *Ouvert la nuit,* p. 120 (□ 1923).

> « Le Major n'aimait pas ce genre de gâteaux, aussi ses surprises-parties étaient-elles truquées, en ce sens qu'il fournissait le liquide et le solide. Ceci lui donnait une certaine indépendance vis-à-vis de ses invités. »   Boris VIAN, *Vercoquin et le Plancton,* p. 24, Folio (□ 1947).

2° (v. 1940) Soirée ou après-midi dansante de jeunes gens et de jeunes filles, organisée chez l'un d'entre eux.

> « Il est fort déprimant de se trouver par mégarde dans une suprise-party qui prend un faux départ. Car le maître — ou la maîtresse — de maison reste dans la salle vide, avec deux ou trois amis en avance, sans la moindre jolie fille, car une jolie fille est toujours en retard. »
> Boris VIAN, *op. cit.,* p. 25.

✱ De l'américain *surprise party* n. (1859), de l'anglais *surprise* lui-même emprunté du français *surprise* au XVᵉ siècle au sens ancien d'«action de prendre, d'être pris à l'improviste», et *party*. Dauzat, Dubois et Mitterand relèvent le terme dans la revue *Gil Blas*, 1882. Bonnaffé l'atteste en 1910. Le second sens est typiquement français :

« *Surprise-party* : ce n'était encore rien d'emprunter le mot, il a fallu le détourner de son sens original et il est maintenant devenu presque obligatoire de prévenir les gens avant de s'inviter chez eux : ça ne suffit pas à rendre cet usage conforme aux règles du savoir-vivre, mais c'est un pas — un petit pas — dans la bonne voie, celle de la courtoisie. »
F. de GRAND'COMBE, *De l'anglomanie en français*, juil. 1954, p. 195.

✱ La forme *surprise-partie* prend le pas sur la forme initiale de *surprise-party*. Dans le langage familier, le terme a cédé le pas à *surboum* n. f. (parfois masculin), fréquent vers 1955-1960 (Cf. M. Mitterand, *Vocabulaire argotique et populaire du E. O. R. de l'École de Sète*, in *Le Français moderne*, juil. 1954, p. 218), déjà désuet et remplacé par *surpatte* n. f. (1959).

« J'avais oublié que ma fille avait organisé une surprise-party, pardon... une *surpatte.* »
DANINOS, *Un certain Monsieur Blot*, p. 119 (□ 1960).

SUSPENSE [syspɛns], [sœspɛns] ou *fam.* [syspɑ̃s] *n. m.*

1º (1903 ; répandu v. 1950) Dans un film, et *par ext.* un spectacle, un récit. Moment où l'action tient le spectateur ou le lecteur dans un état d'attente angoissée ; élément dramatique susceptible de produire cet effet. — Le genre ainsi créé. *Le suspense. Un petit suspense.* Cf. Thriller. — REM. : Absent du dict. de l'Académie 1935.

« Une ellipse courante représente en quelque sorte le contraire du *suspense* : au lieu de nous entretenir dans l'angoisse, on nous prend par surprise : dans *les deux amis* de Dimitri Kirsanoff nous lisons soudain l'effroi sur le visage d'un des deux pêcheurs qui vient de se retourner : un plan d'ensemble nous montre alors un groupe de soldats allemands que nous non plus nous n'aurions pas senti approcher. »
H. AGEL, *Le Cinéma*, p. 99 (□ 1954).

« Et nous acclimatons sur les Champs-Élysées
Doucement l'horreur en salle climatisée
De suspense en suspense et d'image en image
Le meurtre grinçant imprime son grimage »
ARAGON, *Le Roman inachevé*, p. 166 (□ 1956).

« J'insistai pour que Sartre introduisît dans son récit un peu de suspense qui nous plaisait dans les romans policiers. »
S. de BEAUVOIR, *La Force de l'âge*, p. 111 (□ 1960).

2º (1956) *Par ext.* Situation, événement dont on attend la suite avec impatience et angoisse.

« — Le gaz ?...
— Mais oui, tu es la fille d'un compteur à gaz.
— Eh bien ?...
— Tu verras, je te raconterai... »
Moi aussi, comme Yolande, je devenais friand de "suspense". »
P. GUTH, *Le Naïf locataire*, p. 87 (□ 1956).

« Le principe du suspense, chez ces parleurs, consiste en effet à ne jamais achever une phrase sans avoir entamé la suivante. »
DANINOS, *Un certain Monsieur Blot*, p. 144.

✱ Repris de l'anglais *suspense* n. lui-même emprunté au XVᵉ siècle par l'anglo-normand au français *suspens* n. m. (dans l'expression *en suspens*) ou de *suspense* n. f. au sens ancien de « intervalle, délai » (lui-même tiré de *suspens*). *Suspense* a pris en anglais dès 1440 le sens de « état d'incertitude, d'indécision, d'attente inquiète, angoissée » et a été très tôt utilisé en parlant d'un élément dramatique susceptible de provoquer cet état. Wartburg relève dans un Larousse de 1903 le mot *suspense* au masculin. Mais le terme ne se répand en français que vers les années 50, par la critique cinématographique.

Les nombreuses variantes de la prononciation de *suspense* n. m. semblent indiquer que le terme est encore senti comme étranger en français. On entend surtout [syspɛns] et chez les cinéphiles [sœspɛns].

« De même pour *suspense* : entre *sucepanse* et *suspense,* que de nuances heureuses ! *sucepince, seucepanse, seucepince, seucepennesse.* Or, que peut opposer le français ? un *suspens,* si bref qu'il exprime fort mal la durée de la chose, et non moins pauvrement la variété des directions qui nous sollicitent pour sentir alors de l'angoisse. Tout cela, formulé à merveille par les prononciations diverses de *suspense,* classe évidemment le sabir atlantic au premier rang des langues expressives. »   ÉTIEMBLE, *Parlez-vous franglais ?,* p. 139 (□ 1964).

— Comment refranciser un emprunt d'origine française ? Recourir à la forme graphique et phonétique initiale. Dira-t-on *une suspense* [syspɑ̃s] ou *un suspens* [syspɑ̃] ?

« Pourquoi ne dirait-on pas en français *suspens,* comme *en suspens* qui existe et donnerait bien l'équivalent de *suspense* au sens propre d'arrêt, de suspension, d'attente avec une nuance d'inquiétude ? »
                          É. HENRIOT, *Jules Romains et le suspens,* in *Le Monde,* 6 mars 1957.

— Mallarmé a déjà employé ce terme au sens d'« élément dramatique » :

« Tout devient suspens, disposition fragmentaire avec alternance et vis-à-vis, concourant au rythme total, lequel serait le poëme tu, aux blancs ; seulement traduit, en une manière, par chaque pendentif. »
                          Variations sur un sujet, in *Œuvres complètes,* p. 367 (□ 1895).

— Cette solution n'a pas fait l'unanimité parmi les puristes qui réprouvent cet emprunt de sens. D'aucuns (A. Thérive, par ex.) lui préfèrent *une suspense,* mais l'usage n'a pas retenu cette solution.

SWAP [swap] *n. m.*

(1963) *Fin.* Accord de crédit à court terme effectué entre banques par un jeu croisé d'écritures. *Des swaps.*

« parmi les éléments renforçant les possibilités de tirage, il faut aussi mentionner les accords de crédits réciproques, dit "swap". »
                          Le Monde, 22 déc. 1963 [*in* Blochwitz et Runkewitz, p. 291].

« SWAP : troc qui permet à un pays en difficulté de recevoir de la monnaie d'un pays dont la trésorerie est saine. Le Swap est remboursable dans la monnaie du débiteur. Ainsi, la Banque de France reçoit aujourd'hui des dollars et des marks pour l'aider à défendre la parité du franc. Elle les remboursera en francs. Au temps de sa prospérité, la France avait vivement condamné cet expédient. »
                          Le Vocabulaire de l'argent, in *L'Express,* 2 déc. 1968, p. 67.

✱ Mot anglais n. (« échange, troc », 1625), de *to swap* ou *swap,* « échanger, troquer », proprement « frapper, battre », probablement d'origine onomatopéique. L'Administration recommande de remplacer cet emprunt par le terme de *crédit croisé* (Cf. *La Banque des mots,* n° 2, 1971, p. 177).

SWEATER [switœʀ] *n. m.*

1° (1904) *Vieilli.* Maillot de laine utilisé par les sportifs pour l'exercice, l'entraînement. *Des sweaters.* — REM. : Absent du dict. de l'Académie 1935.

« Des seigneurs, vieux pugilistes retirés dont les torses épais semblaient vouloir crever leurs sweaters blancs, étaient montés sur le ring et s'efforçaient de renouveler et de purifier l'air en agitant des serviettes. »   L. HÉMON, *Battling Malone,* p. 29 (□ 1911).

« Je ne joue pas au golf comme plusieurs de mes amies, disait-elle. Je n'aurais aucune excuse à être, comme elles, vêtues de sweaters. »
                          PROUST, *À l'ombre des jeunes filles en fleurs,* p. 621 (□ 1918).

2° (1923) *Par ext.* Chandail de laine, de coton, à manches longues → **Pull-over.**

« Cependant, Vinca liait, d'une main patiente, les sandales par paires, et retournait les poches des sweaters usés, pleines de coquillages roses et d'hippocampes secs... »   COLETTE, *Le Blé en herbe,* p. 163 (□ 1923).

« Je vais voir Valéry hier. Trouvé chez lui Marie Laurencin (exquise dans une sorte de sweater très ouvert, gris et vert-artichaut) [...]. »
A. GIDE, *Journal 1889-1939*, 17 juin 1923, p. 759.

✱ Mot anglais n. (XVIe s. ; 1828, dans le langage du sport, au pluriel, à l'origine), de *to sweat* [swɛt] « (faire) suer, transpirer ». Attesté en français en 1904 (Petiot). L'emprunt est en perte de vitesse par rapport à *pull* et à *pull-over* → **Sweat-shirt.**

SWEAT-SHIRT ou SWEAT SHIRT [switʃœʀt] *n. m.*

(1946) Pull-over de sport en coton molletonné ou en tissu éponge, avec découpe en V, serré à la taille et aux poignets. Cf. Sweater, tee-shirt.

« Elle serait vêtue d'un sweat-shirt blanc, d'une jupe jaune et elle s'appellerait Al... Onésime... »
Boris VIAN, *L'Écume des jours*, p. 28, Pauvert (□ 1946).

« J'avoue que j'apprécie moins ses fantaisies vestimentaires, ajouta M. Lambert ; la voix était timide, mais il posait sur le sweatshirt noir un regard dur. »
S. de BEAUVOIR, *Les Mandarins*, p. 243 (□ 1954).

— *Par appos.*

« Anorak sweat-shirt à taille coulissée, pantalon golf en coton imperméabilisé. »
L'Express, 6 fév. 1978, p. 29.

✱ De l'américain *sweat shirt* n. (*in* Webster's Second 1934), composé de l'anglais *to sweat* [swɛt] « (faire) transpirer, suer », et *shirt* « chemise », désignant à l'origine un survêtement d'athlète, de sportif. Pour *sweat-shirt*, comme pour *sweater*, le français a imaginé la prononciation en [i].

SWEEPSTAKE [swipstɛk] *n. m.*

(1776 ; vulgarisé v. 1934) *Turf.* Loterie par souscription entre les propriétaires des chevaux d'une course. — *Par anal.* Loterie basée à la fois sur un tirage et sur le résultat d'une course. — REM. : Absent des dict. de Littré et de l'Académie.

« Le sweep-stake est un prix qui consiste en une somme résultant d'une souscription convenue entre les propriétaires des chevaux engagés, et qui s'ajoute à un prix officiel quelconque. Celui qui gagne, balaye, enlève tout l'argent : de là, *sweep-stake.* »
E. CHAPUS, *Le Turf ou les Courses de chevaux en France et en Angleterre*, pp. 376-377 (□ 1853).

« Il s'inscrivit d'abord pour une sorte de sweepstake. Le joueur donnait au steward du pont un chiffre, de un à dix. À midi, on affichait dans le hall des premières le nombre de milles marins parcourus depuis la veille par le paquebot : le dernier chiffre de ce nombre déterminait les gagnants. »
J. VERCEL, *L'Île des revenants*, pp. 20-21 (□ 1954).

✱ Anglais *sweepstake* ou *sweepstakes* n. (1495), de *to sweep*, proprement « balayer », et, comme terme de jeu, « rafler », et de *stake* « enjeu ». Relevé en français par Bonnaffé, en 1828, par Matoré (p. 82), en 1827 (*Manuel de l'amateur de courses*) sous forme *sweepstakes*, et par Proschwitz (p. 339), en 1776. Emprunt difficile à écrire et à prononcer, néanmoins entré dans l'usage courant vers 1934 (d'après Bloch et d'après Dauzat).

SWING [swiŋ] *n. m.*

1° (1895) *Boxe.* Coup de poing balancé horizontalement ou obliquement du bras fléchi ou allongé avec torsion du buste. *Des swings.* — REM. : Absent du dict. de l'Académie 1935.

« Dès le début du deuxième round Joe Mitchell, d'un furieux swing du droit fendit l'arcade sourcilière de son adversaire, et un mince filet de sang coula le long du museau écrasé, tandis qu'une enflure apparaissait qui devait boucher l'œil peu à peu. »
L. HÉMON, *Battling Malone*, pp. 33-34 (□ 1911).

« Le son grave et soutenu suspendit un moment le mal qui étreignit Philippe, un moment après, comme la crampe d'un swing placé bas. »
COLETTE, *Le Blé en herbe*, p. 177 (□ 1923).

— (1906) *Golf*. Mouvement de balancement du club pour frapper la balle.

« Le néophyte, souvent intéressé au double sens du mot, tient à voir où sa balle va tomber, au lieu de garder la tête dans la position qu'elle doit avoir à la montée du "swing". » DANINOS, *Snobissimo*, p. 22 (□ 1964).

— Au bridge, Manœuvre technique employée par le flanc qui consiste à jouer d'une couleur épuisée chez le deuxième joueur et chez le partenaire.

« Ces distributions anormales occasionnent presque toujours des "swings". » P. GHESTEM et C. DELMOULY, *Le Monaco*, p. 97 (□ 1966).

2° (1940) Danse, manière de danser sur une musique très rythmée, inspirée du jazz américain ; musique de jazz à la mode. *Danser un swing, le swing.* — Adj. *Musique swing.*

« tandis qu'un pick-up, placé dans la cuisine, déversait des airs de swing ou de tango par le guichet des plats. »
M. AYMÉ, *Le Vin de Paris*, p. 232 (□ 1947).

— REM. : Cet emploi, démodé dans la langue générale, reste vivant en histoire du jazz pour désigner une période précise de cette musique et un style (années 40-50). *Préférer le swing au cool et au bop.*
— (1940-1945) *Fig.* et *vx*. N. et adj. invar. Dynamique, à la mode (Cf. *Zazou*).

« C'est une mode qu'ont adoptée les gens swing de réunir des amis à l'occasion de leur mort provisoire. »
M. AYMÉ, *Le Passe-Muraille*, p. 84 (□ 1943).

3° (v. 1950) *Mus.* Qualité rythmique propre au jazz.

« Le rythme jazz diffère également de celui qu'on rencontre dans la musique classique, en ce sens qu'il est organisé selon le swing. Tension et détente, exaspération et relaxation, le swing participe de la douleur et du plaisir, du désir et de l'angoisse. »
L. MALSON, *Les Maîtres du jazz*, p. 17 (□ 1952).

✳ Mot anglais n., emprunté tel quel comme terme de sport, déverbal de *to swing* « balancer », attesté en français comme terme de boxe (*Les Sports athlétiques*, 1895, p. 18, *in* Mackenzie, p. 254), puis comme terme de golf (*La Vie au grand air*, 1er déc. 1906, *in* G. Petiot). Attesté comme terme de bridge en 1966.
Réemprunté au vocabulaire du jazz américain pendant la guerre, le mot a pris en français la valeur d'un adjectif (démodé de nos jours).

SWINGUER [swiŋge] *v. intr.*

1° (1947) *Vieilli*. Danser le swing✳.

« Un ami du Major, le jeune Dumolard, réussit à pénétrer dans un petit salon qui se trouvait être vide. Il se mit, inconscient et ravi, à swinguer gracieusement avec une petite fille à jupe courte. »
Boris VIAN, *Vercoquin et le Plancton*, p. 163, Folio (□ 1947).

2° (1952) *Mus.* Jouer (du jazz) avec swing✳ ; avoir du swing. *Ça swingue* (Cf. arg. mus. *Ça chauffe*).

« Toute exécution "swinguée" semble être soumise à une puissante ligne de force temporelle, à l'appel impératif du futur prochain, source de l'impression de vitalité intense que produit l'audition de la musique noire. » L. MALSON, *Les Maîtres du jazz*, p. 17 (□ 1952).

✳ Adaptation de l'anglais *to swing* comme terme de jazz américain. On trouve le dérivé *swingant* adj. (*L'Express*, 24 fév. 1979, p. 19).

SYMPOSIUM [sɛ̃pozjɔm] *n. m.*

1° (1951 ; « banquet, festin », 1876 ; aussi *symposie* n. f., 1813) Publication comprenant plusieurs articles philosophiques ou scientifiques consacrés au même sujet. — REM. : On rencontre parfois la forme grecque *symposion.*

« Le symposium d'archéologie océanienne publié par le B. Bishop Museum sous la direction de I. Yawata et Y. Sinoto réunit seize contributions, essentiellement techniques, signées des plus grands noms de cette spécialité [...]. » *La Recherche*, juil.-août 1970, p. 293.

2° (1957, date d'un congrès sur les antibiotiques ainsi nommé) Congrès (scientifique) réunissant un petit nombre de spécialistes sur un sujet déterminé.

« Nous nous sommes ainsi habitués à vivre dans un monde [...] où les représentants d'une même profession ne peuvent plus se réunir sans que cela fasse un *séminaire* ou — pire ! — un *symposium.* » DANINOS, *Snobissimo*, pp. 169-170 (□ 1964).

✻ Mot anglais n. (« banquet, festin », 1711 ; par allusion au *Banquet* de Platon ; « colloque », 1784, puis par extension « actes, comptes rendus », 1869), du latin *symposium* « banquet », grec *symposion* « banquet, festin, ensemble des convives d'un festin », de *sumpinein* « boire [*pinein*] ensemble ». P. Larousse, 1876, relève *symposium, symposie* (Gattel, 1813) comme terme d'Antiquité. Signalé en français par Lalande, en 1951, *symposium* reste rare au sens de « publication » ; il se répand, en revanche, au sens de « congrès, colloque, rencontre ». *Symposium* a été jugé inutile, prétentieux (Cf. Robert 1964, Georgin 1957, *Vie et Langage* 1964, Le Bidois, *Les Mots trompeurs*, p. 262).

SYNFUEL [sɛ̃fjul] *n. m.*

(1980) Tout combustible de synthèse destiné à remplacer le pétrole.

« malgré les retards accumulés et les tâtonnements de toutes sortes, l'ère de l'"après-pétrole" est commencée. Lentement, péniblement, au prix parfois de pertes énormes, l'industrie des synfuels s'est mise en marche. Négligeable aujourd'hui, elle apportera demain une nouvelle période de prospérité à une humanité avide d'énergie. » *La Recherche*, nov. 1980, p. 1340.

✻ De l'américain *synfuel* n. (1975, Barnhart 2), de *syn-* « synthétique » et *fuel* « combustible ». L'américain possède une série de noms où *syn-* signifie « synthétique » (*synoil, syngas, synzyme,* etc.). La fabrication des synfuels a été envisagée dès 1972 par la firme Tosco. Le président Carter a créé en juin 1980 la *Synthetic Fuels Corporation.*

SYNOPSIS [sinɔpsis] *n. m.* ou *f.*

(1919) *Cin.* Schéma de scénario. — REM. : Absent du dict. de l'Académie 1935.

« — Vous savez, je suis trop ignorant du " détail humain " pour être véritablement ému... on ne m'a raconté que le thème de votre histoire, le synopsis, comme on dit maintenant... » R. VAILLAND, *Drôle de jeu*, p. 256 (□ 1945).

« Songez que même des auteurs célèbres, quand on leur propose une affaire de ce genre-là, spécialement en Amérique, fournissent d'abord un résumé, un synopsis. De grandes maisons comme celles auxquelles je pense payent très bien, mais n'achètent pas chat en poche. » Jules ROMAINS, *Carnet personnel d'Antonelli*, VIII, in *Le Besoin de voir clair*, p. 168 (□ 1958).

✻ Emprunt sémantique à l'américain (*in* Webster's Third 1966, seulement, comme terme de cinéma), de l'anglais *synopsis* n. (1611), du latin *synopsis*, grec *sunopsis*, signifiant « vue générale, tableau synoptique d'une science, d'une question » comme le français *synopsis* n. f. (1842).

« Le scénario est presque toujours précédé du *synopsis*. (Remarquons en passant que dans le langage cinématographique le mot *synopsis* est du genre masculin, alors qu'il appartient au genre féminin ; les dictionnaires, d'accord avec la logique et l'étymologie, sont unanimes à ce sujet.) *Le* synopsis — ne nous faisons pas remarquer par notre purisme — est un exposé à larges traits de ce qui constituera l'action du film, une "vue d'ensemble" selon la définition du dictionnaire. » R. Jeanne et Ch. Ford, *Le Vocabulaire du cinéma*, oct. 1954, p. 458.

✳ Jean Giraud (*Lexique français du cinéma des origines à 1930*, p. 195) a relevé le terme en français le 9 février 1919.

SYSTÉMIQUE [sistemik] *adj.* et *n. f.*

1° *Adj.* (v. 1970, *in* Gilbert) Qui se rapporte à un système, à un ensemble de structures ou de fonctions. — Spécialt. *Insecticide systémique*, qui, appliqué à une plante, la rend toxique dans toutes ses parties. — REM. : Ne pas confondre avec *systématique*.

« Le sens connotatif qui constitue la différence peut relever de tous les types de connotation. Néanmoins, celle qu'on envisage ici est formelle et systématique ; elle ne rend compte que de la différence des signifiants pour un signifié dénotatif constant. » J. Rey-Debove, « Le sens de la tautologie », in *Le Français moderne*, oct. 1978.

2° *N. f.* Analyse scientifique des systèmes complexes, de leur interaction, de leur dynamisme en vue d'une plus grande efficacité d'action. — Adj. *Approche systémique*, qui utilise la systémique.

« 500 philosophes et savants se sont déplacés à Paris pour réfléchir sur une nouvelle "méthode" qui vise à prolonger l'analyse scientifique classique : la "systémique". » *L'Express*, 21 nov. 1977, p. 135.

« Les systèmes complexes sont constitués eux-mêmes d'une multitude de sous-systèmes qui réagissent les uns sur les autres. Comprendre ces interactions se révèle, finalement, plus important pour la maîtrise de l'ensemble que la connaissance de l'architecture de chacun des rouages. En prenant en compte ces actions et réactions, on pourra, peut-être, décider en "connaissance de conséquence".

C'est l'attitude adoptée par l'approche "systémique". Elle ne prétend pas se substituer à l'analyse scientifique classique. Mais en prend le relais. » *L'Express*, 21 nov. 1977, p. 137.

✳ Au sens 1°, l'adjectif vient de l'anglais *systemic* (1803, Oxford dict.) d'abord appliqué à un organisme (« qui touche l'organisme tout entier comme système »). La Commission de terminologie a proposé les mots *endothérapique* et *télétoxique* en 1954, mais ils ne sont pas attestés depuis.

Le nom vient de l'américain *systemic approach*, méthodologie créée aux États-Unis dans les années 1950 (N. Wiener, L. von Bertalanffy, W. McCulloch, etc.) qui met en œuvre la cybernétique, la théorie de l'information et la biologie. Le substantif *systémique* semble avoir été créé en Français par les journalistes. Il n'a pas été mentionné au Colloque de l'Afcet à Versailles en 1976.

T

TABLE RONDE [tabləʀɔ̃d] *n. f.*

(1955) *Fig.* Réunion, conférence (politique, professionnelle, syndicale, etc.) dans laquelle les participants discutent à égalité de questions d'intérêt commun, généralement litigieux.

« Certaines réformes [en Algérie] qui, en d'autres temps, eussent été utiles et qui pourront le devenir quand "le préalable de la *table ronde*" sera chose acquise... » *Témoignage chrétien*, 7 oct. 1955 [*in* Gilbert].

« Table ronde. — Forme moderne de la conversation politique ou sociale, forcément plus délicate à mettre sur pied que les simples entretiens de naguères. » DANINOS, *Le Jacassin*, p. 98 (□ 1962).

✱ Traduction de l'expression anglaise *round table* (1928), forme elliptique de *round-table conference* (1892), où *round table* « table ronde » est symbole, par sa forme, de l'égalité. Les trois mots composant l'expression initiale sont des emprunts à l'ancien français.

« Quant à *"table ronde"* il est certain que l'image implique une égalité absolue des convives, des invités, des participants. Et pour le public, si peu versé qu'il soit dans les romans de chevalerie, il s'y ajoute l'idée que seuls de grands seigneurs sont priés de s'asseoir à ladite table. » A. THÉRIVE, in *Carrefour*, 2 sept. 1959 [*in* Gilbert].

TABLOÏD ou **TABLOÏDE** [tablɔid] *n. m.*

1° (mil. XXᵉ s.) Pharm. *Rare.* Comprimé.

✱ Mot anglais, marque déposée par Burroughs, Wellcome et Co. le 14 mars 1884, de *tablet* n., mot lui-même emprunté à l'ancien français *tablete* (mod. : tablette) au XIVᵉ siècle. Le *Dict. français de médecine et de biologie*, 1972, signale *tabloïde* comme synonyme peu usité de *comprimé*.

2° (1955) *Édition.* Quotidien de demi-format. — *Par ext.* Périodique de petit format.

« Les plus gros tirages sont ceux du tabloïd *The Daily Mirror* et du *Daily Express* (qui appartient à lord Beaverbrook), qui dépassent 4 millions d'exemplaires par jour. » *Larousse mensuel*, juil. 1955, p. 685.

« La presse quotidienne américaine fut marquée par la naissance d'une formule nouvelle de presse bon marché : le *tabloïd*, au demi-format des journaux ordinaires et à pagination réduite.
Ces nouvelles feuilles aux articles très courts, aux énormes titres, abondamment illustrés, recherchent le sensationnel, traitaient peu de politique mais sur un ton passionné ; destinées à la clientèle pressée des grandes villes, elles atteignirent des tirages jusqu'alors ignorés de la presse quotidienne américaine. »
P. ALBERT et F. TERROU, *Histoire de la presse*, p. 89 (□ 1970).

— *Par apposition.*

« "Libération", qui paraît chaque matin sur huit pages en format tabloïd depuis le 22 mai, veut être le porte-parole de "la France d'en bas" [...]. » *L'Express*, 28 mai 1973, p. 76.

✳ Mot anglais attesté en ce sens en 1926, par analogie avec le sens pharmaceutique ; l'emprunt français date des années 1950 ; il est resté technique.

« Transposé en français, pour des gens qui ne connaissent point l'acception pharmaceutique du mot, je conviens que *tabloïd,* avec sa forme prétentieuse, simili-grecque, ça fait très noble. Alors que *j'écris dans un petit format* ne vous rehaussera pas dans votre propre estime, *j'écris dans un tabloïd* (mot à mot : dans un *comprimé*), cela vous pose, devant ceux du moins qui ne savent pas un mot d'anglais. »   ÉTIEMBLE, *Le Babélien,* t. III [*in* Dupré].

TABOU [tabu] *n. m.* et *adj.*

1° *N. m.* (1822 ; *tapou,* 1831 ; *taboo,* 1785) Dans les sociétés polynésiennes, Interdit de caractère religieux qui frappe ce qui est considéré comme sacré ou impur ; interdiction rituelle. *Des tabous.* — REM. : Enregistré dans les dict. de Littré 1872 et de l'Académie 1935.

« Kai-Koumou, suivant un exemple assez fréquent dans la Nouvelle-Zélande, joignait le titre d'ariki à celui de chef de tribu. Il était revêtu de la dignité de prêtre, et, comme tel, il pouvait étendre sur les personnes ou sur les objets la superstitieuse protection du tabou. »
Jules VERNE, *Les Enfants du capitaine Grant,* p. 462, Lidis (□ 1867).

— (1865) *Anthropologie, ethnol.* Système d'interdictions de caractère religieux, observables dans diverses sociétés, en particulier dans les sociétés totémiques.

« Ils [des détails] montrent l'esprit religieux de ces peuples qui, à peine arrivés, consacrent un lieu à leurs divinités ; nous y trouvons l'institution du Tabou, qui est encouru et levé, comme cela se pratique encore de nos jours en Polynésie. Ngtaro le premier en fut frappé pour avoir enseveli Tama et fut forcé de revenir dans son pays natal pour le lever. »   M. de QUATREFAGES, *Anthropologie, Migrations polynésiennes...,* in *Revue des cours scientifiques,* 30 sept. 1865, p. 726.

— *Fig.* Interdiction dans l'ordre de la pensée et du comportement, émanant du groupe social ou culturel et revêtant un caractère religieux.

« Elle [leur mère] leur avait inculqué, sous l'étiquette commode d'amour filial, tout un ensemble de tabous et d'impulsions aussi impérieuses que les lois de la chute des corps. »
P. MORAND, *L'Homme pressé,* p. 46 (□ 1941).

« Il y a ces mille tabous qui proscrivent l'amour hors du mariage, et puis il y a ces tapis de préservatifs usagés dans les arrière-cours des collèges mixtes, ces autos arrêtées, le soir, tous feux éteints, sur les routes, il y a tous ces hommes et toutes ces femmes qui boivent avant de faire l'amour, pour fauter dans l'ivresse et sans mémoire. »
SARTRE, *Présentation,* août 1946, in *Situations III,* p. 129.

2° *Adj.* (1842) Se dit de l'être ou de la chose frappés d'interdiction en raison du caractère sacré ou impur dont ils sont revêtus. — REM. : Enregistré dans le Compl. 1842 du dict. de l'Académie et dans le dict. de Littré 1872. — L'adjectif s'accorde généralement de nos jours en genre et en nombre, mais on trouve chez certains auteurs l'accord en nombre, seulement ou même souvent l'invariabilité.

« Sur la rive gauche du fleuve, les naturels nous signalèrent un canal étroit, passant à travers des bouquets de mangliers. Ce lieu est sacré ; chacun le traverse dans un silence religieux, et les branches mêmes des arbres suspendues au-dessus des eaux sont *tabou :* c'est-à-dire qu'il est défendu d'y toucher. »   Trad. de J. D. MACDONALD, *Voyage à la grande Viti* [1855], p. 195 (□ 1860).

— *Fig.* Qui est frappé d'un interdit (objets, mots, pratiques...).

« Quels sont les thèmes favoris des histoires comiques ? L'Enfer, le Paradis, les grands de ce monde et le mystère redoutable entre tous de la génération. Nous sentons à la fois que nous abordons des sujets

tabous dont l'évocation seule pourrait déchaîner la colère céleste et que nous commettons ce sacrilège dans une confortable sécurité. C'est une forme de sadisme intellectuel. »
    A. MAUROIS, *Les Silences du colonel Bramble*, p. 57 (□ 1918).

« Ces bars, ces dancings où j'avais traîné pendant des soirs ne m'inspiraient plus que du dégoût, et même une espèce d'horreur. Cette vertueuse répulsion avait tout juste le même sens que mes anciennes complaisances : malgré mon rationalisme, les choses de la chair restaient taboues pour moi. »
    S. de BEAUVOIR, *Mémoires d'une jeune fille rangée*, p. 289 (□ 1958).

— (1921) *Ironique* et souvent *fam.* Se dit d'une personne ou d'une chose qui fait l'objet d'un respect exagéré, sacro-saint.

« Je connais une maison d'édition dont tous les auteurs, poètes ou romanciers, sont tabou sur la route, sans considération de la différence de leurs talents, car son directeur est l'ami d'un bureau municipal. »
    GIRAUDOUX, *De Pleins Pouvoirs à Sans Pouvoirs*, p. 120 (□ 1939).

3° *N. m.* (1860) Signe indiquant qu'une chose est taboue (Cf. *Mât totémique**).

« Ceci me rappela un *tabou* sur les nattes, que j'avais remarqué dans la ville de Viti. Là l'interdiction était indiquée par des mâts au haut desquels on avait attaché quelques-uns des matériaux dont on tisse les nattes, et une coquille de triton couronnait le tout. Je fus frappé alors de l'analogie qu'offrait ce *tabou* avec ceux que nous avions remarqués sur les noix de cocos à l'île des Pins, qui fait partie de la Nouvelle-Calédonie. »
    J. D. MACDONALD, *Voyage à la grande Viti* [1855], p. 206 (□ 1860).

4° (1908) Ce qui est frappé d'interdit par un tabou. — *Par ext.* Ce qui est interdit par un « tabou » social, linguistique, culturel.

« le domaine sacré est beaucoup plus vaste [chez les sauvages] que nous... Il n'est guère d'activité sociale qui ne participe à un moment ou à un autre du rite magico-religieux ; et chaque fois que ce fait se présente, il doit y avoir emploi en théorie d'un langage spécial... Ces langages spéciaux usités temporairement présentent le plus souvent un caractère fragmentaire ; ou du moins, sauf sporadiquement, ils ne sont constitués que par un nombre plus ou moins considérable de termes d'usage interdit, c'est-à-dire par des tabous linguistiques. »
    VAN GENNEP, 1908 [*in* J. VENDRYES, *Le Langage*, pp. 283-284].

« Reprenant les procédés du symbolisme, les surréalistes publient quelques textes choisis avec soin et qui s'en prennent aux trois tabous qu'il s'agit de profaner : la religion catholique, l'amour de la patrie, le tabou sexuel [...]. »   ÉTIEMBLE, *Le Mythe de Rimbaud*, pp. 14-15 (□ 1952).

* Anglais *taboo* (aussi *tabu* et *tapu, tambu, tabou*) n. et adj. (1777, Cook), lui-même emprunté du mot polynésien *tapu* « interdit, sacré ; ce que les profanes ne peuvent toucher (sans commettre un sacrilège) ». Bloch et Wartburg attestent la graphie *tabou* en 1822 ; le mot est entré en français dès 1785, sous la forme anglaise *taboo*, dans *Voyage de La Pérouse autour du monde*, II, p. 115, ainsi que dans une traduction du troisième *Voyage* de Cook (I, p. 357, *in* Mackenzie, p. 189).
Tabou a fait l'objet de réserves de la part de l'un des plus éminents représentants de la sociologie française, mais le terme s'est implanté dans l'usage des spécialistes ; sa diffusion a été appuyée par le célèbre titre de Freud : *Totem et Tabou* (1913).

« Ce dernier mot [*tabou*] est employé dans les langues polynésiennes pour désigner l'institution en vertu de laquelle certaines choses sont retirées de l'usage commun : c'est aussi un adjectif qui exprime le caractère distinctif de ces sortes de choses. Nous avons eu déjà l'occasion de montrer combien il est fâcheux de transformer ainsi en un terme générique une expression étroitement locale et dialectale. Il n'y a pas de religion où il n'existe des interdictions et où elles ne jouent un rôle constant. Il est donc regrettable que la terminologie consacrée paraisse faire, d'une institution aussi universelle, une particularité propre à la Polynésie. L'expression d'*interdits* ou d'*interdictions* nous paraît de beaucoup préférable. Cependant, le mot de *tabou*, comme celui de *totem*, est tellement usité qu'il y aurait un excès de purisme à le prohiber systématiquement ; les inconvé-

nients qu'il présente sont d'ailleurs atténués une fois qu'on a pris soin d'en
préciser le sens et la portée. »
                  E. DURKHEIM, *Les Formes élémentaires de la vie religieuse*, 1912 [*in* Lalande,
                                                                     art. *Tabou*].

TABOUER [tabue] *v. tr.*

(1822 ; *taboer*, 1780) Rendre, déclarer tabou*. — REM. :
Absent des dict. de Littré et de l'Académie.

« une maison appartenant à un des principaux chefs de *Riouriou*,
qui, avant de quitter la ville, a eu l'adresse de la faire *tabouer*, afin d'en
éloigner les curieux et les voleurs. »
                  ARAGO, *Promenade autour du monde*, 1822 [*in* D. D. L., 2ᵉ série, 6].

« Un chef veut-il éloigner les importuns de sa maison, il la taboue ;
monopoliser à son profit les relations avec un navire étranger, il le
taboue encore ; mettre en quarantaine un trafiquant européen dont il est
mécontent, il le taboue toujours [...]. Lorsqu'un objet est taboué, nul
n'y peut toucher impunément. »
                  Jules VERNE, *Les Enfants du capitaine Grant*, pp. 129-130,
                                                      Lidis (□ 1867).

✱ Adaptation de l'anglais *to taboo* (1777, Cook ; 1791, comme interdit
social), de *taboo* n. (→ **Tabou**). Wartburg (XX, p. 115) trouve *taboer* en
1780 ; Arago écrit *tabouer* en 1822. *Tabouer* a produit l'adjectif *taboué,
ée* (1867) « qui a été rendu tabou ». — REM. : Absent des dict. de Littré
et de l'Académie.

« Le tabou, commun aux peuples de race polynésienne, a pour effet immédiat
d'interdire toute relation ou tout usage avec l'objet ou la personne tabouée. »
                                                 Jules VERNE, *op. cit.*, p. 129.

« je pris conscience de l'existence de tout un monde à côté, d'un domaine
défendu, taboué, "érotique", ainsi que me le prouvait cette scène que des raisons
mystérieuses avaient fait censurer. »   M. LEIRIS, *L'Âge d'homme*, p. 113 (□ 1946).

— Comme variante de *tabouer* on trouve en 1953 *tabouiser* [tabuize]
v. tr. « rendre objet d'un interdit social, sacraliser. »

« Je me suis adressé au théâtre Marigny de préférence à d'autres théâtres qui
me demandaient *Bacchus*... j'ai sans doute retiré ma pièce à Vilar parce que la
presse le tabouisait au maléfice de Jean-Louis Barrault, tabou de la veille,
détabouté du jour au lendemain, sans autre raison que cette bougeotte d'une ville
qui court d'idole en idole et ne s'amuse qu'à briser ses jouets. »
                  COCTEAU, *Journal d'un inconnu*, 1952 [*in* Robert Suppl.].

— Cocteau emploie aussi *tabouisation* n. f.

TAKE-OFF ou TAKE OFF [tɛkɔf] *n. m.*

(1962) *Écon.* Mise en route, essor (d'une entreprise, d'un
groupe).

« L'économie de pays comme la Côte-d'Ivoire et le Cameroun
pourrait dès maintenant envisager [le] *take off*, [grâce à] un plan capable
de [faire] "décoller" les économies africaines. »
                  R. DUMONT, *L'Afrique noire est mal partie*, 1962 [*in* Gilbert].

« ayant tous dépassé la phase que Rostow appelle, de façon d'ailleurs
sommaire et contestable, le *take off*, le décollage. »
                  Le Monde, 4 août 1963 [*in* Blochwitz et Runkewitz, p. 291].

✱ Acception figurée d'origine américaine (Cf. Walt Whitman Rostov,
historien du « take-off »), du terme anglais d'aéronautique *take off* n.
(1914, d'après le Suppl. de l'Oxford dict. « décollage »), de *to take off*
v. intr. « décoller ». On dit parfois *take-off* en français, là où on disait
habituellement *démarrage, mise en route*. Le terme est difficile à
assimiler phonétiquement.

TALKIE-WALKIE [tɔkiwɔlki] ou [talkiwalki] *n. m.*

(1945) Petit poste de radio émetteur-récepteur portatif, pour
liaisons téléphoniques sur de courtes distances. *Des talkies-
walkies* ou *des talkie-walkies* → **Walkie-talkie**.

« Des guetteurs sur les toits, une voiture qui fait de temps en temps
une ronde, des *talkies-walkies*, tout ce qu'il faut pour surveiller

efficacement un campus dont le périmètre approche les quatre kilo-
mètres. »   *Le Nouvel Observateur*, 22 oct. 1973, p. 42.

« À l'entrée, la protection civile avec ses talkie-walkie gros modèles.
Ça en jette sur les gamins. On en voit un qui s'approche du petit vieux
en uniforme.
— C'est un vrai, ça, m'sieur ?
— Ah oui, c'est un vrai ! C'est pas fait pour jouer, ça, mon grand. »
                                                  Charlie-Hebdo, 8 déc. 1977, p. 10.

✳ Mot américain n. (*in* Deak), variante de *walkie-talkie*, seule forme
courante.

TANDEM [tɑ̃dɛm] *n. m.*

1° (1816) *Vx.* Cabriolet découvert à deux chevaux attelés en
flèche. *Des tandems.* — (1904) *Attelage en tandem.* Attelage en
flèche. — REM. : Enregistré dans le dict. de Littré 1872 et de
l'Académie 1935.

« encore des araignées dont les roues immenses jetaient un éblouis-
sement d'acier, des tandems légers, fins comme des pièces d'horlogerie,
qui filaient au milieu d'un bruit de grelots. »   ZOLA, *Nana*, p. 322 (□ 1880).

— (1907) *Par anal. Cylindres en tandem*, cylindres montés en
ligne, dans le prolongement l'un de l'autre.

« Les moteurs Victoria sont analogues au moteur de Trent, parce
qu'ils comportent des cylindres à double alésage, dits en *tandem* [...]. »
                                R. CHAMPLY, *Le Moteur d'automobile à la portée de tous*,
                                                                  p. 131 (□ 1907).

2° (1884) Bicyclette à deux sièges et à deux pédaliers placés
l'un derrière l'autre, actionnée par deux personnes pédalant en
même temps. Cf. Tan-sad*. — En appos. *Tricycle-tandem.*
— REM. : Signalé dans le dict. de l'Académie 1935.

« Le célèbre bicycle Tandem qui fait sensation [à Londres]. »
                                Le Sport vélocipédique, 16 fév. 1884 [*in* G. Petiot].

« Le tandem dit *Olympia*, utilisé surtout pour homme et femme, qui
se recommande par la sûreté de sa direction, la place libre et commode
qu'il offre à l'avant pour une dame, et qui a longtemps été détenteur du
record de cent kilomètres en tricycle-tandem. Ce tandem, quoique
construit assez lourdement, est certainement un des plus pratiques et
des plus gracieux. »
L. BAUDRY DE SAUNIER, *Le Cyclisme théorique et pratique*, p. 153 (□ 1892).

« L'une de ses moindres découvertes est l'invention du tandem, qui
étend aux quadrupèdes le bénéfice de la pédale. »
                                JARRY, *Les Jours et les Nuits*, p. 681 (□ 1897).

3° (1904 ; répandu mil. XXᵉ s.) *Fig.* et *fam.* Association de deux
personnes, de deux groupements qui unissent leurs efforts dans
un but commun. *Le tandem auteur-éditeur* (ex. *in* P. Gilbert,
op. cit.).

— *Par ext.* À propos d'une personne et d'une chose qui lui est
bien adaptée. *Le tandem voiture-conducteur.* — Ensemble de
deux éléments complémentaires.

« Il est probable qu'au bureau, elles [des robes] prendront la relève
du *tandem jupe-pull.* »   *L'Express*, 25 oct. 1965 [*in* Gilbert].

✳ Mot anglais n. (1785, au sens 1° ; 1884, forme abrégée de *tandem
bicycle, tandem tricycle*, 1899, 1900, de *tandem engine*, 1878), du latin
tandem « enfin », d'où « à la longue, en longueur », appliqué d'abord
dans le langage des écoliers à un attelage long, interminable. Le mot
est passé en français au sens de « cabriolet » (Simond, *Voyage en
Angleterre*, t. I, p. 134, *in* Mackenzie, p. 203), puis au sens de
« bicyclette ». Les sens figurés sont typiquement français. *Tandem* a
produit *tandémiste* n. (1886, *Le Sport vélocipédique*, 30 avril, *in*
G. Petiot ; Cf. anglais *tandemist*, 1885) « personne qui pratique le
tandem » → **Tan-sad.**

TANK [tɑ̆k] *n. m.*

1° (1857) *Rare.* Vaste réservoir de stockage. — REM. : Absent des dict. de Littré et de l'Académie. — (mil. XXᵉ s.) Spécialt. *Indus. pétrolière*, Citerne (d'un navire pétrolier). — *Techn.* Récipient souple ou rigide contenant du carburant, du lubrifiant ou d'autres liquides.

« Je l'ai poursuivi [le Mississippi], pendant des milles et des milles, dans la campagne louisianaise où les tanks à pétrole luisent parmi les champs de canne à sucre. »
G. DUHAMEL, *Scènes de la vie future*, p. 114 (□ 1930).

✶ Mot anglais n. (« citerne, réservoir », 1690) d'origine indienne, emprunté vers 1616 pour parler des réservoirs d'irrigation de l'Inde (gujerati *tānkh*, marathi *tanken*, peut-être du sanscrit *tadāga* « étang, lac »). Bonnaffé relève *tank* en français dès 1857, mais c'est au milieu du XXᵉ siècle que le mot tend à se répandre, d'abord comme terme de l'industrie du pétrole, dans la marine et dans l'aviation.
L'arrêté ministériel du 12 août 1976, suivant les suggestions du Comité d'étude des termes techniques français, déclare que le terme *réservoir* doit remplacer *tank* dans son acception générale.

2° (1916) *Par anal.* (d'aspect). Véhicule blindé à chenilles. — REM. : Enregistré dans le dict. de l'Académie 1935.

« Le colonel Parker s'arrêta pour saluer une pie, car il était superstitieux, fit voir du bout de sa canne un tank enlisé et retourné comme une tortue vaincue [...]. »
A. MAUROIS, *Les Discours du docteur O'Grady*, p. 151 (□ 1922).

« En entendant les mitrailleuses, les tanks avaient foncé. Quatre d'entre eux — trois de la première ligne, un de la seconde — se dressèrent ensemble, ne comprenant pas ce qui leur arrivait, cabrés comme de mystérieuses menaces à travers la pluie de cauchemar. Deux tournèrent, un tomba, le quatrième resta en l'air, droit sous un pin très haut. Pour la première fois ils venaient de rencontrer les mitrailleuses anti-tanks. »
MALRAUX, *L'Espoir*, p. 721 (□ 1937).

✶ Par analogie de forme et pour assurer le secret, les Anglais ont convenu, en décembre 1915, d'appeler *tank* les premiers chars de combat étudiés en Angleterre en 1915 et 1916.

« Le mot anglais *tank* veut dire *réservoir, citerne* ; mais les tanks ne sont ni des réservoirs, ni des citernes. Leur nom, véritable sobriquet, est dû à l'exclamation d'un tommy qui, voyant pour la première fois cette forteresse automobile, s'écria : *"A tank !"* (Tiens, une citerne !) Le nom est resté à ces cuirassés de terre, dont la forme, en effet, rappelle un peu ces grands réservoirs métalliques destinés au transport des liquides et qui, suivant l'usage auquel ils sont destinés, prennent le nom de wagons-réservoirs, voitures-citernes, etc. »
Larousse mensuel illustré, 1917, p. 142.

✶ Attesté dans *le Figaro*, le 22 sept. 1916, p. 1, le *tank* de la Première Guerre mondiale est devenu en français le *char d'assaut* sous l'influence du général Estienne (Cf. André Thérive, *Le Français langue morte ?*, p. 154, 1923). Le *Journal officiel*, n° 262, donne *char* comme équivalent obligatoire de *tank* (arrêté ministériel du 12 août 1976). *Tank* est presque totalement sorti de l'usage comme terme militaire ; il a produit en son temps les dérivés *tankiste* et *tankeur* n. (tous deux *in* Esnault, *Le poilu tel qu'il se parle*, 1919), « soldat d'une unité de tanks, de blindés ». *Tankeur* a disparu au profit de *tankiste*, bien vivant à défaut d'un dérivé accepté de *char*.

TANKER [tɑ̆kɛʀ] *n. m.*

(1943) Bateau-citerne conçu pour transporter des produits pétroliers.

« Quant au cargo, au bâtiment de charge [...], il tient toujours une place prépondérante dans la civilisation : il est devenu le « tanker » de centaines de milliers de tonnes qui alimente en pétrole l'industrie moderne. »
J.-Y. COUSTEAU, *L'Homme et la Mer*, p. 13 (□ 1972).

« Déjà, les Japonais proposent, pour les *tankers*, des prix sans concurrence [...]. »
Le Nouvel Observateur, 4 fév. 1974, p. 28.

✳ Anglais *tanker* n. (1900, aussi *tanker-ship*), de *tank* (→ **Tank, 1°**). Enregistré en français dans le *Petit Dict. de marine*, de Gruss, 1943. Le Comité d'étude des termes techniques français a proposé de remplacer cet emprunt par les termes suivants :

« 1) Lorsque la nature de la cargaison n'est pas précisée ou n'entre pas en considération : *Navire citerne*.
2) Dans le cas contraire :
Pétrolier (transporteur de pétrole brut).
Butanier (transporteur de butane).
Méthanier (transporteur de méthane).
N. B. Un *minéralier* est un navire transporteur de minerai. »

Sciences, mars-avril 1960, p. 92.

✳ Le *Journal officiel*, du 19 janv. 1973, retient comme substituts obligatoires *navire-citerne* et *pétrolier*. — Le composé *supertanker* est devenu assez courant, et renforce la vitalité de cet emprunt.

TAN-SAD ou TANSAD [tansad] ou [tɑ̃sad] *n. m.*

(1919) Siège pour passager, placé derrière la selle d'une motocyclette. *Être, monter en tan-sad. Des tan-sads.* — REM. : Absent du dict. de l'Académie 1935.

« En ce qui me concerne, je fis le retour aux Bordeaux sur le tan-sad (ou plus simplement sur le porte-bagage de Henri IV), et il s'en fallut de peu que nous ne télescopions plusieurs bovidés, en divagation nocturne sur la route de Laval, la scène éclairée par les phares de plusieurs voitures allemandes ! »

Les Cahiers du Maine libre, 1ᵉʳ janv. 1945, p. 10.

✳ Ce mot serait un pseudo-anglicisme français, formé de la contraction de *tan[dem]* et de *sad[dle]* « selle, siège » ; l'anglais dit *pillion seat*. Attesté en français dès 1919 par *le Français moderne*.
La Commission de terminologie de l'automobile a recommandé, en 1973, de remplacer le terme *tan-sad* par celui de *selle biplace*.

TARMAC [taʀmak] *n. m.*

(1971) *Aviation civile*. Emplacement destiné au trafic, au stationnement ou à l'entretien des aéronefs → **Tarmacadam.**

« un engin permettant d'embarquer cent cinquante passagers à partir d'une aérogare dépourvue d'installations satellites, quelle que soit la position de l'appareil sur le "tarmac" de l'aéroport. »

L'Express, 9 juin 1979, p. 111.

✳ Mot anglais, *Tarmac* n. et adj. (1903), abréviation de *tarmacadam*, marque déposée de ce produit composé de laitier enrobé dans du goudron et de la créosote. Le nom peut désigner ce matériau (généralement écrit avec un T majuscule), une route ou, plus récemment, une piste (d'aviation) revêtue du produit. Dans l'usage actuel, la forme abrégée *tarmac* (sans majuscule) s'emploie comme nom, adjectif et verbe transitif ; elle a pratiquement éliminé le mot *tarmacadam*.
En français, *tarmac* figure comme marque déposée dans les *Techniques des travaux*, de Max Jacobson, en 1948, ainsi que dans l'article *tarmacadam* du Larousse mensuel illustré, d'avril 1909, au sens de « silex ou laitier », mais le mot n'est repris par aucun dictionnaire. Dans son sens actuel, il est signalé dans *La Banque des mots*, 1971, comme anglicisme qu'il est conseillé de remplacer par le français *aire (de manœuvre)*.

TARMACADAM [taʀmakadam] *n. m.*

(1907) *Techn. (Trav. publ.)* Matériau de revêtement routier fait de pierre concassée ou de laitier, et de goudron (→ **Macadam**). — REM. : Absent du dict. de l'Académie 1935.

✳ Mot anglais, de *tar* « goudron » et *macadam* (*tar-macadam roads*, 1882), initialement écrit *tar macadam*, en deux mots, désignant soit le procédé américain de revêtement routier obtenu par superposition de couches successives de pierre concassée et de goudron chaud (surtout en américain), soit le matériau à base de goudron, de houille, fabriqué en usine. Dans l'usage actuel, le mot est remplacé par l'abréviation *tarmac* n. et adj.

En France, le mot *tarmacadam* n'est attesté qu'en 1907, mais déjà, en 1867, on avait proposé de remplacer le macadam ordinaire par des couches de sable et de goudron ; l'utilisation des liants hydrocarbonés dans les revêtements routiers, goudrons, brais, bitumes, asphaltes, pétrole, se développe progressivement après 1900 avec l'apparition de l'automobile.

Venu d'Amérique, le procédé du tarmacadam est d'abord dit « à la californienne » (*Année scientifique et industrielle,* 1902), et on l'appelle le plus souvent, même de nos jours, *macadam,* sauf chez les ingénieurs et les techniciens des travaux publics.

En français, *tarmacadam* a donné les dérivés *tarmacadamiser, tarmacadamisage* et *tarmacadamisation,* attestés en .1907 (d'après *macadamiser,* etc.). Ces dérivés ne sont jamais sortis de l'usage technique des travaux publics. On peut noter que l'anglais *tarmacadam* n'a pas donné la même série de dérivés que *macadam.*

TARTAN [taʀtɑ̃] *n. m.*

1° (1792) Étoffe de laine cardée, tissée en rayures de couleurs se croisant à angle droit, très employée en Écosse. — REM. : Enregistré dans les dict. de l'Académie 1835 et de Littré 1872.

« Bien que le kilt soit le plus connu des vêtements de tartan, les hommes portent également des plaids et des pantalons, les femmes des jupes et des châles qui en sont faits. »
M. DENUZIÈRE, *Kilts et Tartans,* in *Le Monde,* 11 sept. 1971, p. 11.

— (1850) Dessin de cette étoffe à carreaux, particulier à chaque clan écossais. — *Par ext.* Vêtement aux couleurs du clan.

« Vous étiez bien belle ; je vous reverrai souvent dans cette petite robe de mousseline de laine aux couleurs d'un tartan de je ne sais quel clan d'Écosse !... »
BALZAC, *Les Petits Bourgeois,* p. 123 (□ 1850 †).

« Dès le temps de César, ces clans familiaux "avaient le goût des couleurs, des emblèmes, des blasons... Les tartans des clans écossais ont peut-être une origine celtique". »
A. MAUROIS, *Histoire d'Angleterre,* p. 23 (□ 1937).

« Certains affirment qu'il [le tissu de tartan] est aussi vieux que les clans, d'autres prétendent que "les tartans, prétendus de famille, sont une invention du 18ᵉ ou du 19ᵉ siècle améliorée par d'habiles fabricants de l'époque victorienne". »
M. DENUZIÈRE, *op. cit.,* p. 11.

2° (1812) *Par ext.* Vêtement, châle de tartan, initialement porté par les montagnards écossais. *Des tartans.* — REM. : Enregistré dans les dict. de l'Académie 1835 et de Littré 1872.

« Combien de fois n'a-t-on pas vu Trilby, le joli lutin de la chaumière de Dougal, sautiller sur le rebord des pierres calcinées avec son petit *tartan* de feu et son *plaid* ondoyant couleur de fumée, en essayant de saisir au passage les étincelles qui jaillissoient des tisons et qui montoient en gerbe brillante au-dessus du foyer ! »
CH. NODIER, *Trilby,* p. 52 (□ 1822).

« Des dos ronds, des tartans dont les franges balayaient la neige s'éloignaient, disparaissaient dans le brouillard de plus en plus épaissi. »
A. DAUDET, *Tartarin sur les Alpes,* p. 49 (□ 1885).

3° (1857) *Par anal.* Étoffe de coton dont le motif rappelle le tartan écossais. *Imperméable doublé de tartan.*

✱ Mot anglais n. (v. 1500), probablement emprunté de l'ancien français *tertaine,* variante de *tiretaine* n. f. (1247, de l'ancien français *tiret* [1138] dérivé de *tire* « étoffe de soie »), nom d'une ancienne étoffe grossière en laine et lin, servant à la confection des tentes et des courtines de lit. L'emprunt ou la reprise de *tartan* remonte à 1792 (Pierre-Nicolas Chantreau, *Voyage dans les trois royaumes d'Angleterre, d'Écosse et d'Irlande* [...], in Mackenzie, pp. 120 et 194).

TATOUER [tatwe] *v. tr.*

(1772) Imprimer sur une partie du corps des dessins indélébiles en introduisant au moyen de piqûres sous l'épiderme des matières colorantes. — REM. : Enregistré dans les dict. de l'Académie 1798 et de Littré 1872. — On emploie le plus souvent le part. passé ou l'adjectif *tatoué, ée.*

« Ils [les Tahitiens] admiraient la couleur de notre teint, ils serraient nos mains, et ils paraissaient étonnés de ce que nous n'étions pas tatoués. [En note : "Nous avons cru devoir créer ce mot, dit le traducteur, pour exprimer les petits trous qu'ils se font sur la peau avec des pointes de bois."] » *IIᵉ Voyage de Cook*, 1772-1776 [*in* Littré].

« Les membres du conseil sont assis ou couchés à terre dans diverses attitudes : les uns, tout nus, n'ont pour s'envelopper qu'une peau de buffle ; les autres, tatoués de la tête aux pieds, ressemblent à des statues égyptiennes [...]. »
CHATEAUBRIAND, *Les Natchez*, in *Voyage en Amérique*, p. 178 (□ 1827).

« Jacques Paganel, pendant ses trois jours de captivité chez les Maoris, avait été *tatoué*, mais tatoué des pieds aux épaules, et il portait sur sa poitrine l'image d'un kiwi héraldique, aux ailes déployées, qui lui mordait le cœur. » Jules VERNE, *Les Enfants du capitaine Grant*, t. III, p. 248, Hachette (□ 1867).

« sa rage du sacrilège est telle qu'il s'est fait tatouer sous la plante des pieds l'image de la Croix, afin de pouvoir toujours marcher sur le Sauveur ! » HUYSMANS, *Là-bas*, p. 143 (□ 1891).

✱ Anglais *to tattoo* (1769, Cook), de *tattoo* (aussi *taf[f]aow, tattow*) n. (1769, Cook « tatouage » (→ ci-dessous), du polynésien *tatau* (*ta-tu*, dans les Marquises). Mackenzie (p. 185) relève *tatouer* dans la traduction par Fréville, de Cook, Banks et Schlander, *Journal d'un voyage autour du monde*, 1772 (on disait *piquer*). On le rencontre aussi en 1778 chez J.-B. A. Suard, *Voyage dans l'hémisphère austral* [...], t. I, p. 382, trad. de James Cook, *A Voyage towards the South Pole and Round the World* [...], 1777. *Tatouer* a produit en français les dérivés *tatouage* et *tatoueur. Tatouage* n. m. (1778, Suard, *op. cit.*, VI, p. 46 ; *tattow*, 1769), « action de tatouer ; son résultat ». — REM. : Enregistré dans les dict. de l'Académie 1798 et de Littré 1872.

« Les Indiens [de Tahiti] impriment sur leur corps des taches suivant l'usage de plusieurs autres parties du monde, qu'ils appellent *tattow.* »
Iᵉʳ Voyage de Cook, avril 1769 [*in* Littré].

« Le tatouage pour les femmes se borne à quelques marques sur les seins et sur les bras [...]. » G. LAFOND, *Voyages autour du monde*, p. 339 (□ 1854).

« Le tatouage a presque entièrement disparu — ce tatouage qui s'obtenait non par entailles à la peau, mais par piqûres, saupoudrées du charbon de l'aleurite triloba. Il est maintenant remplacé par la cotonnade des missionnaires. »
Jules VERNE, *L'Île à hélice*, p. 162 (□ 1895).

— TATOUEUR n. m. (1798, *in* König, p. 201) Personne qui pratique l'art du tatouage. — REM. : Enregistré dans Littré.

« Puis là où les tatoueurs s'obstinent à croire qu'est le cœur, juste au milieu du ventre, un cœur grandeur nature avec une flèche. Des noms des femmes épars, Mary, Nelly, Molly, avec des dates et des villes, Mary de Plymouth, Nelly de Sâo-Paulo, Molly de Dakar. Johnny était fidèle aux Anglaises quel que fût le continent. »
GIRAUDOUX, *Suzanne et le Pacifique*, p. 150 (□ 1921).

TAXI-GIRL [taksigœʀl] *n. f.*

(1934, répandu v. 1960) Partenaire de danse employée dans un bar, un dancing, un cabaret (initialement rémunérée par jetons). *Des taxi-girls.* — REM. : Absent du dict. de l'Académie 1935.

« la profession de taxi-girl, contre laquelle [elle] était partie en guerre, demeure interdite. »
Le Monde, 21 déc. 1963 [*in* Blochwitz et Runkewitz, p. 291].

« Les taxi-girls n'avaient guère de clients et dansaient entre elles le plus souvent. »
C. COURCHAY, *La vie finira bien par commencer*, p. 214 (□ 1972).

✱ Dans son premier supplément, l'Oxford dict. atteste *taxi-dancer* n. dès 1931, composé de *dancer* n. (1440) « danseur, danseuse, partenaire de danse », de *to dance* (lui-même emprunté au XIVᵉ siècle de l'ancien français *dancer, danser*), et de *taxi* n. Ce dernier est la forme populaire abrégée de *taximeter* n. (1907), lui-même emprunté du français *taximètre* « compteur kilométrique pour voitures » (*taximeter* a remplacé *taxameter*, 1894, emprunt à l'allemand *Taxameter*, 1890, remplaçant lui-même *Taxanom*, formé outre-Rhin v. 1875).

En anglais, le mot *taxi-girl* n'est signalé que dans Deak, *Grand Dict. d'américanismes*. Le terme semble avoir été créé en France, à partir de *taxi*, mot français, et de l'emprunt *girl**, d'après les emplois de *taxi-dancer*.

« L'histoire de *taxi* est amusante et bien connue : en 1907, pour remédier à des abus, décision administrative de taxer les courses des voitures de place, et de leur imposer un "compteur horo-kilométrique" baptisé *taxamètre* (= qui mesure la taxe, ce qui ne signifie pas grand-chose) ; campagne de presse suscitée par Th. Reinach contre ce mot affreux, auquel se substitue rapidement *taximètre*, un peu moins laid, mais tout aussi mal formé ; extension de sens du mot, qui passe du compteur à la voiture elle-même (fiacre, puis automobile) ; enfin abréviation spontanée, qui ne laisse subsister que notre moderne *taxi*.
Ce mot *taxi* va entrer en composition, dans quelques mots publicitaires ou parapublicitaires, avec le sens de : pour tout le monde, à la disposition du public (comme sont les taxis), moyennant paiement d'une *taxe* (cf. la même évolution de sens du suffixe *-bus*, p. 260). D'où les appareils téléphoniques publics à jetons. *Taxiphones*, d'où les entraîneuses de dancing, rémunérées par jetons également, *Taxi-girls* ("Le Coliséum, ses *taxi-girls*", 1934). Et voici même le *taxy-boy*, danseur attaché à l'établissement et rétribué (je relève le mot dans un article de *Don Quichotte*, 24/31-10-50, p. 9). »
M. GALLIOT, *Essai sur la langue de la réclame contemporaine*, pp. 295-296 (□ 1955).

TAYLOR (SYSTÈME) → TAYLORISME.

TAYLORISER [tɛlɔʀize] *v. tr.*

(v. 1920) Appliquer le taylorisme* à une production, un atelier. — P. p. et adj. *Usine taylorisée*. — REM. : Absent du dict. de l'Académie 1935.

« Ici, la production reste parcellaire, taylorisée à l'extrême. Et l'usine Voljski est une école pour les autres usines à venir ! »
Le Nouvel Observateur, 17 mars 1975, p. 58.

✱ Adaptation de l'américain *to taylorize* (*in* Webster's Second 1934) ; *tayloriser* est attesté vers 1920 (d'après Mackenzie, p. 262), de même que son dérivé *taylorisation* n. f., tous deux enregistrés par Larousse en 1923.

« Il y avait une grève à cause de la taylorisation de l'usine. Ce que c'est ? Comme toujours, les ouvriers s'opposaient à un progrès : on chronométrait le temps de travail nécessaire pour chaque geste, dans la fabrication de chaque pièce, des ouvriers qualifiés. Puis, ensuite, les autres devaient refaire, dans le même temps, le travail. Une économie pour tous. Le rendement de l'usine accru d'autant. Alors, naturellement, ça ne leur plaisait pas, les meneurs s'étaient mis comme la vermine. Grève. Pas totale, les chronométreurs, certains spécialistes travaillaient. »
ARAGON, *Les Beaux Quartiers*, p. 258 (□ 1936).

TAYLORISME [tɛlɔʀism] *n. m.*

(1918) Méthode d'organisation scientifique ou rationnelle du travail industriel, basée sur la division du travail et la spécialisation des fonctions, et destinée à accroître la productivité par la suppression des gestes inutiles, le chronométrage des mouvements nécessaires et la mesure du rendement. — REM. : On dit aussi *système Taylor*. — Le terme est souvent péjoratif. Absent du dict. de l'Académie 1935.

« Voilà l'individu limité à une propriété constante qui le définit comme le poids atomique ou la température de fusion. Le taylorisme moderne ne fait pas autre chose. L'ouvrier devient l'homme d'une seule opération qu'il répète cent fois par jour ; il n'est plus qu'un objet [...]. »
SARTRE, *Situations III*, p. 198 (□ 1949).

✱ De l'américain *Taylorism* n. (*in* Webster's Second), du nom de l'auteur, l'ingénieur américain Frederick Winslow Taylor (1856-1915). Le

Webster enregistre également *Taylor System,* d'où *système Taylor,* et
signale le nom le plus courant *scientific management* (organisation
scientifique ou rationnelle du travail). Bonnaffé relève *taylorisme* en 1918
(*Anglicismes et Mots d'influence anglaise,* septembre 1922).

T-BONE (STEAK) [tibɔn], [tibɔnstɛk] *n. m.*

(1954) En Amérique, Tranche de bœuf coupée autour d'un os
en forme de T. *Des T-bone steaks ; des T-bone.*

« nous mangeons de succulents *T-bone steaks,* ainsi nommés parce
que la viande est taillée autour d'un os en forme de T. »
S. de BEAUVOIR, *L'Amérique au jour le jour,* 10 avril 1947, p. 255 (□ 1954).

✻ De l'américain, n. (*in* Webster's Second), composé de la lettre *T,* de
bone « os », et de *steak.* Ce terme désigne une coupe typique de la
boucherie américaine.

TEA-GOWN [tigawn] ou [tigon] *n. f.*

(1893) *Vieilli.* Robe d'intérieur pour l'heure du thé, assez
habillée, mais moins élégante que la robe d'hôtesse. *Des tea-
gowns.* — REM. : Absent du dict. de l'Académie 1935.

« Ce n'était ni une de ces Anglaises phtisiques qui, accablées de
millions et de tares héréditaires, promènent de Cannes à San-Remo des
langueurs apprises aux Ufizzi de Florence, et, moulées dans des *tea-
gones* [*sic*] à la Boticelli, viennent mourir en beauté sous le ciel
provençal.»   J. LORRAIN, *Le Crime des riches,* p. 86 (□ 1905).

✻ Mot anglais n. (1878), composé de *tea* « thé » emprunté du chinois
t'e par le néerlandais *tee,* et de *gown* « robe (de femme) », lui-même
emprunté de l'ancien français *goune, go(n)e,* du latin *gunna* « vêtement
de fourrure ». Le terme a été introduit dans la société élégante par *Le
Moniteur de la mode,* 1893, p. 164 (*in* Mackenzie, p. 164) ; il est
aujourd'hui désuet en français.

TEAM [tim] *n. m.*

(1892) Sports. *Vieilli.* Équipe de joueurs. *Des teams.* —
REM. : Absent du dict. de l'Académie 1935.

« J'ai assisté l'automne dernier, dans la paisible et douce ville de
Cambridge, à une partie que les champions du collège de Harvard — le
team, comme on dit ici — soutenaient contre les champions de
l'Université de Pennsylvanie. »   P. BOURGET, *Outre-Mer,* p. 144 (□ 1895).

« Et il n'a été donné que bien rarement à ceux qui fréquentent les
stades de voir la mise hors de combat du meilleur footballeur d'un team
amener le team adverse à renvoyer sa meilleure unité sur la touche. »
GIRAUDOUX, *Le Sport,* in *De Pleins Pouvoirs à Sans Pouvoirs,*
p. 238 (□ 1942-1943).

✻ Mot anglais d'origine germanique signifiant proprement « attelage »,
et qui a pris au xvie siècle le sens de « équipe ». En français, le terme
a toujours été limité au domaine du sport : il est attesté dès 1892 (P.
de Rousiers, *La Vie américaine,* p. 511, *in* Mackenzie, p. 254). De nos
jours, on dit plutôt *équipe.*

TEA-ROOM [tiʀum] *n. m.*

(1891) *Vieilli (à propos de la France).* Salon de thé. *Des tea-
rooms.* — REM. : Absent des dict. de l'Académie.

« Apprends qu'il n'est point de cafés en Angleterre car les établissements fort nombreux qui portent abusivement cette étiquette ne sont
point des cafés au sens où nous l'entendons. Nous irons donc prendre
le thé (le thé sera plus prudent), dans un hôtel ou dans quelque *"tea-
room".* Ce thé sera naturellement excellent et les tartines, minces et
appétissantes. »   Félix de GRAND'COMBE, *Tu viens en Angleterre,*
P. U. F., p. 104, 1948 (□ 1932).

✳ Mot anglais (1796) de *tea* « thé » et *room* « salle, salon » qui désigne Outre-Manche une réalité dont la France n'a pas l'exact équivalent (→ cit. ci-dessus). C'est pour traduire *tearoom,* importé avec le goût de boire le thé à l'anglaise, que le français a créé *salon de thé* (Larousse 1923, art. *Tea-room*). Le Nouv. Larousse illustré (1904, art. *Thé*) ne parle encore que « d'établissements spéciaux » organisés pour répondre à l'usage récemment adopté des *five o'clock tea.*

« Albion se venge de Jeanne d'Arc par le *Smoking,* le *tea-room* et le *five o'clock.* » E. HARAUCOURT, in J. HURET, *Enquête sur l'évolution littéraire,* 1891 [*in* D. D. L., 2ᵉ série, 10].

« *Tea-room* est inutile. *Salon de thé* est parfait pour désigner le même établissement. N'employons *tea-room* que pour désigner un salon de thé dans un pays de langue anglaise. »
DUPRÉ, *Encycl. du bon français dans l'usage contemporain.*

TECHNICOLOR [tɛknikɔlɔʀ] *n. m.*

(1917) Nom déposé du premier procédé américain de cinéma en couleur. *Film en technicolor.* — REM. : Absent du dict. de l'Académie 1935.

« C'était une sorte de "Quo Vadis", superproduction en technicolor avec martyrs, fauves et bains des dames, avec de grandes flammes naturellement, dévorant les quartiers de carton, avec le reflet rouge de la destruction sur les nuages, s'interposant subrepticement hier soir, dans le Théâtre des Nouvelles, entre le bleu du ciel intact italien évoqué par la caméra pour les gens d'ici et le bleu du ciel de la Crête, semblable à lui, tandis que l'on nous déployait les arcades du Colisée [...]. »
M. BUTOR, *L'Emploi du temps,* p. 227 (□ 1956).

« Ce fut d'abord la marmelade du technicolor et, aujourd'hui, les cinéastes emploient la pellicule couleur pour jouer avec des gris. »
H.-G. CLOUZOT, in *L'Express,* 25 sept. 1967, p. 115.

✳ De l'américain *Technicolor,* marque déposée, haplologie de *technicocolor,* de l'anglais *technic* « technique » et *color* « couleur ». J. Giraud (*Le Lexique français du cinéma des origines à 1930,* p. 196) relève ce terme en français, le 12 mars 1917. Cet emprunt a eu une influence dans la formation du vocabulaire du cinéma :

« La réclame faite autour de cette nouvelle "merveille" cinématographique a imposé la finale -*color* à tous les procédés concurrents [...]. Les chansonniers ne pouvaient manquer de railler la prétention des mots de ce genre, et le théâtre du *Coucou* affichait récemment (juin 1949) une revue de Jean Marsac, *La Belle Manière* "en *coucoucolor*". »
M. GALLIOT, *Essai sur la langue de la réclame contemporaine,* p. 272 (□ 1955).

TEDDY-BEAR [tɛdibɛʀ] *n. m.*

(1964) Petit ours en peluche ou en tissu imitant la fourrure. *Des teddy-bears.*

« La chambre *"ce nid du vice"*, comme l'ont baptisé quelques Britanniques pudibonds, lui devient familière, l'ours en peluche assis sur une chaise tout près du lit et le miroir au fond aussi. Envoûté par ses hôtesses, comment aurait-il pu remarquer le micro logé dans la truffe de l'adorable "teddy bear" [...]. » *Le Nouvel Observateur,* 4 juin 1973, p. 42.

✳ De l'américain *teddy bear* n. (1907), proprement « ours Teddy », désignant un jouet nommé d'après le Président *Theodore* (diminutif familier : *Teddy*) Roosevelt, qui fut un chasseur d'ours notoire. Selon le dict. de Deak, le terme aurait été trouvé lors de la réception de mariage de Alice Roosevelt Longworth en 1906. Ayant fait la décoration sur le thème de la chasse, cher au Président, le traiteur avait disposé autour des tables de petits ours en tissu. Au moment où le président déclara qu'il était impossible, même pour un expert comme lui, de dire de quelle race ils étaient, un invité répondit : « Appelons-les Teddy bears ». Peu de temps après, l'usine Steiff en Allemagne s'empara du nom et vendit immédiatement des millions d'ours en peluche en Amérique. Le mot *teddy-bear* est rare en français ; il n'a été enregistré qu'en 1964, dans le G. L. E.

TEE [ti] *n. m.*

(1895, *in* G. Petiot) *Golf.* Petit champignon de bois, de caoutchouc, etc., sur lequel on pose la balle avant de la frapper. — *Par ext.* Petite éminence jouant le même rôle.

« Si les circonstances, pour les autres coups, changent constamment, elles sont à peu près immuables pour ce début où le golfeur a la faculté de placer sa balle sur une petite éminence de sable appelée *tee.* »
J. DAUVEN, *Le Golf*, in *Technique du sport*, p. 84 (□ 1948).

✶ Mot anglais *tee* (1673), mot écossais *teaz,* d'origine obscure.

TEEN-AGE [tinɛdʒ] *n. m.* et *adj.*

(1954) *Rare.* Adolescence, âge compris entre treize et dix-neuf ans.

✶ Mot d'origine américaine adj. *(in* Webster's Second 1934 ; on dit aussi *the teens* n. plur. *ibid.),* de *teen* adj. *(in* Webster's Second 1934), de l'anglais *-teen,* de *ten* « dix », dans les chiffres allant de 13 à 19 inclusivement, et de *age* (XIIIe s.), du français *âge. Teen-age* semble sortir de l'usage français ; par contre, le dérivé *teen-ager** est de fréquence assez élevée.

« Mme Netter dénonce d'abord l'expression anglaise *teen-age* employée inconsidérément chez nous pour désigner les jeunes filles qui sont *in their teens,* mot à mot : "dans leurs dix"... Mais attention ! En anglais le *teen-age* va de treize à dix-neuf ans. En effet, c'est à partir du chiffre treize que les noms de nombre anglais sont des mots composés : *thirteen, fourteen, fifteen,* etc. Or, chez nous, le "dix-âge" ne commence qu'à *dix*-sept ans et ne dure que trois ans...
Comme il est donc irritant de voir à la vitrine d'un grand magasin de Paris (rayon de confection pour jeunes filles) une énorme étamine portant la mention *teen-age ! »*   *Vie et Langage,* avril 1954, p. 171.

« En attendant, il n'y en a chez nous que pour les teens. Le teen âge, comme on dit, a tous les droits. »   ÉTIEMBLE, *Parlez-vous franglais ?,* p. 86 (□ 1964).

TEENAGER, TEEN-AGER [tinɛdʒœʀ] ou **TEEN** [tin] *n.*

(1962) Adolescent(e), jeune de treize à dix-neuf ans. *Des teenagers. Une teenager.*

« Les lecteurs de "France-Soir" vont pouvoir jouer à enrichir la langue française. Il s'agit d'inventer un mot nouveau qui traduise l'expression américaine "teen-agers", qui désigne tous les adolescents de 13 à 20 ans. Ils sont près de sept millions en France. »
Les Potins de la Commère, in *France-Soir,* juil. 1962
[in *Vie et Langage,* oct. 1962, p. 523].

« Il allonge le bras, cueille un journal de modes sur un guéridon, et le feuillette devant moi... Quelques pages pour teen-agers. Puis des pages et des pages et encore des pages de "modèles très jeunes" [...]. »
H. BAZIN, *Le Matrimoine,* p. 228 (□ 1967).

— (1964) *Fam.* (Forme abrégée). *Teen. Des teens. Une teen.*

« La *teen* demande à son boy-friend de choisir... ».
Elle, 17 juil. 1964, p. 38 [*in* Hanon, p. 133].

✶ De l'américain *teen-ager* n. *(in* Webster's Third 1966), de *teen-age* adj. *(→ **Teen-age**).* La forme abrégée *teen* est signalée en américain au sens de *teen-age* adj. et *teen-ager* n. En français, *teen-ager* s'emploie surtout à propos de l'Amérique ou par évocation des valeurs américaines. Étiemble s'est vigoureusement moqué du mot :

« Quel âge as-tu, au juste ? — Onze ans. — Donc tu n'es plus un baby et tu n'es pas encore un teen. — Un tine ? kékséksa ? — Un teen, mon enfant, c'est ce que tu seras, théoriquement, de thirteen à nineteen ans. Pourtant, j'ai entendu parler des "teens de douze à treize ans", ce qui m'a paru bouffon, puisque douze se dit... — Twelve ! — En fait, des teens, c'est à la fois ce que de mon temps on appelait les garçonnets et les fillettes, puis les jeunes gens et les jeunes filles. Les Yankuis nous ont appris à corriger tout ça ("Les teenagers, ce mot que l'on ignorait alors en France" *(Adam,* juillet-août 1963)" ; [...]. Un des journaux les plus dévoués à la patrie ouvrit donc naguère une rubrique intitulée *Le coin des teens.* Après le *children's corner,* le coin des *teens.* Do you pige ? comme disait spirituellement mon prof d'anglais. — Je pige. Mais puisque nous on n'a pas thirteen ou sixteen, mais treize ou seize ans, c'est idiot de dire *teen.* À cause de douze, treize,

quatorze, quinze, seize, on devrait dire les *ze*. — Si au moins le mot se mettait au féminin, ça ferait des *teenettes*, et ça les dégoûterait peut-être... Il est vrai que les *ze*, ça fait penser à des *œufs*... »
ÉTIEMBLE, *Baby-corner et coin des teens*, in op. cit., p. 86.

TEE-SHIRT ou T-SHIRT [tiʃœʀt] *n. m.*

(1963-1964) Chemisette en jersey de coton, souvent sans col, à manches courtes, à l'origine en forme de T, surtout portée par les jeunes. *Des tee-shirts.*

« il arrive que le pantalon léger et le *"tee-shirt"* soient ici de mise. »
Le Figaro, 13 juil. 1963 [*in* Blochwitz et Runkewitz, p. 292].

« Gerry porte un tee-shirt blanc, son teint est bronzé, ses dents blanches, ses grands yeux bleus, francs, clairs. »
F. MALLET-JORIS, *Le Jeu du souterrain*, p. 204 (□ 1973).

✳ Mot d'origine américaine n. (*T-shirt*, aussi *tee shirt*, *in* Webster's Third 1966) désignant à l'origine un sous-vêtement pour homme, d'abord porté par les joueurs de base-ball. Le mot se compose de l'anglais *T* ou *tee*, notation de la prononciation de la lettre T, et de *shirt* « chemise ». Le nom n'a pas changé, mais le vêtement a considérablement évolué ; il est souvent orné d'inscriptions.

« Nos produits sont pourtant capables de séduire "à la française" les marchés étrangers. D'Angleterre, j'en recevais ces jours-ci la plaisante confirmation. Le *Sunday Mirror* du 11 août 1963 publia ce placard : "*Le tee-shirt à la Française* is THE summer buy in Paris — selling at the rate of fifty a morning in some shops." La *T.* ou *Tee-shirt à la française* serait donc cet été le clou des ventes à Paris ; on en débiterait jusqu'à cinquante par matinée dans certaines boutiques. Pour conclure : "Fabriquée en doux jersey de coton par Chez Choses, à Saint-Tropez, les jeunes Françaises l'emploient à toutes fins : pour la plage, pour la nuit, en guise de tunique, avec un pantalon. L'an prochain, nous l'espérons, on la trouvera dans nos boutiques. Si oui, ce sera, n'en doutez point, un succès sensass' et formid'." Pour vendre aux Anglaises des *Tee-Shirts*, on les déguise donc "à la française". Et nos publicitaires, nos fabricants ne comprendraient point, je ne dis pas leur devoir, dont ils se fichent, mais leur intérêt, qui ne peut les laisser insensibles ? »
ÉTIEMBLE, *Parlez-vous franglais ?*, p. 337 (□ 1964).

TÉLÉPATHIE [telepati] *n. f.*

(v. 1882) Correspondance de pensée entre deux personnes éloignées ; communication extra-sensorielle. — REM. : Enregistré dans le dict. de l'Académie 1935. — On dit aussi *transmission de pensée.*

✳ Anglais *telepathy*, de *tele* (fr. *télé-*) et *-pathy* (fr. *-pathie*), du grec *pathos* « ce qu'on éprouve », mot créé en 1882 par l'Anglais Myers (*Human Personality*). *Télépathie* serait apparu en français vers 1882 (*in* Mackenzie, p. 247).

« Terme proposé dans le rapport du *Literary Committee* de la *Society for psychical Researches*, 9 déc. 1882 (MM. Edm. GURNEY et Frederic W. H. MYERS, secrétaires). »
LALANDE, art. *Télépathie*, 1947.

✳ Sur *télépathie*, le français a formé au XXᵉ s. le dérivé *télépathe* n. et adj. (Cf. anglais *telepath* n., 1907), « personne sujette au phénomène de télépathie ». *Médiums et télépathes.*

TÉLÉPATHIQUE [telepatik] *adj.*

(1891) Relatif à la télépathie*. — REM. : Absent du dict. de l'Académie 1935.

« *Hallucination télépathique*, hallucination (ou quelquefois seulement représentation imaginative particulièrement nette ou intense) correspondant à un événement réel que le sujet ne peut percevoir par les voies ordinaires : par exemple la mort, dans un pays lointain, d'un parent ou d'un ami. Mariller a publié sous ce titre (*Les Hallucinations télépathiques*, 1891) une traduction abrégée de l'ouvrage de Myers, Gurney et Podmore, *Phantasms of the living* [*Les Fantômes des vivants*] (1886). »
LALANDE, art. *Télépathie*, 1947.

✳ Anglais *telepathic* adj. (1884) → **Télépathie.**

TÉLÉPHONE [telefɔn] *n. m.*

(1876) Appareil comprenant un microphone et un récepteur, en général associés (combiné), reposant sur un support, et qui permet une conversation entre personnes éloignées. — REM. : Enregistré dans le Suppl. 1877 du dict. de Littré et dans le dict. de l'Académie 1935.

« Jusqu'ici, et malgré les perfectionnements apportés depuis 1863, le téléphone est resté sans application. »
H. de PARVILLE, in *Journal des débats*, 5 oct. 1876 [*in* Littré, Suppl.].

« Néanmoins le téléphone relie toujours les mêmes maisons en planches, proprement peintes de vert et de blanc, posées sur leurs socles grossiers au milieu des fondrières primitives. »
P. ADAM, *Vues d'Amérique*, pp. 148-149 (□ 1906).

✱ Anglais *telephone* n. (1835) « dispositif permettant de correspondre à distance par la voix », *vx*, de même étymologie grecque que le français *téléphone* n. m. (1836 ; de *télé-* et *phônê* « son, voix »). Créé sur le modèle de *télégraphe,* le mot français s'est employé fort peu de temps pour désigner un appareil de laboratoire. D'abord formation française, le mot est ensuite un germanisme : il s'est appliqué en 1866 à l'instrument (téléphone magnétique) conçu, en décembre 1861, par l'Allemand P. Reiss et appelé par lui en allemand *Telephon.* Enfin, en 1876, *téléphone* est repris à l'anglais *telephone,* nom donné à l'appareil inventé par l'Américain Alexander Graham Bell (1847-1922), et exposé à Philadelphie en 1876. Outre *téléphonique** au sens actuel, le dict. de l'Académie 1935 enregistre comme dérivés de *téléphone, téléphoner* v. intr. (1885, A. Daudet ; Cf. *to telephone* v. intr., 1880 aux États-Unis), *téléphoniste* n. (1907, Larousse ; Cf. anglais *telephonist* n., 1882).

TÉLÉPHONIQUE [telefɔnik] *adj.*

(1877) Relatif au téléphone*. — REM. : Enregistré dans le Suppl. 1877 du dict. de Littré et dans le dict. de l'Académie 1935.

« L'appareil de Chicago produit les sons qu'il transmet ; c'est une sorte de piano téléphonique. »
Journal officiel, 19 mai 1877 [*in* Littré, Suppl.].

✱ L'adjectif *téléphonique* est attesté depuis 1842 (Académie, Compl.), comme dérivé de *téléphone**, au sens ancien. Le sens moderne vient d'Amérique.

TÉLÉPROMPTEUR → PROMPTEUR.

TÉLESCOPER [teleskɔpe] *v.*

1° (1873) *V. intr.* (Vx) Rentrer l'un dans l'autre dans une collision (en parlant de wagons de chemin de fer, puis d'autres véhicules), comme les différentes parties d'un télescope. *Wagons qui se télescopent.* — REM. : Enregistré dans le Suppl. 1877 du dict. de Littré ; absent du dict. de l'Académie.

« Les plates-formes sont faites avec tant de soin et s'ajustent si exactement, que dans une collision elles ne peuvent télescoper, terme énergique pour faire comprendre que, sans cette perfection d'exactitude, tous les wagons se replieraient les uns dans les autres comme les tubes d'un télescope, et réduiraient toutes choses, corps et biens, en une pâte indescriptible. »   *Journal officiel,* 9 sept. 1876 [*in* Littré, Suppl.].

2° (1893) *V. tr.* Emboutir, tamponner (un véhicule, notamment ferroviaire).

« Nous sommes lancés sur les rails d'un chemin de fer chinois à voie unique, traînés par une locomotive céleste, conduits par des mécaniciens de race jaune... Espérons que nous ne serons pas "télescopés" en route, puisque le train compte parmi les voyageurs l'un des principaux fonctionnaires de la Compagnie en la personne du seigneur Faruskiar. »
Jules VERNE, *Claudius Bombarnac,* p. 90 (□ 1893).

— (1933) *Fig.* Heurter violemment.

« [...] il est certain que Londres saura s'adapter lentement ; c'est cette lenteur qui l'a toujours sauvé ; on n'est télescopé par les événements que lorsqu'on court à leur rencontre. »
P. MORAND, Londres, p. 332 (□ 1933).

— Pronom. *Se télescoper* (même sens que le v. intr., 1°).

— (1941) *Fig.* Se rencontrer en s'opposant et en s'interpénétrant.

« certains souvenirs chevauchent, se télescopent, se juxtaposent ; des surimpressions se produisent. »   GIDE, *Ainsi soit-il*, p. 127 (□ 1951 †).

✳ Anglais d'origine américaine *to telescope* v. intr. (1867), et tr. (1872), de l'anglais *telescope* n. (1648). Comme le nom français *télescope*, l'anglais vient de l'italien *telescopio* (Galilée) ou du latin scientifique moderne *telescopium* (grec *têle* « loin, au loin », et *skopeîn* « observer, examiner »). Bonnaffé relève *télescoper* v. intr. en 1873 (Hübner, *Promenades autour du monde*, I, p. 196, *in* Mackenzie, p. 241). Les emplois figurés sont purement français. *Télescoper* a produit le dérivé *télescopage* n. m. (av. 1896), « le fait de télescoper ou de se télescoper », en emploi concret (*déraillement ou télescopage de trains*, Goncourt), puis au fig. (→ cit. de Paulhan).

« Le plus fort, c'est que MM. Davis et Williamson se proposent de faire partir indéfiniment des trains à une minute et demie d'intervalle des deux extrémités de la ligne. "De cette façon, disent-ils avec leur imperturbable flegme transatlantique, tous ces trains successifs seront toujours séparés les uns des autres par une distance d'au moins 6 800 mètres. Or nos trains n'ont besoin pour stopper, à la vitesse maxima, que d'un espace de 3 250 mètres, soit moins de la moitié. C'est tout ce qu'il faut — largement — pour prévenir les télescopages !" »
É. GAUTIER, L'Année scientifique et industrielle, p. 376, 1898 (□ 1897).

« Comme les sirènes ou le minotaure, le pouvoir-des-mots *(sic)* est formé, par un étrange télescopage, de la jonction de deux corps étrangers et inconciliables. »
J. PAULHAN, Les Fleurs de Tarbes, p. 102 (□ 1941).

✳ Notons aussi le dérivé *télescopeur* adj. et n. m. (1912, *in* D. D. L., 2e série, 16), « qui est responsable d'un télescopage ». *Train télescopeur.*

TÉLÉSPEAKERINE [telespikʀin] *n. f.*

(v. 1950) *Vieilli.* Présentatrice de télévision.

« Faut-il que le mal soit grave pour qu'un journal aussi bien rédigé que *le Canard enchaîné* parle maintenant de *téléspeakerine*, mot forgé avec un morceau de grec, *télé*, un morceau d'anglais, *speaker*, et une désinence allemande à peine francisée, *ine*. »
ÉTIEMBLE, Le Babélien, t. I, 1959 [in Dupré].

✳ De *télé-*, et de *speakerine**. Remplacé dans l'usage par *présentatrice*, cet hybride n'est, qu'en faible partie *(speaker)*, un anglicisme.

TÉLÉTYPE [teletip] *n. m.*

(1923) Machine imprimante à distance, téléimprimeur.

« Le *téléimprimeur* ou *télétype* est une machine à écrire, ou plutôt un ensemble de deux machines à écrire : une émettrice et une réceptrice. Le texte est tapé sur la première, comme sur une machine à écrire électrique normale, et transmis à la seconde, par impulsions électromagnétiques véhiculées par fil ou par radio. Suivant le mode de liaison, on parle généralement de télex ou de téléscripteur. »
Ph. GAILLARD, Technique du journalisme, p. 39 (□ 1971).

✳ De l'anglais *Teletype* n. (marque déposée) mot formé sur *teletypewriter* (*typewriter* « machine à écrire »). Attesté en 1923 en français selon P. R. 1.

TÉLÉVISION [televizjɔ̃] *n. f.*

(1913, dans l'usage scientifique ; répandu v. 1945) Transmission électrique de l'image à distance (→ **TV**). — REM. :

Enregistré dans le Larousse universel 1923, mais absent du dict. de l'Académie 1935.

« En ce qui concerne la lumière proprement dite, il [l'effet photoélectrique] nous a déjà doté de la télévision et de la sonorisation des films [...]. »   M. BOLL, *Les Deux Infinis*, p. 90 (□ 1938).

« La télévision : présence matérielle. Même muette, elle ne se fait pas oublier. L'appareil est là, énorme, insolite, fait d'une matière indéfinissable au milieu des honnêtes meubles d'acajou et de palissandre. Il a une odeur : il nous impose un relent bizarre d'exposition universelle et de cirque. Mais le vieux salon digérera l'objet, comme il a digéré la T. S. F. et le pick-up. »
F. MAURIAC, *Le Nouveau Bloc-Notes*, 19 mars 1959, pp. 183-184 (□ 1961).

✱ Anglais *television* n. (1909, aussi en allemand ; *televista,* 1904, Dr Lou), de *tele-* et *vision* n., lui-même emprunté au XIIIe siècle du français *vision. Télévision* est attesté dans l'usage scientifique en 1913 (C. E. Monier, *La Télégraphie sans fil,* p. 184). Le mot a produit les dérivés *téléviser* v. tr. (1933, Larousse du XXe siècle ; d'après l'anglais *to televise,* 1927), *téléviseur* n. m. (1935), peut-être d'après l'anglais *televisor* n., 1926, nom donné à l'appareil récepteur conçu par J. L. Baird. *Télévisuel, elle* adj. (1949, Larousse) est formé en français d'après *visuel.*

L'abréviation usuelle, *télé* n. f. est française, mais on trouve aussi *TV*✱ ou *T. V., tévé,* anglicismes.

TÉLEX [telɛks] *n. m. invar.*

Service de dactylographie à distance avec le téléimprimeur. *Les abonnés du télex.*

✱ Mot américain, nom de marque d'un téléimprimeur (1958), formé sur *tel(egraph)* et *ex(change),* répandu en français vers 1960. Sur *télex* a été formé le dérivé *télexiste* n. (1972) « personne chargée d'assurer les liaisons par télex ».

TENDER [tɑ̃dɛʀ] *n. m.*

1° (1837) *Chemin de fer.* Wagon auxiliaire qui suit une locomotive à vapeur et contient le combustible et l'eau nécessaire à son approvisionnement. *Des tenders.* — REM. : Enregistré dans les dict. de Littré 1872 et de l'Académie 1878.

« quatre jets d'eau qui puisent dans le tender ou réservoir d'eau destiné à alimenter la chaudière. »
M. SEGUIN, *De l'influence des chemins de fer, et de l'art de les tracer et de les construire,* 1839 [*in* Wexler, p. 113].

« Un jour, les soutes des steamers et les tenders des locomotives, au lieu de charbon, seront chargés de ces deux gaz comprimés, qui brûleront dans les foyers avec une énorme puissance calorifique. »
Jules VERNE, *L'Île mystérieuse,* p. 459, Livre de poche (□ 1874).

— (v. 1865) *Tender-moteur,* Tender pourvu d'un mécanisme moteur pouvant fournir un effort de traction supplémentaire.

« Dans les expériences, faites avec le modèle qui figurait à l'Exposition [universelle de 1867, au Champ de Mars], cette locomotive à *tender-moteur* a facilement remorqué, sur des rampes de 5 millimètres, qui présentaient parfois des courbes, une charge de 580 tonnes avec la vitesse de 25 kilomètres par heure. »
L. FIGUIER, *L'Année scientifique et industrielle,* pp. 83-84, 1868 (□ 1867).

— (1850) *Locomotive-tender* ou (1865) *Machine-tender,* Locomotive conçue avec une caisse d'approvisionnement construite sur un prolongement de son châssis.

« Les locomotives présentées par la France, l'Autriche, la Prusse et les États allemands [à l'Exposition universelle de 1855] révélèrent avec éclat un système, alors nouveau, de construction de locomotives, les *locomotives-tenders* [...]. »
L. FIGUIER, *L'Année scientifique et industrielle, op. cit.,* p. 77.

« Cette locomotive, qui se distingue par une énorme chaudière en tôle d'acier, appartient à la classe des *machines-tenders*. Elle est portée sur dix paires de roues couplées. Les essieux peuvent obéir à l'inflexion voulue dans les courbes, grâce à des plans inclinés qui servent à les supporter, d'après un système particulier, de l'invention de M. Forquenot. »
                                                                                    Ibid., p. 81.

2° (1847) Mar. *Vx* et *rare*. Petit bateau attaché au service d'un plus grand. — REM. : Absent des dict. de Littré et de l'Académie.

« l'*Abraham Lincoln* s'avança majestueusement au milieu d'une centaine de ferry-boats et de *tenders* [En note : "Petits bateaux à vapeur qui font le service des grands steamers."] chargés de spectateurs, qui lui faisaient cortège. »
                    Jules VERNE, *Vingt Mille Lieues sous les mers*, p. 25 (□ 1869).

✱ Anglais *tender* n. (xvᵉ s.), attesté au sens maritime en 1675 et apparu dans le vocabulaire des chemins de fer en 1825. Dérivé du verbe *to tend* (xivᵉ s.), même radical qu'*attendre*, primitivement « servir (qqn) », sens moderne « assurer un service (auprès de qqn), être chargé de, préposé à (un service) », et *-er* suffixe d'agent (Cf. *bar tender,* etc.).
La prononciation du mot *tender* a subi en France un processus de naturalisation. Le dict. de l'Académie 1878 dit : « On prononce *Taindère* », Littré donne également *« tin-der »*, mais le dict. de l'Académie 1932 déclare : « On prononce l'*n* ». L'usage a finalement conservé [tɑ̃dɛʀ].
Cet emprunt a suscité les mêmes réticences qu'une grande partie du vocabulaire des chemins de fer emprunté à l'anglais :

« On n'entend que des mots à déchirer le fer,
Le railway, le tunnel, le ballast, le tender,
Express, trucks et wagons ; une bouche française
Semble broyer du verre ou mâcher de la braise... »
G. VIENNET, *Épître à Boileau*, 1855 [*in* L. J. KELLEY, *Le Franglais de Montréal*, p. 131].

✱ La chose était connue en France bien avant l'apparition du mot, sous les noms de *fourgon,* de *chariot,* de *train,* mots par ailleurs retenus pour d'autres réalités : *fourgon de tête* (1825), « fourgon pour l'eau et le combustible », *chariot de suite* (1829), *train d'approvisionnement* (1830), *chariot d'approvisionnement* (1833), etc. Le mot *allège* n. f. connaît une certaine vogue, entre 1830 et 1840.
Tender apparaît dans un texte français comme mot anglais en 1831 : « chariot à remorquer (Engine Tender) », H. Emmery, *Annales de Ponts-et-Chaussées* (mémoires), 1831 (*in* Wexler, p. 111), puis en 1834, en 1838, encore identifié comme dénomination anglaise, et pendant un certain temps, accompagné de précisions, d'une traduction ou d'une définition. Les étapes de l'introduction du mot sont étudiées avec précision par Wexler (voir biblio.).
Tender a été naturalisé par l'usage comme terme de chemins de fer à vapeur ; l'évolution des techniques en fait un terme désuet. Comme terme de marine, Étiemble en a relevé suffisamment d'emplois récents pour réagir :

« je me demande pourquoi, sinon par goût du suicide, les journalistes français substituent à nos *ravitailleurs* de sous-marins d'affreux *tenders*. »
Parlez-vous franglais ?, p. 268 (□ 1964).

TENNIS [tenis] *n. m.*

1° (1836, Landais) *Vx.* Jeu de balle joué avec des raquettes de bois très étroites.

« Henri VIII était riche des féroces économies de son père, jeune, beau, populaire [...], c'était un excellent cavalier, un archer de première force ; "il y a plaisir, dit l'Ambassadeur vénitien Giustiniani, à le voir jouer au *tennis*". »
                    LAVISSE et RAMBAUD, *Histoire générale*, t. IV, p. 557 (□ 1894).

2° (1878 ; *abrév. de lawn-tennis**) Sport dans lequel deux ou quatre joueurs se renvoient alternativement une balle, à l'aide de raquettes, de part et d'autre d'un filet, selon des règles précises et sur un terrain de dimensions déterminées, nommé *court.* — REM. : Enregistré dans le dict. de l'Académie 1935.

« Il revint à l'autre extrémité, à la place destinée au tennis et close d'un filet de métal souple. Une partie s'y jouait, engagée et poussée entre deux jeunes Anglais et deux jeunes Anglaises [...]. »
P. BOURGET, *La Terre promise*, p. 120 (□ 1892).

« il est familier avec les exercices de sport, à la tête de toute la jeunesse milliardaire dans les concours de tennis, de polo, de golf et de crocket. » Jules VERNE, *L'Île à hélice*, p. 139 (□ 1895).

— PAR EXT. (1907) Terrain de tennis, comprenant les courts et les gradins aménagés pour les spectateurs. *Les tennis d'un club sportif. Un tennis municipal.*

« Autour des tennis une piste de coureurs serait facilement construite. » P. ADAM, *La Morale des sports*, 1907 [*in* G. Petiot].

3° (1890) Flanelle à rayures fines. Cf. ci-dessous la citation de F. de Grand'Combe.

4° *N. m. pl.* (1964) Sandales, chaussures de tennis.

« Il y avait quelqu'un d'autre dans Hyperpolis. C'était un homme jeune, habillé avec un survêtement blanc, chaussé de tennis blancs, et qui portait cousu sur sa poitrine le mot "Machines". »
LE CLÉZIO, *Les Géants*, p. 137 (□ 1973).

✳ Nom anglais *tennis* du jeu de paume — d'abord *tenetz*, puis *tennes, teneys, tenys, tenise* — emprunté au XIVᵉ siècle au français *tenez*, impératif de *tenir*, exclamation du serveur dans ce jeu (l'expression n'est pas attestée en français, mais indirectement, en italien et en latin). Le mot servit à former *field-tennis* « longue paume » (XVIIIᵉ s.), et *lawn-tennis* (1874) dont il devint bientôt l'abréviation, parfois condamnée.
Selon toute vraisemblance, *tennis* a d'abord désigné en français une variante de la longue paume, et Landais, qui le prononce [teni], le donne comme peu connu dans l'enregistrant dans son *Dictionnaire des dictionnaires* (1836). C'est le succès rapide du lawn-tennis, répandu en France à partir de 1878, qui l'a fait adopter au sens 2° avec, à sa suite, le vocabulaire de ce sport (→ **court, drive, dropshot, lift, lob, match** [balle de], **passing-shot, scratch, set, smash**). Il est cependant malaisé de savoir si les Français formèrent d'eux-mêmes l'abréviation, ou s'ils l'adoptèrent de l'anglais. On leur doit à coup sûr l'emploi de *tennis* pour « terrain de tennis ».

« *Tennis*, c'est le jeu, non le terrain sur lequel on y joue ; celui-ci s'appelle [en anglais] le *tennis-court* et ne peut s'abréger que sous la forme de *court...* Pour désigner le jeu, l'expression correcte est *lawn-tennis*, même si ce n'est pas sur une pelouse qu'on le pratique. »
F. de GRAND'COMBE, *De l'anglomanie en français*, juil. 1954, p. 196.

✳ Les autres extensions de sens sont inconnues en anglais. Enfin notre langue accueillante est entièrement responsable des dérivés du mot, qu'ils soient inusités (*tennisser* « jouer au tennis », 1904 ; *tennisseur, euse*, « joueur, euse de tennis », 1920) ou vivants (*tennistique* adj., 1950, → **Tennisman**).

« *Tennis* : les magasins de nouveautés en France appellent de ce nom une flanelle à rayures. Jamais en Angleterre on n'a vu un homme jouer au tennis affublé d'un pantalon de cette étoffe. »
F. de GRAND'COMBE, *De l'anglomanie en français*, oct. 1954, p. 267.

« notre jeune joueur apprendra à se connaître et cela lui permettra d'utiliser le moment venu au mieux ses possibilités, tant physiques que tennistiques. »
H. COCHET, *Le Tennis*, p. 68 (□ 1950).

TENNISMAN [tenisman] *n. m.*

(1903) *Vieilli.* Joueur de tennis. *Des tennismen* [tenismɛn].

✳ Faux anglicisme, formé au début du siècle de deux éléments empruntés séparément à l'anglais : *tennis**, et *-man** « homme », que le français a détaché d'emprunts véritables comme *barman, policeman, sportsman* pour en faire un suffixe. Outre-Manche, son équivalent est *tennisplayer* (XVᵉ s.) et récemment aux États-Unis, *tennist*. Attesté en français en 1903 (*in* Petiot). On lui connaît un féminin également fictif *tenniswoman* (*in* Hanon, p. 143).

« le *tennisman* par quoi nous nous croyons tenus de traduire, si j'ose dire, le mot anglais *tennisplayer*. »   ÉTIEMBLE, *Parlez-vous franglais ?*, p. 278 (□ 1964).

TERMINAL, AUX [tɛʀminal, o] *n. m.* et *adj.*

1° (v. 1950) Ensemble des installations pour le stockage du pétrole et pour le déchargement des pétroliers, situé à l'extrémité d'un pipeline. — Adj.

« Le Havre aura son terminal pétrolier géant. »
L'Express, 11 sept. 1972, p. 52.

« Une solution au problème des terminaux, mais très onéreuse, est l'installation de ports-relais artificiels (encore appelés terminaux d'éclatement) en eau profonde. »
M. GRENON, *Les Pétroliers géants*, in *Science et Vie*, mars 1972, p. 9.

— (v. 1970) Lieu équipé pour la réception et l'expédition des conteneurs.

« On risque la mort de Fos en tant que terminal conteneurs [*sic*]. »
L'Express, 10 déc. 1973, p. 86.

— Adj.

« Il s'agit de la profondeur de certains passages et de l'insuffisance des ports terminaux. »   M. GRENON, *op. cit.*, p. 7.

2° (v. 1960) *Inform.* Organe d'entrée et de sortie relié à un ordinateur par une transmission de données.

« Il est indispensable, pour enregistrer les données qui identifient le patient, d'utiliser un terminal (machine à écrire, écran) aussi simple que possible, afin que le personnel hospitalier puisse s'en servir sans difficulté [...]. »   *La Recherche*, sept. 1970, p. 368.

« Un terminal dans chaque entreprise, dans chaque foyer : l'ordinateur deviendra alors un service universel au même titre que l'eau, le gaz ou l'électricité. La ménagère de l'an 2000 tapotera sur son terminal, pour passer commande au super-marché, du même geste machinal qui est le sien aujourd'hui lorsqu'elle décroche le téléphone ou ouvre un robinet. »
Science et Vie, oct. 1973, p. 110.

3° (1971 in *La Banque des mots*) Point de départ ou d'arrivée en ville des passagers qui se rendent à l'aéroport (Cf. *Terminus*).

✱ Anglais *terminal* adj. et n. signifiant proprement « extrême, dernier », du bas latin *terminalis* « relatif aux limites, final », du latin classique *terminus*, terme d'abord employé comme variante de l'anglais *terminus* aux États-Unis (1888) dans le domaine des chemins de fer, puis employé dans le domaine de l'aviation dans l'expression *city terminal*, ainsi que dans celui de l'informatique (*in* Barnhart, *A Dict. of New English*, 1973). *Terminal* s'est d'abord implanté en français dans le vocabulaire de l'industrie du pétrole. Le mot figure parmi les termes recommandés au *Journal officiel* (18 janv. 1973, 12 janv. 1974) comme terme d'informatique.

TERMINUS [tɛʀminys] *n. m.*

(1841 ; 1840, comme mot anglais) Dernière gare ou station d'une ligne de transport ferroviaire, maritime ou routière. — REM. : Enregistré dans le Suppl. 1877 du dict. de Littré et dans le dict. de l'Académie 1935.

« Les calèches accoururent, et l'on se dirigea vers le chemin de fer, dont le *terminus* se trouve à l'autre bout de la ville. »
Th. GAUTIER, *Égypte*, p. 146 (□ 1867).

— *Par apposition.*

« On a fait sauter des ponts, des viaducs, des gares terminus. »
Journal officiel, 17 juin 1873 [*in* Littré, Suppl.].

« Plusieurs jardins énormes et publics marquent les points terminus
des tramways, à l'endroit où la banlieue devient agreste et fraîche. »
                          P. ADAM, *Vues d'Amérique*, p. 99 (□ 1906).

✱ Mot anglais n. (1571, 1836, comme terme de chemin de fer), du latin
terminus « borne, limite, fin ». Attesté en français dès 1840, comme
terme anglais (C. Pecqueur, *in* Wexler, p. 95), puis en 1841, comme
terme français (Frontin-Chéron, *ibid.*, p. 95). L'interjection *terminus !*
enregistrée dans le Petit Robert 1967, est spécifiquement française :
Terminus ! Tout le monde descend. (En anglais : *Last stop ! All change !*)

TERMITE [tɛʀmit] *n. m.*

(1797) Insecte archiptère, appelé scientifiquement *termès* et
vulgairement *fourmi blanche*, qui vit en société, surtout dans les
régions tropicales, et qui ronge les objets en bois de l'intérieur
en laissant la surface intacte. — REM. : Répertorié dans les dict.
de l'Académie 1835 et de Littré 1872, par renvoi à *termès*.

« les canons étaient rongés par la rouille, et les crosses dévorées par
les termites. »   Traduit de H. STANLEY, *Voyage à la recherche
       de Livingstone au centre de l'Afrique* [1871], p. 87 (□ 1873).

— (1872) Fig. *Un travail de termite.* Travail de destruction lent
et caché. — REM. : Signalé par Littré, à l'art. *Termès*, termite.

« On le sent manœuvré par cette oligarchie insaisissable et irresponsable qui domine notre urbanisme comme notre démographie, dont le
travail de termites ne se révèle qu'une fois accompli, et, quand la poutre
centrale craque, le mal est sans remède. »
                   GIRAUDOUX, *De Pleins Pouvoirs à Sans Pouvoirs*, p. 81 (□ 1939).

✱ Mot anglais n. (1781), du bas latin *termes, termitis*, latin classique
tarmes, tarmitis. Attesté dès 1797 chez G. Cuvier, *Tableau élémentaire
de l'histoire naturelle des animaux*, p. 477, mais répandu seulement au
XIXᵉ siècle. Le sens figuré est propre au français. *Termite* a produit les
dérivés *termitière* n. f. (1830, *Dict. classique d'histoire naturelle*, XVI,
p. 130, sur le modèle de *fourmilière ;* Cf. anglais *termitary*, 1826), « nid
où vit une colonie de termites, pouvant atteindre 2 m et percé de galeries
souterraines », *termitophage* adj. (1907, Larousse ; d'après l'anglais
termitophageous, 1899), et *termitophiles* n. m. pl. (1904, Larousse ;
d'après l'anglais *termitophilous*, 1886).

TEST [tɛst] *n. m.*

1° (1895) *Psychol.* Épreuve définie, généralement standardisée,
ou série d'épreuves servant à l'appréciation quantitative ou
typologique des fonctions sensori-motrices ou mentales d'un
sujet, des connaissances, des aptitudes et de sa personnalité. — REM. : Enregistré dans le dict. de l'Académie 1935.

« La méthode des "tests", appliquée aux enfants, a permis de se faire
une idée nette et objective de l'inégalité de leurs aptitudes intellectuelles
(Binet-Simon, Standford, Yerkes, Terman, etc.). »
                          J. ROSTAND, *L'Homme*, pp. 71-72 (□ 1926).

« Le système des *tests* d'intelligence, invention française des Dʳˢ Binet et Simon [...], a été adopté par l'Amérique avec une sorte
d'engouement [...], le *test* est de plus en plus considéré comme
susceptible de donner une indication automatique et décisive sur les
possibilités de chacun. »
                   A. SIEGFRIED, *Les États-Unis d'aujourd'hui*, p. 171 (□ 1927).

2° (1923) *Méd.* Procédé d'évaluation d'une fonction ou d'une
constante biologique chez un sujet par comparaison avec la
réaction d'un sujet normal pris pour témoin.

« Le mot test désigne toute expérience effectuée sur un individu
soumis à des épreuves préalablement déterminées, afin de déterminer
une mesure. »   J. DELAY, *La Psycho-Physiologie humaine*, p. 101 (□ 1951).

— (1964) *Par ext.* Épreuve, examen (de laboratoire) destiné à établir un diagnostic.

« Quoiqu'il honore de sa confiance les chirurgiens des hôpitaux de Paris, le snob médical est directement orienté vers [...] les États-Unis pour les *tests* indispensables. »   DANINOS, *Snobissimo*, p. 136 (□ 1964).

3° (1939) Par ext. *Cour.* Expérience, épreuve, fait-témoin permettant de juger, de servir de point de référence.

« Les petits jeux que j'ai coutume d'emporter en voyage m'ont permis de prendre contact avec les enfants. Ce sont des "tests" merveilleux, particulièrement utiles dans les pays dont on ne parle pas la langue. » GIDE, *Carnets d'Égypte*, 1939, in *Journal* 1939-1949, p. 1077.

« Certes, sans le test du référendum, sans le discours de Constantine, il eût été fou de courir ce risque [d'élections libres en Algérie]. »
          F. MAURIAC, *Le Nouveau Bloc-Notes*, 18 oct. 1958, p. 117 (□ 1961).

« le jeune couturier, pour qui ce grand mariage était un test, s'était donné tout entier, s'était surpassé dans ses créations. Pour un succès, ce fut un succès ! »   E. TRIOLET, *Roses à crédit*, p. 306 (□ 1959).

— (1967) Par appos. *Conflit-test, zone-test,* etc. (ex. *in* P. Gilbert, *op. cit.*).

4° (1964) *Techn.* Essai de production effectué au cours d'un forage pétrolier au moyen de l'appareil appelé *tester* (2).

✱ Anglais *(mental) test* « épreuve (psychologique) », employé pour la première fois en Amérique en 1890 par James McKeen Cattell, de l'anglais *test* n., lui-même emprunté au XIVᵉ siècle comme terme d'alchimie à l'ancien français *test, têt* « pot servant à l'essai de l'or » (latin *testum* « pot de terre »). Le mot a pris au XVIᵉ siècle le sens de « épreuve, mise à l'essai, expérience ». Le fondateur de la psychométrie, idée d'origine française longtemps tenue pour sujette à caution en France, Binet, a employé le mot *test* dès 1895 (Binet Henri, in *L'Année psychologique*, p. 464, *in* Mackenzie, p. 254) ; Lalande enregistre le terme dans l'édition de 1928 de son *Vocabulaire de la philosophie*.
Notons que le français avait repris le mot *test* dès 1844 dans le terme technique *test-objet* « préparation microscopique servant à évaluer le pouvoir d'un microscope » :

« en préparant, au moyen du sciage et de l'usure, des lames fort minces de la substance dentaire, dont on fait même des tests-objets, on voit aisément avec un bon microscope, ces tubes nombreux de l'ivoire [...] perpendiculaires au bulbe de la dent. »   P. GERVAIS, *in* Ch. d'ORBIGNY, *Dict. univ. d'Histoire naturelle*, 1844 [*in* D. D. L., 2ᵉ série, 8].

✱ *Test* est devenu de nos jours un terme d'usage général en français. Toutefois, le Comité d'étude des termes techniques français recommande de lui substituer des équivalents français, sauf au sens 1°.

« 1. Dans le domaine psychologique, conserver Test, employé dès 1895 par Binet.
2. Dans les autres acceptions, remplacer test par Essai, essai témoin, épreuve. »   *Sciences*, nov.-déc. 1959, p. 88.

1. TESTER [tɛste] *v. tr.*

1° (1926) *Psychol.* Soumettre à un test*, à une série de tests. *Tester des élèves, des candidats.*

« Les animaux soumis à l'expérience étaient des Rats communs provenant d'une souche ordinaire de laboratoire. Il s'agissait, pour eux, de traverser un petit labyrinthe artificiel : pour éprouver ou "tester" chaque animal, on lui faisait exécuter une vingtaine d'essais, après quoi l'on notait pour chaque essai le nombre de ses erreurs. »
          J. ROSTAND, *L'Homme*, p. 75 (□ 1926).

2° (mil. XXᵉ s. ; 1964, G. L. E.) *Zootechn.* Soumettre à la méthode de jugement génotypique (des reproducteurs) d'après la valeur de leurs descendants.

3° (1966) Par ext. *Cour.* Mettre à l'épreuve, à l'essai, expérimenter (un produit).

« D'emblée nous avons choisi par une diffusion importante de toucher un public très large, de tester les modèles dans leurs conditions mêmes d'utilisation sur l'eau [...]. » *Bateaux,* sept. 1966, p. 29.

— (1965 *in* Gilbert) *Spécialt* Sonder, apprécier.

« la situation se complique du fait que nous tentons d'utiliser une classe d'objets pour tester les modèles cosmologiques bien avant d'en avoir compris toutes les propriétés physiques. » *Science et Vie,* janv. 1972, p. 72.

✱ Adaptation de l'anglais *to test,* terme répandu en français sous l'influence des techniques américaines. Le verbe a produit les dérivés *testable* adj. (1968, Larousse), « qui peut être soumis à un test, un contrôle », et *testeur* n. m. (1964, Robert), « personne qui fait passer des tests » ; (1966, *Le Monde, in* Gilbert), « appareil ou dispositif servant à contrôler certains phénomènes ». *Tester* est critiqué, notamment à cause de l'homonymie avec le verbe français *tester* « faire un testament ».

« autostérilité plus ou moins accentuée de variétés dites à bon pollen (ainsi désignées par testage *in vitro* de la faculté germinative du pollen). »
H. BOULAY, *Arboriculture et Production fruitière,* p. 69 (□ 1961).

2. TESTER [tɛstœʀ] *n. m.*

(1963) *Techn.* Appareil permettant d'effectuer un test✱ (4°) de production au cours d'un forage pétrolier.

✱ Mot anglais n. dérivé de *to test.* Le *Dict. technique des termes utilisés dans l'industrie du pétrole,* de Moureau et Rouge, 1963 enregistre *tester* et donne comme équivalent *appareil d'essai.*

TÊTE D'ŒUF [tɛtdœf] *loc. subst. fém.*

(1965) *Fig. Péj.* Intellectuel. *Des têtes d'œuf.*

« La dernière des "têtes d'œuf", ces intellectuels installés comme conseillers à la Maison-Blanche par le président Kennedy, vient de remettre sa démission. » *L'Express,* 19 déc. 1965 [*in* Gilbert].

« [...] M. Jacques Chirac, la tête un peu penchée en avant, devait sourire aux jeunes "têtes d'œuf" qu'il recevait dans les salons de l'Hôtel de Ville de Paris. C'était jour de fête nationale et de défilé. »
Le Monde, 19 mai 1979, p. 12.

✱ Calque de l'argot américain *egghead,* de l'anglais *egg* « œuf » et *head* « tête », qui s'est d'abord dit d'un homme chauve, puis d'un intellectuel (sans nuance péjorative), d'abord au cours de la campagne présidentielle d'Adlai Stevenson, en 1952, en parlant de ses partisans démocrates (peut-être par référence au front dégarni de Stevenson), puis lors de la présidence de Kennedy (in *The Pocket Dict. of American Slang*). En français, *tête d'œuf* signifie figurément « imbécile », ce qui colore d'ironie cet emprunt sémantique.

TÉVÉ → TV.

THALLIUM [taljɔm] *n. m.*

(1862) *Chim.* Métal (masse atomique 204,39 ; n° atomique 81, symb. T1) blanc bleuâtre (température de fusion 303 °C ; densité 11,8), plus mou que le plomb et très malléable. — REM. : Enregistré dans le dict. de Littré 1872 et de l'Académie 1878.

« Un métal nouveau, le *thallium,* a été découvert par l'emploi de l'analyse spectrale [...]. »
L. FIGUIER, *L'Année scientifique et industrielle,* p. 90, 1863 (□ 1862).

✱ Nom donné en anglais au corps simple isolé par le chimiste W. Crookes, le 30 mars 1861, du latin *thallium,* de *thallus,* dérivé du grec *thallos* « rameau vert », à cause de la raie verte qui caractérise son spectre.

THANE [tan] *n. m.*

(1765 ; *thain* ou *thegn*, 1640, Trévoux) *Hist.* Chez les Anglo-Saxons, Titre de noblesse accordé par le roi à certains hommes d'armes, qui fut par la suite assimilé au titre de baron. *Macbeth, thane de Cawdor.* — REM. : Absent des dict. de Littré et de l'Académie. — *Le Nouveau Larousse illustré* 1904 signale aussi *thegn* [tɛgn].

« Il y avoit deux sortes de *thanes*, savoir les *thanes* du roi et les *thanes* ordinaires [...]. »   *Encycl. Diderot*, art. *Thane*, 1765.

« Peu de temps après, le roitelet saxon et les thanes, ses hommes-liges, furent frappés d'épouvante, à l'apparition de la comète sinistre qui luit encore au ciel de la tapisserie de Bayeux. »
                                        P. MORAND, *Londres*, p. 6 (□ 1933).

✻ Anglais *thane* et *thegn*, vieil anglais *theg(e)n* « homme d'armes, héros » (anglo-saxon *thegan* « homme »), indo-européen *teknos*.

THAT IS THE QUESTION → QUESTION.

THERMODYNAMIQUE [tɛʀmɔdinamik] *n. f.*

(1867) *Sc.* Partie de la physique qui étudie les relations entre l'énergie thermique (chaleur) et mécanique (travail). — Adj. *Température thermodynamique*, échelle à partir du zéro absolu et qui ne comporte pas de degrés négatifs. — REM. : Enregistré dans les dict. de Littré 1872 et de l'Académie 1935.

« la *thermodynamique* ne serait basée en réalité que sur le principe unique de l'*équivalence de la chaleur et du travail.* »
                          A. CAZIN, in *Revue des cours scientifiques*, 8 juin 1867, p. 436.

✻ Adaptation de l'anglais *thermodynamics* n. (1854, mot forgé vers 1850 par Macquorn Rankine). A donné *thermodynamicien* n. et *thermodynamiquement* adv.

THERMOS [tɛʀmɔs] *n. f.*

(1914) Bidon métallique isolant qui maintient durant quelques heures la température du liquide qu'il contient.

✻ De l'américain *Thermos bottle* n. (marque déposée) abrégé en *Thermos* (1908, abrév. 1950, *in* Mathews), du gr. *thermos* « chaud ».

THRILL [tʀil] *n. m.*

(1904) *Méd.* Frémissement perçu à la palpation, notamment frémissement artérioso-veineux. *Thrill artériel.* — REM. : Absent du dict. de l'Académie 1935.

✻ Mot anglais n. (1680 ; 1877, en ce sens) signifiant proprement « frisson, émotion, sensation », enregistré dans le *Nouveau Larousse illustré* 1904. Cet emprunt figure encore dans le *Dict. français de médecine et de biologie*, de Manuila et al., 1972, comme terme spécialisé.

THRILLER [sʀilœʀ] ou [tʀilɛʀ] *n. m.*

(1927) Récit, roman anglais d'épouvante ; *par ext.*, tout roman d'épouvante. — (1947) Film (policier ou fantastique) qui procure des sensations fortes. *Des thrillers* → **Suspense.** — REM. : Absent du dict. de l'Académie 1935.

« Fritz Lang recourra souvent à ce même facteur dramatique [le jeu des ombres], et il en tire ses meilleurs effets dans *Les Espions*, mélodrame à mi-chemin d'un fantastique dû à de savants éclairages et du réalisme du thriller. » L. H. EISNER, in *La Revue du cinéma*, 1ᵉʳ fév. 1947, *in* I. G. L. F. [*in* D. D. L., 2ᵉ série, 5].

« Une histoire dure, brutale, un "thriller" comme on dit en Amérique, avec une énigme, du sadisme, un suspense savamment entretenu et tragiquement dénoué. » [À propos de *Les salauds vont en enfer*, de F. Dard.]

G. GUILLEMINAULT, *Fleurs et couronnes*, in *L'Aurore*, 25 oct. 1971, p. 120.

✱ Mot anglais n. (1889), de *to thrill* v. intr. « faire tressaillir, procurer des émotions, des sensations fortes », attesté en français dès 1927 (L. Cazamian, *Ce qu'il faut connaître de l'âme anglaise : Livres qui donnent le frisson*, p. 101, *in* Mackenzie, p. 264), et répandu au milieu du siècle par la critique cinématographique à propos de films américains. Le Webster's Third 1966 donne *thriller* ainsi que *thriller-diller* (in *Dict. of American Slang* 1960) comme synonymes de *chiller-diller*, du terme populaire *dilly* n. « personne ou chose remarquable ».

TICKET [tikɛ] *n. m.*

1° (1835 ; *tiket*, h. 1727) Billet, rectangle de carton, de papier, donnant droit à l'entrée dans un lieu, un véhicule de transport, à un service, un usage. *Ticket de métro, de quai. Composter un ticket. Carnet de tickets.* — REM. : Enregistré dans le Suppl. 1877 du dict. de Littré ; absent du dict. de l'Académie.

« me procurer un *tiket* pour pénétrer dans la grand'salle. »
SAUSSURE, *Lettres et Voyages*, 1727 [*in* Mackenzie, p. 166].

« Nous n'eûmes que le temps de sauter à bord, sauf à payer après notre *ticket*, que le matelot de service nous réclamait impérieusement. »
L. SIMONIN, *Une visite aux grandes usines du pays de Galles* [1862], p. 322 (□ 1865).

« Le ticket n'est pas seulement un symbole et un signe des temps : c'est une institution — voire une institution nécessaire [...]. Le ticket équivaut, dans son petit genre, au chèque et à la lettre de change. Indispensable aux compagnies de chemins de fer [...], le ticket n'est pas moins indispensable à toutes les autres entreprises de transport en commun, omnibus, tramways, paquebots, et aux entreprises de spectacles, jeux, théâtres, courses, etc. »
É. GAUTIER, *L'Année scientifique et industrielle*, p. 319, 1898 (□ 1897).

— SPÉCIALT. (1931) Coupon d'une feuille de rationnement, notamment sous l'Occupation. *Tickets de rationnement. Tickets de pain, de viande. Sans tickets*, en vente libre.

« Comme il me faudrait un jour supplémentaire pour terminer un chapitre, j'ai demandé à un vieux paysan de me céder un ticket. Sur question, je lui ai répondu qu'à Paris le ticket s'achète deux cents francs. »
M. AYMÉ, *Le Passe-Muraille*, p. 88 (□ 1943).

2° (1937) *Pop.* Billet de mille anciens francs.

3° (1950) Pop. *Avoir un (le) ticket avec quelqu'un*, avoir une touche, lui plaire manifestement.

« De même si Bill révèle à la cantonade : "Dites donc vous savez quoi ? James a un sérieux ticket avec la petite Martinez !" (formule qui a remplacé le désuet "Il a une touche avec..." et qui ajoute au cachet anglo-saxon un parfum d'automation) — on conçoit que cela ne saurait être révélé qu'avec une pointe d'accent britannique. »
DANINOS, *Un certain Monsieur Blot*, p. 180 (□ 1960).

✱ Francisation par la prononciation (omission du *t* final) de l'anglais *ticket* n. (1673, en ce sens ; « étiquette », XVIᵉ s.), lui-même emprunté de l'ancien français *estiquet(te)* « petit écriteau » (mod. *étiquette*), de l'ancien verbe *estiquier, estequier* « attacher, ficher », néerlandais *stikken*, francique **stikkan*. Ticket est attesté en français dans *Le Journal des débats*, 27 juillet 1835, p. 1 ; Littré le trouve « plusieurs fois rapporté dans le *Journal officiel* du 20 oct. 1877, à propos du mode de perception des droits d'entrée à l'Exposition de 1878 ».

« *Ticket* s'est spécialisé à côté de *billet* avec lequel il ne fait pas double emploi : on dit *un billet de chemin de fer* et *un ticket d'entrée pour une exposition.* » A. DAUZAT, *La Langue française d'aujourd'hui*, 1908 [*in* Dupré].

✻ Les acceptions populaires du terme sont purement françaises. *Ticket* entre aussi dans l'expression *ticket modérateur* (1936, Capitant) et dans les composés *ticket-restaurant* n. m. et *ticket repas* n. m. (1970, Robert).

TIC-TAC-TOE [tiktakto] *n. m.*

(1981) Jeu de morpion électronique en vidéo.

« le VCS [Video Computer System] se branche sur votre télé ; il est par contre uniquement conçu pour les jeux, et on peut dire qu'il regroupe absolument tout ce qui peut se faire comme jeux électroniques. L'appareil se nourrit de cassettes qui contiennent des programmes. Il en existera dès septembre une quarantaine allant des échecs, des dames, du backgammon, ou du tic-tac-toe aux jeux qui remportent un grand succès dans les cafés. »
Sciences et Avenir, numéro spécial 35, 1981, p. 28.

✻ De l'anglais *tic(k)-tac(k)-toe* (1899), jeu d'enfants pratiqué avec un crayon et une ardoise, plus tard étendu aux États-Unis au « jeu de morpion ».

TIE-BREAK [tajbʀɛk] *n. m.*

(1970) *Tennis.* Moment où les joueurs sont à six jeux partout, à la suite de quoi le premier joueur qui a sept points et deux points d'avance gagne la manche.

« Quant au "tie break", il a été instauré pour en finir avec les sets qui n'en finissaient pas. On l'utilise à six jeux partout et on compte alors en points, le premier joueur arrivé à sept points étant déclaré vainqueur de la manche. » *Le Point*, 26 mai 1980, p. 51.

« Finalement, le point est acquis à Connors, qui sa concentration évanouie, perd le jeu : 6 partout.

Ce serait mal connaître Connors que le croire abattu. Son tempérament de gagneur, qu'il a tant de fois manifesté à Las Vegas, reprend aussitôt le dessus ; 6 partout, *tie-break.* Or Panatta, qui comptait visiblement parvenir à ce stade, est un très fort joueur de *tie-break.* Connors n'en mène pas moins rapidement par 5 points à 1, puis par 6 points à 3. Panatta refait surface à 6-5. Mais, par un dernier coup de reins, Connors atteint le 7-5. Il a gagné ! » *Le Monde*, 28 mai 1980, p. 23.

✻ Mot américain récent de l'anglais *tie* « égalité des points, match nul » (1680) et *break* « arrêt, pause ». Attesté dans Petiot en français en 1970.

TILBURY [tilbyʀi] *n. m.*

(1819) *Ancienn.* Cabriolet léger à deux places, généralement découvert. *Des tilburys.* — REM. : Enregistré dans les dict. de l'Académie 1835 et de Littré 1872.

« Un jeune homme qui passoit pour fort riche [...] vient, après une seule nuit passée à *la roulette*, d'être réduit à vendre son tilburi [*sic*] pour avoir des chemises. »
Journal des dames et des modes, 31 août 1819 [*in* D. D. L., 2ᵉ série, 9].

« Les roues de son léger tilbury tournent sous l'eau qui en ravive le vernis luisant et la sombre nuance [...]. »
BALZAC, *L'Oisif et le Travailleur*, p. 28 (□ 8 mai 1830).

✻ Mot anglais n. (1814), de *Tilbury,* nom du carrossier qui fut l'inventeur de cette voiture. Le G. L. L. F. signale l'apparition de ce mot en français dans le *Journal des dames et des modes,* 5 fév. 1819, p. 50.

TILL [til] *n. m.* ou TILLITE [tilit] *n. f.*

(1893) *Géol.* Argile glaciaire. — REM. : Absent du dict. de l'Académie 1935.

« Déjà, dans le N. de l'Angleterre, ainsi qu'en Écosse, on peut constater le développement pris par une argile fine, tenace, le *till* des géologues écossais, contenant des pierres anguleuses striées, dissémi-

nées dans le plus complet désordre, et qui devient un *boulderclay* ou *argile à blocaux*, quand elle est chargée de cailloux. »
Grande Encycl. Berthelot, art. *Glacier*, 1893.

« La partie la plus récente de la sparagmite scandinave, c'est-à-dire l'Éocambrien, bien visible en Norvège, représente une sédimentation fluvio-glaciaire et d'anciennes argiles à blocaux nommées *tillites*, comparables à celles que les glaciers et les glaces flottantes de nos jours déposent. Ces tillites indiquent une large répartition des glaciers éocambriens [...]. » H. et G. TERMIER, *Histoire de la surface terrestre*, in *La Terre*, ф. 1389 (☐ 1959).

✱ Anglais *till* n. (1842, Darwin, en ce sens ; terme d'agriculture en Écosse, 1765), d'origine incertaine, ou *tillite* n. (1918), lui-même dérivé de *till*.

TILT [tilt] *interj.* et *n. m.*

1° (v. 1965) Jeu. *Interj.* Signal de fin de partie ou d'interruption par suite d'une manœuvre trop brusque, inscrit sur un voyant lumineux dans les appareils à sous et les billards électriques. — (1967) *Subst.* Ce signal. *Des tilts. Le tilt s'est allumé.*

« Enfin, il faut avoir la possibilité de tricher en secouant l'appareil. Le *tilt* n'indique qu'une limite à ne pas dépasser. C'est une menace délicieuse, un risque supplémentaire, une sorte de second jeu greffé sur le premier. » R. CAILLOIS, *Les Appareils à sous*, in *Jeux et Sports*, p. 1127 (☐ 1967).

— PAR EXT. Signal (d'échec).

« M. Vignon est parti alors pour les États-Unis. Il est allé voir des fabricants de juke-boxes et leur a dit : " Pouvez-vous mettre dans vos boîtes un jeu de culture générale, avec des lumières rouges qui s'allument, une partie gratuite, et peut-être même quelques tilts ? " » A. MORGAINE, *La Guerre des tilts*, in *L'Express*, 2 oct. 1967, p. 96.

« Les obsédés du "tilt". [...] Un peu de douceur, un peu de violence, pas trop, sous peine de déclencher le "tilt", l'arrêt de l'appareil, le néant, la mort. » *Le Nouvel Observateur*, 2 avril 1973, p. 53.

2° (v. 1965) *Faire tilt*, déclencher ce signal (d'échec).

« Tu sais, elle m'a encore échappé deux fois. Tu sais, la — la deuxième balle, j'ai voulu la reprendre sur la droite, pour toucher la cible, parce qu'à ce moment-là elle marquait 400. Ça alors c'était bon. Mais j'ai mal calculé et elle a tapé sur le bumper et elle est revenue droit comme ça entre les deux flippers. Tu as vu, hein ? Je n'ai pas pu la rattraper. Tu as vu ça ? Absolument droit, juste au milieu. J'ai voulu la faire rebondir mais j'ai eu peur de faire tilt. » LE CLÉZIO, *Le Déluge*, p. 86 (☐ 1966).

— Fig. *Vieilli*. Échouer. — De même, en exclam. : *Tilt !*

3° (1965) *Faire tilt*, déclencher un signal, un mécanisme ; se manifester par un signal.

« La caisse de la Société des auteurs et compositeurs *fait " tilt "* chaque fois que se jouent, quelque part dans le monde, les plus fameuses trouvailles musicales de M. T. » *L'Express*, 28 juin 1965 [*in* Gilbert].

— (1967) *Fig.* et *fam.* Comprendre instantanément ; donner une idée subite. *Ça a fait tilt. L'argument fait tilt.*

« À cette époque [mars 1965], un journaliste avait lancé : " Et que feront les jeunes dans ces maisons [de jeunes] ? Ils joueront au billard électrique ? " Dans l'esprit de M. Vignon, cette boutade fait " tilt ". » A. MORGAINE, *op. cit.*

✱ De l'anglais *tilt* n. (XVIe s.) « coup, inclinaison », de *to tilt* (moyen anglais *tilte*, *tylte*, peut-être du vieil anglais *tyltan*, ou d'origine scandinave) signifiant « basculer, pencher ». Le mot *tilt* (1932) fut choisi par les inventeurs américains des appareils à sous (Slot machine) et du billard électrique (Flipper), pour évoquer la disqualification de la bille par la machine (le joueur a trop secoué l'appareil pour lui faire marquer des points). Le terme a aussi pour lui une valeur d'onomatopée. C'est sans doute l'élément qui lui vaut son succès en français.

TIME IS MONEY [tajmizmɔnɛ] *prov.*

✱ Axiome anglais (1748, Oxford Dict.) signifiant littéralement « le temps, c'est de l'argent ».

« L'axiome anglais *"Time is money"* n'aurait aucun sens en Orient, car chacun s'y occupe à ne rien faire avec une conscience admirable, et les gens passent la journée assis sur une natte sans faire un mouvement. »
Th. GAUTIER, *Smyrne*, in *Constantinople*, p. 57 (□ 1853).

« Si je n'admire pas John Bull, j'admirerai donc frère Jonathan ? Je goûte peu ce frère à esclaves. Ôtez *time is money*, que reste-t-il de l'Angleterre ? »
HUGO, *Les Amis de l'ABC*, in *Les Misérables*, p. 682, Pléiade (□ 1862).

TIME-SHARING [tajmʃɛriŋ] *n. m.*

(1968) *Inform.* Système permettant à plusieurs abonnés d'utiliser à distance et en direct, à tout moment, le même ordinateur.

« Pour l'amortissement de ses appareils géants, Control Data attendait beaucoup du " time sharing ", qui permet à plusieurs utilisateurs d'employer simultanément le même calculateur. »
L'Express, 23 déc. 1968, p. 68.

✱ Terme technique américain (*in* Barnhart, *A Dict. of New English* 1973), de *time* « temps », et de *sharing* « partage », de *to share* « partager ». Le *Journal officiel* du 12 janv. 1974 porte *partage de temps* n. m. ou *(travail en) temps partagé* comme termes de remplacement.

TIMING [tajmiŋ] *n. m.*

(1909, *in* Petiot) Minutage, calcul des temps nécessaires aux phases successives d'une opération, d'un déroulement.

« Agir sur la manière dont se passent les choses qui doivent se passer ; agir sur leur " timing " ; choisir la figure que nous y ferons : voilà qui serait déjà une tâche suffisante et conforme à la dignité humaine. »
P. BERTAUX, *La Mutation humaine*, p. 272 (□ 1964).

✱ Mot anglais, courant en ce sens depuis le XVIᵉ siècle, de *to time* « régler, mesurer (dans le temps) », de *time* « temps », mot d'origine germanique. *Timing*, d'abord employé pour le sport, s'est répandu récemment en français par les vocabulaires de l'informatique, du cinéma et de la télévision. Dans la plupart des cas, il peut et doit être remplacé par *programme, calendrier, échéancier, emploi du temps*.

« *timing* implique non seulement l'échelonnement d'actions dans le temps, mais aussi le respect d'une série de dates.
Il semble, à première vue, qu'il y ait là un gros problème, puisque nous ne disposons, en français, d'aucun dérivé du mot *temps* qui puisse remplir le même office que *timing* dérivé du mot *time*. La belle affaire. Si nous avions la tête un peu moins encombrée de mots anglais dont nous ne connaissons pas toujours le sens [...], nous n'oublierions pas que l'on dit très bien "établir un *calendrier* de voyage ou de travail", le mot "calendrier" pouvant désigner "toute division du temps". »
Défense de la langue française, avril 1963, p. 30.

TOAST [tost] ou [tɔst] *n. m.*

1° (1750 ; *toste*, 1745) Fait de lever son verre en proposant de boire à la santé de quelqu'un ou de quelque chose, au succès d'une entreprise, à l'accomplissement d'un vœu. *Porter un toast, des toasts* → **Toaster.** — REM. : On a aussi longtemps écrit *toste* (Le Blanc 1745, Prévost 1750, Larousse 1923), ainsi que *tost* (Bescherelle 1845, Larousse 1923). Littré 1872 répertorie *toste* et signale la graphie *toast* ; le dict. de l'Académie enregistre *toste* dès 1762, puis le remplace par *toast*, en 1835. — On a parfois écrit *une toast*.

« La cérémonie des *tostes* commence [suit une longue description]. »
LE BLANC, *Lettres d'un François*, 1745 [*in* Brunot, t. VI, 2-a, p. 1234].

« Ce souhait [une plus grande représentation du peuple] devint la toast favorite des sociétés populaires ».
MARAT, *Tableau des vices de la Constitution anglaise*,
23 août 1789 [*in* D. D. L., 2ᵉ série, 11].

« Ces messieurs se portaient des toasts avec un sang-froid de lord. »
FLAUBERT, *Lettre à sa mère*, 20 janv. 1851, in *Corresp.*, t. I, p. 741,
Pléiade.

— PAR EXT. Petite allocution prononcée à cette occasion
→ **Speech.**

« il nous a paru étrange, au temple de la Victoire, d'employer encore, au lieu des *vœux* républicains, les *toasts* (littéralement *grillades*) des Anglais. »
Le Bien Informé, nov. 1799.

« — J'étais, sans pouvoir faire autrement, de toutes ces parties, qui se terminaient rarement sans un toast à la santé et au succès du voyageur, etc. etc. "Puisse-t-il oublier quelquefois parmi nous qu'il est loin de son pays ! etc." » V. JACQUEMONT, Lettre à M. Jacquemont père,
10 janv. 1831, in *Corresp.*, t. I, p. 303.

2° (1828 ; *toste*, 1777 ; *thoast*, 1769) Tranche de pain de mie grillée. — REM. : Absent du dict. de Littré ; enregistré dans le dict. de l'Académie 1935.

« [...] Caroline ! vitement thé, crème, *toast*. Beaucoup toast, beaucoup tasses, beaucoup crème. Vitement, Caroline" [...]. M. Georgey mangea une douzaine de *toasts*, c'est-à-dire des tartines de pain et de beurre grillées ; chacune d'elles était grande comme une assiette. »
Comtesse de SÉGUR, *Le Mauvais Génie*, p. 134 (□ 1867).

« "Quand viendrez-vous ? Demain ? On vous fera des toasts aussi bons que chez Colombin [...]". Les toasts m'étant d'ailleurs aussi inconnus que Colombin, cette dernière promesse n'aurait pu ajouter à ma tentation. »
PROUST, *À l'ombre des jeunes filles en fleurs*, p. 508 (□ 1918).

✱ Anglais *toast* n. (« rôtie », XIVᵉ s. ; « santé », 1746, « dame à la santé de qui on boit », 1700, *vx.*), de l'ancien français *tostee* « tranche de pain rôtie », participe passé substantivé de *toster* « griller, rôtir », du latin *tostus,* participe passé de *torrere* « griller ».
C'est d'abord au sens anglais, dérivé de *to toast* « lever son verre pour boire à la santé de quelqu'un ou de quelque chose », que le mot *toast* a été repris de l'anglais (écrit *toste,* en 1745, *toast* en 1750, chez Prévost d'Exiles) ; au sens initial de « rôtie », le mot est signalé dès 1769, chez A.-P. D. de Gomicourt, *L'Observateur français à Londres*, t. II, p. 354, mais il ne se répand en France qu'à la fin du XIXᵉ siècle. D'après Wartburg, Brillat-Savarin, en 1828, est le premier à avoir adopté la graphie anglaise *toast,* en ce sens. Mais l'histoire du mot en anglais n'est pas claire :
« Pour relier le deuxième sens [porter un toast] au premier ["pain grillé"], les anglistes expliquent qu'avant de boire à la santé de quelqu'un, on avait coutume, en Angleterre, de tremper une rôtie dans son verre. Nous serions bien forcés de croire à l'effet linguistique surprenant de ce geste, si l'orientaliste français Jean Deny n'avait récemment jeté le doute dans la question. En effet, explique-t-il, il y a, en persan, un mot *dostkän,* doublet altéré de *dostkäm* (de *dost* "ami" et *käm* "amour"), dont le sens propre est "ami, objet aimé", et qui a signifié ensuite "action de boire du vin avec des amis, en passant le verre à la ronde pour exprimer l'amitié" ; de là le mot a désigné aussi la "coupe de l'amitié" et, par extension, un "récipient à boire" en général. Cette coutume a été imitée par les Mongols dont le deuxième grand empire a fleuri aux XVIIᵉ et XVIIIᵉ siècles sous les règnes de Jâhângîr, Shâh Jahân et Aurangzeb. On retrouve en turk, c'est-à-dire sur un large domaine allant du Kazan au Turkestan, l'emprunt persan *tustagan* ou *tostagan* avec des sens se ramenant à celui de "récipient à boire". Du turk, au temps de la domination mongole, le mot a été repris par le vieux-russe *dostokanŭ* (XVIᵉ siècle), d'où vient le russe moderne *stakán* (dial. *stokán*) "verre à boire", ainsi que des formes altérées lituaniennes et polonaises. C'est également du turk que procèdent le mongol *tosha* "coupe de bienvenue, coupe" et le mandchou *tushu.* Si l'on songe qu'au XVIIᵉ siècle, des représentants anglais, parmi lesquels il faut citer l'orientaliste Sir Thomas Roe, ont pris contact avec la Perse et l'Inde et ouvert la tradition coloniale de l'Angleterre, on peut se demander si *toast,* au sens d'"action de boire à la santé", ne serait pas un mot oriental repris, avec la coutume, à la cour du

grand Mongol et confondu avec le gallicisme *toast* "rôtie". Étrange problème de l'emprunt qu'éclairciront peut-être des recherches ultérieures. »
L. Deroy, *L'Emprunt linguistique*, pp. 62-63 (□ 1956).

✳ Au sens de « pain grillé », le mot *rôtie* est presque totalement sorti de l'usage en France, alors qu'il est resté très courant au Canada, où il est employé en concurrence avec l'anglicisme *toast,* n. f. Pour un Français, un *toast* est une tranche de pain de mie grillée, qui accompagne le thé et certains mets.

TOASTER [toste] *v. intr.*

(1803 ; *toster,* 1750) *Vx.* Porter un toast* (1°), des toasts.
— REM. : Littré 1872 enregistre *toster* et signale la graphie *toaster ;* le dict. de l'Académie enregistre *toster* en 1762, *toaster* en 1835, mais supprime le terme en 1935.

« Je n'exige pas que vous tostiez si souvent, quand vous dînerez chez le duc de Richemond. »   MONTESQUIEU, *Corresp.*, 1750 [*in* Littré, 1872].

« Le capitaine avait dans sa valise d'excellent cognac, et l'occasion de toaster à la France, à la Russie était trop belle. On toasta. »
P. d'IVOI, *Les Cinq Sous de Lavarède*, p. 342 (□ 1894).

— TRANS. *Vx.* Honorer quelqu'un ou quelque chose d'un toast.

« Les Anglais [...] boivent à l'honneur des dames ; c'est ce qu'ils appellent *toster ;* et c'est parmi eux un grand sujet de dispute si une femme est tostable ou non, si elle est digne qu'on la toste. »
VOLTAIRE, *Dict. philosophique*, art. *Boire à la santé* (□ 1764).

« À cette apparition [du second service], le chevalier sentit se ranimer sa valeur expirante, tandis que les autres avaient l'air de rendre les derniers soupirs. Exalté par le changement de vins, il triomphait de leur impuissance, et toastait leur santé des nombreuses rasades dont il arrosait un tronçon considérable de brochet qui avait suivi l'entrecuisse du dindon. » BRILLAT-SAVARIN, *Physiologie du goût*, t. II, p. 176 (□ 1826).

✳ De l'anglais *to toast* v. intr. et trans. (1700), de *toast* n. Wartburg signale *toster* (1750) et *toaster* (Boiste, 1803). Mackenzie (p. 169) relève un emploi du terme, sans en préciser la forme, dès 1745, chez l'abbé Le Blanc, *Lettres d'un François* [...], t. II, p. 108. Le dérivé *tostable* adj. (1764, Voltaire, ci-dessus ; Mozin 1812 ; Bescherelle 1858) « en l'honneur de qui on peut faire un toast », est sorti de l'usage depuis longtemps.

TOASTEUR [tostœʀ] *n. m.*

(1964) *Rare.* Petit appareil électrique qui sert à faire griller les toasts* (2°). — REM. : On a aussi écrit *toaster*, à l'anglaise.

« Nouveau : le toaster électrique en acier chromé qui fait des croque-monsieur en forme de coquille. »   *Elle*, 5 juin 1964 [*in* D.D.L., 2ᵉ série, 3].

✳ Adaptation de l'anglais *toaster* n. (Webster's Second 1934). En français, on appelle *grille-pain,* depuis 1835, tout appareil qui sert à faire griller des tranches de pain.

TOBOGGAN [tɔbɔgɑ̃] *n. m.*

1° (1890) Traîneau sans patins, fait de planches minces recourbées à l'avant, sur lequel une personne, assise ou couchée à plat ventre, peut se diriger à l'aide du poids de son corps et freiner avec les pieds. *Des toboggans.* — (1899) *Par anal.* Traîneau bas à longs patins métalliques. *Piste de toboggan* → **Skeleton.** — REM. : Absent du dict. de l'Académie 1935.

« On se sert à Davos de deux sortes de toboggan : le toboggan suisse ou *luge* et le toboggan américain dit skeleton. »
La Vie au grand air, 4 fév. 1899 [*in* G. Petiot].

2° (1890) *Par ext.* Piste glissante, à pente plus ou moins forte, où l'on fait des descentes en toboggan, en bobsleigh, etc. (aussi dans les foires et les parcs d'attraction pour enfants).

« Dès qu'il eut la tête hors de l'eau, il chercha l'autre des yeux et le vit escalader la berge, près d'une sorte de glissoire d'un bois poli et savonné. On pouvait s'asseoir ou se coucher au sommet de ce toboggan ; le corps, entraîné par son poids, démarrait lentement, puis filait jusqu'à la rivière avec une vitesse sans cesse multipliée, à la fin vertigineuse. »
                    A. HERMANT, *L'Aube ardente*, p. 64 (□ 1919).

— (1941) *Par anal.* Glissière. *Spécialt.* Appareil de manutention formé d'une glissière.

« Souvent, en s'endormant, l'homme pressé pensait à une maison modèle [...] d'où l'on enverrait les paquets et les lettres directement de la fenêtre dans la rue par des toboggans en spirale, comme dans les grands magasins [...]. »   P. MORAND, *L'Homme pressé*, pp. 99-100 (□ 1941).

— PAR ANAL. (1967) [Marque déposée] Viaduc métallique démontable à accès à forte pente, qui enjambe un carrefour.

« Le *toboggan*, la "mini-berge" et la voie unique, en service sur le quai, donnent passage en moyenne à cinquante mille véhicules par jour. [...] Les deux locutions hâtivement inventées par la presse — "*toboggan*" et "*miniberge*" — ont acquis définitivement droit de cité. »
                    Le Figaro, 20 janv. 1967 [*in* Gilbert].

✳ Mot anglais, emprunté à plusieurs mots indiens du Canada (algonquin *otaban* ; cri [cree] *otabanak,* etc.). Ces mots sont passés en français du Canada sous la forme *tabagane, tabaganne* (Le Clercq, *Gaspésie,* 1691), puis en anglais du Canada sous la forme *toboggan* (aussi *tabagan, tabogan, tarbogan,* etc., 1820) et en américain (1829). Au Canada français on a dit *traîne sauvage,* 1704, et *luge.*
Le français a repris la forme anglo-canadienne (P. de Coubertin, *Universités transatlantiques,* p. 141, 1890, *in* Mackenzie, p. 254), pour parler du traîneau, mais surtout de la piste de toboggan, évoquant les montagnes russes, et appelée en anglais du Canada (1884) et en américain (1886) *toboggan slide* ou *toboggan.* En matière de travaux publics, la marque déposée *Toboggan* a un équivalent français mal connu :

« Le nom officiel du *toboggan* est *autopont,* où *auto* représente le type de véhicule empruntant le dispositif en cause : terme construit à l'image d'*autocanon, auto-école,* etc., en contradiction avec une autre famille du genre *autoporteur, auto-amorçage, autopropulsé,* etc.»
                    P. PAMART, art. *Toboggan,* in *Les Nouveaux Mots « dans le vent »* (□ 1974).

TOBOGGANING [tɔbɔganiŋ] *n. m.*

(1890) *Vieilli.* Sport de la glissade sur la neige ou la glace, à bord d'un traîneau : toboggan✳, bobsleigh, skeleton, etc. (on ne parle plus guère que de *bobsleigh* ou *bob*). — REM. : Absent du dict. de l'Académie 1935.

« Le toboganing, un sport d'hiver américain, est pratiqué en Suisse. »   *Le Vélo,* 15 janv. 1898 [*in* G. Petiot].

✳ Mot anglais n. (1846, en anglais du Canada ; 1855, en américain), de *to toboggan* v. intr. ; de *toboggan.* Signalé en français par Bonnaffé en 1890.

TOFFEE [tɔfe] *n. m.*

(1898) Bonbon anglais caramélisé.

« Je cherche mon toffee [...] un gros bout de sucre brun, dur comme de la pierre et poisseux. »
                    J. MÉAULLE, *Choses anglaises, Un pensionnat de jeunes filles,* in *Magasin d'éducation et de récréation,* 1898 [*in* D.D.L., 2ᵉ série, 1].

✳ Mot anglais *tuffy* et *toughy* (1825), *toffee* (1862, Dickens, *in* Oxford dict.) mot dialectal.

TOMAHAWK [tɔmaɔk] *n. m.*

(1707) Hache de guerre des Indiens de l'Amérique du Nord. *Des tomahawks.* — REM. : Enregistré dans les dict. de Littré

1872 et de l'Académie 1878. — On écrit aussi *tomahauk*, 1707, et *tomawak*, 1904.

« Les chefs de guerre, le tomahawk à la main [...] prennent la gauche. »   CHATEAUBRIAND, *Atala, le Récit, les Chasseurs*, 1801 [*in* Littré].

« Il caressait un tomahawk d'Illinois, et sentait le scalpel d'un Cherokee qui lui enlevait la peau du crâne. »
BALZAC, *La Peau de chagrin*, p. 27 (□ 1831).

« Leurs instruments d'attaque et de défense consistaient en un casse-tête [...], et une espèce de "tomahawk", pierre aiguisée très dure, fixée entre deux bâtons par une gomme adhérente. »
Jules VERNE, *Les Enfants du capitaine Grant*, t. II, p. 180, Hachette (□ 1867).

✳ De l'américain *tomahawk* n. (1612), emprunté directement de l'algonquin *tamahacan* attesté en français dès 1707 (*Histoire de la Virginie*, *in* Dauzat) mais diffusé au XIXe siècle, surtout par les romans d'aventures mettant en scène des « Peaux-Rouges ». Avant cet emprunt, le français utilisait surtout le mot *casse-tête*.

TOMMY [tɔmi] *n. m.*

(1865 ; répandu 1914) *Fam.* Soldat anglais. *Les Tommies et les Sammies*✳. — REM. : Absent des dict. de Littré et de l'Académie.

« Bien que leur père fut en train de gagner une fortune en vendant aux tommies de la bière anglaise fabriquée en France, elles ne pensaient même point à lui demander de l'argent [...]. »
A. MAUROIS, *Les Silences du colonel Bramble*, p. 114 (□ 1918).

✳ Mot anglais, diminutif de *Tom*, forme abrégée de *Thomas*, attesté en 1815 pour désigner *Tommy Atkins*, nom traditionnel du simple soldat dans l'armée britannique. Mackenzie (p. 235) signale *tommy* en 1865 chez A. Kervigan (pseudonyme de Jean Charpentier) dans le roman intitulé *L'Anglais à Paris*. Cet emprunt s'est diffusé en argot militaire français en 1914, avec des emplois figurés :

« Faire le tommy, se cacher, se mettre à l'abri. [...] *Tommy* avait été lancé en 1914 par les journaux pour désigner le soldat britannique ; ce terme se vulgarisa peu à peu dans l'armée. »
P. TURPIN, *L'Argot de la guerre*, 1939-1940, in *Le Français moderne*, oct. 1941, p. 295.

TONIC ou TONIQUE [tɔnik] *adj.* et *n. m.*

(v. 1965) *Eau tonique*, n. f., *tonique*, n. m., *tonic*, n. m., ou *tonic water*, n. f., Boisson gazeuse peu sucrée et aromatisée au quinquina.

« Un peu d'Indien sur un glaçon, de l'eau naturelle ou gazeuse et votre tonic est prêt. »   *L'Express*, 10 juil. 1972, p. 2 (Publ.).

✳ De l'anglais *tonic water* « eau tonique », de *tonic* (1756, en médecine) et *water* « eau ». Relativement peu employé, dans la mesure où l'on utilise le nom des marques, comme Schweppes.

TOPLESS [tɔplɛs] *adj.* et *adv.*

(v. 1970) Sans soutien-gorge ; les seins nus. *Danseuse, baigneuse topless.* — *Subst.* Pour une femme, le fait d'avoir le buste nu en public.

« Dis-donc, tu crois qu'on peut faire topless en Tunisie ? »
C. BRETÉCHER, in *Le Nouvel Observateur*, 1er juin 1974, p.65.

✳ Emploi américain spécialisé, apparu avec les « *gogo girls* », d'un vieux mot anglais innocent, signifiant « dépourvu de sommet, de partie haute... » (1596) et qui semble venir de *sun-top* « soutien-gorge du bikini ». L'équivalent français *seins nus* est sans doute trop direct.

TOP SECRET [tɔpsəkʀɛ] *loc. adj.*

(1962) Absolument confidentiel. *Documents top secrets.* —

Mention portée sur certains documents officiels à ne pas communiquer. *Top secret.*

« Secret. — Toujours le plus absolu. Mieux : *top secret.* »
DANINOS, *Le Jacassin*, p. 97 (□ 1962).

« On attendait un convoi d'émirs, dont les réserves de pétrole étaient taries pour quelques années. On espérait une meilleure répartition de mazout, grâce à la loi des vases communicants ; le projet était encore "top secret". » J. CAYROL, *Histoire de la mer*, p. 158 (□ 1973).

— REM. : Rare au féminin, où l'accord ne semble pas très naturel :

« sur une de leurs bases "top-secrètes" j'ai rencontré des pilotes des "Mig 17" et "Mig 21". »
L'Humanité, 17 oct. 1966 [*in* Blochwitz et Runkewitz, p. 292].

✱ Terme militaire d'origine américaine (*in* Webster's Third 1966), d'abord à propos de choses intéressant la Défense nationale ; de l'anglais *top* « du plus haut niveau, le plus important » et *secret,* mot lui-même emprunté du français *secret* au XIVᵉ siècle (latin *secretus*). Avant 1942, l'anglais disait *most secret,* et c'est après l'entrée en guerre des États-Unis que *top secret* fut généralisé. *Lexis* 1975 enregistre *top secret,* mais ne parle pas de l'accord possible en genre et en nombre. Le terme reste assez rare en français ; son équivalent est *ultra-secret.*

TORY [tɔʀi] *n. m.* et *adj.*

(1712) *Hist.* Adversaire de l'exclusion du trône d'Angleterre votée contre le catholique duc d'York en 1680. — Membre du parti politique britannique soutenant l'autorité monarchique et les principes conservateurs, fondé en 1689 (opposé à *whig*✱). *Les tories.* — REM. : Enregistré dans les dict. de l'Académie 1762 et de Littré 1872. Littré donne le pluriel *torys*, en usage au XVIIIᵉ siècle.

« Les Anglais avaient pris l'habitude de s'intéresser aux affaires publiques ; rien ne devait plus les en guérir. Les uns étaient, comme les Cavaliers de jadis, amis du Roi ; leurs adversaires les baptisaient *Tories*, ou brigands irlandais, pour insinuer qu'ils n'étaient que des papistes déguisés ; ils relevèrent fièrement le nom et le portèrent désormais. »
A. MAUROIS, *Histoire d'Angleterre*, p. 480 (□ 1937).

— ADJ. (1835) Se disait du parti conservateur britannique, de ce qui lui est propre et de ce qui le concerne. *Le parti tory. Une femme tory. Un ministère tory.* — REM. : Signalé dans le dict. de l'Académie 1835 et de Littré 1872.

« L'ascendant de Castelreagh et de l'esprit tory en général était assuré de prévaloir [dans la chambre des communes en 1815]. »
A.-F. VILLEMAIN, *Souvenirs contemporains d'histoire et de littérature*, 1862 [*in* Littré].

« Une main glisse dans ma poche une petite brochure intitulée : *Ce que le Labour Party a fait pour le pays.* Je l'ouvre : toutes les pages sont blanches ; plaisanterie tory. »
P. MORAND, *Londres*, p. 106 (□ 1933).

✱ Anglais *Tory* n. (1681, comme nom ; 1705, adj.) signifiant proprement « brigand irlandais » (1646), emprunté de l'irlandais *toraidhe* « poursuivant », « rebelle faisant la guerilla aux troupes anglaises ». Ce sont les Whigs qui ont donné à leurs adversaires le nom péjoratif de *Tory* ou « brigand (papiste) ». Le mot est ensuite passé dans le vocabulaire politique anglais comme dénomination officielle de l'un des deux grands partis politiques de la Grande-Bretagne. Après l'adoption de la première loi de réforme électorale en 1832, l'épithète *Conservative* « conservateur » adj. (1830, en ce sens ; du français au sens vieilli de « qui assure la préservation, la protection de quelque chose ») s'est peu à peu substitué à l'étiquette *tory.* Celle-ci ne s'emploie plus en Grande-Bretagne que par les adversaires du parti conservateur avec une nuance de dénigrement, ou encore par allusion historique → **Unioniste.** Le mot *tory* est attesté plus tardivement en français que *whig* : Bonnaffé ne le relève qu'en 1712. P. Larousse relève *conservateur* au même sens en 1866.

TORYSME [tɔʀism] *n. m.*

(1727 ; *torisme*, 1717) *Vx.* ou *Hist.* Opinion, doctrine du parti tory* (opposé à *whiggisme**). — REM. : Enregistré dans le dict. de Littré 1872.

« Où sont les géants populaires qui, champions de la démocratie, s'apprêtent à lutter contre les machiavéliques sénateurs de Saint-Pétersbourg, contre M. de Metternich et le *torysme* anglais, aussi puissants par l'intrigue, la diplomatie et la corruption, que Napoléon l'était par ses canons et son génie ? »
                     BALZAC, *Lettres sur Paris*, p. 108 (□ 1830-1831).

« Trois romans de Disraeli [...] mettent en scène de jeunes nobles conservateurs qui descendent dans le peuple, comprennent sa misère et les moyens de la soulager. Le futur ministre adoptait ainsi une sorte de torysme social [...]. »
        LAVISSE et RAMBAUD, *Histoire générale*, t. XII, p. 60 (□ 1902).

✱ Anglais *toryism* (aussi *torism*) n. (1682), de *Tory*. En français, Wartburg relève d'abord la forme *torisme*, en 1717, puis *torysme* en 1727.

TOTEM [tɔtɛm] *n. m.*

1° (*totam*, 1794 ; *aoutem* [*sic*], 1609) Chez les Indiens d'Amérique, animal, quelquefois végétal, rarement objet ou phénomène naturel considéré comme l'ancêtre et le protecteur d'un clan, objet de tabous et de devoirs particuliers, qui donne son nom au clan et institue la parenté. — REM. : Enregistré dans les dict. de Littré 1872 et de l'Académie 1935.

« Son daemon appelé Aoutem, lequeł ceux de Canada nomment Cudonagni. »
        M. LESCARBOT, *Histoire de la Nouvelle France* [...], 1609 [*in* Oxford dict.].

« Une partie de la superstition des sauvages consiste en ce que chacun d'eux a son *totam* ou *esprit* favorable qu'il croit veiller sur lui. Ce *totam*, ils se le représentent prenant une forme de quelque bête, ou une autre, en conséquence, jamais ils ne tuent, ne chassent, ni ne mangent l'animal dont ils pensent que le *totam* a pris la forme. »
J. LONG, *Voyages chez différentes nations sauvages de l'Amérique septentrionale* [...], trad. par BILLECOCQ, 1794 [*in* D. D. L., 2ᵉ série, 3].

— (1896-1897) *Sociol.* et *Ethnol.* Être ou objet qui donne son nom au clan et institue la parenté dans les sociétés totémiques.

« Si le totem est un loup, tous les membres du clan croient qu'ils ont le loup pour ancêtre, et par conséquent qu'ils ont en eux quelque chose du loup. C'est pourquoi ils s'appliquent à eux-mêmes cette dénomination : ils sont des loups. »
            É. DURKHEIM, *La Prohibition de l'inceste*, p. 2 (□ 1896-1897).

« En certain sens, les totems sont les gardiens des règles et des limitations que les dieux poussent à transgresser. »
            R. CAILLOIS, *L'Homme et le Sacré*, p. 167 (□ 1939).

— PAR EXT. (1912) *Totem personnel*, être avec lequel chaque individu a des rapports comparables à ceux du clan et des totems (Cf. Durkheim, *Les Formes élémentaires de la vie religieuse*, pp. 223, 228 et passim ; 1912). — (1912) *Totem sexuel*, être avec lequel tous les hommes d'un côté, toutes les femmes de l'autre, entretiennent des rapports analogues (Durkheim, *Ibid.*, pp. 235-237).

2° (1833) Chez Les Indiens d'Amérique et chez les Australiens, Représentation de l'espèce ou de la chose choisie pour totem (souvent, grand poteau de bois portant des figures sculptées superposées), qui sert d'emblème protecteur d'un clan.

« La croix semblait être le totem[1] de l'homme blanc. Non-seulement une grande croix était arborée, mais encore chacun des Pères en avait, pendue au cou, une petite qu'il portait fréquemment à ses lèvres.
1. Signe distinctif, sorte de palladium, adopté par chaque tribu indienne. C'est généralement une figure d'animal tatouée sur la poitrine du chef. »
        W. HEPWORTH-DIXON, *La Conquête blanche* [1875], p. 117 (□ 1876).

« Quoique Wrangell ait beaucoup perdu de son importance, ce n'en est pas moins une place intéressante pour l'étranger, qui peut y observer les plus beaux *totems* de la contrée. On appelle ainsi les larges poteaux en bois sculpté plantés par les Indiens devant leurs maisons. Ce sont des emblèmes destinés à rappeler les origines du chef de la famille et à perpétuer les hauts faits de ses ancêtres. [...], ces totems représentent des animaux monstrueux entremêlés de figures humaines grimaçantes. Autrefois ils étaient tenus en grande estime ; à présent on n'y attache plus la même importance. »
        E. COTTEAU, *Le Transcanadien et l'Alaska*, 1890, p. 22 (□ 1891).

3° (1950) Par ext. *Fam.* Être ou chose adopté(e) comme emblème, porte-bonheur, fétiche, par un groupe, une équipe, etc.

✱ Anglais *totem* n. (1776 ; *totam* chez Long, en 1791), lui-même emprunté d'une langue indienne d'Amérique du Nord, du mot algonquin *ototeman* (dans lequel *otem* fonctionne comme possessif, du morphème grammatical *ote*). La forme *aoutem* relevée en Acadie en 1609 ne s'est pas répandue en français, où on trouve la forme *totam* en 1794 (→ cit. ci-dessus), puis *totem* au sens de « représentation du totem », en 1833, dans les *Annales romantiques,* t. IX, p. 121. (→ **totémique, totémisme.**)
    Durkheim a émis des réserves sur l'emploi des termes *tabou*✱ et *totem* en sociologie :

« C'est Schoolcraft qui, le premier, a ainsi étendu le mot et parlé d'un *système totémique* (*Indian Tribes of the United States,* IV, p. 86 [1846]). Cette extension, dont il y a d'assez nombreux exemples en ethnographie, n'est assurément pas sans inconvénients. Il n'est pas normal qu'une institution de cette importance porte un nom de fortune, emprunté à un idiome étroitement local, et qui ne rappelle aucunement les caractères distinctifs de la chose qu'il exprime. Mais aujourd'hui, cette manière d'employer le mot est si universellement acceptée qu'il y aurait un excès de purisme à s'insurger contre l'usage... Et, cependant, cette fortune du mot est d'autant plus regrettable que nous ne savons même pas avec exactitude comment il s'orthographie. Les uns écrivent *totam,* les autres *toodaim* ou *dodaim,* ou *ododam* [...]. Le sens même du terme n'est pas exactement déterminé. Si l'on s'en rapporte au langage tenu par le premier observateur des Ojibway, J. Long, le mot *totam* désignerait le génie protecteur, le totem individuel dont il sera question plus loin. Mais les témoignages des autres explorateurs sont formellement en sens contraire [...]. »   É. DURKHEIM, *Les Formes élémentaires de la vie religieuse : le système totémique en Australie,* 1912.

TOTÉMIQUE [tɔtemik] *adj.*

1° (fin XIXᵉ s. : 1904, *in* Nouv. Lar. ill.) *Sociol.* et *Ethnol.* Propre au totémisme✱ ; relatif à un totem✱, au culte du totem. *Système totémique* → **Totémisme, totem.** — REM. : Absent du dict. de l'Académie 1935.

« Le clan celte n'était pas un clan totémique, mais un clan familial, ce qui crée des liens plus forts, mais fait obstacle au développement de sociétés étendues. Aussi voit-on que dans les pays d'origine celtique la famille est restée l'unité de vie sociale. »
        A. MAUROIS, *Histoire d'Angleterre*, p. 22 (□ 1937).

2° (1904) Qui a les caractères du totem.

« On a signalé des mutilations ayant pour fin la ressemblance avec le totem et, en Égypte, la tête et la peau de l'animal totémique ont été prises parfois pour coiffure et vêtement par les prêtres officiants. »
        Nouveau Larousse illustré, art. *Totem,* 1904.

— (1939) *Mât totémique,* mât portant l'emblème du totem (Cf. Tabou, 2° [*Subst.*]).

« Les forces de bénédiction habitent les mâts totémiques aux couleurs brillantes, orgueil de la grande place du village, où s'élèvent conjointement l'autel et la maison des hommes ou la haute case du chef. »   R. CAILLOIS, *L'Homme et le Sacré*, p. 61 (□ 1939).

✱ Adaptation de l'anglais *totemic* adj., dans *totemic organization* « système totémique », terme créé en Amérique par Schoolcraft en 1846 (Cf. Durkheim, 1912, à l'article *Totem*) ; *totemic* est attesté chez Lubbock en 1865, et *totem pole* « mât totémique » apparaît en américain en 1897.

TOTÉMISME [tɔtemism] *n. m.*

(1833) Organisation sociale fondée sur les totems✱ et leur culte ; système totémique. — REM. : Enregistré dans les dict. de Bescherelle 1845, de Littré 1872 et de l'Académie 1935. — *Sociol.* et *Ethnol.* Théorie d'après laquelle le culte du totem constitue la forme primitive de la religion (Durkheim), et les tabous, dont le totem est l'objet, la forme primitive de la morale (Freud).

✱ Adaptation de l'anglais *totemism* n. (*totamism*, 1791, Long ; *totemism*, 1870, Lubbock). *Totémisme* est attesté en 1833 (Bloch et Wartburg) ; le mot a produit les dérivés *totémiste* adj. et n. (1907, Larousse), « qui pratique le totémisme », et *totémistique* adj. (1907, Larousse), « relatif au totémisme » (Cf. anglais *totemist* n., 1881, et *totemistic* adj., 1881).

TOURISME [tuʀism] *n. m.*

1° (1841) Le fait de voyager pour son plaisir (pour se distraire, admirer des paysages, découvrir d'autres lieux, d'autres modes de vie, etc.). *Faire du tourisme. Voyage de tourisme.* — REM. : Enregistré dans les dict. de Littré 1872 et de l'Académie 1935.

« Ces heureux de la terre se sentent tout à coup piqués de la mouche du TOURISME, contagion inévitable du monde élégant. »
            F. GUICHARDET, *Les Touristes en Italie*, in *Le Prisme* [...], 1841.
« On enviait ces héros d'avoir vécu en entier leur aventure de dangereux et gratuit tourisme. »
            P. MORAND, *Champions du monde*, p. 46 (□ 1930).
« Je fus bientôt invité à donner des conférences dans divers pays du Vieux et du Nouveau Monde. Était-ce du tourisme pur ? Non, certes. Mais, à mon sentiment, c'était la meilleure forme du tourisme [...]. Au tourisme matériel, j'ajoutais un tourisme moral et psychologique. »
            G. DUHAMEL, *Tourisme*, in *Problèmes de civilisation*, p. 187 (□ 1962).

2° (1933) Industrie touristique. *Office du tourisme. Agence de tourisme.*

« le revenu des capitaux placés au dehors, les bénéfices retirés du tourisme, surtout les "services" de toute nature constituent une monnaie d'échange dont l'importance s'accroît en raison du progrès industriel des pays nouveaux. »   A. SIEGFRIED, *La Crise de l'Europe*, p. 100 (□ 1935).

✱ Anglais *tourism* n. (1811), de *tour* comme *tourist* (→ **Touriste**), plus rare que *touring* et *sightseeing* au premier sens, et que *tourist industry* ou *trade* au second. L'anglais *tourism* est le plus souvent péjoratif, alors que le terme *tourisme* est neutre et courant en France, qu'il entre dans des expressions françaises spécifiques, telles que *avion, voiture de tourisme* (en anglais : *private plane, car*), *classe touriste* (en anglais : *economy class*). On a formé *cyclotourisme* et *cyclotouriste* au début du siècle (1901, *in* D. D. L.).

TOURISTE [tuʀist] *n.*

(1816) Personne qui voyage pour son plaisir. — REM. : Enregistré dans les dict. de Littré 1872 et de l'Académie 1878. — On a aussi écrit *tourist* comme en anglais.

« il [le vulgaire] a si bien fatigué ce carrefour depuis long-temps effondré par les *aldermen* et les *tourists* du monde entier, que je n'y connais pas un seul point vierge dont la description puisse imprimer une piquante verdeur à ce passage [...]. »
BALZAC, *La Mort de ma tante*, p. 224 (□ 16 déc. 1830).

« C'était, je crois, un simple *tourist*, avec un goût plus décidé pour les tas de pierres et les vieux morceaux de briques que pour tout autre genre d'observations. »
V. JACQUEMONT, Lettre à M. Jacquemont père, 4 oct. 1831, t. II, p. 162.

« Si j'avais à dire au lecteur quelque aventure d'un grand intérêt, peu lui importerait qui je sois ; mais je ne puis présenter que quelques petites remarques fort peu importantes [...] et pour sympathiser un peu avec les assertions du *touriste*, il faut savoir à quel homme on a affaire. »
STENDHAL, *Mémoires d'un touriste*, t. I, p. 75 (□ 5 mai 1837).

« Aix-la-Chapelle, pour le malade, c'est une fontaine minérale, chaude, froide, ferrugineuse, sulfureuse ; pour le touriste, c'est un pays de redoutes et de concerts ; pour le pèlerin, c'est la châsse des grandes reliques qu'on ne voit que tous les sept ans [...]. »
HUGO, *Le Rhin*, lettre IX, p. 15 (□ 1842).

« Cet endroit magnifique et charmant comme tout ce qui a le double caractère de la joie et de la grandeur, ce lieu inédit qui est un des plus beaux que j'aie vus et qu'aucun "tourist" ne visite [...] s'appelle en espagnol *Pasages* et en français *le Passage*. »
HUGO, *Pyrénées*, VIII, p. 69 (écrit en 1843).

« Je me crus déjà dans le pays des tulipes, mais on m'a dit le nom de ces fleurs tardives et charmantes. C'était l'*Œillette*, plante qui réunit l'utile à l'agréable, puisqu'elle fournit de l'huile à l'industrie et séduit l'œil blasé des touristes d'automne en leur rappelant le printemps. »
NERVAL, *Un tour dans le Nord*, p. 868 (□ 1846).

« Nous allons la semaine prochaine commencer nos courses, aux Thermopyles, Sparte, Argos, Mycènes, Corinthe, etc. Ce ne sera guère qu'un *voyage de touriste* (oh ! !) : il ne nous reste ni temps ni argent. »
FLAUBERT, Lettre à L. Bouilhet, 19 déc. 1850,
in *Corresp.*, t. I, p. 725, Conard.

✱ Anglais *tourist* n. (1800), de *tour* n., lui-même emprunté du français *tour,* déverbal de *tourner,* au XIVᵉ siècle. En français, le mot *touriste* s'est d'abord appliqué aux voyageurs anglais ; il est attesté en 1816, chez L. Simond, dans *Voyage d'un Français en Angleterre pendant les années 1810 et 1811* [...], I, p. 424 (*in* Mackenzie, p. 203), il s'est ensuite répandu avec Stendhal, *Mémoires d'un touriste,* 1838. *Touriste* a produit dès 1830 (Töpffer, *in* Robert) le dérivé *touristique* adj., « relatif aux touristes, au tourisme » (l'anglais *touristic,* rare et péjoratif, est postérieur : 1848).

TOUR OPERATOR [tuʀɔpeʀatɔʀ] *n. m.*

(1970, *in* Gilbert) *Tourisme.* Entreprise qui conçoit, prépare, coordonne l'ensemble des prestations qui constitueront un voyage organisé, distribué par des agences. — Par abrév. *Un operator.*

« Pour vendre, il vaut mieux jouer sur l'imaginaire que sur le réel, même si le réel est infiniment plus riche. Alors la publicité des *tour operators* ne fait pas le détail. L'Asie des catalogues est promue sous les auspices conjugués de Fu-Man-Chu, des mystères de l'Orient éternel, des sourires énigmatiques et des soleils fabuleux. Sur place, le touriste n'aura qu'à s'évertuer à faire la soudure. C'est son intérêt, il a payé pour. »
Le Nouvel Observateur, 22 janv. 1973, p. 52.

« Depuis une quinzaine d'années les tours-operators ont connu une prospérité confortable. »
La Croix, 27 août 1978 [*in* Gilbert].

✱ Emprunt de l'anglais *tour operator,* de *tour* au sens de « voyage » (Cf. Touriste) et *operator* (1828) « directeur, organisateur ». Ce terme technique est apparu avec le développement du tourisme international. Bien qu'il soit très répandu (surtout chez les professionnels), il demeure mal assimilé : hésitations pour le pluriel, francisation partielle en *tour-opérateur,* emploi du tiret (pour annuler la bizarrerie syntaxique : il faudrait « opérateur de tour », en français). Son emploi est le fruit de la paresse et du snobisme ; les équivalents proposés : *fabricant de voyages, organisateur de voyages, voyagiste,* n'ont pas eu un grand succès.

TRACT [tʀakt] *n. m.*

(1832) *Vieilli.* Brochure, opuscule portant sur une question religieuse, politique, etc. — REM. : Signalé comme terme étranger, dans le dict. de Littré 1872 à l'art. *Tractariens.* — *Mod.* (1840) Petite feuille ou affiche de propagande, d'information. *Distribuer, lancer, afficher des tracts.*

« Quant à ces petites brochures religieuses qu'ils appellent *tracts,* les sociétés instituées à cet effet [...] les distribuent gratis. »
Lettres sur les États-Unis d'Amérique, 1er juin 1832 [*in* D.D.L., 2e série, 1].

« Bergotte eut un sourire de modestie et protesta que c'étaient des pages sans importance. "Mais si, c'est ravissant ce petit opuscule, ce petit *tract*", dit Mme Swann pour se montrer bonne maîtresse de maison, pour faire croire qu'elle avait lu la brochure [...]. »
PROUST, *À l'ombre des jeunes filles en fleurs,* p. 561 (□ 1918).

✳ Mot anglais n. (mil. xve s. ; 1806 en ce sens), forme abrégée du latin *tractatus* « action de traiter un sujet, traité » qui a aussi produit *tractate* « traité » n. (1474). Attesté en français en 1832, le terme est employé dans son sens actuel dès 1840, dans M. R. L. Reybaud, *Étude sur les réformateurs contemporains ou socialistes modernes, Saint-Simon, Charles Fourier, Robert Owen,* p. 237 (*in* G. L. L. F.).

TRADE-MARK ou **TRADE MARK** [tʀɛdmaʀk] *n. m.*

(1898) Marque de fabrique. *Des trade-marks.* — REM. : Enregistré comme nom masculin dans le dict. de Quillet 1946 et comme locution anglaise dans le G. L. E. 1964 ; absent du dict. de l'Académie 1935.

« La somme suffira de soixante-seize millions de guinées pour M. Bouguereau, de dix-sept mille séraphs pour M. Henner, de quatre-vingt mille maravédis pour M. Bonnat, car sa toile est estampillée, en guise de *trade-mark,* de l'image d'un pauvre homme [...] »
JARRY, *Gestes et opinions du docteur Faustroll,* p. 711 (□ 1898).

✳ Anglais *trademark* n. (1838), composé de *trade* « commerce, métier, fabrique », nom d'origine germanique, et de *mark* « marque », vieil anglais *merc, mearc* « borne, limite », de même origine que l'allemand *Mark,* apparenté à l'ancien nordique *merki* « borne, frontière, marque ». Ce radical a donné l'ancien français *merc* « borne, limite » et son féminin *merque* « signe naturel ou artificiel sur un objet » (mod. *marque*).
Le terme *trade-mark* n'est pas entré dans l'usage français spontané. Pour le traduire, le Comité d'étude des termes techniques français propose les substituts suivants :

« S'il s'agit d'identifier :
une fabrication = Marque de fabrique.
un commerce de gros ou de détail = Marque de commerce.
une opération, par exemple un traitement, qui n'est ni une fabrication ni un commerce (lavage, purification d'un produit, etc.) = Marque de service. »
Sciences, nov.-déc. 1960, p. 88.

TRADE-UNION [tʀɛdynjɔn] ou [tʀɛdjunjɔn] *n. f.* (vieilli) ou *m.*

(1872 ; *trade's union,* 1836) Dans les pays anglo-saxons, Syndicat groupant les membres d'une même branche d'activité. *Des trade-unions,* ou *des trades-union* (vx.) ou *des trade's unions* (vx.) → **Union.** — REM. : Enregistré dans le dict. de Littré 1872 ; absent des dict. de l'Académie.

« Les trade-unions s'étaient constituées, comme on l'a vu, avant la renaissance du socialisme en Grande-Bretagne. Elles avaient pris une attitude pacifique et se bornaient à réclamer des améliorations de détail dans la société actuelle [...]. »
LAVISSE et RAMBAUD, *Histoire générale,* t. XII, p. 89 (□ 1902).

« Il s'y fait des conférences sur l'utilité des *Trade Unions*. Car l'Amérique s'augmente chaque année de sept à huit cent mille individus nouveaux, qui n'ont jamais fait partie d'aucune association syndicale et qui s'y montrent réfractaires. »

J. HURET, *En Amérique, De San Francisco au Canada*, p. 71 (□ 1905).

✱ Anglais *trade union* n. (1835), composé de *trade* « métier », et de *union* n. « association, ligue, société » (1660), emprunté au français. En anglais *union* est attesté comme forme abrégée de *trade-union* « syndicat » en 1833. En français, le mot est d'abord et normalement féminin, d'après *union ;* mais l'usage moderne tend à préférer le masculin (sans doute par anal. de *syndicat*).

TRADE-UNIONISME [tʀɛdynjɔnism] *n. m.*

(1896)   Mouvement   des   trade-unions*   →   **Unionisme.**
— REM. : Absent des dict. de l'Académie.

« Vers 1889, les personnages, vieillis dans le trade-unionisme, étaient habitués aux anciennes méthodes, aux théories d'autrefois ; ils représentaient donc l'élément conservateur hostile aux doctrines socialistes et à l'intervention de l'État. »

LAVISSE et RAMBAUD, *Histoire générale*, t. XII, p. 90 (□ 1902).

✱ Anglais *trade unionism* n. (1875), de *trade union. Trade-unionisme* est attesté en français chez Levasseur in *La Nouvelle Revue*, XCIX, 1896, p. 19 (*in* Mackenzie, p. 216).

TRADE-UNIONISTE [tʀɛdynjɔnist] *n.* et *adj.*

(fin XIXᵉ s.) *Rare.* Membre d'une trade-union* → **Unioniste,
3°.** — *Adj.* Relatif au trade-unionisme. — REM. : Absent des dict. de Littré et de l'Académie.

« En trade-unioniste conséquent, il demande seulement : — que les travailleurs puissent en permanence, comme en Suède, débattre des conditions de travail et des salaires, chaque fois qu'il y a une modification technique dans l'atelier. »

Le Nouvel Observateur, 18 juin 1973, p. 26.

✱ Anglais *trade unionist* n. (1884) et adj. (1898), de *trade union. Trade-unioniste* est encore plus rare en français que la forme *unioniste*.

TRAFIC [tʀafik] *n. m.*

1° (mil. XIXᵉ s.) Mouvement général des trains ; fréquence des convois sur une même ligne. — REM. : Absent des dict. de l'Académie ; pour Littré → ci-dessous.

« La Voie et le Matériel roulant [...] sont en quelque sorte les membres de ce grand corps qu'on appelle un chemin de fer : l'Exploitation en est l'âme [...]. C'est au service de l'Exploitation qu'incombe le soin d'étudier le trafic probable des lignes tracées [...]. »

P. LEFÈVRE, G. CERBELAUD, *Les Chemins de fer*, p. 181 (□ 1888).

— PAR EXT. *Trafic maritime, routier, aérien, postal,* etc.

« Il y avait fondé une compagnie de bateaux à vapeur, qu'il administrait avec la même supériorité de bon sens et d'énergie qu'autrefois son ranch, et qui accaparait déjà la majeure partie du trafic des grands lacs. »   P. Bourget, *Outre-Mer*, p. 17 (□ 1895).

« Foie gras et champagne arriveront-ils à temps pour Noël ? Aux P. t. t. [...] comme chaque année, le trafic double pour les lettres et quadruple pour les paquets. »   *L'Express*, 14 déc. 1970, p. 60.

2° (déb. XXᵉ s.) *Cour.* Circulation de véhicules.

« Ils sortirent tous deux, traversèrent le *trafic* d'une heure et demie, l'écrasement dans les rues en couloir des camions, des autobus, pris comme une gelée, chargés à crever, entre deux jets d'une foule expulsée des offices, engloutie par les souterrains, ou déjeunant debout dans les bars, dans les thés de la Compagnie du Pain aéré. »

P. MORAND, *Lewis et Irène*, pp. 129-130 (□ 1924).

« Céline disait de New-York : "C'est une ville verticale." [...] Elle m'apparut d'abord comme une ville en long. Le trafic [...] s'écoule inlassablement dans les avenues. »

SARTRE, *New-York, ville coloniale,* in *Situations III,* p. 115 (□ 1946).

✱ Sens de *trafic* pris à l'anglais *traffic,* lui-même issu de l'ancien français *tra(f)ficque* (n. f., attesté au milieu du xvᵉ s. à côté de son synonyme masculin *tra(f)fic,* tous deux de l'italien *traffico,* 1323, déverbal de *trafficare*), et adapté successivement en *trafjykke* (xvⁱᵉ s.), *trafjick* (xvⁱⁱᵉ s.), *traffic* (xvⁱⁱⁱᵉ s.). En anglais le sens spécial relatif aux chemins de fer qui passe d'abord en français est second (1858) par rapport à « circulation de personnes, de véhicules ou de navires sur une voie de transport » (1825, Oxford dict.). L'ordre est inverse en français, où le sens 2° semble aussi emprunté à l'anglais, plutôt que dérivé de 1° (Mackenzie et Wartburg ignorent l'un et l'autre) : en effet É. Gautier se réfère, en 1902, à la forme anglaise :

« De vieilles routes [...] ont été parfaitement restaurées par deux applications de pétrole. [...] la qualité du pétrole, la quantité employée, la nature du sol, l'état de la voie et le plus ou moins d'intensité de la circulation *(traffic)* ayant leur influence respective sur la solution du problème. »

É. GAUTIER, *L'Année scientifique et industrielle,* p. 392, 1902 (□ 1901).

✱ Quant au sens 1°, il est mal assimilé par Littré dont la définition représente un compromis avec les sens antérieurs : « Particulièrement, dans les chemins de fer, transport des marchandises, par opposition au transport des voyageurs. »

L'internationalité des échanges, le développement et la diversification des communications renforcent sans cesse cet emprunt où l'idée quantitative (→ Dupré) est plus marquée que dans *circulation,* d'ailleurs désavantagé par sa longueur. *Trafic* apparaît aujourd'hui dans de nombreuses expressions techniques (vocabulaire de la marine, des transports aériens...).

« Trafic est donc un terme technique qui dénomme une activité susceptible de statistiques, d'évaluation : le mot évoque une quantité de circulation, une fréquence.

[...] Envisagé par un professionnel, le mot *trafic* est légitime : un cheminot doit pouvoir dire que le *trafic* des trains de banlieue est intense aux heures de pointe, un gendarme, qu'il y a du *trafic* le dimanche soir sur l'autoroute du Sud. Mais, le tout venant doit préférer à ce terme spécialisé le mot *circulation.* »

DUPRÉ, *Encycl. du bon français dans l'usage contemporain,* art. *Trafic.*

TRAINING [tʀɛniŋ] *n. m.*

1° (1856) Entraînement (d'un cheval). — (1872) Entraînement (sportif). — Dressage éducatif par répétition d'exercices. — REM. : Absent des dict. de Littré et de l'Académie.

« Enfin presque toutes s'adonnent aux exercices physiques compris à l'Américaine, c'est-à-dire comme un *training,* un entraînement mathématique et raisonné. »   P. BOURGET, *Outre-Mer,* p. 121 (□ 1895).

— (mil. xxᵉ s.) *Psychol.* Entraînement à se relaxer par autosuggestion (*training* dit *autogène*).

« La pratique du training autogène en groupe change considérablement les conditions psychologiques mises en œuvre dans la psychothérapie. Un fait frappant, relevé par J. H. Schultz, est tout d'abord l'atténuation des phénomènes de résistance. »

R. DURAND de BOUSINGEN, *La Relaxation,* p. 115 (□ 1961).

2° (mil. xxᵉ s.) *Vieilli.* Vêtement d'entraînement. — (v. 1970) Survêtement avec capuchon.

« Appelé " training " par les stylistes, le pull-over à cagoule en coton molletonné des sportifs gagne des supporters en France. Ce sera l'une des tenues vedettes du printemps. »   *L'Express,* 10 mars 1975, p. 139.

— (v. 1970) N. m. pl. *Trainings,* chaussures de toile à semelles de caoutchouc.

✱ Mot anglais n. (1440 ; 1548, en ce sens), de *to train* « dresser, entraîner », verbe emprunté au xvᵉ siècle au français *traîner* (latin *traginare*). Attesté en 1856 (Petiot). Un arrêté ministériel du 12 août

1976 recommande de remplacer l'emprunt par *entraînement*. Le *Langage médical moderne*, 1974, condamne l'expression *training autogène* :

« Il faut renoncer à ce jargon anglo-allemand de Schultz, et préférer autorelaxation, qui n'est applicable à aucune autre méthode. »

✱ Comme terme de mode, *training* est l'abréviation française de *training suit*.

TRAM [tʀam] *n. m.*

(1877) Tramway*. *Tram électrique à trolley*. *Des trams.*
— REM. : Enregistré dans Littré, Suppl. 1877 (qui cite le *Journal officiel* du 26 mars) ; absent des dict. de l'Académie.

« Un de ces trams, longues voitures très propres et très confortables, conduit à Phœnix-park en moins d'une demi-heure. »
M.-A. de BOVET, *Trois Mois en Irlande* [1889], p. 3 (□ 1890).

— *Vx*. Petit train.

« j'étais intimidé par la facilité avec laquelle Albertine disait le "tram", le "tacot". »
PROUST, *À l'ombre des jeunes filles en fleurs*, p. 877 (□ 1918).

✱ Anglais *tram*, à la fois forme abrégée de *tram-road* et de *tramway* (« voie ferrée »), attestée dès 1850, et forme abrégée de *tramway car* ou *tram-car* attestée en 1879 et d'usage principalement britannique (→ **Tramway**). *Tram* se trouve en français en 1877 (la date de 1829, avancée par Dauzat, Dubois, Mitterand, paraît erronée). De nos jours, on dit plutôt *tram* que *tramway* (cf. *métro* pour *métropolitain*), mais la chose étant en voie de disparition en France (parfois remplacée par le trolleybus*), le mot n'a plus une grande fréquence.

TRAMP [tʀãp] *n. m.*

1° (1861) *Vx*. Chemineau.

« Je ne me rappelle rien de ce fantastique voyage [...] sinon qu'à Chicago nous dûmes résister de force à quatre *tramps*, qui envahirent notre wagon pour se cacher derrière nos chevaux et "chiper un déplacement", c'est leur terme, *to steal a ride*. [...] Ils descendent à l'entrée des villes, — on n'est pas *tramp* sans être un peu gymnaste, — et ils remontent dans quelque autre train à la sortie, ayant, s'il se peut, joint à leur "vol de déplacement" quelque rapine plus productive. »
P. BOURGET, *Outre-Mer*, pp. 29-30 (□ 1895).

2° (1903) Cargo qui n'est pas affecté à une ligne régulière, qui navigue selon les affrètements.

✱ Anglais *tramp* (XVIIIᵉ s.) « vagabond », de *to tramp* (XIVᵉ s.) « marcher (d'un pas lourd) ». Le français a emprunté ce substantif à l'américain où il désigne ces chemineaux passés aujourd'hui dans la mythologie américaine (Cf. Les chansons de Bob Dylan, les romans de Kerouac, etc.).
En anglais, *tramp* « cargo » (1891) est une abréviation de *ocean tramp* (1886) proprement « vagabond de l'océan ». À partir de cette abréviation, de nouveaux composés ont été formés : *tramp ship*, *tramp steamer* [*in* Webster's Third].
Tramp « chemineau » est attesté en français en 1861 par Mackenzie. Au sens 2°, il n'apparaît qu'en 1903 [*in* Bonnaffé].

TRAMWAY [tʀamwɛ] *n. m.*

1° (1860 ; « voie ferrée dans une mine », 1818) *Vieilli*. Chemin de fer urbain à rails plats posés sur le profil de la rue ; mode de transport en commun. *Tramway à vapeur, électrique à trolley*. *Des tramways* (→ **Tram**). — REM. : Enregistré dans le dict. de Littré 1872 (sous la forme *tram-way*) et de l'Académie 1878 (sous la forme *tramway*).

« "La montagne en travail enfante une souris", dit La Fontaine.

"Le projet des chemins de fer et tramways dans Paris accouchera d'un omnibus."

Cette dernière pensée est du conseil municipal de la bonne ville de Paris. »   L. Figuier, *Les Chemins de fer et tramways dans Paris* [...], in *L'Année scientifique et industrielle*, p. 102, 1873 (□ 1872).

« L'attention des ingénieurs est portée en ce moment sur la question des *tramways*, ou pour mieux dire, sur les chemins de fer traînés par des chevaux ou par des locomotives, à l'intérieur des villes. Paris est entré dans cette voie après Londres et Bruxelles ; Vienne se prépare à inaugurer les tramways. » L. Figuier, *Les Tramways de Londres*, in *L'Année scientifique et industrielle*, p. 176, 1875 (□ 1874).

« La ville [San Francisco] est tracée sur un terrain onduleux. Plusieurs rues sont si rapides que les voitures ne peuvent les gravir, mais les Américains, qui ne connaissent pas d'obstacle, ont construit des tramways particuliers qui les montent et les descendent constamment, sans l'aide des chevaux. »
E. Michel, *Le Tour du monde en deux cent quarante jours*, p. 107 (□ 1881).

✳ Mot anglais n. (1860 dans cet emploi ; variante de *tram-road* n. (d'abord « voie ferrée à rails plats dans les mines », 1825 « voiture sur rails »). Composé de *tram* n. (« brancard », 1500 ; « chariot à charbon dans une mine », 1516 ; « rail plat », 1826), du moyen bas allemand et du moyen néerlandais *trame* « bille de bois », et de *way* « voie, chemin ». Attesté en français par Bonnaffé dès 1860, mais répandu seulement en 1873, date de l'installation de la première ligne de tramways de Paris à Lille (*Tramway* était toutefois connu en français au sens ancien de « voie ferrée dans une mine » : Gallois, *Annales des mines*, 1818, p. 140, *in* Mackenzie, p. 204).

2° (1860, *in* Bonnaffé). *Par ext.* Véhicule conçu pour ce type de transport en commun (→ **Tram**). *Conducteur de tramway* → **Wattman.**

« De chaque côté reste un passage pour les véhicules ordinaires, puis au milieu roulent des tramways sous la voie ferrée aérienne. »
E. de Laveleye, *Les Nouveautés de New-York et le Niagara l'hiver* [1878-1879], p. 402 (□ 1881).

« Sur la chaussée boueuse, de cent mètres en cent mètres, se succèdent les tramways jaunes, et combles ; tels les wagons séparés d'un même train continu, perpétuel, rapide et tumultueux. »
P. Adam, *Vues d'Amérique*, pp. 50-51 (□ 1906).

✳ Nom donné par extension en français au véhicule de transport en commun appelé en Grande-Bretagne *tramcar* n. (1873) ou *tram* n. (1879). On a aussi dit *tramway car* vx. et *tramcarriage*, 1868 (vx.). Aux États-Unis, on dit *streetcar* n. (1862), de *street* « rue », ou l'on emploie des noms spécifiques (*cable car* à San Francisco, par ex.).

TRANSISTOR [tRãzistɔR] *n. m.*

1° (1953) *Sc.* Dispositif électronique à semi-conducteur, utilisé comme redresseur. Amplificateur ou interrupteur de courants électriques. — REM. : Enregistré dans le dict. Quillet 1953. — On dit aussi *triode à cristal.*

« L'avènement des *transistors* ouvre [...] de nouvelles perspectives ; dès que ces nouveaux outils permettront de rayonner facilement quelques watts sur des ondes centimétriques, on pourra songer à élargir considérablement leur champ d'emploi. »
P. David, *Le Radar*, p. 121 (□ 1969).

« Mais il y a plus saisissant que les chiffres et l'argent. Il y a l'homme. Ce qu'il fait avec le transistor, ce qu'il n'aurait jamais pu faire sans lui. Cela va du gadget : le téléphone à touches, la guitare électrique, jusqu'aux objets qui changent la vie : les prothèses miniaturisées qui donnent aux sourds le moyen d'entendre, les pacemakers, qui permettent aux cardiaques de mener une existence à peu près normale. »
G. Bonnot, *Les transistors ont 25 ans*, in *L'Express*, 18 déc. 1972, p. 90.

2° (v. 1955) Spécialt. *Radio-récepteur à transistors* ou *poste à transistors*, poste récepteur de radio équipé de transistors et alimenté par des piles.

« Puis elle alluma le poste à transistors et la musique envahit l'appartement. »   LE CLÉZIO, *Le Déluge*, p. 161 (□ 1966).

— PAR EXT. (v. 1960) Cour. *Un transistor*, poste portatif à transistors.

« M'arrive-t-il de traverser un boqueteau, la musique mécanique semble sortir de terre : ce sont des promeneurs qui ont apporté leur transistor dans leur voiture et qui souillent le silence pour une grande partie de la vallée. »

G. DUHAMEL, *Problèmes de civilisation*, p. 156 (□ 1962).

« "Je pense à ce que je veux, ou alors j'écoute la radio. J'ai un petit transistor, là, dans ma poche. Tenez, regardez."

L'homme sortit un petit objet noir et rouge ; il pressa sur un bouton et la musique jaillit ; il tint l'appareil contre son oreille deux ou trois secondes, puis il l'éteignit et le fourra dans la poche de sa canadienne. »

LE CLÉZIO, *op. cit.*, p. 111.

✱ La découverte du transistor, souvent citée parmi les plus importantes du milieu du siècle, a eu lieu le 23 décembre 1947 lors d'une expérience conduite dans les laboratoires de la Bell Telephone aux États-Unis, par John Bardeen, Walter Brattain et William Shockley, qui se virent décerner le prix Nobel de physique en 1956. Le phénomène observé fut identifié sous le nom de *transfer resistor* « résistance de transfert ». C'est un autre chercheur des Laboratoires Bell, John Pierce, qui proposa le terme *transistor* (Webster's Third 1966), contraction de *trans*[fer] [re]*sistor*. Le radio-récepteur à transistors (appelé *transistor*, *transistor radio* et *transistor set*), l'une des applications les plus spectaculaires de la découverte a été inventé en 1954 à Indianapolis par la firme américaine *Regency Radio*. En français, le mot est passé du domaine de la physique au langage courant après cette date.

Le Robert a enregistré l'emprunt *transistor* en ajoutant, sur l'avis de plusieurs membres de l'Académie des sciences, que la forme francisée *transisteur* serait préférable. Le Comité d'étude des termes techniques français s'est prononcé en faveur de l'emprunt :

« Des mots tels que cristode ou stéréode ont été proposés pour remplacer transistor. Ils sont bien construits. Mais il n'a pas paru opportun de remplacer transistor déjà très employé. »   *Défense de la langue française*, janv. 1963, p. 49.

TRANSISTORISER [trãzistɔrize] *v. tr.*

(v. 1960) *Techn.* Équiper de transistors*. — *Adj.* *Transistorisé, ée*, muni de transistors. *Des circuits transistorisés. Amplificateurs, téléviseurs portatifs transistorisés.*

« Là encore [dans les appareils de mesure] les transistors commencent à remplacer les lampes [...]. On a ainsi transistorisé les appareils classiques de mesure d'intensité, de tension, de fréquence, etc., et aussi tous les nouveaux instruments utilisés dans le domaine de l'énergie nucléaire. » J. DEZOTEUX et R. PETIT-JEAN, *Les Transistors*, p. 75 (□ 1964).

« Jour après jour, il [le poste de télévision chez les Français] déplace les fauteuils, change la disposition de la salle à manger, part en week-end en se " transistorisant ", transforme l'intelligence des enfants (et celle des parents). »   *L'Express*, 20 nov. 1967, p. 66.

✱ Adaptation de l'anglais *to transistorize* (in Webster's Third 1966). Sur rapport du Comité consultatif du langage scientifique du 12 février 1962, l'Académie des sciences a rejeté ce verbe.

Dans la réclame et dans l'usage actuel, on rencontre toutefois *transistorisé (un poste entièrement transistorisé)*, *transistoriser*, de même que le dérivé *transistorisation* n. f. (1964, *Paris Match*, in D.D.L.), « action de transistoriser ; son résultat ».

« Sur le plan technique, la réalisation de téléviseurs portatifs a été rendue possible par les progrès accomplis en matière de transistorisation et de circuits imprimés [...]. »   *Science et Vie*, n° 595, 1967, p. 130.

TRAPPEUR [tʀapœʀ] n. m.

(1833) Chasseur de l'Amérique du Nord (qui se sert ordinairement de trappes) qui fait commerce des fourrures. — REM. : Enregistré dans les dict. de Littré 1872 et de l'Académie 1878.

« Depuis [...] la loi qui brise la porte des cellules, pas une religieuse n'a quitté son couvent pour revenir au monde ; aucune de ces saintes âmes [...] n'a voulu, pas plus que le *trappeur* de Cooper, après avoir goûté les forêts vierges, revenir dans les fanges dorées de la société. »
BALZAC, *Chronique de Paris*, p. 6 (□ 1836).

« Il avait la mine d'un détrousseur de grands chemins. Je me gardai bien de manifester le moindre étonnement. Ces trappeurs tirent tous avec une dextérité infaillible. »   P. BOURGET, *Outre-Mer*, p. 48 (□ 1895).

✲ Adaptation de l'anglais *trapper* n. (1768), de *to trap* « prendre dans une trappe », de *trap* n. « trappe, piège », correspondant au moyen néerlandais *trappe*, au flamand *trape*, au latin *trappa* et à l'ancien français *trape* (mod. *trappe*), d'origine francique. *Trappeur* apparaît en français en 1833 (Th. Pavie, *Souvenirs atlantiques, voyage aux États-Unis et au Canada*, t. II, p. 174, *in* Mackenzie, p. 216). Larousse, 1876, enregistre *trapper* v. intr., « chasser comme le font les trappeurs » (Cf. anglais *to trap*), mais ce verbe n'a pas vécu.

TRAVELLER'S CHÈQUE, TRAVELLER'S CHECK [tʀavlœʀ(s)ʃɛk] ou TRAVELLER [tʀavlœʀ] ou [tʀavlɛʀ] n. m.

(1963) Chèque de voyage, payable en espèces dans un pays étranger. *Des traveller's cheques, chèques ou checks.*

« la méfiance à l'égard du touriste [...] son viatique en *traveller's chèques.* »   *Le Figaro*, 20 août 1963 [*in* Blochwitz et Runkewitz, p. 292].

« on lit partout les histoires déchirantes de jeunes gens consternés lorsqu'ils vont changer leur *travellers checks* dans les banques locales. »
Le Nouvel Observateur, 16 juil. 1973, p. 33.

— *Traveller* n. m., forme abrégée. *Des travellers.*

✲ De l'américain *traveler's* [anglais *traveller's*] *check* n. (*in* Webster's Second 1934) de *traveller* « voyageur », de *to travel* « voyager », et de l'américain *check* (angl. *cheque*), emploi particulier de *check* (d'où est ensuite issu le français *chèque**). *Check* est lui-même emprunté à l'ancien français *eschec* (mod. *échec*). Au Canada français, on a d'abord traduit le terme par *chèque de voyageur* ; en France, c'est le terme *chèque de voyage* qui concurrence un anglicisme absolument inutile.

TRAVELLING ou TRAVELING [tʀavliŋ] n. m.

(1921) *Cin.* Mouvement d'une caméra mobile, généralement montée sur un chariot et roulant sur des rails. — REM. : Absent du dict. de l'Académie 1935.

« Le mouvement de rotation imprimé au tambour était enregistré par une camera. En fait, c'était aussi bien le premier effet de " travelling " et de " panoramique " qu'un premier pas vers le principe même de la *back-projection.* »   M. BESSY, *Les Truquages au cinéma*, p. 183 (□ 1951).

« Une suite de travellings d'une admirable fluidité évoque la sieste dans *Le Fleuve* [de Jean Renoir] ... Les travellings *avant* et *arrière* alternent d'abord, puis nous avons deux *travellings arrière* de suite qui rompent ce qu'il y aurait de monotone dans cette régularité : c'est comme une variation musicale de ce lent ballet visuel. »
H. AGEL, *Le Cinéma*, p. 62 (□ 1954).

— PAR EXT. (1951 ; *travelling-caméra*, mars 1927) Caméra mobile permettant de réaliser ce procédé.

« La Truca peut aussi donner l'illusion que certaines scènes ont été enregistrées par "travelling" (c'est-à-dire par une camera qui s'avance ou se recule progressivement par rapport au groupe d'acteurs). »
M. BESSY, *Les Truquages au cinéma*, p. 89 (□ 1951).

✻ Forme abrégée (inconnue en anglais) de *travelling shot* « prise de vues en mouvement », de *to travel* « se déplacer », proprement « voyager », et de *shot* « prise de vues ». L'anglais dispose aussi en ce sens des termes techniques suivants : *dolly shot* (*dolly* « chariot »), *follow shot* (de *to follow* « suivre »), *tracking shot* (de *to track* de *track* n. « rails, piste ») ; quant au chariot lui-même, il s'appelle *dolly* ou *travelling platform.* En français, le mot donne lieu à des extensions (*travelling optique,* etc.) et à des métaphores.

Le mot *travelling* est attesté en français dès 1921 (d'après J. Giraud, *Vie et Langage,* janv. 1963, p. 10), et *travelling-caméra,* en mars 1927 (d'après J. Giraud, *Le Lexique français du cinéma des origines à 1930,* p. 201). Les équivalents envisagés, *balade* ou *baladage* pour désigner l'opération, *baladeur* ou *baladeuse* pour l'appareil, n'ont pas eu de succès. La Commission de terminologie de l'Audio-visuel s'est prononcée en faveur du maintien du terme technique *travelling.*

« Quant à "travelling", mot d'apparence anglaise forgé en France, il est apparu à la Commission, comme à l'Académie française d'ailleurs, que ce terme était devenu d'usage courant en France.
Après avoir songé à "travelage" ("traveliste", "traveler"), puis à "travel", la Commission renonce à donner un équivalent à ce terme, qui n'en comporte qu'un seul à la vérité : " mouvement " avant, arrière, vertical, horizontal, circulaire. »
R. GODIVEAU, *Terminologie de l'Audio-visuel,* in *La Banque des mots,* n° 3, 1972, p. 86.

✻ La graphie francisée *travelingue* adoptée par Marcel Aymé (*Travelingue,* Gallimard 1941) n'a pas été retenue par l'usage ; elle correspond à une prononciation populaire.

TREKKING [tʀɛkiŋ] *n. m.*

(v. 1975) Randonnée de plusieurs jours en moyenne montagne avec guides et porteurs, pour visiter une région autrement inaccessible. *Trekking au Ladâkh, dans le Taurus. Agence de voyages spécialisée dans les trekkings.*

« Mains dans les poches, appareil photo sur le ventre et anorak noué à la ceinture, je fais du trekking, au Népal, dans l'Himalaya. »
Le Nouvel Observateur, 13 fév. 1978, p. 45.

✻ Emprunt de l'anglais *trekking* (1850), gérondif du v. *to trek* (1850) lui-même emprunté du néerl. *trekken. Trekking* a été d'abord employé en Afrique du Sud pour désigner un voyage en char à bœufs. Il a été adopté en français avec la mode des vacances « différentes », loin des lieux touristiques habituels et trop fréquentés.

TRENCH-COAT [tʀɛnʃkot] ou TRENCH [tʀɛnʃ] *n. m.*

(v. 1920) *Vieilli.* Manteau imperméable, généralement à ceinture, pour homme ou femme. *Des trench-coats.* — REM. : Enregistré dans le Larousse du XXᵉ siècle ; absent du dict. de l'Académie 1935.

« Des jeunes femmes, des hommes en *trench coats* entraient tête nue, cheveux libres, cols ouverts, des sacs, jumelles, appareils photographiques, couvertures suspendus au bras. »
J. CHARDONNE, *Les Destinées sentimentales,* p. 443 (□ 1947).

— (mil. XXᵉ s.) *Par abrév.* N. m. *Trench.*

« Dans la vague de retour au classicisme qui a submergé la mode cette saison, le trench a une place de choix. Net, bien structuré, boutonné et ceinturé, il a un petit air jeune et militaire, parfait pour les manteaux sportifs. »
Télé 7 jours, 3 déc. 1972.

✻ Mot anglais n. (1921), de *trench* « (de) tranchée » (déverbal de *to trench* « faire des sillons, retrancher », lui-même emprunté de l'ancien français *trenchier, trencher* — mod. *trancher*), et de *coat* « manteau », lui-même emprunté du français *cotte.* Le trench-coat était le manteau porté par les officiers anglais dans les tranchées pendant la guerre de 1914-1918.

« Comme je la respecte, cette vieille bonne qui me demandait jadis, quand il pleuvait, si j'allais prendre mon *tranche couette !* avec le mot *tranche* et le mot *couette,* deux excellents substantifs français, elle assimilait parfaitement *trench-coat.* »
ÉTIEMBLE, *Le Babélien,* t. II, p. 17.

✱ Dans l'usage courant, *trench-coat* a été remplacé en français par *imperméable* n. m. En revanche, la ˊforme tronquée *trench* (1954), appartient au jargon de la mode, pour désigner un type précis d'imperméable.

TRIC → TRICK.

TRICK [tʀik] *n. m.*

(1773) *Vx.* Au whist, Levée qui assure le point. — (1923) Au bridge, La septième levée, la première après le « devoir » à compter un point. — REM. : Absent des dict. de Littré et de l'Académie. — On rencontre aussi les formes *tri* (1841) et *tric.*

« Je me plais à m'acharner à la poursuite d'une idée comme à la poursuite d'un *mat* aux échecs ou d'un *trick* impossible au whist. »
J. MÉRY, *La Chasse au chastre*, p. 137 (□ 1853).

« Au premier chef, on peut évoquer le choix entre les contrats de 3 Sans-Atout et de 4 trics en couleur majeure. »
Jeux et Sports, p. 993 (□ 1967).

✱ Mot anglais n. (1599, comme terme de jeu), emprunté au xvᵉ siècle d'une variante normanno-picarde *(trikier)* de l'ancien français *trichier* « tromper » (mod. *tricher*), *trick* signifie proprement « ruse, stratagème ». Le mot a été repris en français comme terme de whist dans *Le Mercure de France,* janvier 1773, p. 44 (*in* Mackenzie, p. 110); Bonnaffé ne l'atteste qu'en 1841.

TRIFORIUM [tʀifɔʀjɔm] *n. m.*

(1831) *Archit.* Ouverture par laquelle la galerie aménagée au-dessus des bas-côtés d'une église s'ouvre sur l'intérieur ; la galerie elle-même.

« La partie moyenne des édifices à trois étages est occupée constamment par une galerie obscure (1).
(1) La galerie dont je parle ici est désignée par les antiquaires sous le nom de Triforium ; elle remplace les tribunes qui existaient dans les basiliques romaines. »
A. de CAUMONT, *Cours d'antiquités monumentales*, IV, 253, Paris, 1831 [*in* D. D. L., 2ᵉ série, 10].

✱ De l'anglais *triforium* n. 1703, lat. médiév. 1185, appliqué d'abord à la cathédrale de Canterbury puis vers 1800 à toute église. L'Oxford dict. dit « étymologie inconnue » et repousse l'interprétation « trois portes ». Selon P.R. 1, du lat. *transforare* « percer à jour » (Cf. ˊanc. fr. *trifoire* « ouvrage ciselé »).

TRIP [tʀip] *n. m.*

(1968) *Arg. de la drogue.* État particulier de rêve, résultant de l'absorption d'hallucinogènes.

« Le corps paraît se fragmenter à l'infini. C'est le *"trip"*, le *"voyage"* : *"... On dirait que tout s'éloigne, je ne vous vois presque pas. Je n'ai plus de jambes, je ne sais plus si c'est moi. On dirait que tout s'en va..."* »
J.-L. BRAU, *Histoire de la drogue*, p. 163 (□ 1968).

« C'est incroyable comme le monde n'a pas changé quand vous redescendez d'un *trip.* »
Ph. KOECHLIN, in *Le Nouvel Observateur*, 21 août 1972, p. 37.

— *Par ext.* « Voyage » mental, dépaysement intense.

« Un jeune couple, pour s'évader hors de notre monde, recourrait au "voyage", mais par la drogue. Dans "la Vallée", le *trip* consiste à se déplacer dans l'espace, pas dans les vapes ! »
J.-L. BORY, in *Le Nouvel Observateur*, 28 août 1972, p. 45.

« Personnellement je serais depuis longtemps dans le trip fausse monnaie si ça n'était pas si compliqué et dans le trip illégal si ça n'était pas encore moins bien payé que le SMIG. »
A. PAVY, *Jonathan*, p. 85, Le Sagittaire (□ 1977).

✳ Acception américaine (*in* Deak et *in* Dict. *of American Slang*, 1960) de l'anglais *trip* « voyage », en usage chez les toxicomanes. En français, on dit de plus en plus *voyage*.

TRI-PROCESSEUR → PROCESSEUR.

TRIVIAL, ALE, AUX [tʀivjal, o] *adj.*

(mil. XXᵉ s.) *Rare.* Ordinaire, insignifiant, futile, sans intérêt.
— *Sc.* Banal (en parlant d'un exemple, d'un cas « quelconque »).

✳ Le français et l'anglais connaissent depuis le XVIᵉ siècle l'adjectif *trivial* (latin *trivialis* « commun, banal », proprement « de carrefour » [*trivium* « trois voies », de *tri* « trois », *via* « voie »]) et l'ont employé au sens de « connu de tous ». De là sont dérivés des emplois dépréciatifs propres à chaque langue : « rebattu, commun » (1672, E. de Coulanges) puis « vulgaire, grossier » (1876, Larousse) en français ; « futile, insignifiant », 1593 en anglais.

« *Trivial* veut dire "vulgaire" en français et "insignifiant" en anglais. »
J. Darbelnet, *Regards sur le français actuel*, p. 12 (□ 1963).

✳ Notons l'emploi de *trivial* comme terme de mathématiques (*in* G. L. E., 1ᵉʳ suppl. 1968) pour désigner une relation que son évidence rend banale. Dans l'usage technique et scientifique, surtout sous l'influence de l'américain, on rencontre quelquefois en français *trivial* au sens de « simple, facile, ordinaire » (opposé à *sophistiqué**) : cet emploi relève de la méconnaissance des faux-amis linguistiques.

« Cet adjectif a une valeur et un sens précis en français. Dans un texte anglais, il se traduit par banal, ordinaire, sans intérêt. »   *Langage médical moderne*, 1974.

TROLLEY [tʀɔlɛ] *n. m.*

1° (1893) Dispositif de contact électrique, composé d'un organe mobile et d'une perche fixée à un véhicule, servant à transmettre au moteur le courant d'un câble conducteur. *Tramway à trolley. Des trolleys.* — REM. : Enregistré dans le dict. de l'Académie 1935.

« Les fils aériens disposés le long de la voie et auxquels la locomotive, en passant, emprunte le courant au moyen d'un curseur, dit *trolley*, constituent le plus simple et le plus économique des dispositifs. »
L. Figuier, *L'Année scientifique et industrielle*, p. 90, 1894 (□ 1893).

« Pittsburg, la ville de Frick et de Carnegie, est le principal de ces enfers. Dans la Pensylvanie, à mi-chemin de New-York et de Saint-Louis, se bossèle la cité montueuse, fumante, enveloppée dans le réseau aérien de ses fils électriques, et téléphoniques, de ses cordons à trolleys. »   P. Adam, *Vues d'Amérique*, p. 50 (□ 1906).

2° (1922) Fam. *Vx.* Tramway à trolley. — REM. : Absent des dict. de l'Académie.

« Des cimetières. Des tombes. Des golfs. Des mausolées. Les derniers trolleys. Des restaurants d'été. Pas un arbre. »
P. Morand, *L'Homme pressé*, p. 232 (□ 1941).

— Trolleybus*.

« Après avoir pris ses tickets, Besson alla s'asseoir à l'avant du trolley, à côté d'une femme corpulente. »
Le Clézio, *Le Déluge*, p. 88 (□ 1966).

✳ Nom donné aux États-Unis au dispositif (1890), puis au véhicule (1891 ; remplacé ensuite par *trolley car*, 1894), de l'anglais *trolley* « petit wagon (qui roule) », de *to troll* « rouler ». Au sens de « tramway à trolley », *trolley* a précédé en français le pseudo-anglicisme *trolleybus**.

TROLLEYBUS [tʀɔlɛbys] *n. m.*

(v. 1930, à Liège) Autobus à traction électrique assurée par un trolley*. — REM. : Absent du dict. de l'Académie 1935.

« Le trolleybus est né de la combinaison de l'autobus et du tramway. »   *Larousse mensuel illustré*, janv. 1950, p. 399.

« Les fils des trolleybus s'entrecroisaient continuellement, mais il ne se passait rien. »   Le CLÉZIO, *Le Déluge*, p. 91 (□ 1966).

✳ Mot français formé probablement en Belgique sur le modèle de *autobus*, de *trolley**, et de l'élément *-bus. Trolley* s'est dit en ce sens avant la création de *trolleybus*.

« Cependant [dans les années 30] le type des autobus à trolley était adopté en divers endroits. La désignation d'*électrobus* paraît s'être généralisée dans la région lyonnaise (et sans doute ailleurs). Où a été créé *trolleybus* ? Peut-être en Belgique, car mon collègue J. Haust m'a signalé que le mot était en usage à Liège depuis quelques années. [...] Doit-on l'adopter, ou ne vaudrait-il pas mieux généraliser en France *électrobus*, qui a l'avantage d'une parenté étroite avec *autobus* ? »   A. DAUZAT, *Le Dernier Né des -bus : trolleybus*, in *Le Français moderne*, avril 1940, p. 110.

TROY OUNCE → OUNCE.

TRUCK [tʀœk] ou [tʀʏk] *n. m.*

1° (*truck*, 1843 ; *truc*, 1845) *Chemin de fer*. Long wagon en plate-forme pour le transport des matières lourdes. *Des trucks.* — REM. : Enregistré dans les dict. de Littré 1872 et de l'Académie 1878.

« une fois les wagons en route, des gens accourront s'installer, labourer, planter, récolter, vendre au loin, et charger leurs produits sur les trucs de la ligne. »   P. ADAM, *Vues d'Amérique*, p. 127 (□ 1906).

2° (1862) Plate-forme montée sur des roues au-dessus d'une voie ferrée pour le chargement des voitures. — REM. : Signalé dans le dict. de Littré 1872.

« wagons ou caisses roulantes de toutes sortes, munis de galets bilatéraux *(wagons-galets)* et dont les *trucks* qui les portent sur les chemins de fer ordinaires, restent à terre comme aussi la locomotive au moment de l'embarquement [...]. »
MALLAT DE BASSILIAN, *Projet d'un système de chemin de fer maritime*, in L. FIGUIER, *L'Année scientifique et industrielle*, p. 83, 1863 (□ 1862).

« La chaudière et le tender, tous deux montés sur le même truk [*sic*], sont séparés par un intervalle, laissé libre pour le service du chauffeur. »
Jules VERNE, *La Maison à vapeur*, p. 55 (□ 1880).

« Elles [les voitures] reposent à leurs extrémités sur deux trucs à deux essieux chacun, qui sont à une distance, d'axe en axe, de 30 mètres. La distance entre les deux essieux d'un truc est de 5 mètres. La voiture repose sur les trucs au moyen d'une disposition spéciale. »
L. FIGUIER, *L'Année scientifique et industrielle*, p. 103, 1894 (□ 1893).

3° (1890) *Techn.* Sorte de camion, de chariot lourd. — REM. : Enregistré dans le Nouveau Larousse illustré 1904.

« Les voitures de ce tramway sont remorquées par un truck appelé "dunny", portant un appareil spécial, appelé "grip", qui accroche le câble sans fin mis en mouvement par une machinerie spéciale. »
La Science illustrée, 21 juin 1890, p. 49.

✳ Anglais *truck* (« petite roue de bois », 1611 ; « véhicule sur roues pour le transport des matières lourdes », 1774 ; 1838, comme terme de chemins de fer) ; contraction de *truckle* « poulie, rouleau » (moyen anglais *trocle, trokel, trookyll*), de l'anglo-normand *trocle* (latin *trochlea*, grec *trokhiliâ, -eiâ* « rouet d'une poulie »). Le mot apparaît en français sous la forme *truck* dans le *Journal des chemins de fer*, 1843, p. 58 (in Mackenzie, p. 220), puis, sous la forme *truc* dans le dict. de Bescherelle 1845. En américain (anglais *lorry*), *truck* désigne surtout le camion, d'où le sens 3°, rare en français.

TRUISME [tʀɥism] *n. m.*

(1829) Vérité d'évidence qui ne mérite pas d'être énoncée. — REM. : Enregistré dans les dict. de Littré 1872 et de l'Académie 1878. — On a aussi écrit à l'anglaise *truism*.

« Au public, *at large*, je délivre de petits *speeches* [...] ; et comme je suis loin de parler purement l'anglais, il se trouve bien malgré moi dans mon langage des gallicismes qui sortent mes *truismes* de la classe à laquelle ils appartiennent réellement, pour les élever quelquefois à la dignité des *truths* ou vérités profondes et nouvelles. »

V. JACQUEMONT, Lettre à M. Jacquemont père,
10 nov. 1829, in *Corresp.*, p. 124.

✳ Francisation, par ajout d'un *e* final, de l'anglais *truism* n. (1708), de *true* « vraie, véritable », adjectif d'origine germanique. Certains auteurs, dont les Goncourt (*Préfaces et manifestes littéraires*, 1888), à la suite de Mérimée et de Stendhal, ont écrit *truism*.

« Il y a des gens que le monde regarde comme des scélérats et qui ne peuvent pas dire un *truism* qu'on n'y découvre un axiome de crime. On en trouve dans votre livre [*Le Rouge et le Noir*] et cela pourra vous nuire. »

MÉRIMÉE, Lettre à Henri Beyle, 5 juil. 1836, in STENDHAL, *Corresp.*, t. III, p. 533.

« Ce qui serait un blasphème à dire aujourd'hui de M. de Chateaubriand (sorte de Balzac) sera un *truism* en 1880. »   STENDHAL, *La Vie d'Henri Brulard* [*in* Robert].

TRUST [trœst] *n. m.*

1° (1888) *Écon. polit.* Système d'entente financière entre plusieurs entreprises juridiquement distinctes, fondé sur une direction unique (→ **Holding**), visant au monopole d'un produit et au contrôle des prix (→ **Pool**). — *Par ext.* Fusion ou association de plusieurs entreprises, assez puissante pour obtenir une position prépondérante dans un secteur économique, sur un marché. *Trust horizontal. Trust vertical* ou *intégré*. — REM. : Absent du dict. de l'Académie 1935.

« On sait aussi que le *Standard Oil*, sa grosse affaire [de John D. Rockefeller], c'est-à-dire le trust du pétrole, lui rapporte par an 100 millions de francs. »

J. HURET, *Plages de milliardaires*, in *En Amérique*, p. 23 (□ 1905).

« La législation *antitrust*, qui s'est réalisée en plusieurs étapes, a eu pour objet de briser ce "diktat" des trusts. »

Jules ROMAINS, *Passagers de cette planète,
où allons-nous ?*, pp. 157-158 (□ 1955).

— (1945, Sartre in *Robert*) *Par ext. Cour.* Puissance financière et industrielle comprenant les trusts et les entreprises satellites qui en dépendent, et qui constitue une puissante force de pression économique et politique. Syn. approximatif : *multinationale*.

« Pourtant chacun connaît la puissance des trusts aux États-Unis — ce qui représente en somme une autre forme d'économie dirigée. »

SARTRE, *Situations III*, p. 88 (□ 1949).

2° (1905) *Par anal.* Combinaison financière, souvent entre particuliers, fonctionnant à la manière d'un trust.

« Ce marchand a fait le trust des cercueils de la ville. Un jour, tous les ouvriers du trust s'étant mis en grève, on faillit manquer de bières pour les pauvres. »   J. HURET, *op. cit.*, p. 363 (□ 1905).

« les poulets tués six mois auparavant et conservés dans la glace par les soins d'un trust qui les accapara pour les revendre à son prix. »

P. ADAM, *Vues d'Amérique*, p. 378 (□ 1906).

— (1905) *V. tr.* Vieilli. *Faire le trust (de quelque chose)* → **Truster** (ci-dessous).

« Les rats infestaient la ville, et il n'y avait pas de chats. Un nègre eut l'idée d'aller à Los Angelès pour faire le trust des chats vivants, et vint les revendre de 250 à 500 francs pièce. Il fit une fortune qu'il perdit au jeu. »   J. HURET, *op. cit.*, p. 39 (□ 1905).

« Le comique est que, depuis ce moment-là [depuis que ce Thirion s'appelle Monsieur de Villeparisis], ma tante a fait le trust de toutes les peintures se rapportant aux Villeparisis véritables, avec lesquels feu Thirion n'avait aucune parenté. »

PROUST, *Le Côté de Guermantes 2*, p. 294 (□ 1921).

✳ De l'américain *trust* n. (1877), forme abrégée de *trust company* n. (1834), de l'anglais *company* « société, compagnie » et *trust* n., proprement « confiance », 1225. Le mot est attesté en français dès 1888 (Chailley, *L'Economiste français*, p. 555, *in* Mackenzie, p. 247). Le composé *antitrust*, adj., est attesté tardivement en français (v. 1950-1960), et calque l'américain *anti-trust* (dans *Anti-Trust Act*, 1890).

Trust a produit en français les dérivés *trusteur* et *truster*. *Trusteur* n. m. (1905, P. Adam, *Le Serpent noir*, p. 43) « personne qui organise et dirige un trust » ; (déb. xxᵉ s., *fig.*) « personne qui accapare, monopolise les avantages. »

« Les projets de ces trusteurs, de ces rois de l'acier, du pétrole, de la boucherie eussent fait bondir nos banquiers positifs et "sérieux". »
P. ADAM, *Vues d'Amérique*, p. 10 (□ 1906).

✳ *Truster* v. tr. (1911) « accaparer, monopoliser à la manière des trusts ». (1935 ; répandu mil. xxᵉ s. ; *fig.* et *fam.*) « accaparer, monopoliser ; cumuler des avantages, des distinctions. »

« Un homme sans scrupules qui TRUSTERAIT tout le caviar du bas Danube. »
M. DONNAY, in *Larousse mensuel*, mai 1911, art. *Truster*.

« Le vice et la vertu passent entièrement sous notre contrôle. Nous les trustons. »   Jules ROMAINS, *Les Hommes de bonne volonté*, t. IX, p. 272 (□ 1935).

TRUSTEE [tʀœsti] n. m.

(1855) Aux États-Unis, Administrateur, curateur ; dans les pays anglo-saxons, Fidéicommissaire. *Des trustees*. — REM. : Absent de tout dict. général de français.

« La visite achevée, je me rendis au conseil d'administration [...]. Parmi les *trustees* ou administrateurs, je trouvai des figures de connaissance [...]. »   R. LEFEBVRE, *Paris en Amérique*, p. 322 (□ 1864).

« Il s'est tué il y a deux ans, après de mauvaises opérations. Comme il était " trustee ", c'est-à-dire fidéicommis, sa fortune personnelle passa aux créanciers [...]. »   P. MORAND, *Lewis et Irène*, p. 113 (□ 1922).

« Quant aux établissements d'enseignement supérieur libres, ils ont leurs *trustees*, administrateurs qui tiennent les cordons de la bourse [...]. »   A. SIEGFRIED, *Les États-Unis d'aujourd'hui*, p. 64 (□ 1927).

✳ Mot anglais n., proprement « personne de confiance », 1647, puis « personne à qui l'on confie l'administration de biens », 1653. En Amérique le mot désigne un conseiller municipal, puis le membre du conseil d'administration d'une fondation, d'une bourse, d'une institution (1707), enfin, au xixᵉ s., le membre d'un trust. Dérivé de *to trust*, « avoir confiance en, se fier à », puis « confier quelque chose à la charge de quelqu'un ». Attesté dès 1855 en français (Ampère, *Promenade en Amérique*, t. I, p. 311, *in* Mackenzie, p. 228), *trustee* y est toujours employé pour désigner une réalité anglo-saxonne, américaine.

T-SHIRT → TEE-SHIRT.

TUB [tœb] n. m.

1º (1884 ; *tob* « bateau », 1878) *Rare*. Large cuvette (en zinc, toile imperméable, plastique, etc.), généralement circulaire, où l'on peut se laver à grande eau. *Des tubs*. — REM. : Enregistré dans le dict. de l'Académie 1938.

« Une pièce originale : le cabinet de toilette, au tub fait d'un immense plateau persan, ayant à côté de lui la plus gigantesque bouilloire en cuivre martelé et repoussé de l'Orient : le tout enfermé dans des portières en bâtonnets de verre de couleur. »
E. et J. de GONCOURT, *Journal 1889-1891*, 7 juil. 1891, p. 201.

« Ces gens, retour de Londres, racontent que certains lords ont des baignoires, des tubs ; mais cela est considéré comme décadent et aristocratique. Personne n'ose se risquer jusque-là. »
P. MORAND, *New-York*, p. 116 (□ 1930).

2º (1889) *Par ext.* Ablutions que l'on fait dans un tub. *Prendre un tub.*

« Le succès du manchot, du bossu, du boiteux, du borgne, de l'imbécile, du malpropre et du Chinois démontre que ni la droiture de la taille, ni l'équilibre des bras, des jambes et des yeux, ni le brillant du jugement, ni l'habitude du *tub* quotidien, ni le blanc du visage, ne représentent cette qualité nécessaire qui fait la séduction [...]. »
P. BOURGET, *Physiologie de l'amour moderne*, p. 23 (□ 1890).

✻ Mot anglais n. (1849 en ce sens, forme abrégée de *bathing tub*, 1594 ; « cuve, baquet », 1386), probablement d'origine néerlandaise. Introduit en français en 1878 sous la forme *tob* au sens de « bateau » (*Le Yacht*, p. 298), puis sous la forme *tub* en 1884 au sens ci-dessus (Goncourt, *Chérie*), le mot est de nos jours en voie de disparition comme la chose elle-même. Avant de se prononcer [tœb], il s'est dit [tɔb] :

« Le *tub* (prononcez *tob* et admirez la langue anglaise qui vous permet de désigner par un seul mot une *bassine* et un *broc plein d'eau*). »
Le Charivari, 11 août 1892, p. 3.

TUNER [tynɛʀ] ou [tjunœʀ] *n. m.*

(v. 1960) *Techn.* Amplificateur accordé de haute fréquence, utilisé dans les récepteurs de radio et de télévision. — Par ext. *Cour.* Récepteur en modulation de fréquence, sans amplificateur ni système acoustique, destiné à être branché sur une chaîne de haute fidélité. *Des tuners.*

« Il y a d'une part la forme traditionnelle [de chaîne haute-fidélité], c'est-à-dire chaîne à maillons séparés : tourne-disque, tuner, amplificateur, haut-parleurs. D'autre part, la forme " chaîne compacte ", où le tourne-disque, le tuner et l'amplificateur sont incorporés dans un même coffret. »
Science et Vie, Hi-Fi 1974, n° 105, p. 5.

✻ Emprunt de l'américain (*in* Webster's Third 1966), de l'anglais *to tune* v. tr. « accorder (un instrument de musique)», de *tune* n. (1387) « air, mélodie », variante de *tone* « ton », lui-même emprunté au XIVᵉ siècle au français *ton* (de la voix) et au latin *tonus* « tension d'une corde, son d'un instrument », du grec *tonos*. Signalé et critiqué dans le G. L. E. 1964. Comme terme technique d'électronique, le mot *tuner* peut être remplacé en français par *adaptateur*.

TUNNEL [tynɛl] *n. m.*

1° (1825, à propos de l'Angleterre) Galerie souterraine, généralement voûtée, pratiquée dans un obstacle naturel (sous un cours d'eau, un bras de mer, dans une élévation de terrain, etc.) pour le passage d'une voie de communication. *Tunnel routier. Tunnel sous-marin.* — REM. : Enregistré dans les dict. de Littré 1872 et de l'Académie 1878.

« [Rapport] sur le chemin souterrain, dit : Tunnel, qui s'exécute en ce moment sous la Tamise à Londres. »
B. SCHLICK, Rapport lu à l'Académie des Beaux-Arts de l'Institut de France, 25 nov. 1825 [*in* Wexler, p. 67].

« À un certain endroit la vallée s'étrangle, et les roches se rapprochent au point de ne laisser que tout juste la place du Rio [...]. Pour obvier à cet inconvénient, l'on a percé de part en part un des rochers et pratiqué un tunnel assez long, dans le genre des viaducs des chemins de fer. Cet ouvrage, assez considérable, ne date que de quelques années. »
Th. GAUTHIER, *Voyage en Espagne*, p. 149 (□ 1843).

— (1829, à propos de l'Angleterre ; 1834, en France) *Spécialt.* Tunnel de chemin de fer, de métro.

« La méthode prévue pour l'exécution des travaux est basée sur l'emploi du bouclier, qui permet la pose du tunnel métallique sans ouvrir la voie publique. C'est celle qui a été employée pour l'exécution du subway de Londres et du tunnel Saint-Clair (États-Unis) [...]. »
L. FIGUIER, *L'Année scientifique et industrielle*, p. 215, 1893 (□ 1892).

2° (1901) *Fig.* (dans quelques expressions). Période obscure, difficile, pénible. *Arriver au bout du tunnel. Voir la fin du tunnel.*

« Il [M. Bergeret] avait entrevu la délivrance, la liberté, une vie nouvelle. Ce n'était qu'une lueur dans les ténèbres, mais vive et fixe devant lui. Comment sortirait-il du tunnel ? »
A. FRANCE, *Monsieur Bergeret à Paris*, 1901 [*in* G. L. L. F.].

« elle plongeait soudain dans un brusque tunnel d'inconscience, où d'étranges visions se peignaient autour d'elle. »
E. JALOUX, *Les Visiteurs*, p. 169 (□ 1941).

✳ Le mot anglais *tunnel* a été emprunté du français *tonnelle* (de *tonne,* bas-latin *tunna, tonna,* du gaulois *tŭnna* « tonneau ») au xvᵉ siècle. Il avait alors le sens de « filet tubulaire pour prendre les perdrix, les alouettes », et a acquis au xvᵉ siècle celui de « tuyau, tube, ouverture » (Bloch et Wartburg signalent le français *tonnelle* employé en 1551 au sens de « tuyau » à Guernesey). Comme terme de génie civil, l'Oxford dict. atteste *tunnel* en 1782, mais selon Wexler (p. 62), ce nouvel emploi serait apparu en anglais « vers 1765, aux débuts de l'essor prodigieux pris par la construction des canaux ».

C'est comme terme de génie civil que le mot *tunnel* fait son apparition en français, en 1825, à propos des travaux exécutés à Londres sous la direction de l'ingénieur français M.-I. Brunel, pour l'édification d'un tunnel sous la Tamise. On hésite encore à l'époque entre la périphrase française *passage souterrain,* la forme française initiale *tonnelle* et l'emprunt *tunnel.* C'est comme terme de chemin de fer que l'emprunt s'imposera par la suite (voir à ce propos l'ouvrage de Wexler, *op. cit.*). À l'époque des premiers tunnels ferroviaires exécutés en France par Marc Seguin et ses frères entre 1826 et 1829 pour la ligne de Saint-Étienne à Lyon, et pendant plusieurs décennies encore, le français hésitait entre les termes de *percement, percé(e), galerie (souterraine), souterrain, voûte* et *tonnelle. Souterrain* est demeuré le terme officiel (Cf. *Grande Encycl. Berthelot,* art. *Tunnel*) ; mais l'usage a naturalisé l'emprunt *tunnel.*

TURF [tyʀf] ou [tœʀf] *n. m.*

1° (1828) *Vieilli.* Terrain gazonné où se disputent les courses de chevaux ; *par ext.* terrain pour courses hippiques. — REM. : Enregistré dans les dict. de Littré 1872 et de l'Académie 1878.

« Les élégants coursiers arabes ne brillent guère que sur le *turf* sablonneux du désert. »
NERVAL, *Druses et Maronites,* in *Le Voyage en Orient,* p. 314 (□1851).

« Un cheval, pour être admis sur le turf, doit donner de sa noblesse des titres tels que les parchemins d'une ancienne famille n'en sauraient fournir de plus exacts. »
M. de QUATREFAGES, in *Revue des cours scientifiques,* 3 oct. 1868, p. 709.

2° (1828) Par ext. *Vieilli.* Le sport hippique et les activités qui s'y rattachent (→ **Sport**).

« L'amour du *turf* ne tardera pas à se répandre. »
Journal des haras, 1828 [*in* G. Petiot].

« Les agitations du sport et du turf créent d'ailleurs une belle et virile jeunesse : elles retrempent l'âme et le corps ; elles dissipent, par la variété même, les fatigues de la vie élégante et molle. »
E. CHAPUS, *Le Turf ou les Courses de chevaux en France et en Angleterre,* p. 26 (□ 1853).

3° (1837) Par ext. *Vx.* Ensemble des amateurs de sport hippique et des personnes concernées par la préparation des courses de chevaux.

« En Angleterre où il avait passé huit mois, il avait appris à être un homme du *turf* [en note : "Littéralement du *gazon,* un homme qui passe sa vie aux courses de chevaux, qui en fait sa grande affaire"] et à se connaître parfaitement en chevaux. »
STENDHAL, *Le Rose et le Vert,* p. 1113 (□ 1837).

✻ Mot anglais n. (1755 comme terme de sport) signifiant dès le vieil anglais « tourbe, motte de gazon, pelouse ». Attesté en français en 1828 dans le *Journal des haras*, II, p. 80 (*in* Mackenzie, p. 210), c'est l'un des plus anciens emprunts à l'anglais dans le domaine du sport. Au premier sens, on dit plutôt de nos jours *champ de course* ou *hippodrome*. Au deuxième sens, *turf* a produit en français le pseudo-anglicisme *turfiste*✻. Le langage du turf est en grande partie emprunté à l'anglais *(canter, crack, dead-heat, handicap, omnium, paddock, sweepstake)*. La prononciation francisée [tyʀf] est fréquente à Paris ; on prononce aussi à l'anglaise [tœʀf].

Turf s'emploie en argot (1926, Esnault) pour désigner le « trottoir », lieu de la prostitution. Esnault (1933) signale également le sens de « fille publique » (un *turf*) ainsi que de « travail », 1929. Enfin *turf* a donné naissance au mot argotique ancien *urf*✻. — Loc. argot. *Sur le turf*, « au travail, sur le tas ».

> « En amour, tu joues un rôle ou tu te bourres le mou, ou tu penses à fignoler. Mais, sur le turf, ah ! tu peux y aller, tu vois l'humanité à poil, telle qu'elle est au fond, et si tu as encore des illusions en arrivant, tu comprends rapidement. »
> A. SERGENT, *Je suivis ce mauvais garçon*, p. 51, La Jeune Parque (☐ 1946).

TURFISTE [tyʀfist] ou [tœʀfist] *n.*

(1853) Personne qui aime le turf✻, qui fréquente les courses de chevaux, qui parie. — REM. : Enregistré dans le dict. de Littré 1872 ; absent des dict. de l'Académie.

> « Le turfiste de New-Market ne sait rien, ne veut rien savoir de ce qui se passe sur le terrain des steeple-chases ; c'est une mer sur laquelle on navigue de conserve, mais jamais les deux équipages ne se mêlent à bord du même vaisseau. » E. CHAPUS, *Le Turf ou les Courses de chevaux en France et en Angleterre*, p. 309 (☐ 1853).

✻ Pseudo-anglicisme créé en français à partir de *turf* (l'anglais dit *racegoer*).

> « Parmi les sports chez nous les plus populaires, voici au premier rang les courses de chevaux. Comme si les chevaux fussent une invention anglaise, une part excessive de notre vocabulaire hippique est infestée, infectée d'anglicismes (ne confondons pas, du reste, *équestre, hippique* et *chevalin*). Le terme dont se désignent eux-mêmes les maniaques du champ de courses, *turfiste*, en est l'indice. *Turfiste* vient laidement de *turf*. Quand les truands mettent des filles sur le *turf*, c'est-à-dire sur le tapin, passe encore ! C'est une métaphore. Mais *turf*, en anglais, signifie tout autre chose : la motte de gazon, le champ de courses, et le monde des courses. » ÉTIEMBLE, *Parlez-vous franglais ?*, p. 61 (☐ 1964).

TURNEP [tyʀnɛp] ou TURNEPS [tyʀnɛps] *n. m.*

(1755 ; *turneps* 1820) Variété de navet fourrager ou chou-rave. — REM. : Le dict. de l'Académie enregistre *turneps* en 1835 (et le supprime en 1935) ; Littré 1872 enregistre *turnep*. — *Turneps* est le pluriel anglais pris pour un singulier.

> « Plus la terre est meuble, plus la récolte est sûre et le plant garni. Le turneps aime de préférence les fonds légers. On peut le semer dès la fin de mars dans ceux qui sont libres, qui ont été engraissés et préparés par des labours. »
> *Le Livre de tout le monde*, art. *Turneps*, in *Encyclopédie domestique*, t. IV, p. 279, Salmon, 1830.

> « — Ici, dit le comte, je sème des turneps. Le turnep est la base de ma culture quadriennale. »
> FLAUBERT, *Bouvard et Pécuchet*, p. 690 (☐ 1880 †).

✻ Anglais *turnip* n. (1533), de *to turn* « tourner » (à cause de la racine pivotante de la plante), et de l'anglo-saxon *naep* ou *nep* « navet », du latin *napus*. *Turnep* est attesté en français en 1755 (Duhamel de Monceau, *Traité de la culture des terres*, IV, p. 278, *in* Mackenzie, p. 174), et *turneps*, en 1820 (*Dict. d'histoire naturelle*, in G. L. L. F.). De nos jours, on dit plutôt *chou-rave*.

TUSSAH ou TUSSEAU → TUSSOR.

TUSSOR [tysɔr] *n. m.*

(1907 ; *tussore*, 1844) Étoffe de soie légère fabriquée en Inde, provenant du ver à soie sauvage. — (1933) *Par anal.* Étoffe de soie légère, d'autre provenance. — Par appos. *Soie tussor.* — REM. : Littré 1872 enregistre *tussore* ; le dict. de l'Académie 1935 *tussor.* — On a aussi dit *tussah* et *soie tussah* (1856).

« M. Guérin-Méneville a déposé sur le bureau de l'Académie des sciences deux boîtes contenant les magnifiques papillons vivants du ver à soie du chêne et du ver à soie *tussah* [...]. Il y avait joint deux petites pelotes de soie *grège* et *dévidée* provenant de ces deux espèces de cocons, et dont l'une, celle du *tussah*, avait été dévidée dans l'Inde, et l'autre, celle du *pernyi* ou ver à soie du chêne, avait été dévidée à Lyon. Cette dernière, ainsi que la soie *tussah*, présente un fil soyeux très-brillant et d'une couleur brun-pâle comme du fil écru [...]. »
        L. FIGUIER, *L'Année scientifique et industrielle*, p. 413, 1857 (□ 1856).

« mais quand au printemps je me mis à jouer au tennis, j'arrivai parfois sans m'être changée, en robe de tussor blanc [...]. »
        S. de BEAUVOIR, *La Force de l'âge*, p. 100 (□ 1960).

✳ Anglais *tusser, tussore, tussur, tessar, tussah* n. (1619), emprunté à l'hindoustani *tasar*. Emprunt apparu en français dans le *Tarif des douanes*, 1844, p. 579 (*in* Littré).

TV, T.V. ou **TÉVÉ** [teve] *n. f.*

(1959) Télévision✳. Syn. français : *télé.*

« cette instantanéité qui fait vivre au téléspectateur les choses au moment même où elles se passent [...] est la grande supériorité de la T.V. sur le cinéma. »   R. DEMAGNY, *La Radiodiffusion-Télévision française*,
        in *La Classe de français*, mars-avril 1959, pp. 80-81.

« — D'ailleurs, dit Gabriel, dans vingt ans, y aura plus d'institutrices : elles seront remplacées par le cinéma, la tévé, l'électronique, des trucs comme ça. »   QUENEAU, *Zazie dans le métro*, p. 24 (□ 1959).

« Aujourd'hui elle devient célèbre à vingt-six ans, grâce au feuilleton Tv dont elle est l'héroïne [...]. Dans la vie elle mène une triple carrière : théâtre, cinéma et Tv. »   *Paris-Match*, 12 fév. 1972, p. 27.

✳ Anglais *TV* [tivi], abréviation d'origine américaine n. (*in* Deak ; *in* Webster's Third 1966) de l'anglais *television* (→ **Télévision**). Cette forme d'abréviation par les consonnes, typiquement anglaise, est condamnée en français. Elle est, du reste, moins répandue dans l'usage que *télé* n. f.

« *Télévision* a déjà deux formes abrégées : *T.V.*, probablement emprunté à l'anglais, et qui nous semble encore un peu pédant, et *télé*, qui reste assez familier. Il est curieux de noter que cet élément *télé*, devenu une sorte de préfixe (cf. *télécommande*), qui figurait déjà dans plusieurs générations de composés (*télescope*, qui date du XVIIe siècle, *télégraphe*, du XVIIIe, *téléphone*, du XIXe, etc.), se détache pour devenir caractéristique du dernier-né de la famille [...]. »
        Le Vocabulaire de la télévision, in *La Classe de français*, mars-avril 1959, p. 109.

TWEED [twid] *n. m.*

1° (1844) *Vx.* Pardessus de tissu anglais. — REM. : Enregistré dans Larousse 1876-1931. — Bescherelle enregistre en 1845 *twed* « robe de chambre anglaise ».

« On a vu à Longchamp des tweeds, des redingotes et des fracs [...]. »   *La Mode*, 5 avril 1844, p. 590.

2° (1845) *Mod.* Tissu de laine cardé (d'abord fabriqué en Écosse), d'armure toile ou sergé, habituellement en deux couleurs. *Des tweeds.* — REM. : Enregistré dans Littré Suppl. 1877 ; absent des dict. de l'Académie.

« L'industrie lainière de l'Écosse s'est attachée particulièrement à la confection des châles, tweeds, tartans et autres tissus fins ; les tweeds sont le grand article de la fabrication écossaise. »
        Journal officiel, 15 avril 1876 [*in* Littré, Suppl., 1877].

« Sur un long comptoir de bois, il étala des liasses innombrables. Il y avait là des tweeds sauvages, piqués de flocons rouges, verts, bleus [...]. »
A. MAUROIS, *Bernard Quesnay*, p. 153 (□ 1926)

✱ Mot anglais n. (1847, d'après les documents ; v. 1831 d'après les recoupements de l'Oxford dict.), marque de commerce provenant de l'altération de l'écossais *tweel* ou *tweeled* (→ **Twill**), de *to tweel,* variante de l'anglais *to twill* « croiser (un tissu) », verbe d'origine germanique (→ **Twill**), altéré par l'association avec la *Tweed,* fleuve côtier entre l'Angleterre et l'Écosse.

« L'étymologie de *tweed* ne peut plus être contestée à l'heure actuelle. La mauvaise orthographe qui transforma *twell (a twilled woollen cloth)* en *tweed* apparut vers 1831 et devint courante dès 1850 ; Jas. Locke, marchand de Londres, s'en inquiète dans son *Tweed and Don* (1860), 37 ; A. Barlow complète la documentation dans *Weaving* (1878), 49. La graphie *tweel* reproduit la prononciation longue du mot *twill,* étoffe de fabrication très ancienne, connue dès 1329 et dont la nature n'a pas changé. Rien n'empêche d'ailleurs qu'une association d'idées ait pu être faite avec le nom géographique Tweed, mais l'origine de la transformation paraît indiscutable. »
M.-M. DUBOIS, *Problèmes anglais - De la Tweed, rivière, au tweed, tissu,* in *Vie et Langage,* oct. 1954, p. 478.

✱ Mackenzie (p. 220) signale le terme au sens actuel chez Th. Gautier (*Zigzags,* p. 276, 1845).

TWEETER [twitœʀ] *n. m.*

(1964) *Techn.* Haut-parleur conçu pour la reproduction des notes aiguës. *Des tweeters.*

« un deuxième haut-parleur (de très petit diamètre) s'occupe des sons aigus. C'est le *tweeter.* On vous parle d'un *"tweeter à dôme"* ? Cela signifie simplement que sa membrane (partie qui vibre) est de forme *hémisphérique.* »
Télérama, 28 fév. 1979, p. 17.

✱ Emprunt de l'américain (*in* Webster's Third 1966), de l'anglais *to tweet* v. intr. (1851) « pépier », de *tweet* n. et interj. évoquant le cri d'un petit oiseau. Signalé et critiqué dans le G. L. E. 1964.

TWILL [twil] *n. m.*

(1875) Tissu très souple en soie ou schappe de soie, d'armure sergée, à côtes très fines (qui s'imite en rayonne). — REM. : Absent des dict. de Littré et de l'Académie.

✱ Anglais *twill* ou *tweel* n. (1329), variante nordique et écossaise de l'anglais *twilly* (moyen-anglais *twyle,* vieil anglais *twili,* d'origine germanique) adj. (875) « croisé » et n. (1310) « étoffe croisée ». *Twill* ou *tweel,* est l'ancêtre de *tweed**✱** ; le premier désigne un tissu en soie, le second, une étoffe de laine. Mackenzie (p. 241) signale *twill* en 1875 (*Moniteur des fils et tissus,* p. 428). Le G. L. E. 1964 et le G. L. L. F. 1978 le signalent.

TWIN-SET [twinsɛt] *n. m.*

(v. 1950) Ensemble de tricot pour femme, composé d'un pull-over et d'une veste assortie. *Des twin-sets.*

« De très nombreux "Twin set" : cardigan et golf fantaisie au galon contrasté et au boutonnage sous patte ou au col roulé à grosses côtes. »
Le Jardin des modes, oct. 1955 [*in* D. D. L., 2ᵉ série, 16].

« Assorti pull-over et gilet. Le vieux twin-set revient. Avec des emmanchures plus basses, un peu plus d'aisance dans la largeur et des motifs jacquard. »
L'Express, 26 mars 1973, p. 173.

✱ Mot anglais (*in* Hamlyn, 1971) composé de *set* « ensemble » et de *twin* « jumeau », attesté en français vers 1950 (Petit Robert). En français, on parle le plus souvent de *coordonnés,* en un sens analogue.

TWIST [twist] *n. m.*

(1961) Danse d'origine américaine des années 1960, sur un rythme très rapide, comprenant un balancement rotatoire sur place des jambes et du bassin.

« Faute d'appui, ses gardes du corps oscillent à ses côtés. Et les ballerines de la gosse me font mal au cœur, ainsi posées sur le sol du prétoire, où elle ne songe plus à danser le twist. »
A. SARRAZIN, *La Cavale*, p. 404 (□ 1965).

« enfin, le *twist* (1961), dont il est difficile de dire que c'est une danse de couple, chaque partenaire se bornant à osciller des hanches tout en trépignant sur place. »   A. MACHABAY, *La Musique de danse*, p. 79 (□ 1966).

— *Adj.* Vieilli (attribut ; sur le modèle de *swing*).

« Si vraiment, comme on nous l'affirme, vous avez épousé notre siècle, vous devez être *twist, surf* et *yéyé.* »
Le Canard enchaîné, 26 fév. 1964 [*in* Blochwitz et Runkewitz, p. 292].

✳ Nom de la danse lancée par Chubby Checker au Peppermint Lounge à New York en 1961. Vient de l'anglais *to twist* « tordre, se tordre, se tortiller ».

« Si elle connaissait le sens du mot *twist,* la commère de *France-Soir* qui accorde à cette danse un ou deux ragots quotidiens depuis des semaines [...] croyez-vous qu'elle aurait encore besoin de ce mot ridicule ? Car enfin que font les gens qui *twistent* sinon de *se tortiller,* ce que veut dire exactement *to twist.* Et même, *tortiller les hanches.* Mais le *twist ?* Nous n'avons que l'embarras du choix : sur *tortiller,* le français a fait : *tortillage, tortillard, tortille, tortillement, tortillis, tortillon.* Étant donné les nuances et même les couleurs qu'on peut distinguer dans ces mots, il est permis d'hésiter entre *tortillement* et *tortillon.* À cause de *cotillon* et de *corbillon* et parce que je me méfie des mot en *-ment,* envahissants, j'opterai pour *tortillon.* »   ÉTIEMBLE, *Le Babélien,* t. III [*in* Dupré].

« Mais enfin, puisque chaque snobisme engendre son antisnobisme comme chaque toxine son antitoxine, c'est être plus snob que snob, et d'un snobisme ultra-nationaliste que de proposer, comme j'ai entendu M. Étiemble le faire au cours de débats publics, le remplacement de *twist* par *tortillon* et de *barbecue* par "notre bonne vieille barbaque" (par parenthèse empruntée au roumain *berbec* pendant la guerre de Crimée). »   DANINOS, *Snobissimo,* p. 182 (□ 1964).

✳ *Twist* a produit en français le dérivé *twister* v. intr. (v. 1962 → cit. d'Étiemble ci-dessus), « danser le twist ».

« Une petite vendeuse qui *twistait* dans un bal des Lilas... »
Esprit, nov. 1962 [*in* Hanon, p. 153].

✳ *Twister* a donné à son tour le dérivé *twisteur, -euse* n. (1963), « personne qui danse le twist ».

« Tino Rossi agit sur les nerfs comme un calmant en ces temps de rock, de guitares électriques et de twisteurs déchaînés. »
Libération, 8 oct. 1963 [*in* Blochwitz et Runkewitz, p. 293].

« Les twisteuses ont été balayées par les jerkeuses, les minettes par les groupies [...]. »   *Le Nouvel Observateur,* 25 juin 1973, p. 40.

TYPHON [tifɔ̃] *n. m.*

(1504 ; répandu XIXᵉ s.) Cyclone des mers de Chine et de l'océan Indien.

« On était cependant déjà hors de la saison des *typhons* (nom qu'on y donne aux cyclones), car c'est dans le mois de septembre que ces tempêtes s'y manifestent le plus souvent, comme partout dans l'hémisphère nord.

Quelques extraits d'un intéressant mémoire de M. Jouan, capitaine de frégate, sur les typhons de l'année précédente feront juger de l'extrême violence de ces météores [...]. »

MM. ZURCHER et MARGOLLÉ, *Tempêtes et Naufrages* [1868-1869], p. 350 (□ 1869).

✳ Mot anglais *typhoon* (1588) d'un mot chinois dialectal *t'ai-fung* « grand vent », mêlé à l'arabe *tufân,* qui pourrait véhiculer le grec *tuphon* « tourbillon ». L'emprunt français était resté isolé, alors que l'anglais *typhoon* est employé du XVIᵉ au XXᵉ s. sans interruption. C'est lui qui a été réemprunté vers le milieu du XIXᵉ s.

U

UFO [yfo] *n. m.*

(1972) *Rare.* Objet volant non identifié *(ovni). Des ufos.*

« L'un de ces universitaires [membre révoqué du Comité Condon (1966-1969) chargé par le gouvernement américain de l'étude scientifique des observations d'ovnis] donne maintenant à ses étudiants des sujets de diplômes sur le traitement statistique des rapports d'UFOs, cependant qu'à la Northwestern University, le Dr Hynek a inauguré le premier cours mondial d'ufologie. »

P. GUÉRIN, in *Sciences et avenir*, sept. 1972, p. 698.

* Mot d'origine américaine *n.* (*in* Webster's Third 1966) tendant à remplacer *flying saucer « soucoupe volante »,* acronyme de *Unidentified Flying Object « objet volant non identifié ».* Apparu en français vers 1972, l'emprunt brut de *ufo* a été aussitôt remplacé dans l'usage par le calque *ovni,* acronyme de la traduction française de l'expression américaine. L'anglais possède *ufological* adj. (1966), « relatif à l'étude des ufos », et *ufologist* n. (1966), « personne qui s'intéresse à l'étude des ufos ». *Ufo* a donné en français deux dérivés : *ufologie,* n. f. « étude des ufos » (→ cit. supra) ; *ufologue,* n. « personne qui s'intéresse à l'ufologie, aux ufos » (1974, in *La Clé des mots*). *Ovni* n'a pas de dérivés, et c'est dommage, car on est obligé de mémoriser deux racines différentes.

ULSTER [ylstɛʀ] *n. m.*

(v. 1872) *Vx.* Manteau d'homme, long et chaud, en forme de robe de chambre. *Des ulsters.* — REM. : Enregistré dans le Suppl. 1877 du dict. de Littré ; absent des dict. de l'Académie. — Littré signale que « ce vilain pardessus » porte aussi le nom de *gâteuse,* n. f.

« Ils étaient trois, vêtus d'ulsters garnis de martre.
Ils rentraient, ce matin, d'une orgie à Montmartre. »

Ch. CROS, *Bénédiction,* in *Le Coffret de santal,*
in *Œuvres complètes* (□ 1876).

« Il enfila son grand Ulster de voyage, s'enroula un foulard autour du cou et sortit à son tour [...]. »

L. HÉMON, *Battling Malone,* p. 258 (□ 1911).

* Mot anglais *n.* (1878, sous la forme abrégée), d'abord employé dans les termes *Ulster coat* ou *overcoat,* de *Ulster,* alors province d'Irlande, et *overcoat* « pardessus », noms donnés à une mode de manteau d'hiver introduite en Grande-Bretagne en 1867 par J. G. M'Gee et Co de Belfast. *Ulster coat* est attesté en français :

« Son squelette disparaissait des talons à l'occiput sous un "ulster-coat" à grands carreaux, et dans sa main il serrait la poignée d'un sac de voyage en cuir verni. » Jules VERNE, *Les Cinq Cents Millions de la Bégum,* p. 5 (□ 1879).

* Le nom et la chose ont connu leur vogue en France à la fin du XIXe siècle.

UNDERGROUND [œndœRGRawnd] *adj.* et *n. m. invar.*

1° (1967) Se dit de mouvements artistiques expérimentaux, semi-clandestins, situés en marge des courants dominants, dans le prolongement d'une nouvelle vague du cinéma américain apparue vers les années 1950.

« l'art "underground" se veut avant tout un mélange de tous les arts. [...] L'art "underground" est international : né aux États-Unis (et plus à Los Angeles qu'à New York), il s'est développé surtout en Angleterre mais il a fleuri aussi bien à Montevideo qu'à Tokyo. Il a conquis Paris il y a quelques mois. »
Y. ROMI, in *Le Nouvel Observateur*, 8 nov. 1967, p. 40, in *La Banque des mots*, n° 3, 1972, p. 109.

« Le rock de la 3ᵉ génération tend la main au théâtre underground. Gare aux "croulants"... » Ph. ADLER, in *L'Express*, 2 oct. 1972, p. 102.

« C'est l'inconscient de la société qui remonte à la surface, dans ce genre de bande dessinée. Mais la génération spontanée n'existe pas. La genèse de la bande dessinée underground a commencé bien avant la date attribuée à sa naissance. » *Mazazine littéraire*, déc. 1974, p. 10.

— SUBST. (1967) L'ensemble de ces mouvements, leurs œuvres, le milieu d'où ils sont issus.

« Car ce qu'on appelle " underground " (en anglais : souterrain), c'est le nouveau nom donné à l'avant-garde qui, pour le moment, est presque uniquement composée d'Anglo-Saxons [...]. »
Y. ROMI, in *Le Nouvel Observateur*, 8 nov. 1967, p. 40, in *La Banque des mots*, op. cit.

« L'*underground* est un creuset. D'innombrables groupes naissent et meurent dans le sous-sol anglais, apportant une contribution musicale plus ou moins grande. » H. S. TORGUE, *La Pop-Music*, p. 18 (□ 1975).

2° (1967) *Spécialt.* Se dit de productions cinématographiques conçues en marge des courants dominants et diffusées en dehors des circuits commerciaux.

« Pendant dix ans, le Chelsea a été le grand foyer du *pop'art* et du cinéma *underground*. »
J.-F. BIZOT, in *Le Nouvel Observateur*, 17 juil. 1972, p. 32.

« Irracontables, les films *underground* doivent se voir, se sentir, se ressentir. On les accepte ou on les rejette. »
Le Nouvel Observateur, 5 fév. 1973, p. 61.

— SUBST. Cinéma underground.

« Ce qui distingue l'underground de cette tradition du cinéma " indépendant ", c'est avant tout son mode de production : la généralisation sur le marché, depuis la Seconde Guerre mondiale, des formats substandards de pellicule (16 mm, 8 mm), réduisant le budget des films, permet aux cinéastes de produire eux-mêmes, alors que les films d'avant-garde antérieurs, tournés toujours en 35 mm, avaient besoin de producteurs ou de mécènes. »
Encyclopaedia universalis, art. *Underground*, t. XX, 1975.

3° (1969) Se dit de la presse (d'abord aux États-Unis). *Journaux, presse underground.*

« Refusant de recourir aux organes traditionnels de distribution, les journaux "underground" ont créé une multitude de réseaux parallèles ou "souterrains" à travers les librairies sympathisantes, les groupes d'amis. »
Le Monde, 25 fév. 1972, p. 16.

« Sur le modèle américain de la presse underground, une presse parallèle s'est constituée en France. » *L'Express*, 6 juil. 1972, p. 36.

4° (1966) *Rare.* Clandestin, hors la loi.

« J'ai tourné avec elle [Angela Davis] jusqu'au 19 juin [...], et je voulais lui faire voir les rushes et discuter avec elle de la conception du film. Mais elle était déjà "underground" [...]. »
Y. du LUART, in *Les Lettres françaises*, 18 nov. 1970, in *La Banque des mots*, n° 3, 1972, p. 109.

❋ Le mot anglais *underground*, proprement « souterrain », de *under-* « sous », « au-dessous (de) », et *ground* « terrain », « terre », est d'abord attesté comme adverbe « sous (la) terre » (1571), au figuré « en secret, clandestinement » (1632), puis comme adjectif « souterrain » (1610). Le mot est entré dans le terme *underground railroad* ou *railway* « métro » (1834-1836) ou elliptiquement *underground* n. (1887). En Amérique, *underground railroad* puis *underground* (1852) a servi à désigner dès 1842 un réseau secret de relais bénévoles qui s'était formé vers 1832 pour assister les esclaves noirs en fuite. L'Underground fonctionna jusqu'à la guerre de Sécession (1861). Dès 1859, on appelle, en Amérique, *underground* tout moyen de communication secret ou clandestin. Au xxᵉ siècle, le mot se dit de groupes ou mouvements organisés en secret, dans un pays occupé ou sous un régime totalitaire, en vue d'une action de résistance ou de rébellion (*the underground in Occupied France* « la résistance en France occupée »), ou encore d'une cellule clandestine. Le mot s'est appliqué au cinéma vers les années 1950, puis s'est étendu, à la faveur du phénomène hippie et de mouvements contestataires, à la bande dessinée, à la musique, à la culture en général. En français, le mot ne semble pas attesté avant 1967 ; suivant les cas, il peut être rendu par un terme français (*clandestin, marginal, contestataire, subversif ; contre-culture, presse parallèle, etc.*) sauf lorsqu'il s'agit historiquement du mouvement américain.

UNDERSTATEMENT [œndœʀstɛtmɛnt] n. m.

(v. 1960) Affirmation en dessous de la vérité ; litote. — REM. : Terme surtout employé par évocation d'une forme d'humour et de diplomatie typiquement anglaise, généralement sous la protection des guillemets ou des italiques.

« Antoine ne serait pas mécontent de ces pensionnaires, mais ils savent se contenter d'indiquer, de pratiquer l'art anglais de l'"understatement", du sous-entendu. Oui, ils peuvent jouer n'importe quoi, on a d'abord l'impression que c'est ce qu'ils font en jouant l'"Anniversaire" de M. Pinter. »   R. KANTERS, in *L'Express*, 18 déc. 1967, p. 101.

« Au bivouac, il nous a fait le thé et on l'a invité à dîner. Après, ses remerciements ont été plus volubiles que d'habitude, car les Touareg sont aussi forts que les Britanniques sur l'*understatement*. »
Le Nouvel Observateur, 2 juil. 1973, p. 61.

❋ Mot anglais n. (1799), du préfixe *under-* « en-dessous de », et *statement* n. (xviiiᵉ s.) « affirmation, déclaration », attesté en français dans *Le Monde* du 18 juillet 1962, mais certainement antérieur.

« Vous me direz que la plupart de nos contemporains ignorent ce qu'est la litote ou l'antiphrase. Mais savent-ils mieux ce qu'est l'*understatement* ? Et s'il faut absolument nommer ce tour par lequel on exprime le plus en disant le moins, pourquoi écarter des mots incontestablement français, et adopter un terme typiquement anglais, difficile à prononcer, et qui se prête à tous les contresens ? »
R. LE BIDOIS, *Les Mots trompeurs*, p. 259 (□ 1970).

UNDERWORLD [œndœʀwɔʀld] n. m.

(1964) Dans les pays anglo-saxons, Couches inférieures ou criminelles de la société, pègre.

« [...] Jack Ruby, ne fut jamais un homme "à part entière" de l'underworld de Chicago, un monde dur et impitoyable, fermé aux besogneux et aux minables. »
Rivarol, 8 oct. 1964 [in Blochwitz et Runkewitz, p. 293].

« Tracy évolue, sinon dans un underground, du moins dans un underworld : dans les bas-fonds d'une grande ville qui peut être Chicago ou New York. »   *Magazine littéraire*, déc. 1974, p. 11.

❋ Mot anglais n. (xixᵉ s., en ce sens), de *under-* « inférieur », et *world* « monde », qui a d'abord désigné les enfers (1608), le monde terrestre ou « sub-lunaire » (1609), puis les Antipodes (1847), et toute région ou sphère située au-dessous du niveau ordinaire (1859), d'où la valeur de « pègre ». *Underworld* ne s'est jamais dit en français d'une réalité étrangère au monde anglo-saxon : c'est un emprunt de très faible fréquence.

U. N. E. S. C. O. ou **UNESCO** [ynɛsko] *n. propre f.*

(1946) Organisme spécialisé des Nations unies, chargé de « contribuer au maintien de la paix et de la sécurité en resserrant, par l'éducation, la science et la culture, la collaboration entre nations afin d'assurer le respect » des principes de la charte des Nations unies. *La Maison de l'Unesco, à Paris, inaugurée en 1958.*

✳ Mot anglais, acronyme de *United Nations Educational, Scientific and Cultural Organization* (Organisation des Nations unies pour l'éducation, la science et la culture). On désigne habituellement les agences spécialisées des Nations unies par un sigle ou par un acronyme. *Unesco* est le seul de ces acronymes qui ne possède pas d'équivalent officiel en français, bien que le siège permanent de cet organisme soit à Paris. L'acronyme *Onesc* a-t-il été jugé disgracieux ?

UNICEF [ynisɛf] *n. propre f.*

(1946) Organisme spécialisé des Nations unies, fondé en 1946, pour répondre aux besoins de l'enfance dans le monde. *Catalogue de l'UNICEF (calendriers, cartes de vœux, etc.).*

✳ Acronyme de l'anglais *United Nations International Children's Emergency Fund* (Fonds international de secours à l'enfance), passé en français dans l'usage commercial. Le sigle français (inusité) est *F. I. S. E.*

UNIDIMENSIONNEL, ELLE [ynidimᾶsjɔnɛl] *adj.* et *n. m.*

(1968) Qui n'a qu'une seule dimension, à qui l'on ne reconnaît qu'une seule propriété, une seule fonction.

« Émigré aux États-Unis, Marcuse y découvre un totalitarisme de type nouveau, imposé moins par la terreur que par une certaine rationalité technocratique dont il décrit les effets déshumanisants dans l'*Homme unidimensionnel.* »   R. GARAUDY, *Herbert Marcuse,*
                                    in *Le Monde,* 8 mars 1969 [*in* Robert, Suppl.].

— SUBSTANTIVEMENT.

« L'analyse de cette société a tort de confondre ce qui devrait être distingué, de ne pas savoir repérer dans l'*unidimensionnel,* pour parler encore avec Marcuse, des dimensions divergentes. »
                                    Le Monde, 6 août 1968 [*in* Gilbert].

✳ De *uni-* (latin *unis* « un »), et *dimensionnel,* d'après le titre de l'ouvrage de H. Marcuse, paru en 1965 : *One-Dimensional Man* dont la traduction est parue aux Éditions de Minuit en 1968 (*L'Homme unidimensionnel*).

UNION [ynjɔ̃] *n. f.*

(v. 1870) *Union (ouvrière),* dans les pays anglo-saxons, Syndicat → **Trade-union.** — REM. : Signalé dans le dict. de Littré 1872 ; absent des dict. de l'Académie.

« En temps de grève, il ne s'agit pas pour l'ouvrier de gagner plus ou moins, il faut que l'union l'empêche de mourir de faim, et pour cela sa plus ou moins grande habileté ne fait aucune différence. Le nombre de bouches qu'il a à nourrir, s'il est père de famille, peut seul faire augmenter l'indemnité que l'union lui assure. »
                    P. LAROUSSE, *Grand Dict. universel,* art. *Trade's union,* 1876.

« Devant un restaurant, à l'enseigne du "Restaurant Puritain", un homme-sandwich allait et venait en prononçant tout haut les paroles inscrites en grosses lettres sur ses deux affiches : "Travailleurs, n'allez pas au restaurant Puritain, c'est l'ennemi des Unions ouvrières !..." »
                    J. HURET, *En Amérique, De San Francisco au Canada,* p. 50 (□ 1905).

« Les intérêts économiques sont défendus avec succès par les " unions ", autrement puissantes, que nos syndicats socialistes. »
                    P. ADAM, *Vues d'Amérique,* p. 69 (□ 1906).

✳ En anglais, le mot *union,* lui-même emprunté au français au xvᵉ siècle, a pris le sens de « syndicat » dès 1833, comme forme abrégée de *trade-union.* En 1872, Littré signale l'adaptation française *union ouvrière ;* en 1876, P. Larousse utilise dans le même article *trade's union* et la forme abrégée *union.* De nos jours, l'emploi de ce terme est réservé aux historiens et aux réalités anglo-saxonnes, *syndicat* s'est imposé dans l'usage dès le xixᵉ siècle.

UNIONISME [ynjɔnism] *n. m.*

1° (1834) *Polit.* Doctrine des unionistes✳. — REM. : Signalé dans les dict. de Boiste 1834 (d'après Dauzat, Dubois et Mitterand) et de l'Académie 1836 ; absent du dict. de Littré.

✳ Adaptation de l'anglais *unionist* n. (1799) qui a donné *unionism* n. (1845).

2° (1870) *Vx.* Doctrine des trade-unions✳ → **Trade-unionisme.**

✳ Forme abrégée de *trade-unionisme*✳ attestée chez Leroy-Beaulieu, dans *La Revue des Deux-Mondes,* LXXXVI, p. 922.

UNIONISTE [ynjɔnist] *n. et adj.*

1° (1834) *Vx.* Partisan de l'union politique. — *Adj.* Relatif à l'unionisme✳. — REM. : Enregistré dans les dict. de Boiste 1834, de l'Académie 1835 et de Littré 1872.

« Unioniste, il semble que cela s'entende de reste. Ce sont apparemment des gens qui veulent l'union. Mais laquelle ?... Ils ne prétendent rien moins que de liguer les grandes villes contre les campagnes. »
Fr. SARCEY, *Le Drapeau tricolore,* 13 mai 1871 [*in* Robert, art. *Union*].

— *Hist.* Partisan de l'unité des États-Unis d'Amérique, notamment lors de la guerre de Sécession, 1861-1865 (opposé à *séparatiste*).

— *Hist.* Membre ou partisan du refus d'accorder le Home Rule à l'Irlande (avec les conservateurs).

« Une même famille compte des membres aussi résolument unionistes que d'autres sont nationalistes passionnés. »
M. A. de BOVET, *Trois Mois en Irlande* [1889], p. 26 (□ 1890).

« D'autre part un groupe de modérés et d'aristocrates, sous la conduite de lord Hartington, se sépara également de Gladstone. Alors fut formé le parti libéral-unioniste, ainsi nommé parce qu'il voulait maintenir l'union de l'Irlande et de la Grande-Bretagne sous un seul gouvernement. »
LAVISSE et RAMBAUD, *Histoire générale,* t. XII, p. 80 (□ 1902).

2° (1864) *Rare.* Membre d'une église protestante anglo-américaine regroupant plusieurs sectes.

« après les blancs méthodistes [vous trouverez] les unitaires ; après les unitaires, les unionistes ; après les unionistes, les tunkériens. »
R. LEFEBVRE, *Paris en Amérique,* p. 181 (□ 1864).

3° (v. 1870) Membre d'une trade-union✳ → **Trade-unioniste.** — REM. : Enregistré dans le dict. de Littré 1872 ; absent du dict. de l'Académie.

« On me dit que le patron employait sans doute des aides de cuisine au-dessous du tarif fixé par les syndicats, et qu'il faisait travailler en dehors des heures convenues. Alors l'Union avait délégué un de ses membres — l'homme-sandwich —, pour avertir les unionistes et les empêcher de donner leur clientèle à cet ennemi. »
J. HURET, *En Amérique, De San Francisco au Canada,* pp. 50-51 (□ 1905).

✳ Anglais *unionist* n. (1796, au sens politique ; 1834, au sens syndical) et adj. (1816 ; 1879, au sens syndical), de *union*, mot lui-même emprunté du français au xvᵉ siècle. *Unionist*, terme (rare) de religion, attesté en américain en 1837, désigne les membres d'une *Union Church* « église à l'usage de plusieurs sectes », puis « église entretenue par les membres de ces différentes sectes ».

UNION JACK [ynjɔndʒak] *n. m.*

(*h.* 1687 ; XVIIIᵉ s.) Nom du drapeau du Royaume-Uni. *Des Union Jacks.*

> « les fromages que vous sert, au restaurant, un garçon anglais, sont surmontés de petits *Union Jacks* et le client qui choisit le brie ou le gruyère au lieu du cheddar ou du cheshire, est mal vu de ses voisins ; le vin s'appelle "jus de l'Empire" ; partout des drapeaux en faisceaux [...]. »   P. MORAND, *Londres*, p. 75 (□ 1933).

✳ Nom, attesté en anglais en 1674, du drapeau national du Royaume-Uni de Grande-Bretagne et d'Irlande, créé initialement à la suite d'un décret de Jacques Iᵉʳ en 1606, après l'union des couronnes d'Angleterre et d'Écosse en 1603. L'emblème unissait à l'origine, sur fond bleu, la croix rouge avec liséré blanc de Saint-George, anglaise, et la croix blanche de Saint-André, écossaise. Le drapeau de la Grande-Bretagne est devenu le drapeau du Royaume-Uni, en 1801, après l'union de l'Irlande : on y a alors ajouté la croix rouge de Saint-Patrick, analogue à la croix blanche de Saint-André. *Union flag*, de *flag*, « drapeau », et de *Union* « union (des couronnes) » est attesté dès 1634. *Union Jack*, de *Jack* « drapeau, pavillon (de petites dimensions) », attesté plus tard en ce sens, existait déjà comme terme de marine pour désigner le pavillon de beaupré (XVIIᵉ s.).
En français, Mackenzie (p. 88) relève *Union-Jack* (avec un trait d'union) comme terme de marine dès 1687 (Desroches, *Dict. des Termes de marine*).

UNISEX(E) [ynisɛks] *adj.*

(1970) Se dit d'un vêtement qui est vendu pour l'un ou l'autre sexe. *Pantalons unisex, unisexes.* — Par ext. *Mode unisexe.* Subt. m. *L'unisexe,* la mode des vêtements unisexes.

> « Le courant "unisexe" qui déferle en ce moment sur la mode ».
>   *Elle,* 12 janv. 1970 [*in* Gilbert].

✳ De l'anglais *unisex* adj. et n., mêmes sens (1968, *in* Barnhart 1, à propos d'une boutique de Greenwich Village « first unisex boutique for men and women from 16 to 25 »).

UNITARIEN, IENNE [ynitaʀjɛ̃, jɛn] *n.* et *adj.*

(1872 ; *unitairien,* 1842) Membre d'une secte protestante qui nie la Trinité. — REM. : On dit surtout *unitaire* n. et adj. (1688, Bossuet). — Le dict. de l'Académie 1842 enregistre *unitairien ;* le dict. de 1798 enregistre *unitaire,* celui de 1878 signale *unitarien* à l'art. *Unitaire ;* le dict. de Littré 1872 enregistre *unitarien* et signale *unitaire.*

> « Vous serez ce qu'il vous plaira : unitairien, méthodiste, anabaptiste, anglican, calviniste, luthérien ou même catholique. »
>   M. CHEVALIER, *La Liberté aux États-Unis,*
>   in *La Revue des Deux-Mondes,* juil. 1849, p. 120.

> « Les Unitariens sont descendants des rationalistes déistes du XVIIIᵉ siècle. »   C.-J. BERTRAND, *Les Églises aux États-Unis,* p. 91 (□ 1975).

— *Adj.* (1872) De la secte des unitariens. *Doctrines unitariennes.*

> « Il fallut attendre 1778 pour voir s'ouvrir la première église unitarienne à Londres : Theophilus Lindsey (1723-1808) s'y établit. Joseph Priestley (1733-1804) donna au mouvement une impulsion déterminante. Thomas Belsham (1750-1829) fonda en 1791 la première société

unitarienne : Unitarian Society for Promoting Christian Knowledge and the Practice of Virtue by the Distribution of Books. »
Encycl. universalis, art. Unitarisme, t. XVI, 1973.

✱ Anglais *Unitarian* n. et adj. (1687), du latin moderne *unitarius*, de *unitas* « unité ».

UNITARISME [ynitaʀism] n. m.

1° (1872 ; *unitairianisme*, 1830) Doctrine des unitariens✱.
— REM. : Enregistré dans les dict. de Littré 1872 et de l'Académie 1878 ; le dict. de l'Académie de 1838 enregistre *unitarianisme*.

« Il [le bramine du Bengale, Ram-Mohum-Roy] n'est pas chrétien, quoi qu'on en dise. C'est lui qui a converti à l'unitairianisme quelques habiles prêtres de l'église épiscopale anglaise qu'on lui avait détachés. »
V. JACQUEMONT, Lettre à M. Jacquemont père,
31 oct. 1830, in Corresp., t. I, p. 288.

« Sans doute, la pensée des grands Américains d'alors n'est pas originale. De leur fonds propre, ils tirent une vision religieuse particulière : l'unitarisme, calvinisme infidèle à Calvin qui répudie la Trinité et la Prédestination. »   E. PRÉCLIN, *Histoire des États-Unis*,
p. 97 (□ 1937).

2° (1865) *Polit.* Théorie unitaire.

✱ Francisation de l'anglais *Unitarianism* n. (1698), de *Unitarian* (→ **Unitarien**). Au second sens, purement français, le terme peut avoir été créé par Proudhon (relevé *in* G. L. L. F. 1865), à partir de *unitaire* adj. (Balzac, 1830, comme terme de politique). Cette hypothèse expliquerait le passage de la forme *unitairisme* à *unitarisme* vers 1872, pour le terme de religion. *Unitariste* adj. est attesté en 1868 (*in* D. D. L., 2ᵉ série, 14).

U. N. R. R. A. ou UNRRA [ynʀa] n. propre f.

(1943) *Hist.* Organisme des Nations unies créé le 9 novembre 1943 pour venir en aide aux nations éprouvées par la guerre, et qui cessa son activité en 1947.

« Le grand jeune homme insolent déclare au milieu de la conversation : "Ce ne sont quand même pas les Russes qui vous envoient de quoi manger ; c'est l'Amérique qui a créé l'U. N. R. A." »
S. de BEAUVOIR, *L'Amérique au jour le jour*, 4 fév. 1947, p. 45 (□ 1954).

✱ Mot américain, sigle de *United Nations Relief and Rehabilitation Administration* (Administration des Nations unies pour le secours de la reconstruction), acronyme passé en français dès sa création. Le sigle français, qui aurait commencé par A. N. U. S..., a été de ce fait éliminé.

UPÉRISATION ou UPPÉRISATION [ypeʀizasjɔ̃] n. f.

(1964) *Techn.* Procédé de stérilisation des produits alimentaires liquides, en particulier des produits laitiers, par injection continue de vapeur surchauffée (140-150 °C).

« Uppérisation ! Voilà un nouveau mot et un nouveau procédé : l'injection de vapeur à haute température (150°) sur le produit à conserver, refroidi ensuite sous vide. » *Femme pratique*, fév. 1969 [*in* Gilbert].

✱ Anglais *uperization* n. d'origine américaine (*in* Webster's Third 1966), de *to uperize* (→ **Upérisé**). Enregistré dans le G. L. E. 1964.

UPÉRISÉ, ÉE ou UPPÉRISÉ, ÉE [ypeʀize] adj.

(1968) Traité par upérisation✱.

« une crème-dessert, d'origine hollandaise. Présentée en berlingots, elle est "upérisée", c'est-à-dire que sa conservation, sans réfrigération, est garantie quatre mois après sa fabrication. »
L'Express, 4 nov. 1968, p. 173.

✳ Anglais *uperized,* part. passé de *to uperize,* verbe américain (*in* Webster's Third 1966), contraction de *u[ltra] p[ast]eurize, en* se prononçant [ə], « pasteuriser à un haut degré », de *ultra-* et de *pasteurize,* emprunté au français *pasteuriser,* du nom de *Pasteur. Ultra-pasteurisé* n'était pourtant pas très long, et avait l'avantage (ou serait-ce un inconvénient ?) de la clarté.

UPPERCUT [ypɛʀkyt] *n. m.*

(1902, *in* G. Petiot) *Boxe.* Coup de poing porté de bas en haut. *Uppercut à la pointe du menton. Des uppercuts.* — REM. : Absent du dict. de l'Académie 1935.

« Mais avant que les muscles de ses épaules ne fussent entrés en action un upper-cut lui relevait la tête et un nouveau coup droit l'arrêtait une seconde. »   L. HÉMON, *Battling Malone,* p. 245 (□ 1911).

« — J'ai des swings assez bons, ajouta-t-elle. Mais le professeur à Lausanne il disait que je dois travailler mes uppercuts. Ils sont un peu faibles. Ne trouvez-vous pas ? »
                        M. BEDEL, *Jérôme, 60° latitude Nord,* p. 88 (□ 1927).

✳ Anglais *uppercut* n. (1897), de *upper* adj. « vers le haut, le plus haut », de *up* « haut », et *cut* n. « coup ». En français, le mot est phonétiquement instable :

« Il arrive ainsi, chose paradoxale à première vue, que la prononciation orthographique, la prononciation lue, prévaut dans les milieux moins cultivés, la prononciation orale, plus ou moins voisine de la prononciation anglaise, dans les milieux instruits : [...] pour *uppercut,* on peut entendre *upèrecut, opèrecut* et, très anglaise celle-ci (!), *eupèrekeut.* »
            J. ORR, *Les Anglicismes du vocabulaire sportif,* oct. 1935, p. 298.

UP TO DATE ou UP-TO-DATE [œptudɛt] *loc. adj. invar.*

1° (1894) *Vieilli.* Au goût du jour, moderne. — REM. : Absent du dict. de l'Académie 1935.

« les qualités du sien [le style de Paul Morand], c'est [...] un mélange archi-*up to date* et terriblement rue de la Paix. »
            F. VANDÉREM, *Le Miroir des lettres,* 1922 [*in* D. D. L., 2ᵉ série, 15].

2° (1923, Larousse) *Vieilli.* À jour, au courant, récent. *Document, annuaire up to date.*

✳ Anglais *up-to-date,* adj. (1888) et adv. (1868), « à ce jour », de *up to* adv. « jusqu'à », et *date,* emprunté au français au XIVᵉ siècle. Mackenzie (p. 254) relève *up-to-date* dans *La Nature,* p. 147, 1894. *Up to date* est aujourd'hui démodé en français. Au premier sens, l'Office du vocabulaire français a déjà proposé comme équivalents *dernier cri* et *à la page* (in *Vie et Langage,* oct. 1957, p. 451) ; on peut dire aussi *dans le vent.* Au second sens, on emploie habituellement *récent* ou *à jour.*

URF ou URFE [yʀf] *adj.*

(1876, Esnault) *Argot. Vx.* Distingué, chic, élégant. — REM. : Absent des dict. de l'Académie ; le dict. de Littré 1872 l'enregistre.

« une tignasse jusqu'aux talons [...], une poitrine urf, du vrai frigorifié [...]. »   P. MORAND, *Ouvert la nuit,* p. 143 (□ 1922).

« ce restaurant c'est tout ce qu'il y a de plus urf, gratin et mai(z)ouimachère avec des bonnes femmes décolletées tant que ça peut et des bonzommes fringués spécialement pour aller ribouldinguer. »
                        QUENEAU, *Le Dimanche de la vie,* p. 189 (□ 1951).

✳ Aphérèse française de *turf* ✳ « terrain de courses », emploi métaphorique. On a dit (1805, Sardou, *in* Esnault) *avoir du turf,* « du chic », d'où probablement *c'est turf* et par fausse coupe, *c'est urf* (Cellard et Rey).

U. S. ou US [yɛs] *adj. invar.*

(1965) Des États-Unis d'Amérique.

« Les réserves d'or U. S. »   *Le Figaro*, 16 nov. 1965 [*in* Hanon, p. 137].

« Tandis que le Vietcong harcèle les troupes U. S. »
Le Figaro, 17 nov. 1965 [*in* Hanon, p. 137].

✳ Sigle de *United States* [*of America*] (États-Unis [d'Amérique]),
attesté comme nom en Amérique dès 1791 (→ **U. S. A.**) et comme
adjectif, en 1927. Ce sigle est apparu en français en fonction d'adjectif,
vers 1965, sans doute à cause de l'ambiguïté de l'adj. *américain* (et de
la rareté de *étatsunien*). Sa prononciation est francisée.

« À l'imitation des journaux américains, les journaux français, dans leurs titres,
emploient assez souvent le sigle *U. S. (United States)* comme adjectif, au sens
de : " des États-Unis d'Amérique " : *un avion U. S. s'écrase au sol*. Il serait plus
français, à première vue, d'écrire *E. U. (États-Unis)*, mais ce ne serait pas plus
clair pour le lecteur moyen, et ce serait incorrect comme adjectif, le français ne
pouvant pas employer ainsi un nom comme épithète. On peut tolérer à la rigueur
U. S. dans les " manchettes ", mais son emploi est inadmissible dans le corps du
texte ou dans la langue parlée. Dans ce cas, il faut employer un véritable adjectif.
Américain étant ambigu, il faudrait un adjectif spécifique. L'espagnol a *estadu-
niense*, l'italien *statunitense* ; le français peut donc très bien dire *étatsunien*. »
DUPRÉ, art. *U. S.*, 1972.

U. S. A. [yɛsa] *n. pr. plur.*

(1930) États-Unis d'Amérique. — REM. : Absent du dict. de
l'Académie 1935.

« — U. S. A. c'est immense, et c'est enfantin à administrer, me dit-il
quelques jours plus tard. Europe, c'est minuscule, délicat, plein de
problèmes extraordinaires, inextricables. »
P. MORAND, *Champions du monde*, p. 204 (□ 1930).

— N. B. C'est évidemment un anglophone qui parle.

« Mais la Californie est, m'a-t-on dit, le seul État — avec peut-être
le Texas — qui se sente Californie, avant de se sentir un morceau des
U. S. A. »
S. de BEAUVOIR, *L'Amérique au jour le jour*, 26 fév. 1947, p. 114 (□ 1954).

✳ Sigle (1795) de *United States of America* (États-Unis d'Amérique).
On lui préfère rarement le sigle français *E. U.*, plus fréquent sur les
étiquettes, là où les abréviations sont de rigueur. Son emploi et son abus
ont été critiqués :

« Une forme d'anglicisme sans excuse, c'est l'emploi de termes étrangers pour
désigner des localités, pays, etc. français ou qui ont un nom dans notre langue.
Que dire en effet de ces prétentieux qui ne peuvent se retenir d'employer le mot
de *Channel* dès qu'ils veulent parler de la Manche et qui nous rebattent les oreilles
des *U. S. A.* quand ils font allusion aux États-Unis... Je prévois le moment où,
suivant l'exemple de l'américaine, ils appelleront le Cotentin... la *presqu'île
de Cherbourg* ou, par surenchère, nommeront la Camargue le *delta d'Arles*. »
F. de GRAND'COMBE, *De l'anglomanie en français*, juil. 1954, p. 196.

USQUEBAC [yskəbak] *n. m.*

(1700) *Vx*. Whisky coloré avec du safran et parfumé avec
diverses plantes, que buvaient les montagnards écossais. —
REM. : Enregistré dans le dict. de l'Académie 1787 et dans le
dict. de Littré 1872 ; Littré et P. Larousse (1876) signalent aussi
la variante *scubac* enregistrée dans le dict. de Boiste 1803.

✳ Anglais *usquebaugh* n. (XVIᵉ s.) d'origine irlandaise et galloise *uisge
beatha* ou *uisci-betha* « eau-de-vie », de *uisge* « eau », et de *beatha*
« vie », terme à l'origine du mot *whisky**. *Usquebac* est apparu en
français en 1700, d'après le dict. de Trévoux 1743.

UTILITAIRE [ytilitɛʀ] *adj. et n.*

1° *Adj.* (1831) Philo. *Vieilli*. Relatif à l'utilitarisme*. — REM. :
Enregistré dans les dict. de Littré 1872 et de l'Académie 1878
(déjà dans le Compl. 1842). — De nos jours on dit plutôt
utilitariste.

« Vous voyez que les principes utilitaires sont bien loin d'être les miens, et que je ne serai jamais rédacteur dans un journal vertueux, à moins que je ne me convertisse, ce qui serait assez drolatique. »
      Th. GAUTIER, *Mademoiselle de Maupin*, Préface, p. 29 (□ 1836).

— *N.* (1834) *Vx.* Partisan, adepte de l'utilitarisme moral, politique ou économique. — REM. : Enregistré comme nom masculin dans les dict. de Littré 1872 et de l'Académie 1878. — Remplacé de nos jours en ce sens par *utilitariste*.

« En vérité, il y a de quoi rire d'un pied en carré, en entendant disserter messieurs les utilitaires républicains ou saint-simoniens. »
      Th. GAUTIER, *op. cit.*, p. 26.

2° *Adj.* (1834 comme n.) Par ext. *Souvent péj.* Essentiellement préoccupé de ce qui est utile comme moyen ordonné à une fin jugée souhaitable, à un intérêt.

« les réussites [...] de la science expérimentale ont prodigieusement affaibli l'instinct religieux. Encore le matérialisme purement utilitaire du dernier siècle avait-il de quoi rebuter les âmes nobles. »
      G. BERNANOS, *Les Grands Cimetières sous la lune*, p. 342 (□ 1938).

— SUBSTANTIVEMENT.

« Je renoncerais plutôt aux pommes de terre qu'aux roses, et je crois qu'il n'y a qu'un utilitaire au monde capable d'arracher une plate-bande de tulipes pour y planter des choux. »   Th. GAUTIER, *op. cit.*, Préface, p. 28.
— N. B. Cet exemple fait allusion au sens 1°, mais en élargit la valeur.

3° *Adj.* (1872) Qui a pour fonction essentielle l'utilité. *Arts utilitaires. Objet utilitaire.* — REM. : Sens enregistré dans le dict. de Littré 1872 ; absent des dict. de l'Académie.

« La prose est utilitaire par essence ; je définirais volontiers le prosateur comme un homme qui se sert de mots. M. Jourdain faisait de la prose pour demander ses pantoufles et Hitler pour déclarer la guerre à la Pologne. »   SARTRE, *Situations II*, p. 70 (□ 1948).

✴ C'est le philosophe et économiste anglais Jeremy Bentham qui a été le premier à employer *utilitarian* n. (1781) et adj. (1802), de *utility*, terme de philosophie introduit en anglais par D. Hume en 1751. Ce nouveau mot anglais est apparemment inconnu de J. Stuart Mill, tenant du « principe du plus grand bonheur », lorsqu'il écrit son *Utilitarianism* (*L'Utilitarisme*) en 1861. En 1802, Bentham écrit à Dumont (qui s'était servi du terme *benthamite* pour désigner la doctrine du philosophe anglais) pour proposer *utilitarian* en anglais, et en français *utilitairien* qu'il soumettait poliment à l'approbation de l'Institut (Cf. Élie Halévy, *La Formation du radicalisme philosophique* [1901-1904] *in* Lalande). *Utilitairien* n'a pas été retenu par l'usage.

Dérivé normal de *utilité*, *utilitaire* a fait son entrée en français comme emprunt à la terminologie de Bentham.

« Il a été édité chez A. Cherbuliez, à Genève, en 1831 des *Opuscules législatifs, contenant divers fragments inédits de Bentham, Dumont et autres, extraits de l'"Utilitaire", journal de la doctrine de Bentham* (2 tomes en 3 vol. in-8°). »   G. MATORÉ, *Le Vocabulaire et la Société sous Louis-Philippe*, p. 226 (□ 1946).

✴ Il a suivi la même évolution que l'anglais *utilitarian*. Comme adjectif, il a introduit le dérivé *utilitairement* adv. (1834), « de façon utilitaire ; à des fins utilitaires ».

« On dit bien qu'on peut vivre avec 25 sous par jour ; mais s'empêcher de mourir, ce n'est pas vivre ; et je ne vois pas en quoi une ville organisée utilitairement serait plus agréable à habiter que le Père-la-Chaise. »
      Th. GAUTIER, *op. cit.*, Préface, p. 28.

UTILITARISME [ytilitaʀism] *n. m.*

1° (1831) *Philo.* Doctrine qui fait de l'utilité individuelle ou générale le principe premier (→ **Pragmatisme**). *Spécialt.* Doctrines morale, politique et économique de J. Bentham et de

J. Stuart Mill. —— REM. : Enregistré dans les dict. de Littré 1872 (avec la forme *utilitarianisme*) et de l'Académie 1935.

« On appelle utilitarisme le système qui consiste à ramener la notion du juste à celle de l'utile, par conséquent à faire de l'intérêt le principe du droit et de la morale. » P.-J. PROUDHON, *De la justice dans la révolution et dans l'Église*, 1858 [*in* Lalande, p. 1177].

2° (1853) *Cour.* Caractère de ce qui est dicté par la recherche de l'utilité, voire de l'intérêt.

« Ce qui y [dans le discours de Robespierre, 7 mai 1794] choquera toujours les hommes vraiment religieux, c'est que la religion y est préconisée comme *utile* [...]. Il ne faut pas croire qu'on fasse rien de sérieux par un tel *utilitarisme.* » MICHELET, *Histoire de la Révolution française*, t. II, p. 861 (□ 1853).

« J'ai montré plus haut que l'œuvre d'art, fin absolue, s'opposait par essence à l'utilitarisme bourgeois. Croit-on qu'elle peut s'accommoder de l'utilitarisme communiste ? Dans un parti authentiquement révolutionnaire, elle trouverait le climat propice à son éclosion [...] ; mais le P. C. est entré aujourd'hui dans la ronde infernale des moyens, il faut prendre et garder des positions-clés, c'est-à-dire des moyens d'acquérir des moyens. » SARTRE, *Situations II*, p. 286 (□ 1948).

✻ Francisation de l'anglais *utilitarianism* n. (1827), de *utilitarian* (→ **Utilitaire**), attestée dans *Le Semeur*, 1831 (*in* Mackenzie, p. 216). Dans *La Science de la morale* (t. I, ch. XXXI, pp. 195-196, 1869), de Ch. Renouvier ce terme implique non seulement les avantages matériels, mais aussi ce qui favorise la raison, la vie de l'esprit, et appelle « l'intérêt », ce qui correspond au sens étroit du mot *utile*. La nuance péjorative souvent attachée dans le langage courant au mot *utilitarisme* est française. Le dérivé *utilitariste* n. et adj. (1922), est un terme spécialisé de philosophie, de résonance neutre, qui remplace de nos jours le *utilitarisme* 1°, aujourd'hui vieilli.

UTO-AZTÈQUE [ytoastɛk] *adj.* ou **UTO-AZTEC** [ytoastɛk] *adj. invar.*

(1924) *Ling.* Se dit d'une famille de langues amérindiennes comprenant six groupes de langues d'Amérique du Nord et d'Amérique centrale, notamment les groupes shoshone, hopi, aztèque et nahuatl. —— Se dit des populations parlant ou ayant parlé ces langues. —— REM. : Absent du dict. de l'Académie 1935.

« Le niveau culturel des peuples Uto-Aztec était très variable : les plus misérables étaient les pauvres nomades collecteurs et chasseurs [...]. Les peuples Uto-Aztec du Nord-Ouest du Mexique pratiquaient également l'agriculture [...] ; mais ceux qui nomadisaient sur les plateaux désertiques à l'Est de la Sierra Madre Occidentale étaient à un très bas niveau de misère et de barbarie. » P. RIVET et al., *in* A. MEILLET et COHEN, *Les Langues du monde*, p. 1049 (□ 1924).

✻ Américain *Uto-Aztecan* adj. créé en 1913 par le linguiste et anthropologue américain Edward Sapir (1884-1939), de *Ute* n. (1821) mot indien qui signifierait « personne », « peuple » (Cf. Utah), -*o* élément de liaison, *Aztec* « astèque », et suff. -*an*. On parle aussi de la famille *Uto-aztèque-tano*, regroupant les groupes tano, kiowa et zuni.

V

VACUUM CLEANER [vakɥɔmklinɛʀ] *n. m.*

(1904) *Vx.* Aspirateur ménager. *Des vacuum cleaners.*
— REM. : Absent du dict. de l'Académie 1935.

« Ce fauteuil [la chaise électrique] est à l'antique guillotine ce qu'est le vacuum cleaner au balai poussiéreux et microbien des ménagères d'autrefois. »
A. ARNOUX, *Suite variée*, p. 196 (□ 1925).

✳ Mot anglais n. (1903, comme nom d'appareil et comme nom de la firme qui l'a lancé, la *Vacuum Cleaner Co.*), composé de *vacuum* « vide », du latin *vacuum*, et de *cleaner* « appareil de nettoyage », de *to clean* « nettoyer ». Mackenzie (p. 258) relève ce terme en français dès 1904 (A. Hermant, in *Retours*, 15 octobre). Cet emprunt a été remplacé par le mot *aspirateur*.

VALABLE [valabl] *adj.*

(extension de sens ; XXᵉ s.) Se dit d'une personne à qui l'on reconnaît un mérite certain, ou d'une chose importante, de valeur. — *Interlocuteur valable*, qualifié, autorisé. — REM. : Sens absent du dict. de l'Académie 1935.

« ceux-là seuls [de ces interviews de L.] de ces " une heure avec... " sont *valables*, qui furent écrits par les auteurs et que L. dut se contenter de signer. »
A. GIDE, *Journal*, 4 déc. 1929, p. 959.

« — En quoi, pour un athée comme toi, l'instant de la mort est-il plus valable, plus important si tu veux, quant au jugement qu'il fait porter sur la vie, que tout autre instant ? »
MALRAUX, *L'Espoir*, p. 609 (□ 1937).

— Qui vaut la peine, qui « vaut le coup », qui est profitable. *Ce n'est pas valable de prendre l'avion pour aller si près.*

✳ Extension de sens critiquée par les puristes comme impropriété ; emprunt à l'anglais *valuable* adj. (XVIᵉ s., en ce sens) de *value* n. « valeur ».

« *Valable*, au propre : acceptable, admissible, en parlant d'un argument, d'une excuse, s'applique maintenant à une personne ou à une œuvre pour en attester la valeur. On le rencontre en ce sens chez des romanciers, mais surtout chez des critiques littéraires ou artistiques : *Ce sera elle, ici, la créature la plus valable des trois* (Montherlant, Préface de Demain il fera jour). *Quelques-uns des poèmes les plus valables que la Résistance ait inspirés* (Mauriac, Figaro). *N'avait-il donc rien écrit de plus important, de plus valable ?* (M. Druon, Les grandes familles). *On peut être faible et écrire des œuvres valables* (M. Arland, L'Ordre). *Tout* [...] *ce qui me paraissait le plus authentique, le plus valable et valeureux* (Gide, Littérature engagée). L'allitération *valeureux valable* n'excuse pas l'impropriété. *Valable* signifiant seulement acceptable, c'est un mince éloge que de dire d'une œuvre qu'elle est valable. Autant dire, familièrement : potable. »
R. GEORGIN, *Les Impropriétés*, in *La Prose d'aujourd'hui*, p. 22 (□ 1956).

« Valable (et mieux encore : Valable en soi). — Quoique déjà en perte de vitesse, encore très prisé. Une chose, une pièce, une personne même est *valable* ou ne l'est pas. C'est à la fois catégorique, nuancé, intellectuel et mathématique. »
DANINOS, *Le Jacassin*, p. 174 (□ 1962).

« *Valable* ne doit pas s'employer dans le sens de " remarquable, d'efficace ". »
Communiqué de l'*Académie française*, 18 fév. 1965.

∗ L'adverbe *valablement* se rencontre aussi de nos jours au sens de
« d'une manière efficace, appréciable » (Cf. anglais *valuably*, 1865, en
ce sens).

« Tu ne t'es jamais demandé si mon énergie n'aurait pas pu être utilisée plus
"valablement" ? » F. MALLET-JORIS, *Le Jeu du souterrain*, p. 178 (□ 1973).

VAMP [vãp] *n. f.*

(1921) *Vieilli.* Actrice de cinéma qui joue les rôles de femme
fatale. *Des vamps. Par ext.* Femme irrésistible, femme fatale.
— REM. : Absent du dict. de l'Académie 1935.

« Elle avait l'air bonne fille aujourd'hui et pas *vamp* du tout. »
QUENEAU, *Le Dimanche de la vie*, p. 170 (□ 1951).

« Voulez-vous me dire à quoi pense, sinon à chouchouter la venimo-
sité de ses gracieuses lectrices, ce modéliste américain qui publie,
chaque année, la liste des dix femmes "les plus mal habillées du
monde" ? Pour lui, Brigitte Bardot n'est qu'une "caricature de caricature
de la vamp". C'est peut-être vrai, mais c'est oublier que toute vamp est
par définition une caricature de la femme. »
Le Canard enchaîné, 12 janv. 1972, p. 6.

∗ Mot d'origine américaine n. (1918), surnom donné du temps du
cinéma muet à l'actrice Theda Bara, apocope de l'anglais *vampire*, lui-
même emprunté au XVIIIᵉ siècle (v. 1734) du français *vampire* (allemand
Vampir) « fantôme sortant la nuit de son tombeau pour aller sucer le
sang des vivants ». D'après J. Giraud (*Le Lexique français du cinéma,
des origines à 1930*, p. 203, C. N. R. S., 1958), *vamp* est attesté en
français le 9 septembre 1921. Cet emprunt a vieilli, sauf par allusion
historique au cinéma muet.

« Le mot *vamp* est débarqué d'Amérique en France dans les années 1920. Il
désigne le personnage que, depuis toujours, le théâtre et la littérature ont appelé
"femme fatale". [...] C'est la vedette américaine Theda Bara qui, la première, a été
qualifiée de vamp, pour la raison très simple que son premier film, *A Fool there
was* (1915), était tiré d'une nouvelle de Rudyard Kipling intitulée *The Vamp.* »
R. JEANNE et Ch. FORD, *Le Vocabulaire du cinéma*, juil. 1955, p. 311.

VAMPER [vãpe] *v. tr.*

(1952) *Fam.* Essayer de séduire quelqu'un ou d'obtenir de lui
quelque chose par des allures et un comportement de vamp.

« *vamper*, — "faire du charme" à quelqu'un. »
O. UREN, *Le Vocabulaire du cinéma français*, juil. 1952, p. 221.

∗ Adaptation de l'américain *to vamp* (1922), de *vamp* n. *Vamper*
s'emploie généralement de manière ironique ; quant à *vampiriser*, il est
inusité de nos jours.

« *Vamp* a donné *vamper* et *vampiriser*, qui, malgré tout leur pittoresque, sont
rarement employés quand il s'agit de définir l'activité violemment séductrice d'une
vamp... » R. JEANNE et Ch. FORD, *Le Vocabulaire du cinéma*, juil. 1955, p. 311.

VAN [vã] *n. m.*

(1894 ; 1823, comme terme anglais) Véhicule fermé, aménagé
pour le transport des chevaux de course. — REM. : Absent du
dict. de l'Académie 1935.

« Système de voiture spéciale dite : "Van", destinée au relevage et
au transport des animaux. » AUSCHER, Brevet d'invention, 1894,
in *Le Français moderne*, janv. 1975, p. 57.

∗ Mot anglais n. (1829), contraction de *caravan* n., lui-même emprunté
au XVIᵉ siècle du français *caravane* (persan *Kārawān*). Mackenzie
(p. 210) relève *van* comme terme anglais dès 1823 dans un texte
français (D'Arcieu, *Diorama de Londres*).

VANITY-CASE [vanitikɛz] *n. m.*

(1965) Mallette à poignée, utilisée par les femmes et destinée
aux objets de toilette. *Des vanity-cases.*

« Le bouquet (de jonquilles) allait juste dans mon grand sac, une mallette carrée genre vanity-case, armoire et salle de bains portatives. »
A. SARRAZIN, *L'Astragale*, p. 176 (☐ 1967).

✴ Mot anglais n. (1922) composé de *case* « valise, mallette » (cf. *Attaché-case*), et de *vanity* n., proprement « chose futile », mot lui-même emprunté au XIIIᵉ siècle du français *vanité* (latin *vanitas*), employé, en américain surtout, pour désigner une coiffeuse, une table de toilette, un nécessaire de dames. L'objet désigné par cet emprunt critiquable, est, il est vrai, spécifique ; une équivalence française devrait l'être aussi.

VAPEUR (À) [avapœʀ] *loc. adj.*

(1794) *À vapeur*, actionné par la vapeur d'eau (→ **Machine à vapeur ; bateau à vapeur**).

✴ Le syntagme *à vapeur* a été introduit en français en 1794 par le *Journal des mines* comme calque de l'anglais *steam* dans *steam-engine*. *Vapeur* au sens de « vapeur d'eau employée comme force motrice », est attesté en 1796 (*in* Wartburg). Il a longtemps été suivi de précisions telles que *de l'eau, de l'eau bouillante* avant d'être couramment employé seul (ex. de 1784 et 1785, *in* Wexler, p. 98).

À partir de 1825, abondent les périphrases du type *diligence, chariot, voiture mus par la vapeur*. Depuis la découverte de Denis Papin, le français possédait le syntagme *à feu*. La substitution du syntagme *à vapeur* au syntagme en usage, *à feu*, ne sera acquise qu'après des hésitations. Ainsi, pour la traduction de *steam-engine*, en 1794, le *Journal des mines* propose à la fois dans le même article le singulier et le pluriel : *machine à vapeur* (p. 62) et *machine à vapeurs* (p. 120).

Les locutions adverbiales *à la vapeur* (1872), *à toute vapeur* (1872) « à toute vitesse », sont équivalentes de l'anglais *at full (half, etc.) steam, with full or all one's steam on*.

Ces emplois, comme la valeur symbolique de *vapeur* « force utilisée par la technique », sans être des anglicismes, marquent l'influence de l'Angleterre dans l'histoire scientifique et économique de la France.

VAPOR-LOCK [vapɔʀlɔk] *n. m.*

(1964, G. L. E.) *Aviat.* Panne d'alimentation d'un moteur due à un bouchon de vapeur d'essence créé par l'échauffement du carburateur ou par la haute altitude. *Des vapor-locks.*

« Par contre, si la tendance à s'évaporer est trop forte, comme cela se produit parfois en été, elle perturbe l'alimentation. Ce phénomène est appelé *vapor lock :* des tampons de vapeur se forment dans le circuit d'alimentation et, lorsqu'ils atteignent le carburateur, aucun mélange inflammable n'est plus admis. »   *Science et Vie*, nº 100, 1973, p. 54.

✴ De l'américain *vapor lock* n. (*in* Webster's Second 1934) composé de *vapor*, variante graphique américaine de l'anglais *vapour* n., emprunté du français *vapeur*, et de *lock* n. « obstruction ». Le Comité d'étude des termes techniques français propose la traduction *bouchon de vapeur*.

VARACTOR [vaʀaktɔʀ] *n. m.*

(1968) *Électron.* Diode à semi-conducteur destinée à la génération de fréquences élevées (plusieurs centaines de méga-hertz).

✴ Nom d'origine américaine (*in* Barnhart, *A Dict. of New English* 1973). Barnhart fait venir le terme de *variable capacitor, var-* servant couramment de morphème pour « variable ». L'étymologie proposée par le G. L. L. F., mot-valise composé de *var* (acronyme, emprunté au français, de *Volt Ampère Réactif*) et contraction de [*re*]*actor* n., du français *réacteur* n. m. est réfutée par Barnhart (Corresp. privée, 8 avril 1981). *Varactor* est enregistré dans le 1ᵉʳ Suppl. du G. L. E. 1968.

VARICAP [vaʀikap] *n. f.*

(1968) *Électron.* Diode semi-conductrice dont la capacité varie suivant la pression appliquée.

✳ Mot américain récent, contraction de *vari[able] cap[acitor]* n. (*in* Webster's Third 1966) « condensateur variable ». *Varicap* est enregistré dans le 1er Suppl. du G. L. E. 1968, dans le *Dict. memento d'électronique,* par R. Brosset et P. Fondanèche (Dunod, 1969).

VASELINE [vazlin] *n. f.*

(1877) *Pharm.* Graisse minérale tirée des résidus de la distillation des pétroles naturels de la série des paraffines, utilisée en pharmacie. — *Cour.* Pommade utilisant cette graisse. — REM. : Enregistré dans le dict. de l'Académie 1935.

« la vaseline et la cosmoline paraissent n'être qu'une seule et même substance [...].
La vaseline, dit M. J. Moss, est-très-employée aux États-Unis, comme excipient des pommades, et aussi pour lubrifier les instruments de chirurgie et faciliter leur introduction. »
L. FIGUIER, *L'Année scientifique et industrielle,* pp. 203-204, 1878 (□ 1877).

« Cependant elle réussit à renverser le flacon d'eau de Cologne et à fracasser le pot de vaseline. C'est toujours ça. »
A. LICHTENBERGER, *La Petite Sœur de Trott,* p. 211 (□ 1898).

✳ Mot américain forgé par Robert A. Chesebrough vers 1870, et enregistré comme marque de commerce en 1872 par la Chesebrough Manufacturing Company, formé irrégulièrement de l'allemand *Wasser* « eau », de la contraction du grec *él[aion]* « huile », et du suffixe *-ine.* Le français a formé *vaseliner* v. tr. (1904, Larousse).

VECTEUR [vɛktœʀ] *n. m.*

1° (1899) *Math.* Segment de droite orienté, formant un être mathématique sur lequel on peut effectuer des opérations. *Grandeurs, direction, sens d'un vecteur.* — REM. : Enregistré dans le dict. de l'Académie 1935.

« Les vecteurs ont surtout leur place dans la théorie des *quaternions* [...]. Cependant l'expression de vecteur a pénétré dans le langage mathématique et dans l'enseignement, en dehors même de la remarquable méthode d'Hamilton ; et bien des questions peuvent être traitées heureusement, soit en géométrie, soit en mécanique, avec la seule ressource des méthodes vectorielles. »
C.-A. LAISANT, art. *Vecteur, Grande Encycl. Berthelot,* 1899.

2° (av. 1949, Larousse) *Méd.* Se dit des arthropodes (tiques, moustiques) qui transmettent un agent infectieux d'un sujet à un autre. — Adj. *L'insecte vecteur de la maladie du sommeil.*

« La "rage sauvage" dont, en Europe, le principal vecteur est le renard. »   *Le Monde,* 2 janv. 1969.

✳ Emprunt adapté du substantif anglais *vector,* employé en 1843 par le mathématicien W. R. Hamilton. Le latin *vector,* de *vehere* « traîner, transporter », avait déjà été emprunté par l'anglais comme terme d'astronomie (1704) et par le français, sous la forme *vecteur* avec le sens « conducteur d'un bâteau, d'une voiture » (1956) et dans le syntagme *rayon vecteur* (1760).
Au sens médical, l'anglais *vector* est attesté dès 1926 dans l'Encycl. Britannica.

VECTORIEL, ELLE [vɛktɔʀjɛl] *adj.*

(1899) *Math.* Relatif aux vecteurs* ; qui opère sur des vecteurs. — REM. : Absent du dict. de l'Académie 1935.

✳ Adaptation de l'anglais *vectorial* adj. (1882, en ce sens). *Vectoriel* est attesté en 1899 dans la Grande Encycl. Berthelot (cit. à l'article *Vecteur**).

VÉGÉTARIEN, IENNE [veʒetaʀjɛ̃, jɛn] *adj.* et *n.*

1° *Adj.* (1873) Propre au végétarisme*. *Régime végétarien.*
— REM. : Enregistré dans le dict. de l'Académie 1935 ; absent
en ce sens des dict. de Littré.

« Le docteur E. Bonnejoy a fondé le végétarisme rationnel scientifique dans son ouvrage : *Principe d'alimentation rationnelle hygiénique
et économique, avec des recettes de cuisine végétarienne* (1884,
in-12) [...]. »   P. LAROUSSE, *Grand Dict. universel*, 2ᵉ Suppl., 1890.

2° *N.* et *adj.* (1875) Se dit d'une personne qui pratique le
végétarisme*. — REM. : Enregistré dans le Suppl. 1877 du dict.
de Littré et dans le dict. de l'Académie 1935.

« Les mêmes aliments que nous, carnassiers, nous tirons de la
viande, le végétarien, secte plus religieuse que scientifique, les tire de
ses choux. »   L. HERMANN, *Le Muscle*, in *Bibliothèque universelle
et Revue suisse*, juin 1875 [*in* Littré, Suppl., 1877].

— (Personne) qui ne mange habituellement que des aliments
végétaux (pour quelque raison que ce soit).

« Il aurait aussi bien parlé des Japonais, qui, après avoir été
végétariens pendant une longue suite de siècles, en sont venus à se
demander [...] si l'insuffisance de ce régime n'avait pas contribué au
rabougrissement de la race. »
É. GAUTIER, *L'Année scientifique et industrielle*, p. 169, 1913 (□ 1912).

✱ Emprunt de l'anglais *vegetarian* n. (1842) et adj. (1849), formé
irrégulièrement de la contraction de *veget[able]* « légume », nom lui-
même emprunté du vieux français *végétable* (latin scolastique *vegetalis,*
du latin *vegetare* « croître ») et du suffixe *-arian,* d'après les noms de
sectes religieuses (*presbyterian, unitarian,* etc.). *Vegetarian* devrait son
succès à la *Vegetarian Society* (Société végétarienne), fondée à
Ramsgate en 1847. En français, le mot a été précédé par *légumiste* (*in*
Littré, 1867, en ce sens). On a formé sur *végétarien,* le français
végétarisme n. m. (1885) qui a remplacé l'ancien emprunt *végétaria-
nisme,* 1877 (anglais *vegetarianism,* 1853).

VELVET [vɛlvɛt] *n. m.*

(1780) *Techn.* Velours de coton lisse imitant le velours de
soie. — REM. : Enregistré dans le dict. de Littré 1872 ; absent
du dict. de l'Académie.

« On nomme *velvet* ceux (des tissus) dont la trame seulement est en
coton et dont la chaîne est en soie, en fantaisie, en lin, ou en laine. »
A. ALCAN, *Essai sur l'industrie des matières textiles,*
in *Le Français moderne*, oct. 1949, p. 305.

✱ Mot anglais n. (v. 1320 : *velowet, velewet, velvet,* etc.), lui-même
emprunté à l'ancien français *velos,* ancienne forme de *velours.* Le
G. L. L. F. relève *velvet* dès 1780 (J.-M. Roland de La Platière, *l'Art du
fabricant de velours de coton* [...], p. 47).

VENTILATEUR [vɑ̃tilatœʀ] *n. m.*

(1744) Appareil servant à brasser l'air ou à le renouveler dans
un lieu fermé. *Ventilateur manuel* (→ **Panka**), *électrique.*
— REM. : Enregistré dans les dict. de l'Académie 1762 et de
Littré 1872.

« les *"ventilateurs"* furent appliqués aux vaisseaux en 1744. *Mr.
Hales a réussi, et son nom se perpétuera autant de temps que durera le
nom de "ventilateur", c'est le nom des soufflets qu'il a imaginés... »*
CHAMBON, *Commerce de l'Amérique,* t. II,
1764 [*in* Brunot, t. VI, 1, p. 422].

✱ Emprunt de l'anglais *ventilator,* nom que S. Hales donna à son
invention en 1743, du latin *ventilator* « vanneur », de *ventilare* « agiter
dans l'air, exposer à l'air », de *ventus* « vent ». La forme francisée est
attestée dès 1744 dans une traduction de Hales par M. Demours.

« Un inventeur français avait créé un ventilateur (1723). Il le nomme du vieux nom de *porte-vent*, qu'on employait pour les orgues et d'autres souffleries. Mais quelques années plus tard, Hales a créé un *ventilator*. L'exemple enhardit, comme le prouve un article du *Recueil des Machines* de 1748 : soufflet ou "ventilateur" pour renouveler l'air des salles des malades.

La preuve de l'influence du nom anglais, c'est que Hales et son appareil sont cités. Huit ans plus tard le pas est franchi : M. Pommyer propose un nouveau "Ventilateur". »   F. BRUNOT, *Histoire de la langue française*, t. VI, 1-a, p. 422.

VÉRANDA [veʀãda] *n. f.*

(1758) En Inde et en Extrême-Orient, Galerie légère en bois, vitrée, qui entoure une maison. — REM. : La graphie *verandah* est vieillie.

« l'autre [porte] s'ouvrant sur la vérandah donnait sur le jardin et permettait de découvrir tout en face la plaine, la rivière et les montagne. »   H. de CASTELLA, *Souvenirs d'un squatter français en Australie* [1854-1859]. p. 87 (□ 1861).

« Une sorte de veranda ombrageait un escalier conduisant à plusieurs portes qui donnent aux appartements intérieurs. »
                    Th. GAUTIER, *L'Orient*, t. II, p. 276 (□ 1863).

— PAR ANAL. (1844) Galerie vitrée, adossée à une maison, servant généralement de petit salon. — REM. : Enregistré dans les dict. de Littré 1872 et de l'Académie 1878 (déjà dans le Compl. 1866).

« une véranda projette sa cage de verre au milieu de la façade. »
                    BALZAC, *Modeste Mignon*, p. 364 (□ 1844).

✱ Emprunt de l'anglais *verandah* ou *veranda* n. (v. 1711) rapporté des Indes, où plusieurs langues ont emprunté au portugais le mot *baranda* « balustrade », dérivé de *vara*, du latin *vara* « traverse, bâton », ou son ancienne forme espagnole *varanda* (ex. le hindi *varanda*, le bengali *bārandā*). Le mot *véranda* est attesté en français en 1758 dans la traduction du récit de voyage de John Henry Grose par Ph. Hernandez, *Voyage aux Indes orientales*, p. 74 (Wartburg).

VERDICT [veʀdik(t)] *n. m.*

1° (1796, à propos de la France ; 1790, à propos de l'Angleterre ; 1669, cité comme terme anglais) Déclaration par laquelle le jury d'un tribunal répond, après délibération, aux questions posées par la Cour. — REM. : Enregistré dans les dict. de Littré 1872 et de l'Académie 1878.

« ils laissent la chose à la décision du juge, en rendant ce qu'on appelle un "special verdict" *(sentence sous réserve)* »
                    J.-L. DELOLME, *Constitution de l'Angleterre*, 1771 [*in* Mackenzie, p. 120, et Brunot, t. VI, I, p. 465].

« prononcer le *verdict* ou sentence d'homicide. »
                    S.H.N. LINGUET, *Annales politiques, civiles et littéraires*, 1777-1792 [*in* Gohin, p. 330].

« Moins d'une heure après, le verdict du jury déchargeait de toute accusation le nommé Champmathieu [...]. »
                    HUGO, *Les Misérables*, p. 294, Pléiade (□ 1862).

2° (1876) *Par ext.* Jugement rendu par quelque autorité. — REM. : Signalé dans le dict. de P. Larousse 1876. — *Spécialt.* (1935) Jugement d'appréciation de caractère définitif, porté par une personne, un groupe.

« Il ne lui restait rien à faire que de subir leur verdict ; elle obéirait à ce qu'on lui ordonnerait, et ce ne pouvait rien être d'autre que de se coucher et de fermer les yeux [...]. »
                    F. MAURIAC, *La Fin de la nuit*, p. 212 (□ 1935).

« mais les lettres chaleureuses envoyées par des amis et par des inconnus confirmaient le verdict de la presse. »
                    S. de BEAUVOIR, *Les Mandarins*, p. 102 (□ 1954).

✳ Anglais *verdict* n. (XIIIᵉ s.), *verdit* en anglo-normand, de l'ancien français *veirdit, voirdit*, de *veir, ver* « vrai, véritable » (v. 980) et de *dit*, latin médiéval *veredictum*, « véritablement dit ». *Verdict* est introduit en français à propos de l'Angleterre dans l'ouvrage de E. Chamberlayne, *L'État présent d'Angleterre*, traduit de l'anglais par De Neuville, p. 19, 1669 [*in* Mackenzie, p. 80] ; il est attesté à propos de la France dans *Le Néologiste françois* en 1796.

VERSUS [vɛʀsys] *prép.*

(v. 1965) *Ling.* Opposé à (abrév. *vs*). *Blanc versus noir.*

« ainsi, l'opposition
                    Substantif vs verbe
paraît secondaire par rapport aux articulations nucléaires. Il en est de même de l'opposition
                    destinateur vs destinataire. »
          A. J. GREIMAS, *Sémantique structurale*, p. 63 (□ 1966).

✳ Mot anglais emprunté au latin (xvᵉ s.) et qui signifie « opposé à », d'abord employé comme expression juridique dans les procès opposant deux parties, souvent abrégé en *vs*. Ce mot a pénétré en français dans les textes de sémantique pour présenter un contraire. D'après le P. R. 1, il apparaît en français vers 1965.

VIADUC [vjadyk] *n. m.*

(1828) Pont de grande longueur servant au passage d'une voie ferrée ou d'une route au-dessus d'une vallée. — REM. : Enregistré dans les dict. de Littré 1872 et de l'Académie 1878.

« ...un viaduc (note : Le mot aqueduc a mis sur la voie de cette expression nouvelle). »
          MASCLET, in *Journal du génie civil*, 1829 [*in* Wexler, p. 77].

« Au-dessous de l'*Albatros* apparaissait Montréal, très reconnaissable au Victoria-Bridge, pont tubulaire jeté sur le Saint-Laurent comme le viaduc du railway sur la lagune de Venise. »
          Jules VERNE, *Robur-le-Conquérant*, p. 77 (□ 1886).

✳ Francisation d'après *aqueduc* de l'anglais *viaduct* n. (1816), du latin *via* « chemin, route, voie », et *ductus* « conduite », sur le modèle de *aqueduct*. Wexler (p. 76, n.7) relève *viaduc* dans les délibérations du Conseil d'Administration du chemin de fer de Saint-Étienne à Andrézieux, le 3 juin 1828. *Viaduc* a été précédé d'une série de périphrases et de descriptions (Wexler, p. 77) « espèces de digues » (1818), « des arcades et de grands ponts » (1823), etc. ; puis, pendant un certain temps, il a été employé comme synonyme de *pont* (Bescherelle 1887).

VICTORIA [viktɔʀja] *n. f.*

1° (av. 1844) Ancienne voiture hippomobile élégante, découverte, à quatre roues, pour se déplacer en ville. — REM. : Enregistré dans les dict. de Littré 1872 et de l'Académie 1935.

« Dans des victorias bourrées de monde, quelque garçon, assis sur les pieds des autres, laissait pendre en dehors ses deux jambes. »
          FLAUBERT, *L'Éducation sentimentale*, p. 239 (□ 1869).

« N'allant pas jusqu'à avoir une voiture, M. Bloch louait à certains jours une victoria découverte à deux chevaux de la compagnie, et traversait le Bois de Boulogne, mollement étendu de travers [...]. »
          PROUST, *À l'ombre des jeunes filles en fleurs*, p. 772 (□ 1918).

✳ Nom créé en France en l'honneur de la reine *Victoria* (1819-1901), qui régna sur la Grande-Bretagne et l'Irlande de 1837 à 1901, repris en ce sens par l'anglais en 1870 (d'après l'*Oxford dict.*).

2° (1867) Bot. *Victoria* ou *Victoria regia*, plante aquatique exotique *(Nymphéacées)* à fleurs rouges et blanches, et dont les immenses feuilles rondes flottent sur l'eau. — REM. : Enregistré dans le dict. de Littré 1872.

« La première *victoria regia* dont la fleur s'épanouit en Europe fut celle des jardins du duc de Devonshire, à Chatsworth. »
                                        La Science illustrée, 27 oct. 1888, p. 352.

« Ces lacs sont entourés d'une collection de plantes et d'arbres [...]. La surface de l'eau est émaillée par les splendides nénuphars (les *Victoria Regia*) pour lesquels Demerara a une juste célébrité. »
            G. VERSCHUUR, *Voyage aux trois Guyanes* [1892], p. 52 (□ 1893).

✳ C'est le botaniste anglais Lindley qui donna le nom de la reine *Victoria* d'Angleterre à ce nénuphar géant des fleuves de l'Amérique du Sud. Le nom est passé en français en 1867 (Delvau, *in* Wartburg).

VICTORIEN, IENNE [viktɔʀjɛ̃, jɛn] *adj.* et *n.*

(1903) Relatif à la reine Victoria, à son règne. — REM. : Absent du dict. de l'Académie 1935.

« Les Anglais parlent couramment de la "early", de la "middle" et de la "late victorian period" (le commencement, le milieu et la fin de l'ère victorienne) .»   L. CAZAMIAN, *Le Roman social en Angleterre (1830-1850)*, 1903 [*in* Mackenzie, p. 258].

— SUBST. *Rare.*

« Des Victoriens, Fowles passe tout au crible : mœurs, coutumes, modes, manière, morale, esprit, société. »   *Le Monde*, 28 janv. 1972, p. 13.

— SPÉCIALT. (1923) Caractéristique de l'esprit de ce règne, de mœurs bourgeoises assez puritaines et de fierté britannique, soutenue par la prospérité et l'impérialisme.

« [en 1913] les mœurs de la haute société britannique surprenaient l'Europe, qui en était restée à l'Angleterre victorienne [...]. »
                              P. MORAND, *Londres*, p. 51 (□ 1933).

✳ Du nom propre *Victoria*, d'après l'anglais *Victorian* adj. (1875) et n. (1876).

VIDÉO- [video]

✳ Élément de mots techniques et scientifiques, exprimant l'emploi des vidéofréquences, tiré de l'anglais *video* (→ **Vidéo**). Ex. *vidéocassette**, *vidéocommunication*, *vidéodisque**, *vidéofréquence*, *vidéogramme*, *vidéographe*, *vidéophone*, *vidéotéléphone*, *vidéoscope*, *vidéothèque*, *vidéotex*.

VIDÉO [video] *adj. invar.* et *n. f.*

1° *Adj. invar.* (1964) Qui concerne la transmission des images à distance. *Techniques vidéo. Système vidéo. Signal vidéo.*

— *Bande vidéo*, bande d'enregistrement visuelle et sonore pour magnétoscope. — REM. : Terme recommandé par l'Administration (*Journal officiel*, 18 janvier 1973) en remplacement de l'anglo-américain *video-tape*.

« Quant à la bande vidéo, ses immenses possibilités sont encore à peine connues. Elle a d'ores et déjà permis l'essor de l'enseignement télévisé en circuit fermé. Elle ouvre aujourd'hui la voie fabuleuse à la vidéo-cassette et à toutes ses applications. »
                              L'Express, 16 juil. 1973, p. 14 (Publ.).

2° *N. f.* (1953, *n. m.*) Image électronique. — REM. : Forme abrégée de *vidéofréquence* n. f. et de *vidéophonie* n. f. — Au Canada, où le mot est en usage depuis plus longtemps, *vidéo* est souvent employé au masculin.

« Principale innovation : la création d'une régie de production, et son organisation en trois secteurs : film, vidéo fixe, vidéo mobile. »
                              L'Express, 2 oct. 1972, p. 104.

✻ Terme américain, de *video* adj. et n. (*in* Webster's Third 1966), du latin « je vois ». Félix de Grand'Combe (in *Le Français moderne*, t. XXII, juillet 1954, p. 190) critique un emploi de *video* n. m. chez Raymond Cartier dans un article du 18 avril 1953. On a hésité sur le genre du substantif ; le féminin l'emporte maintenant dans l'usage. Le G.L.L.F. enregistre l'adjectif en 1964. Le terme a été accepté par la Commission de terminologie de l'audio-visuel :

> « Mais le terme *vidéo* est accepté parce que d'usage courant à la TV française. *Vidéo*, dégagé de son sens technique, désigne tout ce qui est opposé à film et qui relève de l'image électronique. On parlera donc de *technique vidéo*, de *réalisation vidéo* et de *caméraman vidéo* ou *cadreur vidéo* (*vidéo* étant considéré comme adjectif ne doit pas être précédé d'un trait d'union et prendra un accent aigu pour être francisé). »   R. GODIVEAU, in *La Banque des mots*, n° 3, 1972, p. 86.

VIDÉOCASSETTE ou VIDÉO-CASSETTE [videɔkasɛt] n. f.

(1971) *Techn.* Appareil magnétoscopique d'enregistrement simultané du son et de l'image, qui permet la reproduction à volonté d'un programme de télévision. *Des vidéo-cassettes.*

> « Le but recherché est simple : faire apparaître sur votre écran de télévision normal le programme de votre choix. Ce programme est enregistré sur une *vidéo-cassette*, très semblable, en général, à une bobine de magnétophone. On introduit cette *vidéo-cassette* dans un *téléplayer* [*sic*] — un appareil de lecture son-image — qui, relié à un téléviseur, diffuse sur son écran le film choisi. »
> *Le Figaro littéraire*, 11 janv. 1971 [*in* Gilbert].

✻ De *vidéo-*✻ et *cassette*, d'après l'ordre syntaxique de l'anglais (contrairement à *bande vidéo*), qui utilise en ce sens *video cartridge* (cartouche) ou *video cassette* (*cassette* étant emprunté du français) : ces deux termes, de même que *cassette*, sont enregistrés dans Barnhart, *A Dict. of New English* 1973. Une formation analogue, plus récente, est VIDÉO-DISQUE [videodisk] n. m., qui est aussi calqué sur la syntaxe anglaise. *Cassette vidéo, disque vidéo* sont pourtant relativement peu employés.

VIDÉO(-)DISQUE [videodisk] n. m.

(1972) Disque qui permet de reproduire, sur un écran de télévision, les images enregistrées.

> « Cette année, tous les systèmes de reproduction de l'image et du son seront présents à l'exposition. L'an dernier, le vidéo-disque avait fait défection au dernier moment. »   *Le Monde*, 20 fév. 1972 [*in* Gilbert].

> « Vidéo-disque... si vous n'êtes pas impatient. Pas d'enregistrement. Mais lecture avec un rayon laser d'un disque vidéo réalisé (comme un "microsillon" actuel) par simple pressage. Ralenti, arrêt sur l'image et recherche ultra-rapide... Disponible seulement en 1982, mais déjà en avant-première à la Fnac. »   *L'Express*, 22 mars 1980, p. 151.

✻ De l'américain *videodisc* ou *video disc* (1970, Barnhart 1).

VIDICON [vidikɔ̄] n.

(1972) *En appos.* Petit tube de caméra contenant un appareil produisant un faisceau électronique, et un photo-conducteur, pour enregistrer l'image sur bande magnétique.

> « Ces deux caméras [qui équipent Mariner-9] contiennent une petite cible vidicon (1,25 × 0,96 cm). Sur cette cible, l'image se forme, est explorée, puis enregistrée en 41 s sur un ruban magnétique. »
> A. DUCROCQ, in *Sciences et Avenir*, sept. 1972, p. 718.

✻ Mot américain n. (in Webster's Third 1966), contraction de *vid*[*eo*] et du nom déposé *icon*[*oscope*] « tube de caméra électronique », de *icono-* « image », et *-scope*, du grec *scopein*, « voir ».

V. I. P. [veipe] n. m. invar.

(av. 1959) *Fam.* Haute personnalité, personnage influent, prestigieux.

« Un taxi venait alors chercher à domicile les V. i. p. de la fuite. Dans les deux cas, les Kurdes assuraient leur protection. »

L'Express, 26 mars 1973, p. 115.

✻ De l'américain *VIP*, n. (*in* Webster's Third 1966), sigle de *Very Important Person*, littéralement « personne très importante ». Étiemble signale dès 1959 que ces initiales sont « couramment employées dans notre langage » (in *Le Babélien*, t. I, p. 89). Ce mot est empreint de snobisme journalistique (comme *jet society*, etc.) ; son équivalent français *TIP* (*Le Monde*, 25 août 1977), qui devrait d'ailleurs plutôt être *PTI*, est inusité.

VIRGINIE [viʀʒini] *n. m.*

(1845) Tabac en feuilles, de la Virginie. — REM. : Enregistré dans les dict. de Bescherelle 1845 et de Littré 1872 ; absent des dict. de l'Académie.

✻ Du nom de l'État américain appelé *Virginia*, la *Virginie*, d'après l'américain *Virginia* n. (1835), ellipse de *Virginia tobacco* n. (1655).

VISUALISATION [vizɥalizasjɔ̃] *n. f.*

1° (1887) Psychol. *Vx.* Faculté de représentation et de compréhension visuelle ; image mentale d'une chose absente ou non visible. — REM. : Absent du dict. de l'Académie 1935.

« L'un de nous a réussi à répéter cette expérience, qui est difficile et exige de la part du sujet un grand pouvoir de *visualisation*. »

A. BINET et Ch. FÉRÉ, *Le Magnétisme animal*, p. 189 (□ 1887).

2° (1923) *Vx.* Pouvoir de donner à l'image cinématographique une qualité visuelle originale et frappante. — *Mod.* Action de visualiser* (une idée, un sujet). — *Par ext.* (1932) Action de visualiser* un phénomène ; son résultat. — REM. : Absent du dict. de l'Académie 1935.

« À la visualisation grossière de ce qui est [au cinéma], le théâtre par la poésie oppose les images de ce qui n'est pas. »

ARTAUD, *Le Théâtre de la cruauté*, in *Le Théâtre et son double*, p. 118 (□ 1932).

— (1972) *Inform.* Présentation d'informations sur un écran. *Console de visualisation.*

✻ Anglais *visualization* n. (1883), de *to visualize* (→ **Visualiser**). Entré en français comme terme de psychologie, *visualisation* s'est imposé comme terme de cinéma avant de passer dans l'usage scientifique. Le G. L. L. F. relève le sens cinématographique ancien dans *Les Nouvelles littéraires*, du 28 avril 1923. Pourtant critiqué par les puristes, le mot est employé dans la *Terminologie du traitement de l'information* (IBM, 1972) comme équivalent français de l'anglais *display*. *Visualisation* a été approuvé au *Journal officiel* du 11 déc. 1980.

VISUALISER [vizɥalize] *v. tr.* et *intr.*

1° (1887) *Psychol. Vx. Visualiser une couleur*, voir sur une surface blanche la couleur complémentaire d'une couleur précédemment imaginée les yeux fermés. — *Intrans.* (1909) Se représenter, grâce à la mémoire, des images visuelles.

« On peut être dessinateur sans pouvoir *visualiser*. »

A. BINET, *Les Idées modernes sur les enfants*, in *Larousse mensuel illustré*, mars 1912, p. 368.

2° (1919) Mettre (une idée, un sujet) en images (cinéma, puis télévision, etc.).

« Ces opérations [synopsis et découpage technique] tendent vers un but commun qui est de transformer un récit écrit en un récit "visuel", autrement dit de le *visualiser*. »

R. JEANNE et Ch. FORD, *Le Vocabulaire du cinéma*, oct. 1954, p. 460.

3° (1949) Rendre visible, de manière concrète, l'action et les effets d'un phénomène.

✳ Emprunt de l'anglais *to visualize* v. tr. (1817) et v. intr. (1871), de *visual* « visuel » adj. Comme terme de psychologie, *visualiser* est attesté en 1887 chez A. Binet et Ch. Féré (*Le Magnétisme animal*, p. 164) ; comme terme de cinéma, dès 1919 (J. Giraud, *Le Lexique français du cinéma*, p. 207). Issu du vocabulaire américain, ce terme a été critiqué. Bien formé en français, il est néanmoins entré dans l'usage, notamment l'usage scientifique. Larousse a enregistré le sens le plus général, connu en anglais depuis le XIXᵉ siècle, en 1949. Le mot est absent du dict. de l'Académie 1935.

VITAMINE [vitamin] *n. f.*

(1913) Substance dépourvue de valeur énergétique, indispensable au bon fonctionnement de l'organisme, apportée en petite quantité par l'alimentation, ou à dose variable par des médicaments. *Vitamines A, B, C, D, E.* — REM. : Enregistré dans le dict. de l'Académie 1935.

« [Casimir Funck] a réussi à extraire de la balle du paddi une base pyrimidique, cristallisable, fondant à + 233 °C et ayant pour formule chimique brute : $C^{17}H^{20}N^2O^7$. Ce corps [...] reçut le nom de *vitamine* [...]. »   Dr. J. LAUMONIER, art. *Vitamines*, in *Larousse mensuel illustré*, juin 1918, p. 490.

✳ Anglais *vitamin* n. (d'abord *vitamine*), nom créé en 1912 par Casimir Funck et employé par lui dans un article du *Journal of State Medicine*, 1912, p. 342, du latin *vit*[a] « vie », et de l'anglais *amine* « amine », terme formé sur le radical de *ammoniac*. À l'origine Funck introduisit le mot *amine* dans le nom de sa découverte, croyant pouvoir isoler dans les vitamines un acide aminé ; il remplaça ensuite *-amine* par *-amin* pour éviter cette interprétation du mot.

En français, *vitamine* est attesté dans *Les Nouveaux Remèdes*, XXX, 1913, p. 479 (G. L. L. F.). Le mot a produit de nombreux dérivés : *vitaminé, ée* adj. (15 janvier 1933, *in* M. Galliot, *Essai sur la langue de la réclame*, Privat, 1955, p. 144) ; *vitaminiser* v. tr. (1935, *Ibid.*, p. 144. Cf. Anglais *to vitaminize* v. tr., 1930) ; *vitaminique* adj. (1933, J. Carles, *Précis de thérapeutique appliquée*, p. 427. Cf. Anglais *vitaminic* adj., 1926) ; *vitaminisation* n. f. (1949, Larousse) ; *vitaminothérapie* n. f. (1953, Larousse) ; *vitaminologie* n. f. (1970, Robert, Suppl.), etc.

VOLAPÜK [vɔlapyk] *n. m.*

1° (1879) Langue artificielle dont la base principale est l'anglais courant très simplifié. — REM. : Absent des dict. de l'Académie. — On écrit aussi *volapuck* et *volapück*.

« Le 16 janvier 1888 a eu lieu [...] l'assemblée générale annuelle de l'Association française pour la propagation du volapük. [...] on ne doit pas compter plus de volapükistes qu'il n'a été vendu de dictionnaires volapükistes [...]. »
L. FIGUIER, *L'Année scientifique et industrielle*, p. 588, 1889 (□ 1888).

2° (1892) *Par ext.* Langue naturelle servant de langue de contact entre communautés linguistiques différentes. — REM. : Ce sens est éliminé par le sens 3°.

« la langue latine [...] cette langue universelle, qui était le *volapuck* d'autrefois entre les savants et les littérateurs de tous les pays. »
E. et J. de GONCOURT, *Journal*, 17 avril 1892, t. IX, p. 26.

3° (1964) *Fig.* et *péj.* Mélange de langues, jargon.

✳ Nom de la langue artificielle créée en 1879 par l'Allemand Johann Martin Schleyer (1831-1912), curé de Litzelstetten, près de Constance, composé de l'altération artificielle de deux mots anglais, *vol* tiré de *world* « monde, univers », *a* voyelle de liaison, et *pük* tiré de *to speak* « parler », signifiant proprement « parler universel ». *Volapük* est attesté dans un texte anglais en 1885, et dans un texte français en 1888. Les dérivés *volapükiste* n. (1888, Figuier, ci-dessus, Cf. Anglais *Volapükist* n., 1886) et *volapükiser* v. tr. (1892, *Le Charivari*) sont sortis de l'usage ; le second est une plaisanterie de journaliste.

VOLLEY-BALL [vɔlɛbɔl] ou VOLLEY [vɔlɛ] *n. m.*

(v. 1925) Jeu de salle ou de plein air dans lequel deux équipes de six joueurs, séparées par un filet, doivent se renvoyer le ballon à la main et de volée. — REM. : Absent du dict. de l'Académie 1935.

« le volley-ball est aussi un sport qui exige détente et vitesse et peut donner lieu à un grand déploiement de science [...]. »
J. DAUVEN, *Le Volley-Ball*, in *Technique des sports*, p. 109 (□ 1948).

— (1948) Forme abrégée, *Volley*.

« Inventé en 1895 par W. Morgan, professeur dans un collège du Massachussets, le "volley" fait figure de sport national en Russie. »
J. DAUVEN, *op. cit.*, p. 109.

✳ Mot américain (1896), nom donné au sport inventé en 1895 par W. G. Morgan, composé de l'anglais *ball* « ballon » (→ **-ball**) et *volley* « volée », emprunté au français au XVIe siècle. *Volley-ball* est passé en français vers 1925, mais doit être antérieur, ce sport ayant donné lieu à démonstrations en France dès 1910. La forme abrégée *volley* a produit le dérivé français *volleyeur, euse*, attesté en 1941 (*L'Auto*, in G. Petiot). L'anglais dit *volleyballer* n., 1948, ou *volleyball player*.

« Bien des fois le mot [d'emprunt] est tellement connu qu'il s'abrège très souvent, parfois seulement dans la langue familière. Les mots composés de *-ball* ont tendance à laisser tomber ce dernier élément : [...] *volley-ball/volley* : "jouer au volley" (Robert). »
HANON, *Anglicisme en français contemporain*, p. 133.

VOLLEYEUR, EUSE [vɔlɛjœʀ, øz] *n.*

(1925 ; *volleyer*, 1909). Joueur de tennis spécialiste de la volée. — REM. : Absent du dict. de l'Académie 1935. — On a aussi écrit *voleyeur*.

« Un des meilleurs "volleyeurs" qu'il ait été donné de voir. »
L'Auto, 14 avril 1909 [*in* G. Petiot].

« d'extraordinaires volleyeuses. »
LICHTENBERGER, *Leurs 400 coups*, 1925 [*in* G. Petiot].

✳ De l'anglais *volleyer* n. (1878), dérivé de *volley* n. Le verbe *volleyer* ou *voleyer* v. intr. (1925), « pratiquer la volée », trahit aussi l'influence de l'anglais.

« Admettre que la femme volleyât aussi bien que l'homme ».
LICHTENBERGER, *Leurs 400 coups*, 1925 [*in* G. Petiot].

VOTE [vɔt] *n. m.*

1° (1702) En Angleterre, Décision prise par les Communes.

2° (1789) Opération par laquelle les membres d'un corps politique, d'une assemblée délibérante expriment leur suffrage ; son résultat. — REM. : Enregistré dans les dict. de l'Académie 1798 et de Littré 1872. — Avant la révolution, on disait plutôt *votation* n. f. (mot encore utilisé en français de Suisse).

« Le prince de Polignac craignait ma démission. Il sentait qu'en me retirant je lui enlèverais aux Chambres des votes royalistes, et que je mettrais son ministère en question. »
CHATEAUBRIAND, *Mémoires d'outre-tombe*, t. III, p. 566 (□ 1848-1850).

« tous les citoyens qui refusent le serment requis, électeurs, officiers municipaux, juges, administrateurs, sont déchus de leur droit de vote, révoqués de leurs fonctions et déclarés incapables de tout office public. »
TAINE, *Les Origines de la France contemporaine*, p. 283 (□ 1876).

✳ Le moyen-français possédait le mot *vote* « vœu, prière », emprunt direct du latin *võtum*. Comme terme de politique, *vote* est un emprunt de l'anglais *vote* n. (xve s., en ce sens), lui aussi du latin. On le rencontre dans les *Mémoires de Trévoux*, février 1702, p. 202, à propos de l'Angleterre, ainsi que dans la traduction de l'ouvrage de Clarendon, *Histoire de la Rébellion et des guerres civiles d'Angleterre*, t. II, p. 138, 1704 [*in* Mackenzie, p. 160]. *Vote* n'est entré dans l'usage français qu'à l'époque de la révolution, après *voter*. On disait de préférence *votation*, qui faisait alors partie du vocabulaire ecclésiastique. Brunot (IX, 2, p. 779) signale que ce terme était déjà en usage au Parlement (*in* Académie, 1762) lorsqu'il a pris un sens politique. En 1789, on employait concurremment *votation* et *vote* (*Point du jour*, 27 juin 1789, *in* Brunot).

« nous qui savons qu'il est physiquement impossible d'avoir obtenu le vœu national autrement que par la votation par tête. »
MIRABEAU, aux États-généraux, 18 mai 1789,
in Archives parlementaires [*in* Brunot, t. IX, 2, p. 779].

VOTER [vɔte] v.

1° *V. intr.* (1704, à propos de l'Angleterre ; 1762, dans l'usage français) Exprimer son opinion par son vote*, son suffrage. — REM. : Enregistré dans les dict. de Furetière 1727, de l'Académie 1762 et de Littré 1872.

« J'aurois ici bien des réflexions à faire sur le simple droit de voter dans tout acte de souveraineté, droit que rien ne peut ôter aux citoyens [...]. »   J.-J. ROUSSEAU, *Du contrat social*, p. 393 (□ 1762).

2° *V. tr.* (1756) Contribuer à faire adopter (une chose) par son vote ; décider, sanctionner (une chose) par un vote majoritaire. *Voter un budget, une motion.* — REM. : Enregistré dans les dict. de Boiste 1829, de l'Académie 1835, et de Littré 1872.

« L'emprunt essayé, manqué, repris, fut voté enfin. Il était difficile de le faire voter, plus difficile de le faire remplir. »
MICHELET, *Histoire de la Révolution française*, t. I, p. 221 (□ 1847).

✳ Le français possédait depuis le xviie siècle le verbe *voter* « donner sa voix au chapitre, dans une communauté religieuse », du latin ecclésiastique *votare* « donner sa voix », mais il a emprunté de l'anglais *to vote* (1552), dérivé du substantif *vote*, le sens moderne, attesté en français à propos de l'Angleterre dès 1704 (Clarendon). À l'époque de la Révolution, on dit encore plus souvent *mettre aux voix, porter aux voix* et *aller aux voix* que *voter* (d'après Brunot, IX, 2, p. 779). Mais déjà Voltaire avait utilisé *voter* (comme verbe transitif) en 1756 et Rousseau l'employait couramment.

VOUCHER [vawtʃœʀ] n. m.

(v. 1970) *Tourisme*. Bon délivré au touriste par une agence pour le règlement des dépenses d'hébergement.

« L'agence est une entreprise qui a pour objet de procurer aux touristes et voyageurs des services intéressant leurs déplacements et leurs séjours, et, notamment [...] la fourniture de services hôteliers, la réservation de chambres ou la délivrance de bons d'hôtels ou vouchers. »
R. LANQUAR, *Le Tourisme international*,
Que sais-je ?, P. U. F., n° 1694, p. 45 (□ 1977).

— PAR EXT. Bon pour le règlement des frais de transport, d'excursions, de location de voitures, etc.

✳ Emprunt à l'anglais *voucher* (xxe s.), attesté depuis le xviie s. pour désigner un reçu, un récépissé. L'usage des vouchers s'est développé lorsque les grandes chaînes hôtelières internationales ont utilisé leur réseau pour vendre les autres hôtels de la chaîne. Ce terme est très répandu dans l'industrie du tourisme, mais peu connu du grand public. On a proposé *bon d'hébergement, d'échange, de location* et *chèque-hébergement* pour le remplacer.

« VOUCHER. — Bon remis par l'organisateur ou l'agence à son client, pour le règlement de l'hôtel, des repas, etc. C'est tout simplement un *bon.* »
Le Monde, Petit glossaire du voyage, 25 août 1977, p. 8.

VROOM ou **VROUM** [vʀum] *interj.* et *n. m. inv.*

(1968) Bruit d'un moteur d'automobile, de moto lorsqu'on accélère brutalement.

« Morcol. Comme je l'ai dit à M. Surget, tout me ramène en ce Bois où serinaient autrefois les oiseaux champêtres et qui devient maintenant un champ de courses pour monstres automobiles.
Dion-Bouton *(fonçant sur lui).* Vrrrt ! Vroom ! Vrrrt ! »
R. Queneau, *Le Vol d'Icare*, p. 161 (□ 1968).

« l'histoire d'une nana motocycliste, qui cherche le grand amour en draguant systématiquement tous les mâles qu'elle rencontre. Sa stratégie amoureuse, ses contradictions, ses déceptions, ses colères, ses engouements, ses vroom-vroom sur le périphérique pour calmer ses nerfs, auraient pu faire, peut-être, l'objet d'un premier livre maladroit ou d'une chanson à onomatopées, mais certes pas le sujet d'un film qui n'en finit pas d'arriver au mot fin. »   *Télé 7 jours*, 4 fév. 1978, p. 111.

✱ Onomatopée de l'anglais *vroom !* ou *varoum !*, probablement passée en français par les bandes dessinées américaines.

VULCANISATION [vylkanizɑsjɔ̃] *n. f.*

(1847) *Techn.* Opération par laquelle on améliore la résistance du caoutchouc en lui conservant son élasticité au moyen d'une imprégnation de soufre. — REM. : Enregistré dans les dict. de Littré 1872 (avec *volcanisation*, vx) et de l'Académie 1878.

« Vers 1840, Goodyear remarqua que si on le chauffe [le caoutchouc] avec du soufre à une température de 130° ses propriétés sont avantageusement modifiées [...] ; dès lors la fortune du caoutchouc dit vulcanisé était faite et dès 1844 les procédés industriels de vulcanisation abondèrent. »
F. Faideau, *Le Caoutchouc*, in *La Science illustrée*, 18 oct. 1820, p. 323.

✱ Anglais *vulcanization* n. (1846, in brevet 11135.2), de *to vulcanize*, mots forgés par Brockedon (→ **Vulcaniser**). *Vulcanisation* est attesté en même temps que *vulcaniser*, en 1847 (Bonnaffé).

VULCANISER [vylkanize] *v. tr.*

(1847) Traiter (le caoutchouc, un élastomère) par vulcanisation*. — REM. : Enregistré dans les dict. de Littré 1872 et de l'Académie 1878. — On a dit aussi *volcaniser* (vx).

« Cette application [de sulfure de carbone] consiste à *volcaniser* ou *vulcaniser* le caoutchouc pour rendre son élasticité plus stable. »
M. Payen, in *Revue des cours scientifiques*, 5 mars 1864, p. 174.

✱ Adaptation de l'anglais *to vulcanize* v. tr. (1846), tiré du nom du dieu romain du feu et du travail des métaux, *Vulcan* « Vulcain », du latin *Vulcanus*. Le mot figure dans le brevet d'exploitation pris par le chimiste anglais Hancock qui découvrit le procédé en 1843 ; il a été forgé par Brockedon, ami de ce dernier. D'après Bonnaffé, *vulcaniser* est attesté en français en 1847. On rencontre dès 1869 l'adjectif tiré du participe passé, *vulcanisé, ée* (anglais *vulcanized*, 1845). L'adjectif, absent du dict. de Littré, est enregistré dans le dict. de l'Académie 1878.

« Ses travaux [du baron von Ebner, en Autriche] furent couronnés de succès : il trouva dans le caoutchouc durci et vulcanisé, connu sous le nom d'*ébonite* ou de *vulcanite*, un corps électrique tout à fait propre à la construction de l'appareil de frottement. »   F. A. Abel, in *Revue des cours scientifiques*, 7 août 1869, p. 565.

VULCANOLOGIE [vylkanɔlɔʒi] *n. f.*

(1890) Étude des volcans et des phénomènes volcaniques. — REM. : Absent du dict. de l'Académie 1935.

✱ Anglais *volcanology* n., 1886, de *volcano*, « volcan », emprunt à l'italien. La variante critiquée *vulcanologie* (Larousse mensuel, janv. 1910, p. 626) procède de l'anglais *vulcanology*, attesté avant la forme *volcano-* en 1858, et tiré de *vulcan*, « volcan », emprunt ancien (1578) à *Vulcan*, nom du dieu Vulcain. La plupart des scientifiques, et l'Académie française (Communiqué du 20 avril 1967) bannissent *vulcanologie* dans ce sens.

Le dérivé français *volcanologique* (1924) a été précédé par *vulcanologique* (1890) tiré de l'anglais *vulcanological* (1888). Enfin, *volcanologue* (1964) tend à remplacer les emprunts *vulcanologiste* (1910, Larousse mensuel, janv., p. 626), de l'anglais *vulcanologist* (1858) et *volcanologiste*, de l'anglais *volcanologist* (1890).

« Les géologues et les vulcanologues amateurs peuvent, du 23 au 30 juin, visiter tous les grands volcans d'Auvergne (chaîne des Puys, Massif du Cantal, Mont Dore...), sous la conduite de spécialistes de la Maison des Volcans d'Aurillac. »   *Paris-Match*, 9 mars 1974, p. 100.

W

WAGON [vagɔ̃] *n. m.*

(1829 ; *vagon*, 1826 ; « chariot pour la houille », emploi isolé, 1780) Véhicule roulant sur rails, tiré par une locomotive, destiné au transport des marchandises, des animaux, ou *autrefois* des personnes. — REM. : Littré 1872 signale *wagon*, mais opte pour la forme *vagon* ; le dict. de l'Académie enregistre *wagon* en 1878 (*waggon* dans le Compl. 1842). — De nos jours *wagon* ne se dit que dans la langue courante pour désigner une voiture aménagée pour le transport des personnes ; dans le domaine ferroviaire, le terme a été remplacé en ce sens par *voiture*.

« Ces machines de la force de 10 chevaux [...] pourront entraîner, comme l'expérience l'a indiqué en Angleterre, sur un terrain horizontal, 20 vagons du poids de 1000 k°, chargés chacun de 2000 k°. »
SÉGUIN frères et E. BIOT, *Exposé des concessionnaires [du chemin de fer de Saint-Étienne à Lyon]*, 4 déc. 1826 [*in* Wexler, p. 117].

« Que deviendront les capitaux employés en chemins de fer, si l'on trouve le moyen de faire marcher les *waggons* sur les routes ordinaires ? »
STENDHAL, *Mémoires d'un touriste*, 9 juin 1837, t. I, p. 183 (□ 1838).

« Je fais causer le Rhin, le Gange et l'Orégon.
Comme trois voyageurs dans le même wagon. »
HUGO, *La Légende des siècles*, p. 741
(□ 1877, manuscrit daté du 26 nov. 1853).

« En suivant le quai, que longe le railway où roulent les wagons de marchandises, on jouit des aspects les plus amusants et les plus variés. »
Th. GAUTIER, *Voyage en Russie*, Lubeck, p. 55 (□ 1867).

✳ Anglais *waggon* ou *wagon* n. (1756, comme terme ferroviaire), lui-même emprunté au XVIe s. au hollandais *wagen, waghen* (vx.) « chariot ».

« pris dès le XVIe siècle au hollandais *wagan*, le mot n'admettait originellement qu'un *g*, mais, depuis le XVIIIe, les deux *g* sont à l'honneur à Londres, tandis que New York préfère l'ancienne graphie. Quant au sens, il est plein d'embûches pour les Français sans défiance. De même que notre "wagon" déprécié tend de plus en plus à s'appeler "voiture" quand il transporte des voyageurs, *waggon* ne désigne plus en Grande-Bretagne qu'un wagon de marchandises découvert, sauf tout au plus un fourgon, en admettant que nous restions dans le domaine ferroviaire, puisque *waggon* signifie aussi "chariot, voiture de roulage, camion". »
M.-M. DUBOIS, in *Vie et Langage*, mars 1959, p. 148.

✳ *Wagon*, écrit *vagon*, est employé en français, à propos de la ligne de Saint-Étienne à Lyon, en 1826 ; l'orthographe actuelle est attestée en 1829 (Wartburg). Cet emprunt a été précédé par l'emploi de *chariot*, attesté dans une traduction de l'anglais dès 1803 et employé officiellement par la Compagnie du chemin de fer de Saint-Étienne à Andrézieux jusqu'en 1826.

Wagon a été utilisé dans de nombreux composés ; *voiture* lui a ensuite été substitué quand il s'agissait du transport de personnes. Ainsi *wagon-restaurant* n. m. relevé dans *Le Musée des familles*, avril 1846, p. 223 (*in* D. D. L., 2e série, 14) a été remplacé dans le langage technique par *voiture-restaurant* n. f. (*Science et Vie*, 1951, p. 117) ; *wagon-lit* n. m. (*Le Charivari*, 8 sept. 1861) par *voiture-lit* n. f. (1951, *ibid.*) ; *wagon-bar* n. m. (1907, Larousse) par *voiture-bar* n. f. (1964, G. L. E.). Mais ces composés restent très usuels. *Wagon-écurie* n. m. (1844, d'après Mackenzie, p. 127), *wagon-citerne* n. m. (1891, *La Science illustrée*, 5 sept. 1891, p. 238), *wagon-poste* n. m. (1846, *Le Musée des familles*, avril 1846, p. 223, et Bonnaffé), etc., sont restés dans l'usage officiel.

WAIT AND SEE [wɛtɛnsi] *n. m.*

(?) Attitude d'expectative.

« Mais il s'agissait alors, en 1948, de la création même de l'État d'Israël. Truman, sensible aux arguments du département d'État, qui préconisait le *wait and see*, a hésité jusqu'au dernier moment. »
                                   Le Nouvel Observateur, 22 mai 1978, p. 41.

✳ Substantivation française de l'expression anglaise *to wait and see* « attendre la suite des événements » (1719), littéralt « attendre et voir », qui se dit dans toute situation difficile exigeant la prudence. Répandue dans le langage politique par allusion à H. H. Asquith qui opposait cette formule aux questions du Parlement.

WALKIE-TALKIE [wɔkitɔki] ou [walkitalki] *n. m.*

(1956) → **Talkie-walkie.** Plur. *Walkies-talkies* ou *walkie-talkies.*

« on a utilisé avec succès, pour la communication entre le haut et le bas d'un grand gouffre (Hennemorte) des appareils portatifs de radio type Walkie-Talkie. »   F. TROMBE, *La Spéléologie*, p. 58 (□ 1956).

« agents du Secret Service américain, parfaitement reconnaissables à leurs gabardines, à leurs insignes, à leurs walkies-talkies et à leur remue-ménage. »   *Le Monde*, 25 fév. 1972, p. 1.

✳ De l'américain *walkie-talkie* ou *walky-talky* n. (*in* Webster's Third 1966), nom d'un type d'appareil utilisé pour la première fois lors de la Seconde Guerre mondiale, composé de *to walk* « marcher », et de *to talk* « parler », avec le suffixe *-ie* ou *-y*. C'est à l'origine un terme de jargon militaire, mais le mot, comme la chose, a pénétré dans l'usage courant.

WALKMAN [wɔkman] ou [walkman] *n. m.*

(1980) Casque très léger, relié à un lecteur de cassettes, un poste de radio, pour écouter de la musique en stéréophonie là où l'on se trouve.

« Si vous croisez dans la rue un individu bizarre, coiffé d'un drôle d'écouteur, qui secoue la tête et les épaules et garde les yeux fermés, n'ayez pas peur : il a le "walkman". »   *L'Express*, 14 juin 1980, p. 131.

« Les plus dépendants (du son et du *look*) sont certainement ceux qu'on voit évoluer dans les villes, très loin de nous, leur *walkman* sur la tête, les protégeant de leurs semblables comme un masque anti-pollution. »   *Le Nouvel Observateur*, 27 oct. 1980, p. 115.

✳ Nom déposé par Sony en 1979 pour désigner ce nouveau gadget créé pour le P.-D. g. de cette société qui désirait écouter un concert sans renoncer à sa partie de golf. *Walkman*, formé de *(to) walk* « marcher » et du suffixe d'agent *-man**, dénomme par métonymie le casque (morphologiquement un *walkman* serait un « marcheur »). Aux États-Unis, de nouveaux termes tendent à remplacer *walkman*. Ils sont constitués d'un déverbal désignant l'activité à laquelle est associé le fond sonore et de *about* à valeur localisante. On a ainsi le *drive about*, le *ride about*, le *skate about*, le *jog about*, selon qu'on conduit (une voiture, un deux-roues), qu'on fait du patin à roulettes ou du jogging. Toutes ces doubles activités sont regroupées autour d'un terme générique *sound about* « le son tout autour », qu'on pourrait aussi bien nommer la peur du silence.

WALK-OVER ou **WALKOVER** [walkɔvœʀ] *n. m.*

(1858, in Petiot) *Sports* (*Turf*, à l'origine). Course dans laquelle il ne reste qu'un seul concurrent, par suite du forfait des autres. — *Par ext.* Victoire facile, faute de concurrents. *Des walk-overs. Gagner par walk-over.* — REM. : Absent des dict. de Littré et de l'Académie ; enregistré dans le 2e Suppl. 1890 de P. Larousse.

« Il semble probable, à l'heure actuelle, que la France ne sera pas représentée [...]. Quant à l'Italie, on attend d'un instant à l'autre la décision officielle du ministre de l'Air, le général Balbo. Si elle était négative, la course du 12 septembre, dans le Solent, aurait chance de se réduire à un "walk-over" britannique. » *L'Illustration*, 5 sept. 1931, p. 23.

✱ Mot anglais n. (1838), déverbal de *to walk over*, 1779, de *to walk* « marcher » et *over* « à travers, au-dessus ». Relevé en français dans le dict. de Pearson 1872.

WAPITI [wapiti] *n. m.*

(1860) Grand cerf blanc d'Amérique du Nord (*Cervus canadensis*) et de Sibérie. *Des wapitis.* — REM. : Enregistré dans les dict. de P. Larousse 1876 et de Littré (Suppl. 1877) ; absent des dict. de l'Académie.

« Une petite marmite lui servait à faire cuire une langue de buffaloe [*sic*] ou un quartier de wapiti, le couvercle du même vase, à griller son café, qu'il pilait ensuite sur un morceau de cuir. »
Ch. GAY, *Le Capitaine Palliser et l'Exploration des montagnes Rocheuses* [1857-1859], p. 275 (□ 1860).

✱ Mot américain n. (1806), emprunté à l'algonquin *wapiti* signifiant « croupe blanche ». Au Canada français, on appelle le wapiti *cerf du Canada* pour le distinguer du cerf de Virginie, appelé improprement *chevreuil*.

WARF → WHARF.

WARGAME [waʀgɛm] *n. m.*

(1977) Jeu électronique de stratégie militaire qui reproduit les grandes batailles historiques.

« Déjà à notre porte, c'est la grande folie des "wargames". Elle sévit aux États-Unis et a investi l'Italie. C'est le plus fabuleux des passe-temps. Celui qui vous donne l'illusion d'être Alexandre le Grand, Napoléon ou Rommel.
Issus des Kriegspiel des écoles de guerre allemandes des années 30, les "wargames" sont, eux aussi, des jeux de simulation. Sur les cartes géantes, précises comme les documents d'état-major et représentant des champs de bataille (Midway, Austerlitz, désert de Libye), s'affrontent tanks, chars, bateaux, avions, corps d'armée. Exactitude historique garantie. Mais le stratège, c'est le joueur. Alors, plus fort que Montgomery, supérieur à MacArthur ? À vous de jouer ! »
L'Express, 19 déc. 1977, p. 114.

« De tristes esprits moralisateurs vous diront qu'il n'est pas sain de jouer à la guerre, serait-ce même dans le cadre feutré de son salon. Ces personnes n'auront assurément jamais acheté une seule boîte de Wargame ni tenté de déplacer leurs troupes de carton sur les cartes stylisées de ces aimables affrontements : une telle expérience leur ferait comprendre que ces jeux, aussi qualifiés de "Simulation", ne gardent de la guerre que son plus noble profil, la Stratégie. »
Sciences et Avenir, numéro spécial 35, 1981, p. 38.

✱ De l'anglais *wargame* n. « grandes manœuvres » (1828 Oxford dict.) littéralement « jeu (*game*) de la guerre (*war*) », calque de l'all. *Kriegspiel*, qui désignait à l'origine un exercice sur table des officiers d'état-major où deux équipes testaient des conceptions stratégiques. Répandu comme jeu électronique depuis quelques années, le *wargame* commence à être connu en France. Le calque *jeu de la guerre* serait souhaitable.

WARRANT [waʀɑ̃t] *n. m.*

1° (1671) Dans les pays anglo-saxons, Mandat d'amener. *Des warrants.* — REM. : Signalé dans le Compl. 1842 du dict. de l'Académie.

« Vous trouverez bon que je vous quitte avant l'exécution du warrant d'arrestation dont vous êtes sans doute porteur [...]. »
G. LAFOND, *Voyages autour du monde,* p. 302 (□ 1854).

2° (1836) *Dr. comm.* Récépissé établi à ordre et négociable comme lettre de change, délivré par un magasin général aux commerçants lors d'un dépôt de marchandises. *Warrant agricole, hôtelier, pétrolier.* — REM. : Enregistré dans les dict. de Littré 1872 et de l'Académie 1878.

« Les prêts sur stocks, les warrants circulent facilement, le papier anglais fait prime sur toutes les places. Au cours du dix-huitième siècle, l'enrichissement de Londres a été si facile et si prodigieux que la guerre n'a pu épuiser tout cet or. »   P. MORAND, *Londres,* p. 42 (□ 1933).

✴ Mot anglais n. (1513 au sens 1°, 1433 au sens 2°) emprunté à l'ancien français *warant, warand,* variante dialectale de *garant* au XIIIe siècle. Le mot est d'abord attesté en français à propos de l'Angleterre, au premier sens (Seignelay, *Marine d'Angleterre,* 1671, *in* Mackenzie, p. 84), puis au second sens, le seul qui soit devenu usuel en français, chez M. Chevalier, *Lettres sur l'Amérique du Nord* [1833-1835], t. I, p. 113, 1836 (Wartburg).
Les dérivés français *warranter* (1874), *in* Littré Suppl. et *warrantage* (1894, Sachs-Villatte) appuient l'usage de *warrant* au sens 2°. L'anglais possède le verbe *to warrant* depuis le XIVe siècle (1387), dans ce sens.

WASH AND WEAR [waʃɛnwɛʀ] *loc. adj.*

(XXe s.) Se dit d'un tissu, d'un vêtement qu'il n'est pas nécessaire de repasser après lavage. *Costume wash and wear.*

✴ Emprunt de la locution américaine *wash-and-wear* (Webster's Third, 1966) constituée de *to wash* « laver » et *to wear* « porter » à l'impératif. Il s'agit probablement d'un slogan publicitaire évoquant les mérites de certains tissus synthétiques.

WASP [wasp] *n.*

(v. 1980) Aux États-Unis, Anglo-saxon blanc protestant, qui se sent différent des gens de couleur, des juifs et des catholiques, et qui valorise cette situation.

✴ De l'américain *Wasp* n. et adj. (1971, Barnhart 1), acronyme de *White Anglo-Saxon Protestant,* formule employée dans les statistiques démographiques. Récemment entendu en français dans un emploi amusé ou péjoratif.

WATER-BALLAST [watɛʀbalast] *n. m.*

1° (1879) Compartiment d'un navire servant au transport de l'eau, du mazout..., et qui peut servir de lest. — (1902) *Vx.* Lest d'eau de mer emmagasiné à bord de certains navires.

« On multiplie les ouvertures dans la carène, ici pour laisser passer l'arbre de l'hélice... là pour le remplissage des water-ballast ».
Yacht, 1879 [*in* Bonnafé].

« Le tirant d'eau en charge [du paquebot la Normandie] est de 7,50 m. On peut d'ailleurs faire varier ce tirant d'eau à l'aide d'un water-ballast de 800 tonnes de capacité, fractionné en sept compartiments distincts, répartis depuis l'extrême avant jusqu'aux parties affinées de l'arrière. »   L. FIGUIER, *L'Année scientifique et industrielle,*
p. 123, 1884 (□ 1883).

2° (1907) Réservoir de plongée d'un sous-marin que l'on peut remplir ou vider à volonté. *Des water-ballasts.*

« Quand le sous-marin en plongée doit remonter à la surface, il suffit au moyen d'une chasse d'air énergique de vider les water-ballast. »

Larousse mensuel, déc. 1907, p. 160.

✻ Mot anglais qui signifie « lest *(ballast)* d'eau *(water)* » (*tank waterballast*, 1855, d'après Mackenzie et Wartburg ; *water as ballast*, 1878 *in* Oxf. dict.) avant de s'appliquer au réservoir lui-même (pas d'attestation antérieure à 1855 dans l'Oxford dict.). Le français connut aussi ces deux sens (le Nouv. Larousse illustré, art. *Lest*, 1902, n'enregistre que « lest d'eau »). Le mot fut d'abord traité comme invariable, puis on fit l'accord (*Des water-ballasts*, Larousse du xxᵉ s., 1933). On abrégea plus tard en *ballast* (1928, Larousse) qui se confondait avec l'ancien terme de marine *ballast* « lest de gravier », évincé par *lest* (mais dans Littré 1866), qui avait été emprunté au xivᵉ s., peut-être par l'intermédiaire du néerlandais, au bas-allemand *ballast*, étymon aussi de l'anglais *ballast*, même sens, xviᵉ s. (→ **Ballast,** terme de chemins de fer).

WATER-CLOSET ou WATERCLOSET [watɛʁklɔzɛt] *n. m.*

(1816, à propos de l'Angleterre ; 1854, à propos de la France) *Vieilli.* Lieu d'aisances. *Des water-closets* ou *waterclosets* (→ **Waters, W.-C.**). — REM. : Enregistré dans le Suppl. 1877 du dict. de Littré ; absent des dict. de l'Académie.

« dans un dernier recoin, faut-il le dire ? est le *water closet* de rigueur, dont nos chemins de fer européens devraient bien adopter l'emploi. »   L. SIMONIN, *Voyage en Californie* [1859], p. 35 (□ 1862).

« Dans la partie arrière sont disposées 12 chambres, pouvant contenir 75 passagers de seconde classe, avec salle à manger, salon des dames, office, water-closets, etc. »

L. FIGUIER, *L'Année scientifique et industrielle*, p. 154, 1877 (□ 1876).

« Il me fallut l'accompagner dans un petit pavillon [...] dans lequel étaient depuis peu installés ce qu'on appelle en Angleterre un lavabo et en France, par une anglomanie mal informée, des water-closets. »

PROUST, *À l'ombre des jeunes filles en fleurs*, p. 492 (□ 1918).

✻ Mot anglais n. (1755) « cabinet à eau », composé de *water* « eau », et de *closet* « cabinet », lui-même emprunté au xivᵉ siècle à l'ancien français *closet*, diminutif de *clos* n. m. *Water-closet* est signalé pour la première fois en français dans un récit de voyage (L. Simond, *Voyage d'un Français en Angleterre pendant les années 1810 et 1811* [...], t. I, p. 71, *in* Mackenzie, p. 204), puis en 1854, à propos de la France, chez V. Hugo. C'est sous l'influence des emprunts technologiques et linguistiques faits à l'Angleterre, en particulier dans le domaine du chemin de fer que le terme a pénétré en France au xixᵉ siècle, alors que le français disposait des mots *lavabo*, *cabinet(s)* et de nombreux termes populaires. La forme complète de *water-closet* a été rapidement concurrencée par les abréviations *W.C.** et *waters**. Dès 1945, dans les lieux publics, le terme *toilettes* a commencé à être employé dans le même sens.

WATER-POLO [watɛʁpolo] *n. m.*

(1895) Jeu de ballon qui se pratique dans l'eau, entre deux équipes de sept nageurs, et qui consiste à lancer le ballon dans les buts adverses. — REM. : Absent du dict. de l'Académie 1935.

« Tous les sports dans la mer : water-polo, aquaplane, luttes, courses, canotage de haute fantaisie avec de réjouissants naufrages. »

L'Illustration, 29 août 1931, p. 593.

✻ Mot anglais n. (1884) « polo nautique » composé de *water* « eau », et de *polo*. G. Petiot a relevé le terme dans *Le Vélo* du 1ᵉʳ fév. 1895. On rencontre en français le dérivé, rare, *water-poliste* n. « personne qui joue au water-polo ».

« les nageurs ou les water-polistes. »   *Paris-Sport*, 2 janv. 1934 [*in* I. G. L. F.].

WATERPROOF [watɛʁpʁuf] *adj. invar.* et *n. m.*

1° *Adj. invar.* (1775) *Comm.* Se dit d'objets à l'épreuve de l'eau, de vêtements imperméables. — REM. : Absent des dict. de Littré et de l'Académie.

« Jeune fille de quinze à seize ans : vêtement waterproof bleu ou gris, doublé, sur le devant seulement, d'une étoffe rayée, assortie à la nuance du vêtement. [...] Le bas du vêtement forme revers, avec un bouton et une boutonnière mobile, en cas de pluie. »
MALLARMÉ, *La Dernière Mode*, 20 sept. 1874, p. 731 (□ 1945).

— SUBSTANTIF.

« Le cou est grêle et annonce un corps grêle aussi dont on devine, car c'est l'hiver, l'anatomie délicate sous le paletot crème, sous les tricots, les laines et les *combinaisons*. Le tout monté sur des souliers de caoutchouc, enveloppé de caoutchouc, sent l'usine et le waterproof. »
P. BOURGET, *Outre-Mer*, p. 100 (□ 1895).

2° *N. m.* (1852) *Vx.* Manteau imperméable. *Des waterproofs* (→ **Mackintosh**). — REM. : Enregistré dans le dict. de Littré 1872.

« les rajahs juchés sur ces selles fulgurantes ne sont que les serviteurs tremblants du premier Anglais en *water-proof*, nullement pittoresque, qui passe par là [...]. »
Th. GAUTIER, *L'Orient*, L'Inde à l'Exposition universelle de Londres, t. I, p. 326 (□ 1852).

« Madame, nous nous sommes informés du prix du waterproof en drap gris, avec capuchon, pèlerine devant seulement : cela vaut cinquante francs, d'une très-belle qualité. »
MALLARMÉ, *op. cit.*, 18 oct. 1874, p. 776.

✳ Mot anglais adj. (1736) et n. (1799), composé de *water* « eau », et de *proof* adj. (XVIe s.) « à l'épreuve de », de *proof* « épreuve », lui-même emprunté au français *preuve* au XIIIe siècle. L'adjectif *waterproof* est attesté en français en 1775 (*in* Mackenzie). Comme nom de manteau imperméable, *waterproof* apparaît tout de suite après *mackintosh* : ces deux emprunts ont vieilli.

WATERS [watɛr] *pop.* [vatɛʀ] *n. m. pl.*

(1913) Cabinets, toilettes (→ **Water-closet, W.-C.**). — REM. : Absent du dict. de l'Académie 1935. — On a employé la forme *water* sans la marque du pluriel ; on trouve de nos jours la graphie francisée de *vatères* correspondant à la prononciation populaire.

« Je répétais avec quarante ventouses dans le dos, je cachais ma bronchite. Quand la quinte me prenait, j'allais tousser dans les water, sans quoi, on m'aurait remplacée dans les deux heures, tu penses ! »
COLETTE, *L'Envers du music-hall*, p. 108 (□ 1913).

« il feignit d'avoir mal au ventre [...], il enfila le couloir en feignant de chercher ce que Cottard appelait "les waters". »
PROUST, *Sodome et Gomorrhe*, p. 875 (□ 1922).

✳ Abréviation française, généralement au pluriel, de *water-closet*✳, par élimination de l'élément principal *closet* « cabinet ». Aujourd'hui, *waters* a une connotation vieillotte et assez populaire ; la bourgeoisie dit plutôt : *les toilettes* et de nombreux synonymes familiers ont cours. La prononciation [vater] et la graphie *vatères* sont populaires et vieillissent.

« J'habite l'hôtel...
— et moi cette péniche...
— un hôtel de luxe même...
— immobile...
— Il y a des vatères dans la salle de bains... »
QUENEAU, *Les Fleurs bleues*, p. 26 (□ 1965).

WATT [wat] *n. m.*

(1881) Unité de puissance électrique (symb. *W*) correspondant à la consommation d'un joule par seconde. *Des watts.* — REM. : Absent du dict. de l'Académie 1935.

« Enfin pour apprécier l'énergie totale de ce courant électrique, il y a lieu évidemment de multiplier la tension par l'intensité, soit les *volts* par les *ampères*, on obtient ainsi le nombre de *watts* (du nom du

mécanicien Watt) qui représentent la quantité d'énergie effective existant dans ce courant électrique [...]. »

R. CHAMPLY, *Le Moteur d'automobile à la portée de tous*, p. 221 (□ 1907).

✳ Du nom de l'ingénieur et mécanicien écossais James *Watt* (1736-
1819), l'un des pionniers de l'exploitation de l'énergie. Le mot est attesté
en français en 1881 *(Congrès international des électriciens)*. Il a
longtemps été senti comme étranger (écrit en italiques ou entre
guillemets) et n'a pas eu les honneurs de l'Académie, alors que *kilowatt*
n. m. (1881) a été enregistré en 1935. Notons les premiers composés
formés avec *watt* : *watt-heure* (1887) et *wattmètre* (1892).

« L'*ampère-heure,* sous une pression de 100 *volts,* représentant ainsi
100 *watts-heure,* soit un peu plus de 1/8 de cheval-heure, est payé par l'abonné
à raison de 20 centimes. »
L. FIGUIER, *L'Année scientifique et industrielle*, p. 84, 1888 (□ 1887).

« On a entendu une communication de M. Debrun, professeur au collège de
Neufchâteau [...], sur un compteur d'électricité, pouvant fonctionner à volonté
comme ampèremètre et comme wattmètre. »
L. FIGUIER, *L'Année scientifique et industrielle*, p. 545, 1893 (□ 1892).

✳ Outre *kilowatt,* il faut signaler le composé *mégawatt* n. m. (mil.
xxᵉ s.), forme francisée de *megawatt*, « unité internationale de puissance
valant un million de watts (symb. MW) ».

WATTMAN [watman] *n. m.*

1° (1895) *Vx.* Conducteur d'un véhicule automobile. *Des watt-
men.* — REM. : Absent du dict. de l'Académie 1935.

« on éprouve seulement une faible secousse lorsque le wattman passe
d'une vitesse à une autre. »
La Locomotion automobile, sept. 1895 [*in* D. D. L., 2ᵉ série, 5].

2° (1897) Spécialt. *Vx.* Conducteur d'un tramway (d'une locomotive) électrique.

« Ces plates-formes [de tramway] présentent une particularité qui a
pour but d'isoler absolument le *wattman* des voyageurs [...]. »
É. GAUTIER, *L'Année scientifique et industrielle*, p. 265, 1899 (□ 1898).

✳ Mot forgé en français à partir de *watt** et de *-man**. L'anglais dispose
en ce sens de *tram-driver,* « conducteur de tramway » et de *tram-man*.
Le tramway étant presque totalement sorti de l'usage, en France, ce
pseudo-anglicisme n'a plus qu'un intérêt historique.

W.-C. ou W. C. [dubləvese] ou *fam.* [vese] *n. m. (pl.)*

(1892) Cabinets, toilettes → **Water-closet, waters.** — REM. :
Absent du dict. de l'Académie 1935. — La graphie *vécés*
correspond à la prononciation familière courante.

« *Art. 129.* — L'entrée des W. C. dépendant de l'Exposition est
absolument interdite à toute personne non munie d'une Bible. »
Le Charivari, 21 juil. 1892, p. 2.

« Dames qui revenez des W.-C. (avec toilette,
Comme il convient d'un restaurant qui se respecte ;)
Que j'aime votre sérénité satisfaite. »
FRANC-NOHAIN, *Flûtes*, 1898 [*in* D. D. L., 2ᵉ série, 12].

« Tiens, c'est vrai, où est-il donc passé ?
— Sans doute au *W.-C.*, supposa, pudique, la dame assez
forte [...]. »   A. ALLAIS, *Contes et Chroniques*, p. 127 (□ av. 1905).

« Mais ramené pile pour le train d'onze heures trente, il alla faire un
séjour aux vécés jusque cinq minutes avant le départ du sien. »
QUENEAU, *Le Dimanche de la vie*, p. 96 (□ 1951).

✳ À l'imitation de l'anglais qui affiche dans les lieux publics *W. C.* pour
water-closet, le français a adopté dès la fin du xixᵉ siècle cette
abréviation, en la prononçant à la française [dubləvese] ou familièrement
[vese]. Ce substantif formé d'initiales alterne dans l'usage avec une autre
forme abrégée créée en France vers 1910 : *waters**.

WEEK-END [wikɛnd] *n. m.*

(1906, d'abord à propos de l'Angleterre) Congé de fin de semaine, comprenant le samedi et le dimanche. *Des week-ends.* — REM. : Absent du dict. de l'Académie 1935. — On a parfois, mais rarement, écrit *ouiquende ;* on prononce aussi [wikɛ̆d], [wikɑ̆d], et *(pop.)* [vekɛ̆d].

« Femme créée pour les voluptés du week-end, à la veille de ce jour des morts, week-end suprême,ʼ elle rayonnait, les yeux bien mouillés par des sucs de premier ordre, la bouche tapissée de muqueuses de luxe. »
GIRAUDOUX, *Bella*, p. 191 (□ 1926).

« le congrès socialiste du ouiquende va faciliter les choses au camarade candidat Defferre. »
Le Canard enchaîné, 29 janv. 1964 [*in* Blochwitz et Runkewitz, p. 283].

✻ Mot anglais n. (1879) « fin de semaine », de *week* « semaine » et *end* « fin », d'abord employé pour désigner la période de fermeture des magasins et de suspension des affaires, du samedi au lundi (1878), puis la période de repos accordée aux travailleurs après la semaine normale de travail, du vendredi soir ou du samedi midi au lundi, et *spécialt*, ce congé passé à la campagne, en visite, etc.

Bloch et Wartburg signalent que le week-end anglais des banques et des maisons de commerce *(bank holiday)* a amené en français la création de l'expression *semaine anglaise* (*Le Sourire*, 9 juil. 1914, p. 12) par référence au mode d'organisation du travail institué en Angleterre au milieu du XIXᵉ siècle, consistant à accorder aux travailleurs, outre le congé du dimanche, celui du samedi après-midi, puis du samedi entier. L'expression est tombée en désuétude quand ce régime a été appliqué en France.

Week-end est attesté en français dès 1906, à propos de l'Angleterre (P. de Coulevain [pseudonyme de Hélène Favre de Coulevain], *L'Île inconnue, in* Mackenzie, p. 258) ; il s'est popularisé à propos des week-ends des ministres britanniques. En 1929, le terme semble assez répandu, et on s'interroge sur la légitimité du masculin :

« Un journal du soir (c'est *la Liberté*) a naguère protesté contre l'habitude qui s'introduit de dire *un week-end*. C'est en effet absurde. Ni *fin* ni *semaine*, ni *end* ni *week* (ni *Ende* ni *Woche*), ne sont masculins ; et si le féminin apparaît mal en anglais, est-ce une raison pour le supprimer dans les mots qui le réclament une fois francisés ou usités en français ? Disons donc *une rocking-chair* et *une week-end*, à moins que vous ne préfériez une *chaise à bascule* et la *semaine anglaise*, ce dont je vous féliciterais. »   A. THÉRIVE, *Querelles de langage*, t. I, p. 165 (□ 1929).

✻ Si la notion nouvelle est reconnue, le mot est attaqué par certains puristes ; d'autres le défendent, faute d'équivalent exact.

« Voilà [week-end] précisément un mot, un des rares, dont on peut dire qu'ils nous ont apporté une notion nouvelle. Cette habitude anglaise d'achever la semaine de travail dans la journée du samedi et d'aller se mettre au vert du samedi midi au dimanche soir, lorsqu'elle nous parvint et fut acceptée chez nous, la tentation pouvait être grande, s'agissant d'une nouveauté, d'employer, en même temps que l'institution, le mot qui la désigne. Observons toutefois que le mot *week-end*, en anglais, désigne très exactement "la fin de la semaine", et qu'il n'y a dans cette expression absolument rien de mystérieux. [...] nos compatriotes jugent apparemment qu'il est plus reposant d'aller en *week-end* qui veut dire *fin de semaine*, que d'aller en *fin de semaine*. Ce genre de calque est d'autant plus dangereux qu'on peut hésiter, et dire, selon les personnes à qui on s'adresse, *week-end* (prononcé à l'anglaise), *ouiquinde* (j'ai plusieurs fois écrit ce mot de la sorte), *vécande* et *fin de semaine*. Dans le cas particulier, aucun doute pour moi ; nous devrions dire *fin de semaine*. »   ÉTIEMBLE, *Le Babélien*, t. III, pp. 39-40 (□ 1962).

« Personnellement, je ne pense pas que "fin de semaine" soit un équivalent exact de *week-end*. Ce composé évoque en effet tout un halo d'idées et d'images plaisantes qui "transcende" la somme de ses deux éléments : *week* (semaine) et *end* (fin) [...]. Avant de rejeter un terme anglais ou américain, il faut donc voir s'il apporte une nuance nouvelle ou s'il répond à une spécialisation d'emploi. »
R. LE BIDOIS, *Les Mots trompeurs*, p. 248 (□ 1970).

WELTER [vɛltɛr] ou [wɛltɛr] *adj.* et *n. m.*

(1923) *Boxe.* Se dit d'un poids mi-moyen (entre les légers et les moyens). *Des poids welters, des welters.* — REM. : Absent du dict. de l'Académie 1935.

« Quant à Gallois [...] il est déjà au poids des welters : 66 kg 800 sur la bascule de la pesée. »   *L'Équipe*, 11 sept. 1972, p. 17.

∗ Anglais *welter weight* n. (1896, comme terme de boxe ; 1850, comme terme de turf, *vx.*), ou *welter* n. peut-être de *to welt* « battre, rouer de coups ». Larousse emploie *welter* en 1923 à l'art. *Poids*. De nos jours, cet emprunt de l'anglais est concurrencé par *mi-moyen*.

WESTERN [wɛstɛʀn] n. m.

(1919) Film d'aventures ayant pour thème la conquête de l'Ouest des États-Unis par les pionniers américains au XIX⁰ siècle. *Des westerns.* — REM. : Absent du dict. de l'Académie 1935.

« Le western est né de la rencontre d'une mythologie avec un moyen d'expression. »   A. BAZIN, *in* J.-L. RIEUPEYROUT, *Le Western*, p. 7 (□ 1953).

« En un seul endroit, le public afflue : c'est un café-concert qui s'appelle *Au joyeux 1900* et qui prétend réincarner un cabaret fin de siècle. On boit des whiskies ou de la bière, assis autour de petites tables dans des fauteuils en peluche rose, tandis que sur la scène défilent des fantaisistes en complet à carreaux, moustache et canotier, et des danseuses avec bas noirs : les attractions nous amusent parce qu'elles constituent tout juste le spectacle que ressuscitent classiquement les *western.* »
S. de BEAUVOIR, *L'Amérique au jour le jour*, 3 mars 1948, p. 140 (□ 1954).

« La télé continue le cinéma parce qu'elle le diffuse, et à des spectateurs isolés ; mais la filière des westerns rejoint, au petit écran, celle des actualités. Nous n'avons jamais connu tant d'images de nos rêves ; jamais non plus, de la réalité qui nous accompagne. »
MALRAUX, *L'Homme précaire et la Littérature*, p. 217 (□ 1976).

— (1919) Le genre cinématographique créé en Amérique, qui correspond à ces films.

« Car il n'y a peut-être que trois sortes de westerns, de même que Balzac écrivit un jour qu'il y avait trois sortes de romans : à images, à idées, et à images et à idées [...].
En ce qui regarde le western, le premier genre, c'est *La Prisonnière du désert ;* le deuxième, *Rancho Notorious ;* et enfin le troisième, *L'Homme de l'Ouest.* »   J.-L. GODARD, *in Cahiers du cinéma*, fév. 1959.

— ADJECTIF.

« De loin en loin, une auberge ; toutes sont pittoresques, construites dans le style *western*, en rondins de bois [...]. »
S. de BEAUVOIR, *op. cit.*, 28 fév. 1947, p. 124 (□ 1954).

— *Par plaisant.* (dans des composés). *Westerns macaroni* (1967), rare, ou *western spaghetti* (1969), « western italien » ; *western soja* (1974) « film d'aventures à thème extrême-oriental ». Ces formes adaptées sont concurrencées par celles qui calquent la syntaxe anglaise : *spaghetti western* (1968 ; arg. amér. *Spaghetti*, qui correspond à notre *Macaroni* pour désigner les Italiens), *soja western* (1974).

« En gros, Moravia a dit aux Japonais : "N'allez pas voir les westerns macaronis." »   L. RASPONI, *in Vogue*, août 1967, *in La Banque des mots*, n° 3, 1972, p. 106.

« Ce regard sceptique, ce regard européen, c'est effectivement ce qui différencie le western américain de ce qu'on a appelé par dérision le "spaghetti-western". »   *L'Express*, 16 déc. 1968, p. 97.

« L'esprit des arts martiaux est à l'opposé de ce qu'on voit dans les "western soja". »
M. RANDOM, *Propos recueillis par L'Express*, 19 déc. 1977, p. 60.

∗ Mot importé d'Amérique à l'époque du cinéma muet, relevé dans un texte français du 20 mai 1919 (par J. Giraud, *Le Lexique français du cinéma*, p. 209). Le *Dict. of Americanisms* n'atteste ce sens spécialisé de *western* n. (à propos de films ou de romans) qu'en 1929, mais le mot est connu en américain au sens de « relatif à l'Ouest des États-

Unis », depuis le début du XIXe siècle. *West* « Ouest » n. désigne spécialement (1798) tout le territoire des États-Unis situé à l'Ouest des treize premières colonies américaines, le Middle-West et le Far-West et notamment la partie située à l'Ouest du Mississipi (région des Montagnes Rocheuses, côte Pacifique, etc.). La graphie *ouesterne* chez Queneau est restée fantaisie d'auteur.

> « vous croyez que c'était un film de cape et d'épée ?
> — Oui, à moins que je n'aie rêvé.
> — Moi, il me semble que c'était un ouesterne. »
> QUENEAU, *Les Fleurs bleues*, pp. 178-179, Gallimard (□ 1965).

✻ On a créé *westernien, enne* adj.

> « Prestigieux cinéaste westernien ("l'Appât", "les Affameurs"), Anthony Mann décrit ici les réactions d'un coureur d'aventures soudain confronté à la vie d'une petite garnison. »   *L'Express*, 2 juin 1979, p. 11.

WHARF [waʀf] *n. m.*

(1866) Quai de déchargement, dans les ports où l'on parle anglais. *Des wharfs.*

> « Georges-Town, capitale de la Guyane anglaise, est bâtie sur la rive droite. C'est une ville toute en longueur, formée de deux à trois rues parallèles à la rivière et coupées d'une infinité de traverses aboutissant à des *warfs*, ponts sur pilotis avançant sur l'eau à l'aide desquels s'opèrent les chargements et déchargements des navires. »
> FR. BOUYER, *Voyage dans la Guyane française* [1862-1863], p. 342 (□ 1866).

> « Devant eux, de l'autre côté de la rue, entre le wharf d'un marchand de charbon et le magasin d'un négociant en pétrole, se développait un large bureau en plein vent, vers lequel les divers courants de la foule semblaient converger. »
> J. VERNE, *Le Tour du monde en 80 jours*, p. 218 (□ 1873).

> « San Francisco ! San Francisco !
> The Golden Gate.
> L'île aux Chèvres.
> Les wharfs en bois. Les rue boueuses de la ville naissante que l'on pave avec des sacs pleins de farine. »   B. CENDRARS, *L'Or*, p. 120 (□ 1924).

> « Il faisait beau comme l'avait promis le fonctionnaire de Sa Majesté. Sur le wharf, de petits mômes tout nus et tout noirs s'amusaient à plonger dans l'eau transparente du port, bras et jambes écartés. »
> B. GROULT, *La Part des choses*, p. 218 (□ 1972).

✻ De l'anglais *warf* (vx), *wharf* « quai où les bateaux chargent et déchargent leurs marchandises » (XIe s.). Ce mot n'est utilisé en français que pour restituer la couleur locale des endroits décrits.

WHIG [wig] *n.* et *adj.*

1° (1704 ; 1687, comme mot anglais) *Hist.* Partisan de l'exclusion du trône d'Angleterre votée contre le catholique duc d'York en 1680. — Membre du parti politique britannique soutenant les droits du Parlement et des sectes protestantes contre l'autorité royale et se proclamant défenseur des libertés (fondé en 1689, et opposé à *tory**). *Les whigs.* — REM. : Enregistré dans les dict. de l'Académie 1835 (dès 1762, sous la forme erronée *wigh*) et de Littré 1872.

> « Souvent, pour empêcher une pièce nouvelle de paraître, pour la faire tomber au théâtre, et, si elle réussit, pour la décrier à la lecture, et pour abîmer l'auteur, on emploie plus d'intrigues que les whigs n'en ont tramé contre les torys, les guelfes contre les gibelins [...]. »
> VOLTAIRE, Lettre au marquis Albergati Capacelli,
> 23 déc. 1760, in *Œuvres complètes*, t. LXI.

— ADJ. (1835) Se disait du parti libéral britannique, de ce qui lui est propre ou lui appartient. — REM. : Enregistré dans les dict. de l'Académie 1835 et de Littré 1872.

« En ce qui touche les historiens, Hume était réputé tory jacobite, lourd et rétrograde [...] ; on lui préférait son continuateur Smolett, esprit Whig et *progressif.* »
CHATEAUBRIAND, *Mémoires d'outre-tombe* [1836], t. I, p. 500 (□ 1848).

2° (1872) *Hist.* Membre d'un parti politique fondé aux États-Unis en 1834, remplacé par le parti républicain en 1856, protectionniste et fédéraliste (opposé à *démocrate*).

— Adj. *Le parti whig.* — REM. : Signalé dans le dict. de Littré 1872.

« Toutefois, l'élection d'un gouverneur d'État ou du maire d'une grande ville a toujours une signification importante et touche de près à l'intérêt de toute l'Union, en ce qu'elle donne souvent la mesure de plus ou moins de prépondérance et d'influence que possède l'un des partis — whig, républicain, démocrate [...]. »
X. EYMA, *La Vie aux États-Unis*, p. 226 (□ 1876).

✳ Anglais *Whig* n. (1679) probablement par abréviation de l'écossais *Whiggamaire*, *Wiggomer* qui a donné *Whiggamore*, nom initialement donné à des insurgés écossais qui marchèrent sur Édimbourg en 1649 (on appelle *Whiggamore raid* ce fait historique). Ce sont leurs adversaires qui donnèrent aux *whigs* « brigand (presbytérien) » leur dénomination officielle. Après la réforme électorale de 1832, *libéral* « libéral » (1801, en ce sens) s'est peu à peu substitué à *whig* (*Liberal Party*, 1868). Venu du continent, *libéral* a d'abord été utilisé avec une nuance de mépris.

Dans l'histoire des États-Unis, *Whig* n. a d'abord eu le sens de « colon opposé aux mesures du gouverneur britannique dans les colonies américaines, notamment pendant la Révolution américaine » (1711), puis il s'est dit comme n. et adj. des adversaires du président démocrate Andrew Jackson (1834), et des membres du *Whig Party* fondé en 1834 et dissous en 1856.

En français, le terme *whig* a généralement trait à l'histoire politique de la Grande-Bretagne. Mackenzie (p. 88) le relève en 1687 dans le *Dict. anglo-français* de Miège, et Wartburg, en 1704, dans Clarendon.

WHIGGISME [wigism] *n. m.*

(1717) *Hist.* Opinion, doctrine du parti whig* (britannique) [opposé à *torysme**]. — REM. : Enregistré dans le dict. de Littré 1872.

« Tout whiggisme est détestable. Le premier whig a été le Diable.
Le wigghisme satisfait, oligarchique et béat, recrute avec bonheur un nouvel admirateur étranger, Delolme, qui écrit sur la constitution. »
LAVISSE et RAMBAUD, *Histoire générale*, t. VII, p. 877 (□ 1896).

✳ Anglais *Whiggism* n. (fin XVIIe s.), de *Whig* n. Bonnaffé relève *whiggisme* en 1717.

WHIPCORD [wipkɔrd] *n. m.*

(1893) Tissu serré à fines côtes parallèles qui sert notamment à la confection des culottes de cheval.

« Pendant qu'une veste en gabardine beige, une culotte en whipcord marron s'étiraient au dossier d'une chaise, Julie de Carneilhan, assise sous l'ampoule nue de la cuisine, astiquait ses bottes de cheval. »
COLETTE, *Julie de Carneilhan*, p. 203, Fayard (□ 1941).

✳ De l'anglais *whipcord*, même sens (attesté en 1827, *in* Oxford dict.) de *whipcord* « corde (*cord*) à fouet (*whip*) », à cause de la texture du tissu. Le mot est attesté en français par Bonnafé (*L'Illustration*, 4 juill. 1893).

WHISKY [wiski] *n. m.*

1° (1770) Eau de vie de grains (seigle, orge, avoine, maïs, purs ou en mélange). *Des whiskies. Whisky d'orge* → **Scotch**. *Whisky* *de seigle* → **Rye.** *Whisky de maïs* → **Bourbon.** — REM. : Le dict. de l'Académie enregistre *wiskey* en 1835 et en 1878, *whisky* en 1935 ; le dict. de Littré 1872 enregistre *whiskey* et *whisky* ; on a utilisé au XIXe siècle la variante *wiski*.

« chez un Irlandais nommé Macdonald, où je trouvai des œufs, du poulet et du "whiskey". »
J. F. de CHASTELLUX, *Voyage dans l'Amérique septentrionale en 1780-1781, 1786-1788* [*in* Brunot].

« les riants rivages du lac Lomond, bordés d'habitations délicieuses, où abonde [...] un wiskey plus salutaire pour votre âge que celui de nos pêcheurs et de nos matelots. » Ch. NODIER, *Trilby*, p. 89 (□ 1822).

« Car pourquoi Walter Scott aurait-il seul le privilège de donner de la célébrité aux détestables boissons et aux mangeailles de son pays ? Nos fromages de chèvre valent bien son *wiski* et son *ale*. »
BALZAC, *Les Deux Amis*, p. 246 (□ 1831).

« je donne donc congé au drogman, qui se hâte d'aller s'installer dans la brasserie anglaise, ayant pris, je le crains bien, du contact de ses précédents maîtres, un goût immodéré pour la bière forte et le *whisky*. »
NERVAL, *Voyage en Orient*, p. 117 (□ 1846).

« Tous prennent part à la danse [...] et toutes ces figures [...], excitées par une nouvelle distribution de whiskey, ont quelque chose de vraiment diabolique. » E. de GIRARDIN, *Voyages dans les mauvaises terres du Nebraska* [1849-1850], p. 53 (□ 1864).

— (1894) *Whisky and soda* ; (1906) *Whisky-soda*, whisky allongé d'eau gazeuse.

« la soif se fait-elle impérieusement sentir : on s'efforce de la combattre à grands coups de *whisky and soda*, mais rien n'y fait, et pourtant Dieu sait ce qu'il se consomme en une journée de ce whisky and soda ! » L. FOURNEREAU, *Bangkok* [1891-1892], p. 18 (□ 1894).

« elle y organise des goûters aux fruits et au whisky-soda. »
P. ADAM, *Vues d'Amérique*, p. 240 (□ 1906).

2° (v. 1910) *Un whisky*, un verre, une consommation de whisky.

« Il m'avait demandé de dîner avec lui. Il se donnait un peu de relâche, s'était envoyé un whisky, avait commandé un cassoulet. »
F. MAURIAC, *Bloc-Notes, 1952-1957*, 11 avril 1954, p. 73.

✱ Anglais *whisky (Scotch whisky)* ou *whiskey (Irish whiskey)* n. (1715), forme abrégée de *whiskybae*, variante de *usquebaugh*, du gaélique *uisgebeatha* « eau-de-vie », de *uisce* « eau » et *beatha* « vie ». Mackenzie relève la variante écossaise *whisky* chez Constant d'Orville, *Nuits anglaises*, t. I, p. 135, 1770. On trouve la variante irlandaise *whiskey* chez Th. Gautier, *La Toison d'or*, I, et *wiskey* chez Nodier (ci-dessus). C'est la variante graphique écossaise qui a triomphé en français. *Whisky* est de nos jours concurrencé par le terme *scotch* lorsqu'il s'agit du whisky d'orge (pur : pur malt ou non) et par *bourbon* lorsqu'il s'agit du whisky de maïs. Le terme *whisky* exclut d'ailleurs parfois les bourbons* et les ryes, ne s'appliquant alors qu'à l'eau-de-vie écossaise d'orge et à ses imitations. On emploie elliptiquement *pur malt* pour *whisky pur malt* (orge maltée) sans mélange, opposé à *blended*, « mêlé » (d'orge et d'autres grains).

Les expressions *whisky-and-milk*, *whisky-and-soda*, *whisky-and-water* (whisky et lait, et soda) sont signalées dans l'Oxford dict. Les Américains disent couramment *high ball* pour *whisky and soda*. Le composé *whisky-soda* est formé en français (1915). Le mot *whisky* fait partie des vocables anglais qui ont fait le tour du monde.

WHIST [wist] *n. m.*

(1687) *Ancienn.* Jeu de cartes importé d'Angleterre sous Louis XIV, ancêtre du bridge, qui oppose généralement deux groupes de deux joueurs. — REM. : On a écrit *wisk* ou *whisk*. — Le dict. de l'Académie enregistre *wisk* en 1798, puis *whist* en 1835 ; en 1872, Littré écrit *whist*.

« Mes voisins et mes voisines jouent, après dîner, un jeu anglais, que j'ai beaucoup de peine à prononcer, car on l'appelle *whisk*. »
VOLTAIRE, *L'Homme aux quarante écus*, p. 72 (□ 1767).

« il [M. de Talleyrand] se dérobait à quiconque le pouvait connaître : son étude constante était de ne se pas laisser mesurer ; il faisait retraite à propos dans le silence ; il se cachait dans les trois heures muettes qu'il dépensait au whist. On s'émerveillait qu'une telle capacité pût descendre aux amusements du vulgaire : qui sait si elle ne partageait pas des empires en arrangeant dans sa main les quatre valets ? »
CHATEAUBRIAND, *Mémoires d'outre-tombe* [1838], t. IV, p. 562 (□ 1848-1850).

✻ Mot anglais n. (1663), altération de *whisk* n. (1621) premier nom donné à ce jeu, peut-être du verbe *to whisk* « balayer, enlever vite » ; selon Cotton (*The Complete Gamester*, 1680) le nom de *whist* aurait été retenu par association avec l'ancienne interjection *whist* (1382), servant d'appel au silence, en raison du silence qu'il convient d'observer pendant ce jeu.

Whist est enregistré en français dans le dict. de G. Miège 1687-1688 (*wisk*, in *Le Spectateur*, 1714, éd. 1737, I, p. 369, *whisk*, dans la traduction de H. Fielding, *Histoire de Tom Jones*, t. III, p. 34, 1750). Le mot et la chose ont été très répandus en France au XIXe siècle.

WHITE(-)SPIRIT [wajtspiʀit] *n. m.*

(1935) Produit pétrolier intermédiaire entre l'essence et le lampant, utilisé comme solvant de dégraissage et comme diluant de peinture. *Des white-spirit(s).*

« Les essences se classent normalement en éthers [...] essences légères, [...] et essences lourdes, de densité 0,73 à 0,79 (ligroïnes, naphte lourd, white spirit). »
Larousse de l'Industrie et des Arts et Métiers, art. *Pétrole*, p. 978 (□ 1935).

« Le pétrole fournit une grande variété de solvants, white-spirit ou essences spéciales, servant à la préparation des peintures et vernis, à l'extraction des corps gras, à la préparation de la dissolution de caoutchouc, des essences pour le nettoyage des étoffes ou pour la fabrication de mélanges azéotropiques employés dans la déshydratation de l'alcool éthylique. »
E. DALEMONT, *Le Pétrole*, pp. 21-22, P. U. F., Que sais-je ?, n° 158 (□ 1953).

✻ Anglais *white spirit*, même sens, littéralement « esprit blanc », *spirit* signifiant, comme le français *esprit* dans des acceptions vieillies, « produit de distillation » (1610 en anglais, 1050 en français) ; les deux mots sont issus (la forme anglaise peut-être par l'intermédiaire du vieux français) du latin *spiritus* « souffle », nom que les anciens chimistes choisirent pour désigner « un corps subtil, délié, invisible, impalpable, une vapeur, un souffle, un être immatériel » (Encycl. Diderot). *White-spirit* a, en anglais, le synonyme *petroleum spirit* ; tous deux sont usités surtout au pluriel (Webster's Third). *Motor spirit* « essence, carburant auto » fait une fugitive apparition en français dans le *Larousse de l'Industrie* sous la forme *moto spirit*. Quant à *mineral spirit* dont le Webster's Second faisait le synonyme de *white spirit*, il est traduit par *essence minérale* et désigne un corps plus volatile, d'usage différent. On entend souvent la prononciation populaire [witspiʀit], abrégée en [wit].

WIGWAM [wigwam] *n. m.*

1° (1688) Hutte ou tente des Indiens d'Amérique du Nord. — REM. : Absent des dict. de l'Académie, figure dans Littré, 1872.

« il ignorait les aises de la vie, et son château était presque aussi nu que le wigham d'un Illinois. » BALZAC, *Les Deux Amis*, p. 233 (□ 1831).

« Il était dans ma destinée d'être tourmenté par les princes [...] Je m'interrompais ; je repassais l'Atlantique [...] je me rendais au wigwaum d'un Iroquois à la royale Loge de Sa Majesté britannique. »
CHATEAUBRIAND, *Mémoires d'outre-tombe*, t. I, p. 318 (□ 1848-1850).

« C'était quatre ou cinq huttes de sauvages, des wigwams comme ceux d'Uncas et de Chingachgool [...] religieusement construits d'après

les vrais principes de l'architecture indienne : une douzaine de perches, formées de jeunes arbres et placées en rond, soutenaient une sorte de carapace en écorce de bouleau ; une ouverture suffisante pour laisser entrer les habitants servait à la fois de porte et de fenêtre, et un trou circulaire placé au sommet, permettait à la fumée du foyer de sortir. »
> A. de GOBINEAU, *Voyage à Terre-Neuve* [1860], p. 408 (□ 1863).

« Ma mère accepta de coudre — sans savoir pourquoi — un vieux tapis de table à une couverture trouée, et nous dressâmes notre wigwam dans le coin le plus sauvage du jardin. »
> M. PAGNOL, *La Gloire de mon père*, Souvenirs d'enfance,
> t. I, p. 155, éd. de Provence (□ 1957).

— Par métaphore.

« Et demandez donc un whisky and soda pour réveiller le capitaine Gibbons, voulez-vous ? On voit trop qu'il sort de son wigwam et qu'il n'a pas encore déterré la hache de guerre. »
> A. MAUROIS, *Les Silences du colonel Bramble*, p. 74 (□ 1918).

2° (1862) Village indien, en Amérique du Nord. — REM. : Figure dans Littré 1972.

« Mon ami qui, dans ses nombreuses excursions, avait souvent couché au milieu des tentes des Indiens, et qui connaissait tous les *wigwams* du pays, me dépeignit les diverses coutumes, les danses, en un mot tous les détails intimes de la vie de ces sauvages. »
> L. SIMONIN, *Voyage en Californie* [1859], p. 18 (□ 1862).

✱ Mot américain (1628), de l'algonquin *wikiwam* (littéralement « leur maison ») peut-être par une forme ojibwa (région du Lac Supérieur) *wigwaum.* Mackenzie (p. 88) le relève, sans précision de sens, dans une traduction de R. Blome, *L'Amérique anglaise,* Amsterdam 1688. Mais Landais 1843, qui écrit *wigwame* et en fait un féminin, est le premier dictionnaire à l'enregistrer. Balzac et Chateaubriand ne suivent pas la graphie anglaise la plus fréquente : faut-il supposer qu'ils aient connu le mot par une autre voie ? Notons que *wigwam* a eu plus de succès en français que *tepee,* ignoré par les dictionnaires.

WINCH [winʃ] *n. m.*

(mil. XXe s.) Petit cabestan, sur un voilier.

✱ De l'anglais *winch* n. (1640). Le mot s'est répandu en français dans la navigation de plaisance. On dit aussi par appos. *poulie-winch.*

WINDSURF [windsœRf] *n. m.*

(1972) Sport nautique qui consiste à manœuvrer une planche de surf* équipée d'une voile. — Le gréement de windsurf.

« à bord de la *Calypso,* pour les longues croisières, nous n'emportons pas seulement des scaphandres, des soucoupes plongeantes, des scooters sous-marins, mais aussi des "windsurf" — ces coques de plastique très légères, auxquelles une voile donne une très grande vitesse [...]. »
> J.-Y. COUSTEAU, *L'Homme et la Mer*, p. 12 (□ 1972).

✱ Nom déposé, *Windsurf,* de l'anglais *wind* « vent » et *surf.* Enregistré dans le G. L. L. F. 1978. On dit aujourd'hui *planche à voile.* Le dérivé *windsurfiste* n. est couramment usité.

W. O. → WALK-OVER.

-WOMAN, -WOMEN

✱ Du substantif anglais « femme » entrant dans la formation de certains noms d'agent empruntés à l'anglais, comme *tenniswoman, yachtwoman* ; *-woman* fonctionne comme un suffixe d'agent dans certains pseudo-anglicismes de création française comme *recordwoman,* servant de désinence féminine correspondant à *-man*.* Comme en anglais, *-woman* fait son pluriel en *-women.*

WOMEN'S LIB [wɔmənslib] *n. propre m.*

(1968) Ensemble de mouvements de libération des femmes.
(→ **Men's Lib.**)

« Paradoxalement, ils [les Américains du *Men's Lib*] bénéficient des
luttes menées par les femmes du Women's Lib. En effet, c'est en
invoquant une clause qui protège les droits des femmes et des minorités
que les hommes se sont vu ouvrir l'accès à des emplois jusque-là
réservés aux femmes à l'American Telephone and Telegraph Company. »
L'Express, 25 mars 1974, p. 63.

✳ Nom d'un important mouvement féministe américain, formé de
l'anglais *women* « femmes » et de *lib*[*eration*]. Né vers 1964, le
Women's Lib regroupe actuellement une centaine de mouvements
distincts. Ces mouvements ont tous en commun la technique de la prise
de conscience de la situation de la femme et de la problématique
féminine, par petits groupes de travail de cinq à douze femmes,
technique sur laquelle se greffent diverses formules d'action : campagnes d'information, activités politiques, culturelles, etc. De tendance
« radicale » (d'extrême gauche), le mouvement tente de définir sa
politique en dehors des règles et des idéologies existantes. Au mouvement hippy, il emprunte une démarche proche de l'anarchie, au
mouvement noir, il doit son analyse de la discrimination sociale (raciste
ou sexiste) et une partie de sa force. Sur *Black is beautiful* (« ce qui est
noir est beau ») il a créé *Woman is beautiful*, formule qui marque une
analogie entre la condition féminine et la condition noire aux États-Unis
et une commune revendication d'égalité.

WOOFER [wufœʀ] *n. m.*

(1972) *Électron.* Haut-paleur pour les notes graves.

« RA 5961 - ENCEINTE ACOUSTIQUE HIFI
Baffle clos 25 1 - 3 Haut-parleurs (Woofer-Médium-Tweeter). Puis-
sance admissible 30 W — Courbe de réponse : 35-20 000 hz. »
L'Express, 6 nov. 1972, p. 201 (Publ.).

✳ Emprunt de l'américain (*in* Webster's Third 1966), de l'anglais *to
woof* v. intr. (1804) « aboyer » qui a donné *woof* n. et interj. imitant un
aboiement (du chien).

Y

YACHT [jɔt] ou *vx* [jak] *n. m.*

1° (*h.* 1572 ; 1666) Bâtiment de plaisance, à voile ou à moteur (avant le XIXᵉ s., peut désigner d'assez gros bâtiments, voir les citations). *Yachts de croisière, de course.* — REM. : Enregistré dans les dict. de l'Académie (depuis 1762, avec la prononciation [jak], puis 1935, avec la prononciation [jɔt]) et de Littré 1872. — Littré signale les formes *jack* et *yak* au XVIIᵉ siècle. On a aussi écrit *yack* aux XVIIIᵉ et XIXᵉ siècles.

« Enfin, à l'embouchure de la Tamise, ils se mirent dans un yacht, M. de Lauzun auprès du patron, en cas que ce fût un traître, pour le jeter dans la mer. »
Mᵐᵉ de SÉVIGNÉ, Lettre à Mᵐᵉ de Grignan, 24 déc. 1688, in *Corresp.*, t. III, p. 444, Pléiade, 1978.

« Du fond d'un yacht, ce 19 décembre [1713]. Je suis parti hier lundi, à huit heures du matin, avec M. de M***. Lefèvre nous accompagna jusqu'à Rotterdam, où nous prîmes un yacht qui doit nous conduire à Anvers ou à Gand. »
VOLTAIRE, Lettre à Mademoiselle Dunoyer, 19 déc. 1713, in *Œuvres complètes*, t. LVI.

« la satisfaction que vous trouvez à filer plus ou moins de nœuds à l'heure sur vos yachts de plaisance. »
T. CORBIÈRE, *L'Américaine*, in *Œuvres en prose*, p. 900 (□ 1874).

∗ *Yacht* est un emprunt anglo-néerlandais. Le mot néerlandais *jaght(e)*, aujourd'hui *jacht*, de la famille de l'allemand *jagen* « chasser », est passé dans plusieurs langues européennes. Apparu en anglais en 1557, il y a connu diverses formes graphiques avant de s'écrire *yacht*. En français, Bloch *(Dictionnaire étymologique)* a trouvé une occurrence du mot en 1572, qui est certainement d'origine hollandaise, mais c'est sous l'influence de l'anglais que ce mot s'est répandu un siècle plus tard (1672, *in* Bonnaffé ; 1666, *in* Bloch). Selon Martinon *(Comment on prononce le français*, p. 44), le mot a eu trois prononciations admises et justifiables. Des trois [jak, jakt, jɔt], c'est [jɔt] qui l'a finalement emporté. En effet, d'après le dictionnaire de l'Académie 1762, on prononce « iaque », mais d'après celui de 1935, on prononce à l'anglaise « iote ». La forme graphique, en revanche, s'est stabilisée plus tôt. On trouve toutefois des variantes. Ainsi la même année, Stendhal écrit « un yack arrivé de Malte » (Lettre à Tellier de Blanriez, 6 avril 1840, in *Corresp.*, t. III, p. 631, Pléiade, 1968) et « un yacht anglais arrivé le 16 mai de Malte » (Lettre aux Intendants de la santé publique à Marseille, 15 mai 1840, in *op. cit.*, p. 358).
Au changement de prononciation intervenu au xxᵉ siècle il faut peut-être lier la diffusion (relative) de ce type de navire, qui avait été longtemps l'apanage des souverains et des personnages les plus puissants avant de pénétrer dans les sports.

2° *N. m.* (1885) Vx. *Steam-yacht* [stimjɔt], yacht à vapeur. — REM. : Absent du dict. de l'Académie 1935.

« Sur les yachts de croisière, nous n'avons rien de bien particulier à signaler. On y trouve toutes les variétés et toutes les grandeurs, depuis ceux de 3 tonneaux, manœuvrés par un homme seul *(single handed yacht)*, jusqu'aux grands steam-yachts de 700 à 800 tonneaux qui exigent trente hommes d'équipage. »

E. LISBONNE, in *La Science illustrée*, 1er sem. 1891, pp. 60-61.

✳ Si *yacht* est un emprunt intégré au français, en revanche, le composé *steam-yacht* (attesté en anglais en 1819) venu directement de l'anglais, concurrencé par le français *yacht à vapeur* employé par J. Verne en 1885 (*Mathias Sandorf*, in Mackenzie, p. 247) a vieilli à partir de 1914, à l'époque du déclin du yachting de haute-mer. Enregistré dans le Larousse du XXe siècle 1933, *steam-yacht* figure encore dans le G. L. E. 1964.

YACHT-CLUB [jɔtklœb] *n. m.*

(1858) Nom d'associations groupant des pratiquants du yachting* et des sports nautiques. *Des yacht-clubs.* — REM. : Absent des dict. de Littré et de l'Académie. — On a aussi écrit *Yack Club.*

« Formation du Yacht Club de France. »

Le Sport, 27 oct. 1858 [*in* G. Petiot].

« Il [L'amiral La Roncière Le Noury] a donné une forte impulsion à la Société centrale de sauvetage des naufragés ; il était encore président du *Yack Club* [...]. »

L. FIGUIER, *L'Année scientifique et industrielle*, p. 527, 1882 (□ 1881).

✳ Mot anglais n. (1837) composé de *yacht* et de *club*, emprunté en français par les amateurs de yachting, dont certains préfèrent donner à leur association le nom de *club nautique*. L'orthographe et la prononciation du mot ont évolué parallèlement à celles de *yacht** et de *yachting**.

YACHTING [jɔtiŋ] ou *vx* [jaktiŋ] *n. m.*

(1858, *in* G. Petiot) *Vieilli.* Navigation à voile ou à moteur, comprenant la plaisance, la croisière et la régate ; *spécialt*, pratique de la voile. — REM. : Absent des dict. de Littré et de l'Académie.

« La nation où le yachting est le plus développé est, sans contredit, l'Angleterre [...]. » E. LISBONNE, in *La Science illustrée*, 1er sem. 1891, p. 60.

« Le plus grand charme d'un yacht, de l'ameublement d'un yacht, des toilettes de yachting, est leur simplicité de choses de la mer, et j'aime tant la mer ! »

PROUST, *À l'ombre des jeunes filles en fleurs*, p. 899 (□ 1918).

✳ Mot anglais n. (1836) dérivé de *yacht*. Témoin de la grande influence exercée par l'Angleterre sur la France dans le domaine des sports et en particulier de la navigation de plaisance, *yachting* évoque en français une classe sociale élevée et une certaine époque. Au XXe siècle, le français utilise plutôt les termes de *voile* et de *plaisance*.

« Gourmont déjà condamnait le mot *yachting*. Comme il avait raison ! je l'ai entendu, ce mot-là, prononcé de plusieurs façons : *iachetinge, iachetingue, iachetinnegue* [*sic* : jaʃtiŋg] et même, quand on veut faire très anglais : *iôtingue* [jɔtiŋ ?], *iôtinnegue*. L'embêtant, c'est qu'en anglais, il se prononce tout autrement : *yoting* [jɔtiŋ]. Dans sa graphie anglaise, il sera toujours inassimilable aux Français. Espérons qu'un jour ou l'autre, il disparaîtra enfin devant *voile, navigation de plaisance* ou telle autre honnête expression. » ÉTIEMBLE, *Le Babélien*, t. I [*in* Dupré].

YACHTMAN ou YACHTSMAN [jɔtman] *n. m.*

(1859) *Vieilli.* Homme qui pratique le yachting. *Des yacht(s)men →* **Yacht(s)woman.** — REM. : Absent des dict. de Littré et de l'Académie.

« Les Yachtsmen de tous les pays. »

Le Sport, 26 janv. 1859 [*in* G. Petiot].

✳ Mot anglais n. (1820) composé de *yacht* et de *-man* « homme ». En anglais, on ne trouve plus guère que la forme graphique *yachtsman*

(1862). *Yachtman* et *yachtsman* (les deux formes sont attestées en 1859, d'après Mackenzie, p. 134 et p. 228) sont de moins en moins usités en français.

YACHTWOMAN ou YACHTSWOMAN [jɔtwuman] *n. f.*

(1892) *Vx.* Femme qui pratique le yachting (→ **Yachtman**).
— REM. : Plur. à l'anglaise. *Des yacht(s)women.*

« ce qu'il *(Elstir)* avait montré de préférence, c'était quelques croquis d'après de jolies yachtswomen ou bien une esquisse prise sur un hippodrome [...]. »
PROUST, *À l'ombre des jeunes filles en fleurs*, p. 897 (□ 1918).

✱ Mot anglais dont la forme *yachtswoman* a remplacé *yachtwoman* au XIXᵉ s. En français, les deux formes graphiques sont attestées en 1892 (*in* Mackenzie, pp. 134-135). *Yachtswoman* apparaît dans J. Claretie, *Américaine*, 1892 (*in* Mackenzie, p. 228). Mot rare, sorti de l'usage.

YANKEE [jãki] *n.* et *adj.*

1° *N.* (1776) *Hist.* Habitant de la Nouvelle-Angleterre. — Pendant la guerre de Sécession, Nom donné aux Nordistes par les Sudistes. *Les Yankees.*

« Cependant, qu'il s'agit des Yankees du Nord, égalitaires et démocrates, ou des gentlemen du Sud, aristocrates et conservateurs, tous étaient de civilisation britannique et protestante. »
A. SIEGFRIED, *Les États-Unis d'aujourd'hui*, p. 5 (□ 1927).

— PAR EXT. *Vieilli.* Américain, Américaine des États-Unis, par opposition aux habitants des autres pays d'Amérique. — *Spécialt.* Américain de souche anglo-saxonne. — REM. : Enregistré dans le dict. de Littré 1872 ; absent des dict. de l'Académie.

« Tel Américain possède un ou deux millions de revenu ; aussi, les Yankees de la grande société ne peuvent-ils déjà plus vivre comme Franklin : le vrai *gentleman*, dégoûté de son pays neuf, vient en Europe chercher du vieux [...]. »
CHATEAUBRIAND, *Mémoires d'outre-tombe*, t. I, p. 353 (□ 1848-1850).

« Nous allâmes trinquer tous ensembles à la buvette, comme de vrais yankees. » L. SIMONIN, *Voyage en Californie* [1859], p. 11 (□ 1862).

2° *Adj.* (1864) *Vieilli.* Propre aux Américains des États-Unis.

« L'enfant *yankee*, au contraire, a cet instinct du confortable, du bien-être, qui est inné dans sa race. »
H. FAURE, in *Revue des cours scientifiques*, 11 juin 1864, p. 380.

« — Pour sûr, c'est une vraie surprise, fait-il en tapant de son poing gauche dans sa paume droite, — ce geste si yankee. »
P. MORAND, *Champions du monde*, p. 93 (□ 1930).

✱ De l'américain *Yankee* (aussi *Yankey, Yanky*, et par abréviation *Yank*), nom donné par dénigrement aux colons (anglo-saxons) de la Nouvelle-Angleterre par les colons des autres colonies américaines, notamment par les immigrants hollandais établis à New York et par les Virginiens à la suite de différends territoriaux. D'après la première attestation écrite, 1758, surnom employé dans l'armée anglaise à propos des soldats de Nouvelle-Angleterre servant dans ses rangs en Amérique du Nord, puis, étendu, sans toujours la même valeur péjorative, d'abord par des auteurs britanniques, à tout Américain des États-Unis (1784). L'étymologie de ce mot n'a pas encore été établie avec certitude. L'Oxford dict. relève des emplois de *yankey, yankee*, comme sobriquet utilisé par les colons anglais et hollandais sur la côte Atlantique de l'Amérique dès 1683. *Yankee* pourrait venir du hollandais *Janke*, diminutif de *Jan* « Jean » (*Jan Kaas* « Jean-le-fromage »), surnom dont les Hollandais affublaient les « envahisseurs » anglais de New York, l'ancienne *New Amsterdam*. Les Américains de la Nouvelle-Angleterre ont entrepris dès 1775 de revaloriser leur surnom. Selon certains d'entre eux, *Yankee* serait venu de *Yankos* « les invincibles », nom d'une tribu indienne imaginaire du Massachusetts qui aurait été défaite à l'époque

coloniale par les valeureux pionniers anglo-saxons des colonies atlantiques du Nord, et qui aurait donné son nom aux conquérants ; mais,
selon leurs adversaires virginiens, *Yankee* viendrait d'un mot indien des
Cherokees *eankke* « esclave, lâche ». D'après la théorie la plus répandue, *Yankee* viendrait de l'altération du mot *English* « Anglais », dans
certains parlers indiens, par l'intermédiaire d'une forme amérindienne
stabilisée, *Yeengeese, Yeengeeze.*

En français, le mot *Yankee* est attesté dans le *Courrier de l'Europe,*
dès 1776. Il a connu une certaine diffusion au XIXe siècle, mais il ne
s'emploie plus guère de nos jours que pour éviter l'ambiguïté du terme
américain lorsqu'on veut introduire une distinction entre ce qui concerne
les États-Unis et les autres pays du continent de l'Amérique, ou encore
pour parler des Américains avec un rien de mépris. Selon Étiemble, qui
préconise la graphie francisée *yanki,* le mot n'est pas péjoratif :

> « Contrairement à ce que pensent les ignorants, l'adjectif *yanqui* n'a aucun
> sens péjoratif. En Anglais, il désigne un Américain des États-Unis, ce que nous
> appelons, bêtement, *un Yankee.* Bêtement, car, à la seule lecture de la séquence
> *-kee,* quel Français peut prononcer correctement ce mot-là ? En Amérique, *Yankee*
> désigne en principe les premiers immigrants, ceux de la Nouvelle-Angleterre [...]
> étant donné que le *Yankee doodle* est considéré aux États-Unis comme une façon
> d'hymne national, le mot *yanqui* se trouve bien défini, et sans aucune acception
> dénigrante. »   *Le Babélien,* t. II, p. 26 [*in* Dupré].

✳ Le dérivé *yankeesme* n. m., de l'américain *yankeeism* n. (1792) « ce
qui est caractéristique des Yankees », est attesté en français, mais il est
presque inusité :

> « Il reste quelque chose de la suffisance européenne, et particulièrement
> française ; mais elle vise plus désormais l'homme américain dans son yankeesme
> (il est censé consommer piètrement l'amour et avec peu de discernement la
> nourriture) que la civilisation américaine. »
>   E. MORIN, Préface à D. RIESMAN, *La Foule solitaire,* p. 8, Arthaud, 1966 (□ 1964).

YARD [jaʀd] *n. m.*

(1669) Unité anglo-saxonne de longueur, valant 0,914 m.
— REM. : Enregistré dans le dict. de Littré 1872 ; absent des
dict. de l'Académie.

> « YARD, s. f. *(mesure d'Angleterre)* nom de la verge d'Angleterre ; elle
> est de sept neuviemes d'aune de Paris, ainsi neuf *verges* d'Angleterre
> sont sept aunes de Paris, ou sept aunes de Paris sont neuf *verges*
> d'Angleterre. »   Chevalier de JAUCOURT, art. *Yard,* in *Encycl. Diderot,* 1765.

— (1959) *Square yard* ou *yard carré,* unité de mesure de surface
valant 0,836 m². — *Cubic yard* ou *yard cube.* Unité de mesure
de volume valant 0,764 m³.

✳ Mot anglais n. (1377, en ce sens) d'origine germanique. Bonnaffé
relève ce terme en 1669 (trad. de l'anglais de E. Chamberlayne, *L'État
présent d'Angleterre,* p. 21, d'après Mackenzie, p. 81). Larousse
enregistre en 1959 les termes désignant les unités de mesure de
surface et de volume correspondant à l'unité de longueur. Jusqu'à
l'adoption du système métrique en 1978, on a dit officiellement en ce
sens au Canada *verge* (= 3 pieds ou 36 pouces) n. f., *verge carrée* et
verge cube.

YEARLING [jœʀliŋ] *n. m.*

(1867) *Turf.* Cheval pur sang âgé d'un an. *Des yearlings.*
— REM. : Absent des dict. de Littré et de l'Académie.

> « Des produits élevés dans la destination unique d'être vendus
> yearlings. »   *Le Sport,* 1er janv. 1868 [*in* G. Petiot].

✳ Anglais *yearling* n. (1465, pouvant se dire de tout animal ou parfois
d'un enfant), de *year* « année », « de l'année », et de *-ling,* suffixe
d'origine germanique servant à indiquer l'attribution d'une qualité.
Mackenzie atteste ce terme de turf en 1867 et dans Pearson, *Dict. du
Sport français,* p. 258, 1872.

YEOMAN [jɔman] *n. m.*

1° (1614) Dans l'Angleterre médiévale, Propriétaire roturier qui bénéficiait de certains privilèges (plur. *yeomen*). — *Par ext.* Propriétaire d'une certaine importance qui cultive ses terres.

« C'est le héros national [Robin des bois] : Saxon d'abord, et armé en guerre contre les gens de loi, « contre les évêques et archevêques » dont les juridictions sont si pesantes ; généreux de plus, et donnant à un pauvre chevalier ruiné des habits, un cheval et de l'argent pour racheter sa terre engagée à un abbé rapace ; compatissant d'ailleurs et bon envers le pauvre monde, recommandant à ses gens de ne pas faire de mal aux yeomen ni aux laboureurs [...]. »
H. TAINE, *Histoire de la littérature anglaise*,
t. I, pp. 135-136, Hachette, 1866 (□ 1864).

2° (1765, *yeman*) *Yeoman de la garde*, vétéran de la garde, en costume du XVᵉ s., qui paraît dans les cérémonies royales (→ **Beefeater**).

✱ Anglais *yeoman,* probablement altération de *young man* (de *young* « jeune » et *man* « homme ») « domestique ». Le yeoman était un serviteur de rang élevé dans une maison noble. Il possédait quelques terres d'où le sens de « petit propriétaire » (début du XVᵉ s.). C'était aussi un homme habitué au maniement des armes. En 1485, Henri VII crée un corps d'élite, attaché à sa personne et composé d'archers (Cf. le rôle de ces derniers lors de la guerre de Cent Ans) auxquels on donne le nom de *yeoman of the guard.*
Yeoman « propriétaire » est attesté en français en 1614 (*in* Mackenzie). *Yeoman* « membre de la garde » apparaît dans l'Encyclopédie de Diderot en 1765 sous la forme *yeman.*
Le français a également emprunté à l'anglais le dérivé *yeomanry* « classe sociale formée par les yeomen (1°) » (1799, *in* Mackenzie) ; « police montée composée principalement de yeomen (1°) » (1872, *in* Littré).

« Guy le yeoman est aussi brave que Robin Hood : il est venu le chercher dans le bois, et tire de l'arc presque aussi bien que lui. C'est que cette vieille poésie populaire n'est pas l'éloge d'un bandit isolé, mais de toute une classe, la yeomanry. »
H. TAINE, *Histoire de la littérature anglaise*, t. I, p. 136, Hachette, 1866 (□ 1864).
« La taxe récente ayant constaté l'existence de 200 000 chevaux de luxe, on leva 20 000 cavaliers de la yeomanry. Cette milice de propriétaires aisés, très conservatrice d'opinion et très exercée au maniement du cheval pouvait rendre de grands services contre des envahisseurs qui forcément n'auraient pas débarqué beaucoup de chevaux. »
LAVISSE et RAMBAUD, *Histoire générale*, t. VIII, pp. 666-667 (□ 1897).

YES-MAN [jɛsman] *n. m.*

(1930) *Péj.* Homme qui adopte une attitude servile consistant à approuver tout ce qui vient de ses collègues et surtout de ses supérieurs. *Des yes-men.* — REM. : Absent du dict. de l'Académie 1935. — Le terme n'existe pas au féminin.

« [Ogden Webb, sans la guerre] aurait appris à sourire, à approuver, à noyer le poisson ; un *yes-man,* un homme à dire oui. »
P. MORAND, *Champions du monde*, p. 51 (□ 1930).

✱ Terme américain attesté en 1929 dans le titre de l'ouvrage de Witwer : *Yes Man's Land,* composé de *-man* « homme » et de *yes* « oui », littéralement « homme qui dit (toujours) oui ». Rare en français ; absent de tout dict. général. Le synonyme emprunté à la vie politique algérienne, du temps de l'Algérie française, *béni-oui-oui,* a eu plus de succès.

YÉ-YÉ ou **YÉYÉ** [jeje] *n. m.* et *adj.*

(1962) *Vieilli.* Nom donné en France vers 1962, d'abord par moquerie, aux amateurs enthousiastes d'un style de musique rythmée venu des États-Unis, notamment de chanson dans laquelle les paroles sont réduites à un effet scandé de répétition monosyllabique.

« Vous voulez faire danser Lucile de force ? Vous n'êtes pourtant pas un yé-yé, dit-elle, vous avez passé l'âge. »

F. SAGAN, *La Chamade*, pp. 138-139 (□ 1965).

— ADJ. Se dit de ce style lui-même et des comportements qui l'ont caractérisé, chez les artistes et leurs admirateurs. *Boîte yé-yé. Orchestre yé-yé. Mode yé-yé.*

« heureusement, il y avait ce qu'en langage "yé-yé" on nomme "la sono". »   *Combat*, 29 oct. 1963 [*in* Blochwitz et Runkewitz, p. 294].

« Le temps n'est plus des troubadours faméliques, en 1971 on peut être à la fois P.-d. g. et chanteur "yé-yé". »

Paris-Match, 18 déc. 1971, p. 62.

— SUBST. Le genre, le style de musique aimé des yéyés.

« le fameux statut de la R. T. F... est en train d'aboutir, purement et simplement, à la disparition des programmes culturels et à leur remplacement par des émissions de (yé-yé). »

Le Canard enchaîné, 15 janv. 1964 [*in* Blochwitz et Runkewitz, p. 294].

✻ Mot créé en France à partir de l'américain *yeah-yeah* de *yeah* ou *yah*, altération populaire de l'anglais *yes* « oui », souvent scandé dans ce style de chanson américaine. Le mot *yé-yé* a été repris par l'anglais pour parler du rock français (*in* Barnhart, *A Dict. of New English* 1973).

YIDDISH ou YIDICH [(j)idiʃ] *n. m.* et *adj. inv.*

(1907 ; *yudisch*, 1864) Ensemble des parlers haut-allemands des communautés juives d'Europe orientale et autrefois d'Allemagne, appelé aussi *judéo-allemand*. — REM. : Absent du dict. de l'Académie 1935. — On écrit parfois *yddisch*, *yidich(e)*.

« Ils causaient en *yudisch* des affaires de la ville. »

ERCKMANN-CHATRIAN, *L'Ami Fritz*, 1864, in *Le Français moderne*, avril 1954, p. 147.

« Je suis né Américain et athée ; à cinq ans, j'ai refusé d'apprendre la Loi, de goûter le miel ; à treize ans, d'être confirmé ; j'ai cru que le base-ball remplacerait les hymnes [...] "*amerikane Kind*" disaient tristement, en yiddish, les vieux, quand nous allions voir mon oncle, après le Sabbat, dans la Ville Basse ; vous pensez si j'étais fier ! »

P. MORAND, *Champions du monde*, p. 24 (□ 1930).

« Mais l'usage [*d'écrire au moyen de l'hébreu diverses langues acquises*] n'a subsisté que pour des groupements juifs déplacés et restés compacts et résistant à l'assimilation totale. Il s'agit d'une part du judéo-espagnol, surtout à Salonique, et du judéo-allemand ou yidich (surtout de Pologne et d'Ukraine), qui a une littérature développée. »

M. COHEN, *L'Écriture*, p. 74, éd. Sociales (□ 1953).

— *Adj. invar.* Qui est propre ou relatif à cette langue, à ses locuteurs. *Littérature, culture yiddish.*

« Tout en bas de la seconde avenue s'élève à côté d'un théâtre yiddish un building de huit étages qui paraît immense au milieu des pauvres maisons de l'East Side ; il porte des inscriptions en yiddish et c'est le siège d'une espèce de franc-maçonnerie juive. »

S. de BEAUVOIR, *L'Amérique au jour le jour*, 9 avril 1948, p. 250 (□ 1954).

✻ L'anglais a emprunté de l'allemand *jüdisch* « juif », tiré de *jüdisch deutsch* « juif-allemand », le mot *Yiddish* attesté en 1886, créé dans le East End de Londres. La forme *yudisch* citée ci-dessus est un emprunt direct de l'allemand. C'est sous l'influence de l'anglais que la forme *yiddish*, répandue en Grande-Bretagne et en Amérique, s'est imposée en français ; elle est signalée dans le Suppl. 1907 du Nouveau Larousse illustré.

YOUPI ! [jup(p)i] *interj.*

(v. 1950) Cri d'enthousiasme et de triomphe, généralement accompagné d'un saut ou d'un geste exubérant.

« Et puis, pendant que vous y êtes, rajoutez les spectacles qui ne sont pas marqués, barrez ceux qui sont annulés, entourez ceux qui vous intéressent, chacun fait son petit calendrier, youpi ! »

Actuel, déc. 1974, p. 53.

✱ De l'américain *whoopee !,* même emploi (de *whoop !* cri de joie, de victoire, à la chasse ou à la guerre) avec attraction du français *youp !* (1840). Ce mot, assez fréquemment utilisé par les enfants, semble venir des bandes dessinées américaines.

Z

ZINE → FANZINE.

ZIP [zip] *n. m.*

(1966) Fermeture à glissière.

« La tunique est ras-de-cou, avec une patte de boutonnage à l'encolure. Elle est fermée devant par un grand zip. »
Marie-Claire, 15 mai 1966, in *La Banque des mots*, n° 3, 1972, p. 111.

✳ Le mot anglais *zip* n. (1875) est à l'origine une onomatopée pour un bruit léger et très rapide. Il s'emploie aussi comme verbe (1881). Les Américains en ont tiré le nom *zipper* (1925), marque déposée d'une fermeture-éclair, d'où le verbe *to zip* « fermer une fermeture-éclair » et *to unzip* « l'ouvrir ». À la même époque (1927), l'Oxford dict. enregistre *zip-fastener*, de *to fasten* « attacher ». *Zip*, forme abrégée, est devenue à son tour marque déposée de fermeture à glissière. Ce terme bref a produit en français le dérivé *zipper* v. tr. (1965) sur le modèle de *boutonner*. On l'emploie surtout en mode, au sens de « munir (un vêtement) d'une fermeture à glissière ou zip » :

« Mme E. *a zippé* une de ses robes avec des nouvelles fermetures à glissières P. »   *L'Express*, 26 oct. 1965 [*in* Gilbert].

✳ D'où l'adjectif courant *zippé, ée* ou *zipé, ée* « muni d'une fermeture à glissière ».

ZONING [zoniŋ] *n. m.*

(1934) *Urbanisme*. Répartition en zones planifiées, soumises chacune aux mêmes règlements d'urbanisme, des espaces urbains (zones de production, de protection, d'habitation, etc.) et des régions économiques (zones rurales, industrielles, de loisirs, d'habitation). — REM. : Absent du dict. de l'Académie 1935.

« Le zonage ou zoning est le grand principe universellement adopté, encore que sa conception ne soit pas la même dans tous les pays. Procédant d'intentions bien différentes, l'effort de mise en ordre qu'il représente peut aboutir à des résultats diamétralement opposés. »
R. AUZELLE, *Le Zonage et le domaine foncier*,
in *Technique de l'urbanisme*, p. 22 (□ 1953).

— PAR EXT. (1971) Zone soumise aux mêmes normes d'aménagement et d'urbanisme.

« Mais, l'impulsion une fois donnée, les premiers "*zonings*" équipés, les usines commençaient à pousser un peu partout. »
L'Express, 6 juin 1971, p. 56.

✳ Terme d'urbanisme d'origine américaine (1922), désignant une conception élaborée à Boston en 1911, de l'anglais *to zone* « établir, déterminer des zones », employé surtout en histoire naturelle et en géologie, de *zone* n. (v. 1500), lui-même emprunté au français.

Zoning est attesté en français dès 1934 (A. Thérive, *Les Nouvelles littéraires* du 26 mai, *in* Mackenzie, p. 267). Le terme a été concurrencé dans le langage des spécialistes dès 1951 par le dérivé français normal de *zone*, *zonage* (*Larousse mensuel*, 1951, p. 592), peut-être formé sur *zoning* par simple substitution de suffixe. *Zonage* a été recommandé officiellement (*Journal officiel*, 18 janv. 1973).

ZOO [zoo] ou [zo] *n. m.*

(1895 ; repris en 1931) Jardin, parc zoologique. *Des zoos. Le zoo de Vincennes.*

« — "Ces nègres seront allés chercher ce serpent en Floride", m'avait répondu M. Williams sans hésiter. "Ils ont la manie de les prendre vivants pour les vendre à quelque jardin zoologique." — (il disait : *un zoo*, par abréviation). »   P. BOURGET, *Outre-Mer*, p. 226 (□ 1895).

« Assis de nouveau dans la calèche, je recommence moi-même de causer avec le cocher nègre qui me ramène vers ce qui fait un des orgueils de la ville, le jardin zoologique, *le zoo*, comme il l'appelle avec la même abréviation que l'hôtelier de Philippeville. »   *Ibid.*, p. 270.

* Forme abrégée de [*jardin*] *zoo*[*logique*], apparue en français en 1895 et répandue après 1931 (nom officiel du parc zoologique créé pour l'exposition coloniale de 1931, *in* Mackenzie, p. 267) sous l'influence de l'anglais *zoo* n. (1847, d'abord à propos du jardin zoologique de Regent's Park, à Londres) pour *zoo* [*logical garden*] n. (1829). On a souvent prononcé *zoo* à l'anglaise [zu], mais on dit de nos jours [zoo] (académique) ou [zo] (courant).

ZOOM [zum] *n. m.*

(v. 1950) *Cin.* et *télév.* Effet d'éloignements et de rapprochements successifs obtenu au moyen d'un objectif à focale variable. *Des zooms.*

« Il paraît que là-bas, à Hong-Kong, les spectateurs hurlent durant la projection, invectivent les "méchants", encouragent les "gentils". Je veux bien le croire ! Car on ne nous épargne pas les coups de "zoom" dramatisés par un soutien orchestral, les panoramiques tragiques, les contre-plongées à suspense. »   *Les Nouvelles littéraires*, 1er oct. 1971, p. 31.

— FIGURÉ :

« Coupe au rasoir ou le scalp de l'âme des bons Blancs, pendant que notre œil fait du zoom dans le paysage, fort beau et bien caressé. »
                          Le Nouvel Observateur, 7 août 1972, p. 8.

— PAR EXT. (v. 1958) L'objectif à focale variable permettant d'obtenir cet effet. *Travelling* optique au zoom.*

« Depuis quatre ou cinq ans, les cinéastes français appellent non plus *Pancinor* (marque de fabrique) mais *zoom* un objectif à focale variable, un dispositif optique permettant à une caméra tout en restant fixe, de paraître foncer sur un objet ou de s'en éloigner et de donner ainsi l'illusion d'un travelling avant ou arrière. »

          G. SADOUL, *in Les Lettres françaises*, 14 fév. 1963.

* L'anglais *to zoom* v. intr. (1892) est, à l'origine, une onomatopée désignant un bourdonnement grave et continu. D'après l'Oxford dict., le terme a été employé dans le domaine de l'aéronautique dès 1917 comme verbe, puis comme substantif, en parlant d'un avion qui mitraille en piqué ou qui monte en chandelle. D'après *Les Mots « dans le vent »*, *zoom* a eu cours en France, en ce sens, comme substantif, dès 1917. Le terme de cinéma, apparu en France vers les années 1950, vient d'Amérique : il reprend l'idée de déplacement rapide. On a proposé la graphie *zoum* mais *zoom* qui a produit des dérivés *zoomer* (parfois écrit *zoumer*), etc., est plus courant.

« L'Office [du vocabulaire français] a décidé de faire rentrer *zoom* dans le vocabulaire français mais même en l'orthographiant *zoum* parce que, selon M. Guillermou, "la graphie *oo* n'existe pas chez nous". Il semble néanmoins qu'on puisse garder *zoom* tel quel puisque l'on écrit par ailleurs : *La spéculation provoqua un boom à la Bourse.* »   G. SADOUL, *Ibid.*

ZOOSÉMIOTIQUE [zoosemjɔtik] *n. f.*
(1967) Science de la communication animale.

« Encore cette extension se maintient-elle à l'intérieur du cadre anthropologique, et reste-t-elle malgré tout tributaire de la définition de l'*homo loquax*. Mais à envisager la communication *largo sensu*, il faut accorder la place qui lui revient à la communication animale (zoosémiotique). »   J. REY-DEBOVE, *Recherches sur les systèmes signifiants*,
Préface, [1971] p. 8 (□ 1973).

✳ Adaptation de l'américain *zoosemiotics* n., mot créé par T. A. Sebeok en 1965 à partir de *zoo-* « animal » et *semiotics* « sémiotique ». Ce mot a été connu en France avec la parution de la revue *Semiotica* dirigée par T. A. Sebeok.

NOTE POUR LA BIBLIOGRAPHIE

Comme il a été indiqué dans la « Note technique » (p. XIV), la bibliographie se compose de deux parties, l'une comportant les ouvrages sur la langue, l'autre tous les ouvrages généraux.

Pour faciliter le repérage des auteurs et des titres dans la première partie de la bibliographie, le principe qui a été adopté est celui d'un rangement alphabétique selon la façon dont les ouvrages apparaissent dans le cours des articles du dictionnaire. En effet, en raison de la grande fréquence de l'apparition de leurs références, les ouvrages sont désignés soit par le nom de leur auteur (indiqué alors en lettres minuscules), soit par leur titre abrégé (indiqué en italique ou en romain). Il arrive néanmoins que les références complètes soient maintenues.

Par ailleurs, dans les références bibliographiques :

(□) Le carré devant la date entre parenthèses signale la première publication de l'ouvrage en question, pertinente pour dater le mot.

(†) Cette croix après une date d'édition signale qu'il s'agit d'une publication posthume.

BIBLIOGRAPHIE

I. Bibliographie des ouvrages sur la langue

The American Heritage Dictionary of the English Language, Dell Publishing Co. Inc. 1978, © 1969.

Arveiller : *Contribution à l'étude des termes de voyage. en français (1505-1722)*, de Raymond ARVEILLER, éd. d'Artrey, 1963.

BACQUET (Paul), *Le Vocabulaire anglais*, P. U. F., Que sais-je ?, n° 1574 (□ 1974).

La Banque des mots, revue semestrielle de terminologie française, P. U. F., depuis 1971.

Barnhart : *The Barnhart Dictionary of New English since 1963*, de C. et R. BARNHART et S. STEINMETZ, éd. Barnhart and Harper & Row, New York, 1973.
— *The Second Barnhart Dictionary of New English*, mêmes auteurs, éd. Barnhart Books, New York, 1980.

BARNHART (Clarence et Robert), *The World Book Dictionary*, 2 vol., éd. Word Book Incorporated, Chicago, 1978.

Baulig : *Vocabulaire franco-anglo-allemand de géomorphologie*, de Henri BAULIG, Les Belles Lettres, 1956.

BENVENISTE (Émile), *Problèmes de linguistique générale*, Gallimard, t. I, 1966 ; t. II, 1974.

Bélisle : *Petit Dictionnaire canadien de la langue française*, de Louis-A. BÉLISLE, éditions Ariès inc., N. Demetelin éd., Montréal, © 1969.

Bescherelle : *Dictionnaire national* ou *Dict. universel de la langue française*, par M. BESCHERELLE aîné, éd. Simon et Garnier, 1846 (□ 1845-1846).

Bloch et Wartburg : *Dictionnaire étymologique de la langue française*, de Oscar BLOCH et Walther von WARTBURG, 4ᵉ éd. revue, P. U. F., 1964, © 1932.

Blochwitz et Runkewitz : *Neologismen der französischen Gegenwartssprache unter besonderer Berücksichtigung des politischen Wortschatzes*, Akademie Verlag, Berlin, 1971.

Bonnaffé : *Dictionnaire étymologique et historique des anglicismes*, par Édouard BONNAFFÉ, Delagrave, 1920.

Boiste : *Dictionnaire universel de la langue française, avec le latin. Manuel de grammaire, d'orthographe et de néologie*, 1808 (1ʳᵉ éd.) ; 1839 (revue par Ch. Nodier), éd. Firmin-Didot, Rey et Gravier.

BOUILLET, *Dictionnaire des sciences, des lettres et des arts*, t. I, Hachette, 1864.

BROSSET (R.) et FONDANÈCHE (P.), *Dictionnaire mémento d'électronique*, Dunod (☐ 1969).

BRUNEAU (Charles), *Petite histoire de la langue française*, Colin (☐ 1958).

BRUNEAU (Charles) et BRUNOT (Ferdinand), *Précis de grammaire historique de la langue française*, Masson, 1961 (☐ 1949).

Brunot : *Histoire de la langue française (H. L. F.) des origines à nos jours*, de Ferdinand BRUNOT, 13 t. en 20 vol., Colin, 1966-1972 (☐ 1905-1953).

CAPITANT (Henri), *Vocabulaire juridique*, rédigé par des professeurs de droit, des magistrats et des jurisconsultes, P. U. F. (☐ 1936).

CELLARD (Jacques) et REY (Alain), *Dictionnaire du français non conventionnel*, Hachette, 1980.

Les Cent Mots-Clés de l'économie contemporaine, enquête de F. MOREAU DE BALASY, Lavauzelle (☐ 1973).

La Clé des mots, cahiers de Terminologie, Conseil international de la langue française, depuis oct. 1973.

Colpron : *Les Anglicismes au Québec*, de Gilles COLPRON, Librairie Bauchemin, Montréal, © 1970.

Comité d'étude des termes techniques français, *Termes techniques français. Essai d'orientation de la terminologie* (☐ 1972).

DARBELNET (Jean), *Regards sur le français actuel*, Beauchemin, 1964 (☐ 1963).

DARMESTETER (Arsène), *De la création actuelle des mots nouveaux dans la langue française et des lois qui la régissent*, F. Vieurg (☐ 1877).
— *La Vie des mots étudiés dans leurs significations*, Delagrave, 1937 (☐ 1887).

DAUZAT (Albert), *La Défense de la langue française*, Colin (☐ 1912).
— *Dictionnaire étymologique*, Larousse, 1949.
— *La Langue française d'aujourd'hui*, Colin (☐ 1908).

Dauzat, Dubois, Mitterand, *Nouveau Dictionnaire étymologique et historique*, Larousse, 1964.

D. D. L. : *Matériaux pour l'histoire du vocabulaire français. Datations et documents lexicographiques*, publiés par Bernard QUEMADA, 1re série, Les Belles Lettres, 1959-1965 ; 2e série, Didier puis Klincksieck, 1970-1977.

Deak : *Grand Dict(ionnaire) d'américanismes*, de Étienne et Simone DEAK, éd. du Dauphin, 1973, © 1956. — N. B. Il s'agit des américanismes en anglais.

DEROY (Louis), *L'Emprunt linguistique*, Société d'édition Les Belles Lettres (☐ 1956).

Dict. de l'Académie : *Dictionnaire de l'Académie française*, 1re éd., Coignard, 1694 ; 2e éd., Coignard, 1718 ; 4e éd., Brunot, 1762 ; Nvelle éd., Beaume, 1787 ; 5e éd., Smits et Cie, 1798 ; 6e éd., Firmin-Didot, 1835 ; 7e éd., Firmin-Didot, 1878 ; 8e éd., Hachette, 1932-1935.

A Dict. of American English on Historical Principles, 4 vol., University of Chicago Press, 1938, © 1938.

A Dict. of Americanisms → MATHEWS.

Dict. of American Slang : *The Pocket Dictionary of American Slang* de Harold WENTWORTH and Stuart Berg FLEXNER, Pocket books, New York, 1968, © 1960.

A Dict(ionary) of Canadianisms on Historical Principles, Toronto, W. J. Cage, 1967, © 1967.

Dict. général : *Dictionnaire général de la langue française* du XVIIe s. à nos jours de Adolphe HATZFELD et de James DARMESTETER avec le concours d'Antoine THOMAS, 2 vol., Delagrave, 1964 (□ 1890-1900).

DUBOIS (Jean), *Dictionnaire de linguistique*, Larousse (□ 1973).
— *Grammaire structurale du français : le verbe*, Larousse (□ 1967).
— *Le Vocabulaire politique et social en France de 1869 à 1872*, à travers les œuvres des écrivains et les journaux..., Larousse (□ 1962).

DUMAS (Alexandre) père, *Grand Dictionnaire de Cuisine*, Lemerre (□ 1873).

Dulong : *Dictionnaire correctif du français au Canada*, de Gaston DULONG, Presses de l'Université, Québec, 1968.

Dupré : *Encycl(opédie) du bon français*, de P. DUPRÉ, 3 vol., Trévise, 1972.

Encyclopédie ou Dictionnaire raisonné des sciences, des arts et des métiers..., publié par M. DIDEROT, t. I (1751) à t. XVII (1765).

ESNAULT (Gaston), *Le Poilu tel qu'il se parle.* Dictionnaire des termes populaires récents et neufs employés aux armées en 1914-1918, étudiés dans leur étymologie, leur développement et leur usage, Bossard (□ 1919).

ÉTIEMBLE (René), *Le Babélien*, t. I, II et III, Centre de documentation universitaire, 1959-1962.
— *Parlez-vous franglais ?*, Gallimard (□ 1964).

FLEXNER (Stuart Berg), *I hear America talking*, éd. van Nostrand Reinhold, New York, 1976.

FORGUE (Guy Jean), *Les Mots américains*, Que sais-je ?, n° 1660, P. U. F. (□ 1976).
— « Le "franglais" dans *Le Monde* », *Zeitschrift für Dialektologie und Linguistik Beihefte*, Heft 32, 1979.

FORGUE (Guy Jean) et McDAVID (Raven), *La Langue des Américains*, Aubier-Montaigne (□1972).

FOULQUIÉ (Paul) et SAINT-JEAN (Raymond), *Dictionnaire de la langue philosophique*, P. U. F. (□ 1962).

Le Français moderne, revue trimestrielle de linguistique française, éd. d'Artrey, depuis 1933.

FURETIÈRE (Antoine), *Dictionnaire universel contenant généralement tous les mots françois, tant vieux que modernes, et les termes de toutes les sciences et des arts*, 3 vol., La Haye-Rotterdam, Arnaut et Reinier Leers, 1690. — Réédition préfacée, illustrée et indexée, Paris, S. N. L.-Le Robert, 1978, 3 vol.

GALLIOT (Marcel), *Essai sur la langue de la réclame contemporaine*, éd. Privat (□ 1955).

GEORGIN (René), *Jeux de mots : de l'orthographe au style*, André Bonne (□ 1957).
— *Pour un meilleur français*, André Bonne (□ 1951).
— *La Prose d'aujourd'hui*, André Bonne (□ 1956).

GILBERT (Pierre), *Dictionnaire des mots nouveaux*, Tchou, 1968 ; *Dictionnaire des mots contemporains*, Les Usuels du Robert, 1980.

GIRAUD (Jean), *Contribution au vocabulaire farfelu du cinéma*, in *Vie et Langage*, n° 171, juin 1966.
— *Le Lexique français du cinéma des origines à 1930*, éditions du C. N. R. S. (□ 1957).

GIRAUD (Jean), PAMART (Pierre), RIVERAIN (Jean), *Les Mots « dans le vent »*, Larousse (□ 1971).
— *Les Nouveaux Mots « dans le vent »*, Larousse (□ 1974).

G. L. E. → *Grand Larousse encyclopédique*.

G. L. L. F. : *Grand Larousse de la langue française*, 7 vol., 1971-1979.

GODEFROY (Frédéric), *Dictionnaire de l'ancienne langue française et de tous ses dialectes du IXᵉ au XVᵉ siècle*, 10 vol., Vieweg et Bouillon, 1881-1902.

Gohin : *Les Transformations de la langue française pendant la deuxième moitié du XVIIIᵉ s. (1740-1789)*, de Ferdinand GOHIN, Belin, 1903.

GOURMONT (Remy de), *Esthétique de la langue française*, Mercure de France, 1926 (□ 1899).

GRAND COMBE (Félix de), *De l'anglomanie en français*, in *Le Français moderne*, t. XXII, juillet et octobre 1954.

Grand Dict. d'américanismes → Deak.

Grand Larousse encyclopédique en dix volumes, 1960-1964, Supplément 1968, 2ᵉ supplément 1975.

Grande Encycl. Berthelot : *La Grande Encyclopédie*, inventaire raisonné des sciences, des lettres et des arts par une société de savants... sous la direction de M. BERTHELOT, M. DEREM-BOURG, etc., 31 t., éd. Lamirault, 1885-1902.

GREIMAS (A. J.), *Sémantique structurale*, Larousse, 1966.

GREVISSE (Maurice), *Le Bon Usage*, 8ᵉ édition, J. Duculot, Gembloux, 1964.

GRUSS (Robert), *Petit Dictionnaire de marine*, Sté éditions géographiques, maritimes et coloniales, 1945, 2ᵉ édition ; 1952, 3ᵉ éd. entièrement refondue.

GUILBERT (Louis), *Anglomanie et Vocabulaire technique*, in *Le Français moderne*, t. XXVII, oct. 1959.
— *La Formation du vocabulaire de l'aviation* [1861-1891], Larousse (□ 1965).
— *Le Vocabulaire de l'astronautique*. Enquête linguistique à travers la presse d'information à l'occasion de cinq exploits de cosmonautes..., université de Rouen, s. d. (□ 1967).

Hamlyn : *Hamlyn Encyclopedic World Dictionary*, éd. Hans Patrick, The Hamlyn Publishing group Ltd. 1971, © 1971.

HANON (Suzanne), *Anglicismes en français contemporain*. Méthodes et problèmes, Aarhus Universitet (□ 1970).

HANSE (Joseph), *Dictionnaire des difficultés grammaticales et lexicologiques*, Baude, 1949.

Huguet : *Dictionnaire de la langue française du XVIᵉ siècle*, de Edmont HUGUET, Librairie Édouard Champion (□ 1925-1961).

I. G. L. F. : *Inventaire général de la langue française*, non publié (intégré à la documentation du Trésor de la langue française, C. N. R. S.).

JAKOBSON (Roman), *Essai de linguistique générale*, t. I, trad. de N. Ruwet, Éd. de Minuit (□ 1963).

JEANNE (René) et FORD (Charles), *Le Vocabulaire du cinéma*, in *Vie et Langage*, n° 31, oct. 1954 ; n° 38, mai 1955 ; n° 39, juin 1955 ; n° 40, juil. 1955.

KELLEY (Lesley Jean), *Le Franglais de Montréal*, université de Montréal (□ 1964).

KLEIN (Ernest), *A Comprehensive Etymological Dictionary of the English language*, Elsevier, Scient. Publishing Company, Amsterdam, Oxford, New York (□ 1971).

KLEIN (Virginia), *A Study of Franglais in twelve issues of* Le Monde, *January through May 1977*, mémoire dactylographié de maîtrise d'anglais, oct. 1977, université de Paris-III, dirigé par Guy J. Forgue.

KOESSLER (Maxime), *Les Faux Amis des vocabulaires anglais et américain*, Vuibert, 1975, éd. revue.

KRISTEVA (Julia), REY-DEBOVE (Josette), UMIKER (J.), *Essais de sémiotique*, Mouton, La Haye (□ 1971).

LALANDE (André), *Vocabulaire technique et critique de la philosophie*, 6ᵉ éd., P. U. F., 1951 (□ 1902-1922), in *Bulletin de la Sté française de philosophie*.

Lami : *Dict. encycl(opédique) et biogr(aphique) de l'industrie et des arts industriels*, de Eugène Oscar LAMI, 8 vol., Paris (□ 1884-1891).

LAPLANCHE (Jean) et PONTALIS (J.-B.), *Vocabulaire de la psychanalyse*, P. U. F., 1973, 4ᵉ éd. revue (□ 1967).

LAROUSSE (Pierre), *Grand Dictionnaire universel du XIXᵉ siècle*, 15 t., 1866-1876 ; t. XVI (suppl.) : 1877 ; 2ᵉ suppl. : 1890.

Larousse du XXᵉ siècle en six volumes : t. I, 1928 ; t. II, 1929 ; t. III, 1930 ; t. IV, 1931 ; t. V, 1932 ; t. VI, 1933 ; Supplément : 1953.

LE BIDOIS (Robert), *Les Mots trompeurs ou le Délire verbal*, Hachette (□ 1970).

LE BIDOIS (Georges et Robert), *Syntaxe du français moderne*, A. Picard, 1967 (□ 1935-1938).

Littré : *Dictionnaire de la langue française*, de Émile LITTRÉ, 4 t., Hachette, 1881, Suppl. 1877.

Mackenzie : *Les Relations de l'Angleterre et de la France d'après le vocabulaire*, de Fraser MACKENZIE, 2 t. : t. I, Les Infiltrations de la langue et de l'esprit anglais ; t. II, Les Infiltrations de la langue et de l'esprit français en Angleterre, Droz, 1939.

MATORÉ (Georges), *Le Vocabulaire et la Société sous Louis-Philippe*, Librairie Droz et Giard, 1951 (□ 1946).

Mathews : *A Dictionary of Americanisms on Historical Principles*, University of Chicago Press, edited by Mitford McLeod Mathews, 1966, © 1951.

MEILLET (Antoine) et COHEN (Marcel), *Les Langues du monde*, par un groupe de linguistes, C. N. R. S., 1942 (□ 1924).

Mercier, *Néol.* (ou) Mercier : *Néologie, ou Vocabulaire des mots nouveaux, à renouveler ou pris dans des acceptions nouvelles*, de Louis-Sébastien MERCIER, 2 vol., Moussard et Maradan, 1801.

MERLINO (Jacques), *Les Jargonautes, ou le Bruit des mots*, Stock (□ 1978).

Miège : *A New Dictionary French and English, with another English and French,* de Guy MIÈGE, éd. T. Basset, 1677.

MOREAU DE BALASY → *Les Cent Mots-Clés de l'économie contemporaine.*

MOUREAU (Madeleine) et ROUGE (Janine), *Dictionnaire technique des termes utilisés dans l'industrie du pétrole,* éd. Techniq., 1963.

NODIER (Charles), *Examen critique des dictionnaires,* Delangle, 1829 (□ 1828).

Nouveau Larousse illustré, Dictionnaire universel encyclopédique sous la direction de Claude Augé.

Onions : *The Oxford Dictionary of English Etymology,* edited by C. T. ONIONS, Oxford University Press, 1966, © 1966.

Ch. d'Orbigny : *Dict(ionnaire) univ(ersel) d'histoire naturelle,* de Charles d'ORBIGNY, Renard et Martinet, 1841-1849.

ORR (John), *Les Anglicismes du vocabulaire sportif,* in *Le Français moderne,* t. III, oct. 1935.

Oxford dict. (ou) Oxf. dict. : *The Oxford English Dictionary,* 12 t., Clarendon Press, 1933 ; Suppl. 1 (1972) et 2 (1976), edited by R.W. Burchfield.

PANASSIÉ (Hugues) et GAUTIER (Madeleine), *Dictionnaire du jazz,* Laffont, 1954 ; Albin Michel, 1971.

PAULHAN (Jean), *Les Fleurs de Tarbes, ou la Terreur dans les lettres,* Gallimard (□ 1941).

The Penguin English Dictionary, Penguin Books, 1969, © 1965.

PESSIS-PASTERNAK (Guita), *Dictionnaire de l'audio-visuel,* Flammarion (□ 1976).

Petiot : *Dictionnaire de la langue des sports,* de Georges PETIOT (à paraître).

Petit Robert (ou) PR 1 : *Dictionnaire alphabétique et analogique de la langue française,* 1 vol., éd. augmentée, S. N. L.-Le Robert, 1977, © 1967.

PIÉCHAUD (Louis), *Questions de langage,* éd. du Lys (□ 1952).

PIÉRON (Henri), *Vocabulaire de la psychologie,* P. U. F., 1951 (2e éd.).

PRIVAT-DESCHANEL (Augustin) et FOCILLON (Ad.), *Dictionnaire général des sciences théoriques et appliquées,* t. II, Delagrave-Garnier (□ 1883).

PROSCHWITZ (G. von), *Le Vocabulaire politique au XVIIIe siècle avant et après la Révolution,* in *Le Français moderne,* t. XXXIV, avril 1966.

REY-DEBOVE (Josette), Le Comportement des langues romanes face à l'emprunt anglo-saxon, in *Actes du Congrès international de Terminologie,* Québec, 1976.
— *Recherches sur les systèmes signifiants,* Mouton, La Haye (□ 1973).
— *Sémiotique,* coll. Lexique, P. U. F., 1979.
— *La Sémiotique de l'emprunt lexical,* in *Travaux de linguistique et de littérature,* publiés par le Centre de philologie et de littératures romanes de l'université de Strasbourg, XI, 1, 1973.

RICHARD DE RADONVILLIERS (Jean-Baptiste), *Dictionnaire de mots nouveaux,* Enrichissement de la langue française, Léautey, 1845 (2e éd. revue et augmentée).

RICHELET : *Dictionnaire français*, tiré de l'usage et des bons auteurs de la langue, éd. J.-J. Dentand, 1690 ; t. I, Simon Benard, 1719 ; t. II, Frères Barbon, 1730.

RIFFATERRE (Michel), *Datations de mots et néologismes*, in *Le Français moderne*, t. XX, janv. 1954.

ROBERT : *Dictionnaire alphabétique et analogique de la langue française*, sous la direction de Paul ROBERT, 6 vol., 1953-1964 ; Suppl., 1970.

ROBERT et COLLINS : *Dictionnaire français-anglais, English-French*, par B. ATKINS, R. DUVAL, R.C. MILNE et P. COUSIN, M. LEWIS..., S. N. L.-Le Robert et Collins, © 1978.

ROMEUF (Jean), *Dictionnaire des sciences économiques*, 2 vol., P. U. F. (□ 1958).

RUWET (Nicolas), *Introduction à la grammaire générative*, Plon (□ 1967).

SAUVAGEOT (Aurélien), *Français écrit, français parlé*, Larousse (□ 1962).
— *Portrait du vocabulaire français*, Larousse (□ 1964).

THÉRIVE (André), *Le Français langue morte ?*, Plon (□ 1923).
— *Procès de langage*, Stock (□ 1962).
— *Querelles de langage*, t. I (□ 1929) ; t. II (□ 1933) ; t. III (□ 1940), Stock.

THOMAS (Adolphe), *Dictionnaire des difficultés de la langue française*, Larousse, 1956.

T. L. F. : *Trésor de la langue française*, dict. de la langue du XIXe et XXe s. (1789-1960), sous la direction de Paul IMBS, éd. du Centre national de la recherche scientifique, 14 vol. prévus (t. I, 1971 à t. V, 1976).

Trévoux : *Dictionnaire universel français et latin* dit *Dictionnaire de Trévoux*, éd. Pierre Antoine, 1740, Cie des libraires associés, 1771 (□ 1704).

UREN (O.), *Le Vocabulaire du cinéma français*, in *Le Français moderne*, t. XX, janv. et juil. 1952.

VENDRYES (Joseph), *Le Langage*, introduction linguistique à l'histoire, Albin Michel, 1968 (□ 1921, terminé en 1914).

Wartburg : *Französisches Etymologisches Wörterbuch. Eine Darstellung des gallo-romanischen Sprachschatzes*, de Walther von WARTBURG, 20 t., J.C.B. Mohr, Tübingen, à partir de 1948 :
— Band XVIII, Lieferung Nr. 121, Anglizismen, 1967.
— Band XX, Lieferung Nr. 125, Entlehnungen aus den übrigen Sprachen, 1968.

Webster's Second (2d) 1934 : *Webster's New International Dictionary of the English language*, second edition unabridged, 2 vol., Cambridge, G. and C. Merriam, Co. 1945, © 1934.

Webster's Third (3d) 1966 : *Webster's Third New International Dictionary of the English language*, Springfield, G. and C. Merriam, Co. 1969, © 1966. — N. B. Cette édition reproduit celle de 1961.

Wexler : *La Formation du vocabulaire des chemins de fer en France* (1778-1842), de Peter J. WEXLER, Droz-Giard, 1955.

II. Bibliographie générale

ABELLIO (Raymond), *Ma dernière mémoire*, t. I, *Un faubourg de Toulouse* [1907-1927], Gallimard (□ 1971).

ADAM (Paul), *La Morale des sports*, Librairie mondiale (□ 1907).
— *Vues d'Amérique ou La Nouvelle Jouvence*, Ollendorff (□ 1906).

AGASSIZ (M. et Mme), *Voyage au Brésil* [1865-1866], traduit de l'anglais par Félix VOGELI, in *Le Tour du monde*, t. XVIII, Hachette, 1er sem. 1868.

AGEL (Henri), *Le Cinéma*, Casterman (□ 1954).

AGULHON (Henri), *Les Textiles chimiques*, P. U. F., Que sais-je ? n° 1003 (□ 1962).

AJAR (Émile), *L'Angoisse du roi Salomon*, Mercure de France (□ 1979).

ALBERT (Pierre) et TERROU (Fernand), *Histoire de la presse*, P. U. F., Que sais-je ?, n° 368 (□ 1970).

ALEMBERT (Jean LE ROND d'), *Œuvres complètes*, Belin, 1821-1822, 5 t. (□ 1717-1738).

ANDRÉ (Édouard), *L'Amérique équinoxiale, Colombie-Équateur-Pérou* [1875-1876], in *Le Tour du monde*, t. XXXIV, Hachette, 1er sem. 1877.

ALLAINES (Claude d'), *La Chirurgie du cœur*, P. U. F., Que sais-je ?, n° 1258 (□ 1967).

ALLAIS (Alphonse), *Contes et Chroniques*, H. de Fontaine, 1948 (□ 1905).

ANGLADETTE (André), *Le Riz*, P. U. F., Que sais-je ?, n° 305 (□ 1948).

L'Année scientifique et industrielle, publiée par Louis FIGUIER, puis, à partir de 1895, par Émile GAUTIER, 56 vol., Hachette, 1850-1913.

ANOUILH (Jean), *Ornifle ou Le Courant d'air*, La Table ronde (□ 1955).

ARAGON (Louis), *Anicet ou le Panorama*, Gallimard, 1951 (□ 1921).
— *Les Beaux Quartiers*, Denoël, 1950 (□ 1936).
— *Blanche ou l'Oubli*, Gallimard (□ 1967).
— *Les Cloches de Bâle*, Livre de Poche, 1963 (□ 1934).
— *Le Crève-Cœur*, Gallimard (□ 1946).
— *Le Roman inachevé*, Gallimard (□ 1956).

ARMENGAUD Aîné, *Traité théorique et pratique des moteurs à vapeur*, A. Morel, t. I, 1869 ; t. II, 1872.

ARNOULT (Pierre), *Les Courses de chevaux*, P. U. F., Que sais-je ?, n° 981 (□ 1962).

ARNOUX (Alexandre), *Suite variée*, Grasset (□ 1925).

ARTAUD (Antonin), *Le Théâtre et son double*, in *Œuvres complètes*, t. IV, Gallimard, 1964 (□ 1932).

AUGIER (Émile), *Théâtre complet*, Calmann-Lévy, 1877 (□ 1862).

AUZELLE (Robert), *Technique de l'urbanisme*, P. U. F., Que sais-je ?, n° 609 (□ 1953).

AYMÉ (Marcel), *Le Chemin des écoliers*, Gallimard, 1951 (□ 1946).
— *Le Passe-Muraille*, Gallimard (□ 1943).
— *Travelingue*, Gallimard, 1943 (□ 1941).

— *Le Vin de Paris*, Gallimard (□ 1947).
— *La Vouivre*, Gallimard, 1953 (□ 1943).
— *Uranus*, Gallimard, 1951 (□ 1948).

J.-C. B. [peut-être J.-C. BONNEFOIS], *Voyage au Canada fait depuis l'an 1751 à 1761*, Aubier Montaigne, 1972 (□ av. 1790).

BAINVILLE (Jacques), *Histoire de France*, Arthème Fayard, 1939 (□ 1924).

BALANDIER (Georges), *Sociologie actuelle de l'Afrique noire*, P. U. F., 1963 (□ 1955).

BALZAC (Honoré de), *La Comédie humaine*, Gallimard, Pléiade, t. I., 1940 ; t. II, 1941 ; t. III, 1947 ; t. VI, t. VII et t. VIII, 1949 ; t. IX, 1950 :
    Béatrix, t. II (□ 1839).
    César Birotteau, t. V (□ 1838).
    Le Contrat de mariage, t. III (□ 1835).
    Le Cousin Pons in *Le Constitutionnel*, t. VI (□ 1847).
    La Cousine Bette, t. VI (□ 1846).
    Le Député d'Arcis, in *L'Union monarchique*, t. VII (□ 1847).
    La Duchesse de Langeais, t. V (□ 1834).
    El Verdugo, t. IX (□ 1829).
    Les Employés, t. VI (□ 1835).
    Illusions perdues, t. IV (□ 1837).
    Le Lys dans la vallée, t. VIII (□ 1836).
    La Maison Nucingen, t. V (□ 1841).
    Mémoires de deux jeunes mariées, t. I (□ 1841).
    Modeste Mignon, t. I (□ 1844).
    Les Paysans, t. VIII (□ 1844).
    La Peau de chagrin, t. IX (□ 1831).
    Le Père Goriot, t. II (□ 1835).
    Les Petits Bourgeois, t. VII (□ 1850 †).
    La Rabouilleuse, t. III (□ 1842).
    Splendeurs et Misères des courtisanes, t. V (□ 1843).
    Une double famille, t. I (□ 1830).
    Une ténébreuse affaire, t. VII (□ 1841).
    La Vieille Fille, t. IV (□ 1836).
— *Œuvres diverses*, Conard, t. I, 1935 ; t. II, 1938 ; t. III, 1940 :
    Les Amours de deux bêtes, t. III (□ 1842).
    Chronique de Paris, 26 mai 1836 ; 29 mai 1836 ; 3 juillet 1836 : t. III.
    Code des gens honnêtes, t. I (□ 1825).
    Complaintes satiriques sur les mœurs du temps présent, t. II (□ 20 fév. 1830).
    Les Deux Amis, t. II (□ 1830-1831).
    Enquête sur la politique de deux ministères, t. II (□ 1831).
    Essai sur la situation du parti royaliste, in *Le Rénovateur*, t. II (□ mai-juin 1832).
    Le Feuilleton des journaux politiques, t. I (□ 17 mars 1830).
    Guide-âne, t. III (□ 1842).
    Lettre sur Kiew, t. III (□ 1847).
    Lettres sur Paris, t. II (□ 1830-1831).
    Monographie de la presse parisienne, in *La Grande Ville*, t. III (□ 1843).
    La Mort de ma tante, in *La Caricature*, t. II (□ 16 déc. 1830).
    Nouvelle Théorie du déjeuner, in *La Mode*, t. II (□ 29 mai 1830).
    L'Oisif et le Travailleur, in *La Mode*, t. II (□ 8 mai 1830).

Peines de cœur d'une chatte anglaise, t. III (□ 1842).
Physiologie de la toilette, in *La Silhouette*, t. II (□ 3 juin 1830).
Souvenirs d'un paria, t. I (□ 1830).
Sur les ouvriers, in *Revue parisienne*, t. III (□ 25 août 1840).
Traité de la vie élégante, in *La Mode*, t. II (□ oct.-nov. 1830).
Une charge de dragons, t. II (□ 1831).
Une vue du grand monde, t. II (□ oct. 1830).

BARBEY d'AUREVILLY (Jules), *Œuvres romanesques complètes*, t. II, Gallimard, Pléiade, 1972 :
    Les Diaboliques (□ 1874).
    Du dandysme et de Georges Brummel (□ 1845).
— *Une vieille maîtresse*, Lemerre, 1952 (□ 1865).

BARBUSSE (Henri), *Le Feu*, Journal d'une escouade, Flammarion, 1917 (□ 1916).

BARJAVEL (René), *Ravage*, Livre de poche, 1967 (□ 1943).

BARTHES (Roland), *Mythologies*, Seuil, 1970 (□ 1954-1956).

BARUK (Henri), *Psychoses et névroses*, P. U. F., Que sais-je ?, nᵒ 221, 1951 (□ 1946).

BAUDELAIRE (Charles), *Aventures d'Arthur Gordon Pym d'Edgar Poe*, in *Œuvres en prose d'Edgar Allan Poe*, traduites par Ch. Baudelaire, Gallimard, 1951 (□ 1858).
— *Le Cottage Landor*, ibid. (□ 1865).
— *Curiosités esthétiques*, in *Œuvres complètes*, 1951 (□ 1867 †).
— *Histoires grotesques et sérieuses*, trad. de l'anglais d'Edgar Allan Poe, in *Œuvres en prose*, Pléiade, 1951 (□ 1864).
— *Nouvelles Histoires extraordinaires d'Edgar Poe*, in *Œuvres en prose d'Edgar Allan Poe*, traduites par Ch. Baudelaire, Gallimard, 1951 (□ 1857).
— *Œuvres complètes*, Gallimard, Pléiade, 1951 ; 1961 ; 1971.
— *Paradis artificiels*, in *Œuvres complètes*, 1951 ; 1961 ; 1975 (□ 1860).
— *Œuvres en collaboration (Causeries du Tintamarre)*, Mercure de France, 1932 (□ sept.-déc. 1846).
— *Le Peintre de la vie moderne*, in *Œuvres complètes*, 1961 (□ 1869 †).
— *Le Spleen de Paris*, in *Œuvres complètes*, 1975 (□ 1867 †).

BAUDRILLARD (Jean), *De la séduction*, Galilée (□ 1979).

BAUDRY DE SAUNIER (L.), *Le Cyclisme théorique et pratique*, Librairie illustrée, *s.d.* (□ 1892).

BAZIN (Hervé), *Cri de la chouette*, Grasset (□ 1972).
— *Le Matrimoine*, Grasset, 1967 ; Livre de poche, 1970 (□ 1967).
— *Vipère au poing*, Grasset, 1957 (□ 1948).

BEAULIEU (Michèle), *Le Costume moderne et contemporain*, P. U. F., Que sais-je ?, nᵒ 505 (□ 1951).

BEAUMARCHAIS (Pierre-Augustin CARON DE), *La Folle Journée ou Le Mariage de Figaro*, in *Théâtre*, Garnier, *s.d.* (□ 1783).

BEAUVOIR (Simone de), *L'Amérique au jour le jour*, Gallimard, 1959 (□ 1954).
— *Les Belles Images*, Gallimard (□ 1966).
— *La Force de l'âge*, Gallimard, 1966 (□ 1960).
— *Les Mandarins*, Gallimard, 1959 (□ 1954).
— *Mémoires d'une jeune fille rangée*, Gallimard (□ 1958).
— *Tout compte fait*, Gallimard (□ 1972).

BEDEL (Maurice), *Jérôme 60° latitude nord*, Gallimard (□ 1927).

BEIGBEDER (M.), *Le Sur-Vivre*, Robert Morel, 1966 (□ 1949).

BERGSON (Henri), *Les Deux Sources de la morale et de la religion*, P. U. F., 1951 (□ 1932).
— *L'Évolution créatrice*, P. U. F., 77ᵉ éd., 1948 (□ 1907).
— *La Pensée et le Mouvant*, Gallimard, 1941 (□ 1934).

BERNANOS (Georges), *Les Grands Cimetières sous la lune*, Plon (□ 1938).

BERNARD (Alain), *Le Golf*, P. U. F., Que sais-je ?, n° 1385 (□ 1970).

BERTAUX (Pierre), *La Mutation humaine*, Payot (□ 1964).

BERTHOMIER (Jeanne), *Les Routes*, P. U. F., Que sais-je ?, n° 828 (□ 1959).

BERTRAND (Jean-Claude), *Les Églises aux États-Unis*, P. U. F., Que sais-je ?, n° 1616 (□ 1975).
— *Les Mass Media aux États-Unis*, P. U. F., Que sais-je ?, n° 1593 (□ 1974).

BESSY (Maurice), *Les Truquages au cinéma*, éd. Prisma (□ 1951).

BILLY (André), *L'Amie des hommes*, Gallimard (□ 1935).

BINET (Alfred) et FERRÉ (Charles), *Le Magnétisme animal*, Alcan (□ 1887).

BLONDIN (Antoine), *Un singe en hiver*, Livre de poche, 1967 (□ 1959).

BLOY (Léon), *Le Désespéré*, Mercure de France, 1946 (□ 1886).

BLUM (Paul), *La Peau*, P. U. F., Que sais-je ?, n° 558 (□ 1953).

BOLL (Marcel), *Les Deux Infinis*, Larousse (□ 1938).

BOSCO (Henri), *Un rameau de la nuit*, Flammarion (□ 1950).

Botanique, sous la direction de Ferdinand MOREAU, Encycl. Pléiade (□ 1960).

BOUGLÉ (C.) et RAFFAULT (J.), *Éléments de sociologie*, Alcan, 2ᵉ éd. (□ 1929).

BOULAY (Henri) et MAINIÉ (Philippe), *Arboriculture et production fruitière*, P. U. F., Que sais-je ?, n° 967 (□ 1961).

BOURGEOIS (Charles), *Chimie de la beauté*, P. U. F., Que sais-je ?, n° 90 (□ 1960).

BOURGET (Paul), *La Geôle*, Plon (□ 1923).
— *Outre-Mer ; Notes sur l'Amérique*, t. II, Lemerre (□ 1895).
— *Physiologie de l'amour moderne*, Plon, 1914 (□ 1888-1889).
— *La Terre promise*, Plon, 1930 (□ 1892).

BOUTHOUL (Gaston), *Les Mentalités*, P. U. F., Que sais-je ?, n° 545 (□ 1952).

BOUYER (Frédéric), *Voyage dans la Guyane française* [1862-1863], in *le Tour du monde*, t. XIII, Hachette, 1ᵉʳ sem. 1866.

BOVET (Marie-Anne de), *Trois mois en Irlande* [1889], in *Le Tour du monde*, t. LIX, Hachette, 1ᵉʳ sem. 1890.

BRAU (Jean-Louis), *Histoire de la drogue*, Tchou (□ 1968).

BRILLAT-SAVARIN (Jean Anthelme), *Physiologie du goût ou Méditations de gastronomie transcendante*, Lemerre, s.d., 2 t. (□ 1826).

BROGLIE (Louis de), *Nouvelles Perspectives en microphysique*, Albin Michel (□ 1956).
— *Physique et Microphysique*, Albin Michel, 1956 (□ 1947).

BUFFON (Georges-Louis, comte de), *Œuvres complètes*, 12 vol., Garnier, 1850-1855 (□ 1733-1788).

BURTON (Richard), *Voyage à la cité des Saints, capitale du pays des Mormons* [1860], traduit de l'anglais par Mme LOREAU, in *Le Tour du monde*, t. VI, Hachette, 2e sem. 1862.

BUTOR (Michel), *L'Emploi du temps*, éd. de Minuit, 1978 (□ 1956).

CAILLOIS (Roger), *L'Homme et le Sacré*, Gallimard, 1963 (□ 1939).

CAMUS (Albert), *Actuelles III*, Gallimard (□ 1958).
— *La Chute*, Gallimard, 1960 (□ 1956).
— *L'Homme révolté*, in *Essais*, Pléiade, 1972 (□ 1951).

CARCO (Francis), *Les Belles Manières*, Ferenczi, 1947 (□ 1945).
— *Brumes*, Livre de poche, 1967 (□ 1935).
— *Les Innocents*, Ferenczi, 1924 (□ 1916).
— *Jésus-la-Caille*, Garnier, 1945 (□ 1914).
— *Nostalgie de Paris*, Gallimard, 1952 (□ 1941).
— *Ombres vivantes* (□ 1952).

CARDINAL (Marie), *Les Mots pour le dire*, Livre de Poche, 1977 (□ 1975).

CARLES (Philippe) et COMOLLI (Jean-Louis), *Free-jazz/Black power*, Champ libre (□ 1971).

CARREL (Alexis), *L'Homme, cet inconnu*, Plon (□ 1935).

CASTELLA (H. de), *Souvenirs d'un squatter français en Australie* [1854-1859], in *Le Tour du monde*, t. III, Hachette, 1er sem. 1861.

CATTELAIN (Jean-Pierre), *L'Objection de conscience*, P. U. F., Que sais-je ?, n° 1517 (□ 1973).

CAU (Jean), *La Pitié de Dieu*, Gallimard, 1962 (□ 1961).

CAULLERY (Maurice), *L'Embryologie*, P. U. F., Que sais-je ?, n° 68, 1949 (□ 1942).

CAYROL (Jean), *Histoire de la mer*, Seuil (□ 1973).

CAZENEUVE (Jean), *Sociologie de la radio-télévision*, P. U. F., Que sais-je ?, n° 1026 (□ 1962).

CÉLINE (Louis-Ferdinand), *Guignol's band*, Folio, 1972 (□ 1951).
— *Mort à crédit*, Livre de poche, 1966 (□ 1936).
— *Le Voyage au bout de la nuit*, Froissart, Bruxelles, 1949 ; Pléiade, Gallimard, 1973 (□ 1932).

CENDRARS (Blaise), *Bourlinguer*, Denoël, 1948 ; Folio, 1974 (□ 1948).
— *Moravagine*, Grasset, s.d. ; Livre de poche, 1972 (□ 1926).
— *L'Or (La Merveilleuse Histoire du général Johann August Suter)*, Grasset, 1947 (□ 1924).
— *Trop c'est trop*, Denoël, 1957 (□ 1929).

CHAMPETIER (Georges), *La Grande Industrie chimique organique*, P. U. F., Que sais-je ?, n° 436 (□ 1950).

CHAMPLY (René), *Le Moteur d'automobile à la portée de tous*, H. Desforges (□ 1907).

CHAPOUILLE (Pierre), *La Fiabilité*, P. U. F., Que sais-je ?, n° 1480 (□ 1972).

CHAPUS (Eugène), *Le Turf ou les Courses de chevaux en France et en Angleterre*, Hachette, 1854 (□ 1853).

CHARDONNE (Jacques), *L'Amour du prochain*, Grasset (□ 1932).
— *Les Destinées sentimentales*, Grasset (□ 1947).

CHARLOT (Monica), *Encyclopédie de la civilisation britannique*, Larousse (☐ 1976).

CHARNAY (Désiré), *Six Mois en Australie* [1878], in *Le Tour du monde*, t. XXXIX, Hachette, 1ᵉʳ sem. 1880.
— *Six Semaines à Java* [1878-1879], *ibid.*

CHATEAUBRIAND (François-René de), *Génie du christianisme*, Flammarion, 1948 (☐ 1802).
— *Mémoires d'outre-tombe*, Flammarion, t. I et II, 1949 ; t. III et IV, 1950 (☐ 1848-1850).
— *Voyage en Amérique*, in *Œuvres complètes*, t. VI, Garnier, 1929 (☐ 1827).

La Chose imprimée : Histoire, technique, esthétique et réalisation de l'imprimé, sous la direction de John DREYFUS et François RICHAUDEAU, Retz-C. E. P. L. (☐ 1977).

CHOUCHON (L.), *Guide de l'homme seul en province*, Tchou (☐ 1970).

CHOVIN (Paul) et ROUSSEL (André), *La Pollution atmosphérique*, P. U. F., Que sais-je ?, nº 1330 (☐ 1968).

CLAUDEL (Paul), *Conversations dans le Loir-et-Cher*, in *Œuvres en prose* (☐ 1925-1935).
— *Œuvres en prose*, Gallimard, Pléiade, 1965.

COCHET (Henri), *Le Tennis*, P. U. F., Que sais-je ?, nº 1084, 1964 (☐ 1950).

COCTEAU (Jean), *Le Grand Écart*, Stock, 1931 (☐ 1923).
— *Journal d'un inconnu*, Grasset, 1953 (☐ 1952).
— *Thomas l'imposteur*, Livre de Poche, 1962 (☐ 1923).

Code d'instruction criminelle, Petite collection Dalloz, 28ᵉ éd., 1929.

COHEN (Marcel), *Regards sur la langue française*, S. E. D. E. S. (☐ 1950).
— *Nouveaux regards sur la langue française*, éd. Sociales (☐ 1963).

COLETTE (Gabrielle COLLETTE, dite), *Belles Saisons*, Flammarion, 1955 (☐ 1954 †).
— *Le Blé en herbe*, Flammarion, 1943 (☐ 1923).
— *La Chatte*, Grasset, 1942 (☐ 1933).
— *L'Envers du music-hall*, Flammarion, 1948 (☐ 1913).
— *L'Étoile Vesper*, Éd. du Milieu du monde (☐ 1946).
— *La Fin de Chéri*, Calmann-Lévy, 1951 (☐ 1926).
— *La Maison de Claudine*, Ferenczi (☐ 1922).
— *La Paix chez les bêtes*, Georges Crès et Cⁱᵉ (☐ 1916).
— *La Vagabonde*, Albin Michel, 1949 (☐ 1910).

COLIN (Paul), *Codes et lois pour la France, l'Algérie et ses colonies*, Paris, Imprimerie et librairie générale de Jurisprudence, Marchal et Billard, 1925.

COOSTER (Charles de), *La Zélande* [1873], in *Le Tour du monde*, t. XXVIII, Hachette, 2ᵉ sem. 1874.

CORBIÈRE (Tristan), *Œuvres en prose*, Pléiade, 1970.

COTTEAU (E.), *Le Transcanadien et l'Alaska* [1890], in *Le Tour du monde*, t. LXII, Hachette, 2ᵉ sem. 1891.

COULEVAIN (Pierre de), *L'Île inconnue*, Lévy (☐ 1906).

COURCHAY (Claude), *La vie finira bien par commencer*, Gallimard (☐ 1972).

COURIER (Paul-Louis), *Œuvres choisies*, Delagrave, 1925.
— *Œuvres complètes*, Pléiade, 1951.

COURTELINE (Georges), *Messieurs les ronds-de-cuir*, Flammarion, 1947 (□ 1893).

COURTHÉOUX (Jean-Paul), *La Politique des revenus*, P. U. F., Que sais-je ?, n° 1222 (□ 1966).

COUSTEAU (Jacques-Yves), *L'Homme et la Mer*, in *Grande Encyclopédie Alpha de la mer*, 1972.

CREVAUX (Jules), *De Cayenne aux Andes* [1878-1879], in *Le Tour du monde*, t. XL, Hachette, 2ᵉ sem. 1880.

CROS (Charles), *Œuvres complètes*, Pléiade, 1970.

DAIREAUX (Émile), *Voyage à La Plata, Trois Mois de vacances* [1886], in *Le Tour du monde*, t. LV, Hachette, 1ᵉʳ sem. 1888.

DAIX (Pierre), *Guillevic*, Seghers, Poètes d'aujourd'hui (□ 1954).

DANINOS (Pierre), *Le Jacassin, nouveau traité des idées reçues, folies bourgeoises et automatismes*, Hachette, 1962 ; Livre de poche, 1973 (□ 1962).
— *Snobissimo*, Hachette (□ 1964).
— *Un certain Monsieur Blot*, Hachette, 1960 ; Livre de poche, 1973 (□ 1960).

DAUDET (Alphonse), *Aventures prodigieuses de Tartarin de Tarascon*, Flammarion, 1937 (□ 1872).
— *L'Évangéliste*, E. Dentu (□ 1883).
— *Le Nabab*, Charpentier, 1917 (□ 1878).
— *Numa Roumestan*, Nelson, s.d. (□ 1880).
— *Port-Tarascon*, Rombaldi, 1930 (□ 1890).
— *Rose et Ninette*, Rombaldi, 1930 (□ 1892).
— *Tartarin sur les Alpes*, Kra, 1930 (□ 1885).

DAUDET (Léon), *La Femme et l'Amour, aspects et visages*, Flammarion, s.d. (□ 1930).

DAUVEN (Jean), *Technique des sports*, P. U. F., Que sais-je ?, n° 63 (□ 1948).

DAVID (Jean), *Le Coton et l'Industrie cotonnière*, P. U. F., Que sais-je ?, n° 90 (□ 1961).

DAVID (Pierre), *Le Radar*, P. U. F., Que sais-je ?, n° 381, 1969 (5ᵉ éd. mise à jour).

DAYAN (Armand), *Le Marketing*, P. U. F., Que sais-je ?, n° 1672 (□ 1976).

DEBRÉ (François), *Les Chinois de la Diaspora*, Olivier Orban (□ 1976).

DECOIN (Didier), *Un policeman*, Livre de poche, 1977 (□ 1975).

DÉCOUFLÉ (André-Clément), *La Prospective*, P. U. F., Que sais-je ?, n° 1500 (□ 1972).

DELACHET (André), *Calcul vectoriel et calcul tensoriel*, P. U. F., Que sais-je, n° 418 (□ 1950).

DELAY (Jean), *Introduction à la médecine psychosomatique*, Masson, 1961 (□ 1961).
— *La Psycho-Physiologie humaine*, P. U. F., Que sais-je ?, n° 188, 1951 (□ 1945).

DELEUZE (Gilles), *Logique du sens*, U. G. E., 10/18, 1973 (□ 1969).

DEPPING (Guillaume), *Voyage de M. Möllhausen, du Mississipi aux côtes de l'océan Pacifique* [1853-1854], t. I, Hachette, 1ᵉʳ sem. 1860.

DESJEUX (Jean-Claude) et DUFLOS (Jacques), *Les Plastiques renforcés*, P. U. F., Que sais-je ? n° 1120 (□ 1964).

DESTOUCHES (Jean-Louis), *La Mécanique ondulatoire*, P. U. F., Que sais-je ?, n° 311, 1954 (□ 1948).

DEVILLE (L.), *Voyages dans l'Amérique septentrionale, États-Unis et Canada* [1854-1855], in *Le Tour du monde*, t. III, Hachette, 1er sem. 1861.

DEZOTEUX (Jacques) et PETIT-JEAN (Roger), *Les Transistors*, P. U. F., Que sais-je ?, n° 1121 (□ 1964).

Dictionnaire universel de la peinture sous la direction de Robert MAILLARD, 6 vol., Le Robert, 1975.

DIXON (William Hepworth), *La Conquête blanche* [1875], traduit de l'anglais par Hippolyte VATTEMARE, in *Le Tour du monde*, t. XXXI, Hachette, 1er sem. 1876, et t. XXXII, 2e sem., *ibid.*

DORGELÈS (Roland), *Le Cabaret de la Belle Femme*, Albin Michel (□ 1928).
— *La Drôle de guerre*, Albin Michel (□ 1957).

DORMANN (Geneviève), *Le Bateau du courrier*, Seuil (□ 1974).

DRUON (Maurice), *Rendez-vous aux enfers*, Livre de poche, 1967 (□ 1951).

DUCHARME (Réjean), *L'Hiver de force*, Gallimard (□ 1973).

DUGUIT (Léon) et MONNIER (Henry), *Les Constitutions et les Principales Lois politiques de la France depuis 1789*, Librairie générale de droit et de jurisprudence, 2e éd., 1925.

DUHAMEL (Georges), *Manuel du protestataire*, Mercure de France (□ 1952).
— *Les Plaisirs et les Jeux*, Ferenczi, 1947 (□ 1922).
— *Problèmes de civilisation*, Mercure de France (□ 1962).
— *Scènes de la vie future*, Mercure de France (□ 1930).
— *Le Temps de la recherche*, Hartmann (□ 1947).
— *La Turquie nouvelle*, Mercure de France (□ 1954).
— *Vie et Aventures de Salavin*, Mercure de France (□ 1948).

DUMONT (M.), *Étude intuitive des ensembles*, Dunod, 2e éd., 1967.

DURAND DE BOUSINGEN (Robert), *La Relaxation*, P. U. F., Que sais-je ?, n° 929 (□ 1961).

DUVAL (Clément), *Le Verre*, P. U. F, Que sais-je ?, n° 264 (□ 1947).

DUVERGER (Maurice), *Manuel de droit constitutionnel et de science politique*, 5e éd., P. U. F., 1948.

DUVERT (Tony), *Paysage de fantaisie*, éd. de Minuit (□ 1973).

ERNY (A.), *Voyage dans le pays de Galles* [1862], in *Le Tour du monde*, t. XV, Hachette, 1er sem. 1867.

Ethnologie régionale, sous la direction de Jean POIRIER. Encyclopédie, Pléiade (□ 1972).

ÉTIEMBLE (René), *Le Mythe de Rimbaud : Structure du mythe*, t. II, Gallimard (□ 1952).

EYMA (Xavier), *La Vie aux États-Unis : notes de voyage*, Plon (□ 1876).

FALLET (René), *Le Triporteur*, Denoël, 1958 (□ 1951).

FARDIÈRE (G.), *Les « Mots-valises » et le Wonderland de l'enfance*, in *Les Temps modernes*, n° 86, déc. 1952.

FARRÈRE (Claude), *Croquis d'Extrême-Orient*, Société des trente, 1921 (□ 1898).
— *Mes voyages*, t. I, Flammarion, 1924 (□ 1923).
— *Une jeune fille voyagea*, Flammarion, 1948 (□ 1925).

FAUCONNIER (Henri), *Malaisie*, Delamain et Boutrelleau (□ 1930).

FERTÉ (Roger de la) et CAPELOVICI (Jacques), *Pratique des mots croisés*, P. U. F., Que sais-je ? n° 1624 (□ 1975).

FIGUIER (Louis), *Les Merveilles de la science* ou *Description populaire des inventions modernes*, t. I, Furne, Jouvet et Cⁱᵉ (□ 1867).

FINKIELKRAUT (Alain), *Ralentir : mots-valises*, Seuil (□ 1979).

FLAUBERT (Gustave), *Bouvard et Pécuchet*, in *Œuvres*, t. II (□ 1880 †).
— *Correspondance*, Conard, 1926-1933, 9 vol., *Suppl.* 5 vol., 1954 ; Pléiade, 1973 (□ 1830-1880).
— *Dictionnaire des idées reçues*, in *Œuvres*, t. II (av. 1880).
— *L'Éducation sentimentale*, in *Œuvres*, t. II (□ 1869).
— *Œuvres*, 2 t., Gallimard, Pléiade, 1948.
— *Trois Contes*, Charpentier, 1913 (□ 1877).

FOLHEN (Claude), *Les Noirs aux États-Unis*, P. U. F., Que sais-je ?, n° 1191 (□ 1965).
— *Le Travail au XIXᵉ siècle*, P. U. F., Que sais-je ?, n° 1289 (□ 1967).

FORT (Paul), *Empire de France*, La Tricolore (□ 1953).

FOURNEREAU (Lucien), *Bangkok* [1891-1892], in *Le Tour du monde*, t. LXVIII, 2ᵉ sem., Hachette, 1894.

GAILLARD (Philippe), *Technique du journalisme*, P. U. F., Que sais-je ?, n° 1429 (□ 1971).

GARAUDY (Roger), *Parole d'homme*, Laffont (□ 1975).

GARNIER (Jules), *Voyage à la Nouvelle-Calédonie* [1863-1866], in *Le Tour du monde*, t. XVI, Hachette, 2ᵉ sem. 1867.

GARY (Romain), *La Promesse de l'aube*, Gallimard (□ 1960).

GATTÉGNO (Jean), *La Science-Fiction*, P. U. F., Que sais-je ?, n° 1426 (□ 1971).

GAULLE (Charles de), *Mémoires de guerre*, Plon, t. II (□ 1956), t. III (□ 1959).

GAUTIER (Théophile), *Le Danube et les Populations danubiennes*, in *L'Orient*, t. I (□ 1861).
— *Constantinople*, Lévy Frères, 1873 (□ 1853).
— *Égypte*, in *L'Orient*, t. II (□ 1867).
— *L'Inde*, in *L'Orient*, t. I (□ 1852).
— *Les Grotesques*, Michel Lévy, 1856 (□ 1844).
— *Les Jeunes-France*, romans goguenards suivis de *Contes humoristiques*, Charpentier, 1907 [1ʳᵉ édit. comprenant *Jeunes-France* : 1833] (□ 1873 †).
— *Mademoiselle de Maupin*, Garnier, 1930 (□ 1836).
— *L'Orient*, Charpentier, 1902, t. I (□ 1852) ; t. II (□ 1867).
— *Portraits contemporains*, Charpentier, 1881 (□ 1857).
— *Le Roman de la Momie*, éd. S. E. P. E., 1947 (□ 1858).
— *Souvenirs de théâtre, d'art et critique*, Charpentier, 1883 (□ 1833).
— *Syrie, À propos du voyage en Orient de Gérard de Nerval*, in *Revue nationale*, in *L'Orient*, t. I (□ 25 déc. 1860).
— *Voyage en Orient*, in *Œuvres*, t. II, Pléiade, 1956 (□ 1851).
— *Voyage en Espagne*, éd. Pierre Faré, 1946 (□ 1843).
— *Voyage en Russie*, Charpentier, 1895 (□ 1867).

GAY (Charles), *Le Capitaine Palliser et l'exploration des montagnes Rocheuses* [1857-1859] d'après PALLISER, *The Solitary Hunter*, in *Le Tour du monde*, t. I, Hachette, 1ᵉʳ sem. 1860.

GENEVOIX (Maurice), *Raboliot*, Grasset (☐ 1925).

Géographie générale, sous la direction d'André JOURNAUX, Pierre DEFFONTAINES et Mariel Jean BRUNHES DELAMARRE, Encycl. Pléiade (☐ 1966).

GEORGE (Pierre), *Dictionnaire de la géographie*, P. U. F. (☐ 1970).
— *Géographie des États-Unis*, P. U. F., Que sais-je ?, n° 1418 (☐ 1971).
— *Les Grands Marchés du monde*, P. U. F., Que sais-je ?, n° 608 (☐ 1953).

GERBET (Paul), *Les Organisations internationales*, P. U. F., Que sais-je ?, n° 792 (☐ 1958).

GIDE (André), *Ainsi soit-il ou les Jeux sont faits*, Gallimard, 1952 ; in *Journal 1939-1949*, Gallimard, 1954 (☐ 1951 †).
— *Dostoïevsky*, Plon (☐ 1923).
— *Les Faux-Monnayeurs*, Gallimard, 1947 (☐ 1925).
— *Journal 1889-1939* (suivi de *Souvenirs*), Gallimard, Pléiade, 1941.
— *Journal 1939-1949* (suivi de *Souvenirs*), Gallimard, Pléiade, 1954.
— *Nouveaux Prétextes*, Mercure de France, 1951 (☐ 1911).
— *Le Retour du Tchad*, in *Journal 1939-1949*... (☐ 1927).
— *Voyage au Congo*, in *Journal 1939-1949*... (☐ 1927).

GIDE (Charles), *Cours d'économie politique*, Recueil Sirey, 9ᵉ éd., 1926 (☐ *p.-ê.* 1909).

GIEURE (Maurice), *La Peinture moderne*, P. U. F., Que sais-je ?, n° 28 (☐ 1958).

GIRARDIN (E. de), *Voyage dans les mauvaises terres du Nebraska (États-Unis)* [1849-1850], in *Le Tour du monde*, t. IX, Hachette, 1ᵉʳ sem. 1864.

GIRAUDOUX (Jean), *Aventures de Jérôme Bardini*, Grasset, 1942 (☐ 1930).
— *Bella*, Grasset (☐ 1926).
— *Choix des élues*, Grasset (☐ 1939).
— *De Pleins Pouvoirs à Sans Pouvoirs*, Gallimard, 1950 (☐ *Pleins Pouvoirs*, 1939 ; *Sans Pouvoirs*, 1944).
— *Siegfried et le Limousin*, Grasset, 1953 (☐ 1922).
— *Suzanne et le Pacifique*, Grasset, 1951 (☐ 1921).

GOBINEAU (Arthur de), *Nouvelles asiatiques*, Gallimard, 1949 (☐ 1876).
— *Voyage à Terre-Neuve* [1860], in *Le Tour du monde*, t. VII, Hachette, 1ᵉʳ sem. 1863.

GODARD (Jean-Luc), *Jean-Luc Godard*, Belfond (☐ 1968).

GOLDMANN (Lucien), *Marxisme et Sciences humaines*, Gallimard (☐ 1970).

GONCOURT (Edmond de), *La Faustin*, Flammarion-Fasquelle, 1923 (☐ 1881).
— *Les Frères Zemgamo*, Charpentier (☐ 1879).

GONCOURT (Edmond de) et GONCOURT (Jules de), *Journal*, Mémoires de la vie littéraire [1851-1896], Flammarion-Fasquelle, 9 t., 1929-1936.

GONNARD (René), *Histoire des doctrines économiques*, Librairie Valois (☐ 1930).

GRIGAUT (Pierre-François), *La Chirurgie esthétique et plastique*, P. U. F., Que sais-je ?, n° 982 (☐ 1962).

GROULT (Benoîte), *La Part des choses*, Livre de Poche, 1974 (□ 1972).

GUESTEM (Pierre) et DELMOULY (Claude), *Le Bridge de demain*, t. II, Laffont (□ 1966).

GUÈVREMONT (Germaine), *Le Survenant*, Montréal, Fides, 1971 (□ 1945).

GUILLAIN (Robert), *Japon Troisième Grand*, Seuil (□ 1969).

GUILLERME (Jacques), *La Vie en haute altitude*, P. U. F., Que sais-je ?, n° 629 (□ 1954).

GUIMET (Émile), *Huit Jours aux Indes* [1885], in *Le Tour du monde*, t. LVI, Hachette, 2ᵉ sem. 1888.

GUTH (Paul), *Lettre ouverte aux idoles*, Albin Michel (□ 1968).
— *Le Mariage du Naïf*, Livre de poche, 1966 (□ 1957).
— *Le Naïf locataire*, Livre de poche, 1966 (□ 1956).

HAYDEN, DOANE et LANGFORD, *Le parc national des États-Unis* [1870-1872], traduit de l'anglais par. Em. DELEROT, in *Le Tour du monde*, t. XXVIII, Hachette, 2ᵉ sem. 1874.

HAYES (Isaac J. Dr), *Le Tour du monde*, Hachette :
    La Terre de désolation [1869], traduit de l'anglais par F. de LANOYE, t. XXVI, 2ᵉ sem. 1873.
    Voyage à la mer libre du pôle Arctique [1860-1862], traduit de l'anglais par F. de LANOYE, t. XVII, 1ᵉʳ sem., 1868.

HÉLÈNE (Maxime), *Les Galeries souterraines*, Hachette (□ 1879).

HÉMON (Louis), *Battling Malone, pugiliste*, Grasset, 1925 (□ 1911).
— *Maria Chapdelaine*, Grasset, 1921 (□ 1916).

HENRIOT (Émile), *Portraits de femmes*, Albin Michel, 1951 (□ 1950).
— *Les Romantiques*, Albin Michel (□ 1952).
— *La Rose de Bratislava*, Plon (□ 1948).

HEPWORTH DIXON → DIXON.

HÉRIAT (Philippe), *Les Enfants gâtés*, Livre de poche, 1969 (□ 1939).
— *Famille Boussardel*, Gallimard, 1957 (□ 1944).
— *L'Innocent*, Folio, 1974 (□ 1931-1954).

HERMANT (Abel), *L'Aube ardente*, Ferenczi, 1932 (□ 1919).

HIGOUNET (Charles), *L'Écriture*, P. U. F., Que sais-je ?, n° 653 (□ 1955).

Histoire de la science, Des origines au XXᵉ siècle, sous la direction de M. DAUMAS, Gallimard, Encycl. Pléiade (□ 1957).

HOCHSTETTER (Ferdinand de), *Voyage à la Nouvelle-Zélande* [1858-1860], trad. de l'anglais par Émile JONVEAUX, in *Le Tour du monde*, t. XI, Hachette, 1ᵉʳ sem. 1865.

HOMO (Léon), *Auguste* (63 av. J.-C.-14 ap. J.-C.), Payot, 1935.

HÜBNER (Joseph Alexander, comte de), *Promenade autour du monde, 1871*, Hachette (□ 1873).

HUGO (Victor), *L'Archipel de la Manche*, in *Œuvres complètes*, t. XI (□ 1883).
— *Les Châtiments*, Flammarion, 1923 ; in *Œuvres complètes*, t. III (□ 1853).
— *Choses vues*, in *Œuvres complètes*, t. XIV (□ 1885 †).
— *Œuvres complètes*, 33 vol., édition Eugène Hugues, continuée par le directeur de la Librairie du « Victor Hugo illustré », et

sans doute Paul Ollendorf, t. III [1884]; t. VIII, IX, X [1879-1882]; t. XI [1893]; t. XII [1886]; t. XIV [1889]; t. XV [1890].
— *L'Homme qui rit*, in *Œuvres complètes*, t. XII (□ 1869).
— *La Légende des siècles*, Pléiade, 1950 (□ 1877, manuscrit daté du 26 nov. 1853).
— *Les Misérables*, Pléiade, 1951; in *Œuvres complètes*, t. VIII, IX, X (□ 1862).
— *Napoléon-le-Petit*, in *Œuvres complètes*, t. XVI (□ 1852).
— *Odes et Ballades*, Flammarion, 1912 (□ 1824, préface).
— *Les Orientales*, Flammarion, 1912 (□ 1829).
— *Pendant l'exil*, 2 [1852-1870], in *Œuvres complètes*, t. XIX (□ 1875).
— *Préface de Cromwell*, in *Œuvres complètes*, t. V (□ 1827).
— *Pyrénées* [Alpes et]. En Voyage, in *Œuvres complètes*, t. XV (□ 1885 †).
— *Le Rhin*, in *Œuvres complètes*, t. XV (□ 1842).

HURET (Jules), *En Amérique, de San Francisco au Canada*, Charpentier (□ 1905).

HUYSMANS (Joris-Karl), *Certains*, Union générale d'éditions, 1976 (□ 1889).
— *En route*, Plon, s.d. (□ 1896).
— *Là-bas*, Plon, 1949 (□ 1891).

IVOI (Paul d'), *Les Cinq Sous de Lavarède*, Boivin et Cie (□ 1894).

JACQUEMONT (Victor), *Correspondance de Victor Jacquemont avec sa famille et plusieurs de ses amis, pendant son voyage dans l'Inde (1828-1832)*, Garnier et H. Fournier, t. I et II, 1841 (□ 1833).

JALOUX (Edmond), *Les Visiteurs*, Plon (□ 1941).

JARRY (Alfred), *Œuvres complètes*, t. I, Pléiade, Gallimard, 1972 :
        Gestes et opinions du docteur Faustroll, pataphysicien (□ 1898).
        Les Jours et les Nuits (□ 1897).

Jeux et Sports, sous la direction de Roger CAILLOIS, Encycl. Pléiade (□ 1967).

Dr KANE (El K.), *La Mer polaire, Fragments du voyage exécuté en 1853-54-55, de New York au 82e degré de latitude nord*, traduit de l'anglais par M. de LANOYE, in *Le Tour du monde*, t. I, Hachette, 1er sem. 1860.

KESSEL (Joseph), *Le Lion*, Livre de poche, 1963 (□ 1958).

KIRCHHOFF (Théodore), *Les Merveilles de la vallée de Yosemiti* [1870-1872], trad. de l'anglais par Em. DÉLEROT, in *Le Tour du monde*, t. XXXII, Hachette, 2e sem. 1876.

LABOULAYE (Ch.), *Dictionnaire des Arts et Manufactures, et de l'Agriculture*, Librairie du dictionnaire des Arts et Manufactures, 1886 (6e éd.).

LACLOS (P. A. H. Choderlos de), *Les Liaisons dangereuses*, Éd. du Rocher, 1948 (□ 1782).

LAFOND (Capitaine G.), *Voyages autour du monde*, Administration de librairie (□ 1854).

LAGACHE (Daniel), *La Psychanalyse*, P. U. F., Que sais-je ?, n° 660 (□ 1955).

LAMOTHE (H. de), *Excursion au Canada et à la rivière Rouge du Nord* [1873], in *Le Tour du monde*, t. XXXV, Hachette, 1er sem. 1878.

LANOUX (Armand), *Le Commandant Watrin*, Livre de poche, 1965 (□ 1956).

LANOYE (Ferdinand de), *Voyage aux volcans de la France centrale* [1864], in *Le Tour du monde*, t. XIII, Hachette, 1er sem. 1866.

LARBAUD (Valéry), *A. O. Barnabooth*, Gallimard, 1948 (□ 1913).
— *Amants, heureux amants...*, Gallimard, 1943 (□ 1923).

LARRAS (Jean), *L'Hydraulique*, P. U. F., Que sais-je ?, n° 1158 (□ 1965).

LA SELVE (Edgar), *La République d'Haïti, ancienne partie française de Saint-Domingue* [1871], in *Le Tour du monde*, t. XXXVIII, Hachette, 2e sem. 1879.

LAUNOIS (Daniel), *L'Électronique quantique*, P. U. F., Que sais-je ?, n° 1303 (□ 1968).

LAURENT (Jacques), *Les Bêtises*, Grasset (□ 1971).

LA VELEYE (Édouard de), *Le Tour du monde*, Hachette :
    Excursion aux nouvelles découvertes minières du Colorado [1878], t. XLII, 2e sem. 1881.
    Les Nouveautés de New York et le Niagara l'hiver [1878-1879], *ibid.*

LAVISSE (Ernest) et RAMBAUD (Alfred), *Histoire générale du IVe siècle à nos jours*, Colin (□ 1893-1902).

LECLERC (Annie), *Parole de femme*, Livre de Poche, 1977 (□ 1974).

LE CLÉZIO (Jean-Marie Gustave), *Le Déluge*, Gallimard (□ 1966).
— *La Fièvre*, Gallimard (□ 1965).
— *Les Géants*, Gallimard (□ 1973).

LECOMTE (Georges), *Ma Traversée*, Laffont (□ 1949).

LEFEBVRE (Henri), *La Vie quotidienne dans le monde moderne*, Gallimard (□ 1968).

LEFEBVRE (René), *Paris en Amérique*, Charpentier (□ 1864).

LEFÈVRE (P.) et CERBELAUD (G.), *Les Chemins de fer*, Quantin (□ 1888).

LE GALL (André) et BRUN (René), *Les Malades et les Médicaments*, P. U. F., Que sais-je ?, n° 1299 (□ 1968).

LEIRIS (Michel), *L'Âge d'homme*, Livre de poche, 1966 (□ 1946).

LEJEAN (Guillaume), *Le Pandjab et le Cachemir* [1866], in *Le Tour du monde*, t. XVIII, Hachette, 2e sem. 1868.

LEMELIN (Roger), *Au pied de la pente douce*, Montréal, C. L. F. poche, 1967 (□ 1944).

LEROY (Jean-François), *Les Fruits tropicaux et subtropicaux*, P. U. F., Que sais-je ?, n° 237 (□ 1968).

LEVADOUX (Louis), *La Vigne et sa culture*, P. U. F., Que sais-je ?, n° 969 (□ 1961).

LÉVI-STRAUSS (Claude), *Anthropologie structurale*, Plon (□ 1958).
— *Tristes Tropiques*, Plon (□ 1955).

LICHTENBERGER (André), *La Petite Sœur de Trott*, Plon, 1951 (□ 1898).

LO DUCA, *Technique du cinéma*, P. U. F., Que sais-je ?, n° 118, 1974 (□ 1943).

Logique et connaissance scientifique, publié sous la direction de Jean PIAGET, Encycl. Pléiade (□ 1967).

LORRAIN (Jean), *Le Crime des riches*, P. Douville (□ 1905).

LOTI (Pierre), *Aziyadé*, Calmann-Lévy, 1946 (□ 1879).
— *Les Désenchantées*, Calmann-Lévy, 1947 (□ 1906).
— *L'Inde (sous les Anglais)*, Calmann-Lévy (□ 1903).
— *Madame Chrysanthème*, Calmann-Lévy, 1947 (□ 1887).
— *Mon Frère Yves*, Calmann-Lévy, 1947 (□ 1883).
— *Pêcheur d'Islande*, Calmann-Lévy, 1947 (□ 1886).

LUMHOLTZ (Carl), *Chez les cannibales. Voyage dans le Nord-Est de l'Australie* [1880-1884], traduit du norvégien par V. et W. MOLARD, in *Le Tour du monde*, t. LVII, Hachette, 1er sem. 1889.

LYAUTEY (Louis Hubert Gonzalve), *Paroles d'action. Madagascar, Sud-Oranais, Oran, Maroc*, 1900-1926, Colin, 1948 (□ 1927).

MACDONALD (John-Denis), *Voyage à la Grande-Viti* (Grand Océan équinoxial) [1855], trad. de l'anglais par L. MICHELANI, in *Le Tour du monde*, Hachette, 1er sem. 1860.

MAC ORLAN (Pierre), *Villes*, in BERGER (Pierre), *Pierre Mac Orlan*, Seghers, 1964 (□ 1951).

MACHABAY (Armand), *La Musique de danse*, P. U. F., Que sais-je ?, no 1212 (□ 1966).

MALLARMÉ (Stéphane), *La Dernière Mode*, in *Œuvres complètes* (□ 1874).
— *Exposition de Londres*, in *L'Illustration*, in *Œuvres complètes* (□ 20 juil. 1872).
— *Œuvres complètes*, Gallimard, Pléiade, 1951.
— *Quelques Médaillons et Portraits en pied*, in *Œuvres complètes* (□ 1890).

MALLET-JORIS (Françoise), *Le Jeu du souterrain*, Grasset (□ 1973).

MALRAUX (André), *Antimémoires*, Gallimard (t. I, □ 1967).
— *La Condition humaine*, in *Romans* ; Livre de poche, 1963 (□ 1933).
— *L'Espoir*, in *Romans* (□ 1937).
— *L'Homme précaire et la Littérature*, Gallimard, 1977 (□ 1976).
— *Romans*, Pléiade, Gallimard, 1947.
— *Les Voix du silence*, Gallimard, 1952 (□ 1951).

MALSON (Lucien) *Les Maîtres du jazz*, P. U. F., Que sais-je ?, no 548, 1re éd., 1952 ; 2e éd., 1962.

MANUILA (A.), MANUILA (L.), NICOLE (M.) et LAMBERT (H.), *Dictionnaire français de médecine et de biologie*, 4 vol., Masson, 1970, t. I ; 1971, t. II ; 1972, t. III.

MARCOY (Paul), *Le Tour du monde*, Hachette :
    Voyages dans les vallées de Quinquinas, bas-Pérou [1849-1861], t. XXIII, 1er sem. 1872.
    Voyage de l'océan Atlantique à l'océan Pacifique à travers l'Amérique du Sud [1846-1860], t. VI, 2e sem. 1862.

MARIN (Aylic), *Promenades en Océanie*, in *Le Tour du monde*, t. LIII, Hachette, 1er sem. 1887.

MARTIN du GARD (Roger), *Les Thibault*, Gallimard, 9 vol., 1942-1945 (□ 1922-1940) ; in *Œuvres complètes*, Pléiade, 1955.

MARTINS (Charles), *Le Spitzberg* [1838-1839], in *Le Tour du monde*, t. XII, Hachette, 2e sem. 1865.

MARTONNE (Emm. de), *Traité de géographie physique*, Colin, t. I, 1940 (□ 1925) ; t. II, 1951 (□ 1925) ; t. III, 1932 (□ 1927).

MATHELOT (Pierre), *L'Informatique*, P. U. F., Que sais-je ?, n° 1371 (□ 1969).

MAUPASSANT (Guy de), *Bel-Ami*, Albin Michel, 1926 (□ 1885).
— *Notre Cœur*, Ollendorff (□ 1890).
— *Pierre et Jean*, Ollendorff (□ 1887).
— *Les Sœurs Rondoli*, Albin Michel, 1927 (□ 1884).
— *La Vie errante*, Albin Michel, s.d. (□ 1890).

MAURIAC (Claude), *Le Dîner en ville*, Albin Michel (□ 1959).

MAURIAC (François), *Bloc-Notes 1952-1957*, Flammarion (□ 1958).
— *La Fin de la nuit*, Grasset, 1942 (□ 1935).
— *Le Nouveau Bloc-Notes 1958-1960*, Flammarion (□ 1961).

MAUROIS (Émile Herzog, dit André), *Bernard Quesnay*, Gallimard (□ 1926).
— *Le Cercle de famille*, Grasset (□ 1932).
— *Chantiers américains*, Gallimard (□ 1933).
— *Climats*, Grasset (□ 1928).
— *Le Côté de Chelsea*, Gallimard (□ 1932).
— *Les Discours du docteur O'Grady*, Grasset (□ 1922).
— *Histoire d'Angleterre*, Fayard (□ 1937).
— *Les Mondes impossibles*, récits et nouvelles fantastiques, Gallimard, 1947.
— *Les Silences du colonel Bramble*, Grasset, 1921 (□ 1918).
— *Terre promise*, Flammarion, 1946 (□ 1945).

MERCIER (Joseph), *Le Football*, P. U. F., Que sais-je ?, n° 1195 (□ 1966).

MÉRIMÉE (Prosper), *Colomba*, in *Romans et Nouvelles* (□ 1840).
— *Correspondance générale* [1822-1870], 6 vol., le Divan, 1941-1947 [1822-1852] ; 10 vol., Privat, 1953-1964 [1853-1870].
— *Mosaïque*, Le Vase étrusque, in *Romans et Nouvelles* (□ 1830).
— *Romans et Nouvelles*, Pléiade, 1942, Gallimard (□ 1825-1870).

MERLE (Robert), *Week-end à Zuydcote*, Gallimard, 1950 (□ 1949).

MÉRY (Jacques), *La Chasse au chastre*, Michel Lévy frères (□ 1853).

MERRIEN (Jean), *Le Livre de la mer*, Laffont (□ 1958).

METTA (Nicolas et Andrée), *Les Pierres précieuses*, P. U. F., Que sais-je ?, n° 592 (□ 1953).

MEYNAUD (Jean), *Les Groupes de pression*, P. U. F., Que sais-je ?, n° 895 (□ 1960).

MICHAUX (Henri), *Ailleurs*, Gallimard, 1971 (□ 1948).
— *La nuit remue*, Gallimard, 1948 (□ 1935).
— *Un barbare en Asie*, Gallimard, 1948 (□ 1932).

MICHEL (Ernest), *Le Tour du monde en deux cent quarante jours. Le Canada et les États-Unis*, Eugène Ardent et Cⁱᵉ, s.d. (□ 1881).

MICHELET (Jules), *Histoire de France*, 19 t., Marpon et Flammarion, successeur A. Le Vasseur (□ 1833-1867).
— *Histoire de la Révolution française*, 2 t., Pléiade, 1952 (□ 1847-1853).

MILLER (Arthur), *Les Misfits*, traduit de l'anglais par René MASSON, Laffont (□ 1961).

MILTON, Vicomte, et CHEADLE, Docteur, *Voyage de l'Atlantique au Pacifique* (route du nord-ouest par terre) [1862-1864], traduit de l'anglais par J. BELIN DE LAUNAY, in *Le Tour du monde*, t. XIV, Hachette, 2ᵉ sem. 1866.

MIOMANDRE (Francis de), *Danse*, Flammarion (□ 1935).

MIRBEAU (Octave), *Le Journal d'une femme de chambre*, Fasquelle, 1945 (□ 1900).

MODIANO (Patrick), *Villa triste*, Folio, 1977 (□ 1975).

MONOD (Jacques), *Le Hasard et la Nécessité*, éd. Le Seuil (□ 1970).

MONTANO (J.), *Voyage aux Philippines* [1879-1881], in *Le Tour du monde*, t. XLVII, Hachette, 1ᵉʳ sem. 1884.

MONTESQUIEU, *Œuvres complètes*, Firmin-Didot, 1866.

MONTHERLANT (Henry de), *Le Démon du bien*, Grasset, 1942 (□ 1937).
— *Les Jeunes Filles*, Grasset, 1947 (□ 1936).
— *Les Lépreuses*, Gallimard, 1954 (□ 1939).
— *Les Olympiques*, Gallimard, 1954 ; Livre de poche, 1965 (□ 1924).
— *Pitié pour les femmes*, Grasset, 1966 (□ 1931).

MORAND (Paul), *Champions du monde*, Grasset (□ 1930).
— *L'Europe galante*, Ferenczi, 1927 (□ 1926).
— *Fermé la nuit*, Gallimard (□ 1923).
— *L'Homme pressé*, Livre de poche, 1963 (□ 1941).
— *Lewis et Irène*, Grasset (□ 1924).
— *Londres*, Plon (□ 1933).
— *New-York*, Flammarion (□ 1930).
— *Ouvert la nuit*, Gallimard, 1923 (□ 1922).

MOUNIER (Emmanuel), *Introduction aux existentialismes*, Gallimard, 1967 (□ 1946).
— *Le Personnalisme*, P. U. F., Que sais-je ?, n° 395, 1953 (□ 1950).

MUSSET (Alfred de), *L'Anglais mangeur d'opium*, in *Œuvres complètes en prose* (□ 1828).
— *Œuvres complètes en prose*, Gallimard, 1951.
— *Lettres de Dupuis et Cotonet*, in *Œuvres complètes en prose* (□ 1836).
— *Premières poésies*, in *Poésies complètes*, Pléiade, Gallimard, 1951 ; éd. Hypérion, 1936.
— *Revues fantastiques*, in *Œuvres complètes en prose* (□ janv.-mai 1831).

NANTEUIL (E. de), SAINT-CLAIR (G. de) et DELAHAYE (C.), *La Paume et le Lawn-tennis*, Hachette (□ 1898).

NARES (G.S. Capitaine), *Récit d'un voyage à la mer polaire* [1875-1876], traduit de l'anglais ou résumé par Onésime RECLUS, in *Le Tour du monde*, t. XXXVI, Hachette, 2ᵉ sem. 1878.

NERVAL (Gérard de), *Œuvres*, Pléiade, Gallimard, t. I, 1952 ; t. II, 1956 :
    Correspondance, t. I (□ 1838-1852).
    Lorely, t. II (□ 1852 ; écrit 1840-1850).
    Les Nuits d'octobre, t. I (□ 1854).
    Un tour dans le Nord, t. II (□ 1846).
    Voyage en Orient, t. II (□ 1851 ; chap. I, 1, janv. 1840, in *La Presse* ; chap. II, 1846).

NIMIER (Roger), *Le Hussard bleu*, Gallimard (□ 1950).

NODIER (Charles), *Contes*, Charpentier, 1841 :
    La Fée aux miettes (□ 1831).
    Trésor des fèves et Fleur des pois (□ 1833).
    Trilby ou le Lutin d'Argail (□ 1822).

NORA (Pierre), *Les Français d'Algérie*, Julliard (□ 1961).

OLIEVENSTEIN (Claude), *Il n'y a pas de drogués heureux*, Laffont (□ 1977).

PALMADE (Guy), *La Psychothérapie*, P. U. F., Que sais-je ?, n° 480 (□ 1951).

PÉGUY (Charles), *Œuvres en prose*, Pléiade, 1961.

PÉLICIER (Yves) et THUILLIER (Guy), *La Drogue*, P. U. F., Que sais-je ?, n° 1514 (□ 1972).

PELLANDINI (Jean), *Fusées et Missiles*, P. U. F., Que sais-je ?, n° 765, 3ᵉ éd., 1970.

PERREIN (Michèle), *Entre chienne et louve*, Grasset (□ 1978).

PERRET (Jacques), *Bande à part*, Livre de poche, 1966 (□ 1951).
— *Bâtons dans les roues*, Gallimard (□ 1953).

POE (Edgar) → BAUDELAIRE.

PIAGET (Jean), *Épistémologie des sciences de l'homme*, Gallimard, 1972 (□ 1970).
— *Psychologie de l'intelligence*, Colin, 1966 (□ 1947).

PICHOT (Pierre), *Les Tests mentaux*, P. U. F., Que sais-je ?, n° 626 (□ 1954).

POINCARÉ (Henri), *La Science et l'Hypothèse*, Flammarion (□ 1902).

PLAS (Bernard de) et VERDIER (Henri), *La Publicité*, P. U. F., Que sais-je ?, n° 274 (□ 1951).

PONS (Armand-H.), *Le Pollen*, P. U. F., Que sais-je ?, n° 783 (□ 1958).

POULAIN (Robert), *Le Rugby*, P. U. F., Que sais-je ?, n° 952, 1962 (□ 1961).

POUQUET (Jean), *L'Érosion*, P. U. F., Que sais-je ?, n° 491 (□ 1951).

POUSSIELGUE (Achille), *Quatre Mois en Floride* [1851-1852], in *Le Tour du monde*, t. XIX, Hachette, 1ᵉʳ sem. 1869, et t. XXI, 1ᵉʳ sem. 1870.

PRÉCLIN (Edmond), *Histoire des États-Unis*, Colin (□ 1937).

PRÉLOT (Marcel), *Précis de droit constitutionnel*, Dalloz, 1953.

PRÉVOST (Jean), *Plaisirs des sports. Essai sur le corps humain*, Gallimard (□ 1925).

PRÉVOST (Marcel), *Les Demi-Vierges*, Lemerre (□ 1894).

PRINET (Jean) et BLÉRY (Ginette), *La Photographie et ses applications*, P. U. F., Que sais-je ?, n° 174 (□ 1948).

PROUST (Marcel), *À la recherche du temps perdu*, Pléiade, Gallimard, 1959 :
    À l'ombre des jeunes filles en fleurs, t. I (□ 1918).
    Le Côté de Guermantes 1, t. II (□ 1920).
    Le Côté de Guermantes 2, t. II (□ 1921).
    Du côté de chez Swann, t. I (□ 1913).
    La Fugitive, t. III (□ 1925 † ; « A Venise », 15 déc. 1919, in *Feuillets d'Art*).
    La Prisonnière, t. III (□ 1922 †).

Sodome et Gomorrhe, t. II (□ 1922).

Le Temps retrouvé, t. III (□ 1922 †).

— *Jean Santeuil*, Pléiade, Gallimard, 1971 (□ 1922 †).

QUENEAU (Raymond), *Bâtons, chiffres et lettres*, Gallimard, 1965.

— *Le Chiendent*, Folio, 1974 (□ 1932).

— *Le Dimanche de la vie*, Gallimard (□ 1951).

— *Les Fleurs bleues*, Gallimard, 1965 ; Folio, 1978 (□ 1965).

— *Loin de Rueil*, Gallimard, 1946 (□ 1944).

— *Petite Cosmogonie portative*, Gallimard, Poésies, 1969 (□ 1950).

— *Pierrot, mon ami*, Livre de poche, 1961 (□ 1943).

— *Le Vol d'Icare*, Gallimard, 1968 ; Folio, 1972 (□ 1968).

— *Zazie dans le métro*, Folio, 1972 (□ 1959).

RADIGUET (Raymond), *Le Diable au corps*, Grasset, 1947 (□ 1923).

RAYMOND (François), *Radionavigation et Radioguidage*, P. U. F., Que sais-je ?, n° 41, 1949 (□ 1941).

RECLUS (Élisée), *Fragments d'un voyage à la Nouvelle-Orléans* [1855], in *Le Tour du monde*, Hachette, 1er sem. 1860.

REVEL (Jean-François), *Pourquoi des philosophes ?*, Pauvert, 1964 (□ 1957).

Revue des cours scientifiques de France et de l'Étranger, sous la direction de Odysse BAROT, 1863-1870, Germer-Baillière, 7 vol.

REY (Alain), *Les Spectres de la bande*, éd. de Minuit (□ 1979).

REY (Henri-François), *Les Pianos mécaniques*, Livre de poche, 1966 (□ 1962).

RIEUPEYROUT (J.-L.), *Histoires et Légendes du Far West*, Tchou (□ 1969).

— *Le Western*, éd. Le Cerf (□ 1953).

RIMBAUD (Arthur), *Œuvres complètes*, Gallimard, 1946.

RINGUET, *Le Poids du jour*, Montréal, éd. Variétés (□ 1949).

RIVOYRE (Christine de), *Le Petit Matin*, Grasset (□ 1968).

ROCHAS (V. de), *Journal d'un voyage au détroit de Magellan et dans les canaux latéraux de la côte occidentale de la Patagonie* [1856-59], in *Le Tour du monde*, Hachette, 1er sem. 1861.

ROCHEFORT (Christiane), *Le Repos du guerrier*, Livre de poche, 1966 (□ 1958).

ROCHELAYE-SPENLÉ (A.-M.), *La Notion de rôle en psychologie sociale*, P. U. F. (□ 1962).

ROLLAND (Romain), *La Foire sur la place*, in *Jean-Christophe* (□ 1908).

— *Jean-Christophe*, Albin Michel, 1948 (□ 1904-1912).

— *Mahatma Gandhi*, Stock, 1952 (□ 1924).

— *La Révolte*, in *Jean-Christophe* (□ 1907).

— *Vie de Michel-Ange*, Hachette, 1947 (□ 1908).

ROMAINS (Jules), *Le Besoin de voir clair*, Flammarion (□ 1958).

— *Les Copains*, Gallimard, 1951 (□ 1913).

— *Donogoo Tonka*, Gallimard, 1950 (□ 1929).

— *Les Hommes de bonne volonté*, 27 vol., Flammarion (□ 1932-1947).

— *Lucienne*, Livre de poche, 1971 (□ 1922).

— *Passagers de cette planète, où allons-nous ?*, Grasset (□ 1955).

ROMANOVSKY (Vsevolod) et CAILLEUX (André), *La Glace et les Glaciers*, P. U. F., Que sais-je ?, n° 562 (□ 1953).

ROMEUF (Jean), *L'Entreprise dans la vie économique*, P. U. F., Que sais-je ?, n° 477 (☐ 1951).

ROMEUF (Jean) et GUINOT (Jean-Pierre), *Manuel du chef d'entreprise*, P. U. F. (☐ 1960).

ROSTAND (Jean), *Esquisse d'une histoire de la biologie*, Gallimard (☐ 1945).
— *L'Homme. Introduction à l'étude de la biologie humaine*, Gallimard, 1948 (☐ 1926).

ROUGEMONT (Denis de), *Journal d'un intellectuel en chômage*, Albin Michel (☐ 1937).

ROUGERIE (Gabriel), *Géographie des paysages*, P. U. F., Que sais-je ?, n° 1362 (☐ 1969).

ROUSSEAU (Jean-Jacques), *Du contrat social*, in *Œuvres complètes*, t. IV (☐ 1762).
— *Émile*, Garnier, 1939 (☐ 1762).
— *Œuvres complètes*, Lefèvre, 1859.

ROUSSEAU (Paul-Louis), *Les Dents*, P. U. F., Que sais-je ?, n° 488 (☐ 1951).

ROUSSELET (Louis), *Le Tour du monde*, Hachette :
    L'Inde des rajahs, Voyage dans les royaumes de l'Inde centrale et dans la présidence du Bengale [1864-1868], t. XXII à XXVI, 2ᵉ sem. 1871 au 2ᵉ sem. 1873.

SADOUL (Georges), *Histoire d'un art. Le Cinéma des origines à nos jours*, Flammarion (☐ 1949).
— *Histoire de la science-fiction moderne*, 1911-1975, t. I, Albin Michel (☐ 1973).

SAGAN (Françoise), *Aimez-vous Brahms*, Livre de poche (☐ 1959).
— *Bonjour tristesse*, Julliard (☐ 1954).
— *La Chamade*, Julliard, 1971 (☐ 1965).

SAINTE-BEUVE, *Causeries du lundi*, Garnier, s.d. (☐ 1851-1862).
— *Chateaubriand*, t. II, Garnier, 1948 (☐ 1849).

SAINT-EXUPÉRY (Antoine de), *Vol de nuit*, Gallimard, 1950 (☐ 1931).

SAINT-SIMON, *Mémoires*, Pléiade, 1953 (☐ 1714).

SAN-ANTONIO, *J'ai essayé : on peut !*, éd. Fleuve noir (☐ 1973).

SARRAUTE (Nathalie), *Martereau*, Livre de poche, 1967 (☐ 1953).
— *Le Planétarium*, Gallimard, 1965 (☐ 1959).
— *Tropismes*, éd. de Minuit, 1960 (☐ 1939).

SARRAZIN (Albertine), *L'Astragale*, Pauvert (☐ 1967).
— *La Cavale*, Pauvert (☐ 1965).
— *La Traversière*, Pauvert, 1967 (☐ 1966).

SARTRE (Jean-Paul), *L'Âge de raison*, Gallimard, 1949 (☐ 1945).
— *Les Chemins de la liberté. II. Le Sursis*, Gallimard, 1963 (☐ 1945).
— *Les Chemins de la liberté. III. La Mort dans l'âme*, Gallimard (☐ 1949).
— *Situations II*, Gallimard (☐ 1948).
— *Situations III*, Gallimard, 1949 (☐ 1946).

SAUVY (Alfred), *Croissance zéro ?*, Calmann-Lévy (☐ 1973).
— *La Démographie*, in *Histoire de la science*, Encycl. Pléiade.

SCARRON, *Le Roman comique*, Garnier, s.d. (☐ 1657).

La Science illustrée, fondée par Louis FIGUIER, 1888-1891, 8 vol. ; 1902, 1 vol., Librairie Taillandier.

Ségur (Comtesse de), *Le Mauvais Génie*, Hachette, 1920 (□ 1867).

Seidler (E.), *Le Sport et la Presse*, Colin (□ 1964).

Senancour (Étienne de), *Oberman*. Lettres publiées par M. de Senancour, 2 vol., Arthaud, 1947 (□ 1804).

Siegfried (André), *L'Âme des peuples* [essai de science politique], Hachette (□ 1950).
— *La Crise britannique au XXᵉ siècle*, Colin, 1932 (□ 1931).
— *La Crise de l'Europe*, Calmann-Lévy (□ 1935).
— *Les États-Unis d'aujourd'hui*, Colin, 1948 (□ 1927).

Simenon (Georges), *La Boule noire*, Livre de poche, 1970 (□ 1955).
— *Feux rouges*, Presses Pocket, 1970 (□ 1953).
— *Maigret et le fantôme*, Presses de la Cité (□ 1964).
— *Un nouveau dans la ville*, Presses Pocket, 1966 (□ 1949).

Simon (Claude), *Le Vent*. Tentative de restitution d'un rétable baroque, éd. de Minuit, 1962 (□ 1957).

Simond (Louis), *Voyage d'un Français en Angleterre pendant les années 1810 et 1811...*, Paris, Trenttel et Würtz (□ 1816).

Simondon (Gilbert), *Du mode d'existence des objets techniques*, Aubier-Montaigne (□ 1969).

Simonin (Albert), *Touchez pas au grisbi*, Livre de poche, 1966 (□ 1953).

Simonin (L.), *Le Tour du monde*, Hachette :
        Le Creusot et les mines de Saône-et-Loire [1865], t. XV, 1ᵉʳ sem. 1867.
        De Washington à San Francisco [1868-1871], t. XXVII, 1ᵉʳ sem. 1874.
        Excursions dans les quartiers pauvres de Londres [1862], t. XI, 1ᵉʳ sem. 1865.
        Le Far-West américain [1867], t. XVII, 1ᵉʳ sem. 1868.
        Un voyage aux mines de Cornouailles [1862], t. XI, 1ᵉʳ sem. 1865.
        Une visite aux grandes usines du pays de Galles [1862], t. XII, 2ᵉ sem. 1865.
        Voyage à l'île de la Réunion [1860], t. VI, 2ᵉ sem. 1862.
        Voyage en Californie [1859], t. V, 1ᵉʳ sem. 1862.

Sonneville-Bordes (Denise de), *L'Âge de la pierre*, P. U. F., Que sais-je ?, nᵒ 948 (□ 1961).

Soucy (Jean-Yves), *Un dieu chasseur*, Presses de l'Université de Montréal (□ 1976).

Speke (Capitaine), *Les Sources du Nil, Journal d'un voyage de découvertes* [1860-1863], traduit de l'anglais par E. D. Forgues, in *Le Tour du monde*, t. IX, Hachette, 1ᵉʳ sem. 1864.

Les Sports modernes illustrés, Encyclopédie sportive illustrée sous la direction de P. Moreau, Gustave Voulquin, et collaborateurs, Encycl. Larousse, 1906.

Staël (Germaine Necker, baronne de), *Corinne ou l'Italie*, Garnier, 1931 (□ 1807).
— *De l'Allemagne*, 2 t. Garnier, 1932 (□ 1813, terminé en 1810).

Stanley (Henri), *Le Tour du monde*, Hachette :
        À travers le continent mystérieux [1874-1877], trad. de l'anglais par Henriette Loreau, t. XXXVI, 2ᵉ sem. 1878.
        Voyage à la recherche de Livingstone au centre de l'Afrique [1871-1872], trad. de l'anglais par Id., t. XXV, 1ᵉʳ sem. 1873.

STENDHAL (Henri Beyle, dit), *Correspondance*, t. I, 1968 (☐ 1800-1821) ; t. II, 1967 (☐ 1821-1834) ; t. III, 1968 (☐ 1835-1842), Gallimard, Pléiade.
— *De l'amour*, éd. de Cluny, 1938 ; Garnier-Flammarion, 1965 (☐ 1822).
— *Lucien Leuwen*, in *Romans et Nouvelles* (☐ 1836).
— *Mémoires d'un touriste*, Calmann-Lévy, 1953, 2 vol. (☐ 1838).
— *Promenades dans Rome*, Calmann-Lévy, s.d., 2 vol. (☐ 1829).
— *Racine et Shakespeare* : I (☐ 1823), Pauvert, 1965 ; II (☐ 1825).
— *Romans et Nouvelles*, Gallimard, Pléiade, 1947.
— *Le Rose et le Vert*, in *Romans et Nouvelles* (☐ 1837).

SUARÈS (André), *Trois Hommes*, Gallimard, 1950 (☐ 1935).

TAINE (Hippolyte), *Derniers Essais de critique et d'histoire*, Hachette, 1923 (☐ 1893 †).
— *Nouveaux Essais de critique et d'histoire*, Hachette (☐ 1865).
— *Les Origines de la France contemporaine*, t. I, Hachette, 1947 (☐ 1876).
— *Philosophie de l'art*, 2 t., Hachette, 1948 (☐ 1882).

TARADE (Guy), *Soucoupes volantes et civilisations d'outre-espace*, J'ai lu (☐ 1969).

TAZIEFF (Haroun), *Histoires de volcans*, Livre de poche, 1967 (☐ 1964).

La Terre, sous la direction de Jean GOGUEL, Encycl. Pléiade (☐ 1959)

THÉRY (Jean-François), *Les Carburants nouveaux*, P. U. F., Que sais-je ?, n° 933 (☐ 1961).

THIÉBAUT (Raymond), *La Filature*, P. U. F., Que sais-je ?, n° 537 (☐ 1952).

THOMAS (Raymond) et VALLET (Jacques), *La Natation*, P. U. F., Que sais-je ?, n° 1559 (☐ 1974).

THOMSON (J.), *Voyage en Chine* [1870-1872], traduit de l'anglais par A. TALENDIER, in *Le Tour du monde*, t. XXIX, Hachette, 1er sem. 1875.

TORGUE (Henry Skoff), *La Pop-Music*, P. U. F., Que sais-je ?, n° 1601 (☐ 1975).

TOULET (Paul-Jean), *Contrerimes*, Émile-Paul, 1949 (☐ 1921).
— *La Jeune Fille verte*, Émile-Paul, 1945 (☐ 1918).

TOURNIER (Michel), *Le Vent Paraclet*, Gallimard (☐ 1977).

Tous les sports, Marabout (☐ 1970).

TRIOLET (Elsa), *L'Âge de nylon*,
— *Bonsoir Thérèse*, Gallimard, 1978 (☐ 1938).
— *Roses à crédit*, Livre de poche, 1966 (☐ 1959).

TROMBE (Félix), *La Spéléologie*, P. U. F., Que sais-je ?, n° 709 (☐ 1956).

TROYAT (Henri), *La Tête sur les épaules*, Plon (☐ 1951).

VAILLAND (Roger), *Bon pied, bon œil*, Livre de Poche, 1966 (☐ 1950).
— *Drôle de jeu*, Livre de poche, 1972 (☐ 1945).

VALÉRY (Paul), *Regards sur le monde actuel*, Gallimard, 1947 (☐ 1931).

VALLERY-RADOT (Dr Pierre), *Notre Corps, cette merveille*, Bourrelier et Cie (☐ 1945).

VAN EFFENTERRE (Henri), *Histoire du scoutisme*, P. U. F., Que sais-je ?, n° 254 (☐ 1947).

VASCHALDE (Jean), *Les Industries de la soierie*, P. U. F., Que sais-je ?, n° 975 (□ 1961).

VÈNE (Jean), *Caoutchoucs et textiles synthétiques*, P. U. F., Que sais-je ?, n° 973 (□ 1961).
— *Les Plastiques*, P. U. F., Que sais-je ?, n° 312 (□ 1948).

VERCEL (Roger), *L'Île aux revenants*, Albin Michel (□ 1954).
— *Remorques*, Albin Michel, 1951 (□ 1935).

VERNE (Jules), *Les Aventures du capitaine Hatteras*, Lidis, 1967 (□ 1864).
— *Les Cinq Cents Millions de la Bégum*, Livre de poche, 1966 (□ 1879).
— *Claudius Bombarnac*, Hachette, 1936 (□ 1893).
— *De la terre à la lune*, trajet direct en 97 heures 20 minutes, Livre de poche, 1966 (□ 1865).
— *Les Enfants du capitaine Grant*, Hachette, 1948 ; Lidis, 1966 (□ 1867).
— *Un hivernage dans les glaces*, Hachette, 1966 (□ 1855).
— *L'Île à hélice*, Hetzel (□ 1895).
— *L'Île mystérieuse*, Hachette, 1917 ; Livre de poche, 1971 (□ 1874).
— *La Maison à vapeur*, Hetzel (□ 1880).
— *Michel Strogoff*, Livre de poche, 1966 (□ 1876).
— *Robur-le-Conquérant*, Hetzel ; Livre de poche, 1966 (□ 1886).
— *Le Tour du monde en 80 jours*, Livre de poche, 1965 (□ 1873).
— *Vingt Mille Lieues sous les mers*, Livre de poche, 1966 (□ 1869).
— *Voyage au centre de la terre*, Livre de poche, 1966 (□ 1864).

VERON (Philippe), *Les Quasars* (Radiosources quasi stellaires), P. U. F., Que sais-je ?, n° 1267 (□ 1967).

VERSCHUUR (G.), *Voyage aux trois Guyanes* [1892], in *Le Tour du monde*, t. LXVI, Hachette, 1er sem. 1893.

VERSINI (Georges), *Le Bridge*, P. U. F., Que sais-je?, n° 1055 (□ 1972).

VIAN (Boris), *L'Automne à Pékin*, éd. de Minuit, 1967 (□ 1956).
— *Le Dernier des métiers*, Pauvert, 1966 (□ 1950).
— *L'Écume des jours*, Pauvert, 1967 ; Union générale d'éditions, 1964 (□ 1946).
— *Le Goûter des généraux*, Pauvert, 1965 (□ 1964).
— *L'Herbe rouge*, Livre de poche, 1971 (□ 1950).
— *Les Lurettes fourrées*, Livre de poche, 1971 (□ 1950).
— *Textes et Chansons*, Julliard, 1966 (□ 1955 †).
— *Vercoquin et le Plancton*, Losfeld, 1966 ; Folio, 1973 (□ 1947).

VIGNY (Alfred de), *Œuvres complètes*, Pléiade, t. I, 1948.

VILLIERS de l'ISLE-ADAM (Philippe Auguste Mathias de), *Contes cruels*, Corti, 1954 (□ 1883).

VOLTAIRE, *Œuvres complètes*, Lequien, t. I à LXX, 1820-1826 :
  Anecdotes sur le Czar Pierre-le-Grand, t. XXIII (□ av. 1759).
  Commentaire sur l'Esprit des lois, t. XXVIII (□ 1777).
  Correspondance générale, t. LXI, IX, LX
  Défense de milord Bolingbroke, t. XLVII (□ 1752).
  Dictionnaire philosophique, t. XXXVI à XLII (□ 1764).
  Dieu et les hommes, t. XXXII (□ 1769).
  Du siècle de Louis XIV, t. XIX, XX (□ 1751).
  Éléments de la philosophie de Newton mis à la portée de tout le monde, t. XXX (□ 1738).
  Essai sur les mœurs, t. XVIII (□ 1756).

      Examen important de milord Bolingbroke, t. XXXII
(□ 1767 ; supposé écrit en 1736).
      Fragments historiques sur l'Inde, t. XXV (□ 1751).
      Histoire de Jenni ou l'Athée et le Sage, t. XLIV (□ 1775).
      Histoire du parlement, t. XXV (□ 1769).
      L'Homme aux quarante écus, t. XLIV (□ 1767).
      Lettres sur les Anglais ou *Lettres philosophiques*, t. XXVI
(□ Lettre VIII, av. 1731 ; Lettre XI, 1727 ; Lettre XIV,
1723 ; Lettre XV, 1734).
      Précis du siècle de Louis XV, t. XXI (□ 1768).
— *Histoire des voyages de Scarmentado*, in *Romans et Contes*,
Pléiade, 1979 (□ 1756).

YOURCENAR (Marguerite), *Archives du Nord*, Gallimard (□ 1977).

YRIARTE (Charles), *L'Istrie et la Dalmatie* [1874], in *Le Tour du
monde*, t. XXIX, Hachette, 1er sem. 1875.

ZOLA (Émile), *La Bête humaine*, Fasquelle (□ 1890).
— *Nana*, Livre de poche, 1954 (□ 1880).
— *Le Rêve*, Fasquelle, 1952 (□ 1888).
— *La Terre*, Fasquelle, *s.d.* (□ 1887).

ZURCHER et MARGOLLÉ, *Tempêtes et naufrages* [1868-1869], in
Le Tour du monde, t. XX, Hachette, 2e sem. 1869.

La composition de cet ouvrage
a été réalisée par Photocomposition M.C.P., Fleury-les-Aubrais

Reliure par la SIRC, 10350 Marigny-le-Chatel

 IMPRIMERIE AUBIN, 86240 LIGUGÉ
D.L., avril 1982. — Impr., L 14447
Imprimé en France.

Dictionnaires édités par LE ROBERT
107, avenue Parmentier - 75011 PARIS (France)

Dictionnaires de langue :

— *Grand Robert de la langue française :*
Dictionnaire alphabétique et analogique de la langue française (7 vol.).
Une étude en profondeur de la langue française. Une anthologie littéraire de Villon à Queneau et à nos contemporains.

— *Petit Robert 1 [P.R.1].*
Dictionnaire alphabétique et analogique de la langue française
(1 vol., 2 174 pages, 59 000 articles).
Le classique pour la langue française : 8 dictionnaires en 1.

— *Robert méthodique [R.M.].*
Dictionnaire méthodique du français actuel
(1 vol., 1 640 pages, 34 300 mots et 1 730 éléments).
Le seul dictionnaire alphabétique de la langue française qui groupe les mots par famille.

— *Micro Robert.*
Dictionnaire du français primordial (1 vol., 1 232 pages, 30 000 articles).
Un dictionnaire d'apprentissage du français.

— *Dictionnaire universel* d'Antoine Furetière
(éd. de 1690, préface par Bayle). — Réédition anastatique (3 vol.), avec illustrations du XVIIᵉ s. et index.
Précédé d'une étude par A. Rey : « Antoine Furetière, imagier de la culture classique ».
Le premier grand dictionnaire français.

— *Le Robert des sports :*
Dictionnaire de la langue des sports
(1 vol., 586 pages, 2 780 entrées et 2 470 sous-entrées, 78 ill. et plans cotés), par Georges PETIOT.

Dictionnaires des noms propres :
(Histoire, Géographie, Arts, Littératures, Sciences...)

— *Grand Robert des noms propres :*
Dictionnaire universel des noms propres.
(4 vol., 3 200 pages, 40 000 articles, 4 500 illustrations couleurs et noir, 210 cartes).
Le complément culturel indispensable du *Grand Robert de la langue.*

— *Petit Robert 2 [P.R.2].*
Dictionnaire des noms propres
(1 vol., 2 106 pages, 34 000 articles, 2 200 illustrations couleurs et noir, 200 cartes).
Le complément, pour les noms propres, du *Petit Robert 1.*

— *Dictionnaire universel de la peinture.*
(6 vol., 3 022 pages, 3 500 articles, 2 700 illustrations couleurs).

Dictionnaires bilingues :
— *Le Robert et Collins .*
Dictionnaire français-anglais/English-French dictionary
(1 vol., 1 536 pages, 225 000 « unités de traduction »).

— *Le « Junior » Robert et Collins.*
Dictionnaire français-anglais/English-French dictionary
(1 vol., 960 pages. 105 000 « unités de traduction »).

— *Le Robert et Signorelli.*
Dictionnaire français-italien/italiano-francese
(1 vol., 3 008 pages, 339 000 « unités de traduction »).